DICCIONARIO
ESPASA

DICCIONARIO ESPASA
C I N E

AUGUSTO M. TORRES

PRÓLOGO DE
GUILLERMO CABRERA INFANTE

ESPASA

DIRECTOR EDITORIAL
Juan González Álvaro

DIRECTORA DE DICCIONARIOS
Marisol Palés Castro

DISEÑO
Joaquín Gallego

ARCHIVOS DE FOTOGRAFÍA
Espasa Calpe y Augusto M. Torres

ES PROPIEDAD
© Augusto Martínez Torres
© De esta edición: Espasa Calpe, S. A., Madrid, 1999

Tercera edición: enero, 1999

Reservados todos los derechos. No se permite reproducir, almacenar en sistemas de recuperación de la información ni transmitir alguna parte de esta publicación, cualquiera que sea el medio empleado –electrónico, mecánico, fotocopia, grabación, etc.–, sin el permiso previo de los titulares de los derechos de la propiedad intelectual.

Depósito legal: M. 45.127-1998
ISBN: 84-239-9412-0

Impreso en España / Printed in Spain

Impresión
BROSMAC, S. L.

Editorial Espasa Calpe, S. A.
Carretera de Irún, km 12,200.
28049 Madrid

PRÓLOGO

El Diccionario del Ángel

Los diccionarios aparecen por primera vez en la Edad Media: los romanos no tenían diccionarios. Aunque un diccionario primitivo llamado *El jardín de las palabras* era para aprender latín. Los franceses, raza de opiniones, convirtieron las «meras palabras» en un diccionario moral. El diccionario del cine de Augusto M. Torres está más cerca de Francia que de Inglaterra, pero no está lejos de un jardín de las delicias para quien ame el cine. Hay que recordar que si el inglés es el idioma del cine, el cinematógrafo se inventó en Francia.

Ha habido en España antes historias y enciclopedias del cine, como el estimable compendio de Ángel Zúñiga, que conocí gracias a Néstor Almendros, quien cargó con los dos tupidos tomos como un tesoro de Barcelona a La Habana en los años cuarenta. O compilaciones críticas como *El cine estilográfico* de Vicente Molina Foix y el *Autorretrato del cronista,* de quien fue el máximo crítico español, el difunto José Luis Guarner. Augusto M. Torres ahora con este diccionario forma la eterna terna de la crítica profesional. Almendros mismo dejó una valiosa colección de críticas con el refulgente título de *Cinemanía,* que ha hecho carrera. Pero Néstor, él era el primero en admitirlo, no era un verdadero crítico de cine. No lo era, en todo caso, como lo fue Guarner, como lo es Torres.

Torres tiene un formidable rival en el inglés de San Francisco David Thomson. Su *Biographical Dictionary of Cinema* se publicó por primera vez en Londres en 1975. Ha tenido reediciones y rectificaciones, pero sigue siendo sólo un diccionario biográfico. El difunto Ephraim Katz creó en 1979 su voluminosa, valiosa enciclopedia universal del cine. Pero Katz, cuya labor ha sido continuada después de su muerte por George Ochoa, no ofrece al lector comentarios críticos, sino sólo fechas y datos en breves biografías no siempre felices y referencias incompletas. ¿Dónde está, por ejemplo, Carol Ohmart? ¿Por qué no dice Katz que el apodo de Claudette Colbert era «Uncle Claude» por su monomanía sexual? ¿Por qué Miliza Korjus no hizo otra película después de *El gran vals?* Ah, dulces misterios del cine. O mejor, de los libros de cine.

Augusto M. Torres ha conseguido quedar, estar, entre Thomson y Katz, que son la Escila y Caribdis del cine enciclopédico, y evadir a los cíclopes que se presentan como críticos de cine por televisión. Con una perfecta sabiduría crítica de películas y cinematografías, Torres ofrece biografías de actores y de estrellas —estrellas entre las que están no pocos directores. Piensen ustedes en John Huston de *El halcón maltés* a *Chinatown,* o en ese paradigma del actor, la estrella y el director que fue Orson Welles. O alguien que intentó imitar la juventud y egolatría del autor de *Ciudadano Kane* para resultar un Orson del pobre, un Welles demasiado frecuente. Me refiero a François Truffaut.

Dice la nota editorial del diccionario de Thomson: «Ha habido otras obras de referencia en el cine que no son más que listas de nombres, fechas y de títulos. Pero he aquí, tan rico y diverso como el diario de un viajero, este diccionario.» El mismo Thomson declara competir con los diccionarios ordinarios: «compilados por excéntricos, humoristas y obsesos que a veces viven la vida como un pretexto». Torres no es un excéntrico ni mucho menos un humorista, pero sí es un obseso por el cine que vive en el cine, para el cine. El mundo está poblado de frívolos, y fáciles. Necesitamos más obsesos que profesionales y eruditos. Necesitamos que hagan de su obsesión un hábitat. Necesitamos más gente loca por el cine, que padezca, como quería Néstor Almendros, de manía del cine. Este diccionario es un libro erudito, profesional y divertido, pero es también, como declara uno de los directores favoritos de Augusto M. Torres, una magnífica obsesión.

Los diccionarios del cine, al revés de los que contienen sólo palabras, pueden depararnos sorpresas. Como leer que Cary Grant, el colmo del actor urbano y sofisticado, se ofreció a Vittorio de Sica para protagonizar *Ladrón de bicicletas*. ¿Cómo lo haría Lamberto Maggiorani en *Atrapa a un ladrón?* Otro dato dado: Katharine Hepburn en *La reina de África* basó su personaje de la solterona aventurera en Eleanor Roosevelt. También: Charles Chaplin al aceptar su Oscar honorario en 1972, dijo para el público: «Ustedes gente dulce y maravillosa» —para murmurar en un aparte audible: «¡Cómo los odio a todos ustedes!»

Pero Torres también blanquea, literalmente, sepulcros. La biografía que ofrece de Merle Oberon sostiene que la actriz era «hija de un oficial británico que a los siete años se instala en Bombay». La verdad es que la madre era india y Merle una mestiza y ambas habían sido prostitutas en la India. Ella vino a Londres como una bailarina de alquiler llamada Queenie O'Brien y para aparecer en el cine tuvo que cubrir su cara y sus brazos, muy morenos, con una base de talco. No deja de ser significativo que ya en su decadencia Merle Oberon encarnara en *Desirée* a la mulata Josefina de Beauharnais.

Pero Augusto ha hecho bien en escoger la biografía oficial de la señora Oberon para convertirla en una deliciosa Merle: un mirlo blanco. Ha seguido el viejo consejo de John Ford: «Entre la historia y la leyenda siempre hay que imprimir la leyenda.»

Es extraodinaria por demás la latitud crítica de este diccionario que en una página enumera las glorias de Laurence Olivier para enseguida exaltar la promesa de Gary Oldman. No muy lejos hace en unas pocas líneas un trazado de la zigzagueante carrera de Douglas Sirk (danés, alemán, americano) en pos del melodrama. Además de las biografías hay unas cortas críticas de diversas películas americanas y europeas y españolas. Aquí se ve dónde late el corazón de Torres, pero también se exhibe la mente del espectador que es.

No ha habido, en español, un diccionario de cintas y de citas cinematográficas que se presente como un divertido *variorum* (de uno solo) que como el programa radial «Dímelo cantando», instruya mientras deleita. Este libro es también una de las filmografías más completas que conozco. El autor es uno de esos críticos que, no importa la edad que tengan, siempre tendrán la mirada joven.

Dijo Steven Spielberg con un guiño: «No hay más que siete estrellas en el cielo del cine», y añadió: «y una de ellas es Sean Connery». Les puedo adelantar confidencialmente que todas esas siete estrellas están en este libro. En *El cine norteamericano en 120 películas,* su compilación anterior, pretendía Torres en esas ciento veinte jornadas «contar de manera somera», como declara, «la historia del cine norteamericano». En este su *Diccionario* el crítico se hace historiador para catalogar la historia de todo el cine. La importancia de su empeño no le impide crear un compendio realmente divertido.

Ambrose Bierce, torcido, compuso un *Diccionario del diablo*. Este libro es un diccionario del ángel. (Que quiere decir en griego teológico mensajero.) Es también una guía para el espectador futuro que quiera visitar el pasado del cine: las películas viejas hechas copias nuevas por la pequeña pantalla. En ese caso ustedes deben leer todo el libro como un programa de esa cinemateca de todos que ya no es una utopía. Aparece con sólo pulsar el botón, *on,* y encender esa lámpara maravillosa que llamamos televisión para estar en las mil y una noches.

GUILLERMO CABRERA INFANTE
Londres, septiembre de 1996

INSTRUCCIONES DE USO

El **Diccionario del cine** está integrado por 1.712 entradas, divididas en tres partes, películas, directores y actrices-actores, claramente diferenciadas, pero entrelazadas a través de su correspondiente ordenación alfabética.

En primer lugar aparece la materia prima: las películas. Un millar de fichas de producciones de todos los tiempos, del cine mudo al sonoro, desde 1915, año en que comienzan a realizarse largometrajes, hasta mediados de 1996, momento en que se da por finalizada la corrección de pruebas y dejan de introducirse datos. Las mil películas corresponden a veinticuatro países, y las coproducciones se han asignado al principal país coproductor o, en caso de duda, al del director.

Hay 512 películas de Estados Unidos, 126 de España, 109 de Francia, 103 de Italia, 54 del Reino Unido, 22 de Alemania, 13 de Japón, 12 de Suecia, 9 de Polonia, 6 de la Unión Soviética, 6 de México, 4 de Australia, 4 de Argentina, 3 de Canadá, 3 de Bélgica, 2 de Brasil, 2 de Grecia, 2 de Hungría, 2 de Dinamarca, 1 de Taiwan, 1 de Finlandia, 1 de Cuba y 1 de Irlanda. A la hora de seleccionarlas se ha concedido la misma importancia a las obras de los más sofisticados directores, aquellas de especial éxito y las mejores representantes de los géneros tradicionales, al tiempo que se ha procurado que sean de habitual emisión por televisión. Cada ficha está integrada por un resumen del argumento, que incluye los nombres de los personajes principales y los actores que los interpretan, una breve referencia crítica y su situación dentro del contexto del cine de su momento y/o la obra de su autor, además de los datos técnicos y artísticos propiamente dichos.

Luego se sitúan las fichas correspondientes a los directores. Trescientas setenta y dos fichas de directores de cuarenta y cuatro países, donde se concede especial importancia a los españoles y latinoamericanos, sin olvidar que diecinueve de estos directores han tenido una destacada carrera como actores. Hay 97 norteamericanos, 48 italianos, 42 franceses, 31 españoles, 21 ingleses, 13 alemanes, 10 polacos, 9 argentinos, 8 japoneses, 7 brasileños, 7 mexicanos, 7 húngaros, 7 austriacos, 6 suecos, 4 irlandeses, 4 belgas, 4 chilenos, 4 checos, 3 daneses, 3 canadienses, 3 georgianos, 5 de la antigua Unión Soviética, 2 australianos, 2 griegos, 2 cubanos, 2 chinos, 2 yugoslavos, 2 indios y 2 suizos. El criterio seguido para esta clasificación es que, por ejemplo, Imanol Uribe, nacido casualmente en El Salvador, aparece catalogado como español, y Billy Wilder, nacido y educado en Austria, aparece como austriaco, a pesar de haber hecho la mayor parte de su obra en Estados Unidos.

Para frenar la presencia de los cada vez más numerosos y discutibles directores recién llegados a la profesión, se ha exigido tener un mínimo de tres películas realizadas para aparecer en el diccionario. Sin embargo, esto ha hecho que, por ejemplo, quedase fuera el genial Jean Vigo, pero no su obra maestra *L'Atalante*. Cada ficha incluye una sucinta biografía del director, el análisis de su obra en general y de cada una de sus películas más destacadas, relacionadas con el contexto cinematográfico mundial, así como una minuciosa filmografía.

Y por último están las fichas de los actores. Trescientos treinta y nueve actores y actrices de veintitrés países cuyas películas llegan más regularmente a las pantallas españolas. Es decir, intérpretes en su mayor parte norteamericanos: 194; pero también ingleses, 39; franceses, 29; españoles, 25; italianos, 15; canadienses, 5; austriacos, 4; suecos, 3; alemanes, 3; australianos, 2; irlandeses, 2; además de uno nacido en cada uno de los siguientes países: Túnez, Alemania, Puerto Rico, Cuba, Bélgica, Suiza, Grecia, antigua Unión Soviética, República Dominicana, la India y Noruega, pero que en la mayoría de los casos son conocidos por su trabajo en Estados Unidos.

Cada ficha incluye una breve biografía, su trayectoria laboral y las películas más destacadas en las que ha intervenido, tanto por su trabajo en concreto como por la obra en general. Teniendo en cuenta que cuarenta y cinco de ellos también han dirigido una o varias películas, e incluso han destacado en este terreno, se analiza su obra en general y la filmografía se divide en dos partes: primero se sitúan las películas como director y luego como actor o actriz, sin tener nunca en cuenta el mayor o menor número de unas y otras o aquellas por las cuales son más conocidos. Al igual que se ha hecho con los directores, cuando han escrito alguna biografía u obra literaria interesante, se cita con el año de publicación, así como una cuidada filmografía.

En el texto las películas siempre se citan por el título castellano, seguido del original y el año de producción, mientras en las filmografías ocurre exactamente lo contrario. El título castellano, que a veces difiere mucho del original, si es de los años cuarenta o cincuenta, o es el mismo, si es reciente, es aquel con el que la película se estrena en su momento en España o, de no haberlo hecho, tanto por motivos de censura como de falta de divisas para comprar sus derechos de exhibición, con el que se la conoce tras repetidos pases por televisión muchos años después. Salvo en idiomas muy alejados del castellano, en cuyo caso, y siempre que ha sido posible, se ha traducido el título original o aquel con que es más conocida en el mercado internacional. En los casos de coproducciones entre varios países, de los distintos títulos que puede llegar a tener una misma película, en la mayoría de los casos se ha elegido el de la nacionalidad del director o el del país claramente mayoritario, pero esta es una labor muy sutil, por lo que aparecen varias excepciones.

Las películas realizadas para televisión nunca se citan en las filmografías, salvo casos excepcionales, como el de Roberto Rossellini, y en el texto aparecen seguidas del título original y el año de producción. Dadas las cada vez más sutiles diferencias existentes en este terreno, sobre todo en los últimos años, en caso de duda siempre se ha aceptado como película lo que tal vez tan sólo es un telefilm. Así mismo tampoco aparecen en las filmografías los cortos o los mediometrajes, pero sí en el texto, en caso de tener una gran importancia dentro de la obra de un director o un intérprete, siempre seguidas del título original y el año de producción.

Por año de producción se entiende aquel en que se rueda, monta y acaba una película. Dado que esta labor puede ocupar varios años, que generalmente no coincide con la fecha de estreno ni con la del *copyright*, siempre hay diferencias según las fuentes consultadas. Sin embargo, se ha intentado que en el **Diccionario del cine** cada película siempre tenga el mismo año y el mismo título castellano, lo que ha sido una de las labores más complicadas de llevar a cabo. Respecto a la duración de las películas existe una disparidad de criterios todavía mayor, pero sobre este delicado tema, y en caso de duda, siempre se ha optado por la larga.

Augusto M. Torres

a

A PLENO SOL *(Plein soleil, 1959)*

La amplia obra de la norteamericana Patricia Highsmith, especializada en narraciones policiacas, da lugar a un buen número de desiguales películas, pero entre ellas destacan la conocida producción norteamericana *Extraños en un tren* (Strangers on a Train, 1951), de Alfred Hitchcock, y esta película francesa, mucho menos considerada, pero igualmente efectiva. A partir de la novela homónima, Paul Gégauff construye un excelente guión que permite a René Clément rodar un estupendo policiaco que ha superado el difícil paso del tiempo mucho mejor que la mayoría de las películas de la *nouvelle vague* rodadas ese mismo año. La historia de cómo Tom Ripley (Alain Delon), personaje característico de Patricia Highsmith, asesina y suplanta al rico heredero Philippe Greenleaf (Maurice Ronet) e incluso le quita a su amada Marge (Marie Laforêt), es un prodigio de habilidad narrativa y clasicismo, que al cabo de los años destaca frente a las envejecidas innovaciones formales de la *nouvelle vague*. Destaca también el trío protagonista, con la bella debutante Marie Laforêt, la excelente fotografía de Henri Decae y la apropiada música de Nino Rota.

Director: *René Clément*. Guionista: *Paul Gégauff*. Fotografía: *Henri Decae*. Música: *Nino Rota*. Intérpretes: *Alain Delon, Maurice Ronet, Marie Laforêt, Elvire Popesco, Erno Crisa, Ave Ninchi*. Producción: *Paris-Film Production (París), Titanus (Roma). Color*. Duración: *120'. Francia-Italia.*

A TRAVÉS DEL ESPEJO *(The Dark Mirror, 1946)*

Durante la segunda mitad de los años cuarenta, el alemán Robert Siodmak dirige una interesante serie de películas policiacas para los estudios Universal, con una clara carga expresionista. Una de las más famosas es esta, a pesar de su mínima intriga, debido a estar centrada en unas gemelas idénticas y contener un buen número de excelentes escenas en las que ambas hermanas, encarnadas por una sobria Olivia de Havilland, no solo aparecen en el mismo plano, sino que además se reflejan en algún espejo, gracias a la hábil fotografía de Eugen Schüfftan, que no aparece en los títulos por motivos sindicales. Narra cómo el teniente de policía Stevenson (Thomas Mitchell) llega a la conclusión de que una de las gemelas Collins ha asesinado a un médico; pero al no poder acusar a las dos y negarse ambas a declarar, debe pedir ayuda al psicoanalista Scott Elliot (Lew Ayres) para descubrir que Ruth Collins es una buena chica; Terry Collins, una terrible celosa, y quién es una y otra.

Director: *Robert Siodmak*. Guionista: *Nunnally Johnson*. Fotografía: *Milton Krasner*. Música: *Dimitri Tiomkin*. Intérpretes: *Olivia de Havilland, Lew Ayres, Thomas Mitchell, Gary Owen*. Producción: *Nunnally Johnson para Universal*. Duración: *85'. Estados Unidos.*

A UN DIOS DESCONOCIDO *(1977)*

Un prólogo ambientado en Granada en julio de 1936, desconcertante, inútil y que fácilmente podía haberse eliminado, describe las complejas relaciones amorosas entre tres adolescentes, los burgueses hermanos Soledad (Ángela Molina) y Pedro, y el proletario José, presididas por la lejana y mítica figura del poeta Federico García Lorca, dentro de un paraíso de paz y tranquilidad destruido por el comienzo de la guerra española. Cuarenta años después, José (Héctor Alterio) vuelve a esta nunca olvidada casa de Granada a tomar el té con una envejecida y solterona Soledad, para luego en Madrid describir con frialdad su solitaria vida, su trabajo de mago en un cabaret, su relación con su vecina Adela (María Rosa Salgado), que pretende que se case con él, su amor por Miguel (Xabier Elorriaga) y sus entrevistas con su hermana Mercedes (Mercedes Sampietro). Está muy bien rodada la historia de este homosexual de mediana edad que vive de manera casi ritual encerrado en una cápsula de cristal, representada por el ascensor de su casa a través de cuyos cristales observa a sus vecinos, sus esfuerzos por salir de ella, relacionarse de manera más cálida con los demás y vivir de algo más que de sus perdidos recuerdos de adolescente, tiene algunos momentos excelentes y algunas escenas antológicas. De nuevo en Granada, José asiste a una fiesta organizada por Soledad donde cantan una habanera, que es un puro recuerdo de sus primeros años, mientras entabla una relación con el hombre que toca el piano. En un minucioso rito José se desnuda y acuesta mientras escucha un fragmento de un poema de Walt Whitman, recitado por él mismo. O aquella otra escena donde, mientras peina a su hermana Mercedes frente a un espejo, le cuenta de manera discreta sus primeros placeres eróticos. Junto a la cuidada y perfecta realización de Jaime Chávarri destaca la interpretación del argentino Héctor Alterio, su mejor trabajo en el cine español, por la que gana un premio en el Festival de San Sebastián.

Director: *Jaime Chávarri.* Guionistas: *Elías Querejeta, Jaime Chávarri.* Fotografía: *Teo Escamilla.* Música: *Luis de Pablo.* Intérpretes: *Héctor Alterio, Xabier Elorriaga, María Rosa Salgado, Mercedes Sampietro, Ángela Molina.* Producción: *Elías Querejeta P.C. Color.* Duración: *100'. España.*

A VIDA O MUERTE *(A Matter of Life and Death, 1946)*

En 1945, al final de la II Guerra Mundial, el Ministerio de Información británico encarga a los guionistas, productores y directores Michael Powell y Emeric Pressburger hacer una película para mejorar las torcidas relaciones entre ingleses y norteamericanos. El resultado es una imaginativa historia, llena de un peculiar humor, que narra cómo en la noche del 2 de mayo de 1945 el avión del piloto británico Peter Carter (David Niven) es alcanzado por balas alemanas, se tira sin paracaídas, llega sano y salvo a una playa y es recogido por la joven June (Kim Hunter), de la que enseguida se enamora. Mientras tanto, en el cielo se extrañan de que no aparezca y mandan a un ángel (Marius Goring) a buscarle, pero Peter Carter no quiere acompañarle, y hace todo lo posible por quedarse con su amada. Situada entre las grandes películas del británico Powell y el húngaro Pressburger para su productora The Archers, destaca la excelente fotografía en Technicolor del más tarde también realizador Jack Cardiff, con tonos pastel para las escenas celestiales y fuerte colorido para las terrestres.

Directores y guionistas: *Michael Powell, Emeric Pressburger.* Fotografía: *Jack Cardiff.* Música: *Allan Gray.* Intérpretes: *David Niven, Roger Livesey, Kim Hunter, Marius Goring, Abraham Sofaer, Raymond Massey.* Producción: *Michael Powell y Emeric Pressburger para The Archers. Color.* Duración: *104'. Reino Unido.*

ABISMOS *(The Abyss, 1989)*

Gran especialista en caras producciones de ciencia-ficción, James Cameron es conocido por *Terminator* (1984) y *Terminator 2: el día del juicio* (1991), pero su obra maestra es esta película, que también escribe. Narra cómo un equipo de submarinistas profesionales, al mando de Bud Brigman (Ed Harris), que trabaja en la planta petrolífera submarina Deepcore, es llamado por la Marina de Estados Unidos para colaborar con Lindsey Brigman (Mary Elizabeth Mastrantonio), que ha construido la planta y que ha estado casada con el jefe de los submarinistas, con el teniente Coffey (Michael Biehn) y con un grupo de soldados especializados, en el rescate del submarino nuclear *USS Montana,* hundido en el océano junto a una gran sima. Con un mensaje pacifista y antinuclear como trasfondo, se desarrolla un enfrentamiento submarino entre el fascistoide teniente Coffey y el tranquilo y cada vez mejor avenido ex matrimonio Brigman, ayudado por una misteriosa fuerza y luz acuática. Íntegramente rodada bajo el agua, con un elevado presupuesto, supone un derroche de imaginación y efectos especiales, sin olvidar escenas íntimas de una gran fuerza, como aquella en la que Bud Brigman consigue que su ex mujer reviva con la ayuda de su equipo. Rodada con extremada habilidad por Cameron, no alcanza en su momento el éxito merecido, pero en 1993 consigue estrenar su montaje original de 170 minutos frente al anterior de 135, que es una todavía más minuciosa recreación de esta fantástica historia submarina.

Director y guionista: *James Cameron*. Fotografía: *Mikael Salomon*. Música: *Alan Silvestri*. Intérpretes: *Ed Harris, Mary Elizabeth Mastrantonio, Michael Biehn, Leo Burmester, Todd Graff*. Producción: *Gale Anne Hurd para 20th Century Fox. Color. Scope.* Duración: *170'. Estados Unidos.*

ABISMOS DE PASIÓN *(1953)*

La famosa novela romántica *Cumbres borrascosas*, de Emily Brönte, es origen de cuatro producciones muy diferentes. La más conocida es la versión norteamericana de 1939 producida por Samuel Goldwyn, dirigida por William Wyler y protagonizada por Laurence Olivier, Merle Oberon y David Niven, pero resulta demasiado fría y académica. La más reciente es la producción británica de 1993 realizada por Peter Kosminsky con Juliette Binoche y Ralph Fiennes, pero carece de especiales atractivos. Entre ambas se sitúan la producción francesa *Hurlevent* (1985), protagonizada por los desconocidos Lucas Belvaux y Fabianne Babe, que es una personal versión escrita y dirigida por Jacques Rivette, y esta estupenda y no muy conocida versión mexicana de Luis Buñuel. En un prodigio de adaptación y con un gran poder de síntesis, narra cómo, tras diez años de ausencia, Alejandro (Jorge Mistral) regresa a El Robledal para casarse con su amor de adolescencia, Catalina (Irasema Dilian), a la que encuentra convertida en esposa de Eduardo (Ernesto Alonso). Despechado, se casa con la cuñada de esta, Isabel (Lilia Prado), a quien humilla y mortifica. Tras un duro enfrentamiento entre Alejandro y Eduardo, Catalina muere y, en un necrofílico, melodramático y excelente final, Alejandro desciende al panteón donde yace Catalina para besarla, pero el hermano de ella, Ricardo (Luis Aceves), le mata de un disparo. A pesar de contar con muy pocos medios y con uno de los repartos más extraños de la historia del cine, integrado por el español Jorge Mistral, la polaca de largo historial en el cine italiano Irasema Dilian y los mexicanos Ernesto Alonso y Lilia Prado, Buñuel consigue recrear a la perfección el clima de *amour fou* de la novela original, tanto por el sabio guión, que escribe con la colaboración de Julio Alejandro, como por haber sabido aprovechar con habilidad la larga tradición del melodrama latinoamericano.

Director: *Luis Buñuel*. Guión: *Luis Buñuel, Julio Alejandro*. Fotografía: *Agustín Jiménez*. Música: *Raúl Lavista*. Intérpretes: *Jorge Mistral, Irasema Dilian, Lilia Prado, Ernesto Alonso, Luis Aceves*. Producción: *Oscar Dancigers para Producciones Tepeyac.* Duración: *91'. México.*

ABRAZO DE LA MUERTE, EL *(Criss Cross, 1949)*

A partir de una olvidada novelita policiaca de Don Tracy, convertida en un sólido guión por Daniel Fuchs, el exiliado realizador alemán Robert Siodmak rueda una de las mejores películas de la etapa norteamericana de su carrera, un clásico del cine negro con aire de tragedia y tonalidades expresionistas. Narra, con gran eficacia y una buena utilización del *flashback,* cómo Steve Thomson (Burt Lancaster), el conductor de un furgón blindado que transporta dinero, propone a su ex mujer Anna (Yvonne de Carlo) y a su nuevo marido, Slim Dundee (Dan Duryea), robar el dinero; pero el atraco es un fracaso: Steve Thomson resulta herido, reconquista a su mujer y se hace pasar por un héroe ante la policía. El vengativo Slim Dundee, sin embargo, no tarda en encontrar a la pareja y matarla. Destacan el trabajo interpretativo de Burt Lancaster, la habitual sencillez y eficacia narrativa de Siodmak y la buena música del compositor húngaro Miklos Rozsa.

Director: *Robert Siodmak*. Guionista: *Daniel Fuchs*. Fotografía: *Frank Planer*. Música: *Miklos Rozsa*. Intérpretes: *Burt Lancaster, Yvonne de Carlo, Dan Duryea, Stephen McNally, Richard Long, Tom Pedi*. Producción: *Michael Draike para Universal.* Duración: *87'. Estados Unidos.*

ABRIL, Victoria *(Victoria Mérida Rojas. Madrid, España, 1959)*

Gracias a sus estudios de ballet y su trabajo de presentadora en un concurso de TVE, a los quince años protagoniza *Obsesión* y dos años después *Caperucita y roja,* origen de una brillante carrera que se extiende a lo largo de casi sesenta películas rodadas en poco más de veinte años. Su encuentro con el realizador Vicente Aranda en *Cambio de sexo* marca el principio de una larga y fructífera colaboración; convertida en su actriz favorita y el principal instrumento para sus indagaciones sobre la pasión amorosa, hacen nueve películas juntos, entre las que destacan *La muchacha de las bragas de oro, El Lute: camina o revienta, Amantes, Intruso* y *Libertarias.* También desarrolla otra atractiva relación laboral con Pedro Almodóvar en *¡Átame!, Tacones lejanos* y *Kika.* Entre sus restantes papeles sobresalen el de la esforzada Clara, madre de un niño autista, en *Mater amatisima;* la prostituta Engrasia en *Río abajo;* la burguesita Elena en *La noche más hermosa;* la puta «la Cardenala» en *Padre Nuestro;* las gemelas monozigóticas Ana y Clara Alonso en *Demasiado corazón,* y la recia prostituta Gloria Duque en *Nadie hablará de nosotras cuando hayamos muerto.* Desde el comienzo de su carrera, también trabaja en Suiza, Italia, Portugal y, sobre todo, Francia, lo que le supone hacer un papel secundario con el japonés Nagisa Oshima en *Max, mon amour,* e incluso rodar en Hollywood la fallida *Jimmy Hollywood.* Esporádicamente interviene en alguna obra de teatro, más en París que en Madrid, y con más asiduidad en televisión, donde destaca su trabajo en las series *Los jinetes del alba* (1990), de Vicente Aranda, y *Sandino* (1990), de Miguel Littín.

1974 *Obsesión,* de Francisco Lara Polop.
1975 *Y le llamaban Robin Hood,* de Tonino Ricci.
1976 *Robin and Marian* (Robin y Marian), de Richard Lester. / *El hombre que supo amar,* de Miguel Picazo. / *Caperucita y roja,* de Luis Revenga y Aitor Goiricelaya. / *El puente,* de J. A. Bardem. / *Cambio de sexo,* de Vicente Aranda.
1977 *Esposa y amante,* de Angelino Fons. / *Doña Perfecta,* de César Ardavín.
1980 *La muchacha de las bragas de oro,* de Vicente Aranda. / *Mater amatisima,* de Josep A. Salgot. / *Otra mujer,* de Frank Aprederis. / *Más vale pájaro en mano,* de Max Pecas. / *La casa del paraíso,* de Santiago San Miguel.
1981 *Yendo hacia ti,* de Ferdinando Baldi. / *La batalla del porro,* de Juan Minguell. / *La guerrillera,* de Pierre Kast.
1982 *Asesinato en el Comité Central,* de Vicente Aranda. / *La colmena,* de Mario Camus. / *Entre paréntesis,* de Simón Fábregas. / *Sem sombra de pecado,* de José Fonseca e Costa. / *J'ai épousé une ombre,* de Robin Davis.
1983 *La Lune dans le caniveau,* de Jean-Jacques Beineix. / *Le bâtard,* de Bertrand van Effenterre. / *Las bicicletas son para el verano,* de Jaime Chávarri. / *L'addition* (La última solución), de Denis Amat. / *Le voyage,* de Michel Andrieu.
1984 *La noche más hermosa,* de Manuel Gutiérrez Aragón. / *Río abajo,* de José Luis Borau. / *After Darkness,* de Dominique Orthenin-Girard y Sergio Guerraz. / *Rouge-gorge,* de Pierre Zucca.
1985 *Padre Nuestro,* de Francisco Regueiro. / *La hora bruja,* de Jaime de Armiñán.
1986 *Max, mon amour* (Max, mi amor), de Nagisa Oshima. / *Nini terno secco,* de Giancarlo Giannini. / *Tiempo de silencio,* de Vicente Aranda.
1987 *El Lute: camina o revienta,* de Vicente Aranda. / *Barrios altos,* de José Luis G. Berlanga. / *El juego más divertido,* de Emilio Martínez-Lázaro. / *El placer de matar,* de Félix Rotaeta.
1988 *Bâton rouge,* de Rafael Moleón. / *Ada dans la jungle,* de Gérard Zingg. / *Sans peur et sans reproche,* de Gérard Jugnot.
1989 *Si te dicen que caí,* de Vicente Aranda. / *¡Átame!,* de Pedro Almodóvar.
1990 *Sandino,* de Miguel Littín. / *A solas contigo,* de Eduardo Campoy.
1991 *Amantes,* de Vicente Aranda. / *Une époque formidable,* de Gérard Jugnot. / *Tacones lejanos,* de Pedro Almodóvar.
1992 *Demasiado corazón,* de Eduardo Campoy.
1993 *Intruso,* de Vicente Aranda. / *Kika,* de Pedro Almodóvar. / *Jimmy Hollywood,* de Barry Levinson.
1994 *Gazon maudit* (Felpudo maldito), de Josiane Balasko. / *Casque bleu,* de Gérard Jugnot.
1995 *Nadie hablará de nosotras cuando hayamos muerto,* de Agustín Díaz Yanes. / *Libertarias,* de Vicente Aranda.

ACCATTONE *(1961)*

En los más cochambrosos suburbios romanos vive el chulo Vittorio Cataldi, más conocido como Accattone (Franco Citti), de prostituir a Maddalena (Silvana Corsini), pero es arrestada y condenada. Se enamora entonces de Stella (Franca Pasut), a la que también trata de explotar sexualmente, lo que a ella le produce tal repugnancia que le resulta imposible, y no le queda más remedio que intentar trabajar honestamente. Enseguida cae en la ilegalidad y muere en un accidente de circulación cuando es perseguido por la policía por haber intentado robar un jamón y unos salchichones. Primera película del poeta y novelista Pier Paolo Pasolini, es la exacta continuación de sus novelas, el personal reflejo de ese submundo romano que le descubren los hermanos Citti, que aquí colaboran, uno como actor, Franco Citti, y el otro como coguionista, Sergio Citti. El peculiar acento romano de los actores, el tono desgarrado de su interpretación y la sordidez de la historia narrada, contrastan con la música, fragmentos de *La Pasión según san Mateo*, de Johann Sebastian Bach, para construir una tragedia moderna. Con el paso de los años ha disminuido la fuerza de su historia, pero gracias a la personalísima iconografía de la pobreza y a la inexperiencia cinematográfica y el primitivismo narrativo de Pasolini, sigue conservando gran parte de su encanto: su difícil equilibrio entre lo profano y lo sagrado.

Director: *Pier Paolo Pasolini*. Guión: *Pier Paolo Pasolini, Sergio Citti*. Fotografía: *Tonino delli Colli*. Música: *Johann Sebastian Bach*. Intérpretes: *Franco Citti, Silvana Corsini, Franca Pasut, Paola Guidi, Adriana Asti, Mario Cipriani*. Producción: *Alfredo Bini y Cino del Duca*. Duración: *116'. Italia*.

ACCIDENTE SIN HUELLA (*Que la bête meure, 1969*)

Tomando como punto de partida la novela clásica policiaca británica *La bestia debe morir*, de Nicholas Blake, el realizador Claude Chabrol se interroga sobre la culpabilidad y rueda una de sus mejores películas, con un buen guión de su colaborador habitual Paul Gégauff, para su productor de estos años, André Génovès. Charles Thénier (Michel Duchaussoy) quiere vengar la muerte de su hijo, atropellado por un automovilista que se da a la fuga, y descubre que se trata del grosero y vulgar chófer Paul Decourt (Jean Yanne). Mientras establece unas complejas relaciones con él, Charles Thénier se entera de que no es el único que quiere matarle. Un día Paul Decourt aparece envenenado, acusan del asesinato a su hijo de doce años Philippe (Marc di Napoli); Charles Thénier escribe a la policía para demostrar la inocencia del muchacho y desaparece. La historia sirve a Chabrol para hacer un ambiguo y melancólico policiaco que se sitúa entre sus más sólidos trabajos. Destaca el sórdido duelo interpretativo entre Michel Duchaussoy y Jean Yanne.

Director: *Claude Chabrol*. Guionistas: *Paul Gégauff, Claude Chabrol*. Fotografía: *Jean Rabier*. Música: *Pierre Jansen*. Intérpretes: *Jean Yanne, Michel Duchaussoy, Caroline Cellier, Maurice Pialat, Anouk Ferjac, Marc di Napoli*. Producción: *André Génovès para Les Films à Boétier (París), Rizzoli Films (Roma). Color. Duración: 113'. Francia-Italia*.

ACORAZADO POTEMKIN, EL (*Bronenosets Potiomkin, 1925*)

Planteada como uno de los ocho episodios que debían integrar una gran producción conmemorativa del veinte aniversario de los sucesos de 1905 que llevaron al triunfo de la Revolución Rusa, el 31 de marzo de 1925 el realizador Sergei M. Eisenstein empieza a rodar en Leningrado el episodio correspondiente a la huelga general. Basado en un guión autorizado por el Comité Central del Partido Comunista, la complejidad de su planteamiento hace que ni el director ni sus más íntimos colaboradores estén contentos con los resultados. En otoño el equipo se desplaza hacia el mar Negro para proseguir el rodaje. Llegan al puerto de Odessa y el director de fotografía Eduard Tissé muestra la gran escalinata a Eisenstein. Su imaginación despierta: desecha lo rodado y se centra en el episodio del amotinamiento de los marinos del *Potemkin*. Escribe un nuevo guión, basado en las declaraciones de los supervivientes de la matanza que tuvo lugar en las escaleras por las balas de los cosacos e inspirado por la visión de los lugares donde ocurrieron los hechos. El único episodio del proyecto inicial que se completa se convierte en una tragedia, con una estructura más musical que dramática, dividida en cinco actos: *Hombres y gusanos, Drama en cubierta, La muerte pide venganza, La escalera de Odessa* y *El encuentro con la escuadra*. Un clásico del cine revolucionario, que permanece prohibido durante décadas en muchos países, y una de las grandes películas de la historia del cine.

Director: *Sergei M. Eisenstein*. Guionistas: *Sergei M. Eisenstein, Nina Agadjanova*. Fotografía: *Eduard Tissé*. Intérpretes: *Aleksander Abtonov, Vladimir Barsky, Grigori Aleksandrov*. Producción: *Estudio Goskino. Duración: 67'. Unión Soviética*.

ADELANTE, MI AMOR (*Arise My Love, 1940*)

Compleja mezcla de comedia, historia de amor y propaganda bélica, basada en un buen guión de Billy Wilder y Charles Brackett, dirigida por Mitchell Leisen con su habitual maestría, cuyo máximo interés reside en ser una de las poquísimas películas norteamericanas contrarias al general Franco, y la única que refleja la durísima situación existente en la España de la más inmediata posguerra. Cuando Thomas Martin (Ray Milland), piloto norteamericano perteneciente a las Brigadas Internacionales, está a punto de ser fusilado por las fuerzas victoriosas del general Franco, su compatriota Augusta Nash (Claudette Colbert) se hace pasar por su mujer y consigue que le dejen en libertad. Tras un largo forcejeo entre la posibilidad de una pacífica vida en Cleveland y la de quedarse en Europa combatiendo en la II Guerra Mundial, cuando han optado por la felicidad en lugar del deber y se dirigen a Estados Unidos, el barco en que viajan es torpedeado por un submarino alemán, y deciden seguir luchando en Europa.

Director: *Mitchell Leisen*. Guionistas: *Charles Brackett, Billy Wilder*. Fotografía: *Charles Lang*. Música: *Victor Young*. Intérpretes: *Claudette Colbert, Ray Milland, Walter Abel, Dennis O'Keefe, George Zucco*. Producción: *Arthur Hornblow Jr. para Paramount*. Duración: *113'. Estados Unidos*.

ADIÓS, MUCHACHOS (Au revoir les enfants, 1987)

A finales de la ocupación alemana de Francia durante la II Guerra Mundial, en el invierno de 1944, Louis Malle tiene once años, está interno en un colegio católico de Fontainebleau y cada vez se siente más interesado por uno de los tres nuevos compañeros, algo mayores que él, llegados a mitad de curso. Tras recibir una denuncia, varios miembros de la Gestapo llegan una fría mañana al colegio para detener a los tres nuevos alumnos, por ser judíos, y al sacerdote que los protegía. Estos hechos impresionan mucho al joven Malle, determinan su vocación cinematográfica y hacen que, a los veinticinco años, cuando se plantea dirigir su primera película, quiera debutar con esta historia, pero no se atreve. Treinta años y dieciséis películas después, finalizado el primer período norteamericano de su obra, siente que tiene suficiente madurez y habilidad técnica para narrar la amistad entre el burgués Julien Quentin (Gaspard Manesse) y el judío Jean Bonnet (Raphaël Fejto), y cómo esta amistad es destruida por el rencor del pinche de cocina cojo Joseph (François Négret), y dar su particular versión de la colaboración del pueblo francés con los ocupantes alemanes. El espléndido resultado, en el que brillan la descripción de un internado de la época y el trabajo de los jóvenes e inexpertos protagonistas, gana el León de Oro de la Mostra de Venecia.

Director y guionista: *Louis Malle*. Fotografía: *Renato Berta*. Música: *Franz Schubert, Camille Saint-Saëns*. Intérpretes: *Gaspard Manesse, Raphaël Fejto, Francine Racette, Stanislas Carré de Malberg, Philippe Morier-Genoud, Irène Jacob, François Négret*. Producción: *Louis Malle para Nouvelles Éditions de Films (París), M.K.-2 Productions (París), Stella Films (Munich), N.E.F.-GMbH (Munich). Color. Duración: 103'. Francia-República Federal Alemana.*

ADIÓS A MI CONCUBINA (Bawang Bieji, 1993)

A partir de la novela homónima de Lilian Lee, convertida en guión por ella misma y por Li Wei, el conocido realizador chino Chien Kaige rueda su quinto largometraje y gana con él la Palma de Oro del Festival de Cannes. La historia se desarrolla a lo largo de cincuenta años, desde mediados de la década de los veinte hasta la muerte del presidente Mao en 1977, narra la amistad entre dos huérfanos que se convierten en famosos cantantes de ópera y está dividida en tres partes bastante diferenciadas entre sí. Una primera sobre su niñez en la escuela de ópera de Pekín, resuelta a base de *steadicam* y demasiado apoyada en el exotismo, donde se dan las bases de su amistad. Otra central, y mejor, en que, ya de mayores, queda muy clara la femineidad de Douzi (Leslie Cheung), tanto por interpretar personajes femeninos como por su amor hacia su amigo Xiaolou (Zhang Fengyi), y la atracción que siente este último por la prostituta Juxian (Gong Li), que le hace casarse con ella. Las complejas relaciones entre los tres personajes están muy bien manejadas por Chien Kaige, que abandona el *steadicam* y el exotismo para pasarse al primer plano y el minucioso análisis de los problemas «triangulares». En la tercera y última parte, los problemas personales aparecen diluidos entre los duros acontecimientos históricos que marcan el final de la dictadura del presidente Mao. Destaca el excelente trabajo interpretativo de Gong Li, una actriz genial capaz de dar vida a cualquier personaje. Resultan excesivos, sin embargo, sus 165 minutos de duración.

Director: *Chien Kaige*. Guionistas: *Lilian Lee, Li Wei*. Fotografía: *Gu Chang-Wei*. Música: *Zhao Jiping*. Intérpretes: *Leslie Cheung, Zhang Fengyi, Gong Li, Lu Qi, Ying Da, Ge You*. Producción: *Hsu Feng para Tomson Films Company Limited (Londres), Chica Film (Pekín), Beijing Films Studio (Pekín)*. Color. Duración: 165'. China.

ADJANI, Isabelle *(París, Francia, 1955)*

Hija de padre argelino y madre alemana, a los catorce años debuta como actriz de cine, pero solo tras ingresar en la Comédie-Française y hacerse un nombre como actriz de teatro, protagoniza *La bofetada*. Sin abandonar por completo el teatro, durante la segunda mitad de la década de los setenta hace sus mejores películas: *Diario íntimo de Adèle H., El quimérico inquilino, Las hermanas Brontë*, con los grandes directores Truffaut, Polanski y Téchiné. Entre los fallidos intentos en Hollywood, el policiaco *Driver* y la comedia *Ishtar*, se convierte en una de las estrellas del cine europeo con la producción alemana *Nosferatu, vampiro de la noche*, la inglesa *Quartet* y la francesa *La pasión de Camille Claudel*. Sin embargo, a pesar de su rara belleza y su habilidad interpretativa, desde principios de los años ochenta cada vez trabaja menos y en películas más discutibles.

1969 *Le petit bougnat*, de Bernard T. Michel.
1971 *Faustine ou le bel été*, de Nina Companeez.
1974 *La gifle* (La bofetada), de Claude Pinoteau.
1975 *Histoire d'Adèle H.* (Diario íntimo de Adèle H.), de François Truffaut.
1976 *Le locataire* (El quimérico inquilino), de Roman Polanski. / *Barocco*, de André Téchiné. / *Violette et François*, de Jacques Rouffio.
1977 *The Driver*, de Walter Hill.
1978 *Nosferatu, Phantom der Nacht* (Nosferatu, vampiro de la noche), de Werner Herzog.
1979 *Les sœurs Brontë* (Las hermanas Brontë), de André Téchiné.
1980 *Possession* (Posesión), de Andrzej Zulawski. / *Clara et les chic types*, de Jacques Monnet.
1981 *Quartet*, de James Ivory. / *L'année prochaine si tout va bien*, de Jean Loup Hubert.
1982 *Tout feu, tout flamme*, de Jean-Paul Rappeneau. / *Antonieta*, de Carlos Saura.
1983 *Mortelle randonnée*, de Claude Miller. / *L'été meurtrier* (Verano asesino), de Jean Becker.
1985 *Subway*, de Luc Besson.
1987 *Ishtar*, de Elaine May.
1988 *Camille Claudel* (La pasión de Camille Claudel), de Bruno Nuytten.
1993 *Toxic Affair*, de Philomène Exposito.
1994 *La reine Margot* (La reina Margot), de Patrick Chereau.

ADLON, Percy *(Munich, Alemania, 1935)*

Hijo del tenor Rudolf Laubenthal, hace sus estudios elementales en Baviera y se diploma en arte, teatro y filología alemana en la Universidad de Munich. En 1962 comienza a trabajar en la radio como locutor y guionista de programas literarios hasta que en 1970 pasa a la televisión para especializarse en documentales sobre pintores, escritores y músicos. Tras crear la productora PeleMele Film realiza *El guardián y su poeta* (Der Vormund und Sein Dichter, 1978), su primer trabajo de ficción, un programa para televisión sobre las relaciones entre el escritor suizo Robert Walser y su editor, y *Don Quijote* (Herr Kischott, 1979), personal versión del clásico de Miguel de Cervantes donde trabaja por primera vez con su musa Marianne Sägebrecht. Su buena acogida le impulsa a debutar en cine con *Celeste*, una curiosa recreación del mundo del escritor francés Marcel Proust a través del libro de recuerdos publicado por su criada. Su relativo éxito le permite rodar *Los cinco últimos días*, sobre la amistad nacida en prisión entre dos miembros femeninos de la organización antinazi La Rosa Blanca antes de ser ejecutadas en 1943, y *El columpio*, en torno a la vida de una familia burguesa franco-bávara a finales del siglo XIX. Se da a conocer internacionalmente con la comedia negra *Sugarbaby*, que narra las relaciones entre un conductor del metro y una empleada de una empresa de pompas fúnebres, encarnada por Marianne Sägebrecht. Sus inesperadas recaudaciones le permiten no sólo escribir y dirigir, sino también producir en Estados Unidos, de nuevo con Marianne Sägebrecht, *Bagdad Café*, su película más conocida, y *Rosalie va de compras*, en torno a las divertidas andanzas de una alemana en el país más rico del mundo. Tras rodar en Alaska la fallida *Salmonberries* con la cantante *country* canadiense K. D. Lang, sobre el amor entre una solitaria muchacha canadiense y una bibliotecaria alemana, regresa a Estados Unidos para hacer

Younger & Younger, donde vuelve a criticar el sueño norteamericano a través del funcionamiento familiar de un peculiar guardamuebles, con un grupo internacional de actores encabezado por el canadiense Donald Sutherland.
1981 *Celeste.*
1982 *Fünf Letzte Tage* (Los cinco últimos días).
1983 *Die Schaukel* (El columpio).
1985 *Zuckerbaby* (Sugarbaby).
1987 *Out of Rosenheim* (Bagdad Café).
1988 *Rosalie Goes Shopping* (Rosalie va de compras).
1991 *Salmonberries.*
1993 *Younger & Younger.*

ÁFRICA *(1996)*

En el madrileño barrio obrero de San Blas, el joven de dieciséis años Martín (Zoe Berriatúa) está obsesionado por las carreras de maratón que practica diariamente, mientras su alcohólica madre se suicida tras una de sus habituales discusiones con su padre, Arturo (Imanol Arias). A través de su joven amiga África (Elena Anaya), se entera de que su padre lleva tiempo liado con la madre de ella, Isabel (Julie Carmen), teme que haya matado a su madre y decide eliminarle con la ayuda de su amiga, que ve peligrar la tranquilidad alcanzada con su madre y su hijo pequeño, tras su llegada de su Melilla natal, mientras regentan un bar de un barrio asolado por la droga, los yonquis y los camellos, donde los vecinos deciden tomarse la justicia por su mano. A partir de un guión propio, Alfonso Ungría narra con un depurado realismo la peculiar educación sentimental de un joven que descubre al mismo tiempo el sexo, el amor y el odio hacia su padre. Dentro del cada vez más sofisticado cine español, llama la atención por ser la primera película en muchos años que no solo refleja con realismo los problemas cotidianos de una buena parte de la población, sino que está protagonizada por un obrero. Rodada con tanta maestría como eficacia, destacan su peculiar visión de Madrid, la música africana de Suso Saiz y el trabajo de los actores, tanto los jóvenes debutantes Zoe Berriatúa y Elena Anaya como los veteranos Imanol Arias y Julie Carmen.

Director y guionista: *Alfonso Ungría.* Fotografía: *Hans Burmann.* Música: *Suso Saiz.* Intérpretes: *Zoe Berriatúa, Elena Anaya, Imanol Arias, Julie Carmen, Chema Muñoz.* Producción: *César Benítez y Fernando Garcillán para Sogetel, S.A., Bocaboca Producciones, S.A.* Color. Duración: *100'. España.*

AGUAS PANTANOSAS *(Swamp Water, 1941)*

Primera de las cinco películas rodadas en Hollywood por el director francés Jean Renoir durante su exilio, provocado por la II Guerra Mundial. Es una producción 20th Century Fox basada en un buen guión del famoso Dudley Nichols, donde, a pesar de la fuerte presión del estudio, se puede apreciar su inconfundible estilo humanista. Narra cómo el trampero Ben Ragan (Dana Andrews) encuentra en los pantanos de Georgia a Tom Keller (Walter Brennan) y su hija Julie (Anne Baxter), que se han escondido allí por un crimen que no han cometido. Descubre a los culpables, consigue que les detengan y devuelve a la civilización al padre y a la hija. Once años después, el rumano Jean Negulesco realiza una nueva versión en el brillante Technicolor de la época, también para los estudios 20th Century Fox, con el título *Un grito en el pantano* (Lure of the Wilderness, 1952) y protagonizada por Jeffrey Hunter, Jean Peters y Walter Brennan, que no alcanza la calidad de la primera, pero resulta muy similar.

Director: *Jean Renoir.* Guionista: *Dudley Nichols.* Fotografía: *Peverell Marley.* Música: *David Buttolph.* Intérpretes: *Dana Andrews, Walter Huston, Anne Baxter, Walter Brennan, Virginia Gilmore, John Carradine, Ward Bond.* Producción: *Irving Pichel para 20th Century Fox.* Duración: *90'. Estados Unidos.*

ÁGUILA NEGRA, EL *(The Eagle, 1925)*

La obra *Dubrovsky,* de Alexandr Pushkin, da lugar a muy diferentes películas. En última posición, por orden cronológico y de calidad, se sitúa el díptico realizado en Italia por Riccardo Freda, integrado por *Águila negra* (Aquila nera, 1946) y *La venganza de Águila negra* (La vendetta di Aquila nera, 1951), protagonizadas por Rossano Brazzi, que tiene gran éxito en su momento. En primer lugar aparece la producción norteamericana protagonizada por Rudolph Valentino y Vilma Banky, que se convierte en el primer gran éxito del director Clarence Brown. Narra cómo el oficial Dubrovsky (Rudolph Valentino) deserta de su batallón de cosacos y de los brazos de la ninfómana zarina (Louise Dresser) para ir a vengar a su padre, que ha sido desposeído de sus tierras por un déspota, se hace pasar por profesor de francés de su hija (Vilma Banky) y acaba enamorándose de ella y desistiendo de sus propósitos.

Director: *Clarence Brown*. Guionista: *Hans Kraly*. Fotografía: *George Barnes*. Intérpretes: *Rudolph Valentino, Vilma Banky, Louise Dresser*. Producción: *United Artists*. Duración: *80'*. Estados Unidos.

AGUIRRE, LA CÓLERA DE DIOS *(Aguirre, der Zorn Gottes, 1972)*

La aventura amazónica de Lope de Aguirre, el conquistador español que, sin hacer caso de las órdenes de Francisco Pizarro y enfrentándose a su jefe Pedro de Ursúa, en 1560 se interna con un grupo de hombres en las inexploradas zonas de los Andes amazónicos para descubrir El Dorado, el mito inventado por los indios, es origen de dos películas muy distintas. La fascinación del guionista y realizador Werner Herzog por los personajes marginales y los rodajes complicados, le conduce a rodar esta personal versión en los más intrincados parajes de las selvas peruanas. El resultado es un bello poema en imágenes, con preponderante música de Popol Vuh, que tras cinco películas le consagra internacionalmente y se convierte en la mejor de sus colaboraciones con el rudo actor Klaus Kinski. Por su parte, el director Carlos Saura rueda en Costa Rica *El Dorado* (1987), una superproducción de Andrés Vicente Gómez, que se convierte en la película más cara hecha en España, como anticipo de la celebración del V Centenario de la conquista de América, protagonizada por el italiano Omero Antonutti.

Director y guionista: *Werner Herzog*. Fotografía: *Thomas Mauch*. Música: *Popol Vuh*. Intérpretes: *Klaus Kinski, Helena Rojo, Del Negro, Ruy Guerra, Peter Berling, Cecilia Rivera*. Producción: *Werner Herzog Production*. Color. Duración: *93'*. República Federal Alemana.

AIMÉE, Anouk *(Nicole Françoise Dreyfus. París, Francia, 1932)*

Hija del actor Henry Dreyfus y de la actriz Geneviève Sorya, se educa en Francia y durante la II Guerra Mundial en el Reino Unido. En la posguerra estudia danza y arte dramático en París con René Simon; debuta a los catorce años como actriz de cine y se da a conocer dos años después al encarnar a Julieta en *Les amants de Vérone*, su segunda película. Durante la década de los cincuenta trabaja tanto en producciones británicas, *La salamandra de oro*, como norteamericanas, *Rojo atardecer*; pero sus mejores películas son las francesas *Le rideau cramoisi* y *Les mauvais rencontres*, de Alexander Astruc, *Montparnasse 19*, de Jacques Becker, y *La cabeza contra la pared*, de Georges Franju. El mejor momento de su desigual carrera son los años sesenta por sus trabajos en Italia con Federico Fellini en *La dolce vita* y *Fellini ocho y medio*; con Vittorio de Sica en *El juicio universal*; con Gianfranco de Bosio en *Il terrorista*; con Florestano Vancini en *Las estaciones de nuestro amor*; en Francia con Jacques Demy, en *Lola*, y su continuación norteamericana, *Estudio de modelos*; con Claude Lelouch, en *Un hombre y una mujer*, su mayor éxito, y con el belga André Delvaux, en *Una noche, un tren*; y también por sus producciones norteamericanas, entre las que destaca *Justine*, de George Cukor. Después de siete años de inactividad cinematográfica, prosigue su cosmopolita carrera con las producciones italianas *La historia de un hombre ridículo*, de Bernardo Bertolucci; *Salto en el vacío*, de Marco Bellocchio, y *El general de la armada muerta*, de Luigi Tovoli; la británica *El éxito es la mejor venganza*, de Jerzy Skolimowski; y las francesas *Si empezara otra vez, Viva la vie* y *Un hombre y una mujer, veinte años después*, de Claude Lelouch.

1946 *La maison sous la mer*, de Henri Calef.
1948 *Les amants de Vérone*, de André Cayatte.
1950 *The Golden Salamander* (La salamandra de oro), de Ronald Neame.
1951 *Nuit d'orage* (Noche de tormenta), de J. de Mayora. / *Le rideau cramoisi*, de Alexandre Astruc.
1952 *The Man Who Watched the Trains Go By*, de Harold French.
1953 *Ich such dich*, de O. W. Fisher.
1954 *Contraband Spain* (Contrabando), de Lawrence Huntington. / *Les mauvaises rencontres*, de Alexandre Astruc.
1956 *Streseman*, de Harald Braun. / *Nina*, de Rudolf Jugert.
1957 *Tous peuvent me tuer* (Todos pueden matarme), de Henri Decoin. / *Pot-Bouille* (El puchero hierve), de Julien Duvivier.
1958 *Montparnasse 19*, de Jacques Becker.
1959 *The Journey* (Rojo atardecer), de Anatole Litvak. / *Le tête contre les murs* (La cabeza contra la pared), de Georges Franju. / *Les dragueurs*, de Jean-Pierre Mocky.

1960 *La dolce vita*, de Federico Fellini. / *Le farceur*, de Philippe de Broca.
1961 *L'imprevisto* (Lo imprevisto), de Alberto Lattuada. / *Lola*, de Jacques Demy. / *Quai Notre-Dame*, de J. Berthier. / *Il giudizio universale* (El juicio universal), de Vittorio de Sica.
1962 *Sodom and Gomorrah* (Sodoma y Gomorra), de Robert Aldrich. / *Les grand chemins* (Póquer de sangre), de Christian Marquand.
1963 *8 1/2* (Fellini ocho y medio), de Federico Fellini. / *Liolà*, de Alessandro Blasetti. / *Il successo* (El éxito), de Dino Risi.
1964 *Le voci bianche* (Joven, guapo y con voz de soprano), de Pasquale Festa Campanile y Massimo Franciosa. / *Il terrorista*, de Gianfranco de Bosio. / *La fugue*, de Paolo Spinola.
1965 *Le stagini del nostro amore* (Las estaciones de nuestro amor), de Florestano Vancini.
1966 *Un homme et une femme* (Un hombre y una mujer), de Claude Lelouch. / *Il morbidone*, de Massimo Franciosa.
1968 *Un soir, un train* (Una noche, un tren), de André Delvaux.
1969 *The Model Shop* (Estudio de modelos), de Jacques Demy. / *The Appointment* (Una cita), de Sidney Lumet. / *Justine*, de George Cukor.
1976 *Si c'était à refaire* (Si empezara otra vez), de Claude Lelouch.
1978 *Mon premier amour*, de Elie Chouraqui.
1979 *Salto nel vuoto* (Salto en el vacío), de Marco Bellocchio.
1981 *La tragedia di un uomo ridicolo* (La historia de un hombre ridículo), de Bernardo Bertolucci. / *Qu'est-ce qui fait courir David?*, de Elie Chouraqui.
1983 *Il generale dell'armata morta* (El general de la armada muerta), de Luigi Tovoli.
1984 *Viva la vie*, de Claude Lelouch. / *Success Is the Best Revenge* (El éxito es la mejor venganza), de Jerzy Skolimowski.
1986 *Un homme et une femme: vingt ans déjà* (Un hombre y una mujer, veinte años después), de Claude Lelouch.
1994 *Prêt-à-porter*, de Robert Altman.

AL ANOCHECER *(Verso sera, 1990)*

Siempre interesada por los problemas de la infancia, la realizadora y guionista Francesca Archibugi narra, en este su segundo largometraje, las relaciones entre Ludovico Bruschi (Marcello Mastroianni), un profesor universitario jubilado, viudo y comunista, su nieta Mescalina (Lara Pranzoni), una espabilada niña de cinco años a quien todos llaman Papere, que se ha inventado una hermana gemela con quien jugar, su nuera Stella (Sandrine Bonnaire), una *hippy* típica, producto de la generación de la revolución de mayo de 1968, y su vieja sirvienta *meridionale*, Elvira (Zoe Incrocci). A través de una sucesión de *flashbacks*, originados trece años después con la excusa narrativa de una larga carta que el profesor escribe a su nieta Papere de dieciocho años, para explicarle lo feliz y desgraciado que fue durante el año 1977, en que vivieron juntos, y exponerle las diferencias ideológicas existentes entre la posición de su madre y la suya, para que pueda elegir entre ambas, deja muy claras sus simpatías por la postura del profesor a pesar de estar escrita y dirigida por mujeres. Lo mejor de esta atractiva producción es la parte central, donde el profesor Bruschi debe defender el cariño que siente por su nieta, que se ha convertido en su alumna más aventajada, frente a la relación de amor y odio que se establece con su nuera y la insubordinación de su sirvienta, que se queja de que nunca le ha enseñado nada.

Directora: *Francesca Archibugi*. Guionistas: *Francesca Archibugi, Gloria Malatesta, Claudia Sbarigia*. Fotografía: *Paolo Carnera*. Música: *Roberto Gatto, Battista Lena*. Intérpretes: *Marcello Mastroianni, Sandrine Bonnaire, Lara Pranzoni, Zoe Incrocci, Giorgio Tirabassi*. Producción: *Leo Pescarolo y Guido de Laurentiis para Ellepi Film (Roma), Paradis Films (París), RAIuno. Color. Duración: 100'. Italia-Francia.*

AL BORDE DEL PELIGRO *(Where the Sidewalk Ends, 1950)*

Durante una investigación, el violento policía Mark Dixon (Dana Andrews) mata a un hombre por accidente y lo oculta porque se cree heredero de la maldad de su padre y se enamora de Morgan Taylor (Gene Tierney), la hija del taxista Jiggs Taylor (Tom Tully), el presunto culpable. Encargado de la investigación del crimen, tras alguna vacilación acaba confesando su homicidio involuntario y pagando por su falta. A partir de una novela policiaca de William L. Stuart, convertida en guión por Rex Connor, uno de los variados seudónimos empleados por el famoso guionista Ben Hecht durante la etapa en que su ideología izquierdista le hace aparecer en las «listas negras» del Comité de Actividades Antinorteamericanas, el productor y director Otto Preminger hace uno de sus más sólidos trabajos para 20th Century Fox. Su personal estilo, apoyado en la ambigüedad de las historias que le gusta narrar, brilla con especial fuerza en esta curiosa investigación llevada a cabo por el policía protagonista, que es a la vez perseguidor y perseguido.

Director: *Otto Preminger*. Guionista: *Rex Connor*. Fotografía: *Joseph La Shelle*. Música: *Cyril Mockridge*. Intérpretes: *Dana Andrews, Gene Tierney, Gary Merrill, Bert Freed, Tom Tully, Karl Malden*. Producción: *Otto Preminger para 20th Century Fox*. Duración: *95'. Estados Unidos*.

AL ESTE DEL EDÉN (*East of Eden, 1955*)

Con el consentimiento del autor John Steinbeck, el productor y director Elia Kazan toma la cuarta parte de su gran novela homónima, un gran fresco que abarca tres generaciones, y narra la historia de dos familias, para que el dramaturgo Paul Osborn le escriba un buen guión, gracias al que tiene su primer y afortunado encuentro con el discutido formato CinemaScope. El enfrentamiento entre el puritano Adam Trask (Raymond Massey), su hijo bueno, Aaron (Dick Davalos), y su hijo malo, Caleb (James Dean), en 1917 en el valle de Salinas, California, durante la conflictiva situación económica creada por la Gran Guerra, se convierte en una de las grandes películas de Kazan, llena de resonancias autobiográficas y con una gran fuerza. Destacan la peculiar presencia del actor James Dean en su primer papel protagonista, la minuciosa realización de Kazan y algunas escenas, como aquella en la que Caleb descubre que su madre (Jo van Fleet) no ha muerto, sino que regenta un burdel en la cercana ciudad de Monterrey.

Director: *Elia Kazan*. Guionista: *Paul Osborn*. Fotografía: *Ted McCord*. Música: *Leonard Rosenman*. Intérpretes: *Raymond Massey, James Dean, Julie Harris, Dick Davalos, Jo van Fleet, Burl Ives*. Producción: *Elia Kazan para Warner. Color. Scope*. Duración: *115'. Estados Unidos*.

AL FINAL DE LA ESCAPADA (*À bout de souffle, 1959*)

En una curiosa mezcla de planos cortos y planos secuencia, de escenas muy breves y muy largas, narra con cierta torpeza las relaciones entre el burdo asesino francés Michel Poiccard (Jean-Paul Belmondo) y la joven norteamericana aspirante a periodista Patricia Franchini (Jean Seberg), que vende el diario *New York Herald Tribune* por los Champs Élisées, en un continuo ir y venir por las calles de París. Rodada sin especial cuidado, frente a la poca habilidad demostrada en los momentos de acción, destacan las largas escenas entre sus dos apropiados y casi desconocidos protagonistas. En especial, aquella en que Patricia Franchini llega a su modesto hotel tras pasar la noche con otro: encuentra en su cama a Michel Poiccard, juguetean, hablan, ella lee la famosa frase final de *Las palmeras salvajes,* de William Faulkner, «Entre la pena y la nada, elijo la pena», y acaban haciendo el amor bajo las sábanas. Dentro de una narración que conserva los fundidos en negro y los encadenados, pero no respeta ni los saltos de eje, ni los *raccords,* llena de homenajes a la revista *Cahiers du Cinéma* y al cine norteamericano, destaca su tono de apología de la delación. No solo Patricia Franchini denuncia a su amante a la policía, sino que también un transeúnte (Jean-Luc Godard) que reconoce a Michel Poiccard por una foto de un diario, le delata y la policía acaba con él. Escrita y dirigida por el debutante Jean-Luc Godard sobre un argumento de François Truffaut, su éxito la convierte en una pieza clave del movimiento denominado *nouvelle vague,* y tiene una excesiva influencia sobre el mejor cine de los años sesenta. El interesante realizador independiente norteamericano James McBride pasa al cine comercial con *Vivir sin aliento* (Breathless, 1983), una nueva versión cuyo máximo atractivo es servir de trampolín de lanzamiento de la seductora Valerie Kaprinsky.

Director y guionista: *Jean-Luc Godard*. Fotografía: *Raoul Coutard*. Música: *Martial Solal*. Intérpretes: *Jean-Paul Belmondo, Jean Seberg, Daniel Boulanger, Henri-Jacques Huet, Jean-Pierre Melville, Roger Hanin*. Producción: *Georges de Beauregard para Imperia, S.N.C.* Duración: *89'. Francia*.

AL MORIR LA NOCHE (*Dead of Night, 1945*)

Los británicos estudios Ealing son conocidos por las dieciséis comedias que producen durante la década de los cincuenta, pero también realizan buenas películas de otros géneros, como, por ejemplo, esta colección de seis episodios fantásticos y de terror, rodados por cuatro directores bajo la supervisión de Alberto Cavalcanti. Después de la introducción, realizada por Basil Dearden, donde el arquitecto Walter Craig (Mervyn Jones) llega a la casa de campo de Elliot Foley (Roland Culver) para hablar de algunos arreglos, cree reconocer el lugar y a los personajes de una pesadilla que ha tenido recientemente, e invita a los presentes a contar una historia extraordinaria en la que hayan estado implicados, se suceden otras cinco narraciones. En *El cochero de pompas fúnebres* (The Hearse Driver), de Basil Dearden, un hombre (Anthony Baird) evita su muerte en un accidente al reconocer en el cobrador de un autobús a una funesta figura vista en una pesadilla; en *La fiesta de Navidad* (The Christmas Party), de Alberto Cavalcanti, una muchacha (Sally Ann Howes) encuentra al melancólico fantasma de un niño asesinado en la mansión donde pasa las fiestas navideñas; en *El espejo encantado* (The Haunted Mirror), de Robert Hamer, la pareja encarnada por Georgie Withers y Ralph Michael está a punto de ser víctima del mundo mortal que ve en un espejo; en *Una historia de golfos* (The Golfing Story), de Charles Crichton, dos jugadores de golf se disputan los favores de una joven (Peggy Brian) en un torneo, el perdedor se suicida, pero, como el vencedor ha hecho trampas, irá a molestarles durante la noche de bodas; en *El muñeco del ventrílocuo* (The Ventroloquist's Dummy), de Alberto Cavalcanti, se narra el desdoblamiento de personalidad de Maxwell Frere (Michael Redgrave) a través de la insubordinación del muñeco de un ventrílocuo contra su creador.

Directores: *Alberto Cavalcanti, Charles Crichton, Basil Dearden, Robert Hamer*. Guionistas: *John Baynes, Angus McPhail, T. E. B. Clarke*. Fotografía: *Jack Parker, H. Julius, Stan Pavey, Douglas Slocombe*. Intérpretes: *Mervyn Jones, Roland Culver, Mary Merrall, Judy Kelly, Anthony Baird, Sally Ann Howes, Frederick Valk, Georgie Withers, Ralph Michael, Peggy Brian, Esmé Percy, Basil Radford, Miles Malleson, Michael Redgrave*. Música: *Georges Auric*. Producción: *Sidney Cole y John Croydon para Ealing Studios*. Duración: *104'. Reino Unido*.

AL ROJO VIVO *(White Heat, 1949)*

El violento y psicópata gángster Arthur Cody Jarret (James Cagney), empujado al crimen y dominado por su tortuosa madre Ma Jarret (Margaret Wycherly), es sucesivamente traicionado por su mujer Verna (Virginia Mayo) y su mejor amigo Hank Fallon (Edmond O'Brien), que resulta ser un policía infiltrado en su banda de malhechores, lo que acaba por llevarle al suicidio en medio de un ataque de locura. En torno al complejo robo de la nómina de una fábrica, el realizador Raoul Walsh crea el clima apropiado para que se desarrolle bien la historia y consigue además que una tradicional película de gángsters llegue a tener connotaciones de tragedia. Dentro del cuidado conjunto destaca el trabajo de los actores, en especial el duro enfrentamiento entre un maduro James Cagney, con algunos años más que su personaje, y una perfecta Margaret Wycherly, una excelente secundaria que una vez más demuestra su gran calidad.

Director: *Raoul Walsh*. Guionistas: *Ivan Goff, Ben Roberts*. Fotografía: *Sid Hickox*. Música: *Max Steiner*. Intérpretes: *James Cagney, Edmond O'Brien, Margaret Wycherly, Virginia Mayo, Steve Cochran*. Producción: *Louis F. Edelman para Warner*. Duración: *114'. Estados Unidos*.

ALARMA EN EL EXPRESO *(The Lady Vanishes, 1938)*

Durante un viaje en tren desde el Reino Unido hasta Suiza, la joven Iris Henderson (Margaret Lockwood) entabla amistad con la amable anciana Miss Froy (Dame May Whitty). La anciana desaparece, y la joven la busca con la ayuda del especialista en música folclórica Gilbert (Michael Redgrave) por unos vagones que resultan estar llenos de espías a los que logran burlar. A partir de una novela de la especialista en narraciones de intriga Ethel Lina White, el maestro Alfred Hitchcock construye una interesante intriga, sazonada con su personal humor, en una de sus últimas producciones británicas. Cuarenta años después, el productor Michael Carreras hace para Hammer una segunda versión en color y Scope, cuyo título en castellano es *La dama del expreso* (1979), dirigida por Anthony Page, con Cybill Shepherd, Elliot Gould y Angela Lansbury, que tiene muy poco que ver con la primera, pero a la que no le falta un cierto encanto.

Director: *Alfred Hitchcock*. Guionistas: *Sidney Gilliat, Frank Launder*. Fotografía: *Jack Cox*. Música: *Louis Levy*. Intérpretes: *Margaret Lockwood,*

Michael Redgrave, Dame May Whitty, Paul Lukas, Basil Radford, Naunton Wayne, Cecil Parker. Producción: *Edward Black para Gainsborough/Gaumont British*. Duración: *97'. Reino Unido*.

ALAS (*Wings, 1927*)

Enfrentados por el amor de Mary Preston (Clara Bow), los amigos Jack Powell (Charles «Buddy» Rogers) y David Armstrong (Richard Arles) se alistan en la aviación cuando Estados Unidos entra en la Gran Guerra. Van a Europa a combatir contra los alemanes y uno de ellos muere mientras el otro intenta salvarle. El interés del realizador William A. Wellman por la aviación le impulsa a rodar esta primera gran película sobre el tema. Producida a finales del período mudo, tiene tanto éxito que poco después se hace una versión parcialmente sonorizada que se estrena a principios de la etapa sonora. Sus grandes recaudaciones hacen que Wellman vuelva sobre la aviación en *La legión de los condenados* (The Legion of the Condemned, 1928) y en *Aguiluchos* (Young Eagles, 1930), que de nuevo rueda para los estudios Paramount. En las tres películas, pero sobre todo en la primera, destacan las escenas aéreas, especialmente los combates, rodados con extremada precisión y claridad narrativa.

Director: *William A. Wellman*. Guionistas: *Hope Loring, Harry D. Lighton*. Fotografía: *Harry Perry*. Intérpretes: *Clara Bow, Charles «Buddy» Rogers, Richard Arlen, Gary Cooper, Jobyna Ralston*. Producción: *Lucien Hubbard para Paramount*. Duración: *136'. Estados Unidos*.

ALCORIZA, Luis (*Badajoz, España, 1920-Cuernavaca, México, 1992*)

Perteneciente a una familia de cómicos ambulantes, desde niño sigue las giras de su padre y debuta como actor a los catorce años. La sublevación militar que origina la guerra española sorprende a la compañía familiar en el norte de África; interrumpen su gira y se exilian en México, donde continúan con sus actuaciones. Nacionalizado mexicano en 1940, ese mismo año comienza su carrera como actor de cine; entre sus múltiples papeles hay que citar el de Jesucristo en *María Magdalena* (1945), de Miguel Contreras Torres. Ayudado por el realizador norteamericano Norman Foster y la guionista mexicana Raquel Rojas —con la que permanece casado muchos años—, escribe unos cincuenta guiones, entre los que sobresalen los de *Los olvidados* (1950), *Él* (1952) y *El ángel exterminador* (1962), de Luis Buñuel, y los de sus principales películas. Debuta como realizador con *Los jóvenes,* una irregular historia de delincuentes juveniles; entre sus siguientes producciones, gracias a su carácter documental e indigenista, destaca la trilogía formada por *Tlayucán, Tiburoneros* y *Tarahumara*. Con *El gángster* comienza a hacer comedias satíricas cuyos mejores logros son *Mecánica nacional,* dura crítica de la pequeña burguesía a través de su pasión por los automóviles, el deporte y el alcohol, y *Las fuerzas vivas,* historia política situada en un pequeño pueblo donde conservadores y revolucionarios alternan en el poder durante la Revolución. Entre sus restantes trabajos hay que citar *Presagio,* buena muestra de realismo mágico, basada en un relato de Gabriel García Márquez, que también colabora en el guión. En la última y peor etapa de su carrera vuelve a España para rodar *Tac tac,* discutible historia de una violación, y *La sombra del ciprés es alargada,* fallida adaptación de la primera novela de Miguel Delibes.

1960 *Los jóvenes.*
1961 *Tlayucán.*
1962 *Tiburoneros.*
1963 *Amor y sexo (Safo 63).*
1964 *El gángster.* / *Tarahumara.*
1966 *Divertimento,* episodio de *Juego peligroso.*
1967 *La casa de cristal.*
1968 *La puerta,* episodio de *Antología del miedo.* / *El oficio más antiguo del mundo.*
1969 *Paraíso.*
1971 *Mecánica nacional.*
1972 *El muro del silencio.* / *Esperanza,* episodio de *Fe, esperanza y caridad.*
1974 *Presagio.*
1975 *Las fuerzas vivas.*
1978 *A paso de cojo.*
1980 *Viacrucis nacional (Semana Santa en Acapulco).*
1981 *Tac tac.*
1983 *El amor es un juego extraño.*
1984 *Terror y encajes negros.*
1986 *Lo que importa es vivir.*
1988 *Día de muertos.*
1990 *La sombra del ciprés es alargada.*

ALDRICH, Robert *(Granston, Rhode Island, 1918-Los Ángeles, California, Estados Unidos, 1983)*

Al finalizar sus estudios empieza a trabajar en el departamento de producción de R. K. O. y durante los años cuarenta es ayudante de dirección de Charles Chaplin, Richard Fleischer, Mervyn LeRoy, Joseph Losey, Lewis Milestone, Jean Renoir, William A. Wellman y Fred Zinnemann. A principios de la década de los cincuenta realiza un par de series de televisión, dos irregulares películas de aprendizaje, *The Big Leaguer* y *World for Ransom*, y trabaja como director de producción de Harold Hecht y Burt Lancaster para quienes dirige *Apache* y *Vera Cruz*, dos personales e innovadores *westerns*. En 1954 crea su propia compañía de producción, The Associates and Aldrich, que mantiene a lo largo de toda su carrera y para la que hace sus obras más personales, siempre ligadas a los géneros tradicionales relacionados con la violencia y a las que sabe dotar de una especial fuerza y un particular encanto. Tras el progresista policiaco *El beso mortal*, basado en una novela de Mickey Spillane, realiza el melodrama *El gran cuchillo*, adaptación de una obra de teatro de Clifford Odets sobre el mundo del cine, la historia femenina *Autumn Leaves*, protagonizada por Joan Crawford, y la película de guerra *¡Ataque!*, basada en una obra de Norman Brooks, que deja demasiado claro su origen teatral. Su carrera sufre un tropiezo al ser expulsado del rodaje de *Bestias de la ciudad*, un policiaco que acaba y firma Vincent Sherman. Durante unos años vaga por Europa rodando sus peores películas: la historia de espionaje *Traición en Atenas*, el policiaco rodado en Londres *Ten Seconds to Hell* y la conflictiva historia bíblica realizada en Italia para el productor Goffredo Lombardo *Sodoma y Gomorra*. El gran éxito de *¿Qué fue de Baby Jane?*, un sórdido policiaco sobre una novela de Henry Farrell, que enfrenta a Bette Davis con Joan Crawford y que tiene su continuación en *Canción de cuna para un cadáver*, le sitúa en el mejor momento de su carrera. Del resto de su producción, treinta películas rodadas en casi treinta años, hay que destacar el excelente *western* incestuoso *El último atardecer*, así como el reposado y reflexivo *La venganza de Ulzana*, y el policiaco *La banda de los Grissom*, que supera la atractiva novela de James Hadley Chase en que está basado; están menos conseguidos los policiacos *Destino fatal*, sobre un guión original de Steve Shagan y con una de las pocas incursiones de Catherine Deneuve en el cine norteamericano, y *La patrulla de los inmorales*, sobre una novela del ex policía Joseph Wambaugh, así como la más difícilmente catalogable *El emperador del Norte*, historia de vagabundos y trenes durante la etapa de la Depresión. También pueden citarse *Doce del patíbulo*, otro de sus grandes éxitos, mezcla de violencia con un cierto tono antibélico, posteriormente muy imitado; el desigual melodrama sobre el mundo del cine *La leyenda de Lylah Clare*, y la historia de política-ficción *Alerta ¡misiles!*, destrozada por los distribuidores a causa de su larga duración. A pesar del humor que aparece en el trasfondo de sus historias, sus grandes fracasos se sitúan en el terreno de la comedia, sobre todo los *westerns* cómicos *Cuatro tíos de Texas* y *El rabino y el pistolero*.

1953 *The Big Leaguer.*
1954 *World for Ransom.* / *Apache.* / *Vera Cruz.*
1955 *Kiss Me Deadly* (El beso mortal). / *The Big Knife* (El gran cuchillo).
1956 *Autumn Leaves.* / *Attack!* (¡Ataque!).
1957 *The Garment Jungle* (Bestias de la ciudad).
1959 *The Angry Hills* (Traición en Atenas). / *Ten Seconds to Hell.*
1961 *The Last Sunset* (El último atardecer).
1962 *Sodom and Gomorrah* (Sodoma y Gomorra). / *What Ever Happened to Baby Jane?* (¿Qué fue de Baby Jane?).
1963 *Four for Texas* (Cuatro tíos de Texas).
1965 *Hush... Hush, Sweet Charlotte* (Canción de cuna para un cadáver).
1966 *The Flight of the Phoenix* (El vuelo del Fénix).
1967 *The Dirty Dozen* (Doce del patíbulo).
1968 *The Legend of Lylah Clare* (La leyenda de Lylah Clare).
1969 *The Killing of Sister George* (El asesinato de la hermana George).
1970 *Too Late the Hero* (Comando en el Mar de China).
1971 *The Grissom Gang* (La banda de los Grissom).
1972 *Ulzana's Raid* (La venganza de Ulzana).
1973 *Emperor of the North Pole* (El emperador del Norte).
1974 *The Longest Yard* (El rompehuesos).
1975 *Hustle* (Destino fatal).
1977 *Twilight's Last Gleaming* (Alerta ¡misiles!). / *The Choirboys* (La patrulla de los inmorales).

1979 *The Frisco Kid* (El rabino y el pistolero).
1981 *... All the Marbles* (Chicas con gancho).

ALEGRE MA NON TROPPO *(1994)*

Las relaciones entre el profesor de trompa Pablo (Óscar Ladoire), su alumna Salomé (Penélope Cruz) y su hijo Pablo (Pere Ponce), también virtuoso de la trompa, estrechamente vigilados por la ex mujer del primero y madre del segundo, Asun (Rosa María Sardá), dan lugar a una tan atractiva como irregular comedia. Frente a resultar meramente anecdótico que padre e hijo se enamoren de la misma trombista, gracias a la cual el hijo descubre que no es homosexual, brillan a gran altura las interpretaciones de Óscar Ladoire y Penélope Cruz. El desigual desarrollo de una brillante idea inicial en el guión de Joaquín Oristrell y el propio realizador, queda compensado por la buena mano de Fernando Colomo para la comedia, por la excelente idea de que la historia se desarrolle en el ambiente de la Joven Orquesta Nacional de España durante un curso de verano en el Palacio de la Magdalena de Santander, y por mostrar a algunas eficaces caras femeninas nuevas.

Director: *Fernando Colomo*. Guionista: *Joaquín Oristrell*. Música: *Edmon Colomer*. Intérpretes: *Pere Ponce, Penélope Cruz, Óscar Ladoire, Rosa María Sardá*. Producción: *Fernando Colomo P.C. Color. Scope*. Duración: *104'. España.*

ALELUYA *(Hallelujah, 1929)*

Tras recoger la cosecha de algodón con su familia, Zeke (Daniel Haynes) va a venderla con su hermano menor. Seducido por la atractiva Chick (Nina Mae McKinney), pierde el dinero jugando con su compinche y amante, Hot Shot (William Fountaine), con unos dados trucados, y mientras se pelean, mata accidentalmente a su hermano. Convertido en predicador por su mala conciencia, llega a bautizar a la bella Chick, pero acaba yéndose con ella y trabajando en una serrería. Sorprendida cuando se fuga con su antiguo amante, Chick muere en un accidente y Zeke estrangula a Hot Shot. Tras cumplir parte de su condena, sale en libertad condicional y va a ver a su familia, que le recibe con los brazos abiertos. Íntegramente interpretada por negros, esta primera película sonora de King Vidor narra con mano maestra una melodramática historia, llena de tradicionales canciones del sur de Estados Unidos, para constituir un excelente musical con una fuerte carga realista. Rodada en exteriores e interiores naturales con tanta austeridad narrativa como eficacia dramática, es una de las grandes películas de Vidor.

Director: *King Vidor*. Guionistas: *Wanda Tuchock y King Vidor*. Fotografía: *Gordon Avil*. Música: *Eva Jessye*. Intérpretes: *Daniel Haynes, Nina Mae McKinney, William Fountaine, Fannie Bell de Knight, Harry Gray*. Producción: *King Vidor para Metro-Goldwyn-Mayer*. Duración: *106'. Estados Unidos.*

ALEMANIA, AÑO CERO *(Germania anno zero, 1947)*

En un Berlín destrozado por los bombardeos que han puesto punto final a la II Guerra Mundial, el adolescente de trece años Edmund (Edmund Meschke) se ocupa de su padre enfermo (Ernst Pittschau), mientras su hermano (Franz Krüger) intenta que se olvide que ha pertenecido a las SS y su hermana (Barbara Hintz) se prostituye. Muy presionado por la miseria en que viven y, sobre todo, por un antiguo profesor nazi (Eric Gühne), Edmund envenena a su padre y luego se suicida. A través de esta terrible historia Roberto Rossellini capta la dura realidad de un país en ruinas y analiza el estado en que se encuentra una sociedad que ha perdido los valores morales, al tiempo que deja muy claro en qué han quedado convertidos los valores pregonados por el nazismo a través de un joven, casi un niño, que es el prototipo de la raza aria. Sin embargo, esta obra maestra de Rossellini, una de las grandes películas neorrealistas, un clásico del cine europeo de la posguerra, pasa completamente inadvertida en en su momento.

Director: *Roberto Rossellini*. Guionistas: *Roberto Rossellini, Carlo Lizzani, Max Colpet*. Fotografía: *Robert Juillard*. Música: *Renzo Rossellini*. Intérpretes: *Edmund Meschke, Ernst Pittschau, Franz Krüger, Barbara Hintz, Werner Pittschau, Eric Gühne*. Producción: *Roberto Rossellini para Tevere Film (Roma), Safdi (Berlín), Union Générale Cinématographique (París)*. Duración: *78'. Italia, Alemania, Francia.*

ALESSANDRINI, Goffredo *(El Cairo, Egipto, 1904-Roma, Italia, 1978)*

Hijo de un empresario italiano afincado en Egipto, estudia en Londres, trabaja como ayudante de dirección de Alessandro Blasetti y debuta como realizador con el documental de largometraje *La diga di Maghmod.* Contratado por Metro-Goldwyn-Mayer, en 1932 viaja a Hollywood para supervisar las versiones italianas de algunas películas norteamericanas. Su primer largo de ficción es *La segretaria privata,* versión italiana de la comedia alemana *Die Privatsekretärin* (1930), de Wilhelm Thiele. Convertido en uno de los mejores y más activos directores del *Ventennio nero,* entre sus películas de propaganda fascista destacan *Caballería* y, sobre todo, *De una misma sangre,* en la que colabora Vittorio Mussolini, el hijo del Duce, frente a la pesada aventura africana *Giarabub;* pero su mejor trabajo en este terreno es el díptico integrado por *Los que vivimos* y *Adiós, Kira,* basado en la novela de la escritora rusa Ayn Rand, perfecta mezcla de historia romántica, melodrama y propaganda anticomunista. Además de las historias de claro contenido religioso *Un hombre de leyenda,* biografía de san Juan Bosco, fundador de la orden de los Salesianos, y *Abuna Messias,* sobre el segundo viaje a Etiopía del cardenal Guglielmo Messaia. Sin olvidar las historias románticas *Seconda B, Una donna fra due mondi, Renace la ilusión* y *Lettere al sottenente.* Durante la posguerra realiza media docena de películas, alejadas de las corrientes neorrealistas, entre las que destacan *L'ebreo errante* y *Ana Garibaldi,* con las que trata de rehabilitar su nombre. Posteriormente solo supervisa algunas obras ajenas y durante los años sesenta interpreta algunos personajes secundarios.

1929 *La diga di Maghmod.*
1931 *La segretaria privata.*
1934 *Seconda B.*
1935 *Don Bosco* (Un hombre de leyenda).
1936 *Cavalleria* (Caballería).
1937 *Una donna fra due mondi.*
1938 *Luciano Serra pilota* (De una misma sangre). / *La vedova* (Renace la ilusión).
1939 *Abuna Messias.*
1940 *Caravaggio.* / *Il ponte di vetro* (El puente de cristal).
1941 *Nozze di sangue* (Trágico destino).
1942 *Giarabub.* / *Noi vivi* (Los que vivimos). / *Addio Kira!* (Adiós, Kira).
1943 *Chi l'ha visto?* / *Lettere al sottenente.*
1946 *Furia.*
1947 *L'ebreo errante.*
1951 *La peccatrice bianca.* / *Sangue sul sagrato.*
1952 *Camicie rosse* (Ana Garibaldi).

ALGUIEN VOLÓ SOBRE EL NIDO DEL CUCO *(One Flew Over the Cuckoo's Nest, 1975)*

A partir de la simbólica novela homónima de Ken Kesey, pero, sobre todo, de la versión teatral de Dale Wasserman, el realizador checoslovaco Milos Forman hace una inteligente y atractiva versión que gana cinco importantes Oscars y tiene un gran éxito internacional. Planteada como un enfrentamiento entre locos y enfermeros en un hospital psiquiátrico, centrado en la lucha entre McMurphy (Jack Nicholson), condenado por violación y trasladado desde una prisión, y la enfermera Ratched (Louise Fletcher), partidaria de la terapia de grupo, tiene algo de particular cuento de hadas y mucho de sofisticado grito de libertad. Producida por el actor y productor Michael Douglas, después de que durante muchos años su padre, Kirk Douglas, intentase protagonizarla, es el primero de los grandes éxitos que jalonan la breve, pero intensa, etapa norteamericana de la carrera de Forman.

Director: *Milos Forman.* Guionistas: *Laurence Hauben, Bo Goldman.* Fotografía: *Haskell Wexler.* Música: *Jack Nitzsche.* Intérpretes: *Jack Nicholson, Louise Fletcher, William Redfield, Will Sampson, Danny DeVito, Brad Dourif, Christopher Lloyd.* Producción: *Michael Douglas y Paul Zaentz para Fantasy Films/United Artists.* Color. Duración: *134'.* Estados Unidos.

ALIEN, EL OCTAVO PASAJERO *(Alien, 1979)*

Después de hacer una breve escala en un planeta desconocido a causa de una falsa señal de socorro, la astronave *Nostromo* es invadida por una monstruosa criatura que acaba con seis de sus tripulantes y a la que finalmente logra dominar Ripley (Sigourney Weaver). Obra clave del cine de ciencia-ficción y uno de los mejores trabajos del irregular director Ridley Scott, retoma la fábula de la bella y la bestia y acaba con el machismo característico del género. La única referencia directa al gran novelista Joseph Conrad es que el nombre de la astronave es el mismo que el de una de sus más famosas novelas, pero en realidad es una personal e imaginativa adaptación de *La línea de sombra*. Ambas narran la historia de un hombre que contagia su enfermedad a los tripulantes de su nave, pero la diferencia estriba en que el invisible microbio del cólera y el barco de la novela se han convertido en el repugnante y gigantesco ser y la nave espacial de la película. El gran éxito alcanzado por esta atractiva realización de Ridley Scott es origen de la interesante *Aliens* (1986), de James Cameron, y de la menos lograda *Alien 3* (1992), de David Fincher, ambas protagonizadas por Sigourney Weaver.

Director: *Ridley Scott*. Guionista: *Dan O'Bannon*. Fotografía: *Dereck Vanlint, Denys Ayling*. Música: *Jerry Goldsmith*. Intérpretes: *Sigourney Weaver, Tom Skerritt, John Hurt, Veronica Cartwright, Harry Dean Stanton, Ian Holm, Yaphet Kotto*. Producción: *Walter Hill, Gordon Carroll y David Giler para Brandywine/20th Century Fox. Color. Scope.* Duración: *117'.* Reino Unido.

ALLEN, Woody *(Allen Stewart Konigsberg. Nueva York, Estados Unidos, 1935)*

Perteneciente a una familia judía centroeuropea, estudia en la New York University y en el City College. Desde muy joven vende chistes a los famosos columnistas Earl Wilson y Ed Sullivan y escribe *sketches* para clubes nocturnos, revistas de Broadway y los famosos programas de televisión de Sid Caesar, Jack Paar y Gary Moore. Convertido en un bien remunerado guionista de televisión, en 1961 deja este trabajo para interpretar personalmente sus guiones en cabarets. Mientras, publica textos cómicos, la mayoría pastiches, en *The New Yorker* y *Playboy*, que luego edita en forma de libro, y escribe obras de teatro, entre las que destacan *No te bebas el agua* (Don't Drink the Water, 1967), *La bombilla que flota* (The Floating Light Bulb, 1968) y *Sueños de un seductor* (Play It Again, Sam, 1970). Tras escribir algunos guiones, que también interpreta, su primer trabajo en cine como director, guionista y actor es *El número uno,* personal versión de la producción japonesa policiaca *Kagi no Kagi* (1964), de Senkichi Taniguchi, con escenas adicionales y nuevos diálogos, donde espías y gángsters se enfrentan por una receta de cocina. Convertido en un cómico de una cierta cultura que hace de ella objeto de su comicidad, sus primeras cinco películas se resienten de querer hacer reír a cualquier precio y de limitarse a ser simples parodias: *Toma el dinero y corre* aprovecha la estructura de los policiacos de los años cuarenta para unir episodios demasiado dispersos; *Bananas* aplica la técnica de los reportajes de televisión para mostrarle como el primer cómico con sexo; *Todo lo que usted siempre quiso saber sobre el sexo y nunca se atrevió a preguntar* es una irregular colección de episodios en torno al sexo que parodian diferentes géneros cinematográficos, entre los que destaca uno en clave de ciencia-ficción en el que hace de espermatozoide a punto de ser eyaculado; *El dormilón* se apoya menos en el humor verbal e intenta crear algunos *gags* originales en un ambiente de ciencia-ficción; y *La última noche de Boris Grushenko* es una parodia de la novela *Guerra y paz,* de Leon Tolstoy, rodada en Europa con escenas de masas y llena de anacronismos. Estas cinco irregulares películas tienen guiones ingeniosos, están mal rodadas y le muestran como un actor muy limitado, pero tienen la virtud de crear un nuevo tipo cómico que alcanza una gran popularidad: el hombre tímido con un marcado aire judío, obsesionado por el sexo y el psicoanálisis, que se entiende mal con las mujeres y las cosas. A partir de *Annie Hall* su cine comienza a evolucionar favorablemente y sus películas dejan de ser burdas parodias para convertirse en sutiles comedias en torno a su personaje con una fuerte carga autobiográfica; tal como también ocurre en *Manhattan,* la obra maestra de la etapa intermedia de su carrera, y, en menor medida, en *Recuerdos,* a pesar de estar las tres basadas en sus relaciones con las mujeres, por plantearse demasiado filosóficamente si debe de seguir haciendo comedias y tener una excesiva influencia de *Fellini ocho y medio* (8 1/2, 1963), de Federico Fellini. Su admiración por el cine europeo, en general, y por Ingmar Bergman, en particular, le hace escribir y dirigir algunos discutibles dramas como *Interiores, Septiembre,* que rueda íntegramente dos veces porque la primera versión no le gusta, y *Otra mujer.* Algo similar ocurre en *Comedia sexual de una noche de verano,* demasiado apoyada en la obra teatral de William Shakespeare, una película de Ingmar Bergman y la música de Felix Mendelsohn; *Zelig,* donde parte de los clásicos rusos del montaje para hacer un extraño *collage* de documentales y fotos de época reconstruidos gracias a la pericia del director de fotografía Gordon Willis; *Alice*, historia de una católica adúltera que sigue demasiado de cerca a *Giulietta de los espíritus* (Giulietta degli spiriti, 1965), de Federico Fellini; y *Sombras y nieblas*, endeble historia de misterio realizada en homenaje al expresionismo alemán. Mucho más interés tiene la trilogía sobre el mundo del espectáculo formada por *Broadway Danny Rose*, sobre las personas que rodean a un pequeño agente de Broadway; *La rosa púrpura de El Cairo*, sobre una pobre mujer que en los años de la Depresión se enamora y es correspondida por uno de sus héroes cinematográficos de ficción, y *Días de radio*, evocación autobiográfica sobre la gran influencia de la radio en los años cuarenta, hecha a través de diferentes episodios muy bien estructurados. Sin embargo, sus grandes películas de los años ochenta son *Hannah y sus hermanas*, donde se entrecruzan diferentes historias de amor en torno a tres hermanas, y *Delitos y faltas*, un cuento inmoral alrededor de dos parejas de hermanos en el que la maldad permanece impune y la virtud es castigada. Tras las desiguales *Maridos y mujeres*, una chirriante comedia matrimonial, y *Misterioso asesinato en Manhattan*, una absurda comedia policiaca, donde para dar mayor libertad a sus actores cambia su estupendo clasicismo narrativo por una cámara a mano en continuo movimiento, vuelve a sus mejores momentos con *Balas sobre Broadway*, divertida historia desarrollada en los ambientes teatrales de los años veinte. Dentro de la actual confusión del cine norteamericano, lo más admirable de su trabajo es haber conseguido una absoluta autonomía desde hace veinte años, gracias a haber seguido trabajando con los productores Jack Rollins y Charles H. Joffe y a sucesivos acuerdos con distintas grandes compañías, que le permiten rodar con total libertad una película al año, siempre que su presupuesto oscile en torno a los quince millones de dólares.

Como director
1967 *What's Up, Tiger Lily?* (El número uno).
1969 *Take the Money and Run* (Toma el dinero y corre).
1971 *Bananas*.
1972 *Everything You Always Wanted to Know About Sex but Were Afraid to Ask* (Todo lo que usted siempre quiso saber sobre el sexo y nunca se atrevió a preguntar).
1973 *Sleeper* (El dormilón).
1975 *Love and Death* (La última noche de Boris Grushenko).
1977 *Annie Hall*.
1978 *Interiors* (Interiores).
1979 *Manhattan*.
1980 *Stardust Memories* (Recuerdos).
1982 *Midsummer Night's Sex Comedy* (Comedia sexual de una noche de verano).
1983 *Zelig*.
1984 *Broadway Danny Rose*.
1985 *The Purple Rose of Cairo* (La rosa púrpura de El Cairo).
1986 *Hannah and Her Sisters* (Hannah y sus hermanas).
1987 *Radio Days* (Días de radio). / *September* (Septiembre).
1988 *Another Woman* (Otra mujer).
1989 *Oedipus Wrecks* (Edipo reprimido), episodio de *New York Stories* (Historias de Nueva York). / *Crimes and Misdemeanors* (Delitos y faltas).
1990 *Alice*.
1992 *Shadows and Fog* (Sombras y niebla). / *Husbands and Wives* (Maridos y mujeres).
1993 *Manhattan Murder Mystery* (Misterioso asesinato en Manhattan).
1994 *Bullets Over Broadway* (Balas sobre Broadway).
1995 *Mighty Aphrodite* (Poderosa Afrodita).

Como actor
1965 *What's New Pussycat?* (¿Qué tal, gatita?), de Clive Donner.
1967 *What's Up Tiger Lily?* (El número uno), de Woody Allen. / *Casino Royale*, de Val Guest, Ken Hughes, John Huston, Joseph McGrath y Robert Parrish.
1969 *Take the Money and Run* (Toma el dinero y corre), de Woody Allen.
1971 *Bananas*, de Woody Allen.
1972 *Play It Again, Sam* (Sueños de un seductor), de Herbert Ross. / *Everything You Always Wanted to Know About Sex but Were Afraid to Ask* (Todo lo que usted siempre quiso saber sobre el sexo y nunca se atrevió a preguntar), de Woody Allen.
1973 *Sleeper* (El dormilón), de Woody Allen.
1975 *Love and Death* (La última noche de Boris Grushenko), de Woody Allen.
1976 *The Front* (La tapadera), de Martin Ritt.
1977 *Annie Hall*, de Woody Allen.
1979 *Manhattan*, de Woody Allen.
1980 *Stardust Memories* (Recuerdos), de Woody Allen.
1982 *Midsummer Night's Sex Comedy* (Comedia sexual de una noche de verano), de Woody Allen.

1983 *Zelig*, de Woody Allen.
1984 *Broadway Danny Rose*, de Woody Allen.
1986 *Hannah and Her Sisters* (Hannah y sus hermanas), de Woody Allen.
1989 *Oedipus Wrecks* (Edipo reprimido), de Woody Allen, episodio de *New York Stories* (Historias de Nueva York). / *Crimes and Misdemeanors* (Delitos y faltas), de Woody Allen.
1990 *Alice*, de Woody Allen.
1991 *Scenes From a Mall* (Escenas en una galería), de Paul Mazursky.
1992 *Shadows and Fog* (Sombras y niebla), de Woody Allen. / *Husbands and Wives* (Maridos y mujeres), de Woody Allen.
1993 *Manhattan Murder Mystery* (Misterioso asesinato en Manhattan), de Woody Allen.
1995 *Mighty Aphrodite* (Poderosa Afrodita), de Woody Allen.

ALLYSON, June *(Ella Geisman. Westchester, Nueva York, Estados Unidos, 1917)*

Cantante, bailarina y actriz, actúa en los escenarios de Broadway hasta que el productor especializado Arthur Freed, de los estudios Metro-Goldwyn-Mayer, la contrata para hacer la versión cinematográfica de *Best Foot Forward*. Durante los años cuarenta trabaja sobre todo en musicales de irregular atractivo: *Thousands Cheer, Al compás del corazón, Till the Clouds Roll By* y *Words and Music;* pero a finales de la década triunfa con dos adaptaciones literarias: *Los tres mosqueteros* y *Mujercitas*. En los años cincuenta es contratada por diferentes estudios y hace mejores películas, como la narración romántica ambientada en la guerra de Corea *Battle Circus;* la biografía del músico Glenn Miller *Música y lágrimas;* la historia de la lucha por el poder en una empresa *La torre de los ambiciosos,* o el melodrama *Interludio de amor.* Posteriormente se retira y solo hace esporádicas apariciones en televisión o cine.

1943 *Best Foot Forward,* de Edward Buzzell. / *Girl Crazy,* de Norman Taurog. / *Thousands Cheer,* de George Sidney.
1944 *Two Girls and a Sailor,* de Richard Thorpe. / *Music for Millions* (Al compás del corazón), de Henry Koster. / *Meet the People,* de Charles F. Reisner.
1945 *Her Highness and the Bellboy,* de Richard Thorpe.
1946 *The Secret Heart* (Desconfianza), de Robert Z. Leonard. / *The Sailor Takes a Wife,* de Richard Whorff. / *Two Sisters From Boston* (Dos hermanas de Boston), de Henry Koster. / *Till the Clouds Roll By,* de Richard Whorff.
1947 *Good News,* de Charles Walters. / *High Barbaree,* de Jack Conway.
1948 *Words and Music,* de Norman Taurog. / *The Bride Goes Wild,* de Norman Taurog. / *The Three Musketeers* (Los tres mosqueteros), de George Sidney.
1949 *Little Women* (Mujercitas), de Mervyn LeRoy. / *The Stratton Story,* de Sam Wood.
1950 *The Reformer and the Redhead,* de Norman Panama y Melvin Frank. / *Right Cross,* de John Sturges.
1951 *Too Young to Kiss,* de Robert Z. Leonard.
1952 *The Girl in White,* de John Sturges.
1953 *Battle Circus,* de Richard Brooks. / *Remains to Be Seen,* de Don Weis.
1954 *The Glenn Miller Story* (Música y lágrimas), de Anthony Mann. / *Executive Suite* (La torre de los ambiciosos), de Robert Wise. / *Woman's World* (El mundo es de las mujeres), de Jean Negulesco.
1955 *Strategic Air Command,* de Anthony Mann. / *The Shrike,* de José Ferrer. / *The McConnell Story,* de Gordon Douglas.
1956 *The Opposite Sex,* de David Miller. / *You Can't Run Away From It,* de Dick Powell.
1957 *Interlude* (Interludio de amor), de Douglas Sirk. / *May Man Godfrey* (Un mayordomo aristócrata), de Henry Koster.
1959 *Stranger in My Arms,* de Helmut Kaufner.
1972 *They Only Kill Their Masters* (Solo matan a sus dueños), de James Goldstone.
1977 *Blackout* (Apagón en Nueva York), de Eddy Matalon.

ALMA EN SUPLICIO *(Mildred Pierce, 1945)*

A partir de una buena novela de James M. Cain, el gran realizador Michael Curtiz rueda una excelente película, dentro de la mejor tradición de los estudios Warner, con una gran interpretación de Joan Crawford, que le vale un Oscar. Estructurada a través de varios *flashback,* cuenta cómo Mildred Pierce (Joan Crawford) se separa de su marido por culpa de su ambiciosa y malcriada hija Veda (Ann Blyth). Gracias a la ayuda de su amigo Wally Fay (Jack Carson), pasa de ser una simple camarera a propietaria de una cadena de restaurantes. Más tarde, casada con el arruinado Monte Beragon (Zachary Scott), descubre que este no sólo ha vendido su parte del negocio, poniéndola en dificultades económicas, sino que también se acuesta con su hija, lo que acaba por impulsar a la muchacha a asesinarle y a ella a declararse culpable. Perfecta mezcla de melodrama y cine negro, es una cuidada producción de Jerry Wald, con una atractiva dirección de Curtiz, hace tiempo convertida en un clásico del cine norteamericano.

Director: *Michael Curtiz*. Guionistas: *Ranald MacDougall, Catherine Turney*. Fotografía: *Ernest Haller*. Música: *Max Steiner*. Intérpretes: *Joan Crawford, Jack Carson, Zachary Scott, Eve Arden, Ann Blyth, Bruce Bennett*. Producción: *Jerry Wald para Warner*. Duración: *113'. Estados Unidos*.

ALMAS EN LA HOGUERA *(Twelve O'Clock High, 1949)*

En 1942, en Arcbury, Reino Unido, la escuadrilla norteamericana 918, encargada de bombardear diariamente Alemania, y su jefe, el coronel Keith Davenport (Gary Merrill), se derrumban moralmente por la gran tensión en que viven y por sus excesivas bajas; pero el general Frank Savage (Gregory Peck) consigue sacarla hacia adelante con su estricta disciplina y sus peculiares dotes para el mando. Con estos elementos, el hábil realizador Henry King hace una de las mejores y más famosas películas de aviación ambientadas en la II Guerra Mundial. Producida por el mítico Darryl F. Zanuck para 20th Century Fox, ofrece un excelente trabajo interpretativo de Gregory Peck.

Director: *Henry King*. Guionistas: *Sy Bartlett, Beirne Lay Jr*. Fotografía: *Leon Shamroy*. Música: *Alfred Newman*. Intérpretes: *Gregory Peck, Hugh Marlowe, Gary Merrill, Millard Mitchell, Dean Jagger, Robert Arthur, Paul Stewart*. Producción: *Darryl F. Zanuck para 20th Century Fox*. Duración: *132'. Estados Unidos*.

ALMODÓVAR, Pedro *(Ciudad Real, España, 1949)*

Llega a Madrid a los diecisiete años; poco después gana unas oposiciones y durante diez años trabaja como administrativo en la Compañía Telefónica Nacional de España. Desde finales de los años sesenta escribe guiones para historietas gráficas y colabora en revistas marginales, y en los setenta pasa a integrar el grupo de teatro independiente Los Goliardos y rueda películas artesanales en súper-8, entre las que destaca el largometraje *Folle, folleme Tim*, donde ya se encuentra la esencia de su personal y desigual cine. Consecuencia directa de esta etapa alternativa es *Pepi, Luci, Bom y otras chicas del montón;* rodada con escasos medios en 16 mm y ampliada a 35 mm para su distribución comercial, su característico interés por el folletín y las situaciones excesivas aparece rodeado de demasiadas deficiencias técnicas y de mal gusto. Aprende a dirigir con la trilogía de irregulares comedias urbanas formada por *Laberinto de pasiones, Entre tinieblas* y *¿Qué he hecho yo para merecer esto?*, que tiene gran aceptación popular. Siempre basadas en peculiares guiones propios, tanto *Matador,* que excepcionalmente escribe en colaboración con el novelista Jesús Ferrero, como *La ley del deseo,* con la que inaugura su productora El Deseo, S.A., se sitúan entre sus mejores trabajos y le convierten en el director español más conocido de finales de los ochenta. Se da a conocer internacionalmente con *Mujeres al borde de un ataque de «nervios»,* una eficaz comedia de enredo que se sitúa al margen de sus habituales folletines desgarrados. Convertido en uno de los más conocidos realizadores europeos, prosigue con sus personales y siempre excesivas historias, que tienen invariables fallos de estructura, en *¡Átame!, Tacones lejanos, Kika* y *La flor de mi secreto*. También produce *Acción mutante* (1992), firmada por el debutante Alex de la Iglesia, en la que interviene muy directamente.

1978 *Folle, folleme Tim.*
1980 *Pepi, Luci, Bom y otras chicas del montón.*
1982 *Laberinto de pasiones.*
1983 *Entre tinieblas.*
1984 *¿Qué he hecho yo para merecer esto?*
1986 *Matador.*
1987 *La ley del deseo.*
1988 *Mujeres al borde de un ataque de «nervios».*
1989 *¡Átame!*
1991 *Tacones lejanos.*
1993 *Kika.*
1995 *La flor de mi secreto.*

ALTMAN, Robert *(Kansas City, Missouri, 1925)*

Hijo de un agente de seguros y una católica, es educado por los jesuitas. Tras diplomarse en matemáticas, ingresa en la Wentworth Military Academy y pilota un bombardero en Borneo al final de la II Guerra Mundial. En la posguerra pasa una temporada en Nueva York ejerciendo los más variados oficios, como tatuar perros. Interesado por el cine, se instala en Hollywood, pero solo consigue vender algunas historias a los estudios R.K.O., y regresa a Kansas City donde, hasta mediados de los años cincuenta, sobrevive haciendo documentales publicitarios y películas industriales. Sin embargo le permiten hacer sus dos primeros largos comerciales, *The Delinquents* y *The James Dean Story*, pero son sendos fracasos que solo le abren las puertas de televisión, donde trabaja como realizador de conocidas series durante diez años. En 1963 funda la productora Lion's Gate Films, pero uno tras otro se hunden sus proyectos de películas y debe continuar haciendo telefilms. A los cuarenta y tantos años, cuando cree que nunca logrará salir del gueto de la televisión, dirige dos pequeñas producciones, *Cuenta atrás* y *That Cold Day in the Park*, que vuelven a fracasar, pero le permiten rodar *M.A.S.H.*, una sátira de un hospital de campaña en la guerra de Corea, con el trasfondo de la de Vietnam, que gana la Palma de Oro del Festival de Cannes y cuyo éxito revoluciona su vida. Finalmente puede producir sus películas, narrar sus propias historias, desarrollar un personal estilo basado en una cámara en continuo movimiento, y durante la década de los setenta realiza quince desiguales, pero peculiares, obras. Así nacen las comedias *El volar es para los pájaros* y *California Split*; el *western* renovador *Los vividores*; los policiacos *Imágenes*, basado en un relato demasiado sofisticado de la protagonista Suzannah York, que rueda en el Reino Unido, *El largo adiós*, discutible versión de la famosa novela homónima de Raymond Chandler, y *Thieves Like Us*, nueva versión de la novela del especialista Edward Anderson; entre las que brilla con luz propia el personal y vampírico drama *Tres mujeres*, uno de sus mejores trabajos. La desmitificación de los géneros tradicionales, la depuración de su personal estilo y la consolidación de un eficaz y entusiasta equipo fijo de colaboradores le llevan a su mejor, más brillante y característica etapa con el musical *Nashville*, el *western* basado en la obra de teatro de Arthur Kopit *Buffalo Bill y los indios*, la comedia *Un día de boda* y la historia de ciencia-ficción *Quinteto*, basadas en las relaciones de un amplio grupo de personas que viven una misma situación. A la vez que produce las primeras películas de sus colaboradores Robert Benton y Alan Rudolph, sus últimas obras dan menos dinero del previsto y tiene enfrentamientos con los distribuidores. Esto, unido a los desastres de las pobres comedias *Una pareja perfecta... por computadora* y *Salud*, y el irregular musical *Popeye*, sobre el famoso personaje de los dibujos animados, le obliga a liquidar su productora y a olvidarse de sus proyectos y su personal manera de concebir el cine. Sin embargo, durante los años ochenta no cesa su febril actividad, pero debe limitarse a la adaptación de obras teatrales con bajos presupuestos, rodajes rápidos y actores poco conocidos, tal como ocurre en las desiguales *Come Bach to the Five and Dime, Jimmy Dean, Jimmy Dean*, sobre una obra de Ed Graczyk en torno a un grupo de admiradoras del actor James Dean; *Desechos*, sobre una obra de David Rabe sobre la guerra de Vietnam; *Fool for Love*, basada en una obra del actor Sam Shepard, que también la protagoniza, y *Tres en un diván*, sobre una desigual comedia de Christopher Durang. También trabaja para la televisión por cable, como en las poco atractivas *La habitación* (The Room, 1967) y *El montaplatos* (The Dumd Waiter, 1987), sobre las obras homónimas de Harold Pinter; *The Caine Moutiny Court Martial* (1988), sobre la conocida novela de Herman Wouk; o en más interesantes series realizadas con criterios personales, como *Tanner '88*. En la década de los noventa vuelve a cambiar su suerte, tras *Van Gogh*, biografía del célebre pintor impresionista que rueda en Europa en versión para cine y televisión, tiene éxito otra vez con sus ambiciosas historias corales: *El juego de Hollywood*, sobre el cada vez más enrarecido mundillo del cine; *Vidas cruzadas*, bien estructurada colección de historias de parejas problemáticas, basadas en cuentos de Raymond Carver, con la que gana el León de Oro de la Mostra de Venecia, y *Prêt-à-porter*, anécdotas críticas sobre el mundo de la moda, que rueda en París.

1957 *The Delinquents*. / *The James Dean Story*.
1968 *Countdown* (Cuenta atrás).
1969 *That Cold Day in the Park*.
1970 *M.A.S.H.* / *Brewster McCloud* (El volar es para los pájaros).
1971 *McCabe and Mrs. Miller* (Los vividores).
1972 *Images* (Imágenes).
1973 *The Long Goodbye* (El largo adiós).
1974 *Thieves Like Us* (Ladrones como nosotros). / *California Split*.
1975 *Nashville*.
1976 *Buffalo Bill and the Indians* (Buffalo Bill y los indios).

1977 *Three Women* (Tres mujeres).
1978 *A Wedding* (Un día de boda).
1979 *A Perfect Couple* (Una pareja perfecta... por computadora). / *H.E.A.L.T.H.* (Salud). / *Quintet* (Quinteto).
1980 *Popeye*.
1982 *Come Bach to the Five and Dime, Jimmy Dean, Jimmy Dean*.
1983 *Streamers* (Desechos).
1984 *Secret Honor*.
1985 *Fool for Love*.
1987 *Beyond Therapy* (Tres en un diván). / *O.C. and Stiggs*. / *Aria*, un episodio.
1990 *Vincent and Theo* (Van Gogh).
1992 *The Player* (El juego de Hollywood).
1993 *Short Cuts* (Vidas cruzadas).
1994 *Prêt-à-porter*.
1996 *Kansas City*.

ÁMAME O DÉJAME *(Love Me or Leave Me, 1955)*

Durante los años veinte Ruth Etting (Doris Day) se convierte en una famosa cantante gracias a la ayuda de un gángster (James Cagney), con quien acaba casándose, y de un pianista (Cameron Mitchell), que llega a ser su segundo marido. A partir de la biografía de Ruth Etting, el especialista Joe Pasternak produce un atractivo musical para los estudios Metro-Goldwyn-Mayer, que se convierte en una de las mejores películas dirigidas por el irregular Charles Vidor. Destacan el tono realista con que está narrada la dura relación entre la cantante y el gángster y la sucesión de números musicales, entre los que sobresalen *Ten Cents a Dance* y *I'll Never Stop Loving You*, así como el trabajo de Doris Day en su calidad de actriz y cantante, muy lejos del desempeñado en las comedietas que la hacen famosa posteriormente.

Director: *Charles Vidor*. Guionistas: *Daniel Fuchs, Isabel Lennart*. Fotografía: *Arthur E. Arling*. Música: *George Stoll*. Intérpretes: *Doris Day, James Cagney, Cameron Mitchell, Robert Keith, Tom Tully*. Producción: *Joe Pasternak para Metro-Goldwyn-Mayer. Color. Scope.* Duración: *122'. Estados Unidos*.

AMANECE *(Le jour se lève, 1939)*

Perseguido por la policía, François (Jean Gabin) se refugia en su casa. Mientras está rodeado, y antes de suicidarse, recuerda los conflictivos hechos ocurridos durante los últimos días, que le han conducido hasta su situación. Su pasión por la florista Françoise (Jacqueline Laurent), su compleja relación con una mujer de la vida, Clara (Arletty), y el asesinato de Valentin (Jules Berry), el extraño personaje que se interfiere entre ellos y está relacionado con ambas mujeres. A partir de un guión original de Jacques Prévert y Jacques Viot, y con la ayuda de sus habituales colaboradores, el decorador Alexander Trauner, el músico Maurice Jaubert y el actor Jean Gabin, el director Marcel Carné realiza una de las mejores películas del realismo poético que caracteriza al cine francés de la preguerra. Refleja tan bien la situación del momento que se estrena en junio de 1939 con gran éxito y la censura militar la prohíbe en septiembre por ser desmoralizadora, pero cuando se repone en la posguerra, cortan la escena donde aparece Arletty desnuda duchándose. Con el título *Noche eterna* (The Long Night, 1947), el ruso Anatole Litvak produce y dirige una nueva e irregular versión para los estudios R.K.O., con Henry Fonda, Barbara Bel Geddes, Vincent Price y Ann Dvorak como protagonistas.

Director: *Marcel Carné*. Guionistas: *Jacques Viot, Jacques Prévert*. Fotografía: *Curt Courant, Philippe Agostini, André Bac*. Música: *Maurice Jaubert*. Intérpretes: *Jean Gabin, Jacqueline Laurent, Arletty, Jules Berry, Arthur Devère*. Producción: *Productions Sigma*. Duración: *87'. Francia*.

AMANECER *(Sunrise, 1927)*

Contratado por el productor William Fox, el famoso realizador alemán Friedrich W. Murnau llega a Hollywood y acaba haciendo una adaptación de la melodramática novela de Hermann Sudermann, convenientemente dulcificada por el guionista Carl Meyer y dividida en tres partes: tragedia, comedia y tragedia. Narra cómo Ansass (George O'Brien), un hombre de campo enloquecido por una mujer de ciudad (Margaret Livingston), trata de ahogar a su mujer Indre (Janet Gayner). Precisamente en la ciudad el matrimonio se reconcilia y al regresar en una barca a su casa, una tormenta está a punto de acabar con ella. Rodada con extremada minuciosidad por un genial y virtuoso Murnau, está llena de eficaces símbolos, brillantes movimientos de cámara y bellas imágenes, lo que la convierte en una de las grandes películas de finales del período mudo. A pesar de conseguir dos Oscars, no tiene suficiente éxito de público y con ella comienzan los problemas de Murnau en Hollywood. Destacan la excelente fotografía de Charles Rosher y Karl Struss, con una profundidad de campo inédita en la época, y el plano-secuencia donde el hombre se encuentra con su amante en el pantano. Doce años después el realizador nazi Veit Harlan hace una manierista y poco atractiva versión con el título de la obra original, *Die Reise nach Tilsit* (1927).

Director: *Friedrich W. Murnau*. Guionista: *Carl Meyer*. Fotografía: *Charles Rosher, Karl Struss*. Intérpretes: *George O'Brien, Janet Gaynor, Margaret Livingston, Bodil Rosing, Ralph Sipperly*. Producción: *William Fox para Fox Corporation*. Duración: *97'*. *Estados Unidos*.

AMANECER EN PUERTA OSCURA *(1957)*

En la Andalucía del siglo XIX vive refugiado en la sierra el bandolero Juan Cuenca (Francisco Rabal). Tras matar a un capataz que maltrataba a un compañero en las minas de Río Tinto, le siguen el minero Andrés (Luis Peña), su mujer Rosario (Isabel de Pomés) y Pedro (Alberto Farnese), que para defenderle ha disparado sobre el jefe de la mina. Perseguidos por la guardia civil, huyen hacia el mar con la idea de embarcarse con destino a América, pero son detenidos en la playa. Los tres hombres son condenados a muerte, pero, según una vieja tradición, durante una procesión de Semana Santa la mano móvil de la imagen de Jesús el Rico indulta a Juan Cuenca. Con estos elementos y una tradicional estructura de itinerario, José María Forqué realiza una eficaz producción sobre el tema del bandolerismo andaluz que se sitúa entre sus mejores trabajos. Después de ganar el Oso de Plata del Festival de Berlín, tiene una buena acogida de crítica y público en España.

Director: *José María Forqué*. Guionistas: *Alfonso Sastre, José María Forqué*. Fotografía: *Cecilio Paniagua*. Música: *Regino Sainz de la Maza*. Intérpretes: *Francisco Rabal, Alberto Farnese, Luis Peña, Isabel de Pomés, José Marco Davó*. Producción: *Estela Films (Madrid), Atenea Film (Roma). Color*. Duración: *92'. España-Italia*.

AMANTES *(1991)*

El éxito de la serie de televisión *La huella del crimen*, cuyo punto de partida son famosos crímenes españoles, y del episodio *El crimen del capitán Sánchez* (1985), de Vicente Aranda, hacen que la siguiente colaboración entre el productor Pedro Costa, el guionista Álvaro del Amo y el realizador Vicente Aranda sea una película, aunque con las mismas características de la serie. De nuevo a partir de hechos reales, el llamado crimen de Tetuán de las Victorias, Álvaro del Amo escribe en colaboración con el novelista Carlos Pérez Merinero y el propio Aranda una sólida historia de amores desgraciados, que se desarrolla en la sórdida España de la posguerra durante las Navidades de 1955. Narra con sentimiento y eficaz erotismo las relaciones entre Paco (Jorge Sanz), un pueblerino que acaba su servicio militar en Madrid, y Trini (Maribel Verdú), la criada del comandante del que ha sido asistente. Entre ambos se interpone la timadora Luisa (Victoria Abril), que no solo le alquila una habitación a Paco, sino que también le descubre los misterios del sexo. Una vez convertidos en insaciables amantes, la criada trata de recuperar a su novio entregándose a él, pero solo consigue que le roben sus ahorros y acaba dejándose matar por su novio. Destacan la sobriedad y fuerza dramática de las escenas finales, rodadas en plena nevada delante de la catedral de Burgos, así como el excelente trabajo interpretativo del trío protagonista, sin olvidar la brillante fotografía de José Luis Alcaine.

Director: *Vicente Aranda*. Guionistas: *Álvaro del Amo, Carlos Pérez Merinero, Vicente Aranda*. Fotografía: *José Luis Alcaine*. Música: *José Nieto*. Intérpretes: *Victoria Abril, Jorge Sanz, Maribel Verdú*. Producción: *Pedro Costa P.C. Color*. Duración: *122'. España*.

AMANTES, LOS *(Les amants, 1958)*

En buena medida gracias a la colaboración de *L'Osservatore Romano*, el diario del Vaticano, con sus duras críticas morales, esta segunda película realizada por Louis Malle tiene un gran éxito y crea un cierto escándalo por una larga escena de cama entre los amantes, a los que alude el título, que hoy resulta incluso casta. Sin embargo, lo interesante es que, al cabo de los años, el conjunto se mantiene bien, que sigue siendo una película bien rodada, buena, sin la menor relación con la *nouvelle vague* que estaba a punto de lanzarse. Narra la aburrida vida de una burguesa de provincias, Jeanne Tournier (Jeanne Moreau), casada con el director del diario local, Henri Tournier (Alain Cuny), que hace frecuentes viajes a París para coquetear con el jugador de polo argentino Raúl Flores (José Luis de Vilallonga), pero acaba teniendo una loca noche de amor con Bernard Dubois-Lambert (Jean-Marc Bory), un muchacho que la recoge en su automóvil utilitario, con quien, incluso, huye, aunque convencida de que solo es una aventura pasajera. Contada desde el punto de vista de Jeanne Tournier, subrayado por su voz de fondo en pasado, la película es un hábil ejercicio de estilo de Malle al servicio de la gran actriz Jeanne Moreau.

Director: *Louis Malle.* Guionistas: *Louis Malle, Louise de Vilmorin.* Fotografía: *Henri Decae.* Música: *Brahms.* Intérpretes: *Jeanne Moreau, Jean-Marc Bory, Alain Cuny, Judith Magre, José Luis de Vilallonga.* Producción: *Irénée Leriche para Nouvelles Editions du Films.* Duración: *88'. Francia.*

AMANTES CRUCIFICADOS, LOS *(Chikamatsu Monogatari, 1954)*

En el siglo XVIII en Kyoto, Osan (Kyoko Kagawa), la esposa del gran impresor de calendarios del palacio imperial Ishun (Eitaro Shindo), por una sucesión de casualidades e intrigas acaba enamorándose del empleado favorito de su marido, Mohei (Kazuo Hasegawa). Una vez descubiertos, los amantes huyen, pero son detenidos y se les manda crucificar, tal como establece la ley. Con esta historia extraída de una narración de Chikamatsu Monzaemon, convertida en un espléndido guión por su habitual colaborador Yoshikata Yoda, el gran realizador Kenji Mizoguchi hace uno de los mejores y más conocidos melodramas de la última parte de su carrera, con el que vuelve a ganar el León de Oro de la Mostra de Venecia. Destaca la excelente fotografía de Kazuo Miyagawa, otro de los más característicos colaboradores de sus últimas películas, así como el rigor de la planificación de Mizoguchi, siempre apoyada en largos, sentidos y suntuosos planos.

Director: *Kenji Mizoguchi.* Guionistas: *Yoshikata Yoda, Matsutaro Kawaguchi.* Fotografía: *Kazuo Miyagawa.* Música: *Fumio Hayasaka.* Intérpretes: *Kazuo Hasegawa, Kyoko Kagawa, Eitaro Shindo, Sakae Ozawa, Yoko Minamida, Haruo Tanaka.* Producción: *Masaichi Nagata para Daiei.* Duración: *103'. Japón.*

AMANTES DE LA NOCHE, LOS *(They Live by Night, 1948)*

La novela policiaca homónima de Edward Anderson es origen de dos películas muy diferentes. En último lugar se sitúa *Ladrones como nosotros* (Thieves Like Us, 1974), donde Robert Altman se muestra incapaz de infundir calor a la relación establecida entre los protagonistas, encarnados por Keith Carradine y Shelley Duvall. En primera posición aparece esta producción de Serie B de los estudios R. K. O., que en manos del debutante Nicholas Ray se convierte en una fascinante historia de *amour fou* entre dos jóvenes que huyen de la justicia. Ambientada en los duros años de la Depresión económica, narra cómo el joven Bowie Bowes (Farley Granger), injustamente encarcelado, se fuga de presidio con sus amigos Chicamaw (Howard da Silva) y T-Dub (Jay S. Flippen). Enamorado de Keechie Mobley (Cathy O'Donnell), pariente de uno de sus amigos, trata de dejar ese mundo de delincuentes para encontrar un lugar donde vivir tranquilos, pero no lo consigue por tener que participar en varios atracos con sus amigos. Producida por el reputado John Houseman, es una de las pocas películas en las que Nicholas Ray tiene plena libertad para desarrollar su romántica y trágica concepción de la vida.

Director: *Nicholas Ray.* Guionista: *Charles Schnee.* Fotografía: *George E. Diskant.* Música: *Leigh Harline.* Intérpretes: *Farley Granger, Cathy O'Donnell, Howard da Silva, Jay C. Flippen.* Producción: *John Houseman para R.K.O.* Duración: *96'. Estados Unidos.*

AMARCORD *(1973)*

Veinte años después de *Los inútiles* (I vitelloni, 1953), Federico Fellini regresa al mundo de su adolescencia y primera juventud, a su ciudad natal de Rímini, para observarlo desde un punto de vista completamente diferente, por no decir opuesto. Abandonados los restos de neorrealismo y catolicismo que laten bajo su tercera película, la segunda dirigida en solitario, y convertido en uno de los grandes del cine mundial, ahora recrea en el gran plató número cinco de Cinecittà el Rímini de los años treinta, durante el *Ventennio nero,* los momentos de máximo triunfo del fascismo. Bajo un título que en dialecto romagnolo quiere decir «recuerdo», entrelaza con gran habilidad una sucesión de pequeñas anécdotas, mínimas pinceladas, con las que hace una fascinante reconstrucción de su más personal mundo. A través de los ojos del joven Titta (Bruno Zanin), narra la vida cotidiana con su padre (Armando Brescia), su madre (Pupella Maggio), sus amigos y la exuberante Gradisca

(Magali Noël), y nos enseña el cine Fulgor, el trasatlántico *Rex* y el Gran Hotel, decorados emblemáticos, obra del gran Danilo Donati. Gracias a esta película, Fellini gana el cuarto de sus cinco Oscars y consigue uno de sus mayores éxitos de público, tanto en Europa como en Estados Unidos.

Director: *Federico Fellini.* Guionistas: *Federico Fellini, Tonino Guerra.* Fotografía: *Giuseppe Rotunno.* Música: *Nino Rota.* Intérpretes: *Bruno Zanin, Pupella Maggio, Armando Brescia, Ciccio Ingrassia, Magali Noël, Josiane Tanzilli.* Producción: *Franco Cristaldi para F.C. Producioni (Roma) y P.E.C.F. (París). Color.* Duración: *127'. Italia-Francia.*

AMARGA VICTORIA *(Dark Victory, 1939)*

Especializado en la dirección de estrellas, Edmund Goulding rueda cuatro eficaces melodramas durante su período Warner: *That Certain Woman* (1937), *La solterona* (The Old Maid, 1939), *La gran mentira* (The Great Lie, 1941) y esta, una de las pocas películas de Hollywood que se enfrenta con el tema de la muerte. Narra cómo Judith Traherne (Bette Davis), una rica heredera de Long Island interesada solo por la equitación, las fiestas y los hombres, descubre que tiene un tumor cerebral y se enamora del neurocirujano Fred Steele (George Brent), que la opera. A pesar de que la intervención es un éxito, el tumor resulta ser maligno y a Judith Traherne le quedan pocos meses de vida. Cuando por un descuido de una enfermera lee su diagnóstico, Judith Traherne vuelve a su vida disoluta a base de concursos hípicos, alcohol y hombres casados, pero su admirador irlandés Michael O'Leary (Humphrey Bogart) la convence de que sea feliz con el doctor Fred Steele durante el tiempo que le quede de vida. La pareja vive tranquilamente en una mansión de Vermont hasta que ella siente los primeros síntomas de que se acerca su final, le anima a él a irse a un congreso de medicina y, en una de las más sobrias escenas del cine norteamericano, ella se tiende en su cama para esperar la muerte. Frente al papel secundario de Humphrey Bogart y el trabajo del siempre irregular George Brent, destaca una excelente Bette Davis. Veinticinco años después se rueda una nueva versión, *Horas robadas* (Stolen Hours, 1963), de Daniel Petrie, con Susan Hayward, Michael Craig y Diane Baker, pero tiene mucho menos interés.

Director: *Edmund Goulding.* Guionista: *Casey Robinson.* Fotografía: *Ernest Haller.* Música: *Max Steiner.* Intérpretes: *Bette Davis, George Brent, Humphrey Bogart, Ronald Reagan, Geraldine Fitzgerald, Henry Travers, Cora Witherspoon.* Producción: *David Lewis para Warner.* Duración: *106'. Estados Unidos.*

AMARGURA DEL GENERAL YEN, LA
(The Bitter Tea of General Yen, 1933)

La historia de la norteamericana Megan Davis (Barbara Stanwyck) que llega a Shanghai para casarse con el misionero Robert Strike (Gavin Gordon) al final de la guerra civil china, pero es secuestrada por el general Yen (Nils Asther), y la compleja historia de amor y odio que se desarrolla entre ambos, sirven al personal realizador Frank Capra para hacer un brillante melodrama. Muy alejada del resto de su cine, esta producción del independiente Walter Wanger para los estudios Columbia, basada en un guión de Edward Paramore sobre una olvidada novela de Grace Zaring Stone, es una de sus mejores y menos conocidas películas y la cuarta y última que Barbara Stanwyck protagoniza bajo su dirección, lo que no impide que en su momento sea un fracaso por tratar el tema tabú del amor interracial.

Director: *Frank Capra.* Guionista: *Edward A. Paramore.* Fotografía: *Joseph Walker.* Música: *W. Frank Harling.* Intérpretes: *Barbara Stanwyck, Nils Asther, Gavin Gordon, Toshia Mori, Walter Connolly, Richard Loo.* Producción: *Walter Wanger para Columbia.* Duración: *88'. Estados Unidos.*

AMECHE, Don *(Dominic Felix Amici. Kenosha, Wisconsin, 1908-Los Ángeles, California, Estados Unidos, 1993)*

Perteneciente a una familia de origen italiano, estudia en el Columbia College y en la Universidad de Wisconsin y a finales de los años veinte comienza a trabajar en la radio como actor. Contratado por los estudios 20th Century Fox, tiene éxito en la segunda mitad de los años treinta con las comedias *Ramona, Chicago* y *La banda de Alexander,* de Henry King; *Amor y periodismo,* de Tay Garnett, y *Medianoche,* de Mitchell Leisen, pero sobre todo con la biografía de Alexander Graham Bell, *El gran milagro.* Sin embargo, convertido en el *latin lover* de las torpes comedias musicales Fox de la primera mitad de la década de los cuarenta, como *Sere-*

nata argentina y *Aquella noche en Río,* de Irving Cummings; *Se necesitan maridos* y *The Magnificent Dope,* de Walter Lang, entre las que solo destaca *El diablo dijo ¡no!,* de Ernst Lubitsch, su carrera se hunde en la segunda mitad de la década y, después de trabajar con Douglas Sirk en *Pacto tenebroso* y *Slighty French,* vuelve a la radio. Tras más de treinta años en los que solo hace pequeños papeles en cinco películas, regresa a los setenta y cinco para protagonizar la interesante comedia *Entre pillos anda el juego,* de John Landis, y no parar de trabajar hasta su muerte en atractivas producciones como *Cocoon,* de Ron Howard, y, sobre todo, *Las cosas cambian,* de David Mamet.

1935 *Clive of India* (Clive de la India), de Richard Boleslawski.
1936 *Sins of a Man* (Los pecados de los hombres), de Gregory Ratoff y Otto Brower. / *Ramona,* de Henry King. / *Ladies in Love,* de Edward H. Griffith. / *One in a Million* (Una entre un millón), de Sidney Lanfield.
1937 *Love Is News* (Amor y periodismo), de Tay Garnett. / *Fifty Roads to Town,* de Norman Taurog. / *You Can't Have Everything,* de Norman Taurog. / *Love Under Fire,* de George Marshall.
1938 *In Old Chicago* (Chicago), de Henry King. / *Happy Landing,* de Roy del Ruth. / *Josette,* de Allan Dwan. / *Alexander's Ragtime Band* (La banda de Alexander), de Henry King. / *Gateway,* de Alfred L. Werker.
1939 *The Three Musketeers* (Los tres mos... quiteros), de Allan Dwan. / *Midnight* (Medianoche), de Mitchell Leisen. / *The Story of Alexander Graham Bell* (El gran milagro), de Irving Cummings. / *Hollywood Cavalcade,* de Irving Cummings. / *Swanee River,* de Sidney Lanfield.
1940 *Lillian Russell* (La reina de la canción), de Irving Cummings. / *Four Sons,* de Archie L. Mayo. / *Down Argentine Way* (Serenata argentina), de Irving Cummings.
1941 *That Night in Rio* (Aquella noche en Río), de Irving Cummings. / *Moon Over Miami* (Se necesitan maridos), de Walter Lang. / *Kiss the Boys Goodbye* (Buscando fama), de Victor Schertzinger. / *The Feminine Touch* (Huellas femeninas), de W. S. van Dyke. / *Confirm of Deny,* de Archie L. Mayo.
1942 *The Magnificent Dope,* de Walter Lang. / *Girl Trouble,* de Harold Schuster.
1943 *Heaven Can Wait* (El diablo dijo ¡no!), de Ernst Lubitsch. / *Happy Land,* de Irving Pichel. / *Something to Shout About,* de Gregory Ratoff.
1944 *Wing and a Prayer* (Alas y una plegaria), de Henry Hathaway. / *Greenwich Village,* de Walter Lang.
1945 *It's in the Bag,* de Richard Wallace. / *Guest Wife* (Lo que desea toda mujer), de Sam Wood.
1946 *So Goes My Love* (Así es mi amor), de Frank Ryan.
1947 *That's My Man,* de Frank Borzage.
1948 *Sleep My Love* (Pacto tenebroso), de Douglas Sirk.
1949 *Slighty French,* de Douglas Sirk.
1961 *A Fever in the Blood,* de Vincent Sherman.
1966 *Rings Around the World,* de Gilbert Cates. / *Picture Mommy Dead* (La muñeca de trapo), de Bert I. Gordon.
1970 *Suppose They Gave a War and Nobody Came* (Esta noche vamos de guerra), de Hy Averback. / *The Boatnicks* (Marineros sin brújula), de Norman Tokar.
1975 *Won Ton Ton, the Dog Who Saved Hollywood,* de Michael Winner.
1983 *Trading Places* (Entre pillos anda el juego), de John Landis.
1985 *Cocoon,* de Ron Howard.
1987 *Harry and the Henderson* (Harry y los Henderson), de William Dear.
1988 *Cocoon: The Return* (Cocoon: el retorno), de Daniel Petrie. / *Things Change* (Las cosas cambian), de David Mamet.
1991 *Oscar* (Óscar, quita las manos), de John Landis.
1992 *Folks!* (Cómo sobrevivir a la familia), de Ted Kotcheff. / *Sunstroke,* de James Keach.
1994 *Corrina, Corrina,* de Jessie Nelson.

AMELIO, Gianni *(San Pietro Magisano, Catanzaro, Italia, 1945)*

Licenciado en filosofía, frecuenta el Centro Sperimentale di Cinematografia, trabaja como ayudante de dirección, en especial de Gianni Puccini, y debuta como realizador en televisión. Durante los años setenta y primeros ochenta hace para televisión los largometrajes de ficción *La fine del gioco* (1970) y *La città del sole* (1973), en 16 mm, y *Effetti speciali* (1976), *La morte al lavoro* (1978), *In cammino* (1978), *Il piccolo Archimede* (1979), sobre un relato de Aldous Huxley, e *I velieri* (1982), en 35 mm; entre ellos destaca el documental *Bertolucci secondo il cinema* (1976), sobre el rodaje de *1900* (Novecento, 1976), de Bernardo Bertolucci. Tienen mucho más interés sus trabajos cinematográficos: *Colpire al cuore* se acerca con sensibilidad al tema del terrorismo al narrar la historia de un profesor universitario denunciado a la policía por su propio hijo; *Los muchachos de via Panisperna* trata de las relaciones entre los jóvenes físicos que rodean al profesor Enrico Fermi y en 1934 descubren los fundamentos de la física nuclear, y *Puertas abiertas* es un atractivo policiaco ambientado en Sicilia y basado en una novela de Leonardo Sciascia. Se convierte en uno de los grandes del cine italiano con dos obras en alguna medida paralelas: *Niños robados*, que narra la compleja relación que se establece entre un joven *carabiniere* y dos niños a lo largo de un viaje por Italia, y *Lamerica*, que describe la relación que surge entre un joven italiano perdido en Albania y un viejo que trata de olvidar sus orígenes a través de un complejo viaje de regreso.

1983 *Colpire al cuore*.
1988 *I ragazzi di via Panisperna* (Los muchachos de via Panisperna)
1990 *Porte aperte* (Puertas abiertas).
1992 *Il ladro di bambini* (Niños robados).
1994 *Lamerica*.

AMÉRICA, AMÉRICA *(America, America, 1963)*

Después de una etapa de aprendizaje, el famoso director de teatro y cine Elia Kazan pasa a convertirse en su propio productor y con esta película consigue el control total al ser también su propio guionista. Narra cómo el joven Stavros Topousoglou (Stathis Giallelis), perteneciente a la minoría griega que vive en Anatolia bajo el cada vez mayor poder de los turcos, en 1896 se enfrenta a su padre y se va a vivir a Constantinopla para tratar de ahorrar el dinero que le permita emigrar a América, lo que finalmente logra tras vencer múltiples dificultades con anarquistas, prostitutas y novias ricas. Está realizada con una gran fuerza y realismo, dado que al contar el viaje del joven Stavros, lo que Kazan está narrando es la historia de su tío, de su familia, su propia vida, y sabe hacerlo con toda la verdad que requieren las autobiografías. A pesar de la gran calidad de su trabajo, de la excelente fotografía de Haskell Wexler y de la buena crítica que la película tiene en Europa, la falta de actores conocidos, el estar rodada en blanco y negro y sus tres horas de duración la convierten en un gran fracaso comercial, del que Kazan no logra recuperarse nunca.

Director y guionista: *Elia Kazan*. Fotografía: *Haskell Wexler*. Música: *Manos Hadjidakis*. Intérpretes: *Stathis Giallelis, Frank Wolff, Harry Davis, Elena Karam, Estelle Hemsley*. Producción: *Elia Kazan para Warner*. Duración: *185'. Estados Unidos*.

AMERICANO EN PARÍS, UN *(An American in Paris, 1951)*

Tomando como punto de partida la famosa composición homónima de George Gershwin, el guionista Alan Jay Lerner y el realizador Vincente Minnelli hacen para el productor Arthur Freed el musical más famoso de los estudios Metro-Goldwyn-Mayer. Ambientado en el París de la posguerra, reinventado en estudio, narra cómo ante la estupefacta mirada del compositor Adam Cook (Oscar Levant), sus amigos, el pintor norteamericano Jerry Mulligan (Gene Kelly) y el cantante francés de *music-hall* Henri Baurel (Georges Guetary), se enamoran de la misma muchacha francesa: Lise Bouvier (Leslie Caron). Más allá del excesivamente pretencioso *ballet* final, de dieciséis minutos de duración y un coste de poco más de medio millón de dólares de la época, la quinta parte del presupuesto, lleno de referencias directas a los más conocidos pintores impresionistas, destacan los números *I Got Rhythm*, cantado y bailado por Gene Kelly y un grupo de niños, y *Our Love Is Here to Stay*, cantado y bailado por Gene Kelly y Leslie Caron, donde aparece lo mejor de Minnelli.

Director: *Vincente Minnelli*. Guionista: *Alan Jay Lerner*. Fotografía: *Al Gilks, John Alton*. Música: *George Gershwin*. Intérpretes: *Gene Kelly, Leslie Caron, Oscar Levant, Nina Foch, Georges Guetary*. Producción: *Arthur Freed para Metro-Goldwyn-Mayer*. Color. Duración: *113'. Estados Unidos*.

AMIGO AMERICANO, EL *(Der Amerikanische Freund, 1977)*

El modesto artesano Jonathan Zimmermann (Bruno Ganz), que vive tranquilamente en Hamburgo con su mujer, Marianne (Lisa Kreuzer), y su hijo, recibe dos ofertas sucesivas del marchante de arte norteamericano Tom Ripley (Dennis Hopper) para cometer un par de asesinatos a cambio de elevadas cantidades de dinero y acepta porque cree que tiene una leucemia irreversible; pero cuando descubre que sus análisis médicos han sido amañados para convencerle, intenta dejar su nueva y peligrosa profesión. En el transcurso de un incesante ir y venir, en una sucesión de viajes, los dos hombres se hacen amigos aparentemente, y realizan algunas peligrosas acciones juntos, en una mezcla de tradicional historia policiaca, que se mueve dentro de las convenciones del género, y el relato del transitorio acercamiento entre dos personas que no tienen casi nada en común. Wim Wenders parte de una novela policiaca de la serie protagonizada por Tom Ripley de la conocida especialista Patricia Highsmith para hacer una aproximación entre Estados Unidos y Europa, narrar una historia norteamericana de una manera alemana, y llenar una trepidante acción de consideraciones sobre la vida, la muerte, la amistad y el amor. También reconstruye un mundo masculino contra el que inútilmente se debate una mujer, explica el movimiento continuo como razón de vida, describe el presente como mezcla de recuerdos e incertidumbre ante el futuro. Wenders trata de engranar mundos contrapuestos, transmitir la angustia de su protagonista ante la muerte, plasmar la máxima agitación en los momentos de acción y la calma de los de intimidad familiar, pero solo lo logra de manera esporádica. Al cabo del tiempo siguen siendo excelentes la larga escena rodada en el Metro de París, que finaliza con el primer asesinato en la estación de La Défense, y, en menor medida, el segundo asesinato en el expreso Hamburgo-Munich, pero el paso de los años pesa sobre la película. Destaca la presencia de los directores norteamericanos Samuel Fuller, Nicholas Ray y Dennis Hopper, los franceses Gérard Blain y Jean Eustache, el alemán Peter Lilienthal y el suizo Daniel Schmid en el papel de gángsters, porque «los directores de cine y los gángsters son las únicas personas que juegan con la vida y la muerte».

Director y guionista: *Wim Wenders*. Fotografía: *Robby Müller*. Música: *Jürgen Knieper*. Intérpretes: *Bruno Ganz, Dennis Hopper, Lisa Kreuzer, Gérard Blain, Nicholas Ray, Samuel Fuller, Lou Castel*. Producción: *Wim Wenders para Road Movies (Munich), Les Films du Losange (París), Wesdeutschen Rundfunk (Munich). Color.* Duración: *123'*. República Federal Alemana-Francia.

AMOR DEL CAPITÁN BRANDO, EL *(1974)*

Los amores imposibles entre Aurora (Ana Belén), la joven y atractiva maestra del pueblo castellano de Trescabañas, Juan (Jaime Gamboa), su inteligente alumno de doce años, y Fernando (Fernando Fernán-Gómez), un viejo exiliado republicano que regresa a España después de treinta y cinco años de ausencia, dan lugar a uno de los grandes éxitos del cine español de los últimos tiempos de la dictadura del general Franco. Como es habitual en las películas de Jaime de Armiñán, el posible dramatismo de la historia se desvirtúa al estar narrada en clave de comedia de costumbres, no tomar sus personajes nunca una decisión trascendental, y además hacer una descripción de un pueblo demasiado caricaturesca. Destacan el trabajo de una joven Ana Belén, en los inciertos comienzos de su carrera, y la fotografía de Luis Cuadrado.

Director: *Jaime de Armiñán*. Guionistas: *Juan Tébar, Jaime de Armiñán*. Fotografía: *Luis Cuadrado*. Música: *José Nieto*. Intérpretes: *Fernando Fernán-Gómez, Ana Belén, Jaime Gamboa, Julieta Serrano, Antonio Ferrandis, Amparo Soler Leal*. Producción: *Alfredo Matas para Incine. Color.* Duración: *93'*. España.

AMOR LLAMÓ DOS VECES, EL *(The More the Merrier, 1943)*

En el abarrotado Washington de la II Guerra Mundial, la joven Connie Milligan (Jean Arthur) alquila la mitad de su apartamento al maduro Benjamin Dingle (Charles Coburn), que a su vez alquila una habitación al joven Joe Cartes (Joel McCrea) y, como es lógico, nace el amor entre ambos jóvenes. Rodada en plena II Guerra Mundial, es una comedia producida y dirigida por George Stevens para elevar la moral del pueblo norteamericano, que se sitúa a la cabeza de sus trabajos en el género. Candidata a media docena de Oscars, solo lo consigue Charles Coburn, tiene un gran éxito y se sitúa entre las comedias más divertidas de los años cuarenta. Casi veinticinco años después, los estudios Columbia hacen una nueva versión ambientada en Tokio durante los Juegos Olímpicos de 1964, *Apartamento para tres* (Walk, Don't Run, 1966), que tiene mucho menos interés; es la última película dirigida por Charles Walters y está protagonizada por un maduro Cary Grant y los jóvenes Samantha Eggar y Jim Hutton.

Director: *George Stevens*. Guionistas: *Robert Russell, Frank Ross, Richard Flournoy, Lewis R. Foster*. Fotografía: *Ted Tetzlaff*. Música: *Leigh Harline*. Intérpretes: *Jean Arthur, Joel McCrea, Charles Coburn, Richard Gaines, Bruce Bennett*. Producción: *George Stevens para Columbia*. Duración: *104'*. Estados Unidos.

AMOR PROPIO *(1994)*

Siguiendo la línea de sus mejores y más personales películas, Mario Camus vuelve a contar una historia que se apoya en un pasado que se creía superado, dormido o, simplemente, se desconocía, pero que de repente se reactiva para incidir de forma muy directa sobre el presente y transformarlo por completo. En esta ocasión parte de un hecho real para narrar cómo Simón Hierro (Antonio Valero), director de una sucursal bancaria de una capital de provincias, es descubierto en sus chanchullos económicos y huye con el dinero y con su amante. La historia está contada desde un punto de vista muy particular, el de Juana (Verónica Forqué), la inocente mujer del estafador, que nada sabía de la otra vida de su marido, y se resuelve como si se tratase de una cuestión de amor propio, con una estructura semipoliciaca que poco a poco se convierte en una refinada venganza. Rodada entre Santander y Madrid con una gran perfección, Camus encuentra el tono justo entre el drama, la intriga y la comedia para desarrollar a diferentes niveles una situación atractiva, con una fuerte carga feminista, donde los banqueros son los malos desde un primer momento. Dentro del conjunto destaca el excelente trabajo interpretativo de Verónica Forqué y, en menor medida, también de Antonio Resines, papeles muy alejados de los estereotipos a los que les tiene relegados la «comedia de ejecutivos» característica del cine español de la primera mitad de la década de los noventa.

Director y guionista: *Mario Camus*. Fotografía: *Jaime Peracaula*. Música: *Sebastián Mariné*. Intérpretes: *Verónica Forqué, Antonio Resines, Fernando Valverde, Antonio Valero, Carlos Ballesteros*. Producción: *José Luis Olaizola, Fernando Garcillán para Sogetel, Central de Producciones Audiovisuales, Antea Films. Color. Duración: 117'. España.*

AMOR QUE MATA *(Possessed, 1947)*

Rechazada por el ingeniero David Sutton (Van Heflin), la enfermera Louise Howell (Joan Crawford) se casa, despechada, con el magnate Dean Graham (Raymond Massey), tras el suicidio de su enferma mujer. Empieza a sufrir alucinaciones y no puede soportar que la joven Carol Graham (Geraldine Brooks), su hijastra, se enamore de su amado David Sutton, a quien mata de un par de disparos. Está narrada a lo largo de varios *flashbacks* en los que Louise Howell relata su vida al psiquiatra Harvey Willard (Stanley Ridges), que la ha encontrado desvanecida en las calles de Los Ángeles. Se trata de una cuidada producción de Jerry Wald, situada entre el melodrama y el cine negro, rodada con gran habilidad por el irregular Curtis Bernhardt y con la que está a punto de ganar un Oscar una estupenda Joan Crawford.

Director: *Curtis Bernhardt*. Guionistas: *Silvia Richard, Ranald MacDougall*. Fotografía: *Joseph A. Valentine*. Música: *Franz Waxman*. Intérpretes: *Joan Crawford, Raymond Massey, Van Heflin, Geraldine Brooks, Stanley Ridges*. Producción: *Jerry Wald para Warner. Duración: 108'. Estados Unidos.*

AMOR Y DESEOS *(Paura e amore, 1988)*

Durante su estancia en Italia, la realizadora alemana Margarethe von Trotta parte de la famosa obra teatral *Las tres hermanas*, de Anton Chejov, para hacer una personal versión sobre un guión de Dacia Maraini y suyo. Ambientada en Padua en 1980, narra las aventuras sentimentales de tres hermanas: la profesora universitaria soltera Velia (Fanny Ardant) se enamora del profesor casado Massimo (Peter Simonischek), quien la engaña con su más joven hermana casada, María (Greta Scacchi), mientras la pequeña Sandra (Valeria Golino) estudia medicina y se enamora de uno de sus profesores, que muere en un accidente automovilístico. La gran novedad, respecto a la obra original, es que también tienen un hermano, Roberto (Sergio Castellitto), que se casa con Sabrina (Agnes Sorel), la pareja tiene problemas y también tres hijos; mientras todos viven en la gran casa familiar. Rodada con cierta habilidad por la generalmente tosca Von Trotta, es una de sus mejores películas por destilar bastante humanidad y estar muy bien expuestas las relaciones entre las hermanas, gracias al excelente trabajo de la francesa Fanny Ardant, la inglesa Greta Scacchi y la italiana Valeria Golino.

Directora: *Margarethe von Trotta*. Guionistas: *Margarethe von Trotta, Dacia Maraini*. Fotografía: *Beppe Lancia*. Música: *Franco Piersanti*. Intérpretes: *Fanny Ardant, Greta Scacchi, Valeria Golino, Sergio Castellitto, Peter Simonischek, Paolo Hendel, Agnes Sorel*. Producción: *Ángelo Rizzoli para Erre Produzioni (Roma), Reteitalia S.P.A. (Roma), Bloskop Film GMBH (Munich), Cinemax (París). Color. Duración: 113'. Italia, Francia, República Federal Alemana.*

ANA Y EL REY DE SIAM *(Anna and the King of Siam, 1946)*

La novela de Margaret Landon sobre las relaciones entre el rey de Siam y la institutriz inglesa Anna Owens, que en 1862 llega a Bangkok para hacerse cargo de la educación de los sesenta y siete hijos del monarca, da lugar a dos películas 20th Century Fox tan diferentes como similares. Esta comedia dramática, basada en el enfrentamiento entre ambos personajes, encarnados respectivamente por Rex Harrison e Irene Dunne, hace especial hincapié en el atraso social del país y en la historia de Tuptin (Linda Darnell), la mujer infiel del rey, condenada a morir con su amado en la hoguera. Bien dirigida por John Cromwell, tiene escenas con diálogos demasiado largos entre los protagonistas, que dan un tono teatral al conjunto. El musical *El rey y yo* (The King and I, 1956), dirigido por el especialista Walter Lang tras el éxito de la versión teatral, con música y canciones de Richard Rodgers y Oscar Hammerstein II, mucho más comedia, sin ninguno de sus aspectos dramáticos, pero también demasiado largo, con la que gana un Oscar el irregular actor Yul Brynner frente a una magnífica Deborah Kerr.

Director: *John Cromwell*. Guionistas: *Talbot Jennings, Sally Benson*. Fotografía: *Arthur Miller*. Música: *Bernard Herrmann*. Intérpretes: *Irene Dunne, Rex Harrison, Linda Darnell, Gale Sondergaard, Lee J. Cobb*. Producción: *Louis D. Lighton para 20th Century Fox*. Duración: *128'. Estados Unidos*.

ANATOMÍA DE UN ASESINATO *(Anatomy of a Murder, 1959)*

En un apacible pueblo de Michigan, el antiguo fiscal Paul Biegler (James Stewart) decide hacerse cargo de la defensa del teniente Manion (Ben Gazzara), acusado de asesinar al dueño de un bar tras violar a su bella y joven esposa Laura Manion (Lee Remick). Después de un largo y brillante juicio en el que Paul Biegler se enfrenta con el fiscal Claude Dancer (George C. Scott), consigue la absolución de su cliente. Sin embargo, en un alarde de su ya famosa ambigüedad narrativa, Preminger consigue que ni sus personajes ni el público lleguen a saber si el acusado es realmente culpable de los cargos que se le imputan. A partir de una novela de Robert Traver, el productor y director independiente Otto Preminger se limita a exponer un juicio por un caso de asesinato, pero no aclara la duda de si el teniente Manion, con un brillante historial en la guerra de Corea, dio una paliza a su mujer tras verla salir otra vez con el dueño del bar y luego lo mató, víctima de los celos, tal como pretende la acusación, o víctima de un impulso irresistible mató al violador de su mujer tras verla en el lamentable estado en que estaba, como sostiene la defensa. Destaca el brillante trabajo interpretativo del veterano James Stewart frente a la debutante Lee Remick, así como la buena música del famoso Duke Ellington.

Director: *Otto Preminger*. Guionista: *Wendell Mayes*. Fotografía: *Sam Leavitt*. Música: *Duke Ellington*. Intérpretes: *James Stewart, Lee Remick, Ben Gazzara, Arthur O'Connell, George C. Scott, Eve Arden, Kathryn Grant, Joseph N. Welch*. Producción: *Otto Preminger para Carlyle Productions (Columbia)*. Duración: *161'. Estados Unidos*.

ANDERSON, Lindsay *(Bangalore, Mysore, India, 1923-Francia, 1994)*

Hijo de un oficial del ejército británico destacado en la India y de una sudafricana, es educado en el Reino Unido, pero debe interrumpir sus estudios de literatura inglesa en la Universidad de Oxford para combatir en la II Guerra Mundial en el King Royal Corps. De regreso al mundo académico de Oxford, en 1946 colabora en la fundación de la famosa revista especializada *Sequence*, cuna del movimiento realista renovador *free cinema*, hasta que en 1952 comienza a trabajar como crítico de cine en diferentes diarios. Al mismo tiempo realiza documentales dentro del nuevo estilo realista, entre los que destacan *Wakefield Express* (1953), *O Dreamland* (1954), *Thursday's Children* (1954) y *Every Day Except Christmas* (1957). A finales de los años cincuenta empieza a dirigir teatro, una actividad paralela que no abandona durante el resto de su vida profesional, con obras de autores innovadores como John Osborne o John Arden. Su escasa obra cinematográfica —tan solo seis largos en treinta años— es coherente con los principios realistas del *free cinema*. Sus películas más conocidas son *El ingenuo salvaje*, que narra los amores entre un minero convertido en jugador profesional de *rugby* y una mujer mayor que él, e *If...*, ganadora de la Palma de Oro del Festival de Cannes, feroz sátira de la enseñanza superior británica a los aires revolucionarios de mayo de 1968. Tienen menos interés *Un hombre de suerte,* sobre la ascensión y caída en el mundo de los negocios de un ambicioso; *In Celebration,* en torno a los problemas de los mineros, y *Britannia Hospital,* sátira del aparato estatal hecha a través del funcionamiento de la medicina social. Su última película es *Las ballenas de agosto,* adaptación de una obra teatral de David Berry más cercana a sus trabajos para el teatro que para el cine, basada en un duelo interpretativo entre unas ancianas Bette Davis y Lillian Gish.

1963 *This Sporting Life* (El ingenuo salvaje).
1968 *If...*
1973 *O Lucky Man!* (Un hombre de suerte).
1975 *In Celebration.*
1982 *Britannia Hospital.*
1987 *The Whales of August* (Las ballenas de agosto).

ANDRADE, Joaquim Pedro de *(Rio de Janeiro, 1932-Rio de Janeiro, Brasil, 1988)*

Licenciado en físicas, su interés por el cine le lleva a rodar el cortometraje *O mestre de Apipucos* (1959), a trabajar como ayudante de dirección y a estudiar cine en París, Londres y Nueva York, donde colabora con los documentalistas hermanos Albert y David Maysles. Miembro destacado del movimiento renovador *cinema nôvo,* debuta en el cine profesional con el episodio *Couro da gato,* sobre los muchachos que durante el carnaval desuellan gatos para hacer tambores con sus pellejos, y el documental *Garrincha, alegria do povo,* retrato del famoso futbolista. Su primer trabajo interesante es *O padre e a moça,* basado en una novela de Carlos Drummond, sobre las relaciones entre un joven sacerdote y una muchacha de un perdido pueblo de Minas Gerais. Consigue gran éxito con *Macunaíma,* adaptación de la novela homónima de Mario de Andrade, donde abandona el realismo por el tropicalismo para narrar la historia del negro que se convierte en blanco, el héroe sin carácter que quiere civilizarse y no lo consigue, imaginativa parábola sobre el Brasil de la época. En *Os inconfidentes* parte de la conspiración de 1789 contra el poder colonial en Minas Gerais para hacer una interesante reflexión sobre las relaciones entre los intelectuales y el poder. A partir de varios relatos de Dalton Trevisan rueda *Guerra conjugal,* su particular versión de los dramas familiares nacionales. Su última película con interés es *O homen do Pau-Brasil,* peculiar biografía del poeta tropicalista Oswald de Andrade.

1962 *Couro da gato,* episodio de *Cinco vezes favela.*
1963 *Garrincha, alegria do povo.*
1966 *O padre e a moça.*
1969 *Macunaíma.*
1972 *Os inconfidentes.*
1974 *Guerra conjugal.*
1977 *Vereda tropical,* episodio de *Contos eroticos.*
1981 *O homen do Pau-Brasil.*
1984 *Vida mansa.*
1987 *Casa grande e senzata.*

ANDREI RUBLIOV *(1966)*

La vida del famoso pintor de iconos ruso Andrei Rubliov sirve al guionista y realizador Andrei Tarkovsky para hacer la más conocida de sus películas soviéticas, pintar un interesante cuadro realista de la vida en Rusia a principios del siglo XV y, sobre todo, interrogarse sobre la función del artista en una sociedad oprimida. Lo que significa que el también realizador Andrei Konchalovsky y el propio Tarkovsky la escriban en 1961; su rodaje se autorice cinco años más tarde; se presente fuera de concurso en el Festival de Cannes de 1969; solo dos años después se estrene en la Unión Soviética y comience su distribución mundial. Dividida en nueve partes, narra cómo entre 1400 y 1423 Andrei Rubliov (Anatoli Solonitsin) pasa de ser un conocido pintor de iconos a convertirse en un famoso artista que vive en Moscú, pero de una forma al margen de cualquier biografía, tanto cinematográfica como literaria. A través de un total de trescientos setenta y siete largos planos de calculada lentitud, sus personajes hablan de sus problemas creativos, entremezclando acontecimientos políticos e imágenes de los cuatro elementos, agua, tierra, fuego y aire, que tanto obsesionan a Tarkovsky. Con algunas escenas excelentes, como las del globo, la orgía pagana, la invasión de Moscú por los tártaros y, en especial, el amplio bloqueo final sobre la fundición de una campana, es una de las grandes producciones sonoras soviéticas. La película concluye con un reportaje en color sobre los principales iconos pintados por Andrei Rubliov que se conservan.

Director: *Andrei Tarkovsky*. Guionistas: *Andrei Konchalovsky, Andrei Tarkovsky*. Fotografía: *Vadim Yússov*. Música: *Vjatchetlav Ovchinníkov*. Intérpretes:

Anatoli Solonitsin, Ivan Lapikov, Nikolai Grinko, Nikolai Sergueiev, Irma Rauch Tarkovskaya. Producción: Mosfilm. Scope. Duración: *190'*. Unión Soviética.

ANDREWS, Dana *(Carver Daniel Andrews. Collins, Misisipí, 1912-Los Ángeles, California, Estados Unidos, 1992)*

Diplomado en contabilidad en el Sam Huston Teachers College, trabaja en su profesión hasta que comienza a cantar y en 1936 debuta como actor en la compañía Pasadena Playhouse. No abandona el teatro cuando en 1940 el productor independiente Samuel Goldwyn le contrata para hacer papeles secundarios en *westerns*. Enseguida firma un contrato con los estudios 20th Century Fox y protagoniza *Aguas pantanosas*, los interesantes policiacos dirigidos por Otto Preminger *Laura, ¿Ángel o diablo?, Daisy Kenyon* y *Al borde del peligro*, así como las historias de guerra realizadas por Lewis Milestone *The North Star, The Purple Heart, Un paseo bajo el sol* y *No Minor Vices*. En la segunda mitad de la década de los cincuenta trabaja con Fritz Lang en *Mientras Nueva York duerme* y *Más allá de la duda;* pero su carrera comienza a declinar y durante la primera mitad de los años sesenta permanece inactivo. Solo vuelve para hacer papeles secundarios en importantes películas como *Primera victoria, Estación 3: ultrasecreto*, alguno más largo en producciones de bajo presupuesto como *¿Hacia el fin del mundo?*, o incluso trabaja en Italia en subproductos. Su filmografía se extiende a lo largo de setenta y cinco películas rodadas en poco más de cuarenta años, pero la mejor etapa de su carrera se extiende desde mediados de los años cuarenta hasta mediados de los cincuenta.

1940 *Lucky Cisco Kid*, de H. Bruce Humberstone. / *Sailor's Lady*, de Allan Dwan. / *Kit Carson*, de George B. Seitz. / *The Westerner* (El forastero), de William Wyler.
1941 *Tobacco Road* (La ruta del tabaco), de John Ford. / *Belle Star*, de Irving Cummings. / *Swamp Water* (Aguas pantanosas), de Jean Renoir.
1942 *Berlin Correspondent*, de Eugene Forde. / *Ball of Fire* (Bola de fuego), de Howard Hawks.
1943 *Crash Drive* (Tiburones de acero), de Archie L. Mayo. / *The Ox-Bow Incident* (Incidente en Ox-Bow), de William A. Wellman. / *The North Star*, de Lewis Milestone.
1944 *Up in Arms* (Rumbo a Oriente), de Elliott Nugent. / *The Purple Heart*, de Lewis Milestone. / *Wings and a Prayer* (Alas y una plegaria), de Henry Hathaway. / *Laura*, de Otto Preminger.
1945 *Fallen Angel* (¿Ángel o diablo?), de Otto Preminger. / *State Fair*, de Walter Lang. / *A Walk in the Sun* (Un paseo bajo el sol), de Lewis Milestone.
1946 *Canyon Passage* (Tierra generosa), de Jacques Tourneur. / *The Best Years of Our Lives* (Los mejores años de nuestra vida), de William Wyler.
1947 *Night Song* (Mi corazón te guía), de John Cromwell. / *Daisy Kenyon*, de Otto Preminger. / *Boomerang* (El justiciero), de Elia Kazan.
1948 *The Iron Curtain* (El telón de acero), de William A. Wellman. / *Deep Waters*, de Henry King. / *No Minor Vices*, de Lewis Milestone.
1949 *Britannia Mews*, de Jean Negulesco. / *Sword in the Desert*, de George Sherman. / *My Foolish Heart*, de Mark Robson.
1950 *Where the Sidewalk Ends* (Al borde del peligro), de Otto Preminger. / *Edge of Doom* (Nube de sangre), de Mark Robson.
1951 *Sealed Cargo*, de Alfred L. Werker. / *The Frogmen* (Luchas submarinas), de Lloyd Bacon. / *I Want You* (No quiero decirte adiós), de Mark Robson.
1952 *Assignment Paris* (Destino Budapest), de Robert Parrish.
1954 *Three Hours to Kill* (Tres horas para vivir), de Alfred L. Werker. / *Elephant Walk* (La senda de los elefantes), de William Dieterle. / *Duel in the Jungle* (Duelo en la jungla), de George Marshall.
1955 *Smoke Signal* (Cara a la muerte), de Jerry Hopper. / *Strange Lady in Town* (La pelirroja indómita), de Mervyn LeRoy.
1956 *While the City Sleeps* (Mientras Nueva York duerme), de Fritz Lang. / *Comanche* (Duelo de razas), de George Sherman. / *Beyond a Reasonable Doubt* (Más allá de la duda), de Fritz Lang.
1957 *Spring Reunion*, de Robert Pirosh. / *Zero Hour* (Suspense, hora cero), de Hall Bartlett. / *Night of the Demon* (La noche del demonio), de Jacques Tourneur.
1958 *Enchanted Island*, de Allan Dwan. / *The Fearmakers*, de Jacques Tourneur.
1960 *The Crowded Sky*, de Joseph Pevney.
1962 *Madison Avenue*, de H. Bruce Humberstone.
1965 *The Satan Bug* (Estación 3: ultrasecreto), de John Sturges. / *In Harm's Way* (Primera victoria), de Otto Preminger. / *Brainstorm* (Desafío al destino), de William Conrad. / *The Loved One* (Los seres queridos), de Tony Richardson. / *Crack in the World* (¿Hacia el fin del mundo?), de Andrew Marton. / *Town Tamer*, de Lesley Selander. / *Battle of the Bulge* (La batalla de las Ardenas), de Ken Annakin. / *Berlino, appuntamento per le spie* (Berlín, cita con los espías), de Vittorio Sala.
1966 *Johnny Reno*, de Robert G. Springsteen. / *The Frozen Dead*, de Herbert J. Leder. / *Hot Rods to Hell*,

de John Brahm. / *Supercolpo da sette milliardi*, de Bitto Albertini.
1967 *Il cobra* (El cobra), de Mario Sequi.
1968 *The Devil's Brigade* (La brigada del diablo), de Andrew V. McLaglen. / *I dimanti que nessuno voleva rubare*, de Gino Mangini.
1972 *Innocent Bystanders* (De Oriente a Occidente para matar), de Peter Collinson.
1974 *Airport 75* (Aeropuerto 75), de Jack Smight.
1975 *Take a Hard Ride* (Por la senda más dura), de Antonio Margheriti.
1976 *The Last Tycoon* (El último magnate), de Elia Kazan.
1978 *Good Guys Wear Black*, de Ted Post. / *Born Again*, de Irving Rapper.
1979 *The Pilot* (El piloto), de Robert P. Davis.
1984 *Prince Jack*, de Bert Lovitt.

ANDREWS, Julie (*Julia Elizabeth Wells. Walton-on-Thames, Reino Unido, 1935*)

Perteneciente a una familia del mundo del espectáculo, a los siete años sube por primera vez a un escenario, a los doce participa en la revista *Starlight Roof*, a los dieciséis protagoniza la pantomima musical *Cinderella* y en 1954 conquista Broadway con el famoso musical británico *The Boy Friend*. A pesar de alcanzar grandes éxitos en teatro con los musicales *My Fair Lady* y *Camelot*, cuando son llevados al cine tiene que soportar que le quiten sus papeles, respectivamente, Audrey Hepburn y Vanessa Redgrave, aunque no saben cantar y tienen que ser dobladas. A pesar de sus repetidos éxitos teatrales como cantante, debuta en cine con la interesante producción dramática *La americanización de Emily*, pero solo triunfa con *Mary Poppins*, el musical de Walt Disney Productions que ya había hecho en teatro y con el que gana un Oscar. Entre medias de los musicales *Sonrisas y lágrimas*, de gran éxito, *Millie, una chica moderna*, uno de los últimos escrito para el cine, *La estrella*, su mayor fracaso, y *Darling Lili*, donde conoce a su segundo marido, Blake Edwards, también hace el policiaco *Cortina rasgada*, de Alfred Hitchcock, y el drama histórico *Hawaii*, adaptación de una novela de James A. Michener. Su matrimonio con el productor y director Blake Edwards la lleva a trabajar mucho menos durante los años setenta y ochenta y a hacerlo casi en exclusiva con él, destacando las comedias *10, la mujer perfecta*, *Víctor o Victoria* y *Así es la vida*. De sus pocas y restantes películas solo sobresale *Ansias de vivir*, un eficaz drama, basado en hechos reales.
1964 *The Americanization of Emily* (La americanización de Emily), de Arthur Hiller. / *Mary Poppins*, de Robert Stevenson.
1965 *The Sound of Music* (Sonrisas y lágrimas), de Robert Wise.
1966 *Torn Curtain* (Cortina rasgada), de Alfred Hitchcock. / *Hawaii*, de George Roy Hill.
1967 *Thoroughly Modern Millie* (Millie, una chica moderna), de George Roy Hill.
1968 *Star!* (La estrella), de Robert Wise.
1970 *Darling Lili*, de Blake Edwards.
1974 *The Tamarind Seed* (La semilla del tamarindo), de Blake Edwards.
1979 *Ten* (10, la mujer perfecta), de Blake Edwards.
1980 *Little Miss Marker* (El truhán y su prenda), de Walter Bernstein.
1981 *S.O.B.* (Somos honrados bandidos), de Blake Edwards.
1982 *Victor/Victoria* (Víctor o Victoria), de Blake Edwards.
1983 *The Man Who Loved Women* (Mis problemas con las mujeres), de Blake Edwards.
1986 *Duet for One* (Ansias de vivir), de Andrei Konchalovsky. / *That's Life!* (Así es la vida), de Blake Edwards.
1992 *A Fine Romance*, de Gene Saks.

ÁNGEL *(Angel, 1937)*

Las relaciones entre Ángel (Marlene Dietrich), una mujer de doble vida con un turbulento pasado, el importante político sir Frederick Barker (Herbert Marshall), que acaba casándose con ella, y el rico norteamericano Anthony Halton (Melvyn Douglas), que está a punto de conquistarla en un par de ocasiones, dan lugar a un tradicional *vaudeville*, pero tratado por Ernst Lubitsch en un tono grave, con una clara división en tres partes y lleno de brillantes elipsis narrativas. Una vez más, el punto de partida es una obra de teatro de un olvidado autor centroeuropeo, en esta ocasión Melchior Lengyel, convertida en un excelente guión por Samson Raphaelson, colaborador habitual de Lubitsch en esta etapa de su carrera; pero, a pesar de no hacer olvidar su origen teatral, permite a Ernst Lubitsch desarrollar su famoso toque, derrochar su imaginación visual y hacer algunos de sus mejores juegos de puertas, una de sus más curiosas y personales obsesiones.

Director: *Ernst Lubitsch*. Guionista: *Samson Raphaelson*. Fotografía: *Charles Lang*. Música: *Frede-*

rick Hollander. Intérpretes: *Marlene Dietrich, Herbert Marshall, Melvyn Douglas, Edward Everett Horton, Laura Hope Crews*. Producción: *Ernst Lubitsch para Paramount*. Duración: *98'. Estados Unidos.*

ÁNGEL AZUL, EL *(Der blaue Engel, 1930)*

Después de una primera y fructífera colaboración norteamericana en *La última orden* (The Last Command, 1928), el actor alemán Emil Jannings convence al productor Erich Pommer de los estudios U.F.A. para contratar al maestro Josef von Sternberg para dirigir la primera película sonora alemana. El resultado es una famosa adaptación de *Professor Unrat*, una novela de Heinrich Mann, que lanza a la desconocida cantante y actriz Marlene Dietrich y que, según la costumbre de la época, Sternberg rueda al mismo tiempo en versión alemana e inglesa con los mismos actores, pero es mucho mejor la primera que la más corta segunda. Narra cómo el serio y respetable profesor Immanuel Rath (Emil Jannings) es destruido por la pasión que siente por la cantante de cabaret Lola-Lola (Marlene Dietrich), que le lleva a casarse con ella e incluso actuar como payaso en su espectáculo. Destacan las canciones *Nimm dich in Acht vor bondles Frauen, Ich bin von Kopf bis Fuss auf Liebe eingestelle* y, sobre todo, *Ich bin die fesche Lola*, que Marlene Dietrich canta sentada a horcajadas sobre una silla. Treinta años después el productor Jack Cummings de 20th Century Fox encarga al irregular realizador Edward Dmytryk una nueva versión, *The Blue Angel* (1959), rodada en color y CinemaScope, protagonizada por Curt Jurgens y May Britt, sin ningún interés y con un final feliz.

Director: *Josef von Sternberg*. Guionista: *Robert Liebmann*. Fotografía: *Gunther Rittau, Hans Schneeberger*. Música: *Frederick Hollander*. Intérpretes: *Emil Jannings, Marlene Dietrich, Kurt Gerron, Rosa Valetti, Hans Albers*. Producción: *Erich Pommer para U.F.A.* Duración: *110'. Alemania.*

ÁNGEL EXTERMINADOR, EL *(1962)*

A partir de un insólito guión original de Luis Alcoriza y del propio realizador, Luis Buñuel hace una de sus mejores producciones mexicanas, con la que cierra su trilogía sobre la moral y las costumbres de la burguesía, también integrada por *Él* (1952) y *Ensayo de un crimen* (1955), y la más cercana a sus comienzos surrealistas. Narra cómo, tras asistir a una representación de la ópera *Lucía de Lammermoor*, de Gaetano Donizetti, un grupo de burgueses va a cenar a la lujosa mansión de sus amigos Edmundo Nobile (Enrique Rambal) y Lucía de Nobile (Lucy Gallardo), donde no solo les resulta imposible comer algo, sino que además quedan encerrados durante varios días. Tras sacar a la luz sus más ocultos instintos, consiguen salir de su encierro gracias a situarse en las posiciones que tenían cuando se produjo, pero nuevamente quedan encerrados en la iglesia a la que días después acuden para celebrar un tedéum en acción de gracias. Esta obra insólita, muy española, llena de elementos religiosos y un personal humor, es una de las piezas clave dentro de las difíciles relaciones entre cine y comida, que tienen en Buñuel a uno de sus más originales representantes.

Dirección: *Luis Buñuel*. Guionistas: *Luis Buñuel, Luis Alcoriza*. Fotografía: *Gabriel Figueroa*. Música: *Raúl Lavista*. Intérpretes: *Silvia Pinal, Enrique Rambal, Jacqueline Andere, José Baviera, Augusto Benedicto, Claudio Brook*. Producción: *Gustavo Alatriste para Producciones Alatriste*. Duración: *93'. México.*

¿ÁNGEL O DIABLO? *(Fallen Angel, 1945)*

A partir de una novela policiaca de Marty Holland, el productor y director Otto Preminger rueda una de sus más características películas negras de los años cuarenta para los estudios 20th Century Fox. Narra cómo el inconstante Eric Stanton (Dana Andrews) llega a una pequeña ciudad de California y se enamora de la atractiva camarera Stella (Linda Darnell), pero decide casarse con la hija menor del alcalde June Mills (Alice Faye) para quedarse con su dinero, divorciarse y vivir tranquilamente con la otra; pero cuando la camarera es asesinada, precisamente en su noche de bodas, las sospechas caen sobre él y debe huir con su mujer para demostrar su inocencia. La intriga policiaca tarda demasiado en arrancar y no encierra especial misterio, pero se apoya en la tradicional ambigüedad de Preminger y está rodada con una gran sabiduría dentro de su particular estilo, basado en el constante empleo de planos largos.

Director: *Otto Preminger*. Guionista: *Harry Kleiner*. Fotografía: *Joseph La Shelle*. Música: *David Rak-*

sin. Intérpretes: *Dana Andrews, Alice Faye, Linda Darnell, Charles Bickford, Anne Revere, Bruce Cabot, John Carradine*. Producción: *Otto Preminger para 20th Century Fox*. Duración: *97'. Estados Unidos.*

ÁNGELES E INSECTOS (*Angels & Insects, 1995*)

Tras una larga estancia en la selva amazónica, el naturalista William Adamson (Mark Rylance) pierde sus bienes, pertenencias y papeles en un naufragio al regresar al Reino Unido. Entonces encuentra protección en el poderoso aristócrata y colega Harald Alabaster (Jeremy Kemp), que le ofrece trabajo y vivienda en la gran mansión familiar de la verde campiña inglesa. Con un cuidadísimo vestuario y ambientación y a partir de unas escenas que casi parecen composiciones pictóricas, el casi debutante realizador y guionista Philip Haas narra cómo al mismo tiempo que William Adamson investiga la vida de los insectos, descubre las complejas relaciones eróticas existentes entre los diferentes miembros de la aristocrática familia Alabaster. Situada la acción alrededor de 1860, narra los años que el protagonista pasa en la gran mansión victoriana deslumbrado por la erótica belleza de Eugenia Alabaster (Patsy Kensit) hasta que la inteligencia de su lejana pariente pobre, Matty Compton (Kristin Scott Thomas), le abre los ojos y le ayuda a escapar. Esta curiosa parábola erótica sobre la vida de los insectos y de los aristócratas se sitúa entre las grandes películas inglesas de época y muestra a Philip Haas como un director de un gran interés.

Director: *Philip Haas*. Guionistas: *Belinda Haas, Philip Haas*. Fotografía: *Bernard Zitzermann*. Música: *Alexander Balanescu*. Intérpretes: *Mark Rylance, Patsy Kensit, Kristin Scott Thomas, Jeremy Kemp, Douglas Henshall*. Producción: *Playhouse International Pictures, The Samuel Goldwyn Company*. Color. Duración: *117'. Reino Unido.*

ÁNGELES SIN BRILLO (*The Tarnished Angels, 1957*)

Durante los años de la depresión económica se desarrollan las relaciones sentimentales entre Roger Schumann (Robert Stack), un héroe de la aviación de la Gran Guerra que sobrevive haciendo acrobacias en las ferias de los pueblos, Laverne Schumann (Dorothy Malone), su atractiva mujer, que ha ganado jugando a los dados con su mecánico Jiggs (Jack Carson), y Burke Devlin (Rock Hudson), un periodista que les conoce casualmente y que se interesa por la peligrosa profesión del marido y la belleza de su mujer. Basada en la gran novela *Pylon*, de William Faulkner, convertida en un sólido guión por George Zuckerman, es uno de los mejores melodramas que el gran especialista alemán Douglas Sirk rueda para los estudios Universal durante su largo exilio en Estados Unidos. Sazonada con una fuerte dosis de pesimismo y fatalismo, que se concretan en la escena de la danza macabra del *mardi gras* de Nueva Orleans, destaca la excelente fotografía de Irving Glassberg.

Director: *Douglas Sirk*. Guionista: *George Zuckerman*. Fotografía: *Irving Glassberg*. Música: *Frank Skinner*. Intérpretes: *Rock Hudson, Robert Stack, Dorothy Malone, Jack Carson, Robert Middleton*. Producción: *Albert Zugsmith para Universal*. Scope. Duración: *91'. Estados Unidos.*

ANGELI, Pier (*Anna Maria Pierangeli. Cagliari, Cerdeña, Italia, 1932-Beverly Hills, California, Estados Unidos, 1971*)

Hermana gemela de la actriz Marisa Pavan, a los diecisiete años debuta en el interesante díptico de melodramas realistas integrado por *Mañana será tarde* y *Mañana será otro día*, de Léonide Moguy. Contratada por los estudios Metro-Goldwyn-Mayer, hace para ellos cinco películas entre las que destacan *Teresa*, de Fred Zinnemann, *El milagro del cuadro* y *The Flame and the Flesh*, de Richard Brooks, y un episodio de *Tres amores*. Durante la segunda mitad de los años cincuenta sigue en Estados Unidos y rueda para diferentes estudios otras cinco películas entre las que destaca *Marcado por el odio*, de Robert Wise. Después de hacer a finales de la década en el Reino Unido *S.O.S. Pacífico* y *El amargo silencio*, de Guy Green, regresa a Italia donde interviene en subproductos sin el menor atractivo y en algunas superproducciones norteamericanas rodadas en Europa, como *Sodoma y Gomorra* y *La batalla de las Ardenas*. Mujer de una gran belleza, tiene una historia sentimental con el actor James Dean y luego se casa sucesivamente con el también actor Victor Damone y el compositor Armando Trovajoli, pero se suicida a los treinta y nueve años.

1949 *Domani è troppo tardi* (Mañana será tarde), de Léonide Moguy.

1950 *Domani è un altro giorno* (Mañana será otro día), de Léonide Moguy.
1951 *Teresa*, de Fred Zinnemann. / *The Light Touch* (El milagro del cuadro), de Richard Brooks.
1952 *The Devil Makes Three*, de Andrew Marton. / *The Story of Three Loves* (Tres amores), episodio de Gottfried Reinhardt.
1953 *Sombrero*, de Norman Foster.
1954 *The Flame and the Flesh*, de Richard Brooks. / *Mam'zelle Nitouche*, de Yves Allégret.
1955 *The Silver Chalice* (El cáliz de plata), de Victor Saville.
1956 *Somebody Up There Likes Me* (Marcado por el odio), de Robert Wise. / *Port Afrique* (Puerto África), de Rudolph Maté.
1957 *The Vintage*, de Jeffrey Hayden.
1958 *Merry Andrew* (Loco por el circo), de Michael Kidd.
1959 *S.O.S. Pacific* (S.O.S. Pacífico), de Guy Green.
1960 *The Angry Silence* (El amargo silencio), de Guy Green.
1962 *L'ammutinamento*, de Silvio Amadio. / *I moschettieri del mare*, de Steno. / *Sodom and Gomorrah* (Sodoma y Gomorra), de Robert Aldrich.
1964 *Banco à Bangkok pour OSS 117* (Pánico en Bangkok), de André Hunebelle.
1965 *Berlino, appuntamento per le spie* (Berlín, cita con los espías), de Vittorio Sala. / *Missione mortale Molo 83*, de Sergio Bergonzelli.
1966 *Battle of the Bulge* (La batalla de las Ardenas), de Ken Annakin. / *Per mille dollari al giorno* (Por mil dólares al día), de Silvio Amadio.
1967 *Il re d'Africa* (El rey de África), de Sandie Howard. / *Rose rosse per il Führer* (Rosas rojas para el Führer), de Fernando di Leo.
1968 *Every Bastard a King*, de Uri Zohar.
1969 *¡Viva América!*, de Javier Setó. / *Addio Alexandra*, de Enzo Bataglia.
1970 *Nelle pieghe della carne* (Las endemoniadas), de Sergio Bergonzelli.
1971 *Octaman*, de Henry Essex.

ANGELOPOULOS, Theo *(Theodoros Angelopoulos. Atenas, Grecia, 1936)*

Estudia derecho en la Universidad de Atenas, se licencia en literatura en la Universidad de la Sorbona y se matricula en dirección en el I.D.H.E.C., la escuela de cine de París. Regresa a su país para escribir críticas de cine en el diario *Demokratiki Allaghi*, comenzar a rodar en 1965 un largo inacabado con el conjunto musical Formix Story y realizar el cortometraje *I ekpombi* (1968). La llamada «dictadura de los coroneles» le impulsa a rodar *Reconstrucción*, un curioso policiaco sobre la investigación del asesinato de un emigrante por su mujer y su amante, donde ya aparece su personal estilo, mezcla de un marcado trasfondo político con unos largos planos de rara belleza y compleja ejecución. Se da a conocer internacionalmente con la trilogía formada por *Días del 36*, *El viaje de los comediantes* y *Los cazadores*, donde narra la historia de Grecia entre los años treinta y los setenta a través de una lenta sucesión de imaginativos planos-secuencia. Finalizada la dictadura y convertido en un director apreciado por la crítica internacional, abandona la semiclandestinidad de los años setenta para rodar con más tranquilidad y mayor presupuesto, en coproducción con Italia, *Alejandro el Grande*, amarga fábula sobre un bandido de principios de siglo que se convierte en un tirano; *Viaje a Cytera*, sobre un viejo combatiente comunista que regresa tras un largo exilio en la Unión Soviética para descubrir que en su país ya no hay sitio ni para él ni para sus ideas; *El apicultor*, en torno a las relaciones de un hombre maduro y una muchacha, y *Paisaje en la niebla*, poética fábula que narra el largo viaje de dos niños en busca de su inexistente padre. Tras colaborar con el guionista Tonino Guerra en sus cuatro últimas películas, vuelve a sus habituales planos-secuencia y a sus acciones, siempre demasiado dilatadas, con la coproducción europea *Le pas suspendu de la cicogne*, donde da claras muestras de cansancio creativo.

1970 *Anaparatassi* (Reconstrucción).
1972 *Meres tou 36* (Días del 36).
1975 *O thiassos* (El viaje de los comediantes).
1977 *I kynighi* (Los cazadores).
1980 *O Megalexandros* (Alejandro el Grande).
1984 *Taxidi sta Kithira* (Viaje a Cythera).
1986 *O melissokomos* (El apicultor).
1988 *Topio stin omihli* (Paisaje en la niebla).
1991 *Le pas suspendu de la cicogne*.
1995 *Lumière y compañía*, un episodio. / *To nemma tou Odyssea* (La mirada de Ulises).

ANILLOS EN LOS DEDOS *(Rings on Her Fingers, 1942)*

La atractiva empleada Susan Miller (Gene Tierney) deja su trabajo de vendedora para servir de «gancho» a una pareja de timadores, pero se enamora de una de sus víctimas, el modesto empleado John Wheeler (Henry Fonda), a quien confunden con un millonario. Desde este momento simula que gana en la ruleta para que recupere su dinero y hace todo lo posible para huir de sus compinches y casarse con él, pero es el propio timado quien acaba por resolver el asunto. Producida por Milton Sperling para 20th Century Fox, es una película mucho más del estudio que del reputado director de teatro Rouben Mamoulian, lo que no le impide ser una muy bien rodada y divertida comedia en el tono de las sofisticadas comedias de Paramount de los años treinta.

Director: *Rouben Mamoulian*. Guionista: *Ken Englund*. Fotografía: *George Barnes*. Música: *Cyril Mockridge*. Intérpretes: *Henry Fonda, Gene Tierney, Laird Cregar, Spring Byington, Shepperd Strudwick*. Producción: *Milton Sperling para 20th Century Fox*. Duración: *85'. Estados Unidos*.

ANNA KARENINA *(1935)*

La conocida novela homónima del conde ruso Leon Tolstoi es origen de tres famosas películas, además de otras de menor importancia. En último lugar, por orden cronológico, aparece la producción británica de Alexander Korda realizada por Julien Duvivier en 1948 con Vivien Leigh y Ralph Richardson. Previamente se ruedan dos producciones norteamericanas de los estudios Metro-Goldwyn-Mayer protagonizadas por Greta Garbo: una buena versión muda titulada *Love* (1927), producida y dirigida por Edmund Goulding con John Gilbert, y esta cuidada adaptación que se sitúa entre las grandes obras producidas por David O. Selznick. La historia de Anna Karenina (Greta Garbo), que abandona a su marido Alexei Karenin (Basil Rathbone) y a su hijo Sergei (Freddie Bartholomew) por la pasión que siente por el capitán Alexei Vronsky (Fredric March), encuentra una de sus mejores expresiones en esta penúltima colaboración entre la actriz Greta Garbo y el director Clarence Brown. Dentro de una amplia sucesión de eficaces, dramáticas y sólidas escenas, destacan la aparición de Anna Karenina entre una nube de vapor en la estación de Moscú y la de su trágico suicidio entre las ruedas de un tren, presagiada en la anterior.

Director: *Clarence Brown*. Guionistas: *Clemence Dane, Salka Viertel*. Fotografía: *William Daniels*. Música: *Herbert Stothart*. Intérpretes: *Greta Garbo, Fredric March, Basil Rathbone, Maureen O'Sullivan, May Robson, Freddie Bartholomew*. Producción: *David O. Selznick para Metro-Goldwyn-Mayer*. Duración: *95'. Estados Unidos*.

ANNABELLA *(Suzanne Georgette Charpentier. París, Francia, 1907)*

Debuta en el cine mudo con pequeños papeles en *Napoleón* y *Maldone*, pero ya con su seudónimo de admiradora de Edgar Allan Poe se da a conocer de la mano de René Clair en las producciones sonoras *Bajo los techos de París, El millón* y *14 de julio*. Emprende una carrera internacional que la lleva a rodar en Francia con Carmine Gallone, Anatole Litvak y Marcel L'Herbier; en Alemania con Robert Siodmak y Joe May, y en Hungría con Paul Fejos, en las múltiples versiones realizadas en una época donde no se ha impuesto el doblaje. Instalada en Estados Unidos, hace la interesante *Bajo el manto escarlata,* de Viktor Sjöström. Regresa a Francia para intervenir en las famosas *La bandera* y *Hôtel du Nord,* de Julien Duvivier y Marcel Carné, respectivamente, pero la II Guerra Mundial y su matrimonio con el actor Tyrone Power la llevan a Hollywood, donde entre otras hace *La baronesa y el mayordomo, Suez* y *13, rue Madeleine*. Vuelve a Francia en la posguerra, pero, tras intervenir en algunas películas sin importancia, se va a vivir a España, donde rueda *Don Juan* y *Quema el suelo,* que ponen punto final a su irregular y cosmopolita carrera.

1927 *Napoléon* (Napoleón), de Abel Gance. / *Maldone,* de Jean Gremillon.
1929 *Romance à l'inconnue,* de René Barberis. / *Trois jeunes filles nues,* de Robert Boudrioz.
1930 *La maison de la flèche,* de Henri Fescourt. / *Sous les toits de Paris* (Bajo los techos de París), de René Clair.
1931 *Le million* (El millón), de René Clair. / *Soir de rafle* (Una noche de redada), de Carmine Gallone. / *Gardez le sourire,* de Paul Fejös. / *Voruntersuchung* (Dilema), de Robert Siodmak. / *Son Altesse l'amour,* de Robert Peguy.
1932 *Un fils d'Amérique* (Un hijo de América), de Carmine Gallone. / *Paris Méditerranée* (París Mediterráneo), de Joe May. / *Marie, légende hongroise* (María, leyenda húngara), de Paul Fejös.
1933 *Mademoiselle Josette ma femme,* de André Berthomieu. / *Quatorze juillet* (14 de julio), de René Clair. / *La bataille* (La batalla), de Nicolas Farkas.
1934 *Caravan,* de Eric Charell. / *Variétés,* de Nicolas Farkas. / *Les nuits moscovites,* de Alexis Granowsky.
1935 *La bandera,* de Julien Duvivier. / *L'équipage* (La tripulación del cielo), de Anatole Litvak. / *Veille d'armes* (Víspera de combate), de Marcel L'Herbier.

1936 *Anne-Marie*, de Raymond Bernard.
1937 *Wings of the Morning*, de Harold Schuster. / *Under the Red Robe* (Bajo el manto escarlata), de Viktor Sjöström. / *La citadelle du silence* (La ciudadela del silencio), de Marcel L'Herbier.
1938 *Hôtel du Nord*, de Marcel Carné. / *Dinner at the Ritz*, de Harold Schuster. / *The Baroness and the Butler* (La baronesa y el mayordomo), de Walter Lang. / *Suez*, de Allan Dwan.
1939 *Bridal Suite*, de William Thiele.
1943 *Tonight We Raid Calais*, de John Brahm. / *Bombers' Moon*, de Charles Fuhr.
1947 *Éternel Conflict*, de Georges Lampin. / *13, rue Madeleine*, de Henry Hathaway.
1948 *Dernier amour*, de Jean Stelli.
1949 *L'homme qui revient de loin*, de Castanier. / *Désordre*, de Jacques Baratier.
1950 *Don Juan*, de José Luis Sáenz de Heredia.
1951 *Quema el suelo*, de Luis Marquina.

ANNAUD, Jean-Jacques *(Draveil, Essonne, Francia, 1943)*

Estudia cine en la escuela de Vaugirard y en el I.D.H.E.C., la escuela de cine de París, hace el servicio militar en Camerún, entra en el mundo de la publicidad donde, entre 1966 y 1976, rueda más de cuatrocientos *spots* y se convierte en el realizador francés más premiado. Gracias a sus experiencias africanas hace su primer largometraje, *La victoire en chantant*, una coproducción entre Francia, Costa de Marfil y la República Federal Alemana, que narra una parábola sobre el colonialismo, gana el Oscar destinado a la mejor producción extranjera, vuelve a estrenarse con el título *Negros y blancos en color* (Noir et blancs en couleur) y vuelve a pasar inadvertida en Europa. Mientras continúa haciendo publicidad, dirige *El cabezazo*, una sátira político-social en torno a un equipo de fútbol de una capital de provincias, y se da a conocer internacionalmente con la superproducción *En busca del fuego*, escrita por el guionista Gérard Brach sobre la novela de Joseph-Henri Rosny, ambientada en los inicios de la humanidad y realizada sin diálogos ni voz de fondo, que narra cómo la tribu Ulans trata de recuperar el fuego perdido. Su mayor éxito es *El nombre de la rosa*, adaptación de la novela homónima de Umberto Eco con guión de Gérard Brach, pero convertida en una superproducción europea rodada en inglés, que reduce la complejidad del original a una historia policiaca ocurrida a principios del siglo XIV en un monasterio. Vuelve a tener éxito con *El oso*, que narra la lucha por la supervivencia de un osezno que ha perdido a su madre en un tono más Walt Disney que ecológico. Sigue en la misma línea de producciones europeas de elevado presupuesto rodadas en inglés, con *El amante*, una erótica adaptación de la novela homónima y autobiográfica de Marguerite Duras, que despierta la ira de su autora y hace que esta vuelva a escribir, por tercera vez, la misma historia en *El amante de la China del norte*, tras una primera versión que da lugar a *Barrage contre le Pacifique* (1958), de René Clément. Rodado en un nuevo formato panorámico de proyección, *Wings of Courage* es un mediometraje de aventuras de una hora de duración.

1976 *La victoire en chantant*.
1979 *Coup de tête* (El cabezazo).
1981 *La guerre du feu* (En busca del fuego).
1986 *Le nom de la rose* (El nombre de la rosa).
1988 *L'ours* (El oso).
1992 *L'amant* (El amante).
1995 *Wings of Courage*.

ANSIAS DE VIVIR *(Duet for One, 1986)*

Durante un concierto en el Albert Hall de Londres, la famosa violinista Stephanie Anderson (Julie Andrews) descubre los primeros síntomas de una esclerosis progresiva que la hará dejar de tocar y la convertirá en paralítica, por lo que comienza a visitar al psicoanalista Louis Feldman (Max von Sydow), se da cuenta de que es un desastre su matrimonio con el director de orquesta David Cornwallis (Alan Bates), intenta suicidarse y finalmente comienza una relación con un joven (Rupert Everett) y más tarde con su psicoanalista. Basada en la verdadera vida de la violonchelista inglesa Jacqueline Da Prè y en la obra de teatro de Tom Kempinski, que se reduce a un diálogo entre la artista y su médico, el realizador ruso Andrei Konchalovsky hace su mejor película norteamericana. Un minucioso trabajo entre el melodrama y la comedia sentimental, con una espléndida Julie Andrews, que, sin embargo, pasa inadvertida para el público y la mayoría de la crítica.

Director: *Andrei Konchalovsky*. Guionistas: *Tom Kempinski, Jeremy Lipp, Andrei Konchalovsky*. Fotografía: *Peter Young*. Intérpretes: *Julie Andrews, Alan Bates, Max von Sydow, Rupert Everett, Macha Méril,*

Liam Neeson. Producción: *Menahem Golan, Yoram Globus. Color.* Duración: *110'. Estados Unidos.*

ANTÍN, Manuel *(Las Palmas, Chaco, Argentina, 1926)*

Poeta, dramaturgo y novelista, llega al cine a través del guión para convertirse en el más intelectual de los realizadores latinoamericanos. Muy influido por la *nouvelle vague* francesa en general, y por el cine de Alain Resnais en particular, parte de diferentes cuentos de Julio Cortázar para hacer las pretenciosas *La cifra impar, Circe* e *Intimidad en los parques*. Cambia de estilo para acercarse al mundo rural de principios de los años veinte al adaptar a Augusto Roa Bastos en *Castigo al traidor* y al clásico Ricardo Güiraldes en *Don Segundo Sombra*. Entre sus últimas películas hay que citar *La sartén por el mango*, basada en una novela de Beatriz Guido, que narra una historia de tráfico de armas, y *Allá lejos y hace tiempo*, sobre las memorias del naturalista W. H. Hudson en la Argentina de finales del siglo XIX. En 1984 es nombrado director del Instituto Nacional de Cinematografía, consigue que desaparezca la censura, recuperar el diez por ciento del precio de las localidades para ayudar al cine nacional y apoyar a los nuevos realizadores.

1961 *La cifra impar.*
1962 *Los venerables todos.*
1963 *Circe.*
1964 *Intimidad en los parques.*
1965 *La estrella del desierto*, episodio de *Psique y sexo.*
1966 *Castigo al traidor.*
1969 *Don Segundo Sombra.*
1971 *Don Juan de Rosas.*
1973 *La sartén por el mango.*
1978 *Allá lejos y hace tiempo.*
1982 *La invitación.*

ANTONIO DAS MORTES *(O Dragão da maldade contra o santo guerreiro, 1969)*

Después del éxito europeo de *Dios y el diablo en la tierra del sol* (Deus e o diabo na terra do sol, 1963), una fábula realizada a partir de viejas leyendas de *cangaceiros*, llena de crítica social sobre la situación brasileña del momento, el realizador Glauber Rocha retoma al más querido de sus personajes, Antonio das Mortes (Mauricio do Valle), para transformarlo, de asesino al servicio de los grandes terratenientes, en justiciero al lado del pueblo en rebelión, de héroe negativo a héroe positivo; un nuevo san Jorge que combate el mal, representado por el anagrama de la compañía petrolífera Shell. Esta nueva fábula que narra cómo la única arma que tienen los países del Tercer Mundo contra el imperialismo de Estados Unidos es la cultura popular y sus peculiares héroes, tiene gran éxito en los circuitos europeos de películas en versión original subtitulada, por estrenarse cuando todavía está caliente la fallida revolución estudiantil de mayo de 1968. Sin embargo, marca el principio del fin en la carrera de Glauber Rocha, que no asimila el éxito y comienza a trabajar en Europa, a pesar de hacerlo en sus más lejanas estribaciones, España y África.

Director y guionista: *Glauber Rocha*. Fotografía: *Affonso Beato*. Música: *Carlos Nobre*. Intérpretes: *Mauricio do Valle, Odete Lara, Othon Bastos, Hugo Carvana*. Producción: *Glauber Rocha para Mapa Films. Color.* Duración: *95'. Brasil.*

ANTONIONI, Michelangelo *(Ferrara, Italia, 1912)*

Perteneciente a la burguesía de provincias, estudia economía y comercio en la Universidad de Bolonia, pinta y escribe crítica de cine en el diario local. Trasladado a Roma, colabora en la revista especializada *Cinema,* dirigida por Vittorio Mussolini, hijo del Duce, pero cuna del movimiento neorrealista, e ingresa en el Centro Sperimentale di Cinematografia. Deja sus estudios para trabajar como ayudante de Marcel Carné y guionista de Roberto Rossellini, Giuseppe de Santis y Federico Fellini y rodar siete cortometrajes entre los que destacan *Gente del Po* (1947) y *N.U.* (1948). Su personal concepción del cine nace al aplicar los principios neorrealistas al comportamiento de la burguesía en la trilogía formada por *Crónica de un amor,* sobre la crisis de una pareja; *La señora sin camelias,* retrato de una mujer perdida en el mundo cinematográfico, y *Las amigas,* análisis de la alta sociedad de Turín a través de un relato de Cesare Pavese. Se aleja de esta temática en los episodios de *I vinti* y *L'amore in città,* pero sobre todo en *El grito,* que describe el trágico comportamiento sentimental de un obrero metalúrgico. Esta primera trilogía es un borrador de la segunda, integrada por *La aventura, La noche* y *El eclipse,* que le da a conocer internacionalmente y pone de moda el término *incomunicabilità* para describir la actitud de sus personajes burgueses. En *El desierto rojo,* su primer y discutible encuentro con el color, se limita a repetir, con menor inspiración, temas y situaciones de su famosa trilogía, pero le abre las puertas de los mercados de habla inglesa. Producida por el italiano Carlo Ponti, rueda en Londres *Blow-Up,* basada en un cuento de Julio Cortázar, una peculiar historia de realidades y apariencias, un policiaco sin asesino, crimen ni cadáver, que le sirve para acercarse al mundo de los fotógrafos de modas y se convierte en su mayor éxito. Gracias a él hace en Estados Unidos *Zabriskie Point,* una curiosa parábola en torno a la juventud y el camino hacia la destrucción del mundo moderno, y en España, *El reportero,* una de sus obras más logradas desde el punto de vista político, filosófico y estilístico, pero no obtiene la atención que merece. Entre medias rueda para televisión *Chung-Kuo* (1973), un discutido documental de largo metraje sobre la China del presidente Mao, y posteriormente, ya en plena decadencia, *El misterio de Oberwald,* un fallido experimento sobre técnicas televisivas aplicadas al cine a partir de la obra teatral de Jean Cocteau. Tiene más interés *Identificación de una mujer,* en la que intenta reactualizar su temática de la *incomunicabilità*. Al no encontrar productor para sus diferentes proyectos vuelve a la pintura, su amor de la primera juventud, y permanece trece años alejado del cine. Gracias a la colaboración del realizador alemán Wim Wenders, a los ochenta y tres años, paralítico y con graves problemas de comunicación, rueda la interesante *Más allá de las nubes,* una colección de tres episodios que cierra definitivamente su filmografía.

1950 *Cronaca di un amore* (Crónica de un amor).
1952 *I vinti,* un episodio.
1953 *La signora senza camelie* (La señora sin camelias). / *Tentato suicidio,* episodio de *L'amore in città.*
1955 *Le amiche* (Las amigas).
1957 *Il grido* (El grito).
1960 *L'avventura* (La aventura).
1961 *La notte* (La noche).
1962 *L'eclisse* (El eclipse).
1964 *Deserto rosso* (El desierto rojo).
1965 *Il provino* (La prueba), episodio de *I tre volti* (Tres perfiles de mujer).
1966 *Blow-Up.*
1970 *Zabriskie Point.*
1975 *Professione: reporter* (El reportero).
1979 *Il mistero di Oberwald* (El misterio de Oberwald).
1982 *Identificazione di una donna* (Identificación de una mujer).
1995 *Al di là delle nuvole* (Más allá de las nubes).

AÑO DE LAS LUCES, EL *(1986)*

Finalizada la guerra española, el teniente José Morales (Santiago Ramos) lleva a sus hermanos Manolo (Jorge Sanz), de quince años, y Jesús (Lucas Martín), de once, desde Madrid hasta un preventorio antituberculoso infantil en Extremadura regido por la Sección Femenina. Allí, Manolo recibe una particular educación sentimental: entre las fascistas enseñanzas de doña Tránsito (Chus Lampreave); la fascinación que produce en la directora, Irene (Verónica Forqué), y algunas de las muchachas que allí trabajan, como Vicenta (Violeta Cela) o Paquita (Diana Peñalver); el amor que despierta en María Jesús (Maribel Verdú), la sobrina, o más bien hija, del cura don Teódulo (José Sazatornil), y los siempre sabios consejos del envejecido Emilio (Manuel Alexandre), un afrancesado republicano, admirador del anarquista Buenaventura Durruti. Tras un prólogo demasiado largo, centrado en el viaje en autobús hasta el preventorio, la película adquiere solidez y Fernando Trueba narra bien, sobre guión de Rafael Azcona y suyo, una atípica historia sentimental, con carga crítica y humorística, en un entorno opresor. Su éxito lleva a un equipo similar a hacer *Belle époque* (1992), una historia, en alguna medida, paralela, ambientada en los comienzos de la II República española, donde otro jovencito recibe una peculiar educación sentimental a cargo de cuatro hermanas.

Director: *Fernando Trueba*. Guionistas: *Rafael Azcona, Fernando Trueba*. Fotografía: *Juan Amorós*. Música: *Francisco Guerrero*. Intérpretes: *Jorge Sanz, Maribel Verdú, Manuel Alexandre, Lucas Martín, Verónica Forqué, Santiago Ramos, Chus Lampreave*. Producción: *Andrés Vicente Gómez para Compañía Iberoamericana de TV. Color. Scope. Duración: 100'. España.*

AÑO PASADO EN MARIENBAD, EL *(L'année dernière à Marienbad, 1961)*

En un hotel de gran lujo, donde presente, pasado y futuro, reales o imaginarios, se confunden, se desarrolla un tradicional triángulo amoroso entre la mujer A (Delphine Seyrig), el marido M (Sacha Pitoeff) y un extraño X (Giorgio Albertazzi), donde ella niega haberle encontrado el año pasado, pero con quien finalmente termina yéndose. Sobre un atractivo y personal guión del novelista Alain Robbe-Grillet, brillante trasposición de su peculiar mundo, expuesto en la primera etapa de su obra literaria y en sus posteriores películas como realizador, el director Alain Resnais realiza una fascinante y desconcertante película, que en su momento tiene gran éxito de crítica, e incluso de público, y gana el León de Oro de la Mostra de Venecia, pero sobre la que se deja sentir el paso de los años. A medio camino entre la realidad y el sueño, el documental y la ficción, esta peculiar alegoría sobre la muerte tiene una excelente fotografía de Sacha Vierny.

Director: *Alain Resnais*. Guionista: *Alain Robbe-Grillet*. Fotografía: *Sacha Vierny*. Música: *Francis Seyrig*. Intérpretes: *Delphine Seyrig, Giorgio Albertazzi, Sacha Pitoeff*. Producción: *Pierre Coureau, Raymond Froment. Scope*. Duración: *93'. Francia*.

AÑO QUE VIVIMOS PELIGROSAMENTE, EL *(The Year of Living Dangerously, 1982)*

En 1965, el joven corresponsal de una emisora de radio australiana Guy Hamilton (Mel Gibson) llega a Yakarta, en Indonesia, para descubrir, con la ayuda del fotógrafo chino enano Billy Kwan (Linda Hunt) y la atractiva secretaria de la Embajada británica Jill Bryant (Sigourney Weaver), que los comunistas preparan un golpe de Estado contra la dictadura del general Sukarno, cuyo fracaso supondrá un endurecimiento del poder de los militares. Última película australiana de Peter Weir antes de ser captado por las compañías norteamericanas, es uno de sus mejores trabajos, en el que, una vez más, vuelve a presentar el enfrentamiento de culturas. Frente a la excelente historia de amor que narra entre el australiano Guy Hamilton y la inglesa Gilliam «Jill» Bryant, sobre el conseguido fondo de la fallida revolución indonesia —que además lanza a sus intérpretes Mel Gibson y Sigourney Weaver—, desentona el confuso personaje del fotógrafo Billy Kwan por ser el narrador de la historia e intenta darle un tono trascendente que no tiene, y además, por estar interpretado por una mujer, la extraña Linda Hunt, que no obstante gana un Oscar por su trabajo.

Director: *Peter Weir*. Guionistas: *David Williamson, Peter Weir, C. J. Koch*. Fotografía: *Russell Boyd*. Música: *Maurice Jarre*. Intérpretes: *Mel Gibson, Sigourney Weaver, Linda Hunt, Michael Murphy, Bill Kerr*. Producción: *Peter Weir para McElroy & McElroy/Metro-Goldwyn Mayer. Color. Scope*. Duración: *114'. Australia*.

APARTAMENTO, EL *(The Apartment, 1960)*

Un personaje secundario de *Breve encuentro* (Brief Encounter, 1945), de David Lean, el que deja su apartamento para una fugaz cita a la recatada pareja protagonista, es el origen de la más famosa comedia crítica dirigida por Billy Wilder y escrita con su habitual colaborador de la época I. A. L. Diamond. Las relaciones entre el modélico empleado de una compañía de seguros C. C. Baxter (Jack Lemmon), que asciende en la empresa gracias a prestar su apartamento a sus jefes, el director del departamento de personal Jeff D. Sheldrake (Fred MacMurray), felizmente casado y con hijo, y la atractiva ascensorista Fran Kubelik (Shirley MacLaine), que intenta suicidarse en casa del primero cuando la abandona el segundo, son el centro de una brillante comedia, llena de ácida crítica, sobre el peculiar pragmatismo de la sociedad norteamericana. Ganadora de cinco importantes Oscars, dos para Wilder como director y guionista, es el mayor éxito de su carrera. Es también el nacimiento de un modelo que con peor fortuna copia en *Irma la dulce* (Irma la douce, 1963), *En bandeja de plata* (The Fortune Cookie, 1966) y *Aquí, un amigo* (Buddy, Buddy, 1981), las tres protagonizadas por Jack Lemmon.

Director: *Billy Wilder*. Guionistas: *Billy Wilder, I. A. L. Diamond*. Fotografía: *Joseph La Shelle*. Música: *Adolph Deutsch*. Intérpretes: *Jack Lemmon, Shirley MacLaine, Fred MacMurray, Ray Walston, Jack Kruschen, Joan Shawlee, Eddie Adams*. Producción: *Billy Wilder para Mirisch Company/United Artists. Scope*. Duración: *125'. Estados Unidos*.

APOCALYPSE NOW *(1979)*

El gran guionista, productor y director Francis Ford Coppola parte de la famosa novela *El corazón de las tinieblas*, de Joseph Conrad, para hacer un personal fresco sobre la guerra de Vietnam, pero se ve obligado a hipotecar su productora, su casa y su trabajo, y llega a estar repetidas veces al borde de la ruina, para conseguir rodar esta película a su completa satisfacción. El largo viaje del capitán Benjamin L. Willard (Martin Sheen) en una lancha remontando un río de Vietnam hasta llegar a los dominios del coronel Walter E. Kurtz (Marlon Brando), que se ha erigido en dictador de un pequeño imperio en mitad de la selva, y acabar con él, es una perfecta mezcla de simplicidad estructural y complejidad narrativa. Al narrar la típica historia de alguien a quien encargan una misión, desarrollarse siguiendo un itinerario previamente trazado y constituir su argumento la exposición de su estructura mientras las diferentes escenas que lo integran tienen una compleja elaboración formal. Destacan algunas excelentes escenas, como el ataque del «noveno de caballería», que ha sustituido los caballos por helicópteros, al mando del teniente coronel Kilgore (Robert Duvall), a un poblado vietnamita, a los acordes de *La cabalgata de las Walkirias,* de Richard Wagner, y el espectáculo musical a cargo de tres conejitas de *Playboy* para diversión de los soldados.

Director: Francis Ford Coppola. Guionistas: *John Milius, Francis Ford Coppola.* Fotografía: *Vittorio Storaro.* Música: *Carmine Coppola, Francis Ford Coppola.* Intérpretes: *Martin Sheen, Robert Duvall, Frederic Forrest, Marlon Brando, Alber Hall, Sam Bottoms, Dennis Hopper.* Producción: *Francis Ford Coppola para United Artists. Color. Scope. Duración: 153'. Estados Unidos.*

ARANDA, Vicente *(Barcelona, España, 1926)*

Desde muy joven se ve obligado a trabajar en distintos oficios. En 1949 emigra a Venezuela y alcanza un puesto importante en la empresa de informática N.C.R. Regresa a España en 1956 e intenta ingresar en el Instituto de Investigaciones y Experiencias Cinematográficas, pero no le admiten por no haber acabado el bachillerato. Se instala en Barcelona, crea una productora con la que hace sus primeras películas y debuta como realizador con *Brillante porvenir* —codirigida por motivos sindicales por el coguionista Roman Gubern—, una obra realista, demasiado afectada por la censura del general Franco. Posteriormente rueda dos de las obras más características de la llamada Escuela de Barcelona, ambas basadas en narraciones del escritor y director Gonzalo Suárez: *Fata Morgana,* donde aparece en estado puro el realismo fantástico que propugna el grupo, y *Las crueles,* ya mezclado con elementos comerciales. Sus siguientes trabajos se sitúan entre lo comercial y lo personal; van desde las irregulares *La novia ensangrentada,* historia de terror destrozada por la censura, y *Clara es el precio,* fallido intento de comedia erótica con incipientes desnudos, hasta la más atractiva *Cambio de sexo,* correcta y fría historia de un joven transexual, realizada con mayor libertad y que marca el encuentro con Victoria Abril, su actriz favorita. Pasa a ser un excelente adaptador de novelas españolas contemporáneas, que convierte en personales y duras películas, a lo largo de *La muchacha de las bragas de oro, Si te dicen que caí* y *El amante bilingüe,* sobre las obras homónimas de Juan Marsé; *Asesinato en el Comité Central,* basada en la novela del mismo título de Manuel Vázquez Montalbán; *Fanny «Pelopaja»,* sobre la narración policiaca del especialista Andreu Martín; *Tiempo de silencio,* basada en el clásico de Luis Martín Santos; *El Lute: camina o revienta* y *El Lute II: mañana seré libre,* sobre la autobiografía del famoso quinqui Eleuterio Sánchez, y *La pasión turca,* adaptación de la novela de Antonio Gala. Realiza dos importantes trabajos para televisión: la serie *Los jinetes del alba* (1990), basada en la obra homónima de Jesús Fernández Santos, y el episodio *El crimen del capitán Sánchez* (1985), de la serie *La huella del crimen,* que le pone en contacto con el productor y director Pedro Costa y el guionista y dramaturgo Álvaro del Amo. Con su colaboración, y sobre guiones originales, lleva a cabo sus trabajos más importantes, *Amantes* e *Intruso,* en los que desarrolla hasta sus últimas consecuencias el tema de las relaciones entre el amor y la muerte a través de la pasión, ya planteado en alguna de sus obras anteriores. Tras quince años de espera, rueda *Libertarias,* la historia de seis mujeres y el anarquismo durante los primeros tiempos de la guerra española, realizada con un logrado tono épico y un característico humor, que se sitúa entre sus grandes películas.

1964 *Brillante porvenir.*
1966 *Fata Morgana.*
1969 *Las crueles.*

1972 *La novia ensangrentada.*
1974 *Clara es el precio.*
1976 *Cambio de sexo.*
1980 *La muchacha de las bragas de oro.*
1982 *Asesinato en el Comité Central.*
1984 *Fanny «Pelopaja».*
1986 *Tiempo de silencio.*
1987 *El Lute: camina o revienta.*
1988 *El Lute II: mañana seré libre.*
1989 *Si te dicen que caí.*
1991 *Amantes.*
1993 *El amante bilingüe.* / *Intruso.*
1994 *La pasión turca.*
1995 *Lumière y compañía,* un episodio.
1996 *Libertarias.*

ÁRBOL DE LOS ZUECOS, EL *(L'albero degli zoccoli, 1978)*

En su triple calidad de guionista, director y fotógrafo, Ermanno Olmi describe, con la minuciosidad del documentalista que siempre ha sido, la vida de cuatro familias que viven en una alquería lombarda desde el otoño de 1897 hasta la primavera siguiente. La viuda Runk tiene cuatro hijos, quiere llevar a los pequeños a la inclusa porque no tiene con qué criarlos, pero el mayor se opone. El padre de los Finard encuentra una moneda en un mitin socialista, pero la pierde y enloquece. La única hija de los Biena se casa, va con su marido a ver a una tía monja que trabaja en el hospicio y les da un niño con una pequeña subvención para que lo críen. El padre de los Batisti corta un árbol para hacer unos zuecos de madera para que su hijo pueda ir a la escuela, pero, enterado el amo, les quita el ganado que cuidan y les echa de la casa donde viven. Lo que más llama la atención de estos personajes es su pasividad, su profundo catolicismo, la aceptación de todo lo que les ocurre, bueno o malo, como un designio de Dios. Sin embargo, la historia central, la que da título a la película, narra una injusticia con un tono de denuncia social, pero también con un extraño carácter de predestinación: el único niño de la alquería que estudia trae la ruina a los suyos y a sí mismo. Con un estilo de una gran sencillez, donde abundan los planos fijos, hay leves panorámicas y raros *travellings,* Ermanno Olmi entremezcla con gran habilidad la vida de estas cuatro familias que casi viven en la miseria, hablan poco y nunca se rebelan, cuya máxima distracción es el rezo del rosario colectivo. Ganadora de la Palma de Oro del Festival de Cannes, destaca el trabajo interpretativo de un amplio grupo de actores no profesionales, sin experiencia, como en los mejores tiempos del neorrealismo.

Director y guionista: *Ermanno Olmi.* Fotografía: *Ermanno Olmi.* Música: *J. S. Bach.* Intérpretes: *Luigi Omaghi, Francesca Moriggi, Teresa Brescianini, Giuseppe Brignoli, Battista Trovanti, Lucia Pezzoli.* Producción: *R.A.I., Italnoleggio Cinematografico. Color.* Duración: *181'. Italia.*

ARCHIBUGI, Francesca *(Roma, Italia, 1961)*

A finales de los años setenta trabaja como actriz de teatro, estudia en el Centro Sperimentale di Cinematografia, dirige algunos cortometrajes y colabora en diferentes guiones. Debuta como directora de largos con *Mignon è partita,* donde ya se percibe su interés por la infancia. Tanto *Al anochecer,* que narra las relaciones entre un abuelo comunista y su particular nieta a mediados de los conflictivos años setenta, como *La gran calabaza,* que describe el peculiar encuentro entre un psicoanalista y una de sus más jóvenes pacientes, la muestran como una de las personalidades más interesantes del actual cine italiano.

1988 *Mignon è partita.*
1990 *Verso sera* (Al anochecer).
1993 *Il grande cocomero* (La gran calabaza).
1995 *Con gli occhi chiusi.*

ARCO DE TRIUNFO *(Arch of Triumph, 1948)*

A partir de la novela homónima del alemán Erich Maria Remarque, el desigual Lewis Milestone escribe, en colaboración con Harry Brown, produce y dirige esta cuidada adaptación. Narra cómo en 1939, entre el final de la guerra de España y el principio de la II Guerra Mundial, en un París enrarecido, lleno de exiliados políticos, el cirujano austriaco Ravic (Charles Boyer), enamorado de la joven italorumana Joan Madou (Ingrid Bergman), se encuentra con Haake (Charles Laughton), el oficial de la Gestapo que le torturó, y trata de matarle. Con estos ingredientes, Milestone hace un sombrío melodrama lleno de muerte y de referencias a la dura realidad del momento. En él destacan los trabajos interpretativos de una bella Ingrid Bergman y un malvado Charles Laughton. Llaman la atención las duras relaciones del protagonista con un grupo de militares españoles falangistas que se hospedan en su mismo hotel, censuradas en la versión estrenada en España en su momento.

Director: *Lewis Milestone*. Guionistas: *Lewis Milestone, Harry Brown*. Fotografía: *Russell Metty*. Música: *Leonard Gruenberg*. Intérpretes: *Ingrid Bergman, Charles Boyer, Charles Laughton, Louis Calhern*. Producción: *Lewis Milestone para Enterprise / United Artists*. Duración: *120'*. Estados Unidos.

ARDANT, Fanny *(Saumur, Francia, 1949)*

Diplomada en ciencias políticas, en 1974 debuta como actriz de teatro y a finales de la década tiene éxito con la serie de televisión *Dames de la côte*. El director François Truffaut consigue eliminar parte de su frialdad y la lanza como protagonista de los policiacos *La mujer de al lado* y *Vivamente el domingo*. Durante los años ochenta trabaja con grandes directores europeos como Alain Resnais en *La vie est un roman, L'amour à mort* y *Mélo;* André Delvaux en *Benvenuta;* Volker Schlöndorff en *Un amor de Swann;* Costa-Gravras en *Consejo de familia;* Michel Deville en *Le paltoquet;* Ettore Scola en *La familia,* y Margarethe von Trotta en *Amor y deseos*. Mientras continúa con su pasión por el teatro, desde finales de los ochenta en cine solo trabaja con debutantes con mucho peores resultados.

1979 *Les chiens*, de Alain Jessua.
1981 *Les uns et les autres* (Los unos y los otros), de Claude Lelouch. / *La femme d'à côté* (La mujer de al lado), de François Truffaut.
1983 *La vie est un roman*, de Alain Resnais. / *Vivement dimanche!* (Vivamente el domingo), de François Truffaut. / *Benvenuta*, de André Delvaux.
1984 *Un amour de Swann* (Un amor de Swann), de Volker Schlöndorff. / *Desiderio*, de Anna Maria Tato. / *L'amour à mort*, de Alain Resnais.
1985 *L'été prochain*, de Nadine Trintignant. / *Les enragés*, de Pierre William Glenn.
1986 *Conseil de famille* (Consejo de familia), de Costa-Gavras. / *Mélo*, de Alain Resnais. / *Le paltoquet*, de Michel Deville.
1987 *La famiglia* (La familia), de Ettore Scola. / *Pleure pas, my love*, de Tony Gatlif.
1988 *Paura e amore* (Amor y deseos), de Margarethe von Trotta. / *Australia*, de Jean-Jacques Andrien.
1989 *Aventure de Catherine C.*, de Pierre Beuchot.
1990 *Afraid of the Dark*, de Mark Peploe.
1991 *Rien que des mensonges*, de Paule Muret. / *La femme du deserteur*, de Michal Bat-Adam.
1992 *Amok*, de Joel Farges.
1993 *Le colonel Chabert* (El coronel Chabert), de Yves Angelo.
1995 *Al di là delle nuvole* (Más allá de las nubes), de Michelangelo Antonioni. / *Pédale douce* (Todas están locas), de Gabriel Aghion.
1996 *Ridicule* (Ridículo), de Patrice Leconte.

ARGEL *(Algiers, 1938)*

El éxito de la producción francesa *Pépé-le-Moko* (1936), de Julien Duvivier, lleva a los norteamericanos, siguiendo su vieja tradición de tratar de aprovecharse de los triunfos del cine europeo, a hacer dos versiones muy diferentes. La mejor es esta, producida por el interesante independiente Walter Wanger, escrita por el famoso guionista de izquierdas John Howard Lawson y el novelista especializado en historias policiacas James M. Cain, y dirigida por el sólido realizador John Cromwell. Narra cómo el delincuente Pépé-le-Moko (Charles Boyer) consigue escapar de la policía gracias a vivir encerrado en la *casbah* argelina, aunque el inspector Slimane (Joseph Calleia) logra hacerle salir gracias al amor que despierta en él la bella Gaby (Hedy Lamarr). Está bien realizada, en unos buenos decorados, y encierra una eficaz interpretación del francés Charles Boyer y la austriaca Hedy Lamarr; pero tiene un tono mucho más romántico que la original al haberse añadido el tradicional final feliz. Sin embargo, carece de atractivos *Casbah* (1948), de John Berry, seudomusical de los estudios Universal al servicio del empalagoso cantante Tony Martin, respaldado por la belleza de Yvonne de Carlo y Marta Toren.

Director: *John Cromwell*. Guionistas: *John Howard Lawson, James M. Cain*. Fotografía: *James Wong Howe*. Música: *Vincent Scott, Mohamed Iguerbouchen*. Intérpretes: *Charles Boyer, Hedy Lamarr, Sigrid Gurie, Gene Lockhart, Joseph Calleia, Alan Hale*. Producción: *Walter Wanger*. Duración: *95'*. Estados Unidos.

ARGENTINA, Imperio *(Magdalena Nile del Río. Buenos Aires, Argentina, 1906)*

Hija del guitarrista Antonio Nile y la bailaora Rosario del Río, nace por casualidad en Argentina durante una gira de sus padres. Educada en Málaga, estudia danza y a los doce años debuta en el teatro de la Comedia de Buenos Aires. Después de recorrer con gran éxito Latinoamérica, en 1926 regresa a España, al año siguiente la descubre el director Florián Rey, mientras actúa en el teatro Romea de Madrid, y le da el papel protagonista de la versión muda de *La hermana san Sulpicio*. De esta manera comienza una fructífera colaboración, que les hace permanecer casados entre 1934 y 1947 y rodar juntos una decena de largometrajes en muy diferentes circunstancias. Van desde las iniciales producciones mudas, *Los claveles de la Virgen;* las versiones castellanas de producciones norteamericanas rodadas en los estudios franceses Paramount de Joinville, cerca de París, *Buenos días,* y los grandes éxitos durante la II República para la productora Cifesa, *La hermana san Sulpicio, Nobleza baturra, Morena Clara,* hasta las películas rodadas en la Alemania nazi, bajo la protección del siniestro ministro de Propaganda Goebbels, durante la guerra española, *Carmen la de Triana, La canción de Aixa,* y un fallido y último trabajo juntos en la posguerra, *La cigarra*. Del resto de su no muy abundante producción sobresalen *Goyescas, La copla de la Dolores* y *Bambú*. Retirada desde principios de los años cincuenta, entre sus esporádicas apariciones posteriores destacan los importantes papeles secundarios en *Con el viento solano* y *Tata mía*. Uno de sus más importantes trabajos es *Tosca,* que empieza a hacer en Italia bajo la dirección de Jean Renoir, pero la acaba y firma su ayudante Carl Koch por culpa de la II Guerra Mundial.

1927 *La hermana san Sulpicio,* de Florián Rey.
1928 *Corazones sin rumbo,* de Benito Perojo y Gustav Ucicky. / *Los claveles de la Virgen,* de Florián Rey.
1930 *El profesor de mi mujer,* de Robert Florey. / *Cinópolis,* de José María Castellví.
1931 *Su noche de bodas,* de Louis Mercanton. / *Lo mejor es reír,* de E. W. Emo. / *¿Cuándo te suicidas?,* de Manuel Romero.
1933 *Melodía del arrabal,* de Louis Gasnier. / *El novio de mamá,* de Florián Rey.
1934 *La hermana san Sulpicio,* de Florián Rey.
1935 *Nobleza baturra,* de Florián Rey.
1936 *Morena Clara,* de Florián Rey.
1938 *Carmen la de Triana,* de Florián Rey.
1939 *La canción de Aixa,* de Florián Rey.
1940 *Tosca,* de Karl Koch.
1942 *Goyescas,* de Benito Perojo.
1945 *Bambú,* de José Luis Sáenz de Heredia.
1946 *La maya de los cantares* (La maja de Cádiz), de Benito Perojo.
1947 *La copla de la Dolores* (Lo que fue de la Dolores), de Benito Perojo.
1948 *La cigarra,* de Florián Rey.
1951 *Café cantante,* de Antonio Momplet.
1960 *Ama Rosa,* de Leon Klimowsky.
1965 *Con el viento solano,* de Mario Camus.
1986 *Tata mía,* de José Luis Borau.
1987 *El polizón de Ulises,* de Javier Aguirre.

ARGENTO, Dario *(Roma, Italia, 1940)*

Hijo del productor Salvatore Argento, trabaja como crítico de cine y guionista hasta que debuta como director con la peculiar trilogía de policiacos integrada por *El pájaro de las plumas de cristal, El gato de las nueve colas* y *Cuatro moscas sobre terciopelo gris,* protagonizada por actores norteamericanos, sobre ambiguas historias. Tras el paréntesis de *Le cinque giornate,* una narración con implicaciones políticas, ambientada en la época del *Risorgimento,* que nada tiene que ver con el resto de su obra, comienza sus personales películas de terror con *Rojo oscuro*. A lo largo de *Suspiria, Inferno, Tenebrae, Phenomena* y *Opera,* que no solo escribe y dirige, sino que también compone la música, narra cada vez más abstractas y mínimas historias en torno a una joven en peligro a través de una acumulación de complejos crímenes brillantemente rodados. Tras realizar *Los ojos del diablo* en colaboración con el especialista norteamericano George A. Romero, da evidentes muestras de cansancio en *Trauma,* que, una vez más, vuelve a girar sobre lo mismo.

1969 *L'uccello dalle piume di cristallo* (El pájaro de las plumas de cristal).
1971 *Il gatto a nove code* (El gato de las nueve colas).
1972 *Quattro mosche di velluto grigio* (Cuatro moscas sobre terciopelo gris).
1973 *Le cinque giornate.*
1975 *Profondo rosso* (Rojo oscuro).
1977 *Suspiria.*
1979 *Inferno.*
1982 *Tenebrae.*
1985 *Phenomena.*
1987 *Opera.*
1990 *Il gatto nero* (El gato negro), episodio de *Due occhi diabolici* (Los ojos del diablo).
1993 *Trauma.*

ARIAS, Imanol *(Manuel Arias Domínguez. Riaño, León, España, 1956)*

Perteneciente a una humilde familia, de niño se va a vivir con los suyos al pueblo vasco de

Ermua. Deja los estudios de electrónica en la Universidad Laboral de Éibar para actuar en compañías de teatro independiente en el País Vasco y a los diecinueve años se traslada a Madrid para hacer breves intervenciones en cine y televisión. Su carrera comienza algo después, cuando, por un lado, el director Adolfo Marsillach le contrata para formar parte de la compañía del Centro Dramático Nacional de Madrid, y, por otro, protagoniza en Cuba la película *Cecilia*. Después de unos comienzos irregulares, por no aprovechar demasiado las grandes oportunidades que son *Demonios en el jardín*, *Bearn*, *La muerte de Mikel* y *Camila*, su primer gran papel es el del saxofonista Rufo en *Lulú de noche*. Sus mejores trabajos los hace bajo la dirección de Vicente Aranda en *Tiempo de silencio*, *El Lute: camina o revienta*, *El Lute II: mañana seré libre*, *Intruso* y *El amante bilingüe*. Alcanza una gran popularidad al protagonizar las series de televisión producidas y dirigidas por Pedro Masó *Anillos de oro* (1983) y *Brigada central* (1989). Al tiempo que hace papeles secundarios en películas atractivas como *Tierno verano de lujurias y azoteas* y *La flor de mi secreto*, debuta como realizador con el fallido policiaco psicológico *Un asunto privado*.

Como director
1996 *Un asunto privado*.
Como actor
1976 *La Corea*, de Pedro Olea.
1981 *Cecilia*, de Humberto Solás.
1982 *Laberinto de pasiones*, de Pedro Almodóvar. / *Demonios en el jardín*, de Manuel Gutiérrez Aragón. / *Bearn, o la sala de las muñecas*, de Jaime Chávarri. / *La colmena*, de Mario Camus.
1983 *La muerte de Mikel*, de Imanol Uribe. / *Camila*, de María Luisa Bemberg.
1984 *Fuego eterno*, de José Ángel Rebolledo.
1985 *Luces de bohemia*, de Miguel Ángel Díez. / *Lulú de noche*, de Emilio Martínez-Lázaro.
1986 *Bandera negra*, de Pedro Olea. / *Tiempo de silencio*, de Vicente Aranda.
1987 *Divinas palabras*, de José Luis García Sánchez. / *El Lute: camina o revienta*, de Vicente Aranda.
1988 *El Lute II: mañana seré libre*, de Vicente Aranda.
1990 *A solas contigo*, de Eduardo Campoy.
1991 *Bienvenido a Veraz*, de Xavier Castaño.
1992 *Una mujer bajo la lluvia*, de Gerardo Vera.
1993 *El amante bilingüe*, de Vicente Aranda. / *Tierno verano de lujurias y azoteas*, de Jaime Chávarri. / *Intruso*, de Vicente Aranda. / *Tango feroz*, de Marcelo Piñeiro.
1994 *Todos los hombres sois iguales*, de Manuel Gómez Pereira. / *Sálvate si puedes*, de Joaquín Trincado. / *La leyenda de Balthasar, el castrado*, de Juan Miñón.
1995 *La flor de mi secreto*, de Pedro Almodóvar.
1996 *África*, de Alfonso Ungría.

ARISTARAIN, Adolfo *(Buenos Aires, Argentina, 1943)*

Tras una larga experiencia como ayudante de dirección de Mario Camus, Sergio Leone, Lewis Gilbert y Melvin Frank, debuta como realizador con *La parte del león*, un interesante policiaco, pero se convierte en un fracaso comercial que le lleva a rodar dos malas películas para sobrevivir. Vuelve al policiaco con las atractivas *Tiempo de revancha* y *Últimos días de la víctima*, que mezclan con habilidad la mecánica del cine negro con el político para hacer un sórdido retrato de su país durante los años de la dictadura militar. Tras realizar en España la irregular serie de televisión *Las aventuras de Pepe Carvalho* (1984), sobre el famoso detective privado creado por Manuel Vázquez Montalbán, rueda en inglés y en coproducción con Estados Unidos tres irregulares policiacos. Su mejor y más personal trabajo es *Un lugar en el mundo*, una sentida historia de amor vista a través del prisma político, en una especie de triste canto por la utopía, con el que gana la Concha de Oro del Festival de San Sebastián. Posteriormente realiza en España en coproducción con Argentina *La ley de la frontera*, donde reivindica el cine de amor y aventuras con un efectivo humor.

1978 *La parte del león*.
1979 *La playa del amor*.
1980 *La discoteca del amor*.
1981 *Tiempo de revancha*.
1982 *Últimos días de la víctima*.
1986 *Deadly*.
1987 *The Stranger*.
1990 *Past Perfect*.
1992 *Un lugar en el mundo*.
1995 *La ley de la frontera*.

ARMADA BRANCALEONE, LA *(L'armata Brancaleone, 1965)*

A principios del siglo XII un grupo de muertos de hambre, guiados por Brancaleone da Norcia (Vittorio Gassman) y el judío Abacuc (Carlo Pisacane), parten de Faleri para tomar posesión del feudo de Aurocastro en la Puglie, pero, tras enfrentarse a la peste, a una ardorosa viuda, a unos bandidos que han secuestrado a una virgen y a los piratas sarracenos, solo logran salvarse siguiendo al santón Zenone (Enrico Maria Salerno) hasta Tierra Santa. A partir de un hábil guión de los famosos Age y Scarpelli y del propio realizador, Mario Monicelli rueda esta innovadora comedia para desmitificar la generalizada idea existente sobre la Edad Media, pero con un pie apoyado en *Los siete samuráis* (Shichinin no samurai, 1954), de Akira Kurosawa, y el otro en *Los cien caballeros* (I cento cavalieri, 1965), de Vittorio Cottafavi. Con una habitual estructura de itinerario, Monicelli consigue pasar con gran soltura de lo cómico a lo dramático y lograr uno de los grandes éxitos del cine italiano de los años sesenta. Poco después, el mismo equipo rueda *Brancaleone en las Cruzadas* (Brancaleone alle Crociate, 1970); pero, a pesar de volver a contar con un guión de Age, Scarpelli y Monicelli, y de estar dirigida por Mario Monicelli, la fórmula está agotada y tiene mucho menos interés.

Director: *Mario Monicelli*. Guionistas: *Age, Scarpelli, Mario Monicelli*. Fotografía: *Dario di Palma*. Música: *Carlo Rustichelli*. Intérpretes: *Vittorio Gassman, Catherine Spaak, Gian Maria Volonté, Maria Grazia Buccella, Barbara Steele, Enrico Maria Salerno, Folco Lulli, Carlo Pisacane*. Producción: *Mario Cecchi Gori para Fair Film (Roma), Les Films Marceau (París)*. Color. Duración: *120'. Italia-Francia.*

ARMAS DE MUJER *(Working Girl, 1988)*

La modesta y ambiciosa Tess McGill (Melanie Griffith) aprovecha un accidente de esquí de su admirada jefa Katharine Parker (Sigourney Weaver) para suplantarla, poner en práctica la idea de la compra de la emisora Metro Radio, que aquella le ha robado, y quitarle a su amante Jack Trainer (Harrison Ford). Rodada con eficacia por el director de teatro Mike Nichols, es una divertida comedia sobre la nueva condición femenina, con un excelente guión de Kevin Wade, una brillante fotografía de Michael Ballhaus y un perfecto trío de intérpretes. Destaca Melanie Griffith, gracias a un eficaz trabajo de transformación, desde la hortera secretaria a la casi refinada mujer que le quita el puesto a su jefa, muy bien secundada por un Harrison Ford, que hace el papel que en este tipo de comedias siempre le correspondía a la chica, y una espléndida Sigourney Weaver en un personaje de mala.

Director: *Mike Nichols*. Guionista: *Kevin Wade*. Fotografía: *Michael Ballhaus*. Música: *Carly Simon*. Intérpretes: *Melanie Griffith, Sigourney Weaver, Harrison Ford, Alec Baldwin, Joan Cusack*. Producción: *Douglas Wick*. Color. Duración: *113'. Estados Unidos.*

ARMENDÁRIZ, Montxo *(Olleta, Navarra, España, 1949)*

Estudia electrónica y posteriormente es profesor de su especialidad en el Instituto Politécnico de Pamplona. Interesado por el cine, a principios de los años ochenta rueda cuatro cortometrajes, entre los que destaca *Carboneros de Navarra* (1981), tema que vuelve a tratar en *Tasio*, su primer largo, bien rodada historia rural con nuevos y desiguales actores con la que comienza su colaboración con el productor Elías Querejeta. Bastante menos interés tienen *27 horas*, convencional historia de jóvenes drogadictos ambientada en San Sebastián, y *Las cartas de Alou*, desigual y excesivamente desdramatizada narración sobre la emigración africana clandestina, pero que gana la Concha de Oro del Festival de San Sebastián. De nuevo con Querejeta hace *Historias del Kronen*, adaptación de una novela de éxito sobre la vida de los jovencitos burgueses, fría y hábilmente rodada, pero que esconde un cierto tono moralizante tras la antipatía, la dureza y lo mal que le sale todo a su emblemático protagonista.

1984 *Tasio.*
1986 *27 horas.*
1990 *Las cartas de Alou.*
1995 *Historias del Kronen.*

ARMENDÁRIZ, Pedro *(Ciudad de México, México, 1912-Los Ángeles, California, Estados Unidos, 1963)*

Hijo de un mexicano y una norteamericana, estudia en Texas y California antes de trabajar como periodista en México. A mediados de los años treinta comienza una carrera como actor de cine que le lleva a intervenir en ciento doce películas en veintiocho años. Después de actuar en algunas obras de teatro y casi treinta películas, el éxito internacional de las producciones de

Emilio Fernández *Flor silvestre, María Candelaria, Las abandonadas, Bugambilia, La perla* y *Enamorada*, le permite trabajar en Hollywood con John Ford en *El fugitivo, Fort Apache* y *Tres padrinos;* con Stuart Heisler en *Tulsa, ciudad de lucha;* y con John Huston en *We Were Strangers.* Mientras rueda en México, entre otras muchas, *La malquerida*, de Emilio Fernández; *El rebozo de Soledad*, de Roberto Gavaldón; *El bruto*, de Luis Buñuel, y *La cucaracha*, de Roberto Gavaldón, su carrera internacional prosigue con las películas norteamericanas *El conquistador de Mongolia, Más allá de Río Grande* y *Francisco de Asís;* las francesas *El tirano de Toledo* y *Lucrèce Borgia;* las italianas *Hombres y lobos* y *Los titanes;* la española *El indulto*, y la británica *Desde Rusia con amor*, que cierra su tan intensa como floja filmografía.

1935 *María Elena*, de Rafael J. Sevilla. / *Rosario*, de Miguel Zacarías.
1936 *Jalisco nunca pierde*, de Chano Urueta.
1937 *Las cuatro Milpas*, de Ramón Pereda. / *La Adelita*, de Gustavo Hernández. / *Mi candidato*, de Chano Urueta.
1938 *Amapola del camino*, de Juan Bustillo Oro. / *Canto a mi tierra*, de José Bohr. / *La chica Hilaria*, de R. Curwood. / *El indio*, de Armando Vargas de la Maza. / *Los millones de Chaflán*, de Rodolfo Aguilar.
1939 *Con los Dorados de Villa*, de Raúl de Anda. / *Borrasca humana*, de José Bohr.
1940 *Mala yerba*, de Gloria Soria. / *El jefe máximo*, de Fernando Fuentes. / *Pobre diablo*, de José Benavides. / *El charro negro*, de Raúl de Anda. / *El zorro de Jalisco*, de J. Benavides. / *El secreto del sacerdote*, de José Rodríguez.
1941 *La epopeya del camino*, de Francisco Elías. / *Del rancho a la capital*, de Raúl de Anda. / *La isla de la pasión*, de Emilio Fernández. / *Simón Bolívar*, de Miguel Contreras Torres. / *Allá en el bajío*, de F. Méndez. / *Ni sangre, ni arena*, de Alejandro Galindo.
1942 *Soy puro mexicano*, de Emilio Fernández. / *Konga roja*, de Alejandro Galindo.
1943 *Flor silvestre*, de Emilio Fernández. / *María Candelaria*, de Emilio Fernández. / *Distinto amanecer*, de Julio Bracho. / *La guerra de los pasteles*, de Emilio Gómez Muriel. / *Las calaveras del terror*, de F. Méndez.
1944 *El corsario negro*, de Chano Urueta. / *El capitán Malacara*, de Carlos Orellana. / *Entre hermanos*, de Ramón Peón. / *Las abandonadas* (La sombra enamorada), de Emilio Fernández. / *Bugambilia*, de Emilio Fernández.

1945 *Alma de bronce*, de Dudley Murphy. / *Rayando el sol*, de Roberto Gavaldón.
1946 *La perla*, de Emilio Fernández. / *Enamorada*, de Emilio Fernández.
1947 *The Fugitive* (El fugitivo), de John Ford. / *La casa colorada*, de Miguel Morayta. / *Juan Charrasqueado*, de Ernesto Cortázar.
1948 *Fort Apache*, de John Ford. / *Al caer la tarde*, de R. Portas. / *El hijo de Juan Charrasqueado*, de Ernesto Cortázar. / *Maclovia* (Belleza maldita), de Emilio Fernández.
1949 *Three Godfathers* (Tres padrinos), de John Ford. / *Tulsa* (Tulsa, ciudad de lucha), de Stuart Heisler. / *We Were Strangers*, de John Huston. / *Bodas de fuego*, de M. A. Galindo. / *El abandonado*, de Chano Urueta. / *El charro y la dama*, de Fernando Cortés. / *La malquerida*, de Emilio Fernández. / *Vuelve Pancho Villa* (Pancho Villa vuelve), de Miguel Contreras Torres.
1950 *The Torch*, de Emilio Fernández. / *Rosaura Castro*, de Roberto Gavaldón. / *Por la puerta falsa*, de Fernando de Fuentes. / *La loca de la casa*, de Juan Bustillo Oro. / *Tierra baja*, de Miguel Zacarías.
1951 *Por querer a una mujer*, de Ernesto Cortázar. / *Ella y yo*, de Miguel M. Delgado. / *Camino del infierno*, de Miguel Morayta. / *La noche avanza*, de Roberto Gavaldón.
1952 *Los tres alegres compadres*, de Julián Soler. / *El rebozo de Soledad*, de Roberto Gavaldón. / *La rebelión de los colgados*, de Alfredo B. Crevenna. / *Carne de presidio*, de Emilio Gómez Muriel. / *El bruto*, de Luis Buñuel.
1953 *Les amants de Tolède* (El tirano de Toledo), de Henri Decoin. / *Lucrèce Borgia*, de Christian-Jaque. / *Dos mundos y un amor*, de Alfredo B. Crevenna.
1954 *Border River*, de George Sherman. / *Fortune carrée* (El diablo del desierto), de Bernard Borderie. / *La mulata*, de Gilberto Martínez Solares. / *Reto a la vida*, de Julio Bracho.
1955 *Tam Tam Mayumbe* (Cuando suena el tam-tam), de Gian Gaspare Napolitano. / *La escondida*, de Roberto Gavaldón.
1956 *Diane* (Astucias de mujer), de David Miller. / *Pablito y yo*, de Roberto Gavaldón. / *The Conqueror* (El conquistador de Mongolia), de Dick Powell. / *Uomini e lupi* (Hombres y lobos), de Giuseppe de Santis. / *Canasta de cuentos mexicanos* (Historias de casados), de Julio Bracho.
1957 *The Big Boodle*, de Richard Wilson. / *Manuela*, de Guy Hamilton. / *El zarco*, de Miguel M. Delgado. / *Los salvajes*, de Rafael Baledón. / *El impostor*, de Emilio Fernández. / *Flor de mayo*, de Roberto Gavaldón.
1958 *La Cucaracha*, de Ismael Rodríguez. / *La mujer que no tuvo infancia*, de Tito Davison. / *Sed de amor*,

de Alfonso Corona Blake. / *Los desarraigados,* de Gilberto Gascón. / *Café Colón,* de Benito Alazraki. / *Así era Pancho Villa,* de Ismael Rodríguez. / *Los hijos desobedientes,* de Julio Salvador.
1959 *The Little Savage,* de Byron Haskin. / *The Wonderful Country* (Más allá de Río Grande), de Robert Parrish. / *La cárcel de Cananea,* de Gilberto Gascón. / *El hambre nuestra de cada día,* de Rogelio A. González. / *Yo pecador,* de Alfonso Corona Blake. / *Calibre 44,* de Julián Soler. / *Cuando Villa es la muerte,* de Ismael Rodríguez.
1960 *El indulto,* de José Luis Sáenz de Heredia. / *Los hermanos del hierro,* de Ismael Rodríguez.
1961 *Francis of Assisi* (Francisco de Asís), de Michael Curtiz. / *I titani* (Los titanes), de Duccio Tessari. / *El tejedor de milagros,* de Francisco del Villar.
1963 *Captain Sinbad* (Las aventuras de Simbad), de Byron Haskin. / *From Russia With Love* (Desde Rusia con amor), de Terence Young.

ARREBATO *(1979)*

Las relaciones entre José Sirgado (Eusebio Poncela), un realizador de películas de terror de última fila con problemas creativos, Ana Turner (Cecilia Roth), su ex amante, adicta a la heroína y protagonista de sus últimas producciones, y Pedro (Wil-More), un extraño personaje que rueda constantemente en super-8 la vida cotidiana, originan una personal obra que pasa desapercibida en su momento, pero que con el tiempo se convierte en una de las películas clave del cine español. A través de unas atractivas imágenes plantea unas curiosas relaciones entre cine y vampirismo, además de contener una fuerte carga autodestructiva, una peculiar reflexión sobre las drogas y una apología del suicidio. Narrada a lo largo de una sucesión de *flashbacks* con el apoyo de una voz de fondo, para integrar la parte final, demasiado autónoma, en el conjunto, la historia de cómo el protagonista se suicida vampirizado por una cámara de super-8 con la que se rueda a sí mismo, es un gran trabajo de Iván Zulueta, un realizador marginado, muy poco conocido, pero de gran interés. Destacan la fotografía de Ángel Luis Fernández y la interpretación de la argentina Cecilia Roth.

Director y guionista: *Iván Zulueta.* Fotografía: *Ángel Luis Fernández.* Música: *Grupo Negativo.* Intérpretes: *Eusebio Poncela, Cecilia Roth, Wil-More, Marta Fernández-Muro, Carmen Giralt.* Producción: *Augusto Martínez Torres para N.A.P.C. Color.* Duración: *110'. España.*

ARROZ AMARGO *(Riso amaro, 1949)*

El éxito de esta producción se debe a que es una buena mezcla de documento sobre las plantadoras de arroz del valle del Po, una cierta conciencia política de izquierdas, el tradicional melodrama italiano y una leve intriga política, pero, sobre todo, a contener un erotismo inusual en su momento. Frente a una endeble trama dramática en torno a la camarera Francesca (Doris Dowling), que ha robado joyas valoradas en cinco millones de liras de la época y se introduce entre las plantadoras para ocultarse, destaca el tono de reportaje que Giuseppe de Santis sabe dar a la vida diaria de las plantadoras, que durante cuarenta días malviven en unos barracones, con miedo al amo, a los intermediarios y a que la lluvia retrase su trabajo. Aunque su mayor atractivo es su reparto: entre un Vittorio Gassman, todavía en su etapa de especialista en papeles de malo, y un desconocido Raf Vallone, brilla una casi debutante Silvana Mangano de diecinueve años con una fuerte carga erótica concentrada en sus turgentes muslos, claro punto de ataque de los censores de aquellos años de posguerra.

Director: *Giuseppe de Santis.* Guionistas: *Carlo Lizzani, Gianni Puccini, Giuseppe de Santis.* Fotografía: *Otello Martelli.* Música: *Goffredo Petrassi.* Intérpretes: *Silvana Mangano, Vittorio Gassman, Doris Dowling, Raf Vallone, Checco Rissone.* Producción: *Dino de Laurentiis para Lux Film.* Duración: *108'. Italia.*

ARZNER, Dorothy *(San Francisco, California, 1900-La Quinta, California, Estados Unidos, 1979)*

Enfermera voluntaria en la Gran Guerra, al regresar a su país ejerce el periodismo en distintos diarios de California, y en 1920 comienza a trabajar como ayudante de montaje en los estudios Paramount. Su larga experiencia como montadora le permite colaborar en algunos guiones y convertirse en la única realizadora de la etapa dorada de Hollywood. Tras un par de producciones de aprendizaje, tiene éxito con las comedias *No lo dejes escapar* y *La loca orgía,* protagonizadas por Clara Bow. Especializada en la dirección de estrellas en historias con una amplia carga femenina, hace *Honor entre amantes* con Claudette Colbert, *Tuya para siempre* con Sylvia Sidney, *Hacia las alturas* con Katharine Hepburn, *La reina del Boulevard* con la olvidada sueca Anna Stern, sobre la novela de Emile Zola; *La mujer sin alma,* buen retrato de una criada maniática encarnada por Rosalind Russell, y *Dance, Girl, Dance,* atractivo drama romántico, con Maureen O'Hara. Durante la II Guerra Mundial se dedica a la producción de películas de propaganda bélica, pero en la posguerra se aparta del cine.

1927 *Fashions for Women* (La reina de la moda). / *Ten Modern Commandments* (Un beso a media luz). / *Get Your Man* (No lo dejes escapar).
1928 *Manhattan Cocktail.*
1929 *The Wild Party* (La loca orgía).
1930 *Behind the Makeup.* / *Sarah and Son.* / *Anybody's Woman.* / *Paramount on Parade*, varios episodios.
1931 *Honor Among Lovers* (Honor entre amantes). / *Working Girls.*
1932 *Merrily We Go to Hell* (Tuya para siempre).
1933 *Christopher Strong* (Hacia las alturas).
1934 *Nana* (La reina del Boulevard).
1936 *Craig's Wife* (La mujer sin alma).
1937 *The Bride Wore Red.*
1940 *Dance, Girl, Dance.*
1943 *First Comes Courage.*

ASÍ AMA LA MUJER *(Sadie McKee, 1934)*

Hija de una cocinera, Sadie McKee (Joan Crawford) se va con su novio de un pequeño pueblo del Estado de Nueva York a la capital en busca de trabajo y para casarse, pero él la abandona cuando le contratan como cantante y ella comienza a actuar en un espectáculo musical en un bar. A pesar de que se casa con un millonario borracho (Edward Arnold), no consigue olvidarle, pero cuando, gracias a la ayuda de un amigo (Franchot Tone), le encuentra, está tuberculoso y muere en sus brazos, lo que la lleva a ser consolada por su amigo. Excelente melodrama, no muy original en su desarrollo, pero muy bien realizado por Clarence Brown con su característica habilidad y una estupenda Joan Crawford.

Director: *Clarence Brown.* Guionista: *John Meehan.* Fotografía: *Oliver T. Marsh.* Intérpretes: *Joan Crawford, Franchot Tone, Gene Raymond, Edward Arnold, Esther Ralston, Leo Carrillo, Akim Tamiroff.* Producción: *Lawrence Weingarten para Metro-Goldwyn-Mayer.* Duración: *88'. Estados Unidos.*

ASÍ COMO ERES *(Così come sei, 1978)*

Su atracción por el erotismo lleva al director y guionista Alberto Lattuada a trabajar con Carla del Poggio en *Luces de variedades* (Luci del varietà, 1950) y con Silvana Mangano en *Anna* (1951), pero sobre todo a lanzar a Jacqueline Sassard en *Guendalina* (1957), Catherine Spaak en *I dolci inganni* (1960), Teresa Ann-Savoy en *Padre putativo* (Le farò da padre, 1974) y Clio Goldsmith en *La chicharra* (La cicala, 1980), y también a mostrar la belleza del cuerpo desnudo de Nastassia Kinski y a rodar algunas atractivas e inusuales escenas eróticas en esta producción. Narra cómo la atractiva joven Francesca (Nastassja Kinski) comienza una relación con el arquitecto cincuentón Giulio Marengo (Marcello Mastroianni), pero cuando un amigo le cuenta que su madre y el arquitecto fueron amantes y que quizá ella sea su hija, esta posibilidad de incesto sólo sirve para aumentar su amor hacia quien puede ser su padre. Destaca la belleza que la fotografía de José Luis Alcaine consigue extraer del cuerpo de una joven Nastassia Kinski.

Director: *Alberto Lattuada.* Guionistas: *Enrico Oldoini, Alberto Lattuada.* Fotografía: *José Luis Alcaine.* Música: *Ennio Morricone.* Intérpretes: *Marcello Mastroianni, Nastassja Kinski, Francisco Rabal, Mónica Randall.* Producción: *San Francisco Film (Roma), Ales Films (Madrid), Color.* Duración: *109'. Italia-España.*

ASQUITH, Anthony *(Londres, 1902-Londres, Reino Unido, 1968)*

Hijo de Herbert Asquith, conde de Oxford, primer ministro del Reino Unido entre 1908 y 1916, recibe una refinada educación, dentro de los principios aristocráticos, que le convierte en el más inglés de los directores británicos. Interesado desde joven por el cine, trabaja como ayudante de diferentes realizadores; debuta con *Shooting Stars,* que codirige con A. V. Bramble, y, ya en solitario, rueda las producciones mudas *Subterráneo, The Runaway Princess, A Cottage on Dartmoor* y *Tell England.* Entre sus treinta y ocho películas destacan las historias de guerra *Tell England,* sobre el desembarco aliado en Gallipoli, Turquía, en 1915; *We Dive at Dawn,* que describe la vida en un submarino durante la II Guerra Mundial, y *The Way to the Stars,* en torno a una escuadrilla de aviación durante el mismo período. También sobresalen sus brillantes adaptaciones de George Bernard Shaw, *Pigmalión,* que codirige con su protagonista Leslie Howard, y *La millonaria,* protagonizada por

Sophia Loren y Peter Sellers, y de Oscar Wilde, *La importancia de llamarse Ernesto*. Trabaja repetidas veces sobre textos del dramaturgo Terence Rattigan, pero, mientras las primeras colaboraciones tienen el atractivo de ser tan británicas como *Coqueta hasta el fin, While the Sun Shines, Pleito de honor* y, en especial, *La versión Browning*, sobre el drama de un profesor incomprendido por sus alumnos, las últimas son tan convencionales y comerciales como *Hotel Internacional*, una colección de breves historias entrelazadas en un aeropuerto, protagonizadas por conocidas estrellas, y *El Rolls-Royce amarillo*, agrupación de tres episodios en torno a un lujoso automóvil. Del resto de su correcta, muy británica, pero nada llamativa producción destacan el policiaco *The Woman in Question* y el drama criminal *Orden de ejecución*.

1928 *Shooting Stars. / Underground* (Subterráneo).
1929 *The Runaway Princess.*
1930 *A Cottage on Dartmoor.*
1931 *Tell England. / Dance, Pretty Lady!*
1933 *The Lucky Number.*
1934 *Unfinished Symphony.*
1935 *Moscow Nights.*
1938 *Pygmalion* (Pigmalión).
1939 *French Without Tears* (Coqueta hasta el fin).
1940 *Freedom Radio. / Quiet Wedding* (Boda sosegada).
1941 *Cottage to Let.*
1942 *Uncensored.*
1943 *We Dive at Dawn. / The Demi-Paradise. / Welcome to Britain.*
1944 *Fanny By Gaslight.*
1945 *The Way to the Stars.*
1947 *While the Sun Shines.*
1948 *The Winslow Boy* (Pleito de honor).
1950 *The Woman in Question.*
1951 *The Browning Version* (La versión Browning).
1952 *The Importance of Being Ernest* (La importancia de llamarse Ernesto).
1953 *The Net. / The Final Test.*
1954 *The Young Lovers* (Los jóvenes amantes). / *Carrington V. C.* (Corte marcial).
1958 *Orders to Kill* (Orden de ejecución).
1959 *The Doctor's Dilemma. / Libel* (La noche es mi enemiga).
1960 *The Millionairess* (La millonaria).
1961 *Two Living, One Dead* (Asalto a mano armada).
1962 *Guns of Darkness* (Al final de la noche).
1963 *The VIP's* (Hotel Internacional). / *An Evening With the Royal Ballet* (Noche de baile).
1964 *The Yellow Rolls-Royce* (El Rolls-Royce amarillo).

ASTAIRE, Fred *(Frederick R. Austerlitz. Omaha, Nebraska, 1899-Los Ángeles, California, Estados Unidos, 1987)*

Hijo de emigrantes austriacos, desde los ocho años se dedica a la danza formando pareja con su hermana Adele Astaire, en 1917 debutan en Broadway y durante quince años son las estrellas de las más famosas comedias musicales. En 1932 su hermana se casa con un lord inglés y se retira, y él protagoniza en solitario *The Gay Divorcee* y su éxito hace que sea contratado en Hollywood. Tras actuar en un número de *Alma de bailarina,* a lo largo de treinta y cinco años protagoniza treinta y un musicales que le convierten en la gran estrella del género. Su larga y brillante carrera se divide en tres períodos significativos. El primero es el más imaginativo; está formado por diez musicales de los estudios R. K. O., la mayoría producidos por Pandro S. Berman, y coprotagonizados por Ginger Rogers, entre los que destacan *La alegre divorciada, Sombrero de copa, Sigamos la flota, En alas de la danza* y *La historia de Irene Castel*. Después de unos años de transición, en los que solo hace cinco irregulares musicales para diferentes estudios, de los que solo sobresale *Bailando nace el amor,* es contratado por el productor Arthur Freed, de los estudios Metro-Goldwyn-Mayer, para hacer nueve de sus mejores musicales. En este segundo período rueda producciones tan conocidas como *Desfile de Pascua, Vuelve a mí, La bella de Nueva York, Bodas reales, Melodías de Broadway 1955* y *La bella de Moscú,* donde es dirigido por los grandes del género: Charles Walters, Stanley Donen, Vincente Minnelli y Rouben Mamoulian. Tras los atractivos musicales *Papá piernas largas* y *Una cara con ángel,* rodados para los estudios 20th Century Fox y Paramount, respectivamente, se aparta del género para dedicarse a hacer destacados papeles secundarios en dramas, *La hora final* y *El coloso en llamas,* o comedias, *La misteriosa dama de negro* y *Un taxi malva.* Se despide del musical con el irregular *El valle del arco iris* y las presentaciones de las antologías *Érase una vez en Hollywood* y *Hollywood, Hollywood.*

1933 *Dancing Lady* (Alma de bailarina), de Robert Z. Leonard. / *Flying Down to Rio* (Volando hacia Río de Janeiro), de Thornton Freeland.

1934 *The Gay Divorcee* (La alegre divorciada), de Mark Sandrich.
1935 *Roberta,* de William A. Seiter. / *Top Hat* (Sombrero de copa), de Mark Sandrich.
1936 *Follow the Fleet* (Sigamos la flota), de Mark Sandrich. / *Swing Time* (En alas de la danza), de George Stevens.
1937 *Shall We Dance?* (Ritmo loco), de Mark Sandrich. / *A Damsel in Distress* (Señorita en desgracia), de George Stevens.
1938 *Carefree* (Amanda), de Mark Sandrich.
1939 *The Story of Vernon and Irene Castle* (La historia de Irene Castel), de H. C. Potter.
1940 *Broadway Melody of 1940* (La nueva melodía de Broadway 1940), de Norman Taurog. / *Second Chorus* (Al fin solos), de H. C. Potter.
1941 *You'll Never Get Rich* (Desde aquel beso), de Sidney Lanfield.
1942 *Holiday Inn,* de Mark Sandrich. / *You Were Never Lovelier* (Bailando nace el amor), de William A. Seiter.
1943 *The Sky's the Limit* (El límite es el cielo), de Edward H. Griffith.
1945 *Yolanda and the Thief,* de Vincente Minnelli.
1946 *Ziegfeld Follies,* de Vincente Minnelli. / *Blue Skies* (Cielo azul), de Stuart Heisler.
1948 *Easter Parade* (Desfile de Pascua), de Charles Walters.
1949 *The Barkleys of Broadway* (Vuelve a mí), de Charles Walters.
1950 *Three Little Words,* de Richard Thorpe. / *Let's Dance,* de Norman Z. McLeod.
1951 *Royal Wedding* (Bodas reales), de Stanley Donen.
1952 *The Belle of New York* (La bella de Nueva York), de Charles Walters.
1953 *The Band Wagon* (Melodías de Broadway 1955), de Vincente Minnelli.
1954 *Deep in My Heart,* de Stanley Donen.
1955 *Daddy Long Legs* (Papá piernas largas), de Jean Negulesco.
1957 *Funny Face* (Una cara con ángel), de Stanley Donen. / *Silk Stockings* (La bella de Moscú), de Rouben Mamoulian.
1959 *On the Beach* (La hora final), de Stanley Kramer.
1961 *The Pleasure of His Company* (Su grata compañía), de George Seaton.
1962 *The Notorius Landlady* (La misteriosa dama de negro), de Richard Quine.
1968 *Finian's Rainbow* (El valle del arco iris), de Francis Ford Coppola.
1969 *Midas Run,* de Alf Kjellin.
1974 *That's Entertainment* (Érase una vez en Hollywood), de Jack Haley Jr. / *The Towering Inferno* (El coloso en llamas), de John Guillermin.
1976 *That's Entertainment Part II* (Hollywood, Hollywood), de Gene Kelly. / *The Amazing Dobermans* (Los impresionantes dobermans), de Byron Chudnow.
1977 *Un taxi mauve* (Un taxi malva), de Yves Boisset.
1981 *Ghost Story* (Una historia macabra), de John Irvin.

ASUNTO DE MUJERES, UN *(Une affaire de femmes, 1988)*

Tras narrar la famosa historia de Violette Nozière en *Prostituta de día, señorita de noche* (Violette Nozière, 1978), la muchacha que en 1934, en la Francia del Frente Popular, envenena a sus padres, y antes de rodar *Madame Bovary* (1991), una sólida y respetuosa versión de la novela homónima de Gustave Flaubert, y *La ceremonia* (La cérémonie, 1995), un policiaco político basado en una novela de Ruth Rendell, el director Claude Chabrol vuelve a utilizar a la actriz Isabelle Huppert para hacer otro duro retrato de mujer. En los años de la ocupación alemana de Francia, durante la II Guerra Mundial, Marie Latour (Isabelle Huppert) comienza a hacer abortos por casualidad y, a la vista de los buenos resultados obtenidos, prosigue con su actividad, al tiempo que alquila una habitación a su amiga prostituta Lulú (Marie Trintignant). A pesar de lo mucho que mejora su vida con los ingresos extra conseguidos, cuando su marido Paul (François Cluzet) es desmovilizado y, poco después, descubre que el joven colaboracionista Lucien (Nils Tavernier) es el amante de su mujer, la denuncia al gobierno de Vichy y, acusada de realizar veintitrés abortos y de alquilar habitaciones a prostitutas, en 1943 es guillotinada para «dar ejemplo». Sobre guión de Colo Tavernier O'Hagan y del propio realizador, Chabrol narra una historia de una gran dureza, pero sin tomar partido, dejando a los espectadores la máxima libertad para opinar sobre ella. Una gran película con la que Isabelle Huppert gana el premio de interpretación en la Mostra de Venecia.

Director: *Claude Chabrol.* Guionistas: *Claude Chabrol, Colo Tavernier O'Hagan.* Fotografía: *Jean Rabier.* Música: *Mathieu Chabrol.* Intérpretes: *Isabelle Huppert, François Cluzet, Marie Trintignant, Nils Tavernier, Dominique Blanc.* Producción: *Marin Karmitz para MK-2. Color.* Duración: *110'. Francia.*

ATALANTE, L' *(1934)*

La monótona vida de una pareja de recién casados formada por Jean (Jean Dasté) y Juliette (Dita Parlo), que vive en una barcaza que se desliza por aguas fluviales, gobernada por el viejo Jules (Michel Simon) y su joven ayudante (Louis Lefebvre). Una vez pasada la alegría de la boda, hundida en la rutina de la vida cotidiana, la mujer está a punto de huir, pero, tras una escapada a las tentaciones de la ciudad, se reanuda la relación entre la pareja. Único largometraje del malogrado realizador Jean Vigo, prematuramente desaparecido, se sitúa a medio camino entre la poesía y el panfleto subversivo, lleno de toques fantásticos, muy lejos del realismo poético que caracteriza el cine francés de la segunda mitad de la década de los treinta. Restaurada en 1990, se añaden algunas escenas, como la marcha nupcial, la danza exótica de Jules y el delirio de Jean durante la fuga de Juliette, desaparecidas a lo largo de los años. Dentro de esta obra maestra no solo destaca la habilidad de Jean Vigo para hacer suyo y sacar el máximo partido de un guión ajeno, que en principio poco le interesa, sino también la personalidad de actores tan famosos y diferentes como Michel Simon y Dita Parlo, así como la excelente fotografía del ruso Boris Kauffman.

Director: *Jean Vigo*. Guionistas: *Jean Vigo, Albert Riéra, Jean Guinée*. Fotografía: *Boris Kaufman*. Música: *Maurice Jaubert*. Intérpretes: *Michel Simon, Jean Dasté, Dita Parlo, Gilles Margaritis, Louis Lefebvre, Fanny Clar*. Producción: *Jacques Louis-Nounez*. Duración: *78'. Francia.*

¡ÁTAME! *(1989)*

Gran admirador de Marina (Victoria Abril), una actriz porno ex drogadicta, cuando Ricki (Antonio Banderas) es dado de alta en el psiquiátrico donde estaba internado, va al rodaje de su película, la sigue hasta su casa, logra entrar en ella y durante varios días la hace su prisionera hasta que, víctima de un agudo síndrome de Estocolmo, ella se enamora de él y deciden vivir juntos. Si bien esta situación única está bien desarrollada y funciona con perfección, en buena medida por el brillante trabajo de Victoria Abril y Antonio Banderas, no ocurre lo mismo con la del director paralítico (Francisco Rabal) que hace su última película. Ni el actor ni el director consiguen que el personaje resulte convincente, ni están bien las escenas iniciales en el rodaje y se agradece que desaparezca a mitad de la historia. En la medida que una situación sirve de complemento a la otra, ambas resultan desequilibradas, pero encierran momentos brillantes, como el del hombre-rana de juguete que patalea en la bañera entre las piernas de la protagonista. Destacan la fotografía en Eastmancolor de José Luis Alcaine y, sobre todo, la música del italiano Ennio Morricone.

Director y guionista: *Pedro Almodóvar*. Fotografía: *José Luis Alcaine*. Música: *Ennio Morricone*. Intérpretes: *Victoria Abril, Antonio Banderas, Francisco Rabal, Loles León, Julieta Serrano*. Producción: *Agustín Almodóvar para El Deseo*. Color. Duración: *101'. España.*

¡ATAQUE! *(Attack!, 1956)*

Tomando como punto de partida un sólido drama teatral de Norman Brooks, el productor y realizador Robert Aldrich hace una dura película antimilitarista más que antibélica. Narra cómo durante la II Guerra Mundial, en 1944, en Bélgica, el inepto y cobarde capitán Cooney (Eddie Albert), que se mantiene en su puesto por motivos políticos, tras otras acciones similares, deja a merced de las fuerzas alemanas al pelotón del teniente Costa (Jack Palance), que no logra sobrevivir para vengarse y en su nombre lo hace su compañero, el teniente Woodruff (William Smithers), a pesar del consejo en contra del coronel Bartlett (Lee Marvin). Aldrich da una gran fuerza a la historia y los enfrentamientos entre los hombres llegan a tener la misma dureza que los combates, así como al trabajo interpretativo de Jack Palance y Lee Marvin. El ejército de Estados Unidos niega su colaboración para el rodaje y el conjunto se resiente de ello, tanto de la pobreza de sus pocas batallas como de unos decorados que dejan demasiado claro que lo son.

Director: *Robert Aldrich*. Guionista: *James Poe*. Fotografía: *Joseph Biroc*. Música: *Frank de Vol*. Intérpretes: *Jack Palance, Eddie Albert, Lee Marvin, Bubby Ebsen, Robert Strauss, Richard Jaeckel, William Smithers*. Producción: *Associates and Aldrich para United Artists*. Duración: *104'. Estados Unidos.*

ATLANTIC CITY *(1981)*

En la estación balnearia de Atlantic City, situada en la costa este de Estados Unidos, se desarrollan las complejas relaciones entre Sally (Susan Sarandon), una muchacha que quiere ser *croupier* en el casino de Montecarlo, la pareja de mugrientos *hippies,* aprendices de traficantes de droga, formada por Dave (Robert Joy) y su embarazada mujer Chrissie (Hollis McLaren), la vieja viuda de un gángster Grace (Kate Reid), y su fiel guardián y amante Lou (Burt Lancaster). Lo que en realidad narra el realizador francés Louis Malle en su mejor película norteamericana es una tan tierna como imposible historia de amor entre un gángster cincuentón, ansioso de cariño, y una aspirante a *croupier* treintañera, ansiosa de dinero, cómo entran en contacto por casualidad a través de una compleja historia de drogas, llegan a hacer el amor y luego ella se va con todo su dinero. Contada con simplicidad y eficacia, Malle desarrolla su compleja trama con gran claridad, dentro del peculiar ambiente de una vieja ciudad a punto de desaparecer, pero de la que todavía quedan algunos restos, como subrayan el edificio que vuelan al comienzo y el que están derribando al final. Ganadora del León de Oro de la Mostra de Venecia, dentro de su perfección destaca el trabajo interpretativo de la pareja formada por Burt Lancaster y Susan Sarandon.

Director: *Louis Malle*. Guionista: *John Guare*. Fotografía: *Richard Ciupka*. Música: *Michel Legrand*. Intérpretes: *Burt Lancaster, Susan Sarandon, Hollis McLaren, Kate Reid, Robert Joy, Michel Piccoli*. Producción: *Denis Héroux y John Kemeny para Selta Film (Montreal), Cine Neighbor (Nueva York), FC3-S.D.I.C.C. (París). Color*. Duración: *105'. Canadá, Estados Unidos, Francia*.

ATRACO A LAS TRES *(1962)*

Tomando como punto de referencia la famosa comedia a la italiana *Rufufú* (I soliti ignoti, 1958), de Mario Monicelli, una eficaz parodia de la producción francesa *Rififí* (Du rififi chez les hommes, 1955) dirigida por el norteamericano Jules Dassin al principio de su exilio europeo, donde un grupo de ladronzuelos trata de dar un golpe como en las películas de Hollywood, pero todo les sale mal, se desarrolla esta comedia que se sitúa entre los mejores trabajos de José María Forqué. Narra cómo Fernando Galíndez (José Luis López Vázquez), el cajero de una sucursal urbana, convence a sus compañeros para robar su propio banco, pero en el momento en que todo está preparado para cometer su atraco, aparecen unos atracadores de verdad, les capturan y reciben una paga extraordinaria por su heroico comportamiento. Dentro de una fluida y eficaz dirección, destaca el trabajo de un bien conjuntado equipo de actores secundarios, entre los que hay que citar a José Orjas, Alfredo Landa y Rafaela Aparicio.

Director: *José María Forqué*. Guionistas: *Vicente Coello, Pedro Masó, Rafael J. Salvia*. Fotografía: *Alejandro Ulloa*. Música: Adolfo Waitzman. Intérpretes: *Cassen, José Luis López Vázquez, Gracita Morales, Katia Loritz, Manuel Díaz González*. Producción: *Hesperia Films*. Duración: *86'. España*.

ATTENBOROUGH, Richard *(Cambridge, Reino Unido, 1923)*

Hijo del rector de la Universidad de Cambridge, estudia en la Royal Academy of Art Dramatic de Londres y debuta como actor de cine en un pequeño papel en el documental de ficción *Sangre, sudor y lágrimas*. Durante la II Guerra Mundial combate en las fuerzas aéreas, la R.A.F., y al finalizar la contienda es contratado en exclusiva por los productores y directores hermanos Roy y John Boulting. Su carrera como actor cinematográfico incluye algo más de sesenta títulos, rodados tanto en el Reino Unido como en Estados Unidos. En 1959 se asocia al actor y director Bryan Forbes para crear una productora que le permite interpretar atractivos personajes y a Forbes realizar interesantes producciones. Entre sus películas británicas destacan *Amargo silencio, Noche de pesadilla* y *Cañones en Batasi;* pero son más conocidas las norteamericanas, entre las que sobresalen *La gran evasión,* su primer trabajo en Hollywood, *El Yant-se en llamas, El estrangulador de Rillington Place, El factor humano* y *Parque jurásico*. Sin olvidar *Los jugadores de ajedrez,* su mejor trabajo, que rueda en la India bajo la dirección de Satyajit Ray. Debuta como director de cine con *Oh, What a Lovely War!,* poco atractiva versión de la sátira musical teatral de Joan Littlewood, a la que sigue *El joven Winston,* irregular narración de aventuras sobre la juventud del político Winston Churchill. En 1976 la reina Isabel II le nombra sir, abandona casi por completo la interpretación y se dedica con mayor entusiasmo a la dirección. Tras *Un puente lejano,* en torno a la derrota de las fuerzas aliadas en Holanda durante la II Guerra Mundial, y *Una alucinante historia de amor,* una curiosa narración policiaca sobre un ventrílocuo, donde desaprovecha dos buenos guiones de William Goldman, tiene un gran éxito con *Gandhi,* larga y confusa biografía del líder hindú de la no-violencia, que gana numerosos Oscars. Gracias a este éxito rueda *A Chorus Line,* el último de los grandes musicales, *Grita libertad,* denuncia de la situación marginada de la población negra en Sudáfrica, y *Chaplin,* biografía del famoso actor, guionista, músico, productor y director, que muestran sus limitaciones como realizador y que no está dotado para ninguno de estos géneros. Más interés tiene *Tierras de penumbra,* un melodrama sobre la vida del escritor C. S. Lewis.

Como director
1969 *Oh, What a Lovely War!*
1972 *Young Winston* (El joven Winston).
1977 *A Bridge Too Far* (Un puente lejano).
1978 *Magic* (Una alucinante historia de amor).
1982 *Gandhi.*
1985 *A Chorus Line.*
1987 *Cry Freedom* (Grita libertad).
1992 *Chaplin.*
1993 *Shadowlands* (Tierras de penumbra).

Como actor
1942 *In Which We Serve* (Sangre, sudor y lágrimas), de David Lean y Noel Coward.
1943 *Schweik's New Adventures,* de Karel Lamaç.
1944 *The Hundred Pound Window,* de Brian-Desmond Hurst.
1945 *Journey Together,* de John Boulting.
1946 *A Matter of Life and Death* (A vida o muerte), de Michael Powell y Emeric Pressburger. / *School for Secrets,* de Peter Ustinov.
1947 *The Man Within,* de Bernard Knowles. / *Dancing With Crime,* de John Paddy Carstairs. / *Brighton Rock,* de John Boulting.
1948 *The Guinea Pig,* de Roy Boulting. / *London Belongs to Me,* de Sidney Gilliat.
1949 *The Lost People,* de Bernard Knowles.
1950 *Boys in Brown,* de Montgomery Tully. / *Morning Departure* (Salida al amanecer), de Roy W. Baker.
1951 *The Magic Box,* de John Boulting. / *Hell Is Sold Out,* de Michael Anderson.
1952 *Gift-Horse,* de Compton Bennett. / *Father's Doing Fine,* de Henry Cass.
1954 *Eight O'Clock Walk,* de Lance Comfort.
1955 *The Ship That Died of Shame,* de Basil Dearden.
1956 *Private's Progress,* de John Boulting. / *The Baby and the Battleship* (El bebé y el acorazado), de Jay Lewis.
1957 *Brothers in Law,* de Roy Boulting. / *The Scamp,* de Wolf Rilla.
1958 *Dunkirk,* de Leslie Norman. / *The Man Upstairs,* de Don Chaffey. / *Sea of Sands* (Comando de la muerte), de Guy Green.
1959 *Danger Within,* de Donald Chaffey. / *Jet Storm,* de Cy Endfield. / *I'm All Right Jack,* de John Boulting. / *S.O.S. Pacific* (S.O.S. Pacífico), de Guy Green.
1960 *The Angry Silence* (Amargo silencio), de Guy Green. / *The League of Gentlemen* (Objetivo: Banco de Inglaterra), de Basil Dearden.
1962 *Only Two Can Play,* de Sidney Gilliat. / *All Night Long* (Noche de pesadilla), de Basil Dearden. / *The Dock Brief,* de James Hill.
1963 *The Great Escape* (La gran evasión), de John Sturges.
1964 *Seance On a Wet Afternoon* (Plan siniestro), de Bryan Forbes. / *The Third Secret,* de Charles Crichton. / *Guns at Batasi* (Cañones en Batasi), de John Guillermin.
1965 *The Flight of the Phoenix* (El vuelo del Fénix), de Robert Aldrich.
1966 *The Sand Pebbles* (El Yant-se en llamas), de Robert Wise.
1967 *Doctor Dolittle* (El extravagante doctor Dolittle), de Richard Fleischer. / *Only When I Larf* (El código de los inmorales), de Basil Dearden.
1968 *The Bliss of Mrs Blossom* (Los pecados de la señora Blossom), de Joseph McGrath.
1969 *The Magic Christian* (Si quieres ser millonario no malgastes el tiempo trabajando), de Joseph McGrath.
1970 *David Copperfield,* de Delbert Mann. / *The Last Grenade* (La última explosión), de Gordon Flemyng.
1971 *A Severed Head,* de Dick Clement. / *Loot,* de Silvio Narizzano. / *10 Rillington Place* (El estrangulador de Rillington Place), de Richard Fleischer.
1974 *And Then There Were None* (Diez negritos), de Peter Collinson.
1975 *Rosebud,* de Otto Preminger. / *Brannigan,* de Douglas Hickox. / *Conduct Unbecoming* (Culpables sin rostro), de Michael Anderson.
1977 *Shatranj ke khilari* (Los jugadores de ajedrez), de Satyajit Ray.
1980 *The Human Factor* (El factor humano), de Otto Preminger.
1993 *Jurassic Park* (Parque jurásico), de Steven Spielberg.
1994 *Miracle on 34th Street* (Milagro en la ciudad), de Les Mayfield.

AUGUST, Bille *(Copenhague, Dinamarca, 1948)*

Estudia fotografía con Christer Stroholm, se hace director de fotografía en la Escuela de Cine de Copenhague y se encarga de la fotografía de varias películas. Tras dirigir algunos cortometrajes y la serie para televisión *Busters Verden,* que en 1984 convierte en un largo, realiza la trilogía formada por *Honningsmane, Zappa* y *Tro häb og kaerlighed,* irregulares comedias que no traspasan las fronteras de su país. Sin embargo, de la noche a la mañana se hace famoso con *Pelle, el conquistador,* adaptación de una novela de Martin Andersen Naxo que narra la dura vida de un viudo y su hijo emigrados de Suecia a Dinamarca a finales del siglo XIX, que gana la Palma de Oro del Festival de Cannes y el Oscar destinado a la producción extranjera. Gracias a ello Ingmar Bergman le confía la dirección de la serie de televisión de seis horas de duración *Las mejores intenciones,* sobre las duras relaciones de sus padres entre 1909 y 1918, cuyo resumen para cine, de tres horas de duración, vuelve a ganar la Palma de Oro del Festival de Cannes. Deja muy claro su irregular talento en *La casa de los espíritus,* coproducción europea rodada a partir de la novela autobiográfica de Isabel Allende, pero se convierte en su mayor éxito.

1978 *Honninsgmane.*
1983 *Zappa.*
1984 *Tro häb og kaerlighed.*
1987 *Pelle erobreren* (Pelle, el conquistador).
1991 *Den goda viljan* (Las mejores intenciones).
1993 *House of the Spirits* (La casa de los espíritus).

AUTANT-LARA, Claude *(Luzarches, Francia, 1901)*

Hijo del arquitecto Edouard Autant y de la actriz Louise Lara, estudia bellas artes y descubre el cine a los dieciocho años cuando empieza a trabajar como decorador con Marcel L'Herbier. Después de realizar algunos cortometrajes experimentales, en 1930 viaja a Hollywood contratado para dirigir las versiones francesas de las películas norteamericanas protagonizadas por Buster Keaton y Douglas Fairbanks Jr. Regresa a Francia y realiza *Ciboulette,* adaptación de una obra de Francis de Croisset que hace en colaboración con Jacques Prévert, pero hay problemas con los derechos, los productores cortan su trabajo y pasan ocho años antes de rodar otra historia personal. Tras realizar en el Reino Unido *My Partner, Mister Davis,* codirigir en Francia *El crimen del correo de Lyon* y *Le ruisseau* con Maurice Lehmann y *Fric-frac* con Maurice Robert. A principios de los años cuarenta, durante la ocupación alemana de Francia en la II Guerra Mundial, comienza realmente su carrera personal con *Le mariage de Chiffon, Lettres d'amour* y *Douce,* protagonizadas por Odette Joyeux, hábiles retratos de una adolescente que se convierte en mujer, mezclados con una leve crítica de la institución familiar. En la posguerra, casi siempre con guiones de sus colaboradores habituales Jean Aurenche y Pierre Bost, tiene una sucesión de éxitos con *Le diable au corps,* adaptación de la novela homónima de Raymond Radiguet que escandaliza por su tono pacifista y antimilitarista; *Occupe-toi d'Amélie,* basada en una obra teatral de G. Feydeau; *L'auberge rouge,* una farsa anticlerical que levanta una cierta polémica; *Le blé en herbe,* una adaptación de Colette considerada inmoral, que tiene problemas de censura; *El rojo y el negro,* versión de la conocida novela de Stendhal, protagonizada por Gérard Philippe, y *Margarita de la noche,* personal versión del clásico mito de Fausto a través de una novela de Pierre Mac Orlan. La racha de éxitos prosigue durante el final de la década de los cincuenta con *La travesía de París,* una ácida comedia sobre la vida cotidiana bajo la ocupación alemana; *En caso de desgracia,* un buen policiaco basado en una novela de Georges Simenon que enfrenta al maduro Jean Gabin con la joven Brigitte Bardot; *El jugador,* adaptación del clásico de Fiodor Dostoievski interpretado por Gérard Philippe; *La jument verte,* irregular adaptación de un texto de Marcel Aymé considerada inmoral en su momento; y *Les régates de San Francisco,* versión de la novela de Quarantotti Gambini con la que vuelve a tener problemas de censura. Debido a los continuos ataques que sufre su cine a principios de los años sesenta por una nueva crítica, que le acusa de literario y de tener una estética trasnochada, y por rodar demasiados encargos de poco interés —*Vive Henry IV! Vive l'amour!, El conde de Montecristo,* sobre la novela de Alexandre Dumas, y *El asesino,* adaptación de una novela policiaca de Patricia Highsmith—, deja de ser uno de los grandes directores del cine francés. No obstante, rueda en plena guerra de Argelia *Tu ne tueras point*, su película sobre los objetores de conciencia, pero debe hacerla en Yugoslavia, la censura cambia su título original, *L'objecteur,* y es prohibida durante tres años. Entre sus últimas producciones destaca *Journal d'une femme en blanc,* adaptación de una novela de Soubiran sobre una mujer médico rural; su éxito, debido a su marcado tono feminista, le lleva a rodar la segunda parte, *Nouveau journal d'une femme en blanc.* Separado del cine desde 1977, durante los años ochenta publica unos amplios y peculiares volúmenes de memorias cargados de resentimiento donde su característico anarquismo se ha transformado en algo muy parecido al fascismo.

1933 *Ciboulette.*
1936 *My Partner, Mister Davis.*
1937 *L'affaire du courier de Lyon* (El crimen del correo de Lyon).
1938 *Le ruisseau.*
1939 *Fric-frac.*
1942 *Le mariage de Chiffon.* / *Lettres d'amour.*
1943 *Douce.*
1946 *Sylvie et le fantôme.*
1947 *Le diable au corps.*
1949 *Occupe-toi d'Amélie.*
1951 *L'auberge rouge.*
1952 *L'orgueil* (El orgullo), episodio de *Les sept péchés capitaux* (El diablo siempre pierde).
1953 *Le Bon Dieu sans confession.*
1954 *Le rouge et le noir* (El rojo y el negro). / *Le blé en herbe.*
1956 *Marguerite de la nuit* (Margarita de la noche). / *La traversée de Paris* (La travesía de París).
1958 *En cas de malheur* (En caso de desgracia). / *Le joueur* (El jugador).
1959 *La jument verte.*
1960 *Les régates de San Francisco.* / *Le bois des amants* (El bosque de los amantes).
1961 *Vive Henry IV! Vive l'amour!* / *Le comte de Monte-Cristo* (El conde de Montecristo).
1963 *Tu ne tueras point.* / *Le meurtrier* (El asesino). / *Le magot de Josefa.*
1964 *Umorismo nero* (La muerte viaja demasiado), un episodio.
1965 *Le journal d'une femme en blanc.*
1966 *Nouveau journal d'une femme en blanc.*
1967 *Aujourd'hui,* episodio de *Le plus vieux métier du monde* (El oficio más viejo del mundo).
1968 *Le franciscain de Bourges.*
1969 *Les patates.*
1977 *Gloria.*

AVARICIA *(Greed, 1923)*

A principios de siglo se desarrollan las relaciones entre McTeague (Gibson Gowland), un minero que abre una clínica odontológica en San Francisco, Marcus Schouler (Jean Hersholt), un paciente que acaba denunciándole por ejercer sin título, y Trina Sieppe (Zasu Pitts), la prima y prometida del segundo, pero que se casa con el primero y gana cinco mil dólares a la lotería, que desarrollan su enfermiza avaricia y hace que los tres acaben matándose unos a otros por el dinero. Estructurada como un tema central y una serie de variaciones, los sucesivos cortes, desde las ocho horas iniciales previstas por el guionista y director Erich von Stroheim hasta las poco menos de dos que deja el mítico productor Irving Thalberg, eliminan gran parte de una riqueza y un barroquismo que sólo se puede imaginar por algunos detalles todavía presentes; pero no consiguen desvirtuar la terrible historia que narra al permanecer el esqueleto narrativo. Sin embargo, esta adaptación de la famosa novela naturalista *McTeague,* de Frank Norris, es la obra maestra de Von Stroheim y una de las cumbres del cine mudo, tal como demuestra que en la actualidad se siga viendo con gran interés lo que queda de ella, una cuarta parte del primer montaje.

Director y guionista: *Erich von Stroheim.* Fotografía: *Ben Reynolds, William Daniels, Ernest B. Schoedsack.* Intérpretes: *Gibson Gowland, Zasu Pitts, Jean Hersholt, Chester Conklin.* Producción: *Erich von Stroheim e Irving Thalberg para Metro-Goldwyn-Mayer.* Duración: *110'. Estados Unidos.*

AVATI, Pupi *(Giuseppe Avati. Bolonia, Italia, 1938)*

Periodista y músico aficionado, debuta como director con las extrañas producciones *Balsamus, l'uomo di Satana* y *Thomas... gli indemoniati,* que casi nadie ha visto. Prosigue con el cine de géneros en *La mazurka del barone, della santa e del fico fiorone, Bordella, La casa delle finestre che ridono, Tutti defunti... tranne i morti, Le strelle nel fosso* y *Zeder,* donde mezcla con irregular fortuna elementos policiacos, eróticos, cómicos y de terror. Logra salir de estas irregulares producciones, nada personales y con muy poco atractivo, gracias a hacer para televisión *Jazz Band* (1978), *Cinema !!!* (1979) y *Dancing Paradise* (1981), donde encuentra su camino al trabajar sobre historias que le atañen más o menos directamente. Tras la romántica *Aiutami a sognare,* logra convertir un documental de encargo en *Una gita scolastica,* su primer éxito, narración de las excursiones que hacía una tía suya maestra con sus alumnos. Dejando a un lado *Noi tre,* una historia de época sobre un olvidado episodio de la vida de W. A. Mozart que permanece perdida entre su obra, en colaboración con su hermano Antonio Avati como coguionista y coproductor, narra viejas historias familiares con cierto tono nostálgico a través de múltiples personajes que le hacen famoso. Tal como ocurre en *Impiegati,* visión de la Italia contemporánea a través de la vida de algunos empleados de banca; en *Festa di Laurea,* mezcla de sentimentalismo y humor durante la celebración de una fiesta de fin de curso en 1950; en *Regalo di Natale,* consideraciones sobre la juventud a través de los recuerdos de cuatro jugadores de cartas; en *Ultimo minuto,* colección de recuerdos nostálgicos sobre el fútbol de provincias, y en la excelente *Storia di ragazzi e di ragazze,* sobre la celebración en 1936 de una comida en una casa en el campo para que se conozcan los familiares de una pareja de novios. Da un nuevo giro a su carrera al rodar en Estados Unidos, pero con producción italiana, *Bix, an Interpretation of a Legend,* biografía de su admirado músico de *jazz* Bix Beiderbecke, y *Fratelli e sorelle,* historia de una mujer abandonada por su marido que se va a emprender una nueva vida a Saint Louis, Missouri. Realiza después la irregular historia de época *Magnificat,* y *Dichiarazioni d'amore,* más interesante y cerca de su línea personal.

1968 *Balsamus, l'uomo di Satana.*
1969 *Thomas... gli indemoniati.*
1974 *La mazurka del barone, della santa e del fico fiorone.*
1975 *Bordella.*
1976 *La casa delle finestre che ridono.*
1977 *Tutti defunti... tranne i morti.*
1979 *Le strelle nel fosso.*
1981 *Zeder.*
1982 *Aiutami a sognare.*
1983 *Una gita scolastica.*
1984 *Noi tre.*
1985 *Impiegati.* / *Festa di Laurea.*
1986 *Regalo di Natale.*
1987 *Ultimo minuto.* / *Sposi,* un episodio.
1988 *Storia di ragazzi e di ragazze.*
1991 *Bix, an Interpretation of a Legend.*
1992 *Fratelli e sorelle.*
1993 *Magnificat.*
1994 *Dichiarazioni d'amore.*

AVENTURA, LA *(L'avventura, 1960)*

Primera parte de la trilogía sobre la *incomunicabilità,* también integrada por *La noche* (La notte, 1961) y *El eclipse* (L'eclisse, 1962), con la que el guionista y realizador Michelangelo Antonioni se da a conocer. Narra cómo la pareja formada por la atractiva Anna (Lea Massari) y el arquitecto Sandro (Gabriele Ferzetti) van a hacer un crucero en un yate por las islas Lípari en compañía de Claudia (Monica Vitti), la mejor amiga de ella, y otras parejas burguesas. Tras una leve discusión entre ambos, Anna desaparece, la buscan por la pequeña isla, piden ayuda a los *carabinieri* y no la encuentran. Sandro y Claudia, entre los que surge una relación que les conviete en pareja, comienzan un recorrido por el sur siguiendo distintos rumores sobre el paradero de Anna, que les lleva a un hotel de Taormina, donde ella descubre la primera infidelidad de él. Más allá de la insólita historia de la muchacha que desaparece a mitad de la narración, sobre lo que no se da ninguna explicación, su atractivo reside en el dibujo de dos interesantes personajes femeninos, así como en la dirección de Antonioni, elaborada a través de un juego casi abstracto en la composición de los encuadres en blanco y negro.

Director: *Michelangelo Antonioni.* Guionistas: *Michelangelo Antonioni, Elio Bartolini, Tonino Guerra.* Fotografía: *Aldo Scavarda.* Música: *Giovanni Fusco.* Intérpretes: *Gabriele Ferzetti, Monica Vitti, Lea Massari, Dominique Blanchar, Renzo Ricci, James Addams.* Productor: *Amato Pennasilico para Cino del Duca P.C. (Roma), P.C. Europea (París), Société Cinematographique Lyre (París).* Duración: *135'. Italia-Francia.*

AVENTURERO DE MEDIANOCHE, EL *(Honkytonk Man, 1982)*

Durante la Depresión económica de los años treinta, el cantante *country* Red Stovall (Clint Eastwood) de camino hacia Nashville, donde tiene la audición más importante de su vida en el Grand Ole Opry, se detiene unos días en casa de su hermana Emy (Verna Bloom), prosigue el viaje en compañía de su sobrino Whit (Kile Eastwood) y de su abuelo (John McIntire) y en el trayecto se les une la joven Marlene (Alexa Kenin). Gravemente enfermo de tuberculosis, Red Stovall comienza a toser en mitad de la audición y es rechazado, pero le contratan los representantes de una casa discográfica y muere mientras se hace famoso su primer disco *Honkytonk Man*. Basada en una novela de Clancy Carlile, convertida en guión por él mismo, es la primera película personal producida, dirigida y protagonizada por Clint Eastwood, y también la que llama la atención de la crítica internacional sobre él, pero es un gran fracaso de público, que no acepta ver a su héroe convertido en un enfermo incurable. El jovencísimo Kyle Eastwood está muy bien en su papel y es hijo de Clint Eastwood.

Director: *Clint Eastwood*. Guionista: *Clancy Carlile*. Fotografía: *Bruce Surtees*. Música: *Steve Dorff*. Intérpretes: *Clint Eastwood, Kyle Eastwood, John McIntire, Verna Bloom, Alexa Kenin, Matt Clark*. Producción: *Clint Eastwood para Malpaso/Warner*. Color. Duración: *122'. Estados Unidos*.

AXEL, Gabriel *(Aarhus, Dinamarca, 1918)*

Estudia en el Det Kgl. Teaters Skvespilskole de Copenhague, en 1945 se va a París y durante cinco años actúa bajo la dirección de Louis Jouvet en el Théâtre de l'Athénée. A principios de la década de los cincuenta regresa a Dinamarca y, al tiempo que dirige en teatro a los grandes clásicos franceses, Corneille, Molière, Giraudoux, realiza programas para televisión. Entre su amplia producción televisiva rueda quince desiguales películas, entre las que destacan *La manta roja*, historia de amor y muerte ambientada en los fiordos en el año mil; *El festín de Babette*, minuciosa adaptación de un brillante cuento de Karen Blixen, también conocida como Isak Dinesen, con la que gana el Oscar destinado a la producción extranjera, y *La verdadera historia de Hamlet*, versión del drama inmortalizado por William Shakespeare a partir de las crónicas escritas por Saxo Grammaticus en el siglo XII.

1955 *Altid Ballade*.
1957 *En kvinde er overflodig*.
1958 *Guld og gronne skove*.
1959 *Helle for Helene*.
1960 *Flemming og Kvik*.
1962 *Oskar. / Det tossede Paradis*.
1963 *Tre piger i Paris. / Vi har det jo dejigt*.
1964 *Paradis retour*.
1967 *Den rode kappe* (La manta roja). / *Jeg en marki*.
1968 *Det Kaere legetoj*.
1970 *Amour. / Erotische dromen*.
1971 *Med kaerlig hilsen. / Junge Mädchen lieben heiss*.
1972 *Sex auf Rädern*.
1975 *Familien Gyldenkäi*.
1976 *Familien Gyldenkäi spaenger banken*.
1977 *Alt pä et braet*.
1987 *Babettes Goestebud* (El festín de Babette).
1989 *Christian*.
1993 *The Prince of Jutland* (La verdadera historia de Hamlet).
1995 *Lumière y compañía*, un episodio.

¡AY, CARMELA! *(1990)*

A partir de la obra teatral homónima de éxito de José Sanchís Sinisterra, el realizador Carlos Saura y el guionista Rafael Azcona vuelven a colaborar, tras diecisiete años de separación, para dar una peculiar visión de la guerra española. Narra cómo la compañía de espectáculos «Carmen y Paulino, varietés a lo fino», formada por Carmela (Carmen Maura), Paulino (Andrés Pajares) y el joven Gustavete (Gabino Diego), tras entretener a las tropas de primera línea por una orden del mando republicano, deciden irse a Valencia. Se pierden por el camino, entran en la zona rebelde, son detenidos y cuando van a ser fusilados, aparece un teniente italiano (Maurizio di Razza), apasionado del teatro, que organiza una función y les propone trabajar en ella. Con notables variaciones sobre el original, en la medida que solo eran dos personajes que recordaban sus desventuras y recreaban algunas, es una buena mezcla de tragedia y comedia, con algunas escenas muy logradas, pero cierto desequilibrio final. Muy alejada del resto de la obra de Saura, es una de las grandes películas sobre la guerra española y marca el paso del cómico Andrés Pajares al drama.

Director: *Carlos Saura*. Guionistas: *Rafael Azcona, Carlos Saura*. Fotografía: *José Luis Alcaine*. Música: *Alejandro Massó*. Intérpretes: *Carmen Maura, Andrés Pajares, Gabino Diego, Maurizio di Razza, Miguel Rellán*. Producción: *Andrés Vicente Gómez para Iberoamericana Films Internacional*. Color. Duración: *105'. España*.

¡AY, QUE ME CAIGO! *(Feet First, 1930)*

A pesar de ser una de las primeras películas sonoras del genial cómico Harold Lloyd, es muy parecida a sus películas mudas, pero con la sutil diferencia de que las pocas escenas en las que el diálogo ocupa una posición preponderante tienen mucha menos gracia que las mudas con alguna frase, ruidos y sin música de fondo. Dirigida por el gran especialista en comedias cómicas Clyde Bruckman, al igual que sus largos mudos, esta es una sucesión de cortos: Harold empleado en una gran zapatería, Harold polizón en un transatlántico y Harold colgado del vacío en un rascacielos. Narra cómo Harold Horme (Harold Lloyd), un modesto empleado de la gran zapatería Tanner, se enamora de Mary (Barbara Kent), la secretaria del dueño (Robert McWade), y la confunde con su hija; les acompaña en un viaje en barco desde Honolulú a San Francisco y, gracias a su celeridad en llevar un importante mensaje, consigue que le nombren director de una de las sucursales y también a la chica. Retomando su mayor éxito, *El hombre mosca* (Safety Last, 1923), de Fred Newmeyer y Sam Taylor, lo mejor es la tercera parte, en la que realiza todo tipo de equilibrios colgado de un gran edificio, sin ayuda de transparencias, que provocan una compleja mezcla de angustia y risa.

Director: *Clyde Bruckman*. Guionistas: *Lex Neal, Felix Adler, Paul Gerard Smith*. Fotografía: *Walter Ludin, Henry Kohler*. Intérpretes: *Harold Lloyd, Robert McWade, Barbara Kent*. Producción: *Harold Lloyd*. Duración: *88'. Estados Unidos.*

AZUL *(Bleu, 1993)*

Primera parte de la trilogía *Tres colores* (Trois couleurs), también integrada por *Blanco* (Blanc, 1993) y *Rojo* (Rouge, 1994), los colores de la bandera francesa, y subtituladas *Libertad* (Liberté), *Igualdad* (Égalité) y *Fraternidad* (Fraternité), según la famosa divisa gala, es la mejor película del personal realizador polaco Krzysztof Kieslowski. Narra cómo Julie (Juliette Binoche) pierde a su marido y a su único hijo en un accidente de automóvil, durante su estancia en un hospital trata de suicidarse, pero no puede, y al salir ordena que vendan su casa de campo. Lo abandona todo, se va a vivir sola a un apartamento en París y constantemente es asaltada por los recuerdos y, sobre todo, por la música que escribía su marido para la Unificación Europea con su colaboración. Olivier (Benoît Régent), compañero y gran admirador de su marido, trata de acabar la composición con su ayuda, pero Julie no le hace mucho caso, solo se acuesta con él. Finalmente descubre que su marido tenía una amante y que esta espera un hijo de él. A partir de este momento cambia de nuevo su actitud hacia la vida, le da la casa de campo, aún no vendida, a la amante y acaba la sinfonía interrumpida y que es un gran canto al amor. Krzysztof Kieslowski hace un retrato realista de una mujer al borde de la locura, dentro de una minuciosa narración, con pocos diálogos, un peculiar sentido del humor y una excelente Juliette Binoche, para llegar a un mensaje quizá demasiado evidente y tan católico como el del resto de sus películas.

Director: *Krzysztof Kieslowski*. Guionistas: *Krzysztof Piesiewicz, Krzysztof Kieslowski*. Fotografía: *Slawomir Idziak*. Música: *Zbigniew Preisner*. Intérpretes: *Juliette Binoche, Benoît Régent, Florence P. Pernel, Charlotte Véry*. Producción: *Marin Karmitz para Mk2 Productions (París), Tor Production (Varsovia). Color.* Duración: *100'. Francia-Polonia.*

BABENCO, Héctor *(Buenos Aires, Argentina, 1946)*

Educado en Mar del Plata, a los dieciocho años se instala en Europa y trabaja como ayudante de dirección de Mario Camus, Mario Bava, Sergio Corbucci y otros. Regresa a Latinoamérica, pero se nacionaliza brasileño para no hacer el servicio militar en su país y empieza a hacer cortometrajes. Debuta en el largo con la ambiciosa *O rei da noite*, que describe la degradación de un *playboy* en los ambientes marginales de São Paulo durante los años cuarenta, y obtiene su primer éxito con *Lúcio Flávio, o passageiro da agonia*, donde narra una historia de corrupción policial siguiendo los mejores modelos del cine negro. Se da a conocer internacionalmente con *Pixote, la ley del más débil*, una dura narración sobre delincuencia juvenil ambientada en un correccional de São Paulo y los bajos fondos de Rio de Janeiro, que se distribuye a través de los canales en versión original subtitulada. Su éxito le permite rodar *El beso de la mujer araña*, una coproducción entre Brasil y Estados Unidos basada en la novela homónima del argentino Manuel Puig, con la que gana un Oscar el actor William Hurt al encarnar a un soñador homosexual que se enfrenta a un revolucionario antifascista en la celda donde cumplen condena. Situado ya en el cine norteamericano realiza *Tallo de hierro*, adaptación de una novela de William Kennedy que narra la historia de dos vagabundos en la ciudad de Albany durante los años de la Depresión, pero es un fracaso a pesar de estar protagonizada por Jack Nicholson y Meryl Streep. Tiene bastante más interés *Jugando en los campos del Señor*, basada en una novela de Peter Mathiessen convertida en guión por Jean-Claude Carrière y el propio director, a lo largo de tres horas describe diferentes y fallidas formas de enfrentamiento de la cultura occidental con la tribu amazónica de los niarunas, pero se convierte en otro fracaso que hace peligrar la continuidad de su carrera.

1975 *O rei da noite.*
1977 *Lúcio Flávio, o passageiro da agonia.*
1981 *Pixote, a lei do mais fraco* (Pixote, la ley del más débil).
1985 *Kiss of the Spider Woman* (El beso de la mujer araña).
1987 *Ironweed* (Tallo de hierro).
1991 *At Play in the Fields of the Lord* (Jugando en los campos del Señor).

BACALL, Lauren *(Betty Joan Perske. Nueva York, Estados Unidos, 1924)*

Estudia en la New York Academy of Dramatic Art, trabaja como acomodadora en el Saint-James Theatre y como modelo en la revista *Harper's Bazaar*. Descubierta por el productor y realizador Howard Hawks, la lanza como protagonista de *Tener o no tener*, hace tan buena pareja con Humphrey Bogart que enseguida se

BAGDAD CAFÉ

casan y los tres vuelven a hacer juntos *El sueño eterno*. Lo mejor de su carrera es el período inicial en los estudios Warner, donde hace, también con Bogart, los policiacos *La senda tenebrosa* y *Cayo Largo*, además de *El rey del tabaco* con Gary Cooper. El éxito de *Cómo casarse con un millonario*, la primera comedia en CinemaScope, la lleva a un género para el que está especialmente dotada y donde destaca su trabajo en la excelente *Mi desconfiada esposa*. Durante la década de los cincuenta trabaja en cine con regularidad y destaca su papel en el drama *Escrito sobre el viento*, pero desde principios de los años sesenta se dedica mucho más al teatro, donde obtiene grandes éxitos. En sus restantes películas se limita a hacer papeles secundarios y entre sus personajes cabe citar los de los policiacos *Harper, investigador privado, Asesinato en el Oriente Exprés* y *Misery*.

1944 *To Have and Have Not* (Tener y no tener), de Howard Hawks.
1945 *Confidential Agent*, de Herman Shumlin.
1946 *The Big Sleep* (El sueño eterno), de Howard Hawks.
1947 *Dark Passage* (La senda tenebrosa), de Delmer Daves.
1948 *Key Largo* (Cayo Largo), de John Huston.
1950 *Young Man With a Horn* (El trompetista), de Michael Curtiz. / *Bright Leaf* (El rey del tabaco), de Michael Curtiz.
1953 *How to Marry a Millionaire* (Cómo casarse con un millonario), de Jean Negulesco.
1954 *Woman's World* (El mundo es de las mujeres), de Jean Negulesco.
1955 *The Cobweb* (La tela de araña), de Vincente Minnelli. / *Blood Alley* (Callejón sangriento), de William A. Wellman.
1956 *Written on the Wind* (Escrito sobre el viento), de Douglas Sirk.
1957 *Designing Woman* (Mi desconfiada esposa), de Vincente Minnelli.
1958 *The Gift of Love* (Sombra enamorada), de Jean Negulesco.
1959 *North West Frontier* (La India en llamas), de J. Lee Thompson.
1964 *Shock Treatment*, de Denis Sanders. / *Sex and the Single Girl* (La pícara soltera), de Richard Quine.
1966 *Harper* (Harper, investigador privado), de Jack Smight.
1974 *Murder on the Orient Express* (Asesinato en el Oriente Exprés), de Sidney Lumet.
1976 *The Shootist* (El último pistolero), de Don Siegel.
1979 *H.E.A.L.T.H.* (Salud), de Robert Altman.
1980 *The Fan*, de Edward Bianchi.
1988 *Appointment With Death* (Cita con la muerte), de Michael Winner. / *Mr. North*, de Danny Huston.
1989 *Innocent Victim*, de Giles Foster.
1990 *Misery*, de Rob Reiner.
1991 *All I Want for Christmas* (Todo lo que quiero para Navidad), de Robert Lieberman.
1994 *Prêt-à-Porter*, de Robert Altman.

BAGDAD CAFÉ *(Out of Rosenheim, 1987)*

Tras superar unos oscuros orígenes, el encuentro del realizador alemán Percy Adlon con la rolliza actriz austriaca Marianne Sägebrecht supone el éxito a través de una peculiar trilogía de comedias. Entre *Sugarbaby* (Zuckerbaby, 1985), una comedia negra alemana que narra los amores de una empleada de pompas fúnebres por un conductor de metro, y *Rosalie va de compras* (Rosalie Goes Shopping, 1988), una comedia crítica norteamericana sobre la obsesión consumista, ruedan la mejor y más conocida de sus películas. Narra cómo, tras pelearse con su marido, la alemana Jasmin Münchgstettner (Marianne Sägebrecht) se instala en un motel situado en mitad del desierto de Mojave, cerca de Las Vegas, regentado por la negra norteamericana Brenda (CCH Pounder), a cuyo alrededor giran una tatuadora, un experto en *boomerangs*, un *sheriff* indio y un viejo decorador de cine, y entre ambas mujeres nace una particular amistad. Rodada con muy pocos medios en un motel de ínfima categoría, este peculiar enfrentamiento de culturas demuestra tanto la habilidad como la torpeza narrativas características del director Percy Adlon. Mientras la versión alemana dura 120 minutos, hay una segunda versión internacional de 115 minutos, y en algunos países circulan copias de 85 minutos.

Director: *Percy Adlon*. Guionistas: *Percy Adlon, Eleonore Adlon, Christopher Doherty*. Fotografía: *Bernd Heindl*. Música: *Bob Telson*. Intérpretes: *Marianne Sägebrecht, CCH Pounder, Jack Palance, Christine Kauffman*. Producción: *Percy Adlon, Eleonore Adlon*. Duración: *110'*. República Federal Alemana.

BAJO ARISTOCRÁTICO DISFRAZ *(Il Signor Max, 1937)*

A partir de un buen guión de Mario Soldati y del propio realizador, Mario Camerini hace una excelente comedia de equívocos donde mezcla a partes iguales la tradición de los denominados «teléfonos blancos», característica del *Ventennio nero,* la etapa fascista, con un incipiente neorrealismo, que se desarrolla tras la II Guerra Mundial. Narra cómo el vendedor de periódicos Gianni (Vittorio de Sica), propietario de un quiosco en Via Veneto de Roma, se hace pasar por el refinado conde Max Veraldo para conquistar a la noble dama Paola (Rubi Dalma), pero no tarda en descubrir que la muchacha que verdaderamente le gusta es Lauretta (Assia Noris), la doncella de la gran señora. Tras jugar un doble papel durante una temporada, acaba por abandonar su personaje de conde y seguir con los periódicos y con la muchacha, pero oyendo el consejo de su tío de no contarle nunca la verdad sobre el engaño. No solo Vittorio de Sica y Assia Noris forman una estupenda pareja, que se repite en varias películas de la época, sino que está espléndidamente rodada por Camerini; por ejemplo, tiene un espectacular comienzo de una gran movilidad en torno al quiosco de periódicos en Via Veneto. Dado que las imágenes de la familia del vendedor de periódicos son puro neorrealismo, por su humilde condición, su casa, costumbres y forma de vivir, significa que el característico movimiento de la posguerra comienza mucho antes de lo que siempre se ha dicho o, por lo menos, que sus orígenes son mucho más profundos y complejos. Veinte años después, el irregular y prolífico Giorgio Bianchi dirige una nueva versión titulada *El conde Max* (Il conte Max, 1957), protagonizada por Alberto Sordi y con Vittorio de Sica en un papel secundario. El hijo de este, Christian de Sica, rueda una tercera versión con el mismo título en 1991.

Director: *Mario Camerini.* Guionistas: *Mario Camerini, Mario Soldati.* Fotografía: *Anchise Brizzi.* Música: *Renzo Rossellini.* Intérpretes: *Vittorio de Sica, Assia Noris, Rubi Dalma, Umberto Melnatti, Virgilio Riento.* Producción: *C.O. Barbieri para Astra Film.* Duración: *86'. Italia.*

BAJO LA MÁSCARA DEL PLACER *(Die Freudlose Gasse, 1925)*

La novela homónima de Hugo Bettauer, que describe la mala situación atravesada por Austria al principio del duro período de entreguerras, gracias a la exposición de la vida de algunos nuevos ricos y burgueses arruinados en una triste Viena, sobre un fondo donde se entremezclan prostitutas, chulos, homosexuales y asesinos, es origen de dos adaptaciones cinematográficas muy diferentes. Una producción francesa sonora, dirigida en 1938 por André Hugon con Line Noro, Dita Parlo y Marguerite Deval en los principales papeles, que no es más que un melodrama de última fila, y esta película alemana muda. Tercer largometraje del interesante realizador Georg W. Pabst, supone su descubrimiento internacional, pero tiene problemas con la censura de diferentes países por su crudo realismo, muy cercano al naturalismo, donde también se mezcla el expresionismo. Narra cómo Grete Rumfort (Greta Garbo), hija de un burgués arruinado, trabaja como secretaria para ayudar a su familia, está a punto de ser violada y de caer en la prostitución por culpa de madame Greifer (Valeska Gert), pero es salvada por el teniente norteamericano Davy (Einar Hanson), mientras la joven Marie Lechner (Asta Nielsen) tiene menos suerte que ella. Frente a la famosa actriz danesa Asta Nielsen, al final de su carrera, aparece la joven sueca Greta Garbo al principio de la suya.

Director: *Georg W. Pabst.* Guionista: *Willy Haas.* Fotografía: *Guido Seeber, Curt Oertel, Robert Lach.* Intérpretes: *Greta Garbo, Asta Nielsen, Einar Hanson, Werner Krauss, Jaro Fürth, Max Kohlbase.* Producción: *Sofar-Film.* Duración: *111'. Alemania.*

BALAS SOBRE BROADWAY *(Bullets Over Broadway, 1994)*

A mediados de los años veinte el joven dramaturgo David Shayne (John Cusack) consigue estrenar y dirigir su tercera obra, pero con la condición de que la corista Olive Neal (Jennifer Tilly) haga uno de los personajes más importantes, por ser la novia del gángster Nick Valenti (Joe Viterelli) que financia la producción. Esta conocida situación, que lleva al autor y realizador a tener que aceptar cada vez más condiciones, se enriquece mucho con una nueva en la que Cheech (Chazz Palminteri), el guardaespaldas de la corista, resulta ser un excelente colaborador, con buenísimas ideas dramáticas, hasta el punto de considerarse autor de la obra y asesinar a la corista porque su actuación estropea su trabajo creativo. Basada en un excelente guión de Woody Allen y Douglas McGrath, esta divertida visión del mundo teatral neoyorquino de la década de los veinte es una de las mejores películas rodadas a principios de los años noventa por Allen. Destacan una sobria dirección, apoyada en largos planos, llenos de barridos que a veces sustituyen al tradicional plano-contraplano, y el amplio y bien conjuntado reparto, donde sobresale el excelente John Cusack en un papel que podría haber hecho el propio Woody Allen.

Director: *Woody Allen*. Guionistas: *Woody Allen, Douglas MacGrath*. Fotografía: *Carlo di Palma*. Intérpretes: *John Cusack, Chazz Palminteri, Dianne Wiest, Jennifer Tilly, Jack Warden, Tracey Ullman, Mary-Louise Parker, Joe Viterelli*. Producción: *Robert Greenhut, Helen Robin para Sweetland Films*. Color. Duración: 99'. Estados Unidos.

BANCROFT, Anne *(Anna Maria Italiano. Nueva York, Estados Unidos, 1931)*

Perteneciente a una familia de origen italiano, estudia en la Academy of Dramatic Arts de Nueva York y a principios de los años cincuenta debuta como actriz de televisión, en especial en la serie *The Goldbergs*, y también en pequeños papeles. A pesar de que a mediados de la década de los cincuenta protagoniza algunas películas interesantes como *The Raid*, de Hugo Fregonese, *Desierto salvaje*, de Anthony Mann, y *Nightfall*, de Jacques Tourneur, en 1957 rompe con Hollywood para dedicarse en exclusiva al teatro. Cinco años después, gracias al éxito alcanzado en teatro con la obra de William Gibson, regresa al cine con *El milagro de Ana Sullivan*, de Arthur Penn, y consigue su único Oscar. Desde ese momento alterna el cine y el teatro, y durante más de treinta años sobresale su trabajo en películas como *Siete mujeres,* de John Ford; *El graduado,* de Mike Nichols; *Paso decisivo,* de Herbert Ross; *Buscando a Greta,* de Sidney Lumet; *Agnes de Dios,* de Norman Jewison; *La carta final,* de David Jones, y *A casa por vacaciones,* de Jodie Foster, producciones que tienen un cierto aire teatral. Su marido, Mel Brooks, le produce la comedia de estilo italiano *Fatso*, su única experiencia como directora.

Como directora
1980 *Fatso*
Como actriz
1952 *Don't Bother to Knock* (Niebla en el alma), de Roy Ward Baker.
1953 *Tonight We Sing* (Esta noche cantamos), de Mitchell Leisen. / *The Robe* (La túnica sagrada), de Henry Koster. / *Treasure of the Golden Condor* (El tesoro del cóndor de oro), de Delmer Daves. / *The Kid From Left Field*, de Harmon Jones.
1954 *Demetrius and the Gladiators* (Demetrius y los gladiadores), de Delmer Daves. / *The Raid*, de Hugo Fregonese. / *Gorilla at Large*, de Harmon Jones.
1955 *Life in the Balance*, de Harry Horner. / *New York Confidential*, de Russell Rouse. / *The Naked Street* (La calle desnuda), de Maxwell Shane.
1956 *Savage Wilderness* (Desierto salvaje), de Anthony Mann. / *Walk the Proud Land*, de Jesse Hibbs. / *Nightfall*, de Jacques Tourneur.
1957 *The Restless Breed*, de Allan Dwan. / *The Girl in the Black Stockings*, de Howard W. Koch.
1962 *The Miracle Worker* (El milagro de Ana Sullivan), de Arthur Penn.
1964 *The Pumpkin Eater* (Siempre estoy sola), de Jack Clayton.
1965 *The Slender Thread* (La vida vale más), de Sydney Pollack.
1966 *Seven Women* (Siete mujeres), de John Ford.
1967 *The Graduate* (El graduado), de Mike Nichols.
1972 *Young Winston* (El joven Winston), de Richard Attenborough.
1975 *The Prisoner of Second Avenue* (El prisionero de la Segunda Avenida), de Melvin Frank. / *The Hindenburg* (Hindenburg), de Robert Wise.
1976 *Silent Movie* (La última locura), de Mel Brooks. / *Lipstick* (Lápiz de labios), de Lamont Johnson. / *Gesù di Nazareth* (Jesús de Nazaret), de Franco Zeffirelli.
1977 *The Turning Point* (Paso decisivo), de Herbert Ross.
1980 *Fatso*, de Anne Bancroft. / *The Elephant Man* (El hombre elefante), de David Lynch.
1983 *To Be or Not to Be* (Soy o no soy), de Alan Johnson.
1984 *Garbo Talks* (Buscando a Greta), de Sidney Lumet.
1985 *Agnes of God* (Agnes de Dios), de Norman Jewison.
1986 *Night Mother* (Buenas noches, madre), de Tom Moore.
1987 *84 Charing Cross Road* (La carta final), de David Jones.
1988 *Torch Song Trilogy* (Trilogía de Nueva York), de Paul Bogart.
1989 *Bert Rigby You're a Fool*, de Carl Reiner.
1992 *Honeymoon in Vegas* (Luna de miel para tres), de Andrew Bergman. / *Love Potion n.º 9*, de Dale Launer.
1993 *Point of No Return* (La asesina), de John Badham. / *Malice* (Malicia), de Harold Becker. / *Mr. Jones*, de Mike Figgis.
1995 *House for Holiday* (A casa por vacaciones), de Jodie Foster.
1996 *How to Make an American Quilt* (Donde reside el amor), de Jane Anderson.

BANDA DE LOS GRISSOM, LA *(The Grissom Gang, 1971)*

La tan famosa como irregular novela policiaca *No hay orquídeas para Miss Blandish*, de James Hadley Chase, cuyo máximo atractivo viene de ser un descarado y mal plagio de la excelente obra *Santuario*, de William Faulkner, da lugar a dos películas muy diferentes. La producción británica *No Orchids for Miss Blandish* (1948), escrita y dirigida por el olvidado St. John L. Clowes y protagonizada por los nunca muy conocidos Jack La Rue y Linden Travers, bastante respetuosa con el original, y esta película norteamericana, producida y dirigida por un Robert Aldrich en uno de sus mejores momentos creativos, bastante más libre y que se sitúa entre los grandes clásicos del cine negro. La historia de la rica heredera Barbara Blandish (Kim Darby) que en 1931, en Kansas City, es raptada por una banda de gángsters, pero una vez que su padre John P. Blandish (Wesley Addy) paga el millón de dólares que piden por su rescate, no vuelve con los suyos por haberse convertido en la amante de Slim Grissom (Scott Wilson), uno de sus secuestradores, tiene un dramático final con el suicidio de ella. Aldrich lo rueda, pero acaba cortándolo debido a lo mal que reacciona el público durante el preestreno, por lo que el resultado es todavía mucho más duro. Destacan no solo la eficaz dirección de Robert Aldrich, sino también el trabajo de la actriz Kim Darby, que tiene una corta, pero interesante, carrera profesional.

Director: *Robert Aldrich*. Guionista: *Leon Griffiths*. Fotografía: *Joseph Biroc*. Música: *Gerald Fried*. Intérpretes: *Kim Darby, Scott Wilson, Tony Musante, Robert Lansing, Irene Dailey, Connie Stevens*. Producción: *Robert Aldrich para Associates and Aldrich (ABC). Color. Duración: 128'. Estados Unidos.*

BANDERA, LA *(1935)*

Tomando como punto de partida una novela del demasiado olvidado Pierre MacOrlan y sobre guión de Charles Spaak y del propio realizador, Julien Duvivier hace una de sus mejores películas y una de las obras más características del realismo poético, el interesante movimiento que define lo mejor del cine francés anterior a la II Guerra Mundial. Narra cómo el francés Pierre Gilieth (Jean Gabin), tras haber matado a un hombre en la *rue* St. Vincent de París, huye a Barcelona y se instala en una pensión de la calle Cires; pero, hostigado por la policía, se alista en la Legión española, se va a Marruecos y en el burdel La Tabla conoce a la bailarina Aïche La Slaoui (Annabella) y se une a ella, aunque no puede vencer la fuerza de su pasado, representado en la figura del policía Fernando Lucas (Robert Le Vigan). Narrada con gran perfección, es una buena mezcla de documental sobre la Legión y una apropiada historia de ficción, donde Duvivier hace un perfecto dibujo del personaje más característico del realismo poético: el hombre perseguido por su destino que, tras unas evidentes perspectivas de felicidad, acaba siendo víctima de su pasado.

Director: *Julien Duvivier*. Guionistas: *Julien Duvivier, Charles Spaak*. Fotografía: *Jules Kruger*. Música: *Jean Wiener*. Intérpretes: *Jean Gabin, Annabella, Raymond Aimos, Robert Le Vigan, Pierre Renoir, Margo Lion*. Producción: *Société Nouvelle de Cinématographie. Duración: 100'. Francia.*

BANDERAS, Antonio *(José Antonio Domínguez Banderas. Málaga, España, 1960)*

Después de estudiar arte dramático y trabajar por toda España con distintas compañías de teatro independiente, se instala en Madrid y hace importantes papeles en destacados montajes teatrales. Desde principios de los años ochenta hace papeles secundarios en películas sin gran atractivo, entre las que destacan *El caso Almería, Los zancos, Bâton rouge, Bajarse al moro, Si te dicen que caí* y *La blanca paloma*. Sus trabajos con Pedro Almodóvar en *Laberinto de pasiones, Matador, La ley del deseo, Mujeres al borde de un ataque de nervios* y *¡Átame!* le hacen emprender una irregular carrera internacional. Convertido en el nuevo *latin lover*, rueda en Estados Unidos, entre otras, *Los reyes del mambo, Philadelphia, Entrevista con el vampiro, Miami, Desperado* y *Asesinos*. Al mismo tiempo interviene en la coproducción hispanoitaliana *Dispara*, la coproducción europea *La casa de los espíritus* y la película rodada por Fernando Trueba en Estados Unidos *Two Much*.

1982 *Laberinto de pasiones,* de Pedro Almodóvar. / *Pestañas postizas,* de Enrique Belloch.
1983 *Y del seguro, líbranos, Señor,* de Antonio del Real. / *El señor Galíndez,* de Rodolfo Kuhn. / *El caso Almería,* de Pedro Costa.
1984 *Los zancos,* de Carlos Saura.

1985 *Réquiem por un campesino español,* de Francesc Betriu. / *La corte de Faraón,* de José Luis García Sánchez. / *Caso cerrado,* de Juan Caño.
1986 *Matador,* de Pedro Almodóvar. / *Delirios de amor,* episodio de Félix Rotaeta. / *Puzzle,* de Luis José Comerón. / *Así como habían sido,* de Andrés Linares.
1987 *La ley del deseo,* de Pedro Almodóvar. / *El acto,* de Héctor Faver. / *El placer de matar,* de Félix Rotaeta.
1988 *Mujeres al borde de un ataque de nervios,* de Pedro Almodóvar. / *Bâton rouge,* de Rafael Moleón. / *Bajarse al moro,* de Fernando Colomo.
1989 *Si te dicen que caí,* de Vicente Aranda. / *La blanca paloma,* de Juan Miñón. / *¡Átame!,* de Pedro Almodóvar.
1990 *Contra el viento,* de Francisco Periñán.
1991 *The Mambo Kings* (Los reyes del mambo), de Arne Glimcher.
1992 *Una mujer bajo la lluvia,* de Gerardo Vera. / *Terra nova,* de Calógero Salvo.
1993 *Dispara,* de Carlos Saura. / *Philadelphia,* de Jonathan Demme. / *Das Geistersiaus* (La casa de los espíritus), de Bille August.
1994 *Interview With the Vampire* (Entrevista con el vampiro), de Neil Jordan. / *Miami Rhapsody* (Miami), de David Frankel. / *De amor y de sombra,* de Betty Kaplan.
1995 *Desperado,* de Robert Rodríguez. / *Two Much,* de Fernando Trueba. / *Assassins* (Asesinos), de Richard Donner. / *Never Talk to Strangers* (Nunca hables con extraños), de Peter Hall.
1996 *Four Rooms,* episodio de Robert Rodríguez. / *Evita,* de Alan Parker.

BANDIDO ALEGRE, EL *(The Gay Desperado, 1936)*

Curioso musical, producido por la actriz Mary Pickford, realizado por el experto director de teatro Rouben Mamoulian y ambientado en México a mayor gloria del olvidado cantante Nino Martini. Con tanta soltura como dinamismo narra cómo el risueño bandido mexicano Pablo Braganza (Leo Carrillo) intenta que el cantante Chivo (Nino Martini) se una a los suyos para que les deleite con sus canciones. Poco después secuestra a Butch (Stanley Fields), el hijo de un millonario, y a su novia Jane (Ida Lupino); el cantante y ella se enamoran y este la libera. Dentro del controlado caos general, destaca el hecho de que a los mexicanos se les ocurre la idea del rapto al ver una película norteamericana de gángsters, pero tras su fracaso, deciden volver a sus tradicionales y más eficaces métodos.

Director: *Rouben Mamoulian.* Guionista: *Wallace Smith.* Fotografía: *Lucien Andriot.* Música: *Alfred Newman.* Intérpretes: *Ida Lupino, Nino Martini, Leo Carrillo, Harold Hubert, Mischa Auer, Stanley Fields.* Producción: *Mary Pickford-Jesse L. Lasky.* Duración: *85'. Estados Unidos.*

BANQUETE DE BODAS *(The Catered Affair, 1956)*

El éxito de la producción independiente *Marty* (1955), de Delbert Mann, lleva a Metro-Goldwyn-Mayer a comprar los derechos de otra obra dramática para televisión de Paddy Chayesky y a contratar al actor Ernest Borgnine para hacer otra película en su misma línea realista. El productor Sam Zimbalist le encarga el guión al novelista Gore Vidal y la dirección al especialista en adaptaciones literarias Richard Brooks, que se limitan a seguir la obra original y hacer un buen trabajo. Narra los problemas con que debe enfrentarse la modesta familia del taxista irlandés Tom Hurley (Ernest Borgnine) cuando su hija Jane (Debbie Reynolds) decide casarse con Ralph (Rod Taylor), un profesor de un medio más elevado. A pesar de que su idea inicial es hacer una boda sencilla, sin ninguna celebración, la madre, Agnes (Bette Davis), trata de convencerles de que den un gran banquete para doscientos invitados con los ahorros que el padre destina a tener un taxi propio.

Director: *Richard Brooks.* Guionista: *Gore Vidal.* Fotografía: *John Alton.* Música: *André Previn.* Intérpretes: *Bette Davis, Ernest Borgnine, Debbie Reynolds, Barry Fitzgerald, Rod Taylor.* Producción: *Sam Zimbalist para Metro-Goldwyn-Mayer.* Duración: *93'. Estados Unidos.*

BANQUETE DE BODAS, EL *(The Wedding Banquet, 1992)*

Wai-Tung Gaos (Winston Chao) es un emigrado de Taiwan que ha triunfado en Nueva York y vive con su íntimo amigo Simon (Mitchell Lichtenstein) en un bonito dúplex de Manhattan. Cansado de que sus muy tradicionales padres le digan que se case, decide hacer un matrimonio de conveniencia con la atractiva pintora china Wei-Wei (May Chin), que así podrá vivir legalmente en Estados Unidos. La historia se complica cuando los padres llegan para la boda desde Taiwan, les parece muy mal que su hijo se case en un juzgado y acaban celebrando un multitudinario banquete de bodas en un tradicional restaurante chino. Toda la trama gira en torno a este falso matrimonio entre la China continental y la insular, con su significado de farsa y comedia, y su celebración, tanto con sus tradicionales comidas, como con sus costumbres, que finaliza con la irrupción de un grupo de amigos en la cámara nupcial y haciendo que el novio embarace inesperadamente a la novia. La sucesión de mentiras continúa hasta que el trío protagonista deciden vivir juntos y tener al niño, mientras los padres se vuelven a Taiwan. A pesar de caer en ciertas irregularidades narrativas al principio y al final, Ang Lee construye una comedia de una gran originalidad, que además funciona bien y esconde una divertida carga simbólica.

Director: *Ang Lee*. Guionistas: *Ang Lee*, *Neil Feng*, *James Schamus*. Fotografía: *Jong Lin*. Intérpretes: *Winston Chao*, *May Chin*, *Mitchell Lichtenstein*, *Sihung Lung*, *Ah-Leh Gua*. Producción: *Ted Hope, James Schamus y Ang Lee para Central Motion Pictures Corporation (Taiwan), Good Machine (Nueva York)*. Color. Duración: *120'*. *Taiwan-Estados Unidos.*

BARDEM, Juan Antonio *(Madrid, España, 1922)*

Hijo de los actores de carácter Rafael Bardem y Matilde Muñoz Sampedro, finaliza la carrera de ingeniero agrónomo y en 1947 comienza a estudiar dirección en la primera promoción del Instituto de Investigaciones y Experiencias Cinematográficas, pero no se licencia por no aprobar la práctica de fin de carrera. Crítico de cine en algunas publicaciones y fundador y colaborador de la revista especializada *Objetivo*, es presidente de la productora Uninci y miembro del Partido Comunista. Debuta como realizador con la eficaz comedia realista *Esa pareja feliz,* que codirige con Luis G. Berlanga, a la que siguen el excelente drama sobre el mundo de los actores de teatro *Cómicos,* y la fallida comedia ternurista *Felices Pascuas.* Sus grandes éxitos son la coproducción con Italia *Muerte de un ciclista,* que relata los amores adúlteros entre un profesor universitario lleno de dudas y una burguesa muy segura de sí misma; y la coproducción con Francia *Calle Mayor,* personal y eficaz adaptación de *La señorita de Trevélez,* de Carlos Arniches, en torno a unos señoritos de provincias que gastan una broma de mal gusto a una solterona, que esconden realistas dibujos de la España de la época, a pesar de la fuerte presión de la censura del general Franco. Prosigue con su cine de *mensaje,* característico de los años cincuenta, con *La venganza,* drama rural sobre la reconciliación planteada por el Partido Comunista, demasiado distorsionado por la censura, y *Sonatas,* frustrada adaptación de la obra de Ramón del Valle-Inclán integrada por dos episodios, uno rodado en Galicia y el otro en México. Y también con las fallidas *A las cinco de la tarde,* cerebral drama taurino basado en una obra teatral de Alfonso Sastre, y *Los inocentes,* sobre un burdo guión de Antonio Eceiza y Elías Querejeta que por razones de censura se ve obligado a rodar en Argentina. Tras el fracaso de *Nunca pasa nada,* su mejor película, un novedoso y más ambicioso retrato de la vida de provincias realizado a través de unos personajes fracasados, pero que la crítica no aprecia, y el éxito comercial de *Los pianos mecánicos,* una coproducción con reparto internacional, basada en la novela homónima de Henry-François Rey, que narra el veraneo de unos extranjeros en un imaginario pueblo costero catalán, se lanza a la realización de un cine comercial, pero sin el menor atractivo. Así rueda la producción bélica *El último día de la guerra;* la nueva y mala versión de *Cómicos,* al servicio de Sara Montiel, *Varietés;* la adaptación de la novela del mismo título de Jules Verne *La isla misteriosa,* y las irregulares historias policiacas *La corrupción de Chris Miller* y *El poder del deseo.* Su problema estriba en que cuando, con la llegada de la democracia, vuelve a hacer el cine que le interesa —*El puente,* sobre la toma de conciencia de un obrero durante un largo fin de semana, y *Siete días de enero,* sobre los violentos sucesos de los primeros tiempos de la democracia—, demuestra que no ha evolucionado, que solo le interesa el *mensaje,* pero con una mayor y menos sutil carga política. Tras rodar en Bulgaria *La advertencia,* una coproducción con la Unión Soviética sobre la vida del dirigente comunista George Dimitrov, solo hace algún episodio para televisión y la serie *Lorca, muerte de un poeta* (1987).

1951 *Esa pareja feliz.*
1953 *Cómicos.*
1954 *Felices Pascuas.*
1955 *Muerte de un ciclista.*
1956 *Calle Mayor.*

1957 *La venganza.*
1959 *Sonatas.*
1960 *A las cinco de la tarde.*
1962 *Los inocentes.*
1963 *Nunca pasa nada.*
1965 *Los pianos mecánicos.*
1968 *El último día de la guerra.*
1970 *Varietés.*
1972 *La isla misteriosa. / La corrupción de Chris Miller.*
1975 *El poder del deseo.*
1976 *El puente.*
1978 *Siete días de enero.*
1982 *Preduprezhénie* (La advertencia).

BARDOT, Brigitte *(París, Francia, 1934)*

Perteneciente a la alta burguesía, estudia *ballet* clásico, a los dieciséis años es modelo de revistas femeninas y dos años después debuta como actriz de cine. Tras hacer desiguales papeles en dieciocho películas a lo largo de cuatro años, protagoniza *Y Dios creó la mujer* y su éxito no solo la convierte en la estrella más cotizada del cine francés, sino en un mito erótico, la mujer-niña de la posguerra. Lanzada por el productor Raoul J. Lévy y el realizador Roger Vadim, que se convierte en el primero de sus múltiples maridos y con el que vuelve a trabajar en *Les bijoutiers du clair de lune, A rienda suelta, Le repos du guerrier* y *Si don Juan fuese mujer,* su irregular carrera proporciona a Francia más divisas que las fábricas Renault —según se acostumbraba a decir en la época—, pero son muy pocas sus películas dignas de interés. Solo cabe citar el policiaco *En caso de desgracia,* de Claude Autant-Lara; *La mujer y el pelele,* donde debía haber sido dirigida por Luis Buñuel, pero es sustituido por un Julien Duvivier muy bajo de forma; *La verdad,* de H. G. Clouzot; el seudodocumental *Vida privada,* de Louis Malle; *El desprecio,* personal adaptación de la novela de Alberto Moravia realizada por Jean-Luc Godard; y la historia de la revolución mexicana *Viva María!,* de Louis Malle. El fracaso de *L'histoire très bonne et très joyeuse de Colinot Trousse Chemise* la lleva a retirarse del cine a los treinta y nueve años para dedicarse a la defensa de los bebés foca.

1952 *Le trou normand,* de Jean Boyer. / *Manina, la fille sans voiles,* de Willy Rozier. / *Les dents longues,* de Daniel Gélin.
1953 *Le portrait de son père,* de André Berthomieu.
1954 *Act of Love,* de Anatole Litvak. / *Tradita* (Traicionada), de Mario Bonnard. / *Si Versaillers m'était conté* (Si Versalles pudiera hablar), de Sacha Guitry. / *La fille de Caroline Chérie,* de Jean Devaivre. / *Futures vedettes,* de Marc Allégret.
1955 *Helen of Troy* (Helena de Troya), de Robert Wise. / *Doctor at Sea* (Un médico en la Marina), de Ralph Thomas. / *Les grandes manoeuvres* (Las maniobras del amor), de René Clair. / *Frou-frou,* de Augusto Genina. / *La lumière d'en face* (La luz de enfrente), de George Lacombe. / *Cette sacrée gamine* (Esa pícara colegiala), de Michel Boisrond.
1956 *Mio figlio Nerone* (Mi hijo Nerón), de Steno. / *En effeuillant la marguerite* (Deshojando la margarita), de Marc Allégret. / *La mariée était trop belle* (La pequeña B. B.), de Pierre Gaspard-Huit. / *Et Dieu créa la femme* (Y Dios creó la mujer), de Roger Vadim.
1957 *Une parisienne* (Una parisina), de Michel Boisrond.
1958 *Les bijoutiers du clair de lune,* de Roger Vadim. / *En cas de malheur* (En caso de desgracia), de Claude Autant-Lara.
1959 *Le femme et le pantin* (La mujer y el pelele), de Julien Duvivier. / *Babette s'en va-t'en guerre* (Babette se va a la guerra), de Christian-Jaque. / *Voulez-vous danser avec moi?* (¿Quiere usted bailar conmigo?), de Michel Boisrond.
1960 *La vérité* (La verdad), de H.-G. Clouzot. / *Le testament d'Orphée* (El testamento de Orfeo), de Jean Cocteau. / *L'affaire d'une nuit,* de Henri Verneuil.
1961 *La bride sur le cou* (A rienda suelta), de Roger Vadim. / *Les amours célèbres* (Amores célebres), de Michel Boisrond.
1962 *Vie privée* (Vida privada), de Louis Malle. / *Le repos du guerrier,* de Roger Vadim.
1963 *Le mépris* (El desprecio), de Jean-Luc Godard. / *Tentazioni proibite,* de Osvaldo Civirani.
1964 *Une ravissante idiote* (Adorable idiota), de Edouard Molinaro.
1965 *Viva María!,* de Louis Malle. / *Dear Brigitte* (Querida Brigitte), de Henry Koster.
1966 *Marie-Soleil,* de Antoine Bourseiller. / *Masculin-féminin,* de Jean-Luc Godard.
1967 *A coeur joie,* de Serge Bourguignon.
1968 *Histoires extraordinaires* (Historias extraordinarias), episodio de Louis Malle. / *Shalako,* de Edward Dmytryk.
1969 *Les femmes* (Las mujeres), de Jean Aurel.
1970 *L'ours et la poupée* (La muñeca y el bruto), de Michel Deville. / *Les novices* (Las novicias), de Guy Casaril.
1971 *Boulevard du Rhum* (El bulevard del ron), de Robert Enrico. / *Les pétroleuses* (Las petroleras), de Christian-Jaque.

1973 *Don Juan 73* (Si don Juan fuese mujer), de Roger Vadim. / *L'histoire très bonne et très joyeuse de Colinot Trousse Chemise*, de Nina Companeez.

BARRETO, Bruno *(Rio de Janeiro, Brasil, 1953)*

Hijo del famoso director de fotografía y productor Luiz Carlos Barreto (1929), tras rodar algunos cortometrajes debuta a los diecinueve años en el largo con *Tati, a garota*, sobre la vida de una madre soltera y su hija en Rio de Janeiro, a la que sigue la también irregular *A estrela sobe*. Consigue el mayor éxito del cine brasileño con *Doña Flor y sus dos maridos*, adaptación de la novela de Jorge Amado protagonizada por Sonia Braga. Tras el fracaso de los policiacos urbanos *Amor bandido* y *O beijo no asfalto*, vuelve a triunfar con *Gabriela*, una nueva adaptación de Jorge Amado con Sonia Braga. Su interés por el melodrama le hace rodar *Além da paixão*, sobre las relaciones entre una madura burguesa y un joven marginado en São Paulo, y *Romance da empregada*, que gira en torno a la vida de una mujer de los suburbios de Rio de Janeiro. Con la producción norteamericana *Bajo otra bandera* intenta un cine político de denuncia; pero, a pesar de contar con un buen reparto, obtiene unos resultados poco atractivos al contar una historia apoyada en la muerte de dos jóvenes puertorriqueños durante la campaña electoral de julio de 1978.

1972 *Tati, a garota*.
1974 *A estrela sobe*.
1976 *Dona Flor e seus dois maridos* (Doña Flor y sus dos maridos).
1978 *Amor bandido*.
1981 *O beijo no asfalto*.
1983 *Gabriela*.
1985 *Além da paixão*.
1987 *Romance da empregada*.
1990 *A Show of Force* (Bajo otra bandera).

BARRYMORE, Drew *(Los Ángeles, California, Estados Unidos, 1975)*

Descendiente directa de los grandes actores Ethel Barrymore (1879-1959), John Barrymore y Lionel Barrymore (1878-1954), debuta a los cinco años en un pequeño papel y se hace mundialmente famosa a los siete al encarnar a la niña de *E. T.*, de Steven Spielberg. A pesar de no saber asumir el éxito y de tener problemas de alcoholismo y drogadicción con poco más de diez años, logra superarlos, desarrollar una carrera regular y demostrar, a través de títulos como *Gun Crazy, Solo ellas... los chicos a un lado* y *Amor loco*, que es una buena actriz, digna heredera de sus antecesores, con un brillante porvenir.

1980 *Altered States* (Viaje alucinante al fondo de la mente), de Ken Russell.
1982 *E. T., The Extraterrestrial* (E. T., el extraterrestre), de Steven Spielberg.
1984 *Firestarter* (Ojos de fuego), de Mark L. Lester. / *Irreconcilable Differences* (Diferencias irreconciliables), de Charles Shyer.
1985 *Cat's Eye* (Los ojos del gato), de Lewis Teague.
1986 *Babes in Toyland*, de Clive Donner.
1989 *See You in the Morning* (Amores compartidos), de Alan J. Pakula. / *Far From Home* (El largo retorno a casa), de Meiert Avis.
1992 *Sketch Artist*, de Phedon Papamichael. / *Poison Ivy*, de Katt Shaea Ruben. / *Doppelganger: The Evil Within*, de Avi Nesher.
1993 *Gun Crazy*, de Tamra Davis. / *Motorama*, de Barry Shils. / *No Place to Hide*, de Richard Davis.
1994 *Bad Girls* (Cuatro mujeres y un destino), de Jonathan Kaplan. / *Batman Forever* (Batman vuelve), de Joel Schumacher.
1995 *Boys on the Side* (Solo ellas... los chicos a un lado), de Herbert Ross. / *Mad Love* (Amor loco), de Antonio Bird.

BARRYMORE, John *(John Sidney Blythe. Filadelfia, Pennsylvania, 1882-Los Ángeles, California, Estados Unidos, 1942)*

Hermano menor de los grandes actores de teatro y también de cine Ethel Barrymore (1879-1959) y Lionel Barrymore (1878-1954), estudia bellas artes en Londres y Nueva York y trata de escapar a la tradición familiar dedicándose a la pintura y al periodismo, pero debuta en 1903 como actor de teatro en Broadway y no tarda en convertirse en el miembro más ilustre de la «Familia real» gracias a sus creaciones en obras de William Shakespeare. En 1914 aparece por primera vez en una película, pero hasta 1925 lo considera un trabajo secundario, a pesar de sus grandes creaciones en *Raffles, El hombre y la bestia*, donde pasa del personaje de Jekyll al de Hyde sin necesidad de maquillaje, y *Sherlock Holmes*. Tras ser el capitán Achab en *La fiera del mar*, protagoniza *Don Juan* y encarna al soldado Ivan Markov en *La tempestad*, a finales del período mudo; su gran momento son los años treinta, tras la llegada del cine sonoro. Vuelve a hacer de capitán Achab en *La fiera del mar;* protagoniza *Svengali, Arsenio Lupin* y *Rasputín y la zarina;* hace destacados papeles en *Gran Hotel,* de Edmund Goulding, *Doble sacrificio, Cena a las ocho* y *Romeo y Julieta,* de George Cukor; representa su propio personaje en *La comedia de la vida,* de Howard Hawks, y se convierte en el inspector Neilson en la serie integrada, entre otras, por *Bulldog Drummond Comes Back, Bulldog Drummond's Revenge* y *Bulldog Drummond's Peril,* basadas en las novelas de Sapper. Tras hacer importantes papeles secundarios en *María Antonieta,* de W. S. van Dyke, *Lobos del Norte,* de Henry Hathaway, y *Medianoche,* de Mitchell Leisen, se interpreta a sí mismo en la historia autobiográfica *The Great Profile,* de Walter Lang. Alcohólico reconocido, publica su interesante autobiografía, *Confessions of an Actor* (1926), mientras su amigo Errol Flynn hace de él en *Too Much, Too Soon* (1958), de Art Napoleon. Padre de los poco conocidos actores Diane Barrymore y John Drew Barrymore, también es abuelo de la famosa Drew Barrymore.

1914 *An American Citizen,* de J. Searle Dawley. / *The Man From Mexico,* de Thomas N. Heffron.
1915 *Are You a Mason?,* de Thomas H. Heffron. / *The Dictator,* de Oscar Eagle. / *The Incorrigible Dukane* (Bob, el incorregible), de James Durkin.
1916 *Nearly a King,* de Frederick Thompson. / *The Lost Bridgeroom,* de James Kirkwood. / *The Red Widow,* de James Durkin.
1917 *Raffles, the Amateur Cracksman* (Raffles), de George Irving. / *National Red Cross Pageant,* de William C. Cabanne.
1918 *On the Quiet,* de Chester Withey.
1919 *Here Comes the Bride* (¡Vivan los novios!), de John S. Robertson. / *The Test of Honor* (Por los fueros del honor), de John S. Robertson.
1920 *Dr. Jekyll and Mr. Hyde* (El hombre y la bestia), de John S. Robertson.
1921 *The Lotus Eater* (Esposas sin amor), de Marshall A. Neilan.
1922 *Sherlock Holmes,* de Albert Parker.
1924 *Beau Brummell* (El árbitro de la moda), de Harry Beaumont.
1926 *The Sea Beast* (La fiera del mar), de Millard Webb. / *Don Juan,* de Alan Crosland.
1927 *When a Man Loves* (Los amores de Manon), de Alan Crosland. / *The Beloved Rogue* (El vagabundo poeta), de Alan Crosland.
1928 *Tempest* (La tempestad), de Sam Taylor.
1929 *Eternal Love* (Amor eterno), de Ernst Lubitsch. / *The Show of Shows* (Arriba el telón), de John G. Adolfi. / *The General Crack* (El general Crack), de Alan Crosland.
1930 *The Man From Blankley's,* de Alfred E. Green. / *Moby Dick* (La fiera del mar), de Lloyd Bacon.
1931 *Svengali,* de Archie L. Mayo. / *The Mad Genius* (El ídolo), de Michael Curtiz.
1932 *Arsène Lupin* (Arsenio Lupin), de Jack Conway. / *Grand Hôtel* (Gran Hotel), de Edmund Goulding. / *State's Attorney* (La última acusación), de George Archainbaud. / *A Bill of Divorcement* (Doble sacrificio), de George Cukor. / *Rasputin and the Empress* (Rasputín y la zarina), de Richard Boleslawski.
1933 *Topaze,* de Harry d'Abbadie d'Arrast. / *Reunion in Vienna* (Reunión), de Sidney Franklin. / *Dinner at Eight* (Cena a las ocho), de George Cukor. / *Night Flight* (Vuelo nocturno), de Clarence Brown. / *Counsellor-at-Law* (El abogado), de William Wyler.
1934 *Long Lost Father,* de Ernest B. Schoedsack. / *Twentieth Century* (La comedia de la vida), de Howard Hawks.
1936 *Romeo and Juliet* (Romeo y Julieta), de George Cukor.
1937 *Maytime* (Primavera), de Robert Z. Leonard. / *Bulldog Drummond Comes Back,* de Louis King. / *Night Club Scandal,* de Ralph Murphy. / *True Confession,* de Wesley Ruggles.
1938 *Bulldog Drummond's Revenge,* de Louis King. / *Romance in the Dark,* de H. C. Potter. / *Bulldog Drummond's Peril,* de James Hogan. / *Marie Antoinette* (María Antonieta), de W. S. van Dyke. / *Spawn of the North* (Lobos del Norte), de Henry Hathaway. / *Hold That Co-Ed,* de George Marshall.
1939 *The Great Man Votes,* de Garson Kanin. / *Midnight* (Medianoche), de Mitchell Leisen.
1940 *The Great Profile,* de Walter Lang. / *The Invisible Woman* (La mujer invisible), de Edward Sutherland.
1941 *World Premiere,* de Ted Tetzlaff. / *Playmates,* de David Butler.

BASINGER, Kim *(Athens, Georgia, Estados Unidos, 1953)*

En 1974 es elegida Miss Georgia, se traslada a Nueva York y comienza a trabajar como modelo. Después de hacer algunos papeles secundarios en televisión y cine a principios de los años ochenta, su carrera cinematográfica levanta el vuelo a raíz de aparecer desnuda en la revista *Playboy* en 1983. Hace importantes papeles en *Nunca digas nunca jamás, Mis problemas con las mujeres* y *El mejor* y protagoniza *Fool for Love,* pero solo la lanza la producción seudoerótica *Nueve semanas y media*. Sus mejores películas son la comedia *Cita a ciegas*, de Blake Edwards, la historieta gráfica *Batman*, de Tim Burton, y el policiaco *Análisis final*, de Phil Joanou. Cuando está en el mejor momento de su corta carrera, una compleja relación sentimental con el actor Alec Baldwin y problemas con drogas hacen que se tuerza de forma sensible.

1981 *Hard Country*, de David Greene.
1982 *Mother Lode* (Duelo en las profundidades), de Charlton Heston.
1983 *Never Say Never Again* (Nunca digas nunca jamás), de Irving Kershner. / *The Man Who Loved Women* (Mis problemas con las mujeres), de Blake Edwards.
1984 *The Natural* (El mejor), de Barry Levinson.
1985 *Fool for Love*, de Robert Altman.
1986 *Nine 1/2 Weeks* (Nueve semanas y media), de Adrian Lyne. / *No Mercy* (Atrapados sin salida), de Richard Pearce.
1987 *Blind Date* (Cita a ciegas), de Blake Edwards. / *Nadine*, de Robert Benton.
1988 *My Stepmother Is an Alien* (Mi novia es un extraterrestre), de Richard Benjamin.
1989 *Batman*, de Tim Burton.
1991 *The Marrying Man* (Ella siempre dice sí), de Jerry Rees.
1992 *Final Analysis* (Análisis final), de Phil Joanou. / *Cool World* (El mundo de Holly), de Ralph Bashki.
1993 *The Real McCoy* (Extremadamente peligrosa), de Russell Mulcahy.
1994 *The Getaway* (La huida), de Roger Donaldson. / *Prêt-à-porter*, de Robert Altman.

BATALLA DE ARGEL, LA *(La battaglia di Algeri, 1966)*

El 7 de octubre de 1957 el coronel Mathieu (Jean Martin) y sus paracaidistas entran en la *casbah* de Argel, conducidos por un delator torturado, llegan al escondite de los dirigentes del F.L.N. y detienen a Alí La Pointe (Brahim Haggiag), el último de sus cabecillas en libertad. A lo largo de un *flashback,* con un tono documental, fechas en sobreimpresión y lectura de comunicados de fondo, se narra cómo el Frente de Liberación Nacional convierte la *casbah* de Argel en su escondite y a mediados de 1956 comienza a cometer atentados contra los franceses, lo que hace que a principios de 1957 llegue a Argelia la décima división de paracaidistas al mando del coronel Mathieu, gran experto en luchar contra la Resistencia, y en menos de un año acabe con el movimiento. Tras dos años de calma, el 11 de diciembre de 1960 tiene lugar una gigantesca manifestación contra la presencia de franceses en Argelia, la situación se recrudece, vuelven los atentados y el 5 de julio de 1962 nace la nación argelina. A pesar de no utilizar un solo metro de documental, el coguionista y director Gillo Pontecorvo consigue que la película tenga un subrayado aire real que da una total veracidad a lo narrado. Esto hace que sea prohibida por la censura francesa y origina presiones diplomáticas para que no se presente en la Mostra de Venecia, donde, sin embargo, gana el León de Oro.

Director: *Gillo Pontecorvo*. Guionistas: *Franco Solinas, Gillo Pontecorvo*. Fotografía: *Marcello Gatti*. Música: *Ennio Morricone*. Intérpretes: *Jean Martin, Yacef Saadi, Brahim Haggiag, Tommaso Neri, Fawzia El Kadar*. Producción: *Antonio Musu y Yacef Saadi para Igor Film (Roma), Casbah Films (Argel)*. Duración: *120'. Italia-Argelia*.

BATES, Alan *(Allestree, Derbyshire, Reino Unido, 1934)*

Hijo de un pianista y una violinista, en 1951 ingresa en la Royal Academy of Dramatic Arts de Londres y a mediados de la década debuta como actor de teatro, tanto en obras clásicas como modernas. Tras intervenir con gran éxito en una serie de obras dramáticas en televisión, a principios de los años sesenta debuta como actor de cine. Sin abandonar en ningún momento el teatro y la televisión, trabaja en películas del *free cinema* como *El animador*, de Tony Richardson; *Esa clase de amor*, de John Schlesinger; *Fango en la cumbre*, de Clive Donner, mientras también protagoniza producciones más convencionales como *El precio de un hombre*, de Carol Reed; *Zorba el griego*, de Michael Cacoyannis; *Rey de corazones*, de Philippe de Broca, y *Mujeres enamoradas*, de Ken Russell. Durante el resto de su carrera sigue prestando más atención al teatro y a la televisión que al cine. Sin embargo, interviene tanto en producciones británicas, *El mensajero*, de Joseph Losey; *In Celebration*, de Lindsay Anderson; *El grito*, de Jerzy Skolimowski, como en norteamericanas, *Una mujer descasada*, de Paul Mazursky; *La rosa*, de Mark Rydell; *Ansias de vivir*, de Andrei Konchalovsky, y *Lengua silen-*

ciosa, de Sam Shepard; o en europeas, *Quartet*, de James Ivory; *Docteur M.*, de Claude Chabrol; *Hamlet*, de Franco Zeffirelli.
1960 *The Entertainer* (El animador), de Tony Richardson.
1961 *Whistle Down the Wind* (Cuando el viento silba), de Bryan Forbes.
1962 *A Kind of Loving* (Esa clase de amor), de John Schlesinger.
1963 *The Running Man* (El precio de un hombre), de Carol Reed. / *The Caretaker*, de Clive Donner. / *Nothing But the Best* (Fango en la cumbre), de Clive Donner.
1964 *Zorba the Greek* (Zorba el griego), de Michael Cacoyannis.
1965 *Georgy Girl*, de Silvio Narizzano.
1966 *Le roi de coeur* (Rey de corazones), de Philippe de Broca.
1967 *Far From the Madding Crowd* (Lejos del mundanal ruido), de John Schlesinger.
1968 *The Fixer* (El hombre de Kiev), de John Frankenheimer.
1969 *Women in Love* (Mujeres enamoradas), de Ken Russell.
1970 *Three Sisters* (Tres hermanas), de Laurence Olivier.
1971 *The Go-Between* (El mensajero), de Joseph Losey. / *A Day in the Death of Joe Egg* (Joe Egg), de Peter Medak.
1973 *Butley*, de Harold Pinter. / *Impossible Object* (Sueños prohibidos), de John Frankenheimer.
1975 *Royal Flash* (El cobarde heroico), de Richard Lester. / *In Celebration*, de Lindsay Anderson.
1978 *An Unmarried Woman* (Una mujer descasada), de Paul Mazursky. / *The Shout* (El grito), de Jerzy Skolimowski.
1979 *The Rose* (La rosa), de Mark Rydell. / *Nijinsky*, de Herbert Ross.
1981 *Quartet*, de James Ivory.
1982 *The Return of the Soldier* (El retorno del soldado), de Alan Bridges. / *Britannia Hospital*, de Lindsay Anderson.
1983 *A Wicked Lady* (La dama perversa), de Michael Winner.
1986 *Duet for One* (Ansias de vivir), de Andrei Konchalovsky.
1987 *A Prayer for the Dying* (Réquiem por los que van a morir), de Mike Hodges.
1988 *We Think the World of You*, de Colin Gregg.
1989 *Force majeure*, de Pierre Jolivet. / *Mister Frost*, de Philip Setbow.
1990 *Docteur M*, de Claude Chabrol. / *Hamlet*, de Franco Zeffirelli. / *Mister Frost*, de Philip Setbon.
1992 *Secret Friends*, de Dennis Potter. / *Silent Tongue* (Lengua silenciosa), de Sam Shepard.

BAXTER, Anne *(Michigan City, Indiana, 1923-Nueva York, Estados Unidos, 1985)*
Sobrina del famoso arquitecto Frank Lloyd Wright, estudia arte dramático con Maria Ouspenskaya y a los trece años debuta como actriz de teatro en Broadway. El mejor período de su carrera son los años cuarenta por rodar con Jean Renoir *Aguas pantanosas,* con Orson Welles *El cuarto mandamiento,* con Edmund Goulding *El filo de la navaja,* con la que obtiene su único Oscar, y con William A. Wellman *Cielo amarillo,* además de trabajar asiduamente para los estudios 20th Century Fox. Tiene gran éxito a principios de la década de los cincuenta con *Eva al desnudo,* de Joseph L. Mankiewicz, en la que encarna a una joven actriz que se enfrenta a una veterana, papel que hace veintiún años después en la versión musical para teatro *Aplauso;* y también con los policiacos *Yo confieso,* de Alfred Hitchcock, y *La gardenia azul,* de Fritz Lang. Sin embargo, se eclipsa a mediados de los cincuenta y desaparece a principios de los sesenta, cuando se va a vivir a Australia, donde escribe su autobiografía, *Intermission: A True Story* (1976). A su regreso trabaja más en televisión, en series como *El virginiano* (The Virginian) y *Hotel*, y todavía interviene en alguna película interesante, como *La gata negra,* de Edward Dmytryk, entre subproductos de terror o *spaghetti-westerns* rodados en España.
1940 *Twenty Mule Team* (Puño de hierro), de Richard Thorpe. / *The Great Profile*, de Walter Lang.
1941 *Charley's Aunt* (La tía de Carlos), de Archie L. Mayo. / *Swamp Water* (Aguas pantanosas), de Jean Renoir.
1942 *The Magnificent Ambersons* (El cuarto mandamiento), de Orson Welles. / *The Pied Piper*, de Irving Pichel.
1943 *Crash Dive* (Tiburones de acero), de Archie L. Mayo. / *Five Graves to Cairo* (Cinco tumbas a El Cairo), de Billy Wilder. / *The North Star* (Estrella del Norte), de Lewis Milestone.
1944 *The Sullivans* (Eran cinco hermanos), de Lloyd Bacon. / *The Eve of St. Mark* (Semilla de odio), de John M. Stahl. / *Sunday Dinner for a Soldier*, de Lloyd Bacon. / *Guest in the House*, de John Brahm.
1945 *A Royal Scandal* (La zarina), de Otto Preminger. / *Smoky*, de Louis King.
1946 *Angel on my Shoulder* (El diablo y yo), de Archie L. Mayo. / *The Razor's Edge* (El filo de la navaja), de Edmund Goulding.
1947 *Mother Wore Tights*, de Walter Lang. / *Blaze of Moon*, de John Farrow.

1948 *Homecoming* (La rival), de Mervyn LeRoy. / *The Luck of the Irish*, de Henry Koster. / *The Walls of Jericho* (Murallas humanas), de John M. Stahl. / *Yellow Sky* (Cielo amarillo), de William A. Wellman.
1949 *You're My Everything*, de Walter Lang.
1950 *A Ticket to Tomahawk*, de Richard Sale. / *All About Eve* (Eva al desnudo), de Joseph L. Mankiewicz.
1951 *Follow the Sun*, de Sidney Lanfield.
1952 *The Outcasts of Poker Flat*, de Joseph M. Newman. / *My Wife's Best Friend*, de Richard Sale. / *O. Henry's Full House* (Cuatro páginas de la vida), episodio de Henry King.
1953 *I Confess* (Yo confieso), de Alfred Hitchcock. / *The Blue Gardenia* (La gardenia azul), de Fritz Lang.
1954 *Carnival Story* (Apasionadamente), de Kurt Neumann.
1955 *One Desire* (Su único deseo), de Jerry Hopper. / *The Spoilers* (Los usurpadores), de Jesse Hibbs. / *Bedevilled*, de Mitchell Leisen.
1956 *The Come-On*, de Russell Birdwell. / *The Ten Commandments* (Los diez mandamientos), de Cecil B. de Mille
1957 *Three Violent People* (La ley de los fuertes), de Rudolph Maté.
1958 *Chase a Crooked Shadow* (Sombras acusadoras), de Michael Anderson.
1960 *Cimarron*, de Anthony Mann. / *Summer of the Seventeenth Doll*, de Leslie Norman.
1961 *Mix Me a Person* (Sin apelación), de Leslie Norman. / *Walk on the Wild Side* (La gata negra), de Edward Dmytryk.
1965 *The Family Jewels* (Las joyas de la familia), de Jerry Lewis.
1966 *Donne alla frontiera* (Las siete magníficas), de Sidney Pink.
1967 *The Busy Body* (Un millón en un cadáver), de William Castle.
1969 *The Challengers* (Vidas en peligro), de Leslie H. Martinson.
1971 *Fool's Parade* (Cerco de fuego), de Andrew V. McLaglen.
1972 *The Late Liz*, de Dick Roos.
1980 *Jane Austen in Manhattan* (Jane Austin en Manhattan), de James Ivory.

BAZAR DE LAS SORPRESAS, EL *(The Shop Around the Corner, 1940)*

En una tienda de objetos de regalo, el chico de los recados, Pepi Katona (William Tracy), salva del suicidio al propietario Hugo Matuschek (Frank Morgan), tras descubrir que su mujer le traiciona con uno de sus empleados; mientras, el encargado Alfred Kralik (James Stewart) y la nueva dependienta Klara Novak (Margaret Sullavan) mantienen una anónima correspondencia amorosa, pero desconocen sus identidades. Rodada en plena II Guerra Mundial y ambientada en un pacífico Budapest reconstruido en estudio, está basada en una olvidada obra teatral del húngaro Nikolaus Laszlo, como es costumbre en Ernst Lubitsch, y tiene un excelente guión de Samson Raphaelson, su colaborador habitual en esta etapa de su carrera, que sigue muy de cerca la obra original. Rodada con tanta simplicidad como eficacia por Lubitsch para Metro-Goldwyn-Mayer, es una excelente comedia romántica llena de detalles que enriquecen la historia y con una minuciosa descripción del pequeño mundo formado por los hombres y mujeres que trabajan en la tienda donde se desarrolla la mayor parte de la acción. Al final de la década, Joe Pasternak produce para Metro-Goldwyn-Mayer una poco atractiva versión musical, *In the Good Old Summertime* (1949), dirigida por Robert Z. Leonard y protagonizada por Judy Garland, Van Johnson y Buster Keaton.

Director: *Ernst Lubitsch*. Guionista: *Samson Raphaelson*. Fotografía: *William Daniels*. Música: *Werner R. Heymann*. Intérpretes: *Margaret Sullavan, James Stewart, Frank Morgan, Joseph Schildkrault, Sara Haden, Felix Bressart, William Tracy*. Producción: *Ernst Lubitsch para Metro-Goldwyn-Mayer*. Duración: *97'. Estados Unidos*.

BÉART, Emmanuelle *(Saint-Tropez, Francia, 1965)*

Hija del cantante y compositor Guy Béart, debuta a los doce años en un pequeño papel en *Demain les mômes*. Estudia arte dramático mientras interviene esporádicamente en papeles secundarios, hasta que el productor y director Claude Berri le confía el papel de Manon en *El manantial de las colinas* y *La venganza de Manon*, un importante díptico basado en una novela de Marcel Pagnol. Desde entonces trabaja con continuidad y se convierte en una de las grandes actrices del cine francés gracias a sus brillantes trabajos en *La bella mentirosa*, *Un corazón en invierno*, *El infierno* y *Nelly y el señor Arnaud*.

1976 *Demain les mômes*, de Jean Pourtalé.
1983 *Nicole ou l'enfant trouvé*, de Jean-Pierre Dougnac. / *Premiers désirs* (Primeros deseos), de David Hamilton.
1985 *L'amour en douce*, de Edouard Molinaro.

1986 *Jean de Florette* (El manantial de las colinas), de Claude Berri. / *Manon des sources* (La venganza de Manon), de Claude Berri.
1987 *Date With an Angel*, de Tom MacLaughlin.
1988 *À gauche en sortant de l'ascenseur*, de Edouard Molinaro. / *Les enfants du désordre*, de Yannick Bellon.
1990 *Il viaggio di Capitan Fracassa* (El viaje del capitán Fracassa), de Ettore Scola.
1991 *J'embrasse pas* (En la boca, no), de André Téchiné. / *La belle noiseuse* (La bella mentirosa), de Jacques Rivette.
1992 *Un coeur en hiver* (Un corazón en invierno), de Claude Sautet.
1993 *Rupture(s)*, de Christine Citti.
1994 *L'enfer* (El infierno), de Claude Chabrol. / *Une femme française* (Los amores de una mujer francesa), de Régis Wargnier.
1995 *Nelly et M. Arnaud* (Nelly y el señor Arnaud), de Claude Sautet.
1996 *Mission Impossible* (Misión imposible), de Brian de Palma.

BEATTY, Warren (*Henry Warren Beatty. Richmond, Virginia, Estados Unidos, 1937*)

Hermano menor de la actriz Shirley MacLaine, estudia declamación en la Northwestern University School y arte dramático con Stella Adler en Nueva York. En 1957 debuta como actor de televisión, dos años después hace su primer papel en Broadway y en cine como protagonista de *Esplendor en la hierba*. Convertido en el sucesor de James Dean, Marlon Brando y Paul Newman, la pesar de tener mucha menos fuerza que ellos, protagoniza películas importantes como *Lilith*, *Bonnie y Clyde*, por la que obtiene su primer Oscar, *Los vividores* y *El último testigo*. Productor, coguionista y protagonista de la comedia *Shampoo*, debuta como director en *El cielo puede esperar*, codirigida por Buck Henry y escrita en colaboración con su amiga Elaine May sobre la divertida comedia *El difunto protesta* (Here Comes Mr. Jordan, 1941), de Alexander Hall. A partir de este momento deja a un lado su carrera de actor y se dedica a la preparación de *Rojos*, una superproducción sobre la Revolución rusa que narra los últimos años de la vida del escritor John Reed y la creación de su obra *Diez días que conmovieron al mundo*, que vuelve a producir, escribir, dirigir y protagonizar, y con la que gana un Oscar como director. Aparte de la carísima, aburrida y fracasada comedia *Ishtar*, que le cuesta la carrera a su amiga Elaine May, desde finales de los años setenta solo trabaja como actor en las películas que dirige, a las que hay que añadir *Dick Tracy*, adaptación del famoso personaje de cómic creado en 1931 por Chester Gould, cuyo único atractivo es la brillante fotografía de Vittorio Storaro, o que, al menos, produce, como ocurre en *Bugsy* y *Un asunto de amor*, tercera versión de *Tú y yo* (Love Affair, 1939), de Leo McCarey.

Como director
1978 *Heaven Can Wait* (El cielo puede esperar).
1981 *Reds* (Rojos).
1990 *Dick Tracy*.

Como actor
1961 *Splendor in the Grass* (Esplendor en la hierba), de Elia Kazan. / *The Roman Spring of Mrs. Stone* (La primavera romana de la señora Stone), de José Quintero.
1962 *All Fall Down* (Su propio infierno), de John Frankenheimer.
1964 *Lilith*, de Robert Rossen.
1965 *Mickey One* (Acosado), de Arthur Penn.
1966 *Kaleidoscope* (Un magnífico bribón), de Jack Smight. / *Promise Her Anything* (Prométele cualquier cosa), de Arthur Hiller.
1967 *Bonnie and Clyde* (Bonnie y Clyde), de Arthur Penn.
1970 *The Only Game in Town* (El único juego en la ciudad), de George Stevens.
1971 *McCabe and Mrs. Miller* (Los vividores), de Robert Altman. / *Dollars* (Dólares), de Richard Brooks.
1974 *The Parallax View* (El último testigo), de Alan J. Pakula.
1975 *Shampoo*, de Hal Ashby. / *The Fortune* (Dos pillos y una herencia), de Mike Nichols.
1978 *Heaven Can Wait* (El cielo puede esperar), de Warren Beatty.
1981 *Reds* (Rojos), de Warren Beatty.
1987 *Ishtar*, de Elaine May.
1990 *Dick Tracy*, de Warren Beatty.
1991 *Bugsy*, de Barry Levinson.
1994 *Love Affair* (Un asunto de amor), de Glenn Gordon Caron.

BEAU GESTE *(1939)*

Las conocidas novelas de aventuras de P. C. Wren dan lugar a una interesante trilogía de películas dirigidas por el olvidado Herbert Brenom, integrada por *Beau Geste* (1926), *Beau Sabreur* (1928) y *Beau Ideal* (1931), rodadas entre el período mudo y el sonoro. Sin embargo, la mejor es esta realizada por William A. Wellman siguiendo muy de cerca la primera de Brenom e incluso respetando su construcción narrativa. Cuenta cómo los tres hermanos Geste, Michael *Beau* (Gary Cooper), Digby (Robert Preston) y John (Ray Milland), se enrolan en la Legión Extranjera para que ninguno sea acusado del robo del gran zafiro *Blue Water*, pero, destinados a Fort Zinderneuf, deben enfrentarse al malvado sargento Markoff (Brian Donlevy) y a la rebelión de los árabes. El máximo interés de este clásico del cine de aventuras, dirigido con mano maestra por Wellman, reside en estar narrado a través de un *flashback* y volver a repetir el principio en el último tramo de la narración, pero desde un punto de vista diferente. En 1966 el poco atractivo Douglas Heyes rueda una versión en color y Scope, protagonizada por Guy Stockwell y Doug McClure, pero sin el menor interés, y el cómico Marty Feldman escribe, dirige y protagoniza una torpe parodia titulada *Mi «bello» legionario* (The Last Remake of Beau Geste, 1977).

Director: *William A. Wellman*. Guionista: *Robert Carson*. Fotografía: *Théodore Sparkuhl*. Música: *Alfred Newman*. Intérpretes: *Gary Cooper, Ray Milland, Robert Preston, Brian Donlevy, J. Carrol Neish, Susan Hayward*. Producción: *William A. Wellman para Paramount*. Duración: *120'. Estados Unidos*.

BECKER, Jacques *(París, 1906-París, Francia, 1960)*

Hijo de un francés y una escocesa y padre del también realizador Jean Becker (1933), es educado en el ambiente de la gran burguesía intelectual parisina. Gracias a la amistad de sus padres con Jean Renoir es su ayudante en *Boudu salvado de las aguas* (Boudu sauvé des eaux, 1932), *La gran ilusión* (La grande illusion, 1937), *La marsellesa* (La marseillaise, 1938), e incluso rueda un episodio de *La vie est à nous* (1936). Su obra se reduce a trece largometrajes rodados en menos de veinte años, pero tiene una gran coherencia interna y desarrolla un estilo muy personal, a excepción de *Dernier atout*, un policiaco que la censura de los años de ocupación alemana obliga a desarrollar en un imaginario país latinoamericano, y *Alí Babá y los cuarenta ladrones,* una producción de encargo que rueda en Marruecos para lucimiento del cómico Fernandel, pero basada en un argumento suyo y de Cesare Zavattini. Durante la ocupación alemana también dirige las muy diferentes *Goupi Mains Rouges*, buena descripción de una comunidad campesina a través de una intriga policiaca, y *Falbalas*, ajustado dibujo del mundo de la alta costura parisina. Se da a conocer internacionalmente con la tetralogía de comedias sentimentales *Se escapó la suerte*, *Rendez-vous de Juilliet*, *Édouard et Caroline* y *Rue de l'Estrapade,* que encierran una atractiva crónica de los años de la más inmediata posguerra. Sus obras maestras son *París, bajos fondos*, una brillante exposición de los ambientes criminales parisinos de principios de siglo, a través del drama de dos hombres de mala vida enfrentados por la misma mujer, y *La evasión*, adaptación de una novela de Jose Giovanni sobre la minuciosa preparación de una fuga por cinco hombres desde su calabozo en la cárcel, al final de cuyo rodaje muere y debe acabar su hijo. Son también interesantes *Touchez pas au grisbi*, adaptación de una novela policiaca de Albert Simonin que inaugura la serie negra francesa; *Las aventuras de Arsenio Lupin*, una agradable comedia de época sobre el famoso ladrón de guante blanco creado por el escritor Maurice Leblanc, y *Montparnasse 19*, un proyecto de Max Ophüls que hereda tras su muerte, biografía del pintor Amedeo Modigliani que encierra una reflexión sobre la soledad.

1942 *Dernier atout.*
1943 *Goupi Mains Rouges.*
1945 *Falbalas*
1947 *Antoine et Antoinette* (Se escapó la suerte).
1949 *Rendez-vous de Juillet.*
1951 *Édouard et Caroline.*
1952 *Casque d'or* (París, bajos fondos).
1953 *Rue de l'Estrapade.*
1954 *Touchez pas au grisbi. / Ali Baba et les quarante voleurs* (Alí Babá y los cuarenta ladrones).
1957 *Les aventures d'Arsène Lupin* (Las aventuras de Arsenio Lupin).
1958 *Montparnasse 19.*
1960 *Le trou* (La evasión).

BELÉN, Ana *(María Pilar Cuesta Acosta. Madrid, España, 1950)*

Después de ganar un concurso radiofónico de canciones, a los quince años debuta como protagonista de *Zampo y yo*, pero su fracaso comercial le impide seguir el camino de otras niñas prodigio de la época y comienza a estudiar arte dramático en el Teatro Estudio de Madrid. Frente a las anodinas películas que protagoniza al principio de su carrera, destaca el importante trabajo teatral realizado bajo la dirección de Miguel Narros, mientras también actúa en televisión y comienza a moverse en el mundo de la canción. Entre sus papeles destacan el de la maestra Aurora de *El amor del capitán Brando,* la recia Amparo de *Tormento* y la enamoradiza Desideria de *La pasión turca,* pero sus mejores películas son *Sonámbulos* y *Demonios en el jardín,* de Manuel Gutiérrez Aragón. Logra un gran éxito personal con la serie de televisión *Fortunata y Jacinta* (1979), de Mario Camus, la eficaz comedia *Sé infiel y no mires con quién* y la adaptación *La casa de Bernarda Alba,* fiel reflejo de una de sus mejores interpretaciones teatrales. Dirige la anodina comedia *Cómo ser mujer y no morir en el intento,* adaptación de un gran éxito de ventas de Carmen Rico Godoy.

Como directora
1991 *Cómo ser mujer y no morir en el intento.*
Como actriz
1965 *Zampo y yo,* de Luis Lucia.
1970 *Españolas en París,* de Roberto Bodegas.
1971 *Aunque la hormona se vista de seda,* de Vicente Escrivá. / *Morbo,* de Gonzalo Suárez.
1972 *Al diablo con amor,* de Gonzalo Suárez.
1973 *Separación matrimonial,* de Angelino Fons. / *Vida conyugal sana,* de Roberto Bodegas.
1974 *El amor del capitán Brando,* de Jaime de Armiñán. / *Tormento,* de Pedro Olea.
1975 *Jo, papá,* de Jaime de Armiñán.
1976 *Emilia, parada y fonda,* de Angelino Fons. / *La petición,* de Pilar Miró. / *El buscón,* de Luciano Berriatúa.
1977 *La oscura historia de la prima Montse,* de Jordi Cadena. / *La criatura,* de Eloy de la Iglesia.
1978 *Jaque a la dama,* de Francisco Rodríguez. / *Sonámbulos,* de Manuel Gutiérrez Aragón.
1979 *Cuentos eróticos,* episodio de Emma Cohen.
1982 *La colmena,* de Mario Camus. / *Demonios en el jardín,* de Manuel Gutiérrez Aragón.
1985 *La corte de Faraón,* de José Luis García Sánchez. / *Sé infiel y no mires con quién,* de Fernando Trueba.
1986 *Adiós, pequeña,* de Imanol Uribe.
1987 *La casa de Bernarda Alba,* de Mario Camus. / *Divinas palabras,* de José Luis García Sánchez.
1988 *Miss Caribe,* de Fernando Colomo.
1989 *El vuelo de la paloma,* de José Luis García Sánchez.
1992 *Después del sueño,* de Mario Camus. / *Un marido perfecto,* de Beda Docampo Feijoo.
1993 *Rosa, Rosae,* de Fernando Colomo. / *Tirano Banderas,* de José Luis García Sánchez.
1994 *La pasión turca,* de Vicente Aranda.
1996 *Libertarias,* de Vicente Aranda.

BELLA DE MOSCÚ, LA *(Silk Stockings, 1957)*

El éxito de *Ninotchka* (1939), la famosa comedia antisoviética dirigida por Ernst Lubitsch, escrita por Billy Wilder y Charles Brackett y protagonizada por Greta Garbo y Melvyn Douglas, da lugar a que en 1955, en plena guerra fría, George S. Kaufman haga una adaptación teatral con excelente música y canciones de Cole Porter, que a su vez origina este brillante musical realizado por el famoso director de teatro Rouben Mamoulian, producido por el especialista Arthur Freed para Metro-Goldwyn-Mayer y protagonizado por la excelente pareja de bailarines formada por Fred Astaire y Cyd Charisse. Narra el proceso de corrupción de los funcionarios soviéticos Brankov (Peter Lorre), Bibinski (Jules Munshin) y Markovitch (Georges Tobias), que llegan a París para supervisar una versión de *Guerra y paz,* de Leon Tolstoi; pero, sobre todo, el de la bella funcionaria Nina Yoshenko (Cyd Charisse), que descubre el bienestar y la risa y se enamora del bailarín Steve Canfield (Fred Astaire). Destacan los excelentes números musicales *That's All* y *Fated To Be Mated,* que bailan Fred Astaire y Cyd Charisse; *Red Blue,* que baila Cyd Charisse, y *The Ritz Roll and Rock,* que canta y baila Fred Astaire.

Director: *Rouben Mamoulian.* Guionistas: *Leonard Gershe, Leonard Spiegelgass.* Fotografía: *Robert Bronner.* Música: *Cole Porter.* Intérpretes: *Fred Astaire, Cyd Charisse, Peter Lorre, Janis Paige, George Tobias, Jules Munshin, Joseph Buloff.* Producción: *Arthur Freed para Metro-Goldwyn-Mayer. Color. Scope.* Duración: *116'. Estados Unidos.*

BELLA MENTIROSA, LA *(La belle noiseuse, 1991)*

Durante cinco días de un luminoso verano, en un castillo-mansión en el sur de Francia, el famoso Edouard Frenhofer (Michel Piccoli) pinta un gran cuadro; un viejo proyecto guardado durante diez años y que comenzó utilizando como modelo a su mujer Liz (Jane Birkin), renovado ahora gracias a la fascinación que despierta en él la bella Marianne (Emmanuelle Béart). Mientras entre el pintor y su modelo se establece una peculiar complicidad, nacen los celos tanto en la mujer del primero como en el novio de la modelo, Nicolas (David Bursztein). Una vez acabada su obra maestra, por el desconcierto que produce en Marianne y para evitar problemas, decide emparedarla y que nadie más la vea. Tomando como punto de partida la olvidada novela *La obra maestra desconocida*, de Honoré de Balzac, el personal director Jacques Rivette propone una reflexión sobre el acto de la creación y las relaciones de un pintor con su modelo durante la realización de un cuadro. Existen dos versiones autorizadas, la original que dura 244 minutos y resulta un tanto larga, y la abreviada, denominada *Divertimento*, que dura 125 minutos, es fascinante y sacrifica sobre todo los largos primeros planos de la mano de Bernard Dufour pintando, autor de los diseños y cuadros que aparecen en la película, pero también incluye algunas escenas que no aparecen en la original. Destaca la gran habilidad con que Rivette hace evolucionar la compleja relación que se establece entre una fascinante Emmanuelle Béart, que aparece desnuda durante buena parte de la película, y un sobrio Michel Piccoli.

Director: *Jacques Rivette*. Guionistas: *Pascal Bonitzer, Christine Laurent, Jacques Rivette*. Fotografía: *William Lubtchansky*. Intérpretes: *Michel Piccoli, Jane Birkin, Emmanuelle Béart, David Bursztein, Marianne Denicourt, Gilles Arbona*. Producción: *Pierre Grise para FR3 Films, George Reinhart*. Color. Duración: *244'. Francia.*

BELLA Y LA BESTIA, LA (*La belle et la bête*, 1946)

El clásico cuento infantil *La bella y la bestia*, de madame Leprince de Beaumont, late detrás de gran cantidad de películas, pero también es origen de muy diferentes adaptaciones. Entre las producciones norteamericanas, con el título original *Beauty and the Beast* —hay una realizada en 1963 por Edward L. Cahn con Joyce Taylor y Mark Damon y otra rodada en 1976 por Fielder Cook con George C. Scott y Trish van Devere—, y la checoslovaca dirigida en 1979 por Juraj Herz, la más conocida es la versión musical de dibujos animados hecha en 1992 por Gary Trousdale y Kirk Wise para Walt Disney Pictures. Sin embargo, la mejor es la realizada en plena posguerra por el polifacético Jean Cocteau. Narra cómo Belle (Josette Day), la hija pequeña de un comerciante con problemas económicos, se va a vivir al castillo de la Bestia (Jean Marais) para liberar a su padre (Marcel André), pero acaban enamorándose y él se convierte en un apuesto príncipe. A medio camino entre la narración infantil y el relato surrealista, pero con una sólida carga freudiana, Jean Cocteau hace una personal e imaginativa versión donde destacan la excelente fotografía del maestro Henri Alekan y los fabulosos decorados de Christian Bérard.

Director y guionista: *Jean Cocteau*. Fotografía: *Henri Alekan*. Música: *Georges Auric*. Intérpretes: *Jean Marais, Josette Day, Marcel André, Mila Parély, Nane Germon*. Producción: *André Paulvé*. Duración: *96'. Francia.*

BELLE (*1973*)

El escritor Mathieu (Jean-Luc Bideau) vive feliz con su mujer Jeanne (Daniéle Delorme) y su hija Marie (Stéphane Excoffier), pero un día durante un paseo por el campo se encuentra con la atractiva muchacha Belle (Adriana Bogdan). Vive escondida y no quiere hablar con él, pero este le lleva comida, la cuida y no tarda en enamorarse de ella, hasta que la encuentra en compañía de un extraño (Valeriu Popesco). La muchacha convence a Mathieu de que le mate y luego tire su cuerpo a un estanque; pero cuando van a huir juntos, la muchacha desaparece y al dragar el estanque solo encuentran el cadáver de un perro. En esta ocasión el personal realizador André Delvaux parte de un guión original suyo para desarrollar su habitual historia que con su particular sutileza se desliza entre lo real y lo imaginario. Destaca la presencia de la bella y olvidada actriz rumana Adriana Bogdan en el personaje de la muchacha, que no se sabe si es real o imaginada por el escritor.

Director y guionista: *André Delvaux*. Fotografía: *Ghislain Cloquet, Charlie van Damme*. Música: *Frédéric Deveese*. Intérpretes: *Jean-Luc Bideau, Daniéle Delorme, Adriana Bogdan, Roger Coggio, Valeriu Popesco*. Producción: *Albina de Boisrouvray para Albina Productions*. Color. Duración: *93'. Bélgica.*

BELLE ÉPOQUE (*1992*)

El éxito de *El año de las luces* (1986), donde un joven recibe una peculiar educación sentimental a cargo de cinco mujeres muy diferentes en un preventorio antituberculoso durante la más dura posguerra, lleva a Fernando Trueba a rodar otra historia, en buena medida paralela y con un equipo muy similar. Narra cómo, durante el principio de la II República, el desertor Fernando (Jorge Sanz) es recogido por el viejo pintor Manolo (Fernando Fernán-Gómez) en el gran caserón donde vive en mitad del campo. Fernando tiene diferentes experiencias eróticas con tres de sus atractivas hijas, Clara (Miriam Díaz-Aroca), Violeta (Ariadna Gil) y Rocío (Maribel Verdú), y acaba formalizando su relación con Luz (Penélope Cruz), la cuarta. Entre un comienzo y un final de gran brillantez, resulta demasiado previsible la parte central, que desarrolla las relaciones con las hermanas, lo que no impide que se convierta en uno de los grandes éxitos del cine español y gane el Oscar dedicado a la producción extranjera. Basada en un guión original de Rafael Azcona y del propio Trueba, se desarrolla en un calculado clima de libertad republicana y encierra buenas interpretaciones, en especial las de Penélope Cruz, Fernando Fernán-Gómez y Jorge Sanz.

Director: *Fernando Trueba*. Guionistas: *Rafael Azcona, Fernando Trueba*. Fotografía: *José Luis Alcaine*. Música: *Antoine Duhamel*. Intérpretes: *Jorge Sanz, Fernando Fernán-Gómez, Maribel Verdú, Penélope Cruz, Ariadna Gil, Miriam Díaz-Aroca, Mari Carmen Ramírez*. Producción: *Cristina Huete para Fernando Trueba P.C. (Madrid), Lolafilms (Barcelona), Animatografo Produção de Filmes (Lisboa)*. Color. Scope. Duración: *110'. España*.

BELLÍSIMA *(Bellissima, 1951)*

En pleno auge del neorrealismo, cuando de un día a otro aparecen nuevos actores, elegidos en la calle, el gran director de teatro Luchino Visconti parte de una tradicional idea del reputado guionista Cesare Zavattini para hacer la tercera y más impersonal de sus películas. Narra cómo la humilde practicante Maddalena Cecconi (Anna Magnani) hace todo lo posible para que su única hija, María (Tina Apicella), se convierta en estrella de cine. La lleva a Cinecittà para que participe en un concurso organizado para buscar a una niña protagonista de una película dirigida por Alessandro Blasetti —que se encarna a sí mismo—, le hace fotografías de estudio y da todos los ahorros familiares al ayudante de dirección Alberto Annovazzi (Walter Chiari), que además trata de seducirla, cuando le dice que puede hacer que la seleccionen. Sin embargo, cuando la madre ve cómo el director y sus ayudantes se ríen de su hija durante la proyección de la prueba que le han hecho, se enfada mucho, se la lleva y rechaza al jefe de producción, que más tarde llega a su casa para que firme el contrato que lanzará a la fama a su hija de ocho años. Con el mismo título de la conocida aria de la ópera *Elisir d'amore*, de Gaetano Donizetti, que sirve de hilo conductor y de contraste irónico, esconde una dura crítica al neorrealismo en las palabras de la montadora Liliana Mancini —la inolvidable protagonista de *Bajo el sol de Roma* (Sotto il sole di Roma, 1948), de Renato Castellani, que también hace de sí misma—, que es la única que intenta desengañar a la protagonista diciéndole que el cine es una profesión muy difícil y que los actores deben ser profesionales. Lejos del barroquismo que caracteriza el resto de su obra, Visconti cierra su inicial trilogía neorrealista, también integrada por *Ossessione* (1942) y *La terra trema* (1948), con esta melodramática crítica del famoso movimiento en homenaje a la actriz Anna Magnani.

Director: *Luchino Visconti*. Guionistas: *Suso Cecci d'Amico, Francesco Rosi, Luchino Visconti*. Fotografía: *Piero Portalupi, Paul Ronald*. Música: *Franco Manino*. Intérpretes: *Anna Magnani, Walter Chiari, Tina Apicella, Gastone Renzelli, Alessandro Blasetti, Arturo Bragaglia, Tecla Scarano*. Producción: *Salvo d'Angelo para Film Bellissima*. Duración: *113'. Italia*.

BELLOCHIO, Marco *(Piacenza, Italia, 1939)*

Diplomado en dirección en el Centro Sperimentale di Cinematografia de Roma, prosigue sus estudios en el Slade School of Fine Arts de Londres, rueda algunos cortos e interpreta un papel importante en *Franceso d'Assisi* (1966), de Liliana Cavani. Debuta como realizador de largometrajes con *Las manos en el bolsillo* y *China está cerca,* corrosivas sátiras sobre la burguesía de provincias con un trasfondo político muy de finales de los años sesenta, en las que es fácil ver aspectos autobiográficos, que tienen éxito internacional. En la misma línea se sitúan *En el nombre del Padre,* cuya acción se desarrolla íntegramente en un colegio religioso durante el curso escolar 1958-1959, y *Marcha triunfal,* que sucede en un cuartel y contiene una dura crítica al servicio militar obligatorio. Están mejor rodadas, pero cada vez tienen menor interés, *Salto en el vacío,* sobre la neurótica relación entre dos hermanos; *Gli occhi, la bocca,* retorno a la opresiva vida familiar de provincias; *El diablo en el cuerpo,* personal adaptación de la novela de Raymond Radiguet; *La visione del Sabba,* fallido panfleto antipsicoanalítico lleno de brujas, y *La condena,* mal entendida historia sobre una violación, dentro de un cine cada vez más influido por el psicoanálisis, que le conduce a escribir los guiones de sus películas con su psicoanalista, Massimo Fagioli. Entre las que interviene en trabajos menores colectivos con un claro tono político, *Locos de atar;* en producciones de encargo, *Noticia de una violación en primera página,* tradicional policiaco político preparado por el director Sergio Donati, y en adaptaciones de clásicos para la televisión estatal, la RAI, *La gaviota,* sobre la obra dramática de Anton Chejov, y *Enrique IV,* de Luigi Pirandello.

1965 *I pugni in tasca* (Las manos en los bolsillos).
1967 *La Cina è vicina* (China está cerca).
1968 *Discutiamo, discutiamo,* episodio de *Amore e rabbia.*
1971 *Nel nome del Padre* (En el nombre del Padre).
1972 *Sbatti il mostro in prima pagina* (Noticia de una violación en primera página).
1975 *Nessuno o tutti. / Matti da slegare* (Locos de atar).
1976 *Marcia trionfale* (Marcha triunfal).
1977 *Il gabbiano* (La gaviota).
1979 *Salto nel vuoto* (Salto en el vacío). / *Vacanze in Val Trebbia.*
1982 *Gli occhi, la bocca.*
1984 *Enrico IV* (Enrique IV).
1986 *Diavolo in corpo* (El diablo en el cuerpo).
1987 *La visione del Sabba.*
1990 *La condanna* (La condena).
1993 *Il sogno della farfala.*

BELMONDO, Jean-Paul *(Neuilly-sur-Seine, Francia, 1933)*

Hijo del escultor Paul Belmondo y de una pintora, desde muy joven se interesa por el boxeo y en 1950 debuta como actor de teatro. Después de estudiar en el Conservatoire d'Art Dramatique de París, alterna el trabajo en teatro y cine, donde debuta en 1957. Solo el éxito alcanzado dos años después al encarnar al delincuente Michel Poicard en *Al final de la escapada,* de Jean-Luc Godard, le hace dedicarse al cine en exclusiva. Durante la primera mitad de la década de los sesenta protagoniza interesantes películas en Francia, *Moderato cantabile,* de Peter Brook; *Léon Morin, prête, El confidente* y *El guardaespaldas,* de Jean-Pierre Melville; *Pierrot el loco,* de Jean-Luc Godard, y *El ladrón,* de Louis Malle; y en Italia, *La viaccia,* de Mauro Bolognini, y *Dos mujeres,* de Vittorio de Sica. Se convierte en un peculiar héroe de películas de acción de la mano del atractivo Philippe de Broca con *Cartouche, El hombre de Río, Las tribulaciones de un chino en China* y *Cómo destruir al más famoso agente secreto del mundo;* del tosco Henri Verneuil con *Un mono en invierno, Cien mil dólares al sol, Fin de semana en Dunkerke, El furor de la codicia, Pánico en la ciudad, El cuerpo de mi enemigo, Rufianes y tramposos;* y del desigual Jacques Deray con *Secuestro bajo el sol, Borsalino, El marginal* y *El solitario.* Protagoniza cada vez más irregulares producciones comerciales y menos obras interesantes, como *La sirena del Mississippi,* de François Truffaut, y la situación se agrava desde mediados de los años setenta por el fracaso de *Stavisky,* de Alain Resnais, que produce personalmente. Convertido en una de las estrellas del cine francés, desde entonces solo interviene en una película al año de éxito seguro, mientras su trabajo se hace rutinario, al no resignarse a abandonar los papeles de héroe y no cambia de personaje ni lo hace evolucionar. Desde finales de la década de los ochenta esto le lleva a regresar al teatro y a trabajar cada vez menos en cine.

1957 *Sois belle et tais-toi* (Una rubia peligrosa), de Marc Allégret. / *Drôle de dimanche* (Un domingo maravilloso), de Marc Allégret. / *À pied, à cheval et en voiture* (A pie, a caballo y en coche), de Maurice Delbez. / *Les copains du dimanche,* de Hebri Aisner.
1958 *Les tricheurs,* de Marcel Carné. / *Ein Engel auf Erden* (Mademoiselle Ángel), de Geza von Radvany.
1959 *À double tour* (Una doble vida), de Claude Chabrol. / *À bout de souffle* (Al final de la escapada), de Jean-Luc Godard. / *Les distractions* (Las distracciones), de Jacques Dupont. / *La française et l'amour* (La francesa y el amor), episodio de Henri Verneuil.
1960 *Classe tous risques* (A todo riesgo), de Claude Sautet. / *Lettere di una novizzia* (Cartas de una novi-

cia), de Alberto Lattuada. / *Moderato cantabile*, de Peter Brook. / *La ciocciara* (Dos mujeres), de Vittorio de Sica.
1961 *Léon Morin, prêtre*, de Jean-Pierre Melville. / *La viaccia*, de Mauro Bolognini. / *Une femme est une femme* (Una mujer es una mujer), de Jean-Luc Godard. / *Les amours célèbres* (Amores célebres), de Michel Boisrond. / *Un nommé La Rocca* (Un tal La Rocca), de Jean Becker. / *Cartouche*, de Philippe de Broca.
1962 *Un singe en hiver* (Un mono en invierno), de Henri Verneuil. / *Le doulos* (El confidente), de Jean-Pierre Melville. / *Mare matto* (Pensión a la italiana), de Renato Castellani. / *Peau de banane* (La estafadora), de Marcel Ophüls.
1963 *Dragées au poivre*, de Jacques Baratier. / *L'aîné des Ferchaux* (El guardaespaldas), de Jean-Pierre Melville. / *Il giorno più corto* (El día más corto), de Sergio Corbucci.
1964 *L'homme de Rio* (El hombre de Río), de Philippe de Broca. / *Échappement libre* (A escape libre), de Jean Becker. / *La chasse à l'homme* (La caza del hombre), de Edouard Molinaro. / *Cent mille dollars au soleil* (Cien mil dólares al sol), de Henri Verneuil.
1965 *Week-end à Zuydcoote* (Fin de semana en Dunkerke), de Henri Verneuil. / *Par un beau matin d'été* (Secuestro bajo el sol), de Jacques Deray. / *Pierrot le fou* (Pierrot el loco), de Jean-Luc Godard. / *Les tribulations d'un chinois en Chine* (Las tribulaciones de un chino en China), de Philippe de Broca.
1966 *Tendre voyou* (Dulce gamberro), de Jean Becker. / *Paris brûle-t-il?* (¿Arde París?), de René Clément.
1967 *Le voleur* (El ladrón), de Louis Malle. / *Casino Royale* (Casino Royal), de John Huston, Ken Hughes, Joseph MacGrath y Robert Parrish.
1968 *Ho!*, de Robert Enrico. / *Le cerveau* (El cerebro), de Gérard Oury.
1969 *La sirène du Mississippi* (La sirena del Mississippi), de François Truffaut. / *Un homme qui me plaît* (Del amor y de la infidelidad), de Claude Lelouch.
1970 *Borsalino*, de Jacques Deray. / *Les mariés de l'an II* (Gracias y desgracias de un casado del año II), de Jean-Paul Rappeneau.
1971 *Le casse* (El furor de la codicia), de Henri Verneuil.
1972 *Docteur Popaul* (Doctor Casanova), de Claude Chabrol. / *La scoumoune* (El clan de los marselleses), de Jose Giovanni.
1973 *L'héritier* (El heredero), de Philippe Labro. / *Le magnifique* (Cómo destruir al más famoso agente secreto del mundo), de Philippe de Broca.
1974 *Stavisky*, de Alain Resnais.
1975 *Peur sur la ville* (Pánico en la ciudad), de Henri Verneuil. / *L'incorrigible* (El incorregible), de Philippe de Broca.
1976 *L'alpagueur* (El cazador de mujeres), de Philippe Labro. / *Le corps de mon ennemi* (El cuerpo de mi enemigo), de Henri Verneuil.
1977 *L'animal* (El animal), de Claude Zidi.
1979 *Flic ou voyou* (Yo impongo mi ley a sangre y fuego), de Georges Lautner.
1980 *Le guignolo* (El rey del timo), de Georges Lautner.
1981 *Le professionnel* (El profesional), de Georges Lautner.
1982 *L'as des as* (As de ases), de Gérard Oury.
1983 *Le marginal* (El marginal), de Jacques Deray.
1984 *Les morfalous* (Rufianes y tramposos), de Henri Verneuil. / *Joyeuses pâques* (Simpático y caradura), de Georges Lautner.
1985 *Hold-up* (Asalto al banco de Montreal), de Alexandre Arcady.
1986 *Le solitaire* (El solitario), de Jacques Deray.
1988 *Itinéraire d'un enfant gâté* (El imperio del león), de Claude Lelouch.
1992 *L'inconnu dans la maison*, de Georges Lautner.
1994 *Les cent et une nuits* (Las cien y una noches), de Agnès Varda.
1995 *Les misérables du XXème siècle* (Testigo de excepción), de Claude Lelouch.

BELTENEBROS *(1991)*

En 1962 el capitán Darman (Terence Stamp), miembro del Partido Comunista de España, llega a Madrid para matar al traidor Valdivia (José Luis Gómez), acompañado de la atractiva cantante de cabaret Rebecca (Patsy Kensit), pero se equivoca de hombre, al igual que le ocurrió en 1946 al cumplir una orden similar. Con esta historia, basada en la novela homónima de Antonio Muñoz Molina, la polifacética Pilar Miró realiza la sexta, más sólida e interesante de sus películas. A pesar de encerrar una discutible recreación del Madrid de la época, estar rodada en inglés y carecer de sentido del humor, tiene un conseguido ambiente opresivo general y algunas escenas estupendas, como la imitación que hace Patsy Kensit de Rita Hayworth en *Gilda* (1946), de Charles Vidor, al cantar *Put the Blame on Mame*, además de varios momentos especialmente eróticos. Destaca la excelente fotografía de Javier Aguirresarobe y la interpretación de José Luis Gómez y Patsy Kensit.

Directora: *Pilar Miró*. Guionistas: *Mario Camus, Juan Antonio Porto, Pilar Miró*. Fotografía: *Javier Aguirresarobe*. Música: *José Nieto*. Intérpretes: *Teren-*

ce Stamp, Patsy Kensit, José Luis Gómez, Geraldine James, Simón Andreu. Producción: Andrés Vicente Gómez para Iberoamericana Films Internacional (Madrid), Floradora Distributors (Haarlem). Color. Duración: 117'. España-Holanda.

BEMBERG, María Luisa (Buenos Aires, 1922-Buenos Aires, Argentina, 1995)

Perteneciente a una poderosa familia de origen alemán, su carrera comienza a raíz de su divorcio en 1970. Funda y dirige el Teatro del Globo de Buenos Aires, escribe los guiones de *Crónica de una señora* (1970), de Raúl de la Torre, y *Triángulo de cuatro* (1974), de Fernando Ayala, y dirige un par de cortometrajes. Debuta en el largo con *Momentos*, sobre una mujer casada que descubre un nuevo amor en un hombre mucho más joven que ella, claro exponente de su ideología feminista, seguido de *Señora de nadie*, historia de una mujer que tras divorciarse acaba encontrando su identidad. Productora de sus propias obras, obtiene su mayor éxito con la melodramática *Camila*, basada en la historia real de la joven Camila O'Gorman que en 1847 se enamora de un sacerdote y deja a su familia de la alta burguesía. Su mejor película es *Miss Mary*, crónica de la dictadura del general Juan Domingo Perón, protagonizada por la inglesa Julie Christie, narrada a través del punto de vista de la institutriz británica de los hijos de una poderosa familia de la oligarquía ganadera, con unas claras tonalidades autobiográficas. Coproducida entre Argentina, España y Francia, *Yo, la peor de todas* se basa en la figura de sor Juana Inés de la Cruz, según la obra del escritor mexicano Octavio Paz, para hacer uno de sus habituales relatos feministas. Su última película es *De eso no se habla*, una coproducción con Italia protagonizada por Marcello Mastroianni.
1980 *Momentos*.
1982 *Señora de nadie*.
1984 *Camila*.
1986 *Miss Mary*.
1990 *Yo, la peor de todas*.
1993 *De eso no se habla*.

BEN-HUR (1926)

La plúmbea novela de Lew Wallace, que narra la odisea del judío Ben-Hur, enamorado de la bella Esther y enfrentado a su viejo amigo el tribuno romano Messala en los tiempos de Jesucristo, bajo el reinado del emperador Tiberio, en una Jerusalén ocupada por los romanos, es origen de tres producciones muy diferentes. Una, excesivamente primitiva, rodada en 1907 por Sidney Alcott y hace tiempo olvidada, y dos superproducciones Metro-Goldwyn-Mayer. La primera es uno de los grandes éxitos de finales del período mudo. Dirigida en Roma por el famoso director Fred Niblo con el elevado coste de cinco millones de dólares de la época, significa el lanzamiento del actor Ramón Novarro, que encarna al protagonista, junto a Francis X. Bushman y Mary McAvoy en los otros papeles principales. Su gran éxito hace que en 1931, a principios del sonoro, se reestrene una versión con música sincronizada. Dentro de un logrado conjunto donde se mezcla el melodrama, el amor y las aventuras, destacan las espectaculares escenas de la batalla naval y la carrera de cuadrigas. Tras casi diez años de preparación, en 1959 William Wyler, con la inestimable colaboración del director Andrew Marton al frente de la segunda unidad, realiza también en Roma una última versión con un coste de quince millones de dólares de la época y con Charlton Heston, Stephen Boyd y Haya Harareet en los principales personajes. Tiene un enorme éxito, y a pesar de sus excesivos 212 minutos de duración, es seleccionada para doce Oscars y obtiene once, un récord nunca superado.

Director: *Fred Niblo*. Guionistas: *Bess Meredyth, Carey Wilson*. Fotografía: *Karl Strauss, Clyde de Vinna*. Intérpretes: *Ramón Novarro, Francis X. Bushman, Mary McAvoy, Carmel Myers, Betty Bronson*. Producción: *Metro-Goldwyn-Mayer*. Duración: *170'*. Estados Unidos.

BENING, Annette (Topeka, Kansas, Estados Unidos, 1958)

Hija de músicos, estudia arte dramático en la Universidad de San Francisco y asiste a los cursos del American Conservatory Theatre. Instalada en Nueva York, a principios de los años ochenta debuta como actriz de teatro en Broadway. Mientras hace publicidad e interviene en alguna serie de televisión, rueda sus primeras películas a finales de la década. Descubierta por su trabajo en *Valmont*, de Milos Forman, entre sus interpretaciones cinematográficas hay que citar las de *Los timadores* y

Caza de brujas. Sus últimas películas parecen destinadas a convertirla en una madura actriz romántica.

1988 *The Great Outdoors* (Dos cuñados desenfrenados), de Howard Deutch.
1989 *Valmont,* de Milos Forman.
1990 *Postcard From the Edge* (Postales desde el filo), de Mike Nichols. / *The Grifters* (Los timadores), de Stephen Frears.
1991 *Guilty by Suspicion* (Caza de brujas), de Irwin Winkler. / *Regarding Henry* (A propósito de Henry), de Mike Nichols. / *Bugsy,* de Barry Levinson.
1994 *Love Affair* (Un asunto de amor), de Glenn Gordon Caron.
1995 *An American President* (El presidente y Miss Wade), de Rob Reiner.

BENTON, Robert *(Dallas, Texas, 1932)*

Estudia en la Universidad de Texas, trabaja en la revista *Esquire* y forma pareja con David Newman para escribir los guiones de *Bonnie y Clyde* (Bonnie and Clyde, 1967), de Arthur Penn; *El día de los tramposos* (There Was a Crooked Man, 1970), de Joseph L. Mankiewicz, y *¿Qué me pasa, doctor?* (What's Up Doc?, 1972), de Peter Bogdanovich. Su siguiente guión se convierte en *Pistoleros en el infierno,* su primera película como director, un interesante *western* realista y desmitificador sobre cómo un desertor del ejército llega a ser un pistolero. Su fracaso comercial le hace trabajar como ayudante del realizador Robert Altman, que le produce *El gato conoce al asesino,* un modesto y atractivo policiaco, lleno de humor, que escribe en solitario. Tras colaborar con David Newman y Mario Puzo en el guión del primer *Superman* (1978), de Richard Donner, consigue su mayor éxito y varios Oscars con el irregular melodrama *Kramer contra Kramer,* que escribe personalmente y marca el comienzo de su colaboración con el director de fotografía Néstor Almendros. Entre el convencional policiaco *Bajo sospecha,* que vuelve a escribir con Newman, y la fallida comedia *Nadine,* que muestra que no está dotado para el género, rueda sobre guión propio el más interesante melodrama *En un lugar del corazón,* que narra cómo una viuda saca adelante a sus hijos en un Estado del sur de Estados Unidos durante la etapa de la Depresión, con el que vuelve a ganar varios Oscars. Tienen mucho menos interés *Billy Bathgate,* poco atractiva historia de gángsters, a pesar de tener un guión de Tom Stoppard sobre una novela de E. L. Doctorov, y *Ni un pelo de tonto,* fría adaptación de la voluminosa novela homónima de Richard Russo, sobre la vida de un pequeño pueblo del Estado de Nueva York, que también escribe.

1972 *Bad Company* (Pistoleros en el infierno).
1977 *The Late Show* (El gato conoce al asesino).
1979 *Kramer versus Kramer* (Kramer contra Kramer).
1982 *Still of the Night* (Bajo sospecha).
1984 *Places in the Heart* (En un lugar del corazón).
1987 *Nadine.*
1991 *Billy Bathgate.*
1994 *Nobody's Fool* (Ni un pelo de tonto).

BERESFORD, Bruce *(Sidney, Australia, 1940)*

Estudia filosofía en la Universidad de Sidney. Trabaja en publicidad y televisión antes de viajar al Reino Unido en 1961 para colaborar con el British Film Institute como jefe de producción, montador y realizador de cortometrajes. Durante dos años vive en Nigeria y trabaja como montador y director de cortos en la Nigerian Film Unit. A raíz de la puesta en marcha de las ayudas a la producción concedidas por el gobierno australiano, a principios de los años setenta regresa a su país y no tarda en convertirse en uno de los más sólidos y prolíficos realizadores de largos. Debuta con *The Adventures of Barry McKenzie,* una comedia policiaca basada en un famoso personaje de historieta gráfica, cuyo éxito le conduce a una segunda parte similar, *Barry McKenzie Holds His Own.* Logra una comedia negra que gana varios premios internacionales con *Don's Party,* adaptación de una obra de teatro de David Williamson sobre un grupo de jóvenes que espera el resultado de las elecciones. Tras *The Getting of Wisdom,* sobre los problemas de una chica que gana una beca de música en Melbourne en 1917, basada en una novela de Ethel Richardson, se da a conocer internacionalmente con *Asalto al furgón blindado,* un eficaz policiaco sobre la corrupción, y con *Consejo de guerra,* adaptación de una obra de teatro de Kennet Rose sobre el proceso y ejecución de tres tenientes australianos por buscar la paz durante la guerra de los bóers, con la que gana algunos premios internacionales y le abre las puertas de Hollywood. Antes de instalarse en Estados Unidos rueda dos últimas películas australianas de menor importancia: *The Club*, una nueva adaptación de una obra teatral de David Williamson sobre los problemas de un club deportivo, y *Al diablo la pubertad*, una insustancial comedia juvenil. Debuta en la industria norteamericana con *Gracias y favores*, biografía de un ex alcohólico convertido en cantante *country* sobre un buen guión de Horton Foote, que gana un par de Oscars. Tras el anodino *peplum* bíblico *Rey David*, sobre la historia de Saúl y David, vuelve a las adaptaciones teatrales con *Crímenes del corazón*, basada en una obra de Beth Henley, en torno a tres hermanas que se reúnen en la mansión familiar tras el suicidio de su madre. Regresa a Australia para rodar *The Fringe Dwellers*, la historia de un joven aborigen que convence a su familia para vivir en una ciudad, e interviene en la desigual película colectiva *Aria*. De nuevo en Estados Unidos realiza el aburrido policiaco sentimental *Su coartada* y consigue un gran éxito y varios Oscars con la insustancial *Paseando a Miss Daisy*, adaptación de una obra de teatro de Alfred Uhry sobre las relaciones entre una vieja rica blanca y su chófer negro. Gracias a él consigue dirigir *Mister Johnson*, basada en una novela de Joyce Cary, que narra las relaciones entre un avispado nativo y un ingeniero inglés durante la construcción de una carretera en Nigeria, en plena etapa colonialista británica, que es su mejor película. Tras un par de obras fallidas, regresa al mismo tema con *Un buen hombre en África*, adaptación de una novela de William Boyd, que carece de interés por su excesivo afán en convertirla en una comedia.

1972 *The Adventures of Barry McKenzie*.
1974 *Barry McKenzie Hold His Own*.
1975 *Side by Side*.
1976 *Don's Party*.
1977 *The Getting of Wisdom*.
1978 *Money Movers* (Asalto al furgón blindado).
1979 *Breaker Morant* (Consejo de guerra).
1980 *The Club*.
1981 *Puberty Blues* (Al diablo la pubertad).
1983 *Tender Mercies* (Gracias y favores).
1985 *King David* (Rey David).
1986 *Crimes of the Heart* (Crímenes del corazón).
1987 *The Fringe Dwellers* (Habitantes de la pobreza). / *Aria*, un episodio.
1989 *Her Alibi* (Su coartada). / *Driving Miss Daisy* (Paseando a Miss Daisy).
1990 *Mister Johnson*.
1991 *Black Robe*.
1993 *Rich in Love* (En busca del amor).
1994 *A Good Man in Africa* (Un buen hombre en África). / *Silent Fall* (Un testigo en silencio).

BERGEN, Candice *(Beverly Hills, California, Estados Unidos, 1946)*

Hija del ventrílocuo Edgar Bergen, trabaja como modelo y fotógrafo hasta que a mediados de la década de los sesenta debuta como actriz. Tras un brillante comienzo de la mano de Sidney Lumet en *El grupo* y de Robert Wise en *El Yang-tsé en llamas*, su carrera decae hasta el éxito de *Conocimiento carnal*, de Mike Nichols. Sus mejores películas de los años setenta son el *western* personal *Muerde la bala*, de Richard Brooks, y la comedia dramática *Comenzar de nuevo*, de Alan J. Pakula. A principios de los ochenta protagoniza *Ricas y famosas*, de George Cukor. Posteriormente trabaja más en televisión que en cine y con especial éxito en la serie *Murphy Brown*.

1965 *The Group* (El grupo), de Sidney Lumet.
1966 *The Sand Peebles* (El Yang-tsé en llamas), de Robert Wise.
1967 *The Day the Fish Came Out*, de Michael Cacoyannis. / *Vivre pour vivre* (Vivir para vivir), de Claude Lelouch.
1968 *The Magus*, de Guy Green.
1969 *The Adventurers* (Los libertinos), de Lewis Gilbert. / *Getting Straight* (Camino recto), de Richard Rush.
1970 *Soldier Blue* (Soldado azul), de Ralph Nelson.
1971 *The Hunting Party* (Caza implacable), de Don Medford. / *Carnal Knowledge* (Conocimiento carnal), de Mike Nichols. / *T. R. Baskin* (Perdida en la gran ciudad), de Herbert Ross.
1973 *Eleven Harrowhouse* (La casa número 11), de Aram Avakiam.
1974 *Bite the Bullet* (Muerde la bala), de Richard Brooks.
1975 *The Wind and the Lion* (El viento y el león), de John Milius.
1976 *The Domino Principle* (De presidio a primera página), de Stanley Kramer.
1978 *La fine del mondo nel nostro solito letto in una notte piena di pioggia*, de Lina Wertmüller.
1979 *Oliver's Story* (Historia de Oliver), de John Korty. / *Starting Over* (Comenzar de nuevo), de Alan J. Pakula.
1981 *Rich and Famous* (Ricas y famosas), de George Cukor.
1982 *Gandhi*, de Richard Attenborough.
1985 *Stick* (Juego duro), de Burt Reynolds.

BERGMAN, Ingmar *(Uppsala, Suecia, 1918)*

Hijo de un pobre pastor luterano y de una caprichosa burguesa, miembro de una acaudalada familia, es educado bajo una fuerte represión de la que solo puede liberarse con una cada vez más desarrollada imaginación. A los dieciocho años deja a su familia para estudiar letras en la Universidad de Estocolmo, escribir teatro y estrenar algunas obras a principios de los años cuarenta. Su éxito hace que sea contratado como guionista de Svensk Filmindustri —productora de la mayoría de sus películas—, comenzar a escribir guiones y enseguida también a dirigirlos, pero sin abandonar nunca el teatro. Durante los años cincuenta y sesenta, los de máxima actividad, llega a dirigir dos obras de teatro durante el invierno y una película en verano. En el primer período de su obra sus personajes tienen un pesimismo que marca un comportamiento al que les empuja un destino mucho más fuerte que ellos, está muy influido por el realismo poético francés, dura once años y está formado por quince películas. Comienza con *Crisis* y finaliza con *Sueños,* y su personalidad y sus obsesiones solo aparecen de manera esporádica, principalmente en *Juegos de verano, Un verano con Mónica* y *Noche de circo,* que se sitúan entre sus mejores trabajos. El segundo período dura diez años y está integrado por once variadas producciones que le dan a conocer internacionalmente; durante él consigue un perfecto dominio de la técnica, lo que le permite la plena expresión de su fuerte personalidad, pero debe luchar para hacer las películas que le interesan. Esta etapa se abre con *Sonrisas de una noche de verano* y se cierra con *¡Esas mujeres!,* pero entre ambas comedias se sitúan sus obras más trascendentes: *El séptimo sello, Fresas salvajes, El rostro, El manantial de la doncella* y la trilogía sobre el silencio de Dios formada por *Como en un espejo, Los comulgantes* y *El silencio,* donde las preocupaciones religiosas, el miedo a la muerte y el papel del artista en la sociedad aparecen magistralmente expuestos dentro de un elaborado expresionismo. El tercer período comienza con la genial *Persona* y acaba con la magistral *Gritos y susurros;* dura seis años y está formado por siete películas, entre las que destacan *La vergüenza, El rito, Pasión* y *La carcoma* —su primera producción hablada en inglés—, experiencias aisladas que en su casi totalidad son obras maestras, sobre temas tan personales como el vampirismo intelectual, la lucha contra el destino y el papel de los intelectuales en el mundo. El cuarto y último período es bastante irregular; dura otros diez años y está compuesto por nueve obras. Se ha convertido en un genio mundialmente reconocido, lo que le permite crear su propia productora y lanzarse a nuevas experiencias: la creación de series de televisión como *Secretos de un matrimonio;* el rodaje fuera de su país de *El huevo de la serpiente* —realizada en la República Federal Alemana en inglés—, y la dirección de películas experimentales como *Después del ensayo,* que cierra su filmografía. Sin embargo, junto a obras de gran interés como *Sonata de otoño,* o simplemente geniales, como *Fanny y Alexander,* se sitúan películas muy flojas como *La flauta mágica,* montaje de la ópera de W. A. Mozart; *Cara a cara,* discutible regreso a sus temas de siempre, y *De la vida de las marionetas,* un fallido experimento. Retirado de la dirección de cine desde principios de la década de los ochenta, se dedica al teatro, a la publicación de libros de memorias —el excelente *Linterna mágica*— y a escribir guiones para otros con una fuerte carga autobiográfica, origen de la serie de televisión *Las mejores intenciones* (Den goda Viljan, 1991), de Bille August, y de la película *Niños del domingo* (Söndagsbarn, 1992), de Daniel Bergman.

1945 *Kris* (Crisis).
1946 *Det regnar pa var kärlek* (Llueve sobre nuestro amor).
1947 *Skepp till Indialand* (Barco a la India). / *Musik i mörker* (Noche eterna).
1948 *Hamnstad* (Una mujer libre). / *Fängelse* (Prisión).
1949 *Törst.* / *Till glädje.*
1950 *Sant händer inte här.*
1951 *Sommarlek* (Juegos de verano).
1952 *Kvinnors väntan* (Tres mujeres).
1953 *Sommaren med Monika* (Un verano con Mónica). / *Gycklarnas afton* (Noche de circo).
1954 *En lektion i kärlek* (Una lección de amor).
1955 *Kvinnodröm* (Sueños). / *Sommarnattens leende* (Sonrisas de una noche de verano).
1957 *Smultronstället* (Fresas salvajes). / *Det sjunde inseglet* (El séptimo sello).
1958 *Nära livet* (En el umbral de la vida). / *Ansiktet* (El rostro).
1959 *Jungfrukällan* (El manantial de la doncella).
1960 *Djävulens öga* (El ojo del diablo).
1961 *Sasom i en spegel* (Como en un espejo).

1962 *Nattvardsgästerna* (Los comulgantes).
1963 *Tystnaden* (El silencio).
1964 *För att inte tala om alla dessa kvinnor* (¡Esas mujeres!).
1965 *Daniel*, episodio de *Stimulantia*.
1966 *Persona*.
1967 *Vargtimmen* (La hora del lobo).
1968 *Skammen* (La vergüenza).
1969 *Riten* (El rito). / *En passion* (Pasión).
1971 *Beröringen* (La carcoma).
1972 *Viskningar och rop* (Gritos y susurros).
1973 *Scener ur ett äktenskap* (Secretos de un matrimonio).
1974 *Trollflöjten* (La flauta mágica).
1976 *Ansikte mot ansikte* (Cara a cara).
1977 *Das Schlangenei* (El huevo de la serpiente).
1978 *Höstsonaten* (Sonata de otoño).
1980 *Aus dem leben der marionetten* (De la vida de las marionetas).
1983 *Fanny och Alexander* (Fanny y Alexander).
1984 *Efter repetitionen* (Después del ensayo).

BERGMAN, Ingrid (*Estocolmo, Suecia, 1915- Londres, Reino Unido, 1982*)

Interesada desde niña por el teatro, muy joven actúa en compañías *amateurs* y en 1933 ingresa en la Real Escuela de Arte Dramático de Estocolmo, pero al año siguiente debuta como actriz de cine y no termina sus estudios. Después de diez películas rodadas en Suecia durante cuatro años, entre las que destacan *Intermezzo, Un rostro de mujer* y *Destino*, de Gustav Molander, el productor norteamericano David O. Selznick la lleva a Hollywood para hacer una nueva versión de *Intermezzo* en inglés. El éxito de *El extraño caso del doctor Jekyll, Casablanca, Por quién doblan las campanas* y *Luz que agoniza*, por la que gana su primer Oscar, la convierten en una estrella. Tras las excelentes *Recuerda* y *Encadenados*, de Alfred Hitchcock; *Las campanas de Santa María*, de Leo McCarey, y *Arco de triunfo*, de Lewis Milestone, se lanza a coproducir y protagonizar *Juana de Arco*, que es un fracaso artístico y comercial. Durante la primera mitad de la década de los cincuenta rueda en Italia con Roberto Rossellini cuatro obras maestras: *Stromboli, Europa 51, Te querré siempre* y *El miedo*. Además de un excelente episodio de *Nosotras las mujeres* y un nuevo acercamiento a su personaje favorito en *Giovanna d'Arco al rogo*, pero son fracasos comerciales que hunden su carrera. Regresa a Estados Unidos para rodar la mediocre *Anastasia*, con la que obtiene su segundo Oscar, pero el público norteamericano nunca le perdona su infidelidad con Rossellini y la última y mediocre etapa de su carrera se desarrolla en Europa, a pesar de trabajar en la teatral *Indiscreta*, la melodramática *No me digas adiós* y la policiaca *Asesinato en el Oriente Exprés*. Se despide del cine colaborando con Vincente Minnelli en la fallida *Nina* y con Ingmar Bergman en la irregular *Sonata de otoño*, y posteriormente solo interviene en alguna serie de televisión. Es madre de la actriz Isabella Rossellini.

1934 *Munkbrogeven*, de Edvin Adolfson.
1935 *Bränningar*, de Ivan Johansson. / *Swedenhielms* (Los Swedenhielms), de Gustav Molander. / *Valborgsmässoafton* (Noche de primavera), de Gustav Edgren.
1936 *Pa solsidan* (Hacia el destino), de Gustav Molander. / *Intermezzo*, de Gustav Molander.
1937 *Dollar*, de Gustav Molander. / *Die vier Gesellen* (El pacto de los cuatro), de Carl Froelich. / *En kvinnas ansikte* (Un rostro de mujer), de Gustav Molander. / *En enda natt* (Destino), de Gustav Molander.
1939 *Intermezzo*, de Gregory Ratoff.
1940 *Juninatten* (Noche de junio), de Per Lindberg.
1941 *Adam Had Four Sons* (Los cuatro hijos de Adán), de Gregory Ratoff. / *Rage in Heaven* (Alma en la sombra), de W. S. van Dyke. / *Dr. Jekyll and Mr. Hyde* (El extraño caso del doctor Jekyll), de Victor Fleming.
1943 *For Whom the Bell Tolls* (Por quién doblan las campanas), de Sam Wood. / *Casablanca*, de Michael Curtiz.
1944 *Gaslight* (Luz que agoniza), de George Cukor.
1945 *Saratoga Trunk* (La exótica), de Sam Wood. / *Spellbound* (Recuerda), de Alfred Hitchcock. / *The Bells of St. Mary's* (Las campanas de Santa María), de Leo McCarey.
1946 *Notorius* (Encadenados), de Alfred Hitchcock.
1948 *Arch of Triumph* (Arco de triunfo), de Lewis Milestone. / *Joan of Arc* (Juana de Arco), de Victor Fleming.
1949 *Under Capricorn* (Atormentada), de Alfred Hitchcock. / *Stromboli terra di Dio* (Stromboli), de Roberto Rossellini.
1951 *Europa 51*, de Roberto Rossellini.
1953 *Siamo donne* (Nosotras, las mujeres), episodio de Roberto Rossellini.
1954 *Viaggio in Italia* (Te querré siempre), de Roberto Rossellini. / *Giovanna d'Arco al rogo*, de Roberto Rossellini. / *La paura* (El miedo), de Roberto Rossellini.

1956 *Elena et les hommes* (Elena y los hombres), de Jean Renoir. / *Anastasia,* de Anatole Litvak.
1958 *Indiscreet* (Indiscreta), de Stanley Donen. / *The Inn of Sixth Happiness* (El albergue de la sexta felicidad), de Mark Robson.
1961 *Goodbye Again* (No me digas adiós), de Anatole Litvak.
1963 *The Visit* (La visita del rencor), de Bernhard Wicki.
1964 *The Yellow Rolls-Royce* (El Rolls-Royce amarillo), de Anthony Asquith.
1967 *Stimulantia,* episodio de Gustav Molander.
1969 *Cactus Flower* (Flor de cactus), de Gene Saks.
1970 *A Walk in the Spring Rain* (Secretos de una esposa), de Guy Green.
1973 *From the Mixed-Up Files of Mrs. Basil E. Frankweiler,* de Fielder Cook.
1974 *Murder on the Orient-Express* (Asesinato en el Oriente Exprés), de Sidney Lumet.
1976 *A Matter of Time* (Nina), de Vincente Minnelli.
1978 *Herbstsonaten* (Sonata de otoño), de Ingmar Bergman.

BERLANGA, Luis G. *(Luis García Berlanga. Valencia, España, 1921)*

Abandona sus estudios de filosofía y letras y derecho para enrolarse en la División Azul y salvar la vida de su padre, condenado por las fuerzas rebeldes victoriosas. A su regreso empieza a pintar, dirigir cineclubs y escribir crítica de cine en diferentes publicaciones. En 1947 ingresa en la especialidad de dirección en la primera promoción del Instituto de Investigaciones y Experiencias Cinematográficas y dos años después se gradúa con la práctica *El circo* (1949). La primera parte de su obra se extiende desde la comedia realista *Esa pareja feliz,* que codirige con J. A. Bardem, hasta la ambiciosa comedia religiosa destrozada por la censura *Los jueves, milagro,* y es una brillante adaptación a la manera de ser española del neorrealismo italiano, la comedia inglesa y el ternurismo francés de actualidad en la posguerra europea. Sus grandes éxitos de esta etapa son *¡Bienvenido, Míster Marshall!,* original y divertida crítica al plan de ayuda norteamericano a Europa, y *Calabuch,* la más intrascendente e italiana de sus comedias, pero su mejor trabajo es *Novio a la vista,* una visión divertida, sentimental y amarga de un tradicional veraneo en una playa de principios de siglo, que enlaza con el mejor cine de su coguionista Edgar Neville. La segunda parte de su obra se caracteriza por la colaboración con el guionista Rafael Azcona, que hace que el ternurismo se convierta en humor negro, mientras el hábil montaje de planos cortos da paso a complejos planos largos, tanto en *Plácido,* duro retrato de una campaña navideña, como en su obra maestra *El verdugo,* divertido, negro y eficaz alegato contra la pena de muerte. La cada vez mayor presión de la censura del general Franco hace que durante los siguientes diez años se le prohíban varios guiones y solo pueda rodar las irregulares comedias negras *La boutique,* en Argentina, y *¡Vivan los novios!,* con problemas de producción. Tras el paréntesis de *Tamaño natural,* chirriante y divertida fábula sobre las relaciones hombre-mujer, que la censura le obliga a ambientar en París y rodar en coproducción con Francia, con la llegada de la democracia comienza la tercera parte de su obra, que entronca con la comedia más popular. Siempre con Azcona como guionista, dirige la trilogía formada por *La escopeta nacional, Patrimonio nacional* y *Nacional III,* que narra la transición de la sociedad española de la dictadura al socialismo a través de las desventuras de la familia monárquica Leguineche y tiene el mérito de ser una de las pocas películas de estos años que tratan sobre la realidad nacional. Menos interés tienen *La vaquilla,* un viejo guión sobre la guerra civil española que consigue realizar casi veinticinco años después de escribirlo con Azcona, *Moros y cristianos* y la premonitoria *Todos a la cárcel,* que por primera vez escribe con su hijo Jorge Berlanga. Profesor de Dirección de la Escuela Oficial de Cinematografía y presidente de la Filmoteca Española, desde 1977 dirige la prestigiosa colección de literatura erótica La Sonrisa Vertical.

1951 *Esa pareja feliz.*
1952 *¡Bienvenido, Míster Marshall!*
1953 *Novio a la vista.*
1956 *Calabuch.*
1957 *Los jueves, milagro.*
1961 *Plácido.*
1962 *La muerte y el leñador,* episodio de *Las cuatro verdades.*
1963 *El verdugo.*
1967 *La boutique.*
1969 *¡Vivan los novios!*
1973 *Tamaño natural.*
1978 *La escopeta nacional.*
1980 *Patrimonio nacional.*

1982 *Nacional III.*
1985 *La vaquilla.*
1987 *Moros y cristianos.*
1993 *Todos a la cárcel.*

BERLIN EXPRESS (1948)

Entre las ruinas de Alemania, en la más inmediata posguerra, el importante doctor Bernhardt (Paul Lukas) es secuestrado por los restos de una organización nazi, pero su secretaria Lucienne Mirbeau (Merle Oberon) y el sabio norteamericano Robert Lindley (Robert Ryan) consiguen encontrarle. A partir de un sólido guión de Harold Medford, el hábil director Jacques Tourneur rueda un buen policiaco que refleja con realismo la caótica situación de un país derrotado y dividido entre norteamericanos, rusos, franceses e ingleses. Realizada antes del principio de la guerra fría, en la más inmediata posguerra, es una de las pocas películas de Estados Unidos donde norteamericanos y rusos colaboran estrechamente para resolver una situación. Destacan algunas escenas especialmente imaginativas, como aquella donde los pasajeros de un tren ven la pelea que ocurre en el departamento de al lado reflejada en las ventanillas de otro tren que se cruza con el suyo.

Director: *Jacques Tourneur*. Guionista: *Harold Medford*. Fotografía: *Lucien Ballard*. Música: *Frederick Hollander*. Intérpretes: *Merle Oberon, Robert Ryan, Charles Korvin, Paul Lukas, Robert Coote*. Producción: *Bert Granet para R.K.O.* Duración: *87'*. Estados Unidos.

BERRI, Claude *(París, Francia, 1934)*

Actor secundario de cine y televisión, el éxito de su cortometraje *Le poulet* (1963) en la Mostra de Venecia y en los Oscar le permite debutar como director de largos con *El viejo y el niño*, una sentida historia con matices autobiográficos sobre la amistad entre un viejo antisemita y un niño judío durante los años de la ocupación alemana de Francia en la II Guerra Mundial. Su éxito le hace proseguir en la misma dirección con las irregulares narraciones, casi autobiográficas, *Mazel Tov ou le mariage*, sobre su familia judía; *Le pistonné*, sobre su servicio militar; *Le cinéma de papa*, sobre la figura de su padre, y *Papá... ¡ya no soy virgen!*, sobre el descubrimiento de la sexualidad, donde además encarna diferentes papeles. Menos personales, pero más interesantes, son *Un moment d'égarement*, que trata las relaciones entre un cincuentón y una adolescente, y *Os quiero*, buen retrato de una mujer liberada, interpretada por Catherine Deneuve. Tras realizar con el personal actor Coluche el retrato realista *Le maître d'école* y el policiaco *Adiós, pelele*, durante unos años se dedica en exclusiva a la producción. Trabaja en importantes películas de Jean-Jacques Annaud, Bertrand Blier, Jacques Doillon, Milos Forman, Roman Polanski, Jacques Rivette, André Téchiné, Claude Sautet. Convertido en un activo productor europeo, vuelve a la dirección con adaptaciones de conocidas obras de autores franceses: *El manantial de las colinas* y *La venganza de Manon*, sobre Marcel Pagnol; *Uranus*, sobre Marcel Aymé, y *Germinal*, sobre Émile Zola, rodadas con actores muy conocidos, amplios presupuestos y de éxito asegurado.

1963 *Baiser de seize ans*, episodio de *Les baisers*.
1964 *La chance du guerrier*, episodio de *La chance et l'amour*.
1966 *Le vieil homme et l'enfant* (El viejo y el niño).
1968 *Mazel Tov ou le mariage*.
1969 *Le pistonné*.
1970 *Le cinéma de papa*.
1972 *Sex shop*.
1974 *Le mâle du siècle*.
1976 *La première fois* (Papá... ¡ya no soy virgen!).
1977 *Un moment d'égarement*.
1980 *Je vous aime* (Os quiero).
1981 *Le maître d'école*.
1983 *Tchao Pantin* (Adiós, pelele).
1986 *Jean de Florette* (El manantial de las colinas). / *Manon des Sources* (La venganza de Manon).
1990 *Uranus*.
1993 *Germinal*.

BERTOLUCCI, Bernardo *(Parma, Italia, 1941)*

Hijo del gran poeta Attilio Bertolucci y hermano mayor del realizador Giuseppe Bertolucci. Conoce a Pier Paolo Pasolini en la Universidad de Roma, trabaja como ayudante suyo en *Accattone* (1961) y a los veintiún años debuta como director con *La commare secca*, que escriben juntos y que está demasiado influida por él. Resulta mucho más personal *Antes de la revolución*, irregular mezcla de elementos autobiográficos, políticos y extractos de *La cartuja de Parma*, la famosa novela de Stendhal, en torno a la iniciación en la vida de un joven. Su presti-

gio decae con *Partner*, esquizofrénica adaptación de una narración de Fiodor Dostoievski rodada en planos-secuencia. Se da a conocer internacionalmente con *La estrategia de la araña,* modesta adaptación de un texto de Jorge Luis Borges, y con *El conformista,* brillante versión de la novela homónima de Alberto Moravia, que se sitúa entre sus mejores trabajos. La personal, psicológica, erótica y destructiva *El último tango en París,* que rueda en inglés sobre un guión original, con la activa participación de Marlon Brando, es el primer gran éxito de un cineasta europeo de su generación. Gracias a él convierte la serie de televisión *1900* en una superproducción de larga duración, con un marcado tono de izquierdas, que narra la historia de Italia durante la primera mitad del siglo XX, a través de dos personajes de diferente condición social. El semifracaso de las más personales e interesantes *La luna,* que también rueda en inglés, sobre las relaciones incestuosas entre una madre cantante de ópera y un hijo drogadicto, con un fuerte trasfondo psicoanalítico, y *La historia de un hombre ridículo,* sobre el complejo secuestro del hijo de un industrial de Parma, le llevan a la superproducción británica *El último emperador,* que rueda en la Ciudad Prohibida de Pekín, sobre un interesante guión original basado en la vida de Pu Yi, el último emperador de China, durante la primera mitad del siglo XX. Su enorme éxito le sitúa en el peligroso terreno de las grandes producciones habladas en inglés, en el que se sitúa *El cielo protector,* adaptación de la novela homónima de Paul Bowles, con un subrayado aire existencialista, y *El pequeño Buda,* larga, aburrida y hagiográfica historia de cómo el príncipe Siddhartha se convierte en Buda, rodada en Nepal, Katmandú y el Himalaya. Tiene más interés *Io ballo da sola,* donde vuelve a Italia para rodar una historia intimista, pero en inglés y con actores norteamericanos.
1962 *La commare secca.*
1964 *Prima della rivoluzione* (Antes de la revolución).
1967 *Agonia,* episodio de *Amore e rabbia.*
1968 *Partner.*
1970 *Il conformista* (El conformista). / *La strategia del ragno* (La estrategia de la araña).
1972 *Ultimo tango a Parigi* (El último tango en París).
1976 *Novecento* (1900).
1979 *La luna.*
1981 *La tragedia di un uomo ridicolo* (La historia de un hombre ridículo).
1987 *The Last Emperor* (El último emperador).
1990 *The Sheltering Sky* (El cielo protector).
1993 *Little Budha* (El pequeño Buda).
1996 *Stealing Beauty* (Belleza robada).

BERTOLUCCI, Giuseppe *(Parma, Italia, 1947)*

Hijo del gran poeta Attilio Bertolucci y hermano menor del conocido realizador Bernardo Bertolucci, debuta en el cine como guionista en algunas de sus películas mientras estudia letras y escribe poesía. Tras realizar algunas producciones para televisión y el documental de largometraje *AB Cinema* (1975), sobre el rodaje de *1900* (Novecento, 1976), de su hermano, comienza a trabajar con el famoso actor cómico Roberto Benigni, primero en teatro, en el espectáculo *Cioni Mario* (1975), y luego en cine, en *Berlinguer ti voglio bene* y *Tuttobenigni*. Tienen más interés *Una mujer italiana,* dramática historia de amor que se desarrolla íntegramente en la Stazione Centrale de Milán, y en especial *Segreti segreti,* hábil mezcla de retratos femeninos con el terrorismo como telón de fondo; entre las que rueda *Panni sporchi,* una encuesta encargo del Partido Comunista. Tras las irregulares *Strana la vita,* basada en la novela de Giovanni Pascutto, e *I cammelli,* otra extraña historia sobre un guión escrito en colaboración con Vincenzo Cerami, vuelve a demostrar su gran fuerza para dirigir mujeres en *Amores pendientes,* historia centrada en tres jóvenes que pasan unos días en una casa de campo, rodada con tanta habilidad como falta de medios.
1977 *Berlinguer ti voglio bene.*
1979 *Oggetti smarriti* (Una mujer italiana).
1980 *Panni sporchi.*
1985 *Segreti segreti.*
1986 *Tuttobenigni.*
1987 *Strana la vita.*
1989 *I cammelli. / Amori in corso* (Amores pendientes).
1991 *La domenica specialmente*, un episodio.

BESO DE LA MUERTE, EL *(Kiss of Death, 1947)*

La historia de cómo Nick Bianco (Victor Mature), olvidado de su banda y su abogado, debe convertirse en un delator para salir de la cárcel, encargarse de la educación de sus dos hijas pequeñas y casarse con la joven Nattie (Coleen Gray), es uno de los mejores policiacos realizados por Henry Hathaway para 20th Century Fox durante la década de los cuarenta. Basada en un buen guión de Ben Hetch y Charles Lederer, está rodada en Nueva York con eficaces técnicas documentales y supone la consagración del debutante Richard Widmark en el papel del frío asesino Tommy Udo, que, en su más famosa escena, tira por las escaleras a una mujer paralítica en su silla de ruedas. Es origen del *western* violento y sádico *The Fiend who Walked the West* (1958), de Gordon Douglas, también producido por 20th Century Fox, donde Robert Evans hace el mismo papel que Richard Widmark, y mucho más recientemente del policiaco *El sabor de la muerte* (1994), de Barbet Schroeder, con David Caruso, Nicolas Cage, Samuel L. Jackson.

Director: *Henry Hathaway*. Guionistas: *Ben Hetch, Charles Lederer*. Fotografía: *Norbert Brodine*. Música: *David Buttolph*. Intérpretes: *Victor Mature, Richard Widmark, Brian Donlevy, Coleen Gray, Karl Malden, Taylor Holmes*. Producción: *Fred Kohlmar para 20th Century Fox*. Duración: *98'. Estados Unidos*.

BESSON, Luc *(París, Francia, 1959)*.

Después de una etapa como ayudante de dirección, debuta como realizador a los veintitrés años con *Kamikaze 1999,* una violenta historia de ciencia-ficción cuyo éxito le permite hacer, con actores muy conocidos y más medios, *Subway,* una larga persecución policiaca desarrollada en gran parte en el Metro de París. Su mejor trabajo es *El gran azul,* donde se limita a narrar minuciosamente el enfrentamiento entre dos buceadores campeones de profundidad; su éxito le permite estrenar poco después su más largo montaje original. Entre dos convencionales policiacos: *Nikita,* que basa su atractivo en estar protagonizado por una mujer encarnada por Anne Parillaud, y *El profesional,* íntegramente rodado en Estados Unidos con Jean Reno, su actor preferido, sobre las relaciones entre un pistolero y una niña, vuelve al mar para rodar la aburrida *Atlantis,* historia ecológica sobre los problemas de la fauna acuática que tanto le interesan.

1982 *Le dernier combat* (Kamikaze 1999).
1985 *Subway.*
1987 *Le grand bleu* (El gran azul).
1990 *Nikita.*
1991 *Atlantis.*
1994 *Léon* (El profesional).

BICICLETAS SON PARA EL VERANO, LAS *(1983)*

A partir de la obra teatral homónima de Fernando Fernán-Gómez, convertida en apropiado guión por Salvador Maldonado, el realizador Jaime Chávarri hace una de sus películas de más éxito al narrar una de sus habituales historias familiares. En esta ocasión describe cómo varía y se desarrolla la vida de Luis (Agustín González), su mujer Dolores (Amparo Soler Leal), sus hijos Manolita (Victoria Abril) y Luisito (Gabino Diego) y su criada María (Patricia Adriani), desde principios del verano de 1936 hasta el final de la guerra española. Dejando entrever sus orígenes teatrales, esta descripción de la vida cotidiana durante la guerra en Madrid tiene un profundo dramatismo, está bien estructurada y funciona con perfección gracias a escenas tan logradas como la de las lentejas, y a un conjuntado reparto, donde destacan Victoria Abril y el debutante Gabino Diego.

Director: *Jaime Chávarri*. Guionista: *Salvador Maldonado*. Fotografía: *Miguel Ángel Trujillo*. Música: *Francisco Guerrero*. Intérpretes: *Amparo Soler Leal, Agustín González, Victoria Abril, Alicia Hermida, Patricia Adriani, Marisa Paredes, Gabino Diego*. Producción: *Alfredo Matas para Incine, Jet Films*. Color. Duración: *103'. España*.

¡BIENVENIDO, MÍSTER MARSHALL! *(1952)*

A partir del encargo de una película con cinco canciones para el lanzamiento de la debutante quinceañera Lolita Sevilla, el realizador J. A. Bardem, el dramaturgo Miguel Mihura y el director Luis G. Berlanga escriben una divertida y eficaz sátira del Plan Marshall, la ayuda norteamericana a Europa después de la II Guerra Mundial. Primera película dirigida en solitario por Berlanga, narra cómo los vecinos del pueblo castellano de Villar del Río, avisados de la llegada de una comisión del Plan Marshall, se visten con traje andaluz para recibir a los norteamericanos, según una idea de Manolo (Manolo Morán), apoderado de la cantante Carmen Vargas (Lolita Sevilla), bien acogida por el alcalde don Pablo (José Isbert), gran admirador de ella. Sin embargo, las ilusiones de todos, el hidalgo don Luis (Alberto Romea), la maestra Eloísa (Elvira Quintillá), el cura don Cosme (Luis Pérez de León), el médico don Simón (Félix Fernández) y sus restantes habitantes, quedan frustradas cuando los espléndidos y riquísimos norteamericanos pasan de largo. Esta parábola sobre las relaciones de España con el Plan Marshall esconde un mensaje progresista que dice que la única manera de prosperar es trabajar. Tiene una buena acogida en el Festival de Cannes, pero no consigue ningún premio al aprovecharla uno de los miembros del jurado, el actor norteamericano Edward G. Robinson, para defender al Comité de Actividades Antinorteamericanas, ridiculizada en una escena, con la que tiene graves problemas personales. El paso de los años solo ha hecho demasiado caricaturescos los diferentes sueños que subrayan las ilusiones de los distintos miembros de las fuerzas vivas de la localidad. Destaca el brillante trabajo de un amplio grupo de característicos actores secundarios a cuya cabeza se sitúan José Isbert, Manolo Morán y Alberto Romea.

Director: *Luis G. Berlanga*. Guionistas: *J. A. Bardem, Miguel Mihura, Luis G. Berlanga*. Fotografía: *Manuel Berenguer*. Música: *Jesús García Leoz*. Intérpretes: *Lolita Sevilla, Manolo Morán, José Isbert, Alberto Romea, Elvira Quintillá, Luis Pérez de León*. Producción: *Uninci*. Duración: *78'. España*.

BIGAS LUNA, José Juan *(Barcelona, España, 1946)*

Estudia arquitectura, funda diversas escuelas de diseño y da clases en alguna de ellas. Fotógrafo profesional, rueda diferentes y personales cortos y el largometraje *Tatuaje*, anodina adaptación de una novela policiaca de Manuel Vázquez Montalbán. Su auténtica personalidad y la fuerza de su cine aparecen por primera vez en *Bilbao* y *Caniche*, producciones de bajo presupuesto, rodadas con minuciosidad y profusión de primeros planos, sobre historias insólitas que se salen de lo habitual. Tras el fracaso de la aventura norteamericana *Renacer*, fallida historia que se desarrolla sobre el trasfondo de las sectas religiosas, vuelve a Barcelona para rodar el desigual policiaco erótico *Lola* y la brillante historia de terror ambientada en Estados Unidos *Angustia*. Su cine mejora cuando se instala en Madrid y comienza a trabajar para el productor Andrés Vicente Gómez, pero, a pesar de su interés por el erotismo, resulta fallido el encargo *Las edades de Lulú*, sobre la novela homónima de Almudena Grandes. Tiene mucho más atractivo su trilogía mediterránea, gastronómica, erótica y excesiva, integrada por *Jamón, jamón, Huevos de oro* y *La teta y la Luna*, a pesar de estar basadas en guiones que escribe con Cuca Canals, llenos de ideas, con brillantes comienzos y curiosos personajes, pero mal estructurados.

1976 *Tatuaje*.
1978 *Bilbao*. / *Caniche*.
1981 *Renacer* (Reborn).
1985 *Lola*.
1987 *Angustia*.
1990 *Las edades de Lulú*.
1992 *Jamón, jamón*.
1993 *Huevos de oro*.
1994 *La teta y la Luna*.
1995 *Lumière y compañía*, un episodio.

BINOCHE, Juliette *(París, Francia, 1964)*

Perteneciente a una familia de actores, estudia en el Conservatoire National d'Art Dramatique de París. A los dieciocho años debuta como actriz de teatro y a los veinte comienza a hacer pequeños papeles en cine, entre los que destaca su intervención en *Yo te saludo, María*. Lanzada por André Téchiné con *La cita* a nivel nacional, y por Philip Kaufman con *La insoportable levedad del ser* a nivel internacional, entre sus siempre conflictivos personajes destacan los de *Herida* y *Azul*.

1983 *Liberty Belle*, de Pascal Kané. / *La meilleur de la vie*, de Renaud Victor.
1984 *Adieu blaireau*, de Bob Decout. / *Les nanas*, de Annick Lanoë.
1985 *Rendez-vous* (La cita), de André Téchiné.
1986 *La vie de famille*, de Jacques Doillon. / *Je vous salue, Marie* (Yo te saludo, María), de Jean-Luc Godard. / *Mon beau-frère a tué ma soeur*, de Jacques Rouffio. / *Mauvais sang* (Mala sangre), de Leos Carax.
1987 *The Unbearable Lightness of Being* (La insoportable levedad del ser), de Philip Kaufman. / *Un tour de manège*, de Pierre Pradinas.
1991 *Les amants du Pont-Neuf* (Los amantes del Pont-Neuf), de Leos Carax.
1992 *Wuthering Heights* (Cumbres borrascosas), de Peter Kosminsky. / *Damage* (Herida), de Louis Malle.
1993 *Bleu* (Azul), de Krzysztof Kieslowski.
1995 *Le hussard sur le toit* (El húsar sobre el tejado), de Jean-Paul Rappeneau.

BISSET, Jacqueline *(Winifred Jacqueline Frazer Bisset. Weybridge, Surrey, Reino Unido, 1944)*

Hija de un médico escocés y una abogada francesa, estudia en el Liceo Francés de Londres y luego trabaja como modelo hasta que comienza a hacer pequeños papeles en películas dirigidas por Richard Lester, Roman Polanski y Stanley Donen. Contratada en 1967 por los estudios 20th Century Fox, rueda cuatro películas en Estados Unidos y se da a conocer gracias al éxito de los policiacos *El detective* y *Bullitt*. Sin embargo, no tarda en romper el contrato y durante los años setenta rueda en Francia *La noche americana*, de François Truffaut, y *Cómo destruir al más famoso agente secreto del mundo*, de Philippe de Broca; en Italia, *La mujer del domingo*, de Luigi Comencini; en el Reino Unido, *Asesinato en el Oriente Exprés*, de Sidney Lumet, y *Pero... ¿quién mata a los grandes «chefs»?*, de Ted Kotcheff; y de nuevo en Estados Unidos, *Aeropuerto*, de George Seaton; *El juez de la horca*, de John Huston, y *Abismo*, de Peter Yates. Hace lo mismo durante el resto de su carrera, en la que destacan sus papeles en *Ricas y famosas*, de George Cukor, y *Bajo el volcán*, de John Huston, aunque cada vez está más dedicada a la televisión.

1965 *The Knack ... and How to Get It* (El knack... y cómo conseguirlo), de Richard Lester.
1966 *Cul-de-sac* (Callejón sin salida), de Roman Polanski.
1967 *Drop Dead, Darling* (¡Cáete muerta, cariño!), de Ken Hughes. / *Two for the Road* (Dos en la carretera), de Stanley Donen. / *Casino Royale* (Casino Royal), de Val Guest, John Huston, Ken Hughes, Joseph McGrath y Robert Parrish. / *The Capetown Affair* (Intriga en Ciudad del Cabo), de Robert D. Webb. / *The Sweet Ride* (La playa), de Harvey Hart.
1968 *The Detective* (El detective), de Gordon Douglas. / *Bullitt*, de Peter Yates. / *L'échelle blanche*, de Robert Freeman.
1969 *La promesse*, de Paul Feyder. / *The First Time* (La primera conquista), de James Neilson.
1970 *Airport* (Aeropuerto), de George Seaton. / *The Grasshopper* (Saltarina), de Jerry Paris.
1971 *The Mephisto Waltz* (Satán mon amour), de Paul Wendkos. / *Believe in Me*, de Stuart Hagmann. / *Secrets* (Juegos íntimos), de Philip Saville.
1972 *Stand Up and Be Counted*, de Jackie Cooper. / *The Life and Times of Judge Roy Bean* (El juez de la horca), de John Huston.
1973 *The Thief Who Came to Dinner* (El ladrón que vino a cenar), de Bud Yorkin. / *La nuit américaine* (La noche americana), de François Truffaut. / *Le magnifique* (Cómo destruir al más famoso agente secreto del mundo), de Philippe de Broca.
1974 *Murder on the Orient Express* (Asesinato en el Oriente Exprés), de Sidney Lumet.
1975 *The Spiral Staircase* (La escalera de caracol), de Peter Collinson. / *Der Richter und sein Henker*, de Maximilian Schell. / *La donna della domenica* (La mujer del domingo), de Luigi Comencini.
1976 *St. Yves* (El temerario Yves), de J. Lee Thompson.
1977 *The Deep* (Abismo), de Peter Yates.
1978 *The Greek Tycoon* (El griego de oro), de J. Lee Thompson. / *Who Is Killing the Great Chefs of Europe?* (Pero... ¿quién mata a los grandes chefs?), de Ted Kotcheff.
1979 *Amo, non amo*, de Armenia Balducci. / *The Day the World Ended* (El día del fin del mundo), de James Goldstone.
1981 *Rich and Famous* (Ricas y famosas), de George Cukor.
1982 *Inchon*, de Terence Young.
1983 *Class*, de Lewis John Carlino. / *Under the Volcano* (Bajo el volcán), de John Huston.
1985 *Forbidden* (Su amor prohibido), de Anthony Page.
1987 *High Season* (Temporada alta), de Clare Peploe.
1988 *La maison de Jade*, de Nadine Trintignant.
1989 *Scenes From the Class Struggle in Beverly Hills* (Escenas de la lucha de sexos en Beverly Hills), de Paul Bartel. / *Wild Orchid* (Orquídea salvaje), de Zalman King.
1991 *The Maid* (Canguro último modelo), de Ian Toynton. / *Rossini! Rossini!*, de Mario Monicelli.
1994 *Les marmottes* (Las marmotas), de Elie Chouraqui.
1995 *La cérémonie* (La ceremonia), de Claude Chabrol.

BLADE RUNNER *(1982)*

En Los Ángeles en al año 2019, el detective Rick Deckard (Harrison Ford) debe encontrar y «retirar» a cuatro *replicantes* que han escapado de una colonia exterior y llegado a la Tierra. Mientras acaba con Zhora (Joanna Cassidy) y Leon (Brian James), se enamora de Rachel Roson (Sean Young), que intenta demostrar que no es una *replicante* ayudándole a matar a sus compañeros. Al igual que la novela original *¿Sueñan los androides con ovejas eléctricas?* (1968), del especialista Philip K. Dick, la obra maestra del realizador Ridley Scott trata de los cada vez más estrechos límites entre lo natural y lo artificial o, dicho de otra manera, «si luchas contra el mal acabas por formar parte de él». Tras «retirar» a Pris (Daryl Hannah) y el tradicional enfrentamiento final entre el bueno y el malo, en el que el jefe de los *replicantes* Roy Batty (Rutger Hauer) acepta morir en lugar del detective, Rick Deckard se va a vivir con su querida *replicante* Rachel Roson. El peculiar éxito de la película, mucho más de crítica que de público, y su capacidad de no envejecer, gracias a la excelente decoración creada por el pintor futurista Syd Mead, el director artístico David Snyder y el técnico en efectos especiales Douglas Tumbrull, hace que en 1991 se presente una versión algo más corta, de 117 minutos, pero más acorde con el montaje original de Ridley Scott. Desaparece la voz de fondo de Rick Deckard que puntualiza la primera versión y, sobre todo, el final feliz donde sobre un valle de gran belleza se anunciaba la felicidad de la pareja.

Director: *Ridley Scott*. Guionistas: *Hampton Fancher, David People*. Fotografía: *Jordan Cronenweth*. Música: *Vangelis*. Intérpretes: *Harrison Ford, Rutger Hauer, Sean Young, Edward James Olmos, Daryl Hannah*. Producción: *Michael Deeley para Warner. Color. Scope*. Duración: *124'. Estados Unidos*.

BLASETTI, Alessandro *(Roma, 1900-Roma, Italia, 1987)*

Licenciado en derecho, crítico de cine y fundador de algunas conocidas revistas especializadas, crea la productora Augustus con un grupo de amigos, entre los que destacan los realizadores Goffredo Alessandrini y Aldo Vergano, y debuta como director con *Sole*, una historia realista que se desarrolla en torno a la desecación de unas lagunas palúdicas. Tras *Nerone*, colección de tres episodios a mayor gloria del actor Ettore Petrolini, rueda la melodramática *Tierra madre, Resurrectio*, la primera película sonora italiana, y la comedia *L'impiegata di Papa*. El éxito de la historia de exaltación fascista *Vecchia guardia* le convierte en uno de los grandes directores del *Ventennio nero* a través de las producciones históricas: *1860*, sobre la época de Garibaldi; *Héctor Fieramosca*, en torno al enfrentamiento entre franceses e italianos ante el castillo de Morreale en 1503; *El caballero del antifaz*, eficaz historia de capa y espada, ambientada en el Reino de Nápoles; *La corona de hierro,* alegoría de amplio presupuesto sobre el triunfo del bien sobre el mal, y *La cena delle beffe,* melodrama situado en la Florencia del Renacimiento. Cierra el período fascista con la interesante *Cuatro pasos por las nubes,* historia de un viajante de comercio que compara el campo y la ciudad, basada en un buen guión de Cesare Zavattini, que marca el comienzo del neorrealismo, y *Nessuno torna indietro*, sobre siete muchachas que se enfrentan a la vida tras haber estado hospedadas en una residencia de monjas, adaptación de una novela de Alba de Cèspedes. En la posguerra rueda la acartonada *Un día en la vida*, sobre un grupo de partisanos que se refugia en un convento de clausura huyendo de los alemanes; la mastodóntica *Fabiola*, financiada por el Vaticano, a partir de la novela del cardenal Nicholas Wiseman sobre los primeros tiempos del cristianismo, y la neorrealista *Una hora en la vida,* sobre las peripecias de un padre en busca del traje de primera comunión de su hija, basada en un guión de Zavattini. Tiene gran éxito con *Sucedió así*, colección de relatos de escritores del siglo XX, y *Nuestros tiempos*, colección de narraciones de escritores de la época, que ponen de moda las películas de episodios; y con las «comedias a la italiana» *La ladrona, su padre y el taxista* y *La suerte de ser mujer*, que lanzan a la pareja formada por Sophia Loren y Marcello Mastroianni, y *Hablemos de amor*. Carecen de interés sus documentales, casi de ficción, *Europa di notte,* sobre los espectáculos nocturnos; *Io amo, tu ami,* sobre los hábitos del amor, y *Yo, yo, yo... y los demás,* sobre el egoísmo. Entre sus últimos trabajos solo cabe citar *Simón Bolívar,* irregular biografía del libertador latinoamericano del siglo XIX con la que vuelve al género histórico.

1929 *Sole*.
1930 *Nerone*. / *Terra madre* (Tierra madre).
1931 *Resurrectio*.
1932 *Palio*. / *La tavola dei poveri*.
1933 *Il caso Haller*. / *L'impiegata di Papa*.
1934 *Vecchia guardia*. / *1860*.
1935 *Aldebaran*.
1937 *La contessa di Parma* (La condesa maniquí).
1938 *Ettore Fieramosca* (Héctor Fieramosca).
1939 *Retroscena*. / *Un'avventura di Salvator Rosa* (El caballero del antifaz).
1940 *La corona di ferro* (La corona de hierro).

1941 *La cena delle beffe.*
1942 *Quattro passi fra la nuvole* (Cuatro pasos por las nubes).
1943 *Nessuno torna indietro.*
1946 *Un giorno nelle vita* (Un día en la vida).
1948 *Fabiola.*
1950 *Prima comunione* (Una hora en la vida).
1951 *Altri tempi* (Sucedió así).
1952 *La fiammata* (La vida es así).
1953 *Tempi nostri* (Nuestros tiempos).
1954 *Peccato che sia una canaglia* (La ladrona, su padre y el taxista).
1955 *La fortuna di essere donna* (La suerte de ser mujer).
1957 *Amore e chiacchiere* (Hablemos de amor).
1958 *Europa di notte.*
1960 *Io amo, tu ami.*
1963 *La lepre e la tartaruga* (La liebre y la tortuga), episodio de *Le quattro verità* (Las cuatro verdades).
1964 *Liolà.*
1965 *Io, io, io... e gli altri* (Yo, yo, yo... y los demás).
1967 *La ragazza del bersagliere* (No, no, mi amor).
1969 *Simón Bolívar.*

BLIER, Bertrand *(París, Francia, 1939)*

Hijo del actor Bernard Blier, trabaja como ayudante de dirección antes de rodar documentales y debutar como realizador a los veintitrés años con *Hitler, connais pas*, una encuesta sociológica que revela la ignorancia de la juventud de la época sobre el nazismo. Desde mediados de los años sesenta alterna la escritura de novelas con la realización de películas. Tras la anodina historia de espionaje *Si j'étais un espion*, le hace dedicarse más al cine el gran éxito de *Los rompepelotas*, basada en una novela propia, una peculiar obra iconoclasta que provoca la risa en unos y la cólera en otros. Siguiendo esta misma línea de comedias provocadoras alterna algunos fracasos, *Calmos, La femme de mon pote* y *Notre histoire*, con grandes éxitos en Francia, *¿Quiere ser el amante de mi mujer?*, que gana el Oscar reservado a la producción extranjera; *Buffet froid, Tú me hiciste mujer*, sobre las relaciones entre una adolescente y el amante de su madre, y *Tenue de soirée*, que vuelve a adaptar de una de sus novelas. Dentro del mismo estilo de narraciones moralistas, muy francesas, donde no duda en recurrir a la provocación para conseguir los efectos deseados, también se sitúan *Demasiado bella para ti, Mercie la vie* y *Un, deux, trois soleil.*

1963 *Hitler, connais pas.*
1967 *Si j'étais un espion.*
1974 *Les valseuses* (Los rompepelotas).
1976 *Calmos.*
1978 *Préparez vos mouchoirs* (¿Quiere ser el amante de mi mujer?).
1979 *Buffet froid.*
1981 *Beau-père* (Tú me hiciste mujer).
1983 *La femme de mon pote.*
1984 *Notre histoire.*
1986 *Tenue de soirée.*
1989 *Trop belle pour toi* (Demasiado bella para ti).
1991 *Merci la vie.*
1993 *Un, deux, trois soleil.*
1995 *Mon homme* (Mi hombre).

BLOW-UP *(1966)*

Tomando como punto de partida *Las babas del diablo*, un cuento del argentino Julio Cortázar, Michelangelo Antonioni hace una adaptación muy personal con la ayuda de su colaborador habitual Tonino Guerra. Sitúa la acción en el Londres de los fotógrafos de modas, la revolución del vestido, las primeras manifestaciones juveniles por la paz, el comienzo de la libertad sexual y el consumo de drogas blandas. Y narra cómo el fotógrafo Thomas (David Hemmings) entra en el tranquilo parque de Shaw, comienza a fotografiar a una solitaria pareja hasta que ella (Vanessa Redgrave) se da cuenta, le persigue, le pide el carrete y trata de comprárselo. Al revelar y ampliar las fotografías del parque descubre un cadáver entre los setos, regresa por la noche y lo encuentra, pero al día siguiente le han robado los negativos y el cadáver ha desaparecido. Tras esta tenue fachada esconde una compleja consideración, casi filosófica, sobre la realidad y la apariencia, que mantiene en pie la película. Este moderno policiaco, el más intelectual de la historia del cine, donde solo hay un atisbo de cadáver, pero en el que no existe ni crimen, ni asesino, ni confusa explicación final, tiene una gran influencia sobre el cine norteamericano. Si aquí se descubre, o cree descubrirse, un asesinato ampliando una y otra vez una fotografía, tanto en *La conversación* (The Conversation, 1974), de Francis Ford Coppola, como en *Impacto* (Blow Out, 1981), de Brian de Palma, es un sonido grabado, ampliado y vuelto a filtrar, el que lleva al descubrimiento de un crimen.

Director: *Michelangelo Antonioni*. Guionistas: *Michelangelo Antonioni, Tonino Guerra*. Fotografía:

Carlo di Palma. Música: *Herbert Hancock.* Intérpretes: *David Hemmings, Vanessa Redgrave, Sarah Miles, Peter Bowles, Jane Birkin, Gillian Hills, Verushka.* Producción: *Carlo Ponti para Metro-Goldwyn-Mayer.* Color. Duración: *110'. Reino Unido.*

BODAS REALES *(Royal Wedding, 1951)*

Este modesto musical Metro-Goldwyn-Mayer, producido por el especialista Arthur Freed, es la primera película con guión y canciones de Alan Jay Lerner y también la primera dirigida en solitario por el coreógrafo Stanley Donen. Narra con sencillez cómo los hermanos norteamericanos Tom Powen (Fred Astaire) y Eellen Powen (Jane Powell), estrellas del espectáculo musical *Every Night at Seven,* son invitados a representar su obra en Londres durante las fiestas que se celebraron con motivo de la coronación de la reina Isabel II, cada uno se enamora de su correspondiente pareja y al final se casan. Con coreografía de los propios Donen y Astaire, incluye el genial e imaginativo número *You're All the World to Me,* donde un Fred Astaire enamorado baila por las paredes y el techo de una habitación. También destacan los números *I Left My Hat in Haiti,* que bailan Astaire y Jane Powell en un ambiente caribeño, y *Sunday Jumps,* que baila Astaire en solitario al ritmo de un metrónomo y teniendo como pareja un perchero. En el último momento la cursilita Jane Powell debe sustituir a la excelente Judy Garland, ya con problemas con drogas.

Director: *Stanley Donen.* Guionista: *Alan Jay Lerner.* Fotografía: *Robert Planck.* Música: *Johnny Green.* Intérpretes: *Fred Astaire, Jane Powell, Sarah Churchill, Peter Lawford, Keenan Wynn.* Producción: *Arthur Freed para Metro-Goldwyn-Mayer.* Color. Duración: *93'. Estados Unidos.*

BOETTICHER, Budd *(Oscar Boetticher. Chicago, Illinois, 1916)*

Durante sus estudios en la Ohio State University se convierte en jugador profesional de fútbol americano, pero más tarde descubre en México la tauromaquia y llega a ser torero. Comienza a trabajar en el cine como consejero técnico de *Sangre y arena* (Blood and Sand, 1941), de Rouben Mamoulian, y luego es ayudante de dirección de Lewis Milestone, George Stevens y Charles Vidor. Entre 1944 y 1950 realiza diez largometrajes de Serie B con su verdadero nombre, de los que más tarde reniega, pero de los que pueden citarse: *Escape in the Fog, Sentenciado a muerte* y *Behind Locked Doors.* El segundo período de su carrera empieza con *The Bullfighter and the Lady,* una buena historia sobre el mundo de los toros, al igual que *Santos, el magnífico* y el documental *Arruza,* que rueda en México durante casi una década y marca el final de su carrera. Se da a conocer con unos cuantos *westerns* de bajo presupuesto que rueda para los estudios Universal: *The Cimarron Kid, Bronco Buster, Horizontes del Oeste* y, sobre todo, *Traición en Fort King, El desertor de El Álamo* y *Wings of the Hawk.* Entre el irregular policiaco *El asesino anda suelto* y la modélica historia de gángsters *La ley del hampa,* durante la segunda mitad de los años cincuenta hace siete *westerns* de Serie B protagonizados por Randolph Scott y la mayoría escritos por Burt Kennedy que le sitúan entre los grandes especialistas del género. Tanto *Seven Men From Now, Los cautivos, Decision at Sundown* y *Buchanan Rides Alone,* como *Westbound, Ride Lonesome* y *Estación comanche,* narran similares historias de venganzas con una cada vez más depurada eficacia narrativa. Tras un bache de diez años, cierra el tercer y último período de su carrera el *western* irregular *A Time for Dying,* debido a que no encuentra financiación para ninguno de sus proyectos y solo consigue vender el guión de *Dos mulas y una mujer* (Two Mules for Sister Sara, 1970), que dirige Don Siegel.

1944 *One Mysterious Night.* / *The Missing Juror.*
1945 *Youth on Trial.* / *A Guy, a Gal and a Pal.* / *Escape in the Fog.*
1948 *Assigned to Danger* (Sentenciado a muerte). / *Behind Locked Doors.*
1949 *Black Midnight.* / *Wolf Hunters.*
1950 *Killer Shark.*
1951 *The Bullfighter and the Lady.* / *The Cimarron Kid.*
1952 *Bronco Buster.* / *Red Ball Express.* / *Horizons West* (Horizontes del Oeste).
1953 *City Beneath the Sea.* / *Seminole* (Traición en Fort King). / *The Man From the Alamo* (El desertor de El Álamo). / *Wings of the Hawk.* / *East of Sumatra.*
1955 *The Magnificent Matador* (Santos, el magnífico).
1956 *The Killer Is Loose* (El asesino anda suelto). / *Seven Men From Now.*
1957 *The Tall T* (Los cautivos). / *Decision at Sundown.*

1958 *Buchanan Rides Alone.* / *Westbound.*
1959 *Ride Lonesome.* / *Westbound.*
1960 *The Rise and Fall of Legs Diamond* (La ley del hampa). / *Comanche Station* (Estación comanche).
1968 *Arruza.*
1969 *A Time for Dying.*

BOGARDE, Dirk *(Derek van den Bogaerde. Hamstead, Londres, Reino Unido, 1921)*

De origen holandés, es hijo del director del departamento de fotografía del diario *London Times* y de una actriz de teatro. Mientras estudia arte dramático en el Royal College of Arts, trabaja como fotógrafo, lo que le permite seguir como fotógrafo y dibujante el desembarco de Normandía durante la II Guerra Mundial. Debuta como actor en la posguerra y en 1947 firma un contrato en exclusiva con el importante productor británico Arthur Rank. Esto le obliga a rodar veinticinco películas durante la década de los cincuenta, entre las que hay que citar las anodinas comedias de la serie *Doctor in...* que le dan gran popularidad, pero también las interesantes *Extraño suceso* e *I'll Met by Moonlight.* Convertido en un gran actor, encarna al compositor Franz Liszt en la producción norteamericana *Sueño de amor*, a un complejo pistolero en el *western* peculiar *El demonio, la carne y el perdón* y a un policía homosexual en *Víctima.* Empieza a ser apreciado internacionalmente por sus trabajos con Joseph Losey en *El tigre dormido, El sirviente, Rey y patria, Modesty Blaise* y *Accidente.* Llega a ser una estrella del cine europeo gracias a sus interpretaciones para Luchino Visconti en *La caída de los dioses* y *Muerte en Venecia,* George Cukor en *Justine,* Liliana Cavani en *Portero de noche,* Alain Resnais en *Providence,* Rainer Werner Fassbinder en *Desesperación* y Bertrand Tavernier en *Daddy Nostalgie.* Desde finales de la década de los sesenta solo interviene en un par de producciones y se dedica a escribir irregulares libros autobiográficos que tienen éxito de ventas.

1939 *Come on George*, de Anthony Kimmins.
1947 *Esther Waters,* de Ian Dalrymple. / *Dancing With Crime,* de John P. Carstairs.
1948 *Quartet,* episodio de Harold French. / *Once a Jolly Swagman,* de Jack Lee.
1949 *Dear Mr. Prohack,* de Thornton Freeland. / *Boys in Brown,* de Montgomery Tully.
1950 *The Blue Lamp* (El farol azul), de Basil Dearden. / *So Long at the Fair* (Extraño suceso), de Terence Fisher. / *The Woman in Question,* de Anthony Asquith.
1951 *Blackmailed,* de Marc Allégret. / *Hunted,* de Charles Crichton.
1952 *The Gentle Gunman,* de Basil Dearden. / *Penny Princess,* de Val Guest.
1953 *Appointment in London,* de Philip Leacock. / *Desperate Moment* (Momento desesperado), de Compton Bennett.
1954 *They Who Dare,* de Lewis Milestone. / *The Sleeping Tiger* (El tigre dormido), de Joseph Losey. / *For Better for Worse,* de J. Lee Thompson. / *Doctor in the House* (Un médico en la familia), de Ralph Thomas. / *The Sea Shall Not Have Them,* de Lewis Gilbert.
1955 *Simba,* de Brian Desmont Hurst. / *Doctor at Sea* (Un médico en la Marina), de Ralph Thomas. / *Cast a Dark Shadow* (La silla vacía), de Lewis Gilbert.
1956 *The Spanish Gardener,* de Philip Leacock. / *I'll Met by Moonlight,* de Michael Powell y Emeric Pressburger.
1957 *Doctor at Large* (Un médico fenómeno), de Ralph Thomas. / *Campbell's Kingdom* (La dinastía del petróleo), de Ralph Thomas.
1958 *A Tale of Two Cities* (Historia de dos ciudades), de Ralph Thomas. / *The Wind Cannot Read* (El viento no sabe leer), de Ralph Thomas.
1959 *The Doctor's Dilemma,* de Anthony Asquith. / *Libel* (La noche es mi enemiga), de Anthony Asquith.
1960 *Song Without End* (Sueño de amor), de Charles Vidor. / *The Angel Wore Red,* de Nunnally Johnson. / *The Singer Not the Song* (El demonio, la carne y el perdón), de Roy Ward Baker.
1961 *Victim* (Víctima), de Basil Dearden. / *H.M.S. Defiant* (Motín en el Defiant), de Lewis Gilbert.
1962 *The Password Is Courage,* de Andrew L. Stone. / *We Joined the Navy,* de Wendy Toye. / *I Could Go On Singing,* de Ronald Neame. / *The Mind Benders* (El extraño caso del doctor Longman), de Basil Dearden.
1963 *Doctor in Distress* (Los problemas del doctor), de Ralph Thomas. / *Hot Enough for June* (Demasiado cálido para junio), de Ralph Thomas. / *The Servant* (El sirviente), de Joseph Losey.
1964 *The High Bright Sun* (Persecución implacable), de Ralph Thomas. / *King and Country* (Rey y patria), de Joseph Losey.
1965 *Darling,* de John Schlesinger.
1966 *Modesty Blaise,* de Joseph Losey.
1967 *Accident* (Accidente), de Joseph Losey. / *Our Mother's House* (A las nueve cada noche), de Jack Clayton.
1968 *Sebastian* (Mr. Sebastian), de David Greene. / *The Fixer* (El hombre de Kiev), de John Frankenheimer.

1969 *Oh, What a Lovely War!* (¡Oh, qué guerra tan bonita!), de Richard Attenborough. / *La caduta degli dei* (La caída de los dioses), de Luchino Visconti. / *Justine*, de George Cukor.
1971 *Morte a Venezia* (Muerte en Venecia), de Luchino Visconti.
1972 *Le serpent* (El serpiente), de Henri Verneuil.
1974 *Il portiere di notte* (Portero de noche), de Liliana Cavani.
1975 *Permission to Kill* (El hombre que decidía la muerte), de Cyril Frankel.
1976 *Providence*, de Alain Resnais.
1977 *A Bridge Too Far* (Un puente lejano), de Richard Attenborough.
1978 *Eine Reise ins Licht* (Desesperación), de Rainer Werner Fassbinder.
1987 *The Vision*, de Norman Stone.
1990 *Daddy Nostalgie*, de Bertrand Tavernier.

BOGART, Humphrey *(Humphrey DeForest Bogart. Nueva York, 1899-Beverly Hills, California, Estados Unidos, 1957)*

Hijo del cirujano Belmont DeForest y de la diseñadora Maud Humphrey, comienza a estudiar medicina, pero es expulsado de la universidad por indisciplinado. Enrolado en la Marina, participa en el final de la Gran Guerra y a su vuelta a Nueva York tiene diferentes empleos hasta que en 1922 debuta como actor de teatro. La llegada del sonoro le hace alternar ambos medios desde 1930, pero el éxito en teatro y cine de la obra de Robert E. Sherwood *El bosque petrificado* le hace dedicarse solo al cine. Contratado en exclusiva desde 1932 hasta 1951 por los estudios Warner, se especializa en personajes secundarios de gángster hasta que, tras rechazar George Raft los protagonistas de *El último refugio*, de Raoul Walsh, y *El halcón maltés*, de John Huston, tiene tal éxito con ellos que se convierte en una de las estrellas más características de Hollywood. Entre sus películas sobresalen *Casablanca*, de Michael Curtiz; *Tener y no tener* y *El sueño eterno*, de Howard Hawks —que protagoniza con la que será su cuarta esposa, la debutante Lauren Bacall—; *El motín del «Caine»*, de Edward Dmytryk; *La condesa descalza*, de Joseph L. Mankiewicz, y *Más dura será la caída*, de Mark Robson. Tiene especial importancia su trabajo con John Huston en seis películas, entre las que destacan *El halcón maltés, El tesoro de Sierra Madre, Cayo Largo* y *La Reina de África*, por la que obtiene su único Oscar, donde repite el personaje del aventurero que pierde lo que busca con entusiasmo nada más encontrarlo. Con su marca Santana produce y protagoniza las excelentes *Llamad a cualquier puerta* y *En un lugar solitario*, de Nicholas Ray, además de otras menos atractivas.

1930 *A Devil With Women* (El conquistador), de Irving Cummings. / *Up the River* (Río arriba), de John Ford.
1931 *Body and Soul* (Cuerpo y alma), de Alfred Santell. / *Bad Sister*, de Hobart Henley. / *Women of All Nations* (¡Vaya mujeres!), de Raoul Walsh. / *A Holy Terror* (El temerario), de Irving Cummings.
1932 *Love Affair* (Juventud moderna), de Thornton Freeland. / *Big City Blues*, de Mervyn LeRoy. / *Three on a Match* (Tres vidas de mujer), de Mervyn LeRoy.
1934 *Midnight*, de Chester Erskine.
1936 *The Petrified Forest* (El bosque petrificado), de Archie L. Mayo. / *Bullets or Ballots* (Balas o votos), de William Keighley. / *Two Againts the World*, de William McGann. / *China Clipper*, de Ray Enright. / *Isle of Fury*, de Frank McDonald.
1937 *Black Legion*, de Archie L. Mayo. / *The Great O'Malley*, de William Dieterle. / *Marked Women* (La mujer marcada), de Lloyd Bacon. / *Kid Galahad*, de Michael Curtiz. / *San Quentin*, de Lloyd Bacon. / *Dead End* (Callejón sin salida), de William Wyler. / *Stand-In* (Siempre Eva), de Tay Garnett. / *Swing Your Lady*, de Ray Enright.
1938 *Crime School*, de Lewis Seiler. / *Men Are Such Fools*, de Busby Berkeley. / *The Amazing Dr. Clitterhouse*, de Anatole Litvak. / *Racket Busters*, de Lloyd Bacon. / *Angels With Dirty Faces* (Ángeles con caras sucias), de Michael Curtiz.
1939 *King of the Underworld*, de Lewis Seiler. / *The Oklahoma Kid*, de Lloyd Bacon. / *Dark Victory* (Amarga victoria), de Edmund Goulding. / *You Can't Get Away With Murder*, de Lewis Seiler. / *The Roaring Twenties* (Los violentos años veinte), de Raoul Walsh. / *The Return of Dr. X*, de Vincent Sherman. / *Invisible Stripes*, de Lloyd Bacon.
1940 *Virginia City* (Oro, amor y sangre), de Michael Curtiz. / *It All Came True*, de Lewis Seiler. / *They Drive by Night* (Pasión ciega), de Raoul Walsh. / *Brother Orchid*, de Lloyd Bacon.
1941 *High Sierra* (El último refugio), de Raoul Walsh. / *The Wagons Roll at Night*, de Ray Enright. / *The Maltese Falcon* (El halcón maltés), de John Huston.
1942 *All Through the Night* (A través de la noche), de Vincent Sherman. / *The Big Shot*, de Lewis Seiler. / *Across the Pacific*, de John Huston.
1943 *Casablanca*, de Michael Curtiz. / *Action in the North Atlantic* (Acción en el Atlántico Norte), de

Lloyd Bacon. / *Thank Your Lucky Stars*, de David Butler. / *Sahara*, de Zoltan Korda.
1944 *Passage to Marseille* (Pasaje a Marsella), de Michael Curtiz. / *To Have and Have Not* (Tener y no tener), de Howard Hawks.
1945 *Conflict* (Retorno al abismo), de Curtis Bernhardt.
1946 *Two Guys From Milwaukee*, de David Butler. / *The Big Sleep* (El sueño eterno), de Howard Hawks.
1947 *Dead Reckoning* (Callejón sin salida), de John Cromwell. / *The Two Mrs. Carrolls* (Las dos señoras Carroll), de Peter Godfrey. / *Dark Passage* (La senda tenebrosa), de Delmer Daves.
1948 *Always Together*, de Frederick de Cordova. / *The Treasure of the Sierra Madre* (El tesoro de Sierra Madre), de John Huston. / *Key Largo* (Cayo Largo), de John Huston.
1949 *Knock on Any Door* (Llamad a cualquier puerta), de Nicholas Ray. / *Tokyo Joe* (Secuestro), de Stuart Heisler.
1950 *Chain Lightning* (Una llamada en el espacio), de Stuart Heisler. / *In a Lonely Place* (En un lugar solitario), de Nicholas Ray. / *The Enforcer* (Sin conciencia), de Bretaigne Windust.
1951 *Sirocco* (Siroco), de Curtis Bernhardt. / *The African Queen* (La Reina de África), de John Huston.
1952 *Deadline USA* (El cuarto poder), de Richard Brooks.
1953 *Battle Circus*, de Richard Brooks.
1954 *Beat the Devil* (La burla del diablo), de John Huston. / *The Caine Mutiny* (El motín del Caine), de Edward Dmytryk. / *Sabrina*, de Billy Wilder. / *The Barefoot Contessa* (La condesa descalza), de Joseph L. Mankiewicz.
1955 *We're No Angels* (No somos ángeles), de Michael Curtiz. / *The Left Hand of God* (La mano izquierda de Dios), de Edward Dmytryk. / *The Desperate Hours* (Horas desesperadas), de William Wyler.
1956 *The Harder They Fall* (Más dura será la caída), de Mark Robson.

BOGDANOVICH, Peter *(Kingston, New York, 1939)*

Descendiente de una familia de emigrantes yugoslavos judíos, deja sus estudios por los de arte dramático; a los diecisiete años debuta como actor y dos años después como director de teatro. Sin abandonar sus aficiones teatrales, empieza a trabajar en el Museo de Arte Moderno de Nueva York, se convierte en un cinéfilo y durante diez años ve miles de películas, escribe sobre cine en importantes revistas, como *Esquire*, publica monografías sobre Howard Hawks, Alfred Hitchcock y Orson Welles y libros de entrevistas con Allan Dwan, John Ford y Fritz Lang, y rueda el documental *Directed by John Ford* (1971). Gracias al productor y realizador Roger Corman comienza a trabajar en cine como director de la segunda unidad de su película *Los ángeles del infierno* (The Wild Angels, 1966); más tarde vuelve a montar y rueda algunas escenas adicionales para una producción soviética de ciencia-ficción que acaba convirtiéndose en *Voyage to the Planet of Prehistoric Women* (1966), y finalmente, aprovecha que a Corman le sobran cinco días de un contrato con el actor Boris Karloff para debutar como director con *El héroe anda suelto,* que establece un interesante paralelismo entre una estrella del cine de terror y un enloquecido tirador que dispara sobre la gente. Convertido en el primer crítico de cine norteamericano director, rueda su mayor éxito, *La última película,* una historia nostálgica sobre un grupo de amigos que vive en un pueblo antes de irse a la guerra de Corea, pero no ha envejecido bien. Tras *¿Qué me pasa, doctor?,* mala copia de las comedias de Howard Hawks, su cine mejora con *Luna de papel,* sobre un padre y su pequeña hija que durante la Depresión sobreviven haciendo estafas con biblias, y, sobre todo, con *Daisy Miller,* buena adaptación de la novela homónima de Henry James, que rueda en Italia. Su trabajo empeora con *At Long Last Love,* una historia romántica ambientada en Nueva York, en 1935, con música de Cole Porter, que muestra su incapacidad y la de sus intérpretes para el musical, y con *Así nació Hollywood,* sobre los pioneros cinematográficos. El fracaso de estas películas, que también escribe y produce, le mantienen tres años alejado de la dirección, pero vuelve gracias a Roger Corman que le produce *El rey de Singapur,* una aventura sobre un norteamericano que regenta un burdel, que escribe sobre una novela de Paul Theroux. Su carrera prosigue lánguidamente, a través de un exceso de influencias mal asimiladas, con *Todos rieron,* una comedia sentimental de enredo en torno a una agencia de detectives; *Máscara,* un melodrama sobre las difíciles relaciones entre un adolescente con acromegalia y el mundo; *Illegally Yours,* la peor de sus tontas comedias, y *Texasville,* donde retoma veinte años después a los aburridos personajes de *La última película.* Al mismo tiempo que publica su mítico libro de entrevistas con Orson Welles, realiza *Esa cosa llamada amor*, en torno a las relaciones entre dos aspirantes a cantantes *country* en la ciudad de Nashville, que se sitúa entre sus mejores trabajos.

1968 *Targets* (El héroe anda suelto).
1971 *The Last Picture Show* (La última película).
1972 *What's Up Doc?* (¿Qué me pasa, doctor?).
1973 *Paper Moon* (Luna de papel).
1974 *Daisy Miller*.
1975 *At Long Last Love*.
1976 *Nickelodeon* (Así nació Hollywood).
1979 *Saint Jack* (El rey de Singapur).
1981 *They All Laughed* (Todos rieron).
1985 *Mask* (Máscara).
1988 *Illegally Yours*.
1990 *Texasville*.
1992 *Noises Off*.
1993 *The Thing Called Love* (Esa cosa llamada amor).

BOHÈME, LA *(1926)*

La novela de Henri Murger no solo es origen de la famosa ópera de Giacomo Puccini, sino también de varias películas entre las que hay que señalar *La vida de bohemia* (La vie de bohème, 1992), irregular versión dramática del finlandés Aki Kaurismäki, protagonizada por Matti Pellompää y Evelyne Didi; la versión de la ópera rodada en 1987 por el italiano Luigi Comencini con Barbara Hendrichs y José Carreras; y, sobre todo, esta primitiva versión muda realizada con mano maestra por King Vidor. Narra cómo Mimi (Lillian Gish) es una pobre costurera que se muere de hambre en el Quartier Latin de París, Rodolfo (John Gilbert) sigue siendo un bohemio escritor en busca de la fama, y la única prostituta de la historia es su vecina Musette (Renée Adorée). Mientras los amores de Mimi se desarrollan en silencio, él triunfa gracias a su ayuda y solo vuelve para encontrarla demasiado tarde y que muera de tuberculosis en sus brazos. A pesar del tono teatral que desprende la historia y de estar muy lejos del realismo buscado por King Vidor en la época, tiene un gran interés por el minucioso trabajo de dirección y por la excelente interpretación de Lillian Gish.

Director: *King Vidor*. Guionistas: *Ray Doyle, Fred de Gresac, Harry Behn*. Fotografía: *Hendrik Sartov*. Música: *William Axt*. Intérpretes: *Lillian Gish, John Gilbert, Renée Adorée, George Hassell, Roy d'Arcy*. Producción: *Irving Thalberg para Metro-Goldwyn-Mayer*. Duración: *85'. Estados Unidos*.

BOLLAÍN, Icíar *(Madrid, España, 1968)*

Descubierta por Víctor Erice a los dieciséis años, protagoniza *El sur*, y posteriormente trabaja en algunas de las películas más personales realizadas en España durante los últimos diez años. Brilla su trabajo en *Malaventura*, de Manuel Gutiérrez Aragón; *Un paraguas para tres*, de Felipe Vega, y *Tierra y libertad*, de Ken Loach. Debuta como directora con *Hola, ¿estás sola?*, una comedia realista sobre las correrías de dos amigas sin dinero por media España, realizada con tan poco presupuesto como gracia y habilidad narrativa.

Como directora
1995 *Hola, ¿estás sola?*
Como actriz
1983 *El sur*, de Víctor Erice.
1986 *Las dos orillas*, de Juan Bollaín.
1987 *Mientras haya luz*, de Felipe Vega.
1988 *Malaventura*, de Manuel Gutiérrez Aragón.
1989 *Venecias*, de Pablo Llorca.
1990 *El mejor de los tiempos*, de Felipe Vega. / *Doblones de a ocho*, de Andrés Linares.
1991 *Realquiler*, de Chus Gutiérrez.
1992 *Un paraguas para tres*, de Felipe Vega.
1993 *Dime una mentira*, de Juan Bollaín. / *Tocando fondo*, de José Luis Cuerda. / *Jardines colgantes*, de Pablo Llorca.
1994 *Tierra y libertad*, de Ken Loach.
1995 *El techo del mundo*, de Felipe Vega.

BOLOGNINI, Mauro *(Pistoia, Italia, 1922)*

Licenciado en arquitectura por la Universidad de Florencia, se matricula en los cursos de dirección del Centro Sperimentale di Cinematografia de Roma. Ayudante de dirección de Luigi Zampa, Marc Allégret y Jean Delannoy, debuta como realizador con la irregular *Ci troviamo in galleria*, a la que siguen las comedias sentimentales *También yo te quiero, Los enamorados, Maridos jóvenes* y *Marisa la civetta*, que escribe con Pasolini. El encuentro a finales de los años cincuenta con el poeta, novelista y cineasta Pier Paolo Pasolini, con quien escribe los guiones de *La notte brava* y *La giornata balorda*, primeros reflejos de su personal mundo, es decisivo para la evolución de su cine. Durante la primera mitad de la década de los sesenta se especializa en adaptaciones literarias de escritores italianos, que le dan cierta notoriedad, con *El bello Antonio,* sobre Vitaliano Brancati; *La viaccia,* sobre Mario Pratesi; *Senilidad,* sobre Italo Svevo, y *Agostino,* sobre Alberto Moravia. Después de pasar la segunda mitad de los sesenta colaborando en desiguales producciones de episodios, sigue con las adaptaciones en *Mademoiselle de Maupin,* sobre Théophile Gautier; *Un bellissimo novembre,* sobre Ercole Patti; *Metello,* sobre Vasco Pratolini; *Bubu de Montparnasse,* sobre Charles L. Philippe; *La herencia Ferramonti,* sobre Gaetano Carlo Chelli, y *La verdadera historia de la señora de las camelias,* sobre Alexandre Dumas. Convertido en un ilustrador de historias de época, más interesado por la ambientación que por la narrativa, su cine pierde toda personalidad, mientras también rueda los guiones originales *La gran burguesía, Libertad, amor mío* y *Adiós, Moscú.*

1953 *Ci troviamo in galleria.*
1955 *Gli innamorati* (Los enamorados). / *La vena d'oro* (También yo te quiero).
1956 *Guardia, guardia scelta, brigadiere e maresciallo* (Guardias de Roma).
1957 *Marisa la civetta.*
1958 *Giovanni mariti* (Maridos jóvenes).
1959 *Arrangiatevi!* / *La notte brava.*
1960 *La giornata balorda.* / *Il bell'Antonio.*
1961 *La viaccia.*
1962 *Senilità* (Senilidad). / *Agostino.*
1963 *La corruzione* (La corrupción).
1964 *I miei cari* y *Luciana,* episodios de *La mia signora.*
1965 *Monsignor Cupido,* episodio de *Le bambole* (Las cuatro muñecas). / *Gli amanti celebri* (Los amantes célebres), episodio de *I tre volti* (Tres perfiles de mujer).
1966 *La balena bianca* (La ballena blanca) y *Una donna dolce dolce* (Una mujer muy dulce), episodios de *La donna è una cosa meravigliosa* (La mujer es una cosa maravillosa). / *Madamigella di Maupin* (Mademoiselle de Maupin).
1967 *Senso civico* (Sentido cívico), episodio de *Le streghe* (Las brujas). / *Notti romane* (Noches romanas). / *L'amore attraverso i secoli* (El oficio más viejo del mundo). / *Arabella.*
1968 *Perche?* y *La gelosia,* episodios de *Capriccio all'italiana.*
1969 *Un bellissimo novembre.* / *L'assoluto naturale.*
1970 *Metello.*
1971 *Bubù* (Bubu de Montparnasse).
1972 *Imputazione di omicidio per uno studente* (Proceso a un estudiante acusado de homicidio).
1974 *Fatti di gente per bene* (La gran burguesía).
1975 *Per le antiche scale* (Por las antiguas escaleras). / *Libera, amore mio* (Libertad, amor mío).
1976 *L'eredità Ferramonti* (La herencia Ferramonti).
1978 *Gran bollito* (Una historia extraordinaria).
1979 *Sarò tutto per te* (Seré todo para ti), episodio de *Dove vai in vacanza?* (Vicios de verano).
1980 *La storia vera della signora dalle camelie* (La verdadera historia de la señora de las camelias).
1986 *La venexiana.*
1987 *Mosca, addio* (Adiós, Moscú).
1991 *La villa del vernerdi* (La villa de los viernes).

BONNIE Y CLYDE (*Bonnie and Clyde, 1967*)

La aparición, en plena Depresión económica de los años treinta, de la pareja de atracadores de bancos formada por Bonnie Parker (Faye Dunaway) y Clyde Barrow (Warren Beatty), cómo se les une el joven C. W. Moss (Michael J. Pollard) y luego sus parientes Buck Barrow (Gene Hackman), recién salido de la cárcel, y su mujer Blande (Estelle Parsons), para ser finalmente delatados por el padre del joven (Dub Taylor), es origen de una de las mejores películas de gángsters y de la obra maestra del personal realizador Arthur Penn. Basada en un guión original de los guionistas David Newman y Robert Benton, apoya gran parte de su atractivo en la impotencia de Clyde Barrow, lo que lleva a la pareja a sustituir el falo por la pistola y el erotismo por la violencia dentro de una tradicional estructura de itinerario. Penn hace un retrato realista de dos niños malvados, que se rebelan contra una sociedad de adultos en la que solo ven absurdos e injusticias, y alcanza un enorme éxito por su brillante y conseguida mezcla de romanticismo, erotismo y violencia. Buena prueba de ello es que, en una época donde la censura todavía está plenamente vigente, mientras en unos países se cortan las escenas violentas, en otros, como España, se mutilan las eróticas. Imitada con torpeza hasta la saciedad, también encierra una excelente reconstrucción de los años de la Depresión y mezcla con habilidad el realismo con un peculiar humor que la hace seguir vigente al cabo del tiempo. Sobre el mismo tema también se rueda una primera, olvidada y muy diferente versión, *The Bonnie Parker Story* (1958), de William Witney, una producción de Serie B protagonizada por Dorothy Provine y Jack Hogan.

Director: *Arthur Penn.* Guionistas: *David Newman, Robert Benton.* Fotografía: *Burnett Guffey.* Música: *Charles Strouse.* Intérpretes: *Warren Beatty, Faye*

Dunaway, Gene Hackman, Estelle Parsons, Michael J. Pollard, Dub Taylor, Gene Wilder. Producción: Warren Beaty para Warner-Seven Arts. Color. Duración: *111'*. Estados Unidos.

BOORMAN, John *(Shepperton, Reino Unido, 1933)*

De ascendencia protestante, escocesa y holandesa, es hijo del propietario de un *pub* cercano a los estudios Shepperton; estudia con los jesuitas y trabaja en una tintorería, en una revista femenina y en la radio como crítico de cine. En 1955 debuta como ayudante de montaje en televisión y en 1963 como director de documentales en la B.B.C., cuyo éxito le permite rodar su primera película, *Catch Us If You Can,* una comedia musical satírica, protagonizada por el olvidado grupo Dave Clark Five, sobre el mundo de la publicidad. Su amistad con el actor norteamericano Lee Marvin le permite rodar en Hollywood *A quemarropa,* un policiaco basado en una novela del especialista Richard Stark que intenta mezclar la tradición del cine negro norteamericano con la más moderna narrativa europea, e *Infierno en el Pacífico,* enfrentamiento entre un oficial norteamericano y otro japonés en una isla desierta al final de la II Guerra Mundial. Regresa a su país para rodar las personales historias de búsquedas *Leo, el último,* fallida sátira de una sociedad racista dada a través de las relaciones de un príncipe exiliado en Londres y la comunidad jamaicana, y *Zardoz,* pedante historia de ciencia-ficción inspirada en el clásico de la literatura infantil *El mago de Oz,* de Frank L. Baum. Entre una y otra rueda en Estados Unidos su gran éxito, *Defensa,* violento enfrentamiento entre cuatro hombres de ciudad con una naturaleza que nada tiene de romántica, y *Exorcista II: el hereje,* ambiciosa y no lograda continuación de *El exorcista* (The Exorcist, 1973), de William Friedkin. Instalado en el Reino Unido hace *Excalibur,* densa síntesis de los mitos arturianos realizada gracias a la obra de sir Thomas Malory; *La selva esmeralda,* reflexión sobre el enfrentamiento de culturas a través de un padre que busca a su hijo en la selva amazónica, que en esta ocasión es mucho más atractiva que la ciudad, y *Esperanza y gloria,* interesante narración autobiográfica sobre la vida de un niño durante la II Guerra Mundial. Mucho menos interés tiene *Dónde está el corazón,* en torno a las relaciones entre padres e hijos, cuyo fracaso significa un serio obstáculo para la continuación de su carrera. Tras seis años de inactividad cinematográfica rueda *Más allá de Rangún,* que narra cómo una doctora norteamericana se encuentra a sí misma durante las revueltas de 1988 en Birmania contra la dictadura militar.

1965 *Catch Us If You Can.*
1967 *Point Blank* (A quemarropa).
1968 *Hell in the Pacific* (Infierno en el Pacífico).
1970 *Leo the Last* (Leo, el último).
1972 *Deliverance* (Defensa).
1974 *Zardoz.*
1977 *Exorcist II: The Heretic* (Exorcista II: el hereje).
1981 *Excalibur.*
1985 *The Emerald Forest* (La selva esmeralda).
1987 *Hope and Glory* (Esperanza y gloria).
1990 *Where the Heart Is* (Donde está el corazón).
1995 *Beyond Rangoon* (Más allá de Rangún). / *Lumière y compañía,* un episodio.

BORAU, José Luis *(Zaragoza, España, 1929)*

Licenciado en derecho por la Universidad de Zaragoza y en dirección por el Instituto de Investigaciones y Experiencias Cinematográficas con la práctica *En el río* (1961), posteriormente da clases de guión en la Escuela Oficial de Cinematografía. La frustración que le producen sus dos primeros largometrajes como director, *Brandy,* un típico *spaghetti-western,* y *Crimen de doble filo,* un policiaco, dos encargos de bajo presupuesto que rueda con cierta habilidad, le hace abandonar la realización hasta que puede permitirse ser su propio productor y hacer proyectos personales. En 1967 crea la productora El Imán y durante unos años alterna el rodaje de *spots* publicitarios y la producción de películas ajenas, entre las que destacan *Mi querida señorita* (1971), de Jaime de Armiñán, y *Camada negra* (1977), de Manuel Gutiérrez Aragón. Vuelve a dirigir con *Hay que matar a B,* una peculiar mezcla de actores extranjeros, ambientación en un imaginario país latinoamericano y eficacia narrativa dentro de una historia que parece de acción, pero en realidad es intimista, y *Furtivos,* un sólido drama rural que es uno de los grandes éxitos del cine español. A partir de este momento sus películas se distancian y se convierten en complejas y diferentes aventuras personales, tanto *La sabina,* una coproducción con Suecia sobre la vida de un grupo de extranjeros en Andalucía, como *Río abajo*, que rueda con enormes dificultades en Estados Unidos, y, en menor medida, la eficaz comedia personal *Tata mía*, uno de sus mejores trabajos. Posteriormente hace para televisión la serie *Celia* (1992), basada en los cuentos infantiles de Elena Fortún.

1963 *Brandy.*
1964 *Crimen de doble filo.*
1973 *Hay que matar a B.*
1975 *Furtivos.*
1979 *La sabina.*
1984 *Río abajo.*
1986 *Tata mía.*

BORZAGE, Frank (*Salt Lake City, Utah, 1893-Los Ángeles, California, Estados Unidos, 1962*)

Miembro de una modesta familia de origen italiano, a los trece años deja de estudiar para trabajar en una mina de plata, de la que no tarda en fugarse. Consigue sobrevivir ejerciendo diferentes oficios, hasta que se une a una compañía teatral ambulante como tramoyista donde a los quince años debuta como actor. En 1912 el famoso director Thomas H. Ince le contrata como actor secundario para sus *westerns*, que empieza a protagonizar a partir de *El tifón* (The Typhoon, 1914), de Reginald Barker, y también a dirigir desde 1916. Después de un período de aprendizaje y gran actividad, que le lleva a rodar ocho títulos en 1918, se especializa en melodramas, a los que imprime un elaborado toque personal, que una y otra vez demuestran la fuerza del amor dentro de una carrera que se extiende a lo largo de casi noventa películas realizadas en cuarenta y cinco años. De su olvidado período mudo destacan *Humoresque,* descripción de la vida de una familia judía en Nueva York a partir de una novela de Fanny Hurst; *El valle del silencio, La edad de la ambición, Secretos, Una gran señora, El primer año* y *Matrimonio prematuro*. El mejor momento de su carrera coincide con el comienzo del sonoro, cuando rueda para el productor William Fox sus obras maestras: *El séptimo cielo*, ambientada en París durante la Gran Guerra y ganadora de los primeros Oscars, y *El ángel de la calle,* cuya acción se sitúa en Italia, que muestran el triunfo del amor sobre la muerte. Entre *Torrentes humanos, La canción de mi alma, Pasado mañana* y *Secretos,* también hace para Fox *Adiós a las armas*, primera versión de la novela homónima de Ernest Hemingway, que indigna a su autor por su conseguido tono romántico. Destacan también entre su amplia producción de los años treinta *Fueros humanos,* que narra una peculiar historia de amor entre marginados en las ruinas de la crisis económica, y la llamada trilogía alemana, formada por *¿Y ahora, qué?,* adaptación de una novela de Hans Fallada que describe de forma siniestra el ambiente social y moral de la República de Weimar; *Tres camaradas,* que parte de una novela de Erich Maria Remarque para plantear la muerte como única escapatoria ante los problemas sociales, y *Tormenta mortal,* que enfrenta la fuerza de la vida con la ideología nazi, para contar historias sentimentales que se desarrollan en la cada vez más enrarecida atmósfera del país. Entre las que además realiza el personal melodrama *La vida es sabrosa* y la impersonal y sofisticada comedia producida por Ernst Lubitsch *Deseo*. Después de trabajar para productoras independientes y los estudios Fox, Warner y Paramount, en 1937 firma un contrato, en principio ventajoso, con Metro-Goldwyn-Mayer, que le permite rodar a su gusto las dos últimas partes de la citada trilogía alemana y los excelentes melodramas protagonizados por Joan Crawford *La hora radiante, Maniquí* y *Extraño cargamento,* pero también le obliga a rodar unos musicales que nada le interesan con una envejecida Jeanette MacDonald —*Smilin' Through*— o una debutante Katryn Grayson —*The Vanishing Virginian, Seven Sweethearts*—, que le hacen romper con el estudio. En la década de los cuarenta disminuye el interés de su producción, la fuerza de sus demostraciones del poder regenerador del amor a través de su personal estilo, en parte debido a las presiones del Comité de Actividades Antinorteamericanas, que le empujan a la bebida y le mantienen inactivo entre 1948 y 1959, marcan el final de su trabajo y posiblemente también de su vida. Esto no le impide firmar al final de su carrera *China Doll*, una de sus obras más características, pero se cierra con la superproducción bíblica *El gran pescador,* adaptación de un novelón de Lloyd C. Douglas sobre la figura de san Pedro, que no logra impulsar ni siquiera el más religioso de los directores de Hollywood.

1916 *Inmediate Lee. / Land O'Lizzards.*

1917 *Wee Lady Betty* (Almas gemelas). / *Flying Colors.* / *Until They Get Me.*
1918 *The Gun Woman* (La dueña del rancho). / *Shoes That Danced.* / *The Curse of Iku.* / *Innocent's Progress.* / *An Honest Man.* / *Society for Sale.* / *Who Is to Blame?* / *The Ghost Flower* (Flor de Nápoles).
1919 *Toton* (Totó). / *Ashes of Desire.* / *Prudence on Broadway* (Las luces de la ingenua). / *Whom the Gods World Destroy.*
1920 *Humoresque.*
1921 *The Duke of Chimney Butte.* / *Get-Rich-Quick Wallingford* (Gracias a ellas).
1922 *Back Pay.* / *Billy Jim* (Jim, el guapo). / *The Good Provider* (El buen proveedor). / *The Valley of Silent Men* (El valle del silencio). / *The Pride of Palomar.*
1923 *The Ninth Commandment.* / *Children of the Dust.* / *Age of Desire* (La edad de la ambición).
1924 *Secrets* (Secretos).
1925 *The Lady* (Una gran señora). / *Daddy's Gone a Hunting* (El bien perdido). / *Wages for Wives* (Huelga de esposas). / *Lazybones* (El tumbón). / *The Circle* (La eterna cuestión).
1926 *The First Year* (El primer año). / *The Dixie Merchant* (Sin hogar y sin rumbo). / *Early to Wed* (Matrimonio prematuro). / *Marriage License?* (Por el hijo).
1927 *Seventh Heaven* (El séptimo cielo).
1928 *Street Angel* (El ángel de la calle). / *The River* (Torrentes humanos).
1929 *Lucky Star* (Estrellas dichosas). / *They Had to See Paris* (Nuevos ricos caprichosos).
1930 *Song of My Heart* (La canción de mi alma). / *Liliom.*
1931 *Young As You Feel* (Nunca es tarde). / *Doctor's Wives* (Esposas de médico). / *Bad Girl.*
1932 *After Tomorrow* (Pasado mañana). / *Young America* (Sangre joven). / *A Farewell to Arms* (Adiós a las armas).
1933 *Secrets* (Secretos). / *Man's Castle* (Fueros humanos).
1934 *Little Man What Now?* (¿Y ahora, qué?). / *No Greater Glory* (Hombres de mañana). / *Flirtation Walk* (La generalita).
1935 *Living on Velvet* (La vida es sabrosa). / *Stranded* (Su primer beso). / *Shipmates Forever* (¡Viva la Marina!).
1936 *Desire* (Deseo). / *Hearts Divided.*
1937 *Green Light.* / *History Is Made at Night* (Cena de medianoche). / *Big City.*
1938 *Three Comrades* (Tres camaradas). / *The Shining Hour* (La hora radiante). / *Mannequin* (Maniquí).
1939 *Disputed Passage* (Vidas heroicas).
1940 *I Take This Woman* (Esta mujer es mía). / *Strange Cargo* (Extraño cargamento). / *The Mortal Storm* (Tormenta mortal). / *Flight Command.*
1941 *Smilin' Through.* / *The Vanishing Virginian.*
1942 *Seven Sweethearts.*
1943 *Stage Door Canteen* (Tres días de amor y fe). / *His Butler's Sister* (La hermanita del mayordomo).
1944 *Till We Meet Again.*
1945 *The Spanish Main.*
1946 *Magnificent Doll* (La primera dama). / *I've Always Loved You* (La gran pasión).
1947 *That's My Man.*
1948 *Moonrise.*
1958 *China Doll.*
1959 *The Big Fisherman* (El gran pescador).

BOSÉ, Lucía *(Milán, Italia, 1931)*

Poco después de ganar el título de Miss Italia debuta como protagonista de *Non c'è pace tra gli ulivi* —donde sustituye a una Silvana Mangano embarazada—, y durante la primera mitad de la década de los cincuenta sienta las bases de lo que pudo ser una brillantísima carrera. Vuelve a trabajar con Giuseppe de Santis en *Roma, once horas,* es dirigida por Michelangelo Antonioni en *Crónica de un amor* y *La signora senza camelie* y rueda con Luis Buñuel *Así es la aurora*. También demuestra ser una gran actriz de comedia con *París, siempre París* y *Tres enamoradas*, de Luciano Emmer, y *È l'amor che mi rovina*, de Mario Soldati. Mientras rueda en España la interesante *Muerte de un ciclista*, conoce al torero Luis Miguel Dominguín, se casa con él y durante más de diez años permanece alejada del cine. Regresa a finales de la década de los sesenta con la experimental *Nocturno 29,* de Pedro Portabella, para volver a trabajar tanto en España como en Italia. Entre sus películas españolas sobresalen *Del amor y otras soledades, Un invierno en Mallorca, La casa de las palomas, Ceremonia sangrienta, Los viajes escolares,* y entre las italianas, *Satiricón, Metello, Crónica de una muerte anunciada*. También hace en Francia *Nathalie Granger,* de Marguerite Duras, y en Suiza, *Violanta*, de Daniel Schmid. Es la madre del cantante y actor Miguel Bosé (Panamá, 1956).

1950 *Non c'è pace tra gli ulivi,* de Giuseppe de Santis. / *Cronaca di un amore* (Crónica de un amor), de Michelangelo Antonioni. / *Parigi è sempre Parigi* (París, siempre París), de Luciano Emmer.
1951 *È l'amor che mi rovina,* de Mario Soldati. / *Le due verità,* de Antonio Leonviola.
1952 *Le ragazze di piazza di Spagna* (Tres enamoradas), de Luciano Emmer. / *Oggi sposi,* de Mario Giro-

lami. / *Roma, ore undici* (Roma, once horas), de Giuseppe de Santis. / *Era lei che lo voleva!,* de Marino Girolami y Giorgio Simonelli.
1953 *Questa è la vita,* episodio de Aldo Fabrizi. / *La signora senza camelie,* de Michelangelo Antonioni.
1954 *Tradita* (Traicionada), de Mario Bonnard. / *Accadde al commissariato,* de Giorgio Simonelli. / *Vacanze d'amore,* de Jean-Paul Le Chanois. / *Sinfonia d'amore* (Sinfonía de amor), de Glauco Pellegrini.
1955 *Muerte de un ciclista,* de J. A. Bardem. / *Cela s'appelle l'aurore* (Así es la aurora), de Luis Buñuel. / *Gli sbanditi,* de Francesco Maselli.
1959 *Le testament d'Orphée,* de Jean Cocteau.
1967 *No somos de piedra,* de Manuel Summers.
1968 *Nocturno 29,* de Pedro Portabella. / *Sotto il segno dello scorpione,* de Paolo y Vittorio Taviani.
1969 *Fellini Satyricon* (Satiricón), de Federico Fellini. / *Del amor y otras soledades,* de Basilio M. Patino. / *Un invierno en Mallorca,* de Jaime Camino.
1970 *Ciao, Gulliver,* de Carlo Tuzzi. / *Metello,* de Mauro Bolognini.
1971 *L'ospite,* de Liliana Cavani. / *Qualcosa striscia nel buio,* de Mario Colucci. / *La contrafigura,* de Romolo Guerrieri. / *La casa de las palomas,* de Claudio Guerin. / *Arcana,* de Giulio Questi.
1972 *Ceremonia sangrienta,* de Jorge Grau. / *Nathalie Granger,* de Marguerite Duras. / *La colonna infame,* de Nelo Risi.
1973 *Los viajes escolares,* de Jaime Chávarri.
1974 *La messe dorée* (La orgía del sexo), de Beni Montresor. / *Manchas de sangre en un coche nuevo,* de Antonio Mercero.
1975 *Lumière,* de Jeanne Moreau. / *Per le antiche scale* (Por las antiguas escaleras), de Mauro Bolognini.
1977 *Violanta,* de Daniel Schmid.
1980 *Jeremy, concierto para dos,* de Jaime de Oriol.
1981 *Ehrengard,* de Emidio Greco.
1987 *Cronaca di una morte anunciata* (Crónica de una muerte anunciada), de Francesco Rosi.
1988 *El niño de la Luna,* de Agustín Villaronga. / *Brumal,* de Cristina Andreu.
1989 *Volevo i pantaloni,* de Maurizio Ponzi. / *L'avaro* (El avaro), de Tonino Cervi.

BOSQUE DE ABEDULES, EL *(Brzezina, 1970)*

Entre las muchas películas realizadas por Andrzej Wajda sobre clásicos de la literatura polaca, sobresale este díptico basado en novelas homónimas de Jaroslaw Iwaszkiewicz por su conseguido tono intimista. Más allá de *Las señoritas de Wilko* (Panny z Wilka, 1979), que narra la peculiar educación sentimental que recibe el joven Victor (Daniel Olbrychski) a manos de las hermanas Julia (Anna Seniuk), Tunia (Christine Pascal), Jola (Maja Komorowska) y Zosia (Stalislawa Celinska), destaca esta por ser el propio novelista el autor del guión, y porque Wajda ha sabido conservar el profundo romanticismo que encierra la historia. Contiene una interesante meditación sobre el amor y la muerte a partir de las relaciones que se establecen entre los hermanos Boleslaw (Daniel Olbrychski), un guardia forestal viudo que vive con su hija, y Stalislaw (Olgierd Lukaszewicz), un enfermo de tuberculosis, durante su estancia en su casa en un bosque al final de su vida.

Director: *Andrzej Wajda*. Guionista: *Jaroslaw Iwaskiewicz*. Fotografía: *Zygmunt Samosiuk*. Música: *Andrzej Korzynski*. Intérpretes: *Daniel Olbrychski, Emilia Krakowska, Olgierd Lukaszewicz, Marek Perepczko, Jan Domanlaw*. Producción: *Antoni Bohdziewicz para PRF Zespoly Filmowe. Color.* Duración: *100'. Polonia.*

BOUDU SALVADO DE LAS AGUAS
(Boudu sauvé des eaux, 1932)

La obra de teatro de René Fauchois es origen de dos producciones muy diferentes. Una es la francesa, protagonizada y producida por Michel Simon —que la había representado en teatro—, que es una de las películas más atractivas rodadas por Jean Renoir a principios del período sonoro. Narra cómo se tira al Sena el vagabundo Boudu (Michel Simon), desesperado por la desaparición de su perro, pero el librero Édouard Lestingois (Charles Granval) le salva la vida y le acoge en su casa. Tras seducir a su mujer Emma (Marcelle Hainia) y casarse con su criada y amante Anne-Marie (Séverine Lerczinska), durante la celebración de su boda cae a un río y aprovecha que le creen muerto para desaparecer. Este divertido canto a la libertad y la anarquía alcanza su máximo esplendor en las escenas rodadas en exteriores, cuando el realismo invade la narración, pero Renoir no puede evitar que las hechas en interiores delaten demasiado su origen teatral. El personaje de Boudu está íntimamente ligado a Michel Simon, pero con el paso del tiempo resulta exagerada su encarnación de la anarquía. La otra es la norteamericana *Un loco anda suelto* (Down and Out in Beverly Hills, 1986), producida y dirigida por

Paul Mazursky y protagonizada por Nick Nolte, Richard Dreyfuss y Bette Midler, pero sin el menor interés.

Director y guionista: *Jean Renoir*. Fotografía: *Marcel Lucien*. Música: *Raphael Strauss, Johan Strauss*. Intérpretes: *Michel Simon, Charles Granval, Marcelle Hainia, Séverine Lerczinska, Jean Dasté*. Producción: *Société Sirius*. Duración: *83'. Francia*.

BOXCAR BERTHA *(1972)*

Los amores entre Boxcar Bertha (Barbara Hershey), una muchacha muy afectada por la muerte de su padre en un accidente laboral, y *Big Bill* Shelley (David Carradine), un sindicalista y jugador que la integra en su banda de asaltantes de trenes, también formada por el intelectual judío Rake Brown (Barry Primus) y el negro Von Norton (Bernie Casey), dan lugar a una de las más originales visiones del cine norteamericano sobre los negros años de la Depresión económica en el Estado de Arkansas. Gracias a la ayuda del inteligente productor y director Roger Corman, un joven Martin Scorsese hace su primera película importante y una de las mejores de su personal carrera. Basada en la novela autobiográfica de Bertha Thompson, destaca el trabajo interpretativo de la pareja formada por unos jóvenes Barbara Hershey y David Carradine, que, al mantener un idilio durante el rodaje, hacen las escenas de amor con un total realismo.

Director: *Martin Scorsese*. Guionistas: *Joyce H. Corrington, John W. Corrington*. Fotografía: *John Stephens*. Música: *Gilb Guilbeau, Thad Maxwell*. Intérpretes: *Barbara Hershey, David Carradine, Barry Primus, Bernie Casey, John Carradine*. Producción: *Roger Corman para American International Pictures. Color*. Duración: *88'. Estados Unidos*.

BOYER, Charles *(Figéac, Francia, 1897- Phoenix, Arizona, Estados Unidos, 1978)*

Después de realizar sus estudios secundarios en Toulouse, se instala en París para estudiar filosofía en la Sorbona y arte dramático en el conservatorio. A finales de los años diez debuta como actor de teatro y poco después también comienza a hacer películas, pero cuando aparece el cine sonoro se marcha primero a Hollywood y luego a Alemania para protagonizar las versiones francesas de las producciones norteamericanas en una época en que todavía no se ha inventado el doblaje. La popularidad alcanzada durante estos años y el éxito de *Mundos privados,* de Gregory La Cava, así como su matrimonio con la actriz inglesa Pat Paterson, le animan a nacionalizarse norteamericano e instalarse en Estados Unidos. Sin abandonar nunca el teatro, realiza sus mejores películas entre mediados de los años treinta y el final de la II Guerra Mundial. Entre ellas hay que citar: *Cena de medianoche,* de Frank Borzage; *Maria Walewska,* de Clarence Brown; *Argel,* de John Cromwell; *Si no amaneciera,* de Mitchell Leisen; *Al margen de la vida,* de Julien Duvivier; *Luz que agoniza,* de George Cukor, y *Arco de triunfo,* de Lewis Milestone. Tras un paréntesis de cuatro años dedicado en exclusiva al teatro, durante la década de los cincuenta trabaja primero en Estados Unidos, *Cartas envenenadas,* de Otto Preminger; *Tempestad en Oriente,* de Charles Vidor; luego en Francia, *Madame de...,* de Max Ophüls; *París Palace Hotel,* de Henri Verneuil; e incluso en Italia, *La suerte de ser mujer,* de Alessandro Blasetti. De nuevo en París, durante los años sesenta trabaja en producciones norteamericanas rodadas en Francia: *Fanny,* de Joshua Logan; *Los cuatro jinetes del Apocalipsis,* de Vincente Minnelli; *¿Arde París?,* de René Clément, y *Cómo robar un millón y...,* de William Wyler; o francesas, *Les démons de minuit,* de Marc Allégret; *El rublo de dos caras,* de Etienne Perier. Sus últimas películas son la interesante *Stavisky,* de Alain Resnais, y la fallida *Nina,* de Vincente Minnelli. Tras la muerte de su único hijo y de su mujer, se suicida a los ochenta y un años con una sobredosis de barbitúricos.

1920 *L'homme du large,* de Marcel L'Herbier.
1922 *Chantelouve,* de George Monca y R. Panzini.
1924 *L'esclave,* de George Monca.
1925 *Le grillon du foyer,* de Robert Boudrioz.
1927 *Le ronde infernale,* de Luitz Morat.
1928 *Le capitaine Fracasse,* de Alberto Cavalcanti.
1929 *Barcarolle d'amour,* de Henri Roussel y Carl Froelich.
1930 *Le procès de Mary Dugan,* de M. de Sano. / *Big House* (El presidio), de Paul Fejos. / *The Magnificent Lie,* de Berthold Viertel.
1931 *Stürme der Leidenschaft* (Tumultos), de Robert Siodmak. / *The Man From Yesterday* (Esta noche es nuestra), de Berthold Viertel.
1932 *Red Headed Woman* (La pelirroja), de Jack Conway. / *I. F. 1 ne répond plus* (I. F. 1 no contesta), de Karl Hartl.

1933 *Moi et l'impératrice* (Yo y la emperatriz), de Felix Höllander y Paul Martin. / *L'épervier* (El gavilán), de Marcel L'Herbier.
1934 *La bataille* (La batalla), de Nicolas Farkas. / *Caravane* (Caravana), de Eric Charell. / *Liliom*, de Fritz Lang.
1935 *Le bonheur*, de Marcel L'Herbier. / *Break of Hearts* (Corazones rotos), de Phillip Moeller. / *Private Worlds* (Mundos privados), de Gregory La Cava.
1936 *Mayerling* (Sueños de príncipe), de Anatole Litvak. / *The Garden of Allah* (El jardín de Alá), de Richard Boleslawski.
1937 *History Is Made at Night* (Cena de medianoche), de Frank Borzage. / *Tovarich*, de Anatole Litvak. / *Conquest* (Maria Walewska), de Clarence Brown.
1938 *Orage* (Tormenta), de Marc Allégret. / *Algiers* (Argel), de John Cromwell.
1939 *Love Affair* (Tú y yo), Leo McCarey. / *When Tomorrow Comes* (Huracán), de John M. Stahl.
1940 *All This and Heaven Too* (El cielo y tú), de Anatole Litvak.
1941 *Appointment for Love* (Cita de amor), de William A. Seiter. / *Hold Back the Dawn* (Si no amaneciera), de Mitchell Leisen.
1942 *Tales of Manhattan* (Seis destinos), de Julien Duvivier. / *Back Street* (Su vida íntima), de Robert Stevenson.
1943 *The Constant Nymph* (La ninfa constante), de Edmund Goulding. / *Flesh and Fantasy* (Al margen de la vida), de Julien Duvivier.
1944 *Together Again* (Otra vez juntos), de Charles Vidor. / *Gaslight* (Luz que agoniza), de George Cukor.
1945 *Confidential Agent*, de Herman Shumlin.
1946 *Cluny Brown* (El pecado de Cluny Brown), de Ernest Lubitsch.
1948 *Arch of Triumph* (Arco de triunfo), de Lewis Milestone. / *A Woman's Vengeance* (Venganza de mujer), de Zoltan Korda.
1951 *The First Legion* (La primera legión), de Douglas Sirk. / *The Thirteenth Letter* (Cartas envenenadas), de Otto Preminger. / *Thunder in the East* (Tempestad en Oriente), de Charles Vidor.
1952 *The Happy Time*, de Richard Fleischer.
1953 *Madame de...*, de Max Ophüls.
1954 *Nana*, de Christian-Jaque.
1955 *The Cobweb* (La tela de araña), de Vincente Minnelli.
1956 *La fortuna di essere donna* (La suerte de ser mujer), de Alessandro Blasetti. / *Paris Palace Hôtel*, de Henri Verneuil. / *Around the World in 80 Days* (La vuelta al mundo en 80 días), de Michael Anderson.
1957 *Une parisienne* (Una parisina), de Michel Boisrond.
1958 *Maxime*, de Henri Verneuil. / *The Buccaneer* (Los bucaneros), de Anthony Quinn.
1961 *Fanny*, de Joshua Logan. / *The Four Horsemen of the Apocalypse* (Los cuatro jinetes del Apocalipsis), de Vincente Minnelli.
1962 *Les démons de minuit*, de Marc Allégret. / *Julia du bistzanperhaft* (Julia se porta mal), de Alfred Weidenmann.
1963 *Love Is a Ball* (Ese desinteresado amor), de David Swift.
1965 *A Very Special Favor* (El favor), de Michael Gordon.
1966 *How to Steal a Million* (Cómo robar un millón y...), de William Wyler. / *Paris brûle-t-il?* (¿Arde París?), de René Clément.
1967 *Casino Royale* (Casino Royal), de John Huston, Ken Hughes, Joseph McGrath y Robert Parrish. / *Barefoot in the Park* (Descalzos por el parque), de Gene Saks.
1968 *Le rouble à deux faces* (El rublo de dos caras), de Etienne Périer.
1969 *The Madwoman of Chaillot* (La loca de Chaillot), de Bryan Forbes. / *The April Fools* (Locos de abril), de Stuart Rosenberg.
1973 *Lost Horizon* (Horizontes perdidos), de Charles Jarrott.
1974 *Stavisky*, de Alain Resnais.
1976 *A Matter of Time* (Nina), de Vincente Minnelli.

BRANAGH, Kenneth *(Belfast, Irlanda del Norte, 1960)*

Estudia en la Royal Academy of Dramatic Arts de Londres, funda con David Parfitt la Renaissance Company y se convierte en uno de los grandes actores y directores británicos especializados en el teatro de William Shakespeare. Debuta como actor de cine a finales de los años ochenta, entre sus películas para otros directores sobresale *Un mes en el campo*, pero su intensa actividad como guionista, realizador de cine y protagonista de sus propias obras le impide seguir trabajando para otros. Sus grandes éxitos cinematográficos son las adaptaciones de Shakespeare *Enrique V* y *Mucho ruido y pocas nueces*, entre las que se sitúan el irregular policiaco *Morir todavía*, la comedia británica *Los amigos de Peter* y el divertimento teatral *En lo más crudo del crudo invierno*. Rueda para el productor norteamericano Francis Ford Coppola *Frankenstein de Mary Shelley*, pero en buena parte es engullido por la parafernalia de la enésima versión de este clásico del cine de terror.

Como director
1989 *Henry V* (Enrique V).
1991 *Dead Again* (Morir todavía).
1992 *Peter's Friends* (Los amigos de Peter).
1993 *Much Ado About Nothing* (Mucho ruido y pocas nueces).
1994 *Mary Shelley's Frankenstein* (Frankenstein de Mary Shelley).
1995 *In the Beak Midwinter* (En lo más crudo del crudo invierno).

Como actor
1987 *High Season* (Temporada alta), de Clare Peploe. / *A Month in the Country* (Un mes en el campo), de Pat O'Connor.
1989 *Henry V* (Enrique V), de Kenneth Branagh. / *Look Back in Anger*, de Davis Jones.
1991 *Dead Again* (Morir todavía), de Kenneth Branagh.
1992 *Peter's Friends* (Los amigos de Peter), de Kenneth Branagh. / *Swing Kids*, de Thomas Carter.
1993 *Much Ado About Nothing* (Mucho ruido y pocas nueces), de Kenneth Branagh.
1994 *Mary Shelley's Frankenstein* (Frankenstein de Mary Shelley), de Kenneth Branagh.
1995 *Othello* (Otelo), de Oliver Parker.

BRANDO, Marlon (*Omaha, Nebraska, Estados Unidos, 1924*)

Perteneciente a una humilde familia, es hijo de un viajante de comercio y de una actriz. Estudia en distintos lugares y ejerce diferentes oficios hasta que en 1939 llega a Nueva York, empieza a asistir a clases de arte dramático y en 1944 debuta como actor de teatro. Su vida varía cuando conoce al realizador Elia Kazan, le hace estudiar en el Actor's Studio y le da el papel de Stanley Kowalski en *Un tranvía llamado deseo*, de Tennessee Williams, tanto en teatro como en su posterior versión cinematográfica, y tiene un gran éxito. Mientras vuelve a trabajar con Kazan en *Viva Zapata!* y *La ley del silencio* —por la que gana su primer Oscar—, protagoniza la interesante *¡Salvaje!*, de Laszlo Benedek, y el musical *Ellos y ellas*, de Joseph L. Mankiewicz, durante la primera mitad de la década de los cincuenta, el mejor período de su irregular y descendente carrera. Trabaja con regularidad hasta principios de los años setenta, pero la mayoría de las películas que protagoniza en esta etapa tienen poco interés y solo destacan *El rostro impenetrable*, un *western* personal que comienza a rodar Stanley Kubrick y acaba y firma él; *La jauría humana*, de Arthur Penn, y *Reflejos en un ojo dorado*, de John Huston. El éxito de *El padrino*, de Francis Ford Coppola —con la que obtiene su segundo Oscar—, y *El último tango en París*, de Bernardo Bertolucci, sacan a flote su hundida carrera, pero a partir de este momento sus películas se distancian y tras *Missouri*, de Arthur Penn, y *Apocalypse Now*, de Francis Ford Coppola, prácticamente se retira y se limita a intervenir en producciones sin el menor interés. Publica sus memorias bajo el título *Las canciones que mi madre me enseñó* (1994).

Como director
1960 *One-Eyed Jacks* (El rostro impenetrable).

Como actor
1950 *The Men* (Hombres), de Fred Zinnemann.
1951 *A Streetcar Named Desire* (Un tranvía llamado deseo), de Elia Kazan.
1952 *Viva Zapata!*, de Elia Kazan.
1953 *Julius Caesar* (Julio César), de Joseph L. Mankiewicz. / *The Wild One* (¡Salvaje!), de Laszlo Benedek.
1954 *On the Waterfront* (La ley del silencio), de Elia Kazan. / *Désirée*, de Henry Koster.
1955 *Guys and Dolls* (Ellos y ellas), de Joseph L. Mankiewicz.
1956 *The Teahouse of the August Moon* (La casa de té de la luna de agosto), de Daniel Mann.
1957 *Sayonara*, de Joshua Logan.
1958 *The Young Lions* (El baile de los malditos), de Edward Dmytryk.
1960 *The Fugitive Kind* (Piel de serpiente), de Sidney Lumet. / *One-Eyed Jacks* (El rostro impenetrable), de Marlon Brando.
1962 *Mutiny on the Bounty* (Rebelión a bordo), de Lewis Milestone.
1963 *The Ugly American* (Su excelencia el embajador), de George Englund.
1964 *Bedtime Story* (Dos seductores), de Ralph Levy.
1965 *The Saboteur, Code Name Morituri* (Morituri), de Bernard Wicki.
1966 *The Chase* (La jauría humana), de Arthur Penn. / *The Appaloosa* (Sierra prohibida), de Sidney J. Furie.
1967 *A Countess From Hong-Kong* (La condesa de Hong-Kong), de Charles Chaplin. / *Reflections in a Golden Eye* (Reflejos en un ojo dorado), de John Huston.
1968 *Candy*, de Christian Marquand. / *The Night of the Following Day* (La noche del día siguiente), de Hubert Cornfield.
1969 *Queimada*, de Gillo Pontecorvo.
1971 *The Nightcomers* (Los últimos juegos prohibidos), de Michael Winner.

1972 *The Godfather* (El padrino), de Francis Ford Coppola. / *Ultimo Tango a Parigi* (El último tango en París), de Bernardo Bertolucci.
1976 *The Missouri Breaks* (Missouri), de Arthur Penn.
1977 *Superman*, de Richard Donner.
1979 *Apocalypse Now*, de Francis Ford Coppola.
1981 *The Formula* (La fórmula), de John G. Avildsen.
1987 *A Dry White Season* (Una árida estación blanca), de Euzhan Palcy.
1989 *The Freshman* (El novato), de Andrew Bergman.
1992 *Christopher Columbus: The Discovery* (Cristóbal Colón, el descubridor), de John Glen.
1995 *Don Juan de Marco*, de Jeremy Leven.

BRAZIL *(1985)*

El norteamericano Terry Gilliam se da a conocer como realizador del grupo británico de humoristas Monty Python, pero durante los años ochenta dirige en solitario tres personales y espectaculares películas fantásticas: *Los héroes del tiempo* (Time Bandits, 1981), *Las aventuras del barón de Münchausen* (The Adventures of Baron Münchausen, 1989) y esta barroca, interesante y compleja síntesis de los mundos de George Orwell y Franz Kafka, que es su mejor trabajo. En un extraño y deprimente universo futurista donde reinan las máquinas, una mosca cae dentro de un ordenador y cambia el apellido del guerrillero Harry Tuttle (Robert de Niro) por el del tranquilo padre de familia Harry Buttle, que es detenido por el complejo aparato represor del Estado y muere en sus manos. El tranquilo burócrata Sam Lowry (Jonathan Pryce) es encargado de devolver un talón a la familia de la víctima, pero al hacerlo conoce a Jill Layton (Kim Greist), la mujer de sus sueños, y, mientras la persigue, se encuentra, hace amistad y se convierte en cómplice de Harry Tuttle. Con estos ingredientes Terry Gilliam construye un fascinante mundo de pesadilla, más cercano a Orwell que a Kafka, al ser muy británico, en el que se desarrolla una historia de *amour fou* muy innovadora y con una gran riqueza visual, pero es y resulta demasiado larga.

Director: *Terry Gilliam*. Guionistas: *Terry Gilliam, Tom Stoppard, Charles McKeown*. Fotografía: *Roger Pratt*. Música: *Michael Kamen*. Intérpretes: *Jonathan Pryce, Robert de Niro, Michael Palla, Kim Greist, Katherine Helmond*. Producción: *Arnon Milchan*. Color. Duración: *142'*. Reino Unido.

BRESSON, Robert *(Bromont-Lamothe, Francia, 1907)*

Tras una etapa como pintor, su interés por el cine le lleva a realizar el mediometraje *Les affaires publiques* (1934) y a colaborar en algunos guiones durante la segunda mitad de los años treinta. Pasa un año prisionero de los nazis y debuta como director de largometrajes con el díptico integrado por *Los ángeles del pecado,* sobre un guión escrito en colaboración con el dramaturgo Jean Giraudoux, y *Les dames du bois de Boulogne,* adaptación de un texto de Denis Diderot realizada con Jean Cocteau, que poco tienen que ver con el resto de su cine por estar interpretados por actores profesionales y demasiado influidos por el cine francés de la época. Se da a conocer internacionalmente con la espléndida trilogía sobre la soledad rodada durante los años cincuenta e integrada por *Diario de un cura rural,* donde adapta la obra homónima de Georges Bernanos; *Un condenado a muerte se ha fugado,* que escribe a partir de un relato autobiográfico de André Devigny, y *Picpocket,* basada en un guión propio, donde consigue una total correspondencia entre el ascetismo del relato, la sobriedad interpretativa de sus desconocidos actores y la austera simplicidad de su estilo al narrar, respectivamente, la vida de un cura enfermo, la de un condenado a muerte y la de un ladrón. Después de *El proceso de Juana de Arco* y *Al azar de Baltasar,* que vuelve a rodar sobre guiones originales, hace unos espléndidos retratos femeninos en *Mouchette,* una nueva adaptación de Bernanos, *Una mujer dulce* y *Cuatro noches de un soñador,* que escribe a partir de relatos de Fiodor Dostoievski, en las que, gracias a su perfeccionado estilo y a la belleza de sus desconocidas protagonistas, logra unas peculiares tonalidades eróticas. A lo largo de solo trece películas, realizadas en cuarenta años, crea un peculiar estilo, basado en la austeridad y la huida de todo psicologismo, con el que recrea su visión cristiano-jansenista de la vida, su convicción de que ciertos seres excepcionales logran el perdón de sus faltas en el momento de su muerte, y se convierte en uno de los grandes clásicos del cine europeo. Sus últimas películas van de la irregular *Lancelot du Lac,* peculiar visión de las clásicas relaciones entre la reina Ginebra, el rey Arturo y el caballero Lancelot, a las estupendas *El diablo probablemente,* basada en un guión original, y *El dinero,* adaptación de una obra de Leon Tolstoi. A finales de los años ochenta publica *Notes sur le cinématographe,* una colección de aforismos que expresa sus principios artísticos.

1943 *Les anges du péché* (Los ángeles del pecado).
1945 *Les dames du bois de Boulogne.*
1950 *Le journal d'un curé de campagne* (Diario de un cura rural).
1956 *Un condamné à mort s'est échappé* (Un condenado a muerte se ha fugado).
1959 *Pickpocket.*
1962 *Le procès de Jeanne d'Arc* (El proceso de Juana de Arco).
1966 *Au hasard Balthazar* (Al azar de Baltasar).
1967 *Mouchette.*
1969 *Une femme douce* (Una mujer dulce).
1971 *Quatre nuits d'un rêveur* (Cuatro noches de un soñador).
1973 *Lancelot du Lac.*
1977 *Le diable probablement* (El diablo probablemente).
1983 *L'argent* (El dinero).

BREVE ENCUENTRO *(Brief Encounter, 1945)*

Las cuatro primeras películas del director David Lean están ligadas al reputado dramaturgo Noël Coward, en su calidad de guionista o productor, pero la mejor es esta, que escribe con el más tarde también realizador Ronald Neame a partir de su obra de teatro en un acto *Still Life.* Narra los frustrados amores entre una madre de familia, Laura Jesson (Celia Johnson), y un médico también casado, Alec Harvey (Trevor Howard), que se conocen casualmente en la estación de su pequeña ciudad cuando van a tomar el tren para la vecina Milford. Arrastrados por su mediocre existencia deciden separarse para no destruir sus hogares, no se atreven a vivir su pasión amorosa. Es un buen dibujo de la pequeña burguesía británica de la posguerra, que consagra a David Lean por la minuciosidad de su estilo narrativo. En 1975, el irregular realizador británico Alan Bridges hace una nueva versión con el mismo título, protagonizada por Sophia Loren y Richard Burton, y sin el menor interés, rodada para televisión, pero distribuida en locales cinematográficos.

Director: *David Lean.* Guionistas: *David Lean, Ronald Neame.* Fotografía: *Robert Krasker.* Música: *Rachmaninov.* Intérpretes: *Celia Johnson, Trevor Howard, Stanley Holloway, Joyce Carey, Cyril Raymond.* Producción: *Noel Coward para Cineguild.* Duración: *86'. Reino Unido.*

BRIDGES, Jeff *(Los Ángeles, California, Estados Unidos, 1949)*

Hijo del actor Lloyd Bridges (1913) y hermano mayor del también actor Beau Bridges, a los cuatro meses aparece por primera vez en una película en brazos de Jane Greer en *The Company She Keeps.* Tras actuar en teatro y televisión junto a su padre, debuta a los veintiún años en cine en un papel secundario de *Odio en las aulas* y tiene un gran éxito con su segunda película, *La última película,* de Peter Bogdanovich. A partir de este momento se convierte en uno de los mejores actores de su generación, tal como demuestra su trabajo en *Fat City,* de John Huston; *La puerta del cielo,* de Michael Cimino; *Cutter's Way,* de Ivan Passer; *Starman,* de John Carpenter; *Tucker: un hombre y un sueño,* de Francis Ford Coppola; *Amores compartidos,* de Alan J. Pakula, y *Sin miedo a la vida,* de Peter Weir.

1950 *The Company She Keeps,* de John Cromwell.
1970 *Halls of Anger* (Odio en las aulas), de Paul Bogart.
1971 *The Last Picture Show* (La última película), de Peter Bogdanovich.
1972 *Fat City,* de John Huston. / *Bad Company* (Pistoleros en el infierno), de Robert Benton.
1973 *The Last Americam Hero,* de Lamont Johnson. / *The Iceman Cometh,* de John Frankenheimer. / *Lolly Madonna XXX,* de Richard C. Sarafian.
1974 *Thunderbolt and Lightfoot* (Un botín de 500.000 dólares), de Michael Cimino.
1975 *Rancho Deluxe* (Vidas sin barreras), de Frank Perry. / *Hearts of the West,* de Howard Zieff.
1976 *Stay Hungry* (El gran guardaespaldas), de Bob Rafelson. / *King Kong,* de John Guillermin.
1978 *Somebody Killed Her Husband* (Alguien mató a su marido), de Lamont Johnson.
1979 *Winter Kills,* de William Richert. / *The American Success Company,* de William Richert.
1980 *Heaven's Gate* (La puerta del cielo), de Michael Cimino.
1981 *Cutter's Way,* de Ivan Passer.
1982 *Kiss Me Goodbye* (Bésame y esfúmate), de Robert Mulligan. / *Tron,* de Steven Lisberger.
1984 *Against All Odds* (Contra todo riesgo), de Taylor Hackford. / *Starman,* de John Carpenter.
1985 *Jagged Edge* (Al filo de la sospecha), de Richard Marquand.

1986 *Eight Million Ways to Die* (Ocho millones de maneras de morir), de Hal Ashby. / *The Morning After* (A la mañana siguiente), de Sidney Lumet.
1987 *Nadine*, de Robert Benton.
1988 *Tucker: The Man and His Dream* (Tucker: un hombre y su sueño), de Francis Ford Coppola.
1989 *The Fabulous Baker Boys* (Los fabulosos Baker Boys), de Steve Kloves. / *See You in the Morning* (Amores compartidos), de Alan J. Pakula.
1990 *Texasville*, de Peter Bogdanovich.
1991 *The Fisher King* (El rey pescador), de Terry Gilliam.
1993 *The Vanishing* (Secuestrada), de George Sluizer. / *American Heart* (Corazón roto), de Martin Bell. / *Fearless* (Sin miedo a la vida), de Peter Weir.
1994 *Blown Away* (Volar por los aires), de Stephen Hopkins.
1995 *Wild Bill*, de Walter Hill.

BRIGADA HOMICIDA *(Madigan, 1968)*

Los veteranos detectives de la policía Madigan (Richard Widmark) y Bonaro (Harry Guardino) dejan escapar a un sospechoso cuando van a detenerle porque se distraen con la mujer desnuda que encuentran en su cama. El comisario Russell (Henry Fonda) les da tres días para atrapar al que finalmente resulta ser un peligroso asesino, que, además, les ha quitado sus pistolas y lo logran tras un tiroteo en el que muere uno de los detectives. Al mismo tiempo se narran las relaciones de Madigan con su mujer (Inger Stevens) y una antigua amante (Sheree North); de Bonaro con su mujer, y de Russell con su amante (Susan Clark) y con el comisario Krane (James Whitmore), que tiene problemas con su hijo. Este innovador policiaco es una de las mejores películas rodadas por Don Siegel en la parte final de su irregular carrera. Su interés radica en la sencillez de su trama y lo bien desarrolladas que están las historias secundarias en que se apoya, así como en su presentación realista de Nueva York y la visión desencantada de la vida, el amor y los hombres que muestra. Su éxito es origen de la serie de televisión del mismo título.

Director: *Don Siegel*. Guionistas: *Henri Simoun, Abraham Polonsky*. Fotografía: *Russell Metty*. Música: *Lalo Schifrin*. Intérpretes: *Richard Widmark, Henry Fonda, Inger Stevens, Harry Guardino, James Whitmore, Susan Clark, Sheree North*. Producción: *Frank P. Rosenberg para Universal. Color. Duración: 100'. Estados Unidos.*

BRIGADOON *(1954)*

A partir del musical teatral homónimo de Alan Jay Lerner con música de Frederick Loewe, estrenado con gran éxito en Broadway en 1947, el propio autor escribe una adaptación que Vincente Minnelli rueda íntegramente en decorados y se convierte en uno de los mejores musicales producidos por el especialista Arthur Freed para los estudios Metro-Goldwyn-Mayer. Con un subrayado tono fantástico narra cómo los cazadores norteamericanos Tommy Albright (Gene Kelly) y Jeff Douglas (Van Johnson) se extravían en Escocia y encuentran un peculiar pueblecito que revive entre la niebla un día cada cien años. El amor de Tommy Albright por Fiona Campbell (Cyd Charisse) logrará romper el encantamiento. Destaca el excelente *pas à deux* romántico *The Heather on the Hill*, bailado por Gene Kelly y Cyd Charisse.

Director: *Vincente Minnelli*. Guionista: *Alan Jay Lerner*. Fotografía: *Joseph Ruttenberg*. Música: *Frederick Loewe*. Intérpretes: *Gene Kelly, Cyd Charisse, Van Johnson, Elaine Stewart, Jimmy Thompson, Barry Jones*. Producción: *Arthur Freed para Metro-Goldwyn-Mayer. Color. Scope. Duración: 108'. Estados Unidos.*

BRONCO BILLY *(1980)*

Las relaciones entre Bronco Billy McCoy (Clint Eastwood), propietario de un pequeño circo del que también es la principal atracción, y Antoinette Lily (Sondra Locke), una rica heredera que huye de su marido y a la que aquel contrata como ayudante de su número, dan lugar a una peculiar comedia romántica con cierto atractivo. Tras ser detenido uno de sus artistas por desertor, para no ir a la guerra de Vietnam, y quemarse la carpa, al final todo se arregla y consiguen dar una nueva representación bajo una nueva carpa hecha con banderas norteamericanas cosidas por los internos de un manicomio. Dentro de la interesante obra como realizador del actor y productor Clint Eastwood, aparece como una de sus películas más anómalas.

Director: *Clint Eastwood*. Guionista: *Dennis Hackin*. Fotografía: *David Worth*. Música: *Snuff Garrett, Steve Dorff*. Intérpretes: *Clint Eastwood, Sondra Locke, Geoffrey Lewis, Scatman Crothers, Bill McKinney*. Producción: *Neal Dubrovsky y Dennis Hackin para Malpaso/Warner. Color. Scope. Duración: 116'. Estados Unidos.*

BROOKS, Louise *(Cherryvale, Kansas, 1906-Rochester, Nueva York, Estados Unidos, 1985)*

Perteneciente a una familia acomodada, a los quince años debuta como bailarina, poco después entra en la célebre compañía de Ruth Saint Denis y llega a actuar en algunas de las grandes revistas teatrales de George White y Florenz Ziegfeld. En 1925 firma un contrato en exclusiva con los estudios Paramount, pero tras intervenir en catorce películas, entre las que destacan *La venus americana, ¡Ámalos... y déjalos!, La ciudad del mal, Una novia en cada puerto* y *Mendigos de vida*, rompe el contrato y se va a Europa para hacer un tipo muy diferente de cine, donde demuestra no solo ser una mujer de excepcional belleza, sino también una gran actriz. En Alemania rueda bajo la dirección de G. W. Pabst los excelentes dramas *La caja de Pandora* y *Tres páginas de un diario*, que cierran brillantemente su etapa muda, y en Francia hace con Augusto Genina el atractivo documento *Premio de belleza*, su primera película sonora. De regreso a Estados Unidos, durante los años treinta interviene en otras ocho películas, entre las que hay que citar *God's Gift to Women, El enemigo público* y *King of Gamblers*, pero cansada de hacer papeles secundarios que le interesan poco, deja de actuar, comienza a trabajar en la cinemateca Eastman Kodak de Rochester y a publicar interesantes artículos sobre Hollywood.

1925 *The Street of Forgotten Men* (La calle del olvido), de Herbert Brenon.
1926 *The American Venus* (La venus americana), de Frank Tuttle. / *A Social Celebrity* (Fígaro en sociedad), de Malcolm St. Clair. / *Love 'Em and Leave 'Em* (¡Ámalos... y déjalos!), de Frank Tuttle. / *It's the Old Army Game* (El boticario rural), de Edward Sutherland. / *The Show-Off*, de Malcolm St. Clair. / *Just Another Blonde*, de Alfred Santell.
1927 *Evening Clothes* (El vestido de etiqueta), de L. Reed. / *Rolled Stockings* (Juventud, divino tesoro), de Richard Rosson. / *The City Gone Wild* (La ciudad del mal), de James Cruze. / *Now We're in the Air* (Reclutas por los aires), de Frank Strayer.
1928 *A Girl in Every Port* (Una novia en cada puerto), de Howard Hawks. / *Beggars of Life* (Mendigos de la vida), de William A. Wellman.
1929 *The Canary Murder Case* (¿Quién la mató?), de Malcolm St. Clair. / *Die Büchse der Pandora* (La caja de Pandora), de G. W. Pabst. / *Das Tagebuch einer Verlorenen* (Tres páginas de un diario), de G. W. Pabst.
1930 *Prix de beauté* (Premio de belleza), de Augusto Genina.
1931 *It Pays to Advertise*, de Frank Tuttle. / *The Public Enemy* (El enemigo público), de William A. Wellman. / *God's Gift to Women*, de Michael Curtiz.
1936 *Empty Saddles*, de Lesley Selander.
1937 *Hollywood Boulevard*, de Robert Florey. / *King of Gamblers*, de Robert Florey. / *When You're in Love* (Preludio de amor), de Robert Riskin.
1938 *Overland Stage Raiders*, de George Sherman.

BROOKS, Richard *(Filadelfia, Pennsylvania, 1912-Beverly Hills, California, Estados Unidos, 1992)*

Perteneciente a la pequeña burguesía, estudia en la Temple University, trabaja como periodista deportivo, locutor y editorialista de radio y televisión. Después de combatir en la II Guerra Mundial en el cuerpo de *marines*, comienza a escribir cuentos, publica tres novelas, dirige algunas obras de teatro y destaca como guionista. Durante los años cuarenta escribe, entre otras, *My Best Gal* (1944), de Anthony Mann; *Fuerza bruta* (Brute Force, 1947), de Jules Dassin; *To the Victor* (1948), de Delmer Daves, y *Cayo Largo* (Key Largo, 1948), de John Huston, hasta que el productor Arthur Freed le contrata como director para trabajar en los estudios Metro-Goldwyn-Mayer; firma con la condición de escribir sus guiones y hacen juntos *Crisis*, una irregular historia política. Entre las quince películas que a lo largo de once años rueda para Metro-Goldwyn-Mayer, la mayoría sobre guiones propios, destacan *Deadline USA*, sobre la desaparición de un diario; *Semilla de maldad*, una de las primeras producciones sobre delincuencia juvenil, y *Sangre sobre la tierra*, discutible planteamiento de la problemática africana del momento. Tienen más interés sus adaptaciones *La última vez que vi París*, sobre un cuento de Francis Scott Fitzgerald; *Banquete de bodas*, sobre una obra televisiva de Paddy Chayefsky; *Los hermanos Karamazov*, imposible adaptación de la novela homónima de Fiodor Dostoievski; *La gata sobre el tejado de cinc* y *Dulce pájaro de juventud*, sobre las obras teatrales de Tennessee Williams, y *El fuego y la palabra*, sobre la novela de Sinclair Lewis. Lo curioso es que una vez que deja los estudios Metro-Goldwyn-Mayer por los Columbia, se convierte en su propio productor y comienza una nueva etapa de su carrera, continúa con las adaptaciones, pero hay que reconocer que *Lord*

Jim, sobre la novela de Joseph Conrad, y *A sangre fría*, sobre el reportaje novelado de Truman Capote, son dos de sus mejores películas. Además realiza dos buenos *westerns:* el ambicioso *Los profesionales* y el crepuscular *Muerde la bala*, todavía mejores que el anterior *The Last Hunt;* además del atractivo drama *Con los ojos cerrados*, una historia autobiográfica, protagonizada por su mujer Jean Simmons, que analiza su fracaso matrimonial. Sus restantes producciones, desde el convencional policiaco *Dólares*, rodado en la República Federal Alemana, hasta el drama de éxito *Buscando al Sr. Goodbar,* así como otras que vale más no citar, solo son desesperados intentos por hacer un cine a la terrible moda de los años setenta.

1950 *Crisis.*
1951 *The Light Touch* (El milagro del cuadro).
1952 *Deadline USA.*
1953 *Battle Circus.* / *Take the High Ground.*
1954 *The Flame and the Flesh.* / *The Last Time I Saw Paris* (La última vez que vi París).
1955 *The Blackboard Jungle* (Semilla de maldad).
1956 *The Last Hunt.* / *The Catered Affair* (Banquete de bodas).
1957 *Something of Value* (Sangre sobre la tierra).
1958 *The Brothers Karamazov* (Los hermanos Karamazov). / *Cat On a Hot Tin Roof* (La gata sobre el tejado de cinc).
1960 *Elmer Gantry* (El fuego y la palabra).
1962 *Sweet Bird of Youth* (Dulce pájaro de juventud).
1965 *Lord Jim.*
1966 *The Professionals* (Los profesionales).
1967 *In Cold Blood* (A sangre fría).
1969 *The Happy Ending* (Con los ojos cerrados).
1971 *Dollars* (Dólares).
1975 *Bite the Bullet* (Muerde la bala).
1977 *Looking for Mr. Goodbar* (Buscando al Sr. Goodbar).
1982 *Wrong Is Right* (Objetivo mortal).
1985 *Fever Pitch.*

BROWN, Clarence *(Clinton, Massachusetts, 1890-Santa Mónica, California, Estados Unidos, 1987)*

Estudia en la Universidad de Tennessee y llega a ser un buen ingeniero, experto en automóviles y aviones, pero cambia su vida el encuentro en 1915 en Hollywood con el realizador francés Maurice Tourneur. Deja de pilotar aviones de transporte y vende su empresa Brown Motor Company para convertirse en ayudante y montador de Tourneur, codirigir con él *The Great Redeemer* (1920) y *The Foolish Matrons* (1921) y realizar casi enteramente *El último mohicano* (The Last Mohicans, 1920) por enfermedad de Tourneur. Tras el éxito de algunas de sus primeras producciones, *La copa misteriosa, Tras la fortuna, La llama del amor* y, sobre todo, *El águila negra,* una historia de aventuras protagonizada por Rudolph Valentino, en 1926 firma un contrato en exclusiva con Metro-Goldwyn-Mayer, estudio para el que rueda sus restantes cuarenta películas hasta el final de su carrera en 1952. Especializado en melodramas, comedias sentimentales y crónicas familiares ambientadas en un medio rural, sus repetidos éxitos le convierten en el realizador favorito del productor Louis B. Mayer, lo que le permite tener un control absoluto sobre sus películas y desarrollar un eficaz estilo propio. Sus trabajos muestran una cuidada belleza plástica y frecuentes alardes de fotografía dentro del característico estilo del estudio y destacan los realizados durante los años treinta. Especial atención merece su larga colaboración con Greta Garbo, a quien dirige en siete de sus veinticuatro largometrajes norteamericanos; su trabajo en común comienza con la excelente historia erótica *El demonio y la carne* y con *La mujer ligera,* al final del período mudo; la dirige en sus tres primeras películas sonoras, las demasiado teatrales *Anna Christie*, basada en un drama de Eugene O'Neill; *Romance,* adaptación de una obra sin interés de Edward Sheldon, e *Inspiración,* sobre un guión original de Gene Markey; y finaliza con dos interesantes grandes producciones: *Anna Karenina*, brillante adaptación de la novela homónima de Leon Tolstoi, y *Maria Walewska,* que narra los amores entre Napoleón y una condesa polaca que busca la resurrección de su país. Entre las que se sitúan los cuidados dramas protagonizados por Joan Crawford *Amor en venta, Así ama la mujer* y *Encadenada;* la adaptación de la conocida obra de Eugene O'Neill *Ayer como hoy;* la historia familiar *Of Human Hearts,* y la primera versión de *Vinieron las lluvias,* para la que es cedido temporalmente a los estudios 20th Century Fox. Durante los años cuarenta trabaja bastante menos y con menor intensidad; hace las sentimentales *Edison, el hombre,* biografía del gran inventor rodada tras el éxito de *El joven Edison* (The Young Edison, 1940), de Norman Taurog;

No puedo vivir sin ti; La comedia humana, sobre la conocida novela de William Saroyan; las perfectas historias juveniles *National Velvet,* basada en la novela de Enid Bagnold, y *El despertar,* sobre la de Marjorie Kinnan Rawlings, en un brillante y atractivo Technicolor; e *Intruso en el polvo,* la mejor adaptación del novelista William Faulkner, sobre un buen guión de Ben Maddow. Sus trabajos de principios de los años cincuenta tienen menor interés y van desde *Indianápolis,* convencional historia sobre carreras automovilísticas, hasta *La aventura del Plymouth,* plúmbea reconstrucción del famoso viaje del *Mayflower* entre el Reino Unido y Virginia en 1620.

1922 *The Light In the Dark* (La copa misteriosa).
1923 *Don't Marry for Money* (Tras la fortuna). / *The Acquittal* (Veredicto de culpabilidad).
1924 *The Signal Tower* (La caseta de señales). / *Butterfly* (La niña mimada).
1925 *Smouldering Fires* (La llamada del amor). / *The Goose Woman* (La mujer de los gansos). / *The Eagle* (El águila negra).
1926 *Kiki.*
1927 *Flesh and the Devil* (El demonio y la carne).
1928 *The Trail of '98* (La senda del 98). / *A Woman of Affairs* (La mujer ligera).
1929 *The Wonder of Women* (El poder de la mujer). / *Navy Blues* (Corazón de marino).
1930 *Anna Christie.* / *Romance.*
1931 *Inspiration* (Inspiración). / *A Free Soul* (Alma libre). / *Possessed* (Amor en venta). / *Emma.*
1932 *Letty Lynton.* / *The Son-Daughter* (Canción de Oriente).
1933 *Looking Forward* (El futuro es nuestro). / *Night Flight* (Vuelo nocturno).
1934 *Sadie McKee* (Así ama la mujer). / *Chained* (Encadenada).
1935 *Anna Karenina.* / *Ah Wilderness!* (Ayer como hoy).
1936 *Wife versus Secretary* (Entre esposa y secretaria). / *The Gorgeous Hussy.*
1937 *Conquest* (Maria Walewska).
1938 *Of Human Hearts.*
1939 *Idiot's Delight.* / *The Rains Came* (Vinieron las lluvias).
1940 *Edison the Man* (Edison, el hombre).
1941 *Come Live With Me* (No puedo vivir sin ti). / *They Met in Bombay.*
1943 *The Human Comedy* (La comedia humana).
1944 *The White Cliffs of Dover* (Las blancas rocas de Dover). / *National Velvet.*
1946 *The Yearling* (El despertar).
1947 *Song of Love* (Pasión inmortal).
1949 *Intruder in the Dust* (Intruso en el polvo).
1950 *To Please a Lady* (Indianápolis). / *It's a Big Country,* un episodio.
1951 *Angels in the Outfield.*
1952 *When in Rome.* / *Plymouth Adventure* (La aventura del Plymouth).

BROWNING, Tod *(Louisville, Kentucky, 1882-Santa Mónica, California, Estados Unidos, 1962)*

A los dieciséis años deja a su acomodada familia y sus estudios cuando se enamora de una bailarina de un circo ambulante de paso por su ciudad y se va con ella. Comienza una larga trayectoria que, tras ser contorsionista, *clown, jockey,* director de una compañía de *varietés,* le llega a conocer David W. Griffith y ser actor y ayudante de dirección en su superproducción *Intolerancia* (Intolerance, 1916). Debuta como realizador con *Jim Bludso* y rueda veinticinco producciones en ocho años, la mayoría irregulares melodramas, perdidos para siempre, entre los que pueden citarse *El beso decisivo, La rosa del arroyo, La joven de Escocia, La virgen de Estambul* y *El hombre encubierto.* Tiene su primer éxito con *El trío infernal,* que narra una extravagante historia ambientada en una barraca de feria, donde aparece muy desarrollado el estilo, mezcla de fantasía, misterio y terror, que le hace famoso. A través de este estilo, cada vez más depurado, prosigue su colaboración con el personal actor Lon Chaney en otras siete películas de los estudios Metro-Goldwyn-Mayer durante la segunda mitad de los años veinte, al final del período mudo; entre las que destacan *Maldad encubierta, La sangre manda, La casa del horror, Garras humanas* y *Los pantanos de Zanzíbar.* Con la llegada del sonoro su personal estilo pierde parte de su espontaneidad y durante los años treinta solo rueda ocho películas. Sin embargo, tiene gran éxito con *Drácula,* primera e irregular versión sonora del clásico de Bram Stocker, y realiza sus obras maestras: *La parada de los monstruos,* historia ambientada en un circo que tiene problemas con las censuras de medio mundo, y *Muñecos infernales,* sutil narración de una venganza con excelentes efectos especiales, donde su habilidad para crear ambientes extraños alcanza gran altura. Después de la poco atractiva *Miracle for Sale,* se retira para vivir con su mujer, la actriz del cine mudo

Alice Wilson, en una mansión llena de obras sobre magia y ocultismo, en una zona residencial de Malibu Beach, California.

1917 *Jim Bludso.* / *A Love Sublime.* / *Hands Up.* / *Peggi, the Will-O'the-Wisp.* / *The Jury of Fate.*
1918 *The Eyes of Mystery.* / *Which Woman.* / *The Deciding Kiss* (El beso decisivo). / *Revenge.* / *The Brazen Beautty.* / *Set Free.*
1919 *The Unpainted Woman.* / *The Wicked Darling* (La rosa del arroyo). / *The Exquisite Thief.* / *A Petal on the Current* (Pétalo en la corriente). / *Bonnie Bonnie Lassie* (La joven de Escocia).
1920 *The Virgin of Stamboul* (La virgen de Estambul).
1921 *Outside the Law* (Fuera de la ley). / *No Woman Knows.*
1922 *The Wise Kid* (La niña prodigio). / *Man Under Cover* (El hombre encubierto). / *Under Two Flags* (Bajo dos banderas). / *Drifting* (Con la corriente). / *White Tiger* (El tigre blanco). / *The Day of Faith.*
1924 *The Dangerous Flirt.* / *Silk Stocking Sal.*
1925 *The Unholy Three* (El trío fantástico). / *The Mystic* (Zara, la mística). / *Dollar Down.*
1926 *The Black Bird* (Maldad encubierta). / *The Road to Mandalay* (La sangre manda).
1927 *The Show* (El palacio de las maravillas). / *The Unknown* (Garras humanas). / *London After Midnight* (La casa del horror).
1928 *The Big City* (Los antros del crimen). / *West of Zanzibar* (Los pantanos de Zanzíbar).
1929 *Where East Is East* (Oriente). / *The Thirteenth Chair.*
1930 *Outside the Law* (Fuera de la ley).
1931 *Dracula* (Drácula). / *The Iron Man.*
1932 *Freaks* (La parada de los monstruos).
1933 *Fast Workers* (Perdóneme, señorita).
1935 *Mark of the Vampire* (La marca del vampiro).
1936 *The Devil Doll* (Muñecos infernales).
1939 *Miracles for Sale.*

BRUMAS DE TRAICIÓN *(Betrayed, 1954)*

Esta película de espionaje de Metro-Goldwyn-Mayer es el único largometraje dirigido y producido en Estados Unidos por el alemán Gottfried Reinhardt, hijo del famoso director de teatro Max Reinhardt. Narra cómo en 1943 el espía británico coronel Pieter Deventer (Clark Gable) entrena a la viuda alegre holandesa Carla van Oven (Lana Turner) para que vaya a su país, invadido por los alemanes, y convenza al partisano *The Scarf* (Victor Mature) de que deje de actuar por su cuenta y acate las órdenes de Londres. A partir del momento en que logra su objetivo, comienza a haber traiciones, los guerrilleros son diezmados en cada una de sus acciones y el coronel empieza a sospechar de su espía, de la que además se ha enamorado. Destaca por los muchos exteriores rodados, en una época en que no era habitual, y el restringido empleo de transparencias, en unos años en que eran moneda corriente, dentro de una trama bien rodada y estructurada, pero demasiado convencional.

Director: *Gottfried Reinhardt*. Guionistas: *Ronald Millar, George Froeschel*. Fotografía: *Frederick A. Young*. Música: *Walter Goeht*. Intérpretes: *Clark Gable, Lana Turner, Victor Mature, Louis Calhern, O. E. Hasse, Wilfrid Hyde White*. Producción: *Gottfried Reinhardt para Metro-Goldwyn-Mayer. Color*. Duración: 108'. Estados Unidos.

BRYNNER, Yul *(Jules Brynner. Vladivostok, Unión Soviética, 1915-Nueva York, Estados Unidos, 1985)*

Hijo de un suizo de origen mongol y de una gitana rumana, sus orígenes no están claros porque cuando se hace famoso le gusta fantasear sobre ellos; lo mismo dice que su verdadero nombre es Taidje Khan y que ha nacido en la isla Sakhaline, en Siberia, como que ha sido educado por unos gitanos. La realidad es que a los diecisiete años comienza a cantar y tocar la guitarra en cabarets con un grupo de gitanos y luego trabaja como trapecista en el Circo de Invierno de París, hasta que debe dejarlo por una caída. Posteriormente hace de electricista, escenógrafo y actor en la famosa compañía de George y Ludmilla Pitoeff, en el teatro de los Mathurins, en París, mientras estudia filosofía en la Universidad de la Sorbona. En 1941, en plena II Guerra Mundial, emigra a Estados Unidos con la compañía teatral de Michael Chejov, no tienen éxito, y debe trabajar en la Office of War Information. En la posguerra comienza a actuar en televisión, teatro e incluso cine, *Puerto de Nueva York*, pero solo triunfa en 1951, en Broadway, con el musical *El rey y yo*, gracias a su cabeza afeitada, sus rasgos mongoloides y su profunda voz. Su carrera cinematográfica comienza cinco años después con una versión de la misma obra, que le permite ganar su único Oscar y ser el faraón Ramsés en *Los diez mandamientos*, el rey Salomón en *Salomón y la reina de Saba* y el guerrero mongol protagonista de *Taras Bulba*. Durante la segunda mitad de los años cincuenta rueda las fallidas adaptaciones literarias *Los hermanos*

Karamazov y *El ruido y la furia,* de Fiodor Dostoievski y William Faulkner, respectivamente, además de las comedias de Stanley Donen *Volverás a mí* y *Una rubia para un gángster,* así como el *western* de éxito *Los siete magníficos.* Durante la década de los sesenta trabaja sobre todo en Europa, en películas de muy escaso atractivo; en Francia, *No me digas adiós;* en el Reino Unido, *Las flores del diablo, Triple Cross* y *La loca de Chaillot;* en España, *El regreso de los siete magníficos,* y en Yugoslavia, *La batalla del río Neretva,* la mayoría de las veces con directores británicos de segunda fila. Su decadencia se agudiza en los años setenta, durante los que protagoniza la interesante *Romance de un ladrón de caballos* y la parodia de sí mismo *Almas de metal,* y también los *spaghetti-westerns* impresentables *Indio Black* y *Con la ira en los ojos,* la adaptación de Jules Verne rodada en España *El faro del fin del mundo,* y el policiaco francés *El serpiente.*

1949 *Port of New York* (Puerto de Nueva York), de Laszlo Benedek.
1956 *The King and I* (El rey y yo), de Walter Lang. / *The Ten Commandments* (Los diez mandamientos), de Cecil B. de Mille. / *Anastasia,* de Anatole Litvak.
1957 *The Brothers Karamazov* (Los hermanos Karamazov), de Richard Brooks.
1958 *The Buccaneer* (Los bucaneros), de Anthony Quinn. / *The Journey* (Rojo atardecer), de Anatole Litvak.
1959 *Once More With Feeling* (Volverás a mí), de Stanley Donen. / *The Sound and the Fury* (El ruido y la furia), de Martin Ritt. / *Solomon and Sheba* (Salomón y la reina de Saba), de King Vidor. / *Le testament d'Orphée* (El testamento de Orfeo), de Jean Cocteau.
1960 *The Magnificent Seven* (Los siete magníficos), de John Sturges. / *Surprise Package* (Una rubia para un gángster), de Stanley Donen.
1961 *Goodbye Again* (No me digas adiós), de Anatole Litvak. / *Escape From Zahrain* (Fuga de Zahrain), de Ronald Neame.
1962 *Taras Bulba,* de J. Lee Thompson.
1963 *Flight From Ashiya* (Patrulla de rescate), de Michael Anderson. / *Kings of the Sun* (Los reyes del Sol), de J. Lee Thompson.
1964 *Invitation to a Gunfighter* (Invitación a un pistolero), de Richard Wilson.
1965 *The Poppy Is Also a Flower* (Las flores del diablo), de Terence Young. / *Saboteur-Code Name Morituri* (Morituri), de Bernhard Wicki. / *Cast a Giant Shadow* (La sombra de un gigante), de Michael Anderson.
1966 *Return of the Seven* (El regreso de los siete magníficos), de Burt Kennedy. / *Triple Cross,* de Terence Young. / *The Long Duel* (La leyenda de un valiente), de Ken Annakin.
1967 *The Double Man* (Mi doble en los Alpes), de Franklin J. Schaffner. / *Villa Rides* (Villa cabalga), de Buzz Kulik.
1968 *The Picasso Summer* (El verano de Picasso), de Serge Bourguignon. / *The Madwoman of Chaillot* (La loca de Chaillot), de Bryan Forbes.
1969 *Bitka na Neretvi* (La batalla del río Neretva), de Veljko Bulajic. / *The File of the Golden Goose* (La huella conduce a Londres), de Sam Wanamaker.
1970 *The Magic Christian* (Si quieres ser millonario no malgastes el tiempo trabajando), de Joseph McGrath. / *Romance of a Horsethief* (Romance de un ladrón de caballos), de Abraham Polonsky. / *Indio Black, sai che te dico... sei un gran figlio di...* (Indio Black), de Gianfranco Parolini.
1971 *Catlow* (El oro de nadie), de Sam Wanamaker. / *The Light at the Edge of the World* (El faro del fin del mundo), de Kevin Billington.
1972 *Fuzz* (El turbulento distrito 87), de Richard A. Colla. / *Le serpent* (El serpiente), de Henri Verneuil.
1973 *Westworld* (Almas de metal), de Michael Crichton.
1974 *The Last Warrior* (Nueva York, año 2012), de Robert Clouse.
1975 *Con la rabbia agli occhi* (Con la ira en los ojos), de Antonio Margheriti.
1976 *Futureworld* (Mundo futuro), de Richard T. Heffron.

BUENOS DÍAS, TRISTEZA *(Bonjour Tristesse, 1957)*

Desde la tristeza de un París invernal en blanco y negro, a través de una sucesión de *flashbacks* se recuerda un luminoso verano en la Costa Azul en Technicolor, donde la independiente jovencita Cécile (Jean Seberg) consigue que su mujeriego padre Raymond (David Niven) no se case con la recta Anne (Deborah Kerr). Tomando como punto de partida la tan conocida como irregular novela homónima de Françoise Sagan, el productor y director Otto Preminger rueda una de sus más importantes películas independientes de finales de la década de los cincuenta. A través de unos largos, complejos y suntuosos planos, Preminger hace, con la colaboración de una joven Jean Seberg, un excelente dibujo de una muchacha con un claro complejo de Edipo, que finalmente, y muy a su pesar, pierde la inocencia y no le queda más remedio que convertirse en adulta. Al igual que en todas las producciones independientes de esta etapa de la carrera de Preminger, los títulos de crédito son obra del original diseñador Saul Bass.

Director: *Otto Preminger.* Guionista: *Arthur Laurents.* Fotografía: *Georges Perinal.* Música: *Georges Auric.* Intérpretes: *Jean Seberg, David Niven, Deborah Kerr, Geoffrey Horne, Mylène Demongeot, Juliette Greco, Martita Hunt, Walter Chiari.* Producción: *Otto Preminger para Wheel Films (Columbia). Color. Scope.* Duración: *93'.* Estados Unidos.

BUJOLD, Geneviève *(Montreal, Québec, Canada, 1942)*

Estudia arte dramático en el Conservatorio de Montreal, comienza a trabajar como actriz en radio y televisión y a principios de la década de los sesenta interviene en algunas películas canadienses. El éxito de la producción francesa *La guerra ha terminado* hace que durante la segunda mitad de la década alterne el trabajo en Francia, *Rey de corazones,* de Philippe de Broca, y *El ladrón,* de Louis Malle, y Canadá, *Entre la mer et l'eau douce,* de Michel Brault, para finalizar protagonizando la producción histórica inglesa *Ana de los mil días,* de Charles Jarrott. Durante los años setenta y ochenta alterna interesantes películas canadienses, *Kamouraska,* de Claude Jutra; *Inseparables,* de David Cronenberg, y *Les noces de papier,* de Michel Brault; francesas, *El incorrigible,* de Philippe de Broca, y *Otro hombre, otra mujer,* de Claude Lelouch; y norteamericanas de dos tipos: anodinos productos comerciales, *Terremoto, El corsario escarlata, Amor bajo fianza, Coma, Monseñor* y *En la cuerda floja;* e interesantes producciones independientes, *Fascinación,* de Brian de Palma, y *Elígeme, Inquietudes* y *Los modernos,* de Alan Rudolph. Posteriormente solo interviene en producciones canadienses que tienen una distribución mucho más reducida.

1960 *Les temps des amours,* de Hubert Aquin.
1963 *Amanita pestilens,* de René Bonnière. / *La fin des étés,* de Anne-Claire Poirier.
1964 *Le terre à boire,* de Jean-Paul Bernier. / *La fleur de l'âge,* de Michel Brault.
1966 *La guerre est finie* (La guerra ha terminado), de Alain Resnais. / *Le roi de coeur* (Rey de corazones), de Philippe de Broca.
1967 *Le voleur* (El ladrón), de Louis Malle. / *Entre la mer et l'eau douce,* de Michel Brault. / *Isabel,* de Paul Almond.
1968 *Act of the Heart,* de Paul Almond.
1969 *Anne of the Thousand Days* (Ana de los mil días), de Charles Jarrott.
1970 *Marie-Christine,* de Claude Jutra. / *The Trojan Women* (Las troyanas), de Michael Cacoyannis. / *Journey,* de Paul Almond.
1973 *Kamouraska,* de Claude Jutra.
1974 *Earthquake* (Terremoto), de Mark Robson.
1975 *L'incorrigible* (El incorrigible), de Philippe de Broca. / *Swashbuckler* (El corsario escarlata), de James Goldstone.
1976 *Obsession* (Fascinación), de Brian de Palma. / *Alex and the Gypsy* (Amor bajo fianza), de John Korty.
1977 *Coma,* de Michael Crichton. / *Un autre homme, une autre chance* (Otro hombre, otra mujer), de Claude Lelouch.
1978 *Murder by Decree* (Asesinato por decreto), de Bob Clark.
1979 *The Last Flight of Noah's Ark* (El último vuelo del «Arca de Noé»), de Charles Jarrott.
1980 *Final Assingment,* de Paul Almond.
1981 *Mistress of Paradise,* de Peter Medak.
1982 *Monsignor* (Monseñor), de Frank Perry.
1984 *Choose Me* (Elígeme), de Alan Rudolph. / *Tightrope* (En la cuerda floja), de Richard Tuggle.
1985 *Trouble in Mind* (Inquietudes), de Alan Rudolph.
1988 *The Moderns* (Los modernos), de Alan Rudolph. / *L'emprise,* de Michel Brault. / *Dead Ringers* (Inseparables), de David Cronenberg.
1989 *Les noces de papier,* de Michel Brault. / *False Identity,* de James Keach.
1990 *Rue du Bac,* de Gabriel Aghion.
1991 *What a Night,* de Eric Till. / *And the Dance Goes On,* de Paul Almond.
1992 *Ambush of Ghosts,* de Everett Lewis.
1994 *Mon amie Max* (Mi amiga Max), de Michel Brault.

BUÑUEL, Luis *(Calanda, Teruel, España, 1900-México D. F., México, 1983)*

Nace en un pueblo perdido, en el seno de una familia de terratenientes; estudia el bachillerato con los jesuitas en Zaragoza y más tarde se traslada a Madrid para hacerse ingeniero de caminos. Ingresa en ingenieros industriales, no acaba ciencias naturales y en 1924 se licencia en la rama de historia de filosofía y letras. Tiene la suerte de hospedarse en la madrileña Residencia de Estudiantes, donde convive con las grandes personalidades de la generación del 27 y llega a ser amigo íntimo de Salvador Dalí y Federico García Lorca. Bajo su influencia comienza a escribir, pero, atraído por el cine, al mismo tiempo organiza los primeros cineclubs en Madrid y trabaja como ayudante de dirección de Jean Epstein en París. Sobre un guión de Dalí y suyo, y con dinero de su madre, rueda el cortometraje *Un chien andalou* (Un perro andaluz, 1928), que no tarda en convertirse en el manifiesto cinematográfico del grupo surrealista, al que pasa a pertenecer gracias a Ramón Gómez de la Serna, Juan Larrea y el propio Dalí. Su última colaboración con Dalí es la transgresora *La edad de oro,* que realiza gracias al mecenazgo del vizconde de Noailles, provoca un gran escándalo en Francia y le vale una invitación de los estudios Metro-Goldwyn-Mayer para trabajar en Hollywood. Su primera película española es el mediometraje *Tierra sin pan* (1932), un duro y poético documento sobre la miseria de Las Hurdes, realizado con el dinero ganado por un amigo anarquista en la lotería y prohibido por el gobierno de la II República. Durante los últimos años republicanos trabaja como productor ejecutivo de la empresa Filmófono en *Don Quintín el amargao* (1935), de Luis Marquina; *La hija de Juan Simón* (1935) y *¿Quién me quiere a mí?* (1936), de José Luis Sáenz de Heredia, y *Centinela alerta* (1936), de Jean Grémillon, que supervisa personalmente y con las que intenta hacer un cine popular digno. Durante la guerra española colabora en París en el montaje del documental *España leal en armas* (1938), de Roman Karmen, y luego es enviado a Hollywood como asesor de dos películas que no llegan a rodarse. Después de la guerra es contratado por el Museo de Arte Moderno de Nueva York, pero no tarda en ser expulsado por comunista. Tras sobrevivir doblando documentales, viaja a México para rodar una versión de *La casa de Bernarda Alba,* de García Lorca, que no se hace nunca, pero se queda a vivir allí, acaba nacionalizándose mexicano y por fin arranca su carrera como director. Hace para el productor Oscar Dancigers *Gran casino* y *El gran calavera,* películas intrascendentes, pero gracias a la habilidad y rapidez que demuestra en sus rodajes y el éxito de la última, le permiten realizar la personal *Los olvidados,* una historia neorrealista sobre un grupo de muchachos marginados, con algunos toques surrealistas, que tiene cierta repercusión internacional. Desde entonces trabaja con regularidad en el cine mexicano y entre 1950 y 1955 realiza, con poco dinero, once películas muy desiguales entre las que se encuentran algunas de sus mejores obras: *Él,* análisis del comportamiento de un neurótico a través de las relaciones con su mujer; *Abismos de pasión,* perfecta adaptación de la novela *Cumbres borrascosas,* de Emily Brönte, y *Ensayo de un crimen,* sobre la vida de un hombre para quien el erotismo está asociado al deseo de muerte. Gracias a la repercusión de estos trabajos comienza una etapa más internacional, pero menos interesantes, con las coproducciones entre México y Francia *Así es la aurora, La muerte en este jardín* y *Los ambiciosos,* y entre México y Estados Unidos, *La joven,* entre las que realiza *Nazarín,* adaptación de la novela homónima de Benito Pérez Galdós. Su éxito le permite regresar a España para rodar *Viridiana,* una nueva y brillante demostración de la imposibilidad de ejercer la caridad cristiana, que le consagra internacionalmente al ganar la Palma de Oro del Festival de Cannes, pero que la censura del general Franco prohíbe en España durante dieciséis años por «sacrílega». Su obra posterior está realizada en Francia, a excepción de la genial historia surrealista *El ángel exterminador,* la incompleta parábola sobre un estilita *Simón del desierto,* que hace en México, y la excelente *Tristana,* nueva adaptación de Pérez Galdós, que rueda en España. La última etapa de su obra tiene una calidad técnica superior por estar realizada con más dinero y encierra trabajos de gran interés como *Diario de una camarera,* perfecta adaptación de la novela de Octave Mirbeau; *La Vía Láctea,* personal y compleja historia de las herejías, y *Ese oscuro objeto del deseo,* viejo proyecto sobre la novela *La mujer y el pelele,* de Pierre Louys, que cierra su filmografía. Sin embargo, alcanzan mucho mayor éxito sus intentos fallidos de volver a los comienzos surrealistas en *Bella de día,* adaptación de una novela de Joseph Kessel, *El discreto encanto de la burguesía* y *El fantasma de la libertad,* basadas en guiones originales. En sus memorias, *Mi último suspiro,* escritas en colaboración con Jean-Claude Carrière, coguionista de la última etapa francesa, dice preferir sus películas galas a las mexicanas o españolas, pero por cortesía hacia su colaborador y porque gana mucho más dinero con ellas.

1930 *L'âge d'or* (La edad de oro).
1947 *Gran casino.*
1949 *El gran calavera.*
1950 *Los olvidados. / Susana.*
1951 *La hija del engaño* (Don Quintín el amargao). / *Una mujer sin amor. / Subida al cielo.*
1952 *El bruto. / The Adventures of Robinson Crusoe* (Las aventuras de Robinsón Crusoe). / *Él.*
1953 *Abismos de pasión. / La ilusión viaja en tranvía.*
1954 *El río y la muerte.*
1955 *Ensayo de un crimen* (La vida criminal de Archibaldo de la Cruz). / *Cela s'appelle l'aurore* (Así es la aurora).
1956 *La mort en ce jardin* (La muerte en este jardín).
1958 *Nazarín.*
1959 *La fièvre monte à El Pao* (Los ambiciosos).
1960 *The Young One* (La joven).
1961 *Viridiana.*
1962 *El ángel exterminador.*
1964 *Le journal d'une femme de chambre* (Diario de una camarera).
1965 *Simón del desierto.*
1966 *Belle de jour* (Bella de día).
1969 *La voie lactée* (La Vía Láctea).
1970 *Tristana.*
1972 *Le charme discret de la bourgeoisie* (El discreto encanto de la burguesía).
1974 *La fantôme de la liberté* (El fantasma de la libertad).
1977 *Cet obscur objet du désir* (Ese oscuro objeto del deseo).

BURGUÉS PEQUEÑO, MUY PEQUEÑO, UN (*Un borghese piccolo piccolo*, 1977)

A partir de una dura novela de Vincenzo Cerami, el reputado guionista Sergio Amidei y el propio realizador escriben un excelente guión con el que Mario Monicelli rueda una de las más negras y corrosivas «comedias a la italiana». Narra cómo Giovanni Vivaldi (Alberto Sordi), un modélico empleado a punto de jubilarse, dedicado a su familia y, sobre todo, a su hijo Mario (Vincenzo Crocitti), cuando ve cómo le matan durante un atraco, se convierte en un monstruo, busca al asesino, lo encuentra y lo tortura hasta matarlo. Destaca la excelente interpretación de Alberto Sordi, que carga las tintas sobre el personaje que siempre ha interpretado, el burgués dispuesto a saltarse cualquier regla moral con tal de prosperar mínimamente.

Director: *Mario Monicelli.* Guionistas: *Sergio Amidei, Mario Monicelli.* Fotografía: *Mario Vulpiani.* Música: *Giancarlo Chiamarello.* Intérpretes: *Alberto Sordi, Shelley Winters, Romolo Valli, Vincenzo Crocitti, Renzo Carboni.* Producción: *Luigi de Laurentiis y Aurelio de Laurentiis para Auro Cinematográfica.* Color. Scope. Duración: *122'. Italia.*

BURTON, Richard (*Richard Walter Jenkins. Pontrhyfden, Gales, Reino Unido, 1925-Ginebra, Suiza, 1984*)

Perteneciente a una numerosa familia de mineros galeses, a los doce años sube por primera vez a un escenario y logra estudiar en Oxford gracias a una beca. Durante la II Guerra Mundial combate en la R.A.F., en la posguerra debuta como actor en teatro y, gracias al apoyo de Emily Williams, también en cine. Después de intervenir en media docena de películas inglesas, durante una gira teatral por Estados Unidos es contratado por los estudios 20th Century Fox, para los que rueda *Mi prima Rachel, Las ratas del desierto, La túnica sagrada* y *Las lluvias de Ranchipur.* De nuevo en Europa protagoniza las producciones norteamericanas *Alejandro el Magno* y *Bitter Victory* y la británica *Mirando hacia atrás con ira.* Cuando su carrera cinematográfica parece haber tocado fondo, es contratado por poco dinero por 20th Century Fox para sustituir a Stephen Boyd en el papel de Marco Antonio en *Cleopatra,* pero el éxito de la película y, sobre todo, su complejo idilio con la actriz Elizabeth Taylor le sitúan en el punto más alto de su trayectoria. La pareja se pone de moda y durante cinco años protagoniza *Hotel Internacional, Castillos en la arena, ¿Quién teme a Virginia Woolf?, La mujer indomable, Doctor Fausto, Los comediantes* y *La mujer maldita.* Entre las películas que protagoniza en solitario sobresalen *La noche de la iguana,* de John Huston, y *El espía que surgió del frío,* de Martin Ritt. Posteriormente vuelve a alternar el cine y el teatro, pero entre sus restantes veinticinco películas, realizadas en quince años, solo sobresalen *La escalera,* de Stanley Donen, y *Comando en el desierto,* de Henry Hathaway. En el momento de su máxima fama también dirige *Doctor Fausto,* sobre la obra de Christopher Marlowe.

Como director
1967 *Doctor Faustus* (Doctor Fausto).
Como actor
1948 *The Last Days of Dolwyn,* de Emilyn Williams. / *Here Come the Huggette,* de Ken Annakin.

1949 *Now Barabbas Was a Robber,* de Gordon Parry.
1950 *Waterfront,* de Michael Anderson. / *The Woman With No Name* (La mujer sin nombre), de Ladislao Vajda.
1951 *Green Grow the Rushes,* de Derek Twist.
1952 *My Cousin Rachel* (Mi prima Rachel), de Henry Koster.
1953 *The Desert Rats* (Las ratas del desierto), de Robert Wise. / *The Robe* (La túnica sagrada), de Henry Koster.
1954 *Demetrius and the Gladiators* (Demetrius y los gladiadores), de Delmer Daves.
1955 *Prince of Players,* de Philip Dunne. / *The Rains of Ranchipur* (Las lluvias de Ranchipur), de Jean Negulesco.
1956 *Alexander the Great* (Alejandro el Magno), de Robert Rossen. / *Sea Wife* (La esposa del mar), de Bob McNaught.
1957 *Bitter Victory,* de Nicholas Ray.
1959 *Look Back in Anger* (Mirando hacia atrás con ira), de Tony Richardson.
1960 *The Bramble Bush* (El zarzal), de Daniel Petrie. / *Ice Palace* (Imperio de titanes), de Vincent Sherman.
1962 *The Longest Day* (El día más largo), de Ken Annakin, Andrew Marton, Bernhard Wicki, Gerd Oswald.
1963 *The V.I.P.'s* (Hotel Internacional), de Anthony Asquith. / *Cleopatra,* de Joseph L. Mankiewicz.
1964 *Beckett,* de Peter Glenville. / *The Night of the Iguana* (La noche de la iguana), de John Huston.
1965 *The Sandpiper* (Castillos en la arena), de Vincente Minnelli. / *The Spy Who Came in From the Cold* (El espía que surgió del frío), de Martin Ritt. / *What's New Pussycat?* (¿Qué tal, Pussycat?), de Clive Donner.
1966 *Who's Afraid of Virginia Woolf?* (¿Quién teme a Virginia Woolf?), de Mike Nichols.
1967 *The Taming of the Shrew* (La mujer indomable), de Franco Zeffirelli. / *Doctor Faustus* (Doctor Fausto), de Richard Burton. / *The Comedians* (Los comediantes), de Peter Glenville.
1968 *Boom!* (La mujer maldita), de Joseph Losey. / *Where Eagles Dare* (El desafío de las águilas), de Brian G. Hutton. / *Candy,* de Christian Marquand.
1969 *Staircase* (La escalera), de Stanley Donen.
1970 *Anne of the Thousand Days* (Ana de los mil días), de Charles Jarrott.
1971 *Raid on Rommel* (Comando en el desierto), de Henry Hathaway. / *Under Milk Wood* (Bajo el bosque lácteo), de Andrew Sinclair. / *Villain* (El gángster), de Michael Tuchner.
1972 *Hammersmith is Out* (Pacto con el diablo), de Peter Ustinov. / *The Assassination of Trotsky* (El asesinato de Trotsky), de Joseph Losey. / *Blubeard* (Barba Azul), de Edward Dmytryk.
1973 *Rappresaglia* (Muerte en Roma), de George Pan Cosmatos. / *Sutjeska* (La quinta ofensiva), de Stipe Delic.
1974 *Il viaggio* (El viaje), de Vittorio de Sica. / *The Klansman* (El hombre del clan), de Terence Young.
1975 *Brief Encounter* (Breve encuentro), de Alan Bridges.
1976 *Resistence,* de Ken McKullen.
1977 *Exorcist II: The Heretic* (Exorcista II: el hereje), de John Boorman. / *Equus,* de Sidney Lumet.
1978 *The Medusa Touch* (Alarma: catástrofe), de Jack Gold. / *The Wild Geese* (Patos salvajes), de Andrew V. McLaglen.
1979 *Breakthrough* (Cerco roto), de Andrew V. McLaglen.
1980 *Circle of Two* (Círculo de dos), de Jules Dassin. / *Absolution,* de Anthony Page. / *Tristan and Iseult* (Tristán e Isolda), de Tom Donovan.
1984 *Wagner,* de Tony Palmer. / *Nineteen Eighty-Four* (1984), de Michael Radford.

BURTON, Tim *(Burbank, California, Estados Unidos, 1959)*

Estudia en el Cal Arts Institute, comienza a trabajar en el departamento de animación de Walt Disney Productions y dirige *Vincent* (1982), un corto de animación que narra la historia de un joven que quiere ser el actor Vincent Price, y *Frankenweenie,* un corto con personajes reales protagonizado por Shelley Duvall. Cuando esta produce para televisión una serie sobre clásicos de la literatura infantil le encarga *Aladdin* (1984). Demuestra su interés por lo fantástico en *Pee-Wee's Big Adventure,* su primer largometraje, que narra las peripecias de un dibujante de películas animadas y sus dibujos. El éxito de *Bitelchus,* la historia de una pareja de fantasmas que ve invadidos sus dominios por una familia convencional, hace que le encarguen *Batman* y *Batman vuelve,* las dos primeras versiones de la historieta gráfica creada en 1939 por Bob Kane. Entre medias dirige la irregular *Eduardo manostijeras,* una nueva historia fantástica que en esta ocasión gira en torno a un muchacho que en lugar de manos tiene tijeras, donde hace un papel secundario su admirado y envejecido Vincent Price. Su mejor y más imaginativo trabajo es *Ed Wood,* biografía del peor director de la historia del cine, donde Martin Landau hace una estupenda creación del actor Bela Lugosi.
1985 *Pee-Wee's Big Adventure.*
1988 *Beetlejuice* (Bitelchús).
1989 *Batman.*

1990 *Edward Scissorhands* (Eduardo manostijeras).
1992 *Batman Returns* (Batman vuelve).
1994 *Ed Wood*.

BUSCAVIDAS, EL *(The Hustler, 1961)*

Dentro del pequeño y sórdido mundo de los jugadores profesionales de billar se desarrollan las relaciones entre el joven perdedor Eddie Felson (Paul Newman), su adversario el gran campeón Minnesota Fats (Jackie Gleason), su destructivo representante Bert Gordon (George C. Scott) y la novelista coja y fracasada Sarah Packard (Piper Laurie). Tomando como punto de partida una olvidada novela del desconocido Walter Tevis, un Robert Rossen surgido de sus propias cenizas, un largo calvario por el cine europeo promovido por sus denuncias ante el Comité de Actividades Antinorteamericanas, escribe, produce y dirige su mejor película. Destaca la excelente fotografía del viejo profesional Eugen Schufftan, con la que gana un Oscar. Veinticinco años después Martin Scorsese rueda una especie de curiosa segunda parte, *El color del dinero* (The Color of Money, 1986), donde resucita a Eddie Felson (Paul Newman) para enfrentarle al joven Vincent Lauria (Tom Cruise), a quien acompaña la atractiva Janelle (Mary Elizabeth Mastrantonio), y para hacer algunas consideraciones sobre el juego.

Director: *Robert Rossen*. Guionistas: *Robert Rossen, Sidney Carroll*. Fotografía: *Eugen Schufftan*. Música: *Kenyon Hopkins*. Intérpretes: *Paul Newman, Jackie Gleason, George C. Scott, Piper Laurie, Myron McCormick, Murray Hamilton*. Producción: *Robert Rossen para 20th Century Fox. Scope.* Duración: *135'. Estados Unidos.*

C

CAAN, James (*Nueva York, Estados Unidos, 1939*)

Desde finales de los años cincuenta trabaja como actor de teatro, poco después comienza a hacer papeles en cine, pero solo se da a conocer de la mano del productor y director Howard Hawks en *Peligro... línea 7000* y, sobre todo, en el *western* famoso *El Dorado*. Su carrera experimenta un fuerte impulso ascendente gracias a las películas de Francis Ford Coppola *Llueve sobre mi corazón* y la saga *El padrino*, donde encarna a Sonny Corleone, mientras trabaja con Karel Reisz en *El jugador*, Claude Lelouch en *Otro hombre, otra mujer* y *Los unos y los otros* y Alan J. Pakula en *Llega un jinete libre y salvaje*. A principios de la década de los ochenta tiene una única experiencia como realizador con la melodramática *Hide in Plain Sight*, y poco después deja de trabajar durante cinco años por problemas de alcoholismo y drogadicción. De nuevo gracias a la ayuda de Francis Ford Coppola vuelve al cine para protagonizar *Jardines de piedra*. En esta segunda etapa de su carrera destacan la historia de terror *Misery*, de Rob Reiner, el musical *Ayer, hoy y siempre*, de Mark Rydell, y la comedia *Luna de miel para tres*, de Andrew Bergman.

Como director
1980 *Hide in Plain Sight*.
Como actor
1963 *Irma la Douce* (Irma la dulce), de Billy Wilder. / *Lady in a Cage*, de Walter Grauman.
1965 *The Glory Guys* (Gloriosos camaradas), de Arnold Laven. / *Red Line 7000* (Peligro... línea 7000), de Howard Hawks.
1967 *El Dorado*, de Howard Hawks. / *Journey to Shiloh*, de William Hale. / *Games* (La muerte llama a la puerta), de Curtis Harrington.
1968 *Countdown*, de Robert Altman. / *Submarine X-1*, de William A. Graham.
1969 *The Rain People* (Llueve sobre mi corazón), de Francis Ford Coppola.
1970 *Rabbit Run*, de Jack Smight.
1971 *T. R. Baskin* (Perdido en la ciudad), de Herbert Ross.
1972 *The Godfather* (El padrino), de Francis Ford Coppola.
1973 *Slither*, de Howard Zieff. / *Cinderella Liberty* (Permiso para amar hasta medianoche), de Mark Rydell.
1974 *The Gambler* (El jugador), de Karel Reisz. / *Freebie and the Bean* (Una extraña pareja de polis), de Richard Rush. / *The Godfather Part II* (El padrino II), de Francis Ford Coppola.
1975 *Funny Lady*, de Herbert Ross. / *Rollerball*, de Norman Jewison. / *Gone With the West*, de Bernard Girard. / *The Killer Elite* (Los aristócratas del crimen), de Sam Peckinpah.
1976 *Silent Movie* (La última locura), de Mel Brooks. / *Harry and Walter Go to New York* (Harry y Walker van a Nueva York), de Mark Rydell.
1977 *A Bridge Too Far* (Un puente lejano), de Richard Attenborough. / *Un autre homme, une autre chance* (Otro hombre, otra mujer), de Claude Lelouch.
1978 *Comes a Horseman* (Llega un jinete libre y salvaje), de Alan J. Pakula.

1979 *Chapter Two* (Capítulo dos), de Robert Moore.
1980 *Hide in Plain Sight*, de James Caan.
1981 *Thief* (Ladrón), de Michael Mann. / *Les uns et les autres* (Los unos y los otros), de Claude Lelouch.
1982 *Kiss Me Goodbye* (Bésame y esfúmate), de Robert Mulligan.
1987 *Gardens of Stone* (Jardines de piedra), de Francis Ford Coppola.
1988 *Alien Nation* (Alien nación), de Graham Baker.
1990 *Dick Tracy*, de Warren Beatty. / *Misery*, de Rob Reiner.
1991 *For the Boys* (Ayer, hoy y siempre), de Mark Rydell. / *The Dark Backward*, de Adam Rifkin.
1992 *Honeymoon in Vegas* (Luna de miel para tres), de Andrew Bergman.
1993 *The Program*, de David S. Ward. / *Flesh and Bone*, de Steve Kloves.
1995 *North Star* (Estrella del norte), de Nils Gaup.

CABALLERO DEL MISSISSIPPI, EL *(The Mississippi Gambler, 1953)*

Entre medias de partidas de póquer, competiciones de esgrima, grandes bailes, duelos a pistola al amanecer, intentos de asesinato y múltiples peleas, el ex director de fotografía Rudolph Maté narra los tortuosos amores entre Mark Fallon (Tyrone Power), un jugador del Mississippi perseguido por la bella Ann Conant (Julia Adams), y Angélica Duroux (Piper Laurie), la joven hija de un rico caballero. A medio camino entre las aventuras y el melodrama —dado que antes de que Angélica Duroux llegue a los brazos de Mark Fallon deben morir su padre y su hermano y ser abandonada por su marido—, Rudolph Maté cuenta con habilidad la historia de un hombre al que quiere una mujer, pero está enamorado de otra que no le hace caso.

Director: *Rudolph Maté*. Guionista: *Seton I. Miller*. Fotografía: *Irving Glassberg*. Música: *Frank Skinner*. Intérpretes: *Tyrone Power, Piper Laurie, John McIntire, Julia Adams, Dennis Weaver*. Producción: *Ted Richmond para Universal. Color.* Duración: *98'. Estados Unidos.*

CABALLEROS LAS PREFIEREN RUBIAS, LOS *(Gentlemen Prefer Blondes, 1953)*

La rubia Lorelei Lee (Marilyn Monroe) y la morena Dorothy Shaw (Jane Russell), dos amigas cantantes y bailarinas, sedientas de hombres ricos, viajan en barco desde Nueva York a París. Mientras la primera hace amistad con el viejo millonario Mr. Beekman (Charles Coburn), la segunda se enamora del detective Malone (Elliott Reid), encargado de vigilar a la primera por el rico padre de su soso novio Gus Edmond (Tommy Noonan). A la llegada a París no tienen dinero y se ven obligadas a cantar y bailar de nuevo. Son acusadas injustamente de un robo, pero todo termina bien y cada una se casa con su correspondiente pareja. Basada en la novela homónima de Anita Loos y en su versión musical teatral, tiene excelentes canciones, *Bye Bye Baby, A Two Little Girls From Little Rock*, y un buen número, *Diamonds Are the Girls Best Friends*. Es el único musical del realizador Howard Hawks que consigue describir con eficacia la avidez sexual y material de las protagonistas, sin rozar la grosería.

Director: *Howard Hawks*. Guionista: *Charles Lederer*. Fotografía: *Harry J. Wild*. Música: *Lionel Newman*. Intérpretes: *Jane Russell, Marilyn Monroe, Charles Coburn, Tommy Noonan, Norma Varden, Elliott Reid, George Winslow*. Producción: *Sol C. Siegel para 20th Century Fox. Color.* Duración: *91'. Estados Unidos.*

CABARET *(1972)*

La famosa novela *Adiós a Berlín*, de Christopher Isherwood, es origen de una obra de teatro de Jon van Druten y de la curiosa película británica *Soy una cámara* (I Am a Camera, 1955), de Henry Cornelius. Posteriormente también da lugar a un musical de gran éxito en Broadway con música de John Kander, canciones de Fred Ebb y coreografía y dirección de Bob Fosse, que genera esta producción de enorme éxito y que obtiene un buen número de Oscars. En el Berlín de principios de los años treinta, con la lenta ascensión de los nazis al poder, narra las relaciones entre la cantante Sally Bowles (Liza Minnelli), el escritor homosexual inglés Brian (Michael York), el aristócrata alemán Max (Helmut Griem) y la bella Natalia (Marisa Berenson). Dirigida con cierta tosquedad por un Bob Fosse que se mueve con mucha mayor facilidad en teatro que en cine, lo que no le impide ganar su correspondiente Oscar, tiene algunos números atractivos, como el famoso *Money, Money, Money,* cantado por Liza Minnelli y Joel Grey, pero su concepción coreográfica es mucho más teatral que cinematográfica.

Director: *Bob Fosse*. Guionista: *Jay Presson Allen*. Fotografía: *Geoffrey Unsworth*. Música: *John Kan-*

der. Intérpretes: *Liza Minnelli, Michael York, Helmut Griem, Marisa Berenson, Joel Grey*. Producción: *Cy Feuer para Allied Artists/ABC Pictures*. *Color*. Duración: *123'*. *Estados Unidos*.

CABRERA, Sergio *(Medellín, Colombia, 1950)*

Hijo de actores de teatro españoles y republicanos, realiza sus estudios primarios en Bogotá. Se traslada con su familia a la República Popular China y comienza a estudiar filosofía en la Universidad de Pekín, pero regresa a Colombia para unirse a la guerrilla. Interesado por el teatro y el cine, llega a estudiar dirección y fotografía en la London Politechnic School y la London Film School. Tras una amplia experiencia como director de fotografía, guionista y montador, dirige y produce mucha publicidad y las series de televisión *Los tres jinetes del Apocalipsis*, *El círculo*, *El lado oscuro del amor*, *Escalona* y *La mujer doble*. En cine realiza algunos cortometrajes y debuta en el largo con *Técnicas de duelo*, que por problemas de rodaje y distribución tiene una mínima difusión. Se da a conocer internacionalmente con *La estrategia del caracol*, una brillante fábula que trata de demostrar que las soluciones políticas generales son menos creativas que las iniciativas individuales, que obtiene premios en múltiples festivales internacionales. Su éxito le permite rehacer *Técnicas de duelo*, partir de su historia y de algunas de sus imágenes para rodar *Águilas no cazan moscas*, un canto coral a la paz que demuestra la inutilidad de la violencia.
1989 *Técnicas de duelo*.
1993 *La estrategia del caracol*.
1994 *Águilas no cazan moscas*.

CADENAS *(Catene, 1950)*

Gracias al enorme éxito alcanzado por siete melodramas producidos por Titanus y protagonizados por la debutante Yvonne Sanson y el veterano Amedeo Nazzari, el realizador Raffaello Matarazzo se sitúa entre los grandes del género. Entre ellos destacan *Tormento* (1950), *Los hijos de nadie* (I figli di nessuno, 1951), *Vuelve a la vida* (Torna!, 1953) y, sobre todo, este. Convencido de que su mujer, Rosa (Yvonne Sanson), le traiciona con su antiguo novio, Emilio (Aldo Nicomedi), Guglielmo (Amedeo Nazzari) le mata y huye a América; pero es detenido, deportado a Italia y juzgado. El abogado defensor (Aldo Silvani) convence a Rosa de que invente un adulterio inexistente, gracias al que Guglielmo es puesto en libertad, pero luego debe explicarle el gran sacrificio realizado por su mujer y llega hasta ella para salvarla del suicidio en el último momento. Matarazzo logra dotar de una gran humanidad a sus personajes y construir un personal melodrama que gira en torno a la sumisión de la mujer al hombre. Esto, unido al hecho de apartarse de las líneas neorrealistas, todavía en plena vigencia, hace que en su momento su cine no sea apreciado por la crítica y haya tardado muchos años en ser reconocido.

Director: *Raffaello Matarazzo*. Guionistas: *Aldo de Benedetti, Nicola Manzari*. Fotografía: *Mario Montuori*. Música: *Gino Campesi*. Intérpretes: *Amedeo Nazzari, Yvonne Sanson, Aldo Nicomedi, Roberto Murolo, Aldo Silvani, Teresa Franchini*. Producción: *Goffredo Lombardo para Titanus*. Duración: *86'*. *Italia*.

CAGE, Nicolas *(Nicholas Coppola. Long Beach, California, Estados Unidos, 1964)*

Sobrino del guionista, director y productor Francis Ford Coppola, trabaja con él en papeles secundarios en *La ley de la calle* y *Cotton Club* y protagoniza *Peggy Sue se casó*. Convertido en uno de los actores más interesantes de su generación, desde finales de los años ochenta se especializa en comedias, *Hechizo de Luna*, de Norman Jewison, *Luna de miel para tres*, de Andrew Bergman, y en policiacos, *Red Rock West*, de John Dahl, *El sabor de la muerte*, de Barbet Schroeder, entre las que se sitúa la personal *Corazón salvaje*, de David Lynch. Trabaja para las tradicionales grandes productoras y para nuevas pequeñas compañías independientes. Gana un Oscar al encarnar al borracho protagonista de *Leaving Las Vegas*.
1982 *Fast Times at Ridgemont High* (Aquel excitante curso), de Amy Heckerling. / *Valley Girl*, de Martha Coolidge.
1983 *Rumble Fish* (La ley de la calle), de Francis Ford Coppola.
1984 *Racing With the Moon* (Adiós a la inocencia), de Richard Benjamin. / *The Cotton Club* (Cotton Club), de Francis Ford Coppola. / *Birdy*, de Alan Parker.
1985 *The Boy in Blue* (Raza de campeones), de Charles Jarrott.

1986 *Peggy Sue Got Married* (Peggy Sue se casó), de Francis Ford Coppola.
1987 *Raising Arizona* (Arizona Baby), de Joel Coen. / *Moonstruck* (Hechizo de Luna), de Norman Jewison.
1989 *Vampire's Kiss* (Besos de vampiro), de Robert Bierman.
1990 *Fire Birds* (Pájaros de fuego), de David Greene. / *Wild at Heart* (Corazón salvaje), de David Lynch.
1991 *Zandalee* (En el límite del deseo), de Sam Pillsbury. / *Honeymoon in Vegas* (Luna de miel para tres), de Andrew Bergman.
1993 *Amos & Andrew*, de E. Max Frye. / *Red Rock West*, de John Dahl. / *Deadfall*, de Christopher Coppola.
1994 *Guardian Tess* (Tess y su guardaespaldas), de Hugh Wilson. / *It Could Happen to You* (Te puede pasar a ti), de Andrew Bergman.
1995 *Trapped in Paradise* (Cautivos en Paradise), de George Gallo. / *Kiss of Death* (El sabor de la muerte), de Barbet Schroeder. / *Leaving Las Vegas*, de Mike Figgis.
1996 *The Rock* (La Roca), de Michael Bay.

CAGNEY, James *(Nueva York, 1899-Stanfordville, Nueva York, Estados Unidos, 1986)*

Perteneciente a una humilde familia de origen irlandés, desempeña diferentes oficios para pagarse sus estudios, pero debe abandonarlos a la muerte de su padre. Después de trabajar como decorador de teatro, en 1919 debuta en el *music-hall* y durante los años veinte interviene en comedias musicales —muchas veces formando pareja con su mujer, Frances Vernon— y en obras dramáticas. Con la llegada del sonoro es contratado en exclusiva por los estudios Warner, para los que realiza la mayoría de sus películas, y durante la década de los treinta interviene en treinta y tres, en general policíacas, dirigidas por los artesanos Roy del Ruth y Lloyd Bacon, donde encarna a violentos gángsters, entre los que destacan *El enemigo público*, de William A. Wellman, *Ángeles con caras sucias*, de Michael Curtiz, y *Los violentos años veinte*, de Raoul Walsh. En los años cuarenta desciende mucho su ritmo de trabajo —tan solo doce películas—, pero gana un Oscar al dar vida a la gran figura del musical norteamericano George M. Cohan en *Yanqui Dandy*, de Michael Curtiz. Esto le anima a crear, con su hermano William Cagney, la marca Cagney Productions, intentar cambiar de imagen y producir *El vagabundo, Sangre sobre el sol* y *The Time of Your Life*, pero fracasa con las tres y tiene que volver a los estudios Warner. Tras violentas historias de gángsters como *Al rojo vivo, Corazones de hielo* y *Veneno implacable,* consigue cambiar de imagen en los años cincuenta gracias a las interesantes *El precio de la gloria,* de John Ford; *Un león en las calles,* de Raoul Walsh, que vuelve a producir; el musical *Ámame o déjame,* de Charles Vidor; el *western* personal *La ley de la horca,* de Robert Wise, y la biografía del actor Lon Chaney *El hombre de las mil caras.* Realiza su única experiencia como director adaptando al novelista Graham Greene en la fallida *Short Cut to Hell.* Cierra su filmografía brillantemente con la comedia *Un, dos, tres,* de Billy Wilder, pero vuelve veinte años después para colaborar en la desigual *Ragtime,* de Milos Forman.

Como director
1957 *Short Cut to Hell.*
Como actor
1930 *Sinner's Holiday,* de John G. Adolfi. / *Doorway to Hell* (La senda del crimen), de Archie L. Mayo.
1931 *Other Men's Women* (Mujeres enamoradas), de William A. Wellman. / *The Millionaire,* de John G. Adolfi. / *The Public Enemy* (El enemigo público), de William A. Wellman. / *Smart Money,* de Alfred E. Green. / *Blonde Crazy* (Gente viva), de Roy del Ruth.
1932 *Taxi,* de Roy del Ruth. / *The Crowd Roars* (Avidez de tragedia), de Howard Hawks. / *Winner Take All* (O todo o nada), de Roy del Ruth.
1933 *Hard to Handle* (Duro de pelar), de Mervyn LeRoy. / *Picture Snatcher* (Ha entrado un fotógrafo), de Lloyd Bacon. / *The Mayor of Hell* (Por el mal camino), de Archie L. Mayo. / *Footlight Parade* (Desfile de candilejas), de Lloyd Bacon. / *Lady Killer* (El guapo), de Roy del Ruth.
1934 *Jimmy the Gent,* de Michael Curtiz. / *He Was Her Man* (Es mi hombre), de Lloyd Bacon. / *Here Comes the Navy* (Aquí viene la armada), de Lloyd Bacon. / *The Saint Louis Kid* (Duro y a la cabeza), de Ray Enright.
1935 *Devil Dogs of the Air* (Los diablos del aire), de Lloyd Bacon. / *G-Men* (Contra el imperio del crimen), de William Keighley. / *The Irish in Us* (El predilecto), de Lloyd Bacon. / *A Midsummer Night's Dream* (El sueño de una noche de verano), de Max Reinhardt y William Dieterle. / *Frisco Kid* (La ciudad siniestra), de Lloyd Bacon.
1936 *Ceiling Zero* (Águilas heroicas), de Howard Hawks. / *Great Guy* (El gran tipo), de John G. Blystone.
1937 *Something to Sing About* (Los peligros de la gloria), de Victor Schertzinger.

1938 *Boy Meets Girl,* de Lloyd Bacon. / *Angels With Dirty Faces* (Ángeles con caras sucias), de Michael Curtiz.
1939 *The Oklahoma Kid* (El chico de Oklahoma), de Lloyd Bacon. / *Each Dawn I Die* (Muero cada amanecer), de William Keighley. / *The Roaring Twenties* (Los violentos años veinte), de Raoul Walsh.
1940 *The Fighting 69th,* de William Keighley. / *Torrid Zone,* de William Keighley. / *City for Conquest* (Ciudad de conquista), de Anatole Litvak.
1941 *The Strawberry Blonde* (La pelirroja), de Raoul Walsh. / *The Bride Came C.O.D.,* de William Keighley.
1942 *Captains of the Clouds* (Capitanes de las nubes), de Michael Curtiz. / *Yankee Doodle Dandy* (Yanqui Dandy), de Michael Curtiz.
1943 *Johnny Come Lately* (El vagabundo), de William K. Howard.
1945 *Blood on the Sun* (Sangre sobre el sol), de Frank Lloyd.
1947 *13, rue Madeleine,* de Henry Hathaway.
1948 *The Time of Your Life,* de H. C. Potter.
1949 *White Heat* (Al rojo vivo), de Raoul Walsh.
1950 *The West Point Story,* de Roy del Ruth. / *Kiss Tomorrow Goodbye* (Corazones de hielo), de Gordon Douglas.
1951 *Come Fill the Cup* (Veneno implacable), de Gordon Douglas. / *Starlift,* de Roy del Ruth.
1952 *What Price Glory* (El precio de la gloria), de John Ford.
1953 *A Lions in the Streets* (Un león en las calles), de Raoul Walsh.
1955 *Run for Cover* (Busca tu refugio), de Nicholas Ray. / *Love Me or Leave Me* (Ámame o déjame), de Charles Vidor. / *Mister Roberts* (Escala en Hawai), de John Ford y Mervyn LeRoy. / *The Seven Little Foys,* de Melville Shavelson.
1956 *Tribute to a Bad Man* (La ley de la horca), de Robert Wise. / *These Wilder Years,* de Roy Rowland.
1957 *Man of a Thousand Faces* (El hombre de las mil caras), de Joseph Pevney.
1958 *Never Steal Anything Small,* de Charles Lederer.
1959 *Shake Hands With the Devil* (Luces de rebeldía), de Michael Anderson.
1960 *The Gallant Hours,* de Robert Montgomery.
1961 *One, Two, Three* (Un, dos tres), de Billy Wilder.
1981 *Ragtime,* de Milos Forman.

CAINE, Michael *(Maurice Michelwhite. Londres, Reino Unido, 1933)*

Después de trabajar como regidor en un teatro, combatir en la guerra de Corea y ser botones en una productora, a mediados de la década de los cincuenta comienza a hacer pequeños papeles en teatro, cine y televisión. Hace mínimas apariciones en trece películas, pero solo sobresale en *Zulú,* antes de darse a conocer al encarnar al espía Harry Palmer en *Ipcress, Funeral en Berlín* y *Un cerebro de un billón de dólares,* al tiempo que triunfa en la irregular comedia *Alfie.* Desde mediados de los años sesenta hasta mediados de los noventa trabaja en más de sesenta películas, tanto en su país como en Estados Unidos. Destaca en las producciones norteamericanas *La noche deseada,* de Otto Preminger; *Comando en el Mar de la China,* de Robert Aldrich; *La huella,* de Joseph L. Mankiewicz; *El hombre que pudo reinar,* de John Huston, y *Vestida para matar,* de Brian de Palma; y en las británicas *Una inglesa romántica,* de Joseph Losey; *El cónsul honorario,* de John Mackenzie, y *La calle de la media luna,* de Bob Swain. Seleccionado cuatro veces para el Oscar, solo lo consigue por su trabajo en la excelente *Hannah y sus hermanas,* de Woody Allen.

1956 *A Hill in Korea,* de Julian Aymes.
1957 *How to Murder a Rich Uncle,* de Nigel Patrick.
1958 *The Two Headed Spy,* de André de Toth. / *Carve Her Name With Pride* (Agente secreto SZ), de Lewis Gilbert. / *The Key* (La llave), de Carol Reed. / *Blind Pot,* de Peter Maxwell.
1959 *Passport to Shame,* de Alain Rakoff.
1960 *Foxhole in Cairo,* de John Moxey. / *The Bulldog Breed* (Zafarrancho en la marina), de Robert Asher.
1961 *The Day the Earth Caught Fire* (El día que se incendió la Tierra), de Val Guest. / *Number Six,* de Robert Tronson. / *The Wrong Arm of the Law* (El honrado gremio del robo), de Cliff Owen.
1963 *Zulu* (Zulú), de Cy Endfield.
1965 *The Ipcress File* (Ipcress), de Sidney J. Furie.
1966 *Alfie,* de Lewis Gilbert. / *The Wrong Box* (La caja de las sorpresas), de Bryan Forbes. / *Gambit* (Ladrones por amor), de Ronald Neame. / *Funeral in Berlin* (Funeral en Berlín), de Guy Hamilton.
1967 *Sette volte donna* (Siete veces mujer), de Vittorio de Sica. / *Hurry Sundown* (La noche deseada), de Otto Preminger. / *Billion Dollar Brain* (Un cerebro de un billón de dólares), de Ken Russell.
1968 *Deadfall* (Angustia mortal), de Bryan Forbes. / *The Magus,* de Guy Green. / *Play Dirty* (Mercenarios sin gloria), de André de Toth. / *Tonight Let's All Make in London,* de Peter Whitehead.
1969 *The Italian Job* (Un trabajo en Italia), de Peter Collinson. / *The Battle of Britain* (La batalla de Inglaterra), de Guy Hamilton.
1970 *Too Late the Hero* (Comando en el Mar de la China), de Robert Aldrich. / *Get Carter* (El asesino implacable), de Mike Hodges. / *The Last Valley* (El último valle), de James Clavell.

1971 *Kidnapped* (David y Catriona), de Delbert Mann. / *X, Y and Zee* (Salvaje y peligrosa), de Brian G. Hutton.
1972 *Sleuth* (La huella), de Joseph L. Mankiewicz. / *Pulp* (Historias peligrosas), de Mike Hodges.
1974 *The Black Windmill* (El molino negro), de Don Siegel. / *The Marseille Contract* (Contrato en Marsella), de Robert Parrish. / *The Wilby Conspiracy* (La conspiración), de Ralph Nelson.
1975 *Peeper* (Un detective curioso), de Peter Hyams. / *The Romantic Englishwoman* (Una inglesa romántica), de Joseph Losey. / *The Man Who Would Be King* (El hombre que pudo reinar), de John Huston. / *Harry and Walter Go to New York* (Harry y Walter van a Nueva York), de Mark Rydell.
1976 *The Eagle Has Landed* (Ha llegado el águila), de John Sturges.
1977 *The Silver Bears* (Gigantes de plata), de Ivan Passer. / *The Swarm* (El enjambre), de Irvin Allen. / *A Bridge Too Far* (Un puente lejano), de Richard Attenborough.
1978 *California Suite*, de Herbert Ross.
1979 *Beyond the Poseidon Adventure* (Más allá del Poseidón), de Irwin Allen. / *Ashanti* (Ébano), de Richard Fleischer.
1980 *The Island* (La isla), de Michael Ritchie. / *The Hand* (La mano), de Oliver Stone. / *Dressed to Kill* (Vestida para matar), de Brian de Palma.
1981 *Escape to Victory* (Evasión o victoria), de John Huston.
1982 *Deathtrap* (La trampa de la muerte), de Sidney Lumet.
1983 *Educating Rita* (Educando a Rita), de Lewis Gilbert. / *Beyond the Limit* (El cónsul honorario), de John Mackenzie.
1984 *Blame It on Rio* (Lío en Río), de Stanley Donen. / *The Jigsaw Man* (El hombre rompecabezas), de Terence Young.
1985 *Water* (Loca juerga tropical), de Dick Clement. / *The Holcroft Covenant* (El pacto de Berlín), de John Frankenheimer.
1986 *Hannah and Her Sisters* (Hannah y sus hermanas), de Woody Allen. / *Mona Lisa*, de Neil Jordan. / *Sweet Liberty* (Dulce libertad), de Alan Alda. / *Half Moon Street* (La calle de la media luna), de Bob Swain. / *The Whistle Blower*, de Simon Langton.
1987 *Jaws the Revenge* (Tiburón, la venganza), de Joseph Sargent. / *The Four Protocol* (El cuarto protocolo), de John Mackenzie. / *Surrender* (Una novia para dos), de Jerry Belson.
1988 *Without a Clue* (Sin pistas), de Tom Eberhardt. / *Dirty Rotten Scoundrels* (Un par de seductores), de Frank Oz.
1989 *Bullseye* (Atraco a falda armada), de Michael Winner.
1990 *A Shock to the System* (Ejecutivo ejecutor), de Jan Egleson. / *Mr. Destiny*, de James Orr.
1992 *Noises Off* (Qué ruina de función), de Peter Bogdanovich. / *Blue Ice* (Seducción peligrosa), de Russell Mulcahy. / *The Muppet's Christmas Carol* (Los teleñecos en cuento de Navidad), de Brian Henson.
1994 *On Deadly Ground* (En tierra peligrosa), de Steven Seagal.

CAJA DE PANDORA, LA *(Die Büchse der Pandora, 1929)*

La obra homónima de Frank Wedekind, gran clásico del teatro alemán, es origen de diferentes películas. Entre las que sobresalen la producción muda alemana *Erdgeist* (1923), de Leopold Jessner, con Asta Nielsen; la producción sonora alemana *Lulu* (1962), de Rolf Thiele, con Nadja Tiller, y la coproducción entre Italia, Francia y la República Federal Alemana, *Lulù* (1980), de Walerian Borowczyk, con Ann Bennent. Sobre todas ellas destaca esta obra maestra de Georg W. Pabst protagonizada por la gran actriz norteamericana Louise Brooks. Narra cómo la bailarina Lulú (Louise Brooks) se casa con su rico y poderoso amante, Schön (Fritz Körtner), a quien posteriormente mata por accidente, para luego huir en compañía de su hijo Alwa Schön (Frank Lederer), su viejo amigo Schigolch (Carl Goetz), el trapecista Rodrigo Quast (Kraff Rasching) y el marqués de Casti-Piani (Michaele von Newlinsky), hasta acabar prostituyéndose en Londres y morir estrangulada a manos de su primer y único cliente, Jack *el Destripador* (Gustav Diessl). Rodada en largas escenas de gran densidad dramática, con muchos planos y pocos intertítulos, es una de las cumbres del cine mudo alemán y muestra a Pabst en su máximo esplendor, capaz de transmitir toda la fuerza de esa Lulú que arrastra a la ruina a cuantos hombres se cruzan en su vida y que incluso acaba con ella misma.

Director: *George W. Pabst*. Guionista: *Ladislaus Vajda*. Fotografía: *Gunther Krampf*. Intérpretes: *Louise Brooks, Fritz Körtner, Frank Lederer, Carl Goetz, Alice Roberts, Gustav Diessl, Daisy d'Ora, Michaele von Newlinsky, Kraff Rasching*. Producción: *Seymur Nebenzahl para Ner-Film*. Duración: *135'*. Alemania.

CALABUCH *(1956)*

Muy influida por el llamado «neorrealismo rosa», puesto de moda por el éxito de la producción italiana *Pan, amor y fantasía* (Pane, amore e fantasia, 1953), de Luigi Comencini, es la menos crítica de las películas de Luis G. Berlanga, pero encierra una entrañable descripción de un pueblecito mediterráneo y sus fuerzas vivas. Tomando como punto de partida la historia de Jorge (Edmund Gwenn), un sabio que, tras colaborar en la invención de la bomba atómica, huye de Estados Unidos, asustado por lo que ha hecho, para refugiarse en el pueblecito español de Calabuch, se narran las relaciones de este con los principales personajes del pueblo, su lógica afición por la pirotecnia y cómo les ayuda a realizar los mejores fuegos artificiales que se han visto en la región. En esta coproducción entre España e Italia destacan el trabajo de los italianos Ennio Flaiano, prestigioso guionista y novelista, y Francesco Lavagnino, gran músico, y el habitual grupo de actores secundarios españoles de Berlanga, a cuya cabeza en esta ocasión se sitúa el viejecito norteamericano Edmund Gwenn.

Director: *Luis G. Berlanga*. Guionistas: *Leonardo Martín, Florentino Soria, Ennio Flaiano, Luis G. Berlanga*. Fotografía: *Francisco Sempere*. Música: *Francesco Lavagnino*. Intérpretes: *Edmund Gwenn, Valentina Cortese, Juan Calvo, Franco Fabrizi, José Isbert, José Luis Ozores, Félix Fernández, Nicolás Perchicot*. Producción: *Águila Films (Madrid), Film Constellazione (Roma)*. Duración: *93'*. España-Italia.

CALLE MAYOR *(1956)*

La interesante obra de teatro *La señorita de Trevélez*, de Carlos Arniches, es el punto de partida de dos versiones cinematográficas muy diferentes. En 1936 Edgar Neville escribe y dirige la primera, con el título original, pero a pesar de sus irregularidades es bastante fiel al original y una de sus primeras películas importantes. Veinte años después, un J. A. Bardem en el mejor momento internacional de su carrera realiza una personal e imaginativa adaptación. Con una excesiva influencia de *Los inútiles* (I vitelloni, 1953), de Federico Fellini, narra cómo Juan (José Suárez), que por razones de trabajo ha llegado desde Madrid a una pequeña capital de provincias, finge estar enamorado de Isabel (Betsy Blair) como una broma más de su aburrido grupo de amigos, pero ella no sólo se lo cree, sino que se enamora de él y comienzan a pensar en los preparativos de la boda. Con estos elementos, Bardem hace una dura crítica de la cobardía de la clase media y el abandono al que conduce la vida provinciana, pero sobre todo un excelente retrato de una mujer de treinta y cinco años que en la provinciana España de la década de los cincuenta sólo puede ser una solterona. Atacada por la censura del general Franco, que trata de quitarle agresividad a la historia, que no parezca que la acción transcurre en España, y también corta algunas escenas, como aquella donde Isabel repartía leche en polvo entre los niños de los suburbios al tiempo que les hablaba del misterio de la Santísima Trinidad. Además, la policía detiene a Bardem en pleno rodaje una noche en Palencia, pero por la presión internacional le pone en libertad un mes después y la película acaba por ser una coproducción con Francia. Ganadora del premio de la crítica internacional en la Mostra de Venecia, debe buena parte de su calidad al excelente trabajo de la actriz norteamericana Betsy Blair.

Director y guionista: *J. A. Bardem*. Fotografía: *Michel Kelber*. Música: *Joseph Kosma, Isidro B. Maiztegui*. Intérpretes: *Betsy Blair, José Suárez, Yves Massard, Luis Peña, Dora Doll, Alfonso Goda, Manuel Alexandre*. Producción: *Manuel J. Goyanes para Suevia Films-Cesáreo González (Madrid), Play Art-Iberia Films (París)*. Duración: *95'*. España-Francia.

CALLEJÓN DE LAS ALMAS PERDIDAS, EL *(Nightmare Alley, 1947)*

En el tortuoso y negro ambiente de una feria ambulante, con un marcado tono fatalista, se narra la ascensión y caída del ambicioso Stanton Carliste (Tyrone Power); cómo logra hacerse famoso cuando consigue el truco de un número para adivinar el pensamiento y lo pone en práctica con la ayuda de la pitonisa Zeena (Joan Blondell) y la piscóloga Ritter (Helen Walker), que le facilita información sobre sus pacientes. Sin embargo, cuando es denunciado por superchería cae en los abismos del alcoholismo y la locura. Basada en una extraña novela de William Lindsay-Gresham, en la que cada uno de los capítulos lleva como título el nombre de una de las veintidós cartas del Tarot, y convertida en un sólido guión por el reputado Jules

Furthman, esta insólita producción 20th Century Fox es un fracaso comercial. Se rueda gracias a los intentos de Tyrone Power, tras su dura experiencia en la II Guerra Mundial, por cambiar de imagen, pero no consigue sus propósitos al desconcertar a sus admiradores con este extraño personaje. No obstante, está muy bien dirigida por Edmund Goulding, que logra el grado de sordidez adecuado para narrar la historia, es una extraña y fascinante película. Frente a los que cuentan cómo Goulding consiguió eliminar una historia paralela de amor que quería introducir el estudio, otros dicen que el primer montaje era bastante más largo, duro y mejor, pero que 20th Century Fox le obligó a cortarlo.

Director: *Edmund Goulding*. Guionista: *Jules Furthman*. Fotografía: *Lee Garmes*. Música: *Cyril Mockridge*. Intérpretes: *Tyrone Power, Coleen Gray, Joan Blondell, Taylor Holmes, Helen Walker, Mike Mazurki, Ian Keita, Julia Dean*. Producción: *George Jassel para 20th Century Fox*. Duración: *112'*. *Estados Unidos*.

CALLEJÓN SIN SALIDA *(Dead Reckoning, 1947)*

El sargento Drake y el capitán Rip Murdock (Humphrey Bogart), dos veteranos de la II Guerra Mundial, son conducidos a Washington para ser condecorados, pero en el último momento el sargento se escapa por temor a que se conozca su oscuro pasado y el capitán parte tras él para descubrirlo. Sobre un atractivo guión original de Oliver H. P. Garret y Steve Fisher, el eficaz John Cromwell dirige un tradicional policíaco para Columbia, donde no falta nada y todo está muy bien estructurado. Desde la confusa e interesante trama, un par de muertes violentas y algunas palizas, hasta una misteriosa cantante rubia de la que se enamora el protagonista y una narración apoyada en un *flash-back,* sin olvidar unos buenos diálogos y una perfecta y característica voz de fondo.

Director: *John Cromwell*. Guionistas: *Oliver H. P. Garret, Steve Fisher*. Fotografía: *Leo Tover*. Música: *Marlin Skiles*. Intérpretes: *Humphrey Bogart, Lizabeth Scott, Morris Carnovsky, Charles Cane, William Prince, Marvin Miller*. Producción: *Sidney Biddell para Columbia*. Duración: *100'. Estados Unidos*.

CALMA TOTAL *(Dead Calm, 1989)*

Tomando como punto de partida una novela del especialista norteamericano Charles Williams, que Orson Welles comienza a rodar con el título *The Deep* a finales de la década de los sesenta con Jeanne Moreau, Laurence Harvey y Oja Kodar, pero que, como es habitual en él, nunca termina, el australiano Phillip Noyce hace una brillante película de suspense. Narra cómo, tras perder a su único hijo en un accidente de automóvil y quedar malherida, la joven Rae (Nicole Kidman) parte con su marido, John (Sam Neill), en su yate de vacaciones, pero en seguida reciben la inoportuna visita de Hughie Warriner (Billy Zane), que dice que su barco está a punto de hundirse. Mientras John va a comprobar la falsedad de su historia, Hughie Warriner secuestra el yate del matrimonio y Rae debe luchar con él para salvar su vida y la de su marido. Muy bien rodada por el hasta entonces desconocido Phillip Noyce, le sobran un comienzo demasiado truculento y un final excesivamente efectista, pero la parte central funciona muy bien, tiene unos mínimos diálogos y muestra a una Nicole Kidman tan guapa como buena actriz.

Director: *Phillip Noyce*. Guionista: *Terry Hayes*. Fotografía: *Deam Semler*. Música: *Graeme Revell*. Intérpretes: *Nicole Kidman, Sam Neill, Billy Zane*. Producción: *Dean Semler Color. Scope*. Duración: *96'. Australia*.

CALUMNIA, LA *(The Children's Hour, 1962)*

La famosa obra de teatro *La hora de los niños*, de Lilliam Hellman, es origen de dos películas muy diferentes, a pesar de estar escritas por ella misma y dirigidas por William Wyler. La primera es *Esos tres* (These Three, 1936) y narra cómo las jóvenes profesoras Karen Wright (Merle Oberon) y Martha Dobie (Miriam Hopkins) se ven envueltas en un escándalo, en el que también está implicado el doctor Joseph Cardin (Joel McCrea), cuando la pérfida niña Mary Tilford (Bonita Glanville), alumna del colegio que han conseguido abrir con gran esfuerzo, se dedica a contar mentiras sobre ellos. A pesar de su obligado final feliz y de que hace desaparecer las implicaciones lésbicas de la obra original, ofrece un dibujo despiadado y siniestro de una pequeña ciudad norteamericana. La segunda cuenta cómo la niña Mary Tilford (Karen Balkin) destroza la vida de sus profesoras Karen Wright (Audrey Hepburn) y Martha Dobie (Shirley MacLaine) al acusarlas de lesbianismo. La mayor libertad existente veinticinco años después permite a Wyler hacer una película más acorde con el texto teatral de Hellman, tratar abiertamente el tema de la homosexualidad, que Martha confiese a Karen que siempre ha estado enamorada de ella, y respetar su final pesimista, en el que Martha se suicida y Karen no puede volver con su novio el doctor Joe Cardin (James Garner).

Director: *William Wyler*. Guionista: *Lillian Hellman*. Fotografía: *Franz Planer*. Música: *Alex North*. Intérpretes: *Audrey Hepburn, Shirley MacLaine, James Garner, Miriam Hopkins, Fay Bainter, Karen Balkin*. Producción: *William Wyler para Mirisch Company/United Artists*. Duración: *108'*. *Estados Unidos*.

CAMADA NEGRA *(1977)*

A través de una compleja estructura extraída de los relatos infantiles, donde un héroe debe superar ciertas pruebas para conseguir sus propósitos, el guionista y director Manuel Gutiérrez Aragón afronta la realidad política del momento. Describe a un grupo de fascistas, de los entonces denominados «incontrolados», durante la etapa de la transición política de la dictadura del general Franco a la democracia del rey Juan Carlos I, pero desde el punto de vista de un adolescente, lo que da a la historia unas tonalidades realistas y muy personales. El joven de quince años Tatín (José Luis Alonso) oscila entre la irracionalidad del violento grupo familiar que le rodea, al que quiere pertenecer, y la encantadora Rosa (Ángela Molina), que nada tiene que ver con ese mundo, pero su comportamiento resulta forzado al sacrificar a la segunda por los primeros. Escrita por José Luis Borau, que también se encarga de la producción, y por el propio Gutiérrez Aragón, al tratar de la realidad cotidiana en su momento desata una gran polémica, es objeto de diversos ataques por parte de los grupos «ultra» y nunca se estrena en determinadas zonas de España.

Director: *Manuel Gutiérrez Aragón*. Guionistas: *José Luis Borau, Manuel Gutiérrez Aragón*. Fotografía: *Magi Torruella*. Música: *José Nieto*. Intérpretes: *José Luis Alonso, María Luisa Ponte, Ángela Molina, Joaquín Hinojosa, Manuel Fadón*. Producción: *José Luis Borau para El Imán. Color*. Duración: *89'. España*.

CAMARADAS, LOS *(I compagni, 1963)*

A finales del siglo XIX, la mala situación de los obreros textiles en Turín, que trabajan catorce horas diarias por un mísero jornal, hace que aparezca el militante socialista profesor Sinigaglia (Marcello Mastroianni) para organizar la primera huelga. La llegada de esquiroles, algunos incidentes, en los que muere un obrero, y la intervención de la policía, la hacen fracasar, pero los obreros comienzan a ser conscientes de su propia fuerza. Con estos elementos el director Mario Monicelli ofrece un espectacular dibujo sobre el nacimiento del movimiento obrero, una exposición sociológica de los mecanismos de la lucha de clases sin pintoresquismo, populismo, ni triunfalismo, con un personal sentido del humor que humaniza el conjunto. Destacan la excelente fotografía de Giuseppe Rotunno y el trabajo interpretativo de Marcello Mastroianni, bien arropado por un estupendo reparto. Realizada a contracorriente del optimismo generado por la cada vez mejor situación económica, la película no es bien recibida en Italia, tiene problemas de censura en algunos países, como España, donde nunca se estrena comercialmente, pero funciona bien en Estados Unidos y llega a ser candidata a algunos Oscars.

Director: *Mario Monicelli*. Guionistas: *Age, Scarpelli, Mario Monicelli*. Fotografía: *Giuseppe Rotunno*. Música: *Carlo Rustichelli*. Intérpretes: *Marcello Mastroianni, Renato Salvatori, Annie Girardot, Folco Lulli, Gabriella Giorgelli, Bernard Blier, Raffaella Carrà*. Producción: *Franco Cristaldi para Lux Film (Roma), Vides (Roma), Méditerranée (París), Scope*. Duración: *128'. Italia-Francia*.

CAMERINI, Mario *(Roma, 1895-Gardone Riviera, Italia, 1981)*

Tras luchar en la Gran Guerra como oficial de *bersaglieri*, comienza a estudiar derecho, pero lo deja en 1920 cuando empieza a trabajar como ayudante de dirección de su primo Augusto Genina. Debuta como realizador con *Vida y muerte de un clown*, en plena crisis del cine italiano provocada por la guerra, a la que siguen entre otras la comedia *Voglio tradire mio marito* y el *peplum* tradicional *Maciste contra lo sceicco*, irregulares trabajos de aprendizaje. A principios de los años treinta permanece una temporada en los estudios Paramount de Joinville, cerca de París, aprendiendo las nuevas técnicas sonoras y al regresar a su país encuentra su camino en comedias de costumbres que transcurren en ambientes pequeño-burgueses y le convierten en uno de los más reputados realizadores del *Ventennio nero,* la etapa fascista. Logra grandes éxitos con las excelentes comedias *¡Qué sinvergüenzas son los hombres!, Daró un milione, Pero no es una cosa seria, Bajo aristocrático disfraz, Ojos inocentes, Grandes almacenes, Cien mil dólares, Romántica aventura* y *Regeneración,* la mayoría de ellas protagonizadas por la pareja formada por Vittorio de Sica y Assia Noris. Entre medias de estas comedias románticas también rueda *El sombrero de tres picos,* sobre la novela de Pedro Antonio de Alarcón, de la que posteriormente hace una nueva versión en color y Scope con el título *La bella campesina; La gran llamada,* sobre la guerra de Abisinia, su única contribución a la retórica imperialista fascista; *Los novios,* la mejor adaptación del clásico de la literatura italiana de Alessandro Manzoni, y las dos versiones de la melodramática *Te amaré siempre.* Durante la posguerra trata de adaptarse a las corrientes neorrealistas con *Due lettere anonime* y *La ilusión rota,* pero no obtiene buenos resultados; mientras, también rueda *La hija del capitán,* sobre la novela de Alexander Puskin, y la producción de aventuras, ambientada a principios de siglo, *El bandido calabrés.* Debe esperar al retorno a las comedias sentimentales de los años cincuenta para hacer las más interesantes *Los héroes del domingo, Amores en Ischia* y *El primer amor,* mientras también realiza *Ulises,* adaptación del clásico de Homero protagonizada por actores norteamericanos. Entre sus últimas películas hay que citar la comedia policiaca *Crimen en Montecarlo,* de la que hace una nueva versión con el título *Io non vedo, tu non parli, lui non sente,* y el díptico de aventuras exóticas ambientadas en la India *Kali-Yug* e *Il mistero del tempio indiano.* Cierra su irregular, pero interesante carrera, compuesta por cuarenta y nueve películas rodadas en cuarenta y nueve años, con la conflictiva *Don Camillo e i giovani d'oggi,* una de las menos interesantes de la serie, comenzada a rodar dos años antes por Christian-Jaque y suspendida por la muerte del actor Fernandel.

1923 *Jolly, clown da circo* (Vida y muerte de un clown).
1924 *La casa dei pulcini.*
1925 *Voglio tradire mio marito. / Maciste contra lo sceicco. / Saetta, principe per un giorno.*
1927 *Kiff tebbi.*
1929 *Rotaie.*
1930 *La riva dei brutti.*
1931 *Figaro e la sua gran giornata. / L'ultima avventura.*
1932 *Gli uomini, che mascalzoni* (¡Qué sinvergüenzas son los hombres!)
1933 *T'ameró sempre* (Te amaré siempre). / *Cento di questi giorni. / Giallo.*
1934 *Il capello a tre punte* (El sombrero de tres picos). / *Come le foglie.*
1935 *Daró un milione.*
1936 *Ma non è una cosa seria* (Pero no es una cosa seria). / *Il grande apello* (La gran llamada).
1937 *Il signor Max* (Bajo aristocrático disfraz).
1938 *Batticuore* (Ojos inocentes).
1939 *Grandi magazzini* (Grandes almacenes). / *Il documento.*
1940 *Centomila dollari* (Cien mil dólares). / *Una romantica avventura* (Romántica aventura).
1941 *I promessi sposi* (Los novios).
1942 *Una storia d'amore* (Regeneración).
1943 *T'amer ò sempre* (Te amaré siempre).
1945 *Due lettere anonime.*
1946 *L'angelo e il diavolo.*
1947 *La figlia del capitano* (La hija del capitán).
1948 *Molti sogni per le strade* (Ilusiones rotas).
1950 *Il brigante Musolino* (El bandido calabrés). / *Due moglie sono troppe.*
1951 *Moglie per una notte.*
1952 *Gli eroi della domenica.* (Los héroes del domingo).
1954 *Ulisse* (Ulises).
1955 *La bella mugnaia* (La bella campesina).
1956 *Suor Letizia.*
1957 *Vacanze a Ischia* (Amores en Ischia).
1958 *Primo amore* (El primer amor).
1960 *Vía Marguta. / Crimen* (Crimen en Montecarlo).
1961 *I briganti italiani* (Venganza siciliana).
1963 *Kali-Yug, la dea della vendetta* (Kali-Yug). / *Il mistero del tempio indiano.*
1966 *Delitto quasi perfetto* (Delito casi perfecto).
1971 *Io non vedo, tu non parli, lui non sente.*
1972 *Don Camilo e i giovani d'oggi.*

CAMERON, James *(Kapusjasing, Ontario, Canadá, 1954)*

Estudia física en la Universidad de Brea, California, pero no acaba sus estudios y se dedica a conducir camiones y al cine. Mientras busca dinero para los efectos especiales de su primer corto, entra en contacto con el productor y director Roger Corman, con quien trabaja sucesivamente como encargado de efectos especiales, director artístico, diseñador de producción y, por fin, como realizador de sus habituales películas de Serie B. El éxito de *Piraña* (Piranha, 1978), de Joe Dante, le permite escribir y dirigir *Piraña II, los vampiros del mar,* una segunda parte rodada con muy poco dinero y que tiene una mínima relación con la primera. Se da a conocer con *Terminator,* una violenta historia al servicio del musculoso Arnold Schwarzenegger, cuyo éxito le lleva, siete años después, a la carísima *Terminator 2,* en la que los más sofisticados efectos especiales hacen desaparecer una tenue historia. Siempre dentro del género fantástico, vuelve a escribir y dirigir *Aliens, el regreso,* exacta continuación de *Alien, el octavo pasajero* (Alien, 1979), de Ridley Scott, pero que deja de ser una claustrofóbica historia de terror para convertirse en una de luchas intergalácticas. Su obra maestra es *Abismos,* casi íntegramente rodada bajo el agua, que narra una historia un tanto ingenua, aunque personal y fascinante, que no alcanza el éxito esperado, pero cuatro años después consigue reestrenar con un montaje más largo, personal y mejor. Una vez más sobre guión propio y con Schwarzenegger como protagonista rueda la excesiva historia de espionaje *Mentiras arriesgadas,* nueva versión de la producción francesa *Dos espías en mi cama* (La totale, 1991), de Claude Zidi, buena mezcla de acción, comedia y violencia.

1981 *Piranha II, The Spawning* (Piraña II, los vampiros del mar).
1984 *The Terminator* (Terminator).
1986 *Aliens* (Aliens, el regreso).
1989 *The Abyss* (Abismos).
1991 *Terminator 2: Judgement Day* (Terminator 2: el día del juicio).
1994 *True Lies* (Mentiras arriesgadas).
1997 *Titanic.*

CAMINO DE BABEL, EL *(1945)*

Al acabar la carrera de medicina, César (Alfredo Mayo), Marcelino (Fernando Fernán-Gómez) y Arturo (Miguel del Castillo) deciden casarse con las más ricas de sus respectivos pueblos para unir sus fortunas y fundar una gran banca. Mientras los dos primeros no cumplen su promesa, se casan con guapas, pero pobres, y tratan de montar un fantástico negocio de fabricación de armas con el loco industrial Brandele (Manolo Morán), el tercero sí la cumple y les saca de apuros con el dinero de su fea, pero rica, esposa. Con esta absurda historia, muy de la época, cuyo título viene de una frase del diálogo «El camino de Babel no es el mejor para llegar al cielo», referido al que han elegido los tres amigos al hacer su promesa, y una leve intriga de espionaje de fondo, típica de los años de la II Guerra Mundial, Jerónimo Mihura rueda una sofisticada y atractiva comedia. Basada en un guión del realizador José Luis Sáenz de Heredia, que en esta ocasión también es el productor, está bien construida, pero tiene un exceso de diálogo que a veces la hace parecer farragosa.

Director: *Jerónimo Mihura.* Guionista: *José Luis Sáenz de Heredia.* Fotografía: *Cecilio Paniagua.* Música: *Manuel Parada.* Intérpretes: *Alfredo Mayo, Guillermina Grin, Fernando Fernán-Gómez, Mary Lamar, Miguel del Castillo, Tita Gracia, Manolo Morán.* Producción: *José Luis Sáenz de Heredia para Chapalo Films.* Duración: *80'. España.*

CAMINO DE SANTA FE *(Santa Fe Trail, 1940)*

De las seis películas que protagonizan Errol Flynn y Olivia de Havilland bajo la dirección de Michael Curtiz para los estudios Warner, hay tres *westerns* interesantes: *Dodge, ciudad sin ley* (Dodge City, 1939), *Oro, amor y sangre* (Virginia City, 1940) y este, el mejor de la trilogía. Dejando al margen una gran cantidad de inexactitudes históricas, narra cómo en 1854 la abolición de la esclavitud desencadena la guerra de Secesión, pero lo hace a través de las aventuras de Jeb Stuart (Errol Flynn) y George Armstrong Custer (Ronald Reagan), dos cadetes recién salidos de la escuela militar de West Point, enviados a Fort Leavenworth, enamorados de Kit Holliday (Olivia de Havilland), la hija del propietario de los ferrocarriles, y enfrentados por el malvado líder abolicionista John Brown (Raymond Massey). Destacan la brillante dirección de Curtiz, con su habitual claridad narrativa, su gran poder de síntesis y una cámara en constante movimiento.

Director: *Michael Curtiz.* Guionista: *Robert Buckner.* Fotografía: *Sol Polito.* Música: *Max Steiner.* Intérpretes: *Errol Flynn, Olivia de Havilland, Raymond Massey, Ronald Reagan, Alan Hale, Van Heflin, Gene Reynolds.* Producción: *Robert Fellows para Warner.* Duración: *110'. Estados Unidos.*

CAMUS, Mario *(Santander, España, 1935)*

Abandona sus estudios de derecho para diplomarse en dirección en la Escuela Oficial de Cinematografía con la práctica *El borracho* (1963). Entre las desiguales historias realistas *Los farsantes,* basada en un guión original, y *Young Sánchez* y *Con el viento solano,* adaptaciones de relatos de Ignacio Aldecoa, rueda las flojas comedias *Muere una mujer* y *La visita que no tocó el timbre.* Luego hace los musicales *Cuando tú no estás, Al ponerse el sol* y *Digan lo que digan,* al servicio del cantante Raphael, y *Esa mujer,* a mayor gloria de Sara Montiel, y el *spaghetti-western* con pretensiones *La cólera del viento.* Mucho más atractiva es la trilogía sobre diferentes historias de amor integrada por *Los pájaros de Baden-Baden,* su última adaptación de Aldecoa, *La joven casada* y *Los días del pasado,* una interesante narración con maquis, que pasa demasiado desapercibida. Tras una larga actividad paralela en televisión, que le consagra como un sólido adaptador con la serie *Fortunata y Jacinta* (1979), sobre la novela homónima de Benito Pérez Galdós, comienza a hacer lo mismo en cine con *La colmena,* sobre la novela de Camilo José Cela, *Los santos inocentes,* sobre la de Miguel Delibes, *La casa de Bernarda Alba,* sobre el drama teatral de Federico García Lorca, y *La rusa,* sobre la novela de Juan Luis Cebrián. Sin embargo, sus mejores y más personales películas son las que, sobre guiones propios, conducen desde la incipiente *Volver a vivir,* a través de la irregular *La vieja música,* hasta la brillante *Después del sueño,* y, sobre todo, las logradas *Sombras en una batalla* y *Amor propio,* que cada vez con mayor seguridad y complejidad narran la historia de un retorno.

1963 *Los farsantes. / Young Sánchez.*
1964 *Muere una mujer. / La visita que no tocó el timbre.*
1965 *Con el viento solano.*
1966 *Cuando tú no estás.*
1967 *Al ponerse el sol. / Volver a vivir.*
1968 *Digan lo que digan.*
1969 *Esa mujer.*
1970 *La cólera del viento.*
1972 *La leyenda del alcalde de Zalamea.*
1975 *Los pájaros de Baden-Baden.*
1976 *La joven casada.*
1977 *Los días del pasado.*
1982 *La colmena.*
1984 *Los santos inocentes.*
1985 *La vieja música.*
1987 *La casa de Bernarda Alba. / La rusa.*
1992 *Después del sueño.*
1993 *Sombras en una batalla.*
1994 *Amor propio.*

CANCIÓN DE BERNADETTE, LA *(The Song of Bernadette, 1943)*

Tomando como punto de partida la voluminosa biografía del austriaco Franz Werfel, el guionista George Seaton y el realizador Henry King relatan la vida de Bernadette Soubirous desde que el 11 de febrero de 1858 se le aparece una «Señora» en la colina de Massabielle, en Lourdes. La presentan como una muchacha que despierta admiración y adoración, pero también escepticismo e incluso agresividad; que vive una mezcla de religiosidad ingenua y una intensa experiencia espiritual y mística. Sin embargo, lo hacen de una manera demasiado maniquea, como un largo enfrentamiento, durante los quince días que duran las apariciones de la «Señora», que ocupan más de media película, con las autoridades políticas y religiosas de Lourdes. En ningún momento se explica por qué les parecen tan mal las charlas con la «Señora» (Linda Darnell), de Bernadette (Jennifer Jones) una obstinada muchacha que aparece como la buena frente a los malos. Funciona mejor la última parte, ambientada en el convento de Nevers, donde prosigue el enfrentamiento, ahora entre Bernadette y la hermana Marie-Thérèse Vauzous (Gladys Cooper), al estar mucho más personalizado, y tener una clara razón de ser en la envidia religiosa. No obstante, se trata de una película muy bien hecha, donde una vez más Henry King muestra su maestría narrativa, sin la menor relación con el ridículo en que suelen caer este tipo de producciones. En plena II Guerra Mundial tiene un gran éxito y gana tres Oscars, uno correspondiente a Jennifer Jones.

Director: *Henry King.* Guionista: *George Seaton.* Fotografía: *Arthur Miller.* Música: *Alfred Newman.* Intérpretes: *Jennifer Jones, William Eythe, Charles Bickford, Vincent Price, Lee J. Cobb, Gladys Cooper, Anne Revere.* Producción: *William Perlberg para 20th Century Fox.* Duración: *156'. Estados Unidos.*

CANCIÓN DE CUNA *(1994)*

La obra teatral homónima de Gregorio Martínez Sierra es origen de cinco producciones muy diferentes. La norteamericana *Cradle Song* (1933), primera película dirigida por Mitchell Leisen; la argentina realizada en 1942 por el propio Martínez Sierra; la mexicana rodada en 1953 por el mítico Fernando de Fuentes, y la española hecha en 1961 por José María Elorrieta. Tras siete años sin dirigir cine, dedicado a la televisión y a editar libros sobre temas cinematográficos, José Luis Garci vuelve para hacer la quinta adaptación de esta obra y la primera de su carrera. Resulta curioso que para su regreso elija esta un tanto polvorienta, olvidada y pasada de moda obra teatral, donde no pasa nada, pero que le permite demostrar lo mucho que ha aprendido sobre realización. Narra cómo un grupo de elegantes monjas encuentran a una niña abandonada en la puerta de su convento y dieciocho años después, tras haber sido educada y casi convertirse en una más de ellas, una muchacha parte para casarse. Dividida en dos actos claramente diferenciados, está muy cuidada, desde la fotografía de Manuel Rojas —su último trabajo—, hasta los hábitos diseñados por Yvonne Blake, pero en especial la dirección de Garci y el trabajo del amplio grupo de actrices, sobre todo de Amparo Larrañaga. Sin embargo, sabe a poco, y el conjunto resulta demasiado artificial.

Director: *José Luis Garci*. Guionistas: *José Luis Garci, Horacio Valcárcel*. Fotografía: *Manuel Rojas*. Música: *Manuel Balboa*. Intérpretes: *Fiorella Faltoyano, Amparo Larrañaga, María Massip, Alfredo Landa, Maribel Verdú*. Producción: *José Luis Garci para Nickel Odeon. Color*. Duración: *100'. España*.

CANCIÓN DE CUNA PARA UN CADÁVER
(Hush... Hush, Sweet Charlotte, 1965)

Tras el gran éxito de *¿Qué fue de Baby Jane?* (What Ever Happened to Baby Jane?, 1962), Robert Aldrich parte de otra novela de Henry Farrell de similares características para hacer otro policiaco claustrofóbico con la misma pareja de viejas estrellas, pero Joan Crawford no acepta y es sustituida por Olivia de Havilland. Narra cómo Charlotte Hollis (Bette Davis) vive encerrada en una gran mansión sureña, a punto de ser demolida para construir una carretera, con la obsesión de que su padre Big Sam Hollis (Victor Buono) había matado en 1927 a John Mayhew (Bruce Dern) porque iba a abandonar a su esposa y fugarse con ella. Llega allí su algo más joven y pobre prima Miriam Deering (Olivia de Havilland) para ayudar al doctor Bayliss (Joseph Cotten), su antiguo prometido, a que encierre a Charlotte en un manicomio y así heredarla, pero se produce un inesperado y violento final donde se descubre la verdad de lo ocurrido la noche de autos. Tan bien rodada, o mejor que la anterior por Aldrich, con excelentes actuaciones de antiguas estrellas, su historia es más convencional y por ello no llega a la gran altura de aquella.

Director: *Robert Aldrich*. Guionistas: *Henry Farrell, Lukas Heller*. Fotografía: *Joseph Biroc*. Música: *Frank de Vol*. Intérpretes: *Bette Davis, Olivia de Havilland, Joseph Cotten, Cecil Kellaway, Victor Buono, Mary Astor, Agnes Moorehead, William Marshall*. Producción: *Robert Aldrich para Associates and Aldrich (20th Century Fox)*. Duración: *133'. Estados Unidos*.

CANCIONES PARA DESPUÉS DE UNA GUERRA *(1971)*

Su interés por las técnicas de montaje lleva a Basilio M. Patino a realizar una interesante trilogía de documentales durante la primera mitad de la década de los setenta, de manera clandestina. Frente al clasicismo de *Caudillo* (1975) y el apoyo en el llamado *cinéma-verité* de *Queridísimos verdugos* (1973) destaca la frescura con que está narrada esta historia de los primeros quince años de la dictadura del general Franco. A través de una excelente mezcla de documentales de la época, fragmentos de películas, fotografías, recortes de periódicos, anuncios publicitarios y un total de cuarenta y cinco canciones de moda en el momento, se narra con un leve orden cronológico, y con una mínima división en capítulos, la dura historia de la posguerra, desde el final de la contienda española en 1939 hasta la firma del primer tratado con Estados Unidos en 1953. Excelente conglomerado de imágenes y sonidos de entonces que dan un fiel reflejo de la victoria de los sublevados, la División Azul, el final de la II Guerra Mundial, los trabajos de Auxilio Social y Regiones Devastadas, las películas históricas de Cifesa, la influencia de la radio, las cartillas de racionamiento, el estraperlo, el poder de la lotería, la llegada de los norteamericanos. Patino demuestra ser un maestro del montaje, pero la película no sólo es prohibida por la censura, sino que despierta las iras del mismísimo almirante Carrero Blanco y no puede distribuirse hasta el final de la dictadura del general Franco. Estrenada cinco años después, alcanza un merecido éxito tanto la película en sí como su rica banda sonora, pero por problemas de derechos hace tiempo que ha desaparecido de la circulación.

Director y guionista: *Basilio M. Patino*. Fotografía: *José Luis Alcaine*. Producción: *José Luis García Sánchez para Turner Films*. *Color*. Duración: *110'*. *España*.

CANDILEJAS *(Limelight, 1952)*

Cansado de los escándalos provocados por sus últimas películas, *Tiempos modernos* (Modern Times, 1936), *El gran dictador* (The Great Dictator, 1940) y, sobre todo, *Monsieur Verdoux* (1947), y también asustado por la situación de guerra fría que se vive en Estados Unidos, a principios de la década de los cincuenta, Charles Chaplin se despide del cine norteamericano con esta melodramática historia de amor que no puede plantearle ningún problema. Narra cómo el viejo artista de varietés Calvero (Charles Chaplin) salva del suicidio a la joven bailarina Terry (Claire Bloom), la cura de una parálisis psicosomática y la hace triunfar, pero también se enamora de ella. Esta melancólica reflexión sobre la vejez y la vida concluye con un número final donde Calvero triunfa por última vez en compañía de un antiguo compañero (Buster Keaton). Mientras Chaplin viaja en barco con toda su familia para estrenar la película en Londres y París, le comunican que el Comité de Actividades Antinorteamericanas le ha abierto un expediente. Entonces se instala con los suyos en Vevey, Suiza, se niega a pagar lo que le reclama la hacienda norteamericana y la película se convierte en su último gran éxito.

Director y guionista: *Charles Chaplin*. Fotografía: *Karl Struss*. Música: *Charles Chaplin*. Intérpretes: *Charles Chaplin, Claire Bloom, Buster Keaton, Sydney Chaplin, Nigel Bruce, Norman Lloyd*. Producción: *Charles Chaplin para United Artists*. Duración: *144'*. *Estados Unidos*.

CANTANDO BAJO LA LLUVIA *(Singin'in the Rain, 1952)*

La colaboración entre el bailarín, coreógrafo y director Gene Kelly y el coreógrafo y realizador Stanley Donen origina tres innovadores musicales Metro-Goldwyn-Mayer. Entre el moderno *Un día en Nueva York* (On the Town, 1949) y el dramático *Siempre hace buen tiempo* (It's Always Fair Weather, 1955) realizan este, el más famoso de la trilogía, siempre producidos por el especialista Arthur Freed y sobre guiones de Betty Comden y Adolph Green. En 1927, la noche del estreno de su última película, Don Lockwood (Gene Kelly) cuenta por la radio cómo se convirtió en estrella de Monumental Pictures y en pareja de la famosa Lina Lamont (Jean Hagen). Durante el rodaje de *El caballero duelista* triunfa el cine sonoro y el productor (Millard Mitchell) decide hacerla hablada, pero los fallos del sonido, la voz de Lina Lamont y los malos diálogos convierten el preestreno en un fracaso. Su amigo Edmond Brown (Donald O'Connor) tiene la idea de convertirla en el musical *El caballero danzarín* y utilizar a la excelente desconocida Kathy Selden (Debbie Reynolds) para doblar a Lina Lamont. El estreno es un gran éxito, hunde a la ambiciosa Lina Lamont y consagra a la nueva pareja formada por Kathy Selden y Don Lockwood. Un hábil guión enlaza con divertidas escenas el paso del cine mudo al sonoro y la historia sentimental, al tiempo que introduce originales números que transmiten la alegría de vivir típica del musical. Destacan el romántico *You were Meant for Me,* donde Gene Kelly declara su amor a Debbie Reynolds en un plató vacío; el moderno *Singin'in the Rain,* que canta y baila Kelly bajo la lluvia; el ballet final *Broadway Melody,* protagonizado por Gene Kelly y Cyd Charisse; pero, sobre todo, *Make'Em Laugh,* que canta Donald O'Connor en una esquina de un plató, *Moses Supposes,* que cantan y bailan Kelly y O'Connor después de su clase de fonética, y *Good Morning,* que cantan y bailan Kelly, Reynolds y O'Connor.

Directores: *Stanley Donen, Gene Kelly*. Guionistas: *Betty Comden, Adolph Green*. Fotografía: *Harold Rosson*. Música: *Nacio Herb Brown*. Intérpretes: *Gene Kelly, Donald O'Connor, Debbie Reynolds, Millard Mitchell, Jean Hagen, Cyd Charisse*. Producción: *Arthur Freed para Metro-Goldwyn-Mayer*. *Color*. Duración: *102'*. *Estados Unidos*.

CAPITÁN BLOOD, EL *(Captain Blood, 1935)*

Durante la segunda mitad de los años treinta y los primeros cuarenta el actor Errol Flynn se convierte en el inolvidable protagonista de nueve películas de aventuras de los estudios Warner dirigidas con su característica habilidad por el húngaro Michael Curtiz, instalado en Hollywood. Esta es la primera; la rueda por casualidad, al sustituir en el último momento a un Robert Donat enfermo, está basada en una típica novela de piratas de Rafael Sabatini y cuenta con un eficaz guión del más tarde también productor Casey Robinson. Narra con garra y fuerza cómo el joven médico pacifista Peter Blood (Errol Flynn) es arrestado por curar a un rebelde. Declarado culpable de traición, enviado a Jamaica y vendido como esclavo, no le queda más remedio que convertirse en un temido corsario del mar Caribe para oponerse a la tiranía del rey Jaime II de Inglaterra a finales del siglo XVII. Destaca el trabajo de una joven Olivia de Havilland, protagonista de seis películas de la pareja Flynn-Curtiz, así como la excelente música del casi también debutante Erich Wolfgang Korngold, frente a una evidente carencia de medios en la utilización de maquetas y escenas provenientes de una primera versión muda rodada en 1923 por la productora Vitagraph.

Director: *Michael Curtiz*. Guionista: *Casey Robinson*. Fotografía: *Hal Mohr*. Música: *Erich Wolfgang Korngold*. Intérpretes: *Errol Flynn, Olivia de Havilland, Basil Rathbone, Lionel Atwill, Guy Kibbee*. Producción: *Harry Joe Brown para Warner*. Duración: *119'. Estados Unidos*.

CAPITANES INTRÉPIDOS *(Captains Courageous, 1937)*

Publicada originalmente en 1897, *Capitanes intrépidos* no se sitúa entre las novelas más representativas del británico Rudyard Kipling, pero pertenece al grupo de sus obras protagonizadas por niños y es origen de una de las mejores películas dirigidas por Victor Fleming para Metro-Goldwyn-Mayer. Narra la historia de Harvey Cheyne (Freddie Bartholomew), un malcriado niño de diez años, huérfano de madre y con un padre (Melvyn Douglas) demasiado ocupado. Durante un viaje a Europa en un trasatlántico con su progenitor, sus travesuras le hacen caer por la borda. Le recoge el pescador portugués Manoel Fidello (Spencer Tracy), que faena en una goleta con sus compañeros, haciendo la temporada del bacalao. El niño va humanizándose gracias al trato con los pescadores; Manoel Fidello llega a convertirse en la madre y el padre que nunca tuvo. Cuando el pescador muere en un accidente, el niño se ha transformado en otra persona mucho mejor. Aunque la parte de la goleta está íntegramente rodada en decorados, salvo algún plano general, y a pesar del tono moralizante del relato, subrayado por un trasfondo religioso, ha conservado a lo largo del tiempo su apropiado tono de educación sentimental, la peculiaridad de las relaciones entre el niño rico y el pescador pobre, y sigue siendo uno de los clásicos del cine juvenil.

Director: *Victor Fleming*. Guionistas: *John Lee Mahin, Marc Connelly, Dale Van Every*. Fotografía: *Harold Rosson*. Música: *Franz Waxman*. Intérpretes: *Freddie Bartholomew, Spencer Tracy, Lionel Barrymore, Mickey Rooney, Melvyn Douglas, John Carradine*. Producción: *Louis D. Lighton para Metro-Goldwyn-Mayer*. Duración: *116'. Estados Unidos*.

CAPRA, Frank *(Cicco Capra. Bisaquino, Sicilia, Italia, 1897-Hollywood, California, Estados Unidos, 1991)*

Uno de los catorce hijos de una pobre familia siciliana de campesinos, a los seis años emigra con los suyos a Los Ángeles. Gracias a la ayuda de sus parientes, su trabajo como vendedor de periódicos y camarero y algunas becas, en 1918 se diploma como ingeniero químico. Durante la Gran Guerra se alista como voluntario y se dedica a enseñar balística a los soldados, pero en la posguerra no encuentra trabajo. Después de vagabundear por diferentes oficios, dirige por casualidad el cortometraje *Ballad of Fultah Fisher's Boarding House* (1921), basado en un relato de Rudyard Kipling. Interesado por el nuevo trabajo, empieza a ver películas y su carrera de química le permite encontrar un puesto en un laboratorio para aprender la técnica. Posteriormente, en una rápida ascensión, pasa de *gagman* en la serie de cortos cómicos *Our Gang* de los estudios de Hal Roach, a guionista de Mack Sennett, para finalizar dirigiendo al peculiar cómico Harry Langdon en sus obras maestras: *Un sportman de ocasión,* que firma Harry Edwards; *El hombre cañón,* que codirigen ambos, y *Sus primeros pantalones,* donde ya sólo aparece su nombre como realizador. Convencido Langdon de que es un genio por el éxito de estas producciones, se pelea con él y le echa, por lo que dirige personalmente sus tres siguientes largometrajes, y se hunde. Tras el fracaso de *Los tres papás,* primera película de Claudette Colbert, vuelve a escribir para el productor de comedias Mack Sennett, pero en 1928 es contratado por Harry Cohn, propietario de Columbia, los peores estudios de Hollywood, y comienza a hacer eficaces producciones que escribe en dos semanas, rueda en dos semanas y monta en otras dos semanas. Durante los doce años que dura su contrato con Columbia, el estudio se convierte en uno de los primeros de Hollywood y él es un realizador conocido internacionalmente. En *Cómo se corta el jamón,* la primera de esta serie de películas mudas, ya se encuentra su peculiar filosofía de la vida: el hombre independiente que gracias a sus convicciones, su tesón y la ayuda de sus amigos, logra que la bondad triunfe sobre la maldad. Tras seis producciones más con las mismas características, un desacuerdo entre Harry Cohn y el realizador Irving Willat le permite rodar *Submarino,* la primera producción Columbia importante; es un éxito y puede hacer en mejores condiciones las similares aventuras *Águilas* y *Dirigible,* la comedia *La nueva generación* y el policiaco *La sortija que mata,* sus primeras y teatrales películas sonoras. Durante la primera mitad de los años treinta desarrolla el personal tipo de comedia que le hace famoso en la segunda; desde *Mujeres ligeras,* donde comienza su colaboración con el guionista Jo Swerling y la actriz Barbara Stanwyck, *The Miracle Woman, Amor prohibido* y *La amargura del general Yen,* excelente drama que se convierte en un fracaso al ser prohibido por las censuras de algunos países por narrar los amores entre dos personas de diferentes razas; hasta *La locura del dólar,* que marca el comienzo de su estrecha colaboración con el guionista Robert Riskin en unas comedias sociales que muestran un desolador panorama, donde las personas solo consiguen defenderse de la ambición de los hombres de negocios y los políticos gracias a su fuerza de voluntad y a la ayuda de sus amigos. Sus grandes éxitos de la década de los treinta, que también produce, son: *Dama por un día,* moderno cuento de hadas; *Sucedió una noche,* divertida e innovadora comedia que gana varios Oscars; *Estrictamente confidencial,* menos conseguida, pero en la misma línea; *El secreto de vivir,* donde su mensaje social es de una gran claridad; *Horizontes perdidos,* una brillante utopía, muy bien rodada, en LA que por primera vez su nombre aparece antes del título; *Vive como quieras,* una comedia demasiado teatral con la que gana su tercer Oscar, y *Caballero sin espada,* didáctico enfrentamiento entre David y Goliat dentro del Senado. Finalizado su contrato con los estudios Columbia, crea una productora con su guionista Robert Riskin, hacen *Juan Nadie,* una de sus mejores y más características obras, pero deben deshacerla, a pesar de su éxito, por problemas fiscales. Una vez que Estados Unidos entra en la II Guerra Mundial, rueda en cuatro semanas y en un único decorado *Arsénico por compasión,* una comedia negra que hace por dinero, basada en la obra teatral de éxito de Joseph Kesselring, se enrola en el servicio de transmisiones del ejército con el grado de comandante y durante cinco años dirige numerosas producciones de propaganda, entre las que destacan las de la serie *Why We Fight.* Finalizada la guerra, en 1946 crea la productora Liberty Films con los realizadores George Stevens y William Wyler, para la que hace *¡Qué bello es vivir!,* un imaginativo cuento de Navidad que es su obra maestra, pero en su momento es un fracaso; y *El estado de la Unión,* por la que a principios de la década de los cincuenta es acusado de comunista por el Comité de Actividades Antinorteamericanas, al narrar cómo un candidato a la presidencia de Estados Unidos llega a la conclusión de que es imposible participar en política y continuar fiel a sus principios. Debido a nuevos problemas fiscales, los estudios Paramount compran su nueva productora y comienza a trabajar para ellos, pero ve cómo rechazan sus proyectos por demasiado caros y se ve obligado a rodar *Lo quiso la suerte,* nueva versión de *Estrictamente confidencial,* y *Aquí viene el novio,* que sobre todo son dos musicales al servicio del cantante Bing Crosby. El secreto de sus películas, tal como relata en su interesante autobiografía *The Name Above the Title* (1971), es que siempre cuentan su vida, la historia del pobre siciliano que, gracias a su trabajo y al apoyo de su familia y amigos se convierte en millonario norteamericano, y además lo hace muy bien. Su suerte varía a principios de los años cincuenta cuando es acusado de comunista, y entre 1951 y 1959 solo puede hacer cuatro producciones científico-educativas para televisión. Sus dos últimas películas vuelven a ser fábulas sociales en la línea de sus mejores trabajos, pero *Millonario de ilusiones* deja muy claro que su momento ha pasado, y los problemas surgidos con el protagonista Glenn Ford durante el rodaje de *Un gángster para un milagro,* nueva versión, demasiado teatral, de *Dama por un día,* le apartan definitivamente del cine. En 1963 el productor independiente Samuel Bronston le llama para que dirija en España *El fabuloso mundo del circo* (Circus World, 1964), pero imaginándose lo que puede ser un rodaje con John Wayne, comprende que su momento ha pasado, la realiza Henry Hathaway y se retira definitivamente.

1926 *Tramp, Tramp, Tramp* (Un sportman de ocasión). / *The Strong Man* (El hombre cañón).
1927 *Long Pants* (Sus primeros pantalones). / *For the Love of Mike* (Los tres papás).
1928 *That Certain Thing* (Cómo se corta el jamón). / *So This Is Love* (Abandonada). / *The Matinee Idol* (El teatro de Minnie). / *The Way of the Strong.* / *Say It With Sables.* / *The Power of the Press* (El poder de una lágrima). / *Submarine* (Submarino).
1929 *The Younger Generation* (La nueva generación). / *The Donovan Affair* (La sortija que mata). / *Flight* (Águilas).
1930 *Ladies of Leisure* (Mujeres ligeras). / *Rain of Shine* (Pasa el circo).
1931 *Dirigible.* / *The Miracle Woman.* / *Platinum Blonde* (La jaula de oro).
1932 *American Madness* (La locura del dólar). / *Forbidden* (Amor prohibido).
1933 *The Bitter Tea of General Yen* (La amargura del general Yen). / *Lady for a Day* (Dama por un día).
1934 *It Happened One Night* (Sucedió una noche). / *Broadway Bill* (Estrictamente confidencial).
1936 *Mr. Deeds Goes to Town* (El secreto de vivir).
1937 *Lost Horizon* (Horizontes perdidos).
1938 *You Can't Take It With You* (Vive como quieras).
1939 *Mr. Smith Goes to Washington* (Caballero sin espada).
1941 *Meet John Doe* (Juan Nadie).
1944 *Arsenic and Old Lace* (Arsénico por compasión).
1946 *It's Wonderful Life* (¡Qué bello es vivir!).
1948 *State of the Union* (El estado de la Unión).
1950 *Riding High* (Lo quiso la suerte).
1951 *Here Comes the Groom* (Aquí viene el novio).
1959 *A Hole in the Head* (Millonario de ilusiones).
1961 *Pocketful of Miracles* (Un gángster para un milagro).

CAPRICHO IMPERIAL *(The Scarlet Empress, 1934)*

Narra la evolución de la joven e inexperta princesa prusiana Sophia Federica (Marlene Dietrich) desde que es elegida como esposa por el gran duque Pedro (Sam Jaffe), un enfermo de alma y cuerpo, pero heredero del trono de los zares, hasta que se convierte en la cínica y dura mujer de Estado que manda asesinar a su marido para convertirse en Catalina II, emperatriz de todas las Rusias. La historia se cuenta a través de las relaciones de Sophia Federica con el conde Alexei (John Lodge) y el jefe de la guardia Grigori Orloff (Gavin Gordon). Quinta de las seis películas que el maestro Josef von Sternberg dirige con su musa, Marlene Dietrich, para los estudios Paramount durante la primera mitad de la década de los treinta, esta es la más barroca, expresionista y dura de sus excelentes colaboraciones. Destaca la ajustada interpretación de Sam Jaffe en el difícil papel de enloquecido duque Pedro, así como la espléndida fotografía, firmada por Bert Glennon, pero, como es habitual, concebida por el propio Sternberg. La niña que encarna a la protagonista a los nueve años es Maria, la propia hija de Marlene Dietrich.

Director: *Josef von Sternberg.* Guionista: *Manuel Komroff.* Fotografía: *Bert Glennon.* Música: *W. Frank Harling, John M. Leipold, Milan Roder.* Intérpretes: *Marlene Dietrich, John Lodge, Sam Jaffe, Louise Dresser, C. Aubrey Smith, Gavin Gordon.* Producción: *Paramount.* Duración: *109'.* Estados Unidos.

CAPUCINE *(Germaine Lefèbvre. Toulon, Francia, 1933-1990)*

Trabaja como *cover-girl* y modelo y hace algunos papeles en un par de películas, pero de sus relaciones con el cine solo interesan las producciones norteamericanas de la primera mitad de la década de los sesenta: *Sueño de amor,* de Charles Vidor, *Alaska, tierra de oro,* de Henry Hathaway, *La gata negra,* de Edward Dmytryk, *La pantera rosa,* de Blake Edwards, y *Mujeres en Venecia,* de Joseph L. Mankiewicz. Posteriormente se retira por enfermedad y vuelve para protagonizar la producción española *Las crueles,* de Vicente Aranda. Hace papeles secundarios en películas europeas sin interés, entre las que destacan la italiana *Satiricón,* de Federico Fellini, y la francesa *El incorregible,* de Philippe de Broca.

1949 *Rendez-vous de Juillet*, de Jacques Becker.
1950 *Bertrand Coeur de Lion*, de Robert Dhéry.
1959 *Song Without End* (Sueño de amor), de Charles Vidor.
1960 *North to Alaska* (Alaska, tierra de oro), de Henry Hathaway.
1961 *Le triomphe de Michel Strogoff* (Nuevas aventuras de Miguel Strogoff), de V. Turjanskij.
1962 *A Walk on the Wild Side* (La gata negra), de Edward Dmytryk. / *Don Giovanni della Costa Azzurra*, de Vittorio Sala. / *The Lion* (El león), de Jack Cardiff.
1963 *The Pink Panther* (La pantera rosa), de Blake Edwards.
1964 *The Seventh Dawn* (El séptimo amanecer), de Lewis Gilbert.
1965 *What's New Pussycat?* (¿Qué tal Pussycat?), de Clive Donner.
1966 *The Honey Pot* (Mujeres en Venecia), de Joseph L. Mankiewicz. / *Le fate*, episodio de Antonio Pietrangeli.
1968 *Las crueles*, de Vicente Aranda.
1969 *Fellini Satiricon* (Satiricón), de Federico Fellini. / *Fräulein Doktor*, de Alberto Lattuada.
1971 *Red Sun* (Sol rojo), de Terence Young.
1975 *L'incorrigible* (El incorregible), de Philippe de Broca.
1976 *Bluff*, de Sergio Corbucci.
1978 *Ritrato di borghese in nero*, de Tonino Cervi.
1979 *Da Dunkerque alla vittoria* (De Dunkerque a la victoria), de Umberto Lenzi. / *Arabian Adventure* (Alfombras mágicas), de Kevin Connor. / *Jaguar Lives*, de Pintoff.
1983 *Balles perdues*, de Jean-Louis Comolli.
1984 *Curse of the Pink Panther* (La maldición de la Pantera Rosa), de Blake Edwards.

CARA CON ÁNGEL, UNA *(Funny Face, 1957)*

La renovadora directora, Maggie Prescott (Kay Thompson), de la revista de modas *Quality Magazine* busca a una nueva modelo para el lanzamiento de sus colecciones. La elegida es la atractiva Jo Stockton (Audrey Hepburn), una joven librera de Greenwich Village que no quiere saber nada de este trabajo, pero el famoso fotógrafo Dick Avery (Fred Astaire) la convence de que lo acepte y vaya a París con él a hacer un gran reportaje. Con esta historia de Leonard Gershe, excelentes canciones de George Gershwin, Adolph Deutsch y Roger Edens y una imaginativa coreografía propia, Stanley Donen dirige uno de sus mejores musicales. Parcialmente ambientada en París, hace una ingenua crítica al existencialismo, que nada gusta a la crítica francesa del momento. Tiene como asesor al gran fotógrafo Richard Avedon, lo que da lugar a brillantes escenas, como la realizada en rojo en la habitación de revelado. Destacan los números *This Wonderful* y *Funny Face*.

Director: *Stanley Donen*. Guionista: *Leonard Gershe*. Fotografía: *Ray June*. Música: *George Gershwin, Adolph Deutsch, Roger Edens*. Intérpretes: *Fred Astaire, Audrey Hepburn, Kay Thompson, Michel Auclair, Robert Flemyng*. Producción: *Roger Edens para Paramount*. Color. Duración: *103'*. *Estados Unidos*.

CARA DE ÁNGEL *(Angel Face, 1953)*

Las relaciones entre Diana Tremayne (Jean Simmons), una desequilibrada y rica heredera que ama tanto a su padre, el escritor Charles Tremayne (Herbert Marshall), como detesta a la rica viuda Catherine (Barbara O'Neil) que se ha convertido en su madrastra, y Frank Jessup (Robert Mitchum), un atractivo y pobre enfermero transformado en chófer de la familia, solo conducen al crimen y la muerte, pero cuando este se da cuenta es tarde. Basado en una interesante historia de Chester Erskine, cuyo guión es reescrito cada noche antes de rodarse al día siguiente, es el último gran policiaco producido y dirigido por Otto Preminger, y una de sus películas más características, por la suntuosidad de los largos planos con que está contada y la ambigüedad que destila la narración. Destaca la interpretación de Jean Simmons al dar vida a un complejo y malévolo personaje que parece situado más allá del bien y del mal.

Director: *Otto Preminger*. Guionistas: *Frank Nugent, Oscar Millard*. Fotografía: *Harry Stradling*. Música: *Dimitri Tiomkin*. Intérpretes: *Jean Simmons, Robert Mitchum, Herbert Marshall, Barbara O'Neil, Leon Ames, Mona Freeman*. Producción: *Otto Preminger para R. K. O.* Duración: *91'*. *Estados Unidos*.

CARCOMA, LA *(The Touch, 1971)*

El éxito alcanzado por sus películas en Estados Unidos lleva al sueco Ingmar Bergman a rodar esta primera producción en inglés. Narra la relación adúltera entre Karin Vergerus (Bibi Andersson), anodina y aburrida mujer del neurólogo Andreas Vergerus (Max von Sydow), madre de dos hijos, y David Kovac (Elliott Gould), un arqueólogo norteamericano que trabaja temporalmente en su pequeña ciudad. Bien rodada y mejor interpretada, solo se sale de lo normal el violento carácter del arqueólogo, pero resulta un tanto anodino que la historia acabe cuando el médico recibe un anónimo sobre su mujer, va a ver al arqueólogo cuando está acostado con ella y esta decide volver con su marido cuando oye la conversación entre ambos. En un determinado momento la mujer hace una referencia a lo difícil que resulta expresar determinados sentimientos íntimos en un idioma ajeno, única alusión a que la película está hablada en inglés. Algo similar debió de ocurrirle al propio Bergman, ya que solo realiza otra experiencia similar, *El huevo de la serpiente* (*Das Schlangenei*, 1977), en su larga carrera.

Director y guionista: *Ingmar Bergman*. Fotografía: *Sven Nykvist*. Música: *Jan Johansson*. Intérpretes: *Bibi Andersson, Elliott Gould, Max von Sydow, Elsa Ebbesen*. Producción: *Lars-Owe Carlberg para ABC Pictures Corporation (Nueva York), A. B. Cinematograph (Estocolmo). Color. Duración: 113'. Estados Unidos-Suecia.*

CARDINALE, Claudia *(Túnez, 1939)*

Hija de padres italianos, a los diecisiete años gana un concurso de belleza en Túnez, interviene en la producción franco-tunecina *Goha* y se va a Roma para estudiar arte dramático en el Centro Sperimentale di Cinematografia. Hace papeles secundarios en una docena de películas, entre las que destacan *Rufufú*, de Mario Monicelli; *Un maldito embrollo*, de Pietro Germi, y *Rocco y sus hermanos*, de Luchino Visconti. A principios de los años sesenta se casa en secreto con el productor Franco Cristaldi, que la lanza como protagonista de *El bello Antonio* y *La viaccia*, de Mauro Bolognini, y *La chica con la maleta*, de Valerio Zurlini. Convertida en una estrella del cine italiano, entre sus primeras películas sobresalen *El Gatopardo*, de Luchino Visconti; *Fellini, ocho y medio*, de Federico Fellini; *La chica de Bube*, de Luigi Comencini, y *Los indiferentes*, de Francesco Maselli. A mediados de la década de los sesenta emprende una irregular carrera norteamericana que le lleva a rodar ocho películas, de las que solo destacan *La pantera rosa*, de Blake Edwards; *Los profesionales*, de Richard Brooks, y *No hagan olas*, de Alexander Mackendrick. De nuevo en Italia interviene en las interesantes coproducciones *Hasta que llegó su hora*, de Sergio Leone; *La tienda roja*, de Mikhail Kalatazov, y *Las aventuras de Gérard*, de Jerzy Skolimowski. Durante los años setenta y ochenta sigue trabajando con la misma intensidad, pero en películas de menor interés como *La petite fille en velours bleu*, de Alan Bridges; *La piel*, de Liliana Cavani, *Fitzcarraldo*, de Werner Herzog, y la serie de televisión *La historia* (La storia, 1986), de Luigi Comencini. Durante esta última etapa de su carrera trabaja sobre todo con su segundo marido, Pasquale Squitieri, en *Hermanos de sangre, La fuerza del silencio, Corleone, L'arma, Il capo dei capi, Claretta* y *Atto di dolore*.

1957 *Goha*, de Jacques Baratier.
1958 *I soliti ignoti* (Rufufú), de Mario Monicelli. / *Tre stranieri a Roma*, de Claudio Gora. / *La prima notte*, de Alberto Cavalcanti.
1959 *Upstairs and Downstairs* (Las pícaras doncellas), de Ralph Thomas. / *Un maledetto imbroglio* (Un maldito embrollo), de Pietro Germi. / *Audace colpo dei soliti ignoti* (Rufufú da el golpe), de Nanni Loy. / *Il magistrato* (El magistrado), de Luigi Zampa. / *Vento del Sud* (Viento del Sur), de Ennio Provenzale.
1960 *Austerlitz*, de Abel Gance. / *Il bell' Antonio* (El bello Antonio), de Mauro Bolognini. / *Rocco e i suoi fratelli* (Rocco y sus hermanos), de Luchino Visconti. / *I delfini* (Juventud corrompida), de Francesco Maselli. / *La ragazza con la valiglia* (La chica con la maleta), de Valerio Zurlini.
1961 *Les lions sont lâchés* (Los leones andan sueltos), de Henri Verneuil. / *Cartouche*, de Philippe de Broca. / *La viaccia*, de Mauro Bolognini.
1963 *Senilità* (Senilidad), de Mauro Bolognini. / *Il Gattopardo* (El Gatopardo), de Luchino Visconti. / *Otto e mezzo* (Fellini, ocho y medio), de Federico Fellini. / *La ragazza di Bube* (La chica de Bube), de Luigi Comencini. / *Gli indifferenti* (Los indiferentes), de Franceso Maselli.
1964 *Circus World* (El fabuloso mundo del circo), de Henry Hathaway. / *Il magnifico cornuto* (El magnífico cornudo), de Antonio Pietrangeli. / *The Pink Panther* (La Pantera Rosa), de Blake Edwards.
1965 *Vaghe stelle dell'Orsa* (Sandra), de Luchino Visconti. / *Una rosa per tutti* (Una rosa para todos), de Franco Rossi. / *Lost Command* (Mando perdido), de Mark Robson. / *Blindfold* (Misión secreta), de Philip Dunne.
1966 *Le fate* (Las cuatro brujas), episodio de Mario Monicelli. / *The Professionals* (Los profesionales), de Richard Brooks.
1967 *Don't Make Waves* (No hagan olas), de Alexander Mackendrick. / *Il giorno della civetta* (El día de la lechuza), de Damiano Damiani. / *Ruba al prossimo tuo* (Guapa, ardiente y peligrosa), de Francesco Maselli.
1968 *The Hell With the Heroes* (Los héroes están muertos), de Joseph Sargent. / *C'era una volta il West*

(Hasta que llegó su hora), de Sergio Leone. / *Tenda rossa* (La tienda roja), de Mikhail Kalatozov.
1969 *The Adventures of Gerard* (Las aventuras de Gérard), de Jerzy Skolimowski. / *Nell'anno del Signore,* de Luigi Magni. / *Certo, certissimo, anzi probabile,* de Marcello Fondato.
1970 *Popsy-Pop* (Posy Pop contra Papillon), de Jean Herman.
1971 *L'udienza* (La audiencia), de Marco Ferreri. / *Bello, onesto, emigrato Australia sposerebbe compaesana illibata* (Bello, honesto, emigrado a Australia, quiere casarse con chica intocada), de Luigi Zampa. / *Les pétroleuses* (Las petroleras), de Christian-Jaque.
1972 *Le scoumoune* (El clan de los marselleses), de Jose Giovanni. / *Un uomo* (Días de furia), de Antonio Calenda.
1973 *Libera, amore mio* (Libertad, amor mío), de Mauro Bolognini. / *I guappi* (Hermanos de sangre), de Pasquale Squitieri.
1974 *Gruppo di famiglia in un interno* (Confidencias), de Luchino Visconti. / *A mezzanotte va la ronda del piacere* (La ronda del placer), de Marcello Fondato.
1975 *Qui comincia l'avventura* (Cita al final del camino), de Carlo di Palma. / *Il comune senso del pudore,* de Alberto Sordi.
1976 *Gesù di Nazareth* (Jesús de Nazareth), de Franco Zeffirelli.
1977 *La part du feu* (Poder y corrupción), de Étienne Périer. / *Il prefetto di ferro* (La fuerza del silencio), de Pasquale Squitieri.
1978 *La petite fille en velours bleu,* de Alan Bridges. / *Escape to Athena* (Evasión en Atenas), de George Pan Cosmatos. / *Goodbye and Amen* (Agente doble), de Damiano Damiani. / *Corleone,* de Pasquale Squitieri.
1979 *L'arma,* de Pasquale Squitieri.
1980 *Si salvi chi vuole,* de Roberto Faenza. / *Il capo dei capi,* de Pasquale Squitieri.
1981 *The Salamandre* (La salamandra roja), de Peter Zinner. / *La pelle* (La piel), de Liliana Cavani.
1982 *Fitzcarraldo,* de Werner Herzog. / *Le cadeau* (El regalo), de Michel Lang.
1983 *Le ruffian,* de Jose Giovanni.
1984 *Enrico IV* (Enrique IV), de Marco Bellocchio. / *Claretta,* de Pasquale Squitieri.
1985 *L'été prochain,* de Nadine Trintignant. / *La donna delle meraviglie,* de Alberto Bevilacqua.
1988 *Blue elettrico,* de Elfriede Gaeng. / *Un homme amoureux* (Un hombre enamorado), de Diane Kurys.
1990 *La batalla de los tres reyes,* de S. Ben Barka. / *La Révolution Française,* de Robert Enrico.
1991 *Atto di dolore,* de Pasquale Squitieri. / *588 rue Paradis,* de Henri Verneuil.
1993 *The Son of the Pink Panther* (El hijo de la pantera rosa), de Blake Edwards.

CARGA DE LA BRIGADA LIGERA, LA
(The Charge of the Light Brigade, 1936)

Después del gran éxito de *El capitán Blood* (Captain Blood, 1935), de Michael Curtiz, que lanza a la pareja formada por Errol Flynn y Olivia de Havilland, los estudios Warner encargan al mismo trío la realización de otra gran película de aventuras, y esta vez ponen a su disposición un presupuesto mucho mayor. El punto de partida es el famoso poema de Alfred Tennyson sobre la compleja guerra de Crimea, la alianza secreta del emir indio Surat Khan con los rusos y la célebre carga de la batalla de Balaclava, en la que los británicos consiguen recuperar sus tierras colonizadas. Sin embargo, los hechos históricos son poco más que una excusa para que Curtiz ruede una brillante narración de aventuras y amor. Sobre este fondo bélico cuenta en un conseguido tono entre el humor y el dramatismo, el amor del mayor Geoffrey Vickers (Errol Flynn), al frente del 27 de lanceros que logra frenar a las fuerzas del Surat Khan, y de su primo, el capitán Perry Vickers (Patrick Knowles), que morirá en la famosa carga, por Elsa Campbell (Olivia de Havilland), la hija de su comandante. Destacan las escenas de la caza del leopardo, el ataque de Surat Khan y la carga del 27 de lanceros, con una excelente música de Max Steiner, así como el trabajo de la pareja formada por Errol Flynn y Olivia de Havilland en esta segunda de las seis películas que hacen dirigidos por Curtiz. En 1968 el británico Tony Richardson rueda una nueva versión protagonizada por Trevor Howard, John Gielgud, David Hemmings y Vanessa Redgrave, mucho más acorde con los hechos históricos y llena de antimilitarismo y anticolonialismo, pero mucho menos conseguida desde un punto de vista cinematográfico.

Director: *Michael Curtiz.* Guionistas: *Michael Jacoby, Rowland Leigh.* Fotografía: *Sol Polito, Fred Jackman.* Música: *Max Steiner.* Intérpretes: *Errol Flynn, Olivia de Havilland, Patric Knowles, Donald Crisp, C. Aubrey Smith, David Niven, Henry Stephenson.* Producción: *Hal B. Wallis y Sam Bischoff para Warner.* Duración: *115'. Estados Unidos.*

CARMEN (1983)

Después del éxito alcanzado por el ensayo musical *Bodas de sangre* (1981), sobre la obra homónima de Federico García Lorca con música de Emilio de Diego, y antes de rodar su versión de *El amor brujo* (1986), con libreto de Gregorio Martínez Sierra y música de Manuel de Falla, el productor Emiliano Piedra aprovecha que son de dominio público los derechos de la ópera de George Bizet para convencer al realizador Carlos Saura y al bailarín Antonio Gades de que hagan el mejor de sus tres musicales. El resultado tiene gran resonancia, más internacional que nacional, supone el lanzamiento de la debutante Laura del Sol y confirma que Antonio Gades es tan buen bailarín y coreógrafo como mal actor. Frente a números espléndidos, como el del baile de las cigarreras entre Laura del Sol y Cristina Hoyos con toda la compañía, hay momentos dramáticos poco afortunados. Mejor que la película es la versión teatral, cuya dirección firman conjuntamente Gades y Saura, que la compañía del bailarín interpreta por el mundo con enorme éxito. También en 1983 hacen sus personales versiones de la obra de Prosper Mérimée el francés Jean-Luc Godard, *Nombre: Carmen* (Prénom: Carmen), y el italiano Francesco Rosi, *Carmen*. Estas vienen a sumarse a las más de cincuenta versiones cinematográficas de este tema, entre las que destacan las realizadas en 1915 por Raoul Walsh con Theda Bara y por Cecil B. de Mille con Geraldine Farrar, en 1916 por Charles Chaplin con Edna Purviance, en 1918 por Ernst Lubitsch con Pola Negri, en 1926 por Jacques Feyder con Raquel Meller. Hay que citar también *Carmen, la de Triana* (1938), de Florian Rey con Imperio Argentina; *Los amores de Carmen* (The Loves of Carmen, 1948), de Charles Vidor con Rita Hayworth; *Carmen Jones* (1954), de Otto Preminger con Dorothy Dandridge, y *Carmen, la de Ronda* (1954), de Tulio Demicheli con Sara Montiel.

Director: *Carlos Saura*. Guionistas: *Carlos Saura, Antonio Gades*. Fotografía: *Teo Escamilla*. Música: *Paco de Lucía, George Bizet*. Intérpretes: *Antonio Gades, Laura del Sol, Paco de Lucía, Cristina Hoyos, Juan Antonio Jiménez*. Producción: *Emiliano Piedra P. C. Color*. Duración: *102'. España*.

CARNAZA, LA *(L'appât, 1994)*

Los problemas con la droga del actor Nils Tavernier llevan a su padre, el irregular guionista y director Bertrand Tavernier, a hacer un interesante díptico policiaco. Tras *Ley 627* (L. 627, 1992), que narra la vida cotidiana de una brigada antinarcóticos de la policía a través de uno de sus miembros, dos años después completa el díptico con el escalofriante dibujo de un trío de jóvenes, absurdos y chapuceros asesinos. Narra cómo la joven y atractiva Nathalie (Marie Gillain) utiliza sus relaciones con hombres mucho mayores que ella para que su novio Eric (Olivier Sitruck) y su amigo Bruno (Bruno Putzulu) entren en sus casas a robarles y acaben asesinándoles. Contada desde el punto de vista de Nathalie, Tavernier dibuja con mano maestra el terrible personaje de una jovencita, casi una niña, que no tiene el menor problema en dejarse utilizar como cebo por sus amigos, aunque luego no quiere saber nada de los asesinatos y no pone reparos a repartirse el botín. Su gran atractivo reside en la frialdad con que Tavernier narra una terrible historia basada en hechos reales, pero sin dar nunca su opinión, dejando que sus personajes sean juzgados por sus acciones, situando a la policía al margen de los hechos, y creando un sentimiento de atracción y repulsa hacia el absurdo trío protagonista, que asesina por ridículas cantidades para conseguir dinero para montar una cadena de tiendas en Estados Unidos.

Director: *Bertrand Tavernier*. Guionistas: *Colo Tavernier O'Hagan, Bertrand Tavernier*. Fotografía: *Alain Cloquart*. Música: *Philippe Haim*. Intérpretes: *Marie Gillain, Olivier Sitruck, Bruno Putzulu, Richard Berry, Philippe Buclos*. Producción: *René Cleitman y Frédéric Bourboulon para Hachette Première, Little Bear, France 2 Cinéma, M6 Films. Color*. Duración: *115'. Francia*.

CARNÉ, Marcel *(París, 1906-París, Francia, 1996)*

Hijo de un ebanista, su madre muere cuando es un niño y es educado por su abuela y una tía. Comienza a ayudar a su padre, pero el oficio no le gusta y a los dieciséis años empieza a trabajar en una compañía de seguros, mientras por las noches se diploma en fotografía en la Escuela de Artes y Oficios. Gracias a su amistad con la actriz Françoise Rosay se hace ayudante del cámara Georges Périnal y de su marido, el realizador Jacques Feyder, pero cuando se van a trabajar a Hollywood, empieza a publicar críticas en la revista *Cinémagazine*. Gracias a sus ahorros y los de un amigo rueda el documental *Nogent, Eldorado du dimanche*

CARNET DE BAILE

(1929), cuyo relativo éxito le permite hacer películas publicitarias y ser ayudante de René Clair. Gracias a la ayuda de Feyder rueda el largo *Jenny*, con Françoise Rosay como protagonista, que marca el comienzo de sus relaciones con el guionista Jacques Prévert, que darán origen al denominado «realismo poético». Tras la comedia policiaca *Un drama singular,* en unión del guionista Prevert, el decorador Alexander Trauner, los músicos Maurice Jaubert y Joseph Kosma, y el actor Jean Gabin se convierte en el eje del cine francés de la preguerra a lo largo de *El muelle de las brumas, Hôtel du Nord* y *Amanece,* que ligadas sentimentalmente a la ideología del Frente Popular, describen el clima de pesadilla que se cierne sobre Europa en vísperas de la II Guerra Mundial. Durante la ocupación alemana de Francia rueda en la zona dependiente del gobierno de Vichy las fábulas de época anti nazis *Les visiteurs du soir* y *Los niños del paraíso,* que se convierten en grandes éxitos. Tras enfrentarse a un tribunal de depuración, vuelve a trabajar en la posguerra, pero sus habituales colaboradores se dispersan y sus producciones cada vez tienen menor atractivo. Sin embargo, durante la primera mitad de los años cincuenta rueda películas tan interesantes como *La Marie du port,* una intriga policiaca basada en una novela de Georges Simenon; *Teresa Raquin,* adaptación de la obra de Émile Zola escrita por Charles Spaak; *El aire de París,* una historia de boxeo protagonizada una vez más por Jean Gabin, y *El vendedor de felicidad,* un cuento de Navidad que marca su encuentro con el color. Después de los ataques sufridos por la nueva crítica por *Les tricheurs,* personal análisis de la juventud parisina de Saint-Germain-des-Prés, entre las restantes seis películas que hace desde principios de la década de los sesenta hasta mediados de la de los setenta solo destaca *Tres habitaciones en Manhattan,* una nueva adaptación de Georges Simenon. En su obligatorio retiro escribe *La vie a belles dents* (1982), una interesante autobiografía llena de amargo rencor.

1936 *Jenny.*
1937 *Drôle de drame* (Un drama singular).
1938 *Quai des brumes* (El muelle de las brumas). / *Hôtel du Nord.*
1939 *Le jour se lève* (Amanece).
1942 *Les visiteurs du soir.*
1945 *Les enfants du paradis* (Los niños del paraíso).
1946 *Les portes de la nuit.*
1950 *La Marie du port.*
1951 *Juliette ou la clé des songes* (Julieta o la llave de los sueños).
1953 *Thérèse Raquin* (Teresa Raquin).
1954 *L'air de Paris* (El aire de París).
1956 *Le pays d'où je viens* (El vendedor de felicidad).
1958 *Les tricheurs.*
1960 *Terrain vague.*
1963 *Du mouron pour les petites oiseaux.*
1965 *Trois chambres à Manhattan* (Tres habitaciones en Manhattan).
1968 *Les jeunes loups.*
1971 *Les assassins de l'ordre.*
1974 *La merveilleuse visite.*

CARNET DE BAILE *(Un carnet de bal, 1937)*

Tras la muerte de su marido, Christine Surgère (Françoise Rosay) encuentra un carnet de baile de cuando tenía dieciséis años y decide volver a ver a sus antiguos acompañantes. Uno se ha suicidado por ella, el abogado Pierre Verdier (Louis Jouvet) dirige una banda de maleantes, Alain Regnault (Harry Baur) se ha hecho sacerdote, Éric Irvin (Pierre Richard-Wilm) trabaja como guía de montaña, François Patusset (Raimu) es alcalde y está a punto de casarse, Thierry (Pierre Blanchar) es médico y va a cometer un crimen, y el peluquero Fabien Coutissol (Fernandel) la lleva a visitar la antigua sala de baile. Esta excusa narrativa sirve a Julien Duvivier para ordenar siete vidas de un subrayado tono dramático y realizar una de sus más conocidas películas. Capta bien el pesimismo que invade Europa en los años anteriores a la II Guerra Mundial y consigue hacer una de las obras más representativas del denominado realismo poético francés, con la que gana el León de Oro de la Mostra de Venecia. Durante su exilio en Hollywood, provocado por la II Guerra Mundial, dirige una irregular nueva versión para el productor Alexander Korda con el título *Lydia* (1941), protagonizada por Merle Oberon, Joseph Cotten y Alan Marshall.

Director: *Julien Duvivier.* Guionistas: *Jean Sarment, Pierre Wolff, Bernard Zimmer, Julien Duvivier, Henri Jeanson.* Fotografía: *Michel Kelber, Phillippe Agostini, Pierre Levent.* Música: *Maurice Jaubert.* Intérpretes: *Françoise Rosay, Harry Baur, Marie Bell, Pierre Blanchar, Pierre Richard-Wilm, Sylvie, Fernandel, Louis Jouvet, Raimu.* Producción: *Sigma.* Duración: *132'. Francia.*

CARNICERO, EL (*Le boucher*, 1969)

Desde finales de la década de los sesenta hasta mediados de los setenta, el director Claude Chabrol rueda una serie de trece interesantes policiacos para la marca Les Films à Boétie del productor André Génovès. Esta peculiar variante del eterno tema de la bella y la bestia, escrita por el propio Chabrol, muestra cómo la nueva maestra de un pequeño pueblo del Périgord, Hélène (Stéphane Audran), a medida que va descubriendo que el carnicero Popaul (Jean Yanne) es un asesino, se siente más atraída por él. Perfecto retrato de la provincia francesa realizado con un humor muy peculiar, también se trata de un duelo interpretativo entre su habitual colaboradora Stéphane Audran y el menos asiduo Jean Yanne que muestra a Chabrol como un sutil director de actores.

Director y guionista: *Claude Chabrol*. Fotografía: *Jean Rabier*. Música: *Pierre Jansen*. Intérpretes: *Jean Yanne, Stéphane Audran, William Guérault, Roger Rudel, Mario Beccario*. Producción: *André Génovès para Les Films à Boétie, Euro International Film*. Color. Duración: 95'. Francia.

CARON, Leslie (*París, Francia, 1931*)

Hija de un químico francés y de una bailarina norteamericana, desde muy pequeña estudia ballet y a los dieciséis años debuta en la compañía de Roland Petit. Descubierta por el bailarín y coreógrafo Gene Kelly, a principios de la década de los cincuenta firma un contrato con los estudios Metro-Goldwyn-Mayer que la lleva a protagonizar los famosos musicales *Un americano en París* y *Gigi*, de Vincente Minnelli, y *Lili* y *Las zapatillas de cristal*, de Charles Walters, mientras es cedida a 20th Century Fox para protagonizar junto a Fred Astaire *Papá piernas largas*, de Jean Negulesco. Durante la primera mitad de los años sesenta trabaja en el Reino Unido, en los dramas *Al final de la noche* y *La habitación en forma de L*, y en Estados Unidos, en las comedias *Operación whisky, El favor, Prométele cualquier cosa*. Tras protagonizar en Italia la comedia de costumbres *El padre de familia*, su carrera se hunde: pasa tres años sin hacer cine y durante la década de los setenta solo hace papeles secundarios en películas principalmente francesas. A principios de los ochenta protagoniza tres importantes películas bajo la dirección del polaco Krzysztof Zanussi, *Contrato de matrimonio,* *Imperative, Die unerreichbare,* para luego volver a los anodinos papeles secundarios.

1951 *An American in Paris* (Un americano en París), de Vicente Minnelli. / *The Man With a Cloak*, de Fletcher Markle.
1952 *Glory Alley*, de Raoul Walsh.
1953 *Lili*, de Charles Walters. / *The Story of Three Loves* (Tres amores), episodio de Vincente Minnelli.
1954 *The Glass Slipper* (Las zapatillas de cristal), de Charles Walters.
1955 *Daddy Long Legs* (Papá piernas largas), de Jean Negulesco.
1956 *Gaby*, de Curtis Bernhardt.
1958 *Gigi*, de Vincente Minnelli.
1959 *The Doctor's Dilemma*, de Anthony Asquith. / *The Man Who Understood Women*, de Nunnally Johnson.
1960 *Austerlitz*, de Abel Gance. / *The Subterraneans*, de Ranald MacDougall.
1961 *Fanny*, de Joshua Logan.
1962 *Guns of Darkness* (Al final de la noche), de Anthony Asquith. / *Les quatre vérités* (Las cuatro verdades), episodio de René Clair.
1963 *The L-Shaped Room* (La habitación en forma de L), de Bryan Forbes.
1964 *Father Goose* (Operación whisky), de Ralph Nelson.
1965 *A Very Special Favor* (El favor), de Michael Gordon.
1966 *Promise Her Anything* (Prométele cualquier cosa), de Arthur Hiller. / *Paris brûle-t-il?* (¿Arde París?), de René Clément.
1967 *Il padre di famiglia* (El padre de familia), de Nanni Loy.
1970 *Madron*, de Jerry Hopper.
1972 *Chandler*, de Paul Magwood.
1976 *Serail*, de Eduardo de Gregorio.
1977 *L'homme qui aimait les femmes* (El amante del amor), de François Truffaut. / *Valentino*, de Ken Russell.
1978 *Golden Girl* (La chica de oro), de Joseph Sargent.
1979 *Tous vedettes*, de Michel Lang.
1980 *Kontrakt* (Contrato de matrimonio), de Krzysztof Zanussi.
1982 *Imperativ*, de Krzysztof Zanussi. / *Die unerreichbare*, de Krzysztof Zanussi.
1983 *Le diagonale du fou* (La diagonal del loco), de Richard Dembo.
1988 *Guerriers et captives*, de Eduardo Cozarinski.
1989 *Courage Mountain*, de Christopher Leith.
1992 *Damage* (Herida), de Louis Malle.

CARPI, Fabio (*Milán, Italia, 1925*)

Poeta, novelista, periodista y ensayista cinematográfico, comienza a escribir guiones en

Brasil cuando Alberto Cavalcanti le encarga dirigir la sección de guiones de la productora Vera Cruz entre 1951 y 1954. De regreso a Italia se convierte en un reputado guionista a través de sus colaboraciones con Vittorio de Sica, Dino Risi, Nelo Risi, Florestano Vancini. Tras varios intentos fallidos, debuta como director con *Cuerpo de amor*, que plantea la incomprensión generacional a través de las relaciones paterno filiales. Su interés por el paso del tiempo, el envejecimiento y la muerte aparece de manera muy clara en *L'età della pace* y *Quarteto Basileus*. Mientras trabaja de manera esporádica para televisión, donde por ejemplo hace la interesante *Le ambizioni sbagliate*, insiste en los temas de las relaciones entre padres e hijos y la muerte en *Barbablù Barbablù*. Más conocido en Estados Unidos que en Italia, continúa con sus personales y depresivas narraciones de cámara en *L'amore necessario* y *La prossima volta il fuoco*.

1972 *Corpo d'amore* (Cuerpo de amor).
1974 *L'età della pace*.
1982 *Quarteto Basileus*.
1984 *I cani di Gerusalemme*.
1987 *Barbablù, Barbablù*.
1991 *L'amore necessario*.
1993 *La prossima volta il fuoco*.

CARRADINE, Keith *(San Mateo, California, Estados Unidos, 1949)*

Hijo del excelente y prolijo actor secundario John Carradine (1905-1988), hermano del actor y realizador David Carradine (1948) y del actor Robert Carradine (1954) y padre de la actriz Martha Plimpton, estudia en la Universidad de Colorado antes de debutar como actor de teatro a finales de los años sesenta, y de cine a principios de los setenta. Mientras desarrolla una carrera paralela como autor, compositor e intérprete de canciones, hace importantes papeles secundarios en *Los vividores*, de Robert Altman, y *El emperador del Norte*, de Robert Aldrich. Protagoniza el policiaco *Thieves Like Us* y gana un Oscar con la canción *I'm Easy* de *Nashville*, en la que también actúa, ambas bajo la dirección de Altman. Su larga colaboración con Alan Rudolph, otro miembro del clan Altman, comienza en *Bienvenido a Los Ángeles* y prosigue en las más interesantes *Elígeme*, *Inquietudes* y *Los modernos*. Entre las que también protagoniza *Los duelistas*, de Ridley Scott; *La pequeña*, de Louis Malle; *Forajidos de leyenda* y *La presa*, de Walter Hill, y *Los amantes de María*, de Andrei Konchalovsky. Durante la primera mitad de los años noventa trabaja menos y en producciones de menor interés.

1971 *A Gunfight* (El gran duelo), de Lamont Johnson. / *McCabe and Mrs. Miller* (Los vividores), de Robert Altman.
1973 *Emperor of the North Pole* (El emperador del Norte), de Robert Aldrich. / *Hex*, de Leo Garen. / *Antoine et Sébastien*, de Jean-Marie Périer.
1974 *Thieves Like Us*, de Robert Altman. / *Arrivano Joe e Margherito*, de Giuseppe Colizzi.
1975 *Idaho Transfer*, de Peter Fonda. / *You and Me*, de David Carradine. / *Nashville*, de Robert Altman.
1976 *Lumière*, de Jeanne Moreau. / *Welcome to L. A.* (Bienvenido a Los Ángeles), de Alan Rudolph.
1977 *The Duellists* (Los duelistas), de Ridley Scott.
1978 *Pretty Baby* (La pequeña), de Louis Malle. / *An Almost Perfect Affair*, de Michael Ritchie. / *Sgt. Pepper's Lonely Hearts Club Band*, de Michael Schultz.
1979 *Old Boyfriends*, de Peter Tewksbury.
1980 *The Long Riders* (Forajidos de leyenda), de Walter Hill.
1981 *Southern Comfort* (La presa), de Walter Hill.
1984 *Maria's Lovers* (Los amantes de María), de Andrei Konchalovsky.
1985 *Blackout* (Vértigo mortal), de Douglas Hickox. / *Choose Me* (Elígeme), de Alan Rudolph.
1986 *Trouble in Mind* (Inquietudes), de Alan Rudolph. / *Blackfire*, de Gilbert Cates.
1987 *L'inchiesta* (Una historia que comenzó hace dos mil años), de Damiano Damiani.
1988 *The Moderns* (Los modernos), de Alan Rudolph.
1989 *Cold Feet*, de Robert Dornhelm. / *The Forgotten*, de James Keach. / *Street of No Return* (Calle sin retorno), de Samuel Fuller.
1990 *Daddy's Dyin'... Who's Got the Will?* (Papá se muere, ¿quién tiene la herencia?), de Jack Fish. / *Pay-Off* (Deuda saldada), de Andrew Lane. / *Judgement*, de Tom Topor. / *Mio caro dottor Gräsler*, de Roberto Faenza.
1991 *The Ballad of Sad Cafe* (La balada del café triste), de Simon Callow.
1992 *Crisscross*, de Chris Menges.

CARRIE *(1976)*

A partir de una de las más características novelas de terror del prolífico y conocido especialista Stephen King, el guionista, director y productor Brian de Palma consigue su primer éxito. Tras una brillante escena inicial en que

Carrie White (Sissy Spacek) tiene su primera menstruación en las duchas colectivas de su colegio mientras sus compañeras se ríen de ella, esta va a reclamar a su terrible madre Margaret (Piper Laurie) por no haberle dicho nada de lo que iba a ocurrirle. Para que les perdone lo mal que se han portado con ella, su amiga Sue Snell (Amy Irving) le pide a su novio Tommy Ross (William Katt) que sea su pareja en el baile de graduación. Cuando está siendo proclamada reina de la fiesta su compañera Chris Argenson (Nancy Allen), ayudada por su novio Billy Nolan (John Travolta), le deja caer encima un cubo lleno de sangre de cerdo. Dotada de poderes telequinésicos, Carrie se venga primero de sus compañeros y luego de su madre destruyendo el colegio y su casa. A pesar de la simplicidad de su historia y de estar rodadas las escenas claves con la llamada cámara lenta, Brian de Palma logra que el conjunto tenga un peculiar atractivo.

Director: *Brian de Palma*. Guionista: *Laurence D. Cohen*. Fotografía: *Mario Tosi*. Música: *Pino Donaggio*. Intérpretes: *Sissy Spacek, Piper Laurie, Amy Irving, William Katt, John Travolta, Nancy Allen*. Producción: *Paul Monash para Red Bank/United Artists. Color.* Duración: *98'. Estados Unidos.*

CARROZA DE ORO, LA (*La carrozza d'oro, 1952*)

A partir de la narración *La carrosse du Saint-Sacrement*, de Prosper Mérimée, el director Jean Renoir rinde un homenaje a la *commedia dell'arte*, en particular, y al teatro, en general. Narra cómo en el siglo XVIII, el virrey de la corte de Perú, Ferdinand (Duncan Lamont), el joven oficial Felipe Aguirre (Paul Campbell) y el torero Ramón (Riccardo Rioli) cortejan al mismo tiempo a Camilla (Anna Magnani), *vedette* de una compañía de comediantes italianos en gira por Latinoamérica. En realidad se trata de un proyecto de Luchino Visconti del que se apropia su maestro, Renoir, deseoso de hacer una película con Anna Magnani. Curiosamente, mientras entusiasma a la más sofisticada crítica francesa, no gusta nada a la italiana. Rodada simultáneamente en tres versiones, destacan la inglesa, que conserva el sonido original, y la italiana, en la que Anna Magnani se dobla a sí misma, frente a la más convencional francesa.

Director: *Jean Renoir*. Guionistas: *Jean Renoir, Renzo Avenzo, Giulio Macchi, Jack Kirkland, Ginette Doynel*. Fotografía: *Claude Renoir, Ronald Hill*. Música: *Antonio Vivaldi, Archangelo Corelli, Olivier Metra*. Intérpretes: *Anna Magnani, Duncan Lamont, Paul Campbell, Riccardo Rioli, Odoardo Spadaro, Nada Fiorelli*. Producción: *Francesco Alliata y Ray Ventura para Panaria Film (Roma), Hoche Productions (París). Color.* Duración: *100'. Italia-Francia.*

CARTA, LA (*The Letter, 1940*)

El cuento homónimo de W. Somerset Maugham, posteriormente convertido en obra de teatro por el propio autor, da lugar a tres películas muy diferentes entre sí. Entre la versión muda homónima, dirigida en 1929 por Jean de Limuer y protagonizada por Jeanne Eagels, O. P. Heggie, Reginald Owen y Herbert Marshall, y *The Unfaithful* (1947), de Vincent Sherman, con Ann Sheridan, Lew Ayres y Zachary Scott, en la que la acción se ha trasladado a Estados Unidos después de la II Guerra Mundial, destaca esta brillante versión realizada por William Wyler. Narra cómo una noche de luna llena en Malasia, Lesbie Crosbie (Bette Davis) mata a su amante a tiros cuando se encuentra sola en la plantación de su marido, Robert Crosbie (Herbert Marshall). Alega legítima defensa, pero aparece una carta comprometedora en manos de la concubina euroasiática (Gale Sondergaard) de la víctima y su abogado, Howard Joyce (James Stephenson), acepta comprarla. A pesar del obligado final moralizante impuesto por el Código Hays de censura, encierra un espléndido trabajo de dirección de Wyler, una excelente interpretación de Bette Davis, una brillante fotografía, llena de claroscuros, de Tony Gaudio y una inspirada música del reputado Max Steiner. Seleccionada para media docena de Oscars, no consigue ninguno, pero obtiene un gran éxito de crítica y público.

Director: *William Wyler*. Guionista: *Howard Koch*. Fotografía: *Tony Gaudio*. Música: *Max Steiner*. Intérpretes: *Bette Davis, Herbert Marshall, James Stephenson, Sen Yung, Frieda Inescort, Gale Sondergaard*. Producción: *Robert Lord para Warner.* Duración: *95'. Estados Unidos.*

CARTA DE PRESENTACIÓN (*Letter of Introduction, 1938*)

La joven Kay Martin (Andrea Leeds) llega a Nueva York con una carta de presentación para el gran actor de cine John Mannering (Adolphe Menjou) y resultan ser padre e hija. Él es muy amable con ella, le promete ayudarla en su carrera de actriz, pero no le habla a nadie de su existencia por miedo a hundir su reputación de *playboy* cincuentón. Su relación hace que Lydia Hoyt (Ann Sheridan) le deje a él cuando están a punto de casarse y que un bailarín (George Murphy) la abandone a ella porque ambos creen que son amantes. Con estos ingredientes John M. Stahl produce y dirige un eficaz melodrama para los estudios Universal con un excelente trabajo de Adolphe Menjou. Lo mejor es la parte final, en la que el actor de cine accede a volver a hacer teatro tras doce años de retiro, para estrenar una obra con su hija; pero tiene miedo, bebe, se olvida del papel y al salir a la calle le atropella un automóvil. Lo peor es la actuación del ventrílocuo Edgar Bergen y su muñeco Charlie McCarthy por su mínima relación con la historia y alargar algunas escenas, como la de la fiesta.

Director: *John M. Stahl*. Guionistas: *Sheridan Gibney, Leonard Spiegelgass*. Fotografía: *Karl Freund*. Intérpretes: *Adolphe Menjou, Andrea Leeds, Edgar Bergen, George Murphy, Eve Arden, Rita Johnson, Ann Sheridan*. Producción: *John M. Stahl para Universal*. Duración: *100'. Estados Unidos.*

CARTA DE UNA DESCONOCIDA *(Letter From an Unknown Woman, 1948)*

En Viena, en 1900, la víspera de un duelo, el fracasado pianista Stefan Brand (Louis Jourdan) recibe la abultada carta póstuma de Liza Berndle (Joan Fontaine), donde una mujer a quien amó durante una noche le cuenta cómo le quiso durante toda su vida e incluso tuvo un hijo suyo. Comprende entonces por qué ha sido desafiado y al alba va al encuentro de la muerte para expiar el mal que ha causado. En su segunda producción norteamericana, el alemán Max Ophüls narra con mano maestra y a través de una compleja estructura apoyada en cuatro *flashback* la apasionada y secreta historia de amor de la joven Liza Berndle por el maduro Stefan Brand. Basado en la breve novela homónima del austriaco Stefan Zweig, este melodrama romántico rodado en una Viena y un Linz reconstruidos en estudio, dentro de una completa añoranza de su perdido mundo centroeuropeo, es una de las obras maestras de Ophüls. Sin embargo, en su momento es un fracaso de público que no ayuda nada a Ophüls durante su exilio norteamericano. Dentro de un cuidadísimo conjunto, destacan el trabajo de producción del reputado John Houseman y la cálida interpretación de Joan Fontaine.

Director: *Max Ophüls*. Guionistas: *Howard Koch, Max Ophüls*. Fotografía: *Franz Planer*. Música: *Daniele Amfitheatrof*. Intérpretes: *Joan Fontaine, Louis Jourdan, Mady Christians, Marcel Journet, John Good*. Producción: *John Houseman para Universal*. Duración: *90'. Estados Unidos.*

CARTAS A MI AMADA *(Love Letters, 1945)*

Durante la segunda mitad de los años cuarenta, el alemán William Dieterle rueda una tetralogía de dramas sentimentales, formada por *Te volveré a ver* (I'll Be Seeing You, 1945), *Como te quise, te quiero* (This Love of Ours, 1945), esta producción y *Jennie* (Portrait of Jennie, 1949), que une las recién importadas teorías psicoanalíticas de Sigmund Freud con la tradición romántica. La mejor es esta, basada en un guión de la rusa Ayn Rand. Narra las complicadas relaciones sentimentales que vive Singleton (Jennifer Jones), una muchacha con amnesia, que, durante la II Guerra Mundial, tras quedarse viuda, se casa con Alan Quinton (Joseph Cotten), un oficial compañero de su primer marido y autor de las cartas que este le mandaba desde el frente. Esta peculiar versión de *Cyrano de Bergerac*, la conocida obra de Edmond Rostand, está muy bien rodada por Dieterle y tiene una gran fuerza romántica.

Director: *William Dieterle*. Guionista: *Ayn Rand*. Fotografía: *Lee Garmes*. Música: *Victor Young*. Intérpretes: *Jennifer Jones, Joseph Cotten, Ann Richards, Gladys Cooper, Anita Louise, Cecil Kellaway*. Producción: *Hal B. Wallis para Paramount*. Duración: *101'. Estados Unidos.*

CARTERO SIEMPRE LLAMA DOS VECES, EL *(The Postman Always Rings Twice, 1946)*

La excelente novela negra homónima publicada en 1934 por James M. Cain es origen de cuatro películas muy diferentes. Pierre Chenal hace un ejercicio de estilo en la producción francesa *Le dernier tournant* (1939), protagonizada por Fernand Gravey, Corinne Luchaire y Michel Simon. Luchino Visconti debuta como realizador e inventa el neorrealismo con la atractiva producción italiana *Ossessione* (1942), interpretada por Massimo Girotti, Clara Calamai y Juan de Landa. Bob Rafelson dirige una última producción norteamericana en 1981 con el título original, con Jack Nicholson, Jessica Lange y John Colicos. Sin embargo, la mejor de todas es esta producción Metro-Goldwyn-Mayer, realizada con mano maestra por Tay Garnett, que narra cómo el vagabundo Frank Chambers (John Garfield) comienza a trabajar en el restaurante de Nick Smith (Cecil Kellaway), pero, convertido en amante de su mujer, Cora (Lana Turner), acepta matar a su marido. Tras una sucesión de problemas y cuando parece que todo se ha solucionado, tienen un accidente de automóvil, Cora muere, Frank es acusado de asesinato y condenado a muerte, porque ella acababa de firmar una importante póliza de seguro de vida. Entre una serie de brillantes escenas destaca la aparición de Lana Turner en una panorámica desde los pies hasta su cabeza, vestida con un sucinto traje blanco y con una toalla en la cabeza a modo de turbante.

Director: *Tay Garnett*. Guionistas: *Harry Ruskin, Niven Busch*. Fotografía: *Sidney Wagner*. Música: *George Bassman*. Intérpretes: *John Garfield, Lana Turner, Cecil Kellaway, Hume Cronyn, Leon Ames, Audrey Totter*. Producción: *Carey Wilson para Metro-Goldwyn-Mayer*. Duración: *113'. Estados Unidos.*

CARTERO (Y PABLO NERUDA), EL *(Il postino, 1995)*

A pesar de estar dirigida por el británico Michael Radford, protagonizada por el italiano Massimo Troisi y el francés Philippe Noiret y rodada en una de las más perdidas islas Lipari, esta coproducción italo-francesa tiene un gran interés. Narra cómo en 1952 el poeta chileno Pablo Neruda (Philippe Noiret) debe exiliarse de su país por sus ideas comunistas y el gobierno italiano le concede asilo político en una perdida isla del Sur. Debido a la gran cantidad de cartas que recibe, el jefe de la pequeña estafeta de correos de la isla (Renato Scarpa) contrata al pescador Mario Ruoppolo (Massimo Troisi) para que diariamente le lleve su correspondencia. A través de sus constantes encuentros, surge la amistad entre dos hombres tan distintos. El cartero pide ayuda al poeta para conquistar a su amada, Beatrice Russo (Maria Grazia Cucinotta), le hace padrino de su boda y en recuerdo suyo llama a su hijo Pablito. Rodada con extremada sencillez por un Michael Radford que parece más italiano que inglés, la película apoya uno de sus pies en el neorrealismo y el otro en la «comedia a la italiana» para ofrecer una obra de una gran fuerza, en la que destaca un minucioso y excelente guión escrito por varias personas entre las que se aprecia la mano del gran guionista Furio Scarpelli y que se convierte en la obra póstuma del actor y director Massimo Troisi.

Director: *Michael Radford*. Guionistas: *Anna Pavignano, Michael Radford, Furio Scarpelli, Giacomo Scarpelli, Massimo Troisi*. Fotografía: *Franci di Giacomo*. Música: *Luis Enrique Bacolov*. Producción: *Mario & Vittorio Cecchi Gori*. Color. Duración: *102'. Italia-Francia.*

CASA DE BERNARDA ALBA, LA *(1987)*

La tantas veces anunciada adaptación de la obra homónima de Federico García Lorca —por ejemplo, es la oferta de trabajo que hace que a mediados de los años cuarenta Luis Buñuel deje Estados Unidos y se vaya a vivir a México— acaba siendo dirigida por el gran especialista en adaptar autores españoles contemporáneos Mario Camus, en su única incursión en el terreno teatral. Siguiendo muy de cerca el original y jugando con habilidad con su tono teatral, narra el duro luto que durante un caliente verano impone Bernarda Alba (Irene Gutiérrez Caba) a sus cinco hijas y el drama que se desencadena, bajo la vigilante mirada de la criada Poncia (Florinda Chico), cuando Martirio (Victoria Peña) y, sobre todo, Adela (Ana Belén) se enamoran de Pepe el Romano, el novio de la hermana mayor, Angustias (Enriqueta Carballeira). Destacan la sobriedad narrativa conseguida por Camus en esta producción, casi toda rodada en decorados, y el bien conjuntado reparto, exclusivamente femenino.

Director: *Mario Camus*. Guionistas: *Mario Camus, Antonio Larreta*. Fotografía: *Fernando Arribas*. Intérpretes: *Irene Gutiérrez Caba, Ana Belén, Florinda Chico, Enriqueta Carballeira, Victoria Peña, Aurora Pastor, Rosario García Ortega, Mercedes Lezcano*. Producción: *Paraíso Films*. Color. Duración: *104'. España.*

CASA DE JUEGO *(House of Games, 1987)*

Para ayudar a uno de sus pacientes, la triunfadora, pero solitaria, psicoanalista Margaret Ford (Lindsay Crouse) va a una casa de juegos para negociar una deuda. Allí conoce a Mike (Joe Mantegna), queda fascinada por el personaje y él se aprovecha de la situación para engañarla, para robarle seis mil dólares, pero en el último momento ella descubre la artimaña. Vuelve a verle con la excusa de que tiene que escribir un libro sobre timadores, consigue que su banda le enseñe algunos trucos, acostarse con Mike y participar en una estafa complicada. Todo sale mal por su culpa: muere un policía, el dinero desaparece, la Mafia les reclama ochenta mil dólares y ella termina pagándolos de su bolsillo. Planteada como una fascinante pesadilla, como una brillante espiral en la que poco a poco va cayendo la protagonista, termina cuando descubre que ha sido engañada, que todo es un montaje de Mike y su banda para estafarla, y ella, a su vez, trata de engañarle. Descubierta en seguida, Margaret Ford mata fríamente, sin contemplaciones, a Mike, para volver a su vida habitual de famosa psicoanalista. Innovador policiaco, planteado y realizado con la minuciosidad de una partida de ajedrez, es la primera y mejor de las películas dirigidas por el conocido dramaturgo David Mamet. Rodada con medios limitados, tiene un excelente guión y una dirección nada brillante, pero que se ciñe muy bien a él. Destaca la fotografía del español Juan Ruiz Anchía, su habitual colaborador, y la pareja protagonista, formada por Lindsay Crouse, la mujer de Mamet en la vida real, y el perfecto Joe Mantegna.

Director y guionista: *David Mamet*. Fotografía: *Juan Ruiz Anchía*. Música: *Alaric Jans*. Intérpretes: *Lindsay Crouse, Joe Mantegna, Mike Nussbaum, J. T. Walsh*. Producción: *Filmhaus*. Color. Duración: *112'. Estados Unidos.*

CASA DEL ÁNGEL, LA *(1957)*

La misteriosa Ana (Elsa Daniel), joven hija de unos ricos hacendados de Adrogue, educada dentro de un absoluto puritanismo, conoce casualmente al diputado liberal Pablo Aguirre (Lautaro Murúa), amigo de su padre. Siguiendo una tradición, la víspera de batirse este en duelo, cena y baila con él, incluso se acuesta con él. Pablo Aguirre mata a su adversario de un disparo y su relación con Ana se complica cada vez más, mientras sus hermanas se casan y sus padres mueren. Tomando como punto de partida la novela homónima de Beatriz Guido, el director Leopoldo Torre Nilsson escribe con ella una buena adaptación, que da origen a una de sus mejores y más características películas, con la que se da a conocer internacionalmente. Destaca la extraña y barroca mansión de la Argentina de principios de siglo donde se desarrolla la acción, así como la peculiar educación que recibe la protagonista en un mundo donde las estatuas desnudas se cubren con velos y las muchachas se bañan cubiertas con grandes camisones, lo que no le impide entablar una relación erótica con un hombre mucho mayor que ella. Sobresale el trabajo interpretativo de la siempre enigmática Elsa Daniel, bien secundada por Lautaro Murúa.

Director: *Leopoldo Torre Nilsson*. Guionistas: *Beatriz Guido, Leopoldo Torre Nilsson*. Fotografía: *Aníbal González Paz*. Música: *Juan Carlos Paz*. Intérpretes: *Elsa Daniel, Lautaro Murúa, Bárbara Mujica, Guillermo Battaglia*. Producción: *Argentina Sono Films*. Duración: *88'. Argentina.*

CASA NÚMERO 322, LA *(Pushover, 1954)*

Primera película protagonizada por la bella actriz Kim Novak, marca el principio de sus relaciones con el realizador Richard Quine, que se extienden a lo largo de la comedia sentimental *Me enamoré de una bruja* (Bell, Book and Candle, 1958), la comedia dramática *Un extraño en mi vida* (Strangers When We Meet, 1960) y la comedia cómica *La misteriosa dama de negro* (The Notorius Landlady, 1962). Narra cómo al inspector de policía Paul Schermer (Fred MacMurray) le encargan vigilar a Lona McLane (Kim Novak), amante del principal sospechoso del atraco a un banco, pero se enamora de ella y acepta el trato de huir juntos con el dinero robado. Planteada por Richard Quine con una gran economía narrativa, esta interesante muestra de cine negro se desarrolla en gran parte en el edificio donde vive la protagonista: en su apartamento, en el de una vecina enfermera o en el alquilado por la policía para vigilarla, y sus alrededores.

Director: *Richard Quine*. Guionista: *Roy Huggins*. Fotografía: *Lester B. White*. Música: *Arthur Morton*. Intérpretes: *Fred MacMurray, Kim Novak, Phil Carey, Dorothy Malone, E. G. Marshall*. Producción: *Jules Schermer para Columbia*. Duración: *91'. Estados Unidos.*

CASA ROJA, LA *(The Red House, 1946)*

Quinto largometraje escrito y producido por Delmer Daves, es una de sus mejores, más sólidas y originales obras. Narra, con una gran economía de medios, cómo la joven Meg (Allene Roberts) debe enfrentarse con el cariño de su padre adoptivo Peter Morgan (Edward G. Robinson) y la coquetería de su compañera Tibby (Julie London) para conseguir el amor de su amigo Nath Stornm (Lon McCallister), representados por una gran Casa Roja abandonada en medio de un profundo bosque. Esta personal historia policiaca está basada en una novela de George Agnew Chamberlain y describe a la perfección cómo el lejano pasado vuelve trágicamente sobre unos personajes cuando se repiten unas circunstancias similares, al volver a encariñarse Peter Morgan por una mujer que no puede ser suya. En este enfrentamiento entre jóvenes y viejos, entre buenos y malos, destaca el planteado entre una joven y desconocida Allen Roberts y el veterano y famoso Edward G. Robinson, a los acordes de una intensa, personal y larga partitura de Miklos Rozsa.

Director y guionista: *Delmer Daves*. Fotografía: *Bert Glennon*. Música: *Miklos Rozsa*. Intérpretes: *Edward G. Robinson, Allene Roberts, Lon McCallister, Judith Anderson, Julie London, Rory Calhoun*. Producción: *Sol Lesser para United Artists*. Duración: *100'. Estados Unidos*.

CASABLANCA *(1943)*

El éxito de la producción francesa *Pépé-le-Moko* (1937), de Julien Duvivier, y de la norteamericana *Argel* (Algiers, 1938), de John Cromwell, diferentes versiones de los amores entre un gángster y una parisina en la *casbah* de Argel, anima al productor Jack Warner a hacer esta película en la misma línea. Gana varios Oscars importantes, se convierte en un gran triunfo y en una de las producciones más representativas del Hollywood de los años dorados. Sobre el fondo de las personas que huyen de una Europa destrozada por la II Guerra Mundial y esperan un visado en la internacional ciudad de Casablanca para volar a Estados Unidos vía Lisboa, se narran los amores entre el norteamericano Richard Blaine (Humphrey Bogart), que dirige el cosmopolita «Rick's Cafe Americain», y la danesa Ilse Lund (Ingrid Bergman), casada con el importante jefe de la Resistencia checoslovaca Victor Laszlo (Paul Henreid). Mientras, se mueven a su alrededor el capitán Louis Renault (Claude Rains), el mayor alemán Strasser (Conrad Veidt), empeñado en detener al dirigente de la Resistencia, el pianista negro Sam (Doodley Wilson), a quien, a pesar de lo que dice la leyenda, nunca le dicen «Tócala otra vez, Sam» refiriéndose a la canción *As Time Goes By*, Ugarte (Peter Lorre), que ha robado dos salvoconductos, y Ferrari (Sidney Greenstreet), el misterioso propietario de un cercano café. A pesar de que el guión se escribe casi a la misma velocidad que se rueda la película, Michael Curtiz la dirige con especial convicción, un conseguido aire romántico y un subrayado tono progresista.

Director: *Michael Curtiz*. Guionistas: *Julius J. Epstein, Philip G. Epstein, Howard Koch*. Fotografía: *Arthur Edeson*. Música: *Max Steiner*. Intérpretes: *Humphrey Bogart, Ingrid Bergman, Paul Henreid, Claude Rains, Sidney Greenstreet, Peter Lorre, S. Z. Sakall, Conrad Veidt, Dooley Wilson, Marcel Dalio*. Producción: *Hal B. Wallis para Warner*. Duración: *102'. Estados Unidos*.

CASINO *(1995)*

Octava película dirigida por Martin Scorsese y protagonizada por Robert de Niro, su actor preferido, es una perfecta mezcla de documental y ficción llena de interesantes soluciones dramáticas, de montaje y dirección, con un inteligente uso de dos voces de fondo diferentes y complementarias. Sobre una minuciosa descripción del funcionamiento de los casinos de Las Vegas durante la década de los setenta, bajo la mirada atenta y controladora de la Mafia, se narra la ascensión y caída de tres personajes singulares, a modo de un peculiar descenso a los infiernos del juego. Cuenta cómo el delincuente judío Sam «Ace» Rothstein (Robert de Niro) llega a dirigir el más importante casino de Las Vegas, mientras la ambiciosa Ginger McKenna (Sharon Stone), una prostituta de lujo fascinada por el mundo del juego, se interpone entre su violento guardaespaldas, Nicky Shebert (Joe Pesci), y él para formar un destructivo trío que les hace caer desde lo más alto. A lo largo de poco menos de tres horas, Scorsese no solo consigue el tono apropiado para su compleja historia, sino que no deja de inventar brillantes y eficaces soluciones estéticas que convierten esta película en una de sus mejores y más complicadas obras.

Director: *Martin Scorsese*. Guionistas: *Nicholas Pileggi, Martin Scorsese*. Fotografía: *Robert Richardson*. Intérpretes: *Robert de Niro, Sharon Stone, Joe Pesci, James Woods, Don Rickles, Alan King, Kevin Pollack, L. Q. Jones*. Producción: *Barbara de Fina para Universal. Color. Scope*. Duración: *178'. Estados Unidos*.

CASO 880, EL *(Mister 880, 1950)*
Tras unos inevitables minutos de propaganda sobre lo bien que funciona el Departamento del Tesoro norteamericano, especializado en la persecución de falsificadores de moneda, el realizador Edmund Goulding narra con gran finura el único caso que tardaron en resolver más de diez años. Sobre un excelente guión de Robert Riskin, y en un tono cercano al de sus mejores colaboraciones con el director Frank Capra, describe a un simpático personaje marginal, el viejecito Skipper Miller (Edmund Gwenn), que vive muy modestamente de fabricar billetes de un dólar de manera chapucera, y cómo le descubre casualmente el agente Steve Buchanan (Burt Lancaster) al enamorarse de su vecina Ann Winslow (Dorothy McGuire), traductora de francés de las Naciones Unidas. Tiene un conseguido tono de cuento de Navidad, una excelente interpretación de Edmund Gween, un delicado toque de comedia y algunas escenas magníficas, como aquella, muda, vista desde el interior de una tienda, en la que los dos agentes del Tesoro se pelean en la calle para ver quién entabla amistad con la protagonista.

Director: *Edmund Goulding*. Guionista: *Robert Riskin*. Fotografía: *Joseph La Shelle*. Música: *Sol Kaplan*. Intérpretes: *Edmund Gwenn, Burt Lancaster, Dorothy McGuire, Millard Mitchell*. Producción: *Julian Blaustein para 20th Century Fox.* Duración: *90'. Estados Unidos.*

CASO DE LA VIUDA NEGRA, EL *(Black Widow, 1987)*
El enfrentamiento entre dos atractivas mujeres: la rubia Catharine (Theresa Russell), que se casa con hombres muy ricos por el placer de asesinarlos y heredarlos, y la morena Alexandra Barnes (Debra Winger), agente federal que sospecha algo, le sigue la pista y trata de encontrar pruebas contra ella; origina uno de los mejores policiacos de la década de los ochenta. Basado en un guión original de Ronald Bass, el director Bob Rafelson hace un interesante dibujo de ambos personajes femeninos, en que la agente federal se siente tan fascinada por la capacidad de la asesina para atraer a los hombres que casi sucumbe a sus encantos. Destaca la brillante fotografía en Technicolor del gran maestro Conrad Hall.

Director: *Bob Rafelson*. Guionista: *Ronald Bass*. Fotografía: *Conrad Hall*. Música: *Michael Small*. Intérpretes: *Debra Winger, Theresa Russell, Sami Frey, Dennis Hopper, Nicol Williamson, Lois Smith*. Producción: *Harold Schneider para Laurence Mark / 20th Century Fox.* Color. Duración: *103'. Estados Unidos.*

CASO MATTEI, EL *(Il caso Mattei, 1972)*
La historia de Enrico Mattei (Gian Maria Volontè), que, tras ser nombrado presidente de una compañía italiana de petróleo, sienta las bases para una nueva política nacional de la energía y muere poco después en un extraño accidente de aviación el 27 de octubre de 1962 en Bascapè, cerca de Pavía, sirve al realizador Francesco Rosi para hacer uno de sus más famosos documentos y ganar la Palma de Oro del Festival de Cannes. Mezcla de programas de televisión, documentales reconstruidos y testimonios directos de periodistas, incluso del mismo Rosi rodando su película, expone las diferentes hipótesis existentes sobre la muerte de Enrico Mattei. La ambigüedad del personaje permite a Gian Maria Volonté hacer un interesante trabajo interpretativo, aunque, al parecer, sin la menor relación con el auténtico Enrico Mattei.

Director: *Francesco Rosi*. Guionistas: *Francesco Rosi, Tonino Guerra*. Fotografía: *Pasqualino de Santis*. Música: *Piero Piccioni*. Intérpretes: *Gian Maria Volonté, Luigi Squarzina, Gianfranco Ombuen, Edd Ferronao, Accursio di Leo*. Producción: *Franco Cristaldi para Vides-Verona.* Color. Duración: *118'. Italia.*

CASSAVETES, John *(Nueva York, 1929-Nueva York, Estados Unidos, 1988)*
Hijo de un hombre de negocios griego, estudia literatura inglesa en el Mohawk College y el Colgate College, y declamación y dirección escénica en la American Academy of Dramatic Arts. Tras una mínima experiencia como actor de teatro, interviene en múltiples series de televisión y debuta como actor de cine en 1952. Interesado por la dirección, rueda la mítica producción independiente *Shadows*, una historia sobre soledad y racismo realizada en Nueva York con muy poco dinero y actores desconocidos, que se convierte en el manifiesto de la denominada Escuela de Nueva York, pero sólo se conoce la segunda versión hecha en 35 mm, mucho menos atractiva que la original rodada en 16 mm. Su éxito le lleva a Hollywood, donde tiene dos diferentes y malas experiencias: la

producción de Paramount *Too Late Blues*, que también escribe y produce, sobre la decadencia de un músico de jazz por problemas de alcoholismo, y *Ángeles sin paraíso*, que escribe Abby Man y produce Stanley Kramer, sobre una clínica para niños con problemas psíquicos, que ni son buenas, ni consigue realizar a su gusto. Esta experiencia le hace apartarse de la dirección durante seis años, trabajar como actor en cine y televisión para conseguir dinero y poder rodar a su gusto las personalísimas *Faces* y *Husbands*, donde analiza problemas de parejas de mediana edad a través de un estilo muy peculiar, a medio camino entre el documental y la ficción, apoyado en la improvisación de un grupo de actores formado por su mujer Gena Rowlands, Seymour Cassel, Ben Gazzara, Peter Falk y él mismo. En esta misma línea, pero realizadas con más medios, se sitúan la irregular *Así habla el amor* y su obra maestra *Una mujer bajo la influencia*, perfecto retrato de una madre con problemas, encarnada por Gena Rowlands. Intenta acercar su característico estilo a los géneros tradicionales en los policiacos *The Killing of a Chinese Bookie* y *Gloria*, así como en la historia del mundillo teatral *Opening Night*, pero sólo consigue unos productos híbridos que son lo menos atractivo de su obra. Con *Corrientes de amor* y *Un hombre en apuros*, irregulares comedias sentimentales, trata de recuperar su mejor y más personal estilo, pero sólo lo consigue superficialmente debido quizás al hecho de que hubieran sido producidas por otros.

Como director
1960 *Shadows*.
1961 *Too Late Blues*.
1962 *A Child Is Waiting* (Ángeles sin paraíso).
1968 *Faces*.
1970 *Husbands*.
1971 *Minnie and Moskowitz* (Así habla el amor).
1974 *A Woman Under the Influence* (Una mujer bajo la influencia).
1976 *The Killing of a Chinese Bookie*.
1977 *Opening Night*.
1980 *Gloria*.
1983 *Love Streams* (Corrientes de amor).
1984 *Big Trouble*.

Como actor
1952 *Taxi*, de Gregory Ratoff.
1955 *The Nights Holds Terror*, de Andrew L. Stone.
1956 *Crime in the Streets*, de Donald Siegel.
1957 *Edge of the City* (Donde la ciudad termina), de Martin Ritt. / *Affair in Havana*, de Laszlo Benedek. / *Saddle the Wind* (Más rápido que el viento), de Robert Parrish.
1958 *Virgin Island*, de Pat Jackson.
1962 *The Webster Boy*, de Don Chaffey.
1964 *The Killers* (Código del hampa), de Don Siegel.
1967 *Devil's Angels*, de Daniel Haller. / *The Dirty Dozen* (Doce del patíbulo), de Robert Aldrich.
1968 *Gli intoccabili* (Las Vegas 1970), de Giuliano Montaldo. / *Roma come Chicago* (Roma como Chicago), de Alberto de Martino. / *Rosemary's Baby* (La semilla del diablo), de Roman Polanski.
1969 *If It's Tuesday, This Must Be Belgium* (Si hoy es martes, esto es Bélgica), de Mel Stuart.
1970 *Husbands*, de John Cassavetes.
1971 *Minnie and Moskowitz* (Así habla el amor), de John Cassavetes.
1975 *Capone*, de Steve Carver.
1976 *Two-Minute Warning* (Pánico en el estadio), de Larry Pearce. / *Mickey and Nicky*, de Elaine May.
1978 *Brass Target* (Objetivo: Patton), de John Hough. / *The Fury* (La furia), de Brian de Palma.
1981 *The Incubus*, de John Hough.
1982 *Tempest* (Tempestad), de Paul Mazursky. / *Whose Life Is It Anyway?* (Mi vida es mía), de John Badham.
1983 *Love Streams* (Corrientes de amor), de John Cassavetes.

CASTELLANI, Renato *(Finale Lugure, 1913-Roma, Italia, 1985)*

Licenciado en arquitectura, trabaja como periodista y entra en el mundo del cine, casualmente, como asesor militar de *La gran llamada* (Il grande apello, 1936), de Mario Camerini, para luego proseguir como ayudante de dirección o guionista de Alessandro Blasetti, el propio Camerini y Mario Soldati. Debuta como realizador con *Un tiro en reserva*, basada en una obra de Alexander Pushkin, y *Zazà*, sobre la comedia homónima de Pierre-François Berton y Charles Simon, donde ya es muy evidente su estilo recargado y alejado de la realidad. Tienen más interés y no resultan tan frías *La donna della montagna*, sobre una novela de Salvator Gotta, y, sobre todo, *Mi hijo profesor*, intento de relato neorrealista al servicio del actor Aldo Fabrizi. Debe su fama a la excelente tetralogía compuesta por *Sotto il sole di Roma*, *È primavera*, *Due soldi di speranza*, con la que gana la Palma de Oro del Festival de Cannes, y *Si tú estuvieras*, donde parte de los más sólidos principios neorrealistas, con rodajes en plena calle y actores desconocidos, para llegar a brillantes comedias realistas, el denominado «neorrealismo rosa». Vuelve al manierismo, a su particular estilo, con *Romeo y Julieta*, buena adaptación de la obra de William Shakespeare rodada en inglés en escenarios naturales; *Infierno en la ciudad*, ambientada en una cárcel de mujeres; e *Il brigante*, historia de un bandido calabrés escrita por Giuseppe Berto. Sus últimas películas son comedias sentimentales sin atractivo, como *Pensión a la italiana*, *La guapa y su fantasma* y *Un verano contigo*. Posteriormente sólo hace largas, costosas y brillantes series de época para televisión, entre las que destacan *La vita di Leonardo da Vinci* (1971) y *Verdi* (1982).

1941 *Un colpo di pistola* (Un tiro en reserva).
1942 *Zazà*.
1943 *La donna della montagna*.
1945 *Mio figlio professore* (Mi hijo profesor).
1948 *Sotto il sole di Roma*.
1949 *È primavera*.
1952 *Due soldi di speranza*.
1954 *Giulietta e Romeo* (Romeo y Julieta).
1957 *I sogni nel cassetto* (Si tú estuvieras).
1958 *Nella città l'inferno* (Infierno en la ciudad).
1961 *Il brigante*.
1962 *Mare matto* (Pensión a la italiana).
1964 *La vedova* (La viuda), episodio de *Tre notti d'amore* (Tres noches de amor). / *Una donna d'affari*, episodio de *Controssesso*.
1967 *Questi fantasmi* (La guapa y su fantasma).
1969 *Una breve stagione* (Un verano contigo).

CASTILLO DE NAIPES (1943)

La segunda película dirigida por Jerónimo Mihura, primera en la que su hermano, el dramaturgo Miguel Mihura, colabora en el guión, es una divertida comedia intrascendente, realizada con pocos medios, pero que funciona bien, resulta ágil y demuestra la habilidad de los hermanos para el género. Narra el pasajero enfrentamiento entre el arquitecto Luis Guzmán (Raúl Cancio) y la atractiva muchacha Carmen (Blanca de Silos) por la propiedad del castillo de Piedraselvas, que él quiere convertir en un hotel moderno y ella conservar tal como está, pero al final es arreglado para una oportuna boda entre ambos. Rodada en plena II Guerra Mundial, sin la menor referencia a la actualidad nacional o extranjera, aparece influida por las más sofisticadas comedias realizadas en los estudios Paramount de Hollywood por esas mismas fechas. Destacan los diálogos de Miguel Mihura, apoyados en un humor absurdo, muy característico de la posguerra española, y la dirección de Jerónimo Mihura, que sabe imprimir un ritmo rápido a una narración desarrollada en buena parte en interiores, pero con un evidente aire de estudios.

Director: *Jerónimo Mihura*. Guionistas: *Antonio de Obregón, Miguel Mihura*. Fotografía: *Michel Kelber*. Música: *Juan Quintero*. Intérpretes: *Blanca de Silos, Raúl Cancio, Manolo Morán, Camino Garrigó, Joaquín Roa*. Producción: *Montagu Marks para Vulcano*. Duración: *92'. España*.

CAUDILLO (1975)

En contra de lo que su título sugiere, no se trata de un análisis de la figura del único vencedor de la guerra española y el dictador que sometió a su pueblo bajo su férrea voluntad durante cuarenta años, sino de una producción más sobre la guerra española donde se presta especial atención a la figura del general Franco. A través de variadas imágenes de este período, comenzando por el denominado «alzamiento nacional» y finalizando por el llamado «primer desfile de la victoria», con una banda sonora donde se mezclan las más características músicas de la época, en especial marchas militares, con comentarios de personas anónimas, se da una visión de los principales acontecimientos ocurridos en el período 1936-1939 en ambos bandos contendientes, desde sus diferentes perspectivas ideológicas, prestando especial atención a la figura del futuro dictador. Por un exceso de ambigüedad, quizá debido a que cuando se comienza a hacer vivía aún su principal protagonista, la visión que da de la guerra española parece pensada para contentar a todos los contendientes y la crítica que se hace sobre el general Franco carece de eficacia por estar demasiado apoyada en los elementos empleados para glorificarle durante su largo mandato. A pesar de ser el más clásico de la trilogía de personales documentales realizados por Basilio M. Patino en la clandestinidad a principios de los años setenta —los otros dos son el original *Canciones para después de una guerra* (1971) y el duro *Queridísimos verdugos* (1973)—, tiene momentos muy conseguidos, que muestran su gran habilidad para el montaje.

Director y guionista: *Basilio M. Patino*. Fotografía adicional: *Alfredo Mayo*. Producción: *José María González Sinde para Retasa*. Duración: *110'. España*.

CAUTIVOS DEL DESEO *(Of Human Bondage, 1934)*

Esta primera versión de la novela de W. Somerset Maugham tiene como principal ventaja sobre las realizadas en 1946 por Edmund Goulding con Paul Henreid y Eleanor Parker, y en 1964 por Ken Hughes —tras el abandono de Henry Hathaway—, con Laurence Harvey y Kim Novak, el excelente trabajo de sus protagonistas. Narra cómo el cojo estudiante de medicina Phil Carey (Leslie Howard) se enamora perdidamente de la camarera Mildred Rogers (Bette Davis), pero ella solo le utiliza para que la ayude a resolver sus problemas cuando está embarazada, no tiene dinero para dar de comer a su hijo y está gravemente enferma de tuberculosis. Phil Carey no consigue liberarse de su obsesivo amor, que además destruye sus posibilidades con otras mujeres, hasta que se opera con éxito de su cojera y la joven Sally Athelny (Frances Dee) acepta casarse con él. Esta buena producción de Pandro S. Berman para los estudios R. K. O. está sólidamente dirigida por el siempre eficaz John Cromwell, consigue transmitir el clima de pesadilla que rige el amor del protagonista y lanza a una joven y excepcional Bette Davis, muy bien dirigida por el excelente Leslie Howard.

Director: *John Cromwell*. Guionista: *Lester Cohen*. Fotografía: *Henry W. Gerrad*. Música: *Max Steiner*. Intérpretes: *Leslie Howard, Bette Davis, Frances Dee, Reginald Owen, Reginald Denny, Kay Johnson*. Producción: *Pandro S. Berman para R. K. O*. Duración: *83'. Estados Unidos*.

CAUTIVOS DEL MAL *(The Bad and the Beautiful, 1952)*

El productor Jonathan Shields (Kirk Douglas) llama por teléfono a sus antiguos colaboradores, el director Fred Amiel (Barry Sullivan), la actriz Georgia Lorrison (Lana Turner) y el guionista James Lee Bartlow (Dick Powell), para que le ayuden a hacer una nueva película. Los tres se niegan a hablar con él, pero al recordar sus relaciones, a lo largo de una serie de *flashbacks*, finalmente deciden ayudarle. El prestigioso productor John Houseman propone al brillante realizador Vincente Minnelli hacer una película sobre el mundo del cine con este esquema argumental, que acaba convirtiéndose en uno de sus mejores trabajos y una de las más claras historias sobre Hollywood. Diez años después, Houseman y Minnelli cierran su fructífera colaboración con *Dos semanas en otra ciudad* (Two Weeks in Another Town, 1962), un convincente retrato de los cineastas norteamericanos que durante esta época trabajaron en Roma.

Director: *Vincente Minnelli*. Guionista: *Charles Schnee*. Fotografía: *Robert Surtees*. Música: *David Raksin*. Intérpretes: *Kirk Douglas, Lana Turner, Walter Pidgeon, Dick Powell, Barry Sullivan, Gloria Grahame, Gilbert Roland, Leo G. Carroll*. Producción: *John Houseman para Metro-Goldwyn-Mayer*. Duración: *118'. Estados Unidos*.

CAVALCANTI, Alberto *(Rio de Janeiro, Brasil, 1897-París, Francia, 1982)*

Tras estudiar derecho y arquitectura en Ginebra, a principios de los años veinte se instala en París, se hace amigo de los principales miembros del grupo surrealista y comienza a trabajar como decorador con Marcel L'Herbier y Louis Delluc, al tiempo que colabora con Jean Renoir en sus primeras películas. Debuta como director con el mediometraje *Rien que les heures* (1926), documental poético sobre un día cualquiera en París, seguido del largo *En rade,* historia de amor ambientada en una ciudad portuaria. Entre las restantes películas de la primera etapa de su obra, realizada en Francia entre 1926 y 1933, hay que citar *Yvette,* basada en un relato de Guy de Maupassant, *Le capitaine Fracasse,* sobre la novela homónima de Théophile Gautier, y *Vous verrez la semaine prochaine,* protagonizada por la pareja Catherine Hesling y Jean Renoir. A principios del sonoro hace *Sombras de circo, Toda una vida* y *Dans une île perdue,* versiones dobles de producciones francesas o norteamericanas, según la costumbre de la época, para aprender las nuevas técnicas. Invitado por el famoso documentalista John Grierson, se instala en Londres y entre 1934 y 1942 realiza, y también supervisa, numerosos cortos y mediometrajes de la reputada escuela británica, dirigidos, entre otros, por Norman McLaren, Humphrey Jennings y Harry Watt, para la General Post Office. Su período inglés se cierra con la dirección de varios largometrajes interesantes para los Ealing Studios: la violenta historia bélica *Went the Day Well?;* el atractivo musical *Champagne Charlie,* inspirado en la vida de un conocido cantante de *music-hall;* el excelente episodio *El muñeco del ventrílocuo* del famoso *Al morir la noche;* la adaptación de Charles Dickens *Nicholas Nickleby,* y los policiacos con trasfondo social *Me hicieron un fugitivo* y *For Them That Trespass.* En 1949 regresa a Brasil para dar clases de cine en el Museo de Arte Moderno de São Paulo y encargarse de la dirección de la importante productora Vera Cruz, una empresa construida según el modelo de los estudios de Hollywood, con excesiva aportación de técnicos extranjeros, pero que da a conocer el cine brasileño en el mundo, sobre todo gracias al éxito de *Cangaceiro* (1952), de Lima Barreto. Durante el período brasileño, y antes de ser expulsado por comunista, puede rodar las interesantes, *Simão, o coalho,* imaginativa comedia burlesca, y *O canto do mar,* trágico éxodo de una familia del *sertão* hacia el mar, huyendo de la sequía y la miseria; además de publicar su conocido ensayo *Film e realidade* (1953). De vuelta a Europa hace en la República Federal Alemana *Herr Puntila und sein Knecht Matti,* con la colaboración de su autor, el mismísimo Bertolt Brecht, y algunas películas de menor importancia en Francia y el Reino Unido. Durante los años setenta realiza diferentes programas de televisión en muy distintos países, al tiempo que su fama como teórico le lleva a dar clases en U. C. L. A., California.

1926 *Le train sans yeux.*
1927 *En rade.*
1928 *Yvette. / Le capitaine Fracasse.*
1929 *Vous verrez la semaine prochaine.*
1930 *A mi-chemin du ciel* (Sombras de circo). / *Toute sa vie* (Toda una vida).
1931 *Dans une île perdue. / Les vacances du diable.*
1933 *Le mari garçon. / Coralie et Cie.*
1942 *Went the Day Well?*
1944 *Champagne Charlie.*
1945 *The Ventriloquist's Dummy* (El muñeco del ventrílocuo) episodio de *Dead of Night* (Al morir la noche).
1947 *Nicholas Nickleby. / They Made Me a Fugitive* (Me hicieron un fugitivo).
1948 *The First Gentlemen. / For Them That Trespass.*
1952 *Simão, o coalho.*
1953 *O canto do mar.*
1954 *Mulher de verdade.*
1955 *Herr Puntila und sein Knecht Matti.*
1958 *Les noces vénitiennes.*
1960 *The Monster of Highgate Ponds.*

CAVANI, Liliana *(Carpi, Italia, 1933)*

Licenciada en filología clásica y lingüística por la Universidad de Bolonia, en 1961 se diploma en dirección en el Centro Sperimentale di Cinematografia de Roma. Durante la primera mitad de los años sesenta realiza algunos programas para televisión de carácter histórico —*Storia del III Reich, Le donne della resistenza, L'età di Stalin, Processo a Vichy*—, que despiertan la atención del público y la crítica. Estos trabajos la conducen a las películas de ficción *Francesco d'Assisi* y *Galileo,* donde analiza a ambos personajes desde un punto de vista actual, también producidas por la televisión estatal, la RAI, pero exhibidas en cinematógrafos. Tiene menos atractivo la trilogía formada por *Los caníbales,* pretenciosa metáfora sobre la necesidad de una revolución contra el poder represivo del Estado; *L'ospite,* sobre la locura y la marginación femenina; y *Milarepa,* en torno a la influencia del misticismo oriental sobre la juventud, realizada bajo las ideas de la revuelta de mayo de 1968. Su gran éxito es *Portero de noche,* rodada en inglés y con un reparto internacional, sobre las relaciones sadomasoquistas desarrolladas en la posguerra entre una atractiva judía y su apuesto verdugo nazi, que vuelven a encontrarse casualmente. Su interés por los grandes temas la llevan a realizar *Más allá del bien y del mal,* en torno a las relaciones entre Lou Andreas-Salomé, Friedrich Nietzsche y Rainer Maria Rilke, y *La piel,* adaptación de la novela homónima de Curzio Malaparte sobre la liberación de Italia por los norteamericanos a finales de la II Guerra Mundial, que vuelve a rodar en inglés con reparto internacional. En una línea muy similar se sitúan las poco atractivas *Detrás de la puerta,* sobre un incesto entre padre e hija, y *Berlín interior,* una historia de lesbianismo entre la esposa de un prometedor diplomático y la hija del embajador japonés en el Berlín nazi. Vuelve a sus orígenes con *Francesco,* ahora rodada en inglés, con mucho más dinero y menos talento, y protagonizada por el norteamericano Mickey Rourke. Posteriormente rueda *¿Dónde estás? Yo estoy aquí,* una historia de amor entre dos jóvenes sordomudos que, entre otras cosas, trata de llamar la atención sobre este colectivo de marginados sociales.

1966 *Francesco d'Assisi.*
1968 *Galileo.*
1969 *I cannibali* (Los caníbales).

1971 *L'ospite*.
1974 *Milarepa*. / *Il portiere di notte* (Portero de noche).
1977 *Al di là del bene e del male* (Más allá del bien y del mal).
1981 *La pelle* (La piel).
1982 *Oltre la porta* (Detrás de la puerta).
1985 *Interno berlinese* (Berlín interior).
1989 *Francesco*.
1993 *Dove siete? Io sono qui?* (¿Dónde estás? Yo estoy aquí).

CAYO LARGO *(Key Largo, 1948)*

Acabada la II Guerra Mundial, el ex mayor Frank McCloud (Humphrey Bogart) llega a Florida para visitar al padre y a la viuda de un amigo muerto durante la campaña de Italia. Allí, el hotel que regenta James Temple (Lionel Barrymore) y su bella nuera, Nora Temple (Lauren Bacall), está invadido por el gángster Johnny Rocco (Edward G. Robinson) y sus hombres, que tratan de huir a Cuba. Tras un duro enfrentamiento en el hotel por la bella Nora Temple, y desbaratados sus planes de fuga por un huracán que azota la isla, Frank McCloud obliga a Johnny Rocco a llevarles en un pequeño yate, pero este consigue librarse de ellos gracias a una pistola que le da la despechada amante del gángster, Gaye (Claire Trevor). Basada en una obra teatral de Maxwell Anderson, los guionistas Richard Brooks y el propio John Huston respetan su fuerte sabor teatral y gracias a ello Huston consigue un *huis clos* construido con una gran perfección, que en su mayor parte se desarrolla en el interior del hotel, donde se enfrentan dos personalidades y dos formas muy distintas de vida. Se trata de la última de las cuatro películas protagonizadas en la segunda mitad de los años cuarenta por la excelente pareja integrada por el veterano Humphrey Bogart y la debutante Lauren Bacall; las otras tres son *Tener y no tener* (To Have and Have Not, 1945) y *El sueño eterno* (The Big Sleep, 1946), de Howard Hawks, y *La senda tenebrosa* (Dark Passage, 1947), de Delmer Daves.

Director: *John Huston*. Guionistas: *Richard Brooks, John Huston*. Fotografía: *Karl Freund*. Música: *Max Steiner*. Intérpretes: *Humphrey Bogart, Lauren Bacall, Edward G. Robinson, Claire Trevor, Lionel Barrymore, Thomas Gomez, Marc Lawrence*. Producción: *Jerry Wald para Warner*. Duración: *101'*. *Estados Unidos*.

CAZA, LA *(1965)*

En esta primera colaboración entre el realizador Carlos Saura y el productor Elías Querejeta ya aparecen el análisis de la sociedad española y el simbolismo que caracterizan la mayoría de las trece películas que ruedan juntos desde mediados de los años sesenta hasta comienzos de la década de los ochenta. Narra cómo un caluroso domingo de verano cuatro hombres, los cincuentones José (Ismael Merlo), Paco (Alfredo Mayo) y Luis (José María Prada) y el veinteañero Enrique (Emilio Gutiérrez Caba), llegan a un desolado coto de Toledo para cazar conejos, un lugar donde los tres primeros habían combatido durante la guerra española. A lo largo de la jornada van apareciendo sus frustraciones y al final explota la violencia entre ellos, mientras el más joven huye asustado. Rodada con habilidad, economía de medios y exceso de simbolismo, su perfecto acabado técnico, en el que colabora de manera decisiva la excelente fotografía de Luis Cuadrado, marca un punto y aparte dentro de la historia del cine español.

Director: *Carlos Saura*. Guionistas: *Angelino Fons, Carlos Saura*. Fotografía: *Luis Cuadrado*. Música: *Luis de Pablo*. Intérpretes: *Ismael Merlo, Alfredo Mayo, José María Prada, Emilio Gutiérrez Caba, Fernando Sánchez Polack*. Producción: *Elías Querejeta. P. C*. Duración: *91'*. *España*.

CAZADOR, EL *(The Deer Hunter, 1978)*

En la desigual filmografía sobre la guerra de Vietnam, esta producción ocupa una posición privilegiada por ser una de las primeras en abordarla y centrarse en las trágicas consecuencias que tiene sobre un grupo de amigos, obreros siderúrgicos, que trabajan en una de las grandes acerías de Clairton, Pensylvania. Tras una breve escena de batalla, los tres amigos son hechos prisioneros por las fuerzas del Vietcong y obligados a jugar a la ruleta rusa para divertir a sus carceleros. Cuando consiguen escapar, Nick (Christopher Walken) se convierte en un jugador profesional de ruleta rusa, Steven (John Savage) se rompe las piernas y solo Michael (Robert de Niro) logra regresar sano y salvo. Michael vuelve a Saigón para ver cómo Nick muere en sus brazos, y consigue convencer a Steven de que vaya con él, en su silla de ruedas, al entierro de su amigo. Durante sus tres horas de duración los personajes no hacen ningún juicio sobre la guerra de Vietnam, pero Michael Cimino deja muy claro cómo cambia y destroza las vidas de un grupo de amigos de un perdido pueblo norteamericano donde viven sobre todo emigrantes rusos.

Director: *Michael Cimino*. Guionista: *Deric Washburn*. Fotografía: *Vilmos Zsigmond*. Música: *Stanley Myers*. Intérpretes: *Robert de Niro, John Savage, Christopher Walken, John Cazale, Meryl Streep*. Producción: *Barry Spikings, Michael Deeley, Michael Cimino y John Peverall para Universal / EMI. Color. Scope. Duración: 182'. Estados Unidos.*

CAZADOR DE FORAJIDOS *(The Tin Star, 1957)*

En un perdido pueblo del Oeste norteamericano, el antiguo *sheriff* Morgan Hickman (Henry Fonda), convertido en cazador de recompensas, transmite su amplia experiencia al joven *sheriff* Ben Owens (Anthony Perkins) y le ayuda a capturar a los asesinos McGaffey (Lee van Cleff) y Kip (Michel Ray) y a defenderlos de la multitud, enardecida por el cabecilla Bart Bogardus (Neville Brand), que quiere lincharlos. A pesar de su excesivo maniqueísmo, es un excelente *western* de aprendizaje escrito por el gran guionista Dudley Nichols y dirigido por el famoso especialista Anthony Mann, donde funciona a la perfección la desigual pareja de actores formada por el veterano Henry Fonda y el joven introvertido Anthony Perkins. Destaca la estupenda fotografía en blanco y negro de Loyal Griggs que consigue tal profundidad de campo que, por ejemplo, en las escenas que se desarrollan en el interior de la oficina del *sheriff* puede jugar con lo que ocurre en el exterior.

Director: *Anthony Mann*. Guionista: *Dudley Nichols*. Fotografía: *Loyal Griggs*. Música: *Elmer Bernstein*. Intérpretes: *Henry Fonda, Anthony Perkins, Betsy Palmer, Michel Ray, Neville Brand, John McIntire, Lee van Cleef*. Producción: *Pelberg y George Seaton para Paramount. Duración: 93'. Estados Unidos.*

CAZADORES, LOS *(I Kynighi, 1977)*

La más brillante, dura, larga, lenta y difícilmente comprensible de las personales películas realizadas durante los años setenta por Theo Angelopoulos sobre el reciente pasado de su país. Narra cómo un grupo de burgueses griegos encuentra, durante una partida de caza en la nieve, el cadáver de un miembro de la Resistencia de los años de la guerra civil. Lo trasladan a una cercana sala de baile y desencadena en ellos una sucesión de recuerdos que, mezclados con la realidad, describen los conflictivos últimos años de la historia de Grecia, para al final, cuando ya no saben qué hacer con él, volver a depositarlo donde lo encontraron. Rodada a través de larguísimos, bellos e imaginativos planos, con muy poco diálogo, tal como es habitual en Angelopoulos, es una de sus mejores películas, pero hay que estar muy versado en historia contemporánea de Grecia para seguir bien la acción y sus múltiples significados. Destaca su peculiar lentitud, la habilidad de Angelopoulos para estirar el tiempo hasta más allá de lo imaginable, y su vertiente de comedia musical política, dada la sucesión de canciones y bailes que jalonan la acción.

Director y guionista: *Theo Angelopoulos*. Fotografía: *Georges Arvanitis*. Música: *Lukianos Kilaidonis*. Intérpretes: *Mary Chronopoulou, Georges Danis, Ilia Stamatiou, Vanghelis Kazan*. Producción: *Theo Angelopoulos. Color. Duración: 165'. Grecia.*

CAZALS, Felipe *(Guetaria, Guipúzcoa, España, 1937)*

A los pocos meses de nacer se traslada con su familia a Jalisco, México, donde se educa; luego estudia en el I. D. H. E. C., la escuela de cine de París, y trabaja como ayudante de dirección de John Frankenheimer. De regreso a México, rueda algunos cortometrajes, crea con Arturo Ripstein la productora Cine Independiente de México y hace con muy poco dinero los interesantes largometrajes experimentales *La manzana de la discordia* y *Familiaridades*. Entra en el cine comercial con tres superproducciones históricas, *Emiliano Zapata*, biografía del famoso político revolucionario protagonizada y producida por el cantante Antonio Aguilar; *El jardín de tía Isabel,* parábola sobre la conquista española dada a través de la aventura de un grupo de colonizadores que se pierde en tierras mexicanas, y *Aquellos años,* sobre las luchas del presidente Benito Juárez contra los conservadores a mediados del siglo XIX. Su cine sube de nivel con *Canoa,* en torno al linchamiento de unos jóvenes universitarios por unos pueblerinos alentados por un cura, al ser confundidos con subversivos comunistas; *Celda de castigo,* sobre la situación de los presos en la cárcel de Lecumberri, a partir del relato autobiográfico del escritor José Revueltas, y *Las Poquianchis,* crónica de un hecho real, el abuso de menores cometido por tres hermanas, ocurrido en los años treinta. Resultan desiguales *La Güera Rodríguez* y *El año de la peste,* adaptación de Gabriel García Márquez de *Diario del año de la peste,* de Daniel Defoe. La mala situación del cine mexicano a principios de la década de los ochenta le lleva a unas poco interesantes producciones, de las que sale con *Bajo la metralla, Los motivos de Luz,* historia de una mujer acusada de matar a sus cuatro hijos, y *Lo del César,* adaptación de *Calígula,* de Albert Camus, al moderno mundo de los negocios, para posteriormente volver a caer en películas sin atractivo.

1968 *La manzana de la discordia.*
1969 *Familiaridades.*
1970 *¡Muera Zapata... Viva Zapata!* (Emiliano Zapata).
1971 *El jardín de tía Isabel.*
1972 *Aquellos años.*
1973 *Los que viven donde sopla el viento.*
1975 *Canoa. / El Apando* (Celda de castigo).
1976 *Los Poquianchis.*
1977 *La Güera Rodríguez.*
1979 *El año de la peste.*
1980 *Rigo es amor. / El gran triunfo.*
1981 *Las siete Cucas.*
1982 *Bajo la metralla.*
1985 *Los motivos de Luz.*
1986 *El tres de copas.*
1987 *La furia de Dios* (Lo del César).
1990 *Burbujas de amor.*
1991 *Desvestidas y alborotadas.*
1992 *Padre Kino.*

CÉLINE Y JULIE VAN EN BARCO *(Céline et Julie vont en bateau, 1974)*

Narra las relaciones entre la bibliotecaria Julie (Dominique Labourier) y la prestidigitadora Céline (Juliet Berto) y cómo la segunda introduce a la primera una historia, entre la realidad y la fantasía, que se desarrolla en una gran mansión aislada donde viven el viudo Olivier (Barbet Schroeder), su hijo de ocho años Guilou (Philippe Clévenont) y Camille (Bulle Ogier) y Sophie (Marie-France Pisier). Escrita por el director argentino Eduardo de Gregorio y el propio realizador en colaboración con las cuatro protagonistas femeninas, esta mágica película de Jacques Rivette es una de las mejores muestras de cómo interviene la improvisación en sus métodos de trabajo. Este cálido homenaje a los mundos complementarios de Lewis Carroll y Jean Cocteau está muy cerca de la tradición de los cuentos infantiles, es una de las mejores películas de Rivette y una de las más arriesgadas producciones del también realizador Barbet Schroeder, que además encarna al único personaje masculino de esta narración eminentemente femenina.

Director: *Jacques Rivette.* Guionistas: *Eduardo de Gregorio, Jacques Rivette, Juliet Berto, Dominique Labourier, Bulle Ogier, Marie-France Pisier.* Fotografía: *Jacques Renard.* Música: *Jean-Marie Senia.* Intérpretes: *Juliet Berto, Dominique Labourier, Barbet Schroeder, Bulle Ogier, Marie-France Pisier, Philippe Clévenont.* Producción: *Barbet Schroeder para Les Films du Losange. Color.* Duración: *190'. Francia.*

CENIZAS DE AMOR *(H. M. Pulham Esq., 1941)*

El inesperado encuentro de Harry Pulham (Robert Young), un serio hombre de negocios de Boston, con Marvin Myles (Hedy Lamarr), su bello amor de juventud, le hace recordar su vida, reflexionar sobre ella y dudar de las tradiciones familiares que le obligaron a dejarla y casarse con Kay Pulham (Ruth Hussey). Escrita en colaboración con Elizabeth Hill, producida y dirigida por King Vidor, es una de sus mejores películas y está narrada con gran sabiduría a través de un *flashback.* Además, en su sólida estructura encierra una pesimista reflexión sobre la vida, desde el inicial «Soy feliz», que dice H. M. Pulham, hasta el final «¿Acaso no estaré muerto?», subrayado por un tradicional, y en este caso irónico, final feliz. Esta inteligente consideración sobre el tiempo perdido, llena de melancolía e ironía, es un fracaso en el momento de su estreno, aunque hace tiempo que se sitúa entre las obras maestras de Vidor.

Director: *King Vidor.* Guionistas: *Elizabeth Hill, King Vidor.* Fotografía: *Ray June.* Música: *Bronislau Kaper.* Intérpretes: *Robert Young, Hedy Lamarr, Ruth Hussey, Charles Coburn, Van Heflin, Fay Holden, Bonilla Granville.* Producción: *King Vidor para Metro-Goldwyn-Mayer.* Duración: *120'. Estados Unidos.*

CENIZAS Y DIAMANTES *(Popiol i diament, 1958)*

El 8 de mayo de 1945 el ejército alemán se rinde y comienza el final de la II Guerra Mundial. En Polonia la situación es especialmente confusa. En su territorio, invadido por el Ejército Rojo, se encuentran el Armia Krojowa, organización dependiente del gobierno exiliado en Londres, y el Armia Ludowa, controlada por los comunistas desde el propio país, los dos grandes grupos que han participado en la Resistencia contra los nazis. En medio de esta compleja situación el joven Maciek Chelmicki (Zbigniew Cybulski) intenta matar al líder comunista Szczuka (Waclaw Zastrzezynski) con la ayuda de dos compañeros, pero se equivocan de víctima. En el Hotel Monopol, de una pequeña ciudad donde conviven funcionarios comunistas, altos cargos militares rusos, restos de la aristocracia polaca, agentes del mercado negro y el personal del hotel, se prepara un banquete para celebrar la rendición de los alemanes. Durante esa larga noche Maciek Chelmicki vive una fugaz historia de amor con la camarera Krystyna (Ewa Krysewska), y se descubre que Szczuka, ex combatiente de la guerra de España, tiene un hijo que lucha en el grupo contrario. Bajo los fuegos artificiales, Maciek Chelmicki mata a tiros a Szczuka, pero a la mañana siguiente, y sin poder despedirse de Krystyna, acaba muriendo fortuitamente en un simbólico basurero por las balas de los soldados rusos. Tras *Generación* (Pokolenie, 1954) y *Canal* (Kanal, 1957), Andrzej Wajda completa la trilogía sobre el reciente pasado de su país, con que se da a conocer internacionalmente, con esta barroca adaptación de la novela homónima de Jerzy Andrzejewski. Con gran habilidad crea el clima perfecto para narrar cómo el cansancio, la desilusión y la lucha por la supervivencia aparecen tanto en una juventud desorientada y desmoralizada, como en unos adultos exhaustos y desconcertados, representados por dos personajes clave que se enfrentan sobre las cenizas de un terrible mundo acabado y con la mirada puesta en el futuro.

Director: *Andrzej Wajda*. Guionistas: *Jerzy Andrzejewski, Andrzej Wajda*. Fotografía: *Jerzy Wojcik*. Música: *Jan Krenz*. Intérpretes: *Zbigniew Cybulski, Ewa Krysewska, Adam Pawlikowski, Waclaw Zastrzezynski, Bogumil Kobiela*. Producción: *Grupo KADR*. Duración: *104'. Polonia*.

CENTAUROS DEL DESIERTO *(The Searchers, 1956)*

Entre una puerta que se abre al principio de la película y otra que se cierra al final transcurren los diez años que el tío Ethan Edwards (John Wayne), el tradicional héroe solitario que no se sabe ni de dónde viene ni adónde va, con la ayuda del mestizo Martin Pawley (Jeffrey Hunter), un personaje mucho más definido y más convencional, tardan en descubrir que lo único que queda de la familia de su hermano, atacada por los indios en Texas en 1868, es su sobrina Debbie (Natalie Wood), que se ha convertido en una comanche. Gracias a sus colaboradores habituales de la época, el productor Merian C. Cooper, el guionista Frank S. Nugent, el director de fotografía Winton C. Hoch, que logra unas impresionantes imágenes en Technicolor y VistaVision, y el actor John Wayne, que hace uno de sus mejores papeles al dar vida al atormentado, obsesivo y vengativo sudista Ethan Edwards, el maestro John Ford hace uno de sus mejores *westerns* y da una gran lección de sabiduría narrativa, donde trata de demostrar que no existe la menor posibilidad de entendimiento entre blancos e indios.

Director: *John Ford*. Guionista: *Frank S. Nugent*. Fotografía: *Winton C. Hoch*. Música: *Max Steiner*. Intérpretes: *John Wayne, Jeffrey Hunter, Natalie Wood, Vera Miles, Ward Bond, John Qualen*. Producción: *Merian C. Cooper para C. V. Whitney / Warner. Color*. Duración: *119'. Estados Unidos*.

CEREMONIA, LA *(La cérémonie, 1995)*

Tomando como punto de partida una de las primeras novelas de la especialista británica Ruth Rendell, el prolífico e irregular realizador francés Claude Chabrol hace un policiaco político, basado en la lucha de clases, que se sitúa entre los mejores trabajos de la última etapa de su carrera. Con un subrayado tono de tragedia, pero sin abandonar en ningún momento su particular humor, narra cómo la criada Sophie (Sandrine Bonnaire) y la empleada de correos Jeanne (Isabelle Huppert) matan a la burguesa familia Lelièvre mientras ven por televisión una representación de *Don Giovanni*, de W. A. Mozart, en su mansión de Bretaña, cercana a Saint-Malo. Destacan su sólida estructura dramática y el interés de Chabrol por la cocina, que le lleva a que sus personajes no paren de comer y cocinar durante la primera parte, así como el trabajo interpretativo de la pareja formada por Sandrine Bonnaire e Isabelle Huppert, que les hace ganar un premio en el Festival de Venecia.

Director: *Claude Chabrol*. Guionistas: *Claude Chabrol, Carolina Eliacheff*. Fotografía: *Bernard Zitzermann*. Música: *Mathieu Chabrol*. Intérpretes: *Isabelle Huppert, Sandrine Bonnaire, Jacqueline Bisset, Jean-Pierre Cassel, Virginie Ledoyen, Valentin Merlet* Producción: *Marin Karmitz para MK2 Productions, France 3 Cinéma (París), Prokino Filmoproduktion Gmbh (Berlín), Olga Film (Berlín)*. Color. Duración: *105'. Francia-Alemania*.

CHABROL, Claude *(París, Francia, 1930)*

Crítico de cine en la mejor etapa de la famosa revista especializada *Cahiers du Cinéma*, publica una obra clave sobre Alfred Hitchcock en colaboración con Éric Rohmer, y, gracias a una herencia, se convierte en productor de sus primeras películas y de algunas de sus amigos y compañeros de redacción. Debuta como director con *El bello Sergio*, rodada con poco dinero en una pequeña ciudad de la Creuse, y *Los primos*, obras con una fuerte carga autobiográfica y un claro moralismo, que inician el movimiento denominado *nouvelle vague*. Tras el policiaco *Una doble vida*, adaptación de una novela del especialista Stanley Ellin con la que comienza su colaboración con el guionista Paul Gégauff, hace algunas comedias de costumbres sobre los jóvenes de la alta burguesía parisiense, *Les bonnes femmes*, *Les godelureaux* y *L'oeil du malin*, además de *Ofelia*, personal adaptación de William Shakespeare, y *Landrú*, sobre la vida del famoso asesino de mujeres, que cierran la primera etapa de su carrera. El fracaso de público de algunas de estas producciones le lleva a una segunda etapa, descaradamente comercial, en la que dirige irregulares producciones al estilo de las del recién nacido agente especial James Bond, pero gracias a su peculiar humor logra algunas interesantes como *El Tigre se perfuma con dinamita* y *María Chantal contra el doctor Kha*. Desde finales de los años sesenta hasta mediados de los setenta su colaboración con el productor André Génovès y el guionista Paul Gégauff da lugar a la tercera, más coherente y mejor etapa de su obra, integrada por los personales policiacos: *Las ciervas, La mujer infiel, Accidente sin huella, El carnicero, Al anochecer, Relaciones sangrientas* e *Inocentes con manos sucias;* adaptaciones de conocidas novelas o de guiones originales, que son efectivos retratos del esplendor y miseria de la burguesía francesa. Posteriormente el equipo se dispersa, aumenta aún más su ritmo de trabajo al hacer no solo películas, sino también series para televisión, y durante los últimos veinte años se desarrolla el último período de su obra, el más irregular y el que, sin embargo, encierra obras más maduras. Después de la insólita *Alicia o la última fuga*, se sitúan los personajes policiacos *Los fantasmas del sombrerero*, adaptación de un relato de Georges Simenon, *Pollo al vinagre*, basado en un guión original donde la comida tiene más importancia de la habitual en su cine, y *Le cri du hibou*, sobre la novela homónima de Patricia Highsmith; y los desgarradores retratos femeninos, protagonizados por Isabelle Hupert, *Prostituta de día, señorita de noche, Un asunto de mujeres* y, en menor medida, *Madame Bovary*, brillante adaptación del clásico de Gustave Flaubert. Además de *El infierno*, excelente descripción de un celoso, sobre un guión de Henri-Georges Clouzot que su autor comienza a rodar en 1964 con Romy Schneider, la deja inacabada por enfermedad y finalmente él la termina su discípulo treinta años después con Emmanuelle Béart; y *La ceremonia*, basada en una novela de la especialista británica Ruth Rendell, donde mezcla con habilidad temas tan dispares como la comida y el crimen dentro de un personal policiaco político.

1958 *Le beau Serge* (El bello Sergio). / *Les cousins* (Los primos).
1959 *À double tour* (Una doble vida).
1960 *Les bonnes femmes*. / *Les godelureaux*.
1961 *L'avarice*, episodio de *Les sept péchés capitaux*. / *L'oeil du malin*.
1962 *Ophélia* (Ofelia). / *Landru*.
1963 *L'homme qui vendit la Tour Eiffel* (El hombre que vendió la torre Eiffel), episodio de *Les plus belles escroqueries du monde* (Las más famosas estafas del mundo).
1964 *Le Tigre aime la chair fraîche* (El Tigre).
1965 *Le Tigre se parfume à la dynamite* (El Tigre se perfuma con dinamita). / *Marie-Chantal contre le docteur Kha* (María Chantal contra el doctor Kha). / *La muette* (La muda), episodio de *Paris vu par...* (París visto por...).
1966 *La ligne de démarcation*.
1967 *Le scandale* (Campaña para un asesino). / *La route de Corinthe* (La ruta de Corinto).
1968 *Les biches* (Las ciervas). / *La femme infidèle* (La mujer infiel).
1969 *Que la bête meure* (Accidente sin huella). / *Le boucher* (El carnicero).

1970 *La rupture* (La ruptura).
1971 *Juste avant la nuit* (Al anochecer). / *La décade prodigieuse* (La década prodigiosa).
1972 *Docteur Popaul* (Doctor Casanova).
1973 *Nada*. / *Les noces rouges* (Relaciones sangrientas).
1974 *Una partie de plaisir* (Una fiesta de placer).
1975 *Les innocents aux mains sales* (Inocentes con manos sucias). / *Les magiciens*.
1976 *Folies bourgeoises* (Locuras de un matrimonio burgués).
1977 *Alice ou la dernière fugue* (Alicia o la última fuga). / *Les liens de sang* (Laberinto mortal).
1978 *Violette Nozière* (Prostituta de día, señorita de noche).
1980 *Le cheval d'orgueil* (El caballo del orgullo).
1982 *Les fantômes du chapelier* (Los fantasmas del sombrerero).
1983 *Le sang des autres*.
1984 *Poulet au vinaigre* (Pollo al vinagre).
1986 *Inspecteur Lavardin*.
1987 *Masques*. / *Le cri du hibou* (El grito de la lechuza).
1988 *Une affaire de femmes* (Un asunto de mujeres).
1990 *Quiet Days in Clichy* (Días tranquilos en Clichy). / *Docteur M* (Doctor M).
1991 *Madame Bovary*.
1992 *Betty*.
1994 *L'enfer* (El infierno).
1995 *La cérémonie* (La ceremonia).

CHAMPAGNE CHARLIE *(1944)*

Los británicos estudios Ealing son especialmente conocidos por las comedias que realizan en los años posteriores a la II Guerra Mundial, pero también producen otros muchos tipos de películas, como este curioso musical, dirigido por el cosmopolita Alberto Cavalcanti. A través del enfrentamiento musical entre un nuevo cantante, George Leybourne (Tommy Trinder), que actúa en el Mogador y populariza la canción *Champagne Charlie*, y el veterano Great Vance (Stanley Holloway), que trabaja en el Gatti's, se muestra el momento más brillante del *music-hall* inglés en la época victoriana. También tiene importancia el personaje de la cantante Bessie Bellwood (Betty Warren), tanto por servir de árbitro entre los contendientes, como por introducir los amores entre su hija Dolly (Jean Kent) y Lord Petersfield (Peter de Greff) y recordar su propia juventud. Rodada con gran habilidad por Cavalcanti, que demuestra ser un maestro del género musical, lo mejor es la parte central, donde ambos cantantes compiten con diferentes canciones sobre el alcohol.

Director: *Alberto Cavalcanti*. Guionistas: *Austin Melford, Angus Macphail, John Dighton*. Fotografía: *Wilkie Cooper*. Música: *Ernest Irving*. Intérpretes: *Tommy Trinder, Stanley Holloway, Betty Warren, Austin Trevor, Jean Kent, Peter de Greff, Guy Middleton*. Producción: *John Croydon para Ealing Studios*. Duración: *107'. Reino Unido*.

CHAPLIN, Charlie *(Charles Spencer Chaplin. Londres, Reino Unido, 1889-Vevey, Suiza, 1977)*

Hijo de actores judíos de *music-hall*, a los seis años aparece por primera vez en un escenario. Conoce la miseria tras la muerte de su padre y por el alcoholismo de su madre. Gracias a su hermano, Sidney Chaplin, entra en la compañía de Fred Karno, hace una primera gira por Estados Unidos y regresa en 1912 convertido en un prestigioso actor de *varietés;* conoce al productor y director Mack Sennett, rueda para él *Charlot periodista* (Making a Living, 1914), de Henry Lehrman, y firman un primer contrato. Durante su primer año en Hollywood rueda treinta y cinco cortometrajes de diez o veinte minutos de duración, la mayoría escritos y dirigidos por él mismo, además de protagonizados, donde crea a su famoso personaje. Charles, Charlot o Carlitos, según los diferentes nombres que recibe en los distintos países, es un ingenuo vagabundo, con modales de caballero, que sobrevive gracias a su picaresca, pero que se ve envuelto en constantes conflictos por su afición a las mujeres. En ocho años realiza setenta cortos, cada vez en mejores condiciones económicas y con un mayor control sobre su trabajo, entre los que destacan *Carmen* (1916), *Vida de perros* (A Dog's Life, 1918), *¡Armas al hombro!* (Shoulder Arms!, 1918), *Un día de juerga* (A Day's Pleasure, 1919), *Día de paga* (Pay Day, 1922) y *El peregrino* (The Pilgrim, 1922). El lado trágico del humor judío, unido al sentimentalismo de la mayoría de sus historias, sitúan a su personaje en una posición entre la comedia y la tragedia, entre las risas y las lágrimas, que apoya su éxito mundial. Alentado por el triunfo de *El chico*, su primer largometraje, en 1923 funda con la actriz Mary Pickford, el actor Douglas Fairbanks y el director David W. Griffith, la productora United Artists, para la que realiza sus restantes películas norteamericanas. La nueva etapa de su carrera comienza con

Una mujer de París, un melodrama que esconde un ataque a la sociedad norteamericana, pero es un fracaso comercial por no ser la divertida comedia protagonizada por él que el público espera, aunque le sitúa entre los grandes directores por su original plasmación de ideas visuales. Este fracaso le hace resucitar a su personal vagabundo en *La quimera del oro*, *El circo* y *Luces de la ciudad*, trilogía de comedias en la que cada una tiene más éxito que la anterior, le convierte en uno de los grandes del cine y sus obras comienzan a ocultar un mensaje cada vez más pretencioso. A pesar del desarrollo alcanzado por el sonoro, sigue siendo muda *Tiempos modernos*, divertida sátira de los problemas planteados por la mecanización, pero tiene música y ruidos e incluso su habitual vagabundo canta una cancioncilla con una letra formada por palabras de diferentes idiomas. Todavía es más ambiciosa *El gran dictador*, sátira sobre el fascismo, Hitler y Mussolini, que al principio de la II Guerra Mundial, cuando Estados Unidos todavía no ha entrado en la contienda, tiene un significado muy diferente con su mensaje final de paz en boca de su vagabundo, que habla por primera y única vez, que se perdió hace mucho tiempo. A partir de una idea de Orson Welles rueda *Monsieur Verdoux*, una gran farsa sobre la vida del asesino de mujeres, Landrú, que pretende demostrar que si la diplomacia conduce a la guerra y los negocios al crimen, por la misma razón que se admite aquella, debe aceptarse este. Plantear una tesis pacifista en plena posguerra y equiparar los muertos en la guerra con las víctimas de un criminal, la convierte en un escándalo y un desastre económico del que le salva el reestreno de *Luces de la ciudad*. Cansado de los problemas planteados por sus tres últimas películas, escribe, produce y dirige *Candilejas*, su último éxito, la más melodramática de sus obras, donde encarna a un viejo cómico enamorado de una bailarina a la que salva del suicidio. Mientras viaja a Europa con su familia para su estreno, es llamado a declarar por el Comité de Actividades Antinorteamericanas y, como otros muchos directores en su misma situación, decide instalarse en Europa, concretamente en Suiza. Realiza en Londres *Un rey en Nueva York*, un fallido ajuste de cuentas con la sociedad norteamericana, y *La condesa de Hong Kong*, una envejecida comedia, sobre un guión escrito muchos años antes, donde sólo hace una pequeña aparición.

1921 *The Kid* (El chico).
1923 *A Woman of Paris* (Una mujer de París).
1925 *The Gold Rush* (La quimera del oro).
1927 *The Circus* (El circo).
1930 *City Lights* (Luces de la ciudad).
1936 *Modern Times* (Tiempos modernos).
1940 *The Great Dictator* (El gran dictador).
1947 *Monsieur Verdoux*.
1952 *Limelight* (Candilejas).
1956 *A King in New York* (Un rey en Nueva York).
1967 *The Countess From Hong Kong* (La condesa de Hong Kong).

CHAPLIN, Geraldine *(Santa Mónica, California, Estados Unidos, 1944)*

Nieta del gran dramaturgo Eugene O'Neill e hija del famoso actor, productor y realizador Charles Chaplin, se educa en el Reino Unido y Suiza. Estudia ballet y debuta como bailarina en 1963 con la compañía de los Champs-Elysées. Entre breves apariciones en *Candilejas* y *La condesa de Hong Kong*, de Charles Chaplin, viene a España para debutar como actriz de cine en la producción francesa *Secuestro bajo el sol*, de Jacques Deray, y en la británica *Doctor Zhivago*, de David Lean, y se queda a vivir y trabajar durante quince años. Desarrolla una amplia colaboración con Carlos Saura en *Peppermint frappé, Stress es tres, tres, La madriguera*, en cuyo guión también colabora, *Ana y los lobos, Cría cuervos..., Elisa, vida mía, Los ojos vendados* y *Mamá cumple cien años*. Mientras rueda en Estados Unidos *Los indomables*, de Tom Gries; *Nashville* y *Buffalo Bill*, de Robert Altman; *Bienvenido a Los Ángeles* y *Recuerda mi nombre*, de Alan Rudolph, y *Roseland*, de James Ivory; y, sobre todo, en Francia, *Noroit* y *L'amour par terre*, de Jacques Rivette; *Le voyage en douce*, de Michel Deville; *Los unos y los otros*, de Claude Lelouch, y *La vie est un roman*, de Alain Resnais.

1952 *Limelight* (Candilejas), de Charles Chaplin.
1964 *Par un beau matin d'été* (Secuestro bajo el sol), de Jacques Deray.
1965 *Andremo in città* (Iremos a la ciudad), de Nello Risi. / *Doctor Zhivago*, de David Lean.
1966 *Stranger in the House*, de P. Rouve. / *J'ai tué Raspoutine* (Tormenta en San Petersburgo), de Robert Hossein.

CHARISSE, Cyd (*Tula Ellice Finklea. Amarillo, Texas, Estados Unidos, 1922*)

Estudia ballet desde niña y a los doce años ingresa en la Hollywood Professional School para dar clases de baile con Nico Charisse, que con el tiempo se convierte en su primer marido. Debuta como bailarina en el Basil's Ballet Russe con el seudónimo de Felia Sidarova, que posteriormente cambia por el de Maria Stomano al entrar a formar parte de una compañía latinoamericana. En cine debuta a principios de los años cuarenta bajo el nombre de Lily Norwood en un número musical de *Something to Shout About*. Contratada por el productor especializado Arthur Freed de los estudios Metro-Goldwyn-Mayer, vuelve a cambiar su nombre y durante catorce años, desde 1945 hasta 1958, actúa en los mejores musicales, como bailarina en los grandes números de *Cantando bajo la lluvia* y *Melodías de Broadway 1955*, y como protagonista de *Brigadoon* y *La bella de Moscú*, también en los de mediano presupuesto como *En una isla contigo*, *Word and Music*, *Easy to Love* y *Viva Las Vegas*. Al mismo tiempo hace algunos papeles dramáticos en *Mundos opuestos*, *Norte salvaje*, *El crepúsculo de los audaces*, *Chicago, año 30* y *Dos semanas en otra ciudad*. Finalizado su contrato con Metro-Goldwyn-Mayer, acabada la etapa de los musicales, la carrera de la mejor bailarina de la historia del cine se hunde en malas producciones europeas.

1943 *Something to Shout About*, de Gregory Ratoff. / *Mission to Moscow* (Misión en Moscú), de Michael Curtiz.
1945 *The Harvey Girls*, de George Sidney.
1946 *Ziegfeld Follies*, de Vincente Minnelli. / *Till the Clouds Roll By*, de Richard Whorf. / *Three Wise Fools*, de Edward Buzzell.
1947 *Fiesta* (Fiesta brava), de Richard Thorpe. / *The Unfinished Dance*, de Henry Koster.
1948 *On an Island With You* (En una isla contigo), de Richard Thorpe. / *The Kissing Bandit*, de Laszlo Benedek. / *Words and Music*, de Norman Taurog.
1950 *Tension*, de John Berry. / *East Side, West Side* (Mundos opuestos), de Mervyn LeRoy.
1951 *Mark of the Renegade* (El signo del renegado), de Hugo Fregonese.
1952 *The Wild North* (Norte salvaje), de Andrew Marton. / *Singin' in the Rain* (Cantando bajo la lluvia), de Stanley Donen y Gene Kelly.
1953 *Sombrero*, de Norman Foster. / *The Band Wagon* (Melodías de Broadway 1955), de Vincente Minnelli. / *Easy to Love*, de Charles Walters.
1967 *Peppermint frappé*, de Carlos Saura. / *A Countess From Hong Kong* (La condesa de Hong Kong), de Charlie Chaplin.
1968 *Stress es tres, tres*, de Carlos Saura.
1969 *La madriguera*, de Carlos Saura.
1970 *The Master of the Islands* (Los indomables), de Tom Gries. / *El jardín de las delicias*, de Carlos Saura. / *Sur un arbre perché* (Caídos sobre un árbol), de Serge Korber.
1971 *Zero Population Growth* (Edicto del siglo XXI: prohibido tener hijos), de M. Campus. / *Don Carlos*, de Hans W. Geissendörfer.
1972 *La casa sin fronteras*, de Pedro Olea. / *Innocent Bystanders* (De Oriente a Occidente para matar), de Peter Collinson. / *Ana y los lobos*, de Carlos Saura.
1973 *The Three Musketeers* (Los tres mosqueteros), de Richard Lester. / *Le mariage à la mode*, de Michel Mardore. / *Verflucht dies Amerika* (La banda de Jaider), de Volker Vogeler.
1974 *The Four Musketeers* (Los cuatro mosqueteros), de Richard Lester. / *Sommer Flugene*, de Charles Boger. / *¿Y el prójimo?*, de Ángel del Pozo.
1975 *Nashville*, de Robert Altman. / *Brief Letter, Long Farewell*, de Herbert Vasely. / *Cría cuervos...*, de Carlos Saura.
1976 *Buffalo Bill and the Indians* (Buffalo Bill), de Robert Altman. / *Welcome to L. A.* (Bienvenido a Los Ángeles), de Alan Rudolph. / *Scrim*, de J. Bijl.
1977 *Une page d'amour*, de Rabinowicz. / *Elisa, vida mía*, de Carlos Saura. / *In memoriam*, de Enrique Brasó. / *Noroit*, de Jacques Rivette. / *Roseland*, de James Ivory.
1978 *A Wedding* (Un día de boda), de Robert Altman. / *Los ojos vendados*, de Carlos Saura. / *L'adoption*, de M. Grunebaum.
1979 *Remember My Name* (Recuerda mi nombre), de Alan Rudolph. / *Mais où est donc Ornicar*, de Bertrand van Effenterre. / *Le voyage en douce*, de Michel Deville. / *Mamá cumple cien años*, de Carlos Saura. / *La viuda Montiel*, de Miguel Littín.
1980 *Les uns et les autres* (Los unos y los otros), de Claude Lelouch.
1981 *The Mirror Crack'd* (El espejo roto), de Guy Hamilton.
1983 *La vie est un roman*, de Alain Resnais. / *Casting*, de Roland Joffé.
1984 *L'amour par terre*, de Jacques Rivette.
1988 *White Mischief* (Pasiones en Kenya), de Michael Radford. / *The Return of the Musketeers* (El regreso de los mosqueteros), de Richard Lester.
1989 *I Want to Go Home* (Quiero volver a casa), de Alain Resnais.
1990 *The Children*, de Tony Palmer.
1995 *Home for Holidays* (A casa por vacaciones), de Jodie Foster.

1954 *Brigadoon,* de Vincente Minnelli. / *Deep in My Heart,* de Stanley Donen.
1955 *It's Always Fair Weather* (Siempre hace buen tiempo), de Stanley Donen y Gene Kelly.
1956 *Meet Me in Las Vegas* (Viva Las Vegas), de Roy Rowland.
1957 *Silk Stockings* (La bella de Moscú), de Rouben Mamoulian.
1958 *Twilight for the Gods* (El crepúsculo de los audaces), de Joseph Pevney. / *Party Girl* (Chicago, año 30), de Nicholas Ray.
1960 *Black Tights* (Los ballets de París), de Terence Young.
1961 *Five Golden Hours* (Cinco horas doradas), de Mario Zampi.
1962 *Two Weeks in Another Town* (Dos semanas en otra ciudad), de Vincente Minnelli.
1963 *Assassinio Made in Italy* (El secreto de Bill North), de Silvio Amadio.
1966 *The Silencers,* de Phil Karlson. / *Maroc 7* (Marruecos 7), de Gerry O'Hara.
1975 *Won Ton Ton, the Dog Who Saved Hollywood,* de Michael Winner.
1978 *Warlords of Atlantis* (Los conquistadores de Atlantis), de Kevin Connor.

CHARULATA *(1964)*

Hacia 1880, en Calcuta, Bhupati Dutt (Sailen Mukherjee), editor e impresor de un diario político, está convencido de que su mujer Charulata (Madhabi Mukherjee) puede llegar a ser una buena escritora y encarga a su joven primo Amal (Soumitra Chatterjee) que le dé clases. Mientras estudian, y se enamoran, el contable del diario, otro miembro de su familia, huye con el dinero que hay en la caja. Escrita y dirigida por Satyajit Ray, incluso con música suya, esta adaptación de una novela de Rabindranath Tagore le permite hacer un delicado retrato femenino, al tiempo que una demostración de su habilidad para dirigir actores, muy concretamente a Madhabi Mukherjee.

Director y guionista: *Satyajit Ray.* Fotografía: *Subrata Mitra.* Música: *Satyajit Ray.* Intérpretes: *Madhabi Mukherjee, Sailen Mukherjee, Soumitra Chatterjee, Syamal Ghosal, Gitali Roy, Bholanath Koyal.* Producción: *R. D. Bansal para R. D. B. Productions.* Duración: *117'. India.*

CHÁVARRI, Jaime *(Madrid, España, 1943)*

Licenciado en derecho, ingresa en la Escuela Oficial de Cinematografía y al mismo tiempo desarrolla un amplio e interesante trabajo en el terreno del super-8. Colabora como ambientador o ayudante de dirección en varias producciones, y realiza algunos cortometrajes y programas de televisión. Su primer largo comercial es *Los viajes escolares,* una ambiciosa y compleja narración, con una clara carga autobiográfica, que solo tiene continuidad en *El río de oro,* pero no tienen éxito. Entre medias desarrolla una interesante etapa de colaboración con el productor Elías Querejeta, sobre guiones originales escritos entre ambos, formada por el insólito documento *El desencanto*; el fascinante ensayo sobre la soledad *A un dios desconocido,* y la desconcertante *Dedicatoria.* Más tarde hace para el productor Alfredo Matas adaptaciones de obras que escribe con Salvador Maldonado: *Bearn o la sala de las muñecas,* basada en la novela sobre la aristocracia mallorquina de Lorenç Villalonga; *Las bicicletas son para el verano,* adaptación de la obra teatral homónima de Fernando Fernán-Gómez sobre la vida cotidiana en el Madrid de la guerra española, y *Tierno verano de lujurias y azoteas,* basada en una novela de Pablo Solozábal. Dentro de la misma línea de encargos rueda el musical *Las cosas del querer* para el productor Luis Sanz, cuyo éxito le lleva a *Las cosas del querer II.*

1971 *La danza,* episodio de *Pastel de sangre.*
1973 *Los viajes escolares.*
1976 *El desencanto.*
1977 *A un dios desconocido.*
1979 *La mujer sorda,* episodio de *Cuentos para una escapada.* / *Pequeño planeta,* episodio de *Cuentos eróticos.*
1980 *Dedicatoria.*
1982 *Bearn o la sala de las muñecas.*
1983 *Las bicicletas son para el verano.*
1985 *El río de oro.*
1989 *Las cosas del querer.*
1993 *Tierno verano de lujurias y azoteas.*
1995 *Las cosas del querer II.* / *Gran slalon.*

CHICA DE LA FÁBRICA DE CERILLAS, LA *(Tulitikkutehtaan tyttö, 1990)*

A finales de los años ochenta, el personal realizador finlandés Aki Kaurismäki hace una interesante trilogía de películas con un marcado tono social, integrada por *Sombras en el paraíso* (Varjoja paratiilissa, 1986), *Ariel* (1988) y esta producción, que se sitúan entre sus mejores trabajos. Tomando como lejano punto de partida el tradicional cuento infantil de Hans Christian Andersen y con una dureza y austeridad narrativa que se salen de lo normal, describe la triste realidad cotidiana de una chica (Kati Outinen) que trabaja en una fábrica de cerillas para mantener a su madre y a su padrastro. Se acuesta con un hombre rico (Vesa Vierikko) que la deja embarazada, le da dinero para abortar y no quiere volver a saber nada de ella. La chica no duda en comprar matarratas y, en una espiral de locura, envenenarle a él, a su madre, a su padrastro, e incluso a un muchacho que se acerca a hablar con ella en un bar. Rodada sin apenas diálogos, en largos planos fijos y con un ocasional *travelling* de acercamiento a la cara de la muchacha, es una de las mejores películas del personal Kaurismäki.

Director y guionista: *Aki Kaurismäki*. Fotografía: *Timo Salminen*. Intérpretes: *Kati Outinen, Esko Nikkari, Vesa Vierikko, Elina Salo, Silu Seppälä*. Producción: *Aki Kaurismäki y Katinka Farago para Villealfa Filmproductions Oy, The Swedish Film Institute, The Finnish Film Foundation. Color.* Duración: *69'. Finlandia-Suecia.*

CHICA DE QUINCE AÑOS, LA *(La fille de quinze ans, 1988)*

Tras un breve prólogo en París, donde se definen los personajes y sus relaciones, Willy (Jacques Doillon) se va de vacaciones a una bella casa aislada en el campo, en la isla de Formentera, con su hijo de catorce años Thomas (Melvin Poupaud) y su amiga de quince Juliette (Judith Godrèche). En parte como juego y en parte por coquetería, Juliette pasa de una tenue relación sentimental con Willy, que dice estar más enamorado de su edad que de ella, a hacer el amor con él ante la desesperación de Thomas. Dividida en cinco jornadas, separadas por una cita extraída del diálogo, y realizada con una gran economía de medios, Doillon demuestra una vez más su gran habilidad como director y actor para describir con minuciosidad las más sutiles relaciones.

Director: *Jacques Doillon*. Guionistas: *Jacques Doillon, Jean-François Goyet, Arlette Langman*. Fotografía: *Caroline Champetier*. Música: *Robert Schumann*. Intérpretes: *Judith Godrèche, Jacques Doillon, Melvin Poupaud*. Producción: *Yannick Bernard. Color.* Duración: *88'. Francia.*

CHICAGO *(In Old Chicago, 1938)*

El éxito de *San Francisco* (1936), dirigida por W. S. van Dyke para Metro-Goldwyn-Mayer, cuyo plato fuerte es el famoso terremoto que destruye la ciudad, hace que en la segunda mitad de los años treinta se pongan de moda las películas de catástrofes como *Huracán sobre la isla* (The Hurricane, 1937), de John Ford, y *Vinieron las lluvias* (The Rains Came, 1939), de Clarence Brown, pero la mejor de todas es esta. Narra el enfrentamiento entre los hermanos Dion O'Leary (Tyrone Power) y Jack O'Leary (Don Ameche) por la cantante Belle Fawcett (Alice Faye), que trabaja en el casino del político Gil Warren (Brian Donlevy) en el alegre Chicago de 1867, donde el conflicto dramático se soluciona a raíz del gran incendio que destruye la ciudad. El hábil artesano Henry King saca muy buen partido de los dos millones de dólares de la época que tiene de presupuesto y de los efectos especiales creados por el más tarde también realizador Bruce H. Humberstone, hace una de sus más sólidas películas y uno de los grandes éxitos de 20th Century Fox de finales de la década de los treinta.

Director: *Henry King*. Guionistas: *Lamar Trotti, Sonya Levien*. Fotografía: *Perevell Marley*. Música: *Louis Silvers*. Intérpretes: *Tyrone Power, Don Ameche, Alice Faye, Brian Donlevy, Andy Devine, Phyllis Brooks, Tom Brown*. Producción: *Kenneth MacGowan para 20th Century Fox.* Duración: *115'. Estados Unidos.*

CHICAGO, AÑO 30 *(Party Girl, 1958)*

En Chicago, durante los años treinta, Thomas Farrell (Robert Taylor), abogado de la Mafia, se enamora de la bailarina de cabaret Vicky Gaye (Cyd Charisse) y decide operarse su pierna defectuosa y dejar de trabajar para el gángster Rico Angelo (Lee J. Cobb), pero este le amenaza con echar vitriolo sobre el bello rostro de su amada. Perfecta mezcla de historia de gángsters con melodrama y musical, es una de las pocas películas dirigidas por Nicholas Ray que no está manipulada por sus productores y uno de los más característicos ejemplos de su tradicional narrativa: la pareja que busca un lugar para vivir en paz en lucha contra la hostilidad del mundo que le rodea. Basada en un buen guión de George Wells con un exceso de diálogos, como es habitual en Ray muestra una estupenda utilización del formato CinemaScope y ofrece un par de buenos números musicales donde Cyd Charisse exhibe una vez más sus habilidades como bailarina.

Director: *Nicholas Ray.* Guionista: *George Wells.* Fotografía: *Robert Bronner.* Música: *Jeff Alexander.* Intérpretes: *Robert Taylor, Cyd Charisse, Lee J. Cobb, John Ireland, Kent Smith, Claire Kelly, Corey Allen.* Producción: *Joe Pasternak para Metro-Goldwyn Mayer. Color. Scope.* Duración: *98'. Estados Unidos.*

CHICOS, LOS *(1959)*

Segunda parte de la trilogía rodada por el italiano Marco Ferreri en España, durante muchos años se la considera como la menos interesante, quizá por no tener el humor negro que caracteriza a las otras, ni estar escrita por Rafael Azcona. Sin embargo, con el tiempo se ha convertido en un interesante documento sobre la época con la misma o mayor fuerza que *El pisito* (1958) o *El cochecito* (1960). Narra la vida cotidiana de cuatro amigos del barrio, en torno a un quiosco de periódicos de la madrileña avenida de Felipe II. Carlos (Alberto Jiménez) estudia, está obsesionado por la *vedette* que vive en el piso de arriba y tiene una hermana que quiere invitar a sus amigas a merendar a su casa. El Negro (Joaquín Zarzo) trabaja como mecánico en un taller de automóviles, está preocupado porque su madre tiene una aventura y sale con una chica. Andrés (José Sierra) es botones en un hotel y sueña con ser torero. El Chispa (José Luis García) regenta el quiosco, vive con su propietario y está enamorado de la hermana de Carlos. Nunca logran realizar sus pequeñas ilusiones: ni ir al cine, porque la película no es tolerada para menores, ni entrar en el teatro de La Latina a verle las piernas a la *vedette*, ni tirarse al ruedo como espontáneo, porque la corrida se suspende por la lluvia. Tienen que contentarse con bailar en la verbena con sus amigas, dar clases de tauromaquia y pedirle una foto dedicada a la *vedette*. Con una clara influencia del cine italiano de episodios entrelazados, está rodada en largos planos y Ferreri capta con fidelidad la desolación de estos años de posguerra. La tristeza que desprende el relato se contrapone con la utilización humorística de los personajes de segundo plano.

Director: *Marco Ferreri.* Guionistas: *Leonardo Martín, Marco Ferreri.* Fotografía: *Francisco Sempere.* Música: *Miguel Asins Arbó.* Intérpretes: *Alberto Jiménez, Joaquín Zarzo, José Sierra, José Luis García, Maricarmen Aymat, Irene Daina.* Producción: *Época Films, Tecisa, Procusa.* Duración: *90'. España.*

CHINATOWN *(1974)*

Dentro de la mejor tradición del cine negro, narra cómo en Los Ángeles, a mediados de los años treinta, encargan al detective J. J. Gittes (Jack Nicholson) que investigue la vida sentimental de Hollis Mulwray (Darrel Zwerling), el ingeniero jefe del servicio de agua y electricidad de la ciudad, lo que, siguiendo la tradición del género, le lleva a descubrir un complejo negocio inmobiliario y las escabrosas relaciones incestuosas entre su antiguo socio, Noach Cross (John Huston), y su hija Evelyn Mulwray (Faye Dunaway). Rodada en largos planos para aprovechar por completo la eficacia de los estupendos diálogos del reputado guionista Robert Towne, es un excelente policiaco, pero queda lejos de los mucho más personales trabajos europeos de Roman Polanski, que en esta ocasión limita el toque personal a encarnar al matón que da una cuchillada en la nariz al protagonista. Seis años después, Jack Nicholson protagoniza y dirige *Los dos Jakes* (The Two Jakes, 1990), una especie de segunda parte, en la que vuelve a encarnar al detective J. J. Gittes, pero, al igual que sus otras películas como realizador, pasa completamente desapercibida.

Director: *Roman Polanski.* Guionista: *Robert Towne.* Fotografía: *John A. Alonso.* Música: *Jerry Goldsmith.* Intérpretes: *Jack Nicholson, Faye Dunaway, John Huston, Perry López, John Hillerman, Darrel Zwerling, Roman Polanski.* Producción: *Robert Evans para Paramount. Color. Scope.* Duración: *131'. Estados Unidos.*

CHRISTIE, Julie *(Chukua, Assam, India, 1940)*

Hija de comerciantes ingleses, se educa en Londres y París. Tras estudiar arte dramático en la Central School of Speech Training and Dramatic Arts de Londres, a los diecisiete años debuta como actriz de teatro en la prestigiosa Royal Shakespeare Company y tiene un gran éxito personal al protagonizar la serie de televisión *A for Andromeda* (1961), de Fred Hoyle. Debuta en cine en un par de insustanciales comedias, pero se da a conocer gracias a su trabajo con el realizador John Schlesinger en *Billy el embustero*, *Darling* —con el que gana un Oscar— y *Lejos del mundanal ruido*. Durante la primera parte de su carrera también hace en el Reino Unido *Doctor Zhivago*, de David Lean; *Fahrenheit 451*, de François Truffaut; *El men-

sajero, de Joseph Losey, y *Amenaza en la sombra,* de Nicholas Roeg. Su decadencia empieza al trabajar en Estados Unidos en *Petulia,* de Richard Lester; *Los vividores,* de Robert Altman; *Shampoo,* de Hal Ashby, y *El cielo puede esperar,* de Warren Beatty. Entre las películas de la última parte de su corta carrera destacan la producción angloindia *Oriente y Occidente,* de James Ivory, y la argentina *Miss Mary,* de María Luisa Bemberg.
1962 *Crooks, Anonymous* (Ladrones anónimos), de Ken Annakin. / *The Fast Lady* (Al volante y a lo loco), de Ken Annakin.
1963 *Billy Liar* (Billy el embustero), de John Schlesinger.
1964 *Young Cassidy* (El soñador rebelde), de Jack Cardiff.
1965 *Darling,* de John Schlesinger. / *Doctor Zhivago,* de David Lean.
1966 *Fahrenheit 451,* de François Truffaut.
1967 *Far From the Madding Crowd* (Lejos del mundanal ruido), de John Schlesinger.
1968 *Petulia,* de Richard Lester.
1969 *In Search of Gregory* (Buscando a Gregory), de Peter Wood.
1971 *The Go-Between* (El mensajero), de Joseph Losey. / *McCabe and Mrs. Miller* (Los vividores), de Robert Altman.
1973 *Don't Look Now* (Amenaza en la sombra), de Nicholas Roeg.
1975 *Shampoo,* de Hal Ashby. / *Nashville,* de Robert Altman.
1977 *Demon Seed* (Engendro mecánico), de Donald Cammell.
1978 *Heaven Can Wait* (El cielo puede esperar), de Warren Beatty.
1981 *Memoirs of a Survivor,* de David Gladwell.
1982 *Les quarantièmes rugissants,* de Christian de Chalonge.
1983 *Heat and Dust* (Oriente y Occidente), de James Ivory. / *The Return of the Soldier* (El retorno del soldado), de Alan Bridges.
1984 *The Gold Diggers,* de Sally Potter.
1986 *Power,* de Sidney Lumet. / *Miss Mary,* de María Luisa Bemberg.
1987 *Sins of the Fathers,* de Bernhard Sinkel.
1990 *Fools of Fortune* (Un tiempo pasado), de Pat O'Connor.

CHYTILOVÁ, Véra *(Ostrava, Checoslovaquia, 1929)*

Estudia arquitectura y filosofía, trabaja como diseñadora técnica, se matricula en 1957 en la F. A. M. U., la escuela de cine de Praga, y se diploma con *El techo* (Strop, 1962). Tras el mediometraje *Un saco de pulgas* (Pystel blech, 1962), documental sobre los problemas de un grupo de obreros, debuta en el largo con *Hablemos de algo diferente,* que, con una gran carga documental, alterna la descripción de la vida de una gimnasta y la de un ama de casa. Contribuye con el episodio *Cafetería Universal* a la producción colectiva *Las perlitas en el fondo,* basada en cuentos de Bohumil Hrabal, manifiesto de una nueva generación de directores. Se da a conocer internacionalmente con *Las margaritas,* escrita en colaboración con Ester Krumbachova, donde al narrar la vida de dos muchachas traviesas abandona las técnicas realistas por las experimentales. La invasión soviética de Checoslovaquia en el verano de 1968 pone punto final al trabajo de la atractiva nueva generación de cineastas, pero consigue hacer en la misma línea experimental *El fruto del paraíso* en coproducción con Bélgica, pero esta parábola en tono de comedia sobre Adán y Eva no gusta a la crítica, ni, sobre todo, a las nuevas autoridades de su país. Durante siete años permanece inactiva, no logra montar ninguno de sus proyectos en el extranjero y son prohibidos en su país; solo consigue rodar *El juego de la manzana,* comedia social en clave realista que no gusta mucho a las autoridades comunistas, pero le permite volver a trabajar con regularidad. Tras los documentales *El tiempo es inflexible,* sobre la vejez, y *Panel story,* sobre las condiciones de vida de un nuevo barrio en construcción, rueda *La tardía siesta del fauno,* retrato sarcástico de un viejo burócrata, pero su cine cada vez tiene menos interés y está más alejado de sus mejores momentos.
1963 *O nĕčen jinem* (Hablemos de algo diferente).
1965 *Automat Svet* (Cafetería Universal), episodio de *Perličky na dnĕ* (Las perlitas en el fondo).
1966 *Sedmi krásky* (Las margaritas).
1969 *Ovoce stromu rajskych* (El fruto del paraíso).
1976 *Hra o jablko* (El juego de la manzana).
1978 *Cas je neuprosny* (El tiempo es inflexible).
1979 *Panel story.*
1980 *Kalamita* (Calamidad).
1985 *Fauonovo velmi pozdni odpoledne* (La tardía siesta del fauno).
1986 *Vičí bouda* (La casa de los lobos).
1987 *Sasek a kralovna* (El bufón y la reina).
1989 *Kopytem sem, kopytem sam* (Un golpe por aquí, un golpe por allí).

1991 *Mi prazane mi rozumeji* (Mis pragueses me comprenden).
1993 *Dedictvi aneb kurva hosi guten tag* (La herencia o puta muchacho guten tag).

CIELO AMARILLO *(Yellow Sky, 1948)*

Después de asaltar un banco, una banda de forajidos se refugia en un desierto para esconderse de sus perseguidores y llega hasta un pueblo minero abandonado, donde viven un viejo buscador de oro (Henry Morgan) y su hija Miche (Anne Baxter). La banda, capitaneada por Dude (Richard Widmark), quiere apropiarse del oro que el viejo ha conseguido durante años de esfuerzo, pero Stretch (Gregory Peck) no tarda en enfrentarse a ellos para defender al viejo. Escrito y producido por Lamar Trotti para los estudios 20th Century Fox sobre una historia del conocido especialista W. R. Burnett, es uno de los primeros *westerns* psicológicos que renuevan el género a finales de los años cuarenta y principios de los cincuenta. Rodado con tanta fuerza como austeridad narrativa por el especialista en relatos de acción William A. Wellman, es uno de los grandes clásicos del género. Destaca el duelo interpretativo entre Gregory Peck y Richard Widmark.

Director: *William A. Wellman*. Guionista: *Lamar Trotti*. Fotografía: *Joe MacDonald*. Música: *Alfred Newman*. Intérpretes: *Gregory Peck, Richard Widmark, Anne Baxter, Robert Arthur, John Russell, Henry Morgan*. Producción: *Lamar Trotti para 20th Century Fox*. Duración: *98'*. Estados Unidos.

CIMINO, Michael *(Nueva York, Estados Unidos, 1941)*

Estudia arte, arquitectura y arte dramático, hace documentales y publicidad para televisión y escribe los guiones de *Naves misteriosas* (Silent Running, 1972), de Douglas Trumbull, y *Harry, el fuerte* (Magnum Force, 1973), de Ted Post. Gracias a esta última el actor, productor y director Clint Eastwood le da la oportunidad de escribir y dirigir *Un botín de 500.000 dólares*, un convencional policiaco, bien rodado. Consigue su mayor éxito y varios Oscars con *El cazador*, una ambiciosa producción que narra el terrible enfrentamiento de tres amigos con la guerra de Vietnam, y muestra su compleja y megalómana personalidad. Sus grandes recaudaciones le permiten rodar *La puerta del cielo*, un *western* realista y desmitificador de larga duración, sobre el tradicional enfrentamiento entre ganaderos y agricultores; pero es duramente atacado por la crítica norteamericana, United Artists le obliga a hacer una versión reducida y se convierte en un sonado fracaso. Solo cuatro años después consigue dirigir *Manhattan Sur*, un eficaz policiaco ambientado en el barrio chino de Los Ángeles. Vuelve a tener dificultades con productores y críticos con *El siciliano*, biografía del bandido siciliano de la posguerra Salvatore Giuliano, escrita por el novelista Gore Vidal y convertida en una irrealista exaltación del nacimiento de un héroe. Su fracaso le lleva a otros cuatro años de inactividad, de la que solo escapa para realizar *37 horas desesperadas*, torpe nueva versión del policiaco claustrofóbico y teatral *Horas desesperadas* (The Desperate Hours, 1955), de William Wyler.

1974 *Thunderbolt and Lightfoot* (Un botín de 500.000 dólares).
1978 *The Deer Hunter* (El cazador).
1980 *Heaven's Gate* (La puerta del cielo).
1985 *Year of the Dragon* (Manhattan Sur).
1986 *The Sicilian* (El siciliano).
1990 *Desperate Hours* (37 horas desesperadas).
1996 *Sunchaser*.

CINEMA PARADISO *(Nuovo cinema Paradiso, 1988)*

Dividida en tres partes demasiado diferenciadas, narra, a lo largo de cuarenta años, las relaciones entre Salvatore de Vitta (Jacques Perrin), un famoso director de cine que vive en Roma, y Alfredo (Philippe Noiret), el proyeccionista del cine de su pueblo, Giancaldo (Sicilia). La primera parte está ambientada en la inmediata posguerra, describe la situación desde el punto de vista de un niño de seis años y es la mejor, en gran parte por el trabajo del niño Salvatore Cascio. La segunda tiene un subrayado tono sentimental y narra los amores imposibles entre Salvatore de Vitta (Marco Leonardi) y la adolescente rubia Elena (Agnese Nano). La tercera está motivada por la muerte del proyeccionista Alfredo y el regreso de Salvatore al pueblo y cuenta con un aire melodramático el intento de Salvatore de Vitta por recuperar el tiempo perdido con Elena (Brigitte Fosey), ahora convertida en una mujer casada y con una hija igual a ella. Tras conseguir el Oscar reservado a las producciones extranjeras, esta última parte es parcialmente cortada para su segunda salida en Italia. Esta historia, llena de nostalgia por una manera de ver y entender el cine, es la mejor y más conocida película de Giuseppe Tornatore, pero tiene mucho más éxito en el extranjero que en Italia.

Director y guionista: *Giuseppe Tornatore*. Fotografía: *Blasco Giurato*. Música: *Ennio Morricone*. Intérpretes: *Philippe Noiret, Salvatore Cascio, Jacques Perrin, Agnese Nano, Brigitte Fosey, Marco Leonardi*. Producción: *Franco Cristaldi para Cristaldifilm (Roma), Films Ariane (París). Color.* Duración: *157'. Italia-Francia.*

CINEMANÍA *(Movie Crazy, 1932)*

Llamado por error al enviar una fotografía que no es la suya, Harold (Harold Lloyd) va a Hollywood para hacer unas pruebas como actor, pero cada vez que se acerca a un rodaje desencadena una divertida sucesión de desastres. Lejos de las mínimas y convencionales relaciones sentimentales planteadas en sus restantes películas, en esta ocasión Harold Lloyd desarrolla una muy original con una actriz (Constance Cummings) que se siente celosa de ella misma en su personaje de andaluza, dado que él cree que son dos mujeres diferentes. Rodada en largos, complejos y bellos planos, encierra un excelente trabajo del especialista en comedias cómicas Clyde Bruckman, mientras Harold Lloyd actúa con su habitual sobriedad y perfección. Además de algunas escenas de antología, como el baile en que Harold se pone por error la chaqueta del frac de un mago y escapan de él todo tipo de animalitos, destaca la citada ambigüedad de la compleja relación triangular entre él, la actriz y su personaje.

Director: *Clyde Bruckman*. Guionista: *Harold Lloyd, Vincent Lawrence*. Fotografía: *Walter Lundin*. Intérpretes: *Harold Lloyd, Constance Cummings, Kenneth Thompson, Sydney Jarvis*. Producción: *Harold Lloyd para Paramount.* Duración: *82'. Estados Unidos.*

CÍRCULO ROJO, EL *(Le cercle rouge, 1970)*

Vogel (Gian Maria Volontè), un criminal italiano fugado de la cárcel, se asocia con Corey (Alain Delon), un asesino que acaba de salir de prisión, y Jansen (Yves Montand), un ex policía alcohólico, para perpetrar un minucioso robo en una joyería de la plaza Vendôme de París, pero son acorralados por el tenaz comisario Mattei (Bourvil). Esta historia sirve para que el gran especialista Jean-Pierre Melville escriba y dirija uno de sus mejores policiacos. Gracias a su habilidad para rodear a sus personajes de un cierto romanticismo y a su dominio del género, salva ciertos convencionalismos del argumento, se centra en su querido tema de la fatalidad, y rueda uno de los mejores policiacos franceses. En esta penúltima película de Melville destaca la larga, compleja y minuciosa escena del robo a la joyería, resuelta con una gran demostración de eficacia técnica.

Director y guionista: *Jean-Pierre Melville*. Fotografía: *Henri Decae*. Música: *Eric de Marsan*. Intérpretes: *Alain Delon, Bourvil, Yves Montand, Gian Maria Volontè, François Perier, André Eycan*. Producción: *Alain Queffelean para Films Corona (París), Selenia Cinematografica (Roma). Color.* Duración: *150'. Francia-Italia.*

CISNE NEGRO, EL *(The Black Swan, 1942)*

Finalizada la guerra con España, el rey de Inglaterra amnistía a los piratas británicos del mar Caribe y nombra a uno de ellos, el capitán Morgan (Laird Cregar), gobernador de Jamaica para pacificar la zona. El capitán pirata Leech (George Sanders) se niega a aceptar las condiciones impuestas y debe ser sometido por su intrépido compañero el capitán James Waring (Tyrone Power), que al mismo tiempo consigue enamorar a la atractiva noble Margaret Denby (Maureen O'Hara). A partir de una novela del especialista en el género Rafael Sabatini, convertida en un buen guión por el famoso Ben Hecht y otros, el hábil narrador Henry King hace una interesante y típica película de piratas con una excelente fotografía en Technicolor por la que Leon Shamroy gana un Oscar.

Director: *Henry King*. Guionistas: *Ben Hecht, Seton I. Miller*. Fotografía: *Leon Shamroy*. Música: *Alfred Newman*. Intérpretes: *Tyrone Power, Maureen O'Hara, Laird Cregar, Thomas Mitchell, George Sanders, Anthony Quinn*. Producción: *Robert Bassier para 20th Century Fox. Color.* Duración: *85'. Estados Unidos.*

CITA, LA *(Rendez-vous, 1985)*

La historia del joven de provincias que llega a París con la ilusión de convertirse en un gran actor, sirve al guionista y realizador André Téchiné para hacer un interesante díptico. En esta, la primera de ellas narra cómo Nina

(Juliette Binoche) se introduce en los medios teatrales al tiempo que vive una dramática historia de amor entre el depresivo actor Quentin (Lambert Wilson), que acaba suicidándose, y el mezquino y excesivo Paulot (Wadeck Stanczak), para llegar a convertirse en una gran actriz, de la mano del personal director Strutzler (Jean-Louis Trintignant). Mientras en la segunda, *En la boca, no* (J'embrasse pas, 1991), es el joven Pierre (Manuel Blanc) quien abandona las montañas del sur para instalarse en París con la intención de ser actor; pero las circunstancias de la vida acaban convirtiéndole en un prostituto y haciendo que viva una dramática relación sentimental con una bella mujer (Emmanuelle Béart). La primera está contada como la historia de un aprendizaje y la segunda tiene bastante de descenso a los infiernos, pero ambas demuestran que Téchiné es un realizador dotado de una especial fuerza dramática y un gran director de actores, como dejan ver en la primera Juliette Binoche y Lambert Wilson y en la segunda Manuel Blanc y Emmanuelle Béart.

Director: *André Téchiné*. Guionistas: *André Téchiné, Olivier Assayas*. Fotografía: *Renato Berta*. Música: *Philippe Sarde*. Intérpretes: *Juliette Binoche, Lambert Wilson, Wadeck Stanczak, Jean-Louis Trintignant, Dominique Lavanant, Anne Wiazemsky*. Producción: *Alain Terzian. Color.* Duración: *90'. Francia.*

CITA A CIEGAS *(Blind Date, 1987)*

Las relaciones entre el hombre de negocios Walter Davis (Bruce Willis) y la atractiva desconocida Nadia Gates (Kim Basinger), con quien se ve obligado a salir sin tener demasiado en cuenta que pierde el control con el alcohol, permiten al productor y director Blake Edwards hacer una de sus más eficaces y divertidas comedias. Basada en un hábil guión de Dale Launer, estructurado en torno a una situación única que se desarrolla según una particular lógica interna de manera implacable, es un hábil ejercicio de estilo que intenta, y en buena parte consigue, enlazar con la mejor tradición del cine cómico norteamericano y una de las mejores comedias de los años ochenta. Su inesperado éxito —se estrena más de un año después de finalizarse, por el escepticismo de sus distribuidores— sirve de trampolín de lanzamiento de la guapa Kim Basinger y el eficaz Bruce Willis.

Director: *Blake Edwards*. Guionista: *Dale Launer*. Fotografía: *Harry Stradling Jr*. Música: *Henry Mancini*. Intérpretes: *Kim Basinger, Bruce Willis, John Larroquette, William Daniels, George Coe, Mark Blum*. Producción: *Tony Adams y Blake Edwards*. Duración: *96'. Estados Unidos.*

CITA EN BRAY *(Rendez-vous à Bray, 1971)*

Siempre interesado por las historias que se desarrollan entre la realidad y la ficción, el director André Delvaux parte en esta ocasión de una novela de Julien Gracq, que vuelve a adaptar personalmente, para hacer una de sus películas más atractivas y misteriosas. En 1917, en París, en plena Gran Guerra, Julien (Mathieu Carrière) recibe una invitación de su amigo aviador, Jacques (Roger van Hool), para pasar uno de sus permisos en su propiedad de Bray. Julien es recibido por una misteriosa mujer (Anna Karina), Jacques no llega y rememora su pasado con él y con una amiga común, Odile (Bulle Ogier). Al día siguiente regresa a París, cree que su amigo ha muerto y lee en el diario que los permisos han sido anulados por el mal tiempo. Con su habitual sutileza, Delvaux desarrolla la narración de forma que en ningún momento se sabe si lo que ocurre es real o imaginado por el protagonista.

Director y guionista: *André Delvaux*. Fotografía: *Ghislain Cloquet*. Música: *Frédéric Devreese*. Intérpretes: *Mathieu Carrière, Anna Karina, Roger van Hool, Bulle Ogier*. Producción: *Mag Bodard. Color.* Duración: *90'. Francia-Bélgica.*

CITA EN SAINT LOUIS *(Meet Me in St. Louis, 1944)*

Inspirándose en el libro de recuerdos *5135 Kensington Avenue*, de Sally Benson, el realizador Vincente Minnelli cuenta los pequeños problemas que se le plantean a la familia Smith, compuesta por los padres, cinco hijos y un abuelo, cuando un día del otoño de 1903 Alonzo Smith (Leon Ames) regresa a su casa con la gran noticia de que le han ascendido en su trabajo y tienen que irse a vivir a Nueva York y dejar Saint Louis poco antes de la inauguración de la Exposición Universal. Primer gran musical de Minnelli y primera película en color, que además marca su trascendental encuentro con la actriz y cantante Judy Garland. Destacan los números musicales *Under the Bamboo Tree,* cantado y bailado por Judy Garland y Margaret O'Brien, y *The Trolley Song* y *Have Yourself Little Christmas,* cantados por Judy Garland. Es uno de los musicales de mayor éxito producidos por el especialista Arthur Freed para Metro-Goldwyn-Mayer.

Director: *Vincente Minnelli.* Guionistas: *Irving Brecher, Fred Finklehoffe.* Fotografía: *George Folsey.* Música: *Hugh Martin, Ralph Blane.* Intérpretes: *Judy Garland, Margaret O'Brien, Mary Astor, Lucille Bremer, Tom Drake, Marjorie Main, Leon Ames, Harry Davenport.* Producción: *Arthur Freed para Metro-Goldwyn-Mayer. Color.* Duración: *113'. Estados Unidos.*

CIUDAD DESNUDA, LA *(The Naked City, 1948)*

Al final del período norteamericano de su carrera, Jules Dassin rueda para el productor Mark Hellinger, de los estudios Universal, dos renovadoras películas negras. Después de *Fuerza bruta* (Brute Force, 1947), uno de los clásicos del cine de prisiones, hace este famoso policiaco que introduce el neorrealismo en el género. Narra la investigación llevada a cabo por el veterano inspector irlandés Dan Muldoon (Barry Fitzgerald), con la ayuda del joven e inexperto policía Jimmy Halloran (Don Taylor), para encontrar al asesino de la joven de origen polaco Jane Dexter, metida en malas compañías por querer ascender demasiado deprisa y haberse olvidado de sus humildes orígenes. Su interés viene del refrescante tono documental empleado por Dassin en la narración, conseguido gracias al rodaje en exteriores e interiores naturales, así como por una original voz de fondo que puntualiza y comenta la acción.

Director: *Jules Dassin.* Guionistas: *Malvin Wald, Albert Maltz.* Fotografía: *William Daniels.* Música: *Frank Skinner, Miklos Rozsa.* Intérpretes: *Barry Fitzgerald, Don Taylor, Howard Duff, Dorothy Hart, Ted de Corsia.* Producción: *Mark Hellinger para Universal.* Duración: *96'. Estados Unidos.*

CIUDADANO KANE *(Citizen Kane, 1941)*

El director de un noticiario encarga al periodista Jerry Thompson (William Alland) que dé calor humano al reportaje que ha hecho sobre el multimillonario editor de diarios Charles Foster Kane (Orson Welles) y averigüe el significado de la palabra «Rosebud», que pronunció antes de morir. El periodista acude a la biblioteca de Thatcher (George Coulouris) donde descubre que a los diez años Kane pasa a estar bajo la tutela de un banco y a los veinticuatro le entregan su gran fortuna, de la que solo le interesa el diario *New York Inquirer.* Luego, Berstein (Everett Sloane) le cuenta cómo Kane consigue transformar el viejo y serio periódico en uno sensacionalista de gran tirada. Después, acude a un hospital a visitar a Jed Leland (Joseph Cotten), que le narra los fracasos de su matrimonio con Emily Norton (Ruth Warrick) y de su carrera política, al haber sido chantajeado por sus amores con la cantante de ópera Susan Alexander (Dorothy Comingore). Finalmente el periodista consigue hablar con Susan Alexander, que le cuenta la presión que ejerce Kane sobre ella para que se haga cantante de ópera, su aburrida vida matrimonial en la mansión de Xanadu, y el final de sus relaciones. En la fabulosa Xanadu, el mayordomo, Raymond (Paul Stewart), relata al periodista el solitario final de Charles Foster Kane en una mansión abarrotada de objetos. El periodista no ha conseguido averiguar el significado de «Rosebud», pero al final de una larga grúa la cámara descubre entre múltiples objetos que es la palabra escrita en el trineo donde jugaba Kane cuando su tutor bancario le separó de sus padres. Rodada con un gran despliegue imaginativo por un debutante Orson Welles, está llena de trucos, sobre todo en los decorados y la iluminación, propios de quien domina el mundo teatral, de nuevos elementos sonoros, de claro origen radiofónico, y de las innovaciones típicas de quien no sabe nada de cine y quiere experimentarlo todo. Destacan sus argucias lingüísticas, su innovadora estructura apoyada en una sucesión de *flashbacks,* la perfecta utilización de las elipsis narrativas y la profundidad de campo. Muestra la obsesión de Orson Welles por la vejez y la muerte, dentro de un conjunto de una gran brillantez, pero de excesiva frialdad, por dominar peor los trucos dramáticos que los puramente narrativos.

Director: *Orson Welles.* Guionistas: *Herman J. Mankiewicz, Orson Welles.* Fotografía: *Gregg Toland.* Música: *Bernard Herrmann.* Intérpretes: *Orson Welles, Joseph Cotten, Everett Sloane, George Coulouris, Dorothy Comingore, Ray Collins, William Alland, Ruth Warrick, Paul Stewart.* Producción: *Orson Welles para The Mercury Theatre / R. K. O.* Duración: *119'. Estados Unidos.*

CLAIR, René *(René Chomette. París, 1898-París, Francia, 1981)*

Nace y pasa su infancia en el popular barrio parisino de Les Halles, desde muy joven se interesa por el teatro y la literatura y durante la Gran Guerra es conductor voluntario de ambulancias. En la posguerra hace trabajos ocasionales como actor de cine y periodista, escribe crítica de películas en diferentes publicaciones y es ayudante de dirección de Jacques de Baroncelli en varias producciones. Debuta como realizador dentro de la vanguardia con el largometraje *París dormido* y los cortos *Entr'acte* (1924) y *La tour* (1928); pero el resto de su producción muda son comedias muy parisinas, llenas de fantasía, entre las que destacan *Le fantôme du Moulin Rouge* y *Le voyage imaginaire*. Guionista o coguionista de todas sus películas, cierra su período mudo con la famosa comedia *Un sombrero de paja de Italia*, y abre el sonoro con tres conocidas obras parisinas: *Bajo los techos de París, 14 de julio* y *El millón*. Entre las que se sitúan las innovadoras *¡Viva la libertad!*, divertida sátira, anarquizante y llena de preocupaciones sociales, y *El último millonario*, irregular caricatura de los dictadores. El fracaso de esta última le lleva al Reino Unido a rodar la comedia fantástica *El fantasma va al Oeste*, para el productor Alexander Korda, y el musical *Grandes noticias*. Regresa a Francia para dirigir *Air pur*, pero el rodaje se interrumpe en seguida por comenzar la II Guerra Mundial y exiliarse en Estados Unidos. En Hollywood realiza para diferentes estudios *La llama de Nueva Orleans*, una comedia romántica escrita en colaboración con Norman Krasna, las más personales comedias fantásticas *Me casé con una bruja* y *Sucedió mañana* y el policíaco *And Then There Were None*, sobre una novela de la especialista Agatha Christie. De nuevo en París, retoma el encanto de sus trabajos de la primera mitad de los años treinta con *El silencio es oro*, sobre los principios del cine, pero sus películas comienzan a teatralizarse y el interés decae a lo largo de las comedias románticas *La belleza del diablo, Mujeres soñadas* y *Las maniobras del amor*, y también de la excesivamente clásica historia parisina *Puerta de las Lilas*. En 1960 es el primer director de cine que es nombrado miembro de la Académie Francaise, pero *Todo el oro del mundo* y *Fiestas galantes* carecen de interés y nada tienen que ver con el resto de su irregular producción.

1923 *Paris qui dort* (París dormido).
1924 *Le fantôme du Moulin Rouge*.
1925 *Le voyage imaginaire*.
1926 *La proie du vent* (La presa del viento).
1927 *Un chapeau de paille d'Italie* (Un sombrero de paja de Italia).
1928 *Les deux timides*.
1930 *Sous les toits de Paris* (Bajo los techos de París).
1931 *Le million* (El millón). / *À nous la liberté!* (¡Viva la libertad!).
1933 *Quatorze juillet* (14 de julio).
1934 *Le dernier milliardaire* (El último millonario).
1935 *The Ghost Goes West* (El fantasma va al Oeste).
1937 *Break the News* (Grandes noticias).
1941 *The Flame of New Orleans* (La llama de Nueva Orleans).
1942 *I Married a Witch* (Me casé con una bruja).
1943 *Forever and a Day* (Siempre y un día), varios episodios.
1944 *It Happened Tomorrow* (Sucedió mañana).
1945 *And Then There Were None*.
1947 *Le silence est d'or* (El silencio es oro).
1950 *La beauté du diable* (La belleza del diablo).
1952 *Les belles de nuit* (Mujeres soñadas).
1955 *Les grandes manoeuvres* (Las maniobras del amor).
1957 *Porte des Lilas* (Puerta de las Lilas).
1960 *Le mariage* (El matrimonio), episodio de *La française et l'amour* (La francesa y el amor).
1961 *Tout l'or du monde* (Todo el oro del mundo).
1962 *Les deux pigeons* (Los dos palomos), episodio de *Les quatre vérités* (Las cuatro verdades).
1966 *Les fêtes galantes* (Fiestas galantes).

CLAYTON, Jack *(Brighton, 1921-Londres, Reino Unido, 1995)*

A los catorce años comienza a trabajar en cine, poco a poco recorre toda la escala de trabajos y llega a ser ayudante de dirección, entre otros, de Viktor Sjöström, Michael Powell y Gabriel Pascal. Se alista como voluntario en aviación durante la II Guerra Mundial y hace documentales para la R. A. F. Finalizada la contienda colabora con Alexander Korda en London Films como productor asociado en películas tan conocidas como *Un marido ideal* (An Ideal Husband, 1948), de Alexander Korda, *Moulin Rouge* (1953) y *Beat the Devil* (1954), de John Huston, *Soy una cámara* (I Am a Camera, 1955), de Henry Cornelius. Debuta como realizador de largometrajes con *Un lugar en la cumbre,* basada en una novela de John Baine, que narra la ascensión social de un arribista dentro de la crónica de la vida en una capital de provincias, cuyo tono realista hace que la crítica le sitúe equivocadamente entre los miembros del movimiento renovador *free cinema.* Su mejor película es *¡Suspense!,* buena adaptación de la novela *Otra vuelta de tuerca,* de Henry James, escrita por Truman Capote. Tienen menos interés *Siempre estoy sola,* sobre el fracaso de una pareja, adaptación de una novela de Penelope Mortimer realizada por el dramaturgo Harold Pinter en uno de sus primeros trabajos para el cine, y *A las nueve cada noche,* inquietante historia de siete hermanos que tratan de ocultar la muerte de su madre. El conjunto de su irregular obra se reduce a siete largometrajes que rueda en más de treinta años de actividad profesional. En Estados Unidos dirige *El gran Gatsby,* lánguida versión de la deslumbrante novela homónima de Francis Scott Fitzgerald, escrita por el también realizador Francis Ford Coppola, y *Something Wicked This Way Comes,* curiosa historia de terror escrita por Ray Bradbury a partir de su propia novela y producida por Walt Disney. Su última película es *La solitaria historia de Judith Hearne,* sobre las relaciones entre una solitaria mujer de mediana edad y un antiguo emigrante, ambientadas en el Dublín de la posguerra.

1958 *Room at the Top* (Un lugar en la cumbre).
1961 *The Innocents* (¡Suspense!).
1964 *The Pumpkin Eater* (Siempre estoy sola).
1967 *Our Mother's House* (A las nueve cada noche).
1974 *The Great Gatsby* (El gran Gatsby).
1983 *Something Wicked This Way Comes.*
1987 *The Lonely Passion of Judith Hearne* (La solitaria historia de Junith Hearne).

CLÉMENT, René *(Burdeos, 1913-Midi, Francia, 1996)*

Mientras estudia arquitectura, rueda de manera artesanal el cortometraje de dibujos animados *César chez les gaulois* (1935); posteriormente abandona sus estudios y entre 1937 y 1944 realiza numerosos documentales, entre los que destacan los realizados en Arabia, y cortometrajes como *Soigne ton gauche* (1937), escrito y protagonizado por Jacques Tati. Al finalizar la II Guerra Mundial varias asociaciones de miembros de la Resistencia le encargan la dirección de *La bataille du rail,* eficaz mezcla de documental y ficción con actores no profesionales y profesionales, un realista y sentido homenaje a los ferroviarios rebelados contra los ocupantes alemanes. Su gran éxito le lleva a codirigir con Jean Cocteau *La bella y la bestia* (La belle et la bête, 1946), excelente versión de la tradicional narración infantil, y con Noël-Noël *Le père tranquille,* otra historia sobre la Resistencia, pero sobre todo a desarrollar una carrera personal a lo largo de *Les maudits,* cuya acción transcurre casi íntegramente en un submarino alemán que se dirige a Latinoamérica; *Demasiado tarde,* curiosa mezcla de realismo poético francés y neorrealismo italiano en torno a una narración policiaca; y *Le château de verre,* historia de amor basada en una novela de Vicky Baum. El gran éxito de *Juegos prohibidos,* que gana el León de Oro de la Mostra de Venecia y el Oscar destinado a las producciones extranjeras, visión rural de la II Guerra Mundial a través de la mirada de dos niños, le convierte en uno de los puntales del cine francés durante el resto de los años cincuenta. Se dedica a las adaptaciones literarias, demasiado académicas, a lo largo de *Monsieur Ripois,* un cuento moral basado en una narración de L. Hémon protagonizado por Gérard Philipe; *Gervaise,* una adaptación de Emile Zola interpretada por Maria Schell, y *Barrage contre le Pacifique,* sobre una novela autobiográfica de Marguerite Duras, protagonizada por Silvana Mangano y Anthony Perkins. Su obra maestra es *A pleno sol,* un policiaco basado en una novela de Patricia Highsmith de la serie de Tom Ripley, que encuentra su intérprete perfecto en Alain Delon, rodada en contra de los principios dominantes de la *nouvelle vague.* Tras el injusto fracaso de *¡Qué alegría de vivir!,* su única incursión en el terreno de la comedia, durante la segunda mitad de los años sesenta su cine pierde interés a través de producciones cada vez menos personales y más pensadas de cara al mercado norteamericano: *El día y la hora,* retorno a los temas de la II Guerra Mundial; *Los felinos,* un irregular policiaco protagonizado por Alain Delon y Jane Fonda; *¿Arde París?,* fresco histórico sobre la liberación de París por las fuerzas aliadas, escrito por el novelista Gore Vidal y el realizador Francis Ford Coppola e interpretado por un largo reparto, y *El pasajero de la lluvia,* un anodino policiaco en torno a una violación. Llega a tocar fondo con las tres películas que hace en la primera mitad de la década de los setenta, los aburridos y mal rodados policiacos *La mansión bajo los árboles, Como liebre acosada y La cicatriz,* que cierran malamente su desigual, pero interesante obra.

1946 *La bataille du rail.*
1947 *Les maudits.*
1948 *Au-delà des grilles* (Demasiado tarde).
1950 *Le château de verre.*
1951 *Jeux interdits* (Juegos prohibidos).
1954 *Monsieur Ripois.*
1956 *Gervaise.*
1958 *Barrage contre le Pacifique.*
1959 *Plein soleil* (A pleno sol).
1961 *Quel joie de vivre!* (¡Qué alegría de vivir!).
1962 *Le jour et l'heure* (El día y la hora).
1964 *Les félins* (Los felinos).
1966 *Paris brûle-t-il?* (¿Arde París?).
1969 *Le passager de la pluie* (El pasajero de la lluvia).
1971 *La maison sous les arbres* (La mansión bajo los árboles).
1972 *La course du lièvre à travers les champs* (Como liebre acosada).
1975 *La baby-sitter* (La cicatriz).

CLEOPATRA *(1934)*

Las relaciones entre Roma y Egipto durante las décadas anteriores al nacimiento de Jesucristo, vistas a través de los amores entre la bella reina egipcia Cleopatra y los caudillos romanos Julio César y Marco Antonio, han sido origen de múltiples películas. Entre todas destacan cuatro producciones, dos de ellas estadounidenses, una coproducción hispano-italiana y una inglesa. La más conocida es la dirigida en 1963 por Joseph L. Mankiewicz, rodada en Europa durante casi dos años por un grupo de norteamericanos que, por sus más de cuatro horas de duración y los antojos de su protagonista, Elizabeth Taylor, está a punto de hundir los estudios 20th Century Fox. La coproducción entre Italia y España *Las legiones de Cleopatra* (Le legioni di Cleopatra, 1960), de Vittorio Cottafavi, con Linda Cristal, hecha desaparecer por 20th Century Fox poco después de su estreno para que no obstaculizase su proyecto. La demasiado teatral y británica *César y Cleopatra* (Caesar and Cleopatra, 1945), dirigida y producida por Gabriel Pascal, sobre la obra dramática de George Bernard Shaw, con Vivien Leigh. La famosa versión de Cecil B. de Mille, la mejor de todas, apenas ensombrecida por el paso de los años, con una economía narrativa que ya quisiera Mankiewicz, al contar lo mismo en casi la tercera parte de tiempo, y una tan buena actriz como atractiva mujer, la perfecta Claudette Colbert.

Director: *Cecil B. de Mille.* Guionistas: *Waldemar Young, Vincent Lawrence.* Fotografía: *Victor Milner.* Música: *Rudolph Kopp.* Intérpretes: *Claudette Colbert, Warren William, Henry Wilcoxon, Gertrude Michael, Ian Keith, E. Aubrey Smith, Irving Pichel.* Producción: *Cecil B. de Mille para Paramount.* Duración: *101'. Estados Unidos.*

CLIFT, Montgomery *(Edward Montgomery Clift. Omaha, Nebraska, 1920-Nueva York, Estados Unidos, 1966)*

Hijo del presidente del Omaha National Bank, su interés por el teatro le lleva a los once años a subir por primera vez a un escenario. Después de estudiar arte dramático, en 1935 debuta como actor en Broadway y durante poco más de diez años interviene en importantes obras de Moss Hart, Cole Porter, Robert E. Sherwood, Thornton Wilder, Lillian Hellman, Tennessee Williams, algunas bajo la brillante dirección de Elia Kazan. Sin abandonar nunca el teatro, desde finales de la década de los cuarenta también se dedica al cine y durante la primera y mejor parte de su carrera protagoniza importantes películas, dirigidas por Howard Hawks, *Río Rojo;* William Wyler, *La heredera;* George Stevens, *Un lugar en el sol;* Alfred Hitchcock, *Yo confieso;* Fred Zinnemann, *De aquí a la eternidad,* y Vittorio de Sica, *Estación Termini.* En 1954 tiene un grave accidente de automóvil que le desfigura el rostro, lo que ensombrece todavía más su retraído carácter y durante tres años le mantiene apartado del cine. La segunda parte de su carrera tiene menor interés y solo destacan sus trabajos con Elia Kazan en *Río salvaje,* con John Huston en *Vidas rebeldes* y *Freud, pasión secreta* y con Stanley Kramer en *¿Vencedores o vencidos?* Después de otros cuatro años de inactividad cinematográfica por problemas de salud, cierra su filmografía con la mediocre producción francesa *El desertor.*

1948 *The Search* (Los ángeles perdidos), de Fred Zinnemann. / *Red River* (Río Rojo), de Howard Hawks.
1949 *The Heiress* (La heredera), de William Wyler.
1950 *The Big Lift* (Sitiados), de George Seaton.

1951 *A Place in the Sun* (Un lugar en el sol), de George Stevens.
1953 *I Confess* (Yo confieso), de Alfred Hitchcock. / *From Here to Eternity* (De aquí a la eternidad), de Fred Zinnemann. / *Stazione Termini* (Estación Termini), de Vittorio de Sica.
1957 *Raintree County* (El árbol de la vida), de Edward Dmytryk.
1958 *The Young Lions* (El baile de los malditos), de Edward Dmytryk.
1959 *Lonelyhearts* (Corazones solitarios), de Vincent J. Donohue. / *Suddenly Last Summer* (De repente..., el último verano), de Joseph L. Mankiewicz.
1960 *Wild River* (Río salvaje), de Elia Kazan.
1961 *Judgement at Nuremberg* (¿Vencedores o vencidos?), de Stanley Kramer. / *The Misfits* (Vidas rebeldes), de John Huston.
1962 *Freud, the Secret Passion* (Freud, pasión secreta), de John Huston.
1966 *L'espion* (El desertor), de Raoul J. Lévy.

CLOUZOT, Henri-Georges *(Niort, 1907-París, Francia, 1977)*

Periodista y ayudante de dirección, gracias a su dominio del alemán viaja en 1933 a Berlín para realizar las versiones francesas de varias películas alemanas, en una época en la que todavía no se ha extendido la práctica del doblaje. Autor dramático y guionista, colabora en los guiones de todas sus películas. Debuta como director en plena ocupación alemana de Francia con *El asesino vive en el 21,* un interesante policiaco basado en una novela de Stanislas André Steeman, y *El cuervo,* que bajo un disfraz de comedia de costumbres esconde una dura crítica de la ocupación. Ambos están producidos por Continental, la marca creada en Francia durante la guerra por los nazis, de la que llega a ser jefe del departamento de guiones, y tras la liberación, es acusado de colaboracionista y depurado. Vuelve a dirigir con *En legítima defensa,* un bien rodado policiaco, de nuevo basado de una novela de Steeman, y obtiene su primer éxito con *Manon,* personal adaptación de la narración del abate Prévost para convertirla en arreglo de cuentas con sus inquisidores, que obtiene el León de Oro de la Mostra de Venecia. Durante la primera mitad de los años cincuenta rueda sus mejores y más personales obras: *El salario del miedo,* una producción de aventuras de larga duración ambientada en Latinoamérica, con un conseguido tono existencialista, que obtiene la Palma de Oro del Festival de Cannes; *Las diabólicas,* adaptación de una novela policiaca de los especialistas Pierre Boileau y Thomas Narcejac, que es otro de sus grandes éxitos; y *El misterio Picasso,* discutible y personal documental sobre la manera de pintar de Pablo Picasso. Su carrera comienza a torcerse con la mala acogida de la pretenciosa y kafkiana *Los espías,* no logra remontarse a pesar del éxito de *La verdad,* que obtiene el Oscar destinado a la producción extranjera, y se hunde cuando en 1964 debe interrumpir, por enfermedad, el rodaje de *L'enfer,* sobre cuyo guión rueda treinta años después Claude Chabrol la excelente *El infierno.* Los ataques de una nueva crítica, que sólo ve en él a un realizador demasiado académico y literario, le mantienen apartado de la dirección durante ocho años y a pesar del interés de *La prisonnière,* una compleja historia de amor que, como es habitual en él, vuelve a escribir, pone punto final a su atractiva obra.

1942 *L'assassin habite au 21* (El asesino vive en el 21).
1943 *Le corbeau* (El cuervo).
1947 *Quai des Orfèvres* (En legítima defensa).
1948 *Manon.*
1949 *Le retour de Jean*, episodio de *Retour à la vie.*
1950 *Miquette et sa mère.*
1953 *Le salaire de la peur* (El salario del miedo).
1955 *Les diaboliques* (Las diabólicas).
1956 *Le mystère Picasso* (El misterio Picasso).
1957 *Les espions* (Los espías).
1960 *La vérité* (La verdad).
1968 *La prisonnière.*

COBURN, James *(Laurel, Nebraska, Estados Unidos, 1928)*

Estudia en Los Angeles City College y asiste a cursos de arte dramático en la Universidad del Sur de California. A mediados de los años cincuenta comienza a trabajar como actor en *spots* publicitarios y en televisión, y a finales debuta en cine. Tras hacer destacados papeles secundarios en *Los siete magníficos* y *La gran evasión,* de John Sturges, *Charada,* de Stanley Donen, *Mayor Dundee,* de Sam Peckinpah, y *Viento en las velas,* de Alexander Mackendrick, protagoniza el díptico de comedias de espionaje integrado por *Flint, agente secreto* y *F de Flint.* De mediados de los años sesenta a mediados de los setenta protagoniza veinticinco películas de acción entre las que destacan *Duffy, el único,* de Robert Parrish; *¡Agáchate, maldito!,* de Sergio Leone; *Pat Garrett y Billy the Kid,* de Sam Peckinpah, y sobre todo el *western* personal *Muerde la bala,* de Richard Brooks. Posteriormente su nunca muy brillante carrera comienza a declinar y vuelve a hacer papeles secundarios, ahora en producciones de segunda fila, sin interés.

1959 *Ride Lonesome,* de Budd Boetticher. / *Face of a Fugitive,* de Paul Wendkos.
1960 *The Magnificent Seven* (Los siete magníficos), de John Sturges.
1962 *Hell Is for Heroes* (Comando), de Don Siegel.
1963 *The Great Escape* (La gran evasión), de John Sturges. / *Charade* (Charada), de Stanley Donen. / *The Man From Galveston,* de William Conrad.
1964 *The Americanization of Emily* (La americanización de Emily), de Arthur Hiller.
1965 *Major Dundee* (Mayor Dundee), de Sam Peckinpah. / *A High Wind in Jamaica* (Viento en las velas), de Alexander Mackendrick. / *The Loved One* (Los seres queridos), de Tony Richardson.
1966 *Our Man Flint* (Flint, agente secreto), de Daniel Mann. / *What Did You Do in the War, Daddy?* (¿Qué hiciste en la guerra, papi?), de Blake Edwards. / *Dead Heat on a Merry-Go-Round* (Ladrón y amante), de Bernard Girard.
1967 *In Like Flint* (F de Flint), de Gordon Douglas. / *Waterhole n.º 3* (El Oeste loco), de William A. Graham. / *The President's Analyst* (Demasiados secretos para un hombre solo), de Theodore J. Flicker.
1968 *Duffy* (Duffy, el único), de Robert Parrish. / *Candy,* de Christian Marquand.
1969 *Hard Contract* (Antes amar, después morir), de J. Lee Pogostin.
1970 *The Last of the Mobile Hot-Shots,* de Sidney Lumet.
1971 *Giù la testa* (¡Agáchate, maldito!), de Sergio Leone. / *The Honkers* (Los centauros), de Steve Inhat.
1972 *The Last of Sheila* (El fin de Sheila), de Herbert Ross. / *The Carey Treatment* (Diagnóstico: asesinato), de Blake Edwards. / *Una ragione per vivere e una per morire* (Una razón para vivir, una razón para morir), de Tonino Valerii.
1973 *Pat Garrett and Billy the Kid* (Pat Garrett y the Kid), de Sam Peckinpah. / *Harry in Your Pocket* (Harry, dedos largos), de Bruce Geller.
1974 *The Internecine Project* (Nueva moda en el crimen), de Ken Hughes.
1975 *Hard Times* (El luchador), de Walter Hill. / *Bite the Bullet* (Muerde la bala), de Richard Brooks. / *Midway* (La batalla de Midway), de Jack Smight. / *The Last Hard Men* (Los últimos hombres duros), de Andrew V. McLaglen.
1976 *Sky Riders* (El asalto de los hombres pájaro), de Douglas Hickox. / *Cross of Iron* (La cruz de hierro), de Sam Peckinpah.
1979 *The Muppet Movie* (La película de los teleñecos), de James Frawley. / *The Baltimore Bullet,* de Robert E. Miller. / *Goldengirl* (La chica de oro), de Joseph Sargent.
1980 *Firepower* (El poder del fuego), de Michael Winner. / *High Risk* (Alto riesgo), de Stewart Raffill. / *Loving Couples* (Cambio de esposas), de Jack Smight.
1981 *Mr. Patman,* de John Guillermin. / *Looker,* de Michael Crichton.
1984 *Martin's Day,* de Alan Gibson. / *Draw* (Desenfunda), de Steven H. Stern.
1986 *Death of a Soldier,* de Philippe Mora.
1990 *Young Guns II* (Intrépidos forajidos), de Christopher Cain.
1991 *Hudson Hawk* (El gran halcón), de Michael Lehmann.
1992 *The Player* (El juego de Hollywood), de Robert Altman.
1993 *Dead Fall* (El riesgo del vértigo), de Christopher Coppola.

COCHECITO, EL *(1960)*

El italiano Marco Ferreri comienza su larga y brillante carrera de realizador con tres interesantes películas españolas que con su mezcla de neorrealismo y humor negro marcan un nuevo estilo dentro del cine nacional. Después de *El pisito* (1958), basada en una novela de Rafael Azcona y con guión de ambos, vuelven a colaborar en esta producción escrita entre los dos a partir del segundo de los tres cuentos que integran el volumen *Pobre, paralítico y muerto,* también de Azcona. Narra cómo el anciano don Anselmo Proharan (José Isbert) decide envenenar a su familia para evitar que le quiten un cochecito motorizado de paralítico que ha comprado para poder acompañar a sus amigos en sus excursiones. Presentada en su versión original en la Mostra de Venecia, gana un importante premio, pero para poderse estrenar la censura obliga a rodar otro final en el que don Anselmo Proharan llama arrepentido a su familia para decir que ha puesto veneno en la comida, aunque acaba siendo igualmente detenido por dos guardias civiles en bicicleta mientras trata de huir en su cochecito. Narrada en largos y complejos planos, da una realista y dura visión del Madrid de la época, teñida de eficaz humor negro. Ambas películas son el origen del cine que durante la década de los sesenta realiza Luis G. Berlanga, sobre guiones suyos y de Azcona y, en menor medida, del que en los mismos años hace Ferreri en Italia, también sobre guiones de Azcona y suyos. Entre estas dos producciones Ferreri rueda, también en España, *Los chicos* (1959), que tiene gran atractivo, a pesar de estar lejos del humor negro y de no colaborar Azcona en el guión.

Director: *Marco Ferreri*. Guionistas: *Rafael Azcona, Marco Ferreri*. Fotografía: *Juan Julio Baena*. Música: *Miguel Asins Arbó*. Intérpretes: *José Isbert, Pedro Porcel, María Luisa Ponte, José Luis López Vázquez, José Álvarez «Lepe», Antonio Riquelme*. Producción: *Pedro Portabella para Films 59*. Duración: *88'. España*.

COCINERO, EL LADRÓN, SU MUJER Y SU AMANTE, EL *(The Cook, the Thief, His Wife and Her Lover, 1989)*

A lo largo de nueve noches se desarrolla en el restaurante Le Hollandais una tradicional tragedia triangular entre el brutal propietario, Albert Spica (Michael Gambon), su casquivana mujer, Georgina (Helen Mirren), y su amante ocasional, el librero Michael (Alan Howard), con la complicidad del cocinero jefe Richard Brost (Richard Bohringer). Primero en los lavabos de señoras y luego en las despensas llenas de comida, Michael y Georgina hacen el amor. Una vez descubiertos se refugian en la casa llena de libros del primero hasta que Albert Spica ordena que le maten haciéndole comer sus propios libros. Entonces, Georgina convence al cocinero, Richard Brost, para que ase a su amante y se lo ofrezca a Albert como plato fuerte durante una fiesta privada, en la que acaba matándole de un disparo por caníbal. Con un subrayado tono teatral, Peter Greenaway desarrolla con mano maestra esta personal historia cargada de comida, sexo y escenas escatológicas. Narrada a través de largos *travellings* laterales en los espléndidos decorados de Ben van Os y Jan Roelfs (el aparcamiento, las cocinas, el comedor y los lavabos del restaurante), que tienen como modelo los cuadros de naturalezas muertas de los maestros holandeses, y sobre una obsesiva música de Michael Nyman. Este quinto y peculiar largometraje del director británico Greenaway expone con perfección las siempre conflictivas relaciones entre comida y cine.

Director y guionista: *Peter Greenaway*. Fotografía: *Sacha Vierny*. Música: *Michael Nyman*. Intérpretes: *Richard Bohringer, Michael Gambon, Helen Mirren, Alan Howard, Tim Roth*. Producción: *Kees Kasanger. Color. Scope*. Duración: *120'. Reino Unido-Francia*.

COCTEAU, Jean *(Maisons-Laffitte, 1889-Milly-la-Fôret, Francia, 1963)*

Nacido en el seno de una familia de notarios y agentes de cambio y bolsa, estudia en París y desde muy joven se impone en los medios artísticos. Se da a conocer en 1917 al colaborar con el pintor Pablo Picasso, los músicos Erik Satie e Igor Stravinski y el coreógrafo Serge Diaghilev en los ballets rusos, al año siguiente inspira la creación del grupo de los Seis y en 1920 descubre al joven autor Raymond Radiguet. Mientras publica poesía, escribe novela, estrena teatro y funda revistas, como *Le mot* (1917) y *La sirène* (1919), también se siente atraído por el cine de vanguardia y el mecenas vizconde de Noailles le financia *La sangre de un poeta*. Sólo vuelve a interesarse por el cine, mientras no cesa en sus actividades artísticas y sucesivamente es cubista, futurista y dadaísta, cuando en la primera mitad de los años cuarenta colabora en guiones de Marcel L'Herbier, Jean Delannoy, Robert Bresson, Marcel Carné. Llega a su etapa de máxima actividad como realizador a finales de la década de los cuarenta con *La bella y la bestia,* excelente adaptación del tradicional cuento de *madame* Leprince de Beaumont, y las adaptaciones de sus propias obras de teatro *El águila de dos cabezas* y *Los padres terribles,* protagonizadas por su actor favorito Jean Marais. Tras el mediometraje rodado en 16 mm *Coriolan,* parte de su propio drama para hacer *Orfeo,* donde desarrolla el mito del poeta Orfeo y su mujer Eurídice en el París existencialista de los años cincuenta. Su fracaso comercial hace que tarde diez años en realizar su siguiente película, un irregular *El testamento de Orfeo,* en la misma línea experimental, mientras sigue colaborando en distintos guiones y algunas de sus novelas son adaptadas al cine por diferentes directores.

1931 *Le sang d'un poète* (La sangre de un poeta).
1946 *La belle et la bête* (La bella y la bestia).
1948 *L'aigle à deux têtes* (El águila de dos cabezas).
1949 *Les parents terribles* (Los padres terribles).
1950 *Orphée* (Orfeo). ·

1960 *Le testament d'Orphée* (El testamento de Orfeo).

COEN, Joel *(Minneapolis, Estados Unidos, 1954)*

Hermano mayor de Ethan Coen, coguionista y productor de todas sus películas, desde niño siente un gran interés por el cine; durante la adolescencia rueda versiones en 8 mm de las películas que más le gustan y cuando tiene la edad necesaria se matricula en la escuela de cine de Nueva York. Entre *Sangre fácil* y *Muerte entre las flores*, dos policiacos demasiado basados en la tradición del género y llenos de citas, realiza la excesivamente fría y cerebral comedia *Arizona baby.* Se da a conocer internacionalmente con *Barnton Fink,* ganadora de la Palma de Oro del Festival de Cannes, pero es una reflexión demasiado intelectual sobre el Hollywood de los años treinta a través de la figura de un triste guionista con problemas kafkianos. Gracias a ello rueda con un amplio presupuesto *El gran salto,* una fábula social a lo Frank Capra que gira en torno al nacimiento del *hula-hop* a finales de 1958, pero vuelve a ser un muy bien rodado ejercicio de estilo sin vida propia.

1984 *Blood Simple* (Sangre fácil).
1987 *Raising Arizona* (Arizona baby).
1990 *Millers's Crossing* (Muerte entre las flores).
1991 *Barton Fink.*
1993 *The Hudsucker Proxy* (El gran salto).
1995 *Fargo.*

COLBERT, Claudette *(París, Francia, 1905)*

A los siete años emigra a Estados Unidos con su familia y trabaja como profesora de francés, secretaria, diseñadora de modas y decoradora teatral antes de debutar en 1923 como actriz de teatro en Broadway. De la mano de Frank Capra debuta en cine como protagonista de *Los tres papás,* origen de una brillante carrera que la hace protagonizar más de sesenta películas a lo largo de cinco décadas, pero concentrada en los años treinta y cuarenta. Excelente actriz de comedia, trabaja con Ernst Lubitsch en *El teniente seductor* y *La octava mujer de Barba Azul*; con Capra en *Sucedió una noche,* con la que obtiene un Oscar; con Mitchell Leisen en *Medianoche, Adelante, mi amor, No hay tiempo para amar* y *Bodas blancas;* con Gregory La Cava en *Mundos privados* y *Sucedió una vez,* y con Preston Sturges en *Un marido rico.* También interviene en las producciones históricas de Cecil B. de Mille *El signo de la cruz* y *Cleopatra,* y las aventuras *Bajo dos banderas, Corazones indomables, Fruto dorado* y *Regresaron tres.* Gran especialista en melodramas, protagoniza *Imitación a la vida,* de John M. Stahl, *Desde que te fuiste,* de John Cromwell, *Pacto tenebroso* y *Tempestad en la cumbre,* de Douglas Sirk, y *Parrish,* de Delmer Daves, su última película. Al final de su carrera rueda en el Reino Unido la historia de aventuras *Malasia* y en Francia hace papeles secundarios en *Destinos de mujer* y *Si Versalles pudiera hablar.*

1927 *For the Love of Mike* (Los tres papás), de Frank Capra.
1928 *The Lady Lies* (Doña Mentiras), de Hobart Henley. / *The Hole in the Wall* (Un hombre de suerte), de Robert Florey.
1930 *The Big Pong* (El gran charco), de Hobart Henley. / *Young Man of Manhattan* (Jóvenes de Nueva York), de Monta Bell. / *Manslaughter* (La incorregible), de George Abbott. / *L'énigmatique Monsieur Parkes,* Louis Gasnier.
1931 *His Woman* (Una mujer a bordo), de Edward Sloman. / *Honor Among Lovers* (Honor entre amantes), de Dorothy Arzner. / *The Smiling Lieutenant* (El teniente seductor), de Ernst Lubitsch. / *Secrets of a Secretary* (La confidente), de George Abbott.
1932 *The Wiser Sex,* de Berthold Viertel. / *The Sign of the Cross* (El signo de la cruz), de Cecil B. de Mille. / *The Misleading Lady* (Una mujer caprichosa), de Stuart Walker. / *The Man From Yesterday* (Esta noche es nuestra), de Berthold Viertel. / *Make Me a Start,* de William Beaudine. / *The Panton President* (El presidente fantasma), de Norman Taurog.
1933 *Tonight Is Ours* (Reina del amor), de Stuart Walker. / *Torch Singer* (Melodía del corazón), de Alexander Hall. / *I Cover the Waterfront* (A la sombra de los muelles), de James Cruze. / *Three-Cornered Moon,* de Elliot Nugent.
1934 *Imitation of Life* (Imitación de la vida), de John M. Stahl. / *Four Frightened People,* de Cecil B. de Mille. / *It Happened One Night* (Sucedió una noche), de Frank Capra. / *Cleopatra,* de Cecil B. de Mille.
1935 *The Gilded Lily* (Lirio dorado), de Wesley Ruggles. / *Private Worlds* (Mundos privados), de Gregory La Cava. / *She Married Her Boss* (Sucedió una vez), de Gregory La Cava. / *The Bride Comes Home* (La novia que vuelve), de Wesley Ruggles.
1936 *Under Two Flags* (Bajo dos banderas), de Frank Lloyd.

COLECCIONISTA, LA

1937 *Maid of Salem* (La muchacha de Salem), de Frank Lloyd. / *Tovarich,* de Anatole Litvak. / *I Met Him in Paris* (La encontré en París), de Wesley Ruggles.
1938 *Bluebeard's Eighth Wife* (La octava mujer de Barba Azul), de Ernst Lubitsch. / *Zaza,* de George Cukor.
1939 *Drums Along the Mohawk* (Corazones indomables), de John Ford. / *Midnight* (Medianoche), de Mitchell Leisen. / *It's a Wonderful World* (En este mundo traidor), de W. S. van Dyke.
1940 *Boom Town* (Fruto dorado), de Jack Conway. / *Arise My Love* (Adelante, mi amor), de Mitchell Leisen.
1941 *Skylark* (Alondra del cielo), de Mark Sandrich. / *Remember the Day* (Recuerda aquel día), de Henry King.
1942 *The Palm Beach Story* (Un marido rico), de Preston Sturges.
1943 *No Time for Love* (No hay tiempo para amar), de Mitchell Leisen. / *So Proudly We Hail* (Sangre en Filipinas), de Mark Sandrich.
1944 *Since You Went Away* (Desde que te fuiste), de John Cromwell. / *Practically Yours* (Bodas blancas), de Mitchell Leisen.
1945 *Guest Wife* (Lo que desea toda mujer), de Sam Wood.
1946 *The Secret Heart* (Desconfianza), de Robert Z. Leonard. / *Tomorrow Is Forever* (Mañana es vivir), de Irving Pichel. / *Without Reservation* (Sucedió en el tren), de Mervyn LeRoy.
1947 *The Egg and I* (El huevo y yo), de Chester Erskine.
1948 *Sleep My Love* (Pacto tenebroso), de Douglas Sirk. / *Family Honeymoon* (Luna sin miel), de Claude Binyon.
1949 *Bride for Sale* (Se vende una novia), de William D. Russell.
1950 *Three Came Home* (Regresaron tres), de Jean Negulesco. / *The Secret Fury* (Furia secreta), de Mel Ferrer.
1951 *Thunder on the Hill* (Tempestad en la cumbre), de Douglas Sirk. / *Let's Make It Legal,* de Richard Sale.
1952 *The Planter's Wife* (Malasia), de Ken Annakin. / *Destinées* (Destinos de mujer), episodio de Marcello Pagliero.
1953 *Si Versailles m'était conté* (Si Versalles pudiera hablar), de Sacha Guitry.
1955 *Texas Lady,* de Tim Whelan.
1961 *Parrish,* de Delmer Daves.

COLECCIONISTA, LA *(La collectionneuse, 1967)*

Tercer *Cuento moral* escrito y dirigido por Eric Rohmer, pero segundo largometraje rodado en 35 mm, marca su encuentro con el color y con el director de fotografía Néstor Almendros. Narra los enfrentamientos en una finca de Saint-Tropez, durante unas vacaciones de verano, entre Haydée (Haydée Politoff), una joven y atractiva coleccionista de hombres, y Adrien (Patrick Bauchau), un hombre mayor que ella que no quiere formar parte de su particular colección, con la complicidad de Daniel (Daniel Pommereulle). En su momento, esta producción de muy bajo presupuesto tiene un cierto éxito, por la delicadeza con que Rohmer describe el peculiar personaje de Haydée y por la buena interpretación que logra de la debutante Haydée Politoff —que posteriormente solo tiene una mínima carrera—, pero con el paso de los años ha perdido intensidad. Rohmer ha continuado trabajando en esta misma línea, pero haciéndolo cada vez mejor, mientras *La coleccionista* permanece demasiado anclada en su época.

Director y guionista: *Éric Rohmer*. Fotografía: *Néstor Almendros*. Música: *Blossom Toes, Giorgio Gomelsky*. Intérpretes: *Patrick Bauchau, Haydée Politoff, Daniel Pommereulle, Alain Juffroy*. Producción: *Georges de Beauregard para Les Films du Losange, Rome-Paris Films*. Color. Duración: *90'*. Francia.

COLINA DE LOS DIABLOS DE ACERO, LA *(Men in War, 1957)*

Un grupo de dieciséis soldados, al mando del teniente Benson (Robert Ryan), debe conquistar una colina, la cota 465, y lo consigue gracias a la ayuda casual del sargento Montana (Aldo Ray), pero solo sobreviven tres hombres. Ambientada en 1950 durante la guerra de Corea, esta sobria producción bélica, solo interpretada por hombres, íntegramente rodada en exteriores y narrada con gran eficacia por Anthony Mann, parece uno de sus más característicos *westerns* de itinerario, donde algunos sucesos ocurridos al ir de un lugar a otro modifican las relaciones entre los protagonistas. Basada en un perfecto guión de Philip Yordan, apoyado a su vez en la oposición entre el teniente Benson y el sargento Montana, esta producción de bajo presupuesto es uno de los mejores trabajos de Anthony Mann. Aunque tiene una buena música del famoso Elmer Bernstein, juega más con los silencios y los ruidos que con las palabras y la música.

Director: *Anthony Mann*. Guionista: *Philip Yordan*. Fotografía: *Ernest Haller*. Música: *Elmer Bernstein*.

Intérpretes: *Robert Ryan, Aldo Ray, Robert Keith, Vic Morrow, James Edwards, Sean Young.* Producción: *Sidney Harmon para Security/United Artists.* Duración: *104'. Estados Unidos.*

COLINA DEL ADIÓS, LA (*Love Is a Many Splendored Thing,* 1955)

Sobre el fondo de la revolución china y la guerra de Corea, en 1953 en Hong Kong se narran los amores entre la doctora euroasiática Han Suyin (Jennifer Jones) y el corresponsal de un diario norteamericano Mark Elliott (William Holden), y sus dificultades por los prejuicios raciales de ambas comunidades y por la oposición de la mujer de él a concederle el divorcio. A pesar de pertenecer a esa etapa donde los planos generales de las películas norteamericanas se ruedan en los lugares donde transcurre la acción, mientras los primeros planos se hacen en estudio —lo que da lugar a más de una escena absurda, como un baño de los protagonistas en el mar donde los planos están rodados en una playa y los contraplanos en estudio—, está muy bien narrada por el hábil artesano Henry King con una estupenda utilización del recién nacido formato CinemaScope y es una de las grandes películas románticas. La canción que da título a la película, con música de Sammy Fain y letra de Paul Francis, gana un Oscar y se convierte en un gran éxito.

Director: *Henry King.* Guionista: *John Patrick.* Fotografía: *Leon Shamroy.* Música: *Alfred Newman.* Intérpretes: *Jennifer Jones, William Holden, Torin Thatcher, Isobel Elsom, Murray Matheson, Virginia Gregg.* Producción: *Buddy Adler para 20th Century Fox. Color. Scope.* Duración: *102'. Estados Unidos.*

COLMAN, Ronald (*Richmond, Surrey, Reino Unido, 1891-Santa Bárbara, California, Estados Unidos, 1958*)

Finalizados sus estudios, va a combatir en la Gran Guerra antes de debutar en Londres como actor de teatro y cine. Tras intervenir en una decena de películas británicas, en 1921 se traslada a Hollywood para durante toda la década desarrollar una estrecha colaboración con el director George Fitzmaurice en los dramas mundanos *La ciudad eterna, Tarnish, Un ladrón en el paraíso, La prueba del fuego, El ángel de las tinieblas, Venganza gitana, ¡Que pague el diablo!* y *El paraíso del mal.* También colabora, en menor medida, con Henry King en *La hermana blanca, Romola, ...y supo ser madre, Flor de desierto* y *La llama mágica;* con Ernst Lubitsch en *El abanico de Lady Windermere;* con Clarence Brown en *Kiki;* con Fred Niblo en *Dos amantes,* y con D'Abbadie d'Arrast en *Raffles.* Dada su formación teatral, no tiene dificultades para pasar del mudo al sonoro y durante los años treinta alcanza su máxima popularidad con las románticas producciones de aventuras *Historia de dos ciudades,* de Jack Conway; *Bajo dos banderas* y *Si yo fuera rey,* de Frank Lloyd; *Horizontes perdidos,* de Frank Capra; *En tinieblas,* de William A. Wellman, y *El prisionero de Zenda,* de John Cromwell. Prácticamente retirado del cine desde mediados de la década de los cuarenta, hace sus mejores papeles a finales en *El último George Apley,* de Joseph L. Mankiewicz, y *Doble vida,* de George Cukor, con la que consigue su único Oscar, después de haber quedado finalista en tres ocasiones. Tras protagonizar la irregular *Champagne for Caesar,* solo hace apariciones episódicas en un par de producciones.

1918 *The Live Wire,* de George Dewhurst.
1919 *The Toilers,* de Tom Watts. / *A Daughter of Eve,* de Walter West. / *Snow in the Desert,* de Walter West.
1920 *A Son of David,* de E. Hay Plumb. / *Sheba,* de Cecil M. Hepworth. / *Anna the Adventuress,* de Cecil M. Hepworth. / *The Black Spider,* de William J. Humphrey.
1921 *Handcuffs or Kisses,* de George Archainbaud.
1923 *The White Sister* (La hermana blanca), de Henry King. / *The Eternal City* (La ciudad eterna), de George Fitzmaurice.
1924 *Twenty Dollars a Week,* de F. Harmon Weight. / *Romola,* de Henry King. / *Tarnish,* de George Fitzmaurice.
1925 *Her Night of Romance* (La novela de una noche), de Sidney Franklin. / *A Thief in Paradise* (Un ladrón en el paraíso), de George Fitzmaurice. / *His Supreme Moment* (La prueba del fuego), de George Fitzmaurice. / *The Sporting Venus* (La Venus deportiva), de Marshall Neilan. / *Her Sister From Paris* (Su hermana de París), de Sidney Franklin. / *The Dark Angel* (El ángel de las tinieblas), de George Fitzmaurice. / *Stella Dallas* (...y supo ser madre), de Henry King. / *Lady Windermere's Fan* (El abanico de Lady Windermere), de Ernst Lubitsch.
1926 *Kiki,* de Clarence Brown. / *Beau Geste,* de Herbert Brenon. / *The Winning of Barbara Worth* (Flor de desierto), de Henry King.

1927 *The Night of Love* (Venganza gitana), de George Fitzmaurice. / *The Magic Flame* (La llama mágica), de Henry King.
1928 *Two Lovers* (Dos amantes), de Fred Niblo.
1929 *The Rescue* (El rescate), de Herbert Brenon. / *Bulldog Drummond* (El capitán Drummond), de F. Richard Jones. / *Condemned* (Condenado), de Wesley Ruggles.
1930 *Raffles*, de H. D'Abbadie D'Arrast. / *The Devil to Pay* (¡Que pague el diablo!), de George Fitzmaurice.
1931 *The Unholy Garden* (El paraíso del mal), de George Fitzmaurice. / *Arrowsmith* (El doctor Arrowsmith), de John Ford.
1932 *Cynara* (Su único pecado), de King Vidor.
1933 *The Masquerader* (La máscara del otro), de Richard Wallace.
1934 *Bulldog Drummond Strikes Back* (Un aventurero audaz), de Roy del Ruth.
1935 *Clive of India* (Clive de la India), de Richard Boleslawski. / *The Man Who Broke the Bank at Monte Carlo* (Desbanqué Montecarlo), de Stephen Roberts. / *A Tale of Two Cities* (Historia de dos ciudades), de Jack Conway.
1936 *Under Two Flags* (Bajo dos banderas), de Frank Lloyd.
1937 *Lost Horizon* (Horizontes perdidos), de Frank Capra. / *The Prisoner of Zenda* (El prisionero de Zenda), de John Cromwell.
1938 *If I Were King* (Si yo fuera rey), de Frank Lloyd.
1939 *The Light That Failed* (En tinieblas), de William A. Wellman.
1940 *Lucky Partners* (Unidos por la fortuna), de Lewis Milestone.
1941 *My Life With Caroline* (Otra vez mía), de Lewis Milestone.
1942 *The Talk of the Town* (El asunto del día), de George Stevens. / *Random Harvest* (Niebla en el pasado), de Mervyn LeRoy.
1944 *Kismet* (El príncipe mendigo), de William Dieterle.
1947 *The Late George Apley* (El último George Appley), de Joseph L. Mankiewicz.
1948 *A Double Life* (Doble vida), de George Cukor.
1950 *Champagne for Caesar*, de Richard Whorf.
1956 *Around the World in 80 Days* (La vuelta al mundo en 80 días), de Michael Anderson.
1957 *The Story of Mankind* (La historia de la humanidad), de Irwin Allen.

COLMENA, LA *(1982)*

Para cerrar sus casi treinta años como guionista y productor al frente de la marca Agata Films, José Luis Dibildos se plantea alejarse de sus tradicionales comedias y adaptar la mejor novela de Camilo José Cela. Sobre un buen guión suyo y tras varios retrasos, originados por el cambio de realizador, acaba siendo dirigida con eficacia por el especialista Mario Camus. A través de un microcosmos integrado por unos sesenta personajes, cuyo eje es el tradicional café La Delicia, donde se reúnen la mayoría de ellos para olvidarse del hambre y el frío, se da una cruda visión del invierno de 1942 en Madrid, al comienzo de la dura posguerra, los años del hambre, la época de las restricciones y las cartillas de racionamiento. Gracias a un férreo y bien estructurado guión, una ajustada realización y un extenso reparto de primeras figuras, no sólo gana el Oso de Oro del Festival de Berlín, sino que también tiene gran éxito de público.

Director: *Mario Camus*. Guionista: *José Luis Dibildos*. Fotografía: *Hans Burmann*. Música: *Antón García Abril*. Intérpretes: *Victoria Abril, Ana Belén, Luis Escobar, Fiorella Faltoyano, Charo López, José Luis López Vázquez, Francisco Rabal, José Sacristán, José Sazatornil «Saza», Concha Velasco*. Producción: *José Luis Dibildos para Agata Films*. Color. Duración: *112'. España.*

COLOMO, Fernando *(Madrid, España, 1946)*

Licenciado en arquitectura por la escuela de Madrid y en decoración por la Escuela Oficial de Cinematografía, rueda algunos cortometrajes antes de pasar al largo y sentar las bases de la denominada «comedia madrileña» con la renovadora *Tigres de papel,* la irregular *¿Qué hace una chica como tú en un sitio como este?,* y la policiaca *La mano negra.* Dentro del mismo estilo funcionan peor la pretenciosa *Estoy en crisis,* la neoyorquina *La línea del cielo* y la de ciencia ficción *El caballero del dragón.* Su mayor éxito es *La vida alegre,* donde intenta volver a sus orígenes con más oficio, pero menos espontaneidad. Productor o coproductor de todas sus películas, su línea se tuerce cuando trabaja para otros en *Miss Caribe,* un intento de comedia tropical rodado para aprovechar el galeón construido para *El Dorado* (1987), de Carlos Saura, y *Bajarse al moro,* adaptación del sainete de éxito de Alonso de Santos. Tras la larga serie de televisión *Chicas de hoy en día* (1991), vuelve a sus comedias con *Rosa, Rosae,* fallido enfrentamiento entre dos mujeres; *Alegre ma non troppo,* apoyada en la Joven Orquesta Nacional de España durante un curso de verano en el palacio de la Magdalena de Santander, y *El efecto mariposa,* una divertida historia incestuosa, rodada en Londres, que se sitúa a la cabeza de sus trabajos.

1977 *Tigres de papel.*
1978 *¿Qué hace una chica como tú en un sitio como este?*
1980 *La mano negra.*
1982 *Estoy en crisis.*
1983 *La línea del cielo.*
1985 *El caballero del dragón.*
1987 *La vida alegre.*
1988 *Miss Caribe. / Bajarse al moro.*
1993 *Rosa, Rosae.*
1994 *Alegre ma non troppo.*
1995 *El efecto mariposa.*

COLORADO JIM *(The Naked Spur, 1953)*

Quinto de los once *westerns* realizados por Anthony Mann y tercero de los cinco protagonizados por James Stewart, es uno de los mejores, tanto por incluir muchos de sus temas característicos, como por servir de marco para hacer una rigurosa exposición del tema de la avidez humana. Narra cómo el granjero Howard Kemp (James Stewart), convertido en eventual cazador de recompensas, con la ayuda del oficial desertor del ejército yanqui Roy Anderson (Ralph Meeker) y el viejo buscador de oro Jesse Tate (Millard Mitchell), captura al bandido Ben Vandergroat (Robert Ryan). Mientras consigue que sus compinches se enfrenten por el reparto del dinero, logra redimirse por el amor de Lina (Janet Leigh), la compañera del bandido. Íntegramente rodado en exteriores, está realizado con una gran sobriedad y eficacia por el experto Anthony Mann, que se apoya dramáticamente en el continuo enfrentamiento entre los cinco personajes.

Director: *Anthony Mann.* Guionistas: *Sam Rolfe, Harold Jack Bloom.* Fotografía: *William C. Mellor.* Música: *Bronislau Kaper.* Intérpretes: *James Stewart, Robert Ryan, Janet Leigh, Millard Mitchell, Ralph Meeker.* Producción: *William H. Wright para Metro-Goldwyn-Mayer. Color.* Duración: *91'. Estados Unidos.*

COMEDIA SEXUAL DE UNA NOCHE DE VERANO *(Midsummer Night's Sex Comedy, 1982)*

A partir de la famosa obra de teatro *El sueño de una noche de verano,* de William Shakespeare, la conocida película *Sonrisas de una noche de verano* (Sommarnattens Leende, 1955), de Ingmar Bergman, y la música clásica de Felix Mendelssohn, el guionista, actor y director Woody Allen hace una brillante comedia de época. Narra como, a principios de siglo, el matrimonio formado por Andrew (Woody Allen) y Adrian (Mary Steenburgen) se reúne en su casa de campo, cercana a Nueva York, con sus amigos Leopold (José Ferrer) y Ariel (Mia Farrow), próximos a contraer matrimonio, y con el doctor Maxwell (Tony Roberts) y su enfermera Dulcy (Julie Hagerty). Durante un fin de semana se intercambian las parejas invitadas, mientras el matrimonio anfitrión encuentra la felicidad. Realizada con brillantez por Woody Allen, es una buena comedia, con excelente fotografía de Gordon Willis, donde solo sobra un elemento fantástico marginal: una extraña bola inventada por Andrew que recuerda el pasado y refleja el porvenir.

Director y guionista: *Woody Allen.* Fotografía: *Gordon Willis.* Música: *Felix Mendelssohn.* Intérpretes: *Woody Allen, Mia Farrow, José Ferrer, Julie Hagerty, Tony Roberts, Mary Steenburgen.* Producción: *Robert Greenhut para Warner / Orion. Color.* Duración: *88'. Estados Unidos.*

COMENCINI, Luigi *(Salò, Italia, 1916)*

Licenciado en arquitectura, funda con Marco Ferreri y Alberto Lattuada la Cineteca de Milán. Durante la guerra trabaja como periodista en distintas revistas y en la posguerra colabora en guiones para Pietro Germi, Alberto Lattuada, Dino Risi y Mario Soldati. El interés demostrado por el mundo infantil durante su carrera le hace rodar el cortometraje *Bambini in città* (1946), debutar como director de largos con *Prohibido robar,* sobre los esfuerzos de un cura por fundar un albergue en Nápoles para niños abandonados en la posguerra, y jalonar su obra con importantes películas protagonizadas por niños: *La finestra sul Luna Park,* sobre los problemas de un niño que debe vivir sin sus padres en Roma; la melodramática *El incomprendido,* en torno a las relaciones entre el cónsul inglés de Florencia, que acaba de quedarse viudo, y sus dos hijos pequeños; *Infancia, vocación y primeras experiencias de Giacomo Casanova veneciano,* sólida producción de época sobre la juventud del famoso conquistador; *Vuélvete, Eugenio,* sobre la vida del hijo de unos padres progresistas separados; *Un muchacho de Calabria,* en torno a un humilde muchacho que llega a ganar los Juegos de la Juventud de Roma en 1960; y la irregular nueva versión del cuento de José María Sánchez Silva *Marcelino, pan y vino.* Sin olvidar sus importantes trabajos para televisión sobre el mismo tema: el documental *I bambini e noi* (1970) y las excelentes series *Las aventuras de Pinocho* —de la que también se distribuye una versión abreviada para cine— sobre la obra clásica de Carlo Collodi, y *Corazón* (Cuore, 1984), sobre la conocida novela de Edmondo de Amicis. Entre medias realiza una amplia, interesante e irregular obra, integrada por cuarenta largometrajes y varios episodios rodados durante cuarenta y tantos años, que le convierten en uno de los grandes nombres del cine italiano de las últimas décadas. Tras *L'imperatore di Capri,* una comedia al servicio de Totò, y dos típicos melodramas, *Persiane chiuse,* comenzado a rodar por Gianni Puccini, y *La tratta delle bianche,* se da a conocer internacionalmente con el díptico de comedias formado por *Pan, amor y fantasía* y *Pan, amor y celos,* que imponen el denominado «neorrealismo rosa». Frente a irregulares comedias como *La bella de Roma, Mariti in città, Moglie pericolose* y *Le sorprese dell'amore,* destacan la poco conocida *La valigia dei sogni,* sentido homenaje al cine mudo; su obra maestra *Todos a casa,* sobre los confusos momentos vividos por los soldados italianos al final de la II Guerra Mundial; la parábola *A cavallo della tigre,* sobre la imposibilidad de vivir en el mundo moderno; la sátira político policiaca *Il commisario* y *La chica de Bube,* adaptación de una novela de Carlo Cassola en torno a las relaciones entre una muchacha y un ex partisano que debe vivir oculto en la posguerra. Finaliza los años sesenta malamente con la floja comedia *La mentirosa,* basada en la obra de Diego Fabbri, *El camarada Don Camilo,* cuarta y peor adaptación de la obra de Giovanni Guareschi, y la torpe parodia de espionaje *Italian Secret Service.* Durante los setenta vuelve a hacer obras interesantes como los policiacos *Sin saber nada de ella, La mujer del domingo* y, sobre todo, *Il gatto,* con un excelente guión de Rodolfo Sonego, la amarga comedia *Sembrando ilusiones,* sobre el poder del dinero, y el drama social *Delito de amor.* Entre los muchos episodios de comedias colectivas que sazonan su carrera se sitúa en primerísima posición *El ascensor,* una pequeña obra maestra escrita por Rodolfo Sonego y protagonizada por Alberto Sordi y Stefania Sandrelli, que narra la larga estancia de un cardenal y una desinhibida joven en un ascensor estropeado durante un caluroso *ferragosto.* En los años ochenta trabaja más en televisión que en cine, dada la cada vez peor situación de la industria cinematográfica italiana; entre sus películas de esta década destacan, aparte de las citadas, *Cercasi Gesù,* una personal parábola sobre el terrorismo, y *Buon Natale, buon anno,* sobre un matrimonio de jubilados que se ve obligado a separarse para vivir con cada uno de sus hijos.

1948 *Proibito rubare* (Prohibido robar).
1949 *L'imperatore di Capri.*
1951 *Persiane chiuse.*
1952 *La tratta delle bianche.*
1953 *Son tornata per te* (Heidi). / *Pane, amore e fantasia* (Pan, amor y fantasía). / *La valigia dei sogni.*
1954 *Pane, amore e gelosia* (Pan, amor y celos).
1955 *La bella di Roma* (La bella de Roma).
1957 *La finestra sul Luna-Park.* / *Mariti in città.*
1958 *Moglie pericolose.*
1959 *Le sorprese dell'amore.* / *...und das am Montagmorgen* (Sucedió en Lunes).
1960 *Tutti a casa* (Todos a casa).
1961 *A cavallo della tigre.*
1962 *Il commissario.*
1963 *La ragazza di Bube* (La chica de Bube).
1964 *Fatebenefratelli* (Hacedlo bien hermanos), episodio de *Tre notti d'amore* (Tres noches de amor). / *Eritrea,* episodio de *La mia signora* (Mi señora).
1965 *Il trattato di eugenetica* (El tratado de genética), episodio de *Le bambole* (Las cuatro muñecas). / *La bugiarda* (La mentirosa). / *Il compagno don Camilo* (El camarada don Camilo).
1967 *Incompreso* (El incomprendido).
1968 *Italian Secret Service.*
1969 *Infanzia, vocacione e prime esperienze di Giacomo Casanova veneziano* (Infancia, vocación y primeras experiencias de Giacomo Casanova veneciano). / *Senza sapere niente di lei* (Sin saber nada de ella).
1971 *Le avventure di Pinocchio* (Las aventuras de Pinocho).
1972 *Lo scopone scientifico* (Sembrando ilusiones).
1973 *Delitto d'amore* (Delito de amor).
1974 *Mio Dio, come sono caduta in basso!* (¡Dios mío, cómo he caído tan bajo!).
1975 *La donna della domenica* (La mujer del domingo). / *L'equivoco* (El equívoco), episodio de *Basta che non si sappia in giro* (El regodeo).

1976 *Signore e signori buonanotte*, un episodio. / *L'ascensore* (El ascensor), episodio de *Quelle strane occasioni* (Ciertos pequeñísimos pecados).
1977 *Il gatto*.
1978 *L'ingorgo* (El gran atasco).
1980 *Voltati Eugenio* (Vuélvete, Eugenio).
1981 *Cercasi Gesù*.
1987 *Un ragazzo di Calabria* (Un muchacho de Calabria).
1989 *Buon Natale, buon anno*.
1990 *Tenero è il tramonto*.
1991 *Marcellino pane e vino* (Marcelino, pan y vino).

CÓMICOS *(1953)*

Tras codirigir con Luis G. Berlanga *Esa pareja feliz* (1951), J. A. Bardem parte de sus conocimientos del mundillo teatral, que debe a ser hijo de cómicos, y de la famosa producción norteamericana *Eva al desnudo* (All About Eve, 1950), de Joseph L. Mankiewicz, para hacer su primera película en solitario. Si Eve Harrington (Anne Baxter) es una arribista y lo que cuenta Mankiewicz son las artimañas que utiliza para triunfar en Broadway, Ana Ruiz (Christian Galvé) también es una joven actriz que trata de abrirse camino, pero en el sórdido teatro español de la posguerra, y lo que narra Bardem es su toma de conciencia profesional. Contada a través de un eficaz juego de primeros planos, con el paso del tiempo se ha convertido en un excelente documento sobre el mundillo teatral español de la época y su lado dogmático se ha atenuado hasta casi desaparecer, por lo que se sitúa entre las mejores películas de su realizador. Por motivos puramente económicos, diecisiete años después Bardem se ve obligado a escribir y dirigir *Varietés* (1970), una nueva versión musical al servicio de la actriz y cantante Sara Montiel, que no solo carece de atractivo, sino que es una falta de respeto hacia su primera película.

Director y guionista: *J. A. Bardem*. Fotografía: *Ricardo Torres*. Música: *Isidro B. Maiztegui, Jesús Franco*. Intérpretes: *Christian Galvé, Fernando Rey, Emma Penella, Carlos Casaravilla, Mariano Asquerino, Rosario García Ortega, Rafael Alonso*. Producción: *Eduardo Manzanos para Unión Films*. Duración: *88'. España*.

COMO EN UN ESPEJO *(Säsom i en spegel, 1961)*

Más allá de las interpretaciones a que puede dar lugar la visión del Dios-araña y de diversos diálogos religiosos, su interés reside en narrar con gran fuerza los días que una enferma mental pasa con su familia entre dos crisis. Karin (Harriet Andersson) habla con su preocupado marido Martin (Max von Sydow), trata de responsabilizar a su asustado y escurridizo padre David (Gunnar Björnstrand) y hace el amor con su joven hermano Frederik (Lars Passgård), mientras vive unos días en la isla de Fårö y cree ver a Dios en la araña apareciendo por la grieta de la pared de un trastero. Con la *Fuga n.º 2 en Fa menor* de J. S. Bach como música de fondo, se desarrollan las relaciones de este peculiar cuarteto de complejos personajes, rodadas con tan pocos medios como gran imaginación. Abre la trilogía de Ingmar Bergman sobre el «silencio de Dios», que prosigue con el mismo nivel de calidad en *Los comulgantes* (Nattvardsgästerna, 1962) y *El silencio* (Tystnaden, 1963). Tiene una excelente fotografía de Sven Nykvist y gana el Oscar correspondiente a la producción extranjera. Además del muy peculiar clima creado, destaca la escena de la tenue seducción del hermano en un barco abandonado, medio deshecho y bajo la lluvia.

Director y guionista: *Ingmar Bergman*. Fotografía: *Sven Nykvist*. Música: *Johann Sebastian Bach*. Intérpretes: *Harriett Andersson, Gunnar Björnstrand, Max von Sydow, Lars Passgård*. Producción: *Allan Ekelund para Svensk Filmindustri*. Duración: *90'. Suecia*.

COMO UN TORRENTE *(Some Came Running, 1959)*

Tomando como punto de partida un largo y plúmbeo novelón de James Jones convertido en excelente guión por John Patrick y Arthur Sheekman, el realizador Vincente Minnelli hace uno de sus mejores melodramas. Narra cómo, tras una ausencia de dieciséis años y después de haber intervenido en la II Guerra Mundial, el soldado Dave Hirsh (Frank Sinatra) regresa en 1948 a Parkman, Indiana, su ciudad natal, con la prostituta Ginny Moorehead (Shirley MacLaine). Allí entabla relaciones, por un lado, con su hermano Frank Hirsh (Arthur Kennedy), su mujer y su hija, y la profesora de literatura Gwen French (Martha Hyer), y por otro con el jugador profesional Bama Diliert (Dean Martin). Atractivo estudio de caracteres tras el que se esconde una cierta crítica social, y que, sobre todo, muestra a Minnelli como un gran narrador y un dotado director de actores, tal como se puede apreciar en los muy diferentes, pero igualmente espléndidos trabajos de Frank Sinatra, Shirley MacLaine y Dean Martin.

Director: *Vincente Minnelli*. Guionistas: *John Patrick, Arthur Sheekman*. Fotografía: *William Daniels*. Música: *Elmer Bernstein*. Intérpretes: *Frank Sinatra, Dean Martin, Shirley MacLaine, Martha Hyer, Arthur Kennedy, Nancy Gates, Leora Dana*. Producción: *Sol C. Siegel para Metro-Goldwyn-Mayer. Color. Scope.* Duración: *136'. Estados Unidos.*

COMULGANTES, LOS *(Nattvardsgästerna, 1962)*

A principios de los años sesenta, Ingmar Bergman escribe y dirige la trilogía sobre el «silencio de Dios». Integrada por *Como en un espejo* (Säsom i en spegel, 1961), esta producción y *El silencio* (Tystnaden, 1963), muestra a unos personajes atormentados por su imposibilidad de creer en la existencia de Dios. La más sobria narración de la trilogía es esta, donde el reverendo Thomas Ericsson (Gunnar Björnstrand) se enfrenta a Marta Lundberg (Ingrid Thulin), una mujer a quien no ama, y es incapaz de evitar el suicidio de su feligrés Jonas Persson (Max von Sydow), para acabar descubriendo que no cree en Dios, perdido en una solitaria parroquia rodeada de nieve. Desarrollada en el intervalo de tiempo que transcurre entre dos ceremonias religiosas, una celebrada con muy pocos feligreses, y la otra, sin ninguno, es una de las más austeras películas de Bergman y que mejor ha soportado el difícil paso del tiempo.

Director y guionista: *Ingmar Bergman*. Fotografía: *Sven Nykvist*. Música: *Johann Sebastian Bach*. Intérpretes: *Gunnar Björnstrand, Ingrid Thulin, Max von Sydow, Gunnel Lindblom*. Producción: *Allan Ekelund para Svensk Filmindustri*. Duración: *80'. Suecia.*

CON FALDAS Y A LO LOCO *(Some Like It Hot, 1959)*

Testigos involuntarios del ajuste de cuentas entre gángsters del 14 de febrero de 1929, el saxofonista Joe (Tony Curtis) y el contrabajista Jerry (Jack Lemmon) tienen que hacerse pasar por Josephine y Daphne para poder incorporarse a una orquesta de señoritas y huir desde Chicago a Miami de los violentos pistoleros de Spats Colombo (George Raft). Mientras Jerry se enamora de la sensual cantante Sugar (Marilyn Monroe), y el multimillonario Oshgood Fielding III (Joe E. Brown) lo hace de la masculina Daphne. A partir de la olvidada producción francesa *Fanfare d'amour* (1935), de Richard Pottier, con Betty Stockfeld, Fernand Gravey y Julien Carette, el vienés Billy Wilder escribe en colaboración con I. A. L. Diamond —el coguionista de la última etapa de su carrera—, produce y dirige esta divertida parodia de las películas de gángsters, que se sitúa entre las más famosas y comerciales comedias de Hollywood. Destaca el trabajo de Marilyn Monroe y sus canciones *I'm Troung With Love, I Wanna Be Love by You* y *Running Wild*, así como los brillantes diálogos. Su éxito es origen de los musicales teatrales *Sugar* (1972), y *Some Like It Hot* (1992).

Director: *Billy Wilder*. Guionistas: *Billy Wilder, I. A. L. Diamond*. Fotografía: *Charles Lang Jr.* Música: *Adolph Deutsch*. Intérpretes: *Marilyn Monroe, Tony Curtis, Jack Lemmon, George Raft, Pat O'Brien, Joe E. Brown*. Producción: *Billy Wilder para Mirisch Company / United Artists.* Duración: *105'. Estados Unidos.*

CON LA MUERTE EN LOS TALONES *(North by Northwest, 1959)*

En el Hotel Plaza de Nueva York, el atractivo publicitario Roger Thornhill (Cary Grant) es confundido con el inexistente espía Kaplan, un señuelo inventado por los agentes del gobierno de Estados Unidos para enmascarar la personalidad de su verdadero espía. En sus intentos por esclarecer la verdad, Roger Thornhill se ve atrapado por las intrigas de la guerra fría, debe enfrentarse una y otra vez con el agente enemigo Philip Vandamm (James Mason) y sus esbirros, y acaba enamorándose de la auténtica espía Eve Kendall (Eve Marie Saint). Tras esta trepidante historia de espionaje, el maestro Alfred Hitchcock esconde algunas de sus más características obsesiones, pero al tratarlas de manera indirecta y con un eficaz tono de humor, le llevan más lejos que si las hubiera abordado directamente. Desde su tradicional falso culpable, que al ser confundido en esta ocasión con un inexistente espía hace que el relato deje de ser kafkiano y se convierta en onírico, tal como subraya su erótico y brillante final, hasta su obsesión por la terrible madre posesiva, que en esta ocasión, además, desconfía continuamente de su hijo, y se va diluyendo poco a poco a medida que se complica la relación del protagonista con una misteriosa mujer rubia, otra de sus constantes habituales, que en cada escena muestra un aspecto diferente de su compleja personalidad. Entre las múltiples situaciones de peligro que debe afrontar el protagonista —conducir borracho por una peligrosa carretera, escapar del edificio de las Naciones Unidas después de parecer que ha asesinado a un hombre, salir de una sala de subastas controlada por los agentes enemigos, sobrevivir a los disparos de una espía y rescatarla de las manos enemigas— destaca la brillante y espectacular en que debe huir en un descampado de una avioneta que trata de ametrallarle y fumigarle. Dentro del excelente resultado brillan con luz propia el peculiar humor que destila la película, la sabia lección de cine que da con ella Hitchcock, la excelente música de su colaborador habitual en esta etapa de su carrera Bernard Herrmann y el duelo interpretativo entre unos magníficos Cary Grant y James Mason.

Director: *Alfred Hitchcock*. Guionista: *Ernest Lehman*. Fotografía: *Robert Burks*. Música: *Bernard Herrmann*. Intérpretes: *Cary Grant, Eve Marie Saint, James Mason, Leo G. Carroll, Martin Landau*. Producción: *Alfred Hitchcock para Metro-Goldwyn-Mayer. Color.* Duración: *136'. Estados Unidos.*

CONDENADO A MUERTE SE HA FUGADO, UN *(Un condamné à mort s'est échappé, 1956)*

Entre *Diario de un cura rural* (Le journal d'un curé de campagne, 1950) y *Picpocket* (1959), Robert Bresson completa la trilogía sobre la soledad que le convierte en uno de los grandes del cine con esta minuciosa adaptación de un relato autobiográfico de André Devigny. Tras un rótulo que indica «Esta historia es verdadera, la cuento tal cual, sin adornos», narra cómo en 1943, durante la ocupación alemana de Francia en la II Guerra Mundial, el teniente Fontaine (François Leterrier) es conducido a la prisión de Montluc en Lyon para ser ejecutado, pero logra fugarse en compañía de otro prisionero. Bresson hace de esta historia una minuciosa narración analítica en la que cada gesto, cada detalle, cuenta en la evolución del conjunto tanto como la totalidad de lo que está narrando. Con un claro y eficaz tono católico, subrayado por el subtítulo «El viento sopla donde quiere», extraído de la epístola de Jesucristo a Nicodemo, y por la presencia de un sacerdote entre los prisioneros de Montluc, es una de las mejores muestras del cine religioso de Bresson.

Director y guionista: *Robert Bresson*. Fotografía: *Léonce-Henry Burel*. Música: *W. A. Mozart*. Intérpretes: *François Leterrier, Roland Monod, Charles Le Clainche, Maurice Beerblock, Jacques Ertaud*. Producción: *Alain Poiré y Jean Thuillier para Gaumont.* Duración: *105'. Francia.*

CONFESIONES VERDADERAS *(True Confessions, 1981)*

Además de ser uno de los grandes directores contemporáneos del teatro norteamericano, Ulu Grosbard ha realizado media docena de películas en casi treinta años de profesión. Una de las mejores es esta, por la fuerza y tensión que sabe crear en una historia policiaca con un interesante e inusual trasfondo católico. Basada en una novela del cinéfilo John Gregory Dunne, que también escribe el guión, gira en torno al enfrentamiento entre dos hermanos; uno de ellos, Tom Spellacy (Robert Duvall), es un simple policía, lleno de rencor; el otro es el ambicioso monseñor Desmond Spellacy (Robert de Niro). Tiene una compleja trama que comienza al encontrarse el cadáver de un sacerdote en un burdel, prosigue con una sucia historia inmobiliaria en la que interviene el constructor Jack Amsterdam (Charles Durning) y finaliza con el famoso caso de la Dalia Negra, una prostituta cuyo cuerpo aparece partido en pedazos. Destaca su cuidada ambientación en los años cuarenta y el duelo interpretativo entre Robert de Niro y Robert Duvall, muy bien dirigidos por Grosbard.

Director: *Ulu Grosbard*. Guionistas: *John Gregory Dunne, Joan Didion*. Fotografía: *Owen Roizman*. Música: *Georges Delerue*. Intérpretes: *Robert de Niro, Robert Duvall, Charles Durning, Kenneth McMillan, Ed Flanders, Cyril Cusack, Burgess Meredith*. Producción: *James D. Brubaker para Chartoff-Winkler / United Artists. Color.* Duración: *108'. Estados Unidos.*

CONFIDENCIAS *(Gruppo di famiglia in un interno, 1974)*

La tranquilidad de un viejo profesor (Burt Lancaster), que vive entre sus recuerdos, sus libros y sus cuadros en una gran casa romana, es turbada por la familia Brumonti, que se instala en el piso de arriba. Tras el rechazo inicial, el profesor trata de comprender los problemas de la madre Bianca (Silvana Mangano), su hija Lietta (Claudia Marsani) y los jóvenes Konrad (Helmut Berger) y Stefano (Stefano Patrizi), pero no lo consigue. Íntegramente rodada en estudio por un Luchino Visconti envejecido y atado a una silla de ruedas, narra la imposible comunicación entre generaciones y la decadencia de la cultura occidental; pero sus personajes, tanto el profesor sin nombre, tras el que no es difícil adivinar al propio Visconti, como la familia Brumonti, no resultan especialmente atractivos. Está mucho mejor rodada que sus películas de los últimos diez años. Hay que señalar que por amistad hacia Visconti, Claudia Cardinale y Dominique Sanda hacen breves intervenciones.

Director: *Luchino Visconti.* Guionistas: *Suso Cecchi D'Amico, Enrico Medioli, Luchino Visconti.* Fotografía: *Pasqualino de Santis.* Música: *Franco Mannino.* Intérpretes: *Burt Lancaster, Silvana Mangano, Helmut Berger, Claudia Marsani, Stefano Patrizi, Elvira Cortese.* Producción: *Giovanni Bertolucci para Rusconi Film (Roma), Gaumont International (París). Color.* Duración: *120'. Italia-Francia.*

CONFIDENTE, EL *(Le doulos, 1962)*

A partir de una novela policiaca del especialista Pierre Lesou, el guionista, productor y director Jean-Pierre Melville rueda una de sus primeras grandes obras del género. Narra cómo, a la salida de la cárcel, Maurice (Serge Reggiani) prepara un robo con la ayuda de su amigo Silien (Jean-Paul Belmondo), pero se ha convertido en un confidente y le delata a la policía. Maurice, herido, logra escapar, pero para vengarse encarga a Kern (Carl Studer) que mate a Silien. Tras una última entrevista entre los dos amigos, Kern mata a Maurice por error, Silien asesina a Kern y también acaba muriendo Silien. Con estos característicos elementos Jean-Pierre Melville consigue mucho más que un intenso policiaco; narra la historia de una amistad, describe una tragedia moderna y hace una reflexión sobre la mentira. Destaca el sutil trabajo interpretativo de la pareja formada por el joven Jean-Paul Belmondo y el maduro Serge Reggiani.

Director y guionista: *Jean-Pierre Melville.* Fotografía: *Nicolas Hayer.* Música: *Paul Misraki.* Intérpretes: *Jean-Paul Belmondo, Serge Reggiani, Jean Desailly, Michel Piccoli, René Lefèvre, Carl Studer.* Producción: *Georges de Beauregard.* Duración: *108'. Francia.*

CONFORMISTA, EL *(Il conformista, 1970)*

Tomando como punto de partida la novela homónima de Alberto Moravia, un joven y poco conocido Bernardo Bertolucci escribe y dirige una de sus mejores películas con una amplia sucesión de excelentes escenas. Cuenta cómo, en 1937, al final del *Ventennio nero,* la policía fascista italiana convence al joven Marcello Clerici (Jean-Louis Trintignant) para que vaya a París a asesinar a su antiguo profesor, Quadri (Enzo Tarascio), líder antifascista exiliado. Narrada a través de un largo *flashback,* la historia se enriquece gracias a relacionarse el conformista protagonista con su mujer, la burguesa Giulia (Stefania Sandrelli), la compleja hija del profesor, Anna Quadri (Dominique Sanda), y el antiguo chófer de la familia Lino Seminara (Pierre Clementi). Además del brillante trabajo de Bertolucci, destacan la excelente fotografía de su habitual colaborador Vittorio Storaro y la siempre inspirada música de Georges Delerue, sin olvidar la fascinante presencia de Dominique Sanda y Stefania Sandrelli.

Director y guionista: *Bernardo Bertolucci.* Fotografía: *Vittorio Storaro.* Música: *Georges Delerue.* Intérpretes: *Jean-Louis Trintignant, Stefania Sandrelli, Dominique Sanda, Pierre Clementi, Enzo Tarascio.* Producción: *Maurizio Lodi-Fe para Mars Film (Roma), Marianne Productions (Berlín), Maran Films (París). Color.* Duración: *115'. Italia-República Federal Alemana-Francia.*

CONNERY, Sean *(Thomas Connery. Edimburgo, Escocia, Reino Unido, 1930)*

Hijo de un camionero y una empleada doméstica, pasa su infancia en un barrio obrero de Edimburgo. Abandona la escuela a los quince años y se enrola en la marina. Después de trabajar como albañil, guardaespaldas, barnizador de ataúdes y tramoyista, debuta como actor de teatro en 1953 y poco después también hace breves papeles en películas británicas de bajo presupuesto. A principios de la década de los sesenta gana un concurso del diario *Londres Express* para encontrar al intérprete ideal del espía creado por el novelista Ian Fleming y se hace famoso internacionalmente al encarnar a James Bond en *Agente 007 contra el Dr. No.* Mientras prosigue protagonizando la popular serie británica en *Desde Rusia con amor, James Bond contra Goldfinger, Operación trueno, Solo se vive dos* veces, *Diamantes para la eternidad* y, ya en los años ochenta, *Nunca digas nunca jamás*, emprende una interesante carrera a uno y otro lado del Atlántico que le convierte en un gran actor. Entre sus películas norteamericanas destacan *Marnie, la ladrona,* de Alfred Hitchcock; *Odio en las entrañas,* de Martin Ritt; *El viento y el león,* de John Milius, y *El hombre que pudo reinar,* de John Huston; y entre las británicas, *Zardoz,* de John Boorman; *Robin y Marian,* de Richard Lester; *Cinco días, un verano,* de Fred Zinnemann, así como su larga colaboración con el realizador Sidney Lumet en *The Hill, Supergolpe en Manhattan, La ofensa, Asesinato en el Oriente Exprés* y *Negocios de familia.* Ya completamente liberado del personaje que le hace famoso, desde mediados de la década de los ochenta sobresale por sus trabajos en *El nombre de la rosa,* de Jean-Jacques Annaud; *Los intocables,* de Brian de Palma, por el que consigue un Oscar; *Indiana Jones y la última cruzada,* de Steven Spielberg, y *La casa Rusia,* de Fred Schepisi. Sus películas de los años noventa, algunas también producidas por él, tienen menor interés, pero sigue trabajando con intensidad.

1956 *No Road Back,* de Montgomery Tully.
1957 *Action of the Tiger* (La frontera del terror), de Terence Young. / *Time Lock,* de Gerald Thomas. / *Hell Drivers* (Ruta infernal), de Cy Endfield.
1958 *Another Time, Another Place* (Brumas de inquietud), de Lewis Allen. / *Darby O'Gill and the Little People,* de Robert Stevenson.
1959 *Tarzan's Greatest Adventure* (La gran aventura de Tarzán), de John Guillermin.
1961 *The Frightened City* (La ciudad bajo el terror), de John Lemont. / *On the Fiddle* (Operación Snafu), de Cyril Frankel.
1962 *The Longest Day* (El día más largo), de Ken Annakin, Andrew Marton, Bernhard Wicki y Gerd Oswald. / *Doctor No* (Agente 007 contra el Dr. No), de Terence Young.
1963 *From Russia With Love* (Desde Rusia con amor), de Terence Young. / *Woman of Straw* (La mujer de paja), de Basil Dearden.
1964 *Goldfinger* (James Bond contra Goldfinger), de Guy Hamilton. / *Marnie* (Marnie, la ladrona), de Alfred Hitchcock.
1965 *The Hill,* de Sidney Lumet. / *Thunderball* (Operación trueno), de Terence Young.
1966 *A Fine Madness* (Un loco maravilloso), de Irving Kershner.
1967 *You Only Live Twice* (Solo se vive dos veces), de Lewis Gilbert.
1968 *Shalako,* de Edward Dmytryk.
1969 *Tenda rossa* (La tienda roja), de Mikhail Kalatozov.
1970 *The Molly Maguires* (Odio en las entrañas), de Martin Ritt.
1971 *The Anderson Tapes* (Supergolpe en Manhattan), de Sidney Lumet. / *Diamonds Are Forever* (Diamantes para la eternidad), de Guy Hamilton.
1973 *The Offence* (La ofensa), de Sidney Lumet.
1974 *Murder on the Orient-Express* (Asesinato en el Oriente Exprés), de Sidney Lumet. / *Ransom* (Aeropuerto: S. O. S., vuelo secuestrado), de Caspar Wrede. / *Zardoz,* de John Boorman.
1975 *The Wind and the Lion* (El viento y el león), de John Milius. / *The Man Who Would Be King* (El hombre que pudo reinar), de John Huston.
1976 *Robin and Marian* (Robin y Marian), de Richard Lester.
1977 *The Next Man* (El árabe), de Richard C. Sarafian. / *A Bridge Too Far* (Un puente lejano), de Richard Attenborough.
1978 *Meteor* (Meteoro), de Ronald Neame. / *The Great Train Robbery* (El primer gran asalto al tren), de Michael Crichton.
1979 *Cuba,* de Richard Lester.
1981 *Outland* (Atmósfera cero), de Peter Hyams. / *Time Bandits* (Los héroes del tiempo), de Terry Gilliam.
1982 *Wrong Is Right* (Objetivo mortal), de Richard Brooks. / *Five Days One Summer* (Cinco días, un verano), de Fred Zinnemann.
1983 *Never Say Never Again* (Nunca digas nunca jamás), de Irvin Kershner.
1985 *Sword of the Valiant* (El caballero verde), de Stephen Weeks.
1986 *Highlander* (Los inmortales), de Russell Mulcahy. / *Le nom de la rose* (El nombre de la rosa), de Jean-Jacques Annaud.
1987 *The Untouchables* (Los intocables), de Brian de Palma.
1988 *The Presidio* (Más fuerte que el odio), de Peter Hyams.
1989 *Indiana Jones and the Last Crusade* (Indiana Jones y la última cruzada), de Steven Spielberg. / *Family Business* (Negocios de familia), de Sidney Lumet.
1990 *The Hunt for Red October* (A la caza del Octubre Rojo), de John MacTiernan. / *The Russia House* (La casa Rusia), de Fred Schepisi.
1991 *Robin Hood: Prince of the Thieves* (Robin Hood: príncipe de los ladrones), de Kevin Reynolds. / *Highlander II: The Quickening* (Los inmortales II: el desafío), de Russell Mulcahy.
1992 *Medicina Man* (Los últimos días del Edén), de John McTiernam.

1993 *Rising Sun* ((Sol naciente), de Philip Kaufman.
1994 *A Good Man in Africa* (Un buen hombre en África), de Bruce Beresford.
1995 *Just Cause* (Causa justa), de Arne Glimcher. / *First Knight* (El primer caballero), de Jerry Zucker.
1996 *The Rock* (La Roca), de Michael Bay.

CONQUISTA DE ALBANIA, LA *(1983)*

Dentro de la tan corta como peculiar filmografía del realizador Alfonso Ungría, esta producción de época ocupa una posición especial. Está basada en un hecho histórico vasco bastante insólito, pero enlaza a la perfección con sus restantes películas. Carlos II el Malo, rey de Navarra, envía a la Gran Compañía de Navarra para ayudar a su hermano Luis en la conquista de Albania, territorio que le pertenece por su boda con Juana de Anjou. Al narrar la compleja y desgraciada expedición, Ungría maneja con habilidad temas como el honor militar, la eficacia guerrera, la muerte, la cobardía y la locura, hasta conseguir un relato muy personal, gracias a que logra dar la vuelta por completo a la historia para que llegue a ser lo contrario de lo que en apariencia pretende ser.

Director: *Alfonso Ungría*. Guionistas: *Arantxa Urretavizcaya, Ángel Amigó*. Fotografía: *Alfredo Mayo*. Música: *Alberto Iglesias*. Intérpretes: *Xabier Elorriaga, Chema Muñoz, Klara Badiola, Walter Vidarte, Miguel Arribas, Alicia Sánchez, Patxi Bisquert*. Producción: *Ángel Amigo para Frontera Films. Color. Duración: 120'. España.*

CONRACK *(1974)*

A principios de la década de los setenta Martin Ritt coproduce y dirige para los estudios 20th Century Fox una interesante trilogía sobre los problemas de los negros en Estados Unidos. Integrada por *La gran esperanza blanca* (The Great White Hope, 1970), *Sounder* (1972) y esta, las dos últimas tienen un gran atractivo y se sitúan entre sus mejores trabajos. En esta última parte de la trilogía Ritt narra cómo el joven blanco de origen irlandés Pat Conroy (Jon Voight) llega a la perdida isla de Yamacraw, en Carolina del Sur, para sustituir temporalmente a una maestra enferma. Allí se encuentra con una clase de aburridos analfabetos negros sin interés por nada, con la tiránica directora Scott (Madge Sinclair) y con el terrible supervisor Skeffington (Hume Cronyn). Con gran esfuerzo y modernos métodos educativos consigue atraer a los niños, despertar su atención y lograr que aprendan; sin embargo, los superiores de la escuela no lo aceptan y acaban destituyéndole ante el desaliento general. Basada en el libro autobiográfico de Pat Conroy, está integrada por una sucesión de pequeñas escenas, bien desarrolladas por Ritt y perfectamente interpretadas por Jon Voight y un grupo de jóvenes debutantes no profesionales. El título es el nombre que desde el primer momento dan los alumnos a su nuevo profesor.

Director: *Martin Ritt*. Guionistas: *Irving Ravetch, Harriet Frank Jr.* Fotografía: *John A. Alonzo*. Música: *John Williams*. Intérpretes: *Jon Voight, Paul Winfield, Hume Cronyn, Madge Sinclair, Tina Andrews*. Producción: *Martin Ritt e Irving Ravetch para 20th Century Fox. Color. Scope. Duración: 106'. Estados Unidos.*

CONSEJO DE GUERRA *(Breaker Morant, 1979)*

A partir de una obra de teatro de Kenneth Ross, convenientemente reelaborada al incluir repetidos *flashback* sobre los sucesos que trata, el australiano Bruce Beresford dirige y escribe en colaboración su séptima película, pero su primer éxito internacional. Narra cómo en 1901, en África del Sur, durante la guerra de los boers, entre los colonos holandeses y las fuerzas británicas, tres militares australianos, a cuya cabeza se sitúa Harry Morant (Edward Woodward), son acusados de fusilar a unos prisioneros boer sin juicio previo. El eficaz abogado defensor, comandante J. F. Thomas (Jack Thompson), poco puede hacer en un juicio que es una farsa para convertirles en chivos expiatorios del Imperio Británico como primer paso para poner fin a la guerra. Vigorosa denuncia del colonialismo inglés y de su hipócrita justicia, es una tradicional película de juicios, realizada con eficacia por Beresford, a pesar de ciertos excesos de planificación, y con un buen reparto, casi exclusivamente masculino. Jack Thompson gana con ella un premio de interpretación en el Festival de Cannes.

Director: *Bruce Beresford*. Guionistas: *Jonathan Hardy, Bruce Beresford, David Stevens*. Fotografía: *Donald McAlpine*. Música: *Phil Cuneen*. Intérpretes: *Edward Woodward, Jack Thompson, John Waters, Charles Tingwell, Terence Donovan*. Producción: *Matthew Carroll para South Australian Film Corporation. Color. Scope. Duración: 107'. Australia.*

CONSPIRACIÓN DE SILENCIO *(Bad Day at Black Rock, 1955)*

Un forastero manco (Spencer Tracy) llega en tren a un perdido pueblo del oeste norteamericano para entregar al padre de un japonés-americano muerto en combate una medalla ganada por su hijo, que le ha salvado la vida durante la II Guerra Mundial. Poco a poco descubre que, en un delirio de patriotismo, el hombre fue linchado por sus vecinos poco después del ataque japonés a la base norteamericana de Pearl Harbor. Primera película de Hollywood que muestra el vergonzoso trato dado a los ciudadanos japoneses en Estados Unidos durante la II Guerra Mundial; es un *western* contemporáneo que denuncia el racismo y las actividades de grupos organizados que se toman la justicia por su mano, en esta ocasión representados en el trío que interpretan Ernest Borgnine, Lee Marvin y Robert Ryan. A partir de un buen guión de Millard Kaufman, el especialista en narraciones de acción John Sturges rueda una eficaz película en la que destaca el excelente trabajo de Spencer Tracy al frente de un sólido reparto masculino.

Director: *John Sturges*. Guionista: *Millard Kaufman*. Fotografía: *William C. Mellor*. Música: *André Previn*. Intérpretes: *Spencer Tracy, Robert Ryan, Dean Jagger, Walter Brennan, Ernest Borgnine, Lee Marvin, Anne Francis*. Producción: *Dore Schary para Metro-Goldwyn-Mayer. Color. Scope*. Duración: *81'. Estados Unidos*.

CONTRABANDISTAS DE MOONFLEET, LOS *(Moonfleet, 1955)*

La fascinación que John Mohume (Jon Whiteley), un perdido niño huérfano, siente por Jeremy Fox (Stewart Granger), jefe de una banda de contrabandistas, da lugar a una espléndida película de aventuras sobre la amistad y el aprendizaje, ambientada en 1757 en el pequeño puerto inglés de Moonfleet, hábilmente reconstruido en estudio. Esta cuidada producción de John Houseman para Metro-Goldwyn-Mayer, basada en la novela homónima de John Meade Falkner, marca el encuentro del realizador Fritz Lang y el CinemaScope, un formato que no le interesa, pero del que obtiene buenos resultados. A pesar de ser la mejor de las películas de aventuras producidas en los estudios Metro-Goldwyn-Mayer durante la década de los cincuenta, su fracaso comercial en Estados Unidos hace que se distribuya tarde y mal en Europa, e incluso que el propio Lang reniegue de ella y de su montaje final. Sin embargo, con el paso de los años se ha convertido en uno de los más reputados trabajos de su período norteamericano.

Director: *Fritz Lang*. Guionistas: *Margaret Fitts, Jan Lustig*. Fotografía: *Robert Planck*. Música: *Miklos Rozsa*. Intérpretes: *Jon Whiteley, Stewart Granger, George Sanders, Joan Greenwood, Viveca Lindfors, Liliane Montevecchi, Melville Cooper*. Producción: *John Houseman para Metro-Goldwyn-Mayer. Color. Scope*. Duración: *87'. Estados Unidos*.

CONVERSACIÓN, LA *(The Conversation, 1974)*

El peculiar policiaco británico *Blow-Up* (1966), de Michelangelo Antonioni, tiene una curiosa influencia sobre el cine norteamericano en la medida en que en él se descubre, o cree descubrirse, un asesinato ampliando una y otra vez una fotografía. Tanto en esta película, escrita, dirigida y producida por Francis Ford Coppola, como en *Impacto* (Blow Out, 1981), de Brian de Palma, es un sonido, grabado, ampliado y vuelto a filtrar, el que lleva al descubrimiento de un crimen. Claramente influida por la atmósfera de paranoia y desilusión generada por el caso Watergate, narra cómo el especialista en sonido Harry Caul (Gene Hackman) cree descubrir que alguien va a cometer un crimen mientras graba la conversación de una pareja de amantes. Encierra un perfecto retrato de un hombre solitario, minucioso, escrupuloso y católico, que permite a Gene Hackman hacer uno de sus mejores trabajos interpretativos. Destacan la larga escena inicial, en que se graba la conversación en torno a la que gira la historia, el insólito final, que subraya el lado enloquecido del personaje, y el tono kafkiano de la trama. Es un excelente trabajo de Ford Coppola que le permite ganar la Palma de Oro del Festival de Cannes y demostrar por primera vez que es un estupendo realizador.

Director y guionista: *Francis Ford Coppola*. Fotografía: *Bill Butler*. Música: *David Shire*. Intérpretes: *Gene Hackman, John Cazale, Allen Garfield, Frederick Forrest*. Producción: *Francis Ford Coppola para Paramount. Color*. Duración: *113'. Estados Unidos*.

COOPER, Gary *(Frank James Cooper. Helena, Montana, 1901-Hollywood, California, Estados Unidos, 1961)*

Hijo de emigrantes ingleses, estudia en la

COOPER, Gary

Dunstable School del Reino Unido y en el Wesleyan Cogge de Bozeman, Montana. Gracias a su habilidad para el dibujo, publica en la prensa historietas gráficas infantiles y caricaturas políticas, pero en 1924 entra en contacto con el mundo del rodeo y no tarda en aparecer como simple figurante en pequeños papeles en películas Paramount. Después de breves intervenciones en múltiples producciones, hace su primer papel importante en *Flor de desierto*, de Henry King, y llega a ser una estrella del *western* a través de sus trabajos en *El forastero*, de William Wyler; *Los inconquistables*, de Cecil B. de Mille; *Solo ante el peligro*, de Fred Zinnemann, por la que gana su segundo Oscar; *El jardín del diablo*, de Henry Hathaway; *El hombre del Oeste*, de Anthony Mann, y *El árbol del ahorcado*, de Delmer Daves. Se convierte en el héroe de conocidas películas de aventuras como *Alas*, de William A. Wellman; *Tres lanceros bengalíes*, de Henry Hathaway; *Beau Geste*, de William A. Wellman; *La jungla en armas*, de Henry Hathaway; *El sargento York*, de Howard Hawks, por la que gana su primer Oscar; *Por quién doblan las campanas*, de Sam Wood, y *Por el valle de las sombras*, de Cecil B. de Mille. También protagoniza grandes comedias románticas realizadas por famosos directores: *Marruecos*, de Josef von Sternberg; *Adiós a las armas*, de Frank Borzage; *Una mujer para dos*, de Ernst Lubitsch; *Sueño de amor eterno*, de Henry Hathaway; *El secreto de vivir*, de Frank Capra; *La octava mujer de Barba Azul*, de Ernst Lubitsch; *Juan Nadie*, de Frank Capra; *El manantial*, de King Vidor, y *Ariane*, de Billy Wilder. Durante treinta y cinco años interviene en casi cien películas, la mayoría como protagonista, y es una de las grandes estrellas de Hollywood.

1925 *The Thundering Herd* (La horda maldita), de William K. Howard. / *Wild Horse Mesa* (Promesa en prenda), de George B. Seitz. / *The Lucky Horseshoe*, de John G. Blystone. / *The Vanishing American* (El ocaso de una raza), de George B. Seitz. / *The Eagle* (El águila negra), de Clarence Brown. / *Tricks*, de Bruce Mitchell.
1926 *The Enchanted Hill* (La colina encantada), de Irwin Willat. / *Watch Your Wife*, de Sven Gade. / *The Winning of Barbara Worth* (Flor de desierto), de Henry King.
1927 *It* (Ello), de Clarence Badger. / *Children of Divorce* (Hijos del divorcio), de Frank Lloyd. / *Arizona Bround* (Camino de Arizona), de John Waters. / *Wings* (Alas), de William A. Wellman. / *Nevada*, de John Waters. / *The Last Outlaw* (El último bandido), de Arthur Rosson.
1928 *Beau Sabreur*, de John Waters. / *The Legion of the Condemned* (La legión de los condenados), de William A. Wellman. / *Doomsday* (Esclava por amor), de Rowland V. Lee. / *Half a Bride* (Solos en una isla), de Gregory La Cava. / *Lilac Time* (El gran combate), de George Fitzmaurice. / *The First Kiss* (El primer beso), de Rowland V. Lee. / *The Shopworn Angel* (El ángel pecador), de Richard Wallace.
1929 *Wolf Song* (El canto del lobo), de Victor Fleming. / *Betrayal* (Perfidia), de Lewis Milestone. / *The Virginian*, de Victor Fleming.
1930 *Only the Brave*, de Frank Tuttle. / *Paramount on Parade* (Galas de la Paramount), episodio de Frank Tuttle. / *The Texan* (Todo un hombre), de John Cromwell. / *Seven Days Leave*, de Richard Wallace y John Cromwell. / *A Man From Wyoming*, de Rowland V. Lee. / *The Spoilers* (Oro y sangre), de Edwin Carewe. / *Morocco* (Marruecos), de Josef von Sternberg.
1931 *Fighting Caravans* (Caravanas bélicas), de Otto Brower y David Burton. / *City Streets* (Las calles de la ciudad), de Rouben Mamoulian. / *I Take This Woman* (Acepto esta mujer), de Marion Gering. / *His Woman* (Una mujer a bordo), de Edward Sloman.
1932 *Make Me a Star*, de William Beaudine. / *Devil and the Deep* (Entre la espada y la pared), de Marion Gering. / *If I Had a Million* (Si yo tuviera un millón), episodio de Norman Z. McLeod. / *A Farewell to Arms* (Adiós a las armas), de Frank Borzage.
1933 *Today We Live* (Vivamos hoy), de Howard Hawks. / *One Sunday Afternoon* (La mujer preferida), de Stephen Roberts. / *Desing for Living* (Una mujer para dos), de Ernst Lubitsch. / *Alice in Wonderland* (Alicia en el país de las maravillas), de Norman Z. McLeod. / *Operator 13* (La espía n.º 13), de Richard Boleslavski.
1934 *Now and Forever* (Ahora y siempre), de Henry Hathaway.
1935 *The Wedding Night* (Noche nupcial), de King Vidor. / *The Lives of a Bengal Lancer* (Tres lanceros bengalíes), de Henry Hathaway. / *Peter Ibbetson* (Sueño de amor eterno), de Henry Hathaway.
1936 *Desire* (Deseo), de Frank Borzage. / *Mr. Deeds Goes to Town* (El secreto de vivir), de Frank Capra. / *Hollywood Boulevard*, de Robert Florey. / *The General Died at Dawn*, de Lewis Milestone. / *The Plainsman* (Buffalo Bill), de Cecil B. de Mille.
1937 *Souls at Sea* (Almas en el mar), de Henry Hathaway.
1938 *The Adventures of Marco Polo* (Las aventuras de Marco Polo), de Archie L. Mayo. / *Bluebeard's*

Eighth Wife (La octava mujer de Barba Azul), de Ernst Lubitsch. / *The Cowboy and the Lady* (El vaquero y las damas), de H. C. Potter.
1939 *Beau Geste,* de William A. Wellman. / *The Real Glory* (La jungla en armas), de Henry Hathaway.
1940 *The Westerner* (El forastero), de William Wyler. / *North West Mounted Police* (Policía Montada del Canadá), de Cecil B. de Mille.
1941 *Sergeant York* (El sargento York), de Howard Hawks. / *Meet John Doe* (Juan Nadie), de Frank Capra.
1942 *The Pride of the Yankees* (El orgullo de los yanquis), de Sam Wood. / *Ball of Fire* (Bola de fuego), de Howard Hawks.
1943 *For Whom the Bell Tolls* (Por quién doblan las campanas), de Sam Wood.
1944 *The Story of Dr. Wassell* (Por el valle de las sombras), de Cecil B. de Mille. / *Casanova Brown*, de Sam Wood.
1945 *Along Came Jones* (El caballero del Oeste), de Stuart Heisler. / *Saratoga Trunk* (La exótica), de Sam Wood.
1946 *Cloak and Dagger,* de Fritz Lang.
1947 *Unconquered* (Los inconquistables), de Cecil B. de Mille. / *Variety Girl*, de George Marshall.
1948 *Good Sam* (El buen Sam), de Leo McCarey.
1949 *The Fountainhead* (El manantial), de King Vidor. / *It's a Great Feeling,* de David Butler. / *Task Force* (Puente de mando), de Delmer Daves.
1950 *Bright Leaf* (El rey del tabaco), de Michael Curtiz. / *Dallas* (Dallas, ciudad fronteriza), de Stuart Heisler.
1951 *You're in the Navy Now,* de Henry Hathaway. / *Starlift*, de Roy del Ruth. / *Distant Drums* (Tambores lejanos), de Raoul Walsh.
1952 *High Noon* (Solo ante el peligro), de Fred Zinnemann. / *Sprinfield Rifle* (El honor del capitán Lex), de André de Toth. / *Return to Paradise* (Retorno al paraíso), de Mark Robson.
1953 *Blowing Wild* (Soplo salvaje), de Hugo Fregonese.
1954 *Garden of Evil* (El jardín del diablo), de Henry Hathaway. / *Vera Cruz,* de Robert Aldrich.
1955 *The Court Martial of Billy Mitchell* (El proceso de Billy Mitchell), de Otto Preminger.
1956 *Friendly Persuasion* (La gran prueba), de William Wyler.
1957 *Love in the Afternoon* (Ariane), de Billy Wilder.
1958 *Ten, North Frederick* (10, calle Frederick), de Philip Dunne. / *Man of the West* (El hombre del Oeste), de Anthony Mann.
1959 *The Hanging Tree* (El árbol del ahorcado), de Delmer Daves. / *Alias Jesse James,* de Norman Z. McLeod. / *They Came to Cordura* (Llegaron a Cordura), de Robert Rossen.
1960 *The Wreck of the Mary Deare* (Misterio en el barco perdido), de Michael Anderson.
1961 *The Naked Edge* (Sombras de sospecha), de Michael Anderson.

COPPOLA, Francis Ford *(Detroit, Michigan, Estados Unidos, 1939)*

Hijo del flautista, director de orquesta y compositor Carmine Coppola, hermano menor de la actriz Talia Shire, padre de la guionista y actriz Sophia Coppola y tío del actor Nicolas Cage, descubre el cine a los diez años, cuando, enfermo de poliomielitis, además de leer y escribir, monta y sonoriza las películas en 8 mm que hace su familia. Estudia teatro en el Hofstra College y cine en la Universidad de California. Gana el premio Samuel Goldwyn para guiones y es elegido por el productor y director independiente Roger Corman para doblar y remontar varias películas soviéticas de aventuras para su distribución en Estados Unidos. Así comienza su fructífero aprendizaje, que le lleva sucesivamente a ser su ayudante, a dirigir segundas unidades, a escribir, producir y dirigir el cortometraje pornográfico *Tonight for Sure!* (1962), y escribir y realizar el largo de terror *Dementia 13*. Contratado por la compañía Seven Arts escribe los guiones que dan lugar a *Propiedad condenada* (This Property Is Condemned, 1966), de Sydney Pollack; *¿Arde París?* (Paris brûle-t-il?, 1966), de René Clément; *Reflejos en un ojo dorado* (Reflections in a Golden Eye, 1967), de John Huston, y *Patton* (1970), de Franklin J. Schaffner; para agradecerle sus servicios, Seven Arts le produce *Ya eres un gran chico,* desigual comedia sobre el despertar a la vida de un adolescente, y *El valle del arco iris,* el último e irregular musical de Fred Astaire. En 1968 funda los estudios American Zoetrope y escribe, produce y dirige, con un presupuesto y un equipo reducidos, *Llueve sobre mi corazón,* una interesante historia sobre la huida en automóvil de una mujer embarazada, y produce la película de ciencia ficción *THX 1138* (1971), de George Lucas, pero ambas son fracasos económicos. Le saca de la ruina el productor Albert Ruddy de los estudios Paramount cuando le encarga escribir y dirigir *El padrino*, sobre una novela de Mario Puzo en torno a la vida de una familia de mafiosos italianos en Nueva York, la menos interesante de la saga, pero que gana varios Oscars y tiene tanto éxito que le convierte en el realizador más conocido de su generación. Esto le permite escribir, producir y dirigir *La conversación,* una personal historia de espionaje que parte de *Blow-Up* (1966), de Michelangelo Antonioni, con la que gana la Palma de Oro del Festival de Cannes, y producir *American Graffiti* (1973), de George Lucas, con la que gana una fortuna. Convertido en la personalidad más interesante del actual cine norteamericano, en 1974 compra un teatro en San Francisco y hace varios montajes teatrales y operísticos; adquiere una emisora de radio y parte de una compañía de distribución y relanza los estudios Zoetrope; al tiempo que escribe, produce y realiza *El padrino II,* que, mejorando la línea de la anterior, tiene más éxito y gana más Oscars. En 1976 empieza a rodar en Filipinas *Apocalypse Now,* desoladora y fascinante visión de la guerra de Vietnam a través de una personal adaptación de la novela *El corazón de las tinieblas,* de Joseph Conrad, en la que invierte la totalidad de sus bienes, cuando las compañías asociadas se asustan ante la magnitud de la obra y sus repetidos retrasos, con la que vuelve a obtener la Palma de Oro del Festival de Cannes. Cansado del largo rodaje en la jungla, hace íntegramente en decorados en los estudios Zoetrope *Corazonada,* un renovador musical que es un fracaso de público, pone fin a sus sueños y le obliga a vender sus estudios. Mientras tanto también produce, entre otras muchas, *El corcel negro* (The Black Stallion, 1979), de Carroll Ballard, un clásico del cine infantil; *El hombre de Chinatown* (Hammett, 1982), de Wim Wenders, que origina repetidos enfrentamientos entre ambas personalidades; reconstruye *Napoleón* (1925), de Abel Gance, y distribuye obras de Hans-Jürgen Syberberg y otros realizadores europeos. Para salir de la ruina rueda a gran velocidad dos adaptaciones muy diferentes de famosas novelas juveniles de Susan E. Hinton: *Rebeldes* es fiel al original y su máximo aliciente es dar a conocer a un grupo de nuevos actores, y *La ley de la calle* es una obra personal e importante. Asociado con el productor Robert Evans, escribe y dirige *Cotton Club,* un ambicioso musical sobre el famoso cabaret de Harlem de los años treinta, que tiene un gran éxito, pero su elevado coste impide su amortización. Para ir saldando sus deudas debe realizar *Peggy Sue se casó,* una tosca comedia sobre una cuarentona que vuelve a la adolescencia, donde solo destacan el primero y el último de sus planos, pero tiene tanto éxito que es origen de un subgénero; y también *Jardines de piedra,* una meditación sobre las víctimas en combate de la guerra de Vietnam, muy influida por la muerte de su hijo durante el rodaje. Gracias a la ayuda financiera de George Lucas dirige *Tucker: un hombre y un sueño,* uno de sus mejores trabajos y el más personal, donde a través del relato de los esfuerzos de Preston Tucker por construir el automóvil perfecto, está narrando su lucha por hacer el cine que imaginó cuando era un niño inmovilizado por la poliomielitis. Continúa en su línea de grandes producciones, coherente con su forma de concebir el cine, con *El padrino III,* la mejor, más personal y original de la saga, donde destaca la larga, brillante e imaginativa escena final en el teatro Massimo de Palermo; y, en menor medida, con *Drácula,* demasiado espectacular y exterior visión del mítico personaje de terror creado por el novelista Bram Stoker.

1963 *Dementia 13.*
1967 *You're a Big Boy Now* (Ya eres un gran chico).
1968 *Finian's Rainbow* (El valle del arco iris).
1969 *The Rain People* (Llueve sobre mi corazón).
1972 *The Godfather* (El padrino).
1973 *The Conversation* (La conversación).
1974 *The Godfather Part II* (El padrino II).
1979 *Apocalypse Now.*
1981 *One From the Heart* (Corazonada).
1983 *The Outsiders* (Rebeldes). / *Rumble Fish* (La ley de la calle).
1984 *The Cotton Club* (Cotton Club).
1986 *Peggy Sue Got Married* (Peggy Sue se casó).
1987 *Garden of Stone* (Jardines de piedra).
1988 *Tucker: The Man and His Dream* (Tucker: un hombre y su sueño).
1989 *Life Without Zoe* (La vida sin Zoe), episodio de *New York Stories* (Historias de Nueva York).
1990 *The Godfather Part III* (El padrino III).
1992 *Bram Stoker's Dracula* (Drácula).
1996 *Jack.*

CORAZÓN DEL BOSQUE, EL *(1978)*

A finales de la década de los setenta Manuel Gutiérrez Aragón rueda tres películas muy personales, de complicada estructura y atractivas imágenes, que tienen gran éxito de crítica

—hasta el punto de convertirle en el director más respetado de su generación—, pero muy poco de público. Después de la demasiado politizada *Camada negra* (1977) y la tan desigual como fascinante *Sonámbulos* (1978), realiza esta producción, la más desconcertante de su filmografía. Con ella comienza su colaboración con Luis Megino como coguionista y productor, que se extiende a lo largo de seis películas y diez años, y que resulta muy fructífera. Con la habitual estructura dispersa que caracteriza la primera parte de su carrera, narra las complejas relaciones de Amparo (Ángela Molina), una bella muchacha que vive en un perdido pueblo cercano a un intrincado bosque, con el viejo, perdedor y apolillado maqui «el Andarín» (Luis Politti), entre los que se interponen su novio, Suso (Víctor Valverde), y el hermano de ella, Juan (Norman Briski). Una historia tan confusa como la carga política que esconde, pero que tiene un particular atractivo.

Director: *Manuel Gutiérrez Aragón*. Guionistas: *Manuel Gutiérrez Aragón, Luis Megino*. Fotografía: *Teo Escamilla*. Intérpretes: *Norman Briski, Ángela Molina, Luis Politti, Víctor Valverde, Santiago Ramos*. Producción: *Luis Megino para Arándano*. Color. Duración: *100'. España*.

CORAZÓN EN INVIERNO, UN *(Un coeur en hiver, 1992)*

Más allá de las magníficas y poco conocidas sonatas y tríos de Maurice Ravel, narra cómo dos amigos, Stéphane (Daniel Auteuil) y Maxime (André Dussollier), dedicados a la creación y restauración de instrumentos de cuerda, dos refinados ebanistas con un peculiar oído, más para el sonido que para la propia música, se enamoran de una misma mujer, la bellísima concertista de violín Camile (Emmanuelle Béart). Lo que da un carácter muy especial al tradicional triángulo amoroso planteado es que Camille, tras vivir una experiencia sentimental con Maxime, se siente atraída por Stéphane, pero, de manera un tanto incomprensible, de forma más filosófica que real, este la rechaza por el extraño placer de decirle que no la quiere cuando ella le dice que le ama, de negarse a irse con ella cuando le propone que pasen la noche juntos. Esto lleva a la ruptura del trío, a la enemistad entre los amigos y al odio de la mujer, con mucha mayor fuerza que si el amor se hubiese consumado. El coguionista y director Claude Sautet hace una de sus más brillantes narraciones sobre los mínimos problemas de unos burgueses, sin gran interés en sí, pero consigue que, gracias al excelente trabajo del trío protagonista, en especial de Emmanuelle Béart y de Daniel Auteuil, desaparezca la frialdad de su teórico ejercicio de estilo y que los personajes no solo lleguen a parecer reales, sino que además tengan una gran humanidad.

Director: *Claude Sautet*. Guionistas: *Claude Sautet, Jacques Fieschi, Jérôme Tonnerre*. Fotografía: *Yves Angelo*. Música: *Maurice Ravel*. Intérpretes: *Daniel Auteuil, Emmanuelle Béart, André Dussollier, Brigitte Catillon, Maurice Garrel, Myriam Boyer*. Producción: *Film par Film, Orly Films, Sedif, Panavision, D. A. Films, FR3 Films Productions*. Color. Duración: *105'. Francia*.

CORAZONES INDOMABLES *(Drums Along the Mohawks, 1939)*

En 1776, en plena guerra de la Independencia norteamericana, los recién casados Lana Borst (Claudette Colbert) y Gilber Martin (Henry Fonda) se establecen como colonos en Nueva Inglaterra y no tardan en sufrir la dureza de la vida. Durante un ataque de los indios ella aborta y se destruye su casa, deben ponerse a trabajar en casa de la peculiar viuda Mrs. McKlennan (Edna May Oliver) y él se va a luchar contra los ingleses, pero tras soportar un duro sitio finalmente la vida comienza a sonreírles al acabar la guerra. Primera película en color del maestro John Ford, al igual que sus mejores obras tiene una trama mínima y se limita a reconstruir con una gran carga de humanidad momentos de la vida cotidiana de los colonos norteamericanos. Están especialmente bien hechas escenas como aquella en que Lana Borst ve cómo su marido se aleja para ir a la guerra y aquella otra en que le busca con ayuda de una linterna entre los que regresan de combatir contra los ingleses, así como la final, en que la nueva bandera nacional es izada por primera vez en el fuerte recién liberado del asedio conjunto de indios e ingleses. Basada en un guión de Lamar Trotti y Sonya Levien, gracias a la maestría con que Ford logra alternar momentos trágicos y cómicos, es una de las mejores producciones sobre la guerra de la Independencia norteamericana.

Director: *John Ford.* Guionistas: *Lamar Trotti, Sonya Levien.* Fotografía: *Bert Glennon, Ray Rennahan.* Música: *Alfred Newman.* Intérpretes: *Claudette Colbert, Henry Fonda, Edna May Oliver, Eddie Collins, John Carradine, Dorris Bowdon, Jessie Ralph, Ward Bond.* Producción: *Raymond Griffith para 20th Century Fox. Color.* Duración: *103'. Estados Unidos.*

CORMAN, Roger *(Detroit, Michigan, Estados Unidos, 1926)*

Licenciado en ingeniería, en las especialidades de física y termodinámica, hace el servicio militar en la marina y tras la II Guerra Mundial comienza a ejercer su profesión en un puesto importante, pero su atracción por el cine le hace abandonarlo y empezar a trabajar en los estudios 20th Century Fox. Comienza como recadero, pero en seguida pasa a ser lector de guiones y no tarda en convertirse en guionista, productor y director de películas de muy bajo presupuesto. Cuando descubre que la clave del negocio cinematográfico está en la distribución, se asocia con American International Pictures —que se convierte en la compañía independiente de producción y distribución más importante de la década de los sesenta—, crea un eficaz equipo de técnicos y actores que le permite rodar hasta setenta y ocho planos diarios, y en 1956 produce y dirige diez largometrajes en menos de diez días cada uno, con un coste medio de sesenta y cinco mil dólares y consigue beneficios con todos ellos. Lo más interesante es que estos subproductos de la gran industria norteamericana no solo tienen una cierta aceptación por el público, sino que también comienzan a ser elogiados por la crítica, tal como ocurre con los *westerns* peculiares *Cinco pistolas,* su primera película como director, y *Apache Woman,* y los policiacos *Machine Gun Kelly* e *I Mobster.* Su trabajo más famoso de la primera parte de su carrera es *La pequeña tienda de los horrores,* una comedia negra que rueda en dos días y una noche, sobre un guión escrito en una semana. Sus mejores y más conocidas películas son las basadas en cuentos de Edgar Allan Poe, sobre guiones del escritor Richard Matheson, que hace en la primera mitad de la década de los sesenta; van desde *El hundimiento de la casa Usher,* rodada en quince días por doscientos mil dólares, hasta *La tumba de Ligeia,* realizada en cinco semanas por algo más de un millón de dólares de la época; entre ellas se sitúan *El péndulo de la muerte, La obsesión, Historias de terror, El cuervo* y *La máscara de la muerte roja.* Por estas mismas fechas también hace *El intruso,* un peculiar relato antirracista, y *Secreta invasión,* historia antibélica situada durante la II Guerra Mundial. Entre sus últimos trabajos como realizador, rodados durante la segunda mitad de los años sesenta, destacan *Los ángeles del infierno, La matanza del día de san Valentín, Mamá sangrienta* y *El barón rojo,* hechos en condiciones normales de producción. A principios de la década de los setenta deja de dirigir para dedicarse en exclusiva a la producción y la distribución, pero con tanta habilidad que da su primera oportunidad a un buen número de interesantes realizadores, entre los que destacan Peter Bogdanovich, Francis Ford Coppola, Jonathan Demme, Monte Hellman, Martin Scorsese, e importantes actores, como Robert de Niro y Jack Nicholson, mientras distribuye películas europeas de Ingmar Bergman, Federico Fellini, François Truffaut y otros.

1955 *Five Guns West* (Cinco pistolas). / *Apache Woman.* / *The Day the World Ended.*
1956 *Swamp Women.* / *The Oklahoma Woman.* / *Gunslinger.* / *It Conquered the World.* / *Not of This Earth.* / *The Undead.* / *She Gods of Shark Reef.* / *Naked Paradise.* / *Attack of the Crab Monsters.* / *Rock All Night.*
1957 *Teenage Doll.* / *Carnival Rock.* / *Sorority Girl.* / *The Viking Women and the Sea Serpent.* / *War of the Satellites.*
1958 *Machine Gun Kelly.* / *Teenage Caveman.* / *I Mobster.*
1959 *A Bucket of Blood.* / *The Wasp Woman.*
1960 *Ski Troop Attack.* / *House of Huser* (El hundimiento de la casa Usher). / *Little Shop of Horrors* (La pequeña tienda de los horrores). / *The Last Woman on Earth.*
1961 *Creature From the Haunted Sea.* / *Atlas.* / *The Pit and the Pendulum* (El péndulo de la muerte). / *The Intruder* (El intruso). / *Premature Burial* (La obsesión). / *Tales of Terror* (Historias de terror).
1962 *Tower of London.* / *The Young Racers.* / *The Raven* (El cuervo). / *The Terror.*
1963 *X-The Man With X-Ray Eyes* (El hombre con rayos X en los ojos). / *The Haunted Palace.* / *The Secret Invasion* (Secreta invasión).
1964 *The Masque of the Red Death* (La máscara de la muerte roja). / *The Tomb of Ligeia* (La tumba de Ligeia).

1966 *The Wild Angels* (Los ángeles del infierno).
1967 *The St. Valentine's Day Massacre* (La matanza del día de san Valentín). / *A Time for Killing* (La cabalgata de los malditos). / *The Trip*.
1969 *How to Make It*.
1970 *Bloody Mama* (Mamá sangrienta). / *Grasssss... or It May Become Necessary to Destroy the World in Order to Save It!*
1971 *Von Richthofen and Brown* (El barón rojo).
1990 *Frankenstein Unbound* (El regreso de Frankenstein).

CORNEAU, Alain *(Meung-sur-Loire, Francia, 1943)*

Apasionado por el jazz, llega a ser batería en una orquesta norteamericana de una base militar francesa. Diplomado en montaje y dirección en el I. D. H. E. C., la escuela de cine de París, es ayudante de dirección de Roger Corman, Marcel Camus, Costa-Gavras, Jose Giovanni y otros. Debuta como realizador con *France société anonyme,* una ambiciosa historia de política-ficción que no acaba de resultar convincente, para convertirse después en un gran especialista en narraciones policiacas; *Policía Python 357, La amenaza, Le choix des armes* y *Le môme*. Basadas en guiones originales suyos, describen, a través de intrigas minuciosamente estructuradas y narradas, la historia de un hombre que se ha hecho a sí mismo en la búsqueda de su propia identidad. Sin embargo, su obra maestra dentro del policiaco es *Serie negra,* adaptación de una novela del especialista Jim Thompson escrita en colaboración con el personal novelista Georges Pérec. Cambia de género con *Fort Saganne,* adaptación de una novela de Louis Gardel, que evoca la etapa colonialista con amplitud de medios para demostrar la imposibilidad de escapar a la propia clase social, pero sus resultados son menos convincentes. Cambia de rumbo por completo, pero no de historia, con *Nocturne indien,* adaptación de la exquisita novela homónima de Antonio Tabucchi, que narra la aventura personal de un portugués a la búsqueda de su propia identidad en las viejas colonias en la India. Sigue por un camino similar en *Todas las mañanas del mundo,* basada en una narración de Pascal Quignard, sobre el enfrentamiento a principios del siglo XVIII entre un austero maestro de la viola de gamba y su más destacado alumno.
1974 *France société anonyme*.
1975 *Police Python 357* (Policía Python 357).
1977 *La menace* (La amenaza).
1979 *Série noire* (Serie negra).
1981 *Le choix des armes*.
1984 *Fort Saganne*.
1986 *Le môme*.
1989 *Nocturne indien*.
1991 *Tous les matins du monde* (Todas las mañanas del mundo).
1994 *US. go home*.
1996 *Lumière y compañía,* un episodio.

CORONA NEGRA, LA *(1950)*

Gracias a sus relaciones con su admirador Andrés Leonardi (Rossano Brazzi) y con su antiguo amante Mauricio (Vittorio Gassman), la enlutada Mara Russel (María Félix) va recuperando la memoria. Recuerda cómo, impulsada por su amante, apuñala con unas tijeras a su marido Luis Russel (José María Lado), para robarle las joyas compradas con el dinero ganado durante toda su vida, mientras está a punto de escapar con su admirador, pero son perseguidos por la mala suerte. Basada en un argumento del francés Jean Cocteau, dirigida por el argentino Luis Saslavsky y protagonizada por la mexicana María Félix y los italianos Rossano Brazzi y Vittorio Gassman, esta producción del español Cesáreo González es una de las más extrañas películas españolas. Desde su título, *La corona negra es aquella que, formada por buitres, acompaña a los muertos,* sus sueños surrealistas y sus muchos símbolos, hasta la historia de la mujer que recupera su memoria al tiempo que recobra su destino. Narrada a través de una sucesión de aclaratorios *flashbacks* desde diferentes puntos de vista, su ambientación recrea el Tánger internacional de principios de los años cincuenta con una mezcla de exteriores naturales e interiores de estudio. El director Luis Saslavsky saca buen partido del argumento de Jean Cocteau, pero en ningún momento consigue el producto internacional deseado, sino una de las películas más malditas del cine español.

Director: *Luis Saslavsky*. Guionistas: *Charles de Peyret Chappuis, Luis Saslavsky*. Fotografía: *Valentín Javier, Antonio Ballesteros*. Música: *Juan Quintero*. Intérpretes: *María Félix, Rossano Brazzi, Vittorio Gassman, José María Lado, Antonia Plana, Avelino Santana, Julia Caba Alba*. Producción: *Suevia Films-Cesáreo González*. Duración: *117'*. España.

CORONEL BLIMP *(The Life and Death of Colonel Blimp, 1943)*

Como consecuencia de la guerra de los boers, a principios de siglo en Berlín se enfrentan en un duelo el oficial inglés Clive Candy (Roger Livesey) y el alemán Theo Kretschmar-Schuldorff (Anton Walbrook). Heridos ambos, durante la convalecencia se hacen amigos íntimos y se enamoran de Edith Hunter (Deborah Kerr), que poco después se convierte en la mujer del alemán. Su amistad permanece intacta a pesar de verse obligados a enfrentarse durante la Gran Guerra; casarse el inglés con Barbara Wynne (Deborah Kerr); volver a luchar en diferentes bandos en la II Guerra Mundial, y tener el inglés como chófer a Angela Cannon (Deborah Kerr). Primera de las películas que el británico Michael Powell y el húngaro Emeric Pressburger escriben, producen y dirigen para su marca The Archers, está narrada a través de una sucesión de *flashbacks* que parten de 1942 y se centra en la vida de un hombre y su país durante la primera mitad del siglo XX. También pone de relieve con una gran libertad creadora algunos valores perdidos, como el honor, el espíritu de casta o el amor. Rodada en plena II Guerra Mundial, esta película pacifista, en la que uno de los protagonistas es un alemán bueno, tiene serios problemas de censura con el mismísimo Winston Churchill e indigna al ejército, porque su título es el nombre de un ridículo, pomposo y reaccionario personaje de una historieta gráfica del diario *London Evening Standard* creado por David Low. Sin embargo, Powell y Pressburger acaban haciendo lo que quieren y solo a la hora de distribuir en el extranjero esta producción británica, encuentran insalvables dificultades. Convertida desde hace años en una de las obras maestras del cine inglés, destaca su imaginativa construcción y el hecho de que Deborah Kerr encarne a todas las mujeres de las que se enamoran los dos amigos protagonistas, además de la excelente fotografía de Jack Cardiff en el brillante Technicolor de la época.

Directores y guionistas: *Michael Powell, Emeric Pressburger*. Fotografía: *Jack Cardiff*. Música: *Allan Gray*. Intérpretes: *Roger Livesey, Anton Walbrook, Deborah Kerr, Roland Culver, James MacKechnie, Albert Lieven*. Producción: *Michael Powell y Emeric Pressburger para The Archers. Color.* Duración: *163'*. *Reino Unido*.

CORREO DE INDIAS *(1942)*

En 1803 la virreina del Perú (Conchita Montes) parte de Cádiz en un barco de vela con destino a El Callao para encontrarse con el virrey (Armando Calvo); pero durante la tranquila travesía se enamora del capitán (Julio Peña), decide decírselo a su marido, con quien ha convivido muy poco, y volver a España con el marino. Sin embargo, cuando llega a Lima se encuentra con que el virrey ha sufrido un ataque de corazón, está muy enfermo y quiere regresar a España, lo que da lugar a un accidentado viaje de vuelta: el virrey muere, una tormenta hace que el barco choque y quede empotrado en un iceberg, la tripulación se amotina y todos abandonan la nave menos los amantes que, tras largos meses de pasión, acaban muriendo de hambre. El diario de la virreina, encontrado por marineros de otro barco, junto a los dos cadáveres abrazados, es origen del largo *flashback* en que se estructura la historia para darle mayor dramatismo. Es una obra insólita dentro del cine español de la época, tanto por narrar un adulterio y tener tan solo un par de frases patrioteras dedicadas a la labor de España en América, como por estar muy bien contada y desarrollarse casi íntegramente en un barco. La excelente vena popular de Edgar Neville alcanza uno de sus mejores momentos al describir las relaciones entre pasajeros y tripulación. Destacan la eficaz dirección de Neville y los excelentes decorados de Burmann y Feduci, también el trabajo de algunos actores secundarios: Juan Calvo en el papel del marinero Currito y Julia Lajos, como la *madame* Paca.

Director y guionista: *Edgar Neville*. Fotografía: *Ted Pahle*. Música: *José Muñoz Molledo*. Intérpretes: *Conchita Montes, Julio Peña, Armando Calvo, Juan Calvo, Julia Lajos, Eloísa Muro*. Producción: *Cepicsa.* Duración: *100'. España.*

COSAS DE LA VIDA, LAS *(Les choses de la vie, 1970)*

Después de rodar un par de irregulares policiacos durante la década de los sesenta, el guionista y director Claude Sautet se da a conocer internacionalmente con una trilogía de personales historias de amor protagonizadas por Romy Schneider y realizadas a principios de los años setenta. Entre *Max y los chatarreros* (Max et les ferrailleurs, 1971) y *Ella, yo y... el otro* (César et Rosalie, 1972), destaca esta por su original estructura narrativa. A través de una sucesión de *flashbacks* narra cómo, en el transcurso de los breves momentos en que se produce un accidente automovilístico que le lleva a la muerte, el arquitecto Pierre (Michel Piccoli) recuerda su vida y la decisión de dejar a su amante Hélène (Romy Schneider) y regresar con su mujer Catherine (Lea Massari) y su hijo. Tras el accidente su mujer encuentra una carta donde le cuenta esta decisión a su amante, pero decide no entregársela para no hacerla sufrir. Veinticinco años después, el actor, productor y director norteamericano Mark Rydell realiza *Entre dos mujeres* (Intersection, 1994), una nueva versión que sigue muy de cerca el original. Está ambientada en Vancouver, Canadá, y sus alrededores, y protagonizada por Richard Gere, Sharon Stone y Lolita Davidovich, pero carece de interés.

Director: *Claude Sautet*. Guionistas: *Paul Guimard, Jean-Loup Dabadie, Claude Sautet*. Fotografía: *Jean Boffety*. Música: *Philippe Sarde*. Intérpretes: *Michel Piccoli, Romy Schneider, Lea Massari, Gérard Lartigau, Jean Bouise*. Producción: *Raymond Danon*. Color. Duración: 105'. Francia.

COSTA-GAVRAS, Konstantinos *(Atenas, Grecia, 1933)*

Hijo de un funcionario del gobierno griego, a principios de los años cincuenta su familia tiene que emigrar por motivos políticos y se diploma en literatura en la Universidad de la Sorbona. Estudia dirección en el I. D. H. E. C., la escuela de cine de París; es ayudante de dirección de Yves Allegret, René Clair, Jacques Demy y otros, y debuta como realizador con el policiaco *Los raíles del crimen* y la historia de la Resistencia *Sobra un hombre*. Pone de moda el cine político con *Z*, que narra, sobre guión del novelista Jorge Semprún, el asesinato del político griego Gregorios Lambrakis en 1963 por elementos de extrema derecha; seguida de *La confesión*, adaptación de la autobiografía de Arthur London escrita por Semprún, que trata de las purgas comunistas efectuadas en Checoslovaquia; *Estado de sitio*, con guión de Franco Solinas, que describe la actuación de la C. I. A. en Uruguay, y *Sección especial*, también con guión de Semprún, que gira en torno a los procesos de Riom y el colaboracionismo durante la ocupación alemana de Francia. Se aparta del cine político con *Clair de femme*, adaptación de una novela intimista de Romain Gary sobre una compleja historia de amor, y con *Consejo de familia*, una comedia policiaca sobre una familia de ladrones, basada en una novela de Francis Ryck, pero son sendos fracasos. Logra su mayor éxito con *Desaparecido*, su primera película norteamericana, ganadora de la Palma de Oro del Festival de Cannes, que describe la primera etapa de la represión en Chile durante la dictadura del general Augusto Pinochet a través de la historia de un padre norteamericano que busca a su hijo desaparecido. Después de la poco conocida *Hanna K.*, donde utiliza una complicada historia de amor para analizar el enfrentamiento entre Israel y Palestina, regresa a Estados Unidos para rodar *El sendero de la traición*, que denuncia el racismo a través de las poco convincentes relaciones entre una agente del F. B. I. y un fascista asesino, y *La caja de música*, sobre un emigrado húngaro acusado de cometer crímenes de guerra bajo el nazismo y defendido por su famosa hija abogado, pero donde la política se convierte en una simple fórmula de éxito. De regreso en Francia, dirige *Le petite apocalypse*, que pretende ser una crónica, llena de humor, de la realidad cotidiana, pero no lo consigue.

1965 *Compartiment tueurs* (Los raíles del crimen).
1967 *Un homme de trop* (Sobra un hombre).
1969 *Z*.
1970 *L'aveu* (La confesión).
1972 *État de siège* (Estado de sitio).
1975 *Section spéciale* (Sección especial).
1979 *Clair de femme*.
1982 *Missing* (Desaparecido).
1983 *Hanna K.*
1986 *Conseil de famille* (Consejo de familia).
1988 *Betrayed* (El sendero de la traición).
1989 *Music Box* (La caja de música).
1993 *Le petite apocalypse*.
1994 *À propos de Nice*, un episodio.
1996 *Lumière y compañía*, un episodio.

COSTILLA DE ADÁN, LA *(Adam's Rib, 1949)*

Entre 1948 y 1955, el gran realizador George Cukor rueda siete películas, la mayoría comedias, escritas por el dramaturgo y director Garson Kanin, algunas en colaboración con su mujer, la actriz Ruth Gordon, que dan un nuevo impulso al género por introducir un marcado tono realista. La mejor es esta, en la que el matrimonio de abogados formado por Amanda Bonner (Katharine Hepburn) y Adam Bonner (Spencer Tracy) se ven involucrados en una violenta separación matrimonial. Mientras Amanda Bonner defiende a Doris Attinger (Judy Holliday), que ha disparado sobre su marido al verle con su amante, Adam Bonner defiende a Warren Attinger (Tom Ewell), que ha estado a punto de morir a manos de su celosa esposa. El resultado es una de las mejores comedias norteamericanas, donde no solo destaca la habilidad de Cukor para el género, sino también el excelente trabajo de la pareja integrada por Spencer Tracy y Katharine Hepburn en la sexta de las nueve películas que hacen juntos.

Director: *George Cukor*. Guionistas: *Ruth Gordon, Garson Kanin*. Fotografía: *George Folsey*. Música: *Miklos Rozsa*. Intérpretes: *Spencer Tracy, Katharine Hepburn, David Wayne, Tom Ewell, Judy Holliday*. Producción: *Lawrence Weingarten para Metro-Goldwyn-Mayer*. Duración: *101'*. Estados Unidos.

COSTNER, Kevin *(Linwood, California, Estados Unidos, 1955)*

Estudia en la Universidad de California y comienza a trabajar en *marketing*, pero, interesado por el teatro, asiste a cursos de arte dramático y empieza a hacer papeles secundarios en cine. Su primera oportunidad se la da el director Lawrence Kasdan en *Reencuentro* (The Big Chill, 1983), pero su intervención desaparece en el montaje final, lo que no impide que vuelvan a trabajar juntos en los *westerns* irregulares *Silverado* y *Wyatt Earp*. Tras hacer un papel importante en *Los intocables*, protagoniza el policiaco *No hay salida* y se convierte en una de las estrellas del cine norteamericano de los años noventa a través de una serie de desiguales títulos, entre los que cabe citar *Un mundo perfecto*, de Clint Eastwood, y *Waterworld*, de Kevin Reynolds, con quien antes había trabajado en las fallidas *¿Adónde dices que vas?* y *Robin Hood: príncipe de los ladrones*. Gana un injustificado Oscar como director en *Bailando con lobos*, un *western* de larga duración, realizado de cualquier manera, que es su única incursión en este terreno.

Como director
1990 *Dances With Wolves* (Bailando con lobos).
Como actor
1981 *Sizzle Beach U.S.A.*, de Richard Brander. / *Shadows Run Black*, de Howard Heard.
1982 *Night Shift* (Turno de noche), de Ron Howard. / *Chasing Dreams*, de Sean Roche. / *Frances*, de Graeme Cliford.
1983 *Stacy's Knights*, de Jim Wilson. / *Table for Five* (Mesa para cinco), de Robert Lieberman. / *Testament* (Testamento final), de Lynne Littman.
1984 *The Gunrunner*, de Nardo Castillo.
1985 *American Flyers*, de John Badham. / *Fandango* (¿Adónde dices que vas?), de Kevin Reynolds. / *Silverado*, de Lawrence Kasdan.
1987 *The Untouchables* (Los intocables), de Brian de Palma. / *No Way Out* (No hay salida), de Roger Donaldson.
1988 *Bull Durham* (Los búfalos de Durham), de Ron Shelton.
1989 *Field of Dreams* (Campo de sueños), de Phil Alden Robinson.
1990 *Revenge* (Venganza), de Tony Scott. / *Dances With Wolves* (Bailando con lobos), de Kevin Costner.
1991 *Truth of Dare*, de Alek Keshishian. / *Robin Hood: Prince of the Thieves* (Robin Hood: príncipe de los ladrones), de Kevin Reynolds. / *J. F. K.* (J. F. K., caso abierto), de Oliver Stone.
1992 *The Bodyguard* (El guardaespaldas), de Mick Jackson.
1993 *A Perfect World* (Un mundo perfecto), de Clint Eastwood.
1994 *Wyatt Earp*, de Lawrence Kasdan. / *The War* (La guerra), de Jon Avnet.
1995 *Waterworld*, de Kevin Reynolds.

COTTEN, Joseph *Joseph Chesire Cotten (Petersburg, Virginia, 1905-Estados Unidos, 1994)*

Después de ser crítico teatral en el *Miami Herald* y ayudante del famoso productor de teatro David Belasco, debuta como actor a principios de los años treinta. A lo largo de la década se convierte en un nombre conocido y en 1937 se une a la compañía Mercury Theatre de Orson Welles para trabajar en teatro, radio y también cine. Durante los años cuarenta colabora con Orson Welles en las míticas *Ciudadano Kane, El cuarto mandamiento* y *Estambul*, para luego hacerlo con Alfred Hitchcock en *La sombra de una duda* y *Atormentada*, George Cukor en *Luz que agoniza*, John Cromwell en *Desde que te fuiste*, William Dieterle en *Te volveré a ver, Cartas a mi amada* y *Jennie*, y King Vidor en *Duelo al Sol* y *Más allá del bosque*. Entre los famosos policiacos *El tercer hombre*, de Carol Reed, y *Niagara*, de Henry Hathaway, su carrera comienza a declinar a lo largo de la década de los cincuenta, lo que le lleva a crear en 1956 la marca Fordyce Productions para hacer el programa de televisión *The Joseph Cotten Show*. Tras hacer papeles secundarios con Robert Aldrich en las interesantes *El último atardecer* y *Canción de cuna para un cadáver*, su carrera cae en picado mientras hace todo tipo de papeles en subproductos, *spaghetti-westerns* o producciones de terror, rodados en España e Italia. Entre sus últimas treinta y cinco películas solo cabe destacar *Fraude*, de Orson Welles, *A Delicate Balance*, de Tony Richardson, *Alerta: ¡misiles!*, de Robert Aldrich, y *La puerta del cielo*, de Michael Cimino, siempre en papeles secundarios.

1941 *Citizen Kane* (Ciudadano Kane), de Orson Welles. / *Lydia*, de Julien Duvivier.
1942 *The Magnificent Ambersons* (El cuarto mandamiento), de Orson Welles. / *Journey into Fear* (Estambul), de Norman Foster.
1943 *Shadow of a Doubt* (La sombra de una duda), de Alfred Hitchcock. / *Hers to Hold* (Lazos eternos), de Lewis R. Foster.
1944 *Gaslight* (Luz que agoniza), de George Cukor. / *Since You Went Away* (Desde que te fuiste), de John Cromwell.
1945 *I'll Be Seeing You* (Te volveré a ver), de William Dieterle. / *Love Letters* (Cartas a mi amada), de William Dieterle.
1947 *The Farmer's Daughter* (Un destino de mujer), de H. C. Potter. / *Duel in the Sun* (Duelo al Sol), de King Vidor.
1949 *Portrait of Jennie* (Jennie), de William Dieterle. / *Under Capricorn* (Atormentada), de Alfred Hitchcock. / *Beyond the Forest* (Más allá del bosque), de King Vidor. / *The Third Man* (El tercer hombre), de Carol Reed.
1950 *Walk Softly Stranger* (Despacio, forastero), de Robert Stevenson. / *Two Flags West* (Entre dos juramentos), de Robert Wise.
1951 *September Affair*, de William Dieterle. / *Half Angel* (Seria de día, coqueta de noche), de Richard Sale. / *Peking Express* (Pekín), de William Dieterle. / *The Man With a Cloak*, de Fletcher Markle.
1952 *Untamed Frontier*, de Hugo Fregonese. / *The Steel Trap* (Trampa de acero), de Andrew L. Stone.
1953 *Niagara*, de Henry Hathaway. / *Blueprint for Murder*, de Andrew L. Stone.
1955 *Special Delivery* (Entrega especial), de John Brahm.
1956 *The Bottom of the Bottle* (Barreras de orgullo), de Henry Hathaway. / *The Killer Is Loose* (El asesino anda suelto), de Budd Boetticher.
1957 *The Halliday Brand*, de Joseph H. Lewis.

1958 *Touch of Evil* (Sed de mal), de Orson Welles. / *From the Earth to the Moon* (De la Tierra a la Luna), de Byron Haskin.
1960 *The Angel Wore Red*, de Nunnally Johnson.
1961 *The Last Sunset* (El último atardecer), de Robert Aldrich.
1965 *Hush... Hush, Sweet Charlotte* (Canción de cuna para un cadáver), de Robert Aldrich. / *The Great Sioux Massacre* (La gran matanza sioux), de Sidney Salkow.
1966 *The Oscar* (El Oscar), de Russell Rouse. / *The Money Trap* (La trampa del dinero), de Burt Kennedy. / *The Tramplers* (Las pistolas del norte de Texas), de Albert Band. / *I crudeli* (Los despiadados), de Sergio Corbucci.
1967 *Brighty of the Grand Canyon*, de Norman Foster. / *Jack of Diamonds* (Jack de diamantes), de Don Taylor. / *The Diamond Spy*, de Albert Band. / *Some May Live*, de Vernon Sewell.
1968 *Rio Hondo*, de Albert Band. / *Petulia*, de Richard Lester. / *Gangsters 70* (Mister Zehn Prazent, Miezen und Moten), de Guido Zurli.
1969 *Latitude Zero* (Donde el mundo acaba), de Inoshiro Honda.
1970 *Tora! Tora! Tora!*, de Richard Fleischer. / *The Grasshopper*, de Jerry Paris.
1971 *Lady Frankenstein*, de Mel Welles. / *The Abominable Dr. Phibes* (El abominable doctor Phibes), de Robert Fuest. / *White Comanche* (Comanche blanco), de José Briz.
1972 *Lo scopone scientifico* (Sembrando ilusiones), de Luigi Comencini. / *Gli orrori del castello di Norimberga*, de Mario Bava.
1973 *Soylent Green* (Cuando el destino nos alcance), de Richard Fleischer. / *Question Mark* (Fraude), de Orson Welles. / *A Delicate Balance*, de Tony Richardson.
1975 *Il giustiziere sfida la città* (Desafío a la ciudad), de Umberto Lenzi.
1977 *Twilight's Last Gleaming* (Alerta: ¡misiles!), de Robert Aldrich. / *Airport 77* (Aeropuerto 77), de James Jameson.
1978 *The Swarm* (El enjambre), de Lewis Allen. / *L'ordre et la sécurité du monde* (Alta prioridad), de Claude D'Anna. / *Caravans* (Caravanas), de James Fargo. / *L'isola degli uomini pesce* (La isla de los hombres peces), de Sergio Martino.
1979 *Guyana, el crimen del siglo*, de René Cardona Jr.
1980 *The Hearse*, de George Bowers. / *The Survivor* (El superviviente), de David Hemmings. / *Heaven's Gate* (La puerta del cielo), de Michael Cimino.

COTTON CLUB *(1984)*

Las relaciones entre el trompetista de jazz Dixie Dwyer (Richard Gere) y la amante de un gángster, Vera Cicero (Diane Lane), ambientadas en Nueva York durante los duros años de la prohibición de bebidas alcohólicas, sirven a Francis Ford Coppola para hacer el brillante dibujo de un famoso club de Harlem, a medio camino entre el musical y el melodrama. Escrita por el novelista William Kennedy y el propio Coppola, tiene un elevadísimo coste que, a pesar de su éxito y estar producida entre Robert Evans y Coppola, no logra amortizarse y constituye otro grave obstáculo en la trayectoria de los atractivos estudios Zoetrope. Destacan algunos números musicales, como el final, perfecta integración entre coreografía y desarrollo de la historia, así como algunos números de *tip tap* a cargo del gran bailarín de color Gregory Hines.

Director: *Francis Ford Coppola*. Guionistas: *William Kennedy, Francis Ford Coppola*. Fotografía: *Stephen Goldblatt*. Música: *John Barry*. Intérpretes: *Richard Gere, Diane Lane, Gregory Hines, Lonette McKee, Bob Hoskins, James Remar, Nicolas Cage, Allen Garfield*. Producción: *Robert Evans para Zoetrope / Orion. Color. Duración: 127'. Estados Unidos.*

COWBOY *(1958)*

Tomando como punto de partida el libro autobiográfico de Frank Harris, convertido en guión por Edmund H. North, el especialista Delmer Daves hace uno de sus mejores *westerns* para el productor Julian Blaustein de los estudios Columbia. Narra cómo en 1870 el joven conserje de un hotel, Frank Harris (Jack Lemmon), enamorado de la hija de un acaudalado ganadero mexicano, consigue hacerse socio de Reece (Glenn Ford), un importante conductor norteamericano de ganado, y que este le lleve con él hasta México. Durante el largo camino de ida y vuelta descubre la rudeza y brutalidad de los *cowboys*, pero se hace tan duro como ellos y mientras tanto se entera de que la mexicana se ha casado con otro. Curiosa mezcla de aprendizaje y crítica, dentro de una tradicional estructura de itinerario, es una de las poquísimas producciones donde se cuestiona esta peculiar forma de vida. Es además el único *western* en la carrera del gran actor Jack Lemmon y el séptimo de los nueve dirigidos por Delmer Daves.

Director: *Delmer Daves*. Guionista: *Edmund H. North*. Fotografía: *Charles Lawton Jr.* Música: *George Duning*. Intérpretes: *Jack Lemmon, Glenn Ford, Brian Donlevy, Anna Kahfi, Dick York*. Producción: *Julian Blaustein para Columbia. Color. Duración: 92'. Estados Unidos.*

COWBOY DE MEDIANOCHE *(Midnight Cowboy, 1969)*

Tras cuatro interesantes películas rodadas durante los años sesenta dentro del movimiento realista *free cinema,* el británico John Schlesinger es contratado por el productor independiente norteamericano Jerome Hellman para rodar una adaptación de la novela de James Leo Herlihy, convertida en un sólido guión por Waldo Salt, sobre los ambientes marginales del Nueva York de la época. La descripción del nacimiento y desarrollo de la amistad entre Joe Buck (Jon Voight), un texano que llega a Nueva York dispuesto a hacer carrera como gigoló, pero cae en los ambientes homosexuales, y Ratso Rizzo (Dustin Hoffman), un pobre tuberculoso de origen italiano que sueña con irse a vivir a las cálidas tierras de Florida, da lugar al mayor éxito de su carrera. Es la primera película norteamericana clasificada X por la comisión de censura de los productores que obtiene un Oscar, en realidad tres importantes, correspondientes a la película, el guionista y el director. Destaca la presencia en papeles secundarios de algunos de los más característicos actores de las películas *underground* de Andy Warhol, así como el peculiar duelo interpretativo entablado entre un excesivo Dustin Hoffman y el más tranquilo Jon Voight.

Director: *John Schlesinger*. Guionista: *Waldo Salt*. Fotografía: *Adam Holender*. Música: *John Barry*. Intérpretes: *Jon Voight, Dustin Hoffman, Brenda Vaccaro, Sylvia Miles, John McGiver*. Producción: *Jerome Hellman para United Artists. Color. Duración: 113'. Estados Unidos.*

CRAWFORD, Joan *(Lucille Fay Le Seuer. San Antonio, Texas, 1904-Nueva York, Estados Unidos, 1977)*

Perteneciente a una humilde familia, trabaja como camarera en un hotel de Kansas City para pagarse sus estudios y sus clases de baile y en 1923 debuta como bailarina profesional. Al año siguiente es contratada para bailar en una revista en Broadway y en 1925 es descubierta por un cazatalentos de los estudios Metro-Goldwyn-Mayer al ganar un concurso de baile y debuta en cine en un pequeño papel de bailarina. Entre las películas mudas que protagoniza destacan la divertida comedia *Un sportman de ocasión,* el drama *Garras humanas* y la historia de aventuras *Filibusteros modernos.* Tras dar con facilidad el salto del cine mudo al sonoro, se convierte en una estrella con las veinticinco películas que protagoniza durante la década de los treinta, entre las que sobresalen *Gran Hotel,* de Edmund Goulding; *Letty Lynton, Así ama la mujer, Encadenada* y *The Gorgeous Hussy* de Clarence Brown; *Lluvia* de Lewis Milestone; *Maniquí, La hora radiante* y *Extraño cargamento* de Frank Borzage; *Mujeres* y *Un rostro de mujer* de George Cukor. Trabaja mucho menos durante la primera mitad de los años cuarenta; en estos últimos años en Metro-Goldwyn-Mayer llega a decirse que su carrera se ha agotado; pero la relanza el excelente melodrama policiaco *Alma en suplicio,* que hace para los estudios Warner y con el que gana su único Oscar, seguido de las también muy interesantes producciones *Humoresque, Amor que mata* y *Flamingo Road.* A pesar de rodar el *western* famoso *Johnny Guitar* y el sólido melodrama *Hojas de otoño,* su carrera vuelve a languidecer en la década de los cincuenta y se remonta por el éxito de la historia de terror *¿Qué fue de Baby Jane?,* pero esto solo la conduce a una sucesión de malas copias de bajo presupuesto. Tras intervenir en algunos telefilms, se retira en 1970 para dedicarse a presidir la compañía Pepsi-Cola, cargo heredado de su cuarto y último marido. Autora de dos libros de memorias, *A Portrait of Joan* (1962) y *My Way of Life* (1971), su hija adoptiva Christina hace un terrible retrato de ella en *Mommie Dearest* (1978), publicado un año después de su muerte y origen de la floja producción *Queridísima mamá* (Mammie Dearest, 1981), de Frank Perry.

1925 *Lady of the Night* (La dama de la noche), de Monta Bell. / *Proud Flesh* (Mujer altanera), de King Vidor. / *Pretty Ladies* (El jazz-band del Follies), de Monta Bell. / *Old Clothes* (Ropa vieja), de Eddie Cline. / *The Only Thing,* de Jack Conway. / *Sally, Irene and Mary* (Como las mariposas), de Edmund Goulding. / *The Circle* (La eterna cuestión), de Frank Borzage.
1926 *The Boob,* de William A. Wellman. / *Tramp, Tramp, Tramp* (Un sportman de ocasión), de Harry Edwards. / *Paris* (Noches de París), de Edmund Goulding.
1927 *The Taxi Dancer* (Bailando con el taxímetro), de Harry Millard. / *Winners of the Wilderness* (Por la razón y la fuerza), de W. S. van Dyke. / *The Understanding Heart* (Corazones comprensivos), de Jack Conway. / *The Unknown* (Garras humanas), de Tod Browning. / *Twelve Miles Out* (Filibusteros modernos), de Jack Conway. / *Spring Fever* (Fiebre de primavera), de Edward Sedgwick.
1928 *West Point* (El cadete de West Point), de Edward Sedgwick. / *Rose Marie,* de Lucien Hubbard. / *Across to Singapore* (La ruta de Singapur), de William Nigh. / *The Law of the Range,* de William Nigh. / *Four Walls* (La cárcel de la redención), de William Nigh. / *Our Dancing Daughter* (Vírgenes modernas), de Harry Beaumont. / *Dream of Love* (Sueño de amor), de Fred Niblo.
1929 *The Duke Steps Out* (El piropeador), de James Cruze. / *The Hollywood Revue of 1929* (Hollywood Revue), de Charles F. Reisner. / *Our Modern Maidens* (Jugar con fuego), de Jack Conway. / *Untamed* (La indomable), de Jack Conway.
1930 *Montana Moon* (Luz de Montana), de Malcolm St. Clair. / *Our Blushing Brides* (Novias ruborosas), de Harry Beaumont. / *Paid* (Pagada), de Sam Wood.
1931 *Dance Fools Dance* (Danzad, locos, danzad), de Harry Beaumont. / *Laughing Sinners* (Salvada), de Harry Beaumont. / *This Modern Age* (Esta edad moderna), de Nick Grinde. / *Possessed* (Amor en venta), de Clarence Brown.
1932 *Grand Hotel* (Gran Hotel), de Edmund Goulding. / *Letty Lynton,* de Clarence Brown. / *Rain* (Lluvia), de Lewis Milestone.
1933 *Today We Live* (Vivamos hoy), de Howard Hawks. / *Dancing Lady* (Alma de bailarina), de Robert Z. Leonard.
1934 *Sadie McKee* (Así ama la mujer), de Clarence Brown. / *Chained* (Encadenada), de Clarence Brown. / *Forsaking All Others* (Cuando el diablo asoma), de W. S. van Dyke.
1935 *No More Ladies* (No más mujeres), de Edward H. Griffith. / *I Live My Life* (Yo vivo mi vida), de W. S. van Dyke.
1936 *The Gorgeous Hussy,* de Clarence Brown. / *Love on the Run,* de W. S. van Dyke.
1937 *The Last of Mrs. Cheyeney,* de Richard Boleslawski. / *The Bride Wore Red,* de Dorothy Arzner.
1938 *Mannequin* (Maniquí), de Frank Borzage. / *The Shining Hour* (La hora radiante), de Frank Borzage.
1939 *Ice Follies of 1939,* de Reinhold Schunzel. / *The Women* (Mujeres), de George Cukor.
1940 *Strange Cargo* (Extraño cargamento), de Frank Borzage. / *Susan and God,* de George Cukor.
1941 *A Woman's Face* (Un rostro de mujer), de George Cukor. / *When Ladies Meet* (Cuando ellas se encuentran), de Robert Z. Leonard.

1942 *They All Kissed the Bride* (Todos besaron a la novia), de Alexander Hall. / *Reunion in France*, de Jules Dassin.
1943 *Above Suspicion* (Bajo sospecha), de Richard Thorpe.
1944 *Hollywood Canteen*, de Delmer Daves.
1945 *Mildred Pierce* (Alma en suplicio), de Michael Curtiz.
1946 *Humoresque*, de Jean Negulesco.
1947 *Possessed* (Amor que mata), de Curtis Bernhardt. / *Daisy Kenyon*, de Otto Preminger.
1949 *Flamingo Road*, de Michael Curtiz. / *It's a Great Feeling*, de David Butler.
1950 *The Damned Don't Cry* (Los condenados no lloran), de Vincent Sherman. / *Harriet Craig* (La envidiosa), de Vincent Sherman.
1951 *Goodbye My Fancy*, de Vincent Sherman.
1952 *This Woman Is Dangerous*, de Felix Feist. / *Sudden Fear*, de David Miller.
1953 *Torch Song*, de Charles Walters.
1954 *Johnny Guitar*, de Nicholas Ray.
1955 *Female on the Beach*, de Joseph Pevney. / *Queen Bee*, de Ranald MacDougall.
1956 *Autumn Leaves* (Hojas de otoño), de Robert Aldrich.
1957 *The Story of Esther Costello* (La historia de Esther Costello), de David Miller.
1959 *The Best of Everything* (Mujeres frente al amor), de Jean Negulesco.
1962 *What Ever Happened to Baby Jane?* (¿Qué fue de Baby Jane?), de Robert Aldrich.
1963 *The Caretakers*, de Hall Bartlett.
1964 *Straight Jacket* (El caso de Lucy Harbin), de William Castle.
1965 *I Saw What You Did* (Jugando con la muerte), de William Castle.
1967 *The Karate Killer* (Asesinos por kárate), de Barry Shear.
1968 *Berserk* (El circo del crimen), de Jim O'Connolly.
1970 *Trog*, de Freddie Francis.

CREPÚSCULO DE LOS AUDACES, EL
(Twilight for the Gods, 1958)

Tradicional producción de amor y aventuras de los estudios Universal, con estructura de itinerario, está bien dirigida por el sólido artesano de los años cincuenta Joseph Pevney y rodada en escenarios naturales y en estudio. El capitán David Bell (Rock Hudson), expulsado de la Marina por haber se hundido un barco a su mando, consigue ser el propietario del bergantín *Cannibal* y hacer viajes por las islas de Hawai. Durante una larga travesía entre Tahití y México se enamora de la pasajera Charlotte King (Cyd Charisse), que debe cumplir una condena en Honolulu por su participación en un asesinato, y el deterioro del barco hace que esté a punto de hundirse. Narrada durante la larga travesía, con un par de *flashbacks* sobre el pasado de los protagonistas, es un buen ejemplo de cine de aventuras y amor, con el contrapunto de seis pasajeros y otros tantos tripulantes.

Director: *Joseph Pevney*. Guionista: *Ernest K. Gann*. Fotografía: *Irving Glassberg*. Música: *David Raskin*. Intérpretes: *Rock Hudson, Cyd Charisse, Arthur Kennedy, Leif Erickson, Charles McGraw, Wallace Ford*. Producción: *Gordon Kay para Universal*. Color. Duración: *120'*. Estados Unidos.

CREPÚSCULO DE LOS DIOSES, EL *(Sunset Boulevard, 1950)*

El joven guionista Joe Gillis (William Holden) narra sus relaciones con Norma Desmond (Gloria Swanson), una vieja estrella del cine mudo que vive en una lujosa mansión de Beverly Hills con su mayordomo y ex marido Max von Mayerling (Erich von Stroheim) inmersa en el culto del pasado y con la vana esperanza de un retorno al cine, mientras escribe el guión de *Salomé* para que vuelva a la pantalla y se convierte sucesivamente en su mantenido, su amante y su víctima. Narrada por el cadáver del guionista a lo largo de un *flashback*, subrayado por su voz de fondo, es una de las más crueles películas sobre Hollywood y está realizada por un brillante Billy Wilder en una conseguida mezcla de humor negro y cinismo. Dentro del espléndido conjunto tiene interés que en la realidad Gloria Swanson era una estrella retirada, pero no olvidada; Erich von Stroheim había sido expulsado del rodaje de la incompleta *La reina Kelly* (Queen Kelly, 1928), una producción de Gloria Swanson de la que se ven algunos fragmentos; Cecil B. de Mille aparece dirigiendo *Sansón y Dalila* (Samson and Delilah, 1949), y el cómico y realizador Buster Keaton y la periodista sensacionalista Hedda Hopper se interpretan a sí mismos. Como suele ser habitual en las películas de Billy Wilder, el guión, que en esta ocasión firma con su colaborador habitual de esta etapa de su carrera, el productor Charles Brackett, es muy superior a la realización. Seleccionada para media docena de importantes Oscars, solo gana dos, los correspondientes al guión y a la música, pero se convierte en uno de los grandes éxitos de Wilder y en una de sus películas más conocidas.

Director: *Billy Wilder*. Guionistas: *Charles Brackett, Billy Wilder, D. M. Marshman*. Fotografía: *John F. Seitz*. Música: *Franz Waxman*. Intérpretes: *Gloria Swanson, William Holden, Erich von Stroheim, Fred Clark, Nancy Olson, Jack Webb, Cecil B. de Mille, Buster Keaton, Lloyd Gough, Hedda Hopper*. Producción: *Charles Brackett para Paramount*. Duración: *110'. Estados Unidos*.

CRÍA CUERVOS... *(1975)*

Este primer largometraje escrito en solitario y dirigido por Carlos Saura para el productor Elías Querejeta, que ocupa el número diez en su filmografía, se basa en el enfrentamiento interpretativo de la fascinante niña Ana Torrent, descubierta por Víctor Erice en *El espíritu de la colmena* (1973), y Geraldine Chaplin, su musa particular en esta etapa de su carrera. Dentro del ambiente opresivo de una familia de militares que vive en un gran caserón en el centro de Madrid, narra cómo Ana (Ana Torrent), una niña de nueve años, segunda de las tres hijas de un mujeriego militar (Héctor Alterio), ex combatiente de la guerra española, y de María (Geraldine Chaplin), una inglesa que acaba de morir tras una penosa enfermedad, cree tener poderes sobre la vida y la muerte. Tanto para hablar con su madre muerta e imagina que será como ella de mayor, como para envenenar a su padre con unos inofensivos polvos e intentar deshacerse de la antipática tía Paulina (Mónica Randall). A pesar de que la historia en sí no tiene mucho atractivo y de que Saura vuelve a jugar con los recuerdos y la estructura narrativa, el resultado encierra una gran fuerza por la descripción del ambiente familiar, por la compleja personalidad de la niña protagonista y por estar narrada desde su particular punto de vista. Gana el Premio del Jurado del Festival de Cannes, tiene mayor repercusión internacional que nacional y convierte en un éxito la canción *Por qué te vas,* de José Luis Perales, cantada por Jeanette, que ocupa una destacada posición en la narración.

Director y guionista: *Carlos Saura*. Fotografía: *Teo Escamilla*. Intérpretes: *Ana Torrent, Geraldine Chaplin, Conchi Pérez, Mónica Randall, Maite Sánchez, Florinda Chico, Germán Cobos, Héctor Alterio*. Producción: *Elías Querejeta. P. C. Color.* Duración: *112'. España*.

CRIMEN DE CUENCA, EL *(1979)*

En 1910, en el pueblo de Osa de la Vega, provincia de Cuenca, desaparece el pastor José María Grimaldos. Su familia denuncia el hecho y acusa a sus compañeros Gregorio Valero y León Sánchez de matarle para robarle el dinero de la venta de unas ovejas. El juez de instrucción da por sobreseído el sumario por falta de pruebas, pero en 1913 un nuevo juez, presionado por las fuerzas de derechas, lo abre, los acusados son detenidos y, bajo torturas, se declaran autores del crimen, aunque nunca aparece el cuerpo de la presunta víctima. En 1918 se celebra el juicio, son condenados a muerte, pero consiguen que se les conmute la pena por dieciocho años de prisión. En 1926, cuando uno de ellos se ha suicidado y el otro ha fallecido de muerte natural, aparece el asesinado, que se había ido a vivir a un pueblo cercano. Sobre estos hechos auténticos el escritor Ramón J. Sender escribe la novela *El lugar de un hombre* (1939) y la realizadora Pilar Miró rueda una polémica película sobre guión de Salvador Maldonado. La minuciosidad con que están rodadas las torturas realizadas por la guardia civil hace que el gobierno de Unión de Centro Democrático se asuste, ponga la película a disposición militar, que esté secuestrada durante más de año y medio y que su realizadora sea sometida a un proceso militar. Estrenada finalmente a mediados de agosto de 1981, al ser la única película española prohibida desde la desaparición de la censura en 1977 se convierte en un gran éxito. A pesar de estrenarse bajo la calificación restrictiva S, ser demasiado efectista y no estar entre los mejores trabajos de Pilar Miró.

Directora: *Pilar Miró*. Guionistas: *Salvador Maldonado, Pilar Miró*. Fotografía: *Hans Burmann*. Música: *Antón García Abril*. Intérpretes: *Amparo Soler Leal, Héctor Alterio, Fernando Rey, Daniel Dicenta, José Manuel Cervino*. Producción: *Alfredo Matas para Incine, Jet Films. Color.* Duración: *91'. España*.

CRIMEN DE LA CALLE DE BORDADORES, EL *(1946)*

De los tres policiacos madrileños escritos, parcialmente producidos y dirigidos por Edgar

Neville a mediados de los años cuarenta, destacan este, por su compleja estructura en *flashbacks* contradictorios, y *Domingo de carnaval* (1945), por su conseguido tono solanesco, frente al aire fantástico que caracteriza *La torre de los siete jorobados* (1944). La narración gira en torno al asesinato de la acaudalada viuda doña Mariana (Julia Lajos), del que son sospechosos la vendedora de lotería Lola (Mary Delgado), el chulo Miguel (Manuel Luna) y la criada Petra (Antonia Plana). La opinión de los madrileños se divide entre los que creen que el asesino es el chulo y que lo ha hecho por dinero, y los que piensan que es la lotera y que el móvil son los celos; pero la policía detiene a la criada por encontrarla en el lugar del crimen. El atractivo uso de *flashbacks* contradictorios, en los que no queda muy claro quién es el asesino, y que nadie sea condenado, dan a la película una atractiva ambigüedad, poco frecuente en el cine y menos en una cinematografía con tan poca tradición en el género como la española. Destaca la buena ambientación, por ejemplo, el café del Imparcial con sus números de flamenco, o la verbena de la Bombilla, el uso del cuidado lenguaje de la época, y el excelente trabajo de sus actores, lo que la convierte en una de las mejores, aunque menos conocidas, películas de Neville.

Director y guionista: *Edgar Neville*. Fotografía: *Enrique Barreyre*. Música: *José Muñoz Molleda*. Intérpretes: *Manuel Luna, Mary Delgado, Antonia Plana, Julia Lajos, Rafael Calvo, Monique Thibaut, José Prada*. Producción: *Manuel del Castillo*. Duración: *93'. España*.

CRIMEN DE MONSIEUR LANGE, EL *(Le crime de monsieur Lange, 1935)*

En un barrio popular de París, el dueño de una imprenta, Paul Batala (Jules Berry), huye de sus acreedores, tras seducir a la bella Estelle (Nadia Sibirskaia), y aprovecha un accidente ferroviario para hacerse pasar por muerto. Al enterarse, sus empleados organizan una cooperativa que se convierte en un buen negocio con la edición de las populares novelas de Amédée Lange (René Lefèvre). Al olor del dinero el dueño regresa y hace valer sus derechos, pero Amédée Lange, creyéndose el protagonista de una de sus novelas del Oeste, le mata y huye con su compañera Florelle (Valentine Cardès). Narrada por ella a un grupo de obreros durante su huida gracias a un *flashback,* consigue que esta especie de tribunal popular la perdone para poder emprender una nueva vida. Imbuida de la filosofía del triunfador Frente Popular y dirigida por un Jean Renoir que se muestra como el director cinematográfico de la izquierda recién llegada al poder, narra con eficacia, fuerza y poesía una utopía llena de realismo, en la que destacan las relaciones que se establecen entre los diferentes miembros de la cooperativa.

Director: *Jean Renoir*. Guionistas: *Jacques Prévert, Jean Renoir*. Fotografía: *Jean Bachelet*. Música: *Jean Wiener, Joseph Kosma*. Intérpretes: *Jules Berry, René Lefèvre, Valentine Cardès, Nadia Sibirskaia, Sylvia Bataille*. Producción: *André Halley des Fontaines para Obéron*. Duración: *82'. Francia*.

CRIMINAL, EL *(The Criminal, 1960)*

Perseguido por el Comité de Actividades Antinorteamericanas, el realizador Joseph Losey se exilia en el Reino Unido. Durante algún tiempo tiene dificultades para encontrar trabajo, pero finalmente consigue hacer una interesante trilogía de películas policiacas, integrada por *La clave del enigma* (Blind Date, 1959), basada en una novela de Leigh Howard, por esta y por *Eva* (1962), adaptación de una novela de James Hadley Chase, que le da a conocer internacionalmente. A pesar de estar basada en un guión original, un tanto convencional, de Alun Owen y Jimmy Sangster, la mejor es esta porque Losey logra construir una convincente historia y hacer un elaborado ejercicio de estilo. Narra cómo el delincuente Johnny Bannion (Stanley Baker) tras salir de la cárcel organiza un fructífero robo, esconde bien el dinero conseguido, es detenido por la policía y vuelve a la cárcel, donde su compañero Mike Carter (Sam Wanamaker) se encarga de organizar su evasión para que vaya a buscar el dinero escondido y poder seguirle.

Director: *Joseph Losey*. Guionistas: *Alun Owen, Jimmy Sangster*. Fotografía: *Robert Krasker*. Música: *Johnny Dankworth*. Intérpretes: *Stanley Baker, Sam Wanamaker, Margit Saad, Patrick Magee, Noel Willman*. Producción: *Jack Greenwood para Merton Park*. Duración: *97'. Reino Unido*.

CROMWELL, John *(Elwood Dager Cromwell. Toledo, Ohio, 1888-Santa Bárbara, California, Estados Unidos, 1979)*

Interesado por el teatro, tras estudiar en la Howe School de Indiana, en 1905 entra a formar parte de una compañía de Cleveland. Mientras hace papeles secundarios, también trabaja como regidor, productor y director, y a principios de los años diez triunfa en Broadway. Con la llegada del sonoro es contratado por los estudios Paramount, pero, como desconoce el mundo del cine, sus primeras películas, *Jazz Band* (Close Harmony, 1929) y *La danza de la vida* (The Dance of Life, 1929), las codirige con Edward Sutherland y su trabajo es secundario. Sin embargo, logra su primer éxito con *La calle del azar*, la segunda película que realiza en solitario. Entre sus restantes películas Paramount, la mayoría producidas por David O. Selznick, destacan el *western* con Gary Cooper *Todo un hombre*, la adaptación del clásico de Mark Twain *Las aventuras de Tom Sawyer* y la historia de periodistas *Un reportaje sensacional*. A principios de los años treinta rueda para los estudios R. K. O. algunas películas de interés como *Ana Vickers*, con Irene Dunne; *Mística y rebelde*, con Katharine Hepburn; *Cautivo del deseo*, espléndida adaptación de una novela de Somerset Maugham con una joven Bette Davis; *Jalna* y *Village Tale*. Durante el final de la década de los treinta hace importantes adaptaciones de novelas para los productores independientes David O. Selznick —*El pequeño Lord*, sobre Frances Hodgson Burnett; *El prisionero de Zenda*, sobre Anthony Hope— y Walter Wanger —*Argel*, nueva versión de *Pépé-le-Moko* (1937), de Julien Duvivier—. En la primera mitad de los años cuarenta realiza obras interesantes: la biografía *Abe Lincoln in Illinois;* el clásico de aventuras *El hijo de la furia;* la dramática historia de una familia norteamericana durante la II Guerra Mundial *Desde que te fuiste*, y la teatral *Su milagro de amor*. Tras la exótica historia sentimental *Ana y el rey de Siam* y el policiaco *Callejón sin salida*, las presiones del Comité de Actividades Antinorteamericanas hacen descender su ritmo de trabajo y, después de la excelente historia ambientada en una cárcel de mujeres *Sin remisión*, y el atractivo policiaco *Racket*, se ve obligado a dejar el cine y regresar al teatro. Su última película interesante es *The Goddess*, historia de una estrella de cine neurótica basada en un buen guión de Paddy Chayefsky, mientras, se ve obligado a rodar en Hong Kong *Los buitres de Macao*, y en Suecia *A Matter of Morals*. Con noventa años interviene como actor secundario en *Tres mujeres* (Three Women, 1977) y *Un día de boda* (A Wedding, 1978), de Robert Altman.

1929 *The Mighty* (El poderoso).
1930 *Street of Chance* (La calle del azar). / *The Texan* (Todo un hombre). / *For the Defense* (El acusador de sí mismo). / *Tom Sawyer* (Las aventuras de Tom Sawyer).
1931 *Scandal Sheet* (Un reportaje sensacional). / *Unfaithful* (Desengaño). / *The Vice Squad*. / *Rich Man's Folly* (¿Qué vale el dinero?)
1932 *The World and the Flesh* (El tigre del mar Negro).
1933 *Sweepings* (Honrarás a tu padre). / *The Silver Cord*. / *Double Harness*. / *Ann Vickers* (Ana Vickers).
1934 *Spitfire* (Mística y rebelde). / *This Man Is Mine*. / *Of Human Bondage* (Cautivo del deseo). / *The Fountain* (Fiel y pecadora).
1935 *Jalna*. / *I Dream Too Much* (Canción de amor). / *Village Tale*.
1936 *Little Lord Fauntleroy* (El pequeño Lord). / *To Mary With Love*. / *Banjo on My Knee*.
1937 *The Prisoner of Zenda* (El prisionero de Zenda).
1938 *Algiers* (Argel).
1939 *Made for Each Other* (El lazo sagrado). / *In Name Only* (Dos mujeres y un amor).
1940 *Abe Lincoln in Illinois*. / *Victory*.
1941 *So Ends Our Night*.
1942 *Son of Fury* (El hijo de la furia).
1944 *Since You Went Away* (Desde que te fuiste).
1945 *The Enchanted Cottage* (Su milagro de amor).
1946 *Anna and the King of Siam* (Ana y el rey de Siam).
1947 *Dead Reckoning* (Callejón sin salida). / *Night Song* (Mi corazón te guía).
1950 *Caged* (Sin remisión). / *The Company She Keeps*.
1951 *The Racket*.
1958 *The Goddess*.
1959 *The Scavengers* (Los buitres de Macao).
1960 *A Matter of Morals*.

CRONENBERG, David *(Toronto, Canadá, 1945)*

Hijo de un escritor y una pianista, a los veinte años comienza a escribir, producir, fotografiar, dirigir y montar cortometrajes en 16 mm. En esta misma línea artesanal rueda sus dos primeros largos, *Stereo* y *Crimes of the Future*, donde ya aparece su interés por lo fantástico, la muerte, las transformaciones, las mutaciones, los virus y las epidemias que puede padecer el cuerpo humano. Se da a conocer con *Vinieron de dentro de...*, producida por el también realizador Ivan Reitman y rodada en quince días, sobre unos parásitos eróticos que invaden el cuerpo por vía oral y lo transforman, y *Rabia,* que cuenta una historia similar, pero producida con más dinero y protagonizada por una actriz porno. *Fast Company* es una especie de pequeño *western,* trata sobre el mundo del automóvil y es la única de sus películas que nada tiene que ver con la ciencia. En *Cromosoma 3* trabaja por primera vez con actores conocidos; está llena de elementos autobiográficos, tiene buenos efectos especiales y narra cómo una mujer incuba unos homúnculos que llevan a cabo los deseos inconscientes. Vuelve al argumento de *Stereo,* su primera película, en *Scanners* y lo mezcla con elementos políticos para crear una historia de ciencia-ficción que tiene éxito. Sin embargo, *Videodrome,* a pesar de ser muy similar a las anteriores, es un fracaso por ir demasiado lejos al mostrar el horror de la destrucción del cuerpo, esta vez como consecuencia de la visión de la televisión. Producida por Dino de Laurentiis, su primera película norteamericana es *La zona muerta,* adaptación de una novela de Stephen King, que narra la historia de un profesor que puede predecir el futuro. El éxito de *La mosca,* fábula filosófica elaborada a partir de la excelente película homónima dirigida por Kurt Neumann en 1958, le sitúa dentro de la industria norteamericana. Después de *Inseparables,* su mejor trabajo, una compleja historia de amor donde dos gemelos idénticos y ginecólogos llegan a la autodestrucción, fracasa con *El almuerzo desnudo,* pretenciosa y fallida adaptación de la famosa novela homónima de William S. Burroughs. Vuelve a tener éxito con *M. Butterfly,* basada en una obra teatral de David Henri Hwang, sobre las relaciones en Pekín, en 1964, entre un diplomático francés y un divo de la ópera especializado en representar papeles femeninos.

1969 *Stereo.*
1970 *Crimes of the Future.*
1975 *The Parasite Murders* (Vinieron de dentro de...).
1976 *Rabid* (Rabia).
1978 *Fast Company.*
1979 *The Brood* (Cromosoma 3).
1980 *Scanners.*
1982 *Videodrome.*
1983 *The Dead Zone* (La zona muerta).
1986 *The Fly* (La mosca).
1988 *Dead Ringers* (Inseparables).
1991 *Naked Lunch* (El almuerzo desnudo).
1993 *M. Butterfly.*

CRÓNICA FAMILIAR *(Cronaca familiare, 1962)*

El periodista Enrico (Marcello Mastroianni) recuerda la triste historia de su humilde familia florentina tras la muerte de su querido hermano menor Lorenzo (Jacques Perrin). Sus padres mueren siendo ellos unos niños, su abuela (Sylvie) les saca del orfelinato y les educa, pero la II Guerra Mundial los separa. El pequeño se casa en la posguerra y no tarda en contraer un mal incurable y morir. Narrada a través de algunos *flashbacks,* el realizador Valerio Zurlini consigue dar el adecuado tono melodramático al adaptar la novela homónima de Vasco Pratolini inspirándose en los cuadros de Ottone Rosai. Rodada con un depurado estilo apoyado en largos y personales planos, Zurlini consigue el mejor trabajo de su irregular carrera y gana el León de Oro de la Mostra de Venecia.

Director: *Valerio Zurlini.* Guionistas: *Valerio Zurlini, Mario Massiroli.* Fotografía: *Giuseppe Rotunno.* Música: *Goffredo Petrasi.* Intérpretes: *Marcello Mastroianni, Jacques Perrin, Valeria Ciangottini, Salvo Randone, Sylvie, Serena Vergano, Marco Guglielmi.* Producción: *Goffredo Lombardo para Titanus.* Color. Duración: *122'. Italia.*

CRUCE DE DESTINOS *(Bhowani Junction, 1956)*

En 1917, durante la última etapa de la colonización británica de la India, los soldados ingleses deben enfrentarse con el movimiento no violento de Gandhi, pero también con otros bastante más peligrosos. La anglo-india Victoria Jones (Ava Gardner) trabaja para el ejército inglés en enlace ferroviario de Bhowani y se debate entre el amor del mestizo Patrick Taylor (Bill Travers), el indio purísimo Ranjit Kasel (Francis Matthews) y el coronel inglés Rodney Savage (Stewart Granger). Mientras, el teniente Graham McDaniel (Lionel Jeffries) intenta violarla y ella le mata en legítima defensa. Con estos elementos, el realizador George Cukor rueda una de sus obras maestras en color y Scope, pero los directivos de los estudios Metro-Goldwyn-Mayer se asustan por el elevado tono erótico de algunas escenas y la cortan. Sin embargo, el resultado sigue siendo de una gran calidad y muestra a una bellísima Ava Gardner en uno de los mejores papeles de su irregular carrera.

Director: *George Cukor*. Guionistas: *Sonya Levien, Ivan Moffat*. Fotografía: *Frederick A. Young*. Música: *Miklos Rozsa*. Intérpretes: *Ava Gardner, Stewart Granger, Francis Matthews, Bill Travers, Abraham Sofaer, Marne Maitland*. Producción: *Pandro S. Berman para Metro Goldwyn-Mayer. Color. Scope.* Duración: *110'. Estados Unidos-Reino Unido.*

CRUISE, Tom (*Thomas Cruise Mapother IV. Syracusa, Nueva York, Estados Unidos, 1962*)

Hijo de un electricista, una vez finalizados sus estudios, trabaja como camarero y descargando camiones antes de interesarse por la interpretación. Pertenece a la generación lanzada por Francis Ford Coppola en *Rebeldes* y, tras protagonizar *Ir a perderlo y perderse, Risky Business, La clave del éxito* y *Legend,* se convierte en una estrella gracias al éxito de la irregular historia de la aviación *Top Gun.* Esto le permite protagonizar películas de mayor interés como *El color del dinero, Rain Man, Nacido el 4 de julio, Algunos hombres buenos, La tapadera* y *Entrevista con el vampiro.*

1981 *Endless Love* (Amor sin fin), de Franco Zeffirelli. / *Taps* (Más allá del honor), de Harold Becker.
1982 *Losin' It* (Ir a perderlo y perderse), de Curtis Hanson.
1983 *The Outsiders* (Rebeldes), de Francis Ford Coppola. / *Risky Business,* de Paul Brickman. / *All the Right Moves* (La clave del éxito), de Michael Chapman.
1985 *Legend,* de Ridley Scott.
1986 *Top Gun* (Ídolos del aire), de Tony Scott. / *The Color of Money* (El color del dinero), de Martin Scorsese.
1988 *Cocktail,* de Roger Donaldson. / *Rain Man,* de Barry Levinson.
1989 *Born on the 4th of July* (Nacido el 4 de julio), de Oliver Stone.
1990 *Days of Thunder* (Días de trueno), de Tony Scott.
1991 *Far and Away* (Un horizonte muy lejano), de Ron Howard.
1992 *A Few Good Men* (Algunos hombres buenos), de Rob Reiner.
1993 *The Firm* (La tapadera), de Sydney Pollack.
1994 *Interview With the Vampire* (Entrevista con el vampiro), de Neil Jordan.
1996 *Mission Impossible* (Misión Imposible), de Brian de Palma.

CUARTO MANDAMIENTO, EL (*The Magnificent Ambersons, 1942*)

A finales del siglo XIX, en una pequeña ciudad de Midland, el joven Eugene Morgan (Joseph Cotten) corteja a la bella Isabel Amberson (Dolores Costello), pero ella prefiere al rico industrial Wilbur Minafer (Don Dilliway). Años después, su hija Lucy Morgan (Anne Baxter) se enamora de George Amberson Minafer (Tim Holt). Tras la muerte de su rival, Eugene Morgan vuelve a perseguir a Isabel Amberson, pero su mal criado y único hijo George Amberson se opone a estas relaciones y destruye las suyas con Lucy Morgan, mientras los Amberson se arruinan y los Morgan prosperan. En una primera muestra de su gran capacidad autodestructiva, Orson Welles deja esta difícil película de 133 minutos de duración sin acabar de montar para irse a Brasil a rodar un documental que tampoco finaliza. Durante su ausencia la ven los directivos de los estudios R. K. O., no les gusta y ordenan a Robert Wise cortarla y rodar un nuevo y convencional final feliz. A pesar de los cortes, los cambios y los añadidos, la adaptación de la olvidada novela de Both Tarkington, escrita, producida y dirigida, pero no interpretada, por Orson Welles, es la mejor de sus películas por carecer de la frialdad que caracteriza sus producciones y narrar con extraordinaria brillantez un drama familiar. Destacan algunos momentos especialmente líricos, rodados en largos y brillantes planos, como el baile en casa de los Amberson, la conversación en la escalera entre George Amberson Minafer y su tía Fanny Minafer (Agnes Moorehead), y la despedida entre George Amberson Minafer y Lucy Morgan, así como los títulos de crédito finales, no escritos, sino leídos.

Director y guionista: *Orson Welles*. Fotografía: *Stanley Cortes*. Música: *Bernard Herrmann*. Intérpretes: *Joseph Cotten, Dolores Costello, Agnes Moorehead, Tim Holt, Anne Baxter, Ray Collins, Richard Bennett, Don Dilliway*. Producción: *Orson Welles para R. K. O.* Duración: *88'. Estados Unidos.*

CUATRO HERMANITAS (*Little Women, 1933*)

La conocida novela de Louisa May Alcott da lugar a cuatro películas muy diferentes. Una primera versión muda, rodada en 1919 por D. Bernard y completamente olvidada. Esta segunda, la mejor y más cuidada, producida por David O. Selznick para los estudios R. K. O. y dirigida de forma impecable por George Cukor, con una excelente Katharine Hepburn. Una tercera, producida y dirigida por Mervyn LeRoy para Metro-

Goldwyn-Mayer, con Elizabeth Taylor, June Allyson, Janet Leigh y Margaret O'Brien en los papeles de las cuatro hermanas March, que es la más conocida. Y la cuarta, realizada por la australiana Gillian Armstrong en 1994 con Winona Ryder, Trini Alonso, Samantha Mathis y Kirsten Dunst, que a pesar de estar muy cuidada resulta un tanto insípida. Narran cómo las cuatro hermanas March, que viven en una pequeña ciudad de Massachusetts, en Nueva Inglaterra, tras partir su padre para luchar en la guerra de Secesión, cada vez se encuentran más unidas. Sin embargo, la vida las lleva por diferentes caminos. La mayor quiere ser escritora y se va a vivir a Nueva York, otra se casa con el pretendiente de una de sus hermanas y una tercera muere.

Director: *George Cukor*. Guionistas: *Sarah Y. Mason, Victor Heerman*. Fotografía: *Henry Gerrad*. Música: *Max Steiner*. Intérpretes: *Katharine Hepburn, Paul Lukas, Joan Bennett, Frances Dee, Jean Parker, Spring Byington, Edna May Oliver*. Producción: *David O. Selznick, Merian C. Cooper y Kenneth MacGowan para R. K. O*. Duración: *115'. Estados Unidos*.

CUATRO JINETES DEL APOCALIPSIS, LOS *(The Four Horsemen of the Apocalypse, 1921)*

La novela homónima de Vicente Blasco Ibáñez es el origen de dos producciones Metro-Goldwyn-Mayer muy diferentes. La primera versión de esta película, en la que galopan la peste, la guerra, el hambre y la muerte, está escrita por June Mathis y dirigida por Rex Ingram. Es uno de los grandes éxitos del cine mudo y convierte en estrella a Rudolph Valentino. Narra cómo, en vísperas de la Gran Guerra y tras la muerte del viejo patriarca Madariaga (Pomeroy Cannon), la familia se dispersa: los Von Hartrott se van a Alemania y los Desnoyers a Francia, y acaban combatiendo en bandos opuestos. El pintor Julio Desnoyers (Rudolph Valentino), que se ha enamorado en París de una mujer casada, Marguerite Laurier (Alice Terry), se alista en el ejército francés y muere en el frente. Cuarenta años después Vincente Minnelli recibe el encargo de hacer una nueva y cara versión en color y Scope, pero trasladando la acción a la II Guerra Mundial. Tras mucho discutir con los directivos del estudio solo consigue que en el nuevo guión Julio Desnoyers se haga miembro de la Resistencia, pero además le obligan a aceptar como protagonistas a Glenn Ford e Ingrid Thulin, una pareja en la que no cree, por lo que se centra en los aspectos visuales de la historia, se desentiende de su desarrollo dramático y el resultado es muy inferior al de la primera versión.

Director: *Rex Ingram*. Guionista: *June Mathis*. Fotografía: *John F. Seitz*. Intérpretes: *Rudolph Valentino, Alice Terry, Nigel de Brulier, Alan Hale, Jean Hersholt, Wallace Beery*. Producción: *Metro-Goldwyn-Mayer*. Duración: *150'. Estados Unidos*.

CUATRO PASOS POR LAS NUBES *(Quattro passi fra le nuvole, 1942)*

Durante uno de sus desplazamientos, el viajante de comercio Paolo Bianchi (Gino Cervi), casado y con varios hijos, conoce a la joven y bella María (Adriana Benetti), que regresa a casa de sus padres triste y embarazada, y acepta hacerse pasar por su marido para facilitarle las cosas. Con estos elementos, extraídos de un argumento de Cesare Zavattini, el realizador Alessandro Blasetti hace una gran película, que nada tiene que ver con el cine del *Ventennio nero*, la etapa fascista, y que sienta unas sólidas bases para el neorrealismo que triunfa en la posguerra. Dentro de un conseguido tono de comedia de costumbres, plantea una oposición entre la ciudad y el campo, la corrupción y la honestidad, para narrar una tan breve como intensa historia de amor. Destaca la eficacia de la pareja protagonista, formada por el veterano Gino Cervi y la casi debutante Adriana Benetti, así como la excelente fotografía del checoslovaco Vaclav Vich. Más de cincuenta años después, el mexicano Alfonso Arau dirige *Un paseo por las nubes* (A Walk in the Clouds, 1994) con Aitana Sánchez-Gijón y Keanu Reeves, una producción norteamericana, en la que ha desaparecido por completo el encanto de la italiana.

Director: *Alessandro Blasetti*. Guionistas: *Aldo de Benedetti, Giuseppe Amato, Alessandro Blasetti, Cesare Zavattini*. Fotografía: *Vaclav Vich*. Música: *Alessandro Cicognini*. Intérpretes: *Gino Cervi, Adriana Benetti, Giuditta Rissone, Guido Celano, Giacinto Molteni, Aldo Silvani*. Producción: *Giuseppe Amato para Cines*. Duración: *94'. Italia*.

CUATRO PLUMAS, LAS *(The Four Feathers, 1939)*

La conocida novela homónima de aventuras colonialistas de A. E. W. Mason es origen de cuatro películas. Dos producciones norteamericanas, una olvidada película muda rodada en 1921 y una primera versión sonora producida en 1929 por David O. Selznick para los estudios Paramount, dirigida por Merian C. Cooper, Ernest B. Schoedsack y Lothar Mendes, y protagonizada por Richard Arlen, Fay Wray, Clive Brook y William Powell. Y dos producciones británicas de London Films: este clásico del cine de aventuras, producido por Alexander Korda y dirigido por su hermano Zoltan Korda, con apropiada música de su compatriota húngaro Miklos Rozsa, y *Tempestad sobre el Nilo* (Storm over the Nilo, 1955), producida por Zoltan Korda y dirigida por Terence Young, con Anthony Steel, Laurence Harvey, Mary Ure y Ronald Lewis, que emplea gran parte del material sobrante de la anterior. La más conocida es esta, realizada con cierta habilidad por Zoltan Korda. Narra cómo durante la guerra colonial del Sudán el oficial inglés Harry Faversham (John Clements) es considerado un cobarde por sus tres mejores amigos y su novia Mery (June Duprez), que se lo hacen saber enviándole cuatro plumas blancas, pero logra salvar sus vidas disfrazado de derviche.

Director: *Zoltan Korda*. Guionistas: *R. C. Sheriff, Lajos Biro, Arthur Wimperis*. Fotografía: *Georges Périnal, Osmond Borradaile, Jack Cardiff*. Intérpretes: *John Clements, Ralph Richardson, C. Aubrey Smith, June Duprez, Allan Jeayes*. Producción: *Alexander Korda para London Films. Color.* Duración: *130'. Reino Unido.*

CUATROCIENTOS GOLPES, LOS (Les Quatre cents coups, 1959)

Basándose en su propia vida y en la personalidad del quinceañero Jean-Pierre Léaud, con una mínima experiencia como actor, el duro crítico cinematográfico François Truffaut escribe y dirige una de las obras claves de la historia del cine, que da a conocer internacionalmente el movimiento denominado *nouvelle vague*. Narra cómo al adolescente Antoine Doinel (Jean-Pierre Léaud), que no se siente querido por su madre Gilberte (Claire Maurier) ni por su padre Julien (Albert Rémy), no le interesa estudiar y con la ayuda de su amigo René (Patrick Auffray) roba una máquina de escribir para conseguir dinero y poder conocer el mar; pero es internado en un centro de reeducación para jóvenes delincuentes y se escapa para conseguir su propósito. El gran éxito alcanzado por este primer largometraje de Truffaut hace que Antoine Doinel siga siendo su *alter ego* y Jean-Pierre Léaud su intérprete ideal en *Antoine y Colette* (Antoine et Colette), episodio de *El amor a los veinte años* (L'amour à vingt ans, 1962), la divertida comedia *Besos robados* (Baisers volés, 1968), la irregular *Domicilio conyugal* (Domicile conjugal, 1970) y *L'amour en fuite* (1978), integrada por descartes de las anteriores. Destacan la libertad narrativa de un joven e inexperto Truffaut, la espontaneidad del jovencísimo Jean-Pierre Léaud, la excelente fotografía de Henri Decae y la inolvidable música de Jean Constantin.

Director: *François Truffaut*. Guionistas: *Marcel Moussy, François Truffaut*. Fotografía: *Henri Decae*. Música: *Jean Constantin*. Intérpretes: *Jean-Pierre Léaud, Claire Maurier, Albert Rémy, Guy Decomble, Patrick Auffray*. Producción: *François Truffaut y Georges Charlot para Les Films du Carrosse, S. E. D. I. F. Scope.* Duración: *94'. Francia.*

CUCHILLO EN EL AGUA, EL (Nóz W. Wodzie, 1962)

El periodista Andrzej (Leon Niemczyk) y su mujer Krystyna (Jolanda Umecka) se van de vacaciones durante un fin de semana. En la carretera recogen a un estudiante (Zygmunt Malanowicz) que hace autostop, y le invitan a un pequeño crucero en su barco de vela. El antagonismo entre los dos hombres se hace cada vez más evidente. En un determinado momento, cuando están en mitad de un lago, el estudiante cae al agua y, mientras el marido va a buscarle, aparece de nuevo y seduce a la mujer. A partir de un excelente guión del más tarde también realizador Jerzy Skolimowski y del propio director, Polanski rueda su primer largometraje, un interesante estudio de caracteres, realizado con habilidad y eficacia, en la línea de lo que llega a ser su cine posterior. Destaca la personal música de Krysztof T. Komeda, colaborador habitual de Polanski en la primera etapa de su carrera.

Director: *Roman Polanski*. Guionistas: *Roman Polanski, Jerzy Skolimowski*. Fotografía: *Jerzy Lipman*. Música: *Krysztof T. Komeda*. Intérpretes: *Jolanda Umecka, Leon Niemczyk, Zygmunt Malanowicz*. Producción: *Kamera*. Duración: *94'. Polonia.*

CUENTO DE INVIERNO (*Conte d'hiver*, 1991)

Especializado en el dibujo de retratos de jóvenes, las últimas películas de Éric Rohmer son todas iguales y tan solo se diferencian en el mayor o menor interés que tenga tanto el personaje dibujado como la desconocida actriz que lo interpreta. Ni Félice ni Charlotte Véry, personaje e intérprete respectivamente de esta segunda entrega de la serie «Cuentos de las cuatro estaciones», se sitúan entre los mejores hallazgos de Rohmer. Sin embargo, son muy característicos de su cine, así como los tres hombres que la rodean —en especial el bibliotecario Löui—, la sencillez de su narración, sus abundantes diálogos llenos de citas literarias y que la protagonista se deje influir por una representación de *Cuentos de invierno*, de William Shakespeare. Narra cómo por un error Félice (Charlotte Véry) pierde el rastro de su amante Charles (Frédéric van den Driessche) tras unas felices vacaciones en las que se queda embarazada, pero cinco años después, durante las Navidades, cuando duda entre irse a vivir a Nevers con el peluquero Maxence (Michel Voletti) o quedarse en París con el bibliotecario Löui (Hervé Furic), encuentra a Charles en un autobús y su feliz historia se reanuda.

Director y guionista: *Éric Rohmer*. Fotografía: *Luc Pagé*. Música: *Sebastien Erms*. Intérpretes: *Charlotte Véry, Frédéric van den Driessche, Michel Voletti, Hervé Furic, Ava Loraschi*. Producción: *Les Films du Losange*. Color. Duración: *114'. Francia.*

CUENTO DE PRIMAVERA (*Conte de printemps*, 1990)

A principios de los años noventa, Éric Rohmer, que acaba de cumplir setenta años, comienza una nueva serie, denominada «Cuentos de las cuatro estaciones»; pero a mitad de la década solo ha rodado las partes correspondientes a la primavera y el invierno. Esta es la primera, narra cómo la profesora de filosofía Jeanne (Anne Teyssedre) conoce en una fiesta a la joven Natasha (Florence Darel) y pasa unos días en su casa porque la suya está invadida por una prima. La joven aprovecha esta circunstancia para intentar que su padre (Hugues Quester) deje a su joven amante (Eloise Bennet) y entable una relación con la profesora. Al final no ocurre nada, todo se narra a través de largas escenas con diálogos cotidianos, a veces sobre leves cuestiones filosóficas, mientras la joven Natasha interpreta al piano a Schumann y Beethoven. Con su habitual sencillez Rohmer vuelve a hacer un retrato de una jovencita intrascendente, pero no llega tan lejos como en otras ocasiones, pues Florence Darel no da para más.

Director y guionista: *Éric Rohmer*. Fotografía: *Luc Pagé*. Intérpretes: *Anne Teyssedre, Florence Darel, Hugues Quester, Eloise Bennet*. Producción: *Les Films du Losange*. Color. Duración: *112'. Francia.*

CUENTOS DE LA LUNA PÁLIDA DE AGOSTO (*Ugetsu monogatari*, 1953)

Basada en dos cuentos clásicos del gran escritor Akinari Ueda publicados en 1776, narra una historia moral en torno a hombres que no saben apreciar la felicidad cuando la tienen. A finales del siglo XVI, en un pueblo de la región de Omi, viven con sus familias dos hombres dedicados a la alfarería. Uno de ellos, Tobei (Sakae Ozawa), la abandona para hacerse capitán del ejército del señor Shibata, y el otro, Genjuro (Masayuki Mori), deja a su mujer y a su hija para seguir al fantasma de la bella princesa Wakasa (Machiko Kyo). Cuando se dan cuenta de que lo mejor que tienen son sus respectivas mujeres, ya es tarde: Ohama (Mitsuko Mito) se ha visto obligada a prostituirse y Mihagui (Kinuyo Tanaka) ha sido asesinada por unos soldados. Ganadora del León de Plata de la Mostra de Venecia, es una de las películas más conocidas del gran director Kenji Mizoguchi y uno de los mejores ejemplos de su peculiar estilo, basado en largos planos, de claro desarrollo, pero compleja realización. Rodada con un ritmo muy oriental, dentro de esta peculiar historia de fantasmas, destacan las relaciones entre el alfarero Genjuro y la princesa Wakara y, sobre todo, las escenas del baño y la comida en el campo.

Director: *Kenji Mizoguchi*. Guionistas: *Matsutaro Kawaguchi, Yoshikata Yoda*. Fotografía: *Kazuo Miyagawa*. Música: *Fumio Hayasaka, Ichiro Saito*. Intérpretes: *Machiko Kyo, Masayuki Mori, Kinuyo Tanaka, Sakae Ozawa, Mitsuko Mito*. Producción: *Masaichi Nagata para Daiei*. Duración: *97'. Japón.*

CUENTOS DE TOKIO (*Tokyo monogatari*, 1953)

El viejo matrimonio Hirayama, compuesto por Shukichi (Chishu Ryu) y Tomi (Chieko

Higashiyama), viaja a Tokio para visitar a sus hijos casados, desde el pequeño puerto de Onomichi, al sur de Japón, donde siempre han vivido con su hija Kyoko (Kyoko Kagawa). Uno de ellos, el médico Koichi (So Yamamura), no tiene tiempo para ocuparse de sus padres y los nietos los tratan como a unos extraños. A su hija, la peluquera Shige (Haruko Sugimura), le ocurre lo mismo, y los manda al balneario de Atami a pasar el fin de semana. Durante el viaje de regreso a su casa la madre se pone enferma, y el matrimonio se detiene en casa de su hijo Keizo (Shiro Osaka), que vive en Osaka. Poco después de regresar a Onomichi, la madre muere y los hijos vienen al entierro. Gracias a la sobriedad de su estilo y a un guión de gran rigor, Yasujiro Ozu hace una profunda reflexión sobre las relaciones paterno-filiales, la evolución de la vida en Japón, la falta de comunicación entre generaciones y los problemas planteados por la distancia. Es una de las obras maestras de Ozu, su película más conocida en Occidente y una de las mejores muestras de su personal estilo, basado en el juego de planos fijos realizados con la cámara situada a la altura de una persona arrodillada en el suelo ante una mesa.

Director: *Yasujiro Ozu*. Guionistas: *Kogo Noda, Yasujiro Ozu*. Fotografía: *Yushun Atsuta*. Música: *Kojun Saito*. Intérpretes: *Chishu Ryu, Chieko Higashiyama, Kyoko Kagawa, Shiro Osaka, So Yamamura, Kuniko Miake, Zen Murase, Mitsuhiro Mori, Haruko Sugimura, Nobuo Nakamura, Setsuko Hara*. Producción: *Schochiku*. Duración: *135'. Japón.*

CUERPO Y ALMA *(Body and Soul, 1947)*

Segundo largometraje como director del reputado guionista Robert Rossen, parte de un sólido guión del también realizador Abraham Polansky para dar una dura visión de la corrupción en el mundo del boxeo norteamericano de la época. A través de un largo *flashback*, que comienza la noche anterior a la celebración de su primer combate amañado, narra la ascensión del ambicioso boxeador Charlie Davis (John Garfield), cómo sus ansias de salir de la pobreza y de ganar dinero le hacen alejarse de su amada Peg (Lilli Palmer), de su madre (Hazel Brooks) y de su mejor amigo Polanski (Joseph Pevney), para caer en manos de un promotor poco escrupuloso. La muerte de un boxeador, al que primero ayuda a hundir y luego contrata como ayudante, le hace reaccionar en el último momento, enfrentarse al promotor y no dejarse ganar en el combate. Su evidente originalidad y fuerza han descendido con el paso de los años, posteriormente al realizarse otras muchas películas sobre boxeo con una estructura similar. En 1981 George Bowers dirige otra versión con el mismo título, protagonizada por Leon Isaac Kennedy, Jayne Kennedy y Muhammed Ali, pero sin el menor atractivo.

Director: *Robert Rossen*. Guionista: *Abraham Polonsky*. Fotografía: *James Wong Howe*. Música: *Hugo Friedhofer*. Intérpretes: *John Garfield, Lilli Palmer, Hazel Brooks, Anne Revere, William Conrad, Joseph Pevney*. Producción: *Bob Roberts para Enterprise*. Duración: *104'. Estados Unidos.*

CUERVO, EL *(Le corbeau, 1943)*

En los años de la ocupación de Francia durante la II Guerra Mundial, los alemanes crean la productora Continental Films para dar la sensación de que la vida continúa con normalidad, pero gracias a ella se realizan algunas películas importantes. La más controvertida es esta con la que Henri-Georges Clouzot fustiga los vicios privados con una crueldad rara en el cine de aquella época, pero, sobre todo, plantea el tema de la delación, tan común durante la ocupación. Narra cómo, en una tranquila provincia, diferentes personas importantes reciben cartas anónimas en las que se acusa al tranquilo doctor Germain (Pierre Fresnay) de ser el amante de Laura (Micheline Francey), la mujer de su colega Vorzet (Pierre Larquey). En el momento de su estreno tiene gran éxito, pero tras la liberación es tachada de antifrancesa y prohibida durante dos años, mientras Clouzot y su guionista Louis Chavance son inhabilitados durante seis meses. Sin embargo, desde hace tiempo se la considera una de las grandes obras del cine francés, marca la consagración de Clouzot y el comienzo de la mejor etapa de su carrera. Ocho años después, Otto Preminger produce y dirige para 20th Century Fox una buena versión norteamericana, ambientada en Canadá, titulada *Cartas envenenadas* (The Thirteenth Letter, 1951) y protagonizada por Charles Boyer, Linda Darnell y Constance Smith, pero tiene un significado muy diferente de la original.

Director: *Henri-Georges Clouzot*. Guionista: *Louis Chavance*. Fotografía: *Nicolas Hayer*. Intérpretes: *Pierre Fresnay, Ginette Leclerc, Pierre Larquey, Micheline Francey, Hélèna Manson, Noël Roquevert.* Producción: *Continental Films.* Duración: *93'. Francia.*

CUKOR, George *(George Dewey. Nueva York, 1899-Los Ángeles, California, Estados Unidos, 1983)*

Nacido en el seno de una acomodada familia judía de origen húngaro, su padre le anima a que estudie derecho, pero prefiere dedicarse al teatro. A los veinte años comienza a trabajar como ayudante de dirección y cinco años después dirige su primera comedia en Broadway. Contratado por los estudios Paramount como director de diálogos, en 1929 llega a Hollywood y, tras codirigir tres películas, no tarda en realizar sus propias obras, entre las que destaca *Girls About Town*. Para su amigo el productor David O. Selznick hace *Hollywood al desnudo, Cena a las ocho* y las adaptaciones *Cuatro hermanitas*, de Louisa May Alcott; *David Copperfield*, de Charles Dickens; *Romeo y Julieta*, de William Shakespeare, y *Margarita Gautier*, de Alexandre Dumas. Entre las que rueda la innovadora comedia *La gran aventura de Silvia*, que es un fracaso comercial, y la más tradicional *Vivir para gozar*, que tiene éxito. Contratado por Metro-Goldwyn-Mayer dirige las irregulares comedias *Mujeres* y *Un rostro de mujer;* la curiosa historia antifascista *La llama sagrada;* la famosa comedia *Historias de Filadelfia*, y el conocido policiaco de época *Luz que agoniza*. Sobre guiones de Garson Kanin y Ruth Gordon crea unas interesantes comedias realistas a lo largo de *Doble vida, La costilla de Adán, Nacida ayer, Chica para matrimonio, La impostora, La actriz* y *La rubia fenómeno*. El encuentro con el color y el CinemaScope le conduce al mejor período de su carrera al rodar los brillantes musicales *Ha nacido una estrella, Las girls, El multimillonario* y *Mi bella dama;* el *western* personal *El pistolero de Cheyenne,* y los dramas *Cruce de destinos, Viento salvaje* y *Confidencias de mujer,* pero tienen que sufrir cortes y cambios producidos por diferentes censuras. Su obra posterior tiene menor interés y está integrada por producciones que no acaban de funcionar, tanto los proyectos ajenos, *Justine*, imposible adaptación de *El cuarteto de Alejandría*, de Lawrence Durrell, y *Ricas y famosas*, como los propios, *Viajes con mi tía,* sobre la novela homónima de Graham Greene, y *El pájaro azul,* sobre la obra infantil de Maurice Maeterlinck.

1931 *Tarnished Lady* (Honor mancillado). / *Girls About Town*.
1932 *What Price Hollywood?* (Hollywood al desnudo). / *A Bill of Divorcement* (Doble sacrificio). / *Rockabye* (Tentación).
1933 *Our Betters.* / *Dinner at Eight* (Cena a las ocho). / *Little Women* (Cuatro hermanitas).
1935 *David Copperfield.*
1936 *Sylvia Scarlett* (La gran aventura de Silvia). / *Romeo and Juliet* (Romeo y Julieta).
1937 *Camille* (Margarita Gautier).
1938 *Holiday* (Vivir para gozar). / *Zaza.*
1939 *The Women* (Mujeres).
1940 *Susan and God.* / *The Philadelphia Story* (Historias de Filadelfia).
1941 *A Woman's Face* (Un rostro de mujer). / *Two-Faced Woman* (La mujer de las dos caras).
1942 *Her Cardboard Lover.* / *Keeper of the Flame* (La llama sagrada).
1944 *Gaslight* (Luz que agoniza). / *Winged Victory* (Cita en los cielos).
1948 *A Double Life* (Doble vida).
1949 *Adam's Rib* (La costilla de Adán). / *Edward, My Son.*
1950 *A Life of Her Own.* / *Born Yesterday* (Nacida ayer).
1952 *The Model and the Marriage Broker.* / *The Marrying Kind* (Chica para matrimonio). / *Pat and Mike* (La impostora).
1953 *The Actress* (La actriz).
1954 *It Should Happen to You* (La rubia fenómeno). / *A Star Is Born* (Ha nacido una estrella).
1956 *Bhowani Junction* (Cruce de destinos).
1957 *Les Girls* (Las girls). / *Wild Is the Wind* (Viento salvaje).
1960 *Heller in Pink Tights* (El pistolero de Cheyenne). / *Let's Make Love* (El multimillonario).
1962 *The Chapman Report* (Confidencias de mujer).
1964 *My Fair Lady* (Mi bella dama).
1969 *Justine.*
1972 *Travels With My Aunt* (Viajes con mi tía).
1976 *The Blue Bird* (El pájaro azul).
1981 *Rich and Famous* (Ricas y famosas).

CULPA AJENA, LA *(Broken Blossoms, 1919)*

En el humilde barrio londinense de Limehouse, Lucy Burrows (Lillian Gish) es maltratada por su padre (Donald Crisp), un bruto boxeador alcoholizado, y decide ocultarse en casa de Cheng Huan (Richard Barthelmess), un delicado vecino chino que la ama en silencio, pero cuando el boxeador la descubre, se desencadena una tragedia. Este apasionado melodrama romántico, con un evidente estilo victoriano, marca la pauta de otros posteriores que escribe, produce y dirige David W. Griffith durante la década de los veinte para la recién creada productora United Artists, cuando el fracaso económico, pero no crítico, de *Intolerancia* (Intolerance, 1916) le hace apartarse de las superproducciones. En esta tragedia con resonancias shakespearianas, destaca el gran trabajo interpretativo de la delicada Lillian Gish, una de las más habituales colaboradoras de Griffith, así como la depurada técnica narrativa lograda por este gran creador del período mudo.

Director y guionista: *David W. Griffith*. Fotografía: *Billy Bitzer*. Intérpretes: *Lillian Gish, Richard Barthelmess, Donald Crisp, Arthur Howard, Edward Peil*. Producción: *David W. Griffith para United Artists*. Duración: *105'. Estados Unidos*.

CURTIS, Jamie Lee *(Los Ángeles, California, Estados Unidos, 1958)*

Hija de los famosos actores Tony Curtis y Janet Leigh, estudia derecho y arte dramático antes de debutar a los veinte años como protagonista de *La noche de Halloween*. Tras intervenir en algunas producciones de terror de bajo presupuesto, consigue su primer éxito con la comedia *Entre pillos anda el juego*. A finales de la década de los ochenta rueda varias películas en Europa, entre las que destaca la producción francesa sobre el mundo del cine *Un hombre enamorado* y la comedia británica de gran éxito *Un pez llamado Wanda*. De sus restantes trabajos hay que citar *Mentiras arriesgadas*, donde introduce la comedia en una superproducción de acción.

1978 *Halloween* (La noche de Halloween), de John Carpenter.
1980 *The Fog* (La niebla), de John Carpenter. / *Prom Night*, de Paul Lynch. / *Terror Train* (El tren del terror), de Roger Spottiswoode.
1981 *Road Games* (Juegos de carretera), de Richard Franklin. / *Halloween II* (Sanguinario), de Rick Rosenthal.
1983 *My Love Letters* (Cartas de amor), de Amy Jones. / *Trading Places* (Entre pillos anda el juego), de John Landis.
1984 *Grandview USA* (El desafío americano), de Randall Kleiser.
1985 *Perfect!*, de James Bridges.
1987 *Amazing Grace and Chuck* (La voz del silencio), de Mike Newell. / *Un homme amoureux* (Un hombre enamorado), de Diane Kurys.
1988 *Dominick and Eugene* (La fuerza de un ser menor), de Robert M. Young. / *A Fish Called Wanda* (Un pez llamado Wanda), de Charles Crichton.
1989 *Blue Steel* (Acero azul), de Kathryn Bigelow.
1990 *Queens Logic*, de Steve Rash.
1991 *My Girl* (Mi chica), de Howard Zieff.
1992 *Forever Young* (Eternamente joven), de Steve Miner.
1994 *My Girl 2* (Mi chica 2), de Howard Zieff. / *Mothers' Boys* (Regreso inesperado), de Yves Simoneau. / *True Lies* (Mentiras arriesgadas), de James Cameron.

CURTIS, Tony *(Bernard Schwartz. Nueva York, Estados Unidos, 1925)*

Hijo de un humilde sastre judío centroeuropeo emigrado a Estados Unidos, vive una infancia difícil en el barrio neoyorquino del Bronx y hace su servicio militar en la marina. Más tarde estudia arte dramático en el Dramatic Workshop, interviene en representaciones teatrales de aficionados y mientras actúa en una obra *off*-Broadway es descubierto por un cazatalentos de los estudios Universal. Debuta como actor de cine a finales de los años cuarenta en papeles secundarios y tras nueve películas protagoniza *Su alteza, el ladrón*. En la década de los cincuenta interviene en producciones de aventuras, *Son of Ali Baba, Coraza negra, Aquellos duros años* y *Los vikingos*, e historias dramáticas, *Trapecio, Chantaje en Broadway* y *Fugitivos*, pero sobre todo demuestra ser un gran actor de comedia en *Vacaciones sin novia, Con faldas y a lo loco* y *Operación Pacífico*. Durante los años sesenta destaca tanto por su trabajo en obras dramáticas, *Espartaco, El sexto héroe, El estrangulador de Boston*, como en comedias, *Adiós, Charlie, La carrera del siglo, No hagan olas*. En la primera mitad de la década de los setenta deja de trabajar por problemas de alcoholismo y, aunque luego continúa haciéndolo durante casi veinte años más, solo interviene en papeles secundarios de películas de mucho menor interés. Casado con la actriz Janet Leigh, es padre de la también actriz Jamie Lee Curtis.

1949 *Criss Cross* (El abrazo de la muerte), de Robert Siodmak. / *The Lady Gambles* (Dirección prohibida), de Michael Gordon. / *City Across the River*, de Maxwell Shane. / *Johnny Stool Pigeon*, de William Castle.

1950 *Francis* (Mi mula Francis), de Arthur Lubin. / *I Was a Shoplifter*, de Charles Lamont. / *Winchester 73*, de Anthony Mann. / *Kansas Raiders*, de Ray Enright. / *Sierra*, de Alfred E. Green.
1951 *The Prince Who Was a Thief* (Su alteza el ladrón), de Rudolph Maté. / *Meet Dany Wilson*, de Joseph Pevney.
1952 *Flesh and Fury*, de Joseph Pevney. / *No Room for the Groom*, de Douglas Sirk. / *Son of Ali Baba*, de Kurt Neumann.
1953 *Houdini* (El gran Houdini), de George Marshall. / *The All-American*, de Joseph Hibbs. / *Forbidden*, de Rudolph Maté.
1954 *Beachhead* (Misión temeraria), de Stuart Heisler. / *Johnny Dark*, de George Sherman. / *The Black Shield of Falworth* (Coraza negra), de Rudolph Maté.
1955 *So This Is Paris*, de Richard Quine. / *Six Bridges to Cross* (Atraco sin huellas), de Joseph Pevney. / *The Purple Mask*, de Bruce H. Humberstone.
1956 *Trapeze* (Trapecio), de Carol Reed. / *The Rawhide Years* (Aquellos duros años), de Rudolph Maté. / *The Square Jungle*, de Jerry Hopper.
1957 *Sweet Smell of Success* (Chantaje en Broadway), de Alexander Mackendrick. / *The Midnight Story* (El rastro del asesino), de Joseph Pevney. / *Mister Cory* (El terrible Mr. Cory), de Blake Edwards.
1958 *Kings Go Forth* (Cenizas bajo el sol), de Delmer Daves. / *The Vikings* (Los vikingos), de Richard Fleischer. / *The Defiant Ones* (Fugitivos), de Stanley Kramer. / *The Perfect Furlough* (Vacaciones sin novia), de Blake Edwards.
1959 *Some Like It Hot* (Con faldas y a lo loco), de Billy Wilder. / *Operation Petticoat* (Operación Pacífico), de Blake Edwards.
1960 *Who Was That Lady?* (¿Quién es esa chica?), de George Sidney. / *The Rat Race* (Perdidos en la gran ciudad), de Robert Mulligan. / *Spartacus* (Espartaco), de Stanley Kubrick. / *Pepe*, de George Sidney.
1961 *The Great Impostor* (El gran impostor), de Robert Mulligan. / *The Outsider* (El sexto héroe), de Delbert Mann.
1962 *Taras Bulba*, de J. Lee Thompson.
1963 *Forty Pounds of Trouble* (Soltero en apuros), de Norman Jewison. / *The List of Adrian Messenger* (El último de la lista), de John Huston. / *Captain Newman M. D.* (Capitán Newman), de David Miller. / *Wild and Wonderful* (Salvaje y encantador), de Michael Anderson.
1964 *Paris When It Sizzles* (Encuentro en París), de Richard Quine. / *Goodbye Charlie* (Adiós, Charlie), de Vincente Minnelli. / *Sex and the Single Girl* (La pícara soltera), de Richard Quine.
1965 *The Great Race* (La carrera del siglo), de Blake Edwards. / *Boeing, Boeing*, de John Rich.

1966 *Not With My Wife You Don't* (Bromas con mi mujer, no), de Norman Panama. / *Chamber of Horrors*, de Hy Averback.
1967 *Drop Dead, Darling* (¡Cáete muerta, cariño!), de Ken Hughes. / *Don't Make Waves* (No hagan olas), de Alexander Mackendrick. / *La cintura di castità* (El cinturón de castidad), de Pasquale Festa Campanile.
1968 *The Boston Strangler* (El estrangulador de Boston), de Richard Fleischer.
1969 *Those Daring Young Men in Their Jaunty Jalopies* (El rally de Montecarlo), de Ken Annakin. / *You Can't Win' Em All* (Bajo cualquier bandera), de Peter Collinson.
1970 *Suppose They Gave a War and Nobody Came* (¿Esta noche vamos de guerra?), de Hy Averback.
1975 *Lepke*, de Menahem Golan.
1976 *The Last Tycoon* (El último magnate), de Elia Kazan.
1977 *Treize femmes pour Casanova*, de François Legrand.
1978 *The Manitou*, de William Girdler. / *Sextette* (Sexteto), de Ken Hughes. / *The Bad News Bears Go to Japan*, de John Berry. / *Deux affreux sur le sable*, de Nicholas Gessner.
1980 *Little Miss Marker* (El truhán y su prenda), de Walter Bernstein. / *The Mirror Cracked* (El espejo roto), de Guy Hamilton.
1982 *Brainwaves*, de Uli Lommel. / *Othello: The Black Commando* (El comando negro), de Max H. Boulois.
1984 *Club Life*, de Norman Thaffeus. / *King of the City*, de Norman T. Vane.
1985 *Insignificance* (Insignificancia), de Nicolas Roeg. / *Balboa*, de James Polakoff. / *Club Life*, de Norman Helman.
1989 *Midnight*, de Norman Thaddeus.
1992 *Center of Web*, de David A. Prior.
1994 *Naked in New York* (Desnudo en Nueva York), de Dan Algrant.

CURTIZ, Michael *(Mihály Kertész. Budapest, Hungría, 1888-Los Ángeles, California, Estados Unidos, 1962)*

Perteneciente a una familia acomodada, su interés por el teatro hace que, una vez finalizados sus estudios, en 1906 debute como actor y poco después también como director. Su atracción por el cine le lleva a Suecia a trabajar con los realizadores Viktor Sjöström y Mauritz Stiller para aprender la nueva técnica. En 1912 debuta como director, aprovecha el auge motivado por la Gran Guerra y hasta 1919 hace un total de cincuenta y tres películas en Hungría, entre las que cabe citar *La piel de lija,* basada en una novela de Honoré de Balzac, *La viuda alegre,* versión de la famosa opereta de Franz Lehar, y *Liliom,* sobre un guión de Ferenc Molnar. La difícil situación política que atraviesa su país le hace instalarse en Viena durante la primera mitad de la década de los veinte. Allí crece su prestigio al rodar películas históricas de gran espectáculo como *La estrella de Damasco, Sodoma y Gomorra, Sansón y Dalila* y, sobre todo, *Esclava reina,* una coproducción con el Reino Unido donde interviene su compatriota, el director y productor Alexander Korda y protagoniza su mujer, Maria Korda. El éxito de esta última hace que sea contratado por el productor norteamericano Jack Warner para rodar *El arca de Noé,* una historia moderna, enraizada en un pasaje bíblico, según la costumbre de la época, pero hace tres películas en Alemania y cinco más en Hollywood antes de la especificada en su contrato. Durante su etapa europea dirige casi ochenta largometrajes y en la norteamericana realiza cien, de los cuales cincuenta y cinco entre 1926 y 1939, pero el mejor período de su carrera son los casi treinta años que trabaja en los estudios Warner. Al conseguir sobrepasar el convencionalismo de algunos guiones con una narración rápida, llena de elipsis y un ritmo trepidante, deja de ser un prolífico artesano para convertirse en uno de los más importantes emigrantes europeos que consolidan el cine norteamericano con su imaginación visual, sus innovaciones técnicas y su gran capacidad de trabajo. Entre sus películas de los años treinta destacan *¿Hay mujeres así?, Veinte mil años en Sing-Sing* y *Los crímenes del museo,* pero, sobre todo, las variadas aventuras, protagonizadas por Errol Flynn, *El capitán Blood, La carga de la brigada ligera, Robín de los bosques, Dodge, ciudad sin ley, La vida privada de Elizabeth y Essex, Oro, amor y sangre* y *Camino de Santa Fe.* Su década de los cuarenta tiene una brillante primera parte con *El lobo de mar,* excelente adaptación de un relato de Jack London; *Yanqui dandy,* el conocido musical de propaganda bélica; *Casablanca,* la famosísima historia de amor con el trasfondo de la II Guerra Mundial; *Misión en Moscú,* la más staliniana de las películas rodadas fuera de la Unión Soviética, y *Alma en suplicio,* melodrama policiaco basado en una novela de James M. Cain; pero durante la segunda etapa trabaja mucho menos y con peores resultados. Algo similar ocurre en los años cincuenta; en la primera parte, rueda para los estudios Warner las atractivas *El rey del tabaco, Punto de ruptura,* adaptación de una novela de Ernest Hemingway, y *Un conflicto en cada esquina;* y en la segunda parte, finalizado su contrato con Warner, sólo destaca *Sinuhé, el egipcio,* superproducción bíblica basada en un novelón de Mika Waltari, la biografía de una cantante *Para ella un solo hombre,* y el *western* personal *El rebelde orgulloso.* Muere durante el proceso de montaje de *Los comancheros,* otro interesante *western.*

1912 *Ma es holnap* (Hoy y mañana). / *Az utolso bohen* (El último bohemio). / *Rablelek* (Almas de esclavos).
1913 *Marta.* / *Hasasidik az uram.* / *Atlantis.*
1914 *Az ejszaka rabkai* (Esclavos de la noche). / *A tolonc* (El vagabundo). / *A henczengo Pongyolaban* (La princesa Pongyola). / *Bank ban* (El buen Bank). / *A kolocsonkert cseçsemok* (Los niños cambiados). / *Aranyaso.*
1915 *Akit kessen szeretnek* (Amada por dos). / *A kathausi* (El cartaginés). / *A tanitonö* (La maestra).
1916 *A medikus* (El médico). / *Makhetes* (Siete del club). / *A Fekete Szivarvany* (El arco iris negro). / *Az Ezust kekske* (La cabra plateada). / *A farkas* (El lobo). / *Doktor ur* (El señor doctor).
1917 *A magyar földs ereje* (La fuerza de la tierra húngara). / *Az utolso ajnal* (El último panadero). / *Zoard mester* (Patrón Zoard). / *A voros Samson* (Sansón el Rojo). / *Tavasz a telben* (Primavera en invierno). / *A senk filia* (El hijo de nadie). / *A szent Joby erdö titka* (El secreto del bosque de san Job). / *A kuruszlo* (El charlatán). / *A halalcsengo* (La campana de la muerte). / *A fold embere* (El hombre de la tierra). / *Az ezredes* (El coronel). / *Huszar a telben* (Un húsar en invierno). / *Egy krajcar törtenete* (Historia de un soldado). / *A beke utja* (El camino de la paz). / *Az arendas szidoz* (El casero judío). / *A szamarbor* (La piel de lija). / *Tatarjaras* (Invasión). / *Az ördög* (El diablo). / *A napraforgos holgy* (La señora con los girasoles). / *Lulu.* / *Judas.* / *Kilencvenkilenc* (Noventa y nueve). / *Dudas* (El gaitero). / *A skorpio* (El escorpión). / *A Wellington rejtely* (El misterio de Wellington). / *A csunya filu* (El muchacho feo). / *Alraune* (La mandrágora). / *A vig ozvegy* (La viuda alegre). / *Varazseringo* (Vals mágico). / *Lu, a kokott* (Lu, la cocotte). / *Jon az ocsem* (El cadete Jon).
1919 *Liliom.* / *Die Dame mit den Schwarzen Handschuhen* (La señora de los guantes negros). / *Die gottesgeissel.*

1920 *Der Stern von Damaskus* (La estrella de Damasco). / *Die Dame mit den Sonnemblumen* (La señora de los girasoles). / *Boccaccio*.
1921 *Wege des Schreckens*. / *Frau Dorothy Bekenntnis* (Miss Dorothy Bekenntnis). / *Herzogin Satanella*. / *Miss Tutti Frutti*.
1922 *Cherchez la femme*. / *Sodom und Gomorrah* (Sodoma y Gomorra).
1923 *Die Lawine* (El alud). / *Der Junge Medardus* (El joven Medardus). / *Samson und Dalila* (Sansón y Dalila). / *Namenlos*.
1924 *Eine Spiel ums Lieben*. / *General Babka*. / *Der Uncle von Sumatra* (El tío de Sumatra). / *Avalanche*. / *Harum Al Raschid*.
1925 *Die Sklavenkönigin* (Esclava reina). / *Der Spielzeng von Paris* (La muñeca de París).
1926 *Fiaker n.º 13* (El coche n.º 13). / *Der Goldene Schmetterling* (La mariposa de oro). / *The Third Degree* (El circo de la muerte).
1927 *A Million Bid* (La mujer vencida). / *The Desired Woman* (El crimen del sol). / *Good Time Charley*.
1928 *Tenderloin* (El supremo ardid). / *Noah's Ark* (El arca de Noé).
1929 *The Glad Rag Doll* (La señorita Bibelot). / *The Madonna of Avenue A* (Flor del hampa). / *The Gamblers*. / *Hearts in Exile* (Corazones en el destierro).
1930 *Mammy*. / *Under a Texas Moon* (Tantas veo...). / *The Matrimonial Bed*. / *Bright Lights*. / *A Soldier's Plaything*. / *River's End*.
1931 *The Mad Genius* (El ídolo). / *God's Gift to Woman*.
1932 *The Woman From Monte Carlo*. / *Alias the Doctor* (Su gran sacrificio). / *The Strange Love of Molly Louvain* (¿Hay mujeres así?) / *Doctor X* (El doctor X). / *Cabin in the Cotton* (Esclavos de la tierra).
1933 *20,000 Years in Sing Sing* (Veinte mil años en Sing Sing). / *The Mistery of the Wax Museum* (Los crímenes del museo). / *The Keyhole* (La mundana). / *Private Detective 62*. / *Goodbye Again*. / *The Kennel Murder Case* (Matando en la sombra). / *Female* (Hembra).
1934 *Mandalay*. / *The British Agent* (El agente británico). / *Jimmy the Gent*. / *The Key*.
1935 *Black Fury* (El infierno negro). / *The Case of the Curious Bride*. / *Front Page Woman* (La que apostó su amor). / *Little Big Shot*. / *Captain Blood* (El capitán Blood).
1936 *The Walking Dead* (Los muertos andan). / *Stolen Holiday*. / *The Charge of the Light Brigade* (La carga de la brigada ligera).
1937 *Kid Galahad*. / *Mountain Justice*. / *The Perfect Specimen*.
1938 *Gold Is Where You Find It* (El oro está en California). / *The Adventures of Robin Hood* (Robín de los bosques). / *Four Daughters*. / *Four's a Crowd*. / *Angels With Dirty Faces* (Ángeles con caras sucias).
1939 *Dodge City* (Dodge, ciudad sin ley). / *Daughters Courageous* (Hijas animosas). / *The Private Lives of Elizabeth and Essex* (La vida privada de Elizabeth y Essex). / *Four Wives*.
1940 *Virginia City* (Oro, amor y sangre). / *The Sea Hawk* (El halcón del mar). / *Santa Fe Trail* (Camino de Santa Fe).
1941 *The Sea Wolf* (El lobo de mar). / *Dive Bomber*.
1942 *Captains of the Clouds* (Capitanes de las nubes). / *Yankee Doodle Dandy* (Yanqui dandy).
1943 *Casablanca*. / *Mission to Moscow* (Misión en Moscú). / *This Is the Army*.
1944 *Passage to Marseille* (Pasaje a Marsella). / *Janie*.
1945 *Roughly Speaking*. / *Mildred Pierce* (Alma en suplicio).
1946 *Night and Day* (Noche y día).
1947 *Life With Father* (Vida con mi padre). / *The Unsuspected*.
1948 *Romance on the High Seas* (Romance en alta mar).
1949 *My Dream Is Yours*. / *Flamingo Road*. / *The Lady Takes a Sailor*.
1950 *Young Man With a Horn* (El trompetista). / *Bright Leaf* (El rey del tabaco). / *The Breaking Point* (Punto de ruptura).
1951 *Jim Thorpe All American*. / *Force of Arms* (La fuerza de las armas).
1952 *I'll See You in My Dreams*. / *The Story of Will Rogers* (La historia de Will Rogers).
1953 *Trouble Along the Way* (Un conflicto en cada esquina). / *The Jazz Singer*.
1954 *The Boy From Oklahoma*. / *The Egiptian* (Sinuhé, el egipcio). / *White Christmas* (Navidades blancas).
1955 *We're No Angels* (No somos ángeles).
1956 *The Scarlet Hour*. / *The Vagabond King*. / *The Best Things in Life Are Free*.
1957 *The Helen Morgan Story* (Para ella un solo hombre).
1958 *The Proud Rebel* (El rebelde orgulloso). / *King Creole* (El barrio contra mí).
1959 *The Hangman*. / *The Man in the Net*.
1960 *The Adventures of Hucleberry Finn*. / *A Breath of Scandal* (Escándalo en la corte).
1961 *Francis of Assisi* (Francisco de Asís). / *The Comancheros* (Los comancheros).

CYRANO DE BERGERAC *(1990)*

La famosa obra teatral de Edmond Rostand, estrenada en 1897 en París y basada en la vida del poeta francés del mismo nombre que vivió entre 1619 y 1655, es origen de múltiples películas. Entre ellas destacan la versión muda rodada en 1923 por el italiano Augusto Genina con Pierre Magnier; la realizada en 1945 por el francés Fernand Rivers con Claude Dauphin; la dirigida en 1950 por el norteamericano Michael Gordon con José Ferrer, y la más famosa, hecha en 1990 por el francés Jean-Paul Rappeneau con Gérard Depardieu. No hay que olvidar las personales adaptaciones *Cyrano y D'Artagnan* (D'Artagnan et Cyrano, 1963), de Abel Gance, con José Ferrer, una coproducción entre Francia, Italia y España, y *Roxanne* (1987), de Fred Schepisi, con Steve Martin, una producción norteamericana. Con una gran amplitud de medios, Rappeneau narra cómo, en el París del siglo XVII, el soldado y poeta Cyrano (Gérard Depardieu) está enamorado de su prima Roxane (Anne Brochet), pero ella prefiere a Christian (Vincent Pérez) por ser más guapo y no tener su gran nariz. Sin embargo, Cyrano decide ayudar a su rival amoroso haciéndose pasar por él y escribiendo en su nombre a su prima apasionadas cartas de amor.

Director: *Jean-Paul Rappeneau*. Guionistas: *Jean-Paul Rappeneau, Jean-Claude Carrière*. Fotografía: *Pierre Lhomme*. Música: *Jean-Claude Petit*. Intérpretes: *Gérard Depardieu, Anne Brochet, Vincent Pérez, Jacques Weber*. Producción: *Hachette, A-2. Color.* Duración: *135'. Francia.*

DAFOE, Willem (*William Dafoe. Appleton, Wisconsin, Estados Unidos, 1955*)

Estudia arte dramático, hace giras por Estados Unidos con la compañía X Theatre of Milwaukee y, una vez en Broadway, pasa a formar parte del prestigioso Wooster Group Theatre. Después de hacer papeles secundarios en algunas películas, destaca al encarnar al malvado Raven en *Calles de fuego*, de Walter Hill, aunque no se da a conocer hasta después de encarnar a Jesucristo en la polémica *La última tentación de Cristo*, de Martin Scorsese. Entre sus sucesivas películas destacan *Arde Mississippi*, de Alan Parker, *Corazón salvaje*, de David Lynch, y, sobre todo, la excelente *Posibilidades de escape*, de Paul Schrader. Hace un papel secundario en la producción alemana *¡Tan lejos, tan cerca!*, de Wim Wenders, y encarna al poeta T. S. Elliot en la producción británica *Tom & Viv*, de Brian Gilbert.

1980 *Heaven's Gate* (La puerta del cielo), de Michael Cimino.
1983 *The Hunger* (El ansia), de Tony Scott. / *The Loveless*, de Kathryn Bigelow.
1984 *Roadhouse 66* (Taberna salvaje), de John Mark Robinson. / *Streets of Fire* (Calles de fuego), de Walter Hill.
1985 *To Live and Die in L. A.* (Vivir y morir en Los Ángeles), de William Friedkin.
1986 *Platoon*, de Oliver Stone.
1987 *Off Limits* (Saigón), de Christopher Crowe.
1988 *The Last Temptation of Christ* (La última tentación de Cristo), de Martin Scorsese. / *Mississippi Burning* (Arde Mississippi), de Alan Parker.
1989 *Born on the 4th of July* (Nacido el 4 de julio), de Oliver Stone. / *Triumph of the Spirit* (El triunfo del espíritu), de Robert M. Young.
1990 *Cry-Baby*, de John Waters. / *Wild at Heart* (Corazón salvaje), de David Lynch.
1991 *Flight of the Intruder* (El vuelo del Intruder), de John Milius.
1992 *White Sands* (Arenas blancas), de Roger Donaldson. / *Light Sleeper* (Posibilidades de escape), de Paul Schrader.
1993 *Body of Evidence* (El cuerpo del delito), de Uli Edel. / *In Weiter Ferne, so Nach* (¡Tan lejos, tan cerca!), de Wim Wenders.
1994 *Clear and Present Danger* (Peligro inminente), de Phillip Noyce. / *Tom & Viv*, de Brian Gilbert.

DAMA DE SHANGHAI, LA (*The Lady From Shanghai, 1948*)

El marinero irlandés Michel O'Hara (Orson Welles) salva de una agresión a la atractiva Elsa Bannister (Rita Hayworth) y, como recompensa, su marido, el abogado multimillonario Arthur Bannister (Everett Sloane), le contrata para trabajar en su yate. Mientras el marinero se enamora de ella, Arthur Bannister le propone que le ayude a suicidarse y poco a poco, cae en la compleja trampa que le ha tendido el matrimonio. A partir de una anodina novelita policiaca de Sherwood King, un Orson Welles con muchos problemas para rodar películas con regularidad hace, gracias a la ayuda de Rita Hayworth, en aquel entonces su mujer, un brillante ejercicio de estilo; pero resulta ser un serio fracaso comercial que acaba por hundir la carrera de él y compromete la de ella. Frente al demasiado esquemático protagonista, a pesar de la ironía que destilan sus comentarios de fondo, destacan escenas tan logradas como la del acuario o la galería de espejos, y también la característica fascinación que rodea al mejor cine negro.

Director y guionista: *Orson Welles*. Fotografía: *Charles Lawton Jr*. Música: *Heinz Roemheld*. Intérpretes: *Orson Welles, Rita Hayworth, Everett Sloane, Glenn Anders, Ted de Corsia, Erskine Sanford*. Producción: *Richard Wilson* y *William Castle para Columbia*. Duración: *87'. Estados Unidos.*

DAMA DESCONOCIDA, LA *(Phantom Lady, 1944)*

Una noche en que regresa tarde a su casa, Scott Henderson (Alan Curtis) encuentra asesinada a su mujer. Desaparece la desconocida con quien estaba, y no tiene otra coartada. La policía le detiene como presunto culpable, pero gracias a la investigación desarrollada por su secretaria Carol Richman (Ella Raines), enamorada de él en secreto, se halla al criminal. Durante la segunda mitad de la década de los cuarenta, el realizador alemán Robert Siodmak hace una importante aportación al cine negro con algunas películas con una clara carga expresionista rodadas para los estudios Universal y esta es una de las mejores. Basada en una novela del especialista Cornell Woolrich, más conocido por el seudónimo William Irish, tiene una fotografía de Woody Bredell llena de sombras y claroscuros, que da una visión muy personal de Nueva York por la noche.

Director: *Robert Siodmak*. Guionista: *Bernard C. Schoenfeld*. Fotografía: *Woody Brendell*. Intérpretes: *Franchot Tone, Alan Baxter, Ella Raines, Elisha Cook Jr., Fay Hel*. Producción: *Joan Harrison para Universal*. Duración: *87'. Estados Unidos*.

DARNELL, Linda *(Monetta Eloisa Darnell. Dallas, Texas, 1923-Chicago, Illinois, Estados Unidos, 1965)*

Elegida muy joven Miss Texas, su interés por el teatro la lleva a trabajar en compañías *amateur* y a hacer películas publicitarias. Descubierta por un cazatalentos de 20th Century Fox, debuta en cine como protagonista de *Hotel for Women* y durante los años cuarenta se convierte en una de las estrellas del estudio. Destaca su trabajo con Rouben Mamoulian en *El signo del Zorro* y *Sangre y arena;* con William A. Wellman en *Aventuras de Buffalo Bill;* con Douglas Sirk en *Extraña confesión;* con John Cromwell en *Ana y el rey de Siam;* con John Ford en *Pasión de los fuertes;* con Joseph L. Mankiewicz en *Carta a tres esposas;* pero, sobre todo, con Otto Preminger en *¿Ángel o diablo?, Ambiciosa* y *Cartas envenenadas*. A principios de la década de los cincuenta se separa de 20th Century Fox y protagoniza algunas películas interesantes para otros estudios en los años sucesivos, como *El pirata Barbanegra* y *Perseguida*. Sin embargo, su relación sentimental con el productor italiano Giuseppe Amato la lleva a Roma a rodar bajo su dirección *Donne proibite* y *Los últimos cinco minutos,* que precipitan el final de su carrera. Tras caer en el alcoholismo, muere en un incendio en trágicas circunstancias.

1939 *Hotel for Women,* de Gregory Ratoff. / *Day-Time Wife* (Tejados de vidrio), de Gregory Ratoff.
1940 *Star Dust,* de Walter Lang. / *Brigham Young Frontiersman,* de Henry Hathaway. / *The Mark of Zorro* (El signo del Zorro), de Rouben Mamoulian. / *Chad Hanna,* de Henry Zing.
1941 *Blood and Sand* (Sangre y arena), de Rouben Mamoulian. / *Rise and Shine,* de Allan Dwan. / *The Loves of Edgar Allan Poe,* de Harry Lachman.
1943 *City Without Men* (La ciudad sin hombres), de Sidney Salkow. / *The Song of Bernadette* (La canción de Bernadette), de Henry King.
1944 *It Happened Tomorrow* (Sucedió mañana), de René Clair. / *Buffalo Bill* (Aventuras de Buffalo Bill), de William A. Wellman. / *Summer Storm* (Extraña confesión), de Douglas Sirk. / *Sweet and Lowdown,* de Archie L. Mayo.
1945 *Hangover Square,* de John Brahm. / *The Great John L.* (El coloso de Boston), de Fran Tuttle. / *Fallen Angel* (¿Ángel o diablo?), de Otto Preminger.
1946 *Centennial Summer,* de Otto Preminger. / *Anna and the King of Siam* (Ana y el rey de Siam), de John Cromwell. / *My Darling Clementine* (Pasión de los fuertes), de John Ford.
1947 *Forever Amber* (Ambiciosa), de Otto Preminger.
1948 *The Walls of Jericho* (Murallas humanas), de John M. Stahl. / *Unfaithfully Yours,* de Preston Sturges.
1949 *A Letter to Three Wives* (Carta a tres esposas), de Joseph L. Mankiewicz. / *Slattery's Hurricane* (Furia del trópico), de André de Toth. / *Everybody Does It* (¡Si ella lo supiera!), de Edmund Goulding.

1950 *No Way Out* (Un rayo de luz), de Joseph L. Mankiewicz. / *Two Flags West* (Entre dos juramentos), de Robert Wise.
1951 *The Thirteenth Letter* (Cartas envenenadas), de Otto Preminger. / *The Guy Who Came Back*, de Joseph M. Newman. / *The Lady Pays Off*, de Douglas Sirk.
1952 *Island of Desire* (La isla del deseo), de Stuart Heisler. / *Night Without Sleep*, de Roy W. Baker. / *Blackbeard the Pirate* (El pirata Barbanegra), de Raoul Walsh.
1953 *Donne proibite*, de Giuseppe Amato. / *Second Chance* (Perseguida), de Rudolph Maté. / *This Is My Love*, de Stuart Heisler.
1955 *Gli ultimi cinque minuti* (Los últimos cinco minutos), de Giuseppe Amato.
1956 *Dakota Incident*, de Lewis R. Foster.
1957 *Zero Hour* (Suspense... hora cero), de Hall Bartlett.
1965 *Black Spurs* (Espuelas negras), de R. G. Springsteen.

DASSIN, Jules *(Middleton, Connecticut, Estados Unidos, 1911)*.

Miembro de una acomodada familia judía, a los veintitrés años viaja a Europa para estudiar arte dramático; regresa dos años después y debuta como actor en una compañía de teatro yiddish de Nueva York. Mientras escribe para la radio, los éxitos obtenidos como director de teatro en Broadway le hacen firmar en 1940 un contrato con los estudios R. K. O. Aprende la técnica cinematográfica al trabajar como ayudante de dirección de Alfred Hitchcock; luego realiza algunos cortometrajes, entre los que tiene repercusión *The Tell-Tale Heart* (1941), adaptación en clave vanguardista de un cuento de Edgar Allan Poe. Contratado por los estudios Metro-Goldwyn-Mayer, durante la primera mitad de la década de los cuarenta realiza siete largometrajes rutinarios, de diferentes géneros, entre los que destacan la modesta historia de espionaje *Nazi Agent*, la brillante comedia *The Affairs of Martha*, y la adaptación de Oscar Wilde *El fantasma de Canterville*. Llama la atención del productor Mark Hellinger de Universal y hacen juntos dos duros policiacos: *Fuerza bruta*, una historia carcelaria, y *La ciudad desnuda*, que introduce el neorrealismo en el género. La inesperada muerte del productor y los problemas con los censores del estudio por la violencia de sus historias, le hacen pasarse a 20th Century Fox, donde hace los personales policiacos *Mercado de ladrones* y, su obra maestra, *Noche en la ciudad*, que tiene que rodar en Londres al ser acusado de comunista por el Comité de Actividades Antinorteamericanas. Instalado en Francia, tiene dificultades para encontrar trabajo por las presiones del Comité que, por ejemplo, hace que el día antes de comenzar el rodaje de *El enemigo público n.º 1* (L'ennemi public n.º 1, 1953) sea sustituido por Henri Verneuil; pero, finalmente, dirige *Rififí*, un policiaco que introduce importantes novedades en las características francesas del género y tiene gran éxito. Durante el rodaje en Grecia de *El que debe morir*, una peculiar reconstrucción de la pasión de Jesucristo, basada en una novela de Nikos Kazantzakis, se enamora de Melina Mercouri, una de las actrices, hija de un conocido político socialista, y su vida vuelve a dar un giro. No solo se casa con ella, sino que también la convierte en la protagonista de las tan conocidas como irregulares *Nunca en domingo*, sobre guión propio; *Fedra*, adaptación de la obra de Eurípides; *Topkapi*, un policiaco basado en una novela del especialista Eric Ambler, y *10:30 P.M. Summer*, sobre una novela de Margarite Duras. Su exilio finaliza cuando le contratan en Broadway para dirigir la versión musical de *Nunca en domingo* y aprovecha para rodar el interesante policiaco realista *Up-Tight*. De nuevo en Europa, su cine sigue descendiendo de interés con *Promesa al amanecer*, adaptación de una obra teatral de Samuel Taylor, y *Gritos de pasión*, sobre guión propio, que vuelve a protagonizar Melina Mercouri. Tras los documentales *Survival, 1967* y *The Rehersal*, su última producción es *Círculo de dos*, que narra con torpeza las relaciones entre un hombre maduro y una jovencita.

1942 *Nazi Agent*. / *The Affairs of Martha*. / *Reunion in France*.
1943 *Young Ideas*.
1944 *The Canterville Ghost* (El fantasma de Canterville).
1945 *A Letter for Evie*.
1946 *Two Smart People*.
1947 *Brute Force* (Fuerza bruta).
1948 *The Naked City* (La ciudad desnuda).
1949 *Thieves' Highway* (Mercado de ladrones).
1950 *Night and the City* (Noche en la ciudad).
1955 *Du Rififi chez les hommes* (Rififí).
1956 *Celui qui doit mourir* (El que debe morir).

1958 *La loi* (La ley).
1960 *Jamais le dimanche* (Nunca en domingo).
1962 *Phaedra* (Fedra).
1964 *Topkapi*.
1966 *10:30 P.M. Summer*.
1967 *Survival, 1967*.
1968 *Up Tight*.
1970 *Promise at Dawn* (Promesa al amanecer).
1974 *The Rehersal*.
1978 *A Dream of Passion* (Gritos de pasión).
1980 *Circle of Two* (Círculo de dos).

DAVES, Delmer *(San Francisco, California, 1904-La Jolla, California, Estados Unidos, 1977)*

Licenciado en derecho por la Universidad de Standford, durante los años veinte trabaja como actor en teatro y cine y en los treinta se convierte en un conocido guionista por su trabajo para Frank Borzage, Mervyn LeRoy, Leo McCarey y otros. Debuta como director en plena II Guerra Mundial con la producción de propaganda *Destino, Tokio,* una típica película de submarinos que es una de las primeras en mostrar el lado humano de los soldados. Entre sus trabajos de los años cuarenta destacan *Pride of the Marines,* sobre la adaptación a la vida civil de un soldado que se ha quedado ciego durante la guerra; los policiacos *La casa roja,* sobre una novela de George Agnew, y *La senda tenebrosa,* que también escribe sobre una novela de David Goodis, famoso porque durante la primera parte no se ve la cara del protagonista, Humphrey Bogart, y por emplear con habilidad la cámara subjetiva; y la historia bélica *Puente de mando*. Debe su fama y su depurado estilo a los nueve *westerns* que rueda durante la década de los cincuenta: *Flecha rota, Return of the Texan, Tambores de guerra, Jubal, La ley del talión, El tren de las 3.10, Cowboy, Arizona, prisión federal* y *El árbol del ahorcado*. Entre los que también hace *Ave del paraíso,* nueva versión de la producción del mismo título rodada en 1932 por King Vidor; *El tesoro del cóndor de oro,* nueva versión de *El hijo de la furia* (Son of Fury, 1942), de John Cromwell; *Demetrius y los gladiadores,* continuación del *peplum* bíblico *La túnica sagrada* (The Robe, 1953), de Henry Koster, y el interesante drama anticomunista *No me abandones*. Sus últimas siete películas son eficaces melodramas, que también escribe, al igual que la mayoría de sus restantes obras, y buenas demostraciones de su personal estilo; pero, tanto los más conseguidos, *En una isla tranquila, al sur, Parrish, Fiebre en la sangre* y *Una mujer espera,* como los menos interesantes, *Susan Slade, Más allá del amor* y *Escándalo en villa Fiorita,* basado en una novela de Rumer Godden, están realizados para salvar de un desastre económico a su amigo el productor Jack Warner.

1943 *Destination Tokyo* (Destino, Tokio).
1944 *The Very Thought of You*. / *Hollywood Canteen*.
1945 *Pride of the Marines*.
1947 *The Red House* (La casa roja). / *Dark Passage* (La senda tenebrosa).
1948 *To the Victor*.
1949 *A Kiss in the Dark*. / *Task Force* (Puente de mando).
1950 *Broken Arrow* (Flecha rota).
1951 *Bird of Paradise* (Ave del paraíso).
1952 *Return of the Texan*.
1953 *Treasure of the Golden Condor* (El tesoro del cóndor de oro). / *Never Let Me Go* (No me abandones).
1954 *Demetrius and the Gladiators* (Demetrius y los gladiadores). / *Drum Beat* (Tambores de guerra).
1956 *Jubal*. / *The Last Wagon* (La ley del talión).
1957 *3:10 to Yuma* (El tren de las 3.10).
1958 *Cowboy*. / *Kings Go Forth* (Cenizas bajo el sol). / *The Badlanders* (Arizona, prisión federal).
1959 *The Hanging Tree* (El árbol del ahorcado). / *A Summer Place* (En una isla tranquila, al sur).
1961 *Parrish*. / *Susan Slade*.
1962 *Rome Adventure* (Más allá del amor).
1963 *Spencer's Mountain* (Fiebre en la sangre).
1964 *Youngblood Hawke* (Una mujer espera).
1965 *The Battle of the Villa Fiorita* (Escándalo en villa Fiorita).

DAVIDOVICH, Lolita *(Ontario, Canadá, 1961)*

Hija de emigrantes serbios, hace estudios universitarios en su ciudad natal, se traslada a Chicago y debuta como actriz de teatro en los prestigiosos Steppenwolf Theatre y Victory Garden. Instalada en Los Ángeles, hace pequeños papeles en televisión y cine, pero se da a conocer al encarnar a Blaze Starr, la bailarina de *striptease* protagonista de *El escándalo Blaze*. Esto la permite trabajar con Andrei Konchalovsky en *El círculo del poder,* con Brian de Palma en *En nombre de Caín,* con Mark Rydell en *Entre dos mujeres* y con Percy Adlon en *Younger & Younger*.

1987 *The Big Town* (Mano de oro), de Ben Bolt. / *A Night on the Town* (Aventuras en la gran ciudad), de Chris Columbus.
1989 *Blaze* (El escándalo Blaze), de Ron Shelton.
1991 *The Object of Beauty* (Objeto de deseo), de Michael Lindsay-Hogg / *The Inner Circle* (El círculo del poder), de Andrei Konchalovsky. / *J. F. K.* (J. F. K., caso abierto), de Oliver Stone.
1992 *Raising Cain* (En nombre de Caín), de Brian de Palma. / *Leap of Faith*, de Richard Pearce. / *Money Man*, de James B. Harris.
1993 *Intersection* (Entre dos mujeres), de Mark Rydell. / *Younger & Younger*, de Percy Adlon.
1994 *Cobb*, de Ron Shelton.

DAVIS, Bette *(Ruth Elizabeth Davis. Lowell, Massachusetts, Estados Unidos, 1908-Neuilly-sur-Seine, París, Francia, 1989)*

Estudia ballet en la Mariarden School of Dancing y arte dramático en la John Murray Anderson Dramatic School, trabaja con diferentes compañías por distintos Estados y en 1929 debuta en Broadway. A principios de los años treinta es contratada por los estudios Universal; interviene en seis películas, entre las que hay que citar *Semilla* y *El puente de Waterloo*. A mediados de 1932 pasa a los estudios Warner y durante la década de los treinta y los cuarenta se convierte en una estrella. Después de hacer importantes papeles bajo la dirección de Michael Curtiz en *Esclavos de la tierra*, *20.000 años en Sing-Sing* y *La que apostó por su amor*, además de *Cautivo del deseo* y *Barreras infranqueables*, cansada de las imposiciones del productor Jack Warner se va al Reino Unido, pero pierde un pleito por ruptura de contrato y debe regresar a Hollywood. De nuevo en los estudios Warner hace excelentes interpretaciones de agresivas y duras mujeres con el director Edmund Goulding en *That Certain Woman*, *Amarga victoria*, *La solterona* y *La gran mentira*, y también con el realizador William Wyler en *Jezabel*, *La carta* y *La loba*, además de *Juárez*, *La vida privada de Elizabeth y Essex*, *La extraña pasajera* y *Una vida robada*. Finalizado el contrato con los estudios Warner a finales de los años cuarenta, hace menos películas, pero destaca su trabajo en *Más allá del bosque* y *Eva al desnudo*, rodadas respectivamente por King Vidor y Joseph L. Mankiewicz, y tiene gran éxito con el díptico de personales historias de terror dirigidas por Robert Aldrich *¿Qué fue de Baby Jane?* y *Canción de cuna para un cadáver*. Posteriormente solo interviene en baratas películas inglesas de terror, con la excepción de alguna curiosa producción italiana como *Sembrando ilusiones*. Cierra brillantemente su carrera con *Las ballenas de agosto*, donde a los casi ochenta años encarna a la perfección uno de sus duros y característicos personajes.

1931 *Bad Sister*, de Hobart Henley. / *Seed* (Semilla), de John M. Stahl. / *Waterloo Bridge* (El puente de Waterloo), de James Whale.
1932 *Way Back Home*, de William A. Seiter. / *The Menace* (La estatua vengadora), de Roy W. Neill. / *Hell's House* (Casa correccional), de Howard Higgin. / *The Man Who Played God* (La oculta providencia), de John G. Adolfi. / *So Big*, de William A. Wellman. / *The Rich Are Always With Us*, de Alfred E. Green. / *The Dark Horse*, de Alfred E. Green. / *Cabin in the Cotton* (Esclavos de la tierra), de Michael Curtiz. / *Three on a Match* (Tres vidas de mujer), de Mervyn LeRoy.
1933 *20,000 Years in Sing Sing* (20.000 años en Sing-Sing), de Michael Curtiz. / *Parachute Jumper* (Los gángsters del aire), de Alfred E. Green. / *The Working Man* (Se necesita un rival), de John G. Adolfi. / *Ex-Lady*, de Robert Florey. / *Bureau of Missing Persons* (Los desaparecidos), de Roy del Ruth.
1934 *Fashion Follies of 1934* (El altar de la moda), de William Dieterle. / *The Big Shakedown*, de John F. Dillon. / *Jimmy the Gent*, de Michael Curtiz. / *Fog Over Frisco*, de William Dieterle. / *Of Human Bondage* (Cautivos del deseo), de John Cromwell. / *Housewife* (Una mujer de su casa), de Alfred E. Green.
1935 *Bordertown* (Barreras infranqueables), de Archie L. Mayo. / *The Girl From Tenth Avenue*, de Alfred E. Green. / *Front Page Woman* (La que apostó su amor), de Michael Curtiz. / *Special Agent* (Agente especial), de William Keighley. / *Dangerous*, de Alfred E. Green.
1936 *The Petrified Forest* (El bosque petrificado), de Archie L. Mayo. / *The Golden Arrow*, de Alfred E. Green. / *Satan Met a Lady*, de William Dieterle.
1937 *Marked Woman* (La mujer marcada), de Lloyd Bacon. / *Kid Galahad*, de Michael Curtiz. / *That Certain Woman*, de Edmund Goulding. / *It's Love I'm After*, de Archie L. Mayo.
1938 *Jezebel* (Jezabel), de William Wyler. / *The Sisters* (Las hermanas), de Anatole Litvak.
1939 *Dark Victory* (Amarga victoria), de Edmund Goulding. / *Juárez*, de William Dieterle. / *The Old Maid* (La solterona), de Edmund Goulding. / *The Private Lives of Elizabeth and Essex* (La vida privada de Elizabeth y Essex), de Michael Curtiz.
1940 *All This and Heaven Too* (El cielo y tú), de Anatole Litvak. / *The Letter* (La carta), de William Wyler.

1941 *The Great Lie* (La gran mentira), de Edmund Goulding. / *Shining Victory,* de Irving Rapper. / *The Bride Came C.O.D.,* de William Keighley. / *The Little Foxes* (La loba), de William Wyler. / *The Man Who Come to Dinner* (El hombre que vino a cenar), de William Keighley.
1942 *In This Our Life* (Como ella sola), de John Huston. / *Now, Voyager* (La extraña pasajera), de Irving Rapper.
1943 *Watch on the Rhine,* de Herman Shulmin. / *Thank Your Lucky Stars,* de David Butler. / *Old Acquaintance,* de Vincent Sherman.
1944 *Mr. Skeffington* (El señor Skeffington), de Vincent Sherman. / *Hollywood Canteen,* de Delmer Daves.
1945 *The Corn Is Green* (El trigo está verde), de Irving Rapper.
1946 *A Stolen Life* (Una vida robada), de Curtis Bernhardt. / *Deception,* de Irving Rapper.
1948 *Winter Meeting,* de Bretaigne Windust. / *June Bride,* de Bretaigne Windust.
1949 *Beyond the Forest* (Más allá del bosque), de King Vidor.
1950 *All About Eve* (Eva al desnudo), de Joseph L. Mankiewicz.
1951 *Payment on Demand* (La egoísta), de Curtis Bernhardt.
1952 *Another Man's Poison,* de Irving Rapper. / *Phone Call From a Stranger* (Llama un desconocido), de Jean Negulesco.
1953 *The Star* (La estrella), de Stuart Heisler.
1955 *The Virgin Queen* (El favorito de la reina), de Henry Hoster.
1956 *Storm Center,* de Daniel Taradash. / *The Catered Affair* (Banquete de bodas), de Richard Brooks.
1959 *John Paul Jones* (El capitán Jones), de John Farrow. / *The Scapegoat* (Donde el círculo termina), de Robert Hamer.
1961 *Pocketful of Miracles* (Un gángster para un milagro), de Frank Capra.
1962 *What Ever Happened to Baby Jane?* (¿Qué fue de Baby Jane?), de Robert Aldrich.
1964 *Dead Ringer* (Su propia víctima), de Paul Henreid. / *La noia,* de Damiano Damiani. / *Where Love Has Gone* (Adónde fue el amor), de Edward Dmytryk.
1965 *The Nanny* (A merced del odio), de Seth Holt. / *Hush... Hush, Sweet Charlotte* (Canción de cuna para un cadáver), de Robert Aldrich.
1967 *The Anniversary,* de Roy Ward Baker.
1969 *Connecting Rooms,* de Franklin Gollings.
1971 *Bunny O'Hara,* de Gerd Oswald.
1972 *Lo scopone scientifico* (Sembrando ilusiones), de Luigi Comencini. / *Madame Sin* (El mundo extraño de madame Sin), de David Greene. / *The Judge and Jake Wyler,* de David Lowell Rich.
1973 *Scream Pretty Peggy,* de Gordon Hessler.
1976 *Burn Offerings* (Pesadilla diabólica), de Dan Curtis.
1978 *Return From Witch Mountain,* de John Hough. / *Death on the Nile* (Muerte en el Nilo), de John Guillermin.
1979 *The Watcher in the Woods,* de John Hough.
1987 *The Whales of August* (Las ballenas de agosto), de Lindsay Anderson.
1989 *Wicked Stepmother.*

DAVIS, Geena *(Virginia Davis. Wareham, Massachusetts, Estados Unidos, 1957)*

Estudia arte dramático en el New England College y en la Universidad de Boston. Trabaja como modelo y debuta como actriz de cine en un papel secundario en la comedia *Tootsie,* de Sydney Pollack. Durante la década de los ochenta hace más televisión que cine hasta que obtiene un Oscar por su trabajo en *El turista accidental,* de Lawrence Kasdan. Entre sus películas posteriores destacan *Thelma y Louise,* de Ridley Scott, y *Héroe por accidente,* de Stephen Frears.
1982 *Tootsie,* de Sydney Pollack.
1985 *Fletch* (Fletch, el camaleón), de Michael Ritchie. / *Transylvannia 6-5000,* de Rudy de Luca.
1986 *The Fly* (La mosca), de David Cronenberg.
1988 *Beetlejuice* (Bitelchús), de Tim Burton. / *Earth Girls Are Easy* (Las chicas de la Tierra son fáciles), de Julien Temple. / *The Accidental Tourist* (El turista accidental), de Lawrence Kasdan.
1990 *Quick Change* (Con la poli en los talones), de Howard Franklin.
1991 *Thelma and Louise* (Thelma y Louise), de Ridley Scott.
1992 *A League of Their Own* (Ellas dan el golpe), de Penny Marshall. / *Hero* (Héroe por accidente), de Stephen Frears. / *Angie,* de Martha Coolidge.
1994 *Speechless,* de Ron Underwood.
1995 *Cutthroat Island* (La isla de las cabezas cortadas), de Renny Harlin.

DAY, Doris *(Doris von Kappelhoff. Cincinnati, Ohio, Estados Unidos, 1924)*

Perteneciente a una familia de origen alemán, a los catorce años debuta como bailarina y cantante y recorre Estados Unidos con diferentes compañías, pero al romperse las piernas en un accidente solo puede dedicarse a la canción. Cuando ya es conocida por sus actuaciones en *night-clubs* y en la radio, en 1947 conoce al productor Martin Melcher —que primero es su representante y después se convierte en su tercer marido—, la hace firmar un contrato de siete años con los estudios Warner y la transforma en la protagonista de sus musicales. Los mejores trabajos de la primera parte de su carrera cinematográfica los hace bajo la dirección de Michael Curtiz en *Romanza en alta mar, My Dream Is Yours, El trompetista* y *I'll Sea You in My Dreams;* de Gordon Douglas en *Siempre tú y yo,* y de Charles Vidor en *Ámame o déjame,* pero trabaja demasiado con el irregular artesano David Butler. Tras rodar el policiaco *El hombre que sabía demasiado,* de Alfred Hitchcock, y el musical *The Pajama Game, de* Stanley Donen, a finales de los años cincuenta comienza la peor y más conocida etapa de su carrera, integrada por anodinas comedias de gran éxito que produce Martin Melcher para los estudios Universal: *Confidencias a medianoche, Pijama para dos, Suave como visón, Su pequeña aventura, Apártate, cariño, No me mandes flores* y *Por favor, no molesten.* Entre sus últimas películas hay que citar el musical *Jumbo,* de Charles Walters, y sus colaboraciones con el realizador Frank Tashlin, *Una sirena sospechosa* y *Capricho,* donde caricaturiza el personaje de norteamericana media que la hace famosa. Se retira del cine en 1968 tras la muerte de su marido, productor y representante, Martin Melcher, pero no de la televisión. Con el título *Doris Day: Her Own Story* (1975) publica su autobiografía.

1948 *Romance on the High Seas* (Romanza en alta mar), de Michael Curtiz.
1949 *My Dream Is Yours,* de Michael Curtiz. / *It's a Great Feeling,* de David Butler.
1950 *Tea for Two,* de David Butler. / *Young Man With a Horn* (El trompetista), de Michael Curtiz.
1951 *Lullaby of Broadway,* de David Butler. / *The West Point Story,* de Roy del Ruth. / *Storm Warning,* de Stuart Heisler.
1952 *On Moonlight Bay* (A la luz de la Luna), de Roy del Ruth. / *I'll See You in My Dreams,* de Michael Curtiz. / *Starlift,* de Roy del Ruth. / *The Winning Team,* de Lewis Seiler.
1953 *April in Paris* (Abril en París), de David Butler. / *By the Light of the Silvery Moon* (Operación matrimonio), de David Butler. / *Calamity Jane* (Doris Day en el Oeste), de David Butler.
1954 *Lucky Me,* de Jack Donohue.
1955 *Young at Heart* (Siempre tú y yo), de Gordon Douglas. / *Love Me or Leave Me* (Ámame o déjame), de Charles Vidor.
1956 *The Man Who Knew Too Much* (El hombre que sabía demasiado), de Alfred Hitchcock. / *Julie* (El diabólico señor Benton), de Andrew L. Stone.
1957 *The Pajama Game,* de Stanley Donen y George Abbott.
1958 *Teacher's Pet* (Enséñame a querer), de George Seaton. / *Tunnel of Love* (Mi marido se divierte), de Gene Kelly.
1959 *It Happened to Jane* (La indómita y el millonario), de Richard Quine. / *Pillow Talk* (Confidencias a medianoche), de Michael Gordon.
1960 *Please Don't Eat the Daisies* (No os comáis las margaritas), de Charles Walters. / *Midnight Lace* (Un grito en la niebla), de David Miller.
1961 *Lover Come Back* (Pijama para dos), de Delbert Mann.
1962 *That Touch of Mink* (Suave como visón), de Delbert Mann. / *Billy Rose's Jumbo* (Jumbo), de Charles Walters.
1963 *The Thrill of It All* (Su pequeña aventura), de Norman Jewison. / *More Over, Darling* (Apártate, cariño), de Michael Gordon.
1964 *Send Me No Flowers* (No me mandes flores), de Norman Jewison.
1965 *Do Not Disturb* (Por favor, no molesten), de Ralph Levy.
1966 *The Glass Bottom Boat* (Una sirena sospechosa), de Frank Tashlin.
1967 *Caprice* (Capricho), de Frank Tashlin.
1968 *The Ballad of Josie* (Desafío en el rancho), de Andrew V. McLaglen. / *Where Were You When the Lights Went Out?* (Anoche cuando se apagó la luz), de Hy Averback. / *With Six You Get Eggroll* (El novio de mamá), de Howard Morris.

DAY-LEWIS, Daniel *(Londres, Reino Unido, 1957)*

Hijo del poeta Cecil Day-Lewis y de la actriz Jill Balcon, debuta como actor de teatro en las reputadas compañías del Bristol Old Vic y Bristol Arts Centre. En cine hace mínimos papeles a principios de los años setenta, y vuelve una década después con algunos personajes secundarios para destacar con su trabajo en *Mi hermosa lavandería,* de Stephen Frears, y *Una habitación con vistas,* de James Ivory. Tras protagonizar *La insoportable levedad del ser,* de Philip Kaufman, gana un Oscar al encarnar al escritor y pintor irlandés deficiente mental Christy Brown en *Mi pie izquierdo,* de Jim Sheridan, con quien vuelve a trabajar en la producción de denuncia política *En el nombre del padre.* Entre sus últimas y muy desiguales películas también hay que señalar *La edad de la inocencia,* de Martin Scorsese.

1971 *Sunday, Bloody Sunday* (Domingo, maldito domingo), de John Schlesinger.

1972 *Young Winston* (El joven Winston), de Richard Attenborough.
1973 *Tales That Witness Madness* (Las orgías de la locura), de Freddie Francis.
1982 *Gandhi,* de Richard Attenborough.
1984 *The Bounty* (Motín a bordo), de Roger Donaldson.
1985 *My Beautiful Laundrette* (Mi hermosa lavandería), de Stephen Frears. / *A Room With a View* (Una habitación con vistas), de James Ivory.
1987 *The Unbearable Lightness of Being* (La insoportable levedad del ser), de Philip Kaufman.
1988 *Stars and Bars* (Un señorito en Nueva York), de Pat O'Connor.
1989 *My Left Foot* (Mi pie izquierdo), de Jim Sheridan.
1990 *Eversmile New Jersey* (Sonrisas de New Jersey), de Carlos Sorin.
1992 *Last of the Mohicans* (El último mohicano), de Michael Mann.
1993 *The Age of Innocence* (La edad de la inocencia), de Martin Scorsese.
1994 *In the Name of the Father* (En el nombre del padre), de Jim Sheridan.

DE AQUÍ A LA ETERNIDAD *(From Here to Eternity, 1953)*

Durante las semanas anteriores al 7 de diciembre de 1941, día del ataque sorpresa japonés a la base norteamericana de Pearl Harbor, en el cuartel de Schofield, en Hawai, se desarrollan las vidas entrecruzadas del soldado Robert Prewitt (Montgomery Clift), el sargento de carrera Warden (Burt Lancaster), el soldado Angelo Maggio (Frank Sinatra), el sargento de la penitenciaría Judson (Ernest Borgnine), la vulnerable adúltera Karen Holmes (Deborah Kerr) y la noble prostituta Alma (Donna Reed). A partir de una novela de éxito de James Jones, el productor Buddy Adler y el realizador Fred Zinnemann ruedan un melodrama antimilitarista sobre la corrupción, la brutalidad y la mezquindad del ejército, que gana seis importantes Oscars y tiene un gran éxito durante los años de la guerra fría. A pesar de que el código Hays de censura obliga a rebajar el tono de las relaciones eróticas entre las parejas protagonistas —convierte a la prostituta en modosa chica de alterne y borra la homosexualidad latente en algún personaje—, e impone un final acomodaticio en el que se intenta que las críticas al ejército se conviertan en alabanzas, Zinnemann potencia la altura dramática de la historia y logra una atractiva película con un gran reparto.

Director: *Fred Zinnemann*. Guionista: *Daniel Taradash*. Fotografía: *Burnett Guffey*. Música: *George Duning*. Intérpretes: *Burt Lancaster, Montgomery Clift, Deborah Kerr, Donna Reed, Frank Sinatra, Ernest Borgnine, Philip Ober*. Producción: *Buddy Adler para Columbia*. Duración: *118'*. *Estados Unidos*.

DE ENTRE LOS MUERTOS *(Vertigo, 1958)*

A partir de la irregular novela *D'entre les morts*, de los famosos especialistas franceses en narraciones policiacas Pierre Boileau y Thomas Narcejac, que una vez más insiste en el tradicional tema de los amantes asesinos, el maestro Alfred Hitchcock hace uno de sus más alabados trabajos. Está narrada desde el punto de vista de Scottie Ferguson (James Stewart), un inspector de policía retirado a causa de su agudo vértigo, a quien su amigo Gavin Elster (Tom Helmore) encarga que siga a su mujer Madeleine (Kim Novak), que tiene tendencias suicidas. Tras salvarla de morir ahogada y enamorado de ella, por su vértigo no puede evitar que se suicide tirándose desde el campanario de la iglesia de una misión española. La narración se convierte en una apasionada historia romántica cuando un día Scottie Ferguson encuentra por la calle a Judy Barton (Kim Novak), consigue transformarla en su perdido amor y descubre el misterio que encierra su enorme parecido físico con Madeleine. Dentro del conjunto destaca la minuciosa realización de Hitchcock, la excelente música de su colaborador habitual en esta etapa de su carrera Bernard Herrmann y la estupenda actuación de James Stewart y la inhabitual Kim Novak, en un papel que debía haber hecho Vera Miles.

Director: *Alfred Hitchcock*. Guionistas: *Alec Coppel, Samuel Taylor*. Fotografía: *Robert Burks*. Música: *Bernard Herrmann*. Intérpretes: *James Stewart, Kim Novak, Barbara Bel Geddes, Tom Helmore*. Producción: *Alfred Hitchcock para Paramount. Color*. Duración: *128'. Estados Unidos*.

DE FUENTES, Fernando *(Veracruz, 1894-México D. F., México, 1958)*

Durante los años veinte trabaja en el sector de la exhibición, y, con la llegada del sonoro, sucesivamente, pasa a ser montador, director de diálogos y ayudante de dirección, hasta que debuta como realizador con *El anónimo*. Entre sus mejores películas destacan las crónicas del período de la Revolución *El compadre Mendoza*, sátira sobre un gran propietario que mantiene relaciones con los partidarios de la revolución y con los del gobierno para conservar sus tierras, pero que consigue dar las dimensiones sociales del conflicto, y *¡Vámonos con Pancho Villa!*, interesante reflexión moral que queda muy lejos del culto al héroe y la epopeya. Tras la historia de capa y espada *Cruz Diablo* y la de miedo *El fantasma del convento*, resultan menos convincentes los dramas familiares *La familia Dressel* y *Las mujeres mandan* y el melodrama maternal *La gallina clueca*. Con las atractivas *Allá en el Rancho Grande* —de la que vuelve a hacer una nueva versión doce años después—, *Bajo el cielo de México* y *La Zandunga*, crea la comedia ranchera, un subgénero de gran éxito que abre los mercados de lengua castellana al cine mexicano. Entre medias de nuevas comedias rancheras, cada vez menos interesantes, como *Así se quiere en Jalisco, Hasta que perdió Jalisco, Jalisco canta en Sevilla*, protagonizadas por Jorge Negrete, lanza a la temperamental María Félix en *Doña Bárbara*, sobre la novela homónima de Rómulo Gallegos; *La mujer sin alma*, sobre una novela de Alphonse Daudet, y *La devoradora*. Cierra su filmografía con dos ambiciosos, pero fallidos melodramas: *Crimen y castigo*, basado en la famosa novela de Fiodor Dostoievski, y *Canción de cuna*, sobre la obra teatral de Gregorio Martínez Sierra.

1932 *El anónimo*.
1933 *El prisionero trece.* / *La Calandria.* / *El tigre de Yautepec* (El tigre). / *El compadre Mendoza*.
1934 *Cruz Diablo.* / *El fantasma del convento*.
1935 *¡Vámonos con Pancho Villa!* / *La familia Dressel*.
1936 *Las mujeres mandan.* / *Allá en el Rancho Grande*.
1937 *Bajo el cielo de México.* / *La Zandunga*.
1938 *La casa del ogro*.
1939 *Papaíto lindo*.
1940 *Allá en el trópico.* / *El jefe máximo.* / *Creo en Dios*.
1941 *La gallina clueca*.
1942 *Así se quiere en Jalisco*.
1943 *Doña Bárbara.* / *La mujer sin alma*.
1944 *El rey se divierte*.
1945 *Hasta que perdió Jalisco.* / *La selva de fuego*.
1946 *La devoradora*.
1948 *Allá en el Rancho Grande.* / *Jalisco canta en Sevilla*.
1949 *Hipólito, el de Santa*.
1950 *Por la puerta falsa.* / *Crimen y castigo*.
1952 *Los hijos de María Morales.* / *Canción de cuna*.
1953 *Tres citas con el destino*, un episodio.

DE HAVILLAND, Olivia *(Tokio, Japón, 1916)*

Hija de la actiz norteamericana Lilian Fontaine y de un comerciante irlandés, y hermana mayor de la también actriz Joan Fontaine, nace casualmente en Tokio, pero desde los tres años se educa en California. Tras estudiar arte dramático, trabaja en diferentes espectáculos con la Community Players de Saratoga, se da a conocer con la ayuda del gran director alemán de teatro Max Reinhardt cuando dirige, primero en teatro y luego en cine, *El sueño de una noche de verano*, de William Shakespeare, y le confía el papel de Herminia. Contratada en exclusiva por los estudios Warner a mediados de los años treinta, no tarda en ser una estrella por los papeles de ingenua romántica que hace junto a Errol Flynn en ocho famosas películas de aventuras entre las que sobresalen *La carga de la Brigada Ligera, Robín de los Bosques, Dodge, ciudad sin ley, Camino de Santa Fe* y *Murieron con las botas puestas*. Durante la década de los cuarenta encarna a personajes de una mayor complejidad psicológica en producciones de gran interés: *Si no amaneciera; La vida íntima de Julia Norris*, con la que gana su primer Oscar; *A través del espejo; Nido de víboras*, y *La heredera*, con la que obtiene su segundo Oscar. Posteriormente desciende el ritmo y la calidad de las películas donde interviene y entre las últimas solo puede destacarse *Canción de cuna para un cadáver*.

1935 *A Midsummer Night's Dream* (El sueño de una noche de verano), de Max Reinhardt y William Dieterle. / *Alibi Ike*, de Ray Enright. / *The Irish in Us* (El predilecto), de Lloyd Bacon. / *Captain Blood* (El capitán Blood), de Michael Curtiz.
1936 *Anthony Adverse* (El caballero Adverse), de Melvyn LeRoy. / *The Charge of the Light Brigade* (La carga de la Brigada Ligera), de Michael Curtiz.
1937 *Call It a Day*, de Archie L. Mayo. / *It's Love I'm After*, Archie L. Mayo. / *The Great Garrick*, de Archie L. Mayo.
1938 *Gold Is Where You Find It* (El oro está en California), de Michael Curtiz. / *The Adventures of Robin*

Hood (Robín de los Bosques), de Michael Curtiz. / *Four's a Crowd*, de Michael Curtiz. / *Hard to Get*, de Ray Enright.
1939 *Wings of the Navy*, de Lloyd Bacon. / *Dodge City* (Dodge, ciudad sin ley), de Michael Curtiz. / *The Private Lives of Elizabeth and Essex* (La vida privada de Elizabeth y Essex), de Michael Curtiz. / *Gone With the Wind* (Lo que el viento se llevó), de Victor Fleming. / *Raffles* (Caballero y ladrón), de Sam Wood.
1940 *My Love Came Back*, de Curtis Bernhardt. / *Santa Fe Trail* (Camino de Santa Fe), de Michael Curtiz.
1941 *The Strawberry Blonde* (La pelirroja), de Raoul Walsh. / *Hold Back the Dawn* (Si no amaneciera), de Mitchell Leisen. / *They Died With Their Boots On* (Murieron con las botas puestas), de Raoul Walsh.
1942 *The Male Animal* (El macho), de Elliott Nugent. / *In This Our Life* (Como ella sola), de John Huston.
1943 *Thank Your Lucky Stars*, de David Butler. / *Princess O'Rourke*, de Norman Krasna. / *Government Girl*, de Dudley Nichols.
1945 *Devotion* (Predilección), de Curtis Bernhardt.
1946 *The Well-Groomed Bride*, de Sidney Lanfield. / *To Each His Own* (La vida íntima de Julia Norris), de Mitchell Leisen. / *The Dark Mirror* (A través del espejo), de Robert Siodmak.
1948 *The Snake Pit* (Nido de víboras), de Anatole Litvak.
1949 *The Heiress* (La heredera), de William Wyler.
1953 *My Cousin Rachel* (Mi prima Raquel), de Henry Koster.
1954 *That Lady* (La princesa de Éboli), de Terence Young. / *Not As a Stranger* (No serás un extraño), de Stanley Kramer.
1955 *The Ambassador's Daughter* (La hija del embajador), de Norman Krasna.
1958 *The Proud Rebel* (El rebelde orgulloso), de Michael Curtiz.
1959 *Libel* (La noche es mi enemiga), de Anthony Asquith.
1962 *Light in the Piazza* (Luz en la ciudad), de Guy Green.
1964 *Lady in a Cage*, de Walter E. Grauman.
1965 *Hush... Hush, Sweet Charlotte* (Canción de cuna para un cadáver), de Robert Aldrich.
1969 *The Adventurers* (Los libertinos), de Lewis Gilbert.
1972 *Pope Joan* (La papisa Juana), de Michael Anderson.
1977 *Airport 77* (Aeropuerto 77), de Jerry Jameson.
1978 *The Swarm* (El enjambre), de Irvin Allen.
1979 *The Fifth Musketeer* (El quinto mosquetero), de Ken Annakin.

DE MILLE, Cecil B. *(Ashfield, Massachusetts, 1881-Los Ángeles, California, Estados Unidos, 1959)*

Hijo de un actor y autor de teatro y de una actriz, y hermano menor del actor y director William C. de Mille, pasa su infancia en el teatro y hace papeles infantiles en la compañía de sus padres. Estudia arte dramático en Nueva York, debuta como actor bajo la dirección del mítico David Belasco y en la compañía de Mary Pickford, a los dieciocho años estrena su primera obra de teatro y llega a tener un nombre conocido en el mundillo teatral. En 1912 descubre el cine, funda una compañía con los pioneros Jesse L. Lasky, Samuel Goldwyn y, más tarde, Adolph Zukor, de la que es asesor literario, artístico y director, que se convierte en los estudios Paramount. Debuta como productor y director con algunos *westerns* rodados en el entonces despoblado Hollywood, entre los que destacan *El mestizo* —del que rueda dos nuevas versiones en 1918 y 1931—, *La llamada del Norte* y *El virginiano*. Siguiendo el lema del estudio «Famous player in famous plays» (Actores famosos en obras famosas), adapta novelas y obras de teatro de éxito como *Carmen*, sobre la novela de Prosper Merimée, *Tentación* y *María Rosa*, sobre la obra de Ángel Guimerá, protagonizadas por la gran actriz de teatro Geraldine Farrar. Animado por los éxitos del realizador David W. Griffith hace algunas reconstrucciones históricas, como *Juana de Arco* y *La olvidada de Dios*, pero, a pesar de su éxito, no continúa por ese camino. Siguiendo la línea trazada con *La marca del fuego*, su primera gran película, a finales de los años diez rueda las lujosas y moralizantes comedias matrimoniales *Old Wives for New, A los hombres, Macho y hembra, ¿Por qué cambiar de esposa?, La fuerza del querer, La fruta prohibida* y *El señorito Primavera*, basada en una obra de Arthur Schnitzler, la mayoría protagonizadas por Gloria Swanson, que le sitúan en una posición destacada dentro de la historia del cine. Tras las interesantes *Los diez mandamientos* —drama con una mínima relación con la narración bíblica que cierra su carrera—, *Triunfo* y *La cama dorada*, su trabajo como director artístico y responsable de la producción de los estudios Paramount hace que durante la segunda mitad de los años veinte, el final del período mudo, descienda su actividad como realizador. El sonoro le hace realizar el curioso musical *Madame Satan,* pero sobre todo aprovechar el éxito al final de la etapa muda de *El rey de reyes* para proseguir con las reconstrucciones históricas de amplio presupuesto en *El signo de la cruz, Cleopatra* y *Las Cruzadas,* que se sitúan entre sus mejores películas. Después de otro paréntesis, a mediados de los años treinta, en que sustituye a Ernst Lubitsch como director general de producción de los estudios Paramount, empieza a hacer un cine de gran espectáculo, mezcla de acción y romanticismo, cuyo éxito hace olvidar la calidad de sus trabajos anteriores. Convertido en uno de los creadores del clasicismo y con la habilidad narrativa de los primitivos, durante los últimos veinte años de su carrera dirige *westerns* espectaculares, *Búfalo Bill, Unión Pacífico, Policía Montada del Canadá* y *Los inconquistables,* que desde hace tiempo se resienten de sus rodajes en estudio; historias de piratas, *Corsarios de Florida* y *Piratas del mar Caribe;* relatos bélicos de propaganda, *Por el valle de las sombras;* ambiciosas narraciones circenses, *El mayor espectáculo del mundo,* y superproducciones bíblicas, *Sansón y Dalila, Los diez mandamientos,* que siguen resultando curiosas, pero son demasiado largas.

1914 *The Squaw Man* (El mestizo). / *The Call of the North* (La llamada del Norte). / *The Virginian* (El virginiano). / *What's His Name.* / *The Man From Home.* / *Rose of the Rancho.*
1915 *The Girl of the Golden West* (La muchacha del dorado Oeste). / *The Warrens of Virginia.* / *The Unafraid.* / *The Captive.* / *The Wild Goose Chase.* / *The Arab.* / *Chimmie Fadden.* / *Kidling.* / *Carmen.* / *The Cheat* (La marca del fuego). / *The Golden Chance* (Joya entre el lodo). / *Temptation* (Tentación).
1916 *The Trail of the Lonesome Pine.* / *The Heart of Nora Flynn.* / *Maria Rosa.* / *The Dream Girl* (La niña de los sueños).
1917 *Joan the Woman* (Juana de Arco). / *Romance of the Redwoods* (Alma de las cumbres). / *The Little American* (La pequeña heroína). / *The Woman God Forgot* (La olvidada de Dios). / *The Devil Stone* (La piedra del diablo).
1918 *The Whispering Chorus.* / *Old Wives for New.* / *You Can't Have Everything.* / *Till I Come Back to You.* / *The Squaw Man* (El prófugo).
1919 *Don't Change Your Husband* (A los hombres). / *For Better, for Worse* (Abnegación). / *Male and Female* (Macho y hembra).
1920 *Why Change Your Wife?* (¿Por qué cambiar de esposa?) / *Something to Think About* (La fuerza del querer).
1921 *Forbidden Fruit* (La fruta prohibida). / *The Affairs of Anatol* (El señorito Primavera). / *Fool's Paradise* (El paraíso de un iluso).
1922 *Saturday Night.* / *Manslaughter* (¡Homicida!).
1923 *Adam's Rib* (La costilla de Adán). / *The Ten Commandments* (Los diez mandamientos).
1924 *Triumph* (Triunfo). / *Feet of Clay* (Pies de arcilla).
1925 *The Golden Bed* (La cama de oro). / *The Road to Yesterday* (La huella del pasado).
1926 *The Volga Boatman* (Los bateleros del Volga).
1927 *The King of Kings* (El rey de reyes).
1929 *The Godless Girl* (La incrédula). / *Dynamite* (Dinamita).
1930 *Madame Satan.*
1931 *The Squaw Man* (El prófugo).
1932 *The Sign of the Cross* (El signo de la cruz).
1933 *This Day and Age* (La juventud manda).
1934 *Four Frightened People.* / *Cleopatra.*
1935 *The Crusades* (Las Cruzadas).
1936 *The Plainsman* (Buffalo Bill).
1938 *The Buccaneer* (Corsarios de Florida).
1939 *Union Pacific* (Unión Pacífico).
1940 *North West Mounted Police* (Policía Montada del Canadá).
1942 *Reap the Wild Wind* (Piratas del mar Caribe).
1944 *The Story of Dr. Wassell* (Por el valle de las sombras).
1947 *Unconquered* (Los inconquistables).
1949 *Samson and Delilah* (Sansón y Dalila).
1952 *The Greatest Show on Earth* (El mayor espectáculo del mundo).
1956 *The Ten Commandments* (Los diez mandamientos).

DE NIRO, Robert *(Nueva York, Estados Unidos, 1943)*

Hijo de pintores de origen italiano, estudia arte dramático en el famoso Actor's Studio y muy joven debuta como actor de teatro. Descubierto por el guionista y realizador Brian de Palma, cada vez consigue papeles más importantes en sus producciones independientes *The Wedding Party, Greetings* y *¡Hola, mamá!* Su amigo el director Martin Scorsese, le lanza a lo largo de una intensa colaboración que comienza en *Malas calles* y prosigue a lo largo de *Taxi Driver, New York, New York, Toro salvaje, El rey de la comedia, Uno de los nuestros, El cabo del miedo* y *Casino.* Desde mediados de los años setenta se convierte en una estrella gracias a sus trabajos en

El padrino II, de Francis Ford Coppola, y *1900*, de Bernardo Bertolucci. Entre sus mejores películas también se sitúan *El cazador*, de Michael Cimino; *Confesiones verdaderas*, de Ulu Grosbard; *Érase una vez en América*, de Sergio Leone, y *Los intocables*, de Brian de Palma. También interviene en producciones de mucho menor interés como *La misión, El corazón del ángel, Nunca fuimos ángeles, Despertares* y *Llamaradas*, que le conducen a unos excesos interpretativos poco corrientes en grandes actores norteamericanos, y que pueden apreciarse en sus personajes de *La chica y el gángster, La noche y la ciudad* y *Vida de este chico*. En 1993 debuta como realizador con la interesante *Una historia del Bronx*, ambientada en los años sesenta en Nueva York, que narra la vida de un niño que recibe a la vez la influencia de su padre, conductor de autobuses, y la de un amigo gángster.

Como director
1993 *A Bronx Tale* (Una historia del Bronx).

Como actor
1965 *Trois chambres à Manhattan* (Tres habitaciones en Manhattan), de Marcel Carné.
1966 *The Wedding Party*, de Brian de Palma.
1968 *Greetings*, de Brian de Palma.
1969 *Sticks and Stones*, de Stan LoPresto.
1970 *Bloody Mama* (Mamá sangrienta), de Roger Corman. / *Hi, Mom!* (¡Hola, mamá!), de Brian de Palma.
1971 *Born to Win*, de Ivan Passer. / *Jennifer on My Mind*, Noel Black. / *The Gang That Couldn't Shoot Straight*, de James Goldstone.
1972 *The Sap* (Cambalache), de John C. Broderich y John Sade.
1973 *Bang the Drum Slowly* (Muerte de un jugador), de John Hancock. / *Mean Streets* (Malas calles), de Martin Scorsese.
1974 *The Godfather Part II* (El padrino II), de Francis Ford Coppola.
1976 *Taxi Driver*, de Martin Scorsese. / *The Last Tycoon* (El último magnate), de Elia Kazan. / *Novecento* (1900), de Bernardo Bertolucci.
1977 *New York, New York*, de Martin Scorsese.
1978 *The Deer Hunter* (El cazador), de Michael Cimino.
1980 *Raging Bull* (Toro salvaje), de Martin Scorsese.
1981 *True Confessions* (Confesiones verdaderas), de Ulu Grosbard.
1983 *The King of Comedy* (El rey de la comedia), de Martin Scorsese.
1984 *C'era una volta in America* (Érase una vez en América), de Sergio Leone. / *Falling in Love* (Enamorarse), de Ulu Grosbard. / *Brazil*, de Terry Gilliam.
1985 *The Mission* (La misión), de Roland Joffé.
1986 *Angel Heart* (El corazón del ángel), de Alan Parker.
1987 *The Untouchables* (Los intocables), de Brian de Palma.
1988 *Midnight Run* (Huida a medianoche), de Martin Brest.
1989 *Jacknife*, de David Jones. / *We're no Angels* (No fuimos ángeles), de Neil Jordan.
1990 *Stanley and Iris* (Cartas a Iris), de Martin Ritt. / *Goodfellas* (Uno de los nuestros), de Martin Scorsese. / *Awakenings* (Despertares), de Penny Marshall.
1991 *Guilty by Suspicion* (Caza de brujas), de Irwin Winkler. / *Backdraft* (Llamaradas), de Ron Howard. / *Cape Fear* (El cabo del miedo), de Martin Scorsese.
1992 *Mistress*, de Barry Primus. / *Night and the City* (La noche y la ciudad), de Irwin Winkler.
1993 *Mag Dog and Glory* (La chica del gángster), de John McNaughton. / *This Boy's Life* (Vida de este chico), de Michael Caton-Jones. / *A Bronx Tale* (Una historia del Bronx), de Robert de Niro.
1994 *Mary Shelley's Frankenstein* (Frankenstein de Mary Shelley), de Kenneth Branagh.
1995 *Casino*, de Martin Scorsese. / *Heat*, de Michael Mann.

DE PALMA, Brian *(Newark, New Jersey, Estados Unidos, 1940)*

Hijo de un conocido cirujano, mientras estudia cibernética en la Columbia University descubre el cine, comienza a hacer documentales y cortos de ficción en 16 mm y durante dos años rueda el largometraje *The Wedding Party*, protagonizado por un debutante Robert de Niro. Muy influido por el cine de Alfred Hitchcock, trata de imitarle en la medida de sus modestas posibilidades en *Murder a la Mod, Greetings* y *¡Hola, mamá!*, basadas en inverosímiles guiones propios. Tras la fallida experiencia con los estudios Warner *Get to Know Your Rabbit*, una comedia que no es ni lo que quería el realizador ni lo que quería el estudio, vuelve a sus personales producciones independientes con *Hermanas*, terrorífica historia policiaca, y *El fantasma del Paraíso*, imaginativa adaptación de *El fantasma de la ópera*, de Gaston Leroux. Después de la interesante trilogía compuesta por *Fascinación*, con guión del también realizador Paul Schrader, *Carrie*, basada en una novela de Stephen King, y *La furia*, sobre una novela y guión de John Farris, donde mezcla con habilidad la fantasía, el terror y los efectos especiales; vuelve a las irregulares producciones independientes sobre guión propio con *Home Movies, Vestida para matar, Impacto* —muy influida por *Blow-Up* (1967), de Michelangelo Antonioni—, y *Doble cuerpo,* en que siempre narra fatigosas historias policiacas, pero con algunas escenas fascinantes. Mientras, trata de convertirse en un brillante realizador comercial con *El precio del poder,* nueva y violenta versión de *Scarface, el terror del hampa* (Scarface, Shame of a Nation, 1932), de Howard Hawks, que el guionista Oliver Stone sitúa entre los exiliados cubanos en Miami; *Los intocables,* adaptación de la famosa serie de televisión sobre guión del dramaturgo David Mamet; *Corazones de hierro,* sobre el enfrentamiento de dos soldados norteamericanos en la guerra de Vietnam por una violación; *La hoguera de las vanidades,* cara versión de la novela homónima de Tom Wolfe, que vuelve a demostrar, después de la terrible *Dos tipos geniales,* que la comedia no es lo suyo por satírica que sea, y *Atrapado por su pasado,* convencional historia de gángsters con una excelente escena final. Entre ellas se sitúa la fallida *En nombre de Caín,* donde regresa a las producciones de bajo presupuesto, sobre inverosímiles guiones propios.

1966 *The Wedding Party.*
1967 *Murder a la Mod.*
1968 *Greetings.*
1970 *Hi, Mom!* (Hola, mamá!).
1972 *Get to Know Your Rabbit.*
1973 *Sisters* (Hermanas).
1974 *Phantom of the Paradise* (El fantasma del Paraíso).
1976 *Obsession* (Fascinación). / *Carrie.*
1978 *The Fury* (La furia).
1979 *Home Movies.*
1980 *Dressed to Kill* (Vestida para matar).
1981 *Blow Out* (Impacto).
1983 *Scarface* (El precio del poder).
1984 *Body Double* (Doble cuerpo).
1986 *Wise Guys* (Dos tipos geniales).
1987 *The Untouchables* (Los intocables).
1989 *Casualties of War* (Corazones de hierro).
1990 *The Bonfire of the Vanities* (La hoguera de las vanidades).
1992 *Raising Cain* (En nombre de Caín).
1993 *Carlito's Way* (Atrapado por su pasado).
1996 *Mission Impossible* (Misión imposible).

DE SANTIS, Giuseppe *(Fondi, 1917-Roma, Italia, 1997).*

Licenciado en filosofía y letras y derecho y diplomado en dirección en el Centro Sperimentale di Cinematografia, durante la II Guerra Mundial escribe crítica de cine en la revista especializada *Cinema,* dirigida por Vittorio Mussolini, el hijo del Duce, y se convierte en miembro destacado del Partido Comunista. Trabaja como guionista para Luchino Visconti y Roberto Rossellini, colabora en el documental sobre la Resistencia *Giorni di gloria* (1945) y debuta como director de largometrajes con *Caza trágica,* sobre la dramática situación de unos ex combatientes que se ven obligados a convertirse en bandidos para sobrevivir en la posguerra, que le sitúa dentro del neorrealismo. Su mayor éxito es *Arroz amargo,* donde aplica con desiguales resultados los principios neorrealistas a una melodramática y erótica historia sobre las recolectoras de arroz en el valle del Po, que lanza a Silvana Mangano. Repite la misma fórmula en *Non c'è pace tra gli ulivi,* un drama rural con carga social, bastante menos interesante, que es la primera película de Lucía Bosé, y en menor medida en *Roma, once horas,* su mejor trabajo, que, a través de un hecho real, entremezcla con habilidad diferentes personajes femeninos para hacer un cuadro realista de la situación social del momento. Tras las irregulares comedias de costumbres *Un marito per Anna Zaccheo* y *Días de amor,* su cine vuelve a cobrar interés con *Hombres y lobos,* un drama pasional y *La strada lunga un anno,* rodada en Yugoslavia, drama coral esperanzador sobre los problemas planteados por la construcción de una carretera en la montaña. Entre la irregular y melodramática historia sentimental *La garçonnière* y la fallida sátira social sobre la nueva burguesía situada en el poder *Un apprezzato professionista di sicuro avvenire,* realiza en la Unión Soviética *Italiani brava gente,* una de sus mejores películas, espectacular y popular narración sobre la derrota del ejército italiano en Rusia durante la II Guerra Mundial.

1947 *Caccia tragica* (Caza trágica).
1949 *Riso amaro* (Arroz amargo).
1950 *Non c'è pace tra gli ulivi.*
1952 *Roma ore undici* (Roma, once horas).
1953 *Un marito per Anna Zaccheo.*
1954 *Giorni d'amore* (Días de amor).
1956 *Uomini e lupi* (Hombres y lobos).
1958 *La strada lunga un anno.*
1960 *La garçonnière.*

1964 *Italiani brava gente.*
1972 *Un apprezzato professionista di sicuro avvenire.*

DE SICA, Vittorio *(Soro, Florencia, Italia, 1901-Neuilly-sur-Seine, París, Francia, 1974)*

Hijo de un magistrado, pasa la infancia en Nápoles, a los once años se traslada a Roma con su familia y estudia contabilidad, pero su afición por la interpretación le lleva a hacer un pequeño papel en la película *El proceso Clemenceau*. A los veintiún años consigue que le contraten como figurante en la compañía de Tatiana Pavlova y obtiene sus primeros éxitos con el espectáculo *Za-Bum*, dirigido en 1927 por Mario Mattoli, y a principios de los años treinta ya es un famoso actor con compañía propia. Con *La bellezza del mondo* comienza una desigual carrera paralela como actor de cine, integrada por ciento cuarenta y cinco películas realizadas en casi cincuenta años de profesión, que tiene sus mejores momentos en los años treinta y los cincuenta. Durante el *Ventennio nero*, el período fascista, se hace muy popular con las películas de Amleto Palermi *La vecchia signora, La segretaria per tutti, Nápoles de otros tiempos, Partir, Le due madri* y *La peccatrice*, y, sobre todo, con las excelentes comedias de Mario Camerini *¡Qué sinvergüenzas son los hombres!* que populariza la canción —*Parlami d'amore Mariù*, de C. A. Bixio—, *Darò un milione, Pero no es una cosa seria, Bajo aristocrático disfraz* y *Grandes almacenes*. Entre las sesenta películas en que interviene durante los años cincuenta destacan: *Mañana será tarde;* los episodios de *Sucedió así* y *Nuestro tiempo;* el famosísimo díptico *Pan, amor y fantasía* y *Pan, amor y celos*; la excelente *Madame de...;* las comedias *La ladrona, su padre y el taxista, El signo de Venus* y *Padre e hijos*, y el drama *El general de la Rovere*. A finales del período fascista comienza una carrera paralela como guionista y director con cuatro comedias sentimentales. Durante los últimos años de la II Guerra Mundial conoce al guionista Cesare Zavattini y entre ambos inventan buena parte del neorrealismo con *I bambini ci guardano, La puerta del cielo* y *El limpiabotas*. No obstante, sus más reputados trabajos están integrados en la trilogía formada por *Ladrón de bicicletas,* sobre el problema del desempleo, *Milagro en Milán,* brillante fábula sobre la pobreza, y *Umberto D,* dramática descripción del mundo de un jubilado, que hacen un buen dibujo de la sociedad italiana en la posguerra. El éxito de esta trilogía en Estados Unidos le lleva a rodar con protagonistas norteamericanos *Estación Termini,* una historia sentimental que se desarrolla íntegramente en la estación ferroviaria de Roma, pero que es alterada por el productor David O. Selznick. Desde este momento solo hace dos inspiradas obras personales: las excelentes colecciones de episodios *El oro de Nápoles* y *El juicio universal;* algunos intentos que demuestran que el neorrealismo ha pasado: *El techo, Dos mujeres,* sobre una novela de Alberto Moravia, y *Un mondo nuovo;* y encargos que poco le interesan como *I sequestrati di Altona,* sobre el drama de Jean-Paul Sartre, la fallida colección de episodios, *Ayer, hoy y mañana* y *Matrimonio a la italiana,* sobre la obra teatral de Eduardo de Filippo, y *Los girasoles,* al servicio de la pareja Sophia Loren-Marcelo Mastroianni. Su desmesurada afición por el juego le conduce al punto más bajo de su carrera durante los años sesenta; por un lado, interpreta cualquier papel en las más terribles películas, y por otro, dirige las insalvables *Tras la pista del zorro, Siete veces mujer* y *Amantes,* que rueda en inglés con actores y productores norteamericanos. Entre la fallida comedia crítica *El especulador,* la fábula ecológica *¿Y cuándo llegará Andrés?* y la poetización de la vida cotidiana *Amargo despertar,* tiene más éxito con los dramas de época *El jardín de los Finzi Contini,* sobre la novela homónima de Giorgio Basani, y *El viaje,* adaptación de un texto de Luigi Pirandello, pero guardan una mínima relación con sus mejores películas.

Como director
1940 *Rose scarlatte* (Rosas escarlatas). / *Maddalena zero in condotta* (Magdalena, cero en conducta).
1941 *Teresa Venerdì* (Nacida en viernes).
1942 *Un garibaldino al convento* (Recuerdo de amor).
1943 *I bambini ci guardano.*
1944 *La porta del cielo* (La puerta del cielo).
1946 *Sciuscià* (El limpiabotas).
1948 *Ladri di biciclette* (Ladrón de bicicletas).
1950 *Miracolo a Milano* (Milagro en Milán).
1952 *Umberto D.*
1953 *Stazione Termini* (Estación Termini).
1954 *L'oro di Napoli* (El oro de Nápoles).
1956 *Il tetto* (El techo).
1960 *La ciociara* (Dos mujeres).

1961 *Il giudizio universale* (El juicio universal).
1962 *La riffa* (La rifa), episodio de *Boccaccio 70*. / *I sequestrati di Altona*.
1963 *Il boom* (El especulador). / *Ieri, oggi, domani* (Ayer, hoy y mañana).
1964 *Matrimonio all'italiana* (Matrimonio a la italiana).
1965 *Un mondo nuovo*.
1966 *Caccia alla volpe* (Tras la pista del zorro).
1967 *Una sera come le altre* (Una tarde como las otras), episodio de *Le streghe* (Las brujas). / *Sette volte donna* (Siete veces mujer).
1968 *Amanti* (Amantes).
1969 *I girasoli* (Los girasoles).
1970 *Il giardino dei Finzi Contini* (El jardín de los Finzi Contini). / *Il leone*, episodio de *Le coppie*.
1972 *Lo chiameremo Andrea* (¿Y cuándo llegará Andrés?).
1973 *Una breve vacanza* (Amargo despertar).
1974 *Il viaggio* (El viaje).

Como actor

1918 *L'affaire Clémenceau* (El proceso Clemenceau), de Edoardo Bencivenga.
1926 *La bellezza del mondo*, de Mario Almirante.
1928 *La compagnia dei matti*, de Mario Almirante.
1931 *La vecchia signora*, de Amleto Palermi. / *La segretaria per tutti*, de Amleto Palermi.
1932 *Due cuori felice*, de Baldassare Negroni. / *Gli uomini, che mascalzoni* (¡Qué sinvergüenzas son los hombres!), de Mario Camerini.
1933 *Un cattivo soggetto*, de Carlo Ludovico Bragaglia. / *Il signore desidera?*, de Gennaro Righelli.
1934 *La canzone del sole* (La canción del sol), de Max Neufeld. / *Lisetta*, de Emerich Emo.
1935 *Darò un milione*, de Mario Camerini. / *Amo te sola* (Ámote solo a ti), de Mario Mattoli. / *Tempo massimo*, de Mario Mattoli.
1936 *Lohengrin* (Mi primo Lohengrin), de Nunzio Malasomma. / *Ma non è una cosa seria* (Pero no es una cosa seria), de Mario Camerini. / *Non ti conosco più* (Capricho frívolo), de Nunzio Malasomma. / *L'uomo che sorride* (El hombre que sonríe), de Mario Mattoli.
1937 *Questi ragazzi* (Casados a la fuerza), de Mario Mattoli. / *Il signor Max* (Bajo aristocrático disfraz), de Mario Camerini. / *Napoli d'altri tempi* (Nápoles de otros tiempos), de Amleto Palermi.
1938 *Hanno rapito un uomo* (Han raptado un hombre), de Gennaro Righelli. / *La mazurka di papà* (Mi pasado), de Oreste Biancoli. / *Partire* (Partir), de Amleto Palermi. / *L'orologio a cucù* (El correo de Napoleón), de Camillo Mastrocinque. / *Le due madri*, de Amleto Parlemi.
1939 *Ai vostri ordini, signora!* (¡A vuestras órdenes, señora!), de Mario Mattoli. / *Castelli in aria* (Castillos en el aire), de Augusto Genina. / *I Grandi magazzini* (Grandes almacenes), de Mario Camerini. / *Finisce sempre così*, de Enrico Susini.
1940 *Manon Lescaut*, de Carmine Gallone. / *La peccatrice*, de Amleto Palermi. / *Pazza di gioia* (Loca de alegría), de Carlo Ludovico Bragaglia. / *Rose scarlatte* (Rosas escarlatas), de Vittorio de Sica. / *Maddalena, zero in condotta*, de Vittorio de Sica.
1941 *L'avventuriera del piano di sopra* (La aventurera del piso de arriba), de Rafaello Matarazzo. / *Teresa Venerdì* (Nacida en viernes), de Vittorio de Sica.
1942 *Un garibaldino al convento* (Recuerdo de amor), de Vittorio de Sica. / *Se io fossi onesto* (Equívoco feliz), de Carlo Ludovico Bragaglia. / *La guardia del corpo*, de Carlo Ludovico Bragaglia. / *I nostri sogni*, de Vittorio Cottafavi.
1943 *Nessuno torna in dietro*, de Alessandro Blasetti. / *Non sono superstizioso, ma...*, de Carlo Ludovico Bragaglia. / *L'ippocampo*, de Gian Paolo Rosmino.
1944 *Dieci minuti di vita*, de Nino Giannini.
1945 *Lo sbaglio d'essere vivo* (Pasarse de vivo), de Carlo Ludovico Bragaglia. / *Il mondo vuole così*, de Gianni Bianchi. / *Abbasso la ricchezza*, de Gennaro Righelli.
1946 *La notte porta consiglio*, de Marcello Pagliero. / *Lo sconosciuto di San Marino*, de Vittorio Cottafavi.
1947 *Sperduti nel buio*, de Camillo Mastrocinque. / *Natale al campo 119*, de Pietro Francisci.
1948 *Cuore*, de Duilio Coletti.
1950 *Domani è troppo tardi* (Mañana será tarde), de Léonide Moguy.
1951 *Cameriera bella presenza ofresi* (Una doncella en apuros), de Giorgio Pastina.
1952 *Buongiorno, elefante!* (Buenos días, señor elefante), de Gianni Franciolini. / *Il processo di Frine* (El proceso de Friné), episodio de *Altri tempi* (Sucedió así), de Alessandro Blasetti.
1953 *Madame de...*, de Max Ophüls. / *Scena all'aperto* (Escena en exteriores) y *Don Corradino*, episodios de *Tempi nostri* (Nuestros tiempos), de Alessandro Blasetti. / *Pane, amore e fantasia* (Pan, amor y fantasía), de Luigi Comencini. / *Incidente a Villa Borghese* (Incidente en Villa Borghese), episodio de *Villa Borghese*, de Gianni Franciolini. / *Pendolin*, episodio de *Cento anni d'amore*, de Lionello de Felice. / *Il matrimonio* (El matrimonio), de Antonio Petrucci. / *Il fine dicitore*, episodio de *Gran varietà*, de Domenico Paolella.
1954 *Il letto*, episodio de *Il divorzio*, de Gianni Franciolini. / *Vergine moderna*, de Marcello Pagliero. / *L'allegro squadrone*, de Paolo Moffa. / *L'oro di Napoli* (El oro de Nápoles), de Vittorio de Sica. / *Pane, amore e gelosia* (Pan, amor y celos), de Luigi Comencini. / *Peccato che sia una canaglia* (La ladrona, su padre y el taxista), de Alessandro Blasetti.

1955 *Il segno di Venere* (El signo de Venus), de Dino Risi. / *Gli ultimi cinque minuti* (Los últimos cinco minutos), de Giuseppe Amato. / *Pane, amore e...* (Pan, amor y...), de Dino Risi. / *La bella mugnaia* (La bella campesina), de Mario Camerini. / *Racconti romani* (Cuentos Romanos), de Gianni Franciolini.
1956 *Il bigamo* (El bígamo), de Luciano Emmer. / *Mio figlio Nerone*, de Steno. / *Tempo di villeggiatura* (El amor llega en verano), de Antonio Racioppi. / *Monte Carlo* (Gran mundo de Montecarlo), de Giulio Macchi y Samuel Taylor. / *Noi siamo le colonne* (Adiós juventud), de Luigi Filippo d'Amico.
1957 *Padri e figli* (Padres e hijos), de Mario Monicelli. / *I giorni più belli*, de Mario Mattoli. / *I colpevoli* (Juventud criminal), de Salvatore Vasili. / *Souvenir d'Italie* (Vacaciones en Italia), de Antonio Pietrangeli. / *La donna che venne dal mare* (Dánae), de Francesco de Robertis. / *Casino de París*, de André Hunnebelle. / *Il conte Max* (El conde Max), de Giorgio Bianchi. / *Amore e chiacchiere* (Hablemos de amor), de Alessandro Blasetti. / *A Farewell to Arms* (Adiós a las armas), de Charles Vidor. / *Totò, Vittorio e la dottoressa* (Mi mujer es doctor), de Camillo Mastrocinque. / *Anna di Brooklyn* (Anna de Brooklyn), de Carlo Lastricati y Reginald Denham. / *Vacanze a Ischia* (Amores en Ischia), de Mario Camerini. / *Il medico e lo stregone* (El médico y el curandero), de Mario Monicelli.
1958 *La ragazza di piazza San Pietro* (La muchacha de la plaza de san Pedro), de Mario Costa. / *Domenica è sempre domenica* (Domingo es siempre domingo), de Camillo Mastrocinque. / *Ballerina e Buon Dio* (El destino se divierte), de Antonio Leonviola. / *Kanonen Serenade*, de Wolfgang Staudte. / *Pane, amore e Andalusia* (Pan, amor y Andalucía), de Javier Setó. / *Gli zitelloni*, de Giorgio Bianchi. / *La prima notte*, de Alberto Cavalcanti.
1959 *Nel blù dipinto di blù* (En el cielo pintado de azul), de Piero Tellini. / *Gastone*, de Mario Bonnard. / *Vacanze d'inverno* (Vacaciones en Cortina d'Ampezzo), de Camillo Mastrocinque. / *Il moralista*, de Giorgio Bianchi. / *Il nemico di mia moglie* (El enemigo de mi mujer), de Gianni Puccini. / *Il generale della Rovere* (El general de la Rovere), de Roberto Rossellini. / *Il mondo dei miracoli*, de Luigi Capuano. / *Uomini e nobiluomini* (El marqués, su sobrina y la doncella), de Giorgio Bianchi. / *Ferdinando I, re di Napoli*, de Gianni Franciolini. / *Les trois etc. du colonel*, de Claude Boissol.
1960 *Austerlitz*, de Abel Gance. / *The Millionairess* (La millonaria), de Anthony Asquith. / *Le pillole di Ercole* (Las píldoras de Hércules), de Luciano Salce. / *Il vigile* (El alcalde, el guardia y la jirafita), de Luigi Zampa. / *It Started in Naples* (Capri), de Melville Shavelson. / *Un amore a Roma*, de Dino Risi. / *Fontana de Trevi*, de Carlo Campogalliani. / *The Angel Wore Red*, de Nunnally Johnson.
1961 *Henri IV, vive l'amour*, de Claude Autant-Lara. / *Gli incensurabile*, de Francesco Giaculli. / *The Wonders of Aladdin*, de Henry Levin. / *L'onorata società*, de Riccardo Pazzaglia. / *Il giudizio universale* (El juicio universal), de Vittorio de Sica.
1962 *Gli attendenti*, de Giorgio Bianchi. / *I due marescialli*, de Sergio Corbucci. / *La Fayette*, de Jean Dréville.
1964 *The Amorous Adventures of Moll Flanders* (Moll Flanders), de Terence Young.
1965 *Io, io, io... e gli altri* (Yo, yo, yo... y los demás), de Alessandro Blasetti.
1966 *Caccia alla volpe* (Tras la pista del zorro), de Vittorio de Sica. / *The Biggest Bundle of Them All* (Raquel y sus bribones), de Ken Annakin.
1967 *Caroline Chérie*, de Denis de La Patellière. / *Un italiano in America*, de Alberto Sordi.
1968 *The Shoes of the Fisherman* (Las sandalias del pescador), de Michael Anderson.
1969 *12 + 1* (¿Cuál de las 13?), de Luciano Lucignani.
1970 *Cose di «Cosa Nostra»* (Trasplante siciliano), de Steno. / *If It's Tuesday, This Must Be Belgium* (Si hoy es martes, esto es Bélgica), de Mel Stuart.
1971 *Io non vedo, tu non parli, lui non sente*, de Mario Camerini. / *Trastevere*, de Fausto Tozzi. / *Le avventure di Pinocchio* (Las aventuras de Pinocho), de Luigi Comencini.
1972 *Il delitto Matteoti*, de Florestano Vancini.
1973 *Blood for Dracula*, de Paul Morrisey. / *Viaggia, ragazza, viaggia*, de Pasquale Squiteri.
1974 *C'eravamo tanto amati* (Una mujer y tres hombres), de Ettore Scola.

DE TOTH, André *(Endre Toth. Mako, Hungría, 1910)*

Perteneciente a una familia de funcionarios del imperio austro-húngaro, estudia derecho en la Universidad de Budapest para posteriormente dedicarse al teatro y, sobre todo, al cine. Tras realizar seis irregulares películas en Hungría, rueda la invasión nazi de Polonia y, contratado por su compatriota Alexander Korda, trabaja como montador o director de la segunda unidad de importantes producciones como *Las cuatro plumas* (The Four Feathers, 1939), de Zoltan Korda. Trasladado a Estados Unidos con los Korda, trabaja con ellos en *El ladrón de Bagdad* (The Thief of Bagdad, 1940), de Michael Powell, Tim Whelan y Ludwig Berger, *El libro de la jungla* (The Jungle Book, 1942) y *Sahara* (1943), de Zoltan Korda. Gracias al productor Harry Cohn dirige para Columbia, en siete días,

Passport to Suez, su primera película norteamericana, pero también *None Shall Escape*, un interesante análisis del nazismo que anticipa el proceso de Nuremberg. Especializado en películas de acción de Serie B, rueda para diferentes estudios los atractivos policíacos *Aguas turbias, Pitfall, Furia del trópico, Crime Wave*, y los *westerns* personales *El honor del capitán Lex, Last of the Comanches, Pacto de honor*, además de las películas de guerra *Monkey on My Back* y *Mercenarios sin gloria*. Tras rodar en Italia las fallidas *Los mongoles* y *Oro para el César*, se instala en el Reino Unido, donde trabaja como productor ejecutivo de *Un cerebro de un billón de dólares* (Billion Dollar Brain, 1967), de Ken Russell, y *El cóndor* (1970), de John Guillermin. Retirado del cine, se dedica a la pintura y la escultura, mientras vive en Estados Unidos.

1938 *Toprini Nasz.*
1939 *Ket pany az utcan. / Hat het boldogsag. / Üt ora 40. / Balalaika. / Selmmelweis.*
1943 *Passport to Suez.*
1944 *None Shall Escape. / Dark Waters* (Aguas turbias).
1947 *Ramrod* (La mujer de fuego). / *The Other Love* (El otro amor).
1948 *Pitfall.*
1949 *Slattery's Hurricane* (Furia del trópico).
1951 *Man in the Saddle* (Lucha a muerte).
1952 *Carson City. / Sprinfield Rifle* (El honor del capitán Lex). / *Last of the Comanches. / Riding Shotgun. / Thunder Over the Plains.*
1953 *House of Wax* (Los crímenes del museo de cera). / *The Stranger Wore a Gun.*
1954 *Crime Wave. / Tanganyka* (Tanganika). / *The Bounty Hunter.*
1955 *The Indian Fighter* (Pacto de honor).
1957 *Monkey on My Back. / Hidden Fear.*
1958 *The Two-Headed Spy.*
1959 *Day of the Outlaw.*
1960 *Man on a String* (Pendiente de un hilo). / *Morgan il pirata.*
1961 *I mongoli* (Los mongoles).
1962 *Oro per i Cesari* (Oro para el César).
1968 *Play Dirty* (Mercenarios sin gloria).

DEAN, James *(Marion, Indiana, 1931; Paso Robles, California, Estados Unidos, 1955)*

Perteneciente a una rígida familia de granjeros cuáqueros, cuando tiene nueve años muere su madre y su padre confía su educación a unos tíos. Acomplejado por su baja estatura y su miopía, empieza a estudiar derecho, pero lo abandona para ejercer distintos oficios y trabajar con pequeños grupos teatrales. Mientras sigue los cursos de arte dramático del actor James Whitmore en la Universidad de California, interviene en algunos anuncios publicitarios y hace breves papeles en tres películas. En 1952 debuta como actor de teatro en Broadway y se matricula en los cursos de interpretación del Actor's Studio. Le descubre el director Elia Kazan, que consigue que le contraten los estudios Warner y que sea el protagonista de *Al este del Edén*. Después de rodar las interesantes *Rebelde sin causa*, de Nicholas Ray, y *Gigante*, de George Stevens, muere en un accidente de automóvil a los veinticuatro años y se convierte en el ídolo de la juventud norteamericana y, en menor medida, también de la europea.

1951 *Fixed Bayonets!*, de Samuel Fuller. / *Sailor Beware* (¡Vaya par de marinos!), de Hal Walker.
1952 *Has Anybody Seen My Gal?*, de Douglas Sirk.
1955 *East of Eden* (Al este del Edén), de Elia Kazan. / *Rebel Without a Cause* (Rebelde sin causa), de Nicholas Ray.
1956 *Giant* (Gigante), de George Stevens.

DECAMERÓN, EL *(Il Decamerone, 1971)*

El interés por mezclar elementos sagrados y profanos, por los personajes marginales, el erotismo y las películas de episodios y por descubrir nuevos actores, lleva al poeta, novelista y cineasta Pier Paolo Pasolini a rodar la denominada *Trilogía de la vida*, la parte más conocida de su filmografía y la que tiene más éxito y provoca mayores escándalos. Objeto de secuestros y prohibiciones, por la exaltación de un sexo libre del sentimiento de pecado impuesto por la civilización judeo-cristiana, está integrada por esta versión de la obra homónima del italiano Giovanni Boccaccio, por *Los cuentos de Canterbury* (I racconti di Canterbury, 1972), sobre los relatos del británico Geoffrey Chaucer, y por *Las mil y una noches* (Il fiore delle mille e una notte, 1974), basada en el famoso clásico de la literatura árabe. Esta, la más renovadora de las obras de la trilogía, se divide en dos partes poco diferenciadas, en la primera narra cuatro historias a través del ladrón Ciappelletto (Franco Citti), y en la segunda, cuenta otras cuatro a través de un discípulo del gran pintor Giotto (Pier Paolo Pasolini). Significa la irrupción del sexo como explosión vital en el mundo creado por

Pasolini en sus anteriores adaptaciones de clásicos de la literatura griega, cuando, a principios de los años setenta, la censura comienza a perder en muchos países su rigidez de posguerra. Su éxito internacional es origen de una larga lista de burdos subproductos como *Decameron II* (1972), de Milo Guerrini; *Il decamerone nero* (1972), de Piero Vivarelli; *Decameron III* (1972), de Italo Alfaro; *Decamerone proibito* (1972), de Carlo Infascelli, y *Decamerone proibitissimo* (1972), de Franco Martinelli.

Director y guionista: *Pier Paolo Pasolini*. Fotografía: *Tonino delli Colli*. Música: *Ennio Morricone*. Intérpretes: *Franco Citti, Ninetto Davoli, Pier Paolo Pasolini, Angela Luce, Patrizia Capparelli*. Producción: *Alberto Grimaldi y Franco Rossellini para P.E.A. Film (Roma), Les productions Artistes Associés (París) y Artemis Film (Berlín). Color. Duración: 112'. Italia-Francia-República Federal Alemana.*

DEFENSA *(Deliverance, 1972)*

Durante un fin de semana, cuatro amigos descienden en canoa el río Cahula, en los montes Apalaches, antes de que la bella e inaccesible región quede cubierta por las aguas de un pantano. El primer día todo se desarrolla con normalidad, pero el segundo día son atacados sexualmente por dos lugareños; Bobby (Ned Beatty) es sodomizado y los amigos matan a uno de los agresores. Más tarde Drew (Ronny Cox) se ahoga, el decidido Lewis (Burt Reynolds) se rompe una pierna y Ed (Jon Voight) y Bobby matan al otro atacante. A medida que avanza la historia aumenta el tono de pesadilla con que está narrada la historia. Finaliza con el pacífico Ed, que se ha visto obligado a matar y está herido, despertándose horrorizado de una auténtica pesadilla. Este enfrentamiento de culturas, la urbana contra la rural, presenta la naturaleza no como el paraíso perdido que suele mostrar el cine norteamericano, sino como una inhóspita trampa mortal. Exactamente lo contrario de lo que muestra *La selva esmeralda* (The Emerald Forest, 1985), otra de las mejores películas del británico John Boorman que trabaja tanto en el Reino Unido como en Estados Unidos.

Director: *John Boorman*. Guionista: *James Dickey*. Fotografía: *Vilmos Zsigmond*. Música: *Eric Weissberg*. Intérpretes: *Burt Reynolds, Jon Voight, Ned Beatty, Ronny Cox, James Dickey*. Producción: *John Boorman para Elmer Enterprises (Warner). Color. Scope. Duración: 109'. Estados Unidos.*

DELATOR, EL *(The Informer, 1935)*

La novela homónima del irlandés Liam O'Flaherty es origen de dos películas muy diferentes. *Up Tight* (1968) es una irregular producción con la que el realizador Jules Dassin vuelve a trabajar en Estados Unidos tras veinte años de ausencia motivada por el Comité de Actividades Antinorteamericanas. Está ambientada en el gueto de Cleveland, entre los militantes del *black power*, partidarios de la lucha armada tras el asesinato de Martin Luther King. La otra es esta primera gran película de John Ford, con la que gana su primer Oscar y que le sitúa entre los grandes directores del cine norteamericano. En la Irlanda de 1922, durante la lucha entre los independentistas del Sinn Fein y las fuerzas de ocupación británicas, narra cómo Gypo Nolan (Victor McLaglen), expulsado de la organización terrorista I. R. A. por negarse a matar a un soldado inglés, despreciado por unos y por otros, sobrevive gracias a lo que gana como prostituta su novia Kattie Madden (Margot Grahame). Cansado de esta situación, Gypo Nolan decide denunciar a la policía a su compañero de lucha Pat Mulligan (Donald Meek) para cobrar la recompensa y huir con su novia a Estados Unidos, pero atormentado por los remordimientos se «bebe» la recompensa durante una noche y al amanecer es asesinado por sus compañeros. Aunque está rodada en malas condiciones, con poco dinero y con unos toscos decorados construidos en un viejo plató, la habilidad del maestro John Ford y de su director de fotografía Joseph H. August consiguen revivir el ambiente nocturno de Dublín y hacer una película con una gran fuerza dramática.

Director: *John Ford*. Guionista: *Dudley Nichols*. Fotografía: *Joseph H. August*. Música: *Max Steiner*. Intérpretes: *Victor MacLaglen, Heather Angel, Margot Grahame, Una O'Connor, Wallace Ford, Preston Foster, J. M. Kerrigan*. Producción: *Cliff Reid para R.K.O. Duración: 91'. Estados Unidos.*

DELON, Alain *(Sceaux, Francia, 1935)*

Después de vivir una infancia difícil, a los diecisiete años se alista en el ejército, se hace paracaidista, participa en la guerra de Indochina y combate en Diên Biên Phu. De regreso a su país, trabaja como cargador en el mercado central de París y debido a la casualidad y a su físico atractivo entra en el medio cinematográfico y es lanzado por el director Marc Allégret, como tantos otros actores franceses de su generación. El éxito del excelente policiaco *A pleno sol*, de René Clément, le lleva a Italia a trabajar con Luchino Visconti en *Rocco y sus hermanos* y *El Gatopardo* y con Michelangelo Antonioni en *El eclipse*. El fracaso de las producciones norteamericanas *El último homicidio*, *Texas*, *Mando perdido* y *¿Arde París?*, le afianza definitivamente en el cine francés y le convierte en una estrella gracias al éxito de las interesantes *El silencio de un hombre* y *El círculo rojo*, de Jean-Pierre Melville; *Historias extraordinarias*, de Louis Malle, y *La piscina*, de Jacques Deray. Convertido en su propio productor, gana mucho dinero gracias al policiaco *Borsalino*, pero trabaja cada vez más en películas de menor interés, entre las que solo destacan *La viuda Couderc*, de Pierre Granier-Deferre, y *El otro señor Klein*, de Joseph Losey. Durante la década de los ochenta desciende su ritmo de trabajo y debuta como realizador con el poco atractivo policiaco *Por la piel de un policía* y el mucho más interesante *Cerca a un ladrón*. Entre sus últimas, cada vez más iguales y menos interesantes películas destacan la imposible adaptación de Marcel Proust *Un amor de Swann*, de Volker Schlöndorff; el personal melodrama *Notre histoire*, de Bertrand Blier; la experimental *Nouvelle vague*, de Jean-Luc Godard, y la irregular adaptación de Arthur Schnitzler *El regreso de Casanova*, de Edouard Niermans, en gran medida por distanciarse de sus cada vez más rutinarios policiacos.

Como director
1980 *Pour la peau d'un flic* (Por la piel de un policía).
1983 *Le battant* (Cerca a un ladrón).

Como actor
1957 *Quand la femme s'en mêle*, de Yves Allégret.
1958 *Sois belle et tais-toi* (Una rubia peligrosa), de Marc Allégret. / *Faibles femmes* (Débiles mujeres), de Michel Boisrond. / *Christine* (Amoríos), de Pierre Gaspard-Huit.
1959 *Le chemin des écoliers*, de Michel Boisrond. / *Plein soleil* (A pleno sol), de René Clément.
1960 *Rocco e i suoi fratelli* (Rocco y sus hermanos), de Luchino Visconti.
1961 *Les amours célèbres* (Amores célebres), de Michel Boisrond. / *Quelle joie de vivre!* (¡Qué alegría vivir!), de René Clément.
1962 *L'eclisse* (El eclipse), de Michelangelo Antonioni. / *Le diable et les dix commandements* (El diablo y los diez mandamientos), episodio de Julien Duvivier. / *Mélodie en sous-sol* (Gran jugada en la Costa Azul), de Henri Verneuil.
1963 *Il Gattopardo* (El Gatopardo), de Luchino Visconti. / *La tulipe noire* (El tulipán negro), de Christian-Jaque. / *Carambolages* (La muerte juega a carambolas), de Marcel Bluwal.
1964 *L'insoumis* (La muerte no deserta), de Alain Cavalier. / *The Yellow Rolls-Royce* (El Rolls-Royce amarillo), de Anthony Asquith. / *Les félins* (Los felinos), de René Clément.
1965 *Once a Thief* (El último homicidio), de Ralph Nelson.
1966 *Texas Across the River* (Texas), de Michael Gordon. / *Lost Command* (Mando perdido), de Mark Robson. / *Les aventuriers* (Tres aventureros), de Robert Enrico. / *Paris brûle-t-il?* (¿Arde París?), de René Clément.
1967 *Diaboliquement vôtre* (Diabólicamente tuyo), de Julien Duvivier. / *Le samouraï* (El silencio de un hombre), de Jean-Pierre Melville. / *Adieu l'ami* (Adiós, amigo), de Jean Herman.
1968 *The Girl on a Motocicle* (La chica de la motocicleta), de Jack Cardiff. / *Histoires extraordinaires* (Historias extraordinarias), episodio de Louis Malle. / *La piscine* (La piscina), de Jacques Deray.
1969 *Jeff*, de Jean Herman. / *Le clan des siciliens* (El clan de los sicilianos), de Henri Verneuil. / *Borsalino*, de Jacques Deray.
1970 *Le cercle rouge* (El círculo rojo), de Jean-Pierre Melville. / *Doucement les basses* (La dulce hembra), de Jacques Deray.
1971 *Soleil rouge* (Sol rojo), de Terence Young. / *La veuve Couderc* (La viuda Couderc), de Pierre Granier-Deferre.
1972 *The Assassination of Trotsky* (El asesinato de Trotsky), de Joseph Losey. / *Un flic* (Crónica negra), de Jean-Pierre Melville. / *La prima notte di quiete* (La primera noche de la quietud), de Valerio Zurlini.
1973 *Scorpio*, Michael Winner. / *Traitement de choc* (Tratamiento de choque), de Alain Jessua. / *Tony Arzenta*, de Duccio Tessari. / *Les granges brûlées* (Las granjas ardientes), de Jean Chapot. / *Deux hommes dans la ville* (Dos hombres en la ciudad), de Jose Giovanni.
1974 *La race des seigneurs* (Creezy, mujer objeto), de Pierre Granier-Deferre. / *Les seins de glace* (Los senos de hielo), de George Lautner. / *Borsalino and Co.* (Borsalino y Cía.), de Jacques Deray.

1975 *Flic Story* (Historia de un policía), de Jacques Deray. / *Le gitan* (El gitano), de Jose Giovanni. / *Zorro* (El Zorro), de Duccio Tessari.
1976 *Monsieur Klein* (El otro señor Klein), de Joseph Losey. / *Comme un boomerang* (La última esperanza), de Jose Giovanni.
1977 *Le gang* (Los granujas), de Jacques Deray. / *Armaguedon* (Armaguedon, la voz del fin del mundo), Alain Jessua. / *L'homme pressé* (Un hombre tras el poder), de Edouard Molinaro. / *Mort d'un pourri* (Muerte de un corrupto), de Georges Lautner.
1978 *Attention, les enfants regardent* (Un intruso en el juego), de Serge Leroz.
1979 *Concorde Airport 80* (Aeropuerto 80), de David Lowell Rich. / *Le toubib* (Retirada), de Pierre Granier-Deferre.
1980 *Trois hommes à abattre* (El derecho a matar), de Jacques Deray. / *Pour la peau d'un flic* (Por la piel de un policía), de Alain Delon. / *Teheran 43*, de Alexandre Alov y Vladimir Naoumov.
1982 *Le choc* (El choque), de Robin Davis.
1983 *Le battant* (Cerca a un ladrón), de Alain Delon.
1984 *Un amour de Swann* (Un amor de Swann), de Volker Schlöndorff. / *Notre histoire*, de Bertrand Blier.
1985 *Parole de flic* (Palabra de ley), de Jose Pinheiro.
1986 *Le passage*, de René Manzor.
1988 *Ne réveillez pas un flic qui dort*, de Jose Pinheiro.
1990 *Dancing Machine*, de Guilles Béhat. / *Nouvelle vague*, de Jean-Luc Godard.
1992 *Le retour de Casanova* (El regreso de Casanova), de Edouard Niermans.
1993 *Un crime*, de Jacques Deray.

DELPY, Julie *(París, Francia, 1970)*

Hija de los actores Albert Delpy y Marie Pillet, a los cinco años sube por primera vez a un escenario. Debuta en el cine a los catorce años de la mano del realizador Jean-Luc Godard en un pequeño papel en *Détective* y desde entonces no deja de trabajar. Tras protagonizar *La pasión de Béatrice*, de Bertrand Tavernier, y hacer tres papeles en *La noche oscura*, de Carlos Saura, entre su corta, pero interesante filmografía destacan sus interpretaciones con Volker Schlöndorff en *El viajero* y con Krzysztof Kieslowski en *Blanco*. Instalada en 1993 en Estados Unidos, comienza a asistir a las clases del Actor's Studio al tiempo que hace interesantes papeles secundarios en *Younger & Younger*, de Percy Adlon, y *Los tres mosqueteros*, de Stephen Herek, y protagoniza la producción independiente *Antes de amanecer*, de Richard Linklater.

1985 *Détective*, de Jean-Luc Godard.
1986 *Mauvais sang* (Mala sangre), de Leos Carax.
1987 *La passion Béatrice* (La pasión de Béatrice), de Bertrand Tavernier.
1988 *La noche oscura*, de Carlos Saura. / *L'autre nuit*, de Jean-Pierre Limosin.
1990 *Europa, Europa*, de Agnieska Holland. / *Voyager* (El viajero), de Volker Schlöndorff.
1993 *Blanc* (Blanco), de Krzysztof Kieslowski. / *Younger & Younger*, de Percy Adlon. / *The Three Musketeers of Alexandre Dumas* (Los tres mosqueteros), de Stephen Herek.
1994 *Killing Zoe*, de Roger Avary. / *Before Sunrise* (Antes de amanecer), de Richard Linklater.

DELVAUX, André *(Héverié, Bélgica, 1926)*.

Estudia filología germánica y derecho en la Universidad de Bruselas y piano y composición en el Conservatorio Real de Bélgica. Apasionado por el cine, anima a sus alumnos a rodar películas en 16 mm, mientras hace algunos programas de televisión sobre varios realizadores y promueve unos cursos sobre lenguaje cinematográfico en la universidad. Debuta en el largo con *El hombre del cráneo rasurado*, adaptación de una novela de Johan Daisne, minucioso relato en primera persona sobre el amor de un hombre mayor por una joven, desarrollado entre la realidad y la fantasía, que le sitúa entre los grandes directores de su generación. Su éxito en los circuitos de exhibición en versión original subtitulada le lleva a una nueva adaptación de Daisne, *Una noche, un tren*, que rueda en francés, como el resto de su obra, con actores conocidos, y narra una similar historia de amor que se desarrolla fuera del tiempo. En esta misma línea de historias de compleja estructura, a mitad de camino entre la realidad y la fantasía, se sitúan *Cita en Bray*, sobre una novela de Julien Gracq, donde el pasado y el presente se confunden; *Belle*, que narra el amor de un escritor por una bella mujer que quizá no exista, y *Benvenuta*, donde la música tiene una gran importancia. Se aparta de esta línea con *Mujer entre perro y lobo*, basada en un guión propio, que aprovecha la descripción de la vida de una joven flamenca casada con un colaboracionista, que descubre el amor entre los brazos de un miembro de la Resistencia, para hacer una reflexión sobre Bélgica. Cada vez encuentra mayores dificultades para hacer sus personales películas, pero sigue fiel a sí mismo en *Babel opera,* interesante mezcla de documental y ficción, y *L'oeuvre au noir,* adaptación de la novela de Marguerite Yourcenar situada en Brujas en el siglo XVI, que padece el síndrome de las coproducciones europeas, con actores de muy diferentes nacionalidades.

1966 *De man die zijn haar kort liet knippen* (El hombre del cráneo rasurado).
1968 *Un soir, un train* (Una noche, un tren).
1971 *Rendez-vous à Bray* (Cita en Bray).
1973 *Belle.*
1979 *Femme entre chien et loup* (Mujer entre perro y lobo).
1980 *To Woody Allen From Europe With Love.*
1983 *Benvenuta.*
1985 *Babel opera.*
1988 *L'oeuvre au noir.*

DEMME, Jonathan *(Long Island, Nueva York, Estados Unidos, 1944)*

Tan interesado por la música como por el cine, deja sus estudios en la Universidad de Florida para escribir en revistas musicales y cinematográficas y organizar grabaciones de música *rock* para películas. Cuando trabaja como productor y director de *spots* publicitarios, conoce al director y productor Roger Corman, comienza a colaborar con él y acaba realizando tres de sus características producciones de Serie B: *La cárcel caliente,* sobre un motín en una cárcel de mujeres; *Crazy Mama,* tradicional historia de gángsters, y *Luchando por mis derechos,* una especie de *western* ambientado en época actual. Se plantea una obra más personal con la producción Paramount *Handle With Care,* que narra las historias paralelas de varios radioaficionados sobre guión de Paul Brickman; solo consigue una mínima repercusión tras cambiarle el título original y volver a estrenarla. El fracaso del policiaco *El eslabón del Niágara,* que vuelve a estar rodado demasiado deprisa y sobre un guión poco trabajado, le lleva al terreno de los *video-clips* y de la televisión, para la que hace algunos de sus mejores trabajos: *Melvin y Howard* —distribuida en salas en algunos lugares—, sobre la última etapa de la vida del multimillonario Howard Hughes; *Who Am I This Time?* (1981), sobre las relaciones entabladas entre una pareja de actores *amateurs,* encarnados por Susan Sarandon y Christopher Walken, que ensayan *Un tranvía llamado deseo,* de Tennessee Williams, basado en un guión del novelista Kurt Vonnegut; y *Survival Guides,* adaptación de una obra teatral de Beth Jentley. Regresa al cine con *Chicas en pie de guerra,* un drama sobre las mujeres de la retaguardia durante la II Guerra Mundial, pero los estudios Warner alteran su montaje, encargan escenas adicionales a otro realizador y él termina abandonándolo e intentando que su nombre no aparezca en los títulos de crédito. Su afición a la música le hace rodar en tres noches y con siete cámaras el documental *Stop Making Sense,* sobre una actuación del grupo Talking Heads. Sus primeros éxitos son las comedias *Algo salvaje* y *Casada con todos,* que tienen buenos planteamientos, pero están mal desarrolladas e irregularmente dirigidas. Triunfa con *El silencio de los corderos* —que gana varios Oscars y obtiene gran éxito de público—, un efectista policiaco en torno a un maniaco asesino de mujeres, basado en una novela de Thomas Harris y donde su maestro, Corman, hace un pequeño papel; y también con *Philadelphia* —que le vale un Oscar a su protagonista, Tom Hanks—; una historia de juicios sobre un homosexual con sida; pero están rodadas con su ya habitual torpeza.

1974 *Caged Heat* (La cárcel caliente).
1975 *Crazy Mama.*
1976 *Fighting Mad* (Luchando por mis derechos).
1977 *Handle With Care.*
1978 *Last Embrace* (El eslabón del Niágara).
1979 *Melvin and Howard* (Melvin y Howard).
1984 *Stop Making Sense. / Swing Shift* (Chicas en pie de guerra).
1986 *Something Wild* (Algo salvaje).
1987 *Swimming to Cambodia.*
1988 *Married to the Mob* (Casada con todos).
1991 *The Silence of the Lambs* (El silencio de los corderos).
1993 *Philadelphia.*

DEMONIO DE LAS ARMAS, EL *(Gun Crazy, 1950)*

Después de un prólogo donde, a través de tres breves *flashbacks* se describe la afición que desde niño tiene el protagonista por las armas de fuego, se narra cómo Bart Tare (John Dall) conoce en una caseta de exhibición de tiro de una feria a Annie Laurie Starr (Peggy Cummings) y en seguida se casa con ella. Finalizada la luna de miel, se quedan sin dinero y cometen una serie de atracos —cada uno rodado en un solo plano—, que finaliza en el robo al banco de Montrose. El frenético ritmo narrativo se frena con una larga escena romántica, donde ella le convence de que den un gran golpe para poder retirarse, pero vuelve a él para relatar la preparación, la realización del atraco y una larga huida. Hay una última pausa, cuando él recapacita sobre los dos muertos habidos durante el robo y el amor que sigue manteniéndoles unidos, pero, con una estructura simétrica, la acción continúa al volver a su pueblo, donde son los suyos quienes acaban con ellos. Rodada en treinta días, por cuatrocientos cincuenta mil dólares de la época, no solo es la mejor película del eficaz artesano Joseph H. Lewis, especializado en producciones de Serie B, sino un prodigio de ritmo, austeridad y eficacia narrativa. Sirva como ejemplo la brillante escena del atraco al banco de Montrose, que concentra dieciséis páginas de guion en un solo plano de cuatro minutos de duración a base de mantener la cámara en el asiento trasero del automóvil de la pareja de atracadores. Basada en un buen guion del reputado Dalton Trumbo, narra la historia de una pareja, tan inseparable como un revólver y sus balas, unida por una historia de amor que deja tras de sí un reguero de robos y crímenes. Destacan los inquietantes protagonistas, Peggy Cummings y John Dall, que por diferentes motivos tienen una similar y corta carrera.

Director: *Joseph H. Lewis*. Guionista: *Dalton Trumbo*. Fotografía: *Russell Harlan*. Música: *Victor Young*. Intérpretes: *John Dall, Peggy Cummings, Morris Carnovsky, Barry Kroger, Annabel Shaw, Harry Lewis*. Producción: *King Brothers para United Artists*. Duración: *87'. Estados Unidos*.

DEMONIO Y LA CARNE, EL *(Flesh and the Devil, 1926)*

Entre 1926 y 1935, Clarence Brown dirige a Greta Garbo en siete desiguales películas en las que da el difícil paso que va del cine mudo al sonoro. Esta producción muda es su primera colaboración y una de las mejores. Está basada en una olvidada novela de Hermann Sudermann y narra cómo la sólida amistad de Leo von Harpen (John Gilbert) y Ulrich von Kletzingk (Lara Hanson), dos apuestos oficiales del ejército austriaco, se rompe por las intrigas de Felicitas von Rhaden (Greta Garbo), una sugestiva mujer que se interpone entre ambos. Debe su fama a la fuerza de las escenas eróticas entre Greta Garbo y John Gilbert, que vuelven a trabajar juntos en otras tres películas, así como a la imaginativa dirección de Clarence Brown. Destaca la excelente escena en la iglesia, que finaliza cuando los antiguos amantes se acercan a comulgar y el pastor va pasando un cáliz con vino, que gira para que cada uno beba por un sitio distinto, pero cuando Felicitas von Rhaden bebe, vuelve a girarlo para beber por el mismo sitio que Leo von Harpen.

Director: *Clarence Brown*. Guionista: *Benjamin Glazer*. Fotografía: *William Daniels*. Intérpretes: *Greta Garbo, John Gilbert, Lars Hanson, Marc McDermott, Barbara Kent*. Producción: *Metro-Goldwyn-Mayer*. Duración: *109'. Estados Unidos*.

DEMONIOS EN EL JARDÍN *(1982)*

De las seis películas que entre 1978 y 1988 escriben juntos Manuel Gutiérrez Aragón y Luis Megino, dirige el primero y produce el segundo, las mejores y más comerciales son esta y *La mitad del cielo* (1986). A través de los ojos de Juanito (Álvaro Sánchez-Prieto), un niño enfermo durante los años de la más dura posguerra, mimado por su abuela Gloria (Encarna Paso), dueña de una tienda de ultramarinos que se ha enriquecido con el estraperlo, y protegido por su madre, Ángela (Ángela Molina), y su tía Ana (Ana Belén), se narra un complejo drama familiar y se hace un buen dibujo de la sórdida España de la época. El peculiar humor de Gutiérrez Aragón da una carga adicional a la historia y hace que resulten atractivas escenas como aquella en que el general Franco, el omnipotente protagonista del noticiario NO-DO, va a inaugurar un pantano y entre su numeroso séquito se encuentra Juan (Imanol Arias), el padre de Juanito. Además, el pequeño protagonista es un cinéfilo en ciernes y va al cine a ver el NO-DO para conocer al general Franco y a su padre, pero también para ver bailar a Silvana Mangano, el mítico *bayón* de la película *Ana* (Anna, 1951), de Alberto Lattuada, sin olvidar que su tía Ana le cuenta algunas películas. Destacan el enfrentamiento interpretativo entre unas estupendas Ana Belén y Ángela Molina y la fotografía de José Luis Alcaine.

Director: *Manuel Gutiérrez Aragón*. Guionistas: *Manuel Gutiérrez Aragón, Luis Megino*. Fotografía:

José Luis Alcaine. Música: *Javier y Pedro Iturralde.* Intérpretes: *Ángela Molina, Ana Belén, Encarna Paso, Imanol Arias, Eusebio Lázaro, Francisco Merino.* Producción: *Luis Megino P.C. Color.* Duración: *105'. España.*

DEMY, Jacques *(Pontchâteau, 1931-París, Francia, 1990)*

Estudia bellas artes en Nantes y cine en la escuela de Vaugirard de París. Trabaja en el campo del dibujo animado con Paul Grimault y durante la segunda mitad de los años cincuenta dirige algunos cortometrajes, entre los que destacan *Le sabotier du Val de Loire* (1956), *Le bel indifférent* (1957), sobre un texto de Colette, y *Ars* (1959). Debuta en el largo dentro del movimiento *nouvelle vague* con *Lola*, desvaído retrato de una mujer realizado a través de unos personajes que se cruzan y entrecruzan durante tres días en Nantes, seguido de *La bahía de los ángeles,* un menos interesante descenso a los infiernos del juego, ambientado en Niza. Su gran éxito es *Los paraguas de Cherburgo,* que gana la Palma de Oro del Festival de Cannes; un melodrama sobre la sencilla felicidad de una pareja destruida por la guerra de Argelia, pero totalmente cantado, con música de Michel Legrand y personales decorados de Bernard Evein. Gracias a él logra hacer el musical a la norteamericana *Las señoritas de Rochefort,* con la colaboración del bailarín y coreógrafo Gene Kelly, donde, entre bailes y canciones, enfrenta a las hermanas Catherine Deneuve y Françoise Dorleac sobre su tradicional historia de la pareja que se encuentra y se separa por casualidad; y rodar en Estados Unidos, en inglés, *Estudio de modelos,* una especie de continuación de su primer largo, donde narra la vida de Lola —siempre encarnada por Anouk Aimée— ocho años después. Regresa a Europa para adaptar dos famosos cuentos infantiles: *Piel de asno,* sobre Charles Perrault, rodado en Francia con Catherine Deneuve, y *El flautista de Hamelin,* sobre los hermanos Grimm, rodado en el Reino Unido con el cantante Donovan. El fracaso de la tonta comedia *No te puedes fiar ni de la cigüeña,* sobre el primer embarazo masculino, le mantiene seis años alejado de la dirección y solo vuelve para hacer *Lady Oscar,* una producción japonesa sobre unas historietas gráficas de Riyoko Ikeda ambientadas en la Revolución francesa.

Su éxito le permite regresar a su cine más personal con los musicales *Una habitación en la ciudad,* un melodrama totalmente cantado, con un trasfondo de luchas sociales, rodado en Nantes; *Parking,* que no consigue modernizar el mito de Orfeo, y *Tres entradas para el 26,* un musical a la norteamericana en torno al actor Yves Montand, siempre con música de Michel Legrand y decorados de Bernard Evein.
1961 *Lola.*
1962 *La luxure,* episodio de *Les sept péchés capitaux.*
1963 *La baie des anges* (La bahía de los ángeles).
1964 *Les parapluis de Cherbourg* (Los paraguas de Cherburgo).
1967 *Les demoiselles de Rochefort* (Las señoritas de Rochefort).
1969 *The Model Shop* (Estudio de modelos).
1970 *Peau d'âne* (Piel de asno).
1972 *The Pied Piper of Hamelin* (El flautista de Hamelin).
1973 *L'événement le plus important depuis que l'homme a marché sur la Lune* (No te puedes fiar ni de la cigüeña).
1979 *Lady Oscar.*
1982 *Une chambre en ville* (Una habitación en la ciudad).
1985 *Parking.*
1988 *Trois places pour le 26* (Tres entradas para el 26).

DENEUVE, Catherine *(Catherine Dorléac. París, Francia, 1943)*

Hija del actor Maurice Dorléac y hermana de la malograda actriz Françoise Dorléac, a los catorce años debuta como actriz de cine e interviene en papeles secundarios hasta que su *pygmalion* y amante, Roger Vadim, la hace protagonizar *El vicio y la virtud.* Después de trabajar a mediados de los años sesenta en *Los paraguas de Cherburgo,* de Jacques Demy; *Repulsion,* de Roman Polanski, y *Bella de día,* de Luis Buñuel, se convierte en una estrella del cine europeo. Durante los años sesenta, setenta y ochenta interviene en más de sesenta películas entre las que destacan *La sirena del Mississippi,* de François Truffaut; *Tristana,* de Luis Buñuel; *Liza,* de Marco Ferreri; *Mi hombre es un salvaje,* de Jean-Paul Rappeneau; *Almas perdidas,* de Dino Risi; *El último metro,* de François Truffaut; *Hôtel des Amériques,* de André Téchiné, y *Speriamo che sia femmina,* de Mario Monicelli. Entre medias rueda en Estados Unidos la comedia *Locos de abril* y el policiaco *Destino fatal,* pero sus irregulares resultados hacen que siga trabajando en Francia e Italia. Durante los años noventa decrece su ritmo de trabajo, aunque protagoniza atractivas películas como *Indochina.*

1957 *Les collégiennes,* de André Hunebelle.
1959 *Les petits chats,* de Jacques R. Villa.
1960 *Les portes claquent,* de Jacques Poitrenaud y Michel Fermaud. / *L'homme à femmes,* de Jacques Gérard Cornu.
1961 *Les parisiennes,* episodio de Marc Allégret. / *Et Satan conduit le bal,* de Grisha M. Dabat.
1962 *Le vice et la vertu* (El vicio y la virtud), de Roger Vadim. / *Vacances portugaises,* de Pierre Kast.
1963 *Les plus belles escroqueries du monde* (Las más famosas estafas del mundo), episodio de Claude Chabrol.
1964 *Les parapluis de Cherbourg* (Los paraguas de Cherburgo), de Jacques Demy. / *La chasse à l'homme* (La caza del hombre), de Edouard Molinaro. / *Un monsieur de compagnie,* de Philippe de Broca. / *La costanza della ragione,* de Pasquale Festa Campanile.
1965 *Repulsion* (Repulsión), de Roman Polanski. / *Le chant du monde* (El canto del mundo), de Marcel Camus. / *Das Liebeskarussel* (Cuatro historias de amor), episodio de Rolf Thiele. / *La vie de château* (Esposa ingenua), de Jean-Paul Rappeneau.
1966 *Belle de jour* (Bella de día), de Luis Buñuel. / *Les créatures* (Las criaturas), de Agnès Varda.
1967 *Les demoiselles de Rochefort* (Las señoritas de Rochefort), de Jacques Demy. / *Manon 70,* de Jean Aurel. / *Benjamin ou les mémoires d'un puceau* (Benjamín), de Michel Deville.
1968 *Mayerling,* de Terence Young. / *La chamade* (El amor es un extraño juego), de Alain Cavalier.
1969 *The April Fools* (Locos de abril), de Stuart Rosenberg. / *La sirène du Mississippi* (La sirena del Mississippi), de François Truffaut.
1970 *Tristana,* de Luis Buñuel. / *Peau d'âne* (Piel de asno), de Jacques Demy.
1971 *Ça n'arrive qu'aux autres* (Angustia de un querer), de Nadine Trintignant.
1972 *Un flic* (Crónica negra), de Jean-Pierre Melville. / *La cagna* (Liza), de Marco Ferreri.
1973 *L'événement le plus important depuis que l'homme a marché sur la Lune* (No te puedes fiar ni de la cigüeña), de Jacques Demy.
1974 *Non toccare la donna bianca* (No tocar a la mujer blanca), de Marco Ferreri. / *Fatti di gente per bene* (La gran burguesía), de Mauro Bolognini. / *L'agression* (La agresión), de Gérard Pirès. / *La femme aux bottes rouges* (La mujer de las botas rojas), de Juan Luis Buñuel. / *Zig zag,* de Laszló Szabó.
1975 *Le sauvage* (Mi hombre es un salvaje), de Jean-Paul Rappeneau. / *Hustle* (Destino fatal), de Robert Aldrich.
1976 *Si c'était à refaire* (Si empezara otra vez), de Claude Lelouch. / *Anima persa* (Almas perdidas), de Dino Risi.
1977 *March or Die* (Marchar o morir), de Dick Richards. / *Il casotto* (La caseta de la risa), de Sergio Citti. / *Ils sont grands ces petits,* de Joël Santoni.
1978 *L'argent des autres* (El dinero de los demás), de Christian de Chalonge. / *Écoute voir,* de Hugo Santiago.
1979 *À nous deux* (Por nosotros dos), de Claude Lelouch. / *Courage fuyons* (Escápate conmigo y ríete después), de Yves Robert.
1980 *Le dernier métro* (El último metro), de François Truffaut. / *Je vous aime* (Os quiero), de Claude Berri.
1981 *La choix des armes,* de Alain Corneau. / *Hôtel des Amériques,* de André Téchiné.
1982 *Le choc* (El choque), de Robin Davis. / *L'africain,* de Philippe de Broca.
1983 *The Hunger* (El ansia), de Tony Scott.
1984 *Le bon plaisir* (Mi amante prohibido), de Francis Girod. / *Fort Saganne,* de Alain Corneau. / *Paroles et musique* (Palabras y música), de Elie Chouraqui.
1986 *Le lieu du crime* (El lugar del crimen), de André Téchiné. / *Speriamo che sia femmina,* de Mario Monicelli.
1987 *Agent trouble,* de Jean-Pierre Mocky.
1988 *Drôle d'endroit pour une rencontre,* de Francois Dupeyron. / *Fréquence meurtre,* de Elizabeth Rappeneau.
1989 *Frames From the Edge,* de Adrian Maben.
1991 *La reine blanche,* de Jean Loup Hubert.
1992 *Indochine* (Indochina), de Régis Wargnier.
1993 *Ma saison préférée,* de André Téchiné.
1994 *La partie d'échecs* (La partida de ajedrez), de Yves Hanchar. / *O convento* (El convento), de Manoel de Oliveira.
1996 *Les voleurs* (Los ladrones), de André Téchiné.

DEPARDIEU, Gérard *(Chateauroux, Francia, 1948)*

Perteneciente a una humilde familia numerosa, tiene una infancia difícil y desde muy joven trabaja en distintos oficios hasta que, tras un largo viaje por Europa, acaba en una imprenta de su ciudad natal. A mediados de los años sesenta se instala en París, interviene en un corto y en un largometraje inacabado y comienza a actuar en teatro, mientras sobrevive como puede. A principios de la década de los setenta empieza a hacer papeles secundarios en cine, hasta que el éxito de *Los rompepelotas,* de Bertrand Blier, le convierte en una estrella del cine francés. Entre 1975 y 1995 protagoniza unas sesenta películas entre las que destacan: *1900*, de Bernardo Bertolucci; *Adiós al macho*, de Marco Ferreri; *El último metro*, de François Truffaut; *Danton*, de Andrzej Wajda; *La pasión de Camille Claudel*, de Bruno Nuytten; *Cyrano de Bergerac*, de Jean-Paul Rappeneau; *Uranus*, de Claude Berri, y *Todas las mañanas del mundo*, de Alain Corneau; frente a producciones comerciales. Desde comienzos de los años noventa también rueda en inglés, tanto en Estados Unidos, la eficaz comedia *Matrimonio de conveniencia*, de Peter Weir, como en coproducciones europeas, la plúmbea obra conmemorativa del V Centenario del descubrimiento de América *1492, la conquista del paraíso*, de Ridley Scott. Dirige una única película, *Tartufo*, según la obra de Molière, con unos resultados mucho más cercanos al teatro, que sigue haciendo de vez en cuando, que al cine.

Como director
1984 *Le Tartuffe* (Tartufo).

Como actor
1971 *Nathalie Granger*, de Marguerite Duras. / *Le cri du cormoran le soir au-dessus des jonques*, de Michel Audiard. / *Le tueur*, de Denys de La Patellière. / *Le viager*, de Pierre Tchernia.
1972 *L'affaire Dominici* (El caso Dominici), de Claude Bernard-Aubert. / *Un peu de soleil dans l'eau froide* (Un poco de sol en el agua fría), de Jacques Deray. / *Au rendez-vous de la mort joyeuse*, de Juan Luis Buñuel. / *La scoumoune* (El clan de los marselleses), de Jose Giovanni. / *Deux hommes dans la ville* (Dos hombres en la ciudad), de Jose Giovanni.
1973 *Rude journée pour la reine*, de René Allio. / *Les Gaspards*, de Pierre Tchernia. / *La femme du Gange*, de Marguerite Duras.
1974 *Les valseuses* (Los rompepelotas), de Bertrand Blier. / *Stavisky*, de Alain Resnais. / *Vincent, François, Paul et les autres* (Tres amigos, sus mujeres y... los otros), de Claude Sautet. / *Pas si méchant que ça*, de Claude Goretta.
1975 *Maîtresse*, de Barbet Schroeder. / *Sept morts sur ordonnance* (Siete muertos por prescripción facultativa), de Jacques Rouffio. / *Je t'aime moi non plus* (Te amo, pero yo no), de Serge Gainsbourg.
1976 *Novecento* (1900), de Bernardo Bertolucci. / *L'ultima donna* (La última mujer), de Marco Ferreri. / *Barocco*, de André Téchiné. / *René la canne*, de Francis Girod. / *Vera Baxter*, de Marguerite Duras.
1977 *Le camion*, de Marguerite Duras. / *Dites-lui que je l'aime*, de Claude Miller. / *La nuit tous les chats son gris*, de Gérard Zingg. / *Ciao maschio* (Adiós al macho), de Marco Ferreri. / *Violanta*, de Daniel Schmid.
1978 *Préparez vos mouchoirs* (¿Quiere ser el amante de mi mujer?), de Bertrand Blier. / *Le sucre*, de Jacques Rouffio. / *Les chiens*, de Alain Jessua. / *L'ingorgo* (El gran atasco), de Luigi Comencini. / *Die Linkshändige Frau* (La mujer zurda), de Peter Handke.
1979 *Buffet froid*, de Bertrand Blier.
1980 *Loulou*, de Maurice Pialat. / *Temporale Rosy* (Rosy el huracán), de Mario Monicelli. / *Le dernier métro* (El último metro), de François Truffaut. / *Je vous aime* (Os quiero), de Claude Berri. / *Inspecteur la bavure*, de Claude Zidi. / *Mon oncle d'Amérique* (Mi tío de América), de Alain Resnais.
1981 *La femme d'à côté* (Le mujer de al lado), de François Truffaut. / *Le choix des armes*, de Alain Corneau. / *La chèvre* (La cabra), de Francis Veber. / *Le retour de Martin Guerre* (El regreso de Martin Guerre), de Daniel Vigne. / *Le grand frère*, de Francis Girod.
1982 *Danton*, de Andrzej Wajda. / *La Lune dans le caniveau* (La Luna en el arroyo), de Jean-Jacques Beineix.
1983 *Les compères* (Los compadres), de Francis Veber.
1984 *Fort Saganne*, de Alain Corneau. / *Le Tartuffe* (Tartufo), de Gérard Depardieu. / *Rive droite, rive gauche*, de Philippe Labro.
1985 *Police*, de Maurice Pialat. / *Une femme ou deux*, de Daniel Vigne.
1986 *Rue du départ*, de Tony Gatlif. / *Jean de Florette* (El manantial de las colinas), de Claude Berri. / *Tenue de soirée* (Traje de etiqueta), de Bertrand Blier. / *Les fugitifs* (Dos fugitivos), de Francis Veber.
1987 *Sous le soleil de Satan*, de Maurice Pialat.
1988 *Drôle d'endroit pour une rencontre*, de François Dupeyron. / *Camille Claudel* (La pasión de Camille Claudel), de Bruno Nuytten.
1989 *Deux*, de Claude Zidi. / *I Want to Go Home* (Quiero volver a casa), de Alain Resnais. / *Trop belle pour toi*, de Bertrand Blier.
1990 *Cyrano de Bergerac*, de Jean-Paul Rappeneau. / *Uranus*, de Claude Berri. / *Green Card* (Matrimonio de conveniencia), de Peter Weir.
1991 *Merci la vie*, de Bertrand Blier. / *Mon père, ce héros* (Mi padre, mi héroe), de Gérard Lauzier.
1992 *1492: The Conquest of Paradise* (1492, la conquista del paraíso), de Ridley Scott. / *Tous les matins du monde* (Todas las mañanas del mundo), de Alain Corneau.
1993 *Germinal*, de Claude Berri. / *Le colonel Chabert*, de Yves Angelo. / *Hélas pour moi*, de Jean-Luc Godard.
1994 *Una simple formalità* (Pura formalidad), de Giuseppe Tornatore. / *My Father the Hero* (Mi padre ¡qué ligue!), de Steve Miner. / *La machine* (La máquina), de François Dupeyron.

1995 *Elisa*, de Jean Becker. / *Le Garú*, de Maurice Pinat. / *Les anges gardiens* (Ángeles guardianes), de Jean-Marie Poiré. / *Le hussard sur le toit*, de Jean Paul Rappeneau.

DEPP, Johnny *(John Christopher Depp II. Owensboro, Kentucky, Estados Unidos, 1963)*

Hijo de un técnico y una camarera, se educa en Vancouver y comienza a trabajar como guitarrista de algunas bandas de segunda fila con las que incluso graba algún disco. Tras hacer algunos papeles secundarios en tres películas a mediados de los años ochenta, la popularidad conseguida al encarnar al personaje Glen en la serie de televisión *Nuevos policías* (21 Jump Street), le permite protagonizar algunas películas interesantes durante la primera mitad de la década de los noventa. Destacan sus trabajos con el director Tim Burton en *Eduardo Manostijeras* y *Ed Wood*, así como en *El sueño de Arizona* y *¿A quién ama Gilbert Grape?*

1984 *Nightmare on Elm Street* (Pesadilla en Elm Street), de Wes Craven.
1985 *Private Resort*, de George Bowers.
1986 *Platoon*, de Oliver Stone.
1990 *Cry-Baby* (El lágrima), de John Waters. / *Edward Scissorhands* (Eduardo Manostijeras), de Tim Burton.
1991 *Freddy's Dead: The Final Nightmare* (Pesadilla final, la muerte de Freddy), de Rachel Talalay.
1992 *Arizona Dream* (El sueño de Arizona), de Emir Kusturica.
1993 *Benny and Joon* (Benny y Joon), de Jeremiah Chechik. / *What's Ealing Gilbert Grape?* (¿A quién ama Gilbert Grape?), de Lasse Hallström.
1994 *Ed Wood*, de Tim Burton.
1995 *Don Juan de Marco*, de Jeremy Leven. / *Dead Man*, de Jim Jarmusch. / *Nick of Time* (A la hora señalada), de John Badham.

DERAY, Jacques *(Lyon, Francia, 1929)*

Estudia arte dramático en los cursos de René Simon, a finales de los años cuarenta debuta como actor, tanto en teatro como en cine, y en 1952 comienza a trabajar como ayudante de dirección de forma regular. A principios de la década de los sesenta debuta como director con *Le gigolo*, adaptación de una novela de Jacques Robert, y no tarda en imponerse como un gran especialista en narraciones policiacas con *Rififí en Tokio* y *Ronda de crímenes*. El gran éxito de *La piscine*, un policiaco escrito por Jean-Claude Carrière y protagonizado por Alain Delon y Romy Schneider, le lleva a firmar un contrato de larga duración con el productor y actor Alain Delon, por el que hace *Borsalino*, evocación de la vida de los gángsters marselleses Carbone y Spirito, uno de los grandes éxitos del cine francés, donde por primera y única vez las grandes estrellas Jean-Paul Belmondo y Alain Delon trabajan juntos; y además *Borsalino y Cía*, *La dulce hembra*, *Flic Story*, *Los granujas* y *El derecho de matar*. También rueda, siempre dentro del género policiaco, *Funeral en Los Ángeles* con Jean-Louis Trintignant en Estados Unidos, *Un papillon sur l'épaule* con Lino Ventura, *El marginal* con Jean-Paul Belmondo y *On ne meurt que deux fois*. Entre sus últimos trabajos destaca *Netchaïev est de retour*, adaptación de la novela homónima de Jorge Semprún, última película de Yves Montand.

Como director
1960 *Le gigolo*.
Como actor
1960 *Le gigolo*.
1963 *Rififí à Tokyo* (Rififí en Tokio). / *Symphonie pour un massacre* (Ronda de crímenes).
1965 *Par un beau matin d'été* (Secuestro bajo el sol).
1966 *L'homme de Marrakech* (El hombre de Marrakech). / *Avec la peau des autres* (Red siniestra).
1969 *La piscine* (La piscina).
1970 *Borsalino*.
1971 *Doucement les basses!* (La dulce hembra). / *Un peau de soleil dans l'eau froide* (Un poco de sol en el agua fría).
1973 *Un homme est mort* (Funeral en Los Ángeles).
1974 *Borsalino and Co.* (Borsalino y Cía).
1975 *Flic Story*.
1977 *Le gang* (Los granujas).
1978 *Un papillon sur l'épaule*.
1980 *Trois hommes à abattre* (El derecho a matar).
1983 *Le marginal* (El marginal).
1985 *On ne meurt que deux fois*.
1986 *Le solitaire*.
1987 *Maladie d'amour*.
1989 *Les bois noirs* (Los bosques negros).
1991 *Netchaïev est de retour*.
1993 *Un crime*.
1994 *L'ours en peluche*.

DERSU UZALA *(1975)*

El fracaso comercial de *Dodes'ka-den* (1970) hace que el famoso realizador Akira Kurosawa no encuentre productor para sus proyectos e incluso que intente suicidarse. Cinco años después y gracias a la participación de la Unión Soviética consigue financiación para rodar una gran versión de las memorias del explorador Vladimir Arseniev. En 1902 el capitán ruso Arseniev (Yuri Solomin) hace unos trabajos topográficos en la región de Ossuri, en plena taiga siberiana. Allí conoce al solitario cazador de origen mongol Dersu Uzala (Maksim Munzuk); se salvan mutuamente la vida y, a pesar de las muchas cosas que les separan, se hacen muy amigos. El ruso invita al mongol a pasar una temporada en su casa de la ciudad, con su mujer y su hijo, pero no se adapta a esa vida y parte con un fusil que le regala su amigo, que poco tiempo después recibe la triste noticia de que ha muerto por un accidente provocado por el fusil. Rodada durante dos años, en muy duras condiciones meteorológicas, y en los mismos lugares donde transcurre la acción, el resultado es una gran película de aventuras, la obra maestra de Akira Kurosawa, con la que vuelve a ganar el Oscar correspondiente a la producción extranjera.

Director: *Akira Kurosawa*. Guionistas: *Akira Kurosawa, Yuri Nagibin*. Fotografía: *Asakazu Nakai*. Música: *Isaas Swarts*. Intérpretes: *Maksim Munzuk, Yuri Solomin, Svetlana Danilchenko, Dima Kortishev, Schemeiki Chokomorov*. Producción: *Nikolai Shizov y Yoichi Matsue para Mosfilm (Moscú), Nippon Herald Production (Tokio). Color. Scope.* Duración: *136'. Unión Soviética-Japón.*

DESAFÍO EN LA CIUDAD MUERTA *(The Law and Jake Wade, 1958)*

A pesar de salvarle la vida cuando está a punto de ser ahorcado, el pistolero Clint Hollister (Richard Widmark) persigue a su antiguo compañero Jack Wade (Robert Taylor), ahora convertido en respetable *sheriff* y a punto de casarse con la joven Peggy (Patricia Owens). El pistolero rapta a la pareja para que le conduzca al cementerio de una ciudad fantasma donde enterró el botín de sus antiguas fechorías, y mientras tanto son atacados por los comanches. Atractivo *western* de itinerario, basado en un buen guión de William Bowers, bien rodado por el especialista John Sturges y con un excelente trío protagonista. Frente a unas atractivas localizaciones diurnas, desmerecen unas nocturnas en unos demasiado bien iluminados decorados.

Director: *John Sturges*. Guionista: *William Bowers*. Fotografía: *Robert Surtees*. Intérpretes: *Robert Taylor, Richard Widmark, Patricia Owens, Robert Middleton, Henry Silva*. Producción: *William Hawks para Metro-Goldwyn-Mayer. Color. Scope.* Duración: *86'. Estados Unidos.*

DESAPARECIDO *(Missing, 1982)*

El matrimonio de jóvenes norteamericanos formado por Charles Horman (John Shea) y Beth Horman (Sissy Spacek) vive en Santiago de Chile. Tras el golpe militar del general Augusto Pinochet del 10 de septiembre de 1973, que acaba con el régimen democrático socialista del presidente Salvador Allende, deciden regresar a Estados Unidos, pero antes él desaparece debido a sus ideas liberales. Poco después llega a Chile su padre, Ed Horman (Jack Lemmon), un honesto ciudadano medio que cree en las instituciones de su país, para ayudar a su nuera a buscarle, descubren que ha sido asesinado por motivos políticos y acusan a la embajada norteamericana de complicidad con los golpistas. Con esta primera producción norteamericana, el griego Konstantinos Costa-Gavras prosigue su tradicional línea de cine político, alcanza uno de sus mayores éxitos y gana la Palma de Oro del Festival de Cannes.

Director: *Costa-Gavras*. Guionista: *K. Costa-Gavras, Donald Stewart*. Fotografía: *Ricardo Aranovich*. Música: *Vangelis*. Intérpretes: *Jack Lemmon, Sissy Spacek, Melanie Mayron, John Shea, Charles Cioffi*. Producción: *Edward y Mildred Lewis para Universal/Polygram/Peter Guber/Jon Peters. Color.* Duración: *122'. Estados Unidos.*

DESAYUNO CON DIAMANTES *(Breakfast at Tiffany's, 1961)*

Esta adaptación de la conocida novela homónima del famoso escritor Truman Capote, con excelente guión del dramaturgo y realizador George Axelrod, debía haber sido dirigida por John Frankenheimer y protagonizada por Marilyn Monroe, pero por la pura mecánica cinematográfica acaba convirtiéndose en la primera gran película del guionista, productor y director especializado en comedias Blake Edwards. Narra las relaciones entre Holly Golightly (Audrey Hepburn), una atractiva muchacha que abandona a su marido en su Texas natal para instalarse en Nueva York y convertirse en una exquisita buscadora de amantes ricos, y el joven escritor Paul Verjak (George Peppard), que se enamora de ella hasta el punto de abandonar a Edith Parenson (Patricia Neal), la adinerada mujer que le mantiene. La historia tiene un conseguido tono de comedia sofisticada, pero no le falta una cierta acidez. Destacan el cuidado trabajo de Edwards, la presencia de la siempre demasiado delgada Audrey Hepburn y la escena del *party* multitudinario.

Director: *Blake Edwards*. Guionista: *George Axelrod*. Fotografía: *Franz Planer*. Música: *Henry Mancini*. Intérpretes: *Audrey Hepburn, George Peppard, Patricia Neal, Buddy Ebsen, Martin Balsam, Mickey Rooney*. Producción: *Martin Jurow y Richard Shepherd para Paramount. Color*. Duración: *115'. Estados Unidos*.

DESDE QUE TE FUISTE *(Since You Went Away, 1944)*

El éxito de *La señora Miniver* (Mrs. Miniver, 1942), de William Wyler, lleva al productor David O. Selznick a contribuir al esfuerzo bélico promovido por la II Guerra Mundial con el equivalente norteamericano de esa historia inglesa: la vida cotidiana durante la guerra en una familia tradicional del medio Oeste. Rodada con un conseguido tono sentimental, narra a lo largo de casi tres horas la vida diaria de la familia Hilton, integrada por la madre Annie (Claudette Colbert), sus hijas Jane (Jennifer Jones) y Bridget (Shirley Temple) y su criada Fidelia (Hattie McDaniel), desde que vuelve de despedir al padre, que ha ido voluntario a combatir en la guerra, hasta que recibe un telegrama comunicando que le ha encontrado tras haberle dado por desaparecido en combate. Está bien realizada por John Cromwell, pero con la ayuda anónima de los directores William Dieterle, André de Toth e incluso Alfred Hitchcock, según las obsesiones perfeccionistas de Selznick. Tiene una sólida estructura apoyada en largas escenas donde las cuatro mujeres se relacionan con un huésped británico, el coronel Smollett (Monty Woolley), su nieto el soldado William Smollett (Robert Walker), y un amigo de la familia, el teniente Anthony Willett (Joseph Cotten).

Director: *John Cromwell*. Guionista: *David O. Selznick*. Fotografía: *Stanley Cortez, Lee Garmes*. Música: *Max Steiner*. Intérpretes: *Claudette Colbert, Joseph Cotten, Jennifer Jones, Shirley Temple, Agnes Moorehead, Monty Woolley, Lionel Barrymore, Guy Madison, Robert Walker, Hattie McDaniel*. Producción: *David O. Selznick*. Duración: *172'. Estados Unidos*.

DESENCANTO, EL *(1976)*

Durante el período de transición política de la dictadura del general Franco a la democracia del rey Juan Carlos I, se ruedan un buen número de documentales para intentar reflejar la realidad que se había prohibido mostrar durante décadas. El mejor de ellos es esta disección, más que análisis, de lo que pudiera ser una típica familia burguesa española del antiguo régimen. Nacido con la intención de ser un cortometraje, se convierte en un largo al ver el productor Elías Querejeta y el director Jaime Chávarri cómo crecen las posibilidades del tema. Su título llega a ser una palabra emblemática, representativa de un sentimiento colectivo ante los nuevos tiempos, en los años de la transición. La viuda y los tres hijos del poeta falangista Leopoldo Panero, fallecido en Astorga de un ataque al corazón en agosto de 1962, entrelazan sus recuerdos, hablan de sus relaciones familiares y sobre todo de ellos mismos, hasta crear un minucioso cuadro de la decadencia. Obra, en gran medida, colectiva, donde pesa tanto la habilidad narrativa de Chávarri, como la malicia de Michi Panero, el cerebro gris de la familia, el naturalismo del poeta Leopoldo Panero, la cultura de Juan Luis Panero y la personalidad de la madre, Felicidad Blanc. Convertido en uno de los pocos clásicos del documental español, dieciocho años después, muerta la madre, Ricardo Franco rueda con los tres hermanos *Después de tantos años* (1994), un sentido documento sobre la decadencia y la muerte, nacido de la realidad cotidiana y del enfrentamiento de Michi Panero, afectado por diversas enfermedades, con Leopoldo Panero, internado en el manicomio de Mondragón.

Director: *Jaime Chávarri*. Fotografía: *Teo Escamilla*. Música: *Franz Schubert*. Intérpretes: *Felicidad Blanc, Juan Luis Panero, Leopoldo Panero, Michi Panero*. Producción: *Elías Querejeta P.C*. Duración: *97'. España*.

DESEO *(Desire, 1936)*

A partir de la olvidada producción alemana *Die schönen Tage von Aranjuez* y de una comedia norteamericana de Hans Szekely y

R. A. Stemmle, se realiza esta curiosa comedia sentimental, mezcla, a partes iguales, de los gustos de Ernst Lubitsch, que la supervisa personalmente mientras está al frente de los estudios Paramount —tal como demuestra la escena inicial del robo del collar de perlas—, y de Frank Borzage, que la dirige, tal como deja muy claro el final, en el que, una vez más, triunfa el amor. Narra las relaciones entre el ingeniero norteamericano Tom (Gary Cooper) y la ladrona internacional Madeleine (Marlene Dietrich) durante unas vacaciones por una España al borde de la guerra, pero nada lo refleja. Tras siete excelentes películas bajo la dirección de Josef von Sternberg, Marlene Dietrich vuelve a encontrarse con Gary Cooper, para hacer una típica comedia sofisticada de los estudios Paramount, con varias gotas de sentimentalismo, que no llega a la gran altura de sus precedentes trabajos.

Director: *Frank Borzage*. Guionistas: *Edwin Justus Mayer, Waldemar Young, Samuel Hoffenstein*. Fotografía: *Charles Lang, Victor Milner*. Música: *Frederick Hollander*. Intérpretes: *Marlene Dietrich, Gary Cooper, John Halliday, William Frawley, Ernest Cossart, Akim Tamiroff*. Producción: *Ernst Lubitsch para Paramount*. Duración: *89'. Estados Unidos*.

DESEOS HUMANOS *(Human Desire, 1954)*

La famosa novela *La bestia humana* de Émile Zola es origen de dos películas muy diferentes, pero igualmente interesantes. En primer lugar, por orden cronológico, se sitúa la producción francesa *La bête humaine* (1938), realizada por Jean Renoir y protagonizada por Jean Gabin, Simone Simon y Fernand Ledoux; una dura historia de amor con todo el pesimismo que le añade el realismo poético de antes de la II Guerra Mundial. En segundo lugar, y en contraste con la anterior, aparece esta producción norteamericana, basada en un guión de Alfred Hayes, que se toma múltiples libertades respecto a la obra original, pero que Fritz Lang convierte en una de sus mejores y más minuciosas películas negras. Narra cómo Jeff Warren (Glenn Ford), un ex combatiente de la guerra de Corea que regresa a su puesto de maquinista en el ferrocarril, es seducido por Vicki Buckley (Gloria Grahame), que no soporta a su celoso, alcohólico y viejo marido Carl Buckley (Broderick Crawford), y se ve envuelto en una sórdida historia matrimonial que finaliza trágicamente. Despojada de sus aspectos sociales, Lang plantea un drama casi ontológico sobre los celos, pero la censura le impide ir todo lo lejos que quiere: convertir a las tres partes del triángulo en igualmente repulsivas.

Director: *Fritz Lang*. Guionista: *Alfred Hayes*. Fotografía: *Burnett Guffey*. Música: *Daniele Amfitheatrof*. Intérpretes: *Glenn Ford, Gloria Grahame, Broderick Crawford, Edgar Buchanan, Kathleen Case*. Producción: *Lewis J. Rachmil para Columbia*. Duración: *90'. Estados Unidos*.

DESFILE DE PASCUA *(Easter Parade, 1948)*

El bailarín Don Hewes (Fred Astaire) se separa de Nadine (Ann Miller), su pareja habitual de trabajo, y decide sustituirla por la primera que encuentre. Entonces descubre a Hannah Brown (Judy Garland), que no solo es una gran bailarina, sino también la mujer de su vida. Preparado por el gran especialista en musicales Vincente Minnelli para ser protagonizado por Gene Kelly, finalmente lo acaba dirigiendo el casi debutante coreógrafo y bailarín Charles Walters, por consejo del psiquiatra de Judy Garland, a quien no le parece bien que ella vuelva a trabajar con su entonces marido Minnelli, y en el último momento Fred Astaire sustituye a Gene Kelly, que se ha roto una pierna durante los ensayos. A pesar de estos cambios, es uno de los grandes musicales producidos por el especialista Arthur Freed para Metro-Goldwyn-Mayer; se apoya en una buena dirección de Walters; tiene diecisiete inspiradas canciones de Irving Berlin, y una apropiada coreografía de Robert Alton. Destacan los números *A Couple of Swells,* que cantan y bailan Fred Astaire y Judy Garland, *Shaking the Blue Aways,* que baila Ann Miller y, sobre todo, *Stepping Out With My Baby,* que baila Fred Astaire a «cámara lenta» ante el cuerpo de baile, que lo hace a velocidad normal.

Director: *Charles Walters*. Guionistas: *Sidney Sheldon, Frances Goodrich, Albert Hackett*. Fotografía: *Harry Stradling*. Música: *Irving Berlin*. Intérpretes: *Fred Astaire, Judy Garland, Ann Miller, Peter Lawford, Clinton Sundberg, Jules Munshin*. Producción: *Arthur Freed para Metro-Goldwyn-Mayer. Color*. Duración: *109'. Estados Unidos*.

DESIERTO SALVAJE *(Savage Wilderness, 1955)*

Después de ser robados por los indios, el trampero Jed Cooper (Victor Mature) y sus compañeros Gus (James Whitmore) y Mongo

(Pat Hogan) son contratados como guías del ejército por el capitán Riordan (Guy Madison). El temperamento salvaje de Jed Cooper choca con el rigor del ejército y, sobre todo, con la obsesión de venganza del coronel Marston (Robert Preston), que lanza a sus hombres a luchar contra los indios en una desigual batalla para superar una derrota en la guerra de Secesión, además de con el atractivo de su mujer Corinna (Anne Bancroft), que acaba convirtiéndose en su amante. Basada en un buen guión de Philip Yordan y Russell S. Hugues, el especialista Anthony Mann hace uno de sus más reputados *westerns* al enfrentar dos formas de vida muy diferentes dentro de un rodaje en exteriores naturales y un buen empleo del formato CinemaScope.

Director: *Anthony Mann.* Guionistas: *Philip Yordan, Russell S. Hughes.* Fotografía: *William C. Mellor.* Música: *Leigh Harline.* Intérpretes: *Victor Mature, Robert Preston, Guy Madison, Anne Bancroft, James Whitmore, Pat Hogan.* Producción: *William Fadiman para Columbia. Color. Scope.* Duración: *98'. Estados Unidos.*

DESPUÉS DEL SUEÑO *(1992)*

En la línea más personal del cine de Mario Camus aparece de vez en cuando el tema del regreso, el hombre que vuelve a su ciudad natal después de haber vivido una larga temporada lejos y desencadena ciertas pasiones, remueve viejas historias y genera algunas tristezas. Así ocurre en las irregulares *Volver a vivir* (1967) y *La vieja música* (1985), pero también en esta producción, que puede considerarse su mejor trabajo en esta línea. Esta vez es Antonio Lanza (Vaclav Vodak), un exiliado en Rusia tras la guerra española, quien regresa, después de cincuenta años de ausencia, para ver a su hermano Ramiro (Fernando Rey), conocer a su sobrino Amós Carro (Carmelo Gómez) y morir en su añorada tierra. Sin embargo, lo que este regreso desencadena es la compleja búsqueda de un cuadro por parte de sus parientes más jóvenes, y esto no solo remueve el pasado, sino que también da lugar a intrigas, mentiras, presiones y amores, dentro de una compleja historia con múltiples personajes, bien resuelta y que se sigue con interés. Da la impresión de que Mario Camus llevaba varios años dando vueltas en su cabeza a esta película; que sus intentos anteriores en esta misma línea solo son borradores; sus restantes películas, ejercicios para dominar la técnica narrativa, y que, finalmente, ha logrado lo que se proponía. Sin embargo, tiene una mínima carrera comercial y no es bien recibida por la crítica.

Director y guionista: *Mario Camus.* Fotografía: *Jaime Peracaula.* Intérpretes: *Carmelo Gómez, Antonio Valero, Ana Belén, Vaclav Vodak, Fernando Rey, Judit Mascó, Eulalia Ramón.* Producción: *José Luis Olaizola y Fernando Garcillán para Sogetel, Antea Films. Color.* Duración: *110'. España.*

DESTINO DE LA SEÑORA YUKI, EL *(Yuki fujin ezu, 1950)*

Hija única de una familia noble, la señora Yuki (Michiyo Kogure) comete el error de casarse con el brutal Naoyuki (Eijiro Yanagi), que no solo la maltrata, sino que además la engaña con otras mujeres. Enamorada de su amigo de infancia, Kataya (Ken Uchara), cuando descubre que está embarazada de su marido se suicida en un lago. Con este contenido melodrama, cuyo interés radica en la modernidad del principal personaje femenino y en que está narrado a través de una criada que admira a su señora, Kenji Mizoguchi hace un dibujo muy realista del declive de una familia aristocrática de provincias. Destacan un peculiar humor crítico, que aparece al fondo de la historia, y los largos y suntuosos planos en que se apoya el minucioso estilo de Mizoguchi.

Director: *Kenji Mizoguchi.* Guionistas: *Yoshikata Yoda, Kazuro Funabashi.* Fotografía: *Joji Obara.* Música: *Fumio Hayasaka.* Intérpretes: *Michiyo Kogure, Yoshiko Kuga, Ken Uchara, Eijiro Yanagi, Yuriko Hamada.* Producción: *Kazuo Takimaru para Shintoho.* Duración: *88'. Japón.*

DEVILLE, Michel *(Boulogne-sur-Seine, Francia, 1931)*

Ayudante de dirección de Henri Decoin en una quincena de películas durante los años cincuenta, supervisor de Jean Mayer en dos largometrajes rodados al final de la década sobre otros tantos montajes de la Comédie Française, correaliza con Charles Gérard el policiaco *Une balle dans le canon* (1958). Durante los años sesenta dirige una decena de producciones, la mayoría sobre guiones escritos en colaboración con Nina Companeez, que le convierten en un especialista en comedias ligeras, protagonizadas por jovencitas. Frente a las primeras y más personales *Esta noche o nunca*, *Por culpa de una mujer* y *L'appartement des filles*, sus grandes éxitos de estos años son *Benjamin*, *Bye, bye Barbara*, *La muñeca y el bruto* y *Raphaël el libertino*. En las películas que realiza con regularidad en los años setenta y ochenta coexisten comedias en una línea similar, *La dama de azul*, *El trepa*, *L'apprenti salaud* y *La petite bande*; con policiacos que le dan un gran prestigio: *Le dossier 51*, sobre un guión original; *Eaux profondes*, basado en una novela de la especialista Patricia Highsmith; *Péril en la demeure*, adaptación de un relato de René Balletto; y *La paltoquet*, versión de la obra de Franz-Rudolph Falk; e historias de cámara con un marcado tono literario: *Le voyage en douce*, sobre dos amigas que buscan una casa en Provence; *La lectora*, basada en texto de Raymond Jean, y *Noche de verano en la ciudad*, en torno a un largo diálogo entre una pareja que acaba de conocerse.

1960 *Ce soir ou jamais* (Esta noche o nunca).
1961 *Adorable menteuse*.
1962 *À cause, à cause d'une femme* (Por culpa de una mujer).
1963 *L'appartement des filles*.
1964 *Lucky Jo* (Eddie, el gángster).
1965 *On a volé la Joconde* (El robo de la Gioconda).
1966 *Martin soldat*.
1967 *Benjamin ou les mémoires d'un puceau* (Benjamín).
1968 *Bye, bye Barbara*.
1970 *L'ours et la poupée* (La muñeca y el bruto).
1971 *Raphaël ou la débauché* (Raphael el libertino).
1972 *La femme en bleu* (La dama de azul).
1974 *Le mouton enragé* (El trepa).
1976 *L'apprenti salaud*.
1978 *Le dossier 51*.
1980 *Le voyage en douce*.
1981 *Eaux profondes*.
1983 *La petite bande*.
1984 *Péril en la demeure*.
1986 *La paltoquet*.
1988 *Le lectrice* (La lectora).
1990 *Nuit d'été en ville* (Noche de verano en la ciudad).
1992 *Toutes peines confondues*.
1993 *Aux petits bonheurs*.

DeVITO, Danny *(Neptune, New Jersey, Estados Unidos, 1944)*

Estudia arte dramático en la Wilfred Academy of Hair and Beauty Cultura y, a pesar de su baja estatura y su peculiar físico, durante la década de los setenta hace algunos papeles secundarios, entre los que destaca el de *Alguien voló sobre el nido del cuco*, de Milos Forman. Se da a conocer con el díptico de películas de aventuras formado por *Tras el corazón verde* y *La joya del Nilo*, pero se especializa en papeles cómicos, tanto dirigido por otros realizadores, *¡Por favor, maten a mi mujer!* y *Dos estafadores y una mujer*, como por él mismo, *Tira a mamá del tren* y *La guerra de los Rose*. Sus mejores películas como actor son *Other People's Money*, de Norman Jewison; *Batman vuelve*, de Tim Burton, y *Renaissance Man*, de Penny Marshall, mientras como director hace trabajos más ambiciosos: *Hoffa*, biografía de un líder sindicalista norteamericano, pero que escapan a sus posibilidades.

Como director
1987 *Throw Momma From the Train* (Tira a mamá del tren).
1989 *The War of the Roses* (La guerra de los Rose).
1992 *Hoffa*.
1995 *Matilda*.

Como actor
1971 *La mortadella* (Mortadela), de Mario Monicelli.
1973 *Hurry Up or I'll Be 30*, de Joseph Jacoby. / *Scalawag* (Pata de palo), de Kirk Douglas.
1975 *One Flew Over the Cuckoo's Nest* (Alguien voló sobre el nido del cuco), de Milos Forman.
1976 *The Van*, de San Grossman.
1977 *The World's Greatest Lover* (El mejor amante del mundo), de Gene Wilder.
1978 *Goin' South* (Camino del Sur), de Jack Nicholson.
1981 *Going Ape!*, de Jeremy Joe Kronsberg.
1983 *Terms of Endearment* (La fuerza del cariño), de James L. Brooks.
1984 *Romancing the Stone* (Tras el corazón verde), de Robert Zemeckis. / *Johnny Dangerously* (Johnny peligroso), de Amy Heckerling.
1985 *The Jewel of the Nile* (La joya del Nilo), de Lewis Teague.
1986 *Head Office*, de Ken Finkleman. / *Ruthless People* (¡Por favor, maten a mi mujer!), de Jim Abrahams. / *Wise Guys*, de Brian de Palma.
1987 *Throw Momma From the Train* (Tira a mamá del tren), de Danny DeVito. / *Tin Men* (Dos estafadores y una mujer), de Barry Levinson.
1988 *Twins* (Los gemelos golpean dos veces), de Ivan Reitman.
1989 *The War of the Roses* (La guerra de los Rose), de Danny DeVito.
1991 *Other People's Money*, de Norman Jewison.

1992 *Batman Returns* (Batman vuelve), de Tim Burton. / *Hoffa*, de Danny DeVito.
1993 *Jack the Bear*, de Marshall Hershkovitz.
1994 *Renaissance Man* (Un poeta entre reclusos), de Penny Marshall. / *Junior*, de Ivan Reitman.
1995 *Matilda*, de Danny DeVito / *Get Shorty* (Cómo conquistar Hollywood), de Barry Sonnenfeld.

DÍA DE LOS TRAMPOSOS, EL *(There Was a Crooked Man, 1970)*

Sobre un atractivo guión de los reputados David Newman y Robert Benton, que más tarde también se convierte en realizador, el interesante productor y director Joseph L. Mankiewicz rueda el único *western* de su carrera. Sin embargo, el género solo es una excusa para jugar, con su característico cinismo, con su habitual tema de la avidez humana, mostrar el enfrentamiento de dos eficaces mentes y describir una realidad que luego resulta ser falsa. Entre medias de las historias de sus compañeros de fuga, narra cómo el ladrón Paris Pitman (Kirk Douglas) en 1883 intenta escapar del penal de Arizona para recuperar su botín, oculto en un nido de serpiente de cascabel, pero es estrechamente vigilado por el nuevo alcaide, Lopeman (Henry Fonda), que acaba huyendo con el dinero a México. Rodada con gran habilidad y un peculiar sentido del humor, resulta curioso que más que un *western* sea una característica película de Mankiewicz.

Director: *Joseph L. Mankiewicz*. Guionistas: *David Newman, Robert Benton*. Fotografía: *Harry Stradling Jr.* Música: *Charles Strouse*. Intérpretes: *Kirk Douglas, Henry Fonda, Hume Cronyn, Warren Oates, Burgess Meredith, John Randolph, Arthur O'Connell, Alan Hale*. Producción: *Joseph L. Mankiewicz para Warner Seven Arts. Color. Scope.* Duración: *126'. Estados Unidos.*

DIABLO EN EL CUERPO, EL *(Le diable au corps, 1947)*

En 1923, en plena posguerra, el joven Raymond Radiguet publica su primera novela y levanta un gran escándalo al narrar los amores entre los jóvenes François y Marthe en plena Gran Guerra, mientras la mayoría de la juventud muere en las trincheras. El libro es origen de tres películas muy diferentes: la producción australiana *Devil in the Flesh* (1985), del debutante Scott Murray con Katia Caballero y Keith Smith; la producción italiana *Diavolo in corpo* (1986), de Marco Bellocchio con Marushka Detmers y Federico Pitzalis, que sitúa la acción a mediados de la década de los ochenta, narra los amores entre la hija de un comisario asesinado por las Brigadas Rojas, novia de un terrorista procesado, y el hijo de su psicoanalista, y origina un gran escándalo a causa de una escena en que se realiza una *fellatio;* y esta famosa producción francesa que, por estrenarse poco después de la II Guerra Mundial, genera un escándalo similar al de la novela. Está narrada a través de una sucesión de *flashbacks* en los que el joven François (Gérard Philippe), recuerda durante los funerales de su amante Marthe (Micheline Presle), muerta de parto, cómo se enamoran en el colegio, se encuentran durante la Gran Guerra y gracias a que su marido está en el frente, se hacen amantes y ella queda embarazada. Con un literario guión de Jean Aurenche y Pierre Bost, es una de las mejores películas de Claude Autant-Lara y uno de los grandes éxitos del cine francés de posguerra, pero tiene problemas con la censura de muy diferentes países.

Director: *Claude Autant-Lara*. Guionistas: *Jean Aurenche, Pierre Bost*. Fotografía: *Michel Kelber* Música: *René Cloërec*. Intérpretes: *Gérard Philippe, Micheline Presle, Jean Debucourt, Jean Varas, Denise Grey*. Producción: *Paul Graetz para Transcontinental Films.* Duración: *110'. Francia.*

DIARIO DE UN CURA RURAL *(Le journal d'un curé de campagne, 1951)*

Tras dos películas que poco tienen que ver con el resto de su cine, Robert Bresson se da a conocer internacionalmente con la espléndida trilogía sobre la soledad, que hace a lo largo de la década de los cincuenta. Antes de *Pickpocket* (1959) y de *Un condenado a muerte se ha fugado* (Un condamné à mort s'est echappé, 1956) hace la más personal de sus películas, siguiendo la novela homónima de Georges Bernanos y donde ya aparece en todo su esplendor su peculiar estilo y su gusto por los actores no profesionales. Narra las vicisitudes que sufre un joven cura (Claude Laydu) en el pequeño pueblo de Ambricourt, en Artois, donde es mal recibido sus habitantes por su deficiente salud, por su espíritu infantil y su falta de sentido práctico. Además, el cura se ve envuelto en una melodramática historia protagonizada por los señores de un cercano castillo, mientras se muere de cáncer de estómago. Fiel al espíritu y el texto de Bernanos, desarrolla un complejo sistema narrativo, apoyado en las notas que el cura toma en su diario, recitadas y visualizadas al mismo tiempo, gracias al que consigue ligar estrechamente el dolor físico con el sufrimiento moral.

Director y guionista: *Robert Bresson*. Fotografía: *Léonce-Henry Burel*. Música: *Jean-Jacques Grünenwald*. Intérpretes: *Claude Laydu, Armand Gulbert, Nicole Ladmiral, Nicole Maurey, Jean Riveyre*. Producción: *Nouvelles Films Editions, U. G. S., S. N. E. C.* Duración: *110'. Francia.*

DIARIO DE UNA CAMARERA *(Le journal d'une femme de chambre, 1964)*

La novela homónima publicada en 1900 por Octave Mirbeau, que se vale de las andanzas de una doncella para dar una particular visión de la burguesía francesa de finales del siglo XIX, da lugar a dos producciones muy diferentes. La primera, por orden cronológico, es *Memorias de una doncella* (The Diary of a Chambermaid, 1946), la dirige el francés Jean Renoir durante su exilio en Hollywood provocado por la II Guerra Mundial, está protagonizada por Paulette Godard y traiciona el original con su tono desenfadado cercano a la comedia. La segunda es esta melodramática versión, que marca el comienzo de las fructíferas relaciones profesionales entre el guionista francés Jean-Claude Carrière y el director español Luis Buñuel, y se sitúa entre sus mejores trabajos. Traslada la acción a 1928 para incluir al final una manifestación donde se vitorea al prefecto de policía Chiappe, responsable de la prohibición de *La edad de oro* (L'âge d'or, 1930), de Buñuel. Narra cómo Célestine (Jeanne Moreau), que trabaja para una rica familia de provincias, debe frenar los avances de su señor, Monteil (Michel Piccoli), descubre que el jardinero Joseph (Georges Géret) es un obseso fascista, asesino de niñas, que escapa de la justicia, y se casa con el capitán retirado Mauzer (Daniel Ivertiel). Realizada con una extremada habilidad, es muy fiel al espíritu de la novela original y tiene estupendas escenas, como el diálogo entre la señora Monteil (Françoise Lugagne) y un sacerdote (Jean-Claude Carrière) sobre los deberes conyugales de una esposa.

Director: *Luis Buñuel*. Guionistas: *Luis Buñuel, Jean-Claude Carrière*. Fotografía: *Roger Fellous*. Intérpretes: *Jeanne Moreau, Michel Piccoli, Georges Géret, Françoise Lugagne, Daniel Ivertiel, Jean Ozenne*. Producción: *Serge Silberman y Michel Safra para Speva Films, Ciné Alliances Filmsonor. Scope.* Duración: *98'. Francia.*

DÍAS CONTADOS *(1994)*

Después de unos años dedicado al cine de géneros —el fallido policiaco *Adiós, pequeña* (1986), la torpe historia de terror *La luna negra* (1989) y la atractiva narración de época *El rey pasmado* (1991)—, Imanol Uribe vuelve al tema que más le interesa, los problemas del País Vasco, en la mejor de sus películas. Tomando como punto de partida la novela policiaca homónima de Juan Madrid, sobre el submundo de los drogadictos madrileños, Uribe la mezcla con habilidad con la historia de tres miembros del Comando Madrid de ETA desplazados a la capital para cometer algunos atentados. El resultado es una terrible relación amorosa entre Antonio (Carmelo Gómez), un hombre de treinta años atrapado en una espiral de destrucción y muerte en la que ya no cree, y Charo (Ruth Gabriel), una joven de dieciocho años metida en un sórdido ambiente de prostitución y drogas. En un cine como el español, que por motivos difíciles de precisar cada vez vive más de espaldas a la realidad, esta producción significa un soplo de aire renovador, evidente tanto en la descripción del mundo de los drogadictos como en la de los etarras. Narrada con minuciosidad y eficacia, destaca la habilidad como guionista y director de Imanol Uribe, además del descubrimiento de tres eficaces caras nuevas: Ruth Gabriel como la desgarrada y exhibicionista drogadicta Charo, Candela Peña en el papel de su amiga, la prostituta andaluza Vanesa, y Elvira Mínguez encarnando a la fría terrorista Lourdes. También tiene una excelente fotografía de Javier Aguirresarobe y una apropiada música de percusión de José Nieto.

Director y guionista: *Imanol Uribe*. Fotografía: *Javier Aguirresarobe*. Música: *José Nieto*. Intérpretes: *Carmelo Gómez, Ruth Gabriel, Candela Peña, Karra Elejalde, Elvira Mínguez, Joseba Apaolaza, Javier Bardem*. Producción: *Andrés Santana e Imanol Uribe para Aite Films, Ariane Films, Sogepag. Color.* Duración: *93'. España.*

DÍAS DE VINO Y ROSAS *(Days of Wine and Roses, 1963)*

A partir de un programa dramático de televisión realizado en 1958 por John Frankenheimer con Clift Robertson y Piper Laurie, el productor, guionista y director Blake Edwards hace una excelente película sobre el tema del alcoholismo. Narra las relaciones entre Joe Clay (Jack Lemmon), el hijo de un intérprete de pantomimas y una cantante que trabaja como relaciones públicas de una gran empresa, y Kristen Arnesen (Lee Remick), la hija de unos suecos que tienen un vivero y trabaja como secretaria en la misma empresa, como un lento y terrible descenso a los infiernos del alcohol. Con un excelente guión de J. P. Miller, que comienza como una divertida comedia para finalizar como un terrible drama, destaca el gran trabajo de Blake Edwards para llevar a cabo este difícil cambio de género dentro de una misma historia. Así como la gran actuación de Jack Lemmon y Lee Remick y la apropiada música de Henry Mancini, el único que consigue un Oscar.

Director: *Blake Edwards*. Guionista: *J. P. Miller*. Fotografía: *Philip Lathrop*. Música: *Henry Mancini*. Intérpretes: *Jack Lemmon, Lee Remick, Charles Bickford, Jack Klugman, Alan Hewitt*. Producción: *Martin Manulis para Warner*. Duración: *117'*. Estados Unidos.

DÍAS DEL CIELO *(Days of Heaven, 1978)*

La jovencísima Linda (Linda Manz) narra, con un exceso de voz de fondo, cómo ella, su hermano Bill (Richard Gere) y la amante de este, Abby (Brooke Adams), dejan su duro trabajo de obreros metalúrgicos en Chicago para irse en 1916 a Texas a trabajar como obreros agrícolas en la enorme propiedad presidida por la solitaria mansión donde vive su enfermizo dueño Chuck (Sam Shepard). Encaprichado con Abby, Chuck acaba casándose con ella, que solo ve en la boda una manera de que Bill y ella puedan progresar en la vida, pero Chuck descubre la situación, se enfrenta a Bill, muere en la pelea y los tres vuelven a huir. Esta segunda película dirigida por Terrence Malick —la primera es la interesante *Malas tierras* (Badlands, 1973), protagonizada por Martin Sheen y Sissy Spacek—, tiene una gran belleza visual, en buena medida gracias a la espléndida fotografía de Néstor Almendros, llena de planos de detalle, bonitos paisajes y escenas nocturnas rodadas con luz natural. Sin embargo, la narración resulta demasiado desdramatizada y le falta fuerza, lo mismo que a la tenue música de Ennio Morricone. Destaca el trabajo interpretativo del debutante dramaturgo Sam Shepard, bien arropado por los entonces poco conocidos Richard Gere y Brooke Adams.

Director y guionista: *Terrence Malick*. Fotografía: *Néstor Almendros*. Música: *Ennio Morricone*. Intérpretes: *Richard Gere, Brooke Adams, Sam Shepard, Linda Manz*. Producción: *Bert y Harold Schneider para OP / Paramount. Color*. Duración: *95'*. Estados Unidos.

DÍAS SIN HUELLA *(The Lost Weekend, 1945)*

El descenso a los infiernos del alcohol durante un largo fin de semana en Nueva York del escritor en crisis Don Birnam (Ray Milland), que rechaza tanto la ayuda de su novia, Helen St. James (Jane Wyman), como la de su hermano Wick Birnam (Philip Terry), es el centro de esta importante película dramática escrita en colaboración y dirigida por el vienés Billy Wilder. Es la primera producción de Hollywood en que un borracho deja de ser un personaje cómico secundario para convertirse en un desgarrado protagonista. Escrita parcialmente y producida por el reputado Charles Brackett, colaborador habitual de Wilder durante la primera parte de su carrera norteamericana, está influida por las teorías neorrealistas y es una de las primeras producciones de los grandes estudios de Hollywood con escenas rodadas en exteriores e interiores naturales. Gana cuatro importantes Oscars y se convierte en uno de los grandes éxitos de la carrera de Wilder en su etapa Paramount.

Director: *Billy Wilder*. Guionistas: *Charles Brackett, Billy Wilder*. Fotografía: *John F. Seitz*. Música: *Miklos Rozsa*. Intérpretes: *Ray Milland, Jane Wyman, Philip Terry, Howard da Silva, Frank Faylen*. Producción: *Charles Brackett para Paramount*. Duración: *101'*. Estados Unidos.

DICKINSON, Angie *(Angeline Brown. Kulm, Dakota del Norte, Estados Unidos, 1931)*

Estudia en el Glendale College de Los Ángeles, gana un concurso de belleza y en seguida comienza a trabajar en televisión. Debuta como actriz de cine a mediados de los años cincuenta; en seguida es contratada por los estudios Warner y trabaja para ellos hasta 1965. Entre las películas de esta primera parte de su carrera sobresalen *China Gate,* de Samuel Fuller; *Furia salvaje,* de Jacques Tourneur, y sobre todo el *western* personal *Río Bravo,* de Howard Hawks, que la lanza, además de *Misión en la jungla,* de Gordon Douglas; *Más allá del amor,* de Delmer Daves, y *Jessica,* de Jean Negulesco, donde es la protagonista absoluta, sin olvidar el hábil policiaco *Código del hampa,* de Don Siegel. Hasta mediados de la década de los sesenta trabaja en cine con regularidad y sobresalen sus actuaciones en *La jauría humana,* de Arthur Penn, *A quemarropa,* de John Boorman, y el policiaco francés *Funeral en Los Ángeles,* de Jacques Deray. Más tarde alterna películas, como el policiaco *Vestida para matar,* de Brian de Palma, que es el mayor éxito de la última etapa de su desigual carrera, con series de televisión, como *La mujer policía,* que le dan una gran popularidad.

1954 *Lucky Me,* de Jack Donohue.
1955 *Man With the Gun* (Con sus mismas armas), de Richard Wilson. / *Tennessee's Partner* (El jugador), de Allan Dwan. / *The Return of Jack Slade,* de Harold Schuster. / *Hidden Guns,* de All Gannaway.
1956 *Gun the Man Down,* de Andrew V. McLaglen. / *Tension at Table Rock* (Ansiedad trágica), de Charles Marquis Warren. / *The Black Whip,* de Charles Marquis Warren.
1957 *Shoot-Out at Medicine,* de Richard L. Bare. / *Calypso Joe,* de Edward Dein. / *China Gate,* de Samuel Fuller.
1958 *Cry Terror,* de Andrew L. Stone. / *I Married a Woman,* de Hal Kanter. / *Frontier Rangers* (Furia salvaje), de Jacques Tourneur.
1959 *Rio Bravo* (Río Bravo), de Howard Hawks. / *The Bramble Bush* (El zarzal), de Daniel Petrie.
1960 *Fever in the Blood,* de Vincent Sherman. / *Ocean's Eleven* (La cuadrilla de los once), de Lewis Milestone.
1961 *I'll Give My Life,* de William F. Claxton. / *The Sins of Rachel Cade* (Misión en la jungla), de Gordon Douglas.
1962 *Rome Adventure* (Más allá del amor), de Delmer Daves. / *Jessica,* de Jean Negulesco.
1963 *Captain Newman M.D.* (Capitán Newman), de David Miller.
1964 *The Killers* (Código del hampa), de Don Siegel.
1965 *The Art of Love* (El arte de amar), de Norman Jewison.
1966 *The Chase* (La jauría humana), de Arthur Penn. / *Cast a Giant Shadow* (La sombra de un gigante), de Melville Shavelson. / *The Poppy Is Also a Flower* (Las flores del mal), de Terence Young.
1967 *Point Blank* (A quemarropa), de John Boorman. / *The Last Challenge* (Duelo a muerte en Río Rojo), de Richard Thorpe.
1969 *Sam Whiskey,* de Arnold Laven. / *Young Billy Young* (Pistolero), de Burt Kennedy.
1970 *Some Kind of a Nut,* de Garson Kanin.
1971 *Pretty Maids All in a Row* (Querido profesor), de Roger Vadim.
1972 *Un homme est mort* (Funeral en Los Ángeles), de Jacques Deray.
1974 *Big Bad Mama* (Una mamá sin freno), de Steve Carver.
1978 *L'homme en colère* (Laberinto), de Claude Pinoteau.
1980 *Klondike Fever* (Las aventuras de Jack London), de Peter Carter. / *Dressed to Kill* (Vestida para matar), de Brian de Palma.
1981 *Death Hunt* (Caza salvaje), de Peter Hunt. / *Charlie Chan and the Curse of the Dragon Queen* (La maldición de la reina Dragón), de Clive Donner.
1988 *Big Bad Mama II,* de Jim Wynorski.
1992 *Even Cowgirls Get the Blues* (Ellas también se deprimen), de Gus van Sant.

DIEGO, Gabino *(Madrid, España, 1966)*

Descubierto por el realizador Jaime Chávarri entre más de doscientos aspirantes al papel de Luisito en *Las bicicletas son para el verano,* empieza a estudiar arte dramático mientras hace papeles secundarios en varias películas. El éxito conseguido en *El viaje a ninguna parte* y *El mar y el tiempo,* de Fernando Fernán-Gómez, le lanza a papeles protagonistas en *¡Ay, Carmela!,* de Carlos Saura; *El rey pasmado,* de Imanol Uribe, y *La noche más larga,* de José Luis García Sánchez. Lo suyo es la comedia, tal como una vez más demuestra en *Los peores años de nuestra vida,* de Emilio Martínez-Lázaro, y *Belle époque,* de Fernando Trueba.

1983 *Las bicicletas son para el verano,* de Jaime Chávarri.
1984 *El rollo de septiembre,* de Mariano Ozores.
1985 *Eliminators,* de Peter Manogian.
1986 *El extranger-oh! de la calle Cruz del Sur,* de Jorge Grau. / *El viaje a ninguna parte,* de Fernando Fernán-Gómez.
1988 *Amanece que no es poco,* de José Luis Cuerda.
1989 *El mar y el tiempo,* de Fernando Fernán-Gómez. / *Ovejas negras,* de José María Carreño.
1990 *¡Ay, Carmela!,* de Carlos Saura. / *La viuda del capitán Estrada,* de José Luis Cuerda.
1991 *El rey pasmado,* de Imanol Uribe. / *La noche más larga,* de José Luis García Sánchez. / *Fuera de juego,* de Fernando Fernán-Gómez.

1992 *Supernova*, de Juan Miñón. / *Belle époque*, de Fernando Trueba. / *Dollar Mambo*, de Paul Leduc.
1993 *Los peores años de nuestra vida*, de Emilio Martínez-Lázaro. / *Tierno verano de lujurias y azoteas*, de Jaime Chávarri.
1994 *Los hombres siempre mienten*, de Antonio del Real. / *Así en el cielo como en la tierra*, de José Luis Cuerda.
1995 *Two Much*, de Fernando Trueba.

DIEGUES, Carlos *(Maceio, Alagoas, Brasil, 1940)*

Mientras estudia derecho en la Universidad de Rio de Janeiro, escribe crítica de cine en diversas publicaciones y organiza cine-clubs. Tras su episodio de *Cinco vezes favela*, algunos cortos y la producción de las primeras películas de Glauber Rocha y Arnaldo Jabor, debuta como director con el largometraje *Ganga Zumba*, sobre la insurrección de un grupo de negros contra la esclavitud en el siglo XVII, sofocada por los portugueses —tema que vuelve a tratar veinte años después en *Quilombo*—, seguida de la menos personal *La gran ciudad*. Tienen mayor interés *Los herederos*, que narra la historia de Brasil entre 1930 y el golpe militar de 1964 en tono tropicalista, y *Joanna francesa*, sobre la dueña de un burdel de São Paulo encarnada por la actriz francesa Jeanne Moreau; entre las que se sitúa *Cuando o carnaval chegar*, narración popular sobre la influencia de la música brasileña en la sociedad. Sus grandes éxitos son *Xica da Silva*, sensual historia de la ascensión y caída de una bella esclava negra en Minas Gerais en el siglo XVII, y *Bye Bye Brasil*, visión crítica del interior del país dada a través de una historia de amor y las andanzas de un circo ambulante, y en menor medida *Chuvas de verão*, homenaje a las variedades y al circo en vías de desaparición. Tras el documental de largometraje *Nossa Amazonia*, rueda la fallida *Um trem para as estrelas*, sobre las andanzas de un saxofonista en los más sórdidos ambientes cariocas, y la atractiva *Dias melhores virão*, crítica de la colonización cultural a través de la vida de una mujer de mediana edad que decide hacerse dobladora, que también es un fracaso comercial. Mientras *Veja esta canção* es una atractiva colección de cuatro episodios sentimentales basados en otros tantos poemas de Gilberto Gil.

1961 *Escola de samba, alegria de viver*, episodio de *Cinco vezes favela*.
1964 *Ganga Zumba*.
1966 *A grande cidade* (La gran ciudad).
1969 *Os herdeiros* (Los herederos).
1972 *Cuando o carnaval chegar*.
1973 *Joanna francesa*.
1976 *Xica da Silva*.
1977 *Chuvas de verão*.
1979 *Bye Bye Brasil*.
1984 *Quilombo*.
1985 *Nossa Amazonia*.
1987 *Um trem para as estrelas*.
1990 *Dias melhores virão*.
1992 *Orfeu negro*.
1994 *Veja esta canção*.

DIENTES DEL DIABLO, LOS *(The Savage Innocents, 1960)*

Esta primera producción enteramente europea del director norteamericano Nicholas Ray, está basada en un interesante guión propio, además es una de sus mejores narraciones sobre su habitual historia de la pareja que busca un refugio para vivir en paz, parece encontrarlo, pero al final se desvanecen sus sueños de felicidad. En esta ocasión narra cómo los esquimales Inuk (Anthony Quinn) y Assiak (Yoko Tani) causan la muerte accidental de un misionero (Marco Guglielmi) y a través de la tundra del Ártico son perseguidos por dos policías (Peter O'Toole y Carlo Giustini). A pesar de que no consigue a dos auténticos y desconocidos esquimales como protagonistas y debe aceptar al mexicano Anthony Quinn y a la japonesa Yoko Tani, y aunque tiene que sufrir la pérdida de gran parte del material rodado en el Ártico y repetirlo en los romanos estudios de Cinecittà, el mítico Nicholas Ray realiza una de sus más personales películas.

Director y guionista: *Nicholas Ray*. Fotografía: *Aldo Tonti, Peter Hennessey*. Música: *Francesco Lavagnino*. Intérpretes: *Anthony Quinn, Yoko Tani, Peter O'Toole, Carlo Giustini, Marie Yang, Andy Ho, Kaida Horiuchi*. Producción: *Meleno Malenotti y Joseph Jami para Magic Films (Londres), Play Art Grey Films (Londres), S.N. Pathé (París), Appia Film (Roma). Color. Scope.* Duración: *110'. Reino Unido-Francia-Italia.*

DIETERLE, William *(Ludwigshafen, Palatinado, Alemania, 1893-Taufkierchen, República Federal Alemana, 1972)*

Séptimo de los nueve hijos de una familia obrera, comienza a trabajar como vidriero, pero su vocación teatral le hace estudiar arte dramático en Mannheim, representar obras con sus hermanos y debutar a los dieciocho años como actor en una compañía ambulante. Durante la Gran Guerra, mientras actúa en el teatro municipal de Zurich, conoce al gran director Max Reinhardt, en 1920 se presenta en Berlín bajo su dirección, trabajan juntos en varias ocasiones y nace una estrecha amistad entre ellos. Al mismo tiempo realiza una actividad complementaria como actor de cine y dirige su primera película, *Der Mensch am Wege,* que además escribe y protagoniza. Crea con su mujer su propia productora, logra cierto éxito como director con *Das Geheimnis des Abbe X, Die Heilige und ihr Narr* y, sobre todo, *Cadenas.* Asociado a la filial alemana de los estudios norteamericanos Universal, rueda el melodrama *Das Schweigen im Walde,* su primera biografía *Ludwig der Zweite, König von Bayern* y la comedia musical *Eine Stunde Glück,* su primera película sonora. Perseguido por sus acreedores por la mala gestión administrativa de su mujer, acepta una invitación de los estudios Warner y en 1930 se instala en Hollywood. Tras protagonizar y dirigir cinco versiones alemanas de películas norteamericanas, según la costumbre de una época en que todavía no se ha impuesto el doblaje, firma un contrato con Warner como director y durante la primera mitad de los años treinta rueda casi veinte producciones de Serie B, entre las que destacan la historia de aviación *The Last Flight;* el musical *El altar de la moda,* con coreografía de Busby Berkeley, y el policiaco *Fog over Frisco.* Su suerte cambia cuando convence a Jack Warner para producir la película de prestigio *El sueño de una noche de verano,* adaptación de la obra teatral homónima de William Shakespeare que codirige con su maestro Max Reinhardt en su única experiencia cinematográfica. Entre los policiacos *El doctor Sócrates* y *Satan Met a Lady,* una curiosa versión, en clave de comedia, del clásico *El halcón maltés,* de Dashiell Hammett, consigue su primer éxito personal con la biografía *La tragedia de Louis Pasteur.* Esto le lleva a narrar, con un tono progresista y teniendo muy en cuenta la cada vez más deteriorada realidad europea, la vida de Florence Nightingale, creadora de la Cruz Roja, en *White Angel;* el conflictivo caso Dreyfus en *La vida de Émile Zola;* los problemas mexicanos en *Juárez;* la vida del descubridor del tratamiento contra la sífilis Paul Ehrlich en *La mágica bola del doctor Ehrlich,* y la del creador de la primera agencia de información Julius Reuter en *La vida de Reuter.* Entre medias rueda *Bloqueo,* la única producción norteamericana a favor de la II República y una de las pocas dedicadas a la guerra española, y *Esmeralda, la zíngara,* una progresista adaptación de la novela de Victor Hugo *El jorobado de Notre-Dame.* Finalizado su contrato con Warner, a principios de la década de los cuarenta crea su propia productora para la que rueda las ambiciosas *El hombre que vendió su alma,* personal versión norteamericana del mito de Fausto, y *Syncopation,* intento de contar la historia del jazz a través de la vida de un trompetista, pero son grandes fracasos económicos. Esto le obliga a rodar para los estudios Metro-Goldwyn-Mayer *Tennessee Johnson,* patriótica biografía del presidente norteamericano, y *El príncipe mendigo,* extravagancia *kitsch* que hace para pagar sus deudas. Más tarde dirige para el productor independiente David O. Selznick las interesantes comedias románticas *Te volveré a ver, Cartas a mi amada, Como te quise, te quiero* y *Jennie,* sin olvidar sus aportaciones a la superproducción *Duelo al sol* (Duel in the Sun, 1946), de King Vidor. Sus ideas izquierdistas y la ayuda suministrada a emigrantes alemanes durante la II Guerra Mundial hacen que durante la denominada «caza de brujas», impulsada por el Comité de Actividades Antinorteamericanas, se refugie en los estudios Paramount para hacer simples policiacos, *The Accused;* melodramas, *Amargo desquite;* aventuras violentas, *Soga de arena;* melodramas románticos, *September Affair;* westerns convencionales, *Sólo una bandera;* historias anticomunistas, *Pekín,* o aventuras románticas, *La senda de los elefantes.* Entre las que también dirige *Vulcano* en Italia, y *Salomé* para los estudios Columbia. Tras el fracaso de *The Story of Richard Wagner* y *Omar Khayyam,* sus dos últimas biografías, y ante las presiones del Comité de Actividades Antinorteamericanas, a finales de los años cincuenta regresa con su mujer a la República Federal Alemana. Pasa los últimos quince años de su vida en una mala situación económica, mientras rueda algunas películas sin interés, como *Los misterios de Angkor,* y desarrolla una mucho más atractiva actividad teatral y televisiva. Muere de un ata-

DIETERLE, William

que al corazón, como director y propietario de un teatro ambulante.

Como director
1923 *Der Mensch am Wege* (Un hombre al borde del camino).
1927 *Das Geheimnis des Abbe X.*
1928 *Die Heilige und ihr Narr.* / *Geschlecht in Fesseln* (¿Deben tener hijos los pobres?). / *Die Sexualnot der Gefangen* (Cadenas).
1929 *Ich Lebe für Dich* (El triunfo del amor). / *Frühlingsrauschen.* / *Das Schweigen im Walde.* / *Ludwig der Zweite, König von Bayern.*
1930 *Eine Stunde Glück.*
1931 *The Last Flight.* / *Her Majesty Love.*
1932 *Man Wanter* (Diplomacia femenina). / *Jewel Robbery.* / *The Crash.* / *Scarlet Dawn* (Amanecer escarlata). / *Six Hours to Live* (Seis horas de vida). / *Lawyer Man* (Hombre de leyes).
1933 *Grand Slam* (La gran jugada). / *Adorable.* / *The Devil's in Love* (El diablo se divierte). / *From Headquarters.* / *Fashion Follies of 1934* (El altar de la moda).
1934 *Fog Over Frisco.* / *Madame Du Barry.* / *The Firebird.*
1935 *The Secret Bride* (La novia secreta). / *Dr. Socrates* (El doctor Sócrates). / *A Midsummer Night's Dream* (El sueño de una noche de verano).
1936 *The Story of Louis Pasteur* (La tragedia de Louis Pasteur). / *The White Angel.* / *Satan Met a Lady.*
1937 *The Great O'Malley.* / *Another Dawn.* / *The Life of Émile Zola* (La vida de Émile Zola).
1938 *Blockade* (Bloqueo).
1939 *Juárez.* / *The Hunchback of Notre-Dame* (Esmeralda, la zíngara).
1940 *Dr. Ehrlich's Magic Bullett* (La mágica bola del doctor Ehrlich). / *A Dispatch From Reuter's* (La vida de Reuter).
1941 *The Devil and Daniel Webster* (El hombre que vendió su alma). / *All that Money Can Buy.*
1942 *Syncopation.* / *Tennessee Johnson.*
1944 *Kismet* (El príncipe mendigo).
1945 *I'll Be Seeing You* (Te volveré a ver). / *Love Letters* (Cartas a mi amada). / *This Love of Ours* (Como te quise, te quiero).
1946 *The Searching Wind.*
1948 *The Accused.*
1949 *Portrait of Jennie* (Jennie). / *Rope of Sand* (Soga de arena).
1950 *Paid in Full* (Amargo desquite). / *Dark City* (Ciudad en sombras). / *Vulcano.*
1951 *September Affair.* / *Peking Express* (Pekín).
1952 *Boots Malone.* / *Red Mountain* (Sólo una bandera). / *The Turning Point* (Un hombre acusa).
1953 *Salome.*
1954 *Elephant Walk* (La senda de los elefantes). / *The Story of Richard Wagner.*
1956 *Magic Fire.*
1957 *Omar Khayyam.*
1958 *Die Herrin der Welt* (Los misterios de Angkor).
1959 *Il vendicatore.*
1960 *Die Fastnachtsbeichte.*
1965 *The Confession.*

Como actor
1915 *Der Erbfoster*, de Hans Oberläner.
1918 *Der Rattenfanger von Hameln*, de Rochus Gliese y Paul Wegener.
1920 *Gerechtigkeit*, de Stefan Lux.
1921 *Die Geierwally*, de E. A. Dupont. / *Die Hintertreppe*, de Leopold Jessner y Paul Leni. / *Die Silbermowe*, de Fred Saurer.
1922 *Fraulein Julie*, de Felix Basch. / *Frauenopfer*, de Karl Grüne. / *Der Graf von Charolais*, de Karl Grüne. / *Malmaison*, de Paul Ludwig Stein. / *Lukrezia Borgia* (Lucrecia Borgia), de Richard Oswald. / *Tiefland* (Tierra baja), de A. E. Licho. / *Marie-Antoniette, das Leben Einer Konigin* (María Antonieta), de Rudolf Meinert. / *Es Leuchtet Meine Liebe*, de Paul Ludwig Stein.
1923 *Der Mensch am Wege* (Un hombre al borde del camino), de William Dieterle. / *Boheme, Kinstlerliebe* (La bohemia), de Gennaro Righelli. / *Der Zweite Schuss*, de Maurice Krol. / *Die Pagode*, de Alfred Fekete. / *Die Grune Manuela*, de E. A. Dupont. / *Die Austreibung*, de F. W. Murnau.
1924 *Das Wachsfigurenkabinett* (El hombre de las figuras de cera), de Paul Leni. / *Carlos und Elisabeth*, de Richard Oswald. / *Mutter und Kind* (El destino de los hijos), de Carl Froelich.
1925 *Wetterleuchten*, de Rudolf Walther-Fein. / *Lena Warnstetten*, de Erich Eriksen. / *Die Blumenfrau vom Postdamer Platz*, de Jaap Speyer. / *Sumpf und Moral*, Rudolf Walther-Fein. / *Die vom Niederrhein*, de Rudolf Walther-Fein. / *Der Hahm im Korb*, de Georg Jacoby. / *Der Rosa Diamant* (El diamante rosa), de Rochus Gliese. / *Die Dame aus Berlin*, de Lorand von Kabdebo. / *Die Gesunkenen* de Rudolf Walther-Fein.
1926 *Familie Schimek, Wiener Herzen*, de Alfred Halm. / *Die Forsterchristl* (La hija del guardabosques), de Friedrich Zelnik. / *Qualen der Nacht*, de Kurt Bernhardt. / *Die Muhle von Sanssouci*, de Siegfried Philippini. / *Die Flucht in den Zirkus* (Rusia), de Mario Bonnard y Guido Schamberg. / *Zopf und Schwert* (Alteza, yo os amo), de Victor Janson. / *Faust* (Fausto), de F. W. Murnau. / *Holle der Liebe*, de Bruno Rahn. / *Wie Bleibe ich Jung und Schon*, de Wolfgang Neff. / *Der Jager von Fall*, Franz Seitz. / *Der Pfarrer von Kirchfeld*, de Jakob Fleck y Louise Fleck. / *Die vom Schicksal Verfolgten*, de Henk Kleinmann.
1927 *Unter Ausschluss der Offentlichkeit* (A puerta cerrada), de Conrad Wiene. / *Der Zigeunerbaron* (El

rey de los gitanos), de Friedrich Zelnik. / *Violantha*, de Carl Froelich. / *Am Rande der Welt*, de Karl Grüne. / *Die Weber*, de Friedrich Zelnik. / *Ich Habe im Mai von der Liebe Getraumt*, de Franz Seitz. / *Liebesreigen* (La mujer de Satanás), de Rudolf Walther-Fein. / *Petronella*, de Hans Schwartz. / *Heimweh* (La nostalgia de la patria), de Gennaro Righelli.
1928 *Frau Sorge*, de Robert Land. / *Die Apachen von Paris*, de Nikolai Malikoff. / *Ritter der Nacht*, de Max Reichmann. / *Diebe*, de Edmund Heuberger.
1929 *Durchs Bradenburger Tor*, de Max Knaake.
1931 *Daemon der Meeres*, de Michael Curtiz.

DIETRICH, Marlene (Berlín, Alemania, 1901-París, Francia, 1992)

Después de intervenir en múltiples espectáculos teatrales y en pequeños papeles en diecisiete películas durante la década de los veinte, Josef von Sternberg queda fascinado por ella, le da el papel protagonista de *El ángel azul*, que ruedan en versión alemana e inglesa según la costumbre de la época, y se da a conocer internacionalmente en el personaje de Lola-Lola. Sternberg consigue llevarla a Hollywood, que los estudios Paramount la contraten en exclusiva y hacer con ella *Marruecos, Fatalidad, El expreso de Shanghai, La venus rubia, Capricho imperial* y *El diablo es una mujer;* seis excelentes historias de amor exótico a través de las cuales crea un personaje de mujer fatal. Durante el resto de su carrera sigue interpretando este personaje, pero en producciones de mucho menor interés, a pesar de estar dirigida por Rouben Mamoulian en *El cantar de los cantares,* Frank Borzage en *Deseo,* Jacques Feyder en *La condesa Alexandra* y Ernst Lubitsch en *Ángel*. Finalizado su contrato con Paramount, en los años cuarenta continúa descendiendo la calidad de sus películas y solo pueden citarse *Arizona, Manpower, Capricho de mujer* y *Berlín-Occidente*. Durante la década de los cincuenta trabaja más como cantante, también es dirigida por los míticos Alfred Hitchcock en *Pánico en la escena,* Fritz Lang en *Encubridora,* Billy Wilder en *Testigo de cargo* y Orson Welles en *Sed de mal*. Tras su actuación en *¿Vencedores o vencidos?,* prosigue su carrera como cantante y solo hace breves apariciones en un par de películas.

1922 *Der Kleine Napoleon* (El pequeño Napoleón), de Georg Jacoby.
1923 *Tragödie der Liebe* (La tragedia del amor), de Joe May. / *Der Mensch am Wege* (Un hombre al borde del camino), de William Dieterle.
1924 *Der Sprung ins Leben* (Salto a la vida), de Johannes Guter.
1925 *Die Freudlose Gasse* (Bajo la máscara del placer), de G. W. Pabst.
1926 *Manon Lescaut,* de Arthur Robinson. / *Madame wünscht Keine kinder* (La señora no quiere niños), de Alexander Korda. / *Kopf Hock, Charly!* (¡Arriba la cabeza, Charly!), de Willi Wolff. / *Der Juxbaron* (El barón imaginario), de Willi Wolff.
1927 *Eine Du Barry von Heute* (Una moderna Du Barry), de Alexander Korda. / *Sein grösster Bluff* (Su más grande engaño), de Harry Piel. / *Wenn ein Weib den Weg verliert* (Cuando una mujer pierde su camino), de Gustav Ucicky.
1928 *Princessin Olala* (La condesita Mimi), de Robert Land.
1929 *Ich küsse ihre Hand, Madame* (El favorito de las damas), de Robert Land. / *Die Frau, Nach der Man sich sehnt* (Flor de pasión), de Curtis Bernhardt. / *Das Schiff der Verlorenen* (Hombres sin ley), de Maurice Tourneur. / *Gefahren der Brautzeit* (Peligros del compromiso periódico), de Fred Sauer.
1930 *Der blaue Engel* (El ángel azul), de Josef von Sternberg. / *Morocco* (Marruecos), de Josef von Sternberg.
1931 *Dishonored* (Fatalidad), de Josef von Sternberg.
1932 *Shanghai Express* (El expreso de Shanghai), de Josef von Sternberg. / *Blonde Venus* (La venus rubia), de Josef von Sternberg.
1933 *Song of Songs* (El cantar de los cantares), de Rouben Mamoulian.
1934 *The Scarlet Empress* (Capricho imperial), de Josef von Sternberg.
1935 *The Devil Is a Woman* (El diablo es una mujer), de Josef von Sternberg.
1936 *Desire* (Deseo), de Frank Borzage. / *The Garden of Allah* (El jardín de Alá), de Richard Boleslawski.
1937 *Knight Without Armour* (La condesa Alexandra), de Jacques Feyder. / *Angel,* de Ernst Lubitsch.
1939 *Destry Rides Again* (Arizona), de George Marshall.
1940 *Seven Sinners* (De isla en isla), de Tay Garnett.
1941 *The Flame of New Orleans* (La llama de Nueva Orleans), de René Clair. / *Manpower,* de Raoul Walsh.
1942 *The Lady Is Willing* (Capricho de mujer), de Mitchell Leisen. / *The Spoilers* (Los usurpadores), de Ray Enright. / *Pittsburgh* (Forja de corazones), de Lewis Seiler.
1944 *Follow the Boys* (Sueños de gloria), de Edward Sutherland. / *Kismet* (El príncipe mendigo), de William Dieterle.
1946 *Martin Roumagnac* (La bella extranjera), de Georges Lacombe.
1947 *Golden Earrings* (En las rayas de la mano), de Mitchell Leisen.

1948 *A Foreign Affair* (Berlín-Occidente), de Billy Wilder.
1949 *Jigsaw*, de Fletcher Markle.
1950 *Stage Fright* (Pánico en la escena), de Alfred Hitchcock.
1951 *No Highway in the Sky* (Momentos de peligro), de Henry Koster.
1952 *Rancho Notorius* (Encubridora), de Fritz Lang.
1956 *Around the World in 80 Days* (La vuelta al mundo en 80 días), de Michael Anderson.
1957 *The Monte Carlo Story* (Gran mundo en Montecarlo), de Samuel Taylor.
1958 *Witness for the Prosecution* (Testigo de cargo), de Billy Wilder. / *Touch of Evil* (Sed de mal), de Orson Welles.
1961 *Judgement at Nuremberg* (¿Vencedores o vencidos?), de Stanley Kramer.
1964 *Paris When It Sizzles* (Encuentro en París), de Richard Quine.
1978 *Schöner Gigolo* (Gigoló), de David Hemmings.

10, LA MUJER PERFECTA *(Ten, 1979)*

El cuarentón George Webber (Dudley Moore), un famoso compositor de canciones que está en crisis, queda fascinado por la belleza de la recién casada Jennifer Miles (Bo Derek) y la persigue hasta la playa de Acapulco, donde ha ido a pasar la luna de miel. Sorprendido por la facilidad con que logra meterse en la cama con ella, la abandona y vuelve a Los Ángeles con la cantante Samantha Taylor (Julie Andrews). Con esta ligera historia, Blake Edwards escribe, produce y dirige una comedia sentimental que se sitúa entre sus mayores éxitos gracias a ofrecer una ración de sexo algo mayor de la habitual y a la escena en que los protagonistas intentan hacer el amor al ritmo del *Bolero*, de Maurice Ravel. La película supuso el lanzamiento comercial del bajito cómico Dudley Moore y de la mujer de plástico Bo Derek, con música de Henry Mancini, colaborador habitual de Edwards.

Director y guionista: *Blake Edwards*. Fotografía: *Frank Stanley*. Música: *Henry Mancini*. Intérpretes: *Dudley Moore, Julie Andrews, Bo Derek, Robert Webber, Dee Wallace*. Producción: *Blake Edwards y Tony Adams para Geoffrey / Orion / Warner. Color. Scope*. Duración: *122'. Estados Unidos*.

DIEZ MANDAMIENTOS, LOS *(The Ten Commandments, 1923)*

Según la moda impuesta por *Intolerancia* (Intolerance, 1916), de David W. Griffith, el productor y director Cecil B. de Mille subraya el tono moralista de una historia moderna con la contraposición de dos narraciones bíblicas. Un breve episodio donde Jesucristo cura a una leprosa y un largo prólogo de cuarenta y seis minutos de duración, realizado con profusión de medios, donde Moisés se enfrenta al faraón para conseguir que los israelitas salgan de Egipto. El resto de la película cuenta cómo los hermanos John MacTavish (Richard Dix) y Dan MacTavish (Rod La Roque) se enamoran de la misma muchacha, Mary (Leatrice Joy), pero mientras el primero respeta los diez mandamientos, el segundo los trasgrede uno tras otro, lo que le lleva a un terrible final. El conjunto es una atractiva producción que se convierte en uno de los grandes éxitos de finales del período mudo y soporta bien el paso del tiempo. Lo curioso es que, treinta y tres años después, Cecil B. de Mille cierra su obra con una nueva versión de la obra, pero esta vez se limita a narrar el antiguo prólogo con mayor minuciosidad, con todavía más medios y trucos muy similares.

Director: *Cecil B. de Mille*. Guionista: *Jeanie MacPherson*. Fotografía: *Bert Glennon*. Intérpretes: *Richard Dix, Rod La Roque, Leatrice Joy, Theodore Roberts, Edythe Chapman, Nita Naldi*. Producción: *Cecil B. de Mille para Famous Players-Lasky-Paramount*. Duración: *150'. Estados Unidos*.

DILEMA, EL *(Quiz Show, 1994)*

En Estados Unidos, en 1957, en plena efervescencia de la televisión, el concursante judío Herbie Stempel (John Turturro) alcanza una gran audiencia en el programa de preguntas y respuestas *Twent One*, pero el patrocinador (Martin Scorsese) cree que puede aumentar la audiencia mucho más si el concursante es un joven católico, universitario y de buena familia. Mientras encuentran al profesor Charles von Dore (Ralph Fiennes), perteneciente a una prestigiosa familia de escritores, Herbie Stempel les pone una denuncia que no prospera, pero hace que el ambicioso abogado Dick Goodwin (Rob Morrow), perteneciente a un comité del senado, investigue el caso y saque a la luz pública la corrupción existente en los programas de televisión. Con estos, en teoría, poco atractivos ingredientes y un buen guión de Paul Attanasio, el actor Robert Redford hace la cuarta y mejor de sus películas como director. Con un estilo a medio camino entre las películas de juicios y las fábulas morales a lo Frank Capra, consigue una atractiva producción que desarrolla la historia desde tres frentes complementarios: el del judío humillado que quiere vengarse, el del ambicioso católico que ve tambalearse su integridad y la de su familia, y la del eficaz abogado que, en contra de las utopías de Capra, desvela la corrupción, pero no consigue castigar a los verdaderos culpables: el director de la cadena de televisión y el patrocinador.

Director: *Robert Redford*. Guionista: *Paul Attanasio*. Fotografía: *Michael Ballhaus*. Música: *Mark Isham*. Intérpretes: *John Turturro, Martin Scorsese, Ralph Fiennes, Rob Morrow, Paul Scofield, David Paymer*. Producción: *Robert Redford, Michael Jacobs, Julian Krainin y Michael Nozik para Buenavista. Color*. Duración: *130'. Estados Unidos*.

DILIGENCIA, LA *(Stagecoach, 1939)*

El gran guionista Dudley Nichols, colaborador habitual del maestro John Ford en esta etapa de su carrera, parte del relato *Stage to Lordburg*, de Ernest Haycox, a su vez basado en el famoso *Bola de sebo*, de Guy de Maupassant, para narrar el viaje en diligencia entre Tonto y Lordsburg, a través de los territorios comanches de Nuevo México, de un grupo de desarraigados, a finales del siglo XIX. El médico alcoholizado Josiah Boone (Thomas Mitchell), el oficial confederado convertido en jugador Hatfield (John Carradine), el representante de *whisky* Samuel Peacock (Donald Meek), la prostituta Dallas (Claire Trevor), el banquero deshonesto Henry Gatewood (Berton Churchill), el pistolero Ringo Kid (John Wayne), el *sheriff* Curly Wilcox (George Bancroft) y Lucy Mallory (Louise Platt), la esposa embarazada de un teniente de caballería, sirven a Ford para hacer un original *western* de itinerario, posteriormente muy imitado, para el interesante productor independiente Walter Wanger. Gracias al nacimiento de un niño, el ataque de los indios comanches, el duelo entre el pistolero y los asesinos de su padre y su hermano, y el tradicional final feliz, los personajes evolucionan, los arquetipos se consolidan y el *western* se revitaliza como género. Al tiempo que Ford se convierte en uno de los grandes creadores de este género y la película gana varios Oscars y tiene gran éxito. Casi treinta años después, el artesano Gordon Douglas hace una nueva versión con el título castellano *Hacia los grandes horizontes* (1966), protagonizada por Ann-Margret, Alex Cord, Bing Crosby y Van Heflin, pero con muy poco atractivo.

Director: *John Ford*. Guionista: *Dudley Nichols*. Fotografía: *Bert Glennon, Ray Binger*. Música: *Richard Hageman, W. Frank Harling, John Leopold, Leo Shuken, Louis Gruenberg*. Intérpretes: *John Wayne, Claire Trevor, Thomas Mitchell, George Bancroft, Andy Devine, Berton Churchill, Lousie Platt, John Carradine, Donald Meek*. Producción: *Walter Wanger para United Artists*. Duración: *99'. Estados Unidos*.

DINERO *(L'argent, 1928)*

El enfrentamiento entre los banqueros Nicolas Saccard (Pierre Alcover), director de la Banca Universal, y Alphonse Gundermann (Alfred Abel), director de una importante compañía petrolífera, lleva al primero al borde de la ruina, a ser abandonado por su amante, la baronesa Sandorf (Brigitte Helm), y a invertir el dinero que le queda en el nuevo aeroplano del aviador Jacques Hamelin (Henry Victor). Además de intentar seducir a la mujer de este último, Line Hamelin (Marie Glory), Nicolas Saccard difunde el rumor de que el vuelo de pruebas entre la Guayana y Francia va a ser un fracaso para crear un pánico en la bolsa y aprovecharse de Jacques Hamelin. A partir de esta compleja historia, extraída de una conocida novela de Émile Zola, modernizada y puesta al día, el guionista y realizador Marcel L'Herbier hace una personal adaptación que se sitúa entre las mejores películas europeas de finales del período mudo. Gracias a una brillante imaginación visual y una cámara en constante movimiento, rueda una película de gran interés, que ha superado el paso de los años. El cortometraje *Alrededor del dinero* (Autour de l'argent, 1928), de Jean Dréville, describe un día de rodaje de la película. En 1936 Pierre Billon rueda una versión sonora con el mismo título, pero que carece de cualquier atractivo.

Director y guionista: *Marcel L'Herbier*. Fotografía: *Jules Kruger, Jean Lefort, Louis Le Bertre*. Intérpretes: *Brigitte Helm, Pierre Alcover, Yvette Guilbert, Alfred Abel, Marie Glory, Henry Victor, Jules Berry*. Producción: *Ciné-Mondial, Cinégraphic*. Duración: *137'. Francia*.

DINERO CAÍDO DEL CIELO *(Pennies From Heaven, 1981)*

En 1934, en Chicago, durante los duros años de la depresión económica, el vendedor de partituras de canciones Arthur Parker (Steve Martin) consigue que su mujer Joan (Jessica Harper) le deje el dinero de la herencia de su padre para abrir una tienda de discos, pero el negocio no marcha bien. Mientras tanto, deja embarazada a la profesora Eileen Everson (Bernardette Peters), que pierde su trabajo, aborta y cae en la prostitución, y es ahorcado por una injusta acusación de violación y por matar a una ciega. Con este melodramático argumento, que Dennis Potter toma de su serie de televisión, el coreógrafo y bailarín Herbert Ross hace un original musical, su mejor película, donde la dura realidad cotidiana contrasta con los números musicales, algunos excelentes, que imaginan los protagonistas. El resultado es una buena mezcla del mejor estilo realista de los estudios Warner con el musical de la Metro-Goldwyn-Mayer en sus mejores momentos. Destacan un número cantado por Bernardette Peters con sus alumnos en clase, el *striptease* de Christopher Walken a ritmo de *tip-tap* y un baile en un banco de Steve Martin en torno al dinero, sin olvidar la excelente selección de viejas canciones de la época que integran la banda sonora.

Director: *Herbert Ross*. Guionista: *Dennis Potter*. Fotografía: *Gordon Willis*. Intérpretes: *Steve Martin, Bernardette Peters, Jessica Harper, Christopher Walken, John McMartin*. Producción: *Nora Kaye y Herbert Ross para Hera / Metro-Goldwyn-Mayer*. Color. Duración: *108'. Estados Unidos*.

DIVORCIO A LA ITALIANA *(Divorzio all' italiana, 1961)*

Después de una docena de dramas sociales rodados durante quince años, el actor, guionista y director Pietro Germi realiza esta primera comedia, cuyo enorme éxito hace que dedique al género el resto de su obra. Los puntos de partida son puramente legales: la inexistencia de una ley de divorcio y el artículo 587 del código civil italiano, donde viene a decirse que quien mata al cónyuge, la hija o la hermana, si las descubre en ilegítima relación carnal, la ofensa del honor personal y familiar hace que el culpable solo sea condenado a una pena de entre tres y siete años de cárcel. El resultado es un divertido alegato que demuestra que, según la legislación vigente, la mejor manera de deshacerse de una mujer es matándola. Narra cómo el barón Fefè Cefalù (Marcello Mastroianni) está enamorado de su joven prima Angela (Stefania Sandrelli) y para deshacerse de su mujer Rosalía (Daniele Rocca) la empuja a los brazos de Carmelo Patanè (Leopoldo Trieste). Tras encontrarles en flagrante delito de adulterio, el barón mata a su mujer para vengar su honor, solo cumple una simbólica pena y puede casarse con su joven prima. Narrada desde el punto de vista de Fefè Cefalù, que puntea la acción con sus comentarios y las cosas que imagina, es una dura sátira de las costumbres sicilianas en general y las del imaginario pueblo de Agramonte en particular. Consigue varios premios importantes y se convierte en una pieza clave de la «comedia a la italiana».

Director: *Pietro Germi*. Guionistas: *Alfredo Giannetti, Ennio de Concini, Pietro Germi*. Fotografía: *Leonida Barboni, Carlo di Parma*. Música: *Carlo Rustichelli*. Intérpretes: *Marcello Mastroianni, Daniela Rocca, Stefania Sandrelli, Leopoldo Trieste*. Producción: *Franco Cristaldi para Lux Film*. Duración: *120'. Italia*.

DOBLE VIDA DE VÉRONIQUE, LA *(La double vie de Véronique, 1991)*

Escrita por su colaborador habitual, Krzysztof Piesiewicz, esta coproducción entre Francia y Polonia está dividida en dos desiguales episodios y es una de las mejores películas del polaco Krzysztof Kieslowski. Narra la vida de dos muchachas idénticas, ambas huérfanas de madre, con una misma dolencia cardiaca y dedicadas a la música. Mientras Weronica (Irène Jacob) vive en Varsovia y canta en un coro, Véronique (Irène Jacob) vive en París y da clases de música en un colegio. El episodio polaco, el primero, es más corto, mejor y de una gran originalidad por acabar con la inesperada muerte de la protagonista. El episodio francés es más largo y tiene mayor complejidad narrativa, pero no llega tan lejos. Destacan el trabajo interpretativo de la entonces casi desconocida Irène Jacob en un doble papel, gracias al que gana el premio de interpretación en el Festival de Cannes, así como la música de Zbigniew Preisner, que mezcla fragmentos del olvidado *Concierto en Mi menor* de Van den Budenmayer con música original suya.

Director: *Krzysztof Kieslowski*. Guionistas: *Krzysztof Kieslowski, Krzysztof Piesiewicz*. Fotografía: *Slawomir Idziak*. Música: *Zbigniew Preisner*. Intérpretes: *Irène Jacob, Halina Gryglaszewska, Kalina Jedrusik, Aleksander Bardini, Philippe Volter, Jan Sterninski*. Producción: *Tor Productions (Varsovia), Sideral Productions (París), Canal Plus (París)*. Color. Duración: 96'. Polonia-Francia.

DOCE HOMBRES SIN PIEDAD *(Twelve Angry Men, 1957)*

El éxito del programa de televisión homónimo escrito por Reginald Rose y dirigido por Franklin J. Schaffner hace que unos cuantos meses más tarde el actor Henry Fonda y el guionista Reginald Rose produzcan una famosa versión cinematográfica. Narra cómo durante las primeras deliberaciones de un jurado están a favor de la culpabilidad del acusado, un mulato de dieciocho años, once de sus doce miembros, pero el disidente (Henry Fonda) logra convencerles de su inocencia. El brillante resultado marca el debut como director de películas de Sidney Lumet, un realizador de programas dramáticos de televisión en directo que pertenece a la primera generación de directores que pasa de un medio al otro, y el comienzo de una tan larga como irregular carrera.

Director: *Sidney Lumet*. Guionista: *Reginald Rose*. Fotografía: *Boris Kaufman*. Música: *Kenyon Hopkins*. Intérpretes: *Henry Fonda, Lee J. Cobb, E. G. Marshall, Jack Warden, Ed Begley, Martin Balsam, John Fiedler, Robert Webber*. Producción: *Henry Fonda y Reginald Rose para Orion-Nova / United Artists*. Duración: 95'. Estados Unidos.

DOCTOR FRANKENSTEIN, EL *(Frankenstein, 1931)*

La novela homónima de Mary Shelley, publicada por primera vez en 1818, es origen de múltiples películas. Tras algunas interesantes versiones mudas, como *Life Without a Soul* (1916), de Joseph W. Smiley, con Percy Darrell Standing y William A. Cohill, tiene un enorme éxito esta primera versión sonora, que convierte a su realizador, James Whale, en un experto en el género, como confirma la excelente *La novia de Frankenstein* (The Bride of Frankenstein, 1935), y a los estudios Universal en uno de los máximos productores de cine fantástico. Entre las otras muchas versiones realizadas desde entonces hay que citar *La maldición de Frankenstein* (The Curse of Frankenstein, 1957), del especialista británico Terence Fisher, con los famosos Christopher Lee y Peter Cushing; la producción italiana *Carne para Frankenstein* (Flesh for Frankenstein, 1973), rodada en 3-D (relieve) y que en unos sitios aparece firmada por el norteamericano Paul Morrisey y en otros por el italiano Antonio Margheriti; la irregular parodia de gran éxito *El jovencito Frankenstein* (Young Frankenstein, 1974), de Mel Brooks, con Gene Wilder, Peter Boyle y Marty Feldman; la interesante versión en clave de ciencia ficción *Frankenstein Unbound* (1990), del mítico Roger Corman, con John Hurt, Raul Julia y Bridget Fonda; y la pretenciosa *Frankenstein de Mary Shelley* (Mary Shelley's Frankenstein, 1994), de Kenneth Branagh, con Robert de Niro, Kenneth Branagh y Helena Bonham-Carter. La espléndida versión de James Whale, basada en una adaptación teatral de Peggy Webling, narra cómo Henry Frankenstein (Colin Clive), reactualizando el mito de Prometeo y desafiando las leyes divinas, construye con cadáveres robados una criatura (Boris Karloff) a su imagen y semejanza y la reanima con la energía de un rayo. Soliviantado por el mal trato que recibe del ayudante Fritz (Dwight Frye), el monstruo huye y mata, sin saber qué hace, a la niña María (Marilyn Harris), lo que desencadena una batida popular que aparentemente acaba con él.

Director: *James Whale*. Guionistas: *Garret Fort, Francis Edward Faragoh*. Fotografía: *Arthur Edeson*. Música: *David Broekman*. Intérpretes: *Colin Clive, Mae Clarke, John Boles, Boris Karloff, Edward van Sloan*. Producción: *Carl Laemmle Jr. para Universal*. Duración: 71'. Estados Unidos.

DOILLON, Jacques *(París, Francia, 1944)*

Montador y realizador de cortometrajes, llega al largo con *L'an 01* (1972), que también incluye episodios rodados por Alain Resnais y Jean Rouch, una idea del dibujante Gébé muy marcada por la utopía revolucionaria de mayo de 1968, pero tiene muy poco que ver con el resto de su obra. Mucho más personal es *Los dedos en la cabeza,* rodada en 16 mm con un presupuesto mínimo y actores desconocidos, cuyo atractivo reside en la habilidad demostrada al enfrentar a tres adolescentes con los adultos que les rodean. Quizá por ello el productor Claude

Berri le encarga *Una bolsa de canicas,* adaptación de la novela autobiográfica de Joseph Joffo, que narra las vicisitudes de una familia judía durante los años de ocupación alemana de Francia en la II Guerra Mundial, a través de sus dos hijos pequeños. Con *La mujer que llora* y *La drôlesse* comienza a hacer sus personales obras de cámara, que no solo escribe y dirige, sino que a veces también protagoniza, donde enfrenta a tres o cuatro personajes situados en ambientes cerrados con estructuras muy teatrales y abundantes diálogos. Entre ellas destacan *La pirata,* que narra el enfrentamiento entre dos amantes, encarnadas por Jane Birkin y Maruschka Detmers; *La vie de famille,* sobre las relaciones entre adultos y niños a través de una cámara de vídeo; *La puritaine,* en torno a los encuentros entre un padre dedicado al teatro y su hija; *Comédie!,* sobre la convivencia de una pareja en una bonita casa de Provence, y *La chica de quince años,* en torno a la historia de amor entre un padre y la amiga de su hija durante unas vacaciones en Formentera. A pesar de ser básicamente iguales a las anteriores, comienza a dar muestras de cansancio creativo en *La vengeance d'une femme,* que enfrenta a Isabelle Huppert y Béatrice Dalle, *Le petit criminel* y *Le jeune Werther.*

1974 *Les doigts dans la tête* (Los dedos en la cabeza).
1975 *Un sac de billes* (Una bolsa de canicas).
1978 *La femme qui pleure* (La mujer que llora).
1979 *La drôlesse.*
1981 *La fille prodigue.*
1984 *La pirate* (La pirata).
1985 *La vie de famille.* / *La tentation d'Isabelle* (Las tentaciones de Isabelle).
1986 *La puritaine.*
1987 *Comédie!* / *Amoureuse* (Enamorada).
1988 *La fille de quinze ans* (La chica de quince años).
1989 *La vengeance d'une femme.*
1990 *Le petit criminel.*
1992 *Le jeune Werther.* / *L'amoureuse.*
1994 *Du fond du coeur.*

DOLCE VITA, LA *(1960)*

A través del personaje del periodista Marcello Rubini (Marcello Mastroianni), convertido en hilo conductor de la acción, se suceden diferentes historias. La llegada de la actriz sueca Sylvia (Anita Ekberg) a Roma, donde acaba bañándose en la *fontana* de Trevi; un multitudinario falso milagro; el suicidio frustrado de la joven Emma (Yvonne Furneaux) y el real del filósofo Steiner (Alain Cuny); una fiesta en un cabaret y una sesión de espiritismo en un aristocrático castillo. Mientras la espiritual Maddalena (Anouk Aimée) trata de redimir a Marcello Rubini, sacarle del falso mundo que rodea *via* Veneto y casarse con él. Al final una joven camarera rubia (Valeria Ciangottini), símbolo de la pureza, le hace señas para que se vaya con ella, pero cuando sus trasnochadores y juerguistas amigos descubren en la playa un monstruo marino capturado por los pescadores, Macello Rubini prefiere seguir como siempre y se aleja con sus amigos. Tras su fallido estreno en Milán, se convierte en un enorme éxito, impulsada por un artículo que la ataca en *L'Osservatore Romano,* el diario del Vaticano, y por la Palma de Oro que obtiene en el Festival de Cannes. Si en su momento es un eficaz reflejo de la desilusión surgido tras las grandes esperanzas de la posguerra, el paso de los años no la han favorecido demasiado y ha convertido en comunes las escenas que tanto escándalo produjeron en su momento e hicieron que, por ejemplo, en España estuviese prohibida durante más de tres lustros.

Director: *Federico Fellini.* Guionistas: *Federico Fellini, Tullio Pinelli, Ennio Flaiano, Brunello Rondi.* Fotografía: *Otello Martelli.* Intérpretes: *Marcello Mastroianni, Anita Ekberg, Anouk Aimée, Yvonne Furneaux, Alain Cuny, Nadia Gray.* Producción: *Giuseppe Amato para Riana Film (Roma), Gray Films / S. N. Pathé Cinema (París).* Scope. Duración: *180'. Italia-Francia.*

DOMINGO DE CARNAVAL *(1945)*

De la trilogía de madrileños policiacas escrita, producida y dirigida por Edgar Neville a mediados de los años cuarenta, *La torre de los siete jorobados* (1944) tiene un trasfondo fantástico, *El crimen de la calle de Bordadores* (1946), una interesante estructura apoyada en *flashbacks* falsos, y esta, un conseguido tono de comedia mezclado con una evidente influencia de la pintura de Solana. Narra cómo, la mañana de un domingo de carnaval de la década de los veinte, un sereno del madrileño Rastro descubre el cadáver de una avarienta prendera en su casa. Le encargan la investigación del crimen a un joven comisario (Fernando Fernán-Gómez), que se precipita en detener al vendedor Nemesio (Joaquín Roa) por haber mantenido la noche anterior a los hechos una discusión por dinero con la víctima. La hija de Nemesio, Nieves (Conchita Montes), convencida de la inocencia de su padre, comienza a indagar por su cuenta. El comisario y la joven se encuentran con un turbio asunto de drogas, que gira en torno al señorito Gonzalo (Guillermo Marín) y del que nunca llega a saberse mucho, y se enamoran mientras dan con el culpable. No muy interesado por la verosimilitud de la intriga, de manera que al final el asesino resulta ser quien menos se esperaba y nada se explica sobre sus motivos y razones, Edgar Neville la utiliza para desarrollarla durante los tres días de carnaval, dedicar la parte central a un largo baile de máscaras y rematarla brillantemente con un solanesco entierro de la sardina.

Director y guionista: *Edgar Neville*. Fotografía: *Enrique Barreyre*. Música: *José Muñoz Molleda*. Intérpretes: *Conchita Montes, Fernando Fernán-Gómez, Guillermo Marín, Julia Lajos, Juanita Manso, Manuel Requena, Joaquín Roa*. Producción: *Edgar Neville*. Duración: *83'. España*.

DON CAMILO (*Don Camillo, 1952*)

La tensión existente en Italia a finales de los años cuarenta entre el Partido Comunista y la Democracia Cristiana lleva a Giovanni Guareschi a escribir su famosa novela *Don Camilo* (1950), que narra en clave de humor los enfrentamientos entre don Camilo, el párroco de un pequeño pueblo de la región de Emilia, y Peppone, su alcalde comunista. El productor Giuseppe Amato compra los derechos, le ofrece el proyecto a diferentes directores italianos y todos lo rechazan por distintos motivos políticos, por lo que acaba realizándola el francés Julien Duvivier. Su éxito y su apropiado reparto hacen que el actor francés Fernandel vuelva a encarnar al cura y el italiano Gino Cervi al alcalde comunista en *El retorno de don Camilo* (Il ritorno di don Camillo, 1953), de Julien Duvivier; *Don Camillo e l'onorevole Peppone* (1955) y *Don Camillo monsignore... ma non troppo* (1961), ambas de Carmine Gallone, y *El camarada don Camilo* (Il compagno don Camillo, 1965), de Luigi Comencini. También comienzan a rodar en 1970 *Don Camillo e i giovani d'oggi*, bajo la dirección del francés Christian-Jaque, pero Fernandel se pone enfermo y muere y el proyecto se paraliza, pero finalmente lo dirige en 1972 Mario Camerini, con Gastone Mosquin como don Camilo y Lionel Stander como Peppone. Hay una última versión, *Don Camilo* (1983), de Terence Hill, donde este además encarna al párroco, mientras Colin Blakely da vida al alcalde, pero treinta años después los enfrentamientos político-religiosos de las fuerzas vivas del pueblo de Brescello han perdido su significado.

Director: *Julien Duvivier*. Guionistas: *Julien Duvivier, René Barjavel*. Fotografía: *Nicolas Hayer*. Música: *Alessandro Cicognini*. Intérpretes: *Fernandel, Gino Cervi, Sylvie, Franco Interlenghi, Vera Talchi*. Producción: *Giuseppe Amato para Rizzoli (Roma), Francinex (París)*. Duración: *118'. Italia-Francia*.

DONATELLA (*1956*)

Gracias a una sucesión de casualidades promovidas por la revista ilustrada *Life*, la atractiva Elsa Martinelli debuta junto a Kirk Douglas haciendo de india en *Pacto de honor* (The Indian Fighter, 1955), de André de Toth. Luego regresa a Italia para protagonizar esta buena comedia sentimental que gira en torno al mito de Cenicienta. Hábilmente rodada por Mario Monicelli, que acaba de separarse de su codirector Steno, narra cómo Donatella (Elsa Martinelli), la hija sin trabajo de un humilde encuadernador (Aldo Fabrizi), encuentra un bolso, lo devuelve y en agradecimiento le proponen trabajar como gobernanta de una gran villa durante la ausencia de la dueña norteamericana. Animada por los sirvientes, Donatella mantiene un idilio con Maurizio (Gabriele Ferzetti), uno de los amigos de la casa, que acaba felizmente tras un susto, mientras su novio Guido (Walter Chiari) continúa soñando con una divertida Abbe Lane que, en unión de Xavier Cugat, una vez más se interpretan a sí mismos.

Director: *Mario Monicelli*. Guionistas: *Piero Tellini, Roberto Amoroso, Mario Monicelli, Ruggero Maccari, Sandro Continenza*. Fotografía: *Tonino delli Colli*. Música: *Gino Filippini, Xavier Cugat*. Intérpretes: *Elsa Martinelli, Walter Chiari, Gabriele Ferzetti, Aldo Fabrizi, Liliana Bonfani, Xavier Cugat, Abbe Lane*. Producción: *Roberto Amoroso para Sud Film*. Color. Duración: *104'. Italia*.

DONEN, Stanley (*Columbia, Carolina del Sur, Estados Unidos, 1924*)

Nacido en el seno de una familia de comerciantes ajena al mundo del espectáculo, recibe clases de baile desde muy pequeño. A los dieciséis años se va a vivir a Nueva York y poco después debuta en Broadway como bailarín en una versión de *Pal Joey* donde la estrella es Gene Kelly y se hacen muy amigos. Contratado en 1942 por Metro-Goldwyn-Mayer, deja de bailar para ser sucesivamente ayudante de coreografía y coreógrafo de musicales dirigidos, entre otros, por Gregory La Cava, Richard Thorpe, George Sidney, y ayudante personal de Gene Kelly. Tras colaborar en el guión, hacer la coreografía y dirigir una escena de *Take Me Out to the Ball Game* (1948), de Busby Berkeley, cuando el famoso productor de musicales Arthur Freed confía a Gene Kelly la dirección de *Un día en Nueva York*, este solicita su colaboración y acaban firmándola juntos. La trilogía de conocidos musicales realizada por ambos, sobre guiones de los especialistas Betty Comden y Adolph Green, se complementa con el excelente *Cantando bajo la lluvia* y el irregular *Siempre hace buen tiempo*. Ya en solitario, realiza los inspirados musicales *Bodas reales, Deep in My Heart, Siete novias para siete hermanos* y *Una cara con ángel*, los menos conseguidos *Fearless Fagan* y *Tres chicas con suerte*, y los codirigidos con George Abbott *The Pajama Game* y *Damn Yankees*. Posteriormente, con el género en vías de extinción, rueda *El pequeño príncipe*, curiosa versión musical del libro infantil de Saint-Exupery. El resto de su obra tiene mucho menor interés y está formado por las comedias teatrales *Indiscreta, Página en blanco*, las comedias policiacas *Charada, Arabesco*, las comedias dramáticas *Dos en la carretera, La escalera*, y producciones que más vale olvidar.

1949 *On the Town* (Un día en Nueva York).
1951 *Royal Wedding* (Bodas reales).
1952 *Love Is Better Than Ever* (Rendirse al amor). / *Singin' in the Rain* (Cantando bajo la lluvia). / *Fearless Fagan*.
1953 *Give a Girl a Break* (Tres chicas con suerte).
1954 *Deep in My Heart*. / *Seven Brides for Seven Brothers* (Siete novias para siete hermanos).
1955 *It's Always Fair Weather* (Siempre hace buen tiempo).
1957 *Funny Face* (Una cara con ángel). / *Kiss Them for Me* (Bésalas por mí). / *The Pajama Game*.
1958 *Damn Yankees*. / *Indiscreet* (Indiscreta).
1959 *Once More With Feeling* (Volverás a mí).
1960 *Surprise Package* (Una rubia para un gángster). / *The Grass Is Greener* (Página en blanco).
1963 *Charade* (Charada).
1966 *Arabesque* (Arabesco).
1967 *Two for the Road* (Dos en la carretera). / *Bedazzled*.
1969 *Staircase* (La escalera).
1974 *The Little Prince* (El pequeño príncipe).
1975 *Lucky Lady* (Los aventureros del Lucky Lady).
1978 *Movie Movie*.
1979 *Saturn 3* (Saturno 3).
1984 *Blame It on Rio* (Lío en Río).

DONSKOÏ, Mark *(Mark Semenovic Donskoï. Odessa, 1901-Moscú, Unión Soviética, 1981)*

Perteneciente a una modesta familia judía, se licencia en derecho por la Universidad de Crimea, estudia música y en 1926 ingresa en el Instituto de Cine de Moscú y da clases con Sergei M. Eisenstein. Publica algunos libros de relatos, llega a ser árbitro internacional de fútbol y en cine empieza a trabajar como ayudante de dirección y en montaje, e incluso como actor ocasional antes de realizar *En la gran ciudad*, sobre la vida de un poeta campesino en una ciudad. Después de codirigir cuatro películas de aprendizaje, logra su primer éxito con *El canto de la felicidad*, que narra con humor el despertar de algunos pueblos fronterizos al socialismo. Uno de sus mejores trabajos es la trilogía sobre la vida del escritor Máximo Gorki, integrada por *La infancia de Gorki, Ganando mi pan* y *Mis universidades*, por la que recibe el premio Stalin. De sus trabajos de propaganda bélica realizados durante la II Guerra Mundial destacan *Cómo fue templado el acero, El arco iris*, sobre la Resistencia, y *Los indómitos*. Vuelve a ganar el premio Stalin con *La educación sentimental*, romántica historia de una maestra rural, pero es prohibida la espléndida *La ley de la gran tierra* y destrozada por la censura *Alitet se va a las montañas*. Desterrado a los estudios de Kiev, no puede volver a trabajar hasta después de la muerte de Stalin y entonces rueda *La madre*, nueva versión de la novela de Gorki, y *El caballo que llora*, sobre la novela de Mikhail Kotsioubinski. Entre sus últimos trabajos, de nuevo realizados en los estudios Máximo Gorki de Moscú, destaca *Thomas Gordeiev*, buena adaptación de la novela homónima de Gorki, sobre las demasiado sentimentales *¡Buenos días, niños!* y *El corazón de una madre*, además del documental *Chaliapin*, sobre la vida del cantante Teodor Chaliapin.

1927 *V bolchom gorodé* (En la gran ciudad).
1928 *Cena čeloveka* (El precio de un hombre).
1929 *Pijon* (El pretencioso).
1930 *Čužoj bereg* (La otra orilla).
1931 *Ogon* (El fuego).
1934 *Pesno sčaste* (El canto de la felicidad).
1937 *Detstvo Gorkogo* (La infancia de Gorki).
1938 *V ljudjah* (Ganando mi pan).
1939 *Moj universitety* (Mis universidades).
1941 *Romantiki* (Los románticos).
1942 *Kak zakaljalas stal* (Cómo fue templado el acero).
1943 *Raduga* (El arco iris).
1945 *Nepokorennye* (Los indómitos).
1946 *Selskaja učitelnica* (La educación sentimental).
1948 *Zekone bolsom zemli* (La ley de la gran tierra).
1950 *Alitet uhodit v gory* (Alitet se va a las montañas).
1955 *Mat* (La madre).
1957 *Dorogoj čenoj* (El caballo que llora).
1959 *Toma Gordeev* (Thomas Gordeiev).
1962 *Zdravstvjte* (¡Buenos días, niños!).
1966 *Vernost materi* (El corazón de una madre).
1969 *Chaliapin*.
1973 *Nadežda*.
1977 *Suprugi Orlovy* (El matrimonio Orlovy).

DORLÉAC, Françoise *(París, 1942-Niza, Francia, 1967)*

Hija del actor Maurice Dorléac y hermana mayor de la famosa actriz Catherine Deneuve, a los diecisiete años debuta como actriz de cine. A pesar de trabajar con regularidad, solo consigue demostrar sus dotes para la comedia en *El hombre de Río*, de Philippe de Broca, y el drama en *La piel suave*, de François Truffaut. Entre sus quince películas sobresalen también *Callejón sin salida*, de Roman Polanski, y el musical *Las señoritas de Rochefort*, de Jacques Demy, que protagoniza con su hermana. Muere en un accidente de automóvil cuando comienza a convertirse en una estrella del cine francés y a conquistar el mercado británico.

1960 *Les loups dans la bergerie*, de Hervé Bromberger. / *La fille aux yeux d'or* (La muchacha de los ojos de oro), de Jean Gabriel Albicoco. / *Les portes claquent*, de Jacques Poitrenaud. / *Ce soir ou jamais* (Esta noche o nunca), de Michel Deville.
1961 *Le gamberge*, de Norbert Carbonnaux. / *Le jeu de la vérité*, de Robert Hossein. / *Tout l'or du monde* (Todo el oro del mundo), de René Clair.
1962 *Arsène Lupin contre Arsène Lupin* (Arsenio Lupin contra Arsenio Lupin), de Edouard Molinaro.
1963 *L'homme de Rio* (El hombre de Rio), de Philippe de Broca.
1964 *La peau douce* (La piel suave), de François Truffaut. / *Genghis Khan*, de Henry Levin. / *La chasse à l'homme* (La caza del hombre), de Edouard Molinaro.
1965 *Where the Spies Are* (¿Dónde están los espías?), de Val Guest. / *Cul-de-sac* (Callejón sin salida), de Roman Polanski.
1966 *Les demoiselles de Rochefort* (Las señoritas de Rochefort), de Jacques Demy.
1967 *Billion Dollar Brain* (Un cerebro de un billón de dólares), de Ken Russell.

DÖRRIE, Doris *(Hannover, República Federal Alemana, 1955)*

Tras acabar el bachillerato en su ciudad natal, entre 1973 y 1975 estudia teatro, semántica y psicología en Estados Unidos. De regreso a su país ingresa en la Escuela de Televisión y Cine de Munich y se diploma con la práctica de una hora de duración *Der erys Walzer* (1978). Posteriormente escribe crítica de cine en el periódico *Süddeutsche Zeitung,* rueda algunos documentales para televisión, entre los que destacan *Von Romantik keine Spur* (1981) y *Dazwischen* (1981), y la película para niños *Paula en Portugal*. Se da a conocer internacionalmente con la tetralogía de comedias feministas formada por *En pleno corazón, En el vientre de la ballena, Hombres, hombres...* y *Paraíso*. Su éxito la lleva a Estados Unidos para hacer *Lo mío y yo*, fallida adaptación de una novela de Alberto Moravia sobre un hombre que dialoga con su propio sexo, y *Gold*, pero su fracaso comercial y crítico la devuelve a Alemania. A finales de los años ochenta y principios de los noventa publica varios libros de relatos, algunos traducidos al castellano, mientras realiza los documentales *Love in Germany* (1989) y *Was darf's denn sein?* (1993) y vuelve a las comedias con *Happy Birthday, Türke!* y *Nadie me quiere*, pero cada vez más alejada del feminismo.

1979 *Paula aus Portugal* (Paula en Portugal).
1983 *Mitten ins Herz* (En pleno corazón).
1984 *In Ennern des Wals* (En el vientre de la ballena).
1985 *Männer* (Hombres, hombres...).
1986 *Paradies* (Paraíso).
1988 *Me and Him* (Lo mío y yo).
1989 *Gold*.
1991 *Happy Birthday, Türke!*
1994 *Keiner Liebt Mich* (Nadie me quiere).

DOS CABALGAN JUNTOS (Two Rode Together, 1961)

Finalizada la larga guerra con los comanches, los familiares de los capturados por los indios exigen al ejército de Estados Unidos que negocie su liberación. El corrupto Guthrie McCabe (James Stewart), *sheriff* de la ciudad de Tascosa, y el ingenuo teniente Jim Gary (Richard Widmark) se internan en territorio comanche para encargarse de las negociaciones e intentar rescatar a los niños raptados años antes. La expedición es un desastre y solo consiguen traer a un muchacho, que sus propios parientes no tardan en linchar, y a la aristócrata mexicana Elena de Madariaga (Linda Cristal), a la que todos desprecian por haber convivido con un jefe indio. Rodado por el maestro John Ford con su sobriedad y eficacia habituales, destaca la conversación junto al río del *sheriff* McCabe y el teniente Gary por estar resuelta en un único, sobrio y largo plano fijo, así como el cinismo y desencanto que destila la historia al no ser habituales en su cine. Situada en la misma línea narrativa que *Centauros del desierto* (The Searchers, 1956) y con una historia en alguna medida similar, a pesar de su indudable calidad, Ford no logra repetir sus excelentes resultados.

Director: *John Ford*. Guionista: *Frank S. Nugent*. Fotografía: *Charles Lawton Jr.* Música: *George Duning*. Intérpretes: *James Stewart, Richard Widmark, Shirley Jones, Linda Cristal, Andy Devine, John McIntire*. Producción: *Stan Shpetner para Ford Productions / Warner. Color.* Duración: *109'. Estados Unidos.*

DOS CÉNTIMOS DE ESPERANZA (Due soldi di speranza, 1952)

Desde finales de los años cuarenta hasta mediados de los cincuenta, el manierista Renato Castellani realiza la brillante tetralogía integrada por *Bajo el sol de Roma* (Sotto il sole di Roma, 1948), *Es primavera* (È primavera, 1949), esta película y *Si tú estuvieras* (I sogni nel cassetto, 1957), donde une el optimismo al neorrealismo y da lugar al denominado «neorrealismo rosa». Los amores entre el joven Antonio (Vincenzo Musolino), demasiado vago para que le dure alguno de sus múltiples trabajos, y Carmela (Maria Fiore), la simpática hija del pirotécnico de un pequeño pueblo napolitano, no son bien vistos por el padre de la muchacha, pero al final triunfan el amor y la solidaridad popular. Castellani hace una buena mezcla de elementos extraídos de *Romeo y Julieta*, de William Shakespeare, y de lo que posteriormente se convierte en «comedia a la italiana» para ganar la Palma de Oro del Festival de Cannes y conseguir uno de sus mayores éxitos. Rodada en exteriores e interiores naturales, según la técnica del neorrealismo, en el pueblecito de Bostrecase, supone el debut de la excelente quinceañera Maria Fiore y del pescador Vincenzo Musolino, que posteriormente actúa en otras películas e incluso se convierte en director con el seudónimo de Glenn Vincent Davis.

Director: *Renato Castellani*. Guionistas: *Renato Castellani, Margadonna Titina de Filippo*. Fotografía: *Arturo Gallea*. Música: *Al Cocognini*. Intérpretes: *Vincenzo Musolino, Maria Fiore, Filomena Russo, Luigi Astarita, Gina Mascetti*. Producción: *Universal-Ciné*. Duración: *95'. Italia.*

DOS HOMBRES CONTRA EL OESTE (Wild Rovers, 1971)

En Montana, a finales del siglo XIX, tras ver morir en un accidente de trabajo a uno de sus compañeros, el *cowboy* cincuentón Ross Bodine (William Holden) y su compañero veinteañero Frank Post (Ryan O'Neal) deciden robar el banco local y huir a México con los treinta y seis mil dólares obtenidos. Su antiguo jefe, Walter Buckman (Karl Malden) lo toma como una cuestión personal y manda a sus hijos, John Buckman (Tom Skerritt) y Paul Buckman (Joe Don Baker), que los persigan y los maten. Único *western* escrito y dirigido por el especialista en comedias Blake Edwards, tiene una estructura de itinerario que se apoya en una larga persecución, un tono crepuscular cercano a la tragedia y una excesiva influencia de las películas del mismo género de Sam Peckinpah. Sus 136 minutos de duración y su ritmo particularmente lento, le hace tener problemas con Metro-Goldwyn-Mayer y que en muchos países se estrene una versión casi media hora más corta.

Director y guionista: *Blake Edwards*. Fotografía: *Philip Lahtop*. Música: *Jerry Goldsmith*. Intérpretes: *William Holden, Ryan O'Neal, Karl Malden, Lynn Carlin, Tom Skerritt, Joe Don Baker*. Producción: *Blake Edwards y Ken Wales para Metro-Goldwyn-Mayer. Color. Scope.* Duración: *136'. Estados Unidos.*

DOS HUERFANITAS, LAS *(Orphans of the Storm, 1922)*

El célebre melodrama homónimo de Adolphe-Philippe d'Ennery y Eugène Corman es origen de un buen número de películas. Entre ellas hay que citar tres irregulares coproducciones entre Italia y Francia con el mismo título, *Le due orfanelle,* en italiano, y *Les deux orphelines*, en francés, dirigidas respectivamente por Riccardo Freda en 1966, con Sophie Darés y Valeria Giangottini, por Giacomo Gentilomo en 1955, con Miriam Bru y Milly Vivale, y por Carmine Gallone en 1942, con Alida Valli y Maria Denis. El éxito de esta última origina una de las habituales parodias del cine italiano, *I due orfanelli* (1947), de Mario Mattoli, con Totò y Carlo Campanini. Destacan una más interesante producción francesa rodada por Maurice Tourneur en 1932 con Roseine Deréan y Renée Saint-Cry, pero sobre todo esta muda norteamericana, escrita, producida y dirigida por David W. Griffith con las excelentes hermanas Lillian y Dorothy Gish como protagonistas. Tomándose todo tipo de licencias históricas, narra cómo dos huérfanas que se aman como hermanas llegan en 1783 al París prerrevolucionario y sufren múltiples desgracias. Louise (Dorothy Gish) es raptada por el libertino marqués de Praille (Morgan Wallace) y la ciega Henriette (Lillian Gish) cae en las garras de la cruel madre Frochard (Lucille LaVerne). Cuando gracias a la actuación del caballero de Vaudrey (Joseph Schildkraut) recuperan su libertad, son condenadas a morir en la guillotina; pero el mismísimo Dantón las salva en el último momento, Henriette recupera la vista y descubre que su madre es la condesa de Linières (Katherine Emmett). Más allá de la excesiva carga melodramática de esta historia, ambientada durante la Revolución francesa, Griffith consigue hacer una de sus habituales demostraciones de habilidad narrativa.

Director y guionista: *David W. Griffith.* Fotografía: *Hendrik Sattov, Paul Allen, Billy Bitzer*. Intérpretes: *Lillian Gish, Dorothy Gish, Joseph Schildkraut, Frank Losse, Katherine Emmett, Lucille LaVerne, Morgan Wallace*. Producción: *David W. Griffith para United Artists.* Duración: *124'. Estados Unidos.*

DOS INGLESAS Y EL AMOR, LAS *(Les deux anglaises et le continent, 1971)*

A lo largo de su tan personal como irregular filmografía, el guionista, productor y director François Truffaut adapta las dos únicas novelas publicadas por el desconocido escritor Henri-Pierre Roché. La primera da lugar a la famosa *Jules y Jim* (Jules et Jim, 1961) y la segunda a esta mucho más interesante y poco conocida película, que Truffaut corta un cuarto de hora, poco después de su estreno, al ser un fracaso de público, y alarga su título original *Les deux anglaises,* pero que reconstruye poco antes de su muerte. Mientras la primera narra el amor de Catherine (Jeanne Moreau) por Jules (Oskar Werner) y Jim (Henri Serre) en la Francia de principios de siglo, esta segunda describe el amor de Claude Roc (Jean-Pierre Léaud) por Muriel (Stacey Tenderer) y su hermana Anne (Kika Markham) en el París de finales de siglo y en una provincia inglesa. Obra clave dentro de la trayectoria de Truffaut, destaca su realista descripción del amor a través de una sucesión de actos físicos, lo que explica su fracaso de público, tanto en la versión original como en la cortada y la reconstruida.

Director: *François Truffaut.* Guionistas: *François Truffaut, Jean Gruault*. Fotografía: *Néstor Almendros.* Música: *Georges Delerue*. Intérpretes: *Jean-Pierre Léaud, Stacey Tenderer, Kika Markham, Sylvia Marriott, Marie Mansart, Philippe Léotard*. Producción: *François Truffaut para Les Films du Carrosse. Color.* Duración: *132'. Francia.*

2001: UNA ODISEA DEL ESPACIO *(2001: A Space Odyssey, 1968)*

Tras un prólogo donde el hombre-mono, influido por la repentina presencia de un monolito negro, descubre que un hueso puede ser utilizado como arma, cuatro millones de años después, en el año 2001, una astronave guiada por la sofisticada computadora Hal 9000 parte con los astronautas Frank Poole (Gary Lockwood) y David Bowman (Keir Dullea) y tres científicos hibernados, con destino a la base lunar de Clavius para averiguar qué es un inmenso monolito negro que acaba de encontrarse. Durante el viaje Hal 9000 se rebela y mata a todos los tripulantes menos a David Bowman, que logra desactivarla, pero es lanzado a una dimensión espacio-temporal que finaliza en una habitación decorada al estilo del siglo XVIII donde no tarda en envejecer y tras aparecer el monolito negro, se transforma en un feto que gira en torno a la Tierra.

Estrenado más de un año antes de la llegada del hombre a la Luna, y tras un complejo proceso de preparación que dura casi un lustro, su máximo interés radica en ser la primera superproducción, desde *Intolerancia* (Intolerance, 1916), de David W. Griffith, que al mismo tiempo es una película experimental, así como en haber revolucionado la ciencia ficción como género. Basado en un guión del especialista Arthur C. Clarke y del propio Stanley Kubrick, se rueda durante los primeros siete meses de 1966 y los efectos especiales, debidos al especialista Douglas Trumbull, hacen que solo pueda estrenarse dos años después. En el experimental resultado el hombre se une con el tiempo y el espacio a través de la tecnología. Rodada en Cinerama, tiene una duración original de 160 minutos, reducida para su explotación comercial a 141 minutos. Contiene una original utilización de la música de Aram Khatchaturian, Gyorgy Ligeti, Johan y Richard Strauss. El nombre de la computadora es un homenaje a la marca IBM, dado que está formado por las letras que preceden en el alfabeto a las que integran su sigla. El éxito de esta ambiciosa producción escrita en colaboración, producida, parcialmente fotografiada y dirigida por Stanley Kubrick, hace que dieciséis años después el irregular Peter Hyam parta de otra novela de Arthur C. Clarke para hacer *2010, odisea dos* (2010, 1984), que no tiene el menor interés.

Director: *Stanley Kubrick*. Guionistas: *Stanley Kubrick, Arthur C. Clarke*. Fotografía: *Geoffrey Unsworth*. Intérpretes: *Keir Dullea, Gary Lockwood, William Sylvester, Leonard Rossiter*. Producción: *Stanley Kubrick para Metro-Goldwyn-Mayer. Color. Scope*. Duración: *160'. Reino Unido*.

DOS MUJERES Y UN AMOR (*In Name Only,* 1939)

El rico Alec Walker (Cary Grant) se enamora de la viuda Julie Elden (Carole Lombart), a quien conoce casualmente, pero, a pesar de que ella solo está interesada por su dinero, su mujer, Maida (Kay Francis), no quiere concederle el divorcio. Con estos elementos bien estructurados en un buen guión de Richard Sherman, el realizador John Cromwell hace un sólido melodrama para el productor Pandro S. Berman de los estudios R. K. O. Destacan las escenas finales, donde el médico receta a un Cary Grant enfermo de pulmonía el amor de Carole Lombard como mejor remedio para su mal, lo que hace que Kay Francis, en un ajustado papel de mala, quede finalmente al margen de la historia.

Director: *John Cromwell*. Guionista: *Richard Sherman*. Fotografía: *J. Roy Hunt*. Música: *Roy Webb*. Intérpretes: *Cary Grant, Carole Lombard, Kay Francis, Charles Coburn, Helen Vinson*. Producción: *Pandro S. Berman para R. K. O.* Duración: *94'. Estados Unidos*.

DOUGLAS, Kirk (*Issur Danielovitch Demsky. Amsterdam, Nueva York, Estados Unidos, 1916*)

Perteneciente a una modesta familia de emigrantes rusos, se paga sus estudios de letras en Saint Lawrence University y de interpretación en la American Academy of Dramatic Art. A principios de los años cuarenta debuta en Broadway en papeles secundarios, interrumpe su carrera para combatir como teniente en la II Guerra Mundial y la prosigue en la posguerra en papeles protagonistas. Debuta en cine con importantes personajes en los policiacos *El extraño amor de Martha Ivers,* de Lewis Milestone, y *Retorno al pasado,* de Jacques Tourneur. Tras protagonizar *El ídolo de barro,* durante los años cincuenta y la primera mitad de los sesenta desarrolla una impresionante carrera por la calidad de las películas en que interviene, entre las que destacan *Camino de la horca,* de Raoul Walsh; *El gran carnaval,* de Billy Wilder; *Río de sangre,* de Howard Hawks, *La pradera sin ley,* de King Vidor; *Senderos de gloria,* de Stanley Kubrick; *Un extraño en mi vida,* de Richard Quine; *El último atardecer,* de Robert Aldrich, y *Siete días de mayo,* de John Frankenheimer, pero sobre todo las que hace con Vincente Minnelli, *Cautivos del mal, El loco de pelo rojo* y *Dos semanas en otra ciudad.* A pesar de que trabaja con regularidad hasta mediados de los años ochenta, entre sus últimas treinta películas solo resalta *El compromiso,* de Elia Kazan, *El día de los tramposos,* de Joseph L. Mankiewicz, y *La furia,* de Brian de Palma. Productor de algunas de sus películas con su firma Bryna Productions, también dirige y protagoniza las irregulares aventuras *Pata de palo* y *Justiciero del Oeste*. Publica la interesante autobiografía *El hijo del trapero* (1988). Es padre del actor y director Michael Douglas.

Como director
1972 *Scalawag* (Pata de palo).
1975 *Posse* (Justiciero del Oeste).

Como actor
1946 *The Strange Love of Martha Ivers* (El extraño amor de Martha Ivers), de Lewis Milestone.
1947 *Out of Past* (Retorno al pasado), de Jacques Tourneur.
1948 *I Walk Alone* (Al volver a la vida), de Byron Haskin. / *Mourning Becomes Electra,* de Dudley Nichols. / *The Walls of Jericho* (Murallas humanas), de John M. Stahl. / *My Dear Secretary,* de Charles Martin.
1949 *A Letter to Three Wives* (Carta a tres esposas), de Joseph L. Mankiewicz. / *Champion* (El ídolo de barro), de Mark Robson.
1950 *Young Man With a Horn* (El trompetista), de Michael Curtiz. / *The Glass Menagerie,* de Irving Rapper.
1951 *Along the Great Divide* (Camino de la horca), de Raoul Walsh. / *The Big Carnival* (El gran carnaval), de Billy Wilder. / *Detective Story* (Brigada 21), de William Wyler.
1952 *The Big Trees* (La ley de la fuerza), de Felix Feist. / *The Big Sky* (Río de sangre), de Howard Hawks. / *The Bad and the Beautiful* (Cautivos del mal), de Vincente Minnelli.
1953 *The Story of Three Loves* (Tres amores), episodio de Gottfried Reinhardt. / *The Juggler* (Hombres olvidados), de Edward Dmytryck.
1954 *Act of Love,* de Anatole Litvak. / *20,000 Leagues Under the Sea* (20.000 leguas de viaje submarino), de Richard Fleischer. / *Ulysses* (Ulises), de Mario Camerini.
1955 *The Racers* (Hombres temerarios), de Henry Hathaway. / *Man Without a Star* (La pradera sin ley), de King Vidor. / *The Indian Fighter* (Pacto de honor), de André de Toth.
1956 *Lust for Life* (El loco de pelo rojo), de Vincente Minnelli. / *Top Secret Affair* (Intriga femenina), de H. C. Potter.
1957 *Gunfight at the O. K. Corral* (Duelo de titanes), de John Sturges. / *Paths of Glory* (Senderos de gloria), de Stanley Kubrick.
1958 *The Vikings* (Los vikingos), de Richard Fleischer. / *The Last Train From Gun Hill* (El último tren de Gun Hill), de John Sturges.
1959 *The Devil's Disciple* (El discípulo del diablo), de Guy Hamilton.
1960 *Strangers When We Meet* (Un extraño en mi vida), de Richard Quine. / *Spartacus* (Espartaco), de Stanley Kubrick.
1961 *The Last Sunset* (El último atardecer), de Robert Aldrich. / *Town Without Pity* (Ciudad sin piedad), de Gottfried Reinhardt.
1962 *Lonely Are the Brave* (Los valientes andan solos), de David Miller. / *Two Weeks in Another Town* (Dos semanas en otra ciudad), de Vincente Minnelli.
1963 *The Hook* (Silencio de muerte), de George Seaton. / *The List of Adrian Messenger* (El último de la lista), de John Huston. / *For Love of Money* (Tres herederas), de Michael Gordon.
1964 *Seven Days in May* (Siete días de mayo), de John Frankenheimer.
1965 *In Harm's Way* (Primera victoria), de Otto Preminger. / *The Heroes of Telemark* (Los héroes de Telemark), de Anthony Mann. / *Paris brûle-t-il?* (¿Arde París?), de René Clément.
1966 *Cast a Giant Shadow* (La sombra de un gigante), de Melville Shavelson.
1967 *The Way West* (Camino de Oregón), de Andrew V. McLaglen. / *The War Wagon* (Ataque al carro blindado), de Burt Kennedy.
1968 *The Brotherhood* (Mafia), de Martin Ritt. / *A Lovely Way to Die* (Sindicato de asesinos), de David Lowell Rich.
1969 *The Arrangement* (El compromiso), de Elia Kazan.
1970 *There Was a Crooked Man* (El día de los tramposos), de Joseph L. Mankiewicz. / *The Light at the Edge of the World* (La luz del fin del mundo), de Kevin Billington.
1971 *A Gunfight* (Gran duelo), de Lamont Johnson. / *Catch Me a Spy* (Con los dedos cruzados), de Dick Clement.
1972 *Un uomo da rispettare* (Un hombre a respetar), de Michele Lupo. / *Scalawag* (Pata de palo), de Kirk Douglas.
1973 *Cat and Mouse* (La tercera víctima), de Daniel Petrie.
1974 *Once Is Not Enough* (Una vez no basta), de Guy Green.
1975 *Posse* (Justiciero del Oeste), de Kirk Douglas.
1976 *Victory at Entebbe* (Victoria en Entebbe), de Marvin Chomsky.
1977 *Holocaust 2000* (Holocausto 2000), de Alberto de Martino.
1978 *The Fury* (La furia), de Brian de Palma.
1979 *The Villain* (Cactus Jack), de Hal Needham. / *Saturn 3* (Saturno 3), de Stanley Donen. / *Home Movies,* de Brian de Palma.
1980 *The Final Coutdown* (El final de la cuenta atrás), de Don Taylor.
1981 *The Man From the Snowy River* (El hombre de Río Nevado), de George Miller.
1983 *Eddie Macon's Run* (La fuga de Eddie Macon), de Jeff Kanew.
1986 *Tough Guys* (Otra ciudad, otra ley), de Jeff Kanew.

1991 *Bienvenido a Veraz,* de Xavier Castaño. / *Oscar,* de John Landis.

DOUGLAS, Melvyn *(Melvyn Edouard Hesselberg. Macon, Georgia, 1901-Nueva York, Estados Unidos, 1981)*

Descendiente de rusos y alemanes, su padre es un notable pianista y compositor. Interrumpe sus estudios para combatir en la Gran Guerra, en la posguerra debuta como actor y a finales de los años veinte es un conocido actor de teatro que es llamado a Hollywood con la llegada del sonoro. Durante la década de los treinta interviene en treinta y cuatro películas, se hace famoso con el papel del típico galán de la época y es la pareja de Greta Garbo en el drama *Como tú me deseas* y en la comedia *Ninotchka* y de Joan Crawford en *La hora radiante*. Sus mejores películas de estos años son *Sucedió una vez,* de Gregory La Cava, *Ángel,* de Ernst Lubitsch, y *Capitanes intrépidos,* de Victor Fleming. Durante la década de los cuarenta trabaja demasiado con el irregular Alexander Hall y entre 1943 y 1947 sirve en las fuerzas armadas, donde llega a tener el grado de mayor. Vuelve a ser pareja de Greta Garbo y Joan Crawford en *La mujer de las dos caras* y *Un rostro de mujer* respectivamente; en la posguerra trabaja más en teatro y comienza a hacer papeles secundarios en cine. Tras dedicar los años cincuenta al teatro, regresa al cine con sesenta años para, durante la última etapa de su vida, hacer papeles secundarios en otras dieciséis películas y obtener dos Oscars, por *Hud, el más valiente entre mil* y por *Bienvenido, Mr. Chance*.

1931 *Tonight or Never* (Esta noche o nunca), de Mervyn LeRoy.
1932 *Prestige* (Prestigio), de Tay Garnett. / *The Wiser Sex,* de Berthold Viertel. / *The Broken Wing* (El ala rota), de Lloyd Corrigan. / *The Old Dark House* (El caserón de las sombras), de James Whale. / *As You Desire Me* (Como tú me deseas), de George Fitzmaurice.
1933 *Nagana,* de Ernest L. Frank. / *The Vampire Bat* (¿Vampiros?), de Frank Strayer. / *Counsellor-at-Law* (El abogado), de William Wyler.
1934 *Woman in the Dark* (Sombras trágicas), de Phil Rosen. / *Dangerous Corner,* de Phil Rosen.
1935 *Mary Burns Fugitive* (Mary Burns fugitiva), de W. K. Howard. / *Annie Oakley,* de George Stevens. / *She Married Her Boss* (Sucedió una vez), de Gregory La Cava. / *The People's Enemy* (Compañeros del diablo), de Crane Wilbur.
1936 *The Lone Wolf Returns* (El retorno de Raffles), de Roy W. Neill. / *The Gorgeous Hussy,* de Clarence Brown. / *And So They Were Married* (Sucedió sin querer), de Elliott Nugent. / *Theodora Goes Wild* (Los pecados de Teodora), de Richard Boleslawski.
1937 *Angel,* de Ernst Lubitsch. / *Captains Courageous* (Capitanes intrépidos), de Victor Fleming. / *I Met Him in Paris* (La encontré en París), de Wesley Ruggles. / *Women of Glamour,* de Gordon Wiles.
1938 *Arsène Lupin Returns* (La vuelta de Arsenio Lupin), de George Fitzmaurice. / *The Shining Hour* (La hora radiante), de Frank Borzage. / *The Toy Wife,* de Richard Thorpe. / *Fast Company,* de Edward Buzzell. / *There's Always a Woman* (Siempre hay una mujer), de Alexander Hall. / *That Certain Age* (Reina a los catorce años), de Edward Ludwig. / *There's That Woman Again* (Ha vuelto aquella mujer), de Alexander Hall.
1939 *Ninotchka,* de Ernst Lubitsch. / *The Amazing Mr. Williams* (Un hombre inverosímil), de Alexander Hall. / *Good Girls Go to Paris* (Por un viaje a París), de Alexander Hall. / *Tell no Tales,* de Leslie Fenton.
1940 *Too Many Husbands* (Demasiados maridos), de Wesley Ruggles. / *Third Finger, Left Hand,* de Robert Z. Leonard. / *He Stayed for Breakfast* (Caprichos de Madame), de Alexander Hall. / *This Thing Called Love,* de Alexander Hall.
1941 *Our Wife,* de John M. Stahl. / *Two-Faced Woman* (La mujer de las dos caras), de George Cukor. / *That Uncertain Feeling* (Lo que piensan las mujeres), de Ernst Lubitsch. / *A Woman's Face* (Un rostro de mujer), de George Cukor.
1942 *They All Kissed the Bride* (Todos besaron a la novia), de Alexander Hall. / *We Were Dancing* (Sucedió bailando), de Robert Z. Leonard.
1943 *Three Hearts for Julia,* de Richard Thorpe.
1947 *The Sea of Grass* (Mar de hierba), de Elia Kazan. / *The Guilt of Janet Ames,* de Henry Levin.
1948 *Mr. Blandings Builds His Dream House* (Los Blandings ya tienen casa), de H. C. Potter. / *My Own True Love,* de Compton Bennett.
1949 *The Great Sinner* (El gran pecador), de Robert Siodmak. / *A Woman's Secret,* de Nicholas Ray.
1951 *My Forbidden Past* (Odio y orgullo), de Robert Stevenson. / *On The Loose,* de Charles Lederer.
1962 *Billy Budd* (La fragata infernal), de Peter Ustinov.
1963 *Hud* (Hud, el más valiente entre mil), de Martin Ritt.
1964 *Advance to the Rear* (La furia de los cobardes), de George Marshall. / *The Americanization of Emily* (La americanización de Emily), de Arthur Hiller.
1965 *Rapture,* de John Guillermin.
1967 *Hotel* (Intriga en el Gran Hotel), de Richard Quine.
1969 *I Never Sang for My Father,* de Gilbert Cates.

1972 *The Candidate* (El candidato), de Michael Ritchie. / *One Is a Lonely Number* (Una mujer sin amor), de Mel Stuart.
1976 *Le locataire* (El quimérico inquilino), de Roman Polanski.
1977 *Twilight's Last Gleaming* (Alerta: misiles), de Robert Aldrich.
1979 *Being There* (Bienvenido, Mr. Chance), de Hal Ashby. / *The Seduction of Joe Tynan* (Escalada al poder), de Jerry Schatzberg. / *The Changeling*, de Peter Medak.
1980 *Tell Me a Riddle*, de Lee Grant.
1981 *Ghost Story* (Historia macabra), de John Irvin.

DOUGLAS, Michael *(New Brunswick, New Jersey, Estados Unidos, 1944)*

Hijo del actor, productor y director Kirk Douglas, estudia en la Universidad de California y asiste a cursos de arte dramático en la localidad de Santa Bárbara. A finales de los años sesenta debuta como actor de teatro en la Neigborhood Playhouse de Nueva York, al tiempo que comienza a hacer algunas apariciones en películas, pero solo se da a conocer como actor en la serie de televisión *Las calles de San Francisco* (The Streets of San Francisco, 1972). Mientras su trabajo como actor pasa desapercibido, triunfa como productor con *Alguien voló sobre el nido del cuco* (One Flew Over the Cukoo's Nest, 1975), de Milos Forman. Fracasa con el policiaco *Los jueces de la ley* y el musical *A Chorus Line*, pero llama la atención con las películas de aventuras *Tras el corazón verde* y *La joya del Nilo*, tiene su primer éxito con *Atracción fatal* y gana un Oscar con *Wall Street*. Siempre serio, distante y frío, vuelve a triunfar con producciones como *Instinto básico, Días de furia* y *El presidente y Miss Wade*, que le convierten en una estrella.

1969 *Where's Jack* (El ladrón rebelde), de James Clavell. / *Hail, Hero!* (¡Hail, héroe!), de David Miller.
1970 *Adam at 6 A.M.* (Adán a las 6 de la mañana), de Robert Scheerer.
1971 *Summertree*, de Anthony Newley.
1972 *Napoleon and Samantha*, de Bernard McEveety.
1977 *Coma*, de Michael Crichton.
1979 *The China Syndrome* (El síndrome de China), de James Bridges. / *Running*, de Steven H. Stern.
1980 *My Turn* (Ahora me toca a mí), de Claudia Weill. / *Tell Me a Riddle*, de Lee Grant.
1983 *The Star Chamber* (Los jueces de la ley), de Peter Hyams.
1984 *Romancing the Stone* (Tras el corazón verde), de Robert Zemeckis.
1985 *A Chorus Line*, de Richard Attenborough. / *The Jewel of the Nile* (La joya del Nilo), de Lewis Teague.
1987 *Fatal Attraction* (Atracción fatal), de Adrian Lyne. / *Wall Street*, de Oliver Stone.
1989 *Black Rain*, de Ridley Scott. / *The War of the Roses* (La guerra de los Rose), de Danny DeVito.
1992 *Shining Through* (Resplandor en la oscuridad), de David Seltzer. / *Basic Instinct* (Instinto básico), de Paul Verhoeven.
1993 *Falling Down* (Días de furia), de Joel Schumacher.
1994 *Disclosure* (Asedio), de Barry Levinson.
1995 *An American President* (El presidente y Miss Wade), de Rob Reiner.

DOVJENKO, Aleksandr *(Aleksandr Petrovič Dovjenko. Sosnitsi, Ucrania, 1894-Moscú, Unión Soviética, 1956)*

Nacido en el seno de una numerosa familia campesina cosaca, pobre, atea y analfabeta, tras realizar sus estudios empieza a trabajar como maestro. Rechazado en 1914 en el ejército por una lesión de corazón, colabora con la Revolución de 1917 como comisario de bellas artes, agitador político y, sobre todo, diplomático en Varsovia, Munich y Berlín. Tras seguir en esta última ciudad los cursos del pintor expresionista Erik Heckel, al regresar a su país en 1923 se dedica a la pintura, pero, convencido de la superioridad del cine, tres años después comienza a trabajar como guionista en los estudios Vukfu de Odessa. Debuta como director con el divertido cortometraje *Los frutos del amor* (Jadogki ljubvi, 1926) y el largo *Vassia el reformador* (Vasja-reformator, 1926), que firma con Faust Lopatinski. Tras *La valija del correo diplomático*, narración de aventuras y espionaje, rueda la trilogía de cantos líricos, dedicada a Ucrania, integrada por *La montaña del tesoro, Arsenal* y *La tierra*, que le hace famoso. En 1928 se casa con la actriz Youlia Solstseva, que abandona su profesión para convertirse en su más próxima colaboradora. También tienen gran interés sus primeras películas sonoras: *Ivan*, sobre la construcción de una gran presa; *Aerograd*, sobre la fundación de una utópica ciudad, y *Ščors*, la mejor muestra de realismo socialista. Durante la II Guerra Mundial es corresponsal de guerra, dirige el documental *Liberación* y realiza con su mujer Youlia Solstseva las películas de propaganda *La batalla por nuestra Ucrania soviética* y *Victoria en Ucrania.* La dureza de su guion *Ucrania en llamas,* escrito en 1943, no solo le impide su realización, sino que le hace caer en desgracia: es relevado de sus cargos oficiales y olvidado hasta el final de su vida. Durante estos años de silencio se acrecienta su interés por la literatura, escribe poemas, novelas y diarios personales, pero solo puede dirigir *País natal,* que no le autorizan a firmar; *Mičurin,* que deja de interesarle por los muchos problemas personales que le acarrea; *Proščal Amerika,* suspendida en 1951 a mitad del rodaje sin ninguna explicación, y *Poema del mar* (Poèma o moré, 1958), que escribe y prepara, pero muere de un ataque cardiaco la víspera de comenzar el rodaje y la realiza su viuda Youlia Solstseva. Posteriormente ésta dirige, sobre guiones de su marido y con una similar vena lírica, *Crónica de los años de fuego* (Povest plamennih let, 1961), *El Desna encantado* (Začarovannaja Desna, 1964), *La inolvidable* (Nezabyvaemoe, 1967) y *Las puertas de oro* (Zolotye vorota, 1969).

1927 *Sumka dipkuriera* (La valija del correo diplomático).
1928 *Zvenigora* (La montaña del tesoro).
1929 *Arsenal.*
1930 *Zmelia* (La tierra).
1932 *Ivan.*
1935 *Aerograd.*
1939 *Ščors.*
1940 *Osvobož denie* (Liberación).
1943 *Bitva za našu sovestkuju Ukraniu* (La batalla por nuestra Ucrania soviética).
1945 *Pobeda na pravoberež noj Ukranie* (Victoria en Ucrania).
1946 *Strana rodnaja* (País natal).
1948 *Mičurin.*

DREYER, Carl Theodor *(Copenhague, 1889-Copenhague, Dinamarca, 1968)*

Hijo de un gran terrateniente y de su ama de llaves, su padre no quiere reconocerle y crece con la familia de un tipógrafo, irreligioso y socialista, que le da sus apellidos. Estudia piano y contabilidad y en 1906 empieza a trabajar como contable de telégrafos y deja a su familia adoptiva. Tres años después comienza a escribir en diarios, se convierte en un periodista conocido y en 1912 le contrata la Nordisk Filmkompagni, la productora más importante del país, para escribir los intertítulos de las películas mudas. Después de trabajar como director artístico, adaptador y guionista, debuta como director con *El presidente,* muy influido por la espiritualidad de la escuela sueca. Durante los años veinte rueda siete películas, a través de las que se plasma su estilo reposado, la denuncia de la intolerancia social y moral y una fuerte religiosidad —pero la exigua industria cinematográfica danesa le obliga a trabajar en Suecia, Alemania, Noruega y Francia—, entre las que destacan *Páginas del libro de Satán,* muy influida por *Intolerancia* (Intolerance, 1916), de David W. Griffith, *Mikaël* y *Honrad a vuestra esposa.* Sin embargo, solo se consagra con *La pasión de Juana de Arco,* su última película muda, por su sobriedad narrativa y el hábil empleo del primer plano. Con la aparición del sonoro su obra se distancia, tanto por su compleja concepción como por su difícil financiación, y solo rueda cinco películas en más de cuarenta años, pero le sitúan entre los grandes clásicos europeos. El fracaso de *Vampyr,* basada en unas narraciones cortas de Sheridan Le Fanu, hace que tarde doce años en rodar *Dies irae,* adaptación de una obra de Hans Wiers-Jenssen. Por el mismo motivo transcurren nueve años entre la irregular *Dos seres,* realizada a partir de un relato de W. O. Somin, y la magistral *La palabra,* nueva y definitiva versión del texto de Kaj Munk. Tras la falta de financiación para diferentes proyectos, sobre todo para una ambiciosa vida de Jesucristo con la que pierde muchos años, se despide del cine con *Gertrud,* basada en una obra de teatro de Hjalmar Söderberg, mientras, su arte sufre un paulatino aumento de religiosidad, a medida que crece la longitud de sus planos-secuencia.

1919 *Praesidenten* (El presidente).
1920 *Prästänken* (La viuda del pastor).
1921 *Blade af Satan Dagbog* (Páginas del libro de Satán).
1922 *Die gezeichneten* (Los marcados).
1923 *Der war engang* (Érase una vez).
1924 *Mikaël.*
1925 *Du skal aere din hustru* (Honrad a vuestra esposa).
1926 *Glomdals Bruden* (La esposa de Glomdal).
1928 *La passion de Jeanne d'Arc* (La pasión de Juana de Arco).
1931 *Vampyr.*
1943 *Vredens dag* (Dies irae).

1945 *Tvmänniskor* (Dos seres).
1954 *Ordet* (La palabra).
1964 *Gertrud*.

DREYFUSS, Richard *(Nueva York, Estados Unidos, 1947)*

Estudia en el San Fernando Valley State College y a los once años debuta como actor de teatro en el West Side Jewish Center. A finales de la década de los setenta comienza a hacer pequeños papeles en cine, se da a conocer con un personaje secundario en *American Graffiti*, de George Lucas, y le lanza el éxito de *Tiburón* y *Encuentros en la tercera fase*, de Steven Spielberg. Tras ganar un Oscar por la comedia *La chica del adiós*, de Herbert Ross, produce y protagoniza el curioso policiaco *Un investigador insólito*, de Jeremy Paul Kagan, pero su adicción a las drogas hace que no pueda trabajar durante la primera mitad de los años ochenta. Entre sus restantes películas hay que señalar las comedias sentimentales *Para siempre*, de Steven Spielberg, y *Querido intruso*, de Lasse Hallstrom y, sobre todo, la interesante recreación del mundo de *Hamlet*, de William Shakespeare, realizada en *Rosencrantz y Guildenstern han muerto*, única película dirigida por el dramaturgo y guionista Tom Stoppard.

1967 *Valley of the Dolls* (El valle de las muñecas), de Mark Robson. / *The Graduate* (El graduado), de Mike Nichols.
1968 *The Young Runaways* (Juventud rebelde), de Arthur Dreifuss.
1969 *Hello Down There*, de Jack Arnold.
1973 *Dillinger*, de John Milius. / *American Graffiti*, de George Lucas.
1974 *The Apprenticeship of Duddy Kravitz*, de Ted Kotcheff. / *The Second Coming of Suzanne*, de Michael Barry.
1975 *Jaws* (Tiburón), de Steven Spielberg.
1976 *Inserts*, de John Byrum. / *Victory at Entebbe* (Victoria en Entebbe), de Marvin Chomsky.
1977 *Close Encounters of the Third Kind* (Encuentros en la tercera fase), de Steven Spielberg. / *The Goodbye Girl* (La chica del adiós), de Herbert Ross.
1978 *The Big Fix* (Un investigador insólito), de Jeremy Paul Kagan.
1980 *The Competition* (El concurso), de Joel Oliansky.
1981 *Whose Life Is It Anyway?* (Mi vida es mía), de John Badham.
1984 *The Buddy System*, de Glenn Jordan.
1986 *Down and Out in Beverly Hills* (Un loco suelto en Hollywood), de Paul Mazursky. / *Stand By Me* (Cuenta conmigo), de Rob Reiner.
1987 *Tin Men* (Dos estafadores y una mujer), de Barry Levinson. / *Stakeout* (Procedimiento ilegal), de John Badham. / *Nuts* (Loca), de Martin Ritt.
1988 *Moon Over Parador* (Presidente por accidente), de Paul Mazursky.
1989 *Let It Ride* (A rienda suelta), de Joe Pytka. / *Always* (Para siempre), de Steven Spielberg.
1990 *Postcards From the Edge* (Postales desde el filo), de Mike Nichols.
1991 *Once Around* (Querido intruso), de Lasse Hallström. / *Rosencrantz and Guildenstern Are Dead* (Rosencrantz y Guildenstern han muerto), de Tom Stoppard. / *What About Bob?* (¿Qué pasa con Bob?), de Frank Oz. / *Prisoner of Honor* (Prisionero del honor), de Ken Russell.
1993 *Lost in Yonkers* (Prohibido querer), de Martha Coolidge. / *Another Stakeout* (En el punto de mira), de John Badham.
1994 *Silent Fall* (Un testigo silencioso), de Bruce Beresford.
1995 *Professor Holland* (Profesor Holland), de Stephen Herek. / *An American President* (El presidente y Miss Wade), de Rob Reiner.

DUELO AL SOL *(Duel in the Sun, 1947)*

Hija de una bailarina india y de un padre jugador que acaba ajusticiado por el asesinato de su mujer y de su amante, Pearl Chavez (Jennifer Jones) se va a vivir al rancho Spanish Bit bajo la protección de Laura Belle (Lillian Gish), una prima lejana de su padre; pero debe enfrentarse al amor de sus hijos, el bueno y sensato Jesse McCanles (Joseph Cotten) y el malo y díscolo Lewt McCanles (Gregory Peck); sobre el trasfondo de la tradicional lucha entre ganaderos y gentes del ferrocarril. Este apasionado *western* romántico, que concluye con una fascinante escena de *amour fou* entre Pearl Chavez y Lewt McCanles en la Roca de la Cabeza de la India, aparece firmado por King Vidor, pero antes que nada es una obra del productor David O. Selznick para lucimiento de su amada, Jennifer Jones. La barroca escena donde la sensual bailarina india (Tilly Losch) danza sobre la barra circular de un gran *saloon* ante la mirada de su marido Scott Chavez (Herbert Marshall) está rodada por William Dieterle sobre un decorado ideado por Josef von Sternberg, que también dirige otras escenas, además del decorador William Cameron Menzies y el propio Selznick. En cualquier caso es una gran película y un tema que interesa mucho a King Vidor, tal como demuestra que vuelva a plantear una apasionada historia de amor destructivo en *Pasión bajo la niebla* (Ruby Gentry, 1952), protagonizada por Charlton Heston y Jennifer Jones, pero que esta vez controla totalmente.

Director: *King Vidor*. Guionistas: *David O. Selznick, Oliver H. P. Garrett*. Fotografía: *Lee Garmes, Harold Rosson, Ray Rennahan*. Música: *Dimitri Tiomkin*. Intérpretes: *Jennifer Jones, Gregory Peck, Joseph Cotten, Lionel Barrymore, Lillian Gish, Walter Huston, Herbert Marshall, Charles Bickford, Tilly Losch, Harry Carey, Otto Kruger*. Producción: *David O. Selznick*. Color. Duración: *138'*. Estados Unidos.

DUELO EN LA ALTA SIERRA *(Ride the High Country, 1962)*

A principios de siglo, el viejo *sheriff* Gil Westrum (Randolph Scott) acepta llevar un cargamento de oro desde el pequeño pueblo minero de Coarse Gold hasta la ciudad de Hornitos, pero acompañado por su antiguo ayudante, Steve Judd (Joel McCrea), que, de acuerdo con el joven Heck Longree (Ronald Starr), planea quedarse con el oro. Sin embargo, deben variar sus planes cuando se une al grupo la joven Elsa Knudsen (Mariette Hartley) que, recién casada, huye de su bruto marido que quiere compartirla con sus cuatro hermanos. Gracias a un buen guión original de N. B. Stone Jr. y a lo bien que se amoldan los míticos actores Randolph Scott y Joel McCrea a sus respectivos papeles, unos viejos desilusionados que han olvidado su antigua férrea moral, el casi debutante Sam Peckinpah rueda un *western* crepuscular y antirretórico que se anticipa a su tiempo y se sitúa entre sus mejores trabajos. A pesar de ser una película de bajo presupuesto, como prólogo de la que será una de las peores características de su carrera, el productor Richard E. Lyons corta media hora antes del estreno.

Director: *Sam Peckinpah*. Guionista: *N. B. Stone Jr.* Fotografía: *Lucien Ballard*. Música: *George Bassman*. Intérpretes: *Joel McCrea, Randolph Scott, Edgar Buchanan, Mariette Hartley, Ronald Starr, James Drury*. Producción: *Richard E. Lyons para Metro-Goldwyn-Mayer*. Color. Scope. Duración: *94'*. Estados Unidos.

DUENDE Y MISTERIO DEL FLAMENCO *(1952)*

El interés del guionista, productor y realizador Edgar Neville por el flamenco, le conduce a realizar esta personal historia de su peculiar forma de concebir el cante y baile. Con la voz de fondo de Fernando Rey, se van explicando las diferentes características de cada baile; se suceden seguiriyas, soleares, serranas, livianas, tarantas, alegrías, caracoles, boleros, panaderos, zapateados, fandangos, verdiales, granaínas, bulerías, martinetes y algunos otros. A pesar de reducirse a una selección de diferentes números, por la fuerza y calidad de sus intérpretes y gracias a que están bien rodados, en largos planos generales que permiten apreciar en toda su intensidad la belleza del baile, el resultado tiene un indudable interés. Frente a los números rodados en interiores, destacan los realizados en exteriores, sobre un tablado situado ante un bello fondo, como ocurre con los que baila una joven y debutante María Luz Galicia y los de Antonio ante el Monasterio de San Lorenzo de El Escorial. Rodada por el sistema de patente española Cinefotocolor, el paso de los años, como ocurre con todas las películas realizadas con este procedimiento, ha hecho perder mucha calidad a la fotografía. Solo cuarenta y tres años después Carlos Saura sigue esta misma línea en *Flamenco* (1995), pero su austeridad la convierte en una película excesivamente dura, casi japonesa.

Director y guionista: *Edgar Neville*. Fotografía: *Enrique Guerner*. Música: *Albéniz, Chueca, Granados, Soler y otros*. Intérpretes: *Antonio, Pilar López, Rosario Ximénez, Alejandro Vega, Manolo Vargas, Alberto Lorca*. Producción: *Edgar Neville para Suevia Films (Cesáreo González)*. Color. Duración: *85'*. España.

DULCE EMMA, QUERIDA BÖBE *(Edes Emma, droge Böbe, 1992)*

Tras pasarse la década de los ochenta rodando coproducciones europeas en el extranjero, el realizador István Szabó regresa a Hungría para contar una dura crónica de la situación existente en su país después de la desaparición de la Unión Soviética. Narrada desde el punto de vista de Emma (Johanna Ter Steege), una profesora de ruso durante el régimen comunista, describe cómo al dejar de ser el ruso un idioma obligatorio, debe estudiar inglés para reciclarse. Enamorada del casado director de su escuela, vive malamente en una habitación que comparte con Böbe (Eniko Borcsok), que está en una situación muy similar a la suya, en una residencia de profesores. Todos están asustados por su pasado más o menos comunista y no ven solución a sus problemas. Mientras Böbe acaba prostituyéndose y se dedica al tráfico de divisas, y, cuando la descubren, se suicida, Emma vende periódicos en el metro para conseguir un sobresueldo con que subsistir. Integrada por una sucesión de pequeñas escenas convenientemente tituladas, está rodada con gran habilidad por Szabó. Destila verdad y tristeza, y destaca la actuación de Johanna Ter Steege.

Director: *István Szabó*. Guionistas: *István Szabó, Andrea Veszits*. Fotografía: *Lajos Koltai*. Música: *Tibor Bornai, Ferenc Nagy*. Intérpretes: *Johanna Ter Steege, Eniko Borcsok*. Producción: *Objektiv Studio*. Color. Duración: *85'*. Hungría.

DULCES CAZADORES *(Sweet Hunters, 1969)*

Bajo bandera panameña, hablada en inglés y con actores norteamericanos, el mozambiqueño Ruy Guerra, parte primordial del movimiento *cinema nôvo* del cine brasileño, hace la mejor de sus películas. Las relaciones entre el profesor de ornitología Allan (Sterling Hayden), que espera en una isla el paso de unas aves migratorias, acompañado de su mujer Clea (Susan Strasberg), su hijo Bob (Andre Hayden) y su hija Lisbeth (Maureen McNalley), y un evadido (Stuart Whitman) de un penal cercano, son el origen de una peculiar historia claustrofóbica. Los personajes están encerrados en la isla, tratan de escapar, pero no pueden, mientras, se van hundiendo sus ilusiones: los pájaros no llegan, fracasa la relación entre Clea y el evadido y este muere a manos de sus perseguidores. Destaca la excelente fotografía brumosa del argentino Ricardo Aranovich, el sobrio trabajo de Sterling Hayden y la impecable dirección de Ruy Guerra en esta compleja producción de difícil existencia.

Director: *Ruy Guerra*. Guionistas: *Philippe Dumarçay, Gérard Zingg, Ruy Guerra*. Fotografía: *Ricardo Aranovich*. Música: *Carl Orff*. Intérpretes: *Sterling Hayden, Susan Strasberg, Maureen McNalley, Andrew Hayden, Stuart Whitman*. Producción: *General Production de Panamá*. Color. Duración: *100'*. Panamá.

DUNAWAY, Faye *(Dorothy Faye. Bascord, Florida, Estados Unidos, 1941)*

Hija de un oficial de carrera, tras una infancia siguiendo a su familia de una guarnición militar a otra, estudia música, ballet y canto en la Universidad de Florida. Obtiene una beca Fullbright para estudiar en la escuela de Artes Aplicadas de la Universidad de Boston, forma parte de la compañía de teatro Lincoln Center Repertory y debuta en Broadway bajo la dirección de Elia Kazan. Descubierta por un cazatalentos de los estudios Metro-Goldwyn-Mayer, empieza su carrera como actriz de cine a mediados de la década de los sesenta, pero el éxito de *Bonnie y Clyde*, de Arthur Penn, su tercera película y la primera como protagonista, la convierte en una estrella. Hasta finales de los años setenta trabaja con continuidad en importantes producciones, entre las que destacan *El compromiso*, de Elia Kazan; *Chinatown*, de Roman Polanski; *Los tres días del cóndor*, de Sydney Pollack; *Un mundo implacable*, de Sidney Lumet, por la que gana un Oscar, y *Ojos*, de Irvin Kershner. Posteriormente sigue trabajando con regularidad, pero en películas de mucho menor interés, tanto norteamericanas, *Queridísima mamá, El borracho* y *Arizona Dream;* inglesas, *Culpable de inocencia* y *El cuento de la doncella;* italianas, *Juegos prohibidos de una dama* y *In una notte di chiaro di Luna*, o españolas, *En brazos de la mujer madura*.

1966 *The Happening* (El suceso), de Elliot Silverstein.
1967 *Hurry Sundwon* (La noche deseada), de Otto Preminger. / *Bonnie and Clyde* (Bonnie y Clyde), de Arthur Penn.
1968 *The Thomas Crown Affair* (El caso de Thomas Crown), de Norman Jewison.
1969 *Amanti* (Amantes), de Vittorio de Sica. / *The Arrangement* (El compromiso), de Elia Kazan. / *The Extraordinary Seaman*, de John Frankenheimer.
1970 *Little Big Man* (Pequeño gran hombre), de Arthur Penn. / *Puzzle of a Downfall Child* (Confesiones de una modelo), de Jerry Schatzberg.
1971 *Doc* (Duelo a muerte en O. K. Corral), de Frank Perry. / *La maison sous les arbres* (La mansión bajo los árboles), de René Clément.
1973 *Oklahoma Crude* (Oklahoma año 10), de Stanley Kramer. / *The Three Musketeers* (Los tres mosqueteros), de Richard Lester. / *The Four Musketeers* (Los cuatro mosqueteros), de Richard Lester.
1974 *Chinatown*, de Roman Polanski. / *The Towering Inferno* (El coloso en llamas), de John Guillermin.
1975 *Three Days of the Condor* (Los tres días del cóndor), de Sydney Pollack.

1976 *Network* (Un mundo implacable), de Sidney Lumet. / *Voyage of the Damned* (El viaje de los condenados), de Stuart Rosenberg.
1978 *Eyes of Laura* (Ojos), de Irvin Kershner.
1979 *The Champ* (Campeón), de Franco Zeffirelli.
1980 *The First Deadly Sin* (El primer pecado), de Brian G. Hutton.
1981 *Mommie Dearest* (Queridísima mamá), de Frank Perry.
1983 *The Wicked Lady* (La dama perversa), de Michael Winner.
1984 *Supergirl*, de Jeannot Szwarc. / *Ordeal by Innocence* (Culpable de inocencia), de Desmond Davis.
1987 *Barfly* (El borracho), de Barbet Schroeder.
1988 *Burning Secret* (Secreto en llamas), de Andrew Birkin. / *La partita* (Juegos prohibidos de una dama), de Carlo Vanzina. / *Midnight Crossing*, de Roger Holzberg.
1989 *Wait Until Spring, Bandini* (Espera a la primavera, Bandini), de Dominique Deruder.
1990 *The Handmaid's Tale* (El cuento de la doncella), de Volker Schlöndorff. / *In una notte di chiaro di Luna*, de Lina Wertmuller.
1991 *Double Edge*, de Amos Kollek. / *Scorchers* (Cuerpos ardientes), de David Beaird.
1992 *Arizona Dream*, de Emir Kusturica.
1993 *The Temp*, de Tom Holland.
1995 *Don Juan de Marco*, de Jeremy Leven.
1996 *En brazos de la mujer madura*, de Manuel Lombardero. *The Chamber* (Cámara sellada), de James Foley.

DURBIN, Deanna *(Edna Mae Durbin. Winnipeg, Manitoba, Canadá, 1921)*

Perteneciente a una familia de origen británico, se educa en Los Ángeles y a los quince años es descubierta por un cazatalentos de Metro-Goldwyn-Mayer mientras canta en la radio. Rueda para el estudio el cortometraje *Concierto al aire libre* (Every Sunday Afternoon, 1936), de Felix Feist, pero contratan a su compañera Judy Garland y la convierten en una estrella juvenil, y la rechazan a ella. Sin embargo, es contratada en exclusiva por los estudios Universal y gracias al productor Joe Pasternak y al realizador Henry Koster hace media docena de dulzones musicales de gran éxito: *Tres diablillos, Loca por la música, Su última diablura, El primer amor, Princesita* y *Casi un ángel*, a los que hay que añadir *Mentirosilla*, realizado por Norman Taurog. Tras una docena de películas muy similares, su éxito comienza a declinar y, a pesar de que intenta renovarse rodando algunas comedias sofisticadas, *La hermanita del mayordomo*, de Frank Borzage, e incluso un drama psicológico, *Luz en el alma*, de Robert Sidomak, no logra volver a triunfar, regresa a sus empalagosas comedias musicales y su carrera finaliza a finales de los años cuarenta.

1937 *Three Smart Girls* (Tres diablillos), de Henry Koster. / *One Hundred Men and a Girl* (Loca por la música), de Henry Koster.
1938 *Mad About Music* (Mentirosilla), de Norman Taurog.
1939 *Three Smart Girls Grow Up* (Su última diablura), de Henry Koster. / *First Love* (El primer amor), de Henry Koster. / *That Certain Age* (Reina a los catorce años), de Edward Ludwig.
1940 *It's a Date* (Esta es la fecha), de William A. Seiter. / *Spring Parade* (Princesita), de Henry Koster.
1941 *Nice Girl?* (Mujercita), de William A. Seiter. / *It Started With Eve* (Casi un ángel), de Henry Koster.
1943 *The Amazing Mrs. Holliday* (Mi encantadora esposa), de Bruce Manning. / *Hers to Hold* (Lazos eternos), de Frank Ryan. / *His Butler's Sister* (La hermanita del mayordomo), de Frank Borzage.
1944 *Christmas Holiday* (Luz en el alma), de Robert Siodmak. / *Can't Help Singing* (Feliz y enamorada), de Frank Ryan.
1945 *Lady on a Train* (La dama del tren), de Charles David.
1946 *Because of Him* (Su primera noche), de Richard Wallace.
1947 *I'll Be Yours* (Seré tuya), de William A. Seiter. / *Something in the Wind* (El diablillo ya es mujer), de Irving Pichel.
1948 *Up in Central Park*, de William A. Seiter.
1949 *For the Love of Mary*, de Frederic de Cordova.

DUVIVIER, Julien *(Lille, 1896-París, Francia, 1967)*

Estudia con los jesuitas, en 1916 debuta como actor de teatro, llega a formar parte de la prestigiosa compañía del Odeón de París y trabaja como ayudante de dirección del famoso Antoine, que le convence para que deje la interpretación por la realización. Tras ser ayudante de Louis Feuillade y Marcel L'Herbier, debuta como director de cine con *Haceldama ou le prix du sang* y durante los años veinte realiza otras diecisiete producciones, la mayoría adaptaciones literarias, donde queda muy claro su interés por el teatro. Dado su ateísmo, resultan especialmente melodramáticas las múltiples historias religiosas rodadas durante la etapa del cine mudo: *El milagro de Lourdes, El abate Cons-*

tantino, *La agonía de Jerusalén* y *Milagro de santa Teresita*, sin olvidar obras más desenfadadas, *El hombre del Hispano* y *Au bonheur des dames*, que cierran el período. Después de hacer *Pelirrojo*, nueva versión de *Siembra de dolor*, sobre una novela de Jules Renard, y *La cabeza de un hombre*, adaptación de un relato de Georges Simenon, tiene su primer éxito sonoro con *Maria Chapdelaine*, adaptación de la novela de Louis Hémon, que rueda en Canadá en escenarios naturales. Entre las fallidas *Gólgota*, de nuevo el drama de Jesucristo, y *Le golem*, adaptación de la conocida novela de terror de Gustav Meyrinck, rodada en Checoslovaquia, tiene gran éxito con *La bandera*, adaptación de una novela de Pierre Mac Orlan sobre la Legión Extranjera Española, dentro del realismo poético característico de estos años, y con *La belle équipe*, enfrentamiento de dos hombres por el amor de una mujer, que resulta más cercana a la filosofía del Frente Popular. El triunfo de *Pépé-le-Moko*, una pesimista narración realista que se desarrolla en la *casbah* de Argel, y, sobre todo, de *Carnet de baile*, una eficaz producción de episodios sobre una viuda que recuerda su pasado, con la que gana el León de Oro de la Mostra de Venecia, le vale un contrato con los estudios Metro-Goldwyn-Mayer para rodar en Hollywood, en una Viena reconstruida, *El gran vals*, un curioso musical sobre la figura del compositor Johan Strauss, que no tiene éxito. De nuevo en Francia realiza *Fin de jornada*, sobre la vida de un viejo conquistador en una residencia para actores, con un buen guión escrito con Charles Spaak, colaborador habitual de la mejor etapa de su carrera; *La charrette fantôme*, un buen ejercicio de estilo sobre la vida y la muerte, y *Untel pére et fils*, la envejecida historia de una típica familia francesa. El avance de las fuerzas de Adolf Hitler le hace emigrar a Estados Unidos, donde rueda para diferentes estudios las estupendas producciones de episodios *Lydia*, nueva versión de *Carnet de baile*; *Seis destinos*, colección de historias en torno a un frac, y *Al margen de la vida*, además de la película de propaganda, protagonizada por Jean Gabin, *El falsario*. Finalizada la II Guerra Mundial, regresa a Francia, pero salvo en *Ana Karenina*, adaptación de la novela homónima de Leon Tolstoi, que hace para el productor británico Alexander Korda; *Bajo el cielo de París*, que narra un día en la gran ciudad a través de diferentes personajes, y *El tiempo de los asesinos*, excelente policiaco ambientado en los alrededores de Les Halles de París, su cine se despersonaliza y comercializa en exceso, a través de la docena de producciones que realiza durante los años cincuenta. Tal como demuestran *Don Camilo* y *El retorno de don Camilo*, las primeras adaptaciones de la novela de Giovanni Guareschi, que enfrenta a un alcalde comunista y a un cura católico en un pequeño pueblo de la región italiana de Emilia; *El hombre del impermeable*, versión de una novela policiaca de James Hadley Chase, protagonizada por el cómico Fernandel; *El puchero hierve*, sobria adaptación de una novela de Émile Zola, protagonizada por Gérard Philipe; *La femme et le pantin*, versión de la novela homónima de Pierre Louys, interpretada por Brigitte Bardot que debía rodar Luis Buñuel; y *Cena de acusados*, sobre una obra de Jacques Robert, con lejanos ecos de la Resistencia. Durante la década de los sesenta realiza un trabajo todavía más irregular del que solo cabe citar los policiacos *La cámara ardiente*, sobre un relato del especialista John Dickson Carr, *Carne de perdición*, adaptación de una obra de James Hadley Chase, y *Diabólicamente tuyo*, basado en un guión original, que cierra su filmografía.

1919 *Haceldama ou le prix du sang.*
1920 *La réincarnation de Serge Renaudier.*
1922 *Les Roquevillard.* / *L'ouragan sur la montagne.* / *Le logis de l'horreur.*
1923 *L'oeuvre immortelle.* / *Le reflet de Claude Mercoeur.*
1924 *La tragédie de Lourdes* (El milagro de Lourdes). / *Coeurs farouches.* / *La machine à refaire la vie.*
1925 *L'abbé Constantin* (El abate Constantino). / *Poil de carotte* (Siembra de dolor).
1926 *Le mariage de mademoiselle Beulemans.* / *L'agonie de Jérusalem* (La agonía de Jerusalén). / *L'homme à l'Hispano* (El hombre del Hispano).
1928 *Le tourbillon de Paris.* / *Le mystère de la Tour Eiffel.*
1929 *La divine croisière.* / *La vie miraculeuse de Thérèse Martin* (Milagro de santa Teresita).
1930 *Au bonheur des dames.* / *Maman Colibri.*
1931 *David Golder.* / *Les cinq gentlemen maudits* (Los cinco caballeros malditos). / *Sous la lune du Maroc.*
1932 *Poil de carotte* (Pelirrojo). / *La vénus du collège.* / *Allo Berlin? Ici Paris!* (Quiérame usted telefonista).

DUVIVIER, Julien

1933 *La tête d'un homme* (La cabeza de un hombre). / *Le petit roi* (El pequeño rey). / *La machine à refaire la vie.*
1934 *Le paquebot «Tenacity»* (Rumbo al Canadá). / *Maria Chapdelaine.*
1935 *Golgotha* (Gólgota). / *La bandera.*
1936 *La belle équipe.* / *Le golem.*
1937 *L'homme du jour.* / *Pépé-le-Moko.* / *Un carnet de bal* (Carnet de baile).
1938 *The Great Waltz* (El gran vals).
1939 *La fin du jour* (Fin de jornada). / *La charrette fantôme.* / *Untel père et fils.*
1941 *Lydia.*
1942 *Tales of Manhattan* (Seis destinos).
1943 *Flesh and Fantasy* (Al margen de la vida).
1944 *The Impostor* (El falsario).
1947 *Panique.*
1948 *Anna Karenine* (Ana Karenina).
1949 *Au royaume des cieux.*
1950 *Black Jack* (Jack el negro).
1951 *Sous le ciel de Paris* (Bajo el cielo de París).
1952 *Le petit monde de don Camillo* (Don Camilo). / *La fête à Henriette.*
1953 *Le retour de don Camillo* (El retorno de don Camilo).
1954 *L'affaire Maurizius.*
1955 *Marianne de ma jeunesse.*
1956 *Voici le temps des assassins* (El tiempo de los asesinos).
1957 *L'homme à l'imperméable* (El hombre del impermeable). / *Pot-bouille* (El puchero hierve).
1958 *La femme et le pantin.*
1959 *Marie-Octobre* (Cena de acusados).
1960 *Das Kunstseidene Mädchen.* / *Boulevard.*
1961 *La chambre ardente* (La cámara ardiente).
1962 *Le diable et les dix commandements* (El diablo y los diez mandamientos).
1963 *Chair de poule* (Carne de perdición).
1967 *Diaboliquement vôtre* (Diabólicamente tuyo).

EASTWOOD, Clint *(San Francisco, California, Estados Unidos, 1930)*

Estudia en Los Angeles College, destaca como jugador de *basket,* a mediados de los años cincuenta debuta como actor en los estudios Universal en papeles muy secundarios, y durante cuatro años interviene en diez películas de la mula Francis y similares. El éxito de la serie de televisión *Rawhide* (1956-1963), que protagoniza, le hace abandonar temporalmente el cine y luego es elegido por el italiano Sergio Leone para protagonizar su trilogía de *spaghetti-western* personales integrada por *Por un puñado de dólares*, *La muerte tenía un precio* y *El bueno, el feo y el malo*, que le convierten en estrella. En 1967 regresa a Estados Unidos, crea la productora Malpaso Company y protagoniza y produce algunas películas de acción, entre las que destacan las dirigidas por Don Siegel *La jungla humana, Dos mulas y una mujer* y *Harry, el sucio*, origen de una larga y violenta serie de policiacos, y, sobre todo, *El seductor* y *Fuga de Alcatraz*. Mientras protagoniza películas de gran éxito para otras productoras, como *El desafío de las águilas, La leyenda de la ciudad sin nombre* o *Joe Kidd,* da su primera oportunidad a los realizadores Michael Cimino, James Fargo, Richard Tuggle y Buddy van Horn, y debuta como director con las irregulares *Escalofrío en la noche,* un policiaco psicológico influido por Siegel; *Infierno de cobardes,* un *western* donde se nota su admiración por Leone, y *Primavera en otoño,* una de sus pocas películas que no protagoniza, sobre la relación entre un cuarentón y una jovencita *hippy.* Su cine prosigue por una desigual y violenta línea con *Licencia para matar,* adaptación de una novela de Trevanian que mezcla la aventura, el montañismo, el policiaco y el espionaje; *El fuera de la ley,* un *western* sudista escrito por Philip Kaufman, que también empieza a dirigirlo; y *Ruta suicida,* un policiaco que narra las relaciones entre una prostituta y un policía a lo largo de un viaje. Se apartan un tanto de su línea *Bronco Billy,* una comedia que gira en torno a las peripecias de un peculiar circo; *Firefox,* que narra una historia de ciencia ficción sobre un trasfondo de guerra fría, y *El aventurero de medianoche,* un melodrama sobre un cantante *country* tuberculoso, ambientado en la época de la Depresión. Vuelve a su línea habitual en *Impacto súbito,* una nueva aventura del fascistoide policía Harry Callahan; *El jinete pálido,* uno de sus mejores *westerns,* y *El sargento de hierro,* una dura visión de la invasión norteamericana de la isla de Granada. Convertido en un famoso actor y un productor independiente importante, desde finales de los años ochenta también es un buen realizador, tal como demuestra en *Bird,* dramática biografía del famoso músico de jazz Charlie Parker; *Cazador blanco, corazón negro,* recreación del rodaje de *La reina de África* (The African Queen, 1952), de John Huston; *Sin perdón,* un *western* modélico, dedicado a sus maestros Sergio Leone y Don Siegel, con el que obtiene varios Oscars y el reconocimiento internacional; *Un mundo perfecto,* un atractivo policiaco basado en las relaciones entre un prófugo y un niño, y *Los puentes de Madison,* una comedia romántica que tiene muy poca relación con el resto de la obra.

Como director
1971 *Play Misty for Me* (Escalofrío en la noche).
1972 *High Plains Drifter* (Infierno de cobardes).
1973 *Breezy* (Primavera en otoño).
1975 *The Eiger Sanction* (Licencia para matar).
1976 *The Outlaw Jossey Wales* (El fuera de la ley).
1977 *The Gauntlet* (Ruta suicida).
1980 *Bronco Billy.*
1982 *Firefox.* / *Honkytonk Man* (El aventurero de medianoche).
1983 *Sudden Impact* (Impacto súbito).
1985 *Pale Rider* (El jinete pálido).
1986 *Heartbreak Ridge* (El sargento de hierro).
1988 *Bird.*
1989 *White Hunter, Black Heart* (Cazador blanco, corazón negro).
1990 *The Rookie* (El principiante).
1992 *Unforgiven* (Sin perdón).
1993 *A Perfect World* (Un mundo perfecto).
1995 *The Bridges of Madison County* (Los puentes de Madison).

Como actor
1954 *Francis Joins the Wacs,* de Arthur Lubin.
1955 *Revenge of the Creature,* de Jack Arnold. / *Francis in the Navy,* de Arthur Lubin. / *Lady Godiva,* de Arthur Lubin. / *Tarantula,* de Jack Arnold.
1956 *Never Say Goodbye,* de Jerry Hopper. / *The First Travelling Salesday,* de Arthur Lubin. / *Star in the Dust,* de Charles Hass. / *Escapade in Japan,* de Arthur Lubin.
1958 *Ambush at Cimarron Pass,* de Jodie Copelan. / *Lafayette Escadrille* (La escuadrilla Lafayette), de William A. Wellman.
1964 *Per un pugno di dollari* (Por un puñado de dólares), de Sergio Leone.
1965 *Per qualche dollari in più* (La muerte tenía un precio), de Sergio Leone.
1966 *Il buono, il brutto, il cattivo* (El bueno, el feo y el malo), de Sergio Leone.
1967 *Hang 'Em High* (Cometieron dos errores), de Ted Post.
1968 *Coogan's Bluff* (La jungla humana), de Don Siegel. / *Una sera come le altre* (Una tarde como las otras), de Vittorio de Sica, episodio de *Le streghe* (Las brujas).
1969 *Where Eagles Dare* (El desafío de las águilas), de Brian G. Hutton. / *Paint Your Wagon* (La leyenda de la ciudad sin nombre), de Joshua Logan.
1970 *Two Mules for Sister Sara* (Dos mulas y una mujer), de Don Siegel. / *Kelly's Heroes* (Los violentos de Kelly), de Brian G. Hutton.
1971 *The Beguiled* (El seductor), de Don Siegel. / *Play Misty for Me* (Escalofrío en la noche), de Clint Eastwood. / *Dirty Harry* (Harry, el sucio), de Don Siegel.
1972 *Joe Kidd,* de John Sturges. / *High Plains Drifter* (Infierno de cobardes), de Clint Eastwood.
1973 *Magnum Force* (Harry, el fuerte), de Ted Post.
1974 *Thunderbolt and Lighfoot* (Un botín de 500.000 dólares), de Michael Cimino.
1975 *The Eiger Sanction* (Licencia para matar), de Clint Eastwood.
1976 *The Outlaw Josey Wales* (El fuera de la ley), de Clint Eastwood. / *The Enforcer* (Harry, el ejecutor), de James Fargo.
1977 *The Gauntlet* (Ruta suicida), de Clint Eastwood.
1978 *Every Which Way but Loose* (Duro de pelar), de James Fargo.
1979 *Escape From Alcatraz* (Fuga de Alcatraz), de Don Siegel.
1980 *Bronco Billy,* de Clint Eastwood.
1981 *Any Which Way You Can* (La gran pelea), de Buddy van Horn.
1982 *Firefox,* de Clint Eastwood. / *Honkytonk Man* (El aventurero de medianoche), de Clint Eastwood.
1983 *Sudden Impact* (Impacto súbito), de Clint Eastwood.
1984 *Tightrope* (En la cuerda floja), de Richard Tuggle. / *City Heat* (Ciudad muy caliente), de Richard Benjamin.
1985 *Pale Rider* (El jinete pálido), de Clint Eastwood.
1986 *Heartbreak Ridge* (El sargento de hierro), de Clint Eastwood.
1988 *The Dead Pool* (La lista negra), de Buddy van Horn.
1989 *Pink Cadillac* (El Cadillac rosa), de Buddy van Horn. / *White Hunter, Black Heart* (Cazador blanco, corazón negro), de Clint Eastwood.
1990 *The Rookie* (El principiante), de Clint Eastwood.
1992 *Unforgiven* (Sin perdón), de Clint Eastwood.
1993 *In the Line of Fire* (En la línea de fuego), de Wolfgang Peterson. / *A Perfect World* (Un mundo perfecto), de Clint Eastwood.
1995 *The Bridges of Madison County* (Los puentes de Madison), de Clint Eastwood.

ED WOOD *(1994)*

Las relaciones entre el director Ed Wood (Johnny Depp), un olvidado realizador de los años cincuenta y sesenta considerado el «peor director de la historia del cine», y el famoso actor Bela Lugosi (Martin Landau) al final de su carrera, dan lugar a una extraña película de

Tim Burton. Resulta demasiado larga, dado que no evoluciona la situación dramática planteada entre Ed Wood, un travestido que cree que sus películas son maravillosas, y que Johnny Depp no consigue hacer demasiado convincente, y el envejecido y drogadicto actor húngaro especializado en películas de terror Bela Lugosi, con el que Martin Landau hace un espléndido trabajo. Frente a un atractivo comienzo y un prometedor final, se tiene la sensación de estar ante un interesante material mal aprovechado por la falta de rigor de los guionistas Scott Alexander y Larry Karaszewski y de habilidad del realizador Tim Burton para llegar al fondo de la historia.

Director: *Tim Burton*. Guionistas: *Scott Alexander, Larry Karaszewski*. Fotografía: *Stefan Czapsky*. Música: *Howard Shore*. Intérpretes: *Johnny Depp, Martin Landau, Sarah Jessica Parker, Patricia Arquette*. Producción: *Denise di Novi, Tim Burton para Buenavista*. Duración: *124'. Estados Unidos.*

EDAD DE ORO, LA *(L'age d'or, 1930)*

Este primer largometraje de Luis Buñuel, financiado por los vizcondes Charles y Marie-Laure de Noailles, es su gran obra surrealista junto con los mediometrajes *Un perro andaluz* (Un chien andalou, 1928), pagado con dinero de su madre, y *Tierra sin pan* (Las Hurdes, 1932), producido con las ganancias en la lotería de un amigo anarquista. Basado en un guión del pintor Salvador Dalí y del propio Buñuel, en su momento es la más personal y destructiva de las películas, hasta el extremo de que los fascistas destruyen el cine Studio 28 donde se proyecta en París y no vuelve a exhibirse comercialmente en la capital francesa hasta 1981. Sin embargo, el paso de los años le ha quitado agresividad para convertirla en una obra clave del cine de vanguardia. Los amores nunca consumados entre la pareja interpretada por Gaston Modot y Lya Lys sirven de hilo conductor para una sucesión de imaginativos ataques contra la Iglesia, la burguesía y el poder establecido, que finaliza con Jesucristo saliendo del castillo de *Las ciento veinte jornadas de Sodoma,* del marqués de Sade.

Director: *Luis Buñuel*. Guionistas: *Luis Buñuel, Salvador Dalí*. Fotografía: *Albert Duverger*. Música: *Georges van Parys*. Intérpretes: *Gaston Modot, Lya Lys, Caridad de Lamberdesque, Pierreg Prévert*. Producción: *Vizconde Charles de Noailles*. Duración: *63'. Francia.*

EDISON, EL HOMBRE *(Edison the Man, 1940)*

Durante el banquete celebrado para conmemorar el cincuenta aniversario del descubrimiento de la luz eléctrica, Thomas A. Edison (Spencer Tracy) recuerda cómo llega a Nueva York sin dinero y con un paquete de libros, y comienza a trabajar para Western Union. Más tarde descubre un nuevo aparato para transmitir las informaciones de bolsa y con los cuarenta mil dólares que le dan por la patente se casa con Marie Stilwell (Rita Johnson) y monta un laboratorio donde inventa un aparato para registrar sonidos y en 1882 la lámpara incandescente. Está más cerca de las tradicionales producciones biográficas Metro-Goldwyn-Mayer, puestas de moda por el éxito de las dirigidas por William Dieterle para los estudios Warner, que de la primera parte, *El joven Edison* (The Young Edison, 1940), de Norman Taurog, con Mickey Rooney, con la que no guarda la menor relación. Dado que está realizada al principio de la II Guerra Mundial, incluye un discurso de Edison a favor de la paz mundial al final del banquete.

Director: *Clarence Brown*. Guionistas: *Dore Schary, Talbot Jennings, Bradbury Foote, Hugo Butler*. Fotografía: *Harold Rosson*. Música: *Herbert Stothart*. Intérpretes: *Spencer Tracy, Rita Johnson, Lynne Overman, Charles Coburn, Gene Lockhart*. Producción: *John W. Considine Jr*. Duración: *107'. Estados Unidos.*

EDWARDS, Blake *(William Blake McEdwards. Tulsa, Oklahoma, Estados Unidos, 1922)*

Nieto e hijo de directores de teatro, estudia literatura en la Universidad de Los Ángeles, pero abandona sus estudios para debutar como actor en *Diez héroes de West Point* (Ten Gentlemen From West Point, 1942), de Henry Hathaway. Durante los años cuarenta interviene como actor secundario en casi treinta películas, dirigidas, entre otros, por Victor Fleming, Mervyn LeRoy, Lewis Milestone, Otto Preminger, John M. Stahl, William A. Wellman y William Wyler. Pasa la década de los cincuenta escribiendo guiones para televisión y cine, sobre todo para el realizador

Richard Quine, que más tarde también colabora en los de sus primeras películas, y hacia el final debuta como director con dos producciones de bajo presupuesto, *Bring Your Smile Along* y *He Laughed Last*, que escriben juntos para el cantante Frankie Laine. Se da a conocer con tres divertidas comedias protagonizadas por Tony Curtis: *El temible mister Cory, Vacaciones sin novia* y *Operación Pacífico*. Su trabajo de los años sesenta tiene mucho más interés y está encabezado por la excelente comedia dramática *Días de vino y rosas;* la adaptación de la novela de Truman Capote *Desayuno con diamantes*; los policiacos *Chantaje contra una mujer* y *Gunn;* las comedias *La carrera del siglo* y *El guateque* y el comienzo de la irregular serie de gran éxito *La Pantera Rosa* y *El nuevo caso del inspector Clouseau*. La década de los setenta comienza con el fracaso del musical *Darling Lili,* primera de sus colaboraciones con la cantante Julie Andrews —convertida poco después en su mujer— y del *western,* cortado por los productores, *Dos hombres contra el Oeste;* sigue con la mala acogida del policiaco *Diagnóstico: asesinato,* y la comedia sentimental *La semilla del tamarindo;* y finaliza bien gracias al éxito de las toscas y repetitivas comedias *El regreso de la Pantera Rosa, La Pantera Rosa ataca de nuevo* y *La venganza de la Pantera Rosa,* que vuelve a escribir y producir, y en las que Peter Sellers resucita al torpe policía francés creado la década anterior. Sin embargo, gracias a sus elevadas recaudaciones escribe, produce y dirige las interesantes comedias personales *10, la mujer perfecta,* uno de sus mayores éxitos; *S. O. B.*, ajuste de cuentas con el mundillo cinematográfico, y *Así es la vida,* en gran parte autobiográfica. Entre *¿Víctor o Victoria?,* nueva versión de la producción alemana *Viktor und Victoria* (1933), de Reinhold Schünzel, y *Mis problemas con las mujeres,* nueva versión de la producción francesa *El amante del amor* (L'homme qui aimait les femmes, 1977), de François Truffaut, vuelve al inspector Clouseau con las lamentables *Tras la pista de la Pantera Rosa* y *La maldición de la Pantera Rosa,* pero, muerto Peter Sellers, la primera la hace con descartes de las anteriores y la segunda sin él. Convertido en el último cultivador de la comedia clásica norteamericana, tras las divertidas y personales *Micky y Maude* y *Cita a ciegas,* da evidentes muestras de cansancio creativo que le conducen a las desafortunadas *Una rubia muy dudosa,* nueva versión de la producción norteamericana *Adiós, Charlie* (Goodbye, Charlie, 1964), de Vincente Minnelli, y *El hijo de la Pantera Rosa,* protagonizada por el actor italiano Roberto Benigni.

1955 *Bring Your Smile Along.*
1956 *He Laughed Last.*
1957 *Mister Cory* (El temible mister Cory).
1958 *This Happy Feeling* (La pícara edad). / *The Perfect Furlough* (Vacaciones sin novia).
1959 *Operation Petticoat* (Operación Pacífico). / *High Time.*
1961 *Breakfast at Tiffany's* (Desayuno con diamantes).
1962 *Experiment in Terror* (Chantaje contra una mujer).
1963 *Days of Wine and Roses* (Días de vino y rosas).
1964 *The Pink Panther* (La Pantera Rosa). / *A Shot in the Dark* (El nuevo caso del inspector Clouseau).
1965 *The Great Race* (La carrera del siglo).
1966 *What Did You Do in the War, Daddy?* (¿Qué hiciste en la guerra, papi?)
1967 *Gunn.*
1968 *The Party* (El guateque).
1970 *Darling Lili.*
1971 *Wild Rovers* (Dos hombres contra el Oeste).
1972 *The Carey Treatment* (Diagnóstico: asesinato).
1974 *The Tamarind Seed* (La semilla del tamarindo).
1975 *The Return of the Pink Panther* (El regreso de la Pantera Rosa).
1976 *The Pink Panther Strikes Again* (La Pantera Rosa ataca de nuevo).
1978 *Revenge of the Pink Panther* (La venganza de la Pantera Rosa).
1979 *Ten* (10, la mujer perfecta).
1981 *S. O. B.*
1982 *Victor/Victoria* (¿Víctor o Victoria?). / *Trail of the Pink Panther* (Tras la pista de la Pantera Rosa).
1983 *The Man Who Loved Women* (Mis problemas con las mujeres). / *Curse of the Pink Panther* (La maldición de la Pantera Rosa).
1984 *Micki & Maude* (Micky y Maude).
1986 *That's Life!* (Así es la vida). / *A Fine Mess* (El gran enredo).
1987 *Blind Date* (Cita a ciegas).
1988 *Skin Deep* (Una cana al aire).
1989 *Sunset* (Asesinato en Beverly Hills).
1991 *Switch* (Una rubia muy dudosa).
1993 *Son of the Pink Panther* (El hijo de la Pantera Rosa).

EFECTO MARIPOSA, EL *(1995)*

Tras un título un tanto pretencioso y lleno de implicaciones científicas, extraído de la *Teoría del caos,* de Edward Lorenz, se esconde una hábil, bien estructurada y sencilla comedia bilingüe que funciona con gran perfección. Dividida en cinco partes, denominadas según los nombres de los protagonistas, más un epílogo ambientado en el año 2000, narra con gran eficacia una simple historia de amor entre Luis (Coque Malla), un joven ordenado y serio de veinte años, y Olivia (María Barranco), su desordenada tía, once años mayor que él, casada y con un hijo, durante el verano de 1995 en Londres y sobre el fondo de la corrupción generada por el gobierno socialista en España. A partir de un buen guión, con unos naturales e ingeniosos diálogos de Joaquín Oristrell y del propio realizador, Fernando Colomo hace una divertida comedia que se sitúa entre sus mejores películas.

Director: *Fernando Colomo.* Guionistas: *Fernando Colomo, Joaquín Oristrell.* Fotografía: *Jean-François Robin.* Música: *Ketama.* Intérpretes: *María Barranco, Coque Malla, Rosa María Sardá, James Fleet, Cecile Pallas, Pete Sullivan.* Producción: *Beatriz de la Gándara.* Duración: *100'. España, Reino Unido, Francia.*

EGOYAN, Atom *(El Cairo, Egipto, 1960)*

Miembro de una familia armenia, nace casualmente en Egipto, a los tres años se traslada a Victoria, Columbia Británica, y a los dieciocho se instala en Toronto, Canadá, donde estudia relaciones internacionales y guitarra clásica. Interesado por el teatro y el cine, a finales de los años setenta comienza a escribir obras dramáticas y a realizar cortometrajes, lo que le lleva a la dirección de personales largos con un grupo fijo de actores, entre los que destaca Arsinée Khanjian —con quien más tarde contrae matrimonio—, Gabrielle Rose y David Hemblen. Sus primeros y desconcertantes largos —*Parientes cercanos,* sobre un joven que se hace pasar por el niño que dio en adopción una familia armenia; *La vida en vídeo,* en torno a la vida de un joven con su padre y su madrastra, y *Papeles con frase,* que narra las relaciones entre un joven que quiere ser actor, la camarera de un hotel y una guionista—, se desarrollan en un complejo mundo donde la televisión está muy presente y forma parte de la vida de los personajes. Tras estas obras de aprendizaje, se da a conocer internacionalmente con *El liquidador,* sobre la vida de un tasador de seguros que dedica excesiva atención a las dueñas de casas incendiadas y cuya mujer trabaja como censora de películas pornográficas, y sobre todo con *Exotica,* que desarrolla la relación entre un inspector de hacienda y una bailarina de *striptease,* que demuestran su habilidad para crear personajes originales que se mueven en peculiares ambientes, pero también su debilidad para crear las estructuras dramáticas que sustentan sus relaciones. Entre ellas realiza los documentales dramatizados *Conducta excesiva,* sobre la vida de un jugador de *jockey* adicto a las drogas, y *Calendario,* sobre un viaje por Armenia de un fotógrafo, su mujer y un guía.

1984 *Next of Kin* (Parientes cercanos).
1987 *Family Viewing* (La vida en vídeo).
1989 *Speaking Parts* (Papeles con frase).
1991 *The Adjuster* (El liquidador).
1992 *Gross Misconduct* (Conducta excesiva).
1993 *Calender* (Calendario).
1994 *Exotica.*

EISENSTEIN, Sergei Mikhailovich *(Riga, Letonia, 1898; Moscú, Unión Soviética, 1948)*

Hijo de un arquitecto judío alemán y de una madre eslava perteneciente a la burguesía de comerciantes, recibe una estricta educación religiosa en el seno de un hogar desunido. Abandona sus estudios de arquitectura y bellas artes para enrolarse en las milicias populares del Ejército Rojo y participar en la Revolución de 1917. Su interés por el teatro le conduce a hacer decorados, interpretar y dirigir espectáculos para los soldados, ingresar en 1920 en el Teatro Obrero y poco después ser nombrado director. Su primer contacto con el cine es el cortometraje *El diario de Glumov* (Nikodnevik Glumova, 1923), que rueda para incorporar al montaje teatral de *El sabio,* de Aleksander Ostrowsky. Su interés por el nuevo medio de expresión le hace escribir artículos teóricos, convertir el Teatro Obrero en una productora de películas y dirigir personalmente el largo *La huelga,* donde ya aparece muy desarrollada su teoría del montaje. Cuando la está montando, recibe el encargo de hacer una película conmemorativa del veinte aniversario de los primeros intentos revolucionarios en 1905, origen de su obra maestra *El acorazado Potemkin,* sobre el amotinamiento de los marineros por la mala calidad de la comida y la represión militar en el puerto de Odessa. Mientras escribe sus primeros ensayos sobre el «montaje de atracción» rueda la genial *Octubre,* donde parte de la obra *Diez días que conmovieron al mundo,* de John Reed, para describir los acontecimientos revolucionarios de 1917, pero esta brillante demostración de sus teorías tiene graves problemas con la censura por su visión de la historia. Despierta menos interés *La línea general,* que trata sobre la colectivización del campo, que empieza a rodar con anterioridad, interrumpe para hacer *Octubre,* y finaliza con más medios, pero también con más dificultades de censura. Los cada vez mayores problemas políticos que encuentra en la Unión Soviética para hacer el cine que le interesa, le hacen aceptar una invitación de United Artists para trabajar en Hollywood, pero en septiembre de 1929, cuando ya está de viaje con su operador Eduard Tissé y su ayudante Grigori Alexandrov, retiran su oferta y durante meses sobrevive dando conferencias en Londres, Berlín y París, hasta que a principios de 1930 firma un contrato con los estudios Paramount. Tras su llegada a Hollywood ve cómo rechazan todos los guiones que ofrece, una campaña anticomunista hace que rescindan su contrato y no le renueven el permiso de residencia. El escritor socialista Upton Sinclair le propone crear una productora que le permita rodar una película en México. Un año después, al haber sobrepasado ampliamente el tiempo, el metraje y el dinero acordados, la recién creada productora suspende el rodaje y de *¡Que viva México!* (1931) solo subsisten media docena de desiguales montajes, ninguno realizado por su autor, pero que tienen una gran influencia sobre el cine mexicano. Regresa a la Unión Soviética, vuelve a encontrar grandes dificultades para montar sus proyectos y cuando finalmente consigue rodar *El prado de Bezhin* (Bezhin lug, 1935), sobre un cuento de Ivan Turgenev, lo interrumpen por «órdenes superiores» y solo se conservan algunas fotografías. Refugiado en la redacción de interesantes textos teóricos, a pesar de los constantes ataques políticos que sufre su persona y su obra, realiza *Alexander Nevsky,* su primera película sonora —donde destaca el trabajo del músico Sergei Prokofiev—, con la que gana el premio Stalin, por hacer un eficaz retrato de un «héroe positivo» que en el siglo XIII conduce a los rusos a la victoria frente a los caballeros teutónicos, donde queda muy claro su mensaje antinazi. Al final de su corta vida se embarca en el gigantesco proyecto *Iván el Terrible,* biografía del zar Iván IV, dividida en tres partes, con la que pretende hacer una crítica al culto a la personalidad tan característico de estos años. Vuelve a recibir el premio Stalin por la primera parte, rodada en 1942, pero la segunda, realizada en 1943, es prohibida hasta diez años después de la muerte de Stalin y nunca se hace la tercera.

1923 *Stačtka* (La huelga).
1925 *Bronenosets Potiomkin* (El acorazado Potemkin).
1927 *Oktjabr* (Octubre).
1929 *Staroe i novoel* (La línea general).
1938 *Aleksandr Nevskij* (Alexander Nevsky).
1945 *Ivan Grozny* (Iván el Terrible).

EJÉRCITO DE LAS SOMBRAS, EL *(L'armée des ombres, 1969)*

A partir de la novela homónima de Joseph Kessel, el guionista y realizador Jean-Pierre Melville hace una gran producción de larga duración sobre la Resistencia francesa durante la ocupación alemana en la II Guerra Mundial, en la que también utiliza sus recuerdos personales de la época. Más que una película sobre la Resistencia, Melville escribe y dirige un drama coral que pone de relieve las contradicciones que sufren los diferentes personajes que intervienen en la acción. Con un contenido tono dramático relata cómo un grupo de miembros de la Resistencia muere durante la ocupación: Félix (Paul Crauchet) es torturado hasta la muerte, Jean-François (Jean-Pierre Cassel) cae en el cumplimiento de una misión, Mathilde (Simone Signoret) es asesinada por sus propios compañeros para evitar que hable y otros mueren, uno a uno, en diferentes acciones bélicas. Una película antiheroica, e incluso desagradable, que subraya cómo las personas se convierten en máquinas para que una reacción humana no les impida realizar la misión encomendada, y pone de relieve la odiosa vida clandestina. Destaca su amplio reparto masculino, encabezado por Lino Ventura, Jean-Pierre Cassel y Serge Reggiani, donde Simone Signoret encarna a uno de los pocos miembros femeninos de la Resistencia de la historia del cine.

Director y guionista: *Jean-Pierre Melville.* Fotografía: *Pierre L'Homme.* Música: *Éric Demarsan.* Intérpretes: *Lino Ventura, Simone Signoret, Paul Meurisse, Jean-Pierre Cassel, Paul Crauchet, Serge*

Reggiani, Claude Mann. Producción: *Film Corona-Fonorama. Color.* Duración: *150'. Francia.*

ÉL *(1952)*

Durante los tres lustros que el realizador español Luis Buñuel trabaja en México, rueda varias películas importantes. Entre ellas destaca una trilogía sobre la moral y las costumbres de la burguesía integrada por esta excelente producción, por la menos conocida *Ensayo de un crimen* (1955) y por la famosa *El ángel exterminador* (1962). En esta primera parte de la trilogía elige una novela de Mercedes Pinto, con una gran carga autobiográfica, para narrar cómo el refinado caballero cuarentón, puritano y severo Francisco Galván de Montemayor (Arturo de Córdova) se casa siendo aún virgen con la joven Gloria (Delia Garcés), enloquece de celos y la tortura con vejaciones físicas y morales. Escrita por el propio Buñuel en colaboración con el también exiliado español Luis Alcoriza, no solo encierra una estupenda descripción psicológica del personaje, sino que además es una perfecta mezcla de melodrama y comedia. Destaca la escena final, en la que el protagonista, tras permanecer encerrado una larga temporada en un convento, al alejarse sigue zigzagueando como en los peores momentos de sus crisis paranoicas provocadas por los celos. Protagonizada por un Arturo de Córdova que acaba de finalizar su estancia en Hollywood, es una completa lección de habilidad técnica por parte de Buñuel, dentro de una producción en exceso modesta.

Director: *Luis Buñuel.* Guionistas: *Luis Buñuel, Luis Alcoriza.* Fotografía: *Gabriel Figueroa.* Música: *Luis Hernández Bretón.* Intérpretes: *Arturo de Córdova, Delia Garcés, Luis Beristain, Aurora Walker, Carlos Martínez Baena.* Producción: *Oscar Dancigers para Ultramar Films.* Duración: *91'. México.*

ELÍGEME *(Choose Me, 1984)*

Dentro de una estructura musical construida a base de casualidades, pequeños sucesos y múltiples espejos, narra cómo un grupo de personas se encuentra y desencuentra, se enamora y desenamora, en torno al Bar Eve's. Cuando Mickey Bolton (Keith Carradine), un ser fantástico, sin dinero, que dice ser piloto y fotógrafo, pero en realidad parece haber pasado una larga temporada en un manicomio, se dirige a Los Ángeles, conoce en su bar a Eve (Lesley Ann Warren), tiene una mínima relación con Perl Antoine (Rae Dawn Chong), una atractiva negra cuyo marido, Zack Antoine (Patrick Bauchau), es amante de Eve, y se acuesta por casualidad con Nancy Love (Geneviève Bujold), la presentadora de un consultorio sentimental radiofónico a quien las otras dos mujeres cuentan sus problemas. En la segunda mitad de la década de los ochenta, Alan Rudolph escribe y dirige para la productora Carolyn Pfeiffer una atractiva trilogía de comedias dramáticas, que también tienen algo de musicales. Entre *Los modernos* (The Moderns, 1988) e *Inquietudes* (Trouble in Mind, 1985) destaca esta por su subrayado tono de comedia nocturna y sofisticada. Siempre interpretada por la pareja formada por Keith Carradine y Geneviève Bujold, a quienes en la segunda por orden cronológico se unen Kris Kristofferson y Lori Singer y en la tercera John Lone y Geraldine Chaplin.

Director y guionista: *Alan Rudolph.* Fotografía: *Jan Kiesset.* Música: *Luther Vandross.* Intérpretes: *Geneviève Bujold, Keith Carradine, Lesley Ann Warren, Patrick Bauchau, Rae Dawn Chong.* Producción: *Carolyn Pfeiffer* y *David Blocker para Island and Alive. Color.* Duración: *110'. Estados Unidos.*

ELISA, VIDA MÍA *(1977)*

Entre *Cría cuervos...* (1975), que da una particular versión del mundo infantil, y *Los ojos vendados* (1978), que hace un personal análisis en torno a la tortura, se sitúa esta película, también escrita y dirigida por Carlos Saura, sobre las relaciones paterno-filiales. Cuenta cómo Elisa (Geraldine Chaplin), una mujer con problemas matrimoniales, va a visitar a Luis (Fernando Rey), su padre, un viejo profesor que vive retirado en una perdida casita de la provincia de Segovia, y se queda a pasar una temporada con él. Mientras el padre trata de finalizar sus memorias, que a veces parecen las de ella, se pone enfermo, su hija recuerda el pasado en común y se estabilizan sus relaciones. De las múltiples películas en las que Saura trata la burguesía española de la época, en general, e indaga sobre los recuerdos de sus personajes, en concreto, esta es la mejor, tanto por su original estructura narrativa como por la complejidad de las relaciones que analiza. Destacan la belleza de las localizaciones en la provincia de Segovia y el juego interpretativo de Fernando Rey, que le vale el premio de interpretación del Festival de Cannes.

Director y guionista: *Carlos Saura*. Fotografía: *Teo Escamilla*. Música: *Erik Satie, J. P. Rameau, Giorgio Mainiero*. Intérpretes: *Geraldine Chaplin, Fernando Rey, Isabel Mestres, Norman Briski, Joaquín Hinojosa, Ana Torrent*. Producción: *Elías Querejeta P. C.* Color. Duración: *125'. España*.

EN BUSCA DEL ARCA PERDIDA *(Raiders of the Lost Ark, 1981)*

Producida por George Lucas, dirigida por Steven Spielberg y escrita por distintos guionistas sobre una idea del primero, la trilogía sobre las aventuras del arqueólogo Indiana Jones (Harrison Ford) intenta proseguir el camino abierto por los grandes clásicos del género desde los años treinta, incorporando la técnica narrativa de las historietas gráficas y situaciones características del cine de terror de la década de los ochenta. Sin embargo, al irregular conjunto le sobran dinero y efectos especiales y le falta pasión, un cierto grado de erotismo y una mayor verosimilitud. La primera entrega es la mejor, está escrita por el más tarde también realizador Lawrence Kasdan y narra cómo Indiana Jones se enfrenta a los nazis en Perú, Nepal y Egipto para conseguir el arca con las Tablas de la Alianza, a través de una sucesión de bien rodadas escenas de acción y con una gran amplitud de medios. Sus cuatro Oscars secundarios y su gran éxito hacen que se rueden *Indiana Jones y el templo maldito* (Indiana Jones and the Temple of Doom, 1984) e *Indiana Jones y la última cruzada* (Indiana Jones and the Last Crusade, 1989) con equipos muy similares, pero se parecen demasiado a la primera y resultan mucho más cercanas a las historietas gráficas que al cine de aventuras. También es origen de una serie de televisión sobre la infancia del personaje producida por George Lucas, y de innumerables plagios e imitaciones.

Director: *Steven Spielberg*. Guionista: *Lawrence Kasdan*. Fotografía: *Douglas Slocombe*. Música: *John Williams*. Intérpretes: *Harrison Ford, Karen Allen, Ronald Lacey, Paul Freeman*. Producción: *Frank Marshall para Lucasfilm / Paramount. Color. Scope.* Duración: *115'. Estados Unidos*.

EN BUSCA DEL FUEGO *(La guerre du feu, 1981)*

Antes de hacerse famoso con sus adaptaciones de las novelas de Umberto Eco, *El nombre de la rosa* (Le nom de la rose, 1986), y Marguerite Duras, *El amante* (L'amant, 1992), el francés Jean-Jacques Annaud rueda la mejor y más original de sus películas. Basada en la novela de J. H. Rosny Aîné, ambientada en la prehistoria, rodada en Kenya, Irlanda, Escocia y Canadá, sin diálogos, pero con gruñidos y jadeos, con la colaboración de Desmond Morris para el lenguaje gestual y de Anthony Burgess para el lenguaje gutural, narra una interesante historia de aventuras. La tribu de los Ulams conoce el fuego y sabe conservarlo, pero no cómo encenderlo. Tras el ataque de un grupo de caníbales el fuego se les apaga y mandan a tres bravos guerreros a buscarlo. Durante su largo viaje viven múltiples aventuras, salvan a la joven Ika (Rae Dawn Chong) y uno de ellos, Naoch (Everett McGill), entabla una tierna y brutal relación con ella que les lleva a descubrir «la posición del misionero»; pero son hechos prisioneros por la tribu de ella y están a punto de morir. Finalmente descubren cómo se hace fuego por fricción y regresan a su tribu con algo mejor de lo que buscaban. Más cercana a la tradicional película de aventuras con estructura de itinerario que al ensayo filológico sobre la manera de comunicarse del hombre prehistórico, tiene una original y cuidada ambientación que da al conjunto un estilo muy atractivo.

Director: *Jean-Jacques Annaud*. Guionista: *Gérard Brach*. Fotografía: *Claude Agostini*. Música: *Philippe Sarde*. Intérpretes: *Everett McGill, Rae Dawn Chong, Ron Pelman, Nameer El-Kadi, Gary Schwartz*. Producción: *Denis Héroux, John Kemeny. Color. Scope.* Duración: *96'. Francia-Canadá*.

EN CASO DE DESGRACIA *(En cas de malheur, 1958)*

Muchas novelas de Georges Simenon han sido origen de muy desiguales películas, pero esta es una de las mejores, porque el desprecio que le inspira la hipocresía de la burguesía encuentra una perfecta adecuación en el pensamiento anarquista del realizador Claude Autant-Lara. Narra cómo la joven delincuente de veinte años Yvette Maudet (Brigitte Bardot) se ofrece al famoso abogado cincuentón André Gobillot (Jean Gabin) para que la defienda en un proceso por robo del que es culpable. Gracias a un falso testimonio, Yvette Maudet es declarada inocente y se convierten en amantes, pero su situación se complica cuando se enteran la sensible mujer del abogado, Viviane (Edwige Feuillère), y el novio de la muchacha, Mazetti (Franco Interlenghi). Este encuentro entre el cine francés de la preguerra, representado por Jean Gabin, y el de la posguerra, encarnado en Brigitte Bardot, bajo la batuta de Autant-Lara en el mejor momento de su carrera, da lugar a uno de los grandes éxitos del cine francés de la década de los cincuenta.

Director: *Claude Autant-Lara*. Guionistas: *Jean Aurenche, Claude Autant-Lara*. Fotografía: *Jacques Natteau*. Música: *René Cloërec*. Intérpretes: *Jean Gabin, Brigitte Bardot, Edwige Feuillère, Franco Interlenghi*. Producción: *Ray Ventura, Raoul J. Lévy*. Duración: *120'. Francia-Italia*.

EN COMPAÑÍA DE LOBOS (*The Company of Wolves, 1984*)

Entre medias de discutibles trabajos para la industria cinematográfica norteamericana, el irlandés Neil Jordan rueda algunas películas británicas de interés, entre las que destaca esta sofisticada versión de *Caperucita roja*, su segundo largometraje, con el que se da a conocer internacionalmente, sobre el clásico de la literatura infantil de Perrault. A partir de un guión de Angela Carter y del propio realizador, sobre la novela original de la primera, narra entre la realidad y la fantasía cómo la joven Rosaleen (Sarah Patterson) sueña diferentes y simbólicos encuentros con lobos; desde la historia de una campesina que se casa con un hombre-lobo, hasta la de un joven y guapo cazador que tras seducirla se convierte en lobo. Basándose sobre todo en las interesantes investigaciones de Bruno Bettelheim, que analizan los cuentos tradicionales desde un punto de vista freudiano, Neil Jordan hace una cuidada y brillante producción, llena de implicaciones oníricas, psicoanalíticas y eróticas.

Director: *Neil Jordan*. Guionistas: *Angela Carter, Neil Jordan*. Fotografía: *Bryan Loftus*. Música: *George Fenton*. Intérpretes: *Sarah Patterson, Angela Lansbury, David Warner, Graham Crowden, Brian Glover*. Producción: *Chris Brown y Stephen Woolley para Palace / I.T.C. Color*. Duración: *95'. Reino Unido*.

EN EL CURSO DEL TIEMPO (*Im Lauf der Zeit, 1975*)

El irregular guionista y realizador Wim Wenders se da a conocer internacionalmente con la trilogía formada por *Alicia en las ciudades* (*Alice in den Städten, 1973*), sobre las relaciones entre un fotógrafo y una niña durante un viaje por Estados Unidos; *Falso movimiento* (*Falsche Bewegung, 1974*), adaptación de la obra de J. W. Goethe sobre el viaje de un escritor como forma de aprendizaje, y esta producción, rodada sin guión previo, que vuelve a insistir sobre la temática del viaje y que encierra algunos de los mejores momentos de su obra. Narra las relaciones que se establecen entre Bruno (Rüdiger Vogler), un reparador de proyectores cinematográficos que vive en su camión, y Robert (Hanns Zischler), un psicolingüista especializado en la infancia a quien el primero recoge tras una extraña tentativa de suicidio, durante el viaje que realizan a lo largo de la frontera que separa las dos Alemanias recorriendo viejos cinematógrafos. Dedicada al gran director alemán Fritz Lang, encierra una reflexión sobre la muerte del padre y la paulatina desaparición del cine. Tiene una tradicional estructura de itinerario y uno de los personajes llega a decir: «Es mejor que desaparezca el cine antes de que exista un cine como el actual.»

Director y guionista: *Wim Wenders*. Fotografía: *Robby Müller, Martin Schäffner*. Música: *Improved Sound Limited*. Intérpretes: *Rüdiger Vogler, Hanns Zischler, Lisa Kreuzer, Rudolf Schündler*. Producción: *Wim Wenders para Solaris Film*. Duración: *176'. República Federal Alemana*.

EN EL NOMBRE DEL PADRE (*Nel nome del padre, 1971*)

Dentro de la desigual obra de Marco Bellocchio destaca esta película en la que compagina con habilidad la tendencia destructiva de sus primeras producciones con una cierta severidad narrativa, al tiempo que insiste en su habitual interés por la locura. Aparece apoyada en una dura crítica religiosa, que muestra de manera expresa solo en esta ocasión, pero está presente en el fondo de sus mejores trabajos, dentro de un estilo que va del expresionismo al tremendismo. Una de sus grandes virtudes es que no relata ninguna historia de forma más o menos convencional, sino que se limita a crear el sórdido ambiente de un colegio religioso a partir de vivencias muy personales. Ambientada durante el curso 1958-1959, el de la muerte de Pío XII, describe la vida cotidiana en un internado regido por sacerdotes que bien pudieran ser jesuitas, y la lucha de poderes entre los alumnos, representados por Angelo (Yves Beneyton) y Franco (Aldo Sassi), los sacerdotes, cuya cabeza visible es el vicerrector Corazzo (Renato Scarpa), y los sirvientes, encarnados en Salvatore (Lou Castel). Destacan las escenas en que una Virgen bellísima desciende de un altar para abrazar a un alumno a punto de masturbarse y la truculenta representación final que hacen los alumnos mayores ante todo el colegio.

Director y guionista: *Marco Bellocchio*. Fotografía: *Franco di Giacomo*. Música: *Nicola Piovani*. Intérpretes: *Yves Beneyton, Renato Scarpa, Aldo Sassi, Lou Castel, Piero Vida, Marco Romizi*. Producción: *Franco Cristaldi para Vides Film. Color.* Duración: *115'. Italia.*

EN UN LUGAR DEL CORAZÓN *(Places in the Heart, 1984)*

A mediados de la década de los ochenta se ponen de moda en el cine norteamericano las películas sobre la vida campesina, sus alegrías y sus tristezas. La mejor de ellas es este melodrama escrito y dirigido por Robert Benton, que narra cómo una viuda consigue vivir durante los duros años de la Depresión. Tras la muerte accidental de su marido, que hace las funciones de *sheriff* en un pequeño pueblo de Texas, Edna Spalding (Sally Field) defiende a sus dos hijos y sus tierras de los ávidos banqueros, el terrible Ku Klux Klan y las imprevistas catástrofes naturales, tan solo con su esfuerzo y con la ayuda del ciego de guerra Will (John Malkovich), el ex ladrón negro Moze (Danny Glover) y su cuñado Wayne Lomax (Ed Harris). Basada en recuerdos personales y claramente inspirada en el mundo de William Faulkner y Thorton Wilder, es una de las mejores películas del irregular Robert Benton. Tiene una excelente fotografía de su colaborador habitual de la época Néstor Almendros y le vale un Oscar a Sally Field.

Director y guionista: *Robert Benton*. Fotografía: *Néstor Almendros*. Música: *John Kander*. Intérpretes: *Sally Field, Lindsay Crouse, Ed Harris, Danny Glover, John Malkovich*. Producción: *Arlene Donovan. Color.* Duración: *111'. Estados Unidos.*

EN UN LUGAR SOLITARIO *(In a Lonely Place, 1950)*

Las relaciones entre el reputado guionista Dixon Steele (Humphrey Bogart), sospechoso de haber cometido un asesinato, y su vecina Laurel Gray (Gloria Grahame), que primero cree en él y luego descubre que es un hombre violento e inestable, capaz de matar a alguien, sirven al mítico realizador Nicholas Ray para hacer una de sus mejores y más personales películas. Producida y protagonizada por Humphrey Bogart para su marca Santana, es una de las pocas películas que Ray logra hacer con libertad para narrar su habitual historia de la pareja que busca un lugar donde vivir tranquila, pero no lo consigue, con el mundillo cinematográfico de Hollywood como trasfondo. A pesar de que durante el rodaje se cambia el final previsto, Nicholas Ray da un fuerte tono autobiográfico al relato al rodar algunas escenas en su domicilio particular y reflejar sus tensiones privadas con Gloria Grahame, su mujer en aquellos años. Situado a mitad de camino entre el policiaco y el melodrama, tiene algunos atractivos diálogos como este: «Nací cuando me besaste. Morí cuando me dejaste. Solo he vivido las pocas semanas que me has amado.»

Director: *Nicholas Ray*. Guionista: *Andrew Solt*. Fotografía: *Burnett Guffey*. Música: *George Antheil*. Intérpretes: *Humphrey Bogart, Gloria Grahame, Frank Lovejoy, Carl Benton Reid, Art Smith*. Producción: *Robert Lord para Santana / Columbia.* Duración: *93'. Estados Unidos.*

EN UNA ISLA TRANQUILA, AL SUR *(A Summer Place, 1959)*

Tras convertirse en uno de los grandes especialistas en *westerns*, el guionista y realizador Delmer Daves cambia por completo de género a petición de su amigo el productor Jack Warner y durante la primera mitad de los años sesenta cierra su carrera con siete interesantes, pero discutibles melodramas. Este es el primero de ellos, uno de los más representativos y el que tiene más éxito. Narra cómo Bart Hunter (Arthur Kennedy) vive con su mujer (Dorothy McGuire) y su hijo Johnny (Troy Donahue) en la mansión familiar Pine Island, transformada en hotel para poder subsistir, adonde llegan a pasar unas vacaciones Ken (Richard Egan), un antiguo empleado suyo que se ha hecho rico, su mujer y su hija Molly (Sandra Dee). Mientras, en recuerdo de sus viejos amores, Ken y Mrs. Hunter se hacen amantes, se divorcian de sus respectivas parejas y se casan, sus hijos se enamoran, Molly queda embarazada y Johnny se casa con ella. A pesar de que Delmer Daves no emplea a fondo su característico estilo, mezcla de leves grúas y suaves *travellings* de acercamiento, hace un sólido trabajo como guionista al convertir el novelón original de Sloan Wilson en un buen melodrama, en el que la historia de los hijos aparece como un contrapunto de la que debió ser, y no fue, la de sus padres.

Director y guionista: *Delmer Daves*. Fotografía: *Harry Stradling*. Música: *Max Steiner*. Intérpretes: *Richard Egan, Dorothy McGuire, Sandra Dee, Troy Donahue, Arthur Kennedy, Constance Ford*. Producción: *Delmer Daves para Warner. Color.* Duración: *130'. Estados Unidos.*

ENCADENADOS (*Notorius, 1946*)

Alicia Huberman (Ingrid Bergman), la hija de un espía nazi condenado a veinte años de prisión al principio de la II Guerra Mundial, se enamora del agente secreto norteamericano Devlin (Cary Grant) y acepta por amor irse a vivir a Rio de Janeiro, seducir al jefe de un importante grupo nazi Alexander Sebastian (Claude Rains) y casarse con él para espiarle mejor, hasta que se da cuenta de que poco a poco la está envenenando porque ha descubierto su doble juego. Esta historia es el centro de una de las más inverosímilmente románticas películas de Alfred Hitchcock, pero también una de las mejores al conseguir una perfecta mezcla entre intriga de espionaje, drama psicológico y pasión amorosa. Apoyándose en el viejo conflicto entre el amor y el deber, logra algunos planos antológicos, como el largo *travelling* en que los protagonistas se besan mientras hablan, andan y él llama por teléfono, o la famosa grúa desde el plano general del salón de una casa donde se celebra una fiesta hasta el primer plano de una mano con una llave. Rodada por Hitchcock con su habitual destreza, pero con un exceso de transparencias, destaca la relación creada entre una bellísima Ingrid Bergman y un seductor Cary Grant.

Director: *Alfred Hitchcock*. Guionista: *Ben Hecht*. Fotografía: *Ted Tetzlaff*. Música: *Roy Webb*. Intérpretes: *Ingrid Bergman, Cary Grant, Claude Rains, Louis Calhern, Leopoldine Konstantin, Reinhold Schünzel*. Producción: *Alfred Hitchcock para R. K. O.* Duración: *106'. Estados Unidos.*

ENCUBRIDORA (*Rancho Notorius, 1952*)

A pesar de las reducciones presupuestarias que hace a mitad de rodaje el multimillonario Howard Hughes, entonces presidente de los estudios R. K. O., y de los enfrentamientos de Fritz Lang con Marlene Dietrich por su supuesta dureza con ella, es el último y mejor de los tres *westerns* dirigidos por Lang durante la etapa norteamericana de su carrera —los otros dos son el fallido *La venganza de Frank James* (The Return of Frank James, 1940) y el más interesante *Espíritu de conquista* (Western Union, 1941)—. Estructurado de manera muy brechtiana en torno a la canción *The Legend of Chuck-a-Luck*, de Ken Darby, cantada por William Lee, anticipándose a una moda que se extiende durante el resto de la década, narra cómo Vern Haskell (Arthur Kennedy), mientras busca al hombre que violó y asesinó a su mujer, llega al rancho Chuck-a-Luck, regentado por la cantante de salón Altar Keane (Marlene Dietrich), y entabla una relación sentimental con ella. Destacan el ambiente del rancho donde se desarrolla buena parte de la acción y el personaje creado por Marlene Dietrich, que canta *Gypsy Davey* y *Get Away Young Man*.

Director: *Fritz Lang*. Guionista: *Daniel Taradash*. Fotografía: *Hal Mohr*. Música: *Emil Newman*. Intérpretes: *Marlene Dietrich, Arthur Kennedy, Mel Ferrer, Gloria Henry, William Frawley, Jack Elam*. Producción: *Howard Welsch para R. K. O. Color.* Duración: *89'. Estados Unidos.*

ENCUENTRO EN LA NOCHE (*Clash by Night, 1952*)

Tras diez años de ausencia y un desengaño amoroso, Mae Doyle (Barbara Stanwyck) regresa a su pequeño puerto pesquero natal, trata de rehacer su vida con el rico patrón Jerry D'Amato (Paul Douglas), se casa con él y tienen una hija, pero no puede evitar engañarle con su mejor amigo, el proyeccionista del cine del pueblo Earl Pfeiffer (Robert Ryan). Mientras, como contrapunto, su hermano Joe Doyle (Keith Andes) consigue que le sea fiel su prometida Peggy (Marilyn Monroe). Basada en una obra de teatro del prestigioso dramaturgo Clifford Odets, es una de las películas menos personales de la etapa norteamericana del alemán Fritz Lang, pero encierra una lección de cómo adaptar un texto dramático al cine. Después de una primera parte, donde plantea la historia en diferentes decorados, se encierra con sus personajes en la casa de los D'Amato cuando estalla el drama, para luego llegar a una conclusión, ya en exteriores, y siempre compensando lo ajena que a Lang le resulta la historia con una minuciosa, cuidada y efectiva planificación. Llama la atención una joven Marilyn Monroe en un papel secundario de atractiva veinteañera.

Director: *Fritz Lang*. Guionista: *Alfred Hayes*. Fotografía: *Nicholas Musuraca*. Música: *Roy Webb*. Intérpretes: *Barbara Stanwyck, Paul Douglas, Robert Ryan, Marilyn Monroe, Keith Andes*. Producción: *Harriet Parsons para R. K. O.* Duración: *105'*. *Estados Unidos*.

ENCUENTROS EN LA TERCERA FASE
(Close Encounters of the Third Kind, 1977)

Distintos fenómenos inexplicables ocurridos en diferentes partes del mundo —el desierto de Sonora en Nuevo México, el centro de control aéreo de Indianápolis, el pequeño pueblo de Muncie, Indiana, el desierto de Gobi en Mongolia, Dharmasale en el norte de África—, hacen que una comisión de expertos de la N.A.S.A., presidida por el francés Claude Lacombe (François Truffaut), descubra que va a llegar a la Tierra una astronave con extraterrestres y que el punto de contacto va a ser una montaña de Wyoming. A pesar de los esfuerzos para apartar a los civiles del lugar, el electricista Roy Neary (Richard Dreyfuss) y el ama de casa Julian Guller (Melinda Dillon), empujados por una fuerza mayor que ellos, llegan hasta la astronave, él para emprender una aventura espacial y ella para recuperar a su hijo. En los antípodas de las mejores películas de ciencia ficción de los años cincuenta, directo reflejo de las tensiones de la guerra fría, los extraterrestres de esta brillante producción, escrita y dirigida por Steven Spielberg, están mucho más cerca de las criaturas celestiales que de los terribles invasores. Su éxito, debido a la perfección de sus efectos especiales y a su subrayado tono religioso, hace que en 1980 Spielberg pueda estrenar un nuevo montaje, una «edición especial», tres minutos más corta, que en la primera parte muestra más hechos insólitos, acorta la parte central, dedicada a exponer la obsesión de Roy Neary y Julian Guller por encontrar el lugar del encuentro con los extraterrestres, y alarga la última parte con una mayor presencia de los peculiares ángeles que llegan en la aeronave, es decir, subraya aún más su tono religioso.

Director y guionista: *Steven Spielberg*. Fotografía: *Vilmos Zsigmond*. Música: *John Williams*. Intérpretes: *Richard Dreyfuss, François Truffaut, Teri Garr, Melinda Dillon*. Producción: *Julia y Michael Phillips para EMI / Columbia. Color. Scope.* Duración: *135'*. *Estados Unidos*.

ENRIQUE V *(Henry V, 1944)*

Gran especialista en William Shakespeare, la actividad como director de cine del actor Laurence Olivier está centrada en su trilogía de brillantes adaptaciones del gran clásico del teatro isabelino. Más interés que *Ricardo III* (Richard III, 1955) y *Hamlet* (1948) tiene esta primera adaptación rodada a finales de la II Guerra Mundial. Narra cómo el 1 de mayo de 1600 los actores del Globe Theater de Londres montan la obra de Shakespeare que cuenta la gesta del soberano inglés Enrique V (Laurence Olivier), que derrota a los franceses en Azincourt en 1415 y luego se casa con la princesa Catherine (Renée Asherson), hija del rey Charles VI y de la princesa Isabeau de Bavière. Escrita, producida, dirigida y protagonizada por el propio Olivier, su atractivo radica en estar realizada como si se tratase de una representación en el famoso teatro Globe, la manera en que los contemporáneos de Shakespeare se imaginan la campaña de Enrique V en Francia, y además por ser una obra de propaganda que alude al desembarco de Normandía. Cuarenta y cinco años después el debutante Kenneth Branagh escribe, dirige y protagoniza una nueva versión, también interpretada por Derek Jacobi, Simon Sheperd y Emma Thompson, pero no llega a la gran altura de la anterior.

Director: *Laurence Olivier*. Guionistas: *Laurence Olivier, Alan Dent*. Fotografía: *Robert Krasker*. Música: *William Walton*. Intérpretes: *Laucence Olivier, Robert Newton, Leslie Banks, Esmond Knight, Renée Asherson, George Robey*. Producción: *Laucence Olivier para Two Cities / Arthur Rank. Color.* Duración: *137'*. *Reino Unido*.

EPÍLOGO *(1984)*

Después de quince años de hacer películas fallidas o de encargo, el escritor Gonzalo Suárez vuelve a los personajes de su antigua novela *Rocabruno bate a Ditirambo* para conseguir por primera vez en cine lo que hace tiempo logró en literatura. A través de las discusiones entre los escritores Ditirambo (José Sacristán) y Rocabruno (Francisco Rabal), donde el primero intenta convencer al segundo para que colabore con él en una última historia, ante la presencia de la bella Laína (Charo López), Gonzalo Suárez vuelve a tratar su tema favorito, los escritores y la escritura. Todo funciona bien y resulta una novedad, en especial el homenaje a la vieja máquina de escribir, en el largometraje número once de su carrera, salvo las dos historias que construyen entre los tres personajes y vuelven a escribir juntos. Extraídas de su libro de cuentos *Gorila en Hollywood*, ni «El auténtico caso del joven Hamlet», ni «Combate» alcanzan la altura del conjunto; parecen salidas de otra producción, o añadidos posteriores porque la película quedaba corta; además, no están bien visualizadas. Destacan unos buenos diálogos, a veces brillantes, a pesar de cierta tendencia a resultar demasiado literarios, en el peor sentido de la palabra, y la fotografía de Carlos Suárez.

Director y guionista: *Gonzalo Suárez*. Fotografía: *Carlos Suárez*. Música: *Juan José García Caffi*. Intérpretes: *Francisco Rabal, José Sacristán, Charo López, Manuel Zarzo, Sandra Toral, Cyra Toledo*. Producción: *Gonzalo Suárez para Ditirambo Films, La Salamandra*. Color. Duración: *90'. España*.

ÉRASE UNA VEZ EN AMÉRICA (*Once Upon a Time in America*, 1984)

A partir de una novela de David Aaronson, más conocido por su seudónimo Harry Grey, el realizador Sergio Leone hace su más minuciosa, personal y última obra. Narra la amistad entre dos gángsters norteamericanos de origen judío, David «Noodles» Aaronson (Robert de Niro) y Maximiliam «Max» Bercovic (James Woods), en Nueva York entre 1914 y 1968, desde la adolescencia hasta la edad madura, y cómo las relaciones entabladas en la infancia influyen en su comportamiento de adultos. Su interés reside en su compleja estructura narrativa, que se extiende hacia delante y hacia atrás, y en cómo Leone juega con gran habilidad con el tiempo narrativo de largas escenas, donde se describen con múltiples planos las mínimas actuaciones de los personajes. Durante doce años de su vida Leone debe luchar contra los productores norteamericanos para poder hacer una de las poquísimas superproducciones de la historia del cine que al mismo tiempo es una película experimental —las otras dos son *Intolerancia* (Intolerance, 1916), de David W. Griffith, y *2001: una odisea del espacio* (2001: A Space Odyssey, 1968), de Stanley Kubrick—. Consigue hacer una renovadora, personalísima y original película de 229 minutos de duración que se proyecta en algunos festivales internacionales y pocos sitios más; en Estados Unidos se exhibe una versión de 139 minutos con muy poca relación con la original, y en la mayoría de los países dividida en dos partes, destrozando la complejidad y belleza de su estructura narrativa. Destacan la excelente fotografía de Tonino delli Colli, los maravillosos decorados de Simi que reconstruyen Estados Unidos en Italia, la inspiradísima música de Ennio Morricone y el excelente trabajo interpretativo de Robert de Niro y el trío femenino formado por Elizabeth McGovern, Tuesday Weld y Jennifer Connelly.

Director: *Sergio Leone*. Guionistas: *Enrico Medioli, Franco Arcalli, Leonardo Benvenuti, Piero di Bernardi, Sergio Leone, Franco Ferrini, Stuart Kaminsky*. Fotografía: *Tonino delli Colli*. Música: *Ennio Morricone*. Intérpretes: *Robert de Niro, James Woods, Elizabeth McGovern, Tuesday Weld, Treat Williams, Joe Pesci, Jennifer Connelly*. Producción: *Arnon Milchan para Ladd Company*. Color. Duración: *229'. Estados Unidos*.

ERICE, Víctor (*Carranza, Vizcaya, España, 1940*)

Licenciado en ciencias políticas, ingresa en el Instituto de Investigaciones y Experiencias Cinematográficas y se diploma en dirección con la práctica *Los días perdidos* (1963). Crítico de cine en diferentes publicaciones, participa en algunos guiones y debuta como realizador con uno de los episodios de *Los desafíos*, la irregular producción de Elías Querejeta sobre la violencia. Tiene una importante repercusión crítica *El espíritu de la colmena*, por partir de la tradición del cine fantástico norteamericano para recrear la dura etapa de la posguerra española, narrar con sobriedad la relación de dos niñas con su padre y reflejar el miedo que encierra la infancia. Tras diez años dedicado a la publicidad, parte de un relato de Adelaida García Morales para hacer *El sur*, de nuevo sobre unas complejas relaciones existentes entre una hija y su padre, situadas en la triste realidad nacional de los años cuarenta, pero es una obra maestra, a pesar de que el productor Querejeta solo le permite rodar los dos primeros tercios del excelente guión original. Después de otra larga etapa dedicado a la publicidad, rueda *El sol del membrillo,* que gana un premio en el Festival de Cannes: un minucioso, perfecto y atractivo documental donde el pintor realista Antonio López trata de pintar un membrillero durante dos horas y no lo consigue.

1969 *Los desafíos,* un episodio.
1973 *El espíritu de la colmena.*
1983 *El sur.*
1992 *El sol del membrillo.*

ESA PAREJA FELIZ *(1951)*

Situada en el duro Madrid de la más inmediata posguerra, narra las relaciones entre Juan (Fernando Fernán-Gómez), un electricista que solo cree algo en sí mismo, trabaja en unos estudios de cine y estudia radio por correspondencia, y su mujer Carmen (Elvira Quintillá), una costurera que trabaja en su casa haciendo encargos y cree en la suerte. Tras una estupenda primera parte, donde se cuenta su vida como realquilados, la segunda, en la que ganan el concurso radiofónico «Un día feliz para una pareja feliz», es más desigual, hasta llegar a un doctrinario final, que transmite que la felicidad no puede venir de fuera, solo está en uno mismo y en su trabajo. Apoyada en la mejor comedia francesa e inglesa, más que italiana, de la posguerra, esta primera película escrita y dirigida por Luis G. Berlanga y J. A. Bardem, a pesar de su mínimo éxito de taquilla, tiene una gran influencia sobre el cine español de la década de los cincuenta.

Directores y guionistas: *Luis G. Berlanga, J. A. Bardem.* Fotografía: *Guillermo Golberger.* Música: *Jesús García Leoz.* Intérpretes: *Fernando Fernán-Gómez, Elvira Quintillá, José Luis Ozores, Félix Fernández, Matilde Muñoz Sampedro.* Producción: *Altamira.* Duración: *90'. España.*

ESCALERA DE CARACOL, LA *(The Spiral Staircase, 1945)*

La olvidada novela de misterio de Ethel Lina White es origen de dos películas muy diferentes. En primer lugar se sitúa esta producción norteamericana de Dore Schary para R. K. O., desde hace tiempo convertida en un clásico del género, que es uno de los mejores y más conocidos trabajos del director alemán Robert Siodmak durante su exilio en Estados Unidos. Narra cómo, a principios de siglo, en una pequeña ciudad de Nueva Inglaterra comienzan a aparecer asesinadas mujeres que tienen algún problema físico. En casa del profesor Warren (George Brent) la muda señorita de compañía Helen Capel (Dorothy McGuire), encargada de cuidar a Mrs. Warren (Ethel Barrymore), comienza a temer por su vida. En medio de un ambiente que parece surgido de los relatos de Edgar Allan Poe, Siodmak desarrolla el personaje de un asesino con claras influencias nazis, pero dentro de un estilo en el que está presente el más puro expresionismo alemán. En último lugar se sitúa la producción británica homónima, dirigida por Peter Collinson en 1975 y protagonizada por Jacqueline Bisset y Christopher Plummer, pero carece de cualquier atractivo.

Director: *Robert Siodmak.* Guionista: *Mel Dinelli.* Fotografía: *Nicholas Musuraca.* Música: *Roy Webb.* Intérpretes: *Dorothy McGuire, George Brent, Kent Smith, Ethel Barrymore, Rhys Williams, Rhonda Fleming.* Producción: *Dore Schary para R. K. O.* Duración: *83'. Estados Unidos.*

ESCAPADA, LA *(Il sorpasso, 1962)*

A partir de un sólido guión estricto entre el reputado Ruggero Maccari, el más tarde también director Ettore Scola y el propio director Dino Risi, se produce una de las «comedias a la italiana» de mayor éxito de los años sesenta. Narra cómo, en pleno *ferragosto* romano, el extrovertido y agresivo Bruno Cortona (Vittorio Gassman) conoce al tímido estudiante de derecho Roberto Mariani (Jean-Louis Trintignant) y le arrastra a hacer un recorrido en su automóvil deportivo por los más característicos lugares de veraneo de los alrededores de Roma. Su cínica lección de buen vividor termina trágicamente en un accidente debido a su característica imprudencia como conductor. Con su ácido humor, Risi hace una eficaz crítica de la sociedad italiana de principios del desarrollo económico y crea el nefasto personaje que la caracteriza, que sirve al siempre excesivo Vittorio Gassman para interpretar uno de sus más conocidos papeles.

Director: *Dino Risi.* Guionistas: *Dino Risi, Ettore Scola, Ruggero Maccari.* Fotografía: *Alfio Contini.* Música: *Riz Ortolani.* Intérpretes: *Vittorio Gassman,*

Jean-Louis Trintignant, Catherine Spaak, Claudio Gora, Luciana Angioliolillo. Producción: *Mario Cecchi Gori para Fair Film, Incei Film, Sancro Film.* Duración: *106'. Italia.*

ESCLAVA LIBRE, LA *(Band of Angels, 1957)*

Tomando como punto de partida una novela poco conocida de Robert Penn Warren, el eficaz realizador Raoul Walsh hace una de sus grandes películas para los estudios Warner. Sobre el trasfondo de la guerra de Secesión, y en un contexto sudista, narra los amores entre la rica heredera Amanda Starr (Yvonne de Carlo), que a la muerte de su padre descubre que su madre era una negra y es vendida en pública subasta, y el misterioso plantador Hamish Bond (Clark Gable), un antiguo traficante de esclavos que trata de limpiar su pasado. Tras una trepidante media hora inicial donde pasa de todo, la acción se serena para llegar a un final donde incluso hay una escena con abundante diálogo que dura casi diez minutos, que es una demostración de la gran habilidad narrativa de Walsh. Destaca la excelente y rica partitura del gran compositor de música para cine Max Steiner.

Director: *Raoul Walsh.* Guionistas: *John Twist, Ivan Goff, Ben Roberts.* Fotografía: *Lucien Ballard.* Música: *Max Steiner.* Intérpretes: *Clark Gable, Yvonne de Carlo, Sidney Poitier, Efrem Zimbalist Jr., Patric Knowles.* Producción: *Warner. Color.* Duración: *127'. Estados Unidos.*

ESCOPETA NACIONAL, LA *(1978)*

Finalizada la larga dictadura del general Franco, Luis G. Berlanga, siempre sobre guiones suyos y de Rafael Azcona, emprende la realización de una trilogía sobre la situación política española centrada en la peculiar familia monárquica del marqués de Leguineche (Luis Escobar). Esta primera entrega está ambientada a principios de la década de los setenta, en el momento de la sustitución en el gobierno de elementos falangistas por miembros del Opus Dei, y narra cómo el industrial catalán Jaume Ganivell (José Sazatornil) organiza una cacería de perdices en la finca del marqués para convencer a algunos ministros de que patrocinen la venta de porteros automáticos. Rodada en largos e impecables planos con una gran cantidad de personajes, marca el comienzo del tercer período en la obra de Berlanga, caracterizado por un cine más comercial y cómico, pero sin dejar de ser profundamente crítico y realista. Supone también la consagración como actor del olvidado director de cine y teatro Luis Escobar. Su gran éxito determina la realización de *Patrimonio nacional* (1980), que gira en torno a la restauración de la monarquía, y *Nacional III* (1982) con el trasfondo de la llegada al poder de los socialistas, siempre desde el particular punto de vista de la familia del marqués de Leguineche y con unos resultados cada vez mejores, tanto desde la complejidad de la historia como de su cada vez más barroca realización.

Director: *Luis G. Berlanga.* Guionistas: *Rafael Azcona, Luis G. Berlanga.* Fotografía: *Carlos Suárez.* Intérpretes: *José Sazatornil «Saza», Luis Escobar, Antonio Ferrandis, José Luis López Vázquez, Rafael Alonso, Mónica Randall.* Producción: *Alfredo Matas para Incine. Color.* Duración: *95'. España.*

ESCRITO SOBRE EL VIENTO *(Written on the Wind, 1956)*

Las relaciones sentimentales de los hermanos Hadley, hijos de un poderoso rey del petróleo texano, son un desastre. El alcohólico Kyle Hadley (Robert Stack) se casa con la atractiva Lucy Moore (Lauren Bacall), que tiene un hijo con su mejor amigo, Mitch Wayne (Rock Hudson), mientras su hermana, la bella ninfómana Marylee Hadley (Dorothy Malone), también corre detrás de él. Al final, Mitch Wayne y Lucy Moore se van juntos y dejan a la familia Hadley con todas sus riquezas y sus miserias. Con estos elementos, el gran especialista alemán Douglas Sirk hace uno de sus mejores y más sobrios melodramas para los estudios Universal durante su largo exilio norteamericano. Está basado en una novelita de Robert Wilder, pero cuenta con un buen guión de George Zuckerman y una excelente fotografía en brillante Technicolor del veterano y reputado profesional Russell Metty.

Director: *Douglas Sirk.* Guionista: *George Zuckerman.* Fotografía: *Russell Metty.* Música: *Frank Skinner.* Intérpretes: *Robert Stack, Lauren Bacall, Rock Hudson, Dorothy Malone, Robert Keith.* Producción: *Albert Zugsmith para Universal. Color.* Duración: *99'. Estados Unidos.*

ESCUADRILLA LAFAYETTE, LA *(Lafayette Escadrille, 1958)*

Última película producida y dirigida por William A. Wellman, tiene un carácter biográfico al haber formado parte el realizador en su juventud de la famosa escuadrilla de aviación integrada por norteamericanos para combatir contra los alemanes junto a los franceses, antes de que Estados Unidos participase en la Gran Guerra. Huyendo todo lo posible del habitual tono patriótico y cuartelero, narra la historia de la escuadrilla a través de Thas Walker (Tab Hunter), un joven que se alista para huir de sus padres. El aspirante a aviador se enamora de la prostituta parisina Renée (Etchika Choureau), se pega con uno de sus superiores y debe ocultarse en el hotelucho donde vive ella para escapar de la policía hasta que consigue el perdón de un alto oficial cuando Estados Unidos entra en la contienda y se reincorpora a su antigua unidad. Rodada por William A. Wellman con su característica habilidad narrativa, tiene buenas escenas, tanto de acción como románticas, pero se resiente de un reparto poco atractivo, en especial de la insípida pareja protagonista, los casi desconocidos Tab Hunter y Etchika Choureau. Como dato anecdótico hay que señalar la presencia de un jovencísimo Clint Eastwood en uno de sus primeros y mínimos papeles.

Director: *William A. Wellman*. Guionista: *A. S. Fleischman*. Fotografía: *William Clothier*. Música: *Leonard Rosenman*. Intérpretes: *Tab Hunter, Etchika Choureau, David Janssen, Bill Wellman Jr., Jody McCrea, Marcel Dalio, Clint Eastwood*. Producción: *William A. Wellman para Warner*. Duración: *93'. Estados Unidos*.

ESE OSCURO OBJETO DEL DESEO *(Cet obscur objet du désir, 1977)*

La excelente novela *La mujer y el pelele* (1898), de Pierre Louÿs, es origen de cuatro producciones muy distintas. La francesa muda *La femme et le pantin* (1929), de Jacques de Baroncelli, protagonizada por la española Conchita Montenegro. La norteamericana *El diablo es una mujer* (The Devil Is a Woman, 1935), última de las seis grandes películas rodadas por Josef von Sternberg con Marlene Dietrich, pero que da una visión de Andalucía y la guardia civil tan poco del agrado del gobierno de la II República española que el derechista Gil Robles, a la sazón ministro de la guerra, obliga a los estudios Paramount a quemar el negativo, lo que afortunadamente no hacen. La francesa *La femme et le pantin* (1959), un proyecto de Luis Buñuel, siempre fascinado por esta novela, que acaba dirigiendo Julien Duvivier al no estar Buñuel de acuerdo con el productor Christine Gouze-Rénal en que Brigitte Bardot sea la protagonista. Y esta coproducción franco-española, con una leve participación italiana, que se convierte en la última película de Buñuel. Durante un viaje en tren entre Sevilla y Madrid, un caballero de cierta edad, don Mateo (Fernando Rey), cuenta a sus compañeros de viaje su pasión por la atractiva joven Concha Pérez y los sucesivos requerimientos y rechazos que ella le hace. Entre continuas referencias al terrorismo, Buñuel narra, con su personal humor, las peculiares relaciones eróticas que se establecen entre un don Mateo siempre dispuesto a acostarse con la joven y una Concha Pérez que tan solo se deja querer. Por problemas surgidos durante el rodaje con Maria Schneider, actriz elegida para encarnar el atractivo personaje, acaban haciendo de Concha Pérez, de manera alternativa, la española Ángela Molina y la francesa Carole Bouquet, decisión bastante gratuita que empaña el resultado de la obra.

Director: *Luis Buñuel*. Guionistas: *Luis Buñuel, Jean-Claude Carrière*. Fotografía: *Esmond Richard*. Intérpretes: *Fernando Rey, Ángela Molina, Carole Bouquet, María Asquerino*. Producción: *Serge Silberman para Les Films Galaxie (París), Incine (Madrid), Greenwich Film (Roma). Color*. Duración: *103'. Francia-España-Italia*.

ESMERALDA, LA ZÍNGARA *(The Hunchback of Notre Dame, 1939)*

La novela *Notre Dame de París*, de Victor Hugo, ha sido origen de más de once películas por narrar, una vez más, la fascinante historia de la bella y la bestia, que permite el lucimiento de una atractiva actriz y la caracterización de un buen actor. Hay dos olvidadas versiones mudas francesas de 1906 y 1911; una primera norteamericana de 1917 con la famosa Theda Bara, y una segunda de gran éxito dirigida en 1923 por Wallace Worsley, con el mítico Lon Chaney como protagonista; y además una última coproducción entre Francia e Italia, realizada en 1956 por Jean Delannoy con Anthony Quinn y Gina Lollobrigida como protagonistas. Entre todas ellas destaca esta producción R. K. O., muy bien rodada por William Dieterle, con excelentes decorados de Van Nest Polglase y una composición muy de la época de Charles Laughton. Narra cómo en 1482, tras el final de la Guerra de los Cien Años, la gitana Esmeralda (Maureen O'Hara) entra clandestinamente en París y enseguida se fija en ella el pérfido magistrado Frollo (Cedric Hardwicke), pero la protege el jorobado Quasimodo (Charles Laughton). Entre medias de una compleja intriga, Dieterle vuelve a hacer una calurosa defensa de la libertad frente al oscurantismo, introduciendo en la narración su habitual mensaje ideológico progresista. Rodada en setenta y tres días durante el verano de 1939, se acaba tras el comienzo de la II Guerra Mundial, pero está escrita y preparada durante su tumultuosa gestación, por lo que su esperanzador final contrasta con la dureza de la situación real que vive Europa.

Director: *William Dieterle*. Guionistas: *Sonya Levien, Bruno Frank*. Fotografía: *Joseph August*. Música: *Alfred Newman*. Intérpretes: *Charles Laughton, Maureen O'Hara, Cedric Hardwicke, Thomas Mitchell, Edmond O'Brien, Alan Marshall, Harry Davenport*. Producción: *Pandro S. Berman para R. K. O.* Duración: *117'. Estados Unidos*.

ESPERANZA Y GLORIA *(Hope and Glory, 1987)*

El pequeño Bill Rohan (Sebastian Rice Edwards), de siete años, está con su familia en Londres al comienzo de la II Guerra Mundial. Vive las alarmas nocturnas, los bombardeos, la movilización de su padre, el racionamiento, la destrucción de su escuela, las primeras experiencias sexuales, como si se tratase de las mejores vacaciones. Tras perder su casa por un incendio, la familia se va a vivir al campo con sus abuelos. Narrada con un marcado tono autobiográfico, el realizador John Boorman cuenta su infancia en el Reino Unido durante la II Guerra Mundial. Dividida en dos partes claramente diferenciadas, la que transcurre en Londres en la casa familiar y la que sucede en el campo en casa de los abuelos, está construida por acumulación de escenas, llenas de humor y sensibilidad, y tiene una mínima relación con otras películas sobre temas similares. Entre el eficaz grupo de actores destaca el niño Sebastian Rice Edwards, así como la conocida Sarah Miles en el papel de su madre Grace.

Director y guionista: *John Boorman*. Fotografía: *Philippe Rousselot*. Música: *Peter Martin*. Intérpretes: *Sebastian Rice-Edwards, Sarah Miles, David Hayman, Derrick O'Connor, Susan Woolridge, Ian Bannen, Jean-Marc Barr*. Producción: *John Boorman. Color.* Duración: *113'. Reino Unido*.

ESPÍRITU DE LA COLMENA, EL *(1973)*

Con un subrayado tono de cuento infantil, desde los dibujos de los títulos de crédito hasta el inicial «Érase una vez...», además de las canciones infantiles tradicionales en que se basa la música de Luis de Pablo, narra la historia de una familia desterrada en 1940 «en un lugar de la meseta castellana», el pueblo de Hoyuelos. Mientras llega una camioneta para proyectar en un improvisado cine *El doctor Frankenstein* (*Frankenstein*, 1931) de James Whale, se presenta a los personajes: Fernando (Fernando Fernán-Gómez), el padre dedicado a sus colmenas y a escribir por las noches; Teresa (Teresa Gimpera), la madre que envía cartas a un perdido amor en el exilio y luego quema sus respuestas; Isabel (Isabel Tellería), la hermana mayor, que ve la película con Ana (Ana Torrent), su espabilada hermana pequeña, y la anima en sus fantasías. Narrada a un ritmo reposado, con minuciosidad y eficacia, cuenta cómo Ana queda tan impresionada por la película, por la escena en que el monstruo mata a la niña, que lo busca, lo invoca y cree encontrarlo en la figura de un fugitivo de la guardia civil a quien lleva comida e incluso la chaqueta de su padre. Cuando descubre que el hombre ha huido, que no está, que quizá le hayan matado como al monstruo, sale en su búsqueda, se pierde en la noche y acaba imaginando que encuentra al mismísimo Frankenstein junto al río. Basada en un guión original de Ángel Fernández-Santos y Víctor Erice, plantea de una manera tan atractiva como desgarrada unas duras relaciones paterno-filiales. Destacan la escena en que la maestra doña Lucía (Lali Soldevilla) enseña a sus alumnas elementales nociones de anatomía con la ayuda de don José, un muñeco de madera, y la fascinante mirada de la pequeña debutante Ana Torrent.

Director: *Víctor Erice*. Guionistas: *Ángel Fernández-Santos, Víctor Erice*. Fotografía: *Luis Cuadrado*. Música: *Luis de Pablo*. Intérpretes: *Ana Torrent, Isabel Tellería, Teresa Gimpera, Fernando Fernán-Gómez, Lali Soldevilla*. Producción: *Elías Querejeta P. C. Color.* Duración: *97'. España*.

ESPLENDOR EN LA HIERBA *(Splendor in the Grass, 1961)*

Sobre un excelente guión del dramaturgo William Inge, el productor y director Elia Kazan hace una de sus mejores películas. Narra cómo en 1928, en Kansas, el joven Bud Stamper (Warren Beatty) quiere casarse con la atractiva Deanie Loomis (Natalie Wood), pero la madre de ella (Audrey Christie), perteneciente a la clase media, la presiona para que no deje de ser virgen, y el padre de él (Pat Hingle), un rico explotador petrolífero, le obliga a que antes estudie cuatro años en la Universidad de Yale. Situación que lleva al joven a tomar la decisión de dejar de verla y a ella la de entregarse a él después de una fiesta. Al ser rechazada, él sufre una neumonía y ella, tras intentar suicidarse, una depresión que tarda dos años y medio en superar en una clínica de salud. Al final, en una inolvidable escena, cuando el padre de él se ha suicidado por la crisis económica de 1929 y los de ella han gastado todo su dinero en curarla, Deanie Loomis va a ver a Bud Stamper a una pequeña granja agrícola y le encuentra casado con la anodina italiana Angelina (Zohra Lampert). Este lírico canto al amor juvenil y duro ataque al puritanismo, cuyo título ha sido tomado de un poema de Wordsworth, solo tiene el inconveniente de ser la primera película de Warren Beatty, que muestra los excesos característicos del Actor's Studio, y el de que en su intencionado ataque a los padres, Mr. Stamper sea terrible y muy cojo, y Mrs. Loomis tonta y caricaturesca, extraños fallos en un gran director de actores como Elia Kazan.

Director: *Elia Kazan*. Guionista: *William Inge*. Fotografía: *Boris Kaufman*. Música: *David Amram*. Intérpretes: *Natalie Wood, Warren Beatty, Pat Hingle, Audrey Christie, Barbara Loden, Zohra Lampert, Sandy Dennis*. Producción: *Elia Kazan para Warner*. Color. Duración: *124'. Estados Unidos*.

ESTA TIERRA ES MÍA *(This Earth Is Mine, 1959)*

Esta producción Universal es una de las últimas dirigidas por el hábil artesano Henry King y la única que no hace para 20th Century Fox en su larga trayectoria profesional; pero tiene su habitual y característica solidez narrativa. Escrita y producida por el famoso guionista Casey Robinson, gira en torno a una riquísima familia de viticultores californianos durante los años finales de la Ley Seca. Narra cómo el viejo patriarca Philippe Rambeau (Claude Rains) hace venir desde el Reino Unido a su nieta Elizabeth (Jean Simmons) para casarla con el hijo de otro de los grandes viticultores de la zona y tener así una mayor extensión de viñas, pero se enamora de su primo John (Rock Hudson). Mientras tanto se desarrolla un enfrentamiento entre abuelo y nieto, debido a que el primero se niega a vender sus uvas al sindicato de gángsters que fabrica licores y el segundo comienza a enriquecerse con su venta. Predecible y llena de tópicos, tiene una sólida estructura, está muy bien rodada y perfectamente interpretada por Jean Simmons, Claude Rains e incluso Rock Hudson.

Director: *Henry King*. Guionista: *Casey Robinson*. Fotografía: *Winton Hoch, Russell Metty*. Música: *Hugo Friedhofer*. Intérpretes: *Jean Simmons, Claude Rains, Rock Hudson, Dorothy McGuire, Kent Smith, Anna Lee, Ken Scott*. Producción: *Casey Robinson y Claude Hellman para Vintage / Universal*. Color. Scope. Duración: *124'. Estados Unidos*.

ESTACIÓN COMANCHE *(Comanche Station, 1960)*

A finales de los años cincuenta el director Budd Boetticher realiza siete *westerns* de bajo presupuesto y corta duración, protagonizados, y en gran parte también producidos, por Randolph Scott, y la mayoría escritos por el más tarde también realizador Burt Kennedy, que le sitúan entre los grandes del género. Este es el último de ellos, tiene una tradicional estructura de itinerario y narra cómo el cazador de recompensas Jefferson Cody (Randolph Scott), que lleva diez largos años buscando a su desaparecida mujer, rescata a Mrs. Lowe (Nancy Gates) de manos de los comanches, la defiende de un grupo de rufianes encabezado por Lane (Claude Akins) y la entrega a su marido ciego. Rodada con tanta habilidad narrativa como economía de medios, la totalidad de la película se desarrolla en exteriores y muestra a Budd Boetticher como un maestro que maneja con habilidad el formato CinemaScope.

Director: *Budd Boetticher*. Guionista: *Burt Kennedy*. Fotografía: *Lucien Ballard*. Intérpretes: *Randolph Scott, Nancy Gates, Claude Akins, Skip Homeier*. Producción: *Harry Joe Brown para Columbia*. Color. Scope. Duración: *74'. Estados Unidos*.

ESTACIÓN TERMINI (*Stazione Termini,* *1953*)

El gran éxito alcanzado en Estados Unidos por las dos primeras partes, *Ladrón de bicicletas* (Ladri di biciclette, 1948) y *Milagro en Milán* (Miracolo a Milano, 1950), a pesar del fracaso de la tercera, *Umberto D* (1952), de la gran trilogía neorrealista que consagra a la pareja formada por el guionista Cesare Zavattini y el realizador Vittorio de Sica, les hace rodar su siguiente película en inglés, en coproducción con el famoso productor independiente norteamericano David O. Selznick, y protagonizada por la mujer de este, Jennifer Jones, y por el gran actor Montgomery Clift. Narra la despedida en la gran estación de ferrocarril de Roma de Mary Forbes (Jennifer Jones), una mujer casada norteamericana, y Gianni Doria (Montgomery Clift), un profesor italiano, que se han hecho amantes durante unas vacaciones, pero el miedo al escándalo hace que ella le abandone. Rodada como un drama clásico, con unidad de lugar, tiempo y acción, es una curiosa mezcla de neorrealismo italiano y romanticismo norteamericano, pero demasiado alterada por el coguionista Truman Capote y, sobre todo, el coproductor Selznick. De manera que frente a los 93 minutos de duración de la versión italiana, aparecen los 75 minutos de la norteamericana, además titulada *Indiscretion of an American Wife*.

Director: *Vittorio de Sica*. Guionistas: *Cesare Zavattini, Luigi Chiarini, Giorgio Prosperi, Truman Capote*. Fotografía: *G. R. Aldo*. Música: *Alessandro Cicognini*. Intérpretes: *Jennifer Jones, Montgomery Clift, Gino Cervi, Richard Beymer, Paolo Stoppa, Nando Bruno*. Producción: *Vittorio de Sica para P. D. S. (Roma), Marcello Girosi (Roma), David O. Selznick (Hollywood)*. Duración: *93'. Italia-Estados Unidos*.

ESTRATEGIA DE LA ARAÑA, LA (*La strategia del ragno, 1970*)

A partir del relato *Tema del traidor y del héroe*, de Jorge Luis Borges, seguramente sugerido por el coguionista argentino Eduardo de Gregorio, un todavía poco conocido Bernardo Bertolucci narra cómo Athos Magnani (Giulio Brogi), treinta años después de la muerte de su padre a manos fascistas, regresa al pequeño pueblo de Tara para descubrir que en realidad murió asesinado por sus tres mejores amigos, a los que había engañado. Si a niveles de guión la historia resulta demasiado literaria, borgiana en exceso, en el peor sentido de la palabra, la realización encierra una pedantería muy propia de la época, como que el mismo actor Giulio Brogi encarne al padre y al hijo, y su amante Draita (Alida Valli) no rejuvenezca en los *flashbacks*, lo que desequilibra parcialmente el conjunto. Lo mejor son las bellas localizaciones del pueblo de Sabbioneta, rebautizado Tara, en homenaje a *Lo que el viento se llevó* (Gone With the Wind, 1939), de Victor Fleming, y la escena donde el héroe baila uno de sus más conocidos himnos ante un grupo de asombrados fascistas.

Director: *Bernardo Bertolucci*. Guionistas: *Bernardo Bertolucci, Marilú Parolini, Eduardo de Gregorio*. Fotografía: *Vittorio Storaro*. Música: *Giuseppe Verdi, Arnold Schönberg*. Intérpretes: *Giulio Brogi, Alida Valli, Vito Scotti, Pippo Campanini, Franco Giovannelli*. Producción: *Giovanni Bertolucci para RAI-TV, Red Film. Color*. Duración: *110'. Italia*.

ESTUDIANTES EN OXFORD (*A Chump at Oxford, 1940*)

Al igual que la mayoría de los largometrajes de la pareja Laurel-Hardy, no tiene una auténtica estructura dramática, sino que se compone de una sucesión de largas escenas en las que ellos son los protagonistas. En esta ocasión hacen el papel de dos desempleados que encuentran trabajo de criados en una gran mansión, pero a condición de que Stan Laurel haga de doncella. Tras ser despedidos por su disparatada manera de servir una cena, trabajan como barrenderos, pero al apresar casualmente al atracador de una sucursal del Finlayson National Bank cuando resbala en la cáscara de un plátano que acaban de comerse, el director decide pagarles una cara educación en Oxford. Una vez allí, los estudiantes les hacen novatadas, les mandan atravesar un laberinto donde se pierden y uno de ellos les asusta disfrazándose de fantasma —lo que da lugar a una excelente escena con un Stan Laurel de tres manos—, hasta que les acaban alojando en las habitaciones del decano, que les echa furioso cuando llega. Lo más flojo es el final, donde al golpearse la cabeza con una ventana, Stan Laurel se cree que es lord Paddington y convierte a Oliver Hardy en su criado, pero se le pasa pronto con otro golpe y regresan a Estados Unidos. Rodada en largos planos por el olvidado y nunca muy conocido Alfred Goulding, su atractivo reside en la pareja Laurel-Hardy, más algunas buenas ocurrencias de guión, sin duda debidas al entonces olvidado actor y coguionista Harry Langdon.

Director: *Alfred Goulding*. Guionistas: *Charles Rogers, Harry Langdon, Felix Adler*. Fotografía: *Art Lloyd*. Intérpretes: *Stan Laurel, Oliver Hardy, James Finlayson, Forrester Harvey, Wilfrid Lucas*. Producción: *Hal Roach*. Duración: *63'. Estados Unidos*.

E. T., EL EXTRATERRESTRE *(E. T., the ExtraTerrestrial, 1982)*

El niño de diez años Elliot (Henry Thomas) encuentra a un extraterrestre abandonado por sus congéneres, lo esconde en su casa y lo protege de la curiosidad de un grupo de científicos, y con la ayuda de sus hermanos y amigos le ayuda a regresar a su lejana casa con los suyos. Convertido en una especie de nuevo Walt Disney de las imágenes reales, el productor y realizador Steven Spielberg hace la más religiosa de sus películas al narrar la historia de un ser celestial, bondadoso, asexuado y capaz de realizar prodigios sobrenaturales, que logra defenderse de la maldad de los adultos gracias a la inocencia de los niños. A pesar del gran éxito alcanzado con la excelente narración de la pasión terrenal, muerte, resurrección y ascensión a los cielos del simpático E. T., Spielberg no continúa por este camino que encierra lo más personal y lo mejor de su cine. Destacan el diseño del extraterrestre realizado por Carlo Rambaldi, la excelente fotografía de Allen Daviau y el trabajo de los niños Henry Thomas, casi desaparecido después de dos o tres irregulares películas, y Drew Barrymore, convertida en una gran actriz, digna heredera de su famoso apellido.

Director: *Steven Spielberg*. Guionista: *Melissa Mathison*. Fotografía: *Allen Daviau*. Música: *John Williams*. Intérpretes: *Henry Thomas, Drew Barrymore, Dee Wallace, Peter Coyote, Robert Mac-Noughton*. Producción: *Steven Spielberg* y *Kathleen Kennedy para Universal. Color*. Duración: *115'. Estados Unidos*.

EUROPA '51 *(1952)*

El suicidio de su hijo de doce años sume en una profunda crisis a la atractiva Irene Girard (Ingrid Bergman), perteneciente a la alta sociedad y casada con el diplomático extranjero George Girard (Alexander Knox). Por indicación de su primo Andrea Casati (Ettore Giannini), un intelectual de ideología comunista, visita los barrios obreros, se acerca al mundo del trabajo, e incluso un día sustituye a una viuda con hijos pequeños en una fábrica. Decepcionada por estas experiencias, cuida a una prostituta enferma de tuberculosis y ayuda a una joven delincuente a escapar, lo que la lleva a ser detenida por complicidad. Tras afirmar que sus actos no son producto de la locura, sino de un planteamiento moral, su marido la hace examinar por varios psiquiatras y la internan en una clínica. Más allá de la polémica levantada en su momento sobre si Irene Girard es una loca o una santa, además de la más teórica sobre el final del neorrealismo, este segundo encuentro entre el realizador Roberto Rossellini y la actriz Ingrid Bergman es el excelente retrato de una mujer enfrentada a una sociedad que no ha superado aún la crisis moral provocada por la II Guerra Mundial.

Director: *Roberto Rossellini*. Guionistas: *Sandro de Feo, Mario Pannunzio, Ivo Perilli, Brunello Rondi*. Fotografía: *Aldo Tonti*. Música: *Renzo Rossellini*. Intérpretes: *Ingrid Bergman, Alexander Knox, Sandro Franchina, Ettore Giannini, Giulietta Masina*. Producción: *Carlo Ponti* y *Dino de Laurentiis*. Duración: *110'. Italia*.

EVA AL DESNUDO *(All About Eve, 1950)*

La joven actriz Eve Harrington (Anne Baxter) recibe en Nueva York el importante premio teatral Sarah Siddons, lo que da lugar a que tres de sus amigos, Karen (Celeste Holm), esposa del influyente dramaturgo Lloyd Richard (Hug Marlowe), la gran actriz en declive Margo Channing (Bette Davis) y el importante crítico Addison de Witt (George Sanders), evoquen sus relaciones con la triunfadora. Narrada a través de siete *flashbacks* desde los puntos de vista de estos tres amigos, es un espléndido cuento moral sobre los mecanismos del éxito en el mundo teatral, en particular, y la sociedad norteamericana, en general, que se sitúa a la cabeza de las películas escritas y dirigidas por Joseph L. Mankiewicz. Producida por el mítico Darryl F. Zanuck para los estudios 20th Century Fox, gana media docena de importantes Oscars, tiene un gran éxito y se convierte en una de las grandes películas sobre el mundo del teatro.

Dentro de la perfección del conjunto, demasiado apoyado en los diálogos, tal como es tradicional en el cine de Mankiewicz, destaca el excelente duelo interpretativo entre la joven Anne Baxter y la madura Bette Davis, que además es la base de la historia. En 1970 da lugar al musical *Applause*, protagonizado por Lauren Bacall, que tiene gran éxito en Broadway, y que varias veces está a punto de convertirse en una película, pero no lo consigue por la mala situación en que para esas fechas se encuentra el género.

Director y guionista: *Joseph L. Mankiewicz*. Fotografía: *Milton Krasner*. Música: *Alfred Newman*. Intérpretes: *Bette Davis, George Sanders, Anne Baxter, Celeste Holm, Thelma Ritter, Gary Merrill, Hugh Marlowe, Gregory Ratoff, Marilyn Monroe*. Producción: *Darryl F. Zanuck para 20th Century Fox*. Duración: *138'. Estados Unidos*.

EVASIÓN, LA *(Le trou, 1960)*

Acusado por su mujer de haber intentado asesinarla, Claude Gaspard (Mark Michel) es encerrado en la prisión de la Santé, pero sus compañeros de celda, Géo (Michel Constatin), Roland (Jean Keraudy), Manu (Philippe Leroy) y Monseigneur (Raymond Meunier), preparan un túnel para evadirse y le admiten en el proyecto como uno más. La víspera del día escogido para la fuga, el director de la prisión le comunica a Claude Gaspard que su mujer ha retirado la denuncia y que es libre, pero hábilmente interrogado, traiciona a sus amigos y revela su proyecto de evasión. Basada en hechos reales vividos por el novelista Jose Giovanni, más tarde también convertido en realizador de películas policiacas, este último trabajo de Jacques Becker, su obra maestra, se sitúa muy lejos del resto de su producción por su tema, su falta de actores conocidos y, sobre todo, su austeridad narrativa. La fascinación que muestra por los perdedores y por el fracaso la sitúan muy cerca del mejor cine norteamericano de la época, aunque no deja de ser profundamente francesa.

Director: *Jacques Becker*. Guionistas: *Jacques Becker, Jose Giovanni, Jean Aurel*. Fotografía: *Ghislain Cloquet*. Intérpretes: *Michel Constantin, Jean Keraudy, Philippe Leroy, Raymond Meunier, Mark Michel*. Producción: *Serge Silberman para Play (París), Filmsonor (París), Titanus (Roma)*. Duración: *115'. Francia-Italia*.

EXÓTICA *(1994)*

Las relaciones entre Francis (Bruce Greenwood), inspector de hacienda obsesionado por el asesinato de su hija, y Christina (Mia Kirshner), bailarina de *streptease* que en tiempos fue *baby-siter* de la niña, dan lugar a un complejo relato en el que también intervienen Thomas (Don McKellar), un homosexual propietario de una pajarería que le sirve de tapadera para hacer contrabando de huevos de pájaros exóticos, y el *disc-jockey* Eric (Elias Koteas), que trabaja en la discoteca Exótica y también se interesa por Christina. Como suele ser habitual en las películas de Atom Egoyan, un peculiar egipcio que trabaja con gran libertad en Canadá, los planteamientos de sus historias y sus personajes tienen un enorme atractivo, pero una vez que comienza su desarrollo, genera una lentitud que hace pensar que no ocurrirá nada de lo que se esperaba. Sin embargo, en esta consigue mucho mejores resultados que en ocasiones anteriores, en gran parte por la extraña relación que se establece entre los cuatro protagonistas, el atractivo de Mia Kirshner y el excelente decorado de Exótica, donde ella baila. Sin embargo, al final cae en una demasiado larga y compleja explicación sobre el origen de las relaciones entre Francis y Christina dada a través de un *flashback* que nada tiene que ver con el resto del relato.

Director y guionista: *Atom Egoyan*. Fotografía: *Paul Sarossy*. Música: *Mychael Danna*. Intérpretes: *Bruce Greenwood, Mia Kirshner, Elias Koteas, Arsinée Khanjian, Don McKellar*. Producción: *Atom Egoyan y Camelia Frieberg para Ego Film Art Production. Color*. Duración: *104'. Canadá*.

EXPRESO DE SHANGHAI, EL *(Shanghai Express, 1932)*

En 1931, en plena guerra civil china, durante el viaje en tren entre Pekín y Shanghai, la atractiva Shanghai Lili (Marlene Dietrich) recupera el amor del oficial médico británico Harvey (Clive Brook), mientras la misteriosa Hue Fei (Ann May Wong) se enfrenta con el brutal Henry Chang (Warner Oland), jefe de los rebeldes que detienen el tren en plena noche para buscar un rehén. Íntegramente rodada en estudios, Josef von Sternberg consigue hacer una eficaz reconstrucción de una China en guerra, pero sobre todo de un cosmopolita expreso donde también viajan el alemán Eric Baum

(Gustav von Seyffertitz), el francés Leonard (Émile Chautard), el reverendo inglés Carmichael (Lawrence Grant) y algunos otros. Entre todos ellos brilla con luz propia Marlene Dietrich por sus sensuales maneras, sus trajes y peinados, dentro de un conjunto donde no se ha dejado nada a la improvisación y todo encaja a la perfección. Basada en un guión original del famoso Jules Furthman, es el mayor éxito de las seis películas dirigidas por el maestro Josef von Sternberg con su musa Marlene Dietrich durante la primera mitad de la década de los treinta para los estudios Paramount. Destaca la excelente fotografía, firmada por su colaborador habitual Lee Garmes, pero en buena parte obra del propio Sternberg.

Director: *Josef von Sternberg*. Guionista: *Jules Furthman*. Fotografía: *Lee Garmes*. Música: *W. Frank Harling*. Intérpretes: *Marlene Dietrich, Clive Brook, Warner Oland, Anna May Wong, Eugene Pallette, Gustav von Seyffertitz, Lawrence Grant, Émile Chautard*. Producción: *Paramount*. Duración: *84'*. *Estados Unidos.*

EXTRAÑO AMOR DE MARTHA IVERS, EL *(The Strange Love of Martha Ivers, 1946)*

En 1928 la joven Martha Ivers quiere fugarse con Sam Masterson de la casa de su rígida tía en Iverstown, pero son descubiertos al denunciarles su amigo Walter O'Neil. En una excelente escena en medio de una tormenta, Martha Ivers mata a su tía ante el asombro de Walter O'Neil. En 1942, catorce años después, Sam Masterson (Van Heflin) regresa casualmente a Iverstown, conoce a la ex presidiaria Toni Marachek (Lizabeth Scott) y se encuentra con Martha Ivers (Barbara Stanwyck) convertida en una poderosa industrial y casada con el político alcohólico Walter O'Neil (Kirk Douglas). Tras intentar quitarle de en medio de diferentes maneras para que no descubra la verdad, el matrimonio acaba suicidándose en otra gran escena en medio de una tormenta, mientras la otra pareja abandona el lugar. Esta buena mezcla de policiaco y melodrama, con mujer fatal incluida, tiene una buena realización de Lewis Milestone en su única incursión en el género, pero el guión del más tarde también director Robert Rossen tiene un exceso de diálogo y, por problemas de censura, está demasiado forzado para llegar al moralizante final. Es la primera película de Kirk Douglas y tiene una tan personal como apropiada música de Miklos Rozsa.

Director: *Lewis Milestone*. Guionista: *Robert Rossen*. Fotografía: *Victor Milner*. Música: *Miklos Rozsa*. Intérpretes: *Barbara Stanwyck, Van Heflin, Kirk Douglas, Lizabeth Scott, Judith Anderson, Roman Bohnen*. Producción: *Hal B. Wallis para Paramount*. Duración: *116'. Estados Unidos.*

EXTRAÑO VIAJE, EL *(1964)*

El denominado «crimen de Mazarrón», en el que pierden la vida tres hermanos de una adinerada familia venida a menos, entre un pueblecito cercano a Madrid y la conocida playa mediterránea, da lugar a un relato esperpéntico, duro, negro, dentro de la mejor tradición de la literatura y la pintura españolas. Basada en un argumento de Luis G. Berlanga, convertido en guión por Pedro Beltrán y Manuel Ruiz Castillo, es una modesta producción, pero uno de los mejores trabajos como director de Fernando Fernán-Gómez. Sin embargo, se estrena ocho años después de su rodaje y es un gran fracaso de público, pero uno de los mayores éxitos de crítica. Destacan el insólito trabajo interpretativo del director Jesús Franco como don Venancio, y el de las actrices Rafaela Aparicio, en el papel de doña Paquita, y Tota Alba, que encarna a doña Ignacia, los tres hermanos Vidal, en torno a los cuales gira la acción, así como el tono esperpéntico del conjunto, logrado por Fernán-Gómez.

Director: *Fernando Fernán-Gómez*. Guionistas: *Pedro Beltrán, Manuel Ruiz Castillo*. Fotografía: *José Aguayo*. Música: *Cristóbal Halffter*. Intérpretes: *Carlos Larrañaga, Tota Alba, Lina Canalejas, Jesús Franco, Rafaela Aparicio, Sara Lezana*. Producción: *Impala, Ízaro Films*. Duración: *98'. España.*

EXTRAÑOS EN UN TREN *(Strangers on a Train, 1951)*

Bruno Anthony (Robert Walker), admirador del famoso jugador de tenis Guy Haines (Farley Granger) propone a este hacer un intercambio de asesinatos; mientras Bruno Anthony mata a la mujer de Guy Haines porque no quiere concederle el divorcio, Guy Haines matará al padre de Bruno Anthony para que tenga mayor libertad y heredarle. Ante el asombro del tenista Guy Haines, el psicópata Bruno Anthony estrangula a Miriam Haines (Laura Elliot) en un parque de atracciones, pero Bruno

Anthony se enfada mucho con él por no cumplir su parte del trato. Con este punto de partida, basado en una característica novela de la especialista en narraciones policiacas Patricia Highsmith, convertida en guión por el famoso novelista Raymond Chandler, el maestro Alfred Hitchcock realiza una interesante película donde mezcla con habilidad sus obsesiones por el falso culpable con las de Highsmith sobre la paternidad de los crímenes. Dentro de un impecable conjunto destacan las escenas del asesinato de Miriam Haines, la del partido de tenis en que todos los espectadores mueven la cabeza para seguir la pelota, menos el asesino, que solo mira a su posible víctima, y la final, en el parque de atracciones. Es origen de la irregular nueva versión *No beses a un extraño* (Once You Kiss a Stranger, 1969), de Robert Sparr, con Paul Burke, Carol Lynley y Martha Hyer, y el actor Danny DeVito se inspira en ella para su primera película como director: *Tira a mamá del tren* (Throw Momma From the Train, 1987).

Director: *Alfred Hitchcock*. Guionista: *Raymond Chandler, Czenzi Ormonde*. Fotografía: *Robert Burks*. Música: *Dimitri Tiomkin*. Intérpretes: *Robert Walker, Farley Granger, Ruth Roman, Leo G. Carroll, Patricia Hitchcock, Marion Lorne, Howard St. John, Laura Elliot*. Producción: *Alfred Hitchcock para Warner*. Duración: *101'*. *Estados Unidos*.

FÁBRI, Zoltán *(Budapest, 1911; Budapest, Hungría, 1994)*

Estudia pintura y decoración en la Academia de Bellas Artes de Budapest y arte dramático en una escuela de cine y teatro. Su interés por el teatro y la pintura le lleva sucesivamente a ser actor, decorador y director, pero la II Guerra Mundial trunca su carrera. Tras pasar casi toda la guerra prisionero, en la posguerra comienza a hacer decorados para películas y escribir guiones, hasta que codirige con Imre Janey *Gyarmat a fold altt* (1951). Perteneciente a la primera generación de realizadores socialistas húngaros, rueda dentro del estricto rigor del realismo socialista *La tempestad* y *Catorce vidas,* pero consigue escapar de él con la comedia *Carrusel.* Entre sus restantes películas de los años cincuenta sobresale *El profesor Hannibal*, que analiza el triunfo del fascismo en Hungría durante la década de los veinte. La mayor libertad existente en la década de los años sesenta le permite hacer un cine más crítico en *Las tinieblas del día, Veinte horas*, que indaga sobre las contradicciones del sueño socialista y obtiene diferentes premios internacionales, y *Los chicos de la calle Pal*, adaptación de una obra de Ferenc Molnár, pero su cine siempre es demasiado académico y un tanto plúmbeo. Convertido en el representante oficial del cine húngaro, a mediados de la década de los setenta comienza a dar clases de cine, mientras cada vez rueda menos películas, entre las que destaca *Húngaros*.

1952 *Vihar* (La tempestad).
1954 *Eletjel* (Catorce vidas).
1955 *Körhinta* (Carrusel).
1956 *Hannibal tanár úr* (El profesor Hannibal).
1957 *Bolond április* (Verano nublado).
1958 *Edes Anna* (Ana).
1960 *Duvad* (El bruto).
1961 *Két félido a pokolban* (Match en el infierno).
1963 *Nappali sötétség* (Las tinieblas del día).
1965 *Husz óra* (Veinte horas).
1966 *Utószezon* (Última estación).
1968 *A Pál utcai fiúk* (Los chicos de la calle Pal).
1969 *Isten hozta, ornagy úr* (La familia Tot).
1971 *Hangyaboly* (El hormiguero).
1972 *Plusz minusz egy nap* (Un día menos).
1974 *141 perc a befejezelten monatból* (La frase inacabada).
1975 *Az ötödik pecsét* (El quinto sello).
1977 *Magyarok* (Húngaros).
1979 *Fabian Bálint talákozása istennel* (El encuentro de Fabian Bálint con Dios).
1982 *Requiem.*
1984 *Gyertek el a névnapomra* (La cremallera).

FAIRBANKS, Douglas *(Douglas Elton Ullman. Denver, Colorado, 1883-Santa Monica, California, Estados Unidos, 1939)*

Perteneciente a una humilde familia, desde niño se interesa por el teatro y a los dieciséis años debuta como actor, tras unos breves estudios y un viaje por Europa. Durante quince años realiza una variada actividad teatral que le convierte en un prestigioso actor, pero el éxito de su primera película le aparta del teatro para convertirse en una de las grandes estrellas del cine mudo. Después de casi treinta películas protagonizadas en la segunda mitad de los años diez, en 1919 crea con Charles Chaplin, David W. Griffith y Mary Pickford la compañía United Artists y durante la década de los veinte hace para ella sus mejores y más ambiciosas producciones. El éxito de los clásicos del cine de aventuras *La marca del Zorro* y *D'Artagnan,* de Fred Niblo, y *Robín de los bosques,* de Allan Dwan, le llevan a la excelente fantasía oriental *El ladrón de Bagdad,* de Raoul Walsh. El fracaso de una ambiciosa adaptación de William Shakespeare, *La fierecilla domada,* de Sam Taylor, le hace emprender una vuelta al mundo, que da como fruto el documental protagonizado por él, *La vuelta al mundo,* y alejarse paulatinamente del cine. Su obra póstuma, rodada en el Reino Unido, *La última aventura de Don Juan,* producida y dirigida por Alexander Korda, se sitúa entre sus mejores películas sonoras. Es padre del también actor Douglas Fairbanks Jr. (1909), que trata de seguir la tradición familiar, pero nunca logra situarse a la altura de su progenitor.

1915 *The Lamb* (El cordero), de Christy W. Cabanne. / *Double Trouble,* de Christy W. Cabanne. / *His Picture in the Papers* (Su retrato en los periódicos), de John Emerson.
1916 *Reggie Mixes In,* de Christy W. Cabanne. / *The Habit of Happiness* (La costumbre de la dicha), de Allan Dwan. / *Flirting With Fate,* de Christy W. Cabanne. / *The Mystery of the Leaping Fisch,* de John Emerson. / *The Half-Breed* (Odio de razas), de Allan Dwan. / *Manhattan Madness* (La locura de Nueva York), de Allan Dwan. / *American Aristocracy* (Aristocracia americana), de Lloyd Ingraham. / *The Matrimaniac* (El casamiento de Jimmy), de Paul Powell. / *The Americano* (El americano), de John Emerson. / *The God Bad Man,* de Allan Dwan.
1917 *In Again, Out Again* (El arreglalotodo), de John Emerson. / *Wild and Woolly* (De lo vivo a lo pintado), de John Emerson. / *Down to Earth,* de John Emerson. / *The Man From Painted Post* (El rancho de la V), de Joseph Henabery. / *Reaching for the Moon,* de John Emerson.
1918 *A Modern Musketeer* (El moderno mosquetero), de Allan Dwan. / *Headin' South* (De Norte a Sur), de Arthur Rosson. / *Mr. Fix-It* (El excéntrico), de Allan Dwan. / *Say Young Fellow* (¡Oiga, joven!), de Joseph Henabery. / *Bound in Morocco* (En la tierra del moro), de Allan Dwan. / *He Comes Up Smiling,* de Allan Dwan. / *Arizona,* de Albert Parker. / *A Knickerbocker Buckaroo,* de Albert Parker.
1919 *His Majesty the American* (S. M. el americano), de Joseph Henabery. / *When the Clouds Roll By* (Pesadillas), de Victor Fleming.
1920 *The Mollycoddle* (Un gallina valeroso), de Victor Fleming. / *The Mark of Zorro* (La marca del Zorro), de Fred Niblo.
1921 *The Nut* (En camisa de once varas), de T. Reed. / *The Three Musketeers* (D'Artagnan), de Fred Niblo.
1922 *Robin Hood* (Robín de los bosques), de Allan Dwan.
1924 *The Thief of Bagdad* (El ladrón de Bagdad), de Raoul Walsh.
1925 *Don Q. Son of Zorro* (Don Q. hijo del Zorro), de Donald Crisp.
1926 *The Black Pirate* (El pirata negro), de Albert Parker.
1927 *The Gaucho* (El gaucho), de F. Richard Jones.
1928 *Show People* (Espejismos), de King Vidor.
1929 *The Iron Mask* (La máscara de hierro), de Allan Dwan. / *The Taming of the Shrew* (La fierecilla domada), de Sam Taylor.
1931 *Reaching for the Moon* (Para alcanzar la Luna), de Edmund Goulding. / *Around the World in Eighty Minutes* (La vuelta al mundo), de Victor Fleming.
1932 *Mr. Robinson Crusoe* (El Robinsón moderno), de Edward Sutherland.
1934 *The Private Life of Don Juan* (La última aventura de don Juan), de Alexander Korda.

FALSO CULPABLE *(The Wrong Man, 1957)*

A partir de hechos reales, el dramaturgo Maxwell Anderson escribe en colaboración un impecable guión que el maestro Alfred Hitchcock convierte en una de sus mejores, más deprimentes y personales obras. Su obsesión por el tema del falso culpable le hace contar, con su habitual virtuosismo y minuciosidad, pero con un realismo pocas veces alcanzado en su obra, la pesadilla que sufre el músico Christopher Emmanuel Balestrero (Henry Fonda) a quien confunden con un ladrón de locales comerciales. Tras exponer su apacible vida cotidiana, cómo toca el violoncello en el Stork Club, vive con su mujer Rose (Vera Miles) y sus dos hijos, con la única preocupación de cómo conseguir dinero para pagar al dentista, narra cómo es detenido por error en enero de 1953, encarcelado bajo la acusación de robo a mano armada y puesto en libertad al pagar su cuñado una elevada fianza. Posteriormente el matrimonio

Balestrero entra en contacto con el abogado O'Connor (Anthony Quayle) y empieza a buscar coartadas, mientras la mujer entra en una depresión cada vez más aguda que le hace ser hospitalizada. Debe buena parte de su interés a ser una de las películas más católicas de Hitchcock y de la historia del cine por demostrar el poder de la oración. El rosario de «Manny» Balestrero es un objeto presente a lo largo de toda la historia y cuando el protagonista, con su mujer en un sanatorio psiquiátrico y su primer juicio declarado nulo, vuelve a rezar apoyado por su madre (Esther Minciotti), el verdadero ladrón comete un nuevo atraco, es arrestado y, en teoría, finaliza la pesadilla. Sin embargo, el emotivo y no menos terrible final deja muy claro que su mujer no se recupera nunca de su aguda depresión, a pesar de que un cartel final trate de tranquilizar al espectador diciendo lo contrario. Buena prueba del alto interés que tiene esta película para Hitchcock es que es la única en que no hace sus habituales y anónimas apariciones, solo sale al principio diciendo quién es para advertir que la historia que va a contar está basada en hechos reales.

Director: *Alfred Hitchcock*. Guionistas: *Maxwell Anderson, Angus MacPhail*. Fotografía: *Robert Burks*. Música: *Bernard Herrmann*. Intérpretes: *Henry Fonda, Vera Miles, Anthony Quayle, Harold J. Stone, Esther Minciotti*. Producción: *Herbert Coleman para Warner*. Duración: *105'. Estados Unidos*.

FAMILIA, LA *(La famiglia, 1987)*

Durante la celebración de su ochenta y seis cumpleaños, el abuelo Carlo (Vittorio Gassman) recuerda su vida; cómo se enamora de la pianista Adriana (Fanny Ardant) y se casa con su hermana Beatrice (Stefania Sandrelli), tiene hijos y nietos, mientras pasan la Gran Guerra, el fascismo, la II Guerra Mundial, la posguerra, el desarrollo económico y el terrorismo. Es el retrato de una familia de la burguesía media romana entre 1906 y 1986 realizado en nueve bloques, separados por diez años cada uno, e íntegramente desarrollado en el interior de su gran casa. La narración es una sucesión de intrigas familiares que muestra cómo son afectados los distintos personajes por los acontecimientos históricos que se desarrollan de puertas afuera. Tiene un excelente guión, escrito por Ruggero Maccari, Furio Scarpelli y el propio realizador, pero como suele ser habitual en el cine de Ettore Scola su trabajo de dirección no logra superar la bondad del guión y ciertas tonalidades teatrales existentes en la base del proyecto. Destaca la labor del amplio grupo de intérpretes, a pesar del inconveniente de que los franceses aparecen doblados en la versión italiana y los italianos en la francesa.

Director: *Ettore Scola*. Guionistas: *Ruggero Maccari, Furio Scarpelli*. Fotografía: *Ricardo Aranovich*. Música: *Armando Trovajoli*. Intérpretes: *Vittorio Gassman, Stefania Sandrelli, Fanny Ardant, Carlo Dapporto, Jo Champa, Cecilia Dazzi, Ottavia Piccolo, Memè Perlini, Philippe Noiret*. Producción: *Franco Committeri y Alexandre Mnouchkine para Massfilm (Roma), Les Films Ariane Cinemax (París)*. *Color*. Duración: *127'. Italia-Francia*.

FANNY «PELOPAJA» *(1984)*

Tras ocho largometrajes rodados a lo largo de veinte años, Vicente Aranda realiza su primera gran película a partir de una personal adaptación de la novela policiaca *Prótesis*, del especialista Andreu Martin. Al cambiar el sexo del atracador protagonista y convertirle en mujer, la venganza planteada contra un policía se convierte en una atractiva relación de amor y odio que funciona con eficacia. Narra cómo durante el atraco a unos grandes almacenes, Encarnación Sánchez, alias Fanny «Pelopaja» (Fanny Cottençon), es detenida por el policía Andrés Gallego (Bruno Cremer) y acepta convertirse en su amante con la condición de que proteja a su compañero, que también ha participado en la acción. Después de una espectacular y sangrienta fuga de la pareja del hospital de la cárcel, Andrés Gallego asesina por celos al compañero de Fanny, lo que impulsa a ella a planear una venganza que precipita a los amantes en una espiral de violencia. Sobre una peculiar imagen de Barcelona se desarrolla esta historia de una gran dureza, llena de sexo y violencia, pero que deja muy clara la habilidad de Aranda en la realización de escenas como las de la fuga de la cárcel o el complejo entramado final. Rodada en coproducción con Francia y protagonizada por dos franceses, Aranda no solo consigue que Bruno Cremer esté bien en uno de sus habituales papeles de policía, sino también que la insignificante Fanny Cottençon haga la mejor interpretación de su vida.

Sin embargo, no consigue controlar el montaje de la versión francesa, que tiene poco que ver con la española y carece de bastantes de sus atractivos.

Director y guionista: *Vicente Aranda*. Fotografía: *Juan Amorós*. Música: *Manuel Camps*. Intérpretes: *Bruno Cremer, Fanny Cottençon, Francisco Algora, Berta Cabré, Ian Sera*. Producción: *Lola Films (Barcelona), Morgana Films (Barcelona), Lima P. C. (Madrid), Carlton Film Export (París). Color*. Duración: *95'. España-Francia*.

FANTASMA DE LA ÓPERA, EL *(Phantom of the Opera, 1925)*

La célebre novela homónima de Gaston Leroux, publicada originalmente en 1911, da lugar a media docena de diferentes versiones cinematográficas. La mejor es la primera, producida por los estudios Universal con el elevadísimo coste de un millón de dólares de la época, en gran parte debido a la construcción del decorado de la ópera de París, fiel reproducción del edificio finalizado en 1876 por el arquitecto Jean-Louis Garnier, dirigida por el irregular Rupert Julian y protagonizada por el famoso Lon Chaney, especializado en papeles de difícil caracterización, con algunas escenas rodadas en un primitivo Technicolor. En una nueva y barroca versión del mito de la bella y la bestia, narra cómo el enloquecido compositor Erik (Lon Chaney), con la cara deformada y oculta tras una máscara, se enamora de la bella cantante Christine (Mary Philbin) y la ayuda a triunfar en la ópera de París, pero cuando esta intenta irse con su novio Raoul de Chagny (Norman Kerry), la secuestra en los sótanos del edificio, donde él vive, y debe ser liberada por la policía, mientras el fantasma se ahoga en un río subterráneo. Su éxito hace que en 1930 se estrene una versión parcialmente sonorizada, sin la presentación de los personajes, que es la que suele circular actualmente. También tiene gran interés *El fantasma del Paraíso* (Phanton of Paradise, 1974), una moderna adaptación escrita y dirigida por Brian de Palma y protagonizada por Paul Williams, William Finley y Jessica Harper, ambientada en el mundo del *rock*. Entre ambas se sitúan la también producción norteamericana rodada en 1943 por Arthur Lubin con Claude Rains, Susanna Foster y Nelson Eddy, y la producción inglesa hecha en 1962 por Terence Fisher con Herbert Lom, Heather Sears y Thorley Walters, pero tienen mucho menos atractivo. Posteriormente se realizan otras dos producciones norteamericanas, la primera dirigida en 1982 por Robert Markowitz con Maximilian Schell, Jane Seymour y Michael York, y la segunda realizada en 1990 por Dwight H. Little con Robert Englund, Jill Schoelen y Alex Hyde-White, pero ambas son muy poco afortunadas.

Director: *Rupert Julian*. Guionistas: *Raymond Shrock, Elliot Clawson*. Fotografía: *Charles van Enger, Virgil Miller*. Intérpretes: *Lon Chaney, Mary Philbin, Norman Kerry, Gibson Gowland*. Producción: *Universal*. Duración: *84'. Estados Unidos*.

FANTASMAS DEL SOMBRERERO, LOS *(Les fantômes du chapelier, 1982)*

A partir de una buena novela de Georges Simenon, Claude Chabrol escribe y dirige una de sus mejores películas de la década de los ochenta. Narra cómo el sombrerero Léon Labbé (Michel Serrault), que hace tiempo ha asesinado a su mujer, hace creer a sus vecinos que sigue viva, y va matando a los amigos que se interesan por ella y anunciando sus crímenes a la prensa local con cartas anónimas. Destaca la perfección con que está captado el ambiente de la pequeña ciudad de Bretaña donde se desarrolla la acción, pero, sobre todo, las relaciones del criminal sombrerero con su vecino, el sastre judío Kachoudas (Charles Aznavour), que llega a convertirse en su confidente, hasta el extremo de que, cuando muere de neumonía, Léon Labbé se deja detener tras estrangular a la prostituta Berthe (Aurore Clément). Tal como ocurre en muchas películas de Chabrol, destaca la importancia que se concede a la comida dentro de la acción, algo no muy habitual en el cine.

Director y guionista: *Claude Chabrol*. Fotografía: *Jean Rabier*. Música: *Matthieu Chabrol*. Intérpretes: *Michel Serrault, Charles Aznavour, Aurore Clément, François Cluzet, Isabelle Sadoya*. Producción: *Philippe Grumbach para Horizona Productions, Films A2, S. F. P. C. Color*. Duración: *120'. Francia*.

FARAÓN *(Faraon, 1966)*

Tomando como punto de partida un clásico de la literatura polaca de Boleslav Prus, el novelista Tadeusz Konwicki y el realizador Jerzy Kawalerowicz intentan hacer una cuidada producción, llena de resonancias políticas, sobre la situación de Polonia durante la primera mitad de la década de los sesenta. Esta gran película, de particular belleza, rodada con una gran habilidad, narra cómo el faraón Ramsés XIII (Jerzy Zelnik) intenta detener el progresivo declive de Egipto enfrentándose al sumo sacerdote Herbor (Piotr Pawlowski) para reducir el poder de los sacerdotes; pero estos aprovechan un acuerdo con los religiosos asirios y el hábil manejo de un eclipse de sol para aumentarlo y deshacerse del faraón. Dentro de una elaborada estética, fruto de una profunda investigación sobre la vida cotidiana en la época de los grandes faraones, Kawalerowicz plantea un enfrentamiento entre dos concepciones del poder: la moral e ingenua del joven faraón, y la pragmática y eficaz de los viejos sacerdotes, en clara referencia a la situación contemporánea de su país. Frente a los 182 minutos de la versión original, se distribuye mundialmente otra de poco más de dos horas, donde desaparecen la lentitud y majestuosidad originales.

Director: *Jerzy Kawalerowicz*. Guionistas: *Jerzy Kawalerowicz, Tadeusz Konwicki*. Fotografía: *Jerzy Wojcih*. Música: *Adam Walacinski*. Intérpretes: *Jerzy Zelnik, Andrzej Girtler, Krystyna Mikolajewska, Piotr Pawlowski, Leszek Herdegen, Stanislaw Milski*. Producción: *Kadr Film*. Color. Scope. Duración: 182'. Polonia.

FARROW, Mia *(Los Ángeles, California, Estados Unidos, 1945)*.

Tercera de los muchos hijos del director australiano John Farrow (1904-1963) y la actriz norteamericana Maureen O'Sullivan (1911), se educa en diferentes colegios de Beverly Hills, California y Londres. Tras hacer algunas breves apariciones en películas de su padre, a los diecinueve años debuta como actriz de teatro, cine y televisión. Se da a conocer gracias al éxito de *La semilla del diablo*, de Roman Polanski, pero durante la década de los setenta solo interviene en nueve irregulares películas, entre las que destacan *El gran Gatsby*, de Jack Clayton, *Un día de boda*, de Robert Altman, y *Huracán*, de Jan Troell. Cuando parece que su carrera ha finalizado, después de cuatro años de inactividad cinematográfica, entabla una relación sentimental con el actor, guionista y realizador Woody Allen que en los diez años que dura, la lleva a protagonizar doce interesantes películas bajo su dirección, entre las que sobresalen *Broadway Danny Rose, La rosa púrpura de El Cairo, Hannah y sus hermanas* y *Otra mujer*. De sus posteriores trabajos para otros directores hay que citar *Miami*, de David Frankel.

1964 *Guns at Batasi* (Cañones en Batasi), de John Guillermin.
1968 *A Dandy in Aspic* (Sentencia para un dandy), de Laurence Harvey. / *Rosemary's Baby* (La semilla del diablo), de Roman Polanski. / *Secret Ceremony* (Ceremonia secreta), de Joseph Losey.
1969 *John and Mary* (John y Mary), de Peter Yates.
1971 *Blind Terror* (Terror ciego), de Richard Fleischer.
1972 *Follow Me* (Sígueme), de Carol Reed. / *Docteur Popaul* (Doctor Casanova), de Claude Chabrol.
1974 *The Great Gatsby* (El gran Gatsby), de Jack Clayton.
1977 *Full Circle* (Círculo de la muerte), de Richard Longcraine.
1978 *Death on the Nile* (Muerte en el Nilo), de John Guillermin. / *Avalanche* (Avalancha), de Corey Allen. / *A Wedding* (Un día de boda), de Robert Altman.
1979 *Hurricane* (Huracán), de Jan Troell.
1982 *A Midsummer Night's Sex Comedy* (Comedia sexual de una noche de verano), de Woody Allen.
1983 *Zelig*, de Woody Allen.
1984 *Broadway Danny Rose*, de Woody Allen. / *Supergirl*, de Jeannot Szwarc.
1985 *The Purple Rose of Cairo* (La rosa púrpura de El Cairo), de Woody Allen.
1986 *Hannah and Her Sisters* (Hannah y sus hermanas), de Woody Allen.
1987 *Radio Days* (Días de radio), de Woody Allen. / *September* (Septiembre), de Woody Allen.
1988 *Another Woman* (Otra mujer), de Woody Allen.
1989 *New York Stories* (Historias de Nueva York), episodio de Woody Allen. / *Crimes and Misdemeanors* (Delitos y faltas), de Woody Allen.
1990 *Alice*, de Woody Allen.
1992 *Shadows and Fog* (Sombras y niebla), de Woody Allen. / *Husbands and Wives* (Maridos y mujeres), de Woody Allen.
1994 *Widows's Peak* (El pico de las viudas), de John Irvin.
1995 *Miami Rhapsody* (Miami), de David Frankel.

FASSBINDER, Rainer Werner *(Wörishöfen, Baviera, 1946-Munich, República Federal Alemana, 1982)*

Hijo de un médico y una traductora, es educado en la más absoluta libertad. Al no ser admitido en la recién creada escuela de cine de Berlín, en 1967 se incorpora al Action Theater, un pequeño grupo de teatro de vanguardia, y en poco tiempo pasa de ser actor a dirigir y escribir sus primeras obras. Su actividad continúa en el Antitheater, donde estrena obras provocativas y hace una revisión iconoclasta de los clásicos del teatro mundial, al tiempo que crea una sólida compañía estable con un excelente grupo de actores. Entre 1969 y 1970 escribe y dirige once largometrajes para cine o televisión, basados en sus montajes teatrales, rodados con bajos presupuestos, generalmente en 16 mm, y una fuerte influencia del mejor cine norteamericano, sin abandonar su actividad teatral, entre los que destacan *El amor es más frío que la muerte, ¿Por qué corre el sr. R. poseído de locura homicida?* y *Advertencia contra una puta santa*. Descubre las películas norteamericanas de su compatriota Douglas Sirk, crea la productora Tango Films y rueda los personales y teatrales melodramas que le dan a conocer internacionalmente: *El mercader de las cuatro estaciones, Las amargas lágrimas de Petra von Kant, Todos nos llamamos Alí, La ley del más fuerte* y *El viaje a la felicidad de mamá Kusters*. El éxito le conduce a una nueva productora, Albatros, y a alternar obras personales, como la trilogía sobre la reciente historia de la República Federal Alemana integrada por *El matrimonio de María Braun, Una canción... Lilí Marlen* y *Lola,* con encargos como *Desesperación,* sobre una novela de Vladimir Nabokov, y *Querelle,* sobre una obra de teatro de Jean Genet, y series de televisión, como *Berlin Alexanderplatz* (1980), sobre la obra clásica de Alfred Döblin. Muerto en extrañas circunstancias a los treinta y seis años, deja tras de sí treinta y ocho películas para cine o televisión, cuatro series de televisión, una amplia actividad teatral y un peculiar trabajo como actor de cine y teatro.

1969 *Liebe ist Kälter Als der Tod* (El amor es más frío que la muerte). / *Katzelmacher* (Fabricante de gatitos). / *Götter der Pest* (Los dioses de la peste). / *Warun Läuft Herr R. Amok?* (¿Por qué corre el sr. R. poseído de locura homicida?)
1970 *Rio das Mortes.* / *Whity.* / *Die Niklashauser Fahrt* (El viaje de Niklashauser). / *Der Amerikanische Soldat* (El soldado americano). / *Warnung vor einer Heiligen Nutte* (Advertencia contra una puta santa).
1971 *Der Handler der vier Jahreszeiten* (El mercader de las cuatro estaciones).
1972 *Die Bitteren Tränen der Petra von Kant* (Las amargas lágrimas de Petra von Kant).
1973 *Angst Essen Seele Auf* (Todos nos llamamos Alí).
1974 *Fontane Effi Briest. / Faustrecht der Freiheit* (La ley del más fuerte).
1975 *Mütter Kusters Fahrt zum Himmel* (El viaje a la felicidad de mamá Kusters).
1976 *Satansbraten* (El asado de Satán). / *Chinesisches Roulette* (La ruleta china).
1978 *Eine Reise ins Licht* (Desesperación). / *Deutschlan im Herbst* (Alemania en otoño), un episodio. / *Die Ehe der Maria Braun* (El matrimonio de María Braun). / *In Einem Jahr mit 13 Monden* (Un año de trece lunas).
1979 *Die Dritte Generation* (La tercera generación).
1980 *Lili Marleen* (Una canción... Lilí Marlen).
1981 *Lola. / Theater in Trance. / Die Sehnsucht der Veronika Voss* (La ansiedad de Veronika Voss).
1982 *Querelle.*

FAT CITY *(1972)*

Sobre un espléndido guión de Leonard Gardner, basado en su novela homónima, el realizador John Huston hace una de sus mejores y más personales películas aportando sus antiguas experiencias como boxeador. Narra la relación desarrollada en la pequeña ciudad californiana de Stockton entre Billy Tully (Stacy Keach), que a sus treinta años es un boxeador acabado que malvive entre prostitutas y alcohol, y Ernie Munger (Jeff Bridges), un joven que sueña con triunfar sobre el *ring*. Destacan la habilidad con que Huston describe el mundillo de los boxeadores de última fila y la vida de una pareja de fracasados, así como la excelente fotografía del veterano Conrad Hall.

Director: *John Huston.* Guionista: *Leonard Gardner.* Fotografía: *Conrad Hall.* Música: *Marvin Hamlisch.* Intérpretes: *Stacy Keach, Jeff Bridges, Susan Tyrell, Candy Clark, Nicholas Colasanto.* Producción: *Ray Stark para Rastar / Columbia.* Color. Duración: *96'. Estados Unidos.*

FATALIDAD *(Dishonored, 1931)*

Durante la Gran Guerra, en 1915, en Viena, la joven viuda de un capitán ejerce la prostitución para sobrevivir y acepta convertirse en la espía X-27 (Marlene Dietrich) para servir a su país. Tras desenmascarar al general traidor Von Hindau (Warner Oland), se enamora de su segunda víctima, el teniente Kranau (Victor McLaglen), y le deja escapar, lo que la lleva a ser fusilada por traición. Basada en un guión de Daniel H. Rubin, es la segunda de las seis películas que durante la primera mitad de los años treinta realiza el maestro Josef von Sternberg con su musa Marlene Dietrich para los estudios Paramount. Destaca la escena del fusilamiento, donde X-27 no solo se viste con su traje de prostituta, sino que antes de morir se pinta los labios utilizando como espejo el sable del oficial que manda el pelotón de ejecución.

Director: *Josef von Sternberg*. Guionista: *Daniel H. Rubin*. Fotografía: *Lee Garmes*. Música: *Karl Fejos*. Intérpretes: *Marlene Dietrich, Victor McLaglen, Lew Cody, Gustav von Seyffertitz, Warner Oland*. Producción: *Paramount*. Duración: *91'. Estados Unidos*.

FAUSTO (*Faust, 1926*)

El clásico de la literatura alemana de Johann Wolfgang von Goethe, que recrea la leyenda medieval de Fausto, es origen de muy diferentes versiones cinematográficas. La italiana *La leggenda di Faust* (1949), de Carmine Gallone con Italo Tajo; la francesa *La belleza del diablo* (La beauté du diable, 1950), de René Clair con Michel Simon y Gérard Philippe; la también francesa *Margarita de la noche* (Marguerite la nuit, 1955), de Claude Autant-Lara con Yves Montand y Michèle Morgan, y la norteamericana *El hombre que vendió su alma* (The Devil and Daniel Webster, 1941), de William Dieterle con James Craig y Walter Huston. Entre todas ellas sobresale esta genial versión alemana muda, que no solo utiliza como punto de partida la obra de Goethe, sino también la de Christopher Marlowe. La historia del viejo doctor Fausto (Gösta Ekman) que vende su alma a Mefistófeles (Emil Jannings) a cambio de su juventud y el amor de Margarita (Camilla Horn), en manos del gran director Friedrich W. Murnau se convierte en una de las cimas del cine mudo europeo. Destacan la precisión del guión de Hans Kyser, la gran calidad fotográfica conseguida por Carl Hoffmann y la cuidada interpretación de Emil Jannings. Finalizado su montaje, Murnau se va a trabajar a Estados Unidos y los estudios U. F. A. la cortan para su distribución, pero en 1996 se estrena en el festival de Berlín la versión original de 105 minutos, restaurada por el español Luciano Berriatua, que rescata un cuarto de hora perdido.

Director: *Friedrich W. Murnau*. Guionista: *Hans Kyser*. Fotografía: *Carl Hoffman*. Intérpretes: *Gösta Ekman, Emil Jannings, Camilla Horn, Frieda Richard, Wilhelm Dieterle, Yvette Guilbert*. Producción: *U. F. A*. Duración: *105'. Alemania*.

FAVORITOS DE LA LUNA, LOS (*Les favoris de la Lune, 1984*)

Exiliado en Francia a principios de los años ochenta, el realizador georgiano Otar Iosseliani rueda algunos cortometrajes y este largo en su nuevo país de adopción. Escrito en colaboración con el reputado guionista Gérard Brach, narra una sucesión de historias en torno a unos hechos delictivos, ladrones, fabricantes clandestinos de armas, un comisario de policía, y otros elementos similares. Tiene una peculiar y atractiva estructura donde los personajes de unas historias se mezclan con los de otras hasta completar una minuciosa e interesante narración. Algunos problemas de reparto, que los actores sean desconocidos y varios de ellos se parezcan demasiado entre sí, hace necesario dedicarle al laberinto de la trama más atención de la prevista por el director, lo que puede dar al conjunto un tono pretencioso que no debería tener. Destacan sus pocos e irrelevantes diálogos, está bien rodada y con una gran sencillez, y deja traslucir el interés de Iosseliani por la comedia, las matemáticas y la música.

Director: *Otar Iosseliani*. Guionistas: *Otar Iosseliani, Gérard Brach*. Fotografía: *Philippe Theaudière*. Música: *Nicolas Aourabichvili*. Intérpretes: *Pascal Aubier, Alix de Montaigu, Peter Cloos*. Producción: *FR 3. Color*. Duración: *111'. Francia*.

FÉLIX, María (*María de los Ángeles Félix Güereña. Álamos, Sonora, México, 1915*)

Estudia arte dramático en la Escuela de Teatro de Guadalajara y debuta como actriz de cine a principios de la década de los cuarenta. Aprovechando el gran impulso que vive el cine mexicano durante la II Guerra Mundial se convierte en la vampiresa más famosa de Latinoamérica a través de su trabajo en *Doña Bárbara* y *La devoradora*, de Fernando de Fuentes; *Amok*, de Antonio Momplet, y *Río Escondido* y *Maclovia*, de Emilio Fernández. Sus repetidos éxitos la llevan a España para protagonizar *Mare Nostrum* y *La noche del sábado*, de Rafael Gil; *La corona negra*, de Luis Saslavsky, sobre guión de Jean Cocteau; a Italia para trabajar en *Mesalina*, de Carmine Gallone; y a

Francia para rodar *La Bella Otero,* de Richard Pottier, y *French Cancan,* de Jean Renoir. Sus mejores películas de finales de los años cincuenta son *Miércoles de ceniza,* de Roberto Gavaldón, *La cucaracha,* de Ismael Rodríguez, *Los ambiciosos,* de Luis Buñuel, y *Sonatas,* de J. A. Bardem. Tras contraer matrimonio en terceras nupcias con un rico financiero, se retira convertida en una de las pocas estrellas latinoamericanas.

1942 *El peñón de las ánimas,* de Miguel Zacarías. / *María Eugenia,* de Felipe Castillo.
1943 *Doña Bárbara,* de Fernando de Fuentes. / *La china poblana,* de Fernando A. Palacios. / *La mujer sin alma,* de Fernando de Fuentes.
1944 *Amok,* de Antonio Momplet. / *La monja alférez,* de Emilio Gómez Muriel.
1945 *El monje blanco,* de Julio Bracho. / *Vértigo* (Remolino de pasión), de Antonio Momplet.
1946 *La devoradora,* de Fernando de Fuentes. / *La mujer de todos,* de Julio Bracho. / *Enamorada,* de Emilio Fernández.
1947 *La diosa arrodillada,* de Roberto Gavaldón. / *Río Escondido,* de Emilio Fernández. / *Que Dios me perdone,* de Tito Davison.
1948 *Mare Nostrum,* de Rafael Gil. / *Maclovia* (Belleza maldita), de Emilio Fernández.
1949 *Doña Diabla,* de Tito Davison. / *Una mujer cualquiera,* de Rafael Gil.
1950 *La noche del sábado,* de Rafael Gil. / *La corona negra,* de Luis Saslavsky.
1951 *Messalina* (Mesalina), de Carmine Gallone. / *Incantesimo tragico,* de Mario Sequi.
1953 *Camelia,* de Roberto Gavaldón. / *Reportaje,* de Emilio Fernández. / *El rapto,* de Emilio Fernández.
1954 *La belle Otero* (La bella Otero), de Richard Pottier.
1955 *French Cancan,* de Jean Renoir. / *Les héros sont fatigués* (Los héroes están cansados), de Yves Ciampi. / *La escondida,* de Roberto Gavaldón.
1956 *Canasta de cuentos mexicanos* (Historias de casados), de Julio Bracho. / *Tizoc,* de Ismael Rodríguez.
1957 *Faustina,* de José Luis Sáenz de Heredia. / *Flor de mayo,* de Roberto Gavaldón.
1958 *Miércoles de ceniza,* de Roberto Gavaldón. / *La cucaracha,* de Ismael Rodríguez. / *La estrella vacía,* de Emilio Gómez Muriel. / *Café Colón,* de Benito Alazraki.
1959 *La fièvre monte à El Pao* (Los ambiciosos), de Luis Buñuel. / *Sonatas,* de J. A. Bardem.
1960 *Juana Gallo,* de Miguel Zacarías.
1962 *La bandida,* de Roberto Rodríguez. / *Si yo fuera millonario,* de Julián Soler.
1963 *Amor y sexo,* de Luis Alcoriza.
1965 *La Valentina,* de Rogelio A. González.
1967 *La casa de cristal,* de Luis Alcoriza.
1969 *La generala,* de Juan Ibáñez. / *Zona sagrada,* de Miguel Zacarías.

FELLINI, Federico *(Rimini, 1920-Roma, Italia, 1993)*

Educado en un medio familiar pequeño burgués, en 1938 se va a trabajar a Florencia como dibujante de las historietas gráficas de *Gordon Flash* y al año siguiente a Roma como colaborador de distintas publicaciones, entre las que destaca la humorística de gran tirada *Marc'Aurelio.* Después de trabajar como *gagman* para el cómico Erminio Macario en películas dirigidas por Mario Mattoli, desarrolla una amplia actividad como guionista durante los años cuarenta, en la que sobresale su colaboración con Roberto Rossellini en *Roma ciudad abierta* (Roma, città aperta, 1945), *Paisà* (1946) y *Franceso, giullare di Dio* (1950). Tras la interesante *Luces de variedades,* que escribe, produce y realiza a medias con Alberto Lattuada, se lanza a la creación de una obra muy personal, dividida en dos bloques muy diferentes, que evoluciona al mismo tiempo que lo hace Italia. Las películas que hace durante los años cincuenta tienen un esquema similar, basado en la persona que está a punto de ser corrompida por el ambiente donde vive, pero cuando todo parece inevitable, consigue superarlo gracias a su bondad, muy influido por el neorrealismo, pero sobre todo por la ideología de la gobernante Democracia Cristiana. En *El jeque blanco,* la recién casada Wanda abandona a su marido Iván por el actor de *fumetti* Fernando, pero al final vuelve con aquel. En *Los inútiles* el provinciano Fernando deja embarazada a una muchacha y su padre le obliga a casarse, pero acaba queriendo a su mujer y a su hijo. En *La strada* el forzudo Zampanò tiraniza a Gelsomina, pero no puede vivir sin ella. En *Almas sin conciencia* Augusto prepara otro de sus habituales timos con sus compañeros, pero llega a arrepentirse de sus acciones. En *Las noches de Cabiria* la prostituta Cabiria va a suicidarse cuando su novio le roba sus ahorros, pero comprende que es mejor vivir. Solo a raíz de *La dolce vita,* donde el periodista Marcello Rubini no acepta las oportunidades que le ofrecen un par de mujeres para salir del mundo en que vive y ve cómo se hunde el hogar

El acorazado Potemkin, de Sergei M. Eisenstein.

María Barranco y Carmen Maura en *Mujeres al borde de un ataque de «nervios»,* de Pedro **Almodóvar.**

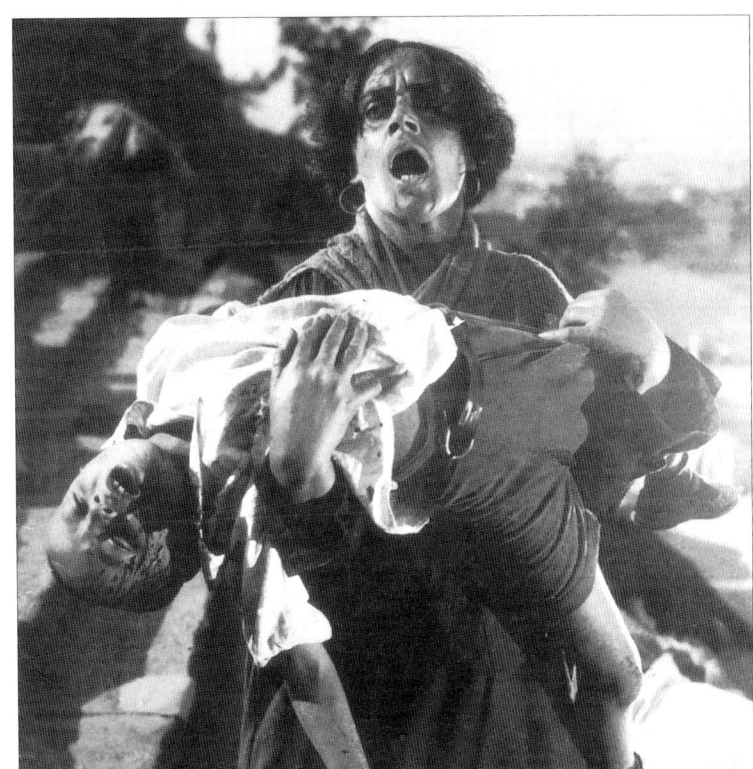

Woody **Allen** en *Zelig,* de Woody Allen.

Pier **Angeli** y John Ericson en *Teresa,* de Fred Zinnemann.

Monica Vitti y Alain Delon en *El eclipse*, de Michelangelo **Antonioni.**

Ariadna Gil, Ana Belén y Victoria Abril en *Libertarias*, de Vicente **Aranda.**

Fred **Astaire** y Eleanor Powell en *La nueva melodía de Broadway 1940,* de Norman Taurog.

Brigitte **Bardot** y Jeanne Moreau en *¡Viva María!,* de Louis Malle.

Emmanuelle **Béart** y François Cluzet en *El infierno,* de Claude Chabrol.

Warren **Beatty** en *Bonnie y Clyde,* de Arthur Penn.

Harriet Andersson y Lars Ekborg en *Un verano con Mónica,* de Ingmar **Bergman.**

José Isbert y Lolita Sevilla en *¡Bienvenido, Míster Marshall!,* de Luis G. **Berlanga.**

Massimo Girotti y Lucía **Bosé** en *Crónica de un amor,* de Michelangelo Antonioni.

Eve Marie Saint y Marlon **Brando** en *La ley del silencio,* de Elia Kazan.

Louise **Brooks** en *La caja de Pandora*, de G. W. Pabst.

Pierre Clementi y Catherine Deneuve en *Bella de día*, de Luis **Buñuel.**

Terele Pávez, Alfredo Landa y Francisco Rabal en *Los santos inocentes,* de Mario **Camus.**

Humphrey Bogart y Doodley Wilson en ***Casablanca,*** de Michael Curtiz.

Charles **Chaplin** en *La quimera del oro,* de Charles Chaplin.

Terence Stamp y Julie **Christie** en *Lejos del mundanal ruido,* de John Schlesinger.

Richard Burton y Elizabeth Taylor en
Cleopatra, de Joseph L. Mankiewicz.

José Isbert y José Álvarez «Lepe»
en *El cochecito,* de Marco Ferreri.

Kevin **Costner** en *Los intocables,* de Brian de Palma.

Bette **Davis** y Henry Fonda en *Jezabel,* de William Wyler.

James **Dean** en *Al este del Edén*, de Elia Kazan.

Françoise Dorleac, Catherine Deneuve y George Chakiris en *Las señoritas de Rochefort*, de Jacques **Demy.**

Joseph Cotten y Jennifer Jones en *Cartas a mi amada*, de William **Dieterle**.

Marlene **Dietrich** y Robert Donat en *La condesa Alexandra*, de Jacques Feyder.

Marcello Mastroianni y Anita Ekberg en
La dolce vita, de Federico Fellini.

Kirk **Douglas** en *Senderos de gloria,*
de Stanley Kubrick.

Alvaro Vitali y Magalie Noël en *Amarcord,* de Federico **Fellini.**

Geraldine Chaplin y Fernando **Fernán-Gómez** en *Ana y los lobos,* de Carlos Saura.

José **Ferrer** en *Cyrano de Bergerac*, de Michael Gordon.

José Luis López Vázquez y José Cordero en *El pisito*, de Marco **Ferreri.**

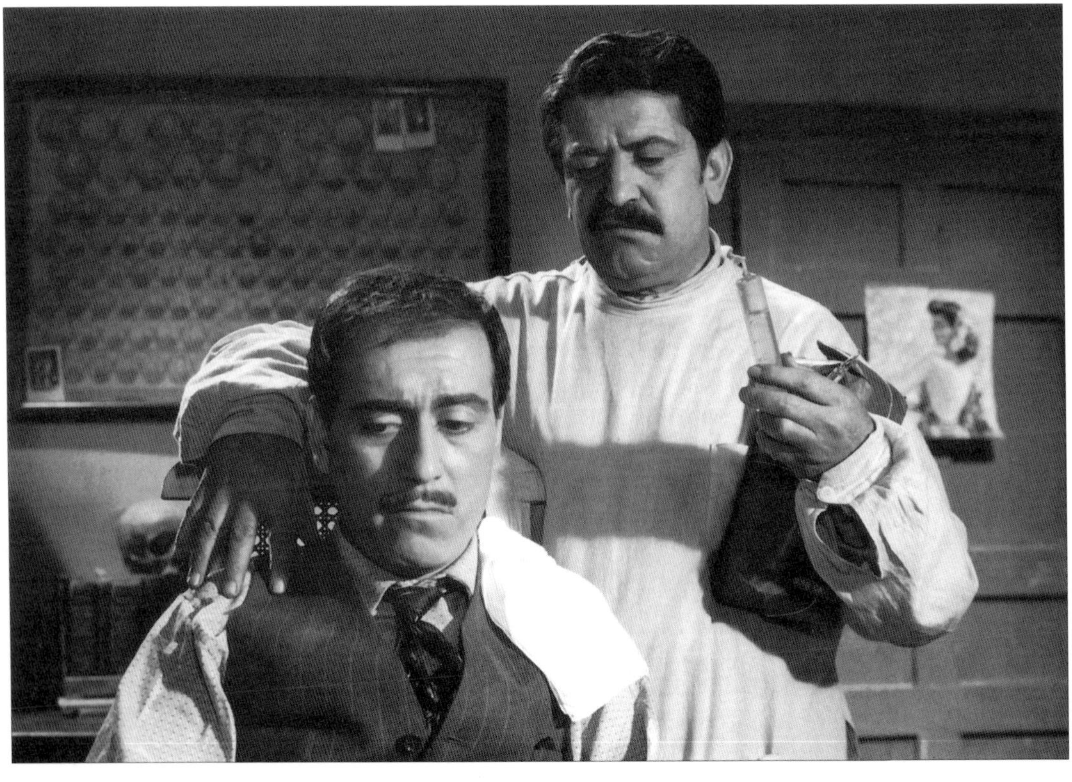

de uno de sus más admirados amigos, su estilo varía y comienza el segundo bloque de su obra. La gran repercusión alcanzada por *Fellini, ocho y medio*, brillante reflexión sobre sí mismo y su cine a través de un director que prepara su próxima película, y *Giulietta de los espíritus*, barroca consideración sobre el mundo femenino a través de un personaje cercano a su mujer, la actriz Giulietta Masina, hace que su estilo se aleje por completo de la realidad, su ideología se diluya hasta desaparecer y brille la magia de las imágenes creadas en los estudios Cinecittà, cuya relación con el entorno es más teórica que real. Mientras *Satiricón* y *Casanova* solo son deslumbrantes y aburridas ilustraciones de los respectivos textos de Caius Petronius y Giacomo Casanova, son mucho mejores *Roma* y *Amarcord*, personales y eficaces mezclas de recuerdos y sueños. Más discutibles resultan *Ensayo de orquesta*, fábula moral sobre el confuso mundo de la política italiana del momento, *La ciudad de las mujeres,* que expone su peculiar punto de vista sobre el feminismo y las mujeres, y en menor medida *Ginger y Fred*, tímida y vistosa crítica de su odiada televisión. Su habilidad para crear peculiares ambientes en estudio aparece en estas producciones, pero en especial en *Y la nave va*, que narra una bella y leve historia, ambientada poco antes de comenzar la Gran Guerra, que transcurre íntegramente en un trasatlántico construido en Cinecittà. *Los clowns* y *Entrevista* son una mezcla imposible entre su cada vez más irreal estilo y las técnicas de reportaje de la televisión. Después de treinta años más interesado por las situaciones y los ambientes que por las historias, intenta volver a contar una en *La voz de la luna*, adaptación de una narración de Ermanno Cavazzoni, pero no lo consigue y obtiene unos resultados demasiado conocidos

1950 *Luci del varietà* (Luces de variedades).
1952 *Lo sceicco bianco* (El jeque blanco).
1953 *I vitelloni* (Los inútiles). / *Agenzia matrimoniale*, episodio de *L'amore in città*.
1954 *La strada.*
1955 *Il bidone* (Almas sin conciencia).
1957 *Le notti di Cabiria* (Las noches de Cabiria).
1960 *La dolce vita.*
1962 *Le tentazioni del dottor Antonio* (Las tentaciones del doctor Antonio), episodio de *Boccaccio'70.*
1963 *Otto e mezzo* (Fellini, ocho y medio).
1965 *Giulietta degli spiriti* (Giulietta de los espíritus).
1967 *Toby Dammit*, episodio de *Tre passi del delirio* (Historias extraordinarias).
1969 *Block-notes di un regista.* / *Fellini Satyricon* (Satiricón).
1970 *I clowns* (Los clowns).
1972 *Roma.*
1973 *Amarcord.*
1976 *Il Casanova di Federico Fellini* (Casanova).
1978 *Prova d'orchestra* (Ensayo de orquesta).
1980 *La città delle donne* (La ciudad de las mujeres).
1983 *E la nave va* (Y la nave va).
1985 *Ginger e Fred* (Ginger y Fred).
1987 *Intervista* (Entrevista).
1990 *La voce della luna* (La voz de la luna).

FELLINI, OCHO Y MEDIO *(Otto e mezzo, 1963)*

Brillante reflexión en torno al personaje de Guido Anselmi (Marcello Mastroianni), un famoso director de cine de cuarenta y tres años que tiene indecisiones mientras prepara su siguiente película. Desde el mismo título, que indica que Fellini ha codirigido o realizado siete largometrajes y dos episodios de otros dos, se advierte que es un relato autobiográfico, una reflexión sobre el cine, realizada a través de una película. La acción transcurre en un balneario, entre personas que toman las aguas, donde Guido Anselmi se ha retirado con su guionista y su equipo de producción para poner a punto su próximo proyecto. Discute con el guionista, intercambia impresiones con miembros del equipo de producción, se enfrenta a variados recuerdos, centrados en su infancia, y aparece rodeado de su amante Carla (Sandra Milo), su mujer Luisa (Anouk Aimée) y la encarnación de la pureza Claudia (Claudia Cardinale) y otras mujeres. Al final, Guido Anselmi decide no hacer la película, pero el productor le convence de que todo está arreglado, y van a una fiesta en un gran decorado exterior para celebrar el comienzo del rodaje, donde los personajes bailan a los acordes de una de las músicas más fellinianas del compositor Nino Rota. El paso de los años no le ha sentado bien a la película, pero más porque posteriormente Fellini se ha limitado a repetir la misma fórmula, con algunas variantes, que por haber envejecido.

Director: *Federico Fellini*. Guionistas: *Federico Fellini, Tullio Pinelli, Ennio Flaiano, Brunello Rondi*. Fotografía: *Gianni di Venanzo*. Música: *Nino Rota*.

Intérpretes: *Marcello Mastroianni, Claudia Cardinale, Anouk Aimée, Sandra Milo, Barbara Steele*. Producción: *Angelo Rizzoli para Cineriz (Roma, Francinex (París)*. Duración: *138'*. *Italia-Francia*.

FERNÁN-GÓMEZ, Fernando *(Lima, Perú, 1921)*

Hijo de la actriz Carola Fernán-Gómez, nace durante una gira teatral por Latinoamérica, le inscriben en el consulado de Buenos Aires y tiene nacionalidad argentina hasta que en 1970 se nacionaliza español. Desde 1934 participa en grupos teatrales de aficionados y después de la guerra española empieza a estudiar filosofía y letras, pero lo deja porque cada vez tiene más trabajo como actor profesional. En 1938 debuta en teatro y en 1943 en cine, actividades que simultanea durante casi cincuenta años con las de director de cine y teatro; dramaturgo, con obras como *Las bicicletas son para el verano;* novelista, *El vendedor de naranjas;* memorialista, *El tiempo amarillo;* y brillante articulista. Entre sus casi ciento sesenta películas como actor destacan *El camino de Babel, El destino se disculpa, Domingo de carnaval, Vida en sombras, El último caballo, Esa pareja feliz* y *El inquilino*, obras insólitas dentro del cine español de los años cuarenta y cincuenta, y *Botón de ancla, Balarrasa, La trinca del aire* y *Muchachas de azul*, que le dan gran popularidad. Tras la década de los sesenta, donde las únicas películas atractivas que interpreta son las que también dirige, hay que citar sus actuaciones posteriores en *Ana y los lobos, El espíritu de la colmena, El amor del capitán Brando, El anacoreta* —con la que gana un premio en el Festival de Berlín—, *Maravillas, La mitad del cielo, El rey pasmado* y *Belle époque*. Sus veinticuatro películas como realizador son un perfecto reflejo de la situación del cine español desde la posguerra; incluyen trabajos sin atractivo, *Los palomos*, adaptación de una obra teatral de Alfonso Paso, la comedieta *Crimen imperfecto*, y *La querida*, fotonovela para lucimiento de la cantante Rocío Jurado; trabajos fallidos, *Yo la vi primero*, comedia hecha en colaboración con Manuel Summers; *Bruja, más que bruja*, parodia de las zarzuelas; *Mi hija Hildegart*, historia feminista basada en una novela de Eduardo de Guzmán; *Mambrú se fue a la guerra*, tragicomedia sobre los hombres ocultos durante la dictadura del general Franco; *Siete mil días juntos*, apunte para un esperpento; y obras personales de interés. Tras una etapa de aprendizaje, donde rueda *Manicomio* —integrada por cuatro episodios codirigidos con Luis María Delgado—, *El mensaje* y *El malvado Carabel*, sobre la novela de Wenceslao Fernández Flórez, tiene su primer éxito como director con *La vida por delante*, comedia crítica sobre guión propio, que origina la inferior continuación *La vida alrededor*. Entre irregulares adaptaciones teatrales: *Sólo para hombres* y *Ninette y un señor de Murcia*, sobre Miguel Mihura; *La venganza de don Mendo*, sobre Pedro Muñoz Seca, y *Mayores con reparos*, sobre Juan José Alonso Millán, destacan el melodrama *El mundo sigue* y el esperpento *El extraño viaje*, que, a pesar de situarse entre sus mejores trabajos, son sendos fracasos comerciales. Sus mejores películas como realizador son *El viaje a ninguna parte*, basado en una novela propia, y, en menor medida, *El mar y el tiempo*, sobre una serie de televisión suya.

Como director
1952 *Manicomio*.
1953 *El mensaje*.
1955 *El malvado Carabel*.
1958 *La vida por delante*.
1959 *La vida alrededor*.
1960 *Sólo para hombres*.
1961 *La venganza de don Mendo*.
1963 *El mundo sigue*.
1964 *El extraño viaje*. / *Los palomos*.
1965 *Ninette y un señor de Murcia*.
1966 *Mayores con reparos*.
1969 *Cómo casarse en siete días*.
1970 *Crimen imperfecto*.
1974 *Yo la vi primero*.
1975 *La querida*.
1976 *Bruja, más que bruja*.
1977 *Mi hija Hildegart*.
1979 *Cinco tenedores*.
1986 *Mambrú se fue a la guerra*. / *El viaje a ninguna parte*.
1989 *El mar y el tiempo*.
1991 *Fuera de juego*.
1994 *Siete mil días juntos*.

Como actor
1943 *Cristina Guzmán*, de Gonzalo Delgrás. / *Se vende un palacio*, de Ladislao Vajda. / *Noche fantástica*, de Luis Marquina. / *Viviendo al revés*, de Ignacio F. Iquino. / *Rosas de otoño*, de Juan de Orduña. / *La chica del gato*, de Ramón Quadreny. / *Una chica de opereta*, de Ramón Quadreny.

1944 *Turbante blanco*, de Ignacio F. Iquino. / *El enemigo y yo*, de Ramón Quadreny. / *El camino de Babel*, de Jerónimo Mihura. / *Empezó en boda*, de Rafaello Matarazzo.
1945 *El destino se disculpa*, de José Luis Sáenz de Heredia. / *Espronceda*, de Fernando Alonso Casares. / *Domingo de carnaval*, de Edgar Neville. / *Bambú*, de José Luis Sáenz de Heredia. / *Se le fue el novio*, de Julio Salvador. / *Es peligroso asomarse al exterior*, de Alejandro Ulloa.
1946 *Eres un caso*, de Ramón Quadreny. / *La próxima vez que vivamos*, de Enrique Gómez. / *Los habitantes de la casa deshabitada*, de Gonzalo Delgrás.
1947 *Embrujo*, de Carlos Serrano de Osma. / *Noche sin cielo*, de Ignacio F. Iquino. / *La sirena negra*, de Carlos Serrano de Osma. / *La muralla feliz*, de Enrique Herreros. / *Botón de ancla*, de Ramón Torrado.
1948 *Vida en sombras*, de Lorenzo Llobet Gracia. / *Hoy no pasamos lista*, de Raúl Alonso. / *Pototo, Boliche y compañía*, de Ramón Barreiro. / *La mies es mucha*, de José Luis Sáenz de Heredia.
1949 *Noventa minutos*, de Antonio del Amo. / *Alas de juventud*, de Antonio del Amo.
1950 *Tiempos felices*, de Enrique Gómez. / *La noche del sábado*, de Rafael Gil. / *El último caballo*, de Edgar Neville. / *El capitán Veneno*, de Luis Marquina. / *Balarrasa*, de José Antonio Nieves Conde. / *Facultad de Letras*, de Pío Ballesteros.
1951 *Me quiero casar contigo*, de Jerónimo Mihura. / *La trinca del aire*, de Ramón Torrado. / *Esa pareja feliz*, de Luis G. Berlanga y J. A. Bardem. / *El sistema Pelegrín*, de Ignacio F. Iquino.
1952 *La voce del silenzio* (La conciencia acusa), de G. W. Pabst. / *Los ojos dejan huellas*, de José Luis Sáenz de Heredia. / *Manicomio*, de Fernando Fernán-Gómez.
1953 *Aeropuerto*, de Luis Lucia. / *Nadie lo sabrá*, de Ramón Torrado. / *El mensaje*, de Fernando Fernán-Gómez. / *Rebeldía*, de José Antonio Nieves Conde.
1954 *Morena Clara*, de Luis Lucia. / *La otra vida del capitán Contreras*, de Rafael Gil.
1955 *El guardián del paraíso*, de Arturo Ruiz-Castillo. / *La ironía del dinero*, de Edgar Neville. / *Congreso en Sevilla*, de Antonio Román. / *El malvado Carabel*, de Fernando Fernán-Gómez.
1956 *El fenómeno*, de José María Elorrieta. / *El soltero*, de Antonio Pietrangeli. / *Viaje de novios*, de León Klimovsky. / *Muchachas de azul*, de Pedro Lazaga. / *Los maridos no cenan en casa*, de Jerónimo Mihura.
1957 *Faustina*, de José Luis Sáenz de Heredia. / *Un marido de ida y vuelta*, de Luis Lucia. / *Los ángeles del volante*, de Ignacio F. Iquino.
1958 *El inquilino*, de José Antonio Nieves Conde. / *La vida por delante*, de Fernando Fernán-Gómez. / *Ana dice sí*, de Pedro Lazaga. / *Bombas para la paz*, de Antonio Román.
1959 *Luna de verano*, de Pedro Lazaga. / *Soledad*, de Enrico Gras y Mario Craveri. / *Fantasmas en la casa*, de Pedro L. Ramírez. / *La vida alrededor*, de Fernando Fernán-Gómez. / *Crimen para recién casados*, de Pedro L. Ramírez.
1960 *Los tres etcéteras del coronel*, de Claude Boissol. / *Sólo para hombres*, de Fernando Fernán-Gómez.
1961 *La vida privada de Fulano de Tal*, de José María Forn. / *Adiós Mimí Pompón*, de Luis Marquina. / *La venganza de don Mendo*, de Fernando Fernán-Gómez.
1962 *¿Dónde pongo este muerto?*, de Pedro L. Ramírez. / *La becerrada*, de José María Forqué.
1963 *El mundo sigue*, de Fernando Fernán-Gómez. / *La mujer de tu prójimo*, de Enrique Carreras. / *Se vive una sola vez*, de Arturo González.
1964 *Rififí en la ciudad*, de Jesús Franco.
1965 *Un vampiro para dos*, de Pedro Lazaga. / *Ninette y un señor de Murcia*, de Fernando Fernán-Gómez.
1966 *Mayores con reparos*, de Fernando Fernán-Gómez.
1968 *La vil seducción*, de José María Forqué.
1969 *Un adulterio decente*, de Rafael Gil. / *Estudio amueblado 2P*, de José María Forqué. / *Las panteras se comen a los ricos*, de Ramón Fernández. / *Carola de día, Carola de noche*, de Jaime de Armiñán.
1970 *De profesión, sus labores*, de Javier Aguirre. / *¿Por qué pecamos a los cuarenta?*, de Pedro Lazaga. / *Crimen imperfecto*, de Fernando Fernán-Gómez. / *Pierna creciente, falda menguante*, de Javier Aguirre.
1971 *El triangulito*, de José María Forqué. / *Los gallos de la madrugada*, de José Luis Sáenz de Heredia. / *Las ibéricas F. C.*, de Pedro Masó.
1972 *Ana y los lobos*, de Carlos Saura. / *La leyenda del alcalde de Zalamea*, de Mario Camus.
1973 *Don Quijote cabalga de nuevo*, de Roberto Gavaldón. / *El espíritu de la colmena*, de Víctor Erice. / *Vera, un cuento cruel*, de Josefina Molina.
1974 *Yo la vi primero*, de Fernando Fernán-Gómez. / *El amor del capitán Brando*, de Jaime de Armiñán.
1975 *Pim, pam, pum... ¡fuego!*, de Pedro Olea. / *Imposible para una solterona*, de Rafael Romero Marchent. / *Yo soy Fulana de Tal*, de Pedro Lazaga. / *Sensualidad*, de Germán Lorente. / *¡Jó, papá!*, de Jaime de Armiñán. / *La querida*, de Fernando Fernán-Gómez.
1976 *Las cuatro novias de Augusto Pérez*, de José Jara. / *El anacoreta*, de Juan Estelrich. / *Bruja, más que bruja*, de Fernando Fernán-Gómez.
1977 *Más fina que las gallinas*, de Jesús Yagüe. / *Parranda*, de Gonzalo Suárez. / *Chely*, de Ramón Fernández. / *Gulliver*, de Alfonso Ungría.

1978 *Reina Zanahoria*, de Gonzalo Suárez. / *La chica del pijama amarillo*, de Flavio Mogherini. / *Arriba Hazaña*, de José María Gutiérrez. / *Los restos del naufragio*, de Ricardo Franco.
1979 *Madrid al desnudo*, de Jacinto Molina. / *Mamá cumple cien años*, de Carlos Saura. / *Milagro en el circo*, de Alejandro Galindo.
1980 *Maravillas*, de Manuel Gutiérrez Aragón. / *Apaga y vámonos*, de Antonio Hernández.
1981 *127 millones libres de impuestos*, de Pedro Masó. / *Copia cero*, de Eduardo Campoy y José Luis F. Pacheco.
1982 *Bésame, tonta*, de Fernando González de Canales. / *Interior rojo*, de Eugeni Anglada.
1983 *Soldados de plomo*, de José Sacristán. / *Juana la loca... de vez en cuando*, de José Ramón Larraz.
1984 *Feroz*, de Manuel Gutiérrez Aragón. / *Los zancos*, de Carlos Saura. / *La noche más hermosa*, de Manuel Gutiérrez Aragón.
1985 *Stico*, de Jaime de Armiñán. / *De hombre a hombre*, de Ramón Fernández. / *Marbella, un golpe de cinco estrellas*, de Miguel Hermoso. / *Luces de bohemia*, de Miguel Ángel Díez. / *Réquiem por un campesino español*, de Francesc Betriu. / *La corte de Faraón*, de José Luis García Sánchez.
1986 *Mambrú se fue a la guerra*, de Fernando Fernán-Gómez. / *La mitad del cielo*, de Manuel Gutiérrez Aragón. / *Delirios de amor*, episodio de Cristina Andreu. / *Cara de acelga*, de José Sacristán. / *El viaje a ninguna parte*, de Fernando Fernán-Gómez.
1987 *Mi general*, de Jaime de Armiñán. / *El gran Serafín*, de José M. Ulloa. / *Moros y cristianos*, de Luis G. Berlanga.
1988 *Esquilache*, de Josefina Molina.
1989 *El río que nos lleva*, de Antonio del Real. / *El mar y el tiempo*, de Fernando Fernán-Gómez.
1991 *Fuera de juego*, de Fernando Fernán-Gómez. / *El rey pasmado*, de Imanol Uribe. / *Marcelino, pan y vino*, de Luigi Comencini.
1992 *Belle époque*, de Fernando Trueba. / *Chechu y familia*, de Álvaro Sáenz de Heredia.
1993 *Cartas desde Huesca*, de Antonio Artero.
1994 *Así en el cielo como en la tierra*, de José Luis Cuerda.

FERNÁNDEZ, Emilio (*El Hondo, Coahuila, 1904-México D. F., México, 1986*)

Hijo de padre español y madre india, apodado *El Indio*, a los diecinueve años abandona sus estudios para unirse a la Revolución. Condenado a veinte años de prisión, huye a Estados Unidos, sobrevive haciendo pequeños papeles en películas rodadas en Hollywood y hasta 1933 no regresa a su país, a raíz de una amnistía, para proseguir su incipiente carrera de actor de cine, actividad complementaria que no abandona durante el resto de su vida. Entre 1941 y 1978 dirige cuarenta largometrajes, pero solo tienen interés los que rueda durante la década de los cuarenta, aprovechando el auge de la cinematografía mexicana como consecuencia de la II Guerra Mundial. En *Flor silvestre* reúne por primera vez al prestigioso equipo formado por el director de fotografía Gabriel Figueroa, el guionista Mauricio Magdaleno y los actores Dolores del Río y Pedro Armendáriz, con el que hace sus mejores películas. Se da a conocer internacionalmente con *María Candelaria*, ganadora de la Palma de Oro del Festival de Cannes, esteticista drama indigenista que tiene su continuación en *Bugambilia*; *La perla*, escrita por el novelista norteamericano John Steinbeck; *Enamorada*, *Río Escondido* y *Pueblerina*, muy influidas por la estética desarrollada por el ruso Sergei M. Eisenstein en la inacabada *¡Que viva México!* (1931). Tras aburridas adaptaciones como *La malquerida*, sobre la obra teatral de Jacinto Benavente, o *Duelo en las montañas*, sobre una novela de Ivan Turgueniev, con los años cincuenta llega su decadencia, al mismo tiempo que la del cine mexicano. Entre los terribles melodramas de esta etapa solo destaca *Víctimas del pecado;* intentos desesperados por recuperar su pasado esplendor, como *La red*, o *Pueblito*, uno de sus mejores trabajos de esta década desafortunada. Mientras rueda en Cuba *El rapto* y *La rosa blanca*, en España *Nosotros dos* y en Argentina *La Tierra de Fuego se apaga* y *Una cita de amor*. Más vale pasar por alto el resto de su obra, que se cierra con dos producciones seudoeróticas al gusto de la época, pero sigue siendo uno de los mejores realizadores latinoamericanos y desde luego el más conocido.

1941 *La isla de la pasión*.
1942 *Soy puro mexicano*.
1943 *Flor silvestre*. / *María Candelaria* (Xochimilco).
1944 *Las abandonadas* (La sombra enamorada). / *Bugambilia*.
1945 *Pepita Jiménez*. / *La perla*.
1946 *Enamorada*.
1947 *Río Escondido*.
1948 *Maclovia* (Belleza maldita). / *Salón México*. / *Pueblerina*.
1949 *La malquerida*. / *Duelo en las montañas*.

1950 *Del odio nació el amor* (Una mujer rebelde). / *Un día de vida*. / *Víctimas del pecado*. / *Islas Marías*. / *Siempre tuya*.
1952 *La bien amada*. / *Acapulco*. / *El mar y tú*. / *Cuando levanta la niebla*.
1953 *La red*. / *Reportaje*. / *El rapto*. / *La rosa blanca*.
1954 *La rebelión de los colgados*. / *Nosotros dos*.
1955 *La Tierra de Fuego se apaga*.
1956 *Una cita de amor*. / *El impostor*.
1961 *Pueblito*.
1963 *Paloma herida*.
1966 *Un dorado de Pancho Villa*.
1968 *El crepúsculo de un dios*.
1973 *La Choca*.
1975 *Zona roja*.
1977 *México norte*.
1978 *Erótica*.

FERRER, José *(Santurce, Puerto Rico, 1909-Estados Unidos, 1992)*

Estudia en la Universidad de Princeton, debuta como actor de teatro en Broadway a mediados de los años treinta y no tarda en convertirse en un prestigioso productor, director y actor de teatro. Su primer papel en cine es el de Carlos VII en *Juana de Arco,* de Victor Fleming, pero siempre es una actividad secundaria en su carrera. No obstante, gana un Óscar por su trabajo en *Cyrano de Bergerac*, de Michael Gordon, personaje que repite doce años después en *Cyrano y D'Artagnan*, de Abel Gance; encarna al pintor Toulouse-Lautrec en *Moulin Rouge*, de John Huston; y también interviene en el interesante policiaco *Vorágine*, de Otto Preminger, la producción bélica *El motín del Caine*, de Edward Dmytryk, y el musical *Deep In My Heart*, de Stanley Donen. Desde mediados de los años cincuenta hasta principios de los sesenta solo protagoniza sus irregulares películas como director: la teatral *The Shrike*, la historia de guerra *El infierno de los héroes*, el pretencioso melodrama *The Great Man*, la comedia romántica *The High Cost of Loving*, la exposición del *affaire* Dreyfus *Yo acuso* y el musical *Stage Fair*; entre las que también aparece *Regreso a Peyton Place*, segunda parte de un gran éxito, que no interpreta. Durante el resto de la década de los sesenta hace papeles secundarios en variadas producciones, entre las que destacan *Lawrence de Arabia*, de David Lean; *La historia más grande jamás contada*, de George Stevens, y *El barco de los locos*, de Stanley Kramer. Posteriormente solo interviene en subproductos sin interés, como el español *El clan de los inmorales*, pero también hace destacados papeles en las interesantes *Fedora*, de Billy Wilder, y *Comedia sexual de una noche de verano*, de Woody Allen. Es padre del también actor Miguel Ferrer.

Como director
1955 *The Shrike*.
1956 *The Cockleshell Heroes* (El infierno de los héroes).
1957 *The Great Man*.
1958 *The High Cost of Loving*. / *I Accuse* (Yo acuso).
1961 *Return to Peyton Place* (Regreso a Peyton Place).
1962 *Stage Fair*.

Como actor
1948 *Joan of Arc* (Juana de Arco), de Victor Fleming.
1950 *Whirlpool* (Vorágine), de Otto Preminger. / *Crisis*, de Richard Brooks.
1951 *Cyrano de Bergerac*, de Michael Gordon.
1952 *Anything Can Happen*, de George Seaton. / *Moulin Rouge*, de John Huston.
1953 *Miss Sadie Thompson* (La bella del Pacífico), de Curtis Bernhardt.
1954 *The Caine Mutiny* (El motín del Caine), de Edward Dmytryk. / *Deep In My Heart*, de Stanley Donen.
1955 *The Shrike*, de José Ferrer.
1956 *The Cockleshell Heroes* (El infierno de los héroes), de José Ferrer.
1957 *The Great Man*, de José Ferrer.
1958 *The High Cost of Loving*, de José Ferrer. / *I Accuse* (Yo acuso), de José Ferrer.
1962 *Stage Fair*, de José Ferrer. / *Lawrence of Arabia* (Lawrence de Arabia), de David Lean.
1963 *Nine Hours to Rama* (Nueve horas de terror), de Mark Robson. / *Cyrano et D'Artagnan* (Cyrano y D'Artagnan), de Abel Gance. / *Verspätung in Marienborn*, de R. Hädrich.
1965 *The Greatest Story Ever Told* (La historia más grande jamás contada), de George Stevens. / *Ship of Fools* (El barco de los locos), de Stanley Kramer.
1966 *Enter Laughing*, de Carl Reiner.
1968 *Cervantes*, de Vincent Sherman.
1973 *El clan de los inmorales*, de José G. Maesso.
1975 *E'Lollipop* (Dos amigos), de A. Lazarus.
1976 *The Sentinel* (La centinela), de Michael Winner. / *The Big Bus* (El autobús atómico), de James Frawley. / *Voyage of the Damned* (El viaje de los malditos), de Stuart Rosenberg.
1977 *Crash!*, de Charles Band. / *Who Has Seen the Wind*, de Allan King. / *Behind the Iron Mask* (El quinto mosquetero), de Ken Annakin.

FERRER, Mel

1978 *Zoltan, Hound of Dracula*, de Albert Band. / *The Private Files of J. Edgar Hoover*, de Larry Cohen. / *The Swarm* (El enjambre), de Lewis Allen. / *The Amazing Captain Nemo* (Viaje a la Atlántica del capitán Nemo), de Alex March. / *Fedora*, de Billy Wilder.
1979 *Natural Enemies*, de Jeff Kanew.
1980 *The Big Brawl*, de Robert Clouse.
1982 *Midsummer Night's Sex Comedy* (Comedia sexual de una noche de verano), de Woody Allen.
1984 *To Be or Not to Be* (Soy o no soy), de Alan Johnson. / *The Evil That Men Do* (Justicia salvaje), de J. Lee Thompson. / *Dune*, de David Lynch.
1986 *Bloody Birthday*, de Ed Hunt.
1990 *Old Explorers*, de William Pohland. / *Hired to Kill*, de Nico Mastorakis.

FERRER, Mel *(Melchior Gaston Ferrer. Elberon, New Jersey, Estados Unidos, 1917)*

Interesado por el teatro desde que estudia en la Princeton University, debuta muy joven como actor en una compañía de aficionados de Massachussetts. Posteriormente trabaja como editor de libros para jóvenes, bailarín en Broadway, *disc-jokey* y productor y director de programas musicales en la cadena N. B. C. A principios de los años cuarenta es contratado como guionista por los estudios Columbia y poco después debuta como director con *The Girl of the Limberplast,* pero sus malos resultados detienen su carrera durante cinco años. Regresa a la dirección con los policiacos *Furia secreta* y *Vendetta,* pero un nuevo fracaso le inclina definitivamente por la interpretación. Tras hacer destacados papeles en las interesantes *Nacida para el mal*, de Nicholas Ray, *The Brave Bulls*, de Robert Rossen, y *Encubridora*, de Fritz Lang, firma un contrato con los estudios Metro-Goldwyn-Mayer e interpreta sus películas más conocidas: *Scaramouche*, de George Sidney, *Lili*, de Charles Walters, y *Los caballeros del rey Arturo*, de Richard Thorpe. El temor al Comité de Actividades Antinorteamericanas le hace emigrar a Europa y a lo largo de diez años interviene en Italia en *Proibito*, de Mario Monicelli, y *Guerra y paz,* de King Vidor; en Francia, *Elena y los hombres,* de Jean Renoir, *Et mourir de plaisir,* de Roger Vadim, y *Las manos de Orlac*, de Edmund T. Gréville; en el Reino Unido, *Oh, Rosalinda!,* de Michael Powell y Emeric Pressburger, *El día más largo,* y en España, *La caída del Imperio Romano,* de Anthony Mann, y *El señor de La Salle,* de Luis César Amadori. Entre las que también dirige *Mansiones verdes,* a mayor gloria de Audrey Hepburn, su primera mujer, y *Cabriola,* al servicio de Marisol. Dedicado al teatro durante la segunda mitad de los años sesenta, con los setenta vuelve al cine como productor de irregulares películas, y actor en subproductos generalmente rodados en Italia y España, entre los que destaca *Una canción... Lilí Marlen,* de Rainer Werner Fassbinder.

Como director
1945 *The Girl of the Limberplast*.
1950 *The Secret Fury* (Furia secreta). / *Vendetta*.
1959 *Green Mansions* (Mansiones verdes).
1965 *Cabriola*.

Como actor
1949 *Lost Boundaries*, de Alfred L. Werker.
1950 *Born to Be Bad* (Nacida para el mal), de Nicholas Ray.
1951 *The Brave Bulls*, de Robert Rossen.
1952 *Rancho Notorius* (Encubridora), de Fritz Lang. / *Scaramouche*, de George Sidney.
1953 *Lili*, de Charles Walters.
1954 *Saadia*, de Albert Lewin. / *Knights of the Round Table* (Los caballeros del rey Arturo), de Richard Thorpe.
1955 *Proibito*, de Mario Monicelli. / *Oh, Rosalinda!*, de Michael Powell y Emeric Pressburger.
1956 *War and Peace* (Guerra y paz), de King Vidor. / *Elena et les hommes* (Elena y los hombres), de Jean Renoir.
1957 *The Vintage*, de Jeffrey Hayden. / *The Sun Also Rises* (Fiesta), de Henry King.
1958 *Fraulein* (La muchacha de Berlín), de Henry Koster.
1959 *The World the Flesh and the Devil*, de Ranald MacDougall.
1960 *Et mourir de plaisir*, de Roger Vadim. / *L'homme à femmes*, de Cornu.
1961 *Les mains d'Orlac* (Las manos de Orlac), de Edmund T. Gréville. / *I lancieri neri*, de Giacomo Gentiluomo. / *Legge di guerra* (Ley de guerra), de Bruno Paolinelli.
1962 *Le diable et les dix commandements* (El diablo y los diez mandamientos), de Julien Duvivier. / *The Longest Day* (El día más largo), de Ken Annakin, Andrew Marton, Bernhard Wicki y Gerd Oswald.
1963 *The Fall of the Roman Empire* (La caída del Imperio Romano), de Anthony Mann.
1964 *Paris When It Sizzles* (Encuentro en París), de Richard Quine. / *Sex and the Single Girl* (La pícara soltera), de Richard Quine. / *El señor de La Salle*, de Luis César Amadori. / *El Greco*, de Luciano Salce.
1971 *Time for Loving* (Tiempo de amar), de Christopher Miles.

1973 *La chica del Molino Rojo*, de Eugenio Martín.
1975 *Brannigan*, de Douglas Hickox.
1974 *L'anticristo* (El anticristo), de Alberto de Martino.
1976 *Il corsaro nero* (El corsario negro), de Sergio Sollima. / *Death Trap* (Trampa mortal), de Tobe Hooper.
1978 *Ili-Riders* (Los intrépidos salvajes), de Greydon Clark. / *Il visitatore* (El visitante del más allá), de Giulio Paradisi. / *The Amazing Captain Nemo*, de Alex March. / *The Norseman*, de Charles B. Pierce.
1979 *The Fifth Floor*, de Howard Avedis. / *Il fiume del grande caimano* (Caimán), de Sergio Martino.
1980 *Sfida all'ultimo paradiso* (La invasión de los zombies atómicos), de Umberto Lenzi. / *Avvoltoi sulla città*, de Sergio Martino.
1981 *Lili Marleen* (Una canción... Lilí Marlen), de Rainer Werner Fassbinder.
1982 *Mille milliards de dollars* (Mil millones de dólares), de Henri Verneuil.

FERRERI, Marco *(Milán, 1928-París, Francia, 1997)*

Mientras estudia veterinaria, colabora con Luigi Comencini y Alberto Lattuada en la fundación de la Cineteca de Milán y en varias películas, especialmente dirigidas por Lattuada, como guionista y productor ejecutivo. Tras participar con el guionista Cesare Zavattini en su ambicioso proyecto *Documento mensile* (1950) y la película de episodios *L'amore in città* (1953), en 1955 llega a Madrid como productor ejecutivo de la conflictiva *Fiesta brava* (1956), de Vittorio Cottafavi, y representante de los objetivos TotalScope. Conoce al humorista Rafael Azcona, escriben juntos algunos guiones y rueda *El pisito* y *El cochecito*, basadas en novelas suyas, que introducen el humor negro en el cine español, además de *Los chicos,* obras clave dentro de la historia del cine nacional. Regresa a Italia y rueda, con la colaboración de Azcona en el guión, *L'ape regina*, un gran éxito, *Se acabó el negocio, L'uomo dei cinque palloni* —que sucesivamente se estrena con diferentes títulos y en distintas versiones—, *Marcia nuziale,* y *El harem,* que sufren diferentes cortes por los productores y la censura, dentro de la misma línea de personal humor negro creado entre ambos. Su cada vez mayor pesimismo sobre las relaciones hombre-mujer aumenta en las irregulares *Dillinger ha muerto, El semen del hombre, La cagna* y *La última mujer.* Tras *La audiencia,* peculiar adaptación de *El castillo de* Franz Kafka a las interioridades del Vaticano, su mayor éxito es *La gran comilona,* que vuelve a escribir con Azcona, insólita mezcla de escatología, sexo y comida, donde hace un peculiar análisis de la sociedad contemporánea. Prosigue el desarrollo de su personal estilo en *Adiós al macho; Ordinaria Locura,* basada en relatos del norteamericano Charles Bukowski; *Historia de Piera,* sobre la novela homónima de Dacia Maraini y Piera degli Esposti, e *I Love You.* El fracaso de la interesante *Los negros también comen,* nueva parodia de la sociedad de consumo que vuelve a escribir con Azcona y rueda en África en coproducción con España, le hace regresar a sus obsesiones en torno a las relaciones entre hombres y mujeres en *La casa del sorriso, La carne* y *Diario di un vizio.*

1958 *El pisito.*
1959 *Los chicos.*
1960 *El cochecito.*
1961 *Infedeltà coniugale*, episodio de *Le italiane e l'amore.*
1963 *L'ape regina.* / *La donna scimmia* (Se acabó el negocio).
1964 *Il professore*, episodio de *Controsesso.*
1965 *L'uomo dei cinque palloni.*
1966 *Marcia nuziale.*
1967 *L'harem* (El harem).
1969 *Dillinger è morto* (Dillinger ha muerto).
1970 *Il seme dell'uomo* (El semen del hombre).
1971 *L'Audienza.*
1972 *La cagna.*
1973 *La grande abbuffata* (La gran comilona).
1974 *Non toccare la donna bianca* (No tocar a la mujer blanca).
1976 *L'ultima donna* (La última mujer).
1977 *Ciao maschio* (Adiós al macho).
1979 *Chiedo asilo.*
1981 *Storie di ordinaria follia* (Ordinaria locura).
1983 *Storia di Piera* (Historia de Piera).
1984 *Il futuro è donna* (El futuro es mujer).
1986 *I love you.*
1987 *Come sono buoni i bianchi* (Los negros también comen).
1990 *La casa del sorriso.*
1991 *La carne.*
1993 *Diario di un vizio.*

FEYDER, Jacques *(Jacques Frédérix. Bruselas, Bélgica, 1885-Prangins, Suiza, 1948)*

Su familia le destina a la carrera militar, pero no tarda en abandonarla, cambiar de nombre y comenzar a trabajar como actor de teatro. En cine actúa como figurante primero, más tarde hace breves papeles y finalmente, entre 1915 y 1917, rueda quince cortometrajes, la mayoría cómicos, para la productora Gaumont. En 1917 se casa con la gran actriz Françoise Rosay, protagonista de la mayoría de las películas de la última parte de su carrera. A finales de ese mismo año es movilizado para combatir en la Gran Guerra y durante dos años se dedica especialmente a montar espectáculos teatrales para los soldados. Su verdadera carrera comienza en la posguerra con el divertido corto *La faute d'orthographe* (1919), pero sobre todo con el éxito de *La Atlántida*, primera versión de la famosa novela homónima de Pierre Benoit donde une con habilidad la realidad y la fantasía. Tras rodar en Francia las historias realistas *Crainquebille* y *La otra madre*, realiza en Austria y Hungría *L'image*, sobre un guión original de Jules Romains. Vuelve a triunfar con la comedia *Gribiche*, la adaptación de Prosper Merimée *Carmen*, protagonizada por Raquel Meller, *Thérèse Raquin*, versión de la novela de Émile Zola que rueda en Berlín, y la nueva comedia *Les nouveaux messieurs*. Contratado por los estudios Metro-Goldwyn-Mayer, dirige a Greta Garbo en *El beso*, su última película muda, pero a pesar de su éxito, con posterioridad sólo le encargan la realización de las versiones francesas y alemanas de algunas producciones, según la costumbre de una época en que todavía no se ha impuesto el doblaje. Tras rodar con Ramón Novarro *El hijo del destino* y *Al despertar* para Metro-Goldwyn-Mayer, regresa a Europa para hacer sus mejores películas: *El signo de la muerte*, una historia sobre la Legión Extranjera, rodada con realismo, sobre un guión de Charles Spaak y suyo; *Pensión Mimosas*, atractiva historia de juego y amor maternal, también escrita entre ambos; y su obra maestra, *La kermesse heroica*, sobre el enfrentamiento entre flamencos y soldados españoles en un pequeño pueblo de Flandes en el siglo XVII. Su último trabajo de consideración es *La condesa Alexandra*, que rueda en el Reino Unido para el productor Alexander Korda, donde dirige a Marlene Dietrich en una historia de amor y aventuras sobre el trasfondo de la Revolución rusa de 1917. De sus restantes películas, realizadas en la preguerra, durante la II Guerra Mundial y en la posguerra, solo tiene algún interés *La ley del norte,* historia policiaca rodada con gran realismo en Laponia, que tiene problemas con la censura y tarda en estrenarse.

1920 *L'Atlantide* (La Atlántida).
1922 *Crainquebille*.
1923 *Visages d'enfants* (La otra madre).
1925 *L'image*. / *Gribiche*.
1926 *Carmen*.
1928 *Thérèse Raquin*.
1929 *Les nouveaux messieurs*. / *The Kiss* (El beso).
1931 *Son of India* (El hijo del destino). / *Daybreak* (Al despertar).
1934 *Le grand jeu* (El signo de la muerte).
1935 *Pension Mimosas* (Pensión Mimosas). / *La kermesse héroïque* (La kermesse heroica).
1937 *Knight Without Armour* (La condesa Alexandra).
1938 *Les gens du voyage* (Payasos).
1939 *La loi du nord* (La ley del norte).
1941 *Une femme disparaît* (Una mujer desaparece).
1946 *Macadam*.

FIELD, Sally *(Pasadena, California, Estados Unidos, 1946)*

Se da a conocer a través de las series de televisión *Gidget*, *The Flying Nun* y, sobre todo, *Sybil*, donde encarna a una esquizofrénica. A mediados de los años setenta empieza a hacer importantes papeles secundarios en cine y en seguida gana un Oscar por su papel de obrera sindicalista en *Norma Rae,* de Martin Ritt; A pesar de actuar en repetidas comedias, *Dos hacia California,* de Martin Ritt; *Bésame y esfúmate,* de Robert Mulligan, o *El romance de Murphy,* de Martin Ritt, está mucho más dotada para el drama, tal como demuestran *En un lugar del corazón,* de Robert Benton, por la que gana su segundo Oscar; *Magnolias de acero,* de Herbert Ross, y *No sin mi hija,* de Brian Gilbert. A través de su marca Fogwood Films produce algunas de sus últimas películas como protagonista.

1967 *The Way West* (Camino de Oregón), de Andrew V. McLaglen.
1976 *Stay Hungry* (El gran guardaespaldas), de Bob Rafelson.
1977 *Smokey and the Bandit* (Los caraduras), de Hal Needham. / *Heroes* (Tan solo héroes), de Jeremy Paul Kagan.
1978 *Hooper* (Hooper, el increíble), de Hal Needham. / *The End* (De miedo también se muere), de Burt Reynolds.

1979 *Norma Rae*, de Martin Ritt. / *Beyond the Poseidon Adventure* (Más allá del Poseidón), de Irwin Allen.
1980 *Smokey and the Bandit II* (Vuelven los caraduras), de Hal Needham.
1981 *Back Roads* (Dos hacia California), de Martin Ritt. / *Absence of Malice* (Ausencia de malicia), de Sydney Pollack.
1982 *Kiss Me Goodbye* (Bésame y esfúmate), de Robert Mulligan.
1984 *Places in the Heart* (En un lugar del corazón), de Robert Benton.
1985 *Murphy's Romance* (El romance de Murphy), de Martin Ritt.
1987 *Surrender* (Una novia para dos), de Jerry Belson.
1988 *Punchline* (Lo que cuenta es el final), de David Seltzer.
1989 *Steel Magnolias* (Magnolias de acero), de Herbert Ross.
1990 *Not Without My Daughter* (No sin mi hija), de Brian Gilbert.
1991 *Soapdish* (Escándalo en el plató), de Michael Hoffman.
1993 *Mrs. Doubtfire* (Señora Doubtfire, papá de por vida), de Chris Columbus.
1994 *Forrest Gump*, de Robert Zemeckis.
1996 *Eye for an Eye* (Ojo por ojo), de John Schlesinger.

FIERA DE MI NIÑA, LA *(Bringing Up Baby, 1938)*

El productor y director Howard Hawks siempre plantea sus comedias como una dura lucha de sexos. Esto ocurre tanto en *La comedia de la vida* (Twentieth Century, 1934), *Luna nueva* (His Girl Friday, 1940), *Bola de fuego* (Ball of Fire, 1942) y *Nace una canción* (A Song Is Born, 1949), como en las más eficaces *La novia era él* (I Was a Male War Bride, 1949), *Me siento rejuvenecer* (Monkey Business, 1952) y *Su juego favorito* (Man's Favorite Sport?, 1964), en las que el hombre poco a poco va perdiendo terreno frente a la mujer. La mejor es esta por ser la más enloquecida y tener el ritmo más rápido, gracias a un apropiado guión de Dudley Nichols y Hagar Wilde, y una adecuada realización de Howard Hawks. Narra el duro enfrentamiento entre el paleontólogo David Huxley (Cary Grant), un hombre pacífico que está reconstruyendo el esqueleto de un dinosaurio en un museo y piensa casarse con su ayudante Alice Swallow (Virginia Walker), y la muchacha de la alta sociedad Susan Vance (Katharine Hepburn), que vive en una casa en Connecticut con sus tíos y el leopardo Baby.

Director: *Howard Hawks*. Guionistas: *Dudley Nichols, Hagar Wilde*. Fotografía: *Russell Metty*. Música: *Roy Webb*. Intérpretes: *Katharine Hepburn, Virginia Walker, Cary Grant, May Robson, Charles Ruggles, Walter Catlett, Barry Fitzgerald*. Producción: *Howard Hawks para R.K.O.* Duración: *102'*. Estados Unidos.

FIGGIS, Mike *(Kenya, 1952)*

Educado en Londres, comienza a trabajar en teatro y en seguida pasa al mundo de la publicidad. Tras *The House*, un curioso encargo de la casa Chanel, debuta en el cine comercial con éxito con *Lunes tormentoso*, atractivo policiaco situado en Newcastle, Escocia. Gracias a él rueda en Estados Unidos *Asuntos sucios*, interesante policiaco sobre las relaciones entre un policía corrupto y otro honesto, pero también las historias, mucho menos logradas, *Pasiones prohibidas*, drama psicológico, y *Mr. Jones*, retrato de las relaciones entre un maniaco represivo y su psicoanalista. Vuelve al Reino Unido para hacer la más atractiva *La versión Browning*, basada en la película dirigida en 1951 por Anthony Asquith, sobre guión de Terence Rattigan, en torno a los problemas de un profesor con sus alumnos, su mujer y sus compañeros. Su mejor película norteamericana es *Leaving Las Vegas*, historia de un alcohólico que llega a Las Vegas para suicidarse bebiendo, que le vale un Oscar a su protagonista Nicolas Cage.

1984 *The House*.
1988 *Stormy Monday* (Lunes tormentoso).
1989 *Internal Affairs* (Asuntos sucios).
1991 *Liebestraum* (Pasiones prohibidas).
1992 *Mr. Jones*.
1994 *The Browning Version* (La versión Browning).
1995 *Leaving Las Vegas*.

FILO DE LA NAVAJA, EL *(The Razor's Edge, 1946)*

La famosa novela homónima de W. Somerset Maugham da lugar a dos adaptaciones cinematográficas muy desiguales. La primera es esta cuidada y cara producción de Darryl F. Zanuck para 20th Century Fox. Está rodada en noventa decorados distintos —que recrean desde Chicago a París pasando por el Himalaya—, marca el retorno al cine de Tyrone Power tras la II Guerra Mundial, tiene un amplio y excelente reparto y una inspirada dirección de Edmund Goulding y se convierte en uno de los grandes éxitos de la posguerra. Narra cómo el joven Larry Darrel (Tyrone Power), al regresar de la guerra, deja su trabajo, a su atractiva novia Isabel Bradley (Gene Tierney) y un brillante porvenir para viajar por el mundo en busca de sí mismo. Gracias al éxito de *Los cazafantasmas* (Ghostbusters, 1984), de Ivan Reitman, el protagonista Bill Murray convence a los estudios Columbia para hacer ese mismo año una nueva versión, que escribe en colaboración con el realizador John Byrum y se convierte en su primera película que no es una comedia. El resultado es bastante menos atractivo y deja demasiado al descubierto los fallos de la historia.

Director: *Edmund Goulding*. Guionista: *Lamar Trotti*. Fotografía: *Arthur Miller*. Música: *Alfred Newman*. Intérpretes: *Tyrone Power, Gene Tierney, Clifton Webb, Herbert Marshall, John Payne, Anne Baxter, Lucile Marshall, Frank Latimore, Elsa Lanchester*. Producción: *Darryl F. Zanuck para 20th Century Fox*. Duración: *146'*. Estados Unidos.

FINNEY, Albert *(Salford, Lancashire, Reino Unido, 1936)*

Hijo de un editor, estudia en la Saldford Grammar School y en la Royal Academy of Dramatic Art de Londres. En 1958 debuta como actor de teatro en la prestigiosa Royal Shakespeare Company y en cine dos años después como protagonista de dos de las mejores películas del renovador *free cinema*: *El animador*, de Tony Richardson, y *Sábado noche, domingo mañana*, de Karel Reisz. El gran éxito conseguido con la irregular adaptación de la novela de Henry Fielding *Tom Jones*, de Tony Richardson, le lleva a trabajar alternativamente en grandes producciones norteamericanas y pequeñas británicas, sin abandonar en ningún momento el teatro. Encarna a un célebre personaje de Charles Dickens en *Mr. Scrooge*, al detective Hercules Poirot en *Asesinato en el Oriente Exprés*, al ministro napoleónico Fouché en *Los duelistas*, al alcohólico cónsul creado por el novelista Malcolm Lowry en *Bajo el volcán;* y también protagoniza la historia de ciencia ficción *Lobos humanos*, la comedia romántica *Después del amor*, el musical *Annie* y el policiaco *Muerte entre las flores*. Sin embargo, sus mejores trabajos están en las pequeñas producciones británicas como *Detective sin licencia*, de Stephen Frears, la teatral *La sombra del actor*, de Peter Yates, y, sobre todo, *Playboys, La versión Browning* y *Un hombre sin importancia*. Además de proseguir con su actividad como director de teatro, a finales de los años sesenta también dirige la película *Charlie Bubbles*, en la que parte de un guión del dramaturgo Shelagh Delaney para encarnar a un escritor de origen obrero con problemas creativos.

Como director
1967 *Charlie Bubbles*.
Como actor
1960 *The Entertainer* (El animador), de Tony Richardson. / *Saturday Night and Sunday Morning* (Sábado noche, domingo mañana), de Karel Reisz.
1963 *Tom Jones*, de Tony Richardson. / *The Victors* (Los vencedores), de Carl Foreman.
1964 *Night Must Fall*, de Karel Reisz.
1967 *Two for the Road* (Dos en la carretera), de Stanley Donen. / *Charlie Bubbles*, de Albert Finney.
1970 *Scrooge* (Mr. Scrooge), de Ronald Neame.
1971 *Gumshoe* (Detective sin licencia), de Stephen Frears.
1974 *Murder on the Orient-Express* (Asesinato en el Oriente Exprés), de Sidney Lumet.
1975 *The Adventure of Sherlock Holmes' Smarter Brother* (El hermano más listo de Sherlock Holmes), de Gene Wilder.
1977 *The Duellists* (Los duelistas), de Ridley Scott.
1980 *Loophole*, de John Quested. / *Wolfen* (Lobos humanos), de Michael Wadleigh.
1981 *Looker*, de Michael Crichton. / *Shoot the Moon* (Después del amor), de Alan Parker.
1982 *Annie*, de John Huston.
1983 *The Dresser* (La sombra del actor), de Peter Yates.
1984 *Under the Volcano* (Bajo el volcán), de John Huston.
1987 *Orphans* (Un ángel caído), de Alan J. Pakula.
1990 *Miller's Crossing* (Muerte entre las flores), de Joel Coen.
1992 *The Playboys* (Playboys), de Gillies MacKinnon.
1993 *Rich in Love* (En busca del amor), de Bruce Beresford.
1994 *The Browning Version* (La versión Browning), de Mike Figgis. / *A Man of No Importance* (Un hombre sin importancia), de Suri Krishnamma.

FLAHERTY, Robert J. *(Robert Joseph Flaherty. Iron Mountain, Michigan, 1884-Dummerston, Vermont, Estados Unidos, 1951)*

Hijo del director de de una explotación minera, origen irlandés, de niño acompaña a su padre en una expedición por la frontera entre Estados Unidos y Canadá y queda fascinado por la región. Estudia en el colegio de minas de Michigan, pero le expulsan por ser mal estudiante y por escaparse para ir a ver a su padre. Financiado por la Fundación Mackenzie hace cuatro expediciones a la bahía de Hudson, en Canadá, y descubre y se entusiasma con el cine al rodar algunas películas *amateur*. El éxito de *Nanuk, el esquimal,* el primer documental de largometraje que se distribuye comercialmente, hace que los estudios Paramount le den dinero para rodar durante dos años en las islas Samoa, en los mares del Sur, el documental *Moana*. Contratado por los estudios Metro-Goldwyn-Mayer vuelve a las islas del Pacífico para hacer *Sombras blancas en los mares del Sur,* pero no admite las presiones para incluir una estructura novelesca, lo abandona a mitad del rodaje y lo finaliza y firma W. S. van Dyke. Después de trabajar durante un año para los estudios 20th Century Fox en un proyecto sobre los indios Puebla de Nuevo México, vuelve a abandonarlo por no aceptar incluir una historia de amor. Asociado con el realizador F. W. Murnau, también cansado de las imposiciones de Hollywood, ruedan en Tahití y Bora-Bora la gran película *Tabú*, pero de nuevo tiene dificultades y tampoco la firma. En 1931 acepta una oferta del documentalista John Grierson para ir al Reino Unido a trabajar en su escuela, la experiencia es plenamente satisfactoria y origina uno de sus mejores documentales, *Hombres de Arán*. Contratado por el productor Alexander Korda viaja a la India para rodar *Sabú,* un documental sobre las relaciones entre un muchacho y un elefante basado en la novela de Rudyard Kipling, vuelve a abandonarlo a mitad de rodaje y lo finaliza en estudio Zoltan Korda. Tras el mediometraje *The Land* (1942), nunca exhibido en público, realizado para el departamento de agricultura de Estados Unidos sobre la erosión en Mississippi, la compañía Standard Oil le da libertad total para rodar *Louisiana Story,* otra gran obra personal, donde enfrenta al mundo agrícola tradicional con la nueva tecnología del petróleo.

1922 *Nanook of the North* (Nanuk, el esquimal).
1925 *Moana*.
1928 *White Shadows in the South Seas* (Sombras blancas en los mares del Sur).
1931 *Tabu*.
1934 *Man of Aran* (Hombres de Arán).
1937 *Elephant Boy* (Sabú).
1948 *Louisiana Story*.

FLAMENCO *(1995)*

En la antigua estación de ferrocarril Plaza de Armas de Sevilla, convertida en provisional plató, o más bien escenario, se desarrollan con una total austeridad veinte números de variado flamenco con una cuidada, pero demasiado teatral iluminación de Vittorio Storaro sobre un fondo de *paneaux* móviles. Ordenados conforme al devenir del día, mucha animación y luz en los números de Merche Esmeralda, la Paquera de Jerez, comienza a atardecer con Sanlúcar y Carrasco; sigue cayendo el día con Joaquín Cortés y Mario Maya, hasta llegar a la tristeza de la noche con José Menese y Enrique Morente, para volver a la luz con Paco de Lucía, Tomatito y Manzanita. Excesiva austeridad y gran tristeza, al servicio de una película muy bien hecha sobre la situación actual del flamenco, pero dirigida a entendidos —por ejemplo, los nombres de los que tocan y bailan, cómo lo hacen y sus intérpretes, sólo aparecen en los rótulos finales—, con un rigor y un toque casi japoneses en las actuaciones de casi cien artistas. Su único antecedente es *Duende y misterio del flamenco* (1952), de Edgar Neville, pero aquí se ha ido mucho más lejos en la austeridad narrativa, hasta reducir la voz de fondo a unas frases al principio que señalan el origen del flamenco a finales del siglo XIX y el conjunto a una especie de representación teatral con un decorado que solo admite mínimas variaciones.

Director: *Carlos Saura*. Fotografía: *Vittorio Storaro*. Intérpretes: *La Paquera de Jerez, Merche Esmeralda, Manolo Sanlúcar, Joaquín Cortés, Moneo, Agujeta, Mario Maya, Antonio Toscano, Paco Toronjo, Grupo Cané, Fernando de Utrera, José Menese, María Pagés, Enrique Morente, Manuela Carrasco, Farruco, Farruquito, Chocolate, Carmen Linares, Remedios Amaya, La Macanita, Lole, Manuel, Matilde Coral, Paco de Lucía, Potito, Tomatito, Manzanita, Antonio Carmona*. Producción: *Juan Lebrón*. Color. Duración: *100'. España.*

FLAMINGO ROAD *(1949)*

Al clausurarse el espectáculo de feria donde actúa la bailarina Lane Bellamy (Joan Crawford) y enamorarse del ayudante del *sheriff* Fielding

Carliste (Zachary Scott), comienza a trabajar como camarera en un bar en la pequeña ciudad donde vive. Se interpone entre ellos el ambicioso *sheriff* Titus Semple (Sidney Greenstreet) que quiere que Fielding Carliste siga una carrera política, haga una buena boda y se convierta en su hombre de paja. Tras ser injustamente arrestada, acusada de prostitución por el *sheriff*, Lane Bellamy consigue abrirse camino en la vida al casarse con el importante político Dan Reynolds (David Brian) e irse a vivir a la residencia Flamingo Road. Sin embargo, vuelve a enfrentarse con el *sheriff* cuando Fielding Carliste, que no logra olvidarla, desesperado por la vida que le obliga a llevar, va a suicidarse a su casa, pero Lane Bellamy consigue sacar a la luz las intrigas políticas y acaba queriendo realmente a su marido. Basada en un novelón de Robert Wilder, convertido en guión por él mismo, es un excelente melodrama policiaco dirigido con gran habilidad, extraordinario poder de síntesis y una cámara en continuo movimiento por el estupendo Michael Curtiz. Destaca el apasionado duelo interpretativo entre la mítica Joan Crawford y el gordo Sidney Greenstreet.

Director: *Michael Curtiz*. Guionista: *Robert Wilder*. Fotografía: *Ted McCord*. Música: *Max Steiner*. Intérpretes: *Joan Crawford, David Brian, Sidney Greenstreet, Zachary Scott, Gladys George*. Producción: *Jerry Wald para Warner*. Duración: *94'. Estados Unidos*.

FLEISCHER, Richard *(Nueva York, Estados Unidos, 1916)*

Hijo de Max Fleischer y sobrino de Dave Fleischer, principales competidores de Walt Disney en el terreno del dibujo animado y creadores del célebre Popeye, comienza a estudiar medicina, pero lo deja para aprender técnicas teatrales en la Yale School Drama y fundar con unos compañeros una compañía hara hacer montajes dramáticos durante el verano. Descubierto por un cazatalentos de los estudios R. K. O., en 1942 comienza a trabajar en Nueva York en el departamento de noticiarios como ayudante de guionista. Durante la II Guerra Mundial trabaja en las series documentales *This Is America* y *Flicker Flashbacks*, y al finalizar la contienda vuelve a los estudios R. K. O. para debutar como director en producciones de bajo presupuesto entre las que destacan los policiacos *The Clay Pigeon, Trapped, Armored Car Robbery* y, sobre todo, *The Narrow Margin*, que transcurre casi íntegramente en un tren. Entre las que rueda para el productor independiente Stanley Kramer las interesantes comedias *So This Is New York* y *The Happy Time*. Después de dirigir la irregular historia de rodeo *Arena* en 3-D (relieve), su encuentro con el nuevo formato CinemaScope da origen a la mejor etapa de su carrera con las aventuras *Veinte mil leguas de viaje submarino*, sobre la novela de Jules Verne, y *Los vikingos;* los personales policiacos *Sábado trágico, La muchacha del trapecio rojo* e *Impulso criminal;* los *westerns* atractivos *Bandido* y *Duelo en el barro*, y la historia bélica *Los diablos del Pacífico*. Cansado de Hollywood y del productor Darryl F. Zanuck de los estudios 20th Century Fox, que le obliga a rodar las irregulares *Crack in the Mirrow* y *The Big Gamble*, protagonizadas por su protegida de la época, la cantante Juliette Greco, a principios de los años sesenta se va a Italia para rodar la superproducción *Barrabás*, historia bíblica sobre la novela de Pär Lagerkvist. Después de perder cuatro años intentando realizar otros proyectos con Dino de Laurentiis en Italia y con Samuel Bronston en España, regresa a Hollywood a mediados de la década de los sesenta y prosigue con su actividad anterior, pero desciende la calidad de su trabajo en las producciones de ciencia ficción *Viaje alucinante* y *Cuando el destino nos alcance;* la coproducción con Japón sobre la II Guerra Mundial *Tora! Tora! Tora!*, y los policiacos *Fuga sin fin, Los nuevos centuriones, El estrangulador de Boston* y *El estrangulador de Rillington Place*. Sus trabajos posteriores a 1975 tienen el interés de desarrollarse con continuidad en un momento en el que ya casi ningún director lo consigue en el cine norteamericano, pero su atractivo es mínimo tanto en *Mandingo*, melodrama sobre la esclavitud, basado en un novelón de Kyle Onstoff; *Sara*, biografía de la actriz de teatro Sarah Bernhardt; *El príncipe y el mendigo*, nueva versión de la novela de Mark Twain; *El cantor de jazz*, nueva versión de la primera película sonora, pero protagonizada por un cantante *rock; El pozo del infierno*, convencional historia de terror rodada en relieve, y *Conan, el destructor,* segunda parte de *Conan, el bárbaro* (Conan the Barbarian, 1982), de John Milius.

1946 *Child of Divorce.*
1947 *Banjo.*

1948 *So This Is New York.* / *Bodyguard.*
1949 *The Clay Pigeon.* / *Follow Me Quietly.* / *Make Mine Laughs.* / *Trapped.*
1950 *Armored Car Robbery.*
1951 *The Narrow Wargin.*
1952 *The Happy Time.*
1953 *Arena.*
1954 *Twenty Thousand Leagues Under the Sea* (Veinte mil leguas de viaje submarino).
1955 *Violent Saturday* (Sábado trágico). / *The Girl in the Red Velvet Swing* (La muchacha del trapecio rojo).
1956 *Bandido.* / *Between Heaven and Hell* (Los diablos del Pacífico).
1958 *The Vikings* (Los vikingos).
1959 *These Thousand Hills* (Duelo en el barro). / *Compulsion* (Impulso criminal).
1960 *Crack in the Mirror.*
1961 *The Big Gamble.*
1962 *Barabba* (Barrabás).
1966 *Fantastic Voyage* (Viaje alucinante).
1967 *Doctor Dolittle* (El extravagante doctor Dolittle).
1968 *The Boston Strangler* (El estrangulador de Boston).
1969 *Che!*
1970 *Tora! Tora! Tora!*
1971 *Ten Rillington Place* (El estrangulador de Rillington Place). / *The Last Run* (Fuga sin fin). / *Blind Terror* (Terror ciego).
1972 *The New Centurions* (Los nuevos centuriones).
1973 *Soylent Green* (Cuando el destino nos alcance). / *The Don Is Dead* (El Don ha muerto).
1974 *The Spikes Gang* (Tres forajidos y un pistolero). / *Mr. Majestyk.*
1975 *Mandingo.*
1976 *The Incredible Sarah* (Sara).
1977 *The Prince and the Pauper* (El príncipe y el mendigo).
1979 *Ashanti* (Ébano).
1980 *The Jazz Singer* (El cantor de jazz).
1983 *Tough Enough* (El hombre más duro). / *Amityville 3-D* (El pozo del infierno).
1984 *Conan the Destroyer* (Conan, el destructor).
1985 *Red Sonja* (El guerrero rojo).
1987 *Million Dollar Mystery* (Pasta gansa).
1989 *Call From Space.*

FLEMING, Victor *(Pasadena, California, 1883-Los Ángeles, California, Estados Unidos, 1949)*

Corredor automovilístico, en 1910 empieza a trabajar en el cine como ayudante de cámara y desde 1915 es director de fotografía de Allan Dwan, Douglas Fairbanks y David W. Griffith. En 1919 es *cameraman* del Tratado de Versalles y la Conferencia de la Paz de París, además debuta como realizador con *Pesadillas*, que firma con Ted Reed, seguida de *Una gallina valerosa*, ambas protagonizadas por su amigo Douglas Fairbanks. De sus restantes películas mudas hay que citar los *westerns* basados en novelas de Zane Grey *To the Last Man* y *The Call of the Canyon;* la excelente adaptación de Joseph Conrad *Lord Jim;* las comedias dramáticas, interpretadas por Clara Bow, *Flor de capricho* y *Hula,* y las producciones de prestigio *El escuadrón de hierro, El destino de la carne* y *El canto del lobo.* Sus comienzos sonoros son el *western* primitivo *The Virginian,* protagonizado por Gary Cooper, la historia de aventuras en la Legión Extranjera *Hombre o diablo* y el documental *La vuelta al mundo,* codirigido y protagonizado por Douglas Fairbanks. En 1932 firma un contrato con los estudios Metro-Goldwyn-Mayer y durante trece años realiza para ellos quince de sus dieciséis restantes películas. Convertido en el gran director de hombres del estudio y especializado en adaptaciones de prestigio, rueda la moralizante *Alcohol prohibido* con Walter Huston, sobre una novela de Upton Sinclair; *La isla del tesoro* con Wallace Beery, sobre el clásico de Robert Louis Stevenson; *Capitanes intrépidos,* con Spencer Tracy, sobre la narración de Rudyard Kipling; *El extraño caso del doctor Jekyll,* con Spencer Tracy, sobre la novela homónima de Robert Louis Stevenson; *La vida es así,* de nuevo con Spencer Tracy, sobre la obra dramática de John Steinbeck; además de dirigir a Clark Gable en *Tierra de pasión, La hermana blanca, Piloto de pruebas* y *Adventure.* Curiosamente es conocido por *El mago de Oz,* que también ruedan Richard Thorpe, George Cukor y King Vidor, y *Lo que el viento se llevó,* realizada por George Cukor, Sam Wood, William Cameron Menzies y David O. Selznick. Cierra malamente su irregular carrera con *Juana de Arco,* una versión de Maxwell Anderson que hace a petición de Ingrid Bergman y producen entre ambos con la ayuda del productor independiente Walter Wanger, pero resulta ser un justificado fracaso, ayudado en parte porque ella abandona su lanzamiento publicitario para irse a Italia a trabajar con Roberto Rossellini.

1919 *When the Clouds Roll By* (Pesadillas).
1920 *The Mollycoddle* (Una gallina valerosa).

1921 *Woman's Place* (No hay juegos con el amor).
1922 *Red Hot Romance.* / *The Lane That Had no Turning.* / *Anna Ascends* (Su propia novela).
1923 *Dark Secrets.* / *The Law of the Lawless* (Justicia gitana). / *To the Last Man.* / *The Call of the Canyon.*
1924 *Code of the Sea.* / *Empty Hands.*
1925 *The Devil's Cargo* (El muladar de oro). / *Adventure.* / *A Son of His Father.* / *Lord Jim.*
1926 *The Blind Goddess* (La diosa ciega). / *Mantrap* (Flor de capricho).
1927 *The Rough Riders* (El escuadrón de hierro). / *The Way of All Flesh* (El destino de la carne). / *Hula.*
1928 *Abie's Irish Rose* (La rosa de Irlanda).
1929 *The Awakening* (El despertar). / *Wolf Song* (El canto del lobo). / *The Virginian.*
1930 *Common Clay.* / *Renegades* (Hombre o diablo).
1931 *Around the World in Eighty Minutes* (Vuelta al mundo).
1932 *The Wet Parade* (Alcohol prohibido). / *Red Dust* (Tierra de pasión).
1933 *Bombshell* (Polvorilla). / *The White Sister* (La hermana blanca).
1934 *Treasure Island* (La isla del tesoro).
1935 *Reckless* (La indómita). / *The Farmer Takes a Wife* (Contrastes).
1937 *Captains Courageous* (Capitanes intrépidos).
1938 *Test Pilot* (Piloto de pruebas).
1939 *The Wizard of Oz* (El mago de Oz). / *Gone With the Wind* (Lo que el viento se llevó).
1941 *Dr. Jekyll and Mr. Hyde* (El extraño caso del doctor Jekyll).
1942 *Tortilla Flat* (La vida es así).
1943 *A Guy Named Joe* (Dos en el cielo).
1945 *Adventure.*
1948 *Joan of Arc* (Juana de Arco).

FLOR DE MI SECRETO, LA *(1995)*

Leocadia Macías (Marisa Paredes), una famosa escritora de novelas rosas que se oculta tras el seudónimo de Amanda Gris, atraviesa una profunda crisis sentimental. Su marido, Paco (Imanol Arias), ha dejado de quererla, se ha ido a trabajar a Bruselas para una misión de paz en Bosnia y tiene una larga aventura con la mejor amiga de la pareja (Carmen Elías). Sin embargo, ella no puede dejar de quererle, mientras discute con sus editores, que se quejan de que sus novelas han dejado de ser rosas para convertirse en negras. Con este argumento, Pedro Almodóvar hace uno de los más clásicos melodramas de su carrera, en el que lo más interesante son las historias laterales, que están bastante bien integradas en él. En primer lugar las relaciones de Leo Macías con su madre (Chus Lampreave) y su hermana (Rossy de Palma), que, como ella, han venido de Almagro, un pueblo de La Mancha, a Parla y nunca han conseguido aclimatarse a la vida de Madrid; y luego también la historia de su criada andaluza (Manuela Vargas) y su hijo (Joaquín Cortés), que le roba de vez en cuando para montar su espectáculo de flamenco. Mucho menor interés tiene su relación con un directivo (Juan Echanove) del diario *El País*, que lo único que desea es convertirse en Amanda Gris y escribir novelas rosas. También sobra la presencia física del marido, cuyo personaje hubiese funcionado mucho mejor reducido a una voz que de vez en cuando se escucha por teléfono.

Director y guionista: *Pedro Almodóvar*. Fotografía: *Alfonso Beato*. Música: *Alberto Iglesias*. Intérpretes: *Marisa Paredes, Juan Echanove, Carmen Elías, Rossy de Palma, Chus Lampreave, Kiti Manver, Joaquín Cortés, Manuela Vargas, Imanol Arias*. Producción: *Agustín Almodóvar para El Deseo S. A., Ciby 2000*. Color. Duración: 90'. España-Francia.

FLYNN, Errol *(Hobart, Tasmania, Australia, 1909-Vancouver, Canadá, 1959)*

Hijo del famoso oceanógrafo y biólogo británico Theodore Flynn, es expulsado de diferentes colegios en Londres, París y Sidney, hasta que a los quince años comienza a trabajar como boxeador, buscador de oro y lavaplatos. Durante siete años recorre diferentes continentes hasta que en Tahití entra en contacto con el cine al intervenir en el documental *In the Wake of the Bounty*. Después de actuar en un par de películas y algunas obras de teatro en Londres, es descubierto por un cazatalentos de los estudios Warner, a mediados de 1934 llega a Hollywood y le lanzan como protagonista de *El capitán Blood*. Su enorme éxito hace que durante la segunda mitad de la década de los treinta y la de los cuarenta intervenga en grandes películas de aventuras, dirigidas por Michael Curtiz, *La carga de la Brigada Ligera, Robín de los bosques, Dodge, ciudad sin ley, La vida privada de Elizabeth y Essex, Oro, amor y sangre, The Sea Hawk, Camino de Santa Fe;* o por Raoul Walsh, *Murieron con las botas puestas, Gentleman Jim, Objetivo: Birmania* y *Río de Plata*. Finalizado su contrato con los estudios Warner, sigue trabajando con regularidad durante los años cincuenta, pero en producciones de mucho menor interés, de las que solo cabe citar *Kim de la India,* sobre la novela de Rudyard Kipling; *El señor de Ballantry,* sobre la de Robert Louis Stevenson; *Fiesta,* sobre la de Ernest Hemingway, y *Las raíces del cielo,* sobre la de Romain Gary. Destruido por el alcohol y las drogas, muere a los cincuenta años en brazos de una quinceañera dejando tras de sí inolvidables películas de aventuras, dos novelas, algunas obras de teatro y la interesante autobiografía *My Wicked, Wicked Ways* (1959). Casado en tres ocasiones, fruto de su unión con la actriz Lili Damita es Sean Flynn (1941-?), que trata de seguir los pasos de su padre en Italia durante los años sesenta, pero a mitad de la década desaparece en Vietnam en extrañas circunstancias.

1930 *In the Wake of the Bounty,* de Charles Chauvel.
1934 *Murder at Monte Carlo,* de Ralph Ince.
1935 *The Case of the Curious Bride,* de Michael Curtiz. / *Don't Bet on Blondes,* de Robert Florey. / *I Found Stella Parish* (Su vida privada), de Mervyn LeRoy. / *Pirate Party on Catalina Isle,* de Alexander van Dorn. / *Captain Blood* (El capitán Blood), de Michael Curtiz.
1936 *The Charge of the Light Brigade* (La carga de la Brigada Ligera), de Michael Curtiz.
1937 *Green Light,* de Frank Borzage. / *The Prince and the Pauper* (El príncipe y el mendigo), de William Keighley. / *Another Dawn,* de William Dieterle. / *The Perfect Specimen,* de Michael Curtiz.
1938 *The Adventures of Robin Hood* (Robín de los bosques), de Michael Curtiz. / *Four's a Crowd,* de Michael Curtiz. / *The Sisters* (Las hermanas), de Anatole Litvak. / *The Dawn Patrol,* de Edmund Goulding.
1939 *Dodge City* (Dodge, ciudad sin ley), de Michael Curtiz. / *The Private Lives of Elizabeth and Essex* (La vida privada de Elizabeth y Essex), de Michael Curtiz.
1940 *Virginia City* (Oro, amor y sangre), de Michael Curtiz. / *The Sea Hawk,* de Michael Curtiz. / *Santa Fe Trail* (Camino de Santa Fe), de Michael Curtiz.
1941 *Footsteps in the Dark,* de Lloyd Bacon. / *They Died With Their Boots On* (Murieron con las botas puestas), de Raoul Walsh. / *Dive Bomber,* de Michael Curtiz.
1942 *Desperate Journey,* de Raoul Walsh. / *Gentleman Jim,* de Raoul Walsh.
1943 *Edge of Darkness,* de Lewis Milestone. / *Thank Your Lucky Stars,* de David Butler. / *Northern Pursuit* (Persecución en el norte), de Raoul Walsh.
1944 *Uncertain Glory* (Gloria incierta), de Raoul Walsh.
1945 *Objective Burma!* (Objetivo: Birmania), de Raoul Walsh. / *San Antonio,* de David Butler.
1946 *Never Say Goodbye* (Nunca te alejes de mí), de James V. Kern.
1947 *Cry Wolf,* de Peter Godfrey. / *Always Together,* de Frederik de Cordova.
1948 *Silver River* (Río de Plata), de Raoul Walsh. / *The Adventures of Don Juan* (El burlador de Castilla), de Vincent Sherman.
1949 *It's a Great Feeling,* de David Butler. / *Montana,* de Ray Enright. / *That Forsyte Woman* (La dinastía de los Forsyte), de Compton Bennett.
1950 *Kim* (Kim de la India), de Victor Saville. / *Hello God!,* de William Marshall. / *Rocky Mountain* (Cerco de fuego), de William Keighley. / *The Adventures of Captain Fabian* (La taberna de Nueva Orleans), de William Marshall.
1951 *Mara Maru,* de Gordon Douglas.
1952 *Against All Flags* (La isla de los corsarios), de George Sherman.
1953 *The Master of Ballantrae* (El señor de Balantry), de William Keighley.
1954 *Crossed Swords* (Espadas cruzadas), de Milton Krims. / *Lilacs in the Spring,* de Herbert Wilcox. / *The Dark Avenger,* de Henry Levin.
1955 *King's Rhapsody* (Rapsodia real), de Herbert Wilcox.
1956 *Istanboul,* de Joseph Pevney. / *The Big Boodle,* de Richard Wilson.
1957 *The Sun Also Rises* (Fiesta), de Henry King.
1958 *Too Much, Too Soon,* de Art Napoleon. / *The Roots of Heaven* (Las raíces del cielo), de John Huston.
1959 *Cuban Rebel Girls,* de Barry Mahon.

FONDA, Bridget *(Los Ángeles, California, Estados Unidos, 1964)*

Nieta del gran actor Henry Fonda, sobrina de la actriz Jane Fonda e hija del actor y realizador Peter Fonda (1939), estudia en la Universidad de Nueva York y a los veintitrés años debuta como actriz de cine en papeles secundarios de irregulares producciones, entre las que sobresalen *Frankenstein Unbound,* de Roger Corman, y *El padrino III*, de Francis Ford Coppola. Tras protagonizar la poco atractiva comedia *Doc Hollywood,* de Michael Caton-Jones, se da a conocer gracias al éxito del policiaco psicológico *Mujer blanca soltera busca...,* de Barbet Schroeder. Entre sus restantes y muy desiguales películas solo cabe citar las poco consistentes *Pequeño Buda,* de Bernardo Bertolucci, y *Hechizo en la ruta maya,* de Clare Peploe.

1987 *Aria,* episodio de Franc Roddam.
1988 *You Can't Hurry Love,* de Richard Martini. / *Shag* (Shag, el ritmo en los talones), de Zeida Barron.

FONDA, Henry

1989 *Scandal* (Escándalo), de Michael Caton-Jones. / *Strapless*, de David Hare.
1990 *Frankenstein Unbound* (El regreso de Frankenstein), de Roger Corman. / *The Godfather Part III* (El padrino III), de Francis Ford Coppola.
1991 *Doc Hollywood*, de Michael Caton-Jones. / *Iron Maze*, de Hiroaki Yoshida.
1992 *Singles* (Solteros), de Cameron Crowe. / *Single White Female* (Mujer blanca soltera busca...), de Barbet Schroeder. / *Army of Darkness: Evil Dead 3* (El ejército de las tinieblas), de Sam Raimi.
1993 *Point of No Return* (La asesina), de John Badham. / *Bodies, Rest & Motion* (Maldito Nick), de Michael Steinberg. / *Little Budha* (Pequeño Buda), de Bernardo Bertolucci.
1994 *It Could Happen to You* (Te puede pasar a ti), de Andrew Bergman. / *The Road to Wellville* (El balneario de Battle Creek), de Alan Parker. / *Freda and Camila* (Freda y Camila), de Deepa Mehta.
1995 *Rough Magic* (Hechizo en la ruta maya), de Clare Peploe. / *City Hall*, de Harold Becker.

FONDA, Henry (*Henry Jaynes Fonda. Grand Island, Nebraska, 1905-Los Ángeles, California, Estados Unidos, 1982*)

Hijo de un modesto impresor, por falta de medios abandona sus estudios de periodismo en la Universidad de Minnesota para dedicarse por entero al teatro. Después de hacer numerosas giras con la compañía University Players, a principios de los años treinta debuta en Broadway como primer actor y a mediados de la década comienza a hacer cine, pero sin abandonar nunca el teatro. Durante los siguientes diez años protagoniza treinta y cinco películas que le convierten en una estrella, entre las que destacan: *Sólo se vive una vez,* de Fritz Lang; *Jezabel*, de William Wyler; *Tierra de audaces,* de Henry King; *Corazones indomables* y *Las uvas de la ira,* de John Ford; *Las tres noches de Eva*, de Preston Sturges; *Anillos en los dedos*, de Rouben Mamoulian, e *Incidente en Ox-Bow,* de William A. Wellman. Tras combatir durante tres años en la II Guerra Mundial, vuelve al cine para, sobre todo, rodar con John Ford *Pasión de los fuertes, El fugitivo* y *Fort Apache,* además de *Noche eterna* con Anatole Litvak. Durante siete años permanece alejado del cine, dedicado en exclusiva a la escena y solo regresa para rodar su gran éxito teatral *Escala en Hawai.* Entre el pesimista policiaco *Falso culpable,* de Alfred Hitchcock, y el western personal *Cazador de forajidos,* de Anthony Mann, su experiencia en televisión le lleva a producir y protagonizar la interesante *Doce hombres sin piedad,* de Sidney Lumet. A pesar de su trabajo con Otto Preminger en *Tempestad sobre Washington* y *Primera victoria,* los años sesenta marcan el comienzo de su decadencia cinematográfica, mientras continúan sus éxitos teatrales. Desde finales de los sesenta trabaja con regularidad en Europa, sobre todo en Italia, pero solo destaca su actuación en *Hasta que llegó su hora,* de Sergio Leone, donde por primera y única vez en su carrera hace de malvado. Entre sus últimas y cada vez menos interesantes películas solo sobresalen *El día de los tramposos,* de Joseph L. Mankiewicz; *Fedora,* de Billy Wilder, y *En el estanque dorado,* de Mark Rydell, su último trabajo cinematográfico, por el que gana su segundo Oscar, tras recibir uno honorífico en 1981. Padre de los actores Jane Fonda y Peter Fonda (1939), y abuelo de la actriz Bridget Fonda, a través de su larga carrera llena de altibajos resulta tan eficaz en las películas de acción como en las comedias.

1935 *The Farmer Takes a Wife* (Contrastes), de Victor Fleming. / *Way Down East* (A través de la tormenta), de Henry King. / *I Dream Too Much* (Canción de amor), de John Cromwell.
1936 *The Trail of the Lonesome Pine,* de Henry Hathaway. / *The Moon's Our Home* (Viviendo en la Luna), de William A. Seiter. / *Spendthrift,* de Raoul Walsh.
1937 *Wings of the Morning* (Eso que llaman amor), de Harold Schuster. / *You Only Live Once* (Solo se vive una vez), de Fritz Lang. / *Slim,* de Ray Enright. / *That Certain Woman,* de Edmund Goulding.
1938 *I Met My Love* (Volvió el amor), de Joshua Logan y Arthur Ripley. / *Jezebel* (Jezabel), de William Wyler. / *Blockade* (Bloqueo), de William Dieterle. / *Spawn of the North* (Lobos del norte), de Henry Hathaway. / *The Mad Miss Manton* (Ocho mujeres y un crimen), de Leigh Jason.
1939 *Jesse James* (Tierra de audaces), de Henry King. / *Let Us Live,* de John Brahm. / *The Story of Alexander Graham Bell* (El gran milagro), de Irving Cummings. / *Young Mr. Lincoln* (El joven mister Lincoln), de John Ford. / *Drums Along the Mohawks* (Corazones indomables), de John Ford.
1940 *The Grapes of Wrath* (Las uvas de la ira), de John Ford. / *Lilian Russel* (La reina de la canción), de Irving Cummings. / *The Return of Frank James* (La venganza de Frank James), de Fritz Lang. / *Chad Hanna,* de Henry King.

1941 *The Lady Eve* (Las tres noches de Eva), de Preston Sturges. / *Will Geese Calling* (Vidas sin rumbo), de John Brahm. / *You Belong to Me* (Me perteneces), de Wesley Ruggles.
1942 *The Male Animal*, de Elliott Nugent. / *Rings on Her Fingers* (Anillos en los dedos), de Rouben Mamoulian. / *The Magnificent Dope*, de Walter Lang. / *Tales of Manhattan* (Seis destinos), de Julien Duvivier. / *The Big Street* (Su última danza), de Irving Reis.
1943 *The Ox-Bow Incident* (Incidente en Ox-Bow), de William A. Wellman. / *The Immortal Sergeant* (El sargento inmortal), de John M. Stahl.
1946 *My Darling Clementine* (Pasión de los fuertes), de John Ford.
1947 *The Long Night* (Noche eterna), de Anatole Litvak. / *The Fugitive* (El fugitivo), de John Ford. / *Daisy Kenyon*, de Otto Preminger.
1948 *On Our Merry Way*, de King Vidor. / *Fort Apache*, de John Ford.
1949 *Jigsaw*, de Fletcher Markle.
1955 *Mister Roberts* (Escala en Hawai), de John Ford y Mervyn LeRoy.
1956 *War and Peace* (Guerra y paz), de King Vidor. / *The Wrong Man* (Falso culpable), de Alfred Hitchcock.
1957 *Twelve Angry Men* (Doce hombres sin piedad), de Sidney Lumet. / *The Tin Star* (Cazador de forajidos), de Anthony Mann.
1958 *Stage Struck* (Sed de triunfo), de Sidney Lumet.
1959 *Warlock* (El hombre de las pistolas de oro), de Edward Dmytryk. / *The Man Who Understood Women*, de Nunnally Johnson.
1962 *Advise and Consent* (Tempestad sobre Washington), de Otto Preminger. / *The Longest Day* (El día más largo), de Gerd Oswald, Andrew Marton, Bernhard Wicki y Ken Annakin. / *How the West Was Won* (La conquista del Oeste), episodio de Henry Hathaway.
1963 *Spencer's Mountain* (Fiebre en la sangre), de Delmer Daves.
1964 *Fail Safe* (Punto límite), de Sidney Lumet. / *The Best Man* (El mejor hombre), de Franklin J. Schaffner. / *Sex and the Single Girl* (La pícara soltera), de Richard Quine.
1965 *The Rounders* (Los desbravadores), de Burt Kennedy. / *In Harm's Way* (Primera victoria), de Otto Preminger. / *Battle of the Bugle* (La batalla de las Ardenas), de Ken Annakin. / *Guerre secrète* (Guerra secreta), de Christian-Jaque, Werner Klinger, Carlo Lizzani y Terence Young.
1966 *A Big Hand for the Little Lady* (El destino también juega), de Fielder Cook.
1967 *Welcome to Hard Times*, de Burt Kennedy. / *Stranger on the Run*, de Don Siegel.
1968 *Firecreek* (Los malvados de Firecreek), de Vincent McEveety. / *Yours, Mine and Ours* (Tuyos, míos, nuestros), de Melville Shavelson. / *Madigan* (Brigada homicida), de Don Siegel. / *The Boston Strangler* (El estrangulador de Boston), de Richard Fleischer. / *C'era una volta il West* (Hasta que llegó su hora), de Sergio Leone.
1970 *Too Late the Hero* (Comando en el Mar de China), de Robert Aldrich. / *The Cheyenne Social Club* (El club social de Cheyenne), de Gene Kelly. / *There Was a Crooked Man* (El día de los tramposos), de Joseph L. Mankiewicz.
1971 *Sometimes a Great Notion* (Casta invencible), de Paul Newman.
1972 *Le serpent* (El serpiente), de Henri Verneuil.
1973 *Ash Wednesday* (Miércoles de ceniza), de Larry Peerce.
1974 *Mussolini: ultimo atto* (Los últimos días de Mussolini), de Carlo Lizzani. / *Il mio nome è Nessuno* (Mi nombre es Ninguno), de Tonino Valerii.
1976 *Midway* (La batalla de Midway), de Jack Smight.
1977 *Rollercoaster* (Montaña rusa), de James Goldstone. / *The Last of the Cowboys*, de John Leone. / *Tentacles* (Tentáculos), de Oliver Hellman.
1978 *Il grande attaco* (Los jóvenes leones), de Umberto Lenzi. / *Fedora*, de Billy Wilder. / *The Swarm* (El enjambre), de Irwin Allen.
1979 *Meteor* (Meteoro), de Ronald Neame. / *City on Fire* (Emergencia), de Alvin Rakoff. / *Wanda Nevada*, de Peter Fonda.
1981 *On Golden Pond* (En el estanque dorado), de Mark Rydell.

FONDA, Jane *(Nueva York, Estados Unidos, 1937)*

Hija del gran actor Henry Fonda, hermana del actor y realizador Peter Fonda (1939) y tía de la actriz Bridget Fonda, estudia en el reputado Vassar College y asiste a cursos de pintura en París y de piano en Nueva York. A los diecisiete años debuta como actriz de teatro junto a su padre, mientras estudia arte dramático en el famoso Actor's Studio. Debuta en el cine en 1960 como protagonista de una serie de insustanciales y teatrales comedias, *Me casaré contigo, Reajuste matrimonial, Un domingo en Nueva York, Descalzos por el parque* y *Cualquier miércoles*, entre las que rueda las más interesantes *Confidencias de mujer*, de George Cukor; *La jauría humana*, de Arthur Penn, y *La noche deseada*, de Otto Preminger. Su relación sentimental con el mediocre realizador Roger Vadim hace que trabaje con él en las fallidas producciones fran-

FONTAINE, Joan

cesas *Una historia de amor a la francesa, El engaño, Barbarella* e *Historias extraordinarias*. A principios de los años setenta su posición política contra la guerra de Vietnam la lleva a intervenir en las mediocres producciones de denuncia *Angela Davis, portrait d'une révolutionnaire, F. T. A.* y *Material americano,* a la vez que protagoniza y financia los documentales para televisión *Jane Fonda on Vietnam* (1973), de Kjell Thon, e *Introduction to the Enemy* (1974), que también dirige. La película más interesante de su período político es la producción francesa *Todo va bien,* de Jean-Luc Godard, que protagoniza junto a Yves Montand. Durante el resto de la década también rueda las atractivas producciones norteamericanas *Danzad, danzad, malditos,* de Sydney Pollack; *Klute,* de Alan J. Pakula, con la que gana su primer Oscar; *Julia,* de Fred Zinnemann; *El regreso,* de Hal Ashby, por la que consigue su segundo Oscar; y *Llega un jinete libre y salvaje,* de Alan J. Pakula. Remata sus treinta años de carrera cinematográfica con siete producciones entre las que solo destacan *En el estanque dorado,* de Mark Rydell, donde por primera y única vez trabaja con su padre, y *Cartas a Iris,* de Martin Ritt, su última película.

1960 *Tall Story* (Me casaré contigo), de Joshua Logan.
1961 *Walk on the Wild Side* (La gata negra), de Edward Dmytryk.
1962 *Period of Adjustment* (Reajuste matrimonial), de George Roy Hill. / *The Chapman Report* (Confidencias de mujer), de George Cukor.
1963 *In the Cool of the Day* (Amor prohibido), de Robert Stevens.
1964 *Sunday in New York* (Un domingo en Nueva York), de Peter Tewksbury. / *La ronde* (Una historia de amor a la francesa), de Roger Vadim. / *Les félins* (Los felinos), de René Clément.
1965 *Cat Ballou* (La ingenua explosiva), de Elliot Silverstein.
1966 *The Chase* (La jauría humana), de Arthur Penn. / *Any Wednesday* (Cualquier miércoles), de Robert Ellis Miller. / *La curée* (El engaño), de Roger Vadim.
1967 *Hurry Sundown* (La noche deseada), de Otto Preminger. / *Barefoot in the Park* (Descalzos por el parque), de Gene Saks.
1968 *Barbarella,* de Roger Vadim. / *Histoires extraordinaires* (Historias extraordinarias), episodio de Roger Vadim.
1969 *They Shoot Horses, Don't They?* (Danzad, danzad, malditos), de Sydney Pollack.
1970 *Angela Davis, portrait d'une révolutionnaire,* de Yolanda de Luar.
1971 *Klute,* de Alan J. Pakula.
1972 *Free the Army* (F. T. A.), de Francis Parker. / *Tout va bien* (Todo va bien), de Jean-Luc Godard.
1973 *Steelyard Blues* (Material americano), de Alan Myerson. / *A Doll's House* (Chantaje contra una esposa), de Joseph Losey.
1976 *The Blue Bird* (El pájaro azul), de George Cukor.
1977 *Fun With Dick and Jane* (Roba bien sin mirar a quién), de Ted Kotcheff. / *Julia,* de Fred Zinnemann. / *Coming Home* (El regreso), de Hal Ashby.
1978 *Comes a Horseman* (Llega un jinete libre y salvaje), de Alan J. Pakula. / *California Suite,* de Herbert Ross.
1979 *The Electric Horseman* (El jinete eléctrico), de Sydney Pollack. / *The China Syndrome* (El síndrome de China), de James Bridges.
1980 *Nine to Five* (Cómo elegir a su jefe), de Colin Higgins.
1981 *On Golden Pond* (En el estanque dorado), de Mark Rydell. / *Rollover* (Una mujer de negocios), de Alan J. Pakula.
1985 *Agnes of God* (Agnes de Dios), de Norman Jewison.
1986 *The Morning After* (A la mañana siguiente), de Sidney Lumet.
1989 *Old Gringo* (Gringo viejo), de Luis Puenzo.
1990 *Stanley and Iris* (Cartas a Iris), de Martin Ritt.

FONTAINE, Joan *(Joan de Beauvoir de Havilland. Tokio, Japón, 1917)*

Hija de un comerciante irlandés y de la actriz norteamericana Lilian Fontaine, y hermana menor de la también actriz Olivia de Havilland, nace casualmente en Tokio, pero desde los tres años se educa en California. Estudia arte dramático con el gran director alemán de teatro Max Reinhardt, debuta como actriz teatral y es descubierta por un cazatalentos de los estudios R. K. O. durante una representación. Después de intervenir en una docena de películas entre 1937 y 1939, tanto en papeles secundarios, *Olivia, Señorita en desgracia,* como protagonistas, *El duque de West Point, El hombre de la conquista,* destaca por su gran creación en *Mujeres,* de George Cukor. Su gran momento son los años cuarenta cuando trabaja con Alfred Hitchcock en *Rebeca* y *Sospecha,* por la que gana un Oscar; con Robert Stevenson en *Alma rebelde,* y con Max Ophüls en la genial *Carta de una desconocida.* Durante la década de los cincuenta destaca por sus papeles en *Nacida para el* mal, de Nicholas Ray; *September Affair*, de William Dieterle; *Cariño, ¿por qué lo hiciste?*, de Mitchell Leisen; *Ivanhoe*, de Richard Thorpe; *The Bigamist*, de Ida Lupino, y *Más allá de la duda*, de Fritz Lang. Prácticamente retirada desde principios de los años sesenta, con posterioridad trabaja sobre todo en televisión.

1935 *No More Ladies* (No más mujeres), de Edward H. Griffith.
1937 *The Man Who Found Himself*, de Lew Landers. / *Quality Street* (Olivia), de George Stevens. / *Music for Madame* (La quimera de Hollywood), de John G. Blystone. / *You Can't Beat Love*, de William C. Cabanne. / *A Damsel in Distress* (Señorita en desgracia), de George Stevens. / *A Million to One*, de Lynn Shores.
1938 *Maid's Night Out* (El rapto de Laura), de Stuart Holmes. / *Blonde Cheat*, de Joseph Stanley. / *Sky Giant*, de Law Landers.
1939 *The Duke of West Point* (El duque de West Point), de Alfred E. Green. / *Gunga Din*, de George Stevens. / *Man of Conquest* (El hombre de la conquista), de George Nichols. / *The Women* (Mujeres), de George Cukor.
1940 *Rebecca* (Rebeca), de Alfred Hitchcock.
1941 *Suspicion* (Sospecha), de Alfred Hitchcock.
1942 *This Above All* (Sé fiel a ti mismo), de Anatole Litvak.
1943 *The Constant Nymph* (La ninfa constante), de Edmund Goulding.
1944 *Jane Eyre* (Alma rebelde), de Robert Stevenson. / *Frenchman's Creek* (El pirata y la dama), de Mitchell Leisen.
1945 *The Affairs of Susan* (Mis cuatro amores), de William A. Seiter.
1946 *From This Day Forward* (De hoy en adelante), de John Berry.
1947 *Ivy* (Abismo), de Sam Wood.
1948 *The Emperor Waltz* (El vals del emperador), de Billy Wilder. / *Letter From an Unknown Woman* (Carta de una desconocida), de Max Ophüls. / *Kiss the Blood Off My Hands* (Sangre en las manos), de Norman Foster. / *You Gotta Stay Happy* (¡Viva la vida!), de H. C. Potter.
1950 *Born to Be Bad* (Nacida para el mal), de Nicholas Ray.
1951 *September Affair*, de William Dieterle. / *Darling How Could You!* (Cariño, ¿por qué lo hiciste?), de Mitchell Leisen.
1952 *Something to Live For*, de George Stevens. / *Ivanhoe*, de Richard Thorpe. / *Othello* (Otelo), de Orson Welles.
1953 *Decameron Nights* (Tres historias de amor), de Hugo Fregonese. / *Flight to Tangier*, de Charles Marquis Warren. / *The Bigamist*, de Ida Lupino.
1954 *Casanova's Big Night* (La gran noche de Casanova), de Norman Z. McLeod.
1956 *Serenade* (Dos pasiones y un amor), de Anthony Mann. / *Beyond a Reasonable Doute* (Más allá de la duda), de Fritz Lang.
1957 *Island in the Sun* (Una isla en el sol), de Robert Rossen. / *Until They Sail* (Mujeres culpables), de Robert Wise.
1958 *A Certain Smile* (Una cierta sonrisa), de Jean Negulesco.
1961 *Voyage to the Bottom of the Sea* (Viaje al fondo del mar), de Irwin Allen. / *Tender Is the Night* (Suave es la noche), de Henry King.
1966 *The Devil's Own* (Las brujas), de Cyril Frankel.

FORAJIDO, EL *(The Outlaw, 1943)*

A pesar de que William Boney (Jack Beutel), alias Billy «the Kid», le quita a Dod Holliday (Walter Huston) su caballo *Red* y a su chica, Rea McDonald (Jane Russell), se hacen amigos y este le ayuda a escapar de las manos del *sheriff* Pat Garrett (Thomas Mitchell), que se siente celoso de su amistad, mientras son perseguidos por los indios mescaleros. Lo más curioso de esta historia no es la confusa sexualidad de sus tres protagonistas masculinos, sino la profunda misoginia con que está narrada, que hace que los protagonistas se enfrenten por un caballo y no por la mujer, a quien no hacen el menor caso. Resuelta en largas escenas, con abundante diálogo y una mínima acción, esta única incursión del multimillonario productor Howard Hughes en el terreno de la dirección, tras pelearse con el realizador Howard Hawks a los diez días de rodaje, solo se ha quedado anticuada en el terreno erótico. Tanto porque los pechos de su protegida Jane Russell, que debuta en esta película, no son tan grandes como se dijo en su momento, como porque las escenas eróticas —la pelea inicial entre ellos, cuando ella se mete en su cama para calentarlo porque está enfermo y las dos acostadas— están mucho más insinuadas que mostradas. Sin embargo, en el momento de su estreno provoca un gran escándalo, tiene problemas con las censuras de medio mundo y es prohibida por las del otro medio, dado el puritanismo de la época.

Director: *Howard Hughes*. Guionista: *Jules Furthman*. Fotografía: *Gregg Toland*. Música: *Victor Young*. Intérpretes: *Jack Beutel, Jane Russell, Thomas Mitchell, Walter Huston*. Producción: *Howard Hughes*. Duración: *126'. Estados Unidos*.

FORAJIDOS *(The Killers, 1946)*

La breve narración *Los asesinos*, de Ernest Hemingway, donde su conocido personaje juvenil Nick Adams se enfrenta por primera vez con un hecho violento, es origen de dos producciones de los estudios Universal muy diferentes, separadas por casi veinte años, pero igualmente atractivas. Esta primera es una producción de Mark Hellinger con un guión firmado por Anthony Veiller, pero en realidad escrito por los también realizadores Richard Brooks y John Huston, y dirigida con brillantez y tonalidades expresionistas por el exiliado alemán Robert Siodmak, que la convierte en un clásico del cine negro, donde debuta Burt Lancaster y se consagra Ava Gardner. Tras un prólogo donde Pete Lunn (Burt Lancaster) es asesinado en un perdido pueblo, narra cómo James Reardon (Edmon O'Brien), detective de una compañía de seguros, investiga su pasado, descubre que deja el boxeo, se une a la banda de Jim Colfax (Albert Dekker) y comete el error de enamorarse de su atractiva chica Kitty Collins (Ava Gardner), mientras resuelve el caso del atraco a una fábrica ocurrido unos años antes. Realizada con gran habilidad por Robert Siodmak a través de una original estructura que encadena una sucesión de *flashbacks* que mantienen el punto de vista de cada uno de los personajes que los origina, destaca el largo plano secuencia que describe el atraco. La segunda, *Código del hampa* (1964), está producida y dirigida por Don Siegel y protagonizada por John Cassavetes, Lee Marvin y Angie Dickinson. Rodada originalmente para televisión, su buen acabado y su violencia hacen que finalmente sea explotada en salas. No llega a la altura de la original, pero tiene bastante interés.

Director: *Robert Siodmak*. Guionista: *Anthony Veiller*. Fotografía: *Elwood Bredell*. Música: *Miklos Rozsa*. Intérpretes: *Burt Lancaster, Edmond O'Brien, Ava Gardner, Albert Dekker, Sam Levene, John Mijan*. Producción: *Mark Hellinger para Universal*. Duración: *105'. Estados Unidos*.

FORD, Glenn *(Gwyllyn Samuel Newton. Quebec, Canadá, 1916)*

A los ocho años se traslada a California, estudia en la High School de Santa Mónica y en 1935 debuta como actor de teatro. Su primera película es una producción de los estudios 20th Century Fox, pero en seguida pasa a los estudios Columbia, donde permanece dieciocho años y para los que hace unas cincuenta películas. Encasillado en *westerns* de bajo presupuesto, interrumpe su irregular trayectoria profesional para combatir en la marina durante la II Guerra Mundial. A pesar de hacerse famoso abofeteando a Rita Hayworth en *Gilda*, de Charles Vidor, no vuelve a tener éxito en las películas que la pareja protagoniza después, *Los amores de Carmen* y *La dama de Trinidad*, ni en la mayoría de las que interpreta en los años cincuenta. De esta etapa de su carrera solo pueden destacarse los policiacos *Los sobornados* y *Deseos humanos*, de Fritz Lang; la historia de denuncia social *Semilla de maldad*, de Richard Brooks, y los *westerns* de Delmer Daves *Jubal, El tren de las 3.10* y *Cowboy*. Entre 1959 y 1970 permanece en los estudios Metro-Goldwyn-Mayer, donde alterna obras de más interés de Vincente Minnelli, *Los cuatro jinetes del Apocalipsis* y *El noviazgo del padre de Eddie*, y de Anthony Mann, *Cimarrón*, con torpes comedias sin interés firmadas por George Marshall. En la última etapa de su muy desigual carrera alterna la televisión con irregulares películas donde hace papeles secundarios.

1940 *Heaven With a Barbed Wire Fence*, de Ricardo Cortez. / *My Son Is Guilty*, de Charles T. Barton. / *Men Without Souls*, de Nick Grinde. / *Convicted Woman*, de Nick Grinde. / *Babies for Sale*, de Charles T. Barton. / *Blondie Pays Cupid*, de Frank Strayer. / *The Lady in Question*, de Charles Vidor.
1941 *So Ends Our Night*, de John Cromwell. / *Texas*, de George Marshall. / *Go West Young Lady*, de Frank Strayer.
1942 *The Adventures of Martin Eden* (El barco de la muerte), de Sydney Salkow. / *Flight Lieutenant*, de Sydney Salkow.
1943 *The Desperadoes* (Los desesperados), de Charles Vidor. / *Destroyer*, de William A. Seiter. / *A Stolen Life* (Una vida robada), de Curtis Bernhardt.
1946 *Gilda*, de Charles Vidor. / *Gallant Journey*, de William A. Wellman.
1947 *Framed* (Paula), de Richard Wallace.
1948 *The Mating of Millie*, de Henry Levin. / *The Loves of Carmen* (Los amores de Carmen), de Charles Vidor. / *The Return of October* (Tío Willie), de Joseph H. Lewis. / *The Man From Colorado* (El hombre de Colorado), de Henry Levin.
1949 *The Undercover Man* (Relato criminal), de Joseph H. Lewis. / *Lust for Gold*, de S. Sylvan Simon. / *Mr. Soft Touch*, de Henry Levin. / *The Doctor and the Girl*, de Curtis Bernhardt.

1950 *The Redhead and the Cowboy*, de Leslie Fenton. / *The White Tower* (La montaña trágica), de Ted Tetzlaff. / *Convicted* (Drama en presidio), de Henry Levin. / *The Flying Missile*, de Henry Levin.
1951 *Follow the Sun*, de Sidney Lanfield. / *The Secret of Convict Lake*, de Michael Gordon.
1952 *The Green Glove* (El guantelete verde), de Rudolph Maté. / *Young Man With Ideas*, de Mitchell Leisen. / *Affair in Trinidad* (La dama de Trinidad), de Vincent Sherman.
1953 *Terror on a Train*, de Ted Tetzlaff. / *The Man From Alamo* (El desertor de El Álamo), de Budd Boetticher. / *Plunder of the Sun*, de John Farrow. / *The Big Heat* (Los sobornados), de Fritz Lang. / *Appointment in Honduras* (Cita en Honduras), de Jacques Tourneur.
1954 *Human Desire* (Deseos humanos), de Fritz Lang.
1955 *The Americano* (El americano), de William Castle. / *The Violent Men* (Hombres violentos), de Rudolph Maté. / *The Blackboard Jungle* (Semilla de maldad), de Richard Brooks. / *Interrupted Melody* (Melodía interrumpida), de Curtis Bernhardt. / *Trial* (La furia de los justos), de Mark Robson.
1956 *Ransom!* (Rapto), de Alex Segal. / *Jubal*, de Delmer Daves. / *The Teahouse of the August Moon* (La casa de té de la Luna de Agosto), de Delbert Mann. / *The Fastest Gun Alive* (Llega un pistolero), de Russell Rouse.
1957 *3:10 to Yuma* (El tren de las 3.10), de Delmer Daves. / *Don't Go Near the Water* (¡Vaya marineros!), de Charles Walters.
1958 *Cowboy*, de Delmer Daves. / *The Sheepman* (Furia en el valle), de George Marshall. / *Imitation General*, de George Marshall. / *Torpedo Run* (El último torpedo), de Joseph Pevney.
1959 *It Started With a Kiss* (Empezó con un beso), de George Marshall.
1960 *Cimarron*, de Anthony Mann. / *The Gazebo* (Un muerto recalcitrante), de George Marshall.
1961 *Cry for Happy* (La casa de las tres geishas), de George Marshall. / *Pocketful of Miracles* (Un gángster para un milagro), de Frank Capra.
1962 *The Four Horsemen of the Apocalypse* (Los cuatro jinetes del Apocalipsis), de Vincente Minnelli. / *Experiment in Terror* (Chantaje contra una mujer), de Blake Edwards.
1963 *Love Is a Ball* (Ese desinteresado amor), de David Swift. / *The Courtship of Eddie's Father* (El noviazgo del padre de Eddie), de Vincente Minnelli.
1964 *Advance to the Rear* (La furia de los cobardes), de George Marshall. / *Dear Heart*, de Delbert Mann. / *Fate Is the Hunter* (Pasos del destino), de Ralph Nelson.
1965 *The Rounders* (Los desbravadores), de Burt Kennedy.
1966 *Rage*, de Gilberto Gazcón. / *The Money Trap* (La trampa del dinero), de Burt Kennedy. / *Paris brûle-t-il?* (¿Arde París?), de René Clément.
1967 *The Last Challenge* (Duelo a muerte en Río Rojo), de Richard Thorpe. / *A Time for Killing* (La cabalgata de los malditos), de Phil Karlson.
1968 *Day of the Evil Gun*, de Jerry Thorpe.
1969 *Heaven With a Gun* (Un paraíso a golpes de revólver), de Lee H. Katzin. / *Smith!*, de Michael O'Herlihy.
1971 *Santee* (Tres flechas), de Gary Nelson.
1976 *Midway* (La batalla de Midway), de Jack Smight.
1978 *Superman*, de Richard Donner.
1979 *The Visitor* (El visitante del más allá), de Giulio Paradisi.
1980 *Virus* (Exterminio), de Kinji Fukasaku.
1981 *Happy Birthday to Me* (Cumpleaños mortal), de J. Lee Thompson.
1990 *Border Shootour*, de C. J. McIntyre.

FORD, Harrison *(Chicago, Illinois, Estados Unidos, 1942)*

Abandona sus estudios de filosofía y literatura inglesa para trasladarse a Los Ángeles y empezar a hacer pequeños papeles en televisión y cine, mientras trabaja como camarero, dependiente y carpintero. Gracias a la amistad que nace entre el productor y director George Lucas y él durante el rodaje de *American Graffiti*, interviene en papeles secundarios en *La conversación* y *Apocalypse Now*, de Francis Ford Coppola; protagoniza la serie de ciencia ficción integrada por *La guerra de las galaxias*, *El imperio contraataca* y *El retorno del Jedi*, y se convierte en una estrella al encarnar al arqueólogo aventurero Indiana Jones en la serie formada por *En busca del arca perdida*, *Indiana Jones y el templo maldito* e *Indiana Jones y la última cruzada*, de Steven Spielberg. Sin embargo, fracasa como actor romántico en *La calle del adiós* y en las comedias *El rabino y el pistolero* y *Armas de mujer*. Convertido en héroe de películas de acción, destaca su trabajo en la historia de ciencia ficción *Blade Runner* y los policiacos *Único testigo* y *Frenético*.

1966 *Death Heat on a Merry-Go-Round* (Ladrón y amante), de Bernard Girard.
1967 *Luv* (Luv... quiere decir amor), de Clive Donner. / *A Time for Killing* (La cabalgata de los malditos), de Phil Karlson. / *Journey to Shiloh*, de William Hale.

1970 *Getting Straight* (Camino recto), de Richard Rush.
1973 *American Graffiti,* de George Lucas.
1974 *The Conversation* (La conversación), de Francis Ford Coppola.
1977 *Star Wars* (La guerra de las galaxias), de George Lucas. / *Heroes* (Tan solo héroes), de Jeremy Paul Kagan.
1978 *Force Ten From Navarone* (Fuerza diez de Navarone), de Guy Hamilton. / *Hanover Street* (La calle del adiós), de Peter Hyams.
1979 *Apocalypse Now,* de Francis Ford Coppola. / *The Frisco Kid* (El rabino y el pistolero), de Robert Aldrich.
1980 *The Empire Strikes Back* (El imperio contraataca), de Irvin Kershner.
1981 *Raiders of the Lost Ark* (En busca del arca perdida), de Steven Spielberg.
1982 *Blade Runner,* de Ridley Scott.
1983 *Return of the Jedi* (El retorno del Jedi), de Richard Marquand.
1984 *Indiana Jones and the Temple of Doom* (Indiana Jones y el templo maldito), de Steven Spielberg.
1985 *Witness* (Único testigo), de Peter Weir.
1986 *The Mosquito Coast* (La costa de los mosquitos), de Peter Weir.
1988 *Frantic* (Frenético), de Roman Polanski. / *Working Girl* (Armas de mujer), de Mike Nichols.
1989 *Indiana Jones and the Last Crusade* (Indiana Jones y la última cruzada), de Steven Spielberg.
1990 *Presumed Innocent* (Presunto inocente), de Alan J. Pakula.
1991 *Regarding Henry* (A propósito de Henry), de Mike Nichols.
1992 *Patriot Games* (Juego de patriotas), de Philip Noyce.
1993 *The Fugitive* (El fugitivo), de Andrew Davis.
1994 *Clear and Present Danger* (Peligro inminente), de Phillip Noyce.
1995 *Sabrina,* de Sydney Pollack.

FORD, John *(John Sean Aloysius O'Feeny. Cape Elizabeth, Maine, 1895-Palm Springs, California, Estados Unidos, 1973)*

Hijo menor de trece hermanos de una familia de emigrantes irlandeses, después de ejercer diferentes oficios, en 1914 comienza a trabajar en cine gracias a su hermano Francis Ford, que ya es actor y realizador. Tras desempeñar distintos cometidos, en especial ayudante de dirección de Allan Dwan y David W. Griffith, en 1917 es contratado por los estudios Universal para escribir y dirigir *westerns* protagonizados por Harry Carey, entre los que destacan *A prueba de balas, The Outcasts of Poker Flat, La fuerza de las circunstancias* y *Caminos de desesperación*. A principios de los años veinte comienza a trabajar para el productor William Fox en encargos que no le interesan demasiado, pero también en trabajos personales que tienen éxito, como *El caballo de hierro, Tres hombres malos, Cuatro hijos* y *El legado trágico,* su primera película sobre temas irlandeses. Durante el período mudo rueda cincuenta y dos largometrajes, la mayoría *westerns* de bajo presupuesto y corta duración, con los que adquiere la solidez narrativa sobre la que se asienta su impresionante obra. A comienzos del sonoro tiene repercusión la trilogía sobre las formas de vida norteamericana protagonizada por Will Rogers e integrada por *Doctor Bull, El juez Priest* y *Steamboat Round the Bend;* además de *Peregrinos, La patrulla perdida,* su primer éxito de crítica, *Pasaporte a la fama* y *Prisionero del odio*. A lo largo de cincuenta años dirige ciento trece largometrajes, pero aunque es internacionalmente conocido como gran creador de *westerns* y por su famosa frase «Me llamo John Ford y hago *westerns*», que define muy bien su manera de enfrentarse a la profesión y a la vida, en Estados Unidos es más apreciado por sus obras dramáticas *El delator,* historia irlandesa basada en una novela de Lian O'Flaherty; *Las uvas de la ira,* relato realista sobre la Depresión económica, adaptado de la novela homónima de John Steinbeck; *Hombres intrépidos,* basada en cuatro relatos cortos de ambiente marinero de Eugene O'Neill; *La ruta del tabaco,* adaptación de una novela de Erskine Caldwell sobre la mísera vida de algunas gentes de Georgia; *¡Qué verde era mi valle!,* retrato de una zona minera de Gales, realizado a partir de una novela de Richard Llewellyn; y *El hombre tranquilo,* sobre un boxeador norteamericano que regresa a la Irlanda de sus antepasados, con guión original de Frank S. Nugent. Estas excelentes producciones, con las que consigue varios Oscars, le muestran como un sabio y versátil realizador, mientras, cimenta su prestigio como director de *westerns* con *La diligencia,* donde descubre el Monument Valley, escenario imprescindible para su cine; *Corazones indomables,* que marca su encuentro con el color, y *Pasión de los fuertes,* que sientan las bases del *western* moderno; sin olvidar la trilogía sobre la caballería norteamericana formada por *Fort Apache, La legión invencible* y *Río Grande*. Mientras tanto, la II Guerra Mundial le hace alistarse en la marina en 1941 con el grado de teniente y le permite realizar interesantes documentales y licenciarse cuatro años después como almirante. Uno de los mejores períodos de su carrera son los años cincuenta por rodar los *westerns* geniales *Caravana de paz, Centauros del desierto, Misión de audaces, El sargento negro, Dos cabalgan juntos* y la declaración de principios donde brilla con todo esplendor su personal, depurado y sutil estilo narrativo, *El hombre que mató a Liberty Valance*. También hay que citar entre sus últimas producciones *El último hurra,* personal consideración sobre la política norteamericana, *El gran combate,* un ambicioso *western* a favor de los indios cheyenne, en alguna medida frustrado por problemas de producción, y *Siete mujeres,* sobre los últimos momentos de una misión norteamericana en China integrada por mujeres, una obra claustrofóbica, rodada en estudio, que cierra su brillante filmografía.

1917 *Straight Shooting* (A prueba de balas). / *The Secret Man* (Hombre entre hombres). / *A Marked Man* (Bajo sentencia de muerte). / *Bucking Broadway.*
1918 *The Phantom Riders* (Bajo la máscara). / *Wild Women.* / *Thieves' Gold.* / *The Scarlet Drop* (La gota de sangre). / *Hell Bent* (El barranco del diablo). / *A Woman's Fool* (La envenenada). / *Three Mounted Men* (Lealtad).
1919 *Roped* (Hombres sin armas). / *A Fight for Love* (El contrabandista). / *Bare Fists* (Deuda pagada). / *Riders of Vengeance* (El jinete vengador). / *The Outcasts of Poker Flat.* / *The Ace of the Saddle* (El jinete de hierro). / *The Rider of the Law.* / *A Gun Fightin Gentleman* (El hombre de las pistolas de oro). / *Marked Man* (La fuerza de las circunstancias).
1920 *The Prince of Avenue A.* / *The Girl in Number 29* (La joven del cuarto 29). / *Hitchin' Post* (Ligaduras de hierro). / *Just Pals* (Buenos amigos).
1921 *The Big Punch* (Manos de hierro). / *The Freeze Out.* / *The Wallop* (El golpe). / *Desperate Trails* (Caminos de desesperación). / *Action* (Acción enérgica). / *Sure Fire.* / *Jackie* (Juanita).
1922 *Little Miss Smiles* (La señorita sonrisas). / *Silver Wings.* / *The Village Blacksmith* (El herrero de la aldea).
1923 *The Face on the Barroom Floor.* / *Three Jumps Ahead* (Venciendo abismos). / *Cameo Kirby* (Sota, caballo y rey). / *North of Hudson Bay* (La jornada de la muerte). / *Hoodman Blind.*
1924 *The Iron Horse* (El caballo de hierro). / *Hearts of Oak.*
1925 *Lightnin'* (Don Pancho). / *Kentucky Pride* (Sangre de pista). / *The Fighting Heart* (Corazón intrépido). / *Thank You* (Con gracias a porfía).
1926 *The Shamrock Handicap* (La hoja del trébol). / *Three Bad Men* (Tres hombres malos). / *The Blue Eagle* (El águila azul).
1927 *Upstream* (Ser o no ser).
1928 *Mother Machree* (¡Madre mía!) / *Four Sons* (Cuatro hijos). / *Hangman's House* (Legado trágico). / *Riley the Cop* (Policías sin esposa).
1929 *Strong Boy* (¡Viva la ambición!) / *The Black Watch* (Shari, la hechicera) / *Salute* (El triunfo de la audacia).
1930 *Men Without Women* (Tragedias submarinas). / *Born Reckless* (El intrépido). / *Up the River* (Río arriba).
1931 *Seas Beneath* (Mar de fondo). / *The Brat* (La huerfanita). / *Arrowsmith* (El doctor Arrowsmith).
1932 *Air Mail* (Hombres sin miedo). / *Flesh* (Carne).
1933 *Pilgrimage* (Peregrinos). / *Doctor Bull.*
1934 *The Lost Patrol* (La patrulla perdida). / *The World Moves On* (Paz en la tierra). / *Judge Priest* (El juez Priest).
1935 *The Whole Town's Talking* (Pasaporte a la fama). / *The Informer* (El delator). / *Steamboat Round the Bend.*
1936 *The Prisoner of Shark Island* (Prisionero del odio). / *Mary of Scotland* (María Estuardo). / *The Plough and the Stars* (La Osa Mayor y las estrellas).
1937 *Wee Willie Winkie* (La mascota del regimiento). / *The Hurricane* (Huracán sobre la isla).
1938 *Four Men and a Prayer.* / *Submarine Patrol.*
1939 *Stagecoach* (La diligencia). / *Young Mr. Lincoln* (El joven Lincoln). / *Drums Along the Mohawk* (Corazones indomables).
1940 *The Grapes of Wrath* (Las uvas de la ira). / *The Long Voyage Home* (Hombres intrépidos).
1941 *Tobacco Road* (La ruta del tabaco). / *How Green Was My Valley* (¡Qué verde era mi valle!).
1945 *They Were Expendable.*
1946 *My Darling Clementine* (Pasión de los fuertes).
1947 *The Fugitive* (El fugitivo).
1948 *Fort Apache.*
1949 *She Wore a Yellow Ribbon* (La legión invencible). / *Three Godfathers.*
1950 *When Willie Comes Marching Home* (Bill, qué grande eres). / *Wagon Master* (Caravana de paz). / *Río Grande.*
1952 *What Price Glory* (El precio de la gloria). / *The Quiet Man* (El hombre tranquilo).
1953 *The Sun Shines Bright* (El sol siempre brilla en Kentucky). / *Mogambo.*
1955 *The Long Gray Line* (Cuna de héroes). / *Mister Roberts* (Escala en Hawai).

1956 *The Searchers* (Centauros del desierto).
1957 *The Wings of Eagles* (Escrito bajo el sol). / *The Rising of the Moon* (La salida de la Luna).
1958 *The Last Hurrah* (El último hurra). / *Gideon of Scotland Yard* (Un crimen por hora).
1959 *The Horse Soldiers* (Misión de audaces).
1960 *Sergeant Rutledge* (El sargento negro).
1961 *Two Rode Together* (Dos cabalgan juntos).
1962 *The Man Who Shot Liberty Valance* (El hombre que mató a Liberty Valance). / *Civil War* (La guerra civil), episodio de *How the West Was Won* (La conquista del Oeste).
1963 *Donovan's Reef* (La taberna del irlandés).
1964 *Cheyenne Autumn* (El gran combate).
1966 *Seven Women* (Siete mujeres).

FORMAN, Milos *(Caslav, Checoslovaquia, 1932)*

Hijo de un judío y una protestante, sus padres mueren en el campo de concentración de Auschwitz y es educado por un tío. Estudia música y canto y dirección en la F. A. M. U., la escuela de cine de Praga, mientras escribe algunos guiones y trabaja como ayudante de dirección, en especial con Alfred Radok en el espectáculo *Laterna Magika*. Tras rodar un par de cortometrajes, con la ayuda del director de fotografía Miroslav Ondricek y del guionista Ivan Passer, crea un peculiar estilo de comedia basado en la observación de la vida cotidiana, la naturalidad de los actores y el desarrollo de largas escenas, en *El as de pic, Los amores de una rubia* y *¡Al fuego, bomberos!*, que le dan a conocer internacionalmente. Cuando este estilo se ha convertido en fórmula, la invasión soviética de Checoslovaquia, en el verano de 1968, le hace exiliarse junto con sus colaboradores. Tras una breve estancia en Francia, donde conoce al guionista Jean-Claude Carrière, con quien trabaja en repetidas ocasiones, se instala en Estados Unidos, donde rueda *Juventud sin esperanzas*, una comedia que enfrenta a padres e hijos por el tema de la contracultura, exacta continuación de sus experiencias checoslovacas. Gracias a la obstinación del actor y productor Michael Douglas, rueda *Alguien voló sobre el nido del cuco*, adaptación de la novela homónima de Ken Kessey sobre el simbólico enfrentamiento entre locos y enfermeros en un manicomio, que gana un buen número de Oscars. A pesar de su éxito transcurren cuatro años antes de que realice el musical *Hair*, adaptación de la comedia *hippie* con música de Galt MacDermot y texto de Gerome Ragni y James Rabo, pero es un fracaso al haberse quedado anticuada y faltarle habilidad para el género. La última parte de esta particular trilogía sobre la sociedad norteamericana es *Ragtime*, demasiado esquemática versión de la novela de E. L. Doctorow situada en los locos años veinte. Regresa a su país para rodar con capital norteamericano *Amadeus*, adaptación de la obra teatral de Peter Shaffer sobre las duras relaciones entre los compositores Mozart y Salieri en la Viena del siglo XVIII, que vuelve a tener un gran éxito y a conseguir múltiples Oscars. De nuevo no se aprovecha de él y pasan cinco años antes de realizar *Valmont*, impecable adaptación de la novela erótica de época *Las amistades peligrosas*, de Choderlos de Laclos, pero la rueda al mismo tiempo que Stephen Frears dirige otra versión y se estrena después, lo que supone un obstáculo para su carrera comercial.

1963 *Cerny Petr* (El as de pic).
1965 *Lásky jedné plavovlásky* (Los amores de una rubia).
1967 *Hori, ma panenko!* (¡Al fuego bomberos!).
1971 *Taking Off* (Juventud sin esperanzas).
1972 *Visions of Eight*.
1975 *One Flew Over the Cuckoo's Nest* (Alguien voló sobre el nido del cuco).
1979 *Hair*.
1981 *Ragtime*.
1984 *Amadeus*.
1989 *Valmont*.

FOSSE, Bob *(Chicago, Illinois, 1925-Washington, Estados Unidos, 1987)*

Hijo del actor y cantante Cyril Fosse, desde niño conoce el mundo del espectáculo. En 1948 debuta como bailarín en teatro y cinco años después en cine; tras hacer destacados papeles en *Bésame, Kate* (Kiss Me, Kate, 1953), de George Sidney, y *Tres chicas con suerte* (Give a Girl a Break, 1953), de Stanley Donen, protagoniza y hace la coreografía de *Mi hermana Elena* (My Sister Eileen, 1955), de Richard Quine, pero sin abandonar nunca su actividad teatral, donde llega a brillar todavía más que en cine. Deja el trabajo de bailarín, que sólo retoma esporádicamente, para repetir en cine sus éxitos coreográficos de Broadway con *The Pajama Game* (1957) y *Damn Yankees* (1958), de Stanley Donen y George Abbott. Después de ver cómo sus grandes éxitos de Broadway *Bells Are Ringing* y *How to Succeed in Business Without Really Trying* son convertidos por Vincente Minnelli y David Swift respectivamente en los malos musicales *Suena el teléfono* (1960) y *Cómo triunfar sin dar golpe* (1967), decide hacer la misma operación personalmente con *Sweet Charity*, versión de Neil Simon de *Las noches de Cabiria* (Le notti di Cabiria, 1957), de Federico Fellini, que se convierte en el nada brillante musical *Noches de la ciudad*. Sus grandes éxitos cinematográficos son *Cabaret*, un musical directamente realizado para el cine a partir de la novela *Adiós a Berlín*, de Christopher Isherwood, que gana varios Oscars, y *Empieza el espectáculo*, un musical autobiográfico que también escribe con una gran influencia de *Fellini, ocho y medio* (Otto e mezzo, 1963), de Federico Fellini, con el que obtiene la Palma de Oro del Festival de Cannes, pero ambos demuestran que es mucho mejor coreógrafo que realizador. Lejos del musical también dirige *Lenny*, desigual biografía del hombre del espectáculo Lenny Bruce, y *Star 80*, sobre los últimos años de la vida de Dorothy Stratten, una bella modelo de la revista *Playboy*, mientras continúan sus grandes éxitos musicales en Broadway.

1969 *Sweet Charity* (Noches de la ciudad).
1972 *Cabaret*.
1974 *Lenny*.
1979 *All That Jazz* (Empieza el espectáculo).
1982 *Star 80*.

FOSTER, Jodie *(Alicia Christian. Los Ángeles, California, 1962)*

A los tres años debuta como modelo infantil en un anuncio del bronceador Coppertone. Estudia en el Liceo Francés de Los Ángeles y a los diez años rueda su primera película, *Napoleon and Samantha*, una producción infantil donde encarna a la protagonista. Entre los trabajos de esta primera etapa de su carrera destacan los que hace con el director Martin Scorsese, *Alicia ya no vive aquí* y *Taxi Driver*, por la que gana un Oscar como actriz secundaria, además del peculiar musical interpretado por niños *Bugsy Malone*. Su dominio del francés y su estancia en Europa a finales de los años setenta y principios de los ochenta la llevan a hacer *Le sang des autres*, de Claude Chabrol. De nuevo instalada en Estados Unidos, finalizados sus estudios en la Universidad de Yale, no tiene ningún problema para proseguir su carrera e incluso ganar otros dos Oscars por los irregulares policiacos *Acusadas* y *El silencio de los corderos*. Convertida en una estrella, debuta como directora con *El pequeño Tate*, donde, con evidentes referencias autobiográficas, narra la historia de un niño superdotado, a la que sigue la irregular historia familiar *A casa por vacaciones*.

Como directora
1990 *Little Man Tate* (El pequeño Tate).
1995 *Home for Holidays* (A casa por vacaciones).

Como actriz
1972 *Napoleon and Samantha*, de Bernard McEveety. / *Kansas City Bomber*, de Jerrold Freedman.
1973 *Tom Sawyer* (Las aventuras de Tom Sawyer), de Don Taylor. / *One Little Indian*, de Bernard McEveety.
1975 *Alice Doesn't Live Here Anymore* (Alicia ya no vive aquí), de Martin Scorsese. / *Echoes of a Summer* (Ecos de un verano), de Don Taylor.
1976 *Taxi Driver*, de Martin Scorsese. / *Bugsy Malone*, de Alan Parker. / *Freaky Friday*, de Gary Nelson. / *Une petite fille au bout du chemin*, de Nicolas Gessner.
1977 *Moi, fleur bleue*, de Eric Le Hung. / *Il casotto* (La caseta de la risa), de Sergio Citti. / *Candleshoe*, de Norman Tokar.
1978 *Movies Are My Life*, de Peter Haydon.
1980 *Foxes* (Zorras), de Adrian Lyne. / *Carry*, de Robert Kaylor.
1982 *O'Hara's Wife*, de William Bartman.
1983 *Le sang des autres*, de Claude Chabrol.
1984 *The Hotel New Hampshire* (El Hotel New Hampshire), de Tony Richardson. / *Mesmerized*, de Michael Laughlin.
1987 *Five Corners* (Cinco esquinas), de Tony Bill. / *Siesta*, de Mary Lambert.
1988 *Stealing Home*, de Will Aldis y Steven Kampmann. / *The Accused* (Acusadas), de Jonathan Kaplan.
1989 *Backtrack* (Camino de retorno), de Dennis Hopper.
1990 *Little Man Tate* (El pequeño Tate), de Jodie Foster.
1991 *The Silence of the Lambs* (El silencio de los corderos), de Jonathan Demme.
1992 *Sommersby*, de Jon Amiel. / *Shadows and Fog* (Sombras y niebla), de Woody Allen.
1994 *Maverick*, de Richard Donner. / *Nell*, de Michael Apted.

FRÁGIL VOLUNTAD, LA *(Sadie Thompson, 1928)*

La conocida novela del famoso escritor William Somerset Maugham da lugar a tres películas norteamericanas muy distintas. La producción Columbia en Technicolor *La bella del Pacífico* (Miss Sadie Thompson, 1953), de Curtis Bernhardt, con Rita Hayworth, José Ferrer y Aldo Ray, rodada en 3-D (relieve) y sazonada con algunas canciones, pero muy edulcorada debido a la rígida censura de la época. La producción United Artists *Lluvia* (Rain, 1932), escrita por el dramaturgo Maxwell Anderson, dirigida con eficacia por Lewis Milestone y con un buen reparto encabezado por Joan Crawford, Walter Huston y William Gargan. Y esta versión producida y protagonizada por Gloria Swanson y dirigida e interpretada por Raoul Walsh, que no solo es la mejor de las tres, sino también la que más éxito tiene. Narra los trágicos amores entre la prostituta Sadie Thompson (Gloria Swanson), expulsada de San Francisco e instalada en una isla del Pacífico, y el marinero Tim O'Hara (Raoul Walsh), entre los que se interpone el sacerdote Alfred Arkinson (Lionel Barrymore).

Director: *Raoul Walsh*. Guionista: *C. Gardner Sullivan*. Fotografía: *George Barnes, Robert Kurrie*. Intérpretes: *Gloria Swanson, Lionel Barrymore, Blanche Frederici, Charles Lane, Florence Midgley, Raoul Walsh*. Producción: *Gloria Swanson*. Duración: *95'. Estados Unidos*.

FRANCISCO, JUGLAR DE DIOS (*Francesco giullare di Dio*, 1950)

La vida de Francisco de Asís y su libro *Las florecillas de san Francisco*, un clásico de la literatura italiana, son origen de muy diferentes películas. Entre ellas destacan la producción norteamericana *Francisco de Asís* (Francis of Assisi, 1961), de Michael Curtiz, con Bradford Dillman y Dolores Hart; las italianas *Francesco d'Assisi* (1966), protagonizada por Lou Castel y el realizador Marco Bellocchio, y *Francesco* (1989), protagonizada por el norteamericano Mickey Rourke y la británica Helena Bonham Carter, ambas dirigidas por Liliana Cavani; y la coproducción entre Italia y el Reino Unido *Hermano Sol, hermano Luna* (Fratello Sole, sorella Luna, 1972), de Franco Zeffirelli, con Graham Faulkner y Judi Browker. Aunque la mejor, con gran diferencia, es esta producción, dirigida con tanta austeridad como autenticidad por Roberto Rossellini, dentro de la ortodoxia neorrealista. A través de once episodios, con su título correspondiente, que narran otras tantas mínimas anécdotas, Rossellini hace la más simple de las películas basadas en la vida del santo de Asís. Sin embargo, no pretende narrar su vida, en contra de lo que hacen las restantes versiones, sino su manera de concebirla, y lo realiza a través del fraile cocinero Ginepro entre la simplicidad y la tontería. Lo mejor es el episodio en que *fra* Ginepro consigue vencer a Nicolai (Aldo Fabrizi), el tirano de Viterbo, con singular estoicismo, tras soportar las crueldades que le hace en su campamento. Dada la sencillez de su ambientación y la aplicación de los principios neorrealistas en cuanto a rodar en exteriores e interiores naturales con actores improvisados, Rossellini consigue algo así como un documental histórico que da gran fuerza y veracidad a lo que narra.

Director: *Roberto Rossellini*. Guionistas: *Roberto Rossellini, Federico Fellini, Felix Morlion, Antonio Lisandrini*. Fotografía: *Otello Martelli*. Música: *Renzo Rossellini*. Intérpretes: *Aldo Fabrizi, Arabella Lemaître, Nazzario Geraldi*. Producción: *Angelo Rizzoli y Giuseppe Amato para Cineriz*. Duración: *82'. Italia*.

FRANCO, Ricardo (*Madrid, 1949, España; 1998 Madrid*)

Trabaja como ayudante de dirección de su prolífico tío Jesús Franco, realiza algunos cortos y escribe, produce y dirige el largometraje en 16 mm *El desastre de Annual*, una obra muy personal sobre la decadencia de una familia burguesa, envuelta en los recuerdos del desastre sufrido por el ejército español en 1921 en Marruecos, prohibida durante la dictadura del general Franco y nunca estrenada. *Pascual Duarte,* adaptación de la novela de Camilo José Cela, es un encargo del productor Elías Querejeta, pero logra hacer un trabajo minucioso y efectivo, cercano a su mundo, que tiene repercusión nacional e internacional. Son mucho más personales *Los restos del naufragio,* que también protagoniza, y *San Judas de la Frontera,* que rueda en coproducción entre México y Estados Unidos; aunque por diferentes motivos ambas resultan irregulares. Algo similar ocurre con *El sueño de Tánger,* intento de película de amor y aventuras al estilo de las de los años cincuenta, que tarda demasiado en rodar y aún más en estrenar. Mientras tanto, hace *Berlin Blues,* un musical que le encarga el productor Emiliano Piedra y que es una especie de irregular versión apócrifa de *El ángel azul* (Der Blaue Engel,

1930), de Josef von Sternberg, con Julia Migenes en el papel de Marlene Dietrich. Su demostrado interés por los personajes marginales le lleva a hacer el episodio *El crimen de las estanqueras de Sevilla* (1991), de la serie de televisión *La huella del crimen,* y la durísima trilogía de documentales integrada por *La canción del condenado* (1992), sobre la pena de muerte en Estados Unidos, *El cielo caerá sobre la tierra* (1992), sobre los indios yanomami, y *La muerte en la calle* (1992), sobre los niños de Brasil, dentro de la serie de televisión *Un mundo sin fronteras.* En este mismo terreno también hace el documento *Después de tantos años,* donde los hermanos Juan Luis, Leopoldo y Michi Panero, casi veinte años después del famoso documental *El desencanto* (1976), de Jaime Chávarri, vuelven a encontrarse ante una cámara para hablar de la degradación física y la muerte. Posteriormente rueda *¡Oh, cielo!,* una comedia de encargo, muy alejada de sus intereses.

1970 *El desastre de Annual.*
1976 *Pascual Duarte.*
1978 *Los restos del naufragio.*
1984 *In'n'out* (San Judas de la Frontera).
1986 *El sueño de Tánger.*
1988 *Berlin Blues.*
1994 *Después de tantos años.* / *¡Oh, cielo!*
1997 *La buena estrella.*

FRANKENHEIMER, John *(Malba, Nueva York, Estados Unidos, 1930)*

Hijo de un agente de cambio judío alemán y una irlandesa, estudia en la Academia Militar de Lasalle y participa en la realización de espectáculos escolares. Descubre el cine mientras hace el servicio militar en las fuerzas aéreas, aprende la técnica y realiza varios documentales. En 1953 comienza a trabajar como ayudante de dirección en la cadena de televisión C. B. S. y no tarda en realizar más de 125 programas dramáticos en directo. Entre medias de esta gran actividad, debuta en cine con *The Young Stranger,* un guión de Robert Dozier que ya ha dirigido en televisión, cuyos malos resultados comerciales le hacen volver al medio televisivo. Gracias al apoyo de Burt Lancaster, regresa al cine con la irregular *Los jóvenes salvajes,* sobre una novela de Evan Hunter, y la interesante *El hombre de Alcatraz,* la claustrofóbica historia de Robert Stroud, un asesino que se hace experto en ornitología mientras cumple su condena.

Tras la fallida *Su propio infierno,* sobre un interesante guión de William Inge, tiene éxito con las sólidas historias de política ficción *El mensajero del miedo* y *Siete días de mayo,* y también con las mucho menos atractivas *El tren,* una historia sobre la Resistencia francesa contra los nazis, y *Grand Prix,* una mínima anécdota sobre carreras automovilísticas, ambas rodadas en Europa. Entre el irregular policiaco *Plan diabólico,* la floja adaptación de una novela de Bernard Malamud sobre la vida de un judío en la Rusia zarista *El hombre de Kiev,* y la irregular historia de aventuras ambientada en Kabul *Orgullo de estirpe,* las dos últimas sobre guiones de Dalton Trumbo, rueda sus dos mejores películas: *Los temerarios del aire,* sobre un grupo itinerante de paracaidistas, y *Yo vigilo el camino,* sobre un *sheriff* mayor enamorado de una adolescente, buenos retratos de Estados Unidos. Después de la imposible *Sueños prohibidos,* que rueda en Francia en completa libertad, su cine desciende de calidad a lo largo de *Llega el hombre del hielo,* adaptación demasiado teatral de la obra de Eugene O'Neill, los policiacos *99,44 % muerto* y *French Connection II,* la película de catástrofes *Domingo negro* y la de monstruos *Profecía maldita.* Convertido en un realizador de segunda fila, el resto de su producción se reduce a irregulares policiacos, entre los que solo cabe citar *52 vive o muere* y *El año de las armas.*

1957 *The Young Stranger.*
1961 *The Young Savages* (Los jóvenes salvajes).
1962 *All Fall Down* (Su propio infierno). / *Birdman of Alcatraz* (El hombre de Alcatraz). / *The Manchurian Candidate* (El mensajero del miedo).
1964 *Seven Days in May* (Siete días de mayo). / *The Train* (El tren).
1966 *Seconds* (Plan diabólico). / *Grand Prix.*
1968 *The Fixer* (El hombre de Kiev).
1969 *The Extraordinary Seaman.* / *The Gypsy Moths* (Los temerarios del aire).
1970 *I Walk the Line* (Yo vigilo el camino).
1971 *The Horsemen* (Orgullo de estirpe).
1973 *Impossible Object* (Sueños prohibidos). / *The Iceman Cometh* (Llega el hombre del hielo).
1974 *Ninety-Nine and 44/100% Dead!* (99,44 % muerto).
1975 *French Connection II.*
1976 *Black Sunday* (Domingo negro).
1979 *Prophecy* (Profecía maldita).
1982 *The Challenge* (El reto del samurái).
1985 *The Holcroft Convenant* (El pacto de Berlín).

1986 *52 Pick-Up* (52 vive o muere).
1989 *Dead Bang* (Tiro mortal).
1990 *The Four War* (La cuarta guerra).
1991 *Year of the Gun* (El año de las armas).

FREARS, Stephen *(Leicester, Reino Unido, 1941)*

Estudia derecho en la Universidad de Cambridge, pero lo abandona atraído por el teatro y el cine. Después de trabajar como ayudante de dirección de Lindsay Anderson y Karel Reisz, destacados miembros del movimiento realista *free cinema*, en 1969 comienza su actividad en televisión. Tras el semifracaso del interesante policiaco *Detective sin licencia*, sobre un hombre que sueña con llegar a ser un detective a lo Humphrey Bogart, regresa a televisión y en doce años hace treinta y seis interesantes producciones que le sitúan entre los mejores profesionales del medio. Vuelve al cine una década después para rodar *La venganza*, un policiaco desarrollado en España que pasa desapercibido. Se da a conocer internacionalmente con la interesante trilogía sobre la decadencia de su país bajo el mandato de Margaret Thatcher compuesta por la excelente *Mi hermosa lavandería*, la teatral *Ábrete de orejas*, biografía del dramaturgo Joe Orton, y la irregular *Sammy y Rosie se lo montan*. Su éxito le abre las puertas de Hollywood y hace con grandes presupuestos y estrellas la historia erótica de época *Las amistades peligrosas*, brillante adaptación de la novela homónima de Choderlos de Laclos, pero rodada con un excesivo juego de primeros planos; el atractivo policiaco *Los timadores*, sofisticada versión de una novela del especialista Jim Thompson, y la ácida parábola del impostor *Héroe por accidente*, al estilo de las grandes películas de Frank Capra de los años treinta. Vuelve a su país para dirigir *Café irlandés*, una comedia de bajo presupuesto sobre guión del novelista irlandés Roddy Doyle en torno al embarazo de la hija mayor soltera de una familia obrera de Dublín, que simultanea con variados proyectos norteamericanos. Una vez más en Estados Unidos, realiza *Mary Reilly*, nueva versión de la historia del doctor Jekyll y mister Hyde, pero narrada a través del punto de vista de su criada.

1971 *Gumshoe* (Detective sin licencia).
1983 *Bloody Kids*.
1984 *The Hit* (La venganza).
1985 *My Beautiful Laundrette* (Mi hermosa lavandería).
1987 *Prick Up Your Ears* (Ábrete de orejas). / *Sammy and Rosie Get Laid* (Sammy y Rosie se lo montan).
1988 *Dangerous Liaisons* (Las amistades peligrosas).
1990 *The Grifters* (Los timadores).
1992 *Hero* (Héroe por accidente).
1993 *The Snapper* (Café irlandés).
1995 *Mary Reilly*.

FRENCH CANCAN *(1955)*

Tras quince años de exilio provocado por la II Guerra Mundial, el realizador Jean Renoir regresa a Francia para rodar una de sus más comerciales y menos personales películas. El punto de partida es un proyecto de su colega Yves Allégret, que reescribe completamente hasta hacerlo propio y da como resultado una bien hecha comedia musical a la francesa. Tras un cartel que advierte que cualquier parecido entre los personajes y la realidad es pura coincidencia, narra la creación a finales del siglo XIX del cabaret parisiense Moulin-Rouge por el empresario Henri Danglard (Jean Gabin), entre una serie de intrigas amorosas en torno a la conocida bailarina la Belle Abbesse (María Félix) y la debutante Nini (Françoise Arnould). Destacan la vistosidad de las escenas finales del baile del cancán y la brillante fotografía en Technicolor del reputado Michel Kelber.

Director y guionista: *Jean Renoir*. Fotografía: *Michel Kelber*. Música: *Georges van Parys*. Intérpretes: *Jean Gabin, María Félix, Françoise Arnould, Jean-Roger Caussimon, Gianni Esposito, Philippe Clay, Michel Piccoli, Dora Doll*. Producción: *Franco London Films, Jolly Films*. Color. Duración: *97'. Francia*.

FRESAS SALVAJES *(Smultronstället, 1957)*

A los setenta y cinco años el profesor Isak Borg (Viktor Sjöström) es nombrado doctor *honoris causa* de la Universidad de Lund y poco después comienza a escribir sus recuerdos de ese día. Desde una pesadilla en la que vive su propio entierro, hasta la ceremonia del nombramiento, describe los incidentes ocurridos a lo largo del viaje en automóvil que hace con su nuera Mariana (Ingrid Thulin) desde su casa hasta la Universidad. A través de una característica estructura de itinerario, enlaza diferentes sueños y recuerdos en los que revive su amor adolescente por su prima Sara (Bibi Andersson) y la traición de su mujer, mientras habla con su nuera para salvar el matrimonio de su hijo y recogen a tres jóvenes autoestopistas. Este peculiar viaje en busca del tiempo perdido encierra un excelente drama sobre la soledad y un perfecto dibujo de un anciano, en el que colaboran tanto la habilidad de Ingmar Bergman como la del veterano Viktor Sjöström, que demuestra ser tan buen actor como realizador. Dentro de un brillante conjunto, destaca el sueño inicial del entierro del protagonista, narrado con estilo expresionista y, sobre todo, la idea de que el profesor aparezca con su aspecto habitual en sus recuerdos de joven, empleada posteriormente por Carlos Saura en *La prima Angélica* (1973) y por Woody Allen en *Desmontando a Harry* (Deconstructing Harry, 1997).

Director y guionista: *Ingmar Bergman*. Fotografía: *Gunnar Fischer*. Música: *Erik Nordgren*. Intérpretes: *Viktor Sjöström, Bibi Andersson, Ingrid Thulin, Gunnar Björnstrand*. Productor: *Allan Ekelund para Svensk Filmindustri*. Duración: *97'. Suecia.*

FRIEDKIN, William *(Chicago, Illinois, Estados Unidos, 1939)*

A los diecisiete años empieza a trabajar en el servicio de correos de una televisión local, un año después dirige programas en directo y llega a ser director de la sección de documentales de W. B. K. B.-T. V. Entre 1957 y 1967 realiza multitud de documentales pedagógicos y más de doscientos programas dramáticos y poco después debuta como director de cine con *Good Times*, mezcla de documental y ficción con los cantantes Sonny y Cher. Posteriormente rueda las adaptaciones teatrales *The Birthday Party*, sobre una obra de Harold Pinter, y *Los chicos de la banda*, sobre una comedia de Mart Crowley en torno a la homosexualidad, además de *The Night They Raided Minsky's*, personal versión de una novela de Rowland Barber. Sus grandes éxitos son *Contra el imperio de la droga*, un policiaco que gana varios Oscars por sus espectaculares persecuciones en automóvil, y *El exorcista*, que revoluciona el cine de terror por su eficaz utilización de los efectos especiales. Sin embargo, se le hunden varios proyectos importantes y acaba rodando *Carga maldita*, personal versión de la producción francesa *El salario del miedo* (Le salaire de la peur, 1953), de H.-G. Clouzot, de la que los distribuidores no aceptan su versión larga, la cortan y es un fracaso. Después realiza tres policiacos muy diferentes: *El mayor robo del siglo*, versión en tono de comedia de un famoso atraco cometido en la década de los cincuenta en Boston; *A la caza*, drama desarrollado en los ambientes homosexuales de Nueva York, y *Vivir y morir en Los Ángeles*, que encierra una dura y espectacular historia, pero ninguno alcanza el éxito merecido. Sus últimos trabajos tienen mucho menos interés, tanto la historia de terror *La tutora*, como la de jugadores de baloncesto *Ganar de cualquier manera*, o el convencional policiaco *Jade*.

1967 *Good Times.*
1968 *The Night They Raided Minsky's. / The Birthday Party.*
1970 *The Boys in the Band* (Los chicos de la banda).
1971 *The French Connection* (Contra el imperio de la droga).
1973 *The Exorcist* (El exorcista).
1977 *Sorcerer* (Carga maldita).
1978 *The Brink's Job* (El mayor robo del siglo).
1980 *Cruising* (A la caza).
1983 *Deal of the Century* (El contrato del siglo).
1985 *To Live and Die in L.A.* (Vivir y morir en Los Ángeles).
1988 *Rampage* (Desbocado).
1990 *The Guardian* (La tutora).
1994 *Blue Chip* (Ganar de cualquier manera).
1995 *Jade.*

FUEGO EN EL CUERPO *(Body Heat, 1981)*

A la hora de plantearse su primera película como director, el guionista Lawrence Kasdan consigue rodar un guión propio que se desarrolla dentro de la mejor tradición del cine negro, pero con excesivas influencias de *Perdición* (Double Indemnity, 1944), de Billy Wilder, y *El cartero siempre llama dos veces* (The Postman Always Rings Twice, 1946), de Tay Garnett, ambas basadas en novelas homónimas del gran especialista James M. Cain. Sin embargo, la misógina historia de la bella Matty Walker (Kathleen Turner), que seduce a un joven abogado (William Hurt), para que se deshaga de su marido (Richard Crenna) y luego desaparece, está bien narrada, funciona bien y extrae bastante erotismo de la debutante Kathleen Turner.

Director y guionista: *Lawrence Kasdan*. Fotografía: *Richard H. Kline*. Música: *John Barry*. Intérpretes: *William Hurt, Kathleen Turner, Richard Crenna, Ted Danson*. Producción: *Fred T. Gallo para Ladd / Warner. Color.* Duración: *113'. Estados Unidos.*

FUEGO FATUO, EL *(Le feu follet, 1963)*

A partir de la novela homónima de Drieu La Rochelle, y sobre un guión propio, el realizador Louis Malle rueda una de las mejores películas de la primera parte de su filmografía. Con una clara estructura de itinerario interior, desarrollada a lo largo de un solo día, narra cómo Alain Leroy (Maurice Ronet), que está a punto de finalizar su estancia en una casa de reposo donde ha sufrido una cura de desintoxicación alcohólica, visita a muchos de sus conocidos para despedirse de ellos y a la mañana siguiente, el 23 de julio de 1963, se suicida. Destacan la sólida dirección de Louis Malle, el eficaz empleo de la música de Erik Satie y la excelente interpretación de Maurice Ronet.

Director y guionista: *Louis Malle*. Fotografía: *Ghislain Cloquet*. Música: *Erik Satie*. Intérpretes: *Maurice Ronet, Jeanne Moreau, Alexandra Stewart, Bernard Noël, Lena Skerna*. Producción: *Irénée Leriche para Nouvelles Editions du Films*. Duración: *110'*. Francia.

FUEGO VERDE *(Green Fire, 1954)*

Especialmente conocido por sus trabajos casi anónimos como director de la segunda unidad en grandes producciones, como la estupenda escena de la carrera de cuadrigas en *Ben Hur* (1959), de William Wyler; las escenas de acción de *55 días en Pekín* (55 Days at Pekin, 1963), de Nicholas Ray, o las complejas batallas de *Cleopatra* (1963), de Joseph L. Mankiewicz, el realizador húngaro Andrew Marton también rueda sus propias películas en Estados Unidos, especialmente durante los años cincuenta y sesenta. Una de las mejores es esta tradicional producción de aventuras Metro-Goldwyn-Mayer, que además del atractivo del exotismo y la espectacularidad, también encierra el de mostrar a un protagonista, perseguido por la maldición que arrastra la mina de esmeraldas que pretende explotar, a quien todo le sale mal, y que solo consigue una esmeralda y, naturalmente, a la protagonista. Narra cómo el aventurero Rian Mitchell (Stewart Granger) busca esmeraldas en una vieja mina en Colombia abandonada por los conquistadores españoles y debe enfrentarse con los intereses de Catherine (Grace Kelly), la atractiva propietaria de una cercana plantación de café, mientras muere Howard (John Ericson), socio del primero y hermano de la segunda, y se ve obligado a dinamitar una montaña para impedir una inundación. Hábilmente dirigida por Marton, tiene una buena música, con tonalidades latinoamericanas, de su compatriota Miklos Rozsa.

Director: *Andrew Marton*. Guionistas: *Ivan Goff, Ben Roberts*. Fotografía: *Paul Vogel*. Música: *Miklos Rozsa*. Intérpretes: *Stewart Granger, Grace Kelly, Paul Douglas, John Ericson*. Producción: *Armand Deutsch para Metro-Goldwyn-Mayer. Color. Scope*. Duración: *100'*. Estados Unidos.

FUERA DE LA LEY, EL *(The Outlaw Josey Wales, 1976)*

Tras presenciar cómo los soldados del Norte matan a su mujer y a su hijo y queman su casa, el pacífico granjero Josey Wales (Clint Eastwood) se une a un grupo de soldados del Sur, que no acepta la rendición y que son traicionados por su compañero Fletcher (John Vernon). En unión de Lone Watie (Dan George), un viejo jefe *cherokee*, Little Moonlight, una joven india navajo, la anciana Sarah y su nieta Laura Lee (Sondra Locke), Wales consigue huir hacia los países indios, las reservas comanches, y vencer a Fletcher y sus secuaces. Escrito por Sonia Chernus y el realizador Phil Kaufman, que comienza a dirigirlo, finalmente Clint Eastwood lo protagoniza, lo produce y lo realiza para convertirlo en uno de los *westerns* más interesantes de la década de los setenta.

Director: *Clint Eastwood*. Guionistas: *Sonia Chernus, Phil Kaufman*. Fotografía: *Bruce Surtess*. Música: *Jerry Fielding*. Intérpretes: *Clint Eastwood, Dan George, Sondra Locke, John Vernon, Bill McKinney*. Producción: *Robert Daley para Malpaso/Warner. Color. Scope*. Duración: *135'*. Estados Unidos.

FUERZA DE LAS ARMAS, LA *(Force of Arms, 1951)*

La famosa novela *Adiós a las armas*, de Ernest Hemingway, es origen de tres películas muy diferentes. Una primera versión dirigida en 1932 por Frank Borzage para los estudios Paramount, protagonizada por Gary Cooper y Helen Hayes, que conserva el título del original, pero no gusta nada a su autor por su subrayado tono de melodrama romántico. Una superproducción de David O. Selznick de 1957, que comienza a rodar John Huston, pero finaliza y firma Charles Vidor, protagonizada por Rock Hudson y Jennifer Jones, y que también tiene el título original. Entre ambas se sitúa esta versión libre y no autorizada, en la que la Gran Guerra se ha convertido en la II Guerra Mundial, el soldado en el teniente Peterson (William Holden) y la enfermera en la cabo Eleanor (Nancy Olson), pero siguen enamorándose en Italia durante una dura ofensiva. Rodada con gran habilidad y sobriedad por Michael Curtiz al final de su brillante período en los estudios Warner, es la mejor de las tres por su sencillez y falta de pretensiones.

Director: *Michael Curtiz.* Guionista: *Orin Jannings.* Fotografía: *Ted McCord.* Música: *Max Steiner.* Intérpretes: *William Holden, Nancy Olson, Frank Lovejoy, Gene Evans.* Producción: *Anthony Veiller para Paramount.* Duración: *100'. Estados Unidos.*

FUGA DE ALCATRAZ *(Escape From Alcatraz, 1979)*

El 18 de enero de 1960 llega a la prisión de alta seguridad de Alcatraz el condenado Frank Morris (Clint Eastwood) y el 11 de junio de 1962 se fuga en compañía de John Anglin (Fred Ward) y Clarence Anglin (Jack Thibeau). Entre estas dos fechas, y según las características del subgénero carcelario, se describe el ambiente de la prisión, con su sádico alcaide Warden (Patrick McGoohan), un italiano que cuida un ratoncito, un pintor irlandés, el negro bibliotecario, el vigilante comprensivo, hasta llegar a crear un cuadro realista sin deleitarse en la violencia. Basada en hechos reales y a partir del libro de J. Campbell Bruce, convertido en un minucioso guión del más tarde irregular realizador Richard Tuggle, es una de las mejores películas del realizador Don Siegel y una de sus más interesantes colaboraciones con el actor y productor Clint Eastwood. Tras una primera parte expositiva, en la segunda describe con eficacia el planteamiento y desarrollo de la única fuga de Alcatraz.

Director: *Don Siegel.* Guionista: *Richard Tuggle.* Fotografía: *Bruce Surtees.* Música: *Jerry Fielding.* Intérpretes: *Clint Eastwood, Patrick MacGoohan, Robert Blossom, Jack Thibeau, Fred Ward, Larry Hankin.* Producción: *Don Siegel para Malpaso / Universal. Color.* Duración: *112'. Estados Unidos.*

FUGA DE SEGOVIA, LA *(1981)*

La obra cinematográfica de Imanol Uribe comienza con una desigual trilogía sobre los problemas del País Vasco en la que tiene una clara incidencia la presencia de la banda armada ETA. Tras el irregular documental *El proceso de Burgos* (1979), sobre el proceso llevado a cabo en 1970 contra un grupo de miembros de ETA acusados del asesinato de un policía, y antes de la interesante obra de ficción *La muerte de Mikel* (1983), sobre un joven homosexual militante de un partido *abertzale*, hace esta adaptación del libro *Operación poncho*, de Ángel Amigo, que se sitúa a medio camino entre el documental y la ficción. Narra cómo en abril de 1976, tras una larga preparación, treinta presos etarras se fugan de la prisión de Segovia y son perseguidos por la guardia civil hasta la frontera con Francia. Solo cuatro llegan al extranjero, pero poco después son apresados por la policía francesa, confinados en la isla de Yeu y amnistiados. Estructurada a lo largo de un *flashback* que se inicia en el verano de 1977, cuando uno de los fugados relata a un periodista su aventura, está narrada con minuciosidad y se sitúa entre las grandes películas de fugas, pero el resultado aparece ligeramente viciado por una excesiva apología de la banda terrorista ETA.

Director: *Imanol Uribe.* Guionistas: *Ángel Amigó, Imanol Uribe.* Fotografía: *Javier Aguirresarobe.* Música: *Xabier Laza, Amaia Zubiria.* Intérpretes: *Xabier Elorriaga, Mario Pardo, José Pedro Carrión, Guillermo Montesinos, Patxi Bisquert, Ovidi Montllor, José María Muñoz.* Producción: *Ángel Amigo para Frontera Films Irún S. A. Color.* Duración: *115'. España.*

FULLER, Samuel *(Worcester, Massachusetts, 1912; Los Angeles, Estados Unidos, 1997)*

Comienza a trabajar en el *New York Journal* y a los diecisiete años se convierte en el periodista más joven encargado de la sección de sucesos, lo que posteriormente le sirve de punto de arranque de numerosas novelas y guiones. Tras intervenir en las campañas de África y Europa en la división de infantería Big Red One durante la II Guerra Mundial, debuta como director en películas de Serie B, que siempre escribe y muchas veces también produce a través de su marca Globe Enterprises. Entre sus primeros trabajos destacan los *westerns* personales *Balas vengadoras, Yuma* y *Forty Guns,* las historias realistas de guerra *Cascos de acero* y *El diablo de las aguas turbias* y, sobre todo, los policiacos *La casa de bambú,* con una buena utilización del recién creado CinemaScope, y su obra maestra, *Manos peligrosas,* despreciada en su momento por su carga anticomunista, las tres últimas rodadas para los estudios 20th Century Fox. Siempre interesado por las historias de acción, injustamente acusado durante mucho tiempo de violento e incluso de fascista, durante la segunda mitad de los años cincuenta y principios de la década de los sesenta se convierte en uno de los más personales realizadores del cine norteamericano gracias a su trabajo en pequeñas producciones que controla por completo. De esta etapa son los interesantes policiacos *China Gate, Verboten!, The Crimson Kimono, Underworld U.S.A., Corredor sin retorno, Una luz en el hampa* y la personal historia de guerra *Invasión en Birmania.* Su originalidad e independencia hacen que desde mediados de los años sesenta hasta finales de la década de los setenta, una de las peores etapas del cine norteamericano, solo haga dos malos policiacos: *El arma de dos filos,* que realiza en México y destrozan sus productores, y *Muerte de un pichón,* que rueda en la República Federal Alemana sobre una novela propia. Sus últimas buenas películas son *Uno rojo: División de choque,* un proyecto largamente acariciado donde resume su experiencia en la II Guerra Mundial, y *Perro blanco,* un curioso policiaco antirracista, basado en una novela de Romain Gary. Posteriormente solo consigue rodar en Francia los anodinos policiacos *Ladrones en la noche* y *Calle sin retorno,* basado en una novela de David Goodis, que son una mala imitación de sus mejores películas.

1948 *I Shot Jesse James* (Balas vengadoras).
1949 *The Baron of Arizona.*
1950 *The Steel Helmet* (Casco de acero).
1951 *Fixed Bayonets!*
1952 *Park Row.*
1953 *Pickup on South Street* (Manos peligrosas).
1954 *Hell and High Water* (El diablo de las aguas turbias).
1955 *House of Bamboo* (La casa de bambú).
1957 *Run of the Arrow* (Yuma). / *China Gate.* / *Forty Guns.*
1959 *Verboten!* / *The Crimson Kimono.*
1961 *Underworld U.S.A.*
1962 *Merrill's Marauders* (Invasión en Birmania).
1963 *Shock Corridor* (Corredor sin retorno).
1964 *The Naked Kiss* (Una luz en el hampa).
1967 *Shark!* (El arma de dos filos).
1973 *Dead Pigeon on Beethoven Street* (Muerte de un pichón).
1979 *The Big Red One* (Uno rojo: división de choque).
1982 *White Dog* (Perro blanco).
1984 *Les voleurs de la nuit* (Ladrones en la noche).
1989 *Street of No Return* (Calle sin retorno).

FURIA *(Fury, 1936)*

El pacífico Joe Wheeler (Spencer Tracy), al pasar por la pequeña ciudad de Strad, es injustamente acusado de secuestrar a una muchacha y es encarcelado. Una turba enfurecida está a punto de lincharle, pero consigue escapar cuando le dan por muerto y prepara una minuciosa venganza contra los cabecillas. Esta primera película norteamericana de Fritz Lang, es una dura reflexión sobre la recién descubierta sociedad norteamericana y la descripción de cómo un pacífico ciudadano se convierte en una asesino. Curiosa mezcla de resabios narrativos europeos, nueva técnica norteamericana, restos de la estética del cine mudo y elementos expresionistas, es una de las obras más personales del exilio norteamericano de Lang. Lástima que por una evidente falta de entendimiento entre el productor Joseph L. Mankiewicz, más tarde también famoso realizador, y Lang, se corten algunas escenas de la versión final y se añada un final feliz un tanto absurdo.

Director: *Fritz Lang.* Guionistas: *Bartlett Cormack, Fritz Lang.* Fotografía: *Joseph Ruttemberg.* Música: *Franz Waxman.* Intérpretes: *Spencer Tracy, Sylvia Sidney, Bruce Cabot, Walter Abel, Edward Ellis, Walter Brennan.* Producción: *Joseph L. Mankiewicz para Metro-Goldwyn-Mayer.* Duración: *94'.* Estados Unidos.

FURTIVOS *(1975)*

Cuarto largometraje de José Luis Borau, es su gran éxito y el primero realizado en libertad, lo que le supone un largo enfrentamiento con los últimos restos de la censura del general Franco. Escrito por Manuel Gutiérrez Aragón y el propio Borau, este incestuoso drama rural pertenece más al mundo del primero que del segundo y está lleno de su peculiar humor. Narra las relaciones entre Ángel (Ovidi Montllor), un tímido muchacho que vive con su posesiva madre Martina (Lola Gaos) en el corazón de un bosque, y Milagros (Alicia Sánchez), recién escapada del reformatorio y amante del conocido quinqui El Cuqui (Felipe Solano), con quien intenta rehacer su vida. La dureza de la historia, su perfecta estructura dramática y el hecho de que un gobernador civil (José Luis Borau) sea hermano de leche del protagonista y parte importante de la acción, sin olvidar su peculiar erotismo, la convierten en uno de los grandes triunfos del cine español.

Director: *José Luis Borau*. Guionistas: *Manuel Gutiérrez Aragón, José Luis Borau*. Fotografía: *Luis Cuadrado*. Música: *Vainica Doble*. Intérpretes: *Lola Gaos, Ovidi Montllor, Alicia Sánchez, Ismael Merlo, José Luis Borau, Felipe Solano*. Producción: *José Luis Borau para El Imán. Color.* Duración: *95'. España.*

GABIN, Jean *(Jean Alexis Moncorgé Gabin. París, 1904-Neuilly-sur-Seine, Francia, 1976)*

Hijo del cómico Joseph Gabin y de la cantante de cabaret Hélène Petit, a los trece años deja los estudios para desempeñar diferentes oficios antes de debutar como bailarín en el Folies-Bergère. Después de hacer el servicio militar en la marina, gracias a la ayuda de la cantante Mistinguett se da a conocer como *chansonnier* y actor de numerosas operetas en la segunda mitad de la década de los veinte. Debuta en 1930 en cine y, después de trabajar con directores centroeuropeos de camino hacia Hollywood, como Anatole Litvak, Curtis Bernhardt, G. W. Pabst, encuentra su camino de la mano de Julien Duvivier en *La belle équipe*, *Pepé-le-Moko* y *La bandera*. Convertido en el más destacado intérprete del realismo poético que caracteriza el pesimista cine de la preguerra, también protagoniza con Jean Renoir *Los bajos fondos*, *La gran ilusión* y *La bête humaine*, y con Marcel Carné *El muelle de las brumas* y *Le jour se lève*. Durante la II Guerra Mundial rueda en Hollywood las mediocres *Moontide* y *El falsario*, y regresa a Francia a tiempo de combatir contra los alemanes. En la posguerra vuelve a trabajar con Carné en *La Marie du port* y *El aire de París*, con Renoir en *French Cancan* y con Duvivier en *El tiempo de los asesinos*; pero también con Max Ophüls en *Le plaisir*, Jacques Becker en *Touchez pas au grisbi* y Claude Autant-Lara en *La travesía de París* y *En caso de desgracia*. En cuarenta y cinco años de carrera protagoniza casi cien películas y se convierte en una de las estrellas del cine francés, pero, a pesar de éxitos como *Gran jugada en la Costa Azul*, *El clan de los sicilianos* o *El gato*, la última parte de su carrera tiene mucho menor interés, las películas que rueda desde principios de los sesenta a mediados de los setenta.

1930 *Chacun sa chance* (Su gran noche), de Hans Steinhoff.
1931 *Mephisto*, de Henri Débain. / *Paris-Béguin*, de Augusto Genina. / *Tout ça ne vaut pas l'amour*, de Jacques Tourneur. / *Gloria*, de H. Behrendt.
1932 *Coeur de lilas*, de Anatole Litvak. / *Coeur joyeux*, de Max de Vaucorbeil. / *La belle manière*, de Harry Lachman. / *Les gaietés de l'escadron*, de Maurice Tourneur. / *La foule hurle*, de R. Daumery.
1933 *L'étoile de Valencia* (La estrella de Valencia), de Serge de Poligny. / *Adieu les beaux jours* (Un amor en España), de André Beucler. / *Du haut en bas*, de G. W. Pabst.
1934 *Le tunnel* (El túnel), de Curtis Bernhardt. / *Au bout du monde*, de Gustav Ucicky. / *Zou-Zou* (La venus negra), de Marc Allégret. / *Marie Chapdelaine*, de Julien Duvivier.
1935 *Passage interdit*, de M. Burnam. / *La belle équipe*, de Julien Duvivier. / *Variétés*, de Nikolas Farkas. / *Golgotha* (Gólgota), de Julien Duvivier.
1936 *Les bas-fonds* (Los bajos fondos), de Jean Renoir. / *La bandera*, de Julien Duvivier. / *Le messager*, de Raymond Rouleau. / *Gueule d'amour*, de Jean Grémillon.

1937 *Pepé-le-Moko,* de Julien Duvivier. / *La grande illusion* (La gran ilusión), de Jean Renoir.
1938 *Quai des brumes* (El muelle de las brumas), de Marcel Carné. / *La bête humaine,* de Jean Renoir. / *Le récif de corail,* de Maurice Gleize.
1939 *Le jour se lève* (Amanece), de Marcel Carné. / *Remorques* (Remordimientos), de Jean Grémillon.
1942 *Moontide,* de Archie L. Mayo.
1944 *The Impostor* (El falsario), de Julien Duvivier.
1946 *Martin Roumagnac* (La bella extranjera), de Georges Lacombe. / *Miroir,* de Raymond Lamy.
1948 *Au-delà des grilles* (Demasiado tarde), de René Clément.
1950 *È più facile che un cammello...* (En el último segundo), de Luigi Zampa. / *La Marie du port,* de Marcel Carné.
1951 *Victor,* de Claude Heymann. / *La nuit est mon royaume,* de Georges Lacombe. / *La vérité sur bébé Donge,* de Henri Decoin.
1952 *Le plaisir,* de Max Ophüls. / *La minute de vérité,* de Jean Delannoy.
1953 *Bufère,* de Guido Brignone. / *Leur dernière nuit,* de Georges Lacombe. / *La vierge du Rhin,* de Gilles Grangier.
1954 *L'air de Paris* (El aire de París), de Marcel Carné. / *Razzia sur la chnouf,* de Henri Decoin. / *Napoléon,* de Sacha Guitry. / *Le port du désir* (El puerto del deseo), de Edmond T. Gréville. / *Touchez pas au grisbi,* de Jacques Becker.
1955 *French Cancan,* de Jean Renoir. / *Chiens perdus sans collier,* de Jean Delannoy. / *Des gens sans importance,* de Henri Verneuil.
1956 *Gas-oil,* de Gilles Grangier. / *Voici le temps des assassins* (El tiempo de los asesinos), de Julien Duvivier. / *Le sang à la tête,* de Gilles Grangier. / *La traversée de Paris* (La travesía de París), de Claude Autant-Lara. / *Crime et châtiment,* de Georges Lampin. / *Le cas du docteur Laurent,* de Jean-Paul Le Chanois.
1957 *Le rouge est mis,* de Gilles Grangier. / *Maigret tend un piège* (El comisario Maigret), de Jean Delannoy. / *Les misérables* (Los miserables), de Jean-Paul Le Chanois.
1958 *Le désordre et la nuit,* de Gilles Grangier. / *En cas de malheur* (En caso de desgracia), de Claude Autant-Lara. / *Archimède, le clochard* (Arquímedes, el vagabundo), de Gilles Grangier. / *Les grandes familles,* de Denys de La Patellière.
1959 *Maigret et l'affaire Saint-Fiacre* (Maigret en el caso de la condesa), de Jean Delannoy. / *Rue des Prairies,* de Denys de La Patellière. / *Le baron de l'écluse* (El barón y su yate), de Jean Delannoy.
1960 *Les vieux de la vieille,* de Gilles Grangier. / *Le président* (El presidente), de Henri Verneuil.
1961 *La cave se rebiffe,* de Gilles Grangier. / *Un singe en hiver* (Un mono en invierno), de Henri Verneuil.
1962 *Le gentleman d'Epson,* de Gilles Grangier.
1963 *Maigret voit rouge,* de Gilles Grangier. / *Mélodie en sous-sol* (Gran jugada en la Costa Azul), de Henri Verneuil.
1964 *Monsieur* (Todo un señor), de Jean-Paul Le Chanois. / *L'âge ingrat,* de Gilles Grangier.
1965 *Le tonnerre de Dieu* (Como un trueno), de Denys de La Patellière. / *Du rififi à Paname,* de Denys de La Patellière.
1966 *Le soleil des voyous* (El imperio de los canallas), de Jean Delannoy. / *Le jardinier d'Argenteuil* (El falsificador de Argenteuil), de Jean-Paul Le Chanois.
1967 *Le pacha* (Inspector Joss), de Georges Lautner.
1968 *Le tatoué* (El tatuado), de Denys de La Patellière.
1969 *Sous le signe de Taureau,* de Gilles Grangier. / *Le clan des siciliens* (El clan de los sicilianos), de Henri Verneuil.
1970 *La horse* (Justicia sin palabras), de Pierre Granier-Deferre.
1971 *Le chat* (El gato), de Pierre Granier-Deferre. / *Le drapeau noir flotte sur la marmite,* de Michel Audiard.
1972 *Le tueur* (El asesino), de Denys de La Patellière.
1973 *L'affaire Dominici* (El caso Dominici), de Claude Bernard-Aubert. / *Deux hommes dan la ville* (Dos hombres en la ciudad), de Jose Giovanni.
1974 *The Verdict* (El veredicto), de André Cayatte.
1975 *L'année sainte* (Gran golpe en el año santo), de Jean Girault.

GABINETE DEL DOCTOR CALIGARI, EL
(Das Kabinett des Doktor Caligari, 1919)

El joven Francis (Friedrich Feher) narra a un hombre maduro su vida en la ciudad de Holstenwall. El doctor Caligari (Werner Krauss) llega al ayuntamiento para pedir permiso para exhibir en la feria al sonámbulo Cesare (Conrad Veidt), pero esa misma noche es asesinado el secretario del alcalde. Al día siguiente Francis y su amigo Alan (Hans Heinrich von Twardowski) van a la feria a preguntarle a Cesare cuándo morirán y este les responde que esa misma noche. Francis y Alan aman a Jane (Lil Dagover) y deciden que sea ella quien elija entre ellos, pero, tal como ha predicho el sonámbulo, Alan es asesinado. A pesar de que un hombre es arrestado como culpable, Francis va a la feria a vigilar al sonámbulo Cesare, pero este consigue raptar a Jane y no la libera hasta que sus perseguidores están muy cerca. Mientras la policía descubre que un maniquí ocupaba el lugar de Cesare en la feria, Francis persigue a Caligari hasta un psiquiátrico y los enfermeros le dicen que es el director. En el despacho de este, Francis descubre un libro sobre sonambulismo, que relata cómo el místico Caligari asesina a través de un sonámbulo hipnotizado, y un diario donde el director explica sus experimentos con Cesare. El director Caligari sufre un ataque y le encierran en su propio manicomio. Al finalizar su narración se descubre que Francis está en un manicomio y a su alrededor aparecen los personajes de su relato. Esta tortuosa película es la más representativa del expresionismo —un peculiar fenómeno artístico que invade las artes de los países centroeuropeos después de la Gran Guerra—, tiene un complejo guión del novelista Carl Mayer, unos revolucionarios decorados de los pintores Hermann Warm, Walter Reimann y Walter Röhrig, una retorcida interpretación de los grandes actores Werner Krauss y Conrad Veidt y una adecuada realización del actor y director de teatro Robert Wiene. Casi cuarenta y cinco años después se rueda *The Cabinet of Caligari* (1962), una película norteamericana dirigida y producida por Roger Kay y protagonizada por Glynis Johns, Dan O'Herlihy y Constance Ford, que no tiene el menor atractivo.

Director: *Robert Wiene*. Guionistas: *Carl Mayer, Hans Janowitz*. Fotografía: *Willy Hameister*. Intérpretes: *Werner Krauss, Conrad Veidt, Lil Dagover, Friedrich Feher, Hans Heinrich von Twardowski*. Producción: *Rudolf Meinert para Dacla-Fil*. Duración: *63'. Alemania*.

GABLE, Clark *(William Clark Gable. Cadiz, Ohio, 1901-Los Ángeles, California, Estados Unidos, 1960)*

Hijo de unos campesinos de origen alemán, estudia en la Hopedale Grade School y la Edinburg High School. A los dieciséis años comienza la carrera de medicina en la Universidad de Ohio mientras trabaja en una fábrica, pero a los veinte se va con una compañía itinerante de teatro. Después de recorrer medio país, trabajar como vendedor de corbatas y caricaturista y casarse con su profesora de dicción y directora de una compañía teatral, Josephine Dillon, llega a Hollywood. Sus primeras experiencias cinematográficas son muy decepcionantes, solo consigue hacer de figurante en algunas películas de mediados de la década de los veinte y vuelve al teatro. Con la aparición del sonoro regresa a Hollywood, gracias al actor Lionel Barrymore consigue hacer una prueba en los estudios Metro-Goldwyn-Mayer, triunfa en *Alma libre*, de Clarence Brown, y rueda la mayoría de sus restantes setenta películas para la marca del león. Hasta la II Guerra Mundial tiene éxito con *Amor en venta, Vuelo nocturno* y *Encadenada*, de Clarence Brown; *Tierra de pasión, La hermana blanca* y *Piloto de pruebas*, de Victor Fleming; *Sucedió una noche*, de Frank Capra; *La llamada de la selva*, de William A. Wellman; *Mares de China*, de Tay Garnett; *San Francisco*, de W. S. van Dyke, y *Extraño cargamento*, de Frank Borzage. Gana dos Oscars: uno al encarnar al marino Fletcher Christan en *Rebelión a bordo*, de Frank Lloyd, y el otro al interpretar a Rhett Butler en *Lo que el viento se llevó*, de Victor Fleming. Convertido en el *king* de Hollywood, en 1939 se casa, por tercera vez, con la actriz Carole Lombard; pero cuando, tres años después, muere en un accidente de avión en plena guerra, abandona el cine, se enrola en las fuerzas aéreas y llega a ser comandante. A finales de los años cuarenta vuelve a hacer películas, pero ha perdido parte de su atractivo; entre sus trabajos de esta etapa solo cabe citar *Más allá del Missouri*, de William A. Wellman; *No me abandones*, de Delmer Daves; *Mogambo*, de John Ford, y *Brumas de traición*, de Gottfried Reinhardt, y en 1954 Metro-Goldwyn-Mayer no le renueva su contrato. Al final de su carrera solo cree en él Raoul Walsh, con quien rueda las interesantes *Los implacables* y *Un rey para cuatro reinas* y la excelente *La esclava libre*. Realiza su último trabajo en la emblemática *Vidas rebeldes*, escrita por el dramaturgo Arthur Miller para su mujer Marilyn Monroe y dirigida por John Huston.

1924 *Forbidden Paradise* (La frivolidad de una dama), de Ernst Lubitsch. / *White Man*, de Louis Gasnier.
1925 *The Merry Widow* (La viuda alegre), de Erich von Stroheim. / *The Pacemakers*, de Wesley Ruggles. / *The Plastic Age* (Días de colegial), de Wesley Ruggles.
1926 *North Star*, de Paul Powell.
1931 *The Painted Desert* (El desierto de nieve), de Howard Higgin. / *The Easiest Way* (La pecadora), de Jack Conway. / *The Secret Six* (Los seis misterios), de George Hill. / *The Finger Points* (El dedo acusador), de John Francis Dillon. / *Laughing Sinners* (Sal-

vada), de Harry Beaumont. / *A Free Soul* (Alma libre), de Clarence Brown. / *Night Nurse* (Enfermeras de noche), de William A. Wellman. / *Dance Fools, Dance* (Danzad, locos, danzad), de Harry Beaumont. / *Sporting Blood* (De pura sangre), de Charles Brabin. / *Susan Lennox: Her Fall and Rise* (Susan Lennox), de Robert Z. Leonard. / *Possessed* (Amor en venta), de Clarence Brown. / *Hell Divers* (Titanes del cielo), de George W. Hill.
1932 *Polly of the Circus* (Polly la del circo), de Alfred Santell. / *Red Dust* (Tierra de pasión), de Victor Fleming. / *Strange Interlude* (Extraño intervalo), de Robert Z. Leonard. / *No Man of Her Own* (Casada por azar), de Wesley Ruggles.
1933 *The White Sister* (La hermana blanca), de Victor Fleming. / *Hold Your Man* (Tú eres mío), de Sam Wood. / *Night Flight* (Vuelo nocturno), de Clarence Brown. / *Dancing Lady* (Alma de bailarina), de Robert Z. Leonard.
1934 *It Happened One Night* (Sucedió una noche), de Frank Capra. / *Men in White* (Hombres de blanco), de Richard Boleslawski. / *Manhattan Melodrama* (El enemigo público n.º 1), de V. S. van Dyke. / *Chained* (Encadenada), de Clarence Brown. / *Forsaking All Others* (Cuando el diablo asoma), de W. S. van Dyke.
1935 *After Office Hours* (El escándalo del día), de Robert Z. Leonard. / *Call of the Wild* (La llamada de la selva), de William A. Wellman. / *China Seas* (Mares de China), de Tay Garnett. / *Mutiny of the Bounty* (Rebelión a bordo), de Frank Lloyd.
1936 *San Francisco*, de W. S. van Dyke. / *Wife versus Secretary* (Entre esposa y secretaria), de Clarence Brown. / *Cain and Mabel*, de Lloyd Bacon. / *Love on the Run*, de W. S. van Dyke.
1937 *Parnell*, de John M. Stahl. / *Saratoga*, de Jack Conway.
1938 *Test Pilot* (Piloto de pruebas), de Victor Fleming. / *Too Hot to Handle* (Sucedió en China), de Jack Conway.
1939 *Idiot's Delight*, de Clarence Brown. / *Gone With the Wind* (Lo que el viento se llevó), de Victor Fleming.
1940 *Strange Cargo* (Extraño cargamento), de Frank Borzage. / *Boom Town* (Fruto dorado), de Jack Conway. / *Comrade X* (Camarada X), de King Vidor.
1941 *They Met in Bombay*, de Clarence Brown. / *Honky Tonk* (Quiero a ese hombre), de Jack Conway.
1942 *Somewhere I'll Find You*, de Wesley Ruggles.
1945 *Adventure*, de Victor Fleming.
1947 *The Hucksters* (Los vendedores), de Jack Conway.
1948 *Homecoming* (La rival), de Mervyn LeRoy. / *Command Decision* (Sublime decisión), de Sam Wood.
1949 *Any Number Can Play* (¡Hagan juego!), de Mervyn LeRoy.
1950 *Key to the City*, de George Sidney. / *To Please a Lady* (Indianápolis), de Clarence Brown.
1951 *Across the Wide Missouri* (Más allá del Missouri), de William A. Wellman. / *Callaway Went Thataway*, de Norman Panama y Melvyn Frank.
1952 *Lone Star* (Estrella del destino), de Vincent Sherman.
1953 *Never Let Me Go* (No me abandones), de Delmer Daves. / *Mogambo*, de John Ford.
1954 *Betrayed* (Brumas de traición), de Gottfried Reinhardt.
1955 *Soldier of Fortune* (Cita en Hong Kong), de Edward Dmytryk. / *The Tall Men* (Los implacables), de Raoul Walsh.
1956 *The King and Four Queens* (Un rey para cuatro reinas), de Raoul Walsh.
1957 *Band of Angels* (La esclava libre), de Raoul Walsh.
1958 *Run Silent, Run Deep* (Torpedo), de Robert Wise. / *Theacher's Pet* (Enséñame a querer), de George Seaton.
1959 *But Not for Me* (No soy para ti), de Walter Lang.
1960 *It Started in Naples* (Capri), de Melville Shavelson.
1961 *The Misfits* (Vidas rebeldes), de John Huston.

GANCE, Abel *(París, 1889-París, Francia, 1981)*

Tras sus estudios, su interés por la literatura y por el teatro le lleva a escribir algunas obras e intervenir como actor en otras hasta que descubre el cine, no solo como intérprete, sino también como guionista de Louis Feuillade. Debuta como director con *Le digue*, que también escribe y produce, pero hay que considerar de aprendizaje las películas que rueda durante la primera mitad de los años diez. El fracaso de la interesante *La folie du docteur Tube*, una producción experimental llena de curiosos trucos, le hace dedicar gran parte de sus esfuerzos a los Servicios Cinematográficos y Fotográficos de la Armada Francesa durante la Gran Guerra, en obras de propaganda directa como *Stass et Cie* y *Les gaz mortels*, e incluso obras de mayor complejidad como *L'héroïsme de Paddy*, *El derecho a la vida* y *La zona de la muerte*. Sin embargo, sus grandes obras de estos años de guerra son la primera versión de *Mater Dolorosa*, *La décima sinfonía* y el célebre alegato antibélico *¡Yo acuso!* Ya en la década de los veinte, sus obras maestras son *La rueda*, imaginativo homenaje al ferrocarril, y la monumental *Napoleón*, biografía del general Bonaparte con escenas proyectadas en triple pantalla y una duración de 195 minutos, que requiere tal esfuerzo para exhibirla que permanece apartado de la dirección hasta la implantación del cine sonoro, de la que hace una versión sonorizada a mediados de los años treinta con el título *Napoleón Bonaparte* y un nuevo montaje al final de su carrera, *Bonaparte et la Révolution*. Durante los años treinta vuelve a trabajar con regularidad, pero el nuevo lenguaje del cine sonoro, le hace perder fuerza imaginativa, tanto en las nuevas versiones de sus obras mudas, *Mater Dolorosa, Napoleón Bonaparte* y *J'accuse!*, como en las concebidas directamente para el sonoro, *Felipe Derblay, La dama de las camelias* y *Lucrèce Borgia*. A pesar de que trabaja hasta los setenta y cuatro años, su última película es la curiosa coproducción franco-española de capa y espada *Cyrano y D'Artagnan*, desde principios de los años cuarenta solo realiza media docena de irregulares producciones entre las que cabe citar *El capitán intrépido* y *La tour de Nesle*.

1911 *Le digue.*
1912 *Le nègre blanc.* / *Il y a des pieds au plafond.*
1913 *Le masque d'horreur.*
1914 *Un drame au château d'Acre.* / *L'énigme de dix heures.*
1915 *La folie du docteur Tube.* / *L'héroïsme de Paddy.* / *La fleur des ruines.*
1916 *Fioritures.* / *Le fou de la falaise.* / *Ce que les flots racontent* (Las olas acusadoras). / *Le périscope.* / *Stass et Cie.* / *Les gaz mortels.*
1917 *Barberousse* (Barbarroja). / *Le droit à la vie* (El derecho a la vida). / *La zone de la mort* (La zona de la muerte). / *Mater Dolorosa.*
1918 *La dixième symphonie* (La décima sinfonía).
1919 *J'accuse!* (¡Yo acuso!).
1921 *La roue* (La rueda).
1923 *Au secours!* (El castillo de los fantasmas).
1927 *Napoléon* (Napoleón).
1929 *La fin du monde* (El fin del mundo).
1932 *Mater Dolorosa.*
1933 *Le maître de forges* (Felipe Derblay).
1934 *Poliche.* / *La dame aux camélias* (La dama de las camelias).
1935 *Le roman d'un jeune homme pauvre.* / *Napoléon Bonaparte* (Napoléon Bonaparte). / *Jerôme Perreau.* / *Lucrèce Borgia.*
1936 *Un grand amour de Beethoven.*
1938 *Le voleur de femmes.* / *J'accuse!*
1939 *Louise.*
1940 *Le paradis perdu* (El paraíso perdido). / *La Vénus aveugle* (La venus ciega).
1942 *Le capitaine Fracasse* (El capitán intrépido).
1955 *La tour de Nesle.*
1960 *Austerlitz.*
1963 *Cyrano et D'Artagnan* (Cyrano y D'Artagnan).
1971 *Bonaparte et la Révolution.*

GARBO, Greta *(Greta Lovissa Gustafson. Estocolmo, Suecia, 1905-Nueva York, Estados Unidos, 1990)*

Perteneciente a una humilde familia, a los catorce años se queda huérfana, abandona sus estudios y comienza a trabajar en unos grandes almacenes, donde interviene como modelo en algunas películas publicitarias. Esto la lleva a ingresar en la Real Academia de Arte Dramático, pero no acaba sus estudios al darle el director Mauritz Stiller un papel importante en *Gösta Berlings Saga* y convertirla en su protegida. Tras rodar en Berlín la interesante *Bajo la máscara del placer,* el productor Louis B. Mayer contrata a Stiller para los estudios Metro-Goldwyn-Mayer, pero solo acepta si también la contratan a ella. Después de protagonizar en Hollywood *Entre naranjos,* Stiller comienza a dirigirla en *La tierra de todos,* pero en seguida es reemplazado por Fred Niblo. El gran éxito de *El demonio y la carne,* le hace olvidarse de Stiller, que, con su contrato rescindido, regresa a Suecia y poco después muere en la miseria de tuberculosis. Mientras, ella se convierte en una de las grandes estrellas de Hollywood gracias al éxito de *La mujer divina, La dama misteriosa, La mujer ligera* y *El beso*. A pesar de su acento sueco, supera con éxito el difícil paso al cine sonoro y sus triunfos continúan en *Gran Hotel, La reina Cristina de Suecia, Ana Karenina, Margarita Gautier* y *María Walewska*. El comienzo de la II Guerra Mundial y la pérdida del, para ella, importante mercado europeo, la apartan de sus tradicionales dramas para llevarla a la famosa comedia anticomunista *Ninotchka* y a la fallida *La mujer de las dos caras,* pero no se encuentra cómoda en el nuevo género y aprovecha el final de su contrato con Metro-Goldwyn-Mayer para retirarse a los treinta y cinco años.

1922 *Luffar-Petter,* de Erik A. Petschler.
1923 *Gösta Berlings Saga,* de Mauritz Stiller.
1925 *Die Freudlose Gasse* (Bajo la máscara del placer), de G. W. Pabst.

1926 *The Torrent* (Entre naranjos), de Monta Bell. / *The Temptress* (La tierra de todos), de Fred Niblo.
1927 *Flesh and the Devil* (El demonio y la carne), de Clarence Brown. / *Love* (Ana Karenina), de Edmund Goulding.
1928 *The Divine Woman* (La mujer divina), de Viktor Sjöström. / *The Mysterious Lady* (La dama misteriosa), de Fred Niblo. / *A Woman of Affairs* (La mujer ligera), de Clarence Brown.
1929 *Wild Orchids* (Orquídeas salvajes), de Sidney Franklin. / *The Single Standard* (Tentación), de John S. Robertson. / *The Kiss* (El beso), de Jacques Feyder.
1930 *Anna Christie*, de Clarence Brown. / *Romance*, de Clarence Brown.
1931 *Inspiration* (Inspiración), de Clarence Brown. / *Susan Lennox: Her Fall and Rise* (Susan Lennox), de Robert Z. Leonard.
1932 *Mata-Hari*, de George Fitzmaurice. / *Grand Hôtel* (Gran Hotel), de Edmund Goulding. / *As You Desire Me* (Como tú me deseas), de George Fitzmaurice.
1933 *Queen Christina* (La reina Cristina de Suecia), de Rouben Mamoulian.
1934 *The Painted Veil* (El velo pintado), de Richard Boleslawski.
1935 *Anna Karenina*, de Clarence Brown.
1937 *Conquest* (María Walewska), de Clarence Brown. / *Camille* (Margarita Gautier), de George Cukor.
1939 *Ninotchka*, de Ernst Lubitsch.
1941 *Two-Faced Woman* (La mujer de las dos caras), de George Cukor.

GARCI, José Luis *(Madrid, España, 1944)*

Crítico de cine, publica algunos libros sobre ciencia ficción y cine, trabaja como guionista y rueda algunos cortos en los que ensaya el tono nostálgico y sentimental que desarrolla en sus primeros largos. Tiene gran éxito con *Asignatura pendiente*, historia de amor imposible entre una antigua pareja de novios; intenta repetirlo en *Solos en la madrugada*, sobre un profesional de la radio obsesionado por la crisis de su generación, y en menor medida en *Las verdes praderas*, leve crítica sobre el mundo de los pequeños ejecutivos, crónicas sentimentales de la vida cotidiana durante los años de transición política con un subrayado trasfondo político. Su interés por el cine policiaco le lleva a rodar *El crack* y *El crack II*, donde narra las aventuras del detective privado madrileño Germán Areta, encarnado por Alfredo Landa, pero están demasiado influidas por los modelos norteamericanos. Entre ambas rueda *Volver a empezar*, sobre un premio Nobel de literatura que regresa a su natal Gijón tras un largo exilio, que obtiene el Oscar reservado a las producciones extranjeras. Tienen menor repercusión *Sesión continua*, largo diálogo entre un director de cine y su guionista a través del cual hace una reflexión sobre su profesión, y *Asignatura aprobada*, sobre las relaciones entre un escritor y una actriz, con un cierto tono autobiográfico. Tras siete años dedicado a la televisión y a la edición de libros de cine, vuelve a las películas con *Canción de cuna*, enésima versión de la obra teatral homónima de Gregorio Martínez Sierra, la mejor rodada de sus producciones.

1977 *Asignatura pendiente*.
1978 *Solos en la madrugada*.
1979 *Las verdes praderas*.
1981 *El crack*.
1982 *Volver a empezar*.
1983 *El crack II*.
1984 *Sesión continua*.
1987 *Asignatura aprobada*.
1994 *Canción de cuna*.

GARCÍA, Andy *(Andrés Arturo García Menéndez, La Habana, Cuba, 1956)*

Hijo de un abogado y terrateniente y de una profesora de inglés, a los seis años, dos después de la toma del poder por Fidel Castro, emigra con su familia a Miami, Estados Unidos. Estudia en la Universidad de Florida, pero su interés por la interpretación le conduce a Los Ángeles, donde hace algunos pequeños papeles en televisión mientras trabaja como camarero y botones. El éxito de la serie de televisión *Canción triste de Hill Street*, le lleva a encarnar a personajes secundarios latinos en algunas producciones interesantes como *Los intocables*. Protagonista de los policiacos *Black Rain*, *Asuntos sucios* y *Jennifer 8*, obtiene una gran repercusión su trabajo en *El padrino III*, que le permite encarnar a todo tipo de personajes en distintas producciones, como *Héroe por accidente* o *Cuando un hombre ama a una mujer*.

1983 *Blue Skies Again*, de Richard Michaels. / *A Night in Heaven*, de John G. Avildsen.
1984 *The Lonely Guy*, de Arthur Hiller.
1985 *The Main Season* (Llamada a un reportero), de Philip Borsos.

1986 *Eight Million Ways to Die* (Ocho millones de maneras de morir), de Hal Ashby.
1987 *The Untouchables* (Los intocables), de Brian de Palma.
1988 *Stand and Deliver*, de Ramón Menéndez. / *Blood Money*, de Jerry Schatzberg. / *American Roulette*, de Maurice Hatton.
1989 *Black Rain*, de Ridley Scott. / *Internal Affairs* (Asuntos sucios), de Mike Figgis.
1990 *A Show of Force* (Bajo otra bandera), de Bruno Barreto. / *The Godfather Part III* (El padrino III), de Francis Ford Coppola.
1991 *Dead Again* (Morir todavía), de Kenneth Branagh.
1992 *Hero* (Héroe por accidente), de Stephen Frears. / *Jennifer Eight* (Jennifer 8), de Bruce Robinson.
1994 *When a man Loves a Woman* (Cuando un hombre ama a una mujer), de Luis Mandoki.

GARCÍA SÁNCHEZ, José Luis *(Salamanca, España, 1941)*

Licenciado en derecho y sociología por la Universidad de Madrid y en dirección por la Escuela Oficial de Cinematografía, trabaja como ayudante de dirección, guionista y editor de libros infantiles. Tras realizar algunos cortometrajes, debuta en el largo con *El love feroz*, *Colorín colorado* y *Las truchas*, irregulares intentos de dotar a la tradicional «comedia a la española» de un trasfondo político. Cierra la primera parte de su obra el documental *Dolores*, homenaje a la matriarca comunista Dolores Ibarruri, codirigido con Andrés Linares. Su colaboración con el guionista Rafael Azcona comienza en *La corte de Faraón*, basada en la popular zarzuela de Guillermo Perrin, Miguel Palacios y Vicente Lleó, y *Hay que deshacer la casa*, sobre el drama teatral de Sebastián Junyent; prosigue en las comedias negras de múltiples personajes, basadas en guiones originales, *Pasodoble*, que trata de las peripecias de una familia numerosa que se instala en un museo, y *El vuelo de la Paloma*, que narra el rodaje en una plazuela madrileña de una película sobre la insurrección militar de 1936. Su obra da un nuevo giro con *La noche más larga*, un curioso documento, entre la realidad y la ficción, en torno a los últimos fusilamientos del general Franco en septiembre de 1975, que encierra una dura crítica a la sociedad española actual. Entre medias se sitúan dos ambiciosas e irregulares adaptaciones de barrocos textos de Ramón del Valle-Inclán: *Divinas palabras*, sobre su drama, y *Tirano Banderas*, basado en su novela. Su colaboración en Azcona prosigue con la desigual comedia *El seductor* y el peculiar esperpento *Suspiros de España (y Portugal)*.

1972 *El love feroz*.
1976 *Colorín colorado*.
1977 *Las truchas*.
1979 *El regalo de los colores*, episodio de *Cuentos para una escapada*.
1980 *Dolores*.
1985 *La corte de Faraón*.
1986 *Hay que deshacer la casa*.
1987 *Divinas palabras*.
1988 *Pasodoble*.
1989 *El vuelo de la Paloma*.
1991 *La noche más larga*.
1993 *Tirano Banderas*.
1994 *El seductor*.
1995 *Suspiros de España (y Portugal)*.
1996 *Tranvía a la Malvarrosa*.

GARDNER, Ava *(Smithfield, Carolina del Sur, Estados Unidos, 1922-Londres, Reino Unido, 1990)*

Hija de unos humildes granjeros, estudia en el Atlantic City Christian College y gracias a la fulgurante belleza que muestra en unas fotos que le hace su cuñado, en 1941 es contratada por los estudios Metro-Goldwyn-Mayer. Durante cinco años estudia arte dramático y dicción y hace mínimos papeles en veintiuna producciones. Solo tras el éxito de *Forajidos*, de Robert Siodmak, comienza a protagonizar películas de desigual atractivo, lo que no le impide convertirse en una estrella. Entre sus producciones de la década de los cincuenta, la mejor etapa de su desigual carrera, destacan *Magnolia*, de George Sidney; *Pandora y el holandés errante*, de Albert Lewin; *Las nieves del Kilimanjaro*, de Henry King; *Mogambo*, de John Ford; *La condesa descalza*, de Joseph L. Mankiewicz, y *Cruce de destinos*, de George Cukor. Finalizado en 1958 su contrato con Metro-Goldwyn-Mayer, durante los años sesenta rueda para diferentes productoras *La hora final*, de Stanley Kramer; *55 días en Pekín*, de Nicholas Ray; *Siete días de mayo*, de John Frankenheimer, y *La noche de la iguana*, de John Huston. La última etapa de su carrera se extiende hasta principios de la década de los ochenta y se reduce a

hacer papeles secundarios en películas con pocos atractivos.
1942 *We Were Dancing* (Sucedió bailando), de Robert Z. Leonard. / *Joe Smith American*, de Richard Thorpe. / *Sunday Punch*, de David Miller. / *This Time for Keeps*, de Charles F. Reisner. / *Calling Dr. Gillepsie*, de Harold S. Bucquet. / *Kid Glove Killer*, de Fred Zinnemann. / *Reunion in France*, de Jules Dassin.
1943 *Pilot Number Five*, de George Sidney. / *Hitler's Madman*, de Douglas Sirk. / *Ghosts on the Loose* (La casa encantada), de William Beaudine. / *Du Barry Was a Lady*, de Roy del Ruth. / *Young Ideas*, de Jules Dassin. / *Lost Angel*, de Roy Rowland.
1944 *Swing Fever*, de Tim Whelan. / *Music for Millions* (Al compás del corazón), de Henry Koster. / *Three Men in White*, de Willis Goldbeck. / *Blonde Fever*, de Richard Whorf. / *Maisie Goes to Reno*, de Harry Beaumont. / *Two Girls and a Sailor*, de Richard Thorpe.
1945 *She Went to the Races*, de Willis Goldbeck. / *Whistle Stop*, de Leonide Moguy.
1946 *The Killers* (Forajidos), de Robert Siodmak.
1947 *Singapore* (Una vida y un amor), de John Brahm. / *The Hucksters* (Los vendedores), de Jack Conway.
1948 *One Touch of Venus* (Venus era mujer), de William A. Seiter. / *The Bribe* (Soborno), de Robert Z. Leonard.
1949 *The Great Sinner* (El gran pecador), de Robert Siodmak.
1950 *East Side, West Side* (Mundos opuestos), de Mervyn LeRoy.
1951 *My Forbidden Past* (Odio y orgullo), de Robert Stevenson. / *Show Boat* (Magnolia), de George Sidney. / *Pandora and the Flying Dutchman* (Pandora y el holandés errante), de Albert Lewin.
1952 *Lone Star* (Estrella del destino), de Vincent Sherman. / *The Snows of Kilimanjaro* (Las nieves del Kilimanjaro), de Henry King.
1953 *Ride, Vaquero* (Una vida por otra), de John Farrow. / *The Band Wagon* (Melodías de Broadway 1955), de Vincente Minnelli. / *Mogambo*, de John Ford. / *Knights of the Round Table* (Los caballeros del rey Arturo), de Richard Thorpe.
1954 *The Barefoot Comtessa* (La condesa descalza), de Joseph L. Mankiewicz.
1956 *Bhowani Junction* (Cruce de destinos), de George Cukor.
1957 *The Little Hut* (La cabaña), de Mark Robson. / *The Sun Also Rises* (Fiesta), de Henry King.
1958 *The Naked Maja* (La maja desnuda), de Henry Koster.
1959 *On the Beach* (La hora final), de Stanley Kramer.
1960 *The Angel Wore Red* (El ángel vestido de rojo), de Nunnally Johnson.
1963 *55 Days at Peking* (55 días en Pekín), de Nicholas Ray.
1964 *Seven Days in May* (Siete días de mayo), de John Frankenheimer. / *The Night of the Iguana* (La noche de la iguana), de John Huston.
1966 *The Bible* (La Biblia), de John Huston.
1968 *Mayerling*, de Terence Young.
1971 *The Devil's Widow* (La viuda del diablo), de Roddy McDowald.
1972 *The Life and Times of Judge Roy Bean* (El juez de la horca), de John Huston.
1974 *Earthquake* (Terremoto), de Mark Robson.
1975 *Permission to Kill* (El hombre que decidía la muerte), de Cyril Frankel.
1976 *The Blue Bird* (El pájaro azul), de George Cukor. / *The Sentinel* (La centinela), de Michael Winner. / *The Cassandra Crossing* (El puente de Casandra), de George Pan Cosmatos.
1979 *City on Fire* (Emergencia), de Alvin Rakoff.
1980 *The Kidnapping of the President*, de George Mendeluk.
1981 *Priest of Love*, de Christopher Milies.
1982 *Regina*, de Jean-Yves Prat.

GARFIELD, John *(Julius Garjinkle. Nueva York, 1913-Nueva York, Estados Unidos, 1952)*

Hijo de un modesto sastre, desde muy joven vende periódicos para sostener la maltrecha economía familiar y acaba integrándose en las bandas juveniles de Brooklyn y el Bronx, para acabar en el reformatorio Angelo Patri School. Gracias a su interés por la interpretación y a una beca, estudia arte dramático en la Heckster Foundation Drama Workshop y en el American Laboratory Theatre. Tras hacer giras por el país con diferentes compañías, en 1933 pasa a formar parte del progresista Group Theatre y a mediados de los años treinta se ha convertido en un conocido y prestigioso actor teatral en Broadway. A finales de la década es contratado por los estudios Warner, para los que hace la mayoría de sus películas, entre las que destacan las dirigidas por Michael Curtiz *Daughters Courageous, El lobo de mar, Punto de ruptura*; además de *La vida es así*, de Victor Fleming; *Destino Tokio*, de Delmer Daves; *Cuerpo y alma*, de Robert Rossen, y *El poder del mal*, de Abraham Polonski. Sin embargo, su película más conocida es el policiaco *El cartero siempre llama dos veces*, de Tay Garnett, que rueda para los estudios Metro-Goldwyn-Mayer. Perseguido por el

Comité de Actividades Antinorteamericanas a causa de sus ideas izquierdistas y por haber defendido al grupo de condenados por comunistas denominado los «Diez de Hollywood», a los treinta y nueve años muere de una crisis cardiaca mientras trabaja en el teatro, actividad que siempre simultanea con el cine.

1933 *Footlight Parade* (Desfile de candilejas), de Lloyd Bacon.
1938 *Four Daughters*, de Michael Curtiz.
1939 *They Made Me a Criminal*, de Busby Berkeley. / *Blackwell's Island*, de William McGann. / *Juárez*, de William Dieterle. / *Daughters Courageous*, de Michael Curtiz. / *Dust Be My Destiny* (Defiendo mi vida), de Lewis Seiler.
1940 *Castle on the Hudson*, de Anatole Litvak. / *Saturday's Children*, de Vincent Sherman. / *Flowing Gold*, de Alfred E. Green. / *East of the River*, de Alfred E. Green.
1941 *The Sea Wolf* (El lobo de mar), de Michael Curtiz. / *Out of the Fog*, de Anatole Litvak.
1942 *Dangerously They Live*, de Robert Florey. / *Tortilla Flat* (La vida es así), de Victor Fleming.
1943 *Air Force*, de Howard Hawks. / *The Fallen Sparrow*, de Richard Wallace. / *Thank You Lucky Stars*, de David Butler. / *Destination Tokyo* (Destino Tokio), de Delmer Daves.
1944 *Between Two Worlds* (Entre dos mundos), de Edward A. Blatt. / *Hollywood Canteen*, de Delmer Daves.
1945 *Pride of the Marines*, de Delmer Daves.
1946 *The Postman Always Rings Twice* (El cartero siempre llama dos veces), de Tay Garnett. / *Nobody Lives Forever*, de Jean Negulesco. / *Humoresque*, de Jean Negulesco.
1947 *Body and Soul* (Cuerpo y alma), de Robert Rossen. / *Gentlemen's Agreement* (La barrera invisible), de Elia Kazan.
1948 *Force of Evil* (El poder del mal), de Abraham Polonsky.
1949 *We Were Strangers*, de John Huston.
1950 *Under My Skin* (Venganza del destino), de Jean Negulesco. / *The Breaking Point* (Punto de ruptura), de Michael Curtiz.
1951 *He Ran All the Way* (Yo amé a un asesino), de John Berry.

GARLAND, Judy *(Frances Gumm. Grand Rapids, Minnesota, Estados Unidos, 1922-Londres, Reino Unido 1969)*

Hija de los actores de *music-hall* Frank Avent y Ethel Marian, a los tres años debuta como cantante y desde los cinco forma parte del trío Gumm Sisters con sus hermanas Virginia y Mary Jane. Cuando sus hermanas se casan, ella sigue actuando en solitario como cantante y a los catorce años hace una prueba para los estudios Metro-Goldwyn-Mayer. Rueda con la joven actriz Deanna Durbin el cortometraje *Concierto al aire libre* (Every Sunday Afternoon, 1936), de Felix Feist, pero mientras Deanna Durbin no es contratada, ella se convierte en la estrella juvenil del estudio. Tras el gran éxito de *La melodía de Broadway*, pasa a ser la pareja de Mickey Rooney en algunas películas de la serie Andy Hardy y en los musicales dirigidos por el especialista Busby Berkeley *Los hijos de la farándula, Armonías de juventud* y *Babes of Broadway*. El triunfo de *El mago de Oz* hace que Metro-Goldwyn-Mayer llegue a ser la gran productora de musicales durante los años cuarenta y cincuenta, y Judy Garland —que consigue un Oscar especial— será la gran estrella del género. Bajo la dirección de Vincente Minnelli —que se convierte en el segundo de sus cinco maridos— rueda *Cita en Saint Louis* y *El pirata*, para después hacer con Charles Walter *Desfile de Pascua* y *Summer Stock*. Roto su contrato con Metro-Goldwyn-Mayer, gracias a sus triunfos como cantante en Londres y Nueva York y a la ayuda de su tercer marido, el productor Sid Luft, después de cuatro años alejada del cine rueda la estupenda *Ha nacido una estrella*, de George Cukor, pero sus problemas con el alcohol y las drogas la apartan definitivamente del musical y casi del cine. A principios de la década de los sesenta interviene en tres películas dramáticas, entre las que destaca *¿Vencedores o vencidos?*, de Stanley Kramer.

1936 *Pigskin Parade* (Locuras de estudiantes), de David Butler.
1937 *Thorough Breds Don't Cry*, de Alfred E. Green.
1938 *Broadway Melody of 1938* (La melodía de Broadway), de Roy del Ruth. / *Everybody Sings*, de Edwin L. Marin. / *Listen Darling*, de Edwin L. Marin. / *Love Finds Andy Hardy* (Andrés Harvey se enamora), de George B. Seitz.
1939 *The Wizard of Oz* (El mago de Oz), de Victor Fleming. / *Babes in Arms* (Los hijos de la farándula), de Busby Berkeley.
1940 *Andy Hardy Meets Debutante* (Andrés Harvey tenorio), de George B. Seitz. / *Strike Up the Band* (Armonías de juventud), de Busby Berkeley. / *Little Nellie Kelly*, de Norman Taurog.
1941 *Ziegfeld Girl*, de Robert Z. Leonard. / *Life Begins for Andy Hardy*, de George B. Seitz. / *Babes of Broadway*, de Busby Berkeley.
1942 *For Me and My Gal*, de Busby Berkeley.

1943 *Presenting Lily Mars,* de Norman Taurog. / *Thousands Cheer,* de George Sidney.
1944 *Meet Me in Saint Louis* (Cita en Saint Louis), de Vincente Minnelli.
1945 *The Clock* (El reloj), de Vincente Minnelli.
1946 *The Harvey Girls,* de George Sidney. / *Ziegfeld Follies,* de Vincente Minnelli.
1947 *Till the Clouds Roll By,* de Richard Whorf.
1948 *The Pirate* (El pirata), de Vincente Minnelli. / *Easter Parade* (Desfile de Pascua), de Charles Walters. / *Words and Music,* de Norman Taurog.
1949 *In the Good Old Summertime,* de Robert Z. Leonard.
1950 *Summer Stock,* de Charles Walters.
1954 *A Star Is Born* (Ha nacido una estrella), de George Cukor.
1961 *Judgement at Nuremberg* (¿Vencedores o vencidos?), de Stanley Kramer.
1962 *A Child Is Waiting* (Ángeles sin paraíso), de John Cassavetes. / *I Could Go on Singing,* de Ronald Neame.

GARNETT, Tay *(Taylor Garnett. Los Ángeles, 1898-Los Ángeles, California, Estados Unidos, 1977)*

Aviador e ingeniero, trabaja como guionista y *gagman* para los conocidos productores de comedias cómicas Hal Roach y Mack Sennett y debuta como director con la comedia sobre boxeo *Celebrity,* su única película muda. De su trabajo durante la primera mitad de los años treinta destacan *Okay, America,* que propone drásticas soluciones a los problemas del gangsterismo, *S.O.S. Iceberg,* rodada en Suiza con la realizadora nazi Leni Riefenstahl como protagonista, a partir de documentales rodados en Groenlandia por Arnold Franck, y *Viaje de ida,* que narra los amores, más fuertes que la vida, entre un condenado a muerte y una joven con una enfermedad incurable. Tras dar la vuelta al mundo durante dos años en su barco, regresa para hacer la famosa *Mares de China* para los estudios Metro-Goldwyn-Mayer, historia de amor y aventuras con varios personajes, desarrollada en el interior de un navío, y las comedias *Amor y periodismo* y *El placer de vivir.* A pesar de estar basada en un argumento de William Faulkner, tiene mucho menos interés *Redención,* que banaliza el problema del tráfico de esclavos. Posteriormente rueda para el productor independiente Walter Wanger la comedia de aventuras *La fugitiva de los trópicos,* ambientada en una Asia mal reconstruida en los estudios, con un exceso de transparencias rodadas personalmente por él durante su largo viaje; la irregular sátira sobre Hollywood *Siempre Eva* y la mediocre comedia romántica *Eternamente tuya.* Su trabajo durante los años cuarenta es de lo más variado; va desde la comedia con peleas *De isla en isla,* que narra los amores entre una exótica Marlene Dietrich y un rudo John Wayne, y la historia de una mujer dedicada a la enseñanza *Dueña de su destino,* hasta la comedia musical *Un yanqui en la corte del rey Arturo,* basada en la novela de Mark Twain; pasando por las más conocidas producciones Metro-Goldwyn-Mayer: *Bataan,* sobre un grupo de soldados norteamericanos cercados por japoneses en Filipinas durante la II Guerra Mundial; las historias femeninas *La señora Parkington* y *El valle del destino,* a mayor gloria de Greer Garson, y el excelente policiaco *El cartero siempre llama dos veces,* tercera de las cuatro versiones de la novela homónima de James M. Cain. Después de la irregular *Tres soldados,* versión oficiosa de *Gunga Din* (1939), de George Stevens, realiza la producción bélica *Corea, hora cero;* el curioso documento sobre el mundo teatral *Main Street to Broadway,* y la mediocre producción británica de capa y espada *El caballero negro,* cuyos exteriores se ruedan en España. Desde mediados de la década de los cincuenta y durante casi quince años trabaja sobre todo para televisión en multitud de famosas series. Sus últimas películas no tienen ningún interés, y van desde el *western* de bajo presupuesto *Pistolas en la frontera* y el policiaco basado en una novela del especialista Mickey Spillane *Delta Factor, agente CIA,* durante cuyo rodaje muere el productor y él sufre un grave accidente automovilístico; hasta las más atractivas *The Mad Trapper* y *Timber Tramp,* ambas rodadas en Alaska. Uno de sus mejores trabajos es su autobiografía *Light Your Torches and Pull Up Your Tights* (1973).

1928 *Celebrity.* / *The Spieler.*
1929 *The Flying Fool.* / *Oh Yeah!*
1930 *Officer O'Brien.* / *Her Man* (Su hombre).
1931 *Bad Company* (Aristócratas del crimen).
1932 *Prestige* (Prestigio). / *Okay, America.* / *One Way Passage* (Viaje de ida).
1933 *Destination Unknown* (Sin rumbo). / *S.O.S. Iceberg.*

1935 *China Seas* (Mares de China). / *She Couldn't Take It* (La danza de los ricos).
1936 *Professional Soldier* (Soldado profesional).
1937 *Love Is News* (Amor y periodismo). / *Slave Ship* (Redención). / *Stand-In* (Siempre Eva).
1938 *The Joy of Loving* (El placer de vivir).
1939 *Trade Winds* (La fugitiva de los trópicos). / *Eternally Yours* (Eternamente tuya). / *Slightly Honorable* (Con su misma arma).
1940 *Seven Sinners* (De isla en isla). / *My Favorite Spy*.
1941 *Cheers for Miss Bishop* (Dueña de su destino).
1943 *Bataan*. / *The Cross of Lorraine* (La cruz de Lorena).
1944 *Mrs. Parkington* (La señora Parkington).
1945 *The Valley of Decision* (El valle del destino).
1946 *The Postman Always Rings Twice* (El cartero siempre llama dos veces).
1947 *Wild Harvest*.
1949 *A Connecticut Yankee in King Arthur's Court* (Un yanqui en la corte del rey Arturo).
1950 *The Fireball*.
1951 *Cause for Alarm*. / *Soldiers Three* (Tres soldados).
1952 *One Minute to Zero* (Corea, hora cero).
1953 *Main Street to Broadway*.
1954 *The Black Knight* (El caballero negro).
1960 *A Terrible Beauty* (Los luchadores de la noche).
1963 *Cattle King* (Pistolas en la frontera).
1970 *The Delta Factor* (Delta Factor, agente CIA).
1972 *The Mad Trapper*.
1973 *Timber Tramp*.

GARRAS DEL GATO, LAS (*The Cat's Paw, 1934*)

Más cerca de las fábulas políticas realizadas por Frank Capra pocos años después, que de sus habituales y divertidas comedias, esta película, escrita en colaboración, producida y protagonizada por el gran cómico Harold Lloyd, narra cómo el hijo de un misionero viaja desde China a Estados Unidos para buscar esposa, pero se ve envuelto en una trama política por la cual acaba siendo elegido alcalde de una ciudad corrompida. La moraleja de la historia reside en que el protagonista no es el hombre de paja que habían creído quienes le hacen presentarse a las elecciones, sino un hombre duro que consigue acabar con la corrupción, al tiempo que también encuentra esposa. Hábilmente rodada por Sam Taylor, su colaborador habitual durante esta etapa de su carrera, tiene poco que ver con el resto de la producción de Harold Lloyd, lo que no le impide ser una curiosa e interesante película.

Director: *Sam Taylor*. Guionistas: *Harold Lloyd, Sam Taylor*. Fotografía: *Jack McWenzie*. Música: *Alfred Newman*. Intérpretes: *Harold Lloyd, George Barbier, Una Merkel, Nat Pendleton, Grant Mitchell*. Producción: *Harold Lloyd para 20th Century Fox*. Duración: *101'. Estados Unidos*.

GARSON, Greer (*County Down, Irlanda, Reino Unido, 1908-Estados Unidos, 1996*)

Estudia Bellas Artes en las Universidades de Londres y Grenoble, en 1932 debuta como actriz de teatro, durante la década se hace un nombre prestigioso y a finales comienza a actuar también en cine y tiene un gran éxito con *Adiós, Mister Chips*. Contratada en exclusiva por los estudios Metro-Goldwyn-Mayer, se traslada a Estados Unidos y durante quince años se hace famosa encarnando a madres y mujeres protectoras. Triunfa con *La señora Miniver*, de William Wyler, con la que gana un Oscar, que es objeto de una segunda parte, *La historia de los Miniver*, y algunos intentos de imitación, *La señora Parkington*, *La enigmática señora Loverly* y *La señora Chesney*. Entre sus restantes películas destacan en primer lugar *Más fuerte que el orgullo* y *Madame Curie* y también *La dinastía de los Forsyte*. El fracaso del clásico *Julio César* y de las comedias *Julia se porta mal* y *La pelirroja indómita*, la hacen regresar al teatro y comenzar a hacer televisión. Posteriormente solo hace papeles secundarios en cuatro películas durante la década de los sesenta.

1938 *Twenty-One Days* (Veintiún días juntos), de Basil Dean.
1939 *Goodbye, Mr. Chips* (Adiós, Mister Chips), de Sam Wood. / *Remember?*, de Norman Z. McLeod.
1940 *Pride and Prejudice* (Más fuerte que el orgullo), de Robert Z. Leonard.
1941 *Blossoms in the Dust* (De corazón a corazón), de Mervyn LeRoy. / *When Ladies Meet* (Cuando ellas se encuentran), de Robert Z. Leonard.
1942 *Mrs. Miniver* (La señora Miniver), de William Wyler. / *Random Harvest* (Niebla en el pasado), de Mervyn LeRoy.
1943 *Madame Curie*, de Mervyn LeRoy. / *The Youngest Profession*, de Edward Buzzell.
1944 *Mrs. Parkington* (La señora Parkington), de Tay Garnett.
1945 *Valley of Decision* (El valle del destino), de Tay Garnett. / *Adventure*, de Victor Fleming.
1946 *Desire Me*.

1948 *Julia Misbehaves* (Julia se porta mal), de Jack Conway.
1949 *That Forsyte Woman* (La dinastía de los Forsyte), de Compton Bennett.
1950 *The Miniver Story* (La historia de los Miniver), de H. C. Potter.
1951 *The Law and the Lady* (La enigmática señora Loverly), de Edwin H. Knopf.
1953 *Scandal at Scourie*, de Jean Negulesco. / *Her Twelve Men* (La señora Chesney), de Robert Z. Leonard. / *Julius Caesar* (Julio César), de Joseph L. Mankiewicz.
1955 *Strange Lady in Town* (La pelirroja indómita), de Mervyn LeRoy.
1960 *Pepe*, de George Sidney. / *Sunrise at Campobello*, de Vincent J. Donehue.
1965 *The Singing Nun* (Dominique), de Henry Koster.
1967 *The Happiest Millionaire* (El más feliz millonario), de Norman Tokar.

GASSMAN, Vittorio *(Génova, Italia, 1922).*

Hijo de un austriaco y una florentina, campeona de baloncesto, abandona sus estudios de derecho en la Universidad de Roma para matricularse en los cursos de la Accademia Nazionale d'Arte Drammatica y en 1943 debuta como actor de teatro. Mientras de la mano del director Luchino Visconti se convierte en uno de los grandes de la escena italiana, desde mediados de los años cuarenta a principios de los cincuenta rueda dieciocho irregulares películas, donde generalmente encarna a tipos desalmados, pero el éxito de *Arroz amargo*, de Giuseppe de Santis; *Ana*, de Alberto Lattuada, y *La tratta delle bianche*, de Luigi Comencini, le lleva a Hollywood. Firma un contrato con los estudios Metro-Goldwyn-Mayer y hace *Cry of the Hunted, The Glass Wall, Sombrero* y *Rapsodia,* pero su mal resultado hace que el estudio lo rescinda y vuelve a Italia para hacer destacados papeles en las coproducciones con Estados Unidos *Mambo, La mujer más guapa del mundo* y *Guerra y paz*. Al tiempo que prosiguen sus éxitos teatrales como actor y director, a finales de la década de los cincuenta mejora su imagen cinematográfica: pasa de ser un galán especializado en papeles de malo a convertirse en un actor cómico a través del éxito de las comedias realistas *Rufufú* y *La Gran Guerra*, de Mario Monicelli. Durante los años sesenta prosigue con las comedias y desarrolla una larga colaboración con el director Dino Risi a lo largo de *El estafador, Vida difícil, La marcia su Roma, La escapada, El éxito, Monstruos de hoy, Un italiano en Argentina, Un tigre en la red* y *El profeta;* mientras también destacan sus trabajos con Antonio Pietrangeli en *Fantasmas de hoy* y Mario Monicelli en *La armada Brancaleone.* En la década de los setenta continúa con su gran actividad teatral, a la vez que hace con Dino Risi *En nombre del pueblo italiano, Perfume de mujer, La carrera de una doncella* y *Almas perdidas,* con Mario Monicelli *Brancaleone en las Cruzadas,* y con Ettore Scola *Una mujer y tres hombres;* en los años finales regresa a Estados Unidos para rodar con Robert Altman *Un día de boda* y *Quinteto.* El mejor momento de su larga carrera, que cuenta con unas ciento veinte películas rodadas en cuarenta y cinco años, es la década de los ochenta por trabajar mucho menos, pero en películas de mayor calidad como *La terraza* y *La familia,* de Ettore Scola; *La vie est un roman,* de Alain Resnais; *Benvenuta,* de André Delvaux, o *Paradigme,* de Krzysztof Zanussi. De forma paralela desarrolla una irregular actividad como director de cine con *Kean,* versión de la obra de Alexandre Dumas escrita por Jean-Paul Sartre; *L'alibi,* realizada en colaboración con Luciano Lucignani y Adolfo Celli sobre sus respectivos trabajos; la menos personal *Senza famiglia nullatenenti cercano affetto* y *Di padre in figlio,* un peculiar documento donde se enfrenta con su propio hijo. Aprovecha su larga experiencia en teatro y cine para escribir sus memorias *Un gran porvenir a la espalda* (1981).

Como director
1957 *Kean.*
1969 *L'alibi,* un episodio.
1972 *Senza famiglia nullatenenti cercano affeto.*
1982 *Di padre in figlio.*

Como actor
1946 *Danièle Cortis,* de Mario Soldati. / *Preludio d'amore,* de Giovanni Paolucci.
1947 *L'avventure di Pinocchio,* de Giannetto Guardone. / *La figlia del capitano* (La hija del capitán), de Mario Camerini. / *L'ebreo errante,* de Goffredo Alessandrini.
1948 *Il cavaliere misterioso* (El caballero misterioso), de Riccardo Freda.
1949 *Riso amaro* (Arroz amargo), de Giuseppe de Santis. / *Il lupo della Sila* (El lobo de la Sila), de Duilio Coletti. / *Una voce nel tuo cuore,* de Alberto

d'Aversa. / *Lo sparviero del Nilo,* de Giacomo Gentilomo. / *Ho sognato il paradiso,* de Giorgio Pastina. / *I fuorilegge* (Giuliano), de Aldo Vergano.
1950 *Il leone di Amalfi,* de Pietro Francisci. / *Il tradimento,* de Riccardo Freda. / *La corona negra,* de Luis Saslavsky.
1951 *Anna* (Ana), de Alberto Lattuada. / *Il sogno di Zorro* (El último Zorro), de Mario Soldati.
1952 *La tratta delle bianche,* de Luigi Comencini.
1953 *Cry of the Hunted,* de Joseph H. Lewis. / *The Glass Wall,* de Maxwell Shane. / *Sombrero,* de Norman Foster.
1954 *Rhapsody* (Rapsodia), de Charles Vidor. / *Mambo,* de Robert Rossen.
1955 *La donna più bella del mondo* (La mujer más guapa del mundo), de Robert Z. Leonard.
1956 *War and Peace* (Guerra y paz), de King Vidor. / *Difendo il mio amore* (Escándalo en Milán), de Vincent Sherman. / *Giovanni dalle bande nere* (El caballero de la banda negra), de Sergio Grieco.
1957 *Kean,* de Vittorio Gassman.
1958 *La ragazza del palio* (Diana), de Luigi Zampa. / *I soliti ignoti* (Rufufú), de Mario Monicelli. / *La tempestà* (Tempestad), de Alberto Lattuada.
1959 *La Grande Guerra* (La Gran Guerra), de Mario Monicelli. / *Audace colpo dei soliti ignoti* (Rufufú da el golpe), de Nanni Loy. / *The Miracle* (Promesa rota), de Irving Rapper. / *La cambiale,* de Camillo Mastrocinque. / *Le sorprese dell'amore,* de Luigi Comencini.
1960 *Il mattatore* (El estafador), de Dino Risi. / *Fantasmi a Roma* (Fantasmas en Roma), de Antonio Pietrangeli. / *Crimen* (Crimen en Montecarlo), de Mario Camerini.
1961 *Il giudizio universale* (Juicio universal), de Vittorio de Sica. / *Una vita difficile* (Vida difícil), de Dino Risi. / *I briganti italiani* (Venganza siciliana), de Mario Camerini.
1962 *Barabba* (Barrabás), de Richard Fleischer. / *Anima nera* (Alma negra), de Roberto Rossellini. / *La marcia su Roma,* de Dino Risi. / *La smania addosso,* de Marcello Andrei. / *Il sorpasso* (La escapada), de Dino Risi.
1963 *L'amore difficile,* episodio de Luciano Lucignani. / *Il successo* (El éxito), de Dino Risi. / *I mostri* (Monstruos de hoy), de Dino Risi. / *Frenesia dell'estate,* de Luigi Zampa.
1964 *Se permettete parliamo di donne,* de Ettore Scola. / *Il gaucho* (Un italiano en Argentina), de Dino Risi. / *La congiuntura* (El millón de dólares), de Ettore Scola. / *Slalom* (El octavo hombre), de Luciano Salce.
1965 *Una vergine per il principe* (Una doncella para un gran señor), de Pasquale Festa Campanile. / *L'armata Brancaleone* (La armada Brancaleone), de Mario Monicelli. / *Guerra segreta* (La guerra secreta), de Terence Young, Carlo Lizzani y Christian-Jaque.
1966 *L'arcidiavolo* (El diablo enamorado), de Ettore Scola. / *Le piacevoli notti,* de Armando Crispino y Luciano Lucignani.
1967 *Sette volte donna* (Siete veces mujer), de Vittorio de Sica. / *Il tigre* (Un tigre en la red), de Dino Risi. / *Il profeta* (El profeta), de Dino Risi. / *Lo scatenato,* de Franco Indovina. / *Questi fantasmi* (La guapa y su fantasma), de Renato Castellani.
1968 *La pecora nera* (Yo soy la oveja negra), de Luciano Salce.
1969 *L'alibi,* episodio de Vittorio Gassman. / *L'arcangelo* (El candoroso picapleitos), de Giorgio Capitani. / *Dove vai tutta nuda?,* de Pasquale Festa Campanile. / *12 + 1* (¿Cuál de las 13?), de Nicolas Gessner. / *Contestazione generale,* de Luigi Zampa.
1970 *Il divorzio,* de Romolo Guerrieri. / *Brancaleone alle Crociate* (Brancaleone en las Cruzadas), de Mario Monicelli. / *Spicione detto anche l'africano,* de Luigi Magni.
1971 *L'udienza* (La audiencia), de Marco Ferreri.
1972 *Senza famiglia nullatenenti cercano affetto,* de Vittorio Gassman. / *In nome del popolo italiano* (En nombre del pueblo italiano), de Dino Risi
1973 *Che c'entriamo noi con la rivoluzione?,* de Sergio Corbucci. / *La Tosca,* de Luigi Magni.
1974 *C'eravamo tanto amati* (Una mujer y tres hombres), de Ettore Scola. / *Profumo di donna* (Perfume de mujer), de Dino Risi.
1975 *A mezzanotte va la ronda del piacere* (La ronda del placer), de Marcello Fondato. / *Un sorriso, uno schiaffo, un bacio in bocca,* de Mario Morra.
1976 *Come una rosa al naso* (Virginidad), de Franco Rossi. / *Telefoni bianchi* (La carrera de una doncella), de Dino Risi. / *Signore e signori, buonanotte,* de Mario Monicelli, Luigi Comencini, Nanni Loy, Ettore Scola, Luigi Magni. / *Anima persa* (Almas perdidas), de Dino Risi. / *Il deserto dei tartari* (El desierto de los tártaros), de Valerio Zurlini.
1977 *I nuovi mostri* (¡Que viva Italia!), de Mario Monicelli, Dino Risi y Ettore Scola.
1978 *A Wedding* (Un día de boda), de Robert Altman.
1979 *Due pezzi di pane,* de Sergio Citti. / *Caro papa* (Querido papá), de Dino Risi. / *Quintet* (Quinteto), de Robert Altman.
1980 *La terrazza* (La terraza), de Ettore Scola. / *Sono fotogenico,* de Dino Risi.
1981 *Il turno,* de Tonino Cervi. / *Sharkey's Machine* (La brigada de Sharkey), de Burt Reynolds. / *Camera d'albergo,* de Mario Monicelli.
1982 *Di padre in figlio,* de Vittorio Gassman. / *Tempest* (La tempestad), de Paul Mazursky.
1983 *La vie est un roman,* de Alain Resnais. / *Benvenuta,* de André Delvaux.

1985 *Paradigme,* de Krzysztof Zanussi.
1986 *I soliti ignoti vent'anni dopo,* de Amanzio Todini.
1987 *La famiglia* (La familia), de Ettore Scola.
1989 *Dimenticare Palermo,* de Francesco Rosi.
1990 *La mille et une nuits,* de Philippe de Broca.

GATOPARDO, EL *(Il Gattopardo, 1963)*

A partir de la novela homónima del príncipe Giuseppe Tomasi de Lampedusa, publicada originalmente en 1959, el director de teatro y ópera Luchino Visconti hace la más cara y conocida de sus películas. Sobre el complejo trasfondo del *Risorgimento,* desde mayo de 1860 en que al desembarcar Garibaldi en Marsala se tambalea la estructura feudal del régimen borbónico, hasta mediados de 1862, en que Vittorio Emanuele vuelve a estar en el trono tras vencer el coronel Pallavicini a Garibaldi en la batalla de Aspromonte, se narra la historia de la familia Salina. El príncipe Fabrizio Salina (Burt Lancaster) ayuda a su sobrino Tancredi Falconieri (Alain Delon) a casarse con la rica heredera Angelica Sedara (Claudia Cardinale), hija del alcalde garibaldino y antimonárquico don Calogero Sedara (Paolo Stoppa), para fortalecer el tambaleante patrimonio familiar. Esta gran película de Visconti transmite un mensaje político que se resume en la frase que repiten varios personajes «Si queremos que todo quede como está, es preciso que todo cambie» y que resulta demasiado evidente. Sin embargo, encierra una perfecta reconstrucción histórica, gracias a los decorados de Giorgio Pes y Laudomia Hercolani, el vestuario de Piro Tosi, además de la excelente fotografía de Giuseppe Rotunno, la magistral música de Nino Rota, con un vals inédito de Giuseppe Verdi para la escena del baile, y un excelente reparto encabezado por Burt Lancaster, Claudia Cardinale y Alain Delon. Normalmente circula una versión mucho más corta hablada en inglés, montada de nuevo por el director Sydney Pollack a petición de Burt Lancaster y distribuida por 20th Century Fox. Gana la Palma de Oro del Festival de Cannes y se convierte en una de las películas más conocidas de Visconti.

Director: *Luchino Visconti.* Guionistas: *Suso Cecchi D'Amico, Pasquale Festa Campanile, Enrico Medioli, Massimo Franciosa, Luchino Visconti.* Fotografía: *Giuseppe Rotunno.* Música: *Nino Rota.* Intérpretes: *Burt Lancaster, Claudia Cardinale, Alain Delon, Paolo Stoppa, Rina Morelli, Romolo Valli.* Producción: *Goffredo Lombardo para Titanus (Roma), S. N. P. C. (París). Color. Scope.* Duración: *205'.* Italia-Francia.

GAVALDÓN, Roberto *(Ciudad Juárez, Chihuahua, 1909-México D. F., México, 1986)*

Viaja a Estados Unidos para estudiar odontología, pero interesado por el cine acaba trabajando como ayudante de dirección de Jack Conway. A principios de los años treinta regresa a su país, durante una década trabaja como *script,* ayudante de dirección y guionista y debuta como realizador con *El conde de Montecristo,* sobre la novela de Alexandre Dumas. Entre sus primeras películas destaca *La barraca,* basada en la obra de Vicente Blasco Ibáñez, donde entre actores y técnicos trabajan más de sesenta exiliados españoles, lo que la convierte en un peculiar homenaje a la desaparecida II República española. También hay que señalar sus colaboraciones con el escritor José Revueltas en *La diosa arrodillada, La casa chica, Rosauro Castro, En la palma de la mano, La noche avanza* y *Las tres perfectas casadas.* Durante la década de los cincuenta rueda sus películas más conocidas: *El rebozo de Soledad, El niño y la niebla, La escondida, Miércoles de ceniza* y *Macario.* En Estados Unidos hace la historia de aventuras amorosas *El burlador de Sicilia* y la producción infantil *Pablito y yo.* De sus producciones de los años sesenta sobresalen *Rosa Blanca,* prohibida durante diez años por la visión que ofrece de la etapa de gobierno del presidente Cárdenas, y *El gallo de oro,* basada en el relato homónimo de Juan Rulfo, con guión de Carlos Fuentes y Gabriel García Márquez. Al final de su carrera rueda en España las fallidas *Don Quijote cabalga de nuevo* y *La madrastra.* Aprovecha la mejor etapa de la cinematografía mexicana para hacer cincuenta y una películas en treinta y seis años de carrera, pero su obra tiene más importancia por la cantidad que por la calidad.

1941 *El conde de Montecristo.*
1943 *Tormenta en la cumbre.*
1944 *La barraca.*
1945 *Corazones de México. / Rayando el sol. / El socio.*
1946 *Una extraña mujer. / La otra. / La vida íntima de Marco Antonio y Cleopatra. / A la sombra del puente.*
1947 *La diosa arrodillada. / Adventures of Casanova* (El burlador de Sicilia).
1948 *Han matado a Tongolete.*

1949 *La casa chica.*
1950 *Rosauro Castro. / Deseada. / En la palma de la mano. / Mi vida por la tuya.*
1951 *La noche avanza. / Acuérdate de vivir.*
1952 *El rebozo de Soledad. / Las tres perfectas casadas. / La pasión desnuda.*
1953 *Camelia. / El niño y la niebla. / The Little Outlaw* (Pablito y yo).
1954 *Sombra verde. / De carne somos.*
1955 *Después de la tormenta. / Historia de un amor. / La escondida.*
1957 *Flor de mayo. / Aquí está Heraclio Bernal. / El rayo de Sinaloa* (La venganza de Heraclio Bernal). */ La rebelión de la sierra* (El acoso de Heraclio Bernal).
1958 *Miércoles de ceniza.*
1959 *Macario.*
1960 *El siete de copas.*
1961 *Rosa Blanca.*
1962 *Días de otoño.*
1963 *El niño y la niebla.*
1964 *Los hijos que yo soñé* (Los chicos de la noche). */ El gallo de oro.*
1967 *Río Blanco.*
1969 *Las figuras de arena. / La vida inútil de Pito Pérez.*
1971 *Doña Macabra.*
1972 *Don Quijote cabalga de nuevo.*
1974 *La madrastra* (Un amor perverso).
1975 *El hombre de los hongos.*
1976 *Las cenizas del diputado. / La playa vacía.*
1977 *Cuando tejen las arañas.*

GAYNOR, Janet *(Laura Gainor. Filadelfia, Pensilvania, 1906; Palm Spring, California, Estados Unidos, 1984)*

En unión de su hermana Helen Gainor empieza a actuar en cortometrajes cómicos producidos por Hal Roach, pero su verdadera carrera no comienza hasta que en 1926 es contratada por William Fox y se convierte en una gran actriz dramática. Gracias a su trabajo en *Amanecer*, de F. W. Murnau, *El séptimo cielo* y *El ángel de la calle*, de Frank Borzage, gana el primer Oscar. Permanece ligada a los estudios 20th Century Fox hasta 1935 y entre sus películas sonoras hay que destacar *La feria de la vida*, *Carolina* y *Otra primavera*, de Henry King. De sus últimas películas, rodadas para otros estudios, sobresalen *Una chica de provincias* y *Ha nacido una estrella*, de William A. Wellman. En 1939 se casa con el conocido modisto Gilbert Adrian, deja el cine, se va a vivir a Brasil y no regresa hasta veinte años después, cuando se queda viuda.

1926 *The Johnstown Flood* (La represa de la muerte), de Irving Cummings. */ The Shamrock Handicap* (La hoja del trébol), de John Ford. */ The Midnight Kiss*, de Irving Cummings. */ The Blue Eagle* (El águila azul), de John Ford. */ The Return of Peter Grimm*, de Victor Schertzinger.
1927 *Seventh Heaven* (El séptimo cielo), de Frank Borzage. */ Sunrise* (Amanecer), de F. W. Murnau. */ Two Girls Wanted* (Se necesitan dos muchachas), de Alfred E. Green.
1928 *Street Angel* (El ángel de la calle), de Frank Borzage. */ Four Devils* (Los cuatro diablos), de F. W. Murnau.
1929 *Christina* (Cristina), de William K. Howard. */ Lucky Star* (Estrella dichosa), de Frank Borzage. */ Sunny Side Up* (Un plato a la americana), de David Butler.
1930 *Happy Days* (Popurrí), de Ben Stoloff. */ High Society Blues* (Alta sociedad), de David Butler. */ The Man Who Came Back* (Del infierno al cielo), de Raoul Walsh.
1931 *Daddy Long Legs* (Papá piernas largas), de Alfred Santell. */ Merely Mary Ann* (Marianita), de Henry King. */ Delicious* (Deliciosa), de David Butler.
1932 *The First Year* (Recién casados), de William K. Howard. */ Tess of the Storm Country* (Teresita), de Alfred Santell.
1933 *State Fair* (La feria de la vida), de Henry King. */ Adorable*, de William Dieterle. */ Cardboard City* (La ciudad de cartón), de Louis King.
1934 *Paddy, the Next Best Thing* (Paddy, lo mejor a falta de un chico), de Harry Lachman. */ Carolina*, de Henry King. */ Change of Heart* (El primer amor), de John G. Blystone. */ Servant's Entrance* (La doncella de postín), de Frank Lloyd.
1935 *One More Spring* (Otra primavera), de Henry King. */ The Farmer Takes a Wife* (Contrastes), de Victor Fleming.
1936 *Small Town Girl* (Una chica de provincias), de William A. Wellman. */ Ladies in Love*, de Edward H. Griffith.
1937 *A Star Is Born* (Ha nacido una estrella), de William A. Wellman.
1938 *Three Loves Has Nancy*, de Richard Thorpe. */ The Young in Heart* (Los alegres vividores), de Richard Wallace.
1957 *Bernadine*, de Henry Levin.

GENERAL DE LA ROVERE, EL *(Il generale della Rovere, 1959)*

Resulta curioso que el gran éxito de Roberto Rossellini, tanto de público como por ganar el León de Oro de la Mostra de Venecia, sea esta adaptación de un relato de Indro Montanelli, que narra una historia real ocurrida durante la ocupación alemana de Roma. El gran patriarca del neorrealismo se ve obligado a reconstruir unos hechos en los estudios de Cinecittà y rodarlos en unos decorados a veces no muy convincentes. Frente a una interesante primera parte, que define la personalidad del vividor Vittorio Emanuele Bertone (Vittorio de Sica), su habilidad para sacar dinero a las mujeres y su peligrosa afición al juego, hay una segunda, que comienza cuando los alemanes descubren que pide dinero a las familias de los encarcelados diciéndoles que tratará de ayudarlas, que no resulta convincente, a pesar de los esfuerzos de los guionistas Sergio Amidei, Diego Fabri y el propio Montanelli. No resulta creíble que Vittorio Emanuele Bertone se deje fusilar por negarse a descubrir al jefe de la Resistencia que buscan los alemanes, también encerrado en la cárcel milanesa de San Vittore, por mucho que le impresionen los horrores de la represión nazi y se crea su propio juego; ni tampoco es convincente que el mezquino ser de la primera parte se convierta en el héroe de la segunda. Eficazmente narrada por Rossellini, resulta extraño el empleo del *zoom* en la escena del bombardeo de la cárcel, en buena medida directo antecedente de la excesiva utilización del denominado *panzinor* en sus múltiples trabajos para televisión.

Director: *Roberto Rossellini*. Guionistas: *Sergio Amidei, Diego Fabri, Indro Montanelli*. Fotografía: *Carlo Carlini*. Música: *Renzo Rossellini*. Intérpretes: *Vittorio de Sica, Hannes Messemer, Sandra Milo, Giovanna Ralli, Anne Vernon, Vittorio Caprioli*. Producción: *Morris Ergas para Zebra Film (Roma), Societé Bouvelle des Établissements (París), Gaumont (París)*. Duración: *132'. Italia-Francia.*

GENTLEMAN JIM *(1942)*

La historia de Jim Corbett (Errol Flynn), un modesto empleado de banca que no solo conquista a Victoria Ware (Alexis Smith), la hija del principal accionista del banco donde trabaja, sino que además obtiene el título mundial de boxeo al enfrentarse contra Sullivan (Ward Bond), da lugar a una de las más atractivas siete películas dirigidas por Raoul Walsh y protagonizadas por Errol Flynn. A partir de la autobiografía de James J. Corbett, convertida en un excelente guión por Vincent Lawrence y por el conocido escritor de novelas policiacas Horace McCoy, el hábil narrador Raoul Walsh hace una de las mejores películas de boxeo. A través de una cuidada descripción de los ambientes más elegantes de San Francisco y los más sórdidos locales pugilísticos, Walsh consigue uno de sus mejores trabajos para los estudios Warner al mezclar con habilidad la acción, el humor y una trama amorosa.

Director: *Raoul Walsh*. Guionistas: *Vincent Lawrence, Horace McCoy*. Fotografía: *Sid Hickox*. Música: *Heinz Roemheld*. Intérpretes: *Errol Flynn, Alexis Smith, John Loder, Jack Carson, Ward Bond, William Frawley*. Producción: *Robert Buckner*. Duración: *104'. Estados Unidos.*

GEORGIA *(Four Friends, 1981)*

A través del personaje de Danilo Prozor (Craig Wasson), un emigrante yugoslavo que llega de niño a Estados Unidos, se narra cómo sus amigos David Levine (Michael Huddleston) y Tom Donaldson (Jim Metzler) y él mismo pasan de la adolescencia a la madurez enamorados de la atractiva Georgia Miles (Jodi Thelen) y cómo los cuatro forman un grupo inseparable. Ambientada en Indiana en la segunda mitad de la década de los sesenta, contiene una buena evocación de esa época en la que los aires revolucionarios se mezclan con el principio de las protestas por la guerra de Vietnam. Basada en un interesante guión original de Steve Tesich, que, como su protagonista, es un emigrante yugoslavo, lleno de referencias autobiográficas, el reputado director Arthur Penn hace una de sus mejores y menos conocidas películas. Realiza una perfecta exposición de la personalidad de un ser marginado en busca de una identidad, que inventa una comunidad paralela con identidad propia para poder sobrevivir, pero no encuentra ninguna respuesta en el público e incluso sus atractivos actores se diluyen en el cine norteamericano.

Director: *Arthur Penn*. Guionista: *Steven Tesich*. Fotografía: *Ghislain Cloquet*. Música: *Elizabeth Swadon*. Intérpretes: *Craig Wasson, Jodi Thelen, Michael Huddleston, Jim Metzler*. Producción: *Arthur Penn y Gene Lasko para Geria / Cinema 77 / Filmways. Color.* Duración: *115'. Estados Unidos.*

GERE, Richard *(Richard Tiffany Gere. Syracusa, Nueva York, Estados Unidos, 1949)*

Perteneciente a una humilde familia de campesinos, estudia filosofía y arte dramático en la Universidad de Massachusetts. A principios de los años setenta debuta como actor de teatro, poco después ya actúa en Broadway y tiene su primer éxito con el musical *Grease*. Casi al mismo tiempo comienza a hacer pequeños papeles en cine, pero ya es el protagonista de *Días del cielo*, su tercera película. El éxito de *Buscando al Sr. Goodbar, Yanquis* y *American Gigolo*, le aparta por completo del teatro y le hace dedicarse en exclusiva al cine. Comienza y termina la década de los ochenta con dos grandes éxitos, *Oficial y caballero* y *Pretty Woman*, entre las que se sitúan las más interesantes *El cónsul honorario* y *Cotton Club*. Convertido en una de las actuales estrellas de Hollywood, trabaja con el japonés Akira Kurosawa en *Rapsodia de agosto*. Las películas que hace durante los años noventa tienen mucho menor actractivo.

1975 *Report to the Commissioner* (Quiero la verdad), de Milton Katselas.
1976 *Baby Blue Marine*, de John Hancock. / *Days of Heaven* (Días del cielo), de Terrence Malick.
1977 *Looking for Mr. Goodbar* (Buscando al Sr. Goodbar), de Richard Brooks.
1979 *Bloodbrothers* (Stony, sangre caliente), de Robert Mulligan. / *Yanks* (Yanquis), de John Schlesinger.
1980 *Reporters*, de Raymond Depardon. / *American Gigolo*, de Paul Schrader.
1981 *An Officer and a Gentleman* (Oficial y caballero), de Taylor Hackford.
1983 *Breathless* (Vivir sin aliento), de Jim McBride. / *The Honorary Consul* (El cónsul honorario), de John Mackenzie.
1984 *Cotton Club*, de Francis Ford Coppola.
1985 *King David* (Rey David), de Bruce Beresford.
1986 *Power*, de Sidney Lumet. / *No Mercy* (Atrapados sin salida), de Richard Pearce.
1987 *Miles From Home* (Más allá de la ambición), de Gary Sinise.
1989 *Internal Affairs* (Asuntos internos), de Mike Figgis. / *Pretty Woman*, de Garry Marshall.
1991 *Hachigatsu no Kyohshi-Kyoku* (Rapsodia de agosto), de Akira Kurosawa. / *Final Analysis* (Análisis final), de Phil Joanou.
1992 *Mr. Jones*, de Mike Figgis.
1993 *Sommersby*, de Jon Amiel. / *And the Band Plated On* (En el filo de la duda), de Roger Spottiswoode. / *Intersection* (Entre dos mujeres), de Mark Rydell.
1995 *First Knight* (El primer caballero), de Jerry Zucker. / *Primal Fear* (Las dos caras de la verdad), de Gregory Hoblit. / *The Hunderdth Monkey*, de Alfonso Cuaron.

GERMI, Pietro (*Génova, 1914-Roma, Italia, 1974*)

Abandona sus estudios en el Instituto Náutico de Génova para estudiar interpretación y dirección en el Centro Sperimentale di Cinematografia de Roma. Tras colaborar en algunos guiones y ser ayudante de Alessandro Blasetti, debuta, bajo su supervisión, con el irregular policiaco *Il testimone*. A finales de los años cuarenta y principios de los cincuenta hace unas películas demasiado esquemáticas y didácticas, cercanas al neorrealismo, que van desde el policiaco juvenil *Juventud perdida*, el ambientado en Sicilia *In nome della legge* y el de época situado en Calabria *Il brigante di Tacca del Lupo;* hasta las mucho más interesantes *Il cammino della speranza*, sobre los problemas de los trabajadores sicilianos que intentan emigrar a Francia, y *La ciudad se defiende*, en torno a la delincuencia en las grandes ciudades. Después del tosco melodrama siciliano *Celos*, basado en una novela de Luigi Capuana, logra sus primeros éxitos internacionales con *El ferroviario*, que narra la historia de un proletario que ve cómo se disgrega su familia y desaparecen los valores en que creía, *El hombre de paja*, un sólido drama familiar y, sobre todo, *Un maldito embrollo*, inquietante policiaco realizado a partir de una barroca novela de Carlo Emilio Gadda, que también protagoniza. Mientras tanto interpreta algunas películas de Mario Soldati, Damiano Damiani, Martin Ritt y Mauro Bolognini, el enorme éxito de *Divorcio a la italiana*, una hábil comedia de costumbres a favor del divorcio ambientada en Sicilia, le hace cambiar de género y seguir en la misma línea en *Seducida y abandonada*, historia sarcástica sobre el honor, *Señores y señoras*, leve crítica de la hipocresía de la burguesía de provincias, que gana la Palma de Oro del Festival de Cannes, y *Muchas cuerdas para un violín*, en torno al sufrido personaje de un trígamo, que constituyen una especie de tetralogía sobre la mediocridad. Tienen menos interés las amargas comedias de costumbres sobre el tema del matrimonio *Serafino, Vidas opuestas* y *El divorcio es cosa de tres*. Muere durante la preparación de *Habitación para cuatro* (Amici miei, 1975), que cambia, rueda y firma Mario Monicelli.

1946 *Il testimone*.
1948 *Gioventù perduta* (Juventud perdida).
1949 *In nome della legge*.

1950 *Il cammino della speranza.*
1951 *La città si difende* (La ciudad se defiende).
1952 *La presidentessa.* / *Il brigante di Tacca del Lupo.*
1953 *Gelosia* (Celos).
1954 *Guerra 1915-1918*, episodio de *Amori di mezzo secolo.*
1956 *Il ferroviere* (El ferroviario).
1958 *L'uomo di paglia* (El hombre de paja).
1959 *Un maledetto imbroglio* (Un maldito embrollo).
1961 *Divorzio all'italiana* (Divorcio a la italiana).
1964 *Sedotta e abbandonata* (Seducida y abandonada).
1966 *Signore e signori* (Señoras y señores).
1967 *L'immorale* (Muchas cuerdas para un violín).
1968 *Serafino.*
1970 *Le castagne sono buone* (Vidas opuestas).
1972 *Alfredo, Alfredo* (El divorcio es cosa de tres).

GIBSON, Mel *(Peekskill, Nueva York, Estados Unidos, 1956)*

A los doce años se traslada con su familia a Australia para que su hermano mayor no sea llamado a filas y enviado a combatir a Vietnam. Estudia arte dramático en el National Institute of Dramatic Arts de Sidney, debuta como actor de teatro en diferentes obras clásicas y de cine a los veintiún años en un importante papel en *Summer City*. Se da a conocer internacionalmente con la violenta serie de ciencia ficción *Mad Max*, bajo la dirección de George Miller. Sin embargo, sus mejores películas australianas son *Gallipoli* y *El año que vivimos peligrosamente*, de Peter Weir. Instalado en Hollywood desde que actúa en *Cuando el río crece*, tiene gran éxito con la violenta serie policiaca *Arma letal*, de Richard Donner. Entre sus restantes películas destaca *Hamlet*, versión del clásico de William Shakespeare realizada por el director italiano de teatro Franco Zeffirelli. A mediados de los años noventa comienza una carrera paralela como director que le lleva a realizar y protagonizar las interesantes *El hombre sin rostro* y *Braveheart*, con la que gana un Oscar como director.

Como director
1993 *Man Without Face* (El hombre sin rostro).
1995 *Braveheart.*

Como actor
1977 *Summer City,* de Christopher Fraser.
1978 *Mad Max* (Mad Max, salvajes de autopista), de George Miller. / *Tim,* de Michael Pate.
1980 *Attack Force Z,* de Tim Burstall.
1981 *Gallipoli,* de Peter Weir. / *Mad Max 2* (Mad Max II, el guerrero de la carretera), de George Miller.
1982 *The Year of Living Dangerously* (El año que vivimos peligrosamente), de Peter Weir.
1984 *The Bounty* (Motín a bordo), de Roger Donaldson. / *The River* (Cuando el río crece), de Mark Rydell. / *Mrs. Soffel,* de Gilliam Armstrong.
1985 *Mad Max Beyond Thunderdome* (Mad Max III, más allá de la cúpula del trueno), de George Miller.
1987 *Lethal Weapon* (Arma letal), de Richard Donner.
1988 *Tequila Sunrise* (Conexión tequila), de Robert Towne.
1989 *Lethal Weapon 2* (Arma letal II), de Richard Donner.
1990 *Bird on a Wire* (Dos pájaros de un tiro), de John Badham. / *Air America,* de Roger Spottiswoode. / *Hamlet,* de Franco Zeffirelli.
1991 *Lethal Weapon 3* (Arma letal III), de Richard Donner.
1992 *Forever Young* (Eternamente joven), de Steve Miner.
1993 *Man Without Face* (El hombre sin rostro), de Mel Gibson.
1994 *Maverick,* de Richard Donner.
1995 *Braveheart,* de Mel Gibson.

GIL, Ariadna *(Barcelona, España, 1969)*

Estudia arte dramático, desarrolla cierta actividad teatral en catalán y, tras una breve aparición en *Lola*, se da a conocer como protagonista de *El complot de los anillos*. Tras cinco irregulares producciones catalanas, Emilio Martínez-Lázaro le corta el pelo y la lanza en *Amo tu cama rica* y *Los peores años de nuestra vida*. Su todavía muy corta carrera también incluye películas interesantes como *Belle époque*, *Antártida* y *Libertarias*.

1985 *Lola,* de Bigas Luna.
1987 *El complot de los anillos,* de Francesc Bellmunt.
1989 *Barcelona lamento,* de Luis Aller.
1990 *Capitán Escalabórns,* de Carlos Benpar.
1991 *Un submarino en el mantel,* de Ignasi P. Ferré. / *Amo tu cama rica,* de Emilio Martínez-Lázaro.
1992 *Belle époque,* de Fernando Trueba. / *Mal de amores,* de Carlos Balagué.
1993 *Los peores años de nuestra vida,* de Emilio Martínez-Lázaro. / *Mecánicas celestes,* de Ana Torres.
1994 *Todo es mentira,* de Álvaro Fernández-Armero. / *Talk of Angels,* de Nick Hamm.
1995 *Antártida,* de Manuel Huerga.
1996 *Libertarias,* de Vicente Aranda. / *Malena es un nombre de tango,* de Gerardo Herrero. / *Tranvía a la Malvarrosa,* de José Luis García Sánchez.

GILDA *(1946)*

A finales de la II Guerra Mundial y ambientada en una Argentina neutral reconstruida en estudio, se desarrollan las conflictivas relaciones entre Ballin Mundson (George Macready), propietario de un lujoso casino que sirve de tapadera para las actividades de un grupo nazi, su atractiva mujer, Gilda (Rita Hayworth), y un antiguo amante suyo y nuevo empleado del casino, Johnny Farrel (Glenn Ford). Sólidamente realizada por el irregular artesano Charles Vidor, es una de las películas más características del cine negro de los años cuarenta y convierte a la bella Rita Hayworth en la fascinante Gilda. Destaca la famosa escena de la bofetada que Glenn Ford le propina a Rita Hayworth con que finaliza el excelente número *Put the Blame on Mame*, donde Rita Hayworth inicia un sugerente *striptease*, así como la canción *Amado mío* y el final, en el que, sentada en la barra de un bar y acompañada por una guitarra, repite con su propia voz, no doblada por Anita Ellis, la canción *Put the Blame on Mame*. Origen de muchas películas de la época, casi cincuenta años después también inspira las producciones españolas *Beltenebros* (1991), de Pilar Miró, con Terence Stamp, Patsy Kensit, José Luis Gómez, y, sobre todo, *MadreGilda* (1993), de Francisco Regueiro, con José Sacristán, Juan Echanove, Bárbara Auer.

Director: *Charles Vidor*. Guionista: *Marion Parsonnet*. Fotografía: *Rudolph Maté*. Música: *Hugo Friedhofer*. Intérpretes: *Rita Hayworth, Glenn Ford, George Macready, Steven Geray, Joseph Calleia, Joe Sawyer*. Producción: *Virginia Van Upp para Columbia*. Duración: *110'. Estados Unidos.*

GILLIAM, Terry *(Minneapolis, Minnesota, Estados Unidos, 1940)*

Estudia en Los Ángeles, en 1967 se instala en Londres y constituye el grupo cómico Monty Python con los actores John Clease, Graham Chapman, Eric Idle y Michael Palin y el director Terry Jones. Los éxitos en televisión en la cadena B. B. C. les llevan al cine con ... *and Now for Something Completely Different* (1972), que firman conjuntamente, y *Los caballeros de la mesa cuadrada y sus locos seguidores,* que ya firman Terry Jones y Terry Gilliam, pero, a pesar de que el grupo continúa existiendo hasta 1989, sus carreras se separan a mediados de los años setenta. Tras dirigir en solitario *La bestia del reino* y *Los héroes del tiempo,* personales fantasías, pero muy dentro de la estética del grupo, se despide definitivamente de él al rodar el sorprendente prólogo de *El sentido de la vida* (The Meaning of Life, 1983), que firma Terry Jones. Su mejor película es *Brazil,* fábula social y surrealista narrada con sarcástico humor, que describe un mundo a medio camino entre Frank Capra, Franz Kafka y George Orwell. A pesar de los problemas de producción que rodean el rodaje de *Las aventuras del baron Münchausen,* los imaginativos resultados de esta versión de la obra de Rudolf Erich Raspe le sitúan a la misma o mayor altura que los trabajos del francés Georges Méliès, el alemán Josef von Baky y el checo Karel Zeman. Menos interés tienen *El rey pescador,* donde un profesor de historia medieval y un *diskjockey* buscan el Santo Grial en Nueva York, y *Doce monos,* una desigual historia de ciencia ficción basada en el cortometraje francés *La jetée* (1962), de Chris Marker.

1974 *Monty Python and the Holly Grial* (Los caballeros de la mesa cuadrada y sus locos seguidores).
1976 *Jabberwocky* (La bestia del reino).
1981 *Time Bandits* (Los héroes del tiempo).
1984 *Brazil.*
1989 *The Adventures of Baron Münchausen* (Las aventuras del baron Münchausen).
1991 *The Fisher King* (El rey pescador).
1995 *Twelve Monkeys* (Doce monos).

GIRLS, LAS *(Les Girls, 1957)*

La historia de la pequeña compañía de baile moderno formada por la norteamericana Joy Henderson (Mitzi Gaynor), la inglesa Sybil Wren (Kay Kendall), la francesa Angèle Ducros (Taina Elg) y el norteamericano Barry Nichols (Gene Kelly), y las razones que llevan a una de ellas a un intento de suicidio al ser rechazada por Barry Nichols, sirven al gran realizador George Cukor para jugar con el tema de la verdad y la mentira. Es una de sus obras maestras y un brillante musical, con grandes números como *Ladies in Waiting* y *Why Am I So Gone About That Girl?* con música de Cole Porter y coreografía de Jack Cole. A través de tres narraciones diferentes de los mismos hechos, las dos primeras contradictorias y la tercera conciliadora, que hacen mientras se celebra el proceso entablado ante los tribunales londinenses por Angèle Ducros a causa del libro publicado por Sybil Wren, se aprecia una original estructura apoyada en *flashbacks* falsos —cuyo origen hay que buscarlo en la producción japonesa *Rashomon* (1950), de Akira Kurosawa—, que trata de demostrar que la verdad no existe o, por lo menos, que no es tan fácil encontrarla.

Director: *George Cukor*. Guionista: *John Patrick*. Fotografía: *Robert Surtees*. Música: *Cole Porter*. Intérpretes: *Gene Kelly, Kay Kendall, Mitzi Gaynor, Taina Elg, Jacques Bergerac, Leslie Phillips*. Producción: *Sol C. Siegel para Metro-Goldwyn-Mayer. Color. Scope*. Duración: *114'. Estados Unidos.*

GISH, Lillian *(Lillian Diana de Guiche. Springfield, Ohio, 1896-Nueva York, Estados Unidos, 1993)*

A los seis años debuta como actriz de teatro, en 1912 el productor y director David W. Griffith la contrata, junto con su hermana Dorothy Gish (1898-1968), y durante diez años trabaja para él en películas tan famosas como *El nacimiento de una nación, Intolerancia, La culpa ajena, Las dos tormentas* y *Las dos huerfanitas,* además de en gran cantidad de cortometrajes. En los últimos años del cine mudo es dirigida por grandes realizadores como Henry King en *La hermana blanca,* King Vidor en *Vida bohemia,* Viktor Sjöström en *El viento,* todas ellas grandes películas. El triunfo del cine sonoro la hace regresar al teatro y durante los años treinta solo protagoniza dos producciones sin interés. Durante el resto de su carrera, que dura otras cuatro décadas, únicamente hace papeles secundarios de vez en cuando, pero en películas tan atractivas como *Duelo al sol, Jennie, La noche del cazador, Orden de ejecución, Los que no perdonan* y *Un día de boda.* Su último trabajo cinematográfico es *Las ballenas de agosto,* un duelo interpretativo con Bette Davis. Dirige una única e interesante película, *La reforma de un marido,* protagonizada por su hermana Dorothy Gish.

Como directora
1920 *Remodeling Her Husband* (La reforma de un marido).

Como actriz
1914 *Judith of Bethulia* (Judith de Bethulia), de David W. Griffith. / *The Battle of the Sexes* (La batalla de los sexos), de David W. Griffith. / *Home Sweet Home* (Dulce hogar), de David W. Griffith.
1915 *The Birth of a Nation* (El nacimiento de una nación), de David W. Griffith.
1916 *Intolerance* (Intolerancia), de David W. Griffith.
1918 *Hearts of the World* (Corazones del mundo), de David W. Griffith. / *The Great Love* (El gran amor), de David W. Griffith. / *The Greatest Thing in Life* (Lo más grande en la vida), de David W. Griffith.
1919 *A Romance of Happy Valley* (Un mundo aparte), de David W. Griffith. / *Broken Blossoms* (La culpa ajena), de David W. Griffith. / *True Heart Susie* (Pobre amor), de David W. Griffith. / *The Greatest Question* (El mayor problema), de David W. Griffith.
1920 *The Love Flower* (Flor de amor), de David W. Griffith. / *Way Down East* (Las dos tormentas), de David W. Griffith.
1922 *Orphans of the Storm* (Las dos huerfanitas), de David W. Griffith.
1923 *The White Sister* (La hermana blanca), de Henry King.
1924 *Romola,* de Henry King.
1926 *La Bohème* (Vida bohemia), de King Vidor. / *The Scarlet Letter* (La mujer marcada), de Viktor Sjöström.
1927 *Annie Laurie,* de John S. Robertson. / *The Enemy* (El enemigo), de Fred Niblo.
1928 *The Wind* (El viento), de Viktor Sjöström.
1930 *One Romantic Night* (Una noche romántica), de Paul L. Stein.
1933 *His Double Life* (Su doble vida), de Arthur Hopkins.
1943 *Commandos Strike at Dawn,* de John Farrow.
1946 *Miss Susie Slagle's,* de John Berry.
1947 *Duel in the Sun* (Duelo al sol), de King Vidor.
1949 *Portrait of Jennie* (Jennie), de William Dieterle.
1955 *The Cobweb* (La tela de araña), de Vincente Minnelli. / *The Night of the Hunter* (La noche del cazador), de Charles Laughton.
1958 *Orders to Kill* (Orden de ejecución), de Anthony Asquith.
1960 *The Unforgiven* (Los que no perdonan), de John Huston.
1966 *Follow Me, Boys!,* de Norman Tokar.
1967 *The Comedians* (Los comediantes), de Peter Glenville. / *Warning Shot,* de Buzz Kulik.
1978 *A Wedding* (Un día de boda), de Robert Altman.
1984 *Hambone and Hillie,* de Roy Watts.
1986 *Sweet Liberty* (Dulce libertad), de Alan Alda.
1987 *The Whales of August* (Las ballenas de agosto), de Lindsay Anderson.

GODARD, Jean-Luc *(París, Francia, 1930)*

Perteneciente a la burguesía —es hijo de un médico protestante y de la hija de unos banqueros suizos—, estudia en Nyon, Suiza, y en la

Universidad de la Sorbona, París, mientras se convierte en asiduo de las sesiones de la cinemateca y comienza a escribir en las famosas revistas especializadas *La Gazzette du Cinéma* y *Cahiers du Cinéma* con el seudónimo Hans Lucas. Con el dinero ganado trabajando como obrero en la construcción de la presa de la Grande-Dixence produce y dirige el documental *Opération Beton* (1954), al que siguen los cortometrajes *Une femme coquette* (1955), *Tous les garçons s'appellent Patrick* (1957), *Charlotte et son Jules* (1958) y *Une histoire d'eau* (1958). Debuta como realizador de largos con *Al final de la escapada*, un policiaco basado en un argumento del también director François Truffaut y rodado con bastante torpeza, pero que tiene gran éxito por encerrar una eficaz historia de amor llena de desesperación. Sin embargo, no ha envejecido bien, al igual que muchos de los restantes catorce largos que rueda entre 1960 y 1967, *Una mujer es una mujer, Banda aparte, La mujer casada, Lemmy contra Alphaville, Masculin-féminin, Made in U.S.A.* y *Deux ou trois choses que je sais d'elle,* y resultan incomprensibles los halagos que le dedica buena parte de la crítica y la influencia que tiene en muchos realizadores. Solo conservan parte de su atractivo las producciones en que la destrucción de la narrativa tradicional está mezclada con un fuerte romanticismo y un duro pesimismo; tal ocurre en *El soldadito*, sobre un desertor del ejército que se pasa a la O. A. S. durante la guerra de Argelia; *Vivir su vida*, dibujo realista de una peculiar prostituta; *Les carabiniers*, narración antibélica basada en una idea del realizador Roberto Rossellini; *El desprecio*, personal adaptación de la novela homónima de Alberto Moravia; *Pierrot, el loco*, policiaco existencial basado en un relato del especialista Lionel White; *La chinoise* y *Week-end,* narraciones originales suyas donde expone de forma tan elemental como efectiva sus ideas maoístas y se adelanta a los acontecimientos revolucionarios de mayo de 1968. El segundo período de su obra se extiende desde 1968 a 1978, incluye diecisiete largometrajes y un número indeterminado de vídeos, y se caracteriza por el bajísimo coste de sus producciones, su marcado tono de ruptura, su voluntaria marginación y total politización. Tras el frustrado intento de hacer una película política y comercial con *Todo va bien*, codirigida por Jean-Pierre Gorin y protagonizada por Jane Fonda e Yves Montand, y sus juegos político-experimentales con el vídeo, abre el tercer período de su obra a finales de la década de los setenta con *Sauve qui peut (la vie)*, pero solo consigue repetirse a sí mismo. Sus películas siguen siendo grandes fracasos comerciales, a excepción de *Nombre: Carmen,* peculiar versión de la obra de Prosper Merimée, y *Yo te saludo María,* personal visión del nacimiento de Jesucristo que escandaliza a los católicos, y hace tiempo que dejaron de fascinar a la crítica e influir sobre los nuevos directores.

1959 *À bout de souffle* (Al final de la escapada).
1960 *Le petit soldat* (El soldadito).
1961 *Une femme est une femme* (Una mujer es una mujer). / *La paresse*, episodio de *Les sept péchés capitaux.*
1962 *Vivre sa vie* (Vivir su vida). / *Le nouveau monde,* episodio de *RoGoPaG.*
1963 *Les carabiniers.* / *Le grand escroc*, episodio de *Les plus belles escroqueries du monde* (Las más famosas estafas del mundo). / *Le mépris* (El desprecio).
1964 *Bande à part* (Banda aparte). / *Montparnasse-Lavallois,* episodio de *Paris vu par...* (París visto por...). / *Une femme mariée* (Una mujer casada).
1965 *Alphaville* (Lemmy contra Alphaville). / *Pierrot le fou* (Pierrot el loco).
1966 *Masculin-féminin.* / *Made in U.S.A.* / *Anticipation* (Anticipación), episodio de *Le plus vieux métier du monde* (El oficio más antiguo del mundo). / *L'enfant prodige*, episodio de *Amore e rabbia.* / *Deux ou trois choses que je sais d'elle.*
1967 *La chinoise.* / *Week-end.* / *Caméra-oeil,* episodio de *Loin du Vietnam.*
1968 *Le gai savoir.* / *Un film comme les autres.* / *One plus One.* / *An American Movie.*
1969 *British Sounds.* / *Pravda.* / *Le vent d'Est.* / *Lotte in Italia.*
1970 *L'amour.* / *Jusqu'à la victoire.* / *Vladimir et Rosa.*
1972 *Tout va bien* (Todo va bien). / *Letter to Jane.* / *Les grandes manœuvres.*
1975 *Numéro deux.*
1976 *Ici et ailleurs.* / *Comment ça va?*
1979 *Sauve qui peut (la vie).*
1982 *Passion* (Pasión).
1983 *Prénom: Carmen* (Nombre: Carmen).
1985 *Je vous salue, Marie* (Yo te saludo, María). / *Détective.*
1986 *Aria,* un episodio. / *Soigne ta droite.*
1990 *Nouvelle vague* (Nueva ola).
1993 *Hélas pour moi.*

GODDARD, Paulette (*Pauline Marion Levee Goddard. Long Island, Nueva York, Estados Unidos, 1911-Suiza, 1990*)

Estudia en la Mt. St. Dominic Academy de New Jersey, trabaja en distintos empleos y a los catorce años debuta como corista en las revistas musicales producidas por Florenz Ziegfeld. A finales de la década de los veinte la contrata el productor y director Hal Roach para hacer papeles secundarios en cortometrajes protagonizados por Stan Laurel y Oliver Hardy y también interviene en algunos largos cómicos de otras productoras. Su carrera comienza cuando Charles Chaplin la elige para protagonizar *Tiempos modernos* y cuatro años después *El gran dictador*, entre las que hace un papel importante en la interesante comedia femenina *Mujeres,* de George Cukor. Contratada por los estudios Paramount a principios de los años cuarenta, realiza sus mejores películas en esta década bajo la dirección de Cecil B. de Mille en *Policía Montada del Canadá, Piratas del mar Caribe* y *Los inconquistables* y de Mitchell Leisen en *Si no amaneciera, La bribona, Suddenly It's Spring* y *La máscara de los Borgia;* además de *Memorias de una doncella,* de Jean Renoir, y *Un marido ideal,* de Alexander Korda. A principios de los cincuenta comienza a intervenir en producciones de bajo presupuesto entre las que cabe citar *Una mujer rebelde,* de Emilio Fernández, que rueda en México, y *Muchachas de Bagdad,* de Edgar G. Ulmer, que hace en España; se retira a mediados de la década y diez años después solo vuelve para hacer en Italia *Los indiferentes,* de Francesco Maselli. Casada sucesivamente con Edward James, con el actor, guionista, productor y director Charles Chaplin, con el actor y productor Burgess Meredith y con el novelista Erich Maria Remarque, llega a acumular una considerable fortuna.

1929 *The Locked Door* (La puerta cerrada), de George Fitzmaurice.
1931 *The Girl Habit*, de Eddie Cline. / *City Streets* (Las calles de la ciudad), de Rouben Mamoulian.
1932 *The Kid From Spain* (Torero a la fuerza), de Leo McCarey. / *Pack Up Your Troubles* (El abuelo de la criatura), de George Marshall y Ray McCarey. / *The Mouthpiece*, de Elliott Nugent y James Flood.
1933 *Roman Scandals* (Escándalos romanos), de Frank Tuttle.
1934 *Kid Millions* (El chico millonario), de Roy del Ruth.
1936 *The Bohemian Girl*, de James W. Horne y Charles R. Rogers. / *Modern Times* (Tiempos modernos), de Charles Chaplin.
1938 *The Young in Heart* (Los alegres vividores), de Richard Wallace. / *Dramatic School*, de Robert B. Sinclair.
1939 *The Women* (Mujeres), de George Cukor. / *The Cat and the Canary* (El gato y el canario), de Elliott Nugent.
1940 *The Great Dictator* (El gran dictador), de Charles Chaplin. / *The Ghost Breakers* (El castillo maldito), de George Marshall. / *Northwest Mounted Police* (Policía Montada del Canadá), de Cecil B. de Mille.
1941 *Second Chorus* (¡Al fin solos!), de H. C. Potter. / *Nothing But the Truth* (Veinticuatro horas sin mentir), de Elliott Nugent. / *Pot O'Gold* (El arca de oro), de George Marshall. / *Hold Back the Dawn* (Si no amaneciera), de Mitchell Leisen.
1942 *The Lady Has Plans*, de Sidney Lanfield. / *The Forest Rangers* (Corazones en llamas), de George Marshall. / *Star Spangled Rhythm* (Fantasía de estrellas), de George Marshall. / *Reap the Wild Wind* (Piratas del mar Caribe), de Cecil B. de Mille.
1943 *The Crystal Ball* (La pitonisa), de Elliott Nugent. / *So Proudly We Hail* (Sangre en Filipinas), de Mark Sandrich.
1944 *I Love a Soldier*, de Mark Sandrich. / *Standing Room Only* (Amor sin refugio), de Sidney Lanfield.
1945 *Kitty* (La bribona), de Mitchell Leisen. / *Duffy's Tavern*, de Hal Walker.
1946 *The Diary of a Chambermaid* (Memorias de una doncella), de Jean Renoir.
1947 *Unconquered* (Los inconquistables), de Cecil B. de Mille. / *Variety Girl*, de George Marshall. / *Suddenly It's Spring*, de Mitchell Leisen.
1948 *On Our Merry Way* (Una encuesta llamada milagro), de King Vidor y Leslie Fenton. / *Hazard*, de George Marshall. / *An Ideal Husband* (Un marido ideal), de Alexander Korda.
1949 *Bride of Vengeance* (La máscara de los Borgia), de Mitchell Leisen. / *Anna Lucasta*, de Irving Rapper.
1950 *Del odio nació el amor* (Una mujer rebelde), de Emilio Fernández.
1952 *Babes in Bagdad* (Muchachas de Bagdad), de Edgar G. Ulmer.
1953 *Vice Squad* (Investigación criminal), de Arnold Laven. / *Paris Model*, de Alfred E. Green. / *Sins of Jezebel*, de Reginald LeBorg.
1954 *Charge of the Lancers*, de William Castle. / *The Stranger Came Home*, de Terence Fisher.
1963 *Gli indifferenti* (Los indiferentes), de Francesco Maselli.

GOLEM, EL *(Der Golem, wie er in die Welt kam, 1920)*

La conocida leyenda del rabino Loew, que construye una poderosa criatura de arcilla para defender al pueblo judío de los *pogroms* realizados bajo el reinado de Rodolfo II de Habsburgo en Praga en el siglo XVI, es origen de múltiples películas. Hay una floja coproducción entre Francia, la República Federal Alemana e Italia, dirigida en 1991 por Amos Gitai y protagonizada por Hanna Schygulla y Vittorio Mezzogiorno; una producción checoslovaca realizada en 1951 por Martin Fric, y una más interesante producción francesa rodada en 1935 por Julien Duvivier e interpretada por Ferdinand Hart y Charles Dorat. Todas están más o menos libremente basadas en la novela homónima de Gustav Meyrinck, pero las mejores son las tres producciones alemanas mudas dirigidas por Paul Wegener en 1914, 1917 y 1920; sobre todo esta última, que también protagoniza, y es un claro precedente del mito de Frankenstein. Narra cómo un rabino crea con arcilla un autómata potentísimo gracias a una fórmula mágica y ayuda a la comunidad hebrea a revocar un edicto antisemita, pero el monstruo se rebela contra su creador porque se enamora de la hija del rabino y le rechaza, y pierde la vida al enternecerse por una niña.

Director: *Paul Wegener*. Guionistas: *Paul Wegener, Henrik Galeen*. Fotografía: *Karl Freund*. Intérpretes: *Paul Wegener, Albert Steinrück, Lyda Salmonova, Gotto Gebuhr*. Producción: *A.G. Union*. Duración: *80'. Alemania.*

GOLFA, LA *(La chienne, 1931)*

La novela homónima de George de la Fouchardière es origen de dos películas muy diferentes, pero dirigidas por dos grandes realizadores. Durante su exilio norteamericano, provocado por la II Guerra Mundial, el alemán Fritz Lang rueda para el productor independiente Walter Wanger *Perversidad* (Scarlet Street, 1945), protagonizada por Edward G. Robinson, Joan Bennett y Dan Duryea, sobre guión del reputado Dudley Nichols; una obra de indudable interés, pero inferior a esta versión hecha por Jean Renoir en Francia a principios de la etapa sonora. Narra cómo el honorable y modesto cajero Maurice Legrand (Michel Simon), pintor aficionado en sus ratos libres, enloquece por la atractiva prostituta Lulú Pelletier (Janie Marèze), deja a su mujer Adèle (Madeleine Berubet) e incluso roba por ella, pero la mata cuando la encuentra en los brazos de su chulo André Joguin (Georges Flament) y logra que este sea ajusticiado por su crimen. Mientras, Lulú ha ganado mucho dinero vendiendo sus cuadros a sus espaldas y él acaba convertido en un mendigo. A medio camino entre la comedia y la tragedia, Renoir rueda con un estilo muy personal esta historia basada en los errores y los engaños, para hacer no solo un efectivo dibujo realista de un tradicional triángulo sentimental, sino también un buen retrato del París de la época. Destaca el trabajo de Michel Simon, en uno de los mejores papeles de su larga y brillante carrera.

Director: *Jean Renoir*. Guionistas: *Jean Renoir, André Girard*. Fotografía: *Théodore Sparkuhl*. Música: *Eugénie Buffet*. Intérpretes: *Michel Simon, Janie Marèze, Georges Flament, Madeleine Berubet*. Producción: *Jean Renoir para Braunberger-Richebé*. Duración: *100'. Francia.*

GOLFOS, LOS *(1959)*

A medio camino entre el neorrealismo italiano y la recién nacida *nouvelle vague* francesa, Carlos Saura debuta como director con una de sus mejores películas. Ambientada en la miseria de los suburbios madrileños de finales de los duros años cincuenta, narra la desgarrada vida de cuatro amigos. Julián (Manuel Zarzo), Ramón (José Luis Marín) y El Chato (Juanjo Losada) sobreviven haciendo pequeñas fechorías y realizando algunos robos, pero se ponen de acuerdo para planear uno mayor y con su botín ayudar a Juan (Óscar Cruz), el único que se gana la vida honradamente y que quiere ser torero. Gracias a las clases en la escuela de tauromaquia y al apoyo de sus amigos consigue debutar en una novillada en la plaza de Las Ventas, pero obtiene un sonado fracaso. A medio camino entre el documental y la ficción, no solo es un interesante documento sobre la época, sino también una lograda historia dramática, rodada con una gran soltura y protagonizada por personas elegidas en la calle, sin experiencia cinematográfica. Tiene una buena acogida en el Festival de Cannes, pero es cortada por la censura antes de estrenarse malamente en España. Casi veinte años después, dentro de las películas sobre delincuencia juvenil que se hacen a principios de la democracia, Saura trata un tema similar en *Deprisa, deprisa* (1980), también con una mezcla de documental y ficción y con nuevos actores, que, a pesar de que gana el Oso de Oro del Festival de Berlín tiene mucho menos atractivo.

    Director: *Carlos Saura*. Guionistas: *Carlos Saura, Mario Camus, Daniel Sueiro*. Fotografía: *Juan Julio Baena*. Música: *Antonio Ramírez, José Pagán*. Intérpretes: *Manuel Zarzo, José Luis Marín, Óscar Cruz, Juanjo Losada, Rafael Vargas, María Mayer*. Producción: *Pedro Portabella para Films 59*. Duración: *83'*. España.

GOULDING, Edmund *(Londres, Reino Unido, 1891-Los Ángeles, California, Estados Unidos, 1959)*

    Debuta muy joven como actor de teatro, llega a ser director y autor, pero tras haber luchado en la Gran Guerra se traslada a Hollywood para convertirse en un prolífico guionista y destacar por sus colaboraciones con los realizadores Henry King y Robert Z. Leonard. Contratado por los estudios Metro-Goldwyn-Mayer, a finales del período mudo debuta como director con *Justa venganza, Como las mariposas, Noches de París* y *La mujer adora los diamantes*, comedias románticas entre las que sobresale el drama *Ana Karenina*, primera versión de la novela de Leon Tolstoi, protagonizada por Greta Garbo. Tras dirigir a Gloria Swanson en *La intrusa*, a Nancy Carroll en *La fiesta del diablo* y *El ángel de la calle* y a Bebe Daniels en *Para alcanzar la Luna*, regresa a Metro-Goldwyn-Mayer convertido en un famoso director de actrices para rodar *La rubia del Follies* con Marion Davies, *Deslices* con Norma Shearer y, sobre todo, la superproducción *Gran Hotel*, basada en la novela de Vicki Baum, con Greta Garbo y Joan Crawford. Tiene más interés su período Warner por dirigir a Bette Davis en los atractivos melodramas *That Certain Woman, Amarga Victoria, La solterona* y *La gran mentira*, frente a sus nuevas versiones de antiguos éxitos *The Dawn Patrol, Viaje sin retorno, La ninfa constante* y *Of Human Bondage*. Su carrera finaliza en los estudios 20th Century Fox, donde, tras hacer la ambiciosa adaptación de la novela de Somerset Maugham *El filo de la navaja* y el excelente drama *El callejón de las almas perdidas*, con un perfecto guión de Jules Furthman, rueda la agradable comedia *¡Si ella lo supiera!*, basada en una novela de James M. Cain, el curioso policiaco *El caso 880*, escrita por el famoso guionista Robert Riskin, y la producción de episodios *No estamos casados*. Sus dos últimas películas son el fallido melodrama *Teenage Rebel* y el musical al servicio del cantante Pat Boone *Martes de carnaval*.

1925 *Sun-Up* (Justa venganza). / *Sally, Irene and Mary* (Como las mariposas).
1926 *Paris* (Noches de París).
1927 *Women Love Diamonds* (La mujer adora los diamantes). / *Love* (Ana Karenina).
1929 *The Trespasser* (La intrusa).
1930 *The Devil's Holiday* (La fiesta del diablo). / *Paramount on Parade*, varios episodios.
1931 *Reaching for the Moon* (Para alcanzar la Luna). / *The Night Angel* (El ángel de la calle).
1932 *Blondie of the Follies* (La rubia del Follies). / *Grand Hotel* (Gran Hotel).
1934 *Riptide* (Deslices).
1935 *The Flame Within*.
1937 *That Certain Woman*.
1938 *The Dawn Patrol*. / *White Banners*.
1939 *Dark Victory* (Amarga victoria). / *The Old Maid* (La solterona). / *We Are Not Alone* (No estamos solos).
1940 *Til We Meet Again* (Viaje sin retorno).
1941 *The Great Lie* (La gran mentira).
1943 *The Constant Nymph* (La ninfa constante). / *Forever and a Day* (Siempre y un día). / *Claudia* (Claudia, esposa moderna).
1946 *Of Human Bondage*. / *The Razor's Edge* (El filo de la navaja).
1947 *Nightmare Alley* (El callejón de las almas perdidas).
1949 *Everybody Does It* (¡Si ella lo supiera!).
1950 *Mister 880* (El caso 880).
1952 *We're Not Married* (No estamos casados).
1953 *Down Among the Sheltering Palms*.
1956 *Teenage Rebel*.
1958 *Mardi Gras* (Martes de carnaval).

GRAN AVENTURA DE SILVIA, LA *(Sylvia Scarlett, 1936)*

    Tras la muerte de su mujer, Henry Scarlett (Edmund Gwenn) y su hija Sylvia (Katharine Hepburn) se ven obligados a huir desde Marsella al Reino Unido, pero para despistar a sus perseguidores Sylvia decide disfrazarse de hombre, cortarse el pelo y convertirse en Sylvester, lo que da lugar a algunas aventuras y diferentes equívocos. Este cambio de sexo de la protagonista y sus consecuencias resulta demasiado avanzado para su época y la película es un gran fracaso, pero desde hace tiempo se considera como una de las mejores y más sutiles comedias dirigidas por el especialista George Cukor. Destacan el trabajo de Katharine Hepburn en su doble papel de Sylvia y Sylvester por su hábil juego interpretativo, las sutilezas que logra sacar de él y su muy particular belleza, así como el del joven Cary Grant, que encarna al timador Jimmy Monkley, en uno de sus primeros papeles de una cierta importancia.

Director: *George Cukor*. Guionistas: *Gladys Unger*, *John Collier*, *Mortimer Offner*. Fotografía: *Joseph August*. Música: *Roy Webb*. Intérpretes: *Katharine Hepburn*, *Cary Grant*, *Edmund Gwenn*, *Brian Aherne*, *Lennox Pawle*. Producción: *Pandro S. Berman para R. K. O.* Duración: *94'. Estados Unidos.*

GRAN AZUL, EL *(Le grand bleu, 1987)*

Más cerca del documental que de la ficción, narra cómo la amistad y la obsesión por una inmersión bajo el agua en 1959, en las islas griegas Cíclades, lleva a enfrentarse de mayores, en 1987, en Sicilia, a Jacques Mayol (Jean-Marc Barr) y Enzo Molinari (Jean Reno), lo que en la práctica viene a significar dos formas diferentes y sofisticadas de suicidio. Aunque en la historia se ha introducido el personaje de la norteamericana Johana Becker (Rosanna Arquette) para darle un cierto tono romántico, en realidad se trata de un durísimo enfrentamiento deportivo, con lo que esto significa de hechos absurdos y repetitivos. Muy bien rodada por Luc Besson, con un amplio despliegue de medios, consigue hacer apasionante un tema tan abstruso y que tenga un enorme éxito en Francia, lo que permite que en 1989 se estrene una versión todavía más larga de 190 minutos.

Director: *Luc Besson*. Guionistas: *Luc Besson*, *R. Garland*, *M. Goldin*, *Jacques Mayol*, *M. Perrier*. Fotografía: *C. Varini*. Música: *E. Serra*. Intérpretes: *Jean-Marc Barr*, *Jean Reno*, *Rosanna Arquette*, *Jean Bouise*, *Paul Shenar*, *Sergio Castellitto*. Producción: *Gaumont. Color. Scope.* Duración: *135'. Francia.*

GRAN CARNAVAL, EL *(Ace in the Hole, 1951)*

El periodista sin escrúpulos Charles Tatum (Kirk Douglas) acaba de perder su puesto en un gran diario de Nueva York y sobrevive escribiendo en un periódico de Alburquerque, pero se entera de que el indio Leo Minosa (Richard Benedict) está atrapado en el fondo de la galería de una vieja mina y ve en ello la oportunidad de convertirlo en una gran noticia que suponga un ascenso fundamental en su carrera. Convence al *sheriff* (Ray Teal) para que le rescaten de la manera más espectacular y lenta posible, se hace amigo de la víctima, se acuesta con su mujer Lorraine Minosa (Jan Sterling) y convierte el suceso en un gran carnaval. Escrito en colaboración, producido y dirigido por el vienés Billy Wilder para los estudios Paramount, es un eficaz y sórdido drama de denuncia social contra el poder de la prensa, lleno de su habitual cinismo. Debido a que carga demasiado las tintas, y se convierte en un gran fracaso. Vuelve a estrenarse poco después en Estados Unidos con el título The Big Carnival y con una nueva campaña de prensa, pero sigue disgustando al público, aunque sigue teniendo muy buenas críticas.

Director: *Billy Wilder*. Guionistas: *Billy Wilder*, *Lester Samuels*, *Walter Newman*. Fotografía: *Charles Lang Jr.* Música: *Hugo Friedhofer*. Intérpretes: *Kirk Douglas*, *Jan Sterling*, *Porter Hall*, *Bob Arthur*, *Richard Benedict*, *Ray Teal*, *Frank Cady*. Producción: *Billy Wilder para Paramount.* Duración: *111'. Estados Unidos.*

GRAN COMILONA, LA *(La grande abbuffata, 1973)*

A partir de un excelente guión del propio realizador y de su colaborador ocasional, Rafael Azcona, Marco Ferreri hace un sólido análisis de los mitos y costumbres de la sociedad de consumo, a través de una insólita mezcla de elementos gastronómicos, sexuales y escatológicos. Narra cómo el cocinero Ugo (Ugo Tognazzi), el directivo de televisión Michel (Michel Piccoli), el piloto Marcello (Marcello Mastroianni) y el juez Philippe (Philippe Noiret) se reúnen en una casita de este último situada en las afueras de París para suicidarse en una orgía de sexo y comida, en presencia de la maestra Andrea (Andrea Ferréol), que se convierte en excepcional testigo de su comportamiento. Tras su polémica presentación en el Festival de Cannes, llega a ser un gran éxito en todos los países donde no es prohibida por una censura que, más allá de un ataque directo a los grandes tabúes eróticos, religiosos o políticos, aprecia la dureza de una fábula que critica con dureza y eficacia a la sociedad actual. Dentro de las complejas e irregulares relaciones entre comida y cine, esta coproducción ocupa una posición muy destacada.

> Director: *Marco Ferreri*. Guionistas: *Marco Ferreri, Rafael Azcona, Francis Blance*. Fotografía: *Mario Vulpiani*. Música: *Philippe Sarde*. Intérpretes: *Marcello Mastroianni, Michel Piccoli, Ugo Tognazzi, Philippe Noiret, Andrea Ferréol*. Producción: *Jean-Pierre Rassam y Vincent Malle para Mara Films-Les Films 66 (París), Capitolina Film (Roma). Color. Duración: 125'. Francia-Italia.*

GRAN DESFILE, EL *(The Big Parade, 1925)*

El joven James Apperson (John Gilbert) se alista para combatir en la Gran Guerra, se despide de su novia Justyn Reed (Claire Adams) y es enviado a Francia. Durante su estancia en el pueblecito de Champillon se enamora de Melisande (Renée Adorée), una atractiva muchacha con quien se entiende por señas y gracias a un diccionario. En los duros combates con los alemanes es herido en una pierna y vuelve al pueblecito, pero la casa de la muchacha ha sido destruida y no consigue encontrarla. Regresa a Estados Unidos para descubrir que su novia le ha dejado por su hermano Harry Apperson (Robert Ober) y viaja a Francia para buscar a Melisande. A pesar de que se trata de una producción del todopoderoso Irving Thalberg para Metro-Goldwyn-Mayer, el realizador King Vidor consigue darle un toque muy personal y convertirla en una de sus grandes películas. Dentro del tono pacifista y realista, destacan la larga escena, resuelta casi íntegramente en un solo plano, donde el norteamericano enseña a la francesa a comer chicle, le declara su amor y acaban besándose, así como aquella otra del ataque con bayoneta, rodada por Vidor con ayuda de un metrónomo para sincronizar el paso de los soldados. Con un coste de doscientos cuarenta y cinco mil dólares de la época, en dos años ingresa quince millones de dólares, sitúa a Metro-Goldwyn-Mayer entre los grandes estudios, convierte a Thalberg en un brillante productor, a John Gilbert en una estrella y a Vidor en uno de los mejores directores de los años veinte.

> Director: *King Vidor*. Guionistas: *Harry Behn, Laurence Stallings*. Fotografía: *John Arnold*. Música: *William Axt, David Mendoza*. Intérpretes: *John Gilbert, Renée Adorée, Hobart Bosworth, Claire McDowell, Robert Ober, Claire Adams*. Producción: *Irving Thalberg para Metro-Goldwyn-Mayer. Duración: 135'. Estados Unidos.*

GRAN GATSBY, EL *(The Great Gatsby, 1974)*

La mejor y más famosa de las novelas de Francis Scott Fitzgerald es origen de dos producciones de los estudios Paramount separadas por veinticinco años y de una olvidada película muda rodada en 1926. La primera versión sonora la dirige Elliott Nugent en 1949 y cuenta con Alan Ladd y Betty Field como protagonistas, pero se apoya en exceso en la palabra y tiene un interés muy limitado. Resulta mucho mejor la realizada en 1974 por Jack Clayton, tanto por el esplendor de la producción de David Merrick, como por el excelente guión de Francis Ford Coppola y el adecuadísimo reparto, a cuya cabeza se sitúan unos casi perfectos Robert Redford y Mia Farrow. Desde el punto de vista del joven de provincias Nick Carraway (Sam Waterston) narra los amores entre su prima Daisy Buchanan (Mia Farrow), casada desde hace años con el impulsivo Tom Buchanan (Bruce Dern), y el ex contrabandista Jay Gatsby (Robert Redford) a través de las grandes fiestas que organiza este último en su mansión de Long Island durante un lluvioso verano de los años veinte. Cuando Daisy Buchanan mata en un accidente automovilístico a Myrtle Wilson (Karen Black), la amante de su marido, Jay Gatsby la defiende con su vida mientras ella le olvida. Frente a la sencillez del guión de Coppola destaca el barroquismo de la dirección de Clayton marcado por una planificación en la que utiliza con peculiar habilidad el *zoom* para construir unos largos, complejos y eficaces planos.

> Director: *Jack Clayton*. Guionista: *Francis Ford Coppola*. Fotografía: *Douglas Slocombe*. Música: *Nelson Riddle*. Intérpretes: *Robert Redford, Mia Farrow, Karen Black, Scott Wilson, Sam Waterston, Lois Chiles, Bruce Dern*. Producción: *David Merrick para Paramount. Color. Duración: 146'. Estados Unidos.*

GRAN GUERRA, LA *(La Grande Guerra, 1959)*

Sobre un excelente guión original de los reputados especialistas en comedias Age y Scarpelli y del propio realizador, basado en un argumento de Luciano Vincenzoni, el hábil Mario Monicelli rueda una de sus mejores películas, ganadora del León de Oro de la Mostra de Venecia. Narra la historia de Oreste Jacovacci (Alberto Sordi) y Giovanni Busacca (Vittorio Gassman), dos soldados que en 1917 tratan de escapar de la terrible realidad de la Gran Guerra, pero a pesar suyo acaban convirtiéndose en héroes al negarse a revelar una información al enemigo. Monicelli consigue hacer una espléndida película, la mejor de las suyas, donde sabe pasar continuamente de la comedia a la tragedia, pero sin perder en ningún momento de vista la sátira, que no solo resulta muy divertida, sino que además da una visión muy ácida sobre la intervención italiana en la Gran Guerra, lo que le hace tener problemas con algunos militares sobrevivientes. Destaca su cuidada planificación, apoyada en largos y complejos planos, tanto fijos como *travellings*, en los que, por lo general, se desarrolla una acción en primer plano y otra al fondo, dentro del carácter coral de la película. Frente a un Vittorio Gassman siempre algo exagerado en los papeles cómicos, destaca un Alberto Sordi realmente espléndido.

Director: *Mario Monicelli*. Guionistas: *Age, Scarpelli, Luciano Vincenzoni, Mario Monicelli*. Fotografía: *Giuseppe Rotunno*. Música: *Nino Rota*. Intérpretes: *Alberto Sordi, Vittorio Gassman, Silvana Mangano, Romolo Valli, Folco Lulli, Bernard Blier*. Producción: *Dino de Laurentiis para Cinca (Roma), Gray Films (París)*. Scope. Duración: *129'. Italia-Francia*.

GRAN HOTEL (*Grand Hotel, 1932*)

La novela homónima de Vicki Baum da lugar a algunas adaptaciones, cada vez menos fieles al original, pero siempre basadas en una versión teatral previa. La interesante producción Warner *Hotel Berlin* (1945), de Peter Dodfrey, con Raymond Massey, Peter Lorre y Faye Emerson, convertida en un enfrentamiento entre Resistencia y nazismo. La poco atractiva producción Metro-Goldwyn-Mayer *Fin de semana* (Weekend at the Waldorf, 1945), de Robert Z. Leonard, con Ginger Rogers, Walter Pidgeon, Van Johnson y Lana Turner, cuya acción se traslada a finales de la II Guerra Mundial. Y esta, ideada por el mítico productor Irving Thalberg para Metro-Goldwyn-Mayer, la mejor de las tres y ganadora del Oscar correspondiente a la película. Sobre un hábil guión de William A. Drake, narra historias entrecruzadas ambientadas en el Berlín de 1928. El arruinado barón Geigern (John Barrymore), convertido en ladrón de guante blanco de un hotel, salva del suicidio a la bailarina Grusinkaja (Greta Garbo), se enamora de ella y roba al industrial Preysing (Wallace Beery), que le sorprende y mata; mientras, la secretaria del hotel (Joan Crawford) se va a París con el tímido empleado Kringelein (Lionel Barrymore) para gastarse el dinero que ha ganado en el juego. Bien rodada por un Edmund Goulding demasiado sometido a las ideas de Irving Thalberg, es el origen de una serie de películas Metro-Goldwyn-Mayer de los años treinta que encierra a grandes actores en lugares concretos sometidos a una misma tensión dramática. En esta ocasión la pareja Joan Crawford-Lionel Barrymore desplaza a la pareja Greta Garbo-John Barrymore.

Director: *Edmund Goulding*. Guionista: *William A. Drake*. Fotografía: *William Daniels*. Intérpretes: *Greta Garbo, John Barrymore, Joan Crawford, Lionel Barrymore, Wallace Beery, Jean Hersholt, Lewis Stone*. Producción: *Irving Thalberg para Metro-Goldwyn-Mayer*. Duración: *115'. Estados Unidos*.

GRAN ILUSIÓN, LA (*La grande illusion, 1937*)

Durante la Gran Guerra un grupo de prisioneros franceses, entre los que se encuentran el aristócrata Boëldieu (Pierre Fresnay), el contramaestre Maréchal (Jean Gabin) y el modisto judío Rosenthal (Marcel Dalio), trata de escapar del campo alemán de prisioneros de Hallback, pero en el último momento son transferidos a otros lugares y acaban en el castillo-fortaleza de Wintersborn, que está bajo el mando del refinado comandante Von Rauffenstein (Erich von Stroheim). Más unidos por su calidad de aristócratas que separados por la de enemigos, Von Rauffenstein inicia una relación de amistad con Boëldieu, mientras el grupo prepara una nueva fuga, gracias a la que Maréchal y Rosenthal consiguen llegar a la neutral Suiza. Rodada en largos planos para que los actores se muevan con comodidad, pero siempre empezando o finalizando en primeros planos para dar mayor calor al conjunto, esta obra maestra del realizador Jean Renoir es una atractiva historia de fugas hablada en francés, alemán e inglés, que refleja el final de la aristocracia para dar paso a la burguesía y al proletariado. Marca el final de una época y el comienzo de otra dentro de un subrayado pacifismo.

Director: *Jean Renoir*. Guionistas: *Charles Spaak, Jean Renoir*. Fotografía: *Christian Matras*. Música: *Joseph Kosma*. Intérpretes: *Jean Gabin, Pierre Fresnay, Erich von Stroheim, Marcel Dalio, Dita Parlo, Julien Carette, Gaston Modot, Jean Dasté*. Producción: *Frank Rollmer, Alexander y Albert Penkovitch para Réalisations d'Art Cinématographique*. Duración: *113'. Francia*.

GRANGER, Farley *(San José, California, Estados Unidos, 1925)*

Estudia arte dramático con Sanford Meisner, Stella Adler y Lee Strasberg, a los diecisiete años debuta en un papel de nazi en la curiosa producción prosoviética *The North Star* y poco después protagoniza la película de propaganda bélica *The Purple Heart*, ambas dirigidas por Lewis Milestone, pero deja el cine para combatir en la marina durante la II Guerra Mundial, donde alcanza el grado de mayor. Su brillante regreso a la interpretación da como resultado los excelentes policiacos *Los amantes de la noche*, de Nicholas Ray; *La soga* y *Extraños en un tren*, de Alfred Hitchcock, y *Side Street*, de Anthony Mann, además de la historia romántica *Hechizo* y el musical *El fabuloso Andersen*. Después de encarnar al teniente Franz Mahler en la famosa producción italiana *Senso*, de Luchino Visconti, y al millonario Harry K. Thaw en el interesante drama criminal *La muchacha del trapecio rojo*, de Richard Fleischer, deja el cine por el teatro en el mejor momento de su carrera. Tras hacer televisión a finales de los años sesenta, reaparece como actor de cine en Italia en la primera mitad de la década de los setenta, pero en papeles cada vez menores en productos sin la menor calidad.

1943 *The North Star*, de Lewis Milestone.
1944 *The Purple Heart*, de Lewis Milestone.
1948 *They Live by Night* (Los amantes de la noche), de Nicholas Ray. / *Rope* (La soga), de Alfred Hitchcock. / *Enchantment* (Hechizo), de Irving Reis.
1949 *Roseanna McCoy*, de Irving Reis.
1950 *Edge of the Doom* (Nube de sangre), de Mark Robson. / *Side Street*, de Anthony Mann. / *Our Very Own* (Vida de mi vida), de David Miller.
1951 *Strangers on a Train* (Extraños en un tren), de Alfred Hitchcock. / *I Want You* (No quiero decirte adiós), de Mark Robson. / *Behave Yourself!*, de George Beck.
1952 *O. Henry's Full House* (Cuatro páginas de la vida), episodio de Henry King. / *Hans Christian Andersen* (El fabuloso Andersen), de Charles Vidor.
1953 *The Story of Three Loves* (Tres amores), episodio de Vincente Minnelli. / *Small Town Girl*, de Leslie Kardos.
1954 *Senso*, de Luchino Visconti.
1955 *The Naked Street* (La calle desnuda), de Maxwell Shane. / *The Girl in the Red Velvet Swing* (La muchacha del trapecio rojo), de Richard Fleischer.
1968 *Rogue's Gallery*, de Leonard Horn. / *The Challengers*, de Leslie H. Martinson.
1970 *Qualcosa striscia nel buio*, de Mario Coluccio. / *Violence*, de Alberto de Martino. / *La tela del ragno*, de Silvio Amadio.
1971 *Lo chiamavano Trinità* (Le llamaban Trinidad), de E. B. Clucher.
1972 *Alla ricerca del piacere*, de Silvio Amadio. / *Il passo dell'assassino*, de Silvio Amadio. / *Le serpent* (El serpiente), de Henri Verneuil. / *La rossa dalla pelle che scotta*, de Renzo Russo. / *Rivelazione di un maniaco sessuale al capo della squadra mobile*, de Roberto Montero.
1973 *Il mio nome è Nessuno* (Mi nombre es Ninguno), de Tonino Valerii.
1975 *La polizia chiede aiuto*, de Massimo Dallamano.

GRANGER, Stewart *(James La Blanche Stewart. Londres, Reino Unido, 1913-Marbella, Málaga, España, 1993)*

Estudia en el Epsom College, hace los cursos de arte dramático de la Webber-Douglas School of Dramatic Art y a principios de los años treinta debuta como actor de teatro y cine. Tras realizar el servicio militar durante la II Guerra Mundial, sin abandonar el teatro comienza a interpretar papeles secundarios en cine con mayor asiduidad, pero solo le lanza el éxito de *César y Cleopatra*. Después de protagonizar las irregulares producciones británicas *La madona de las siete lunas, La mansión de los Fury, Matrimonio de estado* y *Adán y ella*, es contratado por los estudios Metro-Goldwyn-Mayer y se instala en Hollywood. Apartado del teatro, durante la década de los cincuenta se convierte en el intrépido héroe de las famosas películas de aventuras *Las minas del rey Salomón, Norte salvaje, Scaramouche, El prisionero de Zenda, Salomé, Todos los hermanos eran valientes, Fuego verde, Los contrabandistas de Moonfleet, Cruce de destinos, La última caza* y *Harry Black y el tigre*. Durante los años sesenta empieza su decadencia

al rodar irregulares producciones en distintos países europeos, entre las que cabe citar *Sodoma y Gomorra, Secreta invasión* y *El último safari*. Posteriormente solo interviene en películas sin el menor atractivo y programas para televisión, mientras rueda *spots* publicitarios, y vive retirado en Marbella.
1933 *A Southern Maid*, de Harry Hughes.
1934 *Over the Garden Wall,* de John Daumery. / *Give Them a Ring,* de Arthur Woods.
1939 *So This is London*, de Thornton Freeland. / *Convoy,* de Penn Tennyson.
1942 *Secret Mission*, de Harold French.
1943 *Thurday's Child,* de Rodney Ackland. / *The Lamp Still Burns* (Vocación sublime), de Maurice Elvey. / *The Man in Grey* (Perfidia), de Leslie Arliss.
1944 *Fanny by Gaslight*, de Anthony Asquith. / *Love Story,* de Leslie Arliss. / *Waterloo Road*, de Sidney Gilliat.
1945 *Caesar and Cleopatra* (César y Cleopatra), de Gabriel Pascal. / *Madonna of Seven Moons* (La madona de las siete lunas), de Arthur Crabtree.
1946 *Caravan,* de Arthur Crabtree. / *The Magic Bow* (El arco mágico), de Bernard Knowles.
1947 *Captain Boycott* (El rebelde), de Frank Launder. / *Blanche Fury* (La mansión de los Fury), de Marc Allégret.
1948 *Sarabande for Dead Lovers* (Matrimonio de estado), de Basil Dearden. / *Woman Hater* (El enemigo de las mujeres), de Terence Young.
1949 *Adam and Evelyne* (Adán y ella), de Harold French.
1950 *King Solomon's Mines* (Las minas del rey Salomón), de Andrew Marton y Compton Bennett.
1951 *Soldiers Three* (Tres soldados), de Tay Garnett. / *The Light Touch* (El milagro del cuadro), de Richard Brooks.
1952 *The Big North* (Norte salvaje), de Andrew Marton. / *Scaramouche,* de George Sidney. / *The Prisoner of Zenda* (El prisionero de Zenda), de Richard Thorpe.
1953 *Salome,* de William Dieterle. / *Young Bess* (La reina virgen), de George Sidney. / *All the Brothers Were Valiant* (Todos los hermanos fueron valientes), de Richard Thorpe.
1955 *Beau Brummel,* de Curtis Bernhardt. / *Green Fire* (Fuego verde), de Andrew Marton.
1954 *Footsteps in the Fog* (Pasos en la niebla), de Arthur Lubin. / *Moonfleet* (Los contrabandistas de Moonfleet), de Fritz Lang.
1956 *Bhowani Junction* (Cruce de destinos), de George Cukor. / *The Last Hunt* (La última caza), de Richard Brooks.
1957 *The Little Hut* (La cabaña), de Mark Robson. / *Gun Glory* (El rifle del forastero), de Roy Rowland.

1958 *The Whole Truth* (Toda la verdad), de John Guillermin. / *Harry Black and the Tiger* (Harry Black y el tigre), de Hugo Fregonese.
1960 *North of Alaska* (Alaska, tierra de oro), de Henry Hathaway.
1961 *The Secret Partner* (La tercera llave), de Basil Dearden. / *La congiura dei dieci* (El espadachín de Siena), de Bacchio Bandini.
1962 *Il giorno più corto* (El día más corto), de Sergio Corbucci. / *Marchier und Krepier* (Marcha o muere), de Frank Wisbar. / *Sodom and Gomorrah* (Sodoma y Gomorra), de Robert Aldrich.
1963 *The Secret Invasion* (Secreta invasión), de Roger Corman.
1964 *Unter Geiern* (Los buitres), de Alfred Vohrer.
1965 *The Crooked Road,* de Don Chaffey. / *Das Geheimnis derdrei Dschunken* (Misión secreta en Hong Kong), de Ernest Holfbauer. / *Olf Surehand* (El pistolero de Kansas), de Alfred Vohrer. / *Winnetou und die Oilprinz* (El asalto de los apaches), de Harald Phillip.
1966 *Das geheimnis der gelben mönche* (Operación gigante), de Manfred R. Köhler. / *Gern hab'ich die frauen gekillt* (Los matones), episodio de Alberto Cardone. / *Consigna: Tánger 67,* de Sergio Sollima.
1967 *The Trygon Factor* (El templo del hampa), de Cyril Frankel. / *The Last Safari* (El último safari), de Henry Hathaway.
1978 *The Wild Geese* (Patos salvajes), de Andrew V. McLaglen.
1987 *Oro fino,* de José Antonio de la Loma.
1988 *Hassard of Hearts* (Riesgo a corazones), de John Hough.

GRANT, Cary *(Archibald Alexander Leach. Bristol, Reino Unido, 1904-Davenport, Iowa, Estados Unidos, 1986)*

Perteneciente a una familia de actores, a los quince años se va con un grupo de saltimbanquis, luego trabaja en el *music-hall* y en 1920, durante una gira, llega a Estados Unidos y decide quedarse. Después de hacer de cómico y actuar como cantante en musicales, a principios de los años treinta es contratado por los estudios Paramount y comienza a trabajar sin descanso. Pareja de Marlene Dietrich en *La venus rubia,* de Mae West en *Lady Lou* y *No soy un ángel* y de Katharine Hepburn en *La gran aventura de Silvia,* se convierte en una estrella a finales de la década de los treinta gracias a sus trabajos con Howard Hawks en *La fiera de mi niña* y *Sólo los ángeles tienen alas,* con George Cukor en *Vivir para gozar* y con George Ste-

GRANT, Cary

vens en *Gunga Din*. Durante los años cuarenta protagoniza veintiuna películas entre las que sobresalen *Luna nueva*, de Howard Hawks; *Historias de Filadelfia*, de George Cukor; *Sospecha*, de Alfred Hitchcock; *Destino Tokio*, de Delmer Daves, y *Encadenados*, de Alfred Hitchcock. Retirado en 1966, durante sus últimos quince años de carrera, convertido en uno de los grandes de la comedia, destaca su trabajo en *Atrapa a un ladrón* y *Con la muerte en los talones*, de Hitchcock; en *Bésalas por mí*, *Indiscreta*, *Página en blanco* y *Charada*, de Stanley Donen, y en *Operación Pacífico*, de Blake Edwards. Apartado del mundo del cine, pasa los últimos años de su vida dedicado a negocios de perfumería.

1932 *This Is the Night* (Esta es la noche), de Frank Tuttle. / *Sinners in the Sun* (Pecadores sin careta), de Alexander Hall. / *Merrily We Go to Hell* (Tuya para siempre), de Dorothy Arzner. / *The Devil and the Deep* (Entre la espada y la pared), de Marion Gering. / *Blonde Venus* (La venus rubia), de Josef von Sternberg. / *Hot Saturday* (Sábado de juerga), de William A. Seiter. / *Madame Butterfly*, de Marion Gering.
1933 *She Done Him Wrong* (Lady Lou), de Lowel Sherman. / *Woman Accused* (La mujer acusa), de Paul Sloane. / *The Eagle and the Hawk* (El águila y el halcón), de Stuart Walker. / *Gambling Ship* (Casino del mar), de Louis Gasnier y Max Marcin. / *I'm No Angel* (No soy un ángel), de Wesley Ruggles. / *Alice in Wonderland* (Alicia en el país de las maravillas), de Norman Z. McLeod.
1934 *Thirty-Day Princess* (Princesa por un mes), de Marion Gering. / *Born to Be Bad*, de Lowell Sherman. / *Kiss and Make-Up* (El templo de las hermosas), de Harlan Thompson. / *Ladies Should Listen* (¡Atención señoras!), de Frank Tuttle.
1935 *Enter Madame* (Mi marido se casa), de Elliott Nugent. / *Wings in the Dark* (Alas en la noche), de James Flood. / *The Last Outpost* (La última avanzada), de Louis Gasnier y Charles T. Barton.
1936 *Sylvia Scarlett* (La gran aventura de Silvia), de George Cukor. / *Big Brown Eyes*, de Raoul Walsh. / *Suzy*, de George Fitzmaurice. / *Wedding Present*, de Richard Wallace. / *Amazing Quest of Ernest Bliss*, de Alfred Zeisler. / *When You're in Love* (Preludio de amor), de Robert Riskin.
1937 *Topper* (La pareja invisible), de Norman Z. McLeod. / *The Toast of New York* (El ídolo de Nueva York), de Rowland V. Lee. / *The Awful Truth* (La pícara puritana), de Leo McCarey.
1938 *Bringing Up Baby* (La fiera de mi niña), de Howard Hawks. / *Holiday* (Vivir para gozar), de George Cukor.
1939 *Gunga Din*, de George Stevens. / *Only Angels Have Wings* (Sólo los ángeles tienen alas), de Howard Hawks. / *In Name Only* (Dos mujeres y un amor), de John Cromwell.
1940 *His Girl Friday* (Luna nueva), de Howard Hawks. / *My Favorite Wife* (Mi mujer favorita), de Garson Kanin. / *The Howards of Virginia* (Los Howards de Virginia), de Frank Lloyd. / *The Philadelphia Story* (Historias de Filadelfia), de George Cukor.
1941 *Penny Serenade* (Serenata nostálgica), de George Stevens. / *Suspicion* (Sospecha), de Alfred Hitchcock.
1942 *The Talk of the Town* (El asunto del día), de George Stevens. / *Once Upon a Honeymoon* (Hubo una luna de miel), de Leo McCarey.
1943 *Mister Lucky*, de H. C. Potter. / *Destination Tokyo* (Destino Tokio), de Delmes Daves.
1944 *Arsenic and Old Lace* (Arsénico por compasión), de Frank Capra. / *Once Upon a Time* (El eterno pretendiente), de Alexander Hall. / *None But the Lonely Heart* (Un corazón solitario), de Clifford Odets.
1946 *Night and Day* (Noche y día), de Michael Curtiz. / *Without Reservation* (Sucedió en el tren), de Mervyn LeRoy. / *Notorious* (Encadenados), de Alfred Hitchcock.
1947 *The Bachelor and the Bobby-Soxer* (El solterón y la menor), de Irving Reis. / *The Bishop's Wife* (La mujer del obispo), de Henry Koster.
1948 *Mr. Blandings Builds His Dream House* (Los Blandings ya tienen casa), de H. C. Potter. / *Every Girl Should Be Married* (En busca de marido), de Don Hartman.
1949 *I Was a Male War Bride* (La novia era él), de Howard Hawks.
1950 *Crisis*, de Richard Brooks.
1951 *People Will Talk*, de Joseph L. Mankiewicz.
1952 *Room for One More* (Hogar, dulce hogar), de Norman Taurog. / *Monkey Business* (Me siento rejuvenecer), de Howard Hawks.
1953 *Dream Wife* (La mujer soñada), de Sidney Sheldon.
1955 *To Catch a Thief* (Atrapa a un ladrón), de Alfred Hitchcock.
1957 *The Pride and the Passion* (Orgullo y pasión), de Stanley Kramer. / *An Affair to Remember* (Tú y yo), de Leo McCarey. / *Kiss Them for Me* (Bésalas por mí), de Stanley Donen.
1958 *Indiscreet* (Indiscreta), de Stanley Donen. / *Houseboat* (Cintia), de Melville Shavelson.
1959 *North by Northwest* (Con la muerte en los talones), de Alfred Hitchcock. / *Operation Petticoat* (Operación Pacífico), de Blake Edwards.
1960 *The Grass Is Greener* (Página en blanco), de Stanley Donen.

1962 *That Touch of Mink* (Suave como visón), de Delbert Mann.
1963 *Charade* (Charada), de Stanley Donen.
1964 *Father Goose* (Operación whisky), de Ralph Nelson.
1966 *Walk, Don't Run* (Apartamento para tres), de Charles Walters.

GRANT, Hugh *(Hugh Mungo Grant. Londres, Reino Unido, 1960)*

Hijo de un pintor y una maestra, estudia en la Universidad de Oxford, donde participa en algunos montajes teatrales y luego crea con unos amigos el grupo The Jockeys of Norfolk. Mientras trabaja como actor de teatro, interviene en la película *Privileged,* pero su verdadero debut cinematográfico no tiene lugar hasta cinco años después con *Maurice,* de James Ivory; *Pasiones en Kenya,* de Michael Radford, y *Remando al viento,* de Gonzalo Suárez. En su todavía corta filmografía también destacan *Lunas de hiel,* de Roman Polanski, y *Lo que queda del día,* de James Ivory. El desproporcionado éxito de la irregular comedia británica *Cuatro bodas y un funeral,* le lleva a Estados Unidos a hacer la torpe *Nueve meses.*
1982 *Privileged,* de Michael Hoffman.
1987 *Maurice,* de James Ivory. / *White Mischief* (Pasiones en Kenya), de Michael Radford.
1988 *Remando al viento,* de Gonzalo Suárez. / *The lair of the White Worm* (La guardia del gusano blanco), de Ken Russell. / *The Dawning,* de Robert Knights. / *The Bengali Night* (Hechizo de la India), de Nicholas Klotz.
1990 *The Big Man,* de David Leland. / *Impromptu* (Pasiones privadas de una mujer), de James Lapine.
1992 *Bitter Moon* (Lunas de hiel), de Roman Polanski.
1993 *Night Train to Venice,* de Carlo Quinterio. / *The Remains of the Day* (Lo que queda del día), de James Ivory. / *Sirens* (Sirenas), de John Dulgan. / *Four Weddings and a Funeral* (Cuatro bodas y un funeral), de Mike Newell.
1994 *An Awfully Big Adventure* (Una insólita aventura), de Mike Newell. / *Restoration,* de Michael Hoffman.
1995 *The Englishman who Went Up Hill bit Came Down a Mountain* (El inglés que subió una colina, pero bajó una montaña), de Christopher Monger. / *Nine Months* (Nueve meses), de Chris Columbus. / *Sense and Sensibility* (Sentido y sensibilidad), de Ang Lee.

GREENAWAY, Peter *(Newport, Gales, Reino Unido, 1942)*

Estudia en la Walthamstow School of Art y posteriormente desarrolla una intensa actividad como pintor que le sitúa entre los mejores de la vanguardia del período estructuralista y minimalista. Mientras no deja de pintar, comienza a escribir y a interesarse por el cine, y desde 1966 produce y dirige personales documentales para televisión. Sus mejores películas son los cortos experimentales *Train* (1966), *Tree* (1966), *Intervals* (1969), *Erosion* (1971), *Windows* (1975) y *Dear Phone* (1977), donde muestra, con un peculiar humor, la fascinación que le producen las combinaciones numéricas. Gracias a la ayuda del British Film Institute pasa al largo con *The Falls,* colección de noventa y dos biografías imaginarias con una duración de tres horas, y *Act of God,* documental sobre personas alcanzadas por un rayo. Se da a conocer internacionalmente con *El contrato del dibujante,* su primer largometraje comercial de ficción; un curioso policiaco de época, basado en dibujos suyos, donde reflexiona sobre la perspectiva. Entre sus restantes producciones, siempre basadas en guiones propios, muy influidos por la pintura y las matemáticas, y generalmente con música de Michael Nyman, destacan *El vientre del arquitecto,* consideración sobre el arte y la muerte a través de un arquitecto norteamericano que llega a Roma para organizar una exposición sobre Etienne-Louis-Boullée, y *El cocinero, el ladrón, su mujer y su amante,* en torno a las relaciones entre el amor, la comida y la muerte a través de una tradicional historia triangular.
1980 *The Falls.*
1981 *Act of God.*
1982 *The Draughtsman's Contract* (El contrato del dibujante).
1986 *A Zed and Two Noughts* (Z. O. O.).
1987 *The Belly of the Architect* (El vientre del arquitecto).
1988 *Drowning by Numbers* (Conspiración de mujeres).
1989 *The Cook, the Thief, His Wife and Her Lover* (El cocinero, el ladrón, su mujer y su amante).
1991 *Prospero's Books* (Los libros de Próspero).
1993 *The Baby of Mâcon.*
1995 *The Pillow Book. / Lumière y compañía,* un episodio.

GRIFFITH, David W. *(David Wark Griffith. Floydsfork, Kentucky, 1875-Los Ángeles, California, Estados Unidos, 1948)*

Hijo de un médico militar, que llega a ser comandante del ejército sudista durante la guerra de Secesión, a finales del siglo XIX, tras haber sido ascensorista y dependiente de una librería, debuta como actor de teatro y llega a dirigirlo y escribirlo. Durante diez años trabaja en teatro hasta que, tras vender algunos guiones, debuta como actor de cine, colabora como guionista y productor en numerosos cortometrajes y llega a dirigir *Las aventuras de Dorotea* (The Adventures of Dollie, 1908). Contratado por la productora Biograph, entre 1908 y 1914 rueda más de cuatrocientos cincuenta cortos, que van de la comedia al *western,* pasando por la parábola social, las reconstrucciones históricas y las adaptaciones de Edgar Allan Poe, Charles Dickens, Jack London, Guy de Maupassant, William Shakespeare y Robert Louis Stevenson. Después de inventar en ellos el primer plano, el *travelling,* las vueltas hacia detrás, el montaje paralelo y las reglas narrativas para utilizarlos, deseoso de hacer películas más largas y huyendo del mal tiempo de Nueva York, a mediados de los años diez se instala en el deshabitado Hollywood con su cámara Billy Bitzer y sus actores favoritos, Lillian Gish, Mae Marsh, Henry B. Walthall y Blanche Sweet, y empieza a hacer largometrajes. El éxito de la historia bíblica *Judith de Bethulia,* la comedia *La batalla de los sexos* y la parábola social *La conciencia vengadora,* le animan a rodar *El nacimiento de una nación,* su primer triunfo, un gran fresco histórico, de casi tres horas de duración, sobre la guerra de Secesión, el asesinato del presidente Abraham Lincoln y el nacimiento del Ku-Klux-Klan. Sus enormes beneficios, su eficacia narrativa, su gran influencia sobre el cine de su época y su elevado tono reaccionario le conducen a la progresista superproducción *Intolerancia,* que entrelaza un drama social contemporáneo con la matanza de la noche de san Bartolomé, la caída de Babilonia y la pasión de Cristo, pero los altos costes de esta obra maestra, de casi cuatro horas de duración, no se amortizan y desiste de hacer este tipo de cine. Mientras vuelve a triunfar con narraciones intimistas, como *La culpa ajena* o *Pobre amor,* convertido en uno de los grandes del cine norteamericano, en 1919 crea con Charles Chaplin, Douglas Fairbanks y Mary Pickford la importante productora independiente United Artists. Entre sus restantes producciones destacan *Las dos huerfanitas,* donde las hermanas Lillian y Dorothy Gish se enfrentan a la vorágine de la Revolución francesa; *América,* sobre las luchas entre norteamericanos e ingleses; *La aurora de la dicha,* descripción de la pobreza de una pareja de emigrantes, y *Su mayor victoria,* adaptación de un drama de Gabriele D'Annunzio. En plena decadencia laboral y económica, su filmografía se cierra con dos producciones sonoras, *Abraham Lincoln,* eficaz evocación de la vida del presidente norteamericano, encarnado por Walter Huston, y *The Struggle,* la historia de un alcohólico, que son grandes fracasos económicos.

1914 *Judith of Bethulia* (Judith de Bethulia). / *The Battle of the Sexes* (La batalla de los sexos). / *The Escape* (La evasión). / *Home, Sweet Home* (Dulce hogar). / *The Avenging Conscience* (La conciencia vengadora).
1915 *The Birth of a Nation* (El nacimiento de una nación).
1916 *Intolerance* (Intolerancia).
1918 *Hearts of the World* (Corazones del mundo). / *The Great Love* (El gran amor). / *The Greatest Thing in Life* (Lo más grande en la vida).
1919 *A Romance of Happy Valley* (Un mundo aparte). / *The Girl Who Stayed at Home* (Sobre las ruinas del mundo). / *Broken Blossoms* (La culpa ajena). / *True Heart Susie* (Pobre amor). / *Scarlet Days* (Días rojos). / *The Greatest Question* (El mayor problema).
1920 *The Idol Dancer.* / *The Love Flower* (Flor de amor). / *Way Down East* (Las dos tormentas).
1921 *Dream Street* (La calle de los sueños).
1922 *Orphans of the Storm* (Las dos huerfanitas). / *One Exciting Night* (Una noche misteriosa).
1923 *The White Rose* (Flor que renace).
1924 *America.* / *Ins't Life Wonderful* (La aurora de la dicha).
1925 *Sally of the Sawdust* (Sally, la hija del circo). / *That Royle Girl* (Crimen y castigo).
1926 *The Sorrows of Satan* (Las tristezas de Satán).
1928 *Drums of Love* (Su mayor victoria). / *The Battle of the Sexes* (La batalla de los sexos).
1929 *Lady of the Pavements* (La melodía del amor).
1930 *Abraham Lincoln.*
1931 *The Struggle.*

GRIFFITH, Melanie *(Nueva York, Estados Unidos, 1957)*

Hija de la actriz Tippi Hedren (1935), estudia en el Hollywood Profesional School y debuta como actriz de cine en sendos papeles secundarios de atractiva jovencita en los policiacos *La noche se mueve* y *Con el agua al cuello.* Tras una etapa muy irregular, a principios de los años ochenta destaca como protagonista de las eróticas producciones independientes *Fear City*, de Abel Ferrara; *Doble cuerpo,* de Brian de Palma, y, sobre todo, *Algo salvaje,* de Jonathan Demme. Sus mejores interpretaciones las hace en el policiaco *Lunes tormentoso* y la comedia *Armas de mujer,* pero solo le valen para conseguir destacados papeles en las irregulares *De repente, un extraño* y *La hoguera de las vanidades.* Durante los noventa se convierte en protagonista de no muy afortunadas comedias como *Un lugar llamado paraíso, Nacida ayer, Un regalo para papá* y *Two Much.*

1975 *Night Moves* (La noche se mueve), de Arthur Penn. / *The Drowning Pool* (Con el agua al cuello), de Stuart Rosenberg. / *Smile,* de Michael Ritchie.
1977 *The Garden,* de Victor Nord. / *Joyride* (Juventud rebelde), de Joseph Ruben. / *One on One* (De hombre a hombre), de Lamont Johnson.
1980 *Underground Aces,* de Robert Butler.
1981 *Roar* (El gran rugido), de Noel Marshall.
1984 *Fear City,* de Abel Ferrara. / *Body Double* (Doble cuerpo), de Brian de Palma.
1986 *Something Wild* (Algo salvaje), de Jonathan Demme.
1988 *Cherry 2000,* de Steve DeJarnatt. / *The Milagro Beanfield War* (Un lugar llamado Milagro), de Robert Redford. / *Stormy Monday* (Lunes tormentoso), de Mike Figgis. / *Working Girl* (Armas de mujer), de Mike Nichols.
1990 *In the Spirit,* de Sandra Seacat. / *Pacific Heights* (De repente, un extraño), de John Schlesinger. / *The Bonfire of the Vanities* (La hoguera de las vanidades), de Brian de Palma.
1991 *Paradise* (Un lugar llamado paraíso), de Mary Agnes Donohue.
1992 *Shining Through* (Resplandor en la oscuridad), de David Seltzer.
1993 *Born Yesterday* (Nacida ayer), de Luis Mandoki.
1994 *Milk Money* (Un regalo para papá), de Richard Benjamin. / *Nobody's Fool* (Ni un pelo de tonto), de Robert Benton.
1995 *Two Much,* de Fernando Trueba.
1996 *Now and Then* (Amigas para siempre), de Leslie Linka Glatter.

GRITOS Y SUSURROS *(Viskningar och rop, 1972)*

En un rojizo ambiente de principios de siglo, tanto por la decoración como por el vestuario, donde incluso los fundidos son en rojo, Agnes (Harriett Andersson) muere de cáncer mientras la cuidan sus hermanas Karin (Ingrid Thulin) y Maria (Liv Ullmann), y, sobre todo, la adorable y gorda criada Anna (Kari Sylwan). Mientras María recuerda cómo engaña a su marido con el médico, Karin rememora cómo se corta la vagina con un cristal para que su marido la deje tranquila y Anna recuerda sus relaciones con Agnes. La perfección de este modélico relato en torno a la muerte solo está empañada por el sistemático empleo del *zoom,* cuya única razón parece ser la de abaratar el presupuesto. Destaca la fotografía en tonos rojizos de Sven Nykvist y un final donde las cuatro mujeres vestidas de blanco dan un paseo por un idílico campo en una de las películas más femeninas de Ingmar Bergman.

Director y guionista: *Ingmar Bergman.* Fotografía: *Sven Nykvist.* Música: *Frédéric Chopin y Johann Sebastian Bach.* Intérpretes: *Harriet Andersson, Ingrid Thulin, Liv Ullmann, Kari Sylwan, Erland Josephson, Henning Moritzen.* Producción: *Lars-Owe Carlberg para A.B. Cinematograph. Color.* Duración: *91'. Suecia.*

GROSBARD, Ulu *(Amberes, Bélgica, 1929)*

Perteneciente a una familia judía dedicada a tallar diamantes, el avance de las fuerzas nazis le hace emigrar con los suyos a Estados Unidos en 1940. Estudia en la Universidad de Chicago y luego en la Yale Drama School. Durante los años sesenta trabaja como ayudante de dirección de Elia Kazan, Sidney Lumet, Arthur Penn, Robert Rossen, y posteriormente se convierte en uno de los mejores directores de teatro de Broadway. Esto hace que en poco menos de treinta años tan solo realice seis películas. Las irregulares *Una historia de tres extraños,* adaptación de una obra teatral de Frank D. Gilroy, sobre los problemas de adaptación de un veterano de guerra a sus padres, y *¿Quién es Harry Kellerman?,* una comedia psicológica y satírica sobre un cantante *rock,* donde brillan sus protagonistas; y la fallida *Libertad condicional,* un policiaco con implicaciones sociales, que comienza a rodar su protagonista Dustin Hoffman y acaba él, mientras Alvin Sargent reescribe su atractivo guión. Además de las muy interesantes *Confesiones verdaderas,* un policiaco ambientado en 1948, escrito por John Gregory Dunne a partir de su propia novela, que enfrenta a dos hermanos, uno sacerdote y otro policía, en el caso del asesinato de una prostitu-

ta, y *Georgia,* que vuelve a enfrentar a dos hermanas, pero en esta ocasión dentro del ambiente de la música *rock.* Entre ambas se sitúa la mucho menos conseguida *Enamorarse,* una leve historia de amor entre dos casados, al estilo de *Breve encuentro* (Brief Encounter, 1945), de David Lean.
1968 *The Subject Was Roses* (Una historia de tres extraños).
1971 *Who Is Harry Kellerman and Why Is He Saying Those Terrible Things About Me?* (¿Quién es Harry Kellerman?).
1977 *Straight Time* (Libertad condicional).
1981 *True Confessions* (Confesiones verdaderas).
1984 *Falling in Love* (Enamorarse).
1995 *Georgia.*

GUANTANAMERA *(1995)*

El éxito internacional conseguido por *Fresa y chocolate* (1993), que por problemas de salud dirige con Juan Carlos Tabío, permite a Tomás Gutiérrez Alea rodar, también en colaboración con Tabío, un viejo, ambicioso, crítico y divertido proyecto con un presupuesto bastante más elevado que el de sus restantes películas. Narra en un tono realista, pero haciendo hincapié en la precariedad económica y el absurdo cotidiano de la vida en Cuba, cómo un cortejo fúnebre y un camión recorren la isla desde la pequeña ciudad de Guantánamo hasta la capital, La Habana. Mientras Georgina (Mirtha Ibarra), la sobrina de la muerta, decide dejar a su marido Adolfo (Carlos Cruz) e irse con el camionero Mariano (Jorge Perugorría). Gracias a una eficaz estructura de itinerario se integran en la acción principal una serie de episodios laterales hasta conseguir un conjunto que funciona bien, donde solo sobran algunos excesos estilísticos, y que mezcla con habilidad el humor negro, la visión crítica de la realidad y la narración sentimental. En *La muerte de un burócrata* (1966) Gutiérrez Alea no consigue que el humor negro y la crítica de la burocracia fundan bien y den paso a una eficaz comedia, pero en esta ocasión logra sus propósitos y realiza la mejor de sus películas.

Directores: *Tomás Gutiérrez Alea, Juan Carlos Tabío.* Guionistas: *Eliseo Alberto Diego, Tomás Gutiérrez Alea, Juan Carlos Tabío.* Fotografía: *Hans Burmann.* Música: *José Nieto.* Intérpretes: *Carlos Cruz, Mirtha Ibarra, Raúl Eguren, Jorge Perugorría, Pedro Fernández, Luis Alberto García.* Producción: *Gerardo Herrero para Tornasol Films (Madrid), Alta Films (Madrid), Prime Films (Madrid). I. C. A. I. C. (La Habana), Road Movies (Munich). Color.* Duración: *101'. Cuba-España-Alemania.*

GUARDIAS Y LADRONES *(Guardie e ladri, 1951)*

Quinta de las ocho películas dirigidas por Steno —seudónimo de Stefano Vanzina— y Mario Monicelli entre 1945 y 1952. Narra las complejas relaciones entre el ladrón Ferdinando Esposito (Totò) y el policía Lorenzo Bottoni (Aldo Fabrizi), cómo llegan a hacerse amigos a través de sus respectivas familias hasta que al final el ladrón es quien tiene que obligar al policía a que le lleve a la comisaría para que no se quede sin trabajo. Esta amistad escandaliza a la censura de la posguerra, que casi prohíbe la película, pero es la que le da su fuerza y la hace seguir vigente al cabo del tiempo. Perfecta unión de la gracia del cómico romano Aldo Fabrizi con la del napolitano Totò, es una interesante mezcla de elementos neorrealistas con los tradicionales de la comedia de costumbres que poco después da lugar a la famosa «comedia a la italiana».

Directores: *Steno, Mario Monicelli.* Guionistas: *Steno, Mario Monicelli, Vitaliano Brancati, Aldo Fabrizi, Ennio Flaiano, Ruggero Macari.* Fotografía: *Mario Bava.* Música: *Alessandro Cicognini.* Intérpretes: *Aldo Fabrizi, Totò, Ave Ninchi, Pina Piovani, Rossana Podestà, Carlo delle Piane.* Producción: *Carlo Ponti y Dino de Laurentiis para Golden Film.* Duración: *109'. Italia.*

GUERRA, Ruy *(Lourenço Marques, Mozambique, 1931)*

Hijo de colonos portugueses, educado en África, primero estudia en Lisboa y luego en el I. D. H. E. C., la escuela de cine de París, para posteriormente trabajar como ayudante de dirección de los franceses Jean Delannoy y Georges Rouquier. Establecido en Brasil, colabora en la fundación del movimiento renovador *cinema nôvo* con *Os cafajestes,* irregular retrato de los jóvenes ociosos de la buena sociedad carioca, y *Los fusiles,* interesante relato, ambientado a principios de siglo en el nordeste del país, sobre la opresión militar. El golpe militar de 1964 le hace regresar a Francia, donde rueda el episodio *Chanson pour traverser la rivière*, que finalmente no es incluido en *Loin du Vietnam* (1967), y bajo nacionalidad panameña el excelente *Dulces cazadores,* historia de un ornitólogo y su familia prisioneros de una isla. Vuelve a Brasil para hacer *Os deuses e os mortos,* otra obra clave del *cinema nôvo,* fábula política de estilo tropicalista que narra en larguísimos planos las rivalidades entre los grandes terratenientes del nordeste, y *A queda,* que retoma el espíritu de denuncia y los personajes de *Los fusiles.* A finales de los años setenta regresa a Mozambique para colaborar en la creación de unas mínimas bases cinematográficas y hacer *Mueda, memória e massacre,* sobre la representación popular de un episodio de la lucha por la independencia. Tras realizar en México *Eréndira,* la barroca y desigual historia de la abuela que prostituye a su nieta, salida de un párrafo de la novela *Cien años de soledad,* de Gabriel García Márquez, se instala una vez más en Brasil para rodar el musical *Ópera do malandro,* fallida adaptación de *La ópera de los cuatro centavos,* de Bertolt Brecht, ambientada en los bajos fondos de Rio de Janeiro durante la II Guerra Mundial y con música de Chico Buarque de Hollanda; *La fábula de la bella palomera,* largometraje destinado a televisión, basado en un guión original de García Márquez, y la superproducción *Kuarup,* sobre las desgraciadas andanzas por la Amazonia de un jesuita de Recife perdido entre las tentaciones de la carne y la opresión militar.

1962 *Os cafajestes.*
1963 *Os fuzis* (Los fusiles).
1969 *Sweet Hunters* (Dulces cazadores).
1970 *Os deuses e os mortos.*
1976 *A queda.*
1979 *Mueda, memória e massacre.*
1982 *Eréndira.*
1986 *Opera do malandro.*
1988 *A fabula da bela palomera* (La fábula de la bella palomera). / *Kuarup.*

GUERRA DE PAPÁ, LA *(1977)*

Tomando como punto de partida *El príncipe destronado* (1973), una de las más conocidas e irregulares novelas de Miguel Delibes, el realizador de cine y televisión Antonio Mercero hace su película de mayor éxito. A pesar de seguir muy de cerca la trama original, tiene el inconveniente de hacer que el nada sutil trasfondo de la novela resulte demasiado evidente. Describe un día cualquiera de 1963 en la vida de una familia española de clase media desde el punto de vista de uno de sus miembros más jóvenes, un niño de tres años que acaba de ser «destronado» por su hermana de ocho meses. A medio camino entre las más características producciones españolas de los años cincuenta y sesenta protagonizadas por niños y la comedia de costumbres con ligera carga crítica, típica de la segunda mitad de la década de los setenta, gira en torno a Lolo García, un recién descubierto niño rubio de ojos azules con la voz de una de las más antiguas profesionales del doblaje. A pesar de su carga sensiblera y un tanto pringosa, o quizá por ello, se convierte en una de las películas con mayores recaudaciones de la etapa de la transición política de la dictadura del general Franco a la democracia de Juan Carlos I.

Director: *Antonio Mercero.* Guionistas: *Antonio Mercero, Horacio Valcárcel.* Fotografía: *Manuel Rojas.* Intérpretes: *Lolo García, Teresa Gimpera, Héctor Alterio, Rosario García Ortega, Verónica Forqué, Queta Claver.* Producción: *José Frade P. C.* Color. Duración: *90'. España.*

GUERRA HA TERMINADO, LA *(La guerre est finie, 1966)*

En 1966 es retirada del Festival de Cannes por las airadas protestas del gobierno del general Franco y del de Karlovy-Vary por las no menos violentas críticas de los dirigentes del Partido Comunista español en el exilio. Narra el enfrentamiento entre Diego Mora (Yves Montand), un perfecto seductor revolucionario profesional —*alter ego* del guionista Jorge Semprún— con los dirigentes del partido comunista español exiliados en París, tras una larga estancia en España que le confirma la imposibilidad de realizar una huelga general el 30 de abril de 1965 que haga caer el gobierno del general Franco. Narrada en primera persona, desde el punto de vista de Diego Mora, alias René Sollange, Domingo y Gabriel Chevange, se desarrolla de manera cronológica, pero con intercalado de breves recuerdos y cosas que imagina el personaje, además de la inclusión de una voz de fondo en segunda persona. Con estos elementos el realizador Alain Resnais hace una de las más interesantes películas políticas de la historia del cine, pero no es tan riguroso como en otras ocasiones. Por ejemplo, sobra casi todo lo concerniente al personaje de la atractiva jovencita Nadine (Geneviève Bujold) y, sobre todo, su punto de vista narrativo solo utilizado al final.

Director: *Alain Resnais*. Guionista: *Jorge Semprún*. Fotografía: *Sacha Vierny*. Música: *Giovanni Fusco*. Intérpretes: *Yves Montand, Ingrid Thulin, Geneviève Bujold, Jean Bouise, Jean Dasté, Michel Piccoli*. Producción: *Sopracima (París), Europa Film (Estocolmo)*. Duración: *121'*. Francia-Suecia.

GUINNESS, Alec *(Londres, Reino Unido, 1914)*

Mientras trabaja como redactor de una agencia de publicidad sigue los cursos de arte dramático de la actriz Martita Hunt, en 1934 debuta como actor de teatro en la prestigiosa compañía de John Gielgud y luego entra a formar parte de la del Old Vic Theatre. A mediados de los años cuarenta, sin abandonar nunca su brillante carrera teatral, comienza otra, paralela, en cine al encarnar a Herbert Pockett en *Cadenas rotas* y a Fagin en *Oliver Twist*, adaptaciones de Charles Dickens realizadas por David Lean. Debe su fama a las comedias de Ealing Studios que protagoniza en la primera mitad de la década de los cincuenta: *Ocho sentencias de muerte, Oro en barras, El hombre del traje blanco* y *El quinteto de la muerte*. El Oscar que gana con el papel del coronel Nicholson en *El puente sobre el río Kwai*, de David Lean, le convierte en un cotizado actor, imprescindible en cualquier superproducción europea: *Lawrence de Arabia*, de David Lean; *La caída del imperio romano*, de Anthony Mann; *Doctor Zhivago*, de David Lean; *Los comediantes*, de Peter Glenville; *Cromwell*, de Ken Hughes; *Hermano Sol, hermana Luna*, de Franco Zeffirelli. Entre sus últimas películas, en las que se limita a interpretar a destacados personajes secundarios, sobresale por su éxito la trilogía de ciencia ficción formada por *La guerra de las galaxias, El imperio contraataca* y *El retorno del Jedi*, y por su calidad *Pasaje a la India*, la última de sus seis colaboraciones con David Lean.

1946 *Great Expectations* (Cadenas rotas), de David Lean.
1948 *Oliver Twist*, de David Lean.
1949 *Kind Hearts and Coronets* (Ocho sentencias de muerte), de Robert Hamer. / *A Run for Your Money*, de Charles Frend.
1950 *Last Holiday* (Las últimas vacaciones), de Henry Cass. / *The Mudlark*, de Jean Negulesco.
1951 *The Lavender Hill Mob* (Oro en barras), de Charles Crichton. / *The Man in the White Suit* (El hombre del traje blanco), de Alexander Mackendrick.
1952 *The Card*, de Ronald Neame.
1953 *The Captain's Paradise*, de Anthony Kimmins. / *The Malta Story*, de Brian Desmond Hurst.
1954 *Father Brown* (El detective), de Robert Hamer. / *The Prisoner* (El prisionero), de Peter Glenville. / *To Paris With Love* (A París con el amor), de Robert Hamer.
1955 *The Ladykillers* (El quinteto de la muerte), de Alexander Mackendrick.
1956 *The Swan* (El cisne), de Charles Vidor.
1957 *The Bridge on the River Kwai* (El puente sobre el río Kwai), de David Lean.
1958 *All at Sea*, de Charles Frend. / *The Horse's Mouth* (Un genio anda suelto), de Ronald Neame.
1959 *The Scapegoat* (Donde el círculo termina), de Robert Hamer. / *Our Man in Havana* (Nuestro hombre en La Habana), de Carol Reed.
1960 *Tunes of Glory* (Whisky y gloria), de Ronald Neame.
1962 *A Majority of One*, de Mervyn LeRoy. / *Lawrence of Arabia* (Lawrence de Arabia), de David Lean. / *H.M.S. Defiant* (Motín en el Defiant), de Lewis Gilbert.
1964 *The Fall of the Roman Empire* (La caída del Imperio romano), de Anthony Mann.
1965 *Situation Hopeless But Not Serious* (Situación desesperada, pero menos), de Gottfried Reinhardt. / *Doctor Zhivago*, de David Lean. / *Hotel Paradiso*, de Peter Glenville.
1966 *The Quiller Memorandum* (Conspiración en Berlín), de Michael Anderson.
1967 *The Comedians* (Los comediantes), de Peter Glenville.
1969 *Cromwell*, de Ken Hughes.
1970 *Scrooge* (Muchas gracias, Mr. Scrooge), de Ronald Neame.
1972 *Fratello Sole, sorella Luna* (Hermano Sol, hermana Luna), de Franco Zeffirelli.
1973 *Gli ultimi dieci giorni di Hitler* (Hitler, los últimos diez días), de Ennio de Concini.
1976 *Murder by Death* (Un cadáver a los postres), de Robert Moore.
1977 *Star Wars* (La guerra de las galaxias), de George Lucas.
1980 *The Empire Strikes Back* (El imperio contraataca), de Irvin Kershner. / *Raise the Titanic* (Rescaten al Titanic), de Jerry Jameson. / *Little Lord Fauntleroy* (El pequeño lord Fauntleroy), de Jack Gold.
1982 *Return of the Jedi* (El retorno del Jedi), de Richard Marquand. / *Lovesick*, de Marshall Brickman.
1984 *A Passage to India* (Pasaje a la India), de David Lean.
1988 *Little Dorrit*, de Christine Edzard. / *A Handful of Dust* (Un puñado de polvo), de Charles Sturridge.
1992 *Kafka*, de Steven Soderberg.

GUTIÉRREZ ALEA, Tomás *(La Habana, 1928; La Habana, Cuba, 1996)*

Licenciado en derecho por la Universidad de La Habana, a principios de los años cincuenta estudia dirección en el Centro Sperimentale di Cinematografía de Roma, regresa a la isla dominando las todavía vigentes teorías neorrealistas, pero no puede desarrollarlas por falta de estructuras industriales y por problemas con la dictadura del general Batista. Solo puede codirigir con Julio García Espinosa el mediometraje *El megano* (1954), pero es secuestrado por la policía. Tras el triunfo de la revolución de Fidel Castro, entra a formar parte de la directiva del recién creado Instituto Cubano del Arte y la Industria Cinematográfica, rueda algunos cortometrajes de propaganda, pero en seguida se pasa al largo de ficción con *Historias de la revolución*, un irregular conjunto de cinco episodios, dos de José Miguel García Ascot, exiliado español en México, y tres suyos, sobre diferentes aspectos de la lucha clandestina, realizados al estilo neorrealista. La influencia soviética le conduce a la fallida comedia *Los doce sillas*, adaptación de una conocida novela rusa de Ilf y Petrov, mientras en *Cumbite* adapta una novela haitiana sobre las necesidades de la revolución en esa isla en 1940. Vuelve a los problemas cubanos con *La muerte de un burócrata*, ligera crítica de la burocracia que invade la revolución hecha a través del prisma del humor negro, y con *Memorias del subdesarrollo*, su película más famosa, adaptación de una novela de Edmundo Desnoes, sobre los problemas de la sociedad cubana del momento, demasiado influida por la estética francesa de la *nouvelle vague*. De nuevo alejado de los problemas cotidianos rueda *Una pelea cubana contra los demonios*, sobre las luchas entre colonizados y colonizadores en el siglo XVII, que muestra una excesiva y mal asimilada influencia del entonces activo movimiento brasileño *cinema nôvo*. Convertido en el realizador oficial de la dictadura de Fidel Castro, su cine tiene menor interés a medida que se degrada la situación política de su país, tal como se deja sentir a lo largo de *La última cena*, sobre el mundo de los esclavos en Cuba en el siglo XVIII; *Los sobrevivientes*, fallida comedia sobre la función de los intelectuales en la revolución, y *Hasta cierto punto*, una tenue historia de amor y machismo. Tras el largometraje para televisión *Cartas del parque*, basado en un guión original de Gabriel García Márquez, consigue su primer éxito internacional con *Fresa y chocolate*, enfrentamiento demasiado teatral entre un homosexual escéptico y un heterosexual revolucionario que, por problemas de salud, codirige con Juan Carlos Tabío. Vuelve a tener éxito con *Guantanamera*, que también realiza con Tabío, una comedia negra sobre el tema de la burocracia, coproducida con España y que se convierte en la película más cara y mejor rodada de su filmografía.

1960 *Historias de la revolución.*
1962 *Las doce sillas.*
1964 *Cumbite.*
1966 *La muerte de un burócrata.*
1968 *Memorias del subdesarrollo.*
1971 *Una pelea cubana contra los demonios.*
1976 *La última cena.*
1978 *Los sobrevivientes.*
1983 *Hasta cierto punto.*
1988 *Cartas del parque.*
1993 *Fresa y chocolate.*
1995 *Guantanamera.*

GUTIÉRREZ ARAGÓN, Manuel *(José Manuel Gutiérrez Sánchez. Torrelavega, Santander, España, 1942)*

Licenciado en filosofía y letras por la Universidad de Madrid y en dirección en la Escuela Oficial de Cinematografía con la práctica *Hansel y Gretel* (1970), escribe los guiones de todas sus películas y colabora en otros muchos. Debuta como director con *Habla, mudita* de la mano del productor Elías Querejeta, y se convierte en el realizador más reputado de su generación con la trilogía formada por *Camada negra*, *Sonámbulos* y *El corazón del bosque*, donde mezcla con habilidad lo experimental y lo político, dentro de unas complejas estructuras cuyas raíces se sitúan en los cuentos infantiles. Sus mejores películas son *Maravillas*, *Demonios en el jardín* y *La mitad del cielo*, que rueda para el productor Luis Megino, que también colabora en el guión, donde estas estructuras casi alcanzan la perfección y se mezclan con un personal y eficaz sentido del humor. Tras el fracaso de *Feroz*, nueva versión de su primera película, que vuelve a producir Querejeta, aunque ahora también interviene como coguionista, su cine continúa moviéndose en la misma dirección, pero con unas pretensiones de comercialidad que no acaban de funcionar en *La noche más hermosa* y *Malaventura*. Su interés por el teatro le hace traducir y dirigir en 1979 la versión de Peter Weiss de *El proceso*, de Franz Kafka, y escribir y dirigir en 1992 *Morirás de otra cosa*. Gracias al productor Emiliano Piedra escribe y dirige la serie de televisión *El Quijote* (1991), sobre la primera parte del clásico de Miguel de Cervantes. En 1993 es elegido presidente de la Sociedad General de Autores de España y se convierte en el primer realizador que preside una asociación de este tipo. Después de seis años de ausencia, regresa al cine para hacer *El rey del río,* su película mejor rodada, donde vuelve a sus tradicionales estructuras, extraídas de cuentos infantiles, para narrar el nacimiento de un héroe en medio de una apacible familia, y *Cosas que dejé en La Habana*, sobre las aventuras sentimentales de tres hermanas cubanas que llegan a Madrid en busca de una vida mejor, pero con un envoltorio muy diferente, mucho más clásico.

1973 *Habla, mudita.*
1977 *Camada negra.*
1978 *Sonámbulos. / El corazón del bosque.*
1979 *Prueba para niños*, episodio de *Cuentos para una escapada.*
1980 *Maravillas.*
1982 *Demonios en el jardín.*
1984 *Feroz. / La noche más hermosa.*
1986 *La mitad del cielo.*
1988 *Malaventura.*
1995 *El rey del río.*
1997 *Cosas que dejé en La Habana.*

h

HABITACIÓN CON VISTAS, UNA *(A Room With a View, 1985)*

Especializado en la adaptación de grandes obras de la literatura escritas en inglés, el norteamericano James Ivory, en unión de su habitual guionista polaca Ruth Prawer Jhabvala y su productor hindú Ismail Merchant, consigue su primer éxito internacional y algunos Oscars con esta minuciosa y fría adaptación de la excelente novela homónima del escritor británico E. M. Forster. La compleja historia de las relaciones entre la joven de buena familia Lucy Honeychurch (Helena Bonham Carter) y su tía Charlotte Bartlett (Maggie Smith) con el librepensador George Emerson (Julian Sands) y su padre (Denholm Elliott), comienza en 1907 en Florencia, continúa en el Reino Unido y finaliza cuando la joven acepta casarse con el honorable y aburrido *dandy* Cecil Vyse (Daniel Day-Lewis). Su buena aceptación tanto por la crítica como por el público, hace que el unido trío de colaboradores vuelva a adaptar novelas de E. M. Forster en *Maurice* (1987), protagonizada por James Wilby, Hugh Grant, Denholm Elliott y Ben Kingsley, y en *Regreso a Howards End* (Howards End, 1992), interpretada por Vanessa Redgrave, Anthony Hopkins, Emma Thompson, Helena Bonham Carter y James Wilby.

Director: *James Ivory.* Guionista: *Ruth Prawer Jhabvala.* Fotografía: *Tony Pierce-Roberts.* Intérpretes: *Helena Bonham Carter, Maggie Smith, Julian Sands, Daniel Day-Lewis, Denholm Elliott.* Producción: *Ismail Merchant y James Ivory para Merchant Ivory Production. Color. Scope.* Duración: *116'. Reino Unido.*

HABITACIÓN EN LA CIUDAD, UNA *(Une chambre en ville, 1982)*

Durante una huelga de obreros metalúrgicos ocurrida en Nantes en 1955, se relatan los trágicos y breves amores entre uno de los huelguistas, François Guilbaud (Richard Berry), y la atractiva burguesa Edith Leroyer (Dominique Sanda), rodeados por la embarazada novia del primero, Violette (Fabienne Guyon), el antipático marido de la segunda, Edmond Leroyer (Michel Piccoli), y la asombrada madre de la segunda, *madame* Langlois (Danielle Darrieux). Como en los mejores trabajos del guionista y realizador Jacques Demy, la historia gira en torno a encuentros casuales y hace referencia a personajes de sus anteriores películas, pero destaca por estar enteramente cantada. Todavía más que en *Los paraguas de Cherburgo* (Les parapluies de Cherbourg, 1963), el realismo de la historia choca con la irrealidad de que los diálogos sean cantados. Sin embargo, todo funciona de manera admirable gracias a la música de Michel Colombier, los peculiares decorados de Bernard Evein y la eficacísima dirección de Demy, salvo quizá el excesivo final, en que la tragedia resulta extremada cuando, tras la muerte de él, ella se dispara un tiro en el corazón.

Director y guionista: *Jacques Demy*. Fotografía: *Jean Penzer*. Música: *Michel Colombier*. Intérpretes: *Dominique Sanda, Richard Berry, Danielle Darrieux, Michel Piccoli, Fabienne Guyon, Anna Gaylor*. Producción: *Christine Gouze-Rénal. Color*. Duración: *92'. Francia*.

HABITACIÓN PARA CUATRO *(Amici miei, 1975)*

Escrita en colaboración y preparada por el realizador Pietro Germi, pero finalmente rodada por Mario Monicelli por la inesperada muerte de aquel, es una de las más conocidas, negras y crueles «comedias a la italiana». Narra las terribles bromas que gastan el periodista Perozzi (Philippe Noiret), el cirujano Sassaroli (Adolfo Celi), el arruinado noble Mascetti (Ugo Tognazzi), el arquitecto Melandri (Gastone Moschin) y el comerciante Necchi (Duilio del Prete), tanto para alegrar la aburrida vida de provincias, como para exorcizarse de las enfermedades y la muerte. Su éxito lleva al mismo equipo a hacer *Un quinteto a lo loco* (Amici miei atto II, 1982), de Mario Monicelli, muy similar a la primera entrega, pero con mayor fuerza y misoginia. Años después se realiza la bastante menos interesante *Amici miei atto III* (1985), de Nanni Loy, pero que también cuenta con Ugo Tognazzi, Gastone Moschin y Adolfo Celi.

Director: *Mario Monicelli*. Guionistas: *Leo Benvenuti, Piero de Bernardi, Tullio Pinelli, Pietro Germi*. Fotografía: *Luigi Kuveiller*. Música: *Carlo Rustichelli*. Intérpretes: *Philippe Noiret, Ugo Tognazzi, Adolfo Celi, Duilio del Prete, Gastone Moschin, Renzo Montagnani, Paolo Stoppa, Milena Vukotic*. Producción: *Carlo Nebiolo para Rizzoli Film. Color*. Duración: *140'. Italia*.

HACIA LAS ALTURAS *(Christopher Strong, 1933)*

La última prueba que deben salvar unos jóvenes burgueses participantes de una caza del tesoro es encontrar a un hombre casado que siempre haya sido fiel a su mujer y a una joven de más de veinte años que nunca haya tenido una aventura sentimental. Gracias a este juego, un hombre de negocios casado (Colin Clive) se enamora de la atractiva aviadora Cynthia Darrington (Katharine Hepburn), pero cuando ella se entera de que está embarazada decide suicidarse con su avión. Mientras, como contrapunto, se juega con las relaciones entre la hija del hombre de negocios y un joven casado a punto de divorciarse. Basada en una novela de Gilbert Frankau, transformada en un buen guión por el prestigioso Zoë Akins, se convierte en manos de Dorothy Arzner, la única realizadora norteamericana de finales del período mudo y principios del sonoro, en una buena y dura película, un melodrama que se mueve entre la emancipación femenina y la inevitable condena moral, bastante insólita dentro del cine de Hollywood de la época, lo que quizá explica su fracaso económico. Destacan la juventud y belleza de una Katharine Hepburn en su segunda película, así como la eficaz realización de Dorothy Arzner.

Directora: *Dorothy Arzner*. Guionista: *Zoë Akins*. Fotografía: *Bert Glennon*. Música: *Max Steiner*. Intérpretes: *Katharine Hepburn, Colin Clive, Billie Burke, Helen Chandler, Ralph Forbes, Irene Browne, Jack La Rue*. Producción: *Pandro S. Berman para R. K. O*. Duración: *72'. Estados Unidos*.

HACKMAN, Gene *(Eugene Alden Hackman. San Bernardino, California, Estados Unidos, 1930)*

Tras estudiar periodismo en la Universidad de Illinois, durante varios años permanece en el cuerpo de *marines*. Posteriormente asiste a cursos de arte dramático y empieza a trabajar como actor en televisión. Durante los años sesenta hace atractivos papeles secundarios en cine, como los de *Lilith*, de Robert Rossen; *Bonnie y Clyde*, de Arthur Penn; *Los temerarios del aire*, de John Frankenheimer. El éxito y el Oscar alcanzado al encarnar al policía Popeye Duke en *Contra el imperio de la droga*, de William Friedkin, le convierte en una estrella especializada en películas de acción. Protagoniza los renovadores policiacos *La conversación*, de Francis Ford Coppola; *La noche se mueve*, de Arthur Penn; *No hay salida*, de Roger Donaldson, *Arde Mississippi*; de Alan Parker, y *La tapadera*, de Sydney Pollack; los *westerns* personales *La esposa comprada*, de Jan Troell; *Muerde la bala*, de Richard Brooks; *Sin perdón*, de Clint Eastwood, con el que gana su segundo Oscar, y *Wyatt Earp*, de Lawrence Kasdam. Entre las que se sitúan las dramáticas *El espantapájaros*, de Jerry Schatzberg; *Rojos*, de Warren Beatty, y *Otra mujer*, de Woody Allen.

1961 *Mad Dog Coll*, de Burt Balaban.
1964 *Lilith*, de Robert Rossen.
1966 *Hawaii*, de George Roy Hill.

1967 *A Covenant With Death*, de Lamont Johnson. / *Banning*, de Ron Winston. / *First to Fight*, de Christian Nyby. / *Bonnie and Clyde* (Bonnie y Clyde), de Arthur Penn.
1968 *The Split* (El reparto), de Gordon Flemyng. / *The Riot* (Motín), de Buzz Kullk.
1969 *The Gypsy Moths* (Los temerarios del aire), de John Frankenheimer. / *The Downhill Racer* (El descenso de la muerte), de Michael Ritchie. / *Marooned* (Atrapados en el espacio), de John Sturges.
1970 *I Never Sang for My Father*, de Gilbert Cates.
1971 *Doctor's Wives* (Hospital hora cero), de George Schaefer. / *The French Connection* (Contra el imperio de la droga), de William Friedkin. / *The Hunting Party* (Caza implacable), de Don Medford.
1972 *Cisco Pike* (Cisco Pike, la droga y su imperio), de Bill L. Norton. / *Prime Cut* (Carne viva), de Michael Ritchie. / *The Poseidon Adventure* (La aventura del Poseidón), de Ronald Neame.
1973 *The Scarecrow* (El espantapájaros), de Jerry Schatzberg.
1974 *The Conversation* (La conversación), de Francis Ford Coppola. / *Zanzy's Bride* (La esposa comprada), de Jan Troell.
1975 *Night Moves* (La noche se mueve), de Arthur Penn. / *Young Frankenstein* (El jovencito Frankenstein), de Mel Brooks. / *Bite the Bullet* (Muerde la bala), de Richard Brooks. / *French Connection II*, de John Frankenheimer.
1976 *Lucky Lady* (Los aventureros del Lucky Lady), de Stanley Donen. / *The Domino Principle* (De presidio a primera página), de Stanley Kramer.
1977 *A Bridge Too Far* (Un puente lejano), de Richard Attenborough. / *March or Die* (Marchar o morir), de Dick Richards.
1978 *Superman*, de Richard Donner.
1980 *Superman II*, de Richard Lester. / *All Night Long*, de Jean-Claude Tramont.
1981 *Reds* (Rojos), de Warren Beatty.
1983 *Eureka*, de Nicholas Roeg. / *Under Fire* (Bajo el fuego), de Roger Spottiswoode. / *Uncommon Valor* (Más allá del valor), de Ted Kotcheff.
1984 *Misunderstood* (Elliot), de Jerry Schatzberg.
1985 *Twice in a Lifetime* (Dos veces en una vida), de Bud Yorkin. / *Target* (Agente doble en Berlín), de Arthur Penn.
1986 *Hoosiers* (Más que ídolos), de David Anspaugh. / *Power*, de Sidney Lumet.
1987 *Superman IV*, de Sidney J. Furie. / *No Way Out* (No hay salida), de Roger Donaldson.
1988 *Another Woman* (Otra mujer), de Woody Allen. / *Bat 21*, de Peter Markle. / *Full Moon in Blue Water*, de Peter Masterson. / *Split Decisions* (El chico de los guantes), de David Drury. / *Mississippi Burning* (Arde Mississippi), de Alan Parker.
1989 *The Package* (A la caza del lobo rojo), de Andrew Davis.
1990 *Loose Cannons* (Un tiro por la culata), de Bob Clark. / *Narrow Margin* (Testigo accidental), de Peter Hyams. / *Postcards From the Edge* (Postales desde el filo), de Mike Nichols.
1991 *Class Action* (Acción judicial), de Michael Apted.
1992 *Unforgiven* (Sin perdón), de Clint Eastwood. / *Company Business* (Espías sin fronteras), de Nicholas Meyer.
1993 *The Firm* (La tapadera), de Sydney Pollack. / *Geronimo: An American Legend* (Gerónimo), de Walter Hill.
1994 *Wyatt Earp*, de Lawrence Kasdan.
1995 *The Quick and the Dead* (Rápida y mortal), de Sam Raimi. / *Crimson Tide* (Marea roja), de Tony Scott.
1996 *Get Shorty* (Cómo conquistar Hollywood), de Barry Sonnenfeld. / *The Bird Cage* (Una jaula de grillos), de Mike Nichols.

HALCÓN DEL MAR, EL *(The Sea Hawk, 1940)*

Después de apoderarse del galeón donde viajan hacia el Reino Unido el embajador español don José de Córdoba (Claude Rains) y su sobrina doña María (Brenda Marshall), el capitán corsario inglés Geoffrey Thorpe (Errol Flynn) trata de convencer a la reina Elizabeth I de Inglaterra de que construya una gran flota para defenderse de la denominada «armada invencible» que prepara el rey Felipe II de España. El capitán corsario consigue su propósito tras entregarle el oro apresado en varios barcos españoles, pero además se le concede la mano de doña María y le nombran caballero por los servicios prestados al país. Ateniéndose, más o menos, a la verdad histórica, el hábil realizador Michael Curtiz hace una de sus grandes películas de piratas protagonizadas por Errol Flynn, pero en la que falla la insípida Brenda Marshall. Destacan la escena del abordaje inicial del galeón, donde se juega con una perfecta utilización de magníficas maquetas, y la del duelo final a espada entre el traidor lord Wolfingham (Henry Daniell) y el corsario Geoffrey Thorpe, en que se emplean con habilidad las sombras de los contendientes. Tiene también una excelente música de Erich Wolfgang Korngold.

Director: *Michael Curtiz*. Guionistas: *Seton I. Miller, Howard Koch*. Fotografía: *Sol Polito*. Música: *Erich Wolfgang Korngold*. Intérpretes: *Errol*

Flynn, Brenda Marshall, Flora Robson, Henry Daniell, Claude Rains, Donald Crisp, Alan Hale. Producción: *Hal B. Wallis y Henry Blanke para Warner.* Duración: *122'. Estados Unidos.*

HALCÓN MALTÉS, EL (*The Maltese Falcon, 1941*)

La excelente novela homónima de Dashiell Hammett, creador del género policiaco norteamericano, es origen de cinco películas muy desiguales. Las tres primeras son producciones Warner, *El halcón* (1931), de Roy del Ruth, con Ricardo Cortez y Bebe Daniels, es bastante fiel al original y pasa un tanto desapercibida; *Satan Met a Lady* (1936), de William Dieterle, con Warren William y Bette Davis, es mucho más interesante al convertirse en una comedia que solo tiene una ligera relación con el original; mientras esta, escrita y dirigida por John Huston, que marca su debut como realizador, es la más fiel al original y la mejor. Posteriormente también se ruedan *The Walls Came Tumbling Down* (1946), de Lothar Mendes, con Lee Bowman y Marguerite Chapman, una especie de versión pirata sin interés, y la fallida *The Black Bird* (1975), de David Giler, con George Segal y Stephane Audran. Siguiendo muy de cerca la trama y los diálogos de Hammett, Huston narra cómo la misteriosa y mentirosa Brigid O'Shaughnessy (Mary Astor) contrata al detective privado Sam Spade (Humphrey Bogart) para que busque por San Francisco una estatuilla de oro macizo con joyas incrustadas, tributo de los caballeros templarios de Malta al emperador Carlos V en 1539. También van tras la estatuilla el gángster Joel Cairo (Peter Lorre) y el poco recomendable Kasper Gutman (Sydney Greenstreet). Al final, como en todas las buenas películas escritas y dirigidas por Huston, el halcón resulta ser falso, «del material con que están hechos los sueños». Destacan el excelente trabajo de la pareja formada por Peter Lorre y Sydney Greenstreet y, sobre todo, el de Humphrey Bogart en el papel del mítico detective Sam Spade, donde sustituye al previsto George Raft.

Director y guionista: *John Huston*. Fotografía: *Arthur Edeson*. Música: *Adolph Deutsch*. Intérpretes: *Humphrey Bogart, Mary Astor, Peter Lorre, Sidney Greenstreet, Lee Patrick, Gladys George, Elisha Cook*. Producción: *Hal B. Wallis para Warner*. Duración: *100'. Estados Unidos.*

HAMLET (*1948*)

La genial tragedia de William Shakespeare da lugar a múltiples adaptaciones cinematográficas. Más allá de atractivas versiones personales como *Ofelia* (Ophélia, 1962), del francés Claude Chabrol, con Alida Valli, Claude Servat y André Jocelyn; *Un Hamlet menos* (Un Amleto di meno, 1973), del italiano Carmelo Bene, con el propio Bene, Lydia Mancinelli y Alfieri Vincenti, o *La verdadera historia de Hamlet* (The Prince of Jutland, 1993), del danés Gabriel Axel, con Christian Bale, Gabriel Byrne y Kate Beckinsale, resultan más interesantes las que se limitan a dar una interpretación del original. La más conocida y la mejor es esta, producida, dirigida, escrita en colaboración y protagonizada por el gran especialista Laurence Olivier, una producción británica rodada en Elsinore, Dinamarca, que hace una brillante lectura psicológica del original, ganó el León de Oro de la Mostra de Venecia y varios Oscars y alcanzó un gran éxito. Luego se sitúa la producción soviética de 1964, escrita por el famoso novelista Boris Pasternak, con una sólida dirección del reputado Grigori Kosintsev y brillante interpretación de Innokenti Smoktunosky, Anastasia Vertinskaya y Mikhail Nazvanov, que sitúa la tragedia dentro de la sociedad de su tiempo. Tienen menor interés la versión británica rodada en 1969 por Tony Richardson con Nicol Williamson, Anthony Hopkins y Judy Parfitt, y una última norteamericana realizada en 1990 por Franco Zeffirelli con Mel Gibson, Glenn Close, Alan Bates y Helena Bonham Carter.

Director: *Laurence Olivier*. Guionistas: *Laurence Olivier, Alan Dent*. Fotografía: *Desmond Dickinson*. Música: *William Walton*. Intérpretes: *Laurence Olivier, Eileen Herlie, Basil Sydney, Jean Simmons*. Producción: *Laurence Olivier para Two Cities / Arthur Rank*. Duración: *155'. Reino Unido.*

HANKS, Tom (*Thomas J. Hanks. Conrad, California, Estados Unidos, 1956*)

Hijo de padres separados, se educa con su padre y sus hermanos en la ciudad californiana de Oakland. Mientras trabaja como botones en un hotel, estudia arte dramático en la Universidad de Sacramento y a los diecinueve años debuta como actor profesional en una compañía teatral especializada en William Shakespeare. A principios de los años ochenta comienza a hacer pequeños papeles en cine, pero la popularidad

que le da trabajar en series de televisión como *Taxi*, *Happy Days* o *Bossom Buddies* le permite protagonizar la comedia *1, 2, 3... ¡Splash!* Especializado en el género, durante la segunda mitad de la década de los ochenta interviene en diez irregulares comedias entre las que cabe citar *Big*. Su suerte cambia cuando con la fallida *La hoguera de las vanidades* comienza a protagonizar películas dramáticas. Gana dos Oscars de forma consecutiva por su trabajo en *Philadelphia*, donde encarna a un enfermo de sida, y en *Forrest Gump*, donde da vida a un discapacitado psíquico con mucha suerte, y se convierte en uno de los más conocidos actores de su generación.
1980 *He Knows You're Alone* (Sabe que estás sola), de Armand Mastroiani.
1983 *Bachelor Party* (Despedida de soltero), de Neal Israel.
1984 *Splash* (1, 2, 3... ¡Splash!), de Ron Howard.
1985 *The Man With One Red Shoe* (El hombre con un zapato rojo), de Stan Dragoti. / *Volunteers* (Voluntarios), de Nicholas Meyer.
1986 *Everytime We Say Goodbye* (Mil veces adiós), de Moshe Mizrani. / *The Money Pit* (Esta casa es una ruina), de Richard Benjamin. / *Nothing in Common* (Nada en común), de Garry Marshall.
1987 *Dragnet* (Dos sabuesos despistados), de Tom Mankiewicz.
1988 *Big*, de Penny Marshall. / *Punchline* (Lo que cuenta es el final), de David Seltzer. / *The 'Burbs* (No matarás a tu vecino), de Joe Dante.
1989 *Turner and Hooch* (Socios y sabuesos), de Roger Spottiswoode.
1990 *The Bonfire of the Vanities* (La hoguera de las vanidades), de Brian de Palma. / *Joe Versus the Volcano* (Joe contra el volcán), de John Patrick Shanley.
1992 *A League of Their Own* (Ellas dan el golpe), de Penny Marshall.
1993 *Sleepless in Seattle* (Algo para recordar), de Nora Ephron. / *Philadelphia*, de Jonathan Demme.
1994 *Forrest Gump*, de Robert Zemeckis.
1995 *Apollo 13*, de Ron Howard.

HANNAH, Daryl *(Chicago, Illinois, Estados Unidos, 1960)*

Pariente del director de fotografía y esporádico realizador Haskell Wexler y hermana de la actriz Page Hannah, desde los cuatro años estudia ballet y llega a formar parte de la prestigiosa compañía del Goodman Theatre de Chicago. A finales de los años setenta empieza a hacer papeles secundarios en cine. Se da a conocer con el éxito de *Blade Runner* y protagoniza *Un amor de verano, 1, 2, 3... ¡Splash!* y *Roxanne*, mientras vuelve a hacer importantes personajes en las más interesantes *Magnolias de acero, Delitos y faltas* y *Jugando en los campos del Señor*.
1978 *The Fury* (La furia), de Brian de Palma.
1981 *Hard Country* (La ambición de Jodie Palmer), de David Greene.
1982 *Blade Runner*, de Ridley Scott.
1983 *Summer Lovers* (Un amor de verano), de Randal Kleiser.
1984 *Reckless* (Rebeldes temerarios), de James Foley. / *Splash* (1, 2, 3... ¡Splash!), de Ron Howard.
1985 *The Pope of Greenwich Village* (Sed de poder), de Stuart Rosenberg. / *The Clan of the Cave Bear* (El clan del oso cavernario), de Michael Chapman.
1986 *Legal Eagles* (Peligrosamente juntos), de Ivan Reitman.
1987 *Roxanne*, de Fred Schepisi. / *Wall Street*, de Oliver Stone.
1988 *High Spirits* (El hotel de los fantasmas), de Neil Jordan.
1989 *Steel Magnolias* (Magnolias de acero), de Herbert Ross. / *Crimes and Misdemeanors* (Delitos y faltas), de Woody Allen.
1990 *Crazy People* (Gente loca), de Tony Bill.
1991 *At Play in the Fields of the Lord* (Jugando en los campos del Señor), de Héctor Babenco.
1992 *Memoirs of an Invisible Man* (Memorias de un hombre invisible), de John Carpenter.
1993 *Grumpy Old Men* (Dos viejos gruñones), de Donald Petrie. / *Attack of the 50ft. Woman* (El ataque de la mujer de 50 pies), de Christopher Guest.
1994 *The Tie That Binds* (Los lazos que unen).
1995 *Two Much*, de Fernando Trueba.

HANNAH Y SUS HERMANAS *(Hannah and Her Sisters, 1986)*

Las películas mejores y más personales rodadas por el actor, guionista y director Woody Allen durante la década de los ochenta son *Delitos y faltas* (Crimes and Misdemeanors, 1989) y esta. Mientras aquella es un cuento inmoral, en torno a dos parejas de hermanos, donde el vicio permanece impune y la virtud es castigada, esta toma como lejano punto de partida la famosa obra teatral *Tres hermanas*, de Anton Chejov, para describir las relaciones entre tres hermanas que viven en Nueva York. Hannah (Mia Farrow), la mediana, está separada del realizador de televisión Mickey (Woody Allen), tiene varios hijos adoptivos, se ha vuelto a casar con el hombre de negocios Elliott (Michael Caine) y es una buena actriz a quien no le falta trabajo.

Holly (Dianne Wiest), la mayor, es una actriz fracasada, subsiste con el dinero que le presta Hannah y no tiene pareja fija. Lee (Barbara Hershey), la pequeña, no sabe muy bien qué hacer y vive con el pintor Frederick (Max von Sydow), mucho mayor que ella, que se ha convertido en una complicada mezcla de padre y profesor. Durante los dos años que dura la acción no solo se describe el ambiente familiar creado por las hermanas, sus padres, sus hijos y sus parejas, sino, especialmente, la evolución de sus complicadas relaciones sentimentales. En ambas producciones Woody Allen logra un sólido tono dramático mezclado con gran habilidad con eficaces elementos de comedia, y también unas brillantes interpretaciones de sus amplios repartos.

Director y guionista: *Woody Allen*. Fotografía: *Carlo di Palma*. Intérpretes: *Woody Allen, Mia Farrow, Michael Caine, Barbara Hershey, Dianne Wiest, Max von Sydow, Carrie Fisher, Lloyd Nolan, Maureen O'Sullivan*. Producción: *Jack Rollins y Charles H. Joffe para Orion Pictures. Color*. Duración: 115'. Estados Unidos.

HARDY, Oliver *(Oliver Horvelle Hardy. Harlem, Georgia, 1892-Burbank, California, Estados Unidos, 1957)*

Hijo de padres ingleses, estudia en el conservatorio de Atlanta y llega a ser un buen cantante. Tras asistir a cursos de derecho en la Universidad de Georgia, en 1910 monta el primer cinematógrafo de Milledgeville, Georgia, y tres años más tarde decide ser actor. Entre 1913 y 1926 interviene en múltiples cortometrajes, la mayoría cómicos, pero también en *westerns* en los que hace de malo. Contratado por el productor y director Hal Roach, tiene la brillante idea de que forme pareja con Stan Laurel en *Slipping Wives* (1926); su éxito hace que durante tres años protagonicen otros cincuenta cortos, mientras se convierten en la pareja más famosa de cómicos, y, una vez dado el difícil salto al cine sonoro, comienzan a trabajar en largometrajes. Durante la primera mitad de los años treinta alternan los cortos y los largos, pero el éxito de *De bote en bote* y *Compañeros de juerga*, les hace abandonar los cortos. Sus mejores largometrajes son *Dos pares de mellizos, Laurel y Hardy en el Oeste, Quesos y besos* y *Marineros a la fuerza*. Tras seis años de retiro, vuelven para protagonizar la fallida producción francesa *Robinsones atómicos*, su última película.

1929 *Hollywood Revue of 1929* (Hollywood Revue), de Charles F. Reisner.
1930 *The Rogue Song* (La canción de la estepa), de Lionel Barrymore.
1931 *Pardon Us* (De bote en bote), de James Parrott.
1932 *Pack Up Your Troubles* (El abuelo de la criatura), de George Marshall.
1933 *The Devil's Brothers* (Fra Diávolo), de Hal Roach.
1934 *Sons of the Desert* (Compañeros de juerga), de William A. Seiter. / *Babes in Toyland* (Había una vez dos héroes), de Gus Meins y Charles R. Rogers. / *Hollywood Party* (Una fiesta en Hollywood), de Richard Boleslawski.
1935 *Bonnie Scotland* (Dos fusileros sin bala), de James W. Horne.
1936 *The Bohemian Girl* (Un par de gitanos), de James W. Horne. / *Our Relations* (Dos pares de mellizos), de Harry Lachman.
1937 *Way Out West* (Laurel y Hardy en el Oeste), de James W. Horne. / *Pick a Star*, de Edward Sedgwick.
1938 *Swiss Miss* (Quesos y besos), de John G. Blystone. / *Blockheads* (Cabezas de chorlito), de John G. Blystone.
1939 *The Flying Deuces* (Locos del aire), de Edward Sutherland.
1940 *A Chump at Oxford* (Estudiantes en Oxford), de Alfred Goulding. / *Saps at Sea* (Marineros a la fuerza), de Gordon Douglas.
1941 *Great Guns*, de Monty Banks.
1942 *A-Hauting We Will Go* (¡Qué par de locos!), de Alfred L. Werker.
1943 *Air Raid Wardens*, de Edward Sedgwick. / *Jitterbugs*, de Malcolm St. Clair. / *The Dancing Masters*, de Malcolm St. Clair.
1944 *The Big Noise*, de Malcolm St. Clair.
1945 *Nothing But Trouble*, de Sam Taylor. / *The Bullfighters* (Laurel y Hardy toreros), de Malcolm St. Clair.
1950 *Riding High* (Lo quiso la suerte).
1951 *Atoll K* (Robinsones atómicos), de Leo Joannon.

HARLOW, Jean *(Harlean Carpenter. Kansas City, Missouri, 1911-Los Ángeles, California, Estados Unidos, 1937)*

Perteneciente a una adinerada familia, a los diecisiete años comienza a hacer papeles secundarios en cortometrajes protagonizados por Stan Laurel y Oliver Hardy. Gracias al apoyo del multimillonario productor Howard Hughes, que le proporciona importantes papeles en *Los ángeles del infierno* y *El enemigo público*, de William A. Wellman, y *La jaula de oro*, de Frank Capra, se convierte en el prototipo de la rubia platino, uno de los primeros *sex symbol* de la historia del cine, e incluso es una tosca, pero buena actriz. Contratada en 1932 por los estudios Metro-Goldwyn-Mayer, realiza sus mejores películas durante los últimos cinco años de su carrera gracias a sus trabajos con Victor Fleming en *Tierra de pasión, Polvorilla* y *La indómita;* con Jack Conway en *La pelirroja, Busco un millonario, Una mujer difamada* y *Saratoga;* además de con George Cukor en *Cena a las ocho;* Sam Wood en *Tú eres mío;* Tay Garnett en *Mares de China,* y Clarence Brown en *Entre esposa y secretaria.* Muerta en pleno rodaje de *Saratoga,* se termina con la ayuda de una doble entre grandes muestras populares de duelo. En 1965 su escandalosa vida, más que sus películas, sirve de tema para dos producciones autobiográficas, *Harlow, la rubia platino* (Harlow), de Gordon Douglas, y *Harlow,* de Alex Segal, donde es encarnada respectivamente por Carroll Baker y Carol Lynley.

1928 *Moran and the Marines* (Todo por un beso), de Frank Strayer.
1929 *The Love Parade* (El desfile del amor), de Ernst Lubitsch. / *The Saturday Night Kid* (La chica de la noche del sábado), de Edward Sutherland. / *Fugitives* (Expatriada), de William Beaudine. / *New York Nights* (Noches de Nueva York), de Lewis Milestone.
1930 *Hell's Angels* (Los ángeles del infierno), de Howard Hughes. / *City Lights* (Luces de la ciudad), de Charles Chaplin.
1931 *Iron Man,* de Tod Browning. / *Goldie,* de Benjamin Stoloff. / *The Public Enemy* (El enemigo público), de William A. Wellman. / *The Secret Six* (Los seis misterios), de George W. Hill. / *Platinum Blonde* (La jaula de oro), de Frank Capra.
1932 *Three Wise Girls* (Abismos de pasión), de William Beaudine. / *The Beast of the City* (El monstruo de la ciudad), de Charles Brabin. / *Red Dust* (Tierra de pasión), de Victor Fleming. / *Red Headed Woman* (La pelirroja), de Jack Conway.
1933 *Dinner at Eight* (Cena a las ocho), de George Cukor. / *Hold Your Man* (Tú eres mío), de Sam Wood. / *Bombshell* (Polvorilla), de Victor Fleming.
1934 *The Girl from Missouri* (Busco un millonario), de Jack Conway. / *Hollywood Party* (Una fiesta en Hollywood), episodio de Richard Boleslawski.
1935 *Reckless* (La indómita), de Victor Fleming. / *Riffraff* (Flor de arrabal), de J. Walter Ruben. / *China Seas* (Mares de China), de Tay Garnett.
1936 *Suzy,* de George Fitzmaurice. / *Wife versus Secretary* (Entre esposa y secretaria), de Clarence Brown. / *Libeled Lady* (Una mujer difamada), de Jack Conway.
1937 *Personal Property* (Jugando a la misma carta), de W. S. van Dyke. / *Saratoga,* de Jack Conway.

HARRIS, Richard *(Richard Saint-John Harris. Limerick, Irlanda, 1932)*

Hijo de un fabricante de harinas, estudia en la London Academy of Music and Dramatic Art y a mediados de los años cincuenta debuta como actor de teatro y poco después como director y dramaturgo. Sin abandonar nunca el teatro, a finales de la década comienza a hacer papeles secundarios en cine hasta que el éxito obtenido al encarnar al jugador de *rugby* Frank Machin en *El ingenuo salvaje,* un clásico del *free cinema* realizado por el director de teatro Lindsay Anderson, le lleva, por un lado, a protagonizar la producción italiana *El desierto rojo,* de Michelangelo Antonioni, y, por otro, las producciones norteamericanas *Mayor Dundee,* de Sam Peckinpah; *Los héroes de Telemark,* de Anthony Mann; *Hawaii,* de George Roy Hill; *La Biblia,* de John Huston; *Camelot,* de Joshua Longan, y *Odio en las entrañas,* de Martin Ritt. Tras la película israelita *El ídolo caído,* su única experiencia como director de cine, y el éxito alcanzado por el *western* irregular *Un hombre llamado caballo,* durante la década de los setenta y la primera mitad de los ochenta solo protagoniza producciones de elevado presupuesto y mínimo interés. Esto le conduce a dejar el cine por el teatro en la segunda mitad de los años ochenta y regresar en los noventa para intervenir en películas de más interés, *El prado,* de Jim Sheridan; *Sin perdón,* de Clint Eastwood, y *Lengua silenciosa,* de Sam Shepard.

Como director
1969 *Bloomfield* (El ídolo caído).
Como actor
1958 *Alive and Kicking,* de Cyril Frankel.
1959 *Shake Hands With the Devil* (Luces de rebeldía), de Michael Anderson. / *The Wreck of the Mary Deare* (Misterio en el barco perdido), de Michael Anderson.
1960 *A Terrible Beauty,* de Tay Garnett. / *The Guns of Navarone* (Los cañones de Navarone), de J. Lee Thompson.
1961 *The Long and the Short and the Tall* (Emboscada en la jungla), de Leslie Norman.
1962 *Mutiny on the Bounty* (Rebelión a bordo), de Lewis Milestone.
1963 *This Sporting Life* (El ingenio salvaje), de Lindsay Anderson.
1964 *Deserto rosso* (El desierto rojo), de Michelangelo Antonioni. / *Major Dundee* (Mayor Dundee), de Sam Peckinpah.

1965 *The Heroes of Telemark* (Los héroes de Telemark), de Anthony Mann. / *I tre volti* (Tres perfiles de mujer), episodio de Mauro Bolognini.
1966 *Hawaii*, de George Roy Hill. / *Caprice* (Capricho), de Frank Tashlin. / *The Bible* (La Biblia), de John Huston.
1967 *Camelot*, de Joshua Logan.
1969 *Cromwell*, de Ken Hughes. / *Bloomfield* (El ídolo caído), de Richard Harris.
1970 *The Molly Maguires* (Odio en las entrañas), de Martin Ritt. / *A Man Called Horse* (Un hombre llamado caballo), de Elliot Silverstein. / *Man in the Wilderness* (El hombre de una tierra salvaje), de Richard C. Sarafian.
1973 *The Deadly Trackers* (Con furia en la sangre), de Barry Shear.
1974 *Ninety-Nine and 44/100% Dead* (99,44% muerto), de John Frankenheimer. / *Juggernaut* (El enigma se llama Juggernaut), de Richard Lester.
1975 *Echoes of a Summer* (Ecos de un verano), de Don Taylor.
1976 *Robin and Marian* (Robin y Marian), de Richard Lester. / *The Return on a Man Called Horse* (La venganza de un hombre llamado caballo), de Irvin Kershner. / *The Cassandra Crossing* (El puente de Casandra), de George Pan Cosmatos.
1977 *Orca*, de Michael Anderson. / *Golden Rendezvous* (Cita de oro), de Ashley Lazarus. / *Gulliver's Travels* (Los viajes de Gulliver), de Peter Hunt.
1978 *The Wild Geese* (Patos salvajes), de Andrew V. McLaglen.
1979 *Ravagers* (El planeta de los buitres), de Richard Compton. / *The Last Word* (Solo contra la ciudad), de Roy Boulting. / *Game for Vulture* (Juego de buitres), de James Fargo. / *Your Ticket Is No Longer Valid* (Experiencia mortal), de George Kaizenden.
1980 *Highpoint* (La cúspide), de Peter Carter.
1981 *Tarzan the Ape Man* (Tarzán, el hombre mono), de John Derek.
1983 *Triumphs of a Man Called Horse* (El triunfo de un hombre llamado caballo), de John Hough.
1984 *Martin's Day*, de Alan Gibson.
1989 *Mack the Knife*, de Menahem Golan.
1990 *The Field* (El prado), de Jim Sheridan
1992 *Patriot Games* (Juego de patriotas), de Phillip Noyce. / *Unforgiven* (Sin perdón), de Clint Eastwood.
1993 *Wrestling Ernest Hemingway*, de Randa Haines.
1994 *Silent Tongue* (Lengua silenciosa), de Sam Shepard.

HARRISON, Rex *(Reinald Carey Harrison. Huyton, Reino Unido, 1908-Nueva York, Estados Unidos, 1990)*

Perteneciente a una familia de pastores anglicanos, a los dieciséis años entra a formar parte de la compañía del Liverpool Repertory Theatre y durante la década de los treinta se convierte en un conocido actor de teatro tanto en Londres como en Broadway, mientras interviene en quince películas británicas. Durante la II Guerra Mundial combate en aviación y llega a ser teniente de la R. A. F. En la posguerra prosigue con su actividad teatral y cinematográfica, pero en 1945 firma un contrato con los estudios 20th Century Fox y durante diez años protagoniza nueve películas norteamericanas, entre las que destacan *Ana y el rey de Siam*, *Débil es la carne* y *Unfaithfully Yours*. De su trabajo cinematográfico en Estados Unidos tiene especial importancia su colaboración con el realizador Joseph L. Mankiewicz en *El fantasma y la señora Muir, Escape, Cleopatra* y *Mujeres en Venecia*. Entre sus restantes películas, que sigue haciendo a uno y otro lado del Atlántico, destacan la divertida comedia *Mamá nos complica la vida*, de Vincente Minnelli, el musical *Mi bella dama*, de George Cukor, con el que gana un Oscar después de representarla en teatro durante muchos años, y la tragicomedia homosexual *La escalera*, de Stanley Donen.

1930 *The Great Game*, de Jack Raymond. / *The School for Scandal*, de Maurice Elvey.
1934 *Get Hour Man*, de George King. / *Leave It to Blanche*, de Harold Young.
1935 *All at Sea*, de Anthony Kimmins.
1936 *Men Are Not Gods* (Los hombres no son dioses), de Walter Reish.
1937 *Storm in a Teacup*, de Victor Saville. / *School for Husbands* (Escuela para maridos), de Andrew Marton.
1938 *St. Martin's Line* (Callejón sin salida), de Tim Whelan. / *The Citadel* (La ciudadela), de King Vidor.
1939 *The Silent Battle*, de Herbert Masson. / *Over the Moon* (En la Luna), de Thornton Freeland. / *Ten Days in Paris* (Diez días en París), de Tim Whelan.
1940 *Night Train to Munich*, de Carol Reed.
1941 *Major Barbara*, de Gabriel Pascal.
1945 *Blithe Spirit* (Un espíritu burlón), de David Lean. / *I Live in Grosvenor Square* (Seducción), de Herbert Wilcox. / *The Rake's Progress*, de Sidney Gilliat.
1946 *Anna and the King of Siam* (Ana y el rey de Siam), de John Cromwell.
1947 *The Ghost and Mrs. Muir* (El fantasma y la señora Muir), de Joseph L. Mankiewicz. / *The Foxes of Harrow* (Débil es la carne), de John M. Stahl.
1948 *Escape*, de Joseph L. Mankiewicz. / *Unfaithfully Yours*, de Preston Sturges.

1951 *The Long Dark Hall*, de Anthony Bushell y Reginald Beck.
1952 *The Fourposter*, de Irving Reis.
1953 *Main Street to Broadway*, de Tay Garnett.
1954 *King Richard and the Crusaders* (El talismán), de David Butler.
1955 *The Constant Husband* (Seis esposas para un marido), de Sidney Gilliat.
1958 *The Reluctant Debutante* (Mamá nos complica la vida), de Vincente Minnelli.
1960 *Midnight Lace* (Un grito en la niebla), de David Miller.
1962 *The Happy Thieves* (El último chantaje), de George Marshall.
1963 *Cleopatra*, de Joseph L. Mankiewicz.
1964 *My Fair Lady* (Mi bella dama), de George Cukor. / *The Yellow Rolls-Royce* (El Rolls-Royce amarillo), de Anthony Asquith.
1965 *The Agony and the Ecstasy* (El tormento y el éxtasis), de Carol Reed.
1967 *The Honey Pot* (Mujeres en Venecia), de Joseph L. Mankiewicz. / *Dr. Dolittle* (El extravagante doctor Dolittle), de Richard Fleischer.
1968 *A Flea in Her Ear* (La mosca tras la oreja), de Jacques Charon.
1969 *Staircase* (La escalera), de Stanley Donen.
1977 *The Prince and the Pauper* (El príncipe y el mendigo), de Richard Fleischer.
1978 *Shalimar*, de Krishna Shah.
1979 *Ashanti* (Ébano), de Richard Fleischer.
1980 *A Time to Die* (El vengador), de Matt Cimber.

HAS, Wojciech J. *(Wojciech Jerzy Has. Cracovia, Polonia, 1925)*

Estudia pintura en la Academia de Bellas Artes y dirección en el Instituto Cinematográfico de Cracovia. Trabaja esporádicamente como ayudante de dirección, desde 1947 hasta 1955 realiza numerosos documentales y películas educativas entre las que destaca *La casita para los pájaros de Jankowy* (Karmnik Jankowy, 1952), y debuta en el largo con *El nudo,* inspirado en una narración de Marek Hlasko. Perteneciente a la primera generación de directores socialistas polacos, durante la primera mitad de los años sesenta rueda *Los adioses, Habitación común, Adiós juventud, El oro de mis sueños, El arte de ser amado,* demasiado influidas por las teorías estéticas del realismo socialista. Se da a conocer internacionalmente con *El manuscrito encontrado en Zaragoza,* atractiva versión de la novela homónima de Jan Potocki, donde realidad y fantasía se dan la mano en una compleja historia que transcurre en España durante las guerras napoleónicas. Especializado en la adaptación de grandes novelas de la literatura polaca, prosigue por el mismo camino con *La muñeca,* basada en un texto de Boleslaw Prus, *La clepsidra,* que parte de una obra de Bruno Schultz; *Una historia sin importancia,* sobre un cuento del ruso Anton Chejov; *El escritor,* adaptación de una ópera de Wladyslaw Terlecki; *Diario de un pecador,* basada en la novela de James Hong, y *Las tribulaciones de Balthasar Kober,* que parte de la obra de Frédérick Tristan; donde crea algunos mundos de una gran fuerza visual.

1958 *Petla* (El nudo).
1959 *Pozegnania* (Los adioses).
1960 *Wspólny pokój* (Habitación común).
1961 *Rozstanie* (Adiós juventud).
1962 *Zloto* (El oro de mis sueños).
1963 *Jak byc kochana* (El arte de ser amado).
1965 *Rekopis znaleziony w Saragossie* (El manuscrito encontrado en Zaragoza).
1966 *Szyfry* (Manuscrito cifrado).
1968 *Lalka* (La muñeca).
1973 *Sanatorium pod klepsydra* (La clepsidra).
1982 *Nicekawa* (Una historia sin importancia).
1985 *Pismak* (El escritor).
1986 *Osobisty oamietnik grzesnika* (Diario de un pecador).
1988 *Niezwykla podroz Balthazar Kobera* (Las tribulaciones de Balthasar Kober).

HASTA QUE LLEGÓ SU HORA *(C'era una volta il West, 1968)*

Tras el un tanto incomprensible éxito de su trilogía de *spaghetti-westerns* integrada por *Por un puñado de dólares* (Per un pugno di dollari, 1964), *La muerte tenía un precio* (Per qualche dollaro in più, 1965) y *El bueno, el feo y el malo* (Il buono, il brutto, il cattivo, 1966), Sergio Leone escribe, en colaboración con los realizadores Bernardo Bretolucci y Dario Argento, y dirige el mejor de sus *westerns*. Narra el enfrentamiento entre cinco poderosos personajes por los intereses económicos que puede producir el trazado de una línea férrea de costa a costa a través de los primitivos territorios del salvaje Oeste norteamericano y la posesión de un vital pozo de agua. Morton (Gabriele Ferzetti) es el propietario del ferrocarril, sufre una terrible tuberculosis ósea, y su máximo sueño es que su tren llegue hasta el mar. Jill (Claudia Cardinale) es una prostituta, casada en Nueva

Orleans con McBain (Frank Wolff), dueño de la hacienda Sweet Water, que cuenta con el único pozo de agua en cincuenta kilómetros a la redonda, encuentra muerto a su marido cuando va a reunirse con él. Entre ellos se mueven el cruel y ambicioso pistolero Frank (Henry Fonda), el cínico bandido Cheyenne (Jason Robards) y el vengativo Armónica (Charles Bronson), que en diferentes momentos, y con mayor o menor intensidad, se enamoran de Jill y obedecen las órdenes de Morton. Desde el prólogo, de quince minutos de duración, donde básicamente no ocurre nada, Sergio Leone desarrolla su peculiar estilo, juega con el tiempo y dilata la acción hasta límites inconcebibles en un género que en teoría es pura acción, pero consigue buenos resultados artísticos y económicos.

Director: *Sergio Leone*. Guionistas: *Sergio Leone, Sergio Donati*. Fotografía: *Tonino delli Colli*. Música: *Ennio Morricone*. Intérpretes: *Claudia Cardinale, Henry Fonda, Jason Robards, Charles Bronson, Gabriele Ferzetti, Frank Wolff*. Producción: *Fulvio Morsella para Rafra, San Marcos. Color. Scope*. Duración: *175'. Italia*.

HATHAWAY, Henry (*Henri Leopold de Fiennes. Sacramento, California, 1898-Los Ángeles, California, Estados Unidos, 1985*)

Hijo de un agente teatral y una actriz, a los diez años debuta como actor de cine y posteriormente se encarga del departamento de guardarropía de los estudios Universal. Después de ser instructor de tiro en el ejército durante la Gran Guerra, en los años veinte llega a ser ayudante de dirección de Victor Fleming, Josef von Sternberg y otros. Debuta como director con ocho *westerns*, basados en novelas de Zane Grey, que entre 1932 y 1934 rueda para los estudios Paramount, protagonizados por Randolph Scott. A lo largo de sesenta películas realizadas durante poco más de cuarenta años de intensa actividad, se convierte en uno de los más hábiles y reputados especialistas del cine de acción. Durante la década de los treinta trabaja en exclusiva para Paramount y entre sus películas destacan *Voluntad esclava*, sobre un hombre inducido al crimen por hipnotismo; *Tres lanceros bengalíes*, aventuras colonialistas de gran éxito; *Sueño de amor eterno*, historia de amores románticos más fuertes que la vida, muy apreciada por los surrealistas; *The Trail of the Lonesome Pine*, primera producción rodada en exteriores con Technicolor tricromo; *Almas en el mar*, amor y aventuras marinas narradas en una sucesión de *flashbacks*, y *Lobos del norte*, enfrentamiento entre amigos por la pesca del salmón, ambientado en Alaska a finales del siglo XIX. Tras hacer para el productor independiente Samuel Goldwyn *La jungla en armas*, otra aventura colonialista de gran éxito, en los años cuarenta y cincuenta trabaja en exclusiva para los estudios 20th Century Fox, pero este período se compone de dos partes muy diferentes. La primera, mucho más imaginativa y mejor, está compuesta básicamente por policiacos: el melodramático *Johnny Apolo;* el documental *La casa de la calle 42;* los interesantes *Envuelto en la sombra, 13 rue Madeleine* y *Yo creo en ti*, y el excelente *El beso de la muerte*. Además del *western* con intriga policiaca *El correo del infierno;* la biografía del militar alemán durante la campaña de África en la II Guerra Mundial, *Rommel, el zorro del desierto*; la historia de espionaje rodada en estudio, pero que transcurre en media Europa, *Correo diplomático*, y el magnífico policiaco *Niágara*. La segunda parte está lastrada por el CinemaScope, formato en el que nunca llega a encontrarse cómodo, pero en el que consigue hacer atractivos *westerns* como *El jardín del diablo* y *Del infierno a Texas*. Después de rodar en España la desafortunada *El fabuloso mundo del circo* para el productor independiente Samuel Bronston, regresa a Estados Unidos y durante la segunda mitad de los años sesenta realiza, para el productor Hal B. Wallis, de los estudios Paramount, los *westerns* ambiciosos *Los cuatro hijos de Katie Elder, Nevada Smith, El póquer de la muerte, Valor de ley* y *Círculo de fuego*, pero en ellos intenta modernizar su estilo y sólo tienen un discutible atractivo.

1932 *Heritage of the Desert* (El legado de la estepa). / *Wild Horse Mesa*.
1933 *Under the Tonto Rim* (Estaba escrito). / *Sunset Pass* (El paso del ocaso). / *Man of the Forest* (El hombre del bosque). / *To the Last Man*. / *The Thundering Herd* (La horda maldita).
1934 *The Last Round-Up* (El último rodeo). / *Come on Marines! / The Witching Hour* (Voluntad esclava). / *Now and Forever* (Ahora y siempre).
1935 *The Lives of a Bengal Lancer* (Tres lanceros bengalíes). / *Petter Ibbetson* (Sueño de amor eterno).
1936 *The Trail of the Lonesome Pine. / Go West, Young Man*.

1937 *Souls at Sea* (Almas en el mar).
1938 *Spawn of the North* (Lobos del norte).
1939 *The Real Glory* (La jungla en armas).
1940 *Johnny Apollo*. / *Brigham Young Frontiersman*.
1941 *The Shepherd of the Hills*. / *Sundown* (Cuando muere el día).
1942 *Ten Gentlemen From West Point* (Diez héroes de West Point). / *China Girl* (Infierno en la Tierra).
1944 *Home in Indiana*. / *Wing and a Prayer* (Alas y una plegaria).
1945 *Nob Hill*. / *The House on 92nd Street*.
1946 *The Dark Corner* (Envuelto en la sombra).
1947 *Kiss of Death* (El beso de la muerte). / *13 Rue Madeleine*.
1948 *Call Northside 777* (Yo creo en ti).
1949 *Down to the Sea in Ships* (El demonio del mar).
1950 *The Black Rose* (La rosa negra).
1951 *You're in the Navy Now*. / *Fourteen Hours*. / *Rawhide* (El correo del infierno). / *The Desert Fox* (Rommel, el zorro del desierto).
1952 *Diplomatic Courier* (Correo diplomático). / *Clarion Call* (La llamada del clarión), episodio de *O. Henry's Full House* (Cuatro páginas de la vida).
1953 *Niagara* (Niágara). / *White Witch Doctor* (La hechicera blanca).
1954 *Prince Valiant* (El príncipe valiente). / *Garden of Evil* (El jardín del diablo).
1955 *The Racers* (Hombres temerarios).
1956 *The Bottom of the Bottle* (Barreras de orgullo). / *23 Paces to Baker Street* (A 23 pasos de Baker Street).
1957 *Legend of the Lost* (Arenas de muerte).
1958 *From Hell to Texas* (Del infierno a Texas).
1959 *Woman Obsessed* (La mujer obsesionada).
1960 *Seven Thieves*. / *North to Alaska* (Alaska, tierra de oro).
1962 *The Outlaws* (La época de los proscritos), episodio de *How the West Was Won* (La conquista del Oeste).
1964 *Circus World* (El fabuloso mundo del circo).
1965 *The Sons of Katie Elder* (Los cuatro hijos de Katie Elder).
1966 *Nevada Smith*.
1967 *The Last Safari* (El último safari).
1968 *Five Card Stud* (El póquer de la muerte).
1969 *True Grit* (Valor de ley).
1971 *Raid on Rommel* (Comando en el desierto). / *Shoot Out* (Círculo de fuego).
1974 *Hangup* (Chantaje criminal).

HAWKS, Howard *(Goshen, Indiana, 1896-Los Ángeles, California, Estados Unidos, 1977)*

Pasa su infancia en California y, mientras estudia ingeniería en el Cornell College, trabaja en el servicio de repuestos Famous Players Lasky y se hace piloto de carreras automovilísticas y aviador. Durante la Gran Guerra pilota un caza y en la posguerra comienza a construir aviones y automóviles, pero, atraído también por el cine, trabaja al mismo tiempo en el departamento de *atrezzo* de los estudios Paramount. En 1924 pasa a ser guionista, montador, ayudante de dirección y productor, hasta que debuta como realizador con *El espejo del alma*. Entre sus restantes películas mudas, que sientan las bases de su producción sonora, destacan la comedia *Hojas de parra;* la historia de amistad masculina *Una novia en cada puerto,* y la fantasía oriental *El príncipe Fazil*. Productor de la mayoría de las treinta y tres películas sonoras que rueda a lo largo de cuarenta años, aparece como el prototipo del triunfador por trabajar con éxito en la casi totalidad de los géneros, desarrollar un sólido estilo personal y convertirse en uno de los ídolos de las nuevas generaciones de directores. Sus mejores películas son las que narran las aventuras de un grupo de amigos en peligro: *La escuadrilla del amanecer, Águilas heroicas, Sólo los ángeles tienen alas, Air Force,* en las que queda muy claro su entusiasmo por la aviación; la menos convincente *Hatari!,* y la irregular *Peligro... línea 7000,* donde refleja su pasión por los automóviles de carreras. Seguidas de los *westerns* personales *Río Rojo* y *Río de sangre;* pero el éxito de *Río Bravo,* donde un tullido, un viejo, un cantante y una mujer, capitaneados por John Wayne, vencen a un grupo de malvados, le hace volver a contar la misma historia en *Eldorado* y *Río Lobo*. Tienen menos interés las envejecidas comedias, planteadas como enfrentamiento de sexos, *La comedia de la vida, La fiera de mi niña, Luna nueva, Bola de fuego, Nace una canción, La novia era él, Me siento rejuvenecer* y *Su juego favorito*. Entre ellas se sitúan las historias de dos amigos enfrentados por el amor de una misma mujer: *Una novia en cada puerto, Pasto de tiburones, Vivamos hoy* y *Río de sangre*. En su sólida obra también hay que destacar los policiacos *Scarface, terror del hampa,* que sienta las bases de las historias de gángsters; *Tener y no tener,* adaptación de una novela de Ernest Hemingway que mejora el original; *El sueño eterno,* basado en la novela homónima de Raymond Chandler, sin olvidar la historia sobre la Gran Guerra *El sargento York,* que muestran el depu-

rado juego narrativo alcanzado dentro del clasicismo norteamericano.
1926 *The Road to Glory* (El espejo del alma). / *Fig Leaves* (Hojas de parra).
1927 *The Cardle Snatchers* (Donde las dan, las toman). / *Paid to Love* (Érase una vez un príncipe...).
1928 *Fazil* (El príncipe Fazil). / *A Girl in Every Port* (Una novia en cada puerto). / *The Air Circus* (Por la ruta de los cielos).
1929 *Trent's Last Case* (¿Quién es el culpable?).
1930 *The Dawn Patrol* (La escuadrilla del amanecer).
1931 *The Criminal Code*.
1932 *The Crowd Roars* (Avidez de tragedia). / *Scarface, Shame of a Nation* (Scarface, el terror del hampa). / *Tiger Shark* (Pasto de tiburones).
1933 *Today We Live* (Vivamos hoy).
1934 *Viva Villa!* / *Twentieth Century* (La comedia de la vida).
1935 *Barbary Coast* (La ciudad sin ley).
1936 *Ceiling Zero* (Águilas heroicas). / *The Road to Glory*. / *Come and Get It* (Rivales).
1938 *Bringing Up Baby* (La fiera de mi niña).
1939 *Only Angels Have Wings* (Sólo los ángeles tienen alas).
1940 *His Girl Friday* (Luna nueva).
1941 *Sergeant York* (El sargento York).
1942 *Ball of Fire* (Bola de fuego).
1943 *Air Force*.
1944 *To Have and Have Not* (Tener y no tener).
1946 *The Big Sleep* (El sueño eterno).
1948 *Red River* (Río Rojo). / *A Song Is Born* (Nace una canción).
1949 *I Was a Male War Bride* (La novia era él).
1952 *The Big Sky* (Río de sangre). / *Monkey Business* (Me siento rejuvenecer). / *The Ransom of Red Chief*, episodio de *O. Henry's Full House* (Cuatro páginas de la vida).
1953 *Gentlemen Prefer Blondes* (Los caballeros las prefieren rubias).
1955 *Land of the Pharaons* (Tierra de faraones).
1959 *Rio Bravo* (Río Bravo).
1962 *Hatari!*
1964 *Man's Favorite Sport?* (Su juego favorito).
1965 *Red Line 7000* (Peligro... línea 7000).
1967 *Eldorado*.
1970 *Rio Lobo* (Río Lobo).

HAWN, Goldie *(Jeanne Hawn. Washington, Estados Unidos, 1945)*

Perteneciente a una familia de músicos, a los tres años comienza a estudiar ballet y a los catorce debuta como bailarina en un espectáculo musical. Tras estudiar arte dramático, trabaja como coreógrafa en las revistas musicales de Las Vegas y como bailarina en los famosos musicales *Kiss Me Kate* y *Guys and Dolls*. El éxito alcanzado en 1967 en el espectáculo televisivo *Laugh-In* la lleva, poco después, a hacer papeles secundarios en un par de películas y a protagonizar nueve durante la década de los setenta, entre las que destacan las de acción *Dólares*, de Richard Brooks, y *Loca evasión*, de Steven Spielberg, y la italiana *Un viaje con Anita*, de Mario Monicelli. Durante los años ochenta y la primera mitad de los noventa continúa con su distendido ritmo de trabajo, especializada en irregulares comedias y cada vez más ocupada de la producción.
1968 *The One and Only Genuine Original Family Band*, de Michael O'Herlihy.
1969 *Cactus Flower* (Flor de cactus), de Gene Saks.
1970 *There's a Girl in My Soup* (Hay una chica en mi sopa), de Roy Boulting.
1971 *Dollars* (Dólares), de Richard Brooks.
1972 *Butterflies Are Free* (Las mariposas son libres), de Milton Katselas.
1974 *The Sugarland Express* (Loca evasión), de Steven Spielberg. / *The Girl From Petrovka* (La chica de Petrovka), de Robert Ellis Miller.
1975 *Shampoo*, de Hal Ashby.
1976 *The Duchess and the Dirtwater Fox* (La duquesa y el truhán), de Melvin Frank.
1978 *Foul Play* (Juego peligroso), de Colin Higgins. / *Viaggio con Anita* (Un viaje con Anita), de Mario Monicelli.
1980 *Private Benjamin* (La recluta Benjamin), de Howard Zieff. / *Seems Like Old Times* (Como en los viejos tiempos), de Jay Sandrich.
1982 *Best Friends* (Amigos muy íntimos), de Norman Jewison.
1984 *Swing Shift* (Chicas en pie de guerra), de Jonathan Demme. / *Protocol* (Protocolo), de Herbert Ross.
1986 *Wildcats*, de Michael Ritchie.
1987 *Overboard* (Un mar de líos), de Garry Marshall.
1990 *Bird on a Wire* (Dos pájaros a tiro), de John Badham.
1991 *Deceived* (Engañada), de Damian Harris.
1992 *Crisscross*, de Chris Menges. / *Housesitter* (Esposa por sorpresa), de Frank Oz. / *Death Becomes Her* (La muerte os sienta tan bien), de Robert Zemeckis.

HAYWARD, Susan *(Edythe Marrener. Nueva York, 1918-Beverly Hills, California, Estados Unidos, 1975)*

Estudia comercio, a los dieciocho años se hace maniquí y poco después modelo fotográfico hasta que es descubierta en la portada de una revista por el director George Cukor, que le hace una prueba para el papel de Scarlett O'Hara en *Lo que el viento se llevó* (Gone with the Wind, 1939) de Victor Fleming. No lo consigue, pero es contratada por los estudios Warner y debuta en pequeños papeles en musicales realizados por el famoso especialista Busby Berkeley. Tras encarnar a importantes personajes secundarios en *Beau Geste, Piratas del mar Caribe, Me casé con una bruja* y *Tierra generosa,* protagoniza *Una mujer destruida* y se especializa en melodramas con mujeres desgarradas: *My Foolish Heart, La dama marcada, Mañana lloraré, ¡Quiero vivir!,* por el que gana un Oscar, y *La mujer obsesionada.* Al mismo tiempo protagoniza las películas de aventuras *Tulsa, ciudad de lucha, El correo del infierno, Las nieves del Kilimanjaro, La hechicera blanca, El jardín del diablo, Caravana hacia el Sur* y *El conquistador de Mongolia,* la mayoría producciones de los estudios 20th Century Fox. Interviene en casi sesenta películas en treinta y cinco años de carrera; las mejores durante la década de los cuarenta y los cincuenta; entre sus últimos e irregulares trabajos sobresale la personal comedia teatral *Mujeres en Venecia.*

1937 *Hollywood Hotel*, de Busby Berkeley.
1938 *Comet Over Broadway*, de Busby Berkeley. / *Girls on Probation*, de William McGann. / *The Amazing Doctor Citterhouse*, de Anatole Litvak.
1939 *Beau Geste*, de William A. Wellman. / *Our Leading Citizen*, de Alfred Santell. / *A Thousand Dollars a Touchdown*, de James P. Hogan.
1941 *Adam Had Four Sons* (Los cuatro hijos de Adán), de Gregory Ratoff. / *Sis Hopkins* (Adorable intrusa), de Joseph Santley. / *Among the Living*, de Stuart Heisler.
1942 *Reap the Wild Wind* (Piratas del mar Caribe), de Cecil B. de Mille. / *The Forest Rangers* (Corazones en llamas), de George Marshall. / *I Married a Witch* (Me casé con una bruja), de René Clair. / *Star Spangled Rhythm* (Fantasía de estrellas), de George Marshall.
1943 *Hit Parade of 1943*, de Albert S. Rogell. / *Young and Willing* (Juventud ambiciosa), de Edward H. Griffith. / *Jack London* (Aventuras de Jack London), de Alfred Santell.
1944 *The Fighting Seabees*, de Edward Ludwig. / *The Hairy Ape* (Pasión salvaje), de Alfred Santell. / *And Now Tomorrow* (El porvenir es nuestro), de Irving Pichel.
1946 *Deadline at Dawn*, de Harold Clurman. / *Canyon Passage* (Tierra generosa), de Jacques Tourneur.
1947 *Smash-Up* (Una mujer destruida), de Stuart Heisler. / *The Lost Moment* (Viviendo del pasado), de Martin Gabel. / *They Won't Believe Me*, de Irving Pichel.
1948 *Tap Roots* (Raíces de pasión), de George Marshall. / *The Saxon Charm* (Sed de dominio), de Claude Binyon.
1949 *Tulsa* (Tulsa, ciudad de lucha), de Stuart Heisler. / *House of Strangers* (Odio entre hermanos), de Joseph L. Mankiewicz. / *My Foolish Heart*, de Mark Robson.
1951 *I'd Climb the Highest Mountain* (Escalaré la montaña más alta), de Henry King. / *Rawhide* (El correo del infierno), de Henry Hathaway. / *I Can Get It For You Wholesale*, de Michael Gordon. / *David and Bathsheba*, de Henry King.
1952 *With a Song in My Heart* (Con una canción en mi corazón), de Walter Lang. / *The Snows of Kilimanjaro* (Las nieves del Kilimanjaro), de Henry King. / *The Lusty Men*, de Nicholas Ray.
1953 *The President Lady* (La dama marcada), de Henry Levin. / *White Witch Doctor* (La hechicera blanca), de Henry Hathaway.
1954 *Demetrius and the Gladiators* (Demetrius y los gladiadores), de Delmer Daves. / *Garden of Evil* (El jardín del diablo), de Henry Hathaway.
1955 *Untamed* (Caravana hacia el Sur), de Henry King. / *Soldier of Fortune* (Cita en Hong Kong), de Edward Dmytryk. / *I'll Cry Tomorrow* (Mañana lloraré), de Daniel Mann.
1956 *The Conqueror* (El conquistador de Mongolia), de Dick Powell.
1957 *Top Secret Affair* (Intriga femenina), de H. C. Potter.
1958 *I Want to Live* (¡Quiero vivir!), de Robert Wise.
1959 *Woman Obsessed* (La mujer obsesionada), de Henry Hathaway. / *Thunder in the Sun* (El desfiladero de la muerte), de Russell Rouse.
1960 *The Marriage-Go-Round*, de Walter Lang.
1961 *Ada* (El tercer hombre era mujer), de Daniel Mann. / *Back Street*, de David Miller.
1962 *I Thank a Fool* (Conspiración para matar), de Robert Stevens.
1963 *Stolen Hours* (Horas robadas), de Daniel Petrie.
1964 *Where Love Has Gone* (Adónde fue el amor), de Edward Dmytryk.
1967 *The Honey Pot* (Mujeres en Venecia), de Joseph L. Mankiewicz. / *Valley of the Dolls* (El valle de las muñecas), de Mark Robson.
1972 *The Revengers* (Los vengadores), de Daniel Mann.

HAYWORTH, Rita *(Margarita Carmen Cansino. Nueva York, 1918-Nueva York, Estados Unidos, 1987)*

Hija del bailarín español Eduardo Cansino y de la actriz norteamericana del Ziegfeld Follies

HAYWORTH, Rita

Volga Haworth, desde los doce años es bailarina profesional y hace largas giras con el grupo familiar The Dancing Cansino's. Descubierta por un cazatalentos de los estudios 20th Century Fox, debuta como actriz de cine en 1935. Durante dos años interviene en papeles secundarios como Margarita Cansino en once películas y posteriormente es contratada en exclusiva por los estudios Columbia, adopta su conocido nombre artístico y sigue haciendo breves papeles en otras trece películas antes de destacar en la atractiva *Sólo los ángeles tienen alas,* de Howard Hawks. No obstante, sigue haciendo papeles secundarios en las más interesantes *La pelirroja,* de Raoul Walsh; *Sangre y arena,* de Rouben Mamoulian; *Seis destinos,* de Julien Duvivier, y en los musicales *Desde aquel beso, Bailando nace el amor* y *Las modelos.* Gracias al gran éxito de *Gilda,* con sus excelentes números *Don't Put the Blame on Mame* y *Amado mío,* se convierte en una estrella, pero su carrera sigue dando bandazos. Después de la ambiciosa y comercialmente fallida *La dama de Shanghai,* realizada por su genial ex marido Orson Welles, vuelve a la mediocridad con *Los amores de Carmen, La dama de Trinidad, Salomé, La bella del Pacífico, Fuego escondido* y *Pal Joey,* con las que los estudios Columbia quieren volverla a hacer triunfar. Tienen más interés *Mesas separadas, Llegaron a Cordura* y *Sangre en primera página.* Separada de su quinto y último marido, comienza a tener problemas con el alcohol y su carrera entra en una lánguida etapa final, en la que solo cabe destacar la producción británica *El aventurero.*

1935 *Dante's Inferno* (La nave de Satán), de Harry Lachman. / *Under the Pampas Moon* (Amor de gaucho), de James Tinling. / *Charlie Chan in Egypt* (Charlie Chan en Egipto), de Louis King. / *Paddy O'Day* (La irlandesita), de Lewis Seiler.
1936 *A Message to Garcia,* de George Marshall. / *Human Cargo* (Contrabando humano), de Allan Dwan. / *Rebellion,* de Lynn Shores. / *Meet Nero Wolfe,* de Herbert J. Biberman.
1937 *Trouble in Texas* (El héroe de Texas), de Robert N. Bradbury. / *Old Louisiana,* de Irvin V. Willat. / *Criminals of the Air,* de Charles C. Coleman. / *Hit the Saddle,* de Mark V. Wright. / *The Shadow,* de Charles C. Coleman. / *Paid to Dance,* de Charles C. Coleman. / *Girls Can Play,* de Lambert Hillyer. / *The Game That Kills,* de Ross Lederman.
1938 *Who Killed Gail Preston?,* de Lech Barsha. / *Juvenile Court,* de Ross Lederman. / *There's Always a Woman* (Siempre hay una mujer), de Alexander Hall. / *Convicted,* de Lech Barsha. / *Special Inspector,* de Lech Barsha.
1939 *The Lone Wolf Spy Hunt,* de Peter Godfrey. / *The Renegade Ranger,* de David Howard. / *Homicide Bureau,* de Charles C. Coleman. / *Only Angels Have Wings* (Sólo los ángeles tienen alas), de Howard Hawks.
1940 *Music in My Heart,* de Joseph Stanley. / *Blondie on a Budget,* de Frank R. Strayer. / *Susan and God,* de George Cukor. / *Angels over Broadway,* de Ben Hecht. / *The Lady in Question,* de Charles Vidor.
1941 *The Strawberry Blonde* (La pelirroja), de Raoul Walsh. / *Affectionately Yours,* de Lloyd Bacon. / *Blood and Sand* (Sangre y arena), de Rouben Mamoulian. / *You'll Never Get Rich* (Desde aquel beso), de Sidney Lanfield.
1942 *My Gal Sal* (Mi chica favorita), de Irving Cummings. / *Tales of Manhattan* (Seis destinos), de Julien Duvivier. / *You Were Never Lovelier* (Bailando nace el amor), de William A. Seiter.
1944 *Cover Girl* (Las modelos), de Charles Vidor.
1945 *Tonight and Every Night* (Esta noche y todas las noches), de Victor Saville.
1946 *Gilda,* de Charles Vidor.
1947 *Down to Earth* (La diosa de la danza), de Alexander Hall.
1948 *The Lady From Shanghai* (La dama de Shanghai), de Orson Welles. / *The Loves of Carmen* (Los amores de Carmen), de Charles Vidor.
1952 *Affair in Trinidad* (La dama de Trinidad), de Vincent Sherman.
1953 *Salome,* de William Dieterle. / *Miss Sadie Thompson* (La bella del Pacífico), de Curtis Bernhardt.
1957 *Fire Down Below* (Fuego escondido), de Robert Parrish. / *Pal Joey,* de George Sidney.
1958 *Separate Tables* (Mesas separadas), de Delbert Mann.
1959 *They Came to Cordura* (Llegaron a Cordura), de Robert Rossen.
1960 *The Story of Page One* (Sangre en primera página), de Clifford Odets.
1962 *The Happy Thieves* (Último chantaje), de George Marshall.
1964 *Circus World* (El fabuloso mundo del circo), de Henry Hathaway.
1966 *The Money Trap* (La trampa del dinero), de Burt Kennedy. / *The Poppy Is Also a Flower* (Las flores del diablo), de Terence Young.
1967 *The Rover* (El aventurero), de Terence Young.
1969 *I bastardi,* de Ducio Tessari.

1971 *Sur la route de Salina*, de Georges Lautner.
1972 *The Wrath of God* (La ira de Dios), de Ralph Nelson.

HEAT *(1995)*

A través del robo de unos bonos que transporta un furgón blindado, el fallido asalto a un depósito de metales preciosos y el atraco en pleno día a un banco, se enfrentan en Los Ángeles el delincuente profesional Neil McCauley (Robert de Niro) y el teniente detective Vincent Hanna (Al Pacino), dentro de un fuerte clima de violencia y realismo. Escrito y dirigido por el irregular Michael Mann, este policiaco tiene el atractivo de mostrar la similitud entre las vidas de los ladrones y los policías y de enriquecer las personalidades de unos y otros mostrando sus relaciones con sus respectivas mujeres. Rodado con gran habilidad, tiene una excesiva duración y no ha sido plenamente aprovechada su mejor baza comercial: el enfrentamiento entre las estrellas Robert de Niro y Al Pacino; tras un fallido encuentro en un restaurante, tiene más fuerza el brillante final en el comienzo de la pista de aterrizaje del aeropuerto.

Director y guionista: *Michael Mann*. Fotografía: *Dante Spinotti*. Música: *Elliot Goldenthal*. Intérpretes: *Al Pacino, Robert de Niro, Val Kilmer, Jon Voight, Tom Sizemore, Diane Venora, Amy Brenneman, Ashelly Jud*. Producción: *Michael Mann y Art Linson*. Color. Scope. Duración: *140'. Estados Unidos.*

HECHO EN EL CIELO *(Made in Heaven, 1987)*

El joven Mike (Timothy Hutton) muere por salvar la vida de una madre y sus hijos, va al cielo y allí se enamora de la hermosa Annie (Kelly McGillis). Cuando se reencarnan y vuelven a la tierra les dan treinta años para encontrarse, pero solo lo consiguen en el último momento, tras una dura existencia. Con estos elementos, el irregular Alan Rudolph hace una de sus más sentimentales historias de amor, llena de música, encuentros y desencuentros, tal como a él le gusta. A pesar de que los productores alteran el montaje e incluyen un convencional final feliz, y sin olvidar la inconsistencia de la historia, Rudolph realiza una de sus más personales y mejores películas, en buena parte debido a lo bien que funciona la pareja formada por Kelly McGillis y Timothy Hutton y la apropiada música de Neil Young.

Director: *Alan Rudolph*. Guionistas: *Raynold Gideon, Bruce Evans*. Fotografía: *Jan Kiesser*. Música: *Neil Young*. Intérpretes: *Timothy Hutton, Kelly McGillis, Maureen Stapleton, Emmer Humbert (Debra Winger), Don Murray*. Producción: *David Blocker, Raynold Gideon y Bruce Evans para Lorimar.* Color. Duración: *103'. Estados Unidos.*

HELLO, DOLLY! *(1969)*

La conocida comedia de Thornton Wilder, que narra cómo una casamentera de mediana edad consigue marido al tiempo que arregla los problemas sentimentales de una joven pareja, es origen de dos películas muy diferentes. En primer lugar, por orden cronológico, aparece *La casamentera* (The Matchmaker, 1958), de Joseph Anthony, una irregular comedia que sigue bastante de cerca el original y cuyo máximo atractivo reside en el trabajo de unos jóvenes Shirley MacLaine y Anthony Perkins. El éxito en Broadway de una versión musical con canciones de Jerry Herman y Michael Stewart da lugar a que Ernest Lehman escriba y produzca para los estudios 20th Century Fox un musical de gran presupuesto, que, como suele ocurrir en estos casos, es una fiel versión de su montaje teatral. Dirigido por el actor, bailarín y coreógrafo Gene Kelly, es la mejor de las películas que realiza en solitario y que no interpreta. Narra cómo en 1890 la casamentera judía Dolly Levi (Barbra Streisand) consigue casarse con el rico comerciante Horace Vandergedder (Walter Matthau), al tiempo que arregla los amores de su sobrina y sus dos dependientes. Demasiado fiel al original y con el problema de que Barbra Streisand canta muy bien, pero apenas baila, y Walter Matthau ni canta, ni baila, tiene una excelente coreografía de Michael Kidd, que a la menor oportunidad hace que sus hábiles bailarines salgan a los decorados construidos en exteriores para bailar, y algunos números estupendos, como *Put on Your Sunday, Before the Paradise Passes Me By* y *Hello, Dolly!*, que en una de sus varias versiones lo cantan Barbra Streisand y Louis Armstrong.

Director: *Gene Kelly*. Guionista: *Ernest Lehman*. Fotografía: *Harry Stradling*. Música: *Jerry Herman*. Intérpretes: *Barbra Streisand, Walter Matthau, Michael Crawford, Marianne McAndrew, E. J. Pea-*

ker, Tommy Tune, David Hurst. Producción: *Ernest Lehman* para 20th Century Fox. Color. Scope. Duración: *146'*. Estados Unidos.

HEPBURN, Audrey *(Hedda van Heemstra Hepburn-Ruston. Bruselas, Bélgica, 1929-Suiza, 1993)*

Hija de padre holandés y madre inglesa, estudia danza y arte dramático en la Marie Ramber's School de Londres para debutar en la posguerra como bailarina y a principios de los años cincuenta empezar a hacer pequeños papeles en películas inglesas. Cuando está rodando *Americanos en Montecarlo* en la Costa Azul, conoce a la escritora Colette, que insiste para que protagonice la reposición de su obra *Gigi* en Broadway y gracias a su éxito Hollywood se fija en ella. La buena acogida de la comedia sentimental *Vacaciones en Roma,* por la que gana un Oscar, hace que durante quince años triunfen su aspecto andrógino, sus grandes ojos y sus maneras de refinada gacela, en las comedias románticas *Sabrina* y *Ariane,* de Billy Wilder; *Desayuno con diamantes,* de Blake Edwards; *Charada* y *Dos en la carretera,* de Stanley Donen, y *Encuentro en París,* de Richard Quine; en las adaptaciones de Leon Tolstoi, *Guerra y paz,* de King Vidor, y de Lillian Hellman, *La calumnia,* de William Wyler; en los musicales *Una cara con ángel,* de Stanley Donen, y *Mi bella dama,* de George Cukor; en el drama *Historia de una monja,* de Fred Zinnemann; y en el *western* personal *Los que no perdonan,* de John Huston. Tras un retiro de nueve años, vuelve para hacer cuatro películas más, pero de muy inferior calidad y de las que solo tiene interés la primera, *Robin y Marian,* de Richard Lester. Durante los últimos años de su vida se dedica a realizar trabajos como embajadora de la organización internacional de ayuda a la infancia UNICEF.

1951 *Laughter in Paradise* (Risa en el paraíso), de Mario Zampi. / *One Wild Oat*, de Charles Saunders. / *Young Wife's Tales*, de Henry Cass. / *Nous irons à Monte-Carlo* (Americanos en Montecarlo), de Jean Boyer. / *The Lavender Hill Mob* (Oro en barras), de Charles Crichton.
1952 *The Secret People*, de Thorold Dickinson.
1953 *Roman Holiday* (Vacaciones en Roma), de William Wyler.
1954 *Sabrina*, de Billy Wilder.
1956 *War and Peace* (Guerra y paz), de King Vidor.
1957 *Funny Face* (Una cara con ángel), de Stanley Donen. / *Love in the Afternoon* (Ariane), de Billy Wilder.
1959 *Green Mansions* (Mansiones verdes), de Mel Ferrer. / *The Nun's Story* (Historia de una monja), de Fred Zinnemann.
1960 *The Unforgiven* (Los que no perdonan), de John Huston.
1961 *Breakfast at Tiffany's* (Desayuno con diamantes), de Blake Edwards.
1962 *The Children's Hour* (La calumnia), de William Wyler.
1963 *Charade* (Charada), de Stanley Donen.
1964 *Paris When It Sizzles* (Encuentro en París), de Richard Quine. / *My Fair Lady* (Mi bella dama), de George Cukor.
1966 *How to Steal a Million* (Cómo robar un millón y...), de William Wyler. / *Two for the Road* (Dos en la carretera), de Stanley Donen.
1967 *Wait Until Dark* (Sola en la oscuridad), de Terence Young.
1976 *Robin and Marian* (Robin y Marian), de Richard Lester.
1979 *Bloodline* (Lazos de sangre), de Terence Young.
1981 *They All Laughed* (Todos rieron), de Peter Bogdanovich.
1989 *Always* (Para siempre), de Steven Spielberg.

HEPBURN, Katharine *(Katharine Houghton Hepburn. Hartford, Connecticut, Estados Unidos, 1909)*

Hija de un prestigioso odontólogo de origen irlandés y de una decidida sufragista, a los tres años debuta en los espectáculos feministas organizados por su madre. Abandona los estudios de física en la Bryn Mawr University para dedicarse a la interpretación y debutar como actriz de teatro en 1928. Después de triunfar en Broadway, a principios de los años treinta los estudios R. K. O. la contratan y debuta como protagonista de *Doble sacrificio,* de George Cukor —con quien hace otras siete películas a lo largo de su carrera—; *Hacia las alturas,* de Dorothy Arzner, y *Gloria de un día,* de Lowell Sherman, con la que obtiene su primer Oscar. Convertida en una emprendedora, andrógina y buena actriz, durante el resto de la década también brilla por su trabajo en *Cuatro hermanitas* y *La gran aventura de Silvia,* de George Cukor; *María Estuardo,* de John Ford, y *Damas del teatro,* de Gregory La Cava. Sin embargo, el fracaso de las excelentes comedias *La fiera de mi niña,* de Howard Hawks, y *Vivir para gozar*, de George Cukor, hace que los distribuidores la califiquen de «veneno para la taquilla» y durante dos años permanece apartada del cine. Esto la anima a encargar al dramaturgo Philip Barry una comedia, que produce y protagoniza en Broadway, cuyo éxito hace que firme un ventajoso contrato con Metro-Goldwyn-Mayer y que se convierta en la película *Historias de Filadelfia*, de George Cukor. Durante la década de los cuarenta trabaja en exclusiva con los estudios del león en once películas, entre las que sobresalen las seis que rueda con el gran amor de su vida, el actor Spencer Tracy, *La mujer del año*, de George Stevens; *La llama sagrada*, de George Cukor; *Sin amor*, de Harold S. Bucquet; *Mar de hierba*, de Elia Kazan; *El estado de la Unión*, de Frank Capra, y, sobre todo, *La costilla de Adán*, de George Cukor. En los años cincuenta y sesenta trabaja mucho menos y en obras de menor interés, pero cierra su colaboración con Spencer Tracy en *La impostora*, de George Cukor; *Su otra esposa*, de Walter Lang, y *Adivina quién viene esta noche*, de Stanley Kramer, por la que gana su segundo Oscar. También protagoniza la mucho mejor *La reina de África*, de John Huston, y se especializa en adaptaciones teatrales: *De repente... el último verano*, sobre Tennessee Williams; *Larga jornada hacia la noche*, sobre Eugene O'Neill; *El león en invierno*, sobre James Goldman; *La loca de Chaillot*, sobre Jean Giraudoux, *Las troyanas*, sobre Eurípides, y *A Delicate Balance*, sobre Edward Albee. Entre sus últimas y muy flojas películas destaca la ternurista *En el estanque dorado*, de Mark Rydell, con la que consigue su tercer Oscar.

1932 *A Bill of Divorcement* (Doble sacrificio), de George Cukor.
1933 *Christopher Strong* (Hacia las alturas), de Dorothy Arzner. / *Morning Glory* (Gloria de un día), de Lowell Sherman. / *Little Women* (Cuatro hermanitas), de George Cukor.
1934 *Spitfire* (Mística y rebelde), de John Cromwell. / *The Little Minister* (Sangre gitana), de Richard Wallace.
1935 *Break of Hearts* (Corazones rotos), de Philip Moeller. / *Alice Adams* (Sueños de juventud), de George Stevens.
1936 *A Woman Rebels*, de Mark Sandrich. / *Mary of Scotland* (María Estuardo), de John Ford. / *Sylvia Scarlett* (La gran aventura de Silvia), de George Cukor.
1937 *Quality Street* (Olivia), de George Stevens. / *Stage Door* (Damas del teatro), de Gregory La Cava.
1938 *Bringing Up Baby* (La fiera de mi niña), de Howard Hawks. / *Holiday* (Vivir para gozar), de George Cukor.
1940 *The Philadelphia Story* (Historias de Filadelfia), de George Cukor.
1942 *Woman of the Year* (La mujer del año), de George Stevens. / *Keeper of the Flame* (La llama sagrada), de George Cukor.
1943 *Stage Door Canteen* (Tres días de amor y fe), de Frank Borzage.
1944 *Dragon Seed* (Estirpe de dragón), de Jack Conway.
1945 *Without Love* (Sin amor), de Harold S. Bucquet.
1946 *Undercurrent* (Corrientes ocultas), de Vincente Minnelli.
1947 *Song of Love* (Pasión inmortal), de Clarence Brown. / *The Sea of Grass* (Mar de hierba), de Elia Kazan.
1948 *State of the Union* (El estado de la Unión), de Frank Capra.
1949 *Adam's Rib* (La costilla de Adán), de George Cukor.
1951 *The African Queen* (La reina de África), de John Huston.
1952 *Pat and Mike* (La impostora), de George Cukor.
1955 *Summertime* (Locuras de verano), de David Lean.
1956 *The Rainmaker* (El farsante), de Joseph Anthony.
1957 *The Iron Petticoat* (Faldas de acero), de Ralph Thomas. / *The Desk Set* (Su otra esposa), de Walter Lang.
1959 *Suddenly Last Summer* (De repente... el último verano), de Joseph L. Mankiewicz.
1962 *Long Day's Journey Into Night* (Larga jornada hacia la noche), de Sidney Lumet.
1967 *Guess Who's Coming to Dinner* (Adivina quién viene esta noche), de Stanley Kramer.
1968 *The Lion in Winter* (El león en invierno), de Anthony Harvey.
1969 *The Madwoman of Chaillot* (La loca de Chaillot), de Bryan Forbes.
1971 *The Trojan Women* (Las troyanas), de Michael Cacoyannis.
1973 *A Delicate Balance*, de Tony Richardson.
1975 *Rooster Gogburn* (El rifle y la biblia), de Stuart Millar.
1978 *Olly, Olly Oxen Free*, de Richard A. Colla.
1981 *On Golden Pond* (En el estanque dorado), de Mark Rydell.
1984 *The Ultimate Solution of Grace Quingley* (La última solución de Grace Quingley), de Anthony Harvey.
1994 *Love Affair* (Un asunto de amor), de Glenn Gordon Caron.

HEREDERA, LA *(The Heiress, 1949)*

En 1850, en Nueva York, la joven Catherine Sloper (Olivia de Havilland) es cortejada por Morris Townsend (Montgomery Clift) debido a su dote, pero su despótico padre Austin Sloper (Ralph Richardson) la obliga cruelmente a abrir los ojos a la realidad. Esta adaptación de la novela *Washington Square*, de Henry James, no está directamente basada en ella, sino en una versión para el teatro escrita por Ruth y Augustus Goetz a mediados de la década de los cuarenta, lo que da al conjunto un excesivo aire teatral. Demasiado sólidamente dirigida y producida por William Wyler, destaca por la excelente interpretación del trío protagonista. Seleccionada para media docena de Oscars, solo los consiguen la actriz Olivia de Havilland y el excelente músico Aaron Copland, pero es un gran éxito.

Director: *William Wyler*. Guionistas: *Ruth Goetz, Augustus Goetz*. Fotografía: *Leo Tover*. Música: *Aaron Copland*. Intérpretes: *Olivia de Havilland, Ralph Richardson, Montgomery Clift, Miriam Hopkins, Vanessa Brown, Mona Freeman*. Producción: *William Wyler para Paramount*. Duración: *115'*. Estados Unidos.

HERMANITO, EL *(The Kid Brother, 1927)*

Hijo del *sheriff* del lugar Jim Hickory (Walter James), y hermano menor de dos inmensos hombretones, Harold Hickory (Harold Lloyd) realiza con ingenio las tareas domésticas de la casa donde vive con los suyos. Enamorado de Mary Powers (Jobyna Ralston), actriz de una pequeña compañía de cómicos ambulantes, no solo consigue su amor, sino también apresar a sus dos compañeros, culpables del robo del dinero que guardaba el *sheriff*. A mitad de camino entre la comedia cómica y la sentimental, esta olvidada producción de Harold Lloyd, dirigida con gran habilidad por Ted Wilde, un guionista y *gagman* que se convierte en uno de sus más asiduos colaboradores en la última etapa del período mudo, tiene una impecable factura y un gran interés.

Director: *Ted Wilde*. Guionistas: *John Grey, Tom Crizer, Ted Wilde*. Fotografía: *Walter Lundin*. Intérpretes: *Harold Lloyd, Jobyna Ralston, Walter James, Leo Willis, Olin Francis*. Producción: *Harold Lloyd para Paramount*. Duración: *82'*. Estados Unidos.

HERMOSILLO, Jaime Humberto *(Aguascalientes, México, 1942)*

Tras dedicarse a la pintura, la narrativa y el periodismo, estudia dirección en la U. N. A. M. y en 1965 comienza a rodar personales cortometrajes. Debuta en el largo con *La verdadera vocación de Magdalena* y *El cumpleaños del perro,* interesantes retratos de personajes de la clase media donde ya aparece su peculiar humor. Entre ellos se sitúa *El señor de Osanto,* particular versión de *El señor de Ballantrae*, de Robert Louis Stevenson, adaptada a los años de lucha contra la intervención francesa. Más interés tiene *La pasión según Berenice,* donde una joven y su anciana madrina se enfrentan por un hombre, a la que siguen *Matinée,* personal homenaje al clásico *Viento en las velas* (A High Wind in Jamaica, 1965), de Alexander Mackendrick, y *Naufragio,* basada en un texto de Joseph Conrad. Vuelve a su mundo más personal con *Las apariencias engañan,* sobre la homosexualidad dentro del entorno familiar, y *María de mi corazón,* que narra la angustiosa historia de una mujer atrapada en un manicomio, a partir de un argumento del novelista Gabriel García Márquez, entre las que aparece la más convencional *Amor libre,* que gira en torno a la relación entre dos amigas. Tras las menos logradas *Confidencias,* basada en una novela de Luis Zapata, y *El corazón de la noche,* sobre un interesante guión de José de la Colina, rueda su primera gran comedia satírica: *Doña Herlinda y su hijo,* sobre una madre empeñada en buscarle un buen novio a su hijo homosexual. Cada vez más interesado por las historias insólitas, personales, desarrolladas en ambientes únicos con pocos personajes y realizadas en largos planos, rueda *Intimidades en un cuarto de baño,* donde la cámara sustituye al espejo, y las interesantes variaciones sobre un mismo tema *La tarea* —que conoce una primera versión en vídeo con el título *El aprendiz de pornógrafo* (1989)— y *La tarea prohibida,* directamente rodada en el escenario de un teatro.

1971 *La verdadera vocación de Magdalena.*
1972 *El señor de Osanto.*
1974 *El cumpleaños del perro.*
1975 *La pasión según Berenice.*
1976 *Matinée.*
1977 *Naufragio.*
1978 *Las apariencias engañan. / Amor libre.*
1979 *María de mi corazón.*

1982 *Confidencias.*
1983 *El corazón de la noche.*
1984 *Doña Herlinda y su hijo.*
1987 *Clandestino destino.*
1988 *El verano de la señora Forbes.*
1989 *Intimidades en un cuarto de baño.*
1990 *La tarea.*
1992 *La tarea prohibida.*

HÉROE SACRÍLEGO, EL *(Shin heike monogatari, 1955)*

Al final de la era Heian, en el turbulento siglo XII, se enfrentan los clanes de los Taira con los de los Fujiwara, mientras el poder se divide entre la corte del emperador en funciones y la de su predecesor. En este ambiente enrarecido el joven Kiyomori Taira (Raizo Ichikawa) se enfrenta con los poderosos Fujiwara, los belicosos grupos religiosos, y consigue acabar con las creencias que los sacerdotes utilizan para manejar al supersticioso pueblo. Esta segunda y última película en color del gran realizador Kenji Mizoguchi tiene una excelente fotografía de Kazuo Miyagawa, su colaborador habitual en la última parte de su carrera, que subraya el tono de aventura reflexiva de la historia. A través de su elaborado estilo, donde predominan los largos, bellos y suntuosos planos, Mizoguchi trata de demostrar que la lucha del individuo contra los ídolos es tan necesaria como estéril.

Director: *Kenji Mizoguchi.* Guionistas: *Yoshikata Yoda, Masahige Narusawa, Hisakazu Tsuji.* Fotografía: *Kazuo Miyagawa.* Música: *Fumio Hayasaka, Masaru Sato.* Intérpretes: *Raizo Ichikawa, Yoshiko Kuga, Michiyo Kogure, Ichijiro Oya, Eitaro Shindo.* Producción: *Masaichi Nagata para Daiei. Color.* Duración: *108'. Japón.*

HERSHEY, Barbara *(Barbara Herzstein. Hollywood, California, Estados Unidos, 1948)*

Estudia mientras trabaja como actriz en el teatro universitario y a los veinte años se pasa al cine con el nombre de Barbara Seagull. La primera parte de su carrera se extiende durante los años setenta, la mayoría la realiza con este seudónimo y destaca por su belleza y buena interpretación en *El verano pasado,* de Frank Perry; *Boxcar Bertha,* de Martin Scorsese, y *You and Me* y *Americana,* de David Carradine, su pareja de la época. Tras un paréntesis de inactividad cinematográfica, regresa con su más conocido seudónimo para trabajar con continuidad en unas películas entre las que sobresalen *Elegidos para la gloria,* de Philip Kaufman; *Hannah y sus hermanas,* de Woody Allen; *Gente salvaje,* de Andrei Konchalovsky, *Un mundo aparte,* de Chris Menges; *Paris Trout,* de Stephen Gyllenhaal; *Rebeldes del swing,* de Thomas Carter, y *Días de furia,* de Joel Schumacher.

1968 *With Six You Get Eggroll* (El novio de mamá), de Howard Morris.
1969 *Heaven With a Gun* (Un paraíso a golpes de revólver), de Lee H. Katzin, *Last Summer* (El verano pasado), de Frank Perry.
1970 *The Liberation of L. B. Jones* (No se compra el silencio), de William Wyler. / *The Baby Maker* (Un bebé para mi esposa), de James Bridges.
1971 *The Pursuit of Happiness* (En busca de la felicidad), de Robert Mulligan.
1972 *Dealing,* de Paul Williams. / *Boxcar Bertha,* de Martin Scorsese.
1973 *Angela,* de Nikolai van der Heyde.
1974 *The Crazy World of Julius Vrooder,* de Arthur Hiller. / *You and Me,* de David Carradine.
1975 *Diamonds* (Un golpe de mil millones), de Menahem Golan. / *The Last Hard Men* (Los últimos hombres duros), de Andrew V. McLaglen.
1976 *Dirty Knight's Work,* de Kevin O'Connor.
1978 *A Man Called Intrepid* (Un hombre llamado intrépido), de Peter Carter.
1980 *The Stunt Man* (El especialista), de Richard Rush.
1981 *Take This Job and Shove It* (Apáñatelas como puedas), de Gus Trikonis. / *Americana,* de David Carradine.
1982 *The Entity* (El ente), de Sidney J. Furie.
1983 *The Right Stuff* (Elegidos para la gloria), de Philip Kaufman.
1984 *The Natural* (El mejor), de Barry Levinson.
1986 *Hannah and her Sisters* (Hannah y sus hermanas), de Woody Allen. / *Hoosiers* (Más que ídolos), de David Anspaugh.
1987 *Tin Men* (Dos estafadores y una mujer), de Barry Levinson. / *Shy People* (Gente salvaje), de Andrei Konchalovsky.
1988 *A World Apart* (Un mundo aparte), de Chris Menges. / *The Last Temptation of Christ* (La última tentación de Cristo), de Martin Scorsese. / *Beaches* (Eternamente amigas), de Garry Marshall.
1990 *Tune in Tomorrow,* de Jon Amiel.
1991 *Defenseless* (Sin defensa), de Martin Campbell. / *Paris Trout,* de Stephen Gyllenhaal.
1992 *The Public Eye* (El ojo público), de Howard Franklin.
1993 *Swing Kids* (Rebeldes del swing), de Thomas Carter. / *Falling Down* (Días de furia), de Joel Schu-

macher. / *Slitting Heirs* (Recién nacido y ya coronado), de Robert Young.
1994 *A Dangerous Woman* (Una mujer peligrosa), de Stephen Gyllenhaal.
1995 *Last of the Dogmen* (Los últimos guerreros), de Tab Murphy.

HERZOG, Werner *(Munich, República Federal Alemana, 1942)*

Hijo de padre de origen francés y madre yugoslava, estudia historia y literatura y desde los veinte años escribe, produce y dirige cortos y mediometrajes. Sus cuatro primeros largos *Signos de vida, Fata Morgana, También los enanos empezaron pequeños* y *País del silencio y la oscuridad,* son realizaciones independientes, cercanas al cine *underground* europeo de la época, pero a medio camino entre el documental y la ficción, crea un peculiar estilo personal, mezcla de elementos visuales y sonoros, con una cierta carga romántica. Su fascinación por los personajes independientes y solitarios le conduce a *Aguirre, la cólera de Dios,* sobre la aventura amazónica del conquistador español Lope de Aguirre; *El enigma de Gaspar Hauser,* en torno al misterioso personaje aparecido a mediados del siglo XVIII; *Stroszek,* aventura norteamericana de un extraño ser angelical; *Nosferatu, vampiro de la noche,* personal versión de la novela clásica de terror de Bram Stoker, y *Woyzeck,* adaptación de la obra homónima inacabada del dramaturgo Georg Büchner; la mayoría protagonizadas por el excesivo Klaus Kinski. En una línea muy similar, pero con rodajes en exóticas localizaciones, mayores presupuestos y actores más conocidos, se sitúan: *Fitzcarraldo,* sobre los esfuerzos de un enloquecido aventurero por crear un teatro de ópera en plena Amazonia; *Donde sueñan las hormigas verdes,* defensa de la cultura de los aborígenes australianos; *Cobra Verde,* historia de un aventurero brasileño traficante de esclavos, y *Gritos de piedra,* en torno a un enfrentamiento para escalar el inaccesible Cetto Torre en Patagonia, donde trata de unir las historias que narra a las del propio rodaje, pero cada vez lo consigue menos y se encuentra más cerca del cine convencional.

1967 *Lebenszeichen* (Signos de vida).
1970 *Fata Morgana.* / *Auch Zwerge Haben klein Angefangen* (También los enanos empezaron pequeños).
1971 *Land des Schweigens und der Dunkelheit* (País del silencio y la oscuridad). / *Behinderte Zukunft.*
1972 *Aguirre, der Zorn Gottes* (Aguirre, la cólera de Dios).
1974 *Jeder für sich und Gott Gegen Alle* (El enigma de Gaspar Hauser).
1976 *Herz aus Glas* (Corazón de cristal).
1977 *Stroszek.*
1978 *Nosferatu, Phantom der Nacht* (Nosferatu, vampiro de la noche).
1979 *Woyzeck.*
1982 *Fitzcarraldo.*
1983 *Wo Die Grünen Ameisen Träumen* (Donde sueñan las hormigas verdes).
1987 *Cobra Verde.*
1990 *Echos aus einem Düsteren Reich.*
1991 *Jag Mandir.* / *Schrei aus Stein* (Gritos de piedra).

HESTON, Charlton *(Charles Carter. Evanston, Illinois, Estados Unidos, 1924)*

Perteneciente a una humilde familia, estudia arte dramático en la Northwestern University y luego trabaja como actor en radio, teatro y televisión. Tras la II Guerra Mundial, que pasa en las fuerzas aéreas en las islas Aleutianas, dirige el Thomas Wolfe Memorial Theatre, de Asheville, Carolina del Norte, donde monta y protagoniza numerosas obras. Esta labor le lleva a triunfar en Broadway a finales de los años cuarenta y, con la experiencia de las películas en 16 mm dirigidas por su amigo David Bradley, a ser contratado por los estudios Paramount, donde debuta como actor profesional de cine en 1950. De su labor cinematográfica en la década de los cincuenta destacan el drama *Pasión bajo la niebla,* de King Vidor; la erótica aventura *Cuando ruge la marabunta,* de Byron Haskin; el *western* de amplio presupuesto *Horizontes de grandeza,* de William Wyler, y el original policiaco *Sed de mal,* de Orson Welles; pero es famoso por su papel de Moisés en la bíblica *Los diez mandamientos* y de protagonista de la mastodóntica *Ben Hur,* por la que gana un Oscar. La primera parte de los años sesenta está marcada por las películas que rueda en España para el productor independiente norteamericano Samuel Bronston: *El Cid,* de Anthony Mann, y *55 días en Pekín,* de Nicholas Ray, y la segunda por la interpretación del astronauta Taylor en las dos primeras partes de la serie *El planeta de los simios.* Durante la década de los setenta sigue encarnando héroes con especial carisma, pero en películas menos ambiciosas, como la historia de ciencia ficción *El último hombre vivo,* la típica producción de catástrofes *Terremoto,* o la bélica *La batalla de Midway.* Posteriormente trabaja más para televisión que para cine y se limita a hacer de vez en cuando algún personaje secundario. Dirige dos irregulares películas, que también protagoniza: *Marco Antonio y Cleopatra,* poco imaginativa versión de la obra de William Shakespeare con la que debuta en Broadway en 1948, rodada en España con muy excasos medios, y *Desafío en las profundidades,* una producción de aventuras.

Como director
1972 *Anthony and Cleopatra* (Marco Antonio y Cleopatra).
1982 *Mother Lode* (Desafío en las profundidades).

Como actor
1941 *Peer Gynt,* de David Bradley.
1948 *Julius Caesar,* de David Bradley.
1950 *Dark City* (Ciudad en sombras), de William Dieterle.
1952 *The Greatest Show on Earth* (El mayor espectáculo del mundo), de Cecil B. de Mille. / *The Savage* (El salvaje), de George Marshall. / *Ruby Gentry* (Pasión bajo la niebla), de King Vidor.
1953 *The President's Lady* (La dama marcada), de Henry Levin. / *Pony Express* (El triunfo de Buffalo Bill), de Jerry Hopper. / *Arrowhead* (Hoguera de odios), de Charles Marquis Warren. / *Bad for Each Other,* de Irving Rapper.
1954 *The Naked Jungle* (Cuando ruge la marabunta), de Byron Haskin. / *Secret of the Incas* (El secreto de los incas), de Jerry Hopper.
1955 *The Far Horizons* (Horizontes azules), de Rudolph Maté. / *The Private War of Major Benson* (La guerra privada del mayor Benson), de Jerry Hopper. / *Lucy Gallant* (Orgullo contra orgullo), de Robert Parrish. / *Three Violent People* (Hombres violentos), de Rudolph Maté.
1956 *The Ten Commandments* (Los diez mandamientos), de Cecil B. de Mille.
1958 *The Big Country* (Horizontes de grandeza), de William Wyler. / *Touch of Evil* (Sed de mal), de Orson Welles. / *The Buccaneer* (Los bucaneros), de Anthony Quinn.
1959 *Ben Hur,* de William Wyler. / *The Wreck of the Mary Deare* (Misterio en el barco perdido), de Michael Anderson.
1961 *El Cid,* de Anthony Mann.
1962 *The Pigeon That Took Rome* (Aventura en Roma), de Melville Shavelson.
1963 *Diamond Head* (El señor de Hawai), de Guy Green. / *55 Days at Peking* (55 días en Pekín), de Nicholas Ray.
1964 *Major Dundee* (Mayor Dundee), de Sam Peckinpah.
1965 *The Greatest Story Ever Told* (La historia más grande jamás contada), de George Stevens. / *The Agony and the Ecstasy* (El tormento y el éxtasis), de Carol Reed. / *The War Lord* (El señor de la guerra), de Franklin J. Schaffner.
1966 *Khartoum* (Kartum), de Basil Dearden.
1967 *The Planet of the Apes* (El planeta de los simios), de Franklin J. Schaffner. / *Counterpoint* (Una tumba al amanecer), de Ralph Nelson.
1968 *Will Penny* (El más valiente entre mil), de Tom Gries.
1969 *Number One* (El número uno), de Tom Gries. / *Julius Caesar* (El asesinato de Julio César), de Stuart Burge. / *Beneath the Planet of the Apes* (Regreso al planeta de los simios), de Ted Post.
1970 *The Hawaiians* (Los indomables), de Tom Gries.
1971 *The Omega Man* (El último hombre vivo), de Boris Sagal.
1972 *Anthony and Cleopatra* (Marco Antonio y Cleopatra), de Charlton Heston. / *Skyjacked* (¡Alarma! Vuelo 502 secuestrado), de John Guillermin. / *Call of the Wild* (La selva blanca), de Ken Annakin.
1973 *Soylent Green* (Cuando el destino nos alcance), de Richard Fleischer. / *The Three Musketeers* (Los tres mosqueteros), de Richard Lester.
1974 *The Four Musketeers* (Los cuatro mosqueteros), de Richard Lester. / *Airport 75* (Aeropuerto 75), de Jack Smight. / *Earthquake* (Terremoto), de Mark Robson.
1975 *Won Ton Ton, the Dog Who Saved Hollywood,* de Michael Winner. / *The Last Hard* (Los últimos hombres duros), de Andrew V. McLaglen.
1976 *Midway* (La batalla de Midway), de Jack Smight. / *Two Minutes Warning* (Pánico en el estadio), de Larry Peerce.
1977 *The Prince and the Pauper* (El príncipe y el mendigo), de Richard Fleischer. / *Gray Lady Down* (Alerta roja: Neptuno hundido), de David Greene.
1979 *The Mountain Men* (El valle de la furia), de Richard Lang.
1980 *The Awakening* (El despertar), de Mike Newell.
1982 *Mother Lode* (Desafío en las profundidades), de Charlton Heston.
1990 *Solar Crisis,* de Alan Smithee.
1993 *Tombstone,* de George Pan Cosmatos.
1995 *In the Mouth of Madness* (En la boca del miedo), de John Carpenter.

HIDALGO DE LOS MARES, EL *(Captain Horatio Hornblower, 1951)*

A partir de una novela de C. S. Forester, el especialista Raoul Walsh produce y dirige una de sus más sólidas películas de aventuras para los estudios Warner, cuyos únicos defectos son estar rodada en el Reino Unido y no haber sido protagonizada por Errol Flynn. Narra cómo a principios del siglo XIX el capitán inglés Horatio Hornblower (Gregory Peck) viaja con su barco a Latinoamérica con la misión de ayudar a un enloquecido dictador centroamericano. Durante la travesía, Inglaterra pasa de ser enemiga de España a convertirse en su aliada, siempre frente a las fuerzas francesas al mando de Napoleón, por lo que la segunda parte se centra en sus luchas contra los franceses y su amor imposible por Lady Wellesley (Virginia Mayo). Las grandes batallas navales están realizadas gracias al hábil uso de buenas maquetas y la eficaz colaboración de Edmond T. Gréville al frente de la segunda unidad.

Director: *Raoul Walsh*. Guionistas: *Ivan Goff, Ben Roberts, Aeneas Mackenzie*. Fotografía: *Guy Green*. Música: *Robert Farnon*. Intérpretes: *Gregory Peck, Virginia Mayo, Robert Beatty, James Robertson Justice, Terence Morgan, Moultrie Kelsall*. Producción: *Raoul Walsh para Warner. Color*. Duración: *117'*. Reino Unido.

HIJO DE LA FURIA, EL (*Son of Fury*, 1942)

La novela *Benjamim Blake*, de Edison Marshall, da lugar a dos tradicionales películas de aventuras ambientadas en el siglo XVIII y producidas por 20th Century Fox. La primera es esta, que tiene un gran éxito en su momento por la habilidad con que el guionista Philip Dunne y el realizador John Cromwell consiguen mezclar el melodrama con la aventura y por el buen trabajo de Tyrone Power, George Sanders y Frances Farmer como los tres miembros enfrentados de la familia Blake. Narra cómo sir Arthur Blake (George Sanders) despoja de sus títulos y sus bienes a su sobrino Benjamin Blake (Tyrone Power) y le impide cortejar a su prima Isabel Blake (Frances Farmer), pero este se hace rico en una isla de los Mares del Sur, donde conoce a la bella nativa Eva (Gene Tierney), y vuelve al Reino Unido para vengarse y repartir su patrimonio entre los pobres. A pesar de estar rodada en el brillante Technicolor de la época, tiene mucho menos interés *El tesoro del cóndor de oro* (*Treasure of the Golden Condor*, 1953), escrita y dirigida por Delmer Daves, donde Cornel Wilde, Fay Wray y George Macready encarnan a los tres miembros de la familia, que en esta ocasión es francesa.

Director: *John Cromwell*. Guionista: *Philip Dunne*. Fotografía: *Arthur Miller*. Música: *Alfred Newman*. Intérpretes: *Tyrone Power, Gene Tierney, George Sanders, Frances Farmer, Roddy McDowall, John Carradine, Elsa Lanchester, Harry Davenport, Dudley Digges*. Producción: *William Perlberg para 20th Century Fox*. Duración: *102'*. Estados Unidos.

HIMNO DE BATALLA (*Battle Hymn*, 1957)

Durante la II Guerra Mundial el piloto Dean Hess (Rock Hudson) bombardea por error un orfelinato, causa la muerte de treinta y siete niños y por remordimientos se hace sacerdote protestante. Dean Hess, que en la guerra de Corea dirige una escuadrilla de aprendizaje, hace todo lo posible para recoger a niños sin padres, y crea un orfelinato con la ayuda de la joven coreana En Soon Yang (Anna Kashfi) y salva la vida de cuatrocientos niños. Basada en la autobiografía de Dean Hess, tiene un tono religioso un tanto dulzón, pero característico de algunos de los mejores melodramas dirigidos por el alemán Douglas Sirk para los estudios Universal durante su largo exilio norteamericano. Destacan la perfecta utilización del formato CinemaScope conseguida por Sirk, la excelente fotografía de su colaborador habitual Russell Metty y la buena interpretación de Rock Hudson.

Director: *Douglas Sirk*. Guionistas: *Charles Grayson, Vincent B. Evans*. Fotografía: *Russell Metty*. Música: *Frank Skinner*. Intérpretes: *Rock Hudson, Anna Kashfi, Dan Duryea, Don Defore, Martha Hyer, Jock Mahoney*. Producción: *Ross Hunter para Universal. Color. Scope*. Duración: *108'*. Estados Unidos.

HIROSHIMA, MI AMOR (*Hiroshima, mon amour*, 1959)

Las relaciones entre una actriz francesa (Emmanuelle Riva) y un japonés (Eiji Okada) durante su estancia en Hiroshima para rodar una película sobre la paz, hace que ella recuerde las que mantuvo en Nevers con un alemán (Bernard Fresson) durante la ocupación de Francia en la II Guerra Mundial. Sobre un bello y personal guión de la novelista Marguerite Duras, texto clave del *nouveau roman*, el debutante documentalista Alain Resnais encuentra la perfecta mezcla entre ficción y documental, cine y literatura, buscada a lo largo de sus cortometrajes, para hacer una de las películas más conocidas de la *nouvelle vague*. Con una estructura apoyada en una sucesión de *flashbacks,* Resnais saca un gran partido de la oposición entre Hiroshima y Nevers, el amante japonés y el alemán y, por extensión, también de la fotografía de Takahashi Michio y Sacha Vierny y de la música de Giovanni Fusco y Georges Delerue.

Director: *Alain Resnais.* Guionista: *Marguerite Duras.* Fotografía: *Sacha Vierny, Takahashi Michio.* Música: *Georges Delerue, Giovanni Fusco.* Intérpretes: *Emmanuelle Riva, Eiji Okada, Bernard Fresson.* Duración: *91'. Francia.*

HIRSZMAN, Leon *(Rio de Janeiro, 1937-Rio de Janeiro, Brasil, 1987)*

Perteneciente a una familia de judíos polacos, estudia en la escuela hebrea y se gradúa en ingeniería. Miembro destacado del movimiento renovador *cinema nôvo,* realiza algunos cortos y el interesante largometraje *La fallecida,* que narra la historia de una mujer que malvive en los suburbios de Rio de Janeiro para pagarse un gran funeral. Exiliado en Chile por sus ideas comunistas durante años para evitar la represión política generada por el golpe militar, regresa para rodar *Garota de Ipanema,* donde destruye el mito de la famosa playa. Su mejor trabajo es *São Bernardo,* basado en la novela homónima de Graciliano Ramos, perfecto retrato de un latifundista del nordeste dentro de un conseguido marco social, pero permanece prohibido durante dos años y trunca su ascendente carrera cinematográfica. Tras diversos documentales para cine y televisión rueda *Ellos no usan smoking,* adaptación de una obra teatral de 1958 de Gianfranco Guarnieri, prohibida durante muchos años, sobre el enfrentamiento entre un viejo dirigente sindical y su hijo esquirol durante una huelga en la fábrica donde trabajan los dos.

1961 *Pedreira de São Diogo*, episodio de *Cinco vezes favela.*
1965 *A falecida* (La fallecida).
1967 *Garota de Ipanema.*
1969 *América do sexo*, episodio de *Sexta-feira de Paixão, sábado de aleluia.*
1971 *São Bernardo.*
1981 *Eles não usam black-tie* (Ellos no usan smoking).

HISTORIA DE IRENE CASTEL, LA *(The Story of Vernon and Irene Castle, 1939)*

Este último musical protagonizado por la pareja formada por Fred Astaire y Ginger Rogers para los estudios R. K. O., es uno de los mejores. Basado en personajes reales y con un escaso contenido dramático, narra cómo a principios de siglo el bailarín Vernon Castle (Fred Astaire) conoce a la joven de buena familia Irene (Ginger Rogers) y la convierte en su pareja de baile y su mujer, mientras triunfan a uno y otro lado del Atlántico y él muere luchando en la aviación durante la Gran Guerra. Una vez más lo mejor son los números musicales, entre los que destacan *By the Light of the Silvery Moon,* que baila Fred Astaire en una pequeña estación de ferrocarril; *Waiting for the Robert E. Lee,* que bailan Fred Astaire y Ginger Rogers en un teatro para hacer una prueba; *Too Much Mustard,* con Fred Astaire y Ginger Rogers en su debut en París, y *Medley Montage,* que vuelven a bailar Fred Astaire y Ginger Rogers durante una gira por Estados Unidos que les consagra. El realizador H. C. Potter se defiende bien en este género que le resulta bastante ajeno y da un eficaz tono al conjunto, a medio camino entre la comedia y el drama nostálgico; pero la primera posición la ocupa el coreógrafo Hermes Pan.

Director: *H. C. Potter.* Guionistas: *Richard Sherman, Oscar Hammerstein II, Dorothy Yost.* Fotografía: *Robert de Grasse.* Música: *Victor Baravalle.* Intérpretes: *Fred Astaire, Ginger Rogers, Edna May Oliver, Walter Brennan, Lew Fields.* Producción: *Pandro S. Berman para R. K. O.* Duración: *93'. Estados Unidos.*

HISTORIAS DE FILADELFIA *(The Philadelphia Story, 1940)*

A finales de los años treinta, la actriz Katharine Hepburn tiene una serie de fracasos, los distribuidores comienzan a considerar que es un «veneno para la taquilla» y su carrera se tambalea. Entonces encarga al comediógrafo Philip Barry que le escriba esta obra, que ella misma produce y protagoniza con gran éxito en un teatro de Broadway, y luego el en aquel tiempo productor Joseph L. Mankiewicz la llama para convertirla en una película Metro-Goldwyn-Mayer. Narra cómo la rica heredera Tracy Lord (Katharine Hepburn) el día de su segunda boda duda entre dos hombres, su prometido George

Kittredge (John Howard) y su primer marido C. K. Dexter Haven (Cary Grant), mientras es perseguida por Macauley Connor (James Stewart) y Liz Imbrie (Ruth Hussey), reporteros de la revista *Spy,* especializada en escándalos. Esta historia en manos del gran realizador George Cukor se convierte en un clásico de la comedia norteamericana que vuelve a lanzar a Katharine Hepburn. Metro-Goldwyn-Mayer hace *Alta sociedad* (High Society, 1956), una versión musical en color producida por Sol C. Siegel y dirigida por Charles Walters, con música de Cole Porter y protagonizada por Grace Kelly, Bing Crosby y Frank Sinatra, sin el menor atractivo.

Director: *George Cukor.* Guionista: *Donald Ogden Stewart.* Fotografía: *Joseph Ruttenberg.* Música: *Franz Waxman.* Intérpretes: *Katharine Hepburn, Cary Grant, James Stewart, Ruth Hussey, Roland Young, John Howard.* Producción: *Joseph L. Mankiewicz para Metro-Goldwyn-Mayer.* Duración: *115'. Estados Unidos.*

HISTORIAS DE LA RADIO *(1955)*

Hija del gran éxito de *¡Bienvenido Míster Marshall!* (1952), de Luis G. Berlanga, muy influida por las «comedias a la italiana» de episodios, y fiel reflejo de la fascinación ejercida por la radio en la posguerra, narra cuatro historias radiofónicas muy diferentes. Mezcla los amores entre el nuevo locutor Gabriel (Francisco Rabal) y la veterana Carmen (Margarita Andrey), con el relato de las vicisitudes de un inventor (José Isbert) disfrazado de esquimal con trineo y perro para ganar un concurso poder patentar su nuevo pistón; la anécdota del ladrón (Ángel de Andrés) que, mientras desvalija una vivienda, recibe una llamada de teléfono desde la radio diciendo que ha ganado un premio e intenta compartirlo con el inquilino, y con la odisea del maestro (Alberto Romea) del pequeño pueblo de Horcajo de la Sierra que participa en un difícil concurso para conseguir dinero y que uno de sus alumnos viaje hasta Suecia para operarse del corazón. A pesar del tono demasiado edificante de los dos últimos episodios, es la mejor película de José Luis Sáenz de Heredia y su éxito le hace rodar diez años después *Historias de la televisión* (1965), una vulgar comedia sin el menor atractivo.

Director y guionista: *José Luis Sáenz de Heredia.* Fotografía: *Antonio Ballesteros.* Música: *Ernesto Halffter.* Intérpretes: *Francisco Rabal, Margarita Andrey, José Isbert, Ángel de Andrés, Alberto Romea.* Producción: *José Luis Sáenz de Heredia para Chapalo Films.* Duración: *92'. España.*

HITCHCOCK, Alfred *(Londres, Reino Unido, 1899-Los Ángeles, California, Estados Unidos, 1980)*

Hijo de un importante industrial de Essex, realiza sus estudios primarios interno con los jesuitas en el colegio St. Ignatius. Licenciado en ingeniería y bellas artes, trabaja en una empresa de publicidad hasta que en 1920 entra en la sucursal británica de la productora norteamericana Famous Players Lasky como dibujante de intertítulos. Descubre su interés por el cine y en cinco años pasa de jefe de la sección de titulaje a decorador, guionista, ayudante de dirección y a debutar como realizador con *El jardín de la alegría,* tras rodar en 1922 la inacabada *Number Thirteen.* A lo largo de sus nueve películas mudas, sobre todo *El enemigo de las rubias, El ring, Champagne* y *The Manxman,* demuestra su habilidad para componer imágenes y narrar con ellas. La solidez de su cine, su fascinación por las historias policiacas y su interés por el inocente injustamente acusado se fraguan en la segunda parte de su obra, en las quince películas que rueda durante los años treinta en el Reino Unido. Gracias a *Asesinato, El número 17, El hombre que sabía demasiado, Treinta y nueve escalones, El agente secreto, Sabotaje* y *Alarma en el expreso,* crea una obra coherente, personal y de gran interés, que bastaría para situarle en un lugar destacado de la historia del cine, pero tiempo después se convierte en un borrador de sus geniales producciones norteamericanas. Contratado por el productor independiente David O. Selznick llega en 1940 a Hollywood, huyendo de la II Guerra Mundial, y hacen juntos *Rebeca,* uno de sus grandes éxitos, basada en una novela de Daphne du Maurier, *Recuerda* y *El proceso Paradine,* sobre guiones originales. Mientras rueda para otros productores *Enviado especial,* un alegato para que Estados Unidos entre en la II Guerra Mundial; *Matrimonio original,* su única comedia sonora; *La sombra de una duda,* excelente policiaco familiar; los personales ejercicios de estilo *Náufragos,* que transcurre en una balsa, y *La soga,* rodada en media docena de complejos planos, en tiempo real, en un apartamento; sin olvidar las angustiosas historias de amor *Sospecha* y *Encadenados*. Convertido en su propio productor y en uno de los pocos directores conocidos por el gran público, las once películas rodadas en la década de los cincuenta le sitúan entre los grandes de la historia del cine al ser casi todas ellas personales y brillantes obras maestras, de impecable realización, sobre sus habituales obsesiones. El tema del inocente perseguido por algo que no ha hecho adquiere tonalidades de drama católico en *Yo confieso*, de tragedia familiar en *Falso culpable* y de comedia de espionaje en *Con la muerte en los talones*. Entre las que se sitúan las complejas historias de culpabilidad *Extraños en un tren*, sobre una novela de la especialista Patricia Highsmith, y *De entre los muertos*, basada en una novela de Pierre Boileau y Thomas Narcejac; además de los brillantes ejercicios de estilo *Crimen perfecto*, donde juega con maestría con el 3-D (relieve), y *La ventana indiscreta*, que convierte un relato de Cornel Woolrich en una lección de narrativa cinematográfica y en una buena muestra de sus obsesiones de *voyeur*. De nuevo en colaboración con el director de fotografía Robert Burks y el músico Bernard Herrmann, comienza los años sesenta con dos producciones en las que la innovación se une a la maestría: *Psicosis*, un enorme éxito que revoluciona el cine de terror, basado en una novelita de Robert Bloch, y *Los pájaros*, un relato personal y complejo, que encierra un tono apocalíptico, sobre una narración de Daphne du Maurier. Tras el fracaso de la ambiciosa, pero irregular, *Marnie, la ladrona*, su cine sufre un paulatino proceso de desgaste y envejecimiento a lo largo de las fallidas *Cortina rasgada, Topaz, Frenesí* y *La trama*, aunque siempre hay en ellas algunas escenas geniales.

1925 *The Pleasure Garden* (El jardín de la alegría).
1926 *The Mountain Eagle* (El águila de la montaña). / *The Lodger* (El enemigo de las rubias).
1927 *Downhill*. / *Easy Virtue*. / *The Ring* (El ring).
1928 *The Farmer's Wife*. / *Champagne*.
1929 *The Manxman*. / *Blackmail* (La muchacha de Londres).
1930 *Elstree Calling*. / *Juno and the Paycock*. / *Murder* (Asesinato).
1931 *The Skin Game* (Juego sucio).
1932 *Rich and Strange* (Mejor es lo malo conocido). / *Number Seventeen* (El número 17).
1933 *Waltzes From Vienna* (Valses de Viena).
1934 *The Man Who Knew Too Much* (El hombre que sabía demasiado).
1935 *The Thirty-nine Steps* (Treinta y nueve escalones).
1936 *The Secret Agent* (El agente secreto).
1937 *Sabotage*. / *Young and Innocent* (Inocencia y juventud).
1938 *The Lady Vanishes* (Alarma en el expreso).
1939 *Jamaica Inn* (Posada Jamaica).
1940 *Rebecca* (Rebeca). / *Foreign Correspondent* (Enviado especial).
1941 *Mr. and Mrs. Smith* (Matrimonio original). / *Suspicion* (Sospecha).
1942 *Saboteur* (Sabotaje).
1943 *Shadow of a Doubt* (La sombra de una duda).
1944 *Lifeboat* (Náufragos).
1945 *Spellbound* (Recuerda).
1946 *Notorius* (Encadenados).
1947 *The Paradine Case* (El proceso Paradine).
1948 *Rope* (La soga).
1949 *Under Capricorn* (Atormentada).
1950 *Stage Fright* (Pánico en la escena).
1951 *Strangers on a Train* (Extraños en un tren).
1952 *I Confess* (Yo confieso).
1954 *Dial M for Murder* (Crimen perfecto). / *Rear Window* (La ventana indiscreta).
1955 *To Catch a Thief* (Atrapa a un ladrón). / *The Trouble With Harry* (Pero... ¿quién mató a Harry?)
1956 *The Man Who Knew Too Much* (El hombre que sabía demasiado).
1957 *The Wrong Man* (Falso culpable).
1958 *Vertigo* (De entre los muertos).
1959 *North by Northwest* (Con la muerte en los talones).
1960 *Psycho* (Psicosis).
1963 *The Birds* (Los pájaros).
1964 *Marnie* (Marnie, la ladrona).
1966 *Torn Curtain* (Cortina rasgada).
1969 *Topaz*.
1972 *Frenzy* (Frenesí).
1976 *Family Plot* (La trama).

HOFFMAN, Dustin *(Los Ángeles, California, Estados Unidos, 1937)*

Hijo de un decorador de cine, que se arruina cuando trata de convertirse en productor, y de una cinéfila, estudia arte dramático en la Pasadena Community Playhouse y en el Actor's Studio con Lee Strasberg. En 1964 debuta como actor de teatro en Broadway y no tarda en triunfar, pero tiene dificultades para hacer cine dadas sus peculiares características físicas. Esto hace que su primera película sea *Un dollaro per sette vigliacchi*, un *spaghetti-western* rodado en 1967 en Almería en coproducción entre España, Italia y Estados Unidos, dirigido por el desconocido italiano Giorgio Gentilli; en Europa se estrena de mala manera, pero en Estados Unidos se distribuye después de sus primeros éxitos con el título *Madigan's Millions* y firmado por Stanley Prager. Sin embargo, ese mismo año consigue su primer gran éxito con *El graduado* y se convierte en una estrella con *Cowboy de medianoche*. Durante la década de los setenta protagoniza diez películas en Estados Unidos, entre las que sobresalen *Perros de paja, Papillón, Todos los hombres del presidente, Marathon Man* y *Kramer contra Kramer*, con la que gana su primer Oscar, y una en Italia, la irregular comedia *El divorcio es cosa de tres*. A finales de los años setenta crea la compañía independiente First Artists, con los actores Paul Newman, Sidney Poitier y Barbra Streisand, pero colabora en su fracaso el desastre económico de *Libertad condicional*, que comienza a rodar personalmente, acaba como puede y firma el director de teatro Ulu Grosbard. Durante la década de los ochenta solo protagoniza cuatro películas; al éxito de la comedia *Tootsie*, sigue el enorme fracaso de *Ishtar*, que compensa al obtener un segundo Oscar con *El hombre de la lluvia*. Posteriormente alterna su trabajo en irregulares producciones, entre las que destaca *Héroe por accidente*, con apariciones, muy caracterizado, en *Dick Tracy* y *El capitán Garfio*.

1967 *Madigan's Millions* (El millón de Madigan), de Giorgio Gentilli. / *The Tiger Makes Out*, de Arthur Hiller. / *The Graduate* (El graduado), de Mike Nichols.
1969 *Midnight Cowboy* (Cowboy de medianoche), de John Schlesinger. / *John and Mary* (John y Mary), de Peter Yates.
1970 *Little Big Man* (Pequeño gran hombre), de Arthur Penn.
1971 *Who Is Harry Kellerman and Why Is He Saying Those Terrible Things About Me?* (¿Quién es Harry Kellerman?), de Ulu Grosbard. / *Straw Dogs* (Perros de paja), de Sam Peckinpah.
1972 *Alfredo, Alfredo* (El divorcio es cosa de tres), de Pietro Germi.
1973 *Papillon*, de Franklin J. Schaffner.
1974 *Lenny*, de Bob Fosse.
1976 *All the President's Men* (Todos los hombres del presidente), de Alan J. Pakula. / *Marathon Man*, de John Schlesinger.
1977 *Straight Time* (Libertad condicional), de Ulu Grosbard.
1979 *Agatha*, de Michael Apted. / *Kramer versus Kramer* (Kramer contra Kramer), de Robert Benton.
1982 *Tootsie*, de Sydney Pollack.
1987 *Ishtar*, de Elaine May.
1988 *Rain Man* (El hombre de la lluvia), de Barry Levinson.
1989 *Family Business* (Negocios de familia), de Sidney Lumet.
1990 *Dick Tracy*, de Warren Beatty.
1991 *Billy Bathgate*, de Robert Benton. / *Hook* (El capitán Garfio), de Steven Spielberg.
1992 *Hero* (Héroe por accidente), de Stephen Frears.
1995 *Outbreak* (Estallido), de Wolfgang Petersen.

HOLDEN, William *(William Franklin Beedle. O'Fallon, Illinois, 1918-Santa Monica, California, Estados Unidos, 1981)*

Perteneciente a una familia con negocios en el sector químico, comienza a estudiar química, pero interesado por la interpretación, empieza a trabajar como actor en radio y más tarde en teatro. Descubierto por un cazatalentos de los estudios Columbia, se traslada a Hollywood y debuta como protagonista de *Sueños de oro*. Durante la década de los cuarenta no pasa de ser un conocido intérprete de *westerns*, entre los que destaca *Vuelve a amanecer*, en gran parte por los cuatro años que pasa en las fuerzas aéreas combatiendo en la II Guerra Mundial. En los cincuenta protagoniza veintitrés películas que le convierten en una *estrella*, de las que sobresalen *El crepúsculo de los dioses, Nacida ayer, Traidor en el infierno*, por la que gana un Oscar, *La torre de los ambiciosos, Sabrina, La colina del adiós, Picnic, El puente sobre el río Kwai* y *Misión de audaces*. Durante las décadas de los sesenta y setenta interviene en menos películas, pero sigue trabajando con regularidad y no hay que olvidar *El mundo de Suzie Wong, Grupo salvaje, Dos hombres contra el Oeste* y *Fedora*. Muere poco después de rodar la ácida comedia sobre el mundo del cine *S. O. B.*

1939 *Golden Boy* (Sueños de oro), de Rouben Mamoulian. / *Invisible Stripes*, de Lloyd Bacon. / *Those Were the Days*, de J. Theodore Reed.
1940 *Arizona*, de Wesley Ruggles. / *Our Town* (Sinfonía de la vida), de Sam Wood.
1941 *I Wanted Wings* (Vuelo de águilas), de Mitchell Leisen. / *Texas*, de George Marshall.

1942 *The Fleet's In* (Rivales por un beso), de Victor Schertzinger. / *Meet the Stewarts*, de Alfred E. Green. / *The Remarkable Andrew*, de Stuart Heisler.
1943 *Young and Willing* (Juventud ambiciosa), de Edward H. Griffith.
1947 *Variety Girl*, de George Marshall. / *Dear Ruth*, de William D. Russell. / *Blaze of Noon*, de John Farrow.
1948 *The Man From Colorado* (El hombre de Colorado), de Henry Levin. / *Rachel and the Stranger* (Vuelve a amanecer), de Norman Foster. / *Apartment for Peggy*, de George Seaton.
1949 *The Dark Past* (Cerco de odio), de Rudolph Maté. / *Miss Grant Takes Richmond*, de Lloyd Bacon. / *Dear Wife*, de Richard Haydn. / *Streets of Laredo* (Tres tejanos), de Leslie Fenton.
1950 *Father Is a Bachelor*, de Norman Foster. / *Sunset Boulevard* (El crepúsculo de los dioses), de Billy Wilder. / *Union Station*, de Rudolph Maté. / *Born Yesterday* (Nacida ayer), de George Cukor.
1951 *Force of Arms* (La fuerza de las armas), de Michael Curtiz. / *Submarine Command*, de John Farrow.
1952 *The Turning Point* (Un hombre acusa), de William Dieterle. / *Boots Malone*, de William Dieterle.
1953 *Forever Female*, de Irving Rapper. / *Stalag 17* (Traidor en el infierno), de Billy Wilder. / *The Moon Is Blue* (La luna es azul), de Otto Preminger. / *Escape From Fort Bravo* (Fort Bravo), de John Sturges.
1954 *The Bridges at Toko-Ri* (Los puentes de Toko-Ri), de Mark Robson. / *The Country Girl* (La angustia de vivir), de George Seaton. / *Sabrina*, de Billy Wilder. / *Executive Suite* (La torre de los ambiciosos), de Robert Wise.
1955 *Love Is a Many Splendored Thing* (La colina del adiós), de Henry King. / *Picnic*, de Joshua Logan.
1956 *Toward the Unknown* (Al borde del infierno), de Mervyn LeRoy. / *The Proud and the Profane* (Los héroes también lloran), de George Seaton.
1957 *The Bridge on the River Kwai* (El puente sobre el río Kwai), de David Lean.
1958 *The Key* (La llave), de Carol Reed.
1959 *The Horse Soldiers* (Misión de audaces), de John Ford.
1960 *The World of Suzie Wong* (El mundo de Suzie Wong), de Richard Quine. / *The Counterfelt Traitor* (Espía por mandato), de George Seaton.
1962 *Satan Never Sleeps* (Satanás nunca duerme), de Leo McCarey. / *The Lion* (El león), de Jack Cardiff.
1964 *Paris When It Sizzles* (Encuentro en París), de Richard Quine. / *The Seventh Dawn* (El séptimo amanecer), de Lewis Gilbert.
1966 *Alvarez Kelly*, de Edward Dmytryk.
1967 *Casino Royale*, de Val Guest, Ken Hughes, John Huston, Joseph McGrath y Robert Parrish. / *The Devil's Brigade* (La brigada del diablo), de Andrew V. McLaglen.
1969 *The Wild Bunch* (Grupo salvaje), de Sam Peckinpah. / *The Christmas Tree* (Vidas truncadas), de Terence Young.
1971 *Wild Rovers* (Dos hombres contra el Oeste), de Blake Edwards.
1972 *The Revengers* (Los vengadores), de Daniel Mann.
1973 *Open Season* (Los cazadores), de Peter Collinson. / *Breezy* (Primavera en otoño), de Clint Eastwood.
1974 *The Towering Inferno* (El coloso en llamas), de John Guillermin.
1976 *Network* (Un mundo implacable), de Sidney Lumet. / *Twenty One Hours at Munich* (21 horas en Munich), de William A. Graham.
1977 *Fedora*, de Billy Wilder.
1978 *Damien: The Omen II* (La maldición de Damien), de Don Taylor.
1979 *Ashanti* (Ébano), de Richard Fleischer. / *When Time Ran Out* (El día del fin del mundo), de James Goldstone.
1980 *The Earthling* (Mi nuevo campeón), de Peter Collinson.
1981 *S.O.B.* (Somos honrados bandidos), de Blake Edwards.

HOLLAND, Agnieszka *(Varsovia, Polonia, 1948)*

Perteneciente a una familia judía de activistas políticos opuestos al régimen comunista, se diploma en dirección en la F. A. M. U., la escuela de cine de Praga, pero la invasión soviética del verano de 1968 le hace pasar algunos meses en la cárcel. De regreso en Polonia, trabaja como ayudante de dirección de Krzystof Zanussi y guionista de Andrzej Wajda y debuta como realizadora con *Actores de provincias,* crónica de las desilusiones de una generación, en torno al montaje de la obra teatral *Liberación,* de Wyspianski. En *La fiebre* reconstruye la infructuosa agitación clandestina contra el poder zarista a principios de siglo y en *Una mujer sola* describe las miserias materiales y morales de su país, pero es prohibido y decide exiliarse a París. Tarda cuatro años en conseguir rodar en la República Federal Alemana *Cosecha amarga,* seleccionada para el Oscar a la producción extranjera, sobre las relaciones entre un alemán y una judía escapada de un campo de concentración durante la II Guerra Mundial. La irregular *Conspiración para matar a un cura,* sobre el asesinato del padre

Popieluszko en 1984 en Polonia, narra la típica historia de denuncia política, dentro de una producción europea hablada en inglés. Resultan en alguna medida similares *Europa, Europa,* historia de un joven judío polaco que logra pasar por ario a los ojos de los alemanes durante la II Guerra Mundial, y *Olivier Olivier,* sobre el extraño caso de un adolescente que se presenta a una pareja como su hijo desaparecido hace años. En Estados Unidos, producida por Francis Ford Coppola, rueda *El jardín secreto,* curiosa versión del clásico de la literatura infantil de Frances H. Burnett.

1979 *Aktorzy prowincjonalni* (Actores de provincias).
1980 *Goraczka* (La fiebre).
1981 *Kobieta samolna i chromy* (Una mujer sola).
1985 *Bittere ernte* (Cosecha amarga).
1988 *To Kill a Priest* (Conspiración para matar a un cura).
1990 *Europa, Europa.*
1992 *Olivier Olivier.*
1993 *The Secret Garden* (El jardín secreto).
1995 *Total Eclipse* (Vidas al límite).

HOLLIDAY, Judy *(Judith Tuvin. Nueva York, 1922-Nueva York, Estados Unidos, 1965)*

Tras estudiar en la Julia Richman High School, durante la II Guerra Mundial se une a Betty Comden y Adolph Green, más tarde famosos guionistas de comedias, para crear el grupo The Revuers con el que actúan en los más conocidos *night-clubs* intelectuales de Nueva York. En 1944 hace algunos papeles secundarios en películas, pero vuelve a Broadway desengañada de la experiencia y triunfa en la más inmediata posguerra al protagonizar la comedia *Born Yesterday.* Gracias al éxito conseguido con su importante papel secundario en *La costilla de Adán,* el realizador George Cukor convence a Harry Cohn, presidente de los estudios Columbia, para que la contrate y hace con ella de protagonista las divertidas comedias realistas *Nacida ayer,* con la que gana un Óscar, *Chica para matrimonio* y *La rubia fenómeno.* Tras rodar bajo la dirección de Richard Quine las interesantes comedias *Un cadillac de oro macizo* y *Full of Life,* regresa al teatro. Su última película es el fallido musical Metro-Goldwyn-Mayer *Suena el teléfono,* de Vincente Minnelli, escrito especialmente para ella por sus antiguos compañeros Betty Comden y Adolph Green, con el que triunfa en Broadway, pero fracasa en Hollywood.

1944 *Greenwich Village,* de Walter Lang. / *Something for the Boys,* de Lewis Seiler. / *Winged Victory* (Cita en los cielos), de George Cukor.
1949 *Adam's Rib* (La costilla de Adán), de George Cukor.
1950 *Born Yesterday* (Nacida ayer), de George Cukor.
1952 *The Marrying Kind* (Chica para matrimonio), de George Cukor.
1954 *It Should Happen to You* (La rubia fenómeno), de George Cukor. / *Phffft!,* de Mark Robson.
1956 *The Solid Gold Cadillac* (Un cadillac de oro macizo), de Richard Quine.
1957 *Full of Life,* de Richard Quine.
1960 *Bells Are Ringing* (Suena el teléfono), de Vincente Minnelli.

HOMBRE CAÑÓN, EL *(The Strong Man, 1926)*

A finales del período mudo, el genial cómico norteamericano Harry Langdon, demasiado oculto por las grandes figuras de Buster Keaton y Charles Chaplin, produce y protagoniza tres largometrajes que son grandes clásicos del cine cómico y los primeros que dirige el genial Frank Capra. Después de *Un sportman de ocasión* (Tramp, Tramp, Tramp, 1926), que escribe y codirige Capra, pero firma Harry Edwards, y antes de *Sus primeros pantalones* (Long Pants, 1927), que marca la turbulenta interrupción de su fructífera colaboración y el principio del fin de Langdon, ruedan esta obra maestra, la primera que Capra firma en solitario. Esta historia del soldado belga Paul Bergot (Harry Langdon) que, una vez finalizada la Gran Guerra, gracias a la amistad con su antiguo enemigo el atleta Zandow (Arthur Thalasso), comienza a trabajar en un espectáculo de *music-hall* y viaja a Estados Unidos para conocer a Mary Brown (Priscilla Bonner), la muchacha que le escribía durante la contienda, es la que mejor define la compleja personalidad, entre el niño y el adulto, del característico personaje creado por Harry Langdon. Además es un anticipo de las historias narradas por Capra a lo largo de su brillante carrera.

Director: *Frank Capra.* Guionistas: *Arthur Ripley, Frank Capra, Hal Conklin, Robert Eddy.* Fotografía: *Elgin Lesley, Glenn Kershner.* Intérpretes: *Harry Langdon, Gertrude Astor, Priscilla Bonner, William V. Mong, Arthur Thalasso.* Producción: *Harry Langdon Corporation, First National.* Duración: *75'. Estados Unidos.*

HOMBRE CLAVE, EL *(The Nickel Ride, 1975)*

La historia de Cooper (Jason Miller), un hombre que ocupa una posición intermedia dentro de la delincuencia organizada en un barrio de Los Ángeles, que no consigue poner en marcha un nuevo almacén para mercancías robadas, descubre que su momento ha pasado y que va a ser sustituido violentamente por otro, mientras intenta huir con su atractiva y joven mujer Sarah (Linda Haynes), da lugar a esta película, un tanto insólita, sobre el final de una época. Producida y dirigida por Robert Mulligan, sobre un buen guión de Eric Roth, solo tiene buena acogida por parte de la crítica europea, pero es un fracaso de público que tuerce la irregular carrera de su realizador y que hunde la de sus prometedores protagonistas Jason Miller y Linda Haynes.

Director: *Robert Mulligan*. Guionista: *Eric Roth*. Fotografía: *Jordan Cronenweth*. Música: *Dave Grusin*. Intérpretes: *Jason Miller, Linda Haynes, Victor French, John Hillerman, Bo Hopkins*. Producción: *Robert Mulligan para 20th Century Fox. Color*. Duración: *111'. Estados Unidos*.

HOMBRE DE LARAMIE, EL *(The Man From Laramie, 1955)*

Hacia 1870, el antiguo capitán del ejército Will Lockhart (James Stewart) llega al pequeño pueblo de Coronado, Nuevo México, en busca de un traficante de armas que vende rifles a los indios, culpable indirecto de la muerte de su hermano. El traficante resulta ser Vic Hansbro (Arthur Kennedy), hijastro de Alec Waggoman (Donald Crisp), el propietario más poderoso de una zona. Rodada en veintiocho días y en una veintena de localizaciones de Nuevo México, es el quinto y último *western* protagonizado por James Stewart y dirigido por el reputado especialista Anthony Mann. Basado en un sólido guión de Philip Yordan y Frank Burt, más allá de su tradicional estructura de itinerario destaca por el tono de tragedia con que está narrada una simple historia de venganza. Sin olvidar lo bien visualizada que está la violencia que sirve de base dramática a la película.

Director: *Anthony Mann*. Guionistas: *Philip Yordan, Frank Burt*. Fotografía: *Charles Lang Jr.* Música: *George Duning*. Intérpretes: *James Stewart, Arthur Kennedy, Donald Crisp, Cathy O'Donnell, Alex Nicol, Aline MacMahon, Wallace Ford, Jack Elam*. Producción: *William Goetz. Color. Scope*. Duración: *104'. Estados Unidos*.

HOMBRE DE MACKINTOSH, EL *(The Mackintosh Man, 1973)*

El especialista Joseph Readen (Paul Newman) roba una importante cantidad de diamantes, es condenado a veinte años de prisión y consigue escapar con el espía comunista Slade (Ian Bannen), pero cuando está a punto de descubrir qué importante parlamentario también es espía, muere Mackintosh (Harry Andrews), el hombre de los servicios secretos británicos para el que trabaja y parece que su larga y compleja acción ha sido inútil. Sin embargo, gracias a la ayuda de la misteriosa Mrs. Smith (Dominique Sanda), secretaria e/o hija de Mackintosh, consigue desenmascarar al, en teoría, político conservador Sir George Wheeler (James Mason) en un ambiguo y complejo final, que en su momento hace que se acusase de reaccionaria a la película y sea alterado por la censura del general Franco. Basada en un guión atribuido al más tarde también realizador Walter Hill, es una de las mejores películas de la última parte de la carrera de John Huston y muestra al excelente trío de actores integrado por el norteamericano Paul Newman, la francesa Dominique Sanda y el británico James Mason.

Director: *John Huston*. Guionista: *Walter Hill*. Fotografía: *Oswald Morris*. Música: *Maurice Jarre*. Intérpretes: *Paul Newman, Dominique Sanda, James Mason, Nigel Patrick, Harry Andrews, Michael Hordern, Ian Bannen*. Producción: *Paul Newman, Carl Foreman y John Huston para Warner. Color*. Duración: *99'. Reino Unido*.

HOMBRE DE MÁRMOL, EL *(Czlowiek z marmuru, 1977)*

La realizadora de televisión Agnieszka (Krystyna Janda) intenta hacer una película sobre el fenómeno del estajanovismo de principios de los años cincuenta, la etapa más dura de la dictadura de Stalin, a través de la vida del obrero Tadeusz Birkut (Jerzy Radziwilowicz), capaz de colocar treinta mil ladrillos en un día, pero caído en desgracia por defender a un amigo injustamente acusado. A pesar de la oposición de las autoridades y gracias a la ayuda de su hijo Maciek Birkut (Jerzy Radziwilowicz), Agnieszka consigue hacer un apasionado retrato de veinte años de vida polaca en una buena mezcla de documentales y escenas reconstruidas. Su gran atractivo reside en que Andrzej Wajda no solo narra los problemas existentes en su país en los años cincuenta y los que encuentra su protagonista diez años después, sino también los que tienen él y su guionista Aleksander Scibor-Rylski para hacer esta película. Su éxito nacional e internacional lleva a Wajda a dirigir, también sobre un guión original de Scibor-Rylski, *El hombre de hierro* (Czlowiek z żelaza, 1981), un documento mucho más interesante desde el punto de vista histórico que cinematográfico, donde utiliza el mismo personaje para narrar los orígenes del sindicato Solidaridad, pero a pesar de que gana la Palma de Oro del Festival de Cannes tiene mucho menos interés.

Director: *Andrzej Wajda*. Guionista: *Aleksander Scibor-Rylski*. Fotografía: *Edward Klosinski*. Música: *Andrzej Korzynski*. Intérpretes: *Jerzy Radziwilowicz, Krystyna Janda, Tadeusz Lomnicki, Michal Tarkowski*. Producción: *Barbara Pec-Slesicka para Film Unit X*. Color. Duración: *164'*. Polonia.

HOMBRE DEL CRÁNEO RASURADO, EL
(Der man die Zijn Haar kort liet knipen, 1966)

El amor platónico del abogado Govert Miereveld (Senne Roufaer) por la bellísima actriz Fran (Beata Tyszkiewicz) es origen de una sólida narración que, gracias a una elaborada y compleja estructura, parte de hechos reales para, de una manera progresiva, llegar a los puramente imaginativos y oníricos. Tomando como punto de partida una novela de su compatriota Johan Daisne, el debutante André Delvaux escribe en colaboración y dirige una apasionante película que se sitúa en el complejo y atractivo terreno entre el cine experimental y el fantástico. Destaca la presencia de la fascinante actriz polaca Beata Tyszkiewicz en el papel de la misteriosa mujer que no se sabe si existe o solo es producto de la mente del narrador, así como la tan simple como efectiva escena de la autopsia, a medio camino entre lo real y lo imaginado, tan característica del interesante Delvaux.

Director: *André Delvaux*. Guionistas: *André Delvaux, Anna de Pagter*. Fotografía: *Ghislain Cloquet*. Música: *Freddy de Vree*. Intérpretes: *Senne Roufaer, Beata Tyszkiewicz, Hector Camerlunck*. Producción: *B. R. T.* Duración: *94'*. Bélgica.

HOMBRE DEL OESTE, EL *(Man of the West, 1958)*

En 1874 el reformado pistolero Link Jones (Gary Cooper) parte en ferrocarril de la pequeña ciudad de Crosscut con destino a Fort Worth encargado por su pequeña comunidad de contratar a una maestra. En el mismo tren conoce a Billie Ellis (Julie London), una cantante de *saloon* que quiere cambiar de oficio y aceptaría encantada este nuevo trabajo, pero son asaltados por algunos miembros de su antigua banda y el viejo jefe Dock Tobin (Lee J. Cobb) le obliga a participar en el robo del Banco de Lasoo, que se ha transformado en una ciudad fantasma. Basado en un guión de Reginald Rose, que en un principio no gusta nada al realizador Anthony Mann, se convierte en sus hábiles manos en uno de sus mejores *westerns*, casi su testamento cinematográfico. Narra muy bien cómo un viejo pistolero se ve obligado a emplear la violencia para encontrar una reconciliación entre un pasado del que se siente prisionero y un futuro lleno de tranquilidad. Destacan la escena en que los pistoleros obligan a la cantante a hacer un *strip-tease*, así como la del tiroteo final en la perdida ciudad deshabitada y, por supuesto, la sobriedad del trabajo interpretativo de Gary Cooper.

Director: *Anthony Mann*. Guionista: *Reginald Rose*. Fotografía: *Ernest Haller*. Música: *Leigh Harline*. Intérpretes: *Gary Cooper, Lee J. Cobb, Julie London, Arthur O'Connell, Jack Lord, John Dehner*. Producción: *William Mirisch para Ashton / United Artists*. Color. Scope. Duración: *100'*. Estados Unidos.

HOMBRE DEL SUR, EL *(The Southerner, 1945)*

Tercera y mejor de las cinco películas rodadas por el director francés Jean Renoir durante su exilio en Estados Unidos a causa de la II Guerra Mundial. Tiene los atractivos adicionales de la intervención de manera anónima del gran novelista William Faulkner en el guión y de ser la primera película norteamericana cuyos exteriores se ruedan en el campo, lejos de los decorados de estudio impuestos por la tradición de la época. Dividida en cuatro partes, según las estaciones, narra el primer año de vida en el campo como agricultores autónomos de Sam Tucker (Zachary Scott), su mujer Nana (Betty Field), su madre (Beulah Bondi) y sus dos hijos pequeños, dedicados a cultivar algodón en unas tierras arrendadas. Una casa en ruinas, el frío, el hambre, el mal humor de su vecino Devers (J. Carroll Naish), la pelagra y una tormenta que acaba con su primera cosecha, no les hace abandonar su intento de convertirse en agricultores con tierras propias. Narrada por Renoir con su peculiar estilo en el que se mezclan el realismo y el humor, al ser una producción independiente de bajo presupuesto es la más libre de sus películas norteamericanas.

Director y guionista: *Jean Renoir*. Fotografía: *Lucien Andriot*. Música: *Werner Janssen*. Intérpretes: *Zachary Scott, Betty Field, Beulah Bondi, J. Carroll Naish, Percy Kilbride, Blanche Yurka*. Producción: *David Loew y Robert Hakim para United Artists*. Duración: *91'. Estados Unidos*.

HOMBRE DEL TRAJE BLANCO, EL *(The Man in the White Suit, 1951)*

El realizador norteamericano Alexander Mackendrick hace cuatro interesantes comedias para los británicos estudios Ealing, pero entre *Whisky a gogo* (Whisky Galore!, 1949), *Maggie* (The Maggie, 1954) y *El quinteto de la muerte* (The Ladykillers, 1955), destaca esta. Narra cómo el químico Sydney Stratton (Alec Guinness) inventa un tejido que no se puede manchar, ni romper, y se hace con él un traje blanco que siembra el pánico entre los fabricantes y los sindicatos. Basada en una obra de teatro de Roger McDougall, convertida en un buen guión por William Rose, gracias a su habilidad narrativa, Mackendrick consigue dar un peculiar tono kafkiano a la historia y hacer uno de los grandes clásicos de la comedia británica. Además de ofrecer al actor Alec Guinness una de sus grandes oportunidades.

Director: *Alexander Mackendrick*. Guionista: *William Rose*. Fotografía: *Douglas Slocombe*. Música: *Benjamin Frankel*. Intérpretes: *Alec Guinness, Joan Greenwood, Cecil Parker, Michael Gough*. Producción: *Michael Balcon para Ealing Studios*. Duración: *85'. Reino Unido*.

HOMBRE DEL TRAJE GRIS, EL *(The Man in the Gray Flannel Suit, 1956)*

A partir de una novela de éxito de Sloan Wilson, el irregular Nunnally Johnson escribe y dirige su mejor película. Narra la vida cotidiana de Tom Rath (Gregory Peck), un norteamericano medio, buen padre de tres hijos pequeños, presionado por su mujer (Jennifer Jones) para que gane más dinero, pero que no puede olvidar que durante la II Guerra Mundial mató a varios hombres en combate, especialmente a un muchacho para quitarle el abrigo, y dejó embarazada a María (Marisa Pavan) en Roma. Tras heredar la casa de su abuela y descubrir que su criado le había robado todo su dinero, comienza a trabajar en una emisora de televisión, no acepta adular a su nuevo jefe (Fredric March), le cuenta a su mujer la existencia de su hijo italiano y deciden mandarle cien dólares mensuales. Rodada en planos mucho más largos de lo habitual por ser una de las primeras películas en CinemaScope de los estudios 20th Century Fox, su peculiar mensaje es que tiene que haber hombres de tipo medio, que se dediquen tanto a su trabajo como a su familia, para apoyar a los grandes hombres, que se dedican en exclusiva a construir sus sueños. Sobre un sólido guión, algo descompensando por dos *flashbacks* sobre la II Guerra Mundial en la primera parte, Nunnally Johnson hace un eficaz trabajo de dirección y consigue que Gregory Peck construya uno de los mejores personajes de su carrera. Frente a los 152 minutos de la versión original, en Europa se estrena una reducida a 124 minutos.

Director y guionista: *Nunnally Johnson*. Fotografía: *Charles G. Clarke*. Música: *Bernard Herrmann*. Intérpretes: *Gregory Peck, Jennifer Jones, Fredric March, Marisa Pavan, Lee J. Cobb, Ann Harding, Keenan Wynn, Gene Lockhart*. Producción: *Darryl F. Zanuck para 20th Century Fox. Color. Scope*. Duración: *152'. Estados Unidos*.

HOMBRE INVISIBLE, EL *(The Invisible Man, 1933)*

Tras el gran éxito de *El doctor Frankenstein* (Frankenstein, 1931), el productor Carl Laemmle Jr. presiona al realizador James Whale para que ruede otra película fantástica y finalmente se decide por una adaptación de la novela homónima de H. G. Wells. Narra cómo el científico Jack Griffin (Claude Rains) experimenta sobre sí mismo un suero para hacerse invisible, pero no encuentra el antídoto. Además, una de las sustancias que emplea le hace enloquecer y le convierte en un megalómano que desafía al mundo y demuestra su fuerza haciendo descarrilar un tren y matando a su colega el doctor Kemp (William Harrigan), pero es descubierto y apresado gracias a las huellas que su cuerpo invisible deja en la nieve. Destacan los tan simples como excelentes trucos creados por los especialistas John P. Fulton y John Mescall, el toque de humor con que Whale sazona el relato y la interpretación del debutante Claude Rains, a quien solo se le ve la cara en el último plano, cuando ya está muerto. Su gran éxito es origen de varias secuelas, desde las producciones de los estudios Universal *El hombre invisible vuelve* (The Invisible Man Retourns, 1940), de Joe May, con Vincent Price y Cedric Hardwicke, y *La venganza del hombre invisible* (The Invisible Man's Revenge, 1944), de Ford Beebe, con Jon Hall y John Carradine, hasta la más reciente *Memorias de un hombre invisible* (Memoirs of an Invisible Man, 1992), de John Carpenter, con Chevy Chase y Daryl Hannah, pero todas carecen de interés.

Director: *James Whale*. Guionistas: *R. C. Sheriff, Philip Wyle*. Fotografía: *Arthur Edeson*. Intérpretes: *Claude Rains, Gloria Stuart, William Harrigan, Henry Travers, E. E. Clive, Una O'Connor*. Producción: *Carl Laemmle Jr. para Universal*. Duración: *71'*. Estados Unidos.

HOMBRE LLAMADO «FLOR DE OTOÑO», UN *(1978)*

La historia de Luis Sarracant (José Sacristán), un abogado barcelonés de buena familia que en los años veinte, durante la dictadura del general Primo de Rivera, por el día defiende ante los tribunales los intereses de los sindicalistas y por la noche canta cuplés vestido de mujer en el cabaretucho Bataclán, sirve al guionista y director Pedro Olea para hacer una de sus películas más conocidas. Basada en hechos reales y en la obra teatral de José María Rodríguez Méndez, convertida en guión por Rafael Azcona y el propio Olea, tiene una cuidada ambientación y brinda a José Sacristán la ocasión de interpretar un papel de una gran complejidad, pero funciona con menor intensidad cuando el abogado-travestido intenta redimirse convirtiéndose en anarquista.

Director: *Pedro Olea*. Guionistas: *Rafael Azcona, Pedro Olea*. Fotografía: *Fernando Arribas*. Música: *Carmelo Bernaola*. Intérpretes: *José Sacristán, Francisco Algora, Carlos Piñeiro, Carmen Carbonell, Roberto Camardiel*. Producción: *José Frade P. C. Color*. Duración: *97'*. España.

HOMBRE QUE MATÓ A LIBERTY VALANCE, EL *(The Man Who Shot Liberty Valance, 1962)*

El senador Ramson Stoddard (James Stewart) asiste al funeral de su viejo amigo Tom Doniphon (John Wayne) y, a lo largo de un *flashback* que constituye la película, narra a un grupo de periodistas la verdad sobre la muerte del pistolero Liberty Valance (Lee Marvin). El maestro John Ford utiliza esta historia para explicar cómo la unión de la ley y la fuerza consiguen la pacificación del salvaje Oeste. Mientras el abogado Ramson Stoddard se enfrenta al pistolero Liberty Valance, en realidad es Tom Doniphon quien acaba con él; y aunque tal acción supone el comienzo de la carrera política del primero, el segundo prefiere permanecer en la sombra por amor hacia Hallie (Vera Miles), que acaba convirtiéndose en la esposa del senador. Dentro de este amargo y melancólico *western*, uno de los mejores de Ford, sobresale la célebre frase: «Cuando los hechos se convierten en leyenda, se publica la leyenda», que dice el senador Stoddard a los periodistas tras su brillante narración. Destacan las interpretaciones de James Stewart y John Wayne, que dan vida a dos seres antagónicos, pero complementarios.

Director: *John Ford*. Guionistas: *James Warner Bellah, Willis Goldbeck*. Fotografía: *William H. Clothier*. Música: *Cyril Mockridge*. Intérpretes: *James Stewart, John Wayne, Vera Miles, Lee Marvin, Edmond O'Brien, Andy Devine, Jeanette Nolan, John Qualen, Woody Strode*. Producción: *Willis Goldbeck para Ford Productions / Paramount*. Duración: *122'*. Estados Unidos.

HOMBRE QUE VENDIÓ SU ALMA, EL *(The Devil and Daniel Webster, 1941)*

Finalizado su contrato con los estudios Warner en su momento de máxima gloria, el exiliado alemán William Dieterle crea su propia productora con el respaldo de R. K. O., y parte de un relato de Stephen Vincent Benet para hacer una versión muy norteamericana del mito de Fausto, que ya había dirigido y protagonizado en Alemania durante su juventud. En 1840, en New Hampshire, tras una racha de mala suerte, el campesino Jabez Stone (James Craig) vende su alma al demonio Scrath (Walter Huston) a cambio de siete años de prosperidad. Transcurrido ese tiempo, durante el que rechaza la oferta de sus vecinos para crear un sindicato que les proteja en los malos tiempos, se convierte en un avariento prestamista, se construye una gran mansión y se hace amante de la extraña Belle (Simone Simon), el diablo le ofrece una prórroga de siete años a cambio del alma de su hijo, pero no acepta y consigue librarse de su trato gracias al juicio que organiza y gana el respetado senador Daniel Webster (Edward Arnold) de Massachusetts. Hábilmente realizada con bellos decorados, esta curiosa fábula donde el demonio es vencido por la democracia norteamericana, tiene algo de premonitorio el año en que Estados Unidos entra en la II Guerra Mundial. La crítica la recibe con frialdad, pero el público no la acepta y marca el principio del fin del breve período de independencia creativa de Dieterle.

Director: *William Dieterle*. Guionista: *Dan Totheroth*. Fotografía: *Joseph August*. Música: *Bernard Herrmann*. Intérpretes: *Walter Huston, James Craig, Anne Shirley, Simone Simon, Edward Arnold, Jane Darwell, Gene Lockhart*. Producción: *William Dieterle para R. K. O.* Duración: *106'. Estados Unidos.*

HOMBRES INTRÉPIDOS (The Long Voyage Home, 1940)

A partir de cuatro narraciones cortas del dramaturgo Eugene O'Neill, el excelente guionista Dudley Nichols, colaborador habitual del realizador John Ford durante estos años, escribe un sólido guión de ambiente marinero para el productor independiente Walter Wanger. Narra cómo, durante los primeros años de la II Guerra Mundial, un grupo de marineros navega en el «Glencairn» hacia Londres con un cargamento de explosivos. Durante la travesía unas muchachas caribeñas les llevan alcohol en contra de las ordenanzas; sufren un ataque aéreo y Yank (War Bond) muere en una tempestad. Aunque sueñan con dejar esa dura vida, una vez que llegan a puerto todos vuelven a reengancharse, menos Ole Olsen (John Wayne) que debe ir a su Suecia natal para encontrarse con su madre. En manos del maestro John Ford, se convierte en una pesimista, claustrofóbica y triste película marcada por la muerte. Destaca la cuidada fotografía del reputado Gregg Toland, que reconstruye con habilidad en estudio la atmósfera marinera y utiliza con extremada habilidad la entonces innovadora *profundidad de campo*, así como un amplio reparto integrado en su gran mayoría por actores característicos de Ford.

Director: *John Ford*. Guionista: *Dudley Nichols*. Fotografía: *Gregg Toland*. Intérpretes: *John Wayne, Thomas Mitchell, Ian Hunter, Ward Bond, Barry Fitzgerald, Wilfrid Lawson, Mildred Natwick*. Producción: *Walter Sanger para United Artists*. Duración: *104'. Estados Unidos.*

HOPKINS, Anthony *(Port Talbot, Gales, Reino Unido, 1937)*

Estudia arte dramático en el Cardiff College of Drama y la Royal Academy of Dramatic Arts de Londres y a principios de los años sesenta debuta como actor de teatro; no tarda en convertirse en un nombre importante de la escena inglesa y a finales de la década debuta en cine en importantes papeles secundarios en sólidas películas teatrales, *El león en invierno*, de Anthony Harvey; *Hamlet*, de Tony Richardson. Durante los setenta actúa sobre todo en teatro, pero también en películas comerciales británicas, dirigido por el actor Richard Attenborough, *El joven Winston, Un puente lejano, Magic,* y por Joseph Losey, *Chantaje contra una esposa,* y excepcionalmente norteamericanas, *Las dos vidas de Audrey Rose,* de Robert Wise. En la década de los ochenta prosigue con el teatro, pero entre dos películas interesantes, *El hombre elefante,* de David Lynch, y *La carta final,* de David Jones, se introduce en la industria norteamericana a través de la televisión. Tras ganar un Oscar por interpretar al sofisticado asesino Hannibal Lecter en el excesivo policiaco *El silencio de los corderos*, dedica más atención al cine que al teatro, tanto en producciones norteamericanas, *Drácula,* de Francis Ford Coppola; *Leyendas de pasión,* de Edward Zwick; *Nixon,* de Oliver Stone, como británicas, *Regreso a Howards End* y *Lo que queda del día,* de James Ivory; *El inocente,* de John Schlesinger; *Tierra de penumbra,* de Richard Attenborough; *El balneario de Battle Creek*, de Alan Parker.

1968 *The Lion in Winter* (El león en invierno), de Anthony Harvey.
1969 *Hamlet*, de Tony Richardson.
1970 *The Loocking Glass War*, de Frank Pierson.
1971 *When Eight Bells Toll*, de Étienne Périer.
1972 *Young Winston* (El joven Winston), de Richard Attenborough.
1973 *A Doll's House* (Chantaje contra una esposa), de Joseph Losey.
1974 *The Girl From Petrovka*, de Robert Ellis Miller. / *Juggernaut* (El enigma se llama Juggernaut), de Richard Lester.
1976 *Victory at Entebbe* (Victoria en Entebbe), de Marvin Chomsky.
1977 *Audrey Rose* (Las dos vidas de Audrey Rose), de Robert Wise. / *A Bridge Too Far* (Un puente lejano), de Richard Attenborough.

1978 *International Velvet* (Doble triunfo), de Bryan Forbes. / *Magic*, de Richard Attenborough.
1980 *A Change of Season* (Sólo para adultos), de Richard Lang. / *The Elephant Man* (El hombre elefante), de David Lynch.
1984 *The Bounty* (Motín a bordo), de Roger Donaldson.
1987 *The Good Father*, de Mike Newell. / *84 Charing Cross Road* (La carta final), de David Jones.
1988 *The Dawning*, de Robert Knights. / *A Chorus of Disapproval* (Adorable seductor), de Michael Winner.
1990 *Desperate Hours* (37 horas desesperadas), de Michael Cimino.
1991 *The Silence of the Lambs* (El silencio de los corderos), de Jonathan Demme.
1992 *Freejack* (Sin identidad), de Geoff Murphy. / *Howards End* (Regreso a Howards End), de James Ivory. / *The Efficiency Expert*, de Mark Joffe. / *Bram Stoker's Dracula* (Drácula), de Francis Ford Coppola. / *Chaplin*, de Richard Attenborough.
1993 *The Innocent* (El inocente), de John Schlesinger. / *The Remains of the Day* (Lo que queda del día), de James Ivory. / *Shadowlands* (Tierras de penumbra), de Richard Attenborough.
1994 *The Road to Wellville* (El balneario de Battle Creek), de Alan Parker. / *Legends of the Fall* (Leyendas de pasión), de Edward Zwick.
1995 *Nixon*, de Oliver Stone.

HOPKINS, Miriam *(Bainbridge, Georgia, 1902-Nueva York, Estados Unidos, 1972)*

De pequeña canta en el coro de su iglesia episcopaliana, estudia arte dramático en la Siracuse University, en 1921 debuta como corista en Broadway y durante los años veinte se convierte en una famosa actriz de teatro. Con la llegada del sonoro es contratada por los estudios Paramount y en la primera mitad de los años treinta protagoniza las famosas comedias *El teniente seductor, Un ladrón en la alcoba* y *Una mujer para dos,* de Ernst Lubitsch, además de *El hombre y el monstruo,* de Rouben Mamoulian. Hasta 1943 trabaja con continuidad para diferentes estudios; destacan sus interpretaciones en *La feria de las vanidades,* de Rouben Mamoulian, la primera producción en color; los dramas *La ciudad sin ley,* de Howard Hawks, *Esos tres,* de William Wyler, y *La solterona,* de Edmund Goulding; y el *western* personal *Oro, amor y sangre,* de Michael Curtiz. Después actúa mucho más en teatro y se limita a hacer importantes papeles secundarios en cine, pero destacan sus colaboraciones con William Wyler en *La heredera, Carrie* y *La calumnia.*
1930 *Fast and Loose*, de Fred Newmayer.
1931 *The Smiling Lieutenant* (El teniente seductor), de Ernst Lubitsch. / *Twenty Four Hours* (Veinticuatro horas), de Marion Gering.
1932 *Two Kinds of Women* (Así es Nueva York), de William de Mille. / *Dr. Jekyll and Mr. Hyde* (El hombre y el monstruo), de Rouben Mamoulian. / *Dancers in the Dark* (Bailando a ciegas), de David Burton. / *The World and the Flesh* (El tigre del Mar Negro), de John Cromwell. / *Trouble in Paradise* (Un ladrón en la alcoba), de Ernst Lubitsch.
1933 *The Story of Temple Drake* (Secuestro), de Stephen Roberts. / *The Stranger's Return*, de King Vidor. / *Desing for Living* (Una mujer para dos), de Ernst Lubitsch.
1934 *All of Me* (Mi vida entera), de James Flood. / *She Loves Me Not* (Fuga apasionada), de Elliott Nugent. / *The Richest Girl in the World* (La Venus de oro), de William A. Seiter.
1935 *Becky Sharp* (La feria de las vanidades), de Rouben Mamoulian. / *Barbary Coast* (La ciudad sin ley), de Howard Hawks. / *Splendor* (Esplendor), de Elliott Nugent.
1936 *These Three* (Esos tres), de William Wyler. / *Men Are Not Gods* (Los hombres no son dioses), de Walter Reisch.
1937 *The Woman I Love*, de Anatole Litvak. / *Woman Chases Man* (Quien conquista es la mujer), de John G. Blystone. / *Wise Girl* (Una chica rubia), de Leigh Jason.
1939 *The Old Maid* (La solterona), de Edmund Goulding.
1940 *Virginia City* (Oro, amor y sangre), de Michael Curtiz.
1941 *The Lady With Red Hair*, de Curtis Bernhardt.
1942 *A Gentleman After Dark* (Un caballero en la noche), de Edwin L. Marin.
1943 *Old Acquaintance*, de Vincent Sherman.
1949 *The Heiress* (La heredera), de William Wyler.
1950 *The Mating Season* (Casado y con dos suegras), de Mitchell Leisen.
1951 *Carrie*, de William Wyler.
1952 *The Outcasts of Pok Flat*, de Joseph M. Newman.
1961 *The Children's Hour* (La calumnia), de William Wyler.
1964 *Fanny Hill*, de Russ Meyer.
1965 *The Chase* (La jauría humana), de Arthur Penn.

HOPPER, Dennis *(Dodge City, Kansas, Estados Unidos, 1936)*

Contratado por los estudios Warner a los dieciocho años, desde 1955 hasta 1965 hace papeles secundarios en importantes producciones, entre las que destacan *Rebelde sin causa,* de Nicholas Ray, *Gigante,* de George Stevens, *Duelo de titanes,* de John Sturges, y *Del infierno a Texas y Los cuatro hijos de Katie Elder,* de Henry Hathaway. Tras protagonizar la interesante producción independiente *Night Tide,* de Curtis Harrington, sigue con los papeles secundarios hasta que a finales de la década de los sesenta tiene un gran éxito con *Buscando mi destino* —que no solo protagoniza, sino que también escribe en colaboración y dirige—, un peculiar canto a la libertad, las drogas y la música *rock.* Esto le lleva al gran fracaso de *La última película,* desastrosa historia de un rodaje, realizada en Latinoamérica con amplitud de medios, pero que por su incompetencia casi no puede montarse y le obliga a permanecer inactivo durante gran parte de la década. Vuelven a ponerle en activo *El amigo americano,* de Wim Wenders, y *Apocalypse Now,* de Francis Ford Coppola, dos de sus mejores películas, así como el relativo éxito de la historia de marginados *Caído del cielo,* que solo dirige. Durante los años ochenta hace importantes papeles secundarios en dieciséis películas, entre las que sobresalen *La ley de la calle,* de Francis Ford Coppola, *Terciopelo azul,* de David Lynch, y *El caso de la viuda negra,* de Bob Rafelson; mientras, dirige los irregulares policiacos de encargo *Colores de guerra* y *Camino de retorno,* que también protagoniza y firma con el seudónimo de Allen Smithee, por estar en desacuerdo con el montaje de sus productores. En la década de los noventa prosigue haciendo papeles secundarios en producciones sin el menor atractivo; entre las que solo destacan *Red Rock West,* de John Dahl, y *Amor a quemarropa,* de Tony Scott; mientras protagoniza la interesante *Paris Trout,* de Stephen Gyllenhaal; dirige el excelente policiaco *Labios ardientes,* basado en una novela del especialista Charles Williams, y la anodina comedia *Misión explosiva;* y hace divertidos papeles de malo en *Speed* y *Waterworld.*

Como director
1969 *Easy Rider* (Buscando mi destino).
1970 *The Last Movie* (La última película).
1980 *Out of the Blue* (Caído del cielo).
1987 *Colors* (Colores de guerra).
1989 *Backtrack* (Camino de retorno).
1990 *Hot Spot* (Labios ardientes).
1994 *Chasers* (Misión explosiva).

Como actor
1955 *I Died a Thousand Times,* de Stuart Heisler. / *Rebel Without a Cause* (Rebelde sin causa), de Nicholas Ray.
1956 *Giant* (Gigante), de George Stevens.
1957 *Gunfight at the O.K. Corral* (Duelo de titanes), de John Sturges. / *The Story of Mankind* (La historia de la humanidad), de Irwin Allen.
1958 *From Hell to Texas* (Del infierno a Texas), de Henry Hathaway.
1959 *The Young Land,* de Ted Tetzlaff.
1960 *Key Witness* (Cuando el hampa dicta su ley), de Phil Karlson.
1963 *Night Tide,* de Curtis Harrington.
1965 *The Sons of Katie Elder* (Los cuatro hijos de Katie Elder), de Henry Hathaway.
1966 *Queen of Blood,* de Curtis Harrington.
1967 *Cool Hand Luke* (La leyenda del indomable), de Stuart Rosenberg. / *The Trip,* de Roger Corman. / *The Glory Stompers,* de Anthony M. Lanza.
1968 *Panic in the City,* de Eddie Davis. / *Hang' Em High* (Cometieron dos errores), de Ted Post.
1969 *Easy Rider* (Buscando mi destino), de Dennis Hopper. / *True Grit* (Valor de ley), de Henry Hathaway.
1970 *The Last Movie* (La última película), de Dennis Hopper.
1973 *Kid Blue,* de James Frawley.
1976 *Mad Dog Morgan,* de Philippe Mora.
1977 *Der amerikanische Freund* (El amigo americano), de Wim Wenders.
1979 *Apocalypse Now,* de Francis Ford Coppola.
1981 *King of the Mountain,* de Noel Nosseck.
1982 *Human Highway,* de Bernard Shakey.
1983 *The Ostermann Weekend* (Clave: Omega), de Sam Peckinpah.
1984 *Rumble Fish* (La ley de la calle), de Francis Ford Coppola.
1985 *My Sciencie Project,* de Jonathan Beteul.
1986 *The American Way* (Al estilo americano), de Maurice Phillips. / *The Texas Chainsaw Massacre: Part 2,* de Tobe Hooper. / *Blue Velvet* (Terciopelo azul), de David Lynch. / *Hoosiers* (Más que ídolos), de David Anspaugh. / *Black Widow* (El caso de la viuda negra), de Bob Rafelson. / *River's Edge,* de Tim Hunter.
1987 *Straight to Hell* (Directos al infierno), de Alex Cox. / *O.C. and Stiggs,* de Robert Altman. / *The Pick-Up Artist* (El caza chicas), de James Toback.
1988 *Blood Red,* de Peter Masterson.
1989 *Backtrack* (Camino de retorno), de Allan Smithee.
1990 *Flashback,* de Franco Amurri. / *Chattahoochee,* de Mick Jackson. / *Superstar: The Life and Times of Andy Warhol,* de Chuck Workman.

1991 *Paris Trout*, de Stephen Gyllenhaal. / *The Indian Runner* (Extraño vínculo de sangre), de Sean Penn. / *Eye of the Storm*, de Yuri Zeltser.
1992 *Nails*, de John Flynn.
1993 *Boiling Point*, de James B. Harris. / *Super Mario Bros*, de Rocky Marton y Annabel Jankel. / *Red Rock West*, de John Dahl. / *True Romance* (Amor a quemarropa), de Tony Scott.
1994 *Chasers* (Misión explosiva), de Dennis Hopper. / *Speed* (Máxima potencia), de Jan de Bont.
1995 *Search and Destroy*, de David Salle. / *Waterworld*, de Kevin Reynolds.

HORA DE LAS PISTOLAS, LA *(Hour of the Gun, 1967)*

El éxito de *Duelo de titanes* (Gunfight at the O.K. Corral, 1957), diez años después lleva a John Sturges a producir y dirigir esta especie de segunda parte. Narra cómo el mítico *sheriff* Wyatt Earp (James Garner), ayudado por el pistolero tuberculoso Doc Holliday (Jason Robards), persigue a los miembros de la pandilla de Clanton (Robert Ryan) para vengarse y acabar con él. Atractiva y eficazmente rodado, es el último *western* del especialista Sturges, pero tiene el inconveniente de la falta de fuerza de sus dos protagonistas y la ausencia de mujeres en la historia. Un joven Jon Voight hace un papelito de pistolero en esta su primera película.

Director: *John Sturges*. Guionista: *Edward Anhalt*. Fotografía: *Lucien Ballard*. Música: *Jerry Goldsmith*. Intérpretes: *James Garner, Jason Robards, Robert Ryan, Steve Ihnat, Michael Tolan, Frank Converse, Jon Voight*. Producción: *John Sturges para Kappa / Mirisch / United Artists. Color. Scope*. Duración: *101'*. Estados Unidos.

HORA FINAL, LA *(On the Beach, 1959)*

Como colofón de las películas antiatómicas que caracterizan la etapa de guerra fría y se producen a lo largo de los años cincuenta, el productor y director Stanley Kramer rueda la más ambiciosa y cara de todas. Basada en una novela de Nevil Shute y con una excelente fotografía de Giuseppe Rotunno, narra cómo tras una guerra nuclear, que nadie sabe cómo ni por qué se ha producido en 1964, la humanidad ha sucumbido, salvo los tripulantes de un submarino atómico, sumergido en el momento de la tragedia, y los habitantes de Australia, donde todavía no ha llegado la mortal nube nuclear. Los aburridos tres o cuatro últimos meses de la humanidad se narran a través de las banales conversaciones entre la atractiva Moïra (Ava Gardner), el científico Osborn (Fred Astaire), el capitán del submarino Towers (Gregory Peck), su oficial Holmes (Anthony Perkins) y su joven esposa (Donna Anderson). Mientras el submarino va a comprobar el grado de radiactividad existente en la Antártida y San Francisco, descubre en San Diego que una extraña señal de morse no es más que la casual conjunción del viento, una persiana y una botella de Coca-Cola, regresa con muy malas noticias y la población se prepara para morir haciendo largas colas con tal de conseguir unas píldoras especiales para suicidarse. Rodada en planos de una longitud muy superior a la media, es una película con un planteamiento muy ambicioso, pero que resulta larga y aburrida por culpa de un guión que no sabe desarrollar la situación expuesta, lo que no impide que sea la mejor del irregular Stanley Kramer.

Director: *Stanley Kramer*. Guionistas: *John Paxton, James Lee Barrett*. Fotografía: *Giuseppe Rotunno*. Música: *Ernest Gold*. Intérpretes: *Gregory Peck, Ava Gardner, Fred Astaire, Anthony Perkins, Donna Anderson, John Tate, Lola Brooks*. Producción: *Stanley Kramer para United Artists*. Duración: *134'*. Estados Unidos.

HORIZONTES DE GRANDEZA *(The Big Country, 1958)*

El marino James McKay (Gregory Peck) llega a un gran rancho de Arizona para casarse con Patricia Terril (Carroll Baker), pero se ve envuelto en el enfrentamiento ancestral entre el mayor Terril (Charles Bickford) y los suyos contra Rufus Hannessey (Burl Ives) y sus hijos por el agua que pasa por unas tierras intermedias pertenecientes a la maestra Julia Maragor (Jean Simmons). Tras demostrar la inutilidad de la violencia, James McKay deshace su compromiso para irse con la maestra y su prometida se queda con el capataz de su padre Steve Leech (Charlton Heston), mientras el mayor Terril y el viejo Hannessey se enfrentan en un duelo mortal que trae la paz a la zona. Basado en una novela de Donald Hamilton, es uno de los grandes *westerns* de la historia del cine y una de las mejores películas de William Wyler. Destacan la excelente música de Jerome Moross, la estupenda fotografía de Franz Palmer y un reparto perfecto donde Gregory Peck es el antihéroe, Charlton Heston el rudo vaquero,

Jean Simmons la bella propietaria y Carroll Baker la atractiva hija del poderoso patrón. En su momento se vio el enfrentamiento entre los Terril y los Hannessey como una alegoría de la guerra fría, pero es una simplificación que ha desaparecido con el tiempo.

Director: *William Wyler*. Guionistas: *James R. Webb, Sy Bartlett, Robert Wilder*. Fotografía: *Franz Planer*. Música: *Jerome Moross*. Intérpretes: *Gregory Peck, Jean Simmons, Charlton Heston, Carroll Baker, Burl Ives, Charles Bickford, Chuck Connors, Alfonso Bedoya*. Producción: *William Wyler y Gregory Peck para United Artists*. Color. Scope. Duración: *165'*. Estados Unidos.

HORIZONTES DEL OESTE (*Horizons West, 1952*)

Tras la guerra de Secesión los hermanos Hammond regresan al rancho familiar regido por su padre Ira (John MacIntire), pero mientras el pacífico Neal (Rock Hudson) comienza a trabajar en él, el ambicioso (Robert Ryan) se enfrenta al cacique del pueblo (Raymond Burr), se pone al frente de una banda de forajidos para robarle su ganado e incluso le arrebata a su mujer (Julia Adams). Esta versión del tradicional enfrentamiento entre Caín y Abel, pero en clave de *western,* es una de las películas menos conocidas rodadas por Budd Boetticher para los estudios Universal. No se sitúa entre sus mejores trabajos, pero ya le muestra como un dotado especialista en el género.

Director: *Budd Boetticher*. Guionista: *Louis Stevens*. Fotografía: *Charles P. Boyle*. Música: *Joseph Gershenson*. Intérpretes: *Rock Hudson, Robert Ryan, Julia Adams, John McIntire, Raymond Burr, Dennis Weaver*. Producción: *Albert J. Cohen para Universal*. Color. Duración: *81'*. Estados Unidos.

HORIZONTES LEJANOS (*Band of the River, 1952*)

Segundo de los once *westerns* que convierten a Anthony Mann en un especialista y le hacen famoso, es una de las mejores películas que rueda con el productor Aaron Rosenberg para los estudios Universal durante la primera mitad de los años cincuenta. Con una tradicional estructura de itinerario, maneja temas habituales como la reinserción, la venganza y el amor, apoyándose en la historia de una caravana de carretas de campesinos que en 1847 se dirige hacia las despobladas tierras de Oregón, pero tiene problemas con las provisiones que previamente ha adquirido, por las numerosas personas que la fiebre del oro ha traído a la zona. Narra el enfrentamiento por la atractiva joven Laura (Julia Adams) entre dos hombres con un turbio pasado; pero, mientras el simpático Glynn McLyntock (James Stewart) logra superarlo, el retorcido Emerson Cole (Arthur Kennedy) es víctima de él. Rodada con gran eficacia, resulta curioso que Anthony Mann tenga que seguir la costumbre de la época de rodar los exteriores nocturnos en decorados.

Director: *Anthony Mann*. Guionista: *Borden Chase*. Fotografía: *Irving Glassberg*. Música: *Hans Salter*. Intérpretes: *James Stewart, Arthur Kennedy, Julia Adams, Rock Hudson, Lori Nelson, Jay C. Flippen*. Producción: *Aaron Rosenberg para Universal*. Color. Duración: *91'*. Estados Unidos.

HORIZONTES PERDIDOS (*Lost Horizon, 1937*)

Al huir de una China invadida por los japoneses, en 1935 un avión parte del aeropuerto fronterizo de Bakul, pero una tormenta de nieve le obliga a hacer un aterrizaje forzoso en las montañas del Himalaya y solo hay cinco supervivientes occidentales. Siguiendo a un experto guía, el escritor Robert Conway (Ronald Colman), su hermano George Conway (John Howard), el famoso paleontólogo Alexander P. Lovett (Edward Everett Horton), el financiero perseguido por la policía Henry Barnard (Thomas Mitchell) y la bailarina enferma de tuberculosis Gloria Stone (Isabel Jowell) llegan al reino encantado de Sangri-La donde la paz se une a la eterna juventud. Después de vivir una temporada en aquel paraíso, el Gran Lama (Sam Jaffe) ofrece a Robert Conway sustituirle tras su muerte para que extienda por el mundo el amor fraternal, pero decide volver a la civilización con su hermano y la amante de éste, María (Margo). Muy lejos de las comedias progresistas que hacen famosa a la pareja formada por el guionista Robert Riskin y el director Frank Capra, esta adaptación de una novela de James Hilton es un brillante elogio de la utopía, pero encierra un similar canto al amor, la paz y la confianza en el ser humano. En 1972 Ross Hunter produce para los estudios Columbia una versión musical en color y Scope, con canciones de Burt Bacharach y Hal David, realizada por Charles

Jarrott y protagonizada por Peter Finch, Liv Ullmann y Sally Kellerman, carente de atractivo.

Director: *Frank Capra*. Guionista: *Robert Riskin*. Fotografía: *Joseph Walker*. Música: *Dimitri Tiomkin*. Intérpretes: *Ronald Colman, John Howard, Edward Everett Horton, Thomas Mitchell, Isabel Jowell, Sam Jaffe*. Producción: *Frank Capra para Columbia*. Duración: *130'*. Estados Unidos.

HOWARD, Leslie *(Londres, Reino Unido, 1893-1943)*

Después de trabajar en un banco y luchar en la Gran Guerra, a finales de los años diez debuta como actor de teatro. Durante esa década y la siguiente interviene en algunos largos o cortometrajes mudos, pero su verdadera carrera como actor de cine empieza durante una gira de su compañía teatral por Estados Unidos, cuando le contratan para protagonizar *Outward Bound*. En los años treinta protagoniza veintiuna películas que le hacen famoso; entre las norteamericanas destacan *Alma libre, Secretos, Cautivo del deseo, El agente británico, El bosque petrificado, Romeo y Julieta, Intermezzo* y, sobre todo, *Lo que el viento se llevó;* y entre las inglesas, *Pygmalion,* y *Los invasores*. Tras colaborar con Anthony Asquith en la dirección de *Pygmalion,* a principios de los años cuarenta realiza y protagoniza las irregulares *Pimpernel Smith, El gran Mitchell* y *The Gentle Sex*. Durante la II Guerra Mundial colabora con el Servicio Secreto Británico y muere en un misterioso accidente de aviación cuando se dirige a dar unas conferencias a favor de las fuerzas aliadas.

Como director
1941 *Pimpernel Smith.*
1942 *The First of the Few* (El gran Mitchell).
1943 *The Gentle Sex.*

Como actor
1917 *The Happy Warrior*, de F. Martin Thornton.
1919 *The Lackey and the Lady*, de Thomas Bentley.
1930 *Outward Bound*, de Robert Milton.
1931 *Never the Twain Shall Meet* (Prohibido), de W. S. van Dyke. / *A Free Soul* (Alma libre), de Clarence Brown. / *Five and Ten* (La princesa del 5-10), de Robert Z. Leonard. / *Devotion*, de Robert Milton.
1932 *Service for Ladies*, de Alexander Korda. / *Smilin' Through* (La llama eterna), de Sidney Franklin. / *The Animal Kingdom*, de Edward H. Griffith.
1933 *Secrets* (Secretos), de Frank Borzage. / *Captured* (¡Capturados!), de Roy del Ruth. / *Berkeley Square* (La plaza de Berkeley), de Frank Lloyd.
1934 *The Lady Is Willing*, de Gilbert Miller. / *Of Human Bondage* (Cautivos del deseo), de John Cromwell. / *The British Agent* (El agente británico), de Michael Curtiz.
1935 *The Scarlet Pimpernel* (La pimpinela escarlata), de Harold Young.
1936 *The Petrified Forest* (El bosque petrificado), de Archie L. Mayo. / *Romeo and Juliet* (Romeo y Julieta), de George Cukor.
1937 *It's Love I'm After*, de Archie L. Mayo. / *Stand-In* (Siempre Eva), de Tay Garnett.
1938 *Pygmalion*, de Anthony Asquith y Leslie Howard.
1939 *Gone With the Wind* (Lo que el viento se llevó), de Victor Fleming. / *Intermezzo*, de Gregory Ratoff.
1941 *Pimpernel Smith*, de Leslie Howard. / *49th Parallel* (Los invasores), de Michael Powell y Emeric Pressburger.
1942 *The First of the Few* (El gran Mitchell), de Leslie Howard.
1943 *The Gentle Sex*, de Leslie Howard.

HUDSON, Rock *(Roy Harold Scherer Fitgerald. Winnetka, Illinois, 1925-Beverly Hills, California, Estados Unidos, 1985)*

Estudia en la New Trior High School de su ciudad natal, durante la II Guerra Mundial combate en la marina y en la posguerra ejerce diferentes oficios, campesino, camionero, antes de empezar a hacer pequeños papeles en cine a finales de los años cuarenta. Contratado en exclusiva por los estudios Universal, para los que hace la mayoría de sus películas, solo durante la década de los cincuenta interviene en cuarenta producciones. Rueda películas de aventuras: *El capitán Panamá,* de Sidney Salkow; *Los gavilanes del estrecho,* de Raoul Walsh; *La espada de Damasco,* de Nathan Juran; *Rifles de Bengala,* de Laszlo Benedek, y *El crepúsculo de los audaces,* de Joseph Pevney; *westerns* variados: *Horizontes lejanos,* de Anthony Mann; *Historia de un condenado,* de Raoul Walsh; *Traición en Fort King,* de Budd Boetticher, y *Raza de violencia,* de Douglas Sirk; y melodramas realizados por Douglas Sirk: *Obsesión, Sólo el cielo lo sabe, Escrito sobre el viento, Himno de batalla* y *Ángeles sin alas*. Sin embargo, sus películas más conocidas de los cincuenta son: la saga de una familia tejana *Gigante,* de George Stevens, la adaptación de Ernest Hemingway *Adiós a las armas,* de Charles Vidor, y la comedia *Confidencias a media-*

noche, de Michael Gordon. Durante la década de los sesenta trabaja mucho menos y se especializa en comedias de éxito: *Pijama para dos, Cuando llegue septiembre, Su juego favorito, No me mandes flores, Habitación para dos, El favor, Guapa, ardiente y peligrosa* y *Darling Lili*, género para el que está mucho menos dotado; solo destaca en el *western* excelente *El último atardecer*, de Robert Aldrich. Arrastra su larga decadencia durante los años setenta y la primera mitad de los ochenta, dedicado más a la televisión, en concreto la serie *McMillan y señora* (McMillan and Wife), que al cine.

1948 *Fighter Squadron*, de Raoul Walsh.
1949 *Undertow*, de William Castle.
1950 *I Was a Shoplifter*, de Charles Lamont. / *One Way Street* (Murallas de silencio), de Hugo Fregonese. / *Peggy*, de Frederick de Cordova. / *Winchester 73*, de Anthony Mann. / *The Desert Hawk* (El halcón del desierto), de Frederick de Cordova. / *Shakedown*, de Joseph Pevney.
1951 *Tomahawk* (El piel roja), de George Sherman. / *The Fat Man*, de William Castle. / *Air Cadet*, de Joseph Pevney. / *Double Crossbones*, de Charles T. Barton. / *Iron Man*, de Joseph Pevney.
1952 *Bright Victory* (Nuevo amanecer), de Mark Robson. / *Bend of the River* (Horizontes lejanos), de Anthony Mann. / *Here Come the Nelsons*, de Frederick de Cordova. / *Has Anybody Seen My Gal?*, de Douglas Sirk. / *Scarlet Angel* (El capitán Panamá), de Sidney Salkow. / *Horizons West* (Horizontes del Oeste), de Budd Boetticher.
1953 *The Lawless Breed* (Historia de un condenado), de Raoul Walsh. / *Seminole* (Traición en Fort King), de Budd Boetticher. / *Sea Devils* (Los gavilanes del estrecho), de Raoul Walsh. / *The Golden Blade* (La espada de Damasco), de Nathan Juran. / *Back to God's Country* (Vuelta a la vida), de Joseph Pevney. / *Gun Fury* (Fiebre de venganza), de Raoul Walsh.
1954 *Taza Son of Cochise* (Raza de violencia), de Douglas Sirk. / *Magnificent Obsession* (Obsesión), de Douglas Sirk. / *Bengal Brigade* (Rifles de Bengala), de Laszlo Benedek.
1955 *One Desire* (Su único deseo), de Jerry Hopper. / *Captain Lightfoot* (Orgullo de raza), de Douglas Sirk. / *All That Heaven Allows* (Sólo el cielo lo sabe), de Douglas Sirk.
1956 *Written on the Wind* (Escrito sobre el viento), de Douglas Sirk. / *Never Say Goodbye* (Hoy como ayer), de Jerry Hopper. / *Giant* (Gigante), de George Stevens.
1957 *Battle Hymn* (Himno de batalla), de Douglas Sirk. / *The Tarnished Angels* (Ángeles sin alas), de Douglas Sirk. / *Something of Value* (Sangre sobre la tierra), de Richard Brooks. / *Four Girls in Town*, de Jack Sher. / *A Farewell to Arms* (Adiós a las armas), de Charles Vidor.
1959 *Twilight for the Gods* (El crepúsculo de los audaces), de Joseph Pevney. / *This Earth Is Mine* (Esta tierra es mía), de Henry King. / *Pillow Talk* (Confidencias a medianoche), de Michael Gordon.
1961 *The Last Sunset* (El último atardecer), de Robert Aldrich. / *Lover Come Back* (Pijama para dos), de Delbert Mann. / *Come September* (Cuando llegue septiembre), de Robert Mulligan.
1962 *The Spiral Road* (Camino de la jungla), de Robert Mulligan.
1963 *A Gathering of Eagles* (Nido de águilas), de Delbert Mann.
1964 *Man's Favorite Sport?* (Su juego favorito), de Howard Hawks. / *Send Me No Flowers* (No me mandes flores), de Norman Jewison.
1965 *Strange Bedfellows* (Habitación para dos), de Melvin Frank. / *A Very Special Favor* (El favor), de Michael Gordon.
1966 *Seconds* (Plan diabólico), de John Frankenheimer. / *Blindfold* (Misión secreta), de Philip Dunne.
1967 *Tobruk*, de Arthur Hiller.
1968 *Ice Station Zebra* (Estación Polar Cebra), de John Sturges. / *Ruba al prossimo tuo* (Guapa, ardiente y peligrosa), de Francesco Maselli.
1969 *The Undefeated* (Los indestructibles), de Andrew V. McLaglen.
1970 *Darling Lili*, de Blake Edwards. / *Hornet's Nest* (Nido de avispas), de Phil Karlson. / *Pretty Maids All in a Row* (Querido profesor), de Roger Vadim.
1973 *Showdown* (Amigos hasta la muerte), de George Seaton.
1976 *Embryo* (La criatura infernal), de Ralph Nelson.
1978 *Avalanche* (Avalancha), de Corey Allen.
1980 *The Mirror Crack'd* (El espejo roto), de Guy Hamilton.
1984 *The Ambassador* (Embajador en Oriente Medio), de J. Lee Thompson.

HUEVO DE LA SERPIENTE, EL *(Das Schlangenei, 1977)*

A principios de noviembre de 1923, en Berlín, el acróbata judío norteamericano Abel Rosenberg (David Carradine) descubre que su hermano Max Rosenberg se ha suicidado y va a comunicárselo a su cuñada Manuela (Liv Ullmann), que actúa en el cabaret La Mula Azul. En un ambiente opresivo producido por la Gran Guerra, las fuertes sumas que el gobierno alemán debe pagar en compensación a los países vencedores y una constante devaluación que hace que una cajetilla de tabaco cueste cuatro millones de marcos, Abel Rosenberg descubre, con la ayuda del inspector

Bauer (Gert Fröbe), cómo el maligno profesor Vergerus (Heinz Bennent) hace terribles experimentos con seres humanos, pero cuando ya ha acabado con bastantes personas, van a detenerle y se suicida. Producida por Dino de Laurentiis, un Ingmar Bergman enfadado con las autoridades fiscales de su país rueda en la República Federal Alemana, en inglés, este homenaje al maestro Fritz Lang, pero quizá por ello no hace una de sus obras maestras. El ambiente de Berlín se reduce a poco más de una amplia calle por la que pasa un tranvía; las relaciones entre los cuñados funcionan bien y, sobre todo, el clima de pesadilla en que se desarrollan, pero resulta un tanto convencional la historia policiaca del maléfico doctor nazi, más cercano al doctor Mabuse que a Adolf Hitler, por mucho que se explique: «es como un huevo de serpiente: a través de la fina telilla ya puede verse un perfecto reptil».

Director y guionista: *Ingmar Bergman*. Fotografía: *Sven Nykvist*. Música: *Rolf A. Wihelm*. Intérpretes: *David Carradine, Liv Ullmann, Gert Fröbe, Heinz Bennent, James Whitmore*. Producción: *Dino de Laurentiis para Dino de Laurentiis (Nueva York), Rialto Film (Berlín)*. Color. Duración: *120'*. Estados Unidos-República Federal Alemana.

HUEVOS DE ORO *(1993)*

Dividida en tres partes, rodadas en Melilla, Benidorm y Miami, narra las aspiraciones, ascensión y caída de Benito González (Javier Bardem), un ambicioso hortera cuya máxima es que, dado que tiene dos huevos, quiere tener dos rolex de oro, dos mujeres y construir el edificio más alto de la ciudad. Esta segunda entrega de la trilogía mediterránea de Bigas Luna tiene un subrayado tono de cuento moral. Encierra un gran atractivo la primera parte, que define al personaje durante su servicio militar en Melilla a través de sus relaciones con la prostituta Rita (Elisa Touati); funciona muy bien la segunda, que relata cómo el protagonista hace realidad sus sueños al convertirse en amante de la atractiva Claudia (Maribel Verdú) y casarse con la rica heredera María (María de Medeiros), además de levantar el edificio más alto de Benidorm; y la tercera no está tan conseguida por centrarse en ella toda la carga moralista del relato al narrar la caída del personaje en Miami y cómo la explosiva Ana (Rachel Bianca) le convierte en una caricatura de sí mismo tratándole igual que él acostumbra a tratar a los demás. Muy bien rodada, en una hábil mezcla de planos generales y los primeros planos tan característicos de Bigas Luna, no solo da un paso más en su personal estética, sino que vuelve a insistir en sus obsesivas relaciones con la comida para conseguir la mejor película de su trilogía, completada con *Jamón, jamón* (1992) y *La teta y la Luna* (1994).

Director: *Bigas Luna*. Guionistas: *Bigas Luna, Cuca Canals*. Fotografía: *José Luis Alcaine*. Música: *Nicola Piovani*. Intérpretes: *Javier Bardem, Maribel Verdú, María de Medeiros, Elisa Touati, Rachel Bianca*. Producción: *Andrés Vicente Gómez para Lolafilms (Barcelona), Oviedo TV (Madrid), Filmauro (Roma), Hugo Films (París)*. Color. Scope. Duración: *90'*. España-Italia-Francia.

HUIDA, LA *(The Getaway, 1972)*

La novela homónima del especialista en narraciones policiacas Jim Thompson da lugar a dos películas de muy diferente calidad, pero similares en contenido. Esta versión, dirigida por el realizador de *westerns* Sam Peckinpah, es uno de sus pocos policiacos y uno de sus mejores trabajos. Narra cómo, tras cuatro años en la cárcel, Dod McCoy (Steve McQueen) pide a su esposa Carol (Ali McGraw) que hable con el poderoso banquero Jack Benny (Ben Johnson) para conseguir su libertad condicional. Llegan a un acuerdo, pero con la condición de que roben una fuerte cantidad en el banco de su hermano, lo que ella le comunica a él, y también de acostarse con el banquero y luego eliminar a su marido, lo que no le cuenta y el interesado descubre en el momento oportuno. Tras dejar un reguero de cadáveres en el banco y a lo largo de su huida, la pareja consigue llegar a México con el botín del robo. La primera parte es espléndida, tiene muy poco diálogo y una violencia muy contenida, pero la larga persecución falla por la excesiva importancia que se le concede al pistolero Ruby Butler (Al Lettieri), mano derecha del banquero, y su manera de seguirles. La versión rodada en 1994 por el director australiano Roger Donaldson es muy similar; además cuenta por qué Doc McCoy está en la cárcel y tiene muchas más escenas eróticas, pero falla porque frente a la excelente pareja formada por Steve McQuenn y Ali McGraw no funciona la integrada por Alec Baldwin y Kim Basinger y derrocha un exceso de violencia mal adminis-

trada, como demuestran las escenas finales en el hotel de El Paso.
Director: *Sam Peckinpah.* Guionista: *Walter Hill.* Fotografía: *Lucien Ballard.* Música: *Quincy Jones.* Intérpretes: *Steve McQueen, Ali McGraw, Ben Johnson, Sally Struthers, Al Lettieri, Slim Pickens.* Producción: *David Foster y Mitchell Brower para First Artists / Solar.* Color. Scope. Duración: *122'. Estados Unidos.*

HUNTER, Holly *(Conyers, Georgia, Estados Unidos, 1958)*

Estudia arte dramático en la Carnegie-Mellon University de Pittsburgh, a finales de los años setenta se traslada a Nueva York y no tarda en convertirse en una conocida actriz de teatro, a la vez que comienza una tímida carrera como actriz de cine. Entre sus películas destacan *Al filo de la noticia*, de James L. Brooks; *Para siempre*, de Steven Spielberg; *La tapadera*, de Sydney Pollack, y *El piano*, de Jane Campion, con la que gana un Oscar.
1981 *The Burning*, de Tony Maylam.
1984 *Swing Shift* (Chicas en pie de guerra), de Jonathan Demme.
1987 *End of the Line*, de Jay Russell. / *Broadcast News* (Al filo de la noticia), de James L. Brooks. / *Raising Arizona* (Arizona Baby), de Joel Coen. / *A Gathering Old Man* (Viejos recuerdos de Louisiana), de Volker Schlöndorff.
1989 *Miss Firecracker* (Miss America), de Thomas Schlamme. / *Animal Behavior*, de H. Anne Riley. / *Always* (Para siempre), de Steven Spielberg.
1991 *Once Around* (Querido intruso), de Lasse Hallström.
1993 *The Firm* (La tapadera), de Sydney Pollack. / *The Piano* (El piano), de Jane Campion.
1995 *Home for Holidays* (A casa por vacaciones), de Jodie Foster. / *Copycat*, de Jon Amiel.

HUPPERT, Isabelle *(París, Francia, 1953)*

Perteneciente a una familia de actores, después de licenciarse en filosofía en la Universidad de la Sorbona, estudia arte dramático en los conservatorios de Versalles y París. A finales de la década de los sesenta debuta como actriz de teatro y a principios de la de los setenta comienza a hacer pequeños papeles en películas como *Ella, yo y... el otro*, de Claude Sautet; *Los rompepelotas*, de Bertrand Blier, y *El juez y el asesino*, de Bertrand Tavernier. Se convierte en una estrella del cine francés gracias a su trabajo en *La encajera*, de Claude Goretta; *Prostituta de día, señorita de noche*, de Claude Chabrol, y *Las hermanas Brontë*, de André Téchiné, pero el fracaso de la superproducción norteamericana *La puerta del cielo*, de Michael Cimino, hunde su carrera en Hollywood. Prosigue con el mismo ritmo de trabajo durante los años ochenta y la primera mitad de los noventa; destacando sus interpretaciones en *Coup de tourchon*, de Bertrand Tavernier; *Eaux profondes*, de Michael Deville; *La truite*, de Joseph Losey; *Historia de Piera*, de Marco Ferreri, y *Un asunto de mujeres, Madame Bovary* y *La ceremonia*, de Claude Chabrol. También interviene en la producción norteamericana *Falso testimonio*, de Curtis Hanson, y en la película experimental alemana *Malina*, de Werner Schroeter.
1971 *Faustine ou le bel été*, de Nina Companeez.
1972 *César et Rosalie* (Ella, yo y... el otro), de Claude Sautet. / *Le bar de la fourche*, de Alain Levent.
1973 *L'ampélopède*, de Rachel Weinberg.
1974 *Aloise*, de Liliane de Kermadec. / *Les valseuses* (Los rompepelotas), de Bertrand Blier.
1975 *Rosebud*, de Otto Preminger. / *Le grand délire*, de Denis Berry. / *Sérieux comme le plaisir*, de Robert Benayoun. / *Dupont Lajoie* (Crónica de una violación), de Yves Boisset. / *Docteur Françoise Gailland* (La vida privada de una doctora), de Jean-Louis Bertucelli. / *Je suis Pierre Rivière*, de Christine Lipinska. / *Le petit Marcel*, de Jacques Fansten. / *Le juge et l'assassin* (El juez y el asesino), de Bertrand Tavernier.
1976 *La dentellière* (La encajera), de Claude Goretta. / *Les Indiens sont encore loin*, de Patricia Moraz.
1977 *Retour à la bien-aimée*, de Jean-François Adam.
1978 *Violette Nozière* (Prostituta de día, señorita de noche), de Claude Chabrol.
1979 *Sauve qui peut (La vie)*, de Jean-Luc Godard. / *Les soeurs Brontë* (Las hermanas Brontë), de André Téchiné.
1980 *Örökseg*, de Marta Meszaros. / *La storia vera della signora delle camelie* (La verdadera historia de la señora de las camelias), de Mauro Bolognini. / *Les ailes de la colombe*, de Benoit Jacquot. / *Heaven's Gate* (La puerta del cielo), de Michael Cimino. / *Loulou*, de Maurice Pialat.
1981 *Coup de torchon*, de Bertrand Tavernier. / *Eaux profondes*, de Michel Deville.
1982 *La truite*, de Joseph Losey. / *Coup de foudre* (Entre nosotras), de Diane Kurys. / *Passion* (Pasión), de Jean-Luc Godard.
1983 *La femme de mon pote*, de Bertrand Blier.
1984 *La garce*, de Christine Pascal. / *Storia di Piera* (Historia de Piera), de Marco Ferreri.
1985 *Sac de noeuds*, de Josiane Balasko. / *Signe Charlotte*, de Caroline Huppert.

1986 *Cactus*, de Paul Cox. / *The Bedroom Window* (Falso testigo), de Curtis Hanson.
1987 *Migrations*, de Aleksander Petrovic. / *Les possédés* (Los poseídos), de Andrzej Wajda.
1988 *Le milan noir*, de Ronald Chammah. / *Une affaire de femmes* (Un asunto de mujeres), de Claude Chabrol.
1989 *La vengeance d'une femme*, de Jacques Doillon.
1990 *Malina*, de Werner Schroeter.
1991 *Madame Bovary*, de Claude Chabrol.
1992 *Apres l'amour* (Después del amor), de Diane Kurys.
1993 *L'inondation*, de Igor Minaiev.
1994 *Amateur*, de Hal Hartley. / *La séparation*, Christian Vincent.
1995 *La cérémonie* (La ceremonia), de Claude Chabrol.

HURT, William *(Washington, Estados Unidos, 1950)*

Estudia teología y arte dramático, a mediados de la década de los setenta debuta como actor de teatro y después en cine como protagonista de la irregular *Viaje alucinante al fondo de la mente*. A pesar de que hace sus mejores trabajos de la mano del realizador Lawrence Kasdan en *Fuego en el cuerpo, Reencuentro* y *El turista accidental*, consigue un premio en el Festival de Cannes y un Oscar al encarnar al homosexual que narra películas en *El beso de la mujer araña;* y entre sus producciones también destacan *Hijos de un dios menor* y *Al filo de la noticia*. A principios de la década de los noventa, cuando desciende la calidad de sus películas, comienza a trabajar con los más variados realizadores extranjeros: el alemán Wim Wenders en la pretenciosa *Hasta el fin del mundo;* el argentino Luis Puenzo en *La peste*, fallida adaptación de la novela de Albert Camus; el británico Chris Menges en *Second Best*, y el italiano Franco Zeffirelli en *Jane Eyre*, nueva versión del clásico de Charlotte Brontë.

1980 *Altered States* (Viaje alucinante al fondo de la mente), de Ken Russell. / *Eyewitness* (El ojo mentiroso), de Peter Yates.
1981 *Body Heat* (Fuego en el cuerpo), de Lawrence Kasdan.
1983 *The Big Chill* (Reencuentro), de Lawrence Kasdan. / *Gorky Park*, de Michael Apted.
1985 *Kiss of the Spider Woman* (El beso de la mujer araña), de Héctor Babenco.
1986 *Children of a Lesser God* (Hijos de un dios menor), de Randa Haines.
1987 *Broadcast News* (Al filo de la noticia), de James L. Brooks. / *A Time of Destiny* (La fuerza del destino), de Gregory Nava.
1988 *The Accidental Tourist* (El turista accidental), de Lawrence Kasdan.
1990 *The Doctor* (El doctor), de Randa Haines. / *Alice*, de Woody Allen. / *I Love You to Death* (Te amaré hasta que te mate), de Lawrence Kasdan.
1991 *Until the End of the World* (Hasta el fin del mundo), de Wim Wenders.
1992 *The Plague* (La peste), de Luis Puenzo.
1993 *Second Best*, de Chris Menges.
1994 *Mister Wonderful* (Un marido para mi mujer), de Anthony Minghella.
1995 *Jane Eyre*, de Franco Zeffirelli. / *Smoke*, de Wayne Wang.

HUSTON, Anjelica *(Los Ángeles, California, Estados Unidos, 1951)*

Nieta del gran actor Walter Huston (1884-1950) e hija del famoso director John Huston y la bailarina Enrica Soma, estudia arte dramático y a los dieciocho años es lanzada por su padre como protagonista de *Paseo por el amor y la muerte*, pero pasa casi una década antes de que haga mínimos papeles secundarios con Elia Kazan y Bob Rafelson. Su carrera cobra un nuevo impulso, una vez más gracias a su padre, con los destacados papeles secundarios que hace en *El honor de los Prizzi*, por el que gana un Oscar, y *Dublineses*. Tras encarnar a destacados personajes en las interesantes *Delitos y faltas*, de Woody Allen, y *Enemigos: una historia de amor*, de Paul Mazursky, hace su mejor trabajo en el policiaco *Los timadores*, de Stephen Frears. Debuta como directora con *Bastard Out of Carolina*, un duro alegato contra los abusos infantiles.

Como directora
1996 *Bastard Out of Carolina*.
Como actriz
1969 *Sinful Davey* (La horca puede esperar), de John Huston. / *A Walk With Love and Death* (Paseo por el amor y la muerte), de John Huston. / *Hamlet*, de Tony Richardson.
1976 *Swashbuckler* (El corsario escarlata), de James Goldstone. / *The Last Tycoon* (El último magnate), de Elia Kazan.
1981 *The Postman Always Rings Twice* (El cartero siempre llama dos veces), de Bob Rafelson.
1982 *Frances*, de Graeme Clifford.
1984 *The Ice Pirates* (Guerreros del espacio), de Stewart Raffil. / *This Is Spinal Tap*, de Carl Reiner.
1985 *Prizzi's Honor* (El honor de los Prizzi), de John Huston.
1986 *Good to Go*, de Blaine Novak.

1987 *Gardens of Stone* (Jardines de piedra), de Francis Ford Coppola. / *The Dead* (Dublineses), de John Huston.
1988 *A Handful of Dust* (Un puñado de polvo), de Charles Sturridge. / *Mr. North*, de Danny Huston.
1989 *Crimes and Misdemeanors* (Delitos y faltas), de Woody Allen. / *Enemies: A Love Story* (Enemigos: una historia de amor), de Paul Mazursky.
1990 *The Witches* (La maldición de las brujas), de Nicholas Roeg. / *The Grifters* (Los timadores), de Stephen Frears.
1991 *The Addams Family* (La familia Addams), de Barry Sonnenfeld.
1992 *The Player* (El juego de Hollywood), de Robert Altman.
1993 *Manhattan Murder Mystery* (Misterioso asesinato en Manhattan), de Woody Allen.
1993 *Addams Family Values* (La familia Addams: la tradición continúa), de Barry Sonnenfeld.
1995 *The Perez Family* (Cuando llegué de Cuba), de Mira Nair.

HUSTON, John *(Nevada, Missouri, Estados Unidos, 1906-Newport, Reino Unido, 1987)*

Hijo del actor Walter Huston y de la periodista Thea Gore, tras concluir sus estudios ingresa en una academia militar; lucha en México junto a Pancho Villa y se convierte en boxeador profesional. Debuta al mismo tiempo como actor de teatro y de cine, actividad que mantiene durante toda su vida y que le lleva a trabajar, entre otros, con Roman Polanski, Otto Preminger, Orson Welles y William Wyler, mientras también trabaja como periodista, publica relatos y comienza a escribir guiones. Después de colaborar con William Wyler, Anatole Litvak, William Dieterle y Raoul Walsh, los estudios Warner en 1941 le dan la oportunidad de dirigir sus propios guiones, firma un contrato por siete años, pero solo puede hacer cinco películas, entre las que destacan *El halcón maltés*, minuciosa adaptación de la novela policiaca homónima de Dashiell Hammett, *El tesoro de Sierra Madre*, basada en un relato de B. Traven, y *Cayo Largo*, sobre la obra teatral de Maxwell Anderson, donde desarrolla su temática del grupo de hombres que persigue algo que en el último momento se les escapa de las manos. Rompe su contrato al pasar cinco años en aviación durante la II Guerra Mundial y desarrollar una interesante actividad como documentalista centrada en los mediometrajes, como *Report From the Aleutians* (1943), *The Battle of San Pietro* (1945) y *Let There Be Light* (1946). Durante los años cincuenta rueda las obras personales *La jungla de asfalto*, adaptación de una novela policiaca de W. R. Burnett; *La roja insignia del valor*, basada en la novela pacifista de Stephen Crane sobre la guerra de Secesión; *La reina de África*, sobre la novela de C. S. Forester, uno de sus grandes éxitos; *Moby Dick*, sólida versión del clásico de Herman Melville, y *Sólo Dios lo sabe*, adaptación de la novela de Charles Shaw, que exponen de diferentes maneras su personal temática sobre el fracaso. Sin embargo, se comercializa en exceso con *Moulin Rouge*, biografía del pintor Toulouse-Lautrec; *La burla del diablo*, sobre un guión de Truman Capote; *El bárbaro y la geisha*, que remonta y cambia su protagonista y productor John Wayne; *Las raíces del cielo*, una aventura africana basada en una novela de Romain Gary, y *Los que no perdonan*, un tan ambicioso como irregular *western*. Después del fracaso de *Vidas rebeldes*, que escribe el dramaturgo Arthur Miller para su mujer Marilyn Monroe, en los años sesenta y setenta sigue alternando encargos puramente *alimenticios*, que más vale olvidar, con irregulares obras personales, como *Freud, pasión secreta*, biografía del creador del psicoanálisis, inicialmente basada en un guión del filósofo Jean-Paul Sartre; *La noche de la iguana*, teatral versión de la obra de Tennessee Williams; *Reflejos en un ojo dorado*, buena adaptación del relato de Carson McCullers; *Paseo por el amor y la muerte*, historia de amor ambientada en la Edad Media y protagonizada por su hija Anjelica Huston; *La carta del Kremlin*, convencional historia de espionaje; *El juez de la horca*, atípico *western*, sobre la vida del juez Roy Bean, con guión del más tarde también realizador John Milius; *Fat City*, excelente historia de boxeo basada en una novela de Leonard Gardner convertida en guión por él mismo; *El hombre de Mackintosh*, un movido policiaco basado en un guión del más tarde también director Walter Hill; *El hombre que pudo reinar*, un viejo proyecto sobre la novela de Rudyard Kipling que debían haber protagonizado Clark Gable y Humphrey Bogart en lugar de Sean Connery y Michael Caine, y *Sangre sabia*, extraño retrato de un predicador del Sur de Estados Unidos basado en una novela de Flannery O'Connor. Durante la década de los ochenta prosigue con su táctica de alternar encargos para mantener a sus demasiadas ex mujeres y sus múltiples casas —tal como admite en sus divertidas memorias *A*

HUSTON, John

libro abierto (1980)— con obras personales, como *Bajo el volcán,* adaptación imposible de la novela de Malcolm Lowry, *El honor de los Prizzi,* desigual comedia negra sobre la Mafia, y *Dublineses,* perfecta adaptación del cuento homónimo de James Joyce que cierra su carrera.

Como director
1941 *The Maltese Falcon* (El halcón maltés).
1942 *In This Our Life* (Como ella sola). / *Across the Pacific.*
1948 *The Treasure of the Sierra Madre* (El tesoro de Sierra Madre). / *Key Largo* (Cayo Largo).
1949 *We Were Strangers.*
1950 *The Asphalt Jungle* (La jungla de asfalto).
1951 *The Red Badge of Courage* (La roja insignia del valor). / *The African Queen* (La reina de África).
1952 *Moulin Rouge.*
1954 *Beat the Devil* (La burla del diablo).
1956 *Moby Dick.*
1957 *Heaven Knows, Mr. Allison* (Sólo Dios lo sabe).
1958 *The Barbarian and the Geisha* (El bárbaro y la geisha). / *The Roots of Heaven* (Las raíces del cielo).
1960 *The Unforgiven* (Los que no perdonan).
1961 *The Misfits* (Vidas rebeldes).
1962 *Freud, the Secret Passion* (Freud, pasión secreta).
1963 *The List of Adrian Messenger* (El último de la lista).
1964 *The Night of the Iguana* (La noche de la iguana).
1966 *The Bible* (La Biblia).
1967 *Casino Royale,* algunos episodios. / *Reflections in a Golden Eye* (Reflejos en un ojo dorado).
1968 *Sinful Davey* (La horca puede esperar).
1969 *A Walk With Love and Death* (Paseo por el amor y la muerte).
1970 *The Kremlin Letter* (La carta del Kremlin).
1972 *The Life and Times of Judge Roy Bean* (El juez de la horca). / *Fat City.*
1973 *The Mackintosh Man* (El hombre de Mackintosh).
1975 *The Man Who Would Be King* (El hombre que pudo reinar).
1979 *Wise Blood* (Sangre sabia).
1980 *Phobia.*
1981 *Escape to Victory* (Evasión o victoria).
1982 *Annie.*
1984 *Under the Volcano* (Bajo el volcán).
1985 *Prizzi's Honor* (El honor de los Prizzi).
1987 *The Dead* (Dublineses).

Como actor
1928 *The Shakedown* (El testaferro), de William Wyler.
1929 *Hell's Heroes* (Santos del infierno), de William Wyler. / *Two Americans,* de John Meehan.
1930 *The Storm,* de William Wyler.
1963 *The Cardinal* (El cardenal), de Otto Preminger.
1966 *The Bible* (La Biblia), de John Huston.
1968 *Candy,* de Christian Marquand. / *Rocky Road To Dublin,* de Peter Lennon.
1969 *De Sade,* de Cy Endfield. / *A Walk with Love and Death* (Paseo por el amor y la muerte), de John Huston.
1970 *Myra Beckinridge,* de Michael Sarne. / *The Kremlim Letter* (La carta del Kremlin), de John Huston.
1971 *The Deserter* (La quebrada del diablo), de Burt Kennedy. / *The Bridge in the Jungle,* de Pancho Kohner. / *Man in the Wilderness* (El hombre de una tierra salvaje), de Richard C. Sarafian.
1972 *The Life and Time of Judge Roy Bean* (El juez de la horca), de John Huston.
1973 *Battle of the Planet of the Apes,* de J. Lee Thompson.
1974 *Chinatown,* de Roman Polanski. / *Breakour* (Fuga suicida), de Tom Gries.
1975 *The Wind and the Lion* (El viento y el león), de John Milius.
1976 *Tentacoli* (Tentáculos), de Oliver Hellman.
1977 *Il grande attaco,* de Umberto Lenzi. / *Angela,* de Boria Segal. / *El triángulo de las Bermudas,* de René Cardona Jr..
1978 *Il visitatore,* de Michael J. Paradise.
1979 *Jaguar Lives,* de Pintoff. / *Wise Blood* (Sangre sabia), de John Huston.
1980 *Head On,* de Michael Grant. / *Agee,* de Ross Spears.
1983 *Lovesick,* de Brickman.

ICHIKAWA, Kon *(Uji Yamada, Japón, 1915)*
Estudia bellas artes en Osaka, en 1933 comienza a trabajar en películas de dibujos animados y cuatro años después pasa a los estudios Toho como ayudante de dirección. Tras la producción de marionetas de cortometraje *Una muchacha del templo Dojo* (Musume Dojoji, 1946), debuta como realizador de largos con *Las flores renacen*, para enseguida rodar grandes melodramas como *Pasión eterna,* o comedias satíricas como *Marcha nupcial.* A lo largo de las treinta y dos películas que dirige durante la década de los cincuenta, su calidad y su estilo se definen en las cuidadas adaptaciones literarias *El corazón*, sobre Natsume Sosoki; *La habitación del castigo*, sobre Shintaro Ishihara; *El puente de Japón*, sobre Kyota Izumi; *La llamada del tormento*, sobre Yukio Mishima, y *Extraña obsesión*, sobre Junichiro Tanikazi. Sin embargo, sus trabajos más conocidos de estos años son las crónicas de la II Guerra Mundial *El arpa birmana*, sobre Michio Takeyama, y *Fuego en la llanura*, sobre Shohei Ooka, que narra los últimos días de los restos del ejército japonés en Filipinas, con escenas de canibalismo. Entre sus películas de la primera mitad de los años sesenta destacan *La venganza de Yukinojo, Solo sobre el océano Pacífico* y el documental *La olimpiada de Tokio.* Al hundirse el sistema de producción de los grandes estudios, durante la segunda mitad de los años sesenta solo hace algunos documentales y en la década de los setenta únicamente producciones de encargo, la mayoría policiacos sin demasiado atractivo. Más tarde vuelve a rodar algunas obras personales, como *Las hermanas Makioka* o *El arpa birmana*, nueva versión de su obra más conocida, rodada en color treinta años después.

1948 *Hana hiraku* (Las flores renacen). / *Sanbyaku rokujugo-ya* (365 noches).
1949 *Ningen moyo* (Retrato de un ser humano). / *Hatenshinaki jonetsu* (Pasión eterna).
1950 *Ginza sanshiro.* / *Netsudeichi* (Tierra caliente). / *Akatsuki no tsuiseki* (Persecución al alba).
1951 *Ieraishan* (Flor nocturna). / *Koibito* (El amante). / *Mokokuseki mono* (El hombre sin nacionalidad). / *Nusumareta koi* (El amor robado). / *Bungawan solo.* / *Kekkon koshinkyoku* (Marcha nupcial).
1952 *Rakkii-san* (Mr. Lucky). / *Wakai hito* (Los jóvenes). / *Ashi ni sawatta onna* (La mujer que toca las piernas). / *Ano te kono te* (Por aquí, por allí).
1953 *Puu-san* (Mr. Puu). / *Aoiro kakumei* (La revolución azul). / *Seishun Zenigata Heijii* (La juventud de Zenigata Heijii). / *Aijin* (El amante).
1954 *Watashi no subete o* (Todo por mí). / *Okumanchoja* (Un millonario). / *Josei ni kansuru juni sho* (Doce capítulos sobre las mujeres).
1955 *Seishun kaidan* (Fantasmas de juventud). / *Kokoro* (El corazón).
1956 *Biruma no tategoto* (El arpa birmana). / *Shokei no heya* (La habitación del castigo). / *Nihon-bashi* (El puente de Japón).
1957 *Manin densha* (Un tranvía lleno de gente). / *Ana* (El agujero). / *Tohoku no zummu tachi* (Los hombres de Tohoku).

1958 *Enjo* (La llamada del tormento).
1959 *Sayonara konnichiwa* (Hola y adiós). / *Kagi* (Extraña obsesión). / *Nobi* (Fuego en la llanura).
1960 *Bonchi.* / *Ototo* (Su hermano).
1961 *Kuroi junnin no onna* (Diez mujeres negras).
1962 *Hakai* (La paria). / *Watashi wa nisai* (Tengo dos años).
1963 *Yukinojo henge* (La venganza de Yukinojo). / *Taiheiyo hitoribotchi* (Solo sobre el océano Pacífico).
1964 *Zeni no odori* (El olor del dinero). / *Tokyo orinpikku 1964* (La olimpiada de Tokio).
1972 *Ai futatabi.*
1973 *Matatabi.*
1975 *Wagahai wa neko de aru* (Soy un gato).
1976 *Tsuma to onna no aida.* / *Inugami-ke no ichizoku* (La familia de Inugami).
1977 *Akuma no temari-uta* (El canto salvaje de Ball). / *Gokumonto.*
1978 *Joobachi* (La reina de las abejas).
1981 *Bonchi.*
1982 *Kofuku.*
1983 *Sasame yuki* (Las hermanas Makioka).
1985 *Biruma no tategoto* (El arpa birmana).

ÍDOLO CAÍDO, EL *(The Fallen Idol, 1948)*

En una embajada en Londres, el joven Felipe (Bobby Henrey) siente una gran admiración por el mayordomo Herbert Baines (Ralph Richardson). Cuando descubre, durante la ausencia de sus padres, sus relaciones con su amante Julie (Michèle Morgan) y después aparece muerta su mujer (Sonia Dresdel), Heibert Bains llega a creer que es el asesino y cuenta a la policía una serie de mentiras para incriminarle. Escrita por el novelista Graham Greene a partir de una obra propia, pero modificándola sustancialmente —mientras en el libro el mayordomo mata a su mujer celosa, en la película cae accidentalmente por la escalera—, el productor y director Carol Reed hace una sólida tragedia, narrada desde el punto de vista del niño protagonista, donde entremezcla con habilidad una intriga policiaca con la destrucción de unos valores morales. Ganadora de un premio importante en la Mostra de Venecia, es una de las más características producciones británicas de la más inmediata posguerra.

Director: *Carol Reed*. Guionista: *Graham Greene*. Fotografía: *Georges Perinal*. Música: *William Alwyn*. Intérpretes: *Bobby Henrey, Ralph Richardson, Michèle Morgan, Sonia Dresdel, Jack Hawkins*. Producción: *Carol Reed para London Films/British Lion*. Duración: *94'. Reino Unido.*

IMAMURA, Shohei *(Tokio, Japón, 1926)*

A pesar de pasar su juventud durante una dura posguerra, rodeado de gángsters, prostitutas y traficantes del mercado negro, estudia seis años en la prestigiosa Universidad de Waseda. Después de trabajar en diferentes oficios, entra en los estudios Shochiku como ayudante de dirección de Yasujiro Ozu, Masaki Kobayashi y otros. En 1954 pasa a los estudios Nikkatsu, donde trabaja especialmente como guionista y ayudante del director Yuzo Kawashima antes de debutar como realizador con *Deseo desvanecido, Las calles de neón* y *Deseo insatisfecho*, renovadoras historias realistas. El éxito de *El hermano mayor*, sobre la mísera vida de los mineros; *Cerdos y acorazados*, violento ataque contra las bases norteamericanas; *La mujer insecto*, descripción de una prostituta que trata de mantener su independencia, y *El pornógrafo*, barroco canto a la liberación sexual, le anima a fundar su propia productora, Imamura Pro., para continuar el análisis sexual y social de su país con plena independencia. Sin embargo, el fracaso comercial de las interesantes *La evaporación del hombre,* una investigación sobre un desaparecido; *Profundo deseo de los dioses,* que enfrenta a un representante de la prosperidad económica con un país todavía primitivo, e *Historia del Japón de la posguerra: La vida de la camarera Onboro,* otra investigación sobre la situación social, hace que durante la década de los setenta se vea obligado a trabajar en exclusiva para televisión, aunque también exhibe en cinematógrafos su mejor trabajo: *Esas damas que marchan tan lejos.* Regresa al cine con *La venganza es mía* y *¿Por qué no?,* ambiciosas y un tanto confusas narraciones de época, y se da a conocer internacionalmente con *La balada de Narayama,* que gana la Palma de Oro del Festival de Cannes, nueva versión de una vieja leyenda popular sobre la supervivencia. Vuelve a ganar un premio en Cannes con *Lluvia negra,* crónica realista de los efectos de la bomba atómica sobre los sencillos habitantes de un pueblo cercano a Hiroshima tras la II Guerra Mundial.

1958 *Nusumareta yokujo* (Deseo desvanecido). / *Nishi-Ginza eki mae* (Las calles de neón). / *Hateshinaki yokujo* (Deseo insatisfecho).
1959 *Nianchan* (El hermano mayor).
1961 *Buta to gunkan* (Cerdos y acorazados).

1963 *Nippon konchuki* (La mujer insecto).
1964 *Akai satsui* (Deseos impuros). / *Jinruigaku nyumon* (El pornógrafo).
1967 *Ningen Johatsu* (La evaporación del hombre).
1968 *Kamigami no fukaki yokubo* (Profundo deseo de los dioses).
1970 *Nippon sengoshi: Madamu Onboro no seikatsu* (Historia del Japón de la posguerra: La vida de la camarera Onboro).
1975 *Karayuki-san* (Esas damas que marchan lejos).
1979 *Fukushu suru ware ni ari* (La venganza es mía).
1981 *Eijanaika* (¿Por qué no?).
1983 *Narayama bushiko* (La balada de Narayama).
1987 *Zegen*.
1989 *Kuroi ame* (Lluvia negra).

IMITACIÓN DE LA VIDA *(Imitation of Life, 1934)*

El novelón de Fannie Hurst es origen de dos famosos melodramas dirigidos por dos grandes especialistas en el género para los estudios Universal. En primer lugar se sitúa este, producido y dirigido por John M. Stahl y escrito por William Hurlbut, que encierra una excelente interpretación de Claudette Colbert. Narra cómo la viuda Beatrice Pullman (Claudette Colbert) se hace rica gracias a las recetas de repostería de su sirvienta negra Delilah Johnson (Louise Beavers), a quien lo único que le interesa del negocio es conseguir el dinero necesario para tener un gran entierro. Mientras, la hija de la blanca (Rochelle Hudson) se enamora de su padrastro, y la de la negra (Fredi Washington) se hace pasar por blanca. También tiene gran interés *Imitación a la vida* (1959), última película norteamericana del alemán Douglas Sirk, producida por su colaborador habitual Ross Hunter y protagonizada por Lana Turner, Juanita Moore, John Gavin, Sandra Dee y Susan Kohner.

Director: *John M. Stahl*. Guionista: *William Hurlbut*. Fotografía: *Merritt Gerstad*. Música: *Heinz Roemheld*. Intérpretes: *Claudette Colbert, Warren William, Louise Beavers, Ned Sparks, Rochelle Hudson, Fredi Washington, Alan Hale*. Producción: *John M. Stahl para Universal*. Duración: *109'. Estados Unidos*.

IMPERIO DE LOS SENTIDOS, EL *(Ai-No korida, 1976)*

Escrita y dirigida por el independiente Nagisa Oshima, narra cómo las morbosas relaciones que se establecen entre el hombre casado Kichizo (Tatsuya Fuji) y la joven *geisha* Abe Sada (Eiko Matsuda) les conducen a escenificar un imposible matrimonio y unos complejos juegos eróticos con huevos y cuerdas que finalizan con el estrangulamiento de él por ella durante un orgasmo. Esta historia de *amour fou*, esta erótica exposición del tradicional enfrentamiento entre Eros y Thanatos, está basada en hechos reales y, tanto en la ficción como en la realidad, finaliza cuando la mujer, tras estrangular a su amante, le corta los genitales y se pasea con ellos en la mano por las calles de Tokio en 1936, en vísperas de la invasión japonesa de China. Rodada con gran realismo, pero lejos de la vulgaridad, el fuerte tono erótico del relato la convierte en una de las películas más escandalosas de la historia del cine y hace que tenga problemas con los censores de medio mundo. Coproducida entre el francés Anatole Dauman y el propio Oshima, durante años está prohibida en varios países, entre ellos Japón, pero en aquellos donde se estrena tiene una gran repercusión y amplía el límite de la permisividad cinematográfica. La misma historia da lugar también a *Abesada* (1974), de Noboru Tanaka, con Junko Miyashita e Hideaki Ezumi, pero, al estar rodada de manera más recatada, pasa inadvertida.

Director y guionista: *Nagisa Oshima*. Fotografía: *Kenichi Okamato*. Música: *Minoru Miks*. Intérpretes: *Eiko Matsuda, Tatsuya Fuji, Aoi Nakajima, Melka Seri, Taiji Tonoyama*. Producción: *Anatole Dauman y Nagisa Oshima para Argos Films (París), Oshima Production (Tokio). Color. Duración: 120'. Japón-Francia.*

IMPULSO CRIMINAL *(Compulsion, 1959)*

En 1924, en Chicago, los estudiantes Nathan Leopold y Richard Leob asesinan, para entretenerse, al niño Bobby Franks. A partir de estos hechos reales, conocidos como el caso Leopold-Leob, se realizan dos producciones norteamericanas muy distintas. En *La soga* (Rope, 1948), Alfred Hitchcock parte de una obra de teatro de Patrick Hamilton para hacer un brillante ejercicio de estilo, rodado en tan solo ocho complicados planos, sobre el momento en que el profesor Rupert Cadell (James Stewart) descubre el crimen cometido por sus alumnos Branson (John Dall) y Philip (Farley Granger). En esta producción de Richard F. Zanuck para 20th Century Fox, el realizador Richard Fleischer parte de la obra teatral de Meyer Levin para centrarse en el juicio donde el abogado defensor Jonathan Wilk (Orson Welles) hace un alegato contra la pena de muerte para salvar la vida de Judd Steiner (Dean Stockwell) y Artie Strauss (Bradford Dillman), dos jóvenes estudiantes de buena familia que influidos por las teorías del superhombre de Nietzsche secuestran y matan al niño Kessler para demostrar su superioridad.

Director: *Richard Fleischer.* Guionista: *Richard Murphy.* Fotografía: *William C. Mellor.* Música: *Lionel Newman.* Intérpretes: *Dean Stockwell, Bradford Dillman, Orson Welles, Diane Varsi, E. G. Marshall, Martin Milner.* Producción: *Richard F. Zanuck para 20th Century Fox. Scope.* Duración: *103'. Estados Unidos.*

INCIDENTE EN OX-BOW *(The Ox-Bow Incident, 1943)*

Cansados de los continuos robos de ganado, los habitantes de un pequeño pueblo organizan una patrulla, entre cuyos miembros se encuentra Gil Cartier (Henry Fonda), detienen a tres *cow-boys* forasteros mientras duermen, entre los que está Donald Martin (Dana Andrews), y les ahorcan, pero poco después se dan cuenta de que han cometido una terrible equivocación. Es un excelente *western* realista, escrito y producido por Lamar Trotti para 20th Century Fox y dirigido con tanta fuerza como bajo presupuesto por el reputado especialista en relatos de acción William A. Wellman. A pesar de competir por el Oscar a la mejor película y ser un clásico del género, es un fracaso de público por saltarse las más sólidas convenciones narrativas del *western:* los buenos llegan demasiado tarde y sus mujeres les dejan por personajes secundarios.

Director: *William A. Wellman.* Guionista: *Lamar Trotti.* Fotografía: *Arthur Miller.* Música: *Cyril Mockridge.* Intérpretes: *Henry Fonda, Henry Morgan, Jane Darwell, Anthony Quinn, Dana Andrews, Mary Beth Hughes, Harry Davenport.* Producción: *Lamar Trotti para 20th Century Fox.* Duración: *75'. Estados Unidos.*

INFIERNO EN LA CIUDAD *(Nella città l'inferno, 1958)*

A partir de la novela *Roma, via delle Mantellate,* de Isa Mari, y con un excelente guión de la reputada Suso Cecchi d'Amico, el realizador Renato Castellani hace una de las grandes películas sobre cárceles de mujeres. A medio camino entre el drama y la denuncia social, narra cómo la ingenua criada Lina Barboni (Giulietta Masina) llega a la cárcel injustamente acusada de complicidad en un robo cometido por su novio (Alberto Sordi). Una vez que se demuestra su inocencia y es puesta en libertad, ha sido corrompida por el ambiente y el trato con la desgarrada Egle (Anna Magnani). Mientras permanece en libertad, Egle hace amistad con la joven Marietta (Cristina Gajoni), que mantiene una relación sentimental con un muchacho (Renato Salvatori) al que ha conocido por la ventana de la cárcel, pero cuando Lina Barboni vuelve a la cárcel convertida en una profesional de la prostitución, Egle se da cuenta del daño que puede hacer. Íntegramente desarrollada en el interior de la cárcel, rodada en largos planos y casi solo interpretada por mujeres, desmuestra la habilidad de Castellani al contar una historia que comienza igual que acaba, con el coche celular llegando a la cárcel con nuevas presas. Planteada como un enfrentamiento entre dos estrellas del cine italiano, una desgarrada Anna Magnani siempre en combinación negra y una Giulietta Masina que pasa de la fragilidad a la dureza, también muestra a Castellani como un gran director de actrices.

Director: *Renato Castellani.* Guionista: *Suso Cecchi d'Amico.* Fotografía: *Leonida Barboni.* Música: *Roman Vlad.* Intérpretes: *Anna Magnani, Giulietta Masina, Cristina Gajoni, Miriam Bru, Anita Durante, Milly Monti, Marcella Rovena, Miranda Campa, Renato Castellani, Alberto Sordi.* Producción: *Giuseppe Amato para Riamo Films (Roma), Francinex, S.A. (París).* Duración: *106'. Italia-Francia.*

INGRAM, Rex *(Reginald Ingram Montgomery. Dublín, Irlanda, 1893-Los Ángeles, California, Estados Unidos, 1950)*

Hijo de un pastor protestante, en 1911 emigra a Estados Unidos y estudia escultura en la Universidad de Yale. Interesado por el cine, desde 1913 trabaja para las compañías Edison, Vitagraph y Fox como decorador, guionista o actor. Tras intervenir en la Gran Guerra como aviador, debuta como director con *The Great Problem,* una especie de policiaco edificante. Poco se sabe de sus catorce primeras películas, salvo que *Shore Acres* ya está protagonizado por Alice Terry, que no solo se convierte en la heroína de sus restantes producciones, sino también en su esposa. Contratado por los estudios Metro-Goldwyn-Mayer gracias a la influencia de la guionista June Mathis, el período más conocido y mejor de su obra comienza con *Los cuatro jinetes del Apocalipsis*, brillante adaptación de la novela homónima de Vicente Blasco Ibáñez que lanza al actor Rudolph Valentino. Especializado en la adaptación de autores de moda, parte de Anthony Hope en *El prisionero de Zenda*, que descubre a Ramón Novarro; de Rafael Sabatini en *Scaramouche;* de nuevo de Blasco Ibáñez en *Mare Nostrum;* de W. Somerset Maugham en *Mágico dominio,* y de Robert Hichens en *El jardín de Alá.* Decepcionado porque le encargan a Fred Niblo la dirección de *Ben Hur* (1926), abandona Hollywood, se instala con su mujer en la Costa Azul, crea su propia compañía de producción, pero en realidad sigue trabajando para Metro-Goldwyn-Mayer, y en los estudios de la Victorine, Niza, rueda sus últimas seis películas, entre las que destacan las fantasías orientales *El árabe,* cuyos exteriores rueda en Túnez, y *El jardín de Alá,* en buena parte realizada en Biskra, Argelia. Su única película sonora es *Baroud,* otra fantasía oriental, que marca el final de su obra y cierra su trilogía africana, donde encarna a un oficial de la Legión Extranjera enamorado de una princesa berebere. Durante el resto de su vida, vaga entre El Cairo y Hollywood coleccionando arte islámico y publicando alguna novela.

1916 *The Great Problem. / Broken Fetters. / The Chalice of Sorrows. / Black Orchids.*
1917 *The Reward of the Faithless. / The Pulse of Life. / The Flower of Doom. / The Little Terror.*
1918 *His Robe of Honor. / Humdrum Brown.*
1919 *The Day She Paid.*
1920 *Under Crimson Skies. / Shore Acres. / Hearts Are Trumps.*
1921 *The Four Horsemen of the Apocalypse* (Los cuatro jinetes del Apocalipsis). / *The Conquering Power* (Eugenia Grandet).
1922 *Turn to the Right* (El juego de la vida). / *The Prisoner of Zenda* (El prisionero de Zenda). / *Trifling Women* (Mujeres frívolas).
1923 *Where the Pavement Ends* (El pescador de perlas). / *Scaramouche.*
1924 *The Arab* (El árabe).
1926 *Mare Nostrum. / The Magician* (Mágico dominio).
1927 *The Garden of Allah* (El jardín de Alá).
1928 *The Three Passions* (Las tres pasiones).
1932 *Baroud.*

INOCENTE, EL *(L'innocente, 1976)*

En 1891, en Roma, Tullio Hermil (Giancarlo Giannini) tiene una relación con la condesa Teresa Raffo (Jennifer O'Neill), mientras su mujer Giuliana (Laura Antonelli) queda embarazada de su amante, el escritor Filippo d'Arborio (Marc Porel). Giuliana se niega a abortar y tiene al niño, pero Tullio Hermil lo deja morir de frío la noche de Nochebuena. Abandonado por su mujer y su amante —en contra de la novela original— Tullio Hermil se suicida de un disparo en el corazón. Tomando como punto de partida una novela de Gabriele d'Annunzio, el director de teatro y ópera Luchino Visconti realiza desde una silla de ruedas su última película y muere durante el proceso de montaje. No solo tiene una cuidadísima ambientación, vestuario y mobiliario, sino que además está perfectamente narrada. Visconti deja muy lejos las locuras del *zoom* que destruyen visualmente su trilogía alemana, al tiempo que narra una historia con un fuerte dramatismo que se sitúa entre sus mejores trabajos.

Director: *Luchino Visconti.* Guionistas: *Suso Cecchi d'Amico, Enrico Medioli, Luchino Visconti.* Fotografía: *Pasqualino de Santis.* Música: *Franco Mannino.* Intérpretes: *Giancarlo Giannini, Jennifer O'Neill, Laura Antonelli, Marc Porel, Rina Morelli, Massimo Girotti, Didier Haudepin, Marie Dubois, Claude Mann.* Producción: *Rizzoli Film (Roma), Les Films Leitienne (París), Société I.E.C. (Niza), Francoriz Production (París).* Color. Duración: 125'. Italia-Francia.

INSEPARABLES *(Dead Ringers, 1988)*

La vida de los gemelos y reputados ginecólogos Elliot y Beverly Mantle, encarnados por un excelente Jeremy Irons, que están acostumbrados a compartirlo todo desde su infancia, apartamento, clínica, obsesiones y mujeres, se ve seriamente afectada cuando Beverly, uno de ellos, se enamora locamente de la actriz Claire Niveau (Geneviève Bujold), lo que poco a poco le lleva a su destrucción y a la de su hermano. Tras un largo y muy discutible recorrido por el más barato y fácil cine fantástico, el canadiense David Cronenberg comienza la segunda y mucho más interesante etapa de su carrera con esta insólita historia, basada en una novela de Barri Woods y Jack Gaesland inspirada en hechos reales, de la que saca un gran partido.

Director: *David Cronenberg*. Guionistas: *David Cronenberg, Norman Snyder*. Fotografía: *Peter Suschitzky*. Música: *Howard Shore*. Intérpretes: *Jeremy Irons, Geneviève Bujold, Heidi von Palleske, Barbara Gordon, Shirley Douglas*. Producción: *Marc Boyman. Color. Scope. Duración: 115'. Canadá.*

INTENDENTE SANSHO, EL *(Sansho dayu, 1954)*

En el siglo XII, a finales de la era Heian, el hijo y la hija del ex gobernador Masauji Taira (Masao Shimizu), desterrado por su excesiva magnanimidad con sus súbditos, son separados de su madre, Tamaki (Kinuyo Tanaka), y vendidos como esclavos al cruel intendente Sansho (Eitaro Shindo). Años después el joven Zushio (Yoshiaki Hanayagi) logra escaparse con la ayuda de su hermana Anju (Kyoko Kagawa), consigue ser nombrado gobernador, abolir la esclavitud y encarcelar al poderoso Sansho, pero cuando se entera de que su hermana ha muerto, renuncia a su cargo y se dedica a buscar a su madre, a quien encuentra convertida en una anciana ciega y tullida. Basada en un cuento de Ogai Mori, que recoge una conocida leyenda medieval, esta fábula, que gira en torno al poder, es uno de los más sólidos melodramas realizados por Kenji Mizoguchi al final de su carrera. Rodada en planos más cortos de los habituales en su personal estilo, destaca el brillante final, el emotivo encuentro entre la madre y el hijo, una de las más características escenas de Mizoguchi.

Director: *Kenji Mizoguchi*. Guionistas: *Fuji Yahiro, Yoshikata Yoda*. Fotografía: *Kazuo Miyagawa*. Música: *Fumio Hayasaka*. Intérpretes: *Kinuyo Tanaka, Yoshiaki Hanayagi, Kyoko Kagawa, Masao Shimizu, Eitaro Shindo, Akitake Kawano*. Producción: *Masaichi Nagata para Daiei. Duración: 125'. Japón.*

INTOLERANCIA *(Intolerance, 1916)*

El éxito de *El nacimiento de una nación* (The Birth of a Nation, 1915) y los ataques provocados por su tono reaccionario, llevan a David W. Griffith a escribir, producir y realizar esta película, subtitulada «La lucha del amor a lo largo de los tiempos», con una concepción progresista y un elevado coste de 1.740.000 dólares de la época, que no llega a amortizar y le hace apartarse de este tipo de superproducciones. Según un innovador esquema, que es muy imitado, narra cómo la poderosa familia Jenkins prefiere dedicar su dinero a falsa caridad antes que pagar más a sus obreros, lo que genera huelgas y reducciones salariales que hacen que un joven matrimonio caiga en la miseria, mientras él (Robert Harron) está a punto de ser ahorcado, y ella (Mae Marsh) de perder a su hijo. Como contrapunto, incluye otras tres historias: unas escenas de la vida de Jesucristo; el enfrentamiento en 1572 entre católicos y protestantes en la Francia de Catalina de Médicis y su hijo Carlos IX, que finaliza en la matanza de la noche de san Bartolomé, y la caída de Babilonia en manos de Ciro por la traición de los sacerdotes del rey Baltasar el año 359 antes de Jesucristo. Jalonada por la escena de una mujer (Lillian Gish) que mece al niño en la cuna sobre los versos de Walt Whitman «Más allá de la cuna que se mece interminablemente», la película destila una gran modernidad narrativa que en buena parte ha vencido al paso del tiempo. Es la obra maestra de Griffith y, más allá de la coherencia e interés del conjunto, destacan el conseguido dramatismo del bloque contemporáneo y la suntuosidad de la historia babilónica con la estupenda Constance Talmadge.

Director y guionista: *David W. Griffith*. Fotografía: *Billy Bitzer*. Intérpretes: *Lillian Gish, Mae Marsh, Robert Harron, Fred Turner, Howard Gaye, Lillian Langdon, Margery Wilson, Spottiswoode Aiken, Eugène Pallette, Constance Talmadge, Elmer Clifton, Alfred Paget*. Producción: *David W. Griffith para The Triangle Film Corporation, Wark Producing Corporation. Duración: 220'. Estados Unidos.*

INTRUSO *(1993)*

Esta película y *Amantes* (1991) forman un peculiar díptico basado en la recreación de crímenes pasionales, dentro de la cada vez más sólida obra de Vicente Aranda, producido por Pedro Costa y escrito en colaboración con Álvaro del Amo. Esta historia da un paso más en la línea que une el amor y la muerte a través de la pasión, al narrar cómo la convencional burguesa Luisa (Victoria Abril) un día encuentra a su primer marido, Ángel (Imanol Arias), reducido a la mendicidad y enfermo, y se lo lleva a vivir a su lujosa casa con sus hijos pequeños y su actual marido, Ramiro (Antonio

Valero), viejo amigo de ambos. En un intento imposible por recuperar su perdido paraíso infantil, donde quería casarse con ambos, Luisa comienza a cohabitar bajo un mismo techo con sus dos maridos, pero surgen inevitables rivalidades y celos hasta llegar a un dramático final. Dentro de esta anómala situación, los niños tienen un papel preponderante, tanto los hijos del matrimonio, que se convierten en espectadores cualificados de los insólitos hechos que comienzan a ocurrir en su casa, como los que en su momento fueron los protagonistas, que se ven reflejados en el nuevo trío que forman los niños y el intruso. El resultado es una obra dura, con unos escuetos, directos y eficaces diálogos, que ocupa una posición sobresaliente dentro de la filmografía de Aranda, donde destaca el trabajo interpretativo de Victoria Abril e Imanol Arias y, especialmente, la impresionante escena en la que ella intenta y consigue revivirle.

Director: *Vicente Aranda*. Guionistas: *Álvaro del Amo, Vicente Aranda*. Fotografía: *José Luis Alcaine*. Música: *José Nieto*. Intérpretes: *Victoria Abril, Imanol Arias, Antonio Valero*. Producción: *Pedro Costa*. P.C. Color. Duración: *90'*. *España*.

INTRUSO EN EL POLVO *(Intruder in the Dust, 1949)*

Dada su complejidad narrativa, las brillantes novelas del gran escritor William Faulkner han sido muy poco adaptadas al cine, pero, además, la mayoría de las veces han dado lugar a películas con muy poco interés y una mínima relación con el original. La excepción es esta interesante adaptación de una de sus mejores obras, cuyo guión aparece firmado por Ben Maddow, pero en el que colabora activamente el propio Faulkner, producida y dirigida por Clarence Brown al final de su larga etapa en Metro-Goldwyn-Mayer. Narra la historia del negro Lucas Beecham (Juano Hernández), injustamente acusado del asesinato de un blanco en un pueblo del sur de Estados Unidos, a quien sus conciudadanos intentan linchar, pero que encuentra un buen abogado defensor gracias a la ayuda del joven adolescente blanco Chick (Claude Jarman Jr.). Está muy bien contada, funciona con perfección a niveles sociales, psicológicos y policiacos, y además es uno de los primeros alegatos antirracistas del cine norteamericano.

Director: *Clarence Brown*. Guionista: *Ben Maddow*. Fotografía: *Robert Surtees*. Música: *Adolph Deutsch*. Intérpretes: *Juano Hernández, Elizabeth Patterson, David Brian, Claude Jarman Jr., Porter Hall*. Producción: *Clarence Brown para Metro-Goldwyn-Mayer*. Duración: *87'*. *Estados Unidos*.

INVASIÓN DE LOS LADRONES DE CUERPOS, LA *(Invasion of the Body Snatchers, 1956)*

Esta película de bajo presupuesto del productor independiente Walter Wanger se convierte en uno de los clásicos del cine de ciencia-ficción por la eficacia de la fuerza narrativa de Don Siegel, por la parábola política que encierra —a pesar de que puede leerse tanto en clave anticomunista como antimacarthysta—, y por su falta de efectos especiales. Narra cómo, en la pequeña ciudad de Santa Mira, el médico Miles Bennell (Kevin McCarthy) descubre que sus habitantes han comenzado a ser sustituidos por unos replicantes surgidos de unas extrañas plantas, a través de los que los extraterrestres conseguirán el dominio de la Tierra. A pesar de que la distribuidora Allied Artists impone un prólogo y un epílogo fuera de lugar y elimina algunos diálogos irónicos, el conjunto tiene un especial atractivo y destaca su final, donde el médico protagonista se vuelve hacia la cámara y grita: «¡Vosotros seréis los próximos!» En su momento pasa bastante inadvertida, pero la fama que alcanza posteriormente es origen de dos nuevas versiones: *La invasión de los ultracuerpos* (1978), de Philip Kaufman, con Donald Sutherland y Brooke Adams, y *Body Snatchers* (1993), de Abel Ferrara, con Gabrielle Anwar y Meg Tilly, que no llegan a la altura de la original, pero no están desprovistas de interés.

Director: *Don Siegel*. Guionista: *Daniel Mainwaring*. Fotografía: *Ellsworth Frederiks*. Música: *Carmen Dragon*. Intérpretes: *Kevin McCarthy, Dana Wynter, Larry Gates, King Donovan, Carolyn Jones, Virginia Christine*. Producción: *Walter Wanger para Allied Artists*. Scope. Duración: *80'*. *Estados Unidos*.

INVASIÓN EN BIRMANIA *(Merrill's Marauders, 1962)*

En enero de 1942, en plena II Guerra Mundial, los japoneses invaden Birmania para unirse con las fuerzas alemanas; pero, desde el norte de la India, una fuerza integrada por irlandeses, ingleses, escoceses, galeses, australianos, neozelandeses, gurkas y sijs, además de tres mil voluntarios norteamericanos, la denominada Unidad Mixta Provisional 5307, se lanza a su reconquista. Dividida en tres partes, que reciben el nombre de las principales batallas que libran, Walawbum, Shaduzup y Myitkyina, el especialista Samuel Fuller narra, con una impresionante austeridad, cómo el 4 de enero de 1944 los tres mil voluntarios norteamericanos se lanzan a la reconquista de Birmania bajo el mando del general Frank D. Merrill (Jeff Chandler). Acaban siendo conocidos como los Merodeadores de Merrill y consiguen sus objetivos, pero quedan reducidos a cien hombres. A pesar de que el montaje es alterado por los estudios Warner, y de haberse incluido un final épico, se trata de la mejor película de guerra de Fuller. Íntegramente rodada en exteriores, se basa en las relaciones del general con sus hombres, en especial con el teniente Lee Stocklon (Ty Hardin), y en la minuciosa descripción de las tres batallas. Destacan las escenas de la toma del enclave ferroviario de Shaduzup, desarrolladas en una especie de laberinto de cemento, que llegan a una abstracción casi total.

Director: *Samuel Fuller*. Guionistas: *Milton Sperling, Samuel Fuller*. Fotografía: *William H. Clothier*. Música: *Howard Jackson*. Intérpretes: *Jeff Chandler, Ty Hardin, Andrew Duggan, Peter Brown, Will Hutchins, Claude Akins*. Producción: *Milton Sperling para Warner. Color. Scope.* Duración: *98'. Estados Unidos*.

INVESTIGACIÓN SOBRE UN CIUDADANO LIBRE DE TODA SOSPECHA *(Indagine su un cittadino al di sopra di ogni sospetto, 1970)*

La moda del cine político de finales de los años sesenta y principios de los setenta hace que Elio Petri dirija y escriba con Ugo Pirro la trilogía integrada por *El amargo deseo de la propiedad* (La proprietà non è più un furto, 1973), *La clase obrera va al paraíso* (La classe operaia va in paradiso, 1971) y esta producción, que gana un premio importante en el Festival de Cannes y el Oscar correspondiente a la producción extranjera. La mejor es este policiaco satírico sobre las aberraciones del poder, que analiza en tono grotesco los métodos del aparato policial y, sobre todo, describe a un personaje de la pequeña burguesía meridional que solo puede acceder al poder de la burocracia policial y que desahoga en él sus represiones sexuales y de clase. Narra cómo un importante funcionario de la policía (Gian Maria Volonté) mata a su amante (Florinda Bolkan) haciendo el amor, porque prefiere a un joven contestatario; pero inventa pruebas contra sí mismo porque no soporta que se burle el orden establecido y no ser castigado, además de para demostrar su superioridad en las más adversas condiciones. Lástima que una historia tan brillante esté rodada por Petri de una forma tan tosca, con continuo uso y abuso del *zoom,* frente a la sólida interpretación de Gian Maria Volonté.

Director: *Elio Petri*. Guionistas: *Ugo Pirro, Elio Petri*. Fotografía: *Luigi Kuveiller*. Música: *Ennio Morricone*. Intérpretes: *Gian Maria Volonté, Florinda Bolkan, Gianni Santuccio, Orazio Orlando, Salvo Randone, Massimo Foschi*. Producción: *Vera Films, S. P. A. Color. Scope.* Duración: *118'. Italia*.

IOSSELIANI, Otar *(Tiflis, Georgia, 1934)*

Interrumpe sus estudios de composición, piano y dirección de orquesta en el Conservatorio de Tiflis para ingresar en la especialidad de dirección en la V.G.I.K., la escuela de cine de Moscú, y diplomarse con la práctica *Abril* (Aprel, 1961), pero su prohibición le hace abandonar el cine durante unos años para trabajar primero en un barco de pesca y luego en una fundición. Fruto de esta experiencia es el cortometraje *Fundición* (Cugun, 1965), sobre el funcionamiento de una siderúrgica, que le anima a pasar al largo. Se da a conocer internacionalmente con la trilogía integrada por *La caída de las hojas,* sátira de la burocracia a través de la vida de un tímido empleado de una cooperativa vinícola; *Érase una vez un mirlo cantor,* sobre un músico que vive al margen de las normas sociales, y *Pastoral,* donde describe un pueblo desde el punto de vista de unos músicos, en que queda muy claro su personal sentido del humor y su interés por la música, pero tiene problemas con las autoridades comunistas y alguna parte incluso es prohibida durante una temporada. Estos problemas y las dificultades que encuentra para rodar con una cierta continuidad, le impulsan a exiliarse en Francia, donde rueda los cortometrajes *Lettre d'un cinéaste* (1982), *Euskadi* (1982) y *Sept pièces pour cinéma noir et blanc* (1983), y el largo *Los favoritos de la luna*, escrito en colaboración con el guionista Gérard Brach, que cuenta algunas historias en torno a

pequeños hechos delictivos, con muy pocos diálogos y una peculiar estructura, donde los personajes de unas historias se mezclan con los de otras hasta completar una minuciosa narración. Tiene menos atractivo *Y la luz se hizo,* curiosa mezcla de documental y ficción, rodada en un poblado africano entre Guinea-Bissau y Gambia, que narra cómo la apacible vida de un poblado es destruida por los avances de la civilización, donde, una vez más, se aprecia su interés por la comedia y las matemáticas.
1966 *Listopad* (La caída de las hojas).
1971 *Zill Pevcij drozd* (Érase una vez un mirlo cantor).
1976 *Pastoral.*
1984 *Les favoris de la Lune* (Los favoritos de la luna).
1989 *Et la lumière fut* (Y la luz se hizo).
1992 *La chasse aux papillons.*
1994 *À propos de Nice,* un episodio.

IRONS, Jeremy *(Cowes, Reino Unido, 1948)*

Estudia en la Sherbourne School, a los dieciocho años debuta como actor de teatro en el Old Vic Theater de Bristol y durante la década de los setenta se convierte en un reputado profesional gracias a su trabajo en obras de William Shakespeare, Nicolai Gogol y Harold Pinter. El éxito alcanzado con la serie de televisión *Retorno a Brideshead* (Brideshead Revisited) le lanza a una pensada carrera cinematográfica donde mezcla con cuidado selectas producciones británicas, *La mujer del teniente francés,* de Karel Reisz, *Trabajos clandestinos,* de Jerzy Skolimowski, con ambiciosas producciones europeas, *Un amor de Swann,* de Volker Scholöndorff, y *La misión,* de Roland Joffé; con interesantes películas de terror canadienses, *Inseparables,* de David Cronenberg; y con atractivas producciones infantiles, *Danny, campeón del mundo,* de Gavin Millar. Después de ganar un Oscar por su trabajo en la producción norteamericana *El misterio Von Bülow,* de Barbet Schroeder, sigue en una línea muy similar con películas tan interesantes como *El país del agua,* de Stephen Gyllenhaal; *Herida,* de Louis Malle, y *M. Butterfly,* de David Cronenberg.
1979 *Nijinsky,* de Herbert Ross.
1981 *The French Lieutenant's Woman* (La mujer del teniente francés), de Karel Reisz.
1982 *Moonlighting* (Trabajo clandestino), de Jerzy Skolimowski. / *Betrayal* (El riesgo de la traición), de David Jones.
1983 *The Wild Duck,* de Henry Safran. / *Un amour de Swann* (Un amor de Swann), de Volker Schlöndorff.
1986 *The Mission* (La misión), de Roland Joffé.
1988 *Dead Ringers* (Inseparables), de David Cronenberg. / *A Chorus of Disapproval* (Adorable seductor), de Michael Winner.
1989 *Danny, the Champion of the World* (Danny, campeón del mundo), de Gavin Millar. / *Australia,* de Jean-Jacques Andrieu.
1990 *Reversal of Fortune* (El misterio Von Bülow), de Barbet Schroeder.
1991 *Kafka,* de Steven Soderbergh.
1992 *Waterland* (El país del agua), de Stephen Gyllenhaal. / *Damage* (Herida), de Louis Malle.
1993 *House of the Spirits* (La casa de los espíritus), de Bille August. / *M. Butterfly,* de David Cronenberg.
1995 *Die Hard With a Vengeance* (La jungla de cristal 3), de John McTiernam.

ISLA DEL TESORO, LA *(Treasure Island, 1934)*

La conocida novela homónima de aventuras de Robert Louis Stevenson es origen de varias películas entre las que destacan cuatro. En 1920 el francés Maurice Tourneur rueda en Estados Unidos una versión muda con Lon Chaney como el pirata Long John Silver y Shirley Mason como el niño Jim Hawkins. La más famosa es esta de Hunt Stromberg para Metro-Goldwyn-Mayer, dirigida por Victor Fleming y con Wallace Berry y Jackie Cooper en los principales papeles, pero sobre la que el tiempo ha dejado sus claras huellas. En 1950, el sólido artesano Byron Haskin hace para Walt Disney Productions la primera versión en color, con Robert Newton en el personaje del pirata y Bobby Driscoll en el del niño. En 1971 Orson Welles escribe, con el seudónimo O. W. Jeeves, y comienza a producir y a dirigir y protagoniza una coproducción entre el Reino Unido, Francia, Italia y España, pero por sus habituales problemas económicos y de inseguridad es acabada entre el coguionista Wolf Mankowitz y el ayudante de dirección John Hough, aunque algunas versiones aparecen firmadas por el italiano Andrea Bianchi, o con su seudónimo Andrew White, y carece de cualquier rastro de su genio.

Director: *Victor Fleming.* Guionista: *John Lee Mahin.* Fotografía: *Ray June, Clyde de Vinns, Harold Rosson.* Música: *Herbert Stothart.* Intérpretes: *Wallace Berry, Jackie Cooper, Lewis Stone, Lionel Barrymore, Otto Kruger, Douglass Dumbrille.* Producción:

Hunt Stromberg para Metro-Goldwyn-Mayer. Duración: *105'. Estados Unidos.*

IVANHOE *(1952)*

Durante la primera mitad de la década de los cincuenta el director Richard Thorpe y el productor Pandro S. Berman hacen tres películas de aventuras medievales para Metro-Goldwyn-Mayer. Entre las irregulares *Aventuras de Quentin Durward* (The Adventures of Quentin Durward (1955) y *Los caballeros del rey Arturo* (Knights of the Round Table, 1954) brilla esta por el alto grado de calidad conseguido. A partir de la novela homónima de Walter Scott narra cómo al final de la Tercera Cruzada el sajón Wilfred de Ivanhoe (Robert Taylor) encuentra al rey Ricardo Corazón de León prisionero de Leopoldo de Austria, regresa a Inglaterra, gobernada por el usurpador normando Juan Sin Tierra (Guy Rolfe), y convence al judío Isaac (Felix Aylmer) para que consiga el dinero del rescate; mientras, corteja a su prometida Rowena (Joan Fontaine) y coquetea con la bella judía Rebecca (Elizabeth Taylor). Dentro del conjunto destacan las espectaculares escenas del torneo donde el sajón Ivanhoe se enfrenta a cinco caballeros normandos y solo es herido por el último, el asalto de Robin Hood (Harold Warrender) al castillo donde están prisioneros los protagonistas y el juicio de Dios en que Ivanhoe lucha de nuevo con Brian de Bois-Guilbert (George Sanders) para salvar la vida de Rebecca.

Director: *Richard Thorpe.* Guionistas: *Noël Langley, Aeneas Mackenzie.* Fotografía: *Frederick A. Young.* Música: *Miklos Rozsa.* Intérpretes: *Robert Taylor, Joan Fontaine, Elizabeth Taylor, George Sanders, Emlyn Williams, Robert Douglas, Finlay Currie, Felix Aylmer.* Producción: *Pandro S. Berman para Metro-Goldwyn-Mayer. Color.* Duración: *106'. Estados Unidos.*

IVORY, James *(Berkeley, California, Estados Unidos, 1928)*

Mezcla de sangre irlandesa y anglo-francesa, pertenece a una familia de la burguesía católica liberal. Estudia arquitectura en la Universidad de Oregón y viaja a París para inscribirse en el I.D.H.E.C., la escuela de cine, pero como consecuencia de la guerra de Corea acaba estudiando en U.C.L.A., California. Financiado por su padre, en 1952 llega a Venecia para rodar *Venice: Theme and Variations* (1957), su práctica de fin de carrera, pero debe interrumpirla para hacer el servicio militar. Una vez finalizado, viaja a la India para hacer *The Sword and the Flute* (1959), otro cortometraje, pero queda fascinado por el país y una sucesión de casualidades ponen en marcha su carrera de director. Conoce a Ismail Merchant, un joven indio que también está interesado por el cine, y fundan una productora para rodar películas en inglés en la India destinadas al mercado internacional, con la que termina haciendo toda su obra. Interesados ambos por una de las novelas de Ruth Prawer Jhalbvala, una alemana educada en el Reino Unido, casada con un arquitecto hindú y que vive en la India, entran en contacto con ella y así nace *The Householder* y la más larga colaboración de la historia del cine entre un director, un productor y una guionista, dado que llevan trabajando juntos más de treinta años. Las cuatro películas que integran la primera parte de su filmografía, *The Householder, Shakespeare Wallah, The Guru* —rodada con más dinero gracias al apoyo de 20th Century Fox—, y *Bombay Talkie,* dan una visión de la India muy influida por la obra maestra de Jean Renoir, *El río* (The River, 1950), y el mejor cine de Satyajit Ray, pero solo son irregulares relatos, que en ningún caso llegan a su altura. La segunda parte de su obra se abre con sus únicas películas que no escribe Ruth Prawer Jhalbvala: *Salvajes,* una curiosa parábola sobre la civilización con una innovadora estructura, pero que no ha envejecido bien, y *Fiesta salvaje,* un irregular retrato del Hollywood de finales del período mudo, hecho a través del escándalo provocado por el actor cómico Roscoe «Fatty» Arbuckle; y se cierra con dos producciones que sí vuelve a escribir su guionista habitual: *Roseland,* compuesta por tres episodios desarrollados en la célebre sala de fiestas de Nueva York del mismo nombre, y *Hullabaloo over Georgie and Bonnie's Pictures,* atractivo retorno a sus queridos temas hindúes, entre las que se sitúa la pequeña obra maestra *Autobiografía de una princesa,* una producción para televisión, con una duración de poco más de una hora, que es su mejor trabajo sobre la India. El resto de su filmografía está formado por adaptaciones de conocidas obras de la literatura inglesa y norteamericana, realizadas cada vez con más eficacia y mayores medios, pero siempre con una frialdad que en la mayoría de los casos resulta excesiva. Así ocurre en *Los europeos* y *Las bostonianas*, basadas en las novelas homónimas de Henry James; *Quartet*, sobre la novela autobiográfica de Jean Rhys, y *Oriente y Occidente*, regreso a los temas hindúes a través de la adaptación de una novela de la propia Ruth Prawer Jhalbvala. Entre ellas se sitúan *Jane Austen en Manhattan*, interesante recreación de *Sir Charles Gradison*, de Jane Austen, la única de estas producciones que no es de época. Logra su primer éxito con *Una habitación con vistas* —que, al igual que *Maurice* y *Regreso a Howards End*, está basada en una novela de E. M. Forster—, en la medida en que su característica frialdad encaja mejor con el tono de la narración. Quizá por desarrollarse en época actual, tienen menos interés *Esclavos en Nueva York*, sobre una colección de cuentos de Tama Janowitz, y *Esperando a Mr. Bridge*, sobre dos novelas simétricas de Evan S. Connell que narran la misma historia desde dos puntos de vista diferentes. Consigue otro de sus éxitos con *Lo que queda del día*, basada en una novela del japonés Kazuo Ishiguro, situada en el Reino Unido durante el período de entreguerras.

1963 *The Householder.*
1965 *Shakespeare Wallah.*
1968 *The Guru.*
1970 *Bombay Talkie.*
1972 *Savages* (Salvajes).
1975 *The Wild Party* (Fiesta salvaje). / *Autobiography of a Princess* (Autobiografía de una princesa).
1977 *Roseland.*
1978 *Hullabaloo over Georgie and Bonnie's Pictures.*
1979 *The Europeans* (Los europeos).
1980 *Jane Austen in Manhattan* (Jane Austen en Manhattan).
1981 *Quartet.*
1983 *Heat and Dust* (Oriente y Occidente).
1984 *The Bostonians* (Las bostonianas).
1985 *A Room With a View* (Una habitación con vistas).
1987 *Maurice.*
1988 *Slaves of New York* (Esclavos en Nueva York).
1990 *Mr. and Mrs. Bridge* (Esperando a Mr. Bridge).
1992 *Howards End* (Regreso a Howards End).
1993 *The Remains of the Day* (Lo que queda del día).
1995 *Jefferson in Paris.* / *Lumière y compañía*, un episodio.
1996 *Surviving Picasso* (Sobrevivir a Picasso).
1997 *A Soldier's Daughter Never Cries.*

j

JACKSON, Glenda *(Birkenhead, Reino Unido, 1936)*

Finalizados sus estudios, trabaja durante dos años en una farmacia antes de conseguir una beca para estudiar arte dramático en la Royal Academy of Dramatic Arts de Londres. Tras formar parte de la reputada Royal Shakespeare Company, pasa a integrar el Theatre of Cruelty dirigido por el famoso Peter Brook y se da a conocer por su creación de Charlotte Corday en la obra *Marat-Sade* tanto en teatro como en cine. El Oscar conseguido por su trabajo en *Mujeres enamoradas* la lleva a hacer de Antonina Miyukova en *La pasión de vivir,* la reina Elizabeth en *María, reina de Escocia,* Lady Hamilton en *Legado de un héroe* y Sarah Bernhardt en *Sarah,* pero también a protagonizar las irregulares comedias norteamericanas *Un toque de distinción,* con la que gana su segundo Oscar, y *Un toque con más clase.* Dividida entre el Reino Unido, donde rueda *Domingo, maldito domingo* y *Una inglesa romántica,* y Estados Unidos, donde hace *Salud,* en los años ochenta baja la calidad de sus películas y solo trabaja en su país.

1963 *This Sporting Life* (El ingenuo salvaje), de Lindsay Anderson.
1967 *The Persecution and Assassination of Jean-Paul Marat as Performed by the Inmates of the Asylum of Charenton Under the Direction of the Marquis de Sade* (La persecución y asesinato de Jean-Paul Marat representados por los internos del asilo de Charenton bajo la dirección del marqués de Sade), de Peter Brook. / *Benefit of the Doubt*, de Peter Whithead.
1968 *Negatives*, de Peter Medak. / *Tell Me Lies*, de Peter Brook.
1969 *Women in Love* (Mujeres enamoradas), de Ken Russell.
1970 *The Music Lovers* (La pasión de vivir), de Ken Russell.
1971 *Sunday, Bloody Sunday* (Domingo, maldito domingo), de John Schlesinger. / *Mary Queen of Scots* (María, reina de Escocia), de Charles Jarrott. / *A Touch of Class* (Un toque de distinción), de Melvin Frank.
1972 *Bury Me in My Boots*, de Mai Zetterling. / *The Boy Friend* (El novio), de Ken Russell.
1973 *Triple Echo* (La máscara y la piel), de Michael Apted. / *A Bequest to the Nation* (Legado de un héroe), de James Celan Jones.
1974 *Il sorriso del grande tentatore* (La sonrisa del gran tentador), de Damiano Damiani.
1975 *The Maids*, de Christopher Miles. / *The Romantic Englishwoman* (Una inglesa romántica), de Joseph Losey. / *Hedda*, de Trevor Nunn.
1976 *Nasty Habits* (Malas costumbres), de Michael Lindsay-Hogg. / *The Incredible Sarah* (Sarah), de Richard Fleischer.
1978 *House Calls* (Las alegrías de un viudo), de Howard Zieff. / *Stevie*, de Robert Enders. / *The Class of Miss MacMichael*, de Silvio Narizzano.
1979 *Lost and Found* (Un toque con más clase), de Melvin Frank. / *Health* (Salud), de Robert Altman.
1980 *Hopscotch* (Un enredo para dos), de Ronald Neame.
1982 *Return of the Soldier* (El retorno del soldado), de Alan Bridges. / *Giro City*, de Carl Francis.

1984 *Sakharov*, de Jack Gold.
1986 *Turtle Diary* (Diario de la tortuga), de John Irvin. / *Beyond Therapy* (Tres en un diván), de Robert Altman.
1987 *Business As Usual*, de Lezli-An Barrett.
1988 *Salome's Last Dance* (Salomé), de Ken Russell.
1989 *The Rainbow*, de Ken Russell.
1990 *Doombeach*, de Colin Finbow. / *King of the Wind*, de Peter Duffell.

JAMÓN, JAMÓN *(1992)*

Las relaciones entre una prostituta (Anna Galiena) que regenta un bar de carretera y la propietaria (Stefania Sandrelli) de una fábrica de ropa interior masculina a través del amor entre sus respectivos hijos, la exuberante Silvia (Penélope Cruz) y un anodino muchachito (Jordi Molla), entre los que se interpone el impetuoso repartidor de jamones que quiere ser torero Raúl (Javier Bardem), dan lugar a la primera parte de la trilogía mediterránea de Bigas Luna. En este tradicional drama rural hispánico, pero ambientado en insólitos paisajes de los Monegros y resuelto con humor e imaginación, Bigas Luna mejora su característico estilo a base de planos cortos mezclados con complejos planos generales, para contar una historia donde la comida tiene un papel preponderante. Sin embargo, no está bien dada la relación geográfica entre los diferentes bloques de escenas. Al igual que ocurre en la última parte de la trilogía, *La teta y la Luna* (1994), tras una brillante exposición de la situación, los elementos se dispersan y repiten por culpa de la debilidad de su estructura dramática. Junto a la veteranía de la italiana Stefania Sandrelli y la francesa Anna Galiena, destacan los debutantes españoles Penélope Cruz y Javier Bardem.

Director: *J. J. Bigas Luna*. Guionistas: *J. J. Bigas Luna, Cuca Canals*. Fotografía: *José Luis Alcaine*. Música: *Nicola Piovani*. Intérpretes: *Stefania Sandrelli, Anna Galiena, Javier Bardem, Penélope Cruz, Juan Diego, Jordi Molla*. Producción: *Andrés Vicente Gómez para Lolafilms. Color.* Duración: *94'*. España.

JANCSÓ, Miklós *(Vac, Hungría, 1921)*

Hijo de padre húngaro y madre rumana oriundos de Transilvania, se licencia en derecho por la Universidad de Kolzstva y también estudia historia del arte y etnografía. Movilizado durante la II Guerra Mundial, en 1944 es hecho prisionero por los rusos, en su cautiverio se interesa por el marxismo y en la posguerra se dedica a la política activa. En 1947 ingresa en la Escuela Superior de Arte Dramático y Cine, se licencia cuatro años después y, mientras, rueda algunos de los treinta cortometrajes que hace durante los años cincuenta. A pesar de la insurrección de Budapest de 1956, su primer largo, *Las campanas han salido para Roma*, se sitúa dentro del más puro realismo socialista, que supera en *Cantata* por la influencia del mejor cine de Michelangelo Antonioni. Gracias a la colaboración con el guionista Gyula Hernádi comienza a tener un estilo propio en las investigaciones que hace sobre la reciente historia de su país, que, tras *Mi camino*, le conducen a su primer éxito internacional con *Los desesperados*. A lo largo de *Rojos y blancos, Silencio y grito, Vientos brillantes, Siroco de invierno* y *Agnus Dei*, crea un peculiar estilo personal, mezcla de análisis histórico, bailes y canciones populares, con juegos de complejos movimientos de cámara unidos a *zooms* en largos y exhaustivos planos, y una desdramatizada carga política, que tienen buena aceptación en los circuitos de exhibición en versión original subtitulada en los alrededores de mayo de 1968. Su éxito le permite alterar sus habituales trabajos húngaros, *Salmo rojo, Para Electra, Rapsodia húngara* y *Allegro bárbaro*, con producciones menos interesantes rodadas en Italia, *La pacifista, La tecnica e il rito, Roma rivuole Cesare*, y *Vicios privados, públicas virtudes*, sobre la tragedia de Mayerling, la más popular de sus obras. Con el tiempo, su elaborado estilo se convierte en una fórmula que aplica sistemáticamente y da lugar a obras con poco atractivo, como *El corazón del tirano*, coproducción entre Hungría e Italia; *Omega, omega*, un peculiar documental, y *L'aube*, una producción francesa.

1958 *A haragok Rómába mentek* (Las campanas han salido para Roma).
1960 *Három csillag* (Tres estrellas), un episodio.
1963 *Oldás és kötés* (Cantata).
1964 *Így jöttem* (Mi camino).
1965 *Szegénylegények* (Los desesperados).
1967 *Csillagosok, katonák* (Rojos y blancos).
1968 *Csend és kiáltás* (Silencio y grito). / *Fényes szelek* (Vientos brillantes).
1969 *Sirokkó* (Siroco de invierno).
1970 *Égi bárány* (Agnus Dei). / *La pacifista*.

1971 *La tecnica e il rito*. / *Még kér a nép* (Salmo rojo).
1973 *Roma rivuole Cesare*.
1974 *Szerelmem, Elektra* (Para Electra).
1976 *Vizi privati pubbliche virtù* (Vicios privados, públicas virtudes).
1978 *Magyar rapszódia* (Rapsodia húngara). / *Allegro barbaro*.
1981 *A zsarnok szieve* (El corazón del tirano).
1984 *Omega, omega*.
1986 *L'aube*.
1987 *Szörnyek evadja*.
1988 *Jézus Krisztus horoszkópja*.
1990 *Isten hátrafelé megy*.

JANNINGS, Emil *(Theodor Friedrich Emil Janenz. Rorschach, Suiza, 1884-Wolfgangsee, Austria, 1950)*

Hijo de un norteamericano y una alemana, estudia en Zurich y Görlitz, donde a los dieciocho años debuta como actor en el Teatro Municipal. Recorre Europa central con distintas compañías hasta que en 1906 es contratado por el famoso director Max Reinhardt para trabajar en la compañía del Deutscher Theatre de Berlín. Mientras se convierte en una de las grandes personalidades del teatro alemán, en 1914 debuta como actor de cine. Entre sus primeras películas sobresalen las dirigidas por Ernst Lubitsch: *La niña de los millones, Los ojos de la momia, Madame Du Barry, Las hijas del cervecero, Ana Bolena* y *La mujer del faraón*. Durante la primera mitad de la década de los veinte tiene gran éxito con *Tragedias del amor* y *El hombre de las figuras de cera*, pero sus mejores trabajos los hace con el realizador F. W. Murnau en *El último, Tartufo* y *Fausto*. Su fama le lleva a firmar un contrato con los estudios Paramount para rodar media docena de películas, entre las que destacan *El destino de la carne* y *La última orden*, con las que gana el primer Oscar de la historia del cine. Su poco interés por Estados Unidos y sus dificultades con el idioma hacen que regrese encantado a Alemania cuando el productor Erich Pommer de los estudios U.F.A. le reclama para que ruede en versión alemana e inglesa *El ángel azul*, bajo la dirección de Josef von Sternberg, el único director con quien se entiende en Hollywood. A pesar de que nunca llega a pertenecer al partido nacionalsocialista, los nazis le convierten en una de las máximas figuras de su teatro y su cine; el siniestro ministro de Propaganda Goebbels le otorga la medalla Göethe y le nombra director de la productora Tobis, mientras protagoniza obras de teatro y películas con un claro tono político. En 1942 rueda su última película, se retira poco antes del final de la II Guerra Mundial y dedica los últimos años de su vida a escribir su autobiografía, *Wie ich zum Film kam*.

1914 *Im banne der Leidenschaften*, de S. Hässler. / *Passioneles Tagebuch*, de L. Ralph.
1915 *Nächte des Grauens* (La noche del horror), de Arthur Robison. / *Arme Eva* (La pobre Eva), de Robert Wiene y A. Berger.
1916 *Die Ehe der Luise Rohrbach*, de R. Biebrach.
1917 *Wenn vier dasselbe tun* (La niña de los millones), de Ernst Lubitsch. / *Ein Fideles Gefängnis*, de Ernst Lubitsch. / *Lulu*, de A. von Antalfy. / *Die Seeschlacht*, de Richard Oswald.
1918 *Die Augen der Mumie Ma* (Los ojos de la momia), de Ernst Lubitsch. / *Fuhrmann Henschel*, de Ernst Lubitsch. / *Der Mann der Tat*, de V. Janson. / *Rose Bernd*, de A. Halm.
1919 *Madame Du Barry*, de Ernst Lubitsch.
1920 *Kohlhiesels Töchter* (Las hijas del cervecero), de Ernst Lubitsch. / *Anna Boleyn* (Ana Bolena), de Ernst Lubitsch. / *Der Schädel der Pharaonentocher*, de O. Tollen. / *Algol*, de Richard Oswald. / *Das grosse Licht*, de H. Henning.
1921 *Die Ratten*, de Hans Kobe. / *Die Brüder Karamasoff* (Los hermanos Karamazov), de Carl Froelich y Dimitri Buchowetski. / *Der Stier von Olivera* (El toro de Oliveira), de Dimitri Buchowetski. / *Danton*, de Dimitri Buchowetski. / *Die Bergkatze* (El gato montés), de Ernst Lubitsch.
1922 *Das Weib der Pharao* (La mujer del faraón), de Ernst Lubitsch. / *Othello* (Otelo), de Dimitri Buchowetski. / *August der Starke*, de Paul Wegener. / *Die Gräfin von Paris*, de Dimitri Buchowetski.
1923 *Peter der Grosse* (Pedro el Grande), de Dimitri Buchowetski. / *Liebe macht Blind*, de Lothar Mèndes. / *Alles für Geld* (Todo por el dinero), de Reinhold Schünzel. / *Tragödie der Liebe* (Tragedias del amor), de Joe May.
1924 *Nju*, de Paul Czinner. / *Das Wachsfigurenkabinett* (El hombre de las figuras de cera), de Paul Leni. / *Quo Vadis?*, de Georg Jacoby y Gabriele d'Annunzio. / *Der Letzte Mann* (El último), de F. W. Murnau.
1925 *Tartüff* (Tartufo o el hipócrita), de F. W. Murnau. / *Varieté*, de E. A. Dupont.
1926 *Faust* (Fausto), de F. W. Murnau.
1927 *The Way of All Flesh* (El destino de la carne), de Victor Fleming.
1928 *The Street of Sin*, de Mauritz Stiller. / *The Last command* (La última orden), de Josef von Sternberg.

/ *The Patriot* (El patriota), de Ernst Lubitsch. / *Sins of the Fathers* (Los pecados de los padres), de Ludwig Berger.
1929 *Betrayal* (Perfidia), de Lewis Milestone.
1930 *Der blaue Engel* (El ángel azul), de Josef von Sternberg. / *Lieblingder Götter* (El predilecto de los dioses), de Hans Schwartz.
1931 *Stürme der Liedenschaft* (Tumultos), de Robert Siodmak.
1933 *Les aventures du roi Pausole* (Las aventuras del rey Pausole), de Alexis Granowsky.
1934 *Der schwarze Walfisch*, de F. Wendhausen. / *Der alte und der junge König* (El rey soldado), de Hans Steinhoff.
1935 *Traumulus* (Comedia trágica), de Carl Froelich.
1937 *Der Herrscher* (El soberano), de Veit Harlan. / *Der zerbrochene Krug*, de Gustav Ucicky.
1939 *Robert Koch, der Bekämpfer* (Robert Koch, el vencedor de la muerte), de Hans Steinhoff. / *Ohm Krüger*, de Hans Steinhoff.
1942 *Die Entlassung*, de Wolfgang Liebeneiner. / *Altes Herz wird wieder jung*, de Eric Engel.

JARDÍN DEL DIABLO, EL *(Garden of Evil, 1954)*

Este espléndido *western* de itinerario destaca entre las películas de acción realizadas en formato CinemaScope por Henry Hathaway en la segunda mitad de los años cincuenta para 20th Century Fox. A partir de un bien estructurado guión sobre el ex *sheriff* Hooker (Gary Cooper), el jugador Fiske (Richard Widmark) y el aventurero Daly (Cameron Mitchell), que deciden apartarse de su camino hacia California para ayudar a la intrépida Leah Fuller (Susan Hayward) a rescatar a su marido John Fuller (Hugh Marlowe) atrapado en una mina de oro, Hathaway organiza con gran habilidad un viaje de ida y vuelta a través de territorio indio a lo largo del cual los personajes se definen y evolucionan. Producido por el guionista Charles Brackett, pero curiosamente no escrito por él, en el logrado resultado final sobresalen la siempre personal música de Bernard Herrmann y las excelentes interpretaciones de Gary Cooper y Richard Widmark.

Director: *Henry Hathaway*. Guionista: *Frank Fenton*. Fotografía: *Milton Krasner*. Música: *Bernard Herrmann*. Intérpretes: *Susan Hayward, Gary Cooper, Richard Widmark, Cameron Mitchell, Hugh Marlowe*. Producción: *Charles Brackett para 20th Century Fox. Color. Scope*. Duración: *100'. Estados Unidos*.

JODOROWSKY, Alejandro *(Iquique, Tacopilla, Chile, 1930)*

Perteneciente a una familia de emigrantes rusos, estudia filosofía y psicología en la Universidad de Santiago de Chile y trabaja como payaso y marionetista en un circo. En 1953 viaja a Francia para aprender mimo con el gran especialista Marcel Marceau, se instala en París y a principios de los años sesenta funda el movimiento literario Pánico con el francés Roland Topor y el español Fernando Arrabal. Tras publicar novelas e historietas gráficas, rueda en México una extraña trilogía, llena de elementos surrealistas, eróticos y sadomasoquistas, dentro de la línea del movimiento *Pánico,* integrada por *Fando y Lis,* basada en la obra homónima de Arrabal, el delirante *western* budista *El Topo* y la esotérica superproducción *La montaña sagrada*. El fracaso de *Tusk,* que rueda en la India en coproducción entre Francia y México, donde narra la confusa y extraña historia de un elefante, le lleva a diez años de inactividad cinematográfica. Sale de ella cuando el productor italiano Claudio Argento le encarga la historia de terror *Santa sangre,* que rueda en México en completa libertad, dando lugar a una extraña pero atractiva mezcla de elementos terroríficos y religiosos. Su éxito le permite hacer con actores conocidos la bastante más convencional *The Rainbow Thief*.
1969 *Fando y Lis*.
1971 *El Topo*.
1973 *The Holly Mountain* (La montaña sagrada).
1979 *Tusk*.
1989 *Sangue santo* (Santa sangre).
1990 *The Rainbow Thief*.

JOHNNY GUITAR *(1954)*

A partir de una novelita del desconocido Roy Chanslor, el prolífico y reputado guionista Philip Yordan escribe un atractivo guión que permite al mítico realizador Nicholas Ray no solo rodar uno de los *westerns* más famosos de la historia del cine, sino también hacer un ataque contra la política del senador Joseph MacCarthy, en particular, y contra el puritanismo, en general, además de narrar una romántica historia de amor. Cuenta cómo Vienna (Joan Crawford), la propietaria de un *saloon* del mismo nombre, es salvada por Johnny Logan (Sterling Hayden), un guitarrista que dispara más rápido que nadie, de morir ahorcada por una multitud conducida por su enemiga Emma Small (Mercedes McCambridge). A pesar de ser una producción de Serie B, de bajo presupuesto, de los secundarios estudios Republic, Ray consigue la suficiente libertad para relatar con una gran carga de romanticismo la historia de dos perdedores que creen en sus propios sentimientos y buscan una razón para vivir. El trabajo conjunto entre Nicholas Ray y el gran director de fotografía Harry Stradling en la utilización del blanco y el negro en el vestuario, les hace sacar un gran partido incluso de un procedimiento tan deficiente como el Trucolor. La canción de Victor Young y Peggy Lee, cantada por esta última, que repite el tema musical, se convierte en un gran éxito.

Director: *Nicholas Ray*. Guionista: *Philip Yordan*. Fotografía: *Harry Stradling*. Música: *Victor Young*. Intérpretes: *Joan Crawford, Sterling Hayden, Mercedes McCambridge, Ernest Borgnine, Ward Bond, John Carradine*. Producción: *Herbert J. Yates para Republic*. Color. Duración: 110'. Estados Unidos.

JONES, Jennifer *(Phillys Isley. Tulsa, Oklahoma, Estados Unidos, 1919)*

Hija de actores ambulantes de teatro, desde muy joven frecuenta los escenarios y gracias a una beca estudia en el Montecasino Junior College y más tarde en la Northwestern University de Chicago. Tras asistir durante un par de años a los cursos de la American Academy of Dramatic Arts de Nueva York, a finales de los años treinta debuta como actriz de radio y cine. Pasa desapercibida en tres películas hasta que el productor independiente David O. Selznick se fija en ella, la contrata en exclusiva, le cambia el nombre y la lanza, envuelta en una amplia campaña publicitaria, como protagonista de la producción religiosa *La canción de Bernadette,* por la que gana un Oscar. Convertido en su Pygmalion, Selznick se divorcia para casarse con ella en 1945 y dedica sus restantes veinte años de vida a cuidar su carrera. Gracias a ello protagoniza una veintena de producciones de un gran atractivo, entre las que destacan *Desde que te fuiste,* de John Cromwell; *Cartas a mi amada* y *Jennie,* de William Dieterle; *Duelo al sol* y *Pasión bajo la niebla,* de King Vidor; *Madame Bovary,* de Vincente Minnelli, y *Carrie,* de William Wyler. Tras rodar en Europa las irregulares *Estación Termini,* de Vittorio de Sica, y *La burla del diablo,* de John Huston, protagoniza para los estudios 20th Century Fox el resto de sus películas importantes: *La colina del adiós* y *Suave es la noche,* de Henry King; *El hombre del traje gris,* de Nunnally Johnson, y *Adiós a las armas,* de Charles Vidor; mientras Selznick queda en un segundo plano. Después de la muerte de su Pygmalion su carrera se hunde y solo hace algunos personajes secundarios en producciones sin atractivos.

1939 *New Frontier*, de George Sherman. / *Dick Tracy's G-Men*, de William Witney.
1941 *Texas Rangers Ride Again*, de James P. Hogan.
1943 *The Song of Bernadette* (La canción de Bernadette), de Henry King.
1944 *Since You Went Away* (Desde que te fuiste), de John Cromwell.
1945 *Love Letters* (Cartas a mi amada), de William Dieterle.
1946 *Cluny Brown* (El pecado de Cluny Brown), de Ernst Lubitsch.
1947 *Duel in the Sun* (Duelo al sol), de King Vidor.
1949 *We Were Strangers*, de John Huston. / *Portrait of Jennie* (Jennie), de William Dieterle. / *Madame Bovary*, de Vincente Minnelli.
1950 *Gone to Earth* (Corazón salvaje), de Michael Powell y Emeric Pressburger.
1952 *Carrie*, de William Wyler. / *Ruby Gentry* (Pasión bajo la niebla), de King Vidor.
1953 *Stazione Termini* (Estación Termini), de Vittorio de Sica.
1954 *Beat the Devil* (La burla del diablo), de John Huston.
1955 *Love Is a Many Splendored Thing* (La colina del adiós), de Henry King. / *Good Morning Miss Dove* (La terrible Miss Dove), de Henry Koster.
1956 *The Man in the Gray Flannel Suit* (El hombre del traje gris), de Nunnally Johnson.
1957 *The Barretts of Wimpole Street*, de Sidney Franklin. / *A Farewell to Arms* (Adiós a las armas), de Charles Vidor.
1961 *Tender Is the Night* (Suave es la noche), de Henry King.
1966 *The Idol* (Falso ídolo), de Daniel Petrie.
1969 *Angel, Angel, Down We Go*, de Robert Thom.
1974 *The Towering Inferno* (El coloso en llamas), de John Guillermin.
1980 *Patricia*, de Hubert Frank.

JORDAN, Neil *(Sligo, Irlanda, 1950)*

Gracias a la ayuda del realizador John Boorman, tras una etapa inicial dedicada a escribir novelas, debuta como director con *Ángel,* una interesante historia en tono realista sobre algunos problemas de la revolución irlandesa. Pasa a la fantasía con *En compañía de lobos*, desarrollo en clave freudiana del tradicional cuento infantil *Caperucita Roja* a partir de una novela de Ángela Carter. El éxito de *Mona Lisa*, un policiaco que toma su título de una popular canción de Nat King Cole, le lleva a Estados Unidos a rodar dos producciones sin interés: *El hotel de los fantasmas*, una aburrida comedia de horror, y *Nunca fuimos ángeles*, nueva versión de *No somos ángeles* (We're No Angels, 1955), una mediocre comedia dirigida por Michael Curtiz. Regresa a Irlanda para rodar la más interesante *Amor a una extraña*, un proyecto de incesto entre un hijo y su madre, y, sobre todo, *Juego de lágrimas*, un curioso policiaco sobre las relaciones entre un terrorista del I.R.A. y un travestido, que gana algún Oscar y tiene un éxito inesperado. Regresa a Estados Unidos para dirigir *Entrevista con el vampiro*, una curiosa historia de terror rodada con amplitud de medios.

1982 *Danny Boy* (Ángel).
1984 *The Company of Wolves* (En compañía de lobos).
1986 *Mona Lisa*.
1988 *High Spirits* (El hotel de los fantasmas).
1989 *We're No Angels* (Nunca fuimos ángeles).
1990 *The Miracle* (Amor a una extraña).
1992 *The Crying Game* (Juego de lágrimas).
1994 *Interview With the Vampire* (Entrevista con el vampiro).

JORNADA PARTICULAR, UNA *(Una giornata particolare, 1977)*

El 8 de mayo de 1938, durante la celebración en Roma del gran desfile conmemorativo de la visita realizada por Adolf Hitler a Benito Mussolini, se conocen casualmente en el edificio donde viven Gabriel (Marcello Mastroianni), un homosexual confinado por la policía en su piso y próximo a ser deportado, y Antonietta (Sophia Loren), una madre de seis hijos que se ha quedado en casa para hacerles la comida, mientras los demás vecinos se han ido a contemplar la parada militar y el portero oye su retransmisión por la radio. Tras intimar y contarse sus penas, llegan a la intimidad física en una relación que finaliza cuando los demás regresan del desfile. Mientras Antonietta sirve la cena a su familia, la policía se lleva arrestado a Gabriel. A partir de un excelente guión de Ruggero Maccari, Maurizio Constanzo y el propio director, Ettore Scola rueda su primera gran película. Una vez más demuestra que es un gran realizador, pero también que ha logrado dar el gran salto de simple ilustrador de guiones hasta convertirse en un eficaz director al hacer un buen dibujo de dos interesantes personajes marginales y también de la sociedad italiana bajo el fascismo. Destaca una excelente fotografía en Technicolor de Pasqualino de Santis, a la que en sucesivos procesos de laboratorio se va quitando color para luego añadirlo en determinados objetos de escenas muy concretas, pero esa atractiva mezcla de colores y blanco y negro solo puede verse en el momento de su estreno y poco más, hace tiempo que se ha perdido por la degradación que sufren los sistemas más sofisticados de color.

Director: *Ettore Scola*. Guionistas: *Ruggero Maccari, Ettore Scola, Maurizio Constanzo*. Fotografía: *Pasqualino de Santis*. Música: *Armando Trovajoli*. Intérpretes: *Sophia Loren, Marcello Mastroianni, John Vernon, Françoise Berd*. Producción: *Carlo Ponti*. Color. Duración: *105'*. Italia.

JOUVET, Louis *(Crozon, 1887-París, Francia, 1951)*

Licenciado en farmacia, comienza a trabajar en la ciudad de Levallois, donde su interés por la interpretación le hace fundar y dirigir el Théâtre d'Action d'Art. A principios de los años diez se instala en París para dirigir, con Jacques Copeau, el Théâtre du Vieux-Colombier. Tras la Gran Guerra vuelve a actuar en la misma compañía y durante la década de los veinte dirige los Théâtres de la Comédie des Champs-Elysées, donde protagoniza y monta las grandes obras de los clásicos franceses. Durante el período mudo solo hace una breve aparición en *Shylock* (1913), de Henri Desfontaines, pero, como los grandes actores de teatro de su generación, su carrera cinematográfica comienza con la aparición del sonoro. Durante la segunda mitad de los años treinta se sitúa en una posición destacada dentro del cine francés gracias a sus interpretaciones en *La kermesse heroica*, de Jacques Feyder; *Los bajos fondos* y *La marsellesa*, de Jean Renoir; *Carnet de baile* y *Fin de jornada*, de Julien Duvivier, y *Drôle de drame* y *Hôtel du*

Nord, de Marcel Carné. Durante la II Guerra Mundial hace una larga *tournée* con su compañía por Latinoamérica y regresa en la posguerra; el cine que hace en la segunda mitad de la década de los cuarenta tiene menor interés, a excepción de *En legítima defensa,* de H. G. Clouzot, sin abandonar nunca el teatro, su primer y gran amor.

1933 *Topaze*, de Louis Gasnier. / *Knock*, de Roger Goupillières y Louis Jouvet.
1935 *La kermesse héroïque* (La kermesse heroica), de Jacques Feyder.
1936 *Mister Flow*, de Robert Siodmak. / *Les basfonds* (Los bajos fondos), de Jean Renoir.
1937 *Mademoiselle Docteur*, de G. W. Pabst. / *Un carnet de bal* (Carnet de baile), de Julien Duvivier. / *Drôle de drame*, de Marcel Carné. / *Forfaiture* (La marca del fuego), de Marcel L'Herbier. / *L'alibi* (Coartada), de Pierre Chenal. / *La marseillaise* (La marsellesa), de Jean Renoir.
1938 *Ramuntcho*, de René Barbéris. / *La maison du Maltais*, de Pierre Chenal. / *Entrée des artistes*, de Marc Allégret. / *Education de prince* (Educación de príncipe), de Alexandre Esway. / *Le drame de Shanghaï*, de G. W. Pabst. / *Hôtel du Nord*, de Marcel Carné.
1939 *La fin du jour* (Fin de jornada), de Julien Duvivier. / *La charrette fantôme*, de Julien Duvivier. / *Volpone*, de Maurice Tourneur.
1940 *Untel père et fils*, de Julien Duvivier. / *Sérénade* (Amor inmortal), de Jean Boyer.
1946 *Un revenant* (El espectro del pasado), de Christian-Jaque. / *Copie conforme* (Piratas del asfalto), de Jean Dréville.
1947 *Quai des Orfèvres* (En legítima defensa), de H. G. Clouzot.
1948 *Les amoureux sont seuls au monde*, de Henri Decoin. / *Entre onze heures et minuit* (París a medianoche), de Henri Decoin. / *Retour à la vie*, episodio de H. G. Clouzot.
1949 *Miquette et sa mère*, de H. G. Clouzot. / *Lady Paname*, de Henri Jeanson.
1950 *Knock*, de Guy Léfranc. / *Une histoire d'amour*, de Guy Léfranc.

JOVEN TÖRLESS, EL (*Der junge Törless, 1966*)

En 1906 el joven Törless (Mathieu Carrière) comienza a estudiar en un rígido internado austriaco de provincias, se hace amigo de Beineberg (Bernd Tischer) y de Reiting (Alfred Dietz), queda fascinado por sus fugas nocturnas y por su atrevimiento para frecuentar prostitutas, y permanece impasible mientras ejercen una sádica dominación de su compañero Basini (Marian Seidowsky). Tomando como punto de partida la novela homónima publicada a principios de siglo por el reputado escritor Robert Musil, el debutante alemán Volker Schlöndorff escribe y dirige, con la supervisión y producción de su maestro francés Louis Malle, un interesante dibujo del ambiente y los personajes de los que un cuarto de siglo más tarde nace la ideología nazi. Desde esta primera película puede apreciarse la gran habilidad de Schlöndorff para adaptar interesantes novelas al conseguir una atractiva funcionalidad cinematográfica con gran respeto al espíritu y la letra de la obra original.

Director y guionista: Volker Schlöndorff. *Fotografía:* Franz Rath. *Música:* Werner Hense. *Intérpretes: Mathieu Carrière, Marian Seidowsky, Barbara Steele, Bernd Tischer, Alfred Dietz. Producción: Franz Seitz y Louis Malle. Duración: 85'. República Federal Alemana.*

JOYA DE SHANGHAI, LA (*Yao a yao yao dao wai pe qiao, 1995*)

En el exótico ambiente del Shanghai de los años treinta, se narran las relaciones amorosas entre la bella cantante Joya (Gong Li), su poderoso protector Tang (Li Baotian) y uno de sus ayudantes (Sun Chun), pero a través de la asustada mirada de Shiuscheng (Li Xuejian), un muchacho recién llegado del campo para trabajar como criado de la cantante. Tras una estupenda primera parte, donde a través del muchacho se descubre el brillante mundo de un cabaret sobre el trasfondo de las sangrientas luchas entre diferentes grupos de gángsters, se pasa a una segunda menos interesante, que se desarrolla en la isla donde los personajes van a refugiarse tras un ajuste de cuentas entre los grupos rivales. Contada a lo largo de siete días, el peso de la historia gira en torno a la evolución del joven Shiuscheng, cómo pasa de detestar a la bella Joya a arriesgar su vida por ella, pero resulta poco profunda y un tanto convencional. Su máximo atractivo reside en el sólido trabajo de dirección de Zhang Yimou, en la excelente fotografía de Lu Yue y en los números musicales a cargo de una fascinante Gong Li. Primera película de género del gran realizador Zhang Yimou, por su evidente tendencia al esteticismo queda más cerca de *Semilla de crisantemo* (Ju Dou, 1990) y *La linterna roja* (Dahong denglong gaogao gua, 1991) que de las menos brillantes, pero más sólidas dramáticamente *Qiu Ju, una mujer china* (Qiu Ju da guansi, 1992) y *Vivir* (Houzhe, 1994).

Director: *Zhang Yimou*. Guionista: *Bi Feiyu*. Fotografía: *Lu Yue*. Música: *Zhang Guangtian*. Intérpretes: *Gong Li, Li Baotian, Li Xuejian, Wang Xiaoxiao, Sun Chun, Fu Biao, Chen Shu*. Producción: *Wu Yigong e Yves Marmion para Shanghai Film Studio (Shanghai), Alpha Films (París), UGC Images (París), La Sept Cinéma (París). Color. Duración: 103'. China-Francia.*

JUAN NADIE *(Meet John Doe, 1941)*

Finalizado su largo contrato con los estudios Columbia, el director Frank Capra crea una productora con su guionista habitual Robert Riskin y ambos se disponen a hacer la más ambiciosa de sus películas, que refleje el peligro que significa el fascismo para Estados Unidos antes de entrar en la II Guerra Mundial. Parten de las estructuras narrativas de *El secreto de vivir* (Mr. Deeds Goes to Town, 1936) y *Caballero sin espada* (Mr. Smith Goes to Washington, 1939), sus películas anteriores, que se mueven en esta misma dirección, para contar la historia de la periodista Ann Mitchell (Barbara Stanwyck) que, cuando va a ser despedida de su trabajo, se vale del ex jugador de *baseball* Long John Willoughby (Gary Cooper) para inventarse al hombre medio norteamericano que, gracias a la fuerza de la publicidad y los intereses del fascista D. B. Norton (Edward Arnold), se convierte en un ídolo nacional del que todos se aprovechan y está a punto de ser candidato a la presidencia de Estados Unidos. A pesar de ser la película que expresa con mayor claridad la posición política de la pareja Riskin-Capra —la innata tendencia a la democracia del pueblo, el gran poder de la publicidad, la desconfianza ante la cultura capitalista y también una habitual misoginia—, el miedo al fascismo les empuja a acentuar en exceso el lado populista cristiano de su obra.

Director: *Frank Capra*. Guionista: *Robert Riskin*. Fotografía: *George Barnes*. Música: *Dimitri Tiomkin*. Intérpretes: *Gary Cooper, Barbara Stanwyck, Edward Arnold, Walter Brennan, James Gleason*. Producción: *Frank Capra para Liberty Films (Warner). Duración: 132'. Estados Unidos.*

JUEGOS PROHIBIDOS *(Jeux interdits, 1951)*

Al principio de la II Guerra Mundial, en junio de 1940, la gente huye de los invasores alemanes por las carreteras de Francia. Durante el éxodo mueren ametrallados por un avión alemán los padres de Paulette (Brigitte Fossey), una parisina de cinco años, que va a refugiarse a casa de los campesinos Dollé y se hace muy amiga de Michel (Georges Poujouly), el hijo de once años de la familia. Juntos descubren la muerte y roban las cruces del cementerio del pueblo para colocarlas en su cementerio de animales. Esta dura crítica contra la crueldad de la guerra y la incomprensión de los adultos sirve a René Clément para dar una visión realista de la infancia y ofrecer un nuevo punto de vista sobre la ocupación alemana de Francia. Tiene un gran éxito, gana el León de Oro de la Mostra de Venecia, se hace muy popular la música de Narciso Yepes y años después la pequeña Brigitte Fossey llega a ser una buena actriz profesional.

Director: *René Clément*. Guionistas: *François Boyer, Jean Aurenche, Pierre Bost, René Clément*. Fotografía: *Robert Juillard*. Música: *Narciso Yepes*. Intérpretes: *Brigitte Fossey, Georges Poujouly, Lucien Hubert, Suzanne Courtal, Jacques Marin*. Producción: *Robert Dorfmann para Silver Films. Duración: 102'. Francia.*

JUGADORES DE AJEDREZ, LOS *(Shatranj ke khilari, 1977)*

Máximo representante de la cultura cinematográfica bengalí, de vez en cuando Satyajit Ray sitúa sus historias en otros contextos. Tal como ocurre en esta ambiciosa producción, que representa una incursión en la cultura musulmana de la India, y que narra dos historias paralelas y en buena medida complementarias. En 1856 en Lucknow, capital del reino musulmán de Oudh, el rey Wajid Ali Shah (Amjad Khan) prefiere dedicarse a la poesía, la danza y la música, antes que a la política, y dos años después el general inglés Outram (Richard Attenborough) le destrona. Mientras, dos aristócratas apasionados por el ajedrez se pasan el día jugando y se olvidan de lo demás, incluso de sus respectivas mujeres. Basada en la novela homónima de Munshi Prem Chand, está escrita y dirigida por Satyajit Ray, e incluso también tiene música suya, y es una de las mejores muestras de su gran habilidad narrativa.

Director y guionista: *Satyajit Ray*. Fotografía: *Sumendu Roy*. Música: *Satyajit Ray*. Intérpretes: *San-*

jeev Kumar, Saeed Jaffrey, Amjad Khan, Richard Attenborough, Shabana Azmi, Farida Jalai*. Producción: *Devki Chitra Productions*. *Color*. Duración: *113'*. *India*.

JUICIO UNIVERSAL, EL *(Il giudizio universale, 1961)*

Un buen día, una poderosa voz anuncia en Nápoles que el Juicio Final comenzará a las seis de la tarde, lo que hace que la gente se prepare para él sacando lo peor de sí mismos. Con este brillante punto de partida, Cesare Zavattini construye un excelente guión que entrelaza una gran cantidad de mínimos episodios, más cercano a su poco conocida vena poética que a la neorrealista que le hace famoso. Vittorio de Sica rueda con él una película divertida y muy bien hecha, pero en su momento es despreciada por tener mucho de comedia claro anticipo de lo mejor de la «comedia a la italiana», bastante poesía y muy poco neorrealismo. Destaca un impresionante y hábilmente manejado reparto, en el que aparecen los más característicos actores del cine italiano y francés de principios de los años sesenta, más algunos norteamericanos e incluso un español.

Director: *Vittorio de Sica*. Guionista: *Cesare Zavattini*. Fotografía: *Gabor Pogany*. Música: *Alessandro Cicognini*. Intérpretes: *Vittorio Gassman, Alberto Sordi, Fernandel, Nino Manfredi, Silvana Mangano, Anouk Aimée, Paolo Stoppa, Melina Mercouri, Renato Rascel, Jack Palance, Ernest Borgnine, Vittorio de Sica, Lino Ventura, Akim Tamiroff*. Producción: *Dino de Laurentiis para D. de L. (Roma), Standard Films (París)*. Duración: *100'*. *Italia-Francia*.

JUNCOS SALVAJES, LOS *(Les roseaux sauvages, 1994)*

En 1962, sobre el fondo de la guerra de Argelia, mientras se multiplican los atentados de la O.A.S., tras la firma de los acuerdos de Evian, un grupo de jóvenes de un liceo de provincias del sudoeste refleja la tensa situación política existente en Francia. Antes de irse a combatir a Argelia el *pied-noir* Henry (Frédéric Gorny) se acuesta ocasionalmente con la joven Maïté (Elodie Bouchez), hija de la profesora de literatura y presidente del Partido Comunista local, y rompe el equilibrio existente en el complejo triángulo formado por la muchacha, François (Gaël Morel), que acaba de descubrir sus tendencias homosexuales, y Serge (Stéphane Rideau), un hijo de emigrantes italianos cuyo hermano acaba de morir en una emboscada de la O.A.S., pero desde el odio que le invade ve con cierta envidia la relación establecida entre sus amigos. Perteneciente a una serie de diez películas, rodadas con bajos presupuestos y actores desconocidos, donde otros tantos directores narran historias relacionadas con el paso de la adolescencia a la madurez, no solo es la mejor, sino que muestra con perfección las consecuencias de la guerra de Argelia sobre un grupo de adolescentes. También confirma que André Téchiné es un eficaz realizador, capaz de sacar el mejor partido de las historias que le interesan y de convertir en grandes actores a un grupo de desconocidos debutantes.

Director: *André Téchiné*. Guionistas: *André Téchiné, Gilles Taurand, Olivier Massart*. Fotografía: *Jeanne Lapoirie*. Intérpretes: *Elodie Bouchez, Gaël Morel, Stéphane Rideau, Frédéric Gorny, Michelle Moretti*. Producción: *Georges Benayoun y Alain Sarde para Ima Films, Les Films Alain Sarde*. *Color*. Duración: *110'*. *Francia*.

JUNGLA DE ASFALTO, LA *(The Asphalt Jungle, 1950)*

La novela homónima del especialista en narraciones policiacas W. R. Burnett es origen de dos películas muy diferentes. El *western* atractivo *Arizona, prisión federal* (The Badlanders, 1958), uno de los ocho que dirige Delmer Daves y de los muchos que produce Aaron Rosenberg, que muy poco o nada tiene que ver con la novela original, y este excelente policiaco, que se sitúa entre las mejores obras del cine negro y es uno de los más sólidos trabajos de John Huston. Narra cómo, tras siete años de prisión, Erwin Riedenschneider (Sam Jaffe) va a ver al corredor de apuestas Cobby (Marc Lawrence) para proponerle la realización de un robo a una joyería. Este le pone en contacto con el abogado Alonzo P. Emmerich (Louis Calhern), que en teoría financia la operación, el especialista en cajas fuertes Louis Ciavelli (Anthony Caruso), el chófer Gus Minissi (James Whitmore) y el pistolero Dix Handley (Sterling Hayden). La realización del robo es un éxito, sale según lo previsto, pero una vez que tienen las joyas en sus manos, como es habitual en las mejores películas escritas y dirigidas por Huston, todo sale mal: mueren la mayoría de los implicados y los restantes son detenidos. Los pequeños toques humanos que hay detrás de cada uno de los personajes, la obsesión por las jóvenes, el remordimiento por una mujer enferma, el amor por un hijo pequeño, la nostalgia de los años infantiles, enriquecen la historia hasta lograr un excelente conjunto manejado con mano maestra por John Huston.

Director: *John Huston*. Guionistas: *Ben Maddow, John Huston*. Fotografía: *Harold Rosson*. Música: *Miklos Rozsa*. Intérpretes: *Sterling Hayden, Louis Calhern, Sam Jaffe, Jean Hagen, James Whitmore, John McIntire, Marc Lawrence, Marilyn Monroe, Harry Kelley, Anthony Caruso*. Producción: *Arthur Hornblow jr.* Duración: *112'. Estados Unidos.*

k

KAIGE, Chien *(China, 1952)*

Hijo del director Chen Huaikai, durante el largo período de la denominada Revolución Cultural debe ser campesino, pero en 1975 regresa a Pekín, y trabaja como técnico de revelado en un laboratorio. Cuando en 1978 vuelve a abrirse, tras largos años de inactividad, el Instituto de Cine de Pekín consigue ingresar y graduarse cuatro años después. Trabaja como ayudante de dirección en cine y televisión antes de que su compañero Zhang Yimou, entonces director de fotografía, le ofrezca la posibilidad de debutar como realizador con *Tierra amarilla*, que narra críticamente la historia del joven comunista que, durante los años treinta, viaja a la atrasada región de Shaanxi para recoger canciones populares y convertirlas en himnos para la guerra contra Japón e intentar difundir su ideología. Tras esta importante obra rueda *La gran parada*, visión crítica de los preparativos de un desfile para conmemorar el trigésimo quinto aniversario de la República Popular China, pero no gusta al ejército, es prohibida y solo autorizada con numerosos cortes y cambios. La repercusión internacional de *El rey de los niños*, que narra la vida de un maestro rural que imparte las enseñanzas tradicionales en lugar de las consignas del Partido Comunista durante la revolución cultural, le vale una invitación para dar clases en la Universidad de Nueva York y rodar el cortometraje *Duran Duran* (1989). De regreso a su país hace, con financiación extranjera, *La vida pendiente de un hilo*, un complejo cuento filosófico que encierra una reflexión crítica sobre el enfrentamiento entre lo viejo y lo nuevo en la actual China. Su consagración internacional llega con *Adiós a mi concubina*, ganadora de la Palma de Oro del Festival de Cannes, que narra la amistad entre dos cantantes de la Ópera de Pekín sobre el fondo de los variados acontecimientos políticos ocurridos desde mediados de los años veinte hasta la muerte del presidente Mao en 1976.

1984 *Huang Tudi* (Tierra amarilla).
1985 *Da yuebing* (La gran parada).
1987 *Haizi Wang* (El rey de los niños).
1991 *Bian zhou bian chang* (La vida pendiente de un hilo).
1993 *Bawang Beiji* (Adiós a mi concubina).

KALATOZOV, Mikhail *(Tiflis, Georgia, 1903-Moscú, Unión Soviética, 1973)*

Comienza a trabajar en cine como actor ocasional, técnico de laboratorio, operador y montador, hasta que debuta como director con la producción muda *Abrid los ojos*. El éxito de *Sal para Svanetij*, un interesante documental sobre un mísero valle que sobrevive gracias a la sal y cuyos habitantes entran en contacto con el socialismo, le anima a hacer la crítica *El clavo de la bota*, sobre los problemas del ejército, pero es prohibida. Durante siete años se dedica a dirigir los estudios de Tiflis y no regresa a la dirección hasta la II Guerra Mundial para hacer aburridas producciones de propaganda bélica: *Virilidad,* sobre el valor de los aviadores; *Valerij Tchalkov,* biografía de un combativo piloto; *Los invencibles,* homenaje a los defensores de Leningrado; a las que se une *La conjura de los condenados,* himno de alabanza a la victoria del socialismo en las democracias populares. Tras la irregular comedia *Verdaderos amigos* y las obras de propaganda política *El primer peldaño,* sobre el cultivo de las tierras vírgenes, y *Turbinas hostiles,* hagiografía del político Felix Dzerjinski, se da a conocer internacionalmente con *Cuando pasan las cigüeñas,* dramática historia de amor ambientada en la II Guerra Mundial, que gana la Palma de Oro del Festival de Cannes. Demuestran que es un realizador mediocre *La carta que nunca se envió,* que narra la trágica aventura de cuatro buscadores de petróleo en Siberia, y *Soy Cuba,* colección de episodios sobre la revolución cubana de exagerada grandilocuencia, realizada como parte de la ayuda soviética a Fidel Castro. Su último y mejor trabajo es *La tienda roja,* una coproducción entre la Unión Soviética e Italia, rodada con gran cantidad de medios y reparto internacional, que narra la expedición del capitán Umberto Nobile al Ártico en el dirigible *Italia.*

1928 *Ich caestvo* (Abrid los ojos).
1930 *Sol Svanetij* (Sal para Svanetij).
1932 *Gvozd v sapogye* (El clavo de la bota).
1939 *Muzchestvo* (Virilidad).
1941 *Valerij Tchalkov.*
1943 *Nepobedimye* (Los invencibles).
1950 *Zagovor obrečenyh* (La conjura de los condenados).
1954 *Vernye druzja* (Verdaderos amigos).
1956 *Pervyvj ešelon* (El primer peldaño). / *Vihri vraždebnye* (Turbinas hostiles).
1957 *Letjat žuravli* (Cuando pasan las cigüeñas).
1960 *Neotpraviennoe pismo* (La carta que nunca fue enviada).
1963 *Ja Kuba* (Soy Cuba).
1968 *Krasnaja palatka* (La tienda roja).

KASDAN, Lawrence *(Miami Beach, Florida, Estados Unidos, 1949)*

Licenciado en literatura inglesa por la Universidad de Michigan, sigue los cursos de guionista en la Universidad de Los Ángeles. Mientras subsiste haciendo *spots* publicitarios, escribe guiones que no vende, pero que llaman la atención del productor y realizador George Lucas y colabora en los de *El imperio contraataca* (The Empire Strikes Again, 1980), de Irving Kershner; *En busca del arca perdida* (Raiders of the Lost Ark, 1981), de Steven Spielberg, y *El retorno del Jedi* (Return of the Jedi, 1983), de Richard Marquand. Su éxito le permite dirigir sus propios guiones en *Fuego en el cuerpo,* un policiaco en la mejor tradición del cine negro, y *Reencuentro,* una historia coral sobre un grupo de universitarios que se replantea la vida a partir de la muerte de uno de ellos. Sin embargo, *Silverado* es un fallido intento de *western* realizado por alguien que sabe poco del género, y *Te amaré hasta que te mate* es una aburrida comedia sobre las relaciones entre una yugoslava, un italiano y una norteamericana, rodada por un inexperto. Vuelve a demostrar que es un director importante con *El turista accidental,* peculiar comedia dramática basada en la novela de Anne Tyler sobre un hombre agotado que se debate entre dos mujeres, y *El alma de la ciudad,* meditación sobre la violencia en Los Ángeles, que vuelve a escribir. A pesar del fracaso comercial del *western* tradicional *Wyatt Earp,* muestra lo mucho que ha aprendido sobre este género en concreto, y sobre el cine en general. Consigue uno de sus mayores éxitos con *French Kiss,* una comedia tradicional sobre las aventuras sentimentales de una canadiense en Francia.

1981 *Body Heat* (Fuego en el cuerpo).
1983 *The Big Chill* (Reencuentro).
1985 *Silverado.*
1988 *The Accidental Tourist* (El turista accidental).
1990 *I Love You to Death* (Te amaré hasta que te mate).
1991 *Grand Canyon* (El alma de la ciudad).
1994 *Wyatt Earp.*
1995 *French Kiss.*

KAURISMÄKI, Aki *(Orimattila, Finlandia, 1957)*

Hermano menor del actor, guionista y director Mika Kaurismäki, con quien colabora frecuentemente, posee un sobrio y minucioso estilo que da lugar a tres tipos de películas. Obras con un marcado tono social, como *Sombras en el paraíso, Ariel* y *La chica de la fábrica de cerillas;* adaptaciones personales de grandes clásicos de la literatura, como *Crimen y castigo,* sobre Fiodor Dostoievsky; *Hamlet se hace hombre de negocios,* sobre William Shakespeare, y *La vida de bohemia,* sobre Henri Murger; y peculiares comedias como *Leningrad Cowboys Go America* y *Leningrad Cowboys Meet Moeses,* sobre las aventuras de un grupo de *rock* de Helsinki en Estados Unidos. Entre las que se sitúan obras más difícilmente clasificables, como *Contraté un asesino a sueldo,* rodada en inglés. En cualquier caso sus películas son austeros ejercicios más o menos logrados, dependiendo de que la a veces excesiva desdramatización que implica su estilo sea adecuada a la historia narrada, lo que no siempre ocurre.

1981 *Saimaa-ilmiö* (El gesto de Saimaa).
1983 *Rikos ja rangaistus* (Crimen y castigo).
1985 *Calamari union.*
1986 *Varjoja paratiisissa* (Sombras en el paraíso).
1987 *Hamlet likemaailmassa* (Hamlet se hace hombre de negocios).
1988 *Ariel.*
1989 *Leningrad Cowboys Go America.*
1990 *Tulitikkutehtaan tyttö* (La chica de la fábrica de cerillas).
1991 *I Hired a Contract Killer* (Contraté un asesino a sueldo).
1992 *Boheemielämää* (La vida de bohemia).
1993 *Leningrad Cowboys Meet Moeses.*
1994 *Pidä huivista kiini, Tatjana. / À propos de Nice,* un episodio.

KAWALEROWICZ, Jerzy *(Gworzdiec, Ucrania, 1922)*

Estudia bellas artes y dirección en el instituto de cine de Cracovia, trabaja como ayudante de dirección y pasa a integrar la primera generación de realizadores socialistas polacos con *La comuna,* desigual mezcla de hechos reales, estilo neorrealista y sumisión a las tesis políticas; *Recuerdos de una fábrica de celulosa* y *Bajo la estrella frigia,* que a partir de una novela de Igo Newerly describen la toma de conciencia de un obrero antes de la II Guerra Mundial; *La sombra,* una estructura policiaca que sirve para recrear momentos de la ocupación alemana, la posguerra y el desarrollo económico, y *El verdadero final de la II Guerra Mundial;* obras demasiado didácticas e impregnadas de las teorías del realismo socialista. Sus mejores películas son *Tren nocturno,* que muestra la relación entre las personas a través de los muy distintos viajeros en vacaciones de un tren; *Madre Juana de los Ángeles,* que transporta a la Polonia medieval el caso de las monjas poseídas de Loudun, premiada en el Festival de Cannes y condenada por el Vaticano, y la cuidada superproducción *Faraón,* sobre las luchas de Ramsés XIII contra el cada vez mayor poder de sus sacerdotes. Entre 1955 y 1968 dirige el equipo de producción Kadr y da la primera oportunidad a interesantes nuevos valores y a partir de 1972 se convierte en su director artístico. Tras la poco atractiva comedia moderna *El juego* y después de pasar por ciertas dificultades políticas, hace en Italia *Maddalena,* que narra, de manera no muy convincente, los amores entre una mujer y un sacerdote. De nuevo en Polonia dirige sus últimas grandes películas: *La muerte del presidente,* que plantea los problemas políticos del mundo contemporáneo a través del asesinato del presidente Narutowicz en 1922, y *Austeria,* sobre la trágica situación de una comunidad judía en Galizia, poco antes de la Gran Guerra.

1952 *Gromada* (La comuna).
1953 *Pamiatza z celulozy* (Recuerdos de una fábrica de celulosa).
1954 *Pod gwiazda frygijska* (Bajo la estrella frigia).
1955 *Cien* (La sombra).
1957 *Prawdziwy koniec wielkiej wojny* (El verdadero final de la II Guerra Mundial).
1959 *Pociag* (Tren nocturno).
1961 *Matka Joanna od Aniolow* (Madre Juana de los Ángeles).
1966 *Faraon* (Faraón).
1968 *Gra* (El juego).
1971 *Maddalena.*
1977 *Śmierć prezydenta* (La muerte del presidente).
1979 *Spotkanie na Atlantyku* (Encuentro en el Atlántico).
1983 *Austeria.*
1991 *Bronsteins Kinder.*

KAZAN, Elia *(Elia Kazanjoglou. Constantinopla, Turquía, 1909)*

A los cuatro años llega con su familia a Estados Unidos y se instalan en Nueva York con su padre, un turco de origen griego, que acaba de montar un negocio de importación y venta de alfombras. Gracias al buen funcionamiento del negocio de su padre y su tío, recibe una refinada educación, pero la crisis económica de 1929 les arruina y debe trabajar como camarero para conseguir diplomarse en 1930 en el Williams College. Estudia arte dramático en la Yale Drama School, en 1932 entra en el Group Theatre de Lee Strasberg y Harold Clurman y poco después se hace del Partido Comunista. En 1934 empieza su actividad como director y, sobre todo, como actor de teatro en obras de Clifford Odets; mientras, actúa en la radio, colabora en obras de fuerte contenido social y hace papeles secundarios en un par de películas en Hollywood, y le expulsan del Partido Comunista por su fuerte personalidad. Durante los años cuarenta y cincuenta su sólida carrera como director de teatro, ligada a los nombres de los dramaturgos Arthur Miller y Tennessee Williams, cubre de éxitos la escena norteamericana. Su interés por la profesión le hace crear, con la ayuda de Lee Strasberg, el famoso Actor's Studio, la escuela de teatro donde estudian los más famosos actores de la época. Contratado en 1945 por los estudios 20th Century Fox, durante la segunda mitad de la década de los cuarenta rueda los dramas realistas de denuncia social, pero con inevitable final feliz: *Lazos humanos,* historia de una familia de inmigrados irlandeses; *El justiciero,* sobre un error judicial; *La barrera invisible,* producción sobre el antisemitismo que gana varios Oscars; *Pinky,* en torno al racismo en los Estados del Sur, donde es poco más que un buen director de actores y diálogos que aprende un nuevo oficio, pero le conducen a *Pánico en las calles,* un policiaco realista rodado en las calles de Nueva Orleans, que demuestra que lo ha aprendido a conciencia. Tras el éxito y los varios Oscars de *Un tranvía llamado deseo,* transposición de su montaje teatral de la obra de Tennessee Williams, en 1952 es llamado a declarar ante el Comité de Actividades Antinorteamericanas y denuncia a sus antiguos compañeros comunistas, acto que influye en la mayoría de sus restantes películas. Sobre todo en *Fugitivos del terror rojo,* burdo panfleto anticomunista; en *Viva Zapata!,* sobre la corrupción que engendra el poder, y en *La ley del silencio,* una apología de la delación en tono de autojustificación, obras tan discutibles como fascinantes. La mejor etapa de su carrera comienza con *Al este del Edén,* donde descubre el color, el CinemaScope y al actor James Dean, que es una personal adaptación de la novela de John Steinbeck sobre el drama de Caín y Abel. Después de *Baby Doll,* regreso al mundo de Tennessee Williams a través de dos de sus obras refundidas, y *Un rostro en la multitud,* denuncia del poder de la televisión a través del triunfo político de un cantante, da lo mejor de sí mismo en sus obras maestras *Río salvaje,* escrita por Paul Osborn, y *Esplendor en la hierba,* escrita por William Inge, que narran peculiares historias de amor sobre un trasfondo social. Es productor de estas últimas películas y guionista de las autobiográficas *América, América,* donde narra la emigración de su padre a Estados Unidos, y *El compromiso,* centrada en sus relaciones con las mujeres y con su padre. Su fracaso económico le conduce a una forzada inactividad cinematográfica, de la que solo sale para rodar *Los visitantes,* una polémica producción de bajo presupuesto, rodada en 16 mm, de nuevo sobre el tema de la delación, y *El último magnate,* irregular adaptación de la novela inacabada de Francis Scott Fitzgerald. Mientras, se convierte en un novelista de segunda fila, con obras como *Los asesinos* (1971), *Actos de amor* (1978) o *El hombre de Anatolia* (1982), y escribe una voluminosa y apasionada autobiografía, *Mi vida* (1988).

1945 *A Tree Grows in Brooklyn* (Lazos humanos).
1947 *Boomerang* (El justiciero). / *The Sea of Grass* (Mar de hierba). / *Gentleman's Agreement* (La barrera invisible).
1949 *Pinky.*
1950 *Panic in the Streets* (Pánico en las calles).
1951 *A Streetcar Named Desire* (Un tranvía llamado deseo).
1952 *Viva Zapata!*
1953 *Man on a Tightrope* (Fugitivos del terror rojo).
1954 *On the Waterfront* (La ley del silencio).
1955 *East of Eden* (Al este del Edén).
1956 *Baby Doll.*
1957 *A Face in the Crowd* (Un rostro en la multitud).
1960 *Wild River* (Río salvaje).
1961 *Splendor in the Grass* (Esplendor en la hierba).
1963 *America, America* (América, América).
1969 *The Arrangement* (El compromiso).
1971 *The Visitors* (Los visitantes).
1976 *The Last Tycoon* (El último magnate).

KEATON, Buster *(Joseph Francis Keaton. Pickaway, Kansas, 1895-Los Ángeles, California, Estados Unidos, 1966)*

Hijo de unos modestos actores de variedades, denominados The Two Keatons, a los cuatro años se incorpora al espectáculo familiar, que pasa a llamarse The Three Keatons. En 1917 conoce al actor y director Roscoe Arbuckle y al productor Joseph M. Schenck y trabaja con ellos en dieciséis cortometrajes de veinte minutos de duración, entre los que destacan *Fatty en la feria* (Fatty at Coney Island, 1917), *Buenas noches, enfermera* (Good Night, Nurse 1918), *El héroe* (A Desert Hero, 1919), *Fatty en el garaje* (The Garage, 1920). Después de tres años de colaboración, solo interrumpida cuando en 1918 le movilizan y le llevan a Francia a combatir en la Gran Guerra, la asociación finaliza con el escándalo provocado por una fiesta en casa de Roscoe Arbuckle, donde muere la joven actriz Virginia Rappe, que le obliga a abandonar el mundo del espectáculo. Al tiempo que Joseph M. Schenck se casa con la famosa actriz Norma Talmadge y él con su hermana Natalie Talmadge, crean una productora y en dos años protagoniza, escribe y codirige veinte cortometrajes que le sitúan entre los grandes cómicos del cine norteamericano, entre los que sobresalen: *El espantapájaros* (The Scarecrow, 1920), *Rostro pálido* (The Paleface, 1921), *La mudanza* (Cops, 1922), *En el polo norte* (The Frozen North, 1922) y *La casa eléctrica* (The Electric House, 1922). Su éxito le anima a escribir, dirigir y protagonizar largos, producidos por Joseph M. Schenck para Metro-Goldwyn, y, tras *Las tres edades* —muy influido por *Intolerancia* (Intolerance, 1916), de David W. Griffith— y *La ley de la hospitalidad,* rueda sus obras maestras: *El moderno Sherlock Holmes, El navegante* y *Siete ocasiones*. A través de ellas afianza su personaje, creado en los cortos, de hombre eficaz que gracias a su astucia sabe salir airoso de las más disparatadas situaciones y conseguir la mujer que le interesa sin inmutarse, lo que en España le vale el apodo de *Pamplinas*. Tras las menos interesantes *El rey de los cowboys* y *El boxeador,* Metro-Goldwyn se convierte en Metro-Goldwyn-Mayer y Louis B. Mayer pasa a ser el presidente del estudio, con lo que el mítico productor Irving Thalberg, su mano derecha, empieza a inmiscuirse demasiado en su trabajo. Esto hace que Joseph M. Schenck acepte el puesto de presidente de United Artists y emprendan la realización de la genial *El maquinista de la «General»,* pero su elevado coste y la desgana con que la recibe el público de la época enfría la relación entre los concuñados, rebaja los presupuestos de la irregular *El colegial* y le aparta de la dirección de la excelente *El héroe del río*. Después de doce años de fructífera colaboración, rompen su relación laboral y toma la equivocada decisión de regresar a los estudios Metro-Goldwyn-Mayer, donde debe someterse a las exigencias del ya todopoderoso Irving Thalberg. Consigue hacer su última gran película *El cameraman,* pero el éxito del cine sonoro acaba de enrarecer la situación. Protagoniza ocho largos más en sus versiones inglesa, francesa, alemana y castellana, haciendo un gran esfuerzo por hablar distintos idiomas en una etapa en que todavía no se ha inventado el doblaje, pero nada tienen que ver con sus anteriores trabajos *El comparsa,* muda con música y efectos sonoros añadidos, *Free and Easy* o *Pobre tenorio,* dirigidas por el artesano Edward Sedgwick. A los treinta y siete años, cuando está en uno de los mejores momentos de su carrera, empieza a tener dificultades para encontrar trabajo, debe dar por finalizada su etapa como director y volver a los cortos. Comienza a beber y a jugar al *bridge,* en 1932 Natalie Talmage se separa de él, se lleva a sus hijos y casi le arruina en un complejo divorcio, y para sobrevivir debe malvender los derechos de sus películas, se convierte en un hombre amargado y en constante búsqueda de trabajo. Hasta el final de su vida interviene en papeles secundarios en otras veinticinco películas, de lo más variadas, en Francia, Italia e incluso en México, pero solo son dignos de recordar *El crepúsculo de los dioses*, de Billy Wilder, y *Candilejas,* de Charles Chaplin. El Oscar honorífico concedido en 1959 al conjunto de su obra, las retrospectivas organizadas en 1962 por la Cinemateca Francesa y en 1963 por la Mostra de Venecia, consiguen sacar su obra del olvido en que había permanecido durante más de treinta años y situarle en la cumbre del cine cómico norteamericano.

Como director
1923 *The Three Ages* (Las tres edades). / *Our Hospitality* (La ley de la hospitalidad).
1924 *Sherlock junior* (El moderno Sherlock Holmes). / *The Navigator* (El navegante).
1925 *Seven Chances* (Siete ocasiones). / *Go West* (El rey de los cowboys).
1926 *Battling Butler* (El boxeador). / *The General* (El maquinista de la «General»).
Como actor
1920 *The Saphead* (Pasión y boda de Pamplinas), de Herbert Blache.

1923 *The Three Ages* (Las tres edades), de Buster Keaton. / *Our Hospitality* (La ley de la hospitalidad), de Buster Keaton.
1924 *Sherlock junior* (El moderno Sherlock Holmes), de Buster Keaton. / *The Navigator* (El navegante), de Buster Keaton.
1925 *Seven Chances* (Siete ocasiones), de Buster Keaton. / *Go West* (El rey de los cowboys), de Buster Keaton.
1926 *Battling Butler* (El boxeador), de Buster Keaton. / *The General* (El maquinista de la «General»), de Buster Keaton.
1927 *College* (El colegial), de James W. Home.
1928 *Steamboat Bill Jr.* (El héroe del río), de Charles F. Reisner. / *The Cameraman* (El cameraman), de Edward Sedgwick.
1929 *Spite Marriage* (El comparsa), de Edward Sedgwick. / *The Hollywood Revue of 1929* (Hollywood Revue), de Charles F. Reisner.
1930 *Free and Easy*, de Edward Sedgwick. / *Dough Boys*, de Edward Sedgwick.
1931 *Parlor, Bedroom and Bath* (Pobre tenorio), de Edward Sedgwick. / *Sidewalks of New York* (Las calles de Nueva York), de Jules White y Zion Myers.
1932 *The Passionate Plumber* (El amante improvisado), de Edward Sedgwick. / *Speak Easily* (Piernas de perfil), de Edward Sedgwick.
1933 *What! No Beer?* (Queremos cerveza), de Edward Sedgwick.
1934 *Le roi des Champs-Elysées* (El rey de los Campos Elíseos), de Max Nosseck.
1935 *The Invader*, de Adrian Brunel.
1939 *Hollywood Cavalcade*, de Irving Cummings y Malcolm St. Clair.
1940 *The Villain Still Pursued Her*, de Eddie Cline. / *Li'l Abner*, de Albert S. Rogell.
1943 *Forever and a Day* (Siempre y un día), episodio de Victor Saville.
1944 *San Diego, I Love You* (San Diego, te quiero), de Reginald Le Borg.
1945 *That't the Spirit* (¡Ahí va el espíritu!), de Charles Lamont. / *That Night With You* (Aquella noche contigo), de William A. Seiter.
1946 *God's Country*, de Robert Tansey. / *El moderno Barba Azul*, de Jaime Salvador.
1949 *The Lovable Cheat*, de Richard Oswald. / *In the Good Old Summertime*, de Robert Z. Leonard. / *You're My Everything*, de Walter Lang.
1950 *Sunset Boulevard* (El crepúsculo de los dioses), de Billy Wilder.
1952 *Limelight* (Candilejas), de Charles Chaplin.
1953 *L'incantevole nemica*, de Claudio Gora.
1956 *Around the World in 80 Days* (La vuelta al mundo en 80 días), de Michael Anderson.
1960 *The Adventures of Huckleberry Finn*, de Michael Curtiz.
1963 *It's a Mad, Mad, Mad, Mad World* (El mundo está loco, loco, loco, loco), de Stanley Kramer.
1964 *Pajama Party*, de Don Weis.
1965 *Beach Blanket Bingo*, de William Asher. / *How to Stuff a Wild Bikini*, de William Asher. / *Sergeant Deadhead*, de Norman Taurog. / *Due marines e un generale* (Guerra a la italiana), de Luigi Scattini.
1966 *A Funny Thing Happened on the Way to the Forum* (Golfus de Roma), de Richard Lester.

KEATON, Diane (*Diane Hall. Los Ángeles, California, Estados Unidos, 1946*)

Se educa en el Santa Anna College de California y estudia arte dramático en el Neighborhood Playhouse de Nueva York. A finales de los años sesenta debuta como actriz de teatro y en cine se da a conocer con sus trabajos con el actor y realizador Woody Allen: *Sueños de un seductor, El dormilón, La última noche de Boris Grushenko, Annie Hall*, por la que gana un Oscar, la dramática *Interiores* y la excelente *Manhattan*. Mientras también es dirigida por Francis Ford Coppola en *El padrino* y Richard Brooks en *Buscando al Sr. Goodbar*. Del resto de su trabajo en los años ochenta y noventa sobresalen *Rojos*, de Warren Beatty; *Después del amor*, de Alan Parker, y *Crímenes del corazón*, de Bruce Beresford, además de *El padrino III* y *Misterioso asesinato en Manhattan*, donde vuelve a ser dirigida, respectivamente, por Francis Ford Coppola y Woody Allen. Realiza la película *Heaven* y algunos telefilmes, mientras cada vez le dedica más tiempo a la televisión y menos al cine.

Como directora
1987 *Heaven.*
1995 *Unstrung Heroes.*
Como actriz
1970 *Lovers and Other Strangers*, de Cy Howard.
1971 *Play It Again, Sam* (Sueños de seductor), de Herbert Ross.
1972 *The Godfather* (El padrino), de Francis Ford Coppola.
1973 *Sleeper* (El dormilón), de Woody Allen.
1974 *The Godfather Part II* (El padrino II), de Francis Ford Coppola.
1975 *Love and Death* (La última noche de Boris Grushenko), de Woody Allen.
1976 *I Will... I Will... for Now* (Cien maneras de amar), de Norman Panama. / *Harry and Walter Go to New York* (Harry y Walter van a Nueva York), de Mark Rydell.

1977 *Looking for Mr. Goodbar* (Buscando al Sr. Goodbar), de Richard Brooks. / *Annie Hall*, de Woody Allen.
1978 *Interiors* (Interiores), de Woody Allen.
1979 *Manhattan*, de Woody Allen.
1981 *Reds* (Rojos), de Warren Beatty.
1982 *Shoot the Moon* (Después del amor), de Alan Parker.
1984 *The Little Drummer Girl* (La chica del tambor), de George Roy Hill. / *Mrs. Soffel*, de Gilliam Armstrong.
1986 *Crimes of the Heart* (Crímenes del corazón), de Bruce Beresford.
1987 *Radio Days* (Días de radio), de Woody Allen. / *Baby Boom* (Baby, tú vales mucho), de Charles Shyer.
1988 *The Good Mother* (El precio de la pasión), de Leonard Nimoy.
1990 *The Lemon Sisters*, de Joyce Chopra. / *The Godfather Part III* (El padrino III), de Francis Ford Coppola.
1991 *Father of the Bride* (El padre de la novia), de Charles Shyer.
1993 *Manhattan Murder Mystery* (Misterioso asesinato en Manhattan), de Woody Allen.
1994 *Amelia Earhart*, de Yves Simoneau.
1995 *Father of the Bride Part II* (Vuelve el padre de la novia), de Charles Shyer.

KEATON, Michael *(Michael Douglas. Coraopolis, Pennsylvania, Estados Unidos, 1951)*

Estudia en la Kent State University. Trabaja como taxista y cámara de televisión mientras actúa en teatros regionales y dirige algunas obras. Debuta en cine como protagonista de las toscas comedias de Ron Howard *Night Shift* y *Pisa a fondo*, entre las que también hace para otros directores *Las locas aventuras de un señor mamá* y *Johnny peligroso*. No se da a conocer hasta haber encarnado a Bruce Wayne en las dos primeras entregas de la serie *Batman* realizadas por Tim Burton. Sin embargo, no sabe o no puede aprovechar esta oportunidad y continúa haciendo películas sin interés, entre las que solo cabe citar *De repente, un extraño*, de John Schlesinger, y *Mucho ruido y pocas nueces*, de Kenneth Branagh.
1982 *Night Shift*, de Ron Howard.
1983 *Mr. Mom* (Las locas aventuras de un señor mamá), de Stan Dragoti.
1994 *Johnny Dangerously* (Johnny peligroso), de Amy Heckerling.
1986 *Gung Ho!* (Pisa a fondo), de Ron Howard. / *Touch and Go*, de Robert Mandel.
1987 *The Squeeze* (Los tramposos de la foto), de Robert Young.
1988 *Beetlejuice* (Bitelchús), de Tim Burton. / *Clean and Sober*, de Glenn Gordon Caron.
1989 *Batman*, de Tim Burton. / *The Dream Team* (Una pandilla de lunáticos), de Howard Zieff.
1990 *Pacific Heights* (De repente, un extraño), de John Schlesinger.
1991 *One Good Cop* (Un buen policía), de Heywood Gould.
1992 *Batman Returns* (Batman vuelve), de Tim Burton.
1993 *Much Ado About Nothing* (Mucho ruido y pocas nueces), de Kenneth Branagh. / *My Life* (Mi vida), de Bruce Joel Rubin.
1994 *The Paper* (Detrás de la noticia), de Ron Howard. / *Speechless*, de Ron Underwood.

KEITEL, Harvey *(Nueva York, Estados Unidos, 1947)*

Hijo de padre rumano y madre polaca, estudia en el Liceo Abraham Lincoln, se enrola en los *marines* y a finales de los años setenta comienza a estudiar arte dramático en el Actor's Studio, casi al mismo tiempo que empieza a hacer teatro. Debuta en el cine gracias a su amistad con el realizador Martin Scorsese, pero ya a principios de los años ochenta queda claro que le interesan más los buenos papeles que los largos, lo que le lleva a trabajar sin descanso en las más variadas producciones y ser a menudo lo mejor de ellas. Lo mismo trabaja con los norteamericanos Robert Altman, Alan Rudolph, James Toback, Ulu Grosbard, Quentin Tarantino y Abel Ferrara, que con el inglés Nicholas Roeg, el francés Bertrand Tavernier, el español Fernando Colomo o los italianos Roberto Faenza, Lina Wertmuller, Giovanni Soldati, Damiano Damiani, Carlo Lizzani y Dario Argento, la neozelandesa Jane Campion o el griego Theo Angelopoulos. Entre su extensa e irregular filmografía sobresalen *Taxi Driver, La noche de Varennes, Thelma y Louise, Bad Lieutenant, El piano* y *La mirada de Ulises*.
1968 *Who's That Knocking at My Door*, de Martin Scorsese.
1973 *Mean Streets* (Malas calles), de Martin Scorsese.
1975 *Alice Doesn't Live Here Anymore* (Alicia ya no vive aquí), de Martin Scorsese. / *That's the Way of the World*, de Sig Shore.
1976 *Taxi Driver*, de Martin Scorsese. / *Buffalo Bill and the Indians* (Buffalo Bill), de Robert Altman. / *Mother Jugs and Speed* (La madre, la melones y el ruedas), de Peter Yates. / *Welcome to L. A.* (Bienvenido a Los Ángeles), de Alan Rudolph.

1977 *The Duellists* (Los duelistas), de Ridley Scott. / *Fingers* (Melodía para un asesino), de James Toback.
1978 *Blue Collar*, de Paul Schrader. / *Eagle's Wing* (Yo, gran cazador), de Anthony Harvey.
1979 *Saturn 3* (Saturno 3), de Stanley Donen. / *Bad Timing* (Contratiempo), de Nicholas Roeg.
1980 *Death Watch* (La muerte en directo), de Bertrand Tavernier.
1982 *Il mondo nuovo* (La noche de Varennes), de Ettore Scola. / *Exposed* (Un cebo llamado Elizabeth), de James Toback. / *The Border* (La frontera), de Tony Richardson.
1983 *Cop Killer*, de Roberto Faenza. / *Une pierre dans la bouche*, de Jean-Louis Laconte.
1984 *Falling in Love* (Enamorarse), de Ulu Grosbard.
1985 *El caballero del dragón*, de Fernando Colomo.
1986 *Wise Guys* (Dos tipos geniales), de Brian de Palma. / *Un complicato intrigo di donne, vicoli e delitti* (Camorra, contacto en Nápoles), de Lina Wertmuller. / *Off Beat* (Policía por error), de Michael Dinner. / *The Men's Club* (Secretos indiscretos), de Peter Medak. / *The Pick Up Artists* (El cazachinas), de James Toback. / *La sposa americana*, de Giovanni Soldati.
1987 *L'inchiesta*, de Damiano Damiani.
1988 *The Last Temptation of Christ* (La última tentación de Cristo), de Martin Scorsese. / *The January Man* (El asesino del calendario), de Pat O'Connor. / *Çaro Gorbaciov*, de Carlo Lizzani.
1990 *The Two Jakes* (Los dos Jackes), de Jack Nicholson. / *La batalla de los tres reyes*, de Souheil Ben Barka. / *Due occhi diabolici*, de Dario Argento y George A. Romero.
1991 *Mortal Thoughts* (Pensamientos mortales), de Alan Rudolph. / *Thelma and Louise* (Thelma y Louise), de Ridley Scott. / *Bugsy*, de Barry Levinson. / *Reservoir Dogs*, de Quentin Tarantino.
1992 *Sister Act* (Una monja de cuidado), de Emile Ardolino. / *Bad Lieutenant*, de Abel Ferrara. / *The Piano* (El piano), de Jane Campion.
1993 *Point of No Return* (La asesina), de John Badham. / *Rising Sun* (Sol naciente), de Philip Kaufman. / *Snake Eyes*, de Abel Ferrara. / *The Young Americans* (La ley de la droga), de Danny Cannon.
1994 *Imaginary Crimes*, de Tony Dazan. / *Pulp Fiction*, de Quentin Tarantino. / *Somebody to Love* (Alguien a quien amar), de Alexandre Rockwell. / *Monkey Trouble* (Un ladrón de manos sucias), de Franco Amurri.
1995 *Smoke*, de Wayne Wang. / *Blue in the Face*, de Wayne Wang y Paul Auster. / *To vlemma tou Odyssea* (La mirada de Ulises), de Theo Angelopoulos. / *Clockers* (Camellos), de Spike Lee.
1996 *From Dust Till Dawn* (Abierto hasta el amanecer), de Robert Rodríguez.

KELLY, Gene (*Eugene Joseph Curran Kelly. Pittsburgh, Pennsylvania, 1912-Beverly Hills, California, Estados Unidos, 1996*)

Atraído desde niño por la danza, a los ocho años debuta como bailarín, estudia en la Universidad de Pittsburgh, en 1931 funda su propia escuela de *ballet* con la colaboración de su madre y su hermano, en 1938 debuta como bailarín profesional en Broadway y tiene su primer éxito con *Pal Joey*. Gracias a él el productor Arthur Freed le contrata para formar parte de su unidad de producción de musicales en los estudios Metro-Goldwyn-Mayer, donde consigue que los números musicales se integren en la acción, y entre sus películas del género protagonizadas durante la década de los cuarenta destacan *For Me and My Gal* y *El pirata,* además de la producción de capa y espada *Los tres mosqueteros,* concebida como un musical. En los años cincuenta realiza sus mejores trabajos, a lo largo de la trilogía que protagoniza y codirige con su antiguo ayudante Stanley Donen, integrada por *Un día en Nueva York, Cantando bajo la lluvia* y *Siempre hace buen tiempo,* que moderniza el género. Además protagoniza *Summer Stock,* que rueda Charles Walters; *Un americano en París* y *Brigadoon,* que dirige el especialista Vincente Minnelli; *Invitación a la danza,* que realiza en solitario en el Reino Unido, y la excelente *Las girls,* que dirige George Cukor. Con el musical al borde de la desaparición, en la década de los sesenta actúa en el fallido *Ella y sus maridos* y en la producción francesa *Las señoritas de Rochefort,* además de dirigir *Hello, Dolly!,* versión demasiado fiel al original teatral de Jerry Herman y Michael Stewart. Después interviene como actor o director en las antologías de musicales Metro-Goldwyn-Mayer *Érase una vez en Hollywood* y *Hollywood, Hollywood,* además de actuar o realizar alguna comedia insustancial, hasta que se despide de la profesión con *Xanadú,* un pálido reflejo de lo que llega a ser el musical en sus mejores tiempos.

Como director
1950 *On the Town* (Un día en Nueva York).
1952 *Singin' in the Rain* (Cantando bajo la lluvia).
1955 *It's Always Fair Weather* (Siempre hace buen tiempo).
1956 *Invitation to the Dance* (Invitación a la danza).
1957 *The Happy Road*.
1958 *The Tunnel of Love* (Mi marido se divierte).

1962 *Gigot.*
1967 *A Guide for the Married Man* (Guía para el hombre casado).
1969 *Hello, Dolly!*
1970 *The Cheyenne Social Club* (El club social de Cheyenne).
1976 *That's Entertainment Part II* (Hollywood, Hollywood).
Como actor
1942 *For Me and My Gal,* de Busby Berkeley.
1943 *The Cross of Lorraine* (La cruz de Lorena), de Tay Garnett. / *Du Barry Was a Lady,* de Roy del Ruth. / *Pilot Number Five,* de George Sidney. / *Thousands Cheer,* de George Sidney.
1944 *Christmas Holiday* (Luz en el alma), de Robert Siodmak. / *Cover Girl* (Las modelos), de Charles Vidor.
1945 *Anchors Aweight* (Levando anclas), de George Sidney.
1946 *Ziegfeld Follies,* de Vincente Minnelli.
1947 *Living in a Big Way,* de Gregory La Cava.
1948 *The Pirate* (El pirata), de Vincente Minnelli. / *The Three Musketeers* (Los tres mosqueteros), de George Sidney. / *Words and Music,* de Norman Taurog.
1949 *The Black Hand,* de Richard Thorpe. / *Take Me Out to the Ball Game,* de Busby Berkeley. / *On the Town* (Un día en Nueva York), de Gene Kelly y Stanley Donen.
1950 *Summer Stock,* de Charles Walters.
1951 *An American in Paris* (Un americano en París), de Vincente Minnelli.
1952 *It's a Big Country,* de W. DD. / *The Devil Makes Three,* de Andrew Marton. / *Singin'in the Rain* (Cantando bajo la lluvia), de Gene Kelly y Stanley Donen. / *Love Is Better Than Ever,* de Stanley Donen.
1954 *Brigadoon,* de Vincente Minnelli. / *Crest of the Wave,* de John y Roy Boulting. / *Deep in My Heart,* de Stanley Donen.
1955 *It's Always Fair Weather* (Siempre hace buen tiempo), de Gene Kelly y Stanley Donen.
1956 *Invitation to the Dance* (Invitación a la danza), de Gene Kelly.
1957 *The Happy Road,* de Gene Kelly. / *Les Girls* (Las girls), de George Cukor.
1958 *Marjorie Morningstar* (Estrella de la mañana), de Irving Rapper.
1960 *Inherit the Wind,* de Stanley Kramer. / *Let's Make Love* (El multimillonario), de George Cukor.
1964 *What a Way to Go!* (Ella y sus maridos), de J. Lee Thompson.
1967 *Les demoiselles de Rochefort* (Las señoritas de Rochefort), de Jacques Demy.
1973 *Forty Carats* (Cuarenta quilates), de Milton Katselas.
1974 *That's Entertainment* (Érase una vez en Hollywood), de Jack Haley.
1976 *That's Entertainment Part II* (Hollywood, Hollywood), de Gene Kelly.
1977 *Viva Knievel!,* de Gordon Douglas.
1980 *Xanadu,* de Robert Greenwald.

KELLY, Grace *(Filadelfia, Pennsylvania, Estados Unidos, 1928-Mónaco, 1982)*

Perteneciente a la alta burguesía, a los diez años sube por primera vez a un escenario y estudia en la Academy of Dramatic Arts de Nueva York. Después de actuar en Broadway y en algún programa de televisión, debuta como actriz de cine y con tan solo once películas rodadas en cinco años se convierte en uno de los grandes mitos de Hollywood. Se da a conocer gracias al éxito del *western* político *Solo ante el peligro,* de Fred Zinnemann, pero en seguida se convierte en la gran musa rubia de Alfred Hitchcock a través de *La ventana indiscreta, Crimen perfecto* y *Atrapa a un ladrón.* También protagoniza las atractivas películas de aventuras *Mogambo,* de John Ford, y *Fuego verde,* de Andrew Marton, además de la comedia sentimental *El cisne,* de Charles Vidor, que cierra su carrera. Gana un Oscar por el melodrama *La angustia de vivir,* su peor película. Casada con Rainiero III, convertida en princesa de Mónaco, se retira del cine a los veintiocho años y muere en un accidente automovilístico a los cincuenta y cuatro.

1951 *Fourteen Hours,* Henry Hathaway.
1952 *High Noon* (Solo ante el peligro), de Fred Zinnemann.
1953 *Mogambo,* de John Ford.
1954 *Rear Window* (La ventana indiscreta), de Alfred Hitchcock. / *Dial M for Murder* (Crimen perfecto), de Alfred Hitchcock. / *Green Fire* (Fuego verde), de Andrew Marton. / *The Country Girl* (La angustia de vivir), de George Seaton.
1955 *The Bridges at Toko-Ri* (Los puentes de Toko-Ri), de Mark Robson. / *To Catch a Thief* (Atrapa a un ladrón), de Alfred Hitchcock.
1956 *High Society* (Alta sociedad), de Charles Vidor. / *The Swan* (El cisne), de Charles Vidor.

KERR, Deborah *(Deborah Jane Kerr-Trimmer. Helensburg, Escocia, Reino Unido, 1921)*

Estudia danza en diferentes centros. A finales de los años treinta debuta como actriz de teatro y en los cuarenta se convierte en una estrella del cine británico a través de sus papeles en *Coronel Blimp, Separación peligrosa, I See a Dark Stranger* y *Narciso negro*. A principios de la década de los cincuenta llega a Hollywood contratada por los estudios Metro-Goldwyn-Mayer para rodar *Las minas del rey Salomón, Quo Vadis, El prisionero de Zenda, Julio César, La reina virgen* y *Té y simpatía*, mientras trabaja para otros estudios en las más interesantes *De aquí a la eternidad, El rey y yo, Sólo Dios lo sabe, Tú y yo, Buenos días, tristeza* y *Mesas separadas*. Durante los años sesenta hace mucho más teatro que cine y entre sus películas únicamente pueden destacarse *¡Suspense!, La noche de la iguana, Los temerarios del aire* y *El compromiso*. Posteriormente solo interviene en producciones para televisión y en la atractiva película *The Assam Garden,* que cierra su interesante filmografía.

1941 *Major Barbara*, de Gabriel Pascal. / *Love on the Dole*, de John Baxter. / *Hatter's Castle*, de Lance Comfort. / *Penn of Pennsylvania*, de Lance Comfort.
1942 *The Day Will Dawn*, de Harold French.
1943 *The Life and Death of Colonel Blimp* (Coronel Blimp), de Michael Powell y Emeric Pressburger.
1945 *Perfect Stranger* (Separación peligrosa), de Alexander Korda.
1946 *I See a Dark Stranger*, de Frank Launder.
1947 *Black Narcissus* (Narciso negro), de Michael Powell y Emeric Pressburger. / *The Hucksters* (Los vencedores), de Jack Conway.
1948 *If Winter Comes*, de Victor Saville.
1949 *Edward My Son*, de George Cukor.
1950 *Please Believe Me*, de Norman Taurog. / *King Salomon's Mines* (Las minas del rey Salomón), de Andrew Marton y Compton Bennett.
1951 *Quo Vadis*, de Mervyn LeRoy.
1952 *The Prisoner of Zenda* (El prisionero de Zenda), de Richard Thorpe. / *Thunder in the East* (Tempestad en Oriente), de Charles Vidor.
1953 *Dream Wife* (La mujer soñada), de Sidney Sheldon. / *From Here to Eternity* (De aquí a la eternidad), de Fred Zinnemann. / *Julius Caesar* (Julio César), de Joseph L. Mankiewicz. / *Young Bess* (La reina virgen), de George Sidney.
1955 *The End of the Affair* (Vivir un gran amor), de Edward Dmytryk.
1956 *The King and I* (El rey y yo), de Walter Lang. / *The Proud and the Profane* (Los héroes también lloran), de George Seaton. / *Tea and Sympathy* (Té y simpatía), de Vincente Minnelli.
1957 *Heaven Knows Mr. Allison* (Sólo Dios lo sabe), de John Huston. / *An Affair to Remember* (Tú y yo), de Leo McCarey.
1958 *Bonjour Tristesse* (Buenos días, tristeza), de Otto Preminger. / *Separate Tables* (Mesas separadas), de Delbert Mann.
1959 *The Journey* (Rojo atardecer), de Anatole Litvak. / *The Beloved Infidel* (Días sin vida), de Henry King. / *Count Your Blessings* (Tu marido... ese desconocido), de Jean Negulesco.
1960 *The Sundowners* (Tres vidas errantes), de Fred Zinnemann. / *The Naked Edge* (Sombras de sospecha), de Michael Anderson. / *The Grass Is Greener* (Página en blanco), de Stanley Donen.
1961 *The Innocents* (¡Suspense!), de Jack Clayton.
1964 *The Chalk Garden* (Mujer sin pasado), de Ronald Neame. / *The Night of the Iguana* (La noche de la iguana), de John Huston.
1965 *Marriage on the Rocks* (Matrimonio a la americana), de Jack Donohue.
1966 *Eye of the Devil*, de J. Lee Thompson.
1967 *Casino Royale* (Casino Royal), de John Huston, Ken Hughes, Joseph McGrath y Robert Parrish. / *Prudence and the Pill* (Prudencia... Prudencia), de Fielder Cook y Ronald Neame.
1969 *The Gypsy Moths* (Los temerarios del aire), de John Frankenheimer. / *The Arrangement* (El compromiso), de Elia Kazan.
1985 *The Assam Garden*, de Mary McMurray.

KIAROSTAMI, Abbas *(Teherán, Irán, 1942)*

Mientras estudia bellas artes trabaja como pintor, diseñador de carteles y técnico de cine publicitario. En 1969 entra en el Instituto para el Desarrollo Intelectual de Niños y Adolescentes, crea el departamento de cinematografía, comienza a hacer cortometrajes didácticos, sobre la higiene dental o los peligros del tránsito, y no tarda en pasarse a la ficción e incluso hacer el largo *El viajero*. Tras los largometrajes sobre problemas educativos *Los alumnos de primaria*, que muestra las reacciones de los niños durante su primer día en el colegio, y *Las tareas del colegio*, crítica del sistema educativo iraní, prohibida durante más de dos años, se da a conocer internacionalmente con *¿Dónde está la casa de mi amigo?,* brillante descripción de los esfuerzos de un niño por devolver un cuaderno a un compañero para que no le castiguen. En sus tres últimas películas abandona el universo infantil por el cinematográfico para en *Primer plano*, basada en hechos reales y a medio camino entre la realidad y la ficción, narrar la historia de un obrero en paro, aficionado al cine, que se hace pasar por el conocido realizador Mohsen Makhmalbaf para relacionarse con una familia burguesa; en *Y la vida continúa* describir la búsqueda de los protagonistas de *¿Dónde está la casa de mi amigo?* tras producirse un terremoto en la región del rodaje, y en *A través de los olivos* contar una historia de amor entre un actor y una actriz durante el rodaje de *Y la vida continúa*.

1974 *Mosafer* (El viajero).
1985 *Avali-ha* (Los alumnos de primaria).
1987 *Khaheh-ye doust kojast?* (¿Dónde está la casa de mi amigo?).
1989 *Mashgh-e sab* (Las tareas del colegio).
1990 *Mam-ye nazdik* (Primer plano).
1992 *Zendegi egameh darad* (Y la vida continúa).
1994 *Zir e darakhtan e zeyton* (A través de los olivos).
1995 *Lumière y compañía*, un episodio.

KIESLOWSKI, Krzysztof *(Varsovia, 1941-Varsovia, Polonia, 1996)*

Licenciado en dirección en la escuela de cine, televisión y teatro de Lódz por la práctica *Sobre la ciudad de Lódz* (Z Miasta Lodzi, 1969), comienza a trabajar en televisión en documentales y programas dramáticos. Entre su veintena de cortos, que sigue rodando incluso cuando empieza a hacer largos, hay que citar *La fotografía* (Zdecie, 1968), *La fábrica* (Fabryka, 1970), *El primer amor* (Pierwska milosc, 1973), *El hospital* (Szpital, 1976), *Siete mujeres de diferentes edades* (Sieden kobiet w roznym wieku, 1978) y *Cabezas parlantes* (Gadajace glony, 1980). A medio camino entre el cine y la televisión, debuta en el largometraje con el documental *Pasaje subterráneo* (Przejscie podziemne, 1973) y la historia de ficción *El personal* (Personel, 1975), rodadas en 16 mm para televisión. Se da a conocer internacionalmente con *La cicatriz* y *El aficionado*, sus primeros trabajos para cine, que representan a su país en diferentes festivales internacionales, pero que por sus duras críticas a la sociedad polaca son prohibidas durante algunos años. El éxito en el extranjero del díptico formado por las moralizantes *No matarás* y *No amarás*, le anima a realizar en la misma línea la interesante serie de televisión *Decálogo* (Dekalog, 1989), que toma como punto de partida los Diez Mandamientos para desarrollar otras tantas historias, se emite por todas las televisiones del mundo y le consagra como el nuevo genio católico del cine. Instalado en Francia, dirige en coproducción con su país *La doble vida de Véronique*, integrada por dos episodios complementarios protagonizados por la misma actriz, uno rodado en Varsovia y el otro en París. Sus preocupaciones religiosas y sus obsesiones por la casualidad y el doble alcanzan su máxima expresividad en la trilogía *Tres colores* (Trois couleurs), una coproducción entre Francia, Polonia y Suiza formada por la católica *Azul*, la cómica *Blanco* y la trascendente *Rojo*, con la que gana importantes premios internacionales.

1976 *Blizna* (La cicatriz).
1979 *Amator* (El aficionado).
1984 *Bez konca* (Sin final).
1986 *Przypadek* (Cita a ciegas).
1987 *Krotki film o zabijaniv* (No matarás).
1988 *Krotki film o milosci* (No amarás).
1991 *La double vie de Véronique* (La doble vida de Véronique).
1993 *Bleu* (Azul). / *Blanc* (Blanco).
1994 *Rouge* (Rojo).

KING, Henry *(Christianburg, Virginia, 1888-Los Ángeles, California, Estados Unidos, 1982)*

Hijo de un ingeniero hidráulico del Sur de religión metodista, y hermano mayor del realizador Louis King (1898-1962), muy joven deja a su familia para irse con un circo ambulante. Actor de vodevil, teatro y cine, llega a ser guionista y debuta como director a mediados de los años diez con *Little Mary Sunshine*, a la que siguen cincuenta y tantas producciones mudas, al principio codirigidas con Edward Sloman y posteriormente realizadas en solitario. Entre sus películas mudas destacan *La hermana blanca*, un melodrama religioso rodado en Italia; *Romola*, adaptación de una obra de George Eliot, también rodada en Italia; *... y supo ser madre*, primera versión del melodrama basado en el novelón de Olive Higgins, y *Flor de desierto*, una comedia romántica producida por Samuel Goldwyn, al igual que la anterior. En 1929 firma un contrato con William Fox y rueda sus restantes cincuenta películas para 20th Century Fox a lo largo de treinta y dos años, convirtiéndose en uno de los mayores puntos de apoyo del estudio. Su cine adquiere solidez con *Carolina*, una comedia sentimental basada en una obra de teatro de Paul Green; *María Galante*, una historia de amor sobre el fondo de una intriga internacional basada en una novela de Jacques Deval; *Lloyd's de Londres*, sobre los orígenes de la célebre compañía de seguros británica a finales del siglo XVIII; *El séptimo cielo*, nueva versión del clásico drama dirigido por Frank Borzage en 1927; *Chicago*, superproducción en clave de melodrama con el trasfondo del famoso incendio de la ciudad; *La banda de Alexander*, musical con canciones de Irving Berlin sobre el creador de una banda de *ragtime*; *Tierra de audaces*, espectacular *western* en Technicolor sobre la vida del bandido Jesse James, y *El explorador perdido*, aventuras africanas en torno al doctor Livingstone. Durante los años cuarenta rueda menos películas, pero consigue alguno de sus grandes éxitos con *El cisne negro*, una historia de piratas basada en una novela de Rafael Sabatini; *La canción de Bernadette*, larga biografía religiosa de Bernadette Soubirous; *El capitán de Castilla*, sobre la conquista de México por Hernán Cortés vista a través de la vida de uno de sus capitanes; *El príncipe de los zorros*, una aventura renacentista en torno a los Borgia rodada en Italia, y *Almas en la hoguera*, una historia sobre la aviación durante la II Guerra Mundial que gana varios Oscars. Comienza brillantemente los años cincuenta con *El pistolero*, que inaugura el *western* moderno; *Escalaré la montaña más alta*, donde vuelve a sus orígenes familiares para narrar el primer año de matrimonio de un pastor metodista a principios de siglo; *David and Bathsheba*, acartonada y un tanto plúmbea narración bíblica, y *Las nieves del Kilimanjaro*, historia de aventuras construida sobre textos del escritor Ernest Hemingway. Sin embargo, su carrera se tuerce en 1953 con la aparición del CinemaScope, formato en el que no se encuentra a gusto y en el que debe rodar el resto de su producción. Entre las irregulares aventuras en la India *El capitán King*, y en Sudáfrica *Caravana hacia el Sur;* el melodrama sentimental ambientado en Hong Kong *La colina del adiós;* el musical en exceso teatral *Carrusel;* la adaptación de la novela de Ernest Hemingway *Fiesta;* el melodrama familiar *Esta tierra es mía*, que rueda para los estudios Universal en su única traición a 20th Century Fox; la historia basada en los últimos años de la vida del escritor Francis Scott Fitzgerald *Días sin vida*, y la adaptación de su novela *Suave es la noche*, dirige también el *western*, personal y espléndido, *El vengador sin piedad*.

1916 *Little Mary Sunshine*. / *Pay Dirt*. / *Shadows and Sunshine*. / *Joy and the Dragon*.
1917 *Twin Kiddies*. / *Sunshine and Gold*. / *Told at Twilight*. / *The Upper Crust*. / *Souls in Pawn*. / *The Bride's Silence*. / *The Climber*. / *Southern Pride*. / *A Game of Wits*. / *The Mate of the Sally Ann*.
1918 *Beauty and the Rogue*. / *Powers That Prey*. / *Hearts or Diamonds* (El otro diamante). / *Social Briars*. / *Up Romance Road* (En busca de la tranquilidad). / *The Locked Heart*. / *Hobbs in a Hurry*. / *All the World to Nothing*.
1919 *When a Man Rides Alone*. / *Where the West Begins*. / *Brass Buttons*. / *Some Liar*. / *A Sporting Chance* (El boxeador). / *This Hero Stuff* (Un bravo pundonoroso). / *Six Feet Four*. / *23 1/2 Hours Leave* (23 horas y media de permiso). / *A Fugitive From Matrimony* (Huyendo del matrimonio).
1920 *Hauting Shadows*. / *The White Dove* (La blanca paloma). / *Uncharted Channels*. / *One Hour Before Dawn*. / *Help Wanted-Male*. / *Dice of Destiny*.
1921 *When We Were Twenty-One*. / *The Mistress of Shenstone* (La castellana de Shenstone). / *Salvage*. / *The Sting of the Lash* (El latigazo). / *Tol'able David*.
1922 *The Seventh Day*. / *Sonny*. / *The Bond Boy*.
1923 *Fury* (Lobos de mar). / *The White Sister* (La hermana blanca).
1924 *Romola*.
1925 *Sackcloth and Scarlet*. / *Any Woman*. / *Stella Dallas* (... y supo ser madre).
1926 *Partners Again*. / *The Winning of Barbara Worth* (Flor de desierto).
1927 *The Magic Flame* (La llama mágica).
1928 *The Woman Disputed* (Una mujer disputada).
1929 *She Goes to War* (Ella se va a la guerra).
1930 *Hell Harbor!* (El puerto infernal). / *The Eyes of the World* (Los ojos del mundo). / *Lightnin'*.
1931 *Merely Mary Ann* (Marianita). / *Over the Hill* (Honrarás a tu madre).
1932 *The Woman in Room 13* (La dama del 13).
1933 *State Fair* (La feria de la vida). / *I Loved You Wednesday* (Te quise ayer).
1934 *Carolina*. / *Marie Galante* (María Galante).
1935 *One More Spring* (Otra primavera). / *Way Down East* (A través de la tormenta).
1936 *The Country Doctor* (Cinco cunitas). / *Ramona*. / *Lloyd's of London* (Lloyd's de Londres).
1937 *Seventh Heaven* (El séptimo cielo).
1938 *In Old Chicago* (Chicago). / *Alexander's Ragtime Band* (La banda de Alexander).
1939 *Jesse James* (Tierra de audaces). / *Stanley and Livingstone* (El explorador perdido).
1940 *Little Old New York* (El despertar de una ciudad). / *Maryland*. / *Chad Hanna*.
1941 *A Yank in the R.A.F.* (Un americano en la R.A.F.). / *Remember the Day* (Recuerda aquel día).

1942 *The Black Swan* (El cisne negro).
1943 *The Song of Bernadette* (La canción de Bernadette).
1944 *Wilson*.
1945 *A Bell for Adano* (La campana de la libertad).
1946 *Margie* (Cómo le conocí).
1947 *Captain From Castile* (El capitán de Castilla).
1948 *Deep Waters*.
1949 *Prince of Foxes* (El príncipe de los zorros).
1950 *Twelve O'Clock High* (Almas en la hoguera). / *The Gunfighter* (El pistolero).
1951 *I'd Climb the Highest Mountain* (Escalaré la montaña más alta). / *David and Bathsheba*.
1952 *Wait Till the Sun Shines Nellie*. / *Gift of the Magi*, episodio de *O. Henry's Full House* (Cuatro páginas de la vida). / *The Snows of Kilimanjaro* (Las nieves del Kilimanjaro).
1953 *King of the Khyber Rifles* (El capitán King).
1955 *Untamed* (Caravana hacia el Sur). / *Love Is a Many Splendored Thing* (La colina del adiós).
1956 *Carousel* (Carrusel).
1957 *The Sun Also Rises* (Fiesta).
1958 *The Bravados* (El vengador sin piedad).
1959 *This Earth Is Mine* (Esta tierra es mía). / *Beloved Infidel* (Días sin vida).
1961 *Tender Is the Night* (Suave es la noche).

KING KONG *(1933)*

El director de cine Carl Denham (Robert Armstrong) y su equipo van a rodar una película a la misteriosa isla de Teschio, al este de Sumatra, pero los nativos raptan a su actriz, Ann Darrow (Fray Wray), para sacrificarla al dios de la isla, el gigantesco gorila King Kong, que se enamora de ella y la protege. Capturado por el capitán John Driscoll (Bruce Cabot), el gorila es llevado a Nueva York, donde se escapa, se encarama en la cima del Empire State Building con su amada y es abatido por una escuadrilla de aviones. En esta fascinante recreación del mito de la bella y la bestia, el productor Merian C. Cooper y el documentalista Ernest B. Schoedsack funden con habilidad algunos elementos de la tradición popular, la aventura, el erotismo, el miedo, y varias referencias explícitas al mundo del espectáculo, en concreto el cine, además de hacer una reflexión sobre los límites del espectáculo. Su gran éxito, al que no es ajeno la habilidad con que es construido y movido el gorila por el especialista Willis O'Brien, origina *El hijo de Kong* (Son of Kong, 1933), rodada por el mismo equipo, y *El gran gorila* (Mighty Joe Young, 1949), de Ernest B. Schoedsack, producciones de los estudios R.K.O. Además de *King Kong* (1976) y *King Kong II* (King Kong Lives, 1986), de John Guillermin, producidas por Dino de Laurentiis.

Directores: *Merian C. Cooper, Ernest B. Schoedsack*. Guionistas: *James Creelman, Ruth Rose*. Fotografía: *Edward Linden, Verne Walker, J. O. Taylor*. Música: *Max Steiner*. Intérpretes: *Robert Armstrong, Fay Wray, Bruce Cabot, Frank Reicher*. Producción: *Merian C. Cooper para R.K.O. Duración: 100'. Estados Unidos.*

KINSKI, Nastassja *(Nastassja Kakszynski. Berlín, República Democrática Alemana, 1961)*

Hija del prolífico actor Klaus Kinski (1926-1991) y de la escritora Ruth Brigitte, a los trece años debuta de la mano de Wim Wenders en un importante papel en *Falso movimiento*. Posteriormente trabaja como modelo, estudia arte dramático en el Actor's Studio de Nueva York y hace algunos papeles en un par de malas películas alemanas. Destaca por su belleza en la coproducción ítalo-española *Así como eres*, de Alberto Lattuada, y la lanza la coproducción franco-británica *Tess*, de Roman Polanski. Su éxito la lleva a trabajar en Estados Unidos durante la primera mitad de los años ochenta en las interesantes *Corazonada*, de Francis Ford Coppola; *El beso de la pantera*, de Paul Schrader, y las irregulares *Un cebo llamado Elizabeth*, de James Toback; *Infielmente tuya*, de Howard Zieff; *El hotel New Hampshire*, de Tony Richardson, y *Los amantes de María*, de Andrei Konchalovsky. Mientras, también rueda en la República Democrática Alemana *Solo por tu amor*, de Wolfgang Petersen, y *Sinfonía de primavera*, de Peter Schamoni; en Francia, *La Lune dans le caniveau*, de Jean-Jacques Beineix, y *Maladie d'amour*, de Jacques Deray; en el Reino Unido, *Revolución*, de Hugh Hudson, y en Italia *In una notte di chiaro di Luna*, de Lina Wertmüller. Su película más famosa de la segunda mitad de los ochenta es la producción alemana rodada en Estados Unidos *París-Texas*, de Wim Wenders. En la década de los noventa desciende su ritmo, y trabaja casi exclusivamente en Italia en películas como *Il sole anche di notte*, de los hermanos Taviani, y *La bionda*, de Sergio Rubini.

1974 *Falsche Bewegung* (Falso movimiento), de Wim Wenders.
1976 *To the Devil a Daughter* (La monja poseída), de Peter Sykes.

1977 *Passion Flower Hotel* (Ninguna virgen en el colegio), de André Farwadji.
1978 *Così come sei* (Así como eres), de Alberto Lattuada.
1979 *Tess*, de Roman Polanski.
1981 *One From the Heart* (Corazonada), de Francis Ford Coppola.
1982 *Cat People* (El beso de la pantera), de Paul Schrader. / *Reifezeugnis* (Sólo por tu amor), de Wolfgang Petersen.
1983 *La lune dans le caniveau*, de Jean-Jacques Beineix. / *Exposed* (Un cebo llamado Elizabeth), de James Toback.
1984 *Unfaithfully Yours* (Infielmente tuya), de Howard Zieff. / *Frühlings Sinfonie* (Sinfonía de primavera), de Peter Schamoni. / *The Hotel New Hampshire* (El hotel New Hampshire), de Tony Richardson.
1985 *Paris-Texas*, de Wim Wenders. / *Maria's Lovers* (Los amantes de María), de Andrei Konchalovsky. / *Revolution* (Revolución), de Hugh Hudson. / *Harem*, de Arthur Joffé.
1987 *Maladie d'amour*, de Jacques Deray.
1989 *In una notte di chiaro di Luna*, de Lina Wertmüller. / *Torrents of Spring* (El año de las lluvias torrenciales), de Jerzy Skolimowski.
1990 *Magdalene*, de Monica Teuber. / *Il segreto*, de Francesco Masselli. / *Il sole anche di notte*, de Paolo y Vittorio Taviani.
1991 *L'alba*, de Francesco Maselli.
1992 *La bionda*, de Sergio Rubini.
1994 *Terminal Velocity* (Velocidad terminal), de Deran Serafian.

KOBAYASHI, Masaki *(Otaru, Hokkaildo, 1916-Japón, 1996)*

Estudia arte oriental y filosofía en la prestigiosa Universidad de Waseda, en 1941 comienza a trabajar en los estudios Shochiku como ayudante de dirección, pero poco después es movilizado para combatir en la II Guerra Mundial y hecho prisionero en Okinawa y no vuelve a su trabajo hasta la posguerra. Debuta como realizador a principios de los años cincuenta con los melodramas sociales *La juventud del hijo* y *Sinceridad;* su primera película importante es *La habitación de gruesas paredes*, que narra auténticas historias de criminales de guerra, pero solo se estrena cuatro años después por miedo a las fuerzas de ocupación norteamericanas, y prosigue con los melodramas sentimentales en *En algún lugar del cielo inmenso* y *Los días magníficos*. Sus primeros éxitos son *Te compraré* y *Río negro*, historias humanistas realizadas con realismo, antes de darse a conocer en Occidente con la monumental *La condición humana*, adaptación de la novela de Jumpei Gomikawa con una duración de casi diez horas, dividida en tres partes para su explotación comercial y realizada a lo largo de unos cuatro años. Gana importantes premios en los festivales de Cannes y Venecia con *Harakiri*, que ataca el código moral de los samurais en el siglo XVI; *Kwaidan*, personal historia de fantasmas, y *Rebelión*, donde de nuevo se enfrenta con la ética de los samurais. Tras *Pavana para un hombre acosado*, adaptación de una novela del escritor católico Shusaku Endo sobre el conflicto generacional planteado durante la guerra de Vietnam, la crisis de los grandes estudios japoneses le hace rodar películas mucho menos interesantes durante la década de los setenta, a pesar de participar en la creación de la productora Yonki No Kai con los directores Keisuke Kinoshita, Akira Kurosawa y Kon Ichikawa. Tienen más interés sus trabajos de los años ochenta, tanto el documental *Los procesos de Tokio*, como la historia de ficción *La mesa vacía*.

1952 *Musoko no seishun* (La juventud del hijo).
1953 *Magokoro* (Sinceridad). / *Kabe atsuki heya* (La habitación de gruesas paredes).
1954 *Mittsu no ai*. / *Kono hiroi sora no dokota ni* (En algún lugar del cielo inmenso).
1955 *Uruwashiki saigetsu* (Los días magníficos).
1956 *Izumi*. / *Anata kaimasu* (Te compraré).
1957 *Kuroi kawa* (Río negro).
1961 *Ningen no joken* (La condición humana).
1962 *Karami-ai* (La herencia). / *Seppuku* (Harakiri).
1964 *Kwaidan* (Kwaidan).
1967 *Joi-uchi* (Rebelión).
1968 *Nippon no seishun* (Pavana para un hombre acosado).
1971 *Inochi bo ni furo* (El albergue del mal).
1975 *Kaseki* (Los fósiles).
1978 *Moyuro aki* (Otoño abrazado).
1983 *Tokyo saiban* (Los procesos de Tokio).
1985 *Shokutaku no nai ei* (La mesa vacía).

KONCHALOVSKY, Andrei *(Andrei Mikhalkov Konchalovski. Moscú, Unión Soviética, 1937)*

Bisnieto del pintor Vasilij Surikov, nieto del pintor Piotr Konchalovski, hijo de los escritores Sergei Mikhalkov y Natalija Konchalovskaja y hermano mayor del actor y director Nikita Mikhalkov, en 1952 se diploma en el Conservatorio de Moscú y en 1956 en el V.G.I.K., la escuela de cine de Moscú. Además de colaborar en los guiones de sus propias películas, lo hace en las de otros directores, entre las que destaca *Andrei Rubliov* (1966), de Andrei Tarkovsky. Sus dos primeros largometrajes tienen un tono muy personal y están rodados en la lejana República de Kirghizistán: *El primer maestro* narra las dificultades que en 1923 encuentra un soldado convertido en maestro para luchar contra el feudalismo todavía vigente, y *La felicidad de Asia* cuenta la historia de una muchacha coja que no quiere casarse con ninguno de sus dos pretendientes; pero, mientras el primero tiene una cierta repercusión internacional, el segundo es prohibido durante varios años. Desconcertado, sin posibilidades de hacer un cine personal, renovador y realista, rueda brillantemente el encargo *Nido de nobles*, una producción de elevado presupuesto para conmemorar el 150 aniversario del nacimiento del escritor Ivan Sergeyevich Turgueniev. En esta misma dirección se mueve *Tío Vania*, cuidada adaptación de la obra teatral homónima de Anton Pavlovich Chéjov, mientras *Romance de enamorados* es una convencional historia de amor con un «héroe positivo» como protagonista. Su proyecto más ambicioso es *Siberiada*, que gana un premio importante en el Festival de Cannes; una producción de casi cuatro horas de duración que narra la evolución de una aldea siberiana a lo largo de tres generaciones, entre 1900 y 1965. Tras un paréntesis de seis años comienza su período norteamericano con *Los amantes de María*, un relato romántico sobre un guión en el que él colabora; *El tren del infierno*, una historia de acción basada en un guión del realizador Akira Kurosawa, y *Ansias de vivir*, un melodrama sobre una violinista que padece una enfermedad incurable; y finaliza cada vez peor con *Shy People*, sobre las relaciones entre dos mujeres en un pantano de Louisiana; *Homer & Eddie*, una aburrida historia de itinerario protagonizada por dos seres marginales, y *Tango y Cash*, violento y convencional policiaco. Regresa a su país para rodar *El círculo del poder*, una anodina coproducción entre Estados Unidos y la Unión Soviética sobre las relaciones entre el proyeccionista personal de Stalin y el dictador, y la desigual comedia *Asia et la poule aux oeufs d'or*, una coproducción entre Francia y Rusia, donde veintisiete años después retoma a los personajes de la prohibida *La felicidad de Asia*.

1965 *Pervyij učitel* (El primer maestro).
1967 *Asino sčast'e* (La felicidad de Asia).
1969 *Dvorjanskoe gnezdo* (Nido de nobles).
1971 *Djadja Vanja* (Tío Vania).
1974 *Romans o vjubênnych* (Romance de enamorados).
1978 *Siberjada* (Siberiada).
1984 *María's Lovers* (Los amantes de María).
1985 *Runaway Train* (El tren del infierno).
1986 *Duet for One* (Ansias de vivir).
1987 *Shy People*.
1988 *Homer & Eddie*.
1989 *Tango and Cash* (Tango y Cash).
1991 *The Inner Circle* (El círculo del poder).
1993 *The Royal Way*.
1994 *Asia et la poule aux oeufs d'or*.
1995 *Lumière y compañía*, un episodio.

KORDA, Alexander (*Sándor Laszlo Korda. Túrkeve, Hungría, 1893-Londres, Reino Unido, 1956*)

Hermano mayor del realizador Zoltan Korda (1895-1961) y del decorador Vincent Korda (1896-1979), estudia periodismo en París y regresa a su país para trabajar en cine. El cierre de fronteras motivado por la Gran Guerra aumenta la producción cinematográfica húngara y en poco tiempo pasa de traducir y escribir intertítulos a trabajar como operador, actor, guionista y finalmente director. Durante la guerra crea la importante productora Corvina Films y unos estudios de rodaje y dirige veinticinco largometrajes, los primeros escritos por él y los últimos por László Vajda, entre los que destaca *Az aranyember*. La crisis originada por el final de la guerra y la dictadura del almirante Horthy le hacen emigrar en 1920 a Austria, donde dirige cuatro películas, y en 1923 a Alemania, donde dirige seis películas, entre las que sobresalen *La moderna Dalila*, *Mayerling*, *La moderna DuBarry*, protagonizadas por Maria Farkas, con quien se casa y que se convierte en Maria Korda. Contratados por First National, llegan a Hollywood en 1927, pero mientras ella se convierte en una estrella de finales del período mudo, él sólo hace diez películas en tres años y sus únicos éxitos son *Los húsares de la reina* y *La vida privada de Helena de Troya*. El sonoro, la crisis de 1929 y su separación le hacen regresar a Europa arruinado. Se instala en Francia y trabaja en los estudios Paramount de Joinville, cerca de París, como director de versiones alemanas de películas francesas, en esos años en que todavía no se había extendido el doblaje, y también realiza dos películas, *Rive gauche* y *Marius,* sobre la obra de Marcel Pagnol, que rueda en versión francesa y alemana. Encargado por Paramount de representar sus intereses en el Reino Unido, se instala en Londres en 1932, pero enseguida se independiza y crea la importante productora London Films, que sienta las bases del moderno cine británico, con la ayuda de sus dos hermanos y del guionista húngaro Lajos Biro. Obtiene grandes éxitos con las biografías *La vida privada de Enrique VIII, The Private Life of Don Juan* y *Rembrandt.* Sin embargo, tiene más importancia su labor de productor de *Catalina de Rusia* (The Rise of Catherine the Great, 1934), de Paul Czinner; *La pimpinela escarlata* (The Scarlet Pimpernel, 1934), de Harold Young; *El fantasma va al Oeste* (The Ghost Goes West, 1935), de René Clair; *La condesa Alexandra* (Knight without Armour, 1937), de Jacques Feyder, y *Las cuatro plumas* (The Four Feathers, 1939), de Zoltán Korda. La II Guerra Mundial le hace volver a emigrar a Estados Unidos, donde dirige y produce *Lady Hamilton,* animando a los norteamericanos a entrar en la guerra, pero solo consigue estrenarla después del ataque japonés a Pearl Harbor; y solo produce *El ladrón de Bagdad* (The Thief of Bagdad, 1940), de varios directores, entre los que destaca Michael Powell, *Lydia* (1941), de Julien Duvivier y *El libro de la selva* (Jungle Book, 1942), de Zoltan Korda. De nuevo en el Reino Unido, dirige y produce *Separación peligrosa* y *Un marido ideal,* adaptación de una obra de Oscar Wilde, mientras se convierte en el más importante productor europeo de la posguerra. Entre 1947 y 1955 produce cuarenta y cinco películas entre las que hay que citar *El ídolo caído* (The Fallen Idol, 1948), *El tercer hombre* (The Third Man, 1949) y *Se interpone un hombre* (The Man Between, 1953), de Carol Reed; *Corazón salvaje* (Gone to Earth, 1950) y *Los cuentos de Hoffman* (The Tales of Hoffman, 1951), de Michael Powell y Emeric Pressburger; y *La barrera del sonido* (The Sound Barrier, 1952) y *El déspota* (Hobson's Choice, 1954), de David Lean.

1914 *A becsapott ujsagiro.* / *Tutyu es totyo.*
1915 *Lyon lea.* / *Atiszti kardbojt.*
1916 *Feher ejszakak or Fedora.* / *Mesek az irogeprol.* / *A nagymama.* / *A ketszivu ferfi.* / *Az egymillio fontos banko.* / *Ciklamen.* / *Vergodo szivek.* / *A neveto szaskia.* / *Magmas miska.*
1917 *Szent Peter esernyoje.* / *A golyakalifa.* / *Magia.* / *Harrison es barrison.*
1918 *Faun.* / *Az aranyember.* / *Mary Ann.* / *Ave Caesar!*
1919 *Feher Rozsa* (La rosa blanca). / *Yamata.* / *Se ki, se he.* / *A 111-es.*
1920 *Seine Majestät das bettelkind.*
1922 *Herren der Meere.* / *Eine Versunkene Welt.* / *Samson und Dalila* (La moderna Dalila).
1923 *Das Unbekannte Morgen.*
1924 *Jedermanns Weib.* / *Tragödie im Hause Habsburg* (Mayerling).
1925 *Der Tanzer Meiner Frau* (El bailarín de la señora).
1926 *Madame wünscht Keine Kinder* (La señora no quiere niños).
1927 *Eine Du Barry Von Heute* (Una moderna Du Barry). / *The Stolen Bride* (Los húsares de la reina). / *The Private Life of Helen of Troy* (La vida privada de Helena de Troya).
1928 *The Yellow Lily* (Sin escudo ni blasón). / *The Night Watch* (El vigía).
1929 *Love and the Devil* (El amor y el diablo). / *The Squall* (La última pena). / *Her Private Life* (Su vida privada).
1930 *Lilies of the Field* (Lirios silvestres). / *Women Everywhere* (Mujeres por doquier). / *The Princess and the Plumber* (La princesa se enamora).
1931 *Rive gauche.* / *Marius.*
1932 *Service for Ladies.*
1933 *Wedding Rehearsal.* / *The Private Life of Henry VIII* (La vida privada de Enrique VIII). / *The Girl From Maxim's* (La dama de chez Maxim's).
1934 *The Private Life of Don Juan* (La aventura de don Juan).
1936 *Rembrandt.*
1941 *That Hamilton Woman* (Lady Hamilton).
1945 *Perfect Strangers* (Separación peligrosa).
1948 *An Ideal Husband* (Un marido ideal).

KUBRICK, Stanley *(Nueva York, Estados Unidos, 1928)*

Finalizados sus estudios secundarios en la Taft High School, a los diecisiete años empieza a trabajar como fotógrafo en la revista gráfica *Look.* A partir de uno de sus reportajes y con su propio dinero rueda el cortometraje *Days of the Fight* (1950), que narra un día en la vida del boxeador

Walter Cartier, al que sigue *Flying Padre* (1951), sobre un sacerdote que en Nuevo México vuela en una avioneta de parroquia en parroquia, en los que se ocupa de la producción, el guión, la fotografía, la dirección y el montaje. Con el dinero ganado con la venta de los cortos a los estudios R.K.O., más un préstamo de diez mil dólares rueda el largometraje independiente *Fear and Desire,* sangriento episodio de una guerra imaginaria, donde vuelve a desempeñar todas las funciones, y más tarde hace de la misma manera el policiaco *El beso del asesino.* Asociado al más tarde también realizador James B. Harris, y con un presupuesto normal, dirige el pretencioso policiaco *Atraco perfecto,* sobre una novela de Lionel White; el hábil alegato antibélico ambientado en Francia durante la Gran Guerra *Senderos de gloria,* escrito en colaboración con el especialista en narraciones policiacas Jim Thompson, y *Lolita,* una adaptación demasiado tímida de la novela homónima de Vladimir Nabokov. Entre medias sustituye a Anthony Mann en la dirección del *peplum* progresista de gran presupuesto *Espartaco,* sobre la novela de Howard Fast y con guión de Dalton Trumbo, y prepara el *western* marino *El rostro impenetrable* (One Eyed Jacks, 1961), que finalmente rueda y firma su protagonista Marlon Brando. Después de *Teléfono rojo, ¿volamos hacia Moscú?,* una farsa demasiado elemental, pero brillante, sobre el peligro de una guerra nuclear, obtiene su primer gran éxito con *2001: Odisea del espacio,* escrita por el especialista Arthur C. Clarke, una compleja historia de ciencia-ficción que revoluciona el género. El desproporcionado éxito de *La naranja mecánica,* consideraciones en torno a la violencia juvenil realizadas a partir de la novela homónima de Anthony Burges, le convierte en uno de los más famosos directores de cine. Desde esta posición realiza *Barry Lyndon,* basada en la novela de William Thackeray, sobre la vida de un ambicioso joven en la Inglaterra del siglo XVIII; *El resplandor,* personal adaptación de una novela de terror del prolífico Stephen King, y tras una pausa de ocho años pone punto final a su encumbrada y artificial carrera con *La chaqueta metálica,* ácida y brillante crítica de la intervención norteamericana en la guerra de Vietnam.

1953 *Fear and Desire.*
1955 *Killer's Kiss* (El beso del asesino).
1956 *The Killing* (Atraco perfecto).
1957 *Paths of Glory* (Senderos de gloria).
1960 *Spartacus* (Espartaco).
1962 *Lolita.*
1963 *Dr. Strangelove or How I Learned to Stop Worrying and Love the Bomb* (Teléfono rojo, ¿volamos hacia Moscú?).
1968 *2001: A Space Odyssey* (2001: Odisea del espacio).
1971 *A Clockwork Orange* (La naranja mecánica).
1975 *Barry Lyndon.*
1980 *The Shining* (El resplandor).
1987 *Full Metal Jacket* (La chaqueta metálica).

KUROSAWA, Akira *(Tokio, 1910-Tokio, Japón, 1998)*

El menor de los siete hijos de un duro oficial de carrera descendiente de samurais y de una sumisa mujer perteneciente a una rica familia de comerciantes, estudia bellas artes, pero el temor de no ser un buen pintor y su interés por el cine en 1936 le llevan a comenzar a trabajar en los estudios Toho, primero como ayudante del director Kairo Yamamoto y luego como guionista de distintos realizadores. Debuta como director en plena II Guerra Mundial con *La leyenda del gran Judo* y *La nueva leyenda del gran Judo,* historias nacionalistas entre las que se sitúa *La más bella,* sobre las obreras de una fábrica. En la segunda mitad de los años cuarenta realiza siete películas, entre las que destacan *No añoro mi juventud* y *Un domingo maravilloso,* sólidos dramas, pero sobre todo *El ángel borracho,* donde enfrenta a un médico alcohólico y a un gángster tuberculoso, primera de su larga serie de colaboraciones con el famoso actor Toshiro Mifune, y *El perro rabioso,* un personal policiaco que da una visión neorrealista del Tokio de la posguerra. Se da a conocer internacionalmente con *Rashomon,* que narra la historia de una violación ocurrida en el siglo XI desde cuatro puntos de vista contrapuestos al ganar el León de Oro de la Mostra de Venecia y el Oscar destinado a la producción extranjera. Este éxito le permite rodar con total libertad *El idiota,* adaptación de Fiodor Dostoievski; *Vivir,* sobre la vida de un funcionario con cáncer; *Los siete samuráis,* larga historia de época con la que vuelve a ganar el León de Oro de la Mostra de Venecia; *El trono de sangre,* adaptación de *Macbeth,* de William Shakespeare; *Los bajos fondos,* versión de la obra homónima de Máximo Gorki; *La fortaleza escondida,* espléndida historia de época; *El mercenario,* historia de samuráis, punto de partida de la violenta trilogía de *spaghetti-westerns* dirigida por Sergio Leone en Italia en la segunda mitad de los años sesenta, y *El infierno del odio,* adaptación de una novela policiaca del especialista norteamericano Ed McBain. Tras el fracaso comercial de *Barbarroja,* producción histórica sobre la vida de un médico, tarda cinco años en rodar *Dodeska-den,* su primer trabajo en color, una dura parábola sobre la otra cara del desarrollo económico, pero es un nuevo fracaso que le conduce a un intento de suicidio en 1971. A pesar del éxito inesperado de *Dersu Uzala,* una espléndida película de aventuras que se sitúa entre sus mejores trabajos y con la que gana el Gran Premio del Festival de Moscú, necesita otros cinco años y la ayuda de sus poderosos admiradores norteamericanos George Lucas y Francis Ford Coppola para hacer *La sombra del guerrero,* gran fresco histórico ambientado en el siglo XVI con el que gana la Palma de Oro del Festival de Cannes. Algo similar le ocurre para poder rodar *Batalla,* adaptación de *El rey Lear,* de William Shakespeare, y *Sueños,* desigual colección de siete episodios oníricos, que se encuentra muy alejada del resto de su cine. Tanto *Rapsodia de agosto* como *Espera un poco,* realizadas con más de ochenta años, dan claras muestras de agotamiento creativo y tienen un interés limitado.

1943 *Sugata sanshiro* (La leyenda del gran Judo).
1944 *Ichiban utsukushiku* (La más bella).
1945 *Zoku sugata sanshiro* (La nueva leyenda del gran Judo). / *Tora-no-o fumu otokotachi* (Los hombres que caminan sobre la cola del tigre).
1946 *Asu o tsukuru hitobito* (Los que construyen el porvenir), un episodio. / *Waga seishun ni kuinashi* (No añoro mi juventud).
1947 *Subarashiki nichiyobi* (Un domingo maravilloso).
1948 *Yoidore tenshi* (El ángel borracho).
1949 *Shizukanaru ketto* (Un duelo silencioso). / *Nora inu* (El perro rabioso).
1950 *Shubun* (Escándalo). / *Rashomon.*
1951 *Hakuchi* (El idiota).
1952 *Ikiru* (Vivir).
1954 *Shichinin no samurai* (Los siete samuráis).
1955 *Ikimonu no kiroku* (Crónica de un ser vivo).
1957 *Kimonosu-jo* (El trono de sangre). / *Donzoko* (Los bajos fondos).
1958 *Kakushi toride no san-akunin* (La fortaleza escondida).
1960 *Warui yatsu hodo yoku nemuru* (Los canallas duermen en paz).
1961 *Yojimbo* (El mercenario).
1962 *Tsubaki Sanjuro* (Sanjuro).
1963 *Tengoku to jigoku* (El infierno del odio).
1965 *Akahige* (Barbarroja).
1970 *Dodes ka-den.*
1975 *Dersu Uzala.*
1980 *Kagemusha* (La sombra del guerrero).
1985 *Ran* (Batalla).
1990 *Konna yume wo mita* (Sueños).
1991 *Hachigatsu no rapusodi* (Rapsodia de agosto).
1992 *Madadayo* (Espera un poco).

KUSTURICA, Emir *(Sarajevo, Bosnia, Yugoslavia, 1955)*

Diplomado en dirección en 1978 en la F.A.M.U., la escuela de cine de Praga, dirige algunos cortometrajes y películas para televisión antes de debutar con éxito en el largo *¿Te acuerdas de Dolly Bell?,* que gana el León de Oro en la Mostra de Venecia, donde describe la vida cotidiana en la comunista Yugoslavia de los años sesenta con tonalidades neorrealistas. Se mueve por el mismo camino en *Papá está en viaje de negocios,* que obtiene la Palma de Oro del Festival de Cannes, crítica en tono de comedia hecha a través del punto de vista de un niño sobre la situación política yugoslava y el enfrentamiento entre los partidarios de Tito y los de Stalin, durante los primeros años cincuenta. Abandona el realismo por el surrealismo y el folclorismo en *El tiempo de los gitanos,* historia de una banda de ladrones de niños entre Yugoslavia e Italia, narrada por el hijo de un soldado y una gitana. Vuelve a cambiar de estilo en *Arizona Dream,* producción francesa rodada en Estados Unidos, donde da una irregular visión, entre la comedia y el surrealismo, de Arizona a través de algunos personajes del sueño norteamericano. De nuevo en los restos de su país hace la coproducción entre Francia, Alemania y Hungría, *Underground,* que, también en un estilo surrealista y folclórico, narra las guerras de Yugoslavia desde la II Guerra Mundial hasta la actual, a través de la vida de dos amigos serbios, con la que vuelve a ganar la Palma de Oro del Festival de Cannes a pesar de su excesiva longitud.

1981 *Sječaš il se Dolly Bell?* (¿Te acuerdas de Dolly Bell?).
1985 *Otac na službenom putu* (Papá está en viaje de negocios).
1989 *Dom ža vesanje* (El tiempo de los gitanos).
1992 *Arizona Dream.*
1995 *Underground.*

1

LA CAVA, Gregory *(Towanda, Pennsylvania, 1892-Malibu Beach, California, Estados Unidos, 1952)*

Hijo de emigrantes calabreses de una de las zonas más pobres de Italia, su habilidad para el dibujo le hace publicar historietas gráficas en la prensa y más tarde se convierte en un pionero de los dibujos animados en colaboración con Walter Lantz. Durante mucho tiempo trabaja en este campo hasta que en 1921 es contratado para dirigir cortometrajes y el mismo año rueda el largo *His Nibs,* una curiosa comedia sobre las convenciones cinematográficas. Realiza su restante producción muda para los estudios Paramount y está formada por dramas y divertidas comedias, como *So's Your Old Man* y *Loco de atar,* protagonizadas por el peculiar cómico W. C. Fields, y *Tómeme el pulso, doctor,* interpretada por Bebe Daniels. Tras algunas producciones donde aprende a moverse en el terreno del cine sonoro, durante la primera mitad de los años treinta se especializa en dramas a lo largo de *La melodía de la vida,* sobre los esfuerzos de un joven doctor para salir del gueto judío e imponerse en los ambientes elegantes de Park Avenue; *The Age of Consent,* sobre los problemas de dos estudiantes en una universidad; *El despertar de una nación,* donde Dios ayuda al presidente de Estados Unidos tras sufrir un accidente, y *Mundos privados,* sobre las relaciones entre el nuevo director de un hospital psiquiátrico y la ayudante del anterior. Sin embargo, su fama nace de las comedias que rueda en la segunda mitad de los años treinta, nacidas del enfrentamiento entre personajes de diferentes clases sociales, tal como ocurre en *Sucedió una vez,* sobre las relaciones entre el viudo director de unos grandes almacenes y su ayudante soltera; *Al servicio de las damas,* que narra cómo un mendigo se convierte en el indispensable mayordomo de una familia de excéntricos millonarios; *Damas del teatro,* sobre una pensión para actrices sin trabajo donde conviven muchachas de diferente extracción social, y *La muchacha de la Quinta Avenida,* sobre las relaciones entre un millonario al borde de la ruina y una chica que encuentra en la calle. Tras la atractiva mezcla de comedia y drama que es *Camino de rosas,* sobre las relaciones entre el cocinero de un restaurante popular y la hija de una desgraciada familia, a principios de los años cuarenta su estrella comienza a declinar. Empieza a tener problemas con el alcohol, resulta conflictivo el rodaje de *Ansia de amor,* un irregular drama sentimental, y desaparece varios días del de *Una dama en apuros,* una comedia sobre las relaciones entre una excéntrica heredera y su psicoanalista. Después de cinco años sin hacer una película y gracias a la presencia de su antiguo productor Pandro S. Berman en los estudios Metro-Goldwyn-Mayer, realiza *Living in a Big May,* un peculiar musical sobre el regreso de los

soldados a la vida civil tras la II Guerra Mundial, protagonizado por Gene Kelly y con coreografía de Stanley Donen, que es un gran fracaso y se convierte en su última producción.
1922 *His Nibs.*
1924 *Restless Wives.* / *The New School Teacher.*
1925 *Womanhandled* (Juguete de las mujeres).
1926 *Let's Get Married* (Casémonos). / *Say It Again.* / *So's Your Old Man.*
1927 *Paradise for Two* (Paraíso para dos). / *Running Wild* (Loco de atar). / *Tell It to Sweeney* (A toda máquina). / *The Gay Defender* (Joaquín Murrieta).
1928 *Feel My Pulse* (Tómeme el pulso, doctor). / *Half a Bride* (Solos en una isla).
1929 *Saturday's Children* (Cariño de hermana). / *Big News.* / *His First Command.*
1931 *Laugh and Get Rich.* / *Smart Woman* (Astucia de mujer).
1932 *Symphony of Six Million* (La melodía de la vida). / *The Age of Consent.* / *The Half Naked Truth* (American Bluff).
1933 *Gabriel Over the White House* (El despertar de una nación). / *Bed of Roses.*
1934 *Gallant Lady* (Toda una mujer). / *The Affairs of Cellini* (El burlador de Florencia). / *What Every Woman Knows.*
1935 *Private Worlds* (Mundos privados). / *She Married Her Boss* (Sucedió una vez).
1936 *My Man Godfrey* (Al servicio de las damas).
1937 *Stage Door* (Damas del teatro).
1939 *Fifth Avenue Girl* (La muchacha de la Quinta Avenida).
1940 *Primrose Path* (Camino de rosas).
1941 *Unfinished Business* (Ansia de amor).
1942 *Lady in a Jam* (Una dama en apuros).
1947 *Living in a Big Way.*

LACOMBE LUCIEN *(1974)*

En 1944, en un pequeño pueblo francés del sudoeste, el campesino de diecisiete años Lacombe Lucien (Pierre Blaise) es rechazado por la Resistencia y se une a la Gestapo, pero conoce al sastre judío Albert Horn (Holger Lowenadler), se enamora de su hija France (Aurore Clément) y mata a un soldado alemán para huir con ella y su abuela (Thérèse Giehse) hacia los Pirineos. A partir de un interesante guión del novelista Patrick Modiano y del propio realizador, Louis Malle hace una de sus más ambiciosas y mejores películas, aunque también se convierte en una de las más debatidas al plantear los límites que separan al traidor del héroe en los conflictivos años de la ocupación alemana de Francia durante la II Guerra Mundial. Llega a la ambigua conclusión de que el compromiso político no siempre está motivado por coherentes elecciones ideológicas, sino que muchas veces está dictado por oscuras motivaciones psicológicas, lo que da a la historia gran parte de su fuerza y atractivo. Dentro del conjunto destacan la minuciosa y emotiva realización de Malle, el trabajo de dos jóvenes debutantes, Aurore Clément, que tiene una breve pero atractiva carrera, y Pierre Blaise, que no vuelve a hacer nada importante en cine, y la excelente fotografía de Tonino Delli Colli.

Director: *Louis Malle*. Guionistas: *Patrick Modiano, Louis Malle*. Fotografía: *Tonino Delli Colli*. Música: *Django Reinhardt*. Intérpretes: *Pierre Blaise, Aurore Clément, Holger Lowenadler, Thérèse Giehse, Jean Bousquet, Jean Rougerie, René Bouloc*. Producción: *Claude Nedjar para N.E.F.-U.P.F. (París), Vides Films (Roma), Hallelujah Film (Munich)*. Color. Duración: *135'. Francia-Italia-República Federal Alemana.*

LADD, Alan *(Alan Walbridge Ladd. Hot Springs, Arkansas, 1913-Palm Springs, California, Estados Unidos, 1964)*

Campeón de natación y corredor de fondo, trabaja como periodista en la radio hasta que a principios de la década de los treinta comienza a aparecer como figurante y hacer pequeños papeles en películas de los estudios Universal. Deben transcurrir diez años y treinta y cinco producciones hasta conseguir su primer papel importante en *Joan of Paris*. En la década de los cuarenta protagoniza interesantes policiacos, *El cuervo, La llave de cristal, La dalia azul*, y curiosas películas de aventuras dirigidas por John Farrow, *China, Revolución en alta mar, Calcuta, Beyond Glory*, pero su actividad disminuye por la II Guerra Mundial. Su mejor momento son los años cuarenta durante los que, a pesar de su baja estatura, se convierte en el héroe de *westerns* atractivos, *Marcado a fuego,* de Rudolph Maté; *Sólo una bandera,* de William Dieterle; *La novia de acero,* de Gordon Douglas; *Raíces profundas,* de George Stevens; *Rebelión en el fuerte,* de Raoul Walsh; *El rebelde orgulloso,* de Michael Curtiz, y *Arizona, prisión federal,* de Delmer Daves; y tradicionales producciones de aventuras, *La legión del desierto, La nave de los condenados, El caballero negro* y *La sirena y el delfín*. Con graves problemas de alcoholismo, se suicida a los cincuenta y un años cuando todavía conserva gran parte de su característica personalidad.

1932 *Once in a Lifetime* (Una vez en la vida), de Russell Mack. / *Tom Brown of Culver*, de William Wyler. / *No Man of Her Own* (Casada por azar), de Wesley Ruggles.
1933 *Saturday Millions*, de Edward Sedgwick.
1936 *Anything Goes* (Todo vale), de Lewis Milestone. / *Pigskin Parade* (Locuras de estudiantes), de David Butler.
1937 *Hold'Em Navy*, de Kurt Neumann. / *All over Town*, de James W. Horne. / *The Last Train From Madrid*, de James P. Hogan. / *Souls at Sea* (Almas en el mar), de Henry Hathaway. / *Born to the West*, de Charles T. Barton.
1938 *Freshman Year*, de Frank McDonald. / *Come on Leathernecks*, de James Cruze. / *The Texans*, de James P. Hogan.
1939 *Rules of the Sea* (Señores del mar), de Frank Lloyd. / *Hitler Beast of Berlin*, de Scott Sherman.
1940 *Cross Country Romance*, de Frank Woodruff. / *Light of Western Stars*, de Lesley Selander. / *Victory*, de John Cromwell. / *In Old Missouri*, de Frank McDonald. / *Gangs of Chicago* (Al amparo de la ley), de Arthur Lubin. / *Brother Rat and a Baby*, de Ray Enright. / *Captain Caution* (Capitán Cautela), de Richard Wallace. / *Those Were the Days*, de J. Theodore Reed. / *Meet the Missus*, de Malcolm St. Clair. / *Her First Romance*, de Edward Dmytryk. / *The Howards of Virginia*, de Frank Lloyd.
1941 *They Met in Bombay*, de Clarence Brown. / *Cadet Girl*, de Ray McCarey. / *Great Guns*, de Monty Banks. / *Citizen Kane* (Ciudadano Kane), de Orson Welles. / *Petticoat Politics*, de Erle C. Kenton. / *The Black Cat* (El gato negro), de Albert S. Rogell. / *Gangs Inc.*, de Phil Rosen.
1942 *Joan of Paris*, de Robert Stevenson. / *This Gun for Hire* (El cuervo), de Frank Tuttle. / *The Glass Key* (La llave de cristal), de Stuart Heisler. / *Lucky Jordan*, de Frank Tuttle. / *Star Spangled Rhythm* (Fantasía de estrellas), de George Marshall.
1943 *China*, de John Farrow.
1944 *And Now Tomorrow* (El porvenir es nuestro), de Irving Pichel.
1945 *Salty O'Rourke* (Fuera de la ley), de Raoul Walsh.
1946 *The Blue Dahlia* (La dalia azul), de George Marshall. / *Duffy's Tavern*, de Hal Walker. / *O.S.S.*, de Irving Pichel. / *Two Years Before the Mast* (Revolución en alta mar), de John Farrow.
1947 *Calcutta* (Calcuta), de John Farrow. / *Wild Harvest*, de Tay Garnett. / *Variety Girl*, de George Marshall.
1948 *Saigon*, de Leslie Fenton. / *Beyond Glory*, de John Farrow. / *Whispering Smith* (Smith, el silencioso), de Leslie Fenton.
1949 *The Great Gatsby* (El gran Gatsby), de Elliott Nugent. / *Chicago Deadline* (El misterio de una desconocida), de Lewis Allen.
1950 *Captain Carey USA*, de Mitchell Leisen.
1951 *Branded* (Marcado a fuego), de Rudolph Maté. / *Appointment With Danger* (Reto a la muerte), de Lewis Allen.
1952 *Red Mountain* (Sólo una bandera), de William Dieterle. / *The Iron Mistress* (La novia de acero), de Gordon Douglas.
1953 *Thunder in the East* (Tempestad en Oriente), de Charles Vidor. / *The Desert Legion* (La legión del desierto), de Joseph Pevney. / *Shane* (Raíces profundas), de George Stevens. / *The Red Beret* (Sesenta segundos de vida), de Terence Young. / *Botany Bay* (La nave de los condenados), de John Farrrow.
1954 *Hell Below Zero* (Infierno bajo cero), de Mark Robson. / *Saskatchewan* (Rebelión en el fuerte), de Raoul Walsh. / *The Black Knight* (El caballero negro), de Tay Garnett. / *Drum Beat* (Tambores de guerra), de Delmer Daves.
1955 *The McConnell Story*, de Gordon Douglas. / *Hell on Frisco Bay*, de Frank Tuttle.
1956 *Santiago*, de Gordon Douglas.
1957 *The Big Land*, de Gordon Douglas, *Boy on a Dolphin* (La sirena y el delfín), de Jean Negulesco.
1958 *The Deep Six*, de Rudolph Maté. / *The Proud Rebel* (El rebelde orgulloso), de Michael Curtiz. / *The Badlanders* (Arizona, prisión federal), de Delmer Daves.
1959 *The Man in the Net*, de Michael Curtiz.
1960 *Guns of the Timberland*, de Robert D. Webb. / *All the Young Men* (El paso de la muerte), de Hall Bartlett. / *On Foot in Hell* (Un pie en el infierno), de James B. Clark.
1961 *Orazi e Curiazi* (La espada del vencedor), de Terence Young.
1962 *13, West Street* (13, calle Oeste), de Phillip Leacock. / *The Carpetbaggers* (Los insaciables), de Edward Dmytryk.

LADRÓN DE BAGDAD, EL *(The Thief of Bagdad, 1940)*

En un logrado tono fantástico, en el brillante Technicolor de la época y con unos excelentes efectos especiales que muchos años después siguen resultando espectaculares, narra cómo el califa Ahmed (John Justin) se enfrenta, con la ayuda del ladronzuelo Abu (Sabú), al visir Jaffar (Conrad Veidt), que le arrebata el trono de Bagdad y le deja ciego para conseguir el amor de la princesa (June Duprez), hija del sultán de Basora (Miles Malleson). Esta obra maestra de los hermanos Korda tiene un complejo proceso de gestación. A principios de 1939 Vincent Korda comienza a construir los grandes decorados y poco después Zoltan Korda empieza a rodar al frente de la segunda unidad, mientras Michael Powell se encarga de la dirección. La II Guerra Mundial y el avance de los nazis obliga a la familia Korda a trasladarse a Estados Unidos e interrumpir la producción, que prosigue en Hollywood tras un largo paréntesis. Mientras tanto se incorporan al equipo de dirección el norteamericano Tim Whelan y el musicólogo y realizador alemán Ludwig Berger, que firman la película con Michael Powell, y también intervienen en las tareas de realización el prestigioso director artístico William Cameron Menzies y el propio productor Alexander Korda. Después de más de año y medio de accidentados rodajes, gana varios Oscars y se convierte en el gran éxito de los hermanos Korda. La famosa narración contenida en el clásico de la literatura árabe *Las mil y una noches* es origen de otras muchas adaptaciones cinematográficas, entre las que pueden citarse la aburrida producción británica dirigida en 1978 por Clive Donner, con Roddy McDowall y Marina Vlady, y la irregular coproducción italo-francesa realizada en 1960 por Arthur Lubin, con Steve Reeves y Georgia Moll, pero sobre todo la excelente versión muda producida y protagonizada por Douglas Fairbanks en 1924 y dirigida por Raoul Walsh.

Directores: *Ludwig Berger, Michael Powell, Tim Whelan.* Guionistas: *Miles Malleson, Lajos Biro.* Música: *Miklos Rozsa.* Fotografía: *Georges Perinal.* Intérpretes: *Conrad Veidt, Sabu, June Duprez, John Justin, Miles Malleson.* Producción: *Alexander Korda para London Films.* Color. Duración: *109'.* Reino Unido.

LADRÓN DE BICICLETAS (Ladri di biciclette, 1948)

Antonio Ricci (Lamberto Maggiorani), uno de los muchos obreros romanos en paro durante la posguerra, encuentra trabajo como pegacarteles, pero con la condición de tener una bicicleta. Una vez que se lo cuenta a su mujer, María (Lianella Carell), no duda en empeñar las sábanas para desempeñar la bicicleta. Al día siguiente, cuando tiene a medio pegar un cartel de Rita Hayworth en *Gilda* (1946), de Charles Vidor, le roban la bicicleta en el centro de Roma. Tras pasarse media película intentando recuperarla con la ayuda de su hijo Bruno (Enzo Stajola), Antonio Ricci decide robar una bicicleta en los alrededores de un campo de fútbol, pero no tardan en atraparle y pegarle ante su hijo, que le defiende como puede. El dueño de la bicicleta se apiada de él y no le denuncia, mientras el hijo da la mano a su padre y se pierden entre la multitud que sale de ver el partido. Nacida como consecuencia de la prohibición de las bicicletas durante la etapa de la ocupación alemana, su origen directo es la novela homónima de Luigi Bartolini, convertida en guión por un amplio grupo de escritores, que permte al realizador Vittorio de Sica dar una visión documental de Roma en la más inmediata posguerra: los barrios obreros, la casa de la vidente, los comedores gratuitos, el prostíbulo, el mercado negro de bicicletas. Mientras en Italia pasa bastante desapercibida por reflejar la realidad cotidiana que se pretende olvidar, gana el Oscar destinado a la producción extranjera y tiene una gran influencia en diferentes directores.

Director: *Vittorio de Sica.* Guionistas: *Oreste Biancoli, Cesare Zavattini, Suso Cecchi d'Amico, Adolfo Franci, Gherardo Gherardi, Vittorio de Sica, Gerardo Guerrieri.* Fotografía: *Carlo Montuori.* Música: *Alessandro Cicognini.* Intérpretes: *Lamberto Maggionari, Enzo Stajola, Lianella Carell, Elena Altieri.* Producción: *Vittorio de Sica para P.D.S.* Duración: *85'. Italia.*

LADRÓN EN LA ALCOBA, UN (Trouble in Paradise, 1932)

A partir de una obra de teatro del húngaro Laszlo Aladar convertida en un perfecto guión por Samson Raphaelson y Grover Jones, el alemán Ernst Lubitsch produce y dirige una de sus más brillantes comedias de principios del sonoro, donde ya luce en todo su esplendor el mítico «toque Lubitsch» y aparece su obsesión por los juegos con las puertas. Narra cómo se conocen en Venecia el ladrón de guante blanco Gaston Monescu (Herbert Marshall) y la ladrona Lily (Miriam Hopkins) y acuerdan formar pareja en el trabajo y en el amor. Sus problemas comienzan en París cuando deciden robar a la rica perfumista Mariette Colet (Kay Francis); consiguen que les contrate como secretario y mecanógrafa, pero él se enamora y ella se pone celosa. Describe un mundo artificial e irreal, basado en ilusiones y mentiras, donde lo único verdadero parece ser el amor, aunque también es una ilusión que no dura mucho.

Director: *Ernst Lubitsch*. Guionistas: *Samson Raphaelson, Grover Jones*. Fotografía: *Victor Milner*. Música: *W. Frank Harling*. Intérpretes: *Herbert Marshall, Miriam Hopkins, Kay Francis, Edward Everett Horton, Charles Ruggles, C. Aubrey Smith, Robert Greig*. Producción: *Ernst Lubitsch para Paramount*. Duración: 86'. Estados Unidos.

LADY HAMILTON *(That Hamilton Woman, 1941)*

Durante su exilio en Hollywood, provocado por la II Guerra Mundial, el productor y director Alexander Korda recibe el encargo del político británico Winston Churchill de hacer, en la línea de sus grandes producciones sobre la vida privada de grandes personajes históricos, una película que anime a los norteamericanos a entrar en la guerra. En seguida se le ocurre contrastar la vida privada de lord Nelson por su carrera como héroe naval y dar el mensaje aprovechando la batalla de Trafalgar, donde los ingleses vencen a un Napoleón que se ha apoderado de media Europa. Narrada a lo largo de un *flashback* por su amante, cuenta cómo Emma Lyon (Vivien Leigh), perteneciente a una modesta familia, gracias a su belleza se casa en 1791 con William Hamilton (Alan Mowbray), embajador del Reino Unido en Nápoles, pero en cuanto conoce al simple oficial de marina Horatio Nelson (Laurence Olivier) se hace su amante y le ayuda en todas sus hazañas. Tras la heroica muerte de Nelson en Trafalgar y la más vulgar de Hamilton, ella es encarcelada por deudas y muere en Calais en 1815. Salvados los escollos de la censura, a la que molestan tanto los amores adúlteros como la invitación para que Estados Unidos participe en la II Guerra Mundial, finalmente se estrena poco después del ataque sorpresa japonés a la base norteamericana de Pearl Harbour. Destaca el brillante trabajo del matrimonio formado por Laurence Olivier y Vivien Leigh.

Director: *Alexander Korda*. Guionistas: *Walter Reisch, R. C. Sheriff*. Fotografía: *Rudolph Maté*. Música: *Miklos Rozsa*. Intérpretes: *Laurence Olivier, Vivien Leigh, Gladys Cooper, Alan Mowbray, Sara Allgood*. Producción: *Alexander Korda para London Films*. Duración: 128'. Estados Unidos.

LAKE, Veronica *(Constance Ockleman. Nueva York, 1919-Burlington, Vermont, Estados Unidos, 1973)*

Estudia en Florida, Montreal y Miami, a los diecinueve años abandona la carrera de medicina y comienza a asistir a cursos de arte dramático en la Bliss Hayden School of Acting de Hollywood. Descubierta por un cazatalentos de los estudios Paramount, en 1939 debuta en pequeños papeles. Protagoniza la excelente comedia *Los viajes de Sullivan,* de Preston Sturges, los atractivos policiacos *El cuervo,* de Frank Tuttle, y *La llave de cristal,* de Stuart Heisler, y durante los años cuarenta pone de moda su larga melena rubia que cubre la parte derecha de su rostro. Entre sus restantes películas sobresalen la comedia *Me casé con una bruja,* de René Clair; el policiaco *La dalia azul,* de George Marshall, y las historias de aventuras *La mujer de fuego* y *Furia del trópico,* de André de Toth, que es el segundo de sus cinco maridos. Al finalizar la década su carrera termina; tiene dificultades económicas en los sesenta, en 1966 la redescubren trabajando en un bar como camarera y hace un par de películas más, al tiempo que publica su autobiografía, *Veronica* (1969).

1939 *All Women Have Secrets*, de Kurt Neumann. / *Sorority House*, de John Farrow.
1940 *Forty Little Mothers*, de Busby Berkeley. / *Young as You Feel*, de Malcolm St. Clair.
1941 *I Wanted Wings* (Vuelo de águilas), de Mitchell Leisen. / *Hold Back the Dawn* (Si no amaneciera), de Mitchell Leisen. / *Sullivan's Travels* (Los viajes de Sullivan), de Preston Sturges.
1942 *This Gun for Hire* (El cuervo), de Frank Tuttle. / *The Glass Key* (La llave de cristal), de Stuart Heisler. / *Star Spangled Rhythm* (Fantasía de estrellas), de George Marshall. / *I Married a Witch* (Me casé con una bruja), de René Clair.
1943 *So Proudly We Hail* (Sangre en Filipinas), de Mark Sandrich.
1944 *The Hour Before the Dawn*, de Frank Tuttle.
1945 *Miss Susie Slagle's* (Pensión histórica), de John Berry. / *Out of This World*, de Hal Walker. / *Bring on the Girls*, de Sidney Lanfield. / *Duffy's Tavern*, de Hal Walker. / *Hold That Blonde* (Detengan a esa rubia), de George Marshall.
1946 *The Blue Dahlia* (La dalia azul), de George Marshall.
1947 *Variety Girl*, de George Marshall. / *Ramrod* (La mujer de fuego), de André de Toth.

1948 *Saigon*, de Leslie Fenton. / *The Sainted Sisters*, de William D. Russell. / *Isn't It Romantic?*, de Norman Z. McLeod.
1949 *Slattery's Hurricane* (Furia del trópico), de André de Toth.
1951 *Stronghold* (Misión peligrosa), de Steve Sekely.
1966 *Footsteps in the Snow*, de Martin Green.
1970 *Flesh Feast*, de Brad F. Grinter.

LAMARR, Hedy *(Hedwig Eva Maria Kiesler. Viena, Austria, 1913)*

Hija de un poderoso banquero, estudia arte dramático con el famoso director de teatro Max Reinhardt y debuta como actriz, tanto en teatro como en cine, a principios de los años treinta. Tiene un gran éxito con *Éxtasis*, de Gustav Machaty, que rueda con el seudónimo de Eddy Kiesler, tanto por su calidad como por el erotismo de la historia y sus desnudos integrales, insólitos en la época. Su primer marido, el poderoso comerciante de armas Fritz Mandl, intenta comprar y destruir todas las copias y el negativo, pero no lo consigue. Huyendo de los nazis llega primero a Londres y luego a Hollywood, donde comienza a rodar *Esta mujer es mía* con Josef von Sternberg, pero tras intervenir Clarence Brown, la termina y firma dos años después W. S. van Dyke. Mientras tanto el éxito alcanzado con *Argel*, que rueda para el productor independiente Walter Wanger, le hace firmar un contrato de siete años en exclusiva con los estudios Metro-Goldwyn-Mayer, donde protagoniza sus películas más conocidas: *Fruto dorado,* de Jack Conway; *Cenizas de amor*, de King Vidor, y *La vida es así*, de Victor Fleming. Sin embargo, sus mejores interpretaciones y su gran belleza brillan en especial en las producciones de otros estudios: *Noche en el alma,* de Jacques Tourneur; *La extraña mujer,* de Edgar G. Ulmer, y *Pasión que redime,* de Robert Stevenson, que también produce para la marca Mars Film. Tras el gran éxito de *Sansón y Dalila,* una de las más características historias bíblicas de Cecil B. de Mille, su carrera comienza a declinar por falta de papeles adecuados a su temperamento y su gran belleza.

1930 *Geld auf der Strasse*, de Georg Jacoby.
1931 *Die Blumenfrau von Lindenau*, de Georg Jacoby. / *Wir brauchen kein Geld*, de Karl Boese. / *Die Koffer des Herrn O. F.* (Las maletas del señor O. F.), de Alexis Granowsky.
1933 *Extase* (Éxtasis), de Gustav Machaty.
1938 *Algiers* (Argel), de John Cromwell.
1939 *Lady of the Tropics*, de Jack Conway. / *I Take This Woman* (Esta mujer es mía), de W. S. van Dyke.
1940 *Boom Town* (Fruto dorado), de Jack Conway. / *Comrade X* (Camarada X), de King Vidor.
1941 *Come Live With Me* (No puedo vivir sin ti), de Clarence Brown. / *H. M. Pulham Esq.* (Cenizas de amor), de King Vidor. / *Ziegfeld Girl*, de Robert Z. Leonard.
1942 *Tortilla Flat* (La vida es así), de Victor Fleming. / *White Cargo*, de Richard Thorpe. / *Crossroads*, de Jack Conway.
1943 *The Heavenly Body* (Mundo celestial), de Alexander Hall.
1944 *The Conspirators*, de Jean Negulesco. / *Experiment Perilous* (Noche en el alma), de Jacques Tourneur.
1945 *Her Highness and the Bellboy*, de Richard Thorpe.
1946 *The Strange Woman* (La extraña mujer), de Edgar G. Ulmer.
1947 *Dishonored Lady* (Pasión que redime), de Robert Stevenson.
1948 *Let's Live a Little*, de Richard Wallace.
1949 *Samson and Delilah* (Sansón y Dalila), de Cecil B. de Mille.
1950 *A Lady Without Passport*, de Joseph H. Lewis. / *Cooper Canyon* (El desfiladero del cobre), de John Farrow.
1951 *My Favorite Spy* (Mi espía favorita), de Norman Z. McLeod.
1953 *Love of Three Queens* (La manzana de la discordia), de Marc Allégret. / *Femmina* (La caravana de la ilusión), de Marc Allégret.
1957 *The Story of Mankind* (La historia de la humanidad), de Irwin Allen.
1958 *The Female Animal*, de Harry Keller.

LAMERICA *(1994)*

Finalizada la dura etapa comunista, en 1991 llega a Albania una pareja de italianos para, aprovechándose de las ayudas a la exportación, crear una falsa empresa mixta para fabricar calzado, gracias a la colaboración de un funcionario corrupto y del asustadizo viejecito Spiro (Carmelo di Mazzarelli), al que nombran presidente de la falsa entidad. Tras regresar Fiore (Michele Placido) a Italia, Gino (Enrico Lo Verso) parte en busca del ahora imprescindible Spiro, que ha desaparecido en cuanto ha tenido dinero en el bolsillo, pero una vez que le encuentra, al llegar a un cierto punto del camino, la relación entre ambos se invierte. Le roban las cuatro ruedas de su automóvil, queda a merced de Spiro y, mientras nace una peculiar relación entre ellos, Gino se ve obligado a unirse a los cientos, miles, de albaneses que tratan de llegar a Italia para disfrutar de ese paraíso que tan bien conocen por la televisión, al igual que durante el siglo pasado los italianos partían hacia «Lamerica» para hacer fortuna. Tomando como ejemplo el mejor cine de su maestro, Roberto Rossellini, la mezcla de documental y ficción, Gianni Amelio hace una compleja y bien resuelta película con estructura de itinerario, donde la visión sobre el camino de ida es muy distinta de la que se tiene sobre el de vuelta, al tiempo que se desarrolla una relación entre dos personajes muy diferentes, pero igualados por las circunstancias. Muy similar en cuanto a tratamiento e intenciones a *Niños robados* (Il ladro di bambini, 1991), también de Amelio, en aquella resulta mejor la relación entre el *carabiniere* y la niña, pero en esta tiene más fuerza el aspecto documental, ese país profundamente atrasado, lleno de nidos de ametralladora abandonados, que sueña con Italia.

Director: *Gianni Amelio*. Guionistas: *Gianni Amelio, Andrea Porporati, Alessandro Sermoneta*. Fotografía: *Luca Bigazzi*. Música: *Francesco Piersanti*. Intérpretes: *Enrico Lo Verso, Carmelo di Mazzarelli, Michele Placido, Piro Mikani, Elida Janushi*. Producción: *Enzo Porcelli para Cecchi Gori Group (Roma), Tiger Cinematografica (Roma), Arena Films (París), Canal Plus (París)*. Color. Duración: *125'*. Italia-Francia.

LANCASTER, Burt (*Burton Stephen Lancaster. Nueva York, 1913-Los Ángeles, California, Estados Unidos, 1994*)

Perteneciente a una humilde familia, su buena musculatura le hace convertirse en acróbata profesional y durante la década de los treinta recorre Estados Unidos con el número Lang & Cravat, que monta con su amigo Nick Cravat, con quien más tarde protagoniza las conocidas películas de aventuras *El halcón y la flecha* y *El temible burlón*. Después de sufrir un accidente, se incorpora a los servicios especiales del ejército y durante la II Guerra Mundial organiza espectáculos para los soldados en distintos frentes. Descubierto por el productor Mark Hellinger cuando actúa en una obra de teatro en Broadway, debuta como actor de cine en el papel protagonista de *Forajidos*, de Robert Siodmak, y en la segunda mitad de los años cuarenta vuelve a protagonizar las películas policiacas *Fuerza bruta, Sangre en las manos, El abrazo de la muerte* y *Soga de arena*. El mejor momento de su dilatada carrera —setenta y cinco películas en cuarenta y cinco años— es la década de los cincuenta. Interviene en los *westerns* personales *Apache, Vera Cruz, Duelo de titanes* y *Los que no perdonan;* la comedia *El caso 880;* los dramas, *Vuelve, pequeña Sheba, De aquí a la eternidad, La rosa tatuada* y *Mesas separadas;* debuta como mediocre realizador con *El hombre de Kentucky* y gana un Oscar por *El fuego y la palabra*. En 1947 funda, con la ayuda de su agente Harold Hecht, la Hecht-Lancaster Company con la que produce algunas de estas películas y otras muchas, como *Marty* (1955), de Delbert Mann. A principios de los años sesenta rueda en Italia con Luchino Visconti la famosa *El Gatopardo* y durante el resto de la década destaca su trabajo con John Frankenheimer en *El hombre de Alcatraz, Siete días de mayo, El tren* y *Los temerarios del aire*, y con Richard Brooks en *Los profesionales*. Aunque trabaja con regularidad durante la década de los setenta y los ochenta, solo pueden destacarse las películas que rueda en Italia: *Confidencias*, de Luchino Visconti; *1900*, de Bernardo Bertolucci; *La piel*, de Liliana Cavani; y las producciones norteamericanas *La venganza de Ulzana*, de Robert Aldrich; *Buffalo Bill*, de Robert Altman, y *Atlantic City*, de Louis Malle.

Como director
1955 *The Kentuckian* (El hombre de Kentucky).
1973 *The Midnight Man* (El hombre de medianoche).
Como actor
1946 *The Killers* (Forajidos), de Robert Siodmak.
1947 *Desert Fury*, de Lewis Allen. / *Variety Girl*, de George Marshall. / *I Walk Alone* (Al volver a la vida), de Byron Haskin. / *Brute Force* (Fuerza bruta), de Jules Dassin.
1948 *All My Sons*, de Irving Reis. / *Sorry, Wrong Number* (Voces de muerte), de Anatole Litvak. / *Kiss the Blood off My Hands* (Sangre en las manos), de Norman Foster.
1949 *Criss Cross* (El abrazo de la muerte), de Robert Siodmak. / *Rope of Sand* (Soga de arena), de William Dieterle.
1950 *The Flame and the Arrow* (El halcón y la flecha), de Jacques Tourneur. / *Mister 880* (El caso 880), de Edmund Goulding.

LANDA, Alfredo

1951 *Vengeance Valley* (El valle de la venganza), de Richard Thorpe. / *Jim Thorpe All American*, de Michael Curtiz. / *Ten Tall Men* (Diez valientes), de Willis Goldbeck.
1952 *The Crimson Pirate* (El temible burlón), de Robert Siodmak. / *Come Back, Little Sheba* (Vuelve, pequeña Sheba), de Daniel Mann. / *South Sea Woman* (Huracán de emociones), de Arthur Lubin. / *Three Sailors and a Girl*, de Roy del Ruth.
1953 *From Here to Eternity* (De aquí a la eternidad), de Fred Zinnemann. / *His Majesty O'Keefe* (Su majestad de los mares del Sur), de Byron Haskin.
1954 *Apache*, de Robert Aldrich. / *Vera Cruz*, de Robert Aldrich.
1955 *The Kentuckian* (El hombre de Kentucky), de Burt Lancaster. / *The Rose Tattoo* (La rosa tatuada), de Daniel Mann.
1956 *Trapeze* (Trapecio), de Carol Reed. / *The Rainmaker* (El farsante), de Joseph Anthony. / *Gunfight at the O.K. Corral* (Duelo de titanes), de John Sturges.
1957 *Sweet Smell of Success* (Chantaje en Broadway), de Alexander Mackendrick. / *Separate Tables* (Mesas separadas), de Daniel Mann. / *The Devil's Disciple* (El discípulo del diablo), de Guy Hamilton.
1958 *Run Silent, Run Deep* (Torpedo), de Robert Wise.
1960 *The Unforgiven* (Los que no perdonan), de John Huston. / *Elmer Gantry* (El fuego y la palabra), de Richard Brooks.
1961 *The Young Savages* (Los jóvenes salvajes), de John Frankenheimer. / *Judgement at Nuremberg* (¿Vencedores o vencidos?), de Stanley Kramer.
1962 *A Child Is Waiting* (Ángeles sin paraíso), de John Cassavetes. / *Birdman of Alcatraz* (El hombre de Alcatraz), de John Frankenheimer.
1963 *Il Gattopardo* (El Gatopardo), de Luchino Visconti. / *The List of Adrian Messenger* (El último de la lista), de John Huston.
1964 *Seven Days in May* (Siete días de mayo), de John Frankenheimer. / *The Train* (El tren), de John Frankenheimer.
1965 *The Hallelujah Trail* (La batalla de las colinas del whisky), de John Sturges.
1966 *The Professionals* (Los profesionales), de Richard Brooks.
1968 *The Scalphunters* (Camino de la venganza), de Sydney Pollack. / *The Swimmer* (El nadador), de Frank Perry.
1969 *Castle Keep* (La fortaleza), de Sydney Pollack. / *The Gypsy Moths* (Los temerarios del aire), de John Frankenheimer.
1970 *Airport* (Aeropuerto), de George Seaton. / *Valdez Is Coming* (¡Que viene Valdez!), de Edwin Sherin.
1971 *The Lawman* (En nombre de la ley), de Michael Winner.
1972 *Ulzana's Raid* (La venganza de Ulzana), de Robert Aldrich.
1973 *Scorpio*, de Michael Winner. / *The Midnight Man* (El hombre de medianoche), de Roland Kibbee y Burt Lancaster. / *Executive Action* (Acción ejecutiva), de David Miller.
1974 *Gruppo di famiglia in un interno* (Confidencias), de Luchino Visconti.
1976 *Novecento* (1900), de Bernardo Bertolucci. / *Buffalo Bill and the Indians* (Buffalo Bill), de Robert Altman. / *Victory at Entebbe* (Victoria en Entebbe), de Marvin Chomsky.
1977 *The Cassandra Crossing* (El puente de Cassandra), de George Pan Cosmatos. / *The Island of Dr. Moreau* (La isla del doctor Moreau), de Don Taylor. / *Twilight's Last Gleaming* (Alerta: misiles), de Robert Aldrich.
1978 *Go Tell the Spartans* (La patrulla), de Ted Post.
1979 *Zulu Dawn* (Amanecer zulú), de Douglas Hickox. / *Cattle Annie and Little Britches* (La leyenda de Bill Doolin), de Lamont Johnson.
1980 *Atlantic City*, de Louis Malle.
1981 *La pelle* (La piel), de Liliana Cavani.
1983 *Local Hero* (Un tipo genial), de Bill Forsyth. / *The Osterman Weekend* (Clave: Omega), de Sam Peckinpah.
1985 *Little Treasure*, de Alan Sharp.
1987 *Tough Guys* (Otra ciudad, otra ley), de Jeff Kanew. / *Il giorno prima*, de Giuliano Montaldo.
1988 *Rocket Gibraltar*, de Daniel Petrie.
1989 *Field of Dreams* (Campo de sueños), de Phil Alden Robinson.

LANDA, Alfredo *(Pamplona, España, 1933)*

Hijo de un capitán de la Guardia Civil, a los doce años se va a vivir a San Sebastián con su familia. Empieza a estudiar derecho, pero su interés por el teatro le hace colaborar en la fundación del Teatro Español Universitario, donde representa más de cuarenta obras. En 1958 se instala en Madrid, comienza a hacer doblajes, tres años después debuta como actor profesional en teatro y poco después hace un importante papel en la eficaz comedia *Atraco a las tres*. Su amplia filmografía, integrada por más de ciento diez películas rodadas en menos de cuarenta años, está dividida en tres etapas claramente diferenciadas. La primera consta de unas cuarenta películas, se extiende por los años sesenta, alterna con una amplia actividad teatral, y está basada en personajes cómicos cada vez de mayor amplitud, como los de *El verdugo*, *Ninette y un señor de Murcia* y *No somos de piedra*. La segunda está marcada por el gran éxito de *No desearás al vecino del quinto*, consta de treinta y cinco «comedias a la española» y comienza a principios de los años setenta para finalizar con la dictadura del general Franco. La tercera etapa empieza con *El puente*, de J. A. Bardem, es la mejor de su filmografía, consta de unas cuarenta películas y se caracteriza por sus trabajos con José Luis Garci en *Las verdes praderas, El crack, El crack II* y *Canción de cuna;* Antonio Mercero en *La próxima estación;* Luis G. Berlanga en *La vaquilla;* Basilio M. Patino en *Los paraísos perdidos;* José Luis Borau en *Tata mía,* y José Luis Cuerda en *El bosque animado*. Entre sus mejores papeles destacan el del fiel campesino Paco en *Los santos inocentes,* de Mario Camus, por el que gana el premio de interpretación del Festival de Cannes; el de Sancho Panza en la serie de televisión *Don Quijote* (1991), de Manuel Gutiérrez Aragón, y el del médico Antón en *El rey del río,* también de Gutiérrez Aragón.

1957 *El puente de la paz*, de Rafael J. Salvia.
1962 *Atraco a las tres*, de José María Forqué.
1963 *La verbena de la Paloma*, de José Luis Sáenz de Heredia. / *El verdugo*, de Luis G. Berlanga. / *Se vive una sola vez*, de Arturo González.
1964 *La niña de luto*, de Manuel Summers. / *Casi un caballero*, de José María Forqué. / *Llegaron los marcianos*, de Castellano y Pipolo. / *Nobleza baturra*, de Juan de Orduña.
1965 *Historias de la televisión*, de José Luis Sáenz de Heredia. / *Whisky y vodka*, de Fernando Palacios. / *Ninette y un señor de Murcia*, de Fernando Fernán-Gómez. / *La ciudad no es para mí*, de Pedro Lazaga. / *Hoy como ayer*, de Mariano Ozores. / *Nuevo en esta plaza*, de Pedro Lazaga. / *De cuerpo presente*, de Antonio Eceiza.
1966 *El arte de no casarse*, de Jorge Feliú y J. M. Font Espina. / *El arte de casarse*, de Jorge Feliú y J. M. Font Espina. / *Las viudas*, episodio de José María Forqué. / *Amor a la española*, de Fernando Merino. / *Los guardiamarinas*, de Pedro Lazaga. / *¿Qué hacemos con los hijos?*, de Pedro Lazaga. / *Las cicatrices*, de Pedro Lazaga. / *Despedida de casada*, de Juan de Orduña.
1967 *Crónica de nueve meses*, de Mariano Ozores. / *Pero ¿en qué país vivimos?*, de José Luis Sáenz de Heredia. / *Las que tienen que servir*, de José María Forqué. / *Novios 68*, de Pedro Lazaga. / *Cuarenta grados a la sombra*, de Mariano Ozores. / *Un diablo bajo la almohada*, de José María Forqué. / *Los subdesarrollados*, de Fernando Merino. / *Los que tocan el piano*, de Javier Aguirre. / *No somos de piedra*, de Manuel Summers.
1968 *La dinamita está servida*, de Fernando Merino. / *Una vez al año ser hippy no hace daño*, de Javier Aguirre. / *¿Por qué te engaña tu marido?*, de Manuel Summers.
1969 *No disponible*, de Pedro Mario Herrero. / *Las leandras*, de Eugenio Martín. / *Cuatro noches de boda*, de Mariano Ozores. / *Soltera y madre en la vida*, de Javier Aguirre. / *El alma se serena*, de José Luis Sáenz de Heredia.
1970 *La decente*, de José Luis Sáenz de Heredia. / *Cateto a babor*, de Ramón Fernández. / *No desearás al vecino del quinto*, de Ramón Fernández. / *El diablo cojuelo*, de Ramón Fernández. / *Vente a Alemania, Pepe*, de Pedro Lazaga. / *Si estás muerto, ¿por qué bailas?*, de Pedro Mario Herrero. / *Préstame quince días*, de Fernando Merino.
1971 *Aunque la hormona se vista de seda*, de Vicente Escrivá. / *No desearás la mujer del vecino*, de Fernando Merino. / *Los días de Cabirio*, de Fernando Merino. / *Vente a ligar al Oeste*, de Pedro Lazaga. / *Simón, contamos contigo*, de Ramón Fernández. / *No firmes más letras, cielo*, de Pedro Lazaga. / *Los novios de mi mujer*, de Ramón Fernández.
1972 *Guapo heredero busca esposa*, de Luis M. Delgado. / *París bien vale una moza*, de Pedro Lazaga. / *Pisito de solteras*, de Fernando Merino.
1973 *Las estrellas están verdes*, de Pedro Lazaga. / *Manolo la nuit*, de Mariano Ozores. / *Jenaro, el de los catorce*, de Mariano Ozores. / *Un curita cañón*, de Luis M. Delgado. / *El reprimido*, de Mariano Ozores.
1974 *Dormir y ligar todo es empezar*, de Mariano Ozores. / *Las obsesiones de Armando*, de Luis M. Delgado. / *Fin de semana al desnudo*, de Mariano Ozores. / *Celedonio y yo somos así*, de Mariano Ozores. / *Cuando el cuerno suena*, de Luis M. Delgado.
1975 *Solo ante el streaking*, de José Luis Sáenz de Heredia. / *Los pecados de una chica casi decente*, de Mariano Ozores. / *Tío, ¿de verdad vienen de París?*, de Mariano Ozores. / *Esclava te doy*, de Eugenio Martín. / *Mayordomo para todo*, de Mariano Ozores.
1976 *Alcalde por elección*, de Mariano Ozores. / *El puente*, de J. A. Bardem.
1977 *Borrasca*, de Miguel Ángel Rivas.
1978 *Historia de S.*, de Francisco Lara Polop. / *El rediezcubrimiento de México*, de Fernando Cortés.
1979 *Las verdes praderas*, de José Luis Garci. / *Paco el seguro*, de Didier Haudepin. / *El alcalde y la política*, de Luis M. Delgado. / *Polvos mágicos*, de José Ramón Larraz.
1980 *El canto de la cigarra*, de José María Forqué. / *Préstame a tu mujer*, de Jesús Yagüe. / *El poderoso influjo de la Luna*, de Antonio del Real. / *Forja de amigos*, de Tito Davison.

1981 *El crack*, de José Luis Garci. / *Profesor Eroticus*, de Luis M. Delgado. / *La próxima estación*, de Antonio Mercero.
1982 *Piernas cruzadas*, de Rafael Villaseñor. / *Un rolls para Hipólito*, de Julio Busch.
1983 *El crack II*, de José Luis Garci. / *Las autonosuyas*, de Rafael Gil. / *Una rosa al viento*, de Miguel Iglesias.
1984 *Los santos inocentes*, de Mario Camus.
1985 *Los paraísos perdidos*, de Basilio M. Patino. / *La vaquilla*, de Luis G. Berlanga.
1986 *Bandera negra*, de Pedro Olea. / *Tata mía*, de José Luis Borau.
1987 *Biba la banda*, de Ricardo Palacios. / *El pecador impecable*, de Augusto M. Torres. / *El bosque animado*, de José Luis Cuerda.
1988 *Sinatra*, de Francesc Betriu.
1989 *El río que nos lleva*, de Antonio del Real. / *Bazar Viena*, de Amalio Cuevas.
1991 *Marcelino, pan y vino*, de Luigi Comencini.
1992 *Aquí, quien no corre, vuela*, de Ramón Fernández. / *La marrana*, de José Luis Cuerda.
1994 *Canción de cuna*, de José Luis Garci. / *Por fin solos*, de Antonio del Real. / *El rey del río*, de Manuel Gutiérrez Aragón.

LANG, Fritz *(Viena, Austria, 1890-Los Ángeles, California, Estados Unidos, 1976)*

Hijo de un famoso arquitecto, interrumpe sus estudios de arquitectura para viajar hasta el Extremo Oriente y luego instalarse en París ganándose la vida con sus dibujos. Herido cuatro veces en la Gran Guerra, en 1916, durante uno de los períodos de hospitalización comienza a escribir guiones para la productora U.F.A., en general, y para el realizador Joe May, en particular. El buen recibimiento de su primera película como director le hace seguir por el mismo camino y conseguir su primer éxito con *Las arañas*, integrada por dos partes, *El lago de oro* (Der Goldene See) y *El barco de los brillantes* (Das Brillantenschiff), donde ya está presente su interés por los seriales y las aventuras policiacas fantásticas. Se da a conocer internacionalmente con *Las tres luces,* expresionista historia de amor y muerte, y sobre guiones suyos y de su mujer, Thea von Harbou, rueda *El doctor Mabuse,* un policiaco fantástico, donde crea un personaje de larga trascendencia; *Los nibelungos,* sobre las sagas nórdicas; *Metrópolis,* la famosa historia de ciencia-ficción que enfrenta a amos y esclavos; *Los espías,* uno de los más característicos seriales de espionaje; *La mujer en la Luna,* una bella historia de ciencia-ficción, y *M, el vampiro de Düsseldorf,* su primera producción sonora, un excelente policiaco sobre un asesino de niñas. La violenta situación planteada en Alemania por la subida al poder de los nazis le lleva a rodar *El testamento del doctor Mabuse,* un alegato contra el partido nacional-socialista, disfrazado de fantástica historia policiaca, pero es prohibida y durante la entrevista con el siniestro Goebbels, ministro de Propaganda del III Reich, para explicarle los motivos, le ofrece la dirección de la industria cinematográfica alemana. Acepta el cargo, pero esa misma noche, sin pasar por el banco, con lo puesto, toma un tren con destino a París, donde rueda la irregular comedia *Liliom,* y poco después se exilia en Estados Unidos y se nacionaliza. No es fácil la estancia en Hollywood del gran realizador europeo, maestro del expresionismo; no acetan sus primeros proyectos: tarda dos años en rodar su primera película y de las veintidós que hace sólo son realmente personales *Furia,* historia de un linchamiento; *El hombre atrapado,* sobre un atentado frustrado contra Adolf Hitler, y *Los verdugos también mueren,* que escribe con el dramaturgo Bertolt Brecht en torno a un enfrentamiento entre nazis y nacionalistas checos en Praga en 1942. En las restantes debe acomodarse a las estructuras de los diferentes géneros, trabajar sobre guiones ajenos y no controlar el montaje final; pero, al aplicar su estilo expresionista al policiaco, obtiene excelentes resultados en *Sólo se vive una vez, La mujer del cuadro, Los sobornados, Deseos humanos, Mientras Nueva York duerme* y *Más allá de la duda.* Hace también una genial película de aventuras en la línea de sus mejores obras alemanas, *Los contrabandistas de Moonfleet,* y el personal *western* de intriga *Encubridora.* No obstante, por puras razones de supervivencia se ve obligado a rodar encargos que nada le interesan como *La venganza de Frank James,* su primer *western,* segunda parte de *Tierra de audaces* (Jesse James, 1939), de Henry King; *Guerrilleros en Filipinas,* una anodina historia más sobre la II Guerra Mundial, y *Encuentro en la noche,* teatral adaptación de un drama de Clifford Odets. A finales de 1956, empujado por la incómoda situación creada por el Comité de Actividades Antinorteamericanas, cierta nostalgia y una oferta concreta de trabajo, viaja a la República Federal Alemana para dirigir, sobre un guión suyo y de Thea von Harbou, escrito casi cuarenta años antes para el realizador Joe May, la genial aventura amorosa dividida en dos partes *El tigre de Esnapur* y *La tumba india,* que enlaza a la perfección con sus mayores éxitos del período mudo, pero es recibida con gran frialdad por el público y la crítica; y la convencional *Los crímenes del doctor Mabuse,* donde resucita a su maligno personaje después de casi treinta años de silencio. Tampoco le resulta fácil la vida en la República Federal Alemana y se retira a su casa de Los Ángeles, mientras aumenta su prestigio a través de homenajes en festivales, retrospectivas de su obra en cinematecas, el constante pase de sus películas por televisión y la cada vez más abundante bibliografía sobre su producción.

1919 *Halbblut.* / *Der Herr der Liebe.* / *Die Spinnen* (Las arañas). / *Harakiri.*
1920 *Das Wandernde Bild.* / *Die Vier um Die Frau.*
1921 *Der Müde Tod* (Las tres luces).
1922 *Dr. Mabuse der Spieler* (El doctor Mabuse).
1924 *Die Nibelungen* (Los nibelungos).
1927 *Metropolis.*
1928 *Spione* (Los espías).
1929 *Die Frau im Mond* (La mujer en la Luna).
1931 *M* (M, el vampiro de Düsseldorf).
1933 *Das Testament des Dr. Mabuse* (El testamento del doctor Mabuse).
1934 *Liliom.*
1936 *Fury* (Furia).
1937 *You Only Live Once* (Sólo se vive una vez).
1938 *You and Me.*
1940 *The Return of Frank James* (La venganza de Frank James).
1941 *Western Union* (Espíritu de conquista). / *Man Hunt* (El hombre atrapado).
1943 *Hangmen Also Die* (Los verdugos también mueren).
1944 *The Woman in the Window* (La mujer del cuadro). / *The Ministry of Fear* (El ministerio del miedo).
1945 *Scarlet Street* (Perversidad).
1946 *Cloak and Dagger.*
1948 *Secret Beyond the Door* (Secreto tras la puerta).
1949 *House by the River.*
1950 *American Guerrilla in the Philippines* (Guerrilleros en Filipinas).
1952 *Rancho Notorious* (Encubridora). / *Clash by Night* (Encuentro en la noche).
1953 *The Blue Gardenia* (La gardenia azul). / *The Big Heat* (Los sobornados).
1954 *Human Desire* (Deseos humanos).
1955 *Moonfleet* (Los contrabandistas de Moonfleet).
1956 *While the City Sleeps* (Mientras Nueva York duerme). / *Beyond a Reasonable Doubt* (Más allá de la duda).
1959 *Der Tiger von Eschnapur* (El tigre de Esnapur). / *Das Indische Grabmal* (La tumba india).
1960 *Die Tausend Augen des Dr. Mabuse* (Los crímenes del doctor Mabuse).

LANGE, Jessica *(Cloquet, Minnesota, Estados Unidos, 1949)*

Hija de padres finlandeses, estudia en la Universidad de Minnesota y debuta en el cine haciendo de bella en la versión de *King Kong* producida por Dino de Laurentiis. Tras unos desiguales principios, comienza a ser considerada a raíz de su intervención en *El cartero siempre llama dos veces,* cuarta versión de un clásico del cine negro, y *Frances,* melodramática biografía de la actriz Frances Farmer. Seleccionada seis veces para el Oscar, lo consigue como actriz secundaria por *Tootsie,* pero curiosamente, el mismo año que casi lo obtiene como protagonista por *Frances,* y también como protagonista por *Las cosas que nunca mueren,* pero cinco años después de rodarla por problemas de la productora Orion. Entre sus restantes películas destacan *Crímenes del corazón, El cabo del miedo* y *La noche y la ciudad.*

1976 *King Kong,* de John Guillermin.
1979 *All That Jazz* (Empieza el espectáculo), de Bob Fosse.
1980 *How to Beat the High Cost of Living,* de Robert Scheerer.
1981 *The Postman Always Rings Twice* (El cartero siempre llama dos veces), de Bob Rafelson.
1982 *Frances,* de Graeme Clifford. / *Tootsie,* de Sydney Pollack.
1984 *Country,* de Richard Pearce.
1985 *Sweet Dreams* (Dulces sueños), de Karel Reisz.
1986 *Crimes of the Heart* (Crímenes del corazón), de Bruce Beresford.
1988 *Far North* (Norte lejano), de Sam Shepard. / *Everybody's All-American* (Cuando me enamoro), de Taylor Hackford.
1989 *Music Box* (La caja de música), de Costa-Gavras. / *Men Don't Leave* (Los hombres no abandonan), de Paul Brickman.
1990 *Blue Sky* (Las cosas que nunca mueren), de Tony Richardson.
1991 *Cape Fear* (El cabo del miedo), de Martin Scorsese.
1992 *Night and the City* (La noche y la ciudad), de Irwin Winkler.

1995 *Rob Roy*, de Michael Caton-Jones. / *Losing Isaiah*, de Stephen Gyllenhaal.

LARGA ES LA NOCHE (*Odd Man Out, 1947*)

Tras matar a un policía y ser herido durante un atraco para conseguir fondos para el movimiento revolucionario irlandés Sinn Fein, el activista Johnny McQueen (James Mason) se siente cansado, es traicionado por dos compañeros y decide cambiar de vida y emigrar a Estados Unidos. Solo y perseguido por la policía, durante la larga noche anterior a su partida ocurren unos cuantos sucesos que impiden que logre su propósito. Después de dieciséis películas rodadas antes y durante la II Guerra Mundial, el realizador Carol Reed consigue su primer éxito internacional con esta adaptación de una novela de F. L. Green, que describe el itinerario moral de un hombre lleno de dudas en una Belfast húmeda y nevada. Destaca el excelente trabajo del gran actor James Mason en el papel del revolucionario del I.R.A. que intenta desligarse de un pasado demasiado fuerte. En su única película como director, *El hombre perdido* (The Lost Man, 1969), el guionista Robert Alan Arthur vuelve a narrar la misma historia, pero esta vez ambientada en Nueva York y con un protagonista (Sidney Poitier) perteneciente a una organización revolucionaria negra que además quiere huir con una mujer blanca (Joanna Shimkus).

Director: *Carol Reed*. Guionistas: *F. L. Green, R. C. Sheriff*. Fotografía: *Robert Krasker*. Música: *William Alwyn*. Intérpretes: *James Mason, Robert Newton, Kathleen Ryan, F. J. McCormick, Cyril Cusack, Dan O'Herlihy*. Producción: *Carol Reed para Two Cities/G.F.D. Duración: 115'. Reino Unido.*

LATTUADA, Alberto (*Milán, Italia, 1914*)

Hijo del compositor Felice Lattuada, se licencia en arquitectura. Desde muy joven se interesa por la literatura y el cine, interviene en la creación de la revista de vanguardia *Camminare* y en la fundación de la Cineteca de Milán con Luigi Comencini y Marco Ferreri, y colabora con los realizadores Mario Soldati y Ferdinando Maria Poggioli. En plena II Guerra Mundial debuta como director con las sólidas *Giacomo l'idealista*, adaptación de una novela de Emilio de Marchi, y *La freccia nel fianco*, basada en un relato de Luciano Zuccoli. Dentro del neorrealismo de la más inmediata posguerra rueda los duros e interesantes dramas *Il bandito,* sobre las causas que llevan a un hombre a convertirse en un fuera de la ley, y *Sin piedad,* en torno a las relaciones entre una muchacha italiana y un soldado norteamericano negro en Livorno. Sin embargo, enseguida demuestra que su especialidad son las eficaces adaptaciones literarias rodadas en estudio, tal como ocurre en *El delito de Giovanni Episcopo,* sobre Gabriele d'Annunzio; *Il mulino del Po,* sobre Riccardo Bacchelli; *El alcalde, el escribano y su abrigo,* sobre Nicolai Gogol; *La lupa*, sobre Giovanni Verga, y *¡Tempestad!,* sobre Alexander Puschkin. Entre las que también hace la comedia neorrealista *Luces de variedades,* escrita, producida y dirigida a medias con Federico Fellini; el melodrama de gran éxito *Ana;* la comedia erótica *La spiaggia,* sobre las andanzas de una prostituta en vacaciones; la comedia sentimental *Guendalina,* que lanza a Jacqueline Sassard, e *I dolci inganni,* en torno a la educación sentimental de una quinceañera, que tiene graves problemas con la censura y hace popular a Catherine Spaak. Mientras, continúa con las brillantes adaptaciones literarias en *Cartas de una novicia,* sobre Guido Piovene; *La steppa,* sobre Anton Chejov; *La mandrágora,* sobre Niccolò Machiavelli; *Don Juan en Sicilia,* sobre Vitalino Brancati; *Corazón de perro,* sobre Mikhail Bulgakov, y *¡Oh, Serafina!,* sobre Giuseppe Berto; su interés por el sexo le hace escribir narraciones eróticas, como las recogidas en el volumen *Diario de un gran amador* (1980), y lanzar a jóvenes actrices, especialmente sensuales, en interesantes producciones. Tal como demuestra en *Padre putativo* con Teresa Ann Savoy, *Así como eres* con Nastassja Kinski y *La chicharra* con Clio Goldsmith. Entre ellas se sitúa la personal *Venga a tomar café con nosotras,* sobre Piero Chiara, perfecta mezcla de humor negro y erotismo, dentro de una insólita comedia. Tras el éxito de la serie de televisión *Cristoforo Colombo* (1984), sus últimos trabajos son para este medio.

1942 *Giacomo l'idealista.*
1944 *La freccia nel fianco.*
1946 *Il bandito.*
1947 *Il delitto di Giovanni Episcopo* (El delito de Giovanni Episcopo).

1948 *Senza pietà* (Sin piedad).
1949 *Il mulino del Po*.
1950 *Luci del varietà* (Luces de variedades).
1951 *Anna* (Ana).
1952 *Il cappotto* (El alcalde, el escribano y su abrigo).
1953 *La lupa*. / *Gli italiani si voltano*, episodio de *L'amore in città*.
1954 *La spiaggia*.
1955 *Scuola elementare*.
1957 *Guendalina*.
1958 *La tempestà* (¡Tempestad!).
1960 *I dolci inganni*. / *Lettere di una novizia* (Cartas de una novicia).
1961 *L'imprevisto* (Lo imprevisto).
1962 *Mafioso* (El poder de la Mafia). / *La steppa*.
1965 *La mandragola* (La mandrágora).
1967 *Matchless* (Sin rival). / *Don Giovanni in Sicilia* (Don Juan en Sicilia).
1969 *Fräulein Doktor*. / *L'amica*.
1970 *Venga a prendere il caffè da noi* (Venga a tomar café con nosotras).
1972 *Bianco, rosso e...* (Blanco, rojo y...).
1973 *Sono stato io!* (¡He sido yo!).
1974 *Le farò da padre* (Padre putativo).
1976 *Cuore di cane* (Corazón de perro). / *Oh, Serafina!*
1978 *Così come sei* (Así como eres).
1980 *La cicala* (La chicharra).
1985 *Una spina nel cuore*.

LAUGHTON, Charles (Yorkshire, Reino Unido, 1899-Los Ángeles, California, Estados Unidos, 1962)

Hijo de un hotelero, trabaja en el Hotel Claridge de Londres y lucha en la Gran Guerra, pero su interés por el teatro le lleva en la posguerra a colaborar en compañías de aficionados, ingresar a mediados de los años veinte en la Royal Academy of Dramatic Arts y a finales de la década debutar como actor de teatro. Su desmesurado y peculiar físico le convierte en uno de los más conocidos actores de composición en películas que rueda tanto en el Reino Unido como en Estados Unidos. Se hace famoso encarnando a Nerón en *El signo de la cruz;* a Enrique VIII en *La vida privada de Enrique VIII*, con la que gana un Oscar; al policía Jovert en *Les misérables;* al capitán Bligh en *Rebelión a bordo;* al jorobado Quasimodo en *Esmeralda, la zíngara;* y al comisario Maigret en *El hombre de la torre Eiffel*. Entre sus películas también sobresalen *La isla de las almas perdidas*, de Erle C. Kenton; *Seis destinos*, de Julien Duvivier; *Esta tierra es mía*, de Jean Renoir; *El proceso Paradine*, de Alfred Hitchcock, y *Arco de triunfo*, de Lewis Milestone. Desde principios de los años cincuenta dedica la mayoría de su tiempo al teatro, muchos de sus trabajos cinematográficos son puramente alimenticios y solo de vez en cuando interviene en alguna película importante, como *El déspota*, de David Lean; *Espartaco*, de Stanley Kubrick; *Testigo de cargo*, de Billy Wilder, o *Tempestad sobre Washington*, de Otto Preminger. Esto, en buena medida, se debe a la decepción que le produce el cine a partir del fracaso de *La noche del cazador,* su única película como director, una obra maestra incomprendida en su momento, donde parte de una novela de David Grubb para hacer una de las grandes narraciones infantiles de la historia del cine.

Como director
1955 *The Night of the Hunter* (La noche del cazador).

Como actor
1928 *Picadilly*, de E. A. Dupont.
1929 *Comets*, de S. Geneen.
1930 *Wolves*, de Albert de Courville.
1931 *Down River*, de Peter Godfrey.
1932 *The Devil and the Deep* (Entre la espada y la pared), de Marion Gering. / *The Old Dark House* (El caserón de las sombras), de James Whale. / *If I Had a Million* (Si yo tuviese un millón), episodio de Ernst Lubitsch. / *The Sign of the Cross* (El signo de la cruz), de Cecil B. de Mille. / *Payment Deferred* (Justicia divina), de Lothar Mendes.
1933 *White Woman*, de Stuart Walker. / *The Private Life of Henry VIII* (La vida privada de Enrique VIII), de Alexander Korda. / *The Island of Lost Souls* (La isla de las almas perdidas), de Erle C. Kenton.
1934 *The Barretts of Wimpole Street* (Las vírgenes de Wimpole Street), de Sidney Franklin.
1935 *Les misérables*, de Richard Boleslawski. / *Ruggles of Red Gap* (Nobleza obliga), de Leo McCarey. / *Mutiny on the Bounty* (Rebelión a bordo), de Frank Lloyd.
1936 *Rembrandt*, de Alexander Korda.
1937 *Vessel of Wrath*, de Erich Pommer. / *St. Martin's Lane* (Callejón sin salida), de Tim Wheelan.
1939 *Jamaica Inn* (Posada Jamaica), de Alfred Hitchcock. / *The Hunchback of Notre-Dame* (Esmeralda la zíngara), de William Dieterle.
1940 *They Knew What the Wanted*, de Garson Kanin.
1941 *I Started With Eve* (Casi un ángel), de Henry Koster.
1942 *The Tuttles of Tahiti* (Se acabó la gasolina), de Charles Vidor. / *Tales of Manhattan* (Seis destinos), de Julien Duvivier. / *Stand by for Action*, de Robert Z. Leonard.

1943 *Forever and a Day* (Siempre y un día), episodio de Victor Saville. / *This Land Is Mine* (Esta tierra es mía), de Jean Renoir. / *The Man From Down Under*, de Robert Z. Leonard.
1944 *The Canterville Ghost*, de Jules Dassin.
1945 *Captain Kidd* (El capitán Kidd), de Rowland V. Lee. / *The Suspect* (El sospechoso), de Robert Siodmak.
1946 *Because of Him* (Su primera noche), de Richard Wallace.
1948 *The Paradine Case* (El proceso Paradine), de Alfred Hitchcock. / *Arch of Triumph* (Arco de triunfo), de Lewis Milestone. / *The Big Clock* (El reloj asesino), de John Farrow. / *The Girl From Manhattan*, de Alfred E. Green.
1949 *The Bribe* (Soborno), de Robert Z. Leonard. / *The Man on the Eiffel Tower* (El hombre de la torre Eiffel), de Burgess Meredith.
1951 *The Blue Veil* (No estoy sola), de Curtis Bernhardt. / *The Strange Door*, de Joseph Pevney.
1952 *O. Henry's Full House* (Cuatro páginas de la vida), episodio de Henry Koster. / *Abbott and Costello Meet the Captain Kidd*, de Charles Lamont.
1953 *Salome*, de William Dieterle. / *Young Bess* (La reina virgen), de George Sidney.
1954 *Hobson's choice* (El déspota), de David Lean.
1957 *Witness for the Prosecution* (Testigo de cargo), de Billy Wilder.
1960 *Sotto dieci bandiere* (Bajo diez banderas), de Duilio Coletti. / *Spartacus* (Espartaco), de Stanley Kubrick.
1962 *Advise and Consent* (Tempestad sobre Washington), de Otto Preminger.

LAURA *(1944)*

Su novio, Shelby Carpenter (Vincent Price), su protector, Waldo Lydecker (Clifton Webb), y el detective Mark McPherson (Dana Andrews) creen que Laura Hunt (Gene Tierney) ha sido asesinada, pero aparece a mitad del relato para convertirse en la principal sospechosa de su propio crimen y enamorar al detective que lleva la investigación. Basada en una novela policiaca de la especialista Vera Caspary, es la primera película importante de Otto Preminger —aunque en un principio tan solo era el productor y debía realizarla el director de teatro Rouben Mamoulian— y el comienzo de una interesante serie de policiacos rodados para los estudios 20th Century Fox. A medio camino entre la tradición británica, donde cualquier personaje tiene motivos para ser el culpable, y la norteamericana, donde un peculiar detective crea una particular atmósfera mientras realiza la investigación, se desarrolla este clásico del cine negro que apoya su estructura en un perfecto juego de *flashbacks* y por cuya fotografía gana un Oscar Joseph La Shelle.

Director: *Otto Preminger*. Guionistas: *Jay Dratler, Samuel Hoffenstein, Betty Reinhardt*. Fotografía: *Joseph La Shelle*. Música: *David Raksin*. Intérpretes: *Dana Andrews, Clifton Webb, Gene Tierney, Judith Anderson, Vincent Price, Dorothy Adams*. Producción: *Otto Preminger para 20th Century Fox*. Duración: *85'. Estados Unidos*.

LAUREL, Stan *(Arthur Stanley Jefferson. Ulverston, Reino Unido, 1890-Santa Mónica, California, Estados Unidos, 1965)*

Hijo de actores de vodevil, estudia en el King James Grammat School, en 1906 debuta en el mundo del espectáculo, al año siguiente ingresa en la prestigiosa compañía de Fred Karno, junto a Charles Chaplin, y en 1913 llega a Estados Unidos en una gira para quedarse. En 1917 debuta como actor de cine, rueda múltiples cortometrajes para diferentes compañías y en 1922 le contrata en exclusiva el productor y realizador Hal Roach, que en 1926 tiene la idea de que forme pareja con el actor Oliver Hardy. Su enorme éxito hace que no vuelvan a separarse y se convierten en la pareja más famosa de la historia del cine. Durante tres años protagonizan más de cincuenta cortos, y, tras salvar con facilidad la difícil barrera del sonido, durante la primera mitad de la década de los treinta alternan los cortos con los largometrajes y después solo intervienen en largos. Sus mejores trabajos en este terreno son *Dos pares de mellizos, Laurel y Hardy en el Oeste, Quesos y besos, Cabezas de chorlito, Marineros a la fuerza*. Su última película es la producción francesa *Robinsones atómicos*, mala copia de sus mejores actuaciones.
1929 *The Hollywood Revue of 1929* (Hollywood Revue), de Charles F. Reisner.
1930 *The Rogue Song* (La canción de la estepa), de Lionel Barrymore.
1931 *Pardon Us* (De bote en bote), de James Parrott.
1932 *Pack Up Your Troubles* (El abuelo de la criatura), de George Marshall.
1933 *The Devil's Brothers* (Fra Diávolo), de Hal Roach.
1934 *Sons of the Desert* (Compañeros de juerga), de William A. Seiter. / *Babes in Toyland* (Había una vez dos héroes), de Gus Meins y Charles R. Rogers. /

Hollywood Party (Una fiesta en Hollywood), de Richard Boleslawski.
1935 *Bonnie Scotland* (Dos fusileros sin bala), de James W. Horne.
1936 *The Bohemian Girl* (Un par de gitanos), de James W. Horne. / *Our Relations* (Dos pares de mellizos), de Harry Lachman.
1937 *Way Out West* (Laurel y Hardy en el Oeste), de James W. Horne. / *Pick a Star*, de Edward Sedgwick.
1938 *Swiss Miss* (Quesos y besos), de John G. Blystone. / *Blockheads* (Cabezas de chorlito), de John G. Blystone.
1939 *The Flying Deuces* (Locos del aire), de Edward Sutherland.
1940 *A Chump at Oxford* (Estudiantes en Oxford), de Alfred Goulding. / *Saps at Sea* (Marineros a la fuerza), de Gordon Douglas.
1941 *Great Guns*, de Monty Banks.
1942 *A-Hauting We Will Go* (¡Qué par de locos!), de Alfred L. Werker.
1943 *Air Raid Wardens*, de Edward Sedgwick. / *Jitterbugs*, de Malcom St. Calir. / *The Dancing Masters*, de Malcolm St. Clair.
1944 *The Big Noise*, de Malcolm St. Clair.
1945 *Nothing But Trouble*, de Sam Taylor. / *The Bullfighters* (Laurel y Hardy toreros), de Malcolm St. Clair.
1951 *Atoll K* (Robinsones atómicos), de Leo Joannon.

LAUREL Y HARDY EN EL OESTE *(Way Out West, 1937)*

Laurel y Hardy llegan al pueblo de Brushwood Gulch en busca de Mary Roberts (Rosina Lawrence) para entregarle el título de propiedad de una mina de oro, herencia de su padre. Enterado de ello Mickey Finn (James Finlayson), el propietario de un *saloon* donde canta Lola Marcel (Sharon Lynne), su mujer, la hace pasar por la muchacha para quedarse con el dinero. Segunda película producida por Stan Laurel, es uno de los mejores largometrajes sonoros de la famosa pareja de cómicos, gracias a un buen guión, una suelta dirección y su excelente trabajo. Destacan las escenas del baile de ambos, la del juego con el dedo pulgar convertido en encendedor, la bien adecuada situación en que Stan Laurel debe comerse el sombrero hongo de Oliver Hardy con un poco de sal, y el bloque en que van a recuperar la escritura de la mina por la noche con una mula.

Director: *James W. Horne*. Guionistas: *Charles Rogers, Felix Adler, James Parrott*. Fotografía: *Art Lloyd, Walter Lundin*. Música: *Marvin Hatley*. Intérpretes: *Stan Laurel, Oliver Hardy, Sharon Lynne, James Finlayson, Rosina Lawrence, Stanley Fields, Vivien Oakland*. Producción: *Stan Laurel para Hal Roach*. Duración: 66'. Estados Unidos.

LAWRENCE DE ARABIA *(Lawrence of Arabia, 1962)*

A partir de la autobiografía de T. E. Lawrence *Los siete pilares de la sabiduría* y sobre un guión firmado por Robert Bolt en el que también colabora Michael Wilson, el realizador David Lean construye para el productor Sam Spiegel una gran narración sobre los más apasionantes años de la vida de T. E. Lawrence, el enigmático aventurero y agente británico especializado en problemas árabes. A medio camino entre el hábil retrato de un hombre complejo y la difícil exposición de la situación del mundo árabe en el período de entreguerras, narra cómo en 1916 T. E. Lawrence (Peter O'Toole) es enviado a El Cairo para fomentar la revuelta de los árabes contra los turcos a favor del Reino Unido. Luego, T. E. Lawrence los guía a la conquista de Akaba, asalta trenes que transportan municiones, es capturado y torturado por los turcos y liberado por el jeque Alí Karish (Omar Sharif). Vuelve a conducirlos a la conquista de Damasco, enfrentándose a los planes de los ingleses, que le hacen regresar al Reino Unido, donde muere en un estúpido accidente de motocicleta. Su interés radica en que David Lean logra mezclar la parte espectacular con la personal al hacer un análisis político de la situación, aunque un tanto confuso, y un estudio psicológico de una peculiar personalidad, a pesar de dejar al margen sus inclinaciones homosexuales. En gran parte rodada en España con un presupuesto muy bien aprovechado, gana varios Oscars, tiene un gran éxito internacional y supone el lanzamiento del actor irlandés Peter O'Toole y del egipcio Omar Sharif. La versión original dura 222 minutos, pero se estrena una de 185 reducida por el productor Sam Spiegel, aunque en 1989 se repone en un nuevo montaje realizado por Lean con una duración de 212 minutos, con el doblaje de algunas escenas cuyo sonido se había perdido y el añadido de otras descartadas en un primer momento, que no aportan nada interesante a la anterior.

Director: *David Lean*. Guionista: *Robert Bolt*. Fotografía: *Frederick A. Young*. Música: *Maurice Jarre*. Intérpretes: *Peter O'Toole, Omar Sharif, Ar-*

thur Kennedy, Jack Hawkins, Donald Wolfit, Claude Rains, Anthony Quayle, Alec Guinness, Anthony Quinn, Jose Ferrer. Producción: *Sam Spiegel para Horizon/Columbia. Color. Scope*. Duración: 222'. Reino Unido.

LEAN, David *(Croydon, 1908-Londres, Reino Unido, 1991)*

A los veinte años empieza a trabajar como ayudante de cámara en Gaumont Pictures y durante la década de los treinta adquiere una buena reputación como montador. Su carrera como director comienza al colaborar con Noel Coward en el célebre documental de ficción *Sangre, sudor y lágrimas,* y prosigue al adaptar argumentos u obras del famoso dramaturgo en *La vida manda,* crónica de la etapa de entreguerras a través de una pareja banal; *Un espíritu burlón,* una agradable comedia rodada en color, y *Breve encuentro,* sobre las tenues relaciones extraconyugales de una pareja, que se convierte en su primer éxito internacional. *Cadenas rotas* y *Oliver Twist* se sitúan entre las más cuidadas y mejores adaptaciones de novelas de Charles Dickens. No tienen tanto atractivo *The Passionate Friends,* basada en una novela de H. G. Wells, sobre el destino de dos seres que se aman, separados por la vida; *Madeleine,* ejercicio de estilo al servicio de la actriz Ann Todd, con quien entonces está casado, en torno a un famoso proceso criminal de finales del siglo XIX; *El déspota,* adaptación de una obra teatral de Harold Brighouse, sobre las relaciones en 1890 entre un tiránico padre y su hija pequeña que quiere casarse, donde brilla la interpretación de Charles Laughton, y *Locuras de verano,* que describe las vacaciones en Venecia de una solterona turista norteamericana encarnada por Katharine Hepburn. Entre medias se sitúan *La barrera del sonido,* donde parte de un sólido guión de Terence Rattigan para describir la vida de los pilotos de pruebas. Esta primera parte de su obra le coloca entre los mejores realizadores ingleses, pero el éxito de las dos superproducciones que hace a continuación para el productor Sam Spiel le convierte en uno de los pocos directores conocidos por el gran público. Tanto *El puente sobre el río Kwai,* que, a partir de una novela de Pierre Boulle, narra el enfrentamiento entre diferentes militares durante la construcción de un puente para enlazar el ferrocarril de Bangkok con Rangún en 1943, en Birmania, durante la II Guerra Mundial, como *Lawrence de Arabia,* espectacular adaptación de la autobiografía de T. E. Lawrence *Los siete pilares de la sabiduría,* sobre sus relaciones con los países árabes en el período de entreguerras, son obras bien hechas, ganadoras de múltiples Oscars y realizadas con abundancia de medios bien controlados. Sin embargo, su éxito desequilibra su carrera, le hace interesarse solo por superproducciones y rodar únicamente tres películas más en sus restantes treinta años de vida. A pesar de ser igualmente largas, costosas y ganar también múltiples Oscars, tienen mucho menor interés *Doctor Zhivago,* adaptación de la novela homónima de Boris Parternak, que narra los desafortunados amores entre un doctor y su enfermera en una Rusia reconstruida en España durante los tiempos de la Revolución comunista, y *La hija de Ryan,* basada en un guión original de Robert Bolt, sobre los amores adúlteros entre un comandante británico y la mujer del maestro de un pequeño pueblo de Irlanda, sobre el trasfondo de la lucha por la independencia. Es mucho mejor *Pasaje a la India,* excelente adaptación de la novela homónima de E. M. Forster, sobre la vida de un grupo de colonizadores ingleses en la India en los años veinte, que no solo dirige con buen pulso, sino que también escribe con mano maestra.

1942 *In Which We Serve* (Sangre, sudor y lágrimas).
1944 *This Happy Breed* (La vida manda).
1945 *Blithe Spirit* (Un espíritu burlón). / *Brief Encounter* (Breve encuentro).
1946 *Great Expectations* (Cadenas rotas).
1948 *Oliver Twist*.
1949 *The Passionate Friends*.
1950 *Madeleine*.
1952 *The Sound Barrier* (La barrera del sonido).
1954 *Hobson's Choice* (El déspota).
1955 *Summertime* (Locuras de verano).
1957 *The Bridge on the River Kwai* (El puente sobre el río Kwai).
1962 *Lawrence of Arabia* (Lawrence de Arabia).
1965 *Doctor Zhivago*.
1970 *Ryan's Daughter* (La hija de Ryan).
1984 *A Passage to India* (Pasaje a la India).

LEAVING LAS VEGAS *(1995)*

Basada en la única y autobiográfica novela de John O'Brien, narra cómo Ben (Nicolas

Cage), un guionista de Hollywood que se ha quedado sin trabajo por ser alcohólico, se dirige a Las Vegas para suicidarse bebiendo, pero en sus planes se cruza la prostituta Sera (Elisabeth Shue). Ambos se enamoran, mantienen una peculiar relación y comparten los últimos meses de vida. Escrita, dirigida y con música compuesta y seleccionada por el británico Mike Figgis, tras un prólogo de veinte minutos de duración, que explica la vida del protagonista, consigue mantener el enfrentamiento entre el alcohólico y la prostituta durante ochenta minutos con un constante fondo musical que da al peculiar melodrama unas características muy particulares, en buena medida por el gran trabajo de ambos protagonistas. Algunos famosos encarnan a personajes secundarios como los directores Vincent Ward, Danny Huston, Bob Rafelson, Mark Coppola; los actores Valeria Golino, Carey Lowell, Laurie Metcall, y los músicos Julian Lennon y Lou Rawls, así como el propio Mike Figgins.

Director y guionista: *Mike Figgis*. Fotografía: *Declan Quinn*. Música: *Mike Figgis*. Intérpretes: *Nicolas Cage, Elisabeth Shue, Julian Sands, Richard Lewis, Steven Weber, Valeria Golino*. Producción: *Lila Cazés para Lumière Pictures*. Color. Duración: *108'*. Estados Unidos.

LEE, Ang (*Ping-Pong, Taiwan, 1954*)

Tras recibir clases de teatro y cine en la Academia de Bellas Artes de Taipec, prosigue sus estudios en Estados Unidos en las Universidades de Illinois y Nueva York, mientras realiza los cortometrajes *I Wish I Was by That Dim Lake* (1983) y *Fine Line* (1984). Debuta en el largo con la producción china rodada en Nueva York *Manos que empujan*, sobre un chino que, tras jubilarse, deja China para irse a Nueva York a vivir con su hijo casado, y se da a conocer internacionalmente con la coproducción entre Estados Unidos y Taiwan rodada en Nueva York *El banquete de bodas*, una comedia que gana el Oso de Oro del Festival de Berlín e ironiza en torno al falso y simbólico matrimonio entre la China continental y la insular. Vuelve a demostrar su interés por la comida en *Comer, beber, amar*, una comedia sentimental ambientada en Taipec sobre las relaciones entre un padre cocinero y sus tres hijas casaderas. Da un giro a su obra con *Sentido y sensibilidad*, minuciosa adaptación de la novela de Jane Austen, con la que gana el Oso de Oro del Festival de Berlín.

1991 *Pushing Hands*.
1992 *The Wedding Banquet* (El banquete de bodas).
1994 *Eat Drink Man Woman* (Comer, beber, amar).
1995 *Sense and Sensibility* (Sentido y sensibilidad).

LEE, Spike (*Atlanta, Georgia, Estados Unidos, 1957*)

Hijo de Bill Lee, compositor de la música de sus primeras películas, estudia en la escuela de cine de Nueva York y es uno de los pocos realizadores norteamericanos de color que consigue hacer una obra con una cierta trascendencia. De forma casi artesanal, en 16 mm y con muy bajo presupuesto, escribe, produce, dirige, monta e interpreta *Nola Darling*, una comedia sexual donde por primera vez en la historia del cine norteamericano los negros se besan, mantienen relaciones sexuales, se aman. Su relativo éxito europeo le permite rodar *School Daze*, un modesto musical, solo interpretado por negros, que satiriza la integración racial a través de una historia que se desarrolla en una imaginaria universidad, donde una vez más vuelve a hacer de todo. Se da a conocer internacionalmente con *Haz lo que debas*, una comedia ambientada en Brooklyn que finaliza con la rebelión de los negros del barrio, rodada de manera independiente, pero distribuida por una multinacional. Convertido en un nuevo valor del cine, escribe, produce, dirige e interpreta sus dos mejores trabajos; *Cuanto más, mejor*, historia de una trompetista de *jazz*, y *Fiebre salvaje*, una dura parábola sobre los problemas que desencadenan los amores entre un arquitecto negro y su secretaria blanca. Su éxito le conduce a la pretenciosa, larga y muy promocionada *Malcolm X*, minuciosa biografía del líder negro, pero su fracaso desequilibra su ascendente carrera. Tienen menor interés el policiaco *Camellos* y la comedia erótica *Girl 6*, cada vez más alejadas de sus primeros trabajos.

1986 *She's Gotta Have It* (Nola Darling).
1987 *School Daze*.
1989 *Do the Right Thing* (Haz lo que debas).
1990 *Mo' Better Blues* (Cuanto más, mejor).
1991 *Jungle Fever* (Fiebre salvaje).
1992 *Malcolm X*.
1994 *Crooklyn*.
1995 *Clockers* (Camellos). / *Lumière y compañía*, un episodio.
1996 *Girl 6*.

LEGIÓN INVENCIBLE, LA *(She Wore a Yellow Ribbon, 1949)*

Después de *Fort Apache* (1948), que narra cómo la ineptitud del teniente coronel Owen Thursday (Henry Fonda) lleva a sus hombres a morir a manos de los apaches, y antes de *Río Grande* (1950), que describe cómo el teniente coronel Kirby Yorke (John Wayne), tras la guerra de Secesión, se reúne con su mujer y su hijo, el maestro John Ford completa su trilogía sobre la caballería de Estados Unidos a finales del siglo XIX con esta narración sobre los últimos días del capitán Nathan Brittles (John Wayne) antes de jubilarse. Desarrollada en tan solo cinco días, cuenta cómo su última patrulla es un fracaso por tener que llevar hasta la diligencia a la mujer (Mildred Natwick) y la sobrina Olivia Drandridge (Joanne Dru) del comandante del fuerte y no poder enfrentarse a los indios ni a los traficantes de armas. Sin embargo, al final se resarce atacando el poblado indio, espantando los caballos y evitando un sangriento enfrentamiento. Tiene la habitual estructura de itinerario en su parte central, más un prólogo y un epílogo, pero no ocurre nada, como en las mejores películas de Ford; solo define a unos característicos personajes y desarrolla unas mínimas anécdotas.

Director: *John Ford*. Guionistas: *Frank S. Nugent, Laurence Stallings*. Fotografía: *Winton C. Hoch*. Música: *Richard Hageman*. Intérpretes: *John Wayne, Joanne Dru, John Agar, Ben Johnson, Harry Carey Jr., Victor McLaglen, Mildred Natwick*. Producción: *John Ford y Merian C. Cooper para Argosy / R. K. O.* Color. Duración: *103'*. Estados Unidos.

LEIGH, Janet *(Jeanette Helen Morrison. Merced, California, Estados Unidos, 1927)*

Estudia música en el College of the Pacific, comienza a trabajar como modelo y gracias a la actriz Norma Shearer en 1947 es contratada por los estudios Metro-Goldwyn-Mayer. Al principio de su carrera interviene en los musicales *Words and Music* y *Luces de Broadway* y más tarde en *Mi hermana Elena* y *Un beso para Birdie,* pero trabaja mucho más en comedias y dramas. Destaca por su actuación en la historia romántica *Mujercitas* y las películas de aventuras *Scaramouche, El gran Houdini, El príncipe valiente, Coraza negra* y *Los vikingos,* además del *western* excelente *Colorado Jim*. Sin embargo, siempre es recordada como la esposa drogada del inspector Vargas en *Sed de mal,* de Orson Welles, y la ladrona Marion Crane, asesinada mientras se ducha, en *Psicosis,* de Alfred Hitchcock. Entre sus restantes películas también hay que citar *El mensajero del miedo,* de John Frankenheimer; *Harper, investigador privado,* de Jack Smight, y *Tres en un sofá,* de Jerry Lewis. Durante algunos años está casada con el actor Tony Curtis y es madre de la también actriz Jamie Lee Curtis.

1947 *The Romance of Rosy Ridge*, de Roy Rowland. / *If Winter Comes*, de Victor Saville.
1948 *Hills of Home*, de Fred M. Wilcox. / *Act of Violence*, de Fred Zinnemann. / *Words and Music*, de Norman Taurog.
1949 *Little Women* (Mujercitas), de Mervyn LeRoy. / *The Red Danube* (El Danubio rojo), de George Sidney. / *The Doctor and the Girl*, de Curtis Bernhardt. / *That Forsyte Woman* (La dinastía de los Forsyte), de Compton Bennett. / *Holiday Affair*, de Don Hartman.
1951 *Angels in the Outfield*, de Clarence Brown. / *Two Tickets to Broadway* (Luces de Broadway), de James V. Kern. / *It's a Big Country*, episodio de Richard Thorpe. / *Strictly Dishonorable*, de Melvin Frank y Norman Panama.
1952 *Scaramouche*, de George Sidney. / *Just This Once*, de Don Weis. / *Fearless Fagan*, de Stanley Donen.
1953 *Houdini* (El gran Houdini), de George Marshall. / *The Naked Spur* (Colorado Jim), de Anthony Mann. / *Confidentially Connie*, de Edward Buzzell. / *Walking My Baby Back Home*, de Lloyd Bacon.
1954 *Prince Valiant* (El príncipe valiente), de Henry Hathaway. / *Living It Up* (Viviendo su vida), de Norman Taurog. / *Rogue Cop* (Prisionero de su traición), de Roy Rowland. / *The Black Shield of Falworth* (Coraza negra), de Rudolph Maté.
1955 *Pete Kelly's Blues*, de Jack Webb. / *My Sister Eileen* (Mi hermana Elena), de Richard Quine.
1956 *Safari*, de Terence Young.
1957 *Jet Pilot* (Amor a reacción), de Josef von Sternberg.
1958 *Touch of Evil* (Sed de mal), de Orson Welles. / *The Vikings* (Los vikingos), de Richard Fleischer. / *The Perfect Furlough* (Vacaciones sin novia), de Blake Edwards.
1960 *Who Was that Lady?* (¿Quién era esa chica?), de George Sidney. / *Psycho* (Psicosis), de Alfred Hitchcock.
1962 *The Manchurian Candidate* (El mensajero del miedo), de John Frankenheimer.
1963 *Bye, Bye, Birdie* (Un beso para Birdie), de George Sidney. / *Wives and Lovers* (Ellas y las otras), de John Rich.
1965 *Kid Rodelo*, de Richard Carlson.

1966 *Harper* (Harper, investigador privado), de Jack Smight. / *An American Dream* (Esclavos del pecado), de Robert Gist. / *Three on a Couch* (Tres en un sofá), de Jerry Lewis.
1967 *Grand Slam* (Diamantes a gogó), de Giuliano Montaldo.
1968 *Hello Down There*, de Jack Arnold.
1972 *One Is a Lonely Number* (Una mujer sin amor), de Mel Stuart. / *Night of the Lepus*, de William F. Claxton.
1979 *Boardwalk*, de Stephen Verona.
1980 *The Fog* (La niebla), de John Carpenter.

LEIGH, Jennifer Jason *(Jennifer Lee Morrow. Los Ángeles, California, Estados Unidos, 1958)*

Hija del actor Vic Morrow y de la escritora Barbara Turner, estudia arte dramático en el Lee Strasberg Institute, debuta como actriz de cine a principios de los años ochenta y hace papeles secundarios durante casi toda la década para finalmente protagonizar *Corazones de medianoche*. Durante la primera mitad de los noventa hace sus mejores actuaciones en los policiacos *Miami Blues, Mujer blanca soltera busca..., Eclipse total*, pero sobre todo en *Vidas cruzadas*, de Robert Altman; *El gran salto*, de Joel Coen, y *La señora Parker y el círculo vicioso*, de Alan Rudolph, donde encarna a la escritora Dorothy Parker entre su grupo de amigos del Hotel Algonquin de Nueva York.

1981 *Eyes of a Stranger* (Los ojos de un extraño), de Ken Wiedehorn.
1982 *Wrong Is Right* (Objetivo mortal), de Richard Brooks. / *Fast Times at Ridgemont High* (Aquel excitante curso), de Amy Heckerling.
1983 *Easy Money* (Quien tiene una suegra tiene un tesoro), de James Signorelli.
1984 *Grandview USA*, de Randal Kleiser.
1985 *Flesh + Blood* (Los señores del acero), de Paul Verhoeven.
1986 *The Hitcher* (Carretera al infierno), de Robert Harmon. / *The Men's Club* (Secretos indiscretos), de Peter Medak.
1987 *Undercover*, de John Stockwell. / *Sister, Sister*, de Bill Condon.
1988 *Hearth of Midnight* (Corazones de medianoche), de Matthew Chapman.
1989 *Last Exit to Brooklyn* (Última salida: Brooklyn), de Uli Edel. / *The Big Picture*, de Christopher Guest.
1990 *Miami Blues*, de George Armitage.
1991 *Backdraft* (Llamaradas), de Ron Howard. / *Rush* (Hasta el límite), de Lilly F. Zanuck. / *Crooked Hearts*, de Michael Bortman.
1992 *Single White Female* (Mujer blanca soltera busca...), de Barbet Schroeder. / *The Prom*, de Steven Shainberg.
1993 *Short Cuts* (Vidas cruzadas), de Robert Altman. / *The Hudsucker Proxy* (El gran salto), de Joel Coen.
1994 *Mrs. Parker and the Vicious Circle* (La señora Parker y el círculo vicioso), de Alan Rudolph.
1995 *Dolores Claiborne* (Eclipse total), de Taylor Hackford. / *Georgia*, Ulu Grosbard.
1996 *Kansas City*, de Robert Altman.

LEIGH, Vivien *(Vivian Mary Hartley. Darjeeling, India, 1913-Londres, Reino Unido, 1967)*

Hija de un militar destinado en la India y una irlandesa, estudia arte dramático en la Comédie Française de París y en la Royal Academy of Dramatic Art de Londres. En 1934 debuta como actriz de teatro en el famoso Old Vic Theatre de Londres y desde la misma fecha hace papeles secundarios en cine hasta que protagoniza *Storm in a Teacup*, su sexta película. Elegida por el productor norteamericano David O. Selznick para encarnar a Scarlett O'Hara en *Lo que el viento se llevó*, gana un Oscar y se convierte en una estrella, a la que interesa mucho más el teatro que el cine. Después del gran éxito de *El puente de Waterloo*, donde encarna a la bailarina Myra, se casa con el actor británico Laurence Oliver; ambos protagonizan en Estados Unidos la producción de propaganda bélica *Lady Hamilton* y en la posguerra regresan al Reino Unido para convertirse en una de las grandes parejas del teatro inglés. Entre sus pocas películas restantes sobresalen *César y Cleopatra*, según la obra de Bernard Shaw; *Ana Karenina*, basada en la novela de Leon Tolstoi; *Un tranvía llamado deseo*, sobre el montaje de la obra de Tennessee Williams, que le vale su segundo Oscar al dar vida a Blanche du Bois. Después de tener problemas de alcoholismo, muere de tuberculosis a los cincuenta y cuatro años.

1934 *Things Are Looking Up*, de Albert de Courville.
1935 *Gentleman's Agreement*, de George Pearson. / *The Village Squire*, de Reginald Denham. / *Look Up and Laugh*, de Basil Dean.
1936 *Fire Over England*, de William K. Howard.
1937 *Storm in a Teacup*, de Victor Saville. / *Dark Journey* (La mujer enigma), de Victor Saville. / *Twenty-One Days* (Veintiún días juntos), de Basil Dean.
1938 *St. Martin's Lane* (Callejón sin salida), de Tim Whelan. / *A Yank at Oxford* (Un yanqui en Oxford), de Jack Conway.

1939 *Gone With the Wind* (Lo que el viento se llevó), de Victor Fleming.
1940 *Waterloo Bridge* (El puente de Waterloo), de Mervyn LeRoy.
1941 *That Hamilton Woman* (Lady Hamilton), de Alexander Korda.
1945 *Caesar and Cleopatra* (César y Cleopatra), de Gabriel Pascal.
1948 *Anna Karenina* (Ana Karenina), de Julien Duvivier.
1951 *A Streetcar Named Desire* (Un tranvía llamado deseo), de Elia Kazan.
1955 *The Deep Blue Sea*, de Anatole Litvak.
1961 *The Roman Spring of Mrs. Stone* (La primavera romana de la señora Stone), de José Quintero.
1965 *Ship of Fools* (El barco de los locos), de Stanley Kramer.

LEISEN, Mitchell *(Menominee, Michigan, 1898-Los Ángeles, California, Estados Unidos, 1972)*

Estudia arquitectura en las Universidades de Washington y Saint Louis y trabaja en el departamento artístico del *Chicago Tribune*. En 1919 conoce al productor y director Cecil B. de Mille, hace un papelito en una de sus películas y se convierte en el responsable del vestuario de sus producciones. En 1925 pasa a ser director del departamento de decoración de los estudios Paramount y colabora como director artístico en películas de Allan Dwan, Ernst Lubitsch, Raoul Walsh y otros muchos. Después de trabajar también como ayudante de dirección de De Mille, debuta como realizador con *Canción de cuna*, una de las múltiples versiones cinematográficas de la obra teatral de Gregorio Martínez Sierra, que hace para Paramount, al igual que treinta y cinco de sus cuarenta largometrajes. Tras la ambiciosa *La muerte de vacaciones*, adaptación de una obra teatral de Maxwell Anderson, y el curioso policiaco *Compás de espera*, basado en una obra de Norman Krasna y desarrollado en el vestíbulo de un teatro, se especializa en comedias sofisticadas, como *Candidata a millonaria* y *Comenzó en el trópico*, ambas protagonizadas por Carole Lombard, y *Cómicos de París*. Sin embargo, sus mejores trabajos en este terreno están basados en guiones de Preston Sturges, *Una chica afortunada* y *Recuerdo una noche*, o de Billy Wilder y Charles Brackett, *Medianoche* y *Adelante, mi amor*, que tiene una curiosa primera parte ambientada en la más dura España del general Franco. Con guión de Wilder y Brackett también rueda el interesante drama *Si no amaneciera*, sobre un emigrante europeo que trata de entrar en Estados Unidos seduciendo a una institutriz norteamericana, situación que en alguna manera se repite en la comedia dramática *Capricho de mujer*, sobre una mujer que busca a un norteamericano para adoptar a un niño. Curiosamente, y a pesar de los buenos resultados obtenidos con los guiones de Preston Sturges y Billy Wilder, es el responsable de que ambos pasen a la realización para que nadie les destroce lo que escriben. Tras la producción de propaganda bélica *Vuelo de águilas* y las menos logradas *Ella y su secretario* y *No hay tiempo para amar*, protagonizadas por Fred MacMurray —uno de sus actores habituales en esta época— sus comedias suben de interés con el musical *Una mujer en la penumbra*, que marca su encuentro con el Technicolor, y la sofisticada *Bodas blancas*, interpretada por Claudette Colbert, otra de sus actrices características. Durante los años cuarenta también dirige algunas historias de época, como *El pirata y la dama*, basada en una novela de Daphne du Maurier; *La bribona*, una variante de *Pygmalion*, de George Bernard Shaw, y *La máscara de los Borgia*, adaptación de una novela de Michael Hogan; pero sus calidades son más decorativas que dramáticas. Entre *Mascarada en México*, nueva versión de su obra maestra *Medianoche; En las rayas de la mano*, curiosa mezcla de historia de espionaje, amor y gitanos; *Chica soñadora*, una comedia para lucimiento de Betty Hutton basada en una obra de Elmer Rice, y *Casado y con dos suegras*, una irregular comedia, hace los excelentes dramas *La vida íntima de Julia Norris*, escrita y producida por Charles Brackett, y *Mentira latente*, basada en una novela policiaca del especialista Cornel Woolrich. De sus últimas películas, y antes de dedicarse por completo a la televisión, destacan *Cariño... ¿por qué lo hiciste?*, buena versión de una obra de teatro infantil de James Barrie, que cierra su colaboración con Paramount, y *Eligiendo novio*, un modesto, pero imaginativo, musical que rueda en Technicolor para los estudios R. K. O.

1933 *Cradle Song* (Canción de cuna).
1934 *Death Takes a Holiday* (La muerte de vacaciones). / *Murder at the Vanities* (El crimen del Vanities).

1935 *Behold My Wife* (Os presento a mi esposa). / *Four Hours to Kill* (Compás de espera). / *Hands Across the Table* (Candidata a millonaria).
1936 *Thirteen Hours by Air.* / *The Big Broadcast of 1937*.
1937 *Easy Living* (Una chica afortunada). / *Swing High, Swing Low* (Comenzó en el trópico). / *The Big Broadcast of 1938*.
1938 *Artists and Models Abroad* (Cómicos en París).
1939 *Midnight* (Medianoche).
1940 *Arise My Love* (Adelante, mi amor). / *Remember the Night* (Recuerdo de una noche).
1941 *I Wanted Wings* (Vuelo de águilas). / *Hold Back the Dawn* (Si no amaneciera).
1942 *The Lady Is Willing* (Capricho de mujer). / *Take a Letter, Darling* (Ella y su secretario).
1943 *No Time for Love* (No hay tiempo para amar).
1944 *Lady in the Dark* (Una mujer en la penumbra). / *Freenchman's Creek* (El pirata y la dama). / *Practically Yours* (Bodas blancas).
1945 *Kitty* (La bribona). / *Masquerade in Mexico* (Mascarada en México).
1946 *To Each His Own* (La vida íntima de Julia Norris).
1947 *Suddenly It's Spring.* / *Golden Earrings* (En las rayas de la mano).
1948 *Dream Girl* (Chica soñadora).
1949 *Song of Surrender.* / *Bride of Vengeance* (La máscara de los Borgia).
1950 *Captain Carey, USA.* / *No Man of Her Own* (Mentira latente).
1951 *The Mating Season* (Casado y con dos suegras). / *Darling, How Could You!* (Cariño... ¿por qué lo hiciste?).
1952 *Young Man With Ideas*.
1953 *Tonight We Sing* (Esta noche cantamos).
1955 *Bedevilled*.
1957 *The Girl Most Likely* (Eligiendo novio).
1967 *Spree*.

LELOUCH, Claude *(París, Francia, 1937)*

Perteneciente a una familia de origen judío, se interesa por el cine desde niño y a los trece años dirige su primer cortometraje, con el que gana un concurso de cine *amateur*. Gracias al dinero que consigue haciendo *scopitones* y producciones industriales, escribe, produce, fotografía y dirige sus siete primeros largometrajes. No consigue acabar *La vie de château*, el segundo; la censura prohíbe *La femme spectacle*, el tercero; los cuatro restantes son un fracaso económico, y *Un hombre y una mujer*, el séptimo, gana la Palma de Oro del Festival de Cannes, el Oscar destinado a la producción extranjera y se convierte en uno de los grandes éxitos del cine francés. A partir de este momento Les Films 13, su productora, no solo se dedica a financiar sus sucesivos éxitos, sino también interesantes experiencias como *Cuatro hombres y una mujer*, rodada en super-16 con actores desconocidos y en pocos días, y películas de otros realizadores franceses, al tiempo que interviene en coproducciones latinoamericanas. A lo largo de *Vivir para vivir, Del amor y de la infidelidad, La aventura es la aventura* y *Una dama y un bribón*, muestra su filosofía, basada en la felicidad y el éxito, que la crítica no acepta, pero fascina al público francés. Una de sus obras más ambiciosas es *Toda una vida*, donde, durante dos horas y media, pretende contar su vida y hacer un retrato de los dos primeros tercios del siglo XX. Siempre protagonizados por estrellas francesas, rueda policiacos, *El gato, el ratón, el amor y el miedo* y *Atención bandidos;* melodramas, *Si empezara otra vez;* historias fantásticas, *Viva la vie,* e incluso un *western* en Estados Unidos, *Otro hombre, otra mujer*. Después de treinta y dos largometrajes rodados en treinta y cuatro años de profesión, su cine se serena y de vez en cuando adquiere solera, como demuestra *Hay días y lunas,* pero no puede olvidar su pasado, como deja muy claro *Un hombre y una mujer veinte años después*. Mientras el tono habitual de su trabajo siguen dándole producciones como *Todo esto... ¿para esto?,* fábula poética sobre los pecados cometidos por culpa del amor, llena de optimismo y con una condescendiente moraleja, o *Testigo de excepción,* personal versión de la famosa novela *Los miserables,* de Victor Hugo.

1960 *Le prope de l'homme*.
1962 *L'amour avec des si*.
1963 *La femme spectacle*.
1964 *Une fille et des fusils*.
1965 *Les grands moments*.
1966 *Un homme et une femme* (Un hombre y una mujer).
1967 *Vivre pour vivre* (Vivir para vivir). / *Loin du Vietnam*, un episodio.
1968 *La vie, l'amour, la mort*.
1969 *Un homme qui me plaît* (Del amor y de la infidelidad).
1970 *Le voyou* (El canalla).
1971 *Smic, smac, smoc*.
1972 *L'aventure c'est l'aventure* (La aventura es la aventura). / *Visions of Eight*, un episodio.
1973 *La bonne année* (Una dama y un bribón).

1974 *Toute une vie* (Toda una vida). / *Mariage*.
1975 *Le chat et la souris* (El gato, el ratón, el amor y el miedo). / *Les bons et les méchants*.
1976 *Si c'était à refaire* (Si empezara otra vez).
1977 *Un autre homme, une autre chance* (Otro hombre, otra mujer).
1978 *Robert et Robert*.
1979 *À nous deux* (Por nosotros dos).
1981 *Les uns et les autres* (Los unos y los otros).
1983 *Edith et Marcel*.
1984 *Viva la vie*.
1985 *Partir revenir*.
1986 *Un homme et une femme: vingt ans déjà* (Un hombre y una mujer veinte años después).
1987 *Attention bandits*.
1988 *Itinéraire d'un enfant gâté* (El imperio del león).
1990 *Il y a des jours et des lunes* (Hay días y lunas).
1992 *La belle histoire*.
1993 *Tout ça... pour ça!* (Todo esto... ¿para esto?).
1995 *Les misérables du XXème siècle* (Testigo de excepción). / *Lumière y compañía*, un episodio.

LEMMON, Jack *(John Uhler Lemmon III. Boston, Massachusetts, Estados Unidos, 1925)*

Estudia en la Harvard University, durante la II Guerra Mundial es oficial de comunicaciones en la Marina y en la posguerra debuta como actor de radio, teatro y televisión, después de trabajar como pianista en un bar. Su primera película es *La rubia fenómeno*, de George Cukor, punto de partida de una sólida carrera que le lleva a protagonizar, tanto en papeles dramáticos como cómicos, cincuenta y tantas películas en cuarenta años. Trabaja en repetidas ocasiones con Richard Quine, *Mi hermana Elena, Operation Mad Ball, Me enamoré de una bruja, La indómita y el millonario, La misteriosa dama de negro, Cómo matar a la propia esposa;* y con Billy Wilder, *Con faldas y a lo loco, El apartamento, Irma la dulce, En bandeja de plata, ¿Qué ocurrió entre mi padre y tu madre?, Primera plana* y *Aquí, un amigo* entre otras. Seleccionado para el Oscar en ocho ocasiones, lo acaba obteniendo por su trabajo en *Escala en Hawai* y *Salvad al tigre*, dos de sus más anodinas películas. Del resto de su atractiva filmografía, en la que son muy escasas las producciones sin interés, también destacan el *western* personal *Cowboy*, la comedia dramática *Días de vino y rosas*, la comedia *La extraña pareja*, el drama político *Desaparecido*, la comedia italiana *Macarrones*, y los dramas *Así es la vida* y *Vidas cruzadas*. Su única experiencia como realizador es la irregular comedia de costumbres sobre la vida de un jubilado, *Kotch*.

Como director
1971 *Kotch*.

Como actor
1954 *It Should Happen to You* (La rubia fenómeno), de George Cukor. / *Phffft!*, de Mark Robson.
1955 *Three for the Show*, de H. C. Potter. / *Mister Roberts* (Escala en Hawai), de John Ford y Mervyn LeRoy. / *My Sister Eileen* (Mi hermana Elena), de Richard Quine.
1956 *You Can't Run Away From It*, de Dick Powell.
1957 *Fire Down Below* (Fuego escondido), de Robert Parrish. / *Operation Mad Ball*, de Richard Quine.
1958 *Cowboy*, de Delmer Daves. / *Bell, Book and Candle* (Me enamoré de una bruja), de Richard Quine.
1959 *Some Like It Hot* (Con faldas y a lo loco), de Billy Wilder. / *It Happened to Jane* (La indómita y el millonario), de Richard Quine.
1960 *The Apartment* (El apartamento), de Billy Wilder. / *Pepe*, de George Sidney.
1961 *The Wackiest Ship in the Army* (Comando en el Pacífico), de Richard Murphy.
1962 *The Notorius Landlady* (La misteriosa dama de negro), de Richard Quine.
1963 *Days of Wine and Roses* (Días de vino y rosas), de Blake Edwards. / *Irma la Douce* (Irma la dulce), de Billy Wilder. / *Under the Yum Yum Tree* (Adán también tenía su manzana), de David Swift.
1964 *Good Neighbor Sam* (Préstame tu marido), de David Swift.
1965 *The Great Race* (La carrera del siglo), de Blake Edwards. / *How to Murder Your Wife* (Cómo matar a la propia esposa), de Richard Quine.
1966 *The Fortune Cookie* (En bandeja de plata), de Billy Wilder.
1967 *Luv* (Luv quiere decir amor), de Clive Donner.
1968 *The Old Couple* (La extraña pareja), de Gene Saks.
1969 *The April Fools* (Locos de abril), de Stuart Rosenberg.
1970 *The Out-of-Towners* (Los encantos de la gran ciudad), de Arthur Hiller.
1972 *The War Between Men and Women* (Guerra entre hombres y mujeres), de Melville Shavelson. / *Avanti!* (¿Qué ocurrió entre mi padre y tu madre?), de Billy Wilder.
1973 *Save the Tiger* (Salvad al tigre), de John G. Avildsen.
1974 *The Front Page* (Primera plana), de Billy Wilder.
1975 *The Prisoner of Second Avenue* (El prisionero de la Segunda Avenida), de Melvin Frank.

1976 *Alex and the Gypsy* (Amor bajo fianza), de John Korty.
1977 *Airport 77* (Aeropuerto 77), de Jerry Jameson.
1979 *The China Syndrome* (El síndrome de China), de James Bridges.
1980 *Tribute* (Tributo), de Bob Clark.
1981 *Buddy Buddy* (Aquí, un amigo), de Billy Wilder.
1982 *Missing* (Desaparecido), de Costa-Gavras.
1984 *Mass Appeal* (Algo más en que creer), de Glenn Jordan.
1985 *Maccheroni* (Macarrones), de Ettore Scola.
1986 *That's Life* (Así es la vida), de Blake Edwards.
1989 *Dad* (Mi padre), de Gary D. Goldberg.
1990 *J. F. K.* (J. F. K., caso abierto), de Oliver Stone.
1991 *Father, Son and Mistress* (Yo, mi padre y la amante), de Jay Sandrich.
1992 *Glengarry Glen Ross*, de James Foley. / *The Player* (El juego de Hollywood), de Robert Altman.
1993 *Short Cuts* (Vidas cruzadas), de Robert Altman. / *Grumpy Old Men* (Dos viejos gruñones), de Donald Petrie.
1995 *Grumpier Old Men II* (Discordias a la carta), de Howard Deutch.

LEONE, Sergio *(Roma, 1929-Roma, Italia, 1989)*

Hijo del realizador de cine mudo Vincenzo Leone, que bajo el seudónimo Robert Robertson rueda el primer *western* italiano en 1913, y de la actriz Bice Valerian, estudia derecho antes de trabajar como ayudante de conocidos directores italianos y norteamericanos. Por enfermedad de Mario Bonnard, con quien trabaja asiduamente como ayudante, termina *Los últimos días de Pompeya* (Gli ultimi giorni di Pompei, 1959), nueva versión de la obra de Bulwer Lytton, y dirige la segunda unidad de *Sodoma y Gomorra* (Sodom and Gomorrah, 1962), de Robert Aldrich; pero su primera película como realizador es el *peplum* hispano-italiano *El coloso de Rodas*. Se da a conocer con tres *spaguetti-western* de gran éxito rodados en Almería: *Por un puñado de dólares* está basado en Dashiell Hammett, Carlo Goldoni y, sobre todo, en *El mercenario* (Yojimbo, 1961), de Akira Kurosawa, que le gana un juicio que le hace no cobrar nada por su trabajo; *La muerte tenía un precio,* realizado con bastante más dinero, y *El bueno, el feo y el malo,* una superproducción de larga duración donde ya se aprecia su personal estilo y sus juegos narrativos con el tiempo; que lanzan al actor Clint Eastwood y al músico Ennio Morricone, introducen la violencia en el *western* y le hacen desaparecer como género. Fruto de esta desigual trilogía es *Hasta que llegó su hora,* un complejo y personal *western* escrito por Bernardo Bertolucci, Dario Argento y el propio realizador, que narra el nacimiento de una nación a través de algunos de sus más significativos personajes. Dedicado durante años a la publicidad y la producción de películas ajenas, en el último momento debe encargarse de la dirección de *¡Agáchate, maldito!,* cuando falla el norteamericano Sam Peckinpah, pero los resultados no son muy buenos. Su obra maestra es *Érase una vez en América,* donde alcanza la perfección su minucioso y personal estilo al contar una romántica y violenta historia de gángsters, ambientada en Nueva York durante los años de la Prohibición, cuya compleja y barroca estructura hace que se extienda a lo largo de cincuenta años. Muere durante la preparación de la superproducción bélica *Stalingrado* (Stalingrad), que en 1993 dirige el alemán Joseph Vilsmaier.

1961 *Il colosso di Rodi* (El coloso de Rodas).
1964 *Per un pugno di dollari* (Por un puñado de dólares).
1965 *Per qualche dollaro in più* (La muerte tenía un precio).
1966 *Il buono, il brutto, il cattivo* (El bueno, el feo y el malo).
1968 *C'era una volta il West* (Hasta que llegó su hora).
1971 *Giù la testa!* (¡Agáchate, maldito!).
1984 *C'era una volta in America* (Érase una vez en América).

LEROY, Mervyn *(San Francisco, California, 1900-Beverly Hills, California, Estados Unidos 1987)*

A consecuencia del famoso terremoto de 1906 queda huérfano, a los diez años debe dejar de estudiar para ponerse a trabajar y dos años más tarde debuta como actor de teatro. A finales de los años diez llega a Hollywood y trabaja como figurante, figurinista, ayudante de cámara y de producción, *gagman* y guionista antes de debutar como director a finales del período mudo. Durante los años treinta rueda treinta y cuatro películas para los estudios Warner, entre las que destacan los policiacos *Hampa dorada, Sed de escándalos, Soy un fugitivo, Dos segundos,* y el musical *Vampiresas 1933,* sobre todo por los números de Busby Berkeley; la historia femenina *Tres vidas de mujer,* y la narración de un linchamiento *They Won't Forget,* frente a grandes y más toscas producciones como *Luz a Oriente* y *El caballero Adverse.* Su etapa en los estudios Metro-Goldwyn-Mayer comienza como productor de *El mago de Oz* (The Wizard of Oz, 1939), de Victor Fleming, y sigue como director del excelente melodrama *El puente de Waterloo,* cuyo éxito trata de repetir en la fallida *Niebla en el pasado.* Tras el atractivo drama romántico *De corazón a corazón* y el interesante policiaco *Senda prohibida,* se convierte en un realizador cada vez más despersonalizado y tosco, como se puede apreciar en la biografía *Madame Curie,* la bélica *Treinta segundos sobre Tokio,* la versión de la novela de Louisa May Alcott *Mujercitas,* el *peplum* inacabable *Quo Vadis,* los musicales *El amor nació en París* —con una excelente escena final rodada por Vincente Minnelli—, *La primera sirena,* el mejor de todos —por los suntuosos números de Busby Berkeley—, *Mi amor brasileño, Rose Marie.* En 1955 regresa a los estudios Warner para desarrollar el tercero y último período de su carrera en el que sigue brillando su falta de personalidad. Destacan el *western* curioso *La pelirroja indómita,* el melodrama *Home Before Dark* y el largo musical *La reina del vodevil,* frente a las poco inspiradas adaptaciones teatrales *Escala en Hawai,* que firma con John Ford; *The Bad Seed,* sobre Maxwell Anderson; *No Time for Sergeants,* sobre Ira Levin; *A Majority of One,* sobre Leonard Spiegelgass, y *Mary, Mary,* sobre Jean Kerr. Rueda setenta y tres películas en poco menos de cuarenta años de profesión y cierra su irregular trayectoria con el aburrido melodrama *Momento a momento.*

1927 *No Place to Go.*
1928 *Flying Romeos.* / *Harold Teen* (El hacha de la clase). / *Oh, Kay!* (La señorita sin miedo). / *Naughty Baby* (Yo quiero un millonario).
1929 *Hot Stuff* (Tenorio entre bastidores). / *Broadway Babies* (Su éxito). / *Little Johnny Jones.*
1930 *Playing Around* (Piernas triunfadoras). / *Showgirl in Hollywood.* / *Numbered Men.* / *Top Speed* (A toda marcha).
1931 *Little Caesar* (Hampa dorada). / *A Gentleman's Fate* (El destino de un caballero). / *Too Young to Marry.* / *Broad Minded.* / *Five Star Final* (Sed de escándalo). / *Local Boy Makes Good.* / *Tonight or Never* (Esta noche o nunca).
1932 *High Pressure.* / *The Heart of New York.* / *Two Seconds* (Dos segundos). / *Big City Blues.* / *I Am a Fugitive From a Chain Gang* (Soy un fugitivo). / *Three on a Match* (Tres vidas de mujer).
1933 *Hard to Handle.* / *Elmer the Great.* / *Tugboat Annie* (Ana, la del remolque). / *Gold Diggers of 1933* (Vampiresas 1933). / *The World Changes* (El mundo cambia).
1934 *Hi, Nellie!* (¿Qué hay, Nellie?). / *Heat Lightning.* / *Happiness Ahead* (En pos de la ventura). / *Sweet Adeline* (Bella Adelina).
1935 *Oil for the Lamps of China* (Luz a Oriente). / *Page Miss Glory* (La divina Gloria). / *I Found Stella Parish* (Su vida privada).
1936 *Anthony Adverse* (El caballero Adverse). / *Three Men on a Horse.*
1937 *The King and the Chorus Girl.* / *They Won't Forget.*
1938 *Fools for Scandal.*
1940 *Waterloo Bridge* (El puente de Waterloo). / *Escape.*
1941 *Blossoms in the Dust* (De corazón a corazón). / *Unholy Partners.*
1942 *Johnny Eager* (Senda prohibida). / *Random Harvest* (Niebla en el pasado).
1943 *Madame Curie.*
1944 *Thirty Seconds Over Tokyo* (Treinta segundos sobre Tokio).
1946 *Without Reservation* (Sucedió en el tren).
1948 *Homecoming* (La rival).
1949 *Little Women* (Mujercitas). / *Any Number Can Play* (¡Hagan juego!).
1950 *East Side, West Side* (Mundos opuestos). / *Quo Vadis.*
1952 *Lovely to Look At* (El amor nació en París). / *Million Dollar Mermaid* (La primera sirena).
1953 *Latin Lovers* (Mi amor brasileño).
1954 *Rose Marie.*
1955 *Strange Lady in Town* (La pelirroja indómita). / *Mister Roberts* (Escala en Hawai), con John Ford.
1956 *The Bad Seed.* / *Toward the Unknown* (Al borde del infierno).
1958 *No Time for Sergeants.* / *Home Before Dark.*
1959 *The F.B.I. Story* (F.B.I. contra el imperio del crimen).
1960 *Wake Me When It's Over.*
1961 *The Devil at Four O'Clock* (El diablo a las cuatro).
1962 *A Majority of One.* / *Gypsy* (La reina del vodevil).
1963 *Mary, Mary.*
1966 *Moment to Moment* (Momento a momento).

LEVINSON, Barry *(Baltimore, Maryland, Estados Unidos, 1942)*

Estudia periodismo y radiotelevisión en la American University de Washington, trabaja en una emisora local de televisión y escribe *sketchs* cómicos para el actor Craig T. Nelson y para algunos programas de variedades de televisión. Desde mediados de los años setenta hasta principios de la década de los ochenta escribe guiones para Mel Brooks, Richard Donner, Norman Jewison y Howard Zieff; pero, cansado de no reconocer en la pantalla lo que ha escrito, debuta como director con *Diner,* la más personal de sus películas, donde, sobre un guión propio y con una clara carga autobiográfica, narra la vida de un grupo de amigos en Baltimore en 1959. Posteriormente rueda *El mejor,* impersonal fábula sobre un jugador de *base-ball* de los años treinta, basada en la primera novela de Bernard Malamud, convertida en guión por Robert Towne; *El secreto de la pirámide,* una producción de Steven Spielberg sobre la juventud del famoso detective británico Sherlock Holmes y el nacimiento de su amistad con el doctor Watson; *Dos estafadores y una mujer,* una comedia con guión propio que desarrolla una historia triangular crítica, ambientada en 1963 en Baltimore, y *Good Morning, Vietnam,* una irregular comedia sobre un *disc-jockey* en la guerra de Vietnam, al servicio del histriónico Robin Williams. Consigue un gran éxito y varios Oscars con *El hombre de la lluvia,* sobre las relaciones entre dos hermanos, uno normal y el otro autista, tras la muerte de su padre; pero le muestra como un artesano sin personalidad. Sus sucesivas películas son irregulares encargos: *Avalon,* donde parte de recuerdos personales para contar la vida de una familia de emigrantes polacos en Baltimore; *Bugsy,* peculiar historia de gángsters que narra cómo el mafioso Ben Siegel construye la ciudad de Las Vegas en el desierto de Nevada; *Fabricando ilusiones,* una fantasía infantil sobre una fábrica de juguetes donde solo interesan los decorados; *Jimmy Hollywood,* aburrido retrato de un loco por el cine, primera película norteamericana de Victoria Abril, y *Acoso,* una oportunista historia sobre la persecución sexual de un hombre por una mujer.

1982 *Diner.*
1984 *The Natural* (El mejor).
1986 *Young Sherlock Holmes* (El secreto de la pirámide).
1987 *Tin Men* (Dos estafadores y una mujer). / *Good Morning, Vietnam.*
1988 *Rain Man* (El hombre de la lluvia).
1990 *Avalon.*
1991 *Bugsy.*
1992 *Toys* (Fabricando ilusiones).
1993 *Jimmy Hollywood.*
1994 *Disclosure* (Acoso).
1996 *Sleepers.*

LEWIN, Albert *(Newark, New Jersey, 1894-Nueva York, Estados Unidos, 1968)*

Perteneciente a una acomodada familia judía, cursa brillantemente sus estudios y gana una beca para licenciarse en literatura inglesa en la Universidad de Harvard. Deja su trabajo de profesor de inglés en la Universidad de Missouri para combatir en la Gran Guerra. En la posguerra escribe crítica teatral y cinematográfica en el periódico *Jewish Tribune* y a principios de los años veinte el productor independiente Samuel Goldwyn le contrata para trabajar en el departamento de guiones y completa su aprendizaje como ayudante de montaje y *script* de los realizadores King Vidor y Viktor Sjöström. En 1924 pasa a los estudios Metro-Goldwyn-Mayer; el mítico productor Irving Thalberg le nombra su ayudante personal y jefe del departamento de guiones y escribe, entre otros, para Sidney Franklin, Robert Z. Leonard y Edward Sedgwick. Durante los años treinta interviene directamente en la producción de quince películas, entre las que destacan *El beso* (The Kiss, 1929), de Jacques Feyder; *La pelirroja* (Red Headed Woman, 1932), de Jack Conway; *What Every Woman Knows* (1934), de Gregory La Cava; *Mares de China* (China Seas, 1935), de Tay Garnett; *Rebelión a bordo* (Mutiny on the Bounty, 1935), de Frank Lloyd; *Lobos de mar* (Spawn of the North, 1938), de Henry Hathaway, y *Zaza* (1938), de George Cukor. Durante la década de los cuarenta dirige tres películas, protagonizadas por George Sanders, sobre las dificultades que encuentra una persona refinada para vivir: *Soberbia* está basada en una novela de Somerset Maugham y trata de la vida del pintor impresionista Paul Gauguin; *El retrato de Dorian Gray* es una buena adaptación de la famosa novela de Oscar Wilde, y *Los asuntos privados de Bel Ami* parte de la novela de Guy de Maupassant para hacer una de sus mejores obras. Su obra maestra es *Pandora y el holandés errante,* donde enlaza una leyenda nórdica y una griega en España para narrar la historia de un *amour fou* que vence el tiempo y el espacio, en torno a una bella mujer, encarnada por Ava Gardner, que se disputan un torero español, un corredor de automóviles británico y un marino holandés. Tienen mucho menos interés *Saadia*, una fantasía oriental basada en una novelita de Francis d'Autreville, y *The Living Idol*, confusa historia sobre la reencarnación de una princesa precolombina, que, al igual que sus restantes películas, escribe personalmente. Posteriormente sigue trabajando para los estudios Metro-Goldwyn-Mayer, que financian la mayoría de sus obras, como productor, guionista o director artístico, hasta poco antes de su muerte.

1942 *The Moon and Sixpence* (Soberbia).
1945 *The Picture of Dorian Gray* (El retrato de Dorian Gray).
1947 *The Private Affairs of Bel Ami* (Los asuntos privados de Bel Ami).
1951 *Pandora and the Flying Dutchman* (Pandora y el holandés errante).
1954 *Saadia*.
1956 *The Living Idol*.

LEWIS, Jerry *(Joseph Levitch. Newark, New Jersey, Estados Unidos, 1926)*

Perteneciente a una familia de actores de origen judío, a los cinco años sube por primera vez a un escenario, a los quince le expulsan del colegio y en 1942 ya aparece entre las atracciones de los cines de la cadena Paramount. En 1946 coincide con el cantante melódico Dean Martin en el escenario del cabaret donde actúa, a finales de la década se han convertido en la pareja cómica más popular de Estados Unidos y el productor Hal B. Wallis los contrata para los estudios Paramount. Entre 1949 y 1956 protagonizan dieciséis películas muy similares donde repiten sus papeles de cómico tonto y cantante listo; pero destacan *Viviendo su vida*, *Un fresco en apuros* y, sobre todo, *Artistas y modelos* y *Loco por Anita*, donde comienza su colaboración con el realizador Frank Tashlin. Separado de Dean Martin, a partir de *Delicado delincuente* se convierte en productor de la mayoría de sus películas y vive su mejor etapa durante la década de los sesenta. Entre las interesantes *Yo soy el padre y la madre*, *Tú, Kimi y yo*, *Cinderfella*, *¡Qué me importa el dinero!*, *Lío en los grandes almacenes* y *Caso clínico en la clínica*, donde prosigue su trabajo con Tashlin, dirige diez películas que tienen una demasiado buena acogida por la crítica europea, pero soportan mal el paso del tiempo. Tras *El botones*, rodada en quince días en un hotel de Miami e integrada por una sucesión mal estructurada de *gags*, su cine adquiere cierto rigor con *El terror de las chicas*, rodada en el brillante decorado de una residencia de señoritas partida por la mitad, y *El profesor chiflado*, ingeniosa adaptación de *Dr. Jekyll y Mr. Hyde*, de Robert Louis Stevenson, donde un tímido y feo profesor, encarnado por él, se transforma en el apuesto conquistador Dean Martin. Descubre su interés por los dobles en *Las joyas de la familia*, donde encarna a los seis tíos y al chófer de una huerfanita; después de dieciséis años acaba su contrato con Paramount, pero sigue investigando sobre el tema del doble en *Tres en un sofá*, donde interpreta a cuatro personajes, y en *¿Dónde está el frente?*, ambiciosa y fallida historia antibélica, en que es a la vez un multimillonario norteamericano y un oficial nazi, que rueda para diferentes estudios. A medida que aumenta la ambición de sus proyectos, disminuye su capacidad de hacer reír y su carrera se hunde con *The Day the Clown Cried* (1971), que no llega a distribuirse, sobre un *clown* de un campo de concentración que debe distraer a los niños judíos mientras esperan la muerte. Por problemas de salud durante los años setenta solo hace esporádicos programas de televisión. Solo regresa al cine a finales de la década, pero su momento ha pasado y sus pocos trabajos pasan inadvertidos.

Como director
1960 *The Bellboy* (El botones).
1961 *The Ladie's Man* (El terror de las chicas). / *The Errand Boy* (Un espía en Hollywood).
1963 *The Nutty Professor* (El profesor chiflado).
1964 *The Patsy* (Jerry Calamidad).
1965 *The Family Jewels* (Las joyas de la familia).
1966 *Three On a Couch* (Tres en un sofá).
1967 *The Big Mouth* (La otra cara del gángster).
1969 *One More Time*.
1970 *Which Way to the Front?* (¿Dónde está el frente?).
1979 *Hardly Working* (¡Dale fuerte, Jerry!).
1983 *Smorgasbord* (El mundo loco de Jerry).
Como actor
1949 *My Friend Irma*, de George Marshall.
1950 *My Friend Irma Goes West*, de George Marshall.

1951 *At War With the Army*, de Hal Walker. / *That's My Boy*, de Hal Walker.
1952 *Sailor Beware* (¡Vaya par de marinos!), de Hal Walker. / *Jumping Jacks*, de Norman Taurog.
1953 *The Stooge*, de Norman Taurog. / *Scared Stiff* (Una herencia de miedo), de George Marshall. / *The Caddy* (¡Qué par de golfantes!), de Norman Taurog.
1954 *Money From Home* (El jinete loco), de George Marshall. / *Living It Up* (Viviendo su vida), de Norman Taurog. / *Three Ring Circus*, de Joseph Pevney.
1955 *Artists and Models* (Artistas y modelos), de Frank Tashlin. / *You're Never to Young* (Un fresco en apuros), de Norman Taurog.
1956 *Partners* (Juntos ante el peligro), de Norman Taurog. / *Hollywood or Bust* (Loco por Anita), de Frank Tashlin.
1957 *The Delicate Delinquent* (Delicado delincuente), de Don McGuire. / *The Sad Sack* (El recluta), de George Marshall.
1958 *Rock-a-Bye Baby* (Yo soy el padre y la madre), de Frank Tashlin. / *The Geisha Boy* (Tú, Kimi y yo), de Frank Tashlin.
1959 *Don't Give Up the Ship* (Adiós mi luna de miel), de Norman Taurog.
1960 *Visit to Small Planet* (Un marciano en California), de Norman Taurog. / *Cinderfella*, de Frank Tashlin. / *The Bellboy* (El botones), de Jerry Lewis.
1961 *The Ladie's Man* (El terror de las chicas), de Jerry Lewis. / *The Errand Boy* (Un espía en Hollywood), de Jerry Lewis.
1962 *It's Only Money* (¡Qué me importa el dinero!), de Frank Tashlin. / *It's a Mad, Mad, Mad, Mad World* (El mundo está loco, loco, loco, loco), de Stanley Kramer.
1963 *Who's Minding the Store* (Lío en los grandes almacenes), de Frank Tashlin. / *The Nutty Professor* (El profesor chiflado), de Jerry Lewis.
1964 *The Disorderly Orderly* (Caso clínico en la clínica), de Frank Tashlin. / *The Patsy* (Jerry Calamidad), de Jerry Lewis.
1965 *Boeing Boeing*, de John Rich. / *The Family Jewels* (Las joyas de la familia), de Jerry Lewis.
1966 *Way... Way Out* (Un chalado en órbita), de Gordon Douglas. / *Three On a Couch* (Tres en un sofá), de Jerry Lewis.
1967 *The Big Mouth* (La otra cara del gángster), de Jerry Lewis.
1968 *Don't Raise the Bridge, Lower the River* (¡Qué día tengo!), de Jerry Paris.
1969 *Hook Line and Sinker* (Pescador pescado), de George Marshall.
1970 *Wich Way to the Front?* (¿Dónde está el frente?), de Jerry Lewis.
1979 *Hardly Working* (¡Dale fuerte, Jerry), de Jerry Lewis.
1981 *The King of Comedy* (El rey de la comedia), de Martin Scorsese.
1983 *Smorgasbord* (El mundo loco de Jerry), de Jerry Lewis.
1984 *Slapstick*, de Steven Paul. / *Retenez moi ou je fais un malheur*, de Michel Gérard. / *Par où t'es rentré? on t'a pas vu sortir*, de Ph. Clair.
1992 *Arizona Dream*, de Emir Kusturica.

LEWIS, Juliette *(Los Ángeles, California, Estados Unidos, 1973)*

Hija del actor Geoffrey Lewis y de la diseñadora gráfica Glenia Batlley, a los doce años comienza a hacer papeles secundarios en televisión y a los quince en cine. Descubierta por los personajes secundarios que encarna en *El cabo del miedo* y *Maridos y mujeres,* demuestra ser una gran actriz como protagonista de *Kalifornia* y *¿A quién ama Gilbert Grape?*

1988 *Meet the Hollowheads*, de Tom Bruman. / *Mi Stepmother Is an Alien* (Mi novia es una extraterrestre), de Richard Benjamin.
1989 *The Running Kind*, de Max Tash. / *National Lampoon's Christmas Vacation* (S.O.S., ya es Navidad), de Jeremiah Chechik.
1991 *Cape Fear* (El cabo del miedo), de Martin Scorsese.
1992 *Husbands and Wives* (Maridos y mujeres), de Woody Allen. / *Kalifornia*, de Dominic Sena. / *That Night*, de Craig Bolotin.
1993 *Romeo is Bleeding*, de Peter Medak. / *What's Eating Gilbert Grape?* (¿A quién ama Gilbert Grape?), de Lasse Halström.
1994 *Natural Born Killers* (Asesinos natos), de Oliver Stone.
1995 *Strange Days* (Días extraños), de Kathryn Bigelow.
1996 *From Dust Till Dawn* (Abierto hasta el amanecer), de Robert Rodríguez.

LEY DEL DESEO, LA *(1987)*

El famoso director de cine Pablo Quintana (Eusebio Poncela) mantiene una estrecha relación afectiva con Juan (Miguel Molina), pero entre ellos se interpone su ardiente admirador Antonio (Antonio Banderas), que impulsado por los celos llega a matar al muchacho. Mientras tanto Tina Quintero (Carmen Maura), la hermana transexual del director y protagonista de su montaje teatral de *La voz humana*, de Jean Cocteau, comienza a curarse sus graves problemas afectivos gracias a una relación con Antonio. Tras el planteamiento de una dura historia de homosexuales, donde el personaje del transexual aparece como una de las habituales y mejor desarrolladas bromas de Pedro Almodóvar, se esconde una mal dramatizada historia policiaca que no parece interesarle mucho. Dejando al margen algunas escenas brillantes, como el montaje teatral de la obra de Cocteau o aquella otra donde un barrendero ducha con su manga de riego a Tina en plena calle una calurosa noche de verano, el conjunto sufre un desequilibrio narrativo por falta de estructura dramática en el guión. Destaca el trabajo interpretativo de un joven Antonio Banderas y también el de Carmen Maura. Es la primera película escrita y dirigida por Pedro Almodóvar para su marca El Deseo, S.A.

Director y guionista: *Pedro Almodóvar*. Fotografía: *Ángel Luis Fernández*. Intérpretes: *Eusebio Poncela, Carmen Maura, Antonio Banderas, Miguel Molina, Nacho Martínez*. Producción: *Agustín Almodóvar para El Deseo, Lauren Films. Color.* Duración: *104'. España.*

LEY DEL HAMPA, LA (Underworld, 1927)

Narra las relaciones entre el gángster Bull Weed (George Bancroft), su atractiva amiga Feather McCoy (Evelyn Brent) y el abogado apodado Rolls Royce (Clive Brook), y cómo el primero llega a sentirse traicionado por el último, pero cuando al final los tres son rodeados por la policía, acaba sacrificándose por ellos. Esta producción es el origen del cine de gángsters, el principio de un nuevo subgénero, y una de las grandes películas mudas norteamericanas. Basada en un argumento del conocido guionista y novelista Ben Hecht, el olvidado Robert N. Lee y el propio realizador, y con la colaboración del reputado Jules Furthman, el maestro Josef von Sternberg hace su primera gran película. Destacan su gran influencia sobre un elevado número de producciones rodadas durante los años treinta y la presencia del famoso actor cómico Larry Semon, que encarna al personaje Slippy Lewis, en uno de los pocos papeles dramáticos de su carrera.

Director: *Josef von Sternberg*. Guionistas: *Ben Hecht, Robert N. Lee, Josef von Sternberg*. Fotografía: *Bert Glennon*. Intérpretes: *George Bancroft, Evelyn Brent, Clive Brook, Larry Semon*. Producción: *Paramount*. Duración: *85'. Estados Unidos.*

L'HERBIER, Marcel (*París, 1890-París, Francia, 1979*)

Nieto de un arquitecto e hijo del director de una importante empresa de transportes que llega a ser magistrado, estudia literatura y derecho en la Universidad de la Sorbona, París, además de armonía y contrapunto. Tras publicar algunas melodías, poesías y cuentos, entra en contacto con el cine cuando es destinado al Servicio Cinematográfico de la Armada francesa durante la Gran Guerra; colabora en algunos guiones durante la contienda y debuta como director con la obra de propaganda *Rose-France*. A finales de los años diez publica algunos importantes textos teóricos, como *Hermés et le silence;* a principios de los veinte rueda para Gaumont la famosa obra realista, *Eldorado*, con una clara influencia del cine alemán de la época; pero sus mejores películas mudas las hace a finales de la década para su marca Cinégraphic: *L'inhumaine, El difunto Matías Pascal*, sobre la obra homónima de Luigi Pirandello, y su novela maestra *Dinero*. Durante los años treinta realiza el grueso de sus películas, pero con la llegada del sonoro renuncia a cualquier tipo de cine de vanguardia y personal, en favor del comercial, tal como queda muy claro a lo largo de *El hijo del amor, El misterio del cuarto amarillo* y *El perfume de la dama enlutada*. En la segunda parte de la década de los treinta hace sobre todo producciones militaristas: *Ruta de héroes, Víspera de combate, La ruta sin fin* y *La ciudadela del silencio,* hasta llegar a *Entente cordiale,* sobre la amistad franco-inglesa. Entre sus últimos trabajos destacan *La comédie du bonheur* y *La nuit fantastique,* rodadas durante la ocupación alemana de Francia. En 1940 es nombrado presidente de la recién creada Cinémathéque Française y en 1943 funda el I. D. H. E. C., la escuela de cine de París. Trabaja regularmente hasta los años cincuenta, pero su cine pierde todo interés, y continúa en televisión hasta principios de los setenta.

1918 *Rose-France.*
1919 *Le carnaval des vérités.*
1920 *L'homme du large.*
1921 *Villa Destin. / Prométhée banquier.*
1922 *Eldorado.*
1923 *Don Juan et Faust.*
1924 *L'inhumaine.*
1925 *Feu Mathias Pascal* (El difunto Matías Pascal).

1926 *Le vertige*.
1928 *Le diable au coeur* (Ex voto). / *L'argent* (Dinero).
1930 *Nuits de prince.* / *L'enfant de l'amour* (El hijo del amor).
1931 *La femme d'une nuit.* / *Le mystère de la chambre jaune* (El misterio del cuarto amarillo).
1932 *Le parfum de la dame en noir* (El perfume de la dama enlutada).
1933 *L'épervier* (El gavilán).
1934 *Le scandale.* / *L'aventurier.*
1935 *Le bonheur.* / *La route impériale* (Ruta de héroes). / *Veille d'armes* (Víspera de combate).
1936 *Les hommes nouveaux.* / *La porte du large* (La ruta sin fin).
1937 *La citadelle du silence* (La ciudadela del silencio). / *Nuits de feu* (Noches de fuego). / *Forfaiture* (La marca del fuego).
1938 *Adrienne Lecouvreur.* / *Terre de feu.* / *Tragédie impériale* (Rasputín).
1939 *Entente cordiale.* / *La brigade sauvage* (Brigada salvaje).
1940 *La comédie du bonheur.*
1941 *Histoire de rire.*
1942 *La nuit fantastique.*
1943 *L'honorable Catherine* (La honorable Catalina). / *La vie de bohème* (De amor también se muere).
1946 *Au petit bonheur* (Rabiosilla). / *L'affaire du collier de la Reine.*
1947 *La révoltée.*
1949 *Les derniers jours de Pompéi* (Los últimos días de Pompeya).
1953 *Le pére de Mademoiselle.*

LIBERTARIAS *(1995)*

El 19 de julio de 1936, tras fracasar en Barcelona la rebelión militar organizada por el general Franco, un grupo de seis mujeres muy diferentes se va a luchar al frente de Aragón con la columna Durruti para liberar Zaragoza. A la vez que la evolución que viven la doctrinaria Concha (Laura Maña), la libertaria Aura (Blanca Azpilánez), la prostituta Charo (Loles León) y la visionaria Floren (Victoria Abril) se narra el amor que llega a unir a la revolucionaria Pilar (Ana Belén) con la monja María (Ariadna Gil). Sin embargo, la utopía libertaria dura poco, sus sueños no tardan en desvanecerse tras la sangrienta toma de un pueblo que no tiene el menor interés estratégico, el 30 de octubre de 1936. Cuando el propio Durruti ha encargado al ex cura Jesús (Miguel Bosé) que se deshaga de las mujeres que hay luchando en el frente, que las mande a lavar y planchar, los moros al mando del general Franco acaban con todos ellos. Tras quince años de espera, Vicente Aranda consigue hacer esta gran película sobre la guerra española a partir de un guión del novelista Antonio Rabinat y suyo, basado en un argumento de José Luis Guarner y suyo. Con un logrado tono épico, llena de escenas con una gran fuerza, rodada con una habilidad de maestro consagrado, Aranda realiza esta obra maestra de su filmografía. Destacan la habilidad con que está dado el paso de la euforia inicial a una sensación generalizada de fracaso, de absurdo, de frustración, así como la riqueza del original personaje de María, que de monja convencida pasa a ser libertaria militante hasta llegar a ser una curiosa mezcla de ambas, que consagra a Ariadna Gil como una gran actriz. Merece también una mención especial la excelente música de José Nieto.

Director: *Vicente Aranda*. Guionistas: *Antonio Rabinat, Vicente Aranda*. Fotografía: *José Luis Alcaine, Juan Amorós*. Música: *José Nieto*. Intérpretes: *Ariadna Gil, Ana Belén, Victoria Abril, Laura Maña, Blanca Azpilánez, Loles León, Jorge Sanz, Joan Crosas, Miguel Bosé, Antonio Dechent, José Sancho*. Producción: *Andrés Vicente Gómez para Sogetel, Lola Films, Color. Scope.* Duración: *125'. España.*

LIBRO DE LA SELVA, EL *(Jungle Book, 1942)*

Las aventuras de Mowgli, el niño educado por la loba *Rashka* en medio de la selva, que se enfrenta al tigre *Shere-Khan* y descubre un tesoro en un perdido palacio, narradas por el escritor británico Rudyard Kipling en su conocida obra homónima, convertida hace tiempo en un clásico de la literatura juvenil, son origen de tres películas norteamericanas. En primer lugar se sitúa esta, producida en 1942 por Alexander Korda durante su exilio en Estados Unidos provocado por la II Guerra Mundial y dirigida por su hermano Zoltan Korda; cuyo protagonista es el andrógino Sabu, tiene una excelente fotografía en Technicolor de Lee Garmes y W. Howard Greene y una inspirada música de Miklos Rozsa. Luego aparece la versión en dibujos animados estrenada en 1967, la última supervisada personalmente por Walt Disney, realizada por Wolfgang Reitherman, un animado musical, con canciones de Richard y Robert Sherman, que tiene gran éxito. Gracias a él, veintisiete años después Walt Disney Productions vuelve a plantear una nueva versión con personajes reales, pero esta película, realizada en 1994 por Stephen Sommers, se limita a narrar los castos amores de un atlético Mowgli con una atractiva joven, interpretados, respectivamente, por Jason Scott Lee y Lena Headey.

Director: *Zoltan Korda*. Guionista: *Laurence Stallings*. Fotografía: *Lee Garmes, W. Howard Greene*. Música: *Miklos Rozsa*. Intérpretes: *Sabu, Joseph Calleia, John Qualen, Frank Puglia, Rosemary de Camp, Patricia O'Rourke*. Producción: *Alexander Korda para United Artists. Color.* Duración: *109'. Estados Unidos.*

LILÍ *(1953)*

En la Francia de la posguerra, la joven huérfana Lili Daurier (Leslie Caron) llega a un pequeño pueblo para trabajar en la panadería, pero su dueño ha muerto, no sabe qué hacer y queda fascinada por el prestidigitador Mar (Jean-Pierre Aumont), que actúa en una cercana feria. Mientras el titiritero Paul Berthalet (Mel Ferrer) le da trabajo al montar ella, por casualidad, un número de éxito con sus muñecos y con la canción *Hi Lili, Hi Lo*. Tras el éxito personal obtenido en *Un americano en París* (An American in Paris, 1951), de Vincente Minnelli, el productor Edwin H. Knopf, de Metro-Goldwyn-Mayer, prepara esta película hecha a la medida de Leslie Caron, pero Minnelli no quiere dirigirla y acaba haciéndolo el coreógrafo Charles Walters. Íntegramente rodada en decorados, su principal problema es que el personaje de Leslie Caron tiene bastantes menos años que la actriz y resulta un tanto falsa su historia de amor entre el prestidigitador, que no le hace ningún caso, y el titiritero, que se muere por ella, subrayada con los dos únicos y no muy conseguidos números musicales, con un excesivo y falso aire surrealista. Sin embargo, en su momento tiene un gran éxito, convierte a Leslie Caron en una estrella y la canción de Bronislau Kaper *Hi Lili, Hi Lo* gana un Oscar y se hace muy popular.

Director: *Charles Walters*. Guionista: *Helen Deutsch*. Fotografía: *Robert Planck*. Música: *Bronislau Kaper*. Intérpretes: *Leslie Caron, Jean-Pierre Aumont, Mel Ferrer, Zsa Zsa Gabor, Kurt Kasznar*. Producción: *Edwin H. Knopf para Metro-Goldwyn-Mayer. Color.* Duración: *81'. Estados Unidos.*

LILITH *(1964)*

Las relaciones en una clínica mental del enfermero Vincent Bruce (Warren Beatty), enamorado de la atractiva paciente ninfómana Lilith (Jean Seberg) y celoso de otro enfermo, Stephen (Peter Fonda), dan lugar a un peculiar melodrama que analiza los límites entre pasión y locura, y no se parece a ningún otro. Esta última película escrita, producida y dirigida por Robert Rossen, que muere poco después de finalizarla, es una de las mejores pruebas de su talento y su obra maestra, pero en Estados Unidos no tiene ningún éxito, mientras en Europa es acogida con entusiasmo por la crítica. Destacan la excelente actuación de Jean Seberg, en el mejor papel de su desigual carrera, y la contrastada fotografía del veterano Eugen Schüftan.

Director y guionista: *Robert Rossen*. Fotografía: *Eugen Schüfftan*. Música: *Kenyon Hopkins*. Intérpretes: *Warren Beatty, Jean Seberg, Peter Fonda, Kim Hunter, Anne Meacham, Jessica Walter, Gene Hackman*. Producción: *Robert Rossen para Centaur / Colombia.* Duración: *126'. Estados Unidos.*

LIMPIABOTAS, EL *(Sciuscià, 1946)*

Basada en un guión de Cesare Zavattini, Sergio Amidei y el propio Vittorio de Sica, esta primera película importante dirigida por el famoso actor es una de las más conocidas y contradictorias obras neorrealistas, cuyo título original es una peculiar contracción de la palabra norteamericana *shoe-shiner*, que significa limpiabotas. Por un lado, la práctica totalidad de sus intérpretes son niños debutantes y tiene una larga introducción, rodada en las calles de Roma, donde se describe con minuciosidad la vida de estos huérfanos de la guerra que viven como pueden. Una vez que Pasquale (Franco Interlenghi) y Giuseppe (Rinaldo Smordoni), los jovencísimos protagonistas, son detenidos por colaborar en el robo de la casa de una adivina, la historia transcurre en una cárcel para menores, un excelente decorado, más cercana al mundo del novelista Charles Dickens que al neorrealismo, donde se narra cómo las autoridades consiguen que los amigos inseparables dejen de serlo. Y, por otro lado, tiene un tono fantástico, característico de Zavattini, frente al realismo de Amidei, centrado en que la única ilusión de los golfillos es comprar un caballo blanco, mantenerlo con sus ahorros y montarlo, lo que añade un claro simbolismo a un final casi en contradicción con el resto de la historia. En cualquier caso, es una gran película, muy bien rodada por Vittorio de Sica, con una grúa perfectamente empleada en la cárcel y algunas complejas escenas resueltas con mucha habilidad, como la del incendio del proyector durante la sesión de cine en la cárcel y la posterior fuga de presos. Mientras que en Italia es un fracaso comercial, gana el Oscar destinado a la producción extranjera.

Director: *Vittorio de Sica*. Guionistas: *Sergio Amidei, Adolfo Franci, Cesare Giulio Viola, Cesare Zavattini, Vittorio de Sica*. Fotografía: *Anchise Brizzi*. Música: *Alessandro Cicognini*. Intérpretes: *Franco Interlenghi, Rinaldo Smordoni, Aniello Mele, Bruno Ortensi, Emilio Cigoli*. Producción: *Paolo William Tamburella para Cinca Alfa*. Duración: *95'*. Italia.

LINTERNA ROJA, LA *(Dahong Denglong gaogao gua, 1991)*

Las relaciones entre el poderoso señor Chen (Ma Jingwu) y sus cinco esposas, narradas a través del punto de vista de la joven Sonlian (Gong Li), la cuarta esposa, en la China tradicional de los años veinte, dan lugar a una película muy bien rodada por Zhang Yimou. Al igual que ocurre en sus primeras obras, Yimou presta demasiada atención a los aspectos puramente visuales, deja demasiado claro su pasado como brillante director de fotografía. Desarrollada íntegramente en el interior de un gran palacio, narra las intrigas entre Yuru (Jin Shuyuan), Shuoyun (Cao Cuifeng), Meisham (He Caifei) y Sonlian, la primera, la segunda, la tercera y la cuarta esposa, respectivamente, para ver quién consigue cada día los favores de su marido, para que sitúen ante su vivienda el farol rojo, para mandar sobre las demás; y también cuenta cómo la tercera esposa simula un falso embarazo y es castigada al ser descubierta. Una vez más en el cine de Zhang Yimou destaca el excelente trabajo de la bella actriz Gong Li, que esta vez encarna a una mujer fría, cerebral, que se desmoraliza poco a poco y llega a enloquecer cuando comprueba que por su culpa han asesinado a la tercera esposa. Obra eminentemente femenina, se desarrolla entre las esposas y sus criadas, mientras que el poderoso señor es un ser lejano, que apenas aparece y ni siquiera es digno de un primer plano.

Director: *Zhang Yimou*. Guionista: *Ni Zheng*. Fotografía: *Zhao Fei*. Música: *Zhao Jiping*. Intérpretes: *Gong Li, Jin Shuyuan, Cao Cuifeng, He Caifei, Ma Jingwu, Konh Lin*. Producción: *Era International (Hong-Kong), China Film Corporation (Pekín)*. Color. Duración: *125'*. Hong-Kong - China.

LITTÍN, Miguel *(Palmilla, Chile, 1942)*

Estudia arte dramático en la Universidad de Chile, escribe obras teatrales de vanguardia y a principios de los años sesenta comienza a trabajar como director de teatro y más tarde también de televisión. Debuta como realizador de cine con El chacal de Nahueltoro, crónica de los asesinatos cometidos por el campesino borracho José del Carmen Valenzuela Torres, reeducado en la cárcel antes de ser ajusticiado, basada en hechos reales y narrada de manera realista. Menos interés despierta *La tierra prometida*, sobre una comunidad socialista establecida en 1932 al norte de Chile, demasiado influida por el personal cine del realizador húngaro Miklós Jancsó. Nombrado en 1971 director de la empresa pública Chile Films por el gobierno de Salvador Allende, debe exiliarse dos años después, tras el triunfo del golpe militar del general Augusto Pinochet. En México rueda *Actas de Marusia*, sobre la violenta represión por el ejército chileno de una huelga en unas minas de salitre en 1907, dentro del cine político característico de esos años. Instalado en España, realiza diferentes coproducciones entre países latinoamericanos como *El recurso del método*, sobre la novela de Alejo Carpentier; *La viuda Montiel*, basada en la narración de Gabriel García Márquez, y *Alsino y el cóndor*, historia de un niño que sueña con volar, contada sobre el fondo de la revolución nicaragüense. Rodada en doble versión inglesa y castellana, en un montaje para televisión y otro para cine, la superproducción *Sandino*, biografía del líder de la revolución sandinista, resulta confusa, larga y poco atractiva.

1969 *El chacal de Nahueltoro.*
1973 *La tierra prometida.*
1976 *Actas de Marusia.*
1978 *El recurso del método.*
1979 *La viuda Montiel.*
1982 *Alsino y el cóndor.*
1990 *Sandino.*

LITVAK, Anatole *(Michel Anatole Litwak. Kiev, Rusia, 1902-Neuilly-sur-Seine, Francia, 1974)*

Estudia filosofía y arte dramático en San Petersburgo, trabaja en teatro y cine como decorador y debuta como director con *Tatiana,* una película protagonizada por niños. Durante la segunda mitad de los años veinte trabaja como montador en Berlín, hasta que con la llegada del sonoro, y gracias a su dominio del francés y el inglés, dirige *Dolly Macht Karriera, Nie Wieder Liebe* y *Das Lied einer Nacht,* tres irregulares producciones en versión alemana, francesa e inglesa, según la costumbre de una época en que no se ha generalizado el doblaje. Instalado en Francia, realiza cinco películas y el éxito de *Sueños de príncipe* y, sobre todo, *La tripulación del cielo,* una historia de aviación basada en una novela de Joseph Kessel, le vale un contrato de los estudios R. K. O. para volverla a rodar en Hollywood con el título *The Woman I Love.* En 1936 llega a Estados Unidos, no tarda en nacionalizarse y durante veinticinco años rueda veinte desiguales producciones. Destacan sus trabajos para los estudios Warner: la comedia *Tovarich;* los dramas románticos, al servicio de Bette Davis, *Las hermanas* y *El cielo y tú;* la realista historia de espionaje *Confessions of a Nazi Spy;* el policiaco *Castle on the Hudson;* el melodrama de boxeo *Ciudad de conquista;* la historia de gángsters basada en una obra de teatro de Irwin Shaw *Out of the Fog;* la melodramática historia de los miembros de una banda de jazz, escrita por Robert Rossen, *Blues in the Night.* Durante la II Guerra Mundial se enrola en el ejército y dirige, solo o en colaboración con Frank Capra, varios documentales de la serie *Why We Fight.* De sus películas de la posguerra sobresalen: *Noche eterna,* nueva y eficaz versión de *Le jour se lève* (1939), de Marcel Carné; el policiaco protagonizado por Barbara Stanwyck *Voces de muerte;* la historia de una mujer con problemas mentales encarnada por Olivia de Havilland *Nido de víboras,* que obtiene varios Oscars, y la interesante producción bélica *Decision Before Dawn.* Como consecuencia de las presiones del Comité de Actividades Antinorteamericanas, rueda en París la romántica *Act of Love,* en Londres la comedia de Terence Rattigan *The Deep Blue Sea,* y se despide de Hollywood con la teatral *Anastasia* y el panfleto anticomunista *Rojo atardecer.* Instalado en París, desarrolla el peor período de su carrera, siempre en coproducciones entre Francia y Estados Unidos, a lo largo de *No me digas adiós,* adaptación de una novela de Françoise Sagan; el melodrama *Un abismo entre los dos;* el pretencioso policiaco bélico, de amplio reparto masculino, *La noche de los generales,* y la aburrida historia de suspense *La dama del coche con gafas y un fusil.*

1924 *Tatiana.*
1929 *Dolly Macht Karriere.*
1931 *Nie Wieder Liebe.*
1932 *Das Lied einer Nacht. / Coeur des lilas.*
1933 *Cette vieille canaille* (Trágica atracción). */ Sleeping Car* (Tenorio de sleeping).
1935 *L'équipage* (La tripulación del cielo).
1936 *Mayerling* (Sueños de príncipe).
1937 *The Woman I Love. / Tovarich.*
1938 *The Amazing Dr. Clitterhouse. / The Sisters* (Las hermanas).
1939 *Confessions of a Nazi Spy.*
1940 *Castle on the Hudson. / All This and Heaven Too* (El cielo y tú). */ City for Conquest* (Ciudad de conquista).
1941 *Out of the Fog. / Blues in the Night.*
1942 *This Above All* (Sé fiel a ti mismo).
1947 *The Long Night* (Noche eterna).
1948 *Sorry, Wrong Number* (Voces de muerte). */ The Snake Pit* (Nido de víboras).
1951 *Decision Before Dawn.*
1954 *Act of Love.*
1955 *The Deep Blue Sea.*
1956 *Anastasia.*
1959 *The Journey* (Rojo atardecer).
1961 *Goodbye Again* (No me digas adiós).
1962 *Five Miles to Midnight* (Un abismo entre los dos).
1966 *The Night of the Generals* (La noche de los generales).
1970 *The Lady in the Car With Glasses and a Gun* (La dama del coche con gafas y un fusil).

LLAVES DEL REINO, LAS *(The Keys of the Kingdom, 1944)*

Tras perder a sus padres y ver morir a su amada al dar a luz el hijo ilegítimo de otro, el escocés Francis Chisholm (Gregory Peck) se hace sacerdote. Las cosas no empiezan a irle bien hasta que a finales del siglo XIX parte como misionero hacia China, donde tras algunas vicisitudes y enfrentamientos descubre que el verdadero sentido de la vida es ayudar a los desheredados, lo que le hace acabar sus días solitario, pero reconocido por todos. Tomando como punto de partida una conocida novela de A. J. Cronin, convertida en guión por los más tarde también realizadores Nunnally Johnson y Joseph L. Mankiewicz, que en esta ocasión además es responsable de la producción, el especialista en melodramas John M. Stahl hace una edificante y bien realizada película, narrada a lo largo de un amplio *flashback* e íntegramente rodada con decorados. Destacan la sobria interpretación de Gregory Peck, la excelente fotografía de Arthur Miller y la apropiada música de Alfred Newman.

Director: *John M. Stahl*. Guionistas: *Joseph L. Mankiewicz, Nunnally Johnson*. Fotografía: *Arthur Miller*. Música: *Alfred Newman*. Intérpretes: *Gregory Peck, Thomas Mitchell, Vincent Price, Rose Stradner, Roddy McDowall, Edmund Gween, Cedric Hardwicke, Peggy Ann Garner, Anne Revere*. Producción: *Joseph L. Mankiewicz para 20th Century Fox*. Duración: *137'*. *Estados Unidos*.

LLOYD, Harold *(Harold Clayton Lloyd. Burchard, Nebraska, 1893-Beverly Hills, California, Estados Unidos, 1971)*

Hijo de un pastor protestante, a los cuatro años sube por primera vez a un escenario para hacer un personaje cómico en un programa de variedades. Mientras estudia en la San Diego Dramatic School, a los doce años debuta como actor profesional y a los diecinueve deja el teatro por el cine. Cuando trabaja como figurante en *westerns* rodados en los estudios Universal, se hace amigo de su compañero Hal Roach, al heredar este una cantidad importante y decidir producir películas cómicas, le contrata como protagonista de la serie *Willie Work*. Entre 1914 y 1922 rueda más de doscientos cincuenta cortometrajes de diez o veinte minutos de duración para los productores Mack Semett y Hal Roach y, tras la serie *Lonesome Luke*, se hace famoso encarnando a un joven normal con gafas de concha. Casado con la actriz Mildred Davis, protagonista de todas sus películas entre 1919 y 1923, a principios de los años veinte crea su propia compañía, la Harold Lloyd Corporation, para la que hace la práctica totalidad de sus restantes películas. Su gran éxito es *El hombre mosca*, que le lleva a repetir las escenas de un hombre a punto de caerse de un alto edificio en *¡Ay, que me caigo!* y *El pecado de Harold Diddlebock,* pero también tienen un gran interés *El tenorio tímido, Casado y con suegra, El estudiante novato,* realizadas por los excelentes Fred Newmayer y Sam Taylor en colaboración. Sus cada vez más elaboradas comedias, cuyo único fallo dentro de su perfección es su estructura dramática, estar compuestas por una reunión de cortometrajes, alcanzan gran altura con *El hermanito* y *Relámpago,* que dirige Ted Wilde. A pesar de la creencia, demasiado extendida, de que su cine pierde fuerza con la llegada del sonoro, *¡Ay, que me caigo!, Cinemanía* y *La garra del gato* demuestran lo contrario: la perfecta transición del mudo al sonoro con un aumento paulatino de diálogos y música. Tras la fallida *La Vía Láctea,* a pesar de estar dirigida por el especialista en comedias cómicas Leo McCarey, su última película es *El pecado de Harold Diddlebock* —que también marca el final de la carrera del guionista y director Preston Sturges—, que en su versión original, no en la cortada por el multimillonario productor Howard Hughes, es mucho mejor de lo que siempre se ha creído. Después de Buster Keaton y Charles Chaplin y antes de Harry Langdon, es uno de los grandes cómicos del cine mudo.

1921 *A Sailor Made-Man* (Marinero de agua dulce), de Fred Newmayer.
1922 *Grandma's Boy* (El mimado de la abuelita), de Fred Newmayer. / *Doctor Jack* (El doctor Jack), de Fred Newmayer.
1923 *Safety Last* (El hombre mosca), de Fred Newmayer y Sam Taylor. / *Why Worry?* (¡Venga alegría!), de Fred Newmayer y Sam Taylor. / *Girl Shy* (El tenorio tímido), de Fred Newmayer y Sam Taylor.
1924 *Hot Water* (Casado y con suegra), de Fred Newmayer y Sam Taylor.
1925 *The Freshman* (El estudiante novato), de Fred Newmayer y Sam Taylor.
1926 *For Heaven's Sake* (¡Ay, mi madre!), de Sam Taylor.
1927 *The Kid Brother* (El hermanito), de Ted Wilde.
1928 *Speedy* (Relámpago), de Ted Wilde.
1929 *Welcome Danger* (¡Qué fenómeno!), de Clyde Bruckman.
1930 *Feet First* (¡Ay, que me caigo!), de Clyde Bruckman.
1932 *Movie Crazy* (Cinemanía), de Clyde Bruckman.
1934 *The Cat's Paw* (Las garras del gato), de Sam Taylor.
1936 *The Milk Way* (La Vía Láctea), de Leo McCarey.

1938 *Professor Beware*, de Elliott Nugent.
1947 *The Sin of Harold Diddlebock* (El pecado de Harold Diddlebock), de Preston Sturges.

LLUEVE SOBRE MI CORAZÓN *(The Rain People, 1969)*

Asustada porque está embarazada, la joven Natalie (Shirley Knight) abandona a su marido y a sus padres y huye por las carreteras de Estados Unidos sin saber dónde ir. Bajo la lluvia recoge a un autoestopista, Kilgannon (James Caan), que resulta ser un jugador de fútbol americano que se ha quedado tonto tras un accidente laboral y tampoco sabe dónde ir. Poco a poco, y gracias a la casual colaboración del agente de policía Gordon (Robert Duvall), que desencadena un buen, aunque quizá demasiado trágico, final, Natalie descubre cómo cuidar a Kilgannon y desaparece su miedo ante la maternidad. Cuarto largometraje de Francis Ford Coppola, primero de los importantes, tiene una sólida estructura de itinerario y un excesivo simbolismo. Sin embargo, sobran los recuerdos de los protagonistas, dados en breves *flashbacks,* resultan inútiles desde el punto de vista narrativo y molestos desde el visual.

Director y guionista: *Francis Ford Coppola.* Fotografía: *Wilmer Butler.* Música: *Ronald Stein.* Intérpretes: *Shirley Knight, James Caan, Robert Duvall, Tom Aldredge, Marya Zimmet.* Producción: *American Zoetrope para Warner.* Color. Duración: *101'.* Estados Unidos.

LO QUE EL VIENTO SE LLEVÓ *(Gone With the Wind, 1939)*

En la Georgia de 1861 la joven Scarlett O'Hara (Vivien Leigh) ama a su primo Ashley Wilkes (Leslie Howard), pero él prefiere a la tranquila Melanie Hamilton (Olivia de Havilland), lo que la lleva a consolarse con el aventurero Rhett Butler (Clark Gable). Sin embargo, el comienzo de la guerra de Secesión y su orgullo la hacen casarse con dos hombres a quienes no ama, de los que no tarda en enviudar, y rechazar la propuesta de matrimonio de Rhett Butler, mientras la rica plantación de Tara es aniquilada por la guerra. Con esta historia, tomada de la única novela de Margaret Mitchell, el productor independiente David O. Selznick hace una de las películas más comerciales y características de Hollywood. Tras la difícil redacción del guión, en la que intervienen una docena de destacados profesionales entre los que sobresale el famoso novelista Francis Scott Fitzgerald, y una larga preparación, en la que se hacen pruebas a cien candidatas al papel protagonista, comienza a rodarla el prestigioso George Cukor, pero tres semanas después, por sus desavenencias con Clark Gable, es sustituido por Victor Fleming, quien la acaba y firma. Sin embargo, también incluye muchas escenas rodadas por los directores Sam Wood y William A. Wellman, el actor Leslie Howard, el decorador William Cameron Menzies y el productor Val Lewton. De manera que el verdadero creador de esta superproducción de cuatro horas de duración, que cuesta cuatro millones de dólares de la época, es su productor David O. Selznick. Ganadora de ocho importantes Oscars, no solo se convierte en un gran éxito en el momento de su estreno, sino que ha sido objeto de periódicas reposiciones con similares repercusiones en el público.

Director: *Victor Fleming.* Guionista: *Sidney Howard.* Fotografía: *Ernest Haller, Ray Rennahan.* Música: *Max Steiner.* Intérpretes: *Clark Gable, Vivien Leigh, Olivia de Havilland, Leslie Howard, Thomas Mitchell, Barbara O'Neil, Hattie McDaniel, Butterfly McQueen.* Producción: *David O. Selznick para Metro-Goldwyn-Mayer.* Color. Duración: *220'.* Estados Unidos.

LOACH, Ken *(Kenneth Loach. Londres, Reino Unido, 1936)*

Abandona sus estudios de derecho para trabajar en teatro y el éxito de algunos de sus montajes le lleva a una fructífera carrera en televisión. Tras cuatro años de intenso trabajo en televisión, convertido en un hábil documentalista que sabe emplear su técnica para narrar historias de ficción, debuta como director de cine con *Poor Cow,* sobre la vida de una joven mamá; *Kes,* historia de un mal alumno que se hace un experto en cetrería, y *Vida familiar,* en torno a la neurosis de una muchacha, que le dan a conocer internacionalmente. Sin embargo, durante los años setenta y ochenta trabaja sobre todo para televisión y sólo rueda para cine *Black Jack,* sobre las relaciones entre los niños y la medicina en el siglo XVIII; *Looks and Smiles,* sobre el paro juvenil, y *Fatherland.* El éxito de

Agenda oculta, dentro de la tradición del cine político de denuncia, le lleva en la década de los noventa a dejar la televisión por el cine. La trilogía sobre diferentes problemas obreros integrada por *Riff-Raff, Lloviendo piedras* y *Ladybird, Ladybird,* que narra historias de ficción basadas en hechos reales con técnica documental, tiene casi más éxito en España que en su país. Lo que aprovecha para hacer la mejor y más ambiciosa de sus películas, *Tierra y libertad,* sobre los enfrentamientos entre estalinistas y trotskistas durante la guerra española, que rueda en España en una buena mezcla de inglés, castellano, alemán y catalán.

1968 *Poor Cow.*
1970 *Kes.*
1972 *Family Life* (Vida familiar).
1979 *Black Jack.*
1981 *Looks and Smiles.*
1986 *Fatherland.*
1990 *Hidden Agenda* (Agenda oculta).
1991 *Riff-Raff.*
1993 *Raining Stones* (Lloviendo piedras).
1994 *Ladybird, Ladybird.*
1995 *Land and Freedom* (Tierra y libertad).

LOBA, LA *(The Little Foxes, 1941)*

Sin olvidar sus orígenes teatrales y gracias a una eficaz atmósfera creada por el realizador William Wyler con la complicidad del director de fotografía Gregg Toland, narra el final de la aristocracia terrateniente del Sur de Estados Unidos y la aparición de la burguesía industrial aliada con el Norte, a través de las vicisitudes de la familia Hubbard, ávida de poder y riqueza. Oscar Hubbard (Carl Benton Reid) y Ben Hubbard (Charles Dingle) piden a su hermana Regina Giddens (Bette Davis), casada con el banquero Horace Giddens (Herbert Marshall), una importante suma de dinero para sus negocios. El banquero no accede a dársela y el matrimonio se distancia cada vez más, hasta el extremo de que ella le deja morir cuando él se siente agonizar, y al descubrirlo su hija Alexandra Giddens (Teresa Wright) deja sola a la madre. A partir de su propia obra teatral, la conocida escritora Lillian Hellman hace un buen guión que, eficazmente dirigido por William Wyler y bien producido por Samuel Goldwyn, da lugar a un estupendo melodrama en el que brilla la sabiduría interpretativa de Bette Davis en uno de sus más característicos papeles de malvada.

Seleccionada para ocho importantes Oscars, no obtiene ninguno, pero consigue un gran éxito de crítica y público.

Director: *William Wyler.* Guionista: *Lillian Hellman.* Fotografía: *Gregg Toland.* Música: *Meredith Wilson.* Intérpretes: *Bette Davis, Herbert Marshall, Teresa Wright, Richard Carlson, Charles Dingle, Dan Duryea, Carl Benton Reid, Patricia Collinge, Jessica Grayson.* Producción: *Samuel Goldwyn.* Duración: *116'. Estados Unidos.*

LOBO *(Wolf, 1994)*

La leyenda del licántropo, el hombre mordido por un lobo, que las noches de luna llena se transforma en un peligroso animal y solo puede ser abatido por una bala de plata, ha sido origen de múltiples películas, pero la más original es esta. Narra cómo Will Randall (Jack Nicholson), editor de una importante editorial de Nueva York, es mordido accidentalmente por un lobo, se convierte en un combativo defensor de sus intereses y logra pararle los pies al cínico Stewart Swinton (James Spader), que no solo intenta quitarle su trabajo, sino que también le ha arrebatado a su bella mujer Laura Alden (Michelle Pfeiffer). Basada en un buen guión de Jim Harrison y Neil Nachlis, está bien dirigida por Mike Nichols y cuenta con un excelente Jack Nicholson en un curioso papel de hombre-lobo, frente a un James Spader demasiado inconsistente para ser su oponente, entre los que se mueve una perfecta Michelle Pfeiffer. Con un final demasiado abierto y lleno de hombres y mujeres convertidos en lobos, tiene una excepcional música de Ennio Morricone, que ocupa gran parte del metraje de la película, y una vistosa fotografía de Giuseppe Rotunno.

Director: *Mike Nichols.* Guionistas: *Jim Harrison, Neil Nachlis.* Fotografía: *Giuseppe Rotunno.* Música: *Ennio Morricone.* Intérpretes: *Jack Nicholson, Michelle Pfeiffer, James Spader, Kate Nelligan, Richard Jenkins.* Producción: *Douglas Wick para Columbia.* Color. Duración: *115'. Estados Unidos.*

LOBO DE MAR, EL *(The Sea Wolf, 1941)*

La famosa novela homónima de Jack London da lugar a muy diferentes versiones cinematográficas. Hay que citar las mudas de 1913 con Hobart Bosworth, de 1920 con Noah Berry y de 1925 con Ralph Ince. También son interesantes las sonoras *The Sea Wolf* (1930), de Alfred Santell, con Milton Sills; *Barricade* (1949), de Peter

Godfrey, con Raymond Massey; *Wolf Larsen* (1958), de Harmon Jones, con Barry Sullivan, y la producción italiana *Il lupo dei mari* (1974), de Giuseppe Vari, con Chuck Connors. La mejor de todas es esta producción de Henry Blanke para los estudios Warner, escrita por el más tarde también realizador Robert Rossen y dirigida con su habitual habilidad y fuerza narrativa por Michael Curtiz. La tradicional historia del barco de los condenados, donde aparecen el escritor Van Weyden (Alexander Knox), la evadida Ruth Webster (Ida Lupino) y el idealista George Leach (John Garfield) atrapados entre las manos del sádico capitán Wolf Larsen (Edward G. Robinson), se convierte en una apasionante película donde conviven el genio del mal, el héroe solitario, la pareja marcada, el idealista, la fascinación por la muerte, el sadismo y el alcoholismo, dentro de una goleta que recorre los siete mares sin rumbo fijo en busca de su propia destrucción.

Director: *Michael Curtiz*. Guionista: *Robert Rossen*. Fotografía: *Sol Polito*. Música: *Erich Wolfgang Korngold*. Intérpretes: *Edward G. Robinson, Alexander Knox, Ida Lupino, John Garfield, Gene Lockhart, Barry Fitzgerald*. Producción: *Henry Blanke para Warner*. Duración: *90'. Estados Unidos.*

LOCO DE PELO ROJO, EL (*Lust for Life*, 1956)

La vida del pintor impresionista holandés Vincent van Gogh es origen de tres películas muy interesantes. La excelente producción francesa *Van Gogh* (1991), dirigida por Maurice Pialat con su personal estilo y protagonizada por Jacques Dutron. La coproducción entre Francia, Holanda y el Reino Unido *Van Gogh* (Vincent and Theo, 1990), realizada por el norteamericano Robert Altman, protagonizada por Tim Roth y centrada en las relaciones entre el pintor y su hermano. Y esta adaptación de un novelón de Irving Stone, producida por John Houseman para los estudios Metro-Goldwyn-Mayer, que es la única película realista de la filmografía de Vincente Minnelli. Rodada en Europa, en muchos de los lugares donde ocurrieron los hechos, está centrada en las relaciones entre Van Gogh y el pintor Paul Gauguin (Anthony Quinn) en el pueblecito de Arlés. También tienen un considerable peso en el desarrollo de la historia su hermano Theo van Gogh (James Donald), la prostituta Christine (Pamela Brown) y el doctor Gachet (Everett Sloane). Destacan la brillante interpretación de Kirk Douglas y el inteligente empleo del formato CinemaScope conseguido por Vincente Minnelli.

Director: *Vincente Minnelli*. Guionista: *Norman Corwin*. Fotografía: *Frederick A. Young, Russell Harlan, Joseph Ruttenberg*. Música: *Miklos Rozsa*. Intérpretes: *Kirk Douglas, Anthony Quinn, James Donald, Pamela Brown, Everett Sloane, Niall Mac Ginnis, Noël Purcell*. Producción: *John Houseman para Metro-Goldwyn-Mayer. Color. Scope.* Duración: *122'. Estados Unidos.*

LOLA MONTÈS (1955)

La vida de la irlandesa María Rosa Gilbert, que se autodefine bailarina española, amante del rey Luis II de Baviera, que la nombra condesa de Landsfeld, al menos es origen de dos películas con el mismo título. Una producción española rodada en 1944 por Antonio Román, sobre un guión del inefable José María Pemán, donde lo único interesante es la presencia de la bella Conchita Montenegro al frente de un irregular reparto. Esta coproducción entre Francia y la República Federal Alemana, basada en una novela de Cécil Saint-Laurent, que se convierte en la última película de Max Ophüls. En el momento de su estreno es un gran fracaso, arruina a sus productores y da lugar a diferentes montajes; pero a partir de la reposición en 1968 de la versión original pasa a ser considerada una obra maestra. Exhibida como la gran atracción de un circo norteamericano, Lola Montès (Martine Carol) recuerda su pasado a través de las preguntas que le hacen los espectadores seleccionados por un presentador (Peter Ustinov) y luego puede ser besada previo pago de un dólar. Este primer y último encuentro de Ophüls con el color y el Scope da lugar a la más barroca de sus obras y la que muestra una estructura más compleja, una brillante mezcla de larguísimos *travellings* y tortuosos *flashbacks*, que indigna a los espectadores de su época y asombra a los actuales.

Director: *Max Ophüls*. Guionistas: *Jacques Natanson, Annette Wademant, Max Ophüls*. Fotografía: *Christian Matras*. Música: *Georges Auric*. Intérpretes: *Martine Carol, Peter Ustinov, Anton Walbrook, Oscar Werner, Ivan Desny, Lise Delamare*. Producción: *Gamma Films (París), Florida Films (París), Unionfilms (Munich). Color. Scope.* Duración: *115'. Francia-República Federal Alemana.*

LOLLOBRIGIDA, Gina *(Luigina Lollobrigida. Subiaco, Italia, 1927)*

Estudia pintura, canto y arte dramático en el Liceo Artístico de Roma, participa en concursos de belleza y en 1946 comienza a trabajar como figurante en películas rodadas en los estudios Cinecittà, pero desde el año siguiente ya hace papeles importantes, como los de *El delito de Giovanni Episcopo, Renunciación* y *Vida de perros*. Se convierte en una estrella del cine europeo gracias al éxito de las producciones francesas *Fanfan, el invencible, Mujeres soñadas, El gran juego, Nuestra Señora de París* y *La ley;* de las italianas *La provinciale, Pan, amor y fantasía* y *Pan, amor y celos;* y de las inglesas *La burla del diablo, La mujer más guapa del mundo* y *Trapecio*. A principios de los años sesenta esto la lleva a una poco atractiva carrera norteamericana compuesta por *Salomón y la reina de Saba, Cuando hierve la sangre, Desnuda frente al mundo* y *Cuando llegue septiembre*. De regreso a Europa, durante el resto de la década sigue alternando películas italianas, *Pensión a la italiana* y *Un bellisimo novembre,* francesas, *Venus imperial;* inglesas, *La mujer de paja* y *Hotel Paradiso,* e incluso norteamericanas, *Habitación para dos, Cervantes* y *Cerveza para todos*. Poco después de intervenir en la producción española *No encontré rosas para mi madre* se retira, empieza a trabajar como fotógrafo y expone sus obras en distintos países.

1946 *Aquila nera* (Águila negra), de Riccardo Freda. / *L'elisir d'amore*, de Mario Costa. / *Lucia di Lammermoor*, de Pietro Ballerini.
1947 *La danse de mort*, de Marcel Cravenne. / *A Man About the House*, de Leslie Arliss. / *Il segreto di don Giovanni*, de Camillo Mastrocinque. / *Il delitto di Giovanni Episcopo* (El delito de Giovanni Episcopo), de Alberto Lattuada. / *Follie per l'opera* (Una noche de locura), de Mario Costa.
1948 *I pagliacci*, de Mario Costa. / *Campane a martello* (Renunciación), de Luigi Zampa.
1949 *La sposa non puo attendere*, de Gianni Franciolini. / *Vitta da cani* (Vida de perros), de Steno y Monicelli.
1950 *Miss Italia*, de Duilio Coletti. / *Cuori senza frontiere*, de Luigi Zampa. / *Racconto di cinque città*, de Romolo Marcellini. / *Achtung banditi!*, de Carlo Lizzani. / *Amor non ho... però, però*, de Giorgio Bianchi.
1951 *La città si difende* (La ciudad se defiende), de Pietro Germi. / *Enrico Caruso, leggenda di una voce* (La leyenda de una voz), de Giacomo Gentilomo. / *Fanfan la Tulipe* (Fanfan, el invencible), de Christian-Jaque. / *Moglie per una notte*, de Mario Camerini.
1952 *Les belles de nuit* (Mujeres soñadas), de René Clair. / *La provinciale*, de Mario Soldati. / *Le infedeli*, de Steno y Mario Monicelli. / *Altri tempi* (Sucedió así), de Alessandro Blasetti.
1953 *Il maestro di don Giovanni* (Espadas cruzadas), de Milton Krims. / *Pane, amore e fantasia* (Pan, amor y fantasía), de Luigi Comencini.
1954 *Beat the Devil* (La burla del diablo), de John Huston. / *Le grand jeu* (El gran juego), de Robert Siodmak. / *Pane, amore e gelosia* (Pan, amor y celos), de Luigi Comencini. / *La romana*, de Luigi Zampa.
1955 *La donna più bella del mondo* (La mujer más guapa del mundo), de Robert Z. Leonard.
1956 *Notre-Dame de Paris* (Nuestra Señora de París), de Jean Delannoy. / *Trapeze* (Trapecio), de Carol Reed.
1957 *Anna di Brooklyn* (Ana de Brooklyn), de Carlo Lastricati.
1958 *La loi* (La ley), de Jules Dassin.
1959 *Solomon and Sheba* (Salomón y la reina de Saba), de King Vidor. / *Never so Few* (Cuando hierve la sangre), de John Sturges.
1960 *Go Naked in the World* (Desnuda frente al mundo), de Ranald MacDougall.
1961 *Come September* (Cuando llegue septiembre), de Robert Mulligan.
1962 *La bellezza d'Ippolita* (La belleza de Hipólita), de Gian Carlo Zagni. / *Venere imperiale* (Venus imperial), de Jean Delannoy. / *Mare matto* (Pensión a la italiana), de Renato Castellani.
1963 *Woman of Straw* (La mujer de paja), de Basil Dearden.
1964 *Strange Bed Fellows* (Habitación para dos), de Melvin Frank.
1965 *Io, io, io... e gli altri* (Yo, yo, yo... y los demás), de Alessandro Blasetti. / *Le bambole*, episodio de Mauro Bolognini.
1966 *Hotel Paradiso*, de Peter Glenville. / *Les sultans* (Los sultanes), de Jean Delannoy.
1967 *Cervantes*, de Vincent Sherman. / *The Private Navy of Sergeant O'Farrell* (Cerveza para todos), de Frank Tashlin. / *Le piacevoli notti* (Los placeres de la noche), de Armando Crispino. / *La morte ha fatto l'uovo*, de Giulio Questi.
1968 *Buona sera signora Campbell*, de Melvin Frank. / *Un bellissimo novembre*, de Mauro Bolognini. / *Stuntman*, de Marcello Baldi.
1971 *El hombre de Río Malo*, de Eugenio Martín. / *Le avventure di Pinocchio* (Las aventuras de Pinocho), de Luigi Comencini.

1972 *King, Queen, Knave* (El salto del tigre), de Jerzy Skolimowski.
1973 *No encontré rosas para mi madre*, de Francisco Rovira Beleta. / *La dove volano la pallatole*, de Sergio Grieco.
1977 *Widow's Nest*, de Tony Navarro.
1995 *Les cent et une nuits* (Las cien y una noches), de Agnes Varda.

LOMBARD, Carole *(Jane Alice Peters. Fort Wayne, Indiana, 1908-Table Rock Mountain, Las Vegas, Nevada, Estados Unidos, 1942)*

A los trece años debuta como actriz de cine en un papel importante en *A Perfect Crime,* de Allan Dwan, y posteriormente finaliza sus estudios y asiste a clases de interpretación en la Marion Nolks School. En la segunda mitad de los años veinte, al final del período mudo, hace pequeños papeles en producciones de diferentes estudios y destaca en los cortometrajes que hace en el seno de las Bathing Beauties para el productor de películas cómicas Mack Sennett. Aunque su carrera no comienza hasta el éxito de *Cuidado con las mujeres,* cuando firma un contrato con los estudios Paramount y durante los años treinta se convierte en una de las grandes de la comedia gracias a *Casada por azar,* de Wesley Ruggles, y *El águila y el halcón,* de Stuart Walker, pero sobre todo *La comedia de la vida,* de Howard Hawks; *Ahora y siempre,* de Henry Hathaway; *Candidata a millonaria,* de Mitchell Leisen; *Al servicio de las damas,* de Gregory La Cava; *La reina de Nueva York,* de William A. Wellman, y *True Confession,* de Wesley Ruggles. Entre las que también rueda los interesantes melodramas *Comenzó en el trópico,* de Mitchell Leisen, y *El lazo sagrado* y *Dos mujeres y un amor,* de John Cromwell. Tras *Matrimonio original,* la única comedia de Alfred Hitchcock, y protagonizar *Ser o no ser,* la obra maestra de Ernst Lubitsch, muere en un accidente de aviación durante un viaje de propaganda para fomentar los esfuerzos a favor de la II Guerra Mundial. Casada primero con el actor William Powell y luego con Clark Gable, su segundo matrimonio es origen de la irregular producción *Los ídolos también aman* (Gable and Lombard, 1976), de Sidney J. Furie.

1921 *A Perfect Crime*, de Allan Dwan.
1925 *Marriage in Transit* (Casada de paso), de Roy W. Neill. / *Hearts and Spurs* (Espuelas y corazones), de W. S. van Dyke. / *Durand of the Badlands*, de Reynolds.
1926 *The Road to Glory* (El espejo del alma), de Howard Hawks.
1928 *The Bicycle Flirt*, de Edwards. / *The Divine Sinner*, de Scott Pembroke. / *Power*, de Howard Higgin. / *Me, Gangster*, de Raoul Walsh. / *Show Folks* (Bataclán), de Paul L. Stein. / *Ned McCobb's Daughther*, de Cowen.
1929 *High Voltage*, de Howard Higgins. / *Big News*, de Gregory La Cava.
1930 *The Racketeer*, de Howard Higgins. / *The Arizona Kid* (Bandido por excelencia), de Alfred Santell. / *Safety in Numbers* (Cuidado con las mujeres), de Victor Schertzinger. / *Fast and Loose*, de Fred Newmeyer.
1931 *It Pays to Advertise*, de Frank Tuttle. / *Man of the World* (Un hombre de mundo), de Richard Wallace. / *Ladies' Man*, de Lothar Mendes. / *Up Pops the Devil*, de Edward A. Sutherland. / *I Take This Woman* (Acepto esta mujer), de Marion Gering.
1932 *No One Man*, de Lloyd Corrigan. / *Sinners in the Sun* (Pecadores sin careta), de Alexander Hall. / *Virtue*, de Edward Buzzell. / *No More Orchids* (La consentida), de Walter Lang.
1933 *No Man of Her Own* (Casada por azar), de Wesley Ruggles. / *From Hell to Heaven*, de Erle C. Kenton. / *Supernatural*, de Victor H. Halperin. / *The Eagle and the Hawk* (El águila y el halcón), de Stuart Walker. / *Brief Moment* (Un breve instante), de David Burton. / *White Woman*, de Stuart Walker.
1934 *Bolero*, de Wesley Ruggles. / *We're Not Dressing* (Música sobre las olas), de Norman Taurog. / *Twentieth Century* (La comedia de la vida), de Howard Hawks. / *Now and Forever* (Ahora y siempre), de Henry Hathaway. / *Lady by Choice*, de David Burton. / *The Gay Bride* (La novia alegre), de Jack Conway.
1935 *Rumba*, de Marion Gering. / *Hands Across the Table* (Candidata a millonaria), de Mitchell Leisen.
1936 *Love Before Breakfast* (Amar en ayunas), de Walter Lang. / *The Princess Comes Across*, de William K. Howard. / *My Man Godfrey* (Al servicio de las damas), de Gregory La Cava.
1937 *Swing High, Swing Low* (Comenzó en el trópico), de Mitchell Leisen. / *Nothing Sacred* (La reina de Nueva York), de William A. Wellman. / *True Confession*, de Wesley Ruggles.
1938 *Fools for Scandal*, de Mervyn LeRoy.
1939 *Made for Each Other* (El lazo sagrado), de John Cromwell. / *In Name Only* (Dos mujeres y un amor), de John Cromwell.
1940 *Vigil in the Night* (Noche de angustia), de George Stevens. / *They Knew What they Wanted* (Sabían lo que querían), de Garson Kanin.

1941 *Mr. and Mrs. Smith* (Matrimonio original), de Alfred Hitchcock.
1942 *To Be or Not to Be* (Ser o no ser), de Ernst Lubitsch.

LOMBARDI, Francisco José *(Tacna, Perú, 1949)*

Estudia en la Escuela de Cine de Santa Fe, Argentina, escribe crítica en el diario *El Correo* y la revista especializada *Hablemos de Cine*, trabaja en producción en cine y televisión y en 1974 comienza a rodar cortometrajes. Debuta en el largo con *Muerte al amanecer*, duro alegato político planteado a partir de las últimas horas de vida de un condenado a muerte por un delito que no ha cometido, que tiene gran éxito. Tras las menos logradas *Muerte de un magnate* y *Maruja en el infierno*, se da a conocer en los mercados de lengua castellana con *La ciudad y los perros*, adaptación de la novela homónima de Mario Vargas Llosa, sobre la institución militar. Su éxito le permite realizar en coproducción con España *La boca del lobo*, donde parte de la historia de un destacamento que lucha en la cordillera andina contra las fuerzas de Sendero Luminoso para proseguir con sus críticas contra el ejército, y *Caídos del cine*, su mejor trabajo, análisis de la sociedad peruana actual a través de tres historias entrecruzadas. *Sin compasión* es una ambiciosa pero demasiado larga adaptación a la vida peruana de *Crimen y castigo*, de Fiodor Dostoievski.

1977 *Muerte al amanecer.*
1978 *Los amigos*, episodio de *Cuentos inmorales.*
1980 *Muerte de un magnate.*
1983 *Maruja en el infierno.*
1985 *La ciudad y los perros.*
1988 *La boca del lobo.*
1990 *Caídos del cielo.*
1992 *Huellas del paraíso.*
1994 *Sin compasión.*

LOREN, Sophia *(Sofia Scicolone. Roma, Italia, 1934)*

Educada en Pozzuoli, un pueblecito cercano a Nápoles, tras quedar finalista en un concurso de belleza, se traslada a Roma, gana el título de Miss Eleganza y en 1949 debuta en cine como figurante, al tiempo que comienza a hacer fotonovelas con el seudónimo de Sofia Lazzaro. Gracias a su trabajo en la aventura *África bajo el mar* y la ópera *Aida*, el productor Carlo Ponti, con quien se casa en 1957, se fija en ella, cambia su seudónimo y la da a conocer a través de papeles secundarios en las más variadas películas: el musical *Carrusel napolitano*, los *peplums* irregulares *Hombre o demonio* y *Noches de Cleopatra*, las interesantes producciones de episodios *Nuestros tiempos* y *El oro de Nápoles*. Luego protagoniza las comedias populares *La chica del río*, de Mario Soldati; *La ladrona, su padre y el taxista* y *La suerte de ser mujer*, de Alessandro Blasetti; *El signo de Venus*, de Dino Risi, y *La bella campesina*, de Mario Camerini. Tras rodar *Orgullo y pasión* en España y *La sirena y el delfín* en Grecia, su éxito la lleva a mediados de los años cincuenta a emprender una carrera paralela en Estados Unidos y a trabajar exclusivamente en Hollywood durante la segunda mitad de la década en *Deseo bajo los olmos, Arenas de muerte, Orquídea negra, Esa clase de amor* y *El pistolero de Cheyenne*, de George Cukor. Gana un Oscar por su trabajo en la producción italiana *Dos mujeres*, de Vittorio de Sica. Durante los años sesenta actúa en las películas norteamericanas *El Cid* y *La caída del Imperio Romano*, de Anthony Mann —que rueda en España—; *Arabesco*, de Stanley Donen, y *La condesa de Hong-Kong*, de Charles Chaplin; y también en las producciones italianas; *Boccaccio 70, Ayer, hoy y mañana, Matrimonio a la italiana* y *Los girasoles*, de Vittorio de Sica, y *Siempre hay una mujer*, de Francesco Rosi. Su carrera comienza a decaer en los setenta, pero todavía rueda en Hollywood el musical *El hombre de La Mancha* y en Italia las interesantes *Una jornada particular*, de Ettore Scola, y *La viuda innoble*, de Lina Wertmuller. Posteriormente trabaja mucho menos en cine que en televisión y en 1991 recibe un Oscar honorífico por el conjunto de su carrera.

1949 *Cuori sul mare*, de Giorgio Bianchi.
1950 *Il voto*, de Mario Bonnard. / *Le sei mogli di Barbablù*, de Carlo Ludovico Bragaglia. / *Io sono il capataz*, de Giorgio Simonelli.
1951 *È arrivato l'accordatore*, de Duilio Coletti. / *Quo Vadis*, de Mervyn LeRoy. / *Era lui, si, si*, de Vittorio Metz, Mario Marchesi y Marino Girolami. / *Il sogno di Zorro* (El último Zorro), de Mario Soldati. / *Il mago per forza*, de Vittorio Metz, Mario Marchesi y Marino Girolami. / *Anna* (Ana), de Alberto Lattuada.
1952 *La tratta delle bianche*, de Luigi Comencini. / *Africa sotto i mari* (África bajo el mar), de Giovanni Roccardi. / *La favorita*, de Cesare Bariocchi.

1953 *Aida*, de Clemente Fracassi. / *Ci troviamo in galleria*, de Mauro Bolognini. / *La domenica della buona gente* (Sucedió en Roma), de Anton Giulio Majano. / *Carosello Napoletano* (Carrusel napolitano), de Ettore Giannini. / *Il paese dei campanelli*, de Jean Boyer. / *Un giorno in pretura* (Juzgado a la italiana), de Steno. / *Attila, flagello di Dio* (Hombre o demonio), de Pietro Francisci.
1954 *Pellegrini d'amore* (Embajadora de amor), de Andrea Forzano. / *Due notti con Cleopatra* (Noches con Cleopatra), de Mario Mattoli. / *Tempi nostri* (Nuestros tiempos), de Alessandro Blasetti. / *Miseria e nobiltà*, de Mario Mattoli. / *L'oro di Napoli* (El oro de Nápoles), de Vittorio de Sica. / *La donna del fiume* (La chica del río), de Mario Soldati.
1955 *Peccato che sia una canaglia* (La ladrona, su padre y el taxista), de Alessandro Blasetti. / *Il segno di Venere* (El signo de Venus), de Dino Risi. / *La bella mugnaia* (La bella campesina), de Mario Camerini. / *Pane, amore e...* (Pan, amor y...), de Dino Risi.
1956 *La fortuna di essere donna* (La suerte de ser mujer), de Alessandro Blasetti. / *The Pride and the Passion* (Orgullo y pasión), de Stanley Kramer.
1957 *Boy on a Dolphin* (La sirena y el delfín), de Jean Negulesco. / *Legend of the Lost* (Arenas de muerte), de Henry Hathaway. / *House Boat* (Cintia), de Melville Shavelson.
1958 *Desire under the Elms* (Deseo bajo los olmos), de Delbert Mann. / *The Key* (La llave), de Carol Reed.
1959 *The Black Orchid* (Orquídea negra), de Martin Ritt. / *That Kind of Woman* (Esa clase de amor), de Sidney Lumet.
1960 *Heller in Pink Tights* (El pistolero de Cheyenne), de George Cukor. / *A Breath of Scandal* (Escándalo en la corte), de Michael Curtiz. / *It Started in Naples* (Capri), de Melville Shavelson. / *The Millionairess* (La millonaria), de Anthony Asquith. / *La ciociara* (Dos mujeres), de Vittorio de Sica.
1961 *El Cid*, de Anthony Mann. / *Madame Sans-Gêne*, de Christian-Jaque.
1962 *Five Miles to Midnight* (Un abismo entre los dos), de Anatole Litvak. / *I sequestrati di Altona*, de Vittorio de Sica. / *Boccaccio '70*, episodio de Vittorio de Sica.
1963 *Ieri, oggi, domani* (Ayer, hoy y mañana), de Vittorio de Sica.
1964 *The Fall of the Roman Empire* (La caída del Imperio Romano), de Anthony Mann. / *Matrimonio all'italiana* (Matrimonio a la italiana), de Vittorio de Sica. / *Operation Crossbow* (Operación Crossbow), de Michael Anderson.
1965 *Lady L*, de Peter Ustinov. / *Judith* (La venus de la ira), de Daniel Mann.
1966 *Arabesque* (Arabesco), de Stanley Donen.
1967 *Questi fantasmi* (La guapa y su fantasma), de Renato Castellani. / *A Countess From Hong-Kong* (La condesa de Hong-Kong), de Charles Chaplin. / *C'era una volta* (Siempre hay una mujer), de Francesco Rosi.
1969 *I girasoli* (Los girasoles), de Vittorio de Sica.
1970 *La moglie del prete* (La mujer del cura), de Dino Risi.
1971 *La mortadella* (Mortadela), de Mario Monicelli.
1972 *Man of La Mancha* (El hombre de La Mancha), de Arthur Hiller. / *Bianco, rosso e...* (Blanco, rojo y...), de Alberto Lattuada.
1974 *The Verdict* (El veredicto), de André Cayatte. / *Brief Encounter* (Breve encuentro), de Alan Bridges. / *Il viaggio* (El viaje), de Vittorio de Sica.
1975 *La puppa del gangster* (Pupa, Charlie y su gorila), de Giorgio Capitani.
1976 *The Cassandra Crossing* (El puente de Cassandra), de George Pan Cosmatos.
1977 *Una giornata particolare* (Una jornada particular), de Ettore Scola. / *Angela*, de Boris Sagal.
1978 *Brass Target* (Objetivo: Patton), de John Hough. / *Fatto di sangue fra due uomini per causa di una vedova* (La viuda innoble), de Lina Wertmuller.
1979 *Firepower* (El poder del fuego), de Michael Winner.
1984 *Qualcosa di biondo* (Los tres amantes de Aurora), de Maurizio Ponzi.
1985 *Scemo di guerra*, de Dino Risi.
1994 *Prêt-à-Porter*, de Robert Altman.
1995 *Grumpier Old Men II* (Discordias a la carta), de Howard Deutch.

LOSEY, Joseph *(La Crosse, Wisconsin, Estados Unidos, 1909-Londres, Reino Unido, 1984)*

Miembro de una antigua familia anglosajona, estudia medicina, pero se licencia en letras en la Harvard University de Massachusetts. Interesado por el teatro, publica críticas en diarios, hace programas dramáticos en la radio, estudia técnicas teatrales en la Unión Soviética con Piscator, colabora en 1947 con el dramaturgo Bertolt Brecht en el montaje de su obra *Galileo Galilei* y dirige algunas obras en Broadway. Después de rodar varios cortometrajes de carácter pedagógico para diferentes organismos oficiales, debuta en el largo con la original historia progresista *El muchacho de los cabellos verdes*. Su obra norteamericana se completa con cuatro interesantes policiacos: *The Lawless,* sobre una novela del especialista Geoffrey Homes; *El merodeador,* con un guión original de Dalton Trumbo y Hugo Butler; *M,* nueva versión de la película homónima rodada en 1931 por Fritz Lang en Alemania, y *The Big Night,* basada en una novela de Stanley Ellin. Cuando está rodando en Italia los exteriores del melodrama *Stranger on the Prowl,* recibe una citación para declarar ante el Comité de Actividades Antinorteamericanas y decide exiliarse en el Reino Unido, pero se ve obligado a firmarla con el seudónimo Andrea Forzano y durante algunos años tiene dificultades para encontrar trabajo. Tras las irregulares *El tigre dormido,* que firma con el seudónimo Victor Hanburry, e *Intimidad con un extraño,* donde utiliza el nombre Joseph Walton, puede volver a firmar *Time Without Pity,* sobre una obra de Emlyn Williams, y *The Gypsy and the Gentleman,* un melodrama de época que los productores no le dejan montar, pero se sitúan muy por debajo de sus trabajos norteamericanos. Gracias al éxito de su apreciable trilogía policiaca formada por la prometedora *La clave del enigma,* la interesante *El criminal* y la conflictiva *Eva,* que son algunos de sus mejores trabajos, durante los años sesenta se convierte en un prestigioso realizador que colabora con el dramaturgo Harold Pinter en *El sirviente,* su obra maestra; *Accidente,* una torpe y confusa historia sobrevalorada en su momento, y *El mensajero,* ganadora de la Palma de Oro del Festival de Cannes. Mientras también dirige *Estos son los condenados,* fábula realista en clave de ciencia-ficción; *Rey y patria,* versión de una obra teatral antibélica de John Wilson; *Modesty Blaise,* equivocada adaptación de las historietas gráficas de Peter O'Donnell y Jim Holdaway; *La mujer maldita,* teatral adaptación de Tennessee Williams al servicio de la pareja Elizabeth Taylor-Richard Burton; *Ceremonia secreta,* basada en un relato de Marco Denevi, y *Caza humana,* distorsionada parábola escrita y protagonizada por Robert Shaw. Durante la década de los setenta pierde poco a poco su prestigio con las pretenciosas y fallidas *El asesinato de Trotsky; Chantaje contra una mujer,* sobre una famosa obra teatral de Henrik Ibsen; *Galileo,* versión de la obra de Bertolt Brecht que monta en teatro casi treinta años antes; *Una inglesa romántica,* basada en la novela homónima de Thomas Wiseman, y *Las rutas del Sur,* sobre un guión original de Jorge Semprún. Entre las que rueda las más interesantes *El otro señor Klein,* a partir de un guión de Franco Solinas sobre la ocupación alemana de Francia, y *Don Giovanni,* versión de la famosa ópera de W. A. Mozart protagonizada por Ruggero Raimondi. Sus últimas películas tienen un reducido atractivo, tanto *La truite,* con guión de la novelista Monique Lange, como *Steaming,* adaptación de una obra teatral de Nell Dunn que transcurre en unos baños turcos para mujeres, y son un pálido reflejo de sus mejores trabajos.

1948 *The Boy With Green Hair* (El muchacho de los cabellos verdes).
1950 *The Lawless.*
1951 *The Prowler* (El merodeador). / *M.* / *The Big Night.*
1952 *Stranger on the Prowl.*
1954 *The Sleeping Tiger* (El tigre dormido).
1955 *The Intimate Stranger* (Intimidad con un extraño).
1956 *Time Without Pity.*
1957 *The Gypsy and the Gentlemen.*
1959 *Blind Date* (La clave del enigma).
1960 *The Criminal* (El criminal).
1961 *The Damned* (Estos son los condenados).
1962 *Eva.*
1963 *The Servant* (El sirviente).
1964 *King and Country* (Rey y patria).
1966 *Modesty Blaise.*
1967 *Accident* (Accidente).
1968 *Boom!* (La mujer maldita). / *Secret Ceremony* (Ceremonia secreta).
1970 *Figures in a Landscape* (Caza humana).
1971 *The Go-Between* (El mensajero).
1972 *The Assassination of Trotsky* (El asesinato de Trotsky).
1973 *A Doll's House* (Chantaje contra una esposa).
1974 *Galileo.*
1975 *The Romantic Englishwoman* (Una inglesa romántica).
1976 *Monsieur Klein* (El otro señor Klein).
1978 *Les routes du Sud* (Las rutas del Sur).
1979 *Don Giovanni.*
1982 *La truite.*
1985 *Steaming.*

LOY, Myrna *(Myrna Adele Williams. Raiderburg, Montana, 1905-Estados Unidos, 1993)*

A los dieciocho años es descubierta en la escuela donde estudia *ballet* en Los Ángeles por el realizador Cecil B. de Mille, que le da un pequeño papel en su primera versión de *Los diez mandamientos.* En la segunda mitad de los años veinte, a finales del período mudo, interviene en cuarenta películas, casi siempre en papeles secundarios, entre las que cabe citar *La elegante pecadora,* de Josef von Sternberg; *La locura del charlestón,* de Ernst Lubitsch; *El cantante de jazz,* de Alan Crosland, primera película sonora; *Una novia en cada puerto,* de Howard Hawks, y *El arca de Noé,* de Michael Curtiz. Sin embargo, su mejor momento es la primera mitad de los años treinta, cuando, después de actuar, entre otras muchas, en *Emma,* de Clarence Brown; *Ámame esta noche,* de Rouben Mamoulian; *La máscara de Fu Manchú,* de Charles Brabin, y *Topaze,* de Harry d'Abbadie d'Arrast, se convierte en estrella de los estudios Metro-Goldwyn-Mayer y en intérprete del popular personaje de Nora, la mujer del detective Nick Charles (William Powell) en la serie de comedias policiacas basadas en los personajes creados por el novelista Dashiell Hammett e integrada por *La cena de los acusados, Ella, él y Asta, Otra reunión de acusados, Shadow of the Thin Man,* de W. S. van Dyke; *The Thin Man Goes Home,* de Richard Thorpe, y *Song of the Thin Man,* de Edward Buzzell. A finales de los años treinta desciende su frenético ritmo de trabajo, durante la II Guerra Mundial es voluntaria de la Cruz Roja y en la posguerra comienza a hacer papeles de madre en la excelente *Los mejores años de nuestra vida,* de William Wyler, y en curiosas comedias como *El solterón y la menor,* de Irving Reis; *Los Blandings ya tienen casa,* de H. C. Potter; *Trece por docena,* de Walter Lang, y *Bellezas por casar,* de Henry Levin. Sigue trabajando con cierta regularidad hasta 1980, por lo que a lo largo de casi sesenta años interviene en ciento veinticinco producciones.

1923 *The Ten Commandments* (Los diez mandamientos), de Cecil B. de Mille.
1924 *The Thief of Bagdad* (El ladrón de Bagdad), de Raoul Walsh.
1925 *Pretty Ladies* (El jazz band del Folies), de Monta Bell. / *Sporting Life* (El vencedor del gran premio), de Maurice Tourneur. / *Ben-Hur,* de Fred Niblo.
1926 *The Caveman* (De carbonero a gran señor), de Lewis Milestone. / *The Love Toy,* de Erle C. Kenton. / *The Gilded Highway,* de James S. Blackton. / *Why Girls Go Back Home,* de James Flood. / *The Exquisite Sinner* (La elegante pecadora), de Josef von Sternberg. / *So This Is Paris* (La locura del charlestón), de Ernst Lubitsch. / *Don Juan,* de Alan Crosland. / *Across the Pacific* (El héroe del batallón), de Roy del Ruth. / *Millionaires,* de Raymaker. / *The Third Degree* (El circo de la muerte), de Michael Curtiz.
1927 *Finger Prints,* de Lloyd Bacon. / *When a Man Loves* (Los amores de Manon), de Alan Crosland. / *Bitter Apples,* de Harry O. Hoyt. / *The Climbers,* de Paul L. Stein. / *The Heart of Maryland* (La campana de alarma), de Lloyd Bacon. / *A Sailor's Sweetheart,* de Lloyd Bacon. / *The Jazz Singer* (El cantante de jazz), de Alan Crosland. / *The Girl From Chicago,* de Ray Enright. / *If I Were Single* (El poder de una mirada), de Roy del Ruth. / *Ham and Eggs at the Front,* de Roy del Ruth.
1928 *Beware of Married Men,* de Archie L. Mayo. / *What Price Beauty,* de Buckingham. / *A Girl in Every Port* (Una novia en cada puerto), de Howard Hawks. / *Turn Back the Hours,* de Howard Bretherton. / *The Crimson City* (La taberna roja), de Archie L. Mayo. / *Pay As You Enter,* de Lloyd Bacon. / *State Street Sadie* (Al filo de medianoche), de Archie L. Mayo. / *The Midnight Taxi* (Taxis de medianoche), de John G. Adolfi. / *Noah's Ark* (El arca de Noé), de Michael Curtiz.
1929 *Fancy Baggage,* de John G. Adolfi. / *The Black Watch* (Shari, la hechicera), de John Ford. / *The Squall,* de Alexander Korda. / *Hardboiled Rose,* de Mark V. Wright. / *Evidence* (Evidencia), de John G. Adolfi. / *The Show of Shows* (Arriba el telón), de John G. Adolfi.
1930 *The Great Divide,* de Reginald Barker. / *The Desert Song* (El canto del desierto), de Roy del Ruth. / *Cameo Kirby,* de Irving Cummings. / *Isle of Escape,* de Howard Bretherton. / *Under a Texas Moon* (Tantas veo...), de Michael Curtiz. / *Cock O'the Walk,* de Walter Lang. / *Bride of the Regiment,* de John F. Dillon. / *The Jazz Cinderella,* de Scott Pembroke. / *Last of the Duanes,* de Alfred L. Werker. / *The Truth About Youth,* de William A. Seiter. / *Renegades* (Hombres o diablos), de Victor Fleming. / *Rogue of the Rio Grande,* de Spencer G. Bennett. / *The Devil to Pay* (¡Que pague el diablo!), de George Fitzmaurice.
1931 *The Naughty Flirt,* de Edward Cline. / *Body and Soul,* de Alfred Santell. / *A Connecticut Yankee* (Un yanqui en la corte del rey Arturo), de David Butler. / *Hush Money* (Chantaje), de Sidney Lanfield. / *Transatlantic* (Camarotes de lujo), de William K. Howard. / *Rebound,* de Edward H. Griffith. / *Skyline,* de Sam Taylor. / *Consolation Marriage,* de Paul Sloane. / *Arrowsmith* (El doctor Arrowsmith), de John Ford.
1932 *Emma,* de Clarence Brown. / *The Wet Parade* (Alcohol prohibido), de Victor Fleming. / *Vanity Fair,* de Charles Franklin. / *The Woman in the Room 13* (La dama del 13), de Henry King. / *New Morals for Old,* de Charles J. Brabin. / *Love Me Tonight* (Ámame esta noche), de Rouben Mamoulian. / *Thirteen Women,* de George Archainbaud. / *The Mask of Fu Manchu* (La máscara de Fu Manchú), de Charles Brabin. / *The Animal Kingdom,* de Edward H. Griffith.
1933 *Topaze,* de Harry d'Abbadie d'Arrast. / *Scarlet River,* de Otto Brower. / *The Barbarian* (Una noche

en El Cairo), de Sam Wood. / *When Ladies Meet* (De mujer a mujer), de Harry Beaumont. / *Penthouse* (Asesinato en la terraza), de W. S. van Dyke. / *Night Flight* (Vuelo nocturno), de Clarence Brown. / *The Prizefighter and the Lady* (El boxeador y la dama), de W. S. van Dyke.
1934 *Men in White* (Hombres en blanco), de Richard Boleslawski. / *Manhattan Melodrama* (El enemigo público n.º 1), de W. S. van Dyke. / *The Thin Man* (La cena de los acusados), de W. S. van Dyke. / *Stamboul Quest* (Mademoiselle Doctor), de Sam Wood. / *Evelyn Prentice* (La tela de araña), de William K. Howard. / *Broadway Bill* (Estrictamente confidencial), de Frank Capra.
1935 *Wings in the Dark* (Alas en la noche), de James Flood. / *Whipsaw* (Jaque al rey), de Sam Wood.
1936 *Wife versus Secretary* (Entre esposa y secretaria), de Clarence Brown. / *Petticoat Fever* (Adán sin Eva), de George Fitzmaurice. / *The Great Ziegfeld* (El gran Ziegfeld), de Robert Z. Leonard. / *To Mary With Love*, de John Cromwell. / *Libeled Lady* (Una mujer infamada), de Jack Conway. / *Afther the Thin Man* (Ella, él y Asta), de W. S. van Dyke.
1937 *Parnell*, de John M. Stahl. / *Double Wedding* (Doble boda), de Richard Thorpe.
1938 *Man-Proof*, de Richard Thorpe. / *Test Pilot* (Piloto de pruebas), de Victor Fleming. / *Too Hot to Handle* (Sucedió en China), de Jack Conway.
1939 *Lucky Night*, de Norman Taurog. / *The Rains Came* (Vinieron las lluvias), de Clarence Brown. / *Another Thin Man* (Otra reunión de acusados), de W. S. van Dyke.
1940 *I Love You Again* (Te quiero otra vez), de W. S. van Dyke. / *Third Finger, Left Hand*, de Robert Z. Leonard.
1941 *Love Crazy* (Mi marido está loco), de Jack Conway. / *Shadow of the Thin Man*, de W. S. van Dyke.
1944 *The Thin Man Goes Home*, de Richard Thorpe.
1946 *So Goes My Love*, de Frank Ryan. / *The Best Years of Our Lives* (Los mejores años de nuestra vida), de William Wyler.
1947 *Song of the Thin Man*, de Edward Buzzell. / *The Bachelor and the Bobby-Soxer* (El solterón y la menor), de Irving Reis. / *The Senator Was Indiscreet*, de George S. Kaufman.
1948 *Mr. Blandings Builds His Dream House* (Los Blandings ya tienen casa), de H. C. Potter.
1949 *The Red Pony*, de Lewis Milestone.
1950 *Cheaper by the Dozen* (Trece por docena), de Walter Lang. / *That Dangerous Age* (La edad peligrosa), de Gregory Ratoff.
1952 *Belles on Their Toes* (Bellezas por casar), de Henry Levin.
1956 *The Ambassador's Daughter* (La hija del embajador), de Norman Krasna.
1958 *Lonelyhearts*, de Vincent J. Donehue.
1960 *From the Terrace* (Desde la terraza), de Mark Robson. / *Midnight Lace* (Un grito en la niebla), de David Miller.
1969 *The April Fools* (Locos de abril), de Stuart Rosenberg.
1974 *Airport 1975* (Aeropuerto 75), de Jack Smight.
1978 *The End* (De miedo también se muere), de Burt Reynolds.
1980 *Just Tell Me What You Want* (Dime lo que quieres), de Sidney Lumet.

LUBITSCH, Ernst *(Berlín, Alemania, 1892-Los Ángeles, California, Estados Unidos, 1947)*

Hijo de un sastre judío, una vez finalizados sus estudios elementales, deja de trabajar con su padre y se incorpora como actor a una de las compañías del prestigioso director de teatro Max Reinhardt. En 1913 su fama le lleva al cine, donde crea un personaje de cómico judío que tiene gran aceptación popular en unos cortometrajes que enseguida también escribe y dirige. El éxito de sus primeros largos, el drama exótico *Los ojos de la momia,* la adaptación de Prosper Merimée *Carmen*, y la sátira *La princesa de las ostras,* le conducen a los grandes espectáculos históricos *Madame Du Barry, Ana Bolena* y *La mujer del faraón;* entre los que también hace las comedias *La muñeca,* basada en temas de E. T. A. Hoffman, y *Sumurun,* donde rinde homenaje a su maestro Max Reinhardt, la mayoría protagonizados por Pola Negri. Contratado por la actriz y productora Mary Pickford, en 1923 llega a Hollywood para dirigirla en *Rosita, la cantante callejera,* y desarrolla su famoso «toque Lubitsch» a lo largo de las comedias de éxito, siempre basadas en obras de autores europeos, *Los peligros del flirt,* sobre Lothar Schmidt; *La frivolidad de una dama,* sobre Lajos Biro y Melchior Lengyel; *Divorciémonos,* sobre Victorien Sardou y Emile de Najac; *El abanico de lady Windermere,* sobre Oscar Wilde, y *El príncipe estudiante,* sobre la opereta de Dorothy Donnelly y Sigmund Romberg. La llegada del sonoro le lanza a unos musicales, que tienen mucho de opereta vienesa, escritos por el húngaro Ernest Vajda, protagonizados por el francés Maurice Chevalier y la norteamericana Jeannette MacDonald que se titulan *El desfile del amor, Monte Carlo, El teniente seductor, Una hora contigo* y *La viuda alegre.* Entre las que hace la excelente *Remordimientos,* una ambiciosa obra antibélica que es su única película dramática sonora. Lo mejor de su filmografía son las comedias que rueda entre 1932 y 1943, siempre basadas en obras originales de olvidados autores europeos, en las que logra perfectos resultados con simples triángulos de sólida estructura, su obsesión por jugar con las puertas, su perfecto y elaborado estilo y el buen trabajo de unos sofisticados actores. Con el paréntesis de los años 1935 y 1936, en que es director de producción de Paramount y no tiene tiempo para rodar, hace para el estudio las excelentes comedias sofisticadas *Un ladrón en la alcoba,* sobre la obra de Laszlo Aladar; *Una mujer para dos,* sobre la de Noel Coward; *Ángel,* sobre la de Melchior Lengyel, y *La octava mujer de Barba Azul,* sobre la de Alfred Savoir. Posteriormente rueda para los estudios Metro-Goldwyn-Mayer la excesivamente reputada comedia anticomunista *Ninotchka,* sobre una novela de Melchior Lengyel, y la genial comedia sentimental *El bazar de las sorpresas,* sobre la obra de Nikolaus Laszlo; y para United Artists hace la irregular comedia femenina *Lo que piensan las mujeres,* adaptación de la obra de Victorien Sardou y Emile de Najac, y la excelente sátira antinazi *Ser o no ser,* sobre un argumento original del propio realizador. Tras su obra testamento *El diablo dijo ¡no!,* que dirige para los estudios 20th Century Fox sobre una obra de Laszlo Bus-Fekete, sus últimas películas tienen mucho menos interés, tanto la comedia *El pecado de Cluny Brown* como la opereta *La dama del armiño,* durante cuyo rodaje muere y debe acabar su protegido Otto Preminger.

1916 *Als ich Tot War.*
1918 *Die Augen der Mumie Ma* (Los ojos de la momia). / *Carmen.*
1919 *Meine Frau, die Filmschauspielerin* (Mi mujer artista de cine). / *Die Austernprinzessin* (La princesa de las ostras). / *Rausch.* / *Madame Du Barry.* / *Die Puppe* (La muñeca).
1920 *Kohlhiesels Töchter* (Las hijas del cervecero). / *Summurun.* / *Anna Boleyn* (Ana Bolena).
1921 *Die Bërgkatze* (El gato montés).
1922 *Das Weib der Pharao* (La mujer del faraón). / *Die Flamme* (Montmartre).
1923 *Rosita* (Rosita, la cantante callejera).
1924 *The Marriage Circle* (Los peligros del flirt). / *Three Women* (Mujer, guarda tu corazón). / *Forbidden Paradise* (La frivolidad de una dama).
1925 *Kiss Me Again* (Divorciémonos). / *Lady Windermere's Fan* (El abanico de Lady Windermere).
1926 *So This in Paris* (La locura del charlestón).
1927 *The Student Prince* (El príncipe estudiante).
1928 *The Patriot* (El patriota).
1929 *Eternal Love* (Amor eterno). / *The Love Parade* (El desfile del amor).
1930 *Paramount on Parade* (Galas de la Paramount), tres episodios. / *Monte Carlo.*
1931 *The Smiling Lieutenant* (El teniente seductor).
1932 *Broken Lullababy* (Remordimientos). / *One Hour With You* (Una hora contigo). / *Trouble in Paradise* (Un ladrón en la alcoba). / *The Clerk* (El empleo), episodio de *If I Had a Million* (Si yo tuviera un millón).
1933 *Design for Living* (Una mujer para dos).
1934 *The Merry Widow* (La viuda alegre).
1937 *Angel* (Ángel).
1938 *Bluebeard's Eighth Wife* (La octava mujer de Barba Azul).
1939 *Ninotchka.*
1940 *The Shop Around the Corner* (El bazar de las sorpresas).
1941 *That Uncertain Feeling* (Lo que piensan las mujeres).
1942 *To Be or Not To Be* (Ser o no ser).
1943 *Heaven Can Wait* (El diablo dijo ¡no!).
1946 *Cluny Brown* (El pecado de Cluny Brown).
1948 *That Lady in Ermine* (La dama del armiño).

LUCES DE CANDILEJAS *(There's No Business Like Show Business, 1954)*

La historia de los Donahue, Molly (Ethel Merman) y Terry (Dan Dailey), desde que en 1923 tienen su primer hijo, Steve (Johnny Ray), hasta que veinticinco años después actúan en la gala de clausura del Hipódromo de Nueva York en unión de sus otros dos hijos, Tim (Donald O'Connor) y Katy (Mitzi Gaynor), pretende ser una breve síntesis de los últimos años de gloria del vodevil. Realizada a partir de una idea del productor y guionista Lamar Trotti, muerto dos años antes, es el mejor de los musicales de los estudios 20th Century Fox, contiene una buena recopilación de canciones de Irving Berlin y refleja una experta dirección del hábil artesano Walter Lang. Su mínima historia se centra en los problemas familiares y artísticos que surgen cuando Tim Donahue se enamora de la cantante Vicky Parker (Marilyn Monroe). La coreografía es demasiado pobre y solo destaca el excelente número *Heat Wade,* cantado y bailado por Marilyn Monroe.

Director: *Walter Lang*. Guionistas: *Phoebe Ephron, Henry Ephron*. Fotografía: *Leon Shamroy*. Música: *Irving Berlin*. Intérpretes: *Ethel Merman, Dan Dailey, Donald O'Connor, Marilyn Monroe, Johnny Ray, Mitzi Gaynor*. Producción: *Sol C. Siegel para 20th Century Fox. Color. Scope.* Duración: *117'. Estados Unidos.*

LUCES DE LA CIUDAD (*City Lights*, 1930)

El máximo interés de esta producción nace de la perfecta unión de la vena cómica y la melodramática de Charles Chaplin. Narra los amores entre su característico vagabundo (Charles Chaplin) y una florista ciega (Virginia Cherrill), que le confunde con un millonario (Harry Myers), en el ambiente de una gran ciudad. El vagabundo debe soportar que el excéntrico millonario, a quien conoce cuando va a suicidarse, solo le considere su amigo si está borracho y no le reconozca si está sobrio, y debe hacer grandes esfuerzos con la ciega para tratarla como si fuese un millonario. Durante los más de dos años que dura la preparación y el rodaje de esta compleja mezcla de comedia y drama, escrita, producida, dirigida, protagonizada y con música de Chaplin, aparece, se afianza y triunfa el cine sonoro. Después de muchas dudas, Chaplin decide que su obra siga siendo muda, tal como la concibió, pero con el añadido de ruidos y música. Esto le acarrea graves problemas a la hora de su estreno, pero no impide que se convierta en el mayor éxito de su carrera, tanto cuando se estrena, a principios de los años treinta, como cuando se repone, a finales de la década de los cuarenta.

Director y guionista: *Charles Chaplin*. Fotografía: *Rollie Totheroh, Mark Marlott, Gordon Pollock*. Música: *Charles Chaplin*. Intérpretes: *Charles Chaplin, Virginia Cherrill, Harry Myers, Allan Garcia, Hank Mann*. Producción: *Charles Chaplin para United Artists*. Duración: *87'. Estados Unidos.*

LUCHETTI, Daniele (*Roma, Italia, 1960*)

Estudia letras e historia del arte, ingresa en la Escuela Cinematográfica Gaumont, dirige algunos cortometrajes y trabaja como ayudante del productor, actor y director Nanni Moretti. Debuta como realizador con *Mañana sucederá*, una historia de época, ambientada en Toscana en 1848 durante las luchas entre italianos y austriacos, a la que sigue *La settimana della sfinge*, sobre las relaciones entre la camarera de un restaurante y un técnico de televisión por las playas del Adriático. Su mejor trabajo es *La voz de su amo*, protagonizada y producida por Moretti, demoledora crítica de un político socialista realizada desde el círculo de sus más íntimos colaboradores. Posteriormente rueda *Arriva la bufera*, historia de un juez que llega a una ciudad sin nombre para imponer el orden, pero queda atrapado en sus confusas redes.

1983 *Nei dintorni di mezzanotte*, episodio de *Juke box*.
1988 *Domani accadrà* (Mañana sucederá).
1990 *La settimana della sfinge*.
1991 *Il portaborse* (La voz de su amo).
1993 *Arriva la bufera*.

LUGAR EN EL MUNDO, UN (1992)

El matrimonio formado por el profesor universitario Mario Dominici (Federico Luppi) y la doctora Ana (Cecilia Roth) tiene que exiliarse en España para sobrevivir por su militancia en la Resistencia peronista durante la dictadura militar. Una vez superada esa dura etapa de la reciente historia de Argentina, vuelve a su país con Ernesto (Gaston Batyi), su hijo madrileño, y se establece en San Luis, un perdido pueblecito en las montañas, para poner en práctica sus ideales. Allí organiza una cooperativa con los ovejeros de la zona y, con la ayuda de la peculiar monja tercermundista Nelda (Leonor Benedetto), logra que sus sueños se hagan realidad: hacer atractiva su utopía comunitaria. Lo que narra Adolfo Aristarain con gran fuerza es el final de esta utopía, las complejas razones que la destruyen, pero lo que le da su mayor atractivo es que está contada desde el punto de vista de un Ernesto de veintipocos años, un peculiar adolescente que despierta a la vida, que regresa al pueblecito para rememorar los hechos. Además de incluir en ese mundo cerrado un personaje ajeno, el geólogo hispano-alemán Hans Mayer Plaza (José Sacristán), que no solo pone en marcha el mecanismo dramático de la historia, sino que además hace que el resto de los personajes se vean desde una perspectiva diferente. Esta obra maestra de Aristarain, ganadora de la Concha de Oro del Festival de San Sebastián, es el retrato de un matrimonio admirable que fracasa en sus ideales, además de la fascinación que un geólogo tiene por ellos y la peculiar monja que les ayuda, sin olvidar las dos grandes, tímidas y calladas historias de amor que encierra, la de los adolescentes unidos por la afición a la lectura y la del geólogo atraído por la médica.

Director: *Adolfo Aristarain*. Guionistas: *Adolfo Aristarain, Alberto Lecchi*. Fotografía: *Ricardo de Angelis*. Música: *Emilio Kauderer*. Intérpretes: *José Sacristán, Federico Luppi, Cecilia Roth, Leonor Benedetto, Gaston Batyi, Lorena del Río*. Producción: *Adolfo Aristarain y Osvaldo Papaleo*. Color. Duración: *115'*. Argentina.

LUGAR EN EL SOL, UN *(A Place in the Sun, 1951)*

La famosa novela *Una tragedia americana*, de Theodore Dreiser, es origen de dos importantes producciones de los estudios Paramount. Una escrita y dirigida por el maestro Josef von Sternberg con el título *Una tragedia humana* (An American Tragedy, 1931) y protagonizada por Phillips Holmes, Sylvia Sidney y Frances Dee. Y esta, escrita por el reputado Michael Wilson con la colaboración de Harry Brown, producida y dirigida por George Stevens, que gana cinco importantes Oscars y tiene un gran éxito. Narra con gran realismo, fuerza y un eficaz juego de primeros planos cómo el joven arribista George Eastman (Montgomery Clift) deja embarazada a la obrera Alice (Shelley Winters), y cuando la joven heredera Angela Vickers (Elizabeth Taylor) se muestra dispuesta a casarse con él, trata de matar a la otra durante un paseo en barca, pero a pesar de que se arrepiente en el último momento, acaba ahogándose y es condenado a muerte. La buena acogida por parte del público y la crítica lleva a Stevens a completar su trilogía sobre la familia norteamericana con el *western* clásico *Raíces profundas* (Shane, 1953), sobre un pistolero que defiende a una familia de agricultores contra los ganaderos, y la superproducción de larga duración *Gigante* (Giant, 1956), sobre la transformación de Texas de un Estado ganadero en petrolero a través de dos generaciones de una poderosa familia.

Director: *George Stevens*. Guionistas: *Michael Wilson, Harry Brown*. Fotografía: *William C. Mellor*. Música: *Franz Waxman*. Intérpretes: *Montgomery Clift, Elizabeth Taylor, Shelley Winters, Anne Revere, Keefe Brasselle, Fred Clark, Raymond Burr*. Producción: *George Stevens para Paramount*. Duración: *122'*. Estados Unidos.

LUGAR EN NINGUNA PARTE, UN *(Running on Empty, 1988)*

Entre sus abundantes y comerciales policiacos, el realizador Sidney Lumet hace algunas interesantes producciones que se salen bastante de lo habitual. Una de ellas es esta, que narra la peculiar vida de la familia Pope, en la que los padres, Annie (Christine Lahti) y Arthur (Judd Hirsch), imbuidos por las ideas revolucionarias nacidas en mayo de 1968, en plena fiebre contra la guerra de Vietnam, ponen una bomba en un laboratorio que fabrica *napalm* y hieren gravemente a un vigilante. Desde entonces viven como fugitivos, cada seis meses cambian de nombre, ciudad y color del pelo, perseguidos por el F.B.I. El tiempo ha pasado, su hijo Daddy (River Phoenix) se ha hecho mayor, es un buen pianista, como su madre, quiere estudiar y se enamora de la hija (Martha Plimpton) de uno de sus eventuales profesores. La película está centrada en la estancia de la familia en una ciudad entre dos huidas, está bien construida y Lumet narra con habilidad el proceso de separación del hijo mayor del núcleo familiar con la ayuda de la madre. Destacan el conservadurismo al que ha llegado la familia, en contraste con su nómada forma de vida, así como la excelente actuación del joven River Phoenix.

Director: *Sidney Lumet*. Guionista: *Naomi Foner*. Fotografía: *Gerry Fischer*. Intérpretes: *Christine Lahti, Judd Hirsch, River Phoenix, Martha Plimpton*. Producción: *Lorimar Film Entertainment*. Color. Scope. Duración: *115'*. Estados Unidos.

LUIS II DE BAVIERA *(Ludwig II, 1972)*

A finales de los años sesenta y principios de los setenta, el director de teatro y ópera Luchino Visconti rueda su tan famosa como desigual trilogía alemana. Entre *La caída de los dioses* (La caduta degli dei, 1969), personal versión de *Macbeth*, de William Shakespeare, sobre el trasfondo de la ascensión de los nazis al poder, y *Muerte en Venecia* (Morte a Venezia, 1971), adaptación de la novela homónima de Thomas Mann, destaca esta biografía del rey Luis II de Baviera, que casi no puede acabar de rodar por enfermedad, tiene diferentes montajes, el más conocido de 173 minutos, y solo se distribuye en su versión original de 264 minutos después de su muerte. Narra cómo el decadente Ludwig Wittelsbach (Helmut Berger), más interesado por el arte que por la guerra, sube al trono en 1864 a los diecinueve años, protege al gran músico Richard Wagner (Trevor Howard), se enamora de su prima Elizabeth (Romy Schneider), más conocida por Sissi, se encierra en un barroco castillo, es declarado loco por una comisión médica y destronado, y se ahoga en extrañas circunstancias en 1886. El mismo personaje inspira las atractivas producciones de la República Federal Alemana *El rey loco* (Ludwig II, 1955), de Helmut Käutner, con O. W. Fisher, y *Ludwig, requiem por un rey virgen* (Ludwig: Requiem für einen Jung fräulichen Köning, 1972), de Hans-Jürgen Syberberg, con Harry Baer.

Director: *Luchino Visconti*. Guionistas: *Luchino Visconti, Enrico Medioli, Suso Cecchi d'Amico*. Fotografía: *Armando Nannuzzi*. Música: *Robert Schumann, Richard Wagner, Jacques Offenbach*. Intérpretes: *Helmut Berger, Trevor Howard, Romy Schneider, Silvana Mangano, Gert Fröbe, Helmut Griem, Isabella Telezynska, Umberto Orsini, John Moulder Brown, Sonia Petrovna*. Producción: *Mega Film (Roma), Cinétel (París), Dieter Geissler Filmproduktion (Munich), Divina Film (Munich). Color. Scope*. Duración: *264'. Italia-Francia-República Federal Alemana*.

LULÚ DE NOCHE *(1985)*

A medio camino entre la denominada «comedia madrileña» y el drama se desarrolla el mejor trabajo del guionista, productor y realizador Emilio Martínez-Lázaro. Narra cómo el director de teatro Germán Ríos (Antonio Resines) quiere montar una nueva versión de *La caja de Pandora*, la famosa obra de Frank Wedekind, con el pedante título *La política del hombre lobo* y reducida a un enfrentamiento dialéctico entre Lulú y Jack el Destripador. Mientras busca a la protagonista intenta recuperar a su ex mujer Amelia (Assumpta Serna), acostarse con la camarera Lola (Patricia Adriani), conquistar a su gran amor Nina (Amparo Muñoz) e incluso ligar en una hamburguesería con una chica (Mercedes Camins). Al mismo tiempo describe al saxofonista Rufo (Imanol Arias), el perfecto intérprete de Jack el Destripador, un extraño personaje que actúa en un café, ha tenido un hijo con la prostituta Sara (Bárbara Tardón) y vive con su posesiva madre (Asunción Balaguer), obsesionada por el papa Juan Pablo II y los tranquilizantes, que roba en farmacias con ayuda de su hijo. Martínez-Lázaro maneja con habilidad una decena de personajes a través de breves escenas en la primera y la última parte, mientras hace que la intermedia gire en torno a una fiesta donde se encuentran todos, lo que da lugar a una sólida obra de gran atractivo.

Director y guionista: *Emilio Martínez-Lázaro*. Fotografía: *Juan Amorós*. Música: *Ángel Muñoz-Alonso*. Intérpretes: *Imanol Arias, Amparo Muñoz, Antonio Resines, Assumpta Serna, Patricia Adriani, Asunción Balaguer, Fernando Vivanco, Mercedes Camins, Bárbara Tardón*. Producción: *Emilio Martínez-Lázaro para Kaplan y Fernando Trueba P. C. Color*. Duración: *96'. España*.

LUMET, Sidney *(Filadelfia, Pennsylvania, Estados Unidos, 1924)*

Hijo del actor judío Baruch Lumet, a los cuatro años sube por primera vez al escenario del Yiddish Theatre de Nueva York. Mientras estudia en la Universidad de Columbia, actúa en series radiofónicas, trabaja en teatro en Broadway e incluso, eventualmente, como actor de cine. En 1947 crea uno de los primeros teatros *off*-Broadway donde interpreta y dirige obras de vanguardia, hasta que en 1950 es contratado como realizador por la cadena de televisión C.B.S. y en siete años dirige unos doscientos programas dramáticos en directo. La primera parte de su actividad cinematográfica se desarrolla en este mismo terreno: debuta con *Doce hombres sin piedad*, nueva versión de un popular guión de televisión de Reginald Rose que vuelve a tener gran éxito, y sigue con las irregulares adaptaciones *Sed de triunfo*, sobre la obra teatral de Joe Akins; *Piel de serpiente*, sobre la de Tennessee Williams; *Panorama desde el puente*, sobre la de Arthur Miller; *Larga jornada hacia la noche*, sobre la de Eugene O'Neill, y *The Hill*, sobre la obra para televisión de Ray Rigby. Mientras tanto también rueda *Esa clase de mujer*, una historia de ambiente italiano escrita por Walter Bernstein; *Punto límite*, una narración de política-ficción basada en una novela de Eugene Burdick y Harvey Wheeler, y *El prestamista*, una obra realista adaptada de una novela de Edward Lewis Wallant, que debe su fama al ser la primera producción comercial norteamericana que incluye desnudos frontales femeninos; pero siguen teniendo el mismo tono teatral, televisivo y progresista. Entre *Llamada para un muerto*, un policiaco basado en la primera novela de John Le Carré, y *Una cita,* fallida narración romántica rodada en Italia, realiza las interesantes *El grupo,* larga adaptación de la novela homónima de Mary McCarthy sobre la vida de unas cuantas mujeres educadas en la Universidad de Vassar, y *Bye Bye Braverman,* realizada a partir de una novela de Wallace Markfield sobre cuatro intelectuales que se reúnen con motivo de la muerte de un amigo. Sin embargo, vuelve a las adaptaciones teatrales con *La gaviota,* sobre Anton Chejov; *The Last of the Mobile Hotshots,* sobre Tennessee Williams; *Child's Play,* sobre Robert Marasco, y *La ofensa,* sobre John Hopkins. Su serie de interesantes policiacos ambientados en Nueva York comienza con *Supergolpe en Manhattan* y prosigue en *Serpico, Tarde de perros, El príncipe de la ciudad, Distrito 34: corrupción total* y *Una extraña entre nosotros.* Después de hacer *Asesinato en el Oriente Exprés,* convencional policiaco de múltiples personajes, basado en la novela de Agatha Christie, y *Un mundo implacable,* un guión de Paddy Chayefsky sobre el mundo de la televisión, que casi supone un regreso a sus orígenes, pero tiene gran éxito en Estados Unidos y gana varios Oscars; una vez más regresa a las irregulares adaptaciones teatrales con *Equus,* sobre la obra de Peter Shaffer; *El mago,* sobre el musical de William Brown y Charlie Smalls, basado en el clásico de la literatura infantil *El mago de Oz,* de Frank L. Baum, y *Trampa mortal,* sobre una obra policiaca del especialista Ira Levin. Entre sus últimas películas destacan *Buscando a Greta,* una curiosa comedia en torno a un cinéfilo obsesionado por Greta Garbo, y, sobre todo, las políticas *Daniel,* escrita por E. L. Doctorow sobre su novela homónima, y *Un lugar en ninguna parte,* frente a los impersonales y comerciales policiacos *Veredicto final, Power, A la mañana siguiente, Negocios de familia* y *El abogado del diablo.*

1957 *Twelve Angry Men* (Doce hombres sin piedad).
1958 *Stage Struck* (Sed de triunfo).
1959 *That Kind of Woman* (Esa clase de mujer).
1960 *The Fugitive Kind* (Piel de serpiente).
1961 *A View From the Bridge* (Panorama desde el puente).
1962 *Long Day's Journey Into Night* (Larga jornada hacia la noche).
1964 *Fail Safe* (Punto límite).
1965 *The Pawnbroker* (El prestamista). / *The Hill.*
1966 *The Group* (El grupo).
1967 *The Deadly Affair* (Llamada para un muerto).
1968 *Bye Bye Braverman.* / *The Sea Gull* (La gaviota).
1969 *The Appointment* (Una cita).
1970 *The Last of the Mobile Hotshots.*
1971 *The Anderson Tapes* (Supergolpe en Manhattan).
1972 *Child's Play.*
1973 *The Offence* (La ofensa). / *Serpico.*
1974 *Lovin' Molly.* / *Murder on the Orient Express* (Asesinato en el Oriente Exprés).
1975 *Dog Day Afternoon* (Tarde de perros).
1976 *Network* (Un mundo implacable).
1977 *Equus.*
1978 *The Wiz* (El mago).
1979 *Just Tell Me What You Want* (Dime lo que quieres).
1981 *Prince of the City* (El príncipe de la ciudad).
1982 *Deathtrap* (Trampa mortal). / *The Verdict* (Veredicto final).
1983 *Daniel.*
1984 *Garbo Talks* (Buscando a Greta).
1986 *Power.* / *The Morning After* (A la mañana siguiente).
1988 *Running on Empty* (Un lugar en ninguna parte).
1989 *Family Business* (Negocios de familia).
1990 *Q & A* (Distrito 34: corrupción total).
1992 *A Stranger Among Us* (Una extraña entre nosotros).
1993 *Guilty as Sin* (El abogado del diablo).
1995 *Double Cross.*
1996 *Night Falls on Manhattan* (La noche cae sobre Manhattan).
1997 *Critical Care* (En estado crítico).

LUNA, LA *(1979)*

Las incestuosas relaciones entre la cantante de ópera viuda Caterine Silveri (Jill Clayburgh) y su hijo drogadicto de quince años Joe (Matthew Barry), llenas de resonancias psicoanalíticas, dan lugar a una atractiva historia que transcurre en Nueva York, Roma y Parma. Resulta algo lenta en su parte central, pero contiene algunas de las más brillantes escenas rodadas por Bernardo Bertolucci, como la del comienzo entre la madre y su hijo pequeño, o la de las relaciones entre los adolescentes en un cine donde proyectan *Niágara* (1953), de Henry Hathaway, y la final en las termas de Caracalla, durante los ensayos de una ópera. Escrita entre Bernardo Bertolucci, su hermano Giuseppe Bertolucci y la inglesa Clare Peploe —que poco después del rodaje se convierte en su mujer—, es uno de los primeros acercamientos serios al problema de la drogadicción en los adolescentes. Frente a la excesiva simplicidad de los personajes de la madre y el hijo, destaca la excelente fotografía de su colaborador habitual Vittorio Storaro.

Director: *Bernardo Bertolucci.* Guionistas: *Bernardo Bertolucci, Giuseppe Bertolucci, Clare Peploe.* Fotografía: *Vittorio Storaro.* Música: *Giuseppe Verdi.* Intérpretes: *Jill Clayburgh, Matthew Barry, Fred Gwynne, Veronica Lazar, Renato Salvatori, Tomas Milian.* Producción: *Giovanni Bertolucci para Fiction Film. Color.* Duración: *145'. Italia.*

LUNA NUEVA *(His Girl Friday, 1940)*

La famosa comedia teatral *The Front Page* (1928), de Ben Hecht y Charles Mac Arthur, es origen de cuatro películas. La primera es *Un gran reportaje* (The Front Page, 1931), está producida por el multimillonario Howard Hughes, dirigida por Lewis Milestone y protagonizada por Adolphe Menjou y Pat O'Brien; resulta bastante fiel al original y no tiene mucho interés. La cuarta es *Interferencias* (Switching Channels, 1988), está realizada por Ted Kotcheff e interpretada por Kathleen Turner y Christopher Reeve; ambienta la historia en el mundo de la televisión y carece de todo atractivo. Son mucho más famosas la tercera, *Primera plana* (The Front Page, 1974), producida por Paul Monash y protagonizada por Walter Matthau y Jack Lemmon, a pesar de ser una de las obras de decadencia de Billy Wilder, y, sobre todo, esta segunda. Destaca por las libertades que Howard Hawks se toma con el original: convierte el personaje de Hildy en Hildegard, hace que lo interprete Rosalind Russell y transforma la obra en su habitual comedia de lucha de sexos; y por la decisión de enriquecer aún más los sabrosos diálogos originales y hacerlos decir a gran velocidad a los actores. Narra el constante enfrentamiento entre Walter Burns (Cary Grant), el director de un diario de gran tirada, y su gran reportera Hildegard Johnson (Rosalind Russell), en el terreno profesional y en el matrimonial, y cómo, gracias al caso Williams, un pobre condenado a muerte que se declara inocente, él consigue que ella no abandone la profesión, ni tampoco rompa su matrimonio.

Director: *Howard Hawks.* Guionista: *Charles Lederer.* Fotografía: *Joseph Walker.* Música: *Sydney Cutner.* Intérpretes: *Rosalind Russell, Cary Grant, Ralph Bellamy, Gene Lockhart, Porter Hall.* Producción: *Howard Hawks para Columbia.* Duración: *92'. Estados Unidos.*

LUNAS DE HIEL *(Bitter Moon, 1992)*

Durante un crucero de lujo el escritor norteamericano impedido Oscar (Peter Coyote), casado con la atractiva francesa Mimi (Emmanuelle Seigner), relata a un pasajero británico (Hugh Grant) la historia de su matrimonio a través de una sucesión de *flashbacks* hasta llegar a un final insólito, terrible y al mismo tiempo divertido, en el que esa narración llega a afectar directamente a la relación del pasajero con su mujer (Kristin Scott-Thomas). A partir de la novela de Pascal Bruckner, convertida en guión por su colaborador habitual Gérard Branch y por John Brownstain, el cosmopolita Roman Polanski realiza una de sus mejores y más personales películas. Dentro de una trama de intriga, se mezclan el amor, el odio y su siempre peculiar humor. Entre sus atractivos destaca el desarrollo de dos historias paralelas con una interesante estructura de pequeñas cajas intercomunicadas que hace que esté prácticamente ambientada en solo dos decorados, el apartamento en que vive el norteamericano, y donde no tarda en instalarse la francesa, y el barco en el que las dos parejas realizan el crucero.

Director: *Roman Polanski.* Guionistas: *Gérard Branch, Roman Polanski, John Brownstain.* Fotografía: *Tonino delli Colli.* Intérpretes: *Peter Coyote, Emmanuelle Seigner, Hugh Grant, Kristin Scott-Thomas.* Producción: *Alain Sarde para R.P. Productions (Londres), Timothy Burrill Productions (Londres), Loes Films Alain Sarde (París). Color.* Duración: *133'. Reino Unido-Francia.*

LUPINO, Ida *(Londres, Reino Unido, 1918-Los Ángeles, Estados Unidos, 1995)*

Perteneciente a una ilustre familia de actores que se remonta al siglo XVII, es hija de Stanley Lupino, hermana de Rita Lupino, sobrina de Barry Lupino y Wallace Lupino y prima de Richard Lupino. En 1930 ingresa en la Royal Academy of Dramatic Art de Londres y dos años después debuta como actriz de cine, en un papel secundario en una película dirigida por su tío Lupino Lane. Después de intervenir en algunas producciones británicas, en 1934 llega a Hollywood contratada por los estudios Paramount, trabaja para ellos durante el resto de la década y entre sus películas destacan *Sueño de amor eterno* y *En tinieblas,* pero sus mejores trabajos los hace a principios de la década de los

LUPINO, Ida

cuarenta para los estudios Warner: *Pasión ciega, El último refugio, El lobo de mar* y *Out of the Fog*. En 1948 se casa con el guionista y productor Collier Young, crean la productora Filmakers y comienza una carrera paralela como realizadora. Debuta como directora con *Not Wanted,* que narra la historia de una jovencísima madre soltera, y *Never Fear,* sobre el drama de una bailarina enferma de poliomielitis, a las que siguen, en una línea similar, *Outrage,* en torno al drama de una obrera violada, y *Hard, Fast and Beautiful,* sobre una jugadora de tenis explotada por su madre. Son más convencionales *The Hitch-Hiker,* en torno a un gángster que aterroriza a dos automovilistas, y *The Bigamist,* sobre un hombre acosado por dos mujeres. Su cine tiene un innovador tono feminista insólito en su época, sus películas están bien hechas y tienen interés, pero el éxito la acompaña en muy pocas ocasiones y, tras el fracaso de *Private Hell 36,* que solo produce e interpreta, debe cerrar la productora Filmakers, no encuentra financiación para sus proyectos y debe refugiarse en la televisión para realizar las más anodinas series. Después de ser dirigida por Nicholas Ray en *La casa de las sombras,* Robert Aldrich en *The Big Knife* y Fritz Lang en *Mientras Nueva York duerme,* su última película como realizadora es la impersonal *Ángeles rebeldes,* que se sitúa en los antípodas de sus obras realistas basadas en hechos reales. Buena cantante y compositora, escribe canciones y la *suite* para orquesta *The Aladdin Suite*.

Como directora
1949 *Not Wanted*.
1950 *Never Fear*. / *Outrage*.
1951 *Hard, Fast and Beautiful*.
1953 *The Hitch-Hiker*. / *The Bigamist*.
1966 *The Trouble With Angels* (Ángeles rebeldes).
Como actriz
1932 *Her First Affaire*, de Allan Dwan.
1933 *The Love Race*, de Lupino Lane y Pat Morton. / *Money for Speed*, de Bernard Vorhaus. / *High Finance*, de George King. / *The Ghost Camera*, de Bernard Vorhaus.
1934 *I Lived With You*, de Maurice Elvey. / *Prince of Arcadia*, de Hans Schwartz. / *Search for Beauty* (Campeones olímpicos), de Erle C. Kenton. / *Come on Marines!,* de Henry Hathaway. / *Ready for Love*, de Marion Gering.
1935 *Smart Girl*, de Aubrey Scotto. / *Peter Ibbetson* (Sueño de amor eterno), de Henry Hathaway.
1936 *Anything Goes* (Todo vale), de Lewis Milestone. / *One Rainy Afternoon* (Una tarde de lluvia), de Rowland V. Lee. / *Yours for the Asking*, de Alexander Hall. / *The Gay Desperado* (El alegre bandolero), de Rouben Mamoulian.
1937 *Sea Devils* (Titanes del mar), de Ben Stoloff. / *Let's Get Married*, de Alfred E. Green. / *Artists and Models*, de Raoul Walsh. / *Fight for Your Lady,* de Ben Stoloff.
1939 *The Lone Wolf Spy Hunt*, de Peter Godfrey. / *The Lady and the Mob*, de Ben Stoloff. / *The Adventures of Sherlock Holmes* (Sherlock Holmes contra Moriarty), de Alfred L. Werker. / *The Light That Failed* (En tinieblas), de William A. Wellman.
1940 *They Drive by Night* (Pasión ciega), de Raoul Walsh.
1941 *High Sierra* (El último refugio), de Raoul Walsh. / *The Sea Wolf* (El lobo de mar), de Michael Curtiz. / *Out of the Fog*, de Anatole Litvak. / *Ladies in Retirement* (El misterio de Fiske Manor), de Charles Vidor.
1942 *Moontide*, de Archie L. Mayo. / *Life Begins at Eight-Thirty*, de Irving Pichel.
1943 *Forever and a Day* (Siempre y un día), de VV. DD. / *The Hard Way*, de Vincent Sherman.
1944 *In Our Time*, de Vincent Sherman. / *Hollywood Canteen*, de Delmer Daves.
1945 *Pillow to Post*, de Vincent Sherman.
1946 *Devotion* (Predilección), de Curtis Bernhardt. / *The Man I Love*, de Raoul Walsh.
1947 *Deep Valley*, de Jean Negulesco. / *Escape Me Never*, de Peter Godfrey.
1948 *Road House* (El parador del camino), de Jean Negulesco.
1949 *Lust for Gold*, de S. Sylvan Simon.
1950 *Woman in Hiding* (Mujer oculta), de Michael Gordon.
1952 *On Dangerous Ground* (La casa de las sombras), de Nicholas Ray. / *Beware, My Lovely*, de Harry Horner.
1953 *Jennifer*, de Joel Newton.
1954 *Private Hell 36*, de Don Siegel.
1955 *Women's Prison*, de Lewis Seiler. / *The Big Knife*, de Robert Aldrich.
1956 *While the City Sleeps* (Mientras Nueva York duerme), de Fritz Lang. / *Strange Intruder*, de Irving Rapper.
1966 *The Trouble With Angels* (Ángeles rebeldes), de Ida Lupino.
1969 *Backtrack*, de Earl Bellamy.
1971 *Dead Head Miles*, de Vernon Zimmerman.
1972 *Junior Bonner*, de Sam Peckinpah.
1975 *The Devil's Rain* (La lluvia del diablo), de Robert Fuest.
1976 *The Food of the Gods* (El aliento de los dioses), de Bert I. Gordon.

LUTE: CAMINA O REVIENTA, EL *(1987)*

La historia autobiográfica del quinqui Eleuterio Sánchez, alias «el Lute», desde que es condenado por primera vez a finales de la década de los cincuenta por robar gallinas, hasta que es capturado por la guardia civil a mediados de 1973 acusado de varios homicidios, sirve a Vicente Aranda para hacer un interesante dibujo de la otra España durante los últimos años de la dictadura del general Franco. El asalto a una joyería en la madrileña calle de Bravo Murillo en 1965, la tortura a la que es sometido por la policía y la condena a muerte, conmutada por la de cadena perpetua, las fugas de los penales de El Dueso y Puerto de Santa María, hacen que pase de ser un asesino oficial a convertirse en un héroe popular. Frente a esta primera parte, con un eficaz tono narrativo, donde se mezclan la pura acción con el reflejo de una época y la intencionalidad política, la segunda, *El Lute II: mañana seré libre* (1988), fruto del éxito de la primera y rodada por un equipo muy similar, tiene un carácter de crónica de costumbres y está llena de elementos folclóricos, que no funcionan tan bien. En ambas destaca el sólido trabajo de Imanol Arias en el papel del Lute.

Director: *Vicente Aranda*. Guionistas: *Joaquín Jordá, Vicente Aranda, Eleuterio Sánchez*. Fotografía: *José Luis Alcaine*. Música: *José Nieto*. Intérpretes: *Imanol Arias, Victoria Abril, Antonio Valero, Carlos Tristancho, Diana Peñalver*. Producción: *José María Cunillés para M.G.C. y Multivideo. Color.* Duración: *125'. España.*

LUZ EN EL HAMPA, UNA *(The Naked Kiss, 1964)*

Entre finales de los años cincuenta y principios de los sesenta, Samuel Fuller escribe, produce y dirige varios personales policiacos entre los que destaca este. Narra cómo la ex prostituta Kelly (Constance Towers) trata de hacerse una persona respetable cuidando niños disminuidos en una ciudad de provincias, pero cuando descubre que el intelectual Grant (Michael Dante), el hombre con quien se ha casado, es un pervertidor de menores, no duda en asesinarlo. Este melodramático policiaco con final anticonformista es original, está hábilmente realizado por Fuller y tiene una antológica escena de apertura, con música de Charlie Parker, en que la prostituta se pelea con uno de sus clientes, pierde su peluca y se descubre que es calva.

Director y guionista: *Samuel Fuller*. Fotografía: *Stanley Cortez*. Música: *Paul Dunlap*. Intérpretes: *Constance Towers, Anthony Eisley, Michael Dante, Virginia Grey, Patsy Kelly*. Producción: *Samuel Fuller para Fromkess-Firks Productions/Allied Artists*. Duración: *93'. Estados Unidos.*

LUZ QUE AGONIZA *(Gaslight, 1944)*

La obra teatral del británico Patrick Hamilton es origen de dos buenas películas. La primera, por orden cronológico, es la producción inglesa de 1940, titulada en castellano *Luz de gas*, realizada con habilidad por Thorold Dickinson y protagonizada por Anton Walbrook, Diana Wynyard y Frank Pettingell. La segunda es esta famosa producción Metro-Goldwyn-Mayer, dirigida con gran eficacia por George Cukor y gracias a la que Ingrid Bergman gana un Oscar. Narra cómo, en plena época victoriana, el pianista Gregory Anton (Charles Boyer) se casa con la atractiva joven Paula Alquist (Ingrid Bergman) y se van a vivir a Londres a casa de una tía de ella, misteriosamente asesinada años antes. Tras un breve período de felicidad, Paula Alquist comienza a oír extraños ruidos que la aterrorizan y solo gracias a la ayuda del detective Brian Cameron (Joseph Cotten) descubre la amarga verdad. Con estos elementos, hábilmente manejados, Cukor construye un sólido policiaco psicológico que se sitúa entre los clásicos del género.

Director: *George Cukor*. Guionistas: *John van Druten, Walter Reisch, John L. Balderston*. Fotografía: *Joseph Ruttenberg*. Música: *Bronislau Kaper*. Intérpretes: *Ingrid Bergman, Charles Boyer, Joseph Cotten, Dame May Whitty, Barbara Everest, Angela Lansbury*. Producción: *Arthur Hornblow jr. para Metro-Goldwyn-Mayer*. Duración: *114'. Estados Unidos.*

M, EL VAMPIRO DE DÜSSELDORF *(M, 1931)*

A partir de hechos reales, la guionista Thea von Harbou y el director Fritz Lang escriben una eficaz y personal historia que este convierte en su primera película sonora. Narra cómo la ciudad de Düsseldorf está aterrorizada por el maníaco asesino de niñas Hans Beckert (Peter Lorre). Perseguido por la policía y los mendigos, estos son los primeros en capturarlo; lo juzgan y lo condenan a muerte, pero cuando va a ser ejecutado es apresado por la policía. Lang vuelve a insistir en el tema de la oposición entre justicia privada y pública en esta obra, realizada con gran derroche de imaginación y rodada como si fuese una película muda a la que se le ha añadido sonido. Uno de sus máximos atractivos radica en que hace un dibujo realista de una Alemania que se debate entre la decadencia de la República de Weimar y la ascensión del nazismo al poder. En 1951 Joseph Losey dirige en Estados Unidos una nueva versión con el mismo título para los estudios Columbia protagonizada por David Wayne, pero al estar ambientada en Los Ángeles y haberse perdido la referencia al nazismo, pierde buena parte de su razón de ser.

Director: *Fritz Lang*. Guionistas: *Thea von Harbou, Fritz Lang*. Fotografía: *Fritz Arno Wagner*. Música: *Edvard Grieg*. Intérpretes: *Peter Lorre, Otto Wernicke, Gustav Gründgens, Ellen Windmann*. Producción: *Nero Film*. Duración: *117'. Alemania*.

MACARRONES *(Maccheroni, 1985)*

Después de cuarenta años, el pragmático norteamericano Robert Traven (Jack Lemmon) regresa a Nápoles en viaje de negocios, recuerda sus aventuras durante la II Guerra Mundial y se encuentra con Antonio Jasiello (Marcello Mastroianni), a quien entonces conoció y con cuya hermana vivió una historia sentimental, pero a los que ha olvidado por completo. Sin embargo, Antonio Jasiello siempre le ha considerado un amigo, le ha inventado una personalidad como corresponsal de prensa y durante estos años le ha escrito a su hermana en su nombre las cartas que él nunca le escribió. A partir de esta historia original de los famosos guionistas Ruggero Maccari y Furio Scarpelli y del propio realizador, Ettore Scola rueda una amarga reflexión sobre la amistad, que luego se torna en farsa para terminar como drama, siempre con un trasfondo de enfrentamiento de culturas. Primera producción italiana distribuida en Estados Unidos por uno de los grandes estudios, al ser una obra bilingüe, hablada en inglés e italiano, tiene problemas de aceptación por el público. Destaca el excelente duelo interpretativo entre Jack Lemmon, que habla inglés y chapurrea italiano, y Marcello Mastroianni, que habla italiano y se defiende en inglés.

Director: *Ettore Scola*. Guionistas: *Ruggero Maccari, Furio Scarpelli, Ettore Scola*. Fotografía: *Claudio Ragona*. Música: *Armando Trovajoli*. Intérpretes:

Jack Lemmon, Marcello Mastroianni, Daria Nicolodi, Isa Danieli, Maria Luisa Santella. Producción: *Luigi de Laurentiis, Aurelio de Laurentiis para Filmauro-Mass-Film*. Color. Duración: *107'*. *Italia*.

MACBETH *(1948)*

La tragedia homónima del dramaturgo William Shakespeare da lugar a varias adaptaciones cinematográficas. Entre las más libres destacan *Cabezas cortadas* (1970), que el realizador brasileño Glauber Rocha rueda en España con Francisco Rabal y Marta May, y *Lady Macbeth en Siberia* (Sibirska Ladi Magbet, 1962), que el director polaco Andrzej Wajda hace en Yugoslavia con Olivera Markovic y Ljuda Tadic. Entre las versiones más respetuosas con el original hay que citar la escrita y realizada por Roman Polanski en 1971 en el Reino Unido y protagonizada por Jon Finch y Francesca Annis, además de esta, escrita, producida, dirigida y protagonizada por Orson Welles. Primera de sus tres adaptaciones de Shakespeare —las otras dos son las producciones europeas *Otelo* (Othello, 1952) y *Campanadas a medianoche* (Chimes at Midnight, 1966)—, es una obra que ya había montado en teatro en 1936 con actores negros y con la que había conseguido un gran éxito. En esta ocasión se la plantea como un reto: demostrar que también puede hacer películas con poco dinero y en menos tiempo. Tras casi cuatro meses de ensayos rueda, en veintitrés días, con largos planos, en un amplio plató de los estudios Republic, una interesante versión que gusta a la crítica, pero no al público. A pesar de que la versión original dura 107 minutos, suele circular otra de 89 minutos.

Director y guionista: *Orson Welles*. Fotografía: *John L. Russell*. Música: *Jacques Ibert*. Intérpretes: *Orson Welles, Jeanette Nolan, Dan O'Herlihy, Roddy McDowall, Edgar Barrier*. Producción: *Orson Welles para Republic*. Duración: *107'*. *Estados Unidos*.

MACKENDRICK, Alexander *(Boston, Massachusetts, 1912-Los Ángeles, California, Estados Unidos, 1993)*

Hijo de padres escoceses, es educado en Glasgow, Reino Unido, y su habilidad para dibujar le lleva a estudiar bellas artes. En 1937 comienza a trabajar en los estudios Pinewood como diseñador de películas publicitarias y dibujos animados, además de guionista. Durante la II Guerra Mundial realiza algunas películas de propaganda y dirige los equipos de documentalistas ingleses que ruedan en Italia. En la posguerra el famoso productor Michael Balcon le contrata como guionista para los Ealing Studios, tiene una breve experiencia con los realizadores Basil Dearden y Charles Crichton y debuta como director con *Whisky Galore!*, una divertida apología del alcoholismo. Sus grandes éxitos son *El hombre del traje blanco*, sobre los problemas causados por un inventor que crea un tejido indestructible, y *El quinteto de la muerte*, en torno a un extraño grupo que prepara un robo perfecto; típicas comedias Ealing, llenas de humor inglés, pero que no han envejecido bien. Tienen más interés *Maggie*, una comedia que enfrenta a un millonario norteamericano con un marinero escocés, y *Mandy*, interesante estudio sobre la educación de una niña sordomuda. Sus obras maestras son, de nuevo sobre el mundo infantil, *Huida hacia el Sur*, sobre una novela de W. H. Canaway que narra cómo un pequeño huérfano recorre media África en busca de su tía, y *Viento en las velas*, sobre una novela de Richard Hughes que gira en torno a un enfrentamiento entre niños y piratas durante una larga travesía en barco. Además de estas dos últimas producciones, su obra norteamericana también incluye *Chantaje en Broadway*, un policiaco escrito por el dramaturgo Clifford Odets que cuenta cómo un columnista de un importante diario investiga un crimen, y *No hagan olas*, una divertida comedia, poco apreciada en su momento, que cierra su filmografía. Tras una etapa posterior dedicado en exclusiva a la televisión, durante varios años dirige brillantemente el departamento de cine del Institute of Arts de California.

1949 *Whisky Galore!*
1951 *The Man in the White Suit* (El hombre del traje blanco).
1952 *Mandy*.
1954 *The Maggie* (Maggie).
1955 *The Ladykillers* (El quinteto de la muerte).
1957 *Sweet Smell of Success* (Chantaje en Broadway).
1963 *Sammy Going South* (Huida hacia el Sur).
1965 *A High Wind in Jamaica* (Viento en las velas).
1967 *Don't Make Waves* (No hagan olas).

MACLAINE, Shirley *(Shirley Beatty. Richmond, Virginia, Estados Unidos, 1934)*

Hija de un profesor de arte dramático y una bailarina, y hermana del actor, productor y director Warren Beatty, estudia baile en la Washington School of Ballet, debuta como bailarina en Broadway en 1950 y tiene grandes éxitos con las comedias musicales *Oklahoma, Kiss Me Kate* y *The Pajama Game.* Descubierta por el productor Hal B. Wallis de los estudios Paramount, debuta como actriz de cine en la extraña comedia policiaca *Pero... ¿quién mató a Harry?,* de Alfred Hitchcock, y se consagra gracias a su trabajo en *La vuelta al mundo en 80 días,* de Michael Anderson, y *Como un torrente,* de Vincente Minnelli. Su mejor momento cinematográfico son los años sesenta, en los que protagoniza *El apartamento,* de Billy Wilder; *La calumnia,* de William Wyler; *Dos amores,* de Charles Walters, e *Irma la dulce,* de Billy Wilder. A pesar de ser una excelente bailarina solo trabaja en las irregulares comedias musicales *Ella y sus maridos* y *Noches en la ciudad.* Desde principios de la década de los setenta protagoniza muchas menos películas, pero interviene en la producción y dirección del documental *The Other Halt of the Sky: A China Memoir* (1975), además de publicar algunos libros de memorias y volver al teatro. Seleccionada para el Oscar en cinco ocasiones, solo lo consigue a los sesenta años por *La fuerza del cariño.* Entre sus últimas películas destacan *Madame Sousatzka,* de John Schlesinger, y *Magnolias de acero,* de Herbert Ross.

1955 *The Trouble With Harry* (Pero... ¿quién mató a Harry?), de Alfred Hitchcock.
1956 *Artists and Models* (Artistas y modelos), de Frank Tashlin. / *Around the World in 80 Days* (La vuelta al mundo en 80 días), de Michael Anderson.
1957 *The Sheerman* (Furia en el valle), de George Marshall.
1958 *Hot Spell,* de Daniel Mann. / *The Matchmaker* (La casamentera), de Joseph Anthony.
1959 *Some Came Running* (Como un torrente), de Vincente Minnelli. / *Ask Any Girl* (Todas las mujeres quieren casarse), de Charles Walters. / *Career* (Los ambiciosos), de Joseph Anthony.
1960 *The Apartment* (El apartamento), de Billy Wilder. / *Can-Can,* de Walter Lang. / *Ocean's Eleven* (La cuadrilla de los once), de Lewis Milestone. / *All in a Night's Work* (Todo en una noche), de Joseph Anthony. / *Two Loves* (Dos amores), de Charles Walters.
1961 *My Geisha* (Mi dulce geisha), de Jack Cardiff.
1962 *The Children's Hour* (La calumnia), de William Wyler. / *Two for the Seasaw* (Cualquier día en cualquier esquina), de Robert Wise.
1963 *Irma la Douce* (Irma la dulce), de Billy Wilder.
1964 *What a Way to Go!* (Ella y sus maridos), de J. Lee Thompson. / *John Goldfarb Please Come Home!* (Un yanqui en el harén), de J. Lee Thompson. / *The Yellow Rolls-Royce* (El Rolls-Royce amarillo), de Anthony Asquith.
1966 *Gambit* (Ladrona por amor), de Ronald Neame.
1967 *Sette volte donna* (Siete veces mujer), de Vittorio de Sica.
1969 *Sweet Charity* (Noches en la ciudad), de Bob Fosse. / *The Bliss of Mrs. Blossom* (Los pecados de la señora Blossom), de Joseph McGrath.
1970 *Two Mules for Sister Sara* (Dos mulas y una mujer), de Don Siegel.
1971 *Desperate Characters,* de Frank D. Gilroy.
1972 *The Possession of Joe Delaney* (Posesión), de Warris Hussein.
1977 *The Turning Point* (Paso decisivo), de Herbert Ross.
1979 *Being There* (Bienvenido, Mr. Chance), de Hal Ashby.
1981 *A Change of Season* (Sólo para adultos), de Richard Lang. / *Loving Couples* (Cambio de esposas), de Jack Smight.
1983 *Terms of Endearment* (La fuerza del cariño), de James L. Brooks.
1984 *Cannonball Run II* (Los locos del Cannonbal 2), de Hal Needham.
1988 *Madame Sousatzka,* de John Schlesinger.
1989 *Steel Magnolias* (Magnolias de acero), de Herbert Ross.
1990 *Waiting for the Light,* de Christopher Monger. / *Postcards From the Edge* (Postales desde el filo), de Mike Nichols.
1992 *Used People* (Romance otoñal), de Beeban Kidron.
1993 *Wrestling Ernest Hemingway,* de Randa Haines.
1994 *Guarding Tess* (Tess y su guardaespaldas), de Hugh Wilson.

MACMURRAY, Fred *(Kankakee, Illinois, 1908-Santa Mónica, California, Estados Unidos, 1991)*

Hijo de un violinista, estudia en el Chicago Arts Institute y Los Angeles University mientras trabaja como cantante y saxofonista en varias orquestas y llega a pertenecer a la American Legion Band. Después de intervenir en algunas películas como figurante, en 1934 es descubierto por un cazatalentos de los estudios Paramount, se especializa en comedias y durante la segunda mitad de la década de los treinta protagoniza unas veinte. Realiza sus mejores interpretaciones durante los años cuarenta, destaca su colaboración con el director Mitchell

MACMURRAY, Fred

Leisen en *Candidata a millonaria, Thirteen Hours by Air, Comienzo en el trópico, Recuerdo de una noche, Ella y su secretario, Capricho de mujer, No hay tiempo para el amor, Bodas blancas* y *Suddenly It's Spring,* además de *El huevo y yo* y *¡Qué vida esta!* En la década de los cincuenta se aleja de la comedia para intervenir en las exóticas aventuras *Rumbo a Java, Las lluvias de Ranchipur;* los *westerns* irregulares *Horizontes azules* y *Una pistola para un cobarde;* el policiaco *La casa número 322,* de Richard Quine, y los dramas *El motín del Caine,* de Edward Dmytryk, y *Siempre hay un mañana,* de Douglas Sirk. No sin grandes esfuerzos Billy Wilder le convierte en un asesino en *Perdición* y posteriormente vuelven a hacer juntos *El apartamento,* dos de sus mejores películas, que poco tienen que ver con las restantes. En los años sesenta vuelve a la comedia, pero sobre todo interviene en películas de Walt Disney Productions sin el menor atractivo.

1929 *Girls Gone Wild,* de Lewis Seiler. / *Tiger Rose,* de George Fitzmaurice. / *The Glad Rag Doll,* de Michael Curtiz.
1934 *Friends of Mrs. Sweeney,* de Edward Ludwig.
1935 *Grand Old Girl* (Vicio y virtud), de John S. Robertson. / *Car 99* (Pistas secretas), de Charles T. Barton. / *Men Without Names* (Hombres sin rostro), de Ralph Murphy. / *The Bride Comes Home* (La novia que vuelve), de Wesley Ruggles. / *The Gilded Lily* (El lirio dorado), de Wesley Ruggles. / *Hands Across the Table* (Candidata a millonaria), de Mitchell Leisen. / *Alice Adams* (Sueños de juventud), de George Stevens.
1936 *The Trail of the Lonesome Pine,* de Henry Hathaway. / *The Princess Comes Across* (Concertino), de William K. Howard. / *The Texas Rangers,* de King Vidor. / *Thirteen Hours by Air,* de Mitchell Leisen.
1937 *Swing High, Swing Low* (Comienzo en el trópico), de Mitchell Leisen. / *True Confession,* de Wesley Ruggles. / *Maid of Salem* (La muchacha de Salem), de Frank Lloyd. / *Exclusive,* de Alexander Hall. / *Champagne Waltz,* de Edward Sutherland.
1938 *Men With Wings,* de William A. Wellman. / *Cocoanut Grove,* de Alfred Santell. / *Sing You Sinners,* de Wesley Ruggles.
1939 *Cafe Society,* de Edward H. Griffith. / *Honeymoon in Bali* (Un novio para tres novias), de Edward H. Griffith. / *Invitation to Happiness* (Invitación a la felicidad), de Wesley Ruggles.
1940 *Little Old New York* (El despertar de una ciudad), de Henry King. / *Remember the Night* (Recuerdo de una noche), de Mitchell Leisen. / *Too Many Husbands* (Demasiados maridos), de Wesley Ruggles. / *Rangers of Fortune,* de Sam Wood.
1941 *Virginia,* de Edward H. Griffith, *One Night in Lisbon,* de Edward H. Griffith. / *New York Town,* de Charles Vidor. / *Dive Bomber,* de Michael Curtiz.
1942 *Star Spangled Rhythm* (Fantasía de estrellas), de George Marshall. / *The Forest Rangers* (Corazones en llamas), de George Marshall. / *Take a Letter Darling* (Ella y su secretario), de Mitchell Leisen. / *The Lady Is Willing* (Capricho de mujer), de Mitchell Leisen.
1943 *Flight for Freedom* (Un encuentro en el Pacífico), de Lothar Mendes. / *Above Suspicion* (Bajo sospecha), de Richard Thorpe. / *No Time for Love* (No hay tiempo para el amor), de Mitchell Leisen.
1944 *Standing Room Only* (Amor sin refugio), de Sidney Lanfield. / *And the Angels Sing* (Diablillos con faldas), de George Marshall. / *Double Indemnity* (Perdición), de Billy Wilder. / *Practically Yours* (Bodas blancas), de Mitchell Leisen.
1945 *Murder He Says,* de George Marshall. / *Where Do We Go From Here?,* de Gregory Ratoff. / *Pardon My Past,* de Leslie Fenton. / *Smoky,* de Louis King. / *Captain Eddie* (El capitán Eddie), de Lloyd Bacon.
1947 *Singapore* (Una vida y un amor), de John Brahm. / *The Egg and I* (El huevo y yo), de Chester Erskine. / *Suddenly It's Spring,* de Mitchell Leisen.
1948 *On Our Merry Way* (Una encuesta llamada milagro), episodio de Leslie Fenton. / *The Miracle of the Bells* (El milagro de las campanas), de Irving Pichel. / *Family Honeymoon,* de Claude Binyon. / *Don't Trust Your Husband* (No te fíes de tu marido), de Lloyd Bacon.
1949 *Father Was a Fullback,* de John M. Stahl. / *Borderline* (Alarma en la frontera), de William A. Seiter.
1950 *Never a Dull Moment* (¡Qué vida esta!), de George Marshall.
1951 *Callaway Went Thataway,* de Norman Panama y Melvin Frank. / *A Millionaire for Christie,* de George Marshall.
1953 *Fair Wind to Java* (Rumbo a Java), de Joseph Kane. / *The Moonlighter,* de Roy Rowland.
1954 *The Caine Mutiny* (El motín del Caine), de Edward Dmytryk. / *Pushover* (La casa número 322), de Richard Quine. / *A Woman's World* (El mundo es de las mujeres), de Jean Negulesco.
1955 *The Far Horizons* (Horizontes azules), de Rudolph Maté. / *The Rains of Ranchipur* (Las lluvias de Ranchipur), de Jean Negulesco. / *At Gunpoint* (Así mueren los valientes), de Alfred L. Werker.
1956 *There's Always Tomorrow* (Siempre hay un mañana), de Douglas Sirk.
1957 *A Gun for a Coward* (Una pistola para un cobarde), de Abner Biberman. / *Quantez,* de Harry Keller. / *Good Day for a Hanging,* de Nathan Juran.

1958 *Day of the Bad Men* (Sheriff hora H), de Harry Keller. / *The Shaggy Dog* (El extraño caso de Wilbur), de Charles T. Barton.
1959 *Face of a Fugitive*, de Paul Wendkos. / *The Oregon Trail*, de Gene Fowler.
1960 *The Apartment* (El apartamento), de Billy Wilder.
1961 *The Absent-Minded Professor* (Un sabio en las nubes), de Robert Stevenson.
1962 *Bon Voyage!* (Los conflictos de papá), de James Neilson.
1963 *Son of Flubber* (El sabio en apuros), de Robert Stevenson.
1964 *Kisses for My President* (Besos para mi presidente), de Curtis Bernhardt.
1966 *Follow Me, Boys!* (Veinte docenas de hijos), de Norman Tokar.
1967 *The Happiest Millionaire* (El más feliz millonario), de Norman Tokar.
1973 *Charley and the Angel*, de Vincent McEveety.
1978 *The Swarm* (El enjambre), de Irwin Allen.

MADAME BOVARY *(1949)*

El conocido clásico de la literatura francesa escrito por Gustave Flaubert es origen de tres películas muy distintas. La primera es una producción francesa, dirigida en 1933 por Jean Renoir y protagonizada por Valentine Tessier y Pierre Renoir, pero que no se sitúa entre sus mejores trabajos; la última también es una producción francesa, realizada en 1991 por Claude Chabrol, con Isabelle Hupert y Jean-François Balmer, que tiene bastante más interés. Entre ambas aparece esta producción norteamericana de Pandro S. Berman para Metro-Goldwyn-Mayer, que es una de las grandes películas dramáticas dirigidas por Vincente Minnelli. Narra cómo, en 1857, el escritor Gustave Flaubert (James Mason) es acusado de inmoral por su novela *Madame Bovary*, durante el juicio relata la vida de su heroína y es absuelto. Gracias a este truco narrativo Minnelli no solo hace un buen trabajo de síntesis, sino también defiende su película de los que la acusan de inmoral. Aunque es la que se toma más libertades para contar cómo Emma Bovary (Jennifer Jones), cansada de la aburrida vida matrimonial con el doctor Charles Bovary (Van Heflin), tiene varias experiencias desafortunadas con distintos amantes; es la que mejor respeta el espíritu del original y la que obtiene mejores resultados cinematográficos. Destacan la interpretación de Jennifer Jones y la inspirada música de Miklos Rozsa.

Director: *Vincente Minnelli*. Guionista: *Robert Ardrey*. Fotografía: *Robert Planck* Música: *Miklos Rozsa*. Intérpretes: *Jennifer Jones, Van Heflin, James Mason, Louis Jourdan, Christopher Kent, Gene Lockhart, Gladys Cooper*. Producción: *Pandro S. Berman para Metro-Goldwyn-Mayer*. Duración: *115'*. *Estados Unidos*.

MADAME DE... *(1953)*

Tomando como punto de partida un relato de Louise de Vilmorin, el gran realizador Max Ophüls aprovecha el cambio de manos de unos pendientes, vendidos cuatro veces por el joyero Rémy (Jean Debucourt) al general André de... (Charles Boyer), para narrar con gran maestría, gracias a una subrayada estructura circular, la historia de un tradicional triángulo amoroso, completado por la condesa Louise de... (Danielle Darrieux) y el embajador italiano Fabrizio Donati (Vittorio de Sica), ambientada en el París de principios de siglo. Gracias a sus suntuosos largos planos, a una cámara en constante movimiento, al barroquismo de su estilo y a su habilidad para entrelazar la comedia y la tragedia, Ophüls convierte un frívolo relato en un cuidado dibujo de la alta sociedad de la época.

Director: *Max Ophüls*. Guionistas: *Marcel Achard, Annette Wademant, Max Ophüls*. Fotografía: *Christian Matras*. Música: *Georges van Parys, Oscar Strauss*. Intérpretes: *Danielle Darrieux, Charles Boyer, Vittorio de Sica, Mireille Perrey, Jean Debucourt*. Producción: *Franco-London-Films (París), Rizzoli (Roma)*. Duración: *100'. Francia-Italia*.

MADRE JUANA DE LOS ÁNGELES *(Matka Joanna od Aniolów, 1961)*

En el siglo XVII el abate Suryn (Mieczyslaw Voit) llega a un convento de carmelitas para exorcizar a un grupo de monjas endemoniadas, pero se enamora de la madre Joanna (Lucyna Winnicka) y mata con un hacha a dos personas para arrojar sobre ellas los demonios de la monja y decir que se ha sacrificado por amor. A partir de una narración de Jaroslaw Iwaszkiewicz sobre la conocida historia de las monjas endemoniadas de Loudun, el realizador Jerzy Kawalerowicz se inspira en Carl Th. Dreyer e Ingmar Bergman para hacer la más conocida de sus películas. Sobre el mismo tema, pero tomado de una novela de Aldous Huxley, el excesivo Ken Russell rueda en su mejor momento *Los demonios* (The Devils, 1971). Cuando se comparan los excesos del británico con la sobriedad del polaco, se aprecia mejor la calidad de esta película, que en su momento tiene problemas con el Vaticano.

Director: *Jerzy Kawalerowicz*. Guionista: *Jaroslaw Iwaszkiewicz*. Fotografía: *Jerzy Woljcik*. Música: *Adam Walacinski*. Intérpretes: *Lucyna Winnicka, Mieczyslaw Voit, Anna Ciepielwska, Maria Chwalibog*. Producción: *Films Polski*. Duración: *110'. Polonia*.

MAGDALENA, CERO EN CONDUCTA
(Maddalena, zero in condotta, 1940)

En la Escuela Privada Comercial Audax, la profesora de correspondencia comercial Lina Malgar (Vera Bergman) utiliza un texto en que las cartas de los ejercicios van dirigidas a un hipotético señor Alfredo Hartman. Un día le escribe una carta de amor que su alumna Maddalena Lenci (Carla del Poggio) encuentra por casualidad y su amiga (Eva Dilian) decide enviar. La recibe el señor Hartman en Viena, que se la da a su hijo y este a su vez al suyo —los tres interpretados por Vittorio de Sica—, quien decide ir a Roma a conocer a su desconocida enamorada. Con esta leve intriga, tomada de una comedia del autor húngaro Lazslo Kadar, Vittorio de Sica hace su segunda película como director, una agradable y característica comedia de «teléfonos blancos», típica del *Ventennio nero*, los años del fascismo, que funciona muy bien y lanza a las jóvenes debutantes Carla del Poggio e Irasema Dilian —que aparece con el nombre de Eva Dilian—.

Director: *Vittorio de Sica*. Guionista: *Ferruccio Biancini*. Fotografía: *Mario Albertelli*. Música: *Nuccio Fiorda*. Intérpretes: *Vittorio de Sica, Vera Bergman, Carla del Poggio, Eva Dilian, Amelia Chellini, Pina Renzi*. Producción: *Giorgio Genesi*. Duración: *77'. Italia*.

MÁGICA BOLA DEL DOCTOR EHRLICH, LA *(Dr. Ehrlich's Magic Bullet, 1940)*

De las brillantes biografías rodadas a finales de los años treinta y principios de los cuarenta por William Dieterle para el productor Jack Warner, la más austera y alemana es la del médico judío Paul Ehrlich (1854-1915), premio Nobel de psicología y medicina en 1908, autor de importantes trabajos sobre microbiología, vacunación e inmunología y descubridor de la moderna farmacología. Rodada casi íntegramente en estudio, reconstruye unos opresivos ambientes berlineses con la ayuda de la excelente fotografía de James Wong Howe, y no hace la menor concesión ni durante su desarrollo ni en su escueto final, para acabar con las frases: «No puede haber victoria definitiva sobre las enfermedades del cuerpo si no se vence a las del alma. El porvenir nos reserva epidemias de rapacidad, odio e ignorancia. Debemos combatirlas, combatirlas, combatirlas sin cesar...» Planteada como un enfrentamiento entre una fuerte personalidad y la ignorancia y la envidia, en una primera parte muestra cómo el doctor Ehrlich —un magnífico Edward G. Robinson— consigue colorear el bacilo de la tuberculosis, contrae la enfermedad y se restablece en Egipto, y vence a la difteria a lo largo de unas magníficas escenas. La segunda parte se centra en la lucha del científico contra estúpidos burócratas, y su gran esfuerzo para descubrir un remedio contra la sífilis. Rodada en los albores de la II Guerra Mundial con un equipo lleno de exiliados alemanes, es un brillante reflejo de la triste realidad mundial. Su único defecto es esa división en dos partes, que hace que la segunda resulte larga, repetitiva y similar a la primera.

Director: *William Dieterle*. Guionistas: *John Huston, Heins Herald, Norman Burnside*. Fotografía: *James Wong Howe*. Música: *Max Steiner*. Intérpretes: *Edward G. Robinson, Ruth Gordon, Otto Kruger, Donald Crisp, Maria Ouspenskaya, Montagu Love, Sig Rumann*. Producción: *Wolfgang Reinhardt para Warner*. Duración: *103'. Estados Unidos*.

MAGNANI, Anna *(Roma, 1908-Roma, Italia, 1973)*

De origen muy modesto, da clases de dicción y a mediados de los años veinte debuta como cantante y actriz en espectáculos de variedades. Tras hacer un breve papel en una película, durante la primera mitad de la década de los treinta se convierte en una gran actriz dramática, llega a tener su propia compañía de teatro y en 1934 regresa al cine como protagonista. De sus películas de los años cuarenta destacan las comedias preneorrealistas *Vive si te dejan* y *Campo dei Fiori* y el drama neorrealista *Roma, ciudad abierta*, de Roberto Rossellini. Cuando Rossellini la deja para rodar con Ingrid Bergman *Stromboli* (Stromboli, terra di Dio, 1949), por celos trae desde Hollywood al realizador William Dieterle para hacer en otra de las islas Lípari el melodrama *Vulcano*. Después de rodar con Luchino Visconti *Bellísima* y con Jean Renoir *La carroza de oro*, en la segunda mitad de los cincuenta hace en Hollywood los dramas teatrales *La rosa tatuada*, con el que gana un Oscar, *Viento salvaje* y *Piel de serpiente*. Entre sus últimas películas italianas sobresalen los dramas *Infierno en la ciudad*, de Renato Castellani, y *Mamma Roma*, de Pier Paolo Pasolini. Prácticamente retirada desde mediados de la década de los sesenta, solo rueda en Italia la producción norteamericana *El secreto de Santa Vittoria* y una serie para televisión dirigida por Alfredo Gianetti, además de una breve colaboración en *Roma*, de Federico Fellini.

1928 *Scampolo*, de Augusto Genina.
1934 *La cieca di Sorrento*, de Nunzio Malasomma. / *Tempo massimo*, de Mario Mattoli.
1936 *Trenta secondi d'amore* (Treinta segundos de amor), de Mario Bonnard. / *Cavalleria* (Caballería), de Goffredo Alessandrini.
1938 *La principessa Tarakanova* (La princesa Tarakanova), de Fedor Ozep.
1939 *Una lampada alla finestra*, de Gino Talamo.
1940 *Finalmente soli*, de Giacomo Gentilomo.
1941 *La fuggitiva*, de Pietro Ballerini. / *Teresa Venerdì* (Nacida en viernes), de Vittorio de Sica.
1942 *La fortuna viene dal cielo* (La fortuna viene del cielo), de Akos Rhatoni.
1943 *L'avventura di Annabella*, de Leo Menardi. / *L'ultima carrozzella* (Vive si te dejan), de Mario Mattoli. / *Campo dei Fiori*, de Mario Bonnard. / *T'amerò sempre*, de Mario Camerini.
1944 *La vita è bella*, de Carlo Ludovico Bragaglia. / *Il fiore sotto gli occhi*, de Guido Brignone.
1945 *Quartetto pazzo*, de Guido Salvini. / *Roma città aperta* (Roma, ciudad abierta), de Roberto Rossellini. / *Abbasso la miseria*, de Gennaro Righelli.
1946 *Il bandito*, de Alberto Lattuada. / *Avanti a lui tremava tutta Roma*, de Carmine Gallone. / *Un uomo ritorna*, de Max Neufeld.
1947 *Abbasso la ricchezza*, de Gennaro Righelli. / *L'onorevole Angelina* (Noble gesta), de Luigi Zampa. / *Lo sconosciuto di San Marino*, de Vittorio Cottafavi.
1948 *Assunta Spina*, de Mario Mattoli. / *Molti sogni per le strade* (Ilusiones rotas), de Mario Camerini. / *L'amore*, de Roberto Rossellini.
1950 *Vulcano*, de William Dieterle.
1951 *Bellissima* (Bellísima), de Luchino Visconti.
1952 *Camicie rosse* (Anna Garibaldi), de Goffredo Alessandrini. / *La carrozza d'oro* (La carroza de oro), de Jean Renoir.
1953 *Siamo donne* (Nosotras las mujeres), episodio de Luchino Visconti.
1954 *Questa è la vita*, episodio de Luigi Zampa.
1955 *The Rose Tattoo* (La rosa tatuada), de Daniel Mann. / *Totò e Carolina*, de Mario Monicelli.
1956 *Suor Letizia*, de Mario Camerini.
1957 *Wild Is the Wind* (Viento salvaje), de George Cukor.
1958 *Nella città l'inferno* (Infierno en la ciudad), de Renato Castellani.
1960 *The Fugitive Kind* (Piel de serpiente), de Sidney Lumet. / *Risate di gioia* (Llegan los bribones), de Mario Monicelli.
1962 *Mamma Roma*, de Pier Paolo Pasolini.
1963 *Le magot de Josefa*, de Claude Autant-Lara.
1964 *Volles Herz und leere Taschen*, de Camillo Mastrocinque.
1966 *Made in Italy*, de Nanni Loy.
1969 *The Secret of Santa Vittoria* (El secreto de Santa Vittoria), de Stanley Kramer.
1971 *Correva l'anno di grazia 1870*, de Alfredo Gianetti.
1972 *Roma*, de Federico Fellini.

MAGO DE OZ, EL *(The Wizard of Oz, 1939)*

Las aventuras de la joven Dorothy Gale (Judy Garland) en el país de Oz, ayudada por un espantapájaros (Ray Bolger), un león tímido (Bert Lahr) y un hombre de latón (Jack Haley), en busca del mago (Frank Morgan), amigo del hada buena (Billie Burke) y enemigo del hada mala (Margaret Hamilton), están basadas en el clásico de la literatura infantil de Frank L. Baum. Comenzada a dirigir por George Cukor, Richard Thorpe rueda algunas escenas, King Vidor realiza los famosos números *Somewhere Over the Rainbow* y *We're Off to See the Wizard* y la acaba y firma Victor Fleming. Tras una dura lucha entre las candidatas Shirley Temple y Deanna Durbin, una Judy Garland de diecisiete años se queda con el papel protagonista y se convierte en una estrella. Su gran éxito en Estados Unidos hace que Metro-Goldwyn-Mayer llegue a ser la gran productora de musicales de los años cuarenta y cincuenta y Arthur Freed, que aquí solo hace labores secundarias de producción, acabe siendo el gran productor especializado en el género. Es origen de algunas olvidadas secuelas realizadas a principios de la década de los cuarenta y más tarde de *Zardoz* (1974), de John Boorman, una pedante adaptación en clave de ciencia-ficción; *El mago* (The Wiz, 1978), de Sidney Lumet, una versión musical interpretada por negros, y la menos atractiva *Return to Oz* (1985), de Walter Murch.

Director: *Victor Fleming*. Guionistas: *Noël Langley, Florence Ryerson, Edgar Alan Wolfe*. Fotografía: *Harold Rosson*. Música: *E. Y. Harburg, Harold Arlen*. Intérpretes: *Judy Garland, Frank Morgan, Ray Bolger, Bert Lahr, Jack Haley, Billie Burke, Margaret Hamilton*. Producción: *Mervyn LeRoy para Metro-Goldwyn-Mayer*. Color. Duración: *102'*. Estados Unidos.

MAKAVEJEV, Dusan *(Belgrado, Yugoslavia, 1932)*

Licenciado en psicología por la Universidad de Belgrado, también estudia en la Academia de Teatro, Radio, Cine y Televisión. Durante los años cincuenta hace montajes teatrales y rueda películas experimentales en 16 mm; en 1958 es contratado por la productora Zagreb Film y hasta 1964 rueda trece documentales para ella. Tras publicar algunos ensayos, debuta en el largo con *El hombre no es un pájaro,* interesante relato realista sobre las relaciones entre un obrero tradicional y su moderna amiga, donde ya aparece la técnica del *collage* que le hace famoso. Se sitúa en la misma línea *La tragedia de una empleada de teléfonos,* historia de amor entre un desratizador y una telefonista que acaba trágicamente, pero donde introduce múltiples elementos documentales y una entrevista seudocientífica. Se consagra internacionalmente con *Inocencia sin defensa,* atractivo *collage* en torno a la primera película sonora yugoslava, y con *Los misterios del organismo,* aproximación a las teorías psicoanalistas de Wilhelm Reich para representar las relaciones entre sexualidad y política y ridiculizar al estalinismo. Exiliado por motivos políticos, durante los últimos veinticinco años recorre el mundo rodando, en inglés, diferentes producciones, que cada vez quedan más lejos de sus cuatro personales trabajos iniciales. En Francia hace *Sweet Movie,* la mejor de sus obras de exilio, donde todavía utiliza la técnica del *collage* para seguir indagando sobre las relaciones entre la política y el sexo; en Suecia realiza *Montenegro,* sobre las complejas relaciones entre una norteamericana y una familia yugoslava exiliada; en Australia rueda *El chico de la Coca-cola,* una irregular comedia demasiado impersonal; en Estados Unidos dirige *Manifiesto,* farsa negra ambientada en los años veinte en un imaginario país balcánico y basada en un relato de Émile Zola; y en Alemania le financian *Gorilla Bathes at Noon*.

1966 *Čovek nije tica* (El hombre no es un pájaro).
1967 *Ljubavni slucaj ili tragedija sluzbenice p.t.t.* (La tragedia de una empleada de teléfonos).
1968 *Nevinšt bez zaštile* (Inocencia sin defensa).
1971 *W.R.: misterije organizma* (Los misterios del organismo).
1972 *Nedostaje mi sonja heni,* un episodio.
1973 *Politfuck*, episodio de *We Dreams* (Sueños húmedos).
1974 *Sweet Movie.*
1981 *Montenegro.*
1985 *The Coca-Cola Kid* (El chico de la Coca-cola).
1988 *Manifesto.*
1992 *Gorilla Bathes at Noon.*

MALDITO EMBROLLO, UN *(Un maledetto imbroglio, 1959)*

Antes de convertirse en uno de los grandes artífices de la «comedia a la italiana» de los años sesenta, el actor, guionista y realizador Pietro Germi hace este inquietante policiaco, pero en una cinematografía sin tradición en el género y, a pesar de sus brillantes resultados, es muy mal comprendida en su momento. El punto de partida es la barroca novela *Quer pasticciaccio brutto de via Merulana*, del personalísimo escritor Carlo Emilio Gadda, pero, con la ayuda de sus guionistas Alfredo Giannetti y Ennio de Concini, Germi traslada la acción desde el *Ventennio nero,* la etapa fascista, hasta los años cincuenta, e incluso encuentran a un asesino inexistente en la obra original. Mientras el comisario Ingravallo (Pietro Germi) investiga el robo perpetrado en el domicilio de un rico homosexual y sus sospechas recaen en el electricista Diomede (Nino Castelnuovo), en el mismo palacio romano es asesinada Liliana Banducci (Eleonora Rossi Drago) para la que trabajaba como criada Assuntina (Claudia Cardinale), novia del electricista. Realizado sin pretensión moral alguna, ni ninguna retórica, solo con un minucioso realismo empleado tanto por Pietro Germi como por su personaje, al final encuentran al asesino, mientras se expone la compleja vida de algunos peculiares personajes. Dentro de un excelente conjunto destacan la música de Carlo Rustichelli y la canción *Sinnò me moro,* cantada por su hija Alida Chelli.

Director: *Pietro Germi*. Guionistas: *Pietro Germi, Alfredo Giannetti, Ennio de Concini*. Fotografía: *Leonida Barboni*. Música: *Carlo Rustichelli*. Intérpretes: *Pietro Germi, Claudia Cardinale, Eleonora Rossi Drago, Claudio Gora, Franco Fabrizi, Nino Castelnuovo*. Producción: *Giuseppe Amato*. Duración: *110'*. Italia.

MALKOVICH, John *(Christopher, Illinois, Estados Unidos, 1953)*

Estudia en la Illinois State University e interesado por el teatro se asocia con el actor y director Gary Sinise para relanzar la Steppenwolf Theatre Company de Chicago. Convertido en un sólido actor de teatro, a mediados de los años ochenta comienza a hacer importantes papeles secundarios en cine, entre los que destacan las adaptaciones de las famosas obras teatrales *Muerte de un viajante* y *El zoo de cristal*. Lanzado por el éxito de *Las amistades peligrosas*, de Stephen Frears, y *El cielo protector*, de Bernardo Bertolucci, minuciosas adaptaciones de las novelas de Pierre Choderlos de Laclos y Paul Bowles respectivamente, es dirigido por su viejo amigo Gary Sinise en *Más allá de la ambición* y *De ratones y de hombres*, sobre la novela de John Steinbeck. Sin abandonar nunca el teatro, hace un papel secundario en *Sombras y niebla*, de Woody Allen, y encarna al malo en el irregular policiaco *En la línea de fuego*, de Wolfgang Petersen.

1984 *Places in the Heart* (En un lugar del corazón), de Robert Benton. / *The Killing Fields* (Los gritos del silencio), de Roland Joffé.
1985 *Eleni*, de Peter Yates. / *Death of a Salesman* (Muerte de un viajante), de Volker Schlöndorff.
1987 *Making Mr. Right* (Fabricando el hombre perfecto), de Susan Seidelman. / *The Glass Menagerie* (El zoo de cristal), de Paul Newman. / *Empire of the Sun* (El imperio del sol), de Steven Spielberg.
1988 *Miles From Home* (Más allá de la ambición), de Gary Sinise. / *Dangerous Liaisons* (Las amistades peligrosas), de Stephen Frears.
1990 *The Sheltering Sky* (El cielo protector), de Bernardo Bertolucci. / *Queens Logic*, de Steve Rash.
1991 *The Object of Beauty* (Objeto de deseo), de Michael Lindsay-Hogg.
1992 *Shadows and Fog* (Sombras y niebla), de Woody Allen. / *Of Mice and Men* (De ratones y de hombres), de Gary Sinise. / *Jennifer Eight* (Jennifer 8), de Bruce Robinson.
1993 *Alive* (¡Viven!), de Frank Marshall. / *In the Line of Fire* (En la línea de fuego), de Wolfgang Petersen.
1995 *Mary Reilly*, de Stephen Frears. / *O convento* (El convento), de Manoel de Oliveira.
1996 *Al di là delle nuvole* (Más allá de las nubes), de Michelangelo Antonioni.

MALLE, Louis *(Thumeries, Francia, 1932-Los Ángeles, California, Estados Unidos, 1995)*

Perteneciente a una de las grandes familias francesas, estudia con los jesuitas antes de licenciarse en ciencias políticas en la Universidad de la Sorbona, París. Después de estudiar dirección en el I.D.H.E.C., la escuela de cine de París, a los veinticuatro años es ayudante de dirección de Robert Bresson en *Un condenado a muerte se ha fugado* (Un condamné à mort s'est echappé, 1956) y codirige con el comandante Jacques-Yves Cousteau el documental *El mundo del silencio* (Le monde du silence, 1956), que gana la Palma de Oro del Festival de Cannes, primer largometraje comercial sobre el mundo submarino. Desde este momento comienza su brillante carrera como adaptador de textos literarios: Noël Calef en el policiaco *Ascensor para el cadalso*; Dominique Vivant en la erótica *Los amantes;* Raymond Queneau en la moderna comedia *Zazie en el Metro;* Drieu La Rochelle en la pesimista *El fuego fatuo;* Georges Darien en el policiaco de época *El ladrón*, y Edgar Allan Poe en el episodio fantástico *William Wilson*. Entre las que rueda los documentales *Vida privada*, sobre la actriz Brigitte Bardot, y *Calcuta*, sobre la India, además del irregular guión original *¡Viva María!*, sobre dos actrices francesas en la Revolución mexicana. Las mejores películas de su primera etapa francesa son *El soplo al corazón,* que escribe en solitario y narra un incesto entre una madre y su hijo adolescente sobre el telón de fondo de la guerra de Indochina, y *Lacombe Lucien,* que escribe con el novelista Patrick Modiano, sobre un colaboracionista que se enamora de una judía durante los años de ocupación alemana de Francia. Después de la producción británica *Luna negra*, un discutible ensayo surrealista, su período norteamericano se extiende a lo largo de *La pequeña*, historia de una niña que descubre la vida en un burdel de Nueva Orleans a principios de siglo; *Atlantic City,* una lograda narración en torno a diferentes perdedores, que obtiene el León de Oro de la Mostra de Venecia; *Mi cena con André,* un largo diálogo entre un director de teatro y un autor y actor; *Crackers,* una fallida versión de *Rufufú* (I soliti ignoti, 1958), de Mario Monicelli, ambientada en San Francisco, y *La bahía del odio,* sobre el enfrentamiento entre norteamericanos y refugiados vietnamitas en una pequeña comunidad pesquera. Sin olvidar los interesantes documentales *Humain trop humain, Place de la République* y *... And the Pursuit of Happiness,* que antes y después separan su obra francesa de la norteamericana. Regresa a Francia para comenzar el tercer período de su obra con la excelente *Adiós, muchachos,* un emocionante relato sobre un suceso autobiográfico vivido en el colegio durante los años de la ocupación, con el que vuelve a ganar el León de Oro de la Mostra de Venecia; seguida de *Milou en mayo,* una curiosa comedia negra sobre el trasfondo de la revuelta de mayo de 1968, y la compleja y dramática historia triangular *Herida,* que rueda en inglés. Su última película es *Vania en la calle 42,* un reportaje sobre una representación de la famosa obra de Anton Chejov en un viejo teatro de Nueva York.

1957 *Ascenseur par l'échafaud* (Ascensor para el cadalso).
1958 *Les amants* (Los amantes).
1960 *Zazie dans le Métro* (Zazie en el Metro).
1962 *Vie privée* (Vida privada).
1963 *Le feu follet* (El fuego fatuo).
1965 *Viva María!*
1967 *Le voleur* (El ladrón).
1968 *William Wilson,* episodio de *Histoires extraordinaires* (Historias extraordinarias).
1969 *Calcutta* (Calcuta).
1971 *Le souffle au coeur* (El soplo al corazón).
1973 *Humain trop humain. / Place de la République.*
1974 *Lacombe Lucien.*
1975 *Black Moon* (Luna negra).
1978 *Pretty Baby* (La pequeña).
1980 *Atlantic City.*
1982 *My Dinner With André* (Mi cena con André).
1984 *Crackers.*
1985 *Alamo Bay* (La bahía del odio).
1986 *God's Country. / ... And the Pursuit of Happiness.*
1987 *Au revoir les enfants* (Adiós, muchachos).
1989 *Milou en mai* (Milou en mayo).
1992 *Damage* (Herida).
1994 *Vanya on 42nd Street* (Vania en la calle 42).

MALVADO ZAROFF, EL *(The Most Dangerous Game, 1932)*

A partir de un famoso cuento de Richard Connell, el productor Merian C. Cooper y el director Ernest B. Schoedsack, creadores de la mítica *King Kong* (1933), hacen una de las más famosas películas fantásticas. Narra cómo el conde ruso Zaroff (Leslie Banks), que vive con algunos servidores en un castillo situado en una isla abandonada, atrae a los barcos que pasan por la zona hacia unos peligrosos arrecifes para llevar a cabo cacerías humanas con los supervivientes. De esta manera se enfrenta con el famoso cazador Bon Rainsford (Joel McCrea), que se esmera en la sádica cacería para defender a la bella Eve Trowbridge (Fay Wray), que también ha caído en las redes del enloquecido conde. Tras una primera parte expositiva de la situación, la segunda desarrolla todo lo que previamente se había insinuado hasta conseguir un conjunto de rara modernidad, que no ha envejecido con el paso del tiempo. Posteriormente se ruedan otras dos versiones: la producción norteamericana *A Game of Death* (1945), de Robert Wise, con John Loder, Audrey Long y Edgar Barrier, una película R.K.O. de bajo presupuesto con un interés muy limitado, y la producción británica *Huida hacia el sol* (Run for the Sun, 1956), de Roy Boulting, con Richard Widmark, Jane Greer y Trevor Howard, mucho más imaginativa y atractiva.

Director: *Ernest B. Schoedsack.* Guionista: *James Creelman.* Fotografía: *Henry Gerrad.* Música: *Max Steiner.* Intérpretes: *Leslie Banks, Joel McCrea, Fay Wray, Robert Armstrong.* Producción: *Merian C. Cooper para R.K.O.* Duración: *63'. Estados Unidos.*

MAMET, David *(Chicago, Illinois, Estados Unidos, 1947)*

Perteneciente a una familia de clase media de origen ruso judío, durante sus estudios en el Goddard College de Vermont escribe textos que representa con sus compañeros, a los veinticuatro años funda la St. Nicholas Theatre Company y se convierte en su principal comediógrafo y director. A través de sus numerosas y cada vez mejores obras de teatro, llega a ser el más conocido de los dramaturgos de su generación y en 1986 publica su primera novela, *Esa gente tranquila* (The Village). Entre sus muchos guiones destacan los de *El cartero siempre llama dos veces* (The Postman Always Rings Twice, 1981), de Bob Rafelson; *El veredicto* (The Verdict, 1982), de Sidney Lumet, y *Los intocables* (The Untouchables, 1987), de Brian de Palma.

Sin abandonar sus actividades como dramaturgo, director de teatro y guionista, debuta como realizador con *Casa de juego,* excelente historia sobre el funcionamiento de un grupo de timadores, a la que siguen las menos logradas *Las cosas cambian,* irónica mezcla de policiaco y comedia, y *Homicidio,* retrato de un policía que solo vive para el trabajo; innovadores y personales policiacos que también escribe y cuya fotografía es del español Juan Ruiz Anchía.

1987 *House of Games* (Casa de juego).
1988 *Things Change* (Las cosas cambian).
1991 *Homicide* (Homicidio).
1995 *Oleanna.*

MAMMA ROMA *(1962)*

La fascinación que ejerce sobre el poeta Pier Paolo Pasolini el submundo del extrarradio romano que a principios de los años cincuenta le descubren sus alumnos, los hermanos Sergio y Franco Citti, es origen de dos novelas, *Ragazzi di vita* (1955) y *Una vita violenta* (1959), y de dos películas, *Accatone* (1961) y esta, que le dan a conocer en el mundo de la literatura y el cine como un gran investigador de lo dialectal. Siempre con la colaboración de Sergio Citti en los diálogos, pero sobre guión propio, en esta ocasión narra cómo, tras la boda de su chulo Carmine (Franco Citti), la prostituta Mamma Roma (Anna Magnani) decide retirarse para vivir con su hijo Ettore (Ettore Garafalo), se compra un piso y obtiene un puesto en un mercado. Sin embargo, no logra sus propósitos al reaparecer su chulo, no conservar su hijo el empleo de camarero que le ha conseguido en una *trattoria,* ser detenido por ladrón y acabar muriendo en la cárcel. Antes de acometer empresas más ambiciosas, esta segunda película supone para Pasolini el tormentoso encuentro con Anna Magnani —a la que incluso acusa de querer dar a su personaje tonalidades pequeño burguesas—, el descubrimiento del *travelling,* y la realización de la mejor de sus obras sobre el submundo romano. No obstante, destacan tanto el trabajo de Anna Magnani como los dos largos *travellings* nocturnos de ella caminando con paso decidido por sus dominios. Como dato curioso hay que señalar la importancia que tiene en la historia la canción *Violino tzigano,* de Cherubini y Bixio, cantada por el niño prodigio español Joselito, y la presencia de Lamberto Maggiorani, el mítico protagonista de *Ladrón de bicicletas* (Ladri di biciclette, 1948), de Vittorio de Sica, en un papel muy secundario.

Director y guionista: *Pier Paolo Pasolini.* Fotografía: *Tonino delli Colli.* Música: *Antonio Vivaldi.* Intérpretes: *Anna Magnani, Franco Citti, Ettore Garafalo, Silvana Corsini, Luisa Orioli, Paolo Volponi.* Producción: *Alfredo Bini para Arco Film, Cineriz.* Duración: *114'. Italia.*

MAMOULIAN, Rouben *(Tiflis, Georgia, 1898-Los Ángeles, California, Estados Unidos, 1987)*

Descendiente de una familia judía de origen armenio, recibe una cosmopolita educación en París, Moscú y Londres, mientras su interés por el teatro le hace dirigir la compañía de Tiflis, debutar en 1920 como director en Londres al frente de la Russian Repertory Company y en 1923 llegar a Estados Unidos para dirigir óperas de Bizet, Gounod, Mussorgski y Verdi. Se consagra gracias al éxito de su montaje de *Porgy and Bess,* el famoso musical de George Gershwin, pero que al final de su carrera no logra convertir en película por desavenencias con el productor Samuel Goldwyn y acaba dirigiendo en 1959 Otto Preminger. Con la llegada del sonoro recibe ofertas de Hollywood para dirigir escenas dialogadas, pero no acepta hasta que los estudios Paramount le ofrecen el control total de una producción y así rueda, aprovechando el nuevo lenguaje más para una cierta experimentación que por sus posibilidades de concisión dramática, *Aplauso,* primera película sonora rodada con una cámara móvil; *Las calles de la ciudad,* adaptación de una narración policiaca de Dashiell Hammett donde introduce el monólogo interior, y *El hombre y el monstruo,* versión de la novela de Robert Louis Stevenson en que por primera vez se emplean sonidos no reales. Su carrera como director de cine incluye dieciséis películas realizadas a lo largo de treinta años, pero siempre es un complemento de su actividad teatral, que le lleva, por ejemplo, a estrenar con gran éxito cuatro montajes diferentes del famoso musical *Oklahoma!,* de Richard Rodgers y Oscar Hammerstein II. Mientras dirige a las estrellas Marlene Dietrich en *El cantar de los cantares,* Greta Garbo en *La reina Cristina de Suecia,* la fracasada Anna Sten en *Vivamos de nuevo,* adaptación de una novela de Leon Tolstoi, y Barbara Stanwyck en *Sueño dorado,* según la obra de Clifford Odets, también rueda el primer largometraje en Technicolor tricromo con *La feria de las vanidades,* basado en una novela de William Thackeray. Entre sus películas destacan la eficaz historia de aventuras *El signo del Zorro,* el melodrama *Sangre y arena,* la mejor versión de la obra homónima de Vicente Blasco Ibáñez, y la divertida comedia *Anillos en los dedos,* que a principios de los años cuarenta hace para los estudios 20th Century Fox. Sin embargo, sus mejores trabajos en cine, como también ocurre en teatro, son en el terreno musical: la opereta *Ámame esta noche,* la mejor de las protagonizadas por la pareja integrada por Maurice Chevalier y Jeannette MacDonald; la historia realista *La furia del oro negro,* escrita por Oscar Hammerstein II; la comedia ambientada en México *El alegre bandolero* y, sobre todo, *Summer Holiday,* versión musical de la obra *Ah Wilderness*, de Eugene O'Neill, y *La bella de Moscú,* versión musical muy superior al original *Ninotchka* (1939), de Ernst Lubitsch.

1929 *Applause* (Aplauso).
1931 *City Streets* (Las calles de la ciudad).
1932 *Dr. Jeckyll and Mr. Hyde* (El hombre y el monstruo). / *Love Me Tonight* (Ámame esta noche).
1933 *Song of Songs* (El Cantar de los Cantares). / *Queen Christina* (La reina Cristina de Suecia).
1934 *We Live Again* (Vivamos de nuevo).
1935 *Becky Sharp* (La feria de las vanidades).
1936 *The Gay Desperado* (El alegre bandolero).
1937 *High, Wide and Handsome* (La furia del oro negro).
1939 *Golden Boy* (Sueño dorado).
1940 *The Mark of Zorro* (El signo del Zorro).
1941 *Blood and Sand* (Sangre y arena).
1942 *Rings on Her Fingers* (Anillos en los dedos).
1947 *Summer Holiday.*
1957 *Silk Stockings* (La bella de Moscú).

MANANTIAL, EL *(The Fountainhead, 1949)*
Basada en una conocida novela de la rusa Ayn Rand, convertida por ella misma en un sólido guión que el productor Henry Blanke no permite modificar al personal director King Vidor, trata sobre el misterio que encierra todo creador y es una de las más características películas de su autor. Narra cómo el visionario arquitecto Howard Roark (Gary Cooper), un personaje a medio camino entre el famoso arquitecto Frank Lloyd Wright y los tradicionales héroes de Vidor, prefiere trabajar en una cantera antes que traicionar sus ideas, sabe aguantar los ataques que el millonario Gail Wynand (Raymond Massey) le hace a través de su diario y cuando modifican uno de sus proyectos acaba dinamitando el edificio. También es una compleja historia de amor, llena de pasión, símbolos eróticos y resonancias freudianas, entre el orgulloso arquitecto Howard Roark y la rica heredera Dominique Francon (Patricia Neal). Destacan la sólida dirección de Vidor, el trabajo interpretativo de la pareja formada por Gary Cooper y Patricia Neal —origen de un complejo romance en la vida real—, y la inspirada música de Max Steiner.

Director: *King Vidor.* Guionista: *Ayn Rand.* Fotografía: *Robert Burks.* Música: *Max Steiner.* Intérpretes: *Gary Cooper, Patricia Neal, Raymond Massey, Kent Smith, Robert Douglas, Henry Hull.* Producción: *Henry Blanke para Warner.* Duración: *114'.* Estados Unidos.

MANGANO, Silvana *(Roma, Italia, 1930-Madrid, España, 1989)*
Hija de un siciliano y una inglesa, trabaja como bailarina y modelo antes de conseguir el título de Miss Italia y debutar en cine en pequeños papeles. El éxito alcanzado con *Arroz amargo,* su primera película como protagonista, en buena medida gracias al erotismo que sabe dar a su personaje, la lleva a casarse con el conocido productor Dino de Laurentiis, convertirse en una estrella del cine italiano durante los años cincuenta y sesenta, y protagonizar tanto melodramas, *Ana* y *Mambo* como hace pequeños papeles en las interesantes producciones *El oro de Nápoles* y *El juicio universal,* de Vittorio de Sica, o ser el centro de las películas de episodios concebidas en su honor, *Mi señora* y *Las brujas.* Destaca, sobre todo, su trabajo en *Barrage contre le Pacifique,* de René Clément; *La Gran Guerra,* de Mario Monicelli, y *Cinco mujeres marcadas,* de Martin Ritt. Al final de su carrera establece una fructífera colaboración con Pier Paolo Pasolini en *Edipo, el hijo de la fortuna, El Decamerón,* y con Luchino Visconti en *Muerte en Venecia, Luis II de Baviera* y *Confidencias.* Retirada desde principios de los setenta, su carrera se cierra con la atractiva coproducción italo-rusa *Ojos negros,* de Nikita Mikhalkov.

1946 *L'elisir d'amore*, de Mario Costa.
1948 *Gli uomini sono nemici* (Los hombres son enemigos), de Ettore Giannini. / *Il delitto di Giovanni Episcopo* (El delito de Giovanni Episcopo), de Alberto Lattuada.
1949 *Riso amaro* (Arroz amargo), de Giuseppe de Santis. / *Il lupo della Sila* (El lobo de la Sila), de Duilio Coletti. / *Black Magic* (Cagliostro), de Gregory Ratoff.
1950 *Il brigante Musolino* (El bandido calabrés), de Mario Camerini.
1951 *Anna* (Ana), de Alberto Lattuada.
1954 *Ulysses* (Ulises), de Mario Camerini. / *L'oro di Napoli* (El oro de Nápoles), de Vittorio de Sica. / *Mambo*, de Robert Rossen.
1956 *Uomini e lupi* (Hombres y lobos), de Giuseppe de Santis.
1958 *Barrage contre le Pacifique*, de René Clément. / *La tempestà* (Tempestad), de Alberto Lattuada.
1959 *La Grande Guerra* (La Gran Guerra), de Mario Monicelli.
1960 *Five Branded Woman* (Cinco mujeres marcadas), de Martin Ritt. / *Crimen* (Crimen en Montecarlo), de Mario Camerini.
1961 *Il giudizio universale* (El juicio universal), de Vittorio de Sica. / *Una vita difficile* (Vida difícil), de Dino Risi.
1962 *Barabba* (Barrabás), de Richard Fleischer. / *Il processo di Verona* (El proceso de Verona), de Carlo Lizzani.
1964 *Il disco volante*, de Tinto Brass. / *La mia signora* (Mi señora), de Tinto Brass, Mauro Bolognini y Luigi Comencini.
1965 *Io, io, io... e gli altri* (Yo, yo, yo... y los demás), de Alessandro Blasetti.
1966 *Scusi, lei e favorevole o contrario?* (El gran amante), de Alberto Sordi.
1967 *Edipo re* (Edipo, el hijo de la fortuna), de Pier Paolo Pasolini. / *Le streghe* (Las brujas), de Luchino Visconti, Mauro Bolognini, Pier Paolo Pasolini, Franco Rossi y Vittorio de Sica.
1968 *Teorema*, de Pier Paolo Pasolini. / *Capriccio all'italiana*, episodios de Mauro Bolognini, Franco Rossi y Mario Monicelli.
1970 *Scipione detto anoche l'africano* (Escipión el Africano), de Luigi Magni.
1971 *Morte a Venezia* (Muerte en Venecia), de Luchino Visconti. / *Il Decamerone* (El Decamerón), de Pier Paolo Pasolini.
1972 *Ludwig* (Luis II de Baviera), de Luchino Visconti. / *Lo scopone scientifico* (Sembrando ilusiones), de Luigi Comencini. / *D'amore si muore* (De amor se muere), de Carlo Carunchio.
1974 *Gruppo di famiglia in un interno* (Confidencias), de Luchino Visconti.
1985 *Dune*, de David Lynch.
1987 *Oci ciorne* (Ojos negros), de Nikita Mikhalkov.

MANHATTAN (1979)

Parte central y mejor de la trilogía también integrada por *Annie Hall* (1977) y *Recuerdos* (Stardust Memories, 1980), donde Woody Allen analiza las relaciones de su característico personaje con las mujeres. El Alvy Singer de la primera, el Dany Bates de la última y el Isaac Davis de esta son el mismo personaje, un judío cuarentón que vive en Nueva York, tiene problemas creativos en su trabajo, está rodeado de mujeres, siempre es interpretado por el propio Woody Allen y es un evidente *alter ego* suyo, pero el más interesante de los tres es este. Divorciado dos veces y padre de un niño de unos diez años, está obsesionado porque su segunda esposa Jil (Meryl Streep) le ha dejado por otra mujer y acaba de publicar un libro sobre su matrimonio con él; ha dejado su lucrativo trabajo en televisión para escribir un libro, lo que le obliga a cambiar su amplia y lujosa casa por otra más pequeña y económica, y vive con una deliciosa adolescente de diecisiete años años, Tracy (Mariel Hemingway), de la que no se atreve a enamorarse del todo porque le lleva veinticinco años. También narra su estrecha amistad con Yale (Michael Murphy), un amigo casado que está escribiendo un libro sobre el dramaturgo Eugene O'Neill, lo que les hace compartir el amor de la independiente, intelectual y un tanto pedante Mary Wilke (Diane Keaton). Esta divertida y personal comedia también es un brillante dibujo de Nueva York, realizado con la ayuda de la excelente fotografía de Gordon Willis y la famosa música de George Gershwin.

Director: *Woody Allen*. Guionistas: *Woody Allen, Marshall Brickman*. Fotografía: *Gordon Willis*. Música: *George Gershwin*. Intérpretes: *Woody Allen, Diane Keaton, Michael Murphy, Mariel Hemingway, Meryl Streep*. Producción: *Jack Rollins* y *Charles H. Joffe para United Artists. Scope. Duración: 96'. Estados Unidos.*

MANIQUÍ (Mannequin, 1938)

De las tres películas que Frank Borzage realiza para Metro-Goldwyn-Mayer con su estrella Joan Crawford a finales de los años treinta, la más personal es *Extraño cargamento* (Strange

Cargo, 1940), la menos conocida *La hora radiante* (The Shining Hour, 1938), y la mejor, esta. Producida por el más tarde también realizador Joseph L. Mankiewicz, narra cómo la guapa Jessie Cassidy (Joan Crawford) se casa con el atractivo Eddie Miller (Alan Curtis) más para dejar su duro trabajo en una fábrica y huir de la miseria de la casa de sus padres que por estar enamorada. No tarda en darse cuenta de que se ha equivocado y de que el hombre de su vida es John L. Hennessey (Spencer Tracy). El matrimonio se separa y su nuevo marido se arruina, pero Borzage demuestra, una vez más, que «el amor todo lo puede», en esta eficaz producción en la que mezcla con habilidad el drama con la comedia.

Director: *Frank Borzage*. Guionista: *Lawrence Hazard*. Fotografía: *George Folsey*. Música: *Edward Ward*. Intérpretes: *Joan Crawford, Spencer Tracy, Alan Curtis, Ralph Morgan, Mary Philips*. Producción: *Joseph L. Mankiewicz para Metro-Goldwyn-Mayer*. Duración: *95'. Estados Unidos*.

MANKIEWICZ, Joseph L. *(Joseph Leo Mankiewicz. Wilkes-Barre, Pennsylvania, 1909-Bedford, Estados Unidos, 1993)*

Hermano del conocido guionista Herman J. Mankiewicz (1897-1953), estudia literatura en la Universidad de Columbia y en 1928 comienza a trabajar como corresponsal en Berlín del *Chicago Tribune*, al tiempo que escribe intertítulos en inglés para las películas de la productora U.F.A. Gracias a su hermano, en 1929 entra en los estudios Paramount como guionista, pero tiene más interés lo que escribe a partir de 1933 para Metro-Goldwyn-Mayer y dirigen los artesanos del estudio Edward Sutherland, Norman Taurog, Norman Z. McLeod y W. S. van Dyke. Entre 1936 y 1943 produce veinte películas, la mayoría para Metro-Goldwyn-Mayer, entre las que destacan *Furia* (Fury, 1936), de Fritz Lang; *Maniquí* (Mannequin, 1938), *Three Comrades* (1938), *La hora radiante* (The Shining Hour, 1938) y *Extraño cargamento* (Strange Cargo, 1940), de Frank Borzage; *El ángel negro* (The Shopworn Angel, 1938), de H. C. Potter; *Historias de Filadelfia* (The Philadelphia Story, 1940), de George Cukor; *La mujer del año* (Woman of the Year, 1942), de George Stevens, y *Las llaves del reino* (The Keys of the Kingdom, 1944), de John M. Stahl. Entre 1946 y 1953 dirige once películas para los estudios 20th Century Fox, que en algunos casos también escribe, donde ya aparece su interés por los diálogos brillantes, los duelos dialécticos, la verdad y la mentira y las tramas donde un personaje trata de recomponer una historia a través de diversos fragmentos dispersos. De este primer período de su obra hay que destacar *El castillo de Dragonwyck*, que produce Ernst Lubitsch, sobre una novela de Anya Seton; *Solo en la noche*, un brillante policiaco en cuyo guión colabora; *El último George Apley*, una adaptación de una obra teatral de John P. Marquand; pero, sobre todo, *Carta a tres esposas*, que escribe a partir de una novela policiaca de la especialista Vera Caspary; *Eva al desnudo*, brillante dibujo del mundo teatral neoyorquino, que también escribe y gana varios Oscars, y *Operación Cicerón*, excelente historia de espías basado en un perfecto guión de Michael Wilson. Tras escribir y dirigir para los estudios Metro-Goldwyn-Mayer la respetuosa adaptación de William Shakespeare *Julio César*, crea Figaro Productions para la que escribe y dirige *La condesa descalza*, que narra la historia clásica de Cenicienta situada en los ambientes de los norteamericanos que hacen cine en Europa, y *El americano tranquilo*, donde da la vuelta a la novela homónima de Graham Greene con discutibles resultados. Acaba vendiendo su marca a 20th Century Fox como una cláusula más de su contrato para hacer *Cleopatra*, una superproducción histórica que sabe llevar a su terreno, pero está a punto de costarle la carrera por las desmesuradas exigencias de Elizabeth Taylor. Entre medias hace para el productor independiente Samuel Goldwyn el musical *Ellos y ellas*, que a pesar de ser demasiado largo y estar íntegramente rodado en estudio tiene excelentes números, y para Sam Spiegel el drama *De repente... el último verano*, adaptación de la obra teatral de Tennessee Williams. Sus últimas tres películas son más personales: la comedia *Mujeres en Venecia*, adaptación de una obra clásica de Ben Johnson; el *western* tradicional *El día de los tramposos*, sobre un ingenioso guión de David Newman y Robert Benton, y la farsa *La huella*, adaptación de una obra teatral de Anthony Shaffer escrita por él mismo; pero no hay nada en ellas que no estuviese en sus mejores

trabajos anteriores, mientras resultan demasiado literarias, ingeniosas en exceso y llega a ser agotadora su obsesión por los actores y los juegos.
1946 *Dragonwyck* (El castillo de Dragonwyck). / *Somewhere in the Night* (Solo en la noche).
1947 *The Late George Apley* (El último George Apley). / *The Ghost and Mrs. Muir* (El fantasma y la señora Muir).
1948 *Escape.*
1949 *A Letter to Three Wives* (Carta a tres esposas). / *House of Strangers* (Odio entre hermanos).
1950 *No Way Out* (Un rayo de luz). / *All About Eve* (Eva al desnudo).
1951 *People Will Talk.*
1952 *Five Fingers* (Operación Cicerón).
1953 *Julius Caesar* (Julio César).
1954 *The Barefoot Contessa* (La condesa descalza).
1955 *Guys and Dolls* (Ellos y ellas).
1957 *The Quiet American* (El americano tranquilo).
1959 *Suddenly Last Summer* (De repente... el último verano).
1963 *Cleopatra.*
1967 *The Honey Pot* (Mujeres en Venecia).
1970 *There Was a Crooked Man* (El día de los tramposos).
1972 *Sleuth* (La huella).

MANN, Anthony *(San Diego, California, Estados Unidos, 1906-Berlín, República Federal Alemana, 1967)*

Después de trabajar como actor, empresario y director de teatro, debuta como realizador de cine con *Dr. Broadway,* un policiaco basado en una historia de Borden Chase. Durante los años cuarenta hace otras quince producciones de bajo presupuesto, la mayoría policiacos, entre los que pueden citarse *Extraña interpretación, Trampa para un inocente, La brigada suicida* y *Raw Deal*. Debe su fama a los once *westerns* personales que dirige en la década de los cincuenta: *La puerta del diablo,* uno de los primeros a favor de los indios; *Las furias,* adaptación de una novela de Fiodor Dostoievski; *Colorado Jim; El hombre de Laramie,* sobre guión de Philip Yordan; *Cazador de forajidos,* sobre guión de Dudley Nichols, y *El hombre del Oeste,* sobre guión de Reginald Rose; pero sobre todo *Winchester 73, Horizontes lejanos* y *Tierras lejanas,* que protagoniza James Stewart, escribe Borden Chase y produce Aaron Rosenberg para los estudios Universal, y, en menor medida, el desigual *Desierto salvaje* y el excesivamente largo *Cimarrón*. Entre los que también rueda el policiaco *The Tall Target;* la aventura *Bahía negra;* el musical sobre la vida de Glenn Miller *Música y lágrimas;* el melodrama basado en una novela de James M. Cain *Dos pasiones y un amor,* y la austera narración bélica *La colina de los diablos de acero*. Finalizada la mejor etapa de su carrera, firma un contrato con el productor independiente Samuel Bronston para hacer en España varias superproducciones, pero solo rueda las irregulares *El Cid* y *La caída del Imperio Romano,* aquejadas ambas de problemas de infraestructura. Tras la tópica *Los héroes de Telemark,* sobre la resistencia contra el nazismo en Noruega durante la II Guerra Mundial, muere durante el rodaje en Berlín de los exteriores de *Sentencia contra un dandy,* una convencional historia de espionaje que finaliza su protagonista Laurence Harvey.
1942 *Dr. Broadway*. / *Moonlight in Havana.*
1943 *Nobody's Darling.*
1944 *My Best Gal.* / *Strangers in the Night.*
1945 *The Great Flamarion.* / *Two O'Clock Courage.* / *Sing Your Way Home.*
1946 *Strange Impersonation* (Extraña interpretación). / *The Bamboo Blonde.*
1947 *Desperate.* / *Railroaded* (Trampa para un inocente).
1948 *T-Men* (La brigada suicida). / *Raw Deal.*
1949 *Reign of Terror* (El reinado del terror). / *Border Incident.*
1950 *Side Street.* / *Devil's Doorway* (La puerta del diablo). / *The Furies* (Las furias). / *Winchester 73.*
1951 *The Tall Target.*
1952 *Bend of the River* (Horizontes lejanos).
1953 *The Naked Spur* (Colorado Jim). / *Thunder Bay* (Bahía negra).
1954 *The Glenn Miller Story* (Música y lágrimas).
1955 *The Far Country* (Tierras lejanas). / *Strategic Air Command.* / *The Man From Laramie* (El hombre de Laramie). / *Savage Wilderness* (Desierto salvaje).
1956 *Serenade* (Dos pasiones y un amor).
1957 *Men in War* (La colina de los diablos de acero). / *The Tin Star* (Cazador de forajidos).
1958 *God's Little Acre.* / *Man of the West* (El hombre del Oeste).
1960 *Cimarron.*
1961 *El Cid.*
1964 *The Fall of the Roman Empire* (La caída del Imperio Romano).
1965 *The Heroes of Telemark* (Los héroes de Telemark).
1968 *A Dandy in Aspic* (Sentencia contra un dandy).

MANN, Delbert (Lawrence, Kansas, Estados Unidos, 1920)

Estudia en las Universidades de Vanderbilt y Yale, interviene como aviador en la II Guerra Mundial, en la posguerra trabaja como empresario teatral y en 1949 es contratado como ayudante de dirección por la cadena de televisión N.B.C. Durante la primera mitad de la década de los cincuenta dirige numerosos programas dramáticos de televisión en directo; a mediados debuta como realizador de cine con *Marty*, basada en un guión de Paddy Chayefsky, una comedia dramática que gana la Palma de Oro del Festival de Cannes y varios Oscars; y durante el final de los cincuenta sigue en la misma línea realista con las obras de claro origen televisivo *La noche de los maridos* y *En la mitad de la noche*, ambas de nuevo escritas por Chayefsky, y *El sexto héroe*, sobre el marinero indio que ayuda a plantar la bandera norteamericana en la batalla de Iwo Jima. Tienen menos interés las más teatrales *Deseo bajo los olmos*, sobre la obra homónima de Eugene O'Neill; *Mesas separadas*, adaptación de la comedia dramática de Terence Rattigan que tiene gran éxito y gana varios Oscars, y *En la escalera oscura*, sobre un drama de William Inge. En los años sesenta su cine varía y empeora sensiblemente a lo largo de las comedias de los estudios Universal, al servicio de Doris Day, *Pijama para dos* y *Suave como visón;* la historia de aviación *Nido de águilas;* el fallido intento de volver a sus orígenes realistas *Querido corazón;* el melodrama *La mujer sin rostro*, y las comedias *Quick before It Melts, Cuidado con el mayordomo* y *Fiebre de codicia*. En 1968 regresa a televisión para realizar durante las décadas de los setenta y ochenta diferentes telefilms de largometraje, entre los que destacan las adaptaciones *David Copperfield*, de Charles Dickens; *Alma rebelde*, de Charlotte Brontë, y *Sin novedad en el frente*, de Erich Maria Remarque, que en Europa se distribuyen en salas cinematográficas. Sus últimas películas son *David y Catriona*, basada en la novela de Robert Louis Stevenson, y la producción anticomunista de Walt Disney *Fuga de noche*.

1955 *Marty*.
1957 *The Bachelor Party* (La noche de los maridos).
1958 *Desire under the Elms* (Deseo bajo los olmos). / *Separate Tables* (Mesas separadas).
1959 *Middle of the Night* (En la mitad de la noche).
1960 *The Dark at the Top of the Stairs* (En la escalera oscura).
1961 *Lover Come Back* (Pijama para dos). / *The Outsider* (El sexto héroe).
1962 *That Touch of Mink* (Suave como visón).
1963 *A Gathering of Eagles* (Nido de águilas).
1964 *Dear Heart* (Querido corazón). / *Quick Before It Melts*.
1966 *Mr. Buddwing* (La mujer sin rostro).
1967 *Fitzwilly* (Cuidado con el mayordomo).
1968 *The Pink Jungle* (Fiebre de codicia).
1969 *David Copperfield*.
1970 *Jane Eyre* (Alma rebelde).
1971 *Kidnapped* (David y Catriona).
1979 *All Quiet on the Western Front* (Sin novedad en el frente).
1976 *Birch Interval*.
1982 *Night Crossing* (Fuga de noche).

MANO EN LA TRAMPA, LA *(1961)*

A partir del claustrofóbico relato homónimo de Beatriz Guido, el realizador Leopoldo Torre Nilsson hace una de sus mejores y más personales películas. Narra con eficaz barroquismo cómo Laura Laviñe (Elsa Daniel), una adolescente que sale del colegio de monjas de las Hermanas del Huerto, donde acaba de encarnar a la Virgen en una función de fin de curso, para ir a pasar las vacaciones de verano con su madre y su tía a la mansión familiar en una lejana capital de provincias. Allí se entera de que el ser que vive en el piso de arriba no es un deforme hermanastro, sino su tía Inés (María Rosa Gallo), a quien todos creían felizmente casada en Estados Unidos, que lleva veinte años encerrada por orgullo. Laura Laviñe queda atrapada en ese sórdido mundo creado por las mujeres de su familia, a pesar de sus intentos de huir de él, por la fascinación erótica que le produce Cristóbal Achabal (Francisco Rabal), el novio de su tía, que un buen día, tras hacerla suya, la dejó plantada. Tras una primera parte fascinante en la que la joven Laura Laviñe va adentrándose en el sórdido mundo familiar, tiene menor interés la segunda al estar contada desde el punto de vista del mucho menos brillante personaje de Cristóbal Achabal, pero vuelve a subir su atractivo al final por recuperarse la perspectiva de la joven. Destacan el irrespirable ambiente creado por Torre Nilsson y la interpretación de la siempre misteriosa Elsa Daniel. Ganadora de un importante premio en el mismo Festival de Cannes en que *Viridiana* (1961), de Luis Buñuel, obtiene la Palma de Oro, es duramente tratada por los censores del general Franco al estar coproducida por Uninci, la misma productora española de aquella, y en España tiene una repercusión mínima.

Director: *Leopoldo Torre Nilsson*. Guionistas: *Beatriz Guido, Leopoldo Torre Nilsson, Ricardo Muñoz Suay, Ricardo Luna*. Fotografía: *Alberto Etchebehere*. Música: *Atilio Stampony*. Intérpretes: *Elsa Daniel, Francisco Rabal, Berta Ortegosi, Leonardo Favio, Helga Suárez, María Rosa Gallo*. Producción: *Néstor R. Gaffe para Producciones Ángel (Buenos Aires), Uninci (Madrid)*. Duración: *90'. Argentina-España*.

MANOS EN LOS BOLSILLOS, LAS *(I pugni in tasca, 1965)*

Con esta primera película irrumpe con fuerza el nombre de Marco Bellocchio en el panorama del cine italiano gracias a su conseguido tono anarquista cercano, en algunos momentos, al surrealismo. Hace un durísimo retrato de una familia burguesa media italiana a través del comportamiento de uno de sus hijos, el epiléptico y paranoico Alessandro (Lou Castel), que ahoga al muchacho que le gustaba a su hermana, deja caer por un precipicio a su madre ciega e intenta seducir a la novia de su hermano. Dentro de esta obra con una fuerza claramente destructiva, que se anticipa a los acontecimientos políticos de mayo de 1968, brilla el trabajo interpretativo del debutante Lou Castel. Casi veinte años después, Bellocchio vuelve a reflejar la opresiva vida familiar en provincias con *Gli occhi, la bocca* (1982), que ha perdido gran parte de su fuerza, aunque ha ganado en habilidad narrativa.

Director y guionista: *Marco Bellocchio*. Fotografía: *Alberto Marrama*. Música: *Ennio Morricone*. Intérpretes: *Lou Castel, Paola Pitagora, Marino Masè, Pier Luigi Troglio, Liliana Gerace*. Producción: *Doria Cinematografica*. Duración: *107'. Italia*.

MANOS PELIGROSAS *(Pickup on South Street, 1953)*

El hábil carterista Skip McCoy (Richard Widmark) roba el monedero a la atractiva Candy (Jean Peters) en el Metro de Nueva York, pero sin saber que contiene los negativos de unas importantes fórmulas químicas que un grupo de espías comunistas trata de sacar del país. Durante dos días y sus correspondientes noches es buscado, gracias a la confidente vendedora de corbatas Moe Williams (Thelma Ritter), por policías y comunistas hasta llegar a un conveniente final feliz. Planteada por los estudios 20th Century Fox como un claro alegato anticomunista en uno de los momentos más duros de la guerra fría, gracias a estar escrita y dirigida por el imaginativo Samuel Fuller, se convierte en una lírica y realista obra maestra del cine negro que da una fascinante visión nocturna de Nueva York. En algunos países como Francia e Italia tiene problemas con la censura, y los comunistas se convierten en traficantes de droga para no molestar al entonces influyente público comunista. Destaca la minuciosidad, eficacia y habilidad con que está rodada la escena inicial del robo en el Metro, así como los largos planos que jalonan la narración, el ambiente y el ritmo conseguidos y la fuerza de las relaciones eróticas que se establecen entre el carterista y la muchacha, interpretados por unos excelentes Richard Widmark y Jean Peters. Inicialmente pensada para ser protagonizada por Marilyn Monroe, es la última producción de 20th Century Fox antes de la comercialización del formato CinemaScope. Quince años después el productor y realizador Robert D. Webb rueda *Intriga en Ciudad del Cabo* (The Capetown Affair, 1967), una nueva versión, exacta a la anterior pero sin el menor interés, protagonizada por James Brolin y Jacqueline Bisset, donde la acción se ha trasladado a Sudáfrica.

Director y guionista: *Samuel Fuller*. Fotografía: *Joe MacDonald*. Música: *Leigh Harline*. Intérpretes: *Richard Widmark, Jean Peters, Thelma Ritter, Richard Kiley*. Producción: *Jules Shermer para 20th Century Fox*. Duración: *80'. Estados Unidos*.

MANUSCRITO ENCONTRADO EN ZARAGOZA, EL *(Rekopis znaleziony w Saragossie, 1965)*

Especializado en la adaptación de grandes obras de la literatura polaca, entre las películas realizadas por Wojciech J. Has sobresale esta impecable versión de la misteriosa novela homónima de Jan Potocki, un intelectual libertino, estudioso del lenguaje secreto de los circasianos. Destaca por su fidelidad al original y por la buena reconstrucción del peculiar clima, entre erótico y macabro, entre sueño y realidad, en que se desarrolla esta atractiva historia fantástica de compleja estructura concéntrica, llena de juegos espectaculares, con una clara influencia árabe, cuyo eje principal es una posada en Sierra Morena en el siglo XVIII. Narra cómo el capitán Alfonso van Worden (Zbignew Cybulski), recién llegado de Madrid, descubre gracias a dos bellas princesas moriscas (Iga Cembrzynski y Joanna Jedryka) que está destinado a grandes empresas por las cuales deberá superar numerosas pruebas. Entonces comienza una sucesión circular de aventuras, desarrolladas bajo la influencia de un cabalista (Adam Pawlikowski) y un matemático (Gustaw Holubeck). Wojciech J. Has parte de la tradición surrealista, la pintura española y el humor negro para hacer una de las mejores películas de la cinematografía polaca.

Director: *Wojciech J. Has*. Guionista: *Tadeusz Kiatkowski*. Fotografía: *Mieczyslaw Jeahoda*. Música: *Krzystof Penderecki*. Intérpretes: *Zbigniew Cybulski, Iga Cembrzynski, Joanna Jedryka, Kazimierz Opalinski, Slawomir Lindner, Adam Pawlikowski, Gustaw Holubeck, Beata Tyszkiewicz*. Producción: *Kamera. Scope*. Duración: *179'. Polonia*.

MAÑANA SERÁ TARDE (*Domani è troppo tardi, 1950*)

Tomando como punto de partida la novela *Printemps sexuel*, de Alfred Machard, el cosmopolita realizador Léonide Moguy hace para el interesante productor Giuseppe Amato una de sus mejores y más conocidas películas, sobre un guión en el que colabora el novelista Giuseppe Berto. Es una curiosa historia neorrealista que trata de plantear la necesidad de que los jóvenes tengan una educación sexual, algo realmente insólito en plena posguerra, cuyo éxito es origen de la mucho más melodramática, pero interesante, *Mañana será otro día* (Domani è un altro giorno, 1951), también dirigida por Moguy, que a partir de este momento se especializa en este tipo de productos. Narra los amores entre Mirella Giusti (Anna Maria Pierangeli) y Franco Berandi (Gino Leurini), quinceañeros compañeros de colegio, durante su estancia veraniega en un campamento de vacaciones. Concluyen en un intento de suicidio de ella al creer que está embarazada porque la ha besado su amado, pero se resuelve felizmente gracias a la intervención del juicioso profesor Landi (Vittorio de Sica). Hábilmente rodada por Moguy, tiene un eficaz desarrollo entre la comedia y el melodrama, con una primera parte expositiva ambientada en Roma y una segunda parte, ya en el campo, en la que se desarrolla el drama. Destaca la presencia de la debutante de diecisiete años Anna Maria Pierangeli, que ese mismo año comienza una brillante carrera en Estados Unidos con el nombre de Pier Angeli.

Director: *Léonide Moguy*. Guionistas: *Léonide Moguy, Alfred Machard, Paola Ojetti, Oreste Biancoli, Giuseppe Berto*. Fotografía: *Mario Craveri*. Música: *Alessandro Cicognini*. Intérpretes: *Anna Maria Pierangeli, Gino Leurini, Vittorio de Sica, Lois Maxwell, Gabrielle Dorziat*. Producción: *Giuseppe Amato para Novella Film, Rizzoli Film*. Duración: *100'. Italia*.

MAQUINISTA DE LA «GENERAL», EL (*The General, 1926*)

Tomando como punto de partida un hecho real ocurrido en 1862 durante la guerra de Secesión, el genial Buster Keaton produce, codirige y protagoniza el más ambicioso y mejor de sus largometrajes. Centrada en un viaje de ida y vuelta en ferrocarril a territorio enemigo, esta divertida comedia tiene una compleja estructura que permite plantear una sucesión de *gags* en la primera parte y desarrollarlos en la segunda. Narra cómo Johnnie Gray (Buster Keaton), maquinista de la compañía Western Atlantic, no es admitido en el ejército sureño al principio de la guerra, y su novia Annabelle Lee (Marion Mack) le llama cobarde. El primer viaje en tren es una incursión de Johnnie Gray en territorio enemigo, desde Marietta hasta Chattanooga, en el estado de Georgia, persiguiendo a su locomotora, «The General», y a su novia, secuestradas por espías nordistas. El segundo viaje en tren es el regreso de los tres, perseguidos por el enemigo, para advertir a los sudistas de los planes de los nordistas. Estos viajes en tren hacen que la película sea una sucesión de diversos *travellings* —en realidad casi toda se desarrolla sobre un *travelling*— y tenga una interesante estructura simétrica que realza su clasicismo, claridad narrativa y hace posible que tenga muy pocos intertítulos. Su alto coste de producción, la frialdad con que la recibe el público de la época y el hecho de que sea el primer trabajo de Buster Keaton para United Artists, hacen que esta obra maestra marque el principio del fin de su carrera. Está realizada en colaboración con su habitual coguionista Clyde Bruckman, especializado en dirigir a los grandes cómicos del cine norteamericano de finales del período mudo y principios del sonoro.

Directores: *Buster Keaton, Clyde Bruckman*. Guionistas: *Buster Keaton, Clyde Bruckman, Al Boasberg, Charles Smith*. Fotografía: *J. D. Jennings, Bert Haines*. Intérpretes: *Buster Keaton, Marion Mack, Charles Smith, Frank Barnes, Glen Cavender, Jim Farley, Frederick Vroom*. Producción: *Joseph M. Schenck para Buster Keaton Production/United Artists*. Duración: *85'. Estados Unidos.*

MARATHON MAN *(1976)*

A partir de la novela homónima de William Goldman, convertida en un buen guión por él mismo, que posteriormente sufre excesivas variaciones, el director británico John Schlesinger rueda una de sus mejores y más comerciales películas norteamericanas. Tras un espectacular prólogo en torno a un accidente de circulación ocurrido en pleno día en las calles de Nueva York, se desarrollan de manera paralela las vidas de los hermanos Levy: Babe (Dustin Hoffman), obsesionado por el recuerdo de su padre, un profesor izquierdista que se suicida por la persecución contra los rojos organizada por el senador Joseph McCarthy; y Doc (Roy Scheider), un doble espía especializado en perseguir viejos nazis, a quien intentan matar dos veces en París. Mientras, el viejo y poderoso nazi Szell (Laurence Olivier), el comandante del campo de concentración de Auschwitz, sale de su refugio en Uruguay para ir a Nueva York a sacar su fortuna en diamantes del banco tras la muerte de su intermediario alemán. Del enfrentamiento entre Babe y el nazi Szell nace este particular policiaco lleno de acción y con algunas buenas escenas. Destaca la excelente fotografía del gran maestro Conrad Hall.

Director: *John Schlesinger*. Guionista: *William Goldman*. Fotografía: *Conrad Hall*. Música: *Michael Small*. Intérpretes: *Dustin Hoffman, Laurence Olivier, Roy Scheider, William Devane, Marthe Keller, Marc Lawrence, Fritz Weaver*. Producción: *Robert Evans y Sidney Beckerman para Paramount. Color.* Duración: *126'. Estados Unidos.*

MARAVILLAS *(1980)*

Dentro de la serie de películas sobre el tema de la delincuencia que se ruedan en España entre finales de los años setenta y principios de los ochenta, destaca esta por ser la que menos tiene que ver con él. Entre los múltiples elementos que la integran, como es habitual en la primera parte de la filmografía de Manuel Gutiérrez Aragón, destacan la personalidad de Maravillas (Cristina Marcos), la muchacha de quince años que trata a su padre Fernando (Fernando Fernán-Gómez) como si fuese su hijo, sus viejos padrinos de origen judío sefardita, y sus relaciones con el intérprete del famoso asesino Caryl Chessman (Enrique San Francisco). El problema es que estos atractivos elementos están estructurados en torno a un robo de piedras preciosas por un grupo de jóvenes delincuentes que no acaba de funcionar. Además de dedicarle un especial interés al tema culinario, como suele ser habitual en el cine de Gutiérrez Aragón, tiene un peculiar y eficaz humor que da lugar a excelentes escenas, como aquella en la que el padre se come un huevo frito. Destacan el trabajo de la debutante Cristina Marcos y la luminosa fotografía de Teo Escamilla.

Director: *Manuel Gutiérrez Aragón*. Guionistas: *Manuel Gutiérrez Aragón, Luis Megino*. Fotografía: *Teo Escamilla*. Intérpretes: *Fernando Fernán-Gómez, Cristina Marcos, Enrique San Francisco, Francisco Merino, Leon Klimovsky, Miguel Molina*. Producción: *Luis Megino para Arándano. Color.* Duración: *99'. España.*

MARCELINO, PAN Y VINO *(1954)*

A partir de un cuento demasiado ternurista de José María Sánchez Silva, el realizador húngaro Ladislao Vajda rueda sobre un guión de ambos uno de los grandes éxitos del cine español. Narra cómo, a principios del siglo XIX, en una España destrozada por las luchas contra las tropas de Napoleón, un grupo de monjes franciscanos reconstruye un monasterio derruido y recoge, cuida y educa a un niño que encuentran abandonado en su puerta. A los cinco años, Marcelino (Pablito Calvo) entabla una relación muy particular con un gran Cristo, que está guardado en el trastero, al que cada día lleva pan, vino o lo que encuentra en la cocina porque lo ve muy delgado, y que finalmente le lleva a conocer a su madre como siempre ha deseado. Narrado a través de un *flashback,* como un cuento que uno de los frailes (Fernando Rey) relata a una niña enferma, tiene un tono demasiado blandengue en el tratamiento del niño protagonista, que una vez más, y como suele ser habitual en el cine español, está doblado por una señora. No obstante es una película muy bien hecha, con un excelente reparto masculino, que tiene éxito internacional y convierte a Pablito Calvo en una estrella. Esto significa que Ladislao Vajda vuelva a rodar con él de protagonista *Mi tío Jacinto* (1955), su mejor trabajo en común, y *Un ángel pasó por Brooklyn* (1956), que integran una interesante trilogía de películas infantiles producidas por Chamartín. En 1991, el italiano Luigi Comencini dirige una nueva versión del cuento de Sánchez Silva, protagonizada por el niño Nicolo Paulucci, Fernando Fernán-Gómez, Lucio Romero y Alfredo Landa, que no tiene el menor atractivo.

Director: *Ladislao Vajda*. Guionistas: *Ladislao Vajda, José María Sánchez Silva*. Fotografía: *Enrique Guerner*. Música: *Pablo Sorozábal*. Intérpretes: *Pablito Calvo, Rafael Rivelles, Antonio Vico, Juan Calvo, José Marco Davó, José Nieto, Fernando Rey*. Producción: *Chamartín*. Duración: *95'*. *España*.

MARCH, Fredric *(Ernest Frederick McIntyre Bickel. Racine, Wisconsin, 1897-Los Ángeles, California, Estados Unidos, 1975)*

Después de estudiar economía en la Universidad de Wisconsin, se alista para luchar en la Gran Guerra y al licenciarse encuentra trabajo en un banco, pero lo deja en 1920 cuando debuta como actor de teatro. Convertido en un conocido galán, la llegada del cine sonoro le lleva a Hollywood y en los años treinta interviene en más de cuarenta películas, entre las que destacan *La loca orgía, Laughter, The Royal Family of Broadway, El hombre y el monstruo*, con la que gana su primer Oscar, *El signo de la cruz, Una mujer para dos, Anna Karenina, El ángel de las tinieblas* y *Ha nacido una estrella*. Convertido en un eficaz actor de carácter, durante los años cuarenta trabaja más en teatro que en cine y entre sus películas solo sobresalen la comedia *Me casé con una bruja,* de René Clair, y el drama *Los mejores años de nuestra vida,* de William Wyler, por la que obtiene su segundo Oscar. Durante la primera mitad de la década de los cincuenta vuelve a trabajar más en cine y destaca en *Muerte de un viajante, La torre de los ambiciosos, Los puentes de Toko-Ri, Horas desesperadas* y *El hombre del traje gris*. Posteriormente se dedica casi en exclusiva al teatro y en cine solo trabaja de vez en cuando, pero hasta el último momento en destacados papeles secundarios en *En mitad de la noche, Siete días de mayo, Un hombre* y *The Iceman Cometh*.

1929 *The Dummy*, de Robert Milton. / *Footlights and Fools*, de William A. Seiter. / *Jealousy*, de Jean de Limur. / *The Marriage Playground*, de Lothar Mendes. / *Paris Bound*, de Edward H. Griffith. / *The Studio Murder Mistery* (El crimen del estudio sonoro), de Frank Tuttle. / *The Wild Party* (La loca orgía), de Dorothy Arzner.

1930 *Ladies Love Brutes* (La fascinación del bárbaro), de Rowland V. Lee. / *Laughter*, de Henri d'Abbadie d'Arrast. / *Manslaughter* (La incorregible), de George Abbott. / *Paramount on Parade* (Galas de la Paramount), de Frank Tuttle. / *The Royal Family of Broadway*, de George Cukor. / *Sarah and Son* (Toda una vida), de Dorothy Arzner. / *True to the Navy* (Fiel a la Marina), de Frank Tuttle.

1931 *Honor Among Lovers* (Honor entre amantes), de Dorothy Arzner. / *My Sin*, de George Abbott. / *The Night Angel* (El ángel de la noche), de Edmund Goulding.

1932 *Dr. Jekyll and Mr. Hyde* (El hombre y el monstruo), de Rouben Mamoulian. / *Make Me a Star*, de William Beaudine. / *Merrily We Go to Hell* (Tuya para siempre), de Dorothy Arzner. / *The Sign of the Cross* (El signo de la cruz), de Cecil B. de Mille. / *Smilin' Through* (La llama eterna), de Sidney Franklin. / *Strangers in Love*, de Lothar Mendes.

1933 *Design for Living* (Una mujer para dos), de Ernst Lubitsch. / *The Eagle and the Hawk* (El águila y el halcón), de Stuart Walker y Mitchell Leisen. / *Tonight Is Ours* (Reina de amor), de Stuart Walker.

1934 *The Affairs of Cellini* (El burlador de Florencia), de Gregory La Cava. / *All of Me*, de James Flood. / *The Barretts of Wimpole Street* (Las vírgenes de Wimpole Street), de Sidney Franklin. / *Death Takes a Holyday* (La muerte de vacaciones), de Mitchell Leisen. / *Good Dame*, de Marion Gering. / *We Live Again* (Vivamos de nuevo), de Rouben Mamoulian.

1935 *Anna Karenina*, de Clarence Brown. / *The Dark Angel* (El ángel de las tinieblas), de Sidney Franklin. / *Les misérables*, de Richard Boleslawski.

1936 *Anthony Adverse* (El caballero Adverse), de Mervyn LeRoy. / *Mary of Scotland* (María Estuardo), de John Ford. / *The Road to Glory*, de Howard Hawks.

1937 *Nothing Sacred* (La reina de Nueva York), de William A. Wellman. / *A Star Is Born* (Ha nacido una estrella), de William A. Wellman.

1938 *The Buccaneer* (Corsarios de Florida), de Cecil B. de Mille. / *There Goes My Heart* (Se ha perdido una millonaria), de Norman Z. McLeod.

1939 *Trade Winds* (La fugitiva de los trópicos), de Tay Garnett.
1940 *Susan and God*, de George Cukor. / *Victory*, de John Cromwell.
1941 *Bedtime Story* (La vida empieza hoy), de Albert Hall. / *One Foot in Heaven*, de Irving Rapper. / *So Ends Our Night*, de John Cromwell.
1942 *I Married a Witch* (Me casé con una bruja), de René Clair.
1944 *The Adventures of Mark Twain*, de Irving Rapper. / *Tomorrow the World*, de Leslie Fenton.
1946 *The Best Years of Our Lives* (Los mejores años de nuestra vida), de William Wyler.
1948 *An Act of Murder* (Vivamos hoy para mañana), de Michael Gordon. / *Another Part of the Forest*, de Michael Gordon.
1949 *Christopher Columbus*, de David MacDonald.
1951 *Death of a Salesman* (Muerte de un viajante), de Laszlo Benedek. / *It's a Big Country*, de Richard Thorpe, Don Weis, John Sturges, Don Hartman, William A. Wellman, Charles Vidor y Clarence Brown.
1953 *Man on a Tightrope* (Fugitivos del terror rojo), de Elia Kazan.
1954 *Executive Suite* (La torre de los ambiciosos), de Robert Wise.
1955 *The Bridges at Toko-Ri* (Los puentes de Toko-Ri), de Mark Robson. / *The Desperate Hours* (Horas desesperadas), de William Wyler. / *The Man in the Gray Flannel Suit* (El hombre del traje gris), de Nunnally Johnson.
1956 *Alexander the Great* (Alejandro el Magno), de Robert Rossen.
1959 *Middle of the Night* (En mitad de la noche), de Delbert Mann.
1960 *Inherit the Wind*, de Stanley Kramer.
1961 *The Young Doctors* (Vivir es lo que importa), de Phil Karlson.
1962 *I sequestrati di Altona*, de Vittorio de Sica.
1964 *Seven Days in May* (Siete días de mayo), de John Frankenheimer.
1967 *Hombre* (Un hombre), de Martin Ritt.
1970 *Tick, Tick, Tick*, de Ralph Nelson.
1973 *The Iceman Cometh*, de John Frankenheimer.

MARGARITA GAUTIER *(Camille, 1937)*

La célebre novela y obra de teatro *La dama de las camelias*, de Alexandre Dumas, da lugar a varias versiones cinematográficas. Una producción francesa rodada en 1934 por Abel Gance con Yvonne Printemps como protagonista; dos coproducciones franco-italianas, la primera realizada en 1952 por Raymond Bernard con Micheline Presle, y la segunda dirigida en 1980 por Mauro Bolognini, con Isabelle Hupert; y esta película norteamericana que es la mejor de todas. En los ambientes mundanos del París de 1847, la bella y enfermiza Marguerite Gautier (Greta Garbo) es la mantenida del barón de Varville (Henry Daniell), pero enamorada del joven Armand Duvall (Robert Taylor) deja su lujoso mundo, se va a vivir al campo con él y trata de acomodarse a una vida más modesta, hasta que el padre de su enamorado (Lionel Barrymore) le pide que deje a su hijo. Los amantes solo vuelven a encontrarse tiempo después, cuando ella ya está gravemente enferma y acaba muriendo en sus brazos. Rodada en largas escenas con un cierto tono teatral, tiene una excelente dirección de George Cukor, una de las mejores actuaciones de la famosa Greta Garbo y una impecable fotografía de William Daniels y Karl Freund. El mítico productor Irving Thalberg de Metro-Goldwyn-Mayer muere poco antes de concluir el rodaje de esta cuidadísima adaptación, característica de su personal estilo.

Director: *George Cukor*. Guionistas: *Frances Marion, James Hilton, Zoë Akins*. Fotografía: *William Daniels, Karl Freund*. Música: *Herbert Stothart*. Intérpretes: *Greta Garbo, Robert Taylor, Lionel Barrymore, Henry Daniell, Elizabeth Allan*. Producción: *Irving Thalberg y Bernard Hyman para Metro-Goldwyn-Mayer*. Duración: *108'. Estados Unidos*.

MARÍA WALEWSKA *(Conquest, 1937)*

Última de las siete películas protagonizadas por Greta Garbo y dirigidas por Clarence Brown, es, con *Desirée* (1954), de Henry Koster, una de las dedicadas a las amantes de Napoleón Bonaparte. Mientras en aquella la protagonista es un amor de juventud, encarnado por una bella Jean Simmons frente a un sólido Marlon Brando en sus mejores momentos, dentro del marco de las primeras producciones en CinemaScope de 20th Century Fox, en esta es una condesa polaca que, para conseguir la independencia de su país, no tiene más remedio que entregarse al emperador, pero acaba sucumbiendo a sus encantos e incluso teniendo un hijo de él, dentro del más lujoso estilo Metro-Goldwyn-Mayer. Basada en una novela del polaco Waclav Gasiorowski, convertida en obra de teatro por la norteamericana Helen Jerome, narra los últimos años de la vida del emperador a través de una sucesión de encuentros con la patriota polaca. Su atractivo reside en enfrentar a una espléndida Greta Garbo con Charles Boyer, uno de los mejores Napoleones de la historia del cine, bajo la atenta mirada de Clarence Brown.

Director: *Clarence Brown*. Guionistas: *Samuel Hoffenstein, Salka Viertel, S. N. Behrman*. Fotografía: *Karl Freund*. Música: *Herbert Stothart*. Intérpretes: *Greta Garbo, Charles Boyer, Reginald Owen, Alan Marshall, Henry Stephenson, Dame May Whitty, Leif Erickson*. Producción: *Bernard Hyman para Metro-Goldwyn-Mayer*. Duración: *115'. Estados Unidos*.

MARIANO, Luis *(Mariano Eusebio González. Irún, Guipúzcoa, España, 1914-Bayona, Francia, 1970)*

Estudia música en el Conservatorio de San Sebastián, al comienzo de la guerra española se instala con su familia en el sur de Francia y prosigue sus estudios musicales en la Escuela de Bellas Artes de Burdeos, al tiempo que comienza los de arquitectura. A los veintiséis años se instala en París, amplía sus estudios musicales con el maestro Miguel Fontecha y un año después debuta como cantante profesional de ópera. A finales de la II Guerra Mundial triunfa en el teatro Châtelet de París con operetas de Francis López y en la posguerra llega a alcanzar gran popularidad. Tras algunas apariciones cinematográficas, logra sus grandes éxitos en la primera mitad de la década de los cincuenta, cuando sus operetas se adaptan al cine, con títulos como *El sueño de Andalucía, Violetas imperiales* y *La bella de Cádiz*, coproducciones franco-españolas, donde, por razones sindicales, aparece un correalizador español, pero que están dirigidas, respectivamente, por Robert Vernay, Richard Pottier y Raymond Bernard. Entre sus restantes películas hay que citar *Cita en Granada, El cantor de México* y *Sérénade au Texas*, de Richard Pottier.

1942 *Le chant de l'exilé*, de André Hugon.
1943 *L'escalier sans fin*, de Georges Lacombe.
1946 *Histoire de chanter*, de Gilles Grangier.
1947 *Cargaison clandestine* (Cargamento clandestino), de Alfred Rode.
1948 *Fandango*, de Emile-Edwin Reinert.
1949 *Je n'aime que toi*, de Pierre Montazel. / *Pas de week-end pour notre amour*, de Pierre Montazel.
1950 *El sueño de Andalucía*, de Robert Vernay.
1951 *Rendez-vous à Grenade* (Cita en Granada), de Richard Pottier. / *Paris chante toujours*, de Pierre Montazel.
1952 *Violetas imperiales*, de Richard Pottier.
1953 *La route du bonheur*, de Maurice Labro. / *La bella de Cádiz*, Raymond Bernard.
1954 *Aventuras del barbero de Sevilla*, de Ladislao Vajda. / *Napoléon*, de Sacha Guitry. / *Le tsarévitch*, de Arthur M. Rabenalt.
1955 *Quatre jours à Paris*, de André Berthomieu. / *Si Paris nous était conté*, de Sacha Guitry.
1956 *Le chanteur de Mexico* (El cantor de México), de Richard Pottier.
1957 *À la Jamaïque* (Jamaica), de André Berthomieu. / *Printemps à Paris* (Primavera en París), de Jean-Claude Roy.
1958 *Sérénade au Texas*, de Richard Pottier.
1960 *Candide*, de Norbert Carbonnaux.
1964 *Les pieds dans la plâtre*, de Jacques Fabbri.

MARIDO RICO, UN *(The Palm Beach Story, 1942)*

Cansada de que su marido Tom Jeffers (Joel McCrea) no la deje utilizar sus encantos femeninos para encontrar socios capitalistas para sus inventos, Gerry Jeffers (Claudette Colbert) se va a Palm Beach para divorciarse; pero, durante el viaje nocturno en tren, conoce al multimillonario John D. Hackensacker III (Rudy Vallee) que con su hermana, la princesa Centimillia (Mary Astor), están dispuestos a financiar sus inventos y a casarse con los Jeffers, a quienes creen hermanos. Con estos elementos, el especialista Preston Sturges escribe y dirige una tradicional comedia sofisticada para los estudios Paramount, en la que también introduce escenas de una gran comicidad y locura, como la de la cacería organizada por un club de cazadores en un tren en marcha. Dividida en tres partes, frente al excelente, divertido y enloquecido viaje en tren que ocupa la central, la primera y la última son más reposadas, tradicionales, románticas y apoyadas en los diálogos. La suma de las tres da como resultado una de las más características comedias norteamericanas.

Director y guionista: *Preston Sturges*. Fotografía: *Victor Miner*. Música: *Victor Young*. Intérpretes: *Claudette Colbert, Joel McCrea, Mary Astor, Rudy Vallee, Sig Arno, Robert Warwick, Robert Dudley*. Producción: *Paul Jones para Paramount*. Duración: *88'. Estados Unidos*.

MARISOL *(Josefa Flores. Málaga, España, 1948)*

Descubierta en 1959 por el productor Manuel J. Goyanes durante una actuación retransmitida por televisión de un grupo de Coros y Danzas de Málaga en la madrileña Feria del Campo, la contrata en exclusiva y la lanza en la trilogía infantil formada por *Un rayo de luz, Ha llegado un ángel* y *Tómbola,* comedias sentimentales con canciones calcadas de las protagonizadas por la estrella infantil estadounidense Shirley Temple treinta años antes, que tienen gran éxito en España y Latinoamérica. Tras *Marisol, rumbo a Río* y *Búsqueme a esa chica,* sus mejores películas, sus productores no saben cómo hacerle pasar de los papeles de niña a los de adulta y contratan a los realizadores norteamericanos de segunda fila —Mel Ferrer y George Sherman— para que la dirijan en *Cabriola* y *La nueva Cenicienta,* leves tramas amorosas sazonadas de irregulares números musicales. La cada vez menor aceptación popular de sus películas de finales de los años sesenta y la leve apertura de la censura que marca el final de la dictadura del general Franco, la hacen evolucionar hacia el musical más erótico *La chica del Molino Rojo,* o los fallidos policiacos con leves desnudos *La corrupción de Chris Miller* y *El poder del deseo.* Tras el fracaso comercial de su mejor película, *Los días del pasado,* de Mario Camus, solo hace breves apariciones, con el nombre de Pepa Flores, en los musicales *Bodas de sangre* y *Carmen,* de Carlos Saura. Se retira en 1985 después del fracaso de *Caso cerrado,* un intento fallido más de dar un nuevo giro a su carrera.

1960 *Un rayo de luz,* de Luis Lucia.
1961 *Ha llegado un ángel,* de Luis Lucia.
1962 *Tómbola,* de Luis Lucia.
1963 *Marisol, rumbo a Río,* de Fernando Palacios.
1964 *La historia de Bienvenido,* de Augusto Fenollar. / *Búsqueme a esa chica,* de Fernando Palacios.
1965 *La nueva Cenicienta,* de George Sherman.
1966 *Cabriola,* de Mel Ferrer.
1967 *Las cuatro bodas de Marisol,* de Luis Lucia.
1968 *Solos los dos,* de Luis Lucia. / *Carola de día, Carola de noche,* de Jaime de Armiñán.
1969 *El taxi de los conflictos,* de José Luis Sáenz de Heredia.
1972 *La corrupción de Chris Miller,* de J. A. Bardem.
1973 *La chica del Molino Rojo,* de Eugenio Martín.
1975 *El poder del deseo,* de J. A. Bardem.
1977 *Los días del pasado,* de Mario Camus.
1981 *Bodas de sangre,* de Carlos Saura.
1983 *Carmen,* de Carlos Saura.
1985 *Caso cerrado,* de Juan Caño.

MARQUÉS DE SALAMANCA, EL *(1948)*

Curiosamente producida por la Comisión Oficial del Centenario del Ferrocarril y escrita y dirigida por Edgar Neville, narra los últimos cuarenta años de la vida de José de Salamanca (Alfredo Mayo), diputado por Málaga, pero muy alejado del tendencioso cine histórico que se realiza en España por esas mismas fechas. A través de una narración hecha desde el punto de vista de Alfonso XII (Jacinto San Emeterio) a raíz de una visita que le hace el marqués en su vejez, arruinado y casi acabado, se describe la figura de un hombre emprendedor que llega a Madrid en 1836, traba amistad con la poderosa María Buschental (Conchita Montes) y empieza a trabajar para el retorcido general Narváez (Enrique Guitart). Además de los negocios del marqués con la sal, el ferrocarril Madrid-Aranjuez y la construcción del madrileño barrio de Salamanca, se muestra la actividad del pueblerino Madrid de la época con una cuidada ambientación —en buena parte gracias a rodar en los mismos palacios donde ocurrieron los hechos—, y sobre todo el apacible funcionamiento del régimen parlamentario. El peculiar humor de Neville anima el tono, quizá demasiado distendido, del relato y lo convierte en una de las más interesantes muestras del cine histórico español de la década de los cuarenta.

Director y guionista: *Edgar Neville*. Fotografía: *Manuel Berenguer*. Música: *José Muñoz Molleda*. Intérpretes: *Alfredo Mayo, Conchita Montes, Enrique Guitart, Guillermo Marín, Fernando Nogueras, Manuel Kayser, Jacinto San Emeterio*. Producción: *Comisión Oficial del Centenario del Ferrocarril*. Duración: *110'. España.*

MARRUECOS *(Morocco, 1930)*

En una ciudad marroquí, sede de la Legión Extranjera, Amy Jolly (Marlene Dietrich), una cantante que por problemas económicos se ve obligada a actuar en un café de segunda fila, deja al rico pintor La Bessière (Adolphe Menjou) cuando se enamora del legionario Tom Brown (Gary Cooper) y le sigue al desierto como si fuese una indígena más. Tras el éxito de *El ángel azul* (Der blaue Engel, 1930), es la primera de las seis grandes películas que durante la primera mitad de la década de los treinta dirige el maestro Josef von Sternberg y protagoniza Marlene Dietrich para los estudios Paramount. Es uno de los grandes éxitos de principios del sonoro y destacan las canciones *Give Me the Man, What Am I Bid for my Apples* y *Quand l'amour meurt* interpretadas por Marlene Dietrich con su personal y peculiar estilo.

Director: *Josef von Sternberg*. Guionista: *Jules Furthman*. Fotografía: *Lee Garmes*. Música: *Karl Hajos*. Intérpretes: *Gary Cooper, Marlene Dietrich, Adolphe Menjou, Ullrich Haupt, Juliette Compton*. Producción: *Louis D. Lighton para Paramount*. Duración: *97'. Estados Unidos*.

MARTIN, Dean *(Dino Paul Crocetti. Steubenville, Ohio, 1917-Beverly Hills, California, Estados Unidos, 1995)*

Hijo de emigrantes italianos, es boxeador *amateur* y desempeña varios oficios antes de convertirse en cantante. En 1946 forma pareja cómica musical con el caricato Jerry Lewis, tres años después son contratados en exclusiva por los estudios Paramount y entre 1949 y 1956 protagonizan dieciséis películas muy similares, construidas a su medida, donde una y otra vez repiten sus papeles de cantante listo y cómico tonto, entre las que destacan *Viviendo su vida, Un fresco en apuros, Artistas y modelos* y *Loco por Anita*. Separado de Jerry Lewis, comienza la segunda y más interesante etapa de su carrera donde hace destacados papeles en *El baile de los malditos, Como un torrente* y *Río Bravo*, antes de pasar a integrar el denominado «clan Sinatra» y colaborar con él en producciones de menor atractivo como *La cuadrilla de los once, Tres sargentos* y *Cuatro tíos de Texas*. Mientras continúa cantando en la radio y la televisión y grabando discos, de nuevo en solitario protagoniza la ácida comedia *Bésame, tonto* y los *westerns* personales *Los cuatro hijos de Katie Elder* y *El póquer de la muerte;* entre producciones de mucho menor interés como la serie integrada por *The Silencers, Matt Helm, agente muy especial, Emboscada a Matt Helm* y *La mansión de los siete placeres*, en las que, siguiendo la moda de James Bond, encarna al conquistador agente secreto Matt Helm. Su desigual filmografía incluye cincuenta películas rodadas durante treinta y cinco años, pero siempre se plantea el cine como algo complementario de su trabajo como cantante.

1949 *My Friend Irma*, de George Marshall.
1950 *My Friend Irma Goes West*, de Hal Walker.
1951 *At War With the Army*, de Hal Walker. / *That's My Boy*, de Hal Walker.
1952 *Sailor Beware* (¡Vaya par de marinos!), de Hal Walker. / *Jumping Jacks*, de Norman Taurog.
1953 *The Stooge*, de Norman Taurog. / *Scared Stiff* (Una herencia de miedo), de George Marshall. / *The Caddy* (¡Qué par de golfantes!), de Norman Taurog.
1954 *Money From Home* (El jinete loco), de George Marshall. / *Living It Up* (Viviendo su vida), de Norman Taurog. / *Three Ring Circus*, de Joseph Pevney.
1955 *Artists and Models* (Artistas y modelos), de Frank Tashlin. / *You're Never Too Young* (Un fresco en apuros), de Norman Taurog.
1956 *Partners* (Juntos ante el peligro), de Norman Taurog. / *Hollywood or Bust* (Loco por Anita), de Frank Tashlin.
1957 *Ten Thousand Bedrooms*, de Richard Thorpe.
1958 *The Young Lions* (El baile de los malditos), de Edward Dmytryk.
1959 *Some Came Running* (Como un torrente), de Vincente Minnelli. / *Rio Bravo* (Río Bravo), de Howard Hawks.
1960 *Who Was That Lady?* (¿Quién era esa chica?), de George Sidney. / *Bells Are Ringing* (Suena el teléfono), de Vincente Minnelli. / *Ocean's Eleven* (La cuadrilla de los once), de Lewis Milestone.
1961 *Ada* (El tercer hombre era mujer), de Daniel Mann. / *All in a Night's Work* (Todo en una noche), de Joseph Anthony.
1962 *Sergeants Three* (Tres sargentos), de John Sturges.
1963 *Who's Got the Action* (Trampa a mi marido), de Daniel Mann. / *Toys in the Attic*, de George Roy Hill. / *Four for Texas* (Cuatro tíos de Texas), de Robert Aldrich.
1964 *Who's Been Sleeping in My Bed?* (Consejos a medianoche), de Daniel Mann. / *Robin and the Seven Hoods* (Cuatro gángsters de Chicago), de Gordon Douglas. / *What a Way to Go!* (Ella y sus maridos), de J. Lee Thompson. / *Kiss Me Stupid* (Bésame, tonto), de Billy Wilder.
1965 *The Sons of Katie Elder* (Los cuatro hijos de Katie Elder), de Henry Hathaway. / *Mariage on the Rocks* (Divorcio a la americana), de Jack Donohue.
1966 *The Silencers*, de Phil Karlson. / *Texas Across the River* (Texas), de Michael Gordon. / *Murderer's Row* (Matt Helm, agente muy especial), de Henry Levin.
1967 *Rough Night in Jericho* (Noche de titanes), de Arthur Laven. / *The Ambushers* (Emboscada a Matt Helm), de Henry Levin.
1968 *How to Save a Marriage and Ruin Your Life*, de Fielder Cook. / *Bandolero*, de Andrew V. McLaglen. / *Five Cards Stud* (El póquer de la muerte), de Henry Hathaway.

1969 *Airport* (Aeropuerto), de George Seaton. / *The Wrecking Crew* (La mansión de los siete placeres), de Phil Karlson.
1971 *Something Big* (La primera ametralladora del Oeste), de Andrew V. McLaglen.
1973 *Showdown* (Amigos hasta la muerte), de George Seaton.
1975 *Mr. Ricco* (Desafío), de Paul Bogart.
1981 *The Cannonball Run* (Los locos del Cannonball), de Hal Needham.
1984 *Cannonball Run II* (Los locos del Cannonball 2), de Hal Needham.

MARTIN, Steve *(Waco, Texas, Estados Unidos, 1945)*

Tras una etapa como guionista de televisión, comienza a actuar en los programas *Tonight Show* y *Saturday Night Live* y a hacer pequeños papeles en comedias cinematográficas. Se da a conocer como protagonista de las irregulares comedias realizadas por Carl Reiner *The Jerk, Cliente muerto no paga, El hombre con dos cerebros* y *Dos veces yo;* entre las que rueda los interesantes musicales *Dinero caído del cielo,* de Herbert Ross, y *La pequeña tienda de los horrores,* de Frank Oz. Sus mejores películas son *Roxanne,* de Fred Schepisi, personal versión de *Cyrano de Bergerac,* de Edmond Rostand; la comedia negra *Mejor solo que mal acompañado,* de John Hughes, y el alegato contra la violencia ciudadana *El alma de la ciudad,* de Lawrence Kasdan. Prosigue su colaboración con el realizador Frank Oz a lo largo de las irregulares *Un par de seductores* y *Esposa por sorpresa.* Es coguionista y coproductor de algunas de las películas en las que interviene como actor.
1978 *Sgt. Pepper's Lonely Hearts Club Band*, de Michael Schultz.
1979 *The Kids Are Alright* (Los chicos están bien), de Jeff Stein. / *The Muppet Movie* (La película de los teleñecos), de James Frawley. / *The Jerk*, de Carl Reiner.
1981 *Pennies From Heaven* (Dinero caído del cielo), de Herbert Ross.
1982 *Dead Men Don't Wear Plaid* (Cliente muerto no paga), de Carl Reiner.
1983 *The Man With Two Brains* (El hombre con dos cerebros), de Carl Reiner.
1984 *The Lonely Guy*, de Arthur Hiller. / *All of Me* (Dos veces yo), de Carl Reiner.
1985 *Movers and Shakers*, de William Asher.
1986 *Little Shop of Horrors* (La pequeña tienda de los horrores), de Frank Oz. / *Three Amigos!* (Tres amigos), de John Landis.
1987 *Roxanne*, de Fred Schepisi. / *Planes, Trains and Automobiles* (Mejor solo que mal acompañado), de John Hughes.
1988 *Dirty Rotten Scoundrels* (Un par de seductores), de Frank Oz.
1989 *Parenthood* (Dulce hogar... ¡a veces!), de Ron Howard.
1990 *My Blue Heaven*, de Herbert Ross.
1991 *L. A. Story* (Tres mujeres para un caradura), de Mick Jackson. / *Father of the Bride* (El padre de la novia), de Charles Shyer. / *Grand Canyon* (El alma de la ciudad), de Lawrence Kasdan.
1992 *Housesitter* (Esposa por sorpresa), de Frank Oz. / *Leap of Faith*, de Richard Pearce.
1994 *A Simple Twist of Fate* (Un golpe del destino), de Gillies MacKinnon. / *Mixed Nuts*, de Nora Ephron.
1995 *Father of the Bride Part II* (Vuelve el padre de la novia), de Charles Shyer

MARTY *(1955)*

La gran repercusión alcanzada por el programa dramático homónimo de televisión, escrito por Paddy Chayevsky y dirigido por Delbert Mann, anima al productor Harold Hecht a convertirlo en una película realista de bajo presupuesto, rodada en las calles de Nueva York con dos eficaces actores secundarios como protagonistas, y con la que debuta como realizador de cine Delbert Mann tras su larga experiencia en televisión. Las relaciones entabladas durante un fin de semana entre Marty Pilleti (Ernest Borgnine), un carnicero solterón católico que vive con su madre, y Clara Snyderf (Betsy Blair), una maestra solterona católica, vuelven a tener un gran éxito, ganan la Palma de Oro del Festival de Cannes y cuatro importantes Oscars. Esto hace que Chayevsky y Mann vuelvan a colaborar en otros dos proyectos realistas que se desarrollan en una línea muy parecida: *La noche de los maridos* (The Bachelor Party, 1957) y *En mitad de la noche* (Midle of the Night, 1959); mientras ambos desarrollan una interesante carrera cinematográfica.

Director: *Delbert Mann.* Guionista: *Paddy Chayevsky.* Fotografía: *Joseph LaShelle.* Música: *Roy Webb.* Intérpretes: *Ernest Borgnine, Betsy Blair, Esther Minciotti, Joe Mantell, Karen Steele, Jerry Paris.* Producción: *Harold Hecht para Hecht-Hill-Lancaster/United Artists.* Duración: *91'. Estados Unidos.*

MARVIN, Lee *(Nueva York, 1924-Tucson, Arizona, Estados Unidos, 1987)*

Hijo del administrador de una agencia de publicidad y de la redactora de una revista

MARVIN, Lee

femenina, es expulsado de varios colegios. En 1943 se alista en los *marines,* participa en la campaña del Pacífico Sur, es gravemente herido en el nervio ciático, permanece hospitalizado durante trece meses y recibe la Purple Heart. Una vez restablecido, comienza a trabajar como fontanero hasta que en 1947 debuta como actor teatral después de haber reparado las tuberías del Woodstock's Maverick Theatre. Mientras trabaja en teatro y televisión, en 1951 debuta en cine con un pequeño papel de marinero junto a Gary Cooper en *You're in the Navy Now* y sigue haciendo personajes secundarios hasta que es seleccionado para un Oscar por su trabajo en *El árbol de la vida.* Entre 1958 y 1960 interviene en más de doscientos cincuenta episodios para televisión, especialmente de la serie *M-Squad,* que también coproduce. Vuelve al cine para hacer importantes papeles secundarios de la mano de John Ford en *El hombre que mató a Liberty Valance* y *La taberna del irlandés,* mientras algunos programas suyos para televisión, como *Sargento Killers* o *Código del hampa,* se exhiben en salas cinematográficas. Tras el Oscar conseguido por su trabajo en *La ingenua explosiva,* un extraño *western* sin el menor atractivo, se convierte en una estrella. Desde mediados de los años sesenta hasta mediados de los setenta rueda sus más conocidas películas: *Los profesionales, Doce del patíbulo, La leyenda de la ciudad sin nombre,* con cuya canción *Wandering Star* obtiene un gran éxito como cantante, y *El emperador del Norte.* Entre sus últimas películas destaca *Uno rojo: división de choque.*

1951 *You're in the Navy Now*, de Henry Hathaway.
1952 *Diplomatic Courier* (Correo diplomático), de Henry Hathaway. / *We're Not Married* (No estamos casados), de Edmund Goulding. / *Duel at Silver Creek*, de Don Siegel. / *Eight Iron Men*, de Edward Dmytryk. / *Hangman's Knot*, de Roy Huggins.
1953 *Seminole* (Traición en Fort King), de Budd Boetticher. / *The Glory Brigade*, de Robert D. Webb. / *The Stranger Wore a Gun*, de André de Toth. / *The Big Heat* (Los sobornados), de Fritz Lang. / *Gun Fury* (Fiebre de venganza), de Raoul Walsh. / *Down Among the Sheltering Palms*, de Edmund Goulding.
1954 *The Wild One* (¡Salvaje!), de Laszlo Benedek. / *Gorilla at Large*, de Harmon Jones. / *The Caine Mutiny* (El motín del Caine), de Edward Dmytryk. / *The Raid*, de Hugo Fregonese. / *Bad Day at Black Rock* (Conspiración de silencio), de John Sturges.
1955 *A Life in the Balance*, de Harry Horner. / *Violent Saturday* (Sábado trágico), de Richard Fleischer. / *Not As a Stranger* (No serás un extraño), de Stanley Kramer. / *Pete Kelly's Blues*, de Jack Webb. / *I Died a Thousand Times*, de Stuart Heisler. / *Shack Out on 101*, de Edward Dein.
1956 *The Rack* (Traidor a su patria), de Arnold Laven. / *Seven Men From Now*, de Budd Boetticher. / *Pillars of the Sky*, de George Marshall. / *Attack!* (¡Ataque!), de Robert Aldrich.
1957 *Raintree County* (El árbol de la vida), de Edward Dmytryk.
1961 *The Comancheros* (Los comancheros), de Michael Curtiz.
1962 *The Man Who Shot Liberty Valance* (El hombre que mató a Liberty Valance), de John Ford.
1963 *Donovan's Reef* (La taberna del irlandés), de John Ford. / *Sergeant Ryker* (Sargento Ryker), de Buzz Kulik.
1964 *The Killers* (Código del hampa), de Don Siegel.
1965 *Ship of Fools* (El barco de los locos), de Stanley Kramer. / *Cat Ballou* (La ingenua explosiva), de Elliot Silverstein.
1966 *The Professionals* (Los profesionales), de Richard Brooks.
1967 *The Dirty Dozen* (Doce del patíbulo), de Robert Aldrich. / *Point Blank* (A quemarropa), de John Boorman. / *All Make Love in London*, de Peter Whitehead.
1968 *Hell in the Pacific* (Infierno en el Pacífico), de John Boorman.
1969 *Paint Your Wagon* (La leyenda de la ciudad sin nombre), de Joshua Logan.
1970 *Monte Walsh*, de William A. Fraker.
1972 *Pocket Money* (Los indeseables), de Stuart Rosenberg. / *Prime Cut* (Carne viva), de Michael Ritchie.
1973 *Emperor of the North Pole* (El emperador del Norte), de Robert Aldrich. / *The Iceman Cometh* (Llega el hombre del hielo), de John Frankenheimer.
1974 *The Spikes Gang* (Tres forajidos y un pistolero), de Richard Fleischer. / *The Klansman* (El hombre del clan), de Terence Young.
1976 *Shout at the Devil* (Gritar al diablo), de Peter Hunt. / *The Great Scout and Cathouse Thursday* (Botas duras, medias de seda), de Don Taylor.
1979 *Avalanche Express* (El tren de las espías), de Mark Robson. / *The Big Red One* (Uno rojo: división de choque), de Samuel Fuller.
1981 *Death Hunt* (Caza salvaje), de Peter Hunt.
1983 *Gorky Park*, de Michael Apted. / *Canicule* (Día de perros), de Yves Boisset.
1985 *The Delta Force*, de Menahen Golan.

MARX, Chico (*Leonard Marx. Nueva York, 1886-Hollywood, California, Estados Unidos, 1961*)

Hijo de un sastre judío de origen alsaciano y de una aficionada al mundo del espectáculo, es el mayor de cinco hermanos, todos dedicados al mundo del espectáculo. Con Harpo Marx y Groucho Marx protagoniza sus catorce películas y con Zeppo Marx tan solo las cinco primeras, mientras Gummo Marx siempre se dedica a labores administrativas. Gracias a su habilidad para tocar el piano, Harpo el arpa, Groucho la guitarra y Zeppo el saxofón, desde mediados de los años diez constituyen el grupo The Four Marx Brothers con el que crean diferentes números de *music-hall*. Una década después triunfan en Broadway con dos famosas revistas, *The Cocoanuts* (1925) y *Animal Crackers* (1926), y con la llegada del sonoro el productor Walter Wagner de los estudios Paramount les contrata para llevarlas a la pantalla. Tras dar a conocer su humor enloquecido en ellas, triunfan con *Pistoleros de agua dulce, Plumas de caballo* y *Sopa de ganso*. Convertidos en los grandes cómicos de principios del cine sonoro, el mítico productor Irving Thalberg de los estudios Metro-Goldwyn-Mayer les contrata para rodar *Una noche en la ópera*, su mayor éxito, que repiten en *Una tarde en el circo, Los hermanos Marx en el Oeste* y *Tienda de locos*. Retirados a principios de los años cuarenta, por las dificultades económicas de Harpo Marx, vuelven para hacer las mucho menos divertidas *Una noche en Casablanca* y *Amor en conserva*. Se despiden del cine con una breve aparición en la curiosa *La historia de la humanidad*.

1929 *The Cocoanuts* (Los cuatro cocos), de Robert Florey.
1930 *Animal Crackers* (El conflicto de los Marx), de Victor Heerman.
1931 *Monkey Business* (Pistoleros de agua dulce), de Norman Z. McLeod.
1932 *Horse Feathers* (Plumas de caballo), de Norman Z. McLeod.
1933 *Duck Soup* (Sopa de ganso), de Leo McCarey.
1935 *A Night at the Opera* (Una noche en la ópera), de Sam Wood.
1937 *A Day at the Races* (Un día en las carreras), de Sam Wood.
1938 *Room Service* (El hotel de los líos), de William A. Seiter.
1939 *At the Circus* (Una tarde en el circo), de Edward Buzzell.
1940 *Go West* (Los hermanos Marx en el Oeste), de Edward Buzzell.
1941 *The Big Store* (Tienda de locos), de Charles F. Reisner.
1946 *A Night in Casablanca* (Una noche en Casablanca), de Archie L. Mayo.
1949 *Love Happy* (Amor en conserva), de David Miller.
1957 *The Story of Mankind* (La historia de la humanidad), de Irwin Allen.

MARX, Groucho (*Julius Henry Marx. Nueva York, 1890-Hollywood, California, Estados Unidos, 1977*)

Hijo de unos emigrantes alemanes de origen judío, él sastre y ella actriz de vodevile, es el tercero de cinco hermanos dedicados al espectáculo. Con Chico Marx y Harpo Marx protagoniza sus películas más conocidas y con Zeppo Marx solo colabora en cinco, mientras Gummo Marx siempre se dedica a labores administrativas. Gracias a que su madre le enseña a tocar la guitarra, a Chico el piano, a Harpo el arpa y a Zeppo el saxofón, a mediados de los años diez forman el grupo The Four Marx Brothers y empiezan a trabajar en el mundo del *music-hall*. El éxito alcanzado en Broadway con las revistas musicales *The Cocoanuts* (1925) y *Animal Crackers* (1926) hace que, tras la aparición del cine sonoro, los estudios Paramount les contraten para convertirlas, respectivamente, en las irregulares películas *Los cuatro cocos* y *El conflicto de los Marx*. Su relativo éxito no solo les da a conocer, sino que les permite rodar las divertidas *Pistoleros de agua dulce, Plumas de caballo* y *Sopa de ganso*. Convertidos en los primeros cómicos del cine sonoro hacen para los estudios Metro-Goldwyn-Mayer *Una noche en la ópera*, su mayor éxito, y las demasiado similares *Un día en las carreras, Una tarde en el circo, Los hermanos Marx en el Oeste* y *Tienda de locos*. A principios de los años cuarenta el grupo se separa y él comienza a trabajar como guionista, pero debido a las dificultades económicas por las que atraviesa Harpo Marx, vuelven a hacer juntos las fallidas *Una noche en Casablanca* y *Amor en conserva*. A finales de los cuarenta y principios de los cincuenta interviene en los irregulares musicales *Copacabana, Mr. Music, Don Dólar, A Girl in Every Port,* pero poco después se convierte en una estrella de la televisión con su programa *You Bet Your Life*. Entre sus libros destacan *Groucho y yo* (Groucho and Me, 1962), *Memorias de un amante sarnoso* (Memoirs of a Mangy Lover, 1964) y *Las cartas de Groucho* (Letters of Groucho Marx, 1967).

1929 *The Cocoanuts* (Los cuatro cocos), de Robert Florey.
1930 *Animal Crackers* (El conflicto de los Marx), de Victor Heerman.
1931 *Monkey Business* (Pistoleros de agua dulce), de Norman Z. McLeod.
1932 *Horse Feathers* (Plumas de caballo), de Norman Z. McLeod.
1933 *Duck Soup* (Sopa de ganso), de Leo McCarey.
1935 *A Night at the Opera* (Una noche en la ópera), de Sam Wood.
1937 *A Day at the Races* (Un día en las carreras), de Sam Wood.
1938 *Room Service* (El hotel de los líos), de William A. Seiter.
1939 *At the Circus* (Una tarde en el circo), de Edward Buzzell.
1940 *Go West* (Los hermanos Marx en el Oeste), de Eddie Buzzell.
1941 *The Big Store* (Tienda de locos), de Charles F. Reisner. / *Never Give a Sucker an Even Break*, de Eddie Cline.
1946 *A Night in Casablanca* (Una noche en Casablanca), de Archie L. Mayo.
1947 *Copacabana*, de Alfred E. Green.
1949 *Love Happy* (Amor en conserva), de David Miller.
1950 *Mr. Music*, de Richard Haydn.
1951 *Double Dynamite* (Don Dólar), de Irving Cummings.
1952 *A Girl in Every Port*, de Chester Erskine.
1957 *The Story of Mankind* (La historia de la humanidad), de Irwin Allen. / *Will Success Spoil Rock Hunter?* (Una mujer de cuidado), de Frank Tashlin.
1968 *Skidoo!*, de Otto Preminger.

MARX, Harpo *(Adolph Arthur Marx. Nueva York, 1888-Hollywood, California, Estados Unidos, 1964)*

Hijo de un sastre judío y de una apasionada por el mundo del espectáculo, es el segundo de cinco hermanos dedicados al mundo del espectáculo. Con Chico Marx y Groucho Marx protagoniza la mayoría de sus películas y con Zeppo Marx solo cinco, mientras Gummo Marx solo se dedica a trabajos administrativos. Gracias a que su madre le enseña a tocar el arpa, a Chico el piano, a Groucho la guitarra y a Zeppo el saxofón, en 1915 forman el grupo The Four Marx Brothers y comienzan a trabajar en el *music-hall*. Después de triunfar en Broadway con las revistas musicales *The Cocoanuts* (1925) y *Animal Crackers* (1926), con la llegada del sonoro el productor Walter Wagner de los estudios Paramount les contrata para rodarlas. El éxito de las estupendas *Pistoleros de agua dulce, Plumas de caballo* y *Sopa de ganso* les convierte en los grandes cómicos de principios del cine sonoro. Tras un descanso de dos años, el productor Irving Thalberg de los estudios Metro-Goldwyn-Mayer les contrata para hacer *Una noche en la ópera,* su mayor éxito, *Una tarde en el circo, Los hermanos Marx en el Oeste* y *Tienda de locos*. El grupo se retira a principios de los años cuarenta, él intenta seguir trabajando en solitario, pero fracasa y convence a sus hermanos para rodar las fallidas *Una noche en Casablanca,* mala parodia de la famosa *Casablanca* (1943), de Michael Curtiz, y *Amor en conserva*. Con su característica mudez, su peluca rubia y su arpa, hace una última aparición junto a sus hermanos en *La historia de la humanidad*. Publica sus memorias con el título *¡Harpo habla!* (Harpo Speaks!, 1961).

1925 *Too Many Kisses*, de Paul Sloane.
1929 *The Cocoanuts* (Los cuatro cocos), de Robert Florey.
1930 *Animal Crackers* (El conflicto de los Marx), de Victor Heerman.
1932 *Horse Feathers* (Plumas de caballo), de Norman Z. McLeod.
1933 *Duck Soup* (Sopa de ganso), de Leo McCarey.
1935 *A Night at the Opera* (Una noche en la ópera), de Sam Wood.
1937 *A Day at the Races* (Un día en las carreras), de Sam Wood.
1938 *Room Service* (El hotel de los líos), de William A. Seiter.
1939 *At the Circus* (Una tarde en el circo), de Edward Buzzell.
1940 *Go West* (Los hermanos Marx en el Oeste), de Edward Buzzell.
1941 *The Big Store* (Tienda de locos), de Charles F. Reisner.
1942 *Stage Door Canteen* (Tres días de amor y fe), de Frank Borzage.
1944 *Hollywood Canteen*, de Delmer Daves.
1946 *A Night in Casablanca* (Una noche en Casablanca), de Archie L. Mayo.

1949 *Love Happy* (Amor en conserva), de David Miller.
1957 *The Story of Mankind* (La historia de la humanidad), de Irwin Allen.

MÁS ALLÁ DEL BOSQUE *(Beyond the Forest, 1949)*

Duro melodrama de los estudios Warner al servicio de una excelente Bette Davis al final del mejor período de su carrera, en el que encarna a una ambiciosa y torpe mujer de provincias, una especie de *madame* Bovary, que no se detiene ante nada para conseguir sus propósitos. Dirigida con mano maestra por King Vidor, es una de sus mejores películas al recrear el opresivo ambiente del pueblo donde se desarrolla la acción y dar humanidad y fuerza al terrible personaje de la protagonista. Narra cómo Rosa Moline (Bette Davis) no duda en enganar a su marido, el apreciado y buen médico Lewis Moline (Joseph Cotten), asesinar a un hombre mayor que conoce sus secretos y tirarse por un terraplén para abortar, con tal de acostarse con el rico industrial Neil Latimer (David Brian) y que la lleve a vivir con él a Chicago; pero muere sin lograr su propósito mientras se arrastra enfebrecida hacia el tren que iba a conducirla hacia su sueño. Destacan la excelente dirección de Vidor, la magnífica interpretación de Bette Davis y la apropiada música de Max Steiner.

Director: *King Vidor*. Guionista: *Leonore Coffee*. Fotografía: *Robert Burks*. Música: *Max Steiner*. Intérpretes: *Bette Davis, Joseph Cotten, David Brian, Ruth Roman, Minor Watson, Dona Drake*. Producción: *Henry Blanke para Warner*. Duración: *96'. Estados Unidos.*

MÁS PODEROSO QUE LA VIDA *(Bigger Than Life, 1956)*

Para mejorar la débil situación económica familiar, el profesor Ed Avery (James Mason) también trabaja como taxista sin que lo sepa su familia, pero le hace enfermar, ser tratado con una nueva droga llamada cortisona, y, como efecto secundario, convertirse en un tirano con sus compañeros y, sobre todo, con su mujer, Lou (Barbara Rush), y con su único hijo, Richie (Christopher Olson). Sobre un irregular guión de Cyril Hume y Richard Maibaum, reescrito cada día a lo largo del rodaje por el crítico inglés Gavin Lambert y el dramaturgo norteamericano Clifford Odets bajo la supervisión del propio realizador, el mítico Nicholas Ray rueda uno de sus mejores melodramas. Encierra no solo una dura crítica a la tradicional familia norteamericana de tipo medio, sino también del uso indiscriminado que comienza a hacerse de la cortisona, un nuevo medicamento con el que parece que se curan todos los males, sin tener en cuenta sus peligrosos efectos secundarios. Destacan el sobrio trabajo interpretativo de James Mason, que también es el productor, y la perfecta utilización conseguida por Nicholas Ray del discutido formato CinemaScope, siempre dentro de su personal estética narrativa.

Director: *Nicholas Ray*. Guionistas: *Cyril Hume, Richard Maibaum*. Fotografía: *Joe MacDonald*. Música: *David Raksin*. Intérpretes: *James Mason, Barbara Rush, Walter Matthau, Robert Simon, Christopher Olson*. Producción: *James Mason para 20th Century Fox. Color. Scope.* Duración: *95'. Estados Unidos.*

MÁSCARA DE DIMITRIOS, LA *(The Mask of Dimitrios, 1944)*

Con la ayuda de su amigo Mr. Peters (Sidnet Greenstreet), el escritor de novelas policíacas Cornelius Leyden (Peter Lorre) comienza a investigar la vida del famoso criminal Dimitrios Markopoulos (Zachary Scott) hasta que descubre que, en contra de lo que se creía, no ha muerto. Ambientada en Estambul en 1938 esta adaptación de la novela homónima de espionaje del especialista británico Eric Ambler, tiene un buen guión de Frank Gruber y se sitúa entre las mejores películas del irregular realizador rumano Jean Negulesco. Narrada a través de una sucesión de *flashbacks,* una estructura que en la época sigue siendo bastante insólita, destacan la misteriosa atmósfera creada por el director de fotografía Arthur Edeson y el trabajo interpretativo de la insólita pareja formada por el menudo alemán Peter Lorre y el enorme norteamericano Sidney Greenstreet. Esta peculiar pareja es una idea de Negulesco, aparece por primera vez en *El halcón maltés* (The Maltese Falcon, 1941), que debía haber dirigido el propio Negulesco, pero se convierte en la primera película realizada por el guionista John Huston.

Director: *Jean Negulesco*. Guionista: *Frank Gruber*. Fotografía: *Arthur Edeson*. Música: *Adolph*

Deutsch. Intérpretes: *Peter Lorre, Sidney Greenstreet, Zachary Scott, Faye Emerson, Victor Francen, Steven Geray.* Producción: *Henry Blake para Warner.* Duración: *99'. Estados Unidos.*

MASON, James *(Hudderfield, Yorkshire, Reino Unido, 1909-Lausanne, Suiza, 1984)*

Comienza a estudiar arquitectura en la Universidad de Cambridge, pero lo deja para debutar como actor de teatro a principios de los años treinta y a mediados de la década debuta también como actor de cine. Obtiene su primer éxito al protagonizar *Perfidia,* pero sobre todo al encarnar al revolucionario irlandés Johnny McQueen en *Larga es la noche,* de Carol Reed. Esto le lleva a Hollywood en 1948, donde permanece durante quince años y hace algunos de los mejores papeles de su dilatada carrera, integrada por ciento once películas rodadas en cincuenta años. Después de trabajar con Max Ophüls en las excelentes *Atrapados* y *Almas desnudas,* hace de Gustave Flaubert en *Madame Bovary,* de Vincente Minnelli; de Hendrick van der Zee en *Pandora y el holandés errante,* de Albert Lewin; de general Rommel en *Rommel, el zorro del desierto,* de Henry Hathaway, y del espía Cicerón en *Operación Cicerón,* de Joseph L. Mankiewicz. También encarna a la atractiva galería de malvados integrada por Sir Brack en *El príncipe valiente,* de Henry Hathaway; el capitán Nemo en *Veinte mil leguas de viaje submarino,* de Richard Fleischer, y el espía Phillip Vandamm en *Con la muerte en los talones,* de Alfred Hitchcock. Además da vida al alcohólico actor Norman Maine en *Ha nacido una estrella,* de George Cukor; al profesor drogadicto Ed Avery en *Más poderoso que la vida,* de Nicholas Ray, y al obsesionado Humbert Humbert en *Lolita,* de Stanley Kubrick. Al final de este brillante período también produce algunas de las películas que protagoniza. A mediados de la década de los sesenta comienza a trabajar sobre todo en Europa y pasa los restantes treinta años de carrera haciendo importantes papeles secundarios. Entre sus restantes películas destacan *Lord Jim,* de Richard Brooks; *El hombre de Mackintosh,* de John Huston; *Autobiografía de una princesa,* de James Ivory; *Veredicto final,* de Sidney Lumet, y *La cacería,* de Alan Bridges. Su entusiasmo y su gran capacidad de trabajo le hacen rodar hasta el último momento y su última película, la fallida *Los clandestinos de Asís,* es póstuma.

1935 *Late Extra,* de Albert Parker.
1936 *Twice Branded,* de MacLean Rogers. / *Trouble Waters,* de Albert Parker. / *Prison Breakers,* de Adrian Brunel. / *Blind Man's Bluff,* de Albert Parker. / *The Secret of Stambul,* de Andrew Marton. / *Jack of All Trades,* de Robert Stevenson.
1937 *The Mill on the Floss* (El gran vendaval), de Tim Whelan. / *Fire over England,* de William K. Howard. / *The High Command* (Alto mando), de Thorold Dickinson. / *Catch as Catch Can,* de Roy Kellino. / *The Return of the Scarlet Pimpernel* (El retorno de Pimpinela Escarlata), de Hans Schwartz.
1939 *I Met a Murderer,* de Roy Kellino.
1941 *This Man Is Dangerous,* de Lawrence Huntington. / *Hatter's Castle,* de Lance Comfort.
1942 *The Night Has Eyes* (La noche tiene ojos), de Leslie Arliss. / *Alibi,* de Brian-Desmond Hurst. / *Secret Mission,* de Harold French. / *Thunder Rock,* de Roy Boulting.
1943 *The Bells Go Down,* de Basil Dearden. / *The Man In Grey* (Perfidia), de Leslie Arliss. / *They Met in the Dark,* de Karel Lamaç. / *Candlelight in Algeria* (La espía de Argel), de George King.
1944 *Fanny by Gaslight,* de Anthony Asquith. / *Hotel Reserve* (Contraespionaje), de Lance Comfort.
1945 *A Place of One's Own,* de Bernard Knowles. / *They Were Sisters,* de Arthur Crabtree. / *The Seventh Veil* (El séptimo velo), de Compton Bennett. / *The Wicked Lady* (La mujer bandido), de Leslie Arliss.
1947 *The Upturned Glass,* de Lawrence Huntington. / *Odd Man Out* (Larga es la noche), de Carol Reed.
1949 *Caught* (Atrapados), de Max Ophüls. / *Madame Bovary,* de Vincente Minnelli. / *The Reckless Moment* (Almas desnudas), de Max Ophüls.
1950 *East Side, West Side* (Mundos opuestos), de Mervyn LeRoy. / *One Way Street* (Murallas de silencio), de Hugo Fregonese.
1951 *The Desert Fox* (Rommel, el zorro del desierto), de Henry Hathaway. / *Pandora and the Flying Dutchman* (Pandora y el holandés errante), de Albert Lewin.
1952 *Five Fingers* (Operación Cicerón), de Joseph L. Mankiewicz. / *The Prisoner of Zenda* (El prisionero de Zenda), de Richard Thorpe. / *A Lady Possessed,* de William Spier.
1953 *Botany Bay* (La nave de los condenados), de John Farrow. / *The Desert Rats* (Las ratas del desierto), de Robert Wise. / *The Story of Three Loves* (Tres amores), episodio de Gottfried Reinhardt. / *The Man Between* (Se interpone un hombre), de Carol Reed. / *Julius Caesar* (Julio César), de Joseph L. Mankiewicz.
1954 *Prince Valiant* (El príncipe valiente), de Henry Hathaway. / *Twenty Thousand Leagues Under the Sea*

(Veinte mil leguas de viaje submarino), de Richard Fleischer. / *A Star Is Born* (Ha nacido una estrella), de George Cukor.
1956 *Forever Darling*, de Alexander Hall. / *Bigger Than Life* (Más poderoso que la vida), de Nicholas Ray.
1957 *Island in the Sun* (Una isla en el sol), de Robert Rossen.
1958 *The Decks Ran Red*, de Andrew L. Stone. / *Cry Terror*, de Andrew L. Stone.
1959 *North by Northwest* (Con la muerte en los talones), de Alfred Hitchcock. / *Journey to the Center of the Earth* (Viaje al centro de la Tierra), de Henry Levin. / *A Touch of Larceny* (Operación Robinsón), de Guy Hamilton.
1960 *The Trials of Oscar Wilde* (Los juicios de Oscar Wilde), de Ken Hugues.
1961 *The Marriage-Go-Round*, de Walter Lang.
1962 *Lolita*, de Stanley Kubrick. / *Tiari Tahiti*, de Ted Kotcheff. / *Hero's Island*, de Leslie Stevens. / *Torpedo Bay* (Duelo en el mar), de Charles Frend.
1964 *The Fall of the Roman Empire* (La caída del Imperio Romano), de Anthony Mann. / *The Pumpkin Eater* (Siempre estoy sola), de Jack Clayton. / *Genghis Khan*, de Henry Levin.
1965 *Los pianos mecánicos*, de J. A. Bardem. / *Lord Jim*, Richard Brooks.
1966 *Georgy Girl* (La soltera retozona), de Silvio Narizzano. / *The Blue Max* (Las águilas azules), de John Guillermin.
1967 *The Deadly Affair* (Llamada para un muerto), de Sidney Lumet. / *Stranger in the House*, de Pierre Rouve.
1968 *Duffy* (Duffy, el único), de Robert Parrish. / *Subterfuge*, de Peter-Graham Scott. / *Mayerling*, de Terence Young. / *The Sea Gull* (La gaviota), de Sidney Lumet.
1969 *Age of Consent*, de Michael Powell.
1970 *Spring and Port Wine* (La familia Crompton), de Peter Hammond. / *De la part des copains* (Los compañeros del diablo), de Terence Young.
1971 *Kill*, de Romain Gary. / *El hombre de Río Malo*, de Eugenio Martín.
1972 *Child's Play*, de Sidney Lumet. / *The Last of Sheila* (El fin de Sheila), de Herbert Ross.
1973 *The Mackintosh Man* (El hombre de Mackintosh), de John Huston. / *Frankenstein: The True Story* (La verdadera historia de Frankenstein), de Jack Smight.
1974 *The Marseille Contract* (Contrato en Marsella), de Robert Parrish. / *11 Harrowhouse* (La casa número 11), de Aram Avakian.
1975 *Great Expectations* (Grandes esperanzas), de Joseph Hardy. / *Mandingo*, de Richard Fleischer. / *Inside Out* (Berlín 1976), de Peter Duffell. / *Autobiography of a Princess* (Autobiografía de una princesa), de James Ivory.
1976 *Gente di rispetto* (Gente de respeto), de Luigi Zampa. / *La polizia interviene: ordine di uccidere*, de Giuseppe Rosati. / *Voyage of the Damned* (El viaje de los malditos), de Stuart Rosenberg.
1977 *Cross of Iron* (La cruz de hierro), de Sam Peckinpah. / *Paura in città*, de Giuseppe Rosati. / *Gesù di Nazareth* (Jesús de Nazaret), de Franco Zeffirelli.
1978 *Heaven Can Wait* (El cielo puede esperar), de Warren Beatty. / *The Water Babies* (La leyenda del lago mágico), de Lionel Jeffries. / *The Boys From Brazil* (Los niños del Brasil), de Franklin J. Schaffner.
1979 *The Passage* (El pasaje), de J. Lee Thompson. / *Murder by Decree* (Asesinato por decreto), de Bob Clark. / *Bloodline* (Lazos de sangre), de Terence Young.
1980 *North Sea Hijack* (Rescate en el mar del Norte), de Andrew V. McLaglen. / *Salem's Lot* (Phantasma II), de Tobe Hooper.
1981 *A Dangerous Summer*, de Quentin Masters.
1982 *Evil Under the Sun* (Muerte bajo el sol), de Guy Hamilton. / *The Verdict* (Veredicto final), de Sidney Lumet.
1983 *Yellowbeard* (Los desmadrados piratas de Barba Amarilla), de Mel Damski.
1984 *The Shooting Party* (La cacería), de Alan Bridges.
1985 *The Assisi Underground* (Los clandestinos de Asís), de Alexander Ramati.

MASTROIANNI, Marcello (*Fontana Liri, Frosisnone, Italia, 1924-París, Francia, 1996*)

Perteneciente a una modesta familia de campesinos, a los diez años se traslada con los suyos a Roma. Comienza a estudiar arquitectura, mientras actúa en el teatro universitario, pero estas actividades finalizan cuando los alemanes le encierran en un campo de concentración, del que logra escaparse. En 1945 regresa a Roma y empieza a trabajar como contable en una productora cinematográfica al mismo tiempo que, tras hacer algunas apariciones como figurante en los primeros años de la posguerra, debuta como actor de cine y teatro. Mientras a principios de los años cincuenta hace papeles secundarios en interesantes películas como *Vida de perros, París, siempre París, Los héroes del domingo, Cronache dei poveri amanti* y *La ladrona, su padre y el taxista*, de la mano del director Luchino Visconti se convierte en un gran actor de teatro. Pasa a ser una estrella del cine europeo gracias a sus trabajos con Mario Monicelli en *Rufufú;* Federico Fellini en *La dolce vita* y *Fellini ocho y medio;* Michelangelo Antonioni en *La noche;* Pietro Germi en *Divorcio a la italiana;* Valerio Zurlini en *Crónica familiar,* y Vittorio de Sica en *Matrimonio a la italiana* y *Los girasoles.* Durante la década de los setenta, su período de máxima actividad, interviene en treinta y tres películas, entre las que destacan *La gran comilona,* de Marco Ferreri; *Allonsanfan,* de los hermanos Taviani; *Todo modo,* de Elio Petri; *Una jornada particular,* de Ettore Scola, y *Así como eres,* de Alberto Lattuada. Entre sus trabajos de los años ochenta hay que señalar *Detrás de la puerta,* de Liliana Cavani; *La noche de Varennes* y *Macarrones,* de Ettore Scola; *Historia de Piera,* de Marco Ferreri; *Enrique IV,* de Marco Bellocchio; *Ginger y Fred,* de Federico Fellini; *Están todos bien,* de Giuseppe Tornatore, y *Al anochecer,* de Francesca Archibugi. En sus ciento cuarenta películas ha sido dirigido repetidamente por extranjeros: John Boorman en *Leo el último;* Roman Polanski en *¿Qué?;* Theo Angelopoulos en *El apicultor;* Nikita Mikhalkov en *Ojos negros;* Christian de Chalonge en *El ladrón de niños;* Maria Luisa Bemberg en *De eso no se habla,* y Robert Altman en *Prêt-à-porter.*

1939 *Marionette,* de Carmine Gallone.
1941 *La corona di ferro* (La corona de hierro), de Alessandro Blasetti.
1942 *Una storia d'amore* (Regeneración), de Mario Camerini.
1943 *I bambini ci guardano,* de Vittorio de Sica.
1947 *I miserabili,* de Riccardo Freda.
1949 *Cuore sul mare,* de Giorgio Bianchi.
1950 *Vent'anni,* de Giorgio Bianchi. / *Una domenica d'agosto,* de Luciano Emmer. / *Atto d'accusa,* de Giacomo Gentilomo. / *Passaporto per l'Oriente,* de Romolo Marcellini. / *Contro la legge,* de Flavio Calzavara. / *Vita da cani* (Vida de perros), de Steno y Monicelli.
1951 *Sensualità,* de Clemente Fracassi. / *Parigi e sempre Parigi* (París, siempre París), de Luciano Emmer. / *L'eterna catena,* de Anton Giulio Majano.
1952 *Le ragazze di piazza di Spagna* (Tres enamoradas), de Luciano Emmer. / *Febbre di vivere,* de Claudio Gora. / *Lulú,* de Fernando Cerchio. / *Gli eroi della domenica* (Los héroes del domingo), de Mario Camerini. / *Penne nere,* de Oreste Biancoli. / *Tragico ritorno,* de Pier Luigi Foraldo.
1953 *Il viale della speranza,* de Dino Risi. / *Non è mai troppo tardi,* de Filippo Walter Ratti. / *La valigia dei sogni,* de Luigi Comencini. / *Cronache dei poveri amanti,* de Carlo Lizzani. / *La muta di Portici,* de Giorgio Ansoldi.
1954 *Giorni d'amore* (Días de amor), de Giuseppe de Santis. / *Schiava del peccato* (La esclava del pecado), de Rafaello Matarazzo. / *Casa Ricordi,* de Carmine Gallone. / *Tam Tam mayumbe* (Cuando suena el tamtam), de Gian Gaspare Napolitano. / *Tempi nostri* (Nuestros tiempos), episodio de Alessandro Blasetti.
1955 *La bella mugnaia* (La bella campesina), de Mario Camerini. / *Il bigamo* (El bígamo), de Luciano Emmer. / *La principessa delle Canarie* (Tirma), de Paolo Moffa. / *Peccato che sia una canaglia* (La ladrona, su padre y el taxista), de Alessandro Blasetti.
1956 *Padri e figli* (Padres e hijos), de Mario Monicelli. / *Il momento più bello,* de Luciano Emmer. / *Harte Männer Heisse Liebe,* de Franz Cap. / *La fortuna di essere donna* (La suerte de ser mujer), de Alessandro Blasetti.
1957 *Il medico e lo stregone* (El médico y el curandero), de Mario Monicelli. / *Le notti bianche* (Noches blancas), de Luchino Visconti. / *Un ettaro di cielo* (Una hectárea de cielo), de Aglauco Casadio.
1958 *I soliti ignoti* (Rufufú), de Mario Monicelli. / *La loi* (La ley), de Jules Dassin. / *Tutti innamorati* (Papá se ha enamorado), de Giuseppe Orlandini. / *Racconti d'estate* (Sirenas en sociedad), de Gianni Franciolini.
1959 *Il nemico di mia moglie* (El enemigo de mi mujer), de Gianni Puccini. / *Amore e guai,* de Angelo Dorico. / *Ferdinando I, re di Napoli,* de Gianni Franciolini.
1960 *La dolce vita,* de Federico Fellini. / *Il bell'Antonio* (El bello Antonio), de Mauro Bolognini. / *Adua e le compagne* (Adua y sus amigas), de Antonio Pietrangeli.
1961 *L'assassino* (El asesino), de Elio Petri. / *Fantasmi a Roma* (Fantasmas en Roma), de Antonio Pietrangeli. / *Divorzio all'italiana* (Divorcio a la italiana), de Pietro Germi. / *La notte* (La noche), de Michelangelo Antonioni.
1962 *Vie privée* (Vida privada), de Louis Malle. / *Cronaca familiare* (Crónica familiar), de Valerio Zurlini.
1963 *Otto e mezzo* (Fellini ocho y medio), de Federico Fellini. / *I compagni* (Los camaradas), de Mario Monicelli. / *Ieri, oggi e domani* (Ayer, hoy y mañana), de Vittorio de Sica.
1964 *Matrimonio all'italiana* (Matrimonio a la italiana), de Vittorio de Sica.
1965 *Casanova 70,* de Mario Monicelli. / *Io, io, io... e gli altri* (Yo, yo, yo... y los demás), de Alessandro Blasetti. / *La decima vittima* (La décima víctima), de Elio Petri. / *The Poppy Is Also a Flower* (Las flores del diablo), de Terence Young. / *Oggi, domani e dopodomani,* episodio de Marco Ferreri.

1966 *Spara forte, più forte... non capisco* (Dispara fuerte, más fuerte, no lo entiendo), de Eduardo de Filippo.
1967 *Diamonds for Breakfast* (Diamantes vía Moscú), de Christopher Morahan. / *Questi fantasmi* (La guapa y su fantasma), de Renato Castellani. / *Lo straniero* (El extranjero), de Luchino Visconti.
1968 *Amanti* (Amantes), de Vittorio de Sica.
1969 *I girasoli* (Los girasoles), de Vittorio de Sica.
1970 *Giochi particolari*, de Franco Indovina. / *Dramma della gelosia* (El demonio de los celos), de Ettore Scola. / *La moglie del prete* (La mujer del cura), de Dino Risi. / *Scipione detto anche l'africano* (Escipión el Africano), de Luigi Magni. / *Leo the Last* (Leo, el último), de John Boorman.
1971 *Correva l'anno di grazia 1870*, de Alfredo Giannetti. / *Ça n'arrive qu'aux autres* (Angustia de un querer), de Nadine Trintignant. / *Permette? Rocco Papaleo* (Un italiano en Chicago), de Ettore Scola.
1972 *What?* (¿Qué?), de Roman Polanski. / *La cagna* (Liza), de Marco Ferreri. / *Roma*, de Federico Fellini.
1973 *Rappresaglia* (Muerte en Roma), de George Pan Cosmatos. / *La grande abbuffata* (La gran comilona), de Marco Ferreri. / *Salut l'artiste* (¡Qué vida la del artista!), de Yves Robert. / *Mordi e fuggi* (Sábado inesperado), de Dino Risi. / *L'événement le plus important depuis que l'homme a marché sur la lune* (No te puedes fiar ni de la cigüeña), de Jacques Demy.
1974 *Allonsanfan*, de Paolo y Vittorio Taviani. / *C'eravamo tanto amati* (Una mujer y tres hombres), de Ettore Scola. / *Non toccare a la donna bianca* (No tocar a la mujer blanca), de Marco Ferreri.
1975 *La donna della domenica* (La mujer del domingo), de Luigi Comencini. / *La puppa del gangster* (Pupa, Charlie y su gorila), de Giorgio Capitani. / *Divina creatura* (Divina criatura), de Giuseppe Patroni Griffi. / *Culastrisce, nobile veneziano*, de Flavio Mogherini. / *Per le antiche scale* (Por las antiguas escaleras), de Mauro Bolognini.
1976 *Todo modo*, de Elio Petri. / *Signore e signori, buonanotte* (Buenas noches, señoras y señores), de Ettore Scola, Luigi Comencini, Mario Monicelli, Nanni Loy y Luigi Magni.
1977 *Una giornata particolare* (Una jornada particular), de Ettore Scola. / *Mogliamante* (Esposamante), de Marco Vicario. / *Doppio delitto* (Doble asesinato), de Steno. / *Ciao maschio* (Adiós al macho), de Marco Ferreri.
1978 *Così come sei* (Así como eres), de Alberto Lattuada. / *Fatto di sangue fra due uomini per causa di una vedova* (La viuda innoble), de Lina Wertmuller. / *L'ingorgo* (El gran atasco), de Luigi Comencini.
1979 *Giallo napoletano* (Días de amor y venganza), de Sergio Corbucci.
1980 *La terrazza* (La terraza), de Ettore Scola. / *La città delle donne* (La ciudad de las mujeres), de Federico Fellini.
1981 *La pelle* (La piel), de Liliana Cavani. / *Fantasma d'amore* (Fantasma de amor), de Dino Risi.
1982 *Oltre la porta* (Detrás de la puerta), de Liliana Cavani. / *Il mondo nuovo* (La noche de Varennes), de Ettore Scola.
1983 *Storia di Piera* (Historia de Piera), de Marco Ferreri. / *Il generale dell'armata morta* (El general de la armada muerta), de Luciano Tovoli. / *Gabriela*, de Bruno Barreto.
1984 *Enrico IV* (Enrique IV), de Marco Bellocchio.
1985 *Le due vite de Mattia Pascal* (Las dos vidas de Matías Pascal), de Mario Monicelli. / *Maccheroni* (Macarrones), de Ettore Scola. / *Ginger e Fred* (Ginger y Fred), de Federico Fellini.
1986 *I soliti ignoti vent'anni dopo* (Rufufú, veinte años después), de Amanzio Todini. / *O melissokomos* (El apicultor), de Theo Angelopoulos.
1987 *Oci ciornie* (Ojos negros), de Nikita Mikhalkov. / *Intervista* (Entrevista), de Federico Fellini.
1988 *Miss Arizona*, de Pal Sandor.
1989 *Splendor*, de Ettore Scola. / *Che ora è?* (¿Qué hora es?), de Ettore Scola.
1990 *Stanno tutti bene* (Están todos bien), de Giuseppe Tornatore. / *Verso sera* (Al anochecer), de Francesca Archibugi.
1991 *Le pas suspendu de la cicogne*, de Theo Angelopoulos. / *Le voleur d'enfants* (El ladrón de niños), de Christian de Chalonge.
1992 *Used People* (Romance otoñal), de Beedan Kidron.
1993 *Un, deux, trois soleil*, de Bertrand Blier. / *De eso no se habla*, de María Luisa Bemberg.
1994 *Sostiene Pereira*, de Roberto Faenza. / *Prêt-à-porter*, de Robert Altman.
1995 *Les cent et une nuits* (Las cien y una noches), de Agnes Varda.
1996 *Trois vies et un seul mort* (Tres vidas y una sola muerte), de Raúl Ruiz.

MATADOR *(1986)*

Tras un período de aprendizaje que se extiende a lo largo de la primera mitad de los años ochenta, Pedro Almodóvar hace uno de sus más conocidos melodramas sobre un guión bastante elaborado, escrito en colaboración, por primera y única vez en su carrera, con el novelista Jesús Ferrero. A través de una sucesión de crímenes pasionales, de los que se hace responsable el aficionado a los toros Ángel (Antonio Banderas) y en los que se ven envueltos una serie de personajes entre los que destacan una modelo (Eva Cobo), un comisario de policía (Eusebio Poncela) y una psicóloga (Carmen Maura), se narran los amores necrófilos entre el torero retirado Diego Montes (Nacho Martínez) y la abogada criminalista María Cardenal (Assumpta Serna). Tras un brillante comienzo y algunas atractivas escenas, tal como suele ser habitual en Almodóvar, llega un momento en que la película se complica y trivializa en exceso para resultar demasiado farragosa incluso dentro de su vistosidad. Las tensiones existentes durante el rodaje y, sobre todo, en la posproducción entre el productor Andrés Vicente Gómez y el director, hacen que Pedro Almodóvar tome la sabia decisión de constituir con su hermano Agustín Almodóvar la marca El Deseo, S.A., convertirse en su propio productor y comenzar su deslumbrante carrera internacional.

Director: *Pedro Almodóvar*. Guionistas: *Jesús Ferrero, Pedro Almodóvar*. Fotografía: *Ángel Luis Fernández*. Música: *Bernardo Bonezzi*. Intérpretes: *Assumpta Serna, Antonio Banderas, Nacho Martínez, Eva Cobo, Carmen Maura, Eusebio Poncela, Chus Lampreave, Julieta Serrano*. Producción: *Andrés Vicente Gómez para Compañía Iberoamericana de TV*. Color. Duración: *105'. España*.

MATANZA DEL DÍA DE SAN VALENTÍN, LA *(The St. Valentine's Day Massacre, 1967)*

A finales de los años sesenta, al concluir su etapa como realizador, el prestigioso productor Roger Corman hace algunas interesantes películas lejos de su querida Serie B y con amplios presupuestos. Una de las mejores es esta, que narra el asesinato múltiple cometido el 14 de febrero de 1929 en Chicago con que culmina el enfrentamiento entre las bandas rivales de gángsters de Al Capone (Jason Robards) y Bugs Moran (Ralph Meeker). Con pretensiones casi documentales, un amplio reparto masculino, largos planos y una voz de fondo que sintetiza en algunas frases la biografía de cada uno de los personajes la primera vez que aparece, Corman hace una buena película, de compleja y sólida estructura, llena de *flashbacks* y con un ritmo rápido.

Director: *Roger Corman*. Guionista: *Howard Browne*. Fotografía: *Milton Krasner*. Música: *Fred Steiner*. Intérpretes: *Jason Robards, George Segal, Ralph Meeker, Jean Hale, Clint Ritchie, Joseph Campanella*. Producción: *Roger Corman para 20th Century Fox*. Color. Scope. Duración: *99'. Estados Unidos*.

MATAR UN RUISEÑOR *(To Kill a Mockingbird, 1962)*

Durante los años de la Depresión económica, en un pequeño pueblo del sur de Estados Unidos, el abogado Atticus Finch (Gregory Peck) defiende al negro Tom Robinson (Brock Peters), acusado de violar a una muchacha blanca, pero, a pesar de haberse demostrado durante el juicio que el culpable es el padre de la muchacha, es condenado, huye y muere de un disparo. Basada en una novela autobiográfica de Harper Lee, esta historia solo es un telón de fondo; lo que realmente narra es cómo el viudo Atticus Finch educa a sus hijos Scout (Mary Badham) y Jem (Philip Alford). Su interés radica en el excelente guión del dramaturgo Horton Foote, que cuenta la historia desde el punto de vista de los niños, y lo mucho que siempre le han atraído los jóvenes a Robert Mulligan. Su metafórico título solo se explica al final y viene a decir que «matar un ruiseñor» es tan terrible como entregar a la justicia al vecino subnormal que salva a los niños, personaje mudo encarnado por Robert Duvall en esta su primera película. A pesar de ser una de las mejores producciones de la pareja formada por el productor Alan J. Pakula y el director Robert Mulligan, le falta una cierta fuerza a la historia, pero se la da la voz de fondo de la hija, que comenta los hechos con timidez y desde un lejano futuro. Tiene algún éxito, consigue una cierta reputación y le vale un Oscar a Gregory Peck.

Director: *Robert Mulligan*. Guionista: *Horton Foote*. Fotografía: *Russell Harlan*. Música: *Elmer Bernstein*. Intérpretes: *Gregory Peck, Mary Badham, Brock Peters, Philip Alford, John Megna, Frank Overton, Rosemary Murphy*. Producción: *Alan J. Pakula para Universal*. Duración: *129'. Estados Unidos*.

MATARAZZO, Raffaello *(Roma, 1909-Roma, Italia, 1966)*

Periodista y crítico de cine, en 1931 comienza a trabajar en la productora Cines y sucesivamente es ayudante de dirección, guionista y realizador de dos cortometrajes de propaganda. Debuta como director de largos con *Treno popolare*, que, lejos del cine fascista dominante y adelantándose al neorrealismo, narra con personalidad y frescura la excursión al campo de un grupo de muchachos, en la que también debuta el famoso compositor Nino Rota. Durante el resto del *Ventennio nero*, los años del fascismo, se especializa en comedias, entre las que cabe citar *Kiki, Sono stato io, Notte di fortuna* y *La aventurera del piso de arriba*, bastante convencionales y teatrales, y sobre todo *Il birichino di papà*. En 1943 emigra a España, huyendo de la II Guerra Mundial, y rueda la irregular historia de espionaje *Dora, la espía* y la comedia *Empezó en boda* con Fernando Fernán-Gómez y Sara Montiel. Tres años después regresa a Italia, está un tanto desorientado, hace *La fumeria d'oppio*, un curioso policiaco escrito por Federico Fellini y Mario Monicelli entre otros, *Lo sciopero dei milioni*, una comedia intrascendente, y *Paolo e Francesca*, su primer y atractivo melodrama. Cada vez más alejado del dominante neorrealismo hace *Catene*, un melodrama protagonizado por Amedeo Nazzari e Yvonne Sanson para la productora Titanus, que se convierte en uno de los grandes éxitos del cine italiano. En la misma línea de dramáticas historias donde la mujer se somete al hombre por amor, rueda con estos mismos protagonistas *Tormento, Los hijos de nadie, Chi è senza peccato, ¡Vuelve a mi vida!, Angelo bianco* y *Café del puerto*, que le convierten en uno de los grandes especialistas en melodramas. Entre sus restantes melodramas destacan también *Il tenente Giorgio*, sobre una novela de Nicola Misasi; *Tragedia y triunfo de Verdi*, biografía del famoso compositor; *La nave delle donne maledette*, una curiosa historia de época con un grito final de libertad; *Odio, amor y castigo*, con una estructura policiaca; *Guai ai vinti*, basada en una novela de Annie Vivanti; *La risaia*, una historia irreal rodada en escenarios naturales con el mayor realismo, y *Amor mío*, su último trabajo y uno de los mejores. Despreciado en su momento por la crítica por rodar un cine demasiado popular, hace tiempo que sus películas se han situado en el lugar que las corresponde, pero algunas se resienten de la falta de medios con que están realizadas.

1933 *Treno popolare.*
1934 *Kiki.*
1935 *Il serpente a sonagli.*
1936 *L'anonima Roylott* (Anónima Roylott). / *Joe il rosso.*
1937 *E tornato carnevale.* / *Sono stato io!*
1938 *L'albergo degli assenti.* / *Il marchese di Ruvolito* (Mamá quiere ser noble).
1939 *Trappola d'amore.* / *Giù il sipario.*
1940 *Notte di fortuna.*
1941 *L'avventuriera del piano di sopra* (La aventurera del piso de arriba).
1942 *Il birichino di papà.* / *Giorno di nozze* (Casados a crédito).
1943 *Dora o le spie* (Dora, la espía).
1944 *Empezó en boda.*
1947 *La fumeria d'oppio.* / *Lo sciopero dei milioni.*
1949 *Paolo e Francesca.*
1950 *Catene.* / *Tormento.*
1951 *I figli di nessuno* (Los hijos de nadie).
1952 *Il tenente Giorgio.* / *Chi è senza peccato.*
1953 *Giuseppe Verdi* (Tragedia y triunfo de Verdi). / *Torna!* (Vuelve a mi lado). / *La nave delle donne maledette.* / *Vortice* (Odio, amor y castigo).
1954 *L'angelo bianco.* / *Schiava del peccato* (Esclava del pecado). / *Guai ai vinti.*
1955 *L'intrusa* (Desesperada). / *La risaia.*
1957 *L'ultima violenza* (La última violencia).
1958 *Malinconico autunno* (Café de puerto).
1959 *Cerasella.*
1963 *Adultero lui, adultera lei.* / *I terribili sette.*
1964 *Amore mio* (Amor mío).

MATÉ, Rudolph (*Rudoph Matheh. Cracovia, Polonia, 1898-Los Ángeles, California, Estados Unidos, 1964*)

Finalizados sus estudios en la Universidad de Budapest, combate en la Gran Guerra y en 1921 comienza a trabajar como ayudante de cámara en la productora Hungarian Films en películas dirigidas por Alexander Korda. Después de colaborar con el director de fotografía Karl Freund y el productor Erich Pommer, a mediados de los años veinte ya es un prestigioso fotógrafo y destaca por las películas que hace con Carl T. Dreyer, *Mikael* (1924), *La pasión de Juana de Arco* (La passion de Jeanne d'Arc, 1928) y *Vampyr* (1931). Durante la primera mitad de la década de los treinta trabaja regularmente en Francia y entre sus películas sobresalen *Premio de belleza* (Prix de beauté, 1930), de Augusto Genina, *El último millonario* (Le dernier milliardaire, 1934), de René Clair, y *Liliom* (1934), de Fritz Lang. En 1935 se instala en Estados Unidos, durante diez años es un reputado director de fotografía, y entre sus trabajos hay que citar *Desengaño* (Dodsworth, 1936), de William Wyler; *Stella Dallas* (1937), de King Vidor; *Bloqueo* (Blockade, 1938), de William Dieterle; *Tú y yo* (Love Affair, 1939), de Leo McCarey; *La jungla en armas* (The Real Glory, 1939), de Henry Hathaway; *Enviado especial* (Foreign Correspondent, 1940), de Alfred Hitchcock; *Lady Hamilton* (That Hamilton Woman, 1941), de Alexander Korda; *Ser o no ser* (To Be or Not to Be, 1942), de Ernst Lubitsch; *Me casé con una bruja* (I Married a Witch, 1942), de René Clair; *Sahara* (1943), de Zoltan Korda, y *Gilda* (1946), de Charles Vidor. Siempre interesado por dirigir, tal como demuestra que a principios de los años treinta realice en Francia *Le costaud des P.T.T.*, finalmente comienza a rodar películas con regularidad a los cincuenta años. Sin embargo, resulta curioso que no tenga pretensiones estéticas, ni de ningún otro tipo, y se limite a narrar una historia dentro de los géneros tradicionales. Tras la comedia exótica *Tenías que ser tú*, que codirige Don Hartman y en la que también es director de fotografía, rueda dos policiacos: *Con las horas contadas,* que encierra un planteamiento original, pero mal desarrollado, y *Cerco de odio,* que resulta demasiado teatral. Sus mejores películas las hace durante los años cincuenta: el melodrama *Amarga sombra;* los policiacos *Union Station, Perseguida* y *Forbidden;* los *westerns* tradicionales *Marcado a fuego, Horizontes azules* y *La ley de los fuertes;* la fantasía oriental *Su alteza el ladrón;* la historia de ciencia-ficción *Cuando los mundos chocan;* la producción de capa y espada *Coraza negra,* y las aventuras *El caballero del Mississippi* y *Aquellos duros años*. Finalizado el período de esplendor de los grandes estudios, su cine se debilita y pierde su razón de ser en los *peplums* que rueda en Italia a principios de la década de los sesenta.

1931 *Le costaud des P.T.T.*
1947 *It Had to Be You* (Tenías que ser tú).
1949 *D.O.A.* (Con las horas contadas). / *The Dark Past* (Cerco de odio).
1950 *No Sad Songs for Me* (Amarga sombra). / *Union Station.*
1951 *Branded* (Marcado a fuego). / *When Worlds Collide* (Cuando los mundos chocan). / *The Prince Who Was a Thief* (Su alteza el ladrón).
1952 *The Green Glove* (El guantelete verde). / *Paula* (El secreto de Paula). / *Sally and Saint Anne* (La casa del abuelo).
1953 *The Mississippi Gambler* (El caballero del Mississippi). / *Second Chance* (Perseguida). / *Forbidden.*
1954 *The Siege at Red River.* / *The Black Shield of Falworth* (Coraza negra).
1955 *The Violent Men* (Hombres violentos). / *The Far Horizons* (Horizontes azules).
1956 *Miracle in the Rain.* / *The Rawhide Years* (Aquellos duros años). / *Port Afrique* (Puerto África).
1957 *Three Violent People* (La ley de los fuertes).
1958 *The Deep Six.*
1959 *For the First Time* (Por primera vez).
1960 *Revak, lo schiavo di Cartagine* (Revak, el rebelde).
1962 *The 300 Spartans* (El león de Esparta). / *Il dominatore dei sette mari.*
1963 *Aliki, My Love.*

MATTHAU, Walter *(Walter Matuschanskayasky. Nueva York, Estados Unidos, 1920)*

Perteneciente a una familia de pobres emigrantes judíos centroeuropeos, desde niño interviene en representaciones de teatro en yiddish. Tras finalizar sus estudios, ejerce diversos oficios antes de combatir en las fuerzas aéreas durante la II Guerra Mundial. En la posguerra estudia arte dramático con Erwin Piscator en el Dramatic Workshop de la New School for Social Research de Nueva York. Debuta como actor de teatro en Broadway en 1948 y comienza a tener éxito a principios de la década de los cincuenta. Debuta como actor de cine en 1955 y durante diez años hace papeles secundarios, generalmente de malvado, con importantes realizadores como Nicholas Ray, Elia Kazan, Michael Curtiz, Richard Quine, Stanley Donen y Vincente Minnelli. Se convierte en un gran actor cómico gracias a su trabajo con Billy Wilder en *En bandeja de plata,* con el que gana su único Oscar, *Primera plana* y *Aquí, un amigo,* siempre formando pareja con Jack Lemmon. Entre medias protagoniza la divertida comedia *La extraña pareja,* de Gene Saks; el gran musical *Hello, Dolly!,* de Gene Kelly; la tragicomedia *Risas y lágrimas,* de Martin Ritt, y el policiaco *La gran estafa,* de Don Siegel. También trabaja con asiduidad con Herbert Ross en las comedias *La pareja chiflada, California Suite* y *Soy tu hija, ¿no te acuerdas?* Sin abandonar nunca el teatro, su carrera cinematográfica se extiende a lo largo de cuarenta años y casi sesenta películas. Entre sus últimos trabajos destacan la producción anglo-marroquí *Piratas,* de Roman Polanski, la divertida comedia italiana *Soy el pequeño diablo,* de Roberto Benigni, y la tragicomedia *Dos viejos gruñones,* de Daniel Petrie, donde vuelve a formar

pareja con Jack Lemmon, cuyo éxito da lugar a la todavía menos divertida *Discordias a la carta.*
Como director
1960 *Gangster Story.*
Como actor
1955 *The Kentuckian* (El hombre de Kentucky), de Burt Lancaster. / *The Indian Fighter* (Pacto de honor), de André de Toth.
1956 *Bigger Than Life* (Más poderoso que la vida), de Nicholas Ray.
1957 *A Face in the Crowd* (Un rostro en la multitud), de Elia Kazan. / *Slaughter on Tenth Avenue* (Matanza en la Décima Avenida), de Arnold Laven.
1958 *King Creole* (El barrio contra mí), de Michael Curtiz. / *Voice in the Mirrow*, de Harry Keller. / *Onionhead*, de Norman Taurog. / *Ride a Crooked Trail*, de Jesse Hibbs.
1960 *Gangster Story*, de Walter Matthau. / *Strangers When We Meet* (Un extraño en mi vida), de Richard Quine.
1962 *Lonely Are the Brave* (Los valientes andan solos), de David Miller. / *Who's Got the Action?* (Trampa a mi marido), de Daniel Mann.
1963 *Island of Love*, de Morton da Costa. / *Charade* (Charada), de Stanley Donen.
1964 *Ensign Pulver* (Valiente marino), de Joshua Logan. / *Fail Safe* (Punto límite), de Sidney Lumet. / *Goodbye, Charlie* (Adiós, Charlie), de Vincente Minnelli.
1965 *Mirage* (Espejismo), de Edward Dmytryk.
1966 *The Fortune Cookie* (En bandeja de plata), de Billy Wilder.
1967 *A Guide for the Married Man* (Guía para el hombre casado), de Gene Kelly.
1968 *The Odd Couple* (La extraña pareja), de Gene Saks. / *The Secret Life of an American Wife*, de George Axelrod. / *Candy*, de Christian Marquand.
1969 *Hello, Dolly!*, de Gene Kelly. / *Cactus Flower* (Flor de cactus), de Gene Saks.
1971 *A New Leaf* (Corazón verde), de Elaine May. / *Plaza Suite* (Eso del matrimonio), de Arthur Hiller. / *Kotch*, de Jack Lemmon.
1972 *Pete'n'Tillie* (Risas y lágrimas), de Martin Ritt.
1973 *Charley Varrick* (La gran estafa), de Don Siegel.
1974 *The Laughing Policeman* (San Francisco, ciudad desnuda), de Stuart Rosenberg. / *The Taking of Pelham One Two Three* (Pelham 1, 2, 3), de Joseph Sargent. / *Earthquake* (Terremoto), de Mark Robson. / *The Front Page* (Primera plana), de Billy Wilder.
1975 *The Sunshine Boys* (La pareja chiflada), de Herbert Ross.
1976 *The Bad News Bears* (Los picarones), de Michael Ritchie.
1978 *Casey's Shadow* (La sombra de un campeón), de Martin Ritt. / *House Calls* (Las alegrías de un viudo), de Howard Zieff. / *California Suite*, de Herbert Ross.
1980 *Hopscotch* (Un enredo para dos), de Ronald Neame. / *Little Miss Marker* (El truhán y su prenda), de Walter Bernstein.
1981 *Buddy, Buddy* (Aquí, un amigo), de Billy Wilder. / *First Monday in October*, de Ronald Neame.
1982 *I Ought to Be in Pictures* (Soy tu hija, ¿no te acuerdas?), de Herbert Ross.
1983 *The Survivors* (Sufridos ciudadanos), de Michael Ritchie.
1985 *Movers and Shakers*, de William Asher.
1986 *Pirates* (Piratas), de Roman Polanski.
1988 *The Couch Trip* (Los pacientes de un psiquiatra en apuros), de Michael Ritchie. / *Il piccolo diavolo* (Soy el pequeño diablo), de Roberto Benigni.
1991 *J. F. K.* (J. F. K., caso abierto), de Oliver Stone.
1993 *Dennis the Menace*, de Nick Castle. / *Grumpy Old Men* (Dos viejos gruñones), de Daniel Petrie.
1994 *I.Q.* (El genio del amor), de Fred Schepisi.
1995 *Grumpier Old Men II* (Discordias a la carta), de Howard Deutch.

MATURE, Victor *(Vittore Maturi. Louisville, Kentucky, Estados Unidos, 1915)*

Estudia arte dramático en el Pasadena Theatre, debuta como actor de cine en un pequeño papel y tiene uno importante en su segunda película. A pesar de pasar cuatro años combatiendo en la II Guerra Mundial, el mejor momento de su carrera son los años cuarenta durante los cuales trabaja con Josef von Sternberg en la exótica *El embrujo de Shanghai;* con John Ford en el *western* estupendo *Pasión de los fuertes;* con Henry Hathaway en el famoso producto de cine negro *El beso de la muerte,* y con Robert Siodmak en el interesante policiaco *Una vida marcada.* Sin embargo, su carrera queda tocada por el éxito alcanzado de la mano de Cecil B. de Mille en *Sansón y Dalila,* que le lleva a protagonizar los *peplums* bíblicos *Androcles y el león, La túnica sagrada, Demetrius y los gladiadores* y *Sinuhé el egipcio.* De su trabajo en la década de los cincuenta también destacan las producciones *La primera sirena, Entre dos mujeres, Brumas de traición, Sábado trágico, Desierto salvaje* y *China Doll,* pero desde mediados empieza a intervenir en demasiadas películas británicas mediocres de aventuras: *Safari, Zarak, El precio de un hombre* y *El bandido de Zhobe.* Su decadencia comienza a principios de los sesenta en Italia con los *peplums*

toscos *Aníbal* y *Los tártaros,* y su carrera acaba de mala manera a finales de los setenta con algunas fallidas películas británicas.
1939 *The Housekeeper's Daughter* (Locos sueltos), de Hal Roach.
1940 *One Million B.C.* (Hace un millón de años), de Hal Roach. / *Captain Caution* (El capitán Cautela), de Richard Wallace. / *No, No, Nanette*, de Herbert Wilcox.
1941 *The Shanghai Gesture* (El embrujo de Shanghai), de Josef von Sternberg. / *I Wake Up Screaming* (¿Quién mató a Vicky?), de H. Bruce Humberstone.
1942 *Song of the Islands*, de Walter Lang. / *My Gal Sal* (Mi chica favorita), de Irving Cummings. / *Footlight Serenade*, de Gregory Ratoff. / *Seven Day's Leave* (¡Siete días en Nueva York!), de Tim Whelan.
1946 *My Darling Clementine* (Pasión de los fuertes), de John Ford.
1947 *Moss Rose*, de Gregory Ratoff. / *Kiss of Death* (El beso de la muerte), de Henry Hathaway.
1948 *Fury at Furnace Creek* (Matanza infernal), de H. Bruce Humberstone. / *Cry of the City* (Una vida marcada), de Robert Siodmak.
1949 *Red, Hot and Blue*, de John Farrow. / *Samsom and Delilah* (Sansón y Dalila), de Cecil B. de Mille. / *Easy Living* (Vida fácil), de Jacques Tourneur.
1950 *Stella* (El cuerpo del delito), de Claude Binyon. / *Wabash Avenue*, de Henry Koster. / *Gambling House*, de Ted Tetzlaff.
1952 *The Las Vegas Story* (Las Vegas), de Robert Stevenson. / *Androcles and the Lion* (Androcles y el león), de Chester Erskine. / *Something for the Birds*, de Robert Wise. / *Million Dollar Mermaid* (La primera sirena), de Mervyn LeRoy.
1953 *The Robe* (La túnica sagrada), de Henry Koster. / *Veils of Bagdad*, de George Sherman. / *Affair With a Stranger* (Entre dos mujeres), de Roy Rowland. / *The Glory Brigade*, de Robert D. Webb.
1954 *Dangerous Mission* (Nieves traidoras), de Louis King. / *Demetrius and the Gladiators* (Demetrius y los gladiadores), de Delmer Daves. / *Betrayed* (Brumas de traición), de Gottfried Reinhardt. / *The Egyptian* (Sinuhé el egipcio), de Michael Curtiz.
1955 *Chief Crazy Horse* (El gran jefe), de George Sherman. / *Violent Saturday* (Sábado trágico), de Richard Fleischer. / *Savage Wilderness* (Desierto salvaje), de Anthony Mann.
1956 *Safari*, de Terence Young. / *The Sharkfighters* (Costa de tiburones), de Jerry Hopper.
1957 *Zarak*, de Terence Young. / *Interpol* (Policía internacional), de John Gilling. / *The Long Haul* (El precio de un hombre), de Ken Hughes.
1958 *China Doll*, de Frank Borzage. / *No Time to Die* (No hay tiempo para morir), de Terence Young.
1959 *Escort West* (Caravana al Oeste), de Francis D. Lyon. / *The Bandit of Zhobe* (El bandido de Zhobe), de John Gilling. / *The Big Circus* (El gran circo), de Joseph M. Newman. / *Timbuktu*, de Jacques Tourneur.
1960 *Hannibal* (Aníbal), de Edgar G. Ulmer.
1962 *The Tartars* (Los tártaros), de Richard Thorpe.
1966 *Caccia alla volpe* (Tras la pista del zorro), de Vittorio de Sica.
1968 *Head*, de Bob Rafelson.
1972 *Every Little Crook and Nanny*, de Cy Howard.
1975 *Won Ton Ton, the Dog Who Saved Hollywood*, de Michael Winner.
1979 *Firepower* (El poder del fuego), de Michael Winner.

MAURA, Carmen *(Carmen García Maura. Madrid, España, 1945)*

Descendiente del político Antonio Maura, abandona los estudios de filosofía y letras para dirigir una galería de arte y hacer pequeños papeles en teatro, televisión y cine. Pasan ocho años y nueve películas hasta destacar con su primer papel importante en *Tigres de papel*. Debe buena parte de su reputación a sus trabajos con Pedro Almodóvar en *Pepi, Luci, Bom y otras chicas del montón, Entre tinieblas, ¿Qué he hecho yo para merecer esto?, Matador, La ley del deseo* y *Mujeres al borde de un ataque de «nervios»,* pero entre sus películas también hay que citar *Sé infiel y no mires con quién, Bâton rouge, La reina anónima* y *El rey del río*. Sin embargo, sus mejores interpretaciones son la ex monja Elvira en *Tata mía,* la artista de variedades Carmela en *¡Ay, Carmela!* y la veterinaria ex etarra Ana en *Sombras en una batalla*.
1969 *Las gatas tienen frío*, de Carlos Serrano.
1970 *El hombre oculto*, de Alfonso Ungría.
1972 *El love feroz*, de José Luis García Sánchez.
1973 *El asesino está entre los trece*, de Javier Aguirre. / *Un casto varón español*, de Jaime de Armiñán.
1974 *Leonor*, de Juan Luis Buñuel.
1975 *La mujer es cosa de hombres*, de Jesús Yagüe.
1976 *El libro del buen amor II*, de Jaime Bayarri. / *La petición*, de Pilar Miró.
1977 *Tigres de papel*, de Fernando Colomo. / *De fresa, limón y menta*, de Miguel Ángel Díez.
1978 *Los ojos vendados*, de Carlos Saura. / *¿Qué hace una chica como tú en un sitio como este?*, de Fernando Colomo.
1979 *Aquella casa en las afueras*, de Eugenio Martín.
1980 *La mano negra*, de Fernando Colomo. / *El hombre de moda*, de Fernando Méndez-Leite. / *Pepi, Luci,*

Bom y otras chicas del montón, de Pedro Almodóvar. / *Gary Cooper que estás en los cielos*, de Pilar Miró.
1982 *Femenino singular*, de Juanjo López.
1983 *Entre tinieblas*, de Pedro Almodóvar. / *El Cid Cabreador*, de Angelino Fons. / *Sal gorda*, de Fernando Trueba.
1984 *¿Qué he hecho yo para merecer esto?*, de Pedro Almodóvar.
1985 *Extramuros*, de Miguel Picazo. / *Sé infiel y no mires con quién*, de Fernando Trueba.
1986 *Matador*, de Pedro Almodóvar. / *Delirios de amor*, episodio de Félix Rotaeta. / *Tata mía*, de José Luis Borau.
1987 *La ley del deseo*, de Pedro Almodóvar.
1988 *Mujeres al borde de un ataque de «nervios»*, de Pedro Almodóvar. / *Bâton rouge*, de Rafael Moleón.
1990 *¡Ay, Carmela!*, de Carlos Saura.
1991 *Cómo ser mujer y no morir en el intento*, de Ana Belén. / *Chatarra*, de Félix Rotaeta.
1992 *Entre el cielo y la tierra*, de Marion Hansel. / *Soleil levant*, de Roger Planchon. / *La reina anónima*, de Gonzalo Suárez.
1993 *Sombras en una batalla*, de Mario Camus. / *Cómo ser infeliz y disfrutarlo*, de Enrique Urbizu.
1994 *El rey del río*, de Manuel Gutiérrez Aragón.
1995 *Pareja de tres*, de Antoni Verdaguer. / *Amores que matan*, de Juan Manuel Chumilla.
1996 *Luis XIV, niño rey*, de Roger Planchon.

MAZURSKY, Paul *(Nueva York, Estados Unidos, 1930)*

Mientras estudia literatura en el Brooklyn College, debuta como actor de teatro en el off-Broadway y de cine en *Fear and Desire* (1953), de Stanley Kubrick. Tras estudiar arte dramático con Lee Strasberg y Paul Mann, desarrolla una tímida carrera como actor de teatro, televisión y cine, que a lo largo de los años le lleva a hacer pequeños papeles en, por ejemplo, *Semilla de maldad* (The Blackboard Jungle, 1955), de Richard Brooks; *Ha nacido una estrella* (A Star Is Born, 1976), de Frank Pierson; *La loca historia del fin del mundo* (The History of the World, 1981), de Mel Brooks, y *Miami* (Miami Rhapsody, 1995), de David Frankel. A principios de los años sesenta comienza a escribir guiones para televisión y posteriormente también para cine; y a finales de la década debuta como director con dos películas que también escribe: *Bob, Carol, Ted y Alice*, una irregular comedia sobre el cambio de parejas, que tiene éxito por tocar el techo de lo permisible en la época; y la más personal *El fabuloso mundo de Alex*, donde a través de la historia de un director de cine que no sabe si hacer una película revolucionaria o comprarse una nueva casa, muestra su gran admiración por Federico Fellini, que, al igual que Jeanne Moreau, se interpreta a sí mismo. Después de las convencionales comedias *Blume in Love*, sobre un divorciado que intenta rehacer su vida en Venecia, y *Harry y Tonto*, sobre un anciano al que echan de su apartamento, realiza uno de sus mejores trabajos con la autobiográfica *Próxima parada, Greenwich Village*, que al igual que las otras dos también escribe y produce, donde narra la vida de un joven judío que quiere ser actor en Nueva York a principios de los cincuenta. El éxito internacional de *Una mujer descasada*, una comedia sentimental sobre una mujer abandonada por su marido, que vuelve a escribir y producir, le permite volver a demostrar su admiración por el cine europeo en *Una almohada para tres*, un demasiado evidente homenaje a *Jules y Jim* (Jules et Jim, 1961) de François Truffaut, y en la más atractiva *La tempestad*, libremente inspirada en el drama de William Shakespeare. Su cine pierde todo interés con *Un ruso en Nueva York*, sobre las vicisitudes de un saxofonista del circo de Moscú instalado en Nueva York, *Un loco anda suelto*, nueva versión de *Boudu salvado de las aguas* (Boudu sauvé des eaux, 1932), de Jean Renoir, y *Presidente por accidente*, sobre un actor que llega a presidir una república bananera, a pesar de seguir escribiéndolas, produciéndolas y dirigiéndolas. Su mejor película es *Enemigos: una historia de amor*, una adaptación de una novela de Isaac Bashevis Singer que escribe con el autor de narraciones policíacas Roger L. Simon, que narra en tono de tragicomedia la historia de un hombre casado con tres mujeres, ambientada en 1949 en Nueva York, entre judíos supervivientes del holocausto nazi. Vuelve a escribir con Roger L. Simon *Escenas en una galería*, donde resulta evidente que Woody Allen reescribe sus propios diálogos, que describe la larga pelea de un matrimonio el día de su aniversario de boda. Con *El pepinillo*, farsa en clave de ciencia-ficción, su cine vuelve a caer en lo más bajo.

1969 *Bob and Carol and Ted and Alice* (Bob, Carol, Ted y Alice).
1970 *Alex in Wonderland* (El fabuloso mundo de Alex).
1972 *Blume in Love.*

1974 *Harry and Tonto* (Harry y Tonto).
1975 *Next Stop, Greenwich Village* (Próxima parada, Greenwich Village).
1978 *An Unmarried Woman* (Una mujer descasada).
1979 *Willie and Phil* (Una almohada para tres).
1982 *Tempest* (La tempestad).
1984 *Moscow on the Hudson* (Un ruso en Nueva York).
1986 *Down and Out in Beverly Hills* (Un loco anda suelto).
1988 *Moon Over Parador* (Presidente por accidente).
1989 *Enemies: A Love Story* (Enemigos: una historia de amor).
1991 *Scenes From a Mall* (Escenas en una galería).
1993 *The Pickle* (El pepinillo).
1996 *Faithful* (Fielmente tuya).

MAZZACURATI, Carlo *(Padua, Italia, 1956).*

Licenciado en literatura por la Universidad de Bolonia, dirige un importante cine club en su ciudad natal y hace algunas películas *amateur* con un grupo de amigos. Gracias a una pequeña herencia que recibe de su abuelo, rueda el cortometraje *Vagabundi* (1979), que cuatro años después gana el premio de distribución de Gaumont Italiana, pero no llega a estrenarse al quebrar la empresa. Instalado en Roma, comienza a trabajar en televisión y a colaborar en diferentes guiones hasta que rueda *Notte italiana*, producido por Nanni Moretti, sobre una historia de amor y descubrimiento de negocios especulativos. En *Il prete bello* parte de la novela homónima de Goffredo Parise para narrar la historia de la amistad entre dos muchachos en el invierno de 1939 en los ambientes humildes de la ciudad de Vicenza. Vuelve a cambiar de registro en *Un'altra vita*, que cuenta una historia de amor en medio de las vicisitudes de los emigrantes de los países ex comunistas.

1987 *Notte italiana*.
1989 *Il prete bello*.
1992 *Un'altra vita*.
1994 *Il toro*.

MCBRIDE, Jim *(Nueva York, Estados Unidos, 1941)*

Tras estudiar en las Universidades de Kenyon, São Paulo y Nueva York, su interés por el cine le lleva a escribir crítica y trabajar como montador e ingeniero de sonido. Fascinado por las películas experimentales de la Escuela de Nueva York, debuta como director con la producción independiente realizada en 16 mm *David Holzman's Diary*, frustrado diario de un cinéfilo, rodado en largos planos subjetivos, que esconde sus problemas sexuales, y *My Girl Friend's Wedding*, larga conversación entre el propio realizador y una amiga suya, rodada en un único e ininterrumpido plano, perfecta mezcla de documental y ficción. Después de estas obras maestras, que se sitúan entre las más representativas del cine *underground* que invade Estados Unidos durante los felices sesenta, su cine comienza a declinar con *Glenn and Randa,* sobre los supervivientes de una catástrofe nuclear, realizada con algunos medios más. Posteriormente solo encuentra financiación para *Calientes 16 años,* un seudoporno del que llega a renegar y donde vuelven a aparecer muchas de las obsesiones de sus primeras películas. Convertido en el único superviviente del cine *underground,* a principios de los años ochenta comienza una carrera dentro del cine comercial con *Vivir sin aliento,* una nueva versión que muy poco tiene que ver con el original *Al final de la escapada* (À bout de souffle, 1959), de su admirado Jean-Luc Godard. Posteriormente dirige *Querido detective,* un policiaco con cierto atractivo; *Gran bola de fuego,* mediocre biografía del cantante Jerry Lee Lewis con algunos momentos especialmente eróticos, y *La tabla de Flandes,* adaptación de la novela policiaca de Arturo Pérez Reverte rodada en inglés en Barcelona, en coproducción con España.

1968 *David Holzman's Diary*.
1969 *My Girl Friend's Wedding*.
1971 *Glenn and Randa*.
1974 *Hot Times* (Calientes 16 años).
1983 *Breathless* (Vivir sin aliento).
1987 *The Big Easy* (Querido detective).
1989 *Great Balls of Fire* (Gran bola de fuego).
1992 *The Wrong Man*.
1994 *Uncovered* (La tabla de Flandes).

MCCAREY, Leo *(Los Ángeles, California, 1898-Santa Mónica, California, Estados Unidos, 1969)*

Perteneciente a una familia católica, estudia derecho, trabaja en diferentes empleos y llega a ser ayudante del director Tod Browning. Debuta como realizador a principios de los años veinte con *La estirpe secreta,* pero su fracaso le conduce durante el resto de la década a la mejor etapa de su carrera. Contratado por el famoso productor de comedias cómicas Hal Roach, primero como *gagman,* luego como supervisor y más tarde como director, interviene en una gran cantidad de excelentes cortometrajes cómicos protagonizados por Charlie Chase o por la mítica pareja integrada por Stan Laurel y Oliver Hardy, creada por él, entre los que cabe citar las pequeñas obras maestras *We Faw Down* (1928), *Libertad* (Liberty, 1929), *La batalla del siglo* (The Battle of the Century, 1929) y *Wrong Again* (1929). Vuelve al largo con el sonoro, pero tras seis irregulares producciones, la etapa más personal de su carrera comienza con las discutibles comedias *Torero a la fuerza,* protagonizada por Eddie Cantor y con coreografía de Busby Berkeley; *Sopa de ganso,* sátira antimilitarista con los hermanos Marx; *Viaje de placer,* realizada a la medida del cómico W. C. Fields; *No es pecado,* interpretada por Mae West; *Nobleza obliga,* a mayor gloria de Charles Laughton; *La Vía Láctea,* uno de los peores trabajos del genial Harold Lloyd, y *La pícara puritana,* protagonizada por Cary Grant, que en su mayor parte rueda para los estudios Paramount. Tienen más interés los dramas *Dejad paso al mañana,* sobre una pareja de ancianos separados por el egoísmo de sus hijos, y el clásico *Tú y yo,* que narra una frustrada historia de amor, del que vuelve a hacer una nueva versión en color y CinemaScope dieciocho años después. En 1940 está a punto de perder la vida en un grave accidente automovilístico y permanece inactivo durante dos años, pero vuelve para rodar en plena II Guerra Mundial *Hubo una luna de miel,* una ambiciosa y fallida comedia sobre el trasfondo de la guerra, y sus grandes éxitos *Siguiendo mi camino* y *Las campanas de Santa María,* donde el cantante Bing Crosby encarna al sacerdote católico de origen irlandés O'Malley en unas historias tan acarameladas como efectivas. Durante la posguerra dirige las demasiado conservadoras *El buen Sam,* reactualización de la parábola del buen samaritano, y *Mi hijo John,* donde opone las virtudes de una tradicional familia norteamericana católica, patriótica y democrática, a la personalidad de un hijo intelectual pervertido por los comunistas. Cierran malamente su filmografía la irregular comedia *Un marido en apuros* y el panfleto anticomunista *Satanás nunca duerme.*

1921 *Society Secrets* (La estirpe secreta).
1929 *The Sophomore. / Red Hot Rhythm.*
1930 *Let's Go Native* (Náufragos del amor). / *Wild Company* (Malas compañías). / *Part Time Wife* (Esposa a medias).
1931 *Indiscreet* (Indiscreta).
1932 *The Kid From Spain* (Torero a la fuerza).
1933 *Duck Soup* (Sopa de ganso).
1934 *Six of a Kind* (Viaje de placer). / *Belle of the Nineties* (No es pecado).
1935 *Ruggles of Red Gap* (Nobleza obliga).
1936 *The Milky Way* (La Vía Láctea).
1937 *Make Way for Tomorrow. / The Awful Truth* (La pícara puritana).
1939 *Love Affair* (Tú y yo).
1942 *Once Upon a Honeymoon* (Hubo una luna de miel).
1944 *Going My Way* (Siguiendo mi camino).
1945 *The Bells of St. Mary's* (Las campanas de Santa María).
1948 *Good Sam* (El buen Sam).
1952 *My Son John* (Mi hijo John).
1957 *An Affair to Remember* (Tú y yo).
1958 *Rally 'Round the Flag Boys* (Un marido en apuros).
1962 *Satan Never Sleeps* (Satanás nunca duerme).

MCCREA, Joel *(South Pasadena, California, 1905-Woodland Hills, California, Estados Unidos, 1990)*

Descendiente de escoceses, a los diez años sube por primera vez a un escenario. Estudia en la University of South California y se diploma en arte dramático en el Pomona College. A principios de los años veinte comienza a trabajar como figurante; poco después también hace breves papeles en teatro y una década más tarde protagoniza, entre otras, *Lightnin',* de Henry King; *Ave del paraíso,* de King Vidor, y *Girls About Town* y *Tentación,* de George Cukor. La década de los treinta es el período más prolífico de su larga carrera, rueda cuarenta películas entre las que destacan *El malvado Zaroff, La ciudad sin ley, Mundos privados, Esos tres, Callejón sin salida* y *Unión Pacífico.* Sin embargo, sus mejores trabajos los hace en los mucho menos prolíficos años cuarenta de la mano de Gregory La Cava en *Camino de rosas;* Alfred Hitchcock en *Enviado especial;* Preston Sturges en *Los viajes de Sullivan* y *Un marido rico;* George Stevens en *El amor llamó dos veces;* William A. Wellman en *Aventuras de Buffalo Bill,* y Raoul Walsh en *Juntos hasta la muerte.* Gran especialista en películas de acción, sobre todo *westerns,* también hace comedias e incluso dramas, pero en los años cincuenta se dedica casi en exclusiva al *western* de bajo presupuesto y, a pesar de que vuelve a trabajar con posterioridad, cierra sus cincuenta y tantos años de carrera con el interesante *Duelo en la Alta Sierra,* de Sam Peckinpah.

1923 *Penrod and Sam*, de William Beaudine.
1924 *A Self Made Failure* (El hijo perdido), de William Beaudine.
1928 *The Jazz Age* (La era del jazz), de Lynn Shores.
1929 *So This is College*, de Sam Wood. / *The Single Standard* (Tentación), de John S. Robertson. / *Dynamite* (Dinamita), de Cecil B. de Mille.
1930 *The Silver Horde* (La horda argentada), de George Archainbaud. / *Lightnin'*, de Henry King. / *Once a Sinner* (Pecadora una vez), de Guthrie McClintic.
1931 *Born to Love* (Nacida para amar), de Paul L. Stein. / *Kept Husbands*, de Lloyd Bacon. / *Girls About Town*, de George Cukor.
1932 *Business and Pleasure* (El negocio ante todo), de David Butler. / *Bird of Paradise* (Ave del paraíso), de King Vidor. / *Rockabye* (Tentación), de George Cukor. / *The Lost Squadron* (La escuadrilla deshecha), de George Archainbaud. / *The Sport Parade*, de Dudley Murphy. / *The Most Dangerous Game* (El malvado Zaroff), de Ernest B. Schoedsack e Irving Pichel.
1933 *The Silver Cord*, de John Cromwell. / *One Man's Journey* (El viajero solitario), de John S. Robertson. / *Bed of Roses*, de Gregory La Cava. / *Chance at Heaven*, de William A. Seiter.
1934 *Gambling Lady* (La novia de la suerte), de Archie L. Mayo. / *Half a Sinner* (Pecador a medias), de Kurt Neumann. / *The Richest Girl in the World* (La venus de oro), de William A. Seiter.
1935 *Splendor* (Esplendor), de Elliott Nugent. / *Women Wanted* (La fugitiva), de George B. Seitz. / *Barbary Coast* (La ciudad sin ley), de Howard Hawks. / *Private Worlds* (Mundos privados), de Gregory La Cava. / *Our Little Girl* (Nuestra hijita), de John S. Robertson.
1936 *Adventure in Manhattan* (Antes de mediodía), de Edward Ludwig. / *Come and Get It* (Rivales), de Howard Hawks y William Wyler. / *Banjo on My Knee*, de John Cromwell. / *These Three* (Esos tres), de William Wyler. / *Two in a Crowd*, de Alfred E. Green.
1937 *Internes Can't Take Money*, de Alfred Santell. / *Woman Chases Man* (Quien conquista es la mujer), de John G. Blystone. / *Dead End* (Callejón sin salida), de William Wyler. / *Wells Fargo* (Una canción en marcha), de Frank Lloyd.
1938 *Three Blind Mice*, de William A. Seiter. / *Youth Takes a Fling* (Vocación de marino), de Archie L. Mayo.
1939 *They Shall Have Music* (Rapsodia de juventud), de Archie L. Mayo. / *He Married His Wife*, de Roy del Ruth. / *Espionage Agent*, de Lloyd Bacon. / *Union Pacific* (Unión Pacífico), de Cecil B. de Mille.
1940 *Primrose Path* (Camino de rosas), de Gregory La Cava. / *Foreign Correspondent* (Enviado especial), de Alfred Hitchcock.
1941 *Reaching for the Sun*, de William A. Wellman. / *Sullivan's Travels* (Los viajes de Sullivan), de Preston Sturges.
1942 *The Palm Beach Story* (Un marido rico), de Preston Sturges / *The Great Man's Lady* (Una gran señora), de William A. Wellman.
1943 *The More the Merrier* (El amor llamó dos veces), de George Stevens.
1944 *The Great Moment*, de Preston Sturges. / *Buffalo Bill* (Aventuras de Buffalo Bill), de William A. Wellman.
1945 *The Unseen* (Misterio en la noche), de Lewis Allen.
1946 *The Virginian*, de Stuart Gilmore.
1947 *Ramrod* (La mujer de fuego), de André de Toth.
1948 *Four Faces West* (Cuatro caras del Oeste), de Alfred E. Green.
1949 *Colorado Territory* (Juntos hasta la muerte), de Raoul Walsh. / *South of Saint Louis* (Al sur de San Luis), de Ray Enright.
1950 *Saddle Tramp*, de Hugo Fregonese. / *The Outriders*, de Roy Rowland. / *Frenchie*, de Louis King. / *Stars in My Crown*, de Jacques Tourneur.
1951 *Cattle Drive*, de Kurt Neumann. / *Hollywood Story*, de William Castle.
1952 *The San Francisco Story* (Historia de San Francisco), de Robert Parrish.
1953 *Rough Shoot* (Un disparo en la mañana), de Robert Parrish. / *Lone Hand*, de George Sherman. / *Sweethearts on Parade*, de Allan Dwan.
1954 *Border River*, de George Sherman. / *Black Horse Canyon*, de Jesse Hibbs.
1955 *Wichita*, de Jacques Tourneur. / *Stranger on Horseback*, de Jacques Tourneur.
1956 *The First Texan* (Libertad o muerte), de Byron Haskin.
1957 *The Oklahoman* (El hombre de Oklahoma), de Francis D. Lyon. / *Trooper Hook*, de Charles Marquis Warren. / *Gunsight Ridge*, de Francis D. Lyon. / *The Tall Stranger* (Valle prohibido), de Thomas Carr.
1958 *Cattle Empire*, de Charles Marquis Warren. / *Fort Massacre*, de Joseph M. Newman.
1959 *The Gunfight at Dodge City* (El sheriff de Dodge City), de Joseph M. Newman.
1962 *Ride the High Country* (Duelo en la Alta Sierra), de Sam Peckinpah.
1971 *Cry Blood Apache* (Río de sangre apache), de Jack Starrett.
1976 *Mustang Country*, de John Champion.

MCDOWELL, Andie (*Rosalie Anderson McDowell. Gaffney, Carolina del Sur, Estados Unidos, 1958*)

Estudia en la Universidad de Winthrop, se instala en Nueva York y llega a convertirse en una conocida modelo. Descubierta por el realizador británico Hugh Hudson cuando hace una campaña de publicidad para los cosméticos L'Oréal, se convierte en la protagonista de *Greystoke, la leyenda de Tarzán*. A partir del éxito de la interesante *Sexo, mentiras y vídeos*, durante la primera mitad de la década de los noventa trabaja con regularidad. Entre sus películas destacan *Matrimonio de conveniencia* y *Cuatro bodas y un funeral*, donde demuestra su habilidad para la comedia sofisticada. Sus mejores trabajos los hace de la mano de Robert Altman en las producciones corales *El juego de Hollywood* y, sobre todo, *Vidas cruzadas*.

1984 *Greystoke, the Legend of Tarzan, Lord of the Apes* (Greystoke, la leyenda de Tarzán, rey de los monos), de Hugh Hudson.
1985 *St. Elmo's Fire* (St. Elmo, punto de encuentro), de Joel Schumacher.
1989 *Sex, Lies and Videotapes* (Sexo, mentiras y vídeos), de Steven Soderbergh.
1990 *Green Card* (Matrimonio de conveniencia), de Peter Weir.
1991 *The Object of Beauty* (Objeto de deseo), de Michael Lindsay-Hogg. / *Hudson Hawk* (El gran halcón), de Michael Lehmann.
1992 *Ruby Cairo*, de Greame Clifford. / *The Player* (El juego de Hollywood), de Robert Altman. / *Forget Me Not*, de Damian Harris.
1993 *Groundhog Day* (Atrapado en el tiempo), de Harold Ramis. / *Short Cuts* (Vidas cruzadas), de Robert Altman. / *Four Wedding and a Funeral* (Cuatro bodas y un funeral), de Mike Newell.
1994 *Bad Girls* (Cuatro mujeres y un destino), de Jonathan Kaplan.
1995 *Unstrung Heroes*, de Diane Keaton.

MCQUEEN, Steve (*Terence Steven McQueen. Slater, Montana, 1930-Juárez, México, 1980*)

Después de una infancia difícil, que le hace pasar por varios correccionales, trabaja en un petrolero griego y como leñador en Canadá hasta que a los dieciocho años se enrola en los *marines*. Posteriormente estudia arte dramático en la Neighborhood Playhouse de Nueva York y la Uta Hagen-Herbert Berghof Dramatic School para debutar como actor de teatro a principios de los años cincuenta. Comienza a trabajar como figurante en cine a mediados de la década y gracias al realizador John Sturges hace papeles importantes en *Cuando hierve la sangre* y *Los siete magníficos* y le lanza gracias al éxito de *La gran evasión*. Mientras tanto también protagoniza la curiosa comedia *Zafarrancho en el casino* y las obras dramáticas dirigidas por Robert Mulligan *Amores con un extraño* y *La última tentativa*. Sus mejores películas de la década de los sesenta son el *western* personal *Nevada Smith*, de Henry Hathaway, y la aventura exótica *El Yang-Tse en llamas*, de Robert Wise, y tiene un gran éxito con el policiaco *Bullitt*. En los años setenta trabaja mucho menos y entre sus películas solo destaca el policiaco *La huida*, de Sam Peckinpah, frente a los éxitos de *Papillón* y *El coloso en llamas*.

1956 *Somebody Up There Likes Me* (Marcado por el odio), de Robert Wise. / *Beyond a Reasonable Doubt* (Más allá de la duda), de Fritz Lang.
1957 *Never Love a Stranger*, de Robert Stevens.
1958 *The Blob*, de Irvin S. Yeaworth. / *The Great St. Louis Robbery*, de Charles Guggenheim y J. Stix.
1959 *Never So Few* (Cuando hierve la sangre), de John Sturges.
1960 *The Magnificent Seven* (Los siete magníficos), de John Sturges.
1961 *The Honeymoon Machine* (Zafarrancho en el casino), de Richard Thorpe.
1962 *The War Lover* (El amante de la muerte), de Philip Leacock. / *Hell Is for Heroes* (Comando), de Don Siegel.
1963 *The Great Escape* (La gran evasión), de John Sturges. / *Soldier in the Rain* (Compañeros de armas y puñetazos), de Ralph Nelson. / *Love With the Proper Stranger* (Amores con un extraño), de Robert Mulligan.
1965 *Baby, the Rain Must Fall* (La última tentativa), de Robert Mulligan. / *The Cincinnati Kid* (El rey del juego), de Norman Jewison.
1966 *The Sand Pebbles* (El Yang-Tse en llamas), de Robert Wise. / *Nevada Smith*, de Henry Hathaway.
1967 *The Thomas Crown Affair* (El caso de Thomas Crown), de Norman Jewison.
1968 *Bullitt*, de Peter Yates.
1969 *The Reivers* (Los rateros), de Mark Rydell.
1970 *Le Mans* (Las 24 horas de Le Mans), de Lee H. Katzin.
1971 *On Any Sunday*, de Bruce Brown.
1972 *Junior Bonner*, de Sam Peckinpah. / *The Getaway* (La huida), de Sam Peckinpah.
1973 *Papillon*, de Franklin J. Schaffner.

1974 *The Towering Inferno* (El coloso en llamas), de John Guillermin.
1978 *An Enemy of the People* (Un enemigo del pueblo), de George Schaefer.
1979 *Tom Horn*, de William Wiard.
1980 *The Hunter* (Cazador a sueldo), de Buzz Kulik.

MEDIANOCHE *(Midnight, 1939)*

Las relaciones entre la bailarina norteamericana Eve Peabody (Claudette Colbert), que llega desde Montecarlo a París en un vagón de ferrocarril de tercera clase, vestida con un traje de noche y con una papeleta de empeño, el taxista húngaro Tibor Czerny (Don Ameche), que no tarda en enamorarse de ella, y el noble francés Georges Flammarion (John Barrymore), que decide utilizarla para que su mujer (Mary Astor) rompa con su amante, dan lugar a una excelente comedia sofisticada, dirigida con perfección por el especialista Mitchell Leisen para los estudios Paramount. Su sólida base es un guión original de Billy Wilder y Charles Brackett, que funciona con la perfección de un mecanismo de relojería y avanza gracias a que los personajes siempre mienten para salir de la cada vez más compleja situación en que se encuentran. Con el título *Mascarada en México* (Masquerade in Mexico, 1945), el propio Leisen rueda una nueva versión, mucho menos atractiva, donde la muchacha (Dorothy Lamour) sin dinero llega a México y es un torero (Arturo de Córdova) quien se enamora de ella, ayudado por un millonario (Patric Knowles) que quiere que deje en paz a su mujer (Ann Dvorak), mientras la persigue un joven ladrón (George Rigaud), en esta ocasión con un guión firmado por un tal Karl Tunberg.

Director: *Mitchell Leisen*. Guionistas: *Billy Wilder, Charles Brackett*. Fotografía: *Charles Lang*. Música: *Frederick Hollander*. Intérpretes: *Claudette Colbert, Don Ameche, John Barrymore, Mary Astor, Francis Lederer, Elaine Barrie*. Producción: *Arthur Hornblow Jr. para Paramount. Duración: 95'. Estados Unidos.*

MEJORES AÑOS DE MI VIDA, LOS *(Cross Creek, 1983)*

En 1928 la escritora Marjorie Kinnan Rawlings (Mary Steenburgen) —autora de la novela que da origen a *El despertar* (The Yearling, 1946), de Clarence Brown, con la que esta película tiene más de un punto de contacto— deja a su marido periodista en Nueva York y se va a escribir una novela gótica a Cross Creek, una perdida zona salvaje de Florida. Allí trata con sus vecinos, los Turner; con su bruto padre Marsh (Rip Torn) y con su hija Ellie (Dana Hill), enamorada de un cervatillo; además de con su criada negra Geechee (Alfre Woodard) y con Norton Baskin (Peter Coyote), el dueño del hotel del cercano pueblo. Mientras, sus novelas son rechazadas por su editor (Malcolm McDowell), que le dice que se deje de historias de castillos e institutrices y escriba sobre lo que conoce, sobre lo que le rodea. Una vez que sigue sus consejos, edita sus novelas y empieza a tener éxito con ellas, pero entonces debe luchar con las heladas para que no acaben con su cosecha de naranjas, enfrentarse a los problemas paterno filiales de sus vecinos y casarse con el hotelero. A pesar de su excesiva longitud y su casi inexistente historia, sobre todo gracias a la segunda parte, el realizador Martin Ritt rueda una de sus mejores y más sentidas películas a partir de la autobiografía de Marjorie Kinnan Rawlings.

Director: *Martin Ritt*. Guionista: *Dalene Young*. Fotografía: *John A. Alonzo*. Música: *Leonard Roseman*. Intérpretes: *Mary Steenburgen, Rip Torn, Peter Coyote, Dana Hill, Ike Eisemann, Alfre Woodard, Malcolm McDowell*. Producción: *Robert B. Radnitz para Ritt-Radnitz-E. M. I. Color. Scope. Duración: 122'. Estados Unidos.*

MEJORES AÑOS DE NUESTRA VIDA, LOS *(The Best Years of Our Lives, 1946)*

Tras las interesantes producciones *Esos tres* (These Three, 1936), *Desengaño* (Dodsworth, 1936), *Dead End* (1937), *Cumbres borrascosas* (Wuthering Heights, 1939), *El forastero* (The Westerner, 1940) y *La loba* (The Little Foxes, 1941), la colaboración entre el productor independiente Samuel Goldwyn y el realizador William Wyler se cierra con esta atractiva comedia dramática sobre la vida cotidiana en Estados Unidos después de la II Guerra Mundial. Centrada en los problemas de readaptación de tres ex combatientes, narra cómo el sargento de infantería Al Stephenson (Fredric March) vuelve a su casa con su mujer (Myrna Loy) y sus hijos, se reintegra a su puesto en un banco y trata de ayudar a los soldados; el heroico capitán de aviación Fred Derry (Dana Andrews) descubre que su mujer (Virginia Mayo) le engaña y se queda sin trabajo; y el marinero Homer Parrish (Harold Russell), que ha perdido las manos, debe enfrentarse a la compasión de sus padres y de su novia Wilma Cameron (Cathy O'Donnell). A pesar de tener que admitir un final demasiado acomodaticio, está contada con un efectivo realismo, y es una de las mejores películas de Wyler. Gana siete importantes Oscars y se convierte en uno de los grandes éxitos del cine norteamericano de la posguerra.

Director: *William Wyler*. Guionista: *Robert Sherwood*. Fotografía: *Gregg Toland*. Música: *Hugo Friedhofer*. Intérpretes: *Fredric March, Myrna Loy, Teresa Wright, Dana Andrews, Virginia Mayo, Cathy O'Donnell, Hoagy Carmichael, Harold Russell*. Producción: *Samuel Goldwyn*. Duración: *182'. Estados Unidos.*

MEJORES INTENCIONES, LAS *(Den goda viljan, 1992)*

Atractiva versión reducida, para su explotación en cinematógrafos, de una serie de televisión integrada por seis episodios de una hora de duración, sobre un sólido y autobiográfico guión del mítico Ingmar Bergman, pero con una esquemática realización de Bille August. Bergman narra con tanta dureza como minuciosidad cómo sus padres se conocen, logran casarse después de varios años de dificultades y viven sus primeros años de matrimonio en un perdido pueblecito del norte de Suecia antes de separarse. Tienen un enorme interés las relaciones entre un amargado estudiante de pastor protestante (Samuel Fröler), que se niega a visitar y perdonar a su abuelo en su lecho de muerte, y una niña mimada (Pernilla August), hija de una rica familia, en la medida en que frente al atractivo de ella destaca la mediocridad de él. Sin embargo, una vez que consiguen salvar la oposición de la familia de ella y casarse, la historia pierde atractivo. De manera que la vida del matrimonio en el perdido pueblecito, con el episodio sobre un diabólico niño solitario al que acogen y el del padre que se niega a que sus hijas sean confirmadas, queda a un nivel inferior. Rodada con un exceso de primeros planos y con la clásica estructura de acumulación de hechos, deja ver demasiado sus orígenes televisivos; y además, por otro lado, queda lejos de la perfección de *Fanny y Alexander* (Fanny och Alexander, 1983), de Ingmar Bergman, su directa antecesora.

Director: *Bille August*. Guionista: *Ingmar Bergman*. Fotografía: *Jörden Persson*. Música: *Stefan Nilsson*. Intérpretes: *Samuel Fröler, Pernilla August, Max von Sydow, Ghita Norby, Björn Kjellman*. Producción: *Lars Dahlberg para Sveriges Television SVT1 Drama. Color.* Duración: *180'. Suecia.*

MELODÍA DE LA VIDA, LA *(Symphony of Six Million, 1932)*

Tomando como punto de partida un típico novelón de Fannie Hurst, el realizador Gregory La Cava rueda un melodrama que se sitúa entre los grandes éxitos de principios del sonoro. Narra cómo Felix Klauber (Ricardo Cortez), hijo de un modesto sastre judío, se convierte en un gran cirujano gracias a la ayuda de su familia, pero deja el gueto judío, la humilde clínica de Cherry Street y abandona a su amiga coja Jessica (Irene Dunne), para instalarse en la lujosa Park Avenue. Sin embargo, cuando muere su padre, Meyer Klauber (Gregory Ratoff), mientras le opera de un tumor cerebral, se replantea su vida. Durante una temporada deja de ejercer la medicina y solo vuelve para operar de la columna vertebral a su amiga Jessica y para trabajar de nuevo en la clínica de Cherry Street. Más allá de la elementalidad y lo previsible de la historia, La Cava demuestra su habilidad en la construcción general y en algunas escenas en particular, como las desarrolladas en la casa familiar cuando los hijos de la familia Klauber son pequeños, o, sobre todo, la excelente operación del tumor cerebral.

Director: *Gregory La Cava*. Guionistas: *Bernard Schubert, Walter Ruben*. Fotografía: *Leo Tover*. Música: *Max Steiner*. Intérpretes: *Ricardo Cortez, Irene Dunne, Anna Appel, Gregory Ratoff, Noel Madison*. Producción: *Pandro S. Berman para R.K.O.* Duración: *93'. Estados Unidos.*

MELODÍAS DE BROADWAY 1955 *(The Band Wagon, 1953)*

El punto de partida de este gran musical dirigido por el especialista Vincente Minnelli y producido por el gran Arthur Freed para los estudios Metro-Goldwyn-Mayer es hacer una versión cinematográfica del musical teatral *The Band Wagon*, con música y canciones de los compositores clásicos Howard Dietz y Arthur Schwarz, estrenado en Broadway en 1931 por la famosa pareja de bailarines formada por Adele y Fred Astaire. Los guionistas parten del tradicional esquema del grupo de profesionales que quiere montar un musical, pero lo enriquecen con sus experiencias sobre el tema y haciendo que los personajes estén inspirados en personas reales. De manera que el bailarín Tony Hunter (Fred Astaire) es el propio Astaire, el director Jeffrey Cordova (Jack Buchanan) es una caricatura de Orson Welles y los guionistas Lily Marton (Nanette Fabray) y Lester Marton (Oscar Levant) son los auténticos guionistas Betty Comden y Adolph Green. Destacan los excelentes números *Shine on Your Shoes,* que canta y baila Fred Astaire; *Dancing in the Dark,* que bailan Fred Astaire y Cyd Charisse; *Triplets,* que cantan y bailan Fred Astaire, Nanette Fabray y Jack Buchanan; así como el largo *ballet* final, *Girl Hunt,* protagonizado por Fred Astaire y Cyd Charisse.

Director: *Vincente Minnelli.* Guionistas: *Betty Comden, Adolph Green.* Fotografía: *Harry Jackson, George Folsey.* Música: *Arthur Schwarz, Howard Dietz.* Intérpretes: *Fred Astaire, Cyd Charisse, Jack Buchanan, Nanette Fabray, Oscar Levant, James Mitchell.* Producción: *Arthur Freed para Metro-Goldwyn-Mayer.* Color. Duración: *112'. Estados Unidos.*

MELVILLE, Jean-Pierre *(Jean-Pierre Grumbach. París, 1917-París, Francia, 1973)*

Interesado por el cine desde que a los seis años le regalan una cámara Pathé-Baby con la que rueda sus primeras películas, y un proyector con el que ve los clásicos norteamericanos del cine mudo, es una de las figuras más peculiares del cine francés de la posguerra. Tras combatir en la II Guerra Mundial en el ejército francés, el inglés y la Resistencia, con un seudónimo tomado de su admirado autor de la novela clásica *Moby Dick,* regresa a París, crea su productora, e incluso unos estudios, y rueda el cortometraje *Vingt-quatre heures d'un clown* (1946) y los largos *Le silence de la mer,* buena adaptación de la novela de Vercors sobre los años de la ocupación alemana, y *Les enfants terribles,* sobre la obra homónima de Jean Cocteau. Durante los años cincuenta hace el fallido melodrama *Quand tu liras cette lettre,* pero adquiere gran prestigio profesional con los personales policiacos *Bob le flambeur* y *Deux hommes dans Manhattan,* que vuelve a escribir, producir y dirigir. Convertido en uno de los pocos padres espirituales del movimiento *nouvelle vague* y después de la peculiar *Leon Morin, sacerdote,* sobre la novela de Beatrix Beck, durante la década de los sesenta pasa a ser uno de los maestros del policiaco a través de *El confidente,* basado en una novela de Pierre Lesou; *El guardaespaldas,* sobre una novela de Georges Simenon; *Hasta el último aliento,* adaptación de un relato del más tarde también realizador Jose Giovanni, y *El silencio de un hombre,* sobre una obra de Joan McLeod. Tras dirigir *El ejército de las sombras,* ambiciosa adaptación de un clásico de Joseph Kessel sobre la resistencia contra los alemanes durante la II Guerra Mundial, cierra su filmografía con otros dos policiacos, *El círculo rojo* y *Crónica negra,* basados en argumentos originales suyos y que también escribe, como todos los demás, pero tienen menor interés por estar demasiado pensando de cara a la taquilla.

1947 *Le silence de la mer.*
1949 *Les enfants terribles.*
1953 *Quand tu liras cette lettre.*
1955 *Bob le flambeur.*
1958 *Deux hommes dans Manhattan.*
1961 *Léon Morin prêtre* (León Morin, sacerdote).
1962 *Le doulos* (El confidente).
1963 *L'aîné des Ferchaux* (El guardaespaldas).
1965 *Le deuxième souffle* (Hasta el último aliento).
1967 *Le samouraï* (El silencio de un hombre).
1969 *L'armée des ombres* (El ejército de las sombras).
1970 *Le cercle rouge* (El círculo rojo).
1972 *Un flic* (Crónica negra).

MEMORIAS DE ÁFRICA *(Out of Africa, 1985)*

A partir de las novelas autobiográficas *Lejos de África* y *Sombras en la hierba*, de Isak Dinesen, y de la biografía sobre esta autora de Judith Thurman, que pone de moda al personaje a principios de la década de los ochenta, el especialista en el tema Kurt Luedtke escribe un interesante guión que permite al productor y director Sydney Pollack entroncar con el más característico cine de aventuras africanas de los años cincuenta, pero en una variante más intelectual. A través de un largo *flashback* narra cómo Karen Blixen (Meryl Streep) se casa en 1914 en Dinamarca con su primo Bror Blixen-Finecke (Klaus Maria Brandauer) y poco después se van a vivir a África para dirigir una plantación de café. Su marido le contagia la sífilis, y no tardan en separarse, pero ella se enamora del cazador Denys Finch Hatton (Robert Redford). Mientras su inexperiencia le hace arruinarse y regresar a su país en 1931, donde empieza a escribir bajo el seudónimo de Isak Dinesen. Rodada con cierta habilidad por Sydney Pollack, gana siete Oscars y se convierte en el gran éxito de su desigual carrera. Destacan la luminosa fotografía de David Watkin y la inspirada música de John Barry, ganadores de sendos y merecidos Oscars.

Director: *Sydney Pollack*. Guionista: *Kurt Luedtke*. Fotografía: *David Watkin*. Música: *John Barry*. Intérpretes: *Meryl Streep, Robert Redford, Klaus Maria Brandauer, Michael Kitchen, Michael Gough*. Producción: *Sydney Pollack para Mirage*. Color. Duración: *150'. Estados Unidos*.

MENTIRA LATENTE *(No Man of Her Own, 1950)*

A partir de una excelente novela policiaca del especialista Cornell Woolrich, también conocido por su seudónimo William Irish, el interesante realizador Mitchell Leisen hace un sólido melodrama de intriga que se sitúa entre sus mejores y menos conocidos trabajos. Narra cómo, tras un importante accidente ferroviario, Helen Ferguson (Barbara Stanwyck), una mujer soltera, embarazada y abandonada por su amante, es confundida con Patricia Harkness, muerta en la catástrofe con su marido y a quien su familia política no conoce. Helen Ferguson no deshace el equívoco para que su hijo pueda aprovecharse de su nueva identidad, pero su amante la encuentra y trata de hacerle chantaje. Dentro de un reparto no especialmente brillante, destaca una fría y calculadora Barbara Stanwyck en el doble papel de la amargada Helen Ferguson y la agradecida Patricia Harkness, muy adecuado para sus especiales dotes expresivas. Años después Richard Benjamin dirige *Con cariño desde el cielo* (Mrs. Winterboorne, 1996), mala versión en clave de comedia.

Director: *Mitchell Leisen*. Guionistas: *Catherine Turney, Sally Benson, Mitchell Leisen*. Fotografía: *Daniel L. Fapp*. Música: *Hugo Friedhofer*. Intérpretes: *Barbara Stanwyck, John Lund, Lyle Bettger, Jane Cowl, Phyllis Thaxter*. Producción: *Richard Maibaum para Paramount*. Duración: *98'. Estados Unidos*.

MENZEL, Jiří *(Praga, Checoslovaquia, 1938)*

Hijo de un colaborador del famoso realizador de películas de marionetas Jiří Trnka, estudia dirección en la F.A.M.U., la escuela de cine de Praga, y se diploma con la práctica *El señor Forster acaba de morir* (Umrei năm par Főrster, 1962). Mientras desarrolla una carrera paralela como actor de cine, debuta como realizador de largometrajes con *Trenes rigurosamente vigilados,* que gana el Oscar correspondiente a la producción extranjera, tragicomedia basada en una novela de Bohumil Hrabal sobre un muchacho con *ejaculatio praecox* que trabaja en una estación de ferrocarril durante la II Guerra Mundial. En la misma línea de comedias satíricas se sitúan *Verano caprichoso,* sobre un relato de Vladislav Vancura; *Crimen en el night-club,* basada en una obra de Josef Skvorecky, y *Alondras en el alambre,* con guión de Bohumil Hrabal, crítica de los primeros pasos del socialismo y de la represión a principios de los años cincuenta, pero es prohibida por la situación política creada a raíz de la invasión soviética en el verano de 1968 y solo se distribuye a principios de la década de los noventa. Tras cinco años dedicado en exclusiva al teatro, puede regresar al cine con la sosa comedia *El buscador de oro,* la comedia satírica *La casa en el principio del bosque* y el homenaje a los pioneros del cine mudo *Los hombres de la manivela*. Siempre en el terreno de la comedia, tienen más interés *Tijeretazos,* una nueva adaptación de Bohumil Hrabal; *Mi dulce pueblecito,* sátira de los poderes locales y la moda de las residencias secundarias, y *El final de los buenos tiempos,* sobre un relato de Vladislav Vancura, crítica de los comienzos de la República Checoslovaca. Entre sus actividades paralelas están la de director de teatro en Checoslovaquia, República Federal Alemana y Suiza, y la de actor en películas nacionales y extranjeras, además de realizar la desconocida producción alemana *Soldados de chocolate,* una irregular película donde reemplaza en el último momento al realizador previsto.

1965 *Smrt pana Baltazara* (La muerte del señor Baltasar), episodio de *Perličky na dně* (Las perlitas en el fondo). / *Zločin v dívčí skole* (Crimen en el colegio de chicas), un episodio.
1966 *Ostre sledovane vlaky* (Trenes rigurosamente vigilados).
1967 *Rozmarné léto* (Verano caprichoso).
1968 *Zločin v šantánu* (Crimen en el night-club).
1969 *Skř ivánci na niti* (Alondras en el alambre).
1974 *Kdo hieda zlaté dno* (El buscador de oro).
1976 *Ne samotě u lesa* (La casa en el principio del bosque).
1978 *Báječni muži s kikou* (Los hombres de la manivela).

1981 *Postrizny* (Tijeretazos).
1983 *Slavnosti sněženek* (La fiesta del narciso de las nieves).
1985 *Die Schokoladen Schüffler* (Soldados de chocolate).
1986 *Vesničko má stř ediskova* (Mi dulce pueblecito).
1989 *Koneck starych casu* (El final de los buenos tiempos).

MEPHISTO *(1981)*

Después de realizar siete interesantes películas en su país, pero que tienen muy escasa difusión en el extranjero, el realizador István Szabó logra por primera vez distribución internacional para una trilogía protagonizada por el actor alemán Klaus Maria Brandauer y rodada durante la década de los ochenta. La primera entrega está basada en una novela de Klaus Mann, a su vez inspirada en la vida de su cuñado Gustav Grüdgens, y es una meditación sobre las relaciones entre arte y poder. Narra cómo el gran actor alemán Hendrik Höfgen (Klaus Maria Brandauer), a pesar de estar acostumbrado a estrenar los izquierdistas textos de Bertolt Brecht tras el triunfo del III Reich, decide quedarse en Alemania y apoyarse en el nazismo en su propio provecho. Tras una poco sutil alegoría del mito de Fausto, donde los nazis son el diablo y el resultado desastroso, Szabó hace una buena reconstrucción y ambientación. La segunda entrega es *Coronel Redl* (Redl ezredes, 1984), sobre el derrumbamiento del Imperio Austrohúngaro visto a través de la confusa personalidad del militar Alfred Redl. La tercera y última entrega es *Hanussen, el adivino* (Hanussen, 1988), centrada en la personalidad de Erik Jan Hanussen, un conocido vidente alemán del período de entreguerras, pero tiene menos interés que las anteriores.

Director y guionista: *István Szabó*. Fotografía: *Lajos Koltai*. Música: *Zdenko Tamassy*. Intérpretes: *Klaus Maria Brandauer, Ildikó Bánsagi, Rolf Hoppe, Krystyna Janda*. Producción: *Objektib Studio (Budapest), Mafilm (Munich)*. Color. Duración: *138'*. Hungría-República Federal Alemana.

MERCENARIO, EL *(Yojimbo, 1961)*

La historia del fabricante de sake Tokuemon (Takashi Shimura) y el comerciante de seda Tazaemon (Kamatari Fujiwara), que viven en constante enfrentamiento en el pueblo de Manome, en plena Edad Media japonesa, y la del *samurai* Sanjuro (Toshiro Mifune) que se interpone entre ellos tanto en su propio provecho como para conseguir la pacificación del lugar, es una de las mejores y más brillantes películas de Akira Kurosawa. Tiene una gran influencia sobre los realizadores italianos de *spaghetti-westerns* Segio Corbucci, Duccio Tessari y, sobre todo, Sergio Leone, que la plagia en *Por un puñado de dólares* (Per un pugno di dollari, 1964), cuyo gran éxito le da a conocer internacionalmente junto con su protagonista Clint Eastwood. Quizá porque consigue unos ingresos mucho más elevados que la suya, Kurosawa le demanda, Leone pierde el juicio y no cobra nada por hacer una de las películas de más éxito de los años sesenta.

Director: *Akira Kurosawa*. Guionistas: *Akira Kurosawa, Ryuzo Kikushima*. Fotografía: *Kazuo Miyagawa*. Música: *Masaru Sato*. Intérpretes: *Toshiro Mifune, Eijiro Tono, Kamatari Fujiwara, Takashi Shimura, Seizaburo Kawazu*. Producción: *Tomoyuki Tanaka y Ryuzo Kikushima para Toho*. Duración: *110'*. Japón.

MERCOURI, Melina *(Maria Amalia Mercouri. Atenas, 1923-Atenas, Grecia, 1994)*

Hija de un importante político socialista griego, a pesar de la oposición familiar estudia arte dramático en la escuela del Teatro Nacional de Atenas y debuta como actriz de teatro a mediados de los años cuarenta. En 1952 viaja a París para trabajar en teatro y a mediados de los años cincuenta debuta como actriz de cine al protagonizar *Stella*, de Michael Cacoyannis. Mantiene una larga e irregular colaboración con el realizador norteamericano exiliado Jules Dassin a lo largo de *El que debe morir, La ley, Fedra, Topkapi, 10:30 P. M. Summer, Promesa al amanecer* y *Gritos de pasión*, que les lleva a casarse en 1966. También trabaja con el italiano Vittorio de Sica en *El juicio universal*, con el francés Claude Autant-Lara en *Vive Henri IV!, Vive l'amour!*, el español J. A. Bardem en *Los pianos mecánicos*, y el norteamericano Norman Jewison en *Los locos años de Chicago*. A finales de la década de los ochenta comienza a ocuparse más de política que de cine y emprende una dura lucha contra la llamada «dictadura de los coroneles» que la lleva a exiliarse, regresar a su país en 1974 y ser nombrada ministra de Cultura del gobierno de Papandreu en 1981. Durante su exilio actúa en la televisión y el teatro norteamericanos, debuta como cantante y

escribe sus memorias *Yo nací griega* (I Was Born Greek, 1972).
1955 *Stella*, de Michael Cacoyannis.
1956 *Celui qui doit mourir* (El que debe morir), de Jules Dassin.
1957 *The Gypsy and the Gentleman*, de Joseph Losey.
1958 *La loi* (La ley), de Jules Dassin.
1960 *Jamais le dimanche* (Nunca en domingo), de Jules Dassin.
1961 *Il giudizio universale* (El juicio universal), de Vittorio de Sica. / *Vive Henri IV!, Vive l'amour!*, de Claude Autant-Lara.
1962 *Canzoni del mondo*, de Vittorio Sala. / *Phaedra* (Fedra), de Jules Dassin.
1963 *The Victors* (Los vencedores), de Carl Foreman.
1964 *Topkapi*, de Jules Dassin.
1965 *Los pianos mecánicos*, de J. A. Bardem.
1966 *A Man Could Get Killed* (Espías en acción), de Ronald Neame. / *10:30 P.M. Summer*, de Jules Dassin.
1968 *Gaily, Gaily* (Los locos años de Chicago), de Norman Jewison.
1970 *Promise at Dawn* (Promesa al amanecer), de Jules Dassin.
1974 *Once Is Not Enough* (Una vez no basta), de Guy Green.
1976 *Nasty Habits* (Malas costumbres), de Michael Lindsay-Hogg.
1978 *A Dream of Passion* (Gritos de pasión), de Jules Dassin.

METRÓPOLIS *(Metropolis, 1927)*

En el año 2026, el privilegiado Freder Fredersen (Gustav Fröhlich), hijo del propietario de una gran megalópolis Joh Fredersen (Alfred Abel), se enamora de la joven María (Brigitte Helm), líder de los esclavizados obreros que viven en el subsuelo. Mientras el padre de Freder Fredersen manda al gran inventor Rotwang (Rudolf Klein-Rogge) construir un robot, sosias de la muchacha, para crear la discordia entre la clase trabajadora. Esto origina una revuelta con la que acaban María y Freder Fredersen, convencidos de que «el corazón debe ser el mediador entre el cerebro y las manos», cuando consiguen que se establezca un nuevo orden social. Frente a su belleza visual, que no ha decrecido con el paso del tiempo, destaca su confuso mensaje, que hace que los distribuidores norteamericanos, que la consideran comunista, la corten y manipulen su montaje y los intertítulos, mientras los nazis aprecian la reconciliación final. Entre sus múltiples versiones destaca la realizada en 1984 por el músico Giorgio Moroder con una nueva banda sonora *rock* que vuelve a distribuirse mundialmente.

Director: *Fritz Lang*. Guionista: *Thea von Harbou*. Fotografía: *Karl Freund, Günther Rittau*. Intérpretes: *Gustav Fröhlich, Brigitte Helm, Alfred Abel, Rudolf Klein-Rogge, Fritz Rasp, Theodor Loos*. Producción: *U.F.A.* Duración: *155'*. Alemania.

MI ADORADO JUAN *(1949)*

La obra del dramaturgo y guionista Miguel Mihura gira en torno a la automarginación como forma de encontrar la libertad y la felicidad, pero su tesis nunca aparece con tanta claridad como en esta película, dirigida por su hermano Jerónimo Mihura. A través de las relaciones de Juan (Conrado San Martín), un médico que ha abandonado su carrera por un grave fracaso y que vive modestamente, sin trabajar, rodeado de amigos a los que trata de ser útil, y Eloísa (Conchita Montes), que se dedica a secuestrar perros para los experimentos de su padre el doctor Palacios (Alberto Romea), se exponen las ideas de Miguel Mihura sobre la vida y el matrimonio. El resultado es una atractiva comedia filosófica con excelentes diálogos, que nada tiene que envidiar a las producciones norteamericanas del mismo género y similar época. Rodada con habilidad por Jerónimo Mihura, saca un gran partido del guión de su hermano y consigue buenas interpretaciones de los protagonistas y los estupendos actores secundarios. Según una curiosa costumbre española de la época, su relativo éxito anima a Miguel Mihura a convertirla en una de sus mejores y más conocidas comedias teatrales, que se estrena en 1956 protagonizada y dirigida por Alberto Closas; pero ahora la automarginación del protagonista ya no es tan radical y acepta cambiar su peculiar forma de vida para conseguir a su amada.

Director: *Jerónimo Mihura*. Guionista: *Miguel Mihura*. Fotografía: *Jules Krüger*. Música: *Ramón Ferrés*. Intérpretes: *Conchita Montes, Conrado San Martín, Juan de Landa, Luis Pérez de León, Alberto Romea*. Producción: *Emisora Films*. Duración: *116'*. España.

MI DESCONFIADA ESPOSA *(Designing Woman, 1957)*

Sobre un excelente guión original de George Wells, el gran director Vincente Minnelli rueda una brillante comedia realista que se sitúa a la cabeza de sus trabajos en este género. Narra las discrepancias que nacen entre los personales mundos del cronista deportivo Michael Hagen (Gregory Peck) y la diseñadora de modas Marilla Brown (Lauren Bacall), a los que rodean la cantante Lori Shannon (Dolores Gray), el productor teatral Zachary Wilde (Tom Helmore) y el boxeador sonado Maxie Stulz (Mickey Schaughnessy), cuando se casan y él debe enfrentarse a las intrigas del promotor de boxeo Martin J. Daylor. Destaca la divertida actuación de la pareja formada por Gregory Peck, en una de las pocas comedias de su larga carrera, y Lauren Bacall, más relacionada con el melodrama.

Director: *Vincente Minnelli*. Guionista: *George Wells*. Fotografía: *John Alton*. Música: *Andre Previn*. Intérpretes: *Gregory Peck, Lauren Bacall, Dolores Gray, Tom Helmore, Mickey Schaughnessy, Edward Platt, Jack Cole, Chuck Connors*. Producción: *Dore Schary para Metro-Goldwyn-Mayer. Color. Scope.* Duración: *118'. Estados Unidos.*

MI HERMANA, MI AMOR *(Syskonbädd, 1966)*

En Suecia, a finales del siglo XVIII, el poderoso noble Jacob (Per Oscarsson) mantiene relaciones incestuosas con su hermana Charlotte (Bibi Andersson), pero cuando esta se queda embarazada la obliga a casarse con el barón Alsmeden (Gunnar Björnstrand), lo que les conduce a un trágico final. Esta buena adaptación de *¡Qué lástima que sea una puta!*, una de las grandes obras de teatro del famoso autor isabelino John Ford, es una de las más conocidas y mejores películas del reputado realizador Vilgot Sjöman. Destaca tanto el trabajo interpretativo del trío protagonista, integrado por Bibi Andersson, Per Oscarsson y Gunnar Björnstrand, tres actores formados por el famoso director de teatro y cine Ingmar Bergman, como la excelente fotografía de Lars Bjorne. Debido a la crudeza y realismo con que está expuesta la historia tiene problemas de censura en diferentes países, es cortada, prohibida o se estrena con décadas de retraso.

Director y guionista: *Vilgot Sjöman*. Fotografía: *Lars Goren Bjorne*. Intérpretes: *Bibi Andersson, Gunnar Björnstrand, Per Oscarsson*. Producción: *Sandrew*. Duración: *95'. Suecia.*

MI NOCHE CON MAUD *(Ma nuit chez Maud, 1969)*

Tras decidir casarse con la joven rubia Françoise (Marie-Christine Barrault), el católico practicante Michel (Jean-Louis Trintignant) se encuentra la tarde de Navidad con su amigo marxista Vidal (Antoine Vitez), que le lleva a casa de su amiga morena Maud (Françoise Fabian), una librepensadora que acaba de divorciarse, y allí hablan de religión, del matrimonio y de Pascal. Después de la cena, Vidal se va y Michel y Maud quedan solos, atrapados por una fuerte nevada, ella trata de seducirlo, pero él se resiste. Cinco años después, cuando ya hace tiempo que Françoise y Michel se han casado, se encuentran por casualidad con Maud, él le dice que fue con ella con quien pasó aquella noche de Navidad y ella le da a entender que fue la amante de su marido. Gracias a este cuarto «Cuento moral», tras dos interesantes largos y un buen montón de sabios cortos y mediometrajes, el director Éric Rohmer es descubierto por la crítica internacional. Narrada desde el punto de vista de Michel y con el apoyo de su leve voz de fondo al principio y al final, esta peculiar historia de Navidad, ambientada en Clermont-Ferrand, tiene la misma estructura que los restantes «Cuentos morales», pero se sitúa entre las grandes películas de Rohmer por la insólita situación desarrollada, la gracia de sus diálogos, la humanidad de sus personajes y la perfecta austeridad de su trabajo de dirección.

Director y guionista: *Éric Rohmer*. Fotografía: *Néstor Almendros*. Música: *W. A. Mozart*. Intérpretes: *Jean-Louis Trintignant, Françoise Fabian, Marie-Christine Barrault, Antoine Vitez*. Producción: *Barbet Schroeder para Les Fils du Losange*. Duración: *110'. Francia.*

MI QUERIDA SEÑORITA *(1971)*

Esta peculiar comedia de costumbres, escrita por el realizador José Luis Borau, que además se encarga de la producción, y el guionista Jaime de Armiñán, que también la dirige, es uno de los grandes éxitos del cine español. Narra cómo las relaciones de la solterona de provincias Adela Castro (José Luis López Vázquez) con su criada Isabel (Julieta Serrano) y el viudo don Santiago (Antonio Ferrandis) la llevan a descubrir que es un hombre, operarse y enfrentarse a su nueva y dura vida con unos leves conocimientos de piano y una cierta habilidad para coser a máquina. Rodada con eficacia y economía de medios, es una interesante mezcla de tragicomedia y alegato sobre la condición femenina en la España de finales de la dictadura del general Franco. Destacan la sobria interpretación de José Luis López Vázquez en el difícil papel de mujer que descubre que es un hombre y se lanza a la compleja aventura de cambiar de sexo, así como la luminosa fotografía de Luis Cuadrado.

Director: *Jaime de Armiñán*. Guionistas: *José Luis Borau, Jaime de Armiñán*. Fotografía: *Luis Cuadrado*. Música: *Rafael Ferro*. Intérpretes: *José Luis López Vázquez, Julieta Serrano, Antonio Ferrandis, Enrique Ávila, Lola Gaos, Chus Lampreave*. Producción: *José Luis Borau para El Imán, Incine*. Color. Duración: *80'. España.*

MI TÍO *(Mon oncle, 1958)*

El pequeño Gérard (Alain Bécourt) vive entre la monotonía de la fría casa ultramoderna de su padre Charles (Jean-Pierre Zola) y su madre Adrienne (Adrienne Servantie) y el calor del barrio popular donde habita el tío Hulot (Jacques Tati), mientras ricos parientes tratan de atraer a su mundo al excéntrico personaje con desastrosos resultados. Sátira sobre las relaciones entre lo moderno y lo antiguo, sobre el afán burgués de ser lo más moderno posible, donde Jacques Tati se enfrenta a la civilización de la máquina para convertir a su tradicional personaje Hulot en el vencedor y el origen de múltiples *gags*. Existe una compleja compenetración entre el autor y su personaje que da origen a *gags* que comienzan a ser demasiado elaborados, pero resultan de gran eficacia y no llegan a los excesos de *Playtime* (1967) y *Tráfico* (Trafic, 1971), que son poco más que ambiciosas repeticiones de este mismo esquema. Premio especial del jurado del Festival de Cannes, consigue el Oscar destinado a la producción extranjera y es la película de más éxito de Tati.

Director: *Jacques Tati*. Guionistas: *Jacques Tati, Jacques Lagrange, Jean l'Hôte*. Fotografía: *Jean Bourgoin*. Música: *Alain Romans, Franck Barcellini*. Intérpretes: *Jacques Tati, Alain Bécourt, Jean-Pierre Zola, Adrienne Servantie*. Producción: *Louis Dolivet y Alain Terrouane para Specta Films, Gray Films, Films du Centauro*. Color. Duración: *120'. Francia.*

MI TÍO JACINTO *(1956)*

Entre *Marcelino, pan y vino* (1955) y *Un ángel pasó por Brooklyn* (1957) el realizador húngaro Ladislao Vajda rueda con el niño Pablito Calvo como protagonista la mejor de las películas de su trilogía de narraciones infantiles. Tomando como punto de partida la novela del escritor de origen húngaro Andrés Laszlo *Por ejemplo, Jacinto*, narra la historia de dos personajes marginales que viven en una chabola en las afueras de Madrid y todos los días van al centro a buscarse la vida. Excelente dibujo de tipos, caracteres y ambientes de El Rastro, la acción se desarrolla durante el día en que el viejo torero Jacinto (Antonio Vico) es contratado para intervenir en una novillada nocturna en la plaza de las Ventas. El relato se centra en los múltiples trabajos que tanto él como su jovencísimo sobrino Pepote (Pablito Calvo) deben realizar para conseguir las trescientas pesetas que cuesta alquilar el traje de luces. Realizada en coproducción entre España e Italia, tiene un claro precedente en las corrientes neorrealistas y en las películas italianas que entrelazan distintos personajes y episodios en torno a un hecho central. Cuidado reflejo de la miseria cotidiana de la época —viajes en los topes de los tranvías, colilleros, hambre latente—, encierra una gran ternura en la descripción del borracho y fracasado Jacinto, que llega a ser excesiva en la del niño Pepote. Muy bien rodada por Ladislao Vajda, tanto Antonio Vico como Pablito Calvo hacen una excelente interpretación, y tiene una estupenda fotografía de Enrique Guerner.

Director: *Ladislao Vajda*. Guionistas: *Andrés Laszlo, José Santugini, Max Korner, Gian Luigi Rondi, Ladislao Vajda*. Fotografía: *Enrique Guerner*. Música: *Román Vlad*. Intérpretes: *Pablito Calvo, Antonio Vico, José Marco Davó, Paolo Stoppa, José Isbert, Miguel Gila, Juan Calvo*. Producción: *Chamartín (Madrid), Falco-Enic (Roma)*. Duración: *95'. España-Italia.*

MIEDO, EL *(La paura, 1954)*

La atractiva Irene Wagner (Ingrid Bergman) está casada con el prestigioso farmacéutico Albert Wagner (Mathias Wieman), pero mantiene una relación sentimental con el compositor Heinrich Stola (Kurt Kreuger) hasta que la joven Johanna Schultze (Renate Mannhardt) comienza a chantajearla por cuenta de su marido para obligarla a confesarle su infidelidad. Cuando Irene Wagner descubre la verdad, su primera reacción es suicidarse, pero luego decide abandonar a su marido y dedicarse a cuidar a sus hijos. Adaptación de un relato del escritor austriaco Stefan Zweig, la historia de esta crisis matrimonial es el reflejo de la que por aquellos mismos días viven el realizador Roberto Rossellini y la actriz Ingrid Bergman, y marca el final de sus relaciones laborales y sentimentales. Tras *Europa'si* (1952), Rossellini vuelve a hacer el intenso retrato de una mujer sumida en la desolación moral de la Europa de después de la II Guerra Mundial. La existencia de una versión alemana y otra italiana y el mal funcionamiento comercial de ambas hace que llegue a haber entre ellas diferencias sustanciales, que van desde una voz de fondo suavizando la situación, hasta un final donde la pareja se reconcilia.

Director: *Roberto Rossellini.* Guionistas: *Sergio Amidei, Roberto Rossellini, Franz Graf Treuberg.* Fotografía: *Carlo Carlini, Heinz Schnackertz.* Música: *Renzo Rossellini.* Intérpretes: *Ingrid Bergman, Mathias Wieman, Kurt Kreuger, Renate Mannhardt, Elise Aulinger, Elizabeth Wischert.* Producción: *Ariston Film (Munich), Aniene Film (Roma).* Duración: *90'. Italia-República Federal Alemana.*

MIENTRAS NUEVA YORK DUERME
(While the City Sleeps, 1956)

A la muerte de Amos Kyne (Robert Warwick), propietario de un grupo editorial al que pertenece el diario *New York Sentinel,* su hijo y único heredero Walter Kyne (Vincent Price) decide nombrar un director general. Entre el director de la agencia de noticias Mark Loving (George Sanders), el redactor-jefe John Day Griffith (Thomas Mitchell), el jefe del departamento de fotografía Harry Kritzer (James Craig) y el editorialista de televisión Edward Mobley (Dana Andrews), elegirá a quien descubra al llamado «asesino del lápiz de labios», que durante esos mismos días se dedica a matar a mujeres solitarias. Gracias a un hábil guión del reputado Casey Robinson, la intriga policiaca se queda a un lado para centrarse en una lucha de intereses personales, donde cada uno de los contendientes emplea los más variados métodos para conseguir el ansiado puesto. Rodada por Fritz Lang con su habitual concisión, esta es la penúltima de sus producciones norteamericanas, uno de sus más originales policiacos y uno de sus mejores trabajos en Hollywood. Tiene la particularidad de estar rodada en el formato tradicional, pero puede ser proyectada en SuperScope, la patente de los estudios R. K. O., en la actualidad se encuentran copias en ambos formatos, y siempre que se ve en uno de ellos parece que está pensada para el otro.

Director: *Fritz Lang.* Guionista: *Casey Robinson.* Fotografía: *Ernest Laszlo.* Música: *Herschel Burke Gilbert.* Intérpretes: *Dana Andrews, George Sanders, Robert Warwick, James Craig, Ida Lupino, Sally Forrest, Thomas Mitchell, Rhonda Fleming, Vincent Price, Howard Duff.* Producción: *Bert Friedlob para R.K.O. Scope.* Duración: *100'. Estados Unidos.*

MIKHALKOV, Nikita *(Nikita Mikhalkov Kontchalovski. Moscú, Unión Soviética, 1945)*

Bisnieto del pintor Vasilij Surikov, nieto del pintor Piotr Konchalovski, hijo de los escritores Sergei Mikhalkov y Natalija Konchalovskaja y hermano menor del realizador Andrei Konchalovsky, a los doce años da sus primeros pasos como actor en el taller juvenil del Teatro Dramático Stanislavski, más tarde estudia arte dramático y a los dieciocho años protagoniza *Me paseo por Moscú* (Ja šagaju po Moskve, 1964), de Giorgi Danelia. Alterna la interpretación de películas dirigidas por Mikhail Kalatozov o su hermano con los estudios de dirección en el V.G.I.K., la escuela de cine de Moscú, donde se diploma con el mediometraje *Un día tranquilo al final de la guerra* (Spokojnyj den'v konce vojny, 1970), que narra una tradicional historia de amor en el marco de la II Guerra Mundial. El fracaso de sus primeras películas como director, *Amigo entre mis enemigos y enemigo entre mis amigos,* una especie de confuso *western* desarrollado sobre el fondo de la Revolución soviética, y *La esclava del amor,* un melodrama lleno de ironía en torno a las andanzas de una actriz del cine mudo, también durante los años de la Revolución, le lleva al terreno más seguro, pero menos personal, de las adaptaciones de clásicos de la literatura soviética. Este es el origen de la interesante *Pieza incompleta para piano mecánico,* adaptación de la primera obra de teatro de Anton Chejov, y de las bastante menos conseguidas *Cinco tardes,* sobre una obra dramática de Alexander Volodin; *Algunos días en la vida de Oblomov,* basada en la obra de I. Goncharov, y *Sin testigos,* adaptación de un texto teatral de Sofia Prokofieva. Sin abandonar nunca su carrera paralela de actor, haciendo diferentes papeles tanto en películas ajenas como propias, se consagra internacionalmente con la coproducción entre la Unión Soviética e Italia *Ojos negros,* interesante adaptación de un cuento de Anton Chejov protagonizada por Marcello Mastroianni; *Urga,* historia de una familia de pastores mongoles, a mitad de camino entre el documental y la ficción, con la que gana el León de Oro de la Mostra de Venecia, y *Quemado por el sol,* que también protagoniza, con la que obtiene el Oscar reservado a la producción extranjera, donde, a la manera de Anton Chejov, narra el último día de vida familiar de un coronel represaliado por Stalin.

1974 *Svoi sredi čužik, čužoj sredi svojh* (Amigo entre mis enemigos y enemigo entre mis amigos).
1976 *Raba ljubvi* (La esclava del amor).
1977 *Neokončennaja piesa dija mehamicskogo piano* (Pieza incompleta para piano mecánico).
1978 *Pjat večerov* (Cinco tardes).
1979 *Neskolko dmejiz žižini I. I. Oblomov* (Algunos días en la vida de Oblomov).
1981 *Rodnija* (Los parientes).
1983 *Bez svidetelej* (Sin testigos).
1987 *Oci ciornie* (Ojos negros).
1991 *Urga.*
1994 *Outomlionnye solntsen* (Quemado por el sol).

1900 *(Novecento, 1976)*

El gran éxito de *El último tango en París* (Ultimo tango a Parigi, 1972) permite a Bernardo Bertolucci convertir este proyecto de serie de televisión en película de larguísima duración. A través de la amistad y el enfrentamiento entre Olmo Dalcò (Gérard Depardieu), un bastardo nieto de campesinos, y Alfredo Berlinghieri (Robert de Niro), el descendiente de una rica familia de terratenientes, nacidos el mismo día de principios de siglo, Bertolucci pretende contar los cuarenta y cinco primeros años de este siglo en la historia de Italia, pero haciendo especial hincapié en la ascensión y caída del fascismo. Narrada a lo largo de un amplio *flashback,* desde el 25 de abril de 1945, día de la liberación, tiene una conseguida primera parte, donde se cuenta la infancia de los protagonistas, su primera juventud y sus amores con la maestra Anita Foschi (Stefania Sandrelli) y la sofisticada Ada Fiastri (Dominique Sanda), frente a una segunda mucho más politizada, esquemática en exceso, como evidencia el personaje del fascista Attila (Donald Sutherland), e incluso inexacta con la realidad histórica. Una excelente fotografía de su colaborador habitual Vittorio Storaro y una inspirada música de Ennio Morricone hacen que el largo y desigual conjunto, donde destacan escenas como el entierro de los viejos calcinados en la Casa del Pueblo, el baile campesino donde Ada se hace pasar por ciega, la boda de Alfredo y Ada o el juicio contra el amo bajo la gran bandera roja, tenga una gran altura que deja brillar la vena lírica de Bernardo Bertolucci.

Director: *Bernardo Bertolucci.* Guionistas: *Franco Arcalli, Giuseppe Bertolucci, Bernardo Bertolucci.* Fotografía: *Vittorio Storaro.* Música: *Ennio Morricone.* Intérpretes: *Robert de Niro, Gérard Depardieu, Dominique Sanda, Stefania Sandrelli, Donald Sutherland, Burt Lancaster, Sterling Hayden.* Producción: *Alberto Grimaldi para P.E.A. (Roma), Artistes Associés (París), Artemia Films (Berlín). Color. Duración: 325'. Italia-Francia-República Federal Alemana.*

MILAGRO EN MILÁN *(Miracolo a Milano, 1950)*

A partir de *Totò il buono* (1943), un cuento para niños escrito por Cesare Zavattini que no gusta a los niños, Vittorio de Sica escribe en colaboración, produce con un holgado presupuesto y dirige esta curiosa obra neorrealista, con una buena parte rodada en estudio y donde los efectos especiales tienen un peso considerable en el resultado final. Con un subrayado tono de fábula social, una evidente influencia del cine de Charles Chaplin y del mejor cine cómico norteamericano, cuenta la historia del joven Totò con una técnica casi de cine mudo, lo que significa que los diálogos son mínimos, se convierten en ladridos o están tapados por los ruidos. Encontrado en un huerto de coles por la simpática viuda Lolotta (Emma Gramatica) y educado en un hospicio tras la muerte de esta, Totò (Francesco Golisano) es un muchacho simple que vive en un barrio de chabolas en las afueras de Milán, pero debe enfrentarse con el poderoso señor Mobbi (Guglielmo Barnabò) cuando encuentran petróleo en el lugar. Ante la falta de solidaridad de todos y gracias a la ayuda que en forma de paloma le envía la viuda Lolotta, los chabolistas llegan a la gran plaza del *Duomo,* les quitan las escobas a los barrenderos y comienzan a volar en dirección a «un reino donde "Buenos días" quiera decir verdaderamente "Buenos días"». Muy debatida en su momento, tanto por los que dicen que los pobres se dirigen hacia la Unión Soviética, como por los que encuentran su historia demasiado infantil, no gusta a la crítica italiana, pero gana la Palma de Oro del Festival de Cannes y se convierte en uno de los clásicos del neorrealismo, a pesar de su mezcla con elementos fantásticos.

Director: *Vittorio de Sica*. Guionistas: *Cesare Zavattini, Vittorio de Sica, Suso Cecchi d'Amico, Mario Chiari, Adolfo Franci*. Fotografía: *G. R. Aldo*. Música: *Alessandro Cicognini*. Intérpretes: *Emma Gramatica, Francesco Golisano, Paolo Stoppa, Guglielmo Barnabò, Brunella Bovo*. Producción: *Vittorio de Sica para P.D.S./E.N.I.C.* Duración: *96'*. *Italia*.

MILESTONE, Lewis *(Leon Milstein. Chsinau, Bessarabia, 1895-Los Ángeles, California, Estados Unidos, 1980)*

Estudia ingeniería en la Universidad de Grand, Bélgica, en 1913 se instala en Nueva York y combate durante la Gran Guerra. De regreso a Estados Unidos, trabaja como montador, director artístico, ayudante de dirección y guionista, antes de debutar como realizador con *Seven Sinners*. Entre sus restantes producciones mudas destacan las comedias *Hermanos de armas* y *El jardín del Edén*, pero solo se da a conocer internacionalmente con *Sin novedad en el frente*, excelente versión de la novela homónima de Erich Maria Remarque sobre sus terribles experiencias como soldado durante la Gran Guerra. Su gran éxito hace que vuelva a hacer películas bélicas pacifistas sobre la II Guerra Mundial, tal como indican las irregulares *Edge of Darkness* y *Un paseo bajo el sol*, que escribe Robert Rossen; *The North Star*, que escribe Lillian Hellman; *The Turple Heart*, que produce Darryl F. Zanuck; *Situación desesperada* y *They Who Dare*, que rueda en el Reino Unido, y *La cima de los héroes*, cuya acción transcurre durante la guerra de Corea. Entre su producción de los años treinta destacan *Un gran reportaje*, primera de las cuatro versiones de la famosa comedia de Charles MacArthur y Ben Hecht; *Lluvia*, segunda de las tres versiones de la novela de Somerset Maugham; *Soy un vagabundo*, original comedia musical protagonizada por Al Jolson y Harry Langdon; *El capitán odia el mar*, la última película del alcoholizado actor John Gilbert, y, sobre todo, *El general murió al amanecer*, una exótica historia de amor escrita por Clifford Odets e interpretada por Gary Cooper, y *La fuerza bruta*, adaptación de una novela de John Steinbeck. Durante la segunda mitad de los años cuarenta rueda algunas de sus mejores películas: *El extraño amor de Martha Ivers*, un policiaco escrito por Robert Rossen al que los estudios Paramount imponen un final moralizante; *Arco de triunfo*, una interesante historia de espionaje y venganzas basada en una novela de Erich Maria Remarque, afectada por la quiebra de la productora del realizador, y *The Red Pony*, sobre un guión original del novelista John Steinbeck. Perseguido por el Comité de Actividades Antinorteamericanas rueda en Australia la irregular aventura romántica *La ley del látigo*; en el Reino Unido la biografía de una cantante de ópera *El hechizo de Melba*, y en Italia la extraña comedia *La vedova*. Mientras hace para el productor Darryl F. Zanuck de 20th Century Fox *El inspector de hierro*, una floja versión de *Los miserables*, de Victor Hugo. Finalizada su persecución política, cierra su carrera en la década de los sesenta con *La cuadrilla de los once*, una tonta comedia policiaca al servicio del clan de Frank Sinatra, y *Rebelión a bordo*, nueva versión de la película del mismo título rodada por Frank Lloyd en 1935, pero que se limita a finalizar y firmar tras haber sido abandonada por varios directores a causa de las exigencias del protagonista Marlon Brando.

1925 *Seven Sinners*.
1926 *The Caveman* (De carbonero a gran señor). / *The New Klondike*.
1927 *Two Arabian Knights* (Hermanos de armas).
1928 *The Garden of Eden* (El jardín del Edén). / *The Racket* (La horda).
1929 *Betrayal* (Perfidia). / *New York Nights*.
1930 *All Quiet on the Western Front* (Sin novedad en el frente).
1931 *The Front Page* (Un gran reportaje).
1932 *Rain* (Lluvia).
1933 *Hallelujah I'm a Bum* (Soy un vagabundo).
1934 *The Captain Hates the Sea* (El capitán odia el mar).
1935 *Paris in Spring*.
1936 *Anything Goes* (Todo vale). / *The General Died at Down* (El general murió al amanecer).
1939 *Of Mice and Men* (La fuerza bruta). / *The Night of Nights*.
1940 *Lucky Partners* (Unidos por la fortuna).
1941 *My Life With Caroline* (Otra vez mía).
1943 *Edge of Darkness*. / *The North Star*.
1944 *The Purple Heart*.

1945 *A Walk in the Sun* (Un paseo bajo el sol).
1946 *The Strange Love of Martha Ivers* (El extraño amor de Martha Ivers).
1948 *Arch of Triumph* (Arco de triunfo) / *No Minor Vices*.
1949 *The Red Pony*.
1951 *Halls of Monctezuma* (Situación desesperada).
1952 *Kangaroo* (La ley del látigo). / *Les misérables* (El inspector de hierro).
1953 *Melba* (El hechizo de Melba).
1954 *They Who Dare*.
1955 *La vedova*.
1959 *Pork Chop Hill* (La cima de los héroes).
1960 *Ocean's Eleven* (La cuadrilla de los once).
1962 *Mutiny on the Bounty* (Rebelión a bordo).

MILLAND, Ray *(Reginald Truscott-Jones. Neath, Gales, Reino Unido, 1907-Torrance, California, Estados Unidos, 1986)*

Estudia en el King's College de Londres y a finales de los años veinte debuta como actor de teatro y cine. Tras intervenir en cinco películas británicas, es contratado por los estudios Metro-Goldwyn-Mayer y a principios de la década de los treinta rueda para ellos siete producciones, entre las que destacan *Flor de pasión* y *Embajador sin cartera*. De nuevo en el Reino Unido, sigue trabajando en teatro y cine, pero su ocasión llega en 1934 cuando firma un contrato con los estudios Paramount que le convierte en una estrella y que durará hasta finales de los años cuarenta. Durante esta brillante etapa destaca su colaboración con el realizador Mitchell Leisen a lo largo de *Compás de espera*, *The Big Broadcast of 1937*, *Una chica afortunada*, *Adelante, mi amor*, *Vuelo de águilas*, *Una mujer en la penumbra* y *En las rayas de la mano*, la mayoría brillantes comedias sofisticadas; pero también hay que mencionar sus películas con Billy Wilder: la comedia *El mayor y la menor* y el drama *Días sin huella,* con el que gana su único Oscar al encarnar a un escritor alcohólico. En esta etapa, la mejor de su larga carrera, sobresalen además las producciones de aventuras *Beau Geste,* de William A. Wellman, y *Piratas del mar Caribe,* de Cecil B. de Mille, y los policiacos *El misterio del miedo,* de Fritz Lang; *El reloj asesino* y *Alias Nick Beal,* de John Farrow. Durante la primera mitad de los años cincuenta sigue actuando con regularidad, pero, aunque protagoniza obras tan interesantes como *Crimen perfecto,* de Alfred Hitchcock, y *La muchacha del trapecio rojo,* de Richard Fleischer, comienza a intervenir en producciones de menor envergadura e interés y a mediados de la década parece dejar la interpretación por la dirección. Por estos años protagoniza y realiza cuatro irregulares películas: el *western* personal *Un hombre solo;* la historia de espionaje *Lisboa;* la comedia policiaca *Ladrón de manos de seda,* y la narración de ciencia-ficción *Pánico infinito*. Tras rodar con el productor y director Roger Corman la interesante *La obsesión* y la fallida *El hombre con rayos X en los ojos,* cuando en 1970 su carrera parece acabada, el inesperado éxito del folletín *Love Story,* donde hace un importante papel secundario, prolonga su carrera otros quince años, durante los que solo hace pequeños papeles en malas películas norteamericanas, italianas o españolas, entre las que sobresale *El último magnate,* de Elia Kazan. Al comienzo de su decadencia publica unas amargas y sinceras memorias, *Wide-Eye in Babylon* (1974).

Como director
1955 *A Man Alone* (Un hombre solo).
1956 *Lisbon* (Lisboa).
1957 *The Safecracker* (Ladrón de manos de seda).
1962 *Panic in the Year Zero* (Pánico infinito).
1970 *Hostile Witness*.

Como actor
1929 *The Plaything*, de Castleton Knight. / *Piccadilly*, de Ewald A. Dupont. / *The Informer* (El delator), de Arthur Robinson. / *The Flying Scotsman*, de Castleton Knight. / *The Lady From the Sea*, de Castleton Knight.
1930 *Way for a Sailor* (En cada puerto un amor), de Sam Wood. / *Passion Flower* (Flor de pasión), de William C. de Mille.
1931 *Just a Gigolo* (Nada más que un gigoló), de Jack Conway. / *Bought*, de Archie L. Mayo. / *Bachelor Father* (Papá solterón), de Robert Z. Leonard. / *Ambassador Bill* (Embajador sin cartera), de Sam Taylor. / *Blonde Crazy* (Gente viva), de Roy del Ruth.
1932 *The Man Who Played God* (La oculta providencia), de John G. Adolfi. / *Polly of the Circus* (Polly, la del circo), de Alfred Santell. / *Payment Deferred* (El asesinato de Mr. Mediand), de Lothar Mendes.
1933 *This Is the Life*, de Albert de Courville. / *Orders Is Orders*, de Walter Forde.
1934 *Many Happy Returns*, de Norman Z. McLeod. / *Bolero*, de Wesley Ruggles. / *Menace* (Amenaza), de Ralph Murphy. / *Charlie Chan in London* (La huella digital), de Eugene Forde. / *We're Not Dressing* (Música sobre las olas), de Norman Taurog.

MILLAND, Ray

1935 *The Gilded Lily* (El lirio dorado), de Wesley Ruggles. / *The Glass Key* (La llave de cristal), de Frank Tuttle. / *Four Hours to Kill* (Compás de espera), de Mitchell Leisen. / *Alias Mary Dow* (La hija del barrio), de Kurt Neumann. / *One Hour Late*, de Ralph Murphy.
1936 *The Return of Sophie Lang*, de George Archainbaud. / *The Big Broadcast of 1937*, de Mitchell Leisen. / *The Jungle Princess*, de William Thiele. / *Three Smart Girls* (Tres diablillos), de Henry Koster. / *Next Time We Love* (Cuando volvamos a amarnos), de Edward H. Griffith.
1937 *Wings Over Honolulu* (La escuadrilla del Pacífico), de H. C. Potter. / *Easy Living* (Una chica afortunada), de Mitchell Leisen. / *Ebb Tide*, de James P. Hogan. / *Wise Girl* (Una chica rubia), de Leigh Jason. / *Bulldog Drumond Escapes*, de James P. Hogan.
1938 *Men With Wings*, de William A. Wellman. / *Her Jungle Love*, de George Archainbaud. / *Say It in French*, de Andrew L. Stone. / *Tropic Holiday*, de Theodore J. Reed.
1939 *Hotel Imperial*, de Robert Florey. / *Beau Geste*, de William A. Wellman. / *Everything Happens at Night*, de Irving Cummings. / *French Without Tears* (Coqueta hasta el fin), de Anthony Asquith.
1940 *Irene*, de Herbert Wilcox. / *The Doctor Takes a Wife* (El doctor se casa), de Alexander Hall. / *Untamed*, de George Archainbaud. / *Arise My Love* (Adelante, mi amor), de Mitchell Leisen.
1941 *I Wanted Wings* (Vuelo de águilas), de Mitchell Leisen. / *Skylark* (Alondra del cielo), de Mark Sandrich.
1942 *The Lady Has Plans*, de Sidney Lanfield. / *Are Husbands Necessary?* (Conflicto matrimonial), de Norman Taurog. / *Reap the Wild Wind* (Piratas del mar Caribe), de Cecil B. de Mille. / *The Major and the Minor* (El mayor y la menor), de Billy Wilder. / *Star Spangled Rhythm* (Fantasía de estrellas), de George Marshall.
1943 *Forever and a Day* (Siempre y un día), episodio de Herbert Wilcox. / *The Crystal Ball* (La pitonisa), de Elliott Nugent.
1944 *Ministry of Fear* (El misterio del miedo), de Fritz Lang. / *Till We Meet Again*, de Frank Borzage. / *The Uninvited*, de Lewis Allen. / *Lady in the Dark* (Una mujer en la penumbra), de Mitchell Leisen.
1945 *The Lost Week-End* (Días sin huella), de Billy Wilder. / *Kitty* (La bribona), de Mitchell Leisen.
1946 *The Well-Groomed Bride*, de Sidney Lanfield. / *California*, de John Farrow.
1947 *Golden Earrings* (En las rayas de la mano), de Mitchell Leisen. / *The Imperfect Lady*, de Lewis Allen. / *Variety Girl*, de George Marshall. / *The Trouble With Women*, de Sidney Lanfield.

1948 *The Big Clock* (El reloj despertador), de John Farrow. / *So Evil My Love*, de Lewis Allen. / *Sealed Verdict*, de Lewis Allen. / *Miss Tatlock's Millions*, de Richard Haydn.
1949 *Alias Nick Beal*, de John Farrow. / *It Happens Every Spring*, de Lloyd Bacon.
1950 *A Woman of Distinction* (Los escándalos de la profesora), de Edward Buzzell. / *A Life of Her Own*, de George Cukor. / *Cooper Canyon* (El desfiladero del cobre), de John Farrow.
1951 *Circle of Danger*, de Jacques Tourneur. / *Night into Morning*, de Fletcher Markle. / *Rhubarb*, de Arthur Lubin. / *Close to My Heart*, de William Keighley.
1952 *Bugles in the Afternoon* (El último baluarte), de Roy Rowland. / *The Thief* (El espía), de Rusell Rouse. / *Something to Live For*, de George Stevens.
1953 *Jamaica Run* (La casa grande de Jamaica), de Lewis R. Foster. / *Let's Do It Again* (Amor a medianoche), de Alexander Hall.
1954 *Dial M for Murder* (Crimen perfecto), de Alfred Hitchcock.
1955 *A Man Alone* (Un hombre solo), de Ray Milland. / *The Girl in the Red Velvet Swing* (La muchacha del trapecio rojo), de Richard Fleischer.
1956 *Lisbon* (Lisboa), de Ray Milland.
1957 *The River's Edge* (Al borde del río), de Allan Dwan. / *Three Brave Men*, de Philip Dunne. / *The Safecracker* (Ladrón de manos de seda), de Ray Milland. / *High Flight* (Ángeles de acero), de John Gilling.
1962 *Panic in the Year Zero* (Pánico infinito), de Ray Milland. / *The Premature Burial* (La obsesión), de Roger Corman.
1963 *X, The Man With the X-Ray Eyes* (El hombre con rayos X en los ojos), de Roger Corman.
1965 *The Confession*, de William Dieterle.
1967 *Rose rosse per il Führer*, de Fernando di Leo.
1970 *Hostile Witness*, de Ray Milland. / *Love Story*, de Arthur Hiller. / *Company of Killers*, de Jerry Thorpe.
1972 *Frogs*, de George McCowan. / *The Big Game* (Rapto en Oriente), de Robert Day. / *Embassy*, de Gordon Hessler. / *The Thing With Two Heads*, de R. Lee Frost.
1973 *The House in the Nightmare* (Mansión embrujada), de Peter Sykes. / *Terror in the Wax Museum*, de Georg Fenady.
1974 *Un par de zapatos del 32*, de Rafael Romero Marchent. / *Gold* (Oro), de Peter Hunt. / *Escape to Witch Mountain* (La montaña embrujada), de John Hough.
1975 *Oil: The Billion Dollar Fire*, de Mircea Dragon. / *The Swiss Conspiracy* (Conspiración en Suiza), de Jack Arnold.
1976 *The Last Tycoon* (El último magnate), de Elia Kazan. / *Aces High*, de Jack Gold.

1977 *Slavers* (Esclavos), de Jüngen Goslar. / *The Uncanny*, de Denis Héroux.
1978 *Oliver's Story* (Historia de Oliver), de John Korty. / *Battlestar Galactica* (Galáctica), de Richard A. Colla. / *La ragazza del pigiama giallo* (La muchacha del pijama amarillo), de Flavio Mogherini.
1979 *Game for Vultures* (Juego de buitres), de James Fargo.
1980 *Survival Run* (Spree), de Larry Spiegel. / *The Attic*, de George Edwards.
1982 *Starflight One* (Vuelo a las estrellas), de Jerry Jameson.
1984 *Serpiente de mar*, de Amando de Ossorio.

MILLER, Claude *(París, Francia, 1942)*

Se interesa por el cine mientras hace el servicio militar en el Servicio Cinematográfico del Ejército y luego estudia dirección en el I. D. H. E. C., la escuela de cine de París. Ayudante de dirección de Marcel Carné, Robert Bresson, Michel Deville, Jacques Demy, Jean-Luc Godard, y director de producción de siete películas de François Truffaut, debuta como realizador con *La mejor manera de andar*, una personal comedia, ambientada en una colonia de vacaciones en 1960, que enfrenta a dos monitores por sus tendencias sexuales. El fracaso comercial de *Dites-lui que je l'aime,* una buena adaptación de una novela de Patricia Highsmith, le lleva a firmar con seudónimo la alimenticia *Fiebre americana* y a tener que hacer los encargos *Garde à vue,* un policiaco con diálogos de Michel Audiard, basado en una novela de John Wainright, cuya acción se desarrolla en su mayor parte en una comisaría, y *Mortelle randonnée,* otro policiaco escrito por Michel Audiard, esta vez sobre una novela de Marc Behm, del que logra sacar muy buen partido. Vuelve a su mejor y más personal cine con *L'effrontée*, que trata de los problemas de la adolescencia, y *La pequeña ladrona*, sobre un guión de Truffaut que trata el mismo tema, protagonizadas por la excelente Charlotte Gainsbourg. Resultan menos conseguidas *L'accompagnatrice*, sobre un bello texto de Nina Berberova, y *Esa sonrisa*, una personal comedia dramática sobre las relaciones entre un viejo médico y una joven jugadora de tenis fascinada por el *striptease*.

1975 *La meilleure façon de marcher* (La mejor manera de andar).
1977 *Dites-lui que je l'aime*.
1978 *American Fever* (Fiebre americana).
1981 *Garde à vue*.
1983 *Mortelle randonnée*.
1985 *L'effrontée*.
1988 *La petite voleuse* (La pequeña ladrona).
1992 *L'accompagnatrice*.
1993 *Le sourire* (Esa sonrisa).
1995 *Lumière y compañía*, un episodio.

MINAS DEL REY SALOMÓN, LAS *(King Solomon's Mines, 1950)*

La clásica novela de aventuras homónima de H. Rider Haggard es el punto de partida de diferentes películas. Entre otras, la olvidada producción británica realizada en 1937 por Robert Stevenson con Paul Robeson como Umbopa y Cedric Hardwicke como Quatermain, y otra norteamericana dirigida en 1985 por J. Lee Thompson y protagonizada por Richard Chamberlain, Herbert Lom y una Sharon Stone todavía desconocida. Sin embargo, la mejor y más famosa es esta producción Metro-Goldwyn-Mayer, cuyo éxito es origen de una segunda parte, *Regreso a las minas del rey Salomón* (Watusi, 1959), de Kurt Newmann, con George Montgomery y Taina Elg, que cuenta las aventuras del hijo de Quatermain. Quintaesencia del cine de aventuras de ambiente africano, característico de la década de los cincuenta, narra cómo, en 1897, Elizabeth Curtis (Deborah Kerr), acompañada de su hermano John Goode (Richard Carlson), viaja hasta el interior de África en busca de su marido, desaparecido cuando intentaba encontrar las fabulosas minas del rey Salomón, tiene un romance con el guía Allan Quatermain (Stewart Granger) y son protegidos por el rey destronado Umbopa. Dirigida entre el sólido británico Compton Bennett y el especialista húngaro en escenas de acción Andrew Marton, le vale un Oscar al director de fotografía Robert Surtees, a pesar del repetido empleo de transparencias y decorados, gracias a la fuerza del Technicolor de la época.

Directores: *Compton Bennet, Andrew Marton*. Guionista: *Helen Deutsch*. Fotografía: *Robert Surtee*. Intérpretes: *Stewart Granger, Deborah Kerr, Richard Carlson, Hugo Haas, Lowell Gilmore*. Producción: *Sam Zimbalist para Metro-Goldwyn-Mayer. Color. Duración: 102'. Estados Unidos.*

MINNELLI, Liza *(Los Ángeles, California, Estados Unidos, 1946)*

Hija del realizador Vincente Minnelli y de la actriz Judy Garland, a los tres años aparece junto a su madre en el fallido musical *In the Good Old Summertime* y a los siete canta y baila en un espectáculo de su madre en el New York Palace Theater. Estudia en la Universidad de la Sorbonne de París y el Herbert Berghof Studio de Nueva York. En 1962 tiene un gran éxito con un espectáculo musical en Broadway y comienza su brillante trayectoria como cantante. De manera paralela, y especialmente durante la década de los setenta, desarrolla una carrera como actriz de cine que le lleva a ganar un Oscar por el musical *Cabaret,* al tiempo que interviene en las producciones antológicas *Érase una vez en Hollywood* y *That's Dancing!,* y es dirigida por su padre en *Nina* y por Martin Scorsese en *New York, New York,* fallidos musicales que cierran sus relaciones con el género. Al igual que su madre, a principios de los años ochenta comienza a tener problemas con las drogas que poco a poco hunden su carrera como actriz y cantante.

1949 *In the Good Old Summertime*, de Robert Z. Leonard.
1967 *Charlie Bubbles*, de Albert Finney.
1969 *The Sterile Cuckoo*, de Alan J. Pakula.
1970 *Tell Me That You Love Me Junie Moon* (Dime que me amas, Junie Moon), de Otto Preminger.
1972 *Cabaret*, de Bob Fosse.
1974 *That's Entertainment* (Érase una vez en Hollywood), de Jack Haley.
1975 *Lucky Lady* (Los aventureros del Lucky Lady), de Stanley Donen.
1976 *Silent Movie* (La última locura), de Mel Brooks. / *A Matter of Time* (Nina), de Vincente Minnelli.
1977 *New York, New York*, de Martin Scorsese.
1981 *Arthur* (Arthur, el soltero de oro), de Steve Gordon.
1985 *That's Dancing!*, de Jack Haley.
1987 *Rent-A-Coup* (Chicago en rojo), de Jerry London.
1988 *Arthur 2: On the Rocks* (Arthur 2), de Bud Yorkin.
1991 *Stepping-Out* (Un paso adelante), de Lewis Gilbert.

MINNELLI, Vincente *(Chicago, Illinois, 1910-Los Ángeles, California, Estados Unidos, 1986)*

Miembro de una familia de cómicos ambulantes de origen italiano, a los tres años sube por primera vez a un escenario. Escaparatista, fotógrafo y decorador teatral, entre 1933 y 1935 trabaja como escenógrafo del Radio City Music Hall y en la segunda mitad de la década de los treinta se convierte en uno de los grandes directores de espectáculos musicales de Broadway. Contratado en 1940 por Arthur Freed, el gran productor de musicales de Metro-Goldwyn-Mayer, estudio para el que hace la mayoría de sus películas, debuta como director con *Una cabaña en el cielo,* un musical íntegramente interpretado por negros. Dentro de este mismo género, del que llega a ser el genio indiscutible, se sitúan las obras maestras *Cita en Saint Louis, El pirata, Melodías de Broadway 1955, Brigadoon* y *Gigi,* y las menos logradas *Ziegfeld Follies, Yolanda and the Thief, Un americano en París, Extraño en el paraíso, Suena el teléfono* y *Vuelve a mi lado*. De forma simultánea también hace excelentes dramas; desde los iniciales e interesantes *El reloj, Madame Bovary,* sobre la novela de Gustave Flaubert, y *Cautivos del mal,* sobre el mundo del cine; hasta sus obras maestras en color y CinemaScope *El loco de pelo rojo,* biografía del pintor Vincent van Gogh, *Como un torrente, Con él llegó el escándalo* y *Dos semanas en otra ciudad,* de nuevo sobre el mundo del cine. Al mismo tiempo se sitúa entre los grandes de la comedia con *El padre de la novia, Mamá nos complica la vida, El noviazgo del padre de Eddie* y, sobre todo, su obra maestra, *Mi desconfiada esposa*. No todas sus películas para Metro-Goldwyn-Mayer son buenas, pero cuando a principios de la década de los sesenta comienzan a hundirse los grandes estudios, crea su propia productora, Venice, y tiene absoluta libertad, al igual que les ocurre a otros directores de su generación, no sabe qué hacer, ni cómo moverse en la nueva situación, y las obras que rueda en estas circunstancias, *Adiós, Charlie, Castillos en la arena, Vuelve a mi lado* y *Nina,* se resienten claramente de ello.

1943 *Cabin in the Sky* (Una cabaña en el cielo). / *I Dood It*.
1944 *Meet Me in Saint Louis* (Cita en Saint Louis).
1945 *Ziegfeld Follies*. / *The Clock* (El reloj). / *Yolanda and the Thief*.
1946 *Undercurrent* (Corrientes ocultas).
1948 *The Pirate* (El pirata).
1949 *Madame Bovary*.
1950 *Father of the Bride* (El padre de la novia).
1951 *An American in Paris* (Un americano en París). / *Father's Little Dividend* (El padre es abuelo).
1952 *The Bad and the Beautiful* (Cautivos del mal).

1953 *Mademoiselle*, episodio de *The Story of Three Loves* (Tres amores). / *The Band Wagon* (Melodías de Broadway 1955). / *The Long, Long Trailer* (Un remolque muy, muy largo).
1954 *Brigadoon*.
1955 *The Cobweb* (La tela de araña). / *Kismet* (Extraño en el paraíso).
1956 *Lust for Life* (El loco de pelo rojo). / *Tea and Sympathy* (Té y simpatía).
1957 *Designing Woman* (Mi desconfiada esposa).
1958 *Gigi*. / *The Reluctant Debutante* (Mamá nos complica la vida). / *Some Came Running* (Como un torrente).
1959 *Home From the Hill* (Con él llegó el escándalo).
1960 *Bells Are Ringing* (Suena el teléfono).
1961 *The Four Horsemen of the Apocalypse* (Los cuatro jinetes del Apocalipsis).
1962 *Two Weeks in Another Town* (Dos semanas en otra ciudad).
1963 *The Courtship of Eddie's Father* (El noviazgo del padre de Eddie).
1964 *Goodbye Charlie* (Adiós, Charlie).
1965 *The Sandpiper* (Castillos en la arena).
1970 *On a Clear Day You Can See Forever* (Vuelve a mi lado).
1976 *A Matter of Time* (Nina).

MIRÓ, Pilar *(Madrid, 1940-Madrid, España, 1997)*

Estudia derecho y periodismo y se licencia en guión en la Escuela Oficial de Cinematografía, donde más tarde da clases de montaje y guión. Tras realizar más de trescientos programas, entre informativos, retransmisiones en directo y dramáticos, para Televisión Española, debuta como directora de cine con *La petición*, adaptación de una obra de Émile Zola en la línea de sus mejores trabajos dramáticos para televisión. Consigue su mayor éxito con *El crimen de Cuenca*, prohibida durante largos meses por el gobierno de Unión de Centro Democrático por las escenas de tortura protagonizadas por la guardia civil a principios de siglo, y que le supone un proceso militar. Con la llegada al poder del Partido Socialista Obrero Español, en noviembre de 1982 es nombrada directora general de Cinematografía, permanece en el cargo hasta que dimite en enero de 1986, reduce la producción cinematográfica a un tercio y pone en marcha la criticada Ley Miró de subvenciones anticipadas, pero que permite hacer algunas de las mejores películas españolas. Entre noviembre de 1986 y enero de 1989 es directora general de RTVE, temporada durante la que la televisión pública vive su mejor momento. Tras la anodina *Hablemos esta noche*, realiza la ambiciosa *Werther*, personal adaptación de la obra homónima de Goethe, pero su mejor y más brillante trabajo es *Beltenebros*, adaptación rodada en inglés de la novela homónima de Antonio Muñoz Molina. Su interés por la ópera y el teatro la hace dirigir regularmente obras en ambos géneros. Sus películas más personales son *Gary Cooper que estás en los cielos* y *El pájaro de la felicidad*, ambas protagonizadas por Mercedes Sampietro, que narran historias similares con cierta carga autobiográfica, donde una mujer aprovecha un hecho insólito en su vida para analizarla.
1976 *La petición*.
1979 *El crimen de Cuenca*.
1981 *Gary Cooper que estás en los cielos*.
1982 *Hablemos esta noche*.
1986 *Werther*.
1991 *Beltenebros*.
1993 *El pájaro de la felicidad*.
1995 *El perro del hortelano*.
1996 *Tu nombre envenena mis sueños*.

MISA HA TERMINADO, LA *(La messa è finita, 1985)*

Lo más representativo de la obra del guionista, actor, productor y director Nanni Moretti es la trilogía formada por *Sogni d'oro* (1981), *Bianca* (1983) y esta producción. Se trata de una pequeña obra maestra en la que el propio Moretti encarna a don Giulio, un joven cura que, tras pasar una larga temporada en una perdida isla, regresa a Roma, a una destartalada parroquia de la periferia, para descubrir que ni su familia ni sus viejos amigos tienen nada que ver con lo que eran. Su padre tiene una joven amante, su madre quiere suicidarse y su hermana soltera está embarazada. Uno de sus amigos de izquierdas se ha hecho católico, otro es homosexual, el tercero es terrorista y el último está muy deprimido porque le ha dejado su mujer. Esta dura visión, casi desmoralizadora, de la sociedad italiana, pero, sobre todo, de lo que queda de la ilusionada juventud revolucionaria de mayo de 1968, está muy bien reflejada a través de breves escenas, tenues pinceladas costumbristas, sin aparente relación entre ellas, muy trabajadas y bien estructuradas. Sin embargo, el gran hallazgo de la película, el origen de su gran fuerza, es que esté desarrollada en clave de comedia.

Director: *Nanni Moretti*. Guionistas: *Nanni Moretti, Sandro Petraglia*. Fotografía: *Franco di Giacomo*. Música: *Franco Piersanti*. Intérpretes: *Nanni Moretti, Margarita Lozano, Ferrucio de Ceresa, Enrica Maria Modugno*. Producción: *Nanni Moretti para Faso Films*. Color. Duración: 95'. Italia.

MITAD DEL CIELO, LA *(1986)*

Al igual que *Demonios en el jardín* (1982), una de las películas más conocidas de Manuel Gutiérrez Aragón, es una personal crónica de la posguerra, de los años cuarenta y cincuenta, esta es una peculiar crónica de la década de los sesenta y se extiende hasta el período de la transición política. Con una estructura mucho más lineal de lo que suele ser habitual en su cine, narra la vida de Rosa (Ángela Molina) desde su adolescencia en un pueblo de la cordillera cántabra hasta su triunfo en Madrid al frente de un restaurante que se pone de moda entre la clase política. Tras una brillante primera parte que transcurre en Cantabria, sin apenas diálogos y donde emplea con habilidad las elipsis narrativas, cuenta cómo Rosa llega a Madrid para trabajar de ama de cría de un recién nacido, hijo del jefe de Abastos (Fernando Fernán-Gómez), viudo reciente. Gracias a las influencias de su patrón consigue un puesto de casquería en un mercado y luego, por el apoyo de diferentes hombres, se convierte en una conocida restauradora. Mientras Gutiérrez Aragón describe con su peculiar humor las relaciones de Rosa con su abuela (Margarita Lozano), su hija Olvido (Carolina Silva), sus padres y hermanos, y sus diferentes hombres, desde el afilador Antonio (Santiago Ramos), padre de su hija, hasta el joven economista Juan (Antonio Valero) y el influyente y maduro don Pedro, jefe de Abastos, vuelve a insistir sobre el tema de la comida. Dado que en sus películas siempre se come mucho y bien y, en esta ocasión, la carrera madrileña de Rosa comienza gracias a lo mucho que le gusta su arroz con leche al poderoso don Pedro.

Director: *Manuel Gutiérrez Aragón*. Guionistas: *Manuel Gutiérrez Aragón, Luis Megino*. Fotografía: *José Luis Alcaine*. Música: *Milladoiro*. Intérpretes: *Ángela Molina, Fernando Fernán-Gómez, Margarita Lozano, Antonio Valero, Nacho Martínez, Santiago Ramos, Carolina Silva*. Producción: *Luis Megino P. C.* Color. Duración: 127'. España.

MITCHUM, Robert *(Bridgeport, Connecticut, 1917-Santa Barbara, Los Angeles, Estados Unidos, 1997)*

Hijo de irlandeses, vive una infancia dura y es expulsado de varios colegios. Tras ejercer diferentes oficios, minero, boxeador, obrero, a los veinticinco años se incorpora al Long Beach Theater Guild para convertirse en actor y poco después comienza a trabajar en cine como figurante. En 1943 hace mínimas apariciones en dieciocho películas, la mayoría *westerns* de bajo presupuesto de la serie Hopalong Cassidy, pero al año siguiente ya hace papeles importantes en *When Strangers Marry* y *También somos seres humanos*. Contratado por los estudios R.K.O., trabaja para ellos durante diez años en películas tan interesantes como *Persecución,* de Raoul Walsh; *Retorno al pasado,* de Jacques Tourneur; *Vuelve a amanecer,* de Norman Foster; *Odio y orgullo,* de Robert Stevenson; *Una aventurera en Macao,* de Josef von Sternberg; *The Lusty Men*, de Nicholas Ray, y *Cara de ángel*, de Otto Preminger. Convertido en una estrella, aparece en ciento seis películas a lo largo de cincuenta años, en una de las más brillantes carreras de la historia del cine. Durante el resto de la década de los cincuenta y la de los sesenta trabaja sin descanso para diferentes estudios y entre sus mejores interpretaciones se sitúan las realizadas en *La noche del cazador,* de Charles Laughton; *Sólo Dios lo sabe,* de John Huston; *Más allá de Río Grande,* de Robert Parrish; *Con él llegó el escándalo,* de Vincente Minnelli; *Página en blanco,* de Stanley Donen; *El Dorado,* de Howard Hawks, y *Ceremonia secreta,* de Joseph Losey. Tras el éxito de *La hija de Ryan,* de David Lean, durante los años sesenta y ochenta trabaja menos y en producciones de menor interés, pero todavía consigue hacer algunos interesantes papeles de héroe en *Yakuza,* de Sydney Pollack, y *Adiós, muñeca,* de Dick Richards, y destacar en papeles secundarios en *El último magnate,* de Elia Kazan, y *Los amantes de María,* de Andrei Konchalovsky.

1943 *Hoppy Serves a Writ*, de George Archainbaud. / *The Human Comedy* (La comedia humana), de Clarence Brown. / *The Leather Burns*, de Joseph Henabery. / *Bordel Patrol*, de Lesley Selander. / *Colt Comrades*, de Lesley Selander. / *Follow the Band*, de Jean Yarborough. / *Beyond the Last Frontier*, de Howard Bretherton. / *Bar 20*, de Lesley Selander. / *We've Never Been Licked*, de John Rawlins. / *The Dancing*

Masters, de Mal St. Clair. / *Doughboys in Ireland*, de Lew Landers. / *Corvette K-225* (Héroes del mar), de Richard Rossen. / *The Lone Star Trail*, de Ray Taylor. / *False Colors*, de George Archainbaud. / *Aerial Gunner*, de William H. Pine. / *Cry Havoc*, de Richard Thorpe. / *Riders of the Deadline*, de Lesley Selander. / *Gung Ho!* (Todos a una), de Ray Enright.
1944 *Johnny Doesn't Live Here Any More*, de Joe May. / *When Strangers Marry*, de William Castle. / *The Girl Rush*, de Gordon Douglas. / *Thirty Seconds Over Tokyo* (Treinta segundos sobre Tokio), de Mervyn LeRoy. / *Nevada*, de Edward Killy.
1945 *West of the Pecos*, de Edward Killy. / *The Story of G. I. Joe* (También somos seres humanos), de William A. Wellman.
1946 *Till the End of Time* (Hasta el fin del tiempo), de Edward Dmytryk. / *Undercurrent* (Corrientes ocultas), de Vincente Minnelli. / *The Locket* (La huella de un recuerdo), de John Brahm.
1947 *Pursued* (Persecución), de Raoul Walsh. / *Crossfire* (Encrucijada de odios), de Edward Dmytryk. / *Desire Me*. / *Out of the Past* (Retorno al pasado), de Jacques Tourneur.
1948 *Rachel and the Stranger* (Vuelve a amanecer), de Norman Foster. / *Blood on the Moon*, de Robert Wise.
1949 *The Red Pony*, de Lewis Milestone. / *Holiday Affair*, de Don Hartman. / *The Big Steal* (El gran robo), de Don Siegel.
1950 *Where Danger Lives*, de John Farrow.
1951 *My Forbidden Past* (Odio y orgullo), de Robert Stevenson. / *The Racket*, de John Cromwell. / *His Kind of Woman* (Las fronteras del crimen), de John Farrow.
1952 *Macao* (Una aventurera en Macao), de Josef von Sternberg. / *One Minute to Zero* (Corea, hora cero), de Tay Garnett. / *The Lusty Men*, de Nicholas Ray.
1953 *Angel Face* (Cara de ángel), de Otto Preminger. / *White Witch Doctor* (La hechicera blanca), de Henry Hathaway. / *Second Chance* (Perseguida), de Rudolph Maté.
1954 *She Couldn't Say No*, de Lloyd Bacon. / *River of No Return* (Río sin retorno), de Otto Preminger. / *Track of the Cat*, de William A. Wellman.
1955 *Not As a Stranger* (No serás un extraño), de Stanley Kramer. / *The Night of the Hunter* (La noche del cazador), de Charles Laughton. / *The Man With a Gun* (Con sus mismas armas), de Richard Wilson.
1956 *Foreign Intrigue* (Intriga extranjera), de Sheldon Reynolds. / *Bandido*, de Richard Fleischer.
1957 *Heaven Knows Mr. Allison* (Sólo Dios lo sabe), de John Huston. / *Fire Down Below* (Fuego escondido), de Robert Parrish. / *The Enemy Below* (Duelo en el Atlántico), de Dick Powell.
1958 *Thunder Road*, de Arthur Ripley. / *The Hunters* (Entre dos pasiones), de Dick Powell.
1959 *The Wonderful Country* (Más allá de Río Grande), de Robert Parrish. / *The Angry Hills* (Traición en Atenas), de Robert Aldrich.
1960 *Home From the Hill* (Con él llegó el escándalo), de Vincente Minnelli. / *A Terrible Beauty* (Los luchadores de la noche), de Tay Garnett. / *The Sundowners* (Tres vidas errantes), de Fred Zinnemann. / *The Grass Is Greener* (Página en blanco), de Stanley Donen.
1961 *The Last Time I Saw Archie*, de Jack Webb. / *Cape Fear* (El cabo del terror), de J. Lee Thompson.
1962 *The Longest Day* (El día más largo), de Ken Annakin, Andrew Marton, Bernhard Wicki y Gerd Oswald. / *Two for the Seesaw* (Cualquier día en cualquier esquina), de Robert Wise.
1963 *The List of Adrian Messenger* (El último de la lista), de John Huston. / *Rampage* (Safari en Malasia), de Phil Karlson.
1964 *Man in the Middle* (Entre dos fuegos), de Guy Hamilton. / *What a Way to Go!* (Ella y sus maridos), de J. Lee Thompson.
1965 *Mr. Moses* (El aventurero de Kenia), de Ronald Neame.
1966 *El Dorado*, de Howard Hawks. / *The Way West* (Camino de Oregón), de Andrew V. McLaglen.
1968 *Villa Rides* (Villa cabalga), de Buzz Kulik. / *Anzio* (La batalla de Anzio), de Edward Dmytryk. / *Five Card Stud* (El póquer de la muerte), de Henry Hathaway. / *Secret Ceremony* (Ceremonia secreta), de Joseph Losey.
1969 *Young Billy Young* (Pistolero), de Burt Kennedy. / *The Good Guys and the Bad Guys* (Un hombre impone la ley), de Burt Kennedy.
1970 *Ryan's Daughter* (La hija de Ryan), de David Lean.
1971 *Going Home* (Regreso al hogar), de Herbert B. Leonard.
1972 *The Wrath of God* (La ira de Dios), de Ralph Nelson.
1973 *The Friends of Eddie Coyle* (El confidente), de Peter Yates.
1975 *The Yakuza* (Yakuza), de Sydney Pollack. / *Farewell My Lovely* (Adiós, muñeca), de Dick Richards.
1976 *Midway* (La batalla de Midway), de Jack Smight. / *The Last Tycoon* (El último magnate), de Elia Kazan.
1977 *The Amsterdam Kill* (Operación Amsterdam), de Robert Clouse.
1978 *Matilda* (Super Rocky), de Daniel Mann. / *The Big Sleep* (Detective privado), de Michael Winner.
1979 *Breakthrough* (Cerco roto), de Andrew V. McLaglen. / *Agency*, de George Kaczender.
1980 *Nightkill*, de Ted Post.

1982 *That Championship Season* (Cuando fuimos campeones), de Jason Miller.
1984 *Maria's Lovers* (Los amantes de María), de Andrei Konchalowsky. / *The Ambassador* (Embajador en Oriente Medio), de J. Lee Thompson.
1988 *Mr. North*, de Danny Huston. / *Scrooged* (Los fantasmas atacan al jefe), de Richard Donner.
1990 *Presumé dangereux* (Impulso violento), de Georges Lautner.
1991 *Cape Fear* (El cabo del miedo), de Martin Scorsese.
1993 *Woman of Desire*, de Robert Ginty.
1994 *Backfire!*, de A. Dean Bell.

MIZOGUCHI, Kenji *(Tokio, 1898-Kyoto, Japón, 1956)*

Hijo de un modesto carpintero, su infancia está marcada por la venta de una de sus hermanas como *geisha*, hecho que tiene una gran influencia en la concepción de la sociedad japonesa en su obra. Después de trabajar en diferentes oficios, deja la casa familiar a los dieciséis años, con motivo de la muerte de su madre, y se va a vivir con su hermana, mantenida de un importante noble, lo que le permite leer y estudiar bellas artes en el Instituto Aoibashi de Tokio. Mientras se encarga de diseñar la publicidad de un diario, en 1920, de forma un tanto casual, entra en los estudios Nikkatsu como actor especializado en papeles femeninos, pero no tarda en convertirse en ayudante de dirección y dos años después debuta como realizador con *El día en que vuelve el amor*. Durante los años veinte rueda cuarenta y tres películas mudas, las primeras son obras de aprendizaje, en su mayoría adaptaciones de novelas nacionales o extranjeras, como *El puerto de las nieblas*, sobre Eugene O'Neill, o *Las aventuras de Arsenio Lupin*, sobre Maurice Leblanc, y las últimas sólidas narraciones realistas, como *El puente de Nihon*, sobre Kyoka Izumij; *La marcha de Tokio*, sobre Kan Kikuchi, o *Sinfonía de una gran ciudad*, que es mutilada por la censura por sus ideas progresistas. La llegada del sonoro supone un descenso en su febril actividad, durante los años treinta solo realiza dieciocho películas, pero en seguida se habitúa al nuevo lenguaje, desarrolla su técnica del plano-secuencia, que le hace famoso, y continúa con las historias realistas en *El hilo blanco de la catarata*, *Osen, el de las cigüeñas* y *Oyuki, la virgen*, sobre Guy de Maupassant, que exponen cómo la sociedad considera a la mujer una simple mercancía. A mediados de la década comienza a trabajar con el guionista Yoshikata Yoda, que se convierte en colaborador habitual durante el resto de su obra, y tienen gran éxito con *Elegía de Naniwa* y *Las hermanas de Gion*, sobre la cruel vida de las prostitutas, pero son criticadas por el régimen militar que conduce al país a la II Guerra Mundial. Esta situación le lleva a realizar historias situadas en el pasado, como *Historia de los crisantemos tardíos*, o inocuas biografías de actores, como *La vida de un actor*. Su trabajo más depurado durante los años de guerra es *Los cuarenta y siete samurais*, dividida en dos partes y rodada en planos-secuencia. En la posguerra hace sus películas más ambiciosas, social y políticamente, protagonizadas por la gran actriz Kinuyo Tanaka: *La victoria de las mujeres, Utamaro y las cinco mujeres, El amor de la actriz Sumako, Mujeres de la noche, Llama de mi amor, La honorable señora Oyu* y *La dama de Musashino*, donde vuelve a plantearse la dura condición femenina y que dibujan espléndidos retratos de mujer. Su mejor trabajo con Kinuyo Tanaka es *Vida de Oharu, mujer galante*, sobre la obra clásica de Saikaku Ihara, que narra la ascensión y caída de una mujer noble en la sociedad feudal, y además le abre las puertas de Occidente al obtener un premio en la Mostra de Venecia. A pesar de que a lo largo de treinta y tres años de profesión dirige ochenta y cinco películas, la mayoría de gran calidad, en Occidente solo se conocen la última decena, las brillantes producciones históricas de los estudios Daiei: *Cuentos de la Luna pálida de agosto, La música de Gion, El intendente Sansho, La mujer crucificada* y *Los amantes crucificados*, que vuelve a rodar sobre guiones de su colaborador habitual Yoshikata Yoda, donde critica la continuidad del sistema feudal en la sociedad contemporánea. Tras *La emperatriz Yang-Kwei-Fei* y *El héroe sacrílego*, sus únicas producciones en color, su última película es *La calle de la vergüenza*, donde vuelve a plantear el tema de la prostitución mientras el gobierno discute su abolición. El conseguido tono melodramático de sus historias, su alto grado de exotismo, la fuerza reivindicativa de sus personajes femeninos y sus largos, barrocos y complejos planos-secuencia le convierten en el gran director japonés y uno de los inolvidables clásicos del cine mundial.

1923 *Ai ni yomigaeru hi* (El día en que vuelve el amor). / *Kokyo* (La tierra natal). / *Seishun no yumeji* (Un sueño de juventud). / *Joen no chimata* (La ciudad del fuego). / *Haizan no uta wa kanashi* (La canción del fracaso es triste) / *813: Rupimono* (Las aventuras de Arsenio Lupin). / *Kiri no minato* (El puerto de las nieblas). / *Haikyo no naka* (En las ruinas). / *Yoru* (La noche). / *Chi to rei* (La sangre y el alma). / *Toge no uta* (La canción del desfiladero de la montaña).
1924 *Kanashiki hakuchi* (El triste imbécil). / *Akatsuki no shi* (La muerte al amanecer). / *Gendai no jo-o* (La reina de los tiempos modernos). / *Josei wa tsuyoshi* (Las mujeres son fuertes). / *Jin kyo* (El mundo de aquí abajo). / *Shichimencho no yukue* (En busca de una pavita). / *Samidare zoshi* (Lluvia de mayo y papel de seda). / *Kanraku no onna* (La mujer alegre). / *Kyokubadan no jo-o* (La reina del circo).
1925 *Musen fusen* (No hay guerra sin dinero). / *Gakuso o idete* (Tras los años escolares). / *Daichi wa homoemu* (La sonrisa de nuestra tierra). / *Shirayuri wa nageku* (El llanto del crisantemo blanco). / *Akai yuhi ni terasarete* (Bajo los rayos rojos del sol poniente). / *Gaijo no suketchi* (Escenas de la calle). / *Ningen* (El ser humano). / *Furusato no uta* (Canción del país natal). / *Nogi taisho to Kuma-san* (El general Nogi y el señor Kuma).
1926 *Doka-o* (El rey de la perra chica). / *Kaminingyo haru no sasayaki* (Murmullo primaveral de una muñeca de papel). / *Shin ono ga tsumi* (Las consecuencias del error). / *Kyoren no onna shisho* (El amor de una profesora de canto). / *Kaikoku danji* (Hijos del mar). / *Kane* (Del dinero).
1927 *Ko-on* (Gratitud al emperador). / *Jihi shincho* (Como el cambiante corazón de un pájaro).
1928 *Hito no issho* (La vida de un hombre). / *Misume kawaiya* (Querida hija).
1929 *Nihonbashi* (El puente de Nihon). / *Asahi wa kagayaku* (Brilla el sol al elevarse). / *Tokyo koshin kyoku* (La marcha de Tokio). / *Tokai kokyogaku* (Sinfonía de la gran ciudad).
1930 *Furusato* (La tierra natal). / *Tojin Okichi* (Okichi, la extranjera).
1931 *Shikamo karera wa yuku* (Y, sin embargo, avanzan).
1932 *Toki no ujigami* (El dios guardián del presente). / *Mammo kenkoku no reimei* (El amanecer de la fundación en Manchuria).
1933 *Taki no shiraito* (El hilo blanco de la catarata). / *Gion matsuri* (La fiesta de Gion).
1934 *Jinpuren* (El grupo del viento de la victoria). / *Aizo toge* (La garganta del amor y el odio).
1935 *Orizuru Osen* (Osen, el de las cigüeñas). / *Maria no Oyuki* (Oyuki, la virgen). / *Gubijinso* (Las amapolas).
1936 *Naniwa hika* (Elegía de Naniwa). / *Gion no shimai* (Las hermanas de Gion).
1937 *Aienkyo* (El valle del amor y la tristeza).
1938 *Roei no uta* (La canción del campo). / *A kokyo* (La patria).
1939 *Zangiku monogatari* (Historia de los crisantemos tardíos).
1940 *Naniwa onna* (La mujer de Naniwa).
1941 *Geido ichidai otoko* (La vida de un actor).
1942 *Genroku chushinhura* (Los cuarenta y siete samurais).
1944 *Danjuro sandai* (Los tres Danjuro). / *Miyamoto Musashi*.
1945 *Meito Bijomaru* (La espada Bijomaru). / *Hissho ka* (Canto de la victoria).
1946 *Josei no shori* (La victoria de las mujeres). / *Utamaro o meguru gonin no onna* (Utamaro y las cinco mujeres).
1947 *Joyu sumako no koi* (El amor de la actriz Sumako).
1948 *Yoru no onna tachi* (Mujeres de la noche).
1949 *Waga koi wa moenu* (Llama de mi amor).
1950 *Yuki fujin ezu* (El destino de la señora Yuki).
1951 *Oyu sama* (La honorable señora Oyu). / *Musashino fujin* (La dama de Musashino).
1952 *Saikaku ichidai onna* (Vida de Oharu, mujer galante).
1953 *Ugetsu monogatari* (Cuentos de la Luna pálida de agosto). / *Gion bayashi* (La música de Gion).
1954 *Sansho dayu* (El intendente Sansho). / *Uwasa na onna* (La mujer crucificada). / *Chikamatsu monogatari* (Los amantes crucificados).
1955 *Yokihi* (La emperatriz Yang-Kwei-Fei). / *Shin heike monogatari* (El héroe sacrílego).
1956 *Akasen chitai* (La calle de la vergüenza).

MODERNO SHERLOCK HOLMES, EL
(Sherlock Junior, 1924)

El éxito de sus dos primeros largometrajes anima a Buster Keaton a producir, dirigir y protagonizar esta obra maestra que es un prodigio de inventiva y hábil realización. Narra cómo una atractiva muchacha (Kathryn McGuire) rechaza, por un malentendido derivado de un robo, a un proyeccionista cinematográfico (Buster Keaton). Este, al dormirse mientras proyecta una película policiaca, sueña que es el gran detective Sherlock Junior, se mete en su trama y resuelve el caso. En esta depurada e imaginativa comedia destacan los sencillos y eficaces trucos utilizados el proyeccionista para que se introduzca en la película que proyecta cuando se duerme, la sucesión de *gags* derivados del puro lenguaje cinematográfico de la película en que se ha introducido, y también una enloquecida persecución en moto. Ha sido muy debatida la posible intervención de su antiguo colaborador Roscoe Arbuckle, más conocido como *Fatty*, en la realización de esta película. Buster Keaton asegura que solo la dirige durante algunos días, y el biógrafo de Roscoe Arbuckle dice que no solo es el codirector, sino que la idea original es suya.

Director: *Buster Keaton*. Guionistas: *Clyde Bruckman, Jean Havez, Joseph Mitchell*. Fotografía: *Elgin Lessley, Byron Houck*. Intérpretes: *Buster Keaton, Kathryn McGuire, Joe Keaton, Ward Crane, Erwin Connelly, Jane Connelly*. Producción: *Buster Keaton Productions*. Duración: 60'. Estados Unidos.

MODINE, Matthew *(Loma Linda, California, Estados Unidos, 1959)*

Hijo del propietario de un autocine en Utah, trabaja en Nueva York como lavacoches y cocinero para pagarse los estudios en la escuela de arte dramático Stella Adler. Después de hacer algunos anuncios y series de televisión, es elegido por el realizador independiente John Sayles para protagonizar *Baby, eres... tú*. Se da a conocer gracias a los premios de interpretación obtenidos por su trabajo en *Desechos*, de Robert Altman, lo que le permite hacer importantes papeles en *Birdy*, de Alan Parker; *La chaqueta metálica*, de Stanley Kubrick; *Un ángel caído*, de Alan J. Pakula, y *Memphis Belle*, de Michael Caton-Jones. Convertido en uno de los mejores actores de su generación, vuelve a trabajar con Robert Altman en *Vidas cruzadas*.

1983 *Baby, It's You* (Baby, eres... tú), de John Sayles. / *Private School* (Escuela privada... para chicas), de Noel Black. / *Streamers* (Desechos), de Robert Altman.
1984 *Hotel New Hampshire* (El hotel New Hampshire), de Tony Richardson. / *Mrs. Soffel*, de Gilliam Armstrong. / *Birdy*, de Alan Parker.
1985 *Vision Quest* (Loco por ti), de Harold Becker.
1987 *Full Metal Jacket* (La chaqueta metálica), de Stanley Kubrick. / *Orphans* (Un ángel caído), de Alan J. Pakula.
1988 *Married to the Mob* (Casada con todos), de Jonathan Demme. / *La partita* (Juegos prohibidos de una dama), de Carlo Vanzina.
1989 *Gross Anatomy*, de Tom Eberhardt.
1990 *Pacific Heights* (De repente, un extraño), de John Schlesinger. / *Memphis Belle*, de Michael Caton-Jones.
1993 *Equinox*, de Alan Rudolph. / *Wind* (La fuerza del viento), de Carroll Ballard. / *Short Cuts* (Vidas cruzadas), de Robert Altman.
1995 *Cutthroat Island* (La isla de las cabezas cortadas), de Renny Harlin.

MOLINA, Ángela *(Madrid, España, 1955)*

Hija del cantante y actor Antonio Molina (1928-1992) y hermana de los actores Paula Molina, Miguel Molina y Mónica Molina, estudia *ballet* clásico, baile flamenco, danza española y arte dramático en la Escuela Superior de Madrid. Debuta en cine como protagonista de las muy mediocres *No matarás, No quiero perder la honra* y *Las protegidas*, pero en seguida comienza a hacer papeles secundarios en películas de mayor interés como *Las largas vacaciones del 36*. Dentro de su filmografía destaca su colaboración con Manuel Gutiérrez Aragón en *Camada negra, El corazón del bosque, Demonios en el jardín* y *La mitad del cielo;* y con Jaime Chávarri en *A un Dios desconocido, Bearn, o la sala de las muñecas, El río de oro, Las cosas del querer* y *Las cosas del querer II*. Gracias a su colaboración con Luis Buñuel en *Ese oscuro objeto del deseo*, empieza a trabajar en Italia en *El gran atasco, Operación Ogro, Le buone notizie, Gli occhi, la bocca, Camorra, contacto en Nápoles, Il generale, Con gli occhi chiusi;* y en menor medida también en Francia en *El ladrón de niños, El hombre que perdió su sombra*. Después de rodar casi sesenta películas, entre las que también hay que citar *Los restos del naufragio, La Sabina* y *El baile de las ánimas*, comienza a dar muestras de cansancio.

1974 *No matarás*, de César Ardavín.
1975 *No quiero perder la honra*, de Eugenio Martín. / *Las protegidas*, de Francisco Lara Polop.
1976 *La ciudad quemada*, de Antonio Ribas. / *Las largas vacaciones del 36*, de Jaime Camino. / *El hombre que supo amar*, de Miguel Picazo. / *Viva/muera don Juan*, de Tomás Aznar.
1977 *Nunca es tarde*, de Jaime de Armiñán. / *Camada negra*, de Manuel Gutiérrez Aragón. / *Ese oscuro objeto del deseo*, de Luis Buñuel. / *A un dios desconocido*, de Jaime Chávarri. / *La portentosa vida del padre Vicente*, de Carles Mira.
1978 *Los restos del naufragio*, de Ricardo Franco. / *L'ingorgo* (El gran atasco), de Luigi Comencini. / *El corazón del bosque*, de Manuel Gutiérrez Aragón.
1979 *Ogro* (Operación Ogro), de Gillo Pontecorvo. / *La Sabina*, de José Luis Borau. / *Le buone notizie*, de Elio Petri.

1980 *Katgestellt* (Marginado), de Bernhard Sinkel.
1982 *Demonios en el jardín*, de Manuel Gutiérrez-Aragón. / *Gli occhi, la bocca*, de Marco Bellocchio. / *Dies Rigorose Leben*, de Vadim Glowna. / *Bearn, o la sala de muñecas*, de Jaime Chávarri.
1984 *Fuego eterno*, de José Ángel Rebolledo.
1985 *Bras de fer*, de Gérard Vergez. / *Un complicato intrigo di donne, vicoli e delitti* (Camorra, contacto en Nápoles), de Lina Wertmuller. / *Lola*, de Bigas Luna. / *El río de oro*, de Jaime Chávarri.
1986 *La mitad del cielo*, de Manuel Gutiérrez Aragón. / *Streets of God*, de Joe Roth. / *Il generale*, de Luigi Magni. / *La sposa era bellissima* (La esposa era bellísima), de Pal Gabor. / *Laura*, de Gonzalo Herralde.
1988 *Taxi Killer*, de Stelvio Massi. / *Luces y sombras*, de Jaime Camino. / *Esquilache*, de Josefina Molina. / *Via Paradiso*, de Luciano Odorisio. / *La barbare*, de Mireille Darc.
1989 *Las cosas del querer*, de Jaime Chávarri. / *Barroco*, de Paul Leduc. / *Volevo i pantaloni*, de Maurizio Ponzi.
1990 *Sandino*, de Miguel Littín. / *La batalla de los tres reyes*, de Souheil Ben Barka. / *Río negro*, de Atahualpa Lichy. / *Los ángeles*, de Jacob Berger.
1991 *Martes de carnaval*, de Fernando Bauluz y Pedro Carvajal. / *L'homme qui a perdu son ombre* (El hombre que perdió su sombra), de Alain Tanner. / *Le voleur d'enfants* (El ladrón de niños), de Christian de Chalonge. / *Krapatchouk*, de Enrique Gabriel Lipshic.
1992 *Una mujer bajo la lluvia*, de Gerardo Vera. / *1492: The Conquest of Paradise* (1492: La conquista del paraíso), de Ridley Scott. / *Pauvre Jorge*, de Luis Felipe Rocha.
1993 *Mal de amores*, de Carlos Balagué. / *El baile de las ánimas*, de Pedro Carvajal.
1994 *¡Oh, cielos!*, de Ricardo Franco. / *Con gli occhi chiusi*, de Francesca Archibugi. / *Las cosas del querer II*, de Jaime Chávarri.
1995 *Gimlet*, de José Luis Acosta.

MOMENTO DE LA VERDAD, EL *(Il momento della verità, 1964)*

El joven andaluz Miguel (Miguel Mateo) se hace torero como única salida para no morirse de hambre y hacer fortuna, pero no tiene la suerte necesaria para llegar a ser famoso. A partir de una serie de tópicos sobre el mundo taurino, Francesco Rosi da su personal versión de España y trata de demostrar que el torero y el toro son víctimas de los intereses de los empresarios y del público. El máximo interés de este primer encuentro del italiano Francesco Rosi con la realidad hispana, al que más tarde siguen *Carmen* (1983), fiel versión de la ópera de Georges Bizet, y *Crónica de una muerte anunciada* (Cronaca di una morte annunciata, 1987), fallida adaptación de la novela de Gabriel García Márquez, es rodar un documento sobre la realidad española de la época. Esto le supone ciertos problemas con las autoridades y que la censura del general Franco suprima de la versión española los nombres de sus colaboradores Ricardo Muñoz Suay y Pere Portabella, pero sus resultados quedan muy lejos de los de sus mejores trabajos de la década de los sesenta.

Director: *Francesco Rosi*. Guionistas: *Francesco Rosi, Pedro Portabella, Ricardo Muñoz Suay, Pedro Beltrán*. Fotografía: *Gianni di Venanzo*. Música: *Piero Piccioni*. Intérpretes: *Miguel Mateo, José Luis Gómez, Pedro Basauri, Linda Christian, Luque Gago, Salvador Mateo*. Producción: *Antonio Cerci y Francesco Rosi para Federiz (Roma), As Film (Madrid), Color. Scope. Duración: 110'. Italia-España.*

MONICELLI, Mario *(Viareggio, Italia, 1915)*

Hijo del crítico teatral y periodista Tommaso Monicelli, se licencia en historia y filosofía y escribe crítica de cine. Dirige el corto *Cuore rivelatore* (1934) en colaboración con Alberto Mondadori y, ya en solitario, el mediometraje *I ragazzi della via Paal* (1935), premiado en la Mostra de Venecia, que le permiten ser ayudante de los directores Gustav Machaty, Augusto Genina, Mario Camerini y Pietro Germi. Mientras tanto realiza el largo *Pioggia d'estate,* bajo el seudónimo Michele Badiek, y durante los años cuarenta y cincuenta desarrolla una gran actividad como guionista. Debuta como director con ocho comedias realizadas a medias con Steno, seudónimo de Stefano Vanzina (1917-1988), entre las que destacan *Vida de perros,* sobre el mundo de las variedades, y las protagonizadas por el popular cómico napolitano Totó, *Totó busca piso, Guardias y ladrones, Totò e il re di Roma* y *Totò e le donne*, que sirven de puente entre el «neorrealismo rosa» y la «comedia a la italiana». Después del melodrama social *Proibito*, sobre una novela de Grazia Deledda, continúa con las comedias con *Un eroe dei nostri tempi,* uno de los primeros grandes papeles de Alberto Sordi; *Donatella,* que lanza a Elsa Martinelli, y *Padres e hijos,* una historia familiar. Sus mejores películas son las comedias con trasfondo social *Rufufú*, sobre un grupo de ladronzuelos que intenta dar un gran golpe a la norteamericana; *La Gran Guerra*, una superproducción que narra las andanzas de dos soldados que tratan de sobrevivir durante la Gran Guerra, y *Los camaradas*, sobre las primeras huelgas organizadas en Turín a finales del siglo XIX; siempre basadas en guiones originales en los que colabora. Entre desiguales episodios de comedia y producciones de menor interés, destacan *La armada Brancaleone*, sátira de la Edad Media, cuyo éxito origina la menos lograda *Brancaleone alle Crociate; Queremos los coroneles,* farsa política sobre la actualidad; *Habitación para cuatro*, preparada por Pietro Germi, cuyo éxito da lugar a la más lograda *Un quinteto a lo loco*. Sin olvidar la comedia *La ragazza con la pistola*, sobre un excelente guión de Rodolfo Sonego y Luigi Magni; el drama *Caro Michele*, sobre la novela homónima de Natalia Ginzburg; la tragicomedia *Un burgués pequeño, muy pequeño*, sobre la obra de Vincenzo Cerami; la historia de época *El marqués del Grillo*, que permite a Alberto Sordi lucirse en un doble papel; el drama *Le due vite di Mattia Pascal*, adaptación de la obra de Luigi Pirandello con un excelente Marcello Mastroianni; la atractiva historia feminista *Speriamo che sia femmina*, sobre un argumento de Tullio Pinelli, y la tragicomedia *Il male oscuro*, basada en la excelente novela autobiográfica de Giuseppe Berto. Entre los episodios que dirige destaca *Primeros auxilios*, de *¡Que viva Italia!*, donde Alberto Sordi encarna a un charlatán noble que recoge a un herido, lo lleva a tres hospitales, no lo admiten en ninguno y vuelve a dejarlo donde lo encontró.

1937 *Pioggia d'estate.*
1949 *Al diavolo la celebrità* (Al diablo la celebridad). / *Totò cerca casa* (Totó busca piso).
1950 *Vita da cani* (Vida de perros). / *É arrivato il cavaliere.*
1951 *Guardie e ladri* (Guardias y ladrones). / *Totò e il re di Roma.*
1952 *Totò e le donne.* / *Le infedeli.*
1954 *Proibito.*
1955 *Totò e Carolina.* / *Un eroe dei nostri tempi.*
1956 *Donatella.*
1957 *Padri e figli* (Padres e hijos). / *Il medico e lo stregone* (El médico y el curandero).
1958 *I soliti ignoti* (Rufufú).
1959 *La Grande Guerra* (La Gran Guerra).
1960 *Risate di gioia* (Llegan los bribones).
1961 *Renzo e Luciana* (Renzo y Luciana), episodio de *Boccaccio'70.*
1963 *I compagni* (Los camaradas).
1964 *Gente moderna*, episodio de *Alta infedeltà.*
1965 *Casanova 70.* / *L'armata Brancaleone* (La armada Brancaleone).
1966 *Fate armenia* (La bruja armenia), episodio de *Le fate* (Las cuatro brujas).
1968 *La bambinaia*, episodio de *Capriccio all'italiana.* / *La ragazza con la pistola.*
1969 *To', è morta la nonna!*
1970 *Brancaleone alle Crociate* (Brancaleone en las Cruzadas). / *Il frigorifero* (El frigorífico), episodio de *Le coppie* (Tres parejas).
1971 *La mortadella* (Mortadela).
1973 *Vogliamo i colonnelli* (Queremos los coroneles).
1974 *Romanzo popolare* (Apasionada).
1975 *Amici miei* (Habitación para cuatro).
1976 *Caro Michele.* / *Signore e signori, buonanotte*, un episodio.
1977 *Un borghese piccolo piccolo* (Un burgués pequeño, muy pequeño). / *Pronto socorro* (Primeros auxilios). / *Autostop*, episodios de *I nuovi mostri* (¡Que viva Italia!).
1978 *Viaggio con Anita* (Un viaje con Anita).
1980 *Temporale Rosy* (Rosy el huracán).
1981 *Camera d'albergo.* / *Il marchese del Grillo* (El marqués del Grillo).
1982 *Amici miei atto II* (Un quinteto a lo loco).
1984 *Bertoldo, Bertoldino e Cacasenno.*
1985 *Le due vite di Mattia Pascal.*
1986 *Speriamo che sia femmina.*
1987 *I picari* (Los pícaros).
1990 *Il male oscuro.*
1991 *Rossini! Rossini!*
1992 *Parenti serpenti.*

MONROE, Marilyn *(Norma Jean Baker Mortenson. Los Ángeles, California, 1926-Hollywood, California, Estados Unidos, 1962)*

Hija ilegítima de un panadero y una montadora que acaba volviéndose loca, vive una dura infancia entre distintos orfanatos y varias familias adoptivas. A los dieciséis años celebra el primero de sus tres matrimonios y se abre una nueva vida ante ella, comienza a estudiar mientras trabaja en la radio y como *pin-up* y modelo fotográfico. A finales de los años cuarenta es descubierta por un cazatalentos de los estudios 20th Century-Fox y durante cinco años hace atractivos papeles secundarios en *La jungla de asfalto, Eva al desnudo, Encuentro en la noche, Me siento rejuvenecer.* Entre 1953 y 1961 protagoniza once películas, que la convierten en una estrella y uno de los grandes mitos eróticos de la historia del cine, entre las que destacan *Niágara, Río sin retorno, La tentación vive arriba, El príncipe y la corista* y, sobre todo, *Con faldas y a lo loco, El multimillonario* y *Vidas rebeldes*. Muerta a los treinta y seis años en trágicas circunstancias, arrastra tras de sí una leyenda de falta de profesionalidad que hace que los directores no quieran trabajar con ella y que 20th Century Fox, el estudio con el que hace toda su carrera, esté a punto de romper su contrato. Es objeto de una amplísima bibliografía e incluso de la producción de montaje *Marilyn* (1963), de Don Medford, integrada por fragmentos de sus películas y de la inacabada *Something Got to Give,* de George Cukor, comentadas por el actor Rock Hudson.

1948 *Scudda Hoo!, Scudda Hay!,* de F. Hugh Herbert. / *Ladies of the Chorus,* de Phil Karlson.
1949 *Love Happy* (Amor en conserva), de David Miller.
1950 *A Ticket to Tomahawk,* de Richard Sale. / *Right Cross,* de John Sturges. / *The Asphalt Jungle* (La jungla de asfalto), de John Huston. / *All About Eve* (Eva al desnudo), de Joseph L. Mankiewicz. / *The Fireball,* de Tay Garnett.
1951 *Hometown Story,* de Arthur Pierson. / *As Young as You Feel,* de Harmon Jones. / *Let's Make It Legal,* de Richard Sale. / *Love Nest,* de Joseph M. Newman.
1952 *Clash by Night* (Encuentro en la noche), de Fritz Lang. / *We're Not Married* (No estamos casados), de Edmund Goulding. / *Don't Brother to Knock* (Niebla en el alma), de Roy Ward Baker. / *O. Henry's Full House* (Cuatro páginas de la vida), episodio de Henry Koster. / *Monkey Business* (Me siento rejuvenecer), de Howard Hawks.
1953 *Niagara* (Niágara), de Henry Hathaway. / *Gentlemen Prefer Blondes* (Los caballeros las prefieren rubias), de Howard Hawks. / *How to Marry a Millionaire* (Cómo casarse con un millonario), de Jean Negulesco.
1954 *River of no Return* (Río sin retorno), de Otto Preminger. / *There's No Business Like Show Business* (Luces de candilejas), de Walter Lang.
1955 *The Seven Year Itch* (La tentación vive arriba), de Billy Wilder.
1956 *Bus Stop,* de Joshua Logan.
1957 *The Prince and the Showgirl* (El príncipe y la corista), de Laurence Olivier.
1959 *Some Like It Hot* (Con faldas y a lo loco), de Billy Wilder.
1960 *Let's Make Love* (El multimillonario), de George Cukor.
1961 *The Misfits* (Vidas rebeldes), de John Huston.

MONSIEUR VERDOUX *(1947)*

A partir de una idea de Orson Welles y con la II Guerra Mundial recién acabada, Charles Chaplin escribe, produce, dirige y protagoniza su más atacada, discutida y mejor película. Con esta gran farsa, realizada a partir del personaje del famoso asesino de mujeres francés Landrú, trata de demostrar que si la diplomacia conduce a la guerra, los negocios llevan al crimen, para concluir afirmando que por la misma razón que se admite la guerra, debe admitirse el crimen. En el momento de su estreno levanta un gran escándalo por mantener una tesis pacifista y equiparar los muertos en el campo de batalla con las víctimas de un asesino. Narra cómo, para salvar a su mujer (Mady Corell) y su hijo de la miseria, cuando el cajero de banco Verdoux (Charles Chaplin) es despedido durante la Depresión, se dedica a casarse con ricas viudas, robarlas y matarlas. Nadie sospecha de su doble vida, pero cuando su mujer y su hijo mueren, se deja capturar y es guillotinado tras denunciar a los verdaderos asesinos, los belicistas y los que se aprovechan de la guerra. Obra maestra del humor negro, es tan duramente atacada en el momento de su estreno que Charles Chaplin solo se salva de la ruina gracias a la reposición de *Luces de la ciudad* (City Lights, 1930).

Director y guionista: *Charles Chaplin*. Fotografía: *Rollie Totheroh*. Música: *Charles Chaplin*. Intérpretes: *Charles Chaplin, Martha Raye, Isobel Elsom, Mady Corell*. Producción: *Charles Chaplin para United Artists*. Duración: *125'. Estados Unidos*.

MONTAND, Yves *(Ivo Livi. Monsummano Alto, Italia, 1921-Senlis, Francia, 1991)*

Hijo de unos humildes emigrantes toscanos que llegan a Marsella huyendo del fascismo, desde los once años trabaja en diferentes oficios, peón en un almacén de aceites, cargador de muelle. Estudia canto, a raíz de ganar un concurso de aficionados, debuta como cantante en el teatro Alcázar de Marsella; se traslada a Lyon y luego a París, donde, gracias a su amistad con la cantante Edith Piaf, comienza a trabajar a su lado como cantante y años después como actor de cine en un papel secundario. Durante casi toda su carrera alterna el *music-hall* y el cine; es protagonista de su segunda película, *Les portes de la nuit,* de Marcel Carné, y destaca con *El salario del miedo,* de H.-G. Clouzot. Tras rodar en Italia *Hombres y lobos,* de Giuseppe de Santis; *Prisioneros del mar,* de Gillo Pontecorvo, y la coproducción con Francia *La ley,* de Jules Dassin, a principios de los años sesenta viaja a Hollywood para protagonizar *El multimillonario,* de George Cukor; *Réquiem por una mujer,* de Tony Richardson; *No me digas adiós,* de Anatole Litvak, y *Mi dulce geisha,* de Jack Cardiff, pero desencantado de la experiencia, se retira del cine durante unos años. Regresa para dar a su carrera un mayor peso político con Costa-Gavras en *Los raíles del crimen, Z, La confesión, Estado de sitio;* con Alain Resnais en *La guerra ha terminado;* con Jean-Luc Godard en *Todo va bien,* y con Joseph Losey en *Las rutas del Sur,* entre las que también rueda las atractivas *Una noche, un tren,* de André Delvaux; *El círculo rojo,* de Jean-Pierre Melville, y *Mi hombre es un salvaje,* de Jean-Paul Rappeneau. Durante los años setenta resulta fundamental su encuentro con Claude Sautet, que da como resultado las interesantes *Ella, yo... y el otro, Tres amigos, sus mujeres... y los otros* y *Garçon!,* y con Alain Corneau, bajo cuya dirección hace los atractivos policiacos *Policía Python 357, La amenaza* y *Le choix des armes.* Entre sus últimas películas destacan el díptico sobre la novela de Marcel Pagnol realizado por Claude Berri e integrado por *El manantial de las colinas* y *La venganza de Manon* y el musical autobiográfico dirigido por Jacques Demy *Tres entradas para el 26.* Muere poco después de acabar de rodar la fallida *Netchaïev est de retour,* adaptación de una novela de Jorge Semprún.

1945 *Étoile sans lumière,* de Marcel Blistène.
1946 *Les portes de la nuit,* de Marcel Carné.
1947 *L'idole,* de Alexander Esway.
1950 *Souvenirs perdus,* de Christian-Jaque.
1951 *Parigi è sempre Parigi* (París, siempre París), de Luciano Emmer. / *Paris chante toujours,* de Pierre Montazel.
1953 *Le salaire de la peur* (El salario del miedo), de H.-G. Clouzot.
1954 *Tempi nostri* (Nuestros tiempos), de Alessandro Blasetti. / *Napoléon,* de Sacha Guitry.
1955 *Les héros sont fatigués,* de Yves Ciampi.
1956 *Uomini e lupi* (Hombres y lobos), de Giuseppe de Santis. / *Marguerite de la nuit* (Margarita de la noche), de Claude Autant-Lara.
1957 *Les sorcières de Salem,* de Raymond Rouleau. / *La grande strada azzurra* (Prisioneros del mar), de Gillo Pontecorvo.
1958 *Prémier mai,* de Luis Saslavsky. / *La loi* (La ley), de Jules Dassin.
1960 *Let's Make Love* (El multimillonario), de George Cukor.
1961 *Sanctuary* (Réquiem por una mujer), de Tony Richardson. / *Goodbye Again* (No me digas adiós), de Anatole Litvak. / *My Geisha* (Mi dulce geisha), de Jack Cardiff.
1965 *Compartiment tueurs* (Los raíles del crimen), de Costa-Gavras.
1966 *La guerre est finie* (La guerra ha terminado), de Alain Resnais. / *Paris brûle-t-il?* (¿Arde París?), de René Clément. / *Grand Prix,* de John Frankenheimer.
1967 *Vivre pour vivre* (Vivir para vivir), de Claude Lelouch.
1968 *Un soir, un train* (Una noche, un tren), de André Delvaux. / *Mr. Freedom,* de William Klein. / *Le diable par la queue* (El diablo por la cola), de Philippe de Broca.
1969 *Z,* de Costa-Gavras. / *L'aveu* (La confesión), de Costa-Gravras.
1970 *On a Clear Day You Can See Forever* (Vuelve a mi lado), de Vincente Minnelli. / *Le cercle rouge* (El círculo rojo), de Jean-Pierre Melville.
1971 *La folie des grandeurs* (Delirios de grandeza), de Gérard Oury.
1972 *Tout va bien* (Todo va bien), de Jean-Luc Godard. / *César et Rosalie* (Ella, yo... y el otro), de Claude Sautet. / *État de siège* (Estado de sitio), de Costa-Gavras. / *Le fils* (El hijo), de Pierre Granier-Deferre.
1973 *Le hasard et la violence* (El azar y la violencia), de Philippe Labro.
1974 *Vincent, François, Paul et les autres* (Tres amigos, sus mujeres y... los otros), de Claude Sautet.
1975 *Le sauvage* (Mi hombre es un salvaje), de Jean-Paul Rappeneau. / *Polyce Python 357* (Policía Python 357), de Alain Corneau.
1976 *Le grand escogriffe,* de Claude Pinoteau.
1977 *La menace* (La amenaza), de Alain Corneau.
1978 *Les routes du Sud* (Las rutas del Sur), de Joseph Losey.
1979 *Claire de femme,* de Costa-Gavras. / *I comme Icare* (I... como Ícaro), de Henri Verneuil.
1980 *Le choix des armes,* de Alain Corneau.
1982 *Tout feu, tout flamme,* de Jean-Paul Rappeneau.
1983 *Garçon!,* de Claude Sautet.
1986 *Jean de Florette* (El manantial de las colinas), de Claude Berri. / *Manon des sources* (La venganza de Manon), de Claude Berri.
1988 *Trois places pour le 26* (Tres entradas para el 26), de Jacques Demy.
1991 *Netchaïev est de retour,* de Jacques Deray.

MONTAÑAS DE LA LUNA, LAS *(Mountains of the Moon, 1990)*

En 1854 el antropólogo, lingüista y mujeriego irlandés sir Richard Burton (Patrick Bergin) y el cazador homosexual británico John Hanning Speke (Iain Glen) organizan una expedición africana para encontrar las fuentes del Nilo, pero es origen de todo tipo de conflictos y enfrentamientos. A partir del libro de William Harrison sobre sus expediciones y también de sus diarios, el realizador Bob Rafelson hace una interesante película que parece la revisión y puesta al día de las tradicionales producciones de aventuras africanas características del cine norteamericano de la década de los cincuenta. Tras una desgraciada aventura inicial en que la pareja se conoce, regresan a Londres y consiguen que la Real Sociedad Geográfica les financie una expedición para descubrir las fuentes del Nilo; Rafelson se centra en la narración de las calamidades que les ocurren: a uno se le mete un insecto en un oído y está a punto de enloquecer, al otro se le hinchan las piernas y se queda cojo, les roban sus instrumentos técnicos y no pueden realizar las mediciones de comprobación ni descubrir nada. Cuando están a punto de morir a manos de una poderosa tribu, logran aliviar la pesadumbre sexual de la hermana de un pequeño reyezuelo y sobreviven. Vuelven a Londres sin descubrir nada, cada uno por su lado, y sus editores les enfrentan, pero cuando va a tener lugar una sesión entre ambos en la Real Sociedad Geográfica, al descubrir que ha sido engañado, John Hanning Speke se suicida y traiciona a sir Richard Burton. Con estos elementos Bob Rafelson construye una potente, eficaz y cara película de aventuras, que además tiene el aliciente suplementario de que todo les sale mal a los protagonistas.

Director: *Bob Rafelson*. Guionistas: *William Harrison, Bob Rafelson*. Intérpretes: *Patrick Bergin, Iain Glen, Fiona Shaw, Richard E. Grant, Peter Vaughan*. Producción: *Daniel Melnick. Color.* Duración: *136'*. Estados Unidos.

MÓNTEZ, María *(María África Vidal San Silas y Gracia. Barahona, República Dominicana, 1920-Suresnes, Francia, 1951)*

Hija de un español y una irlandesa, estudia en el Convento del Sagrado Corazón de Santa Cruz de Tenerife, en las Islas Canarias, trabaja como modelo y durante los años cuarenta se convierte en la estrella de las producciones exóticas de bajo presupuesto de los estudios Universal. Entre sus películas de aventuras orientales hay que citar *Las mil y una noches, Alí Babá y los cuarenta ladrones, La reina de Cobra, Tánger* y *La Atlántida*. Su mejor trabajo lo hace de la mano del gran director Max Ophüls en *La conquista de un reino*. Casada con el actor francés Jean-Pierre Aumont, finaliza su carrera en Francia e Italia antes de morir prematuramente a los treinta y un años mientras se baña en agua demasiado caliente.

1940 *The Boss of Bullion City*, de Ray Taylor. / *The Invisible Woman* (La mujer invisible), de Edward A. Sutherland.
1941 *Lucky Devils*, de Lew Landers. / *That Night in Rio* (Aquella noche en Río), de Irving Cummings. / *Raiders of the Desert*, de John Rawlins. / *Moonlight in Hawaii*, de Charles Lamont. / *South of Tahiti* (La venus de la selva), de George Waggner.
1942 *Bombay Clipper*, de John Rawlins. / *The Mystery of Marie Roget* (El misterio de María Roget), de Philip E. Rosen. / *Arabian Nights* (Las mil y una noches), de John Rawlins.
1943 *White Savage* (La salvaje blanca), de Arthur Lubin.
1944 *Ali Baba and the Forty Thieves* (Alí Babá y los cuarenta ladrones), de Arthur Lubin. / *Follow the Boys* (Sueños de gloria), de Edward A. Sutherland. / *Cobra Woman* (La reina de Cobra), de Robert Siodmak. / *Gypsy Wildcat* (Alma zíngara), de Roy William Neill.
1945 *Bowery to Broadway*, de Charles Lamont. / *Sudan*, de John Rawlins.
1946 *Tangier* (Tánger), de George Waggner.
1947 *The Exile* (La conquista de un reino), de Max Ophüls. / *Pirates of Monterey* (Piratas de Monterrey), de Alfred L. Werker.
1948 *Siren of Atlantis* (La Atlántida), de Gregg Tallas. / *Hans le marin*, de François Villiers.
1949 *Portrait d'un assassin* (Pasión prohibida), de Bernard Roland.
1950 *Il ladro di Venezia* (El ladrón de Venecia), de John Brahm.
1951 *Amore e sangue* (Tierra de violencia), de Marino Girolami. / *La vendetta del corsaro* (La venganza del corsario), de Primo Zeglio.

MONTIEL, Sara *(María Antonia Abad Fernández. Campo de Criptana, Ciudad Real, España, 1928)*

Después de realizar sus estudios en Orihuela, gana un concurso de aspirantes a actrices, es contratada en exclusiva por el productor Vicente Casanova de Cifesa y debuta en un pequeño papel con el nombre de María Alejandra en *Te quiero para mí*. Durante la segunda mitad de los años cuarenta, y ya con su seudónimo habitual, encarna a personajes secundarios en, entre otras, *Bambú, Mariona Rebull, Locura de amor, La mies es mucha* y *Pequeñeces*. Entre 1951 y 1954 interviene en trece irregulares producciones en México, que le dan una cierta popularidad, pero a continuación hace destacados papeles en tres importantes películas norteamericanas: *Vera Cruz, Dos pasiones y un amor* y *Yuma*. Regresa a España para protagonizar *El último cuplé*, su inesperado gran éxito la convierte en una de las pocas estrellas del cine español y la hace quedarse para rodar una larga serie de similares melodramas con canciones, que controla personalmente. Desde finales de los años cincuenta hasta primeros de los setenta, protagoniza catorce películas sin interés, pero que tienen gran éxito, como *La violetera, Carmen, la de Ronda* y *La reina del Chantecler*. Cuando la fórmula comienza a dar muestras de agotamiento, intenta renovarla trabajando con otros directores: Jorge Grau en *Tuset Street*, Mario Camus en *Esa mujer*, J. A. Bardem en *Varietés;* pero le resulta imposible renovarse y deja de hacer películas. Tras unos años dedicada en exclusiva a actuar en televisión y en espectáculos musicales teatrales, rueda la comedia *Cinco almohadas para una noche,* pero su fracaso comercial la hace retirarse definitivamente del cine.

1944 *Te quiero para mí*, de Ladislao Vajda. / *Empezó en boda*, de Raffaello Matarazzo.
1945 *Bambú*, de José Luis Sáenz de Heredia. / *Se le fue el novio*, de Julio Salvador. / *El misterioso viajero del Clipper*, de Gonzalo Delgrás.
1946 *Por el gran premio*, de Pierre Caron.
1947 *Mariona Rebull*, de José Luis Sáenz de Heredia. / *Confidencias*, de Jerónimo Mihura. / *Don Quijote de La Mancha*, de Rafael Gil. / *Alhucemas*, de José López Rubio. / *Vidas confusas*, de Jerónimo Mihura.
1948 *Locura de amor*, de Juan de Orduña. / *La mies es mucha*, de José Luis Sáenz de Heredia.
1950 *Pequeñeces*, de Juan de Orduña. / *El capitán Veneno*, de Luis Marquina. / *The Man From Tangiers* (Aquel hombre de Tánger), de Robert Elwyn. / *Stronghold* (Misión peligrosa), de Steve Sekely.
1951 *Necesito dinero*, de Miguel Zacarías. / *Cárcel de mujeres*, de Miguel M. Delgado. / *Ahí viene Martín Corona*, de Miguel Zacarías. / *El enamorado* (Vuelve Martín Corona), de Miguel Zacarías.
1952 *Ella, Lucifer y yo*, de Miguel Morayta. / *Yo soy gallo donde quiero* (Jimmy), de Roberto Rodríguez.
1953 *Reportaje*, de Emilio Fernández. / *Piel canela*, de Juan J. Ortega. / *¿Por qué ya no me quieres?*, de Chano Urueta.
1954 *Se necesitan modelos*, de Chano Urueta. / *Frente al pecado de ayer* (Cuando se quiere de veras), de Juan J. Ortega. / *Yo no creo en los hombres*, de Juan J. Ortega. / *Donde el círculo termina* (La ambiciosa), de Alfredo B. Crevenna. / *Vera Cruz*, de Robert Aldrich.
1956 *Serenade* (Dos pasiones y un amor), de Anthony Mann.
1957 *Run of the Arrow* (Yuma), de Samuel Fuller. / *El último cuplé*, de Juan de Orduña.
1958 *La violetera*, de Luis César Amadori.
1959 *Carmen, la de Ronda*, de Tulio Demicheli.
1960 *Mi último tango*, de Luis César Amadori.
1961 *Pecado de amor*, de Luis César Amadori.
1962 *La bella Lola*, de Alfonso Balcázar. / *La reina del Chantecler*, de Rafael Gil.
1963 *Noches de Casablanca*, de Henri Decoin.
1964 *Samba*, de Rafael Gil.
1965 *La dama de Beirut*, de Ladislao Vajda.
1966 *La mujer perdida*, de Tulio Demicheli.
1968 *Tuset Street*, de Luis Marquina.
1969 *Esa mujer*, de Mario Camus.
1970 *Varietés*, de J. A. Bardem.
1973 *Cinco almohadas para una noche*, de Pedro Lazaga.

MONTPARNASSE 19 *(1958)*

Inspirándose en la novela *Les Montparnos*, de Michel Georges-Michel, el realizador Max Ophüls y el guionista Henri Jeanson escriben un interesante guión e incluso Georges Annenkov llega a diseñar el vestuario, pero cuando el proyecto está muy avanzado, muere Ophüls y se hace cargo de él Jacques Becker, que reescribe el guión por completo, rechaza el vestuario previsto y le dedica la película a Ophüls. El atractivo resultado se centra más en los últimos años de la vida del pintor Amedeo Modigliani que en los ambientes artísticos del París de la década de los veinte. Narra cómo, ignorado por sus contemporáneos, «Modi» (Gérard Philippe) vaga por Montparnasse alcoholizado, drogado y hundido en la miseria, debatiéndose entre el amor de la inglesa Béatrice (Lilli Palmer) y la burguesa Jeanne Hébuterne (Anouk Aimée), que abandona a su familia para vivir con él y, tras su muerte, entrega todos sus cuadros a un *marchand* de pintura. Es una de las últimas películas del famoso actor Gérard Philippe y la penúltima del excelente realizador Jacques Becker.

Director: *Jacques Becker*. Guionistas: *Max Ophüls, Henri Jeanson*. Fotografía: *Christian Matras*. Música: *Georges van Parys*. Intérpretes: *Gérard Philippe, Lilli Palmer, Anouk Aimée, Lea Padovani, Gérard Sety, Lila Kedrova, Arlette Porier, Lino Ventura*. Producción: *Franco London Films, Astra Cinematografica*. Duración: *112'*. Francia.

MOORE, Demi *(Demi Guynes. Roswell, New Mexico, Estados Unidos, 1963)*

Después de trabajar como modelo y a los diecisiete años posar desnuda para distintas revistas eróticas, se da a conocer como actriz en la serie de televisión *Hospital* y poco después comienza a hacer papeles secundarios en algunas películas entre las que destacan *Lío en Río*, de Stanley Donen; *St. Elmo, punto de encuentro*, de Joel Schumacher, y *¿Qué pasó anoche?*, de Edward Zwick. Se convierte en estrella tras el desproporcionado éxito de *Ghost* y la polémica creada al aparecer desnuda y embarazada de ocho meses en la portada de la revista *Vanity Fair*. Durante la primera mitad de los noventa protagoniza algunas irregulares producciones entre las que sobresalen por su éxito *Algunos hombres buenos*, de Rob Reiner; *Una proposición indecente*, de Adrian Lyne, y *Acoso*, de Barry Levinson.

1981 *Choices*, de Silvio Narizzano.
1982 *Young Doctors in Love* (Los locos del bisturí), de Garry Marshall. / *Parasite*, de Charles Band.
1984 *Blame It on Rio* (Lío en Río), de Stanley Donen. / *No Small Affair* (Click, click), de Jerry Schatzberg.
1985 *St. Elmo's Fire* (St. Elmo, punto de encuentro), de Joel Schumacher.
1986 *One Crazy Summer*, de Savage Steve Holland. / *About Last Night* (¿Qué pasó anoche?), de Edward Zwick.
1987 *Wisdom* (Wisdom, el delincuente), de Emilio Estévez.
1988 *The Seventh Sign* (La séptima profecía), de Carl Schultz.
1989 *We're No Angels* (Nunca fuimos ángeles), de Neil Jordan.
1990 *Ghost*, de Jerry Zucker.
1991 *Nothing But Trouble* (El gran lío), de Dan Aykroyd. / *Mortal Thoughts* (Pensamientos mortales), de Alan Rudolph. / *The Butcher's Wife* (Una bruja en Nueva York), de Terry Hughes.
1992 *A Few Good Men* (Algunos hombres buenos), de Rob Reiner. / *Indecent Proposal* (Una proposición indecente), de Adrian Lyne.
1994 *Disclosure* (Acoso), de Barry Levinson.
1995 *The Scarlet Letter* (La letra escarlata), de Roland Joffe. / *The Juror* (Coacción a un jurado), de Brian Gibson. / *Striptease*, de Andrew Bergman. / *Now and Then* (Amigas para siempre, de Leslie Linka Glatter.

MOORE, Dudley *(Dagenham, Essex, Reino Unido, 1935)*

Estudia en el Guildhall School of Music and Drama y en el Magdalen College de Oxford. Interesado por la música, forma parte de una banda de *jazz* en Londres antes de empezar a componer para espectáculos teatrales de Broadway y algunas películas. De forma casual comienza a hacer papeles secundarios en películas, entre las que destacan las peculiares comedias *Bedazzled*, de Stanley Donen, y *Juego peligroso*, de Colin Higgins, antes de triunfar como protagonista de la divertida comedia erótica *10, la mujer perfecta*, de Blake Edwards. Sin abandonar nunca la música, durante la década de los ochenta protagoniza diez comedias, entre las que sobresalen *Arthur, el soltero de oro* —cuyo éxito da lugar a la más anodina segunda parte *Arthur 2*—, *Infielmente tuya* y, sobre todo, *Micki y Maude*, de su descubridor Blake Edwards.

1966 *The Wrong Box* (La caja de las sorpresas), de Bryan Forbes.
1967 *Bedazzled*, de Stanley Donen.
1968 *Thirty Is a Dangerous Age, Cynthia*, de Joseph McGrath.
1969 *Those Daring Young Men in Their Jaunty Jalopies* (El rally de Montecarlo), de Ken Annakin. / *The Bed Sitting Room*, de Richard Lester.
1972 *Alice's Adventures in Wonderland* (Las aventuras de Alicia), de William Sterling.
1978 *The Hound of the Baskerville* (El perro de Baskerville), de Paul Morrisey. / *Foul Play* (Juego peligroso), de Colin Higgins.
1979 *Ten* (10, la mujer perfecta), de Blake Edwards.
1980 *Wholly Moses!* (Santísimo Moisés), de Gary Weis.
1981 *Arthur* (Arthur, el soltero de oro), de Steve Gordon.
1982 *Six Weeks* (Seis semanas), de Tony Bill.
1983 *Lovesick* (Loco de amor), de Marshall Brickman. / *Unfaithfully Yours* (Infielmente tuya), de Howard Zieff. / *Romantic Comedy* (En íntima colaboración), de Arthur Hiller.

1984 *Best Defense* (La mejor defensa, el ataque), de Willard Huyck. / *Micki and Maude* (Micki y Maude), de Blake Edwards.
1985 *Santa Claus*, de Jeannot Szwarc.
1987 *Like Father, Like Son* (De tal palo, tal astilla), de Ron Daniel.
1988 *Arthur 2: On the Rocks* (Arthur 2), de Bud Yorkin.
1990 *Crazy People* (Gente loca), de Tony Bill.
1992 *Blame It on the Bellboy* (Échele la culpa al botones), de Mark Herman.
1993 *The Pickle* (El pepinillo), de Paul Mazursky.

MOREAU, Jeanne *(París, Francia, 1928)*

Hija de un inglés y una francesa, estudia arte dramático con Denis d'Ines en el Conservatoire de París, en 1948 entra a formar parte de la compañía de la Comédie Française y en 1952 de la del Théâtre National Populaire, bajo la dirección de Jean Vilar. Al mismo tiempo comienza una carrera como acriz cinematográfica que hasta finales de los años cincuenta la lleva a intervenir en una sucesión de irregulares comedias entre las que solo destaca el policiaco *Touchez pas au grisbi*, de Jacques Becker; pero a finales de la década, y gracias a su trabajo con Louis Malle en *Ascensor para el cadalso* y *Los amantes*, se convierte en una de las actrices favoritas de los directores de la *nouvelle vague*. Durante los sesenta colabora con François Truffaut en *Jules y Jim* y *La novia vestía de negro;* Louis Malle en *El fuego fatuo* y *Viva María!*, y Jacques Demy en *La bahía de los ángeles*. También trabaja con los extranjeros Michelangelo Antonioni en *La noche;* Joseph Losey en *Eva;* Orson Welles en *El proceso, Campanadas a medianoche* y *Una historia inmortal;* Luis Buñuel en *Diario de una camarera*, y Tony Richardson en *Mademoiselle* y *The Sailor From Gibraltar*. En la década de los setenta hace menos películas y de menor interés, aunque rueda *Nathalie Granger*, de Marguerite Duras; *Los rompepelotas*, de Bertrand Blier; *Recuerdos de nuestra Francia*, de André Téchiné, y *El otro señor Klein*, de Joseph Losey, e interviene en las producciones norteamericanas *Monte Walsh*, de William A. Fraker, y *El último magnate*, de Elia Kazan, a la vez que protagoniza la brasileña *Joanna francesa*, de Carlos Diegues. A finales de los setenta debuta como realizadora con la fallida *L'adolescente*, donde no logra recrear la vida en el campo a través del recuerdo, y la más conseguida *Lumière*, sobre el mundillo de las actrices. Aunque nunca abandonó el teatro por completo, en la década de los ochenta vuelve al cine, pero solo para hacer papeles secundarios en producciones sin gran atractivo entre las que destacan *Los unos y los otros*, de Claude Lelouch; *Querelle*, de Rainer Werner Fassbinder; *La truite*, de Joseph Losey; *Le pas suspendu de la cicogne*, de Theo Angelopoulos, y *Hasta el fin del mundo*, de Wim Wenders.

Como directora
1975 *Lumière*.
1978 *L'adolescente*.
Como actriz
1948 *Dernier amour*, de Jean Stelli.
1950 *Pigalle, Saint-Germain-des-Prés*, de André Berthomieu. / *Meurtres*, de Richard Pottier.
1951 *L'homme de ma vie*, de Guy Lefranc.
1952 *Il est minuit docteur Schweitzer*, de André Haguet.
1953 *Dortoir des grandes*, de Henri Decoin. / *Julietta* (Una chica en el desván), de Marc Allégret.
1954 *Touchez pas au grisbi*, de Jacques Becker. / *Secrets d'alcôves*, episodio de Henri Decoin. / *Les intrigantes*, de Henri Decoin. / *La reine Margot*, de Jean Dréville.
1955 *Les hommes en blanc*, de Ralph Habib. / *M'sieur la caille*, de André Pergament. / *Gasoil*, de Gilles Grangier.
1956 *Le salaire du péché*, de Denys de La Patellière. / *Jusqu'au dernier*, de Pierre Billon.
1957 *Les louves*, de Luis Saslavsky. / *L'etrange Monsieur Stève*, de Raymond Bailly. / *Trois jours à vivre*, de Gilles Grangier. / *Échec au porteur* (La muerte llega a las diez), de Gilles Grangier. / *Ascenseur pour l'échafaud* (Ascensor para el cadalso), de Louis Malle. / *Le dos au mur* (Dos espaldas al muro), de Edouard Molinaro.
1958 *Les amants* (Los amantes), de Louis Malle.
1959 *Les liaisons dangereuses* (Relaciones peligrosas), de Roger Vadim.
1960 *Five Branded Woman* (Cinco mujeres marcadas), de Martin Ritt. / *Le dialogue des Carmélites* (Diálogo de carmelitas), de Philippe Agostini y R. Bruckberger. / *Moderato cantabile*, de Peter Brook.
1961 *Jules et Jim* (Jules y Jim), de François Truffaut. / *Il giudizio universale* (El juicio universal), de Vittorio de Sica. / *La notte* (La noche), de Michelangelo Antonioni.
1962 *Eva*, de Joseph Losey. / *The Trial* (El proceso), de Orson Welles.
1963 *The Victors* (Los vencedores), de Carl Foreman. / *Le feu follet* (El fuego fatuo), de Louis Malle. / *Peau de banane* (La estafadora), de Marcel Ophüls. / *La baie des anges* (La bahía de los ángeles), de Jacques Demy.

1964 *The Yellow Rolls-Royce* (El Rolls-Royce amarillo), de Anthony Asquith. / *Mata-Hari agent H-21* (Mata-Hari, agente H-21), de Jean-Louis Richard. / *The Train* (El tren), de John Frankenheimer. / *Le journal d'une femme de chambre* (Diario de una camarera), de Luis Buñuel.
1965 *Viva María!*, de Louis Malle.
1966 *Chimes at Midnight* (Campanadas a medianoche), de Orson Welles. / *Mademoiselle*, de Tony Richardson. / *Le plus vieux métier du monde* (El oficio más antiguo del mundo), episodio de Philippe de Broca.
1967 *The Sailor From Gibraltar*, de Tony Richardson. / / *The Great Catherine* (Catalina la Grande), de Gordon Flemyng. / *La mariée était en noir* (La novia vestía de negro), de François Truffaut.
1968 *Histoire immortelle* (Una historia inmortal), de Orson Welles. *Le corps de Diane*, de Jean-Louis Richard.
1970 *Monte Walsh*, de William A. Fraker. / *Alex in Wonderland* (El fabuloso mundo de Alex), de Paul Mazursky. / *Comptes à rebours* (Cuenta atrás), de Roger Pigault.
1971 *L'humeur vagabonde*, de Edouard Luntz.
1972 *Chère Louise* (Pecados de otoño), de Philippe de Broca. / *Nathalie Granger*, de Marguerite Duras. / *Absences répétées*, de Guy Gilles.
1973 *Joanna francesa*, de Carlos Diegues. / *Je t'aime est-ce que ça te regarde?*, de Pierre Duceppe.
1974 *La race des seigneurs* (Creezy, mujer objeto), de Pierre Granier-Deferre. / *Le jardin qui bascule*, de Guy Gilles. / *Hu-Man*, de Jerôme Laperrousaz. / *Les valseuses* (Los rompepelotas), de Bertrand Blier.
1975 *Souvenirs d'en France* (Recuerdos de mi Francia), de André Téchiné. / *Lumière*, de Jeanne Moreau.
1976 *Monsieur Klein* (El otro señor Klein), de Joseph Losey. / *The Last Tycoon* (El último magnate), de Elia Kazan.
1980 *Your Ticket Is No Longer Valid*, de George Kaczender.
1981 *Plein Sud* (Huida al Sur), de Luc Béraud. / *Les uns et les autres* (Los unos y los otros), de Claude Lelouch. / *Mille milliards de dollars*, de Henri Verneuil.
1982 *Querelle*, de Rainer Werner Fassbinder. / *La truite*, de Joseph Losey.
1986 *La paltoquet*, de Michel Deville. / *Sauve-toi, Lola*, de Michel Drach.
1987 *Le miraculé* (El milagro), de Jean-Pierre Mocky.
1988 *La nuit de l'océan*, de Antoine Perset.
1990 *Nikita*, de Luc Besson. / *La femme fardée*, de Jose Pinheiro. / *Albert Express*, de Arthur Joffé. / *Anna Karamazoya*, de Roustam Khamdamov.
1991 *Le pas suspendu de la cicogne*, de Theo Angelopoulos. / *La vieille que marchait dans la mer*, de Laurent Heynemann. / *Bis Ans ende der Welt* (Hasta el fin del mundo), de Wim Wenders.
1992 *Map of the Human Heart*, de Vincent Ward. / *Je m'appelle Victor*, de Guy Jacques.
1996 *Al di la delle unvole* (Más allá de las nubes), de Michelangelo Antonioni.

MORETTI, Nanni *(Brunico, Italia, 1953).*

Durante la primera mitad de los años setenta realiza algunos cortos y mediometrajes en super-8, y consigue que *Io sono un autarchico,* un largo en el mismo formato, sobre las experiencias de un joven de izquierdas bajo los sucesos de mayo de 1968, sea ampliado a 16 mm, distribuido en salas comerciales y emitido por televisión con un considerable éxito. Vuelve a ironizar sobre sí mismo, sus amigos y la sociedad italiana en *Ecce bombo,* rodado en 16 mm, que analiza de manera fragmentaria la decadencia de los mitos de su generación y tiene un éxito similar. Gracias a él puede hacer la trilogía de personales comedias críticas integrada por *Sogni d'oro, Bianca* y *La misa ha terminado,* donde, sobre argumentos propios protagonizados por él, analiza la sociedad italiana a través del peculiar personaje que poco a poco ha ido dibujando. Tras un paréntesis dedicado a distribuir, producir y protagonizar películas ajenas, entre las que destaca *La voz de su amo* (Il portaborse, 1991), de Daniele Luchetti, reaparece con *Palombella rossa,* dura fábula sobre la situación política italiana hecha gracias a un partido de *waterpolo.* En *Querido diario* retoma la tradición de las películas de episodios para, a través del excelente *En vespa,* el realista *Médicos* y el irregular *Islas,* proseguir con sus irónicas críticas sobre la sociedad italiana, escritas, producidas, protagonizadas y realizadas por él.

1976 *Io sono un autarchico.*
1978 *Ecce bombo.*
1981 *Sogni d'oro.*
1983 *Bianca.*
1985 *La messa è finita* (La misa ha terminado).
1989 *Palombella rossa.*
1993 *Caro diario* (Querido diario).

MORGAN, Michèle *(Simone Roussel. Neuilly-sur-Seine, Francia, 1920)*

A los quince años deja el hogar paterno para instalarse en París y comenzar a trabajar en cine como figurante para pagarse las clases de arte dramático con René Simon. Descubierta por el realizador Marc Allégret, como tantos actores de su generación, protagoniza *Natalia* y *Tormenta* y se consagra con *El muelle de las brumas,* de Marcel Carné. La II Guerra Mundial la hace emigrar a Estados Unidos, donde rueda cinco películas entre las que destaca *Pasaje para Marsella,* de Michael Curtiz. De regreso a Europa triunfa con la producción francesa *La symphonie Pastorale,* de Jean Delannoy; la inglesa *El ídolo caído,* de Carol Reed, y la italiana *Fabiola,* de Alessandro Blasetti. Se convierte en la estrella del cine francés de la posguerra por su trabajo en *Maria Chapdelaine,* de Marc Allégret; *El diablo siempre pierde,* de Claude Autant-Lara; *Los orgullosos,* de Yves Allégret; *Las maniobras del amor,* de René Clair, y *María Antonieta,* de Jean Delannoy. Durante los años sesenta comienza a trabajar menos en cine por no ser del agrado de los realizadores de la dominante *nouvelle vague,* que la ven demasiado representativa de las películas literarias que tratan de combatir, y, de hecho, con ellos solo hace *Landru,* de Claude Chabrol, para dedicarse principalmente al teatro desde mediados de la década. Entre sus últimas películas sobresalen la producción norteamericana *Mando perdido,* de Mark Robson; la comedia francesa *Benjamín,* de Michel Deville, y la coproducción ítalo-francesa *Están todos bien,* de Giuseppe Tornatore.

1935 *Mademoiselle Mozart,* de Yvan Noé.
1936 *Une fille à papa,* de René Guissart. / *Mes tantes et moi,* de Yvan Noé. / *Le mioche* (El pequeñuelo), de Léonide Moguy.
1937 *L'entraîneuse,* de Albert Valentin. / *Le récif de corail,* de Maurice Gleize.
1938 *Gribouille* (Natalia), de Marc Allégret. / *Orage* (Tormenta), de Marc Allégret. / *Quai des brumes* (El muelle de las brumas), de Marcel Carné.
1939 *Les musiciens du ciel* (Ángeles del arroyo), de Georges Lacombe.
1940 *Remorques* (Remordimiento), de Jean Grémillon. / *Untel père et fils,* de Julien Duvivier.
1942 *Joan of Paris,* de Robert Stevenson.
1943 *Two Tickets to London* (Prisionera por una noche), de Edwin L. Marin. / *Higher and Higher,* de Tim Whelan.
1944 *Passage to Marseille* (Pasaje a Marsella), de Michael Curtiz.
1946 *The Chase* (Acosados), de Arthur Ripley. / *La symphonie Pastorale,* de Jean Delannoy.
1948 *Aux yeux du souvenir,* de Jean Delannoy. / *The Fallen Idol* (El ídolo caído), de Carol Reed. / *Fabiola,* de Alessandro Blasetti.
1949 *Maria Chapdelaine,* de Marc Allégret. / *La belle que voilà* (El destino de Juana Morel), de Jean-Paul Le Chanois.
1950 *Le château de verre,* de René Clément. / *L'étrange Madame X,* de Jean Grémillon.
1952 *La minute de vérité,* de Jean Delannoy. / *Destinées* (Destinos de mujer), de Jean Delannoy. / *Les sept péchés capitaux* (El diablo siempre pierde), de Claude Autant-Lara.
1953 *Les orgueilleux* (Los orgullosos), de Yves Allégret.
1954 *Obsession* (Falsa obsesión), de Jean Delannoy. / *Napoléon,* de Sacha Guitry.
1955 *Oasis,* de Yves Allégret. / *Les grandes manoeuvres* (Las maniobras del amor), de René Clair. / *Marguerite de la nuit* (Margarita de la noche), de Claude Autant-Lara. / *Si Paris nous était conté,* de Sacha Guitry. / *Marie Antoinette* (María Antonieta), de Jean Delannoy.
1956 *The Vintage,* de Jefrey Hayden.
1957 *Retour de manivelle,* de Denys de La Patellière.
1958 *Le miroir à deux faces,* de André Cayatte. / *Maxime,* de Henri Verneuil. / *Racconti d'estate* (Sirenas en sociedad), de Gianni Franciolini.
1959 *Vacanze d'inverno* (Vacaciones en Cortina), de Camillo Mastrocinque. / *Menschen in Hotel* (Gran Hotel, habitación X), de Gottfried Reinhardt. / *Pourquoi viens-tu si tard?,* de Henri Decoin.
1960 *Les scélérats,* de Robert Hossein. / *Fortunant,* de Alex Joffé.
1961 *Le puits aux trois vérités* (El pozo de las tres verdades), de François Villiers. / *Les lions sont lâchés* (Los leones andan sueltos), de Henri Verneuil. / *Rencontres,* de Philippe Agostini. / *Le crime ne paie pas* (El crimen se paga), de Gérard Oury.
1962 *Landru,* de Claude Chabrol.
1963 *Il fornaretto di Venezia* (Proceso en Venecia), de Duccio Tessari. / *Constance aux enfers* (Un balcón sobre el invierno), de François Villiers. / *Méfiez-vous, mesdames,* de André Hunebelle.
1964 *Les pas perdus,* de Jacques Robin. / *Les yeux cernés,* de Robert Hossein.
1965 *Dis-mois qui tuer,* de Etienne Périer.
1966 *Lost Command* (Mando perdido), de Mark Robson.
1967 *Benjamin ou les mémoires d'un puceau* (Benjamín), de Michel Deville.
1975 *Le chat et la souris* (El gato, el ratón, el amor y el miedo), de Claude Lelouch.
1978 *Robert et Robert,* de Claude Lelouch.
1986 *Un homme et une femme vingt ans déjà* (Un hombre y una mujer, veinte años después, de Claude Lelouch.
1990 *Stanno tutti bene* (Están todos bien), de Giuseppe Tornatore.

MOSCA, LA *(The Fly, 1986)*

El guión del novelista y realizador australiano James Clavell, sobre el científico que muere en peculiares circunstancias al hacer un experimento de transmisión de materia, es origen de dos tandas de películas. El éxito de la excelente *La mosca* (The Fly, 1958), dirigida y producida con gran habilidad por el alemán Kurt Neumann para 20th Century Fox y protagonizada por David Hedison, Patricia Owens, Herbert Marshall y Vincent Price, da lugar a la existencia de las mucho menos interesantes *Return of the Fly* (1959), de Edward Bernds, con Vincent Price, y *Curse of the Fly* (1965), de Don Sharp, con Brian Donlevy. Casi treinta años después de la primera y mejor película de la serie, el canadiense David Cronenberg parte de ella y del clásico mito de la bella y la bestia para hacer la mejor de sus producciones de terror. Narra cómo el científico Seth Brundle (Jeff Goldblum), al hacer consigo mismo un experimento de transmisión de la materia, por haberse introducido una mosca en la cabina donde realiza la prueba, se convierte en una pringosa mezcla de hombre y mosca; además de una apasionada historia de amor con la periodista Verónica (Geena Davis) con un trágico y terrible final. Su éxito es origen de la fallida *La mosca II* (The Fly II, 1989), de Chris Walas, con Eric Stolz.

Director y guionista: *David Cronenberg*. Fotografía: *Mark Irwin*. Música: *Howard Shore*. Intérpretes: *Jeff Goldblum, Geena Davis, John Getz, Joy Boushel*. Producción: *Mel Brooks para 20th Century Fox*. Color. Scope. Duración: 96'. Estados Unidos.

MUCHACHA DEL TRAPECIO ROJO, LA *(The Girl in the Red Velvet Swing, 1955)*

A partir de hechos reales ocurridos en Nueva York en 1906, narra cómo la joven bailarina Evelyn Neshit (Joan Collins), tras hacerse famosa gracias a su relación con el conocido arquitecto Stanford White (Ray Milland), se casa con el millonario Harry K. Thaw (Farley Granger), pero este asesina a tiros al arquitecto por celos originados por su impotencia. Ganándose el desprecio de la opinión pública y de la familia de su marido, la ex bailarina se atribuye toda la culpa, mientras el millonario no tarda en salir de la cárcel gracias a un veredicto de enfermedad mental. Un Richard Fleischer en el mejor momento de su carrera hace una brillante reconstrucción histórica y un buen melodrama, escrito en colaboración y producido por Charles Brackett para 20th Century Fox, donde se analizan las peculiares relaciones entre estas tres ambiguas personalidades dentro de la puritana sociedad norteamericana de la época. Destaca la parte final donde la bailarina, una vez divorciada, evoca su trágica vida en un espectáculo de *music-hall*, y el trabajo del trío protagonista, donde brilla con especial fuerza una Joan Collins de veintidós años.

Director: *Richard Fleischer*. Guionistas: *Walter Reisch, Charles Brackett*. Fotografía: *Milton Krasner*. Música: *Leigh Harline*. Intérpretes: *Ray Milland, Farley Granger, Joan Collins, Glenda Farrell, Luther Adler, Cornelia Otis Skinner*. Producción: *Charles Brackett para 20th Century Fox*. Color. Scope. Duración: 109'. Estados Unidos.

MUCHACHO DE CALABRIA, UN *(Un ragazzo di Calabria, 1987)*

Gran especialista en películas protagonizadas por niños, en esta ocasión el realizador Luigi Comencini parte de un cuento de Demetrio Casile para hacer una de sus mejores narraciones sobre el mundo infantil. Narra la historia de Mimi (Santo Polimeno), un muchacho de la región de Calabria al que le gusta correr descalzo y cuyo ídolo es Abebe Bikila, vencedor de la maratón en las Olimpiadas de Roma de 1960. A pesar de la oposición de su padre (Diego Abatantuono) y gracias a la ayuda del conductor cojo del autobús del pueblo (Gian Maria Volonté), Mimi consigue llegar a Roma y ganar los Juegos de la Juventud. Basada en un guión de Ugo Pirro, el propio Comencini y su hija Francesca Comencini, la película funciona a la perfección como relato realista juvenil ambientado en 1960, pero menos como metáfora sobre el poder ciego que condena a los muchachos a la pobreza y la ignorancia.

Director: *Luigi Comencini*. Guionistas: *Luigi Comencini, Ugo Pirro, Francesca Comencini*. Fotografía: *Franco di Giacomo*. Música: *Antonio Vivaldi*. Intérpretes: *Santo Polimeno, Gian Maria Volonté, Diego Abatantuono, Thérèse Liotard, Giada Faggioli*. Producción: *Fulvio Lucisano*. Color. Duración: 106'. Italia.

MUCHACHOS DE VIA PANISPERNA, LOS *(I ragazzi di via Panisperna, 1988)*

La historia del grupo de físicos, profesores y alumnos, que a principios de los años treinta empieza a investigar sobre la energía nuclear en contra de las teorías dominantes de los maestros consagrados Volta y Marconi, da pie a Gianni Amelio para hacer una interesante serie de televisión integrada por tres capítulos de una hora de duración, pero también de un montaje para cine de 125 minutos con algunos problemas de ritmo interno. Basada en un guión suyo y de Alessandro Sermoneta, se centra en la amistad entre el alumno Ettore Maiorana (Andrea Prodan) y el profesor Enrico Fermi (Ennio Fantastichini) y relata cómo descubren los fundamentos de la física nuclear, por lo que Ettore desaparece asustado. La acción comienza de forma brillante en 1934, en un viejo palacio situado en vía Panisperna, 90, una antigua callejuela romana, con un grupo de alumnos que interfiere una locución radiofónica del sabio nacional Marconi. Bien rodada, interesante y con bellas imágenes, su montaje cinematográfico resulta un tanto desigual en su parte central.

Director: *Gianni Amelio*. Guionistas: *Alessandro Sermoneta, Gianni Amelio*. Fotografía: *Tonino Nardi*. Música: *Riz Ortolani*. Intérpretes: *Andrea Prodan, Ennio Fantastichini, Michele Melega, Alberto Gimignani, Laura Morante, Virna Lisi*. Producción: *Urania Film (Roma), Taurus Film (Munich)*. *Color*. Duración: *125'. Italia-República Federal Alemana*.

MUELLE DE LAS BRUMAS, EL *(Quai des brumes, 1938)*

Típico exponente del realismo poético que caracteriza el cine francés de la preguerra, narra una historia llena de tristeza y pesimismo donde unos personajes atormentados tratan inútilmente de escapar a su negro destino. Tras desertar de la Legión Extranjera, Jean (Jean Gabin) llega al puerto de El Havre para embarcarse con destino a Venezuela, pero conoce y se enamora de Nelly (Michèle Morgan), que vive bajo la falsa protección del tiránico Zabel (Michel Simon). Cuando va a despedirse de la muchacha, Zabel está a punto de violarla y Jean lo mata, pero muere a manos de su socio Lucien (Pierre Brasseur) mientras su barco parte rumbo a Latinoamérica. Basada en una novela de Pierre Mac Orlan, convertida en guión por Jacques Prévert, es una de las películas más representativas de la situación política de los años que preceden a la II Guerra Mundial y uno de los grandes éxitos de Marcel Carné. Destaca el trabajo de la pareja formada por Jean Gabin y Michèle Morgan, así como el del resto de su habitual equipo de colaboradores, el músico Maurice Jaubert y el decorador Alexander Trauner.

Director: *Marcel Carné*. Guionista: *Jacques Prévert*. Fotografía: *Eugen Schüfftan*. Música: *Maurice Jaubert*. Intérpretes: *Jean Gabin, Michèle Morgan, Michel Simon, Pierre Brasseur, Édouard Delmont*. Producción: *Grégor Rabinovitch para Ciné-Alliance*. Duración: *90'. Francia*.

MUERTE DE MIKEL, LA *(1983)*

Después del irregular documental *El proceso de Burgos* (1979) y la conseguida mezcla de documental y ficción *La fuga de Segovia* (1981), Imanol Uribe cierra su trilogía sobre la problemática del País Vasco con esta atractiva historia, que alcanza un gran éxito en su momento. Narra los últimos meses de vida de Mikel (Imanol Arias), un joven farmacéutico de un pequeño pueblo de la costa vasca muerto en extrañas circunstancias, jalonados por los problemas que le plantea asumir su homosexualidad, tanto de cara a su esposa Begoña (Amaia Lasa) y su madre doña María Luisa (Montserrat Salvador), como respecto al partido *abertzale* en que milita, al tiempo que tiene una aventura con el travestido Fama. A través del análisis de los factores que determinan la misteriosa muerte de Mikel, el guionista, productor y director Imanol Uribe hace un sólido retrato de un interesante personaje, narra una historia con una gran fuerza y da su visión personal de la problemática de una sociedad tan peculiar como la vasca.

Director: *Imanol Uribe*. Guionistas: *José Ángel Rebolledo, Imanol Uribe*. Fotografía: *Xabier Aguirresarobe*. Música: *Alberto Iglesias*. Intérpretes: *Imanol Arias, Montserrat Salvador, Fama, Amaia Lasa, Ramón Barea, Xabier Elorriaga, Alicia Sánchez*. Producción: *Aiete Films, Cobra Films, José Esteban Alenda*. *Color*. Duración: *88'. España*.

MUERTE DE UN CICLISTA *(1955)*

El guionista y realizador J. A. Bardem se consagra internacionalmente con esta producción, que gana el premio de la crítica internacional en el Festival de Cannes. A partir de una noticia periodística, sobre un obrero que muere arrollado por el automóvil de unos burgueses cuando iba a trabajar en su bicicleta, Bardem narra los amores adúlteros entre Juan (Alberto Closas), un profesor universitario lleno de dudas, y María José (Lucía Bosé), una dama de la alta burguesía muy segura de sí misma. Bardem debe luchar con una férrea censura que no admite el adulterio, prohíbe la más leve escena de cama entre los amantes y además exige que al final ambos mueran trágicamente, él atropellado por ella, y ella cuando evita alcanzar a otro ciclista con su automóvil. No obstante, es una película de una gran solidez, insólita tanto para los años cincuenta como para el resto de la dictadura del general Franco, que además lanza a una Lucía Bosé recién llegada de Italia y a un Alberto Closas que acaba de regresar de su exilio en Argentina. El paso del tiempo ha hecho muy evidentes los múltiples cortes impuestos por la censura, así como el tono demasiado académico de la realización, pero sigue siendo una de las películas españolas más características de su época.

Director y guionista: *J. A. Bardem*. Fotografía: *Alfredo Fraile*. Música: *Isidro B. Maiztegui*. Intérpretes: *Lucía Bosé, Alberto Closas, Bruna Corrà, Carlos Casaravilla, Otello Toso, Alicia Romay*. Producción: *Manuel J. Goyanes para Guión Films (Madrid), Trionfalcine (Roma)*. Duración: *92'*. España-Italia.

MUJER DE PARÍS, UNA *(A Woman of Paris, 1923)*

Después del gran éxito de *El chico* (The Kid, 1921), su primer largometraje, Charles Chaplin escribe, produce y dirige un excelente melodrama en el que no actúa. Al no ser la habitual comedia cómica que el público espera de él, se convierte en un fracaso comercial, pero le sitúa entre los mejores realizadores por la brillante plasmación visual de sus ideas y su eficaz tono narrativo. Pensada en un principio para atacar a la hipócrita sociedad norteamericana, el miedo al recién creado código Hays de censura le hace trasladar la acción a Francia y desvirtuar su ataque a la opinión pública. Narra cómo, debido a la oposición de sus padres a su amor, los jóvenes provincianos Marie Saint-Clair (Edna Purviance) y Jean Millet (Carl Miller) deciden huir a París, pero muere el padre de él y ella se va sola. Un año después Marie Saint-Clair se ha convertido en la amante de Pierre Revel (Adolphe Menjou), se encuentra con Jean Millet, que ha ido a trabajar a París como pintor, y le cuenta lo ocurrido, entonces ella trata de restablecer sus relaciones, pero él se suicida cuando se entera de la situación de ella. Desesperada, Marie Saint-Clair abandona la vida mundana, vuelve a su provincia y se dedica a cuidar huérfanos. Destacan algunos toques cómicos, la famosa escena de la estación, donde no se ve el tren, pero sí sus luces, y el trabajo interpretativo de Edna Purviance, colaboradora habitual de Chaplin durante estos años, y de Adolphe Menjou.

Director y guionista: *Charles Chaplin*. Fotografía: *Roland Totheroh, Jack Wilson*. Intérpretes: *Edna Purviance, Adolphe Menjou, Carl Miller, Lydia Knott, Charles French*. Producción: *Charles Chaplin para United Artists*. Duración: *80'*. Estados Unidos.

MUJER DEL AÑO, LA *(Woman of the Year, 1942)*

El cronista deportivo Sam Craig (Spencer Tracy) y la famosa comentarista política Tess Harding (Katharine Hepburn) dejan sus disputas profesionales para casarse y adoptar a un niño, pero ella está más interesada por su trabajo que por la educación y no tarda en dejarle al cuidado de él ante su desesperación, lo que hace tambalearse su matrimonio. Eficaz comedia, con ciertas gotas de amargura, que cuestiona la emancipación de la mujer, tiene gran éxito en su momento y se sitúa entre los mejores trabajos del irregular realizador George Stevens. Basada en un buen guión de Ring Lardner Jr. y Michael Kanin, que ganan un Oscar por este trabajo, y bien producida por el más tarde también realizador Joseph L. Mankiewicz, es la primera de las nueve películas que protagonizan juntos la famosa pareja formada por Katharine Hepburn y Spencer Tracy. Destaca la divertida escena en que Tess Harding intenta preparar la comida por primera vez en su vida. Bastantes años después se convierte en un musical que triunfa en Broadway y treinta y cinco años más tarde es origen de una serie de televisión.

Director: *George Stevens*. Guionistas: *Ring Lardner Jr., Michael Kanin*. Fotografía: *Joseph Ruttenberg*. Música: *Franz Waxman*. Intérpretes: *Spencer Tracy, Katharine Hepburn, Fay Bainter, Reginald Owen, William Bendix*. Producción: *Joseph L. Mankiewicz para Metro-Goldwyn-Mayer*. Duración: *114'*. Estados Unidos.

MUJER DEL CUADRO, LA *(The Woman in the Window, 1944)*

Escrita y producida por Nunnally Johnson, es uno de los mejores policiacos de la carrera norteamericana del alemán Fritz Lang, mezcla perfecta de elementos psicoanalíticos y expresionistas, a medio camino entre la realidad y el sueño. Narra cómo el honorable profesor de criminología Richard Wanley (Edward G. Robinson) se queda solo en la ciudad, tras despedir a su mujer y su hijo que se han ido de vacaciones, y conoce a la atractiva Alice Face (Joan Bennett) que en pocas horas le arrastra al fondo de una pesadilla donde se mezclan el suicidio y el crimen. Rodado con tanta habilidad como austeridad narrativa, Lang hace un espléndido retrato de un típico burgués y lo que puede esconder bajo su aspecto respetable, dentro de su habitual obsesión por los estrechos límites que separan la inocencia de la culpabilidad. Destacan el imprevisto final, tanto por lo que supone dentro del contexto de la historia como por la perfección con que está narrado en un tan simple como complejo plano, además del excelente trabajo de Edward G. Robinson.

Director: *Fritz Lang.* Guionista: *Nunnally Johnson.* Fotografía: *Milton Krasner.* Música: *Arthur Lang, Hugo Friedhofer.* Intérpretes: *Edward G. Robinson, Joan Bennett, Raymond Massey, Dan Duryea, Edmund Breon.* Producción: *Nunnally Johnson para International.* Duración: *95'. Estados Unidos.*

MUJER DULCE, UNA *(Une femme douce, 1969)*

Siempre interesado por los atormentados personajes del ruso Fiodor Dostoievsky, el guionista y realizador Robert Bresson parte de relatos suyos en tres ocasiones. Entre *Pickpocket* (1959), lejanamente inspirada en la famosa novela *Crimen y castigo*, y *Cuatro noches de un soñador* (Quatre nuits d'un rêveur, 1971), basada en el relato *Las noches blancas*, hace esta película que parte del cuento *La dulce* para dibujar uno de sus más interesantes personajes femeninos, en buena medida también gracias a la colaboración de Dominique Sanda, el único de sus descubrimientos que se convierte en estrella. Ambientado en el París de la época, narra, a lo largo de un *flashback,* cómo un marido usurero (Guy Frangin) reflexiona sobre el sentido de la vida ante el cadáver de su mujer (Dominique Sanda), que acaba de suicidarse. Primera película en color de Bresson, es una de las mejores y más elaboradas muestras de su complejo y personal estilo narrativo.

Director y guionista: *Robert Bresson.* Fotografía: *Ghislain Cloquet.* Música: *Jean Wiener.* Intérpretes: *Dominique Sanda, Guy Frangin, Jeanne Lobre, Dorothée Blanc.* Producción: *Mag Bodard para Parc Film, Marianne Productions. Color.* Duración: *88'. Francia.*

MUJER ENTRE PERRO Y LOBO *(Femme entre chien et loup, 1979)*

En 1940, al principio de la II Guerra Mundial, en la zona flamenca de Bélgica, la joven Lieve (Marie-Christine Barrault) se casa con Adriaan (Rutger Hauer), un muchacho de ideología nazi que poco después se alista en el ejército alemán y la abandona. Un día Lieve esconde al miembro de la Resistencia francesa François (Roger van Hool), perseguido por una patrulla alemana, y en sus brazos descubre el amor. Una vez finalizada la guerra, su marido es encarcelado y su amante le ayuda a salir de prisión, pero aquel se ha convertido en una persona amargada, profundamente fascista. Lieve abandona a su amante François, rompe con su marido Adriaan y se va con su hijo. Lejos de sus habituales historias, que se desarrollan entre lo real y lo imaginario, esta vez el guionista y realizador André Delvaux se limita a hacer el dramático retrato de una mujer en tiempos de guerra, pero con la sutileza que subraya el título original y que se pierde en la traducción literal castellana.

Director: *André Delvaux.* Guionistas: *Ivo Michels, André Delvaux.* Fotografía: *Charlie van Damme.* Música: *Étienne Verschueren.* Intérpretes: *Marie-Christine Barrault, Roger van Hool, Rutger Hauer, Bert Andre, Raf Reymen.* Producción: *Jean-Claude Bast, Yves Robert. Color.* Duración: *118'. Bélgica.*

MUJER INFIEL, LA *(La femme infidèle, 1968)*

Entre 1967 y 1974 el guionista y director Claude Chabrol rueda para el productor André Génovès trece interesantes policiacos, la mayoría pequeños dramas triangulares que se desarrollan en ambientes burgueses de provincias y finalizan en asesinato. Este es uno de los primeros y mejores, también está escrito por el propio Chabrol y narra cómo Charles (Michel

Bouquet) cuando se entera de que su mujer Hélène (Stéphane Audran) se ha hecho amante de Victor (Maurice Ronet) no duda en matarlo, pero no le dice nada a ella y mantiene un doble juego de mentiras de cara a su mujer y la policía. Este complejo juego de alusiones se convierte en una interesante metáfora sobre la vida burguesa y resulta ser el perfecto complemento de una tan clásica como imaginativa realización. Destacan el peculiar humor de Chabrol, la brillantez de los diálogos y el juego interpretativo del trío protagonista.

Director y guionista: *Claude Chabrol*. Fotografía: *Jean Rabier*. Música: *Pierre Jansen*. Intérpretes: *Stéphane Audran, Michel Bouquet, Maurice Ronet, Michel Duchaussoy, Guy Marly, Dominique Zardi*. Producción: *André Génovès*. Color. Duración: 98'. Francia.

MUJER PANTERA, LA (*Cat People, 1942*)

El encuentro entre el personal productor Val Lewton y el eficaz realizador Jacques Tourneur da lugar a tres conocidas producciones de bajo presupuesto para los estudios R.K.O. que crean un sugestivo clima de terror sin mostrar nada, a fuerza de pura sugestión. Entre *El hombre leopardo* (The Leopard Man, 1943) y *Yo anduve con un zombie* (I Walked With a Zombie, 1943), la mejor es esta. A través de su matrimonio blanco con el ingeniero naval Oliver Reed (Ken Smith), narra la historia de Irena Dubrovna (Simone Simon), descendiente de una raza yugoslava de mujeres que se convierten en panteras cuando pierden la virginidad y matan a su pareja. Rodada en veintiún días con un modesto presupuesto de ciento treinta mil dólares de la época, es una de las mejores y más famosas producciones de Serie B y una de las obras maestras de Tourneur. Su éxito hace que dos años después Lewton produzca la interesante segunda parte *El regreso de la mujer pantera* (The Curse of the Cat People, 1944), que dirige el debutante Robert Wise. Cuarenta años después, el personal realizador Paul Schrader rueda una brillante y bastante diferente nueva versión cuyo título castellano es *El beso de la pantera* (1982).

Director: *Jacques Tourneur*. Guionista: *DeWitt Bodeen*. Fotografía: *Nicholas Musuraca*. Música: *Roy Webb*. Intérpretes: *Simone Simon, Kent Smith, Tom Conway, Jane Randolph, Jack Holt*. Producción: *Val Lewton para R.K.O.* Duración: 73'. Estados Unidos.

MUJER PIRATA, LA (*Anne of the Indies, 1951*)

La filibustera Anne Bonney (Jean Peters), «la reina de las Antillas», se enfrenta con el famoso pirata Barbanegra (Thomas Gomez) cuando se enamora del capitán francés La Rochelle (Louis Jourdan), pero este se aprovecha de las circunstancias para traicionarla; ella intenta vengarse y acaba sacrificándose por él. Sobre un sólido guión de Arthur Caesar y el también realizador Philip Dunne, el especialista en historias de acción Jacques Tourneur rueda una eficaz película de piratas para los estudios 20th Century Fox, pero con la interesante variante de que el personaje femenino es el protagonista, el eje en torno al que giran los acontecimientos. Destacan la fluidez narrativa lograda por Tourneur y la brillante fotografía en Technicolor de Harry Jackson, así como la buena interpretación de una bella Jean Peters, lo que la sitúa entre las grandes películas de piratas.

Director: *Jacques Tourneur*. Guionistas: *Philip Dunne, Arthur Caesar*. Fotografía: *Harry Jackson*. Música: *Franz Waxman*. Intérpretes: *Jean Peters, Louis Jourdan, Debra Paget, Herbert Marshall, Thomas Gomez, James Robertson Justice, Sean McClory*. Producción: *George Jessel para 20th Century Fox*. Color. Duración: 87'. Estados Unidos.

MUJERES (*The Women, 1939*)

A partir de una obra de teatro de Claire Boothe, convertida en guión por Anita Loos y Jane Murfin, el realizador George Cukor hace una de sus más famosas películas del período Metro-Goldwyn-Mayer. Narra cómo, en el ambiente de la alta sociedad neoyorquina de los años treinta, Mary Haines (Norma Shearer) se entera de que su marido tiene una aventura con la vendedora Chrystal Allen (Joan Crawford), hace caso de los consejos de su madre y se va a Reno para divorciarse, pero consigue reconquistarle gracias a la complicidad de su hija. Apoyada en largas escenas con abundante diálogo y múltiples personajes, uno de sus principales atractivos es que solo está interpretada por mujeres, dentro de un espléndido reparto en el que el enfrentamiento Shearer-Crawford está muy bien orquestado y acompañado. Al cabo de los años mantiene su interés, pero resulta demasiado larga y mucho más explícito que en realidad Cukor narra una compleja historia de cotilleos y peleas entre homosexuales. Según una práctica habitual en la época, hacia la mitad incluye un desfile de modelos con una duración de cinco minutos rodado en Technicolor y perfectamente prescindible. En 1956 Metro-Goldwyn-Mayer hace una nueva versión en color y Scope con el título *The Opposite Sex*, producida por Joe Pasternak, dirigida por David Miller y protagonizada por June Allyson, Dolores Gray, Joan Collins y Ann Sheridan, pero sin el menor atractivo.

Director: *George Cukor*. Guionistas: *Anita Loos, Jane Murfin*. Fotografía: *Oliver T. Marsh, Joseph Ruttenberg*. Música: *Edward Ward, David Snell*. Intérpretes: *Norma Shearer, Joan Crawford, Rosalind Russell, Mary Boland, Paulette Goddard, Joan Fontaine*. Producción: *Hunt Stromberg para Metro-Goldwyn-Mayer*. Duración: *132'. Estados Unidos*.

MUJERES AL BORDE DE UN ATAQUE DE «NERVIOS» *(1988)*

Tomando como lejano punto de partida la obra teatral *La voz humana,* de Jean Cocteau, de la que el protagonista de *La ley del deseo* (1987), su anterior película, ya hacía un montaje, Pedro Almodóvar escribe, produce y dirige la mejor de sus películas, al tiempo que hace un homenaje a la Compañía Telefónica, para la que trabaja durante algunos años. Durante dos enloquecidos días narra la compleja ruptura entre Pepa (Carmen Maura) e Iván (Fernando Guillén), unos dobladores que han vivido una relación sentimental. Desde que ella se entera de que está embarazada, trata de hablar con él por teléfono y le busca por Madrid, hasta que le salva la vida en el aeropuerto de Barajas cuando está a punto de irse a Estocolmo con su nueva amante (Kiti Manver). Lejos del tono melodramático que esconde la historia, funciona a la perfección como comedia de enredo, donde también intervienen Candela (María Barranco), una amiga malagueña que ha tenido una aventura con un grupo de chiítas que va a secuestrar un avión; Carlos (Antonio Banderas), el hijo del doblador, que no tarda en enamorarse de la malagueña; su novia (Rossy de Palma), que duerme casi todo el rato; Lucía (Julieta Serrano), la enloquecida mujer del doblador, que intentará matarlos a todos; además de abogadas feministas, empleados de la Telefónica, policías y vecinos. Desarrollado en gran parte en un ático con buenas vistas sobre Madrid donde vive la dobladora, tiene una eficaz estructura. Destacan escenas tan brillantes como la del doblaje de *Johnny Guitar* (1954), de Nicholas Ray, y la presentación de una casa de la calle Almagro, claro homenaje a *La ventana indiscreta* (Rear Window, 1954), de Alfred Hitchcock, además del trabajo de la casi debutante María Barranco y las veteranas Julieta Serrano y Carmen Maura.

Director y guionista: *Pedro Almodóvar*. Fotografía: *José Luis Alcaine*. Música: *Bernardo Bonezzi*. Intérpretes: *Carmen Maura, Antonio Banderas, Julieta Serrano, Rossy de Palma, María Barranco, Kiti Manver, Fernando Guillén*. Producción: *Agustín Almodóvar para El Deseo, Lauren Films. Color. Duración: 88'. España.*

MUJERES EN VENECIA *(The Honey Pot, 1966)*

A partir de una novela de Thomas Sterling y una obra de teatro de Frederick Knott, el guionista, productor y director Joseph L. Mankiewicz rueda en Venecia una personal versión del clásico *Volpone*, de Ben Johnson. Tras asistir a una representación de la obra de teatro, el falso millonario Cecil Fox (Rex Harrison) convoca, con la ayuda de su secretario McFly (Cliff Robertson), a tres ex amantes, la actriz de cine Merle McGill (Eddie Adams), la princesa Dominique (Capucine) y la millonaria Mrs. Sheridan (Susan Hayward), con la excusa de que está muriéndose y quiere repartir su herencia entre ellas. Tras descubrir que la legítima heredera es Mrs. Sheridan por seguir siendo su esposa legal, y mientras su enfermera Sarah (Maggie Smith) entabla una relación con McFly para quitarle protagonismo, se suceden los golpes teatrales: la millonaria es asesinada, Cecil Fox está arruinado y se suicida, el testamento aparece en blanco y la enfermera lo pone a su nombre. Mankiewicz hace una de sus mejores películas sobre el tema del jugador víctima de sus propias trampas, que resuelve con un preciso juego de espejos del que son víctimas tanto los personajes como el espectador, al tiempo que, con su característico cinismo, realiza una interesante reflexión sobre el teatro. En ningún momento trata de ocultar su compleja carga teatral y, como es habitual en las últimas películas de Mankiewicz, el diálogo predomina sobre las imágenes.

Director y guionista: *Joseph L. Mankiewicz*. Fotografía: *Gianni di Venanzo*. Música: *John Addison*. Intérpretes: *Rex Harrison, Susan Hayward, Maggie Smith, Cliff Robertson, Capucine, Eddie Adams, Adolfo Celi*. Producción: *Joseph L. Mankiewicz para Famous Artists/United Artists*. Color. Duración: 150'. Estados Unidos.

MULLIGAN, Robert *(Nueva York, Estados Unidos, 1925)*

Hijo de un policía, nace en el barrio del Bronx de Nueva York, a los quince años intenta seguir el camino de su padre, pero no lo consigue, se alista en el ejército y pasa la II Guerra Mundial en la Marina como especialista en radio. En la posguerra estudia periodismo y literatura en la Universidad de Fordham, donde crea un departamento de radio, trabaja en el *New York Times* y en 1950 entra en los informativos de la cadena de televisión C.B.S. Enseguida pasa a ser ayudante de dirección y producción de programas dramáticos y no tarda en debutar como realizador en la etapa de los programas dramáticos en directo, y se convierte en uno de los mejores y prolíficos directores. Gracias a la ayuda del productor Alan J. Pakula debuta como director de cine con *El precio del éxito*, el televisivo drama de un hombre empeñado en que su hijo sea una estrella del béisbol, pero su poco éxito le devuelve a la televisión durante otros tres años. Regresa al cine con *Perdidos en la gran ciudad*, un guión de Garson Kanin sobre una obra teatral propia, que narra las relaciones entre un saxofonista y una muchacha desengañada en Nueva York. Sus tres siguientes películas son producciones de Robert Arthur para los estudios Universal y van de *El gran impostor* y *Camino en la jungla*, irregulares dramas con cierto exotismo, a *Cuando llegue septiembre*, una fallida comedia basada en un guión original del especialista Stanley Shapiro. Vuelve a encontrarse con Alan J. Pakula, crean la productora Pakula-Mulligan y durante los años sesenta hace sus seis mejores películas, donde queda muy patente su interés por los personajes desplazados: *Matar un ruiseñor*, sobre la novela de Harper Lee, es un curioso policiaco sureño sobre un negro acusado de violación y las relaciones entre un abogado blanco y su hija pequeña, que vale un Oscar a Gregory Peck; *Amores con un extraño*, con guión original de Arnold Schulman, narra los amores entre un músico y una amiga que quiere abortar en el Barrio Latino de Nueva York; *La última tentativa*, basada en un drama sureño de Horton Foote convertido en guión por él mismo, gira en torno al reencuentro de un ex presidiario, su mujer y su hija. Las otras tres películas del binomio Pakula-Mulligan son menos duras y están rodadas en color, pero su personaje central sigue siendo un antihéroe desplazado: *La rebelde*, con guión de Gavin Lambert, sobre su propia novela, narra las tribulaciones de una joven estrella de cine en el Hollywood de los años treinta; *Up the Down Staircase*, basada en una novela de Bel Kaufman, describe la vida de una solitaria maestra en una conflictiva escuela de Nueva York, y *La noche de los gigantes* es un *western* intimista basado en un guión de Alvin Sargent. Roto el binomio, los años setenta encierran sus mayores éxitos y fracasos; pasa de la insustancial comedia *Buscando la felicidad* a su mayor éxito, *Verano del 42*, que cuenta cómo un adolescente descubre el amor y el sexo con una mujer casada, para luego seguir con *El otro*, historia de terror sobre unos gemelos malvados, y *El hombre clave*, un personal policiaco, de nuevo sobre un marginado, que es un fracaso y le hace estar tres años alejado del cine. Cierra la década de los setenta con las irregulares *Stony, sangre caliente*, un drama ambientado entre trabajadores de la construcción de origen italiano, y *El próximo año a la misma hora*, una adaptación demasiado teatral de un éxito de Bernard Slade convertido en guión por su propio autor. A principios de los años ochenta comienza a hacer *Ricas y famosas* (Rich and Famous, 1981), pero una huelga de guionistas detiene el rodaje y acaba convirtiéndose en la última película de George Cukor; luego rueda la aburrida comedia *Bésame y esfúmate* y parece que su carrera ha finalizado malamente. Sin embargo, tras un paréntesis de seis años realiza las atractivas historias juveniles *Clara's Heart* y *Verano en Louisiana*, que se sitúan entre sus mejores trabajos, aunque tienen poca aceptación popular.

1957 *Fear Strikes Out* (El precio del éxito).
1960 *The Rat Race* (Perdidos en la gran ciudad).
1961 *The Great Impostor* (El gran impostor). / *Come September* (Cuando llegue septiembre).
1962 *The Spiral Road* (Camino de la jungla). / *To Kill a Mockinbird* (Matar un ruiseñor).

1963 *Love With the Proper Stranger* (Amores con un extraño).
1965 *Baby, the Rain Must Fall* (La última tentativa).
1966 *Inside Daisy Clover* (La rebelde).
1967 *Up the Down Staircase*.
1969 *The Stalking Moon* (La noche de los gigantes).
1971 *The Pursuit of Happiness* (Buscando la felicidad). / *Summer of '42* (Verano del 42).
1972 *The Other* (El otro).
1974 *The Nickel Ride* (El hombre clave).
1979 *Bloodbrothers* (Stony, sangre caliente). / *Same Time, Next Year* (El próximo año a la misma hora).
1982 *Kiss Me Goodbye* (Bésame y esfúmate).
1988 *Clara's Heart*.
1991 *Man in the Moon* (Verano en Louisiana).

MUNDO EN SUS MANOS, EL *(The World in His Arms, 1952)*

En 1850, mientras Estados Unidos compra a Rusia el territorio de Alaska, el capitán de bergantín Jonathan Clark (Gregory Peck), dedicado a la pesca de focas en el mar de Bering, desafía al Portugués (Anthony Quinn) a una regata entre San Francisco y Alaska, y se enamora de la condesa rusa Marina Selanova (Ann Blyth), prometida del príncipe Semyon (Carl Esmond), sobrino del zar. Producida por Aaron Rosenberg para los estudios Universal, es un clásico del cine de aventuras que se sitúa entre las mejores películas del especialista Raoul Walsh. Destacan el sólido guión del reputado Borden Chase, la excelente fotografía en el brillante Technicolor de la época del veterano Russell Metty y la inspirada música de Frank Skinner.

Director: *Raoul Walsh*. Guionista: *Borden Chase*. Fotografía: *Russell Metty*. Música: *Frank Skinner*. Intérpretes: *Gregory Peck, Ann Blyth, Anthony Quinn, John McIntire, Andrea King, Carl Esmond*. Producción: *Aaron Rosenberg para Universal. Color*. Duración: *104'. Estados Unidos*.

MUNDO SIGUE, EL *(1963)*

Tomando como punto de partida una novela realista de Juan Antonio Zunzunegui publicada en 1960 y ambientada en el Madrid castizo de la época, Fernando Fernán-Gómez escribe, protagoniza y dirige un desgarrado melodrama que se sitúa entre sus mejores películas. Tras una cita de fray Luis de Granada, describe un hogar de la clase media baja, situado en un ático con terraza de la madrileña plaza de Chueca, donde viven el guardia municipal Agapito (Francisco Pierrá), su mujer Eloísa (Milagros Leal) y sus hijos solteros, el beato Rodolfo (José Morales) y la independiente Luisa (Gemma Cuervo), alterados por los problemas de su hija casada Eloísa (Lina Canalejas). En acciones paralelas narra cómo la guapa Eloísa, que antes de casarse fue Miss Maravillas, cada vez se lleva peor con su marido, el camarero Faustino (Fernando Fernán-Gómez), que, obsesionado por las quinielas, cuando gana cinco mil pesetas por catorce aciertos, abandona a su mujer y sus hijos, se lía con *la Alpujarreña* (María Luisa Ponte), roba en el bar donde trabaja y acaba en la cárcel. Mientras, su hermana Luisa va de un hombre rico a otro con más dinero hasta llegar a su barrio en un gran automóvil que le ha regalado su marido, lo que desencadena un trágico final. A pesar de durar poco más de dos horas, algo insólito en una película española de entonces, tiene una sólida estructura, una buena interpretación y una eficaz dirección que hace que se mantenga bien con el paso del tiempo, lo que no impide que en su momento sea un gran fracaso.

Director y guionista: *Fernando Fernán-Gómez*. Fotografía: *Emilio Foriscot*. Música: *Daniel J. White (Jesús Franco)*. Intérpretes: *Lina Canalejas, Fernando Fernán-Gómez, Gemma Cuervo, Milagros Leal, Francisco Pierrá, Agustín González, José Morales, María Luisa Ponte*. Producción: *Juan Estelrich para Ada Films*. Duración: *124'. España*.

MUNI, Paul *(Frederick Muni Meyer. Lemberg, Austria-Hungría, 1895-Santa Bárbara, California, Estados Unidos, 1967)*

Nacido en el seno de una familia judía de actores ambulantes centroeuropeos, de niño emigra con sus padres a Estados Unidos y entre 1918 y 1926 se convierte en una estrella del New Yorker Yiddish Art Theatre. En 1927 actúa por primera vez en inglés y no tarda en triunfar también en Broadway, por lo que con la llegada del sonoro comienza a hacer películas, entre las que destaca *Siete caras,* donde encarna a siete personajes diferentes. El éxito de los policiacos *Scarface, el terror del hampa,* de Howard Hawks, y *Soy un fugitivo,* de Mervyn LeRoy, hace que durante la segunda mitad de los años treinta le contraten los estudios Warner y tenga gran éxito con las biografías realizadas por William Dieterle *La tragedia de Louis Pasteur, La vida de Émile Zola* y *Juárez*. Sin abandonar nunca el teatro, a principios de la década de los cuarenta vuelve a él, mientras continúa con sus siempre excesivos personajes cinematográficos, de los que solo cabe señalar el de Federico Chopin en *Canción inolvidable,* de Charles Vidor. Su carrera en el cine finaliza durante la guerra fría por las persecuciones del Comité de Actividades Antinorteamericanas, y su penúltima película es *Stranger on the Prowl,* que dirige en Italia Joseph Losey y firma con el seudónimo Andrea Forzano cuando es llamado a declarar por el senador Joseph McCarthy.

1929 *The Valiant* (El valiente), de William K. Howard. / *Seven Faces* (Siete caras), de Berthold Viertel.
1932 *Scarface, Shame of a Nation* (Scarface, el terror del hampa), de Howard Hawks. / *I Am a Fugitive From a Chain Gang* (Soy un fugitivo), de Mervyn LeRoy.
1933 *The World Changes* (El mundo cambia), de Mervyn LeRoy.
1934 *Hi, Nellie!* (¿Qué hay, Nellie?), de Mervyn LeRoy.
1935 *Bordertown* (Barreras infranqueables), de Archie L. Mayo. / *Black Fury* (El infierno negro), de Michael Curtiz. / *Dr. Socrates* (El doctor Sócrates), de William Dieterle.
1936 *The Story of Louis Pasteur* (La tragedia de Louis Pasteur), de William Dieterle.
1937 *The Good Earth* (La buena tierra), de Sidney Franklin. / *The Life of Émile Zola* (La vida de Émile Zola), de William Dieterle. / *The Woman I Love,* de Anatole Litvak.
1939 *Juárez,* de William Dieterle. / *We Are Not Alone* (No estamos solos), de Edmund Goulding.
1941 *Hudson's Bay* (El renegado), de Irving Pichel.
1942 *The Commandos Strike at Dawn,* de John Farrow.
1943 *Stage Door Canteen* (Tres días de amor y fe), de Frank Borzage.
1945 *A Song to Remember* (Canción inolvidable), de Charles Vidor. / *Counter-Attack,* de Zoltan Korda.
1946 *Angel on My Shoulder* (El diablo y yo), de Archie L. Mayo.
1952 *Stranger on the Prowl,* de Joseph Losey.
1959 *The Last Angry Man,* de Daniel Mann.

MUNK, Andrzej *(Cracovia, 1921-Lowicz, Polonia, 1961)*

Estudia arquitectura y derecho y en 1950 se diploma en fotografía y dirección en la escuela de cine de Lódz. Durante la primera mitad de los años cincuenta trabaja como operador de noticiarios, director de fotografía de documentales y, sobre todo, realizador de documentales, entre los que destacan *Las estrellas deben brillar,* sobre los problemas de los mineros, y *La cruz azul,* sobre el funcionamiento de un grupo de salvamento, que tienen interés a pesar de situarse dentro del más didáctico realismo socialista. Pasa a la ficción con *Un hombre en la vía,* donde a través de la ironía marca su postura contra el esquematismo ideológico, cuando todavía está muy vivo el recuerdo de Stalin, y con la famosa *Eroica,* que narra la insurrección de Varsovia contra los invasores nazis a través de tres interesantes episodios. Después de la irregular comedia satírica *Una suerte perra,* que gira en torno a las peripecias de un conformista que cambia continuamente de forma de pensar, rueda su obra maestra inacabada *La pasajera,* sobre las relaciones entre una guardiana y una judía en el campo de concentración de Auschwitz. Muerto a los cuarenta años en un accidente automovilístico cuando ha terminado de rodar la parte del campo de concentración, su amigo y colaborador Witold Lesiewicz la finaliza añadiendo fotografías y un comentario en lugar de las escenas no realizadas para dar origen a un interesante experimento.

1954 *Gwiazdy muska plonac* (Las estrellas deben brillar).
1955 *Blekitny krzyz* (La cruz azul).
1956 *Czlowiek na torze* (Un hombre en la vía).
1957 *Eroica.*
1959 *Zezowate szczescie* (Una suerte perra).
1963 *Pasazerka* (La pasajera).

MUÑECOS INFERNALES *(The Devil Doll, 1936)*

Víctima de una maquinación organizada por sus tres socios, el honrado banquero francés Paul Lavond (Lionel Barrymore) es condenado por asesinato y robo y debe cumplir una condena a cadena perpetua en la isla del Diablo, lo que también significa que su mujer se suicide y que su madre y su hija Lorraine (Maureen O'Sullivan) vivan en la miseria. Tras cumplir diecisiete años de condena, consigue fugarse con la ayuda de un químico, que poco después pone a punto su invento para reducir de tamaño a los seres humanos y que actúen bajo su voluntad. Disfrazado de *madame* Mandelip, Paul Lavond reduce de tamaño a dos de sus antiguos socios y consigue que el tercero proclame su inocencia. Basada en un atractivo guión donde colaboran el realizador Tod Browning y el actor y director Erich von Stroheim, esta penúltima película de Browning está rodada con extremada perfección, tanto dramática como técnica, y representa su canto del cisne. Muestra una modélica utilización de los efectos especiales, en la medida que la película no está pensada en función de ellos, solo ocupan su justo lugar, y desarrolla con habilidad una intriga fantástica de corte policiaco con una elaborada estructura dramática.

Director: *Tod Browning*. Guionistas: *Tod Browning, Garret Fort, Erich von Stroheim, Guy Endore*. Fotografía: *Leonard Smith*. Música: *Franz Waxman*. Intérpretes: *Lionel Barrymore, Maureen O'Sullivan, Frank Lawton, Henry B. Walthall, Rafaela Ottiano*. Producción: *E. J. Mannix para Metro-Goldwyn-Mayer*. Duración: *79'. Estados Unidos.*

MURIERON CON LAS BOTAS PUESTAS
(They Died With Their Boots On, 1941)

Es la mejor película sobre el mítico general Custer y su trágico final en la batalla de Little Big Horn. Está dividida en tres partes: la estancia de George Armstrong Custer (Errol Flynn) en la academia militar de West Point, desde 1857 hasta convertirse en el alumno con el peor expediente académico que ha pasado por sus aulas; su rápido ascenso durante la guerra de Secesión, debido a su valor, su indisciplina y un error administrativo que le hace saltar a teniente general; y su destino en Fort Lincoln, donde, gracias a su tesón y a la canción irlandesa *Garry Owen,* convierte al 7.º de Caballería en un regimiento modelo para luchar contra los indios sioux bajo el mando de Crazy Horse (Anthony Quinn). También narra la romántica historia de amor entre George Armstrong Custer y Elizabeth Bacon (Olivia de Havilland). Contratado en exclusiva por los estudios Warner, Errol Flynn rueda doce de sus mejores películas en seis años bajo la férrea dirección de Michael Curtiz, para posteriormente hacer otras siete grandes producciones realizadas por Raoul Walsh. Este famoso *western* crítico y romántico marca el comienzo de su colaboración con Walsh y el final de su trabajo con Olivia de Havilland, con quien forma pareja en otras siete películas. Perfecta mezcla de cine de acción con lirismo, romanticismo y humor, el resultado es una buena biografía donde se utiliza con habilidad la figura del general Custer para criticarle y también al Ejército.

Director: *Raoul Walsh*. Guionistas: *Wally Kline, Aeneas Mackenzie*. Fotografía: *Bert Glennon*. Música: *Max Steiner*. Intérpretes: *Errol Flynn, Olivia de Havilland, Arthur Kennedy, Charles Grapewin, Gene Lockhart, Anthony Quinn*. Producción: *Hal B. Wallis*. Duración: *140'. Estados Unidos.*

MURNAU, Friedrich Wilhelm *(Friedrich Wilhelm Plumpe. Bielefeld, Alemania, 1888-Los Ángeles, California, Estados Unidos, 1931)*

A los doce años, su padre, un importante comerciante de tejidos, le regala un teatro de marionetas con el que se aficiona a hacer representaciones ante sus hermanos. Estudia filología y arte en Berlín, mientras aumenta su interés por el teatro. El famoso director Max Reinhardt le ve actuar en una representación de aficionados y le ofrece estudiar arte dramático en su escuela y formar parte de su compañía. Durante la Gran Guerra interrumpe sus actividades artísticas para combatir en infantería y aviación, pero una vez finalizada le ofrecen dirigir el Pequeño Teatro de Berlín. Mientras tanto ha intervenido en la realización de algunas películas de propaganda, decide dedicarse al cine y debuta como director con *Der Knabe in Blau,* al que solo siguen otros veinte largometrajes realizados en veinte años, pero que son suficientes para convertirle en uno de los grandes del período mudo. Después de *Satanás, Sechnsucht* y *El castillo de Vogelöd,* su primera obra famosa es *Nosferatu, el vampiro,* excelente adaptación de la novela clásica de Bram Stoker, pero que en su momento es un fracaso. Su obra prosigue en ascenso a lo largo de *La tierra en llamas, El nuevo Fantomas* y *Las finanzas del gran duque,* hasta llegar a su obra maestra *El último,* minuciosa descripción visual del drama del portero de un gran hotel de Berlín degradado a trabajar en los lavabos, con guión de Carl Mayer, fotografía de Karl Freund e interpretación de Emil Jannings, que constituye una revolución por la amplitud de sus movimientos de cámara y por ser una de las pocas películas mudas narradas solo con imágenes, sin necesidad de intertítulos. Tras este gran éxito realiza con el mismo equipo las caras e importantes producciones *Tartufo,* sobre la obra teatral de Molière, y *Fausto,* sobre las narraciones de Goethe y Marlowe. Su fama hace que sea contratado por el productor William Fox para trabajar en Hollywood, donde primero rueda su obra maestra *Amanecer,* brillante adaptación de una narración de Hermann Sudermann sobre un hombre situado entre el amor de dos mujeres muy diferentes, pero tiene una irregular acogida y su siguiente película, *Los cuatro diablos,* se resiente de ello. Las divergencias surgidas con William Fox durante el rodaje de *El pan nuestro de cada día,* su primera película sonora, le llevan a asociarse con el documentalista Robert J. Flaherty para huir de la dictadura de Hollywood y hacer en completa libertad en los mares del Sur *Tabu,* sobre los dramáticos amores entre dos nativos, rodada a medio camino entre el documental y la ficción; pero, por discrepancias diversas, la acaba produciendo y dirigiendo solo, sobre un guión de ambos. Muere a los cuarenta y tres años, poco antes del estreno de esta gran obra, a consecuencia de un accidente de automóvil.

1919 *Der Knabe in Blau.*
1920 *Satanas. / Sehnsucht. / Der Bucklige und die Tänzerin. / Der Januskopf. / Abend... Nacht... Morgen.*
1921 *Der Gang in die Nacht* (Luz que mata). / *Schloss Vogelöd* (El castillo de Vogelöd).
1922 *Marizza, gennant die Schumugglermadonna. / Nosferatu, eine Symphonie des Grauens* (Nosferatu, el vampiro). / *Der Brennende Acker* (La tierra en llamas). / *Phantom* (El nuevo Fantomas).
1923 *Die Austreibung.*
1924 *Die Finanzen des Grossherzogs* (Las finanzas del gran duque). / *Der Letzte Mann* (El último).
1925 *Tartüff* (Tartufo, o el hipócrita).
1926 *Faust* (Fausto).
1927 *Sunrise* (Amanecer).
1928 *Four Devils* (Los cuatro diablos).
1929 *Our Daily Bread* (El pan nuestro de cada día).
1931 *Tabu.*

MURO DE TINIEBLAS *(High Wall, 1948)*

El brillante piloto de guerra Steve Kenet (Robert Taylor) aparece inconsciente en su automóvil accidentado, junto a su mujer Helen (Dorothy Patrick) estrangulada. Acusado de asesinato y encerrado en un manicomio, víctima de un desequilibrio nervioso, gracias a la ayuda de la doctora Ann Lorrison (Audrey Totter) logra recuperarse y descubrir al verdadero asesino de su mujer. Narrada de manera cronológica, pero con la inserción de dos *flashbacks* complementarios en su desarrollo dramático, es una interesante y poco conocida película negra con una efectiva realización de Curtis Bernhardt que, junto a la cuidada producción de Robert Lord y al buen trabajo de Robert Taylor, consigue salvar ciertos convencionalismos del guión de Sydney Boehm.

Director: *Curtis Bernhardt.* Guionista: *Sydney Boehm.* Fotografía: *Paul C. Vogel.* Música: *Bronislau Kaper.* Intérpretes: *Robert Taylor, Herbert Marshall, Audrey Totter, Dorothy Patrick.* Producción: *Robert Lord para Metro-Goldwyn-Mayer.* Duración: *99'.* Estados Unidos.

n

NACIDA EN VIERNES *(Teresa Venerdì, 1941)*

El joven y arruinado doctor Pietro Vignali (Vittorio de Sica) debe hacerse novio de la rica heredera Lilli Passalacqua (Irasema Dilian) para conseguir pagar sus deudas, pero mientras tanto se desarrollan sus relaciones con la *vedette* Loletta Prima (Anna Magnani) y la bella huérfana Teresa Venerdì (Adriana Benetti). Con estos elementos, extraídos de una novela del húngaro Rudolf Török, un joven Vittorio de Sica escribe en relación protagoniza y dirige su tercera película, con la que inicia su larga y fructífera colaboración con el guionista Cesare Zavattini. Es una tenue comedia sentimental, rodada en plena II Guerra Mundial, bajo el fascismo, al final del *Ventennio nero,* pero hecha con gran habilidad y que funciona bien.

Director: *Vittorio de Sica*. Guionistas: *Vittorio de Sica, Gherardo Gherardi, Margherita Maglione, Franco Riganti, Cesare Zavattini*. Fotografía: *Vincenzo Seratrice*. Música: *Renzo Rossellini*. Intérpretes: *Vittorio de Sica, Adriana Benetti, Irasema Dilian, Guglielmo Bernabò, Olga Vittoria Gentilli, Anna Magnani, Elvira Betrone, Giuditta Rissone*. Producción: *ACI-Europa*. Duración: 96'. *Italia.*

NACIMIENTO DE UNA NACIÓN, EL *(The Birth of a Nation, 1915)*

El mayor éxito alcanzado por David W. Griffith en su calidad de guionista, productor y director es este gran fresco dramático sobre la historia de Estados Unidos durante las últimas décadas del siglo XIX. A través de la amistad entre la familia nordista Stoneman y la sudista Cameron, y más concretamente de la historia de amor nacida entre Elsie Stoneman (Lillian Gish) y Ben Cameron (Henry B. Walthall), se narra la guerra de Secesión, el asesinato del presidente Abraham Lincoln (Joseph Henabery) el 14 de abril de 1865 por John Wilkes Booth (Raoul Walsh), el nacimiento del reaccionario Ku Klux Klan para proteger al Sur contra los excesos del Norte y de los negros. Realizada de manera tan artesanal como eficaz por un Griffith en su mejor momento y con un coste de ciento diez mil dólares de la época, no tarda en convertirse en una obra clave en la evolución del lenguaje cinematográfico y obtiene varias decenas de millones de dólares en taquilla gracias a su hábil lanzamiento publicitario, su calidad y el escándalo que generan sus alabanzas al Ku Klux Klan. Dividida en dos partes, la primera se apoya más en la historia, tanto en hechos concretos como en documentos gráficos, frente a la segunda, mucho más imaginativa. Además, mientras la primera deja sentir demasiado el peso del cine de la época, la segunda es mucho más libre y creativa y demuestra la superioridad narrativa de David W. Griffith sobre sus contemporáneos.

Director: *David W. Griffith*. Guionistas: *David W. Griffith, Frank Woods*. Fotografía: *G. W. Bitzer, Karl*

Brown. Intérpretes: *Henry B. Walthall, Lillian Gish, Mae Marsh, Miriam Cooper, Ralph Lewis, Mary Alden, George Siegmann, Walter Long, Joseph Henabery*. Producción: *David W. Griffith y Harry E. Aithen para Epoch Producing Corporation*. Duración: *180'. Estados Unidos*.

NAPOLEÓN *(Napoléon, 1927)*

La vida, los amores y la obra de Napoleón Bonaparte han originado varias películas, pero la mejor es esta, que tiene una larga y azarosa vida. Estrenada el 7 de abril de 1927 en la Ópera de París en una versión de cuatro horas de duración con acompañamiento musical de Arthur Honegger, su duración plantea graves problemas de exhibición. En noviembre de 1927 se estrena con gran éxito en el parisiense cine Marivaux una versión de casi ocho horas: la primera parte se exhibe por la tarde y la segunda por la noche, pero, la aparición, poco después, de las primeras películas sonoras hace que sus innovaciones formales queden en seguida anticuadas. Sin embargo, su gran fuerza plástica motiva que se hagan hasta diecinueve versiones diferentes y que se reponga con regularidad durante cincuenta años. La más importante es la décimotercera, la primera sonora, rebautizada con el título de *Napoléon Bonaparte vu et entendu pour Abel Gance* (1935), que incluye un prólogo donde Stendhal da a su editor Crézy el manuscrito de su *Vida de Napoléon* y numerosas escenas dobladas por los mismos actores, gracias a que durante el rodaje Abel Gance les obligó a decir el texto exacto. En 1955 se hace una nueva versión para su reposición en el Studio 28 de París y en 1970 una última de cuatro horas producida por el realizador Claude Lelouch. Tras la muerte de Gance el restaurador británico Kevin Brownlow rehace la versión inicial con música de Carl Davis, mientras Francis Ford Coppola la distribuye en 1981 con música de su padre Carmine Coppola en proyecciones con acompañamiento de orquesta.

Director y guionista: *Abel Gance*. Fotografía: *Jules Kruger*. Música: *Arthur Honegger*. Intérpretes: *Albert Dieudonné, Gina Manès, Wladimir Roudenko, Alexander Koubitzky, Antonin Artaud, Edmond van Daële*. Producción: *Société du Film Napoléon*. Duración: *465'. Francia-Alemania*.

NARCISO NEGRO *(Black Narcissus, 1947)*

La hermana Clodagh (Deborah Kerr), perteneciente a la comunidad anglicana de Siervas de María de Calcuta, es enviada al frente de un grupo de monjas al palacio de Mopu, un nido de águilas situado en el Himalaya a la misma altura del Everest y cedido por un general hindú a la comunidad para crear un dispensario y una escuela, pero el residente inglés mister Dean (David Farrar) es contrario a que instalen un convento a esas alturas y les augura que no durarán mucho. La pureza del aire, los olores y la sensualidad del lugar, pero sobre todo la altitud, no tardan en afectar a los alumnos, entre los que destacan la joven Kanchi (Jean Simmons), una huérfana de diecisiete años repudiada por su marido, y un príncipe (Sabú), que ha obtenido una autorización para estudiar en esta escuela femenina, y en especial a las propias monjas. La hermana Ruth (Kathleen Byron) se enamora de mister Dean y la hermana Clodagh solo puede pensar en su pasado, por lo que al comenzar la estación de las lluvias abandonan definitivamente el palacio Mopu. Con esta historia, tomada de la excelente novela homónima de Rumer Godden, el británico Michael Powell y el húngaro Emeric Pressburger escriben, producen y dirigen un atractivo melodrama que se sitúa entre sus mejores trabajos. Construido sobre una serie de elementos contrapuestos, el Reino Unido y la India, la razón y la naturaleza, el sacrificio y el placer, la represión y la lujuria, la educación y el instinto, narra cómo un lugar influye en el comportamiento de un grupo de personas. Íntegramente rodada en decorados para conseguir un completo control de la acción, tiene una excelente fotografía del más tarde también realizador Jack Cardiff en el brillante Technicolor de la época.

Directores y guionistas: *Michael Powell, Emeric Pressburger*. Fotografía: *Jack Cardiff*. Música: *Brian Easdale*. Intérpretes: *Deborah Kerr, David Farrar, Sabu, Jean Simmons, Kathleen Byron, Flora Robson*. Producción: *Michael Powell y Emeric Pressburger para The Archers. Color*. Duración: *100'. Reino Unido*.

NÁUFRAGOS *(Lifeboat, 1944)*

Siempre interesado por los ejercicios de estilo, por los desafíos técnicos, el maestro Alfred Hitchcock rueda películas que se desarrollan íntegramente en un tren, *Alarma en el expreso* (The Lady Vanishes, 1938), en un apartamento, *La soga* (Rope, 1948), y en una casa, *Crimen perfecto* (Dial M for Murder, 1954), pero esta es la más compleja, por transcurrir en un bote salvavidas donde conviven los nueve supervivientes de un paquebote norteamericano torpedeado en mitad del océano por un submarino alemán. Rodada en plena II Guerra Mundial, el pequeño microcosmos de la lancha, integrado por la periodista de moda Connie Porter (Tallulah Bankhead), el ingeniero comunista John Kovac (John Hodiak), la enfermera de la Armada Alice Mackenzie (Mary Anderson), el industrial de derechas Charles S. Rittenhouse (Henry Hull), el marinero Gus Smith (William Bendix) gravemente herido en una pierna, Mrs. Higgins (Heather Angel) con el cadáver de su hijo, el telegrafista Stanley Garret (Hume Cronyn), el camarero negro Joe (Canada Lee) y el marino nazi Willy (Walter Slezak), refleja el de las fuerzas contendientes. Dentro de su habilidad narrativa, destaca la tradicional e imaginativa aparición de Hitchcock en un diario en el anuncio de una droga para adelgazar.

Director: *Alfred Hitchcock*. Guionista: *Jo Swerling*. Fotografía: *Glen MacWilliams*. Música: *Hugo Friedhofer*. Intérpretes: *Tallulah Bankhead, William Bendix, Walter Slezak, Mary Anderson, John Hodiak, Henry Hull, Heather Angel, Hume Cronyn, Canada Lee*. Producción: *Kenneth MacGowan para 20th Century Fox*. Duración: *96'. Estados Unidos.*

NAVEGANTE, EL *(The Navigator, 1924)*

En su cuarto largometraje, el genial cómico Buster Keaton narra cómo el rico aristócrata Rollo Treadway (Buster Keaton), tras ser rechazado por la bella Betsy (Kathryn McGuire), queda atrapado en un paquebote a la deriva, en el que casualmente también va ella, la hija del armador. Rollo Treadway debe desarrollar su ingenio, como si fuese un moderno Robinson Crusoe, para sobrevivir, enfrentarse a unos caníbales e incluso conquistar a la chica, en una constante lucha con los objetos que le rodean. Dirigida en colaboración con el conocido actor Donald Crisp, que también realiza e interpreta un buen número de películas durante la etapa sonora, y coproducida con su habitual colaborador Joseph M. Schenck para Metro-Goldwyn, es una de sus mejores y más divertidas películas, donde hace una constante demostración de su filosofía del hombre eficaz que sabe salir airoso de las más difíciles situaciones.

Directores: *Buster Keaton, Donald Crisp*. Guionistas: *Clyde Bruckman, Joseph Mitchell, Jean Havez*. Fotografía: *Elgin Lessley, Byron Houck*. Intérpretes: *Buster Keaton, Kathryn McGuire, Frederick Vroom, Noble Johnson, Clarence Burton*. Producción: *Joseph M. Schenck para Metro-Goldwyn Pictures*. Duración: *63'. Estados Unidos.*

NAZARÍN *(1958)*

Con esta adaptación de una novelita homónima de Benito Pérez Galdós, el guionista y realizador Luis Buñuel narra el fracaso del sacerdote Nazario (Francisco Rabal) y trata de demostrar la imposibilidad de desarrollar el concepto de caridad cristiana, en una especie de primer borrador de *Viridiana* (1961), que cuenta lo mismo, pero mucho mejor, valiéndose de una desigual y curiosa estructura. La primera parte es una larga sucesión de escenas, casi teatrales, desarrolladas en un mismo lugar, una especie de casa de putas, donde el cura tiene una habitación por la que todo el mundo entra y sale a través de una ventana, que sirve para exponer la situación. La segunda es un itinerario en el que el sacerdote, acompañado de dos prostitutas que le siguen más por amor físico que por religiosidad, interviene en algunos hechos que demuestran la imposibilidad de llevar su pensamiento a la práctica. Resulta molesto el cambio de estructura narrativa entre la primera y la segunda parte, así como el principio demasiado teatral y el tan forzado como falso acento de Francisco Rabal. Sin embargo, Buñuel consigue crear algunas escenas insólitas, entre las que destaca la de la niña arrastrando una larga tela por una calle desierta de un perdido pueblecito, pero dando muestras de una cierta timidez imaginativa.

Director: *Luis Buñuel*. Guionistas: *Luis Buñuel, Julio Alejandro*. Fotografía: *Gabriel Figueroa*. Intérpretes: *Francisco Rabal, Marga López, Rita Macedo, Ignacio López-Tarso, Ofelia Guilmain*. Producción: *Manuel Barbachano Ponce para Producciones Barbachano*. Duración: *97'. México.*

NEAL, Patricia *(Patsy Louise Neal. Packard, Kentucky, Estados Unidos, 1926)*

Desde los doce años estudia arte dramático en la Northwestern University de Chicago. A finales de la década de los cuarenta debuta como actriz en el famoso Theatre Guild y tiene un gran éxito en el papel de Regina en la obra *Another Part of the Forest,* de Lillian Hellman.

Contratada por los estudios Warner, protagoniza películas de interés como *El manantial*, de King Vidor; *El rey del tabaco* y *Punto de ruptura*, de Michael Curtiz, y *Tres secretos*, de Robert Wise. Sin embargo, no tarda en romper su contrato y rodar para otros estudios, entre otras, *Ultimátum a la Tierra*, de Robert Wise, y *Correo diplomático*, de Henry Hathaway. A raíz de su boda con el escritor Roald Dahl en 1953, se desentiende bastante de su carrera cinematográfica y durante el resto de la década y los años sesenta solo interviene en pocas pero seleccionadas películas: *Un rostro en la multitud*, de Elia Kazan; *Desayuno con diamantes*, de Blake Edwards; *Hud, el más valiente entre mil*, de Martin Ritt, por la que gana un Oscar, y *Primera victoria*, de Otto Preminger. Relegada a papeles secundarios, durante el resto de su carrera trabaja más en televisión que en cine y destaca su colaboración en la producción española *Hay que matar a B*, de José Luis Borau.

1949 *John Loves Mary*, de David Butler. / *The Fountainhead* (El manantial), de King Vidor. / *It's a Great Feeling*, de David Butler. / *The Hasty Heart* (Alma en tinieblas), de Vincent Sherman.
1950 *Bright Leaf* (El rey del tabaco), de Michael Curtiz. / *The Breaking Point* (Punto de ruptura), de Michael Curtiz. / *Three Secrets* (Tres secretos), de Robert Wise. / *Raton Pass*, de Edwin L. Marin.
1951 *Operation Pacific* (La flota silenciosa), de George Waggner. / *The Day the Earth Stood Still* (Ultimátum a la Tierra), de Robert Wise. / *Weekend With Father*, de Douglas Sirk.
1952 *Diplomatic Courier* (Correo diplomático), de Henry Hathaway. / *Something for the Birds*, de Robert Wise.
1954 *La tua donna* (Tu mujer), de Giovanni Paolucci.
1957 *A Face in the Crowd* (Un rostro en la multitud), de Elia Kazan.
1961 *Breakfast at Tiffany's* (Desayuno con diamantes), de Blake Edwards.
1963 *Hud* (Hud, el más valiente entre mil), de Martin Ritt.
1964 *Psyche 59*, de Alexander Singer.
1965 *In Harm's Way* (Primera victoria), de Otto Preminger.
1968 *The Subject Was Roses* (Una historia de tres extraños), de Ulu Grosbard.
1971 *The Night Digger*, de Alastair Reid.
1972 *Baxter*, de Lionel Jeffries.
1973 *Happy Mother's Day, Love George*, de Darren McGavin. / *Hay que matar a B*, de José Luis Borau.
1978 *The Passage* (El paisaje), de Alistair MacLean.
1981 *Ghost Story* (Historia macabra), de John Irvin.

NEESON, Liam *(Ballymena, Irlanda, Reino Unido, 1953)*

Mientras se convierte en un reputado actor de teatro por su trabajo en las compañías del Lyric's Players Theatre de Belfast y el Abbey Theatre de Dublín, comienza a hacer importantes papeles secundarios en cine, tanto en producciones inglesas, *Excalibur, Motín a bordo, La misión* y *Réquiem por los que van a morir*, como norteamericanas, *Ansias de vivir, La lista negra* y *El hotel de los fantasmas*. Después de protagonizar películas con un cierto atractivo como *Darkman* o *El silencio de la sospecha*, el éxito de *La lista de Schindler*, de Steven Spielberg, le convierte en una estrella.

1981 *Excalibur*, de John Boorman.
1983 *Krull*, de Peter Yates.
1984 *The Bounty* (Motín a bordo), de Roger Donaldson.
1985 *Lamb*, de Colin Gregg. / *The Innocent*, de John Mackenzie.
1986 *The Mission* (La misión), de Roland Joffé.
1987 *Suspect* (Sospechoso), de Peter Yates. / *A Prayer for the Dying* (Réquiem por los que van a morir), de Mike Hodges. / *Duet for One* (Ansias de vivir), de Andrei Konchalovsky.
1988 *Satisfaction*, de John Freeman. / *The Dead Pool* (La lista negra), de Buddy van Horn. / *The Good Mother* (El precio de la pasión), de Leonard Nimoy. / *High Spirits* (El hotel de los fantasmas), de Neil Jordan.
1989 *Next of Kin* (Con su propia ley), de John Irvin.
1990 *Darkman*, de Sam Reimi. / *Crossing the Line*, de David Leland.
1992 *Under Suspicion* (El silencio de la sospecha), de Simon Moore. / *Shining Through* (Resplandor en la oscuridad), de David Seltzer. / *Leap of Faith*, de Richard Pearce. / *Husbands and Wives* (Maridos y mujeres), de Woody Allen.
1993 *Ethan Frome*, de John Madden. / *Deception*, de Graeme Clifford. / *Schindler's List* (La lista de Schindler), de Steven Spielberg.
1994 *Nell*, de Michael Apted.
1995 *Rob Boy*, de Michael Caton-Jones. / *Before and After* (Antes y después), de Barbet Schroeder.

NEGROS TAMBIÉN COMEN, LOS *(Come sono buone i bianchi, 1987)*

Con una clara estructura de itinerario, el guionista Rafael Azcona y el director Marco Ferreri vuelven a colaborar una vez más para realizar una de las más duras parábolas de la historia del cine sobre las relaciones entre los países ricos y los pobres a través de la comida y el hambre. La expedición humanitaria «Ángeles Azules», compuesta por doce europeos y seis camiones cargados de *spaghetti,* tomate y leche en polvo, parte hacia un lugar indeterminado de África, de difícil acceso, para calmar el hambre de los negros. Cada vez se hace más patente la desorganización de la expedición, al mando de Diego Ramírez (Juan Diego), mientras ocurren pequeños incidentes que les hacen añorar Europa y preguntarse qué hacen en África y nace el amor entre el camionero italiano Michele (Michele Placido) y la atractiva holandesa Nadie (Maruschka Detmers). En su difícil camino hacia su lejano destino pasan una noche en un lujoso hotel cuya elevada factura pagan con parte de su carga de *spaghetti;* encuentran al padre Jean-Marie (Michel Piccoli), que quiere volver a su país, cansado de convertir infieles; a diversos tipos de guerrilleros armados; a la guapa hija del rey de una pequeña tribu que ha conocido en París a algunos de los miembros de la expedición, y a un grupo de caníbales, cuyo portavoz ha trabajado en una fábrica de automóviles Peugeot, que acaba comiéndose a los protagonistas cuando se quedan aislados y sin combustible. Esta terrible sátira sobre las organizaciones caritativas y humanitarias, sobre las relaciones entre Europa y el Tercer Mundo, es una de las mejores películas de Ferreri y una de las mejores expresiones del humor negro que nace de sus colaboraciones con Azcona. Como es lógico, en un fracaso de público y solo en Francia tiene buena crítica; en Italia pasa inadvertida y en España nunca se estrena.

Director: *Marco Ferreri.* Guionistas: *Marco Ferreri, Rafael Azcona.* Fotografía: *Ángel Luis Fernández.* Intérpretes: *Maruschka Detmers, Michele Placido, Juan Diego, Michel Piccoli, Jean-François Stevenin.* Producción: *Andrés Vicente Gómez para Camera One (Roma), J.M.S. Films (París), Iberoamericana (Madrid).* Color. Duración: 98'. Italia-Francia-España.

NEGULESCO, Jean *(Craiowa, Rumania, 1900-Marbella, España, 1993)*

A los catorce años llega a París para estudiar bellas artes, mientras crece su fama como pintor, viaja durante diez años por Turquía, Grecia, Italia y Francia, hasta que, de nuevo en París, frecuenta los ambientes del barrio de Montparnasse y se hace amigo de Brancusi y Modigliani. En 1927 llega a Estados Unidos para exponer sus cuadros y se instala en Hollywood, donde dirige la producción independiente inacabada *Three and a Day* (1928) y comienza a trabajar como diseñador de vestuario, decorador y montador para el productor Benjamin Glazer. Tras codirigir con Harlan Thompson *El templo de las hermosas* (Kiss and Make Up, 1934), su carrera como realizador de cine arranca definitivamente con la producción de bajo presupuesto *Singapore Woman.* Contratado por los estudios Warner, entre 1944 y 1948 hace siete producciones entre las que destacan *La máscara de Dimitrios,* buena adaptación de la novela de espionaje de Eric Ambler, y los melodramas *Humoresque,* escrito por Clifford Odets y protagonizado por Joan Crawford, y *Belinda,* basado en una obra de teatro de Elmer Harris e interpretado por Jane Wyman. En 1948 comienza a trabajar para 20th Century Fox, estudio para el que rueda la casi totalidad de sus restantes películas, que se dividen en dos grupos claramente diferenciados. Por un lado se sitúan las interesantes *El parador del camino,* un efectivo policiaco; *Regresaron tres,* sobre la vida de una escritora norteamericana en un campo de concentración japonés en Borneo durante la II Guerra Mundial; *Venganza del destino,* adaptación de una novela de Ernest Hemingway escrita y producida por el especialista Casey Robinson; *Llama un desconocido,* melodrama de episodios escrito y producido por Nunnally Johnson; *Un grito en el pantano,* nueva versión de *Aguas pantanosas* (Swamp Water, 1941), de Jean Renoir, y *El hundimiento del Titanic,* sobre la tragedia naval ocurrida en 1912, vista a través de una de las familias que la sufren. Por otro lado aparecen las irregulares comedias en color y CinemaScope originadas por el éxito de *Cómo casarse con un millonario,* que van desde *Creemos en el amor,* rodada en Roma; *El mundo es de las mujeres, Tu marido... ese desconocido, Mujeres frente al amor,* hasta *Jessica,* hecha también en Italia, y *En busca del amor,* rodada en España, que repiten cada vez peor el esquema de las tres muchachas a la caza de marido, entre las que destacan las más interesantes *Papá piernas largas,* un musical protago-

nizado por Fred Astaire; *Las lluvias de Ranchipur,* nueva versión de *Vinieron las lluvias* (The Rains Came, 1939), de Clarence Brown, y *La sirena y el delfín,* una convencional historia de amor entre un arqueólogo norteamericano y una pescadora de esponjas griega. Su obra se cierra de mala manera con *Los héroes* y *Hello-Goodbye,* que se ve obligado a hacer a petición del productor Darryl F. Zanuck cuando ya está retirado.
1941 *Singapore Woman.*
1944 *The Mask of Dimitrios* (La máscara de Dimitrios). / *The Conspirators.*
1946 *Three Strangers.* / *Nobody Lives Forever.* / *Humoresque.*
1947 *Deep Valley.*
1948 *Johnny Belinda* (Belinda). / *Road House* (El parador del camino).
1949 *Britannia Mews.*
1950 *Three Came Home* (Regresaron tres). / *Under my Skin* (Venganza del destino). / *The Mudlark.*
1951 *Take Care of My Little Girl.*
1952 *Phone Call From a Stranger* (Llama un desconocido). / *Lydia Bailey* (Revuelta en Haití). / *Lure of the Wilderness* (Un grito en el pantano). / *The Last Leaf* (La última hoja), episodio de *O. Henry's Full House* (Cuatro páginas de la vida).
1953 *Scandal at Scourie* (La señora Chesney). / *Titanic* (El hundimiento del Titanic). / *How to Marry a Millionaire* (Cómo casarse con un millonario).
1954 *Three Coins in the Fountain* (Creemos en el amor). / *Woman's World* (El mundo es de las mujeres).
1955 *Daddy Long Legs* (Papá piernas largas). / *The Rains of Ranchipur* (Las lluvias de Ranchipur).
1957 *Boy on a Dolphin* (La sirena y el delfín).
1958 *The Gift of Love* (Sombra enamorada). / *A Certain Smile* (Una cierta sonrisa).
1959 *Count Your Blessings* (Tu marido... ese desconocido). / *The Best of Everything* (Mujeres frente al amor).
1962 *Jessica.*
1964 *The Pleasure Seekers* (En busca del amor).
1970 *The Invincible Six* (Los héroes). / *Hello-Goodbye.*

NELLY Y EL SEÑOR ARNAUD *(Nelly et M. Arnaud, 1995)*

Las relaciones entre el señor Arnaud (Michel Serrault), un hombre de sesenta y tantos años, separado y un tanto aburrido de su vida, y la atractiva Nelly (Emmanuelle Béart), una joven cuarenta años menor que él, cansada de su matrimonio y llena de deudas, da lugar a una tan peculiar como intensa historia de amor. El señor Arnaud le ofrece dinero y trabajo de manera desinteresada, lo que Nelly aprovecha para separarse y comenzar una nueva vida, ayudándole a finalizar sus memorias. A pesar de que ella tiene una relación con su editor (Jean-Hugues Anglade), acaba habiendo entre ellos una profunda amistad. A los setenta y un años, el guionista y realizador Claude Sautet hace su obra maestra, siguiendo la línea trazada en *Un corazón en invierno* (Un coeur en hiver, 1992). Narra esta peculiar historia de amor con extremada delicadeza, gracias a la colaboración del mismo coguionista, Jacques Fieschi, de la bella Emmanuelle Béart y del excelente actor Michel Serrault.

Director: *Claude Sautet.* Guionistas: *Claude Sautet, Jacques Fieschi, Yves Ullman.* Fotografía: *Jean-François Robin.* Música: *Philippe Sarde.* Intérpretes: *Emmanuelle Béart, Michel Serrault, Jean-Hugues Anglade, Claire Nadeau, Françoise Brion, Michèle Laroque, Michael Lonsdale.* Producción: *Alain Sarde para Films Alain Sarde (París), TF1 Films Productions (París), Cecchi Gori Group Tiger Cinematografica (Roma), Prokino Filmproduktion GmbH (Berlín). Color.* Duración: *107'. Francia-Italia-Alemania.*

NEVILLE, Edgar *(Madrid, 1899-Madrid, España, 1967)*

Hijo de un ingeniero inglés y de una condesa española, estudia en Madrid y Suiza y desde muy joven descubre que su pasión es el teatro. Licenciado en derecho, en 1924 ingresa en la carrera diplomática, mientras asiste a la tertulia de Ramón Gómez de la Serna, y en 1927 le destinan a Washington. Durante su estancia en Estados Unidos viaja repetidamente a Hollywood, se hace amigo de Charles Chaplin, trabaja en las versiones castellanas de las películas producidas por los grandes estudios, según una moda pasajera anterior a la implantación del doblaje, y aprende la técnica del cine sonoro. De regreso a España colabora en *La traviesa molinera* (1934), de Harry d'Abbadie d'Arrast, y debuta como director con *El malvado Carabel,* sobre la novela de Wenceslao Fernández Flórez, y *La señorita de Trevélez,* basada en la obra de teatro de Carlos Arniches. Al mismo tiempo, comienza su amplia producción literaria como articulista, novelista y dramaturgo. Durante la guerra española rueda algunos documentales para los militares sublevados, y en la inmediata posguerra tres largometrajes con un contenido demasiado fascista: *Santa Rogelia,* en España, y *Frente de Madrid* y *Santa María,* en Italia. Tras *Correo de Indias,* una interesante e insólita, para su época, producción histórica, demuestra la originalidad de su cine con la trilogía de personales narraciones policiacas integrada por *La torre de los siete jorobados,* adaptación de una novela de Emilio Carrere, *Domingo de carnaval* y *El crimen de la calle de Bordadores,* basadas en atractivos guiones originales. Entre sus restantes películas destacan la comedia *La vida en un hilo,* cuyo éxito le lleva a convertirla en una famosa obra teatral, según una curiosa costumbre de la época, y *El último caballo,* una de las primeras experiencias neorrealistas españolas, sin olvidar la interesante biografía histórica *El marqués de Salamanca* y el drama realista *Nada,* sobre la novela de Carmen Laforet. Tras el peculiar musical *Duende y misterio del flamenco,* los problemas económicos que le plantea la coproducción hispano-francesa de episodios *La ironía del dinero* hacen que no vuelva a producir ninguna película, durante cuatro años se mantiene alejado del cine y solo vuelve para rodar *El baile,* adaptación de su conocida obra teatral homónima, y *Mi calle,* que cierra brillantemente su filmografía.

1935 *El malvado Carabel.*
1936 *La señorita de Trevélez.*
1939 *Santa Rogelia.* / *Frente de Madrid.*
1941 *Santa María* (La muchacha de Moscú).
1942 *Correo de Indias.*
1943 *Café de París.*
1944 *La torre de los siete jorobados.*
1945 *La vida en un hilo.* / *Domingo de carnaval.*
1946 *El crimen de la calle de Bordadores.*
1947 *El traje de luces.* / *Nada.*
1948 *El señor Esteve.* / *El marqués de Salamanca.*
1950 *El último caballo.*
1951 *Cuento de hadas.*
1952 *El cerco del diablo,* un episodio. / *Duende y misterio del flamenco.*
1955 *La ironía del dinero,* un episodio.
1959 *El baile.*
1960 *Mi calle.*

NEWMAN, Paul *(Cleveland, Ohio, Estados Unidos, 1925)*

Hijo de un padre de origen judío alemán y de una madre católica húngara, estudia ciencias en el Kenyon College, combate como marino en la II Guerra Mundial y en la posguerra estudia arte dramático en el Yale Drama School y el Actor's Studio. Perteneciente a la generación de Marlon Brando y James Dean, creada por Lee Strasberg, debuta como actor de teatro con gran éxito en 1953. Al año siguiente fracasa con su primera película y se consagra en cine al sustituir a James Dean en *Marcado por el odio.* Tras algunos papeles memorables, como el de Billy the Kid en *El zurdo,* Brick en *La gata sobre el tejado de cinc,* Ari Ben Canaan en *Éxodo* y Eddie Felson en *El buscavidas,* malgasta los años sesenta en películas con muy poco interés, muchas dirigidas por su amigo Martin Ritt y producidas por él. Quizá por ello a finales de la década comienza una carrera paralela como realizador que le lleva a hacer dos interesantes dramas, protagonizados por su mujer, Joanne Woodward: *Rachel, Rachel,* que narra la vida de una solterona con un exceso de *flashback* e intercalación de pensamientos del personaje, y *El efecto de los rayos gamma sobre las margaritas,* buen dibujo del pequeño mundo provinciano de una viuda con dos hijas, pero que nada tienen que ver con la idea que se tiene de él como actor. Entre ambas, y en su calidad de protagonista y productor, debe sustituir al realizador Richard A. Colla en la fallida *Casta invencible.* Después de trabajar a las órdenes de Hitchcock en *Cortina rasgada,* y encarnar al detective Harper, personaje creado por el novelista Ross Mac Donald, en *Harper, investigador privado* y *Con el agua al cuello,* tiene grandes éxitos con el *western* de acción *Dos hombres y un destino* y el policiaco en clave de comedia *El golpe,* ambas dirigidas por George Roy Hill. A finales de los años setenta forma parte de la *troupe* de Robert Altman en *Buffalo Bill y los indios* y *Quinteto.* Desde principios de los ochenta decrece su ritmo de trabajo; deja de hacer papeles de galán, y elige mejor sus películas, tal como demuestran *Ausencia de malicia, Veredicto final* y *El color del dinero,* interesante segunda parte de *El buscavidas.* Al mismo tiempo dirige *Harry e hijo,* irregular reflejo de las malas relaciones con su hijo, y *El zoo de cristal,* buena y nueva versión de la famosa obra de Tennessee Williams. Seleccionado para el Oscar en nueve ocasiones, solo lo consigue por *El color del dinero,* además de otro honorífico que le conceden en 1994. Tras hacer cincuenta y dos películas en cuarenta años de profesión, es uno de los actores más característicos de la segunda mitad de la historia del cine.

Como director
1968 *Rachel, Rachel.*
1971 *Sometimes a Great Notion* (Casta invencible).
1972 *The Effect of Gamma Rays on Man-in-the-Moon Marigolds* (El efecto de los rayos gamma sobre las margaritas).
1984 *Harry and Son* (Harry e hijo).
1987 *The Glass Menagerie* (El zoo de cristal).

Como actor
1954 *The Silver Chalice* (El cáliz de plata), de Victor Saville.
1956 *The Rack* (Traidor a su patria), de Arnold Laven. / *Somebody Up There Likes Me* (Marcado por el odio), de Robert Wise.
1957 *The Helen Morgan Story* (Para ella un solo hombre), de Michael Curtiz. / *Until They Sail* (Mujeres culpables), de Robert Wise.
1958 *The Left-Handed Gun* (El zurdo), de Arthur Penn. / *The Long Hot Summer* (El largo y cálido verano), de Martin Ritt. / *Cat on a Hot Tin Roof* (La gata sobre el tejado de cinc), de Richard Brooks.
1959 *Rally 'Round the Flag Boys* (Un marido en apuros), de Leo McCarey. / *The Young Philadelphians* (La ciudad frente a mí), de Vincent Sherman.
1960 *Exodus (Éxodo)*, de Otto Preminger. / *From the Terrace* (Desde la terraza), de Mark Robson.
1961 *Paris Blues* (Un día volveré), de Martin Ritt. / *The Hustler* (El buscavidas), de Robert Rossen.
1962 *Sweet Bird of Youth* (Dulce pájaro de juventud), de Richard Brooks. / *Hemingway's Adventures of a Young Man* (Cuando se tienen veinte años), de Martin Ritt.
1963 *Hud*, de Martin Ritt. / *A New Kind of Love* (Samantha), de Melville Shavelson. / *The Prize* (El premio), de Mark Robson.
1964 *What a Way To Go!* (Ella y sus maridos), de J. Lee Thompson. / *The Outrage* (Cuatro confesiones), de Martin Ritt.
1965 *Lady L*, de Peter Ustinov.
1966 *Harper* (Harper, investigador privado), de Jack Smight. / *Torn Curtain* (Cortina rasgada), de Alfred Hitchcock.
1967 *Hombre* (Un hombre), de Martin Ritt. / *Cool Hand Luke* (La leyenda del indomable), de Stuart Rosenberg.
1968 *The Secret War of Harry Frigg* (Comando secreto), de Jack Smight.
1969 *Winning* (500 millas), de James Goldstone. / *Butch Cassidy and the Sundance Kid* (Dos hombres y un destino), de George Roy Hill.
1970 *W.U.S.A.* (Un hombre de hoy), de Stuart Rosenberg.
1971 *Sometimes a Great Notion* (Casta invencible), de Paul Newman.
1972 *Pocket Money* (Los indeseables), de Stuart Rosenberg. / *The Life and Times of Judge Roy Bean* (El juez de la horca), de John Huston.
1973 *The Mackintosh Man* (El hombre de Mackintosh), de John Huston. / *The Sting* (El golpe), de George Roy Hill.
1974 *The Towering Inferno* (El coloso en llamas), de John Guillermin.
1975 *The Drowning Pool* (Con el agua al cuello), de Stuart Rosenberg.
1976 *Buffalo Bill and the Indians* (Buffalo Bill y los indios), de Robert Altman. / *Silent Movie* (La última locura), de Mel Brooks.
1977 *Slap Shot* (El castañazo), de George Roy Hill.
1979 *Quintet* (Quinteto), de Robert Altman. / *When Time Ran Out* (El día del fin del mundo), de James Goldstone.
1980 *Fort Apache, the Bronx* (Distrito apache), de Daniel Petrie.
1981 *Absence of Malice* (Ausencia de malicia), de Sydney Pollack.
1982 *The Verdict* (Veredicto final), de Sidney Lumet.
1984 *Harry and Son* (Harry e hijo), de Paul Newman.
1986 *The Color of Money* (El color del dinero), de Martin Scorsese.
1989 *Blaze* (El escándalo Blaze), de Ron Shelton. / *Fat Man and Little Boy* (Creadores de sombras), de Roland Joffé.
1990 *Mr. & Mrs. Bridge* (Esperando al Sr. Bridge), de James Ivory.
1994 *The Hudsucker Proxy* (El gran salto), de Joel Cohen. / *Nobody's Fool* (Ni un pelo de tonto), de Robert Benton.

NIÁGARA *(1953)*

Perfecta mezcla de dos historias contrapuestas, teñidas de un similar tono documental y policiaco, narra cómo Polly Cutler (Jean Peters) y Ray Cutler (Casey Adams), un matrimonio modelo que llega a las cataratas del Niágara para celebrar su segunda luna de miel, deben ocupar la cabaña que todavía no han abandonado Rose Loomis (Marilyn Monroe) y George Loomis (Joseph Cotten), una pareja atormentada por los celos que él siente desde que regresó de la guerra de Corea. Excelente fusión entre narración y paisaje, al ser las instalaciones turísticas de las cataratas el escenario de un crimen y la torre del carillón el de otro, la pacífica Polly Cutler se convierte en accidental testigo de las criminales relaciones entre los Loomis. Hábil policiaco planteado por el especialista Henry

Hathaway como un enfrentamiento entre una despampanante Marilyn Monroe, desnuda bajo las sábanas de una cama o cantando *Kis Me* con un insinuante traje rojo, y una bellísima Jean Peters, más sobria, sencilla y siempre vestida de blanco, es uno de los grandes éxitos del cine norteamericano de la década de los cincuenta.

Director: *Henry Hathaway*. Guionistas: *Charles Brackett, Walter Reisch, Richard Breen*. Fotografía: *Joe MacDonald*. Música: *Sol Kaplan*. Intérpretes: *Joseph Cotten, Jean Peters, Marilyn Monroe, Casey Adams, Don Wilson*. Producción: *Charles Brackett para 20th Century Fox. Color*. Duración: 89'. Estados Unidos.

NIBLO, Fred *(Federico Nobile. York, Nebraska, 1874-New Orleans, Luisiana, Estados Unidos, 1948)*

Hijo de padres italianos, entra en el mundo del espectáculo como actor y llega a ser un nombre importante del vodevil. Al casarse con la actriz Josephine Cohan entra a formar parte de la conocida compañía de George M. Cohan, donde, además de actuar con ella, también trabaja como productor y director. En 1917 es contratado por el famoso productor y director de cine Thomas H. Ince y debuta como realizador con quince comedias protagonizadas por Enid Bennett, entre las que cabe citar *La revancha del amor, Dangerous Hours, Sex* y *Trapos y sedas*. Contratado por el actor y productor Douglas Fairbanks, le dirige en las películas de acción *La marca del Zorro* y *D'Artagnan*. Su éxito le lleva a rodar con Rudolph Valentino *Sangre y arena,* una de las mejores versiones de la novela de Vicente Blasco Ibáñez. El productor Louis B. Mayer le lleva a los recién creados estudios Metro-Goldwyn-Mayer para que dirija a Ramón Novarro en *Thy Name Is Woman, Lirio entre espinas* y la superproducción *Ben-Hur,* adaptación de la plúmbea novela de Lew Wallace, muy superior a la firmada en 1959 por William Wyler; a Greta Garbo en *La tierra de todos,* donde sustituye a Mauritz Stiller, y *La dama misteriosa;* a Norma Talmage en *Camille,* según la obra de Alexandre Dumas; a Lillian Gish en *El enemigo,* y a Joan Crawford en *Sueños de amor.* A pesar de sus repetidos éxitos, el cine sonoro marca el final de su carrera, asociado al fracaso de *Redención,* la adaptación de la novela de Leon Tolstoi que significa el principio del fin del actor John Gilbert, Metro-Goldwyn-Mayer no renueva su contrato. Todavía realiza algunas películas más, pero, tras hacer *La sirena del Palace* en el Reino Unido, decide retirarse.

1918 *The Marriage Ring* (¡Qué tontos son los maridos!). / *Happy Though Married* (Felices, aunque casados). / *Fuss and Feathers*. / *When Do We Eat?*
1919 *The Haunted Bedroom.* / *The Law of Men.* / *Partners Three*. / *The Virtuous Thief*. / *What Every Woman Learns*. / *Stepping Out* (La revancha del amor). / *Dangerous Hours*. / *The Woman in the Suitcase* (A fuerza de quererla).
1920 *Sex.* / *The False Road.* / *Her Husband's Friend* (El amigo de su marido). / *Hairpins* (Fascínalos, mujer). / *The Mark of Zorro* (La marca del Zorro). / *Silk Hosiery* (Trapos y sedas).
1921 *Mother O'Mine.* / *Greater Than Love.* / *The Three Musketeers* (D'Artagnan).
1922 *The Woman He Married.* / *Rose O'The Sea* (Rosa del mar). / *Blood and Sand* (Sangre y arena).
1923 *The Famous Mrs. Fair* (La famosa señora Fair). / *Strangers of the Night.*
1924 *Thy Name Is Woman.* / *The Red Lily* (Lirio entre espinas).
1926 *Ben-Hur.* / *The Temptress* (La tierra de todos).
1927 *Camille* (Margarita Gautier). / *The Devil Dancer* (La danzarina sagrada). / *The Enemy* (El enemigo).
1928 *Two Lovers* (Dos amantes). / *The Mysterious Lady* (La dama misteriosa). / *Dream of Love* (Sueño de amor).
1930 *Redemption* (Redención). / *Way Out West* (Más allá del Oeste).
1931 *Young Donovan's Kid* (El buen ladrón). / *The Big Gamble* (Jugándose la vida).
1932 *Two White Arms.* / *Blame the Woman* (La sirena del Palace).

NICHETTI, Maurizio *(Milán, Italia, 1948)*

Estudia arquitectura, trabaja como actor de teatro en el Piccolo de Milán y como guionista y actor con el realizador de dibujos animados Bruno Bozzetto, especialmente en el largo *Allegro non troppo* (1977). Cada vez más interesado por el cine, escribe, produce, protagoniza y dirige un cortometraje para convencer al productor Franco Cristaldi de que le financie *Ratataplan,* su primer largo, resumen de sus experiencias como actor, creador de dibujos animados e interesado por el humor surrealista, donde ya aparece su característico personaje de hábil hombre de la calle, pero que en esta ocasión no dice una sola palabra. Su éxito le permite realizar con un presupuesto bastante más amplio *Ho fatto splash*, en torno al mundo de la publicidad y la televisión; *Domani si balla*, optimista fábula musical, e *Il bi e il ba*, historia banal al servicio del cómico televisivo Nino Frassica. Tiene más interés *Ladrones de anuncios*, que narra la tragicomedia del realizador que tras hacer una nueva versión de *Ladrón de bicicletas* (Ladri di biciclette, 1948), de Vittorio de Sica, el gran clásico del neorrealismo, al emitirse por televisión ve con horror cómo se entremezclan sus personajes con los de los múltiples anuncios con que la interrumpen. Su mejor película es *Querer volar*, donde su habitual personaje, el tímido que logra imponerse en su enfrentamiento con la sociedad gracias a su capacidad para la fantasía, se convierte en dibujo animado por la excitación que le produce una atractiva mujer.

1979 *Ratataplan.*
1980 *Ho fatto splash.*
1982 *Domani si balla.*
1985 *Il bi e il ba.*
1988 *Ladri di saponette* (Ladrones de anuncios).
1990 *Volere volare* (Querer volar).
1992 *Stefano Quantestorie.*

NICHOLS, Mike *(Michael Igor Peschkowsky. Berlín, Alemania, 1931)*

Hijo de un médico judío de origen ruso, siendo muy pequeño su familia abandona Berlín huyendo de los nazis y se instala en Nueva York. Estudia en Connecticut, pero cuando muere su padre debe trabajar para pagarse los estudios de psiquiatría en la Universidad de Chicago. Tras estudiar arte dramático en el mítico Actor's Studio, en 1956 funda en Chicago, con los actores Alan Arkin, Barbara Harris y Elaine May y el dramaturgo Neil Simon, la compañía The Compass, más tarde convertida en Second City, que también dirige. En 1957 empieza a hacer el programa de televisión semanal *An Evening With Mike Nichols and Elaine May*, su éxito se extiende a lo largo de dos temporadas y durante otra llegan a ser estrellas de los cabarets neoyorquinos. Convertido en un prestigioso director de teatro en Chicago, no tarda en dar el salto a Broadway y obtener repetidos éxitos durante la primera mitad de los años sesenta. Debuta como realizador de cine con *¿Quién teme a Virginia Woolf?*, que, a pesar de ser una repetición de su montaje de la obra homónima de Edward Albee, tiene un gran éxito y gana varios Oscars; pero lo supera con la irregular *El graduado*, que narra las relaciones entre un joven, una madre y su hija, a partir de una novela de Charles Webb. Después de *Trampa 22*, una farsa antimilitarista llena de humor negro, pero que desvirtúa la novela original de Joseph Heller, vuelve a triunfar con *Conocimiento carnal*, adaptación de una obra teatral del dibujante de historietas gráficas Jules Feiffer sobre la crónica de las relaciones eróticas de dos amigos. El fracaso de *El día del delfín*, que mezcla malamente los trabajos de un científico con los delfines y un complot para asesinar al presidente de Estados Unidos, y de *Dos pillos y una herencia*, una fallida comedia negra escrita por Adrien Joyce, le hace dedicarse en exclusiva al teatro durante ocho años, en los que solo rueda su espectáculo teatral *Gilda Live*. Vuelve al cine con *Silkwood*, torpe denuncia de las condiciones de trabajo en una fábrica de productos nucleares de Oklahoma, basada en hechos reales; *Se acabó el pastel*, aburrida comedia sobre el final del matrimonio de dos periodistas, escrita por Nora Ephron en torno a su vida real con Carl Berstein, y *Desventuras de un recluta inocente*, adaptación de una obra de Neil Simon sobre su propio servicio militar. Entre sus dos mejores trabajos, *Armas de mujer*, una divertida comedia sobre una secretaria que suplanta a su jefa, escrita por Kevin Wade, y *Lobo*, adaptación de la tradicional leyenda del hombre-lobo al mundo laboral de un editor, se sitúan la anodina comedia *Postales desde el filo* y el plúmbeo melodrama *A propósito de Henry*. Sigue siendo mucho mejor director de teatro que de cine, tal como una vez más demuestra en *Una jaula de grillos*, nueva versión de la comedia francesa de homosexuales *Vicios pequeños* (La cage aux folles, 1978), de Edouard Molinaro.

1967 *Who's Afraid of Virginia Woolf?* (¿Quién teme a Virginia Woolf?).
1968 *The Graduate* (El graduado).
1970 *Catch-22* (Trampa 22).
1971 *Carnal Knowledge* (Conocimiento carnal).
1973 *The Day of the Dolphin* (El día del delfín).
1975 *The Fortune* (Dos pillos y una herencia).
1980 *Gilda Live.*

1983 *Silkwood.*
1986 *Heartburn* (Se acabó el pastel).
1987 *Biloxi Blues* (Desventuras de un recluta inocente).
1988 *Working Girl* (Armas de mujer).
1990 *Postcards From the Edge* (Postales desde el filo).
1991 *Regarding Henry* (A propósito de Henry).
1994 *Wolf* (Lobo).
1996 *The Bird Cage* (Una jaula de grillos).

NICHOLSON, Jack *(Neptuno, New Jersey, Estados Unidos, 1937)*

Actor aficionado, trabaja en muy diferentes oficios hasta que hace algunos pequeños papeles en televisión y el productor y realizador Roger Corman se fija en él y le da el papel principal de la película *Cry Baby Killer*. Durante la década de los sesenta interpreta diferentes personajes en casi veinte producciones de Serie B, algunas dirigidas por el propio Corman, como *La pequeña tienda de los horrores, El cuervo, El terror, La matanza del día de san Valentín* y *The Trip;* o sus discípulos, especialmente por Monte Hellman, *Back Door to Hell, Fligh to Fury, A través del huracán* y *El tiroteo*. El inesperado éxito de *Buscando mi camino*, en cuya producción también interviene, le hace salir del gueto de la Serie B y, entre *Mi vida es mi vida* y *El rey de Marvin Gardens,* que hace con Bob Rafelson, se convierte en una estrella gracias a *Conocimiento carnal, Chinatown* y *Alguien voló sobre el nido del cuco,* con la que obtiene un Oscar. Durante los siguientes veinte años protagoniza veinte importantes producciones y destaca su trabajo en *El resplandor, El cartero siempre llama dos veces, Rojos, La fuerza del cariño, Las brujas de Eastwick, Algunos hombres buenos* y *Lobo*, a pesar de cierta tendencia natural al histrionismo. También dirige tres irregulares películas: *Drive, He Said*, sobre el mundillo de los jugadores de baloncesto; *Camino del Sur,* un *western* con fotografía de Néstor Almendros, y *Los dos Jakes,* un policiaco, especie de continuación de *Chinatown* (1974), de Roman Polanski, donde vuelve a encarnar al detective J. J. Gittes.

Como director
1971 *Drive, He Said.*
1978 *Goin' South* (Camino del Sur).
1990 *The Two Jakes* (Los dos Jakes).

Como actor
1958 *Cry Baby Killer*, de Juss Addiss.
1959 *Too Soon to Love*, de Richard Rush.
1960 *Little Shop of Horrors* (La pequeña tienda de los horrores), de Roger Corman. / *The Wild Ride*, de Harvey Berman.
1961 *Studs Lonigan*, de Irving Lerner.
1962 *The Broken Land*, de John Bushelman.
1963 *The Raven* (El cuervo), de Roger Corman. / *The Terror* (El terror), de Roger Corman. / *Thunder Island*, de Jack Leewood.
1964 *Ensign Pulver* (Valiente marino), de Joshua Logan. / *Back Door to Hell*, de Monte Hellman.
1966 *Ride in the Whirlwind* (A través del huracán), de Monte Hellman. / *Flight to Fury*, de Monte Hellman.
1967 *The Shooting* (El tiroteo), de Monte Hellman. / *Hells Angels on Wheels*, de Richard Rush. / *The St. Valentine Day's Massacre* (La matanza del día de san Valentín), de Roger Corman. / *The Trip*, de Roger Corman.
1968 *Psych-Out* (Pasaporte a la locura), de Richard Rush. / *Head*, de Bob Rafelson.
1969 *Easy Rider* (Buscando su destino), de Dennis Hopper.
1970 *Rebel Rousers* (Ruta de violencia), de Martin B. Cohen. / *On a Clear Day You Can See Forever* (Vuelve a mi lado), de Vincente Minnelli. / *Five Easy Pieces* (Mi vida es mi vida), de Bob Rafelson.
1971 *Carnal Knowledge* (Conocimiento carnal), de Mike Nichols. / *A Safe Place*, de Henry Jaglom.
1972 *The King of Marvin Gardens* (El rey de Marvin Gardens), de Bob Rafelson.
1973 *The Last Detail* (El último deber), de Hal Ashby.
1974 *Chinatown*, de Roman Polanski.
1975 *Tommy*, de Ken Russell. / *Professione: reporter* (El reportero), de Michelangelo Antonioni. / *The Fortune* (Dos pillos y una herencia), de Mike Nichols. / *One Flew Over the Cuckoo's Nest* (Alguien voló sobre el nido del cuco), de Milos Forman.
1976 *The Missouri Breaks* (Missouri), de Arthur Penn. / *The Last Tycoon* (El último magnate), de Elia Kazan.
1978 *Goin' South* (Camino del Sur), de Jack Nicholson.
1980 *The Shining* (El resplandor), de Stanley Kubrick.
1981 *The Postman Always Rings Twice* (El cartero siempre llama dos veces), de Bob Rafelson. / *Reds* (Rojos), de Warren Beatty.
1982 *The Border* (La frontera), de Tony Richardson.
1983 *Terms of Endearment* (La fuerza del cariño), de James L. Brooks.
1985 *Prizzi's Honor* (El honor de los Prizzi), de John Huston.
1986 *Heartburn* (Se acabó el pastel), de Mike Nichols.

1987 *The Witches of Eastwick* (Las brujas de Eastwick), de George Miller. / *Ironweed* (Tallo de hierro), de Héctor Babenco.
1988 *Broadcast News* (Al filo de la noticia), de James L. Brooks.
1989 *Batman*, de Tim Burton.
1990 *The Two Jakes* (Los dos Jakes), de Jack Nicholson.
1992 *Man Trouble* (Ella nunca se niega), de Bob Rafelson. / *A Few Good Men* (Algunos hombres buenos), de Rob Reiner.
1993 *Hoffa*, de Danny de Vito.
1994 *Wolf* (Lobo), de Mike Nichols.

NIDO, EL *(1980)*

La tenue historia de amor entre Alejandro (Héctor Alterio), un viudo sesentón que vive solo en una espléndida casa en los alrededores de un pueblo de la provincia de Salamanca, y Goyita (Ana Torrent), la hija de trece años de uno de los guardias civiles de la cercana localidad, da lugar a una peculiar relación con trágico final. Escrita y dirigida por Jaime de Armiñán, es una de sus mejores películas, a pesar de que, como suele ser habitual en su cine, no se atreve a llegar hasta el fondo del problema planteado y lo trata en clave de comedia de costumbres. Destacan el trabajo interpretativo de Héctor Alterio y, sobre todo, el de la jovencísima Ana Torrent, así como la fotografía de Teo Escamilla.

Director y guionista: *Jaime de Armiñán*. Fotografía: *Teo Escamilla*. Música: *Haydn, Masence Canteloube*. Intérpretes: *Héctor Alterio, Ana Torrent, Luis Politti, Patricia Adriani, Amparo Baró, Ovidi Montllor*. Producción: *A Punto P. C. Color.* Duración: *107'. España.*

NIDO DE VÍBORAS *(The Snake Pit, 1948)*

A través de los sueños que le provoca el doctor Kirk (Leo Genn), la joven esposa Virginia Cunningham (Olivia de Havilland) va recuperando su memoria, saliendo de su amnesia, sobreponiéndose a la depresión que la ha llevado al peor pabellón de un manicomio de mujeres. Apoyándose en las teorías de Sigmund Freud, entonces muy de moda en Estados Unidos, y en una estructura integrada por una sucesión de *flashbacks,* el irregular realizador de origen ruso Anatole Litvak desvela poco a poco el pasado de su protagonista que, muy afectada por la muerte de un joven amado, se siente responsable de la muerte de su padre, y expone sucintamente las bases de la teoría sicoanalítica. Debido a la dureza de algunas escenas en el manicomio, el productor Darryl F. Zanuck de los estudios 20th Century Fox tiene que sufrir múltiples presiones durante su rodaje y posteriormente es objeto de las iras de algunos censores delicados. Candidata a media docena de importantes Oscars, estos hechos hacen que no consiga ninguno, pero tiene un gran éxito y el paso del tiempo no le ha afectado demasiado, a pesar de lo mucho que han evolucionado las cuestiones psicoanalíticas. Destaca el trabajo de Olivia de Havilland en uno de los más complejos papeles de su larga y brillante carrera.

Director: *Anatole Litvak*. Guionistas: *Frank Partos, Millen Brand*. Fotografía: *Leo Tover*. Música: *Alfred Newman*. Intérpretes: *Olivia de Havilland, Leo Genn, Mark Stevens, Celeste Holm, Glenn Langan, Leif Erickson, Beulah Bondi*. Producción: *Anatole Litvak y Robert Bassier para 20th Century Fox.* Duración: *108'. Estados Unidos.*

NIÑOS DEL PARAÍSO, LOS *(Les enfants du paradis, 1945)*

La compleja historia de esta gran producción comienza en enero de 1943 en Niza, durante la ocupación alemana de Francia en la II Guerra Mundial. El director Marcel Carné y su colaborador habitual el guionista Jacques Prévert buscan una historia para hacer una nueva película, encuentran al actor y director de teatro Jean-Louis Barrault, les cuenta unas anécdotas del maestro del mimo Jean-Gaspard Dubureau, comienzan a trabajar sobre ellas y escriben una larga historia sobre el mundillo teatral parisiense de 1830. Dividida en dos partes, *El bulevar del crimen* (Le boulevard du crime) y *El hombre blanco* (L'homme blanc), separadas por algunos años, narra el amor del gran mimo Baptiste Dubureau (Jean-Louis Barrault) por la cortesana Garance (Arletty), también cortejada por el truculento actor Frédérick Lemaître (Pierre Brasseur), el anarquista homosexual Lacenaire (Marcel Herrand) y el conde Édouard de Montray (Louis Salou). Salvadas las múltiples dificultades que supone hacer una superproducción durante la ocupación, el rodaje comienza en agosto de 1943 en los estudios de la Victorine en Niza y, tras interrumpirse dos veces por razones históricas —una es el desembarco de las fuerzas aliadas en Italia—, acaba a finales de 1944 en

los estudios Pathé de París. Se estrena en mayo de 1945 y se convierte en la película de la liberación y en uno de los clásicos del cine francés.
 Director: *Marcel Carné*. Guionista: *Jacques Prévert*. Fotografía: *Roger Hubert*. Música: *Joseph Kosma*. Intérpretes: *Arletty, Jean-Louis Barrault, Pierre Brasseur, Louis Salou, Marcel Herrand, Pierre Renoir, María Casares*. Producción: *Société Nouvelle Pathé-Cinema*. Duración: *190'. Francia*.

NIÑOS ROBADOS (*Il ladro di bambini, 1991*)

Tras un esquemático prólogo donde una mujer de origen siciliano es arrestada por la policía por prostituir a su hija de once años ante la mirada de su hijo de nueve en un barrio de inmigrantes de las afueras de Milán, narra una historia tan sencilla como eficaz. Apoyándose en la libertad que da una tradicional estructura de itinerario, donde los personajes se trasladan de un punto a otro y durante el viaje sufren una evolución que les hace cambiar y constituye la película, Gianni Amelio narra el largo desplazamiento desde Milán hasta Sicilia de tres peculiares personajes: el *carabiniere* Antonio (Enrico Lo Verso), la niña Rosetta (Valentina Scalici) y el niño Luciano (Giuseppe Ieracitano), en el que no ocurre nada extraordinario, salvo la transformación de los sentimientos de los tres personajes, en una línea muy cercana al mejor cine de Roberto Rossellini. De una primera parte donde la acción tiene una mayor presencia, pero cada uno de los tres personajes permanece encerrado en sí mismo, se pasa a una segunda donde ocurren muchas menos cosas, las escenas son más largas, pero los personajes comienzan a abrirse unos a otros para mostrar sus sentimientos.
 Director: *Gianni Amelio*. Guionistas: *Gianni Amelio, Sandro Petraglia, Stefano Rulli*. Fotografía: *Tonino Nardi, Renato Tafuri*. Música: *Franco Piersanti*. Intérpretes: *Enrico Lo Verso, Valentina Scalici, Giuseppe Ieracitano, Florence Darel*. Producción: *Angelo Rizzoli para Erre Produzioni & Alia Film (Roma), Arena Films (París), Vega Films (Zurich)*, con la colaboración de *RAIdue*. Color. Duración: *112'. Italia-Francia-Suiza*.

NIVEN, David (*Kirriemuir, Escocia, Reino Unido, 1909-Chateau d'Oex, Suiza, 1983*)

Hijo del general William Graham Niven y de lady Comyn-Platt, estudia en el Rowe College y el Sandhurst Military College y, siguiendo la tradición familiar, ingresa en la Highland Light Infantry, pero abandona la carrera militar para dedicarse al periodismo en Canadá. Interesado por el cine y gracias a su característico aspecto inglés, en 1935 debuta como actor en Hollywood en pequeños papeles, que cada vez van siendo más importantes a lo largo de *La ciudad sin ley*, de Howard Hawks; *Desengaño*, de William Wyler; *La carga de la Brigada Ligera*, de Michael Curtiz; *El prisionero de Zenda*, de John Cromwell; *La octava mujer de Barba Azul*, de Ernst Lubitsch; *Cumbres borrascosas*, de William Wyler; *La jungla en armas*, de Henry Hathaway, y *Eternamente tuya*, de Tay Garnett. Durante la II Guerra Mundial regresa al Reino Unido para combatir contra los alemanes, pero también para participar en las películas de propaganda bélica *The Way Ahead*, de Carol Reed, y, sobre todo, *A vida o muerte*, de Michael Powell y Emeric Pressburger, donde triunfa al encarnar al piloto Peter Carter. En la posguerra regresa a Estados Unidos para vivir el mejor momento de su carrera como actor de comedia en *La mujer del obispo, Hechizo, Horas de ensueño, La Luna es azul, La cabaña*, películas de aventuras, *Tres soldados* y *La vuelta al mundo en 80 días*, o en dramas, *Buenos días, tristeza* y *Mesas separadas*, con la que gana su único Oscar. Durante los años sesenta trabaja menos, y se centra en comedias, *No os comáis las margaritas, La Pantera Rosa, Prudencia... Prudencia*, y aventuras, *Los cañones de Navarone, 55 días en Pekín, Las campanas de la libertad*. Desde 1970 hasta el final de su vida se dedica a hacer papeles secundarios en irregulares producciones, entre las que cabe citar *Muerte en el Nilo, Golpe audaz* y *Tras la pista de la Pantera Rosa*. Publica varias novelas y la interesante autobiografía *La aventura de mi vida* (The Moon's a Balloon, 1973).

1935 *Mutiny on the Bounty* (Rebelión a bordo), de Frank Lloyd. / *Barbary Coast* (La ciudad sin ley), de Howard Hawks. / *Without Regret* (La huella del pasado), de Harold Young. / *A Feather in Her Hat* (La sublime mentira), de Alfred Santell. / *Splendor* (Esplendor), de Elliot Nugent.
1936 *Rose Marie*, de W. S. van Dyke. / *Palm Springs Affair*, de Aubrey Scott. / *Thank You Jeeves*, de Arthur G. Collins. / *Dodsworth* (Desengaño), de William Wyler. / *The Charge of the Light Brigade* (La carga de la Brigada Ligera), de Michael Curtiz. / *Beloved Enemy* (Querida enemiga), de H. C. Potter.

1937 *We Have Our Moments*, de Alfred L. Werker. / *The Prisoner of Zenda* (El prisionero de Zenda), de John Cromwell. / *Dinner at the Ritz* (Cena en el Ritz), de Harold Schuster.
1938 *Bluebeard's Eight Wife* (La octava mujer de Barba Azul), de Ernst Lubitsch. / *Four Men and a Prayer*, de John Ford. / *Three Blind Mice*, de William A. Seiter. / *The Dawn Patrol*, de Edmund Goulding.
1939 *Wuthering Heights* (Cumbres borrascosas), de William Wyler. / *Bachelor Mother* (Mamá a la fuerza), de Garson Kanin. / *The Real Glory* (La jungla en armas), de Henry Hathaway. / *Eternally Yours* (Eternamente tuya), de Tay Garnett.
1940 *Raffles* (Caballero y ladrón), de Sam Wood.
1942 *The First of the Few* (El gran Mitchell), de Leslie Howard.
1944 *The Way Ahead*, de Carol Reed.
1946 *A Matter of Life and Death* (A vida o muerte), de Michael Powell y Emeric Pressburger. / *Magnificent Doll* (La primera dama), de Frank Borzage.
1947 *The Perfect Marriage* (Un matrimonio perfecto), de Lewis Allen. / *The Other Love* (El otro amor), de André de Toth. / *The Bishop's Wife* (La mujer del obispo), de Henry Koster.
1948 *Bonnie Prince Charlie* (El último Estuardo), de Anthony Kimmins. / *Enchantment* (Hechizo), de Irving Reis.
1949 *A Kiss in the Dark*, de Delmer Daves.
1950 *The Elusive Pimpernel* (El libertador), de Michael Powell y Emeric Pressburger. / *A Kiss for Corliss*, de Richard Wallace. / *The Toast of New Orleans*, de Norman Taurog.
1951 *Soldiers Three* (Tres soldados), de Tay Garnett. / *Happy Go Lovely* (Horas de ensueño), de Bruce H. Humberstone.
1952 *The Lady Says No*, de Frank Ross. / *Appointment With Venus*, de Ralph Thomas.
1953 *The Moon Is Blue* (La Luna es azul), de Otto Preminger.
1954 *The Love Lottery* (La lotería del amor), de Charles Crichton. / *Happy Ever After* (Esta es la noche), de Mario Zampi. / *Carrington V. C.*, de Anthony Asquith.
1955 *The King's Thief*, de Robert Z. Leonard.
1956 *The Birds and the Bees*, de Norman Taurog. / *Around the World in 80 Days* (La vuelta al mundo en 80 días), de Michael Anderson.
1957 *Oh Men! Oh Women!*, de Nunnally Johnson. / *The Little Hut* (La cabaña), de Mark Robson. / *My Man Godfrey* (Un mayordomo aristócrata), de Henry Koster. / *The Silken Affair*, de Roy Kellino.
1958 *Bonjour Tristesse* (Buenos días, tristeza), de Otto Preminger. / *Separate Tables* (Mesas separadas), de Delbert Mann.
1959 *Ask Any Girl* (Todas las mujeres quieren casarse), de Charles Walters. / *Happy Anniversary* (Feliz aniversario), de David Miller.
1960 *Please Don't Eat the Daisies* (No os comáis las margaritas), de Charles Walters.
1961 *The Guns of Navarone* (Los cañones de Navarone), de J. Lee Thompson. / *The Best of Enemies* (Su mejor enemigo), de Guy Hamilton.
1962 *The Road to Hong-Kong* (Dos frescos en órbita), de Norman Panama. / *Guns of Darkness* (Al final de la noche), de Anthony Asquith. / *Conquered City* (La ciudad cautiva), de Joseph Anthony. / *Il giorno più corto* (El día más corto), de Sergio Corbucci.
1963 *55 Days at Peking* (55 días en Pekín), de Nicholas Ray.
1964 *The Pink Panther* (La Pantera Rosa), de Blake Edwards. / *Bedtime Story* (Dos seductores), de Ralph Levy.
1965 *Lady L*, de Peter Ustinov.
1966 *Where the Spies Are* (¿Dónde están los espías?), de Val Guest.
1967 *Casino Royale* (Casino Royal), de Val Guest, John Huston, Ken Hughes, Joseph McGrath y Robert Parrish. / *Eye of the Devil* (El ojo del diablo), de J. Lee-Thompson.
1968 *Prudence and the Pill* (Prudencia... Prudencia), de Fielder Cook. / *The Impossible Years* (Los años imposibles), de Michael Gordon.
1969 *The Extraordinary Seaman*, de John Frankenheimer. / *Before Winter Comes* (Las campanas de la libertad), de J. Lee-Thompson. / *Le cerveau* (El cerebro), de Gérard Oury.
1970 *The Statue* (El placer de las damas), de Rod Amateau.
1972 *King, Queen, Knave* (El salto del tigre), de Jerzy Skolimowski.
1974 *Vampira*, de Clive Donner.
1975 *Paper Tiger* (Emboscada en Extremo Oriente), de Ken Annakin.
1976 *No Deposit, No Return*, de Norman Tokar. / *Murder by Death* (Un cadáver a los postres), de Robert Moore.
1977 *Candleshoe*, de Norman Tokar.
1978 *Death on the Nile* (Muerte en el Nilo), de John Guillermin.
1979 *A Man Called Intrepid* (Un hombre llamado Intrépido), de Peter Carter. / *Escape to Athena* (Evasión en Atenas), de George Pan Cosmatos. / *A Nightingale Song in Berkeley Square* (Un ruiseñor canta en Berkeley Square), de Ralph Thomas.
1980 *The Sea Wolves* (Lobos marinos), de Andrew V. McLaglen. / *Rough Cut* (Golpe audaz), de Don Siegel.
1981 *Three's a Crowd* (Ménage à trois), de Bryan Forbes.

1982 *Trail of the Pink Panther* (Tras la pista de la Pantera Rosa), de Blake Edwards.
1983 *Curse of the Pink Panther* (La maldición de la Pantera Rosa), de Blake Edwards.

NOCHE, LA *(La notte, 1961)*

Segunda parte de la trilogía de Michelangelo Antonioni sobre la *incomunicabilità*, también integrada por *La aventura* (L'avventura, 1960) y *El eclipse* (L'eclisse, 1962). Narra la desintegración de un matrimonio a través de la minuciosa exposición de un día cualquiera en la vida de la pareja formada por el novelista burgués Giovanni Fontano (Marcello Mastroianni) y su mujer Lidia (Jeanne Moreau). Van a un hospital a ver a su amigo Tommaso (Bernhard Wicki), gravemente enfermo; Fontano sufre el ataque de una ninfómana (Maria Pia Luzi), mientras Lidia vaga sin rumbo fijo por el extrarradio de Milán; se encuentran en la presentación de la última novela de Fontano, en la que está presente el poeta Salvatore Quasimodo; finalmente, van a una cena dada por un importante industrial en su casa, donde Fontano coquetea con la hija de este, Valentina (Monica Vitti), y Lidia tiene una mínima aventura. Al alba comienzan a hablar de su amor en el jardín de la mansión y tratan de hacer el amor con desesperación. Frente a la indestructible belleza de *La aventura* y el tono abstracto de *El eclipse,* esta segunda parte de su disquisición sobre el final de los sentimientos es menos atractiva, ha envejecido peor y es demasiado lenta, lo que no impide que se la considere una de las mejores películas de Antonioni.

Director: *Michelangelo Antonioni.* Guionistas: *Michelangelo Antonioni, Tonino Guerra, Ennio Flaiano.* Fotografía: *Gianni di Venanzo.* Música: *Giovanni Fusco.* Intérpretes: *Marcello Mastroianni, Jeanne Moreau, Monica Vitti, Bernhard Wicki, Rossy Mazzacurati, Maria Pia Luzi.* Productor: *Emmanuele Cassulto para Nep Film (Roma), Silver Films (Roma), Sofitedip (París).* Duración: *122'.* Italia-Francia.

NOCHE DE SAN LORENZO, LA *(La notte di san Lorenzo, 1982)*

Nacidos en el pueblo toscano de San Miniato, los guionistas y directores Paolo y Vittorio Taviani retoman el tema ya desarrollado en *San Miniato, luglio 1944* (1954) —un documental que escriben con el famoso guionista Zavattini y ruedan con Valentino Orsini, su colaborador de los primeros años— para hacer uno de sus mejores y más sentidos dramas poéticos. Narra cómo, la noche del 10 de agosto de 1944, festividad de san Lorenzo, la mayoría de los vecinos de San Miniato, en contra de la opinión de su párroco, sale en busca de las cercanas posiciones de los norteamericanos para tratar de evitar las represalias de los alemanes, pero acaban enfrentándose a los fascistas en una dura y desigual batalla. Narrada a través de un *flashback* —una madre cuenta a su hijo pequeño lo que ocurrió cuando ella tenía su edad—, esta técnica narrativa sirve a los hermanos Taviani para subrayar el tono imaginativo y poético de su discutido estilo. A medio camino entre los recuerdos personales y la memoria colectiva, entre la crónica y la fantasía, los Taviani hacen una reflexión sobre la memoria y la capacidad de olvidar de la gente a través de un episodio menor de la II Guerra Mundial, que se sitúa entre sus más personales películas.

Directores: *Paolo* y *Vittorio Taviani.* Guionistas: *Paolo Taviani, Vittorio Taviani, Tonino Guerra.* Fotografía: *Franco di Giacomo.* Música: *Nicola Piovani.* Intérpretes: *Omero Antonutti, Margarita Lozano, Sabino Vannucchi, Massimo Bonetti, Claudio Bigagli, Norma Martelli.* Producción: *Giuliano G. de Negri para Ager Film/R.A.I. Color.* Duración: *105'.* Italia.

NOCHE DE VARENNES, LA *(Il mondo nuovo, 1982)*

La huida en 1791 desde el palacio de las Tullerías en París hasta el pueblecito de Varennes, cerca de la frontera con Austria, de Luis XVI, disfrazado de mayordomo, su mujer María Antonieta y sus hijos, en una berlina tirada por seis caballos, para reunirse con sus aliados extranjeros y escapar de la Asamblea Nacional, da lugar a una interesante película de itinerario que en gran parte se desarrolla en el interior de una diligencia que les sigue y que en principio se dirige a Verdún. Como si se tratase de una particular nueva versión de *La diligencia* (Stagecoach, 1939), el famoso *western* de John Ford, el guionista y realizador Ettore Scola reúne en su interior al escritor libertino Restif de la Bretonne (Jean-Louis Barrault), el revolucionario norteamericano Tom Paine (Harvey Keitel), la condesa Sophie de la Borde (Hanna Schygulla) y su peluquero Jacob (Jean-Claude Brialy), además de al ya viejo vividor veneciano Giacomo Casanova (Marcello Mastroianni) y algunos personajes episódicos, para que se conozcan entre sí, comenten la actualidad y sus relaciones evolucionen al mismo tiempo que los sucesos que ocurren. Entre un prólogo y un epílogo situados en un barco veneciano bajo uno de los puentes de París, donde un cómico italiano anima a la gente a contemplar en una caja —una primitiva linterna mágica más cercana del teatro que del cine—, unas perspectivas que muestran los más conocidos sucesos de la Revolución francesa, Ettore Scola da un agradable curso de historia sobre el final de un mundo y el principio de otro, la decapitación de un rey y el comienzo de la democracia, con la colaboración del gran guionista Sergio Amidei y un excelente y amplio reparto.

Director: *Ettore Scola*. Guionistas: *Sergio Amidei, Ettore Scola*. Fotografía: *Armando Nannuzzi*. Música: *Armando Trovajoli*. Intérpretes: *Jean-Louis Barrault, Hanna Schygulla, Marcello Mastroianni, Harvey Keitel, Jean-Claude Brialy, Daniel Gélin, Andrea Ferreol*. Producción: *Renzo Rossellini para Gaumont-FR3 (París), Opera Film (Roma)*. Color. Duración: *155'. Italia-Francia*.

NOCHE DEL CAZADOR, LA *(The Night of the Hunter, 1955)*

El perfecto entendimiento entre David Grubb, autor de la novela original, que incluso hace bocetos para los decorados e interviene en la elección de los actores, el personal guionista James Agee —que no llega a ver la película acabada—, el excelente director de fotografía Stanley Cortez —a quien se deben muchos de los hallazgos visuales—, y el actor Charles Laughton, en su primer y último trabajo como director de cine, dan lugar a una gran película de aventuras, peculiar mezcla de policiaco y *western*, sobre una estructura de narración infantil. Cuenta cómo en Virginia, durante los primeros años treinta, en plena Depresión económica, Ben Harper (Peter Graves) mata a dos hombres y roba diez mil dólares, pero antes de ser detenido ante sus propios hijos esconde el dinero en la muñeca de su hija Pearl (Sally Jane Bruce) y le hace prometer a su hijo John (Billy Chapin) que nunca revelará su escondite. Condenado a muerte, cuenta su vida en prisión al asesino de viudas Harry Powell (Robert Mitchum), que, una vez cumplida su condena, se casa con Willa Harper (Shelley Winters), la viuda de su compañero, la mata y persigue a sus hijos a lo largo de un río para apoderarse del dinero, pero, recogidos por la viejecita Rachel Cooper (Lillian Gish), consiguen que el asesino sea arrestado. Destacan imágenes fascinantes como la presentación del falso predicador Harry Powell, que en los nudillos de la mano derecha lleva escrita la palabra *amor* y en los de la izquierda *odio,* y su habitual charla la lucha entre ambas; el largo descenso de los niños por el río en una barca, en que se crea un clima muy especial por la presencia de diversos animales y el cielo tachonado de estrellas, y el espléndido final, donde su padrastro asesino vuelve a ser detenido ante los niños y John no puede evitar pedirle perdón mientras le golpea con la muñeca de su hermana y el viento dispersa el dinero que escondía. A pesar de ser un espléndido cuento de Navidades, lleno de resonancias bíblicas, es un fracaso comercial que hace que sea la única película dirigida por Charles Laughton.

Director: *Charles Laughton*. Guionista: *James Agee*. Fotografía: *Stanley Cortez*. Música: *Walter Schumann*. Intérpretes: *Billy Chapin, Sally Jane Bruce, Robert Mitchum, Shelley Winters, Lillian Gish, Peter Graves*. Producción: *Paul Gregory para United Artists*. Duración: *93'. Estados Unidos*.

NOCHE EN LA ÓPERA, UNA *(A Night at the Opera, 1935)*

Contratados por el mítico productor Irving Thalberg para los estudios Metro-Goldwyn-Mayer, los enloquecidos y personales cómicos hermanos Marx comienzan la segunda parte de su carrera con la más conocida y mejor de sus películas. Según una fórmula inventada por el propio Thalberg y perfeccionada a través de la gira de un espectáculo por Estados Unidos, es una buena mezcla de episodios cómicos, números musicales y una leve intriga donde una pareja enamorada, formada por un nuevo tenor (Allan Jones) y una joven (Kitty Carlisle), es ayudada por los excéntricos Otis B. Driftwood (Groucho Marx), Fiorello (Chico Marx) y Tommasso (Harpo Marx). Su problema es que en sus restantes seis producciones los Marx se limitan, en el mejor de los casos, a copiar esta misma fórmula, pero cada vez con peores resultados. Dirigidos por el nada atractivo y poco imaginativo Sam Wood, su trabajo se limita a contener a los hermanos Marx y respetar el plan de rodaje; sin embargo, vuelven a hacer juntos la menos lograda *Un día en las carreras* (A Day at the Races, 1937). Casi setenta años después se rueda *Brain Donors* (1992), una especie de nueva versión dirigida por Dennis Dugan y protagonizada por John Turturro, Bob Nelson y Mel Smith, muy alejada de la original, pero con un cierto atractivo.

Director: *Sam Wood*. Guionistas: *George S. Kaufman, Morrie Ryskind*. Fotografía: *Merritt Gerstad*. Música: *Herbert Stothart*. Intérpretes: *Groucho Marx, Chico Marx, Harpo Marx, Margaret Dumont, Kitty Carlisle, Allan Jones, Sig Rumann*. Producción: *Irving Thalberg para Metro-Goldwyn-Mayer*. Duración: *96'. Estados Unidos*.

NOCHE MÁS LARGA, LA *(1991)*

Con una precisa estructura narrativa, basada en una sucesión de *flashbacks* desde la cena casual en 1991, en el coche restaurante de un Talgo pendular, entre el abogado defensor (Juan Echanove) y el fiscal del último consejo de guerra de la dictadura del general Franco (Juan Diego), en septiembre de 1975, se narra la relación de ambos con Gloria (Carmen Conesa), hermana de Fito (Gabino Diego), uno de los terroristas ajusticiados, y lo que rodea a aquel proceso. Dejando al margen que, por un evidente temor de sus creadores, solo trata de tres de los cinco terroristas ajusticiados en aquella ocasión, nunca se dice que pertenecen al FRAP y se elimina a los dos miembros de ETA, es uno de los mejores trabajos de José Luis García Sánchez por ser una de las pocas películas de la etapa socialista que trata de la realidad nacional y lo hace de manera crítica. A pesar de narrar una historia situada en 1975, su interés radica en las conversaciones mantenidas en 1991 entre el ex progresista abogado y el ex militar fiscal, tanto por lo que dicen como por el hecho de cenar amigablemente recordando su pasado en lugar de escupirse a la cara como hacían durante el proceso.

Director: *José Luis García Sánchez*. Guionistas: *José Luis García Sánchez, Manuel Gutiérrez Aragón, Carmen Rico-Godoy*. Fotografía: *Fernando Arribas*. Música: *Alejandro Massó*. Intérpretes: *Juan Echanove, Carmen Conesa, Juan Diego, Gabino Diego, Fernando Guillén Cuervo*. Producción: *Andrés Vicente Gómez para Iberoamericana Films Internacional*. Color. Duración: *93'. España*.

NOCHE SE MUEVE, LA *(Night Moves, 1975)*

Sobre un excelente guión original de Alan Sharp, el prestigioso realizador Arthur Penn hace uno de los más atractivos policiacos de la década de los setenta. Narra cómo al detective privado Harry Moseby (Gene Hackman) le encargan encontrar a Delly (Melanie Griffith), la jovencísima hija de un rico propietario. No tarda en encontrarla en Florida viviendo con una particular pareja, pero este solo es el comienzo de una compleja e intrincada investigación. Al tiempo que hace un singular retrato del detective protagonista, que, engañado por su mujer y despedido por su cliente, trata de encontrar un significado a su vida a la vez que desarrolla la investigación, Penn rueda un policiaco lleno de sexo y filosofía dentro de los cánones del género e incluye una curiosa definición de las películas del director francés Éric Rohmer: «Verlas es como observar crecer una flor». Además del sólido trabajo interpretativo de Gene Hackman, que encarna a uno de los tradicionales perdedores del cine norteamericano, destaca la aparición de la atractiva actriz Melanie Griffith, adolescente entonces.

Director: *Arthur Penn*. Guionista: *Alan Sharp*. Fotografía: *Bruce Surtees*. Música: *Michael Small*. Intérpretes: *Gene Hackman, Jennifer Warren, Edward Binns, Harris Yulin, Kenneth Mars, Melanie Griffith*. Producción: *Robert M. Sherman para Layton / Hillier / Warner*. Color. Duración: *99'. Estados Unidos*.

NOCHE, UN TREN, UNA *(Un soir, un train, 1968)*

El éxito de su primera película *El hombre del cráneo rasurado* (Der Man die Zijn Haar kort liet knipen, 1965) hace que el belga André Delvaux vuelva a adaptar una novela de su compatriota Johan Daisne en su segunda película, pero en una coproducción con Francia rodada con un amplio presupuesto, hablada en francés y con los famosos Yves Montand y Anouk Aimée como protagonistas. También se desarrolla entre la realidad y el sueño y tiene una compleja estructura para narrar la historia del profesor de lingüística Mathias Weemar (Yves Montand) que va a reunirse con su amante Anne (Anouk Aimée), separados a causa de un malentendido. Cuando ambos regresan por la noche en tren, él se duerme, sueña que el convoy se detiene, pasa por el país de la muerte y al amanecer la bellísima Moïra (Adriana Bogdan) le dice que ha habido un accidente ferroviario. Destacan la habilidad con que Delvaux pasa de la realidad a la fantasía y la belleza de la actriz rumana Adriana Bogdan.

Director y guionista: *André Delvaux*. Fotografía: *Ghislain Cloquet*. Música: *Frédéric Devreese*. Intérpretes: *Yves Montand, Anouk Aimée, Adriana Bogdan, François Beukelaers*. Producción: *Mag Bodard*. Color. Duración: *91'*. *Francia-Bélgica*.

NOCHES DE CABIRIA, LAS *(Le notti di Cabiria, 1957)*

Durante la primera mitad de la década de los cincuenta Federico Fellini rueda media docena de personales producciones, donde mezcla el neorrealismo con un peculiar sentimentalismo para dar lugar a unos interesantes dramas con una fuerte carga católica, muy del gusto de la Democracia Cristiana en el poder. Entre todas ellas destaca esta, la última, una de las mejores y más representativas, que narra la historia de Cabiria (Giulietta Masina), una zarrapastrosa prostituta romana que, a pesar de ser engañada una y otra vez por los hombres a los que quiere, siempre saca fuerzas para seguir viviendo. Destacan la hábil dirección de Fellini, la característica música de Nino Rota y el complejo trabajo interpretativo de Giulietta Masina, a medio camino entre la comedia y la tragedia, dentro de una película de gran éxito que consigue el Oscar destinado a la producción extranjera.

Director: *Federico Fellini*. Guionistas: *Federico Fellini, Ennio Flaiano, Pier Paolo Pasolini*. Fotografía: *Aldo Tonti*. Música: *Nino Rota*. Intérpretes: *Giulietta Masina, François Perrier, Franca Marzi, Dorian Gray, Amedeo Nazzari*. Producción: *Dino de Laurentiis (Roma), Les Films Marceau (París)*. Duración: *110'*. *Italia-Francia*.

NOCHES DE LA CIUDAD *(Night and the City, 1950)*

Cuando el realizador Jules Dassin está a punto de rodar esta película para el productor Samuel G. Engel de los estudios 20th Century Fox, recibe una citación del Comité de Actividades Antinorteamericanas para ir a explicar su pasado comunista. Al igual que hacen muchos de sus compañeros en similares circunstancias, decide exiliarse, pero además, de común acuerdo con el productor, traslada la acción y el rodaje de la película a Londres. Debido a estas circunstancias, su primer trabajo fuera de Estados Unidos tiene mucho de norteamericano, desde la preparación hasta la psicología de los personajes, y quizá por ello es una de sus mejores películas. En un Londres pobre, triste y lluvioso, el oportunista Harry Fabian (Richard Widmark) organiza por su cuenta un combate de lucha grecorromana, pero todo le sale mal: muere en el *ring* Gregorius (Mike Mazurki), uno de los contendientes, y despierta la ira de Kristo (Herbert Lom), que tiene la exclusiva del mundo del boxeo. Casi cuarenta y cinco años después, el ex productor y realizador Irwin Winkler hace una nueva versión, con el título castellano *La noche y la ciudad* (1993), muy similar a la anterior, ambientada en Nueva York, protagonizada por Robert de Niro y Jessica Lange y con un excelente guión de Richard Price, pero su trabajo resulta inferior al de Jules Dassin.

Director: *Jules Dassin*. Guionista: *Jo Eisinger*. Fotografía: *Max Greene*. Música: *Benjamin Frankel*. Intérpretes: *Richard Widmark, Gene Tierney, Georgie Withers, Hugh Marlowe, Herbert Lom, Mike Mazurki*. Producción: *Samuel G. Engel para 20th Century Fox*. Duración: *101'*. *Estados Unidos*.

NOIRET, Philippe *(Lille, Francia, 1931)*

Interesado desde muy joven por el teatro, en 1953 pasa a formar parte del prestigioso Théâtre National Populair, bajo la dirección de Jean Vilar, y poco después triunfa en cabarets formando pareja con Jean Pierre Darras. En cine debuta como protagonista de *La pointe courte,* de Agnes Varda, pero debe esperar cuatro años para rodar *Zazie en el Metro,* de Louis Malle, y trece haciendo papeles secundarios de variada índole con directores tan diferentes como René Clair, Abel Gance, George Cukor, Alfred Hitchcock, hasta que vuelve a protagonizar otra película. El éxito de *La gran comilona,* de Marco Ferreri, le lleva a Italia a hacer *Habitación para cuatro,* de Mario Monicelli; *El desierto de los tártaros,* de Valerio Zurlini; *Due pezzi di pane,* de Sergio Citti, y *Tres hermanos,* de Francesco Rosi. Mientras en Francia triunfa de la mano de Bertrand Tavernier en *El relojero de Saint-Paul, Que empiece la fiesta, El juez y el asesino, Une semaine de vacances* y *Coup de torchon,* además de con *El viejo fusil,* de Robert Enrico; *Un taxi malva,* de Yves Boisset; *El africano,* de Philippe de Broca, y *Fort Saganne,* de Alain Corneau. Convertido en un excelente y popular actor, entre sus últimas películas italianas hay que citar *Speriamo che sia femmina,* de Mario Monicelli; *La familia,* de Ettore Scola; *Cinema Paradiso,* de Giuseppe Tornatore; *Dimenticare Palermo,* de Francesco Rosi, y entre las francesas *La vida y nada más* y *La hija de d'Artagnan,* que vuelve a hacer con Bertrand Tavernier, y *Uranus,* de Claude Berri.

1956 *La pointe courte*, de Agnès Varda.
1960 *Zazie dans le Métro* (Zazie en el Metro), de Louis Malle. / *Ravissante*, de Robert Lamoureux. / *Le capitaine Fracasse*, de Pierre Gaspard-Huit.
1961 *Les amours célèbres* (Amores célebres), de Michel Boisrond. / *Le rendez-vous* (La cita), de Jean Delannoy. / *Comme un poisson dans l'eau*, de André Michel. / *Tout l'or du monde* (Todo el oro del mundo), de René Clair.
1962 *Le crime ne paie pas* (El crimen se paga), de Gérard Oury. / *Cyrano et D'Artagnan* (Cyrano y D'Artagnan), de Abel Gance. / *Thérèse Desqueyroux* (Relato íntimo), de Georges Franju. / *Balade pour un voyou*, de Jean-Claude Bonnardot. / *Le massaggiatrici*, de Lucio Fulci.
1963 *Clémentine chérie*, de Pierre Chevalier. / *La porteuse de pain*, de Maurice Cloche. / *Monsieur* (Todo un señor), de Jean-Paul Le Chanois. / *Mort où est ta victoire* (Muerte, ¿dónde está tu victoria?), de Hervé Bromberger.
1964 *Les copains*, de Yves Robert.
1965 *Lady L*, de Peter Ustinov. / *La vie de château* (Esposa ingenua), de Jean-Paul Rappeneau. / *Qui êtes-vous Polly Magoo?* (¿Quién eres tú, Polly Magoo?), de William Klein. / *Paris brûle-t-il?* (¿Arde París?), de René Clément.
1966 *Les sultans* (Los sultanes), de Jean Delannoy. / *Tendre voyou* (Dulce gamberro), de Jean Becker. / *Le voyage du père*, de Denys de La Patellière. / *The Nights of the Generals* (La noche de los generales), de Anatole Litvak.
1967 *Sette volte donna* (Siete veces mujer), de Vittorio de Sica. / *L'une et l'autre* (La una y la otra), de René Allio. / *Alexandre le bienheureux* (El arte de vivir, pero bien), de Yves Robert. / *Adolphe ou l'âge tendre* (Adolphe o la educación amorosa), de Bernard T. Michel.
1968 *Mr. Freedom*, de William Klein. / *Justine*, de George Cukor. / *The Assassination Bureau* (El club de los asesinos), de Basil Dearden.
1969 *Topaz*, de Alfred Hitchcock. / *Clérambard*, de Yves Robert. / *Les caprices de Marie*, de Philippe de Broca.
1970 *Murphy's War* (La guerra de Murphy), de Peter Yates.
1971 *Time for Loving* (Tiempo de amar), de Christopher Miles. / *Les aveux les plus doux*, de Edouard Molinaro. / *La vieille fille* (La soltera), de Jean-Pierre Blanc.
1972 *Le trèfle a cinq feuilles*, de Edmond Freess. / *Siamo tutti in libertà provvisoria* (Todos estamos en libertad provisional), de Manlio Scarpelli. / *La mandarine*, de Edouard Molinaro. / *L'attentat* (El atentado), de Yves Boisset. / *Le serpent* (El serpiente), de Henri Verneuil.
1973 *La grande abbuffata* (La gran comilona), de Marco Ferreri. / *Non toccare la donna bianca* (No tocar a la mujer blanca), de Marco Ferreri. / *Poil de carotte*, de Henri Graziani. / *L'horloger de Saint-Paul* (El relojero de Saint-Paul), de Bertrand Tavernier. / *Un nuage entre les dents*, de Marc Pico.
1974 *Les Gaspards*, de Pierre Tchernia. / *Le secret* (El secreto), de Robert Enrico. / *Le jeu avec le feu*, de Alain Robbe-Grillet. / *Que la fête commence* (Que empiece la fiesta), de Bertrand Tavernier. / *La mano spietata della legge*, de Mario Gariazzo.
1975 *Le vieux fusil* (El viejo fusil), de Robert Enrico. / *Amici miei* (Habitación para cuatro), de Mario Monicelli. / *Monsieur Albert*, de Jacques Renard. / *Le juge et l'assassin* (El juez y el asesino), de Bertrand Tavernier.
1976 *Une femme à sa fenêtre* (Una mujer en la ventana), de Pierre Granier-Deferre. / *Il deserto dei tartari* (El desierto de los tártaros), de Valerio Zurlini. / *Il commune senso del pudore*, de Alberto Sordi.
1977 *Un taxi mauve* (Un taxi malva), de Yves Boisset. / *Tendre poulet* (Mi querida comisario), de Philippe de Broca. / *La barricade du point du jour*, de Richon.
1978 *Who Is Killing the Great Chefs of Europe?* (Pero... ¿quién mata a los grandes chefs?), de Ted Kotcheff. / *Le témoin*, de Jean-Pierre Mocky.
1979 *Due pezzi di pane*, de Sergio Citti. / *Rue du Pied de Grue*, de Jacques Grand-Jouan. / *On a volé la cuisse de Jupiter*, de Philippe de Broca.
1980 *Une semaine de vacances*, de Bertrand Tavernier. / *Pile ou face*, de Robert Enrico.
1981 *Tre fratelli* (Tres hermanos), de Francesco Rosi. / *Il faut tuer Brigitte Haas*, de Laurent Heynemann. / *Coup de torchon*, de Bertrand Tavernier.
1982 *L'africain* (El africano), de Philippe de Broca. / *L'étoile du Nord*, de Pierre Granier-Deferre. / *Amici miei atto II* (Un quinteto a lo loco), de Mario Monicelli.
1983 *L'ami de Vincent*, de Pierre Granier-Deferre. / *Le grand carnaval*, de Alexander Arcady.
1984 *Fort Saganne*, de Alain Corneau. / *Souvenirs, souvenirs*, de Ariel Zeitoun. / *Les ripoux* (Los locos defensores de la ley), de Claude Zidi. / *Qualcosa di biando* (Los tres amantes de Aurora), de Mauricio Ponzi.

1985 *L'été prochain*, de Nadine Trintignant. / *Le quatrième pouvoir*, de Serge Leroy.
1986 *Speriamo che sia femmina*, de Mario Monicelli. / *Twist again à Moscou*, de Jean-Marie Poiré. / *La femme secrète*, de Sébastien Grall.
1987 *Masques*, de Claude Chabrol. / *La famiglia* (La familia), de Ettore Scola. / *Gli occhiali d'oro* (El hombre de las gafas de oro), de Giuliano Montaldo. / *Noyade interdite*, de Pierre Granier-Deferre.
1988 *Chouans!*, de Philippe de Broca. / *Il giovane Toscanini* (El joven Toscanini), de Franco Zeffirelli. / *The Return of the Musketeers* (El retorno de los mosqueteros), de Richard Lester. / *Il frullo del passero*, de Gianfranco Mingozzi. / *Nuovo Cinema Paradiso* (Cinema Paradiso), de Giuseppe Tornatore.
1989 *La vie et rien d'autre* (La vida y nada más), de Bertrand Tavernier.
1990 *Dimenticare Palermo*, de Francesco Rosi. / *Faux et usage de faux*, de Laurent Heynemann. / *Uranus*, de Claude Berri.
1992 *Max et Jérémie* (Max y Jérémie), de Claire Devers. / *Tango* (La maté porque era mía), de Patrice Leconte.
1993 *Grosse fatigue*, de Michel Blanc.
1994 *Le roi de Paris*, de Dominique Maillet. / *La fille de D'Artagnan* (La hija de D'Artagnan), de Bertrand Tavernier.
1995 *Il postino* (El cartero y Pablo Neruda), de Michael Redford.

NOLTE, Nick *(Omaha, Nebraska, Estados Unidos, 1941)*

Debe abandonar el deporte tras una lesión y comienza su vida como actor en una compañía itinerante de teatro. Se da a conocer al encarnar a Tom Jordache en la serie de televisión *Hombre rico, hombre pobre;* a mediados de los años setenta debuta como actor de cine y protagoniza su segunda película. Su carrera es una de las más brillantes de los actores de su generación e incluye característicos papeles de héroe en *Nieve que quema, Bajo el fuego, Adiós al rey* y *El cabo del miedo,* y de comedia en *Un loco suelto en Hollywood, El príncipe de las mareas* y *Me gustan los líos.*

1975 *Return to Macon County*, de Richard Compton.
1977 *The Deep* (Abismos), de Peter Yates.
1978 *Who'll Stop the Rain?* (Nieve que quema), de Karel Reisz.
1979 *North Dallas Forty*, de Ted Kotcheff. / *Heartbeat* (Generación perdida), de John Byrum.
1982 *Cannery Row*, de David S. Ward. / *48 Hours* (Límite: 48 horas), de Walter Hill.
1983 *Under Fire* (Bajo el fuego), de Roger Spottiswoode.
1984 *The Ultimate Solution of Grace Quigley* (La última solución de Grace Quigley), de Anthony Harvey. / *Teachers* (Profesores de hoy), de Arthur Hiller.
1986 *Down and Out in Beverly Hills* (Un loco suelto en Hollywood), de Paul Mazursky.
1987 *Extreme Prejudice* (Traición sin límites), de Walter Hill. / *Weeds* (Hombres marcados), de John Hancock.
1989 *Three Fugitives* (Tres fugitivos), de Francis Veber. / *Farewell to the King* (Adiós al rey), de John Milius. / *New York Stories* (Historias de Nueva York), episodio de Martin Scorsese.
1990 *Q & A* (Distrito 34: corrupción total), de Sidney Lumet. / *Everybody Wins* (Todo el mundo gana), de Karel Reisz. / *Another 48 Hours* (48 horas más), de Walter Hill.
1991 *Cape Fear* (El cabo del miedo), de Martin Scorsese. / *The Prince of Tides* (El príncipe de las mareas), de Barbra Streisand.
1992 *The Player* (El juego de Hollywood), de Robert Altman. / *Lorenzo's Oil* (El aceite de la vida), de George Miller.
1994 *Blue Chip* (Ganar de cualquier manera), de William Friedkin. / *I'll Do Anything* (Aprendiendo a vivir), de James L. Brooks. / *I Love Trouble* (Me gustan los líos), de Charles Shyer.
1995 *Jefferson in Paris*, de James Ivory.

NOSFERATU, EL VAMPIRO *(Nosferatu, eine Symphonie des Grauens, 1922)*

La célebre novela *Drácula*, publicada por el escritor irlandés Bram Stoker en 1897, que narra la historia del no-muerto que para sobrevivir debe alimentarse de sangre de personas vivas, ha sido origen de múltiples películas. La primera de ellas es esta producción muda, obra maestra de Friedrich W. Murnau, que encierra un lirismo y una imaginación visual pocas veces alcanzada. Por un problema de derechos, es una versión pirata donde no solo se cambia el nombre del vampiro protagonista, sino también el de todos los personajes y los lugares donde se desarrolla la acción. Algo similar ocurre con la primera versión sonora, *Vampiro* (Vampyr, 1931), otra obra maestra, realizada por el danés Carl Theodor Dreyer, y por un problema parecido, adaptación indirecta del original a través de la versión femenina del vampirismo *Carmilla*, de Sheridan Le Fanu. De manera que la primera versión ortodoxa de la novela de Bram Stoker es la rodada en 1931 por Tod Browning con

Bela Lugosi, de la que también existe una nada desdeñable versión castellana protagonizada por Carlos Villaris, pero que tiene el inconveniente de apoyarse más directamente en una adaptación teatral de Hamilton Deane y John L. Barderston. Entre las restantes versiones hay que citar la dirigida en 1958 por Terence Fisher con Christopher Lee para la británica productora Hammer, y las norteamericanas rodadas, respectivamente, en 1979 por John Badham con Frank Langella y en 1992 por Francis Ford Coppola con Gary Oldman. Además de la producción alemana *Nosferatu, vampiro de la noche* (Nosferatu, Phantom der Nacht, 1978), realizada por Werner Herzog con Klaus Kinski en claro homenaje al gran Murnau. Mientras entre las parodias se sitúa en primer lugar *El baile de los vampiros* (The Fearless Vampire Killers, or Pardon me But Your Teeth Are in My Neck, 1967), de y con Roman Polanski, seguida de *Sangre para Drácula* (1973), que en las copias norteamericanas se llama *Andy Warhol's Dracula* y aparece firmada por Paul Morrisey, pero en las italianas tiene el mucho más divertido título *Dracula cerca sangue di vergine... e morì di sete* y el director es Anthony Dawson, alias Antonio Margheriti, sin olvidar la también italiana *Fracchia contro Dracula* (1985), de Neri Parenti, con Paolo Villaggio.

Director: *Friedrich W. Murnau*. Guionista: *Henrik Galeen*. Intérpretes: *Max Schreck, Gustav von Wangenheim, Greta Schroeder, Alexander Granach, George H. Schnell*. Producción: *Prana-Film*. Duración: *110'. Alemania*.

NOVAK, Kim *(Marilyn Pauline Novak. Chicago, Illinois, Estados Unidos, 1933)*

Perteneciente a una familia de emigrantes checoslovacos, estudia en Los Ángeles City College y a los veinte años comienza a trabajar en publicidad y como figurante en cine. Contratada en exclusiva por los estudios Columbia, es la protagonista de su tercera película, el interesante policiaco *La casa número 322*, que marca el comienzo de su brillante colaboración con el realizador Richard Quine y que prosigue en la comedia sofisticada *Me enamoré de una bruja*, la dramática *Un extraño en mi vida* y la policiaca *La misteriosa dama de negro*. También rueda cuatro interesantes musicales con el especialista George Sidney: *Eddy Duchin, Jeanne Eagels, Pal Joey* y, el menos logrado, *Pepe*. Entre las restantes películas que hace entre 1954 y 1964, la gran década de su carrera, destacan *Picnic,* de Joshua Logan; *De entre los muertos,* de Alfred Hitchcock; *En mitad de la noche,* de Delbert Mann, y *Bésame, tonto,* de Billy Wilder. Posteriormente su carrera se tuerce, cada vez trabaja menos y primero pasa a intervenir en producciones sin interés y después a hacer papeles secundarios en fallidas producciones.

1953 *Veils of Bagdad*, de George Sherman.
1954 *The French Line*, de Lloyd Bacon. / *Pushover* (La casa número 322), de Richard Quine. / *Phffft!*, de Mark Robson. / *Son of Sinbad*, de Ted Tetzlaff.
1955 *Five Against the House*, de Phil Karlson. / *Picnic*, de Joshua Logan. / *The Man With the Golden Arm* (El hombre del brazo de oro), de Otto Preminger.
1956 *The Eddy Duchin Story* (Eddy Duchin), de George Sidney.
1957 *Jeanne Eagles*, de George Sidney.
1958 *Pal Joey*, de George Sidney. / *Bell, Book and Candle* (Me enamoré de una bruja), de Richard Quine. / *Vertigo* (De entre los muertos), de Alfred Hitchcock.
1959 *Middle of the Night* (En mitad de la noche), de Delbert Mann.
1960 *Strangers When We Meet* (Un extraño en mi vida), de Richard Quine. / *Pepe*, de George Sidney.
1962 *Boy's Night Out* (Una vez a la semana), de Michael Gordon. / *The Notorius Landlady* (La misteriosa dama de negro), de Richard Quine.
1964 *Kiss Me, Stupid* (Bésame, tonto), de Billy Wilder. / *Of Human Bondage* (Servidumbre humana), de Ken Hughes. / *The Amorous Adventures of Moll Flanders* (Moll Flanders), de Terence Young.
1968 *The Legend of Lylah Clare* (La leyenda de Lylah Clare), de Robert Aldrich.
1969 *The Great Bank Robbery* (Ojos verdes, rubia y peligrosa), de Hy Averback.
1973 *Tales That Witness Madness* (Las orgías de la locura), de Freddie Francis.
1976 *The White Buffalo* (El desafío del búfalo blanco), de J. Lee Thompson.
1979 *Just a Gigolo* (Gigoló), de David Hemmings.
1980 *The Mirror Crak'd* (El espejo roto), de Guy Hamilton.
1990 *The Children*, de Tony Palmer.
1991 *Liebestraum* (Pasiones prohibidas), de Mike Figgis.

NOVARO, María *(México D.F., México, 1951)*

Perteneciente a la familia propietaria de la Editorial Novaro, estudia sociología en la Universidad de México y cine en el Centro de Estudios Cinematográficos de México. Entre 1979 y 1981 participa en el colectivo Cine de Mujeres para posteriormente intervenir en diferentes cometidos en la realización de algunos largometrajes y dirigir los cortos *Una isla rodeada de agua* (1985) y *Azul celeste* (1987). Debuta en el largo con *Lola,* desgarrado retrato de una mujer, al que sigue en la misma dirección *Danzón,* su mejor película. Posteriormente rueda *El jardín del Edén,* una ambiciosa e irregular producción, pero donde vuelve a confirmar su talento como directora.

1989 *Lola.*
1991 *Danzón.*
1994 *El jardín del Edén.*

NOVIA EN CADA PUERTO, UNA *(A Girl in Every Port, 1928)*

A lo largo de las cinco décadas que dura la carrera como productor y director de Howard Hawks, uno de sus temas más característicos es el de dos hombres enfrentados por el amor de una misma mujer. Lo narra por primera vez en esta famosa producción muda, su sexto largometraje, pero vuelve a tratarlo con diferentes variantes en *Pasto de tiburones* (Tiger Shark, 1932), *Vivamos hoy* (Today We Live, 1933) y *Río de sangre* (The Big Sky, 1952). La mejor es esta por ser la primera y por finalizar los repetidos enfrentamientos amorosos entre dos marineros en diferentes puertos con la decisión de renunciar a las mujeres e irse juntos. Narra cómo el marinero Spike (Victor McLaglen) está cansado de que cada vez que se encuentra con una chica en Río, Buenos Aires, Singapur, Bombay, Hawai, Amsterdam o Liverpool, siempre lleva la marca, el tatuaje de una pequeña ancla, del marinero Bill (Robert Armstrong). Tras hacerse grandes amigos a lo largo de una sucesión de peleas, Spike se enamora en Marsella de Maria (Louise Brooks), una acróbata de feria, a quien Bill ya conoce de Nueva York, pero no le dice nada para que no se enfade hasta que descubre el tatuaje, lo que origina una gran pelea entre ellos, que finalizan haciendo las paces, dejando a María y yéndose juntos.

Director: *Howard Hawks.* Guionistas: *Howard Hawks, James Kevin McGuinness, Seton I. Miller, Sidney Lanfield, Reginald Morris.* Fotografía: *William O'Connell, Rudolph J. Berquist.* Intérpretes: *Victor McLaglen, Robert Armstrong, Louise Brooks, Maria Casajuana, Francis McDonald.* Producción: *Howard Hawks para Fox.* Duración: *62'. Estados Unidos.*

NOVIO, EL *(The Boy Friend, 1971)*

A finales de los años veinte la compañía de Max Mandeville (Max Adrian) va a representar la comedia musical *The Boy Friend* en Portsmouth, pero el día anterior la *vedette* Rita (Glenda Jackson) se rompe una pierna y la sustituye la tímida chica del guardarropa Polly (Twiggy). El éxito alcanzado el día de la primera representación hace que el director de cine De Million (Vladek Sheybal) le proponga a esta un contrato para ir a trabajar con él a Hollywood, pero ella prefiere el amor del primer bailarín Tony (Christopher Gable). Tomando como punto de partida el musical teatral homónimo, estrenado en 1953 por Sandy Wilson, donde realiza una interesante síntesis de las obras maestras del género de los años veinte, el siempre excesivo Ken Russell escribe, produce y dirige la mejor de sus películas. El éxito se debe a su mesurada y efectiva labor de realización, una atractiva coreografía, inspirada en las mejores del genial realizador norteamericano Busby Berkeley, una luminosa fotografía de David Watkin y la presencia de la encantadora, flaca y atractiva modelo Twiggy en el mejor de los papeles de su corta y desigual carrera.

Director y guionista: *Ken Russell.* Fotografía: *David Watkin.* Música: *Ian Whittaker, Peter Greenwell, Peter Maxwell Davies.* Intérpretes: *Twiggy, Christopher Gable, Max Adrian, Tommy Tune, Barbara Windsor, Moyra Fraser, Antonia Ellis, Glenda Jackson.* Producción: *Ken Russell para Russflix / Metro-Goldwyn-Mayer. Color. Scope.* Duración: *125'. Reino Unido.*

NOVIO A LA VISTA *(1953)*

Tras un rótulo que reza «1918, Europa» y un par de escenas cómicas alusivas a la Gran Guerra, un joven infante sale del Palacio Real de Madrid y es conducido en automóvil a un instituto para examinarse. Le preguntan: «Dígame algo sobre la dinastía de los Borbones», y responde: «Pues... los reyes de la Casa de Borbón son Felipe V, Luis I, Fernando VI, Carlos III, Carlos IV, Fernando VII, Isabel II, Alfonso XII y Papá.» A continuación se examina Enrique (Jorge Vico), le preguntan por el imperio austrohúngaro, no sabe responder y le suspenden. En este tono de humor, característico de Edgar Neville, autor de la obra original, se desarrolla esta insólita película de Luis G. Berlanga, en la medida que se centra en un particular triángulo amoroso, pero que aparece entre sus mejores trabajos. Situada la acción en la playa de Lindamar durante el verano de 1918, narra los amoríos de dos quinceañeros, Enrique y Loli (Josette Arnó), entre sus respectivas familias de la burguesía media, sus amigos y el conflicto planteado por la madre de la muchacha, que quiere ponerla de largo y que se haga novia de Federico Villanueva (José María Rodero), ingeniero de la Hidroeléctrica. A una excelente primera parte, donde se describe la situación con un humor tan sutil como eficaz, sigue una segunda menos lograda, en la que los menores se enfrentan con los mayores para que dejen a Loli seguir jugando con ellos. Acaba con una perfecta descripción del final del verano en una playa y un brillante epílogo madrileño, en el que vuelven a suspender a Enrique, al haber variado Europa por completo durante estos meses, mientras piensa en Loli y ella se siente feliz porque ha conocido a Federico Villanueva. Destaca un amplio reparto compuesto por buena parte de los mejores secundarios de la época, a cuya cabeza se sitúa la desconocida francesa Josette Arnó, papel que debía haber interpretado una casi debutante Brigitte Bardot.

Director: *Luis G. Berlanga*. Guionistas: *Luis G. Berlanga, José Luis Colina, Edgar Neville, J. A. Bardem*. Fotografía: *Cecilio Paniagua, Sebastián Perera, Miguel Milá*. Música: *Juan Quintero*. Intérpretes: *Josette Arnó, Jorge Vico, José María Rodero, Julia Caba Alba, Antonio Vico*. Producción: *Benito Perojo*. Duración: *91'. España*.

NUEVE CARTAS A BERTA *(1965)*

A través de las nueve cartas que el joven universitario de provincias Lorenzo (Emilio Gutiérrez Caba) escribe a Berta, la hija de un republicano exiliado que vive en el Reino Unido, a quien ha conocido durante su primera salida al extranjero, el guionista y director Basilio M. Patino hace un buen dibujo crítico de la España de mediados de la década de los sesenta, jugando con sus más tradicionales tópicos. El aburrimiento tradicional de las capitales de provincias; el viejo padre, alférez provisional, que no comprende a su hijo; la madre aferrada a sus ancestrales creencias religiosas; la novia recién salida de un colegio de monjas; la gran ignorancia de sus profesores; la falta de interés de sus compañeros, son los temas que se tratan en esta característica producción. Veinte años después, Basilio M. Patino escribe y dirige la atractiva y peculiar segunda parte *Los paraísos perdidos* (1985), donde Berta (Charo López) regresa tras una larga ausencia para conectar con viejos parientes, hablar con nuevos amigos y, sobre todo, descubrir la realidad de la España socialista.

Director y guionista: *Basilio M. Patino*. Fotografía: *Luis Enrique Torán*. Música: *Carmelo Bernaola*. Intérpretes: *Emilio Gutiérrez Caba, Elsa Baeza, Antonio Casas, Mary Carrillo, Nicolás Perchicot*. Producción: *Juan Miguel Lamet para Eco Films, Tricontinental Films Española*. Duración: *90'. España*.

NUNCA PASA NADA *(1963)*

El autocar donde viaja la Gran Compañía Internacional de Revista, que se dirige desde tierras de Castilla a Santander, debe detenerse en Medina del Zarzal. La *vedette* francesa Jacquie (Corinne Marchand) es hospitalizada, mientras sus compañeros prosiguen viaje, y es operada de apendicitis por el cincuentón doctor Enrique (Antonio Casas), que se enamora de ella durante su convalecencia. La presencia de la atractiva francesa solivianta a los alumnos del instituto, hace hablar a los miembros del círculo mercantil y agrícola y escandaliza a las señoras piadosas. Sobre este sórdido fondo se desarrolla la relación sentimental entre médico y enferma, al tiempo que Juan (Jean-Pierre Cassel), el profesor de francés del instituto, le declara su amor a Julia (Julia Gutiérrez Caba), la mujer del doctor. Con estos elementos J. A. Bardem hace un perfecto dibujo de una triste ciudad de provincias con sus chismes y habladurías, su apatía generalizada y las huidas a la capital como única forma de esparcimiento, mientras traza el perfil de unos seres desengañados, frustrados. Frente a la tosquedad narrativa de sus más conocidas películas, en esta ocasión consigue una soltura nunca más alcanzada, gracias a la precisa utilización de largos y complejos planos, subrayados por una excelente música del francés Georges Delerue. A pesar de ser mejor, tener una perfecta realización e interpretación y, lejos de su habitual tono doctrinario, hacer una sentida descripción de sentimientos y frustraciones, dentro de un ambiente con una fuerte carga realista, la crítica del momento la denomina *«Calle Menor»* en comparación con su más conocida película *Calle Mayor* (1956), vuelve a ser presa de la censura del general Franco y no tiene el éxito merecido.

Director: *J. A. Bardem*. Guionistas: *J. A. Bardem, Alfonso Sastre, Henry-François Rey*. Fotografía: *Juan Julio Baena*. Música: *Georges Delerue*. Intérpretes: *Antonio Casas, Corinne Marchand, Jean-Pierre Cassel, Julia Gutiérrez Caba*. Producción: *Suevia Films-Cesáreo González (Madrid), Raymond Borderie-Cocinor, Les Films Marceau (París). Scope.* Duración: *95'. España-Francia.*

OBERON, Merle *(Estelle Merle O'Brien Thompson. Hobart, Tasmania, Australia, 1911- Los Ángeles, California, Estados Unidos, 1979)*

Hija de un oficial del ejército británico, a los siete años se instala con su madre en Bombay, India, y estudia en La Martinière College y la Calcutta Amateur Theatrical Society. A los diecisiete años llega a Londres y comienza a estudiar danza mientras debuta como bailarina en el Café de París, y a principios de los años treinta como actriz de cine. Tras hacer figuración y papeles muy secundarios en varias películas, llama la atención del poderoso productor y director Alexander Korda —con quien permanece casada durante los años de la II Guerra Mundial— y primero le ofrece el corto, pero importante, papel de Ana Bolena en *La vida privada de Enrique VIII* y luego el más consistente de Lady Blakely en *La pimpinela escarlata*, que le abre las puertas de Hollywood. En Estados Unidos triunfa con el melodrama *El ángel de las tinieblas* y, sobre todo, con las adaptaciones dirigidas por William Wyler para el productor independiente Samuel Goulding *Esos tres*, de Lillian Hellman, y *Cumbres borrascosas*, de Emily Brönte, además de encarnar a George Sand en *Canción inolvidable*. Entre las que también hace las interesantes *Viaje sin retorno*, de Edmund Goulding; *Firts Comes Courage*, de Dorothy Arzner; *Como te quise, te quiero*, de William Dieterle, y *Berlin Express*, de Jacques Tourneur. Desde mediados de los años cincuenta solo trabaja esporádicamente y se retira tras protagonizar la irregular *Interval*.

1930 *Alf's Button*, de W. P. Kellinoo.
1931 *Service for Ladies*, de Alexander Korda. / *Never Trouble Trouble*, de Lupino Lane. / *Fascination*, de Mander.
1932 *Ebb Tide*, de Arthur Rosson. / *For the Love of Mike*, de Monty Banks. / *Aren't We All?*, de Harry Lachman. / *Strange Evidence*, de Robert Milton. / *Men of Tomorrow*, de Leontine Sagan. / *Wedding Rehearsal*, de Alexander Korda.
1933 *The Private Life of Henry VIII* (La vida privada de Enrique VIII), de Alexander Korda.
1934 *The Battle* (La batalla), de Nicolas Farkas. / *The Private Life of Don Juan*, de Alexander Korda. / *The Broken Melody*, de Bernard Vorhaus. / *The Scarlet Pimpernel* (La pimpinela escarlata), de Harold Young.
1935 *The Dark Angel* (El ángel de las tinieblas), de Sidney Franklin. / *Folies-Bergère* (El caballero del Folies-Bergère), de Roy del Ruth.
1936 *These Three* (Esos tres), de William Wyler. / *Beloved Enemy* (Adorable enemigo), de H. C. Potter.
1937 *The Divorce of Lady X* (El divorcio de la señorita X), de Tim Whelan. / *Over the Moon* (En la Luna), de Thornton Freeland.
1938 *The Cowboy and the Lady* (El vaquero y la dama), de H. C. Potter.
1939 *Wuthering Heights* (Cumbres borrascosas), de William Wyler. / *The Lion Has Wings*, de Alexander Korda.
1940 *Till We Meet Again* (Viaje sin retorno), de Edmund Goulding.

1941 *Lydia*, de Julien Duvivier. / *That Uncertain Feeling* (Lo que piensan las mujeres), de Ernst Lubitsch. / *Affectionately Yours*, de Lloyd Bacon.
1943 *Forever and a Day* (Siempre y un día), episodio de Edmund Goulding. / *First Comes Courage*, de Dorothy Arzner. / *Stage Door Canteen* (Tres días de amor y fe), de Frank Borzage.
1944 *The Lodger* (Jack el destripador), de John Brahm. / *Dark Waters* (Aguas turbias), de André de Toth.
1945 *A Song to Remember* (Canción inolvidable), de Charles Vidor. / *This Love of Ours* (Como te quise, te quiero), de William Dieterle.
1946 *Night in Paradise* (Noche en el paraíso), de Arthur Lubin. / *Temptation*, de Irving Pichel.
1947 *Night Song* (Mi corazón te guía), de John Cromwell.
1948 *Berlin Express*, de Jacques Tourneur.
1951 *Pardon My French*, de Bernard Vorhaus.
1952 *Twenty Four Hours of a Woman's Life* (Veinticuatro horas de la vida de una mujer), de Victor Saville.
1954 *Desirée*, de Henry Koster. / *Deep in My Heart*, de Stanley Donen.
1956 *The Prince of Fear*, de Abner Biberman.
1963 *Of Love and Desire*, de Richard Rush.
1966 *The Oscar* (El Oscar), de Russell Rouse.
1967 *Hotel* (Intriga en el Gran Hotel), de Richard Quine.
1973 *Interval*, de Daniel Mann.

OBJETIVO BIRMANIA *(Objective Burma!, 1945)*

Rodada en plena II Guerra Mundial, cuando todavía es incierto su final, esta producción de Jerry Wald para los estudios Warner es el prototipo de la película de propaganda bélica y una excelente muestra de la habilidad narrativa del gran realizador Raoul Walsh. Tras un rótulo que explica que los aliados han sido expulsados de Birmania por los japoneses, describe con minuciosidad y eficacia cómo encargan al mayor Charles Nelson (Errol Flynn) lanzarse en paracaídas con un grupo de hombres para destruir una estación de radar y poder comenzar la reconquista. Cumplida con eficacia la misión encomendada, el grupo no puede ser rescatado en el lugar y el día previstos; los japoneses van tras ellos y comienza una persecución a través de la jungla en la que las fuerzas norteamericanas son diezmadas y solo se salvan unos pocos hombres. Dentro de la tradicional estructura del grupo de expertos al que encargan la realización de una misión arriesgada, la lleva a cabo con éxito y regresa a su base como puede, destacan la claridad con que Raoul Walsh explica la misión con ayuda de planos, esquemas y una ajustada planificación, así como la presencia de un sobrio Errol Flynn al frente de un reparto exclusivamente masculino.

Director: *Raoul Walsh*. Guionistas: *Ranald MacDougall, Lester Cole, Alvah Bessie*. Fotografía: *James Wong Howe*. Fotografía: *Franz Waxman*. Intérpretes: *Errol Flynn, James Brown, William Prince, George Tobias, Henry Hull, Warner Anderson*. Producción: *Jerry Wald para Warner*. Duración: *142'. Estados Unidos.*

OBSESIÓN *(Magnificent Obsession, 1954)*

El terrible novelón del pastor luterano Lloyd C. Douglas es origen de dos de los mejores melodramas producidos en los estudios Universal. El primero, *Sublime obsesión* (1935), producido y dirigido por el reputado especialista John M. Stahl y protagonizado por Irene Dunne y Robert Taylor, tiene bastante atractivo, pero le supera el segundo, producido por Ross Hunter y dirigido por el alemán Douglas Sirk durante su largo exilio norteamericano. Con una eficacia difícil de describir narra cómo el *playboy* Bob Merrick (Rock Hudson) causa la muerte al muy apreciado médico Phillips (Brightwood) y luego provoca la ceguera a su viuda Helen Phillips (Jane Wyman), pero se convierte en un eminente cirujano, la cura y se casa con ella. Destaca la peculiar fotografía en tonos pastel del gran y veterano profesional Russell Metty. Su éxito lleva al mismo equipo a rodar *Sólo el cielo lo sabe* (All That Heaven Allows, 1956), un melodrama de similares características, que vuelve a demostrar la peculiar habilidad de Sirk para el género.

Director: *Douglas Sirk*. Guionista: *Robert Blees*. Fotografía: *Russell Metty*. Música: *Frank Skinner*. Intérpretes: *Jane Wyman, Rock Hudson, Agnes Moorehead, Barbara Rush, Otto Kruger, Paul Cavenagh*. Producción: *Ross Hunter para Universal. Color.* Duración: *108'. Estados Unidos.*

OCTAVA MUJER DE BARBA AZUL, LA *(Bluebeard's Eighth Wife, 1938)*

Esta sofisticada comedia, producida y dirigida por el alemán Ernst Lubitsch para los estudios Paramount, está basada en una obra de teatro del desconocido dramaturgo francés Alfred

Errol **Flynn** en *Murieron con las botas puestas,* de Raoul Walsh.

Joel Grey y Liza Minnelli en *Cabaret,* de Bob **Fosse.**

Greta **Garbo** y Lewis Stone en *Romance,* de Clarence Brown.

Greer **Garson** y Walter Pidgeon en *Madame Curie,* de Mervyn LeRoy.

Jean-Paul Belmondo y Jean Seberg en *Al final de la escapada,* de Jean-Luc **Godard.**

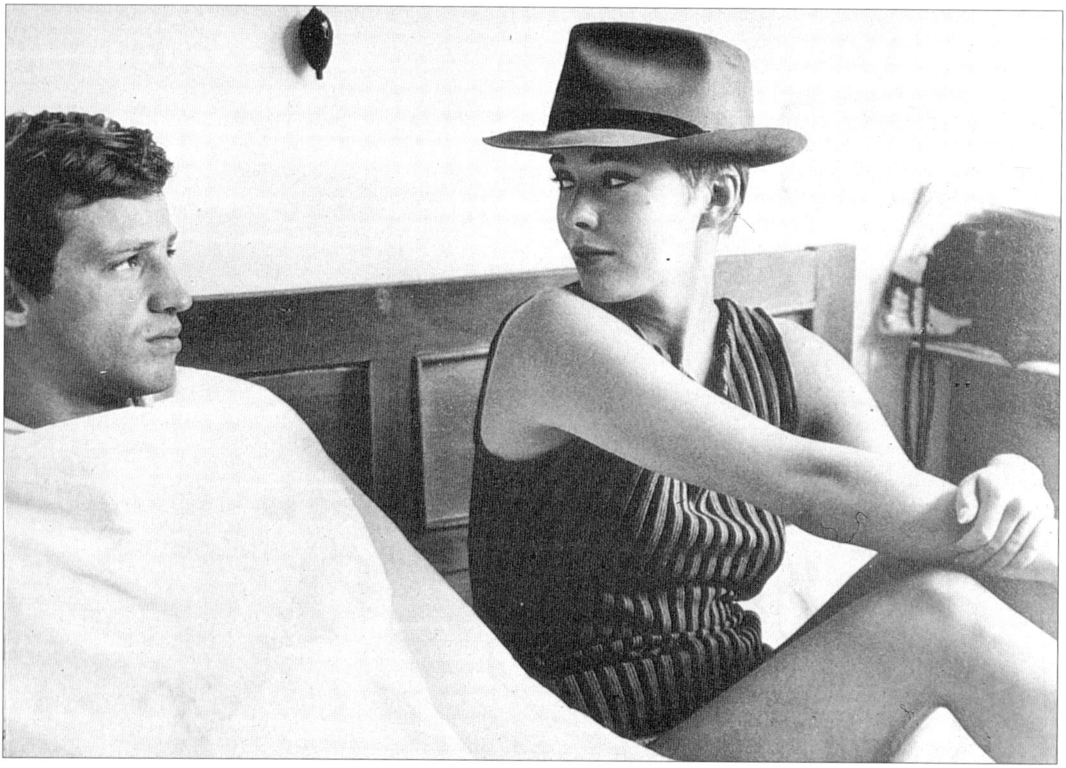

Audrey **Hepburn,** Gregory Peck y Eddie Albert en *Vacaciones en Roma,* de William Wyler.

Bruno Ganz y Dennis **Hopper** en *El amigo americano,* de Wim Wenders.

Buster **Keaton** y Marceline Day en *El cameraman,* de Edward Sedgwick.

Gregory Peck y Ava Gardner en *Las nieves del Kilimanjaro,* de Henry **King.**

Burt Lancaster en ¿*Vencedores y vencidos?,* de Stanley **Kramer.**

Debra Paget en *El tigre de Esnapur,* de Fritz **Lang.**

Peter O'Toole en *Lawrence de Arabia*, de David **Lean**.

Janet **Leigh** y Stewart Granger en *Scaramouche*, de Gregory Sidney.

Robert Taylor en *Quo Vadis*, de Mervyn **LeRoy.**

Olivia de Havilland en *Nido de víboras*, de Anatole **Litvak.**

Vivien Leigh y Clark Gable en *Lo que el viento se llevó,* de Victor Fleming.

Icíar Bollaín y Rosana Pastor en *Tierra y libertad,* de Ken **Loach.**

Myrna **Loy** en *Una noche en El Cairo,* de Sam Wood.

Joseph Cotten, Charles Boyer e Ingrid Bergman en ***Luz que agoniza,*** de George Cukor.

Fred **MacMurray** y Lana Turner en *Las lluvias del Ranchipur,* de Jean Negulesco.

Anna **Magnani** en *Bellísima,* de Luchino Visconti.

Cristina Marcos en *Maravillas,* de Manuel Gutiérrez Aragón.

Gene Kelly y Georges Getary en
Un americano en París, de Vincente **Minnelli.**

Marilyn **Monroe** e Yves Montand en *El multimillonario,* de George Cukor.

Jeanne **Moreau** y Marcello Mastroianni en *La noche,* de Michelangelo Antonioni.

Lew Ayres y Jane Wyman en *Belinda,* de Jean **Negulesco.**

María Luz Galicia en *Duende y misterio del flamenco,* de Edgar **Neville.**

Paul **Newman,** Elizabeth Taylor y Burl Ives en *La gata sobre el tejado de cinc,* de Richard Brooks.

Peter **O'Toole** y Katharine Hepburn en *El león en invierno,* de Anthony Harvey.

Jean Simmons en *Hamlet*, de Laurence **Olivier.**

Rod Taylor, Tippi Hedren y Jessica Tandy en ***Los pájaros,*** de Alfred Hitchcock.

James Mason, Ava Gardner y Mario Cabré
en *Pandora y el holandés errante*,
de Albert Lewin.

José Luis López Vázquez
y Geraldine Chaplin en
Peppermint frappé, de Carlos Saura.

Savoir, tiene un excelente guión de los reputados Charles Brackett, más tarde también productor, y Billy Wilder, finalmente convertido en un famoso realizador, pero en el momento de su estreno es un fracaso y solo años después empieza a valorarse como una de las películas más características de su autor. Gira en torno a las relaciones entre el riquísimo norteamericano repetidamente divorciado Michael Brandon (Gary Cooper) y la arruinada aristócrata francesa Nicole de Loiselle (Claudette Colbert). Deja muy claro su origen teatral y se plantea como una muy desenfadada historia sobre las relaciones entre el amor y el dinero. Tiene escenas excelentes, como la inicial de la compra del pijama, buena muestra del famoso «toque Lubitsch», y cuenta con un apropiado reparto, encabezado por la inusual pareja formada por Gary Cooper y Claudette Colbert, donde destaca el habitual secundario Edward Everett Horton.

Director: *Ernst Lubitsch*. Guionistas: *Charles Brackett, Billy Wilder*. Fotografía: *Leo Tover*. Música: *Frederick Hollander, Werner R. Heymann*. Intérpretes: *Gary Cooper, Claudette Colbert, David Niven, Edward Everett Horton, Elizabeth Patterson, Herman Bing*. Producción: *Ernst Lubitsch para Paramount*. Duración: *85'. Estados Unidos*.

OCTUBRE *(Oktjabr, 1927)*

El libro *Diez días que conmovieron al mundo*, de John Reed, es origen de dos películas, opuestas más que distintas. En último lugar por orden cronológico aparece *Rojos* (Reds, 1981), una superproducción norteamericana escrita en colaboración, producida, dirigida y protagonizada por Warren Beatty, que gana varios Oscars y tiene un gran éxito mundial. En primera posición aparece esta producción soviética, objeto de todo tipo de enfrentamientos y discusiones desde que se finaliza, pero considerada como la obra maestra del realizador Sergei M. Eisenstein y una de las cumbres del cine mudo. La reconstrucción de los acontecimientos que hacen triunfar la Revolución en Rusia en 1917 sirve a Eisenstein para hacer una bellísima demostración de sus complejas y elaboradas técnicas del denominado «montaje de atracción». Su punto de vista histórico siempre ha sido origen de múltiples problemas, desde la censura inicial que hace desaparecer el personaje de Trotsky, hasta los que actualmente opinan que concede mayor importancia a Kerenski que al propio Lenin. Sin embargo, desde una perspectiva cinematográfica siempre se ha considerado como una obra indiscutible. Más que su conjunto, objeto de censuras, mutilaciones y reconstrucciones, que no debe de tener mucho que ver con el que sale de manos de Eisenstein, destacan algunas escenas impresionantes por su belleza, calidad y alto grado de elaboración.

Director: *Sergei M. Eisenstein*. Guionistas: *Sergei M. Eisenstein, Grigory Alexandrov*. Fotografía: *Eduard Tissé*. Intérpretes: *Vassilli Nikandrov, Vladimir Popov, Boris Livanov, Eduard Tissé*. Producción: *Sovkino*. Duración: *95'. Unión Soviética*.

ODIO EN LAS ENTRAÑAS *(The Molly Maguires, 1970)*

En Pennsylvania, en 1876, algunos mineros se reúnen con Jack Kehoe (Sean Connery) para crear la sociedad secreta Molly Maguires, cometer sabotajes y presionar a los patronos para mejorar sus condiciones de vida; pero estos contratan al detective James McParland (Richard Harris) para que se haga pasar por un minero, se infiltre en su sociedad y la destruya. A partir de una novela de Arthur H. Lewis, el guionista Walter Bernstein y el director Martin Ritt hacen la única película sobre las experiencias de los obreros radicales Wobblies, al tiempo que reflexionan sobre la violencia revolucionaria, el maccarthysmo sufrido por ambos autores y la delación. Destacan la sólida dirección de Martin Ritt, la excelente fotografía de James Wong Howe y el trabajo interpretativo de Sean Connery en uno de sus primeros grandes papeles.

Director: *Martin Ritt*. Guionista: *Walter Bernstein*. Fotografía: *James Wong Howe*. Música: *Henry Mancini*. Intérpretes: *Sean Connery, Richard Harris, Samantha Eggar, Frank Finlay, Anthony Zerbe, Bethel Leslie*. Producción: *Martin Ritt y Walter Bernstein para Tamm/Paramount. Color. Scope*. Duración: *123'. Estados Unidos*.

ODIO ENTRE HERMANOS *(House of Strangers, 1949)*

Tras siete años en prisión, Max Monetti (Richard Conte) está decidido a vengarse de sus tres hermanos, responsables de su encarcelación, pero regresa a la cerrada casa familiar y a lo largo de un *flashback* recuerda su historia y cambia de opinión. Mano derecha de su padre

Gino Monetti (Edward G. Robinson), un emigrante italiano que ha ganado una fortuna prestando dinero con usura, Max Monetti se enamora de su cliente Irene Bennett (Susan Hayward) y abandona a su novia italiana Maria Domenico (Debra Paget). Cuando el padre comienza a tener problemas con los inspectores de Hacienda, sus hermanos le denuncian para que toda la responsabilidad caiga sobre Max Monetti y sea encarcelado. En un final demasiado convencional, Max Monetti tiene un durísimo enfrentamiento con sus hermanos, pero los deja y se va con Irene Bennett, que le ha esperado durante todos esos años. Escrita por el conocido guionista Philip Yordan a partir de una novela de Jerome Weidman, esta personal versión de *El rey Lear*, de William Shakespeare, ambientada en el Nueva York de los años treinta, es una de las películas de más éxito del productor y realizador Joseph L. Mankiewicz en su etapa en los estudios 20th Century Fox. Gracias a él, la misma productora hace dos nuevas versiones, una en clave de *western*, *Lanza rota* (Broken Lance, 1954), de Edward Dmytryk, con Spencer Tracy, Richard Widmark, Robert Wagner y Jean Peters, una de las primeras películas rodadas en CinemaScope, y otra en clave de circo, *El gran espectáculo* (The Big Show, 1961), de James B. Clark, con Esther Williams, Cliff Robertson y Nehemiah Persoff.

Director: *Joseph L. Mankiewicz.* Guionista: *Philip Yordan.* Fotografía: *Milton Krasner.* Música: *Daniele Amfitheatrof.* Intérpretes: *Richard Conte, Susan Hayward, Edward G. Robinson, Luther Adler, Paul Valentine, Debra Paget.* Producción: *Sol C. Siegel para 20th Century Fox.* Duración: *101'. Estados Unidos.*

O'HARA, Maureen *(Maureen Fitzsimmons. Millwall, Dublín, Irlanda, 1920)*

Hija de un comerciante y de la actriz y cantante Marguerite Fitzsimmons, a los cinco años aparece por primera vez en un escenario. Tras estudiar arte dramático en el Abbey Theatre School de Dublín, en 1938 debuta como actriz de cine, es descubierta por el actor Charles Laughton, que la impone como protagonista de *Posada Jamaica,* de Alfred Hitchcock, y *Esmeralda, la zíngara,* de William Dieterle, y vuelven a trabajar juntos en *Esta tierra es mía,* de Jean Renoir. La irregular filmografía de esta impulsiva pelirroja se extiende a lo largo de más de cincuenta años y en ella sobresalen sus trabajos con John Ford en *¡Qué verde era mi valle!, Río Grande, El hombre tranquilo, Cuna de héroes* y *Escrito bajo el sol.* También destacan sus colaboraciones con Henry King en *El cisne negro,* William A. Wellman en *Aventuras de Buffalo Bill,* Bud Boetticher en *Santos, el magnífico,* Carol Reed en *Nuestro hombre en La Habana,* y Delmer Daves en *Fiebre en la sangre* y *Escándalo en Villa Fiorita.*

1938 *My Irish Molly,* de Walter Forde.
1939 *Jamaica Inn* (Posada Jamaica), de Alfred Hitchcock. / *The Hunchback of Notre-Dame* (Esmeralda, la zíngara), de William Dieterle.
1940 *A Bill of Divorcement,* de John Farrow. / *Dance, Girl, Dance,* de Dorothy Arzner.
1941 *How Green Was My Valley* (¡Qué verde era mi valle!), de John Ford. / *They Met in Argentina,* de Leslie Goodwins.
1942 *The Black Swan* (El cisne negro), de Henry King. / *To the Shores of Tripoli,* de Bruce H. Humberstone. / *Ten Gentlemen From West Point* (Diez héroes de West Point), de Henry Hathaway.
1943 *This Land Is Mine* (Esta tierra es mía), de Jean Renoir. / *Inmortal Sergeant* (El sargento inmortal), de John M. Stahl. / *The Fallen Sparrow,* de Richard Wallace.
1944 *Buffalo Bill* (Aventuras de Buffalo Bill), de William A. Wellman.
1945 *The Spanish Main,* de Frank Borzage.
1946 *Do You Love Me?,* de Gregory Ratoff. / *Sentimental Journey* (Conflicto sentimental), de Walter Lang.
1947 *The Foxes of Harrow* (Débil es la carne), de John M. Stahl. / *Miracle on 34th Street* (De ilusión también se vive), de George Seaton. / *Sinbad the Sailor* (Simbad el marino), de Richard Wallace. / *The Homestretch,* de Bruce Humberstone.
1948 *Sitting Pretty* (Niñera moderna), de Walter Lang.
1949 *A Woman's Secret,* de Nicholas Ray. / *Brittania News,* de Jean Negulesco. / *Father Was a Fullback,* de John M. Stahl. / *Bagdad,* de Charles Lamont.
1950 *Comanche Territory* (Orgullo de comanche), de George Sherman. / *Tripoli,* de Will Price. / *Rio Grande* (Río Grande), de John Ford.
1951 *Flame of Araby* (Los hermanos Barbarroja), de Charles Lamont.
1952 *The Redhead from Wyoming,* de Lee Sholem. / *Against All Flags* (La isla de los corsarios), de George Sherman. / *At Sword's Point* (Los hijos de los mosqueteros), de Lewis Allen. / *Kangaroo* (La ley del látigo), de Lewis Milestone. / *The Quiet Man* (El hombre tranquilo), de John Ford.

1953 *War Arrow* (Asalto al fuerte Clark), de George Sherman.
1954 *Fire over Africa* (Fuego sobre África), de Richard Sale.
1955 *The Magnificent Matador* (Santos, el magnífico), de Budd Boetticher. / *Lady Godiva*, de Arthur Lubin. / *The Long Gray Line* (Cuna de héroes), de John Ford.
1956 *Lisbon* (Lisboa), de Ray Milland. / *Everything But the Truth*, de Jerry Hopper.
1957 *The Wings of Eagles* (Escrito bajo el sol), de John Ford.
1959 *Our Man in Havana* (Nuestro hombre en La Habana), de Carol Reed.
1961 *The Parent Trap* (Tú a Boston y yo a California), de David Swift. / *The Deadly Companions*, de Sam Peckinpah.
1962 *Mr. Hobbs Takes a Vacation* (Un optimista en vacaciones), de Henry Koster.
1963 *Spencer's Mountain* (Fiebre en la sangre), de Delmer Daves. / *McLintock!* (El gran McLintock), de Andrew V. McLaglen.
1965 *The Battle of the Villa Fiorita* (Escándalo en Villa Fiorita), de Delmer Daves.
1966 *The Rare Breed* (Una dama entre vaqueros), de Andrew V. McLaglen.
1970 *How Do I Love Thee?*, de Michael Gordon.
1971 *Big Jake* (El gran Jack), de George Sherman.
1973 *The Red Pony* (El poni rojo), de Robert Totten.
1991 *Only the Lonely* (Yo, tú y mamá), de Chris Columbus.

OJOS NEGROS (Oci ciornie, 1987)

A finales de siglo, en el vacío bar de un barco, el camarero italiano Romano (Marcello Mastroianni) cuenta al pasajero ruso Pavel (Vsevolod Larionov) cómo se enamora en un balneario de la joven rusa Anna (Elena Sofonova), la sigue hasta su país y la pierde por culpa de su rica mujer Elisa (Silvana Mangano), pero resulta ser la reciente y bella esposa de su viejo interlocutor. Basada en tres conocidos cuentos de Anton Chejov, *La dama del perrito, Una mujer* y *El aniversario,* tiene un sólido guión en el que colabora la famosa Suso Cecchi d'Amico. Esta brillante coproducción bilingüe italo-rusa, que en algunos momentos de las escenas del balneario recuerda demasiado al más tradicional cine de Federico Fellini, da a conocer internacionalmente al irregular director ruso Nikita Mikhalkov.

Director: *Nikita Mikhalkov.* Guionistas: *Alexander Adabachian, Suso Cecchi d'Amico, Nikita Mikhalkov.* Fotografía: *Franco di Giacomo.* Música: *Francis Lai.* Intérpretes: *Marcello Mastroianni, Silvana Mangano, Marthe Keller, Elena Sofonova, Pina Cei, Vsevolod Larionov.* Producción: *Silvia d'Amico Bendico y Carlo Cucchi para Excelsior Film TV, Rai Uno.* Color. Duración: *117'.* Italia-Unión Soviética.

OLDMAN, Gary *(Londres, Reino Unido, 1958)*

Conflictivo hijo de padres separados, estudia en el Rose Bruford Drama College y a los dieciocho años debuta como actor en el Royal Court Theatre. Mientras se convierte en una figura importante del teatro inglés, comienza a trabajar en televisión y en seguida interviene en algunos telefilms que se estrenan en locales cinematográficos, como *Remembrance, Meantime* y *Honest, Decent and True.* En cine debuta encarnando al cantante Sid Vicius en *Sid y Nancy,* mientras prosigue su carrera teatral. Su éxito al dar vida al dramaturgo Joe Orton en *Ábrete de orejas* y al personaje shakesperiano Rosencrantz en *Rosencrantz y Guildenstern han muerto,* le llevan al cine norteamericano para hacer del asesino Lee H. Oswald en *J. F. K.: caso abierto* y del famoso conde vampiro en *Drácula.*

1981 *Remembrance*, de Colin Gregg.
1983 *Meantime*, de Mike Leigh.
1985 *Honest, Decent and True*, de Les Blair.
1986 *Sid and Nancy* (Sid y Nancy), de Alex Cox.
1987 *Prick Up Your Ears* (Ábrete de orejas), de Stephen Frears.
1988 *Track 29* (Ruta 29), de Nicholas Roeg. / *We Think, the World of You*, de Colin Gregg. / *Criminal Law* (Ley criminal), de Martin Campbell.
1989 *Chattahoochee*, de Mick Jackson.
1990 *State of Grace* (El clan de los irlandeses), de Phil Joanu. / *Rosencrantz and Guildenstern Are Dead* (Rosencrantz y Guildenstern han muerto), de Tom Stoppard. / *Heading Home*, de David Hare.
1991 *J. F. K.* (J. F. K.: caso abierto), de Oliver Stone.
1992 *Bram Stoker's Dracula* (Drácula), de Francis Ford Coppola.
1993 *Romeo Is Bleeding*, de Peter Medak. / *True Romance* (Amor a quemarropa), de Tony Scott.
1994 *Léon* (El profesional), de Luc Besson. / *Immortal Beloved* (Amor inmortal), de Bernard Rose.
1995 *Murder in the First* (Homicidio en primer grado), de Marc Rocco. / *The Scarlet Letter* (La letra escarlata), de Roland Joffé.

OLEA, Pedro *(Bilbao, España, 1938).*

Estudia económicas, dirige un cine-club y rueda cortos en 8 y 16 mm en su ciudad natal, pero lo deja todo para estudiar dirección en la

Escuela Oficial de Cinematografía y diplomarse con la práctica *Anabel* (1964). Colabora en revistas especializadas en cine, hace documentales y programas dramáticos para televisión y debuta como director con las nada atractivas *Días de viejo color,* ñoña comedia romántica, y *En un mundo diferente,* relato de ciencia ficción al servicio de dos olvidados cantantes. Tras su primer trabajo personal, *El bosque del lobo,* la correcta historia de un hombre-lobo gallego, rueda las irregulares *La casa sin fronteras,* imposible crítica a la organización religiosa Opus Dei en el momento de su máxima influencia política, y *No es bueno que el hombre esté solo,* sobre las relaciones entre un hombre y una muñeca de tamaño natural. Para el productor José Frade realiza una importante trilogía sobre Madrid integrada por *Tormento,* adaptación de la novela homónima de Benito Pérez Galdós ambientada a principios de siglo; *Pim, pam, pum... ¡fuego!,* que escribe con Rafael Azcona, sobre las relaciones entre una corista, un maquis y un estraperlista en la más cruda posguerra, y *La Corea,* sobre el mundillo de homosexuales, chulos y prostitutas de la época. Consigue su mayor éxito con *Un hombre llamado «Flor de Otoño»,* que vuelve a escribir con Azcona, sobre una obra de José María Rodríguez Méndez, en torno a la vida de un abogado libertario y travestí en la Barcelona de la dictadura del general Primo de Rivera. Tras un paréntesis de seis años dedicado a la publicidad, regresa al cine con las fallidas *Akelarre* y *Bandera negra,* que rueda gracias a las subvenciones de la llamada Ley Miró y del gobierno vasco. Sus últimas películas son *El día que nací yo,* irregular musical a mayor gloria de la cantante Isabel Pantoja; *El maestro de esgrima,* interesante adaptación de la novela de época de Arturo Pérez Reverte, y *Morirás en Chafarinas,* atractivo policiaco ambientado en Melilla basado en una novela de Antonio Lalana.

1967 *Días de viejo color.*
1968 *En un mundo diferente.*
1970 *El bosque del lobo.*
1972 *La casa sin fronteras.*
1973 *No es bueno que el hombre esté solo.*
1974 *Tormento.*
1975 *Pim, pam, pum... ¡fuego!*
1976 *La Corea.*
1978 *Un hombre llamado «Flor de Otoño».*
1984 *Akelarre.*
1986 *Bandera negra.*
1991 *El día que nací yo.*
1992 *El maestro de esgrima.*
1995 *Morirás en Chafarinas.*

OLIVEIRA, Manoel de *(Manuel Cándido Pinto de Oliveira. Oporto, Portugal, 1908)*

Hijo de un rico industrial, estudia en Portugal, España y Francia. Interesado por el cine, comienza a hacer trabajos ocasionales como actor y guionista, mientras a finales del período mudo realiza de forma artesanal algunos cortometrajes entre los que destaca *Douro, faina fluvial* (1931). Alternando con su trabajo como agricultor rueda el largo *Aniki-Bóbó,* adaptación de una novela de Rodrigues Freitas, donde parte de la vida cotidiana de los niños de Oporto para hacer un apólogo moral y un antecedente de las corrientes neorrealistas. Durante los veinte años que transcurren hasta su siguiente largo va a la República Federal Alemana a aprender las técnicas del cine en color y rueda los cortos *O pintor e a cidade* (1956), nueva visión de Oporto a partir de la pintura de Antonio Cruz, y *O pão* (1959), sobre el proceso de fabricación del pan y su representación en la sociedad. Su segundo largometraje *O acto de primavera* gira en torno a la representación de un texto del siglo XVI de Francisco Vaz de Guimarães que hacen los habitantes de un pueblecito de la región de Trás-os-Montes para celebrar la Semana Santa. Después del corto de tono surrealista *A caça* (1963), comienza una estilización de su característico realismo con *O passado e o presente,* análisis de la alta burguesía a través de una obra teatral de Vicente Sanches. Finalizada la dictadura del general Salazar su obra se hace más regular con la trilogía sobre el *amour fou* rodada a finales de los años setenta e integrada por *Benilde ou a Virgen mãe,* adaptación de una obra de José Regio sobre la relación entre dos jóvenes muy religiosos; *Amor de perdição,* larga adaptación de una popular novela del siglo XVIII de Camilo Castelo Branco sobre el amor imposible entre dos jóvenes pertenecientes a familias rivales, y *Francisca,* sobre una novela de Agustina Bessa Luís que narra la compleja relación de un matrimonio burgués a mediados del siglo XIX. Dentro de un estilo cada vez más personal, desdramatizado y cercano a los *tableaux vivant* del período mudo, a partir de la segunda mitad de los años ochenta, una vez cumplidos los setenta y cinco años, comienza a trabajar con mayor asiduidad en películas cada vez más alejadas de la realidad como *O sapato de cetim,* adaptación de casi siete horas de duración de la conocida obra de teatro de Paul Claudel; *O meu caso,* basada en obras de José Regio y Samuel Beckett, donde expone tres versiones sucesivas de un psicodrama provocado tras la representación de un vodevil; *Os canibais,* parábola social sobre un aristócrata en decadencia; *Não ou vã gloria de mandar,* amarga y compleja meditación sobre el final del imperio colonial portugués; *A divina comédia,* reflexión histórica realizada a través de los pacientes de un asilo psiquiátrico, y *O dia do desespero,* reconstrucción de los últimos años de la vida del escritor Camilo Castelo Branco a partir de su correspondencia con su amante Ana Plácido. Su estilo se hace cada vez más depurado y literario en *El valle de Abraham,* brillante adaptación de otro clásico de la literatura portuguesa; *La caja,* basada en una obra de teatro de Prista Monteiro, que se desarrolla en una calle del popular barrio Alfama de Lisboa, y *El convento,* sobre una novela de Agustina Bessa-Luis protagonizada por Catherine Deneuve y John Malkovich.

1942 *Aniki-Bóbó.*
1962 *O acto de primavera.*
1971 *O passado e o presente.*
1974 *Benilde ou a Virgen mãe.*
1978 *Amor de perdição.*
1981 *Francisca.*
1985 *O sapato de cetim.*
1986 *O meu caso.*
1988 *Os canibais.*
1990 *Não ou vã gloria de mandar.*
1991 *A divina comédia.*
1992 *O dia do desespero.*
1993 *Vale Abrão* (El valle de Abraham).
1994 *A caixa* (La caja).
1995 *O convento* (El convento).

OLIVER TWIST *(1948)*

El éxito de *Cadenas rotas* (Great Expectations, 1946), protagonizada por John Mills, una jovencísima Jean Simmons y el debutante Alec Guinness, lleva a David Lean a adaptar otra novela de Charles Dickens con un equipo muy similar. Vuelve a recrear a la perfección el ambiente victoriano de Londres de mediados del siglo XIX, donde el joven huérfano Oliver Twist (John Howard Davies) vive sus tristes aventuras en medio de una banda de ladrones, antes de ser adoptado por el compasivo mister Brownlow (Henry Stephenson). Gran parte de su atractivo se debe a los excelentes decorados de John Bryan y la buena fotografía del más tarde también realizador Guy Green. Con el título *Oliver* (1968), Carol Reed dirige una versión musical basada en una adaptación teatral de Lionel Bart con música y canciones de él mismo, protagonizada por Mark Lester —que años después rueda algunas películas como director—; gana seis importantes Oscars y se convierte en un gran éxito.

Director: *David Lean.* Guionistas: *David Lean, Stanley Haynes.* Fotografía: *Guy Green.* Música: *Arnold Bax.* Intérpretes: *Alec Guinness, Robert Newton, Francis L. Sullivan, John Howard Davies, Kay Walsh, Anthony Newley, Henry Stephenson.* Producción: *Ronald Neame para Cineguild.* Duración: *116'. Reino Unido.*

OLIVIER, Laurence *(Laurence Kerr Olivier. Dorking, Surrey, 1907-Steyning, Sussex, Reino Unido, 1989)*

Hijo de un pastor protestante, a los diez años llama la atención al interpretar a Brutus en una representación de *Julio César,* de William Shakespeare. Siete años más tarde interrumpe sus estudios en Oxford para estudiar arte dramático con Elsie Fogerty en Londres. A finales de los años veinte debuta como actor de teatro y no tarda en convertirse en un gran especialista en Shakespeare. Durante la década de los treinta llega a ser una de las principales figuras de la compañía del famoso Old Vic Theatre, mientras desarrolla una carrera paralela como actor de cine en irregulares producciones británicas. Se convierte en un gran actor romántico cuando Hollywood le llama para encarnar a Heathcliff en *Cumbres borrascosas,* de William Wyler, y a Maxim de Winter en *Rebeca,* de Alfred Hitchcock. La II Guerra Mundial interrumpe esta trayectoria y le lleva a intervenir en diferentes películas de propaganda bélica, desde el documental *The Conquest of the Air* hasta las obras de ficción *Lady Hamilton,* de Alexander Korda, y *Los invasores,* de Michael Powell y Emeric Pressburger. El éxito y el Oscar logrado como director de su interesante y personal versión de

Enrique V, de William Shakespeare, le hace volver a dirigir y protagonizar *Hamlet,* un nuevo éxito con el que obtiene un Oscar por la película y otro por su interpretación y el León de Oro de la Mostra de Venecia. Mientras dirige el Old Vic Theatre y dedica la mayoría de su tiempo al teatro, regresa a Hollywood para protagonizar *Carrie,* de William Wyler, y cierra su trilogía shakesperiana con la menos interesante *Ricardo III.* Durante la década de los sesenta dirige la England's National Theatre Company y cierra su carrera como realizador de cine con la comedia *El príncipe y la corista* y la irregular adaptación de Anton Chejov *Tres hermanas*. Además, interviene como actor en doce películas entre las que destacan *Espartaco,* de Stanley Kubrick; *El animador,* de Tony Richardson, y *El rapto de Bunny Lake,* de Otto Preminger. Tras conseguir todo tipo de honores y convertirse en un monumento del teatro británico, en los años setenta y ochenta se limita a hacer papeles secundarios en las más variadas películas, entre las que sobresalen *La huella,* de Joseph L. Mankiewicz; *Marathon Man,* de John Schlesinger, y *Drácula,* de John Badham. Publica sus memorias con el título *Confesiones de un actor* (Confessions of an Actor, 1982).

Como director
1944 *Henry V* (Enrique V).
1948 *Hamlet.*
1956 *Richard III* (Ricardo III).
1957 *The Prince and the Showgirl* (El príncipe y la corista).
1970 *Three Sisters* (Tres hermanas).

Como actor
1930 *The Temporary Widow,* de Gustav Ucicky. / *Too Many Crooks,* de George King. / *Potiphar's Wife,* de Maurice Elvey.
1931 *Friends and Lovers* (¿Amigos o rivales?), de Victor Schertzinger. / *The Yellow Ticket* (El carnet amarillo), de Raoul Walsh.
1932 *Westward Passage* (Divorcio por amor), de Robert Milton.
1933 *Perfect Understanding* (De mutuo acuerdo), de Cyril Gardner. / *No Funny Business,* de Victor Hansbury.
1936 *Moscow Nights,* de Anthony Asquit. / *As You Like It* (Como gustéis), de Paul Czinner.
1937 *Twenty-One Days* (Veintiún días juntos), de Basil Dean. / *Fire Over England,* de William K. Howard.
1938 *The Divorce of Lady X* (El divorcio de la señorita X), de Tim Whelan.
1939 *Q-Planes* (Ondas misteriosas), de Arthur Woods y Tim Whelan. / *Wuthering Heights* (Cumbres borrascosas), de William Wyler.
1940 *Rebecca* (Rebeca), de Alfred Hitchcock. / *Pride and Prejudice* (Más fuerte que el orgullo), de Robert Z. Leonard. / *The Conquest of the Air,* de Zoltan Korda y Alexander Korda.
1941 *That Hamilton Woman* (Lady Hamilton), de Alexander Korda. / *49th Parallel* (Los invasores), de Michael Powell y Emeric Pressburger.
1943 *The Demi-Paradise,* de Anthony Asquith.
1944 *Henry V* (Enrique V), de Laurence Olivier.
1948 *Hamlet,* de Laurence Olivier.
1951 *The Magic Box,* de John Boulting.
1952 *Carrie,* de William Wyler.
1953 *The Begger's Opera,* de Peter Brook.
1956 *Richard III* (Ricardo III), de Laurence Olivier.
1957 *The Prince and the Showgirl* (El príncipe y la corista), de Laurence Olivier.
1959 *The Devil's Disciple* (El discípulo del diablo), de Guy Hamilton.
1960 *Spartacus* (Espartaco), de Stanley Kubrick. / *The Entertainer* (El animador), de Tony Richardson.
1961 *Term of Trial* (Escándalo en las aulas), de Peter Glenville.
1962 *The Power and the Glory* (El poder y la gloria), de Marc Daniels.
1965 *Bunny Lake Is Missing* (El rapto de Bunny Lake), de Otto Preminger.
1966 *Othello* (Otelo), de Stuart Burge y John Dexter. / *Khartoum* (Kartum), de Basil Dearden.
1968 *The Shoes of the Fisherman* (Las sandalias del pescador), de Michael Anderson.
1969 *Oh, What a Lovely War!* (¡Oh!, ¡qué guerra tan bonita!), de Richard Attenborough. / *The Battle of Britain* (La batalla de Inglaterra), de Guy Hamilton. / *The Dance of Death,* de David Giles. / *David Copperfield,* de Delbert Mann.
1970 *Three Sisters* (Tres hermanas), de Laurence Olivier.
1971 *Nicholas and Alexandra* (Nicolás y Alejandra), de Franklin J. Schaffner.
1972 *Sleuth* (La huella), de Joseph L. Mankiewicz. / *Lady Caroline Lamb,* de Robert Bolt.
1976 *Marathon Man,* de John Schlesinger. / *The Seven-Percent Solution* (Elemental, doctor Freud), de Herbert Ross. / *Gesù di Nazareth* (Jesús de Nazaret), de Franco Zeffirelli.
1977 *A Bridge Too Far* (Un puente lejano), de Richard Attenborough.
1978 *The Betsy* (La saga de los Hardeman), de Daniel Petrie. / *The Boys From Brazil* (Los niños del Brasil), de Franklin J. Schaffner.
1979 *A Little Romance* (Un pequeño romance), de George Roy Hill. / *Dracula,* de John Badham.

1980 *The Jazz Singer* (El cantor de jazz), de Richard Fleischer.
1981 *Clash of the Titans* (Furia de titanes), de Desmond Davis.
1982 *Inchon*, de Terence Young.
1983 *Wagner*, de Tony Palmer.
1984 *The Jigsaw Man* (El hombre rompecabezas), de Terence Young. / *The Bounty* (Motín a bordo), de Roger Donaldson.
1985 *Wild Geese II* (Patos salvajes II), de Peter Hunt.
1988 *War Requiem*, de Derek Jarman.

OLMI, Ermanno *(Bergamo, Italia, 1931)*

Perteneciente a una familia de origen campesino que se traslada a la ciudad para trabajar en una fábrica, estudia bellas artes e interpretación en Milán. Comienza a trabajar en la empresa hidroeléctrica Edison-Volta, funda y dirige su sección de cine y entre 1953 y 1961 realiza una treintena de documentales técnicos, industriales y publicitarios. Su primer largometraje, *Il tempo si è fermato,* producido por la Edison-Volta, está a medio camino entre el documental y la ficción y, entre medias de la construcción de una gran presa en la montaña, narra la amistad nacida entre un joven estudiante y un guarda mayor. Tienen una gran carga neorrealista *El empleo,* sobre los problemas que encuentra un joven milanés en su primer trabajo, e *I fidanzati,* una historia de amor con trasfondo social, rodadas ambas con actores no profesionales, pocos medios y en los lugares donde transcurre la acción. Tras la discutible biografía de Juan XXIII *E venne un uomo,* situada entre el sincero homenaje y la anticuada hagiografía, vuelve a los principios neorrealistas en *Un cierto día,* especie de cuento de hadas desarrollado en la actualidad; *I recuperanti,* historia de unos hombres dedicados a buscar bombas de la Gran Guerra en el campo; *Durante l'estate,* sobre la crisis que sufre un industrial a raíz de un accidente automovilístico, y *La circostanza,* donde describe la muy diferente vida de los miembros de una familia milanesa, rodadas con un importante apoyo de la televisión estatal, la R. A. I., y que tienen una difusión restringida. Su obra maestra es *El árbol de los zuecos,* ganadora de la Palma de Oro del Festival de Cannes, donde aplica sus teorías neorrealistas y documentales a la descripción de la vida de cuatro familias campesinas que viven en una alquería en los alrededores de Bergamo a finales del siglo XIX. Sus películas posteriores se dividen entre documentales propiamente dichos —*Milano'83, Ragazzi a rischio, Lungo il fiume*— y películas de ficción con actores no profesionales: *Cammina cammina,* sobre el largo viaje de los Reyes Magos; *Lunga vita alla signora!,* fábula satírica sobre el paso de la adolescencia a la juventud; entre las que destacan las historias de ficción con actores profesionales *La leyenda del santo bebedor,* brillante adaptación del relato homónimo de Joseph Roth con la que gana el León de Oro de la Mostra de Venecia, y *Il segreto del bosco vecchio,* basada en una novela de Dino Buzzati.

1959 *Il tempo si è fermato.*
1961 *Il posto* (El empleo).
1963 *I fidanzati.*
1965 *E venne un uomo.*
1967 *Racconti di giovanni amori.*
1968 *Un certo giorno* (Un cierto día).
1969 *I recuperanti.*
1971 *Durante l'estate.*
1974 *La circostanza.*
1978 *L'albero degli zoccoli* (El árbol de los zuecos).
1983 *Cammina cammina.*
1984 *Milano'83.*
1986 *Ragazzi a rischio.*
1987 *Lunga vita alla signora!*
1988 *La leggenda del santo bevitore* (La leyenda del santo bebedor).
1992 *Lungo il fiume. / Il segreto del bosco vecchio.*

O'NEAL, Ryan *(Patrick Ryan O'Neil. Los Ángeles, California, Estados Unidos, 1941)*

Hijo del guionista Charles O'Neal y de la actriz Patricia Callaghan, se da a conocer por la larga serie de televisión *Peyton Place* que hace a mediados de los años sesenta. A finales de la década debuta en cine como protagonista de *La perversa* y se mantiene durante la siguiente gracias al éxito del empalagoso melodrama *Love Story.* Entre sus películas de estos años destacan el *western* personal *Dos hombres contra el Oeste,* de Blake Edwards; la comedia *Luna de papel,* de Peter Bogdanovich; la historia de época *Barry Lyndon,* de Stanley Kubrick, y el policiaco *Driver,* de Walter Hill. Durante los años ochenta su carrera empieza a decaer y solo puede citarse el policiaco *Los hombres duros no bailan,* dirigido por el famoso novelista Norman Mailer. Es padre de la también actriz Tatum O'Neal.

1968 *The Big Bounce* (La perversa), de Alex March.
1969 *The Games* (La prueba del valor), de Michael Winner.

1970 *Love Story*, de Arthur Hiller.
1971 *Wild Rovers* (Dos hombres contra el Oeste), de Blake Edwards. / *What's Up, Doc?* (¿Qué me pasa, doctor?), de Peter Bogdanovich.
1972 *The Thief Who Came to Dinner* (El ladrón que vino a cenar), de Bud Yorkin. / *Paper Moon* (Luna de papel), de Peter Bogdanovich.
1975 *Barry Lyndon*, de Stanley Kubrick.
1976 *Nickelodeon* (Así empezó Hollywood), de Peter Bogdanovich.
1977 *A Bridge Too Far* (Un puente lejano), de Richard Attenborough. / *The Driver* (Driver), de Walter Hill.
1978 *Oliver's Story* (Historia de Oliver), de John Korty.
1979 *The Main Event* (Combate de fondo), de Howard Zieff.
1980 *Green Ice* (Hielo verde), de Ernest Day.
1981 *So Fine* (Profesor a mi medida), de Andrew Bergman. / *Partners* (Algo más que colegas), de James Barrows.
1984 *Irreconcilable Differences* (Diferencias irreconciliables), de Charles Shyer.
1985 *Fever Pitch* (Juego sucio en Las Vegas), de Richard Brooks.
1986 *Though Guys Don't Dance* (Los hombres duros no bailan), de Norman Mailer.
1989 *Chances Are* (El cielo se equivocó), de Emile Ardolino.

O'NEILL, Jennifer *(Rio de Janeiro, Brasil, 1949)*

Hija de un hispano-irlandés y una inglesa, desde los quince años trabaja como modelo y llega a ser una de las más solicitadas en el mundo de la moda en Nueva York. Tras hacer papeles secundarios en tres películas, tiene un gran éxito al encarnar a Dorothy, la joven viuda de *Verano del 42*, de Robert Mulligan, pero su carrera como actriz no llega a consolidarse en ningún momento. Trasladada a Italia a mediados de los años setenta, rueda tres películas entre las que sobresale *El inocente*, la última dirigida por Luchino Visconti. Entre sus restantes y muy irregulares trabajos solo destaca *Scanners*, de David Cronenberg, mientras cada vez trabaja más en televisión y menos en cine.
1968 *For Love of Ivy* (Un hombre para Ivy), de Daniel Mann.
1969 *Futz*, de Tom O'Horgan.
1970 *Rio Lobo* (Río Lobo), de Howard Hawks.
1971 *Summer of '42* (Verano del 42), de Robert Mulligan. / *Such Good Friends* (Extraña amistad), de Otto Preminger.
1972 *The Caret Treatment* (Diagnóstico: asesinato), de Blake Edwards. / *Glass Houses*, de Alexander Singer.
1973 *Lady Ice* (Fría como un diamante), de Tom Gries.
1975 *The Reincarnation of Peter Proud* (La reencarnación de Peter Proud), de J. Lee Thompson. / *Whiffs*, de Ted Post. / *Gente di rispetto* (Gente de respeto), de Luigi Zampa.
1976 *L'innocente* (El inocente), de Luchino Visconti.
1977 *Sette notte in nero*, de Lucio Fulci.
1978 *Caravans* (Caravanas), de James Fargo.
1979 *A Force of One* (Fuerza Siete), de Paul Aaron. / *Cloud Dancer* (El desafío del Cóndor), de Barry Brown. / *Steel* (Acero), de Steve Carver.
1980 *Scanners*, de David Cronenberg.
1988 *I Love N.Y.*, de Alan Smithee.
1990 *Committed*, de William A. Levey.
1992 *Invasion of Privacy*, de Kevin Meyer.
1993 *The Cover Girl Murders*, de James A. Contner.

OPERACIÓN OGRO *(Ogro, 1979)*

Realizador de solo cinco largometrajes en cuarenta años de vida profesional, el italiano Gillo Pontecorvo es especialmente conocido por el subrayado tono político de su obra. Su última película es una coproducción entre Italia, España y Francia, y la única producción centrada en un de los criminales atentados de la banda terrorista ETA. A partir del libro homónimo de Jules Aguirre, los guionistas italianos Ugo Pirro y Giorgio Arlorio y el propio realizador hacen una adaptación que deja muy clara la eficacia política del asesinato del presidente del Gobierno al final de la dictadura del general Franco, pero también la ineficacia de la lucha armada dentro de la democracia. A través de un *flashback* situado en 1978, narra cómo, mientras cuatro miembros de ETA preparan el secuestro del almirante Carrero Blanco, es nombrado presidente del Gobierno, cambian sus planes y lo asesinan en el centro de Madrid el 20 de noviembre de 1973. Siguiendo la tradicional estructura del comando al que le encargan la realización de una misión peligrosa y la realiza con minuciosidad y eficacia, el resultado es una obra demasiado ambigua, que se mueve en una línea imposible, entre la pura acción y la propaganda política.

Director: *Gillo Pontecorvo*. Guionistas: *Ugo Pirro, Giorgio Arlorio, Gillo Pontecorvo*. Fotografía: *Marcello Gatti*. Música: *Ennio Morricone*. Intérpretes: *Gian Maria Volonté, José Sacristán, Ángela Molina, Eusebio Poncela, Severino Marconi*. Producción:

José Sámano para Sabre Films (Madrid), Vides Cinematografica (Roma), Actions Films (París). Color. Duración: 90'. España-Italia-Francia.

OPHÜLS, Max *(Maximilian Oppenheimer. Sarrebrück, Alemania, 1902-Hamburgo, República Federal Alemana, 1957)*

Nacido en el seno de una acomodada familia judía, abandona sus estudios para dedicarse a ejercer el periodismo. Desde joven su pasión es el teatro y, tras una breve etapa como crítico teatral, en 1919 debuta como actor y director. Con ocasión del plebiscito del Sarre, al final de la Gran Guerra, elige la nacionalidad francesa, pero durante los años veinte dirige más de cien espectáculos en teatro y ópera en Alemania, Austria y Suiza. Mientras dirige su propia compañía teatral en Berlín, el éxito del sonoro le acerca al cine y, después de una breve experiencia como ayudante de dirección de Anatole Litvak, realiza su primera película en 1931. Durante dos años simultanea teatro y cine, pero el éxito de *La novia vendida*, brillante adaptación de la ópera cómica de Bedrik Smetana, y sobre todo *Amoríos*, según el drama de Arthur Schnitzler, que rueda en versión alemana y francesa, según la costumbre de una época en que todavía no se ha impuesto el doblaje, le hace dedicarse en exclusiva a la realización de películas. La llegada de los nazis al poder le obliga a abandonar Alemania, durante casi diez años trabaja en distintos estudios europeos y entre las producciones de este segundo período de su obra destacan *Divina*, sobre una historia de Colette; *La tendre ennemie*, sobre la obra teatral de André-Paul Antoine; *Werther*, sobre la novela homónima de J. W. Goethe; *Suprema decisión* y *De Mayerling a Sarajevo*, que rueda en Francia; *La signora di tutti*, sobre la novela de Salvatore Gotta, que hace en Italia, y *Komödie vom Geld*, que realiza en Holanda. El avance nazi le empuja a emigrar a Estados Unidos, donde tras seis años de esperas, proyectos frustrados y soportar que el productor multimillonario Howard Hughes le expulse del rodaje de *Vendetta*, una adaptación de Prosper Merimée que acaba firmando el actor y director Mel Ferrer, consolida una de sus mejores etapas de su cosmopolita carrera con *La conquista de un reino*, la genial *Carta de una desconocida*, adaptación de la novela homónima de Stefan Zweig, *Atrapados* y *Almas desnudas*. A principios de la década de los cincuenta se instala en Francia para desarrollar la más coherente y mejor etapa de su filmografía. En cinco años dirige cuatro obras maestras: *La ronda*, brillante adaptación del drama teatral de Arthur Schnitzler; *El placer*, sobre tres cuentos de Guy de Maupassant; *Madame de...*, adaptación de la novela de Louise de Vilmorin, y *Lola Montès*, basada en el libro de Cecil Saint-Laurent; que narran refinadas historias románticas de época, mientras hace un lúcido análisis de un mundo en crisis a través de un personal estilo basado en largos, barrocos y elaborados planos, y unas eficaces interpretaciones de un amplio grupo de conocidos actores.

1931 *Die Verliebte Firma*.
1932 *Die Verkaufte Braut* (La novia vendida). / *Die lachende Erben* (Los herederos felices).
1933 *Liebelei* (Amoríos).
1934 *On a volé un homme* (Se ha robado un hombre). / *La signora di tutti*.
1935 *Divine* (Divina).
1936 *La tendre ennemie*. / *Komödie vom Geld*.
1937 *Yoshiwara*.
1938 *Werther*.
1939 *Sans lendemain* (Suprema decisión).
1940 *De Mayerling a Sarajevo*.
1947 *The Exile* (La conquista de un reino).
1948 *Letter From an Unknown Woman* (Carta de una desconocida).
1949 *Caught* (Atrapados). / *The Reckless Moment* (Almas desnudas).
1950 *La ronde* (La ronda).
1952 *Le plaisir* (El placer).
1953 *Madame de...*
1955 *Lola Montès*.

ORIENTE Y OCCIDENTE *(Heat and Dust, 1983)*

La primera y menos conocida parte de la filmografía del realizador norteamericano James Ivory y su productor indio Ismail Merchant está dedicada a la India. Basada en una novela de la polaca Ruth Prawer Jhabvala, guionista habitual de la pareja, convertida en guión por ella misma, esta producción se sitúa entre sus cálidas películas iniciales dedicadas a la India y las frías y minuciosas adaptaciones literarias que integran la segunda y más conocida parte de su obra. Narra cómo la periodista de la B. B. C.

Anne Rivers (Julie Christie) llega a la India para revivir el escandaloso pasado sentimental de su tía Olivia Rivers (Greta Scacchi). Recién casada con un alto funcionario, deja a su británico marido para convertirse en la amante de un príncipe hindú (Shashi Kapoor), quedarse embarazada y abortar y, rechazada por la comunidad británica, vive hasta su muerte en la residencia de verano del príncipe. Mientras Anne Rivers vive una experiencia similar: se deja seducir por su guía hindú (Wakir Hussain), queda embarazada y da a luz simbólicamente en el palacio donde murió su tía. Esta perfecta mezcla de presente y pasado, de mentalidad occidental y oriental, dentro de una conseguida trama de pasiones, es uno de los mejores trabajos del inseparable trío integrado por el director Ivory, el productor Merchant y la guionista Prawer Jhabvala.

Director: *James Ivory*. Guionista: *Ruth Prawer Jhabvala*. Fotografía: *Walter Lassally*. Música: *Richard Robbins*. Intérpretes: *Julie Christie, Greta Scacchi, Shashi Kapoor, Christopher Cazenove, Wakir Hussain*. Producción: *Ismail Merchant para Merchatn Ivory Production. Color.* Duración: *130'. Reino Unido*.

ORO DE NÁPOLES, EL (*L'oro di Napoli, 1954*)

Esta colección de seis episodios, basados en otros tantos relatos del escritor Giuseppe Marotta, que dan una peculiar, personal e interesante visión de la vida en Nápoles durante la posguerra, se desarrolla a medio camino entre el más tradicional neorrealismo y la «comedia a la italiana» característica de los años sesenta. Escrita por su colaborador habitual Cesare Zavattini, Marotta y el propio realizador, permite a Vittorio de Sica rodar una obra brillante de un gran interés, pero que desde un primer momento tiene problemas y no es bien recibida. Debido a sus 140 minutos de duración, los productores Dino de Laurentiis y Carlo Ponti cortan el episodio *El funeralito,* el mejor, por considerarlo deprimente y fuera de contexto, y para la exportación también suprimen *El profesor.* Esto da pie a que en cada país los episodios se ordenen de una manera distinta e incluso se corte algún otro, por lo que siempre ha resultado muy difícil verla completa y con los episodios situados en el orden del original: *El guapo* (Il guappo), *El funeralito* (Il funeralino), *Pizzas a crédito* (Pizze a credito), *Los jugadores* (I giocatori), *Teresa* y *El profesor* (Il professore).

Director: *Vittorio de Sica*. Guionistas: *Cesare Zavattini, Giuseppe Marotta, Vittorio de Sica*. Fotografía: *Carlo Montuori*. Música: *Alessandro Cicognini*. Intérpretes: *Totò, Sophia Loren, Paolo Stoppa, Vittorio de Sica, Silvana Mangano, Eduardo de Filippo, Tina Pica*. Producción: *Dino de Laurentiis, Carlo Ponti*. Duración: *140'. Italia*.

ORO ESTÁ EN CALIFORNIA, EL (*Gold Is Where You Find It, 1938*)

Tomando como punto de partida los auténticos enfrentamientos ocurridos en 1877 en el valle de Sacramento, en California, entre modernos buscadores de oro, que utilizan grandes cañones de agua a presión para remover la tierra, y agricultores, que ven enfangarse sus cosechas, el siempre hábil narrador Michael Curtiz hace uno de sus iniciales y más primitivos *westerns*. Narra cómo el ingeniero Jared Whitney (George Brent) llega al pueblo de Tenspot para ocuparse de la dirección de una de las más importantes zonas auríferas y se enamora de la hija (Olivia de Havilland) de uno de los principales cultivadores de trigo (Claude Rains). Al ser una de las primeras películas rodadas en Technicolor, tiene una resplandeciente y bella fotografía de Sol Polito.

Director: *Michael Curtiz*. Guionistas: *Warren Duff, Clements Ripley, Robert Buckner*. Fotografía: *Sol Polito*. Música: *Max Steiner*. Intérpretes: *George Brent, Olivia de Havilland, Claude Rains, Margaret Lindsay, John Litel*. Producción: *Sam Bischoff para Warner. Color.* Duración: *90'. Estados Unidos*.

OSHIMA, Nagisa (*Kyoto, Japón, 1932*)

Huérfano de padre desde los seis años, vive con su madre y su hermana pequeña hasta que en 1954 se diploma en derecho y políticas en la Universidad de Kyoto y comienza a trabajar como ayudante de dirección de Masaki Kobayashi y otros realizadores en los estudios Shochiku. Mientras escribe guiones y publica críticas de cine, aprovecha la campaña del estudio para lanzar nuevos valores y debuta como director con *El barrio del amor y la esperanza, Cuentos crueles de la juventud* y *La tumba del sol.* Su relativo éxito le permite hacer la mucho más personal y política *Noche y niebla en Japón,* sobre los violentos sucesos desencadenados en 1960 por la renovación del tratado entre Estados Unidos y Japón, pero los estudios Shochiku la retiran poco después de estrenarse, por lo que rompe su contrato con ellos y comienza a trabajar para compañías independientes. Sin embargo, el fracaso de *El revolucionario,* sobre la revuelta de los cristianos en el siglo XVII, le obliga a trabajar en televisión durante tres años. En 1964 regresa al cine, crea su propia productora, Sozo-Sha, y hasta 1972 realiza trece películas, la mayoría sobre problemas tabúes, relacionados con el sexo y el crimen, entre las que destacan *Los placeres de la carne, El obseso del mediodía, Verano japonés: doble suicidio, El ahorcamiento, Diario de un ladrón de Shinjuku, La ceremonia* y *Hermana de verano,* que le dan a conocer internacionalmente. La cada vez peor situación de las productoras independientes le lleva a cerrar su productora a principios de la década de los setenta y retirarse del cine, pero en la segunda mitad, gracias al coproductor francés Anatole Dauman, hace *El imperio de los sentidos,* una historia con fuerte contenido erótico, basada en hechos reales, que se convierte en un éxito internacional, y *El imperio de la pasión,* una brillante historia de época. Posteriormente rueda para el productor inglés Jeremy Thomas *Feliz Navidad, mister Lawrence,* una compleja historia sobre las relaciones homosexuales entre el jefe japonés de un campo de concentración y un oficial británico, y para el francés Serge Silberman *Max, mi amor,* una fallida comedia sobre las relaciones entre una mujer y un mono.

1959 *Ai to kibo no machi* (El barrio del amor y la esperanza).
1960 *Seishun zankoku monogatari* (Cuentos crueles de la juventud). / *Toiyo no hakaba* (La tumba del sol). / *Nihon no yoru to kiri* (Noche y niebla en Japón).
1961 *Shiiku* (La pieza). / *Amakusa shiro tokisada* (El revolucionario).
1964 *Chiisana boken ryoko* (La primera aventura de un niño).
1965 *Etsuraku* (Los placeres de la carne).
1966 *Hakuchu no torima* (El obseso del mediodía).
1967 *Ninja bugeicho* (Banda de ninjas). / *Nihon shunka ko* (Canciones populares japonesas). / *Muri shinju: Nihon no natsu* (Verano japonés: doble suicidio).
1968 *Koshikei* (El ahorcamiento). / *Kaetterkita yopparai* (El regreso de los tres borrachos). / *Shinjuku dorobo nikki* (Diario de un ladrón de Shinjuku).
1969 *Shonen* (El muchacho).
1970 *Tokyo senso sengo hiwa* (Tokio después de la guerra).
1971 *Gishiki* (La ceremonia).
1972 *Natsu no imoto* (Hermana de verano).
1976 *Ai-No korida* (El imperio de los sentidos).
1978 *Ai-No borei* (El imperio de la pasión).
1983 *Merry Christmas, Mr. Lawrence* (Feliz Navidad, mister Lawrence).
1986 *Max, mon amour* (Max, mi amor).

O'TOOLE, Peter *(Peter Seamus O'Toole. Connemara, Irlanda, Reino Unido, 1932)*

Después de unos años de actividad como marino y periodista, ingresa en la Royal Academy of Dramatic Art de Londres, luego debuta como actor en la Old Vic Company de Bristol y a finales de los años cincuenta se convierte en uno de los grandes del teatro inglés. A principios de la década de los sesenta hace papeles secundarios en algunas películas y se consagra al protagonizar *Lawrence de Arabia,* de David Lean, y *Lord Jim,* de Richard Brooks. Sin embargo, el resto de su carrera cinematográfica, a pesar de haber sido candidato al Oscar en siete ocasiones, tiene muy poco interés. Resulta demasiado teatral en *Beckett* y *El león en invierno;* negado para la comedia en *¿Qué tal, Pussycat?* y *Cómo robar un millón y...* y falso para el musical en *Adiós, Mister Chips* y *El hombre de La Mancha.* Mientras continúa su brillante carrera en el teatro, en cine solo hace destacados papeles secundarios en irregulares producciones de las que destaca *El último emperador,* de Bernardo Bertolucci.

1960 *The Savage Innocents* (Los dientes del diablo), de Nicholas Ray. / *Kidnapped,* de Robert Stevenson. / *The Day They Robbed the Bank of England* (El robo del Banco de Inglaterra), de John Guillermin.
1962 *Lawrence of Arabia* (Lawrence de Arabia), de David Lean.
1963 *Beckett,* de Peter Glenville.
1965 *What's New Pussycat?* (¿Qué tal, Pussycat?), de Clive Donner. / *Lord Jim,* de Richard Brooks.
1966 *The Bible* (La Biblia), de John Huston. / *The Night of the Generals* (La noche de los generales), de Anatole Litvak. / *How to Steal a Million* (Cómo robar un millón y...), de William Wyler.
1967 *Casino Royale* (Casino Royal), de Val Guest, John Huston, Ken Hughes, Joseph McGrath y Robert Parrish.
1968 *The Great Catherine* (Catalina la Grande), de Gordon Flemyng. / *The Lion in Winter* (El león en invierno), de Anthony Harvey.

1969 *Goodbye Mr. Chips* (Adiós, Mister Chips), de Herbert Ross. / *Country Dance* (No todo amor es hermoso), de J. Lee Thompson.
1970 *Murphy's War* (La guerra de Murphy), de Peter Yates.
1971 *Under Milk Wood* (Bajo el bosque lácteo), de Andrew Sinclair. / *The Ruling Class* (La clase dirigente), de Peter Medak.
1972 *Man of La Mancha* (El hombre de La Mancha), de Arthur Hiller.
1974 *Man Friday* (Yo, Viernes), de Jack Gold.
1975 *Rosebud*, de Otto Preminger. / *Foxtrot*, de Arturo Ripstein.
1976 *Caligula*, de Tinto Brass.
1978 *Power Play* (Asalto al poder), de Martyn Burke.
1979 *Zulu Dawn* (Amanecer zulú), de Douglas Hickox.
1980 *The Stunt Man* (El especialista), de Richard Rush.
1982 *My Favorite Year* (Mi año favorito), de Richard Benjamin.
1984 *Supergirl*, de Jeannot Szwarc.
1985 *Creator*, de Ivan Passer.
1986 *Club Paradise*, de Harold Ramis.
1987 *The Last Emperor* (El último emperador), de Bernardo Bertolucci.
1988 *High Spirits* (El hotel de los fantasmas), de Neil Jordan.
1989 *In una notte di chiaro di Luna*, de Lina Wertmuller.
1990 *Wings of Fame*, de Otakar Votocëk.
1991 *King Ralph* (Rafi, un rey de peso), de David S. Ward. / *The Rainbow Thief*, de Alejandro Jodorowsky.
1992 *The Seventh Coin*, de Dror Soref.

OZU, Yasujiro *(Tokio, 1903-Tokio, Japón, 1963)*

Hijo de un comerciante en abonos que viaja mucho, es educado por su madre, pero es un mal estudiante al que solo le interesa el cine, sobre todo el norteamericano. Abandona sus clases en la Universidad de Waseda para trabajar en los estudios Shochiku, donde más tarde rueda la práctica totalidad de sus películas, a partir de 1922 como ayudante de cámara, luego como ayudante de realización y desde 1927 como director. Tras hacer algunas comedias cómicas, *Calabaza* y *Un cuerpo magnífico*, a principios de los años treinta comienza a interesarse por las comedias sociales que tratan temas familiares con realismo, *Vida de un oficinista, El espíritu vindicativo de Eros, Un albergue en Tokio* y *Y sin embargo hemos nacido*. A pesar de que la primera película sonora japonesa es de 1931, durante la primera mitad de la década de los treinta rueda quince producciones mudas, entre las que destacan *Fantasía pasajera,* sobre las relaciones entre un viudo y su hijo, e *Historia de las hierbas flotantes,* cuya acción transcurre en una compañía de teatro en torno al director y los actores. Su primera película sonora es *El hijo único,* que describe las relaciones entre una madre y su hijo, pero tras la comedia satírica *¿Qué ha olvidado la señora?* debe alistarse en el ejército, combatir en China y estar cuatro años sin rodar. Durante la II Guerra Mundial realiza las obras de propaganda *Los hermanos de la familia Toda* y *Él era un padre,* pero nuevamente debe combatir, le destinan a Singapur, es hecho prisionero por los aliados y en la posguerra se queda allí para rodar las irregulares *Nobles del suburbio* y *Una gallina en el viento*. De regreso a Japón realiza la excelente *Primavera tardía,* sobre guión de su colaborador habitual Kogo Noda, que, como varias de las películas de la última etapa de su carrera, cuenta la historia de una joven que no quiere casarse por no dejar solo a su padre viudo. En los años cincuenta dirige nueve películas que le convierten en uno de los grandes del cine mundial, entre las que sobresalen *Comienzo de verano, Cuentos de Tokio, Crepúsculo en Tokio, Las hierbas flotantes* y *Flores de equinoccio,* desdramatizadas historias de familias japonesas amenazadas por la rápida evolución de las costumbres debida a la presencia norteamericana, que narra con una gran sobriedad, en planos fijos y con la cámara situada a la altura de una persona en cuclillas, dentro de largas sucesiones en plano-contraplano. Tras la tragicomedia satírica *El otoño de la familia Kohayagawa,* cierra su filmografía con la obra maestra *El sabor del sake,* donde una vez más el actor Chishu Ryu interpreta a un viudo que trata de casar a su hija.

1927 *Zange no yaiba* (La espada del arrepentimiento).
1928 *Wakodo no yume* (Sueños de juventud). / *Nyobo funshitsu* (Mujer perdida). / *Kabocha* (Calabaza). / *Hikkoshi Fufu*. / *Nikutaibi* (Un cuerpo magnífico).
1929 *Takara no yama* (La montaña del tesoro). / *Wakaki hi* (Días de juventud). / *Wasei kenka tomodachi* (Amigos de combate). / *Daigaku wa deta keredo* (Me he diplomado, pero...). / *Kaishain seikatsu* (Vida de un oficinista). / *Tokkan kozo* (Un muchacho honrado).
1930 *Kekkon-gaku nyumon* (Introducción al matrimonio). / *Hogaraka ni ayume* (Marchad alegremen-

te). / *Rakudai wa shita keredo* (Me han suspendido, pero...). / *Sono yo no tsuma* (Esposa de una noche). / *Erogami no onryo* (El espíritu vindicativo de Eros). / *Ashi ni sawatta koun* (La suerte ha tocado mis piernas). / *Ojosan* (La mujer joven).
1931 *Shukujo to hige* (La mujer y los favoritos). / *Bijin aishu* (Las desgracias de la belleza). / *Tokyo no gassho* (El albergue de Tokio).
1932 *Haru wa gofujin kara* (La primavera viene de las mujeres). / *Umarete wa mita keredo* (Y sin embargo hemos nacido). / *Seishun no yume ima izuko* (¿Dónde están los sueños de juventud?). / *Mata au hi made* (Hasta nuestro próximo encuentro).
1933 *Tokyo no onna* (Una mujer de Tokio). / *Hijosen no onna* (Mujeres de combate). / *Dekigokoro* (Fantasía pasajera).
1934 *Haha o kawazu-ya* (Una madre debe ser querida). / *Ukigusa monogatari* (Historia de las hierbas flotantes).
1935 *Hakoiri musume* (Una muchacha pura). / *Tokyo no yado* (Un albergue en Tokio).
1936 *Daigaku yoi toko* (El colegio es un lugar agradable). / *Hitori musuko* (El hijo único).
1937 *Shukujo wa nani o wasuraetaka* (¿Qué ha olvidado la señora?).
1941 *Todake no kyodai* (Los hermanos de la familia Toda).
1942 *Chichi ariki* (Él era un padre).
1947 *Nagaya shinshiroku* (Nobles del suburbio).
1948 *Kaze no jaka no mendori* (Una gallina en el viento).
1949 *Banshun* (Primavera tardía).
1950 *Munakata shimai* (Las hermanas Munakata).
1951 *Bakushu* (Comienzo de verano).
1952 *Ochazuke no aji* (El trigo de otoño).
1953 *Tokyo monogatari* (Cuentos de Tokio).
1956 *Soshun* (Primavera temprana).
1957 *Tokyo boshoku* (Crepúsculo en Tokio).
1958 *Higanbana* (Flores de equinoccio).
1959 *Ohayo* (Buenos días). / *Ukigusa* (Las hierbas flotantes).
1960 *Akibiyori* (Fin de otoño).
1961 *Kohayagawake no aki* (El otoño de la familia Kohayagawa).
1962 *Samma no aji* (El sabor del sake).

PABST, Georg Wilhelm (*Raudnitz, 1885-Viena, Austria, 1967*)

Hijo de un empleado de ferrocarril, abandona sus estudios para ser actor y debuta en 1905 en Zurich. Después de varias giras por Europa, entre 1910 y 1914 actúa en Nueva York y también comienza a dirigir. La Gran Guerra le sorprende en Francia y debe pasar cuatro años en un campo de reclusión. En 1919 regrea a Viena para dirigir el Neuen Wiener Büchne, dos años después funda en Berlín la productora Froelich-Film con el realizador Carl Froelich, interviene como actor y ayudante de dirección en las tres primeras películas de la compañía y debuta como director en la cuarta, *El tesoro,* que se encuadra dentro del expresionismo. Convertido en el máximo representante del realismo social alemán, obtiene grandes éxitos en la segunda mitad de los años veinte, al final del período mudo, con *Bajo la máscara del placer,* historia de un asesinato cometido en una Viena sumida en la inflación provocada por la Gran Guerra; *El misterio de un alma,* donde analiza un caso de impotencia a la luz de las teorías psicoanalistas de Sigmund Freud; *El espejo de la dicha, El amor de Jeanne Ney* y *Crisis.* Sus obras maestras son *La caja de Pandora,* adaptación del clásico del teatro alemán de Frank Wedekind, y *Tres páginas de un diario,* ambas protagonizadas por la actriz norteamericana Louise Brooks, apasionadas narraciones de amor con un trasfondo realista, que le muestran como uno de los maestros del cine mudo. Sus primeras películas sonoras también tienen gran interés: *Cuatro de infantería,* historia realista antibélica; *La comedia de la vida,* adaptación de la famosa ópera de Bertolt Brecht y Kurt Weill, y *Carbón,* sobre un accidente en una mina. Entre ellas se sitúan las menos atractivas *Escándalo en torno a Eva* y *La Atlántida,* adaptación de la novela homónima de Pierre Benoit. La subida al poder de los nazis le hace exiliarse, primero en Francia, donde rueda su famoso *Don Quijote,* versión del clásico de Miguel de Cervantes, y la irregular comedia *Du haut en bas,* y luego a Estados Unidos, donde solo hace *A Modern Hero.* Al contrario que la mayoría de sus compatriotas, no continúa en Hollywood, regresa a Francia, donde realiza tres películas con muy pocos atractivos, y poco después a Alemania, una vez comenzada la II Guerra Mundial, donde dirige *Comediantes, Paracelsus* y *El caso Molander,* pero sin ceder a las exigencias del siniestro ministro de Propaganda nazi Goebbels. En la posguerra trata de acallar su mala conciencia con *Der Prozess,* contra el antisemitismo, y *Sucedió el 20 de julio,* sobre el final del dictador Adolf Hitler, mientras también rueda en Italia las irregulares *La conciencia acusa* y *Cose da pazzi,* y en la República Federal Alemana las tontas comedias ligeras *Rosas para Bettina* y *Los bosques de mis sueños.*

1923 *Der Schatz* (El tesoro).
1924 *Gräfin Donelli* (La condesa Donelli).

1925 *Die Freudlose Gasse* (Bajo la máscara del placer).
1926 *Geheimnisse Einer Seele* (El misterio de un alma). / *Man spielt nicht mit der Liebe* (El espejo de la dicha).
1927 *Die Liebe der Jeanne Ney* (El amor de Jeanne Ney).
1928 *Abwege* (Crisis).
1929 *Die Büchse der Pandora* (La caja de Pandora). / *Das Tagebuch einer Verlorenen* (Tres páginas de un diario).
1930 *Westfront* (Cuatro de infantería). / *Skandal um Eva* (Escándalo en torno a Eva).
1931 *Die Dreigroschenoper* (La comedia de la vida). / *Kameradschaft* (Carbón).
1932 *Die Herrin von Atlantis* (La Atlántida). / *Don Quichotte* (Don Quijote).
1933 *Du haut en bas.*
1934 *A Modern Hero.*
1936 *Mademoiselle docteur.*
1938 *Le drame de Shanghai.*
1939 *Jeunes filles en détresse* (La ley sagrada).
1941 *Komödianten* (Comediantes).
1943 *Paracelsus.*
1945 *Der Fall Molander* (El caso Molander).
1947 *Der Prozess.* / *Geheimnisvolle Tiefen* (Profundidades misteriosas).
1950 *La voce del silenzio* (La conciencia acusa).
1952 *Cose da pazzi.*
1954 *Das Bekenntnis der Ina Kahr* (La confesión de Ina Kahr).
1955 *Der letzte Akt* (El último acto). / *Es geschan am 20 Juli* (Sucedió el 20 de julio).
1956 *Rosen für Bettina* (Rosas para Bettina). / *Durch die Wälder, durch die Auen* (Los bosques de mis sueños).

PACINO, Al (*Alfred Pacino. Nueva York, Estados Unidos, 1940*)

Perteneciente a una familia de origen italiano, se cría en las calles del Bronx y estudia en la High School of Performing Arts de Manhattan. Interesado por la interpretación, hace pequeños papeles en teatro para pagarse las clases de arte dramático, primero en el Herbert Berghof Studio y luego en el Actor's Studio. Después de hacerse un pequeño nombre en teatro, debuta en cine en un papel secundario en *Yo, Nathalie* y protagoniza su segunda película, *Pánico en Needle Park*. Se convierte en estrella gracias al éxito alcanzado al encarnar a Michael Corleone en la saga de *El padrino*, de Francis Ford Coppola. Trabaja poco, en papeles que le interesan y con directores en los que confía, a pesar de lo cual su carrera sigue una irregular trayectoria en la que destacan los policiacos *Serpico* y *Tarde de perros*, de Sidney Lumet; *A la caza*, de William Friedkin; *El precio del poder* y *Atrapado por su pasado*, de Brian de Palma; *Melodía de seducción* y *City Hall*, de Harold Becker, y *Heat*, de Michael Mann. Seleccionado para el Oscar en ocho ocasiones, finalmente lo consigue por su trabajo en la discutible *Esencia de mujer*.

Como director
1996 *Looking for Richard* (En busca de Ricardo III).
Como actor
1969 *Me Nathalie* (Yo, Nathalie), de Fred Coe.
1971 *The Panic in Needle Park* (Pánico en Needle Park), de Jerry Schatzberg.
1972 *The Godfather* (El padrino), de Francis Ford Coppola.
1973 *The Scarecrow* (El espantapájaros), de Jerry Schatzberg. / *Serpico*, de Sidney Lumet.
1974 *The Godfather Part II* (El padrino II), de Francis Ford Coppola.
1975 *Dog Day's Afternoon* (Tarde de perros), de Sidney Lumet.
1977 *Bobby Deerfield* (Un instante, una vida), de Sydney Pollack.
1979 *... And Justice for All* (Justicia para todos), de Norman Jewison.
1980 *Cruising* (A la caza), de William Friedkin.
1982 *Author! Author!* (¡Autor, autor!), de Arthur Hiller.
1983 *Scarface* (El precio del poder), de Brian de Palma.
1985 *Revolution*, de Hugh Hudson.
1989 *Sea of Love* (Melodía de seducción), de Harold Becker.
1990 *Dick Tracy*, de Warren Beatty. / *The Godfather Part III* (El padrino III), de Francis Ford Coppola.
1991 *Frankie and Johnny* (Frankie y Johnny), de Gary Marshall.
1992 *Glengarry Glen Ross*, de James Foley. / *Scent of a Woman* (Esencia de mujer), de Martin Brest.
1993 *Carlito's Way* (Atrapado por su pasado), de Brian de Palma.
1995 *Heat*, de Michael Mann.
1996 *City Hall*, de Harold Becker / *Looking for Richard* (En busca de Ricardo III), de Al Pacino.

PADRE DE LA NOVIA, EL (*Father of the Bride, 1950*)

Mientras Vincente Minnelli prepara el complicado rodaje del musical *Un americano en París* (An American in Paris, 1951), el productor Pandro S. Berman le propone hacer, en cuatro semanas y también para Metro-Goldwyn-Mayer, una comedia donde un padre cuenta la boda de su única hija. Basada en un excelente guión de la famosa pareja formada por Frances Goodrich y Albert Hackett, narra a través de un *flashback* cómo Stanley Banks (Spencer Tracy) al enterarse de la boda de su hija Kay (Elizabeth Taylor) con Buckley Dunstan (Don Taylor) trata de impedir que se convierta en una gran celebración que le lleve a la ruina, incluso ofreciendo una importante cantidad a su hija para que se fugue y se case en secreto, pero no lo logra. El resultado tiene tanto éxito que, mientras Minnelli prepara el complicado *ballet* final de *Un americano en París*, el mismo equipo rueda en tres semanas la continuación: *El padre es abuelo* (Father's Little Dividend, 1951), una comedia en la misma línea, pero con mucho menos interés. En 1991 el productor, guionista y director Charles Shyer hace una nueva versión con el mismo título y protagonizada por Steve Martin y Diane Keaton, pero no funciona, entre otras cosas, por un excesivo respeto al original, lo que no imipide que tenga su correspondiente continuación en *Vuelve el padre de la novia* (Father of the Bride Part II, 1995), realizada por un equipo muy similar.

Director: *Vincente Minnelli*. Guionistas: *Frances Goodrich, Albert Hackett*. Fotografía: *John Alton*. Música: *Adolph Deutsch*. Intérpretes: *Spencer Tracy, Elizabeth Taylor, Joan Bennett, Don Taylor, Billie Burke, Moroni Olsen, Leo G. Carroll*. Producción: *Pandro S. Berman para Metro-Goldwyn-Mayer*. Duración: *93'. Estados Unidos*.

PADRE NUESTRO *(1985)*

La colaboración entre el guionista Ángel Fernández-Santos y el realizador Francisco Regueiro da lugar a una interesante trilogía sobre las relaciones paterno filiales. Se abre con esta producción, que las expone desde el punto de vista religioso; sigue en *Diario de invierno* (1988), que solo esgrime razones biológicas, y finaliza en *MadreGilda* (1993), que encierra un complejo planteamiento político. La menos barroca, pero también la más conseguida, es esta primera entrega, que narra cómo, tras muchos años de ausencia, viendo cercana la muerte, un cardenal (Fernando Rey) regresa a su pueblo castellano para volver a ver a su ateo hermano Abel (Francisco Rabal), conocer a la hija que tuvo con el ama de llaves de sus padres, dedicada a la prostitución bajo el apodo «la Cardenala» (Victoria Abril), y conseguir que herede sus bienes. Destacan la solidez de su historia, un cierto tono esperpéntico y un logrado humor, además de lo bien rodada que está y el avance que supone dentro de la carrera de Regueiro, sin olvidar el espléndido trabajo de un importante grupo de actores.

Director: *Francisco Regueiro*. Guionistas: *Ángel Fernández-Santos, Francisco Regueiro*. Fotografía: *Juan Amorós*. Música: *Manzanita, Jaime Aragall, Franz Schubert*. Intérpretes: *Fernando Rey, Francisco Rabal, Victoria Abril, Emma Penella, Amelia de la Torre, Rafaela Aparicio, Lina Canalejas*. Producción: *Classic Films. Color.* Duración: *103'. España*.

PADRE PATRÓN *(Padre padrone, 1977)*

Esta personal adaptación de *Padre padrone, l'educazione di un pastore*, el libro autobiográfico de Gavino Ledda, es la película más conocida de los hermanos Taviani, al ganar la Palma de Oro del Festival de Cannes siendo presidente del jurado su maestro Roberto Rossellini. Narra las violentas relaciones que mantienen durante veinte años el pastor sardo Gavino Ledda (Saverio Marconi), empeñado en estudiar, y su brutal padre (Omero Antonutti), que no quiere que deje de cuidar el ganado familiar; desde que de niño le prohíbe ir a la escuela hasta que, tras aprender a leer y escribir durante el servicio militar, llega a hacer estudios universitarios, ser profesor de filología y publicar diferentes libros. A través de la historia del pastor intelectual que logra emanciparse de la propia tierra, a la que está fuertemente ligado, los hermanos Taviani narran la difícil búsqueda de la propia identidad con su personal y un tanto envejecido estilo poético. Entre un prólogo y un epílogo donde aparece el propio Gavino Ledda para dar mayor fuerza a la narración, los Taviani muestran la necesidad de luchar contra cualquier poder establecido.

Directores y guionistas: *Paolo Taviani y Vittorio Taviani*. Fotografía: *Mario Masini*. Música: *Egisto Macchi*. Intérpretes: *Omero Antonutti, Saverio Marconi, Fabrizio Forte, Marcella Michelangeli, Stanko Molnar, Marino Cenna, Nanni Moretti*. Producción: *Giuliano G. de Negri para Cinema S. R. L. / R. A. I. Color.* Duración: *117'. Italia*.

PADRINO III, EL *(The Godfather Part III, 1990)*

Una de las primeras veces que el productor, guionista y realizador Francis Ford Coppola está al borde de la ruina, los estudios Paramount le ofrecen escribir y dirigir una película sobre la vida de don Vito Corleone, uno de los grandes jerarcas de la mafia neoyorquina, a partir de la novela homónima de Mario Puzo. El resultado es *El padrino* (The Godfather, 1972), una obra irregular, pero que tiene un gran éxito, le sitúa a la cabeza de los realizadores de su generación y relanza la carrera de su protagonista Marlon Brando. Más interés tiene *El padrino II* (The Godfather Part II, 1974), donde Ford Coppola narra a través de un hábil juego de *flashbacks*, que sitúan la acción en 1958, los primeros tiempos de don Vito Corleone —encarnado en esta ocasión por un casi debutante Robert de Niro— y la ascensión de su hijo Michael (Al Pacino), que tiene todavía más éxito que la anterior. Nuevos problemas económicos llevan a Ford Coppola a rodar esta tercera parte de la saga sobre la familia mafiosa neoyorquina, que gira en torno a cómo al final de la vida Michael Corleone (Al Pacino) se rehabilita interviniendo en las finanzas del Vaticano. Esta personal y brillante versión de *El rey Lear*, de William Shakespeare, también se apoya en largas escenas donde se celebran fiestas familiares, pero es la mejor de la trilogía por su compleja y realista trama, sin olvidar un excelente final en el teatro Massimo de Palermo.

Director: *Francis Ford Coppola*. Guionistas: *Mario Puzo, Francis Ford Coppola*. Fotografía: *Gordon Willis*. Música: *Carmine Coppola, Nino Rota*. Intérpretes: *Al Pacino, Diane Keaton, Talia Shire, Andy Garcia, Eli Wallach, Joe Mantegna, Sophia Coppola*. Producción: *Francis Ford Coppola, Fred Ros, Gray Frederickson, Charles Mulhevill para Paramount*. Color. Duración: *150'. Estados Unidos.*

PAGET, Debra (*Debralee Griffin. Denver, Colorado, Estados Unidos, 1933*)

Contratada en exclusiva por los estudios 20th Century Fox, su exótica belleza la encasilla en papeles de extranjera y reina en las películas de aventuras de la década de los cincuenta. Es italiana en *Odio entre hermanos*, de Joseph L. Mankiewicz; india en *Flecha rota*, de Delmer Daves, y *The Last Hunt*, de Richard Brooks; hawaiana en *Ave del paraíso*, de Delmer Daves; francesa en *El inspector de hierro*, de Lewis Milestone; británica en *El príncipe valiente*, de Henry Hathaway; romana en *Demetrius y los gladiadores*, de Delmer Daves, e israelita en *Los diez mandamientos*, de Cecil B. de Mille. Sin embargo, siempre es recordada por su papel de la bella hindú Seetha en el genial díptico de aventuras escrito y realizado por Fritz Lang e integrado por *El tigre de Esnapur y La tumba india*. Tras colaborar con el productor y director Roger Corman en las películas fantásticas *Historias de terror y The Haunted Palace*, se casa con un magnate del petróleo y se retira.

1948 *Cry of the City* (Una vida marcada), de Robert Siodmak.
1949 *House of Strangers* (Odio entre hermanos), de Joseph L. Mankiewicz.
1950 *Broken Arrow* (Flecha rota), de Delmer Daves.
1951 *Fourteen Hours*, de Henry Hathaway. / *Anne of the Indies* (La mujer pirata), de Jacques Tourneur. / *Bird of Paradise* (Ave del paraíso), de Delmer Daves.
1952 *Belles on Their Toes* (Bellezas por casar), de Henry Levin. / *Les misérables* (El inspector de hierro), de Lewis Milestone. / *Stars and Strips Forever*, de Henry Koster.
1954 *Prince Valiant* (El príncipe valiente), de Henry Hathaway. / *Demetrius and the Gladiators* (Demetrius y los gladiadores), de Delmer Daves. / *Princess of the Nile*, de Harmon Jones. / *The Gambler From Natchez*, de Henry Levin.
1955 *White Feather*, de Robert D. Webb. / *Seven Angry Men*, de Charles Marquis Warren.
1956 *The Ten Commandments* (Los diez mandamientos), de Cecil B. de Mille. / *The Last Hunt*, de Richard Brooks. / *Love Me Tender*, de Robert D. Webb.
1957 *Omar Khayyam*, de William Dieterle. / *The River's Edge* (Al borde del río), de Allan Dwan.
1958 *From the Earth to the Moon* (De la Tierra a la Luna), de Byron Haskin.
1959 *Der Tiger von Eschnapur* (El tigre de Esnapur), de Fritz Lang. / *Das Indische Grabmal* (La tumba india), de Fritz Lang.
1960 *Why Must I Die?*, de Roy del Ruth. / *Cleopatras's Daughter*, de Richard McNamara.
1961 *Most Dangerous Man Alive*, de Allan Dwan.
1962 *Tales of Terror* (Historias de terror), de Roger Corman.
1963 *The Haunted Palace*, de Roger Corman.

PAISÀ (1946)

A través de seis episodios, rodados como si en cada uno de ellos descubriese el cine, el director Roberto Rossellini da una perfecta idea de la trágica situación en que se encuentra Italia al final de la II Guerra Mundial. Cada uno está ambientado en una región y una ciudad características: *Sicilia* narra cómo la siciliana Carmela (Carmela Sazio) confraterniza con unos soldados norteamericanos, que han desembarcado hace poco y la creen una traidora, pero todos mueren a manos de los alemanes; *Nápoles* describe cómo un niño (Alfonsino Pasca) roba las botas a un soldado norteamericano negro (Dots M. Johnson) y acaban haciéndose amigos; *Roma* cuenta cómo el soldado norteamericano Gar (Gar Moore) no reconoce en la prostituta Maria (Maria Michi) a la muchacha que embarazó meses antes; *Florencia* relata cómo la enfermera norteamericana Harriet (Harriet White) busca a su novio Massimo (Renzo Avanzo), que se ha convertido en jefe partisano; *Romaña* describe cómo los frailes del convento de Maiori ayunan para que se conviertan al catolicismo los tres capellanes protestantes que alojan durante una noche; y *Delta del Po* relata la muerte de partisanos italianos y paracaidistas aliados luchando contra los alemanes. Obra maestra del neorrealismo, esta gran película escrita en colaboración y dirigida por Rossellini está hablada en inglés e italiano y, mientras causa gran admiración en el resto del mundo, pasa inadvertida en Italia.

Director: *Roberto Rossellini*. Guionistas: *Sergio Amidei, Federico Fellini, Klaus Mann, Roberto Rossellini, Alfred Hagnes, Marcello Pagliero*. Fotografía: *Otello Martelli*. Música: *Renzo Rossellini*. Intérpretes: *Carmela Sazio, Dots M. Johnson, Alfonsino Pasca, Maria Michi, Gar Moore, Harriet White, Renzo Avanzo, Bill Tubbs, Owen Jones, Dale Edmons, Robert van Loel*. Producción: *Mario Conti, Roberto Rossellini, Rod E. Seiger para Metro-Goldwyn-Mayer*. Duración: *126'. Italia*.

PÁJARO DE LA FELICIDAD, EL *(1993)*

A pesar de estar basada en una historia del también realizador Mario Camus, es una de las películas más personales de Pilar Miró. Con una estructura narrativa muy similar a la de *Gary Cooper que estás en los cielos* (1981), su otro trabajo muy personal, y con la misma actriz protagonista, narra la historia de Carmen (Mercedes Sampietro), una restauradora que, tras sufrir una fuerte impresión, hace balance de su vida, decide alejarse de su entorno y comenzar casi desde cero. Si entonces el punto de partida era una operación de corazón, ahora es un asalto, robo e intento de violación. Carmen rompe con su actual pareja, va a visitar al padre de su hijo, pasa unos días en casa de sus padres en Cataluña y se instala para trabajar en una gran casa en Almería, pero la soledad no le dura mucho. Tras frenar los avances del propietario (José Sacristán), llegado de Estados Unidos, debe enfrentarse con su nuera (Aitana Sánchez-Gijón) y su nieto, que llegan a pedir cobijo tras haber sido abandonados por su hijo (Carlos Hipólito). Solo con ellos descubre la felicidad, según subraya un título de resonancias barojianas, y cuando la nuera se va con su nueva pareja, ella exige quedarse con su nieto. Rodada con evidente maestría, Pilar Miró se deleita en exceso en sus bellas imágenes y, sobre todo, en la parte final hace inútiles cambios de punto de vista de la restauradora a su nuera que distorsionan y alargan en exceso la narración. Junto a la siempre excelente fotografía de José Luis Alcaine, destaca una sobria y apropiada música de Jordi Savall.

Directora: *Pilar Miró*. Guionista: *Mario Camus*. Fotografía: *José Luis Alcaine*. Música: *Jordi Savall*. Intérpretes: *Mercedes Sampietro, Aitana Sánchez-Gijón, José Sacristán, Carlos Hipólito*. Producción: *Central de Producciones Audiovisuales. Color*. Duración: *118'. España*.

PÁJAROS, LOS *(The Birds, 1963)*

A partir de una novelita de Daphne du Maurier, convertida en guión por Evan Hunter, un especialista en narraciones policiacas más conocido por su seudónimo Ed McBain, el maestro Alfred Hitchcock produce y dirige una de sus obras más personales, desconcertantes y surrealistas. Tras un comienzo en clave de comedia que narra cómo la rica y elegante Melanie Daniels (Tippi Hedren) llega al tranquilo pueblecito de Bodega Bay, en la costa californiana, para devolver dos periquitos, que le han entregado por error en una pajarería, al atractivo abogado Mitch Brenner (Rod Taylor), se desencadena una terrible segunda parte en que el pueblo es atacado por enloquecidas bandadas de pájaros —hábilmente resuelta con una eficaz mezcla de efectos especiales y extraños sonidos—, para llegar a un final apocalíptico. Compleja reflexión sobre la angustia, a niveles psicológicos, morales y metafísicos, no solo narra cómo un grupo de personas es atacado por pájaros por inexplicables motivos, sino también cómo Mitch Brenner vive entre la morena Annie Hayworth (Suzanne Pleshette) y su posesiva madre (Jessica Tandy) y es acosado por la rubia Melanie Daniels. Dentro del conjunto destaca la minuciosidad y habilidad con que Hitchcock narra los ataques de los pájaros, pero también la excelente banda sonora creada por su colaborador habitual durante esta etapa de su carrera, Bernard Herrmann.

Director: *Alfred Hitchcock*. Guionista: *Evan Hunter*. Fotografía: *Robert Burks*. Música: *Bernard Herrmann*. Intérpretes: *Tippi Hedren, Rod Taylor, Jessica Tandy, Suzanne Pleshette*. Producción: *Alfred Hitchcock para Universal. Color*. Duración: *119'. Estados Unidos*.

PAKULA, Alan J. *(Nueva York, 1928-Nueva York, Estados Unidos, 1998)*

Diplomado en teatro por la Universidad de Yale, desde mediados de los años cuarenta trabaja como productor y director de teatro e incluso actúa en algunas obras. Instalado en Hollywood, en 1949 comienza a trabajar en el departamento de dibujos animados de los estudios Warner, pero enseguida pasa a ser ayudante de producción en Metro-Goldwyn-Mayer y Paramount, sin abandonar por completo sus actividades como productor y director de teatro. A mediados de los años cincuenta conoce al director de programas dramáticos en directo de televisión Robert Mulligan y le produce la irregular *El precio del éxito* (Fear Strikes Out, 1957). Tras cinco años de separación vuelven a encontrarse, crean la productora Pakula-Mulligan y hacen *Matar un ruiseñor* (To Kill a Mockingbird, 1962), *Amores con un extraño* (Love With the Proper Stranger, 1964), *La última tentativa* (Baby, the Rain Must Fall, 1965), *La rebelde* (Inside Daisy Clover, 1966), *Up the Down Staircase* (1967) y *La noche de los gigantes* (The Stalking Moon, 1969), que sitúan a uno entre los grandes directores de su generación y hacen que el otro comience a dirigir las películas que también produce. Entre las comedias dramáticas escritas por el reputado guionista Alvin Sargent *The Sterile Cuckoo* y *Love and Pain and the Whole Damn Thing,* tiene gran éxito con el policiaco *Klute,* donde Jane Fonda interpreta a una *call girl* y gana un Oscar. Tras las desiguales historias políticas de éxito *El último testigo,* evocación del asesinato de John F. Kennedy, y *Todos los hombres del presidente,* reconstrucción de las peripecias de los periodistas Carl Bernstein y Bob Woodward del *Washington Post* para descubrir el asunto Watergate, que cuesta el cargo al presidente Richard Nixon, su primera película es *Llega un jinete libre y salvaje,* un *western* moderno y crepuscular que no encuentra su público. Fracasa con las atractivas comedias sentimentales *Comenzar de nuevo,* escrita y producida por el más tarde también director James L. Brooks, *Una mujer de negocios,* una historia de amor ambientada en el confuso mundo de Wall Street, y *Amores compartidos,* escrita por el propio realizador sobre los problemas planteados por una separación matrimonial; pero tiene cierto éxito con *La decisión de Sophie,* adaptación de la novela homónima de William Styron, sobre las relaciones de una judía polaca escapada de los campos de concentración nazi con dos hombres muy diferentes. El fracaso de la peculiar historia de horror *Pesadilla sin retorno* se une al de *Un ángel caído,* adaptación de la obra teatral de Lyle Kessker, sobre dos jóvenes que secuestran por error a un viejo gángster. Esto hace que sus últimas producciones sean convencionales policiacos bien rodados, basados en novelas de éxito: *Presunto inocente,* sobre la obra de Scott Turow; *Dobles parejas,* escrito por Matthew Chapman, y *El informe Pelícano,* adaptación de un voluminoso libro de John Grisham realizada por el propio director.

1969 *The Sterile Cuckoo.*
1971 *Klute.*
1973 *Love and Pain and the Whole Damn Thing.*
1974 *The Parallax View* (El último testigo).
1976 *All the President's Men* (Todos los hombres del presidente).
1978 *Comes a Horseman* (Llega un jinete libre y salvaje).
1979 *Starting Over* (Comenzar de nuevo).
1981 *Rollover* (Una mujer de negocios).
1982 *Sophie's Choice* (La decisión de Sophie).
1985 *Dream Lover* (Pesadilla sin retorno).
1987 *Orphans* (Un ángel caído).
1989 *See You in the Morning* (Amores compartidos).
1990 *Presumed Innocent* (Presunto inocente).
1992 *Consenting Adults* (Dobles parejas).
1993 *The Pelican Brief* (El informe Pelícano).

PALABRA, LA *(Ordet, 1954)*

El austero drama de Kaj Munk, peculiar versión danesa del clásico *Romeo y Julieta,* de William Shakespeare, narra cómo dos familias se oponen al matrimonio de sus hijos por motivos religiosos hasta que lo aceptan tras la muerte y resurrección de su hija menor, y es origen de dos películas con el mismo título. Una sueca, dirigida por Gustav Molander en 1943, que a pesar de su interés pasa bastante desapercibida por rodarse en plena II Guerra Mundial. Y esta danesa, una de las obras maestras del austero maestro Carl Theodor Dreyer. Una narración lenta, concebida en larguísimos planos medios, con un subrayado aire teatral, le sirve para recrear la tensa atmósfera en que se desarrolla esta historia tan claustrofóbica como luminosa. Solo en las escenas finales con la muerta, por motivos difíciles de precisar, la planificación se hace entrecortada, normal, pasa al tradicional plano-contraplano, que Dreyer no sabe utilizar, y se pierde parte de la magia lograda.

Director y guionista: *Carl Theodor Dreyer*. Fotografía: *Henning Bendtsen*. Música: *Paul Schienbeck*. Intérpretes: *Henrik Malberg, Emil Hass Christensen, Preben Lerdoff Rye, Cay Kristianssen, Brigitte Federspiel*. Producción: *Palladium*. Duración: *100'*. Dinamarca.

PAN, AMOR Y FANTASÍA *(Pane, amore e fantasia, 1953)*

Con un excelente guion construido según las reglas de la *commedia dell'arte* y con alguno de sus personajes tradicionales —el hombre maduro que persigue a las mujeres, la bella joven a quien todos desean, el muchacho inexperto y la mujer con un pasado— Luigi Comencini narra cómo el *maresciallo* napolitano Antonio Carotenuto (Vittorio de Sica) es destinado al pueblo de seiscientos habitantes Sagliena, en los Abruzzos, asolado por bombardeos y terremotos. Sobre el fondo de la miseria de la región, cuenta con fluidez y logrado tono de comedia cómo Carotenuto se mueve entre el deseo por la bella *bersagliera* Maria (Gina Lollobrigida), perseguida a su vez por el tímido *carabiniere* Pietro Stelluti (Roberto Risso), y el amor por la comadrona Annabella (Marisa Merlini), madre soltera que viaja a Roma de vez en cuando para ver a su hijito. Su gran éxito no solo es origen del denominado «neorrealismo rosa», sino también de una serie que, cada vez con menor intensidad, pero siempre con la misma estructura, se extiende a lo largo de *Pan, amor y celos* (Pane, amore e gelosia, 1954), de Luigi Comencini; *Pan, amor y...* (Pane, amore e..., 1955), de Dino Risi, y *Pan, amor y Andalucía* (1958), de Javier Setó. Todas están protagonizadas por Vittorio de Sica, pero sus parejas varían; tras serlo Gina Lollobrigida en las dos primeras, Sophia Loren y Carmen Sevilla lo son, respectivamente, en las dos últimas.

Director: *Luigi Comencini*. Guionistas: *Ettore M. Margadonna, Luigi Comencini*. Fotografía: *Arturo Gallea*. Música: *Alessandro Cicognini*. Intérpretes: *Vittorio de Sica, Gina Lollobrigida, Marisa Merlini, Roberto Risso, Maria Pia Casilio, Tina Pica, Virgilio Riento, Memmo Carotenuto*. Producción: *Marcello Girosi para Titanus*. Duración: *92'*. Italia.

PAN NUESTRO DE CADA DÍA, EL *(Our Daily Bread, 1934)*

Esta especie de continuación de *... y el mundo marcha* (The Crowd, 1928), de King Vidor, en que los protagonistas vuelven a llamarse John y Mary, y casi comienza donde acaba la anterior, es una de sus mejores películas. Rechazada por los grandes estudios, Vidor la produce personalmente gracias a un adelanto de distribución que consigue de United Artists, presionada por Charles Chaplin, y se convierte en una de las primeras películas norteamericanas independientes. Ambientada durante los años de la Depresión, y con un subrayado carácter de utopía, narra cómo un joven matrimonio, sin trabajo y sin dinero, recibe la oferta de un tío de ella para ir a habitar una lejana granja abandonada. Con la ayuda de otras personas en sus mismas condiciones, montan una cooperativa agrícola, pero deben enfrentarse a los problemas internos, a los representantes de un banco que quieren vender la granja para cobrar una antigua hipoteca y a la sequía, antes de lograr sus propósitos. Rodada con muy pocos medios y actores desconocidos, Vidor da muestra de su capacidad para transmitir su entusiasmo en la brillante escena final. Cuando el protagonista está a punto de abandonar, e incluso de irse con otra mujer, regresa y convence a todos para construir un canal que lleve el agua hasta sus cultivos y los salve. La escena de la construcción de ese canal, planificada con una clara influencia de los grandes maestros rusos del montaje, es una de las más eficaces y mejores rodadas por King Vidor.

Director: *King Vidor*. Guionista: *Elizabeth Hill*. Fotografía: *Robert Planck*. Música: *Alfred Newman*.

Intérpretes: *Karen Morley, Tom Keene, John Qualen, Barbara Pepper, Addison Richards.* Producción: *King Vidor para Viking/United Artists.* Duración: *80'. Estados Unidos.*

PANDORA Y EL HOLANDÉS ERRANTE
(Pandora and the Flying Dutchman, 1951)

Al entrelazar hábilmente una leyenda griega con otra nórdica, el exquisito cineasta norteamericano Albert Lewin narra de una manera muy personal la historia de la hermosa Pandora Reynolds (Ava Gardner) que, tras rechazar el amor del corredor de automóviles británico Stephen Cameron (Nigel Patrick) y del torero español Juan Montalvo (Mario Cabré), acaba viviendo un *amour fou* con el marino holandés Hendrick van der Zee (James Mason), condenado a vivir eternamente, aunque solo seis meses cada siete años, hasta que una mujer acepte morir por él. Ambientada en 1930 en el pequeño puerto imaginario de Esperanza, en la Costa Brava española, esta narración de amor y muerte con un marcado tono surrealista está contada a través de un juego de *flashbacks* dentro de *flashbacks;* es la obra maestra de Lewin y una de las mejores películas de Ava Gardner. Se trata, además, de uno de los más enloquecidos y brillantes melodramas de la historia del cine, una deslumbrante película británica, escrita, producida y dirigida por Lewin, cuyos exteriores se ruedan en la localidad catalana de Tossa de Mar.

Director y guionista: *Albert Lewin.* Fotografía: *Jack Cardiff.* Música: *Alan Rawsthorne.* Intérpretes: *Ava Gardner, James Mason, Harold Warrender, Nigel Patrick, Sheila Sim, Mario Cabré, John Laurie, Pamela Kellino.* Producción: *Albert Lewin para Romulus.* Color. Duración: *122'. Reino Unido.*

PANTERA ROSA, LA *(The Pink Panther, 1963)*

Cuando el guionista, productor y director Blake Edwards comienza a convertirse en uno de los grandes de la historia norteamericana, rueda esta sofisticada comedia en torno al robo de un diamante con una mancha en forma de pantera, que tiene gran éxito gracias al personaje del incompetente inspector Jacques Clouseau (Peter Sellers) de la Sûreté Française y a los dibujos animados que, según la costumbre de la época, hace Fritz Freeleng para los títulos de crédito. Antes de estrenarse, Edwards sustituye en el último momento a un director en otra comedia protagonizada por Peter Sellers, decide incorporar el personaje del inspector Clouseau y nace otro gran éxito, *El nuevo caso del inspector Clouseau* (A Shot in the Dark, 1964). Mientras DePatie-Freeleng convierten los dibujos animados en una famosa serie de televisión y Bud Yorkin realiza *El rey del peligro* (Inspector Clouseau, 1968), en diferentes baches de su carrera Edwards escribe, produce y dirige, siempre con Peter Sellers como protagonista, *El regreso de la Pantera Rosa* (The Return of the Pink Panther, 1975), *La Pantera Rosa ataca de nuevo* (The Pink Panther Strikes Again, 1976) y *La venganza de la Pantera Rosa* (Revenge of the Pink Panther, 1978), películas de éxito seguro, cuya única virtud es incorporar los típicos *gags* de los dibujos animados a las comedias con personajes reales, pero que nada tienen que ver con sus mejores trabajos. Muerto Sellers, Edwards hace *Tras la pista de la Pantera Rosa* (Trail of the Pink Panther, 1982) con descartes de sus trabajos conjuntos y *La maldición de la Pantera Rosa* (Curse of the Pink Panther, 1983) sin él. A pesar de su relativo fracaso, rueda una última entrega, *El hijo de la pantera rosa* (The Son of the Pink Panther, 1993), con el cómico italiano Roberto Benigni como digno continuador de Peter Sellers.

Director: *Blake Edwards.* Guionistas: *Maurice Richlin, Blake Edwards.* Fotografía: *Philip Lathrop.* Música: *Henry Mancini.* Intérpretes: *David Niven, Peter Sellers, Capucine, Claudia Cardinale, Robert Wagner.* Producción: *Martin Jurow para Mirisch / United Artists.* Color. Duración: *113'. Estados Unidos.*

PARADA DE LOS MONSTRUOS, LA
(Freaks, 1932)

El éxito de la producción Universal *Drácula* (Dracula, 1931), de Tod Browning, lleva al productor Irving Thalberg de Metro-Goldwyn-Mayer a contratar a su director y darle plena libertad para que haga una película de terror. Browning aprovecha la ocasión para hacer una de sus más desgarradas y personales obras, pero una vez finalizada desconcierta al propio Thalberg y le obliga a hacer unos considerables cortes, lo que explica su poco más de una hora de duración. Ambientada en un circo, narra cómo la bella trapecista Cleopatra (Olga Baclanova), amante del forzudo Hércules (Henry Victor), aprovecha la fascinación que despierta en el enano Hans (Harry Earles) para que deje a su novia Frieda (Daisy Earles), casarse con él, robarle su dinero y envenenarle poco a poco. Sin embargo, los restantes monstruos del circo, el hombre tronco, la mujer barbuda, las hermanas siamesas, la mujer pájaro, lo impiden, la desfiguran y la convierten en la mujer gallina. Con esta historia, extraída de una novela de Tod Robbins, el productor y director Tod Browning hace una obra maestra que muestra la vida cotidiana de unos monstruos de feria con ternura y humor, contraponiéndola a la monstruosidad moral de las llamadas personas normales, y cómo su dureza genera una terrible venganza. Esta insólita producción Metro-Goldwyn-Mayer, que tiene la misma fuerza hoy que en el momento de su estreno, debe salvar graves problemas con diferentes censuras de distintos países, a pesar de los cortes ya impuestos por Thalberg.

Director: *Tod Browning*. Guionistas: *Willis Goldbeck, Leon Gordon*. Fotografía: *Merritt Gerstad*. Intérpretes: *Wallace Ford, Olga Baclanova, Leila Hyams, Roscoe Ates, Harry Earles, Daisy Earles, Henry Victor*. Producción: *Tod Browning para Metro-Goldwyn-Mayer*. Duración: *64'. Estados Unidos*.

PARAGUAS DE CHERBURGO, LOS *(Les parapluis de Cherbourg, 1964)*

Gran admirador del musical norteamericano, Jacques Demy crea unas personales tragedias musicales gracias a la colaboración del compositor Michel Legrand y el decorador Bernard Evein, con la particularidad de estar íntegramente cantadas. Esta es la primera, tiene un gran éxito de público, gana la Palma de Oro del Festival de Cannes y en alguna medida condiciona la existencia de las menos afortunadas *Una habitación en la ciudad* (Une chambre en ville, 1982) y *Parking* (1985). Narra cómo, en noviembre de 1957, se conocen en Cherburgo la joven Geneviève (Catherine Deneuve) y el mecánico Guy (Nino Castelnuovo). Cuando, un año después, él parte para hacer el servicio militar en Argelia, ella está embarazada, pero su madre (Anne Vernon) se opone a la boda. En 1959 Guy regresa herido de Argelia y Geneviève se ha casado con el joyero Roland (Marc Michel). La pareja vuelve a encontrarse durante las Navidades de 1962, pero no tienen nada que decirse, sus vidas se han separado por completo. Este melancólico musical, impecablemente realizado, se desarrolla en medio de una sucesión de encuentros casuales y en un mundo sin padres, tal como es habitual en el cine de Demy. Supone no solo su consagración, sino también la de su protagonista Catherine Deneuve.

Director y guionista: *Jacques Demy*. Fotografía: *Jean Rabier*. Música: *Michel Legrand*. Intérpretes: *Catherine Deneuve, Nino Castelnuovo, Anne Vernon, Marc Michel, Ellen Farmer, Mireille Perrey*. Producción: *Mag Bodard*. Color. Duración: *83'. Francia*.

PARAÍSOS PERDIDOS, LOS *(1985)*

Veinte años después de dirigir *Nueve cartas a Berta* (1965), su primer largometraje, el director y guionista Basilio M. Patino vuelve al mismo personaje para, en una peculiar segunda parte, dar una visión crítica y sentimental de la España socialista. Rodada tras diez años de silencio cinematográfico, es una de sus mejores películas y narra cómo al cabo de los años Berta (Charo López) —aunque en esta ocasión el personaje no tenga nombre—, la hija del exiliado a quien, en la otra película, Lorenzo (Emilio Gutiérrez Caba) escribía cartas para contarle su triste vida en la Salamanca de mediados de los años sesenta, vuelve a España, no desde el Reino Unido, sino desde la República Federal Alemana, para asistir a la muerte de su madre, reencontrar el paisaje de su infancia y entrar en contacto con una realidad desconocida. Mientras recita al fondo fragmentos de la traducción que hace de *Hiperion*, de Hölderlin, Berta toma contacto con los libros y papeles de su padre, con la vieja casa familiar y con algunos parientes olvidados, y recupera al compañero de estudios perdido en la provincia, el amigo de siempre, con sus características obsesiones políticas, y Basilio M. Patino muestra su personal visión de Salamanca a principios de la etapa socialista.

Director y guionista: *Basilio M. Patino*. Fotografía: *José Luis Alcaine*. Música: *Carmelo Bernaola*. Intérpretes: *Charo López, Alfredo Landa, Francisco Rabal, Juan Diego, Miguel Narros, Ana Torrent*. Producción: *Basilio M. Patino para La Linterna Mágica*. Color. Duración: *100'. España*.

PAREDES, Marisa *(Madrid, España, 1946)*

Desde los trece años hace pequeños papeles en teatro y cine, mientras estudia arte dramático. Durante los años setenta trabaja sobre todo en televisión y entre sus pocas películas destacan sus papeles secundarios en *Goya* y *El perro*. En la década de los ochenta hace más cine, solamente con nuevos realizadores, y destacan sus más importantes personajes secundarios de *Ópera prima, Sus años dorados, Las bicicletas son para el verano, Tras el cristal* y *Mientras haya luz*. Sin embargo, su mejor etapa son los noventa, gracias a protagonizar *Tacones lejanos*, de Pedro Almodóvar, con quien ya había trabajado en *Entre tinieblas*. Rueda sin descanso tanto en España, *La reina anónima, Tierno verano de lujurias y azoteas, La flor de mi secreto*, como en el extranjero, *En tránsito, Diario de un amor violado, La nave de los locos, Trois vies et un seul mort, Profundo carmesí*.

1960 *091, Policía al habla*, de José María Forqué. / *Los económicamente débiles*, de Pedro Lazaga.
1961 *Canción de cuna*, de José María Elorrieta. / *Gritos en la noche*, de Jesús Franco.
1963 *El mundo sigue*, de Fernando Fernán-Gómez. / *Llegar a más*, de Jesús Fernández Santos.
1966 *Las salvajes en Puente San Gil*, de Antonio Ribas.
1967 *La tía de Carlos en minifalda*, de Augusto Fenollar. *Los chicos con las chichas*, de Javier Aguirre.
1968 *Réquiem para el gringo*, de José Luis Merino. / *Tinto con amor*, de Francisco Montolío.
1969 *No disponible*, de Pedro Mario Herrero. / *Carola de día, Carola de noche*, de Jaime de Armiñán. / *El señorito y las seductoras*, de Ramón Fernández.
1970 *Goya*, de Nino Quevedo. / *Fray Dólar*, de Raúl Peña.
1971 *Pastel de sangre*, episodio de Emilio Martínez-Lázaro.
1974 *Larga noche de julio*, de Luis José Comerón.
1976 *El perro*, de Antonio Isasi.
1980 *Ópera prima*, de Fernando Trueba. / *Sus años dorados*, de Emilio Martínez-Lázaro.
1983 *Entre tinieblas*, de Pedro Almodóvar. / *Las bicicletas son para el verano*, de Jaime Chávarri.
1985 *Tras el cristal*, de Agustín Villaronga.
1986 *Tata mía*, de José Luis Borau. / *Cara de acelga*, de José Sacristán. / *Delirios de amor*, episodio de Félix Rotaeta.
1987 *Tu novia está loca*, de Enrique Urbizu. / *Mientras haya luz*, de Felipe Vega.
1990 *Continental*, de Javier Villaverde.
1991 *Tacones lejanos*, de Pedro Almodóvar.
1992 *La reina anónima*, de Gonzalo Suárez. / *Zwischensaison*, de Daniel Schmid.
1993 *Tombés du ciel* (En tránsito), de Philippe Liore. / *Tierno verano de lujurias y azoteas*, de Jaime Chávarri.
1994 *Diario di un violatore* (Diario de un amor violado), de Giacomo Battiato.
1995 *La flor de mi secreto*, de Pedro Almodóvar.
1996 *La nave de los locos*, de Ricardo Wullicher. / *Trois vies et un seul mort* (Tres vidas y una sola muerte), de Raúl Ruiz. / *Profundo carmesí*, de Arturo Ripstein.

PARÍS, BAJOS FONDOS *(Casque d'Or, 1952)*

A partir de hechos reales ocurridos en París a finales del siglo XIX, el guionista Jacques Companeez y el propio realizador escriben un excelente guión con el que Jacques Becker narra una bella historia de amor que se desarrolla en los bajos fondos de la época. Cuenta cómo por amor hacia la bella prostituta Marie (Simone Signoret), llamada «Casque d'Or» porque es rubia, el carpintero Georges Manda (Serge Reggiani) mata en duelo a su chulo y logra escapar de la policía, pero acaba enfrentándose al jefe de una banda de delincuentes Felix Leca (Claude Dauphin) y muere guillotinado mientras, en una inolvidable escena, su amada contempla la ejecución desde una ventana. Dentro del cuidado conjunto destacan las personalidades anarquistas de Manda y su amigo Danard (Gaston Modot), la perfecta reconstrucción del ambiente de la época, el complejo trabajo de dirección de Becker y la estupenda interpretación de Simone Signoret, en uno de los mejores papeles de su larga y brillante carrera.

Director: *Jacques Becker*. Guionistas: *Jacques Becker, Jacques Companeez*. Fotografía: *Robert Le Febvre*. Música: *Georges van Parys*. Intérpretes: *Simone Signoret, Serge Reggiani, Claude Dauphin, Raymond Bussières, Gaston Modot, Paul Barge, Dominique Davray*. Producción: *Paris Film Production, Spéva Film*. Duración: 96'. Francia.

PARÍS, TEXAS *(Paris, Texas, 1984)*

Tras perder a Jane (Nastassja Kinski), el gran amor de su vida, Travis (Harry Dean Stanton) vaga por el desierto, llega al pueblo de París, situado en Texas, cerca de la frontera con México, se pone en contacto con su hermano Walt (Dean Stockwell) y su hijo Hunter (Hunter Carson) y los tres parten con destino a Houston, donde habla con Jane, que trabaja en un *peepshow*, le confía a su hijo y sale en busca de un incierto destino. Sobre un mínimo guión del dramaturgo, actor y director norteamericano Sam Shepard, el irregular realizador alemán Wim

Wenders improvisa una película personal y libre, pero demasiado fría y que encierra una banal consideración sobre la pareja, lo que no le impide ganar la Palma de Oro del Festival de Cannes y convertirse en una prestigiosa producción de éxito en las salas de exhibición en versión original subtitulada. Íntegramente rodada en inglés en Estados Unidos, deja demasiado claro que está hecha sin un guión riguroso, según la mala costumbre de Wenders, pero encierra cierta fascinación y tiene una excelente fotografía de su colaborador habitual Robby Müller, frente a los veinte minutos de banales diálogos en el *peep-show* entre los convencionales personajes encarnados, sin demasiada convicción, por la bella Nastassja Kinski y el secundario Harry Dean Stanton.

Director: *Wim Wenders.* Guionista: *Sam Shepard.* Fotografía: *Robby Müller.* Música: *Ry Cooder.* Intérpretes: *Harry Dean Stanton, Nastassja Kinski, Dean Stockwell, Aurore Clément, Hunter Carson, Bernhard Wicki.* Producción: *Wim Wenders para Road Movies (Munich), Westdeutscher Rudfunk (Munich), Argos Films (París). Color. Duración: 150'. República Federal Alemana-Francia.*

PARKER, Eleanor *(Cedarville, Ohio, Estados Unidos, 1922)*

Hija de un profesor de matemáticas, estudia arte dramático en la Pasadena Community Playhouse y es descubierta por un cazatalentos de los estudios Warner. Después de destacar por su trabajo en *Entre dos mundos* y *Of Human Bondage,* tiene un gran éxito personal por su actuación en el drama carcelario *Sin remisión* y en el policiaco *Brigada 21.* Entre sus restantes películas de la década de los cincuenta también sobresalen la historia de capa y espada *Scaramouche,* el *western* sólido *Fort Bravo,* la exótica y erótica aventura *Cuando ruge la marabunta* y los dramas *El hombre del brazo de oro* y *Con él llegó el escándalo.* Entre sus posteriores papeles secundarios destaca el del musical *Sonrisas y lágrimas.* Retirada desde principios de los años setenta, tan solo hace algunas apariciones en televisión y muy pocas películas más.

1941 *They Died With Their Boots On* (Murieron con las botas puestas), de Raoul Walsh.
1942 *Busses Roar,* de Ross Lederman.
1943 *The Mysterious Doctor,* de Ben Stoloff. / *Mission to Moscow,* de Michael Curtiz.
1944 *The Last Ride,* de Ross Lederman. / *Hollywood Canteen,* de Delmer Daves. / *Between Two Worlds* (Entre dos mundos), de Edward A. Blatt. / *Crime by Night,* de William B. Clemens. / *The Very Thought of You,* de Delmer Daves.
1945 *Pride of the Marines,* de Delmer Daves.
1946 *Never Say Goodbye* (Nunca te alejes de mí), de James V. Kern. / *Of Human Bondage,* de Edmund Goulding.
1947 *The Voice of the Turtle,* de Irving Rapper. / *Escape Me Never* (No me dejes), de Peter Godfrey.
1948 *The Woman in White,* de Peter Godfrey. / *Always Together,* de Fredrick de Cordova.
1949 *It's a Great Feeling,* de David Butler.
1950 *Chain Lightning* (Una llama en el espacio), de Stuart Heisler. / *Caged* (Sin remisión), de John Cromwell. / *Three Secrets* (Tres secretos), de Robert Wise.
1951 *Detective Story* (Brigada 21), de William Wyler. / *Valentino,* de Lewis Allen. / *A Millionaire for Christy,* de George Marshall.
1952 *Scaramouche,* de George Sidney. / *Above and Beyond* (El gran secreto), de Melvin Frank y Norman Panama.
1953 *Escape From Fort Bravo* (Fort Bravo), de John Sturges.
1954 *The Naked Jungle* (Cuando ruge la marabunta), de Byron Haskin. / *Valley of the Kings* (El valle de los reyes), de Robert Pirosh.
1955 *Many Rivers to Cross* (La novia salvaje), de Roy Rowland. / *Interrupted Melody* (Melodía interrumpida), de Curtis Bernhardt. / *The Man With the Golden Arm* (El hombre del brazo de oro), de Otto Preminger.
1956 *The King and Four Queens* (Un rey para cuatro reinas), de Raoul Walsh.
1957 *Lizzie,* de Hugo Haas. / *The Seventh Sin,* de Ronald Neame.
1959 *A Hole in the Head* (Millonario de ilusiones), de Frank Capra.
1960 *Home From the Hill* (Con él llegó el escándalo), de Vincente Minnelli.
1961 *Return to Peyton Place* (Regreso a Peyton Place), de José Ferrer.
1962 *Madison Avenue,* de Bruce Humberstone.
1963 *Panic Button* (Operación Fisco), de George Sherman.
1965 *The Sound of Music* (Sonrisas y lágrimas), de Robert Wise.
1966 *An American Dream* (Esclavos del pecado), de Robert Gist. / *The Oscar* (El Oscar), de Russell Rouse.
1967 *Il tigre* (Un tigre en la red), de Dino Risi. / *Warning Shot* (Homicidio justificado), de Buzz Kulik.
1969 *Eye of the Cat* (La gata en la terraza), de David Lowell Rich.
1973 *Hans Brinker,* de Robert Scheerer.
1979 *Sunburn* (Sol ardiente), de Richard C. Sarafian.

PARQUE JURÁSICO *(Jurassic Park, 1993)*

Retomando la tradicional historia del científico que trata de emular a Dios y no lo consigue, el productor y realizador Steven Spielberg parte del libro de éxito del también realizador Michael Crichton para adaptar la narración a la actualidad y contar cómo John Hammond (Richard Attenborough) consigue crear un fabuloso parque con animales vivos del período Jurásico. Siguiendo la habitual estructura del relato, el día en que se realizan las pruebas de seguridad, por culpa de la ambición del encargado del ordenador quedan atrapados y a merced de los enormes y peligrosos animales una pareja de paleontólogos, un financiero, un matemático y los dos nietos del creador. Tanto por la perfección de los efectos especiales, como por lo bien estructurada que está la historia y la habilidad de Spielberg para contar este tipo de fantasías, el resultado tiene un gran interés, pero al faltarle el original trasfondo religioso de sus mejores obras, queda lejos de sus más famosas películas.

Director: *Steven Spielberg*. Guionistas: *Michael Crichton, David Koepp*. Fotografía: *Dean Cundey*. Música: *John Williams*. Intérpretes: *Sam Neill, Laura Dern, Jeff Goldblum, Richard Attenboroug*. Producción: *Kathleen Kennedy, Gerald R. Rolen para Amblin Entertainment/Universal*. Color. Duración: *126'. Estados Unidos.*

PASAJERA, LA *(Pasazerka, 1963)*

Durante un viaje en transatlántico desde Hamburgo hasta Canadá, Liza (Aleksandra Slaska), una guardiana del campo de concentración de Auschwitz, reconoce a Marta (Anna Ciepielewska), una joven judía que fue su prisionera y con la que trató de establecer una mínima relación humana, lo que le hace contar la historia a su marido (Jan Kreczmar) y revivir la situación. Basado en la novela homónima de Zofia Posmysz-Piasecka, en 1960 se convierte en un programa dramático de televisión apoyado en el diálogo, pero su éxito hace que la autora y el realizador Andrzej Munk lo transformen en una película donde tiene una parte predominante el pasado y las imágenes del campo de concentración. Muerto en un accidente de circulación Andrzej Munk cuando ha terminado de rodar la parte correspondiente a Auschwitz, a lo largo de casi dos años su colaborador Witold Lesiewicz la finaliza añadiendo fotografías y una voz de fondo en las escenas no rodadas. El resultado tiene un gran interés y deja muy claro que Munk hubiera realizado una de las grandes obras sobre las relaciones entre verdugos y víctimas.

Director: *Andrzej Munk*. Guionistas: *Zofia Posmysz-Piasecka, Andrzej Munk*. Fotografía: *Krzysztof Winiewicz*. Música: *Tadeusz Baird*. Intérpretes: *Aleksandra Slaska, Anna Ciepielewska, Jan Kreczmar, Marek Walczewski, Irena Malkiewicz*. Producción: *W. F. F. Lodz, Kamera*. Duración: *81'. Polonia.*

PASCUAL DUARTE *(1975)*

Tras rodar algunos cortometrajes y el largo independiente *El desastre de Annual* (1970), Ricardo Franco dirige para el productor Elías Querejeta una sólida adaptación de *La familia de Pascual Duarte*, la famosa novela de Camilo José Cela, que se convierte en su mejor película. Situada en los años anteriores a la guerra española en ambientes campesinos de Extremadura, narra la vida de Pascual Duarte (José Luis Gómez), sus relaciones con su hermana Rosario (Diana Pérez de Guzmán) y su mujer Lola (Maribel Ferrero), mientras aumentan los conflictos entre propietarios y campesinos y se proclama la II República. En una escalada de violencia Pascual mata a un perro, una mula y al hombre (Joaquín Hinojosa) que arrastra a la prostitución a su hermana. Sale de la cárcel por la amnistía decretada por el Frente Popular, pero poco después la insurrección militar se produce, se ve envuelto en la guerra y acaba matando a su madre (Paca Ojeda) y a un terrateniente (Eduardo Calvo), lo que hace que en 1937 sea ejecutado a garrote vil. Rodada en un estilo austero y eficaz, solo roto por la brutal escena de la muerte a cuchilladas de la mula, es un personal retrato de un violento personaje dentro de una situación tan conflictiva como la del campesinado español durante los años treinta, donde queda muy claro el interés de Ricardo Franco por los personajes marginales.

Director: *Ricardo Franco*. Guionistas: *Emilio Martínez-Lázaro, Elías Querejeta, Ricardo Franco*. Fotografía: *Luis Cuadrado*. Música: *Luis de Pablo*. Intérpretes: *José Luis Gómez, Paca Ojeda, Héctor Alterio, Diana Pérez de Guzmán, Eduardo Calvo, Joaquín Hinojosa, Maribel Ferrero*. Producción: *Elías Querejeta P. C.* Color. Duración: *105'. España.*

PASIÓN DE JUANA DE ARCO, LA *(La passion de Jeanne d'Arc, 1928)*

Desde los orígenes del cine se han sucedido las versiones de la vida de la doncella de Orleans. Entre las muchas intérpretes de este personaje histórico hay que citar a Geraldine Farrar en *Juana de Arco* (Joan the Woman, 1917), de Cecil B. de Mille; Simone Genevois en *La merveilleuse vie de Jeanne d'Arc* (1928), de Marco Gatyne, e Ingrid Bergman en *Juana de Arco* (Joan of Arc, 1948), de Victor Fleming, y *Giovanna d'Arco al rogo* (1954), de Roberto Rossellini. Sin olvidar a Hedy Lamarr en la curiosa *La historia de la humanidad* (The Story of Mankind, 1957), de Irvin Allen; la joven debutante Jean Seberg en *Santa Juana* (Saint Joan, 1957), de Otto Preminger; la desconocida Florence Delay en *El proceso de Juana de Arco* (Le procès de Jeanne d'Arc, 1962), de Robert Bresson, y Sandrine Bonnaire en el díptico de larga duración *Jeanne la Pucelle* (1993), de Jacques Rivette. No obstante, el rostro que permanece ligado al de la famosa santa francesa es el de la actriz de teatro Renée Falconetti, elegida por el danés Carl Theodor Dreyer para protagonizar su famosa versión, tanto por su impecable trabajo como por ser una de sus poquísimas actuaciones cinematográficas. Rodeado de excelentes colaboradores, el decorador alemán Hermann Warm, la modista francesa Valentine Hugo y el director de fotografía polaco Rudolph Maté, Dreyer rueda la película por orden cronológico entre marzo y noviembre de 1927. A partir de las actas del juicio contra Jeanne d'Arc, encontradas en la biblioteca de la Cámara de Diputados de París, reconstruye el proceso desarrollado el 14 de febrero de 1431 en la ciudad de Rouen. Concentra la acción en ese día, emplea una imaginativa mezcla de primeros y primerísimos planos con minuciosos *travellings* para conseguir sus austeros propósitos y hace esta expresiva película muda a la que tan solo falta el sonido.

Director: *Carl Theodor Dreyer*. Guionistas: *Carl Theodor Dreyer, Joseph Delteil*. Fotografía: *Rudolph Maté*. Música: *Victor Alix, Léo Pouget*. Intérpretes: *Renée Falconetti, Eugène Silvain, Maurice Schutz*. Producción: *Société Générale de Films*. Duración: *82'. Francia*.

PASIÓN DE LOS FUERTES *(My Darling Clementine, 1946)*

Dentro de la historia del *western* norteamericano la figura de Wyatt Earp, valiente defensor de la ley, *sheriff* de Dodge City y Tombstone, ocupa una posición destacada, lo que le hace ser el personaje principal de un buen número de películas. En *Wichita* (1955), de Jacques Tourneur, es encarnado por Joel McCrea; en *El gran combate* (Cheyenne Autumn, 1964), de John Ford, es interpretado por James Stewart, y en *La hora de las pistolas* (Hour of the Gun, 1967), de John Sturges, es revivido por James Garner. Sin embargo, tienen más interés, por reconstruir el famoso duelo entre la familia Earp y la familia Clanton en los terrenos de O.K. Corral, *Frontier Marshall* (1934), de Lewis Seiler; *Duelo de titanes* (Gunfight at the O.K. Corral, 1957), de John Sturges; *Duelo a muerte en O.K. Corral* (Doc, 1971), de Frank Perry; *Tombstone* (1993), de George Pan Cosmatos, y *Wyatt Earp* (1994), de Lawrence Kasdan, en las que Wyatt Earp es interpretado, respectivamente, por George O'Brien, Burt Lancaster, Harris Yulin, Kurt Russell y Kevin Costner. No obstante, la mejor película sobre Wyatt Earp y el mítico duelo de O.K. Corral es esta porque John Ford es el mejor especialista en *westerns* y Henry Fonda el más apropiado de sus intérpretes, y cuando comienza a dirigir *westerns* en su juventud, conoce personalmente a Wyatt Earp, quien le cuenta su vida, y se limita a narrar su versión de los hechos que provocan el famoso tiroteo.

Director: *John Ford*. Guionistas: *Samuel G. Engel, Winston Miller*. Fotografía: *Joe MacDonald*. Música: *Cyrill Mockridge*. Intérpretes: *Henry Fonda, Victor Mature, Walter Brennan, Linda Darnell, Cathy Downs, Tim Holt, Ward Bond*. Producción: *Samuel G. Engel para 20th Century Fox*. Duración: *98'. Estados Unidos*.

PASIÓN DE VIVIR, LA *(The Music Lovers, 1970)*

Durante la primera mitad de la década de los setenta el excesivo Ken Russell prosigue en cine con abundancia de medios su delirante serie de biografías de artistas comenzada años antes en televisión. Entre *Lisztomania* (1975), con Roger Daltrey y Sara Kestelman, sobre la vida del compositor Franz Liszt; *Una sombra en el pasado* (Mahler, 1974), con Robert Powell y Georgina Hale, sobre la del también compositor Gustav Mahler, y *El mesías salvaje* (Savage Messiah, 1972), con Scott Anthony y Dorothy Tutin, sobre la del escultor Henri Gaudier, destaca esta, en la que vuelve a narrar la vida de un compositor, Piotr Tchaikovsky. Siempre muy alejado de la realidad histórica, se centra en sus últimos años para describir su tormentoso matrimonio con la joven neurótica Nina Milukova (Glenda Jackson), mientras su fama como músico aumenta al tiempo que sus obsesiones y neurosis. Además de insistir en el asunto de la homosexualidad de Tchaikovsky (Richard Chamberlain), con su delirante estilo Russell crea todo tipo de exageradas escenas, como la del coche-cama, cuya gracia reside en sus excesos.

Director: *Ken Russell*. Guionista: *Melvyn Bragg*. Fotografía: *Douglas Slocombe*. Música: *André Previn*. Intérpretes: *Richard Chamberlain, Glenda Jackson, Christopher Gable, Max Adrian, Isabella Telezynska*. Producción: *Roy Baird para Rossfilms/United Artists. Color. Scope. Duración: 123'. Reino Unido.*

PASIÓN TURCA, LA *(1994)*

Tras el interesante díptico de personales narraciones policiacas formado por *Amantes* (1991) e *Intruso* (1993), Vicente Aranda vuelve a sus características adaptaciones de novelas contemporáneas españolas con esta versión de la obra homónima de Antonio Gala. Como si se tratase de una moderna *madame* Bovary, la provinciana española Desideria (Ana Belén), tras conocer al turco Yamam (Georges Corraface) durante un viaje turístico a Estambul con su marido y unos amigos, deja las comodidades de su mundo burgués para irse a vivir una loca pasión amorosa a Turquía. Sin embargo, no todo está claro en la relación entre Occidente y Oriente sobre una cama turca que es la película, y en seguida Yamam se muestra como un mujeriego, un tipo peligroso, al que Desideria no duda en someterse hasta llegar incluso a prostituirse. Rodada con maestría, Aranda la convierte en una de sus más interesantes investigaciones sobre las relaciones hombre-mujer. Consigue dibujar uno de sus más atractivos personajes femeninos —gracias al excelente trabajo de Ana Belén— con la tímida Desideria que un día, casi sin darse cuenta, descubre que encierra una capacidad de pasión que desconocía, frente al demasiado tópico turco Yamam —al que Georges Corraface sabe insuflar verosimilitud—. Dentro del conjunto destacan, como también es habitual en Aranda, la eficacia de las escenas eróticas y la habilidad que destila la escena final del baile del vientre, así como la fotografía de José Luis Alcaine y la conseguida música de José Nieto.

Director y guionista: *Vicente Aranda*. Fotografía: *José Luis Alcaine*. Música: *José Nieto*. Intérpretes: *Ana Belén, Georges Corraface, Ramón Madaula, Silvia Munt, Blanca Apilánez*. Producción: *Andrés Vicente Gómez para Lola Films, Cartel. Color. Scope. Duración: 118'. España.*

PASOLINI, Pier Paolo *(Bolonia, 1922-Ostia, Roma, Italia, 1975)*

Hijo de un oficial del ejército, pasa la infancia en diferentes lugares de Italia según los destinos paternos. Licenciado en letras, tras la muerte de su hermano y el encarcelamiento de su padre se establece en Casarsa, comienza a trabajar como maestro y a escribir poesía. Trasladado a Roma en 1949 prosigue su doble actividad, pero el encuentro con los hermanos Franco y Sergio Citti le hace conocer el submundo romano, interesarse por él y escribir sus famosas novelas *Ragazzi di vita* (1955) y *Una vita violenta* (1959), basadas en historias contadas por Sergio Citti. Mientras tanto desarrolla una amplia actividad como guionista de Federico Fellini, Mario Soldati, Florestano Vancini y, sobre todo, Franco Rossi y Mauro Bolognini, que le lleva a dirigir *Accattone,* sobre un guión escrito en colaboración con Sergio Citti en torno al submundo romano, y *Mamma Roma,* retrato de una prostituta romana encarnada por Anna Magnani, ambas protagonizadas por Franco Citti. A las que sigue *El Evangelio según san Mateo,* personal visión de la vida de Jesucristo, que le muestran poseedor de un original estilo, mezcla de elementos profanos y religiosos dentro de un fuerte realismo, que desarrolla a lo largo de su obra. La desigual trilogía compuesta por las fábulas políticas *Pajarracos y pajaritos, Teorema* y *Porcile,* no ha envejecido bien por estar demasiado ligada a la actualidad política italiana. Algo similar ocurre con sus adaptaciones de clásicos, Sófocles en *Edipo, el hijo de la fortuna* y Eurípides en *Medea,* por culpa de un estilo poco apropiado. Su gran éxito es la denominada *Trilogia della vita,* integrada por *El Decamerón,* sobre la obra de Giovanni Boccaccio; *Los cuentos de Canterbury,* sobre las narraciones de Geofrey Chaucer, y *Las mil y una noches,* sobre el clásico de la literatura árabe, que exalta un sexo inocente y alegre, alejado del sentimiento de pecado impuesto por la civilización judeo-cristiana, pero donde su personal estilo pierde espontaneidad y se mecaniza demasiado. *Saló o los ciento veinte días de Sodoma,* su obra póstuma, es una desesperada e irregular visión de los últimos días del fascismo, a la luz de las teorías del marqués de Sade. Sus trabajos como documentalista carecen de interés, *Comizi d'amore, La rabia, Sopraluoghi in Palestina, Appunti di viaggio per un film in India* y *Appunti per un'Orestiade africana,* pero excelentes sus aportaciones a las películas de episodios: *La ricotta, La Terra vista dalla Luna, Che cosa sono le nuvole?*

1961 *Accattone.*
1962 *Mamma Roma. / La ricotta,* episodio de *RoGoPaG.*
1964 *Il Vangelo secondo Matteo* (El Evangelio según san Mateo).
1965 *Comizi d'amore. / La rabbia. / Sopraluoghi in Palestina.*
1966 *Uccellacci e uccellini* (Pajarracos y pajaritos).
1967 *La Terra vista dalla Luna* (La Tierra vista desde la Luna), episodio de *Le streghe* (Las brujas). / *Edipo re* (Edipo, el hijo de la fortuna). / *La sequenza del fiore di carta,* episodio de *Amore e rabbia.*
1968 *Che cosa sono le nuvole?,* episodio de *Capriccio all'italiana. / Teorema. / Appunti di viaggio per un film in India.*
1969 *Porcile* (La pocilga). / *Medea. / Appunti per un'Orestiade africana.*
1971 *Il Decamerone* (El Decamerón).
1972 *I racconti di Canterbury* (Los cuentos de Canterbury).
1973 *Il fiore delle mille e una notte* (Las mil y una noches).
1975 *Salò o le centoventi giornate di Sodoma* (Saló o los ciento veinte días de Sodoma).

PATHER PANCHALI *(1955)*

Su colaboración en *El río* (The River, 1950), la obra maestra de Jean Renoir, el descubrimiento del cine neorrealista durante un viaje a Londres y su admiración por la novela de Bibhutibhusan Bannerji, hacen que Satyajit Ray debute como guionista y director y consiga que el cine hindú se dé a conocer en el extranjero. Los premios obtenidos en el Festival de Cannes le animan a completar la trilogía sobre la vida de la familia Ray con *Aparajito* (1956), que gana el León de Oro en la Mostra de Venecia, y *El mundo de Apu* (Apu sansar, 1959). En esta primera parte de su famosa trilogía narra, de una manera tan artesanal como efectiva, la vida de la pobre familia Ray en un pequeño pueblo de Bengala hacia 1910, a través de los ojos del hijo pequeño Apu (Subir Bannerjee): las constantes dificultades económicas, los problemas del padre (Kanu Bannerjee) para encontrar trabajo, la terrible llegada de los monzones, que destruyen el pueblo, causan la muerte de su hermana Durga (Das Gupta) y empujan a la familia a abandonar su casa e irse a vivir a Benarés. Este documento sobre la infancia perdida está rodado con muy poco dinero, tiene música original del famoso Ravi Shankar y sufre los cortes de una censura a la que parece demasiado cruda la realidad mostrada.

Director y guionista: *Satyajit Ray.* Fotografía: *Subrata Mitra.* Música: *Ravi Shankar.* Intérpretes: *Kanu Bannerjee, Karuna Bannerjee, Subir Bannerjee, Das Gupta, Chunibala Devi.* Producción: *Satyajit Ray para el Gobierno de Bengala.* Duración: *122'.* *India.*

PATINO, Basilio M. *(Basilio Martín Patino. Lumbrales, Salamanca, España, 1930)*

Licenciado en filosofía y letras por la Universidad de Salamanca, en 1953 crea un famoso cine club y poco después la revista especializada *Cinema Universitario.* Diplomado en dirección en el Instituto de Investigaciones y Experiencias Cinematográficas con la práctica *Tarde de domingo* (1960), más tarde es profesor de montaje en la Escuela Oficial de Cinematografía. Mientras trabaja en cine publicitario, debuta como director con *Nueve cartas a Berta,* minucioso compendio de la vida en una capital de provincias durante los años sesenta. El fracaso de *Del amor y otras soledades,* intento de análisis de la vida matrimonial, le conduce a desarrollar su interés por el montaje en *Canciones para después de una guerra,* donde a través de una hábil mezcla de documentos gráficos y canciones de moda reconstruye los duros años que van de 1939 a 1953, pero es prohibida por la censura del general Franco hasta su desaparición. Dentro de esta línea de atractivos documentales rueda también *Queridísimos verdugos,* sobre las peculiaridades españolas del arte de matar, y *Caudillo,* película de montaje sobre la guerra española que incluye una leve crítica de la figura del dictador. Perdido en el terreno del vídeo, la llamada Ley Miró de subvenciones anticipadas le devuelve al cine con *Los paraísos perdidos,* una especie de interesante continuación, veinte años después, de su primera película, y *Madrid,* curiosa síntesis de su fascinación por el documental, la ficción, el cine y el vídeo, pero su mala acogida le hace volver a alejarse del cine.

1965 *Nueve cartas a Berta.*
1969 *Del amor y otras soledades.*
1971 *Canciones para después de una guerra.*
1973 *Queridísimos verdugos.*
1975 *Caudillo.*
1985 *Los paraísos perdidos.*
1987 *Madrid.*

PATRULLA PERDIDA, LA *(The Lost Patrol, 1934)*

A partir de un excelente guión del reputado Dudley Nichols y del mucho menos conocido Garrett Fort, el maestro John Ford hace una de sus primeras grandes películas. Narra la odisea de una pequeña patrulla inglesa integrada por nueve hombres al mando de un sargento (Victor McLaglen), perdida en el desierto de Mesopotamia durante la Gran Guerra y enfrentada a un enemigo árabe al que nunca se ve, pero que poco a poco les va aniquilando. Basada en el estudio de caracteres de los diferentes miembros de la patrulla, entre los que destacan Sanders (Boris Karloff), Morelli (Wallace Ford) y Brown (Reginald Denny), tiene un esquema narrativo posteriormente muy imitado, por ejemplo en *Sahara* (1943), de Zoltan Korda; *Bataan* (1943), de Tay Garnett, y *Last of the Comanches* (1952), de André de Toth. El brillante compositor Max Steiner gana un Oscar por su apropiada música.

Director: *John Ford.* Guionistas: *Dudley Nichols, Garrett Fort.* Fotografía: *Harold Wenstrom.* Música: *Max Steiner.* Intérpretes: *Victor McLaglen, Boris Karloff, Wallace Ford, Reginald Denny, J. M. Kerrigan.* Producción: *Cliff Reid para R.K.O.* Duración: *74'. Estados Unidos.*

PAULINE EN LA PLAYA *(Pauline à la plage, 1983)*

Al final de un verano en una playa de Normandía cercana al monte Saint-Michel, gracias a la pasión que despierta en el jovencito Sylvain (Simon de la Brosse), la treceañera Pauline (Amanda Langlet) se inicia en los juegos amorosos junto a su prima Marion (Arielle Dombasle), una muchacha a punto de separarse, que coquetea con su antiguo novio Pierre (Pascal Greggory) y se acuesta con el etnólogo divorciado Henri (Féodor Atkine). En esta tercera entrega de la serie *Comedias y proverbios,* Éric Rohmer demuestra una vez más su gran habilidad para hacer humanos retratos de jovencitas insustanciales a través de leves tramas argumentales. Destacan la fluidez que consigue Rohmer al jugar con los tenues elementos que construyen su sólida comedia sentimental, la fascinación que la jovencísima Amanda Langlet transmite a su personaje y la brillante fotografía de Néstor Almendros.

Director y guionista: *Éric Rohmer.* Fotografía: *Néstor Almendros.* Música: *Jean-Louis Valero.* Intérpretes: *Amanda Langlet, Arielle Dombasle, Pascal Greggory, Féodor Atkine, Simon de la Brosse.* Producción: *Barbet Schroeder para Les Films du Losange.* Color. Duración: *94'. Francia.*

PECES DE PASIÓN *(Passion Fish, 1992)*

Una tradición de ciertas zonas del Estado de Louisiana dice que puede saberse el porvenir si pescas un pez, miras sus tripas y encuentras pececillos; luego hay que tomar estos peces de pasión entre las manos y pedir un deseo, y antes o después se cumple. Así lo hacen los protagonistas de esta producción independiente norteamericana en una de sus mejores y más significativas escenas. Octavo largometraje escrito y dirigido por John Sayles, le muestra como un realizador muy seguro de sí mismo, con una gran eficacia narrativa y que sabe muy bien qué quiere y cómo conseguirlo. A través de largas escenas sedentarias, con pocos y directos diálogos, narra cómo la actriz de televisión May-Alice (Mary McDonnell), que tras sufrir un accidente de tráfico en Nueva York ha quedado parapléjica y se ha ido a vivir a una perdida casa familiar en Louisiana, comienza a acostumbrarse a su nueva vida, deja su adicción a la televisión y al alcohol y se convierte en una persona normal, gracias al esfuerzo y tesón de Chantelle (Alfre Woodard), una mujer de color, apartada de su familia y que trata de superar una dura experiencia con drogas, que se convierte en su enfermera.

Director y guionista: *John Sayles.* Fotografía: *Roger Deakins.* Música: *Mason Daring.* Intérpretes:

Mary McDonnell, Alfre Woodard, Vondie Curtis-Hall, David Strathairn, Leo Burmester. Producción: *John Sayles para Atchafalaya Films. Color.* Duración: *135'. Estados Unidos.*

PECK, Gregory *(La Jolla, California, Estados Unidos, 1916)*

Hijo de un farmacéutico de origen irlandés, estudia en las Universidades de San Diego, Berkeley y California. Su interés por el teatro le hace conseguir una beca para asistir a los cursos de arte dramático de la Neighborhood Playhouse School of Dramatics de Nueva York y debutar como actor de teatro en Broadway a principios de los años cuarenta. En cine debuta como protagonista de *Días de gloria*, de Jacques Tourneur, en seguida es contratado por los estudios 20th Century Fox y hasta finales de la década de los cincuenta desarrolla una impresionante carrera durante la cual trabaja con algunos de los mejores directores de la época. Rueda con Alfred Hitchcock los policiacos *Recuerda* y *El proceso Paradine;* con King Vidor el *western* espectacular *Duelo al sol;* con Zoltan Korda la adaptación de Ernest Hemingway *Pasión en la selva;* con Elia Kazan la historia de denuncia social *La barrera invisible;* con William A. Wellman el *western* personal *Cielo amarillo;* con Raoul Walsh las aventuras *El hidalgo de los mares* y *El mundo en sus manos;* con William Wyler la comedia *Vacaciones en Roma* y el *western* de larga duración *Horizontes de grandeza;* y con Vincente Minnelli la divertida comedia *Mi desconfiada esposa*. Además mantiene una larga colaboración con Henry King a lo largo de *Almas en la hoguera, El pistolero, David and Bathsheba, Las nieves del Kilimanjaro, El vengador sin piedad* y *Días sin vida*. Durante los años sesenta trabaja menos y en películas de menor atractivo, pero tras ser seleccionado para el Oscar en cinco ocasiones, finalmente consigue ganarlo con *Matar un ruiseñor*, de Robert Mulligan; también protagoniza y produce *... y llegó el día de la venganza*, una de las pocas películas de Hollywood en contra del general Franco, y tiene grandes éxitos con las irregulares *Los cañones de Navarone, El oro de Mackenna* y *La sombra del zar amarillo*, de J. Lee Thompson. De sus restantes diez películas destaca la excelente *Yo vigilo el camino*, de John Frankenheimer, y, en menor medida, *Círculo de fuego*, de Henry Hathaway. También hace un buen trabajo al encarnar el protagonista de *Mac Arthur, el general rebelde* y a uno de los personajes de *Con el dinero de los demás*. Entre las películas que produce y no protagoniza sobresale el documental contra la guerra de Vietnam *The Dove* (1972), de Gordon Davidson. Escribe la interesante autobiografía titulada *An Actor's Life* (1978).

1944 *Days of Glory* (Días de gloria), de Jacques Tourneur. / *The Keys of the Kingdom* (Las llaves del reino), de John M. Stahl.
1945 *Spellbound* (Recuerda), de Alfred Hitchcock. / *The Valley of Decision* (El valle del destino), de Tay Garnett.
1946 *The Yearling* (El despertar), de Clarence Brown.
1947 *Duel in the Sun* (Duelo al sol), de King Vidor. / *The Macomber Affair* (Pasión en la selva), de Zoltan Korda. / *Gentleman's Agreement* (La barrera invisible), de Elia Kazan
1948 *The Paradine Case* (El proceso Paradine), de Alfred Hitchcock. / *Yellow Sky* (Cielo amarillo), de William A. Wellman.
1949 *Twelve O'Clock High* (Almas en la hoguera), de Henry King. / *The Great Sinner* (El gran pecador), de Robert Siodmak.
1950 *The Gunfighter* (El pistolero), de Henry King.
1951 *Captain Horatio Hornblower* (El hidalgo de los mares), de Raoul Walsh. / *Only the Valiant* (Solo el valiente), de Gordon Douglas. / *David and Bathsheba*, de Henry King.
1952 *The World in His Arms* (El mundo en sus manos), de Raoul Walsh. / *The Snows of Kilimanjaro* (Las nieves del Kilimanjaro), de Henry King.
1953 *Roman Holiday* (Vacaciones en Roma), de William Wyler.
1954 *Night People* (Decisión a medianoche), de Nunnally Johnson. / *Man With a Million* (El millonario), de Ronald Neame.
1955 *The Purple Plain* (Llanura roja), de Robert Parrish.
1956 *The Man in the Grey Flannel Suit* (El hombre del traje gris), de Nunnally Johnson. / *Moby Dick*, de John Huston.
1957 *Designing Woman* (Mi desconfiada esposa), de Vincente Minnelli.
1958 *The Bravados* (El vengador sin piedad), de Henry King. / *The Big Country* (Horizontes de grandeza), de William Wyler.
1959 *Pork Chop Hill* (La cima de los héroes), de Lewis Milestone. / *The Beloved Infidel* (Días sin vida), de Henry King. / *On the Beach* (La hora final), de Stanley Kramer.
1961 *The Guns of Navarone* (Los cañones de Navarone), de J. Lee Thompson.

1962 *Cape Fear* (El cabo del terror), de J. Lee Thompson. / *How the West Was Won* (La conquista del Oeste), episodio de Henry Hathaway. / *To Kill a Mockingbird* (Matar un ruiseñor), de Robert Mulligan.
1964 *Behold a Pale Horse* (... y llegó el día de la venganza), de Fred Zinnemann. / *Captain Newman M. D.* (Capitán Newman), de David Miller.
1965 *Mirage* (Espejismo), de Edward Dmytryk.
1966 *Arabesque* (Arabesco), de Stanley Donen.
1968 *The Mackenna's Gold* (El oro de Mackenna), de J. Lee Thompson.
1969 *The Stalking Moon* (La noche de los gigantes), de Robert Mulligan. / *Marooned* (Atrapados en el espacio), de John Sturges. / *The Chairman* (La sombra del zar amarillo), de J. Lee Thompson.
1970 *I Walk the Line* (Yo vigilo el camino), de John Frankenheimer.
1971 *Shoot Out* (Círculo de fuego), de Henry Hathaway.
1973 *Billy Two Hats* (Billy dos sombreros), de Ted Kotcheff.
1976 *The Omen* (La profecía), de Richard Donner.
1977 *MacArthur* (Mac Arthur, el general rebelde), de Joseph Sargent.
1978 *The Boys From Brazil* (Los niños del Brasil), de Franklin J. Schaffner.
1980 *The Sea Wolves* (Lobos marinos), de Andrew V. McLaglen.
1987 *Amazing Grace and Chuck*, de Mike Newell.
1989 *Old Gringo* (Gringo viejo), de Luis Puenzo.
1991 *Other People's Money* (Con el dinero de los demás), de Norman Jewison. / *Cape Fear* (El cabo del miedo), de Martin Scorsese.

PECKINPAH, Sam *(Madera Country, California, 1926-Ingelwood, California, Estados Unidos, 1984)*

Perteneciente a una familia de abogados con antepasados indios, comienza a estudiar derecho, pero lo deja para enrolarse en la Marina y luchar contra los japoneses en la II Guerra Mundial. En la posguerra se diploma en arte dramático y su primer trabajo es de actor, productor y director en el Huntington Park Theatre de Los Ángeles. En 1949 entra en televisión como maquinista, poco a poco va escalando puestos y a finales de los años cincuenta ya dirige episodios de series, como *Rifleman* y *The Westerner*. Durante la década de los sesenta dirige cuatro *westerns* irregulares: *The Deadly Companion*, típica primera película que acaba montando el productor; *Duelo en la Alta Sierra*, una atractiva historia crepuscular que le da a conocer; *Mayor Dundee*, que tiene un planteamiento bueno, pero no está bien rodada y se resiente bastante de los enfrentamientos con el productor, y *Grupo salvaje*, una violenta historia narrada confusamente y ambientada en México, pero es un éxito que le da a conocer internacionalmente y le permite abandonar la televisión y la colaboración en guiones ajenos. En los años setenta se produce su compleja ascensión y caída, entre *westerns* personales que no acaban de estar conseguidos por su ambición, *La balada de Cable Hogue*, tratar el siempre aburrido tema del rodeo, *Junior Bonner*, o resultar demasiado afectados por los cortes del productor, *Pat Garrett y Billy the Kid;* y entre desiguales y violentos policiacos, *Perros de paja*, historia rodada con torpeza más cercana al mal cine de terror; *La huida*, excelente adaptación de una novela del especialista Jim Thompson, y *Quiero la cabeza de Alfredo García*, interesante historia rodada en la frontera mexicana; hasta llegar al convencional policiaco *Los aristócratas del crimen;* la ambiciosa y fallida narración bélica *La Cruz de Hierro*, y la decepcionante historia de camioneros *Convoy*. Su irregular y siempre sobrevalorada producción se cierra con la torpe historia de espionaje *Clave: Omega*.
1961 *The Deadly Companions*.
1962 *Ride the High Country* (Duelo en la Alta Sierra).
1964 *Major Dundee* (Mayor Dundee).
1969 *The Wild Bunch* (Grupo salvaje).
1970 *The Ballad of Cable Hogue* (La balada de Cable Hogue).
1971 *Straw Dogs* (Perros de paja).
1972 *Junior Bonner*. / *The Getaway* (La huida).
1973 *Pat Garrett and Billy the Kid* (Pat Garrett y Billy the Kid).
1974 *Bring Me the Head of Alfredo Garcia* (Quiero la cabeza de Alfredo García).
1975 *The Killer Elite* (Los aristócratas del crimen).
1977 *Cross of Iron* (La Cruz de Hierro).
1978 *Convoy*.
1983 *The Osterman Weekend* (Clave: Omega).

PELLE, EL CONQUISTADOR *(Pelle erobreren, 1987)*

A partir de la larga novela homónima de Martin Andersen Naxo, el guionista y realizador Bille August hace una lenta y académica película de iniciación, que no solo gana la Palma de Oro del Festival de Cannes, sino también el Oscar reservado a la producción extranjera.

Cuenta cómo a finales del siglo XIX el viudo Lasse (Max von Sydow) y su joven hijo Pelle (Pelle Hvebegaard) llegan desde su Suecia natal hasta Dinamarca en busca de una vida mejor, pero acaban trabajando como mozos de cuadra en la rica granja Stone. Tras narrar a través de los ojos del niño los desgraciados amores de una joven que queda embarazada, mata a su hijo y es arrestada por la policía, y los de su padre con una viuda que resulta no serlo, así como los frustrados intentos de uno de los trabajadores por abandonar la granja y emigrar, es el propio Pelle quien la deja para dirigirse a América. Frente a la perfección del trabajo de Max von Sydow, destacan la simplicidad del de Pelle Hvebegaard, cuyo único atractivo es su infantil belleza, así como una sólida dirección de Bille August, que no puede ocultar un cierto tono de serie de televisión que tiene el conjunto.

Director y guionista: *Bille August*. Fotografía: *Jörgen Persson*. Música: *Stefan Nilsson*. Intérpretes: *Max von Sydow, Pelle Hvebegaard, Erik Paaske, Kristina Tornqvists*. Producción: *Per Holst. Color. Scope*. Duración: *150'. Dinamarca-Suecia*.

PENN, Arthur *(Filadelfia, Pennsylvania, Estados Unidos, 1922)*

Hijo de un relojero, comienza a estudiar literatura, pero debe abandonar sus estudios para combatir en la II Guerra Mundial y descubre su interés por el teatro organizando espectáculos para los soldados. En la posguerra prosigue sus estudios de literatura, pero también estudia arte dramático y debuta como actor de teatro. En 1951 es contratado como regidor por la cadena de televisión N.B.C., al año siguiente debuta como director y dos años más tarde escribe y realiza programas dramáticos en directo. En 1956 debuta como director de teatro en Broadway, donde trabaja con regularidad hasta mediados de la década de los sesenta, obtiene numerosos éxitos y nunca se aparta totalmente de él. Debuta como director de cine con tres películas que dejan muy claros sus orígenes televisivos: *El zurdo*, un *western* intelectual sobre el personaje de Billy the Kid escrito por Leslie Stevens a partir de la obra televisiva de Gore Vidal; *El milagro de Ana Sullivan*, adaptación de una obra de teatro de William Gibson, sobre la educación de una niña sordociega, que ya ha dirigido en teatro y televisión; y *Acosado*, una parábola antimaccarhtysta con demasiadas influencias europeas. Su cine gana en profundidad con *La jauría humana*, un encargo del productor Sam Spiegel sobre un guión de Lillian Hellman que describe el clima de violencia creado en un pueblo del Sur; pero sobre todo con su gran éxito *Bonnie y Clyde*, que, a partir de un buen guión de David Newman y Robert Benton, narra la vida de una pareja de ladrones de bancos durante la Depresión. Entre las irregulares *El restaurante de Alicia*, aburrido análisis de la juventud de finales de los años sesenta a través de la figura del cantante *country* Woody Guthrie; *Pequeño gran hombre*, fallido *western* paródico en torno a la famosa batalla de Little Big Horn, y *Missouri*, un intento de *western* convertido en enfrentamiento entre Marlon Brando y Jack Nicholson, rueda dos de sus mejores y menos conocidas películas: *La noche se mueve*, un policiaco tan personal como atractivo, escrito por Alan Sharp, y *Georgia*, un relato sobre la juventud, basado en un guión de Steven Tesich con una clara carga autobiográfica. Sus últimas películas carecen de todo atractivo, tanto a niveles argumentales como formales, e incluso parecen realizadas por otra persona, tanto la convencional historia de espionaje *Agente doble en Berlín*, como el aburrido policiaco *Muerte en el invierno* y la superficial crítica de la televisión *Penn and Teller Get Killed*.

1958 *The Left-Handed Gun* (El zurdo).
1962 *The Miracle Worker* (El milagro de Ana Sullivan).
1965 *Mickey One* (Acosado).
1966 *The Chase* (La jauría humana).
1967 *Bonnie and Clyde* (Bonnie y Clyde).
1969 *Alice's Restaurant* (El restaurante de Alicia).
1970 *Little Big Man* (Pequeño gran hombre).
1973 *Visions of Eight*, un episodio.
1975 *Night Moves* (La noche se mueve).
1976 *The Missouri Breaks* (Missouri).
1981 *Four Friends* (Georgia).
1985 *Target* (Agente doble en Berlín).
1987 *Dead of Winter* (Muerte en el invierno).
1989 *Penn and Teller Get Killed*.
1995 *Lumière y compañía*, un episodio.

PEORES AÑOS DE NUESTRA VIDA, LOS
(1994)

Siempre interesado por la comedia, Emilio Martínez-Lázaro tiene un gran éxito con la juvenil *Amo tu cama rica* (1991), lo que le hace volver a insistir en la misma línea para narrar cómo los hermanos Alberto (Gabino Diego) y Roberto (Jorge Sanz), que todavía viven con sus padres y parece que empiezan a trabajar, se enamoran de la atractiva María (Ariadna Gil). Narrada principalmente desde el punto de vista de Alberto, aunque también se incluya el de los otros dos personajes e incluso el de sus padres, se convierte en el protagonista absoluto en detrimento de los demás. Alberto es feo, extrovertido, pesimista y charlatán, frente a Roberto que es guapo, tímido y callado. Entre ambos se mueve la dubitativa María, que pasa de haber tenido una relación con un hombre casado a flotar entre ambos hermanos. Aunque es la primera película de Martínez-Lázaro basada en un guión ajeno, quizá sea su comedia más personal, pero esto no le impide caer en ciertas irregularidades, tanto por dar excesiva importancia al personaje de Alberto, llegando a hacer que Gabino Diego cante en inglés imitando a Frank Sinatra, como por atreverse a visualizar sus pensamientos e incluso, en la falsa escena del cine, le deja discutir con el hipotético director de la película, lo que significa jalonar la narración con pequeños chistes de muy desigual eficacia. Sin embargo, el conjunto funciona bien, tiene una sólida base realista y se sitúa entre las mejores comedias españolas de la primera mitad de los años noventa.

Director: *Emilio Martínez-Lázaro*. Guionista: *David Trueba*. Fotografía: *José Luis López Linares*. Música: *Michel Camilo*. Intérpretes: *Gabino Diego, Ariadna Gil, Jorge Sanz, Agustín González, Maite Blasco, Ayanta Barilli*. Producción: *Emilio Martínez-Lázaro y Fernando Trueba para Kaplan S.A. y Fernando Trueba P.C., Iberoamericana Films*. Color. Scope. Duración: 95'. *España*.

PÉPÉ-LE-MOKO *(1937)*

La historia del peligroso delincuente Pépé-Le-Moko (Jean Gabin), que vive escondido en la *casbah* de Argel y es perseguido por el inspector Slimane (Lucas Gridoux), pero, seducido por la belleza de Gaby (Mireille Balin), abandona su mundo para intentar seguirla y muere cuando ella se aleja de él, da lugar a una de las grandes películas de Julien Duvivier y una de las obras clave del realismo poético característico de los años anteriores a la II Guerra Mundial. Su éxito lleva a los norteamericanos a hacer la interesante versión *Argel* (Algiers, 1938), de John Cromwell, con Charles Boyer y Hedy Lamarr, que es el origen indirecto del conocido clásico *Casablanca* (1943), de Michael Curtiz, con Humphrey Bogart e Ingrid Bergman, y también a rodar la poco atractiva versión musical *Casbah* (1948), de John Berry, con Tony Martin, Yvonne de Carlo y Marta Toren.

Director: *Julien Duvivier*. Guionistas: *Julien Duvivier, Henri Jeanson*. Fotografía: *Jules Kruger, Marc Fossard*. Música: *Vincent Scotto, Mohamed Iguerbouchen*. Intérpretes: *Jean Gabin, Lucas Gridoux, Mireille Balin, Line Noro, Fernand Charpin, Gabriel Gabrio*. Producción: *Gargour*. Duración: 100'. *Francia*.

PEPPERMINT FRAPPÉ *(1967)*

El principio de la colaboración entre el realizador Carlos Saura, el productor Elías Querejeta y la actriz Geraldine Chaplin es una desigual trilogía sobre las relaciones hombre-mujer dentro del marco de la burguesía española de la época, integrada por la teatral *La madriguera* (1969), la fallida *Stress es tres, tres* (1968) y esta interesante producción, que marca el encuentro del guionista Rafael Azcona con el trío. Un tanto atípica dentro de las diez películas que Saura hace con Geraldine Chaplin, por primera y única vez encarna a una española, la enfermera Ana, morena y doblada, aunque, en compensación, también da vida a la extranjera Elena, rubia y con su voz. Narra cómo el reprimido médico cuarentón Julián (José Luis López Vázquez) transforma a su tímida enfermera española en la desinhibida mujer rubia extranjera de su amigo Pablo (Alfredo Mayo). Esta transformación, que recuerda mucho a la llevada a cabo por Scottie Ferguson (James Stewart) con Judy Barton (Kim Novak) para convertirla en Madeleine Elster (Kim Novak) en *De entre los muertos* (Vertigo, 1958), de Alfred Hitchcock, esta peculiar historia de amor, con un atípico triángulo amoroso que se rompe violentamente, en su momento representa una gran novedad dentro del cine español, en especial por la brillante fotografía de Luis Cuadrado, pero el paso de los años pesa demasiado sobre ella.

Director: *Carlos Saura*. Guionistas: *Carlos Saura, Rafael Azcona, Angelino Fons*. Fotografía: *Luis Cuadrado*. Música: *Luis de Pablo*. Intérpretes: *Geraldine Chaplin, José Luis López Vázquez, Alfredo Mayo*. Producción: *Elías Querejeta P. C*. Color. Duración: 90'. *España*.

PEQUEÑA LADRONA, LA *(La petite voleuse, 1988)*

Sobre un guión original de François Truffaut y Claude de Givray, el realizador Claude Miller hace una película muy en la línea del mejor Truffaut. Como si se tratase de una reencarnación del joven Antoine Doinel (Jean-Pierre Leaud) de *Los cuatrocientos golpes* (Les quatre cents coups, 1959), de François Truffaut, Miller narra las andanzas de la adolescente Janine Castang (Charlotte Gainsbourg). Abandonada por su madre, sus padres adoptivos la ponen a trabajar como criada para deshacerse de ella y sucesivamente se enamora de Michel (Didier Bezace), un hombre casado que quiere que aprenda mecanografía, y de Raoul (Simon de la Brosse), un apasionado del *moto-cross* que la lleva por primera vez al mar. Detenida por robo, es encerrada en un correccional, pero no tarda en fugarse con la ayuda de Marinette (Nathalie Cardone), descubrir que está embarazada y decidir tener el niño. Ambientada en los años sesenta, está rodada con emoción por Claude Miller y tiene un excelente trabajo interpretativo de la joven Charlotte Gainsbourg, hija del cantante Serge Gainsbourg y de la actriz Jane Birkin.

Director: *Claude Miller*. Guionistas: *Claude de Givray, François Truffaut*. Fotografía: *Dominique Chapuis*. Música: *Alain Jomy*. Intérpretes: *Charlotte Gainsbourg, Didier Bezace, Simon de la Brosse, Raoul Billerey, Clotilde de Bayser, Chantal Banlier, Nathalie Cardone*. Producción: *Renn Films. Color.* Duración: *110'. Francia.*

PERDICIÓN *(Double Indemnity, 1944)*

El agente de seguros Walter Neff (Fred MacMurray) cae en las redes de la rubia Phyllis Dietrichson (Barbara Stanwyck), le hace un seguro a su marido y la ayuda a asesinarle, mientras ella le engaña y son acorralados por el minucioso detective de la compañía de seguros Barton Keyes (Edward G. Robinson). A partir de la famosa novela negra homónima del especialista James M. Cain, otro gran escritor del mismo género Raymond Chandler y el propio realizador escriben una sólida adaptación, que en manos del director vienés Billy Wilder se convierte en uno de los grandes clásicos del cine negro. Narrada a lo largo de un *flashback* desde el punto de vista de Walter Neff y con su voz de fondo, debía concluir con su ejecución en la cámara de gas, pero en el último momento Wilder suprime esta escena del montaje definitivo. Esta brillante adaptación de una novela que durante muchos años el código Hays de censura impide llevar al cine, es la primera película de Hollywood en la que dos personas normales, encarnadas por estrellas conocidas, se transforman en asesinos, pero su gran éxito la convierte en el principio de una interminable serie.

Director: *Billy Wilder*. Guionistas: *Billy Wilder, Raymond Chandler*. Fotografía: *John F. Seitz*. Música: *Miklos Rozsa*. Intérpretes: *Fred MacMurray, Barbara Stanwyck, Edward G. Robinson, Tom Powers, Porter Hall, Jean Heather*. Producción: *Joseph Sistrom para Paramount*. Duración: *107'. Estados Unidos.*

PEREIRA DOS SANTOS, Nelson *(São Paulo, Brasil, 1928)*

Licenciado en derecho, escribe crítica de cine en el *Jornal do Brasil,* pasa una temporada en París, y regresa a su país para hacer algunos cortometrajes de carácter izquierdista y trabajar como ayudante de dirección. Marca su oposición al academicismo de la productora oficial Vera Cruz y la película *Cangaceiro* (1952), de Lima Barreto, al emplear los principios neorrealistas para rodar *Rio 40 graus,* que parte de los niños que venden cacahuetes por las calles para narrar cinco historias situadas en Rio de Janeiro, pero la miseria y los personajes marginados que muestra le hacen tener problemas con la censura. Prosigue su incompleta trilogía neorrealista con la menos lograda *Rio zona norte,* sobre el mundo de las *favelas* cariocas. Tras las irregulares *Mandacaru vermelho,* su primera incursión en el empobrecido mundo rural del nordeste, y *Boca de ouro,* sobre la obra teatral de Nelson Rodríguez, logra su mejor trabajo con *Vidas secas,* adaptación de la novela homónima de Graciliano Ramos, descripción realista de la lucha por la supervivencia de una mísera familia en el *sertão*. Convertido en el padre espiritual del movimiento renovador *cinema nôvo,* con el que colabora como montador y productor, prosigue su desigual trayectoria con *El justiciero,* sobre una novela de João Bethencourt, y *Fome de amor,* inspirada en la novela de Guilherme de Figueiredo. Tienen más interés las historias de época *Azyllo muito loco,* basada en un cuento de Machado de Assis, por sus críticas al papel represivo adoptado por la psiquiatría, y *Como era gostoso o meu francês*, que le permite oponerse a la versión oficial sobre los orígenes de Brasil y tiene problemas con la censura. Tras la pretenciosa y fallida historia de ciencia-ficción *Quem é Beta?*, las condiciones políticas más favorables le permiten hacer un cine más popular y directo con *O amuleto de Ogum*, duro alegato contra las supersticiones; *Tenda dos milagres*, sobre la novela de Jorge Amado, y *Na estrada da vida*, personal musical sobre dos vagabundos en el Brasil del desarrollo económico. Parte del relato autobiográfico de Graciliano Ramos para rodar *Memórias do cárcere*, uno de sus mejores trabajos, sobre su estancia en prisión durante los años treinta. Posteriormente hace *Jubiabá*, adaptación de una novela de Jorge Amado, sobre la amplia cultura africana existente en la ciudad de Bahía, y el vídeo *Drôle de guerre* (1987), en torno a los diarios de guerra del escritor Raymond Queneau. Más tarde da clases en la Universidad de Columbia, Nueva York, de igual modo que en etapas anteriores lo había hecho en la Universidad de Brasilia, y rueda *Cinema de lágrimas*, basada en una novela de Silvia Oroz, con quien escribe el guión, sobre los problemas de colonialismo y pobreza de su país.

1955 *Rio 40 graus.*
1957 *Rio zona norte.*
1961 *Mandacaru vermelho.*
1962 *Boca de ouro.*
1963 *Vidas secas.*
1966 *El justicero.*
1968 *Fome de amor.*
1970 *Azyllo muito loco.*
1971 *Como era gostoso o meu francês.*
1973 *Quem é Beta?*
1974 *O amuleto de Ogum.*
1977 *Tenda dos milagres.*
1980 *Estrada da vida.*
1982 *Un ladrão*, episodio de *Insônia.*
1983 *Memórias do cárcere.*
1986 *Jubiabá.*
1993 *A terceira margen do rio.*
1994 *Cinema de lágrimas.*

PERKINS, Anthony *(Nueva York, 1932-Hollywood, California, Estados Unidos, 1992)*
Hijo del olvidado actor del cine mudo Osgood Perkins, estudia en el Rollins College y en la Columbia University y debuta como actor en teatro y cine a principios de los años cincuenta. Entre los personajes que encarna en la primera parte de su carrera destacan el del *western* personal *Cazador de forajidos*, de Anthony Mann, y el de la historia de ciencia-ficción *La hora final*, de Stanley Kramer; pero sobre todo el de Norman Bates en el policiaco *Psicosis*, de Alfred Hitchcock, que le hace famoso. Durante los años sesenta protagoniza una sucesión de irregulares producciones europeas entre las que solo cabe señalar *El proceso*, de Orson Welles, donde encarna a Joseph K.; pero en los setenta regresa a los papeles secundarios en películas norteamericanas o francesas de menor interés. Ya en plena decadencia vuelve a hacer de Norman Bates en las mediocres *Psicosis II*, *Psicosis III*, que también dirige con gran torpeza, y *Psicosis IV* (1990), que realiza directamente para televisión.

Como director
1986 *Psycho III* (Psicosis III).
1988 *Lucky Stiff.*
Como actor
1953 *The Actress* (La actriz), de George Cukor.
1956 *Friendly Persuasion* (La gran prueba), de William Wyler.
1957 *Fear Strikes Out* (El precio del éxito), de Robert Mulligan. / *The Lonely Man* (Un hombre solitario), de Henry Levin. / *The Tin Star* (Cazador de forajidos), de Anthony Mann.
1958 *Barrage contre le Pacifique*, de René Clément. / *Desire Under the Elms* (Deseo bajo los olmos), de Delbert Mann. / *The Matchmaker* (La casamentera), de Joseph Anthony.
1959 *Green Mansions* (Mansiones verdes), de Mel Ferrer. / *On the Beach* (La hora final), de Stanley Kramer.
1960 *Tall Story* (Me casaré contigo), de Joshua Logan. / *Psycho* (Psicosis), de Alfred Hitchcock.
1961 *Goodbye Again* (No me digas adiós), de Anatole Litvak.
1962 *Phaedra* (Fedra), de Jules Dassin. / *The Trial* (El proceso), de Orson Welles. / *Five Miles to Midnight* (Un abismo entre los dos), de Anatole Litvak. / *La glaive et la balance* (Dos son culpables), de André Cayatte.
1963 *Une ravissante idiote* (Adorable idiota), de Edouard Molinaro.
1965 *The Fool Killer*, de Servando González.
1966 *Paris brûle-t-il?* (¿Arde París?), de René Clément.
1967 *Le scandale* (Champaña para un asesino), de Claude Chabrol.
1968 *Pretty Poison* (Un maravilloso veneno), de Noel Black.
1970 *Catch-22* (Trampa 22), de Mike Nichols. / *W.U.S.A.* (Un hombre de hoy), de Stuart Rosenberg.

1971 *La décade prodigieuse* (La década prodigiosa), de Claude Chabrol.
1972 *Quelqu'un derrière la porte* (Alguien detrás de la puerta), de Nicolas Gessner. / *The Life and Times of Judge Roy Bean* (El juez de la horca), de John Huston.
1973 *Play It As It Lays*, de Frank Perry.
1974 *Lovin' Molly*, de Sidney Lumet. / *Murder on the Orient Express* (Asesinato en el Oriente Exprés), de Sidney Lumet.
1975 *Mahogany* (Mahogany, piel de cabra), de Betty Gordy.
1979 *Remember My Name* (Recuerda mi nombre), de Alan Rudolph. / *The Black Hole* (Abismo negro), de Gary Nelson. / *Winter Kills* (El clan de los asesinos), de William Richert. / *North Sea Hijack* (Rescate en el Mar del Norte), de Andrew V. McLaglen.
1981 *Double Negative*, de George Bloomfield.
1983 *Psycho II* (Psicosis II), de Richard Franklin.
1984 *Crimes of Passion* (La pasión de China Blue), de Ken Russell.
1986 *Psycho III* (Psicosis III), de Anthony Perkins.
1989 *Edge of Sanity* (Al borde de la locura), de Gérard Kikoine. / *Destroyer* (Sombras de muerte), de Robert Kirk.
1991 *Der Mann Hebenan*, de Petaa Haffner. / *Los gusanos no llevaban bufanda*, de Javier Elorrieta.

PERSEGUIDO *(Pursued, 1947)*

Mientras Jeb Rand (Robert Mitchum) espera a que un grupo de hombres llegue para lincharlo, recuerda su vida: sus relaciones de niño huérfano con los Callum, su familia adoptiva; el hermano mayor Adam (John Rodney); al que con el tiempo acaba matando; la hermana Thorley (Teresa Wright), que termina convirtiéndose en su esposa, y la madre, Medora (Judith Anderson), que al final le cuenta por qué la familia Callum eliminó a la Rand. A partir de un excelente y poco habitual guión de Niven Busch, el minucioso narrador Raoul Walsh hace un *western* psicológico de gran complejidad, apoyado en una sucesión de *flashbacks,* que llega a tener tonalidades de tragedia. Con la ayuda de una intensa música del gran compositor Max Steiner y una excelente fotografía del reputado profesional James Wong Howe, el cuidadoso Walsh crea un apropiado clima, que también tiene algo de pesadilla, para ambientar esta peculiar historia en la que brilla la interpretación de un joven Robert Mitchum.

Director: *Raoul Walsh*. Guionista: *Niven Busch*. Fotografía: *James Wong Howe*. Música: *Max Steiner*. Intérpretes: *Robert Mitchum, Teresa Wright, Judith Anderson, Dean Jagger, John Rodney, Alan Hale, Harry Carey jr.* Producción: *Milton Sperling para United States/Warner.* Duración: *101'.* Estados Unidos.

PERSONA *(1966)*

Las complejas relaciones entre la actriz Elizabet Vogler (Liv Ullmann), que ha perdido el habla durante una representación teatral, y la enfermera Alma (Bibi Andersson), que la tiene a su cuidado en una despoblada isla, dan lugar a un complejo caso de vampirismo intelectual, en el que la primera se apodera de la salud de la segunda. Esta historia se sitúa entre las más complejas y atractivas creadas por el gran guionista y director Ingmar Bergman. La excelente fotografía de Sven Nykvist, su colaborador habitual durante esta etapa de su carrera, y el gran trabajo de la pareja formada por Bibi Andersson y Liv Ullmann hacen que tenga una gran intensidad este drama existencial sobre el tema del doble y la máscara, este proceso de ósmosis desarrollado entre dos mujeres que hace que una se convierta en la otra.

Director y guionista: *Ingmar Bergman*. Fotografía: *Sven Nykvist*. Música: *Lars-Johan Werle, Johann Sebastian Bach*. Intérpretes: *Bibi Andersson, Liv Ullmann, Gunnard Björnstrand*. Producción: *Allan Ekelund para Svensk Filmindustri.* Duración: *85'.* Suecia.

PETERS, Jean *(Elizabeth Jean. Canton, Ohio, Estados Unidos, 1926)*

Tras ser nombrada Miss Ohio, es contratada por los estudios 20th Century Fox y, a pesar de no tener experiencia como actriz y en tan solo ocho años, se convierte en una de las más bellas y mejores actrices del cine norteamericano de la primera mitad de la década de los cincuenta. Es una estupenda pirata en la exótica *La mujer pirata,* de Jacques Tourneur; la mujer de Emiliano Zapata en la politizada *¡Viva Zapata!,* de Elia Kazan; se enfrenta a Marilyn Monroe y la vence en su propio terreno en el policiaco *Niágara,* de Henry Hathaway, es una enamoradiza prostituta en la obra maestra del espionaje *Manos peligrosas,* de Samuel Fuller, y una sufrida india en *Apache,* de Robert Aldrich. Deja el cine, se especializa en millonarios y se casa sucesivamente con Stuart Cramer, el míti-

co Howard Hughes y el productor Stanley Hough.
1947 *Captain From Castile* (El capitán de Castilla), de Henry King.
1948 *Deep Waters* (Sombras en el mar), de Henry King.
1949 *It Happens Every Spring*, de Lloyd Bacon.
1950 *Love that Brute* (Quiero a este bruto), de Alexander Hall.
1951 *Take Care of My Little Girl*, de Jean Negulesco. / *Anne of the Indies* (La mujer pirata), de Jacques Tourneur. / *As Young as You Feel*, de Harmon Jones.
1952 *Wait Till the Sun Shines, Nellie*, de Henry King. / *Viva Zapata!*, de Elia Kazan. / *Lure of the Wilderness* (Un grito en el pantano), de Jean Negulesco. / *O. Henry's Full House* (Cuatro páginas de la vida), episodio de Jean Negulesco.
1953 *Niagara*, de Henry Hathaway. / *Vicki*, de Harry Horner. / *Pickup on South Street* (Manos peligrosas), de Samuel Fuller. / *A Blueprint for Murder*, de Andrew L. Stone.
1954 *Apache*, de Robert Aldrich. / *Broken Lance* (Lanza rota), de Edward Dmytryk. / *Three Coins in the Fountain* (Creemos en el amor), de Jean Negulesco.
1955 *A Man Called Peter*, de Henry Koster.

PETRI, Elio *(Roma, 1929-Roma, Italia, 1982)*
Abandona sus estudios por la militancia política en el Partido Comunista, el periodismo cinematográfico y la organización de cine clubs. Trabaja como ayudante y guionista de Giuseppe de Santis y coguionista de Gianni Puccini y Carlo Lizzani. Rueda algunos documentales y debuta en el largo con *El asesino*, policiaco psicológico de ambiente kafkiano, e *I giorni contati*, que describe la soledad y desesperación de un hombre de cincuenta años enfrentado con la muerte, sobre argumentos originales en los que colabora. Tras la fallida comedia de costumbres *Il maestro di Vigevano*, adaptación de una novela de Lucio Mastronardi, retrato de un maestro de escuela de provincias, y el pretencioso y torpe relato de ciencia-ficción *La décima víctima*, sobre una narración del especialista Robert Sceckley, encuentra su camino al hacer *A cada uno lo suyo*, sobre la incapacidad de los intelectuales para comprender la realidad, adaptación de la novela homónima de Leonardo Sciascia con la que comienza su colaboración con el guionista Ugo Pirro. El fracaso de la ambiciosa *Un tranquillo posto di campagna*, sobre la soledad del artista contemporáneo, le devuelve a sus películas de denuncia social, sobre guiones de Ugo Pirro y propios, con la conocida trilogía formada por *Investigación sobre un ciudadano libre de toda sospecha*, *La clase obrera va al paraíso* y *El amargo deseo de la propiedad*, retratos de la sociedad italiana a diferentes niveles, en cierta forma incompletos por su fealdad y torpeza narrativas. Después de la interesante *Todo modo*, una nueva adaptación de Sciascia, en esta ocasión sobre los mecanismos de funcionamiento de la Democracia Cristiana, rueda *Le mani sporche*, versión de la obra teatral de Jean-Paul Sartre, financiada por la televisión estatal, la R. A. I., y *Buone notizie*, peculiar policiaco que intenta atacar a los medios de comunicación de masas.
1961 *L'assassino* (El asesino).
1962 *I giorni contati*.
1963 *Il maestro di Vigevano*.
1964 *Peccato nel pomeriggio*, episodio de *Alta infedeltà*.
1965 *La decima vittima* (La décima víctima).
1967 *A ciascuno il suo* (A cada uno lo suyo).
1968 *Un tranquillo posto di campagna*.
1970 *Indagine su un cittadino al di sopra di ogni sospetto* (Investigación sobre un ciudadano libre de toda sospecha).
1971 *La classe operaia va in paradiso* (La clase obrera va al paraíso).
1973 *La proprietà non è più un furto* (El amargo deseo de la propiedad).
1976 *Todo modo*.
1978 *Le mani sporche*.
1979 *Buone notizie*.

PFEIFFER, Michelle *(Midway City, California, Estados Unidos, 1957)*
Estudia arte dramático en el colegio, trabaja como cajera en un supermercado mientras finaliza sus estudios y gana el concurso de Miss Condado de Orange. A finales de la década de los setenta empieza a hacer pequeños papeles en televisión y cine hasta que consigue uno importante en el musical *Grease 2* y destaca en *Lady Halcón* y *Las brujas de Eastwick*. Es seleccionada para el Oscar por su trabajo en *Las amistades peligrosas*, *Los fabulosos Baker Boys* y *Por encima de todo*, y se convierte en una estrella por sus brillantes interpretaciones en *La casa Rusia*, *Batman vuelve*, *La edad de la inocencia* y *Lobo*.
1979 *Falling in Love Again*, de Steven Paul. / *The Hollywood Knights*, de Floyd Mutrux.

1980 *Charlie Chan and the Curse of the Dragon Queen* (La maldición de la Reina Dragón), de Clive Donner.
1982 *Grease 2*, de Patricia Birch.
1983 *Scarface* (El precio del poder), de Brian de Palma.
1984 *Lady Hawk* (Lady Halcón), de Richard Donner.
1985 *Into the Night* (Cuando llega la noche), de John Landis.
1986 *Sweet Liberty* (Dulce libertad), de Alan Alda.
1987 *Amazon Women on the Moon* (Amazonas en la Luna), de John Landis. / *The Witches of Eastwick* (Las brujas de Eastwick), de George Miller.
1988 *Married to the Mob* (Casada con todos), de Jonathan Demme. / *Tequila Sunrise* (Conexión tequila), de Robert Towne. / *Dangerous Liaisons* (Las amistades peligrosas), de Stephen Frears.
1989 *The Fabulous Baker Boys* (Los fabulosos Baker Boys), de Steve Kloves.
1990 *The Russia House* (La casa Rusia), de Fred Schepisi. / *Love Field* (Por encima de todo), de Jonathan Kaplan.
1992 *Batman Returns* (Batman vuelve), de Tim Burton. / *Frankie and Johnny* (Frankie y Johnny), de Garry Marshall.
1993 *The Age of Innocence* (La edad de la inocencia), de Martin Scorsese.
1994 *Wolf* (Lobo), de Mike Nichols.
1995 *Dangerous Minds* (Mentes peligrosas), de John H. Smith.
1996 *Close and Personal* (Íntimo y personal), de Jon Avnet.

PHILIPPE, Gérard *(Cannes, 1922-París, Francia, 1959)*

Hijo de un hotelero de la Costa Azul, estudia arte dramático en Cannes y París. A principios de la década de los cuarenta es descubierto por el realizador Yves Allégret y comienza una breve y fulgurante carrera como actor de cine y, sobre todo, de teatro de la mano del director Jean Vilar. Tras ser el adolescente rebelde François en *Le diable au corps*, Fabrice de Dongo en *El prisionero de Parma* y Fausto en *La belleza del diablo*, se convierte en la gran estrella del cine francés de los años cincuenta. De manera paralela a sus triunfos teatrales, rueda *La ronda, Fanfán, el invencible, Mujeres soñadas, Los orgullosos, Monsieur Ripois, El rojo y el negro, Montparnasse 19* y *El puchero hierve*. Muerto a los treinta y siete años en plena gloria, su película póstuma es la irregular *Los ambiciosos*. Atraído por la personalidad juvenil y progresista del bandido flamenco Till Eulenspiegel, no solo lo encarna en *Les aventures de Till L'Espiège*, sino que también codirige la película en su única y fallida aventura como realizador de cine.

Como director
1956 *Les aventures de Till L'Espiège*, de Gérard Philippe y Joris Ivens.

Como actor
1944 *La boîte aux rêves*, de Yves Allégret. / *Les petites du quai aux fleurs*, de Marc Allégret.
1946 *Le pays sans étoiles*, de George Lacombe. / *L'idiot* (El idiota), de Georges Lampin.
1947 *Le diable au corps*, de Claude Autant-Lara. / *La chartreuse de Parme* (El prisionero de Parma), de Christian-Jaque.
1949 *Une si jolie petite plage*, de Yves Allégret. / *Tous les chemins mènent à Rome*, de Jean Boyer.
1950 *La beauté du diable* (La belleza del diablo), de René Clair. / *La ronde* (La ronda), de Max Ophüls. / *Souvenirs perdus*, de Christian-Jaque.
1951 *Juliette ou la clé des songes* (Julieta o la llave de los sueños), de Marcel Carné.
1952 *Fanfan la Tulipe* (Fanfán, el invencible), de Christian-Jaque. / *Les sept péchés capitaux* (El diablo siempre pierde), episodio de Georges Lacombe. / *Les belles de nuit* (Mujeres soñadas), de René Clair.
1953 *Les orgueilleux* (Los orgullosos), de Yves Allégret.
1954 *Si Versailles m'était conté* (Si Versalles pudiera hablar), de Sacha Guitry. / *Monsieur Ripois*, de René Clément. / *Villa Borghese*, de Gianni Franciolini. / *Le rouge et le noir* (El rojo y el negro), de Claude Autant-Lara.
1955 *Les grandes manoeuvres* (Las maniobras del amor), de René Clair. / *Si Paris m'était conté*, de Sacha Guitry. / *La meilleure part* (Niebla en las cumbres), de Yves Allégret.
1956 *Les aventures de Till L'Espiège*, de Gérard Philippe y Joris Ivens.
1957 *Pot-bouille* (El puchero hierve), de Julien Duvivier.
1958 *La vie à deux*, de Clément Duhour. / *Le joueur* (El jugador), de Claude Autant-Lara. / *Montparnasse 19*, de Jacques Becker.
1959 *Les liaisons dangereuses* (Relaciones peligrosas), de Roger Vadim. / *La fièvre monte à El Pao* (Los ambiciosos), de Luis Buñuel.

PIALAT, Maurice *(Cunlhat, Francia, 1925)*

Estudia pintura en escuelas de artes decorativas y bellas artes y llega a ser pintor profesional, pero no tiene éxito y, tras fracasar en otros oficios, se acerca al teatro y finalmente al cine a principios de los años sesenta. Mientras trabaja como ayudante de dirección, rueda algunos cortometrajes, entre los que destacan *L'amour existe* (1960) y *Janine* (1961), y documentales para la serie *Les chroniques de France*. Debuta en el largo con *L'enfance nue*, que le producen los directores Claude Berri y François Truffaut, un interesante estudio sobre niños adoptados, a medio camino entre la realidad y la ficción, interpretado por actores no profesionales y por él mismo, que tiene un marcado tono autobiográfico. Sus buenas críticas le permiten entrar en la televisión y rodar más tarde *No envejeceremos juntos,* sobre la separación de un matrimonio, una comedia dramática rodada en largos y complejos planos que constituye su mayor éxito. El fracaso de *La gueule ouverte,* una austera producción rodada con pocos medios sobre el problema del cáncer y la muerte, le devuelve a la televisión. Regresa al cine para hacer las más interesantes *Passe ton bac d'abord,* en torno a los adolescentes de una región minera, y *A nuestros amores,* buen retrato de una jovencita sin prejuicios sexuales, donde vuelve a mezclar con habilidad la realidad y la ficción. Por ser producciones más caras, es más conocida la trilogía, protagonizada por Gérard Depardieu, donde crea sólidos personajes masculinos, formada por *Loulou,* sobre los amores entre un marginado y una pequeña burguesa; *Police,* un tradicional policiaco sobre el juego de la verdad y la mentira, y *Sous le soleil de Satan,* controvertida adaptación de la novela homónima de Georges Bernanos sobre la vida de un cura rural. Su obra maestra es *Van Gogh,* una biografía sobre los últimos años de la vida del famoso pintor holandés en la que, una vez más, consigue que la realidad y la ficción se mezclen para crear una personal narración. Vuelve a colaborar con Depardieu en *Le garçu,* sobre las relaciones entre un padre y su hijo pequeño.

1968 *L'enfance nue.*
1972 *Nous ne vieillirons pas ensemble* (No envejeceremos juntos).
1974 *La gueule ouverte.*
1979 *Passe ton bac d'abord.*
1980 *Loulou.*
1983 *À nos amours* (A nuestros amores).
1985 *Police.*
1987 *Sous le soleil de Satan.*
1991 *Van Gogh.*
1995 *Le garçu.*

PICAZO, Miguel *(Cazorla, Jaén, España, 1927)*

Educado en Guadalajara, estudia derecho y se licencia en dirección en el Instituto de Investigaciones y Experiencias Cinematográficas con la práctica *Habitación de alquiler* (1960). Debuta con *La tía Tula,* adaptación de la novela de Miguel de Unamuno, brillante cuadro de la más aburrida vida provinciana a través del retrato de una mujer frustrada. Tras el fracaso de la ambiciosa *Oscuros sueños de agosto,* en gran parte debido a la acción de la censura del general Franco y la muerte de su productor Cesáreo González, realiza más de setenta programas dramáticos para televisión. Al principio de la democracia hace dos películas tan diferentes como *El hombre que supo amar,* biografía realista de san Juan de Dios producida por su propia Orden, y *Los claros motivos del deseo,* donde insiste en su descripción del mundo provinciano, pero ahora a través de las relaciones entre unos jóvenes. El fracaso de ambas le devuelve a televisión, de donde solo sale, gracias a la llamada Ley Miró de subvenciones anticipadas, para rodar *Extramuros,* irregular adaptación de la novela homónima de Jesús Fernández Santos sobre la vida en un convento de clausura durante el reinado de Felipe II, que se convierte en su última película.

1964 *La tía Tula.*
1967 *Oscuros sueños de agosto.*
1976 *El hombre que supo amar. / Los claros motivos del deseo.*
1985 *Extramuros.*

PICCOLI, Michel *(París, Francia, 1925)*

Licenciado en letras, estudia arte dramático con René Simon, a principios de los años cuarenta debuta como actor de teatro y poco después de cine. Mientras en teatro no tarda en tener papeles de gran responsabilidad, en cine pasa casi veinte años encarnando a personajes secundarios entre los que destacan los de *French Cancan,* de Jean Renoir, y, sobre todo, el de *La muerte en este jardín,* de Luis Buñuel, origen de una larga amistad que les lleva a volver a colaborar en *Diario de una camarera, Bella de día, La Vía Láctea, El discreto encanto de la burguesía* y *El fantasma de la libertad.* Durante los años sesenta trabaja también con Jean-Luc Godard en *El desprecio,* con Alain Resnais en

La guerra ha terminado, con Jacques Demy en *Las señoritas de Rochefort,* y con Alfred Hitchcock en *Topaz.* Sin embargo, sus mejores papeles los hace en la siguiente década, bajo la dirección de Marco Ferreri en *Dillinger ha muerto, La audiencia, La gran comilona, No tocar a la mujer blanca, La cagna, La última mujer,* y de Claude Sautet en *Las cosas de la vida, Max y los chatarreros, Tres amigos, sus mujeres y los otros* y *Mado.* También destaca su trabajo en *Relaciones sangrientas,* de Claude Chabrol; *Tamaño natural,* de Luis G. Berlanga, *El trío infernal,* de Francis Girod; *Todo modo,* de Elio Petri; *Salto en el vacío,* de Marco Bellocchio. Durante los años ochenta dedica demasiado tiempo a la producción y la política, pero también brilla su trabajo en *Una habitación en la ciudad,* de Jacques Demy; *Péril en la demeure,* de Michel Deville, y *La puritaine,* de Jacques Doillon. Entre sus últimas películas sobresalen *Milou en mayo,* de Louis Malle, y *Marta y yo,* de Jiri Weiss, donde encarna al protagonista.

1945 *Sortilèges*, de Christian-Jaque.
1948 *Le point du jour*, de Louis Daquin. / *Le parfum de la dame en noir*, de Louis Daquin.
1950 *Sans laisser d'adresse*, de Jean-Paul Le Chanois.
1953 *Destinées* (Destinos de mujer), episodio de Jean Delannoy.
1954 *Interdit de séjour*, de Maurice de Canonge. / *Marie-Antoinette* (María Antonieta), de Jean Delannoy. / *Tout chante autour de moi*, de Albert Gout.
1955 *French Cancan*, de Jean Renoir. / *Les mauvaises rencontres*, de Alexandre Astruc.
1956 *La mort en ce jardin* (La muerte en este jardín), de Luis Buñuel.
1957 *Rafles sur la ville*, de Pierre Chenal. / *Nathalie* (Natalia), de Christian-Jaque. / *Les sorcières de Salem*, de Raymond Rouleau.
1958 *Tabarin* (Siempre te quise), de Richard Pottier.
1959 *La bête à l'affût*, de Pierre Chenal. / *La dragée haute*, de Kerchner.
1960 *Le bal des espions*, de M. Clément. / *Le vergini di Roma*, de Carlo Ludovico Bragaglia.
1961 *Le rendez-vous* (La cita), de Jean Delannoy. / *Climâts* (Climas), de Stellio Lorenzi.
1962 *Le doulos* (El confidente), de Jean-Pierre Melville. / *Le jour et l'heure* (El día y la hora), de René Clément.
1963 *Le mépris* (El desprecio), de Jean-Luc Godard. / *Le journal d'une femme de chambre* (Diario de una camarera), de Luis Buñuel.
1964 *De l'amour*, de Jean Aurel. / *Marie-Soleil*, de Antoine Bourseiller. / *Le coup de grâce*, de Jean Cayrol.
1965 *Lady L*, de Peter Ustinov. / *Compartiment tueurs* (Los raíles del crimen), de Costa-Gavras. / *La curée* (El engaño), de Roger Vadim. / *Les ruses du diable*, de Paul Vecchiali. / *Les créatures* (Las criaturas), de Agnes Varda.
1966 *Paris brûle-t-il?* (¿Arde París?), de René Clément. / *La guerre est finie* (La guerra ha terminado), de Alain Resnais. / *Les demoiselles de Rochefort* (Las señoritas de Rochefort), de Jacques Demy. / *Un homme de trop* (Sobra un hombre), de Costa-Gavras. / *La voleuse*, de Jean Chapot.
1967 *Belle de jour* (Bella de día), de Luis Buñuel. / *Benjamin ou les memoires d'un puceau* (Benjamín), de Michel Deville. / *Mon amour, mon amour*, de Nadine Trintignant.
1968 *La chamade* (El amor es un extraño juego), de Alain Cavalier. / *Diabolik*, de Mario Bava. / *La voie lactée* (La Vía Láctea), de Luis Buñuel. / *La prisonnière*, de H. G. Clouzot.
1969 *Topaz*, de Alfred Hitchcock. / *Les choses de la vie* (Las cosas de la vida), de Claude Sautet. / *Dillinger è morto* (Dillinger ha muerto), de Marco Ferreri.
1970 *L'invitata* (La invitada), de Vittorio de Seta. / *Max et les ferrailleurs* (Max y los chatarreros), de Claude Sautet.
1971 *La poudre d'escampette*, de Philippe de Broca. / *L'udienza* (La audiencia), de Marco Ferreri. / *La décade prodigieuse* (La década prodigiosa), de Claude Chabrol.
1972 *Le charme discret de la bourgeoisie* (El discreto encanto de la burguesía), de Luis Buñuel. / *L'attentat* (El atentado), de Yves Boisset. / *Les noces rouges* (Relaciones sangrientas), de Claude Chabrol. / *La cagna*, de Marco Ferreri. / *Themroc*, de Claude Faraldo. / *La femme en bleu* (La dama de azul), de Michel Deville.
1973 *La grande abbuffata* (La gran comilona), de Marco Ferreri. / *Non toccare la donna bianca* (No tocar a la mujer blanca), de Marco Ferreri. / *Tamaño natural*, de Luis G. Berlanga.
1974 *Le trio infernal* (El trío infernal), de Francis Girod. / *Le fantôme de la liberté* (El fantasma de la libertad), de Luis Buñuel. / *Vincent, François, Paul et les autres* (Tres amigos, sus mujeres y... los otros), de Claude Sautet. / *Der Dritte Grad*, de Peter Fleischman.
1975 *Sept morts sur ordonnance* (Siete muertos por prescripción facultativa), de Jacques Rouffio. / *Leonor*, de Juan Luis Buñuel.
1976 *Mado*, de Claude Sautet. / *L'ultima donna* (La última mujer), de Marco Ferreri. / *René la canne*, de Francis Girod. / *La part du feu* (Poder y corrupción), de Étienne Périer.
1977 *L'état sauvage*, de Francis Girod. / *Le sucre*, de Jacques Rouffio. / *F comme Fairbanks*, de Maurice Dugowson. / *Des enfants gâtés* (Los inquilinos), de Bertrand Tavernier.

1978 *Todo modo*, de Elio Petri. / *L'imprécateur*, de Jean-Louis Bertucelli. / *La petite fille en velours bleu* (La pequeña de terciopelo azul), de Alan Bridges.
1979 *Le mors aux dents*, de Laurent Heynemann. / *Salto nel vuoto* (Salto en el vacío), de Marco Bellocchio.
1980 *Atlantic City*, de Louis Malle. / *Les uns et les autres* (Los unos y los otros), de Claude Lelouch.
1981 *La fille prodigue*, de Jacques Doillon. / *La passante du Sans-Souci* (Testimonio de mujer), de Jacques Rouffio. / *Une étrange affaire*, de Pierre Granier-Deferre. / *Espion, lève-toi*, de Yves Boisset.
1982 *Passion* (Pasión), de Jean-Luc Godard. / *Le prix du danger* (El precio del peligro), de Yves Boisset. / *Une chambre en ville* (Una habitación en la ciudad), de Jacques Demy. / *Oltre la porta* (Detrás de la puerta), de Liliana Cavani. / *Que les gros salaires lèvent le doigt*, de Pierre Granier-Deferre. / *Gli occhi, la bocca*, de Marco Bellocchio.
1983 *La diagonale du fou* (La diagonal del loco), de Richard Dembo. / *Il générale dell'armata morta* (El general de la armada muerta), de Luciano Tovoli.
1984 *Viva la vie*, de Claude Lelouch. / *Success Is the Best Revenge* (El éxito es la mejor venganza), de Jerzy Skolimowski.
1985 *Péril en la demeure*, de Michel Deville. / *Partir, revenir*, de Claude Lelouch. / *Adieu Bonaparte*, de Yussef Chahine.
1986 *Mon beau-frère a tué ma soeur*, de Jacques Rouffio. / *Mauvais sang* (Mala sangre), de Leos Carax. / *Le paltoquet*, de Michel Deville. / *La puritaine*, de Jacques Doillon.
1987 *La rumba*, de Roger Hanin. / *Terre étrangère*, de Bondy. / *L'homme voilé*, de Maroun Bagdadi. / *Maladie d'amour*, de Jacques Deray.
1988 *Come sono buoni i bianchi* (Los negros también comen), de Marco Ferreri. / *Blanc de chine*, de Pierre Granier-Deferre.
1989 *Milou en mai* (Milou en mayo), de Louis Malle.
1990 *Martha und Ich* (Marta y yo), de Jiri Weiss.
1991 *Les equilibristes*, de Nico Papatakis.
1992 *Archipel*, de Pierre Granier-Deferre.
1993 *Rupture(s)*, de Christine Citti.
1994 *Les cent et une nuits* (Las cien y una noches), de Agnes Varda.

PICKPOCKET *(1959)*

Con la historia del carterista profesional Michel (Martin Lasalle), su pasión por el robo y su compleja relación con la joven Jeanne (Marika Green), el guionista y director Robert Bresson cierra su trilogía sobre la soledad, rodada durante la década de los cincuenta y también integrada por *Diario de un cura rural* (Le journal d'un curé de campagne, 1950) y *Un condenado a muerte se ha fugado* (Un comdamné à mort s'est échappé, 1956). Con el minucioso relato de las técnicas del carterista y la rigurosa descripción de su historia de amor, Bresson logra por primera vez en su obra una exacta correspondencia entre el ascetismo jansenista de la narración, la sobriedad interpretativa de unos actores no profesionales y la cada vez mayor austeridad de su personal estilo. Si en sus anteriores películas todavía quedan restos de realismo, con esta, la primera basada en un guión original suyo, comienza un alejamiento que le lleva cerca de la pura abstracción en sus sucesivas y fascinantes producciones.

Director y guionista: *Robert Bresson*. Fotografía: *Léonce-Henry Burel*. Música: *Jean-Baptiste Lulli*. Intérpretes: *Martin Lasalle, Marika Green, Pierre Leymarie, Jean Pélegri, Pierre Étaix*. Producción: *Agnés Delahaie para Les Films Delahaie*. Duración: *75'. Francia.*

PICNIC EN HANGING ROCK *(Picnic at Hanging Rock, 1975)*

El 14 de febrero de 1900 las alumnas de un elegante internado para señoritas de Australia del Sur parten de excursión a Hanging Rock; a la hora de comer, los relojes se paran, las muchachas se duermen y desaparecen tres alumnas y una profesora. El atractivo de esta fascinante película fantástica reside tanto en la eficaz atmósfera creada por el realizador Peter Weir para el desarrollo de la historia, como en que no se da ninguna explicación lógica sobre el hecho central en torno al que gira la acción. Basada en hechos reales, pero adaptada de una novela de Joan Lindsay, el director Peter Weir se da a conocer internacionalmente con esta producción que, al igual que su restante obra australiana, se basa en la oposición entre cultura y naturaleza.

Director: *Peter Weir*. Guionista: *Cliff Green*. Fotografía: *Russell Boyd*. Música: *Bruce Smeaton*. Intérpretes: *Rachel Roberts, Dominic Guard, Helen Morse, Jacki Weaver, Vivian Gray, Kirsty Child*. Producción: *Hal McElroy y Jim McElroy para Australia Film Corporation, Picnic Productions. Color.* Duración: *115'. Australia.*

PIM, PAM, PUM... ¡FUEGO! *(1975)*

Después del éxito de *Tormento* (1974), sobre una novela de Benito Pérez Galdós que transcurre en el Madrid de finales del siglo XIX, y antes de *La Corea* (1976), que enlaza con ella al narrar las desventuras de un muchacho que al llegar a Madrid se encuentra con el rodaje de dicha película en la estación de Atocha, Pedro Olea dirige para el productor José Frade la segunda parte de su trilogía madrileña. Sobre guión de Rafael Azcona y suyo narra, en el duro Madrid de principios de los años cuarenta, entre la miseria y las cartillas de racionamiento, las relaciones entre Paca (Concha Velasco), una corista sin trabajo que debe cuidar de su padre (José Orjas) y busca un puesto en la compañía de revista de Celia Gámez, Luis (José María Flotats), un maquis que quiere huir a Francia, pero no tiene los papeles en regla, y Julio (Fernando Fernán-Gómez), un enriquecido estraperlista, que acaba convirtiéndose en su amante y poniéndole un piso. Rodada con una cierta amplitud de medios, trata de unir demasiados elementos dispersos en medio de una selección de canciones de la época entre las que destacan *Tatuaje, No te mires en el río, Mírame* y *Tiroliro.*

Director: *Pedro Olea.* Guionistas: *Pedro Olea, Rafael Azcona.* Fotografía: *Fernando Arribas.* Música: *Carmelo Bernaola.* Intérpretes: *Concha Velasco, José María Flotats, Fernando Fernán-Gómez, José Orjas.* Producción: *José Frade P.C. Color. Scope.* Duración: *102'. España.*

PIRATA, LA *(La pirate, 1984)*

Escrita y dirigida por Jacques Doillon, con excelente música de Philippe Sarde y perfecta fotografía en color y Scope de Bruno Nuytten, desarrolla uno de sus característicos *huis clos,* pero esta vez va más lejos que en otras ocasiones. El reencuentro de la atractiva Carol (Maruschka Detmers) y la andrógina Alma (Jane Birkin) da lugar a una tensa situación única, ambientada sucesivamente en un hotel de París, en otro de Dunkerke y en el *ferry-boat* que les lleva al Reino Unido, en que ambas dicen amarse y odiarse mientras se besan, acarician, lloran y se pegan. Sobre un telón de fondo donde aparecen desdibujados Andrew, el marido de Alma —encarnado por su hermano en la vida real Andrew Birkin—, su amigo y quinto personaje (Philippe Léotard) y una extraña niña (Laure Marsac), que juega con un revólver, dispara sobre Alma y pone punto final a la narración. Más allá del excelente trabajo de las dos protagonistas y su repetitiva e intensa relación afectiva, sobra el demasiado exagerado quinto personaje y brilla el perfecto empleo del Scope realizado por Doillon.

Director y guionista: *Jacques Doillon.* Fotografía: *Bruno Nuytten.* Música: *Philippe Sarde.* Intérpretes: *Jane Birkin, Maruschka Detmers, Andrew Birkin, Philippe Léotard, Laure Marsac.* Producción: *Olivier Lorsac. Color. Scope.* Duración: *90'. Francia.*

PISITO, EL *(1958)*

A mediados de la década de los cincuenta, el italiano Marco Ferreri llega a Madrid como representante de la parte italiana de la coproducción *Toro bravo* (1956) —una conflictiva película rodada por Vittorio Cottafavi, pero montada por sus productores—, conoce al humorista gráfico y escritor Rafael Azcona y debuta como director con un guión escrito entre ambos a partir de su novela homónima. Narra cómo los eternos novios Rodolfo (José Luis López Vázquez) y Petrita (Mary Carrillo) deciden, ante la imposibilidad de encontrar un piso donde vivir, que él se case con la anciana doña Martina (Concha López Silva) para que a su muerte le subroguen el contrato de su casa; pero una vez celebrada la boda, la vieja recupera la salud y tarda más de dos años en morirse. Narrada en largos planos que reflejan con fuerza la cruda realidad de la época, su logrado tono de humor negro hace que apenas sea atacada por la censura del general Franco, en contra de lo que ocurre con *El inquilino* (1958), de José Antonio Nieves Conde, realizada de manera simultánea y que trata también el acuciante tema de la vivienda. Estrenada de mala manera ante la indiferencia de crítica y público, no solo es la primera de las tres películas rodadas por Ferreri en España, sino el comienzo de su larga carrera y el principio de su fructífera colaboración con Azcona. Dada la calidad de extranjero de Ferreri y por problemas sindicales, también aparece firmada por Isidoro M. Ferry, un productor que más tarde dirige un par de olvidadas películas, y que solo se ocupa de la producción a través de la marca Documento Films.

Dirección: *Marco Ferreri.* Guionistas: *Rafael Azcona, Marco Ferreri.* Fotografía: *Francisco Sempere.* Intérpretes: *José Luis López Vázquez, Mary Carrillo, Concha López Silva, J. Cordero, Celia Conde.* Producción: *Isidoro M. Ferry para Documento Films.* Duración: *87'. España.*

PISTOLERO, EL *(The Gunfighter, 1950)*

A principios de los años cincuenta aparece un nuevo tipo de *western* psicológico que muy poco o nada tiene que ver con la pura acción que hasta entonces ha caracterizado el género. Esta atractiva producción del guionista Nunnally Johnson para 20th Century Fox, realizada con extremada habilidad por Henry King y rodada en gran parte en interiores, es una de las primeras de la nueva moda y su éxito la consolida. El pistolero Jimmie Ringo (Gregory Peck) solo es un *cowboy* perseguido por su fama de buen tirador, obligado a huir por haber matado a un muchacho que le ha provocado, que regresa con su mujer Peggy Walsh (Helen Westcott) con la esperanza de poder volver a su vida anterior. Gracias a la ayuda del *sheriff* Strett (Millard Mitchell) está a punto de conseguirlo, pero es víctima de otra provocación y decide dejarse matar por el joven Hunt Bromley (Skip Homeier), que ocupa su lugar y se ve obligado a vivir de la misma manera. Basado en hechos reales, es un *western* ambicioso y eficaz que se sitúa entre las mejores películas del realizador Henry King y contiene un excelente trabajo de Gregory Peck.

Director: *Henry King*. Guionistas: *William Bowers, William Sellers*. Fotografía: *Arthur Miller*. Música: *Alfred Newman*. Intérpretes: *Gregory Peck, Helen Westcott, Millard Mitchell, Jean Parker, Karl Malden, Skip Homeier*. Producción: *Nunnally Johnson para 20th Century Fox*. Duración: *84'. Estados Unidos*.

PITT, Brad *(William Bradley Pitt. Shawnes, Oklahoma, Estados Unidos, 1964)*

Hijo de un camionero y una maestra, comienza a estudiar periodismo en la Universidad de Missouri, pero en cuanto puede se va a Los Ángeles y comienza a hacer pequeños papeles en televisión y más tarde también en cine. Destaca por un personaje secundario en *Thelma y Louise* y poco después protagoniza *Johnny Suede* y *El río de la vida*. En su corta filmografía destaca su trabajo en *Kalifornia* y *Entrevista con el vampiro*.

1989 *Happy Together* (Juntos pero no revueltos), de Mel Damski. / *Cutting Class* (Clase sangrienta), de Rospo Pallenberg.
1990 *Across the Tracks*, de Sandy Tung.
1991 *Thelma and Louise* (Thelma y Louise), de Ridley Scott. / *Johnny Suede*, de Tom DiCillo.
1992 *Cool World* (Una rubia entre dos mundos), de Ralph Bakshi. / *A River Runs Through It* (El río de la vida), de Robert Redford.
1993 *Kalifornia*, de Dominic Sena. / *True Romance* (Amor a quemarropa), de Tony Scott.
1994 *Interview With the Vampire* (Entrevista con el vampiro), de Neil Jordan. / *Legends of the Fall* (Leyendas de pasión), de Edward Zwick. / *The Favor* (El favor), de Donald Petrie.
1995 *Seven*, de David Fincher. / *Twelve Monkeys* (Doce monos), de Terry Gilliam.

PLACER, EL *(Le plaisir, 1952)*

A partir de tres cuentos del famoso escritor Guy de Maupassant, el genial Max Ophüls escribe en colaboración con Jacques Natanson y dirige con su habitual barroquismo tres episodios que constituyen una de sus mejores películas. En *La máscara* (La masque) el anciano Ambroise (Jean Galland), obsesionado por conservar la perdida juventud, acude todas las noches a bailar al Palais de la Danse con una careta de joven hasta caer agotado. En *La casa Tellier* (La maison Tellier) la *madame* Julie Tellier (Madeleine Renaud) cierra su casa en la Manche para ir con sus pupilas a la de su hermano Joseph Rivet (Jean Gabin) en Normandía para asistir a la primera comunión de su sobrina. En *La modelo* (Le modèle) la joven Joséphine (Simone Simon) intenta suicidarse cuando el pintor Jean (Daniel Gélin) trata de romper con ella, queda paralítica, se casan y él la cuida amorosamente. Presentados y acompañados por la voz de fondo de Jean Servais, el brillante conjunto es mal acogido en su momento en Francia por una crítica chauvinista a la que parece mal que el alemán Ophüls les relate cuentos del francés Maupassant, pero no tarda en ser defendida por la nueva crítica desde las páginas de la revista especializada *Cahiers du Cinéma* y hace tiempo que se sitúa entre las grandes obras de su autor.

Director: *Max Ophüls*. Guionistas: *Jacques Natanson, Max Ophüls*. Fotografía: *Christian Matras, Philippe Agostini*. Música: *Joe Hayos, Maurice Yvain*. Intérpretes: *Claude Dauphin, Gaby Morlay, Jean Galland, Jean Gabin, Madeleine Renaud, Danielle Darrieux, Simone Simon, Daniel Gélin*. Producción: *Edouard Harispuru y Ben Barkay para Stera Films, C.C.F.C.* Duración: *97'. Francia*.

PLÁCIDO *(1961)*

A pesar de estar escrita también por sus viejos colaboradores José Luis Colina y José Luis Font, esta primera colaboración entre el realizador Luis G. Berlanga y el humorista y guionista Rafael Azcona está dominada por este último, y marca el final de la primera parte de la obra de Berlanga, caracterizada por un alegre neorrealismo, y el comienzo de la segunda, donde su humor se tiñe de negro. Ambientada en una pequeña ciudad de provincias, gira en torno a una campaña de Navidad que, bajo el lema «Siente un pobre a su mesa», han promovido las mujeres de las fuerzas vivas de la localidad. Está relatada desde el punto de vista de Plácido (Cassen), contratado para trabajar en la cabalgata, y a quien ese mismo día vence una de las letras de su motocarro. Rodeado de la falsa caridad manipulada de los organizadores de la campaña, Plácido lucha contra la mala voluntad de bancos, notarios y quienes podían ayudarle a pagar la letra y evitar el embargo de su medio de trabajo. Finalmente consigue su propósito, pero llega tarde a su casa con su familia y sin ganas de celebrar la Nochebuena, mientras se oye el villancico: «En esta tierra no hay caridad, ni nunca la ha habido, ni nunca la habrá». Después de salvar múltiples problemas con la censura del general Franco, que hace variar el título original e incluir múltiples cambios, se estrena con cierto éxito y se convierte en uno de los mejores frutos de la colaboración entre Berlanga y Azcona.

Director: *Luis G. Berlanga.* Guionistas: *Luis G. Berlanga, Rafael Azcona, José Luis Colina, José Luis Font.* Fotografía: *Francisco Sempere.* Música: *Miguel Asins Arbó.* Intérpretes: *Cassen, José Luis López Vázquez, Elvira Quintillá, Manuel Alexandre, Amelia de la Torre.* Producción: *Alfredo Matas para Jet Films.* Duración: 85'. España.

POGGIOLI, Ferdinando Mario *(Bolonia, 1897-Roma, Italia, 1945)*

Estudia comercio, pero, interesado por el cine, comienza a trabajar como ayudante de montaje, ayudante de dirección y montador, antes de realizar algunos documentales. Debuta en el largo con *Arma bianca,* basada en una comedia de Alessandro de Stefani, que narra una aventura policiaca del conquistador Giacomo Casanova, y *Ricchezza senza domani,* sobre la comedia de Fabrizio Sarazani, en torno a una curiosa fábula amorosa, pero solo consigue su primer éxito con *Addio, giovinezza!,* adaptación de la comedia de Sandro Camasio y Nino Oxilia, que cuenta con fuerza una historia sentimental en un bien ambientado Turín de 1910. Tras *L'amore canta,* comedia basada en una olvidada película sueca, realiza uno de sus mejores trabajos en *Sissignora,* que parte de la novela de Flavia Steno para narrar el drama de la criada enamorada de su señorito que sacrifica su vida para cuidar a un niño enfermo. Convertido en uno de los grandes adaptadores italianos de novelas y obras de teatro rueda *La bisbetica domata,* versión de la comedia de William Shakespeare situada en la época en los alrededores de Roma; *La morte civile,* segunda versión del drama de Paolo Giacometti, y *Gelosia,* que parte de la novela de Luigi Capuana para contar la historia del noble celoso que asesina al campesino casado con su amante. Sus últimas películas son *L'amico delle donne,* adaptación de una obra de Alexandre Dumas que transcurre en París a finales del siglo XIX; su obra maestra, *Le sorelle Materassi,* perfecta versión de la novela de Aldo Palazzeschi sobre las relaciones entre dos tías y su atractivo sobrino, e *Il cappello da prete,* basada en una novela de Emilio de Marchi, ambientada en Nápoles a finales del siglo XIX. Se suicida con gas en febrero de 1945, antes de cumplir el medio siglo, es uno de los grandes directores de finales de la etapa fascista y pudo convertirse en uno de los mejores del cine italiano de la posguerra.

1936 *Arma bianca.*
1939 *Ricchezza senza domani.*
1940 *Addio giovinezza.*
1941 *L'amore canta.* / *Sissignora.*
1942 *La bisbetica domata.* / *La morte civile.* / *Gelosia.* / *L'amico delle donne.*
1943 *Le sorelle Materassi.* / *Il cappello da prete.*

POITIER, Sidney *(Miami, Florida, Estados Unidos, 1924)*

Hijo de campesinos negros de una pequeña isla de las Bahamas, ejerce muy diferentes oficios antes de alistarse en el Ejército. Una vez licenciado comienza a trabajar como tramoyista y luego como actor en el American Negro Theatre. Sus éxitos teatrales le hacen debutar en cine y desarrollar una interesante actividad en *Semilla de maldad,* de Richard Brooks; *La esclava libre,* de Raoul Walsh; *Fugitivos,* de Stanley Kramer, y el musical *Porgy y Bess,* de Otto Preminger. Convertido en la primera estrella de raza negra del cine norteamericano, en los años sesenta trabaja aún más, pero en producciones mucho menos interesantes, y llega a ganar un Oscar por la mediocre *Los lirios del valle*. El éxito del policiaco *En el calor de la noche* le hace proseguir con su personaje de policía en *Ahora me llaman señor Tibbs* y *El inspector Tibbs contra la Organización*. Finalizada su carrera como actor, a principios de la década de los setenta comienza otra como realizador que le lleva a hacer ocho mediocres producciones, que en algunos casos también protagoniza. Vuelve a la interpretación con la irregular *Dispara a matar* y, tras dirigir otra mala película, cierra su filmografía con la atractiva *Los fisgones*.

Como director
1971 *Buck and the Preacher* (Buck y el farsante).
1973 *A Warm December* (Un cálido diciembre).
1974 *Uptown Saturday Night*.
1975 *Let's Do It Again* (Dos tramposos con suerte).
1977 *A Piece of the Action*.
1980 *Stir Crazy* (Locos de remate).
1982 *Hanky Panky*.
1985 *Fast Forward*.
1990 *Ghost Dad*.

Como actor
1949 *From Whence Cometh Help*, de Broder Wagler.
1950 *No Way Out* (Un rayo de luz), de Joseph L. Mankiewicz.
1951 *Cry the Beloved Country*, de Zoltan Korda.
1952 *Red Ball Express*, de Budd Boetticher.
1954 *Go, Man, Go!*, de James Wong Howe.
1955 *The Blackboard Jungle* (Semilla de maldad), de Richard Brooks.
1956 *Goodbye, My Lady*, de William A. Wellman.
1957 *Edge of the City* (Donde la ciudad termina), de Martin Ritt. / *Band of Angels* (La esclava libre), de Raoul Walsh. / *Something of Value* (Sangre sobre la tierra), de Richard Brooks.
1958 *Mark of the Hawk*, de Michael Audley. / *The Defiant Ones* (Fugitivos), de Stanley Kramer.
1959 *Virgin Island*, de Pat Jackson. / *Porgy and Bess* (Porgy y Bess), de Otto Preminger.
1960 *All the Young Men* (El paso de la muerte), de Hall Barlett.
1961 *Paris Blues* (Un día volveré), de Martin Ritt. / *A Raisin in the Sun* (Un lugar en el sol), de Daniel Petrie.
1962 *Preassure Point* (La llave de la cuestión), de Hubert Cornfield.
1963 *Lilies of the Field* (Los lirios del valle), de Ralph Nelson. / *The Long Ships* (Los invasores), de Jack Cardiff.
1965 *The Greater Story Ever Told* (La historia más grande jamás contada), de George Stevens. / *The Bedford Incident* (Estado de alarma), de James B. Harris. / *The Slender Thread* (La vida vale más), de Sydney Pollack. / *A Patch of Blue* (Un retazo de azul), de Guy Green.
1966 *Duel at Diablo* (Duelo en Diablo), de Ralph Nelson. / *To Sir, With Love* (Rebelión en las aulas), de James Clavell.
1967 *In the Heat of the Night* (En el calor de la noche), de Norman Jewison. / *Guess Who's Coming to Dinner* (Adivina quién viene esta noche), de Stanley Kramer.
1968 *For Love of Ivy* (Un hombre para Ivy), de Daniel Mann.
1969 *The Lost Man* (El hombre perdido), de Robert Alan Aurthur.
1970 *Brother John* (Como el viento), de James Goldstone. / *They Call Me Mr. Tibbs* (Ahora me llaman señor Tibbs), de Gordon Douglas.
1971 *The Organisation* (El inspector Tibbs contra la Organización), de Don Medford.
1972 *Buck and the Preacher* (Buck y el farsante), de Sidney Poitier.
1973 *A Warm December* (Un cálido diciembre), de Sidney Poitier.
1974 *Uptown Saturday Night*, de Sidney Poitier. / *The Wilby Conspiracy* (La conspiración), de Ralph Nelson.
1975 *Let's Do It Again* (Dos tramposos con suerte), de Sidney Poitier.
1977 *A Piece of the Action*, de Sidney Poitier.
1988 *Shoot to Kill* (Dispara a matar), de Roger Spottiswoode. / *Little Nikita* (Espías sin identidad), de Richard Benjamin.
1992 *Sneakers* (Los fisgones), de Phil Alden Robinson.

POLANSKI, Roman *(París, Francia, 1933)*
Nacido en el seno de una familia de judíos polacos, a los cuatro años se va a vivir a Cracovia con sus padres y es educado en Polonia, en medio de los horrores de la guerra. Su madre y la mayoría de sus parientes son encerrados por los alemanes en campos de concentración y mueren en ellos. En la posguerra estudia electrónica y arte dramático, pero los abandona cuando en 1947 debuta como actor de teatro. Después de actuar en su primera película, *Generación* (Pokolenie, 1955), de Andrzej Wajda, se matricula en los cursos de dirección de la escuela de cine de Lódž, rueda algunos interesantes cortometrajes, como *Dos hombres y un armario* (Dwaj ludzie z szafa, 1958), y se diploma con la

práctica *Cuando los ángeles caen del cielo* (Gdy spadaja anioly, 1959). Debuta como director de largos con *El cuchillo en el agua,* que narra una historia intimista y claustrofóbica desarrollada en un yate, una inteligente producción de bajo presupuesto que tiene repercusión internacional. Su éxito le permite instalarse en el Reino Unido y dirigir para una pequeña compañía productora de películas de terror *Repulsión,* excelente retrato de una neurótica, desarrollado casi íntegramente en el interior de un apartamento y protagonizado por Catherine Deneuve, y *Callejón sin salida,* una historia muy cercana al teatro del absurdo, de moda en aquellos años, ambas escritas por Gérard Brach, que se convierte en su colaborador habitual. Su amplia difusión en los circuitos de exhibición en versión original subtitulada le permite hacer para la sucursal británica de Metro-Goldwyn-Mayer la comedia de terror *El baile de los vampiros,* que también protagoniza, pero el productor Gene Gutowski dobla y cambia la música de la versión norteamericana y la reduce media hora. Su primera película rodada en Estados Unidos es *La semilla del diablo,* adaptación de una novela de Ira Levin, sobre una católica, encarnada por Mia Farrow, que da a luz un ser diabólico, una especie de demoniaca Inmaculada Concepción, realizada según la compleja técnica de sugerir y no mostrar, que tiene un gran éxito y revoluciona el cine de terror. El asesinato de su mujer, la actriz Sharon Tate, en su casa de Los Ángeles, le hace abandonar sus proyectos en Hollywood y regresar a Europa. Tras rodar en Italia *¿Qué?,* fallido intento de sofisticada comedia personal, que vuelve a escribir con Gérard Brach, y hacer en el Reino Unido *Macbeth,* irregular versión del clásico de William Shakespeare, regresa a Hollywood para dirigir *Chinatown,* un brillante policiaco al estilo de las novelas de Raymond Chandler con un buen guión original de Robert Towne. Tampoco en esta ocasión puede aprovecharse de su éxito: acusado de perversión de menores, se olvida de la película norteamericana que está a punto de realizar, se instala en Francia y dirige *El quimérico inquilino,* una comedia negra sobre sus más personales obsesiones, que también protagoniza, y *Tess,* una brillante adaptación de la novela de Thomas Hardy, rodada en inglés con amplitud de medios, ambas escritas por Gérard Brach. Tarda casi siete años en montar *Piratas,* floja parodia del género de aventuras, realizada en coproducción entre Francia y Túnez, que vuelve a protagonizar, y para resarcirse de su fracaso rueda en seguida *Frenético,* un policiaco íntegramente realizado en París, protagonizado por Harrison Ford, que tiene un prometedor comienzo, pero no tarda en convertirse en un irregular pastiche del cine de Alfred Hitchcock. Tienen mucho más interés *Lunas de hiel,* brillante historia de amor y odio que vuelve a escribir con Gérard Brach, y *La muerte y la doncella,* teatral y dura adaptación de una obra de teatro de Ariel Dorfman sobre la tortura en un país latinoamericano, ambas realizadas en coproducción entre el Reino Unido y Francia.

1962 *Nóz W. Wodzie* (El cuchillo en el agua).
1963 *La rivière de diamants* (Amsterdam), episodio de *Les plus belles escroqueries du monde* (Las mejores estafas del mundo).
1965 *Repulsion* (Repulsión).
1966 *Cul-de-sac* (Callejón sin salida).
1967 *The Fearless Vampire Killers or Pardon Me but Your Teeth Are in My Neck* (El baile de los vampiros).
1968 *Rosemary's Baby* (La semilla del diablo).
1971 *Macbeth.*
1973 *What?* (¿Qué?).
1974 *Chinatown.*
1976 *Le locataire* (El quimérico inquilino).
1979 *Tess.*
1986 *Pirates* (Piratas).
1988 *Frantic* (Frenético).
1992 *Bitter Moon* (Lunas de hiel).
1994 *Death and the Maiden* (La muerte y la doncella).

POLICÍA PYTHON 357 *(Police Python 357, 1975)*

En la ciudad de Orleans el inspector Marc Ferrot (Yves Montand) se hace amante de la bella Sylvia Léopardi (Stefania Sandrelli), que desde hace tiempo mantiene una relación con su jefe directo, el comisario Ganay (François Perier), casado con la paciente Thérèse Ganay (Simone Signoret). Loco de celos, el comisario Ganay mata a Sylvia Léopardi y encarga la investigación al inspector Ferrot, pero todas las pruebas están en su contra. Con estos elementos, basados en un guión original de Daniel Boulanger y del propio realizador, un casi debutante Alain Corneau construye un hábil policiaco, dentro de la mejor tradición francesa, que le muestra como el más aventajado discípulo del gran Jean-Pierre Melville. Destacan tanto la minuciosa dirección de Corneau como la excelente actuación de Yves Montand en el papel de un inspector de policía que se investiga a sí mismo y la de la sensual Stefania Sandrelli en un papel menor, pero que realiza con igual o mayor convicción.

Director: *Alain Corneau*. Guionistas: *Daniel Boulanger, Alain Corneau*. Fotografía: *Étienne Becker*. Música: *Georges Delerue*. Intérpretes: *Yves Montand, Simone Signoret, François Perier, Stefania Sandrelli, Mathieu Carrière*. Producción: *Albina de Boisrouvray*. Color. Duración: *125'. Francia.*

POLÍTICO, EL *(All the King's Men, 1949)*

La historia de la ascensión y la caída de Willie Stark (Broderick Crawford), un hombre de baja extracción que descubre su capacidad oratoria, al denunciar la corrupción y llega a ser elegido gobernador de Louisiana, pero una vez en el poder usa los métodos que combatía y es asesinado por una de sus víctimas, es una buena muestra del clima político existente en Estados Unidos tras la II Guerra Mundial, donde el miedo al comunismo deja el campo abierto a la demagogia. Narrada con eficacia y buen ritmo, tiene un aire muy cercano al mejor cine negro, al tiempo que consigue una gran fuerza al denunciar la capacidad de corrupción de los políticos, pero llega a un final demasiado convencional. Escrita, producida y dirigida por Robert Rossen, esta adaptación de la novela más conocida de Robert Penn Warren se basa en la vida del senador Huey Long y gana varios Oscars importantes.

Director y guionista: *Robert Rossen*. Fotografía: *Burnett Guffey*. Música: *Louis Gruenberg*. Intérpretes: *Broderick Crawford, John Ireland, Mercedes McCambridge, Joanne Dru, John Derek, Anne Seymour*. Producción: *Robert Rossen para Columbia*. Duración: *109'. Estados Unidos.*

POLLACK, Sydney *(Lafayette, Indiana, Estados Unidos, 1934)*

Estudia arte dramático en el Neighborhood Playhouse de Nueva York, en 1953 debuta como actor en teatro y poco después también en televisión. En 1960 empieza a dirigir episodios de series de televisión y prestigiosos programas dramáticos, en los que comienza su colaboración con David Rayfield, su más habitual guionista. Su primera película es *La vida vale más*, una moralizante historia sobre el teléfono de la esperanza, muy similar a sus dramáticos televisivos, seguida de las irregulares *Propiedad condenada,* larga adaptación de una obra en un acto de Tennessee Williams con guión de Francis Ford Coppola; *La fortaleza,* aburrida historia de guerra sobre una ambiciosa novela de William Eastlake, y el *western* rutinario *Camino de la venganza.* Se da a conocer internacionalmente gracias al éxito de *Danzad, danzad, malditos,* dibujo de la etapa de la Depresión a través de un maratón de baile escrito a partir de una novela de Horace McCoy; el *western* ecológico, con guión del también realizador John Milius, *Las aventuras de Jeremiah Johnson,* y el retrato de un escritor progresista dado a través de tres momentos de su vida *Tal como éramos,* escrito por Arthur Laurents sobre su propia novela. No añaden nada a su irregular carrera el policiaco ambientado en Japón *Yakuza* y la historia de espionaje *Los tres días del cóndor.* Mientras *Un instante, una vida,* adaptación de una novela de Erich Maria Remarque, es poco más que una excusa para rodar por Europa la vida de un corredor de automóviles, *El jinete eléctrico* no pasa de ser una pretenciosa y negra visión de la sociedad norteamericana, y *Ausencia de malicia* se limita a narrar una historia, no muy convincente, sobre el poder de la prensa. Su carrera se remonta con *Tootsie,* una comedia despersonalizada, pero eficaz, sobre un actor, encarnado por Dustin Hoffman, que debe convertirse en actriz para encontrar trabajo, y, sobre todo, con *Memorias de África,* su mejor trabajo, una buena adaptación de la novela autobiográfica de Isak Dinesen, donde su habitual, peculiar y reservado héroe encuentra su mejor expresión. Tras cinco años dedicado a la producción de películas ajenas, realiza *Habana,* su séptima colaboración con Robert Redford, una bien rodada aventura situada en los primeros momentos de la revolución de Fidel Castro, pero sin la fuerza de sus mejores películas. Algo similar ocurre con *La tapadera,* un policiaco demasiado lento y pretencioso basado en una novela de éxito de John Grisham, y con *Sabrina,* nueva versión de la comedia del mismo título dirigida por Billy Wilder en 1954.

1965 *The Slender Thread* (La vida vale más).
1966 *This Property Is Condemned* (Propiedad condenada).

1968 *The Scalphunters* (Camino de la venganza).
1969 *Castle Keep* (La fortaleza). / *They Shoot Horses, Don't They?* (Danzad, danzad, malditos).
1972 *Jeremiah Johnson* (Las aventuras de Jeremiah Johnson).
1973 *The Way We Were* (Tal como éramos).
1975 *The Yakuza* (Yakuza). / *Three Days of the Condor* (Los tres días del cóndor).
1977 *Bobby Deerfield* (Un instante, una vida).
1979 *The Electric Horseman* (El jinete eléctrico).
1981 *Absence of Malice* (Ausencia de malicia).
1982 *Tootsie*.
1985 *Out of Africa* (Memorias de África).
1990 *Havana* (Habana).
1993 *The Firm* (La tapadera).
1995 *Sabrina*.

PONTECORVO, Gillo *(Gilberto Pontecorvo. Pisa, Italia, 1919)*

Licenciado en química, trabaja como periodista y crítico de cine antes de hacerlo como actor y coguionista en algunos largos y dirigir el mediometraje *Giovanna* (1956), que pasa a formar parte del largo *La rosa dei venti* (Die Windrose, 1958), junto a episodios del brasileño Alberto Cavalcanti, el ruso Sergei Gerasimov y la francesa Yannick Bellon. Su escasa e irregular obra tiene un subrayado tono de izquierdas, pero tan solo está compuesta por cinco largometrajes rodados a lo largo de casi cuarenta años. Tras *Prisioneros del mar*, adaptación de una novela del guionista Franco Solinas sobre los problemas de los pescadores, y *Kapò*, melodramática historia de una atractiva muchacha judía que para intentar sobrevivir se convierte en ayudante de los nazis en un campo de concentración, logra su mayor éxito con *La batalla de Argel*, ganadora del León de Oro de la Mostra de Venecia a pesar de las presiones del gobierno francés, que narra las acciones policiacas del ejército francés en Argelia con estilo documental. Sus últimas películas son las discutibles *Queimada*, donde consigue a Marlon Brando para narrar una historia sobre el colonialismo latinoamericano de mediados del siglo XIX, pero que las presiones del gobierno del general Franco consiguen que en lugar de ser español se convierta en portugués, y *Operación Ogro*, sobre el asesinato del almirante Carrero Blanco por la banda armada E.T.A.

1957 *La grande strada azzurra* (Prisioneros del mar).
1960 *Kapò*.
1966 *La battaglia di Algeri* (La batalla de Argel).
1969 *Queimada*.
1979 *Ogro* (Operación Ogro).

POR EL VALLE DE LAS SOMBRAS *(The Story of Dr. Wassell, 1944)*

A partir de un personaje real y de la novela de James Hilton basada en su vida, el productor y director Cecil B. de Mille hace una de las mejores películas de propaganda bélica rodadas durante la II Guerra Mundial. Narra cómo el doctor Wassell (Gary Cooper) se queda en Java con un grupo de heridos que no puede ser evacuado, mientras los japoneses toman la isla, y, a través de dos amplios *flashbacks*, cómo pasa de ser un aburrido médico en Arkansas a misionero-médico en China. Más tarde, el doctor Wassell se dedica a investigar la vida de unos caracoles, para descubrir el origen de una extraña enfermedad, y tiene un frustrado idilio con Madeleine Day (Laraine Day), una enfermera cuya fotografía le hace abandonar su pacífica vida en Estados Unidos. El excelente Technicolor de la época y el continuado empleo de transparencias y decorados dan como resultado una de las mejores muestras del depurado y primitivo estilo narrativo de Cecil B. de Mille. Destaca un excelente Gary Cooper en una de las mejores y más sobrias interpretaciones de su carrera.

Director: *Cecil B. de Mille*. Guionistas: *Alan Le May, Charles Bennett*. Fotografía: *Victor Milner, William Snyder*. Música: *Victor Young*. Intérpretes: *Gary Cooper, Laraine Day, Signe Hasso, Dennis O'Keefe, Carol Thurston, Carl Esmond*. Producción: *Cecil B. de Mille para Paramount*. Color. Duración: 140'. Estados Unidos.

POWELL, Dick *(Richard Ewing Powell. Mountain View, Arkansas, 1904-Hollywood, California, Estados Unidos, 1963)*

Cuando estudia en el Little Rock College se da a conocer como cantante y mientras trabaja en una empresa telefónica debuta como profesional. Llega a cantar con la orquesta de Charlie Davis y actúa como bailarín y cantante en el Stanley Theatre de Pittsburg. A principios de los años treinta es contratado por los estudios Warner y no tarda en convertirse en el protagonista de sus irregulares musicales *Desfile de candilejas, La calle 42, Vampiresas 1933, Wonder Bar,*

Música y mujeres, La generalita, Veinte millones de enamorados, Vampiresas de 1935, El gondolero de Broadway, ¡Viva la Marina!, Gold Diggers of 1937 y *Hollywood Hotel,* la mayoría con excelentes números de Busby Berkeley. En la primera mitad de la década de los cuarenta rueda sobre todo comedias, entre las que destacan *Navidades en julio,* de Preston Sturges, y *Sucedió mañana,* de René Clair; y en la segunda hace policiacos, entre los que sobresalen *Historia de un detective, Venganza, Johnny O'Clock* y *Opio.* Se retira a principios de los años cincuenta, tras intervenir en la obra maestra sobre Hollywood *Cautivos del mal,* de Vincente Minnelli, y en la comedia *Las tres noches de Susana,* de Frank Tashlin, para comenzar una segunda carrera como director. Realiza el policiaco *Split Second;* la biografía de Gengis Khan *El conquistador de Mongolia,* rodada en un desierto de Utah, donde poco antes se han hecho unas pruebas nucleares, por lo que los actores y técnicos mueren prematuramente de cáncer; la comedia *You Can't Run Away From It,* nueva versión de la obra maestra de Frank Capra *Sucedió una noche* (It Happened One Night, 1934); y las historias de guerra *Duelo en el Atlántico,* ambientada en la II Guerra Mundial, y *Entre dos pasiones,* cuya acción transcurre durante la guerra de Corea.

Como director
1953 *Split Second.*
1956 *The Conqueror* (El conquistador de Mongolia). / *You Can't Run Away From It.*
1957 *The Enemy Below* (Duelo en el Atlántico).
1958 *The Hunters* (Entre dos pasiones).

Como actor
1931 *Street Scene* (La calle), de King Vidor.
1932 *Blessed Event* (Grato suceso), de Roy del Ruth. / *Too Busy to Work* (También es negocio el trabajo), de John G. Blystone.
1933 *The King's Vacation,* de John G. Adolfi. / *Convention City* (¡Qué semana!), de Archie L. Mayo. / *College Coach,* de William A. Wellman. / *Footlight Parade* (Desfile de candilejas), de Lloyd Bacon. / *42nd Street* (La calle 42), de Lloyd Bacon. / *Gold Diggers of 1933* (Vampiresas 1933), de Mervyn LeRoy.
1934 *Wonder Bar,* de Lloyd Bacon. / *Dames* (Música y mujeres), de Ray Enright. / *Happiness Ahead* (En pos de la aventura), de Mervyn LeRoy. / *Flirtation Walk* (La generalita), de Frank Borzage. / *20 Million Sweethearts* (Veinte millones de enamorados), de Ray Enright.
1935 *Gold Diggers of 1935* (Vampiresas de 1935), de Busby Berkeley. / *Broadway Gondolier* (El gondolero de Broadway), de Lloyd Bacon. / *Page Miss Glory* (La divina Gloria), de Mervyn LeRoy. / *Shipmates Forever* (¡Viva la Marina!), de Frank Borzage. / *A Midsummer Night's Dream* (El sueño de una noche de verano), de Max Reinhardt y William Dieterle. / *Thank's a Million* (Un millón de gracias), de Roy del Ruth.
1936 *Stage Struck,* de Busby Berkeley. / *Colleen,* de Alfred E. Green. / *Hearts Divided,* de Frank Borzage. / *Gold Diggers of 1937,* de Lloyd Bacon.
1937 *Varsity Show,* de William Keighley. / *The Singing Marine,* de Ray Enright. / *Hollywood Hotel,* de Busby Berkeley. / *On the Avenue,* de Roy del Ruth.
1938 *Cowboy From Brooklyn,* de Lloyd Bacon. / *Hard to Get,* de Ray Enright.
1939 *Going Places,* de Ray Enright. / *Naughty But Nice,* de Ray Enright.
1940 *Christmas in July* (Navidades en julio), de Preston Sturges. / *I Want a Divorce,* de Ralph Murphy.
1941 *In the Navy,* de Arthur Lubin. / *Model Wife* (Mi mujer no es soltera), de Leigh Jason.
1942 *Star Spangled Rhythm* (Fantasía de estrellas), de George Marshall. / *Happy Go Lucky,* de Curtis Bernhardt.
1943 *True to Life,* de George Marshall. / *Riding High,* de George Marshall.
1944 *It Happened Tomorrow* (Sucedió mañana), de René Clair. / *Meet the People,* de Charles F. Reisner.
1945 *Murder My Sweet* (Historia de un detective), de Edward Dmytryk. / *Cornered* (Venganza), de Edward Dmytryk.
1947 *Johnny O'Clock,* de Robert Rossen.
1948 *To the Ends of the Earth* (Opio), de Robert Stevenson. / *Pitfall,* de André de Toth. / *Station West,* de Sidney Lanfield. / *Rogue's Regiment* (La legión de los condenados), de Robert Florey.
1949 *Mrs. Mike,* de Louis King.
1950 *The Reformer and the Redhead,* de Norman Panama y Melvin Frank. / *Right Cross,* de John Sturges.
1951 *Cry Danger,* de Robert Parrish. / *You Never Can Tell,* de Lou Breslow. / *The Tall Target,* de Anthony Mann.
1952 *The Bad and the Beautiful* (Cautivos del mal), de Vincente Minnelli.
1954 *Susan Slept Here* (Las tres noches de Susana), de Frank Tashlin.

POWELL, Michael (*Canterbury, Kent, Reino Unido, 1905-California, Estados Unidos, 1990*)

Hijo de un hotelero británico instalado en Cap-Ferrat, Francia, estudia en Canterbury y Londres. Interesado por el cine, trabaja como ayudante de dirección con Jacques Feyder y

Rex Ingram y como foto-fija de Alfred Hitchcock. Después de realizar veinticuatro películas poco ambiciosas de bajo presupuesto y corta duración y las llamadas *Quota Quickies*, rodadas para frenar la invasión del cine norteamericano en el Reino Unido, su primera película importante es *The Edge of the World*, sobre guión propio. Despierta la admiración del productor húngaro exiliado Alexander Korda y hacen juntos *El espía negro*, con guión de Emeric Pressburger, otro húngaro exiliado, y sobre todo interviene en la excelente fantasía oriental *El ladrón de Bagdad*. Su verdadera colaboración con Pressburger empieza con la trilogía de historias de propaganda bélica formada por *Los invasores*, *One of Our Aircraft Is Missing* y *The Volunteer*, rodadas en plena II Guerra Mundial, se afianza cuando en 1943 fundan la compañía The Archers y se extiende a lo largo de casi veinte años durante los que hacen catorce películas en las que firman conjuntamente la producción, el guión y la dirección. Los principales frutos de esta colaboración, donde Pressburger se ocupa más del guión y él de la dirección, son *Coronel Blimp*, sobre la amistad entre un oficial inglés y otro alemán por encima de los problemas políticos; *A vida o muerte*, una atractiva fantasía bélica pensada para mejorar las relaciones entre Estados Unidos y el Reino Unido; *Narciso negro*, personal adaptación de una novela de Rumer Godden, sobre una comunidad de monjas anglicanas en el Himalaya; *Corazón salvaje*, historia de una muchacha salvaje cortada por el productor David O. Selznick; *El libertador*, adaptación de la conocida novela *La Pimpinela Escarlata*, de la baronesa Orczy; *La batalla del Río de la Plata*, reconstrucción de un enfrentamiento poco conocido entre ingleses y alemanes durante la II Guerra Mundial; y la trilogía musical integrada por *Las zapatillas rojas*, con música de Brian Easdale; *Los cuentos de Hoffmann*, con música de Jacques Offenbach, y *Luna de miel*, rodada en España, protagonizada por el bailarín Antonio y con música de Mikis Theodorakis. De las cuatro producciones que rueda en solitario, sin Pressburger, durante los sesenta destaca *Peeping Tom*, un clásico del cine de terror alabado por la crítica que desconcierta al público, frente a *The Queen's Guards*, apología de la Guardia Real, y *They'r a Weird Mob* y *Age of Consent*, rodadas en Australia. Sacado del olvido en la década de los ochenta por el productor y director Francis Ford Coppola, que le da un cargo directivo en sus desaparecidos Studios Zoetrope, su obra es reconstruida y objeto de estudios y retrospectivas, mientras escribe una interesante autobiografía en dos volúmenes, *A Life in Movies: An Autobiography* (1986) y *Million-Dollar Movie* (1992).

1931 *Two Crowded Hours. / My Friend the King. / Rynox. / The Rasp. / The Star Reporter.*
1932 *Hotel Splendide. / Born Lucky. / C.O.D. / His Lordship.*
1933 *The Fire Raisers.*
1934 *Night of the Party. / Red Ensign. / Something Always Happens. / The Girl in the Crowd.*
1935 *Some Day. / Lazybones. / Her Last Affairs. / The Love Test. / The Price of a Song. / The Phantom Light.*
1936 *The Brown Wallet. / Crown versus Stevens. / The Man Behind the Mask.*
1937 *The Edge of the World.*
1938 *The Spy in Black* (El espía negro).
1939 *The Lion Has Wings.*
1940 *The Thief of Bagdad* (El ladrón de Bagdad). / *Contraband.*
1941 *49th Parallel* (Los invasores).
1942 *One of Our Aircraft Is Missing.*
1943 *The Volunteer. / The Life and Death of Colonel Blimp* (Coronel Blimp).
1944 *A Canterbury Tale.*
1945 *I Know Where I'm Going.*
1946 *A Matter of Life and Death* (A vida o muerte).
1947 *Black Narcissus* (Narciso negro).
1948 *The Red Shoes* (Las zapatillas rojas). / *The Small Back Room.*
1950 *Gone to Earth* (Corazón salvaje). / *The Elusive Pimpernel* (El libertador).
1951 *The Tales of Hoffmann* (Los cuentos de Hoffmann).
1955 *Oh, Rosalinda!*
1956 *The Battle of the River Plate* (La batalla del Río de la Plata). / *I'll Met by Moonlight.*
1959 *Honeymoon* (Luna de miel).
1960 *Peeping Tom* (El fotógrafo del pánico).
1961 *The Queen's Guards.*
1966 *They're a Weird Mob.*
1969 *Age of Consent.*

POWER, Tyrone (Cincinnati, Ohio, Estados Unidos, 1913-Madrid, España, 1958)

Descendiente de una familia de actores de origen irlandés, su padre es el conocido actor de teatro Frederick Power (1869-1931), estudia arte dramático y comienza a trabajar en teatro y radio. Después de hacer papeles secundarios en cuatro películas, firma un contrato en exclusiva con 20th Century Fox, estudio para el que hace la mayoría de sus cincuenta películas. Conocido galán, héroe de múltiples producciones de aventuras, su interesante carrera se apoya en su trabajo con el director Henry King en *Lloyds de Londres, Chicago, La banda de Alexander, Tierra de audaces, Un americano en la R.A.F., El cisne negro, El capitán de Castilla, El príncipe de los zorros, El capitán King, Caravana hacia el Sur* y *Fiesta*, y con el realizador Henry Hathaway en *Johnny Apollo, Brigham Young Frontiersman, La rosa negra, El correo del infierno* y *Correo diplomático*. Entre sus demás películas también destacan *María Antonieta*, de W. S. van Dyke; *Suez*, de Allan Dwan; *Vinieron las lluvias*, de Clarence Brown; *El signo del Zorro* y *Sangre y arena*, de Rouben Mamoulian; *El hijo de la furia*, de John Cromwell; *El filo de la navaja* y *El callejón de las almas perdidas*, de Edmund Goulding; *El caballero del Mississippi*, de Rudolph Maté; *Cuna de héroes*, de John Ford; *Eddy Duchin*, de George Sidney, y *Testigo de cargo*, de Billy Wilder. Muere en Madrid de un ataque al corazón a mitad del rodaje de *Salomón y la reina de Saba* (Solomon and Sheba, 1959), de King Vidor, y debe ser sustituido por Yul Brynner. Casado en tres ocasiones, con Linda Christian, su segunda mujer, es el padre de la cantante y actriz Romina Power.

1932 *Tom Brown of Culver*, de William Wyler.
1934 *Flirtation Walk* (La generalita), de Frank Borzage.
1936 *Girl's Dormitory* (Aula de señoritas), de Irving Cummings. / *Ladies in Love*, de Edward H. Griffith. / *Lloyds of London* (Lloyds de Londres), de Henry King.
1937 *Cafe Metropole* (Café Metropol), de Edward H. Griffith. / *Thin Ice*, de Sidney Landfield. / *Second Honeymoon*, de Walter Lang. / *Love Is News* (Amor y periodismo), de Tay Garnett.
1938 *Marie-Antoinette* (María Antonieta), de W. S. van Dyke. / *Suez*, de Allan Dwan. / *In Old Chicago* (Chicago), de Henry King. / *Alexander's Ragtime Band* (La banda de Alexander), de Henry King.
1939 *Jesse James* (Tierra de audaces), de Henry King. / *The Rains Came* (Vinieron las lluvias), de Clarence Brown. / *Rose of Washington Square* (Es mi hombre), de Gregory Ratoff. / *Second Fiddle*, de Sidney Landfield. / *Day-Time Wife* (Tejados de vidrio), de Gregory Ratoff.
1940 *The Mark of Zorro* (El signo del Zorro), de Rouben Mamoulian. / *Johnny Apollo*, de Henry Hathaway. / *Brigham Young Frontiersman*, de Henry Hathaway.
1941 *Blood and Sand* (Sangre y arena), de Rouben Mamoulian. / *A Yank in the R.A.F.* (Un americano en la R.A.F.), de Henry King.
1942 *The Black Swan* (El cisne negro), de Henry King. / *Son of Fury* (El hijo de la furia), de John Cromwell. / *This Above All* (Sé fiel a ti mismo), de Anatole Litvak.
1943 *Crash Dive* (Tiburones de acero), de Archie L. Mayo.
1946 *The Razor's Edge* (El filo de la navaja), de Edmund Goulding.
1947 *Nightmare Alley* (El callejón de las almas perdidas), de Edmund Goulding. / *Captain From Castile* (El capitán de Castilla), de Henry King.
1948 *The Luck of the Irish*, de Henry Koster. / *That Wonderful Urge* (Ese impulso maravilloso), de Robert B. Sinclair.
1949 *Prince of Foxes* (El príncipe de los zorros), de Henry King.
1950 *An American Guerilla in the Philippines* (Guerrilleros en Filipinas), de Fritz Lang. / *The Black Rose* (La rosa negra), de Henry Hathaway.
1951 *I'll Never Forget You*, de Roy Baker. / *Rawhide* (El correo del infierno), de Henry Hathaway.
1952 *Diplomatic Courier* (Correo diplomático), de Henry Hathaway. / *Pony Soldier* (La última flecha), de Joseph M. Newman.
1953 *The Mississippi Gambler* (El caballero del Mississippi), de Rudolph Maté. / *King of the Khyber Rifles* (El capitán King), de Henry King.
1955 *Untamed* (Caravana hacia el Sur), de Henry King. / *The Long Gray Line* (Cuna de héroes), de John Ford.
1956 *The Eddy Duchin Story* (Eddy Duchin), de George Sidney.
1957 *Abandon Ship!*, de Richard Sale. / *The Rising of the Moon* (La salida de la Luna), de John Ford. / *The Sun Also Rises* (Fiesta), de Henry King.
1958 *Witness for the Prosecution* (Testigo de cargo), de Billy Wilder.

PRADERA SIN LEY, LA *(The Man Without a Star, 1955)*

El veterano *cowboy* Dempsey Rae (Kirk Douglas) y el joven inexperto Jeff Jimson (William Campbell) comienzan a trabajar en el rancho de la ambiciosa Reed Bowman (Jeanne Crain). El *cowboy* amante de la libertad empieza a tener problemas con su posesiva jefa cuando limita sus amplias posesiones con alambre de espino y crea una banda de pistoleros para oponerse al avance de los colonos. Rodada en cuatro semanas, dentro de un proceso total de producción de tan solo diez, y a pesar de que el realizador King Vidor solo la considera como una película *alimenticia,* hecha para conseguir dinero para pagar sus impuestos, la realidad es que se trata de uno de los grandes *westerns* de la historia del género y uno de los trabajos más personales de su autor. Tanto por ser uno de los mejores producidos por Aaron Rosenberg para los estudios Universal, tener un sólido guión del reputado especialista Borden Chase y una excelente fotografía de Russel Metty, como por narrar la lucha de un hombre por mantener su libertad y la de un joven que se rebela contra su maestro, temas tradicionales de Vidor. Tan solo siete años después, Kirk Douglas produce y protagoniza una especie de moderna versión, *Los valientes andan solos* (Lonely Are the Brave, 1962), de David Miller, que encierra algún atractivo, y trece años más tarde se rueda la nueva versión *Cuando el alba se tiñe de rojo* (A Man Called Gannon, 1969), de James Goldstone, con Tony Franciosa, Michael Sarrazin y Judi West, sin el menor atractivo.

Director: *King Vidor*. Guionista: *Borden Chase*. Fotografía: *Russell Metty*. Música: *Joseph Gershenson*. Intérpretes: *Kirk Douglas, Jeanne Crain, Claire Trevor, William Campbell, Jay C. Flippen, Mara Corday*. Producción: *Aaron Rosenberg para Universal.* Color. Duración: *89'. Estados Unidos.*

PRECIO DE LA GLORIA, EL *(What Price Glory, 1952)*

La comedia bélica homónima de Laurence Stallings y Maxwell Anderson da lugar a dos películas de gran interés con el mismo título. La primera es una producción Fox de 1926 realizada por Raoul Walsh que al final del período mudo enfrenta a Victor McLaglen con Edmund Lowe a causa de Dolores del Río, y la segunda es esta producción de los estudios 20th Century Fox en el brillante Technicolor de la época, dirigida con su peculiar habilidad por John Ford, donde James Cagney lucha contra Dan Dailey por Corinne Calvet. Narra cómo en 1917 en Francia, durante la Gran Guerra, el capitán Flagg (James Cagney) vuelve a encontrarse con el sargento Quirt (Dan Dailey) en una sucesión de escaramuzas bélicas que giran en torno a la joven francesa Charmaine (Corinne Calvet). Al mismo tiempo que critica la guerra y a unas autoridades que mandan a luchar a niños más que a hombres, John Ford hace un elogio del oficio de las armas y demuestra su gran habilidad narrativa con esta historia de dos militares enfrentados por el amor de una misma mujer.

Director: *John Ford*. Guionistas: *Phoebe Ephron, Henry Ephron*. Fotografía: *Joe MacDonald*. Música: *Alfred Newman*. Intérpretes: *James Cagney, Dan Dailey, Corinne Calvet, William Demarest, Robert Wagner, Marisa Pavan, James Gleason*. Producción: *Sol C. Siegel para 20th Century Fox.* Color. Duración: *111'. Estados Unidos.*

PREMINGER, Otto *(Viena, Austria, 1906-Nueva York, Estados Unidos, 1986)*

Hijo de un magistrado, estudia derecho, pero su interés por el teatro le hace debutar como actor a los diecisiete años en una de las compañías del famoso director Max Reinhardt. Después de interpretar múltiples espectáculos, en 1925 comienza a dirigir comedias, dramas y operetas, interviene en la fundación y administración de varios teatros y durante una década es uno de los grandes nombres del teatro alemán, lo que le lleva a la fallida experiencia de su primera película *Die Grose Liebe.* El cada vez mayor poder de los nazis, una invitación del gran productor de teatro neoyorquino Gilbert Miller y un contrato firmado por Joseph M. Schenck, presidente de los estudios 20th Century Fox, le hacen partir en 1934 hacia Estados Unidos y alterna sus trabajos en Hollywood y Broadway, a pesar del progresivo éxito de sus películas, hasta finales de los años sesenta. Las dieciséis producciones que rueda para 20th Century Fox hasta mediados de la década de los cincuenta pueden dividirse en tres grupos: las de aprendizaje *Under Your Spell, Danger Love at Work, Margin for Error* e *In the Meantime Darling,* de las que posteriormente reniega; las operetas *La zarina* y *La dama del armiño,* que poco tienen que ver con él, en las que sustituye por enfermedad a su compatriota Ernst Lubitsch, y la adaptación de Oscar Wilde *El abanico;* y los excelentes policiacos, también producidos por él, que se sitúan entre lo mejor de su obra: *Laura,* sobre una novela de Vera

Caspary; *Ángel o diablo,* sobre una narración de Marty Holland; *Vorágine,* sobre un libro de Guy Endore; *Al borde del peligro,* sobre un relato de William L. Stuart, y *Cartas envenenadas,* sobre un guión original de Howard Koch. A las que hay que unir *Cara de ángel,* que dirige y produce para los estudios R. K. O. Poseedor de un personal y depurado estilo, apoyado en largos y suntuosos planos donde los actores trabajan con comodidad, se convierte en productor independiente y hace *La luna es azul,* una osada comedia que se ha quedado anticuada; *Carmen Jones,* personal adaptación de la ópera de Georges Bizet interpretada por negros; *El proceso de Billy Mitchell,* dura crítica al conservadurismo militar; *El hombre del brazo de oro,* una de las primeras películas sobre un drogadicto, y *Santa Juana,* adaptación demasiado teatral del drama de Georges Bernard Shaw. Entre las que hace para 20th Century Fox el *western* con canciones al servicio de Marilyn Monroe *Río sin retorno.* Sus grandes películas de finales de los cincuenta y principios de los sesenta son *Buenos días, tristeza,* adaptación de la novela de Françoise Sagan que rueda en Francia; *Porgy y Bess,* buena versión de la ópera homónima de George Gershwin que hace para el productor Samuel Goldwyn, y el policiaco *Anatomía de un asesinato,* donde su interés por la ambigüedad alcanza la perfección. En esta época también dirige las superproducciones *Éxodo,* sobre el nacimiento del Estado de Israel; *Tempestad sobre Washington,* sobre un caso de corrupción en el Senado norteamericano; *El cardenal,* sobre la vida de un sacerdote católico; *Primera victoria,* sobre la inmediata reacción tras el bombardeo por los japoneses de la base norteamericana de Pearl Harbor, y *La noche deseada,* sobre las consecuencias del racismo. Entre *El rapto de Bunny Lake,* interesante policiaco basado en una novela de Evelyn Piper, y *El factor humano,* irregular versión de una novela de espionaje de Graham Greene, su cine desciende de calidad, tanto por la elección de temas como por la forma de tratarlos, a lo largo de *Skidoo!, Dime que me amas, Junie Moon, Extraña amistad* y *Rosebud, desafío al mundo.*

1931 *Die Grosse Liebe.*
1936 *Under Your Spell.*
1937 *Danger Love at Work.*
1943 *Margin for Error.*
1944 *In the Meantime Darling. / Laura.*
1945 *A Royal Scandal* (La zarina). / *Fallen Angel* (Ángel o diablo).
1946 *Centennial Summer.*
1947 *Forever Amber* (Ambiciosa). / *Daisy Kenyon.*
1948 *That Lady in Ermine* (La dama del armiño).
1949 *The Fan* (El abanico).
1950 *Whirlpool* (Vorágine). / *Where the Sidewalk Ends* (Al borde del peligro).
1951 *The Thirteenth Letter* (Cartas envenenadas).
1953 *Angel Face* (Cara de ángel). / *The Moon Is Blue* (La luna es azul).
1954 *River of No Return* (Río sin retorno). / *Carmen Jones.*
1955 *The Court Martial of Billy Mitchell* (El proceso de Billy Mitchell). / *The Man With the Golden Arm* (El hombre del brazo de oro).
1957 *Saint Joan* (Santa Juana).
1958 *Bonjour Tristesse* (Buenos días, tristeza).
1959 *Porgy and Bess* (Porgy y Bess). / *Anatomy of a Murder* (Anatomía de un asesinato).
1960 *Exodus* (Éxodo).
1962 *Advise and Consent* (Tempestad sobre Washington).
1963 *The Cardinal* (El cardenal).
1965 *In Harm's Way* (Primera victoria). / *Bunny Lake Is Missing* (El rapto de Bunny Lake).
1967 *Hurry Sundown* (La noche deseada).
1968 *Skidoo!*
1970 *Tell Me That You Love Me, Junie Moon* (Dime que me amas, Junie Moon).
1971 *Such Good Friends* (Extraña amistad).
1975 *Rosebud* (Rosebud, desafío al mundo).
1980 *The Human Factor* (El factor humano).

PRIMA ANGÉLICA, LA *(1973)*

Durante la primera mitad de la década de los setenta, y sobre guiones de Rafael Azcona y suyos, Carlos Saura realiza una trilogía sobre los mecanismos de poder de la burguesía española. A la fallida *El jardín de las delicias* (1970) sigue la demasiado simbólica *Ana y los lobos* (1972) para llegar a esta, la mejor y más lograda, uno de los mayores éxitos de su carrera. Con un procedimiento narrativo empleado por primera vez por Ingmar Bergman en *Fresas salvajes* (Smultronstället, 1957), el del personaje que con su aspecto actual se introduce en sus viejos recuerdos, Saura narra cómo Luis (José Luis López Vázquez), un solitario editor cuarentón, al trasladar los restos mortales de su madre al panteón familiar, revive los años pasados de niño durante la guerra española en una pequeña ciudad de provincias. De esta manera la prima Angélica es tanto la adolescente a quien amó a finales de los años treinta (Clara Fernández Loaysa) como la mujer casada actual (Lina Canalejas), rodeada por los recuerdos de su madre, sus tías, una monja y el tío Anselmo. El importante premio ganado en el Festival de Cannes hace que se estrene sin cortes de censura, pero el hecho de que el tío Anselmo (Fernando Delgado) sea un duro falangista al que en un determinado momento le escayolan con el brazo derecho en alto y la delicada situación política creada por los últimos coletazos de la dictadura del general Franco, impulsan a las fuerzas más reaccionarias de la dictadura a organizar actos de sabotaje en los cines donde se proyecta, que la convierten en un gran éxito.

Director: *Carlos Saura*. Guionistas: *Rafael Azcona, Carlos Saura*. Fotografía: *Luis Cuadrado*. Intérpretes: *José Luis López Vázquez, Lina Canalejas, Fernando Delgado, Clara Fernández Loaysa, Lola Cardona, Julieta Serrano*. Producción: *Elías Querejeta P.C. Color*. Duración: *100'. España*.

PRIMAVERA TARDÍA (*Banshun*, 1949)

En la ciudad de Kamakura la joven Noriko (Setsuko Hara) vive con su padre viudo Shukichi (Chishu Ryu), pero este sospecha que no acepta ninguna propuesta de matrimonio por su culpa y finge interesarse por una señora para que su hija se case. A partir de una minuciosa descripción de la vida cotidiana, el famoso realizador Yasujiro Ozu hace en su primera obra maestra de la posguerra, una reflexión sobre la necesidad de armonizar lo nuevo y lo viejo, a través de un perfecto análisis del comportamiento de sus personajes. Marca uno de los mejores momentos de su colaboración con el guionista Kogo Noda y el comienzo de su trabajo con el actor Chishu Ryu. La austeridad de su estilo todavía le permite emplear el *travelling*, dado que aún no ha llegado al punto en que solo rueda planos fijos de sus personajes hablando arrodillados en torno a una mesa. Con leves variaciones y una austeridad estilística llevada hasta sus últimas consecuencias, Ozu vuelve a narrar la misma historia en *Fin de otoño* (*Akibiyori*, 1960), donde es una viuda quien finge interesarse por un hombre para que su hija se case, y también en *El sabor del sake* (*Samma no aji*, 1962), su última película.

Director: *Yasujiro Ozu*. Guionistas: *Yasujiro Ozu, Kogo Noda*. Fotografía: *Yuharu Atsuta*. Música: *Senji Ito*. Intérpretes: *Chishu Ryu, Setsuko Hara, Haruko Sugimura, Yumeji Tsukioka* Producción: *Schochiku*. Duración: *108'. Japón*.

PRINCIPIO Y FIN (1993)

Siguiendo un esquema narrativo muy tradicional del melodrama, cuenta cómo, a la muerte del padre, un funcionario, la familia Botero, representativa de la clase media, se va desintegrando por falta de dinero. Con la viuda doña Ignacia (Julieta Egurrola) como cerebro rector, el hermano malo Guama (Alberto Estrella), la hermana prostituta Mireya (Lucía Muñoz) y el hermano bueno Nicolás (Bruno Bichir) tratan de ayudar al hermano estudioso Gabriel (Ernesto Laguardia) para que triunfe en la vida y luego pueda ayudarles, pero todo les sale mal, muy lejos de lo previsto. El realizador Arturo Ripstein utiliza esta historia tomada de la novela homónima del egipcio Naguib Mahfouz, muy bien adaptada a la realidad mexicana por Paz Alicia Garcíadiego, colaboradora habitual en la última parte de su carrera, para hacer un sólido melodrama, con controlados y eficaces elementos folletinescos y de bolero, y también un exquisito ejercicio de estilo que se adapta con perfección al tema que tiene entre manos. Está íntegramente rodada en largos planos-secuencia de una gran belleza formal, con una compleja concepción, entremezclando los movimientos de la cámara con los de los actores. Cada escena, corta o larga, con mucho o poco diálogo, está rodada en un único plano, lo que da un gran barroquismo al conjunto, permite una máxima libertad a los actores y les integra en el decorado. Dentro de este personal estilo creado por Ripstein, que enlaza con la larga tradición del melodrama latinoamericano, destacan su obsesión por los espejos, la constante presencia de la muerte y el sexo, así como un peculiarísimo y retorcido sentido del humor.

Director: *Arturo Ripstein*. Guionista: *Paz Alicia Garciadiego*. Fotografía: *Claudio Rocha*. Música: *Lucía Álvarez*. Intérpretes: *Ernesto Laguardia, Julieta Egurrola, Alberto Estrella, Lucía Muñoz, Bruno Bichir*. Producción: *Arturo Ripstein para Imcine, Almeda Films. Color*. Duración: *188'. México*.

PRISIONERO DE ZENDA, EL *(The Prisoner of Zenda, 1937)*

Esta adaptación del clásico de la novela juvenil de Anthony Hope, producida por David O. Selznick y dirigida por John Cromwell, tiene fama de ser la mejor de las varias realizadas. Tal vez sea así, pero se echa de menos a un James Mason, que hace un perfecto Rupert de Hentzau en la versión rodada en 1952 por Richard Thorpe, mil veces mejor que el que aquí recrea Douglas Fairbanks jr., el peor de un sólido reparto donde destacan los excelentes secundarios. En contra de lo que dicen los manuales, George Cukor no debió rodar la corta e intimista escena del intento de abdicación, sino más bien la larga y suntuosa de la coronación. Así mismo, el famoso duelo en el castillo de Zenda entre el bueno y el malo está bien realizado por W. S. van Dyke, pero también es mejor el de Richard Thorpe, sin olvidar la fuerza del parodiado por Blake Edwards en *La carrera del siglo* (The Great Race, 1965). Las aventuras del británico Rudolph Rassendyll en el balcánico e imaginario reino de Ruritania, sustituyendo temporalmente en el trono a su sosias el rey Rudolph, enamorado de la princesa Flavia y enfrentado al malvado Rupert de Hentzau, son objeto de otras dos versiones más: una interesante película muda dirigida en 1922 para Metro-Goldwyn-Mayer por Rex Ingram, con Lewis Stone, Alice Terry y Robert Edeson, y una fallida parodia realizada en 1978 por Richard Quine con Peter Sellers y titulada en castellano *El estrafalario prisionero de Zenda*.

Director: *John Cromwell*. Guionistas: *John Balderston, Wills Root, Donald Ogden Stewart*. Fotografía: *James Wong Howe*. Música: *Alfred Newman*. Intérpretes: *Ronald Colman, Douglas Fairbanks Jr., Madeleine Carroll, David Niven, Raymond Massey, Mary Astor, C. Aubrey Smith, Montagu Love*. Producción: *David O. Selznick*. Duración: *101'. Estados Unidos*.

PRISIONERO DEL ODIO *(The Prisoner of Shark Island, 1936)*

A partir de un buen guión de Nunnally Johnson, el maestro John Ford narra la verdadera historia del doctor Samuel A. Mudd (Warner Baxter). Injustamente condenado a cadena perpetua en 1865 en el penal de Dry Tortugas por curar la pierna rota de John Wilkes Booth (Francis McDonald), el asesino del presidente Abraham Lincoln (Frank McGlynn), tras el fracaso de una fuga organizada por su mujer (Gloria Stuart) es liberado por su conducta heroica durante una epidemia de fiebre amarilla. Eficaz producción del mítico Darryl F. Zanuck para 20th Century Fox, describe con tanta fuerza narrativa como realismo, pero con un subrayado tono de melodramática aventura, las consecuencias de un crimen de Estado. Frente al correcto trabajo de los un tanto anodinos protagonistas, destaca la actuación de John Carradine en el papel de sádico guardián Rankin. El irregular artesano Charles Marquis Warren escribe y dirige una nueva versión con el título *Hellgate* (1952), protagonizada por Sterling Hayden y Joan Leslie.

Director: *John Ford*. Guionista: *Nunnally Johnson*. Fotografía: *Bert Glennon*. Música: *Louis Silvers*. Intérpretes: *Warner Baxter, Gloria Stuart, Joyce Kay, Claude Gillingwater, Douglas Wood, Harry Carey, Francis McDonald, Frank McGlynn, John Carradine*. Producción: *Darryl F. Zanuck para 20th Century Fox*. Duración: *95'. Estados Unidos*.

PROSTITUTA DE DÍA, SEÑORITA DE NOCHE *(Violette Nozière, 1978)*

Gracias a la colaboración de la gran actriz Isabelle Huppert, el realizador Claude Chabrol hace cuatro efectivos y duros retratos de mujer: *La ceremonia* (La cérémonie, 1995), un policiaco rodado a partir de una novela de Ruth Rendell; *Madame Bovary* (1991), basado en la famosa novela homónima de Gustave Flaubert; *Un asunto de mujeres* (Une affaire de femmes, 1988), adaptación de una poco conocida novela de Francis Szpiner, y esta película, que parte de hechos reales. En París, en 1933, la joven Violette Nozière (Isabelle Huppert), para librarse de la mediocridad familiar, sale con estudiantes, se prostituye, contrae la sífilis y, por amor a un gigoló, roba y envenena a sus padres. Su progenitor Baptiste Nozière (Jean Carmet) muere, pero su madre, Germaine Nozière (Stéphane Audran), la denuncia y es juzgada y condenada a muerte, aunque más tarde es perdonada, liberada y rehabilitada. Chabrol recrea la atmósfera de la época, reconstruye el mundo familiar de la protagonista y expone los hechos de manera fría, distante, incluso con un cierto humor, para que el espectador pueda sacar sus propias conclusiones.

Director: *Claude Chabrol*. Guionistas: *Odile Barski, Hervé Bromberger, Frédéric Grendel*. Fotografía: *Jean Rabier*. Música: *Pierre Jansen*. Intérpretes: *Isabelle Huppert, Stéphane Audran, Jean Carmet, Jean-François Garreaud, Mario David, Bernardette Lafont*. Producción: *Denis Héroux y Eugène Lépicier para Filmel, F.R. 3, Cinévideo. Color.* Duración: *125'*. Francia.

PROVIDENCE *(1976)*

Durante una larga noche de insomnio, el célebre escritor Clive Langham (John Gielgud) confunde a los personajes de su última novela con algunos miembros de su familia, en especial su hijo Claude (Dirk Bogarde), su nuera Sonia (Ellen Burstyn) y su hijo ilegítimo Kevin (David Warner), pero al día siguiente los fantasmas desaparecen con la llegada de sus parientes. Sobre un guión del dramaturgo británico David Mercer, el realizador francés Alain Resnais rueda su última gran película sobre el tema de la memoria, característico de la primera y mejor parte de su obra. Esta elaborada y pretenciosa consideración sobre el tema de la muerte se desarrolla a medio camino entre la realidad y la fantasía, con interesantes añadidos de imágenes voluntarias e involuntarias, pero, como le ocurre a la mayoría de las historias de Resnais, resulta demasiado intelectual y fría. Dentro del cosmopolita conjunto destacan la brillante interpretación de los británicos John Gielgud y Dirk Bogarde, la fotografía del argentino Ricardo Aranovitch y la música del húngaro Miklos Rozsa.

Director: *Alain Resnais*. Guionista: *David Mercer*. Fotografía: *Ricardo Aranovich*. Música: *Miklos Rozsa*. Intérpretes: *John Gielgud, Dirk Bogarde, Ellen Burstyn, David Warner, Elaine Stritch, Tanya Lopert*. Producción: *Philippe Dussart para Action Films (París), Citel Films (Londres). Color.* Duración: *110'*. Francia-Reino Unido.

PSICOSIS *(Psycho, 1960)*

Tras huir de Phoenix con cuarenta mil dólares, la atractiva Marion Crane (Janet Leigh) se detiene a pasar la noche en el motel de Norman Bates (Anthony Perkins), un joven taxidermista, mirón y dominado por su madre, pero es brutalmente acuchillada mientras se ducha. Una vez que ha hecho desaparecer su automóvil y su cadáver en un pantano, Norman Bates y su madre se enfrentan con el detective privado Milton Arbogast (Martin Balsam), contratado por Lila Crane (Vera Miles) para seguir el rastro de su hermana. A partir de una mediocre novela del especialista en narraciones policíacas Robert Bloch, el maestro Alfred Hitchcock obtiene su mayor éxito con esta compleja narración, de espléndida estructura, en torno a un asesino de doble personalidad, donde se vuelven a dar cita sus obsesiones por la culpa, el castigo y las madres posesivas. Dentro del moderno conjunto destacan la minuciosa escena del asesinato en la ducha, que dura cuarenta y cinco segundos, tiene setenta y dos posiciones diferentes de cámara y se rueda a lo largo de siete días, según el diseñador Saul Bass sobre dibujos suyos; el hecho insólito de que la protagonista muera a los cuarenta minutos de empezar la película; y la excelente música original de Bernard Herrmann. El enorme prestigio adquirido con el tiempo hace que durante la década de los ochenta se rueden tres secuelas, todas protagonizadas por Anthony Perkins, e incluso una dirigida también por él —un actor realmente devorado por su personaje—, pero no tienen ningún interés ni *Psicosis II* (Psycho II, 1983), de Richard Franklin, ni *Psicosis III* (Psycho III, 1986), de Anthony Perkins, ni *Psicosis IV* (Psycho IV, 1990), de Mick Garris.

Director: *Alfred Hitchcock*. Guionista: *Joseph Stefano*. Fotografía: *John L. Russell*. Música: *Bernard Herrmann*. Intérpretes: *Anthony Perkins, Janet Leigh, Vera Miles, John Gavin, Martin Balsam, John McIntire*. Producción: *Alfred Hitchcock para Paramount.* Duración: *109'*. Estados Unidos.

PUENTE DE WATERLOO, EL *(Waterloo Bridge, 1940)*

La obra teatral homónima de Robert E. Sherwood es origen de tres películas muy diferentes. La primera la dirige el británico James Whale en 1931 con el título original para los estudios Universal, con los olvidados Mae Clark y Kent Douglas como protagonistas. La tercera, *Gaby* (1956), la realiza el alemán Curtis Bernhardt en su flojísimo período Metro-Goldwyn-Mayer, en color y CinemaScope, con Leslie Caron y John Kerr en los principales papeles. Entre ambas se sitúa esta cuidada producción de Sidney Franklin para Metro-Goldwyn-Mayer, que se convierte en uno de los grandes éxitos de los años cuarenta y es la mejor película del irregular director Mervyn LeRoy. Narra cómo en Londres, en 1914, al comienzo de la Gran Guerra, el teniente Roy Cronin (Robert Taylor) debe salir urgentemente para el frente cuando está a punto de casarse con la bailarina Myra (Vivien Leigh). Creyéndole muerto y por falta de dinero, Myra se prostituye y cuando vuelven a encontrarse no le cuenta nada, pero no se atreve a casarse con él y acaba suicidándose. Dentro de este puritano y eficaz melodrama destacan la excelente fotografía de Joseph Ruttenberg y el buen funcionamiento de la romántica pareja formada por un sobrio Robert Taylor y una bella Vivien Leigh.

Director: *Mervyn LeRoy*. Guionistas: *A. N. Behrman, Hans Rameau, George Froeschel*. Fotografía: *Joseph Ruttenberg*. Música: *Herbert Stothart*. Intérpretes: *Vivien Leigh, Robert Taylor, Lucile Watson, Virginia Field, Maria Uspenskaya, C. Aubrey Smith*. Producción: *Sidney Franklin para Metro-Goldwyn-Mayer*. Duración: *103'. Estados Unidos*.

PUENTE SOBRE EL RÍO KWAI, EL *(The Bridge on the River Kwai, 1957)*

En Birmania, durante la II Guerra Mundial, un grupo de prisioneros británicos construye un puente para enlazar el ferrocarril de Bangkok con Rangún durante el invierno de 1943 bajo el mando del coronel británico Nicholson (Alec Guinness) y obedeciendo órdenes del tiránico coronel japonés Saito (Sessue Hayakawa). El soldado norteamericano Shears (William Holden), el comandante británico Warden (Jack Hawkins) y el teniente canadiense Joyce (Geoffrey Horne) logran volarlo el día de la inauguración mientras pasa un importante convoy militar enemigo. Con esta historia, extraída de una novelita de Pierre Boulle y convertida en excelente guión por Michael Wilson y Carl Foreman, pero que firma el propio escritor, por estar aquellos represaliados por el Comité de Actividades Antinorteamericanas, el realizador David Lean hace una brillante superproducción sobre lo absurdo de la guerra. Gana siete importantes Oscars, tiene un enorme éxito, pone de moda la marcha militar de la Gran Guerra titulada *Colonel Bogey* y cambia por completo el rumbo de la carrera de Lean, convirtiéndolo en director de largos espectáculos de gran presupuesto.

Director: *David Lean*. Guionista: *Pierre Boulle*. Fotografía: *Jack Hildyard*. Música: *Malcolm Arnold*. Intérpretes: *Alec Guinness, William Holden, Jack Hawkins, Sessue Hayakawa, Geoffrey Horne, James Donald*. Producción: *Sam Spiegel para Horizon Pictures/Columbia. Color. Scope*. Duración: *161'. Reino Unido*.

PUENTES DE MADISON, LOS *(The Bridges of Madison County, 1995)*

Tras la muerte de Francesa Johnson (Meryl Streep), sus hijos Carolyn (Annie Corley) y Michael (Victor Slezak) leen sus diarios y encuentran una razón para esparcir sus cenizas desde el puente de Holliwell. Durante cuatro días de 1965 en que se encuentra sola en la casa familiar de Madison County, Iowa, vive una apasionada historia de amor con Robert Kincaid (Clint Eastwood), un fotógrafo de la revista *National Geographic* enviado para hacer un reportaje sobre los puentes cubiertos de la zona. Tras muchas dudas, decide quedarse con los suyos, pero cuando años después muere su marido, trata de localizar al fotógrafo, no lo consigue y la única noticia que vuelve a tener de él es una caja con sus pertenencias que le envía su abogado tras su muerte con una nota diciéndole que sus cenizas se han esparcido desde el puente de Holliwell. Veintidós años y dieciséis películas después de *Primavera en otoño* (Breezy, 1973), Clint Eastwood hace su segunda historia romántica, y que ahora también protagoniza. Realizada con una gran austeridad —gran parte de la historia son diálogos entre los protagonistas—, rodados en la gran cocina de una tradicional granja de Iowa, muestra a un envejecido Eastwood en el extremo opuesto a los violentos personajes que le han hecho famoso y también como un meticuloso director, capaz de manejarse bien con muchos menos elementos de los habituales.

Director: *Clint Eastwood*. Guionista: *Richard LaGravanese*. Fotografía: *Jack N. Green*. Música: *Lennie Niehaus*. Intérpretes: *Clint Eastwood, Meryl Streep, Annie Corley, Jim Haynie, Victor Slezak*. Producción: *Amblic / Malpaso para Warner. Color*. Duración: *135'. Estados Unidos*.

PUENZO, Luis *(Buenos Aires, Argentina, 1946)*

Procedente del mundo de la publicidad, trabaja como director de fotografía, montador y guionista antes de debutar como director con la película infantil *Luces de mis zapatos.* La dictadura militar le hace regresar a la publicidad, pero, una vez concluida, rueda *La historia oficial,* la melodramática historia de una maestra burguesa que adopta a un niño que resulta ser hijo de una desaparecida, que consigue el Oscar a la producción extranjera y le abre las puertas de Hollywood. A partir de la novela homónima de Carlos Fuentes, y protagonizada por Gregory Peck y Jane Fonda, rueda la irregular *Gringo viejo,* sobre las andanzas del escritor norteamericano Ambrose Bierce en el México revolucionario. Todavía tiene menos interés *La peste,* adaptación de la célebre novela de Albert Camus, rodada en Argentina con financiación internacional y protagonizada por William Hurt.

1973 *Luces de mis zapatos.*
1975 *Cinco años de vida,* episodio de *Las sorpresas.*
1984 *La historia oficial.*
1989 *Old Gringo* (Gringo viejo).
1992 *The Plague* (La peste).

PUERTA DEL CIELO, LA *(Heaven's Gate, 1980)*

Basado en las luchas reales entre ganaderos y campesinos en 1890 en Wyoming, es un innovador y personal *western* dividido en tres bloques que en nada recuerda a los otros muchos existentes sobre el mismo tema. En el prólogo, situado en 1870, durante la celebración del fin de curso de Harvard College, Cambridge, Massachusetts, se describe la amistad entre James Averill (Kris Kristofferson) y Billy Irvine (John Hurt), así como la admiración del primero por una bella joven. La larga parte central se desarrolla en 1890 en Wyoming y, sobre el fondo de unos poderosos ganaderos que han creado un ejército de pistoleros para eliminar a los pobres campesinos, se narran los amores de la prostituta francesa Ella (Isabelle Huppert) con James Averill, convertido en *sheriff* defensor de los débiles frente a los poderosos, y con Nate Champion (Christopher Walken), capataz de los ganaderos, mientras Billy Irvine se ha convertido en la conciencia de los ganaderos. Tras una dura batalla entre ganaderos y agricultores, en la que solo sobrevive James Averill, hay un breve epílogo, situado en 1903 en Newport, Rhode Island, donde un envejecido y desengañado James Averill aparece en el interior de un lujoso barco acompañado de la bella mujer del prólogo. Construida en brillantes y largas escenas de estructura circular —el vals del prólogo bailado por decenas de parejas en torno a un gran árbol, el baile con patines de una música centroeuropea en el local que da título a la película, la batalla donde los campesinos dan vueltas alrededor de los ganaderos hasta aniquilarse mutuamente—, su excesivo realismo hace que sea atacada por la crítica norteamericana y se convierte en un fracaso comercial que acaba con la productora United Artists al mismo tiempo que con la carrera de Michael Cimino. Frente a los 325 minutos de la versión original, se distribuye una de 149 minutos y actualmente suele circular una de 219 minutos.

Director y guionista: *Michael Cimino.* Fotografía: *Vilmos Zsigmond.* Música: *David Manfield.* Intérpretes: *Kris Kristofferson, Christopher Walken, John Hurt, Sam Waterston, Brad Dourif, Isabelle Huppert, Joseph Cotten.* Producción: *Michael Cimino para United Artists. Color. Scope. Duración: 219'. Estados Unidos.*

PUERTA DEL DIABLO, LA *(Devil's Doorway, 1950)*

Sobre un interesante guión de Guy Trosper, el especialista Anthony Mann realiza el primero de los once *westerns* que rueda durante los años cincuenta. Narra cómo en 1865 el indio *shoshone* Lance Poole (Robert Taylor), tras ser condecorado con la medalla del Congreso por el valor demostrado en las filas nordistas durante la guerra de Secesión, regresa a sus tierras en Wyoming para descubrir que, a pesar de los esfuerzos de la decidida abogada Anne Masters (Paula Raymond), no tiene ningún derecho cuando se enfrenta a los ovejeros para salvaguardar su ganadería, y sigue siendo considerado un «maldito indio». Esta cuidada producción Metro-Goldwyn-Mayer, dirigida con extremada habilidad por Anthony Mann y protagonizada por un inadecuado Robert Taylor, ocupa un lugar crucial dentro de la historia del género por ser uno de los primeros *westerns* —junto con la producción 20th Century Fox *Flecha rota* (Broken Arrow, 1950), de Delmer Daves—, donde los indios no solo son tratados como seres humanos, sino que las historias que narran están completamente a su favor.

Director: *Anthony Mann*. Guionista: *Guy Trosper*. Fotografía: *John Alton*. Música: *Daniele Amfitheatrof*. Intérpretes: *Robert Taylor, Louis Calhern, Paula Raymond, Marshall Thompson, James Mitchell*. Producción: *Nicholas Nayfack para Metro-Goldwyn-Mayer*. Duración: *84'. Estados Unidos.*

PUERTAS ABIERTAS *(Porte aperte, 1990)*

En 1937, en Palermo, en pleno *Ventennio nero,* los años fascistas del *duce* Mussolini, el empleado Tommaso Scalia (Ennio Fantastichini) asesina a un superior, a un colega y a su mujer y se entrega a la policía para que le condenen a muerte, pero el juez Di Francesco (Gian Maria Volonté) logra demostrar, a pesar de las presiones políticas y populares, que se trata de un crimen pasional, y consigue que no sea condenado a muerte, sino solo a cadena perpetua. Basada en una novela de Leonardo Sciascia, el realizador Gianni Amelio hace el perfecto equivalente de la obra original, una consideración pesimista sobre el tema de la justicia, y también rueda algunas escenas excelentes, como la comida del juez con sus familiares o aquella otra que se desarrolla entre los tres jueces del tribunal. Así mismo tiene un gran interés la peculiar relación que se establece entre el juez Di Francesco y el miembro del jurado Consolo (Renato Carpentieri). Rodada con extremada sabiduría en planos largos, Amelio mezcla muy bien la ficción con el documental, según las enseñanzas de su maestro Roberto Rossellini, para dar una nueva visión de Sicilia y los años del fascismo.

Director: *Gianni Amelio*. Guionistas: *Gianni Amelio, Vincenzo Cerami, Alessandro Sermoneta*. Fotografía: *Tonino Nardi*. Música: *Franco Piersanti*. Intérpretes: *Gian Maria Volonté, Ennio Fantastichini, Renzo Giovampietro, Renato Carpentieri, Tuccio Musumeci, Silverio Blasi*. Producción: *Erre Produzioni, Istituto Luce, Urania Film, Raidue*. Color. Duración: *108'. Italia.*

PULP FICTION *(1994)*

El tonto pistolero Vincent Vega (John Travolta), encargado de entretener a la atractiva drogadicta Mia (Uma Thurman), la amiga de su jefe Marsellus Wallace (Ving Rhames), y el brutal negro Jules (Samuel L. Jackson) se enfrentan, con la ayuda del especialista en violencia *El Lobo* (Harvey Keitel), con el boxeador Butch (Bruce Willis) porque no quiere hacer el tongo pactado con su jefe. Con estos tradicionales elementos, el guionista y realizador Quentin Tarantino hace una de las películas más violentas de la historia del cine, pero consigue ganar la Palma de Oro del Festival de Cannes gracias a su compleja y original estructura y un peculiar humor apoyado en unos largos diálogos sin mucho sentido. Mientras es atacada por la crítica por su exceso de violencia, tiene un gran éxito de público y se convierte en una de las películas más imitadas de la década de los noventa.

Director y guionista: *Quentin Tarantino*. Fotografía: *Andrzej Sekula*. Intérpretes: *John Travolta, Samuel L. Jackson, Uma Thurman, Bruce Willis, Harvey Keitel, Tim Roth, Amanda Plummer, María de Madeiros, Eric Stoltz, Rosanna Arquette, Christopher Walken, Ving Rhames*. Producción: *Lawrence Bender para Miramax, Band Apart y Jersey Films*. Color. Scope. Duración: *153'. Estados Unidos.*

q

QIU JU, UNA MUJER CHINA *(Qiu Ju da guansi, 1992)*

En las repetidsas gestiones realizadas por la joven embarazada Qiu Ju (Gong Li) para que Wang Shantang (Ge Zhi Jun), el jefe del remoto pueblo del norte de China donde viven, se disculpe ante su marido Qinglai (Lei Lao Sheng) por la pelea que ha organizado al no dejarle construir un cobertizo en tierra de cultivo, siempre consigue que le den la razón, pero solo son compensaciones materiales y ella quiere una moral, y sigue insistiendo. Al final, su parto se complica, el jefe del pueblo les ayuda y le invitan a la celebración del nacimiento, pero, a consecuencia de las múltiples gestiones realizadas por Qiu Ju, incluso en Pekín, es detenido ese mismo día. Hábilmente rodada por un Zhang Yimou alejado de todo esteticismo, encierra un complejo mensaje sobre las relaciones de las personas con la justicia y una excelente interpretación de su habitual colaboradora Gong Li. Ganadora del León de Oro de la Mostra de Venecia, supone la confirmación del talento de Zhang Yimou, el primer realizador chino cuya obra circula regularmente por las salas especializadas en películas en versión original subtituladas.

Director: *Zhang Yimou*. Guionistas: *Liu Heng*. Fotografía: *Chi Xiao Ning, Yu Xiao Qun*. Música: *Zhao Ji Ping*. Intérpretes: *Gong Li, Lei Lao Sheng, Ge Zhi Jun, Liu Pei Qi*. Producción: *Ma Fung Kwok para Era International (Hong-Kong), China Film Corporation (Pekín)*. Color. Duración: *100'*. Hong-Kong-China.

QUAID, Dennis *(Houston, Texas, Estados Unidos, 1954)*

Hermano del también actor Randy Quaid, trabaja como peluquero, camarero y vendedor de enciclopedias a domicilio antes de comenzar a hacer pequeños papeles en películas a mediados de los años setenta. Descubierto gracias al inesperado éxito de *El relevo*, donde encarna a uno de los protagonistas, durante la década de los ochenta destaca por su trabajo en el *western* de Walter Hill *Forajidos de leyenda* con su hermano Randy Quaid, en la historia de los vuelos espaciales de Philip Kaufman *Elegidos para la gloria*, en los policiacos *Querido detective*, de Jim McBride, y *Sospechoso*, de Peter Yates, y en el musical *Gran bola de fuego*, donde encarna al cantante de *rock* Jerry Lee Lewis. Entre sus últimas películas sobresalen *Bienvenido al paraíso*, de Alan Parker, y *Wyatt Earp*, de Lawrence Kasdan.

1975 *Crazy Mama*, de Jonathan Demme.
1977 *September 30, 1955*, de James Bridges. / *I Never Promise You a Rose Garden* (Nunca te prometí un jardín de rosas), de Anthony Page.
1978 *Seniors*, de Rod Amateau. / *Our Winning Season*, de Joseph Ruben.
1979 *G.O.R.P.*, de Joseph Ruben. / *Breaking Away* (El relevo), de Peter Yates.
1980 *The Long Riders* (Forajidos de leyenda), de Walter Hill.
1981 *All Night Long* (Hasta que la noche acabe), de Jean-Claude Tramont. / *Caveman* (Cavernícola), de

Carl Gottlieb. / *The Night the Lights Went Out in Georgia* (La noche en que se apagaron las luces en Georgia), de Ronald F. Maxwell.
1983 *Tough Enough* (El hombre más duro), de Richard Fleischer. / *Jaws 3-D* (El gran tiburón), de Joe Alves. / *The Right Stuff* (Elegidos para la gloria), de Philip Kaufman.
1984 *Dreamscape* (La gran huida), de Joseph Ruben.
1985 *Enemy Mine* (Enemigo mío), de Wolfgang Petersen.
1987 *The Big Easy* (Querido detective), de Jim McBride. / *Innerspace* (El chip prodigioso), de Joe Dante. / *Suspect* (Sospechoso), de Peter Yates.
1988 *D.O.A.* (Muerto al llegar), de Rocky Morton y Annabel Jankel. / *Everybody's All-American* (Cuando me enamoro), de Taylor Hackford.
1989 *Great Balls of Fire* (Gran bola de fuego), de Jim McBride.
1990 *Come See the Paradise* (Bienvenido al paraíso), de Alan Parker. / *Postcards From the Edge* (Postales desde el filo), de Mike Nichols.
1993 *Undercover Blues* (Cuidado con la familia Blue), de Herbert Ross. / *Wild Napalm*, de Glenn Gordon Caron. / *Flesh and Bone*, de Steve Kloves.
1994 *Wyatt Earp*, de Lawrence Kasdan.
1995 *Something to Talk About* (Algo de que hablar), de Lasse Hallström.

¡QUÉ BELLO ES VIVIR! (*It's a Wonderful Life*, 1946)

La historia se desarrolla en la pequeña ciudad norteamericana de Bedford Falls y enfrenta a la familia Bailey, accionista mayoritaria de una pequeña empresa de préstamos para construir viviendas, con el todopoderoso Henry F. Potter (Lionel Barrymore), propietario del único banco del lugar, para convertirse en un cuento navideño donde se unen los miembros de la clase media contra el poder de los millonarios. Su novedad reside en una estructura narrativa que gira en torno a un ángel (Henry Travers), que aparece para convencer a George Bailey (James Stewart) de que no se suicide, lo que quiere hacer para que su familia pueda cobrar la póliza de su seguro de vida y sacar de la ruina a su pequeña empresa, acosada por el malvado Potter. La primera parte está formada por el rápido resumen que le hacen al ángel de la sucesión de bondades que constituye la vida de George Bailey; la segunda está integrada por el panorama de lo que hubiese sido la vida de los suyos y su ciudad sin él; y en el efectivo final navideño, amigos, vecinos y familiares acuden a ayudar y apoyar al bondadoso George Bailey. A pesar de que en su momento es un fracaso que desconcierta a Frank Capra en su calidad de coguionista, productor y director, que siempre la considera su mejor película, con el paso de los años llega a ser la obra maestra que siempre fue.

Director: *Frank Capra*. Guionistas: *Frances Goodrich, Albert Hackett, Frank Capra*. Fotografía: *Joseph Walker*. Música: *Dimitri Tiomkin*. Intérpretes: *James Stewart, Henry Travers, Donna Reed, Lionel Barrymore, Thomas Mitchell, Beulah Bondi, Gloria Grahame*. Producción: *Frank Capra para Liberty Films (R.K.O.).* Duración: *129'. Estados Unidos.*

¡QUE EL CIELO LA JUZGUE! (*Leave Her to Heaven*, 1945)

La apasionada y deslumbrante Ellen Barent (Gene Tierney) se casa con el novelista Richard Arland (Cornel Wilde), a quien apenas conoce, porque se parece a su recién desaparecido padre, pero, víctima de unos morbosos celos, elimina a cuantas personas se interponen entre ellos: su joven cuñado paralítico Danny Arland (Reed Hadley), su prima Ruth Barent (Jeanne Crain) e incluso, en una pirueta final, a ella misma. Escrita por Jo Swerling a partir de una novela de Ben Ames Williams, el especialista en melodramas John M. Stahl realiza su obra maestra al crear una perfecta atmósfera donde se mezclan la obsesión amorosa y el crimen. Destacan la emotiva escena en que Ellen Barent esparce al viento las cenizas de su padre mientras monta a caballo, y aquella otra —que en su momento causa sensación por saltarse las normas de censura del Código Hays—, en que se deja caer por las escaleras para abortar. Sin olvidar la compleja interpretación de Gene Tierney y la fotografía en el brillante Technicolor de la época de Leon Shamroy.

Director: *John M. Stahl*. Guionista: *Jo Swerling*. Fotografía: *Leon Shamroy*. Música: *Alfred Newman*. Intérpretes: *Gene Tierney, Cornel Wilde, Jeanne Crain, Vincent Price, Mary Phillips, Ray Collins, Gene Lockhart, Reed Hadley*. Producción: *William A. Bacher para 20th Century Fox. Color.* Duración: *111'. Estados Unidos.*

¿QUÉ FUE DE BABY JANE? (*What Ever Happened to Baby Jane?*, 1962)

En 1917 Baby Jane Hudson es una famosa niña prodigio, pero con el paso del tiempo es su hermana Blanche Hudson quien llega a ser una estrella de cine, sufre un accidente de automóvil y queda inmovilizada. Muchos años después ambas hermanas conviven en una olvidada mansión de Hollywood, donde Blanche Hudson (Joan Crawford) se convierte en la prisionera de una cada vez más enloquecida Jane Hudson (Bette Davis), que contrata a un pianista (Victor Buono) para cantar su viejo éxito *I Have Written a Letter to Daddy,* asesina a la criada y acaba por confesar el secreto de su vida a su hermana. Esta compleja mezcla de cine de terror y policiaco, basada en una novela de Henry Farrell, es uno de los grandes éxitos del productor y director Robert Aldrich y relanza las carreras de Bette Davis y Joan Crawford, dos monstruos sagrados un tanto olvidados, y además es objeto de tantas imitaciones que casi crea un subgénero. Rodada en un casi único decorado, incluye viejas películas de Bette Davis, *Ex-Lady* (1933), de Robert Florey, y Joan Crawford, *Así ama la mujer* (Sadie McKee, 1934), de Clarence Brown, y *Los gángsters del aire* (Parachute Jumper, 1933), de Alfred E. Green, y juega a la perfección con el antagonismo entre ambas estrellas. Dos años después, el propio Aldrich parte de otra novela muy similar de Henry Farrell para hacer *Canción de cuna para un cadáver* (Hush... Hush, Sweet Charlotte, 1964), donde enfrenta a Bette Davis con Olivia de Havilland.

Director: *Robert Aldrich*. Guionista: *Lukas Heller*. Fotografía: *Ernest Haller*. Música: *Frank de Vol*. Intérpretes: *Bette Davis, Joan Crawford, Victor Buono, Anna Lee*. Producción: *Robert Aldrich para Associates and Aldrich (Warner Seven Arts)*. Duración: *132'. Estados Unidos.*

¡QUÉ SINVERGÜENZAS SON LOS HOMBRES! *(Gli uomini, che mascalzoni..., 1932)*

Durante los años treinta, en pleno *Ventennio nero,* la etapa de hegemonía fascista, se ponen de moda en Italia unas comedias burguesas, que se conocen con el nombre de «teléfonos blancos» por los muchos que aparecen en ellas. El más famoso de sus directores es Mario Camerini que, con sus comedias de costumbres desarrolladas en ambientes pequeño-burgueses, consigue unos interesantes precedentes de la «comedia a la italiana» de los años cincuenta y sesenta. En esta ocasión narra cómo el joven taxista Bruno (Vittorio de Sica) se hace pasar por propietario del automóvil que conduce para deslumbrar a Mariuccia (Lia Franca), la dependienta de una perfumería, y llevársela de excursión por los lagos de alrededor de Milán; pero es descubierto, se queda sin trabajo y se pelea con la muchacha. Poco tiempo después se encuentran en la Feria de Milán, hacen las paces y deciden casarse. Es el primer gran éxito de Camerini, lanza al joven actor Vittorio de Sica y pone de moda la canción *Parlami d'amore Mariù,* de Cesare A. Bixio, que baila la pareja durante su escapada a los lagos.

Director: *Mario Camerini*. Guionistas: *Aldo de Benedetti, Mario Camerini, Mario Soldati*. Fotografía: *Massimo Terzano*. Música: *Cesare A. Bixio*. Intérpretes: *Vittorio de Sica, Lia Franca, Cesare Zoppetti, Aldo Moschino, Pia Lotti, Gemma Schirato*. Producción: *Cines*. Duración: *70'. Italia.*

¡QUÉ VERDE ERA MI VALLE! *(How Green Was My Valley, 1941)*

Huw Morgan (Roddy McDowall), el hijo menor de una familia que vive en un pequeño pueblo de Gales, recuerda los felices tiempos en que su valle era un lugar tranquilo, próspero y verde, y cómo se transforma con las explotaciones mineras, la conflictividad obrera y el nacimiento del sindicato, en un lugar duro que acaba por desintegrar a su familia y hacerla emigrar. Basada en la novela homónima de Richard Llewellyn, convertida en un excelente guión por el más tarde también realizador Philip Dunne, el maestro John Ford consigue una de sus más famosas y reputadas obras, que tiene gran éxito y le permite ganar otro de sus Oscars. Se trata de una compleja y sólida producción de Darryl F. Zanuck para 20th Century Fox en la que tanto el pueblo y la mina como sus transformaciones se ruedan en estupendos decorados de Thomas Little. Destaca la fotografía de Arthur Miller que subraya con fuerza la paulatina evolución que sufre el valle, la familia Morgan y el resto de sus habitantes.

Director: *John Ford*. Guionista: *Philip Dunne*. Fotografía: *Arthur Miller*. Música: *Alfred Newman*. Intérpretes: *Walter Pidgeon, Maureen O'Hara, Roddy McDowall, Donald Crisp, Sara Allgood, Anna Lee, John Loder, Barry Fitzgerald*. Producción: *Darryl F. Zanuck para 20th Century Fox*. Duración: *118'. Estados Unidos.*

QUERIDÍSIMOS VERDUGOS *(1973)*

Durante la primera mitad de la década de los setenta, Basilio M. Patino realiza de manera clandestina una trilogía de documentales que se sitúa entre lo mejor de su obra, pero solo puede estrenarse cuando la democracia ya está asentada. Entre la novedad de *Canciones para después de una guerra* (1971) y el clasicismo de *Caudillo* (1975), se sitúa este insólito documento, vagamente inspirado en las técnicas del llamado *cinéma-verité*. A partir de los libros de Daniel Sueiro *El arte de matar* y *Los verdugos españoles,* Patino realiza un duro reportaje en el que, al mismo tiempo que narra la historia del garrote vil, entrevista a los tres verdugos que hay en 1972 en España, y termina en el enfrentamiento de uno de ellos con los padres de una de sus próximas víctimas. Realizada con extremada sencillez y alejada de cualquier pedantería, nunca intenta sacar conclusiones, se limita a exponer unos hechos para que cada cual saque las suyas. Rodada clandestinamente entre 1971 y 1972, terminada en 1973 y no autorizada hasta 1977, el mismo día de su estreno, es uno de los más impresionantes documentales que se puede hacer en un país que ha vivido de espaldas a la realidad durante cuatro décadas.

Director y guionista: *Basilio M. Patino*. Fotografía: *Alfredo Mayo, Agustín Balbuena*. Música: *Antonio Gamero*. Producción: *Manuel Arroyo para Turner*. Color. Duración: *100'. España*.

QUERIDO DIARIO *(Caro diario, 1993)*

Tras cuatro años de silencio, en gran parte debido a una extraña enfermedad, el guionista, director, productor y actor Nanni Moretti vuelve al cine con una de sus más sencillas y eficaces producciones. Retoma la tradición italiana de las películas de episodios para articular tres, muy diferentes entre sí, con la excusa de escribir un diario. El mejor es el primero, *En vespa,* rodado mucho antes que los otros, tan solo por el placer de hacerlo. En él, con enorme simplicidad, el propio Moretti recorre las vacías calles de Roma durante un mes de agosto al tiempo que hace variados comentarios: ve una película italiana en que los personajes están deprimidos, mira los edificios, siente ganas de bailar, pero no sabe, se encuentra con la actriz Jennifer Beals, va al cine a ver *Henry, retrato de un asesino* (Henry, Portrait of a Serial Killer, 1990), de John McNaughton, y pide responsabilidades al crítico que la recomendó, para finalizar en la playa de Ostia, en el lugar donde asesinaron a Pier Paolo Pasolini. También tiene gran interés el último, *Médicos,* donde con un tono autobiográfico narra su enfermedad, su larga peregrinación de doctor en doctor hasta que le diagnostican un inexistente cáncer de pulmón. Su personal humor adquiere negras tonalidades y un cierto aire kafkiano para acercarse al tema de la enfermedad, siempre tan alejado del cine y la literatura. Ya plenamente restablecido y con estos dos episodios rodados, Moretti realiza *Islas*, el más convencional, para completar un largometraje, donde deambula con su amigo Gerardo (Renato Carpentieri) por las islas Eólicas, de Lípari a Alicidi, pasando por Salina, Stromboli y Panarea, haciendo breves comentarios sobre la realidad cotidiana. Sin embargo, el conjunto es una obra sencilla y personal donde Moretti multiplica sus funciones para dar su opinión sobre algunos aspectos de la vida actual.

Director y guionista: *Nanni Moretti*. Fotografía: *Giuseppe Lanci*. Música: *Nicola Piovani*. Intérpretes: *Nanni Moretti, Renato Carpentieri, Antonio Neiwiller, Raffaella Lebboroni, Marco Paolini*. Producción: *Nanni Moretti para Sacher Film (Roma), Banfilm (Roma), Le Sept (París). Color. Duración: 100'. Italia-Francia*.

¡QUIERO VIVIR! *(I Want to Live, 1958)*

La verdadera historia de Barbara Graham, una prostituta acusada de asesinato, condenada a muerte a pesar de la falta de pruebas y ejecutada en la silla eléctrica, aunque se declara inocente, y de la campaña llevada a cabo a su favor por el periodista Ed Montgomery, es el origen de dos películas contrapuestas. Una producción del independiente Walter Wanger, realizada con sobriedad por el eficaz artesano Robert Wise y con la que Susan Hayward gana un Oscar en uno de los desgarrados papeles que tanto le gusta interpretar, que es un alegato a favor de su inocencia y en contra de la pena de muerte. En el otro extremo se sitúa *Why Must I Die?* (1960), última película dirigida por el desigual artesano Roy del Ruth, donde Barbara Graham es culpable del asesinato del que se la acusa y está encarnada por Terry Moore.

Director: *Robert Wise*. Guionistas: *Nelson Gidding, Don Mankiewicz*. Fotografía: *Lionel Lindon*. Música:

John Mandel. Intérpretes: *Susan Hayward, Simon Oakland, Virginia Vincent, Theodore Bikel, Wesley Lau.* Producción: *Walter Wanger para United Artists.* Duración: *120'. Estados Unidos.*

QUINE, Richard *(Detroit, Michigan, 1920- Estados Unidos, 1989)*

Perteneciente a una familia de actores, a los once años debuta como actor de teatro, su primera película es *El mundo cambia* (The World Changes, 1933), de Mervyn LeRoy, y hasta 1950 actúa, canta o baila en diferentes producciones, entre las que destacan los musicales *Babes on Broadway* (1941) y *For Me and My Gal* (1942), de Busby Berkeley, y *Los caprichos de Elena* (My Sister Eileen, 1942), de Alexander Hall. Tras codirigir con William Asher *Leather Gloves* (1948), a principios de los años cincuenta hace siete comedias de bajo presupuesto para los estudios Columbia, entre las que destacan *Marino al agua* y *Siren of Bagdad,* que escribe con el realizador Blake Edwards, al tiempo que este colabora en los guiones de las suyas. Sus primeros éxitos son los policiacos *Drive a Crooked Road* y *La casa número 322,* que lanza a la desconocida actriz Kim Novak, con la que vuelve a trabajar en otras tres ocasiones, y los musicales *So This Is Paris* y *Mi hermana Elena,* una pequeña obra maestra protagonizada y coreografiada por Bob Fosse. Tras las irregulares comedias sociales *Un cadillac de oro macizo* y *Full of Life,* que vuelve a hacer para Columbia, se sitúan sus mejores trabajos: las comedias románticas *Me enamoré de una bruja,* sobre la obra teatral de John van Druten, *Un extraño en mi vida,* sobre la novela de Evan Hunter, y *El mundo de Suzie Wong,* sobre la obra de teatro de Paul Osborn. Sigue en el mundo de la comedia, como director y productor, con *Operation Mal Ball, La indómita y el millonario, La misteriosa dama de negro, Encuentro en París* —nueva versión de la producción francesa *La fête à Henriette* (1952), de Julien Duvivier—, *La pícara soltera* y *Cómo matar a la propia esposa,* la mayoría protagonizadas por Jack Lemmon. Su brillante carrera se hunde a finales de los años sesenta por los sucesivos fracasos de *Synanon,* un drama sobre los voluntarios que trabajan en una clínica de rehabilitación de drogadictos, *Oh Dad, Poor Dad, Mamma's Hung You in the Closed and I'm Feelin' So Sad,* mala adaptación de la obra teatral homónima de Arthur Kopit, y *A Talent For Loving,* que Paramount se niega a distribuir a pesar de estar protagonizada por Richard Widmark. Sus últimas películas van de *Intriga en el Gran Hotel,* sofisticada adaptación de una novela de éxito de Arthur Hailey; *W,* un policiaco televisivo producido por el actor Mel Ferrer, y *El infierno del whisky,* narración de la vida de unos personajes que fabrican *whisky* en Kentucky durante los años de la Prohibición, hasta *El estrafalario prisionero de Zenda,* torpe parodia del clásico de la novela de aventuras de Anthony Hope protagonizada por Peter Sellers, que marca el final de su carrera.

1951 *Sunny Side of the Street.* / *Purple Heart Diary.*
1952 *Sound Off.* / *Rainbow 'Round My Shoulder.*
1953 *All Ashore* (Marino al agua). / *Siren of Bagdad.* / *Cruisin' Down the River.*
1954 *Drive a Crooked Road.* / *Pushover* (La casa número 322).
1955 *So This Is Paris.* / *My Sister Eileen* (Mi hermana Elena).
1956 *The Solid Gold Cadillac* (Un cadillac de oro macizo).
1957 *Full of Life.* / *Operation Mad Ball.*
1958 *Bell, Book and Candle* (Me enamoré de una bruja).
1959 *It Happened to Jane* (La indómita y el millonario).
1960 *Strangers When We Meet* (Un extraño en mi vida). / *The World of Suzie Wong* (El mundo de Suzie Wong).
1962 *The Notorius Landlady* (La misteriosa dama de negro).
1964 *Paris When It Sizzles* (Encuentro en París). / *Sex and the Single Girl* (La pícara soltera).
1965 *How to Murder Your Wife* (Cómo matar a la propia esposa). / *Synanon.*
1967 *Oh Dad, Poor Dad, Mama's Hung You in the Closet and I'm Feelin' So Sad.* / *Hotel* (Intriga en el Gran Hotel).
1969 *A Talent For Loving.*
1970 *The Moonshine War* (El infierno del whisky).
1974 *W.*
1978 *The Prisoner of Zenda* (El estrafalario prisionero de Zenda).

QUINN, Anthony *(Antonio Quinn. Chihuahua, México, 1915)*

Hijo de un cámara irlandés y de una *soldadera* de Pancho Villa, trabaja como chófer, capataz y boxeador antes de ser rechazado, por su

QUINN, Anthony

mala dicción inglesa, en los cursos de arte dramático del Belmont Polythecnic. A los veintiún años debuta como actor de teatro en México y comienza a hacer de figurante, generalmente en papeles de indio, en Hollywood. Casado con una hija adoptiva del realizador Cecil B. de Mille, a finales de los años treinta le da sus primeros papeles en *Buffalo Bill, Corsarios de Florida* y *Unión Pacífico*, y dos décadas después le permite hacer, bajo su supervisión, *Los bucaneros*, su única experiencia como director. Cansado de hacer papeles secundarios durante los años cuarenta en *Sangre y arena*, de Rouben Mamoulian; *Murieron con las botas puestas*, de Raoul Walsh; *El cisne negro*, de Henry King; *Incidente en Ox-Bow* y *Las aventuras de Buffalo Bill*, de William A. Wellman; *La patrulla del coronel Jackson*, de Edward Dmytryk, y otras muchas, a finales de la década deja el cine por el teatro. Sin embargo, los éxitos logrados le permiten regresar con más fuerza a principios de los cincuenta y ganar sendos Oscars al encarnar a un campesino mexicano en *¡Viva Zapata!*, de Elia Kazan, y al pintor Paul Gauguin en *El loco de pelo rojo*, de Vincente Minnelli. Mientras interpreta destacados personajes en *El mundo en sus manos*, de Raoul Walsh; *Santos, el magnífico*, de Budd Boetticher; *Viento salvaje*, de George Cukor, y *Orquídea negra*, de Martin Ritt; y tiene gran éxito en Europa al protagonizar *La strada*, de Federico Fellini; *Los dientes del diablo*, de Nicholas Ray; *Barrabás*, de Richard Fleischer; *Zorba el griego*, de Michael Cacoyannis, y *Viento en las velas*, de Alexander Mackendrick. El resto de los años sesenta y los setenta trabaja más en Europa, *Mando perdido*, de Mark Robson; *La herencia Ferramonti*, de Mauro Bolognini, e incluso África, *Mahoma, mensajero de Dios* y *El león del desierto*, que en Estados Unidos, *El Don ha muerto*, de Richard Fleischer, pero siempre en producciones de menor interés. A partir de los primeros años ochenta, marcados por su trabajo en España en la interesante *Valentina* y la fallida *Pasión de hombre*, se limita a hacer papeles secundarios en algunas películas y protagonizar series de televisión. Además de las ciento veintiocho películas en que interviene a lo largo de casi sesenta años de profesión, publica el libro de memorias *The Original Sin* (1972), y realiza numerosas exposiciones de pintura.

Como director
1958 *The Buccaneer* (Los bucaneros).
Como actor
1936 *Parole!* (Los buitres de presidio), de Louis Friedlander. / *The Milky Way* (La Vía Láctea), de Leo McCarey. / *Sworn Enemy*, de Edwin L. Marin. / *Night Waitress*, de Lew Landers. / *The Plainsman* (Buffalo Bill), de Cecil B. de Mille.
1937 *Swing High, Swing Low* (Comenzó en el trópico), de Mitchell Leisen. / *Waikiki Wedding*, de Frank Tuttle. / *The Last Train From Madrid*, de James P. Hogan. / *Partners in Crime*, de Ralph Murphy. / *Daughter of Shanghai*, de Robert Florey.
1938 *The Buccaneer* (Corsarios de Florida), de Cecil B. de Mille. / *Dangerous to Know*, de Robert Florey. / *Tip-Off Girls*, de Louis King. / *Hunted Men*, de Louis King. / *Bulldog Drummond in Africa*, de Louis King. / *King of Alcatraz*, de Robert Florey.
1939 *King of Chinatown*, de Nick Grinde. / *Union Pacific* (Unión Pacífico), de Cecil B. de Mille. / *Island of Lost Men*, de Kurt Neumann. / *Television Spy*, de Edward Dmytryk.
1940 *Emergency Squad*, de Edward Dmytryk. / *Parole Fixer*, de Robert Florey. / *Road to Singapore* (La ruta de Singapur), de Victor Schertzinger. / *The Ghost Breakers* (El castillo maldito), de George Marshall. / *City for Conquest* (Ciudad de conquista), de Anatole Litvak. / *Texas Rangers Ride Again* (Legión de traidores), de James P. Hogan.
1941 *Blood and Sand* (Sangre y arena), de Rouben Mamoulian. / *Knockout*, de William Clemens. / *Thieves Fall Out*, de Ray Enright. / *Bullets for O'Hara*, de William K. Howard. / *They Died With Their Boots On* (Murieron con las botas puestas), de Raoul Walsh. / *The Perfect Snob*, de Ray McCarey.
1942 *Larceny Inc.*, de Lloyd Bacon. / *Road to Morocco* (Ruta de Marruecos), de David Butler. / *The Black Swan* (El cisne negro), de Henry King.
1943 *The Ox-Bow Incident* (Incidente en Ox-Bow), de William A. Wellman. / *Guadalcanal Diary* (Guadalcanal), de Lewis Seiler.
1944 *Buffalo Bill* (Aventuras de Buffalo Bill), de William A. Wellman. / *Roger Touhy, Gangster*, de Robert Florey. / *Ladies of Washington*, de Louis King. / *Irish Eyes Are Smiling*, de Gregory Ratoff.
1945 *China Sky*, de Ray Enright. / *Back to Bataan* (La patrulla del coronel Jackson), de Edward Dmytryk. / *Were Do We Go From Here?*, de Gregory Ratoff.
1946 *California*, de John Farrow.
1947 *Sinbad the Sailor* (Simbad, el marino), de Richard Wallace. / *The Imperfect Lady*, de Lewis Allen. / *Black Gold*, de Phil Karlson. / *Tycoon* (Hombres de presa), de Richard Wallace.
1951 *The Brave Bulls*, de Robert Rossen. / *Mask of the Avenger* (La espada de Montecristo), de Phil Karlson.

1952 *Viva Zapata!*, de Elia Kazan. / *The Brigand*, de Phil Karlson. / *The World in His Arms* (El mundo en sus manos), de Raoul Walsh. / *Against All Flags* (La isla de los corsarios), de George Sherman.
1953 *City Beneath the Sea*, de Budd Boetticher. / *Seminole* (Traición en Fort King), de Budd Boetticher. / *Ride, Vaquero* (Una vida por otra), de John Farrow. / *Blowing Wind* (Soplo salvaje), de Hugo Fregonese. / *East of Sumatra*, de Budd Boetticher. / *Cavalleria rusticana*, de Carmine Gallone. / *Donne proibite*, de Giuseppe Amato. / *Attila, flagello di Dio* (Hombre o demonio), de Pietro Francisci.
1954 *Ulysses* (Ulises), de Mario Camerini. / *La strada*, de Federico Fellini. / *The Long Wait* (Tras sus propias huellas), de Victor Saville.
1955 *The Magnificent Matador* (Santos, el magnífico), de Budd Boetticher. / *The Naked Street* (La calle desnuda), de Maxwell Shane. / *Seven Cities of Gold*, de Robert D. Webb.
1956 *Man From Del Rio* (Un revólver solitario), de Harry Horner. / *Lust for Life* (El loco de pelo rojo), de Vincente Minnelli. / *The Wild Party*, de Harry Horner. / *Notre-Dame de Paris*, de Jean Delannoy.
1957 *The River's Edge* (Al borde del río), de Allan Dwan. / *The Ride Back* (El retorno del forajido), de Allen H. Miner. / *Wild Is the Wind* (Viento salvaje), de George Cukor.
1958 *Hot Spell*, de Daniel Mann.
1959 *The Black Orchid* (Orquídea negra), de Martin Ritt. / *Warlock* (El hombre de las pistolas de oro), de Edward Dmytryk. / *Last Train From Gun Hill* (El último tren de Gun Hill), de John Sturges.
1960 *The Savage Innocents* (Los dientes del diablo), de Nicholas Ray. / *Heller in Pink Tights* (El pistolero de Cheyenne), de George Cukor. / *Portrait in Black* (Retrato en negro), de Michael Gordon.
1961 *The Guns of Navarone* (Los cañones de Navarone), de J. Lee Thompson.
1962 *Barabba* (Barrabás), de Richard Fleischer. / *Requiem for a Heavyweight* (Réquiem por un campeón), de Ralph Nelson. / *Lawrence of Arabia* (Lawrence de Arabia), de David Lean.
1964 *The Visit* (La visita del rencor), de Bernhard Wicki. / *Behold a Pale Horse* (...y llegó el día de la venganza), de Fred Zinnemann. / *Zorba the Greek* (Zorba, el griego), de Michael Cacoyannis.
1965 *A High Wind in Jamaica* (Viento en las velas), de Alexander Mackendrick. / *L'echiquier de Dieu* (La conquista de un imperio), de Denys de La Patellière y Noel Howard.

1966 *Lost Command* (Mando perdido), de Mark Robson.
1967 *The 25th Hour* (La hora veinticinco), de Henri Verneuil. / *The Happening* (El suceso), de Elliot Silverstein. / *The Rover* (El aventurero), de Terence Young.
1968 *Guns for San Sebastian* (Los cañones de San Sebastián), de Henri Verneuil. / *The Shoes of the Fisherman* (Las sandalias del pescador), de Michael Anderson. / *The Magus*, de Guy Green.
1969 *The Secret of Santa Vittoria* (El secreto de Santa Vittoria), de Stanley Kramer. / *A Dream of Kings* (Sueño de reyes), de Daniel Mann.
1970 *A Walk in Spring Rain* (Secretos de una esposa), de Guy Green. / *R.P.M.* (Revoluciones por minuto), de Stanley Kramer. / *Flap* (El indio altivo), de Carol Reed.
1972 *Across 110th Street* (Pánico en la calle 110), de Barry Shear.
1973 *Los amigos*, de Paolo Cavara. / *The Don Is Dead* (El Don ha muerto), de Richard Fleischer.
1974 *The Marseille Contract* (Contrato en Marsella), de Robert Parrish.
1975 *L'eredità Ferramonti* (La herencia Ferramonti), de Mauro Bolognini.
1976 *Tigers Don't Cry* (Los tigres no lloran), de Peter Collinson. / *Bluff: storia di truffe e di imbroghi* (Los embrollones), de Sergio Corbucci. / *Mohammad, Messenger of God* (Mahoma, mensajero de Dios), de Moustapha Akkad.
1978 *The Greek Tycoon* (El griego de oro), de J. Lee Thompson. / *The Children of Sanchez* (Los hijos de Sánchez), de Hall Bartlett. / *Caravans* (Caravanas), de James Fargo.
1979 *The Passage* (El pasaje), de J. Lee Thompson. / *Omar Mukhtar, Lion of the Desert* (El león del desierto), de Moustapha Akkad.
1981 *High Risk* (Alto riesgo), de Stewart Raffil. / *The Salamander* (La salamandra), de Peter Zinner.
1982 *Valentina*, de Antonio J. Betancor.
1987 *Stradivarius*, de Vittorio Salerno.
1989 *Pasión de hombre*, de José Antonio de la Loma.
1990 *Ghosts Can't Do It* (Los fantasmas no pueden hacerlo), de John Derek. / *Revenge* (Venganza), de Tony Scott.
1991 *Only the Lonely* (Yo, tú y mamá), de Chris Columbus. / *Jungle Fever* (Fiebre salvaje), de Spike Lee. / *Mobsters* (El imperio del mal), de Michael Karbelnikoff.
1993 *The Last Action Hero* (El último gran héroe), de John McTiernam.
1994 *A Walk in the Clouds* (Un paseo por las nubes), de Alfonso Arau. / *Somebody to Love* (Alguien a quien amar), de Alexandre Rockwell.

RABAL, Francisco *(Águilas, Murcia, España, 1926)*

Pasa gran parte de su infancia en Barcelona, en 1936 se instala con su familia en Madrid y después de la guerra española empieza a trabajar como eléctrico en los estudios Chamartín. Esto le permite hacer algunas breves apariciones en cine desde mediados de la década de los cuarenta, protagonizar *Hay un camino a la derecha* y conseguir sus primeros éxitos en los años cincuenta con las películas político-religiosas *La guerra de Dios*, *El beso de Judas*, *Murió hace quince años*, *El canto del gallo* y *La gran mentira*, que escribe y produce Vicente Escrivá y dirige Rafael Gil. Entre las que se sitúan *Historias de la radio*, *Amanecer en Puerta Oscura*, *Los clarines del miedo* y *Sonatas*. Al mismo tiempo comienza una carrera internacional que le lleva a trabajar con Gillo Pontecorvo en *Prisionero del mar*, Luis Buñuel en *Nazarín* y Leopoldo Torre Nilsson en *La mano en la trampa*. Gracias a la gran repercusión de *Viridiana*, de Buñuel, durante la década de los sesenta actúa con Michelangelo Antonioni en *El eclipse*, Damiano Damiani en *La rimpatriata*, Claude Chabrol en *María Chantal contra el doctor Kha*, Luchino Visconti en *Las brujas*, Alessandro Blasetti en *Simón Bolivar*, y Jacques Rivette en *La religiosa*. Los años setenta marcan el comienzo de una cierta decadencia, lo que no le impide rodar, tanto en España como en el extranjero, *Cabezas cortadas*, *La leyenda del alcalde de Zalamea*, *El desierto de los tártaros* y *Carga maldita*. Durante estos años en que sobrevive haciendo papeles secundarios en producciones italianas sin atractivo, dirige cuatro convencionales cortometrajes. Sin embargo, a mediados de la década de los ochenta recobra su ritmo habitual gracias a su trabajo en las producciones nacionales *Truhanes*, *Epílogo*, *Padre Nuestro*, *Los paraísos perdidos* y *Tiempo de silencio*, entre las que destaca *Los santos inocentes* con la que gana el premio de interpretación del Festival de Cannes al encarnar al anciano de pocas luces Azarías. Entre sus últimas películas sobresalen *La blanca paloma* y *El hombre que perdió su alma*. Es padre de la actriz Teresa Rabal (Barcelona, 1952) y del realizador Benito Rabal (Madrid, 1954).

1946 *La pródiga*, de Rafael Gil. / *El crimen de Pepe Conde*, de José López Rubio. / *Reina Santa*, de Rafael Gil.
1947 *Alhucemas*, de José López Rubio.
1950 *María Antonia la Caramba*, de Arturo Ruiz Castillo. / *La honradez de la cerradura*, de Luis Escobar. / *Luna de sangre*, de Francisco Rovira Beleta.
1951 *Duda*, de Julio Salvador. / *María Morena*, de José María Forqué y Pedro Lazaga.
1952 *Perseguidos*, de José Luis Gamboa. / *Sor Intrépida*, de Rafael Gil.
1953 *Hay un camino a la derecha*, de Francisco Rovira Beleta. / *La guerra de Dios*, de Rafael Gil.

1954 *El beso de Judas*, de Rafael Gil. / *Todo es posible en Granada*, de José Luis Sáenz de Heredia. / *La pícara molinera*, de León Klimovsky.
1955 *Historias de la radio*, de José Luis Sáenz de Heredia. / *El canto del gallo*, de Rafael Gil. / *Revelación*, de Mario Costa.
1956 *La gran mentira*, de Rafael Gil. / *Serán hombres*, de Silvio Siano.
1957 *Amanecer en Puerta Oscura*, de José María Forqué. / *Marisa la civetta*, de Mauro Bolognini. / *La grande strada azzurra* (Prisionero del mar), de Gillo Pontecorvo. / *Gerusalemma liberata* (Jerusalén liberada), de Carlo Ludovico Bragaglia.
1958 *Tal vez mañana*, de Glauco Pellegrini. / *La noche y el alba*, de José María Forqué. / *Los clarines del miedo*, de Antonio Román. / *Diez fusiles esperan*, de José Luis Sáenz de Heredia. / *Llegaron dos hombres*, de Arne Mattson. / *Nazarín*, de Luis Buñuel.
1959 *Sonatas*, de J. A. Bardem. / *El hombre de la isla*, de Vicente Escrivá.
1960 *Azahares rojos*, de Alfredo B. Crevenna. / *A las cinco de la tarde*, de J. A. Bardem. / *Trío de damas*, de Pedro Lazaga. / *La sed*, de Lucas Demare.
1961 *La mano en la trampa*, de Leopoldo Torre Nilsson. / *Viridiana*, de Luis Buñuel. / *Tiro al piccione*, de Giuliano Montaldo. / *Morte di un bandito*, de Giuseppe Amato. / *Setenta veces siete*, de Leopoldo Torre Nilsson.
1962 *L'eclisse* (El eclipse), de Michelangelo Antonioni. / *Autopsia de un criminal*, de Ricardo Blasco. / *Fra Diávolo*, de Giorgio Simonelli. / *La rimpatriata*, de Damiano Damiani. / *Noche de verano*, de Jorge Grau.
1963 *Llanto por un bandido*, de Carlos Saura. / *El conde Sandorf*, de Georges Lampin. / *El diablo también llora*, de José Antonio Nieves Conde. / *Le gros coup*, de Jean Valere.
1964 *La otra mujer*, de François Villiers. / *María Rosa*, de Armando Moreno. / *Intimidad en los parques*, de Manuel Antín.
1965 *Currito de la Cruz*, de Rafael Gil. / *Mari-Chantal contre le docteur Kha* (María Chantal contra el doctor Kha), de Claude Chabrol. / *Hoy como ayer*, de Mariano Ozores.
1966 *La religieuse* (La religiosa), de Jacques Rivette. / *El último rey de los incas*, de Georg Marischka. / *Camino del Rocío*, de Rafael Gil. / *Belle de jour* (Bella de día), de Luis Buñuel. / *Los largos días de la venganza*, de Florestano Vancini.
1967 *Le streghe* (Las brujas), episodio de Luchino Visconti. / *Oscuros sueños de agosto*, de Miguel Picazo. / *Cervantes*, de Vincent Sherman.
1968 *España otra vez*, de Jaime Camino. / *Después del diluvio*, de Jacinto Esteva. / *El Che Guevara*, de Paolo Heusch. / *Sangre en los ruedos*, de Rafael Gil.

1969 *Simón Bolívar*, de Alessandro Blasetti. / *Los desafíos*, episodio de Claudio Guerin. / *El largo día del águila*, de Enzo G. Castellari. / *Ann och Eve*, de Arne Mattsson.
1970 *Cabezas cortadas*, de Glauber Rocha. / *Goya*, de Nino Quevedo. / *Le soldat Laforet*, de Guy Cavagnac. / *Laia*, de Vicente Lluch.
1971 *Nada menos que todo un hombre*, de Rafael Gil. / *La grande scrofa nera*, de Filippo Ottoni. / *Las melancólicas*, de Rafael Moreno Alba. / *Pianeta Venere*, de Elda Tattoli.
1972 *En el Oeste se puede hacer, amigo*, de Maurizio Lucidi. / *La guerrilla*, de Rafael Gil. / *N. P. il segreto*, de Silvano Agosti. / *La colonna infame*, de Nelo Risi. / *La leyenda del alcalde de Zalamea*, de Mario Camus. / *La otra imagen*, de Antonio Ribas.
1973 *El consejero*, de Alberto de Martini. / *Il sorriso del grande tentatore* (La sonrisa del gran tentador), de Damiano Damiani. / *No es nada, mamá, sólo un juego*, de José María Forqué.
1974 *Tormento*, de Pedro Olea. / *Metralleta Stein*, de José Antonio de la Loma. / *Infamia*, de Giovanni d'Eramo. / *La peccatrice*, de Pier Ludovico Pavoni. / *Faccia da spia* (Terrorismo oficial), de Giuseppe Ferrara.
1975 *Las bodas de Blanca*, de Francisco Regueiro. / *Attenti al buffone*, de Alberto Bevilacqua. / *Cacique Bandeira*, de Héctor Oliveira.
1976 *Emilia, parada y fonda*, de Angelino Fons. / *Las largas vacaciones del 36*, de Jaime Camino. / *El buscón*, de Luciano Berriatúa. / *Il deserto dei tartari* (El desierto de los tártaros), de Valerio Zurlini.
1977 *Sorcerer* (Carga maldita), de William Friedkin. / *Il prefetto di ferro* (La fuerza del silencio), de Pasquale Squiteri. / *Yo soy mía*, de Sofia Scandurra. / *La violación de la señorita Julia*, de Francesco Barilli.
1978 *Così come sei* (Así como eres), de Alberto Lattuada. / *Il giorno dei cristalli*, de Giacomo Corleone. / *Corleone*, de Pasquale Squiteri.
1979 *Ciao, Cialtroni!*, de Danielo Rossini. / *Sbirro, la tua legge è lenta, la mia no!*, de Stelvio Massi. / *Fabricantes de pánico*, de René Cardona Jr.
1980 *El gran secreto*, de Pedro Mario Herrero. / *La invasión de los zombies atómicos*, de Umberto Lenzi. / *Poliziotto, solitudine e rabbia*, de Stelvio Massi. / *Buitres sobre la ciudad*, de Gianni Siragusa. / *Vértigo en la piscina*, de Stelvio Massi.
1981 *Renacer*, de Bigas Luna.
1982 *La colmena*, de Mario Camus. / *El tesoro de las cuatro coronas*, de Ferdinando Baldi. / *Victoria*, de Antonio Ribas.
1983 *Escapada final*, de Carlos Benpar. / *Truhanes*, de Miguel Hermoso. / *Sal gorda*, de Fernando Trueba.
1984 *Epílogo*, de Gonzalo Suárez. / *Los santos inocentes*, de Mario Camus. / *Los zancos*, de Carlos Saura. / *Un delitto*, de Salvatore Nocita.

1985 *Padre Nuestro*, de Francisco Regueiro. / *Los paraísos perdidos*, de Basilio M. Patino. / *Luces de bohemia*, de Miguel Ángel Díez. / *La vieja música*, de Mario Camus. / *Un complicato intrigo di donne, vicoli e delitti* (Camorra, contacto en Nápoles), de Lina Wertmuller. / *Marbella, un golpe de cinco estrellas*, de Miguel Hermoso. / *La hora bruja*, de Jaime de Armiñán.
1986 *Tiempo de silencio*, de Vicente Aranda. / *El hermano bastardo de Dios*, de Benito Rabal. / *El diputado voto del señor Cayo*, de Antonio Giménez-Rico.
1987 *Gallego*, de Manuel Octavio Gómez. / *Divinas palabras*, de José Luis García Sánchez. / *Il mistero del panino assassino*, de Giancarlo Soldi.
1988 *A Time of Destiny* (La fuerza del destino), de Gregory Nava. / *Darkness over the Earth* (Torquemada), de Stanislav Barabas. / *El aire de un crimen*, de Antonio Isasi.
1989 *Barroco*, de Paul Leduc. / *¡Átame!*, de Pedro Almodóvar. / *La blanca paloma*, de Juan Miñón.
1990 *L'autre*, de Bernard Giraudeau.
1991 *La taberna fantástica*, de Julián Marcos. / *L'homme qui a perdu son ombre* (El hombre que perdió su sombra), de Alain Tanner.
1993 *La Lola se va a los puertos*, de Josefina Molina.
1994 *Así en el cielo como en la tierra*, de José Luis Cuerda. / *El palomo cojo*, de Jaime de Armiñán.
1995 *Felicidades, Tovarich*, de Antonio Eceiza.

RAFELSON, Bob (*Nueva York, Estados Unidos, 1933*)

Perteneciente a una familia de la burguesía media, a los quince años deja a los suyos para participar en rodeos, trabajar en un carguero y tocar la batería en una banda de *jazz*. Después de estudiar filosofía y hacer el servicio militar en Japón, a finales de la década de los cincuenta empieza a trabajar en televisión como adaptador de obras dramáticas y más tarde también colabora con diferentes grupos de teatro de vanguardia, entre ellos el famoso Living Theatre. En 1966 entra en contacto con el grupo musical The Monkees; produce alguno de sus discos, crea su programa de televisión y rueda con ellos su primera película, *Head*, demasiado influenciada por los trabajos realizados por Richard Lester con The Beatles. Su éxito le permite crear B. B. S. Productions, con Bert Schneider y Steve Blauner, y producir *Buscando su destino* (Easy Rider, 1969), de Dennis Hopper; *Drive, He Said* (1971), de Jack Nicholson; *La última película* (The Last Picture Show, 1971), de Peter Bogdanovich, y su trilogía formada por *Mi vida es mi vida, El rey de Marvin Gardens* y *El gran guardaespaldas*, imprescindibles para conocer la situación de la sociedad norteamericana a comienzos de los años setenta. Nuevos viajes, ahora por Amazonia y África, separan la primera de la segunda parte de su obra, cada vez menos personal, más comercial y mejor rodada; formada por *El cartero siempre llama dos veces*, su mayor éxito, cuarta versión cinematográfica de la famosa novela negra de James M. Cain convertida en guión por el dramaturgo David Mamet; *El caso de la viuda negra*, un atractivo policiaco psicológico que enfrenta a una asesina y una policía, y *Las montañas de la Luna*, realista descripción de la expedición de sir Richard Francis Burton y John Hanning Speke en busca de las fuentes del Nilo. Su última película es la fallida comedia *Ella nunca se niega*, que poco tiene que ver con el resto de su obra.
1968 *Head*.
1970 *Five Easy Pieces* (Mi vida es mi vida).
1972 *The King of Marvin Gardens* (El rey de Marvin Gardens).
1976 *Stay Hungry* (El gran guardaespaldas).
1981 *The Postman Always Rings Twice* (El cartero siempre llama dos veces).
1987 *Black Widow* (El caso de la viuda negra).
1990 *Mountains of the Moon* (Las montañas de la Luna).
1992 *Man Trouble* (Ella nunca se niega).

RAMPLING, Charlotte (*Sturmer, Cambridge, Reino Unido, 1945*)

Mientras trabaja en espectáculos musicales y como *cover-girl*, estudia arte dramático en la Royal Court School de Londres. Tras hacer una breve aparición en *El knack... y cómo conseguirlo*, interpreta destacados papeles en varias películas británicas, pero se da a conocer gracias a su trabajo en el cine italiano en *Sequestro di persona*, de Gianfranco Mingozzi; *La caída de los dioses*, de Luchino Visconti, y *Adiós, hermano cruel*, de Giuseppe Patroni Griffi. Regresa a su país para rodar unas poco atractivas producciones entre las que destaca *Zardoz*, de John Boorman, y de nuevo en Italia protagoniza *Giordano Bruno, Yuppi du*, y su gran éxito *Portero de noche*, de Liliana Cavani. Del resto de su irregular e internacional filmografía hay que señalar las producciones francesas *La carne de la orquídea*, de Patrick Chéreau; *Viva la vie*, de Claude Lelouch, y *Max, mi amor*, de Nagisa

Oshima; las inglesas *Adiós, muñeca,* de Dick Richards, y *El corazón del ángel,* de Alan Parker; la mexicana *Foxtrot,* de Arturo Ripstein, y las norteamericanas *Recuerdos,* de Woody Allen, y *Veredicto final,* de Sidney Lumet.
1964 *The Knack... and How to Get It* (El knack... y cómo conseguirlo), de Richard Lester.
1965 *Rotten to the Core,* de John Boulting.
1966 *Georgy Girl* (La soltera retozona), de Silvio Narizzano.
1967 *The Long Duel* (La leyenda de un valiente), de Ken Annakin.
1968 *Sequestro di persona,* de Gianfranco Mingozzi. / *Target: Harri,* de Henry Neill.
1969 *Three,* de James Slater. / *La caduta degli dei* (La caída de los dioses), de Luchino Visconti.
1970 *Addio fratello crudele* (Adiós, hermano cruel), de Giuseppe Patroni Griffi.
1971 *The Ski Bum,* de Bruce Clark.
1972 *Corky,* de Leonard Horn. / *Asylum* (Refugio macabro), de Roy Ward Baker. / *Henry VIII and His Six Wives* (Enrique VIII y sus seis mujeres), de Warris Hussein.
1973 *Giordano Bruno,* de Giuliano Montaldo.
1974 *Zardoz,* de John Boorman. / *Il portiere di notte* (Portero de noche), de Liliana Cavani. / *Caravan to Vaccares* (Caravana hacia la aventura), de Geoffrey Reeve. / *Yuppi du,* de Adriano Celentano.
1975 *La chair de l'orchidée* (La carne de la orquídea), de Patrick Chéreau. / *Farewell My Lovely* (Adiós, muñeca), de Dick Richards. / *Foxtrot,* de Arturo Ripstein.
1976 *Un taxi mauve* (Un taxi malva), de Yves Boisset.
1977 *Orca* (Orca, la ballena asesina), de Michael Anderson.
1980 *Stardust Memories* (Recuerdos), de Woody Allen.
1982 *The Verdict* (Veredicto final), de Sidney Lumet.
1984 *Viva la vie,* de Claude Lelouch.
1985 *Tristesse et beauté* (Triste belleza), de Joy Fleury.
1986 *Max, mon amour* (Max, mi amor), de Nagisa Oshima. / *Angel Heart* (El corazón del ángel), de Alan Parker.
1988 *D.O.A.* (Muerto al llegar), de Rocky Morton y Annabel Jankel. / *Paris by Night,* de David Hare.
1993 *Time Is Money,* de Paolo Barzman.

RAPPENEAU, Jean-Paul *(Auxerre, Francia, 1932)*

Licenciado en derecho, a principios de los años sesenta comienza a trabajar como ayudante de dirección de Louis Malle, Alain Cavalier y Philippe de Broca, hasta que debuta como realizador con *Esposa ingenua,* una comedia que se desarrolla al final de la ocupación alemana de Francia durante la II Guerra Mundial. Mejor guionista que realizador, le gusta escribir sus películas con una gran meticulosidad, lo que le lleva a hacer una cada cinco años y a haber rodado tan solo seis en treinta años de profesión. Sin embargo, se convierte en un reputado guionista, colaborador en muchos guiones ajenos, la mayoría de las veces de forma anónima, y su especialidad es arreglar los que tienen dificultades o se encuentran en un punto muerto. Tras la irregular *Gracias y desgracias de un casado del año II,* una comedia de amor y aventuras ambientada en los años de la Revolución francesa al servicio de Jean-Paul Belmondo, su mejor trabajo es *Mi hombre es un salvaje,* una comedia romántica, en gran parte desarrollada en una isla colombiana, con la perfecta pareja formada por Catherine Deneuve e Yves Montand. Tiene menos interés *Tout feu, tout flamme,* otra comedia, pero más convencional, que enfrenta a un seductor padre, encarnado por Yves Montand, y su atractiva hija, interpretada por Isabelle Adjani. Alcanza un gran éxito internacional con *Cyrano de Bergerac,* una cuidada y cara adaptación de la famosa obra de teatro de Edmond Rostand que convierte a Gérard Depardieu en estrella internacional. Su último trabajo es *Le hussard sur le toit,* una ambiciosa y brillante adaptación de la conocida novela de Jean Giono.
1965 *La vie de château* (Esposa ingenua).
1970 *Les mariés de l'an II* (Gracias y desgracias de un casado del año II).
1975 *Le sauvage* (Mi hombre es un salvaje).
1982 *Tout feu, tout flamme.*
1990 *Cyrano de Bergerac.*
1994 *Le hussard sur le toit.*

RASHOMON *(1950)*

El cine japonés, en general, y el director Akira Kurosawa, en particular, se dan a conocer en Occidente con esta cuidada producción que gana el León de Oro de la Mostra de Venecia y el Oscar correspondiente a la producción extranjera. Ambientada en la Edad Media, narra, desde cuatro puntos de vista contradictorios y diferentes, que corresponden a los de los tres protagonistas y al de un leñador (Takashi Shimura) que ha visto lo ocurrido, la violación de la dama Masago (Machiko Kyo) por el bandido Tajomaru (Toshiro Mifune) ante la mirada impotente de su marido el samurai Takehiro (Masayukri Mori) en el interior de un bosque. Rodada con gran habilidad y dureza por Kurosawa, juega con humor y sutileza con la verdad y la mentira. Tiene éxito en Occidente y una gran influencia sobre el cine norteamericano, hasta el punto de que George Cukor se apoya en su estructura para hacer *Las girls* (Les Girls, 1957), una brillante comedia musical que entrecruza tres versiones diferentes de una misma historia, y Martin Ritt rueda *Cuatro confesiones* (The Outrage, 1964), una nueva versión en clave de *western* producida y protagonizada por Paul Newman. Así mismo el sueco Ingmar Bergman dice haberse inspirado en ella para realizar *El manantial de la doncella* (Jungfrukällan, 1959).

Director: *Akira Kurosawa*. Guionistas: *Shinobu Hashimoto, Akira Kurosawa*. Fotografía: *Kazuo Miyagawa*. Música: *Fumio Hayasaka*. Intérpretes: *Toshiro Mifune, Masayuki Mori, Machiko Kyo, Takashi Shimura, Minoru Chiaki*. Producción: *Masaichi Nagata, Shojiro Motoki y Jingo Minura para Daiei*. Duración: *88'. Japón*.

RAY, Nicholas *(Raymond Nicholas Kienzle. La Crosse, Wisconsin, 1911-Nueva York, Estados Unidos, 1979)*

Hijo de un arquitecto, estudia literatura en la Universidad de Chicago y en 1933 consigue una beca para la Frank Lloyd Wright Architectural Fellowship. Atraído por el mundo del espectáculo, desde mediados de los años treinta comienza a colaborar con grupos teatrales progresistas, como Theatre of Action y Federal Theatre Project, y poco después interviene en la cadena de radio C.B.S. en programas de música *folk*. Rechazado en el ejército por un viejo reumatismo de corazón, en 1944 viaja a Hollywood para ayudar al director Elia Kazan en su primera película y al productor John Houseman en una obra teatral, pero no consigue realizar ninguna película y regresa a Nueva York para dirigir varias obras en Broadway. El productor Dore Schary le da la oportunidad de debutar como director de cine con la excelente *Los amantes de la noche*, una adaptación de una novela policiaca de Edward Anderson donde ya aparece su personal manera de entender el cine, su interés por los adolescentes, su fuerte carga romántica y su problemática de los amantes que luchan contra el mundo para encontrar un lugar donde vivir en paz; pero, a cambio, también debe hacer para los estudios R.K.O. *Un secreto de mujer, Nacida para el mal, Infierno en las nubes* y *La casa de las sombras*, que poco le interesan. Entre medias consigue rodar la atractiva *Llamad a cualquier puerta* y la estupenda *En un lugar solitario,* que produce y protagoniza Humphrey Bogart. Tras la personal *The Lusty Men,* ambientada en el aburrido mundillo de los rodeos, durante la segunda mitad de la década de los cincuenta realiza sus mejores películas: el gran éxito *Johnny Guitar,* romántico y antimaccarthysta *western*; su obra más querida y conocida, *Rebelde sin causa,* una historia de adolescentes que marca su trascendental encuentro con el formato CinemaScope, y el fracaso comercial *Más poderoso que la vida,* el drama de un hombre drogado con cortisona, producido y protagonizado por James Mason. Entre ellas se sitúan los *westerns* interesantes *Busca tu refugio* y *La verdadera historia de Jesse James,* y la irregular historia de gitanos en Nueva York *Sangre caliente,* que no controla completamente por el esfuerzo que supone hacer las anteriores. Cansado de las exigencias de Hollywood, rueda en Libia con un equipo francés *Bitter Victory,* pero vuelve a tener problemas con los productores, y en Florida la producción independiente *Wind Across the Everglades,* pero abandona el caótico rodaje por enfrentamientos con el guionista y productor Budd Schullberg. Después de *Chicago año 30,* historia de amor entre un abogado corrupto y una bailarina, que rueda a su gusto para los estudios Metro-Goldwyn-Mayer, viaja a Europa para hacer la coproducción entre Italia, Francia y el Reino Unido *Los dientes del diablo,* que a pesar de algunos problemas es una de sus más personales y mejores obras al narrar su tradicional historia de los amantes enfrentados al mundo, que en esta ocasión sitúa entre esquimales. Su carrera finaliza de mala manera en España, por culpa del productor independiente norteamericano Samuel Bronston, para el que realiza *Rey de reyes* y *55 días en Pekín,* superproducciones con graves problemas de infraestructura, que, en un caso, no le interesa, y en el otro, no consigue controlar. En su mejor momento creativo, este brillante personaje, puente entre el cine norteamericano y el europeo, vaga durante diez años por Europa, sin conseguir poner en marcha alguno de sus proyectos, hundiéndose en el alcohol, hasta convertirse en una caricatura de sí mismo. En 1971 consigue un puesto de profesor de cine en el Harpur College de Binghamton y durante casi toda la década realiza con sus alumnos y su dinero la atractiva producción *underground* inacabada *You Can't Go Home Again*. Víctima de un cáncer irreversible, convence a su amigo el director y productor Wim Wenders para que ruede *Relámpago sobre el agua* (Lightning Over Water, 1979) sobre su propia muerte.

1947 *They Live by Night* (Los amantes de la noche).
1948 *A Woman's Secret* (Un secreto de mujer). / *Knock On Any Door* (Llamad a cualquier puerta).
1950 *In a Lonely Place* (En un lugar solitario). / *Born to Be Bad* (Nacida para el mal).
1951 *Flying Leathernecks* (Infierno en las nubes).
1952 *On Dangerous Ground* (La casa de las sombras). / *The Lusty Men*.
1954 *Johnny Guitar*.
1955 *Run for Cover* (Busca tu refugio). / *Rebel Without a Cause* (Rebelde sin causa).
1956 *Hot Blood* (Sangre caliente). / *Bigger Than Life* (Más poderoso que la vida).
1957 *The True Story of Jesse James* (La verdadera historia de Jesse James). / *Bitter Victory*.
1958 *Wind Across the Everglades*. / *Party Girl* (Chicago, año 30).
1960 *The Savage Innocents* (Los dientes del diablo).
1961 *King of Kings* (Rey de reyes).
1963 *55 Days at Peking* (55 días en Pekín).
1974 *Der Hausmeister* (El conserje), episodio de *Wet Dreams* (Sueños húmedos).
1976 *You Can't Go Home Again*.

RAY, Satyajit *(Calcuta, 1921-Calcuta, Bengala, India, 1992)*

Hijo del escritor, pintor y fotógrafo bengalí Sekumar Ray, perteneciente a una familia de una amplia tradición cultural, estudia economía en la Universidad de Calcuta y bellas artes en la Universidad de Santineketan, bajo la dirección del poeta Rabindranath Tagore. Mientras trabaja en una agencia británica de publicidad y hace portadas e ilustraciones de libros, nace su pasión por el cine. Durante la II Guerra Mundial crea el primer cine club de Calcuta, comienza a escribir crítica de cine en diarios británicos y en 1947 colabora en la fundación de la productora Calcuta Film Society. A finales de la década de los cuarenta viaja a Londres por motivos profesionales y descubre el neorrealismo italiano. De regreso a su país colabora en el rodaje de *El río* (The River, 1950), de Jean Renoir, y se hace amigo suyo. Hechos que le deciden a comprar con su propio dinero los derechos de una novela del reputado escritor bengalí Bibhutibhusan Banerjee, a escribir una adaptación y en los ratos libres que le deja su trabajo, a ocuparse de la producción y realización de su primera película, con la ayuda de algunos amigos. Así nace la trilogía compuesta por *Pater Panchali,* rodada en condiciones artesanales a lo largo de un año, pero que consagra al cine bengalí, en particular, y al indio, en general, en el Festival de Cannes; *Aparajito* y *El mundo de Apu,* realizadas en condiciones normales, que narran, con un eficaz estilo neorrealista, la infancia, adolescencia y madurez de Apu, miembro de una familia rural que vive en los años diez en un pueblo bengalí, en los veinte en Benarés, y en los treinta en Calcuta. Los mejores trabajos de la primera parte de su obra son *El salón de música,* descorazonadora crónica de la decadencia de un terrateniente bengalí, basada en una novela de Tarasankar Banerjee; *La diosa,* duro alegato contra el fanatismo religioso y la superstición, sobre una narración de Prabhat Kumar Mukherjee, y *Charulata,* sobre la emancipación de la mujer, a través de una novela de Rabindranath Tagore. Su interés por los niños le hace escribir relatos infantiles y rodar las películas *Goopy el cantante y Bagha el tamborilero, La fortaleza dorada, ¡Viva el señor Falu!* y *El reino de los diamantes.* Entre las que realiza las mucho más interesantes narraciones realistas *Un trueno lejano,* sobre la terrible hambruna que diezma Bengala durante la II Guerra Mundial, basada en una novela de Bibhutibhusan Banerjee; *La jungla humana,* pesimista descripción de la realidad a través de la mirada de un joven que comienza a vivir, adaptación de un libro de Mani Shankar Mukherjee, y la excelente *Los jugadores de ajedrez,* su única película hablada en hindi, brillante y compleja historia basada en una novela de Munshi Prem Chand, ambientada durante los años de la colonización británica. Sus últimas películas tienen menos interés; están rodadas en interiores, con equipos reducidos —por su delicada salud—, pero siguen siendo igualmente pesimistas, como demuestran *El enemigo del pueblo,* trasposición del drama de Henrik Ibsen a un contexto bengalí; *Las ramas del árbol,* basada en un guión original del realizador, que reúne a una amplia familia en torno a su enfermo patriarca de setenta años, y, en menor medida, *El visitante,* su última película, de nuevo sobre un guión original suyo.

1955 *Pather panchali.*
1956 *Aparajito.*
1957 *Parash pathar* (La piedra filosofal).
1958 *Jalsaghar* (El salón de música).
1959 *Apu sansar* (El mundo de Apu).
1960 *Devi* (La diosa).
1961 *Teen kanya* (Tres muchachas).
1962 *Kanchenjungha.* / *Abhijan* (La expedición).
1963 *Mahanagar* (La gran ciudad).
1964 *Charulata.*
1965 *Kapurush-o-mahapurush* (El cobarde y el santo).
1966 *Nayak* (El héroe).
1967 *Chiriakhana* (El zoológico).
1968 *Goopy gyne Bagha byne* (Goopy el cantante y Bagha el tamborilero).
1969 *Aranyer din ratri* (Días y noches en el bosque).
1970 *Pratiwandi* (El adversario).
1971 *Simabaddha* (Sociedad limitada).
1973 *Ashani sanket* (Un trueno lejano).
1974 *Sonar kella* (La fortaleza dorada).
1975 *Jana aranya* (La jungla humana).
1977 *Shatranj ke khilari* (Los jugadores de ajedrez).
1978 *Joli baba Felunath* (¡Viva el señor Felu!).
1980 *Hirak rajar dese* (El reino de los diamantes).
1984 *Ghare Baire* (El mundo de Bimala).
1989 *Ganashatru* (El enemigo del pueblo).
1990 *Shaka proshaka* (Las ramas del árbol).
1991 *Agantuk* (El visitante).

REAGAN, Ronald *(Tampico, Illinois, Estados Unidos, 1911)*

Educado en el Eureka College, trabaja como locutor deportivo en una emisora local y luego pasa a la cadena N.B.C. En 1937 es contratado por los estudios Warner y durante catorce años, tras una fase inicial de aprendizaje, hace papeles secundarios en grandes producciones y protagoniza películas de bajo presupuesto. En los años cincuenta comienza a trabajar para diferentes estudios en las mismas condiciones, mientras el clima de inseguridad política creado por el Comité de Actividades Antinorteamericanas y sus ideas reaccionarias le permiten comenzar una carrera política que le lleva a presidir el Screen Actor's Guild. A principios de la década de los sesenta abandona el cine, en 1966 es elegido gobernador de California por los republicanos y diez años después se presenta por primera vez a las elecciones presidenciales, pero es derrotado por su correligionario Gerald Ford. Finalmente es elegido presidente de Estados Unidos en 1980 y durante ocho años interpreta con mano dura el más importante de los papeles de su carrera.

1937 *Love Is on the Air,* de Nick Grinde. / *Submarine D-1,* de Lloyd Bacon. / *Hollywood Hotel,* de Busby Berkeley. / *Swing Your Lady,* de Ray Enright.
1938 *Cowboy From Brooklyn,* de Lloyd Bacon. / *Brother Rat,* de William Keighley. / *Accidents Will Happen,* de William B. Clemens. / *Boy Meets Girl,* de Lloyd Bacon. / *Girls on Probation,* de William McGann. / *Sergeant Murphy,* de Breezy R. Eason.
1939 *Going Places,* de Ray Enright. / *Dark Victory* (Amarga victoria), de Edmund Goulding. / *Hell's Kitchen,* de Lewis Seiler y E. A. Dupont. / *Code of the Secret Service,* de Noel Smith. / *Angels Wash Their Faces,* de Ray Enright. / *Naughty But Nice,* de Ray Enright. / *Smashing the Money Ring,* de Terry O. Morse. / *Secret Service of the Air,* de Noel Smith.
1940 *Knute Rockne, All American,* de Lloyd Bacon. / *Santa Fe Trail* (Camino de Santa Fe), de Michael Curtiz. / *Murder in the Air,* de Lewis Seiler. / *Tugboat Annie Sails Again,* de Lewis Seiler. / *An Angel From Texas,* de Ray Enright. / *Brother Rat and a Baby,* de Ray Enright.
1941 *Nine Lives Are Not Enough,* de Edward Sutherland. / *International Squadron,* de Lothar Mendes. / *Million Dollar Baby,* de Curtis Bernhardt. / *The Bad Man,* de Richard Thorpe.
1942 *Kings Row,* de Sam Wood. / *Juke Girl,* de Curtis Bernhardt. / *Desperate Journey,* de Raoul Walsh.
1943 *This Is the Army,* de Michael Curtiz.
1947 *That Hagen Girl,* de Peter Godfrey. / *The Voice of the Turtle,* de Irving Rapper. / *Stallion Road,* de James V. Kern.
1949 *John Loves Mary,* de David Butler. / *Night unto Night* (Alma en tinieblas), de Don Siegel. / *The Girl From Jones Beach,* de Peter Godfrey. / *It's a Great Feeling,* de David Butler. / *The Hasty Heart,* de Vincent Sherman.
1950 *Louisa* (Luisa), de Alexander Hall. / *Storm Warning* (Colinas ardientes), de Stuart Heisler.
1951 *The Last Outpost* (La última avanzadilla), de Lewis R. Foster. / *Hong-Kong,* de Lewis R. Foster. / *Bedtime for Bonzo,* de Frederick de Cordova.
1952 *The Winning Team,* de Lewis Seiler. / *She's Working Her Way Through College,* de Bruce Humberstone.

1953 *Tropic Zone*, de Lewis R. Foster. / *Law and Order*, de Nathan Juran.
1954 *Prisoner of War*, de Andrew Marton. / *Cattle Queen of Montana* (La reina de Montana), de Allan Dwan.
1955 *Tennessee's Partner* (El jugador), de Allan Dwan.
1957 *Hellcats of the Navy*, de Nathan Juran.
1961 *The Young Doctors* (Vivir es lo que importa), de Phil Karlson.
1964 *The Killers* (Código del hampa), de Don Siegel.

REBECA *(Rebecca, 1940)*

A principios de la década de los cuarenta el maestro Alfred Hitchcock llega a Hollywood, huyendo de la II Guerra Mundial, contratado por el productor independiente David O. Selznick y debuta en el cine norteamericano con esta perfecta versión, muy fiel al original, de la conocida novela policiaca homónima de Daphne du Maurier. La historia de la señorita de compañía (Joan Fontaine) que conoce en Montecarlo al riquísimo lord Maxime de Winter (Laurence Olivier), se casa y se va a vivir con él a la gótica mansión de Manderley, donde ella nunca está a la altura de las circunstancias y él no puede olvidar a su primera mujer, ahogada en el mar, ayudado por la inquietante presencia del ama de llaves Miss Danvers (Judith Anderson), da a Hitchcock una de sus primeras grandes oportunidades para desarrollar su peculiar y sabio estilo. Esta fábula gótica de lúgubre atmósfera, que comienza en tono de comedia y finaliza con un juicio, tiene una espléndida parte central y es la única de las películas de su realizador que gana un Oscar.

Director: *Alfred Hitchcock*. Guionistas: *Robert E. Sherwood, Joan Harrison*. Fotografía: *George Barnes*. Música: *Franz Waxman*. Intérpretes: *Joan Fontaine, Laurence Olivier, George Sanders, Judith Anderson, Nigel Bruce, Gladys Cooper, C. Aubrey Smith*. Producción: *David O. Selznick*. Duración: *130'. Estados Unidos*.

REBELDE SIN CAUSA *(Rebel Without a Cause, 1955)*

Esta primera película sobre delincuentes juveniles de clase media es uno de los mejores y más personales trabajos del mítico director Nicholas Ray y uno de los pocos que hace en completa libertad durante su turbulenta carrera. Narra cómo el joven Jim Stark (James Dean), que no soporta que su padre se deje dominar por su madre, se enamora de la adolescente Judy (Natalie Wood), que también tiene problemas con su padre, y ambos van a vivir a una casa abandonada con el jovencísimo Platon (Sal Mineo), hijo de padres separados y necesitado de amor, en busca de un lugar donde poder estar tranquilos, pero, como suele ocurrir en las mejores películas de Ray, no lo consiguen. Producida por David Weisbart para los estudios Warner, marca el encuentro de Nicholas Ray con el CinemaScope, un formato del que sabe sacar un gran provecho. Destaca la presencia al frente del reparto de James Dean en una de sus tres películas como protagonista, muy bien respaldado por Natalie Wood, una actriz infantil que da sus primeros pasos en un papel importante, y el siempre peculiar Sal Mineo.

Director: *Nicholas Ray*. Guionistas: *Stewart Stern, Irving Schulman*. Fotografía: *Ernest Haller*. Música: *Leonard Rosenman*. Intérpretes: *James Dean, Natalie Wood, Sal Mineo, Jim Backus, Ann Doran, Corey Allen, Dennis Hopper*. Producción: *David Weisbart para Warner. Color. Scope*. Duración: *111'. Estados Unidos*.

REBELIÓN A BORDO *(Mutiny on the Bounty, 1935)*

La clásica novela de aventuras de Charles Nordhoff es origen de cinco producciones muy diferentes. Dos películas australianas, la olvidada muda *The Mutiny of the Bounty* (1916), de Raymond Longford, y el semidocumental *In the Wake of the Bounty* (1933), de Charles Chauvel, donde debuta un joven Errol Flynn en el papel de Fletcher Christian, que desaparece cuando lo compra Metro-Goldwyn-Mayer, lo divide en *Pitcairn Island Today* y *Primitive Pitcairn* y las utiliza como publicidad de la obra de Frank Lloyd. Además de tres superproducciones norteamericanas: *Motín a bordo* (The Bounty, 1984), de Roger Donaldson, una película de Dino de Laurentiis protagonizada por Mel Gibson y Anthony Hopkins; una producción de Aaron Rosenberg para Metro-Goldwyn-Mayer, comenzada a rodar por Carol Reed y acabada y firmada por Lewis Milestone en 1962, pero en realidad controlada por el entonces poderoso protagonista Marlon Brando, que exige cambios en el guión a media docena de importantes profesionales y está a punto de arruinar a la productora, y esta, famosa por ser candidata a gran cantidad de Oscars, aunque solo consigue el correspondiente a la película, y que alcanza un gran éxito. Narra cómo el 28 de abril de 1789 la tripulación de la *Bounty,* un velero británico que se dirige hacia Tahití con plantas del árbol del pan, se amotina contra el capitán Bligh (Charles Laughton) por las duras condiciones de vida a que les tiene sometidos y es conducida por el primer oficial Fletcher Christian (Clark Gable) hacia la isla de Pitcairn, que no es el paraíso que habían imaginado. A pesar de la dirección demasiado impersonal y académica de Frank Lloyd y un tradicional rodaje en estudio, según la costumbre de la época, es la mejor de las versiones.

Director: *Frank Lloyd*. Guionistas: *Talbot Jennings, Jules Furthman, Carey Wilson*. Fotografía: *Arthur Edeson*. Música: *Herbert Stothart*. Intérpretes: *Charles Laughton, Clark Gable, Franchot Tone, Herbert Mundin, Movita Dudley Digges, Henry Stephenson, Donald Crisp*. Producción: *Irving Thalberg y Albert Lewin para Metro-Goldwyn-Mayer*. Duración: *135'. Estados Unidos.*

RECUERDO DE UNA NOCHE *(Remember the Night, 1940)*

A partir de un excelente guión del más tarde también brillante realizador de comedias Preston Sturges, el eficaz Mitchell Leisen dirige y produce para los estudios Paramount una de sus mejores comedias románticas. Tiene un perfecto desarrollo la historia de cómo poco a poco el fiscal John Sargent (Fred MacMurray) ayuda a la ladrona de joyas Anna Rose Malone (Barbara Stanwyck), a quien debe condenar, para que encuentre una fianza y salga de la cárcel; la lleva a pasar las Navidades al pequeño pueblo de Wabash, Indiana, con su madre Lucy (Beulah Bondi) y su tía Emma (Elizabeth Patterson), se enamora y se declara en el viaje de regreso al pasar por las cataratas del Niágara. Al final es ella quien acaba acusándose en el juicio para ser condenada y no perjudicar su carrera. Dentro de una conseguida estructura de comedia sentimental, destacan la relación que no tarda en establecerse entre Lucy, tía Emma y Anna Rose, y la noche a que se refiere el título, donde tía Emma ayuda a la muchacha a ponerse su viejo traje de boda para ir a un baile de disfraces, los protagonistas se besan por primera vez y la madre y la tía hablan de amor.

Director: *Mitchell Leisen*. Guionista: *Preston Sturges*. Fotografía: *Ted Tetzlaff*. Música: *Frederick Hollander*. Intérpretes: *Barbara Stanwyck, Fred MacMurray, Beulah Bondi, Elizabeth Patterson, Sterling Holloway*. Producción: *Mitchell Leisen para Paramount*. Duración: *94'. Estados Unidos.*

REDFORD, Robert *(Charles Robert Redford. Santa Mónica, California, Estados Unidos, 1937).*

Abandona sus estudios de pintura en la Universidad Van Nuys de Colorado para irse en 1957 a viajar por Europa en autostop y vivir en París y Florencia mientras realiza los más variados trabajos. Regresa dos años después para estudiar arte dramático en la American Academy of Dramatic Arts y no tarda en debutar como actor de teatro en Broadway. Después de hacer papeles secundarios en las importantes producciones *La rebelde,* donde curiosamente encarna a un actor homosexual, y *La jauría humana,* comienza su colaboración con el realizador Sydney Pollack en *Propiedad condenada* y prosigue a lo largo de *Las aventuras de Jeremiah Johnson, Tal como éramos, Los tres días del cóndor, El jinete eléctrico, Memorias de África* y *Habana*. Le convierten en estrella el éxito de *Descalzos por el parque,* adaptación de una comedia teatral de Neil Simon, y de *Dos hombres y un destino,* un *western* romántico que protagoniza con Paul Newman, donde comienza su trabajo con el director George Roy Hill, que sigue en *El golpe* y *El carnaval de las águilas*. A principios de la década de los ochenta frena su ritmo de trabajo como actor para debutar como director con *Gente corriente,* una especie de folletón televisivo de ambiente familiar, escrito por Alvin Sargent y que de manera incomprensible gana cuatro Oscars importantes, uno de los cuales le corresponde. A pesar de este éxito tarda en conseguir financiación para *Un lugar llamado Milagro,* adaptación de una novela de John Nichols que origina una irregular alegoría social al enfrentar a pobres y ricos en un pueblecito situado en la frontera con México. Crea y dirige el Sundance Film Institute, especialmente dedicado al descubrimiento de nuevos realizadores. Sus últimas películas como director tienen más interés: *El río de la vida,* adaptación de una novela autobiográfica de Norman MacLean, sobre la vida de una tradicional familia norteamericana entre 1910 y 1935 en un perdido pueblo de Montana, y, sobre todo, *El dilema,* que consigue hacer interesante un tema tan aburrido como el de la falsedad de los concursos de televisión, en buena medida gracias a un atractivo guión original de Paul Attanasio.

Como director

1980 *Ordinary People* (Gente corriente).
1988 *The Milagro Beanfield War* (Un lugar llamado Milagro).
1992 *A River Runs Through It* (El río de la vida).
1994 *Quiz Show* (El dilema).

Como actor

1961 *War Hunt* (El que mató por placer), de Dennis Sanders.
1965 *Situation Hopeless But Not Serious* (Situación desesperada, pero menos), de Gottfried Reinhardt.
1966 *Inside Daisy Clover* (La rebelde), de Robert Mulligan. / *The Chase* (La jauría humana), de Arthur Penn. / *This Property Is Condemned* (Propiedad condenada), de Sydney Pollack.
1967 *Barefoot in the Park* (Descalzos por el parque), de Gene Saks.
1969 *Butch Cassidy and the Sundance Kid* (Dos hombres y un destino), de George Roy Hill. / *The Downhill Racer* (El descenso de la muerte) de Michael Ritchie. / *Tell Them Willie Boy Is Here* (El valle del fugitivo), de Abraham Polonsky.
1970 *Little Fauss and Big Halsy* (El precio del fracaso), de Sidney J. Furie.
1972 *The Hot Rock* (Un diamante al rojo vivo), de Peter Yates. / *The Candidate* (El candidato), de Michael Ritchie. / *Jeremiah Johnson* (Las aventuras de Jeremiah Johnson), de Sydney Pollack.
1973 *The Way We Were* (Tal como éramos), de Sydney Pollack. / *The Sting* (El golpe), de George Roy Hill.
1974 *The Great Gatsby* (El gran Gatsby), de Jack Clayton.
1975 *The Great Waldo Pepper* (El carnaval de las águilas), de George Roy Hill. / *Three Days of the Condor* (Los tres días del cóndor), de Sydney Pollack.
1976 *All the President's Men* (Todos los hombres del presidente), de Alan J. Pakula.
1977 *A Bridge Too Far* (Un puente lejano), de Richard Attenborough.
1979 *The Electric Horseman* (El jinete eléctrico), de Sydney Pollack.
1980 *Brubaker,* de Stuart Rosenberg.
1984 *The Natural* (El mejor), de Barry Levinson.
1985 *Out of Africa* (Memorias de África), de Sydney Pollack.
1986 *Legal Eagles* (Peligrosamente juntos), de Ivan Reitman.
1990 *Havana* (Habana), de Sydney Pollack.
1992 *Sneakers* (Los fisgones), de Phil Alden Robinson.
1993 *Indecent Proposal* (Una proposición indecente), de Adrian Lyne.

REDGRAVE, Vanessa *(Blachheath, Londres, Reino Unido, 1937)*

Perteneciente a una de las grandes familias británicas de actores, es hija del gran actor Michael Redgrave (1908-1985) y de la actriz Rachel Kempson, hermana de la también actriz Lynn Redgrave y madre de la actriz Natasha Richardson. Estudia arte dramático en la Central School of Speech and Drama de Londres, en 1957 debuta como actriz de teatro y no tarda en formar parte de la prestigiosa Royal Shakespeare Company. La primera parte de su carrera cinematográfica está marcada por el éxito de *Blow-Up,* de Michelangelo Antonioni, y por las películas que rueda con su marido, el director Tony Richardson: *The Sailor From Gibraltar, Red and Blue* y *La última carga.* La relación entablada con el actor Franco Nero durante el rodaje de la producción norteamericana *Camelot* la lleva a Italia para hacer las mucho menos interesantes *Un tranquillo posto di campagna, Al margen de la sociedad* y *La vacanza.* Sus películas más conocidas son *Isadora,* de Karel Reisz; *Los diablos,* de Ken Russell; *Julia,* de Fred Zinnemann, por la que gana un Oscar; *Yanquis,* de John Schlesinger, y *Agatha,* de Michael Apted. Desde principios de los años ochenta dedica más tiempo al teatro que al cine, rueda muchas menos películas, entre las que destacan *Las bostonianas* y *Regreso a Howards End,* de James Ivory, y se limita a hacer papeles secundarios.

1958 *Behind the Mask,* de Brian Desmond Hurst.
1966 *Morgan: A Suitable Case for Treatment* (Morgan, un caso clínico), de Karel Reisz. / *A Man for All Seasons* (Un hombre para la eternidad), de Fred Zinnemann.
1967 *The Sailor From Gibraltar,* de Tony Richardson. / *Blow-Up,* de Michelangelo Antonioni. / *Red and Blue,* de Tony Richardson. / *Camelot,* de Joshua Logan.
1968 *The Charge of the Light Brigade* (La última carga), de Tony Richardson. / *Isadora,* de Karel Reisz. / *Tonight Let's Make Love in London,* de Peter White-

head. / *Un tranquillo posto di campagna*, de Elio Petri. / *The Sea Gull* (La gaviota), de Sidney Lumet.
1969 *Oh, What a Lovely War!* (¡Oh, qué guerra tan bonita!), de Richard Attenborough. / *The Trojan Women* (Las troyanas), de Michael Cacoyannis.
1970 *Drop Out* (Al margen de la sociedad), de Tinto Brass.
1971 *The Devils* (Los demonios), de Ken Russell. / *Mary Queen of Scots*, de Charles Jarrott.
1972 *La vacanza*, de Tinto Brass.
1974 *Murder on the Orient Express* (Asesinato en el Oriente Exprés), de Sidney Lumet.
1975 *Out of Season*, de Alan Bridges.
1977 *The Seven Percent Solution* (Elemental, doctor Freud), de Herbert Ross. / *Julia*, de Fred Zinnemann.
1979 *Yanks* (Yanquis), de John Schlesinger. / *Agatha*, de Michael Apted. / *Bear Islands* (Operación Isla del Oso), de Don Sharp.
1983 *Wagner*, de Tony Palmer.
1984 *The Bostonians* (Las bostonianas), de James Ivory.
1985 *Wetherby*, de David Hare. / *Steaming*, de Joseph Losey.
1987 *Prick Up Your Ears* (Ábrete de orejas), de Stephen Frears.
1988 *Consuming Passions* (Pasión devoradora), de Giles Foster.
1991 *The Ballad of the Sad Café* (La balada del café triste), de Simon Callow. / *Diceria dell'untore*, de Beppe Cino.
1992 *Howards End* (Regreso a Howards End), de James Ivory.
1993 *Mother's Boy* (Regreso inesperado), de Yves Simoneau.
1994 *House of the Spirits* (La casa de los espíritus), de Bille August. / *Little Odessa* (Cuestión de sangre), de James Gray. / *A Month by the Lake* (Un mes en el lago), de John Irvin.
1996 *Mission Impossible* (Misión imposible), de Brian de Palma.

REED, Carol (*Londres, 1906-Londres, Reino Unido, 1976*)

Tras estudiar en el King's College de Canterbury, en 1924 debuta como actor de teatro y poco después pasa a ser secretario del novelista Edgar Wallace, lo que despierta su interés por las narraciones policiacas. Tras su muerte escribe guiones, es ayudante de dirección durante un breve período y debuta como realizador con *Sucedió en París*. Desde mediados de los años treinta hasta mediados de los cuarenta rueda dieciséis películas de aprendizaje entre las que pueden citarse *Laburnum Grove*, adaptación de J. B. Priestley; *Talk of the Devil*, un primitivo policiaco; *El amor manda*, una historia romántica, y *Night Train to Munich*, un policiaco más sólido. Su mejor momento es el final de la década de los cuarenta gracias a la trilogía integrada por *Larga es la noche*, sobre la última noche de vida de un revolucionario irlandés del I.R.A. en Belfast; *El ídolo caído*, personal aproximación al mundo infantil, y la famosa *El tercer hombre*, una historia policiaca desarrollada en torno al mercado negro en la dividida Viena de la inmediata posguerra; las dos últimas escritas por el novelista Graham Greene. También tienen gran interés *El desterrado de las islas*, adaptación de una novela de Joseph Conrad; *Se interpone un hombre*, eficaz historia de espionaje ambientada en Berlín; *El niño y el unicornio*, nueva mirada sobre el mundo infantil, y *Nuestro hombre en La Habana*, comedia de espionaje también escrita por Graham Greene. Entre las que también hace las más caras, pero menos interesantes, *Trapecio*, melodrama circense triangular; *La llave*, drama marítimo con trasfondo bélico, y *El precio de la muerte*, policiaco en torno a un accidente aéreo y un seguro de vida. Tras las irregulares superproducciones *El tormento y el éxtasis*, sobre las relaciones entre el escultor Miguel Ángel y el papa Julio II, basada en una novela de Irving Stone, y *Oliver*, un conocido musical realizado a partir de la novela de Charles Dickens, rueda en Estados Unidos el *western* pro-indio *El indio altivo*, y la comedia sentimental *Sígueme*, sobre la obra teatral de Peter Schaffer, trabajos despersonalizados y alejados de sus mejores películas.

1935 *It Happened in Paris* (Sucedió en París). / *Midshipman Easy*.
1936 *Talk of the Devil*. / *Laburnum Grove*.
1937 *Who's Your Lady Friend?* (Dime con quién andas).
1938 *Bank Holiday* (El amor manda). / *Penny Paradise*. / *Climbing High* (Cuidado con lo que haces).
1939 *A Girl Must Live*. / *The Stars Look Down*.
1940 *Night Train to Munich*. / *The Girl in the News* (Su nombre en los periódicos).
1941 *Kipps*.
1942 *The Young Mister Pitt* (El vencedor de Napoleón).
1944 *The Way Ahead*.
1945 *The True Glory*.
1947 *Odd Man Out* (Larga es la noche).
1948 *The Fallen Idol* (El ídolo caído).

1949 *The Third Man* (El tercer hombre).
1951 *An Outcast of the Islands* (El desterrado de las islas).
1953 *The Man Between* (Se interpone un hombre).
1955 *A Kid for Two Farthings* (El niño y el unicornio).
1956 *Trapeze* (Trapecio).
1958 *The Key* (La llave).
1959 *Our Man in Havana* (Nuestro hombre en La Habana).
1963 *The Running Man* (El precio de la muerte).
1965 *The Agony and the Ecstasy* (El tormento y el éxtasis).
1968 *Oliver*.
1970 *Flap* (El indio altivo).
1972 *Follow Me* (Sígueme).

REEVES, Keanu *(Beirut, Libano, 1964)*

Hijo de un geólogo chino-hawaiano y de una inglesa, el trabajo de su padre le hace vivir en Beirut, Hawai, Australia, Nueva York y Toronto, hasta que a los dieciséis años se establece en Los Ángeles para probar fortuna en Hollywood. Durante su estancia en Canadá estudia arte dramático y trabaja en el Theatre Arts High School, interviene en alguna serie de televisión, como *Hanging*, y rueda sus primeras películas. Desde mediados de los años ochenta hace papeles secundarios en irregulares producciones norteamericanas, entre las que destaca *Las amistades peligrosas,* y se da a conocer como protagonista del díptico de comedias integrado por *Las alucinantes aventuras de Bill y Ted* y *El alucinante viaje de Bill y Ted.* Convertido en una de las jóvenes promesas del cine norteamericano, sobresale su trabajo con Gus van Sant en *Mi Idaho privado,* Francis Ford Coppola en *Drácula,* Bernardo Bertolucci en *Pequeño Buda* y Kenneth Branagh en *Mucho ruido y pocas nueces.*

1986 *Flying*, de Paul Lynch. / *Youngblood* (Forja de campeones), de Peter Markle.
1987 *River's Edge* (Instinto sádico), de Tim Hunter.
1988 *Dangerous Liaisons* (Las amistades peligrosas), de Stephen Frears. / *The Night Before*, de Tom Eberhardt. / *Permanent Record*, de Marisa Silver. / *The Prince of Pennsylvania*, de Ron Nyswander.
1989 *Bill and Ted's Excellent Adventure* (Las alucinantes aventuras de Bill y Ted), de Stephen Herek. / *Parenthood* (Dulce hogar... ¡a veces!), de Ron Howard.
1990 *I Love You to Death* (Te amaré hasta que te mate), de Lawrence Kasdan. / *Tune in Tomorrow*, de Jon Amiel.
1991 *Bill and Ted's Bogus Journey* (El alucinante viaje de Bill y Ted), de Pete Hewitt. / *Point Break* (Le llamaban Bodhi), de Kathryn Bigelow. / *My Own Private Idaho* (Mi Idaho privado), de Gus van Sant.
1992 *Even Cowgirls Get the Blues* (Ellas también se deprimen), de Gus van Sant. / *Bram Stoker's Dracula* (Drácula), de Francis Ford Coppola. / *Hideous Mutant Freekz*, de Alex Winter y Tom Stern.
1993 *Little Budha* (Pequeño Buda), de Bernardo Bertolucci. / *Much Ado About Nothing* (Mucho ruido y pocas nueces), de Kenneth Branagh.
1994 *Speed*, de Jan de Bont. / *Johnny Mnemonic*, de Robert Longo.
1995 *A Walk in the Clouds* (Un paseo por las nubes), de Alfonso Arau.
1996 *Last Time Committed Suicide* (La última vez que me suicidé), de Stephen Kay.

REGLA DEL JUEGO, LA *(La règle du jeu, 1939)*

Siguiendo la tradición literaria de Marivaux, Beumarchais y Musset, el guionista y realizador Jean Renoir hace una de sus películas más incomprendidas en su momento y más famosas desde los años sesenta. Narra cómo un grupo de amigos se reúne en el castillo del marqués de Chesnaye (Marcel Dalio), en Sologne, para celebrar una partida de caza. Mientras, por un lado, el marqués corre tras su amante Geneviève (Mila Parély), su mujer Christine (Nora Gregor) es perseguida por el famoso aviador Jurieux (Roland Toutain) y por su amigo Octave (Jean Renoir); y por el otro, el nuevo criado Marceau (Julien Carette) y el guardabosques Schumacher (Gaston Modot) persiguen a la mujer de este, la doncella Lisette (Paulette Dubost). La historia finaliza trágicamente cuando el guardabosques mata de un disparo al aviador, creyendo que está con su mujer. En vísperas de la II Guerra Mundial, Jean Renoir escribe y dirige una movida tragicomedia sobre la burguesía de la época enfrentada con sus criados, que esconde el mensaje de que la vida y el amor son un juego cuyas reglas no pueden transgredirse impunemente. En el momento de su estreno no solo es un gran fracaso, sino que es censurada por desmoralizadora y retirada de la circulación en septiembre de 1939, poco después de comenzar la II Guerra Mundial; pero en 1965 es restaurada y reestrenada con todos los honores gracias al apoyo de los nuevos críticos de la revista especializada *Cahiers du Cinéma* y se valora como una de las grandes películas de Renoir.

Director y guionista: *Jean Renoir*. Fotografía: *Jean Bachelet*. Música: *Roger Désormières*. Intérpretes: *Marcel Dalio, Nora Gregor, Roland Toutain, Jean Renoir, Mila Parely, Julien Carette, Gaston Modot, Paulette Dubost, Pierre Magnier, Odette Talazac*. Producción: *N.E.F.* Duración: *110'. Francia*.

REGRESARON TRES *(Three Came Home, 1950)*

Tomando como punto de partida el libro autobiográfico de la norteamericana Agnes Newton Keith, el realizador Jean Negulesco hace una efectiva historia de campos de concentración, escrita y producida por Nunnally Johnson. Narra cómo, en 1941, al principio de la II Guerra Mundial, Agnes Newton Keith (Claudette Colbert) es la única norteamericana que queda en Borneo cuando llegan los japoneses. La separan de su marido y la encierran con su hijo en un campo de concentración, junto a las restantes inglesas de la isla, pero entabla una peculiar relación con el jefe del campo, el coronel Sugan (Sessue Hayakawa), que la admira como escritora y la hace partícipe de sus sufrimientos cuando su mujer y sus hijos mueren por la bomba atómica lanzada por los norteamericanos sobre Hiroshima. Bien narrada por Negulesco, con excelentes escenas, como aquella donde los recién llegados prisioneros australianos tratan de conquistar a las veteranas inglesas, destaca el estupendo trabajo interpretativo de Claudette Colbert.

Director: *Jean Negulesco*. Guionista: *Nunnally Johnson*. Fotografía: *Milton Krasner*. Música: *Hugo Friedhofer*. Intérpretes: *Claudette Colbert, Patric Knowles, Sessue Hayakawa, Florence Desmond, Sylvia Andrew*. Producción: *Nunnally Johnson para 20th Century Fox*. Duración: *106'. Estados Unidos*.

REGRESO A HOWARDS END *(Howards End, 1992)*

El éxito de sus anteriores adaptaciones del novelista británico E. M. Forster, *Una habitación con vistas* (A Room With a View, 1985) y *Maurice* (1987), lleva al inseparable trío formado por el realizador James Ivory, el productor Ismail Merchant y la guionista Ruth Prawer Jhabvala a hacer esta última, todavía más cuidada y mejor versión de otra de sus obras. Narra cómo en la Inglaterra de 1910, donde las clases sociales siguen estando muy definidas, las hermanas Schlegel llevan una vida muy diferente por estar casada la mayor, Margaret (Emma Thompson), con el acaudalado viudo Henry Wilcox (Anthony Hopkins), y tener un hijo la pequeña, Helen (Helena Bonham Carter), con el pobre contable sin trabajo Leonard Bast (Samuel West). Lo interesante de este choque entre clases sociales muy diferentes, los conservadores, ricos y un tanto ignorantes Wilcox, los pequeño-burgueses, progresistas y cultos Schlegel, y los pobres, pero orgullosos Bast, es que está contado a través de la evolución de la gran mansión Howard. Dentro de la perfección del conjunto, donde Ivory consigue evitar la frialdad y cierto academicismo que enturbia muchas de sus adaptaciones literarias, destaca el excelente trabajo de un amplio y variado grupo de intérpretes, frente a algunos mínimos errores narrativos, como una pesadilla y un par de planos rodados con «cámara lenta», que chocan con el realismo dominante.

Director: *James Ivory*. Guionista: *Ruth Prawer Jhabvala*. Fotografía: *Tony Pierce-Roberts*. Música: *Richard Robbins*. Intérpretes: *Emma Thompson, Anthony Hopkins, Helena Bonham Carter, Samuel West, Vanessa Redgrave*. Producción: *Ismail Merchant para Merchant Ivory Production. Color. Scope*. Duración: *142'. Reino Unido*.

REGUEIRO, Francisco *(Valladolid, España, 1934)*

Profesor mercantil, estudia derecho y periodismo antes de licenciarse en dirección en el Instituto de Investigaciones y Experiencias Cinematográficas con la práctica *Sor Angelina Virgen* (1961). Publica chistes en diferentes periódicos, participa en exposiciones de pintura, escribe cuentos, colabora en guiones y debuta como realizador con *El buen amor*, que narra la excursión a Toledo de una pareja de novios madrileños. Desorientan su carrera las múltiples variaciones introducidas por la censura del general Franco en la más personal *Amador*. El productor Elías Querejeta cambia su peculiar humor negro por un realismo que le resulta ajeno en *Si volvemos a vernos* y, en menor medida, en *Cartas de amor de un asesino*, que nunca se estrena. A finales de los años sesenta y principios de los setenta realiza una amplia producción de documentales y programas dramáticos para televisión entre los que destaca *La niña que se convirtió en rata* (1972). Después de tocar fondo en cine con la fallida *Me enveneno de azules,* comienza su recuperación con la insólita, chirriante y divertida comedia negra *Duerme, duerme, mi amor,* pero hay que esperar a *Las bodas de Blanca,* una de las más personales y extrañas comedias del cine español, para que su encuentro con el guionista Ángel Fernández-Santos marque su camino. Regresa a la pintura y, tras diez años de forzado silencio, gracias a la denominada Ley Miró de subvenciones anticipadas, vuelve al cine para hacer sus mejores películas, siempre basadas en guiones originales, escritos en colaboración con Fernández-Santos. La dura trilogía integrada por la excelente *Padre Nuestro,* una historia llena de sabiduría y humor, sobre un cardenal que desde Roma regresa a su castellano pueblo natal para morir; la interesante *Diario de invierno,* una fábula sobre el enfrentamiento entre Caín y Abel con demasiadas cosas dentro, y la mutilada *MadreGilda,* una barroca narración en torno al general Franco y la película *Gilda* (1946), de Charles Vidor, que deja muy claras las bases paternofiliales en que se apoyan las tres obras, pero cuya estructura está dañada, al reducir sus dos horas y media originales por problemas de distribución.

1963 *El buen amor.*
1965 *Amador.*
1967 *Si volvemos a vernos* (Smashing Up).
1969 *Me enveneno de azules.*
1972 *Cartas de amor de un asesino.*
1974 *Duerme, duerme, mi amor.*
1975 *Las bodas de Blanca.*
1985 *Padre Nuestro.*
1988 *Diario de invierno.*
1993 *MadreGilda.*

REINA DE ÁFRICA, LA *(The African Queen, 1951)*

A partir de una novela de C. S. Forester, convertida oficialmente en guión por James Agee, el realizador John Huston rueda una famosa película de amor y aventuras. Narra cómo en septiembre de 1914, al principio de la Gran Guerra, el mecánico canadiense Charlie Allnutt (Humphrey Bogart) y la hermana de un pastor metodista inglés Rose Sayer (Katharine Hepburn) huyen de los alemanes en el África Oriental a lo largo del río Ulanga en un pequeño barco de vapor, mientras el amor nace entre ellos aunque les separan profundas diferencias religiosas y *alcohólicas.* A pesar de tener demasiadas escenas rodadas en estudio, conserva intacto buena parte de su atractivo y, sobre todo, el perfecto duelo interpretativo entre Katharine Hepburn y Humphrey Bogart, que por este trabajo gana el único Oscar de su carrera. Curiosamente, esta producción genera una amplia bibliografía, no solo por los extensos capítulos que le dedican en sus autobiografías Lauren Bacall y John Huston, sino sobre todo por *El rodaje de «La reina de África» o cómo fui a África con Bogart, Bacall y Huston y casi pierdo la razón,* libro con el que debuta como escritora Katharine Hepburn, y por el que escribe Paul Viertel —que finaliza el guión cuando James Agee no puede aguantar más a John Huston—, que relata algunos aspectos del rodaje y es el origen de *Cazador blanco, corazón negro* (White Hunter, Black Heart, 1989), película producida, dirigida y protagonizada por Clint Eastwood.

Director: *John Huston.* Guionista: *James Agee.* Fotografía: *Jack Cardiff.* Música: *Allan Gray.* Intérpretes: *Humphrey Bogart, Katharine Hepburn, Robert Morley, Peter Bull, Theodore Bikel.* Producción: *Sam Spiegel para Romulus-Horizon/I.F.D. Color.* Duración: *103'. Estados Unidos.*

REINA DE LA NOCHE, LA *(1994)*

Prosiguiendo su larga trayectoria profesional, Arturo Ripstein insiste en la dirección trazada en su colaboración con la guionista Paz Alicia Garciadiego. La descripción de un mundo barroco, tortuoso, nocturno, que gira una y otra vez sobre sí mismo, dando como resultado una durísima, negra y desgarradora visión de la realidad. En esta ocasión, el punto de partida es la vida de la gran cantante mexicana Lucha Reyes (1906-1944) —encarnada con apropiada rudeza por la actriz Patricia Reyes Spindola—, nacida en un prostíbulo, de padre desconocido, y muerta a los treinta y muchos años por tomar barbitúricos. Tal como advierte un subtítulo, no se trata de narrar la vida de la cantante, sino de hacer una «biografía imaginaria», tomar el personaje y describir un cierto mundo. Ambientada en México durante los años de la II Guerra Mundial, está dividida en tres grandes bloques denominados «1939», «1941» y «1944». Su gran atractivo nace de que el duro personaje de la cantante y la sordidez del mundo en que se mueve encuentran una perfecta correspondencia en el depurado estilo narrativo de Ripstein. Su fascinación por los espejos, la noche, el agua que todo lo inunda y cuyo ruido se emplea a veces como música de fondo, el humor negro que llena el relato, encajan con la desgarradora vida de la cantante para llegar a un conjunto de gran calidad. Rodada en largos planos, casi en planos-secuencia, barrocos y retorcidos como el mundo que reflejan, sobre un trasfondo de ecos de la guerra de España y personajes ligados a la II Guerra Mundial, su punto de apoyo es la larga tradición melodramática y musical del cine latinoamericano.

Director: *Arturo Ripstein*. Guionista: *Paz Alicia Garciadiego*. Fotografía: *Bruno de Keyser*. Música: *Lucía Álvarez*. Intérpretes: *Patricia Reyes Spindola, Alfonso Echanove, Alberto Estrella, Blanca Guerra, Ana Ofelia Murguía*. Producción: *Arturo Ripstein para Ultra Films (México), Imcine (México), Les Films du Nopal (París). Color.* Duración: *110'*. México-Francia.

REINA KELLY, LA *(Queen Kelly, 1928)*

Tras el éxito de *La frágil voluntad* (Sadie Thompson, 1928), de Raoul Walsh, la estrella del cine mudo Gloria Swanson convence a su amante, el banquero Joseph P. Kennedy, padre de los famosos políticos, de que contrate al discutido Erich von Stroheim para que la dirija en una gran película de larga duración. Como es habitual en él, Stroheim escribe y dirige una melodramática, desgarradora y personal historia que comienza en la ciudad de Kronberg, capital de un imaginario reino centroeuropeo, y finaliza en la ciudad de Dar-Es-Salaam, en el África alemana, pero vuelve a quedar incompleta por una serie de problemas. Narra cómo el príncipe Wolfram (Walter Byron) se enamora de Patricia Kelly (Gloria Swanson), alumna de un colegio de monjas, y la lleva a palacio, pero los descubre su prometida, la reina Regina V (Seena Owen), y a ella la echa a la calle a latigazos y a él lo mete en la cárcel. Desesperada, acepta ir a África a ver a su vieja tía (Sylvia Asthon), pero una vez allí descubre que regenta un prostíbulo y la obliga a casarse con el tullido Jan Vryheid (Tully Marshall). Tras cumplir la condena, el príncipe va a buscarla, su marido muere, la reina es asesinada y la pareja acaba subiendo al trono. Durante el largo rodaje se deterioran las relaciones entre la estrella y el gran director, la censura presiona para que se modifique la sórdida parte africana y el triunfo del cine sonoro acaba de desbaratar el proyecto. Stroheim solo consigue acabar la parte europea de la historia, y en 1931 Gloria Swanson estrena una versión sonorizada de esta parte con música de Adolf Tandler. En 1963 se encuentran dos rollos correspondientes a la parte de África, y en 1985, muertos Gloria Swanson y Erich von Stroheim, se estrena una nueva versión donde algunas escenas, abundantes fotografías y rótulos dan una idea de lo que hubiese podido ser la parte inacabada. Tras un magistral comienzo, con la presentación de la reina y el príncipe, encierra las obsesiones de Stroheim sobre la realeza, el ejército, la Iglesia católica y la virginidad, dentro de un original tono erótico; pero desgraciadamente solo pueden imaginarse las escenas del burdel africano, que nunca se rodaron.

Director y guionista: *Erich von Stroheim*. Fotografía: *Ben Reynolds, Paul Ivano, Gordon Pollock*. Música: *Adolf Tandler*. Intérpretes: *Gloria Swanson, Walter Byron, Seena Owen, Sidney Bracey, Wilhelm von Brincken, Tully Marshall, Sylvia Asthon*. Producción: *Joseph P. Kennedy para United Artists.* Duración: *96'. Estados Unidos.*

REINER, Rob *(Beverly Hills, California, Estados Unidos, 1945)*

Hijo del actor y director Carl Reiner (1922), estudia en la Universidad de California, pero muy joven debuta como actor en teatro y televisión. Tras alguna experiencia como director de teatro, debuta como realizador de cine con *This Is Spinal Tap,* leve sátira del mundo del *rock and roll,* y *Juegos de amor en la Universidad,* tímida comedia universitaria. Llama la atención con las muy diferentes *Cuenta conmigo,* basada en un relato autobiográfico del especialista en narraciones de terror Stephen King, que narra bien la insignificante aventura de unos adolescentes; *La princesa prometida,* intento de recuperación del más clásico cine de aventuras a partir de un guión de William Goldman basado en su propia novela, y *Cuando Harry encontró a Sally,* una curiosa comedia sobre una pareja que no cree en la amistad entre personas de distinto sexo. En la primera mitad de los noventa rueda las más ambiciosas *Misery,* adaptación de una novela de Stephen King sobre un escritor secuestrado por su más ferviente admiradora; *Algunos hombres buenos,* tradicional película de juicios, basada en una obra de Aaron Sorkin de ambiente militar; *Un muchacho llamado Norte,* una tan irregular como curiosa producción infantil, y la comedia sentimental *El presidente y Miss Wade,* en torno a los amores de un presidente de Estados Unidos viudo.

1983 *This Is Spinal Tap.*
1985 *The Sure Thing* (Juegos de amor en la Universidad).
1986 *Stand by Me* (Cuenta conmigo).
1987 *The Princess Bride* (La princesa prometida).
1989 *When Harry Met Sally* (Cuando Harry encontró a Sally).
1990 *Misery.*
1992 *A Few Good Men* (Algunos hombres buenos).
1993 *North* (Un muchacho llamado Norte).
1995 *An American President* (El presidente y Miss Wade).

REISZ, Karel *(Ostrava, Checoslovaquia, 1926)*

A los doce años huye de su país en un tren lleno de niños, mientras sus padres mueren en un campo de concentración nazi. Refugiado en el Reino Unido, estudia en la escuela cuáquera de Reading y durante la II Guerra Mundial es piloto de caza en la sección checa de la R.A.F. Tras estudiar química en la Universidad de Cambridge, comienza a trabajar como profesor. A principios de los años cincuenta colabora en la famosa revista de cine especializada *Sequence,* cuna del movimiento realista *free cinema,* de la que llega a ser director. En 1952 comienza a trabajar en la National Film Theatre, a colaborar en la revista *Sight and Sound* y a escribir su famoso ensayo *Técnica del montaje* (1953), obra imprescindible sobre el tema. Tras los cortometrajes realistas *Momma Don't Allow* (1956), codirigido con Tony Richardson, y *We Are the Lambeth Boys* (1959), debuta en el largo con *Sábado noche, domingo mañana,* que parte de una novela de Alan Sillitoe para narrar la frustración de un obrero rebelde, refugiado en el alcohol y el sexo, que consagra al actor Albert Finney. Se aparta del realismo con *Night Must Fall,* nueva versión de una producción norteamericana de 1937 dirigida por Richard Thorpe, que describe a un asesino psicópata, a partir de una obra teatral de Emlyn Williams; pero vuelve a él con *Morgan, un caso clínico,* con guión del dramaturgo David Mercer, que muestra un sutil humor al narrar las relaciones de un pintor bohemio comunista con una rica heredera. Finaliza malamente su período británico con *Isadora,* biografía de la bailarina Isadora Duncan basada en sus memorias, que alteran y cortan los productores Robert y Raymond Hakim. Abre su etapa norteamericana con una trilogía que constituye lo mejor de su obra: *El jugador,* retrato de un profesor de universidad, escrito por el también realizador James Toback a partir de la novela de Fiodor Dostoievski y de su propia experiencia como jugador; *Nieve que quema,* adaptación de una novela de Robert Stone que gira en torno a la reinserción de combatientes de la guerra de Vietnam y el tráfico de heroína, y *Dulces sueños,* sobre guión de Robert Getchell, biografía de la cantante *country* Patsy Cline. Entre ellas regresa al Reino Unido para rodar *La mujer del teniente francés,* demasiado literaria adaptación de la novela homónima de John Fowles, sobre una historia de amor imposible en la era victoriana, por culpa de un guión muy sofisticado del dramaturgo Harold Pinter. De nuevo en Estados Unidos hace *Todo el mundo gana,* sobre un desvaído guión del dramaturgo Arthur Miller, un policiaco que no se sitúa entre sus mejores trabajos.

1960 *Saturday Night and Sunday Morning* (Sábado noche, domingo mañana).
1964 *Night Must Fall.*
1966 *Morgan: A Suitable Case for Treatment* (Morgan, un caso clínico).
1968 *Isadora.*
1974 *The Gambler* (El jugador).
1978 *Who'll Stop the Rain?* (Nieve que quema).
1981 *The French Lieutenant's Woman* (La mujer del teniente francés).
1985 *Sweet Dreams* (Dulces sueños).
1990 *Everybody Wins* (Todo el mundo gana).

RELACIONES SANGRIENTAS *(Les noces rouges, 1973)*

Escrita y realizada por Claude Chabrol para el productor André Génovès, es una de las mejores películas de la serie de trece que hacen juntos entre finales de los años sesenta y mediados de los setenta. En esta ocasión Chabrol parte de hechos reales, del denominado caso de «los amantes de Bourganeuf» —lo que le acarrea múltiples problemas con la censura—, para hacer uno de sus más sórdidos retratos de la burguesía francesa de provincias. En una pequeña ciudad al borde del Loira, el consejero municipal Pierre (Michel Piccoli) mata a su enferma mujer Clotilde (Clotilde Joano) por el amor que siente por Luciènne (Stéphane Audran), y también al marido de esta, Paul (Claude Piéplu), el rico y poderoso diputado y alcalde, cuando les sorprende y trata de implicarle en negocios fraudulentos. Esta descripción de un *amour fou* sirve a Chabrol no para hacer una narración surrealista, sino para dibujar la cara oculta de la provincia francesa, donde los intereses privados se unen con los políticos con un total desprecio por la vida de los seres humanos.

Director y guionista: *Claude Chabrol*. Fotografía: *Jean Rabier*. Música: *Pierre Jansen*. Intérpretes: *Stéphane Audran, Michel Piccoli, Claude Piéplu, Clotilde Joano, Eliana de Santis*. Producción: *André Génovès para Les Films à Boètie, Canaria Films, Italian International. Color. Duración: 90'. Francia.*

RELÁMPAGO (*Speedy*, 1928)

Producida y protagonizada por el gran cómico Harold Lloyd y dirigida por su habitual colaborador de finales de la etapa muda Ted Wilde, es una de sus mejores comedias, pero, como es habitual, la estructura dramática se resiente de estar dividida en bloques casi autónomos, lo que la hace aparecer como un largometraje integrado por una sucesión de cortos. Narra cómo el dinámico Harold «Speedy» Swift (Harold Lloyd) ayuda a Pop Dillon (Bert Woodruff), el abuelo de su novia Jane Dillon (Ann Christie), en el enfrentamiento que tiene con una gran compañía de transportes de Nueva York a causa de su viejo tranvía de mula. Destaca el bloque donde Harold Swift y Jane Dillon van a pasar el día al parque de atracciones de Long Island, por ser un excelente documental y contener una sucesión de ingeniosas y divertidas ideas. A otro nivel también tienen gran interés los bloques en que Harold Swift trabaja como taxista en un vehículo desvencijado y el enfrentamiento final entre un grupo de matones contratados por la compañía de transportes y los viejos amigos del abuelo.

Director: *Ted Wilde*. Guionistas: *John Grey, Lex Neal*. Fotografía: *Walter Lundin*. Intérpretes: *Harold Lloyd, Ann Christie, Bert Woodruff, Brooks Benedict*. Producción: *Harold Lloyd para Paramount. Duración: 85'. Estados Unidos.*

RELIGIOSA, LA (*Suzanne Simonin, la religieuse de Diderot*, 1966)

El interés del realizador Jacques Rivette por la novela homónima de Denis Diderot le hace montar un espectáculo teatral y rodar esta película, ambos protagonizados por Anna Karina. Mientras con el primero no tiene problemas, la segunda es prohibida durante varios meses, siendo ministro de Cultura el escritor André Malraux, y solo se autoriza con un ridículo cambio de título. Narra cómo en el siglo XVIII Suzanne Simonin (Anna Karina) es obligada por su familia a entrar en el convento de Longchamp, donde la superiora De Moni (Micheline Presle) la convence para que tome los hábitos y a su muerte debe soportar la férrea disciplina de la madre Sainte-Christine (Francine Bergé) y su afirmación de que está endemoniada. Trasladada al convento de Sainte-Eutrope de Arpajon, conoce una vida caprichosa y sufre los acosos de la superiora De Chelles (Liselotte Pulver), pero consigue escapar con la complicidad del padre Morel (Francisco Rabal) y va a parar a una casa de lenocinio, donde se suicida. A pesar de su escandaloso tema, está realizada con la austeridad que caracteriza a su autor y si se sitúa entre las películas más conocidas de Rivette es por el escándalo que la rodea y no por la obra.

Director: *Jacques Rivette*. Guionistas: *Jean Grault, Jacques Rivette*. Fotografía: *Alain Levent*. Música: *Jean-Claude Eloy*. Intérpretes: *Anna Karina, Liselotte Pulver, Francine Bergé, Micheline Presle, Francisco Rabal, Christiane Lenier*. Producción: *Georges de Beauregard. Color. Duración: 135'. Francia.*

REMANDO AL VIENTO (1988)

Las relaciones en una villa de Suiza entre el poeta Percy B. Shelley, lord Byron, el doctor Polidori y Mary Wellstonecraft les lleva una noche de noviembre de 1816 a contar historias fantásticas, a que ella invente al monstruo del doctor Frankenstein. Esta situación no solo es el origen del brillante prólogo de la película norteamericana *La novia de Frankenstein* (The Bride of Frankenstein, 1935), de James Whale, sino también de que en la segunda mitad de la década de los ochenta se rueden, casi de manera simultánea, tres películas muy diferentes sobre el mismo tema. La irregular producción británica *Gothic* (1986), dirigida por Ken Russell y protagonizada por Gabriel Byrne, Julian

Sands y Natasha Richardson; la mal distribuida norteamericana *Haunted Summer* (1988), realizada por Ivan Passer e interpretada por Phillip Anglim, Laura Dern y Alice Krige, y esta producción española, mucho más interesante, originalmente rodada en inglés. Escrita y dirigida por Gonzalo Suárez, le permite volver a plantear un nuevo aspecto de su tema favorito, las relaciones entre los escritores y la escritura, al tiempo que narra la historia de un grupo de amigos perseguidos por una maldición encarnada en la figura del monstruo de Frankenstein. Destaca un hábil trabajo de producción, pues a pesar de estar rodada casi íntegramente en España, está ambientada con eficacia en Suiza, Noruega y otros países.

Director y guionista: *Gonzalo Suárez*. Fotografía: *Carlos Suárez*. Música: *Alejandro Massó*. Intérpretes: *Hugh Grant, Lizzy McInnerny, Valentine Pelka, Elizabeth Hurley, José Luis Gómez, Virginia Mataix*. Producción: *Andrés Vicente Gómez para Compañía Iberoamericana de TV (Madrid), Ditirambo Films (Madrid), Viking Films (Oslo). Color.* Duración: *96'. España-Noruega.*

REMICK, Lee *(Boston, Massachusets, 1935-Los Ángeles, California, Estados Unidos, 1991)*

Hija de un comerciante y de la actriz Patricia Remick, estudia *ballet* y baile moderno. En 1952 debuta como bailarina en giras veraniegas y poco después se presenta en Broadway y comienza a actuar en televisión. Descubierta por el realizador Elia Kazan, debuta como protagonista de *Un rostro en la multitud*. Mientras estudia arte dramático en el Actor's Studio, durante los primeros cinco años de carrera protagoniza las interesantes *Duelo en el barro*, de Richard Fleischer; *Anatomía de un asesinato*, de Otto Preminger; *Río salvaje*, de Elia Kazan; *Réquiem por una mujer*, de Tony Richardson, y *Chantaje contra una mujer* y *Días de vino y rosas*, de Blake Edwards. Aunque trabaja con regularidad hasta finales de la década de los setenta, el resto de su filmografía tiene mucho menor interés y solo pueden destacarse *La última tentativa*, de Robert Mulligan; *El detective*, de Gordon Douglas; *A Delicate Balance*, de Tony Richardson, y *Los europeos*, de James Ivory. Posteriormente se retira del cine y solo aparece de vez en cuando en producciones para televisión.

1957 *A Face in the Crowd* (Un rostro en la multitud), de Elia Kazan.
1958 *The Long Hot Summer* (El largo y cálido verano), de Martin Ritt. / *These Thousand Hills* (Duelo en el barro), de Richard Fleischer.
1959 *Anatomy of a Murder* (Anatomía de un asesinato), de Otto Preminger.
1960 *Wild River* (Río salvaje), de Elia Kazan.
1961 *Sanctuary* (Réquiem por una mujer), de Tony Richardson.
1962 *Experiment in Terror* (Chantaje contra una mujer), de Blake Edwards.
1963 *Days of Wine and Roses* (Días de vino y rosas), de Blake Edwards. / *The Running Man* (El precio de la muerte), de Carol Reed. / *The Wheeler Dealers* (Camas separadas), de Arthur Hiller.
1964 *The Hallelujah Trail* (La batalla de las colinas del whisky), de John Sturges.
1965 *Baby, the Rain Must Fall* (La última tentativa), de Robert Mulligan.
1968 *No Way to Treat a Lady* (Así no se trata a una dama), de Jack Smight. / *The Detective* (El detective), de Gordon Douglas.
1969 *Hard Contract* (Antes amar, después morir), de S. Lee Pogostin.
1970 *A Severed Head*, de Dick Clement. / *Loot*, de Silvio Narizzano.
1971 *Sometimes a Great Notion* (Casta invencible), de Paul Newman.
1973 *A Delicate Balance*, de Tony Richardson.
1974 *Touch Me Not*, de Douglas Fifthian.
1975 *Hennessy*, de Don Sharp.
1976 *The Omen* (La profecía), de Richard Donner.
1977 *Telefon* (Teléfono), de Don Siegel.
1978 *The Medusa Touch* (Alarma: catástrofe), de Jack Gold.
1979 *The Europeans* (Los europeos), de James Ivory.
1980 *Tribute* (Tributo), de Bob Clark. / *The Competition* (El concurso), de Joel Oliansky.

REMORDIMIENTOS *(The Man I Killed, 1932)*

Durante su interesante etapa muda el realizador alemán Ernst Lubitsch hace algunas películas dramáticas, pero este excelente alegato pacifista es su única producción dramática sonora. Tomando como punto de partida la obra teatral *El hombre que maté*, del francés Maurice Rostand, Lubitsch hace una melodramática narración llena de dureza, inventiva visual y restos narrativos del período mudo, que se sitúa entre sus mejores trabajos, pero que no es bien recibida por el público. Narra la historia de Paul Renard (Philips Holmes), el soldado francés que, desesperado por haber matado a un soldado alemán durante la Gran Guerra, va a visitar a sus padres en la posguerra, pero el doctor Holderlin (Lionel Barrymore) y su esposa (Louise Carter) le reciben como a su propio hijo y no se atreve a decirles la verdad; mientras se enamora de Elsa (Nancy Carroll), la novia del muerto en combate. Destacan algunas escenas especialmente duras y bien narradas, como el desfile de la Victoria dado desde el punto de vista de un inválido de guerra.

Director: *Ernst Lubitsch*. Guionistas: *Ernest Vajda, Samson Raphaelson*. Fotografía: *Victor Milner*. Intérpretes: *Philips Holmes, Lionel Barrymore, Nancy Carroll, Louise Carter, Tom Douglas, Zasu Pitts*. Producción: *Ernst Lubitsch para Paramount*. Duración: 77'. Estados Unidos.

RENOIR, Jean (*París, Francia, 1894-Beverly Hills, California, Estados Unidos, 1979*)

Hijo del famoso pintor impresionista Auguste Renoir, durante algún tiempo estudia filosofía y matemáticas para luego dedicarse ocasionalmente a la cerámica. Tras combatir en la Gran Guerra, primero en infantería y luego en aviación, su amor por Catherine Hessling, una de las últimas modelos de su padre, y su interés por el cine, le llevan durante los años veinte a dirigir algunas películas protagonizadas por ella —*La fille de l'eau* y *Nana*, sobre la novela de Émile Zola; el mediometraje *Charleston* (1927) y *La cerillerita*—, que tienen un interesante tono de vanguardia, lúdico y anarquista, pero pasan bastante inadvertidos. Estos fracasos hacen que al final del período mudo ruede las irregulares *Tire-au-flanc*, una sátira cuartelera, y *La purga del bebé*, una comedia familiar, y las fallidas *Le tournoi* y *Le bled*. El mejor período de su obra son las catorce películas que rueda durante los años treinta, la mayoría con un marcado estilo realista: desde *La golfa*, excelente tragicomedia basada en una novela de Georges de la Fouchardière; *Boudu salvado de las aguas*, comedia anarquista protagonizada por Michel Simon; *Los bajos fondos*, adaptación del drama de Máximo Gorki; *La bestia humana*, una nueva versión de la obra de Émile Zola; hasta la inacabada *Una partida de campo* (Une partie de campagne, 1936), basada en un relato de Guy de Maupassant; *La gran ilusión*, su obra maestra antibélica sobre la Gran Guerra, y *La regla del juego*, personal tragicomedia sobre la burguesía de una época al borde de la II Guerra Mundial. Entre las que también se sitúan *Toni*, un drama que anuncia el neorrealismo; *El crimen de monsieur Lange*, cercana a la filosofía del Frente Popular, y *La vie est à nous*, directamente producida por el Partido Comunista. Durante el rodaje en Italia de *Tosca* (1940), sobre el drama de Victorien Sardou, recibe el encargo personal del *duce* Benito Mussolini de dirigir el Centro Sperimentale di Cinematografia de Roma, deja la película en manos de su ayudante Karl Koch y se exilia en Estados Unidos. Tras salvar no pocas dificultades, durante la década de los cuarenta dirige en Hollywood cinco desiguales producciones: tres para los grandes estudios, *Aguas pantanosas*, sobre un buen guión de Dudley Nichols; *Esta tierra es mía*, que se desarrolla en la Francia ocupada por los alemanes y que, a pesar de su atractivo, indigna a los franceses cuando la ven en la posguerra, y *La mujer en la playa*, que modifica y corta el productor hasta hacerla casi incomprensible; y dos producciones independientes: *El hombre del Sur*, sobre las vicisitudes de una familia campesina, y *Memorias de una doncella*, adaptación de la novela de Octave Mirbeau, que puede escribir y realizar a su aire. Su obra maestra es *El río*, que rueda en la India sobre una novela autobiográfica de Rummer Godden, donde aparecen sus principales temas dentro de una delicada narración. A principios de los años cincuenta regresa a Francia para comenzar el cuarto, último y más irregular período de su obra, pero tiene serios problemas de readaptación hasta que los jóvenes críticos y realizadores del movimiento *nouvelle vague* defienden de manera incondicional tanto su persona como su obra. Este período está integrado por discutibles producciones comerciales, *French Cancan, Elena y los hombres*, y la más interesante *El cabo atrapado*, e irregulares películas que encierran un alto grado de experimentación: *La carroza de oro*, brillante versión de la novela de Prosper Merimée; *Comida sobre la hierba*, torpe comedia basada en un guión propio; *El testamento del doctor Cordelier*, personal versión de la narración de Robert Louis Stevenson que rueda con varias cámaras, según la técnica de los programas dramáticos en directo de televisión, y *Le petit théâtre de Jean Renoir*, mucho más cercano a la televisión que al cine. Durante las décadas de los sesenta y setenta también escribe dos obras de teatro, tres novelas, un libro de recuerdos sobre su padre y las memorias *Mi vida, mis films* (1974).

1924 *La fille de l'eau.*
1926 *Nana.*
1927 *Marquitta.*
1928 *La petite marchande d'allumettes* (La cerillerita). / *Tire-au-flanc.*
1929 *Le tournoi.* / *Le bled.*
1931 *On purge bébé* (La purga del bebé). / *La chienne* (La golfa).
1932 *La nuit du carrefour.* / *Boudu sauvé des eaux* (Boudu salvado de las aguas).
1933 *Chotard et Cie.*
1934 *Madame Bovary.* / *Toni.*
1935 *Le crime de monsieur Lange* (El crimen de monsieur Lange).
1936 *La vie est à nous.* / *Les bas-fonds* (Los bajos fondos).
1937 *La grande illusion* (La gran ilusión).
1938 *La Marseillaise* (La Marsellesa). / *La bête humaine* (La bestia humana).
1939 *La règle du jeu* (La regla del juego).
1941 *Swamp Water* (Aguas pantanosas).
1943 *This Land Is Mine* (Esta tierra es mía).
1945 *The Southerner* (El hombre del Sur).
1946 *The Diary of a Chambermaid* (Memorias de una doncella).
1947 *The Woman on the Beach* (La mujer en la playa).
1950 *The River* (El río).
1952 *La carrozza d'oro* (La carroza de oro).
1955 *French Cancan.*
1956 *Elena et les hommes* (Elena y los hombres).
1959 *Le déjeuner sur l'herbe* (Comida sobre la hierba). / *Le testament du docteur Cordelier* (El testamento del doctor Cordelier).
1962 *Le caporal épinglé* (El cabo atrapado).
1969 *Le petit théâtre de Jean Renoir.*

REPORTERO, EL *(Professione: reporter, 1974)*

Mientras realiza un reportaje para televisión sobre la guerrilla en un país africano, el periodista David Locke (Jack Nicholson) intercambia su personalidad, para olvidar el pasado y a la búsqueda de nuevas experiencias, con la de David Robertson, un traficante de armas que acaba de morir de un ataque al corazón en la habitación contigua de un mugriento hotel. Mientras su mujer Rachel Locke (Jenny Runacre) y su jefe Martin Knight (Ian Hendry) intentan descubrir la verdad de lo ocurrido, cada vez se encuentra más atrapado en la vida del traficante. Conoce en Barcelona a una estudiante de arquitectura (Maria Schneider), apasionada de Gaudí, alquila un automóvil y emprenden un viaje hacia el sur de España siguiendo las citas de su nueva personalidad, pero muere a manos de dos africanos enemigos del traficante. Víctima del azar provocado, David Locke aparece como uno de los personajes más característicos de Michelangelo Antonioni, incapaz de comunicarse con su entorno y con las personas y mantener una relación sentimental, y una víctima de sus propias dificultades vitales. Con una tenue estructura policiaca, una fuerte carga existencialista y un virtuosismo que queda muy claro en el complejo plano final de siete minutos de duración, es una película con muy poco diálogo y que, a pesar de su interés, nunca ha ocupado la alta posición que le corresponde dentro de la filmografía de Antonioni.

Director: *Michelangelo Antonioni.* Guionistas: *Mark Peploe, Peter Wollen, Michelangelo Antonioni.* Fotografía: *Luciano Tavoli.* Intérpretes: *Jack Nicholson, Maria Schneider, Ian Hendry, Jenny Runacre, Stephen Berkoff.* Producción: *Carlo Ponti para C.C. Champion (Roma), Les Films Concordia (París), CIPI Cinematográfica (Madrid). Color.* Duración: *126'. Italia-Francia-España.*

REPULSIÓN *(Repulsion, 1965)*

Las hermanas Ledoux viven juntas en un apartamento en Londres; Helen (Yvonne Furneaux), la mayor, se va de vacaciones con su amante Michel (Ian Hendry), y se queda sola Carol (Catherine Deneuve), la pequeña, una bella y tímida manicura obsesionada por el sexo, que se imagina que los hombres la violan y ella los mata, lo que origina que se dispare su neurosis y en medio de su locura asesina a su amigo Colin (John Fraser) y a su casero (Patrick Wymark). Sobre un excelente guión original de Gérard Brach, su colaborador habitual, y el propio realizador, Roman Polanski hace una película con una gran economía narrativa, pocos diálogos, menos decorados y escasos medios, que se sitúa entre la realidad y la ficción. Tras una perfecta parte central, donde no se sabe si lo que le ocurre a la rubia Carol Ledoux es real o producto de su imaginación, al final, cuando su morena hermana Helen Ledoux regresa de sus vacaciones, todo resulta demasiado claro. Destacan la habilidad con que Polanski dirige esta barata producción de una compañía británica especializada en películas de terror y la gran interpretación de una joven Catherine Deneuve.

Director: *Roman Polanski*. Guionistas: *Gérard Brach, Roman Polanski*. Fotografía: *Gilbert Taylor*. Música: *Chico Hamilton*. Intérpretes: *Catherine Deneuve, Yvonne Furneaux, Ian Hendry, John Fraser, Patrick Wymark*. Producción: *Compton*. Duración: *105'. Reino Unido*.

RESNAIS, Alain *(Vannes, Francia, 1922)*

Interesado desde niño por el cine, el teatro, la literatura, la fotografía y las historietas gráficas, hace múltiples películas *amateur* desde que a los ocho años se compra una cámara de 8 mm. Miembro de la primera promoción del I. D. H. E. C., la escuela de cine de París, realiza famosos cortometrajes sobre pintura, *Van Gogh* (1948), *Gauguin* (1950), *Guernica* (1950), además de *Les statues meurent aussi* (1953), sobre el arte negro; *Nuit et brouillard* (1955), sobre los campos de concentración nazis; *Toute la mémoire du monde* (1956), sobre la Biblioteca Nacional, y *Le chant du Styrène* (1958), una visita a las fábricas Péchiney guiada por el novelista Raymond Queneau, mientras monta películas de sus amigos Paul Paviot, Agnés Varda y Nicole Védrés. Gracias al éxito de las primeras películas de la *nouvelle vague,* pasa al largo con *Hiroshima, mi amor,* sobre un texto de la novelista Marguerite Duras que narra una historia de amor entre una francesa y un japonés al tiempo que hace consideraciones sobre las armas nucleares y la II Guerra Mundial, donde consigue una perfecta mezcla entre ficción, documental y literatura. Su colaboración con conocidos escritores prosigue con Alain Robbe-Grillet en *El año pasado en Marienbad,* una experimental y filosófica disertación en torno a la muerte; con Jean Cayrol en *Muriel,* sobre las relaciones entre varios personajes, con el trasfondo de la guerra de Argelia, y con Jorge Semprún en *La guerra ha terminado,* en torno a los problemas de un activista exiliado español perteneciente al Partido Comunista. El fracaso de *Te quiero, te quiero,* basada en un guión original de Jacques Sternberg, una historia de amor en clave de ciencia-ficción, le lleva a seis años de inactividad que finalizan con las irregulares *Stavisky,* visión de la vida del famoso estafador de los años treinta, que vuelve a escribir Semprún, y *Providence,* que rueda en inglés sobre un texto de David Mercer, donde de nuevo refleja sus preocupaciones sobre la memoria, la política y la planificación analítica, pero también muestran las dificultades del cine literario que tanto le interesa. La segunda parte de su obra, los cinco largometrajes que rueda durante los años ochenta, tienen mucho menor atractivo: tanto *Mi tío de América,* ensayo en torno a las teorías del sociobiólogo Laborit; *La vie est un roman,* donde se entrecruzan tres historias ambientadas en el mismo castillo, pero en diferentes épocas, y *L'amour à mort,* peculiar historia de amor y muerte, que escribe el guionista Jean Grault; como *Mélo,* minuciosa adaptación de la olvidada obra de teatro de Henry Bernstein, y *Quiero volver a casa,* fallida comedia sobre las andanzas de un norteamericano en París, escrita por el creador de historietas gráficas Jules Feiffer. Su cine sube de nivel con el díptico formado por *Smoking* y *No Smoking,* adaptación de unas obras del dramaturgo Alan Ayckborun, que narran una misma historia desde distintos puntos de vista.

1959 *Hiroshima, mon amour* (Hiroshima, mi amor).
1961 *L'année dernière à Marienbad* (El año pasado en Marienbad).
1963 *Muriel ou le temps d'un retour* (Muriel).
1966 *La guerre est finie* (La guerra ha terminado).
1967 *Loin du Vietnam,* un episodio.
1968 *Je t'aime, je t'aime* (Te quiero, te quiero).
1973 *L'an 01*, un episodio.
1974 *Stavisky*.
1976 *Providence*.
1980 *Mon oncle d'Amérique* (Mi tío de América).
1983 *La vie est un roman*.
1984 *L'amour à mort*.
1986 *Mélo*.
1988 *I Want to Go Home* (Quiero volver a casa).
1993 *Smoking. / No Smoking*.

RETORNO AL PASADO *(Out of the Past, 1947)*

La novela policiaca *Eleven mi horca,* del especialista Geoffrey Homes, seudónimo bajo el que se oculta el guionista Daniel Maiawaring, es origen de dos películas muy distintas. En primer lugar se sitúa esta, dirigida por Jacques Tourneur con extremada habilidad y desde hace tiempo convertida en uno de los clásicos del cine negro. Narra cómo el antiguo detective privado Jeff Bailey (Robert Mitchum) se ha retirado al pequeño pueblo de Bridgeport, en California, para intentar olvidar su pasado, pero de repente se reaviva por la acción conjunta de Whit Sterling (Kirk Douglas), uno de sus antiguos clientes, y su temible amante Kathie Moffat (Jane Greer), dando origen a una compleja y difícil trama. Treinta y seis años después el irregular Taylor Hackford realiza, sin mucha convicción, *Contra todo riesgo* (Against All Odds, 1984), una mucho menos interesante versión protagonizada por Rachel Ward, Jeff Bridges y James Woods. Como dato curioso hay que señalar que Jane Greer trabaja en ambas versiones, pero como es lógico en papeles muy diferentes.

Director: *Jacques Tourneur.* Guionista: *Daniel Maiawaring.* Fotografía: *Nicholas Musuraca.* Música: *Roy Webb.* Intérpretes: *Robert Mitchum, Jane Greer, Kirk Douglas, Rhonda Fleming, Richard Webb, Steve Brodie.* Producción: *Warren Duff para R.K.O.* Duración: *97'. Estados Unidos.*

RETRATO DE DORIAN GRAY, EL *(The Picture of Dorian Gray, 1945)*

Segundo de los seis largometrajes realizados por el exquisito Albert Lewin, esta cuidada producción de Pandro S. Berman para Metro-Goldwyn-Mayer es la mejor de las versiones cinematográficas de la famosa novela homónima de Oscar Wilde. Narra cómo, en plena época victoriana, el joven Dorian Gray (Hurd Hatfield) es retratado en un cuadro que envejece y se distorsiona por sus maldades, por las malas influencias del libertino lord Henry Wotton (George Sanders), narrador de la historia, y por las faenas que hace a sus enamoradas, la cantante de cabaret Sybil Vance (Angela Lansbury) y la sobrina del pintor Cladys (Donna Reed), mientras él permanece inmutable a pesar del paso del tiempo. Tiene una cuidada dirección y ambientación, unos diálogos demasiado literarios y una estupenda fotografía de Harry Stradling, en la que los primeros planos del cuadro están rodados en Technicolor frente al blanco y negro general.

Director y guionista: *Albert Lewin.* Fotografía: *Harry Stradling.* Música: *Herbert Stothart.* Intérpretes: *Hurd Hatfield, George Sanders, Donna Reed, Angela Lansbury, Peter Lawford.* Producción: *Pandro S. Berman para Metro-Goldwyn-Mayer.* Duración: *110'. Estados Unidos.*

REY, Fernando *(Fernando Casado d'Arambillet. La Coruña, 1917-Madrid, España, 1994)*

Hijo del republicano coronel Casado, la guerra española interrumpe sus estudios de arquitectura y en la posguerra, por razones de subsistencia, comienza a trabajar como figurante, se introduce en los medios teatrales y también empieza a hacer doblajes. A mitad de la década de los cuarenta se ha convertido en un conocido actor secundario, tiene destacados papeles en *Misión blanca, La pródiga* y *Locura de amor,* e incluso protagoniza *Mare Nostrum* a finales. Convertido en un imprescindible secundario, trabaja activamente durante los años cincuenta, sobresaliendo sus colaboraciones con J. A. Bardem en *Cómicos, La venganza* y *Sonatas,* hasta que el éxito de *Viridiana,* que protagoniza bajo la dirección de Luis Buñuel, da a su carrera un aire internacional. Colabora con Orson Welles en *Campanadas a medianoche* y *Una historia inmortal;* vuelve a protagonizar con Buñuel la excelente *Tristana;* es dirigido por William Friedkin en *Contra el imperio de la droga;* Mauro Bolognini en *La gran burguesía;* John Frankenheimer en *French Connection II;* Francesco Rosi en *Excelentísimos cadáveres;* Vincente Minnelli en *Nina;* Valerio Zurlini en *El desierto de los tártaros;* Luigi Comencini en *El gran atasco,* y Robert Altman en *Quinteto.* Mientras tanto, consigue el premio de interpretación del Festival de Cannes por su trabajo en *Elisa, vida mía,* de Carlos Saura, y vuelve a colaborar con Buñuel en *El discreto encanto de la burguesía* y *Ese oscuro objeto del deseo.* Su carrera prosigue al mismo ritmo en su doble faceta, nacional e internacional, hasta un total de más de ciento ochenta películas. Entre sus últimos trabajos sobresalen los de *Bearn ,o la sala de las muñecas, La venganza, Padre Nuestro, El túnel, Diario de invierno, El aire de un crimen* y *Después del sueño,* sin olvidar su genial interpretación del protagonista de la serie de televisión *Don Quijote* (1991), de Manuel Gutiérrez Aragón.

1936 *Nuestra Natacha,* de Benito Perojo.
1939 *El rey que rabió,* de José Buchs. / *Los cuatro robinsones,* de Eduardo G. Maroto. / *Leyenda rota,* de Carlos Fernández Cuenca.

1940 *La Dolores*, de Florián Rey. / *La gitanilla*, de Fernando Delgado.
1941 *Sarasate*, de Richard Busch. / *A mí no me mire usted*, de José Luis Sáenz de Heredia.
1944 *Eugenia de Montijo*, de José López Rubio.
1945 *Tierra sedienta*, de Rafael Gil. / *Estaba escrito*, de Alejandro Ulloa. / *Los últimos de Filipinas*, de Antonio Román.
1946 *Misión blanca*, de Juan de Orduña. / *La pródiga*, de Rafael Gil. / *La próxima vez que vivamos*, de Enrique Gómez. / *Reina Santa*, de Rafael Gil.
1947 *La princesa de los Ursinos*, de Luis Lucia. / *Fuenteovejuna*, de Antonio Román. / *Noche de reyes*, de Luis Lucía. / *Don Quijote de La Mancha*, de Rafael Gil.
1948 *Locura de amor*, de Juan de Orduña. / *Si te hubieses casado conmigo*, de Viktor Tourjansky. / *Mare Nostrum*, de Rafael Gil.
1949 *Aventuras de Juan Lucas*, de Rafael Gil.
1950 *Crimen en el entreacto*, de Cayetano Luca de Tena. / *Agustina de Aragón*, de Juan de Orduña. / *El cerco del diablo*, episodio de Arturo Ruiz-Castillo.
1951 *Cielo negro*, de Manuel Mur Oti. / *La señora de Fátima*, de Rafael Gil.
1952 *La laguna negra*, de Arturo Ruiz-Castillo. / *Cabaret*, de Eduardo Manzanos. / *El andén*, de Eduardo Manzanos.
1953 *El alcalde de Zalamea*, de José G. Maesso. / *Aeropuerto*, de Luis Lucia. / *Rebeldía*, de José Antonio Nieves Conde. / *Cómicos*, de J. A. Bardem.
1954 *Billete para Tánger*, de Ted Leversuch. / *Las últimas banderas*, de Luis Marquina. / *Marcelino, pan y vino*, de Ladislao Vajda.
1955 *Playa prohibida*, de Julián Soler. / *Una aventura de Gil Blas*, de René Joliver.
1956 *El amor de don Juan*, de John Berry.
1957 *Faustina*, de José Luis Sáenz de Heredia. / *Horas de pánico*, de Donald Taylor. / *Un marido de ida y vuelta*, de Luis Lucia. / *La venganza*, de J. A. Bardem.
1958 *Les bijoutiers au clair de lune*, de Roger Vadim. / *Culpable*, de Arturo Ruiz-Castillo. / *Parque de Madrid*, de Enrique Cahen Salaberry. / *Fantasmas en la casa*, de Pedro L. Ramírez.
1959 *Misión en Marruecos*, de Carlos Arévalo. / *Sonatas*, de J. A. Bardem. / *Las dos y media y veneno*, de Mariano Ozores. / *Los últimos días de Pompeya*, de Mario Bonnard. / *El casco blanco*, de Pedro Balañá. / *Vida sin risas*, de Rafael J. Salvia.
1960 *Don Lucio y el hermano Pío*, de José Antonio Nieves Conde. / *Teresa*, de Alfredo B. Crevenna. / *La rebelión de los esclavos*, de Nunzio Malasomma.
1961 *Viridiana*, de Luis Buñuel. / *Siempre es domingo*, de Fernando Palacios. / *Goliat contra los gigantes*, de Guido Malatesta.

1962 *Tierra brutal*, de Michael Carreras. / *Rogelia*, de Rafael Gil. / *La cara del terror*, de Isidoro M. Ferry. / *El valle de las espadas*, de Javier Setó. / *Scherezade*, de Pierre Gaspard Huit.
1963 *The Running Man* (El precio de la muerte), de Carol Reed. / *El diablo también llora*, de José Antonio Nieves Conde. / *La hora incógnita*, de Mariano Ozores. / *The Ceremony* (Encrucijada mortal), de Laurence Harvey. / *El espontáneo*, de Jorge Grau.
1964 *La nueva Cenicienta*, de George Sherman. / *Los palomos*, de Fernando Fernán-Gómez. / *El señor de La Salle*, de Luis César Amadori. / *El hijo del pistolero*, de Paul Landres. / *El Greco*, de Luciano Salce.
1965 *Don Quijote*, de Carlo Rim. / *Dulcinea del Toboso*, de Carlo Rim. / *Los jueces de la Biblia*, de Francisco Pérez Dolz. / *Misión en Lisboa*, de Tulio Demicheli. / *Zampo y yo*, de Luis Lucia. / *Operación relámpago*, de Giorgio Simonelli.
1966 *Chimes at Midnight* (Campanadas a medianoche), de Orson Welles. / *Las cartas boca arriba*, de Jesús Franco. / *El último rey de los incas*, de Georg Marischka. / *Return of the Seven* (El regreso de los siete magníficos), de Burt Kennedy. / *Joe el implacable*, de Sergio Corbucci. / *Robo de diamantes*, de Bernard Glasser. / *Más allá de las montañas*, de Alexander Ramati.
1967 *Atraco al hampa*, de Maurice Cloque. / *Cervantes*, de Vincent Sherman. / *Amor en el aire*, de Luis César Amadori. / *Une histoire immortelle* (Una historia inmortal), de Orson Welles.
1968 *Villa Rides* (Villa cabalga), de Buzz Kulik. / *Un sudario a su medida*, de José María Elorrieta.
1969 *Guns of the Magnificent Seven* (La furia de los siete magníficos), de Paul Wendkos. / *Land Raiders* (El infierno, gringo), de Nathan Juran. / *Muerte de un presidente*, de Tonino Valerii.
1970 *Tristana*, de Luis Buñuel. / *The Adventures* (Los libertinos), de Lewis Gilbert. / *La cólera del viento*, de Mario Camus. / *Los compañeros*, de Sergio Corbucci. / *Chicas de club*, de Jorge Grau.
1971 *The Light at the Edge of the World* (La luz del fin del mundo), de Kevin Billington. / *The French Connection* (Contra el imperio de la droga), de William Friedkin. / *Los fríos ojos del miedo*, de Enzo G. Castellari. / *Historia de una traición*, de Juan Antonio Nieves Conde. / *Coartada en disco rojo*, de Tulio Demicheli. / *Marco Antonio y Cleopatra*, de Charlton Heston.
1972 *Bianco, rosso e...* (Blanco, rojo y...), de Alberto Lattuada. / *Questa specie d'amore* (Esta clase de amor), de Alberto Bevilacqua. / *Una ciudad llamada Bastardo*, de Robert Parrish. / *La duda*, de Rafael Gil. / *Le charme discret de la bourgeoisie* (El discreto encanto de la burguesía), de Luis Buñuel. / *Tarots*, de José María Forqué.

1973 *Colmillo blanco*, de Lucio Fulci. / *La policía detiene, la ley juzga*, de Enzo G. Castellari. / *La faccia violenta di New York* (Un camino), de George Darnell. / *Pena de muerte*, de Jorge Grau. / *La chute d'un corps* (La caída de un cuerpo), de Michel Polac.
1974 *Díselo con flores*, de Pierre Gimblar. / *La mujer de las botas rojas*, de Juan Luis Buñuel. / *¿Y el prójimo?*, de Ángel del Pozo. / *Fatti di gente perbene* (La gran burguesía), de Mauro Bolognini. / *Corruzione al Palazzo di Giustizia* (Corrupción en el Palacio de Justicia italiano), de Marcello Alipranti.
1975 *French Connection II*, de John Frankenheimer. / *Manuela*, de Gonzalo García Pelayo. / *Pasqualino Settebellezze* (Pasqualino, siete bellezas), de Lina Wertmuller.
1976 *A Matter of Time* (Nina), de Vincente Minnelli. / *Cadaveri eccellenti* (Excelentísimos cadáveres), de Francesco Rosi. / *Il deserto dei tartari* (El desierto de los tártaros), de Valerio Zurlini. / *Strip-tease*, de Germán Lorente. / *Voyage of the Damned* (El viaje de los malditos), de Stuart Rosenberg. / *El segundo poder*, de José María Forqué. / *L'occhio dietro la parete*, de Giuliano Petrelli. / *Gesù di Nazareth* (Jesús de Nazaret), de Franco Zeffirelli.
1977 *Uppdrager*, de Mats Arehn. / *Elisa, vida mía*, de Carlos Saura. / *Ese oscuro objeto del deseo*, de Luis Buñuel. / *Playmate* (Hombre objeto), de Just Jaeckin.
1978 *Rebeldía*, de Andrés Velasco. / *L'ingorgo* (El gran atasco), de Luigi Comencini.
1979 *Quintet* (Quinteto), de Robert Altman. / *Memorias de Leticia Valle*, de Miguel Ángel Rivas. / *El crimen de Cuenca*, de Pilar Miró.
1980 *La vera storia della signora delle camelie*, de Mauro Bolognini.
1981 *Dolce pelle di donna* (Dulce piel de mujer), de Gianfranco Angelucci. / *Caboblanco*, de J. Lee Thompson. / *Trágala, perro*, de Antonio Artero. / *Casta y pura*, de Salvatore Samperi. / *Cercasi Gesù*, de Luigi Comencini.
1982 *Monsignor* (Monseñor), de Frank Perry. / *A strangeira*, de Joan Mario Grilo. / *Bearn o la sala de las muñecas*, de Jaime Chávarri.
1983 *L'enfant trouvé*, de Jean-Pierre Dougnac.
1984 *The Hit* (La venganza), de Stephen Frears.
1985 *Rustler's Raphsody* (Esos locos cuatreros), de Hugh Wilson. / *Padre Nuestro*, de Francisco Regueiro. / *Flecha negra*, de John Hough. / *El caballero del dragón*, de Fernando Colomo.
1986 *Saving Grace*, de Robert M. Young. / *L'ange de la mort*, de Andrea Bianchi. / *Mi general*, de Jaime de Armiñán. / *Hôtel du Paradis*, de Jana Bokova.
1987 *El túnel*, de Antonio Drove. / *El bosque animado*, de José Luis Cuerda. / *El aire de un crimen*, de Antonio Isasi.
1988 *Moon Over Parador* (Presidente por accidente), de Paul Mazursky. / *Diario de invierno*, de Francisco Regueiro. / *Pasodoble*, de José Luis García Sánchez.
1989 *La bahía esmeralda*, de Jesús Franco.
1990 *Nakel Tango*, de Leonard Shrader. / *La batalla de los tres reyes*, de Souheil Ben Barka. / *Diceria dell'untore*, de Beppe Cino.
1991 *Atlantide*, de Bob Swain.
1992 *Después del sueño*, de Mario Camus. / *1492: The Conquest of the Paradis* (1492: La conquista del Paraíso), de Ridley Scott. / *La marrana*, de José Luis Cuerda.
1993 *El cianuro... ¿solo o con leche?*, de José Miguel Ganga. / *MadreGilda*, de Francisco Regueiro.
1994 *Al otro lado del túnel*, de Jaime de Armiñán.

REY DEL RÍO, EL *(1994)*

La historia de la familia Costa, que vive en un pequeño pueblo del norte de España junto a un río salmonero, tiene dos aspectos complementarios. Por un lado, el padre Antón (Alfredo Landa) y la madre, Carmen (Carmen Maura), crían a sus dos hijos, Ana y Fernando, y también a su sobrino César, hijo de su alocada hermana Elisa (Silvia Munt). Y por otro, este niño va creciendo, destaca frente a sus hermanos y, sin importarle lo que debe hacer para ello, consigue todo cuanto se propone: el amor de su rubia vecina Elena (Mirian Ubri) y de su prima Ana (Ana Álvarez), el salmón más grande del río, una beca para ir a estudiar a Estados Unidos. Esta apacible, tranquila y relajada historia, en la que se echa de menos alguna relación más compleja entre los niños, está narrada con gran habilidad y seguridad por Manuel Gutiérrez Aragón, por primera vez sobre un guión escrito por otro, Rafael Azcona, aunque basado en un argumento de José Luis García Sánchez y suyo, y lleno de sus habituales obsesiones personales. La unión de Azcona con Gutiérrez Aragón da lugar a una de las películas con más comida de la historia del cine, en la que además permanece su habitual interés por la estructura narrativa de los cuentos. Esto hace que también pueda verse cómo el nacimiento de un peculiar héroe, hijo de un mítico padre extranjero, desconocido y rubio, y de una madre muerta en Japón, que conquista a la princesa rubia que desciende del cielo en un helicóptero y la salva de las garras del ogro Corcones (Cesáreo Estébanez), mientras le protege un hada madrina encarnada en su tío Antón y una misteriosa cabeza de cerdo preside la nevera. Sin embargo, estos habituales elementos de las películas de Gutiérrez Aragón aparecen mucho más al fondo que otras veces, mientras destaca un envoltorio mucho mejor y el conjunto desprende una sosegada paz.

Director: *Manuel Gutiérrez Aragón*. Guionista: *Rafael Azcona*. Fotografía: *Teo Escamilla*. Música: *Milladoiro*. Intérpretes: *Alfredo Landa, Carmen Maura, Gustavo Salmerón, Ana Álvarez, Achero Mañas, Silvia Munt, Cesáreo Estébanez*. Producción: *Andrés Vicente Gómez para Sogetel, Lolafilms. Color. Duración: 104'. España.*

REY DEL TABACO, EL *(Bright Leaf, 1950)*

Tras unos años de ausencia, Brant Royle (Gary Cooper) regresa a la ciudad sureña de Kingsmont para recuperar lo que el poderoso tabaquero Singleton (Donald Crisp) le arrebató a su padre. Lo consigue gracias a una revolucionaria máquina de fabricar cigarrillos y al dinero que le presta la bella prostituta Sonia Kovac (Lauren Bacall). Convertido en el más famoso tabaquero del sur de Estados Unidos, se olvida de sus amigos por su obsesión de hundir a Singleton y consigue que este, deshonrado, se suicide, quedarse con su gran casa y casarse con su hija Margaret (Patricia Neal), que, solo lo hace para arruinarle y vengar a su padre. Abandonado por sus amigos y su mujer y tras ver arder la mansión Singleton, Brant Royle deja su gran empresa y se vuelve, solitario, por el mismo camino por el que había llegado. Basada en una novela de Robert Wilder, convertida por Ranald MacDougall en un buen guión, Michael Curtiz narra con su acostumbrada habilidad un sólido melodrama donde un excelente Gary Cooper se enfrenta a una excesiva Patricia Neal, frente a la triste mirada de una siempre convincente Lauren Bacall.

Director: *Michael Curtiz*. Guionista: *Ranald MacDougall*. Fotografía: *Karl Freund*. Música: *Victor Young*. Intérpretes: *Gary Cooper, Lauren Bacall, Patricia Neal, Jack Carson, Donald Crisp, Gladys George, Jeff Corey, Elizabeth Patterson*. Producción: *Henry Blanke para Warner. Duración: 110'. Estados Unidos.*

REY PASMADO, EL *(1991)*

Tras pasar una noche con la prostituta Marfisa (Laura del Sol), el joven e inexperto monarca Felipe IV (Gabino Diego) —aunque en la película nunca se cita su nombre— queda fascinado por su desnudez y pone en marcha una campaña para ver desnuda a la reina (Anne Rousell). Finalmente logra su propósito —aunque se escamotea esa escena—, pero tiene que enfrentarse con las costumbres de la Corte, el Santo Oficio, encabezado por el Gran Inquisidor (Fernando Fernán-Gómez), y vivir una dura polémica teológica entre el jesuita Almeida (Joaquim de Almeida) y el capuchino Villaescusa (Juan Diego), con la ayuda del demonio encarnado en el conde de La Peña Andrada (Eusebio Poncela). Siguiendo con fidelidad la novela de Gonzalo Torrente Ballester, el realizador Imanol Uribe hace una cuidada película con un amplio y eficaz reparto, pero el conjunto destila la frialdad de un encargo, sin relación con el cine que realmente le interesa.

Director: *Imanol Uribe*. Guionistas: *Juan Potou, Gonzalo Torrente Malvido*. Fotografía: *Hans Burmann*. Música: *José Nieto*. Intérpretes: *Joaquim de Almeida, Laura del Sol, Juan Diego, Gabino Diego, Fernando Fernán-Gómez, Anne Roussell, Eusebio Poncela, María Barranco*. Producción: *Andrés Santana e Imanol Uribe para Aite Films (Madrid), Ariane Films (Madrid), Arion Productions (París), Inforfilms (Lisboa). Color. Duración: 110'. España-Francia-Portugal.*

RICHARDSON, Tony *(Shipley, Reino Unido, 1928-Los Ángeles, California, Estados Unidos, 1991)*

Estudia en la Universidad de Oxford, a finales de los años cuarenta colabora en la fundación de la revista especializada *Sequence*, cuna del movimiento realista renovador *free cinema*, y en 1958 en la del Royal Court Theatre, donde da a conocer al dramaturgo John Osborne. Su interés por el cine le lleva a codirigir con Karel Reisz el cortometraje *Momma Don't Allow* (1955), a crear con Osborne la productora Woodfall Films y a debutar como realizador de largos con *Mirando hacia atrás con ira* y *El animador,* demasiado fieles versiones de las obras de teatro de Osborne, pero que tienen gran repercusión y se convierten en obras clave del *free cinema*. En esta misma línea realista se sitúan *Un sabor a miel,* sobre la obra de teatro de Shelagh Delaney, y *La soledad del corredor de fondo,* sobre la novela de Alan Sillitoe. Su gran éxito es la envejecida *Tom Jones,* adaptación de la novela clásica de Henry Fielding que gana varios Oscars, gracias a su tono desenfadado y erótico y su cuidada ambientación del siglo XVIII. Estos triunfos le permiten rodar en Estados Unidos *Réquiem por una mujer,* poco atractiva adaptación de una novela de William Faulkner, y *Los seres queridos,* irregular versión de una satírica obra de Evelyn Waugh. Su decadencia se acentúa con *Mademoiselle* y *The Sailor From Gibraltar,* adaptaciones de textos de Jean Genet y Marguerite Duras, respectivamente, que marcan su alejamiento de los principios realistas del *free cinema*. Tiene un éxito relativo con *La última carga,* narración en torno a la batalla de Balaclava, con guión de John Osborne y subrayado tono antimilitarista, pero de calidad inferior a la versión norteamericana de Michael Curtiz de 1936. Su carrera sigue descendiendo con *Risa en la oscuridad,* sobre la novela de Vladimir Nabokov; *Ned Kelly,* un *western* con guión propio, sobre la vida de un bandido irlandés, encarnado por el cantante Mick Jagger, en Australia en el siglo XIX; y las adaptaciones demasiado teatrales *Hamlet,* de William Shakespeare, y *A Delicate Balance,* de Edward Albee. Sus últimas películas británicas son *Dead Cert,* sobre una novela de Dirk Francis, y *Joseph Andrews,* donde vuelve a adaptar a Henry Fielding, pero queda muy lejos de su anterior éxito. Posteriormente rueda en Estados Unidos *La frontera,* enésima versión de los problemas fronterizos con México, y *El Hotel New Hampshire,* sobre la novela de John Irving. Tras seis años de inactividad cinematográfica, dedicado a la televisión y el teatro, rueda *Las cosas nunca mueren,* una de sus mejores películas, pero fallece antes de finalizarla, la productora tiene dificultades y cinco años después le hace ganar un Oscar a su protagonista, Jessica Lange.

1959 *Look Back in Anger* (Mirando hacia atrás con ira).
1960 *The Entertainer* (El animador).
1961 *Sanctuary* (Réquiem por una mujer). / *A Taste of Honey* (Un sabor a miel).
1962 *The Loneliness of the Long Distance Runner* (La soledad del corredor de fondo).
1963 *Tom Jones.*
1965 *The Loved One* (Los seres queridos).
1966 *Mademoiselle.*
1967 *The Sailor From Gibraltar.* / *Red and Blue.*
1968 *The Charge of the Light Brigade* (La última carga).
1969 *Laughter in the Dark* (Risa en la oscuridad). / *Ned Kelly.* / *Hamlet.*
1973 *A Delicate Balance.*
1974 *Dead Cert.*
1977 *Joseph Andrews.*
1982 *The Border* (La frontera).
1984 *The Hotel New Hampshire* (El Hotel New Hampshire).
1990 *Blue Sky* (Las cosas que nunca mueren).

RIFIFÍ *(Du rififi chez les hommes, 1955)*

Exiliado en Europa para no tener que declarar sobre su pasado comunista ante el Comité de Actividades Antinorteamericanas, y tras vencer múltiples dificultades, el realizador norteamericano Jules Dassin rueda en Francia este famoso policiaco, en la línea de su mejor cine negro. A partir de una novela de Auguste Le Breton, cuyo guión escribe en colaboración con René Wheeler, narra cómo, tras pasar cinco años en prisión y dejarle su mujer, Tony (Jean Servais) prepara un minucioso robo a una joyería parisina para recuperar su prestigio, pero por la indiscreción de uno de sus colaboradores nadie puede disfrutar del fabuloso botín. Su gran éxito sirve para renovar el policiaco francés, para que Dassin prosiga la segunda e irregular etapa de su carrera en Europa y para que los italianos realicen una serie de parodias, subrayadas por sus títulos castellanos; *Rufufú* (I soliti ignoti, 1958), de Mario Monicelli, *Rufufú da el golpe* (L'audace colpo dei soliti ignoti, 1959), de Nanni Loy, e *I soliti ignoti vent'anni dopo* (1986), de Amanzio Todini. Destaca la larga escena del robo que dura cerca de treinta minutos y no tiene diálogos, ni música, solo ruidos.

Director: *Jules Dassin*. Guionistas: *Jules Dassin, René Wheeler, Auguste Le Breton*. Fotografía: *Philippe Agostini*. Música: *Georges Auric*. Intérpretes: *Jean Servais, Robert Manuel, Carl Möhner, Magali Noël*. Producción: *Henri Bérard*. Duración: *116'*. Francia.

RIFLES DE BENGALA *(Bengal Brigade, 1954)*

Al cumplirse el centenario de la presencia británica en la India, los cipayos preparan una gran rebelión armada. El oficial inglés Jeff Chlaybourne (Rock Hudson), degradado por haberles defendido en una batalla, trata de infiltrarse en sus filas, para abortar el levantamiento o, por lo menos, salvar la vida de su amada

Vivian Morrow (Arlene Dahl) y de su padre militar (Dan O'Herlihy). Lo más curioso de esta historia es que el detonante de la revuelta es que las balas que las fuerzas indias al servicio de los británicos deben morder para cargar sus fusiles están engrasadas con aceites de cerdo y vaca, que su religión les prohíbe comer. Es una tradicional aventura colonial, producida con un presupuesto muy bajo por Ted Richmond para Universal, pero hábilmente rodada por el tan irregular como desconcertante Laszlo Benedek, con la eficaz presencia de la pareja integrada por un joven Rock Hudson y una bella Arlene Dahl.

Director: *Laszlo Benedek*. Guionista: *Richard Alan Simmons*. Fotografía: *Maury Gertsman*. Música: *Joseph Gershenson*. Intérpretes: *Rock Hudson, Arlene Dahl, Dan O'Herlihy, Ursula Thiess, Torin Thatcher*. Producción: *Ted Richmond para Universal. Color*. Duración: *87'. Estados Unidos*.

RÍO, Dolores del (*Dolores Martínez Asúnsolo López Negrete. Durango, México, 1905-New Port Beach, California, Estados Unidos, 1983*)

Hija de un banquero y de una descendiente directa de los indios toltecas, estudia en el Convento de San José de Ciudad de México y, durante la Revolución mexicana, en París y Madrid. Descubierta por el olvidado director norteamericano Edwin Carewe, se la lleva a Hollywood y hacen media docena de perdidas películas, mientras también trabaja con Raoul Walsh en *El precio de la gloria, Los amores de Carmen* y *La bailarina de la ópera*, y con Clarence Brown en *La senda del 98*. Tras la llegada del sonoro, alcanza sus mayores éxitos en los años treinta con *Ave del paraíso, Madame Du Barry* y los musicales *Volando hacia Rio de Janeiro, Wonder Bar* y *I Live for Love*. Tras el interesante policiaco *Estambul*, comenzado por Orson Welles y acabado y firmado por Norman Foster, regresa a México para convertirse en la actriz preferida del realizador Emilio Fernández en *Flor silvestre, María Candelaria, Bugambilia, Las abandonadas* y *La malquerida*. Aunque sigue trabajando regularmente en México, de vez en cuando rueda en Estados Unidos con John Ford en *El fugitivo* y *El gran combate*, y con Don Siegel en *Estrella de fuego*. Durante los últimos años de su carrera hace en España *La dama y el alba* y en Italia *Siempre hay una mujer*. Su último trabajo es la producción independiente norteamericana *Los hijos de Sánchez*.

1925 *Joanna* (La muñequita millonaria), de Edwin Carewe.
1926 *High Steppers*, de Edwin Carewe. / *The Whole Town's Talking* (¡Qué escándalo!), de Carl Laemmle. / *Pals First*, de Edwin Carewe. / *What Price Glory* (El precio de la gloria), de Raoul Walsh.
1927 *Resurrection* (Resurrección), de Edwin Carewe. / *The Loves of Carmen* (Los amores de Carmen), de Raoul Walsh.
1928 *The Gateway to the Moon* (La virgen del Amazonas), de J. Griffith Wray. / *The Trail of '98* (La senda del 98), de Clarence Brown. / *No Other Woman* (Ninguna otra mujer), de Tellegen. / *The Red Dance* (La bailarina de la ópera), de Raoul Walsh. / *Ramona*, de Edwin Carewe. / *Revenge* (Venganza), de Edwin Carewe.
1929 *Evangeline* (Evangelina), de Edwin Carewe.
1930 *The Bad One* (El malo), de George Fitzmaurice.
1932 *The Bird of Paradise* (Ave del paraíso), de King Vidor. / *The Girl of the Rio* (La paloma), de Herbert Brenon.
1933 *Flying Down to Rio* (Volando hacia Rio de Janeiro), de Thornton Freeland.
1934 *Wonder Bar*, de Lloyd Bacon. / *Madame Du Barry*, de William Dieterle.
1935 *In Caliente* (Por unos ojos negros), de Lloyd Bacon. / *I Live for Love*, de Busby Berkeley. / *The Widow From Monte Carlo*, de A. G. Collins.
1936 *Accused* (Acusada), de Thornton Freeland.
1937 *The Devil's Playground* (La sirena del puerto), de Erle C. Kenton. / *Lancer Spy*, de Gregory Ratoff.
1938 *International Settlement*, de Eugene Forde.
1940 *The Man From Dakota*, de Leslie Fenton.
1942 *Journey Into Fear* (Estambul), de Norman Foster.
1943 *Flor silvestre*, de Emilio Fernández. / *María Candelaria* (Xochimilco), de Emilio Fernández.
1944 *Bugambilia*, de Emilio Fernández. / *Las abandonadas* (La sombra enamorada), de Emilio Fernández.
1945 *La selva de fuego*, de Fernando de Fuentes.
1946 *La otra*, de Roberto Gavaldón.
1947 *The Fugitive* (El fugitivo), de John Ford.
1948 *Historia de una mala mujer*, de Luis Saslavsky.
1949 *La malquerida*, de Emilio Fernández. / *La casa chica*, de Roberto Gavaldón.
1950 *Doña Perfecta*, de Miguel Zacarías. / *Deseada*, de Roberto Gavaldón.
1953 *Reportaje*, de Emilio Fernández. / *El niño y la niebla*, de Roberto Gavaldón.
1954 *Señora Ama*, de Julio Bracho.
1958 *La Cucaracha*, de Ismael Rodríguez. / *¿Adónde van nuestros hijos?*, de Benito Alazraki.

1960 *Flaming Star* (Estrella de fuego), de Don Siegel. / *El pecado de una madre*, de Alberto Corona Blake.
1964 *Cheyenne Autumn* (El gran combate), de John Ford.
1965 *La dama y el alba*, de Francisco Rovira Beleta.
1966 *Casa de mujeres* (El hijo de todas), de Julián Soler.
1967 *C'era una volta* (Siempre hay una mujer), de Francesco Rosi. / *Río Blanco*, de Roberto Gavaldón.
1978 *The Children of Sanchez* (Los hijos de Sánchez), de Hall Bartlett.

RÍO, EL *(The River, 1950)*

A orillas del Ganges, cerca de Calcuta, en la India colonial, transcurre la tranquila vida de una familia de colonos británicos. A través de la mirada de su hija adolescente Harriet (Patricia Walters) y de sus amigas Mélanie (Radha Shri Ram) y Valérie (Adrienne Corri), se narra cómo las tres se enamoran del mutilado de guerra capitán John (Thomas E. Breen), mientras su hermano pequeño Bogey (Richard Foster) es mordido por una cobra y muere. Tras su estancia en Estados Unidos, a causa de la II Guerra Mundial, y antes de regresar a Francia, el realizador Jean Renoir rueda esta película en la India, que es la mejor de su producción. A partir de la novela homónima de Rumer Godden, una gran especialista en narraciones juveniles, y sobre un guión de ella misma y del propio realizador, Renoir hace la más personal y misteriosa de sus películas. Destacan la sencillez y eficacia del minucioso trabajo de dirección, la perfecta mezcla de realismo y romanticismo lograda, la verdad de la interpretación de los actores, en su mayoría no profesionales o con muy poca experiencia, y la excelente fotografía, en el brillante Technicolor de la época, de Claude Renoir.

Director: *Jean Renoir*. Guionistas: *Rumer Godden, Jean Renoir*. Fotografía: *Claude Renoir*. Música: *M. A. Partha Sarathy*. Intérpretes: *Nora Swinburne, Esmond Knight, Arthur Shields, Thomas E. Breen, Radha Shri Ram, Suprova Mukerjee, Patricia Walters, Adrienne Corri, Richard Foster*. Producción: *Jean Renoir, Kalyan Gupta, Kenneth McEldowney para Theter Guild/Oriental International Film. Color.* Duración: *99'. India.*

RÍO BRAVO *(1959)*

A lo largo de su carrera, el productor y director Howard Hawks rueda cinco *westerns*. Los dos primeros, *Río Rojo* (Red River, 1948) y *Río de sangre* (The Big Sky, 1952), son diferentes, pero el éxito de este tercero hace que los dos últimos, *El Dorado* (1967) y *Río Lobo* (1970), tengan el mismo esquema argumental y narren una historia muy similar. El mejor de los cinco es este, nacido como una personal respuesta de Hawks al famoso *western* político *Solo ante el peligro* (High Noon, 1952), de Fred Zinnemann, y también es el que tiene más éxito. Como a Hawks no le parece profesional que en aquel el *sheriff* Wil Kane (Gary Cooper) pida ayuda a sus vecinos para enfrentarse a unos forajidos, en lugar de hacerlo solo, como es su obligación, hace que sus guionistas Jules Furthman y Leigh Brackett le escriban la historia del *sheriff* John T. Chande (John Wayne) que lucha con éxito frente a un importante grupo de bandidos con la única ayuda de su antiguo alguacil alcoholizado Dude (Dean Martin), del viejo Stumpy (Walter Brennan), del joven vaquero cantante Colorado (Ricky Nelson) y de la atractiva jugadora Feathers (Angie Dickinson). Mucho más cercana a sus películas centradas en los problemas de un grupo de hombres en peligro que de cualquier otra, se sitúa entre los mejores trabajos de Hawks, no se resiente del paso del tiempo y se sigue viendo con agrado, a pesar de sus casi dos horas y media de duración.

Director: *Howard Hawks*. Guionistas: *Jules Furthman, Leigh Brackett*. Fotografía: *Russell Harlan*. Música: *Dimitri Tiomkin*. Intérpretes: *John Wayne, Dean Martin, Ricky Nelson, Angie Dickinson, Walter Brennan, Ward Bond*. Producción: *Howard Hawks para Warner. Color.* Duración: *141'. Estados Unidos.*

RÍO SALVAJE *(Wild River, 1960)*

En un principio la historia de Chuck Glover (Montgomery Clift), un típico representante del *New Deal* que llega en 1943 a un perdido pueblo del valle de Tennessee para convencer a Ella Garth (Jo van Fleet), una testaruda vieja propietaria de una isla en mitad de un gran río, de que venda sus tierras para que entre en funcionamiento un pantano que acabará con las periódicas inundaciones que sufre la región, estaba planteada por el productor y realizador Elia Kazan para hacer un homenaje a las ideas del presidente Franklin D. Roosevelt. Sin embargo, durante el largo proceso de preparación, sus ideas varían tanto que sus simpatías acaban por estar a favor de la vieja que no quiere deshacerse de la isla donde ha vivido la mayor parte de su vida y en la que quiere morir. Este cambio de postura enriquece mucho la historia que se cuenta, y a los personajes que intervienen en ella, pero su verdadero atractivo reside en que Kazan la convierte en una sentida historia de amor entre Carol Garth (Lee Remick), la nieta de la propietaria de las tierras, y el representante del gobierno. Basada en un sólido guión del dramaturgo Paul Osborn, contiene una excelente dirección de Kazan, origen de una brillante planificación en el discutido formato CinemaScope, y un gran duelo interpretativo entre una joven Lee Remick y un envejecido Montgomery Clift.

Director: *Elia Kazan*. Guionista: *Paul Osborn*. Fotografía: *Ellsworth Frederick*. Música: *Kenyon Hopkins*. Intérpretes: *Montgomery Clift, Lee Remick, Jo van Fleet, Albert Salmi, Jay C. Flippen, James Westerfield, Bruce Dern*. Producción: *Elia Kazan para 20th Century Fox. Color. Scope. Duración: 115'. Estados Unidos.*

RIPSTEIN, Arturo *(México D.F., México, 1943)*

Hijo del productor Alfredo Ripstein jr., debuta muy joven como director con *Tiempo de morir,* un atractivo seudo *western* escrito por Gabriel García Márquez y Carlos Fuentes. Los cortes hechos por su padre a *Los recuerdos del porvenir,* ambiciosa adaptación de la novela homónima de Elena Garro, le hacen apartarse de la industria, unirse a Felipe Cazals, crear la productora Cine Independiente de México y rodar de forma experimental *La hora de los niños.* Escribe tres obras importantes con José Emilio Pacheco: *El castillo de la pureza,* sobre un hombre que encierra a su familia para preservarla de la corrupción del mundo; *El Santo Oficio,* una superproducción sobre la persecución de los judíos en el siglo XVI, y *Foxtrot,* una fallida coproducción internacional protagonizada por Peter O'Toole y Charlotte Rampling. Tras el excelente documental *Lecumberri, el palacio negro,* sobre la cárcel de México D.F., adapta con habilidad a José Donoso en *El lugar sin límites,* que narra una sórdida historia entre homosexuales; a Rafael Solana en *La viuda negra,* prohibida durante unos años por narrar los amores de un sacerdote, y a Luis Spota en *Cadena perpetua,* un policiaco con implicaciones sociales. La grave situación económica de México le hace alternar *La seducción,* adaptación de un relato de Henrich von Kleist a los años de la Revolución mexicana, y *El otro,* sobre un guión de Manuel Puig escrito a partir de un cuento de Silvina Ocampo, con producciones de mucho menor interés. La mejor etapa de su carrera se apoya en guiones de Paz Alicia Garciadiego, comienza con la excelente *El imperio de la fortuna,* basada en un cuento de Juan Rulfo, y se vuelca en el más barroco y mejor melodrama a lo largo de *Mentiras piadosas,* sobre un guión original; *La mujer del puerto,* basada en un relato de Guy de Maupassant; *Principio y fin,* brillante adaptación de la novela homónima de Naguib Mahfouz, y *La reina de la noche,* imaginaria biografía de la popular cantante Lucha Reyes.

1965 *Tiempo de morir.*
1966 *H.O.*, episodio de *Juego peligroso.*
1968 *Los recuerdos del porvenir.*
1969 *La hora de los niños.*
1972 *El castillo de la pureza.*
1973 *El Santo Oficio.*
1975 *Foxtrot.*
1976 *Lecumberri, el palacio negro.*
1977 *El lugar sin límites. / La viuda negra.*
1978 *Cadena perpetua. / La tía Alejandra.*
1979 *La ilegal.*
1980 *La seducción* (Víctimas de la seducción).
1981 *Rastro de muerte.*
1984 *El otro.*
1986 *El imperio de la fortuna.*
1988 *Mentiras piadosas.*
1990 *La mujer del puerto.*
1992 *Principio y fin.*
1994 *La reina de la noche.*
1996 *Profundo carmesí.*
1998 *El evangelio de las maravillas.*

RISI, Dino *(Milán, Italia, 1917)*

Hijo de un médico, hermano mayor del también realizador Nelo Risi y padre del director Marco Risi, se doctora en medicina y se especializa en psiquiatría en la Universidad de Milán, pero nunca ejerce. Interesado por el cine y amigo de los realizadores Luigi Comencini y Alberto Lattuada, colabora en sus películas, escribe en el semanario humorístico *Bertoldo,* publica críticas de cine y asiste a unos cursos de dirección de Jacques Feyder en la Universidad de Ginebra. En la posguerra rueda un buen número de cortometrajes y pasa al largo con *Vacanze col gangster*, una interesante película infantil en su mayor parte interpretada por niños, y *Viale della speranza*, una comedia sobre el mundo del cine centrada en Cinecittà. Tras las irregulares comedias *El signo de Venus* y *Pan, amor y...*, consigue su primer éxito con *Poveri ma belli*, que origina *Belle ma povere* y *Pobre y millonaria*, piezas claves dentro del desarrollo de la «comedia a la italiana». A principios de los sesenta rueda las excelentes comedias críticas *Vida difícil*, que narra la reciente historia italiana, desde el fascismo al desarrollo económico, a través de la vida de un periodista de izquierdas, y *La escapada*, dura crítica de la nueva sociedad de consumo a través de un personaje cínico. Durante el resto de la década prosigue en la misma línea de comedias ácidas con *Monstruos de hoy, El éxito, Un italiano en Argentina, Un tigre en la red* y *El profeta*, todas protagonizadas por Vittorio Gassman, mientras también colabora en varias producciones de episodios. Durante los años setenta su humor se hace más negro en *En nombre del pueblo italiano* y *¡Que viva Italia!*, pero su mejor trabajo en este género es *Perfume de mujer*, basada en la novela de Giovanni Arpino, que narra con gran delicadeza las relaciones entre un militar ciego, un muchacho y una bella chica, entre el patetismo y el humor negro. La desaparición de la «comedia a la italiana» a mediados de los setenta le lleva a otro tipo de películas: *La carrera de una doncella*, que narra la historia de una camarera que durante los años del fascismo quiere ser actriz; *Almas perdidas*, un peculiar policiaco psicológico; *La alcoba del obispo*, una irregular mezcla de sexo, muerte y misterio, a partir de una novela de Piero Chiara; *La chica del atardecer*, sobre las relaciones entre un viejo cómico y una joven camarera que quiere ser *vedette;* el drama *Querido papá*, en torno a un padre que descubre que su hijo es un terrorista, y *Fantasmas de amor*, intento de cine gótico a la italiana, sobre una novela de Mino Milano. No se encuentra cómodo en ninguna de estas tentativas y de vez en cuando vuelve a la comedia con *Sono fotogenico, Sesso e volentieri* y *Dagobert*, pero los resultados son muy inferiores a los conseguidos en la etapa dorada de la «comedia a la italiana».

1952 *Vacanze col gangster.*
1953 *Viale della speranza.* / *Paradiso per quattro ore*, episodio de *L'amore in città.*
1955 *Il segno di Venere* (El signo de Venus). / *Pane, amore e...* (Pan, amor y...).
1956 *Poveri ma belli.*
1957 *La nonna Sabella* (Sabela). / *Belle ma povere.*
1958 *Venezia, la luna e tu* (Venecia, la luna y tú).
1959 *Poveri milionari* (Pobre y millonaria). / *Il vedovo.* / *Il mattatore* (El estafador).
1960 *Un amore a Roma.*
1961 *A porte chiuse* (A puerta cerrada). / *Una vita difficile* (Vida difícil).
1962 *Il sorpasso* (La escapada). / *La marcia su Roma.*
1963 *I mostri* (Monstruos de hoy). / *Il giovedì* (El jueves). / *Il successo* (El éxito).
1964 *Il gaucho* (Un italiano en Argentina).
1965 *La telefonata* (El telefonazo), episodio de *Le bambole* (Las muñecas). / *Una giornata decisiva* (Un día decisivo), episodio de *I complessi* (Los complejos). / *Il marito di Attilia*, episodio de *I nostri mariti.*
1966 *L'ombrellone* (El parasol). / *Operazione San Gennaro* (Arreglo de cuentas en San Genaro).
1967 *Il tigre* (Un tigre en la red). / *Il profeta* (El profeta).
1968 *Straziami, ma di baci saziami* (Abrázame y sáciame de besos).
1969 *Vedo nudo* (Visiones de un italiano moderno). / *Il giovane normale.*
1970 *La moglie del prete* (La mujer del cura).
1971 *Noi donne siamo fatte così* (Erótika, exótika, psicopátika).
1972 *In nome del popolo italiano* (En nombre del pueblo italiano).
1973 *Mordi e fuggi* (Sábado inesperado). / *Sessomatto* (Sexo loco).
1974 *Profumo di donna* (Perfume de mujer).
1976 *Telefoni bianchi* (La carrera de una doncella). / *Anima persa* (Almas perdidas).
1977 *La stanza del vescovo* (La alcoba del obispo). / *Tantum Ergo, Senza parole* (Sin palabras), *Con i saluti degli amici* (Con saludos de los amigos), *Pornodiva* e *Il figlio e la sua mamma* (El hijo y su mamá), episodios de *I nuovi mostri* (¡Que viva Italia!).
1978 *Primo amore* (La chica del atardecer).
1979 *Caro papà* (Querido papá). / *I seduttori della domenica*, un episodio.
1980 *Sono fotogenico.*
1981 *Fantasma d'amore* (Fantasma de amor).
1982 *Sesso e volentieri.*
1984 *Dagobert.*
1985 *Scemo di guerra.*
1986 *Il commissario Lo Gatto.*
1987 *Teresa.*
1989 *La ciociara.*
1990 *Tolgo il disturbo.*

RISI, Marco *(Milán, Italia, 1951)*

Hijo de Dino Risi y sobrino de Nelo Risi (1920), trabaja como ayudante de su tío y como guionista de su padre antes de llegar a dirigir, siguiendo la trayectoria familiar. Después de las irregulares comedias *Vado a vivere da solo*, *Un ragazzo e una ragazza* y *Colpo di fulmine*, protagonizadas por Jerry Calà, realiza su primera película interesante con *Soldati 365 all'alba*, dura crítica del servicio militar. Su mejor trabajo es el díptico compuesto por *Rejas de cristal* y *Chicos de la calle*, sobre la delincuencia juvenil en Palermo, primero a través de una institución, para combatirla, y luego en torno a los problemas de reinserción, dentro de unos principios neorrealistas, con actores no profesionales, rodajes en interiores y exteriores naturales, eficazmente reactualizados. También tiene interés *Il muro di gomma*, sobre la tragedia de Ustica, narrado como una investigación periodística. No resulta tan convincente *Nel continente nero*, irregular intento de retorno a la más crítica «comedia a la italiana».

1977 *Appunti su Hollywood.*
1982 *Vado a vivere da solo.*
1984 *Un ragazzo e una ragazza.*
1985 *Colpo di fulmine.*
1987 *Soldati 365 all'alba.*
1989 *Mery per sempre* (Rejas de cristal).
1990 *Ragazzi fuori* (Chicos de la calle).
1991 *Il muro di gomma.*
1992 *Nel continente nero.*

RITT, Martin *(Nueva York, 1920-Estados Unidos, 1990)*

Estudia derecho en la Universidad de Saint John, pero lo deja para aprender arte dramático en la mejor etapa del famoso Actor's Studio, trabajar con el Group Theatre y a los dieciocho años debutar como actor en Broadway. Tras combatir en la II Guerra Mundial, en 1946 debuta como director de teatro, comienza a dar clases en el Actor's Studio y poco después empieza a trabajar en televisión, donde llega a producir y realizar más de doscientos programas dramáticos en directo, además de intervenir en numerosos episodios de series. Superadas sus dificultades con el Comité de Actividades Antinorteamericanas, debuta como director de cine con *Donde la ciudad termina*, atractivo drama psicológico, originalmente escrito por Robert Alan Arthur para televisión, y *Más fuerte que la vida*, basada en un guión de Philip Yordan, en la misma línea realista. Con *El largo y cálido verano*, mala adaptación de William Faulkner, comienza una estrecha colaboración con su alumno Paul Newman que se extiende a lo largo de los años sesenta en títulos tan irregulares como *Un día volveré*, que rueda en París sobre los músicos de *jazz; Cuando se tienen veinte años*, adaptación de unos relatos de Ernest Hemingway; *Hud, el más valiente entre mil*, un ambicioso *western* moderno; *Cuatro confesiones*, nueva versión en clave de *western* de la producción japonesa *Rashomon* (1950), de Akira Kurosawa, y *Un hombre*, un *western* tradicional. Entre las que también rueda *Orquídea negra*, un aburrido drama producido por Carlo Ponti y protagonizado por Sophia Loren; *El ruido y la furia*, imposible adaptación de la novela más compleja de William Faulkner; *Cinco mujeres marcadas*, adaptación de una novela de Ugo Pirro que rueda en Italia, sobre unas mujeres yugoslavas unidas a los partisanos durante la II Guerra Mundial, y *El espía que surgió del frío*, su primera película con auténtico interés, basada en la novela homónima de John Le Carré. La mejor etapa de su carrera es la década de los setenta gracias a *Odio en las entrañas*, sobre el violento comienzo de las luchas sindicales en Pennsylvania en 1876; la trilogía sobre los problemas de los negros norteamericanos formada por *La gran esperanza blanca*, centrada en el mundo del boxeo de principios de siglo; *Sounder*, sobre los problemas de supervivencia de una familia, y *Conrack*, en torno a las dificultades de enseñanza en uno de los Estados del Sur; *La tapadera*, la primera película de Hollywood sobre la «caza de brujas» del senador MacCarthy, y *Norma Rae*, que relata la lucha sindicalista y feminista de una mujer en uno de los estados del Sur. El interés de su cine vuelve a caer con las banales comedias *Risas y lágrimas*, *La sombra de un campeón*, *Dos hacia California* y *El romance de Murphy*, pero de nuevo se eleva en sus últimas producciones: *Los mejores años de mi vida*, basado en un relato autobiográfico de la escritora Marjorie Kinnan Rawlings, y *Cartas a Iris*, sobre las relaciones entre un cocinero analfabeto y una viuda que trabaja en una fábrica de bizcochos.

1957 *Edge of the City* (Donde la ciudad termina). / *No Down Payment* (Más fuerte que la vida).
1958 *The Long Hot Summer* (El largo y cálido verano).
1959 *The Black Orchid* (Orquídea negra). / *The Sound and the Fury* (El ruido y la furia).
1960 *Five Branded Women* (Cinco mujeres marcadas).
1961 *Paris Blues* (Un día volveré).
1962 *Hemingway's Adventures of a Young Man* (Cuando se tienen veinte años).
1963 *Hud* (Hud, el más valiente entre mil).
1964 *The Outrage* (Cuatro confesiones).
1965 *The Spy Who Came in From the Cold* (El espía que surgió del frío).
1967 *Hombre* (Un hombre).
1968 *The Brotherhood* (Mafia).
1970 *The Molly Maguires* (Odio en las entrañas). / *The Great White Hope* (La gran esperanza blanca).
1972 *Sounder.* / *Pete'n' Tillie* (Risas y lágrimas).
1974 *Conrack.*
1976 *The Front* (La tapadera).
1978 *Casey's Shadow* (La sombra de un campeón).
1979 *Norma Rae.*
1981 *Back Roads* (Dos hacia California).
1983 *Cross Creek* (Los mejores años de mi vida).
1985 *Murphy's Romance* (El romance de Murphy).
1987 *Nuts* (Loca).
1990 *Stanley and Iris* (Cartas a Iris).

RIVETTE, Jacques *(Rouen, Francia, 1928)*

Fundador de la mítica revista *La Gazzette du Cinéma*, colaborador de *Arts* y redactor-jefe de la mejor época de *Cahiers du Cinéma*, debuta como realizador con *Paris nous appartient*, un ensayo sobre la verdad y la mentira a través de las vicisitudes de un grupo teatral que ensaya *Pericles*, de William Shakespeare, pero tarda varios años en estrenarse y le mantiene alejado de la dirección durante seis. Su siguiente película es *La religiosa*, una despersonalizada pero buena adaptación de la novela homónima de Denis Diderot sobre la vida de una muchacha en un convento de clausura durante el siglo XVIII, que se convierte en un nuevo fracaso al ser prohibida durante una temporada por la censura y luego distribuirse mal. A continuación realiza un atractivo díptico sobre el teatro y la conspiración de larguísima duración, integrado por *L'amour fou*, serie de improvisaciones en torno a los ensayos de *Andrómaca*, de Racine, de cuatro horas y media de duración, y *Out One: Spectre*, personal adaptación de *La historia de los trece*, de Honoré de Balzac, de trece horas de duración, pero que solo se exhiben comercialmente en versiones reducidas. El relativo éxito de *Céline y Julie van en barco*, que narra las fantásticas y divertidas relaciones entre dos muchachas, durante poco más de tres horas, le anima a realizar una personal tetralogía de retratos femeninos, pero solo logra hacer *Duelle* y *Noroit*. Tras la fallida *Merry-Go-Round*, regreso al tema del control y las intrigas entrecruzadas, comienza a hacer un cine más accesible, tanto por su duración como por el tratamiento de sus habituales temas, en *Le pont du nord*, *L'amour par terre* y *Hurlevent*, personal versión de *Cumbres borrascosas*, de Emily Brönte. Vuelve a triunfar con *La bella mentirosa*, adaptación de una novela de Balzac que le sirve para reflexionar sobre la creación a través de las relaciones entre un pintor y su modelo, que se distribuye en su versión original de cuatro horas y una reducida de dos, y en menor medida con *Jeanne la Pucelle*, personal acercamiento al personaje de Jeanne d'Arc, dividido en dos partes, *Les batailles* y *Les prisons*, con una duración total de seis horas.

1960 *Paris nous appartient.*
1966 *La religieuse* (La religiosa).
1968 *L'amour fou.*
1970 *Out One: Spectre.*
1974 *Céline et Julie vont en bateau* (Céline y Julie van en barco).
1975 *Duelle.*
1977 *Noroit.*
1978 *Merry-Go-Round.*
1982 *Le pont du Nord.*
1984 *L'amour par terre.*
1985 *Hurlevent.*
1987 *La bande des quatre.*
1991 *La belle noiseuse* (La bella mentirosa).
1993 *Jeanne la Pucelle.*
1994 *Haut bas fragile* (Alto bajo frágil).
1995 *Lumière y compañía*, un episodio.

ROBARDS, Jason, Jr. *(Chicago, Illinois, Estados Unidos, 1922)*

Hijo del actor Jason Robards (1892-1963), tras finalizar sus estudios se enrola en la Marina para luchar en la II Guerra Mundial. En la posguerra estudia en la American Academy of Dramatic Art, en 1951 debuta como actor de teatro y durante la década se convierte en uno de los grandes de la escena norteamericana. A finales de los cincuenta también empieza a trabajar en cine y televisión, especializado en importantes papeles secundarios. Durante la siguiente década protagoniza *Larga jornada hacia la noche,* de Sidney Lumet; *La matanza del día de san Valentín,* de Roger Corman, y *Hasta que llegó su hora,* de Sergio Leone. Su carrera prosigue hasta la actualidad alternando con habilidad la televisión, el teatro y el cine; destaca su trabajo en *La balada de Cable Hogue,* de Sam Peckinpah; *Johnny cogió su fusil,* de Dalton Trumbo; *Todos los hombres del presidente,* de Alan J. Pakula, con la que gana su primer Oscar; *Julia,* de Fred Zinnemann, con la que obtiene su segundo Oscar al encarnar al famoso escritor de novelas policiacas Dashiell Hammett, y *Llega un jinete libre y salvaje,* de Alan J. Pakula. Sin embargo, y a pesar de que continúa trabajando al mismo ritmo, tienen mucho menor interés sus películas de la década de los ochenta y la primera mitad de los noventa.

1959 *The Journey* (Rojo atardecer), de Anatole Litvak.
1961 *By Love Possessed* (Brotes de pasión), de John Sturges.
1962 *Tender Is the Night* (Suave es la noche), de Henry King. / *Long Day's Journey Into Night* (Larga jornada hacia la noche), de Sidney Lumet.
1963 *Act One,* de Dore Schary.
1965 *A Thousand Clowns* (Miles de payasos), de Fred Coe.
1966 *A Big Hand for the Little Lady* (El destino también juega), de Fielder Cook. / *Any Wednesday* (Cualquier miércoles), de Robert Ellis Miller.
1967 *Divorce American Style* (El novio de mi mujer), de Bud Yorkin. / *The St. Valentine's Day Massacre* (La matanza del día de san Valentín), de Roger Corman. / *Hour of the Gun* (La hora de las pistolas), de John Sturges.
1968 *The Night They Raided Minsky's,* de William Friedkin. / *Isadora,* de Karel Reisz. / *C'era una volta il West* (Hasta que llegó su hora), de Sergio Leone.
1969 *Rosalino Paterno, soldato* (Valor sin recompensa), de Nanni Loy.
1970 *Julius Caesar* (El asesinato de Julio César), de Stuart Burge. / *The Ballad of Cable Hogue* (La balada de Cable Hogue), de Sam Peckinpah. / *Tora! Tora! Tora!,* de Richard Fleischer. / *Fools* (Locos), de Tom Gries.
1971 *Johnny Got His Gun* (Johnny cogió su fusil), de Dalton Trumbo. / *Murders in the Rue Morgue,* de Gordon Hessler.
1972 *The War Between Men and Women* (Guerra entre hombres y mujeres), de Melville Shavelson.
1973 *Pat Garrett and Billy the Kid* (Pat Garrett y Billy the Kid), de Sam Peckinpah.
1974 *Mr. Sycamore,* de Pancho Kohner.
1975 *A Boy and His Dog,* de L. Q. Jones.
1976 *All the President's Men* (Todos los hombres del presidente), de Alan J. Pakula.
1977 *Julia,* de Fred Zinnemann.
1978 *Comes a Horseman* (Llega un jinete libre y salvaje), de Alan J. Pakula.
1979 *Hurricane* (Huracán), de Jan Troell.
1980 *Melvin and Howard* (Melvin y Howard), de Jonathan Demme. / *Raise the Titanic!* (¡Rescaten el «Titanic»!), de Jerry Jameson.
1981 *Caboblanco,* de J. Lee Thompson. / *The Legend of the Lone Ranger* (La leyenda del Llanero Solitario), de William A. Fraker.
1983 *Wo Die Grünen Ameisen Träumen* (Donde sueñan las hormigas verdes), de Werner Herzog. / *Max Dugan Returns* (Hola, Mr. Dugan), de Herbert Ross. / *Something Wicked This Way Comes* (El carnaval de las tinieblas), de Jack Clayton. / *The Day After* (El día después), de Nicholas Meyer.
1984 *Sakharov,* de Jack Gold.
1987 *Square Dance,* de Daniel Petrie.
1988 *The Good Mother* (El precio de la pasión), de Leonard Nimoy.
1989 *Dream a Little Dream,* de Marc Rocco. / *Bright Lights, Big City* (Luces de neón), de James Bridges. / *Parenthood* (Dulce hogar... ¡a veces!), de Ron Howard. / *Reunion* (Reencuentro de un amigo), de Jerry Schatzberg.
1990 *Quick Change* (Con la poli en los talones), de Howard Franklin y Bill Murray.
1991 *Black Rainbow* (Más allá del arco iris), de Mike Hodges.
1993 *The Adventures of Huck Finn,* de Stephen Summer. / *Philadelphia,* de Jonathan Demme.
1994 *The Paper* (Detrás de la noticia), de Ron Howard. / *Little Big League,* de Andrew Scheinman.
1995 *Crimson Tide* (Marea roja), de Tony Scott.

ROBERTS, Julia *(Smyrna, Georgia, Estados Unidos, 1967)*

Hija de los directores de una escuela de interpretación, a los diecisiete años se instala en Nueva York decidida a ser actriz y poco después, gracias a la ayuda de su hermano mayor, el también actor Eric Roberts, comienza a hacer pequeños papeles en televisión y cine. Llama la atención por los personajes secundarios que interpreta en *Mystic Pizza* y *Magnolias de acero,* lo que le permite protagonizar *Pretty Woman,* que la da a conocer internacionalmente. Entre sus restantes actuaciones destacan las

realizadas en el policiaco *El informe Pelícano* y la comedia *Prêt-à-porter*.
1987 *Blood Red*, de Peter Masterson.
1988 *Baja Oklahoma*, de Bobby Roth. / *Satisfaction*, de Joan Freeman. / *Mystic Pizza*, de Donald Petrie.
1989 *Steel Magnolias* (Magnolias de acero), de Herbert Ross.
1990 *Pretty Woman*, de Garry Marshall. / *Flatliners* (Línea mortal), de Joel Schumacher.
1991 *Sleeping With the Enemy* (Durmiendo con su enemigo), de Joseph Ruben. / *Dying Young* (Elegir un amor), de Joel Schumacher. / *Hook* (El capitán Garfio), de Steven Spielberg.
1992 *The Player* (El juego de Hollywood), de Robert Altman.
1993 *The Pelican Brief* (El informe Pelícano), de Alan J. Pakula.
1994 *I Love Trouble* (Me gustan los líos), de Charles Shyer. / *Prêt-à-porter*, de Robert Altman.
1995 *Mary Reilly*, de Stephen Frears. / *Something to Talk About* (Algo de que hablar), de Lasse Hallström.

ROBIN DE LOS BOSQUES *(The Adventures of Robin Hood, 1938)*

El enfrentamiento en la Inglaterra del siglo XII entre el joven caballero Robin de Loxley y el ambicioso usurpador del trono Juan Sin Tierra, aprovechando la ausencia, a causa de las Cruzadas, del rey Ricardo Corazón de León, ha sido origen de múltiples películas que mezclan estas aventuras con el amor de Robin por lady Marianne. De ellas hay que destacar la versión muda *Robin Hood* (1922), dirigida por Allan Dwan y protagonizada y producida por Douglas Fairbanks; la versión de dibujos animados *Robin Hood* (1973), realizada por Wolfgang Reitherman para Walt Disney Productions, y las rodadas simultáneamente *Robin Hood, el magnífico* (Robin Hood, 1991), de John Irvin, con Patrick Bergin y Uma Thurman, y *Robin Hood: príncipe de los ladrones* (Robin Hood: Prince of the Thieves, 1991), de Kevin Reynolds, con Kevin Costner y Mary Elizabeth Mastrantonio. Sin embargo, las mejores son *Robin y Marian* (Robin and Marian, 1976), de Richard Lester, con Sean Connery y Audrey Hepburn, y esta producción, uno de los clásicos del cine de aventuras, comenzada a rodar por el irregular William Keighley y finalizada por el brillante Michael Curtiz, protagonizada por la magnífica pareja formada por Errol Flynn y Olivia de Havilland y con magníficas escenas, como el duelo final entre Robin Hood (Errol Flynn) y sir Guy de Gisbourne (Basil Rathbone).

Directores: *William Keighley, Michael Curtiz*. Guionistas: *Seton I. Miller, Norman Reilly Raine*. Fotografía: *Tony Gaudio, Sol Polito, Howard Green*. Música: *Erich Wolfgang Korngold*. Intérpretes: *Errol Flynn, Basil Rathbone, Claude Rains, Olivia de Havilland, Alan Hale*. Producción: *Hal B. Wallis para Warner. Color*. Duración: *102'*. Estados Unidos.

ROBINSON, Edward G. *(Emanuel Goldenberg. Bucarest, Rumania, 1893-Los Ángeles, California, Estados Unidos, 1973)*

A los diez años emigra con su familia a Estados Unidos, estudia en el City College de Nueva York y en la Columbia University. Después de asistir a la Academy of Dramatic Arts de Nueva York, a mediados de los años diez debuta como actor de vodevil y poco después entra a formar parte de la compañía del prestigioso Theatre Guild. Convertido en un conocido actor de teatro, fracasa en sus intentos de hacer cine mudo, pero con la llegada del sonoro se hace famoso en la década de los treinta encarnando a gángsters en diferentes producciones de los estudios Warner: *Hampa dorada, El hacha justiciera, El rey de la plata* y *El pequeño gigante*. Tras protagonizar las excelentes películas biográficas de William Dieterle *La mágica bola del doctor Ehrlich* y *La vida de Reuter*, el mejor momento de su carrera son los años cuarenta, en los que destacan su trabajo en *El lobo de mar*, de Michael Curtiz; las producciones de episodios *Seis destinos* y *Al margen de la vida*, de Julien Duvivier; los policiacos *Perdición*, de Billy Wilder; *La mujer del cuadro* y *Perversidad*, de Fritz Lang; *El extranjero*, de Orson Welles, y *Cayo Largo*, de John Huston. Perseguido por el Comité de Actividades Antinorteamericanas por sus ideas progresistas, durante la década de los cincuenta trabaja menos y lo hace en producciones de bajo presupuesto. Muerto al final del rodaje de la historia de ciencia-ficción *Cuando el destino nos alcance*, en los últimos trece años de su carrera hace importantes papeles secundarios en todo tipo de películas: las interesantes producciones norteamericanas *Millonario de ilusiones*, de Frank Capra; *Dos semanas en otra ciudad*, de Vincente Minnelli, y *El gran combate*, de John Ford; o británicas, *Huida hacia el Sur*, de Alexander Mackendrick; e incluso subproductos italianos y españoles. Gran aficionado al arte, llega a tener una excelente colección de pintura impresionista.

1923 *The Bright Shawl*, de John S. Robertson.
1929 *The Hole in the Wall*, de Robert Florey. / *A Lady to Love* (La mujer que amamos), de Viktor Sjöström.
1930 *Outside the Law* (Fuera de la ley), de Tod Browning. / *Night Ride*, de John S. Robertson. / *East Is West*, de Monta Bell. / *The Widow From Chicago*, de Eddie Cline.
1931 *Little Caesar* (Hampa dorada), de Mervyn LeRoy. / *Five Star Final* (Sed de escándalo), de Mervyn LeRoy. / *Smart Money*, de Alfred E. Green.
1932 *Tiger Shark* (Pasto de tiburones), de Howard Hawks. / *Two Seconds* (Dos segundos), de Mervyn LeRoy. / *The Hatchet Man* (El hacha justiciera), de William A. Wellman. / *Silver Dollar* (El rey de la plata), de Alfred E. Green.
1933 *The Little Giant* (El pequeño gigante), de Roy del Ruth. / *I Loved a Woman*, de Alfred E. Green.
1934 *The Man With Two Faces* (El hombre de las dos caras), de Archie L. Mayo. / *Dark Hazard*, de Alfred E. Green.
1935 *Barbary Coast* (La ciudad sin ley), de Howard Hawks. / *The Whole Town's Talking* (Pasaporte a la fama), de John Ford.
1936 *Bullets of Ballots*, de William Keighley.
1937 *The Last Gangster* (El último gángster), de William Ludwig. / *Kid Galahad*, de Michael Curtiz. / *Thunder in the City*, de Marion Gering.
1938 *I Am the Law* (Yo soy la ley), de Alexander Hall. / *The Amazing Dr. Clitherhouse*, de Anatole Litvak. / *A Slight Case or Murder*, de Lloyd Bacon.
1939 *Blackmail*, de H. C. Potter. / *Confessions of a Nazi Spy* (Confesiones de un espía nazi), de Anatole Litvak.
1940 *Dr. Ehrlich's Magic Bullet* (La mágica bola del doctor Enrlich), de William Dieterle. / *Brother Orchid* (El hermano orquídea), de Lloyd Bacon. / *A Dispatch From Reuter* (La vida de Reuter), de William Dieterle.
1941 *Manpower*, de Raoul Walsh. / *The Sea Wolf* (El lobo de mar), de Michael Curtiz. / *Unholy Partners*, de Mervyn LeRoy.
1942 *Larceny Inc.*, de Lloyd Bacon. / *Tales of Manhattan* (Seis destinos), de Julien Duvivier.
1943 *Flesh and Fantasy* (Al margen de la vida), de Julien Duvivier. / *Destroyer*, de William A. Seiter.
1944 *Tampico*, de Lothar Mendes. / *Mr. Winkle Goes to War*, de Alfred E. Green. / *Double Indemnity* (Perdición), de Billy Wilder. / *The Woman in the Window* (La mujer del cuadro), de Fritz Lang.
1945 *Scarlet Street* (Perversidad), de Fritz Lang. / *Journey Together*, de John Boulting. / *Our Vines Have Tender Grapes* (El sol sale cada mañana), de Roy Rowland.
1946 *The Stranger* (El extranjero), de Orson Welles.
1947 *The Red House*, de Delmer Daves.
1948 *All My Sons* (Todos eran mis hijos), de Irving Reis. / *Key Largo* (Cayo Largo), de John Huston. / *The Night Has a Thousand Eyes* (La noche tiene mil ojos), de John Farrow.
1949 *House of Strangers* (Odio entre hermanos), de Joseph L. Mankiewicz. / *It's a Great Feeling*, de David Butler.
1950 *My Daughther Joy* (La pasión de su vida), de Gregory Ratoff.
1952 *Actors and Sin* (Ensayo dramático), de Ben Hecht. / *Vice Squad* (Investigación criminal), de Arnold Laven.
1953 *The Big Leaguer*, de Robert Aldrich. / *The Glass Webb*, de Jack Arnold.
1954 *Black Tuesday* (Martes negro), de Hugo Fregonese.
1955 *Tight Spot* (Gángster), de Phil Karlson. / *The Violent Men* (Hombres violentos), de Rudolph Maté. / *Hell on Frisco Bay*, de Frank Tuttle. / *Illegal*, de Lewis Allen. / *A Bullet for Joey* (El regreso del gángster), de Lewis Allen.
1956 *Nightmare* (Noche de pesadilla), de Maxwell Shane. / *The Ten Commandments* (Los diez mandamientos), de Cecil B. de Mille.
1959 *A Hole in the Head* (Millonario de ilusiones), de Frank Capra.
1960 *Pepe*, de George Sidney. / *Seven Thieves*, de Henry Hathaway.
1961 *My Geisha* (Mi dulce geisha), de Jack Cardiff.
1962 *Two Weeks in Another Town* (Dos semanas en otra ciudad), de Vincente Minnelli.
1963 *Sammy Going South* (Huida hacia el Sur), de Alexander Mackendrick. / *The Prize* (El premio), de Mark Robson.
1964 *The Outrage* (Cuatro confesiones), de Martin Ritt. / *Cheyenne Autumn* (El gran combate), de John Ford. / *Good Neighbor Sam* (Préstame tu marido), de David Swift. / *Robin and the Seven Hoods* (Cuatro gángsters de Chicago), de Gordon Douglas.
1965 *The Cincinnati Kid* (El rey del juego), de Norman Jewison. / *The Biggest Bundle of Them All* (Raquel y sus bribones), de Ken Annakin.
1967 *La blonde de Pékin* (La rubia de Pekín), de Nicolas Gessner. / *Never a Dull Moment* (Ni un momento de respiro), de Jerry Paris. / *Grand Slam* (Diamantes a gogó), de Giuliano Montaldo. / *Operazione San Pietro*, de Lucio Fulci.
1968 *Mackenna's Gold* (El oro de Mackenna), de J. Lee Thompson.
1970 *Song of Norway* (Canción de Noruega), de Andrew L. Stone.
1973 *Soylent Green* (Cuando el destino nos alcance), de Richard Fleischer.

ROCCO Y SUS HERMANOS (Rocco e i suoi fratelli, 1960)

Tras la muerte de su marido, Rosario Parondi (Katina Paxinou) abandona con sus cuatro hijos el pequeño pueblo del Sur en que viven, para probar fortuna en la industriosa Milán, donde ya trabaja su hijo mayor. Dividida en cinco capítulos, denominados con los nombres de cada uno de los cinco hermanos, desarrolla dentro de un marco familiar el tradicional enfrentamiento entre Caín y Abel, pero originado por una mujer. El idealista Rocco (Alain Delon) se enamora de la prostituta Nadia (Annie Girardot), despreciada por Simone (Renato Salvatori) y cuyos celos le llevan a asesinarla, mientras Rocco convierte su fracaso sentimental en un triunfo en el terreno del boxeo profesional. A su alrededor Vincenzo (Spiros Focas) se casa con Ginetta (Claudia Cardinale) a pesar de la oposición de su madre; Ciro (Max Cartier) trabaja como mecánico en una fábrica de automóviles y recuerda a Luca (Rocco Vidolazzi), el pequeño, que sus orígenes están en el Sur. Rodada en largas, complejas y teatrales escenas con muchos personajes, narra la destrucción del núcleo familiar de los Parondi, a pesar de los esfuerzos de la madre para mantener unidos a sus hijos como los dedos de una mano. Narrada con gran habilidad por Luchino Visconti, que subraya su fuerte lado melodramático, tiene un variado apoyo literario: desde los cuentos contenidos en *Il ponte della Ghisolfa*, de Giovanni Testori, de los que toma la violenta relación de uno de los hermanos con la prostituta, hasta el clásico *El idiota*, de Fiodor Dostoievsky, cuyo personaje Myskin sirve de modelo para Rocco, pasando por *José y sus hermanos*, de Thomas Mann, de la que extrae las relaciones entre la madre y sus cinco hijos. En gran medida el escándalo provocado con su presentación en la Mostra de Venecia por la crudeza de algunas escenas, la convierte en el primer éxito cinematográfico de Visconti, aunque en algunos países es cortada o directamente prohibida.

Director: *Luchino Visconti*. Guionistas: *Suso Cecchi d'Amico, Pasquale Festa Campanile, Massimo Franciosa, Enrico Medioli, Luchino Visconti*. Fotografía: *Giuseppe Rotunno*. Música: *Nino Rota*. Intérpretes: *Alain Delon, Renato Salvatori, Annie Girardot, Katina Paxinou, Spiros Focas, Max Cartier, Rocco Vidolazzi, Roger Hanin, Paolo Stoppa, Claudia Cardinale*. Producción: *Goffredo Lombardo para Titanus (Roma), Les Films Marceau (París)*. Duración: *190'. Italia-Francia*.

ROCHA, Glauber (Bahía, 1938-Rio de Janeiro, Brasil, 1981)

Abandona sus estudios de derecho para dedicarse al periodismo y el teatro experimental. Mientras escribe crítica de cine en diferentes publicaciones hace algunos cortometrajes y sustituye al realizador Luiz Paulino dos Santos a mitad del rodaje de la irregular *Barravento*, que llega a ser su primer largo. Convertido en el teórico del movimiento renovador *cinema nôvo*, sobre todo por su libro *Revisão critica do cinema brasileiro* (1963), consigue plasmar sus innovadoras ideas estéticas e ideológicas en *Dios y el diablo en la tierra del sol*, hábil mezcla de folclore popular, herencia brechtiana y admiración por el *western*, para narrar la triste situación del Nordeste, que tiene una brillante y peculiar continuación en *Antonio das Mortes*. Entre ambas se sitúa *Tierra en trance*, hábil análisis de la situación política que lleva al golpe de Estado de 1964, realizada con un excesivo barroquismo. El éxito alcanzado en Europa con esta trilogía a través de los circuitos de exhibición en versión original subtitulada, por coincidir con la ideología política de mayo de 1968, le lleva al Congo a rodar *Der leone have sept cabeças* y a España a hacer *Cabezas cortadas*, personal versión de *Macbeth*, de William Shakespeare, demasiado alejadas de sus fuentes de inspiración, con una excesiva influencia del mejor cine de Jean-Luc Godard y que marcan el principio de su decadencia. Posteriormente solo hace muy irregulares obras marginales, sin apenas distribución: *Câncer*, torpe visión del Brasil de finales de los sesenta; *Historia de Brasil*, largo documental realizado en Cuba con producción italiana sobre la historia de su país desde el siglo XVI hasta los años sesenta; *Claro*, confuso ensayo político, y *A idade da terra*, largo y caótico resumen de su peculiar concepción cinematográfica.

1961 *Barravento*.
1963 *Deus e o diabo na terra do sol* (Dios y el diablo en la tierra del sol).
1967 *Terra em transe* (Tierra en trance).
1969 *Antonio das Mortes* (O dragão da maldade contra o santo guerreiro).

1970 *Der leone have sept cabeças.* / *Cabezas cortadas.*
1972 *Câncer.*
1974 *Historia do Brasil.*
1975 *Claro.*
1980 *A idade da terra.*

RODILLA DE CLARA, LA *(Le genou de Claire, 1970)*

Ambientada durante el verano de 1970 en las orillas del lago de Annecy, está estructurada como un diario y narra cómo el diplomático Jérôme (Jean-Claude Brialy), a punto de casarse en Suecia, y alentado por su amiga novelista Aurora (Aurora Cornu), entabla una relación con la interesante quinceañera morena Laura (Béatrice Romand). Sin embargo, la interrumpe cuando conoce a su medio hermana rubia Claire (Laurence de Monaghan), queda fascinado por su rodilla y pone en marcha toda una estrategia para llegar a tocársela. Esta quinta entrega de la serie «Cuentos morales» parece estar inspirada en la famosa novela *Las amistades peligrosas*, de Choderlos de Laclos, pero llevada por Éric Rohmer a su propio terreno, tiene la misma estructura que las restantes películas de la serie, aunque la historia es incluso más fría que las demás, lo que en alguna medida compensa la cálida fotografía veraniega de Néstor Almendros. Destacan el brillante dibujo realizado por Rohmer de dos jovencitas, diferentes entre sí, pero igualmente inconsistentes, y la excelente actuación lograda de las debutantes Laurence de Monaghan y Béatrice Romand.

Director y guionista: *Éric Rohmer*. Fotografía: *Néstor Almendros*. Intérpretes: *Jean-Claude Brialy, Béatrice Romand, Laurence de Monaghan, Aurora Cornu, Gérard Falconetti, Fabrice Luchini*. Producción: *Barbet Schroeder para Les Films du Losange*. Color. Duración: 105'. Francia.

ROEG, Nicholas *(Londres, Reino Unido, 1928)*

A los veintidós años entra en el mundo del cine como claquetista, a principios de la década de los sesenta ya es un famoso director de fotografía y entre sus muchas películas pueden destacarse *La máscara de la muerte roja* (The Masque of the Red Death, 1964), de Roger Corman; *Fahrenheit 451* (1966), de François Truffaut; *Lejos del mundanal ruido* (Far From the Madding Crowd, 1967), de John Schlesinger, y *Petulia* (1967), de Richard Lester. Tras codirigir con Donald Cammell *Performance*, envejecido ejercicio de estilo al servicio del cantante Mick Jagger, abandona la fotografía por la realización. Entre sus no muy atractivos trabajos como director destacan *Más allá de...*, sobre dos niños perdidos en el desierto australiano; la más conocida *Amenaza en la sombra*, adaptación de una novela de Daphne du Maurier a una Venecia invernal y brumosa, y *The Man Who Fell to Earth*, historia de un extraterrestre, encarnado por el cantante David Bowie, que intenta adaptarse a las costumbres terrícolas. Casado con la actriz Theresa Russell, es la protagonista de *Contratiempo*, aburrido policiaco metafísico; *Eureka*, sofisticada historia de aventuras; *Insignificancia*, fallida comedia sobre las relaciones entre el científico Albert Einstein y la actriz Marilyn Monroe en Nueva York en 1954; *Ruta 29*, sobre la tediosa relación de una pareja amenazada por el pasado, y *Cold Heaven*, personal historia fantástica. Entre las que también rueda *Robinson Crusoe por un año*, sobre un cincuentón que se va a vivir a una isla desierta con una mujer a quien ha conocido por un anuncio, y *La maldición de las brujas*, adaptación de una narración de Roald Dahl realizada en colaboración con el especialista en muñecos animados Jim Henson.

1970 *Performance.*
1971 *Walkabout* (Más allá de...).
1973 *Don't Look Now* (Amenaza en la sombra).
1975 *The Man Who Fell to Earth.*
1979 *Bad Timing* (Contratiempo).
1983 *Eureka.*
1985 *Insignificance* (Insignificancia).
1986 *Castaway* (Robinson Crusoe por un año).
1987 *Aria*, un episodio.
1988 *Track 29* (Ruta 29).
1989 *The Witches* (La maldición de las brujas).
1990 *Cold Heaven.*

ROGERS, Ginger *(Virginia Katherine McMath Independence, Missouri, 1911-California, Estados Unidos, 1995)*

Animada por su padre, a los cinco años comienza a trabajar en películas publicitarias, a los catorce debuta en el *music-hall*, forma pareja de baile con su primer marido Jack Pepper, y más tarde actúa con la orquesta de Pail Ash. Después de intervenir en varios musicales en Broadway, en 1930 llega a Hollywood y durante cuatro años actúa en veintitantas películas, en algunas de bajo presupuesto como protagonista, y en las demás en papeles secundarios, como los musicales *La calle 42, Vampiresas* y *Volando hacia Río de Janeiro*. El éxito de los musicales que protagoniza con Fred Astaire, *La alegre divorciada, Sombrero de copa, Ritmo loco* y *La historia de Irene Casel*, le hace protagonizar otras cincuenta películas hasta mediados de los años cincuenta. Entre estas producciones sobresalen las comedias *Damas del teatro, La muchacha de la Quinta Avenida* y *Camino de rosas*, de Gregory La Cava; *Seis destinos*, de Julien Duvivier; *No estamos casados*, de Edmund Goulding, y *Me siente rejuvenecer*, de Howard Hawks; y los dramas *Espejismo de amor*, con el que gana un Oscar; *Una mujer en la penumbra*, de Mitchell Leisen, y *Te volveré a ver*, de William Dieterle.

1930 *Young Man of Manhattan* (Jóvenes de Nueva York), de Monta Bell. / *The Sap From Syracuse* (Tonto de remate), de Edward Sutherland. / *Follow the Leader*, de Norman Taurog.
1931 *Honor Among Lovers* (Honor entre amantes), de Dorothy Arzner. / *The Tip Off* (Galanteos peligrosos), de Albert S. Rogell.
1932 *Carnival Boat*, de Albert S. Rogell. / *The Tenderfoot* (La novia del gángster), de Ray Enright. / *The Thirteenth Guest* (El huésped número 13), de Albert Ray. / *Hat Check Girl* (La chica del guardarropa), de Sidney Lanfield. / *You Said a Mouthful* (Nadando en seco), de Lloyd Bacon.
1933 *42nd Street* (La calle 42), de Lloyd Bacon. / *Broadway Bad* (Así es Broadway), de Sidney Lanfield. / *Gold Diggers of 1933* (Vampiresas), de Mervyn LeRoy. / *Professional Sweetheart*, de William A. Seiter. / *A Shriek in the Night*, de Albert Ray. / *Sitting Pretty* (Déjame soñar), de Harry Joe Brown. / *Chance at Heaven*, de William A. Seiter. / *Flying Down to Rio* (Volando hacia Río de Janeiro), de Thornton Freeland.
1934 *After Romance*, de William A. Seiter. / *Finishing School*, de Wanda Tuchock y George Nichols Jr. / *Twenty Millions Sweethearts* (Veinte millones de enamorados), de Ray Enright. / *Change of Heart* (El primer amor), de John G. Blystone. / *Upper World* (Gente de arriba), de Roy del Ruth. / *The Gay Divorcee* (La alegre divorciada), de Mark Sandrich. / *Romance in Manhattan* (El embrujo de Manhattan), de Stephen Roberts.
1935 *Roberta*, de William A. Seiter. / *Star of Midnights* (Estrella de medianoche), de Stephen Roberts. / *Top Hat* (Sombrero de copa), de Mark Sandrich. / *In Person* (En persona), de William A. Seiter.
1936 *Follow the Fleet* (Sigamos la flota), de Mark Sandrich. / *Swing Time* (En alas de la danza), de George Stevens.
1937 *Shall We Dance?* (Ritmo loco), de Mark Sandrich. / *Stage Door* (Damas del teatro, de Gregory La Cava.
1938 *Vivacious Lady* (Ardid femenino), de George Stevens. / *Having Wonderful Time* (Lo mejor de la vida), de Alfred Santell. / *Carefree* (Amanda), de Mark Sandrich.
1939 *The Story of Vernon and Irene Castle* (La historia de Irene Castel), de H. C. Potter. / *Bachelor Mother* (Mamá a la fuerza), de Garson Kanin. / *Fifth Avenue Girl* (La muchacha de la Quinta Avenida), de Gregory La Cava.
1940 *Primrose Path* (Camino de rosas), de Gregory La Cava. / *Lucky Partner's* (Unidos por la fortuna), de Lewis Milestone. / *Kitty Foyle* (Espejismo de amor), de Sam Wood.
1941 *Tom, Dick and Harry*, de Garson Kanin.
1942 *The Major and the Minor* (El mayor y la menor), de Billy Wilder. / *Roxie Hart*, de William A. Wellman. / *Tales of Manhattan* (Seis destinos), de Julien Duvivier. / *Once Upon a Honeymoon*, de Leo McCarey.
1943 *Tender Comrade* (Compañero de mi vida), de Edward Dmytryk.
1944 *Lady in the Dark* (Una mujer en la penumbra), de Mitchell Leisen.
1945 *Weekend at the Waldorf* (Fin de semana), de Robert Z. Leonard. / *Heartbeat*, de Sam Wood. / *I'll Be Seeing You* (Te volveré a ver), de William Dieterle.
1946 *Magnificent Doll* (La primera dama), de Frank Borzage.
1947 *It Had to Be You* (Tenías que ser tú), de Rudolph Maté.
1949 *The Barkleys of Broadway* (Vuelve a mí), de Charles Walters.
1950 *Perfect Strangers*, de Bretaigne Windust. / *Storm Warning*, de Stuart Heisler.
1951 *The Groom Wore Spurs*, de Richard Whorf.
1952 *We're Not Married* (No estamos casados), de Edmund Goulding. / *Dreamboat*, de Claude Binyon. / *Monkey Business* (Me siento rejuvenecer), de Howard Hawks.
1953 *Forever Female*, de Irving Rapper.
1954 *Black Widow*, de Nunnally Johnson. / *Beautiful Stranger* (La bella desconocida), de David Miller.
1955 *Tight Spot* (En un aprieto), de Phil Karlson.
1956 *The First Travelling Salesday*, de Arthur Lubin. / *Teenage Rebel*, de Edmund Goulding.
1957 *Oh, Men! Oh, Women!*, de Nunnally Johnson.
1965 *Harlow* (Harlow, la rubia platino), de Alex Segal.

ROHMER, Éric *(Jean-Marie Maurice Schérer. Nancy, Francia, 1920)*

Mientras con su verdadero nombre finaliza sus estudios universitarios de literatura, escribe una tesis doctoral sobre la *Organización del espacio en el Fausto de Murnau* y da clases de cine en la universidad, con su conocido seudónimo escribe crítica de cine en diferentes publicaciones, llega a ser redactor-jefe de *Cahiers du Cinéma* en su mejor época y publica un libro fundamental sobre Alfred Hitchcock con el más tarde también realizador Claude Chabrol. Siguiendo el camino de sus compañeros de la *nouvelle vague*, rueda algunos cortos, como *Bérenice* (1954), *La sonate a Kreutzer* (1956) y *Veronique et son cancre* (1958), pero el fracaso de *Le signe du lion*, su primer largo, le lleva durante buena parte de los años sesenta a la televisión escolar, para la que realiza excelentes programas educativos. A principios de la década de los sesenta inaugura la serie de películas *Cuentos morales* con *La boulangère de Monceau* (1962) y *La carrière de Suzanne* (1963), mediometrajes rodados en 16 mm con pocos medios; pero gracias a la ayuda del productor Barbet Schroeder y del director de fotografía Néstor Almendros la continúa en 35 mm y con algo más de presupuesto en *La coleccionista, Mi noche con Maud, La rodilla de Clara* y *El amor después del mediodía*, que le consagran internacionalmente como autor de personales comedias de similar estructura y particular humor, protagonizadas por inexpertas jovencitas. Tras el paréntesis de *La marquesa de O*, adaptación de la novela de Heinrich von Kleist, y *Perceval le Gallois*, sobre un texto clásico de Chrétien de Troyes, comienza una serie similar, denominada *Comedias y proverbios* y formada por *La mujer del aviador, La buena boda, Pauline en la playa, Las noches de la luna llena, El rayo verde* y *El amigo de la amiga*, donde vuelve a analizar el mundo de las jovencitas en relatos cada vez más simples y eficaces. Después de un nuevo paréntesis, durante el que realiza la irregular *Cuatro aventuras de Reinette y Mirabelle* y escribe y dirige la obra teatral *Trío en mi bemol* (1987), a los sesenta años inaugura la nueva serie *Cuentos de las cuatro estaciones*, donde una vez más vuelve a sus jovencitas, siempre interpretadas por nuevas y atractivas actrices, y a sus insustanciales problemas, con *Cuento de primavera, Cuento de invierno* y *Cuento de verano*. La interrumpe para rodar *El árbol, el alcalde y la mediateca*, un nuevo «cuento moral», que encierra una dura crítica contra los socialistas, pero cuyo resultado se ve enturbiado por la verborrea de sus personajes, y *Las citas de París*, integrada por tres episodios muy similares.

1959 *Le signe du lion*.
1965 *Place de l'Étoile*, episodio de *Paris vu par...* (París visto por...).
1967 *La collectionneuse* (La coleccionista).
1969 *Ma nuit chez Maud* (Mi noche con Maud).
1970 *Le genou de Claire* (La rodilla de Clara).
1972 *L'amour l'après-midi* (El amor después del mediodía).
1976 *La marquise d'O* (La marquesa de O).
1978 *Perceval le Gallois*.
1981 *La femme de l'aviateur* (La mujer del aviador).
1982 *Le beau mariage* (La buena boda).
1983 *Pauline à la plage* (Pauline en la playa).
1984 *Les nuits de la pleine lune* (Las noches de la luna llena).
1986 *Le rayon vert* (El rayo verde).
1987 *Quatre aventures de Reinette et Mirabelle* (Cuatro aventuras de Reinette y Mirabelle). / *L'ami de mon amie* (El amigo de mi amiga).
1990 *Conte de printemps* (Cuento de primavera).
1991 *Conte d'hiver* (Cuento de invierno).
1993 *L'arbre, le maire et la médiathèque* (El árbol, el alcalde y la mediateca).
1994 *Les rendez-vous de Paris* (Las citas de París).
1996 *Conte d'été* (Cuento de verano).

ROMA, CIUDAD ABIERTA *(Roma città aperta, 1945)*

Basada en hechos reales, Roberto Rossellini consigue rodar esta película poco después de la liberación de Roma de la ocupación de las fuerzas alemanas, pero en muy malas condiciones económicas. Su marcado realismo y su tono documental le llevan a crear lo que poco después los críticos denominan neorrealismo, un nuevo estilo que da la vuelta al mundo y tiene gran influencia sobre los más variados directores. Tras un enfrentamiento entre el guionista comunista Sergio Amidei y el director católico Roberto Rossellini, en alguna medida arbitrado por el entonces guionista Federico Fellini, escriben un sólido guión, que se desarrolla en el invierno de 1944 en una Roma declarada ciudad abierta y ocupada por los nazis. La historia se basa en las actividades del comunista Giorgio

Manfredi (Marcello Pagliero), el sacerdote católico Pietro Pellegrini (Aldo Fabrizi) y el tipógrafo Francesco (Francesco Grandjacquet), que trabajan en un mismo grupo de la Resistencia. Mientras el cura trata de casar al tipógrafo con Pina (Anna Magnani), la mujer de la que espera un hijo, son denunciados por Marina (Maria Michi), una antigua amante del comunista, y de una forma u otra todos mueren a manos de la Gestapo. Dejando a un lado sus múltiples virtudes, desde la perspectiva actual lo que más destaca es su carácter de película de transición entre los claustrofóbicos melodramas que caracterizan buena parte del cine del *Ventennio nero,* la etapa fascista, y los alentadores dramas, rodados en exteriores e interiores naturales, que caracterizan el mejor neorrealismo, el cine italiano de la posguerra. A pesar de sus múltiples fallos técnicos, producto de los pocos medios con que está realizada, encierra la verdad del drama recientemente vivido por el pueblo italiano. Gana la Palma de Oro del Festival de Cannes de 1948 y convierte a Rossellini en uno de los grandes directores italianos.

Director: *Roberto Rossellini.* Guionistas: *Alberto Consiglio, Sergio Amidei, Federico Fellini, Roberto Rossellini.* Fotografía: *Ubaldo Arata.* Música: *Renzo Rossellini.* Intérpretes: *Anna Magnani, Aldo Fabrizi, Marcello Pagliero, Harry Feist, Maria Michi, Francesco Grandjacquet.* Producción: *Carla Politi y Aldo Venturini para Excelsa Film.* Duración: *100'. Italia.*

ROMA, ONCE HORAS *(Roma ore undici, 1952)*

A principios de los años cincuenta en Roma una larga serie de muchachas hacen cola en una escalera para conseguir un trabajo de mecanógrafa, pero debido al excesivo peso, la escalera se hunde y varias resultan heridas y una de ellas muerta. Este suceso, que define con claridad la situación económica romana durante la posguerra, es origen de dos producciones similares. *Tre storie proibite* (1952), de Augusto Genina, una película de episodios que narra la melodramática historia de tres de estas muchachas, encarnadas por Lia Amanda, Eleonora Rossi Drago y Antonella Lualdi. Y este clásico del neorrealismo, construido sobre pequeñas historias personales, que se desarrollan en un mismo día, describen la situación, muestran la catástrofe y exponen diferentes escenas en el hospital, pero que, curiosamente, está rodado casi íntegramente en unos estupendos decorados de Léon Bersacq. Basado en un excelente guión de Cesare Zavattini, Basilio Franchina, Rodolfo Sonego, Gianni Puccini y el propio realizador, es la obra maestra de Giuseppe de Santis y muestra un buen retrato de la mujer italiana de los cincuenta, encarnada por un amplio reparto femenino.

Director: *Giuseppe de Santis.* Guionistas: *Cesare Zavattini, Basilio Franchina, Rodolfo Sonego, Gianni Puccini, Giuseppe de Santis.* Fotografía: *Otelo Martelli.* Música: *Mario Nascimbene.* Intérpretes: *Lucía Bosé, Carla del Poggio, Maria Grazia Francia, Delia Scala, Elena Varzi, Lea Padovani, Raf Vallone, Massimo Girotti, Paolo Stoppa.* Producción: *Paul Graetz para Transcontinental Films, Titanus.* Duración: *98'. Italia.*

ROMEO Y JULIETA *(Romeo and Juliet, 1968)*

La famosa obra teatral homónima de William Shakespeare, sobre los trágicos amores entre dos jóvenes de Verona pertenecientes a familias rivales, ha dado lugar a múltiples versiones cinematográficas, tanto libres como fieles al original. Entre estas últimas destacan tres por el lujo de su producción, su eficaz dirección y la calidad de sus intérpretes. La producción del mítico Irving Thalberg para los estudios Metro-Goldwyn-Mayer, dirigida en 1936 por el brillante George Cukor con Leslie Howard y Norma Shearer, cuyo máximo defecto es que los protagonistas son mucho mayores que sus personajes. La producción británica realizada en 1954 por el italiano Renato Castellani con Laurence Harvey y Susan Shentall con fotografía en Technicolor de Robert Krasker y rodada en los lugares donde transcurre la acción, cuyos principales inconvenientes son su excesivo manierismo y que los protagonistas siguen siendo mayores que sus personajes. Y esta coproducción entre el Reino Unido e Italia, de Dino de Laurentiis, dirigida por el director de ópera Franco Zeffirelli, que está rodada en los mismos lugares donde transcurre la acción y tiene una excelente fotografía en Technicolor de Pasquale de Santis, donde además Leonard Whiting y Olivia Hussey tienen la misma corta edad que sus personajes Romeo y Julieta.

Director: *Franco Zeffirelli.* Guionistas: *Franco Brusati, Masolino d'Amico.* Fotografía: *Pasquale de*

Santis. Música: *Nino Rota*. Intérpretes: *Leonard Whiting, Olivia Hussey, John McEnery, Michael York, Pat Heywood, Milo O'Shea, Paul Hardwick, Natasha Parry, Bruce Robinson*. Producción: *Dino de Laurentiis para Verona/B. H. E./Paramount. Color.* Duración: *152'. Reino Unido-Italia.*

RONDA, LA *(La ronde, 1950)*

Con el barroquismo que caracteriza su personal estilo basado en largos y complejos planos, Max Ophüls es el mejor director de la excelente obra teatral de su compatriota austriaco Arthur Schnitzler. No solo respeta la estructura circular del original, sino que además le añade un presentador (Anton Walbrook) que muestra el escenario, señala que la acción se sitúa en Viena en la primavera de 1900, introduce al primer personaje, aparece repetidamente cantando en un carrusel para recalcar su estructura circular y hace breves papeles en distintos episodios. El conjunto está integrado por diez escenas amorosas entre otras tantas parejas, pero uno de los miembros de cada pareja forma la siguiente, hasta que el último vuelve a emparejar con el primero, el círculo se cierra y acaba la ronda. La puta Léocadie (Simone Signoret) seduce al soldado Franz (Serge Reggiani) bajo un puente; Franz «se tira» a la criada Marie (Simone Simon) en un banco del parque; una tarde de mucho calor, Marie se acuesta con su señorito Alfred (Daniel Gélin); Alfred arrastra a su pisito de soltero a la casada Emma (Danielle Darrieux); Emma duerme con su marido Charles (Fernand Gravey) en el domicilio conyugal; Charles invita a cenar en un reservado a la casquivana Anna (Odette Joyeux); Anna hace el amor en su casa con el poeta Robert (Jean-Louis Barrault); Robert posee a la actriz Charlotte (Isa Miranda) tras una representación; Charlotte recibe en su dormitorio a un conde (Gérard Philippe); el conde pasa la noche con la prostituta Léocadie. Este irrespetuoso canto al amor tiene gran éxito en la puritana Europa de la posguerra por lo que sugiere y nunca muestra, pero también se enfrenta con la censura de numerosos países y hace que, por ejemplo, en España no se haya exhibido nunca comercialmente. En 1964 el torpe realizador Roger Vadim hace una nueva versión en color y Scope, ambientada en París en 1914, escrita por Jean Anouilh y con un reparto encabezado por Anna Karina, Jane Fonda, Maurice Ronet y Catherine Spaak, pero sin el menor atractivo.

Director: *Max Ophüls*. Guionistas: *Jacques Natanson, Max Ophüls*. Fotografía: *Christian Matras*. Música: *Oscar Strauss*. Intérpretes: *Anton Walbrook, Simone Signoret, Serge Reggiani, Simone Simon, Daniel Gélin, Danielle Darrieux, Fernand Gravey, Odette Joyeux, Jean-Louis Barrault, Isa Miranda, Gérard Philippe*. Producción: *Sacha Gordine*. Duración: *110'. Francia.*

ROSI, Francesco *(Nápoles, Italia, 1922)*

Abandona los estudios de derecho para colaborar como actor, guionista y director de Radio Nápoles, y trabajar en teatro como ayudante de dirección, actor y autor de revistas, pero el trabajo como ayudante de Luchino Visconti en algunas películas le hace dedicarse exclusivamente al cine. Después de trabajar como ayudante de Michelangelo Antonioni, Luciano Emmer, Raffaello Matarazzo y Mario Monicelli, rueda algunas escenas de *Ana Garibaldi* (Camicie rosse, 1952), de Goffredo Alessandrini, y realiza a medias con Vittorio Gassman *Kean* (1957), sobre la obra de Alexandre Dumas adaptada por Jean-Paul Sartre. Debuta como director con *El desafío,* que narra un episodio de la *camorra,* la mafia napolitana, e *I magliari,* sobre los problemas de los obreros italianos emigrados en Hamburgo. Se da a conocer internacionalmente con *Salvatore Giuliano,* en torno al famoso bandido siciliano de la posguerra, en donde, a partir del cine negro norteamericano, crea un personal cine político muy imitado posteriormente. Continúa en esta misma línea con *Las manos sobre la ciudad,* denuncia de la especulación inmobiliaria en Nápoles, con la que gana el León de Oro de la Mostra de Venecia; *Hombres contra la guerra,* adaptación de la famosa novela de Emilio Lussu sobre la intervención italiana en la Gran Guerra; *El caso Mattei,* investigación sobre la misteriosa muerte del político Enrico Mattei; *Lucky Luciano,* en torno a las conexiones italianas del famoso gángster norteamericano; *Excelentísimos cadáveres,* consideraciones sobre el poder a través de la adaptación de una de las más conocidas novelas de Leonardo Sciascia, y *Dimenticare Palermo,* regreso al tema de la mafia a partir de una novela de Edmonde Charles-Roux. No obstante, sus mejores trabajos son las mucho más poéticas *Siempre hay una mujer,* fábula irreal sobre las andanzas de Cenicienta en Nápoles en el siglo XVII; su obra maestra *Cristo se paró en Éboli,* sobre la novela homónima y autobiográfica de Carlo Levi, que describe sus años de confinamiento en un pueblecito de Lucania durante el fascismo, y *Tres hermanos,* versión libre de la obra de Andrej Platonov en torno a los problemas de la sociedad campesina del sur de Italia. Mientras sus repetidos acercamientos al mundo hispano nunca resultan convincentes; ni en *El momento de la verdad,* basada en un guión original sobre el mundo taurino, rodada íntegramente en España; ni en *Carmen,* demasiado fiel versión de la ópera de George Bizet; ni en *Crónica de una muerte anunciada,* adaptación de la novela homónima de Gabriel García Márquez, rodada en Colombia.

1958 *La sfida* (El desafío).
1959 *I magliari.*
1962 *Salvatore Giuliano.*
1963 *Le mani sulla città* (Las manos sobre la ciudad).
1964 *Il momento della verità* (El momento de la verdad).
1967 *C'era una volta* (Siempre hay una mujer).
1970 *Uomini contro* (Hombres contra la guerra).
1972 *Il caso Mattei* (El caso Mattei).
1973 *Lucky Luciano.*
1976 *Cadaveri eccellenti* (Excelentísimos cadáveres).
1979 *Cristo si è fermato a Eboli* (Cristo se paró en Éboli).
1981 *Tre fratelli* (Tres hermanos).
1983 *Carmen.*
1987 *Cronaca di una morte annunciata* (Crónica de una muerte anunciada).
1990 *Dimenticare Palermo.*
1992 *Diario napoletano.*

ROSSELLINI, Isabella *(Roma, Italia, 1952)*

Hija del director Roberto Rossellini y de la actriz Ingrid Bergman, recibe una esmerada educación en el Finch College y la New York School for Social Research. A los veinticuatro años debuta en un pequeño papel de monja junto a su madre en *Nina,* la última película de Vincente Minnelli. Sigue actuando de manera esporádica en cine mientras trabaja como traductora, periodista y se convierte en modelo exclusivo de los cosméticos Lancôme. Solo se toma en serio su carrera cinematográfica a mediados de la década de los ochenta y hace importantes papeles con David Lynch en *Terciopelo azul* y *Corazón salvaje,* además del de *Un toque de infidelidad.* Cada vez más monopolizada por el cine comercial norteamericano, entre sus últimas películas destacan *El inocente* y *Sin miedo a la vida.*

1976 *A Matter of Time* (Nina), de Vincente Minnelli.
1979 *Il prato* (El prado), de Paolo y Vittorio Taviani.
1980 *Il pap'occhio* (Vaticano Show), de Renzo Arbore.
1985 *White Nights* (Noches de sol), de Taylor Hackford.
1986 *Blue Velvet* (Terciopelo azul), de David Lynch. / *Tough Guys Don't Dance* (Los hombres duros no bailan), de Norman Mailer. / *Red Riding Hood,* de Adam Brooks. / *Siesta,* de Mary Lambert.
1988 *Zelly and Me,* de Tina Rathbone.
1989 *Cousins* (Un toque de infidelidad), de Joel Schumacher.
1990 *Dames galantes,* de Jean-Charles Tacchella. / *Wild at Heart* (Corazón salvaje), de David Lynch.
1991 *La caccia a la vedova,* de Giorgio Ferrara. / *Closet Hand,* de Radha Bharadway.
1992 *Death Becomes Her* (La muerte os sienta tan bien), de Robert Zemeckis.
1993 *The Pickle* (El pepinillo), de Paul Mazursky. / *The Innocent* (El inocente), de John Schlesinger. / *Fearless* (Sin miedo a la vida), de Peter Weir.
1994 *Wyatt Earp,* de Lawrence Kasdan. / *Inmortal Beloved* (Amor inmortal), de Bernard Rose.

ROSSELLINI, Roberto *(Roma, 1906-Roma, Italia, 1977)*

Hermano mayor del músico Renzo Rossellini y padre de la actriz Isabella Rossellini, pertenece a una importante familia de empresarios cinematográficos. Interrumpe sus estudios al acabar el bachillerato para trabajar como montador y director de cortometrajes en el Instituto Luce, pero sobre todo para llevar una vida bohemia. Tras colaborar en algunos guiones, debuta como realizador de largos al final del *Ventennio nero,* la etapa fascista, con *La nave bianca,* un encargo propagandístico del Ministerio de Marina interpretado por actores no profesionales y supervisado por Francesco de Robertis; a la que siguen en una línea similar *Un pilota ritorna* y *L'uomo della croce,* pero mucho más cercanas a sus intereses documentalistas que a cualquier otra cosa. Inventa el neorrealismo con la ayuda de los guionistas Sergio Amidei y Federico Fellini en *Roma, ciudad abierta,* una historia que se apoya en el melodrama y el documental y rueda con muy pocos medios en una Roma recién liberada de la ocupación alemana; y en *Paisà*, desigual colección de episodios sobre el final de la II Guerra Mundial desde Sicilia hasta el delta del Po; que pasan un tanto inadvertidas en Italia, pero tienen gran repercusión mundial. Sienta las bases para el cine de época, que posteriormente hace Pier Paolo Pasolini, en *Francisco, juglar de Dios*, y abre el camino a los personales análisis de la burguesía de Michelangelo Antonioni en *Europa 51*, al tiempo que, a otro nivel, ayuda a la aparición de la «comedia a la italiana» con *La macchina ammazzacattivi* y *Dov'è la libertà?*, excelentes películas, muy diferentes entre sí. Entre las que se sitúan las obras maestras *Amore;* un díptico sobre la condición femenina formado por *La voce umana*, sobre la obra de Jean Cocteau, e *Il miracolo*, sobre un argumento de Fellini; *Alemania, año cero*, en torno a la crisis de los valores morales en la posguerra, dada a través del suicidio de un adolescente entre las ruinas de Berlín; *Stromboli,* excelente retrato de una mujer perdida, una de sus más brillantes colaboraciones con la actriz Ingrid Bergman, y *Te querré siempre,* la primera película del cine moderno, perfecta descripción de una crisis matrimonial, uno de sus mejores trabajos. El fracaso comercial de la mayoría de estas grandes películas, unido al de *Giovanna d'Arco al rogo*, sobre el oratorio de Paul Claudel, y *El miedo*, sobre una novela de Stefan Zweig, donde vuelve a insistir sobre la desolación moral existente en la Europa de la posguerra, que además son sus últimos trabajos con Ingrid Bergman, le llevan a sus orígenes neorrealistas con el documental *India*. Su mala situación económica le obliga a rodar *El general de la Rovere*, sobre un cuento de Indro Montanelli, donde reconstruye la última etapa de Roma bajo la ocupación nazi, en contra de sus principios documentales y neorrealistas, cuyo éxito le conduce a una operación similar en *Fugitivos de la noche*. Sus últimas películas son las reconstrucciones históricas de desigual interés *Viva l'Italia,* biografía de Giuseppe Garibaldi, y *Vanina Vanini,* basada en varias narraciones de Stendhal, así como la fallida *Alma negra*, sobre una obra teatral de Giuseppe Patroni Griffi. Cansado de las cada vez mayores limitaciones que encuentra en el cine y fascinado por las inmensas posibilidades que ofrece la televisión, es el único de los grandes directores que abandona el cine para trabajar en exclusiva en televisión. Entre sus largas y curiosas series didácticas *La edad del hierro* y *La lucha del hombre por la supervivencia,* realiza su obra maestra para televisión *La toma del poder por Luis XIV,* donde aplica con especial habilidad sus desarrolladas teorías documentales a la reconstrucción histórica. La mayoría de sus últimos telefilms, *Sócrates, Blaise Pascal, Agostino d'Ippona, Cartesius, Il Messia*, son atractivas biografías, realizadas con excesivas intenciones didácticas y demasiado poco dinero.

1941 *La nave bianca.*
1942 *Un pilota ritorna.*
1943 *L'uomo della croce.*
1945 *Roma città aperta* (Roma, ciudad abierta).
1946 *Paisà.*
1947 *Germania anno zero* (Alemania, año cero).
1948 *L'amore.* / *La macchina ammazzacattivi.*
1949 *Stromboli terra di Dio* (Stromboli).
1950 *Francesco giullare di Dio* (Francisco, juglar de Dios).
1952 *Europa'51.* / *L'invidia*, episodio de *I sette peccati capitali*.
1953 *Dov'è la libertà?* / *Ingrid Bergman*, episodio de *Siamo donne* (Nosotras las mujeres). / *Viaggio in Italia* (Te querré siempre).
1954 *Napoli'43*, episodio de *Amori di mezzo secolo.* / *Giovanna d'Arco al rogo.* / *La paura* (El miedo).
1958 *India.*
1959 *Il generale della Rovere* (El general de la Rovere).
1960 *Era notte a Roma* (Fugitivos de la noche).
1961 *Viva l'Italia.* / *Vanina Vanini.*
1962 *Anima nera* (Alma negra).
1963 *Illibatezza*, episodio de *RoGoPaG*.

Para televisión
1959 *L'India vista da Rossellini.*
1965 *L'età del ferro* (La edad del hierro).
1967 *La presa di potere di Luigi XIV* (La toma del poder de Luis XIV).
1969 *Gli Atti degli Apostoli* (Los Hechos de los Apóstoles).
1970 *La lotta dell'uomo per la sua sopravvivenza* (La lucha del hombre por la supervivencia). / *Idea di un'isola.*
1971 *Socrate* (Sócrates). / *Intervista con Salvador Allende.*
1972 *Blaise Pascal.* / *Agostino d'Ippona.* / *L'età di Cosimo.*
1974 *Cartesius.* / *Concerto per Michelangelo.* / *Anno uno.*
1976 *Il Messia.*
1977 *Le Centre Georges Pompidou.*

ROSSEN, Robert (*Nueva York, 1908-Nueva York, Estados Unidos, 1966*)

Boxeador profesional, abandona sus estudios universitarios para dedicarse al teatro como actor, director y dramaturgo. Entre 1937 y 1947 se convierte en un reputado guionista, gracias a sus trabajos para Raoul Walsh en *Los violentos años veinte* (The Roaring Twenties, 1939), Michael Curtiz en *El lobo de mar* (The Sea Wolf, 1941) y Lewis Milestone en *Edge of Darkness* (1943), *Un paseo bajo el sol* (A Walk in the Sun, 1945) y *El extraño amor de Martha Ivers* (The Strange Love of Martha Ivers, 1946). Debuta como director de cine con *Johnny O'Clock,* un policiaco que también escribe, seguido de *Cuerpo y alma,* que da una dura visión de la corrupción en los medios profesionales del boxeo a partir de un sólido guión de Abraham Polonsky, y *El político,* donde analiza la filosofía populista que degenera en fascismo, a través de la adaptación de una novela de Robert Penn Warren, que también produce y dirige. Cuando está acabando *The Brave Bulls,* una historia sobre el mundo de los toros, le citan para declarar ante el Comité de Actividades Antinorteamericanas por haber pertenecido al Partido Comunista, los estudios Columbia rompen su contrato y le incluyen en la «lista negra». Envía a su familia al extranjero, denuncia a cuarenta y seis antiguos miembros del partido y se va a vivir a Europa. Rueda en Italia *Mambo,* un melodrama al servicio de Silvana Mangano producido por Carlo Ponti y Dino de Laurentiis; en España, *Alejandro el Magno,* un aburrido *peplum,* que también escribe y produce, para aprovechar los fondos generados por las películas norteamericanas y congelados durante la posguerra, y en el Reino Unido *Una isla al sol,* un melodrama racial basado en una novela de éxito de Alec Waugh. De regreso a su país cierra su filmografía con sus tres mejores películas: *Llegaron a Cordura,* un aburrido *western* de itinerario donde trata de justificar su múltiple delación, que tanto el valor como la cobardía son producto de una locura pasajera; *El buscavidas,* excelente retrato de un perdedor apasionado del billar, y *Lilith,* una historia de amor ambientada en el mundo de la locura que, como la anterior, también escribe y produce, y demuestran lo lejos que habría llegado de haber podido desarrollar una carrera normal en Hollywood.

1947 *Johnny O'Clock. / Body and Soul* (Cuerpo y alma).
1949 *All the King's Men* (El político).
1951 *The Brave Bulls.*
1954 *Mambo.*
1956 *Alexander the Great* (Alejandro el Magno).
1957 *Island in the Sun* (Una isla al sol).
1959 *They Came to Cordura* (Llegaron a Cordura).
1961 *The Hustler* (El buscavidas).
1964 *Lilith.*

ROSTRO, EL *(Ansiktet, 1958)*

En 1846, la compañía de Albert Emmanuel Vogler (Max von Sydow), especializada en magnetismo, llega a la mansión del cónsul Egerman (Erland Josephson) para ser examinada y obtener una autorización para hacer sus representaciones. La noche de su llegada hay un intercambio de parejas: la cocinera y las criadas de la casa con algunos de los miembros de la compañía, y la mujer del cónsul Ottilia Egerman (Gertrud Fridh) intenta seducir a Vogler. El examen consiste en una representación ante el cónsul, el prefecto de policía (Toivo Pawlo) y el director de sanidad (Gunnar Björnstrand). Descubren el truco del primer número, una levitación, pero en revancha Vogler hipnotiza a la esposa del prefecto, que cuenta sus intimidades con su marido, y en el tercer número Vogler simula ser estrangulado para poder asustar al director de sanidad. Cuando todo parece perdido para la compañía de Vogler, llega una invitación del rey para que actúen en el palacio real de Estocolmo. En esta reflexión sobre la ilusión del arte y su relación con el poder, con mayor carga teatral que expresionista, Ingmar Bergman también toca el tema de la existencia de Dios, que luego desarrolla de forma más amplia y directa, así como el de los cómicos ambulantes. Sin ser una de sus obras maestras de los años cincuenta, destacan el inquietante ambiente conseguido y el excelente trabajo de sus actores habituales.

Director y guionista: *Ingmar Bergman*. Fotografía: *Gunnar Fischer*. Música: *Erik Nordgren*. Intérpretes: *Max von Sydow, Erland Josephson, Gertrud Fridh, Ingrid Thulin, Gunnar Björnstrand, Naima Wifstrand, Bibi Andersson*. Producción: *Allan Ekelund*. Duración: *101'. Suecia.*

ROURKE, Mickey *(Philip André Rourke. Schenectady, Nueva York, Estados Unidos, 1955)*

Educado en Miami, a los veinte años se instala en Nueva York para estudiar arte dramático en el Actor's Studio mientras trabaja en diferentes oficios. A principios de la década de los ochenta empieza a hacer pequeños papeles en cine; le descubre Francis Ford Coppola en *La ley de la calle* y le lanza el éxito de la producción seudoerótica *Nueve semanas y media*. Se mantiene gracias al policiaco *El corazón del ángel*, la historia de alcohólicos *El borracho* y la biografía *Francesco*, que rueda en Italia. En los años noventa su carrera comienza a hundirse y parece más interesado por el boxeo que por el cine.

1979 *1941*, de Steven Spielberg.
1980 *Fade to Black* (Fundido en negro), de Vernon Zimmermann. / *Heaven's Gate* (La puerta del cielo), de Michael Cimino.
1981 *Body Heat* (Fuego en el cuerpo), de Lawrence Kasdan.
1982 *Diner*, de Barry Levinson.
1983 *Eureka*, de Nicholas Roeg. / *Rumble Fish* (La ley de la calle), de Francis Ford Coppola.
1984 *The Pope of Greenwich Village* (Sed de poder), de Stuart Rosenberg.
1985 *Year of the Dragon* (Manhattan Sur), de Michael Cimino.
1986 *9 1/2 Weeks* (Nueve semanas y media), de Adrian Lyne.
1987 *Angel Heart* (El corazón del ángel), de Alan Parker. / *Barfly* (El borracho), de Barbet Schroeder. / *A Pryer for the Dying* (Réquiem por los que van a morir), de Mike Hodges.
1988 *Homeboy*, de Michael Seresin.
1989 *Francesco*, de Liliana Cavani. / *Johnny Handsome* (Johnny, el guapo), de Walter Hill. / *Wild Orchid* (Orquídea salvaje), de Zalman King.
1990 *Desperate Hours* (37 horas desesperadas), de Michael Cimino.
1991 *Harley Davidson and the Marlboro Man* (Dos duros sobre ruedas), de Simon Wincer.
1992 *White Sands* (Arenas blancas), de Roger Donaldson.
1993 *The Last Outlaw* (El último forajido), de Geoff Murphy.

ROWLANDS, Gena *(Cambria, Wisconsin, Estados Unidos, 1936)*

En 1952 debuta como actriz de teatro y a principios de la siguiente década destaca en cine con *Los valientes andan solos* y *Camino de la jungla*. Casada poco después con el actor, guionista y realizador John Cassavetes, a quien conoce en los cursos de arte dramático de la American Academy of Dramatic Arts, el resto de su carrera cinematográfica se encuentra ligada a la suya, tanto por ser la protagonista de la mayoría de sus películas —*Ángeles sin paraíso, Faces, Así habla el amor, Una mujer bajo la influencia, Opening Night, Gloria, Corrientes de amor*— como por trabajar a su lado en otras producciones —*Las Vegas 1970, Pánico en el estadio, Tempestad*—. Tras la muerte de Cassavetes, protagoniza *Otra mujer*, de Woody Allen, y hace importantes papeles en *Querido intruso*, de Lasse Hallstrom, y *Noche en la tierra*, de Jim Jarmusch.

1958 *The High Cost of Loving*, de José Ferrer.
1962 *Lonely Are the Brave* (Los valientes andan solos), de David Miller. / *The Spiral Road* (Camino de la jungla), de Robert Mulligan. / *A Child Is Waiting* (Ángeles sin paraíso), de John Cassavetes.
1967 *Tony Roma* (Hampa dorada), de Gordon Douglas.
1968 *Faces*, de John Cassavetes. / *Gli intoccabili* (Las Vegas 1970), de Giuliano Montaldo.
1971 *Minnie and Moskowitz* (Así habla el amor), de John Cassavetes.
1974 *A Woman Under the Influence* (Una mujer bajo la influencia), de John Cassavetes.
1976 *Two Minutes Warning* (Pánico en el estadio), de Larry Peerce.
1977 *Opening Night*, de John Cassavetes.
1978 *The Brink's Job* (El mayor golpe del siglo), de William Friedkin.
1980 *Gloria*, de John Cassavetes.
1982 *Tempest* (Tempestad), de Paul Mazursky.
1983 *Love Streams* (Corrientes de amor), de John Cassavetes.
1987 *Light of Day*, de Paul Schrader.
1988 *Another Woman* (Otra mujer), de Woody Allen.
1991 *Once Around* (Querido intruso), de Lasse Hallström. / *Night on Earth* (Noche en la tierra), de Jim Jarmusch.

RUDOLPH, Alan *(Los Ángeles, California, Estados Unidos, 1943)*

Hijo del productor y director de cine y televisión Oscar Rudolph, estudia cine en la Universidad de California. Debuta como realizador con *Premonition*, que rueda en quince días con quince mil dólares que le prestan su padre y unos amigos, y con *Barn on the Naked Dead*, donde en el último momento sustituye a otro director, rueda en una semana con cien mil dólares y nunca llega a montarse. Entre estas desafortunadas experiencias conoce al director y productor Robert Altman, trabaja como ayudante suyo en tres películas y en *Buffalo Bill y los indios* (Buffalo Bill and the Indians, 1976), además, colabora en el guión y dirige la segunda unidad, y le produce *Bienvenido a Los Ángeles,* una especie de borrador de sus mejores producciones, demasiado influido por su maestro, y *Recuerda mi nombre,* un diluido policiaco. El único interés de *Roadie,* una floja comedia de *rock and roll; Endandered Species,* un convencional policiaco, y *Return Engagement,* un rutinario documental político, es que le ponen en contacto con la productora Carolyn Pfeiffer con quien hace sus mejores trabajos: *Elígeme, Inquietudes, Los modernos* y *Amor perseguido,* donde a través de una sucesión de encuentros y desencuentros entre diferentes personajes narra unas similares historias de amor, llenas de música. Entre las que también rueda las anodinas *Songwriter,* un seudomusical producido por Sydney Pollack, y *Pensamientos mortales,* un vulgar policiaco, donde en el último momento sustituye al realizador previsto, pero también *Hecho en el cielo,* una efectiva y romántica historia de amor, llena de música, que se desarrolla entre el cielo y la tierra. Posteriormente realiza *La señora Parker y el círculo vicioso,* sobre la vida de la escritora Dorothy Parker en Nueva York a principios de los años veinte.

1972 *Premonition.*
1975 *Barn on the Naked Dead.*
1976 *Welcome to L.A.* (Bienvenido a Los Ángeles).
1979 *Remember My Name* (Recuerda mi nombre).
1980 *Roadie.*
1982 *Endangered Species.*
1983 *Return Engagement.*
1984 *Choose Me* (Elígeme). / *Songwriter.*
1985 *Trouble in Mind* (Inquietudes).
1987 *Made in Heaven* (Hecho en el cielo).
1988 *The Moderns* (Los modernos).
1990 *Love at Large* (Amor perseguido).
1991 *Mortal Thoughts* (Pensamientos mortales).
1993 *Equinox.*
1994 *Mrs. Parker and the Vicious Circle* (La señora Parker y el círculo vicioso).

RUFUFÚ *(I soliti ignoti, 1958)*

El éxito de la producción francesa *Rififí* (Du rififi chez les hommes, 1954), un policiaco dirigido por el norteamericano Jules Dassin, es origen, según una costumbre italiana, de esta tradicional y divertida parodia, demasiado subrayada en su título castellano. La historia de cómo Mario (Renato Salvatori), Ferribotte (Tiberio Murgia), Tiberio (Marcello Mastroianni) y Peppe (Vittorio Gassman), unos ladronzuelos, preparan y llevan a cabo un robo «a la norteamericana» en las oficinas romanas del Monte de Piedad, pero todo les sale mal, es una de las grandes obras de la «comedia a la italiana». A partir de un sólido guión de los grandes especialistas en comedias Age y Scarpelli, la conocida profesional Suso Cecchi d'Amico y el propio realizador, Mario Monicelli hace una de sus mejores películas con un excelente reparto, en el que destaca Vittorio Gassman en su primer papel cómico. Su éxito da lugar a las irregulares producciones italianas *Rufufú da el golpe* (L'audace colpo dei soliti ignoti, 1959), de Nanni Loy, e *I soliti ignoti vent'anni dopo* (1986), de Amanzio Todini, e incluso la versión norteamericana *Crackers* (1984), una de las peores películas del brillante director francés Louis Malle.

Director: *Mario Monicelli.* Guionistas: *Age, Scarpelli, Suso Cecchi d'Amico, Mario Monicelli.* Fotografía: *Gianni di Venanzo.* Música: *Piero Umiliani.* Intérpretes: *Marcello Mastroianni, Vittorio Gassman, Tiberio Murgia, Renato Salvatori, Carla Gravina, Claudia Cardinale.* Producción: *Franco Cristaldi para Lux Film.* Duración: *105'. Italia.*

RUIZ, Raúl *(Puerto Montt, Chile, 1941)*

Estudia teología y derecho, pero su interés por el cine le lleva a rodar el inacabado cortometraje *La maleta* (1960). Estudia cine durante un año en la Escuela de Santa Fe, Argentina, bajo la dirección de Fernando Birri, y luego trabaja en su país como locutor y en México como *negro* de un guionista de televisión. Autor de más de treinta obras de teatro de vanguardia, a mediados de los años sesenta regresa a su país y comienza a militar en el Partido Socialista. Adapta algunas de sus obras a televisión y dirige el interesante y personal largometraje *Tres tristes tigres.* A principios de la década de los setenta ya está en marcha su torrencial actividad en 16 mm; el golpe militar del general Pinochet le obliga a exiliarse, primero a Argentina y definitivamente a Francia, pero no cesa su trabajo cinematográfico. Tras alguna película directamente política, como *Diálogo de exiliados;* una vez instalado en Francia, se sitúa en un cine muy personal, con una sólida base literaria y unas fuertes dosis de experimentación. Entre su larga, compleja y laberíntica filmografía, por lo que tiene de mezcla de cortos, medios y largometrajes, producciones en cine o vídeo directamente realizadas para televisión, destacan las imaginativas *La vocation suspendue, L'hypothèse du tableau volé, Les trois couronnes du matelot, La ville des pirates, L'éveillé du Pont de l'Alma, Régime sans pain, Le pont de Puerto Pin* y *Dark at Noon.*

1968 *Tres tristes tigres.*
1971 *La colonia penal.* / *Nadie dijo nada.*
1973 *El realismo socialista.*
1974 *Diálogo de exiliados.*
1977 *La vocation suspendue.*
1978 *L'hypothèse du tableau volé.*
1979 *Des grands événements et des gens ordinaires.*
1981 *Le toit de la baleine.*
1982 *Les trois couronnes du matelot.* / *La ville des pirates.*
1983 *Bérenice.*
1984 *Les destins de Manoel.* / *L'éveillé du Pont de l'Alma.*
1985 *L'île du trésor.* / *Dans un miroir.* / *Richard III.* / *Régime sans pain.*
1986 *Mammame.* / *Mémoire des apparences.*
1987 *La chouette aveugle.* / *Brise glacé.*
1988 *Derrière le mur.*
1989 *Le pont de Puerto Pin.* / *Oedype hiperborée.*
1990 *Alegoría.* / *The Golden Boat.* / *La telenovela errante.* / *L'éxode.*
1991 *Basta la palabra.* / *Dante's Inferno.*
1992 *Dark at Noon.*
1996 *Trois vies et un seul mort.*

RUSSELL, Jane *(Ernestine Jane Russell. Bemidji, Minnesota, Estados Unidos, 1921)*

Hija de la actriz de teatro Geraldine Jacobi, cuando estudia arte dramático en la Max Reinhardt's Musical Workshop, sus grandes pechos llaman la atención del multimillonario y productor Howard Hughes y la lanza en el *western* personal *El forajido,* que comienza a rodar Howard Hawks, pero debe acabar personalmente. Desde finales de los años cuarenta hasta mediados de los cincuenta se convierte en uno de los símbolos eróticos de Hollywood por su trabajo en las comedias *Rostro Pálido,* de Norman Z. McLeod, y *El hijo de Rostro Pálido,* de Frank Tashlin; el policiaco *Las fronteras del crimen,* de John Farrow; el musical *Los caballeros las prefieren rubias,* de Howard Hawks; y las películas de aventuras *Una aventurera en Macao,* de Josef von Sternberg; *La sirena de las aguas verdes,* de John Sturges; *Los implacables* y *The Revolt of Mamie Stover,* de Raoul Walsh, además de la fallida *Sangre caliente,* de Nicholas Ray. Posteriormente solo hace esporádicas apariciones en producciones sin el menor interés.

1943 *The Outlaw* (El forajido), de Howard Hughes. / *Young Widow* (Esclava de un recuerdo), de Edwin L. Marin.
1948 *The Paleface* (Rostro Pálido), de Norman Z. McLeod.
1951 *His Kind of Woman* (Las fronteras del crimen), de John Farrow. / *Double Dynamite* (Míster Dólar), de Irving Cummings.
1952 *The Las Vegas Story* (Las Vegas), de Robert Stevenson. / *Macao* (Una aventurera en Macao), de Josef von Sternberg. / *Monta Belle,* de Allan Dwan. / *Son of Paleface* (El hijo de rostro pálido), de Frank Tashlin. / *Road to Bali* (Camino de Bali), de Hal Walker.
1953 *Gentlemen Prefer Blondes* (Los caballeros las prefieren rubias), de Howard Hawks.
1954 *The French Line,* de Lloyd Bacon.
1955 *Underwater!* (La sirena de las aguas verdes), de John Sturges. / *Foxfire,* de Joseph Pevney. / *The Tall Men* (Los implacables), de Raoul Walsh. / *Gentlemen Marry Brunettes* (Los caballeros se casan con las morenas), de Richard Sale.
1956 *Hot Blood* (Sangre caliente), de Nicholas Ray. / *The Revolt of Mamie Stover,* de Raoul Walsh.
1957 *The Fuzzy Pink Nightgown,* de Norman Taurog.
1964 *Fate Is the Hunter* (Pasos del destino), de Ralph Nelson.
1966 *Johnny Reno,* de R. G. Springsteen. / *Waco,* de R. G. Springsteen.
1967 *The Born Losers,* de T. C. Frank.
1970 *Darker Than Amber* (Más oscuro que el ámbar), de Robert Clouse.

RUSSELL, Ken *(Southampton, Reino Unido, 1927)*

Después de pasar una temporada enrolado en la Marina, desempeña los más variados oficios —piloto, pintor, músico, bailarín— antes de llegar al cine, primero como actor y luego como fotógrafo. Después de rodar algunos cortometrajes *amateurs,* es contratado por la cadena de televisión B. B. C. y finalmente tiene éxito con una larga serie de espectaculares biografías, entre las que destacan *Elgar* (1962), *The Debussy Film* (1965), *The Bigger Dance in the World* (1966), *Dante's Inferno* (1967) y *Song of Summer* (1968). Entre las que hace sus dos primeras películas: *French Dressing,* una fallida comedia, y *Un cerebro de un billón de dólares,* última entrega de la serie protagonizada por el ex espía Harry Palmer y basada en novelas de Len Deighton. El éxito de *Mujeres enamoradas,* personal adaptación de una novela de D. H. Lawrence, le permite volver con más medios e imaginación a sus enloquecidas biografías de artistas: Tchaikovsky en *La pasión de vivir;* Henri Gaudier y Sophie Brzeska en *El mesías salvaje;* Gustav Mahler en *Una sombra en el pasado;* Franz Liszt en *Lisztomanía,* y Rudolph Valentino en *Valentino.* Convertido en un director de moda, también rueda *Los demonios,* escandalosa versión de la novela anticlerical de Aldous Huxley; *El novio,* un musical homenaje al coreógrafo Busby Berkeley, que es su mejor trabajo, y *Tommy,* adaptación de la ópera-*rock* de Peter Townsend y The Who con la que crea la estética del *videoclip.* Su decadencia comienza en la década de los ochenta con el fracaso de *Viaje alucinante al fondo de la mente,* historia de ciencia-ficción comenzada a rodar por el guionista y autor de la novela Paddy Chayefsky, continuada por Arthur Penn y finalizada y firmada por él; *La pasión de China Blue,* desafortunada mezcla de sexo y muerte con estructura de policiaco; y *Gothic,* sobre la famosa reunión entre lord Byron, Mary Shelley y Polidori que da origen a la novela *Frankenstein.* Entre sus últimas y decepcionantes producciones solo cabe citar *Salome's Last Dance,* sobre la asistencia del escritor Oscar Wilde al estreno londinense de la ópera *Salomè,* de Richard Strauss; *The Rainbow,* adaptación de la novela de D. H. Lawrence, y *Puta,* versión del monólogo teatral de David Ribes al servicio de la actriz Theresa Russell.

1964 *French Dressing.*
1967 *Billion Dollar Brain* (Un cerebro de un billón de dólares).
1969 *Women in Love* (Mujeres enamoradas).
1970 *The Music Lovers* (La pasión de vivir).
1971 *The Devils* (Los demonios). / *The Boy Friend* (El novio).
1972 *Savage Messiah* (El mesías salvaje).
1974 *Mahler* (Una sombra en el pasado).
1975 *Tommy.* / *Lisztomania.*
1977 *Valentino.*
1980 *Altered States* (Viaje alucinante al fondo de la mente).
1984 *Crimes of Passion* (La pasión de China Blue).
1986 *Gothic.*
1987 *Aria,* un episodio.
1988 *The Lair of the White Worm.*
1989 *Salome's Last Dance.* / *The Rainbow.*
1991 *Whore* (Puta). / *Prisoner of Honor* (Prisionero del honor).

RYAN, Meg *(Fairfield, Connecticut, Estados Unidos, 1961)*

Estudia periodismo en la Universidad de Nueva York y debuta en un pequeño papel en *Ricas y famosas,* la última película dirigida por el veterano George Cukor. Mientras estudia arte dramático cada vez encarna personajes de mayor importancia en *Ídolos del aire, El chip prodigioso* y *Más fuerte que el odio,* hasta llegar a protagonizar *Cuando Harry encontró a Sally* con la que obtiene un gran éxito personal. Convertida en una estrella, entre sus trabajos de los años noventa destacan los melodramas *Algo para recordar* y *Cuando un hombre ama a una mujer,* pero sobre todo la comedia *French Kiss,* que también coproduce.

1981 *Rich and Famous* (Ricas y famosas), de George Cukor.
1983 *Amityville 3-D* (El pozo del infierno), de Richard Fleischer.
1986 *Armed and Dangerous* (Armados y peligrosos), de Mark L. Lester. / *Top Gun* (Ídolos del aire), de Tony Scott.
1987 *Interspace* (El chip prodigioso), de Joe Dante.
1988 *Promised Land* (Tierra prometida), de Michael Hoffman. / *D.O.A.* (Muerto al llegar), de Rocky Morton y Annabel Jankel. / *The Presidio* (Más fuerte que el odio), de Peter Hyams.
1989 *When Harry Met Sally* (Cuando Harry encontró a Sally), de Rob Reiner.
1990 *Joe Versus the Vulcano* (Joe contra el volcán), de John Patrick Shanley.
1991 *The Doors,* de Oliver Stone.
1992 *Prelude to a Kiss* (Hechizo de un beso), de Norman René. / *Sleepless in Seattle* (Algo para recordar), de Nora Ephron.
1993 *Flesh and Bone* (Como uña y carne), de Sleve Kloves.
1994 *When a Man Loves a Woman* (Cuando un hombre ama a una mujer), de Luis Mandoki. / *I.Q.* (El genio del amor), de Fred Schepisi. / *Restoration,* de Michael Hoffman.
1995 *French Kiss,* de Lawrence Kasdan.

RYDER, Winona *(Winona Laura Horowitz. Winona, Minnesota, Estados Unidos, 1971)*

Hija de una pareja de escritores que regentan una librería especializada en la generación *beatnik* y ahijada del escritor Timothy Leary, debuta a los quince años en un papel secundario en *Lucas*. Se da a conocer a lo largo de su trabajo en *Bitelchús, Gran bola de fuego, Eduardo Manostijeras* y *Noche en la tierra*. Lo que la conduce a protagonizar *Drácula* y *La edad de la inocencia,* sus mejores películas. Posteriormente interviene en producciones de menor interés como *Mujercitas,* el clásico juvenil de Louise May Alcott.

1986 *Lucas*, de David Seltzer.
1987 *Square Dance*, de Daniel Petrie.
1988 *Beetlejuice* (Bitelchús), de Tim Burton. / *1969*, de Ernest Thompson.
1989 *Heathers* (Escuela de jóvenes asesinos), de Michael Lehmann. / *Great Balls of Fire* (Gran bola de fuego), de Jim McBride.
1990 *Welcome Home, Roxy Carmichael* (Aquí te pillo, aquí te mato), de Jim Abrahams. / *Edward Scissorhands* (Eduardo Manostijeras), de Tim Burton. / *Mermaids* (Sirenas), de Richard Benjamin.
1991 *Night on Earth* (Noche en la tierra), de Jim Jarmusch.
1992 *Bram Stoker's Dracula* (Drácula), de Francis Ford Coppola.
1993 *The Age of Innocence* (La edad de la inocencia), de Martin Scorsese. / *House of the Spirits* (La casa de los espíritus), de Billie August.
1994 *Reality Bites* (Bocados de realidad), de Ben Stiller. / *Little Women* (Mujercitas), de Gillian Armstrong.
1995 *Boys*, de Stacy Cochran. / *How to Make an American Quit* (Donde reside el amor), de Jocelyn Moorehouse.
1996 *Looking for Richard* (En busca de Ricardo III), de Al Pacino. *The Crucible* (El crisol), de Nicholas Hytner.

S

SÁBADO NOCHE, DOMINGO MAÑANA
(Saturday Night and Sunday Morning, 1960)

Durante un largo fin de semana se narra la vida en la ciudad de Nottingham del joven obrero inconformista Arthur Eaton (Albert Finney), que mantiene relaciones con la madura casada Brenda (Rachel Roberts) y con la joven soltera Doreen (Shirley Anne Field). Basada en la novela homónima de Alan Sillitoe, convertida en guión por él mismo, es el primer largometraje del checoslovaco Karel Reisz y una de las primeras, mejores y más características obras del famoso movimiento realista *free cinema*. Gracias a la hábil dirección de Reisz, a su particular humor y a su tono de rápida comedia, que contrasta con el realismo de la historia, ha soportado bien el paso de los años.

Director: *Karel Reisz*. Guionista: *Alan Sillitoe*. Fotografía: *Freddie Francis*. Música: *Johnny Dankworth*. Intérpretes: *Albert Finney, Shirley Anne Field, Rachel Roberts, Bryan Pringle, Norman Rossington*. Producción: *Harry Salzman y Tony Richardson para Woodfall/Bryanton*. Duración: *89'*. Reino Unido.

SABINA, LA *(1979)*

Siguiendo las huellas de un escritor inglés, desaparecido por la misma zona muchos años antes, Michael (Jon Finch) llega a un pueblo de Andalucía y cada vez le interesa más lo que descubre sobre la personalidad de aquel. Al mismo tiempo se enamora de la española Pepa (Ángela Molina), que no le hace caso porque tiene novio formal (Ovidi Montllor), y mantiene relaciones con la norteamericana Daisy (Carol Kane) y con su ex mujer Mónica (Harriet Anderson). Este enfrentamiento, más sentimental que cultural, entre extranjeros y nativos, está presidido por la leyenda de la Sabina, una mujer que vive en una cueva y devora a los hombres después de proporcionarles placer. Esta curiosa alegoría sobre la condición femenina, escrita, producida y dirigida por José Luis Borau, es necesario verla en su versión original bilingüe para apreciarla en su auténtico valor. Un reparto en exceso internacional, encabezado por los españoles Ángela Molina y Ovidi Montllor, la sueca Harriet Anderson, los británicos Jon Finch y Simon Ward y la norteamericana Carol Kane, hace que los resultados sean demasiado dispersos en contra de su planteamiento inicial.

Director y guionista: *José Luis Borau*. Fotografía: *Lars Goren Bjorne*. Música: *Paco de Lucía*. Intérpretes: *Harriet Andersson, Jon Finch, Ángela Molina, Simon Ward, Ovidi Montllor, Carol Kane*. Producción: *José Luis Borau para El Imán (Madrid), Svenska Filmindustri (Estocolmo)*. Color. Duración: *105'*. España-Suecia.

SABU *(Sabu Dastagir. Karapur, Mysore, India, 1924-Los Ángeles, California, Estados Unidos, 1963)*

Palafrenero de un maharajah de Lysore, lo descubre el documentalista Robert J. Flaherty cuando comienza a rodar en la India *Sabú*, que acaba y firma el realizador Zoltan Korda por desacuerdos con el productor Alexander Korda. Se da a conocer internacionalmente con las producciones de aventuras de Alexander Korda *Revuelta en la India, El ladrón de Bagdad* y *El libro de la selva*. Contratado más tarde por los estudios Universal, protagoniza algunas de sus más exóticas producciones orientales: *Las mil y una noches, La salvaje blanca* y *La reina de Cobra*. Su aspecto andrógino, su juventud y sus marcados rasgos hindúes solo le permiten hacer un tipo muy determinado de papeles por lo que su carrera se concentra en la década de los cuarenta. Sin embargo, llega a trabajar en el Reino Unido en la atractiva *Narciso negro*, de Michael Powell y Emeric Pressburger, y en Italia en la curiosa comedia neorrealista *¡Buenos días, señor elefante!*, de Gianni Franciolini. Entre sus últimas y nada atractivas películas solo destaca la producción alemana *Los misterios de Angkor*, de William Dieterle. Muere en Los Ángeles a los treinta y nueve años en extrañas circunstancias, tras protagonizar la producción de Walt Disney *A Tiger Walks*.

1936 *Elephant Boy* (Sabú), de Zoltan Korda.
1938 *The Drum* (Revuelta en la India), de Zoltan Korda.
1940 *The Thief of Bagdad* (El ladrón de Bagdad), de Ludwig Berger, Michael Powell y Tim Whelan.
1942 *Jungle Book* (El libro de la jungla), de Zoltan Korda. / *Arabian Nights* (Las mil y una noches), de John Rawlins.
1943 *White Savage* (La salvaje blanca), de Arthur Lubin.
1944 *Cobra Woman* (La reina de Cobra), de Robert Siodmak.
1946 *Tangiers*, de George Waggner.
1947 *Black Narcissus* (Narciso negro), de Michael Powell y Emeric Pressburger. / *The End of the River*, de Derek Twist.
1948 *Man-Easter of Kumaon* (El tigre de Kumaon), de Byron Haskin.
1949 *Song of India*, de Albert S. Rogell.
1951 *Savage Drums*, de William Berke.
1952 *Buongiorno elefante* (¡Buenos días, señor elefante!), de Gianni Franciolini.
1955 *Il tesoro del Bengala*, de Gianni Vernuccio. / *Jungle Hell*, de André Cerf.
1956 *Jaguar*, de George Blair.
1957 *Sabu and the Magic Ring*, de George Blair.
1960 *Die Herrin der Welt* (Los misterios de Angkor), de William Dieterle.
1961 *Rampage* (Safari en Malasia), de Phil Karlson.
1963 *A Tiger Walks*, de Norman Tokar.

SACRISTÁN, José *(Chinchón, Madrid, España, 1937)*

Mientras trabaja como mecánico colabora con diferentes grupos de aficionados al teatro hasta que en 1960 decide profesionalizarse y comienza a hacer pequeños papeles en distintas compañías. Sin abandonar nunca el teatro, en 1965 debuta como actor de cine, pero deben transcurrir ocho años y cincuenta películas, la mayoría típicas «comedias a la española», para protagonizar *Vida conyugal sana*. Entre sus múltiples trabajos posteriores destacan sus colaboraciones con Gonzalo Suárez en *Parranda, Reina Zanahoria* y *Epílogo*, y con José Luis Garci en *Asignatura pendiente* y *Solos en la madrugada*, sin olvidar *Un hombre llamado Flor de Otoño*, de Pedro Olea, que le permite ganar el premio de interpretación del Festival de San Sebastián. Del resto de su abundante trabajo cinematográfico sobresalen *El diputado, La noche más hermosa, El viaje a ninguna parte, Un lugar en el mundo, MadreGilda* y *Todos a la cárcel*. También dirige, además de hacer destacados papeles en ellas, las irregulares *Soldados de plomo, Cara de acelga* y *Yo me bajo en la próxima, ¿y usted?*, comedias con ciertas pretensiones.

Como director
1983 *Soldados de plomo*.
1986 *Cara de acelga*.
1992 *Yo me bajo en la próxima, ¿y usted?*
Como actor
1965 *La familia y uno más*, de Fernando Palacios. / *La ciudad no es para mí*, de Pedro Lazaga. / *Nuevo en esta plaza*, de Pedro Lazaga.
1966 *El arte de casarse*, de Jorge Feliú y J. M. Font-Espina. / *¿Qué hacemos con los hijos?*, de Pedro Lazaga.
1967 *Un millón en la basura*, de José María Forqué. / *Novios 68*, de Pedro Lazaga. / *Sor Citroën*, de Pedro Lazaga. / *Operación Mata-Hari*, de Mariano Ozores.
1968 *¡Cómo está el servicio!*, de Mariano Ozores. / *No le busques tres pies*, de Pedro Lazaga. / *Relaciones casi públicas*, de José Luis Sáenz de Heredia. / *Las secretarias*, de Pedro Lazaga. / *Sangre en el ruedo*, de Rafael Gil. / *Las amigas*, de Pedro Lazaga. / *La revoltosa*, de Juan de Orduña.
1969 *No disponible*, de Pedro Mario Herrero. / *Las nenas del mini-mini*, de Germán Lorente. / *Susana*, de Mariano Ozores. / *El ángel*, de Vicente Escrivá. / *Soltera y madre en la vida*, de Javier Aguirre. / *Johnny Ratón*, de Vicente Escrivá. / *Matrimonios separados*, de Mariano Ozores. / *El alma se serena*, de José Luis Sáenz de Heredia. / *¿Por qué pecamos a los cuaren-*

ta?, de Pedro Lazaga. / *La tonta del bote*, de Juan de Orduña. / *Cómo casarse en siete días*, de Fernando Fernán-Gómez.
1970 *Don Erre que Erre*, de José Luis Sáenz de Heredia. / *Cateto a babor*, de Ramón Fernández. / *El hombre que se quiso matar*, de Rafael Gil. / *Pierna creciente, falda menguante*, de Javier Aguirre. / *Una señora llamada Andrés*, de Julio Buchs. / *Vente a Alemania, Pepe*, de Pedro Lazaga. / *Españolas en París*, de Roberto Bodegas.
1971 *El apartamento de la tentación*, de Julio Buchs. / *La graduada*, de Mariano Ozores. / *Las Ibéricas, F. C.*, de Pedro Masó. / *No desearás la mujer del vecino*, de Fernando Merino. / *Vente a ligar al Oeste*, de Pedro Lazaga. / *El padre de la criatura*, de Pedro Lazaga.
1972 *Dos chicas de revista*, de Mariano Ozores. / *Guapo heredero busca esposa*, de Luis María Delgado. / *París bien vale una moza*, de Pedro Lazaga. / *El abuelo tiene un plan*, de Pedro Lazaga.
1973 *Las estrellas están verdes*, de Pedro Lazaga. / *Manolo la nuit*, de Mariano Ozores. / *Lo verde empieza en los Pirineos*, de Vicente Escrivá. / *Celos, amor y mercado común*, de Alfonso Paso. / *Señora doctor*, de Mariano Ozores. / *Vida conyugal sana*, de Roberto Bodegas.
1974 *Sex o no sex*, de Julio Diamante. / *Pascualino Cammarata, capitán de fragata*, de Mario Amendola. / *La mujer de las botas rojas*, de Juan Luis Buñuel. / *Soltero y padre en la vida*, de Javier Aguirre. / *Los nuevos españoles*, de Roberto Bodegas. / *Mi mujer es muy decente dentro de lo que cabe*, de Antonio Drove. / *No quiero perder la honra*, de Eugenio Martín.
1975 *El secreto inconfesable de un chico bien*, de Jorge Grau. / *La mujer es cosa de hombres*, de Jesús Yagüe. / *Pantaleón y las visitadoras*, de Mario Vargas Llosa y José María Gutiérrez.
1976 *Las largas vacaciones del 36*, de Jaime Camino. / *Beatriz*, de Gonzalo Suárez. / *Ellas los prefieren locas*, de Mariano Ozores. / *Más fina que las gallinas*, de Jesús Yagüe. / *Hasta que el matrimonio nos separe*, de Pedro Lazaga.
1977 *Parranda*, de Gonzalo Suárez. / *Asignatura pendiente*, de José Luis Garci. / *¡Niñas, al salón!*, de Vicente Escrivá. / *Arriba Hazaña*, de J. M. Gutiérrez.
1978 *Reina Zanahoria*, de Gonzalo Suárez. / *Solos en la madrugada*, de José Luis Garci. / *Un hombre llamado Flor de Otoño*, de Pedro Olea. / *Oro rojo*, de Alberto Vázquez Figueroa. / *El diputado*, de Eloy de la Iglesia. / *L'ingorgo* (El gran atasco), de Luigi Comencini.
1979 *La triple muerte del tercer personaje*, de Helvio Soto. / *Ogro* (Operación Ogro), de Gillo Pontecorvo. / *Camas calientes*, de Luigi Zampa. / *Mis relaciones con Ana*, de Rafael Moreno Alba. / *Miedo a salir de noche*, de Eloy de la Iglesia.
1980 *El divorcio que viene*, de Pedro Masó. / *Navajeros*, de Eloy de la Iglesia.
1981 *La cripta*, de Cayetano del Real.
1982 *¡Estoy en crisis!*, de Fernando Colomo. / *La colmena*, de Mario Camus. / *¡Que vienen los socialistas!*, de Mariano Ozores.
1983 *Soldados de plomo*, de José Sacristán.
1984 *Epílogo*, de Gonzalo Suárez. / *La noche más hermosa*, de Manuel Gutiérrez Aragón. / *Dos mejor que uno*, de Ángel Llorente.
1985 *A la pálida luz de la luna*, de J. M. González Sinde. / *La vaquilla*, de Luis G. Berlanga.
1986 *El extranger-oh! de la calle Cruz del Sur*, de Jorge Grau. / *El viaje a ninguna parte*, de Fernando Fernán-Gómez. / *Cara de acelga*, de José Sacristán.
1989 *El vuelo de la Paloma*, de José Luis García Sánchez.
1992 *Yo me bajo en la próxima, ¿y usted?*, de José Sacristán. / *Un lugar en el mundo*, de Adolfo Aristarain.
1993 *El pájaro de la felicidad*, de Pilar Miró. / *MadreGilda*, de Francisco Regueiro. / *Todos a la cárcel*, de Luis G. Berlanga.
1994 *Siete mil días juntos*, de Fernando Fernán-Gómez.

SAINT, Eva-Marie (Newark, New Jersey, Estados Unidos, 1924)

Tras obtener el diploma de maestra en la Bowling Green State University de Ohio, se traslada a Nueva York para seguir los cursos de arte dramático del American Theatre Wing y del Actor's Studio. Descubierta por el realizador Elia Kazan cuando trabaja en radio y televisión, debuta en cine como protagonista de *La ley del silencio* y gana un Oscar. Su corta pero intensa carrera se concentra en quince años y le permite trabajar con Fred Zinnemann en el drama *Un sombrero lleno de lluvia;* con Alfred Hitchcock en la obra maestra del espionaje *Con la muerte en los talones;* con Otto Preminger en la superproducción *Éxodo;* con Vincente Minnelli en el drama romántico *Castillos en la arena*, y con Robert Mulligan en el *western* personal *La noche de los gigantes*. Apartada del cine a principios de los años setenta, durante una temporada trabaja en televisión y luego se retira.

1954 *On the Waterfront* (La ley del silencio), de Elia Kazan.
1956 *That Certain Feeling*, de Norman Panama y Melvin Frank.

1957 *Raintree County* (El árbol de la vida), de Edward Dmytryk. / *A Hatful of Rain* (Un sombrero lleno de lluvia), de Fred Zinnemann.
1959 *North by Northwest* (Con la muerte en los talones), de Alfred Hitchcock.
1960 *Exodus* (Éxodo), de Otto Preminger.
1962 *All Fall Down* (Su propio infierno), de John Frankenheimer.
1964 *36 Hours* (36 horas), de George Seaton.
1965 *The Sandpiper* (Castillos en la arena), de Vincente Minnelli.
1966 *The Russians Are Coming, the Russians Are Coming* (¡Que vienen los rusos!, ¡que vienen los rusos!), de Norman Jewison. / *Grand Prix*, de John Frankenheimer.
1969 *The Stalking Moon* (La noche de los gigantes), de Robert Mulligan.
1970 *Loving*, de Irvin Kershner.
1972 *Cancel My Reservation*, de Paul Bogart.
1986 *Nothing in Common* (Nada en común), de Garry Marshall.

SALARIO DEL MIEDO, EL *(Le salaire de la peur, 1953)*

La novela homónima de Georges Arnaud da lugar a dos películas que tienen una carrera comercial muy diferente. La producción norteamericana *Carga maldita* (Sorcerer, 1977), de William Friedkin, es un fracaso que hunde la carrera de su realizador y hace que la versión europea sea más corta que la original. Y la coproducción entre Francia e Italia, escrita, coproducida y dirigida por Henri-Georges Clouzot, que es un gran éxito internacional. Narra cómo cuatro aventureros, los franceses Mario (Yves Montand) y Jo (Charles Vanel), el alemán Bimba (Peter van Eyck) y el italiano Luigi (Folco Lulli), aceptan la difícil misión de llevar dos camiones cargados de nitroglicerina a través de quinientos kilómetros de carreteras en mal estado para apagar un pozo de petróleo de la compañía norteamericana Southern Oil Company en un imaginario y perdido lugar de Latinoamérica. Mientras *Carga maldita* se limita a ser la correcta narración de una aventura con estructura de itinerario, esta va mucho más lejos al tener una sólida base existencialista que le da un significado mucho más profundo, algo que flota en el ambiente francés de la posguerra y que Clouzot sabe captar y transmitir en esta brillante muestra de su genio.

Director: *Henri-Georges Clouzot*. Guionistas: *Henri-Georges Clouzot, Jerome Geromini*. Fotografía: *Armand Thirard*. Música: *Georges Auric*. Intérpretes: *Yves Montand, Charles Vanel, Véra Clouzot, Folco Lulli, Peter van Eyck, Darío Moreno*. Producción: *Raymond Borderie y Henri-Georges Clouzot para C.I.C.C. (París), Filmsonor (París), Vera Films (París), Fonorama (Roma)*. Duración: *148'. Francia-Italia*.

SALIDA DE LA LUNA, LA *(The Rising of the Moon, 1957)*

Presentada por el actor de origen irlandés Tyrone Power, está integrada por tres episodios sobre historias típicamente irlandesas, basadas en excelentes guiones de Frank S. Nugent, a través de los que el maestro John Ford hace uno de sus mejores y menos conocidos dibujos del alma irlandesa. El primero es *The Majesty of the Law*, está basado en un relato de Frank O'Connor y trata del orgullo y las viejas costumbres que se pierden, como el canto y la fabricación de buen *whisky*, a través de la historia del noble campesino que prefiere ir a la cárcel antes de pagar la multa por haber dado una paliza a un vendedor de mal *whisky*. La segunda es *A Minute's Wait*, se basa en una obra teatral de Martin J. McHugh y trata del lento ritmo de vida irlandés a través de una comedia sobre un pequeño tren que se retrasa una y otra vez para recoger desde una cabra hasta un equipo deportivo. La tercera es *The Rising of the Moon*, está basada en un relato de Lady Gregory y narra cómo un patriota irlandés, que va a ser ejecutado, se salva en el último momento gracias a un disfraz de monja y a la ayuda de un policía comprensivo. Dada su corta duración, 75 minutos, y estar dividida en tres episodios, tiene una distribución restringida, pero es una de las grandes obras de tema irlandés de Ford.

Director: *John Ford*. Guionista: *Frank S. Nugent*. Fotografía: *Robert Krasker*. Música: *Eamon O'Gallagher*. Intérpretes: *Maureen Connell, Eileen Crowe, Cyril Cusack, Maureen Delaney, Donald Donelly, Frank Lawton, Edward Lexy, Jack MacGowran*. Producción: *Lord Killanin para Four Provinces/Warner*. Duración: *75'. Irlanda*.

SALLY, LA HIJA DEL CIRCO *(Sally of the Sawdust, 1925)*

Expulsada de la mansión familiar por casarse con un titiritero, cuando, años después, muere sola en un circo, confía su hija a uno de sus compañeros. De esta manera el profesor Eustace McGargle (W. C. Fields) se convierte en el padre y la madre de Sally Foster (Carol Dempster) y solo cuando tiene dificultades consigue que la reconozcan sus abuelos, el severo juez Henry L. Foster (Erville Anderson) y su amable esposa (Effie Shannon). Basada en una obra teatral de Dorothy Donnelly, el gran atractivo de esta producción reside, por un lado, en ser uno de los habituales y sólidos melodramas producidos y dirigidos por David W. Griffith, y por otro, en ser la primera película protagonizada por el gran cómico W. C. Fields. El resultado de tan compleja mezcla es una estupenda tragicomedia, que en más de una ocasión recuerda al mejor cine de Charles Chaplin, donde la parte de melodrama aparece dulcificada por la comedia y esta engrandecida por aquella. Su éxito lleva a la mucho menos interesante versión sonora *Poppy* (1936), de Edward Sutherland, con Rochelle Hudson y un W. C. Fields al final de su período de gloria.

Director: *David W. Griffith*. Guionista: *Forrest Halsey*. Fotografía: *Harry Fischbeck*, *Hal Sintzenich*. Intérpretes: *W. C. Fields, Carol Dempster, Alfred Lunt, Effie Shannon, Erville Anderson*. Producción: *David W. Griffith para United Artists*. Duración: *104'. Estados Unidos*.

SALÓN DE MÚSICA, EL *(Jalsaghar, 1958)*

Entre medias de la famosa trilogía integrada por *Pather panchali* (1955), *Aparajito* (1956) y *El mundo de Apu* (Apur Shankar, 1959), que le da a conocer internacionalmente, Satyajit Ray escribe, produce y dirige esta gran película. Narra cómo, a principios de siglo, en el palacio Nimtita, en Bengala, el terrateniente Biswanghar Roy (Chhabi Biswas) al oír la música de la fiesta que da su arrogante vecino Mahim Ganguli (Gangapada Bose) con motivo de la iniciación de su hijo, recuerda el gran recital musical organizado por la de su propio hijo Khoka (Pinaki Sen Gupta), la muerte de este y de su madre Mahamaya (Padma Devi), así como su posterior ruina. Sin embargo le anima a abrir una última vez sus salones y gastarse el poco dinero que le queda en un último recital de música. Tomando como punto de partida la novela homónima de Tarashankar Benerjee, el gran adaptador Satyajit Ray plantea con suma delicadeza un enfrentamiento musical entre dos hombres que pueden parecer iguales, pero son muy diferentes.

Director y guionista: *Satyajit Ray*. Fotografía: *Subrata Mitra*. Música: *Ustad Vilayat Khan*. Intérpretes: *Chhabi Biswas, Padma Devi, Pinaki Sen Gupta, Gangapada Bose, Tulsi Lahiri, Kali Sarkar*. Producción: *Satyajit Ray*. Duración: *100'. India*.

SALVATORE GIULIANO *(1962)*

La compleja figura del bandido Salvatore Giuliano, que de comandante del ejército separatista siciliano pasa a ser intrigante a sueldo de los latifundistas mafiosos, un misterioso personaje imprescindible para comprender la situación de Sicilia, y también de Italia, en los años posteriores a la II Guerra Mundial, es origen de dos películas tan diferentes como interesantes. La criticada producción norteamericana *El siciliano* (The Sicilian, 1986), de Michael Cimino, que se aleja de la realidad histórica para contar cómo nace un héroe popular. Y esta famosa producción italiana, obra maestra de Francesco Rosi, que narra cómo, tras la matanza de inocentes ocurrida en Portella delle Ginestre el 25 de julio de 1950, aparece muerto Giuliano (Pietro Cammarata) y poco después también su lugarteniente Pisciotta (Frank Wolff), pero se llevan sus secretos a la tumba. A partir de este momento y a lo largo de una sucesión de *flashbacks*, Rosi hace una perfecta mezcla de ficción y documentos para desarrollar sus hipótesis sobre la compleja situación económico-política en que prospera el bandido Giuliano. Hundiendo sus raíces en el neorrealismo y en el mejor cine norteamericano de denuncia política, y adelantándose en casi una década al cine político que pone de moda la fallida revuelta de mayo de 1968, Francesco Rosi dirige la mejor de las películas de este peculiar género.

Director: *Francesco Rosi*. Guionistas: *Francesco Rosi, Suso Cecchi d'Amico, Enzo Provenzale, Franco Solinas*. Fotografía: *Gianni di Venanzo*. Música: *Piero Piccioni*. Intérpretes: *Frank Wolff, Salvo Randone, Federico Zardi, Pietro Cammarata, Giuseppe Teti*. Producción: *Franco Cristaldi y Lionello Santi para Lux-Vides*. Duración: *107'. Italia*.

SALVATORES, Gabriele *(Nápoles, Italia, 1950)*

Educado en Milán, estudia arte dramático en la escuela del famoso Piccolo Teatro. Tras algunas experiencias como guitarrista, funda en 1972 el Teatro dell'Elfo, para el que durante quince años realiza brillantes montajes de obras de William Shakespeare, Carlo Collodi, Ben Johnson y Bram Stoker. El gran éxito de *El sueño de una noche de verano,* donde convierte la obra homónima de Shakespeare en una ópera-*rock* con música de Mauro Pagani, hace que la televisión estatal, la R. A. I., le proponga rodarla y convertirla en su primera película. Cinco años después comienza su verdadera carrera cinematográfica con la irregular *Kamikazen/Ultima notte a Milano,* versión libre de una obra de Trevor Griffith, que ya había montado en teatro, sobre las veinticuatro horas anteriores a unas pruebas organizadas por un extraño empresario, vividas por seis candidatos a actores. Sus siguientes cuatro películas giran en torno al tema del viaje como forma de escape de la realidad cotidiana, pero tienen un interés muy desigual: *Marrakech Express,* sobre unos amigos que viajan a Marruecos para salvar a otro que tiene problemas con la droga; *Turnè* gira en torno las dificultades que vive un grupo de actores durante una gira teatral por Italia; la más conocida, *Mediterráneo,* gana el Oscar destinado a la producción extranjera y narra la aventura de un grupo de soldados en una isla del mar Egeo durante la II Guerra Mundial, y en *Puerto Escondido,* un empleado de banca huye a México para encontrarse con otra realidad. Sin duda es mejor *Sud,* que cuenta cómo cuatro parados ocupan un colegio electoral el día de la celebración de las elecciones; pero en el fondo tiene unos similares problemas dramáticos y estructurales.

1982 *Sogno di una notte di mezzo estate.*
1987 *Kamikazen/Ultima notte a Milano.*
1989 *Marrakech Express.*
1990 *Turnè.*
1991 *Mediterráneo.*
1992 *Puerto Escondido.*
1993 *Sud.*

SÁNCHEZ-GIJÓN, Aitana *(Roma, Italia, 1969)*

Educada en Madrid, estudia arte dramático antes de debutar como actriz en la serie de televisión *Segunda enseñanza* (1982), de Pedro Masó. En cine hace papeles secundarios, entre los que destaca el más amplio de *Bajarse al moro,* mientras comienza una importante actividad teatral, donde sobresale su trabajo en *La malquerida,* de Jacinto Benavente, bajo la dirección de Miguel Narros. Tras demostrar su habilidad en *El mar y el tiempo,* la serie de televisión *El Quijote* (1991), de Manuel Gutiérrez Aragón, y *El pájaro de la felicidad,* protagoniza en Estados Unidos *Un paseo por las nubes* y la serie de televisión *La regenta* (1994), de Fernando Méndez-Leite.

1986 *Romanza final,* de José María Forqué.
1987 *Redondela,* de Pedro Costa. / *Jarrapellejos,* de Antonio Giménez-Rico.
1988 *No hagas planes con Marga,* de Rafael Alcázar. / *Remando al viento,* de Gonzalo Suárez. / *Bajarse al moro,* de Fernando Colomo. / *Viento de cólera,* de Pedro de la Sota.
1989 *El mar y el tiempo,* de Fernando Fernán-Gómez.
1990 *El fraile,* de Francisco Lara Polop.
1991 *El laberinto griego,* de Rafael Alcázar.
1992 *Havanera 1820,* de Antoni Verdaguer.
1993 *El pájaro de la felicidad,* de Pilar Miró. / *Un marido perfecto,* de Beda Docampo Feijoo.
1994 *La leyenda de Balthasar, el castrado,* de Juan Miñón. / *A Walk in the Clouds* (Un paseo por las nubes), de Alfonso Arau.
1995 *La ley de la frontera,* de Adolfo Aristarain. / *Boca a boca,* de Manuel Gómez Pereira.

SANDA, Dominique *(Dominique Varaigne. París, Francia, 1951)*

Perteneciente a una familia de la alta burguesía, rompe con ella para casarse a los quince años, divorciarse poco después y convertirse en una cotizada modelo que trabaja sobre todo para la revista *Vogue.* Descubierta por el personal realizador Robert Bresson, cuando tiene diecisiete años le confía el papel protagonista de *Une femme douce* y es la única de sus intérpretes que desarrolla una importante carrera como actriz. Durante la década de los setenta trabaja sobre todo en Italia, en las interesantes producciones *El conformista* y *1900,* de Bernardo Bertolucci; *El jardín de los Finzi-Contini,* de Vittorio de Sica; *La herencia Ferramonti,* de Mauro Bolognini, y *Más allá del bien y del mal,* de Liliana Cavani; pero también hace en Estados Unidos *El hombre de Mackintosh,* de John Huston, y *Callejón infernal,* de Jack Smight. En los años ochenta trabaja sobre todo en Francia, tanto en producciones comerciales, *Le voyage en douce,* de Michel Deville, *Una habitación en la ciudad,* de Jacques Demy, *Le matelot 512,* de René Allio, como experimentales, *Navire night,* de Marguerite Duras; *Corps et biens,* de Benoît

Jacquot; *Guerriers et captives,* de Eduardo Cozarinsky, pero vuelve a intervenir en *Cabo Blanco,* una fallida producción norteamericana; *Poussière d'empire,* interesante película vietnamita, y *Yo, la peor de todas,* irregular producción argentina.

1969 *Erste Liebe,* de Maximilian Schell. / *Une femme douce,* de Robert Bresson.
1970 *Il conformista* (El conformista), de Bernardo Bertolucci. / *Il giardino dei Finzi-Contini* (El jardín de los Finzi-Contini), de Vittorio de Sica.
1971 *La notte dei fiori,* de Gian Vittorio Baldi. / *Sans mobile apparent* (Sin móvil aparente), de Philippe Labro.
1973 *The Mackintosh Man* (El hombre de Mackintosh), de John Huston. / *The Impossible Objet* (Sueños prohibidos), de John Frankenheimer. / *Steppenwolf,* de Fred Haines.
1974 *Gruppo di famiglia in un interno* (Confidencias), de Luchino Visconti.
1976 *L'eredità Ferramonti* (La herencia Ferramonti), de Mauro Bolognini. / *Novecento* (1900), de Bernardo Bertolucci. / *Le berceau de cristal,* de Philippe Garrel.
1977 *Damnation Alley* (Callejón infernal), de Jack Smight. / *Al di là del bene e del male* (Más allá del bien y del mal), de Liliana Cavani.
1979 *La chanson de Roland,* de Frank Cassenti. / *Utopia,* de Iradj Azimi. / *Navire Night,* de Marguerite Duras.
1980 *Le voyage en douce,* de Michel Deville.
1981 *Caboblanco,* de J. Lee Thompson. / *Les ailes de la colombe,* de Benoît Jacquot.
1982 *Une chambre en ville* (Una habitación en la ciudad), de Jacques Demy. / *L'indiscrétion,* de Pierre Lary.
1983 *Poussière d'empire,* de Lâm-Lê.
1984 *Le matelot 512,* de René Allio.
1986 *Corps et biens,* de Benoît Jacquot.
1989 *Guerriers et captives,* de Eduardo Cozarinsky.
1990 *Yo, la peor de todas,* de María Luisa Bemberg.

SANDRELLI, Stefania *(Viareggio, Italia, 1946)*

Mientras estudia *ballet,* a los catorce años es elegida Miss Viareggio y al año siguiente debuta como actriz de cine en pequeños papeles hasta que el realizador Pietro Germi la lanza en *Divorcio a la italiana* y, sobre todo, *Seducida y abandonada;* posteriormente vuelven a trabajar juntos en *Muchas cuerdas para un violín* y *El divorcio es cosa de tres.* Convertida en una bella y buena actriz, su mejor período son los años setenta durante los que colabora con Bernardo Bertolucci en *El conformista* y *1900,* con Luigi Comencini en *Delito de amor* y el genial episodio *El ascensor* de *Ciertos pequeñísimos pecados,* con Ettore Scola en *Una mujer y tres hombres* y *La terraza,* y con Alain Corneau en *Policía Python 357.* A principios de la década de los ochenta pasa unos años sin trabajar, pero vuelve para protagonizar la erótica *La llave secreta,* de Tinto Bras, y hacer un importante papel en *Secretos, secretos,* de Giovanni Bertolucci, y *Speriamo che sia femmina,* de Mario Monicelli. Durante los noventa continúa trabajando, pero con menor asiduidad y en papeles, por lo general, muy por debajo de sus grandes posibilidades.

1961 *Il federale* (El federal), de Luciano Salce. / *Gioventù di notte,* de Mario Sequi. / *Divorzio all'italiana* (Divorcio a la italiana), de Pietro Germi.
1962 *La bella di Lodi,* de Mario Missiroli. / *Les vierges,* de Jean-Pierre Mocky.
1963 *L'aîné des Ferchaux* (El guardaespaldas), de Jean Piere Melville. / *Il fornaretto di Venezia* (Proceso en Venecia), de Duccio Tessari.
1964 *Sedotta e abbandonata* (Seducida y abandonada), de Pietro Germi. / *La chance et l'amour,* episodio de E. Schlumberger.
1965 *Io la conoscevo bene* (Yo la conocía bien), de Antonio Pietrangeli.
1966 *Tendre voyou* (Dulce gamberro), de Jean Becker.
1967 *L'immorale* (Muchas cuerdas para un violín), de Pietro Germi.
1968 *Partner,* de Bernardo Bertolucci. / *L'amante di Gramigna,* de Carlo Lizzani.
1970 *Il conformista* (El conformista), de Bernardo Bertolucci. / *Un estate con sentimento,* de Roberto Scarsella. / *Brancaleone alle Crociate* (Brancaleone en las Cruzadas), de Mario Monicelli.
1971 *La tarantola dal ventre nero* (La tarántula del vientre negro), de Paolo Cavara.
1972 *Alfredo, Alfredo* (El divorcio es cosa de tres), de Pietro Germi. / *Il diavolo nel cervello* (El cerebro del mal), de Sergio Sollima.
1973 *Delitto d'amore* (Delito de amor), de Luigi Comencini.
1974 *C'eravamo tanto amati* (Una mujer y tres hombres), de Ettore Scola.
1975 *Les magiciens,* de Claude Chabrol. / *Police Python 357* (Policía Python 357), de Alain Corneau.
1976 *Novecento* (1900), de Bernardo Bertolucci. / *Le voyage de noces,* de Nadine Trintignant. / *Quelle strane occasioni* (Ciertos pequeñísimos pecados), episodio de Luigi Comencini.
1977 *Io sonno mia* (Yo soy mía), de Sophia Scandurra.

1978 *Le maître nageur*, de Jean-Louis Trintignant. / *L'ingorgo* (El gran atasco), de Luigi Comencini.
1979 *Dove vai in vacanza?*, episodio de Mauro Bolognini. / *La verdad sobre el caso Savolta*, de Antonio Drove. / *Rue du Pied de Grue*, de J. Grand-Jouan.
1980 *La terrazza* (La terraza), de Ettore Scola. / *Desideria, la vita interiore*, de Gianni Barcelloni.
1981 *La disubbidienza*, de Aldo Lado.
1984 *La chiave* (La llave secreta), de Tinto Brass.
1985 *Segreti, segreti* (Secretos, secretos), de Giovanni Bertolucci.
1986 *Speriamo che sia femmina*, de Mario Monicelli.
1987 *La famiglia* (La familia), de Ettore Scola. / *Gli occhiali d'oro* (El hombre de las gafas de oro), de Giuliano Montaldo.
1988 *Noyade interdite*, de Pierre Granier-Deferre. / *Mignon è partita*, de Francesca Archibugi.
1990 *Il ritorno*, de Margarethe von Trotta.
1992 *Jamón, jamón*, de Bigas Luna.
1994 *De amor y de sombra*, de Betty Kaplan.

SANDRICH, Mark (Nueva York, 1900-Los Ángeles, California, Estados Unidos, 1945)

Estudia matemáticas en la Universidad de Columbia, pero su interés por la literatura le hace escribir cuentos y comedias. En 1927, poco después de la irrupción del cine sonoro, es contratado como guionista por los estudios R.K.O., pero tras realizar algunos cortometrajes para aprender el oficio, protagonizados por Lupino Lane, debuta en el largo con las comedias *Al levantar el vuelo* y *The Talk of Hollywood*, sobre los comienzos del sonoro. Su fracaso comercial le hace volver al cortometraje, rodar quince durante tres años, y reemprender definitivamente su carrera en el largo con las comedias *Melodía en azul*, *Aggie Appleby-Maker of Men*, *Amor y alegría* y *Caballeros de capa y espada*. Debe su fama a dirigir a la excelente pareja de bailarines formada por Fred Astaire y Ginger Rogers en cinco de sus mejores comedias musicales: *La alegre divorciada*, *Sombrero de copa*, *Sigamos la flota*, *Ritmo loco* y *Amanda, la paciente peligrosa*. En 1939 pasa a los estudios Paramount donde, convertido en su propio productor, dirige al cómico Jack Benny en las irregulares comedias *Un tenorio improvisado*, *Buck Benny Rides Again* y *Love Thy Neighbor;* a la gran actriz Claudette Colbert en *Alondra en el cielo*, una comedia basada en una obra teatral de Samson Raphaelson, y en *Sangre en Filipinas*, un drama de propaganda bélica rodado en plena II Guerra Mundial; y de nuevo a Fred Astaire, pero de pareja del cantante Bing Crosby, en los musicales *Holiday Inn* y *Cielo azul* (Blue Skies, 1946). Muere durante el rodaje de este último y lo acaba y firma Stuart Heisler.

1928 *Runaway Girls* (Al levantar el vuelo).
1929 *The Talk of Hollywood*.
1933 *Melody Cruise* (Melodía en azul). / *Aggie Appleby-Maker of Men*.
1934 *Hips, Hips, Hooray!* (Amor y alegría). / *Cockeyed Cavaliers* (Caballeros de capa y espada). / *The Gay Divorcee* (La alegre divorciada).
1935 *Top Hat* (Sombrero de copa).
1936 *Follow the Fleet* (Sigamos la flota). / *A Woman Rebels*.
1937 *Shall We Dance?* (Ritmo loco).
1938 *Carefree* (Amanda, la paciente peligrosa).
1939 *Man About Town* (Un tenorio improvisado).
1940 *Buck Benny Rides Again*. / *Love Thy Neighbor*.
1941 *Skylark* (Alondra del cielo).
1942 *Holiday Inn*.
1943 *So Proudly We Hail* (Sangre en Filipinas).
1944 *I Love a Soldier*. / *Here Comes the Waves*.

SANGRE Y ARENA (Blood and Sand, 1941)

La novela homónima de Vicente Blasco Ibáñez, en contra de las corridas de toros, da lugar a muy diferentes películas. En 1916 el propio autor dirige en España una corta e incipiente versión con la ayuda del pionero Ricardo de Baños. En 1922 los estudios Paramount hacen una versión muda dirigida por Fred Niblo y protagonizada por Rudolph Valentino, Nita Naldi y Lila Lee, que conserva la condena de los toros de la obra original, se convierte en un gran éxito y es origen de la parodia *Bull and Sand* (1924), producida y realizada por Mack Sennett. La mejor y más cuidada es esta, rodada por Rouben Mamoulian para los estudios 20th Century Fox, con una excelente fotografía en Technicolor de Ernest Palmer y Ray Rennahan que les vale un Oscar. Narra la ascensión y caída del torero Juan Gallardo (Tyrone Power), casado con su amiga de la infancia Carmen Espinosa (Linda Darnell) y seducido por la bella y temible doña Sol de Miura (Rita Hayworth). Su éxito da lugar a la paródica producción mexicana *Ni sangre, ni arena* (1941), dirigida por Alejandro Galindo y protagonizada por el cómico Cantinflas. La última versión es la producción española de José Frade, rodada en 1989 con amplitud de medios por Javier Elorrieta y protagonizada por el inadecuado Christopher Rydell, la entonces casi desconocida Sharon Stone y Ana Torrent.

Director: *Rouben Mamoulian.* Guionistas: *Jo Swerling.* Fotografía: *Ernest Palmer, Ray Rennahan.* Música: *Alfred Newman.* Intérpretes: *Tyrone Power, Rita Hayworth, Linda Darnell, Alla Nazimova, Anthony Quinn, J. Carrol Naish, John Carradine.* Producción: *Darryl F. Zanuck y Robert T. Kane para 20th Century Fox. Color. Duración: 123'. Estados Unidos.*

SANJINÉS, Jorge *(La Paz, Bolivia, 1936)*

Mientras se licencia en filosofía en la Universidad Católica de Chile, estudia dirección de cine. A finales de los años cincuenta regresa a su país y comienza a dirigir los más variados cortometrajes, desde *Sueños y realidades* (1961), sobre la lotería, rechazado por sus patrocinadores, hasta producciones de propaganda política para el presidente Paz Estensoro, *Bolivia avanza* (1963), entre los que se sitúan los mucho más personales *Revolución* (1964), sobre la necesidad de la lucha obrera, y *Derrumbamiento* (1965), sobre las duras condiciones de vida de los mineros. En 1965 es nombrado director del recién creado Instituto Cinematográfico Boliviano, y al año siguiente debuta en el largo con *Ukamau,* que mezcla con habilidad su característico tono social con una clara tendencia indigenista y un primitivismo narrativo para crear un interesante estilo, y poco después funda el colectivo Grupo Ukamau con el guionista Óscar Soria y el director de fotografía, y más tarde también realizador, Antonio Eguino, con el que hace la mayoría de sus películas. Se da a conocer fuera de su país con *Sangre de cóndor,* hablada en quechua y castellano, donde denuncia las esterilizaciones masivas realizadas en indígenas por los norteamericanos del grupo Peace Corps. Tras *Los caminos de la muerte,* cuyo negativo desaparece misteriosamente en 1970 en los laboratorios alemanes que lo trataban, rueda *El coraje del pueblo,* crónica de la represión y masacre realizada por el ejército en una aldea minera en 1967, pero el golpe de Estado del general Banzer impide que se distribuya en el país y le obliga a exiliarse. Hace en Perú *El enemigo principal,* nueva aproximación a las comunidades indígenas andinas, y en Ecuador *¡Fuera de aquí!,* sobre las luchas de los campesinos contra una multinacional por la expropiación de su tierra. De vuelta a su país rueda con Beatriz Palacios el documental sobre la historia reciente de Bolivia *Las banderas del amanecer.* Gracias a la financiación de Televisión Española consigue realizar *La nación clandestina,* hablada en aymará, uno de sus mejores trabajos, historia de un campesino que regresa a su aldea para expiar sus culpas, perfecta mezcla de elementos antropológicos, políticos y estilísticos.

1966 *Ukamau.*
1969 *Yawar Mallku* (Sangre de cóndor).
1971 *El coraje del pueblo.*
1974 *Jatun Auka* (El enemigo principal).
1977 *¡Fuera de aquí!*
1984 *Las banderas del amanecer.*
1989 *La nación clandestina.*
1992 *Para recibir el canto de los pájaros.*

SANTOS INOCENTES, LOS *(1984)*

Gran especialista en adaptar novelas de la mejor literatura española contemporánea, en esta ocasión Mario Camus parte de la obra homónima de Miguel Delibes para hacer un cuadro realista, pero demasiado maniqueo, sobre la vida cotidiana en un gran cortijo de Extremadura en los años sesenta. Tras un prólogo situado en el pasado, se salta al presente para volver a él a lo largo de cuatro *flashbacks,* subtitulados «Nieves», «Quirce», «Paco el Bajo» y «Azarías», según los nombres de algunos de los principales personajes, y narrar la mísera vida que llevan los guardeses de un gran cortijo, dedicados a cuidar de la casa y servir a los señores cuando organizan cacerías o celebran alguna primera comunión, con la obsesión de que sus hijos puedan estudiar, prosperar y salir de allí. Centrada en las despóticas relaciones entre el señorito Iván (Juan Diego), su fiel «secretario» Paco el Bajo (Alfredo Landa) y el anciano de pocas luces Azarías (Francisco Rabal), cuenta cómo el primero se acuesta con la mujer (Ágata Lys) del administrador (Agustín González), se aprovecha de la habilidad de Paco para la caza de la perdiz y mata a la «milana bonita» de Azarías, lo que hace que este termine ahorcándole. Con una excesiva maniquea división entre pobres y ricos, entre buenos y malos, donde los primeros resultan mucho más humanos y convincentes que los segundos, pero con una gran fidelidad al original, gana numerosos premios entre los que destacan el obtenido por Alfredo Landa y Francisco Rabal en el Festival de Cannes.

Director: *Mario Camus*. Guionistas: *Antonio Larreta, Manuel Matji, Mario Camus*. Fotografía: *Hans Burmann*. Música: *Antón García Abril*. Intérpretes: *Alfredo Landa, Francisco Rabal, Terele Pávez, Ágata Lys, Agustín González, Juan Diego, Maribel Martín, Mary Carrillo*. Producción: *Julián Mateos para Ganesh P.C.* Color. Duración: *107'*. España.

SANZ, Jorge *(Madrid, España, 1969)*

A los diez años es seleccionado entre decenas de candidatos por el productor y director Pedro Masó para protagonizar *La miel*. Su éxito le permite ser también el protagonista de *La leyenda del tambor* y *Valentina*, e incluso encarnar al mismísimo Conan niño en la producción norteamericana *Conan, el bárbaro*. Gracias a la ayuda de Fernando Trueba en *El año de las luces* y *Belle époque*, y de Vicente Aranda en *El Lute II: mañana seré libre, Si te dicen que caí* y, sobre todo, *Amantes*, logra dar con facilidad el difícil salto de la adolescencia a la juventud. Entre sus últimas películas hay que citar *Los peores años de nuestra vida* y *Morirás en Chafarinas*.

1979 *La miel*, de Pedro Masó.
1980 *Dos pillos y pico*, de Ignacio F. Iquino. / *Dos y dos son cinco*, de Luis José Comerón. / *El canto de la cigarra*, de José María Forqué. / *Los locos vecinos del segundo*, de Juan Bosch.
1981 *La leyenda del tambor*, de Jorge Grau. / *La rebelión de los pájaros*, de Luis José Comerón.
1982 *Conan the Barbarian* (Conan, el bárbaro), de John Milius. / *Mar brava*, de Angelino Fons. / *Valentina*, de Antonio José Betancor. / *Vivir mañana*, de Nino Quevedo.
1984 *Dos mejor que uno*, de Ángel Llorente.
1986 *Mambrú se fue a la guerra*, de Fernando Fernán-Gómez. / *El año de las luces*, de Fernando Trueba.
1987 *Gallego*, de Manuel Octavio Gómez.
1988 *El Lute II: mañana seré libre*, de Vicente Aranda.
1989 *Si te dicen que caí*, de Vicente Aranda. / *Continental*, de Javier Villaverde. / *Monte bajo*, de Julián Esteban.
1990 *Sé que estás aquí*, de Manuel Ángel Fernández.
1991 *Amantes*, de Vicente Aranda. / *Tramontana*, de Carlos Pérez Ferré.
1992 *Orquesta Club Virginia*, de Manuel Iborra. / *Belle époque*, de Fernando Trueba.
1993 *¿Por qué lo llaman amor cuando quieren decir sexo?*, de Manuel Gómez Pereira. / *Tocando fondo*, de José Luis Cuerda.
1994 *Los peores años de nuestra vida*, de Emilio Martínez-Lázaro.
1995 *Morirás en Chafarinas*, de Pedro Olea. / *Hotel y domicilio*, de Ernesto del Río.
1996 *Libertarias*, de Vicente Aranda.

SARANDON, Susan *(Susan Abigail Tomalin. Nueva York, Estados Unidos, 1946)*

Estudia arte dramático en la Universidad Católica de Washington y debuta como actriz de teatro con el grupo Garrick Players mientras trabaja como modelo. Durante los años setenta realiza papeles secundarios en diferentes producciones, entre las que sobresalen *Primera plana* y *El carnaval de las águilas*. De la mano de Louis Malle protagoniza *La pequeña* y hace uno de sus mejores trabajos en *Atlantic City*. Entre sus restantes películas destacan *La tempestad, Las brujas de Eastwick, Thelma y Louise* y *El cliente*. Su interés por los nuevos directores y los proyectos que se salen de lo normal la lleva a tener una irregular filmografía, muy por debajo de sus auténticas cualidades, dado que solo *Posibilidades de escape* es una gran película dentro del amplio grupo de producciones arriesgadas en que interviene. Seleccionada cinco veces para el Oscar, finalmente lo gana al encarnar a una monja católica en *Pena de muerte*.

1970 *Joe* (Joe, ciudadano americano), de John G. Avildsen.
1971 *La mortadella* (Mortadela), de Mario Monicelli.
1974 *Lovin'Molly*, de Sidney Lumet. / *The Front Page* (Primera plana), de Billy Wilder.
1975 *The Great Waldo Pepper* (El carnaval de las águilas), de George Roy Hill. / *The Rocky Horror Picture Show*, de Jim Sherman.
1976 *One Summer Love*, de Gilbert Cates. / *Checkered Flag or Crash*, de Alan Gibson.
1977 *The Other Side of Midnight* (El otro lado de la medianoche), de Charles Jarrott. / *The Great Smokey Roadblock*, de John Leone.
1978 *Pretty Baby* (La pequeña), de Louis Malle. / *King of the Gypsies* (Estirpe indomable), de Frank Pierson.
1979 *Something Short of Paradise* (Cerca del paraíso), de David Helpern jr.
1980 *Loving Couples* (Cambio de esposas), de Jack Smight. / *Atlantic City*, de Louis Malle.
1982 *Tempest* (La tempestad), de Paul Mazursky.

1983 *The Hunger* (El ansia), de Tony Scott.
1984 *The Buddy System*, de Glenn Jordan. / *In Our Hands*, de Robert Richter y Stanley Warnow. / *Io e il Duce*, de Alberto Negrin.
1985 *Compromising Positions*, de Frank Perry.
1987 *The Witches of Eastwick* (Las brujas de Eastwick), de George Miller.
1988 *Bull Durham* (Los búfalos de Durham), de Ron Shelton. / *Sweet Hearts Dance* (Los enredos de la vida), de Robert Greenwald. / *The January Man* (El asesino del calendario), de Pat O'Connor.
1989 *A Dry White Season* (Una árida estación blanca), de Euzhan Palcy.
1990 *White Palace* (Pasión sin barreras), de Luis Mandoki.
1991 *Thelma and Louise* (Thelma y Louise), de Ridley Scott.
1992 *Light Sleeper* (Posibilidades de escape), de Paul Schrader. / *The Player* (El juego de Hollywood), de Robert Altman.
1993 *Bob Roberts* (Ciudadano Bob Roberts), de Tim Robbins. / *Lorenzo's Oil* (El aceite de la vida), de George Miller.
1994 *The Client* (El cliente), de Joel Schumacher. / *Little Women* (Mujercitas), de Gillian Armstrong.
1995 *Safe Passage* (Tensa espera), de Robert Alan Ackerman. / *Dead Man Walking* (Pena de muerte), de Tim Robbins.

SARGENTO NEGRO, EL *(Sergeant Rutledge, 1960)*

La historia del sargento negro de caballería Braxton Rutledge (Woody Strode) del ejército de Estados Unidos, acusado en 1881 del asesinato de un superior y de la violación y muerte de su hija, se convierte en manos del maestro John Ford en uno de sus más originales *westerns*. Centrada en un consejo de guerra y narrada a través de una sucesión de *flashbacks,* apoyados en las declaraciones de cada uno de los testigos, es una curiosa mezcla de *western* y policiaco, en su variante de película de juicios. Si como *western* se sitúa entre los mejores de Ford, tiene unos excelentes paisajes y está rodado con su habitual fuerza y maestría narrativa, como policiaco tiene menor importancia, por su demasiado leve historia, apoyada en el principio narrativo de que el culpable es quien menos podían imaginarse. Destacan Woody Strode en el más largo y mejor papel de su carrera y la excelente fotografía en Technicolor de Bert Glennon.

Director: *John Ford.* Guionistas: *James Warner Bellah*, *Willis Goldbeck.* Fotografía: *Bert Glennon.* Música: *Howard Jackson.* Intérpretes: *Woody Strode, Jeffrey Hunter, Constance Towers, Willis Bouchey, Billie Burke, Carleton Young, Juano Hernández.* Producción: *Willis Goldbeck y Patricia Ford para Ford Productions/Warner. Color. Duración: 111'. Estados Unidos.*

SARGENTO YORK, EL *(Sergeant York, 1941)*

A partir de la historia real de Alvin York, un campesino cuáquero del valle de Tennessee que se declara objetor de conciencia, pero en 1916 abandona sus ideas pacifistas, al leer un libro de historia norteamericana, para ir a combatir contra los alemanes en la Gran Guerra, el realizador Howard Hawks acepta el encargo del productor Jesse L. Lasky de hacer una película de propaganda a favor de la entrada de Estados Unidos en la II Guerra Mundial. Sin embargo, solo se estrena cinco meses antes del ataque sorpresa japonés a la base norteamericana de Pearl Harbor. La escena clave es aquella en que el sargento York (Gary Cooper) mata él solo a veinticinco alemanes y captura a ciento treinta y dos, pero dada su inverosimilitud, Hawks le da un sutil tono de comedia al hacerle emplear la misma técnica utilizada en su pueblo para matar pavos. Entre un eficaz reparto, destaca Gary Cooper que obtiene un Oscar por este trabajo.

Director: *Howard Hawks.* Guionistas: *Abem Finkel, Harry Chandler, Howard Koch, John Huston.* Fotografía: *Arthur Edeson.* Música: *Max Steiner.* Intérpretes: *Gary Cooper, Joan Leslie, Walter Brennan, George Tobias, David Bruce, Stanley Ridges.* Producción: *Jesse L. Lasky para Warner.* Duración: *134'. Estados Unidos.*

SARMIENTO, Valeria *(Valparaíso, Chile, 1948)*

Estudia cine en la Universidad de Viña del Mar, se casa en 1968 con el realizador Raúl Ruiz y comienza a trabajar con él como montadora, coguionista y correalizadora. El golpe militar del general Pinochet les hace exiliarse a Francia, donde trabaja como montadora de Robert Kramer y Luc Moullet y dirige algunos cortometrajes. Debuta en el largo con el documental *El hombre cuando es hombre,* realizado en Costa Rica con financiación alemana, en torno al machismo y el feminismo en Latinoamérica. Se da a conocer con *Mi boda contigo,* donde parte de una novelita de Corín Tellado para entroncar con la tradición melodramática latinoamericana y hacer un atractivo relato lleno de humor. La coproducción entre Chile y Francia *Amelia López O'Neill,* rodada en Valparaíso sobre un guión de Raúl Ruiz y protagonizada por Laura del Sol, la muestra como una realizadora de gran solvencia, quizá demasiado influida por el personal mundo de su marido. Tiene menos interés *Elle,* ambiciosa versión femenina de *Él* (1952), de Luis Buñuel, que escribe a medias con Raúl Ruiz.

1982 *El hombre cuando es hombre.*
1984 *Notre mariage* (Mi boda contigo).
1990 *Amelia López O'Neill.*
1995 *Elle.*

SASLAVSKY, Luis *(Santa Fe, Argentina, 1908)*

Licenciado en derecho, dibuja, publica novelas, estrena obras de teatro y practica la crítica de cine. A principios de los años treinta viaja a Hollywood, aprende la técnica del cine sonoro y al regresar a su país debuta como director con el personal largometraje, rodado en 16 mm, *Sombras.* Su primera producción comercial es *Crimen a las tres,* a la que siguen otras dieciséis películas rodadas en quince años, entre las que destacan el desmelenado melodrama *Puerta cerrada,* sobre los amores entre una cantante de tangos ciega y un joven burgués; *Historia de una noche,* de la que hace una nueva versión veinticinco años después, y *La dama duende,* sobria adaptación del texto de Calderón de la Barca. La subida al poder del general Perón le hace emigrar a Europa, rueda en Francia cinco películas, entre las que hay que citar los eficaces policiacos *La neige était sale,* basada en una novela de Georges Simenon, y *Les louves,* sobre un relato de Boileu-Narcejac; y en España hace *La corona negra,* notable adaptación de un texto de Jean Cocteau que se sitúa entre sus mejores trabajos, y *El balcón de la luna,* anodina producción folclórica, cuyo único interés es reunir por primera y única vez a Lola Flores, Paquita Rico y Carmen Sevilla. De regreso a su país rueda la interesante *Las ratas,* para luego caer en un cine comercial carente de interés y trabajar cada vez menos.

1931 *Sombras.*
1935 *Crimen a las tres.*
1937 *La fuga.* / *Nace un amor.*
1939 *Puerta cerrada.* / *El loco.* / *Serenata.*
1940 *La casa de los recuerdos.*
1941 *Historia de una noche.*
1942 *Ceniza al viento.*
1943 *Eclipse de sol.* / *Los ojos más lindos del mundo.*
1945 *La dama duende.*
1946 *Cinco besos.* / *Camino del infierno.*
1948 *Historia de una mala mujer.*
1949 *Vidalita.*
1950 *La corona negra.*
1953 *La neige était sale.*
1957 *Les louves.*
1958 *Prémier mai.*
1959 *Ce corp tant désiré.*
1960 *Un pas en avant.*
1962 *El balcón de la luna.*
1963 *Las ratas.*
1964 *Historia de una noche.* / *Placeres conyugales* (Las mujeres los prefieren tontos).
1965 *La industria del matrimonio,* episodio de *Elixir de amor.*
1972 *Vení conmigo.*
1979 *El Fausto criollo.*

SAURA, Carlos *(Huesca, España, 1932)*

Abandona sus estudios de ingeniería industrial y periodismo para trabajar como fotógrafo y licenciarse en dirección en el Instituto de Investigaciones y Experiencias Cinematográficas con la práctica *Tarde de domingo* (1957). Debuta como guionista y director con *Los golfos,* excelente retrato realista de los jóvenes marginados, pero tiene graves problemas con la censura del general Franco, y *Llanto por un bandido,* biografía del bandolero andaluz José María *el Tempranillo,* pero sufre graves fallos de producción. El encuentro con el productor Elías Querejeta revoluciona su cine y le conduce por caminos intimistas, durante dieciséis años hacen trece películas que analizan los comportamientos de la burguesía bajo la dictadura del general Franco, tienen cierta repercusión en España y mucha más en el extranjero. Tras *La caza,* eficaz parábola política en torno a la guerra española, rueda la trilogía protagonizada por Geraldine Chaplin e integrada por la interesante *Peppermint frappé,* la fallida *Stress es tres, tres* y la teatral *La madriguera,* donde indaga sobre las relaciones hombre-mujer. Sobre guiones escritos en colaboración con Rafael Azcona analiza, con un lenguaje demasiado simbólico, los mecanismos de poder de la burguesía española en la fallida *El jardín de las delicias,* la críptica *Ana y los lobos* y la lograda *La prima Angélica*. El éxito de esta última y el final de la dictadura le llevan a obras más personales y mejores, que escribe en solitario: *Cría cuervos...*, sobre el mundo infantil; *Elisa, vida mía*, sobre las relaciones padre-hija; *Los ojos vendados*, sobre la tortura. Refleja gran cansancio creativo en *Mamá cumple cien años*, intento de comedia sobre los personajes de *Ana y los lobos*; *Deprisa, deprisa*, vuelta al ambiente de los jóvenes marginados de su primera película, y *Dulces horas*, irregular síntesis de sus temas intimistas, que cierran la etapa Querejeta. Alcanza su mayor éxito internacional con la trilogía musical formada por *Bodas de sangre*, sobre la obra teatral de Federico García Lorca; *Carmen*, sobre la ópera de Georges Bizet, y *El amor brujo*, sobre el *ballet* de Gregorio Martínez Sierra y Manuel de Falla, protagonizada y coreografiada por el bailarín Antonio Gades y producida por Emiliano Piedra. Entre medias realiza en México la ambiciosa y fallida coproducción *Antonieta*, en torno al debatido personaje de María Antonieta Rivas Mercado, y en España *Los zancos*, poco atractivo retorno a la etapa intimista. Vuelve a cambiar de registro en sus trabajos para el productor Andrés Vicente Gómez: la gran producción *El Dorado*, sobre la apasionante figura del controvertido conquistador americano Lope de Aguirre; la intimista *La noche oscura*, personal retrato de san Juan de la Cruz, y la tragicomedia sobre la guerra española *¡Ay, Carmela!*, que de nuevo escribe con Azcona, sobre la obra teatral de José Sanchís Sinisterra. Sus últimos trabajos son *Marathon*, un desigual documental, de demasiada duración, sobre la Olimpiada de Barcelona; el irregular policiaco *Dispara*, su primera película de género, sobre una novela del especialista Giorgio Scerbanenco, y el mediometraje musical *Sevillanas* (1994), borrador del ambicioso *Flamenco*, que tienen mucho más éxito internacional que nacional.

1959 *Los golfos.*
1963 *Llanto por un bandido.*
1965 *La caza.*
1967 *Peppermint frappé.*
1968 *Stress es tres, tres.*
1969 *La madriguera.*
1970 *El jardín de las delicias.*
1972 *Ana y los lobos.*
1973 *La prima Angélica.*
1975 *Cría cuervos...*
1977 *Elisa, vida mía.*
1978 *Los ojos vendados.*
1979 *Mamá cumple cien años.*
1980 *Deprisa, deprisa.*
1981 *Bodas de sangre. / Dulces horas.*
1982 *Antonieta.*
1983 *Carmen.*
1984 *Los zancos.*
1986 *El amor brujo.*
1987 *El Dorado.*
1988 *La noche oscura.*
1990 *¡Ay, Carmela!*
1992 *Marathon.*
1993 *Dispara.*
1995 *Flamenco.*
1996 *Taxi.*

SAUTET, Claude *(Montrouge, Francia, 1924)*
Interesado por la pintura y el cine, estudia en la escuela de artes decorativas y en el I. D. H. E. C., la escuela de cine de París. A principios de los años cincuenta escribe crítica de música en el diario *Combat* y dirige el cortometraje *Nous n'irons plus au bois* (1951), mientras empieza a trabajar como ayudante de dirección. La repentina muerte del realizador Robert Dhéry le lleva a debutar como director de largos con *Bonjour sourire*, un anodino trabajo de encargo. Entre cada una de sus primeras cuatro películas hay un intervalo de cinco años en que trabaja como guionista de prestigiosos realizadores como Alain Cavalier, Jacques Deray, Philippe de Broca, Georges Franju, Louis Malle y Jean-Paul Rappeneau. Tanto *A todo riesgo*, basado en una novela de Jose Giovanni, como *Armas para el Caribe*, adaptación de una narración de Charles Williams, son eficaces policiacos. Se da a conocer internacionalmente con una trilogía realizada a principios de la década de los sesenta, protagonizada por Romy Schneider y basada en guiones originales en los que siempre colabora está integrada por *Las cosas de la vida, Max y los chatarreros, Ella, yo y... el otro*, personales comedias dramáticas con abundantes diálogos en las que enfrenta a sólidos personajes femeninos y masculinos. En una línea muy similar se sitúan *Tres amigos, sus mujeres y... los otros, Mado y Una vida de mujer*, en las que analiza el comportamiento de sus habituales personajes dentro de su particular contexto social. Su per-

sonal estilo comienza a dar muestras de agotamiento en *Un mauvais fils* y *Garçon* hasta llegar a *Quelques jours avec toi*, su peor trabajo. Sin embargo, y tras un descanso de cuatro años, a principios de los noventa rueda sus obras maestras *Un corazón en invierno* y *Nelly y el señor Arnaud*, las más francesas de sus películas, unas metafísicas historias de amor plenamente conseguidas.
1955 *Bonjour sourire.*
1960 *Classe tous risques* (A todo riesgo).
1965 *L'arme à gauche* (Armas para el Caribe).
1970 *Les choses de la vie* (Las cosas de la vida).
1971 *Max et les ferrailleurs* (Max y los chatarreros).
1972 *César et Rosalie* (Ella, yo y... el otro).
1974 *Vincent, François, Paul et les autres* (Tres amigos, sus mujeres y... los otros).
1976 *Mado.*
1978 *Une histoire simple* (Una vida de mujer).
1980 *Un mauvais fils.*
1983 *Garçon.*
1988 *Quelques jours avec moi.*
1992 *Un coeur en hiver* (Un corazón en invierno).
1994 *Nelly et M. Arnaud* (Nelly y el señor Arnaud).

SAYLES, John *(Schenectady, Nueva York, Estados Unidos, 1950)*

Hijo de maestros de origen germano-irlandés, en 1972 se gradúa en psicología en el Williams College de Massachusetts. Trabaja como obrero de la construcción, enfermero en un hospital y en una fábrica de salchichas, mientras escribe cuentos, publica una novela y comienza a hacer guiones de encargo para el productor y realizador Roger Corman. Debuta como director con *Return of the Secaucus Seven,* que escribe, produce y dirige en 16 mm con muy poco dinero, sobre siete amigos que se reúnen, tras diez años sin verse, para recordar sus tiempos de actividad política, seguida de *Lianna,* que narra cómo una mujer casada y con dos hijos descubre que es lesbiana, y vuelve a hacer en similares condiciones económicas. Su relativo éxito le permite rodar para los estudios Paramount *Baby It's You,* en torno a las relaciones entre una muchacha judía de una familia acomodada y un muchacho católico de una familia obrera, pero su distribución es saboteada. Vuelve a las producciones independientes con *The Brother From Another Planet,* que trata de un extraterrestre negro perdido en el Metro de Nueva York, que cree que los *grafitti* son un código cifrado, gracias a la que obtiene un importante premio económico de la Fundación MacArthur. Siempre sobre guiones propios, dirige, y en buena parte también produce, *Matewan,* en torno a la organización de los sindicatos en una mina de carbón en los años veinte; *Eight Men Out,* sobre los miembros de un equipo de béisbol que se dejan sobornar, y *City of Hope,* que describe la vida de treinta y seis personas durante dos días en una ciudad ficticia. Su mejor película es *Peces de pasión,* en torno a las relaciones entre una estrella de la televisión que se ha quedado paralítica y su enfermera negra en Louisiana, que una vez más vuelve a escribir, dirigir, montar y coproducir. Mientras sigue publicando novelas, colaborando en guiones ajenos y haciendo breves papeles en películas de otros realizadores, realiza *The Secret of Roan Inish,* un policiaco familiar rodado en Irlanda.
1980 *Return of the Secaucus Seven.*
1983 *Lianna.* / *Baby It's You.*
1984 *The Brother From Another Planet.*
1987 *Matewan.*
1988 *Eight Men Out.*
1991 *City of Hope.*
1993 *Passion Fish* (Peces de pasión). / *The Secret of Roan Inish* (El secreto de la isla de las focas).
1995 *Lone Star.*

SCARAMOUCHE *(1952)*

La novela homónima de aventuras de Rafael Sabatini es origen de dos famosas producciones Metro-Goldwyn-Mayer. La primera versión es muda y la realiza Rex Ingram en 1923 con Ramón Novarro y Alice Terry. La segunda es esta producción, rodada en el brillante Technicolor de la época, dirigida con gran habilidad por el especialista en musicales George Sidney y protagonizada por cuatro irregulares actores, pero que hacen muy bien su trabajo. Narra cómo, en la Francia de 1789, el elegante y cínico aventurero André Moreau (Stewart Granger) debe esconderse entre los componentes de una compañía teatral, en la que trabaja su amada Lenore (Eleanor Parker), bajo la máscara de Scaramouche, para poder llegar a París y enfrentarse al temible marqués de Mayne (Mel Ferrer) para vengar a un amigo, en el momento del comienzo de la Revolución francesa. Dentro de esta movida historia de capa y espada destaca la excelente escena del duelo entre Stewart Granger y Mel Ferrer, el tradicional enfrentamiento entre el bueno y el malo, desarrollada en todos los lugares de un teatro a lo largo de siete minutos.

Director: *George Sidney*. Guionistas: *Ronald Millar, George Froeschel*. Fotografía: *Charles Rosher*. Música: *Victor Young*. Intérpretes: *Stewart Granger, Eleanor Parker, Mel Ferrer, Janet Leigh, Henry Wilcoxon, Nina Foch, Lewis Stone*. Producción: *Carey Wilson para Metro-Goldwyn-Mayer*. Color. Duración: *115'*. Estados Unidos.

SCARFACE, EL TERROR DEL HAMPA
(Scarface, Shame of a Nation, 1932)

Tras sentar a finales del período mudo las bases del cine de gángsters Josef von Sternberg con *La ley del hampa* (Underworld, 1927), se convierte en un subgénero con características propias con la llegada del sonoro y en buena medida gracias al éxito de esta producción. Tomando como punto de partida la vida de Al Capone y la historia de los Borgia, el reputado guionista Ben Hecht escribe, con la colaboración, entre otros, del novelista William R. Burnett, la biografía del sanguinario gángster Tony Camonte (Paul Muni), enamorado de su hermana Cesca Camonte (Ann Dvorak), en el Chicago de los años de la prohibición alcohólica. Dirigida con gran sabiduría por Howard Hawks y coproducida en colaboración con el multimillonario Howard Hughes, tiene el gran aliciente de estar rodada cuando los hechos todavía son recientes y entrelazar con habilidad el rigor documental y el clima de tragedia, pero el realismo conseguido les hace tener graves dificultades con la censura. Aparte de numerosas modificaciones, y solo poder insinuar las relaciones incestuosas, se ruedan tres finales: en el original Tony Camonte muere bajo las balas de una banda rival; en el proyectado en Estados Unidos es arrestado, juzgado y condenado; y hay un tercero donde muere en un enfrentamiento con la policía. Cincuenta años después Brian de Palma realiza la nueva y larga versión *El precio del poder* (Scarface, 1983), con Al Pacino, Michelle Pfeiffer, Mary Elizabeth Mastrantonio, sobre guión del más tarde también realizador Oliver Stone, cuyo máximo aliciente es estar ambientada entre los exiliados cubanos en Miami.

Director: *Howard Hawks*. Guionistas: *Ben Hecht, Seton I. Miller, John Lee Mahin, William R. Burnett, Fred Pasley*. Fotografía: *Lee Garmes, L. W. O'Connell*. Música: *Adolph Tandler, Gus Arnheim*. Intérpretes: *Paul Muni, Ann Dvorak, George Raft, Boris Karloff, Osgood Perkins, Karen Morley*. Producción: *Howard Hughes y Howard Hawks para Atlantic Pictures/United Artists*. Duración: *99'*. Estados Unidos.

SCHEIDER, Roy *(Orange, New Jersey, Estados Unidos, 1932)*

Estudia en el Franklin & Marshall College de Pennsylvania, asiste a cursos de arte dramático en la Lincoln Center Repertory Company y a finales de los años cincuenta debuta como actor de teatro. En cine comienza haciendo mínimos papeles en la década de los sesenta y no se da a conocer hasta que llega el éxito de *Contra el imperio de la droga*. Tras intervenir en las producciones francesas *El atentado* y *Funeral en Los Ángeles*, desde mediados de los años setenta hasta mediados de los ochenta interviene en grandes producciones como *Tiburón, Marathon Man, Carga maldita, El trueno azul, 2010: Odisea dos,* entre las que destaca el musical *Empieza el espectáculo*, de Bob Fosse. Posteriormente comienza a trabajar menos y en películas con un mínimo atractivo.

1964 *The Curse of the Living Corpse*, de Del Tenney.
1968 *Paper Lion*, de Alex March. / *Star* (La estrella), de Robert Wise.
1969 *Stiletto* (El precio del placer), de Bernard L. Kowalski.
1970 *Loving*, de Irving Kershner. / *Puzzle of a Downfall Child* (Confesiones de una modelo), de Jerry Schatzberg.
1971 *Klute*, de Alan J. Pakula. / *The French Connection* (Contra el imperio de la droga), de William Friedkin.
1972 *L'attentat* (El atentado), de Yves Boisset.
1973 *Un homme est mort* (Funeral en Los Ángeles), de Jacques Deray. / *The Seven Ups* (Los implacables, patrulla especial 7), de Philip d'Antoni.
1974 *Sheila Levine Is Dead and Living in New York*, de Sidney J. Furie.
1975 *Jaws* (Tiburón), de Steven Spielberg.
1976 *Marathon Man*, de John Schlesinger.
1977 *Sorcerer* (Carga maldita), de William Friedkin.
1978 *Jaws 2* (Tiburón 2), de Jeannot Szwarc.
1979 *Last Embrace* (El eslabón del Niágara), de Jonathan Demme. / *All That Jazz* (Empieza el espectáculo), de Bob Fosse.
1982 *Still of the Night* (Bajo sospecha), de Robert Benton.
1983 *Blue Thunder* (El trueno azul), de John Badham.
1984 *2010* (2010: Odisea dos), de Peter Hyams.

1986 *The Men's Club* (Secretos indiscretos), de Peter Medak. / *52 Pick-Up* (52, vive o muere), de John Frankenheimer.
1989 *Cohen and Tate* (Cohen y Tate), de Eric Red. / *Listen to Me* (Escúchame), de Douglas Day Stewart. / *Night Game*, de Peter Masterson.
1990 *The Fourth War* (La cuarta guerra), de John Frankenheimer. / *The Russia House* (La casa Rusia), de Fred Schepisi.
1991 *Naked Lunch*, de David Cronenberg.
1994 *Romeo Is Bleeding*, de Peter Medak.

SCHLESINGER, John *(Londres, Reino Unido, 1926)*

Hijo de un médico especializado en pediatría, interrumpe sus estudios de arquitectura para combatir en la II Guerra Mundial y entra en contacto con el mundo artístico al organizar espectáculos para el ejército. Finalizada la contienda prosigue sus estudios en la Universidad de Oxford, interviene como actor en el teatro universitario y rueda películas *amateur*. En 1957 se incorpora a la cadena de televisión B. B. C. y desarrolla una gran actividad como realizador de series, programas dramáticos y documentales. Después de rodar algunos cortometrajes, el éxito de *Terminus* (1961), ganador del León de Oro de la Mostra de Venecia, que describe en el estilo realista característico del movimiento *free cinema* la vida cotidiana en la Waterloo Station de Londres, le hace asociarse con el productor Joseph Janni para desarrollarlo en los largos *Esa clase de amor*, melodrama sobre la vida de una comunidad del norte del Reino Unido; *Billy, el embustero*, adaptación de una obra teatral de Keith Waterhouse y Willis Hall; *Darling*, una amarga historia de Frederic Raphael que lanza a la actriz Julie Christie, y *Lejos del mundanal ruido*, versión de la obra clásica de Thomas Hardy. Su gran éxito es *Cowboy de medianoche*, su primera película norteamericana, la historia de dos amigos que tratan de sobrevivir en el submundo del vicio neoyorquino, primera producción clasificada X —la más dura sanción moral impuesta por la industria cinematográfica en Estados Unidos— que gana varios Oscars. A partir de este momento divide su actividad entre el Reino Unido, donde hace obras más personales y mejores: *Domingo, maldito domingo*, uno de los primeros acercamientos a la homosexualidad en una película comercial; *Yanquis*, retrato de un tradicional pueblo inglés durante la II Guerra Mundial, a través de las relaciones que se establecen entre sus habitantes y los soldados norteamericanos; *Madame Sousatzka,* adaptación de una novela de Berenice Rubens sobre las relaciones entre una profesora de piano y uno de sus alumnos, y *El inocente*, adaptación de la novela homónima de Ian McEvans. Y Estados Unidos, donde cada vez rueda mejor obras menos personales y comerciales: *Como plaga de langosta,* adaptación de la novela de Nathanael West sobre el mundo del cine en clave de película de catástrofe; *Marathon Man*, policiaco de éxito escrito por William Goldman a partir de su propia novela; *El juego del halcón*, sobre el mundo de los servicios secretos; *Los creyentes,* un policiaco que narra cómo un psiquiatra indaga sobre las actuaciones de una secta de fanáticos; *De repente, un extraño*, en que la vida de una joven pareja se ve amenazada por la presencia de un terrible inquilino, y *Ojo por ojo,* una incitación a tomarse la justicia por la mano.

1962 *A Kind of Loving* (Esa clase de amor).
1963 *Billy Liar* (Billy, el embustero).
1965 *Darling*.
1967 *Far From the Madding Crowd* (Lejos del mundanal ruido).
1969 *Midnight Cowboy* (Cowboy de medianoche).
1971 *Sunday, Bloody Sunday* (Domingo, maldito domingo).
1973 *Visions of Eight*, un episodio.
1975 *The Day of the Locust* (El día de la langosta).
1976 *Marathon Man*.
1979 *Yanks* (Yanquis).
1981 *Honky Tonk Freeway* (Desmadre en la autopista).
1985 *The Falcon and the Snowman* (El juego del halcón).
1987 *The Believers* (Los creyentes).
1988 *Madame Sousatzka*.
1990 *Pacific Heights* (De repente, un extraño).
1993 *The Innocent* (El inocente).
1996 *Eye for an Eye* (Ojo por ojo).

SCHLÖNDORFF, Volker *(Wiesbaden, Alemania, 1939)*

Perteneciente a una adinerada familia de médicos, desde los quince años estudia en París. Tras abandonar económicas, se matricula en los cursos de dirección del I. D. H. E. C., la escuela de cine de París, y enseguida comienza a trabajar como ayudante de dirección de Jean-Pierre Melville, Alain Resnais y, sobre todo, Louis

Malle. Debuta como realizador con *El joven Törless,* adaptación de la novela homónima de Robert Musil, premiada en el Festival de Cannes y que tiene una amplia difusión por los circuitos de exhibición en versión original subtitulada. Prosigue por el camino de las eficaces pero demasiado asépticas adaptaciones con *El rebelde,* sobre Heinrich von Kleist; *El honor perdido de Katharina Blum,* sobre Heinrich Böll; *Tiro de gracia,* sobre Marguerite Yourcenar, y *El tambor de hojalata,* sobre Günter Grass, que gana la Palma de Oro del Festival de Cannes y el Oscar reservado a la producción extranjera. Entre las que también rueda sobre guiones propios *Mord und Totschlag, La repentina riqueza de los pobres de Kombach,* y *Fuego de paja,* escrita en colaboración con la realizadora Margarethe von Trotta, pero tienen un similar tono académico. Tras *Círculo de engaños,* rodada en plena guerra de Beirut, sobre un libro de Nicolas Born, y *Un amor de Swan,* adaptación imposible de la obra de Marcel Proust, un proyecto que no logran hacer ni Luchino Visconti ni Joseph Losey, comienza su carrera norteamericana. Tanto *La muerte de un viajante,* nueva versión de la famosa obra teatral de Arthur Miller, como *Viejos recuerdos de Louisiana,* sobre una novela de Ernest J. Gaines, están hechas para televisión por cable, pero en Europa se distribuyen en salas cinematográficas. Frente a la irregular *El cuento de la doncella,* una producción inglesa con guión del dramaturgo Harold Pinter, tiene gran interés *El viajero,* eficaz adaptación de la novela *Homo Faber,* de Max Frisch, con un conseguido tono existencialista y ambientada a mediados de los años cincuenta.

1966 *Der junge Törless* (El joven Törless).
1967 *Mord und Totschlag.*
1969 *Michael Kohlhaas der Rebell* (El rebelde).
1970 *Der Plötzliche Reichtum der armen Leute von Kombach* (La repentina riqueza de los pobres de Kombach).
1971 *Die Moral der Ruth Halbfass.*
1972 *Strohfeuer* (Fuego de paja).
1975 *Die Verlorene Ehre der Katharina Blum* (El honor perdido de Katharina Blum).
1976 *Der Fangschuss* (Tiro de gracia).
1977 *Nur zum Apass – nur um Spiel, Kaleidoskope Valeska Gert.*
1978 *Deutschland in Herbst* (Alemania en otoño), un episodio.
1979 *Die Blechtrommel* (El tambor de hojalata).
1980 *Der Kandidat,* un episodio.
1981 *Die Fälschung* (Círculo de engaños).
1982 *Krieg und Frieden,* un episodio.
1983 *Eine Liebe Von Swan* (Un amor de Swan).
1985 *Death of a Salesman* (Muerte de un viajante).
1987 *A Gathering of Old Men* (Viejos recuerdos de Louisiana).
1989 *The Handmaid's Tale* (El cuento de la doncella).
1991 *The Voyager* (El viajero).

SCHMID, Daniel *(Films, Suiza, 1941)*

Perteneciente a una familia de hoteleros del cantón de Grisons, estudia historia, literatura, política y arte en Berlín occidental y en la Universidad de Berkeley, Estados Unidos, e ingresa en la Academia Alemana de Cine y Televisión. Después de realizar algunos cortometrajes para la televisión alemana y, sobre todo, de trabajar como actor en pequeños papeles en películas de Rainer Werner Fassbinder, Werner Schroeter y Hans Jürgen Syberberg, debuta como director de largo con *Esta noche o nunca,* interesante parábola sobre las relaciones entre amos y criados a partir de la tradición bohemia de intercambiar los papeles durante una noche. Su mayor éxito es *La paloma,* que, lejos de todo realismo, con gran barroquismo, narra los amores entre la cantante Viola Schump y el conde Isidor Palewski. Es acusado de antisemitismo por *La sombra de los ángeles,* basada en una obra de teatro de Fassbinder adaptada y protagonizada por él; una compleja fábula social sobre el dinero, el poder y el sexo, hecha a través de la historia de una prostituta a la que pagan sus clientes solo para que les escuche. Cada vez más cerca del melodrama rueda *Violanta,* adaptación de una novela de Conrad-Ferdinand Meyer en torno al tema del incesto, y *Hecate,* basada en una olvidada novela de Paul Morand. Entre las que se sitúan el falso documental *Notre Dame de la Croisette* e *Il bacio di Tosca,* documento que describe el ambiente de un asilo para cantantes líricos. Entre sus últimas películas destaca la titulada *Zwischensaison,* donde, con una fuerte carga autobiográfica, narra la historia de un hombre que regresa a los lugares donde pasó su infancia.

1972 *Heute Nacht oder Nie* (Esta noche o nunca).
1974 *La paloma.*
1976 *Schatten der Engel* (La sombra de los ángeles).
1977 *Violanta.*

1981 *Notre Dame de la Croisette.*
1982 *Hecate.*
1984 *Il bacio di Tosca.*
1986 *Jenatsch.*
1991 *Les amateurs.*
1992 *Zwischensaison.*

SCHNEIDER, Romy *(Rosemarie Albach-Retty. Viena, Austria, 1938-París, Francia, 1982)*

Hija de los actores Wolf Albach-Retty y Magda Schneider, estudia en las escuelas Orth, de Gmunden, y Golderstein, de Salzburgo, y a los quince años debuta como actriz de cine junto a su madre. Durante la década de los cincuenta se hace famosa protagonizando empalagosas comedias románticas vienesas dirigidas por Ernst Marischka, *Los jóvenes años de una reina, La panadera y el emperador,* y sobre todo la trilogía imperial formada por *Sissi, Sissi emperatriz* y *El destino de Sissi.* Entre sus dieciocho películas austriacas solo destaca el ácido melodrama *Monpti,* de Helmut Käutner. Sin embargo, durante el rodaje de la producción francesa *Amoríos,* comienza un idilio con Alain Delon que varía por completo su vida y su carrera. Tras hacer un pequeño papel en el excelente policiaco *A pleno sol,* de René Clément, en 1961 protagoniza junto a él en París la obra de teatro *Lástima que sea una puta,* del autor isabelino John Ford, y un episodio de *Boccaccio 70,* ambos bajo la dirección de Luchino Visconti, y se lanza a una espectacular carrera internacional. Rueda en inglés *El proceso,* de Orson Welles; la superproducción *Los vencedores;* la interesante *El cardenal,* de Otto Preminger; las fallidas comedias *Préstame tu marido* y *¿Qué tal, Pussycat?,* y la adaptación de una novela de Marguerite Duras, *10:30 P.M. Summer,* de Jules Dassin. El éxito del policiaco *La piscina,* de Jacques Deray, le hace quedarse en Francia y convertirse en los años setenta en una estrella a través de sus colaboraciones con Claude Sautet en *Las cosas de la vida, Max y los chatarreros, Ella, yo... y el otro, Mado* y *Una vida de mujer,* además de con Pierre Granier-Deferre en *Anna Kauffman,* Francis Girod en *El trío infernal,* Claude Chabrol en *Inocentes con manos sucias* y Costa-Gavras en *Claire de femme.* También rueda en Italia *La califa,* de Alberto Bevilacqua, *Luis II de Baviera,* de Luchino Visconti; donde da una nueva visión del personaje de Sissi, y *Fantasma de amor,* de Dino Risi. Entre sus últimas películas destaca el policiaco *Garde à vous,* de Claude Miller. Se suicida a los cuarenta y cuatro años, convertida en una de las grandes actrices europeas, después de la trágica muerte de su único hijo.

1953 *Wenn der weisse Flieder wieder blütch* (Lilas blancas), de Hans Deppe.
1954 *Feuerwerk* (Sueños de circo), de Kurt Hoffman. / *Mädchenjahre einer Königin* (Los jóvenes años de una reina), de Ernst Marichka.
1955 *Die Deutschmeister* (La panadera y el emperador), de Ernst Marichka. / *Der letzte Mann* (La joven heredera), de Harald Braun. / *Sissi,* de Ernst Marichka.
1956 *Kitty und die grosse Welt* (Kitty), de Alfred Weidenmann. / *Sissi die junge Kaiserin* (Sissi emperatriz), de Ernst Marichka.
1957 *Robinson soll nicht sterben* (Robinson), de Josef von Baky. / *Sissi schick salsjahre einer Kaiserin* (El destino de Sissi), de Ernst Marichka.
1958 *Scampolo* (Llévame contigo), de Alfred Weidenmann. / *Mädchen in Uniform* (Corrupción en el internado), de Geza von Radvanyi. / *Der Halbzarten,* de Rolf Thiele. / *Christine* (Amoríos), de Pierre Gaspard-Huit.
1959 *Mademoiselle Ange* (Mademoiselle Ángel), de Geza von Radvanyi. / *Katia,* de Robert Siodmak. / *Die schöne Lügnerin* (La bella mentirosa), de Axel von Ambessert. / *Plein soleil* (A pleno sol), de René Clément. / *Monpti,* de Helmut Käutner.
1960 *Die sendung der Lysistrata,* de Fritz Körtner.
1962 *Boccaccio 70,* episodio de Luchino Visconti. / *Le combat dand l'île,* de Alain Cavalier. / *The Trial* (El proceso), de Orson Welles.
1963 *The Victors* (Los vencedores), de Carl Foreman. / *The Cardinal* (El cardenal), de Otto Preminger. / *L'amour à la mer,* de Guy Gilles.
1964 *Good Neighbor Sam* (Préstame tu marido), de David Swift.
1965 *What's New Pussycat?* (¿Qué tal, Pussycat?), de Clive Donner.
1966 *10:30 P.M. Summer,* de Jules Dassin. / *La voleuse* (La ladrona), de Jean Chapot. / *Triple Cross,* de Terence Young.
1968 *Otley* (Sin balas y disparando), de Dick Clement. / *La piscine* (La piscina), de Jacques Deray.
1969 *My Love, My Son* (Mi hijo, mi amor), de John Newland.
1970 *Les choses de la vie* (Las cosas de la vida), de Claude Sautet. / *Qui?* (¿Quién?), de Léonard Kiegel. / *Bloomfield* (El ídolo caído), de Richard Harris. / *La califfa* (La califa), de Alberto Bevilacqua.
1971 *Max et les ferrailleurs* (Max y los chatarreros), de Claude Sautet.

1972 *The Assassination of Trotsky* (El asesinato de Trotsky), de Joseph Losey. / *Ludwig* (Luis II de Baviera), de Luchino Visconti. / *César et Rosalie* (Ella, yo y... el otro), de Claude Sautet.
1973 *Le train* (Anna Kauffman), de Pierre Granier-Deferre. / *Un amour de pluie* (Un amor de lluvia), de Jean Claude Brialy.
1974 *Le trio infernal* (El trío infernal), de Francis Girod. / *L'important c'est d'aimer* (Lo importante es amar), de Andrzej Zulawski. / *Le mouton enragé* (El trepa), de Michel Deville.
1975 *Le vieux fusil* (El viejo fusil), de Robert Enrico. / *Les innocents aux mains sales* (Inocentes con manos sucias), de Claude Chabrol.
1976 *Une femme à sa fenêtre* (Una mujer en la ventana), de Pierre Granier-Deferre. / *Mado*, de Claude Sautet.
1977 *Gruppenbild mit Dame*, de Aleksander Petrovic.
1978 *Une histoire simple* (Una vida de mujer), de Claude Sautet.
1979 *Blood Line* (Lazos de sangre), de Terence Young. / *Clair de femme*, de Costa-Gavras.
1980 *Death Watch* (La muerte en directo), de Bertrand Tavernier. / *La banquière* (La banquera), de Francis Girod.
1981 *Garde à vue*, de Claude Miller. / *Fantasma d'amore* (Fantasma de amor), de Dino Risi.
1982 *La passante du Sans-Souci* (Testimonio de mujer), de Jacques Rouffio.

SCHRADER, Paul (*Grand Rapids, Michigan, Estados Unidos, 1946*)

Educado en el más estricto calvinismo, estudia teología en un seminario y solo descubre el cine, prohibido por la secta a la que pertenece su familia, cuando a los dieciocho años va a estudiar a la Universidad de California. Este descubrimiento varía su vida, a partir de este momento estudia cine, publica críticas de películas en diferentes revistas y el libro *Trascendental Style in Films: Ozu, Bresson, Dreyer* (1972). No tarda en convertirse en un reputado guionista por sus trabajos para, entre otros, Sydney Pollack en *Yakuza* (The Yakuza, 1975), Brian de Palma en *Fascinación* (Obsession, 1976), Peter Weir en *La costa de los mosquitos* (The Mosquito Coast, 1986), y sobre todo, Martin Scorsese en *Taxi Driver* (1976), *Toro salvaje* (Raging Bull, 1980) y *La última tentación de Cristo* (The Last Temptation of Christ, 1988), además de escribir casi todos los guiones de sus propias películas. De manera paralela empieza a dirigir historias cada vez más personales donde mezcla con gran habilidad sus obsesiones religiosas, eróticas y cinematográficas, dentro de un estilo muy particular en el que se advierte la influencia de sus grandes maestros. Tras la irregular *Blue Collar*, ambigua denuncia de la corrupción sindical en una fábrica de automóviles de Detroit, comienza a llamar la atención con *Un mundo oculto*, que narra la angustia de un padre calvinista que busca a su hija en el mundillo de la pornografía; *American Gigolo*, brillante descripción de la vida de un gigoló de lujo, y *El beso de la pantera*, nueva versión situada a la misma altura que la fascinante *La mujer pantera* (Cat People, 1942), de Jacques Tourneur. Su cine baja de nivel con *Mishima*, larga biografía del escritor japonés Yukio Mishima y resumen de sus principales novelas; *Light of Day*, una fallida comedia dramática en torno a la educación familiar; *Patty Hearst*, sobre el secuestro de la hija del conocido multimillonario por la Symbionese Liberation Army, y *El placer de los extraños*, irregular adaptación de la novela de Ian McEwan sobre las vicisitudes de dos turistas ingleses en Venecia. A pesar de su fracaso de público, su obra maestra es *Posibilidades de escape*, que dentro de una estructura policiaca narra cómo un *camello* busca una peculiar forma de redención en un Nueva York cada vez más invadido por la basura.

1978 *Blue Collar*.
1979 *Hardcore* (Un mundo oculto).
1980 *American Gigolo*.
1982 *Cat People* (El beso de la pantera).
1984 *Mishima*.
1987 *Light of Day*.
1988 *Patty Hearst*.
1990 *The Comfort of Strangers* (El placer de los extraños).
1992 *Light Sleeper* (Posibilidades de escape).

SCHROEDER, Barbet (*Teherán, Irán, 1941*)

Hijo de un geólogo, nace en Irán por casualidad; sigue a su padre en sus búsquedas de yacimientos petrolíferos por medio mundo y en especial por Latinoamérica. Licenciado en filosofía por la Universidad de la Sorbona, París, es colaborador de la revista especializada *Cahiers du Cinéma*, empresario de *jazz* y actor de cine ocasional. En 1964 funda la productora Les Films du Losange con la que financia, entre otras, la serie *Cuentos morales* de Éric Rohmer, *La maman et la putaine* (1973), de Jean Eustache; *Céline y Julie van en barco* (Céline et Julie vont en bateau, 1974), de Jacques Rivette, y sus producciones francesas. Cuatro de las seis películas que rueda en Francia se sitúan entre la ficción y el documental: *More,* una dramática historia de amor y droga ambientada en Ibiza; *El valle,* sobre las aventuras de un grupo de seis personas que buscan en Australia un idílico valle; *Maîtresse,* minuciosa descripción de una relación sadomasoquista, y *Tricheurs,* que gira en torno al mundo del juego. Las otras dos son documentales: *Général Idi Amin Dada,* curioso retrato del peculiar dictador de Uganda, y *Koko, le gorille qui parle,* intento de comunicación con un gorila a través del lenguaje de los sordomudos. La segunda parte de su obra se desarrolla en Estados Unidos, ya completamente apartado de la producción, y después de *El borracho,* una historia sobre el alcoholismo basada en un guión autobiográfico del novelista Charles Bukowski, se pasa al género policiaco con *El misterio Von Bulow,* su mayor éxito, que parte de hechos reales para narrar cómo un exquisito aristócrata alemán es acusado de matar a su rica mujer norteamericana; *Mujer blanca, soltera, busca...,* una narración psicológica basada en el enfrentamiento entre dos jóvenes; *El sabor de la muerte,* nueva versión del clásico del género *El beso de la muerte* (Kiss of Death, 1947), de Henry Hathaway, y *Antes y después,* una irregular historia familiar de tesis.

1969 *More.*
1972 *La vallée* (El valle).
1974 *Général Idi Amin Dada.*
1975 *Maîtresse.*
1977 *Koko, le gorille qui parle.*
1984 *Tricheurs.*
1987 *Barfly* (El borracho).
1990 *Reversal of Fortune* (El misterio Von Bulow).
1992 *Single White Female* (Mujer blanca, soltera, busca...).
1994 *Kiss of Death* (El sabor de la muerte).
1995 *Before and After* (Antes y después).

SCHUMACHER, Joel *(Nueva York, Estados Unidos, 1951)*

Mientras trabaja en los grandes almacenes de Henri Bendel, estudia diseño de moda en la escuela de Parson y más tarde abre una *boutique* propia y diseña ropa y embalaje para la casa Revlon. Entra en el cine como diseñador de vestuario de películas de Woody Allen, Paul Mazursky y Herbert Ross, después escribe guiones y realiza unos cuantos telefilms. Debuta como director de cine con *The Incredible Shrinking Woman,* nueva versión del clásico de ciencia-ficción *El increíble hombre menguante* (The Incredible Shrinking Man, 1957), de Jack Arnold, pero es un fracaso que queda muy lejos del original y le mantiene cuatro años apartado del cine. Su verdadera carrera comienza con irregulares resultados en *St. Elmo, punto de encuentro,* un melodrama sobre el paso a la actividad profesional de seis universitarios que se reúnen regularmente en un bar, y *Jóvenes ocultos,* donde mezcla el vampirismo con las pandillas urbanas. Su primera película interesante es *Un toque de infidelidad,* nueva versión de la producción francesa *Cousin, cousine* (1975), de Jean-Charles Tacchella, una comedia sentimental sobre dos parejas unidas por lazos de parentesco que se ven en ceremonias familiares. Durante la primera mitad de los años noventa trabaja con regularidad y desiguales resultados en las fallidas *Línea mortal,* una fantasía sobre cinco estudiantes de medicina que quieren saber qué hay más allá de la muerte, y *Elegir un amor,* un convencional melodrama sentimental; pero también hace los interesantes policiacos *Un día de furia,* original alegato contra la violencia ciudadana, y *El cliente,* buena adaptación de una novela de John Grisham sobre las relaciones entre una abogada ex alcohólica y un niño acosado. Tiene menos atractivo *Batman vuelve,* tercera entrega de la serie basada en los cómics creados en 1939 por Bob Kane.

1981 *The Incredible Shrinking Woman.*
1985 *St. Elmo's Fire* (St. Elmo, punto de encuentro).
1987 *The Lost Boys* (Jóvenes ocultos).
1989 *Cousins* (Un toque de infidelidad).
1990 *Flatliners* (Línea mortal).
1991 *Dying Young* (Elegir un amor).
1993 *Falling Down* (Un día de furia).
1994 *The Client* (El cliente).
1995 *Batman Forever* (Batman vuelve).
1996 *A Time to Kill* (Tiempo de matar).

SCHWARZENEGGER, Arnold *(Graz, Austria, 1947)*

Mientras estudia economía y empresariales en la Universidad de Wisconsin, llega a ser tres veces Míster Universo y siete Míster Olympia. Tras hacer un papel importante en la interesante *El gran guardaespaldas* e intervenir en el documental culturista *Pumping Iron*, se convierte en la gran estrella de las producciones violentas de la década de los ochenta con *Conan, el bárbaro* y *Conan, el destructor*. El éxito de *Terminator, Ejecutor* y *Depredador* le lleva a intentar demostrar que es un buen actor protagonizando, bajo la dirección del irregular Ivan Reitman, las fallidas comedias *Los gemelos golpean dos veces*, *Poli de guardería* y *Junior*, género para el que no está dotado. Sus mejores películas son *Desafío total* y *Mentiras arriesgadas*.

1970 *Hercules in New York* (Hércules en Nueva York), de Arthur Allan Seidelman.
1973 *The Long Goodbye* (El largo adiós), de Robert Altman.
1976 *Stay Hungry* (El gran guardaespaldas), de Bob Rafelson. / *Pumping Iron*, de George Butler y Robert Fiore.
1979 *The Villain* (Cactus Jack), de Hal Needham. / *Scavenger Hunt* (Tonto el último), de Michael Schultz.
1982 *Conan the Barbarian* (Conan, el bárbaro), de John Milius.
1984 *Conan the Destroyer* (Conan, el destructor), de Richard Fleischer. / *The Terminator* (Terminator), de James Cameron.
1985 *Red Sonja* (El guerrero rojo), de Richard Fleischer. / *Commando* (Comando), de Mark L. Lester.
1986 *Raw Deal* (Ejecutor), de John Irvin.
1987 *Predator* (Depredador), de John McTiernan. / *The Running Man* (Perseguido), de Paul Michael Glaser.
1988 *Red Heat* (Danko, calor rojo), de Walter Hill. / *Twins* (Los gemelos golpean dos veces), de Ivan Reitman.
1990 *Total Recall* (Desafío total), de Paul Verhoeven. / *Kindergarten Cop* (Poli de guardería), de Ivan Reitman.
1991 *Terminator 2: Judgement Day* (Terminator 2: el día del Juicio), de James Cameron.
1993 *The Last Action Hero* (El último gran héroe), de John McTiernan.
1994 *True Lies* (Mentiras arriesgadas), de James Cameron. / *Junior*, de Ivan Reitman.
1996 *Eraser* (Eliminador), de Charles Russell.

SCHYGULLA, Hanna *(Königshütte, Polonia, 1943)*

Descubierta en 1966 por el director de teatro, cine y televisión Rainer Werner Fassbinder durante un curso de arte dramático, la incorpora a su compañía Action-Theater, se convierte en su musa y trabajan juntos en varios montajes teatrales, producciones para televisión y catorce películas, entre las que hay que señalar *Las amargas lágrimas de Petra von Kant, Fontane Effi Briest, El matrimonio de María Braun* y *Una canción... Lili Marleen*. También destaca su trabajo con los realizadores alemanes Peter Fleischmann en *Escenas de caza en la Baja Baviera;* Reinhardt Hauff en *Mathias Kneissl;* Wim Wenders en *Falso movimiento;* Volker Schlöndorff en *Círculo de engaños,* y Margarethe von Trotta en *Locura de mujer*. Sus éxitos en la República Federal Alemana la llevan a intervenir en varias producciones internacionales: *Antonieta*, del español Carlos Saura; *La noche de Varennes*, del italiano Ettore Scola; *Historia de Piera*, del italiano Marco Ferreri; *Un amor en Alemania*, del polaco Andrzej Wajda; *Miss Arizona*, del húngaro Pal Sandor, y *Morir todavía*, del inglés Kenneth Branagh.

1969 *Liebe ist Kälter Als der Tod* (El amor es más frío que la muerte), de Rainer Werner Fassbinder. / *Der Bräutigam, die Komödiantin und der Zuhälter*, de Jean-Marie Straub. / *Katzelmacher* (Fabricante de gatitos), de Rainer Werner Fassbinder. / *Götter der Pest* (Los dioses de la peste), de Rainer Werner Fassbinder. / *Warun Läuft Herr R. Amok?* (¿Por qué corre el Sr. R. poseído de locura homicida?), de Rainer Werner Fassbinder. / *Jagdszenen aus Niederbayern* (Escenas de caza en la Baja Baviera), de Peter Fleischmann.
1970 *Rio das Mortes*, de Rainer Werner Fassbinder. / *Whity*, de Rainer Werner Fassbinder. / *Die Niklashauser Fahrt* (El viaje de Niklashauser), de Rainer Werner Fassbinder. / *Warnung von einer Heiligen Nutte* (Advertencia contra una puta santa), de Rainer Werner Fassbinder. / *Mathias Kneissl*, de Reinhard Hauff. / *Kuckusksei im Gangsternest*, de Frank Joseph Spieker.
1971 *Der Händler der vier Jahreszeiten* (El mercader de las cuatro estaciones), de Rainer Werner Fassbinder. / *Jakob von Günten*, de Peter Lilienthal. / *Das Haus am Meer*, de Reinhard Hauff.
1972 *Die Bitteren Traden der Petra von Kant* (Las amargas lágrimas de Petra von Kant), de Rainer Werner Fassbinder.
1974 *Fontane Effi Briest*, de Rainer Werner Fassbinder. / *Falsche Bewegung* (Falso movimiento), de Wim Wenders.
1975 *Ansichten eines Clowns*, de Vojtech Jasny. / *Der Stumme*, de Gaudeuz Meili.
1977 *Die Dämonen*, de Klaus Peter Witt. / *Die Heimkehr des alten Herrn*, de Vojtech Jasny.
1978 *Aussagen nach einer Verhauftung*, de George Moorse. / *Die grosse Flatter*, de Marianne Lüdke. / *Die Ehe der Maria Braun* (El matrimonio de María Braun), de Rainer Werner Fassbinder.

1979 *Die Dritte Generation* (La tercera generación), de Rainer Werner Fassbinder.
1980 *Lili Marleen* (Una canción... Lili Marleen), de Rainer Werner Fassbinder.
1981 *Die Fälschung* (Círculo de engaños), de Volker Schlöndorff.
1982 *Il mondo nuovo* (La noche de Varennes), de Ettore Scola. / *Passion* (Pasión), de Jean-Luc Godard. / *Heller Wahn* (Locura de mujer), de Margarethe von Trotta. / *Antonieta*, de Carlos Saura.
1983 *Storia di Piera* (Historia de Piera), de Marco Ferreri. / *Eine Liebe in Deutschland* (Un amor en Alemania), de Andrzej Wajda.
1984 *Il futuro è donna* (El futuro es mujer), de Marco Ferreri.
1986 *The Delta Force* (Delta Force), de Menahem Golan. / *Forever Lulu*, de Amos Kollek.
1988 *Miss Arizona*, de Pal Sandor.
1990 *Aventure de Catherine C*, de Pierre Beuchot. / *Abraham Gold*, de Graser.
1991 *Dead Again* (Morir todavía), de Kenneth Branagh.

SCOLA, Ettore *(Trevico, Italia, 1931)*

Mientras estudia derecho comienza a colaborar en el famoso semanario humorístico *Marc'Aurelio* y en la radio. Después de trabajar como *gagman*, en 1954 comienza a escribir guiones, casi siempre con Ruggero Maccari, y no tarda en convertirse en un reputado profesional que en diez años participa en más de cincuenta guiones. Debuta como torpe realizador de comedias con *Se permettete parliamo di donne*, colección de episodios protagonizados por Vittorio Gassman, seguida de las mediocres *El millón de dólares, El diablo enamorado* y las más atractivas *Riusciranno i nostri eroi a ritrovare l'amico misteriosamente scomparso in Africa?* y *El comisario y la proxeneta*. Más interés tienen las comedias de costumbres *El demonio de los celos, Un italiano en Chicago* y *La più bella serata della mia vita,* basada en una obra de Friedrich Dürrematt, entre las que se sitúa el documental *Trevico-Torino: viaggio nel Fiat-Nam,* sobre el drama de la inmigración interior. Su primer éxito es *Una mujer y tres hombres,* amarga crónica de la historia de Italia desde la posguerra hasta los años setenta, narrada a través de un grupo de amigos de izquierdas, al que sigue *Una jornada particular,* sobre la amistad que nace entre un homosexual perseguido por los fascistas y un ama de casa durante el desfile celebrado en Roma para celebrar el viaje de Adolf Hitler a Italia. Convertido en uno de los grandes del cine italiano, aunque sus películas siempre son mucho más de guionistas que de director, trabaja con regularidad a pesar de la grave crisis que atraviesa el cine italiano. Sus películas menos atractivas son *Brutos, feos y malos,* excesiva comedia sobre una numerosísima familia de emigrantes que vive en los suburbios de Roma; *Entre el amor y la muerte,* extraño drama ambientado en el siglo XIX; *La sala de baile,* aburrido musical que narra los últimos cincuenta años de historia de Francia a través de un salón de baile, y *Mario, María y Mario,* reconsideraciones sobre la reciente historia italiana a través de tres comunistas. Tiene bastante más interés la trilogía protagonizada por el malogrado Massimo Troisi e integrada por *Splendor,* sobre los recuerdos del propietario, el proyeccionista y la acomodadora de un cine de provincias; *¿Qué hora es?,* en torno a las dificultades de relacionarse entre un padre y un hijo; *El viaje del capitán Fracassa,* brillante nueva versión de la novela de Théophile Gautier. Sus mejores y más originales trabajos son *La terraza,* hábil conjunto de cinco historias sobre un grupo de cineastas; *La noche de Varennes,* bien ambientada historia de itinerario en torno a la frustrada huida de las Tullerías de Luis XVI y María Antonieta; *Macarrones,* sobre las relaciones entre un norteamericano y un italiano que se conocieron en Nápoles durante la guerra, y *La familia,* historia de una familia de la burguesía durante el siglo XX.

1964 *Se permettete parliamo di donne*. / *La congiuntura* (El millón de dólares).
1965 *Il vittimista*, episodio de *Thrilling*.
1966 *L'arcidiavolo* (El diablo enamorado).
1968 *Riusciranno i nostri eroi a ritrovare l'amico misteriosamente scomparso in Africa?*
1969 *Il commissario Pepe* (El comisario y la proxeneta).
1971 *Dramma della gelosia* (El demonio de los celos). / *Permette? Rocco Papaleo* (Un italiano en Chicago).
1972 *Trevico-Torino: viaggio del Fiat-Nam*. / *La più bella serata della mia vita*.
1974 *C'eravamo tanto amati* (Una mujer y tres hombres).
1976 *Brutti sporchi e cattivi* (Brutos, sucios y malos).
1977 *Una giornata particolare* (Una jornada particular). / *L'elogio funebre* (El elogio fúnebre), *Come una*

regina (Como una reina), *Osteria* (Hostería), *L'uccellino della Val Padana* (El pajarillo de la Val Padana), *Il sospetto* (El sospechoso), *Cittadino esemplare* (Ciudadano ejemplar), *Chiamata a una persona amata* (Llamada a una persona amada), episodios de *I nuovi mostri* (¡Que viva Italia!).
1980 *La terrazza* (La terraza).
1981 *Passione d'amore* (Entre el amor y la muerte).
1982 *Il mondo nuovo* (La noche de Varennes).
1983 *Ballando, ballando* (La sala de baile).
1985 *Maccheroni* (Macarrones).
1987 *La famiglia* (La familia).
1989 *Splendor*. / *Che ora è?* (¿Qué hora es?).
1990 *Il viaggio di Capitan Fracassa* (El viaje del capitán Fracassa).
1992 *Mario, Maria e Mario* (Mario, María y Mario).
1995 *Romanzo di un giovane povero* (Historia de un pobre hombre).

SCORSESE, Martin *(Flushing, Nueva York, Estados Unidos, 1942)*

Nieto de emigrantes sicilianos, pasa su juventud en el barrio Little Italy de Nueva York, pero desde pequeño el asma le impide realizar actividades deportivas y le hace interesarse por el cine. Pasa unos años en un seminario y estudia en centros regidos por jesuitas antes de ingresar en la Universidad de Nueva York, realizar algunos cortometrajes, doctorarse y llegar a dar clases de técnica narrativa. El éxito de sus cortos y de su largo autobiográfico *Who's That Knocking at My Door?* hacen que el realizador Roger Corman le produzca *Boxcar Bertha,* una atractiva historia de amor y ladrones de trenes ambientada en los años de la Prohibición. Menos interés tienen *Malas calles,* relato con una gran carga biográfica donde comienza su colaboración con el actor Robert de Niro, que se extiende a lo largo de ocho producciones, y *Alicia ya no vive aquí,* su primera película hecha en Hollywood, que narra la odisea de una mujer con un niño, que trata de rehacer su vida tras la muerte de su marido. Sus mejores trabajos los rueda sobre guiones del director calvinista Paul Schrader: *Taxi Driver,* que tiene gran éxito y gana la Palma de Oro del Festival de Cannes al contar la peripecia de un violento ex combatiente de Vietnam convertido en taxista en Nueva York; *Toro salvaje,* biografía del boxeador Jake la Motta rodada en blanco y negro, y, en menor medida, *La última tentación de Cristo,* polémica historia de Jesucristo basada en una novela de Nikos Kazantzakis. Entre medias realiza el fallido musical *New York, New York,* sobre los amores entre un saxofonista y una cantante al final de la II Guerra Mundial; el documental *El último vals,* en torno al último recital del grupo The Band, y la incomprendida tragicomedia *El rey de la comedia*. Entre sus últimas películas destacan *El color del dinero,* especie de segunda parte, veinticinco años después, de *El buscavidas* (The Hustler, 1961), de Robert Rossen, y *Uno de los nuestros,* violenta historia de gángsters italianos, y, sobre todo, *Casino,* enfrentamientos amorosos entrelazados con una brillante descripción del negocio del juego en Las Vegas en la época en que está controlado por la mafia; frente a las menos conseguidas *El cabo del miedo,* nueva versión del policiaco *El cabo del terror* (Cape Fear, 1962), de J. Lee Thompson, y *La edad de la inocencia,* comedia dramática de época basada en la novela homónima de Edith Wharton.
1968 *Who's That Knocking at My Door?*
1972 *Boxcar Bertha.*
1973 *Mean Streets* (Malas calles).
1975 *Alice Doesn't Live Here Anymore* (Alicia ya no vive aquí).
1976 *Taxi Driver.*
1977 *New York, New York.*
1978 *The Last Waltz* (El último vals).
1980 *Raging Bull* (Toro salvaje).
1983 *The King of Comedy* (El rey de la comedia).
1985 *After Hours* (¡Jo, qué noche!).
1986 *The Color of Money* (El color del dinero).
1988 *The Last Temptation of Christ* (La última tentación de Cristo).
1989 *Life Lessons* (Apuntes del natural), episodio de *New York Stories* (Historias de Nueva York).
1990 *Good Fellas* (Uno de los nuestros).
1991 *Cape Fear* (El cabo del miedo).
1993 *The Age of Innocence* (La edad de la inocencia).
1995 *Casino.*

SCOTT, George C. *(George Campbell Scott. Wise, Virginia, Estados Unidos, 1926)*

Después de una infancia difícil en Detroit, Michigan, frecuenta la Universidad de Missouri mientras trabaja en diferentes oficios y durante cuatro años permanece enrolado como *marine*. Más tarde estudia periodismo y arte dramático, a principios de los años cincuenta debuta como actor y a mediados de la década ya trabaja en Broadway y funda y dirige la Theatre of Michigan Company. En cine comienza haciendo interesantes papeles secundarios en *El árbol del ahorcado*, *Anatomía de un asesinato*, *El buscavidas* y *Teléfono rojo, ¿volamos hacia Moscú?*, hasta que protagoniza *Un fabuloso bribón*, *Petulia* y *Patton*, con la que gana un Oscar. Durante los años setenta protagoniza quince películas de mucho menor interés, entre las que solo destacan *La isla del adiós* y *Un mundo oculto*, además de dirigir y protagonizar las irregulares *Furia* y *The Savage Is Loose*. Desde principios de la década de los ochenta trabaja mucho más en televisión que en cine. Entre sus últimas películas únicamente cabe señalar *Más allá del honor*.

Como director
1972 *Rage* (Furia).
1974 *The Savage Is Loose*.

Como actor
1959 *The Hanging Tree* (El árbol del ahorcado), de Delmer Daves. / *Anatomy of a Murder* (Anatomía de un asesinato), de Otto Preminger.
1961 *The Hustler* (El buscavidas), de Robert Rossen.
1963 *The List of Adrian Messenger* (El último de la lista), de John Huston. / *Dr. Strangelove* (Teléfono rojo, ¿volamos hacia Moscú?), de Stanley Kubrick.
1964 *The Yellow Rolls-Royce* (El Rolls-Royce amarillo), de Anthony Asquith.
1966 *The Bible* (La Biblia), de John Huston. / *Not With My Wife, You Don't* (Bromas con mi mujer, no), de Norman Panama.
1967 *The Flim Flam Man* (Un fabuloso bribón), de Irvin Kershner.
1968 *Petulia*, de Richard Lester. / *This Savage Land*, de Vincent McEveety.
1969 *Patton*, de Franklin J. Schaffner.
1970 *Jane Eyre* (Alma rebelde), de Delbert Mann.
1971 *The Hospital* (Anatomía de un hospital), de Arthur Hiller. / *They Might Be Giants* (El detective y la doctora), de Anthony Harvey. / *The Last Run* (Fuga sin fin), de Richard Fleischer.
1972 *The New Centurions* (Los nuevos centuriones), de Richard Fleischer. / *Rage* (Furia), de George C. Scott.
1973 *Oklahoma Crude* (Oklahoma año 10), de Stanley Kramer. / *The Day of the Dolphin* (El día del delfín), de Mike Nichols.
1974 *Bank Shot* (El loco, loco asalto a un banco), de Gower Champion. / *The Savage Is Loose*, de George C. Scott.
1975 *The Hinderburg* (Hinderburg), de Robert Wise.
1976 *Island in the Stream* (La isla del adiós), de Franklin J. Schaffner.
1977 *The Prince and the Pauper* (El príncipe y el mendigo), de Richard Fleischer.
1978 *Movie, Movie*, de Stanley Donen.
1979 *The Changeling* (Al final de la escalera), de Peter Medak. / *Hardcore* (Un mundo oculto), de Paul Schrader.
1980 *The Formula* (La fórmula), de John G. Avildsen.
1981 *Taps* (Más allá del honor), de Harold Becker.
1984 *Firestarter* (Ojo de fuego), de Mark Lester.
1990 *The Exorcist III* (El exorcista III), de William Peter Blatty.
1993 *Malice* (Malicia), de Harold Becker.

SCOTT, Ridley *(Northumberland, Reino Unido, 1937)*

Estudia arte en el Royal College of Art de Londres, se matricula en el Films School y rueda, con la ayuda de su padre, su madre y su hermano Tony Scott, el corto en 16 mm *Boy on a Bicycle* (1958), que le permite ganar una beca del British Film Institute. Después de estudiar fotografía, teatro y cine en Estados Unidos, gracias a otra beca, regresa a Londres y empieza a trabajar en televisión, primero como decorador y luego como realizador. Al tiempo que dirige algunos telefilms para la B.B.C., crea con su hermano Tony Scott la productora de publicidad R.S.A. y en diez años hacen unos tres mil *spots*. Abandona el mundo de la publicidad cuando recibe una oferta de televisión para hacer un programa de una hora sobre una novela corta de Joseph Conrad, que narra el enfrentamiento de dos soldados de Napoleón y consigue transformarla en la cuidada producción de David Puttnam *Los duelistas*. Se convierte en un director de moda con *Alien, el octavo pasajero*, eficaz, imaginativa y personal adaptación de la novela *La línea de sombra*, de Joseph Conrad, inquietante relato de ciencia-ficción, y con *Blade Runner*, perfecta mezcla de elementos característicos del cine negro con los de ciencia-ficción, a partir de la novela *¿Sueñan los androides con ovejas eléctricas?*, del especialista Philip K. Dick, con excelentes decorados de Syd Mead. Su línea ascendente se tuerce con *Legend*, otra historia fantástica, rodada en unos atractivos decorados de Assheton Garton, pero más cercana al característico ternurismo de las producciones de Walt Disney que al mundo desasosegado de sus dos películas anteriores. Posteriormente realiza una desigual trilogía policiaca basada en guiones originales e integrada por las fallidas *La sombra de* *un testigo*, historia de amor y lujo ambientada en Nueva York sobre las relaciones sentimentales entre la única testigo de un asesinato y el policía que la vigila; *Black Rain*, sobre un policía norteamericano perdido en las redes del *yakuza* y las calles de Osaka, y la más interesante *Thelma y Louise*, una tradicional historia de itinerario en que dos mujeres son empujadas hacia la violencia a través de diferentes encuentros con hombres. Siempre interesado por los enfrentamientos entre mundos opuestos, no puede evitar que incluso sus mejores trabajos tengan algo de *spot* o incluso de *video-clip*, mientras su suerte se acaba con la pretenciosa *1492: La conquista del paraíso*, biografía de Cristóbal Colón, una coproducción entre el Reino Unido, Francia y España para conmemorar el V Centenario del Descubrimiento de América.

1977 *The Duellists* (Los duelistas).
1979 *Alien* (Alien, el octavo pasajero).
1982 *Blade Runner*.
1985 *Legend*.
1987 *Someone To Watch Over Me* (La sombra del testigo).
1989 *Black Rain*.
1991 *Thelma and Louise* (Thelma y Louise).
1992 *1492: The Conquest of Paradise* (1492: La conquista del paraíso).

SE ACABÓ EL NEGOCIO *(La donna scimmia, 1964)*

Después de colaborador con el escritor Rafael Azcona en las producciones españolas *El pisito* (1958) y *El cochecito* (1960), el realizador Marco Ferreri regresa a Italia para continuar su trabajo en común en algunas interesantes películas donde mezclan el humor negro con la misoginia. Esta es una de las mejores y narra cómo el feriante Antonio Focaccia (Ugo Tognazzi) descubre en un convento de monjas a la mujer barbuda María (Annie Girardot), se casa con ella y vive de exhibirla hasta que muere de un parto que todos habían desaconsejado, pero después debe contentarse con mostrar los cuerpos embalsamados de su mujer y de su hijo. Interesante historia de seres marginales que enfrenta la monstruosidad física o moral de unos frente a la normalidad de las convenciones sociales. Tiene serios problemas con el productor Carlo Ponti que, no contento con este final, que es el de la versión italiana, obliga a rodar otro para la francesa, donde la mujer pierde el pelo durante el embarazo, el hijo nace normal y el padre se ve obligado a trabajar. En cualquier caso se trata de una de las mejores y más originales películas creadas por la pareja formada por el guionista Azcona y el director Ferreri.

Director: *Marco Ferreri*. Guionistas: *Marco Ferreri, Rafael Azcona*. Fotografía: *Aldo Tonti*. Música: *Teo Usuelli*. Intérpretes: *Ugo Tognazzi, Annie Girardot, Linda de Felice, Antonio Cianci, Walter Giller*. Producción: *Carlo Ponti para C.C. Champion (Roma), Les Films Marceau (París)*. Duración: *92'*. Italia-Francia.

SE ESCAPÓ LA SUERTE *(Antoine et Antoinette, 1946)*

Durante la más inmediata posguerra el genial realizador Jacques Becker rueda cuatro comedias de costumbres sobre la realidad de la vida cotidiana. Entre *Rendez-vous de Juillet* (1949), *Édouard et Caroline* (1951) y *Rue de l'Estrapade* (1953), destaca esta, la primera de la tetralogía y la más sencilla de todas. La historia de una pareja de obreros, Antoine (Roger Pigaut), que trabaja en una imprenta, y Antoinette (Claire Maffei), que está empleada en unos grandes almacenes, a quien toca la lotería, pierde el décimo y finalmente logra encontrarlo, sirve para hacer una buena descripción de la vida diaria de unos jóvenes sin dinero que viven en un barrio popular. Realizada con un presupuesto bajo, pero bien rodada y con un excelente guión, tiene una gran influencia sobre el desarrollo de la comedia europea, tal como demuestra *Esa pareja feliz* (1951), la primera película de Luis G. Berlanga y J. A. Bardem.

Director: *Jacques Becker*. Guionistas: *Jacques Becker, Françoise Giroud, Maurice Griffe*. Música: *Jean-Jacques Grunenwald*. Intérpretes: *Roger Pigaut, Claire Maffei, Noël Roquevert, Pierre Trabaud, Annette Poivre, Gaston Modot*. Producción: *S.N.E./Gaumont*. Duración: *115'. Francia*.

SEBERG, Jean *(Marshalltown, Iowa, Estados Unidos, 1938-París, Francia, 1979)*

Hija de un farmacéutico y una maestra, estudia en la Universidad de Iowa y es elegida por el director Otto Preminger entre tres mil candidatas para protagonizar *Santa Juana*, sobre la obra de George Bernard Shaw. Vuelven a colaborar en la mucho más interesante *Buenos días, tristeza* y durante su rodaje en París conoce a Jean-Luc Godard, que la convierte en Patricia Franchini en *Al final de la escapada,* uno de sus pocos éxitos. A partir de este momento su carrera se divide entre producciones norteamericanas, *In the French Style,* de Robert Parrish, *Lilith,* de Robert Rossen, *Un loco maravilloso,* de Irvin Kershner, y francesas *La ruta de Corinto,* de Claude Chabrol, *El atentado,* de Yves Boisset. Entre estas últimas son poco atractivas las que hace con sus sucesivos maridos: François Moreuil, *El recreo;* Roman Gary, *Les oiseaux vont mourir au Pérou* y *Matar,* y Dennis Barry, *Le gran délire.* Muere a los cuarenta y un años en extrañas circunstancias.

1957 *Saint Joan* (Santa Juana), de Otto Preminger.
1958 *Bonjour Tristesse* (Buenos días, tristeza), de Otto Preminger.
1959 *The Mouse That Roared* (Un golpe de gracia), de Jack Arnold. / *À bout de souffle* (Al final de la escapada), de Jean-Luc Godard.
1960 *Let No Man Write My Epitaph*, de Philip Leacock. / *La récréation* (El recreo), de François Mareuil. / *Les grandes personnes*, de Jean Valère. / *L'amant de cinq jours*, de Philippe de Broca.
1961 *Congo vivo*, de Giuseppe Benatti.
1963 *In the French Style*, de Robert Parrish. / *Les plus belles escroqueries du monde* (Las más famosas estafas del mundo), episodio de Jean-Luc Godard.
1964 *Lilith*, de Robert Rossen. / *Échappement libre* (A escape libre), de Jean Becker.
1965 *Moment to Moment* (Momento a momento), de Mervyn LeRoy. / *Un milliard dans un billard* (Mil millones en un billar), de Nicolas Gessner. / *A Fine Madness* (Un loco maravilloso), de Irvin Kershner.
1966 *La ligne de démarcation*, de Claude Chabrol.
1967 *Etouffade à la Caraïbe* (Bucaneros del siglo XX), de André Hunebelle. / *La route de Corinthe* (La ruta de Corinto), de Claude Chabrol.
1968 *Pendulum* (Péndulo), de George Seaton. / *Les oiseaux vont mourir au Pérou*, de Romain Gary.
1969 *Paint Your Wagon* (La leyenda de la ciudad sin nombre), de Joshua Logan.
1970 *Airport* (Aeropuerto), de George Seaton. / *Ondata di calore*, de Nelo Risi. / *Macho Callahan*, de Bernard L. Kowalski.
1971 *Kill* (Matar), de Romain Gary. / *Questa specie d'amore* (Esta clase de amor), de Albert Bevilacqua.
1972 *L'attentat* (El atentado), de Yves Boisset. / *La corrupción de Chris Miller*, de J. A. Bardem. / *Camorra*, de Pasquale Squitieri.
1973 *Cat and Mouse* (La tercera víctima), de Daniel Petrie.
1975 *Le grand délire*, de Dennis Barry.
1976 *Die Wildente*, de Hans W. Geissendorfer.

SED DE MAL *(Touch of Evil, 1958)*

El enfrentamiento entre el inspector Manuel Vargas (Charlton Heston), un serio policía mexicano, y el comisario Hank Quinlan (Orson Welles), un tan fascinante como repulsivo policía norteamericano que se deja llevar de su instinto, durante un caso de tráfico de estupefacientes que se desarrolla en la frontera entre México y Estados Unidos en el viaje de bodas del primero, da lugar a una de las mejores y más originales películas escritas, dirigidas y protagonizadas por Orson Welles. Gracias al apoyo de Charlton Heston, el cosmopolita y polifacético Orson Welles vuelve a Estados Unidos para rodar una barroca y brillante muestra de cine negro, consigue convertir una insignificante novelita de Whit Masterson, planteada como una barata producción de Serie B, en un ambiguo y genial conflicto dramático con planos de una gran complejidad, como el inicial de siete minutos de duración, en el que la cámara no deja de moverse. Sin embargo, una vez más Welles vuelve a tener problemas con el productor, Albert Zugsmith, y con los estudios, Universal, que descontentos de su versión hacen rodar al realizador Harry Keller nuevas escenas, mientras cortan algunas de las rodadas por él. Se estrena y circula una versión de 93 minutos, pero en 1976 se encuentra en los archivos de Universal otra versión de 115 minutos y desde entonces suele emitirse por televisión.

Director y guionista: *Orson Welles*. Fotografía: *Russell Metty*. Música: *Henry Mancini*. Intérpretes: *Charlton Heston, Orson Welles, Janet Leigh, Marlene Dietrich, Akim Tamiroff, Joseph Calleia, Ray Collins*. Producción: *Albert Zugsmith para Universal*. Duración: *115'. Estados Unidos*.

SEDUCTOR, EL *(The Beguiled, 1971)*

Durante la guerra de Secesión el cabo nordista herido John McBurney (Clint Eastwood) es recogido en una residencia de señoritas sudistas. Una vez curado trata de aprovecharse de su privilegiada situación y seduce a una de las alumnas, pero otra lo empuja por la escalera, la directora Martha Fernsworth (Geraldine Page) le amputa una pierna sin anestesia y, cuando trata de huir con otra de las pupilas, las demás le envenenan. Producida y protagonizada por Clint Eastwood y realizada por su maestro Don Siegel, es una comedia negra mucho más cercana al relato gótico de horror que al *western*, una apología de la castración donde el deseo y la muerte están siempre presentes. A pesar de ser una obra maestra, la mejor película nacida de la colaboración entre Eastwood y Siegel, tiene un gran éxito de crítica, pero desconcierta y defrauda a un público que no puede admitir que su viril héroe corra tan desgraciada suerte.

Director: *Don Siegel*. Guionistas: *John B. Sherry, Grimes Grice*. Fotografía: *Bruce Surtees*. Música: *Lalo Schifrin*. Intérpretes: *Clint Eastwood, Geraldine Page, Elizabeth Hartman, Jo Ann Harris, Darleen Carr, Mae Mercer*. Producción: *Don Siegel para Malpaso/Universal. Color.* Duración: *109'*. Estados Unidos.

SEIS DESTINOS *(Tales of Manhattan, 1942)*

Durante la II Guerra Mundial el realizador francés Julien Duvivier hace cuatro películas en Hollywood. Las mejores son *Al margen de la vida* (Flesh and Fantasy, 1943) y esta, ambas formadas por brillantes colecciones de episodios. Escrita por dieciséis guionistas, algunos tan conocidos como Ben Hecht, Donald Ogden Stewart y Lamar Trotti, narra seis historias que van de la comedia al drama a través del hilo conductor de un frac que cambia la suerte de quienes lo llevan. El gran actor Paul Orman (Charles Boyer) habla con su bella amante Ethel (Rita Hayworth) y su celoso marido Holloway (Thomas Mitchell). El padrino George (Henry Fonda) se enamora de la novia Diane (Ginger Rogers) el día de su boda. El músico Charles Smith (Charles Laughton) se da a conocer dirigiendo una obra propia, pero el frac se descose a mitad del concierto y por solidaridad los hombres del público se quitan el suyo. El pobre Brown (Edward G. Robinson) asiste a una cena de aniversario de antiguos alumnos y consigue un buen trabajo. Unos ladrones cometen un robo y esconden el dinero en el frac, pero durante la huida en avión deben arrojarlo al vacío y el dinero cae sobre un pobre pueblo de negros y el frac termina convertido en espantapájaros. Destacan la habilidad con que Duvivier pasa de una historia a otra, de un género a otro, y el amplio y excelente reparto.

Director: *Julien Duvivier*. Guionistas: *Ben Hecht, Ferenc Molnar, Donald Ogden Stewart, Samuel Hoffenstein, Alan Campbell, Ladislas Fodor, Laslo Vadnay, Laszlo Gorog, Lamar Trotti, Henry Blankfort*. Fotografía: *Joseph Walker*. Música: *Sol Kaplan*. Intérpretes: *Charles Boyer, Rita Hayworth, Thomas Mitchell, Ginger Rogers, Henry Fonda, Charles Laughton, Edward G. Robinson, George Sanders*. Producción: *Boris Morros y Sam Spiegel para 20th Century Fox.* Duración: *118'*. Estados Unidos.

SELVA ESMERALDA, LA *(The Emerald Forest, 1985)*

Mientras Bill Markham (Powers Booth) construye una gran presa en medio de la selva amazónica, su hijo pequeño se va con una tribu de indios para reaparecer años después convertido en un ecologista (Charley Boorman) que defiende a su tribu del ataque de otra de antropófagos. A través de la historia del padre que busca a su hijo desaparecido en la selva, el realizador John Boorman vuelve a plantear un enfrentamiento de culturas. Si en *Defensa* (Deliverance, 1972) muestra a la naturaleza como una bella trampa mortal para el hombre de la ciudad, aquí la dibuja como un lugar paradisíaco, mucho más atractivo que cualquier urbe. Destaca la primitiva sabiduría de la tribu aborigen que adopta al niño perdido, reconstruida con cuidado y belleza, frente a la fuerza destructora de la llamada civilización. Realizada con habilidad y minuciosidad por John Boorman, hay que señalar como dato curioso que Charley Boorman, el protagonista, es su hijo.

Director: *John Boorman*. Guionista: *Rospo Pallenberg*. Fotografía: *Philippe Rousselot*. Música: *Junior Homrich, Brian Gascoigne*. Intérpretes: *Charley Boorman, Powers Boothe, Meg Foster, Dira Pass*. Producción: *John Boorman. Color.* Duración: *115'*. Estados Unidos.

SEMILLA DEL CRISANTEMO, LA *(Ju Dou, 1990)*

En los años veinte, en China, la bella Ju Dou (Gong Li), comprada por el viejo y brutal dueño de una tintorería, Yang Jin-Shan (Li Wei), para que le dé un hijo, acaba embarazada del sobrino de este, Yang Tian-Qin (Li Baotian). El realizador Zhang Yimou construye una brillante variante de un tradicional triángulo amoroso, pero con la peculiaridad de que el hijo, el fruto del pecado, con el paso del tiempo acaba con la vida de los dos hombres responsables de su existencia, lo que da al conjunto un cierto tono moralizante. Este refinado melodrama está muy bien rodado por Yimou, tiene un ritmo un tanto premioso en su segunda parte, en la que no hay ninguna novedad argumental, y deja sentir demasiado que durante años fue un reputado director de fotografía. A veces cae en un cierto esteticismo gratuito con las telas que se tiñen de variados colores en la enorme tintorería en que transcurre la mayor parte de la acción.

Director: *Zhang Yimou.* Guionista: *Liu Heng.* Fotografía: *Gu Chang-Wei, Yang Lu.* Música: *Zhao Jin-Pin.* Intérpretes: *Gong Li, Li Wei, Li Baotian, Zhang Yi, Zhen Ji-An.* Producción: *China Film Corporation (Pekín), Tokuma Communication (Tokio). Color.* Duración: *95'. China-Japón.*

SEMILLA DEL DIABLO, LA *(Rosemary's Baby, 1968)*

Los recién casados Woodhouse alquilan un apartamento en el viejo edificio Brandford de Nueva York, pero a medida que lo arreglan, sus vidas son cada vez más invadidas por sus extraños vecinos Castevet. Rosemary Woodhouse (Mia Farrow) no tarda en quedarse embarazada, pero cuanto más se acerca el día del nacimiento de su hijo está más convencida de que Minnie Castevet (Ruth Gordon) y Roman Castevet (Sydney Blackmer) pertenecen a una secta diabólica a la que Guy Woodhouse (John Cassavetes) ha vendido a su hijo para triunfar como actor. A partir de una novela del especialista Ira Levin, el gran director Roman Polanski escribe y realiza esta interesante variante diabólica del dogma de la Inmaculada Concepción. Tiene un enorme éxito por convertir al demonio en el principal personaje de la historia y no mostrar ninguno de los horrores de que trata, limitarse tan solo a sugerirlos y revolucionar de esta manera los tradicionales esquemas del cine de terror. Destacan la tan sutil como directa dirección de Polanski y la interpretación de Mia Farrow, así como la música de Krysztof Komeda.

Director y guionista: *Roman Polanski.* Fotografía: *William A. Fraker.* Música: *Krysztof Komeda.* Intérpretes: *Mia Farrow, John Cassavetes, Ruth Gordon, Sydney Blackmer, Maurice Evans, Ralph Bellamy, Angela Dorian.* Producción: *William Castle para Paramount. Color.* Duración: *134'. Estados Unidos.*

SEN, Mrinal *(Faridpur, Bengala, India, 1923)*

Tras una cierta experiencia teatral, al colaborar con la Indian People's Theatre Association; política, como simpatizante del Partido Comunista, y cinematográfica, que le lleva a escribir un libro en bengalí sobre Charles Chaplin, comienza a dirigir películas con *El fin de la noche,* dentro del marco del cine comercial, pero enseguida deja sentir las influencias de la *nouvelle vague* francesa. *Nubes en el cielo,* por ejemplo, narra la historia de un arribista que intenta romper las barreras de clase con un matrimonio de conveniencia, y está muy influida por el cine de François Truffaut. Todavía es más evidente la influencia de Jean-Luc Godard en *El señor Shome,* una fábula amoral sobre un rígido funcionario de los ferrocarriles que acaba por aceptar la corrupción, rodada a medio camino entre el documental y la ficción, y en la trilogía sobre Calcuta formada por *Calcuta 71, El guerrillero* y *Coro,* cuya fuerza reside en el dramático dibujo urbano apoyado en la miseria, la explotación y el paro. Alejado del tono experimental, su cine se hace más personal y mejor a través de los análisis sociales que encierran *Una historia inacabada,* sobre la represión de las huelgas en las fábricas de azúcar de Bihar en los años veinte; *Una historia de la aldea,* sobre la opresión feudal que sufren los campesinos de una aldea; *El hombre del hacha,* sobre la miseria que rodea a los emigrantes rurales en Calcuta, y *En busca de la hambruna,* sobre los problemas que plantea el rodaje de una película sobre la hambruna de 1943. Durante los años setenta también rueda otras películas más intimistas, como *La caza real,* que marca su encuentro con el color, una amarga fábula sobre la colonización británica; *Un día como todos,* en torno a la hipocresía de la pequeña burguesía ciudadana; o *Caso cerrado* y *De pronto, un día,* donde vuelve a analizar los comportamientos de la burguesía. Su austeridad estilística prosigue en sus últimas y mejores obras: *Caleidoscopio,* que narra la claudicación de un periodista ante la prensa sensacionalista; *Las ruinas,* en torno a una sensible, poética y pesimista historia de amor, y *Génesis,* ambiciosa parábola política sobre los orígenes de la familia, la propiedad privada y el Estado.

1956 *Raat bhore* (El fin de la noche).
1958 *Neel akasher neechev* (Bajo el cielo azul).
1960 *Baishey shravana* (El día de la boda).
1961 *Punascha* (De nuevo).
1963 *Abasheshey* (Y por último).
1964 *Pratinidhi* (El representante).
1965 *Akash Kusum* (Nubes en el cielo).

1966 *Matira Manisha* (Dos hermanos).
1969 *Bhuvan Shome* (El señor Shome).
1970 *Ichhapuran* (Deseo realizado).
1971 *Ek adhuri kahani* (Una historia inacabada). / *Interview* (Entrevista).
1972 *Calcuta 71*.
1973 *Padatik* (El guerrillero).
1974 *Chorus* (Coro).
1976 *Mrigaya* (La caza real).
1977 *Oka oorie katha* (Una historia de la aldea).
1978 *Parashuram* (El hombre del hacha).
1979 *Ek din pratidin* (Un día como todos).
1980 *Akater sandhane* (En busca de la hambruna).
1981 *Chaalchitra* (Caleidoscopio).
1982 *Kharij* (Caso cerrado).
1983 *Khandhar* (Las ruinas).
1986 *Genesis*.
1988 *Ek din achanak* (De pronto, un día).
1990 *Calcutta*, episodio de *City Life*.
1991 *Mahaprithivi* (Mundo exterior).
1993 *Antareen* (Los confinados).

SENDA TENEBROSA, LA *(Dark Passage, 1947)*

Injustamente condenado por la muerte de su mujer, Vincent Parry (Humphrey Bogart) se fuga de la prisión de San Quintín. Recogido por la joven Irene Jansen (Lauren Bacall), que cree en su inocencia y le ayuda a que le hagan una operación estética para modificar su rostro, poder huir con mayor facilidad y encontrar al verdadero culpable. Esta adaptación de la novela homónima del especialista David Goodis, escrita y dirigida por Delmer Daves, es uno de los más originales policiacos producidos por los estudios Warner. Destaca la utilización de la llamada «cámara subjetiva» durante la amplia primera parte, antes de la operación, en que nunca se ve el rostro de Humphrey Bogart, pero, al igual que en la novela original, la trama es confusa y complicada. Debido a que no se ve a Bogart hasta una hora después del comienzo, el productor Jack Warner no autoriza el rodaje del proyecto hasta que Metro-Goldwyn-Mayer no estrena con éxito *La dama del lago* (Lady in the Lake, 1947), dirigida y protagonizada por Robert Montgomery, a partir de la novela homónima de Raymond Chandler, con un similar procedimiento narrativo, pero llevado hasta sus últimas consecuencias. Hay que señalar el buen entendimiento que siempre desprende la pareja formada por Humphrey Bogart y Lauren Bacall.

Director y guionista: *Delmer Daves*. Fotografía: *Sid Hickox*. Música: *Franz Waxman*. Intérpretes: *Humphrey Bogart, Lauren Bacall, Agnes Moorehead, Bruce Bennett, Tom d'Andrea*. Producción: *Jerry Wald para Warner*. Duración: *106'. Estados Unidos*.

SENDEROS DE GLORIA *(Paths of Glory, 1957)*

A partir de hechos reales ocurridos durante la Gran Guerra y recogidos por Humphrey Cobb en su novela homónima autobiográfica, el director Stanley Kubrick hace una gran película antimilitarista. Con gran sobriedad y eficacia narra cómo en 1916, en una larga guerra de trincheras con numerosas víctimas, el general Georges Broulard (Adolphe Menjou), del alto mando francés, encarga al general Paul Mireau (George Macready) la imposible toma de una posición, con el aliciente de un ascenso, y este a su vez se lo ordena al coronel Dax (Kirk Douglas). La operación es un fracaso, el general Mireau manda disparar sobre sus propias posiciones y decide fusilar a tres hombres para dar ejemplo. Tras un simulacro de consejo de guerra, en el que el coronel Dax actúa como defensor, al amanecer son fusilados el cabo Paris (Ralph Meeker) y los soldados Arnaud (Joseph Turkel) y Férol (Timothy Carey). El coronel Dax remueve el asunto de los disparos sobre sus propias tropas ante el general Broulard para intentar evitar los fusilamientos, pero solo consigue que le ofrezcan un ascenso, el puesto del general Mireau. Producida y protagonizada por Kirk Douglas, marca uno de los mejores momentos de la colaboración entre el realizador Stanley Kubrick y el productor James B. Harris, más tarde también director. La eficacia y dureza de la película le hace tener problemas con la censura de muchos países; por ejemplo, en Francia no se estrena hasta 1975, y en España hasta 1977.

Director: *Stanley Kubrick*. Guionistas: *Stanley Kubrick, Calder Willingham, Jim Thompson*. Fotografía: *Georg Krause*. Música: *Gerald Fried*. Intérpretes: *Kirk Douglas, Adolphe Menjou, George Macready, Joseph Turquel, Wayne Morris, Richard Anderson, Ralph Meeker, Timothy Carey*. Producción: *James B. Harris para Bryna/United Artists*. Duración: *86'. Estados Unidos*.

SENSO *(1954)*

En 1866, durante la guerra entre Italia y Austria, en el teatro La Fenice de Venecia se representa *Il Trovatore*, de Giuseppe Verdi, mientras el patriota conde Roberto Ussoni (Massimo Girotti) desafía a un duelo al teniente austriaco Franz Mahler (Farley Granger), que insulta a los italianos. Cuando la condesa Livia Serpieri (Alida Valli) va a ver al austriaco para interceder por su primo, se enamora locamente de él e incluso llega a darle el dinero destinado a los patriotas italianos. Basada en una novela de Camillo Boito, libretista de Verdi, en cuya adaptación intervienen, entre otros, el dramaturgo Tennessee Williams y el novelista Paul Bowles, tiene un tono tan dramático como operístico y trata de demostrar la crisis de la aristocracia. Destaca la excelente fotografía en Technicolor del maestro G. R. Aldo, que muere en un accidente automovilístico a mitad del rodaje y es sustituido por Robert Krasker y Giuseppe Rotunno. Financiada con parte de dinero norteamericano, normalmente se distribuye una versión algo más corta manipulada en Hollywood.

Director: *Luchino Visconti*. Guionistas: *Suso Cecchi d'Amico, Luchino Visconti*. Fotografía: *G. R. Aldo, Robert Krasker*. Música: *Anton Bruckner*. Intérpretes: *Alida Valli, Farley Granger, Massimo Girotti, Rina Morelli, Marcella Mariani*. Producción: *Claudio Foges Davanzini para Lux Film. Color.* Duración: *115'. Italia.*

SENTIDO Y SENSIBILIDAD *(Sense and Sensibility, 1995)*

Tras la muerte de su padre, la herencia familiar va a parar a manos del hijo de su primer matrimonio y su mujer, pero Elinor Dashwood (Emma Thompson), Marianne Dashwood (Kate Winslet) y Margaret Dashwood (Emilie François), hijas de su segundo matrimonio, se quedan sin hogar y con escasos recursos económicos. Basada en la novela homónima de Jane Austen, un clásico de la literatura inglesa publicado en 1811, narra, en un conseguido tono romántico, las vicisitudes de Elinor Dashwood y Marianne Dashwood para casarse respectivamente con Edward Ferrars (Hugh Grant) y el coronel Brando (Alan Rickman), dentro de una perfecta exposición de las costumbres sociales de una época de moral especialmente estricta. Producida por el realizador norteamericano Sydney Pollack, escrita y protagonizada por la actriz inglesa Emma Thompson y dirigida por el taiwanés Ang Lee, a pesar de esta compleja mezcla de nacionalidades, consigue ser una película muy inglesa, de gran calidad, donde se ha cuidado especialmente el vestuario, el mobiliario y las casas de la época. Más allá del excelente trabajo de un amplio grupo de actores, destaca la habilidad de Emma Thompson para adaptar la novela de Jane Austen sin que pierda ninguno de sus alicientes y la sabiduría de Ang Lee para introducir leves pinceladas de comedia dentro de un contexto dramático o romántico.

Director: *Ang Lee*. Guionista: *Emma Thompson*. Fotografía: *Michael Coultier*. Música: *Patrick Doyle*. Intérpretes: *Emma Thompson, Kate Winslet, Alan Rickman, Hugh Grant, Greg Wise, Emilie François*. Producción: *Sydney Pollack. Color.* Duración: *135'. Reino Unido.*

SEÑORA MINIVER, LA *(Mrs. Miniver, 1942)*

Rodada en plena II Guerra Mundial, poco después de la entrada de Estados Unidos en la contienda, es una hábil película de propaganda bélica, de incitación a la lucha contra los alemanes, tal como subraya el sermón final del pastor protestante. Narra cómo la tranquilidad de una familia burguesa inglesa, que vive en un pequeño pueblo, es alterada por la guerra. El padre, Clem Miniver (Walter Pidgeon), y el hijo mayor, Vin Miniver (Richard Ney), se van a combatir, mientras la valiente Kay Miniver (Greer Garson) se queda sola con su hijo pequeño, Toby Miniver (Christopher Severn), y su nuera, Carol Beldon (Teresa Wright), y, sin renunciar a ganar el concurso anual de flores, desarma a un alemán que llega hasta su jardín. Producida por Sidney Franklin para los estudios Metro-Goldwyn-Mayer y sólidamente dirigida por William Wyler, es una comedia dramática que gana seis importantes Oscars, tiene gran éxito y el presidente Roosevelt impulsa su distribución. Sus elevadas recaudaciones hacen que el mismo equipo ruede *La historia de los Miniver* (The Miniver Story, 1950), pero bajo la mucho menos eficaz dirección del irregular artesano H. C. Potter, sobre los problemas de la misma familia en la más inmediata posguerra, que resulta ser un melodrama de mucho menor interés.

Director: *William Wyler*. Guionistas: *Arthur Wimperis, George Froeschel, James Hilton, Claudine West*. Fotografía: *Joseph Ruttenberg*. Música: *Herbert Stot-*

hart. Intérpretes: *Greer Garson, Walter Pidgeon, Christopher Severn, Teresa Wright, Richard Ney, Dame May Whitty, Henry Travers, Reginald Owen, Henry Wilcoxon.* Producción: *Sidney Franklin para Metro-Goldwyn-Mayer.* Duración: *134'. Estados Unidos.*

SEÑORITAS DE ROCHEFORT, LAS (*Les demoiselles de Rochefort, 1967*)

La admiración del realizador Jacques Demy por el musical norteamericano le lleva a rodar melodramas cantados como *Los paraguas de Cherburgo* (Les parapluis de Cherbourg, 1964), *Una habitación en la ciudad* (Une chambre en ville, 1982) y *Parking* (1985), pero también musicales propiamente dichos, con canciones y bailes, como este o *Tres entradas para el 26* (Trois places pour le 26, 1988). Aquí narra cómo durante la feria de Rochefort las gemelas Garnier, Delphine (Catherine Deneuve) y Solange (Françoise Dorléac), encuentran, respectivamente, el amor en el marinero Maxence (Jacques Perrin) y en el pianista norteamericano Andy Miller (Gene Kelly), al tiempo que su madre Yvonne (Danielle Darrieux) vuelve a ver a su olvidado amor Simon (Michel Piccoli). A pesar de sus claros orígenes norteamericanos y de contar con la colaboración del actor y coreógrafo Gene Kelly, el resultado no puede ser más francés, y se sitúa entre las mejores y más personales obras de Demy. Tras su muerte, su mujer Agnès Varda realiza *Les demoiselles ont en 25 ans* (1993), un curioso documental sobre el rodaje de la película y los efectos que tiene sobre la ciudad de Rochefort.

Director y guionista: *Jacques Demy.* Fotografía: *Ghislain Cloquet.* Música: *Michel Legrand.* Intérpretes: *Catherine Deneuve, Françoise Dorléac, Danielle Darrieux, George Chakiris, Gene Kelly, Michel Piccoli, Jacques Perrin.* Producción: *Mag Bodard, Gilbert de Goldschmidt.* Color. Scope. Duración: *120'. Francia.*

SEÑORITAS DEL 09, LAS (*Le signorine dell'04, 1955*)

A principios de los años cincuenta el gran guionista y productor Sergio Amidei inventa las películas que entrelazan varios episodios protagonizados por muchachas de humilde condición. Así nacen *Tres enamoradas* (Le ragazze di piazza di Spagna, 1952) y *Terza liceo* (1954), que dirige Luciano Emmer, y *Villa Borghese* (1953), *Cuentos romanos* (Racconti romani, 1955) y esta, que realiza Gianni Franciolini. Gracias a un guión de una gran simplicidad, pero que encierra una compleja estructura, narra cinco historias sentimentales hábilmente entrelazadas, protagonizadas por otras tantas telefonistas que trabajan en una misma centralita manual de Roma. Son historias de modestos trabajadores con problemas económicos que, recién salidos de la posguerra, comienzan a notar las consecuencias del desarrollo económico que ha empezado a vivir Italia. Están dirigidas por Franciolini con especial habilidad, dentro de un tono donde se mezclan elementos neorrealistas, de comedia e historia sentimental, rodadas en interiores y exteriores naturales. No plantean problemas sociales ni de ningún otro tipo y solo pretenden entretener a través de leves anécdotas que mezclan una cierta carga sentimental con algo de humor y dramatismo.

Director: *Gianni Franciolini.* Guionistas: *Age, Furio Scarpelli, Sergio Amidei.* Fotografía: *Tonino delli Colli.* Música: *Carlo Innocenzi.* Intérpretes: *Antonella Lualdi, Franca Valeri, Giovanna Ralli, Maria Lini, Sergio Maimondi, Peppino de Filippo.* Producción: *Giorgio G. Agliani para Cirac.* Duración: *95'. Italia.*

SEÑORITO PRIMAVERA, EL (*The Affairs of Anatol, 1921*)

Desde finales de los años diez hasta comienzos de los veinte, el productor y realizador Cecil B. de Mille rueda cuatro lujosas y moralizantes comedias matrimoniales de gran interés: *¿Por qué cambiar de esposa?* (Why Change Your Wife?, 1920), *La fuerza del querer* (Something to Thing About, 1920) y, sobre todo, *Macho y hembra* (Male and Female, 1919) y esta, que bastarían para situarle entre los grandes de la historia del cine. La mejor es esta, una adaptación de una obra del gran dramaturgo austriaco Arthur Schnitzler, y narra cómo el seductor Anatol (Wallace Reid) vive una sucesión de aventuras con distintas mujeres, que son otras tantas decepciones que le devuelven a los brazos de su mujer Vivian (Gloria Swanson).

Director: *Cecil B. de Mille.* Guionistas: *Jeanie MacPherson, Beulah Marie Dix, Lorna Moon, Elmer Harris.* Fotografía: *Walace Reid.* Intérpretes: *Gloria Swanson, Bebe Daniels, Elliott Dexter, Monte Blue, Wanda Hawley.* Producción: *Cecil B. de Mille para Famos Players-Lasky-Paramount.* Duración: *95'. Estados Unidos.*

SÉPTIMO CIELO, EL *(Seventh Heaven, 1927)*

La olvidada obra de teatro de Austin Strong da lugar a dos interesantes películas. Una producción sonora de Raymond Griffith para 20th Century Fox, de 1937, dirigida por Henry King y protagonizada por James Stewart y Simone Simon; y esta producción de William Fox que marca el paso del mudo al sonoro, es una de las obras maestras del especialista en melodramas Frank Borzage y con la que gana el primer Oscar de la historia. Cuenta cómo el barrendero ateo Chico (Charles Farrell) salva a la muchacha creyente Diane (Janet Gaynor) de las manos de una tiránica hermana, y nace entre ellos un gran amor; se casan y les separa la Gran Guerra. Es un tradicional melodrama, digno del mejor Borzage, donde, como es habitual en su cine, el amor triunfa, pero en esta ocasión sobre la muerte. Una vez finalizada la guerra, le llega la noticia a Diane de la muerte de Chico, pero gracias a la fuerza de su amor consigue que regrese, pero ciego, feliz de volverse a encontrar y tener fe.

Director: *Frank Borzage.* Guionista: *Benjamin Glazer.* Fotografía: *Ernest Palmer, Joseph A. Valentine.* Intérpretes: *Janet Gaynor, Charles Farrell, Gladys Brockwell, David Butler.* Producción: *William Fox.* Duración: *93'. Estados Unidos.*

SÉPTIMO SELLO, EL *(Det sjunde inseglet, 1957)*

La historia del caballero Antonius Blok (Max von Sydow) que vuelve a Suecia con su escudero Jöns (Gunnar Björnstrand) tras una decepcionante experiencia en las Cruzadas, es una de las más famosas, simples y eficaces películas de Ingmar Bergman. Después de un primer encuentro con la muerte (Bengt Ekerot) en un país asolado por la peste negra, el caballero consigue retarla a una partida de ajedrez para detener su acción; mientras, habla con un pintor de iglesias, se encuentra con una procesión de penitentes e interroga sobre el diablo a una bruja poco antes de ser llevada a la hoguera. Con una tradicional estructura de itinerario, narra cómo al caballero y su escudero se unen los cómicos Jof (Nils Poppe) y Mia (Bibi Andersson), una muda (Gunnel Lindblom), un leñador y su adúltera mujer, perseguidos por la muerte mientras se dirigen a su castillo. A través de estos personajes, Bergman da una dura y eficaz visión de la Edad Media, a la vez que consolida el prototipo del caballero torturado por el problema de la existencia de Dios y el del escudero que solo cree en lo palpable. Rodada con muy pocos medios, aunque muy bien empleados, la película es de una gran claridad, queda muy lejos de los simbolismos que se le atribuyen en España en el momento de su estreno, y al final no deja la menor duda de que todos mueren víctimas de la peste negra, menos la familia de cómicos que se separa del grupo en el lugar oportuno.

Director y guionista: *Ingmar Bergman.* Fotografía: *Gunnar Fischer.* Música: *Erik Nordgren.* Intérpretes: *Max von Sydow, Gunnar Björnstrand, Nils Poppe, Bibi Andersson, Bengt Ekerot, Gunnel Lindblom.* Producción: *Allan Ekelund para Svensk Filmindustri.* Duración: *95'. Suecia.*

SER O NO SER *(To Be or Not To Be, 1942)*

Producida por el húngaro Alexander Korda durante su exilio norteamericano, provocado por la II Guerra Mundial, es una de las pocas películas de Ernst Lubitsch que no está basada en una olvidada obra de un oscuro escritor centroeuropeo, sino en una idea original suya, convertida en excelente guión por Edwin Justus Mayer. Ambientada a finales del verano de 1939 en Varsovia, durante el principio de la invasión alemana de Polonia, su compleja y divertida acción gira en torno a una compañía teatral que representa *Hamlet,* de William Shakespeare, al matrimonio de actores formado por Maria Tura (Carole Lombard) y Joseph Tura (Jack Benny), al piloto de bombardero del batallón polaco de la R.A.F. teniente Stanislav Sobinski (Robert Stack) y al espía alemán Siletsky (Stanley Ridges). El resultado es un perfecto alegato contra el nazismo, una brillante reflexión sobre el teatro y una excelente y divertida comedia. Sin embargo, en su momento es un fracaso por considerarse que no se puede ironizar sobre determinados temas; e incluso la censura obliga a cortar algunas divertidas réplicas de sus diálogos, como aquella en la que un coronel nazi decía: «Claro que conozco a Joseph Tura, es un actor que trata a Shakespeare como nosotros tratamos a Polonia.» Cuarenta años después el torpe Mel Brooks produce y protagoniza una burda nueva versión sin el menor atractivo, titulada en castellano *Soy o no soy* (1983) y dirigida por Alan Johnson.

Director: *Ernst Lubitsch.* Guionista: *Edwin Justus Mayer.* Fotografía: *Rudolph Maté.* Música: *Werner*

Heymann. Intérpretes: *Jack Benny, Carole Lombard, Robert Stack, Stanley Ridges, Felix Bressart, Lionel Atwill, Sig Rumann.* Producción: *Ernst Lubitsch para Alexander Korda.* Duración: *99'. Estados Unidos.*

SERIE NEGRA *(Série noire, 1979)*

Las novelas policiacas del no muy conocido especialista norteamericano Jim Thompson dan lugar a no muchas pero sólidas películas. Entre *La huida* (The Getaway, 1972), de Sam Peckinpah; *Coup de torchon* (1981), de Bertrand Tavernier, y *Los timadores* (The Grifters, 1990), de Stephen Frears, se sitúa esta, la mejor de todas. Tomando como punto de partida la novela *Una mujer endemoniada,* Alain Corneau escribe, en colaboración con el personal novelista Georges Pérec, una sólida adaptación que es origen de una interesante película donde se unen un cierto lirismo y la sordidez de los hechos que se narran para crear una atmósfera tan eficaz como peculiar. La historia se centra en la sucesión de crímenes que origina la relación entre Frank Popart (Patrick Dewaere), un poco recomendable vendedor a domicilio, y la diabólica jovencita de dieciocho años Mona (Marie Trintignant).

Director: *Alain Corneau.* Guionistas: *Georges Pérec, Alain Corneau.* Fotografía: *Pierre-William Glenn.* Música: *Duke Ellington, Juan Tizol.* Intérpretes: *Patrick Dewaere, Myriam Boyer, Marie Trintignant, Bernard Blier, Jeanne Herviale.* Producción: *Maurice Bernart para Gaumont. Color.* Duración: *110'. Francia.*

SERNA, Assumpta *(Assumpta Rodés Serna. Barcelona, España, 1957)*

Deja la carrera de derecho para estudiar arte dramático en el Instituto del Teatro de Barcelona y colaborar con diferentes grupos de teatro independiente, sobre todo Dagoll Dagom. Debuta como actriz de cine en *La orgía,* pero con el nombre de Assumpta Rodés, que posteriormente cambia por problemas familiares. Tras hacer papeles secundarios protagoniza la comedia *Vecinos,* la tragicomedia *Dulces horas* y el drama *Coto de caza.* Entre sus restantes películas destacan *Lulú de noche, Matador* y *El maestro de esgrima.* Mientras emprende una carrera internacional que la lleva a rodar en Francia *Círculo de pasiones;* en Portugal *La playa de los perros;* en México *Lo del César;* en Estados Unidos *Orquídea salvaje;* en Argentina *Yo, la peor de todas,* y en Italia *Rossini! Rossini!* No hay que olvidar su intervención en las series de televisión *La ballena blanca* (1988) y *Hemingway, fiesta y muerte* (1988), de José María Sánchez, y algunos episodios del telefilm norteamericano *Falcon Crest.*

1978 *La orgía,* de Francesc Bellmunt.
1979 *Salut i força al canut,* de Francesc Bellmunt. / *El crimen de Cuenca,* de Pilar Miró. / *Polvos mágicos,* de José Ramón Larraz. / *Siete cabalgan hacia la muerte,* de José Luis Merino.
1980 *Dos y dos son cinco,* de Luis José Comerón. / *Patrimonio nacional,* de Luis G. Berlanga.
1981 *Vecinos,* de Alberto Bermejo. / *Pájaros de ciudad,* de José Sánchez Álvaro. / *La cripta,* de Cayetano del Real. / *Dulces horas,* de Carlos Saura. / *La rebelión de los pájaros,* de Luis José Comerón.
1982 *Cercle des passions* (Círculo de pasiones), de Claude d'Anna.
1983 *Coto de caza,* de Jorge Grau. / *Soldados de plomo,* de José Sacristán.
1984 *Bajo en nicotina,* de Raúl Artigot. / *El jardín secreto,* de Carlos Suárez. / *El joven y la tentación,* de François Mimet.
1985 *La vieja música,* de Mario Camus. / *Extramuros,* de Miguel Picazo. / *Il calice di Murano,* de Sergio Martino. / *Crónica sentimental en rojo,* de Francisco Rovira Beleta. / *Lulú de noche,* de Emilio Martínez-Lázaro. / *Lola,* de Bigas Luna.
1986 *Matador,* de Pedro Almodóvar. / *A balada da praia dos cães* (La playa de los perros), de José Fonseca e Costa. / *Ravi,* de Vincent Lombard. / *La verdad oculta,* de Carlos Benpar. / *¿Quién te quiere, Babel?,* de Ignasi P. Ferré.
1987 *La brute,* de Claude Guillemot. / *La nuit de l'océan,* de Antoine Perset. / *Lo del César,* de Felipe Cazals.
1988 *El hombre de neón,* de Albert Abril.
1989 *Wild Orchid* (Orquídea salvaje), de Zalman King.
1990 *Yo, la peor de todas,* de María Luisa Bemberg.
1991 *Rossini! Rossini!* de Mario Monicelli. / *Chain of Desire,* de Temístocles López.
1992 *El maestro de esgrima,* de Pedro Olea. / *Havanera 1820,* de Antoni Verdaguer.
1993 *Green Henrym,* de Thomas Koerfer. / *Nostradamus,* de Roger Christian.
1994 *Desvío al paraíso,* de Gerardo Herrero.
1995 *Belle al bar* (Julio/Julia), de Alessandro Benvenutti.

SEVILLA, Carmen *(María del Carmen García Balisteo. Sevilla, España, 1930)*

Hija del letrista José García Padilla, debuta a los trece años como bailarina en la compañía de

Estrellita Castro y posteriormente llega a formar parte de la del Príncipe Gitano, la del marqués de Montemar y la de Paco Reyes. Después de protagonizar con Jorge Negrete la coproducción hispano-mexicana *Jalisco canta en Sevilla,* su carrera adquiere resonancia europea con las operetas franco-españolas que protagoniza con Luis Mariano *El sueño de Andalucía, Cita en Granada, Violetas imperiales* y *La bella de Cádiz,* o con Georges Guetary *Pluma al viento.* Durante los años cincuenta se convierte en una de las pocas estrellas del cine español por su trabajo en *La revoltosa, La hermana san Sulpicio, Un caballero andaluz, Congreso en Sevilla, La fierecilla domada* y *La venganza,* donde la dirige J. A. Bardem. Mientras, también trabaja con el realizador mexicano Emilio Fernández en *Reportaje,* el argentino León Klimovsky en *La pícara molinera,* el norteamericano John Berry en *El amor de don Juan,* el norteamericano Don Siegel en *Aventura para dos* y el italiano Alessandro Blasetti en *Europa di notte.* Tras hacer un papel secundario en *Rey de Reyes,* de Nicholas Ray, y protagonizar *El secreto de Mónica,* de José María Forqué, y *El balcón de la luna,* de Luis Saslavsky, durante el resto de la década de los sesenta desciende su ritmo de trabajo. En la primera mitad de los años setenta resurge de sus cenizas al cambiar de imagen y erotizarse en *El techo de cristal, Nadie oyó gritar, La cera virgen, No es bueno que el hombre esté solo, La loba y la paloma* y *Beatriz,* pero se retira a finales de la década. A principios de los noventa reaparece como peculiar presentadora de concursos de televisión.

1947 *Serenata española,* de Juan de Orduña.
1948 *Filigrana,* de Luis Marquina. / *Jalisco canta en Sevilla,* de Fernando de Fuentes.
1949 *La guitarra de Gardel,* de León Klimowsky. / *La revoltosa,* de José Díaz Morales.
1950 *Cuentos de la Alhambra,* de Florián Rey. / *El sueño de Andalucía,* de Robert Vernay.
1951 *El deseo y el amor,* de Henri Decoin. / *Rendez-vous à Grenade* (Cita en Granada), de Richard Pottier.
1952 *Babes in Bagdad* (Muchachas de Bagdad), de Edgar G. Ulmer. / *Pluma al viento,* de Louis Cuny. / *La hermana san Sulpicio,* de Luis Lucia. / *Violetas imperiales,* de Richard Pottier.
1953 *Reportaje,* de Emilio Fernández. / *Gitana tenías que ser,* de Rafael Baledón. / *La bella de Cádiz,* de Raymond Bernard.
1954 *Un caballero andaluz,* de Luis Lucía. / *Amor sobre ruedas,* de Ramón Torrado. / *La pícara molinera,* de León Klimovsky.
1955 *Congreso en Sevilla,* de Antonio Román. / *Requiebro,* de Carlos Schlieper. / *La fierecilla domada,* de Antonio Román.
1956 *El amor de don Juan,* de John Berry.
1957 *Spanish Affair* (Aventura para dos), de Don Siegel. / *Los amantes del desierto,* de Goffredo Alessandrini, Fernando Cerchio, León Klimovsky y Gianni Vernuccio. / *La venganza,* de J. A. Bardem.
1958 *Secretaria para todo,* de Ignacio F. Iquino. / *Pan, amor y Andalucía,* de Javier Setó.
1959 *Europa di notte,* de Alessandro Blasetti.
1961 *King of Kings* (Rey de reyes), de Nicholas Ray. / *El secreto de Mónica,* de José María Forqué.
1962 *El balcón de la luna,* de Luis Saslavsky.
1963 *Crucero de verano,* de Luis Lucia.
1966 *Operación Plus Ultra,* de Pedro Lazaga. / *Camino del Rocío,* de Rafael Gil.
1967 *La guerrilla de Villa,* de Miguel Morayta.
1969 *Un adulterio decente,* de Rafael Gil. / *El taxi de los conflictos,* de Mariano Ozores y José Luis Sáenz de Heredia. / *El relicario,* de Rafael Gil. / *Enseñar a un sinvergüenza,* de Agustín Navarro.
1970 *Una señora llamada Andrés,* de Julio Busch. / *El techo de cristal,* de Eloy de la Iglesia. / *El más famoso golpe del Far-West,* de José Antonio de la Loma.
1971 *El apartamento de la tentación,* de Julio Busch. / *La cera virgen,* de José María Forqué. / *Marco Antonio y Cleopatra,* de Charlton Heston.
1972 *Nadie oyó gritar,* de Eloy de la Iglesia.
1973 *La loba y la paloma,* de Gonzalo Suárez. / *No es bueno que el hombre esté solo,* de Pedro Olea.
1974 *Sex o no sex,* de Julio Diamante. / *Una mujer de cabaret,* de Pedro Lazaga. / *La cruz del diablo,* de John Gilling.
1975 *Muerte de un quinqui,* de León Klimovsky. / *Strip-tease a la inglesa,* de José Luis Madrid. / *Nosotros los decentes,* de Mariano Ozores. / *Terapia al desnudo,* de Pedro Lazaga.
1976 *La noche de los cien pájaros,* de Rafael Romero Marchent. / *Beatriz,* de Gonzalo Suárez. / *Guerreras verdes,* de Ramón Torrado. / *La promesa,* de Ángel del Pozo.
1977 *El apolítico,* de Mariano Ozores.
1978 *Rostros,* de Juan Ignacio Galván.

SEXO, MENTIRAS Y VÍDEOS *(Sex, Lies and Videotapes, 1989)*

Tras nueve años de ausencia de su Louisiana natal, el joven Graham Dalton (James Spader), que se declara impotente, pero a quien produce placer ver los vídeos que graba con las confesiones de las experiencias sexuales de diferentes mujeres, vuelve para pasar unos días en casa de su amigo John Millaney (Peter Gallagher), un abogado triunfador que está casado con la bella y frígida Ann (Andie McDowell) y mantiene una relación con su cálida cuñada Cynthia (Laura San Giacomo), para destruir las relaciones preexistentes y dar paso a otras nuevas. Escrita y dirigida por el debutante de veintiséis años Steven Soderbergh, esta producción independiente, de bajo presupuesto, es una atractiva comedia erótica, en buena medida emparentada con las películas del realizador francés Éric Rohmer, pero con un evidente tono norteamericano, que gana la Palma de Oro del Festival de Cannes. Rodada en largos y sencillos planos y protagonizada por unos entonces desconocidos actores, narra con un eficaz y peculiar humor una bien estructurada historia de erotismo cerebral en un medio de jóvenes burgueses liberales con problemas psicoanalíticos. Soderbergh une con gran habilidad dos elementos tan de moda como el sexo y el vídeo a través de una brillante sucesión de mentiras.

Director y guionista: *Steven Soderbergh.* Fotografía: *Walt Lloyd.* Música: *Cliff Martinez.* Intérpretes: *James Spader, Andie McDowell, Peter Gallagher, Laura San Giacomo.* Producción: *Robert Newmyer, John Hardy.* Color. Duración: *100'. Estados Unidos.*

SHEPARD, Sam *(Gil Ivy. Fort Sheridan, Illinois, Estados Unidos, 1943)*

Tras dedicarse a la cría de caballos en su ciudad natal, a los dieciocho años se instala en Nueva York, comienza a escribir teatro y en 1964 estrena *Cowboy.* Durante la segunda mitad de la década de los sesenta sigue escribiendo teatro, viaja sin parar por todo el país y es batería del grupo Acid Rock. En los años setenta amplía sus actividades al escribir algunos guiones, entre los que destaca el de *Zabriskie Point* (1970), de Michelangelo Antonioni, y debutar como actor de cine en las producciones independientes *Renaldo y Clara,* de Bob Dylan, y *Días del cielo,* de Terrence Malick; mientras obtiene el codiciado premio Pulitzer por su obra de teatro *Buried Child* (1979). Sin abandonar nunca el teatro, durante la década de los ochenta aumenta su actividad cinematográfica al casarse con la actriz Jessica Lange, protagonizar varias películas con ella —*Frances, Country, Crímenes del corazón*— y también debutar como director de cine con la irregular *Norte lejano,* que interpretan ambos; mientras escribe el guión de *París-Texas* (1984), de Wim Wenders. Entre sus últimas películas como actor destacan *El viajero* y *Corazón trueno,* y como director, *Lengua silenciosa,* un lento y personal *western.*

Como director
1988 *Far North* (Norte lejano).
1992 *Silent Tongue* (Lengua silenciosa).
Como actor
1975 *Renaldo and Clara* (Renaldo y Clara), de Bob Dylan.
1976 *Days of Heaven* (Días del cielo), de Terrence Malick.
1980 *Resurrection* (Resurrección), de Daniel Petrie.
1981 *Raggedy Man,* de Jack Fisk.
1982 *Frances,* de Graeme Clifford.
1983 *The Right Stuff* (Elegidos para la gloria), de Philip Kaufman.
1984 *Country,* de Richard Pearce.
1985 *Fool for Love* (Loco de amor), de Robert Altman.
1986 *Crimes of the Heart* (Crímenes del corazón), de Bruce Beresford.
1987 *Baby Boom* (Baby, tú vales mucho), de Charles Shyer.
1988 *Far North* (Norte lejano), de Sam Shepard.
1989 *Steel Magnolias* (Magnolias de acero), de Herbert Ross.
1991 *Bright Angel,* de Michael Fields. / *Defenseless* (Sin defensa), de Martin Campbell. / *The Voyager* (El viajero), de Volker Schlöndorff.
1992 *Thunderheart* (Corazón trueno), de Michael Apted.
1993 *The Pelican Brief* (El informe Pelícano), de Alan J. Pakula.
1995 *Safe Passage* (Tensa espera), de Robert Alan Ackerman.

SHERIDAN, Ann *(Clara Lou Sheridan. Denton, Texas, 1915-Los Ángeles, California, Estados Unidos, 1967)*

A los diecisiete años es coronada reina de la belleza, poco después rueda su primera película y durante 1934 y 1935 hace importantes papeles secundarios en veinte producciones de los estudios Paramount, entre las que sobresalen el policiaco *La llave de cristal,* de Frank Tuttle, y la superproducción histórica *Las Cruzadas,* de Cecil B. de Mille. Su verdadera carrera comienza en 1936, cuando es contratada por los estudios Warner, se extiende a lo largo de poco más de diez años y se apoya en títulos como *Ángeles* con caras sucias y *Dodge, ciudad sin ley,* de Michael Curtiz; *They Made Me a Criminal,* de Busby Berkeley; *Ciudad de conquista,* de Anatole Litvak; *Pasión ciega* y *Río de plata,* de Raoul Walsh; la mayoría películas de acción. Aunque también es la protagonista de famosas comedias, como *La novia era él,* de Howard Hawks. Entre sus últimas películas destaca la historia de aventuras *Cita en Honduras,* de Jacques Tourneur. Se retira a los cuarenta y un años, cuando su carrera cinematográfica ya a comenzado a declinar, y muere prematuramente de cáncer una década después.

1933 *Search for Beauty,* de Erle C. Kenton.
1934 *Ladies Should Listen* (Atención, señoras), de Frank Tuttle. / *Murder at the Vanities* (El crimen del Vanities), de Mitchell Leisen. / *Bolero,* de Wesley Ruggles. / *Mrs. Wiggs of the Cabbage Patch* (La hortelana), de Norman Taurog. / *You Belong to Me,* de Alfred L. Werker. / *Come On Marines!,* de Henry Hathaway. / *Kiss and Make Up,* de Harlan Thompson. / *The Notorius Sophie Lang,* de Ralph Murphy. / *College Rhythm* (Al compás del corazón), de Norman Taurog. / *Wagon Wheels,* de Charles T. Barton. / *Limehouse Blues,* de Alexander Hall.
1935 *Rumba,* de Marion Gering. / *Enter Madame* (Mi marido se casa), de Elliott Nugent. / *Home on the Range,* de Arthur Jacobson. / *Rocky Mountain Mystery,* de Charles T. Barton. / *Behold My Wife* (Os presento a mi esposa), de Mitchell Leisen. / *The Glass Key* (La llave de cristal), de Frank Tuttle. / *Fighting Youth,* de Hamilton McFadden. / *Mississippi* (El cantor del río), de Edward A. Sutherland. / *Car 99* (Pistas secretas), de Charles T. Barton. / *The Crusades* (Las Cruzadas), de Cecil B. de Mille. / *Red Blood of Courage,* de John English.
1936 *Black Legion,* de Archie L. Mayo. / *Sing Me a Love Song,* de Ray Enright. / *The Great O'Malley,* de William Dieterle.
1937 *Wine, Women and Horses,* de Louis King. / *San Quentin,* de Lloyd Bacon. / *The Footloose Heiress,* de William B. Clemens.
1938 *The Patient in Room 18,* de Bob Connolly. / *Alcatraz Island,* de William McGann. / *Cowboy From Brooklyn,* de Lloyd Bacon. / *She Loved a Fireman,* de John Farrow. / *Mystery House,* de Noel Smith. / *Little Miss Thoroughbred,* de John Farrow. / *Broadway Musketeers,* de John Farrow. / *Letter of Introduction* (Carta de presentación), de John M. Stahl. / *Angels With Dirty Faces* (Ángeles con caras sucias), de Michael Curtiz.
1939 *Naughty But Nice,* de Ray Enright. / *They Made Me a Criminal,* de Busby Berkeley. / *Indianapolis Speedway,* de Lloyd Bacon. / *Winter Carnival,* de Charles F. Riesner. / *Dodge City* (Dodge, ciudad sin ley), de Michael Curtiz. / *Angels Wash Their Faces,* de Ray Enright.
1940 *Torrid Zone,* de William Keighley. / *Castle on the Hudson,* de Anatole Litvak. / *City From Conquest* (Ciudad de conquista), de Anatole Litvak. / *It All Came True,* de Lewis Seiler. / *They Drive by Night* (Pasión ciega), de Raoul Walsh.
1941 *Kings Row,* de Sam Wood. / *Honeymoon for Three,* de Lloyd Bacon. / *The Man Who Came to Dinner,* de William Keighley.
1942 *George Washington Slept Here,* de William Keighley. / *Juke Girl,* de Curtis Bernhardt. / *Wings for the Eagle,* de Lloyd Bacon.
1943 *Thank Your Lucky Stars,* de David Butler. / *Edge of Darkness,* de Lewis Milestone.
1944 *The Doughgirls,* de James V. Kern. / *Shine on Harvest Moon,* de David Butler.
1946 *One More Tomorrow,* de Peter Godfrey. / *The Unfaithful,* de Vincent Sherman.
1947 *Nora Prentiss* (La sentencia), de Vincent Sherman.
1948 *Silver River* (Río de plata), de Raoul Walsh. / *Good Sam* (El buen Sam), de Leo McCarey.
1949 *I Was a Male War Bride* (La novia era él), de Howard Hawks.
1950 *Stella* (El cuerpo del diablo), de Claude Binyon. / *Woman on the Run,* de Norman Foster.
1952 *Steel Town,* de George Sherman. / *Just Across the Street,* de Joseph Pevney.
1953 *Take Me to Town,* de Douglas Sirk. / *Appointment in Honduras* (Cita en Honduras), de Jacques Tourneur.
1956 *Come Next Spring* (Cuando llegue la primavera), de R. G. Springsteen. / *The Opposite Sex,* de David Miller.

SHERIDAN, Jim *(Dublín, Irlanda, 1949)*
Escritor y director de teatro, entre 1976 y 1980 es director artístico del Project Arts Centre de Dublín y entre 1982 y 1987 del Irish Centre de Nueva York. Durante su estancia en Estados Unidos estudia cine en el New York Film School y debuta como director con *Mi pie izquierdo,* interesante biografía del escritor y pintor irlandés Christy Brown, un deficiente mental que solo puede utilizar su pie izquierdo, que le vale un Oscar a su compatriota Daniel Day-Lewis. Parte de una obra teatral de John B. Keane para hacer la demasiado sólida y también muy irlandesa *El prado,* sobre la tragedia de un hombre dispuesto a cualquier cosa por no perder el terreno que ha cultivado durante toda su vida, que marca el regreso al cine del actor Richard Harris tras una

larga ausencia. Su gran éxito es *En el nombre del padre,* denuncia de un crimen de Estado realizado por el gobierno británico contra jóvenes irlandeses a raíz de un atentado cometido por las fuerzas del I.R.A. en 1974, que gana varios premios internacionales importantes.
1989 *My Left Foot* (Mi pie izquierdo).
1990 *The Field* (El prado).
1993 *In the Name of the Father* (En el nombre del padre).

SHINDO, Kaneto *(Hiroshima, Japón, 1912)*

Perteneciente a una familia campesina, en 1934 comienza a trabajar en los estudios Shochiku como ayudante del decorador del famoso realizador Kenji Mizoguchi. Durante la segunda mitad de los años cuarenta escribe guiones para importantes directores, entre ellos el propio Mizoguchi, en 1950 funda la productora independiente Kindai Kyokai Ega con el director Kozaburo Yoshimura y la actriz Nobuko Otawa, protagonista de casi todas sus películas, y debuta como director con *La historia de amor de mi mujer.* Tiene su primer éxito con *Los niños de Hiroshima,* sobre las consecuencias de la explosión nuclear, tema al que vuelve al final de la década en *El barco Fukuryumaru.* Trata diversos temas sociales en *La miniatura, La vida de una mujer, La fosa, Los lobos* y *El suicidio de la geisha Gin,* que gana el Gran Premio del Festival de Moscú, y consigue su mayor éxito con *La isla desnuda,* que narra sin palabras la dura vida cotidiana de unos agricultores que deben acarrear agua constantemente. Los problemas que atraviesa el cine japonés desde los años sesenta le llevan a un cine más comercial y menos atractivo, en el que destacan las historias fantásticas *El agujero* y *El gato negro.* Entre sus últimos trabajos destaca el documental *Vida de un cineasta,* homenaje a su maestro Mizoguchi integrado por testimonios de sus colaboradores.
1951 *Aisai monogatari* (La historia de amor de mi mujer).
1952 *Nadare* (La avalancha). / *Genbaku no ko* (Los niños de Hiroshima).
1953 *Shukuzu* (La miniatura). / *Onna no issho* (La vida de una mujer).
1954 *Dobu* (La fosa).
1955 *Ookami* (Los lobos).
1956 *Gin shinju* (El suicidio de la geisha Gin). / *Ryuri no kishi* (El río).
1957 *Unmi no yaro domo* (Los marineros).
1958 *Kanashimi wa onna dake ni* (La tristeza pertenece a las mujeres).
1959 *Daigo Fukuryumaru* (El barco Fukuryumaru). / *Hanayonne-san wa sekaiichi* (La mejor joven casada).
1960 *Hadaka no shima* (La isla desnuda).
1962 *Ningen* (El hombre).
1963 *Haha* (Madre).
1965 *Onibaba* (El agujero).
1966 *Akuto* (Los malditos).
1968 *Kuroneko* (El gato negro).
1972 *Kagero.*
1973 *Hadaka no ju Kynsai.*
1975 *Aru Eigakantoku no shagai* (Vida de un cineasta).
1978 *Chikuzan hitori tabi* (El saltimbanqui ciego).

SI NO AMANECIERA *(Hold Back the Dawn, 1941)*

A partir de un excelente guión de Charles Brackett, más tarde también reputado productor, y Billy Wilder, poco después convertido en famoso director, el realizador Mitchell Leisen rueda esta dura y tierna historia de amor, pero los cambios introducidos por Leisen en el guión resultan decisivos para que Wilder se lance a rodar sus propias historias. Cuenta cómo el aventurero rumano Georges Ivanescu (Charles Boyer) lleva meses en el Hotel Esperanza de Tijuana, México, a la espera de un visado para entrar en Estados Unidos, como punto final de su huida de la II Guerra Mundial. Por consejo de su amante Anita Dixon (Paulette Goddard) se casa con la joven e inexperta maestra norteamericana Emmy Brown (Olivia de Havilland) para conseguir la nacionalidad. Narrada en un largo *flashback,* donde el protagonista relata su historia a un director de cine en un plató de los estudios Paramount, sirve para que el propio Leisen se interprete a sí mismo y se le vea rodar un plano de *Vuelo de águilas* (I Wanted Wings, 1941), su película anterior, con Veronica Lake y William Holden.

Director: *Mitchell Leisen.* Guionistas: *Charles Brackett, Billy Wilder.* Fotografía: *Leo Tover.* Música: *Victor Young.* Intérpretes: *Charles Boyer, Olivia de Havilland, Paulette Goddard, Victor Francen, Walter Abel.* Producción: *Arthur Hornblow Jr. para Paramount.* Duración: *115'. Estados Unidos.*

SI TE DICEN QUE CAÍ *(1989)*

Especializado en la adaptación de novelas de autores españoles contemporáneos, Vicente

Aranda rueda tres películas sobre obras de Juan Marsé: *La muchacha de las bragas de oro* (1979), *El amante bilingüe* (1993) y esta, la mejor, más dura e imaginativa de las tres. Basada en la novela homónima publicada en 1973 en México y prohibida hasta 1976 en España, está ambientada en 1940 en el barrio barcelonés de Gràcia, aunque algunas escenas se desarrollan en 1936 y otras en 1970, y narra un complejo entramado de historias protagonizadas por personajes que viven en ambientes característicos del mercado negro de la más sórdida posguerra. En este barroco ambiente, que conocen bien tanto Marsé como Aranda, conviven un grupo de muchachos que intenta olvidarse de la miseria inventando cuentos basados en la realidad cotidiana y en las películas que ven en los cines del barrio; el vicioso paralítico rico Conrado Galán (Javier Gurruchaga); restos de asociaciones anarquistas que sobreviven malamente; antiguos amantes separados por la guerra; prostitutas, queridas y comerciantes enriquecidos por el mercado negro, dentro de un amplio conglomerado de peculiares personajes. Aranda logra una violenta y brillante narración, de la que destacan su compleja estructura, algunas escenas de especial dureza y el trabajo interpretativo de Victoria Abril, que encarna a dos personajes diferentes, de Jorge Sanz, que da vida a Java, el jefe de la banda de muchachos, y de Antonio Banderas, que interpreta a Marcos, el anarquista que huye de los falangistas.

Director y guionista: *Vicente Aranda*. Fotografía: *Juan Amorós*. Música: *José Nieto*. Intérpretes: *Victoria Abril, Jorge Sanz, Antonio Banderas, Javier Gurruchaga*. Producción: *Enrique Viciano para Ideas y Producciones Cinematográficas. Color.* Duración: *120'. España.*

SI TÚ ESTUVIERAS *(I sogni nel cassetto, 1957)*

El éxito de *Bajo el sol de Roma* (Sotto il sole di Roma, 1948), *Es primavera* (È primavera, 1949) y *Dos céntimos de esperanza* (Due soldi di speranza, 1952), que son origen del denominado «neorrealismo rosa», llevan a Renato Castellani a rodar *Romeo y Julieta* (Giulietta e Romeo, 1954) en color, en inglés y en los lugares donde sucede la tragedia, y también esta producción que, a pesar de apartarse bastante del tono de las tres primeras, cierra su tetralogía neorrealista sobre historias de amor. Inspirándose en la verdadera historia de su hermano, Castellani cuenta cómo en la ciudad de Pavía, a mediados de los años cincuenta, se conocen la estudiante de química Lucía (Lea Massari) y el estudiante de medicina Mario (Enrico Pagani), empiezan a salir y, a pesar de la negativa de los padres de ella, se casan. Viven modestamente en una humilde habitación alquilada en casa de «las Pingüino», tres hermanas solteronas, guisan en la habitación para ahorrar y continúan estudiando. Cuando ella se queda embarazada deja su carrera, pero él consigue acabar la suya y que le destinen a un pequeño pueblo. Todo es amable, intrascendente, sin demasiado interés, y para subrayar su felicidad se relata cómo la amiga de la pareja Lina (Cosetta Greco) es abandonada por su novio, Roberto (Armando Anzelmo), que además está tuberculoso. Sin embargo, la historia tiene un final melodramático —que el productor Angelo Rizzoli obliga a cambiar a Castellani para su estreno— donde ella muere al dar a luz no un niño, como querían, sino una niña, que el padre debe compartir con sus suegros.

Director: *Renato Castellani*. Guionistas: *Renato Castellani, Adriana Chiaromonte*. Fotografía: *Leonida Barboni*. Música: *Roman Vlad*. Intérpretes: *Lea Massari, Enrico Pagani, Cosetta Greco, Sergio Tofano, Armando Anzelmo, Lilla Brignone*. Producción: *Angelo Rizzoli para Rizzoli Film (Roma), Francinex (París)*. Duración: *106'. Italia-Francia.*

SIBERIADA *(Siberjada, 1978)*

A través del enfrentamiento entre dos familias, los ricos Solomin y los pobres Ustajuzanin, se cuenta la vida de una aldea siberiana a lo largo de tres generaciones, entre 1900 y 1965, cómo los siberianos, a pesar de la oposición de los poderosos y gracias a las riquezas naturales, consiguen construir una nueva vida. Entre las muchas historias que narra destacan la del joven Aleksej Ustajuzanin (Nikita Mikhalkov) que durante la II Guerra Mundial salva al más joven de los Solomin y luego se sacrifica cuando el pueblo se incendia por culpa del petróleo, así como la de los amores prohibidos entre uno de los Solomin y una de los Ustajuzanin. Escrita y dirigida por Andrei Konchalovski, esta superproducción de larga duración, dividida en dos partes para su exhibición, se convierte en su última película rodada en la Unión Soviética, antes de comenzar su exilio norteamericano durante la década de los ochenta por la intervención de la censura. Sin embargo, y a pesar de su interés general y la belleza de algunas escenas, sigue encerrando el característico tono doctrinario que caracteriza a las producciones soviéticas.

Director y guionista: *Andrei Konchalovsky*. Fotografía: *Levan Paatasvili*. Música: *Eduard Artemiev*. Intérpretes: *Vladimir Sajmolov, Vitalji Solomin, Nikita Mikhalkov, Natalja Andrecejcenko, Ljudmilla Gurcenko*. Producción: *Mosfilm*. Color. Duración: 276'. Unión Soviética.

SIEGEL, Don *(Donald Siegel. Chicago, Illinois, 1912-Estados Unidos, 1991)*

Estudia en la Universidad de Cambridge, en la Royal Academy of Dramatic Arts de Londres y en el Contemporary Theatre Group de Hollywood. Mientras desarrolla una breve carrera como actor de teatro, en 1933 comienza a trabajar como archivero en los estudios Warner, pero en seguida pasa a ser ayudante de montaje y no tarda en convertirse en un reputado montador. Durante la primera mitad de los años cuarenta rueda las escenas de acción de producciones tan conocidas como *El sargento York* (Sergeant York, 1941), de Howard Hawks; *Gentleman Jim* (1942), de Raoul Walsh, y *Pasaje a Marsella* (Passage to Marseille, 1944), de Michael Curtiz. Tras realizar un par de cortometrajes, debuta como director de largos con *The Verdict,* un policiaco ambientado a finales del siglo XIX que se sitúa entre sus mejores trabajos, y *Almas en tinieblas,* un irregular melodrama protagonizado por Ronald Reagan. En 1949 abandona Warner para vagar durante treinta y tres años por los más variados estudios rodando treinta irregulares largometrajes que le convierten en uno de los más conocidos especialistas en películas de acción de bajo presupuesto. De su trabajo hasta principios de la década de los sesenta hay que destacar *Riot in Cell Block 11,* eficaz historia carcelaria; *Private Hell 36,* que hunde la productora de su protagonista Ida Lupino; *La invasión de los ladrones de cuerpos,* un clásico de la ciencia-ficción; *Al borde de la eternidad,* una eficaz historia de aventuras, y *Estrella de fuego,* un curioso *western* protagonizado por el cantante Elvis Presley; frente a las fallidas *No Time for Flowers,* mala copia de *Ninotchka* (1939), de Ernst Lubitsch; *Aventura para dos,* historia romántica rodada en España en coproducción con Benito Perojo; *The Gun Runners,* nula y tercera versión de *Tener y no tener* (To Have and Have Not, 1944), de Howard Hawks, y otras. Tras el fracaso de *Comando,* una historia bélica protagonizada por Steve McQueen, durante tres años no encuentra trabajo, pasa a televisión para hacer los irregulares policiacos *Código del hampa, El carnaval de la muerte y Stranger on the Run,* que en Europa se distribuyen en salas cinematográficas, y tiene una mala experiencia cuando vuelve al cine con *La ciudad sin ley* (Death of a Gunfighter, 1969), un *western* protagonizado por Richard Widmark, que comienza a rodar él, lo termina Robert Totten y se estrena dos años después firmado con el tradicional seudónimo Allan Smithee. Sale de esta profunda sima gracias a su amistad con el actor, productor y realizador Clint Eastwood, para cuya marca Malpaso rueda los policiacos *La jungla humana, Harry, el sucio y Fuga de Alcatraz,* uno de sus mejores trabajos, y los *westerns* personales *Dos mulas y una mujer,* una historia del realizador Budd Boetticher hecha con demasiadas influencias italianas, y su obra maestra *El seductor,* sobre las relaciones entre un soldado de la Unión herido y las señoritas de una residencia confederada durante la guerra de Secesión. Entre sus últimas películas destacan el policiaco tradicional *Brigada homicida* y el anarquista *La gran estafa,* frente a la historia de espionaje *Molino negro* el *western* crepuscular *El último pistolero* el anodino policiaco *Teléfono,* y la comedia de intriga *Golpe audaz.*

1946 *The Verdict.*
1949 *Night unto Night* (Almas en tinieblas). / *The Big Steal* (El gran robo).
1952 *Duel at Silver Creek.*
1953 *No Time for Flowers.* / *Count the Hours.* / *China Venture.*
1954 *Riot in Cell Block 11.* / *Private Hell 36.*
1955 *An Annapolis Story.*
1956 *Invasion of the Body Snatchers* (La invasión de los ladrones de cuerpos). / *Crime in the Streets.*
1957 *Baby Face Nelson.*
1958 *Spanish Affair* (Aventura para dos). / *The Line-Up.* / *The Gun Runners.*
1959 *Hound Dog Man.* / *Edge of Eternity* (Al borde de la eternidad).
1960 *Flaming Star* (Estrella de fuego).

1967 *Stranger on the Run*.
1968 *Coogan's Bluff* (La jungla humana). / *Madigan* (Brigada homicida).
1970 *Two Mules for Sister Sara* (Dos mulas y una mujer).
1971 *The Beguiled* (El seductor). / *Dirty Harry* (Harry, el sucio).
1973 *Charley Varrick* (La gran estafa).
1974 *The Black Windmill* (Molino negro).
1976 *The Shootist* (El último pistolero).
1977 *Telefon* (Teléfono).
1979 *Escape From Alcatraz* (Fuga de Alcatraz).
1980 *Rough Cut* (Golpe audaz).
1982 *Jinxed!*

SIERRA DE TERUEL *(1939)*

A partir de un atractivo guión escrito por el novelista Max Aub y el propio realizador, el intelectual francés André Malraux hace una lírica e interesante película sobre los combates en la sierra de Teruel en 1937 en plena guerra española. Basada en su novela *La esperanza*, está pensada como una gran obra de propaganda de la II República, tanto de cara al exterior como al interior, pero, por complejos problemas de producción, fuera de España no consigue estrenarse hasta 1945 y en España hasta mediados de 1978. Activista revolucionario en China, jefe de una escuadrilla de la aviación republicana durante la guerra española, combatiente en la Resistencia contra los alemanes durante la II Guerra Mundial, el conocido novelista y ensayista André Malraux también es director de la mejor película de ficción sobre la guerra española, antes de ser ministro de Cultura del general Charles De Gaulle. Bastante influida por los grandes clásicos rusos del montaje, como demuestra la emotiva y bella escena en la que se transportan los cadáveres de unos pilotos desde las montañas, es una coproducción de un gran atractivo, pero acaba teniendo una finalidad muy diferente de la prevista.

Director: *André Malraux*. Guionistas: *Max Aub, André Malraux*. Fotografía: *Louis Page, André Thomas, Manuel Berenguer*. Música: *Darius Milhaud*. Intérpretes: *Andrés Mejuto, Julio Peña, José Sempere, Nicolás Rodríguez, José M.ª Lado*. Producción: Edourd *Corniglion-Molinier*. Duración: 87'. España-Francia.

SIETE OCASIONES *(Seven Chances, 1925)*

Basada en una olvidada obra de teatro de Roi Cooper Megrue, narra cómo el joven Jimmie Shannon (Buster Keaton) nunca se decide a declararse a la bella Mary (Ruth Dwyer). Un día llega a su arruinada empresa un notario (Snitz Edwards) para comunicarle que ha heredado siete millones de dólares, pero con la condición de que se case antes de las siete de la tarde del día que cumpla veintisiete años, que casualmente es ese mismo día. Va a ver a Mary para pedirle que se case con él, pero lo hace tan mal que lo rechaza. Luego se declara sucesivamente a siete chicas del Country Club, pero todas le dicen que no. A la vista de la situación, su socio (T. Roy Barnes), que ve en la herencia la posibilidad de supervivencia de su empresa, pone un anuncio en el diario citando a las cinco en la iglesia a mujeres vestidas de novia dispuestas a casarse. Jimmie Shannon llega a las cinco en punto a la iglesia, no encuentra a nadie, se tumba en el primer banco y se duerme; pero no tardan en llegar mujeres vestidas de novia en automóvil, a caballo, en bicicleta, en patines, en tranvía, y cuando se despierta hay quinientas mujeres en la iglesia. Tras recibir una nota de Mary diciendo que acepta casarse con él, comienza la más divertida, surrealista y misógina de las persecuciones, protagonizada por un grupo de mujeres dispuestas a casarse con él, que, finalmente, consigue esquivar, para llegar a casa de Mary antes de la siete, casarse y heredar. El conjunto es una de las mejores y, durante años, más olvidadas películas de Buster Keaton, por su calidad, la finura de su humor y el acabado dibujo de su personaje, conocido en España como Pamplinas, el hombre inalterable, que gracias a su habilidad triunfa en las más absurdas situaciones y mantiene unas relaciones misóginas con las mujeres, a quienes solo considera obstáculos fáciles de vencer.

Director: *Buster Keaton*. Guionistas: *Clyde Bruckman, Jean Havez*. Fotografía: *Elgin Lessley, Byron Houck*. Intérpretes: *Buster Keaton, T. Roy Barnes, Snitz Edwards, Ruth Dwyer, Frankie Raymond, Erwin Connelly*. Producción: *Joseph M. Schenck* para Metro-Goldwyn-Mayer. Duración: 60'. Estados Unidos.

SIETE SAMURÁIS, LOS *(Shichinin no samurai, 1954)*

Durante la etapa de las guerras civiles, en el siglo XVI, los campesinos de un pequeño pueblo contratan a un grupo de samurais para que los defiendan de los constantes ataques de los bandidos de la zona y poder vivir en paz. En el centro de este gran fresco sobre el enfrentamiento de la cultura campesina con la guerrera, que se convierte en una de las grandes películas de Akira Kurosawa, se sitúan las personalidades de los siete samurais protagonistas: la sabiduría y el desencanto de Kambei (Takashi Shimura); la astucia de Heihachi (Minoru Chiaki); la jovialidad y el sentido común de Gorobei (Yoshio Inaba); el ascetismo de Kyuzo (Seiji Miyaguchi); la generosidad y el idealismo juvenil de Katsushiro (Ko Kimura); la profesionalidad de Shichiroj (Daisuke Kato), y la astucia y la timidez de Kikuchiyo (Toshiro Mifune), el campesino convertido en samurai y lazo de unión entre ambas culturas. El éxito en Occidente de esta hábil y eficaz producción de Kurosawa lleva a los norteamericanos a hacer en clave de *western* tradicional *Los siete magníficos* (The Magnificent Seven, 1960), de John Sturges, con Steve McQueen y Yul Brynner; *El regreso de los siete magníficos* (Return of the Seven, 1966), de Burt Kennedy, con Yul Brynner y Robert Fuller; *La furia de los siete magníficos* (Guns of the Magnificent Seven, 1969), de Paul Wendkos, con George Kennedy y Joe Don Baker; *El desafío de los siete magníficos* (The Magnificent Seven Ride, 1972), de George McCowan, con Lee van Cleef y Stefanie Powers; además de *Los siete magníficos del espacio* (Battle Beyond the Stars, 1980), de Jimmy T. Murakami, con Richard Thomas y John Saxon, en clave de ciencia-ficción.

Director: *Akira Kurosawa*. Guionistas: *Akira Kurosawa, Shinobu Hashimoto, Hideo Oguni*. Fotografía: *Asakazu Nakai*. Música: *Fumio Hayasaka*. Intérpretes: *Takashi Shimura, Toshiro Mifune, Yoshio Inaba, Seiji Miyaguchi, Minoru Chiaki, Daisuke Kato, Ko Kimura, Kamatari Fujiwara, Kuninori Kodo*. Producción: *Shojiro Motoki para Toho*. Duración: *200'. Japón.*

SIGNORET, Simone *(Simone Henriette Kaminker. Wiesbaden, Alemania, 1921-Auteuil, Francia, 1985)*

Perteneciente a una familia alemana de origen judío, es educada en Neuilly, estudia arte dramático en París y durante los años de la ocupación alemana de Francia comienza a trabajar en cine como figurante. Lanzada por *Dédée de Amberes*, de Yves Allégret, su descubridor y primer marido, su carrera se extiende a lo largo de casi sesenta películas rodadas en francés o inglés durante cuarenta años, así como de numerosos montajes teatrales. Sus mejores trabajos los hace durante los años cincuenta de la mano de Max Ophüls en *La ronda;* de Jacques Becker en *París, bajos fondos;* de Marcel Carné en *Teresa Raquin;* de H.-G. Clouzot en *Las diabólicas;* de Luis Buñuel en *La muerte en este jardín*, y de Jack Clayton en *Un lugar en la cumbre*, con la que gana un Oscar. Casada desde 1951 con el actor y cantante Yves Montand, su carrera internacional prosigue con la producción italiana *Adua y sus amigas*, la británica *Escándalo en las aulas* y las norteamericanas *El barco de los locos, Llamada para un muerto* y *La gaviota*. En la década de los setenta trabaja exclusivamente en Francia y entre sus películas destacan *El gato, Dura jornada para la reina* y *Policía Python 357*. Madre de la actriz Catherine Allégret (1946), el éxito de su regular libro de recuerdos *La nostalgia no es lo que era* (La nostalgie n'est plus ce qu'elle était, 1977) la lleva a escribir la novela *Adieu Volodia*.

1941 *Bolero*, de Jean Boyer.
1942 *Le prince charmant*, de Jean Boyer. / *Les visiteurs du soir*, de Marcel Carné.
1943 *Adieu Léonard*, de Pierre Prévert. / *Le voyageur de la Toussaint*, de Louis Daquin. / *Le mort ne reçoit plus*, de Jean Tarride.
1944 *Service de nuit*, de Jean Faurez . / *L'ange de la nuit*, de André Berthomieu. / *Béatrice devant le désir*, de Jean de Marguenat.
1945 *Le couple idéal*, de Bernard-Roland. / *La boîte aux rêves*, de Yves Allégret. / *Les démons de l'aube*, de Yves Allégret.
1946 *Macadam*, de Marcel Blistène.
1947 *Fantômas*, de Jean Sacha. / *Dédée d'Anvers* (Dédée de Amberes), de Yves Allégret. / *Against the Wind*, de Charles Crichton.
1948 *L'impasse des deux anges*, de Maurice Tourneur.
1949 *Manèges*, de Yves Allégret.
1950 *Four Days Leave* (Cuatro días de permiso), de Leopold Lindtberg. / *La ronde* (La ronda), de Max Ophüls. / *San laisser d'adresse*, de Jean-Paul Le Chanois. / *Le traqué* (¡Acorralado!), de Frank Tuttle.
1951 *Ombre et lumière*, de Henri Calef.
1952 *Casque d'or* (París, bajos fondos), de Jacques Becker.
1953 *Thérèse Raquin* (Teresa Raquin), de Marcel Carné.

1955 *Les diaboliques* (Las diabólicas), de Henri-Georges Clouzot.
1956 *La mort en ce jardin* (La muerte en este jardín), de Luis Buñuel.
1957 *Les sorcières de Salem*, de Raymond Rouleau.
1958 *Room at the Top* (Un lugar en la cumbre), de Jack Clayton.
1960 *Les mauvais coups* (Los malos golpes), de François Leterrier. / *Adua e le compagne* (Adua y sus amigas), de Antonio Pietrangeli.
1961 *Les amours célèbres* (Amores célebres), de Michel Boisrond. / *Term of Trial* (Escándalo en las aulas), de Peter Glenville.
1963 *Le jour et l'heure* (El día y la hora), de René Clément. / *Dragées au poivre*, de Jacques Baratier.
1965 *Paris brûle-t-il?* (¿Arde París?), de René Clément. / *Compartiment tueurs* (Los raíles del crimen), de Costa-Gavras. / *Ship of Fools* (El barco de los locos), de Stanley Kramer.
1967 *The Deadly Affair* (Llamada para un muerto), de Sidney Lumet. / *Games* (La muerte llama a la puerta), de Curtis Harrington.
1968 *The Sea Gull* (La gaviota), de Sidney Lumet. / *Mr. Freedom*, de William Klein.
1969 *L'armée des ombres* (El ejército de las sombras), de Jean-Pierre Melville. / *L'Américain*, de Marcel Bozzuffi.
1970 *L'aveu* (La confesión), de Costa-Gavras.
1971 *Compte à rebours* (Cuenta atrás), de Roger Pigault. / *Le chat* (El gato), de Pierre Granier-Deferre. / *La veuve Couderc* (La viuda Couderc), de Pierre Granier-Deferre.
1972 *Les granges brûlées* (Las granjas ardientes), de Jean Chapot.
1973 *Rude journée pour la reine* (Dura jornada para la reina), de René Allio.
1974 *La chair de l'orchidée* (La carne de la orquídea), de Patrick Chéreau.
1975 *Police Python 357* (Policía Python 357), de Alain Corneau.
1977 *La vie devant soi* (Madame Rosa), de Moshe Mizrahi.
1978 *Judith Therpeauve*, de Patrick Chéreau.
1979 *L'adolescente* (El adolescente), de Jeanne Moreau.
1980 *Chère inconnue*, de Moshe Mizrahi.
1981 *Guy de Maupassant*, de Michel Drach. / *L'étoile du Nord*, de Pierre Granier-Deferre.

SIGUIENDO MI CAMINO *(Going My Way, 1944)*

Las relaciones entre el joven sacerdote católico Chuck O'Malley (Bing Crosby), con su sombrero de paja, su afición por el béisbol y las canciones, y el viejo párroco Fitzgibbon (Barry Fitzgerald), que lleva cuarenta y cinco años al frente de la parroquia de Saint-Dominique, en Nueva York, que él mismo levantó, dan lugar a una de las más conocidas películas del director y productor Leo McCarey. Rodada en plena II Guerra Mundial, esta primera película protagonizada por el cantante Bing Crosby que no es estrictamente un musical gana siete importantes Oscars y tiene un enorme éxito. A pesar de los años pasados se conserva bien, en especial por la gran actuación de Barry Fitzgerald y algunas canciones famosas, como *Swinging on a Star*, de James van Heusen y Johnny Burke, cantadas por Bing Crosby, y se siguen con interés las historias del prestamista que no quiere devolver un crédito, la joven que se ha ido de su casa y acaba casándose con el hijo del prestamista y la famosa cantante de ópera que ayuda al padre O'Malley a vender sus canciones para pagar las deudas de la parroquia. Es origen de *Las campanas de Santa María* (The Bells of the St. Mary's, 1945), de Leo McCarey, donde el padre O'Malley (Bing Crosby) debe enfrentarse con la hermana Benedict (Ingrid Bergman), que es mejor y todavía tiene más éxito.

Director: *Leo McCarey*. Guionistas: *Frank Butler, Frank Cavett, Leo McCarey*. Fotografía: *Lionel Lindon*. Música: *Robert Emmet Dolan*. Intérpretes: *Bing Crosby, Barry Fitzgerald, Rise Stevens, Frank McHugh, James Brown, Gene Lockhart*. Producción: *Leo McCarey para Paramount*. Duración: *126'*. Estados Unidos.

SILENCIO, EL *(Tystnaden, 1963)*

Esta sólida obra, que en su momento tiene graves dificultades con la censura de muchos países, desde su completa prohibición en España hasta los múltiples cortes de Italia, por poner tan solo dos ejemplos, tras *Como en un espejo* (Sasom i en spegel, 1961) y *Los comulgantes* (Nattvardsgästerna, 1962), cierra la trilogía sobre el «silencio de Dios» y es una de las más personales escritas y dirigidas por Ingmar Bergman. Narra, con una rara fuerza y dentro de una atmósfera muy influida por el expresionismo alemán de finales del período mudo, cómo, de regreso a Suecia, dos hermanas y el hijo de una de ellas atraviesan un país impreciso en estado de guerra y donde se habla un idioma incomprensible. La tuberculosis y el alcoholismo de

Ester (Ingrid Thulin) les hace detenerse unos días en un extraño hotel y, mientras el joven Johan (Jörgen Linström) corretea por sus pasillos, trata de entender a un viejo y alto camarero (Haakan Jahnberg) y ve a los siete enanos españoles Eduardini, su madre Anna (Gunnel Lindblom) vive diversas experiencias eróticas llevada de una cierta ninfomanía.

Director y guionista: *Ingmar Bergman.* Fotografía: *Sven Nykvist.* Música: *Bo Nilsson, Johann Sebastian Bach.* Intérpretes: *Ingrid Thulin, Gunnel Lindblom, Jörgen Linström, Haakan Jahnberg, Eduardo Gutiérrez.* Producción: *Allan Ekelund para Svensk Filmindustri.* Duración: *96'. Suecia.*

SILENCIO DE UN HOMBRE, EL *(Le samouraï, 1967)*

Basado en una novela de Goan McLeod, convertida en guión por Georges Pellegrin y el propio realizador, no solo es uno de los mejores policiacos de Jean-Pierre Melville, sino también un brillante ejercicio de estilo basado en eliminar las elipsis y narrar minuciosamente todas las acciones. Cuenta cómo el asesino a sueldo Jeff Costello (Alain Delon) es visto por la pianista Valérie (Cathy Rosier) cuando sale de asesinar al dueño de un club nocturno, pero esta niega haberle visto durante las investigaciones del inspector (François Perier), por lo que se dirige a la muerte prácticamente desarmado cuando el mismo grupo le manda matar. Encierra un excelente retrato de un asesino profesional: un hombre frío, solitario, que habla muy poco y vive acompañado por un pajarito; un hombre al borde de la muerte que acaba suicidándose, perfectamente encarnado por Alain Delon.

Director: *Jean-Pierre Melville.* Guionistas: *Jean-Pierre Melville, Georges Pellegrin.* Fotografía: *Henri Decae.* Música: *François de Roubaix.* Intérpretes: *Alain Delon, Nathalie Delon, Cathy Rosier, François Perier, Michel Boisrond, Jacques Leroy.* Producción: *Raymond Borderie para Filmel-Films Borderie-T.C.P. (París), Fida Cinematografica (Roma). Color.* Duración: *107'. Francia-Italia.*

SIMMONS, Jean *(Londres, Reino Unido, 1929)*

Perteneciente a una familia acomodada, estudia en la Orange Hill School y asiste a clases de danza en la Aida Foster School. A los quince años comienza a hacer pequeños papeles en cine, entre los que destacan los de la adolescente Stella en *Cadenas rotas,* de David Lean, y la nativa Kanchi en *Narciso negro,* de Michael Powell y Emeric Pressburger, pero no se da a conocer hasta que hace de Ofelia en *Hamlet,* de Laurence Olivier. Después de protagonizar en el Reino Unido, entre otras, las interesantes *La isla perdida, Adán y ella* y *Extraño suceso,* se instala en Estados Unidos. En los años cincuenta, el mejor momento de su carrera, interviene en demasiados *peplums* —*Androcles y el león, La túnica sagrada, Sinuhé, el egipcio, Espartaco*— y películas históricas en general —*La reina virgen, Désirée*—, pero también protagoniza el policiaco *Cara de ángel,* de Otto Preminger; la comedia *La actriz,* de George Cukor; el musical *Ellos y ellas,* de Joseph L. Mankiewicz; los dramas *Mujeres culpables,* de Robert Wise, y *Esta tierra es mía,* de Henry King, y el *western* sólido *Horizontes de grandeza,* de William Wyler. En la década de los setenta hace menos y peores películas, pero destacan las dos que dirige su marido en esa época, Richard Brooks, *El fuego y la palabra* y *Con los ojos cerrados,* además de *Página en blanco,* de Stanley Donen. Posteriormente hace mucha más televisión que cine.

1944 *Give Us the Moon,* de Val Guest. / *Mr. Emmanuel,* de Harold French. / *Meet Sexton Blake,* de John Harlow. / *Kiss the Bride Goodbye,* de Paul L. Stein.
1945 *The Way to the Stars,* de Anthony Asquith. / *Caesar and Cleopatra* (César y Cleopatra), de Gabriel Pascal.
1946 *Great Expectations* (Cadenas rotas), de David Lean. / *Hungry Hill,* de Brian Desmond Hurst.
1947 *Black Narcissus* (Narciso negro), de Michael Powell y Emeric Pressburger. / *Uncle Silas,* de Charles Frank. / *The Woman in the Hall,* de Jack Lee.
1948 *Hamlet,* de Laurence Olivier. / *The Blue Lagoon* (La isla perdida), de Frank Launder.
1949 *Adam and Evelyne* (Adán y ella), de Harold French. / *So Long at the Fair* (Extraño suceso), de Terence Fisher.
1950 *Trio* (El torbellino de la vida), de Harold French. / *Cage of Gold* (Coacción), de Basil Dearden. / *The Clouded Yellow* (Trágica obsesión), de Ralph Thomas.
1952 *Androcles and the Lion* (Androcles y el león), de Chester Erskine.
1953 *Angel Face* (Cara de ángel), de Otto Preminger. / *Young Bess* (La reina virgen), de George Sidney. / *Affair With a Stranger* (Entre dos mujeres), de Roy Rowland. / *She Couldn't Say No,* de Lloyd Bacon. / *The Actress* (La actriz), de George Cukor. / *The Robe* (La túnica sagrada), de Henry Koster.

1954 *The Egyptian* (Sinuhé, el egipcio), de Michael Curtiz. / *Désirée*, de Henry Koster. / *A Bullet Is Waiting* (Una bala en camino), de John Farrow.
1955 *Guys and Dolls* (Ellos y ellas), de Joseph L. Mankiewicz. / *Footsteps in the Fog* (Pasos en la niebla), de Arthur Lubin.
1956 *Hilda Crane*, de Philip Dunne.
1957 *This Could Be the Night*, de Robert Wise. / *Until They Sail* (Mujeres culpables), de Robert Wise.
1958 *Home Before Dark*, de Mervyn LeRoy. / *The Big Country* (Horizontes de grandeza), de William Wyler.
1959 *This Earth Is Mine* (Esta tierra es mía), de Henry King.
1960 *Elmer Gantry* (El fuego y la palabra), de Richard Brooks. / *Spartacus* (Espartaco), de Stanley Kubrick. / *The Grass Is Greener* (Página en blanco), de Stanley Donen.
1963 *All the Way Home*, de Alex Segal.
1965 *Life at the Top* (Vivir en la cumbre), de Ted Kotcheff.
1966 *Mr. Buddwing* (La mujer sin rostro), de Delbert Mann.
1967 *Divorce American Style* (El novio de mi mujer), de Bud Yorkin. / *Rough Night in Jericho* (Noche de titanes), de Arnold Laven.
1969 *The Happy Ending* (Con los ojos cerrados), de Richard Brooks.
1970 *Say Hello to Yesterday* (El joven y la cuarentona), de Alvin Rakoff.
1975 *Mr. Sycamore*, de Pancho Kohner.
1978 *Dominique*, de Michael Anderson.
1988 *Going Undercover*, de James Kenelm Clarke. / *The Dawning*, de Robert Knights.
1995 *How to Make an American Quit* (Donde reside el amor), de Jocelyn Moorehouse.

SIMON, Simone *(Marsella, Francia, 1911)*

Debuta en el cine a los veinte años haciendo de figurante, pero pocos años después ya protagoniza *El lago de las damas* y *Días de sol*, de Marc Allégret. Su éxito hace que el productor norteamericano Darryl F. Zanuck la contrate para los estudios 20th Century Fox, pero tras las irregulares *Aula de señoritas, El séptimo cielo* y *Josette*, rompe su contrato y regresa a Francia para hacer de la perversa Séverine Roubaud en la interesante *La bête humaine*, de Jean Renoir. Sin embargo, la II Guerra Mundial le hace regresar a Estados Unidos, donde rueda el excelente díptico de películas de terror formado por *La mujer pantera*, de Jacques Tourneur, y *El regreso de la mujer pantera*, de Robert Wise, en la que encarna a la inquietante Irena Dubrovna, además de *El hombre que vendió su alma,* de William Dieterle. De nuevo en Francia, en la hace importantes papeles con Max Ophüls en las excelentes *La ronda* y *Le plaisir.* Se retira poco después.

1931 *Le chanteur inconnu* (El cantante desconocido), de Viktor Tourjansky. / *On opère sans douleur,* de Jean Tarride. / *Durand contre Durand,* de Eugene Thiele. / *Mam'zelle Nitouche,* de Marc Allégret. / *La petite chocolatière* (La chocolaterita), de Marc Allégret.
1932 *Un fils d'Amérique* (Un hijo en América), de Carmine Gallone. / *Le roi des palaces* (El rey de los hoteles), de Carmine Gallone. / *Prenez garde à la peinture,* de Henri Chomette.
1933 *L'étoile de Valencia* (La estrella de Valencia), de Serge de Poligny. / *Tire au flanc,* de Henri Wulschinger. / *Le voleur,* de Maurice Tourneur.
1934 *Lac aux dames* (El lago de las damas), de Marc Allégret.
1935 *Les yeux noirs* (Ojos negros), de Viktor Tourjansky. / *Les beaux jours* (Días de sol), de Marc Allégret.
1936 *Girls' Dormitory* (Aula de señoritas), de Irving Cummings. / *Ladies in Love,* de Edward H. Griffith.
1937 *Love and Kisses,* de Sidney Lanfield. / *Seventh Heaven* (El séptimo cielo), de Henry King.
1938 *Josette,* de Allan Dwan. / *La bête humaine,* de Jean Renoir.
1939 *Cavalcade d'amour* (Cabalgata de amor), de Raymond Bernard.
1941 *The Devil and Daniel Webster* (El hombre que vendió su alma), de William Dieterle.
1942 *Cat People* (La mujer pantera), de Jacques Tourneur.
1943 *Tahiti Honey* (Tahití), de John H. Auer.
1944 *Johnny Doesn't Live Here Anymore,* de Joe May. / *The Curse of the Cat People* (El regreso de la mujer pantera), de Robert Wise. / *Mademoiselle Fifi,* de Robert Wise.
1946 *Petrus,* de Marc Allégret.
1947 *Temptation Harbor* (Brumas de tentación), de Lance Comfort.
1949 *Donna senza nome* (La mujer sin nombre), de Geza von Radvanyi.
1950 *La ronde* (La ronda), de Max Ophüls. / *Olivia,* de Jacqueline Audry.
1952 *Le plaisir,* de Max Ophüls.
1954 *I tre ladri,* de Lionello de Felice.
1955 *Das zweite Leben,* de Victor Vicas.
1956 *The Extra Day,* de William Fairchild.
1972 *La femme en bleu* (La dama de azul), de Michel Deville.

SIN NOVEDAD EN EL FRENTE *(All Quiet on the Western Front, 1930)*

La conocida novela homónima antibélica en la que el alemán Erich Maria Remarque narra sus experiencias en la Gran Guerra es origen de dos películas muy distintas con el mismo título. En primer lugar se sitúa esta, ganadora de dos importantes Oscars y hace tiempo convertida en un clásico, que se rueda simultáneamente en versión muda y sonora y en 1939 vuelve a distribuirse con un nuevo montaje, que incluye una voz de fondo que subraya los horrores de la guerra. Narra cómo en agosto de 1914 un grupo de jóvenes alemanes, entre los que se encuentra Paul Baümer (Lew Ayres), se alista siguiendo los consejos de uno de sus profesores. Tras un proceso de instrucción con un duro sargento, llega al frente y conoce el absurdo y el horror de la guerra de trincheras. Mientras van muriendo sus compañeros durante un ataque enemigo, Paul Baümer se refugia en una tumba, debe dar un machetazo a un enemigo y pasa la noche con el moribundo. Después de ser herido, Paul Baümer vive una temporada en un hospital; al regresar al frente se encuentra con muchachos de quince años vestidos de soldados y acaba muriendo de un tiro mientras trata de cazar una mariposa. Su éxito hace que James Whale produzca y dirija para los estudios Universal, también sobre una narración de Remarque, *The Road Back* (1937), una especie de segunda parte, sobre el retorno de los supervivientes de la Gran Guerra a la vida civil y su decepción; pero el único personaje en común en ambas películas es el soldado Tjaden, que sigue siendo interpretado por Slim Summerville. En segundo lugar se sitúa la versión rodada en 1979 por Delbert Mann para televisión, pero difundida en salas de cine en muchos países, protagonizada por Ernest Borgnine, Richard Thomas y Donald Pleasance.

Director: *Lewis Milestone*. Guionistas: *Lewis Milestone, Maxwell Anderson, Del Andrews, George Abbott*. Fotografía: *Arthur Edeson*. Música: *David Broekman*. Intérpretes: *Lew Ayres, Louis Wolheim, Slim Summerville, John Wray, Raymond Griffith, Russell Gleason*. Producción: *Carl Laemmle jr. para Universal*. Duración: *150'. Estados Unidos*.

SIN PERDÓN *(Unforgiven, 1992)*

El cruel y envejecido pistolero William Munny (Clint Eastwood), retirado de la violencia, el odio y el *whisky* por amor a su mujer Claudia, muerta hace tres años, vuelve a entrar en acción para conseguir un dinero con el que proporcionar una vida mejor a sus hijos. En 1880 parte en unión de su viejo camarada de color Ned Logan (Morgan Freeman) y el joven miope Shefield Kid (James Woolvett) hacia el pueblecito de Big Whiskey, en Wyoming, para matar a los vaqueros que han maltratado a una prostituta y cobrar los mil dólares de recompensa que ofrece en unión de sus compañeras; pero debe enfrentarse con el cruel *sheriff* Little Bill Baggett (Gene Hackman) para conseguir sus propósitos. Rodada en largas escenas con múltiples personajes, de difícil realización, es un gran *western,* uno de los pocos donde las mujeres no solo tienen un peso decisivo en la acción, sino que son el centro de ella. Alumno aventajado del italiano Sergio Leone y del norteamericano Don Siegel, a quienes dedica esta película, el actor y productor Clint Eastwood es el único realizador que durante los años ochenta rueda *westerns* con regularidad. Tras discutibles obras de aprendizaje, alcanza la perfección con esta, que hace el número dieciséis de su filmografía como director, se sitúa entre las grandes del género, tiene bastante éxito y gana diferentes e importantes Oscars.

Director: *Clint Eastwood*. Guionista: *David Webb Peopples*. Fotografía: *Jack N. Green*. Música: *Lennie Niehaus*. Intérpretes: *Clint Eastwood, Gene Hackman, Morgan Freeman, Richard Harris, James Woolvett, Saul Rubinek*. Producción: *Clint Eastwood para Malpaso/Warner. Color. Scope*. Duración: *130'. Estados Unidos*.

SIN REMISIÓN *(Caged, 1950)*

Poco antes de que el Comité de Actividades Antinorteamericanas le obligue a dejar de hacer cine, de rodar las películas que le interesan, el gran realizador John Cromwell hace una de sus mejores producciones y la obra maestra del subgénero de prisiones femeninas. Narra con mano dura, sin concesiones, cómo la joven de diecinueve años Marie Allen (Eleanor Parker) es condenada por ayudar a su marido en un pequeño robo donde muere, tiene un hijo en la cárcel, su madre no quiere ocuparse de él y no tiene más remedio que aceptar su adopción. A pesar de la comprensión de la directora de la prisión Ruth Benton (Agnes Moorehead), la celadora Evelyn Harper (Hope Emerson) le hace la vida imposible, descubre el vicio y la corrupción y durante el tiempo que dura su condena pasa de ser una buena chica a convertirse en una ladrona y prostituta. Basada en un buen guión escrito en colaboración por Virginia Kellogg sobre su propia novela, transcurre casi íntegramente en una prisión, con un conseguido ambiente claustrofóbico, y encierra un modélico trabajo de dirección de John Cromwell. Frente a una Eleanor Parker demasiado mayor y exagerada para su papel, destaca la excelente Hope Emerson en su personaje de celadora lésbica y depravada.

Director: *John Cromwell*. Guionistas: *Virginia Kellogg, Bernard Schoenfeld*. Fotografía: *Carl Guthrie*. Música: *Max Steiner*. Intérpretes: *Eleanor Parker, Agnes Moorehead, Ellen Corby, Hope Emerson, Betty Garde, Jan Sterling, Lee Patrick, Olive Deering*. Producción: *Jerry Wald para Warner*. Duración: 96'. Estados Unidos.

SINATRA, Frank *(Francis Albert Sinatra. Hoboken, New Jersey, 1915-Los Angeles, Estados Unidos, 1998)*

Perteneciente a una familia de origen italiano, trabaja como periodista deportivo hasta que se da a conocer como cantante en la radio y triunfa con las orquestas de Harry James y Tommy Dorsey. Contratado por los estudios Metro-Goldwyn-Mayer, durante la década de los cuarenta interviene en una serie de musicales entre los que destacan *Levando anclas*, de George Sidney; *Take Me Out to the Ball*, de Busby Berkeley, y, sobre todo, *Un día en Nueva York*, de Gene Kelly y Stanley Donen. Sin embargo, tiene más interés su trabajo como actor dramático en los años cincuenta en *De aquí a la eternidad*, de Fred Zinnemann, por el que gana su único Oscar; *Siempre tú y yo*, de Gordon Douglas; *El hombre del brazo de oro*, de Otto Preminger; *Como un torrente* de Vincente Minnelli; *Millonario de ilusiones*, de Frank Capra; sin olvidar los musicales *Ellos y ellas*, de Joseph L. Mankiewicz, y *Pal Joey*, de George Sidney. Sus películas de los sesenta se dividen entre las fallidas que rueda con el denominado «clan Sinatra», integrado por Sammy Davis Jr., Peter Lawford y Dean Martin, *La cuadrilla de los once, Tres sargentos, Cuatro tíos de Texas, Cuatro gángsters de Chicago*, aquellas en que tan solo hace leves apariciones, *Pepe, Dos frescos en órbita, El último de la lista, Encuentro en París*, y la interesante trilogía policiaca dirigida por Gordon Douglas e integrada por *Hampa dorada, El detective* y *La mujer de cemento;* entre las que sitúa su única y fallida aventura como realizador: *Todos fueron valientes*. En todo momento su actividad principal es la de cantante, y, especialmente, desde principios de la década de los setenta, el cine se convierte en un trabajo muy secundario al que casi no presta atención.

Como director
1965 *None But the Brave* (Todos fueron valientes).
Como actor
1941 *Las Vegas Nights*, de Ralph Murphy.
1942 *Ship Ahoy*, de Edward Buzzell.
1943 *Higher and Higher*, de Tim Whelan. / *Reveille With Beverly* (La canción del amanecer), de Charles T. Barton.
1944 *Step Lively*, de Tim Whelan.
1945 *Anchors Aweigh* (Levando anclas), de George Sidney.
1946 *Till the Clouds Roll By*, de Richard Whorf.
1947 *It Happened in Brook*, de Richard Whorf.
1948 *The Miracle of the Bells* (El milagro de las campanas), de Irving Pichel. / *The Kissing Bandit*, de Laszlo Benedek.
1949 *Take Me Out to the Ball Game*, de Busby Berkeley. / *On the Town* (Un día en Nueva York), de Gene Kelly y Stanley Donen.
1951 *Double Dynamite* (Míster Dólar), de Irving Cummings.
1952 *Meet Danny Wilson*, de Joseph Pevney.
1953 *From Here to Eternity* (De aquí a la eternidad), de Fred Zinnemann.
1954 *Suddenly*, de Lewis Allen. / *Young at Heart* (Siempre tú y yo), de Gordon Douglas.
1955 *Not As a Stranger* (No serás un extraño), de Stanley Kramer. / *Guys and Dolls* (Ellos y ellas), de Joseph L. Mankiewicz. / *The Tender Trap* (El solterón y el amor), de Charles Walters.
1956 *The Man With the Golden Arms* (El hombre del brazo de oro), de Otto Preminger. / *Meet Me in Las Vegas* (¡Viva Las Vegas!), de Roy Rowland. / *Johnny Concho* (Johnny, el cobarde), de Don McGuire. / *High Society* (Alta sociedad), de Charles Walters. / *Around the World in 80 Days* (La vuelta al mundo en 80 días), de Michael Anderson.
1957 *The Pride and the Passion* (Orgullo y pasión), de Stanley Kramer. / *The Joker Is Wild* (La máscara del dolor), de Charles Vidor. / *Pal Joey*, de George Sidney.
1958 *Kings Go Forth* (Cenizas bajo el sol), de Delmer Daves.
1959 *Some Came Running* (Como un torrente), de Vincente Minnelli. / *A Hole in the Head* (Millonario de ilusiones), de Frank Capra. / *Never So Few* (Cuando hierve la sangre), de John Sturges.

1960 *Ocean's Eleven* (La cuadrilla de los once), de Lewis Milestone. / *Can-Can,* de Walter Lang.
1961 *Pepe,* de George Sidney. / *The Devil at Four O'Clock* (El diablo a las cuatro), de Melvyn LeRoy.
1962 *Sergeants Three* (Tres sargentos), de John Sturges. / *The Road to Hong-Kong* (Dos frescos en órbita), de Norman Panama. / *The Manchurian Candidate* (El mensajero del miedo), de John Frankenheimer.
1963 *Come Blow Your Horn* (Gallardo y calavera), de Bud Yorkin. / *The List of Adrian Messenger* (El último de la lista), de John Huston. / *Four for Texas* (Cuatro tíos de Texas), de Robert Aldrich.
1964 *Robin and the Seven Hoods* (Cuatro gángsters de Chicago), de Gordon Douglas. / *Paris When It Sizzles* (Encuentro en París), de Richard Quine.
1965 *None But the Brave* (Todos fueron valientes), de Frank Sinatra. / *Marriage on the Rocks* (Divorcio a la americana), de Jack Donohue.
1966 *Von Ryan's Express* (El coronel Von Ryan), de Mark Robson. / *Cast a Giant Shadow* (La sombra de un gigante), de Melville Shavelson. / *Assault on a Queen Mary* (Asalto al «Queen Mary»), de Jack Donohue.
1967 *The Naked Runner* (Atrapado), de Sidney J. Furie. / *Tony Rome* (Hampa dorada), de Gordon Douglas.
1968 *The Detective* (El detective), de Gordon Douglas. / *Lady in Cement* (La mujer de cemento), de Gordon Douglas.
1970 *Dirty Dingus Magee* (Duelo de pillos), de Burt Kennedy.
1974 *That's Entertainment* (Érase una vez en Hollywood), de Jack Haley.
1980 *The First Deadly Sin* (El primer pecado mortal), de Brian G. Hutton.
1984 *Cannonball Run II* (Los locos del Cannonball 2), de Hal Needham.
1990 *Listen Up: The Lives of Quincy Jones,* de Ellen Weissbrod.

SINFONÍA DE LA VIDA *(Our Town, 1940)*

Adaptación de la célebre obra teatral *Nuestra ciudad,* de Thornton Wilder, que también interviene en el guión, que se convierte en una de las mejores películas del irregular realizador Sam Wood, gracias a la valiosa colaboración como director artístico del polifacético William Cameron Menzies. Describe la vida en el pueblo de Grover's Corner, en New Hampshire, entre 1901 y 1913, a través de las relaciones entre los vecinos George Gibbs (William Holden), el hijo del médico (Thomas Mitchell), y Emily Webb (Martha Scott), la hija del editor del periódico local, que siendo muy jóvenes se interesan el uno por el otro, más tarde se casan y ella muere tras nacer su primer hijo. Destacan su conseguido tono intimista y nostálgico y que Wood sabe adaptar ciertos elementos muy teatrales al cine: como el narrador M. Morgan (Frank Craven) —que habla directamente a la cámara— o la escena del cementerio, en la que los muertos dialogan entre sí, ya presentes en el montaje de Broadway, del que también conserva la mayoría de los actores.

Director: *Sam Wood*. Guionistas: *Thornton Wilder, Frank Craven, Harry Chantlee*. Fotografía: *Bert Glennon*. Música: *Aaron Copland*. Intérpretes: *Frank Craven, William Holden, Martha Scott, Thomas Mitchell, Fay Bainter, Guy Kibbee, Beulah Bondi*. Producción: *Sol Lesser para Principal Artists*. Duración: *90'. Estados Unidos*.

SIODMAK, Robert *(Dresde, Alemania, 1900-Locarno, Suiza, 1973)*

Hijo de un comerciante enriquecido en Estados Unidos y de una asidua visitante de los círculos culturales, la ruina económica de su padre y la muerte de su madre le hacen abandonar el hogar familiar para hacerse actor. Las cosas no le van bien y comienza a trabajar de contable en un banco, donde no tarda en ser director y amasar una pequeña fortuna, que pierde con las crisis económicas de finales de los años veinte. Deja el banco, se va con su hermano Kurt Siodmak a Berlín y trabaja como vendedor ambulante y editor de la primera revista ilustrada alemana, pero el interés de ambos hermanos por la literatura y el cine les lleva a escribir guiones y venderlos a la productora U.F.A. Acaba dirigiendo la excelente mezcla de ficción y documental *Los hombres del domingo,* donde también colaboran los más tarde conocidos realizadores Edgar G. Ulmer, Billy Wilder y Fred Zinnemann, una producción independiente que acaba de abrirle las puertas de la U.F.A. Tras realizar otras seis películas en dos años, entre las que destacan *Abschied,* sobre una novela de Stefan Zweig, *Dilema* y *Tumultos,* una vez que los nazis prohíben *Secreto que quema,* el mejor trabajo de la primera parte de su carrera, se instala en París. A pesar de la crisis, de que hay muchos exiliados y la industria cinematográfica francesa tiene mucha menor importancia que la alemana, durante la segunda mitad de los años treinta rueda siete películas. Después de algunas comedias *alimenticias*, como *Noches de París*, consigue hacer algunas obras personales: *Cargaison blanche*, una historia de trata de blancas; *Mollenard*, para muchos la gran película del entonces triunfador Frente Popular, y *Trampas*, un ambicioso policiaco. Gracias a su hermano, ahora convertido en Curt Siodmak e instalado como guionista en Hollywood, llega a Estados Unidos poco antes de empezar la II Guerra Mundial y, tras una larga temporada sin trabajo, comienza la tercera etapa de su carrera. Primero hace dos policiacos y dos comedias de Serie B para los estudios Paramount, pero en 1943 firma un contrato con Universal, que se extiende a lo largo de toda la década y que cubre el resto de su producción norteamericana. Comienza con dos curiosas y exóticas producciones, *El hijo de Drácula* y *La reina de Cobra*, pero no tarda en hacer cine negro, lleno de mujeres posesivas y malvadas en *La dama desconocida*, sobre un relato de William Irish; *Luz en el alma*, sobre una novela de Somerset Maugham; *El sospechoso*, sobre una narración de James Ronald, y *Pesadilla*, sobre una obra de teatro de Thomas Job. Sus mejores trabajos en el género, dentro de una progresión de calidad, y cada vez con una mayor influencia del expresionismo alemán, son *La escalera de caracol*, sobre una novela de Ethel Lina White; *Forajidos*, sobre un cuento de Ernest Hemingway; *A través del espejo*, sobre una historia de Vladimir Posner; *Almas borrascosas*, sobre una novela de Rachel Field; *Una vida marcada*, sobre una narración de Henry Helseth; *El abrazo de la muerte*, sobre un relato de Don Tracy, y *Thelma Jordan*, sobre un guión original de Ketti Frings. Entre sus últimas producciones norteamericanas aparecen *El gran pecador*, irregular y cara adaptación de Fiodor Dostoievski, y *El temible burlón*, una desenfadada historia de piratas que rueda en el Reino Unido. Empujado por la mala situación creada por el Comité de Actividades Antinorteamericanas, regresa a Europa a principios de los años cincuenta para desarrollar la cuarta y última etapa de su carrera. Está integrada por intentos fallidos, *El gran juego* y *Katia*; interesantes obras personales, *Die Ratten* y *Nachts, Wenn der Teufel Kam*; incluso por grandes producciones, *La última aventura*, un *western* rodado en Almería con colaboración norteamericana, y *La invasión de los bárbaros*, narración de la caída del Imperio romano dividida en dos partes por su duración, que cierra su filmografía.

1929 *Menschen am Sonntag* (Los hombres del domingo).
1930 *Abschied*.
1931 *Der Mann der seinen Mörder sucht*. / *Voruntersuchung* (Dilema). / *Stürme der Leidenschaft* (Tumultos).
1932 *Quick* (Quick, el clown).
1933 *Brennendes Geheimnis* (Secreto que quema).
1934 *Le sexe faible* (El sexo débil). / *La crise est finie* (Se acabó la crisis).
1936 *La vie parisienne* (Noches de París). / *Mister Flow*.
1937 *Cargaison blanche*.
1938 *Mollenard*.
1939 *Pièges* (Trampas).
1941 *West Point Widow*.
1942 *Fly by Night*. / *The Night Before the Divorce*. / *My Heart Belongs to Daddy*.
1943 *Someone to Remember*. / *Son of Dracula* (El hijo de Drácula).
1944 *Cobra Woman* (La reina de Cobra). / *Phantom Lady* (La dama desconocida). / *Christmas Holiday* (Luz en el alma).
1945 *The Suspect* (El sospechoso). / *The Strange Affair of Uncle Harry* (Pesadilla). / *The Spiral Staircase* (La escalera de caracol).
1946 *The Killers* (Forajidos). / *The Dark Mirror* (A través del espejo).
1947 *Time Out of Mind* (Almas borrascosas).
1948 *Cry of the City* (Una vida marcada).
1949 *Criss Cross* (El abrazo de la muerte). / *The Great Sinner* (El gran pecador).
1950 *Thelma Jordan*. / *Deported*.
1951 *The Whistle at Eaton Falls*.
1952 *The Crimson Pirate* (El temible burlón).
1954 *Le grand jeu* (El gran juego).
1955 *Die Ratten*.
1956 *Mein Vater der Schauspieler* (Mi padre, el actor).
1957 *Nachts, wenn der Teufel Kam*.
1959 *Dorothea Angermann* (Acusación: homicidio). / *The Rough and the Smooth*. / *Katia*.
1960 *Mein Schulfreund*.
1961 *L'affaire Nina B*.
1962 *Tunnel 28* (Túnel 28).
1964 *Der Schut* (En el imperio del mal). / *Der Schatz der Azteken* (Cumbres de violencia).
1965 *Die Pyramide des Sonnengottes*.
1967 *Custer of the West* (La última aventura).
1968 *Der Kampf um Rom* (La invasión de los bárbaros).

SIRENA DEL MISSISSIPPI, LA *(La sirene du Mississippi, 1969)*

La admiración que el realizador François Truffaut siente por el cine de Alfred Hitchcock, en particular, y por las novelas policiacas de autores norteamericanos, en general, le lleva a adaptar a David Goodis en *Tirad sobre el pianista* (Tirez sur le pianiste, 1960), a Charles Williams en *Vivamente el domingo* (Vivement dimanche!, 1983) y a William Irish en *La novia vestía de negro* (La mariée était en noir, 1967) y en esta ocasión. Obtiene los mejores resultados al narrar cómo el rico industrial Louis Mahé (Jean-Paul Belmondo), que vive en la lejana isla de Reunión, se casa con Julie Roussel (Catherine Deneuve), una hermosa mujer a quien ha conocido a través de un anuncio y con la que ha intercambiado una breve correspondencia. Sin embargo, Julie Roussel resulta ser una impostora, llamada Marion, que le roba todo su dinero, a quien Louis Mahé persigue hasta encontrar en Antibes y de la que se enamora locamente. Su interés reside en la habilidad con que Truffaut mezcla el género policiaco con el de aventuras para conseguir una bella historia de *amour fou* con unos perfectos Jean-Paul Belmondo y Catherine Deneuve.

Director y guionista: *François Truffaut*. Fotografía: *Denis Clerval*. Música: *Antoine Duhamel*. Intérpretes: *Jean-Paul Belmondo, Catherine Deneuve, Michel Bouquet, Nelly Borgeaud*. Producción: *François Truffaut para Les Films du Carrosse. Color. Scope*. Duración: *120'. Francia*.

SIRK, Douglas *(Hans Detlef Sierk. Hamburgo, Alemania, 1900-Lugano, Suiza, 1987)*

Hijo de padres daneses, pasa la infancia en Skägen, en la punta norte de Jutlandia, Dinamarca, y estudia derecho en Munich y filosofía en Jena. Entre 1920 y 1935 es *dramaturg* en el Deutsches Schauspielhaus de Hamburgo, director artístico del Schauspielhaus de Bremen y director en el Altes Theater de Leipzig, y se hace famoso con sus montajes de autores clásicos, Molière, Shakespeare, Schiller, Sócrates, y modernos, Strindberg, Pirandello, Wilde. Debido a la cada vez mayor interferencia de los nazis en su trabajo, su interés por el cine y la casualidad, a mediados de los años treinta es contratado por la productora U. F. A. Tras un breve período de aprendizaje en el que, por ejemplo, codirige con Jacques van Pool *No empieces nada en abril* (April, April, 1935), realiza siete largometrajes entre los que destacan tres melodramas que oponen el Nuevo y el Viejo Mundo: *La novena sinfonía,* donde la heroína regresa de Nueva York a Berlín; *La golondrina cautiva,* en que los protagonistas abandonan Londres para irse a Australia, y *La habanera,* donde se contraponen las nieves escandinavas a Puerto Rico. La cada vez mayor dureza de las actuaciones del partido nacionalsocialista en el poder, le hace permanecer menos tiempo en Alemania con la excusa de localizar exteriores; cuando está rodando en Holanda *Boefje* recibe una oferta de Hollywood y no duda en aceptarla. Sin embargo, sus comienzos en Estados Unidos son duros; en la década de los cuarenta solo rueda siete producciones independientes de bajo presupuesto, pero cuatro son proyectos personales que controla por completo: *Hitler's Madman,* sobre el atentado, preparado por la Resistencia, en que muere Reinhard Heydrich, jefe del gobierno nazi de ocupación en Praga; *Extraña confesión,* adaptación de un cuento de Anton Chejov; *Escándalo en París,* irónica biografía de François Eugène Vidocq, y *El asesino poeta,* nueva versión de *Trampas* (Pièges, 1939), de Robert Siodmak. Finalizada la II Guerra Mundial regresa a su país, pero la terrible situación de Alemania, le hace instalarse en Estados Unidos y en 1950 firmar un contrato con los estudios Universal, para los que dirige sus restantes veintiún largometrajes. Primero realiza algunas obras menores: *El submarino fantasma,* convencional narración bélica; *Tempestad en la cumbre,* dramática historia de monjas; *Has Anybody Seen My Gal?,* agradable comedia familiar; *Su gran deseo,* melodramática anécdota femenina, y *Raza de violencia,* típico *western* rodado en 3-D (relieve). Luego, entre las producciones históricas *Atila, rey de los hunos* y *Orgullo de raza,* que rueda en Irlanda, obtiene grandes éxitos con los melodramas producidos por Ross Hunter a los que consigue dotar de una fuerza muy especial: *Obsesión, Sólo el cielo lo sabe, Siempre hay un mañana, Himno de batalla, Interludio de amor* e *Imitación a la vida.* No obstante, sus mejores y más personales melodramas son las producciones de Albert Zugsmith *Escrito sobre el viento* y *Ángeles sin alas,* buena versión de la novela *Pylon,* de William

Faulkner, y *Tiempo de amar, tiempo de morir,* adaptación de una novela antibélica de Erich Maria Remarque. Finalizado su contrato con los estudios Universal, es redescubierto por la nueva crítica francesa, a finales de los años cincuenta regresa a la República Federal Alemana, se instala en Munich, dirige algunas obras de teatro, da clases en la escuela de cine y realiza tres cortometrajes en colaboración con sus alumnos.

1935 *Das Mädchen vom Moorhof. / Stützen der Gesellschaft.*
1936 *Schlussakkord* (La novena sinfonía). / *Das Hofkonzert* (Concierto en la corte).
1937 *Zu neuen Ufern* (La golondrina cautiva). / *La habanera.*
1939 *Boefje.*
1943 *Hitler's Madman.*
1944 *Summer Storm* (Extraña confesión).
1945 *A Scandal in Paris* (Escándalo en París).
1946 *Lured* (El asesino poeta).
1948 *Sleep, My Love* (Pacto tenebroso).
1949 *Slightly French. / Shockproof* (Más fuerte que la ley).
1950 *Mystery Submarine* (El submarino fantasma).
1951 *The Lady Pays Off. / Weekend With Father. / The First Legion* (La primera legión). / *Thunder on the Hill* (Tempestad en la cumbre).
1952 *Has Anybody Seen My Gal? / No Room for the Groom. / Meet Me at the Fair.*
1953 *All I Desire* (Su gran deseo). / *Take Me to Town.*
1954 *Taza Son of Cochise* (Raza de violencia). / *Magnificent Obsession* (Obsesión). / *Sign of the Pagan* (Atila, rey de los hunos).
1955 *Captain Lightfoot* (Orgullo de raza). / *All That Heaven Allows* (Sólo el cielo lo sabe).
1956 *Written on the Wind* (Escrito sobre el viento). / *There's Always Tomorrow* (Siempre hay un mañana).
1957 *Battle Hymn* (Himno de batalla). / *Interlude* (Interludio de amor). / *The Tarnished Angels* (Ángeles sin alas).
1958 *A Time to Love and a Time to Die* (Tiempo de amar, tiempo de morir).
1959 *Imitation of Life* (Imitación a la vida).

SIRVIENTE, EL *(The Servant, 1963)*

Durante su largo exilio en el Reino Unido el realizador norteamericano Joseph Losey rueda tres películas sobre guiones del prestigioso dramaturgo Harold Pinter. La más conocida es la desigual *El mensajero* (The Go-Between, 1971), basada en una novela de L. P. Hartley, que gana la Palma de Oro del Festival de Cannes; la peor es *Accidente* (Accident, 1967), sobre un argumento original del propio Pinter, que ha envejecido mal y de la que no se comprende el relativo entusiasmo que en su momento despierta en ciertos sectores de la crítica; y la mejor es esta, una adaptación de una novela de Robin Maugham, con la que comienza la colaboración entre ambos. Narra cómo el refinado aristócrata Tony Mountset (James Fox) contrata los servicios del experimentado mayordomo Hugo Barrett (Dirk Bogarde) para que le ayude a decorar su nueva casa y la lleve; pero no tarda en traer a su amante Vera (Sarah Miles), haciéndola pasar por su hermana, que se encarga de seducir al aristócrata mientras el mayordomo se pone al frente de la situación. Rodada en largos planos de compleja ejecución, regularmente apoyados en espejos deformantes, Losey desarrolla una interesante parábola sobre las relaciones entre amos y criados, con la lógica de una historia policiaca y un sutil trasfondo homosexual. Destaca la interpretación del trío protagonista, pero muy en especial la del espléndido Dirk Bogarde.

Director: *Joseph Losey*. Guionista: *Harold Pinter*. Fotografía: *Douglas Slocombe*. Música: *Johnny Dankworth*. Intérpretes: *Dirk Bogarde, James Fox, Sarah Miles, Wendy Craig*. Producción: *Joseph Losey y Norman Priggen para Sprinbok y Elstree*. Duración: *116'. Reino Unido.*

SJÖMAN, Vilgot *(Estocolmo, Suecia, 1924)*

Miembro de una familia obrera, desde muy joven se interesa por el teatro y a través de su amistad con el realizador Ingmar Bergman también por el cine. Estudia literatura en la Universidad de Estocolmo y cine en la de Los Ángeles, Estados Unidos. Tras publicar tres novelas, escribir algunos guiones y ser ayudante de Bergman, debuta como director con *La amante,* que narra la simple historia de una muchacha enamorada de un hombre casado. Sus películas más conocidas son *491,* crudo estudio sobre la delincuencia juvenil; *El vestido,* análisis de las relaciones entre una madre y una hija enamoradas del mismo hombre; *Mi hermana, mi amor,* adaptación de una famosa obra teatral de John Ford de finales del siglo XVIII sobre el amor incestuoso entre dos hermanos, y especialmente el díptico *Yo soy curiosa-Amarillo* y *Yo soy curiosa-Azul,* amplia encuesta sobre las condiciones de vida en Suecia realizada por la actriz Lena

Nyman, donde, a través de la religión, la moral, la sexualidad y la política, se analizan los fallos de la socialdemocracia. Tras el interesante estudio sobre el sistema penitenciario de su país realizado en *Ni Ljuger,* rueda dos comedias sin interés: *Lyckliga skitar* y *Troll.* Entre sus últimas películas, cada vez más volcadas hacia el cine comercial, solo cabe destacar *Un puñado de amor,* sobre las condiciones de vida de los obreros suecos a principios de siglo, y *Linus,* consideración sobre la constante presencia del mal en el mundo.

1962 *Älskarinnan* (La amante).
1964 *491.* / *Klänningen* (El vestido).
1965 *Negressen i skapet,* episodio de *Stimulantia.*
1966 *Syskonbädd* (Mi hermana, mi amor).
1967 *Jag är nyfiken-gul* (Yo soy curiosa-Amarillo).
1968 *Jag är nyfiken-blä* (Yo soy curiosa-Azul).
1969 *Ni Ljuger.*
1970 *Lyckliga skitar.*
1971 *Troll.*
1973 *En handful kärlek* (Un puñado de amor).
1975 *Garaget* (Garaje).
1977 *Tabu.*
1979 *Linus.*
1981 *Jad rodnar.*
1987 *Malacca.*
1989 *Fallgropen.*

SJÖSTRÖM, Viktor *(Silbodal, 1879-Estocolmo, Suecia, 1960)*

Hijo de un industrial y una actriz, a los seis meses emigra con sus padres a Estados Unidos, pero cuando tiene siete años su madre muere, su padre vuelve a casarse y regresa a Suecia para vivir con una tía en Upsala. Siempre interesado por el teatro, comienza a representarlo con aficionados, pero su padre se opone a que sea actor y debe esperar a su muerte para debutar en 1896. Se hace un nombre interpretando a Strindberg, Ibsen, Sardou, y en 1911 ya tiene compañía propia. Al año siguiente debuta como actor de cine y durante los años diez interviene en siete importantes películas de Mauritz Stiller, pero, sobre todo, también debuta como realizador con *El jardinero,* que tiene problemas con la censura. Entre 1912 y 1923 rueda cuarenta y tantas películas, entre las que destacan *Huelga,* que incluye escenas rodadas durante una huelga real; *Ingeborg Holm,* drama sobre una amnesia provocada por problemas económicos; y, sobre todo, *Érase una vez un hombre,* sobre la obra de Ibsen; *La muchacha de la turbera,* basada en una leyenda de Selma Lagerlöf; *Los proscritos; La voz de los antepasados; Karin Ingmarsdotter,* y la famosa *La carreta fantasma* donde su minuciosidad y realismo le convierten en uno de los grandes realizadores del período mudo. Sus repetidos éxitos y la crisis que invade la industria cinematográfica sueca tras la Gran Guerra, le hacen aceptar una oferta de los estudios Metro-Goldwyn-Mayer y entre 1924 y 1930 rueda nueve películas en Hollywood. Tras rechazar durante nueve meses todos los guiones que le ofrecen, dirige la irregular *Nombre al culpable,* pero sus grandes producciones norteamericanas son *El que recibe el bofetón,* excelente melodrama sobre un payaso, basado en la obra teatral homónima de Léonid Andreev; *La mujer marcada,* sobre la novela de Nathaniel Hawthorne; su obra maestra *El viento,* un personal *western* protagonizado por Lillian Gish, y *La mujer divina,* que hace con su compatriota Greta Garbo. La llegada del sonoro y sus cada vez mayores problemas con Metro-Goldwyn-Mayer tras el rodaje de *La mujer que amamos,* su única producción sonora norteamericana, le hacen regresar a Suecia, donde rueda la irregular *Markulles i wadköping.* En los años treinta solo dirige *Bajo el manto escarlata* en el Reino Unido, mientras reanuda su actividad como actor de teatro y cine, en especial en películas de Gustav Molander y Arne Mattsson. Entre 1943 y 1949 es director artístico de la productora Svensk Filmindustri y apoya los comienzos como guionista y director de Ingmar Bergman, con quien también trabaja como actor en *Till glädje* y para el que hace su último papel, a los casi ochenta años, el inolvidable profesor Isaak Borg de *Fresas salvajes.*

Como director

1912 *Trädgardsmästaren* (El jardinero). / *Ett hemlight giftermal* (Un matrimonio secreto). / *Aekenskapsbyran* (Oficina de matrimonios). / *Lady Marions sommarflirt.*
1913 *Blodets röst* (La voz de la sangre). / *Livets Konflikter* (Los conflictos de la existencia). / *Ingeborg Holm.* / *Miraklet* (El milagro). / *Kärlek starkare än hat* (El amor es más fuerte que el odio). / *Halvblod* (Sangre mezclada). / *Prästen* (El pastor). / *Strejken* (Huelga).
1914 *Högfjällets dotter* (La muchacha de las nieves). / *Dömen icke* (No juzgarás). / *Bra flicka reder sig själv* (Una buena chica tiene que arreglárselas sola). / *Gatans barn* (Los niños de la calle). / *Hjärtan som motas* (Los

corazones a la moda). / *En av de mange* (Uno entre tantos). / *Sonad skuls* (La rendición de una culpa). / *Det var i maj* (Era en mayo).
1915 *Landshövdingens döttrar* (La hija del gobernador). / *Skomakare bliv vie din läst* (A cada uno según su oficio). / *Judaspengar* (El precio de la traición). / *I prövningens stund* (La hora de la prueba). / *Skepp som mötas* (Encuentro de barcos). / *Havsgamar* (El águila de los mares). / *Hon segrade* (Ella triunfó).
1916 *Therese.* / *Dödskyssen* (La extraña aventura del ingeniero Lebel). / *Terje Vigen* (Érase una vez un hombre).
1917 *Tösen fran stormytorper* (La muchacha de la turbera). / *Berg-Ejvind och hans hustru* (Los proscritos).
1918 *Ingmarssönerna* (La voz de los antepasados). / *Hans nads testamente* (El testamento de su señoría). / *Klostret i Sendomir* (El monasterio de Sendomir). / *Karin Ingmarsdotter.*
1920 *Mästerman* (Maestro Samuel). / *Körkarlen* (La carreta fantasma).
1921 *Vern dömer?* (Juicio de Dios).
1922 *Det omringade huset* (La casa cercada). / *Eld ombord* (El barco trágico).
1923 *Name the Man* (Nombre al culpable).
1924 *He Who Gets Slapped* (El que recibe el bofetón). / *Confessions of a Queen* (El trono vacante).
1925 *The Tower of Lies* (Amor de padre).
1926 *The Scarlet Letter* (La mujer marcada).
1928 *The Wind* (El viento). / *The Divine Woman* (La mujer divina). / *The Masks of the Devil* (La máscara del diablo).
1929 *A Lady to Love* (La mujer que amamos).
1930 *Markurells i wadköping.*
1937 *Under the Red Robe* (Bajo el manto escarlata).
Como actor
1912 *Trädgardsmästaren* (El jardinero), de Viktor Sjöström. / *I livets vaar,* de Paul Garbagni. / *Vampyren* (El vampiro), de Mauritz Stiller. / *Barnet* (El niño), de Mauritz Stiller. / *De svarta maskerna* (Las máscaras negras), de Mauritz Stiller.
1913 *Blodets röst* (La voz de la sangre), de Viktor Sjöström. / *Livets konflikter* (Los conflictos de la existencia), de Viktor Sjöström. / *Strejken* (Huelga), de Viktor Sjöström. / *När kärleken dödar* (Cuando el amor mata), de Mauritz Stiller. / *För sin kärleks skull* (Por su amor), de Mauritz Stiller.
1914 *Högfjällets dotter* (La muchacha de las nieves), de Viktor Sjöström.
1915 *I prövningens stund* (La hora de la prueba), de Viktor Sjöström. / *Hon segrade* (Ella triunfó), de Viktor Sjöström.
1916 *Dödskyssen* (La extraña aventura del ingeniero Lebel), de Viktor Sjöström. / *Terje Vigen* (Érase una vez un hombre), de Viktor Sjöström.
1917 *Berg-Ejvind och hans hustru* (Los proscritos), de Viktor Sjöström. / *Thomas Graals bästa film* (La mejor película de Thomas Graal), de Mauritz Stiller.
1918 *Ingmarssönerna* (La voz de los antepasados), de Viktor Sjöström. / *Thomas Graals bästa barn* (El mejor hijo de Thomas Graal), de Mauritz Stiller. / *Karin Ingmarsdotter,* de Viktor Sjöström.
1920 *Mästerman* (Maestro Samuel), de Viktor Sjöström.
1922 *Det omringade huset* (La casa cercada), de Viktor Sjöström. / *Eld ombord* (El barco trágico), de Viktor Sjöström.
1930 *Markurells i wadköping,* de Viktor Sjöström.
1931 *Brodiga blad* (Hojas multicolores), de Edvin Adolphson.
1934 *Synöve Solbakken* (La joven de Solbakken), de T. Ibsen.
1935 *Valborgsmässoafton* (Noche de primavera), de G. Edgren.
1937 *John Ericsson, segraren vid Hampton Roads,* de G. Edgren.
1939 *Gubben Kommer,* de Per Lindberg. / *Mot nya tider* (Hacia nuevos tiempos), de Sigurd Wallën.
1941 *Striden gar vidare* (Continúa la lucha), de Gustav Molander.
1943 *Det brinner en eld* (Una nación en llamas), de Gustav Molander. / *Ordet* (La palabra), de Gustav Molander.
1944 *Kejsarm av Portugallien* (Emperador de Portugal), de Gustav Molander.
1946 *Rallare* (Obreros en la vía del tren), de Arne Mattsson.
1948 *Jag är med eder* (Estoy contigo), de Gösta Stevens.
1949 *Farlig var,* de Arne Mattsson.
1950 *Kvartetten son sprängdes* (El cuarteto disociado), de Gustav Molander. / *Till glädje,* de Ingmar Bergman.
1952 *Kärlek* (Amor), de Gustav Molander. / *Hard klang* (El tono duro), de Arne Mattsson.
1955 *Männen i mörker* (Hombres en la oscuridad), de Arne Mattsson.
1957 *Smultronstället* (Fresas salvajes), de Ingmar Bergman.

SKOLIMOWSKI, Jerzy *(Varsovia, Polonia, 1938)*

Licenciado en literatura, historia y etnología, escribe teatro, publica poesía y participa en competiciones de boxeo *amateur.* Interesado por el cine, colabora en el guión de *Los brujos inocentes* (Niewinni czarodzieje, 1960), de Andrzej Wajda, se matricula en dirección en la escuela de cine de Lodž y escribe con Roman

Polanski *El cuchillo en el agua* (Nóz W. Wodzie, 1962), obras clave dentro de la evolución del cine polaco. Tras rodar algunos cortometrajes pasa al largo con la interesante trilogía formada por *Rysopis, Walkover* y *Bariera,* donde además encarna a un joven que vaga por la vida buscando una razón para existir y no la encuentra. La prohibición de la sátira anticomunista *¡Manos arriba!,* que solo se distribuye mínimamente quince años después, le hace exiliarse y rodar en Bélgica *La partida* y en el Reino Unido *Deep End,* interesantes historias juveniles basadas en guiones propios. Sin embargo, el poco atractivo *Las aventuras de Gerard,* que rueda en el Reino Unido con un amplio presupuesto a partir de historias de Arthur Conan Doyle, y *El salto del tigre,* una comedia realizada en la República Federal Alemana sobre la novela de Vladimir Nabokov, le hacen apartarse voluntariamente del cine durante seis años. Convertido en ciudadano británico, regresa al cine con *El grito,* irregular versión de una novela de Robert Graves; seguida de la más personal *Trabajos clandestinos,* divertida comedia sobre un grupo de polacos que llega a Londres para hacer una obra en la casa de un compatriota, y la menos lograda *El éxito es la mejor venganza,* sobre las desventuras de un director de teatro polaco exiliado en Londres, que escribe, dirige y también produce. Su relativo éxito le permite hacer en Estados Unidos las más caras y menos personales producciones *El buque faro,* un claustrofóbico policiaco apoyado en las relaciones paterno-filiales, y *El año de las lluvias tropicales,* adaptación de la novela de Ivan Turgeniev. Después de veinticinco años de ausencia vuelve a su país para rodar en inglés *Thirty Door Key,* adaptación de la famosa novela *Ferdydurke* escrita por su compatriota Witold Gombrowicz durante su exilio en Argentina.

1964 *Rysopis.*
1965 *Walkover.*
1966 *Bariera.*
1967 *Rece do gory* (¡Manos arriba!). / *Le départ* (La partida).
1968 *Dialog,* un episodio.
1969 *The Adventures of Gerard* (Las aventuras de Gerard).
1970 *Deep End.*
1972 *King, Queen, Knave* (El salto del tigre).
1978 *The Shout* (El grito).
1982 *Moonlighting* (Trabajo clandestino).
1984 *Success Is the Best Revenge* (El éxito es la mejor venganza).
1985 *The Lightship* (El buque faro).
1989 *Torrents of Spring* (El año de las lluvias torrenciales).
1992 *Thirty Door Key.*

SLATER, Christian *(Nueva York, Estados Unidos, 1969)*

Hijo de un actor secundario de teatro y televisión y de una directora de reparto, debuta a los siete años como actor en la serie de televisión *One Life to Live* y desde entonces no deja de actuar, especialmente en teatro. A los dieciséis años hace su primera película, dos años más tarde tiene un papel destacado en *El nombre de la rosa,* y poco después Francis Ford Coppola le elige para el personaje de uno de los hijos en *Tucker: un hombre y su sueño.* Desde principios de la década de los noventa trabaja sin descanso, pero en personajes sin mucho atractivo de películas de poco interés, entre las que solo cabe citar *Corazón indomable, Amor a quemarropa* y, sobre todo, *Entrevista con el vampiro.*

1985 *The Legend of Billie Jean* (La leyenda de Billie Jean), de Mathew Robbins.
1986 *Twisted* (Alienado), de Adam Holender. / *Le nom de la rose* (El nombre de la rosa), de Jean-Jacques Annaud.
1988 *Tucker: The Man and His Dream* (Tucker: un hombre y su sueño), de Francis Ford Coppola. / *Gleaming the Cube* (Al filo del abismo), de Graeme Clifford.
1989 *Heathers* (Escuela de jóvenes asesinos), de Michael Lehmann. / *Beyond the Stars* (Más allá de las estrellas), de David Saperstein. / *The Wizard,* de Todd Holland.
1990 *Tales From Darkside: The Movie* (El gato infernal), de John Harrison. / *Pump Up the Volume* (Rebelión en las ondas), de Allan Moyle. / *Young Guns II* (Intrépidos forajidos), de Geoff Murphy.
1991 *Twisted: A Step Beyond Insanity,* de Adam Holender. / *Robin Hood: Prince of the Thieves* (Robin Hood: príncipe de los ladrones), de Kevin Reynolds. / *Mobsters* (El imperio del mal), de Michael Karbelnikoff. / *Kuffs* (Kuffs, poli de casualidad), de Bruce A. Evans.
1992 *Ferngully... The Last Rainforest* (Ferngully, las aventuras de Zak y Crysta), de Bill Kroyer. / *Where the Day Takes You,* de Marc Rocco. / *Untamed Heart* (Corazón indomable), de Tony Bill.
1993 *True Romance* (Amor a quemarropa), de Tony Scott. / *Jimmy Hollywood,* de Barry Levinson.

1994 *Interview With the Vampire* (Entrevista con el vampiro), de Neil Jordan. / *Murder in the First* (Homicidio en primer grado), de Marc Rocco.
1995 *Amelia and the King of Plants*, de Michael Goldenberg. / *Broken Arrow* (Alarma nuclear), de John Woo.
1996 *Bed of Roses* (Mil ramos de rosas), de Michael Goldenberg.

SMOKE *(1995)*

Tras la hábil presentación de unos curiosos personajes, se desarrolla una mínima intriga donde una bolsa de papel con seis mil dólares pasa de unos a otros en 1990 en Broadway. Se trata de Auggie Wren (Harvey Keitel), el dueño de un estanco que desde hace catorce años todos los días a las ocho de la mañana hace una fotografía de lo que se ve desde la puerta; Paul Benjamin (William Hurt), un novelista que ha perdido a su mujer en un acto de violencia callejera; Ruby McNutt (Stockard Channing), una mujer madura que reaparece tras quince años de ausencia para decirle a su antigua pareja que tiene una hija con problemas de drogadicción; Rashid Cole (Harol Perrineau Jr.), un joven negro que ha huido con el dinero de un robo cometido por unos amigos; y Cyrus Cole (Forest Whitaker), un negro que trata de comenzar una nueva vida tras haber matado accidentalmente a su mujer. Rodada con gran habilidad por Wayne Wang, su interés radica en la perfección con que unos planos engranan con otros y en el interés de estas historias entrecruzadas de padres e hijos solitarios que tratan de rehacer sus vidas. Inicialmente basada en la narración *Cuento de Navidad de Auggie Wren,* de Paul Auster, que se cuenta concisamente durante los títulos de crédito finales, este primer guión escrito por el conocido novelista Paul Auster también encierra una curiosa defensa del tabaco, especialmente de los puros, en una cinematografía que ha dejado de tener fumadores. Dentro de un muy atractivo conjunto destacan el perfecto entendimiento entre el guionista Paul Auster y el realizador Wayne Wang, la excelente fotografía de Adam Holender y la gran interpretación de Harvey Keitel y William Hurt. El buen ambiente creado durante el rodaje lleva a un equipo muy similar a hacer inmediatamente después, con un presupuesto muy reducido, *Blue in the Face* (1995), un atractivo documento sobre Brooklyn, que Paul Auster no solo escribe, sino también dirige por enfermedad de Wayne Wang.

Director: *Wayne Wang.* Guionista: *Paul Auster.* Fotografía: *Adam Holender.* Música: *Rachel Portman.* Intérpretes: *Harvey Keitel, William Hurt, Stockard Channing, Forest Whitaker, Harold Perrineau Jr.* Producción: *N. D. F. / Euro Space Production / Peter Newman / Interal.* Color. Duración: *111'. Estados Unidos.*

SOBORNADOS, LOS *(The Big Heat, 1953)*

Tomando como punto de partida una novela policiaca del especialista William P. McGivern, convertida en un buen guión por Sydney Boehm, el alemán Fritz Lang realiza uno de los mejores policiacos de la etapa norteamericana de su carrera. Narra cómo el sargento de policía Dave Bannion (Glenn Ford) comienza a indagar sobre el suicidio de un colega que cobraba un sueldo de un grupo de gángsters al mando de Mike Lagana (Alexander Scourby). Cuando matan a su mujer Katie (Jocelyn Brando) en un atentado llevado a cabo para pararle los pies, Dave Bannion convierte la investigación en una venganza personal, solo ayudado por Debbie Marsh (Gloria Grahame), la amante de Vincent Stone (Lee Marvin), uno de los gángsters, que le ha quemado media cara con café hirviendo. Rodado con realismo, fuerza y un tono documental, esconde mucha sabiduría y grandes dosis de violencia, al tiempo que, una vez más, expone la teoría de Lang de que detrás de cada ser humano hay un asesino en potencia, según la ambivalencia característica de las personas.

Director: *Fritz Lang.* Guionista: *Sydney Boehm.* Fotografía: *Charles Lang.* Música: *Daniele Amfitheatrof.* Intérpretes: *Glenn Ford, Gloria Grahame, Jocelyn Brando, Alexander Scourby, Lee Marvin, Jeanette Nolan.* Producción: *Robert Arthur para Columbia.* Duración: *90'. Estados Unidos.*

SODERBERGH, Steven *(Georgia, Estados Unidos, 1962)*

Interesado desde niño por el cine, a los trece años realiza su primera película, a los dieciocho empieza a trabajar como montador en la cadena de televisión N. B. C. y posteriormente alterna el trabajo en televisión con la dirección de vídeos musicales. A los veintiséis años gana la Palma de Oro del Festival de Cannes con *Sexo, mentiras y vídeos,* una brillante comedia erótica llena de ingeniosos diálogos donde une el sexo y el vídeo a través de una bien articulada sucesión de mentiras. Su éxito le permite rodar con amplitud de medios *Kafka*, una pesadilla en blanco y negro ambientada en Praga en 1919, pero más cercana a las primeras películas mudas de F. W. Murnau y Fritz Lang que a las novelas del escritor checo, que es un fracaso. Tiene mucho más interés *El rey de la colina*, que vuelve a escribir y dirigir, donde narra la dramática historia de un niño de doce años en plena Depresión económica, pero con un sutil humor que le da una gran fuerza. Posteriormente rueda el menos personal *The Underneath*, interesante nueva versión del clásico del cine negro *El abrazo de la muerte* (Criss Cross, 1949), de Robert Siodmark.

1989 *Sex, Lies and Videotapes* (Sexo, mentiras y vídeos).
1991 *Kafka.*
1993 *King of the Hill* (El rey de la colina).
1995 *The Underneath* (Bajos fondos).

SOFFICI, Mario *(Florencia, Italia, 1900-Buenos Aires, Argentina, 1977)*

A los nueve años emigra con su familia a Mendoza, Argentina, trabaja como payaso y prestidigitador en un circo antes de debutar como actor de teatro y de cine en *Muñequitas porteñas* (1931), de José A. Ferreyra. Su primera película como director es *El alma del bandoneón*, a la que siguen otras treinta y siete en veintiséis años de apretada carrera. Entre sus primeros trabajos destacan *Viento norte*, historia ambientada en La Pampa en torno a los conflictos entre propietarios y trabajadores; *Kilómetro 111*, sobre los problemas planteados por la cada vez mayor presencia económica británica, y *Héroes sin fama*, denuncia de la demagogia política, pero, sobre todo, *Prisioneros de la tierra*, que, basada en varios cuentos de Horacio Quiroga, narra una revuelta fracasada en una explotación agrícola. Durante los años cuarenta realiza un cine mucho más comercial, que incluye películas tan malas como *La cabalgata del circo*, cuyo único atractivo es estar protagonizada por Eva Duarte, la futura mujer del general Perón, o convencionales melodramas como *El infierno de los celos*. En la década de los cincuenta hace algunas producciones más interesantes: *El extraño caso del hombre y la bestia*, basada en la novela de Robert Louis Stevenson; las historias con marcado aire neorrealista *Pasó en mi barrio* y *Barrio gris*, y el eficaz retrato femenino *Rosaura a las diez*. En 1974 es nombrado director del Instituto Nacional de Cinematografía y pasa los últimos años de su vida al frente de esta institución.

1935 *El alma del bandoneón. / La barra mendocina.*
1936 *Cadetes de San Martín.*
1937 *Viento norte.*
1938 *Kilómetro 111. / El viejo doctor.*
1939 *Prisioneros de la tierra. / Héroes sin fama.*
1940 *Cita en la frontera.*
1941 *Yo quiero morir contigo.*
1942 *El camino de las llamas. / Vacaciones en el otro mundo.*
1943 *Tres hombres del río.*
1944 *Cuando la primavera se equivoca.*
1945 *El despertar a la vida. / La cabalgata del circo. / Besos perdidos. / La pródiga.*
1946 *Celos* (El infierno de los celos). */ El pecado de Julia.*
1947 *La gata. / La secta del trébol.*
1948 *Tierra de Fuego.*
1949 *La barca sin pescador.*
1950 *El extraño caso del hombre y la bestia. / La indeseable.*
1951 *Pasó en mi barrio.*
1952 *Ellos nos hicieron así.*
1953 *Una ventana a la vida.*
1954 *La dama del mar. / Barrio gris. / Mujeres casadas.*
1955 *El hombre que debía una muerte. / El curandero.*
1956 *Oro bajo.*
1957 *Rosaura a las diez.*
1958 *Isla brava.*
1960 *Chafalonías.*
1961 *Propiedad.*

SOGA DE ARENA *(Rope of Sand, 1949)*

Al principio de su decadencia, motivada por las presiones del Comité de Actividades Antinorteamericanas, que no olvida el tono izquierdista de sus mejores películas, el realizador William Dieterle rueda esta curiosa producción de aventuras exóticas para los estudios Paramount. Su origen está en el éxito de *Casablanca* (1943), de Michael Curtiz, y en el enfrentamiento que supone para Jack Warner y Hal B. Wallis, sus respectivos productores. Con un reparto en alguna medida similar, pero con un joven Burt Lancaster y la nueva francesa Corinne Calvet, Hal B. Wallis plantea una historia que se desarrolla en la ciudad minera Diamondstad, al sur de la Angola portuguesa, pero cambia el patriotismo y la sensibilidad de los personajes de *Casablanca* por el cinismo, la brutalidad y la avidez de dinero de los de esta. Narra cómo el cazador de leones Mike Davis (Burt Lancaster) regresa a Angola para recuperar los diamantes encontrados por casualidad dos años antes en la zona prohibida; allí vuelve a tropezar con el sádico jefe de policía Paul Vogel (Paul Henreid) y el pérfido director de la compañía diamantífera Arthur Maringale (Claude Rains), y encuentra de nuevo a la prostituta francesa Suzanne Ranaud (Corinne Calvet). Dieterle rueda la historia con su habitual eficacia, tiene escenas de una gran fuerza, como la lucha entre Mike Davis y Paul Vogel en un camión oruga en plena noche en medio del desierto, pero el resultado queda lejos de sus más brillantes y personales trabajos.

Director: *William Dieterle*. Guionista: *Walter Doniger*. Fotografía: *Charles Lang*. Música: *Franz Waxman*. Intérpretes: *Burt Lancaster, Paul Henreid, Claude Rains, Peter Lorre, Corinne Calvet, Sam Jaffe*. Producción: *Hal B. Wallis para Paramount*. Duración: *105'. Estados Unidos.*

SOL, Laura del *(Laura Escofet Arce. Barcelona, España, 1961)*

Perteneciente a una familia de bailarines, desde los quince años forma parte del ballet clásico español de sus padres. Descubierta por el productor Emiliano Piedra cuando busca protagonista para el musical *Carmen,* su éxito internacional la lanza a una doble carrera. Mientras en España vuelve a trabajar con Saura en el musical *El amor brujo* y destacan sus papeles en *El viaje a ninguna parte* y *El rey pasmado,* en el extranjero hace *La venganza* con el británico Stephen Frears, *El profesor* con el italiano Giuseppe Tornatore, la serie de televisión *Il fu Matia Pascal* (1985) con el italiano Mario Monicelli y *Amelia López O'Neil* con la chilena Valeria Sarmiento.

1983 *Carmen,* de Carlos Saura. / *Las bicicletas son para el verano,* de Jaime Chávarri.
1984 *Los zancos,* de Carlos Saura. / *The Hit* (La venganza), de Stephen Frears.
1986 *Il camorrista* (El profesor), de Giuseppe Tornatore. / *El amor brujo,* de Carlos Saura. / *El viaje a ninguna parte,* de Fernando Fernán-Gómez.
1987 *Daniya, jardín del harén,* de Carles Mira. / *El gran Serafín,* de José María Ulloque. / *La nuit de l'océan,* de Antoine Perset.
1989 *Disamistade inimicizia,* de Gianfranco Cariddu.
1990 *Amelia López O'Neil,* de Valeria Sarmiento.
1991 *El rey pasmado,* de Imanol Uribe.
1992 *Tombés du ciel* (En tránsito), de Philippe Loiret.
1994 *Tres irmãos,* de Teresa Villaverde.
1995 *Tatiana, la muñeca rusa,* de Santiago San Miguel. / *Gran slalom,* de Jaime Chávarri.

SOL DEL MEMBRILLO, EL *(1992)*

En un principio iba a ser un episodio de la nunca realizada serie de televisión *Los perros andaluces,* producida por el cantante, pintor y cineasta Luis Eduardo Aute, donde un director hacía el retrato de un pintor durante media hora. Entusiasmados por el proyecto, tanto por parte del pintor Antonio López como del realizador Víctor Erice, se desgaja de la serie, alcanza autonomía y comienza a crecer. Más cerca del documental que de la ficción, narra cómo durante el otoño y principios del invierno de 1990 Antonio López primero trata de pintar al óleo y luego dibujar un membrillero que hay en el jardín del chalet de su madrileño estudio de Chamartín, pero el tiempo no le acompaña, llueve demasiado, no hay la luz necesaria y no lo logra. A lo largo de dos horas, con el contrapunto de unos obreros polacos que hacen reformas en su chalet, Antonio López intenta con la ayuda de sus personales y minuciosas técnicas pintar el tiempo y no lo consigue. Al final, los membrillos caen del árbol, el pintor interrumpe su trabajo, los polacos se los comen y no les gustan. Tienen menor interés los últimos veinte minutos, en los que Víctor Erice trata de investigar la relación de Antonio López con el membrillero a través de la visualización de un sueño, mientras su mujer, la también pintora María Moreno, lo pinta tumbado en su cama, y tampoco lo logra. El valor de la película reside en la exactitud de Víctor Erice al describir la minuciosidad con que pinta Antonio López, además de que este resulta ser un gran actor. Ganadora del premio especial del jurado del Festival de Cannes y otras recompensas internacionales, tiene más repercusión en el extranjero que en España.

Director y guionista: *Víctor Erice*. Fotografía: *Javier Aguirresarobe, Ángel Luis Fernández*. Música: *Pascal Graigne*. Intérpretes: *Antonio López, María Moreno, Enrique Gran*. Producción: *María Moreno P. C., Igeldo P. C. Color.* Duración: *140'. España.*

SOLANAS, Fernando Ezequiel *(Olivos, Buenos Aires, Argentina, 1936)*

Estudia derecho, música, teatro y artes plásticas, escribe crítica musical, guiones para historietas gráficas y letras para canciones y a principios de los años sesenta descubre el cine, rueda algunos cortometrajes y en 1966 funda con Octavio Getino y Gerardo Vallejo el Grupo Cine Liberación. Mientras se dedica a la realización de *spots* publicitarios, durante varios años realiza de manera clandestina su personal apología del peronismo *La hora de los hornos,* estructurada en tres partes: *Neocolonialismo y violencia, Acta por la liberación* y *Violencia y liberación,* con una duración de más de cuatro horas. Exiliado en Madrid, rueda los documentales *Perón, la revolución justicialista,* una larga entrevista con el general Juan Domingo Perón, y *Actualización política y doctrinaria para tomar el poder,* exposición didáctica sobre el significado del justicialismo. El regreso del general Perón a su país le permite hacer su primera obra de ficción, la ambiciosa *Los hijos de Fierro,* personal versión ambientada en su momento del clásico de la literatura argentina *Martín Fierro,* de José Hernández; pero el triunfo del golpe militar le obliga a exiliarse en París y terminarla allí. Tras el documental de encargo sobre los minusválidos *Le regard des autres,* realiza en coproducción entre Francia y Argentina *Tangos, el exilio de Gardel,* sobre los problemas de los exiliados argentinos en París. Su mejor trabajo es *El sud,* otra coproducción franco-argentina, donde expone la situación de su pueblo a través de la historia de un preso político, liberado en 1983, en busca de su familia y sus recuerdos, en el que concede especial importancia a la música. Bastante menos interés tiene *El viaje,* fallido análisis de la realidad sociopolítica a través del recorrido por Latinoamérica de un hijo en busca de su padre.

1968 *La hora de los hornos.*
1971 *Perón, la revolución justicialista.* / *Actualización política y doctrinaria para tomar el poder.*
1976 *Los hijos de Fierro.*
1980 *Le regard des autres.*
1985 *Tangos, el exilio de Gardel.*
1988 *El sud.*
1992 *El viaje.*

SOLÁS, Humberto *(La Habana, Cuba, 1942)*

Abandona sus estudios de arquitectura para unirse a la revolución de Fidel Castro. Colabora en los noticiarios del recién creado Instituto Cubano del Arte y la Industria Cinematográfica, rueda algunos cortometrajes, la mayoría codirigidos con otros realizadores, y destaca con el mediometraje *Manuela* (1966), retrato de una guerrillera. Debuta en el largo con *Lucía,* fresco histórico sobre la lucha de los cubanos contra la opresión y la emancipación de la mujer, dividido en tres episodios: el primero se desarrolla en 1895 durante la guerra de la Independencia contra España; el segundo en 1932 durante las luchas contra la dictadura de Machado, y el tercero en los años sesenta, en los primeros tiempos de la Revolución castrista. También tiene interés *Un día de noviembre,* sobre un veterano de la revolución que hace un balance de su vida y sus ideas. En la ambiciosa *Cantata de Chile* mezcla la lucha de los araucanos contra los españoles, el proceso de independencia durante el siglo XIX, la huelga minera de 1907 y la oposición al general Augusto Pinochet, pero no logra superar los tópicos del más convencional cine político de la época. A partir del clásico de la literatura cubana de Cirilo Villaverde rueda *Cecilia* en coproducción con España, pero la historia de la mulata que trata de mejorar de vida a través de su relación con un rico terrateniente no funciona ni a niveles románticos ni en los sociales por su excesivo formalismo. Algo similar ocurre con *Amada,* que narra una historia sentimental con pretensiones sociales ambientada en los años anteriores a la Revolución. Tienen mayor interés *Un hombre de éxito,* denuncia del oportunismo político a través de la historia de un arribista desde los años treinta a los cincuenta, y *El siglo de las luces,* largometraje y serie de televisión rodados en coproducción con Francia a partir de la novela homónima de Alejo Carpentier.

1968 *Lucía.*
1972 *Un día de noviembre.*
1975 *Cantata de Chile.*
1981 *Cecilia.*
1983 *Amada.*
1986 *Un hombre de éxito.*
1992 *El siglo de las luces.*

SOLDADOS *(1977)*

Tomando como punto de partida la novela *Las buenas intenciones*, de Max Aub, el guionista y director Alfonso Ungría desarrolla una trama de compleja estructura que es la mejor de sus películas. Ambientada en marzo de 1939, la huida de un grupo de soldados republicanos hacia Alicante, y su cruce con un automóvil en el que dos prostitutas se dirigen a Madrid, da pie para que cinco personas, en un original ir y venir, recuerden sus vidas a través de otros tantos *flashbacks:* la criada Remedios (Marilina Ross) está embarazada de su señor (Lautaro Murúa); Agustín (Ovidi Montllor), el hijo de este, se casa con ella para que su madre no se entere, pero como el padre sigue acostándose con ella, Remedios los abandona y se hace puta. Al pistolero Tellina (Francisco Algora) le echan del seminario, mata a un minero, utiliza sus pistolas para conseguir a la mujer que desea y al principio de la guerra huye a la zona republicana. El comunista Javier (José María Muñoz) tiene una historia con una librera (Julieta Serrano), pero cuando la amenaza con dejarla, se vuelve loca, mata a su hijo e intenta suicidarse. El señorito Agustín mata a su padre cuando Remedios los deja y sueña que la crucifica para calmar sus dolores. La campesina Tula (Claudia Gravi) se casa con el rico del pueblo, pero cuando descubre que solo lo ha hecho para utilizarla como tapadera de un incesto con su madre, corre bajo la lluvia, aborta, se hace prostituta y llega a ser una *madame* importante. También hay un prólogo donde los soldados republicanos llevan a cabo una refriega en un pueblecito y un epílogo en el que Agustín y Remedios se encuentran en un prostíbulo de Barcelona, finalmente se acuestan en mitad de un bombardeo, y poco después él es detenido por los rebeldes y fusilado. Un hábil juego de primeros planos y fundidos en negro, así como un conseguido tono melodramático, convierten esta película en una gran obra personal, que desgraciadamente no alcanza el éxito merecido.

Director: *Alfonso Ungría*. Guionistas: *Alfonso Ungría, Antonio Gregori*. Fotografía: *José Luis Alcaine*. Música: *Franz Schubert*. Intérpretes: *Marilina Ross, Ovidi Montllor, Claudia Gravi, Francisco Algora, José María Muñoz, Julieta Serrano, Lautaro Murúa*. Producción: *Antonio Gregori P. C.* Color. Duración: *120'*. España.

SOLDATI, Mario *(Turín, Italia, 1906)*

Licenciado en literatura, también estudia historia del arte antes de ir a dar clases a la Universidad de Columbia, Estados Unidos. De regreso a Italia, publica un libro de cuentos y por casualidad comienza a trabajar en la productora Cines, primero como ayudante y en seguida como guionista, especialmente de Mario Camerini. Tras dirigir las versiones italianas de *La princesa Tarakanova* (La principessa Tarakanova, 1938), del ruso Fedor Ozep, y *La signora di Montecarlo* (1939), del francés André Berthomieu, rueda las atractivas comedias *Due milioni per un sorriso,* a medias con Carlo Borghesio, y *Dora Nelson,* ya en solitario. Debe su fama a *Tiempos pasados, Malombra* y *Danièle Cortis,* adaptación de la trilogía de Antonio Fogazzaro que narra historias personales sobre el fondo de la problemática de la unificación de Italia en el siglo XIX. Convertido en un perfecto ilustrador de historias ajenas, sus mejores películas son *Le miserie del signor Travet,* sobre la obra de Vittorio Bersezio; *Eugenia Grandet,* sobre la novela homónima de Honoré de Balzac; *La provinciale,* sobre la obra del mismo título de Alberto Moravia, y *Policarpo, oficial diplomado,* sobre la de Ganolin. El resto de su producción oscila entre inútiles intentos por adaptarse al neorrealismo, *Fuga in Francia;* irregulares comedias, *O. K. Nerón;* películas de aventuras de encargo, *Fray Diablo, El último Zorro, Yolanda, la hija del corsario* y *Los tres corsarios;* y dramas populares, *La chica del río* y *La voz de la sangre,* realizados con más oficio que convicción. Durante toda su vida mantiene una carrera paralela como escritor, pero en cualquier caso es mejor novelista que director de cine, tal como demuestra su amplia e interesante obra literaria.

1939 *Due milioni per un sorriso. / Dora Nelson. / Tutto per la donna.*
1940 *Piccolo mondo antico* (Tiempos pasados).
1941 *Tragica notte.*
1942 *Malombra.*
1943 *Quartieri alti.*
1945 *Le miserie del signor Travet.*
1946 *Danièle Cortis. / Eugenia Grandet.*
1948 *Fuga in Francia.*
1949 *Botta e risposta. / Quel bandito sono io!* (Aquel bandido soy yo).
1950 *Donne e briganti* (Fray Diablo).
1951 *E' l'amor che mi rovina. / O.K. Nerone* (O. K. Nerón). */ Il sogno di Zorro* (El último Zorro).

1952 *Jolanda la figlia del corsaro nero* (Yolanda, la hija del corsario). / *Le avventure di Mandrin* (Caballero sin ley). / *I tre corsari* (Los tres corsarios). / *La provinciale*.
1953 *Il ventaglino*, episodio de *Questa è la vita*. / *La mano dello straniero* (La mano del extranjero).
1954 *La donna del fiume* (La chica del río).
1957 *Era di venerdi 17* (Cuatro pasos por las nubes). / *Italia piccola* (La voz de la sangre).
1959 *Policarpo, ufficiale di scrittura* (Policarpo, oficial diplomado).

SOLEDAD DEL CORREDOR DE FONDO, LA *(The Loneliness of the Long Distance Runner, 1962)*

Encerrado en un reformatorio, el joven desadaptado Colin Smith (Tom Courtenay) se convierte en un excelente corredor de fondo y acepta participar en una carrera donde también compiten alumnos de un vecino colegio privado; pero, ante la desesperación de su director (Michael Redgrave), cuando está a punto de llegar el primero, se detiene a pocos metros de la meta y deja ganar a su rival. Escrito por el conocido novelista Alan Sillitoe a partir de su propio cuento, este largometraje, quinto de los dirigidos y producidos por Tony Richardson, es uno de los mejores de su irregular filmografía y uno de los más representativos del movimiento realista *free cinema*. Destaca la interpretación de Tom Courtenay, una de las estrellas del cine británico durante la década de los sesenta, en su debut cinematográfico.

Director: *Tony Richardson*. Guionista: *Alan Sillitoe*. Fotografía: *Walter Lassally*. Música: *John Addison*. Intérpretes: *Tom Courtenay, Michael Redgrave, James Bolam, Avis Bunnage, Alec McCowen*. Producción: *Tony Richardson para Woodfall / Bryanston / British Lion*. Duración: *104'*. Reino Unido.

SOLO ANTE EL PELIGRO *(High Noon, 1952)*

A través de cómo el *sheriff* Will Kane (Gary Cooper) el día de su boda debe enfrentarse con la banda de Frank Miller, mientras es abandonado por sus vecinos, sus amigos e incluso por su joven esposa Amy (Grace Kelly), se expone una evidente parábola sobre cómo los perseguidos por su presunta ideología comunista son dejados a su suerte por sus conocidos frente al Comité de Actividades Antinorteamericanas presidido por el terrible senador Joseph McCarthy. Sobre un guión firmado por Carl Foreman, el productor independiente Stanley Kramer y el director Fred Zinnemann hacen el más famoso de los *westerns* intelectuales de la década de los cincuenta, un alegato antimacarthysta que equipara tiempo real y cinematográfico y que por primera vez puntea la acción con una balada: *Do Not Forsake Me, Oh My Darling*, de Dimitri Tiomkin, cantada por Tex Ritter. Tiene una gran influencia sobre el género en general y concretamente sobre *El tren de las 3.10* (3.10 to Yuma, 1957), de Delmer Daves, y *El último tren de Gun-Hill* (Last Train From Gun-Hill, 1959), de John Sturges.

Director: *Fred Zinnemann*. Guionista: *Carl Foreman*. Fotografía: *Floyd Crosby*. Música: *Dimitri Tiomkin*. Intérpretes: *Gary Cooper, Grace Kelly, Thomas Mitchell, Lloyd Bridges, Katy Jurado, Otto Kruger, Lon Chaney, Henry Morgan*. Producción: *Stanley Kramer*. Duración: *85'*. Estados Unidos.

SÓLO LOS ÁNGELES TIENEN ALAS *(Only Angels Have Wings, 1939)*

El productor y director Howard Hawks utiliza en repetidas ocasiones el esquema dramático del grupo de amigos en peligro que lucha por sobrevivir entre el amor de varias mujeres. Lo plantea en *La escuadrilla del amanecer* (The Dawn Patrol, 1930), lo desarrolla en *Águilas heroicas* (Ceiling Zero, 1936) y vuelve a repetirlo en *Air Force* (1943), *Hatari!* (1962) y *Peligro... línea 7000* (Red Line 7,000, 1965), pero encuentra su mejor expresión en esta producción, que además es su más interesante película de aviación, uno de los temas clave en su cine. Narra cómo, en el puerto latinoamericano de Barranca, el norteamericano Geoff Carter (Cary Grant) y el alemán John van Ruyter (Sig Rumann) explotan una compañía privada de aviación cuya principal misión es sobrevolar los Andes con correo, entre medias del peligro que corren los pilotos Kilgallon (Richard Barthelmess) y Kid Dabb (Thomas Mitchell) y la presencia de las atractivas Bonnie Lee (Jean Arthur) y Judy (Rita Hayworth). Dentro de un sólido conjunto muy bien dirigido por Howard Hawks destaca la presencia de una joven y bella Rita Hayworth en su primer papel importante.

Director: *Howard Hawks*. Guionista: *Jules Furthman*. Fotografía: *Joseph Walker, Elmer Dyer*. Música: *Dimitri Tiomkin*. Intérpretes: *Cary Grant, Jean*

Arthur, Richard Barthelmess, Rita Hayworth, Thomas Mitchell, Sig Rumann. Producción: *Howard Hawks para Columbia*. Duración: *121'. Estados Unidos*.

SÓLO SE VIVE UNA VEZ *(You Only Live Once, 1937)*

Condenado a muerte por un robo y un asesinato que no ha cometido, el delincuente Eddie Taylor (Henry Fonda) escapa de prisión con la ayuda de su mujer Joan Graham (Sylvia Sidney), pero mata al capellán Dolan (William Gargan) que venía a anunciarle la conmutación de su pena. Producida por el interesante independiente Walter Wanger, marca el comienzo de un subgénero dentro del tradicional cine negro, que narra la historia de una pareja que huye en busca de un negro destino a lo largo y ancho de Estados Unidos, perseguida por el brazo de la ley, que tiene muy ilustres seguidores. En esta segunda película norteamericana, el alemán Fritz Lang prosigue su pesimista indagación sobre la culpabilidad y sus relaciones con la sociedad. Destacan el subrayado tono fatalista que tiene la narración, dentro de una perfecta mezcla de elementos europeos y norteamericanos, plenamente dominados por un hábil Fritz Lang, así como la sobria interpretación de Henry Fonda.

Director: *Fritz Lang*. Guionista: *Graham Baker*. Fotografía: *Leon Shamroy*. Música: *Alfred Newman*. Intérpretes: *Henry Fonda, Sylvia Sidney, Barton MacLane, Jean Dixon, William Gargan, Jerome Cowan*. Producción: *Walter Wanger para United Artists*. Duración: *85'. Estados Unidos*.

SOMBRA DE UNA DUDA, LA *(Shadow of a Doubt, 1943)*

Sobre un excelente guión del conocido dramaturgo Thornton Wilder y la mujer del realizador Alma Reville, el maestro Alfred Hitchcock rueda una de sus mejores películas. La historia de Charlie Oakley (Joseph Cotten), que, perseguido por la policía, va a refugiarse en la tranquila ciudad de Santa Rosa, California, a la casa donde vive su hermana mayor Emma Newton (Patricia Collinge) con su familia. Allí, su joven y bella sobrina Charlie Newton (Teresa Wright), gracias a la ayuda del detective Jack Graham (MacDonald Carey), pasa de sentir admiración por él a sospechar que se trata del buscado asesino de viudas. Está tratada como una apacible comedia de costumbres en la que poco a poco van apareciendo la duda, la tensión y el miedo. Más que un simple policiaco es la historia de un amor imposible entre una mujer angelical y un hombre que llega a ser diabólico, lo que da lugar a un apasionado enfrentamiento interpretativo entre la joven Teresa Wright y el veterano Joseph Cotten bajo la minuciosa dirección de un Hitchcock que también hace un eficaz dibujo lleno de humor de una apacible familia media norteamericana. Quince años después da lugar a una nueva versión, *Step Down to Terror* (1958), una producción de Serie B realizada por el tosco artesano Harry Keller, con Charles Drake, Coleen Miller y Rod Taylor.

Director: *Alfred Hitchcock*. Guionistas: *Thornton Wilder, Alma Reville*. Fotografía: *Joseph A. Valentine*. Música: *Dimitri Tiomkin*. Intérpretes: *Joseph Cotten, Teresa Wright, Hume Cronyn, MacDonald Carey, Patricia Collinge, Henry Travers*. Producción: *Jack H. Skirball para Universal*. Duración: *108'. Estados Unidos*.

SOMBRAS EN UNA BATALLA *(1993)*

Especialmente conocido por sus eficaces adaptaciones de obras de la literatura española, las mejores películas de Mario Camus son las basadas en guiones originales suyos, en los que alguien regresa del pasado y tiene un choque, más o menos violento, con el presente. En el caso de Ana (Carmen Maura), una veterinaria que vive en Bermillo de Sayago, un perdido pueblo de la provincia de Zamora, entre el amor de su colega Darío (Fernando Valverde) y de su hija Blanca (Sonia Martín), es su propio pasado el que irrumpe con violencia en el presente para intentar destruir su tranquilidad. Su encuentro casual con José (Joaquim de Almeida), un viejo miembro de la banda antiterrorista GAL, hace que, tras quince años de silencio, su enterrado pasado como activista del grupo criminal ETA resurja con violencia y esté a punto de destrozar su nueva vida. En un cine español cada vez más alejado de la realidad social cotidiana, destaca esta historia que gira en torno a algunos de sus aspectos más sucios, pero con una sutileza que hace que, por ejemplo, nunca se aluda directamente a las bandas armadas. Gracias a un buen guión y a una tan discreta como eficaz dirección, que saben crear tanto el tranquilo paraje donde se plantea la historia, lleno de pájaros y solo turbado por algún mal sueño, como convertirlo paulatinamente en un infierno, en esa pesadilla tantas veces soñada, con unos mínimos elementos empleados con sabiduría. Destaca el complejo trabajo de Carmen Maura en uno de los mejores y más difíciles papeles de su carrera, bien secundada por Joaquim de Almeida, Fernando Valverde y la jovencísima Sonia Martín.

Director y guionista: *Mario Camus*. Fotografía: *Manuel Velasco*. Música: *Sebastian Mariné*. Intérpretes: *Carmen Maura, Joaquim de Almeida, Fernando Valverde, Sonia Martín*. Producción: *Cayo Largo Films, Sogepaq. Color. Duración: 100'. España.*

SOMBRERO DE COPA (*Top Hat*, 1935)

En la segunda mitad de los años treinta, el tan olvidado como excelente realizador Mark Sandrich dirige a la célebre pareja de bailarines formada por Fred Astaire y Ginger Rogers en cinco famosos musicales de los estudios R. K. O. Entre *La alegre divorciada* (The Gay Divorcee, 1934), *Sigamos la flota* (Follow the Fleet, 1936), *Ritmo loco* (Shall We Dance?, 1937) y *Amanda, la paciente peligrosa* (Carefree, 1938), destaca este por tener un guión de Dwight Taylor y Allan Scott más sólido dentro de su levedad, una buena música y canciones de Irving Berlin, una estupenda coreografía de Hermes Pan y algunos números geniales: *Top Hat* y *White Tie and Tails*, que baila Fred Astaire en solitario, el famoso *Cheek to Cheek*, que bailan Fred Astaire y Ginger Rogers, y *Piccolino*, donde interviene toda la compañía. Narra cómo el bailarín Jerry Travers (Fred Astaire) intenta conquistar a la joven Dale Tramont (Ginger Rogers), que cree que está casado, y, tras algunos cambios de personalidad e intrigas amorosas, lo logra.

Director: *Mark Sandrich*. Guionistas: *Dwight Taylor, Allan Scott*. Fotografía: *David Abel, Vernon Walker*. Música: *Irving Berlin*. Intérpretes: *Fred Astaire, Ginger Rogers, Edward Everett Horton, Helen Broderick, Eric Blore*. Producción: *Pandro S. Berman para R. K. O. Duración: 100'. Estados Unidos.*

SONÁMBULOS (1978)

Un festival internacional de teatro celebrado durante el proceso de Burgos. Una voz femenina que se alza en protesta contra la injusticia durante una representación en inglés de *Sonata de espectros*, de August Strindberg. Un polvoriento libro de cuentos del que surgen confusos significados y una particular estructura. Una mujer con una enfermedad incurable y hereditaria que conduce a la locura y la muerte. El hijo, la madre, el lejano tío y la criada de siempre de la enferma. El brillante marco de la Biblioteca Nacional de Madrid. Estos son algunos de los elementos dispersos con los que Manuel Gutiérrez Aragón juega para transmitir un complejo mensaje cifrado, cuyo posible significado puede ser que la militancia política conduce a la locura o que la delación tiene un gran poder curativo, en una difícil mezcla donde también aparecen las figuras de Karl Marx y Sigmund Freud. Dada la dispersión de escenas, la sinceridad que desprenden y la peculiar estructura que las une, parece que Gutiérrez Aragón hubiese encontrado libertad total para realizar un viejo y querido guión, escrito cuando la férrea censura del general Franco obligaba a las claves y los simbolismos como únicas formas de supervivencia. Es una de las mejores películas de la primera parte de su carrera y contiene algunas de las escenas más brillantes que ha rodado. Una carga a caballo de la policía que destila brutalidad y belleza. Un largo diálogo sobre el sabor y el valor nutritivo de las lentejas, con un atractivo tono literario. La aparición de Laly Soldevilla haciendo de sí misma con un elaborado y peculiar humor. Un armario de luna de tres cuerpos que encierra una misteriosa clave.

Director y guionista: *Manuel Gutiérrez Aragón*. Fotografía: *Teo Escamilla*. Música: *José Nieto*. Intérpretes: *Ana Belén, Norman Brisky, María Rosa Salgado, Lola Gaos, Laly Soldevilla*. Producción: *Profilmes. Color. Duración: 96'. España.*

SONATA DE OTOÑO (*Höstsonaten*, 1978)

Tras siete años sin verse, la infantil Eva (Liv Ullmann) invita a su vitalista, famosa pianista y viajera madre Charlotte (Ingrid Bergman) a que pase unos días en la presbitería donde vive con su marido pastor Victor (Halvar Björk) y su hermana enferma Helena (Lena Nyman). Todo va muy bien hasta que la madre vuelve a ver a su hija parapléjica, se siente responsable y trata de huir. Durante una larga noche de insomnio, Eva le dice a su madre todo lo que le había ocultado durante su vida, en un excelente duelo interpretativo entre Ingrid Bergman, que por primera y única vez trabaja con su compatriota Ingmar Bergman, y Liv Ullmann; quizá un tanto largo y monótono, pero rodado con la habitual eficacia del realizador. Producida por el propio Ingmar Bergman durante su exilio voluntario en la República Federal Alemana por sus problemas fiscales en Suecia, tiene un bajísimo presupuesto, aunque no muy inferior al de muchas de sus más famosas películas.

Director y guionista: *Ingmar Bergman*. Fotografía: *Sven Nykvist*. Música: *Chopin, Haendel*. Intérpretes: *Ingrid Bergman, Liv Ullmann, Lena Nyman, Halvar Björk, Arne Bang-Hansen, Gunnar Björnstrand*. Producción: *Ingmar Bergman y Lars-Owe Carlberg para Persona Film e I. T. C. Color.* Duración: *95'. República Federal Alemana.*

SONRISAS Y LÁGRIMAS *(The Sound of Music, 1965)*

La historia de la familia numerosa austriaca que en 1938 es perseguida por los nazis y huye desde su país hasta Estados Unidos es origen de tres películas. Dos producciones austriacas de gran éxito en su momento, *La familia Trapp* (Die Trapp Familie, 1956) y *La familia Trapp en América* (Die Trapp Familie in Amerika, 1958), dirigidas por Wolfgang Liebeneiner y protagonizada por Ruth Leuwerick. También da lugar a un famoso musical de Broadway, con música y canciones de los prestigiosos Richard Rodgers y Oscar Hammerstein II, del que parte el productor y realizador Robert Wise para hacer esta nueva versión cinematográfica de gran éxito, ganadora de cinco importantes Oscars, en la que destacan la fotografía en De Luxe y Todd-AO de Ted McCord, la interpretación de Julie Andrews y las canciones *So Long Farewell* y *The Sound of Music*. Narra cómo María (Julie Andrews), una novicia de un convento de Salzburgo, es designada para cuidar a los siete hijos del coronel viudo Von Trapp (Christopher Plummer), les enseña a cantar y a descubrir la belleza de la naturaleza, pero es despedida por la baronesa prometida del padre (Eleanor Parker). Sin embargo, los niños protestan, María vuelve, Von Trapp descubre que está enamorado de ella y los nueve huyen a Suiza cuando los alemanes invaden Austria. Más cerca de los musicales de Broadway que de las grandes películas del género, es una de las obras más características de su peculiar estilo teatral.

Director: *Robert Wise*. Guionista: *Ernest Lehman*. Fotografía: *Ted McCord*. Música: *Richard Rodgers y Oscar Hammerstein II*. Intérpretes: *Julie Andrews, Christopher Plummer, Richard Haydn, Eleanor Parker, Peggy Wood, Ann Lee, Marni Nixon*. Producción: *Robert Wise para Argyle / United Artists. Color. Scope.* Duración: *172'. Estados Unidos.*

SOPA DE GANSO *(Duck Soup, 1933)*

Las arcas de Freedonia están vacías. La riquísima Miss Teasdale (Margaret Dumont) acepta prestar veinte millones de dólares al país, pero con la condición de que el nuevo jefe de Estado sea su amigo Rufus T. Firefly (Groucho Marx). Sus peculiares métodos de gobierno van de la arrogancia del dictador a la locura del anarquista. Su enemistad personal con Trentino (Louis Calhern), embajador de la vecina Sylvania, lleva a ambos países a la guerra, a pesar de la labor de los espías Pinky (Harpo Marx) y Chicolini (Chico Marx), que llega a convertirse en ministro de la guerra. Este quinto largometraje protagonizado por los hermanos Marx, el último que ruedan para los estudios Paramount, comienza como una divertida parodia de las operetas centroeuropeas de Ernst Lubitsch, ambientadas en un país imaginario, y finaliza como una sátira política con un subrayado tono antimilitarista, por lo que en su época es prohibido en Italia y Alemania. Lejos de sus más conocidas obras posteriores rodadas para el productor Irving Thalberg de los estudios Metro-Goldwyn-Mayer, no incluye los inevitables números musicales de Chico Marx al piano y Harpo Marx al arpa. La locura y el surrealismo que caracterizan el peculiar humor del trío aparecen en todo su esplendor y por única vez en su carrera son dirigidos por un realizador que está a su altura: el gran especialista en comedias Leo McCarey. Dentro del conjunto destacan las escenas del vendedor ambulante a cargo de Harpo Marx y Chico Marx, otra donde ambos se disfrazan de Groucho Marx y las finales de la batalla, además del rápido ritmo del conjunto y algunos momentos aislados especialmente felices, como las visitas de los espías al despacho del embajador. En su momento fue un fracaso que hizo que los estudios Paramount no les renovaran el contrato y les mantuvo dos años inactivos, pero en los años sesenta se convierte en un clásico de la comedia y desde entonces está considerada como la mejor película de los hermanos Marx.

Director: *Leo McCarey*. Guionistas: *Bert Kalmar, Harry Ruby, Arthur Sheekman, Nat Perrin* Fotografía: *Henry Sharp*. Música: *Bert Kalmar, Harry Ruby*. Intérpretes: *Groucho Marx, Chico Marx, Harpo Marx, Margaret Dumont, Louis Calhern, Edgar Kennedy, Raquel Torres*. Producción: *Paramount*. Duración: *68'*. *Estados Unidos*.

SOPLO AL CORAZÓN, EL *(Le souffle au coeur, 1971)*

En el tradicional ambiente de una familia burguesa de la posguerra, con un padre ginecólogo (Daniel Gélin), una madre italiana (Lea Massari) y tres hijos varones, se describe cómo la madre se aburre, sufre un desengaño sentimental y cuando lleva a su hijo menor (Benoît Ferreux) a un balneario para que se restablezca de una pequeña dolencia cardiaca acaba por descubrir el amor en sus brazos. Escrita y dirigida por Louis Malle, narra con suma delicadeza una historia incestuosa, que comienza en 1954 en la pequeña ciudad de Dijon, sobre el transfondo de la guerra de Indochina, y alcanza su clímax en las escenas del balneario. Llena de una eficaz crítica social, encierra una peculiar educación sentimental dentro de un sólido conjunto. Destacan la habilidad con que Malle describe el ambiente familiar donde nace la relación incestuosa, la excelente fotografía de Ricardo Aranovich y el brillante trabajo interpretativo de la veterana Lea Massari en el papel de Clara, la madre, frente al del debutante Benoît Ferreux en el de Maurent, el hijo pequeño.

Director y guionista: *Louis Malle*. Fotografía: *Ricardo Aranovich*. Música: *Charlie Parker, Sidney Bechet*. Intérpretes: *Lea Massari, Benoît Ferreux, Daniel Gélin, Michel Lonsdale, Ave Ninchi*. Producción: *Vincent Malle y Claude Nedjar para Marianne Films (París), Vides (Roma)*. *Color*. Duración: *115'*. *Francia-Italia*.

SORDI, Alberto *(Roma, Italia, 1919)*

Hijo de un músico y una institutriz, desde muy joven se siente interesado por el mundo del espectáculo, da clases de declamación con Emilia Varini y comienza a trabajar como cómico en la compañía de revista de Ermete Zacconi. A los diecisiete años gana un concurso convocado por Metro-Goldwyn-Mayer de Italia para encontrar el mejor doblador de Oliver Hardy, con su peculiar acento inglés, y llega a ser uno de los dobladores más importantes. En 1938 debuta como actor de cine y durante los años cuarenta hace pequeños papeles en las más variadas películas. En la posguerra se convierte en una gran figura de la radio a través de los personajes del señor Coso, Mario Pio y el conde Claro, que le llevan a protagonizar la irregular *Mamma mia che impresione!* A principios de la década de los cincuenta prosigue con los papeles secundarios, entre los que destacan los de *El jeque blanco* y *Los inútiles,* de Federico Fellini; *Nuestros tiempos,* de Alessandro Blasetti; *El signo de Venus,* de Dino Risi, y *La bella de Roma,* de Luigi Comencini; en la segunda mitad empieza a protagonizar «comedias a la italiana» hechas a su medida: *El soltero, El conde Max, El marido, Il moralista.* Sin embargo, la mayoría de sus mejores películas, *La Gran Guerra,* de Mario Monicelli; *Todos a casa,* de Luigi Comencini; *Vida difícil,* de Dino Risi; *El especulador,* de Vittorio de Sica; *Il maestro di Vigevano,* de Elio Petri, son de principios de los años sesenta. En 1966 comienza una carrera paralela como director, que le lleva a rodar dieciséis películas en poco más de veinticinco años, entre las que destacan *Un italiano in America, Amor mío, ayúdame* y el episodio *Le vacanze intelligenti* de *Vicios de verano*. Al mismo tiempo también protagoniza múltiples episodios de comedias, entre los que destacan *El ascensor,* de Luigi Comencini, de *Ciertos pequeñísimos pecados,* y *Primeros auxilios,* de Mario Monicelli, y *El elogio fúnebre,* de Ettore Scola, de *¡Que viva Italia!*, obras maestras del género. Entre sus últimas películas como actor y director hay que citar *Esta rubia es mía* y como protagonista *Un burgués pequeño muy pequeño,* de Mario Monicelli, y *Romanzo di un giovane povero,* de Ettore Scola.

Como director

1966 *Fumo di Londra* (Un italiano en Londres). / *Scusi, lei è favorevole o contrario?* (El gran amante).
1967 *Un italiano in America.*
1968 *Amore mio, aiutami!* (Amor mío, ayúdame).
1970 *Le coppie* (Tres parejas), un episodio.
1973 *Polvere di stelle* (Esta rubia es mía).
1974 *Finché c'è guerra c'è speranza* (Mientras hay guerra hay esperanza).
1975 *Il comune senso del pudore.*
1978 *Dove vai in vacanza?* (Vicios de verano), un episodio.
1980 *Io e Caterina.*

SORDI, Alberto

1982 *Io so che tu sai che io so.* / *In viaggio con papà.*
1983 *Il tassinaro.*
1984 *Tutti dentro.*
1987 *Un tassinaro a New York.*
1992 *Assolto per avere commesso il fatto.*

Como actor

1938 *La principessa Tarakanova* (La princesa Tarakanova), de Fedor Ozep.
1940 *La notte delle beffe* (Noche de engaño), de Carlo Campogalliani.
1941 *Cuori nella tormenta,* de Carlo Campogalliani.
1942 *I tre aquilotti,* de Mario Mattolli. / *La signorine della villa accanto,* de Gian-Paolo Rosmino. / *La signorina,* de Kish. / *Casanova farebbe cosí,* de Carlo Ludovico Bragaglia. / *Giarabub,* de Goffredo Alessandrini.
1943 *Saint'Elena piccola isola,* de Renato Simoni. / *Chi l'ha visto?,* de Goffredo Alessandrini.
1944 *Tre ragazze cercano marito,* de Duilio Coletti. / *Circo ecuestre Za Bum,* de Mario Matoli.
1945 *L'innocente Casimiro* (El inocente Casimiro), de Carlo Campogalliani. / *Le miserie del signor Travet,* de Mario Soldati.
1947 *Il delitto di Giovanni Episcopo* (El delito de Giovanni Episcopo), de Alberto Lattuada. / *Il passatore,* de Duilio Coletti.
1948 *Il vento mi ha cantato una canzone,* de Camilo Mastrocinque. / *Che tempi!,* de Giorgio Bianchi. / *Sotto il sole di Roma,* de Renato Castellani.
1950 *Mamma mia che impressione!,* de Roberto Savarese.
1951 *Cameriera bella presenza ofresi* (Una doncella en apuros), de Giorgio Pantina. / *Totò e il re di Roma,* de Steno y Mario Monicelli.
1952 *Lo sceicco bianco* (El jeque blanco), de Federico Fellini. / *È arrivato l'accordatore,* de Duilio Coletti.
1953 *I vitelloni* (Los inútiles), de Federico Fellini. / *Giovinezza,* de Giorgio Pastina. / *L'incantevole nemica,* de Claudio Gora. / *Canzoni, canzoni, canzoni,* episodio de Domenico Paolella. / *Ci troviamo in galleria,* de Mauro Bolognini. / *Due notti con Cleopatra* (Noches con Cleopatra), de Mario Matoli.
1954 *Via Padova 46,* de Giorgio Bianchi. / *Tempi nostri* (Nuestros tiempos), de Alessandro Blasetti. / *Un giorno in pretura* (Juzgado a la italiana), de Steno. / *Il matrimonio,* de Antonio Petrucci. / *Amori di mezzo secolo,* episodio de Mario Chiari. / *Gran varietà,* de Domenico Paolella. / *Tripoli bel suol d'amore,* de Ferruccio Cerio. / *L'allegro squadrone,* de Paolo Moffa. / *Il seduttore* (El seductor), de Franco Rossi. / *Un americano a Roma* (Un americano en Roma), de Steno. / *Accadde al commisariato,* de Giorgio Simonelli. / *Rosso e nero,* de Domenico Paolella.
1955 *L'arte di arrangiarsi,* de Luigi Zampa. / *Il segno di Venere* (El signo de Venus), de Dino Risi. / *Buona notte avvocato!,* de Giorgio Bianchi. / *Accadde al penitenziario* (La cárcel de los líos), de Giorgio Bianchi. / *Un eroe dei nostri tempi,* de Mario Monicelli. / *La bella di Roma* (La bella de Roma), de Luigi Comencini. / *Bravissimo,* de Luigi Filippo d'Amico. / *Piccola posta,* de Steno.
1956 *Lo scapolo* (El soltero), de Antonio Pietrangeli. / *I pappagalli,* de Bruno Paolinelli. / *Mio figlio Nerone,* de Steno. / *Mi permette Babbo,* de Mario Bonnard. / *Guardia, guardia scelta, brigadiere e maresciallo* (Guardias de Roma), de Mauro Bolognini.
1957 *Era di venerdì 17* (Cuatro pasos por las nubes), de Mario Soldati. / *Souvenir d'Italie* (Vacaciones en Italia), de Antonio Pietrangeli. / *Il conte Max* (El conde Max), de Giorgio Bianchi. / *Arrivano i dollari!,* de Mario Costa. / *A Farewell to Arms* (Adiós a las armas), de Charles Vidor. / *Il medico e lo stregone* (El médico y el curandero), de Mario Monicelli.
1958 *Il marito* (El marido), de Nanni Loy y Gianni Puccini. / *Le septième ciel,* de Raymond Bernard. / *Fortunella,* de Eduardo de Filippo. / *Ladro lui ladro lei* (Ladrón él, ladrona ella), de Luigi Zampa. / *Venezia, la Luna e tu* (Venecia, la Luna y tú), de Dino Risi. / *Racconti d'estate,* de Gianni Franciolini. / *Domenica è sempre domenica,* de Camillo Mastrocinque. / *Nella città l'inferno* (Infierno en la ciudad), de Renato Castellani.
1959 *¡Oh, que mambo!,* de John Berry. / *Vacanze d'inverno,* de Camillo Mastrocinque. / *Policarpo ufficiale di scrittura* (Policarpo, oficial diplomado), de Mario Soldati. / *Il moralista,* de Giorgio Bianchi. / *I magliari,* de Franco Rossi. / *Costa Azzurra,* de Vittorio Sala. / *La Grande Guerra* (La Gran Guerra), de Mario Monicelli. / *Brevi amori a Palma di Majorca,* de Giorgio Bianchi. / *Il vedovo,* de Dino Risi.
1960 *Gastone,* de Mario Bonnard. / *Il vigile* (El alcalde, el guardia y el jirafita), de Luigi Zampa. / *Tutti a casa* (Todos a casa), de Luigi Comencini. / *Crimen* (Crimen en Montecarlo), de Mario Camerini.
1961 *Il giudizio universale* (El juicio universal), de Vittorio de Sica. / *The Best of Enemies* (Su mejor enemigo), de Guy Hamilton. / *Un vita difficile* (Vida difícil), de Dino Risi.
1962 *Il commissario,* de Luigi Comencini. / *Mafioso* (El poder de la Mafia), de Alberto Lattuada.
1963 *Il diavolo* (El diablo), de Gian Luigi Polidoro. / *Il boom* (El especulador), de Vittorio de Sica. / *Il maestro di Vigevano,* de Elio Petri.
1964 *La mia signora* (Mi señora), de Mauro Bolognini, Tinto Brass y Luigi Comencini. / *Il disco volante,* de Tinto Brass. / *Those Magnificent Men in Their Flying Machines* (Aquellos chalados en sus locos cacharros), de Ken Annakin.

1965 *I tre volti* (Tres perfiles de mujer), episodio de Franco Indovina. / *I complessi* (Los complejos), episodio de Luigi Filippo d'Amico. / *Thrilling*, episodio de Carlo Lizzani. / *Made in Italy*, de Nanni Loy.
1966 *Fumo di Londra* (Un italiano en Londres), de Alberto Sordi. / *Scusi, lei è favorevole o contrario?* (El gran amante), de Alberto Sordi. / *I nostri mariti*, episodio de Luigi Filippo d'Amico. / *Le fate*, episodio de Antonio Pietrangeli.
1967 *Le streghe* (Las brujas), episodio de Mauro Bolognini. / *Un italiano in America*, de Alberto Sordi.
1968 *Amore mio, aiutami!* (Amor mío, ayúdame), de Alberto Sordi. / *Il medico della mutua* (El médico de la mutua), de Luigi Zampa. / *Riusciranno i nostri eroi a ritrovare l'amico misteriosamente scomparso in Africa?*, de Ettore Scola. / *Il prof. dott. Guido Tersilli, primario della clinica Villa Celeste, convenzionata con le mutue* (El doctor Tersilli, médico de la Clínica Villa Celeste afiliada a la mutua), de Luciano Salce.
1969 *Nell'anno del signore*, de Luigi Zampa. / *Contestazione generale*, episodio de Luigi Zampa.
1970 *Il presidente del Borgorosso football-club*, de Luigi Filippo d'Amico. / *Le coppie* (Tres parejas), episodios de Alberto Sordi y Vittorio de Sica.
1971 *Detenuto in attesa di giudizio* (Detenido en espera de juicio), de Nanni Loy. / *Bello, onesto, emigrato Australia, sposerebbe compaesana illibata* (Bello, honesto, emigrado a Australia, quiere casarse con chica intocada), de Luigi Zampa.
1972 *Roma*, de Federico Fellini. / *Lo scopone scientifico* (Sembrando ilusiones), de Luigi Comencini. / *La più bella serata della mia vita*, de Ettore Scola.
1973 *Anastasia, mio fratello* (Mi hermano Anastasia), de Steno. / *Polvere di stelle* (Esta rubia es mía), de Alberto Sordi.
1974 *Finché c'è guerra c'è speranza* (Mientras hay guerra hay esperanza), de Alberto Sordi.
1975 *Di que segno sei?* (Los signos del zodiaco), de Sergio Corbucci. / *Il comune senso del pudore*, de Alberto Sordi.
1976 *Quelle strane occasioni* (Ciertos pequeñísimos pecados), episodio de Luigi Comencini.
1977 *Un borghese piccolo piccolo* (Un burgués pequeño, muy pequeño), de Mario Monicelli. / *I nuovi mostri* (¡Que viva Italia!), episodios de Mario Monicelli y Ettore Scola.
1978 *Dove vai in vazanza?* (Vicios de verano), episodio de Alberto Sordi. / *L'ingorgo* (El gran atasco), de Luigi Comencini.
1979 *Le témoin*, de Jean-Pierre Mocky. / *Il malato immaginario*, de Tonino Cervi.
1980 *Io e Caterina*, de Alberto Sordi.
1981 *Il marchese del Grillo* (El marqués del Grillo), de Mario Monicelli.
1982 *Io so che tu sai che io so*, de Alberto Sordi. / *In viaggio con papà*, de Alberto Sordi.
1983 *Il tassinaro*, de Alberto Sordi.
1984 *Tutti dentro*, de Alberto Sordi.
1985 *Bertoldo, Bertoldino e Cacaseno*, de Mario Monicelli.
1987 *Un tassinaro a New York*, de Alberto Sordi.
1989 *L'avaro* (El avaro), de Tonino Cervi.
1992 *Assolto per avere commesso il fatto*, de Alberto Sordi.
1995 *Romanzo di un giovane povero* (Historia de un pobre hombre), de Ettore Scola.

SPACEK, Sissy (*Mary Elizabeth Spacek. Quitman, Texas, Estados Unidos, 1949*)

A los dieciséis años llega a Nueva York para estudiar arte dramático en el Actor's Studio con Lee Strasberg y tras hacer algunos papeles secundarios en televisión y cine, se da a conocer al encarnar a las inocentes, pero complicadas jovencitas protagonistas de *Malas tierras*, de Terrence Malick, *Carrie*, de Brian de Palma, y *Tres mujeres*, de Robert Altman. Seleccionada cinco veces para el Oscar, finalmente lo consigue al encarnar a la cantante *country* Loretta Lynn en *Quiero ser libre* (1980). En su distendida, pero intensa carrera también destacan sus trabajos en *Desaparecido*, de Costa-Gavras, y *Crímenes del corazón*, de Bruce Beresford.

1970 *Trash*, de Paul Morrisey.
1972 *Prime Cut* (Carne viva), de Michael Ritchie.
1973 *Ginger in the Morning* (Katy por la mañana), de Gordon Wiles. / *Badlands* (Malas tierras), de Terrence Malick.
1976 *Carrie*, de Brian de Palma.
1977 *Welcome to L.A.* (Bienvenido a Los Ángeles), de Alan Rudolph. / *Three Women* (Tres mujeres), de Robert Altman.
1980 *Heart Beat* (Generación perdida), de John Byrum. / *Coal Miner's Daughter* (Quiero ser libre), de Michael Apted.
1981 *Raggedy Man*, de Jack Fisk.
1982 *Missing* (Desaparecido), de Costa-Gavras.
1984 *The River* (Cuando el río crece), de Mark Rydell.
1985 *Marie* (Es... jugar con fuego), de Roger Donaldson.
1986 *Violets Are Blue* (Nostalgia de un amor), de Jack Fisk. / *'Night Mother* (Buenas noches, madre), de Tom Moore. / *Crimes of the Heart* (Crímenes del corazón), de Bruce Beresford.
1990 *The Long Walk Home*, de Richard Pearce.
1991 *JFK* (J. F. K.: un caso abierto), de Oliver Stone.
1992 *Hard Promises*, de Martin Davidson.
1994 *Trading Mom*, de Tia Brelis.
1995 *The Grass Harp* (El arpa de hierba), de Charles Matthau.

SPIELBERG, Steven *(Cincinnati, Ohio, Estados Unidos, 1947)*

Nacido en el seno de una familia de origen judío de clase media, desde pequeño se siente atraído por el cine y se ocupa de la realización de las películas familiares en super-8. A principios de los años sesenta comienza a rodar películas personales en super-8 y con una de ellas gana una cámara de 16 mm, con la que hace *Firefight* (1964), con una duración de 140 minutos, y ya en 35 mm *Amblin* (1969), nombre que posteriormente da a su productora. Comienza sus estudios de literatura inglesa en la California State University de Long Beach, pero los abandona cuando Universal Televisión ve uno de sus cortos y le contrata. Tras algunos trabajos subalternos, no tarda en dirigir episodios de series como *Marcus Welby* y *Colombo,* hasta que el telefilme *El diablo sobre ruedas,* que narra la persecución de un automóvil por un misterioso camión, sobre un guión de Richard Matheson, gana un premio en el festival de ciencia ficción de Avoriaz, le añade un cuarto de hora y se distribuye en salas cinematográficas en Europa con éxito. Su primera película es *Loca evasión,* una comedia policiaca articulada en torno a una larga y compleja persecución, seguida de *Tiburón,* característica historia de catástrofes basada en un novelón de Peter Benchley. Gracias a su inesperado éxito nacen *Encuentros en la tercera fase,* una brillante historia de ciencia ficción que escribe personalmente, de la que tres años después estrena un montaje mejor, y donde por primera vez aparece el tono religioso de su cine, y *E. T.,* una simpática historia de ciencia ficción, llena de niños, que le muestra como la reencarnación de Walt Disney, donde sus obsesiones religiosas encuentran su mejor expresión. Tras el fracaso de *1941,* una enloquecida comedia sobre un falso desembarco japonés en California durante la II Guerra Mundial, hace para su amigo el productor George Lucas la trilogía donde intenta revitalizar el cine de aventuras, pero a la que faltan verosimilitud y erotismo, integrada por *En busca del arca perdida, Indiana Jones y el templo maldito* e *Indiana Jones y la última cruzada,* además de una serie para televisión. Desde finales de la década de los setenta no solo interviene en la producción de sus propias películas, sino también en otras ajenas, dirigidas a un público de adolescentes sin problemas, entre las que destacan por su éxito *Poltergeist* (1982), de Tobe Hooper; *Gremlins* (1984), de Joe Dante, y *¿Quién engañó a Roger Rabbit?* (Who Framed Roger Rabbit?, 1988), de Robert Zemeckis. Convertido en uno de los hombres más poderosos de la historia del cine, se plantea un tipo de cine más trascendente, no dirigido a su habitual público adolescente. Sin embargo, no están a la altura de sus ambiciosos planteamientos *El color púrpura,* melodramática historia del Sur de Estados Unidos, interpretada por negros y basada en una novela de Alive Walker; ni *El imperio del sol,* adaptación de una novela autobiográfica de J. G. Ballard sobre un niño inglés prisionero en un campo de concentración japonés durante la II Guerra Mundial; y *Para siempre,* nueva versión de la dramática *Dos en el cielo* (A Guy Named Joe, 1943), de Victor Fleming, donde reaparecen sus característicos problemas religiosos. La irregular acogida de su pretenciosa trilogía, en especial de la última parte, le conducen a la aburrida *El capitán Garfio,* versión modernizada del célebre cuento *Peter Pan,* de J. M. Barrie, a la atractiva *Parque jurásico,* donde maneja con habilidad unos sofisticados efectos especiales para volver a contar la historia del científico enloquecido a través de una novela de Michael Crichton. Finalmente, logra unir el éxito a una gran cantidad de Oscars con *La lista de Schindler,* larga y dramática historia sobre el holocausto judío durante la II Guerra Mundial, que rueda en blanco y negro.

1972 *Duel* (El diablo sobre ruedas).
1974 *The Sugarland Express* (Loca evasión).
1975 *Jaws* (Tiburón).
1977 *Close Encounters of the Third Kind* (Encuentros en la tercera fase).
1979 *1941.*
1981 *Raiders of the Lost Ark* (En busca del arca perdida).
1982 *E.T. The Extra-terrestrial* (E. T.).
1983 *Twilight-Zone, the Movie* (En los límites de la realidad), un episodio.
1984 *Indiana Jones and the Temple of Doom* (Indiana Jones y el templo maldito).
1985 *The Color Purple* (El color púrpura).
1987 *Empire of the Sun* (El imperio del Sol).
1989 *Indiana Jones and the Last Crusade* (Indiana Jones y la última cruzada). / *Always* (Para siempre).
1991 *Hook* (El capitán Garfio).
1993 *Jurassic Park* (Parque jurásico). / *Schindler's List* (La lista de Schindler).

SPLENDOR *(1989)*

A finales de los años ochenta el guionista y realizador Ettore Scola hace tres películas protagonizadas por el cómico napolitano Massimo Troisi que pasan demasiado desapercibidas. La última es *El viaje del capitán Fracassa* (Il viaggio di capitan Fracassa, 1990), atractiva adaptación de la obra homónima de Théophile Gautier con una buena carga teatral; la segunda *¿Qué hora es?* (Che ora è?, 1989), un interesante enfrentamiento entre un padre y su hijo, y la primera esta, que resulta un tanto deudora de *Cinema Paradiso* (Nuovo cinema Paradiso, 1988), de Giuseppe Tornatore. Al igual que aquella, también encierra un homenaje lleno de nostalgia por las salas de cine de provincias, pero en esta ocasión realizado por Jordan (Marcello Mastroianni), el propietario del cine Splendor, hijo de un exhibidor ambulante; Chantal (Marina Vlady), su acomodadora y amante francesa, y Luigi (Massimo Troisi), el proyeccionista y cinéfilo empedernido. A través de una amplia selección de fragmentos de películas italianas y extranjeras, una serie de recuerdos en blanco y negro y algunas inexactitudes relativas a la programación de una sala de exhibición en la pequeña ciudad de Arpino, Scola consigue una película llena de amor por el cine realizada en uno de los peores momentos de su agitada vida.

Director y guionista: *Ettore Scola*. Fotografía: *Luciano Tovoli*. Música: *Armando Trovajoli*. Intérpretes: *Marcelo Mastroianni, Massimo Troisi, Marina Vlady, Paolo Panelli, Pamela Villoresi*. Producción: *Cecchi Group Tiger Cinematografica (Roma) y Gaumont Production (París)*. Color. Duración: *115'*. Italia-Francia.

STAHL, John M. *(Nueva York, 1886-Los Ángeles, California, Estados Unidos, 1950)*

Deja sus estudios de derecho para dedicarse en exclusiva a actuar en vodeviles y compañías dramáticas, con las que realiza giras, e incluso en algunas películas. Entre 1914 y 1927 realiza veinticuatro largometrajes mudos, la mayoría perdidos o de muy difícil visión, entre los que destacan los melodramas *La mujer ante el jurado*, *Women Men Forget* y *La hija del pasado*; así como las producciones de Louis B. Mayer, para los recién creados estudios Metro-Goldwyn-Mayer: *Why Men Leave Home* y *El eterno don Juan*, protagonizadas por Lewis Stone, *Amantes*, interpretada por Ramón Novarro, y *La canción de Kentucky*. La llegada del sonoro le lleva a trabajar en el terreno de la producción y durante tres años produce cuarenta y cuatro largometrajes de olvidados directores. Entre 1930 y 1941 vuelve a trabajar como realizador en exclusiva para los estudios Universal y rueda once películas entre las que destacan los melodramas: *La usurpadora* e *Imitación de la vida*, sobre novelones de Fannie Hurst; *Parece que fue ayer*, versión apócrifa de *Carta de una desconocida*, de Stefan Zweig; *Sublime obsesión*, sobre un libro de éxito de Lloyd C. Douglas, y *Huracán*, adaptación de *Una serenata*, de James M. Cain. En 1943 firma un nuevo contrato con los estudios 20th Century Fox, para los que rueda sus restantes producciones, nueve variadas películas entre las que destaca su obra maestra *¡Que el cielo la juzgue!*, uno de los grandes melodramas de la historia del cine. Este último período de su carrera está compuesto por los melodramas *Débil es la carne*, sobre un novelón de Frank Yerby, *Las llaves del reino*, adaptación de un libro de A. J. Cronin, y *Murallas humanas*, sobre una narración de Paul Wellman convertida en guión y producida por Lamar Trotti; las películas de propaganda bélica *El sargento inmortal* y *La víspera de san Marcos*, rodadas en plena II Guerra Mundial; la excelente comedia *Sagrado matrimonio*, escrita y producida por Nunnally Johnson; la rutinaria *Papá fue un buen defensa*, sobre una obra teatral de Clifford Goldsmith, e incluso la ramplona comedia musical *Linda muñequita*, que cierra malamente su carrera.

1914 *The Boy and the Law.*
1917 *The Lincoln Cycle.*
1918 *Scandal Mongers. / Wives of Men. / Suspicion.*
1919 *Her Code of Honor. / The Woman Under Oath* (La mujer ante el jurado). / *Greater Than Love.*
1920 *Women Men Forget. / The Woman in His House.*
1921 *Sowing the Wind* (La hija del pasado). / *The Child Thou Gavest Me. / Suspicious Wives.*
1922 *The Song of Life. / One Clear Call. / The Dangerous Age.*
1923 *The Wanters.*
1924 *Why Men Leave Home. / Husbands and Lovers* (El eterno don Juan).
1925 *Fine Clothes.*
1926 *Memory Lane. / The Gay Deceiver.*
1927 *Lovers?* (Amantes). / *In Old Kentucky* (La canción de Kentucky).

1930 *A Lady Surrenders.*
1931 *Seed* (Semilla). / *Strictly Dishonorable* (El instinto del amor).
1932 *Back Street* (La usurpadora).
1933 *Only Yesterday* (Parece que fue ayer).
1934 *Imitation of Life* (Imitación de la vida).
1935 *Magnificent Obsession* (Sublime obsesión).
1937 *Parnell.*
1938 *Letter of Introduction* (Carta de presentación).
1939 *When Tomorrow Comes* (Huracán).
1941 *Our Wife.*
1943 *The Immortal Sergeant* (El sargento inmortal). / *Holy Matrimony* (Sagrado matrimonio).
1944 *The Eve of St. Mark* (La víspera de san Marcos). / *The Keys of the Kingdom* (Las llaves del reino).
1945 *Leave Her to Heaven* (¡Que el cielo la juzgue!).
1947 *The Foxes of Harrow* (Débil es la carne).
1948 *The Walls of Jericho* (Murallas humanas).
1949 *Father Was a Fullback* (Papá fue un buen defensa). / *Oh, You Beautiful Doll* (Linda muñequita).

STALKER *(1979)*

Con su característica lentitud, Andrei Tarkovsky narra en un sencillo tono de ciencia ficción cómo un escritor (Anatoli Solinitsyne) y un profesor (Nicolai Grinko) se internan por una peligrosa zona prohibida, guiados por un misterioso *stalker* (Alexandre Kaidanovski), para llegar a un lugar donde los deseos se realizan. Sin embargo, no ocurre nada de lo que esperan y al final del recorrido vuelven a encontrarse en la posición inicial, aunque el *stalker* ha perdido la fe en la humanidad. Esta personal alegoría sobre las tentaciones de la fe y las relaciones del hombre con lo sagrado, sirve a Tarkovsky para crear imágenes de una gran fuerza, en las que alterna largos paseos de sus personajes por inquietantes localizaciones, donde, como suele ser habitual en su cine, el agua, la tierra, el fuego y el aire tienen una gran importancia, con trascendentales conversaciones filosóficas, dentro de sus habituales planos secuencia de extremada lentitud.
Director: *Andrei Tarkovsky.* Guionistas: *Arcadi Strougatski* y *Boris Strougatski.* Fotografía: *Alexandre Kniajinski.* Música: *Eduard Artemiev.* Intérpretes: *Alexandre Kaidanovski, Anatoli Solinitsyne, Nikolai Grinko, Natacha Abramova.* Producción: *Mosfilm.* Color. Duración: *161'.* Unión Soviética.

STALLONE, Sylvester *(Nueva York, Estados Unidos, 1946)*

Perteneciente a una familia muy humilde, logra salir adelante gracias a su musculatura y su afición por el boxeo. Durante la primera mitad de la década de los sesenta hace pequeños papeles en televisión y cine, pero consigue imponerse con el inesperado éxito de *Rocky,* que también escribe, en la que narra con un tono autobiográfico la historia de un pobre boxeador que triunfa. Debuta como director con el fallido policiaco social *La cocina del infierno* y en los años ochenta prosigue con la serie *Rocky,* mientras protagoniza la reaccionaria serie *Rambo,* integrada por *Acorralado, Rambo* y *Rambo III,* donde encarna a un musculoso ex combatiente de la guerra de Vietnam que crea e impone su propia justicia. Convertido en uno de los actores mejor pagados, a principios de los noventa fracasa con las comedias *Óscar, quita las manos* y *¡Alto!, o mi madre dispara* y tiene que volver a las violentas, anodinas y aburridas producciones de acción con *Máximo riesgo, Demolition Man, El especialista* y *Asesinos.*

Como director
1978 *Paradise Alley* (La cocina del infierno).
1979 *Rocky II.*
1981 *Rocky III.*
1983 *Staying Alive.*
1985 *Rocky IV.*

Como actor
1971 *Bananas,* de Woody Allen.
1974 *No Place to Hide* (Fuga sin descanso), de Allen Schnitzer. / *The Prisoner of Second Avenue* (El prisionero de la Segunda Avenida), de Melvin Frank. / *The Lords of Flatbush* (Días felices), de Stephen Verona.
1975 *Mandingo,* de Richard Fleischer. / *Capone,* de Steve Carver. / *Farewell My Lovely* (Adiós, muñeca), de Dick Richards. / *Death Race 2000* (La carrera de la muerte del año 2000), de Paul Bartel.
1976 *Cannonball,* de Paul Bartel. / *Rocky,* de John G. Avildsen.
1978 *F. I. S. T.* (Fist, símbolo de fuerza), de Norman Jewison. / *Paradise Alley* (La cocina del infierno), de Sylvester Stallone.
1979 *Rocky II,* de Sylvester Stallone.
1981 *Nighthawks* (Halcones de la noche), de Bruce Malmuth. / *Escape to Victory* (Evasión o victoria), de John Huston. / *Rocky III,* de Sylvester Stallone.
1982 *First Blood* (Acorralado), de Ted Kotcheff.
1983 *Staying Alive,* de Sylvester Stallone.
1984 *Rhinestone,* de Bob Clark.
1985 *Rambo: First Blood Part II* (Rambo), de George Pan Cosmatos. / *Rocky IV,* de Sylvester Stallone.
1986 *Cobra* (Cobra, el brazo fuerte de la ley), de George Pan Cosmatos.

1987 *Over the Top* (Yo, el halcón), de Menahen Golan.
1988 *Rambo III*, de Peter McDoland.
1989 *Lock Up* (Encerrado), de John Flynn. / *Tango and Cash* (Tango y Cash), de Andrei Konchalovsky.
1990 *Rocky V*, de John G. Avildsen.
1991 *Oscar* (Óscar, quita las manos), de John Landis.
1992 *Stop! or My Mon Will Shot* (¡Alto!, o mi madre dispara), de Roger Spottiswoode.
1993 *Cliffhanger* (Máximo riesgo), de Renny Harlin. / *Demolition Man*, de Marco Brambilla.
1994 *The Specialist* (El especialista), de Luis Llosa.
1995 *Assassins* (Asesinos), de Richard Donner. / *Judge Dredd* (Juez Dredd), de Danny Cannon.

STANWYCK, Barbara *(Ruby Stevens. Nueva York, 1907-Santa Mónica, California, Estados Unidos, 1990)*

Perteneciente a una familia humilde, vive una adolescencia difícil, comienza a trabajar como telefonista y, atraída por el teatro, se hace bailarina de *night-clubs* y corista en las revistas de Florenz Ziegfeld antes de protagonizar grandes espectáculos en Broadway. A principios del sonoro debuta como actriz de cine en películas musicales, pero se convierte en una estrella gracias al trabajo Frank Capra en *Mujeres ligeras, The Miracle Woman, Amor prohibido* y *La amargura del general Yen,* y con William A. Wellman en *Enfermeras de noche, So Big* y *The Purchase Price*. Esto le permite trabajar durante los años treinta con William Dieterle en *La novia secreta,* John Ford en *La Osa Mayor y las estrellas,* King Vidor en *Stella Dallas,* Cecil B. de Mille en *Unión Pacífico,* y Rouben Mamoulian en *Sueño dorado*. No obstante, el mejor período de su dilatada carrera, que se extiende a lo largo de casi cuarenta años y abarca más de ochenta títulos, es la primera mitad de los años cuarenta donde, entre otras, rueda *Recuerdo de una noche,* de Mitchell Leisen; *Juan Nadie,* de Frank Capra; *Bola de fuego,* de Howard Hawks; *La reina de variedades,* de William A. Wellman, y *Al margen de la vida,* de Julien Duvivier. Además, el éxito alcanzado al encarnar a la malvada rubia Phyllis Dietrichson en *Perdición,* de Billy Wilder, le hace ampliar su registro y, mientras prosigue con las comedias y los dramas, también hace papeles de mala en películas negras como *El extraño amor de Martha Ivers,* de Lewis Milestone, y *Thelma Jordan,* de Robert Siodmak. Durante los años cincuenta protagoniza algunos *westerns* interesantes como *Las furias,* de Anthony Mann; *La reina de Montana,* de Allan Dwan; *Hombres violentos,* de Rudolph Maté, y *Cuarenta pistolas,* de Samuel Fuller. A principios de la década de los sesenta abandona el cine, pero hasta el final de su carrera trabaja sobre todo en series de televisión.

1927 *Broadway Nights,* de Joseph C. Boyle.
1929 *The Locked Door* (La puerta cerrada), de George Fitzmaurice. / *Mexicali Rose,* de Erle C. Kenton.
1930 *Ladies of Leisure* (Mujeres ligeras), de Frank Capra.
1931 *Illicit,* de Archie L. Mayo. / *Ten Cents a Dance* (Carnet de cabaret), de Lionel Barrymore. / *Night Nurse* (Enfermeras de noche), de William A. Wellman. / *The Miracle Woman,* de Frank Capra.
1932 *Forbidden* (Amor prohibido), de Frank Capra. / *Shopworn* (Cruel desengaño), de Nick Grinde. / *So Big,* de William A. Wellman. / *The Purchase Price,* de William A. Wellman.
1933 *The Bitter Tea of General Yen* (La amargura del general Yen), de Frank Capra. / *Ladies They Talk About,* de Howard Bretherton. / *Baby Face* (Carita de ángel), de Alfred E. Green. / *Ever in My Heart* (Siempre en mi corazón), de Archie L. Mayo.
1934 *Gambling Lady* (La novia de la suerte), de Archie L. Mayo. / *A Lost Lady,* de Alfred E. Green.
1935 *The Secret Bride* (La novia secreta), de William Dieterle. / *The Woman in Red* (La vestida de rojo), de Robert Florey. / *Red Salute* (El soldadito del amor), de Sidney Lanfield. / *Annie Oakley,* de George Stevens.
1936 *A Message to Garcia,* de George Marshall. / *The Bride Walks Out* (Cásate y verás), de Leigh Jason. / *His Brother's Wife* (La esposa de su hermano), de W. S. van Dyke. / *Banjo on My Knee,* de John Cromwell. / *The Plough and the Stars* (La Osa Mayor y las estrellas), de John Ford.
1937 *Interns Can't Take Money,* de Alfred Santell. / *This Is My Affair* (Contraseña), de William A. Seiter. / *Stella Dallas,* de King Vidor. / *Breakfast for Two* (Desayuno para dos), de Alfred Santell.
1938 *Always Goodbye* (Por otro querer), de Sidney Lanfield. / *The Mad Miss Manton* (Ocho mujeres y un crimen), de Leigh Jason.
1939 *Union Pacific* (Unión Pacífico), de Cecil B. de Mille. / *Golden Boy* (Sueño dorado), de Rouben Mamoulian.
1940 *Remember the Night* (Recuerdo de una noche), de Mitchell Leisen.
1941 *The Lady Eve* (Las tres noches de Eva), de Preston Sturges. / *Meet John Doe* (Juan Nadie), de Frank Capra. / *You Belong to Me* (Me perteneces), de Wesley Ruggles.

1942 *The Great Man's Lady* (Una gran señora), de William A. Wellman. / *Ball of Fire* (Bola de fuego), de Howard Hawks. / *The Gay Sisters*, de Irving Rapper.
1943 *Lady of Burlesque* (La reina de variedades), de William A. Wellman. / *Flesh and Fantasy* (Al margen de la vida), de Julien Duvivier.
1944 *Double Indemnity* (Perdición), de Billy Wilder. / *Hollywood Canteen*, de Delmer Daves.
1945 *Christmas in Connecticut*, de Peter Godfrey. / *My Reputation* (Mi reputación), de Curtis Bernhardt.
1946 *The Bride Wore Boots*, de Irving Pichel. / *The Strange Love of Martha Ivers* (El extraño amor de Martha Ivers), de Lewis Milestone. / *California*, de John Farrow.
1947 *The Two Mrs. Carrolls* (Las dos señoras Carroll), de Peter Godfrey. / *The Other Love* (El otro amor), de André de Toth. / *Cry Wolf*, de Peter Godfrey. / *Variety Girl*, de George Marshall.
1948 *B. F.'s Daughter* (La rebelde), de Robert Z. Leonard. / *Sorry, Wrong Number* (Voces de muerte), de Anatole Litvak.
1949 *The Lady Gambles* (Dirección prohibida), de Michael Gordon.
1950 *East Side, West Side* (Mundos opuestos), de Mervyn LeRoy. / *The File of Thelma Jordan* (Thelma Jordan), de Robert Siodmak. / *No Man of Her Own* (Mentira latente), de Mitchell Leisen. / *The Furies* (Las furias), de Anthony Mann. / *To Please a Lady* (Indianápolis), de Clarence Brown.
1951 *The Man With a Cloak*, de Fletcher Markle.
1952 *Clash by Night* (Encuentro en la noche), de Fritz Lang.
1953 *Jeopardy* (Astucias de mujer), de John Sturges. / *Titanic* (El hundimiento del Titanic), de Jean Negulesco. / *All I Desire* (Su gran deseo), de Douglas Sirk. / *The Moonlighter*, de Roy Rowland. / *Blowing Wild* (Soplo salvaje), de Hugo Fregonese.
1954 *Executive Suite* (La torre de los ambiciosos), de Robert Wise. / *Witness to Murder* (Único testigo), de Roy Rowland. / *Cattle Queen of Montana* (La reina de Montana), de Allan Dwan.
1955 *The Violent Men* (Hombres violentos), de Rudolph Maté. / *Escape to Burma*, de Allan Dwan.
1956 *There's Always Tomorrow* (Siempre hay un mañana), de Douglas Sirk. / *The Maverick Queen* (Los indomables), de Joseph Kane. / *These Wilder Years*, de Roy Rowland.
1957 *Crime of Passion*, de Gerd Oswald. / *Forty Guns* (Cuarenta pistolas), de Samuel Fuller. / *Trooper Hook*, de Charles Marquis Warren.
1962 *Walk on the Wild Side* (La gata negra), de Edward Dmytryck.
1964 *Roustabout*, de John Rich.
1965 *The Night Walker*, de William Castle.

STERNBERG, Josef von *(Jonas Sternberg. Viena, Austria, 1894-Los Ángeles, California, Estados Unidos, 1969)*

Primogénito de los cinco hijos de una humilde familia judía de origen húngaro-polaco, a los diez años emigra con los suyos a Estados Unidos. Instalados en Nueva York, no consiguen salir de la miseria y debe trabajar en los más variados oficios hasta que a los dieciocho años entra en contacto con el cine, para limpiar y restaurar copias. Su interés por su nuevo trabajo le hace ser sucesivamente contable, electricista, ayudante de dirección, *cameraman* y guionista en películas de diferentes realizadores. Finalizada la Gran Guerra, viaja por Europa, trabaja en distintas producciones, se instala en Hollywood y debuta como director con *The Salvation Hunters*, que escribe, produce y dirige por cinco mil dólares de la época. Es un fracaso comercial, pero le sirve para ser contratado por los estudios Metro-Goldwyn-Mayer para rodar *La novia fingida*, que acaba y firma Christy Cabanne, y *La elegante pecadora*, que acaba y firma Phil Rosen; y también por Charles Chaplin para hacer *A Woman of the Sea*, pero por celos profesionales nunca llega a estrenarla y acaba por quemar el negativo. Sus mejores y más conocidas obras mudas son las producciones Paramount *La ley del hampa*, primera película de gángsters; *La última orden*, que narra la tragicomedia de un general ruso exiliado que sobrevive haciendo de figurante, y *Los muelles de Nueva York*, un melodrama de ambiente portuario. El famoso productor Eric Pohmer le llama para dirigir en Alemania, en versión alemana e inglesa, *El ángel azul*, adaptación de una novela de Heinrich Mann sobre la decadencia de un profesor por culpa de la cantante de cabaret Lola-Lola, que consagra a la desconocida Marlene Dietrich. Trasladados a Hollywood, hacen juntos para los estudios Paramount, durante la primera mitad de los años treinta, las obras maestras *Marruecos, Fatalidad, El expreso de Shanghai, La venus rubia, Capricho imperial* y *El diablo es una mujer*. A través de las que desarrollan una compleja historia real de amor, que a él le lleva a decir «¡Marlene soy yo!» y a ella «Sin él no soy nada», de la que nunca llegan a recuperarse a niveles laborales. Entre medias solo dirige la espléndida *Una tragedia humana*, basada en la famosa novela de Theodore Dreiser, mientras que de sus trabajos posteriores sólo tienen interés *Crimen y castigo*, sobre la novela de Fiodor Dostoievski; *El embrujo de Shanghai*, adaptación de la obra teatral de John Colton que escribe personalmente, y la desgarradora *The Saga of Anathan*, especie de testamento espiritual que rueda en Japón con excasos medios. Sus restantes trabajos están inacabados, *I, Claudius*, que en 1937 comienza a hacer en el Reino Unido para el productor Alexander Korda, protagonizada por Charles Laughton; o rehechos, *Amor a reacción*, que escribe y produce Jules Furthman, pero varía a su antojo el multimillonario Howard Hughes cuando compra los estudios R. K. O.; *Una aventurera en Macao*, que en alguna medida vuelve a rodar Nicholas Ray por encargo del mismo Howard Hughes.

1925 *The Salvation Hunters*. / *The Exquisite Sinner* (La elegante pecadora). / *The Masked Bride* (La novia fingida).
1926 *A Woman of the Sea*.
1927 *Underworld* (La ley del hampa).
1928 *The Last Command* (La última orden). / *The Docks of New York* (Los muelles de Nueva York). / *The Dragnet* (La redada).
1929 *The Case of Lena Smith* (El mundo contra ella). / *Thunderbolt*.
1930 *Der blaue Engel* (El ángel azul). / *Morocco* (Marruecos).
1931 *Dishonored* (Fatalidad). / *An American Tragedy* (Una tragedia humana).
1932 *Shanghai Express* (El expreso de Shanghai). / *Blonde Venus* (La venus rubia).
1934 *The Scarlet Empress* (Capricho imperial).
1935 *The Devil Is a Woman* (El diablo es una mujer). / *Crime and Punishment* (Crimen y castigo).
1936 *The King Steps Out* (La princesa encantadora).
1939 *Sergeant Madden*.
1941 *The Shanghai Gesture* (El embrujo de Shanghai).
1950 *Jet Pilot* (Amor a reacción).
1952 *Macao* (Una aventurera en Macao).
1953 *The Saga of Anathan*.

STEVENS, George *(Oakland, California, 1904-Lancaster, California, Estados Unidos, 1975)*

Hijo de actores, a los cinco años sube por primera vez a un escenario para formar parte del espectáculo itinerante familiar. Su interés por el cine le lleva a Hollywood, en 1921 empieza a trabajar como ayudante de cámara y a finales de la década hace la fotografía de numerosos cortos y algunos largometrajes protagonizados por los famosos cómicos Stan Laurel y Oliver Hardy para el productor Hal Roach. A principios de los años treinta dirige numerosos cortos, debuta en el largo con *Forasteros en Honduras*, última de una serie de comedias sobre la rivalidad entre judíos e irlandeses. Posteriormente reniega de sus cinco primeros largometrajes y considera que su carrera comienza con *Sueños de juventud*, una irregular comedia sentimental basada en una novela de Booth Tarkington y protagonizada por Katharine Hepburn. Entre sus trabajos de la segunda mitad de los años treinta hay que citar el seudo-*western* biográfico *Annie Oakley*; los musicales protagonizados por el bailarín Fred Astaire *En alas de la danza* y *Señorita en desgracia*; las comedias sentimentales *Olivia* y *Ardid femenino*, y la aventura colonialista basada en un poema de Rudyard Kipling *Gunga Din*, que realiza para los estudios R. K. O. A principios de la década de los cuarenta rueda los melodramas *Noche de angustia*, sobre una novela de A. J. Cronin, y *Serenata nostálgica*, y las divertidas comedias *La mujer del año*, con la pareja formada por Katharine Hepburn y Spencer Tracy, *El asunto del día* y *El amor llamó dos veces*, que se sitúan entre sus mejores trabajos. En 1943 se alista voluntario para combatir en la II Guerra Mundial, participa en el desembarco de Normandía y rueda numerosos documentales para el ejército. En la posguerra funda con los directores Frank Capra y William Wyler la productora Liberty Films y realiza la comedia sentimental *Nunca la olvidaré* y el melodrama *Something to Live For*. Debe su excesiva fama a su trilogía sobre la sociedad norteamericana rodada, durante la primera mitad de los años cincuenta, e integrada por *Un lugar en el Sol*, nueva versión de *Una tragedia humana* (An American Tragedy, 1931), que Josef von Sternberg hace a partir de la novela clásica de Theodore Dreisser; *Raíces profundas*, un *western* renovador, y *Gigante*, un fresco de larga duración sobre la transformación de Texas de estado ganadero en petrolífero. Sus obras posteriores tienen mucho menos interés: *El diario de Ana Frank*, adaptación en exceso teatral de la obra homónima sobre la persecución de los judíos holandeses por los nazis, y *La historia más grande jamás contada*, superproducción sobre la vida de Jesucristo. Cierra mala-

mente su filmografía con *El único juego en la ciudad,* torpe adaptación de una comedia escrita por Frank D. Gilroy a partir de su propia obra teatral.
1933 *The Cohens and the Kellys in Trouble* (Forasteros en Honduras).
1934 *Bachelor Bait.* / *Kentucky Kernels* (Dos y medio).
1935 *Laddie* (Princesita). / *The Nitwits* (La viuda negra). / *Alice Adams* (Sueños de juventud). / *Annie Oakley.*
1936 *Swing Time* (En alas de la danza).
1937 *Quality Street* (Olivia). / *A Damsel in Distress* (Señorita en desgracia).
1938 *Vivacious Lady* (Ardid femenino).
1939 *Gunga Din.*
1940 *Vigil in the Night* (Noche de angustia).
1941 *Penny Serenade* (Serenata nostálgica).
1942 *Woman of the Year* (La mujer del año). / *The Talk of the Town* (El asunto del día).
1943 *The More the Merrier* (El amor llamó dos veces).
1949 *I Remember Mama* (Nunca la olvidaré).
1951 *A Place in the Sun* (Un lugar en el sol).
1952 *Something to Live For.*
1953 *Shane* (Raíces profundas).
1956 *Giant* (Gigante).
1959 *The Diary of Anne Frank* (El diario de Ana Frank).
1965 *The Greatest Story Ever Told* (La historia más grande jamás contada).
1970 *The Only Game in Town* (El único juego en la ciudad).

STEWART, James *(Indiana, Pennsylvania, 1908-Los Angeles, Estados Unidos, 1997)*
Interesado desde siempre por el teatro, mientras estudia arquitectura en la Universidad de Princeton comienza a actuar en el teatro universitario y decide ser actor. Después de intervenir en algunas obras teatrales de Broadway, es contratado por los estudios Metro-Goldwyn-Mayer; en 1945 debuta como actor de cine y es el protagonista de *Speed,* su quinta película. Entre sus casi ochenta películas, rodadas a lo largo de cuarenta y cinco años, sobresalen las realizadas durante las décadas de los cuarenta y los cincuenta por trabajar con la mayoría de los grandes directores de la época. Se convierte en un excelente intérprete de comedias con *Vive como quieras, Caballero sin espada* y *¡Qué bello es vivir!,* de Frank Capra; *El bazar de las sorpresas,* de Ernst Lubitsch; *Historias de Filadelfia,* de George Cukor, con la que obtiene su único Oscar, y *No puedo vivir sin ti,* de Clarence Brown. Posteriormente es el protagonista de los policiacos de Alfred Hitchcock *La soga, La ventana indiscreta, El hombre que sabía demasiado, De entre los muertos,* y de Otto Preminger *Anatomía de un asesinato.* Además es el héroe de los *westerns* de Delmer Daves, *Flecha rota;* de Anthony Mann, *Winchester 73, Horizontes lejanos, Colorado Jim, Tierras lejanas,* y de John Ford, *Dos cabalgan juntos, El hombre que mató a Liberty Valance* y *El gran combate.* También protagoniza las interesantes *Momentos de peligro,* de Henry Koster; *El mayor espectáculo del mundo,* de Cecil B. de Mille; *Bahía negra,* de Anthony Mann; *El héroe solitario,* de Billy Wilder; *Me enamoré de una bruja,* de Richard Quine, y *El vuelo del Fénix,* de Robert Aldrich. El muy alto nivel de su carrera solo baja durante los últimos años, la mayoría de las películas que hace durante esta etapa tiene mucho menor interés.
1935 *The Murder Man* (La voz que acusa), de Tim Whelan.
1936 *Next Time We Love* (Cuando volvamos a amarnos), de Edward H. Griffith. / *Rose Marie,* de W. S. van Dyke. / *Wife versus Secretary* (Entre esposa y secretaria), de Clarence Brown. / *Speed,* de Edwin L. Marin. / *Small Town Girl* (Una chica de provincias), de William A. Wellman. / *Born to Dance* (Nacida para la danza), de Roy del Ruth. / *The Gorgeous Hussy,* de Clarence Brown. / *After the Thin Man* (Ella, él y Asta), de W. S. van Dyke.
1937 *Seventh Heaven* (El séptimo cielo), de Henry King. / *The Last Gangster* (El último gángster), de Edward Ludwig. / *Navy Blue and Gold* (Cadetes del mar), de Sam Wood.
1938 *Of Human Hearts,* de Clarence Brown. / *The Shopworn Angel* (El ángel negro), de H. C. Potter. / *Vivacious Lady* (Ardid femenino), de George Stevens. / *You Can't Take It With You* (Vive como quieras), de Frank Capra.
1939 *Ice Follies of 1939,* de Reinhold Schünzel. / *Made for Each Other* (El lazo sagrado), de John Cromwell. / *Destry Rides Again* (Arizona), de George Marshall. / *It's a Wonderful World* (En este mundo traidor), de W. S. van Dyke. / *Mr. Smith Goes to Washington* (Caballero sin espada), de Frank Capra.
1940 *No Time for Comedy,* de William Keighley. / *The Shop Around the Corner* (El bazar de las sorpresas), de Ernst Lubitsch. / *The Mortal Storm* (Tormen-

ta mortal), de Frank Borzage. / *The Philadelphia Story* (Historias de Filadelfia), de George Cukor.
1941 *Ziegfeld Girls,* de Robert Z. Leonard. / *Pot O'Gold* (El arca de oro), de George Marshall. / *Come Live With Me* (No puedo vivir sin ti), de Clarence Brown.
1946 *It's a Wonderful Life* (¡Qué bello es vivir!), de Frank Capra.
1947 *Magic Town,* de William A. Wellman.
1948 *On Our Merry Way* (Una encuesta llamada milagro), de King Vidor y Leslie Fenton. / *Rope* (La soga), de Alfred Hitchcock. / *Call Northside 777* (Yo creo en ti), de Henry Hathaway. / *You Gotta Stay Happy* (¡Viva la vida!), de H. C. Potter.
1949 *The Stratton Story,* de Sam Wood. / *Malaya* (Malaca), de Richard Thorpe.
1950 *Winchester 73,* de Anthony Mann. / *Broken Arrow* (Flecha rota), de Delmer Daves. / *The Jackpot* (Cuidado con los inspectores), de Walter Lang. / *Harvey* (El invisible Harvey), de Henry Koster.
1951 *No Highway in the Sky* (Momentos de peligro), de Henry Koster.
1952 *The Great Show on Earth* (El mayor espectáculo del mundo), de Cecil B. de Mille. / *Bend of the River* (Horizontes lejanos), de Anthony Mann. / *Carbine Williams,* de Richard Thorpe.
1953 *The Naked Spur* (Colorado Jim), de Anthony Mann. / *Thunder Bay* (Bahía negra), de Anthony Mann.
1954 *The Glenn Miller Story* (Música y lágrimas), de Anthony Mann. / *Rear Window* (La ventana indiscreta), de Alfred Hitchcock.
1955 *The Far Country* (Tierras lejanas), de Anthony Mann. / *Strategic Air Command,* de Anthony Mann. / *The Man From Laramie* (El hombre de Laramie), de Anthony Mann.
1956 *The Man Who Knew Too Much* (El hombre que sabía demasiado), de Alfred Hitchcock.
1957 *The Spirit of St. Louis* (El héroe solitario), de Billy Wilder. / *Night Passage* (La última bala), de James Neilson.
1958 *Vertigo* (De entre los muertos), de Alfred Hitchcock. / *Bell, Book and Candle* (Me enamoré de una bruja), de Richard Quine.
1959 *Anatomy of a Murder* (Anatomía de un asesinato), de Otto Preminger. / *The F.B.I. Story* (F. B. I. contra el imperio del crimen), de Mervyn LeRoy.
1960 *The Mountain Road* (Sendero de furia), de Daniel Mann.
1961 *Two Rode Together* (Dos cabalgan juntos), de John Ford.
1962 *The Man Who Shot Liberty Valance* (El hombre que mató a Liberty Valance), de John Ford. / *Mr. Hobbs Takes a Vacation* (Un optimista en vacaciones), de Henry Koster. / *How the West Was Won* (La conquista del Oeste), episodio de John Ford.
1963 *Take Her She's Mine* (Regalo para soltero), de Henry Koster.
1964 *Cheyenne Autumn* (El gran combate), de John Ford. / *Dear Brigitte* (Querida Brigitte), de Henry Koster.
1965 *Shenandoah* (El valle de la violencia), de Andrew V. McLaglen.
1966 *The Rare Breed* (Una dama entre vaqueros), de Andrew V. MacLaglen. / *The Flight of the Phoenix* (El vuelo del Fénix), de Robert Aldrich.
1967 *Firecreek* (Los malvados de Firecreek), de Vincent McEveety.
1968 *Bandolero!,* de Andrew V. MacLaglen.
1970 *The Cheyenne Social Club* (El club social de Cheyenne), de Gene Kelly.
1971 *Fool's Parade* (Cerco de fuego), de Andrew V. MacLaglen.
1976 *The Shootist* (El último pistolero), de Don Siegel.
1977 *Airport 77* (Aeropuerto 77), de Jerry Jameson. / *The Big Sleep* (Detective privado), de Michael Winner.
1978 *The Magic of Lassie* (La magia de Lassie), de Don Chaffey.
1981 *Afurika Monogatari,* de Susumu Hani.

STONE, Sharon *(Meadville, Pennsylvania, Estados Unidos, 1958)*

Tras pasarse la primera mitad de los años ochenta haciendo mínimas apariciones en películas, logra protagonizar el desvaído díptico de aventuras formado por *Las minas del rey Salomón* y *Quatermain en la ciudad del oro* sobre la novela del británico H. Rider Haggard, pero sigue con los papeles secundarios hasta que a finales de la década protagoniza en España una enésima versión de *Sangre y arena*. A principios de los noventa hace un destacado personaje en la producción de ciencia ficción *Desafío total,* pero solo se convierte en una estrella cuando el mismo Paul Verhoeven le da la posibilidad de protagonizar el policiaco *Instinto básico*. Sin embargo, sus restantes películas carecen de atractivo, con la excepción de *Casino,* de Martin Scorsese.
1980 *Stardust Memories* (Recuerdos), de Woody Allen.
1981 *Deadly Blessing* (Bendición mortal), de Wes Craven. / *Les uns et les autres* (Los unos y los otros), de Claude Lelouch.
1984 *Irreconciliable Differences* (Diferencias irreconciliables), de Charles Shyer.
1985 *King Solomon's Mines* (Las minas del rey Salomón), de J. Lee Thompson.

1986 *Allan Quatermain and the Lost City of God* (Quatermain en la ciudad perdida del oro), de Gary Nelson.
1987 *Police Academy 4: Citizens on Patrol* (Loca academia de policía 4), de Jim Drake.
1988 *Cold Steel*, de Dorothy Ann Puzo. / *Action Jackson*, de Craig R. Baxley. / *Above the Law* (Por encima de la ley), de Andrew Davis.
1989 *Beyond the Stars* (Más allá de las estrellas), de David Saperstein. / *Sangre y arena*, de Javier Elorrieta.
1990 *Total Recall* (Desafío total), de Paul Verhoeven.
1991 *He Said, She Said* (Él dijo, ella dijo), de Ken Kwapis y Marisa Silver. / *Year of the Gun* (El año de las armas), de John Frankenheimer. / *Scissors*, de Frank de Felitta.
1992 *Diary of a Hitman* (Diario de un asesino a sueldo), de Ray London. / *Basic Instinct* (Instinto básico), de Paul Verhoeven.
1993 *Sliver* (Acosada), de Phillip Noyce.
1994 *Intersection* (Entre dos mujeres), de Mark Rydell. / *The Specialist* (El especialista), de Luis Llosa.
1995 *The Quick and the Dead* (Rápida y mortal), de Sam Raimi. / *Casino*, de Martin Scorsese.
1996 *Last Dance* (Condenada), de Bruce Beresford.

STOWE, Madeleine *(Eagle Rock, California, Estados Unidos, 1958)*

Hija de padre norteamericano y madre costarriqueña, nace en un suburbio de Los Ángeles. Estudia periodismo, comienza a trabajar en el Solari Theatre de Beverly Hills y decide ser actriz de cine. Tras hacer papeles secundarios en *Procedimiento ilegal*, *Revenge* y *Los dos Jakes*, encarna a sus primeras protagonistas en *Falsa seducción* y *El último mohicano*. Entre sus restantes trabajos destacan *Vidas cruzadas*, donde interpreta a uno de sus múltiples personajes, y *Sola en la penumbra*, donde es la protagonista absoluta.

1981 *The Gangster Chronicles* (Guerra de gángsters), de Richard C. Sarafian.
1986 *Tropical Snow* (Nieve tropical), de Ciro Duran.
1987 *Stakeout* (Procedimiento ilegal), de John Badham.
1989 *Worth Winning* (Tres camas para un soltero), de Will McKenzie.
1990 *Revenge*, de Tony Scott. / *The Two Jakes* (Los dos Jakes), de Jack Nicholson.
1991 *Closet Land*, de Radha Bharadway.
1992 *China Moon*, de John Bailey. / *Unlawful Entry* (Falsa seducción), de Jonathan Kaplan. / *Last of the Mohicans* (El último mohicano), de Michael Mann.
1993 *Another Stakeout* (En el punto de mira), de John Badham. / *Short Cuts* (Vidas cruzadas), de Robert Altman.
1994 *Blink* (Sola en la penumbra), de Michael Apted. / *Bad Girls* (Cuatro mujeres y un destino), de Jonathan Kaplan.
1996 *Twelve Monkeys* (Doce monos), de Terry Gilliam.

STREEP, Meryl *(Summit, New Jersey, Estados Unidos, 1949)*

Estudia en el prestigioso Vassar College, asiste a cursos de arte dramático en la Universidad de Yale y poco después debuta como actriz de teatro en Broadway. En cine hace importantes papeles secundarios desde finales de los años setenta en *Julia*, de Fred Zinnemann; *El cazador*, de Michael Cimino, y *Manhattan*, de Woody Allen, hasta que el éxito de *Kramer contra Kramer* la convierte en una estrella al ganar un Oscar. A partir de este momento comienza una cuidada carrera que le hace protagonizar *La mujer del teniente francés*, de Karel Reisz; *La decisión de Sophie*, de Alan J. Pakula, por la que obtiene su segundo Oscar; *Enamorarse*, de Ulu Grosbard; *Memorias de África*, de Sydney Pollack, y *Los puentes de Madison*, de Clint Eastwood. Seleccionada ocho veces para el Oscar por su habilidad para imitar acentos en sus personajes y su fuerza dramática, también protagoniza las fallidas comedias *Vida y amores de una diablesa*, *Postales desde el filo* y *La muerte os sienta tan bien*.

1976 *Julia*, de Fred Zinnemann.
1978 *The Deer Hunter* (El cazador), de Michael Cimino.
1979 *Manhattan*, de Woody Allen. / *The Seduction of Joe Tynan* (Escalada al poder), de Jerry Schatzberg. / *Kramer versus Kramer* (Kramer contra Kramer), de Robert Benton.
1981 *The French Lieutenant's Woman* (La mujer del teniente francés), de Karel Reisz.
1982 *Sophie's Choice* (La decisión de Sophie), de Alan J. Pakula. / *Still of the Night* (Bajo sospecha), de Robert Benton.
1983 *Silkwood*, de Mike Nichols.
1984 *In Our Hands*, de Robert Richter y Stanley Warnow. / *Falling in Love* (Enamorarse), de Ulu Grosbard.
1985 *Plenty*, de Fred Schepisi.
1986 *Out of Africa* (Memorias de África), de Sydney Pollack. / *Heartburn* (Se acabó el pastel), de Mike Nichols.
1987 *Ironweed* (Tallo de hierro), de Héctor Babenco.

1988 *A Cry in the Dark* (Un grito en la oscuridad), de Fred Schepisi.
1989 *She-Devil* (Vida y amores de un diablesa), de Susan Seidelman.
1990 *Postcards From the Edge* (Postales desde el filo), de Mike Nichols.
1991 *Defending Your Life* (El cielo próximamente), de Albert Brooks.
1992 *Death Becomes Her* (La muerte os sienta tan bien), de Robert Zemeckis.
1993 *House of the Spirits* (La casa de los espíritus), de Bille August.
1994 *The River Wild* (Río salvaje), de Curtis Hanson.
1995 *The Bridges of Madison County* (Los puentes de Madison), de Clint Eastwood. / *Before and After* (Antes y después), de Barbet Schroeder.

STREISAND, Barbra *(Barbara Joan Streisand. Nueva York, Estados Unidos, 1942)*

Estudia en el Erasmus Hall High School, comienza a cantar en *nightclubs* y en 1961 debuta como protagonista de una revista musical *off-Broadway*. Convertida en una conocida actriz de teatro y cantante, obtiene un gran éxito con el musical *Funny Girl*, sobre la vida de la actriz y cantante judía Fanny Brice, lo que le lleva a debutar en cine como protagonista de la versión cinematográfica, hacer una interesante síntesis entre su personaje y su personalidad, pelearse con el director William Wyler y ganar un Oscar. Después de los más interesantes musicales *Hello, Dolly!* y *Vuelve a mi lado*, realizados respectivamente por los reputados especialistas Gene Kelly y Vincente Minnelli, en 1969 crea, junto con los actores Paul Newman, Steve McQueen y Sidney Poitier, la productora First Artists, pero solo le sirve para protagonizar anodinas comedias. Regresa al musical con *Funny Lady*, segunda parte de su primera película, y *Ha nacido una estrella*, tercera, última y peor versión de un clásico de Hollywood. Entre aburridas comedias, debuta como directora con *Yentl*, adaptación de un relato de Isaac B. Singer que narra cómo una judía polaca debe hacerse pasar por un hombre para tener acceso a la cultura talmúdica, que además protagoniza, escribe en colaboración y coproduce, pero que ahoga con un exceso de canciones. Tiene más éxito como realizadora con *El príncipe de las mareas*, que narra la historia de una familia a través de una psicoanalista, en la que también es protagonista y coproductora.

Como directora
1983 *Yentl*
1991 *The Prince of Tides* (El príncipe de las mareas).
Como actriz
1968 *Funny Girl*, de William Wyler.
1969 *Hello, Dolly!*, de Gene Kelly.
1970 *On a Clear Day You Can See Forever* (Vuelve a mi lado), de Vincente Minnelli. / *The Owl and the Pussycat* (La gatita y el búho), de Herbert Ross.
1972 *What's Up Doc?* (¿Qué me pasa doctor?), de Peter Bogdanovich. / *Up the Sandbox*, de Irvin Kershner.
1973 *The Way We Were* (Tal como éramos), de Sydney Pollack. / *For Pete's Sake* (¿Qué diablos pasa aquí?), de Peter Yates.
1974 *Funny Lady*, de Herbert Ross.
1975 *A Star Is Born* (Ha nacido una estrella), de Frank Pierson.
1979 *The Main Event* (Combate de fondo), de Howard Zieff.
1981 *All Night Long* (Toda la noche), de Jean Claude Tramont.
1983 *Yentl*, de Barbra Streisand.
1987 *Nuts* (Loca), de Martin Ritt.
1990 *Listen Up: The Lives of Quincy Jones*, de Ellen Weissbrod.
1991 *The Prince of Tides* (El príncipe de las mareas), de Barbra Streisand.

STROHEIM, Erich von *(Erich Oswald Stroheim. Viena, Austria, 1885-Maurepas, Francia, 1957)*

Nacido en el seno de una acomodada familia de comerciantes judíos, estudia en la Academia Militar de Viena, pero su carrera en el ejército finaliza cuando en 1909, perseguido por sus numerosos acreedores, deserta y emigra a Estados Unidos. Durante cinco años sobrevive trabajando en los más diversos empleos hasta que en 1914 llega a Hollywood para hacer de figurante, especialista y actor, hasta que sus conocimientos militares le convierten en asesor y ayudante de dirección. Durante la Gran Guerra se hace famoso encarnando a perversos oficiales prusianos hasta convertirse, según una frase publicitaria, en «el hombre al que le gustaría odiar». Decide ser director de cine después de trabajar como actor y ayudante de David W. Griffith en *El nacimiento de una nación*, *Intolerancia* y *Corazones del mundo*. Convence al productor Carl Laemmle, un emigrante centroeuropeo creador de los estudios Universal, para que le deje escribir, producir y protagonizar *Corazón olvidado*, donde ya está presente su interés por el naturalismo, los personajes problemáticos y las narraciones minuciosas, y *La ganzúa del diablo,* la primera de sus películas que no interpreta. Sus problemas comienzan cuando finaliza *Esposas frívolas,* una historia de sexo y juego ambientada en un Montecarlo reconstruido en los estudios Universal, con una duración de cuatro horas, para ser exhibida en dos partes, pero que, Irving Thalberg, el nuevo director general de producción del estudio, le obliga a reducirla a la mitad. El enfrentamiento continúa durante el rodaje de *Los amores de un príncipe;* Thalberg considera que ha superado ampliamente el presupuesto y el tiempo de rodaje, le expulsa y le sustituye por Rupert Julian, que la acaba malamente. A pesar de ser el primer director despedido de la historia de Hollywood, el éxito de sus trabajos anteriores le sirve para que la compañía Goldwyn le produzca *Avaricia,* una adaptación de larga duración de la novela naturalista *McTague,* de Frank Norris. Tras nueve meses de rodaje y seis de montaje, con un coste de medio millón de dólares de la época, finaliza una versión de más de ocho horas de duración, que reduce a poco más de tres con la ayuda del realizador Rex Ingram; pero, mientras tanto, la compañía Goldwyn se ha unido a Metro Corporation e Irving Thalberg se ha convertido en el hombre de confianza de Louis B. Mayer, el presidente de los recién creados estudios Metro-Goldwyn-Mayer, y se produce un tercer enfrentamiento entre director y productor y su obra maestra, la película cumbre del naturalismo, se reduce a poco más de dos horas y su exhibición es saboteada. En compensación Thalberg le da libertad y un amplio presupuesto para rodar *La viuda alegre,* versión muda de la famosa opereta de Victor Léon y Leo Stein, que convierte en un gran éxito, uno de sus mejores trabajos y uno de los pocos no manipulados por los productores. Contratado por Paramount realiza *La marcha nupcial,* pero su larga duración hace que los problemas se repitan; el estudio la divide en dos partes para su exhibición, pero no acepta como suya la segunda, subtitulada *Luna de miel,* por los numerosos cambios introducidos. La actriz Gloria Swanson convence a su amante, el banquero Joseph P. Kennedy, para que financie *La reina Kelly,* un proyecto del controvertido director con ella de protagonista, donde una vez más la acción transcurre en un imaginario país centroeuropeo en medio de una decadente aristocracia; pero, durante el largo rodaje se deterioran las relaciones entre la estrella y el realizador, la censura presiona para que se modifique el final, situado en un prostíbulo africano, y el triunfo del cine sonoro obliga a que las producciones importantes sean habladas. La gran película queda inacabada, Joseph P. Kennedy decide dedicarse a la política, en 1931 Gloria Swanson estrena una versión sonorizada de la parte rodada y en 1985 se distribuye una versión en la que algunas fotografías y abundantes rótulos dan una idea de la parte final. Su última experiencia como realizador la tiene a los cuarenta y ocho años con *¡Hola, hermanita!,* su única producción sonora, que por sus habituales problemas con los productores finaliza el olvidado director Alfred Worker y tiene una mínima difusión a pesar de su interés. Durante la primera mitad de los años treinta vuelve a trabajar como asesor, guionista y actor en irregulares producciones norteamericanas, pero una oferta de Jean Renoir para que encarne al comandante Rauffenstein en *La gran ilusión* le lleva a Francia, donde interviene en otras dieciséis olvidadas películas durante el resto de la década. La II Guerra Mundial le obliga a regresar a Estados Unidos, donde rueda nueve películas, entre las que destacan *Cinco tumbas a El Cairo,* una historia bélica realizada por Billy Wilder en la que interpreta mariscal Rommel, y *The Great Flamarion,* un policiaco dirigido por Anthony Mann. Una vez finalizadas decide pasar el resto de su vida en Francia, donde le ofrecen peores papeles en producciones de bajo presupuesto, pero le tratan mucho mejor. Entre sus últimas trece películas destacan *El crepúsculo de los dioses,* la única que hace en Hollywood, tanto por el valor de la obra, escrita y dirigida por Billy Wilder, como por lo que significa encarnar a Max von Mayerling, ex director, ex marido y chófer de la *estrella* del cine mudo Norma Desmond, interpretada por su antigua colaboradora Gloria Swanson.

Como director
1919 *Blind Husbands* (Corazón olvidado).
1920 *The Devil's Pass Key* (La ganzúa del diablo).
1922 *Foolish Wives* (Esposas frívolas).
1923 *Merry-Go-Round* (Los amores de un príncipe). / *Greed* (Avaricia).

1925 *The Merry Widow* (La viuda alegre).
1927 *The Wedding March* (La marcha nupcial). / *Honeymoon* (Luna de miel).
1928 *Queen Kelly* (La reina Kelly).
1933 *Walking Down Broadway* (¡Hola, hermanita!).
Como actor
1914 *Captain McLean* (El capitán Macklin), de Jack Conway.
1915 *The Birth of a Nation* (El nacimiento de una nación), de David W. Griffith. / *Ghosts* (Espectros), de G. Nichols.
1916 *Intolerance* (Intolerancia), de David W. Griffith. / *His Picture in the Papers* (Su nombre en los periódicos), de John Emerson. / *Less Than Dust*, de John Emerson.
1917 *Panthea*, de Allan Dwan. / *In Again, Out Again*, de John Emerson. / *For France*, de Wesley Ruggles. / *The Unbeliever*, de Alan Crosland.
1918 *Hearts of the World* (Corazones del mundo), de David W. Griffith. / *The Heart of Humanity* (Sobre las ruinas del mundo), de Allen J. Holubar. / *The Hun Within*, de Chet Whitey.
1919 *Blind Husbands* (Corazón olvidado), de Erich von Stroheim.
1922 *Foolish Wives* (Esposas frívolas), de Erich von Stroheim.
1927 *The Wedding March* (La marcha nupcial), de Erich von Stroheim. / *Honeymoon* (Luna de miel), de Erich von Stroheim.
1930 *The Great Gabbo* (El otro yo), de James Cruze. / *Three Faces East* (Tres de cara a Oriente), de Roy del Ruth.
1931 *Friends and Lovers* (¿Amigos o rivales?), de Victor Schertzinger.
1932 *The Lost Squadron* (La escuadrilla deshecha), de George Archainbaud. / *As You Desire Me* (Como tú me deseas), de George Fitzmaurice.
1934 *Crimson Romance*, de David Howard. / *Fugitive Road*, de Frank Strayer.
1935 *The Crime of Dr. Crespi*, de John Auer.
1936 *Marthe Richard au service de la France*, de Raymond Bernard.
1937 *La grande illusion* (La gran ilusión), de Jean Renoir. / *L'alibi* (Coartada), de Pierre Chenal. / *Mademoiselle Docteur*, de Edmond T. Gréville. / *L'affaire Lafarge*, de Pierre Chenal. / *Les pirates du rail*, de Christian-Jaque.
1938 *Les disparus de Sain-Agil*, de Christian-Jaque. / *Ultimatum*, de Robert Wiene. / *Gibraltar* (Tánger), de Fedor Ozep.
1939 *Rappel inmédiat*, de Léon Mathot. / *Menaces*, de Edmond T. Gréville. / *Derrière la façade*, de Georges Lacombe. / *Pièges* (Trampas), de Robert Siodmak. / *Le monde tremblera* (El mundo temblará), de Richard Pottier. / *Tempête sur Paris*, de Bernard Deschamps. / *Macao, l'enfer du jeu* (Macao, el infierno del juego), de Edmond T. Gréville. / *Paris-New York*, de Yves Mirande.
1940 *I Was an Adventuress*, de Gregory Ratoff.
1941 *So Ends Our Night*, de John Cromwell.
1943 *Five Graves to Cairo* (Cinco tumbas a El Cairo), de Billy Wilder. / *The North Star*, de Lewis Milestone.
1944 *Storm over Lisbon* (Tormenta sobre Lisboa), de George Sherman. / *The Lady and the Monster* (La mujer y el monstruo), de George Sherman.
1945 *The Great Flammarion*, de Anthony Mann. / *Scotland Yard Investigator*, de George Blair. / *The Mask of Dijon*, de Lew Landers.
1946 *La foire aux chimères* (La feria de las quimeras), de Pierre Chenal. / *On ne meurt pas comme ça* (Así no se muere), de Jean Boyer.
1947 *La danse de mort*, de Marcel Crevenne.
1948 *Le signal rouge* (La señal roja), de Ernest Neubach.
1949 *Portrait d'un assassin* (Pasión prohibida), de Bernard Roland.
1950 *Sunset Boulevard* (El crepúsculo de los dioses), de Billy Wilder.
1952 *Alraune*, de Arthur Maria Rabenalt.
1953 *Minuit, quai de Bercy*, de Christian Stengel. / *L'envers du paradis*, de Edmond T. Gréville. / *Alerte au Sud* (Alerta en el Sur), de Jean Devaivre.
1954 *Napoléon*, de Sacha Guitry. / *Série noire*, de Pierre Foucaud.
1955 *La madonne des sleepings*, de Henri Diamant Berger.

STROMBOLI *(Stromboli terra di Dio, 1949)*

Tras haber sufrido repetidos horrores durante la II Guerra Mundial, la joven lituana Karin Bjorsen (Ingrid Bergman) está internada en un campo de concentración italiano para mujeres indocumentadas. Trata de irse a Argentina, pero no lo consigue, y para tener la nacionalidad italiana acaba casándose con uno de sus guardianes, Antonio Mastrostefano (Mario Vitale). Se van a vivir a la perdida isla volcánica de Stromboli, en el archipiélago de las Eólicas, en las islas Lípari, donde él ha nacido y trabaja como pescador, pero ella no consigue adaptarse a la dureza de su nueva vida, la hostilidad de sus habitantes, la aridez del paisaje y no tarda en encontrarse más prisionera que antes. Embarazada y asustada, tras la erupción del volcán una noche intenta huir con la ayuda del farero, pero al amanecer pide ayuda y comprensión a Dios. Primera y mejor de las cinco películas y media dirigidas por el italiano Roberto Rossellini y protagonizadas por la sueca Ingrid Bergman, la versión internacional distribuida por la coproductora R. K. O. tiene una duración de 81 minutos, pero es un fracaso similar al de la italiana, y es en buena parte saboteada por el escándalo que significó que la máxima estrella de Hollywood se vaya a vivir y a trabajar con un desconocido realizador de películas de muy bajo presupuesto. Dado que en un principio es un proyecto de Rossellini con su actriz y amante Anna Magnani, los celos llevan a esta última a rodar, casi al mismo tiempo, en una isla cercana y con una historia similar, *Vulcano* (1950), de William Dieterle, donde, por ejemplo, también hay una espléndida escena de pesca de atunes con almadraba. Perfecta mezcla de actores profesionales y no profesionales, es uno de los grandes retratos de mujer firmados por Rossellini, pero también uno de sus más sonados fracasos de público.

Director: *Roberto Rossellini*. Guionistas: *Sergio Amidei, Roberto Rossellini, Art Cohn, Gian Paolo Callegari, Renzo Cesana*. Fotografía: *Otello Martelli*. Música: *Renzo Rossellini*. Intérpretes: *Ingrid Bergman, Mario Vitale, Renzo Cesana, Mario Sponza*. Producción: *Roberto Rossellini para Berit Film (Roma), R. K. O. (Hollywood)*. Duración: *107'*. Italia-Estados Unidos.

STURGES, Preston *(Edmond P. Biden. Chicago, Illinois, 1898-Nueva York, Estados Unidos, 1959)*

Perteneciente a una importante familia dedicada a la fabricación de cosméticos, estudia en Europa, principalmente en Francia. Al regresar a su país, comienza a trabajar en la empresa familiar, pero con la Gran Guerra se hace piloto, aunque no llega a combatir. La célebre bailarina Isadora Duncan, amiga de su madre, le introduce en los medios teatrales y no tarda en pasar de ayudante de dirección a director y finalmente dramaturgo, mientras escribe canciones e inventa un lápiz de labios indeleble. El éxito de sus comedias en Broadway hace que, como tantos hombres de teatro, con la implantación del cine sonoro firme en 1930 un contrato como guionista con los estudios Paramount. Durante los años treinta no solo adapta al cine algunas de sus comedias, sino que escribe una docena de guiones originales que dirigen, entre otros, Rouben Mamoulian, *Vivamos de nuevo* (We Live Again, 1934); John M. Stahl, *El instinto del amor* (Strictly Dishonorable, 1931); William Wyler, *Una chica angelical* (The Good Fairy, 1935), y Mitchell Leisen, *Una chica afortunada* (Easy Living, 1937) y *Recuerdo de una noche* (Remember the Night, 1940). A principios de la década de los cuarenta convence a los directivos de Paramount para convertirse en el primer guionista norteamericano que dirige sus propios guiones con *El gran McGinty,* una sátira sobre la ascensión y caída de un ambicioso político, y *Navidades en julio,* divertida burla del sueño norteamericano; producciones de bajo presupuesto, pero que tienen éxito y le permiten rodar ocho guiones propios en cuatro años y desarrollar un estilo peculiar que introduce el realismo y la sátira en la comedia, al tiempo que recupera el *slapstick*. Su estilo alcanza la perfección en *Las tres noches de Eva* y *Un matrimonio rico,* divertidas sátiras del mundo de los millonarios con ingeniosos diálogos, pero su obra maestra es *Los viajes de Sullivan,* una estupenda y significativa mezcla de comedia y drama que demuestra la superioridad de hacer reír sobre la de hacer llorar. Comienza a tener problemas con Paramount con *El milagro de Morgan Creek* y *Salve, héroe victorioso,* sátiras sobre el patriotismo rodadas en plena II Guerra Mundial, que tardan más de un año en estrenar y, a pesar del éxito que finalmente obtienen, no impiden que le cambien y corten *The Great Moment,* situada en una línea muy similar; por lo que abandona el estudio. Asociado con el multimillonario Howard Hughes rueda con gran libertad *El pecado de Harold Diddlebock,* la última e irregular comedia protagonizada por el gran cómico Harold Lloyd, pero su socio la corta, la vuelve a montar y la estrena dos años después con el título *Mad Wednesday*. Su rápida carrera acaba a finales de la misma década en que comienza con dos producciones 20th Century Fox: *Unfaithfully Yours,* una comedia de humor negro sobre un director de orquesta que descubre que su mujer le engaña con su secretario y durante un concierto imagina tres maneras, a lo Rossini, Wagner y Tchaikowski, de enfrentarse a la situación, y *The Beautiful Blonde From Bashful Bend,* su primer trabajo en color, el brillante Technicolor de la época, una curiosa mezcla de comedia tradicional y estructura de dibujo animado, que desconcierten al público por sus audacias. Tras once películas dirigidas en diez años, nadie quiere contratarle, esporádicamente escribe algunos guiones y obras de teatro y a finales de los años cincuenta dirige en Francia la fallida comedia *Los carnets del mayor Thompson*.

1940 *The Great McGinty* (El gran McGinty). / *Christmas in July* (Navidades en julio).
1941 *The Lady Eve* (Las tres noches de Eva). / *Sullivan's Travels* (Los viajes de Sullivan).
1942 *The Palm Beach Story* (Un marido rico).
1944 *The Miracle of Morgan's Creek* (El milagro de Morgan Creek). / *Hail the Conquering Hero* (Salve, héroe victorioso). / *The Great Moment*.
1947 *The Sin of Harold Diddlebock* (El pecado de Harold Diddlebock).
1948 *Unfaithfully Yours*.
1949 *The Beautiful Blonde From Bashful Bend*.
1956 *Les carnets du major Thompson* (Los carnets del mayor Thompson).

SU ALTEZA, EL LADRÓN (*The Prince Who Was a Thief*, 1951)

Las relaciones entre el ladrón Julna (Tony Curtis), que en realidad es un príncipe a quien su tío ha ordenado matar, y la ladronzuela Tina (Piper Laurie), que necesita dinero para rescatar a su padre en Marraquesh, para robar el dinero del falso rey de Tánger en el siglo XIII, dan lugar a una de las más características fantasías orientales rodadas por los estudios Universal en los años cincuenta en brillante Technicolor. Basada en un argumento del conocido escritor realista Theodore Dreiser, lanza a sus dos casi debutantes protagonistas, Tony Curtis y Piper Laurie, y es una de las más típicas películas como realizador del ex director de fotografía polaco Rudolph Maté.

Director: *Rudolph Maté*. Guionistas: *Gerald Drayson Adams, Aeneas Mackenzie*. Fotografía: *Irving Glassberg*. Música: *Hans Salter*. Intérpretes: *Tony Curtis, Piper Laurie, Everett Sloane, Jeff Corey*. Producción: *Leonard Goldstein para Universal*. Color. Duración: *88'. Estados Unidos*.

SUÁREZ, Emma (*Madrid, España, 1964*)

A los quince años es elegida entre varias candidatas para protagonizar *Memorias de Leticia Valle* y, mientras estudia arte dramático, sigue trabajando con regularidad en teatro, televisión y cine. Entre sus películas sobresalen *1919*, *La blanca paloma*, y su colaboración con Julio Médem en *Vacas, La ardilla roja* y *Tierra*.

1979 *Memorias de Leticia Valle*, de Miguel Ángel Rivas.
1980 *Crónica de un instante*, de José Antonio Pangua.
1981 *Un pasota con corbata*, de Jesús Terrón.
1983 *1919*, de Antonio José Betancor.
1984 *El jardín secreto*, de Carlos Suárez. / *Sesión continua*, de José Luis Garci.
1985 *Marbella, un golpe de cinco estrellas*, de Miguel Hermoso. / *Nosotros en particular*, de Domingo Solano. / *En penumbra*, de José Luis Lozano. / *Hierro dulce*, de Francisco Rodríguez.
1986 *Tata mía*, de José Luis Borau.
1987 *El acto*, de Héctor Faver. / *Oficio de muchachos*, de Carlos Romero Marchent.
1988 *Demasiado viejo para morir joven*, de Isabel Coixet.
1989 *La luna negra*, de Imanol Uribe. / *La blanca paloma*, de Juan Miñón.
1990 *A solas contigo*, de Eduardo Campoy. / *Contra el viento*, de Francisco Periñán.
1991 *Tramontana*, de Carlos Pérez Ferré. / *Vacas*, de Julio Médem.
1992 *Orquesta Club Virginia*, de Manuel Iborra.
1993 *La ardilla roja*, de Julio Médem. / *La vida láctea*, de Juan Estelrich.
1994 *Enciende mi pasión*, de José Miguel Ganga. / *Una casa en las afueras*, de Pedro Costa. / *Sombras paralelas*, de Gerardo Gormenzano. / *Souvenir*, de Rosa Vergés.
1995 *Tierra*, de Julio Medem. / *El perro del hortelano*, de Pilar Miró.
1996 *Pintadas*, de Juan Estelrich.

SUÁREZ, Gonzalo (*Oviedo, España, 1934*)

Estudia filosofía y letras, especialidad de filología francesa, en la Universidad de Madrid, pero le interesa más el trabajo en el teatro universitario y en 1953 debuta como actor. Tras una etapa como profesional del teatro y una estancia en Francia, se instala en Barcelona, se convierte en un conocido cronista deportivo, bajo el seudónimo Martin Girard, y publica algunas personales novelas y libros de cuentos, origen de varias películas. Después de rodar de forma independiente algunos originales mediometrajes en 16 mm, debuta en el largo dentro de un similar estilo realista-fantástico con *Ditirambo*, *El extraño caso del doctor Fausto* y *Aoom*, que nunca se estrena, que no solo escribe y dirige, sino que también produce y protagoniza, pero no encuentra el equivalente cinematográfico a su personal estilo literario. El fracaso de la trilogía le conduce a unas producciones más comerciales, menos originales especialmente mal rodadas: *Morbo, Al diablo con amor* y *La loba y la paloma*. Su decadencia cinematográfica se agudiza en *La Regenta, Beatriz* y *Parranda,* adaptaciones, respectivamente, de Leopoldo Alas, Ramón del Valle-Inclán y Eduardo Blanco Amor, que nada tienen que ver con su peculiar mundo, pero con las que logra un cierto dominio del medio. Por fin consigue la plasmación cinematográfica de su personal mundo literario en *Reina Zanahoria, Epílogo* y, sobre todo, *Remando al viento,* que vuelven a tratar de su querido tema de los escritores y la escritura. Sin embargo, sus últimas películas encierran unos claros excesos literarios; tanto *Don Juan en los infiernos, La reina anónima* y *El detective y la muerte,* donde los brillantes diálogos ocultan los hallazgos visuales; como en *Mi nombre es sombra,* personal adaptación de *El doctor Jekyll y mister Hyde,* de Robert Louis Stevenson; la mayoría basadas en mucho mejores narraciones propias.

1967 Ditirambo.
1969 El extraño caso del doctor Fausto.
1970 Aoom.
1971 Morbo.
1972 Al diablo con amor.
1973 La loba y la paloma.
1974 La Regenta.
1976 Beatriz.
1977 Parranda.
1978 Reina Zanahoria.
1979 Miniman y Superlobo, episodio de Cuentos para una escapada.
1984 Epílogo.
1988 Remando al viento.
1991 Don Juan en los infiernos.
1992 La reina anónima.
1994 El detective y la muerte.
1996 Mi nombre es sombra.

SUCEDIÓ UNA NOCHE *(It Happened One Night, 1934)*

Dado que su padre, Alexander Andrews (Walter Connolly), se opone a su boda con el magnate de la aviación King Westley (Jameson Thomas), la rica heredera Ellie Andrews (Claudette Colbert) huye de su yate anclado en el puerto de Miami en un autobús que se dirige a Nueva York, pero es reconocida por el periodista Peter Warner (Clark Gable), que acaba de perder su empleo y quiere aprovechar la ocasión para recuperarlo. Mientras deben compartir una misma habitación en un motel y hacer autostop por falta de dinero, la pareja se enamora, pero el periodista publica una serie de artículos de éxito y consigue que el padre acepte las ideas de la muchacha. El hecho de que un pobre periodista pueda influir en la vida de una muchacha rica, el realismo de las escenas en que deben hacerse pasar por marido y mujer, el dibujo de un país que quiere salir de la Depresión económica, su bien construida trama y su final feliz, la convierten en uno de los clásicos de la comedia norteamericana y una de las más efectivas colaboraciones entre el guionista Robert Riskin y el realizador Frank Capra. Ganadora de cinco importantes Oscars, tiene un enorme éxito que convierte en estrella a Clark Gable, impulsa la fulgurante carrera de Claudette Colbert y sitúa a la pareja Capra-Riskin en la cima del cine norteamericano.

Director: *Frank Capra*. Guionista: *Robert Riskin*. Fotografía: *Joseph Walker*. Música: *Louis Silvers*. Intérpretes: *Claudette Colbert, Clark Gable, Walter Connolly, Roscoe Karns, Jameson Thomas, Ward Bond, Eddy Chandler, Alan Hale*. Producción: *Frank Capra para Columbia*. Duración: *105'*. Estados Unidos.

SUEÑO AMERICANO, UN *(An American Romance, 1944)*

Rodada en plena II Guerra Mundial, es una película de propaganda bélica, al mismo tiempo que un trabajo personal muy bien hecho, producido y dirigido por King Vidor sobre una idea suya. Narra cómo, a finales del siglo XIX, el emigrante ruso Steve Dangos (Brian Donlevy) llega a Estados Unidos en busca de un trabajo que le ha prometido su primo Anton Dubcek (John Qualen) en las minas de hierro de Minessotta. Steve Dangos se casa con Anna (Ann Richards), la maestra que le enseña a leer y escribir, tiene cinco hijos, se instala en Detroit y, gracias a su tesón y habilidad manual, llega a ser un importante fabricante de automóviles que, una vez que Estados Unidos entra en la II Guerra Mundial, comienza a fabricar aviones de guerra en serie. Narrada por su hijo pequeño en un *flashback,* no solo es un canto al espíritu emprendedor norteamericano, sino también un buen documental sobre la fabricación de acero, al tiempo que una de las más sentidas y personales películas de Vidor. Mutilada para su estreno por los estudios Metro-Goldwyn-Mayer, que la consideran demasiado larga y poco comercial, se convierte en un desastre a niveles económicos y críticos, pero cuando se puede ver la versión completa, se sitúa entre los mejores trabajos de King Vidor.

Director: *King Vidor*. Guionistas: *Herbert Dalmas, William Ludwig*. Fotografía: *Harold Rosson*. Música: *Louis Gruenberg*. Intérpretes: *Brian Donlevy, Ann Richards, John Qualen, Walter Abel, Stephen McNally*. Producción: *King Vidor para Metro-Goldwyn-Mayer*. Color. Duración: *151'. Estados Unidos*.

SUEÑO DE AMOR ETERNO *(Peter Ibbetson, 1935)*

La novela homónima de George du Maurier es origen de dos películas similares. Una primera versión muda, *Forever* (1921), dirigida por George Fitzmaurice, con Wallace Reid y Marjorie Daw, y olvidada por el gran éxito alcanzado por la versión sonora, aclamada por los surrealistas por contar una historia de *amour fou* que demuestra que el amor es más fuerte que la prisión, las convenciones sociales e incluso la muerte. Los amores del joven inglés Peter Ibbetson (Gary Cooper) con su vecina francesa Mary Mimsey (Ann Harding), en la región parisiense a finales del siglo XIX, separados por la vida y el matrimonio de ella con el duque de Towers (John Halliday), son tan fuertes que hacen que pasado el tiempo vuelvan a encontrarse, él convertido en un famoso arquitecto que llega a reconstruir el palacio familiar. Sin embargo, Peter Ibbetson se ve obligado a matar al duque de Towers en legítima defensa y es condenado a cadena perpetua, pero descubre que pueden seguir unidos a través de sus sueños e incluso que su amor va más allá de la muerte. Además del tono romántico conseguido por Henry Hathaway, destaca la excelente fotografía de claroscuros, sobre todo en la segunda parte, de Charles Lang.

Director: *Henry Hathaway*. Guionistas: *Vincent Lawrence, Waldemar Young, Constance Collier*. Fotografía: *Charles Lang*. Música: *Ernst Toch*. Intérpretes: *Gary Cooper, Ann Harding, Ida Lupino, John Halliday, Douglas Dumbrille, Virginia Weidler*. Producción: *Louis D. Lighton para Paramount*. Duración: *85'. Estados Unidos*.

SUEÑO ETERNO, EL *(The Big Sleep, 1946)*

La mítica novela homónima del conocido especialista en narraciones policiacas Raymond Chandler es origen de dos películas muy distintas. Por un lado, este clásico del cine negro, escrito por el reputado novelista William Faulkner y los hábiles guionistas Leigh Brackett y Jules Furthman, dirigido y producido por Howard Hawks con su habitual eficacia y protagonizado por los recién casados Humphrey Bogart y Lauren Bacall. Narra cómo el general Sternwood (Charles Waldron) encarga al detective privado Philip Marlowe (Humphrey Bogart) que descubra quién chantajea a su hija menor Carmen (Martha Vickers) con fotos comprometedoras, pero el asunto se complica y también se ve implicada la hija mayor Vivian (Lauren Bacall), cuyo marido ha desaparecido, que se enamora del detective. La complejidad de la trama da lugar a un famoso intercambio de telegramas entre el realizador Howard Hawks y el autor de la novela Raymond Chandler sobre la autoría de uno de los múltiples asesinatos que jalonan la historia, pero queda sin aclarar. Por otro lado, una rutinaria y poco atractiva producción comercial titulada en castellano *Detective privado* (1977), rodada por el torpe realizador británico Michael Winner, que se limita a trasladar la acción al Reino Unido, no consigue aclarar la compleja trama, carece de estilo y atmósfera y solo cuenta con un amplio reparto de nombres conocidos a cuya cabeza se sitúa Robert Mitchum en el papel de Philip Marlowe.

Director: *Howard Hawks*. Guionistas: *William Faulkner, Leigh Brackett, Jules Furthman*. Fotografía: *Sid Hickox*. Música: *Max Steiner*. Intérpretes: *Humphrey Bogart, Lauren Bacall, John Ridgely, Martha Vickers, Charles Waldron, Dorothy Malone*. Producción: *Howard Haws para Warner*. Duración: *114'. Estados Unidos*.

SULLAVAN, Margaret *(Margaret Brooke. Norfolk, Virginia, 1911-New Haven, California, Estados Unidos, 1960)*

Miembro de una importante familia, a finales de los años veinte debuta como actriz de teatro en la compañía University Players y es la protagonista de su primera película, *Parece que fue ayer*. A pesar de que solo interviene en dieciséis producciones, la mayoría y las mejores durante los años treinta, se convierte en una estrella especializada en melodramas por sus trabajos con Frank Borzage en *¿Y ahora, qué?, Tres camaradas, La hora radiante, Tormenta mortal;* King Vidor en *Paz en la guerra;* H. C. Potter en *El ángel negro,* y con John Cromwell en *So Ends Our Night.* También interviene en las excelentes comedias *Una chica angelical,* de William Wyler, y *El bazar de las sorpresas,* de Ernst Lubitsch. Se casa sucesivamente con el actor Henry Fonda y el director William Wyler, y se suicida cuando se entera de que va a quedarse sorda.

1933 *Only Yesterday* (Parece que fue ayer), de John M. Stahl.
1934 *Little Man What Now?* (¿Y ahora, qué?), de Frank Borzage.
1935 *So Red the Rose* (Paz en la guerra), de King Vidor. / *The Good Fairy* (Una chica angelical), de William Wyler.
1936 *The Moon's Our Home* (Viviendo en la Luna), de William A. Seiter. / *Next Time We Love* (Cuando volvamos a amarnos), de Edward H. Griffith.
1938 *Three Comrades* (Tres camaradas), de Frank Borzage. / *The Shopworn Angel* (El ángel negro), de H. C. Potter. / *The Shining Hour* (La hora radiante), de Frank Borzage.
1940 *The Mortal Storm* (Tormenta mortal), de Frank Borzage. / *The Shop Around the Corner* (El bazar de las sorpresas), de Ernst Lubitsch.
1941 *Back Street* (Su vida íntima), de Robert Stevenson. / *Appointment for Love* (Cita de amor), de William A. Steiter. / *So Ends Our Night,* de John Cromwell.
1943 *Cry Havoc,* de Richard Thorpe.
1950 *No Sad Songs for Me* (Amarga sombra), de Rudolph Maté.

SUR, EL *(1983)*

Después de diez años de silencio y los problemas de producción planteados en su anterior obra, *El espíritu de la colmena* (1973) —suspensión del rodaje una semana antes de lo previsto y empleo de algunos planos de otras películas—, Víctor Erice parte del relato homónimo de Adelaida García Morales para hacer su segundo largometraje. Escribe un largo y excelente guión articulado en dos partes: la primera desarrolla las complejas relaciones entre Estrella, una niña que primero tiene ocho años (Sonsoles Aranguren) y luego quince (Icíar Bollaín), y su padre, el médico Agustín (Omero Antonutti), dentro de un contexto familiar de posguerra en la casa La Gaviota, situada en las afueras de una ciudad del norte de España; y la segunda, prolonga la historia y expone las claves de su desarrollo, en un pueblecito del sur. Una vez más con Querejeta como productor y con la perspectiva de una película de más de dos horas de duración, se realiza el rodaje y montaje de la parte del norte, pero al ver el productor que el resultado es una fascinante obra, coherente, de duración normal, de forma unilateral decide no rodar la parte del sur. De manera que el resultado, a pesar de su éxito y sus numerosos premios nacionales e internacionales, solo es la primera parte de un ambicioso proyecto frustrado. No obstante, se trata de una excelente película sobre el mundo de la infancia y la adolescencia, la complejidad de las relaciones paterno-filiales, la vida cotidiana en un perdido pueblo durante la más dura posguerra, con el descubrimiento de dos grandes intérpretes, la niña Sonsoles Aranguren y la jovencita Icíar Bollaín, y una brillante fotografía de José Luis Alcaine.

Director: *Víctor Erice.* Guionista: *Víctor Erice.* Fotografía: *José Luis Alcaine.* Intérpretes: *Omero Antonutti, Sonsoles Aranguren, Icíar Bollaín, Lola Cardona, Rafaela Aparicio.* Producción: *Elías Querejeta P. C. (Madrid), Chlos Productions (París).* Color. Duración: 90'. España-Francia.

SURCOS *(1951)*

Después del éxito de la moralizante *Balarrasa* (1950), el realizador José Antonio Nieves Conde aprovecha una serie de circunstancias favorables para hacer una de las mejores películas españolas de la posguerra, tanto por la dureza al describir el Madrid de la época como por tratar el candente tema del estraperlo. Narra cómo una familia de campesinos, cansada de trabajar la tierra y de pasar hambre, llega a Madrid en busca de un futuro mejor, pero las cosas no pueden irle peor. El padre (José Prada) intenta trabajar como pipero y peón en una fábrica, pero es demasiado mayor para cambiar de profesión; el hijo mayor, Pepe (Francisco Arenzana), no tarda en ganar dinero con el estraperlo, pero muere en un ajuste de cuentas; la hija, Antonia (Marisa de Leza), se coloca como criada, y tras fracasar como cantante se convierte en la querida del poderoso estraperlista Chamberlain (Félix Dafauce); solo el hijo pequeño, Manolo (Ricardo Lucía), tras ser despedido de una tienda de comestibles y vagar por la ciudad, empieza a hacer guiñol con un hombre de cuya hija se enamora. Después de enterrar al hijo mayor, los padres y la hija regresan al pueblo, pero aquí la censura del general Franco corta una escena clave en la estación de Atocha, paralela a la primera, donde se cruzan con otra familia de campesinos que llega a Madrid en busca de fortuna. Con algunas curiosas referencias directas al neorrealismo en el diálogo, es un duro melodrama sobre la desintegración de una familia en un medio hostil, que muestra la decadencia de la autoridad moral del padre frente al mercantil egoísmo de la madre, donde además los malos no son castigados y sigue siendo la mejor película de Nieves Conde.

Director: *José Antonio Nieves Conde*. Guionistas: *Natividad Zaro, Gonzalo Torrente Ballester, José Antonio Nieves Conde*. Fotografía: *Sebastián Perera*. Música: *Jesús García Leoz*. Intérpretes: *Luis Peña, Maruja Asquerino, Francisco Arenzana, Marisa de Leza, Ricardo Lucía, José Prada, Félix Dafauce, María Frances*. Producción: *Chamartín P. C., Atenea Films*. Duración: *95'. España*.

¡SUSPENSE! (The Innocents, 1961)

La excelente novela de fantasmas *Otra vuelta de tuerca*, de Henry James, es origen de tres películas muy diferentes. Una fallida versión rodada por el británico Michael Winner, *Los últimos juegos prohibidos* (The Nightcomers, 1972), con Marlon Brando, Stephanie Beachman y Thora Hird; otra realizada por el español Eloy de la Iglesia, con el título original, en 1985, protagonizada por Pedro Mari Sánchez, Asier Hernández, Queta Claver, y esta excelente. Adaptada por William Archibald y el novelista Truman Capote, es la mejor película producida y dirigida por Jack Clayton, reflejar muy bien el clima de la historia original y, sobre todo, por una ambigüedad que hace que nunca se sepa qué es real o imaginado por la institutriz. Narra cómo, a principios de siglo, Miss Giddens (Deborah Kerr) es contratada como institutriz para educar a los niños Flora (Pamela Franklin) y Mills (Martin Stephens) que viven en un gran castillo inglés. Debido a su extraño comportamiento, Miss Giddens llega a la conclusión de que son la reencarnación del guardabosques y su amante, muertos en trágicas circunstancias, y que utilizan sus cuerpos para hacer actos innombrables. Con un excelente final, digno de Henry James, destacan el trabajo de dirección de Jack Clayton, y las interpretaciones de Deborah Kerr y de la joven Pamela Franklin.

Director: *Jack Clayton*. Guionistas: *William Archibald, Truman Capote*. Fotografía: *Freddie Francis*. Música: *Georges Auric*. Intérpretes: *Deborah Kerr, Megs Jenkins, Pamela Franklin, Martin Stephens, Michael Redgrave*. Producción: *Jack Clayton para Achilles / 20th Century Fox. Scope*. Duración: *99'. Reino Unido*.

SUTHERLAND, Donald (*St. Joan, New Brunswick, Canadá, 1934*)

Hijo de un vendedor de neumáticos de origen escocés poco aficionado a la iglesia y de una ministra presbiteriana de origen francés, recibe una educación liberal. A los catorce años empieza a trabajar en una emisora de radio y se convierte en el *disc-jockey* más joven de su país. Interrumpe sus estudios de ingeniería electrónica en la Universidad de Toronto para trabajar en una mina en Finlandia. Después de estudiar arte dramático en Canadá y el Reino Unido, hace giras como actor de teatro por ambos países. A principios de los años sesenta debuta en televisión y poco después en cine en producciones de terror. El éxito de *M.A.S.H.*, de Robert Altman, le permite protagonizar *Klute,* de Alan J. Pakula, *Amenaza en la sombra,* de Nicolas Roeg, y *Como plaga de langosta,* de John Schlesinger. Convertido en un buen actor, trabaja con los italianos Bernardo Bertolucci y Federico Fellini en *1900* y *Casanova,* respectivamente; el francés Claude Chabrol en *Laberinto mortal;* el inglés Hugh Hudson en *Revolución;* el danés Henning Carlsen en *The Wolf of the Door;* la sudafricana Euzhan Palcy en *Una árida estación blanca;* el alemán Werner Herzog en *Gritos de piedra;* el canadiense Jacques Dorffman en *La sombra del lobo,* y el alemán Percy Adlon en *Younger & Younger.* Mientras prosigue su carrera en Estados Unidos con títulos como *Ha llegado el águila,* de John Sturges; *La invasión de los ultracuerpos,* de Philip Kaufman; *Gente corriente,* de Robert Redford; *El ojo de la aguja,* de Richard Marquand; *J. F. K., caso abierto,* de Oliver Stone, y *Seis grados de separación,* de Fred Schepisi. A lo largo de treinta y tantos años de carrera ha intervenido en más de setenta y

cinco películas, pero su versatilidad, tanto por hacer papeles de héroe como de malvado, y haber trabajado en diferentes países, ha privado a su carrera de mayor repercusión. Es padre del también actor Kiefer Sutherland (1966).
1963 *The World Ten Times Over,* de Wolf Rilla.
1964 *Il castello dei morti vivi,* de Luciano Ricci. / *Dr. Terror's House of Horrors* (Doctor Terror), de Freddie Francis.
1965 *The Bedford Incident* (Estado de alarma), de James B. Harris. / *Die! Die! My Darling* (Te espera la muerte, querida), de Silvio Narizzano.
1966 *Morgan: A Suitable Case for Treatment* (Morgan, un caso clínico), de Karel Reisz. / *Promise Her Anything* (Prométele cualquier cosa), de Arthur Hiller.
1967 *The Dirty Dozen* (Doce del patíbulo), de Robert Aldrich. / *Billion Dollar Brain* (Un cerebro de un billón de dólares), de Ken Russell. / *Sebastian,* de David Greene.
1968 *Interlude* (Interludio de amor), de Kevin Billington. / *Act of the Heart,* de Paul Almond. / *Joanna,* de Michael Sarne. / *The Split* (El reparto), de Gordon Flemyng. / *Oedipus the King,* de Philip Saville.
1969 *Start the Revolution Without Me* (Empiecen la revolución sin mí), de Bud Yorkin.
1970 *M.A.S.H.,* de Robert Altman. / *Kelly's Heroes* (Los violentos de Kelly), de Brian G. Hutton. / *Johnny Got His Gun* (Johnny cogió su fusil), de Dalton Trumbo. / *Alex in Wonderland* (El fabuloso mundo de Alex), de Paul Mazursky.
1971 *Little Murders* (Pequeños asesinos), de Alan Arkin. / *Klute,* de Alan J. Pakula.
1972 *Fuck The Army* (F. T. A.), de Francis Parker.
1973 *Steelyard Blues* (Material americano), de Alan Myerson. / *Lady Ice* (Fría como diamante), de Tom Gries. / *Don't Look Now* (Amenaza en la sombra), de Nicholas Roeg.
1974 *S.P.Y.S.* (Dos espías a lo loco), de Irvin Kershner.
1975 *Der Richter und sein Henker* (El puente sobre Estambul), de Maximilian Schell. / *The Day of the Locust* (Como plaga de langosta), de John Schlesinger. / *Alien Thunder,* de Claude Fournier.
1976 *Novecento* (1900), de Bernardo Bertolucci. / *Il Casanova di Federico Fellini* (Casanova), de Federico Fellini. / *The Eagle Has Landed* (Ha llegado el águila), de John Sturges.
1977 *The Kentucky Fried Movie* (Made in U.S.A.), de John Landis. / *The Disappearance* (La desaparición), de Stuart Cooper. / *Les liens du sang* (Laberinto mortal), de Claude Chabrol.
1978 *National Lampoon's Animal House* (Desmadre a la americana), de John Landis. / *Invasion of the Body Snatchers* (La invasión de los ultracuerpos), de Philip Kaufman.
1979 *The First Great Train Robbery* (El primer gran asalto al tren), de Michael Crichton. / *Murder by Decree* (Asesinato por decreto), de Bob Clark. / *A Very Big Withdrawal* (Un hombre, una mujer y un banco), de Noel Black. / *Bear Island* (Operación Isla del Oso), de Don Sharp.
1980 *Ordinary People* (Gente corriente), de Robert Redford. / *Nothing Personal,* de George Bloomfield.
1981 *Gas,* de Les Rose. / *Eye of the Needle* (El ojo de la aguja), de Richard Marquand. / *Threshold,* de Richard Pearce.
1982 *Max Dugan Returns* (Hola, Mr. Dugan), de Herbert Ross. / *A War Story,* de Anne Wheeler.
1984 *Crackers,* de Louis Malle. / *Ordeal by Innocence* (Culpables de inocencia), de Desmond Davis.
1985 *Heaven Help Us,* de Michael Dinner. / *Revolution* (Revolución), de Hugh Hudson.
1986 *The Wolf on the Door,* de Henning Carlsen.
1987 *The Rosary Murders* (Los crímenes del rosario), de Fred Walton. / *Trouble With Spies,* de Burt Kennedy.
1988 *Apprentes to Murder* (Aprendiz de asesino), de R. L. Thomas.
1989 *Lock Up* (Encerrado), de John Flynn. / *Bethune: The Making of a Hero,* de Philip Borsos. / *A Dry White Season* (Una árida estación blanca), de Euzhan Palcy.
1990 *Lost Angels* (Nuevos rebeldes), de Hugh Hudson. / *Buster's Bedroom,* de Rebecca Horn. / *The Road Home,* de Hugh Hudson. / *Eminent Domain* (Dominio inminente), de John Irvin.
1991 *Backdraft* (Llamaradas), de Ron Howard. / *Schrei aws Stein* (Gritos de piedra), de Werner Herzog. / *J. F. K.* (J. F. K., caso abierto), de Oliver Stone.
1992 *The Railway Station Man* (El hombre de la estación), de Michael Wyte. / *Shadow of the Wolf* (La sombra del lobo), de Jacques Dorffman. / *Buffy the Vampire Slayer* (Buffy, la cazavampiros), de Frank Kazui.
1993 *Benefit of Doubt* (El beneficio de la duda), de Jonathan Heap. / *Six Degrees of Separation* (Seis grados de separación), de Fred Schepisi. / *Younger & Younger,* de Percy Adlon.
1994 *The Puppet Masters,* de Stuart Orme. / *Disclosure* (Asedio), de Barry Levinson.
1995 *Outbreak* (Estallido), de Wolfgang Peterson.

SWANSON, Gloria *(Gloria Josephine Mae Swanson. Chicago, Illinois, 1898-Nueva York, Estados Unidos, 1983)*

A los catorce años comienza a trabajar como figurante en cortometrajes de Charles Chaplin. Es contratada por el productor de comedias cómicas Mack Sennett y en 1914 y 1915 actúa en varias películas de uno o dos rollos, pero lo abandona cuando logra hacer papeles dramáticos, que es lo que realmente le interesa. Se convierte en una estrella de la mano del productor y director Cecil B. de Mille en las atractivas comedias sofisticadas *A los hombres, Abnegación, Macho y hembra, ¿Por qué cambiar de esposa?, La fuerza de un querer* y *El señorito Primavera*. Durante la primera mitad de los años veinte también trabaja con regularidad con el realizador Sam Wood en *El caballero sin facha, Bajo el látigo, Estrategia femenina, Más fuerte que su amor, Su jaula dorada, Un yanki en la Argentina, Hijas pródigas* y *La octava esposa de Barba Azul*, y además con Allan Dwan en *Zaza, Juguete de placer, Su primer amor, La favorita de la legión* y *Esclava del pecado*. Con la ayuda de su amante, Joseph P. Kennedy —padre del presidente de Estados Unidos— en 1927 funda la compañía Gloria Productions, protagoniza y produce el drama *La frágil voluntad*, es un gran éxito y gana una fortuna, que pierde con la obra maestra inacabada *La reina Kelly*, de Erich von Stroheim. A pesar de la facilidad con que da el difícil salto del cine mudo al sonoro —incluso canta en *La intrusa*, su primera película sonora—, comienza a trabajar mucho menos y se retira a mitad de la década de los treinta. Regresa para protagonizar *El crepúsculo de los dioses*, el ácido retrato de Billy Wilder sobre el mundo del cine, en la que interpreta a una actriz del cine mudo en decadencia que tiraniza a su chófer, ex director y ex marido, interpretado por Erich von Stroheim. Su última película es la convencional *Aeropuerto 75*, en la que se encarna a sí misma. Se casó por sexta vez en 1976.

1916 *A Social Club*, de Clarence Badger.
1917 *Baseball Madness*, de William Mason.
1918 *Society for Sale*, de Frank Borzage. / *Her Decision*, de Jack Conway. / *You Can't Believe Everything*, de Jack Conway. / *Everywoman's Husband*, de Gilbert P. Hamilton. / *Shifting Sands*, de Albert Parker. / *Station Content*, de Arthur Hoyt. / *Secret Code*, de Albert Parker. / *Wife of Country*, de E. Mason Hopper.
1919 *Don't Change Your Husband* (A los hombres), de Cecil B. de Mille. / *For Better, for Worse* (Abnegación), de Cecil. B. de Mille. / *Male and Female* (Macho y hembra), de Cecil B. de Mille.
1920 *Why Change Your Wife?* (¿Por qué cambiar de esposa?), de Cecil B. de Mille. / *Something to Think About* (La fuerza del querer), de Cecil B. de Mille.
1921 *The Great Moment* (El caballero sin facha), de Sam Wood. / *The Affairs of Anatol* (El señorito Primavera), de Cecil B. de Mille. / *Under the Lash* (Bajo el látigo), de Sam Wood. / *Don't Tell Everything* (Estrategia femenina), de Sam Wood.
1922 *Her Husband's Trademark*, de Sam Wood. / *Beyond the Rocks* (Más fuerte que su amor), de Sam Wood. / *Her Gilded Cage* (Su jaula dorada), de Sam Wood. / *The Impossible Mrs. Bellew*, de Sam Wood. / *My American Wife* (Un yanqui en la Argentina), de Sam Wood.
1923 *Prodigal Daughters* (Hijas pródigas), de Sam Wood. / *Bluebeard's Eighth Wife* (La octava esposa de Barba Azul), de Sam Wood. / *Hollywood*, de James Cruze. / *Zaza*, de Allan Dwan. / *The Humming Bird*, de Sidney Olcott.
1924 *A Society Scandal*, de Allan Dwan. / *Manhandled* (Juguete de placer), de Allan Dwan. / *Her Love Story* (Su primer amor), de Allan Dwan. / *Wages of Virtue* (La favorita de la legión), de Allan Dwan.
1925 *Madame Sans-Gêne*, de Léonce Perret. / *Coast of Folly* (Esclava del pasado), de Allan Dwan. / *Stage Struck* (De la cocina al escenario), de Allan Dwan.
1926 *Untamed Lady* (La dama indómita), de Frank Tuttle. / *Fine Manners* (Lindos modales), de Richard Rosson.
1927 *The Love of Sunya* (El amor de Sonia), de Albert Parker.
1928 *Sadie Thompson* (La frágil voluntad), de Raoul Walsh. / *Queen Kelly* (La reina Kelly), de Erich von Stroheim.
1929 *The Trespasser* (La intrusa), de Edmund Goulding.
1930 *What a Widow!* (¡Qué viudita!), de Allan Dwan.
1931 *Indiscreet* (Indiscreta), de Leo McCarey. / *Tonight or Never* (Esta noche o nunca), de Mervyn LeRoy.
1932 *Perfect Understanding* (De mutuo acuerdo), de Cyril Gardner.
1934 *Music in the Air* (Música en el aire), de Joe May.
1941 *Father Takes a Wife* (Papá se casa), de Jack Hively.
1950 *Sunset Boulevard* (El crepúsculo de los dioses), de Billy Wilder.
1952 *Three for Bedroom*, de Milton H. Bren.
1956 *Mio figlio Nerone*, de Steno.
1974 *Airport 1975* (Aeropuerto 75), de Jack Smight.

SYDOW, Max von (*Carl Adolf von Sydow. Lund, Suecia, 1929*)

Hijo de un eminente profesor de folclore escandinavo, estudia en la Real Academia de Arte Dramático de Estocolmo y luego forma parte sucesivamente de las compañías estables de los teatros de Nörrköping, Helsingbord y

SYDOW, Max von

Malmö, donde comienza a trabajar bajo la dirección de Ingmar Bergman. Después de intervenir en algunas películas importantes, como *Señorita Julia*, de Alf Sjöberg, se da a conocer a través de sus repetidos trabajos con Bergman en *El séptimo sello, Fresas salvajes, En el umbral de la vida, El rostro, El manantial de la doncella, Como en un espejo, Los comulgantes, La hora del lobo, La vergüenza, El rito, Pasión* y *La carcoma*. El éxito internacional de estas películas le lleva a Hollywood para encarnar a Jesucristo en *La historia más grande jamás contada* y a comenzar una carrera paralela como actor secundario en producciones norteamericanas, *Hawaii, La carta del Kremlin, El exorcista, Los tres días del cóndor, Hannah y sus hermanas* y *Bésame antes de morir*, o italianas, *Excelentísimos cadáveres* y *El desierto de los tártaros*. Mientras, sigue protagonizando atractivas producciones suecas como *Los emigrantes, El nuevo mundo, El vuelo del águila, Pelle, el conquistador.*

Como director
1988 *Katinka.*

Como actor
1949 *Bara en mort*, de Alf Sjöberg.
1951 *Fröken Julie* (Señorita Julia), de Alf Sjöberg.
1953 *Ingen Mans Kvinna*, de Lars Erik Kjellgren.
1956 *Rätten att älska*, de Mimi Pollak.
1957 *Det sjunde inseglet* (El séptimo sello), de Ingmar Bergman. / *Prasten i Uddarbo*, de Kenne Fant. / *Smultronstället* (Fresas salvajes), de Ingmar Bergman.
1958 *Nära Livet* (En el umbral de la vida), de Ingmar Bergman. / *Spion 503*, de J. Jeppesen. / *Ansiktet* (El rostro), de Ingmar Bergman.
1959 *Jungfrukällan* (El manantial de la doncella), de Ingmar Bergman.
1960 *Brollopsdagen*, de Kenne Fant.
1961 *Säsom i en spegel* (Como en un espejo), de Ingmar Bergman.
1962 *Nils Holgerssons Underbara rose*, de Kenne Fant. / *Nattvardsgästerna* (Los comulgantes), de Ingmar Bergman.
1963 *Alskarinnan*, de Vilgot Sjöman.
1965 *Uppehall i Myrlandet*, episodio de Jan Troell. / *The Greatest Story Ever Told* (La historia más grande jamás contada), de George Stevens. / *The Reward* (El precio de una cabeza), de Serge Bourguignon.
1966 *Hawaii*, de George Roy Hill. / *The Quiller Memorandum* (Conspiración en Berlín), de Michael Anderson. / *Härhar du ditt liv* (El fuego de la vida), de Jan Troell.
1967 *Vargtimmen* (La hora del lobo), de Ingmar Bergman. / *Svarta Palmkroner*, de L. M. Lindgren.
1968 *Skammen* (La vergüenza), de Ingmar Bergman.
1969 *Made in Sweden*, de Johan Bergenstrahle. / *Riten* (El rito), de Ingmar Bergman. / *En passion* (Pasión), de Ingmar Bergman.
1970 *The Kremlin Letter* (La carta del Kremlin), de John Huston.
1971 *The Night Visitor* (El visitante nocturno), de Laszlo Benedek. / *Utvandrarna* (Los emigrantes), de Jan Troell. / *The Touch* (La carcoma), de Ingmar Bergman. / *Appelkriget*, de Tage Danielssen.
1972 *Nybyggarna* (El nuevo mundo), de Jan Troell. / *Embassy* (El caso Gorenko), de Gordon Hessler.
1973 *The Exorcist* (El exorcista), de William Friedkin.
1974 *Steppenwolf*, de Fred Haines. / *The Ultimate Warrior* (Nueva York, año 2010), de Robert Clouse.
1975 *Trompe-l'oeil*, de Claude D'Anna. / *Agget ar lost*, de Hans Alfredson. / *Three Days of the Condor* (Los tres días del cóndor), de Sydney Pollack. / *Foxtrot*, de Arturo Ripstein.
1976 *Cadaveri eccellenti* (Excelentísimos cadáveres), de Francesco Rosi. / *Cuore di cane* (Corazón de perro), de Alberto Lattuada. / *Il deserto dei tartari* (El desierto de los tártaros), de Valerio Zurlini. / *Voyage of the Damned* (El viaje de los malditos), de Stuart Rosenberg.
1977 *Exorcist II: The Heretic* (El exorcista II, el hereje), de John Boorman. / *March or Die* (Marchar o morir), de Dick Richards. / *Das Schlangenei* (El huevo de la serpiente), de Ingmar Bergman.
1978 *Brass Target* (Objetivo: Patton), de John Hough. / *Gran bollito*, de Mauro Bolognini.
1979 *Hurricane* (Huracán), de Jan Troell.
1980 *Death Watch* (La muerte en directo), de Bertrand Tavernier. / *Flash Gordon*, de Mike Hodges.
1981 *Escape to Victory* (Evasión o victoria), de John Huston. / *Bugie Bianche*, de Stefano Rolla.
1982 *Conan the Barbarian* (Conan, el bárbaro), de John Milius. / *She Dances Alone*, de Robert Dorngeim. / *Ingenjör Andrees Luftfärd* (El vuelo del águila), de Jan Troell.
1983 *Cercle des passions* (Círculo de pasiones), de Claude D'Anna. / *Never Say Never Again* (Nunca digas nunca jamás), de Irvin Kershner. / *Strange Brew*, de Dave Thomas y Rick Moranis.
1984 *Dune*, de David Lynch.
1985 *Dreamscane* (La gran huida), de Joseph Ruben. / *Code Name: Emerald*, de Jonathan Sargen. / *Il pentito*, de Pasquale Squiteri.
1986 *Hannah and Her Sisters* (Hannah y sus hermanas), de Woody Allen. / *Duet for One* (Ansias de vivir), de Andrei Konchalovsky.
1987 *Pelle erobreren* (Pelle, el conquistador), de Bille August.
1988 *Una vita scellerata*, de Giacomo Battiato.

1990 *Awakenings* (Despertares), de Penny Marshall. / *Mio caro dottore Gresler*, de Roberto Faenza.
1991 *Father*, de John Power. / *A Kiss Before Dying* (Bésame antes de morir), de James Dearden. / *Until the End of the World* (Hasta el fin del mundo), de Wim Wenders.
1992 *Ox*, de Sven Nykvyst. / *Den goda Viljan* (Las mejores intenciones), de Bille August.
1993 *Time Is Money*, de Paolo Barzman. / *Needful Things*, de Fraser Heston.

SZABÓ, István *(Budapest, Hungría, 1938)*

Estudia dirección en la Escuela Superior de Teatro y Cine de Budapest y se diploma con la práctica *Concierto* (Koncert, 1961). Tras rodar algunos cortos debuta en el largometraje con la interesante trilogía, de marcado carácter autobiográfico, formada por *La edad de las ilusiones*, *Padre* y *Una película de amor*. Más desiguales y menos conocidas son las obras de transición *Calle de los bomberos n.º 25*, *Cuentos de Budapest* y *Confianza*. Durante la década de los ochenta realiza una desigual trilogía alemana, pero de gran difusión internacional, integrada por *Mephisto*, adaptación de una novela de Klaus Mann sobre las relaciones del famoso actor alemán Gustav Gründgens con el nacionalsocialismo, que obtiene el Oscar destinado a la producción extranjera; *Coronel Redl*, basada en una obra de John Osborne que evoca el final del imperio austrohúngaro a través de la carrera de un militar; y *Hanussen, el divino*, que trata de la vida de un conocido vidente alemán durante el período de entreguerras. Con producción del británico David Puttnam y reparto internacional rueda la irregular *Cita con Venus*, sobre las dificultades que encuentra un director de orquesta húngaro para montar una ópera de Wagner en París. De nuevo con producción húngara realiza su más duro y mejor trabajo, *Dulce Emma, querida Böbe*, sobre la terrible situación de su país, vista a través de dos profesoras de ruso que se han quedado sin trabajo tras la desaparición del comunismo.

1964 *Álmodozások kora* (La edad de las ilusiones).
1966 *Apa* (Padre).
1970 *Szerelmes film* (Una película de amor).
1973 *Tüzoltó utca 25* (Calle de los bomberos n.º 25).
1976 *Budapesti Mesék* (Cuentos de Budapest).
1979 *Bizalom* (Confianza).
1981 *Mephisto*.
1984 *Redl ezredes* (Coronel Redl).
1988 *Hanussen* (Hanussen, el adivino).
1990 *Meeting Venus* (Cita con Venus).
1992 *Edes Emma, drága Böbe* (Dulce Emma, querida Böbe).

t

TABÚ *(Tabu, 1931)*

Cansados de las imposiciones de los productores, cuando en 1930 el realizador alemán Friedrich W. Murnau y el documentalista norteamericano Robert J. Flaherty se conocen, en seguida se ponen de acuerdo para hacer juntos una película en completa libertad. Financiados por los estudios Paramount, parten en el yate de Murnau hacia los mares del Sur y eligen la isla de Bora-Bora para rodar los dramáticos amores entre los jóvenes Reri y Matahi, destruidos por una tradición que ofrece la virginidad de la muchacha a los dioses y con un dramático final marcado por su fuga, el sacrificio de ella y la muerte de él. A medio camino entre la ficción y el documental, los problemas empiezan poco después del comienzo del rodaje por ser los estilos de ambos directores contrapuestos: frente al dramatismo de Murnau, el documentalismo de Flaherty. Esto hace que, tras escribir el guión en colaboración, Flaherty llegue a dejar la dirección en manos de Murnau y que la primera parte sea mucho más documental y la segunda más melodramática.

Directores y guionistas: *Friedrich W. Murnau, Robert J. Flaherty*. Fotografía: *Floyd Crosby, Robert J. Flaherty*. Música: *Hugo Risenfeld*. Intérpretes: *Reri, Matahi, Hitu, Jean, Jules, Kong Ah*. Producción: *Friedrich W. Murnau, Robert J. Flaherty para Paramount*. Duración: *80'*. Estados Unidos.

TAMAÑO NATURAL *(1973)*

Tras prohibirle varios guiones la censura del general Franco, Luis G. Berlanga realiza, con mayoría de capital francés y exteriores rodados en París, aunque con interiores realizados en Madrid, una amarga fábula sobre las relaciones hombre-mujer, con una fuerte carga misógina. La historia del dentista de mediana edad Michel (Michel Piccoli) que vive tranquilo entre su mujer y su amante, rodeado de buenos amigos, pero un día compra una muñeca de tamaño natural y enloquece por ella, tiene un excelente guión de Rafael Azcona y del propio Berlanga. Comienza en tono de comedia, se convierte en tragicomedia cuando José Luis (Manuel Alexandre), el portero español del edificio parisino donde vive, rapta y viola a la muñeca, y finaliza en tragedia cuando Michel y la muñeca caen en un automóvil al Sena, él se ahoga y ella flota. A pesar de ser una de las grandes películas de Berlanga, tiene un éxito restringido en el extranjero por un equivocado lanzamiento como cine casi pornográfico, y en España por no estrenarse hasta 1978, entre medias de un montón de producciones prohibidas durante los últimos años de la dictadura. Además de su evidente interés, es una obra insólita dentro de la larga colaboración entre Azcona y Berlanga por tener un solo protagonista, girar en torno a una relación sentimental y ser la única que muestra sus amplios conocimientos sobre erotismo, materia en la que Berlanga es un reputado especialista.

Director: *Luis G. Berlanga.* Guionistas: *Rafael Azcona, Luis G. Berlanga.* Fotografía: *Alain Derobe.* Música: *Maurice Jarre.* Intérpretes: *Michel Piccoli, Rada Rassimow, Amparo Soler Leal, Queta Claver, Manuel Alexandre, Julieta Serrano.* Producción: *Jet Films (Madrid), Uranus Productions (París), Verona Produzione (Roma). Color. Duración: 91'. España-Francia-Italia.*

TAMBORES LEJANOS *(Distant Drums, 1951)*

En 1840, en Florida, el capitán Wyatt (Gary Cooper) al frente de un puñado de soldados norteamericanos destruye el fuerte donde los traficantes de armas esconden su mercancía y luego huyen a través de los pantanos perseguidos por los indios seminolas. Mientras se enamora de la joven Judy Beckett (Mari Aldon), se enfrenta en una lucha cuerpo a cuerpo con el jefe Okala (Larry Carper) y acaba con la revuelta de los seminolas. Con una estructura narrativa tan similar a la de *Objetivo Birmania* (Objective Burma!, 1944) que casi puede hablarse de una nueva versión en clave de *western,* el especialista en películas de acción Raoul Walsh vuelve a hacer una de sus grandes producciones. Además de la excelente fotografía de Sid Hickox y de la inspirada música de Max Steiner, destaca la estupenda interpretación de Gary Cooper y, en particular, las escenas en que se afeita con un cuchillo y lucha bajo el agua con el jefe seminola.

Director: *Raoul Walsh.* Guionistas: *Niven Busch, Martin Rackin.* Fotografía: *Sid Hickox.* Música: *Max Steiner.* Intérpretes: *Gary Cooper, Mari Aldon, Richard Webb, Ray Teal, Arthur Hunnicutt.* Producción: *Milton Sperling para Warner. Color. Duración: 101'. Estados Unidos.*

TANGOS, EL EXILIO DE GARDEL *(Tangos, l'exil de Gardel, 1985)*

Después de sus largas y discutibles películas de finales de los años sesenta y principios de los setenta, el irregular realizador Fernando Ezequiel Solanas rueda un interesante díptico en la segunda mitad de la década de los ochenta sobre el duro y violento período de la dictadura militar argentina. Ambas son coproducciones entre Francia y Argentina, con una fuerte carga musical; pero, mientras *Sur* (1987), protagonizada por Susu Pecoraro y Miguel Ángel Sola, analiza la dictadura a través de una historia que se desarrolla en Buenos Aires, esta lo hace gracias a un musical que montan los exiliados en París. A través de una a veces desconcertante mezcla entre escenas intimistas y números musicales de Astor Piazzolla, narra cómo a finales de los años setenta un grupo de argentinos que vive su exilio voluntario o forzoso en París, monta un espectáculo para combatir la nostalgia de su país, donde aparecen tanto anécdotas personales como músicas tradicionales con coreografía de Suzanna Tambutti.

Director y guionista: *Fernando Ezequiel Solanas.* Música: *Astor Piazzolla.* Intérpretes: *Marie Laforêt, Philippe Léonard, Miguel Ángel Sola, Marina Vlady, Georges Wilson, Lautaro Murúa, Gabriela Toscano.* Producción: *Tercine. Color. Duración: 120'. Argentina-Francia.*

TANNER, Alain *(Ginebra, Suiza, 1929)*

Abandona sus estudios de económicas para diplomarse en los de administración marítima, trabajar en una compañía de navegación y hacer diferentes viajes por África. Interesado por el cine, funda con su amigo Claude Goretta el primer cine-club de Ginebra; ambos ingresan en el British Film Institute de Londres y realizan el corto *Nice Time* (1957) dentro del estilo realista del movimiento *free cinema.* De regreso a su país, trabaja en programas dramáticos de televisión y crea con los realizadores Claude Goretta y Michel Soutter el *Groupe 5 Genève,* base del moderno cine suizo. Su carrera como productor, guionista y director de largometrajes comienza en *Charles muerto o vivo,* protagonizada por un hombre mayor encarnado por François Simon, y *La salamandra,* protagonizada por una joven interpretada por Bulle Ogier, pero ambas narran la historia de unos personajes al margen de una sociedad que intenta recuperarlos. Tanto *El retorno de África* y *Le milieu du monde,* como *Jonás que cumplirá los 25 el año 2000* y *Messidor* tratan diferentes aspectos de la peculiar manera de ser del suizo. Intenta dar una nueva dimensión a su obra con *A años luz,* que rueda en el Reino Unido, *En la ciudad blanca,* que realiza en Lisboa, y *Tierra de nadie,* que hace en el Jura; pero siguen siendo profundamente suizas y similares a sí mismas. En *Una llama en mi corazón,* sobre las relaciones entre una actriz y varios hombres, *La mujer de Rose Hill,* sobre el matrimonio entre un campesino europeo y una nativa de una perdida isla de Oceanía, y *El hombre que perdió su sombra*, sobre el amor de un periodista por su mujer francesa y su amante española, trata de analizar complejas historias sentimentales, pero los resultados son muy inferiores a los del resto de su obra.

1969 *Charles mort ou vif* (Charles muerto o vivo).
1971 *La salamandre* (La salamandra).
1973 *Le retour d'Afrique* (El retorno de África).
1974 *Le milieu du monde*.
1976 *Jonas qui aura vingt-cinq ans en l'an 2000* (Jonás que cumplirá los 25 en el año 2000).
1978 *Messidor*.
1981 *Light Year Away* (A años luz).
1983 *Dans la ville blanche* (En la ciudad blanca).
1985 *No Man's Land* (Tierra de nadie).
1986 *Une flamme dans mon coeur* (Una llama en mi corazón).
1987 *La vallée fantôme*.
1989 *La femme de Rose Hill* (La mujer de Rose Hill).
1991 *L'homme qui a perdu son ombre* (El hombre que perdió su sombra).
1993 *Le journal de Lady M.* (El diario de Lady M.).

TAPADERA, LA *(The Front, 1976)*

A pesar de que durante los años de actuación del Comité de Actividades Antinorteamericanas muchos escritores represaliados subsisten gracias a utilizar el nombre de otra persona para firmar sus guiones, esta película, escrita por Walter Bernstein, dirigida por Martin Ritt e interpretada por Herschel Bernardi, tres de los muchos incluidos en las «listas negras» de personas que no podían trabajar en la industria cinematográfica, es la única que trata ese asunto. Narra cómo Howard Prince (Woody Allen), un modesto cajero que siempre está sin dinero por gastárselo en las apuestas, acepta dejar su nombre a Alfred Miller (Michael Murphy), un guionista de televisión represaliado, a cambio de una considerable comisión; pero su amor por la secretaria progresista Florence Barrett (Andrea Marcovicci) y el suicidio del actor Hecky Brown (Zero Mostel), que se niega a declarar ante el Comité, le hacen tomar conciencia de la situación. Desgraciadamente Ritt no acaba de encontrar el tono agridulce buscado, entre la comedia y el drama, y Woody Allen, en una de las pocas películas donde trabaja a las órdenes de otro director, demuestra no ser el intérprete adecuado para tan complejo personaje, por lo que el resultado se convierte en un fracaso económico y una de las más exóticas películas de Hollywood sobre sí mismo.

Director: *Martin Ritt*. Guionista: *Walter Bernstein*. Fotografía: *Michael Chapman*. Música: *Dave Grusin*. Intérpretes: *Woody Allen, Zero Mostel, Herschel Bernardi, Michael Murphy, Andrea Marcovicci*. Producción: *Martin Ritt y Charles H. Joffe para Persky-Bright-Devon (Columbia). Color. Duración: 95'. Estados Unidos.*

TARKOVSKY, Andrei *(Zavrajié, Ivanovo, Unión Soviética, 1932-París, Francia, 1986)*

Cuando tiene tres años, su padre, el poeta Arseni Tarkovsky, abandona a su familia y pasa la infancia rodeado de mujeres: su madre, su hermana y su abuela. Por expreso deseo de su madre estudia pintura, música, árabe y geología. Pasa una temporada trabajando como geólogo en Siberia, en 1954 ingresa en la V. G. I. K., la escuela de cine de Moscú, y se gradúa con la práctica *La apisonadora y el violín* (Katok i skrypka, 1960). Debuta como director con el proyecto ajeno *La infancia de Iván*, donde sustituye al realizador E. Abálov a los pocos días de rodaje, pero consigue hacer suya la historia del niño destruido por la II Guerra Mundial y ganar el León de Oro de la Mostra de Venecia. Su éxito le anima a escribir con Andrei Konchalovsky y dirigir *Andrei Rubliov*, una superproducción de más de tres horas de duración sobre la vida del pintor de iconos del siglo XV, pero esta importante obra del cine soviético tiene problemas con la censura por su carácter religioso y es prohibida durante más de cinco años. La más autobiográfica de sus obras es *El espejo*, basada en la vida de su madre como correctora de pruebas durante los duros años del stalinismo, y está narrada dentro del estilo experimental que caracteriza su cine. Tanto *Solaris* como *Stalker* narran historias de ciencia ficción con un marcado carácter religioso, basadas en textos de Stanislav Lem y Arkady y Boris Strugastsi respectivamente, pero mientras la primera es la menos lograda de sus películas soviéticas, la segunda es un trabajo muy personal donde plasma sus obsesiones por los cuatro elementos —el fuego, el aire, la tierra y el agua— y crea un fascinante clima de pesadilla. El tono elitista, personal y religioso de sus películas, cada vez le crea más problemas para trabajar en la Unión Soviética y decide exiliarse, pero entonces tiene dificultades de financiación para sus nada comerciales historias. Su prematura muerte a los cincuenta y cuatro años únicamente le permite rodar *Nostalgia* en Italia, cuyo resultado solo es una deformada repetición de los más confusos momentos de sus obras soviéticas, y *El sacrificio* en Suecia, donde ocurre algo similar, pero con el agravante de tener una excesiva influencia de Ingmar Bergman.

1962 *Ivanovo detstvo* (La infancia de Iván).
1966 *Andrei Rubliov*.
1972 *Solaris*.
1974 *Zerkalo* (El espejo).
1979 *Stalker*.
1983 *Nostalghia* (Nostalgia).
1986 *Offret* (El sacrificio).

TARZÁN DE LOS MONOS *(Tarzan the Ape Man, 1932)*

En 1912 Edgar Rice Burroughs comienza a publicar las aventuras de Tarzán en la revista *All Story*, en 1918 Elmo Lincoln protagoniza la primera adaptación cinematográfica y en 1929 se convierte en una conocida serie de historietas gráficas. Desde entonces ha dado lugar a veintisiete novelas o colecciones de cuentos, más de cincuenta películas y unos sesenta telefilmes. Las mejores películas son las seis que entre 1932 y 1942 hace Metro-Goldwyn-Mayer protagonizadas por el campeón de natación Johnny Weissmuller y la actriz Maureen O'Sullivan y realizadas por distintos directores, especialmente Richard Thorpe, entre las que destacan *Tarzán y su compañera* (Tarzan and His Mate, 1934), que firman Jack Conway y el famoso decorador del estudio Cedric Gibbons, por el mayor grado de erotismo que desprende la pareja, y esta, la primera de la serie. Con muy poca relación con la novela del mismo título, narra cómo James Parker (C. Aubrey Smith) y su hija Jane Parker (Maureen O'Sullivan) llegan a África en busca de marfil, tienen problemas y los salva Tarzán (Johnny Weissmuller), el hijo de unos nobles ingleses muertos en un naufragio y educado por una mona. Tarzán y Jane se enamoran y ella se queda a vivir con él en la selva, entre los árboles. Dirigida por el especialista en narraciones exóticas W. S. van Dyke, aunque utiliza abundante material de su famosa película africana *Trader Horn* (1931), está íntegramente rodada en interiores y exteriores de estudio. Entre las más recientes versiones hay que citar *Greystoke, la leyenda de Tarzán, rey de los monos* (Greystoke: The Legend of Tarzan, Lord of the Apes, 1984), dirigida por el británico Hugh Hudson y protagonizada por los debutantes Christopher Lambert y Andie McDowell.

Director: *W. S. van Dyke*. Guionista: *Ivor Novello*. Fotografía: *Harold Rossan, Clyde de Vinna*. Intérpretes: *Johnny Weissmuller, Maureen O'Sullivan, Neil Hamilton, C. Aubrey Smith*. Producción: *Irving Thalberg para Metro-Goldwyn-Mayer*. Duración: *99'*. *Estados Unidos*.

TATA MÍA *(1986)*

Penúltimo largometraje escrito y dirigido por José Luis Borau, narra cómo Elvira Goicoechea (Carmen Maura), hija de un general franquista caído en desgracia tras la guerra española, se escapa del convento de monjas, donde profesó siendo casi una niña, para encontrarse con un país que tiene muy poca relación con el que recuerda. Va a un pueblecito aragonés a buscar a su querida tata (Imperio Argentina) y, con su ayuda, se instala en la madrileña casa familiar para enfrentarse con su hermano Alberto (Miguel Rellán), empeñado en que vuelva al convento, su vecino Teo (Alfredo Landa), que trata de revivir su infancia común, el británico Peter (Xabier Elorriaga), que intenta enamorarla para conseguir documentos inéditos para la biografía que escribe sobre el general, y las monjas del convento, que quieren que vuelva con ellas para no perder su dote. Esta sutil y hábil comedia que enlaza con la mejor tradición nacional, se sitúa a medio camino entre la aventura interior, el enfrentamiento con unas nuevas condiciones de vida y la metáfora sobre España tras el período de transición política. Además del mesurado trabajo de Borau en una de sus mejores y menos alabadas producciones, destacan la luminosa fotografía de Teo Escamilla y las interpretaciones de Carmen Maura y Alfredo Landa.

Director y guionista: *José Luis Borau*. Fotografía: *Teo Escamilla*. Música: *Jacobo Durán-Loriga*. Intérpretes: *Carmen Maura, Alfredo Landa, Imperio Argentina, Xabier Elorriaga, Miguel Rellán, Marisa Paredes, Julieta Serrano*. Producción: *José Luis Borau para El Imán, Isasi Producciones. Color*. Duración: *106'*. *España*.

TATI, Jacques *(Jacques Tatischeff. Le Pecq, 1908-París, Francia, 1982)*

Descendiente de abuelos rusos, holandeses, italianos y franceses, estudia en la Escuela de Artes y Oficios y trabaja con su padre en la fabricación de marcos artísticos. Gran deportista, practica el boxeo, el fútbol, el rugby y el tenis. Cada vez se interesa más por el mundo del espectáculo, actúa como mimo, trabaja en *music-hall,* hace pequeños papeles en películas y en 1932 escribe, protagoniza, produce y dirige el cortometraje inacabado *Oscar, champion de tennis.* Tras el paréntesis de la II Guerra Mundial, continúa realizando pequeñas intervenciones en teatro y cine y trabaja como guionista y actor en algunos cortos cómicos hasta que sustituye por enfermedad a Réne Clément en la dirección de *L'école des facteurs* (1947). Su éxito le anima a rodar ese mismo año *Día de fiesta,* que escribe, protagoniza y dirige a su medida y, aunque los distribuidores se resisten a exhibirla, acaba convirtiéndose en un éxito que le consagra. *Las vacaciones del señor Hulot,* su mejor película y una de las mejores comedias de la posguerra, confirma la aparición de un cómico personal con un discreto y particular sentido de los *gags,* así como de un personaje muy definido que tiene una relación muy peculiar con las personas y las cosas. Después del triunfo de *Mi tío,* su segunda experiencia con el color y ganadora del Oscar destinado a la producción extranjera, sus obras cada vez son menos artesanales, resultan demasiado elaboradas, largas, complejas y caras. Esto se nota por primera vez en *Playtime,* que con sus 152 minutos de duración es agotadora, convierte en un fracaso la repetitiva *Tráfico* y hace que la muy irregular *Zafarrancho en el circo* sea su última película.

1947 *Jour de fête* (Día de fiesta).
1953 *Les vacances de Monsieur Hulot* (Las vacaciones del señor Hulot).
1958 *Mon oncle* (Mi tío).
1967 *Playtime.*
1971 *Trafic* (Tráfico).
1974 *Parade* (Zafarrancho en el circo).

TAVERNIER, Bertrand *(Lyon, Francia, 1941)*

Hijo del escritor René Tavernier, deja los estudios de derecho para dedicarse a la crítica de cine en el amplio espectro de revistas que va desde la derechista *Cahiers du Cinéma* a la izquierdista *Positif* y especializarse en cine norteamericano. Eficaz jefe de prensa del productor Georges de Beauregard, ligado a la *nouvelle vague,* a principios de la década de los sesenta debuta como director con dos episodios producidos por su jefe, pero debe esperar diez años para rodar su primer largometraje. Mientras tanto se independiza en su trabajo, ayuda a la difusión del mejor cine norteamericano, colabora en algunos guiones y escribe las primeras ediciones de la interesante obra *50 ans de cinéma américain* (1990) con Jean-Pierre Coursodon. Realiza sus primeros largos sobre guiones escritos en colaboración con Jean Aurenche y Pierre Bost, la olvidada pareja de guionistas de la posguerra: tanto *El relojero de Saint-Paul,* adaptación de una novela de Georges Simenon que encierra una buena descripción de su ciudad natal, como los guiones originales *Que empiece la fiesta,* sobre el período de la regencia de Luis XV, y *El juez y el asesino,* sobre la fascinación mutua que sienten dos personajes, por encima de las barreras sociales, ambientada en el siglo XIX. Tienen menos interés *Los inquilinos,* una narración con cierto fondo social que se desarrolla en el París contemporáneo; *La muerte en directo,* historia de ciencia ficción rodada en inglés sobre un guión de David Rayfield, y *Une semaine de vacances,* que vuelve a rodar en Lyon y es su primera colaboración como guionista con su mujer, Colo Tavernier. Después de *Coup de torchon,* una curiosa adaptación de una novela policiaca del especialista Jim Thompson, ambientada en una colonia francesa en 1938, y *Un domingo en el campo,* una buena reconstrucción de un particular ambiente familiar; su interés por el jazz le lleva a rodar *Mississippi Blues,* dirigida en colaboración con el veterano realizador Robert Parrish en Estados Unidos, y *Alrededor de medianoche,* hecha entre París y Nueva York, con una cierta carga autobiográfica. Su obra vuelve a bajar de interés con *La pasión de Béatrice,* basada en un incesto entre padre e hija ambientado en la Edad Media, y *La vida y nada más,* consideración antibélica situada al final de la Gran Guerra, para volver a subir con *Daddy nostalgie,* relato intimista que rueda en inglés, sobre un guión autobiográfico de su ex mujer Colo Tavernier O'Hagan, con un espléndido Dirk Bogarde. Sus últimas películas vuelven a mostrar la excesiva versatilidad de su

cine. Entre *La guerre sans nom,* elaborado documento sobre la guerra de Argelia, y *La hija de D'Artagnan,* historia de capa y espada sobre los personajes creados por Alexandre Dumas, que en un principio debía realizar su admirado director Riccardo Freda, hace los interesantes policiacos *Ley 627,* sobre la actuación de una brigada antidroga de la policía francesa, y *La carnaza,* una excelente historia sobre tres jóvenes asesinos, con la que gana el Oso de Oro del Festival de Berlín.
1963 *Le baiser de Judas*, episodio de *Les baisers.*
1964 *Le jeu de la chance*, episodio de *La chance et l'amour.*
1973 *L'horloger de Saint-Paul* (El relojero de Saint-Paul).
1974 *Que la fête commence* (Que empiece la fiesta).
1975 *Le juge et l'assassin* (El juez y el asesino).
1977 *Des enfants gâtés* (Los inquilinos).
1980 *Death Watch* (La muerte en directo). / *Une semaine de vacances.*
1981 *Coup de torchon.*
1984 *Un dimanche à la campagne* (Un domingo en el campo). / *Mississippi Blues.*
1986 *Autour de minuit* (Alrededor de medianoche).
1987 *La passion Béatrice* (La pasión de Béatrice).
1989 *La vie et rien d'autre* (La vida y nada más).
1990 *Daddy nostalgie.*
1991 *La guerre sans nom.*
1992 *L. 627* (Ley 627).
1994 *La fille de D'Artagnan* (La hija de D'Artagnan). / *L'appât* (La carnaza).

TAVIANI, Paolo y Vittorio *(San Miniato, Italia, 1931 y 1929)*

Directores de teatro, fundan algunos cine-clubes, trabajan como ayudantes de dirección de Luciano Emmer, Roberto Rossellini y otros y durante la segunda mitad de los años cincuenta realizan gran cantidad de interesantes cortometrajes. Tras colaborar con el famoso documentalista holandés Joris Ivens (1898-1989) en el largo *L'Italia non è un paese povero,* pasan a la ficción al rodar junto con Valentino Orsini (Pisa, 1926) *Hay que quemar a un hombre,* análisis de la sociedad siciliana situada entre la Mafia y el sindicalismo, e *I fuorilegge del matrimonio,* irregular colección de cinco episodios en torno al tema del matrimonio. Separados de Orsini, pero con la misma tosca carga política, hacen *I sovversivi,* sobre la crisis ideológica de la izquierda, en torno al entierro del líder comunista Palmiro Togliatti. Su rudimentario estilo comienza a evolucionar favorablemente en las historias de época *Sotto il segno dello scorpione,* análisis de las estructuras sociales a partir de una brillante metáfora, con un exceso de simbolismo, y *¡No estoy solo!,* personal adaptación de un cuento de Leon Tolstoi, para alcanzar la madurez en *Allonsanfàn,* peculiares acercamientos a los movimientos revolucionarios del siglo XIX a través de particulares héroes negativos. En esta misma dirección, pero con una mayor carga poética y operística, se desarrollan *Padre patrón,* sobre la novela autobiográfica de Gavino Ledda, con la que ganan la Palma de Oro del Festival de Cannes; *El prado,* en torno a la crisis de los ideales de finales de los años setenta, a través de un irregular triángulo amoroso, y *La noche de san Lorenzo,* eficaz reconstrucción de la matanza llevada a cabo por los nazis en su pueblo el 10 de agosto de 1944, origen de uno de sus más atractivos cortos, *San Miniato, luglio 1944* (1954). Siempre en la línea de un cine demasiado poético, que trata de reflejar la realidad desde unas posiciones izquierdistas, dirigen *Kaos,* colección de cinco desiguales episodios, basados en textos sicilianos de Luigi Pirandello; *Buenos días, Babilonia,* sobre unos restauradores de catedrales contratados por el realizador norteamericano David W. Griffith para construir los decorados babilónicos de *Intolerancia* (Intolerance, 1916); *Il sole anche di notte,* adaptación de un relato de Leon Tolstoi al siglo XVIII italiano, rodado en inglés con importante reparto internacional, y *Fiorile,* poco convincente narración política, a través de cuatro determinados momentos de una familia durante los tres últimos siglos.
1960 *L'Italia non è un paese povero.*
1962 *Un uomo da bruciare* (Hay que quemar a un hombre).
1963 *I fuorilegge del matrimonio.*
1967 *I sovversivi.*
1969 *Sotto il segno dello scorpione.*
1971 *San Michele aveva un gallo* (No estoy solo).
1974 *Allonsanfan.*
1977 *Padre padrone* (Padre patrón).
1979 *Il prato* (El prado).
1982 *La notte di san Lorenzo* (La noche de san Lorenzo).
1984 *Kaos.*
1986 *Good Morning Babilonia* (Buenos días, Babilonia).

1990 *Il sole anche di notte.*
1992 *Fiorile.*
1993 *Le affinità elettive.*

TAXI DRIVER *(1976)*

Las relaciones entre el director católico Martin Scorsese y el guionista calvinista, y también realizador, Paul Schrader, se extienden a lo largo de *La última tentación de Cristo* (The Last Temptation of Christ, 1988), aburrida biografía de Jesucristo basada en la novela homónima de Nikos Kazantzakis, *Toro salvaje* (Raging Bull, 1980), brillante narración de la vida del boxeador Jake La Motta, y esta producción, que gana la Palma de Oro del Festival de Cannes y le lanza internacionalmente. Con un personal estilo hiperrealista Scorsese describe la peculiar fauna de Nueva York, al tiempo que hace un particular ensayo sobre la vida nocturna en una gran metrópoli y la violencia. El taxista Travis Bickle (Robert de Niro), ex combatiente de la guerra de Vietnam, trabaja en Nueva York, pero como no puede dormir se cambia al más peligroso horario nocturno, que le pone en contacto directo con la escoria de la gran ciudad. Rechazado por Betsy (Cybill Shepherd), una muchacha rubia que trabaja en la campaña para la presidencia de un senador, conoce a Iris (Jodie Foster), una prostituta de trece años a quien decide sacar de su profesión con una sangrienta matanza ritual.

Director: *Martin Scorsese*. Guionista: *Paul Schrader*. Fotografía: *Michael Chapman*. Música: *Bernard Herrmann*. Intérpretes: *Robert de Niro, Cybill Shepherd, Jodie Foster, Peter Boyle, Leonard Harris, Harvey Keitel*. Producción: *Michael Phillips* y *Julia Phillips* para *Italo-Judeo / Columbia*. Color. Duración: *114'*. Estados Unidos.

TAYLOR, Elizabeth *(Londres, Reino Unido, 1932)*

Hija del anticuario Francis Taylor y de la actriz Sarah Sothern, al comienzo de la II Guerra Mundial se traslada con sus padres a California y a los diez años la descubre un cazatalentos de los estudios Metro-Goldwyn-Mayer. Durante la década de los cuarenta pasa de ser la niña amiga del perro Lassie en *La cadena invisible* y *El coraje de Lassie* y de los caballos en *Fuego de juventud* a convertirse en la tímida jovencita de *Vida con mi padre, Así son ellas* y *Mujercitas*. El mejor período de su carrera son los años cincuenta por trabajar con Vincente Minnelli en *El padre de la novia*, George Stevens en *Un lugar en el sol* y *Gigante*, Richard Thorpe en *Ivanhoe*, William Dieterle en *La senda de los elefantes* y Richard Brooks en *La última vez que vi París* y *La gata sobre el tejado de cinc*. Sin embargo, su fama es mucho mayor en la década de los sesenta por ganar un Oscar con la fallida *Una mujer marcada*, estar a punto de hundir los estudios 20th Century Fox con sus exigencias durante el rodaje de *Cleopatra* y tener cinco años de tormentoso idilio con el actor Richard Burton, durante los que protagonizan los ecos de sociedad y ocho películas, donde su presencia resulta excesiva: *Hotel Internacional, Castillos en la arena, ¿Quién teme a Virginia Woolf?*, con la que obtiene su segundo Oscar, *La mujer indomable, Doctor Fausto, Los comediantes, La mujer maldita* y *Pacto con el diablo*. Los últimos quince años de su carrera están marcados por una cada vez más evidente, pero nunca asumida, decadencia artística y física.

1942 *There's on Born Every Minute*, de Harold Young.
1943 *Lassie Come Home* (La cadena invisible), de Fred M. Wilcox.
1944 *Jane Eyre* (Alma rebelde), de Robert Stevenson. / *The White Cliffs of Dover* (Las rocas blancas de Dover), de Clarence Brown. / *National Velvet* (Fuego de juventud), de Clarence Brown.
1946 *Courage of Lassie* (El coraje de Lassie), de Fred Wilcox.
1947 *Cynthia*, de Robert Z. Leonard. / *Life With Father* (Vida con mi padre), de Michael Curtiz.
1948 *A Date With Judy* (Así son ellas), de Richard Thorpe. / *Julia Misbehaves* (Julia se porta mal), de Jack Conway.
1949 *Little Women* (Mujercitas), de Mervyn LeRoy.
1950 *The Big Hangover*, de Norman Krasna. / *Conspirator* (Traición), de Victor Saville. / *Father of the Bride* (El padre de la novia), de Vincente Minnelli.
1951 *A Place in the Sun* (Un lugar en el sol), de George Stevens. / *Father's Little Dividend* (El padre es abuelo), de Vincente Minnelli.
1952 *Love Is Better Than Ever* (Rendirse al amor), de Stanley Donen. / *Ivanhoe*, de Richard Thorpe.
1953 *The Girl Who Had Everything*, de Richard Thorpe.
1954 *Elephant Walk* (La senda de los elefantes), de William Dieterle. / *Rhapsody* (Rapsodia), de Charles Vidor. / *The Last Time I Saw Paris* (La última vez que vi París), de Richard Brooks. / *Beau Brummel*, de Curtis Bernhardt.

1956 *Giant* (Gigante), de George Stevens.
1957 *Raintree County* (El árbol de la vida), de Edward Dmytryk.
1958 *Cat On a Hot Tin Roof* (La gata sobre el tejado de cinc), de Richard Brooks.
1959 *Suddenly Last Summer* (De repente... el último verano), de Joseph L. Mankiewicz.
1960 *Butterfield 8* (Una mujer marcada), de Daniel Mann.
1963 *Cleopatra*, de Joseph L. Mankiewicz. / *The V.I.P.'s* (Hotel Internacional), de Anthony Asquith.
1965 *The Sandpiper* (Castillos en la arena), de Vincente Minnelli.
1966 *Who's Afraid of Virginia Woolf?* (¿Quién teme a Virginia Woolf?), de Mike Nichols.
1967 *The Taming of the Shrew* (La mujer indomable), de Franco Zeffirelli. / *Doctor Faustus* (Doctor Fausto), de Richard Burton. / *The Comedians* (Los comediantes), de Peter Glenville. / *Reflections in a Golden Eye* (Reflejos en un ojo dorado), de John Huston.
1968 *Boom!* (La mujer maldita), de Joseph Losey. / *Secret Ceremony* (Ceremonia secreta), de Joseph Losey.
1970 *The Only Game in Town* (El único juego en la ciudad), de George Stevens.
1971 *X, Y and Zee* (Salvaje y peligrosa), de Brian G. Hutton. / *Under Milk Wood* (Bajo el bosque lácteo), de Andrew Sinclair.
1972 *Hammersmith Is Out* (Pacto con el diablo), de Peter Ustinov.
1973 *Night Watch* (Una hora en la noche), de Brian G. Hutton. / *Ash Wednesday* (Miércoles de ceniza), de Larry Peerce.
1974 *Identikit* (La masoquista), de Giuseppe Patroni-Griffi.
1976 *Victory at Entebbe* (Victoria en Entebbe), de Marvin Chomsky. / *The Blue Bird* (El pájaro azul), de George Cukor.
1977 *A Little Night Music* (Dulce Viena), de Harold Prince.
1979 *Winter Kills* (El clan de los asesinos), de William Richert.
1980 *The Mirror Crak'd* (El espejo roto), de Guy Hamilton.
1988 *Young Toscanini* (El joven Toscanini), de Franco Zeffirelli.
1994 *The Flintstone* (Los picapiedra), de Brian Levant.

TAYLOR, Robert *(Spangler Arlington Brough. Filley, Nebraska, 1911-Santa Mónica, California, Estados Unidos, 1969)*

Estudia música, se diploma en violoncello y abandona los estudios de medicina para trabajar como cantante melódico en la radio. Asiste a cursos de arte dramático y debuta como actor de teatro. Descubierto por un cazatalentos de los estudios Metro-Goldwyn-Mayer, rueda su primera película en 1934 y hace papeles secundarios hasta que protagoniza el melodrama *Sublime obsesión*. Convertido en un reputado galán romántico, durante los años treinta interviene, entre otras muchas, en *Margarita Gautier*, *Tres camaradas* y *El puente de Waterloo*, y en la siguiente década trabajar menos y en papeles más sólidos: *Senda prohibida*, *Bataan* y *Muro de tinieblas*. En los años cincuenta, los mejores de su irregular carrera, se convierte en el héroe de aventuras tan conocidas como *La puerta del diablo*, *Quo Vadis*, *Caravana de mujeres*, *Ivanhoe*, *Todos los hermanos fueron valientes*, *La última caza*, *Más rápido que el viento*, *Desafío en la ciudad muerta* y *Chicago, año treinta*. Rueda setenta y tres películas en treinta y cuatro años de carrera, la mayoría para los estudios Metro-Goldwyn-Mayer; pero, tras abandonarlos a principios de la década de los sesenta, solo interviene, hasta poco antes de su muerte, en producciones de baja calidad, entre las que destaca la coproducción hispano-argentina *Pampa salvaje*.

1934 *Handy Andy* (Receta para la felicidad), de David Butler. / *There's Always Tomorrow* (Cuando el amor se muere), de Edward Sloman. / *A Wicked Woman*, de Charles Bravin.
1935 *Society Doctor* (Entre el amor y la muerte), de George B. Seitz. / *Times Square Lady* (En busca de la fortuna), de George B. Seitz. / *West Point of the Air* (Nido de águilas), de Robert Rosson. / *Murder in the Fleet* (El acorazado misterioso), de Edward Sedgwick. / *Broadway Melody of 1936* (Melodías de Broadway 1936), de Roy del Ruth. / *Magnificent Obsession* (Sublime obsesión), de John M. Stahl.
1936 *Small Town Girl* (Una chica de provincias), de William A. Wellman. / *Private Number* (La esposa anónima), de Roy del Ruth. / *His Brother's Wife* (La esposa de su hermano), de W. S. van Dyke. / *The Gorgeous Hussy*, de Clarence Brown.
1937 *Camille* (Margarita Gautier), de George Cukor. / *Personal Property* (Jugando a la misma carta), de W. S. van Dyke. / *This Is My Affair*, de William A. Seiter.
1938 *Broadway Melody of 1938* (Melodías de Broadway 1938), de Roy del Ruth. / *A Yank at Oxford* (Un yanqui en Oxford), de Jack Conway. / *Three Comrades* (Tres camaradas), de Frank Borzage. / *The Crowd Roars* (El gong de la victoria), de Richard Thorpe.
1939 *Stand Up and Fight*, de W. S. van Dyke. / *Lucky Night*, de Norman Taurog. / *Lady of the Tropics*, de Jack Conway. / *Remember?*, de Norman Z. McLeod.

1940 *Flight Command,* de Frank Borzage. / *Waterloo Bridge* (El puente de Waterloo), de Mervyn LeRoy. / *Escape,* de Mervyn LeRoy.
1941 *Billy the Kid* (Billy el Niño), de David Miller. / *When Ladies Meet* (Cuando ellas se encuentran), de Robert Z. Leonard.
1942 *Johnny Eager* (Senda prohibida), de Mervyn LeRoy. / *Her Cardboard Lover,* de George Cukor.
1943 *Stand by for Action,* de Robert Z. Leonard. / *Bataan,* de Tay Garnett. / *The Youngest Profession,* de Edward Buzzell.
1944 *Song of Russia,* de Gregory Ratoff.
1946 *Undercurrent* (Corrientes ocultas), de Vincente Minnelli.
1947 *High Wall* (Muro de tinieblas), de Curtis Bernhardt.
1949 *The Bribe* (Soborno), de Robert Z. Leonard.
1950 *Ambush,* de Sam Wood. / *Conspirator* (Traición), de Victor Saville. / *Devil's Doorway* (La puerta del diablo), de Anthony Mann.
1951 *Quo Vadis,* de Mervyn LeRoy. / *Westward the Women* (Caravana de mujeres), de William A. Wellman.
1952 *Ivanhoe,* de Richard Thorpe. / *Above and Beyond* (El gran secreto), de Melvin Frank y Norman Panama.
1953 *I Love Melvin,* de Don Weis. / *Ride Vaquero* (Una vida por otra), de John Farrow. / *All the Brothers Were Valiant* (Todos los hermanos fueron valientes), de Richard Thorpe.
1954 *Knights of the Round Table* (Los caballeros del rey Arturo), de Richard Thorpe. / *Valley of the Kings* (El valle de los reyes), de Robert Pirosh. / *Rogue Cop* (Prisionero de su traición), de Roy Rowland.
1955 *Many Rivers to Cross* (La novia salvaje), de Roy Rowland. / *Quentin Durward* (Las aventuras de Quentin Durward), de Richard Thorpe.
1956 *The Last Hunt* (La última caza), de Richard Brooks. / *D-Day the Sixth of June,* de Henry Koster. / *The Power and the Prize,* de Henry Koster.
1957 *Tip on a Dead Jockey,* de Richard Thorpe.
1958 *Saddle the Wind* (Más rápido que el viento), de Robert Parrish. / *The Law and Jake Wade* (Desafío en la ciudad muerta), de John Sturges. / *Party Girl* (Chicago, año 30), de Nicholas Ray.
1959 *The Hangman,* de Michael Curtiz. / *The House of the Seven Hawks* (La casa de los siete halcones), de Richard Thorpe.
1960 *Killers of Kilimanjaro* (Los asesinos del Kilimanjaro), de Richard Thorpe.
1963 *Miracle of the White Stallion* (Operación cowboy), de Arthur Hiller. / *Cattle King* (Pistolas en la frontera), de Tay Garnett.
1964 *A House Is not a Home* (Una casa no es un hogar), de Russell Rouse. / *Recoil* (Juego y crimen), de Paul Wendkos.
1965 *The Night Walker,* de William Castle.
1966 *Johnny Tiger,* de Paul Wendkos.
1967 *Savage Pampas* (Pampa salvaje), de Hugo Fregonese. / *The Glass Sphinx* (La esfinge de cristal), de Luigi Scattini. / *Where Angels Go, Trouble Follows,* de James Neilson.
1968 *Le trouble à deux faces* (El rublo de dos caras), de Etienne Périer.

TE QUERRÉ SIEMPRE *(Viaggio in Italia, 1953)*

El matrimonio británico formado por Catherine (Ingrid Bergman) y Alexander Joyce (George Sanders) viaja en automóvil hasta Nápoles para vender una casa que ha heredado de un pariente lejano, pero instalados en la mansión de unos amigos, fuera de su ambiente, se aburren, son víctimas de los celos y mientras visitan las ruinas de la ciudad de Pompeya deciden divorciarse; pero, cuando les separa la multitud que presencia una procesión religiosa, se dan cuenta de que no pueden vivir el uno sin el otro. A través de la historia de una crisis matrimonial, el realizador Roberto Rossellini hace una minuciosa mezcla de ficción y documental, de improvisación y preparación, una muestra perfecta de su particular y efectivo estilo, una de las obras maestras que rueda con Ingrid Bergman. A pesar de que hace tiempo que se ha convertido en uno de los grandes clásicos del cine europeo, en el momento de su estreno es un completo fracaso, tanto en Italia como en el extranjero, hasta que la descubren los nuevos críticos de la mítica revista especializada francesa *Cahiers du Cinéma.*

Director: *Roberto Rossellini.* Guionistas: *Roberto Rossellini, Vitaliano Brancati, Antonio Pietrangeli.* Fotografía: *Enzo Serafin.* Música: *Renzo Rossellini.* Intérpretes: *Ingrid Bergman, George Sanders, Paul Muller, Maria Mauban, Anna Proclemer, Leslie Daniels.* Producción: *Roberto Rossellini para Sveva Film (Roma), Junior Film (Roma), Italia Film (Roma), Les Films d'Ariane (París), Francinez (París).* Duración: *80'. Italia-Francia.*

TÉCHINÉ, André *(Valence-d'Agen, Francia, 1943)*

Mientras estudia en París, se interesa por el cine, comienza a escribir crítica y llega a ser redactor de la revista *Cahiers du Cinéma.* Debuta a los veintiséis años como director con el largometraje experimental *Pauline s'en va,* pretenciosa narración con graves problemas económicos, presentada en la Mostra de Venecia, pero que solo se estrena años después y pasa desapercibida. Tras ser ayudante de dirección de Jacques Rivette, profesor en el I. D. H. E. C., la escuela de cine de París, y dedicarse al teatro durante cinco años, realiza la interesante *Recuerdos de mi Francia,* donde refleja las últimas décadas de vida de su país a través de las vicisitudes de una familia burguesa descendiente de españoles. Con amplio presupuesto y conocidos actores rueda *Barocco,* una confusa historia de amor y desamor; *Las hermanas Brontë,* un eficaz drama que mezcla elementos humanos y literarios en torno a las célebres escritoras, y *Hôtel des Amériques,* un drama amoroso protagonizado por Catherine Deneuve. El fracaso de esta última le lleva a rodar para televisión *La matiouette,* un excelente reportaje sobre un pueblo del suroeste, y el mediometraje *L'atelier* (1983), sobre los jóvenes actores del Théâtre des Amandiers. Gracias a esta experiencia hace el atractivo díptico formado por los dramas *La cita,* sobre una muchacha que quiere ser actriz, llega a París y se ve envuelta en una compleja historia amorosa, y *En la boca, no,* sobre un muchacho que quiere ser actor, se instala en París y cae en la prostitución. Entre las que se sitúan las más convencionales *El lugar del crimen,* historia de amor y muerte que liga a una madre, su hijo y un joven criminal, *Les innocents* y *Ma saison préférée,* dramáticas historias de amor y desamor. Su mayor éxito es *Los juncos salvajes,* una pequeña producción protagonizada por jóvenes actores desconocidos, que narra las relaciones que se establecen entre varios alumnos de un perdido liceo de provincias sobre el trasfondo de la guerra de Argelia.

1969 *Pauline s'en va.*
1975 *Souvenirs d'en France* (Recuerdos de mi Francia).
1976 *Barocco.*
1979 *Les soeurs Brontë* (Las hermanas Brontë).
1981 *Hôtel des Amériques.*
1985 *Rendez-vous* (La cita).
1986 *Le lieu du crime* (El lugar del crimen).
1987 *Les innocents.*
1991 *J'embrasse pas* (En la boca, no).
1993 *Ma saison préférée.*
1994 *Les roseaux sauvages* (Los juncos salvajes).
1996 *Les voleurs* (Los ladrones).
1998 *Alice et Martin* (Alice y Martin).

TEMERARIOS DEL AIRE, LOS *(The Gypsy Moths, 1969)*

Durante su actuación en Bridgeville, una pequeña ciudad de Kansas, los tres miembros de una compañía de acróbatas aéreos se alojan en casa del matrimonio Brandon, tíos del miembro más joven del grupo, Malcolm Webson (Scott Wilson). Esto da ocasión para que el veterano Mike Rettig (Burt Lancaster) se haga amante de Elizabeth Brandon (Deborah Kerr), pero ella no quiere dejar a su marido (William Windom) y él se suicida durante la última exhibición. Mientras el matrimonio Brandon prosigue su aburrida vida cotidiana, su sobrino Malcolm Webson decide dejar tan peligrosa profesión y Joe Browdy (Gene Hackman), el tercer miembro de la compañía, se traslada a Hollywood para buscar trabajo como especialista. Sobre un sólido guión de William Hanley, basado en una novela de James Drought, John Frankenheimer plantea un interesante contraste entre la arriesgada vida de los acróbatas aéreos y la tranquilidad cotidiana de una pequeña ciudad norteamericana. Destacan la brillantez de las acrobacias aéreas y la dureza de la historia narrada dentro de esta película, que se sitúa a la cabeza de las dirigidas por Frankenheimer.

Director: *John Frankenheimer.* Guionista: *William Hanley.* Fotografía: *Philip Lathrop.* Música: *Elmer Bernstein.* Intérpretes: *Burt Lancaster, Deborah Kerr, Gene Hackman, Scott Wilson, William Windom, Bonnie Bedelia.* Producción: *Han Landers y Bobby Roberts para Frankenheimer-Lewis / Metro-Goldwyn-Mayer.* Color. Duración: *110'. Estados Unidos.*

TEMPESTAD, LA *(Tempest, 1928)*

En 1914, en la ciudad de Volinsk, en una guarnición cercana a la frontera austriaca, el soldado Ivan Markov (John Barrymore) consigue ser ascendido a sargento gracias a su esfuerzo personal, mientras se enamora de la arrogante princesa Tamara (Camilla Horm), hija del general (George Fawcett) al mando de la zona. Degradado y encarcelado porque ella le encuentra en su cama durante una fiesta en su casa, tras el estallido de la Gran Guerra y el comienzo de la Revolución, Ivan Markov consigue salvar a Tamara de la muerte y, gracias a la ayuda de su amigo el sargento Bulba (Louis Wolheim), huir a Austria. Con esta atractiva historia de amor el olvidado Sam Taylor demuestra ser un gran director de obras dramáticas, además del eficaz correalizador de algunas de las mejores comedias protagonizadas y producidas por Harold Lloyd. Destacan una excelente primera parte con grandes escenas, como el enfrentamiento entre los protagonistas junto al río o la fiesta que finaliza con él dormido en la cama de ella, sin olvidar a la estupenda Camilla Horm, un descubrimiento de Murnau, en su primera película norteamericana, y los espléndidos decorados de William Cameron Menzies.

Director: *Sam Taylor.* Guionista: *C. Gardner Sullivan.* Fotografía: *Charles Rosher.* Intérpretes: *John Barrymore, Camilla Horm, Louis Wolheim, Boris de Fas, George Fawcett, Ullrich Haupt, Michael Visaroff.* Producción: *John W. Considine para Joseph M. Schenck / United Artists.* Duración: *105'. Estados Unidos.*

TEMPESTAD SOBRE WASHINGTON
(Advise and Consent, 1962)

El presidente de Estados Unidos (Franchot Tone) elige a Robert A. Leffingwell (Henry Fonda) nuevo secretario de Estado, pero al examinarle una comisión del Senado descubre que de joven perteneció al Partido Comunista. Al mismo tiempo el senador Anderson (Don Murray), presidente de la comisión, es chantajeado por un desliz homosexual durante la guerra de Corea y se suicida. Durante la votación en el Senado para ratificar la elección de Leffingwell como nuevo secretario se produce un empate, pero al mismo tiempo se difunde la noticia de que el presidente ha muerto y el vicepresidente elige a otro candidato. Esta gran película producida y dirigida por Otto Preminger es un buen dibujo de la alta política norteamericana, además de un brillante ejercicio de estilo por la complejidad y suntuosidad de sus largos planos y un ejemplo de su habilidad para dirigir un amplio reparto, pero, sobre todo, es un perfecto ejemplo de la ambigüedad de su cine: en ningún momento, como es habitual en sus películas, se inclina por una de las partes enfrentadas. Como dato histórico hay que señalar que es la primera película de Hollywood que, en contra de las normas del código Hays de censura, sitúa una escena en un bar de homosexuales.

Director: *Otto Preminger.* Guionista: *Wendell Mayes.* Fotografía: *Sam Leavitt.* Música: *Jerry Fielding.* Intérpretes: *Don Murray, Charles Laughton, Henry Fonda, Walter Pidgeon, Lew Ayres, Edward Andrews, Burgess Meredith, Gene Tierney, Franchot Tone, Peter Lawford.* Producción: *Otto Preminger para Alpha-Alpina / Columbia. Scope.* Duración: *139'. Estados Unidos.*

TEMPLE, Shirley *(Santa Mónica, California, Estados Unidos, 1928)*

Perteneciente a una adinerada familia, desde los tres años da clases de baile, poco después es descubierta por el realizador Charles Lamont y en 1932 comienza a rodar *Baby Burkes,* cortometrajes protagonizados por niños que parodian largos famosos. El triunfo alcanzado con sus papeles secundarios en *Dejada en prenda* y *Mandalay* hace que los estudios 20th Century Fox la contraten en exclusiva y durante el final de la década de los treinta se convierta en la primera estrella infantil a través del éxito de *Ahora y siempre, Ojos cariñosos, La pequeña coronela, Nuestra hijita, La simpática huerfanita, La pequeña vigía, La pobre niña rica, La mascota del regimiento* y *Heidi.* Después de arreglar los problemas amorosos, económicos y raciales de cuantos la rodean, entre medias de optimismo, canciones y bailes, a los diez años su carrera ha terminado, situación que se agrava cuando los estudios Metro-Goldwyn-Mayer prefieren a Judy Garland para protagonizar *El mago de Oz* (The Wizard of Oz, 1939), de Victor Fleming. En compensación 20th Century Fox produce *El pájaro azul* y *Young People,* pero son sendos fracasos económicos que hacen rescindir su contrato. Desde ese momento se convierte en la hermana pequeña de la protagonista de las interesantes producciones de David O. Selznick *Desde que te fuiste,* de John Cromwell, y *Te volveré a ver,* de William Dieterle; la pareja del personaje principal de irregulares comedias como *El solterón y la menor, Mr. Belvedere estudiante;* o la novia de uno de los actores del *western* clásico *Fort Apache,* de John Ford. Se retira a los veintiún años para posteriormente dedicarse a la política activa dentro del Partido Republicano. En 1968 es representante de Estados Unidos en la ONU y entre 1974 y 1976, embajadora de su país en Ghana y más tarde jefa de protocolo.

1933 *To the Last Man,* de Henry Hathaway. / *Out all Night* (Su primer amor), de Sam Taylor.
1934 *Carolina,* de Henry King. / *Now I'll Tell* (Noches de Nueva York), de Edwin Burke. / *Change of Heart* (El primer amor), de John G. Blystone. /

Stand Up and Cheer (Seamos optimistas), de Hamilton McFadden. / *Little Miss Marker* (Dejada en prenda), de Alexander Hall. / *Baby Take a Bow* (Gracia y simpatía), de Harry Lachman. / *Mandalay*, de Michael Curtiz. / *Now and Forever* (Ahora y siempre), de Henry Hathaway. / *Bright Eyes* (Ojos cariñosos), de David Butler.
1935 *The Little Colonel* (La pequeña coronela), de David Butler. / *Our Little Girl* (Nuestra hijita), de John S. Robertson. / *Curly Top* (La simpática huerfanita), de Irving Cummings. / *The Little Rebel* (Rebelde), de David Butler.
1936 *Captain January* (La pequeña vigía), de David Butler. / *Poor Little Rich Girl* (La pobre niña rica), de Irving Cummings. / *Dimples*, de William A. Seiter. / *Stowaway*, de William A. Seiter.
1937 *Wee Willie Winkle*, de John Ford. / *Heidi*, de Allan Dwan.
1938 *Rebecca of Sunnybrook Farm*, de Allan Dwan. / *Little Miss Broadway*, de Irving Cummings. / *Just Around the Corner*, de Irving Cummings.
1939 *The Little Princess*, de Walter Lang. / *Susannah of the Mounties*, de William A. Seiter.
1940 *The Blue Bird* (El pájaro azul), de Walter Lang. / *Young People*, de Allan Dwan.
1941 *Kathleen*, de Harold S. Bucquet.
1942 *Miss Annie Rooney* (Quiero ser mujer), de Edwin L. Marin.
1944 *Since You Went Away* (Desde que te fuiste), de John Cromwell.
1945 *Kiss and Tell*, de Richard Wallace. / *I'll Be Seeing You* (Te volveré a ver), de William Dieterle.
1947 *The Bachelor and the Bobby-Soxer* (El solterón y la menor), de Irving Reis. / *Honeymoon*, de William Keighley. / *That Hagen Girl*, de Peter Godfrey.
1948 *Fort Apache*, de John Ford.
1949 *Mr. Belvedere Goes to College* (Mr. Belvedere estudiante), de Elliott Nugent. / *Adventure in Baltimore*, de Richard Wallace. / *A Kiss for Corliss*, de Richard Wallace. / *The Story of Seabiscuit* (A rienda suelta), de David Butler.

TENER Y NO TENER *(To Have and Have Not, 1944)*

La poco conocida novela homónima de Ernest Hemingway es origen de tres películas muy diferentes. La más conocida es esta primera, pensada como una sofisticada nueva versión de *Casablanca* (1943), de Michael Curtiz. Tiene gran éxito, un buen guión del gran novelista William Faulkner y del apreciado guionista Jules Furthman, una sólida dirección de Howard Hawks y es el origen de la atractiva pareja formada por el veterano Humphrey Bogart y la joven debutante Lauren Bacall. Narra cómo durante la II Guerra Mundial en Martinica, a pesar de sus intentos de permanecer neutral, Harry Morgan (Humphrey Bogart), patrón de una pequeña embarcación pesquera, acaba ayudando a los franceses frente a los alemanes, atraído por la joven Marie Browning (Lauren Bacall) y porque los nazis dan una paliza a su viejo amigo Eddie (Walter Brennan). La mejor y más respetuosa con el original es *Punto de ruptura* (The Breaking Point, 1950), de Michael Curtiz, donde un Harry Morgan, encarnado por John Garfield, se debate entre el placer de la aventura y el deber ante la responsabilidad de cuidar a su mujer y sus dos hijas pequeñas. La tercera, *The Gun Runners* (1958), de Don Siegel, con Audie Murphy, es la peor al no tener ningún interés en sí misma, estar rodada con gran torpeza y guardar solo una mínima relación con el original.

Director: *Howard Hawks*. Guionistas: *Jules Furthman, William Faulkner*. Fotografía: *Sid Hickox*. Música: *Franz Waxman*. Intérpretes: *Humphrey Bogart, Lauren Bacall, Walter Brennan, Hoagy Carmichael, Dolores Morán*. Producción: *Howard Hawks para Warner*. Duración: *100'*. Estados Unidos.

TENORIO TÍMIDO, EL *(Girl Shy, 1924)*

Producida y protagonizada por el gran actor Harold Lloyd, al igual que la mayoría de sus largometrajes de los años veinte es una hábil sucesión de cortos. Narra cómo Harol (Harold Lloyd), un aprendiz de sastre tartamudo y tímido, escribe un libro sobre sus imaginarias experiencias con las mujeres y cuando lo lleva a un editor de la ciudad se hace amigo en el tren de una muchacha rica (Jobyna Ralston), cuyo perro ha salvado del revisor, y se enamoran. Después de rechazarle el libro, vuelve a encontrarse con ella, pero la timidez le hace abandonarla, y cuando se entera de que va a casarse con un millonario (Carlton Griffin) sale corriendo para impedir la boda, rapta a la novia y le declara su amor. Planteada como una comedia sentimental más que cómica, tiene una parte excelente en el tren con el perro, así como el reencuentro de la pareja en un romántico río, pero la larga carrera para impedir la boda, otra de las grandes escenas, es una comedia cómica que despega en exceso del resto. Realizada con tanta habilidad como sencillez por sus habituales directores

Fred Newmeyer y Sam Taylor, es una de las mejores y más olvidadas películas de Harold Lloyd.

Directores: *Fred Newmeyer, Sam Taylor.* Guionistas: *Sam Taylor, Ted Wilde, Tim Whelan.* Fotografía: *Walter Lundin.* Intérpretes: *Harold Lloyd, Jobyna Ralston, Carlton Griffin.* Producción: *Harold Lloyd para Pathé.* Duración: *90'. Estados Unidos.*

TERCER HOMBRE, EL *(The Third Man, 1949)*

El escritor norteamericano de novelas de género Holly Martins (Joseph Cotten) llega a la destruida Viena de la posguerra, dividida en cuatro sectores controlados respectivamente por norteamericanos, ingleses, rusos y franceses, y donde florece el mercado negro. Allí su viejo amigo Harry Line (Orson Welles) le ha ofrecido un trabajo, pero solo llega a tiempo de asistir a su entierro. Tras conocer a su amante, Anna Schmidt (Alida Valli), una refugiada checa con pasaporte falso buscada por los rusos, al mayor Calloway (Trevor Howard), un inglés que intenta convencerle de que regrese a su país, y algunos testigos del extraño accidente que le ha costado la vida a su amigo, descubre que Harry Line era un traficante del mercado negro que adulteraba la penicilina, que sigue vivo y se oculta en el sector ruso, y decide colaborar con los británicos en su captura. Producida por el húngaro Alexander Korda, impulsor del cine inglés, y el norteamericano David O. Selznick al final de su personal trayectoria, es la mejor y más conocida de las películas de Carol Reed, y refleja con realismo el clima de inseguridad y desolación característico de la posguerra dentro de una buena intriga policiaca. Destacan un sólido guion original del novelista Graham Greene, en el que, al parecer, Orson Welles escribe las escenas donde interviene, un apropiado reparto y la famosa melodía de cítara compuesta e interpretada por el desconocido Anton Karas.

Director: *Carol Reed.* Guionista: *Graham Greene.* Fotografía: *Robert Krasker.* Música: *Anton Karas.* Intérpretes: *Joseph Cotten, Alida Valli, Trevor Howard, Orson Welles, Bernard Lee.* Producción: *Alexander Korda y David O. Selznick para London Films.* Duración: *105'. Reino Unido.*

TERRAZA, LA *(La terrazza, 1980)*

A través de cinco episodios, unidos por la excusa de una fiesta en una gran terraza que reúne a intelectuales romanos que trabajan en la prensa, el cine y la televisión, Ettore Scola intenta transmitir el fracaso artístico, político y sentimental de la generación que tiene cincuenta años a finales de la década de los setenta. Enrico (Jean-Louis Trintignant) es un guionista de cine que no puede escribir, a quien un crítico acusa de compromisos con el poder. Luigi (Marcello Mastroianni) es un periodista político que se siente marginado en su trabajo y trata de recuperar a su ex mujer (Carla Gravina), que ha hecho carrera en televisión. Amedeo (Ugo Tognazzi) es un vulgar productor de cine que se siente despreciado por su mujer (Ombretta Colli) y acepta financiar una película intelectual para contentarla. Sergio (Serge Reggiani) es un viejo militante del Partido Comunista que se siente incapaz de compaginar su trabajo en televisión con el amor que siente por una joven. Mario (Vittorio Gassman) es un diputado comunista que tiene una relación ocasional con Giovanna (Stefania Sandrelli), la mujer de un publicitario. Debido a sus excesivos 160 minutos de duración, esta obra maestra de la famosa pareja de guionistas formada por Age y Scarpelli, canto de cisne de la «comedia a la italiana», no se exhibe íntegra en casi ningún sitio, y sufre diferentes cortes en las versiones para su distribución, pero se trata de una de las mejores y más originales películas del guionista y realizador Ettore Scola.

Director: *Ettore Scola.* Guionistas: *Age, Scarpelli, Ettore Scola.* Fotografía: *Pasqualino de Santis.* Música: *Armando Trovajoli.* Intérpretes: *Ugo Tognazzi, Vittorio Gassman, Marcello Mastroianni, Jean-Louis Trintignant, Serge Reggiani, Stefania Sandrelli, Ombretta Colli, Carla Gravina.* Producción: *Dean Film (Roma), Cocinor (París), Marceau (París). Color.* Duración: *160'. Italia-Francia.*

TESORO DE SIERRA MADRE, EL *(The Treasure of the Sierra Madre, 1948)*

Las mejores películas de la primera parte de la filmografía del guionista y director John Huston narran la historia de un grupo de hombres que persigue algo, logra obtenerlo con gran esfuerzo y en el último momento se les escurre entre las manos. En esta ocasión parte de una novela de B. Traven para narrar la aventura de los norteamericanos Dobbs (Humphrey Bogart), Curtin (Tim Holt) y el viejo desdentado Howard

(Walter Huston), que encuentran en tierras mexicanas, en Sierra Madre, un filón de oro. Trabajan duramente para explotarlo, luchan contra los bandidos y llega a morir uno de ellos, para que al final literalmente el viento se lleve el polvo de oro. Huston es muy fiel al original del misterioso B. Traven, seudónimo tras el cual se esconde el desconocido Traven Torsvan, autor de esta única novela, pero da su característico toque al final. Destacan no solo su labor como guionista y director, sino también la interpretación de Humphrey Bogart y Walter Huston, padre del realizador, así como la inspirada música del mítico Max Steiner.

Director y guionista: *John Huston*. Fotografía: *Ted McCord*. Música: *Max Steiner*. Intérpretes: *Humphrey Bogart, Walter Huston, Tim Holt, Alfonso Beduya, John Huston, Bruce Bennett*. Producción: *Henry Blake para Warner*. Duración: *126'*. *Estados Unidos*.

TESS *(1979)*

La novela *Tess D'Urberville,* de Thomas Hardy, publicada en 1891, se convierte en manos del cosmopolita guionista y realizador Roman Polanski en una de las primeras y mejores producciones europeas. Narra cómo en la Inglaterra de mediados del siglo XIX, al enterarse el humilde granjero John Durbeyfield (John Collin) de que desciende del gran linaje de los Urberville, manda a su bella hija Tess (Nastassja Kinski) para que entable relaciones con sus parientes ricos. Seducida por su lejano primo sir Alec D'Urberville (Leigh Lawson), la muchacha regresa con su familia y tiene un hijo que no tarda en morir. Más tarde se enamora del pastor Angel Clare (Peter Firth) y se casa con él, pero la noche de bodas le cuenta su pasado y la abandona para irse a trabajar a Brasil. Una vez que se ha convertido en la amante de sir Alec D'Urberville, su marido regresa para perdonarla y vivir juntos y Tess mata a su amante para poderse ir con el hombre a quien ama, pero la policía no tarda en encontrarles. Con estos elementos Polanski realiza un efectivo drama rural de época, gracias a un buen guión de su colaborador habitual Gérard Brach y suyo, a la excelente fotografía de Geoffrey Unsworth y Ghislain Cloquet, y al efectivo trabajo interpretativo de una bella y joven Nastassja Kinski —que se consagra con esta película—, que gana varios Oscars secundarios y tiene un gran éxito de público.

Director: *Roman Polanski*. Guionistas: *Gérard Brach, John Brownjohn, Roman Polanski*. Fotografía: *Geoffrey Unsworth, Ghislain Cloquet*. Música: *Philippe Sarde*. Intérpretes: *Nastassja Kinski, Peter Firth, Leigh Lawson, John Collin*. Producción: *Claude Berri*. *Color*. *Scope*. Duración: *185'*. *Francia-Reino Unido*.

TESTAMENTO DEL DOCTOR CORDELIER, EL *(Le testament du docteur Cordelier, 1959)*

Producida por la R. T. F., la televisión francesa, y rodada con la técnica de los programas dramáticos en directo, es decir, con varias cámaras a la vez, esta personal adaptación de la novela *El doctor Jekyll y Mister Hyde*, de Robert Louis Stevenson, es una de las películas más interesantes de la última etapa de la carrera del director Jean Renoir. Presentada personalmente por Renoir, como si se tratase de un programa más de televisión, tiene un perfecto desarrollo dramático y una excelente interpretación de Jean-Louis Barrault, que hace el papel del correcto psicoanalista Cordelier, atrapado en las convenciones sociales burguesas, y el de un genial Opale, que escapa a todas las reglas, dentro de la clásica oposición entre el bien y el mal. Ambientada en el París de la época, no utiliza ningún tipo de trucos, ni transformaciones más o menos efectistas; solo resulta demasiado premiosa la larga explicación final, frente a la completa libertad del resto de la película. Entre las restantes y múltiples adaptaciones de la novela de Stevenson hay que citar *Der Januskopf* (1920), una perdida versión alemana dirigida por Friedrich W. Murnau con Conrad Veidt; las famosas producciones norteamericanas *El hombre y el monstruo* (Dr. Jekyll and Mr. Hyde, 1932), de Rouben Mamoulian con Fredric March, y *El extraño caso del doctor Jekyll* (Dr. Jekyll and Mr. Hyde, 1941), de Victor Fleming con Spencer Tracy; además de las mucho más libres *El profesor chiflado* (The Nutty Professor, 1963), de Jerry Lewis, donde el tímido doctor Jerry se convierte en el seductor Buddy Love, una caricatura de su antiguo compañero Dean Martin; *Doctor Jekyll y su hermana Hyde* (Dr. Jekyll and Sister Hyde, 1971), de Roy Ward Baker, donde Ralph Bates se transforma en la estupenda Martine Beswick; *Mary Reilly* (1995), de Stephen Frears, que narra la historia desde el punto de vista de la criada del doctor Jekyll, protagonizada por Julia Roberts y John Malkovich, y la producción española *Mi nombre es sombra* (1996), de Gonzalo Suárez, que la convierte en la historia de amor de un hombre devorado por los celos.

Director y guionista: *Jean Renoir*. Fotografía: *Georges Leclerc*. Música: *Joseph Kosma*. Intérpretes: *Jean-Louis Barrault, Teddy Billis, Michel Vitold, Jean Topart*. Producción: *R. T. F., Sofirad, Jean Renoir*. Duración: *100'. Francia*.

TESTAMENTO DEL DOCTOR MABUSE, EL *(Das testament des Dr. Mabuse, 1933)*

El éxito de la producción muda *El doctor Mabuse* (Dr. Mabuse der Spieler, 1922) hace que Fritz Lang vuelva sobre su más característico personaje una década después, a principios del sonoro. En unión de Thea von Harbou, su colaboradora habitual de la época y su mujer, escribe una interesante historia policiaca donde las ideas de un demente homicida se identifican con las consignas del triunfador nacionalsocialismo. La historia de cómo el doctor Mabuse (Rudolf Klein-Rogge) hipnotiza al profesor Baum (Oskar Beregi), que dirige el manicomio donde está encerrado, para organizar una banda criminal, que incluso regenta después de su muerte, es prohibida por los nazis y se conserva gracias a que al mismo tiempo se rueda una versión francesa y el productor consigue que se confunda una con otra. Al mismo tiempo que el siniestro ministro de propaganda nazi Goebbels comunica a Lang su prohibición, le ofrece la dirección de la importante productora U. F. A., cargo que acepta para, esa misma noche, huir a París con lo puesto. Hábil mezcla de soluciones narrativas clásicas del cine mudo, elementos expresionistas y diálogos realistas, es la mejor parte de la trilogía de Mabuse, pero la menos conocida debido a los incidentes que acompañan su realización. Al final de su carrera Lang vuelve sobre su personaje en la menos afortunada *Los crímenes del doctor Mabuse* (Die Tausend Augen des Dr. Mabuse, 1960).

Director: *Fritz Lang*. Guionistas: *Fritz Lang, Thea von Harbou*. Fotografía: *Fritz Arno Wagner*. Música: *Walter Sieber*. Intérpretes: *Rudolf Klein-Rogge, Oskar Beregi, Theodor Loos, Karl Meizner, Otto Wernicke*. Producción: *Nero Films*. Duración: *122'. Alemania*.

TETA Y LA LUNA, LA *(1994)*

Tras *Jamón, jamón* (1992) y *Huevos de oro* (1993), Bigas Luna cierra su trilogía de películas mediterráneas, eróticas y gastronómicas, con esta entrega en la que introduce otro elemento: la escatología. Al igual que las otras dos, tiene un desarrollo visual muy brillante, pero una confusa estructura dramática. No puede tener un mejor comienzo la historia del niño (Biel Durán) que, celoso al ver cómo su madre da el pecho a su recién nacido hermanito, se obsesiona por mamar, por encontrar a una mujer que le dé su leche, y la encuentra en una bella bailarina (Mathilda May) que realiza un curioso espectáculo de variedades con un famoso pedómano (Gerard Darmon). Los problemas comienzan cuando una vez planteada la situación, la extraña relación erótica establecida entre la bailarina, su marido pedómano, el niño y un joven electricista a quien le dan calambres cuando la toca, no se desarrolla, comienza a girar sobre sí misma, se repite con mínimas variaciones, hasta finalizar por puro agotamiento. En esta atractiva historia mal contada, llena de implicaciones freudianas y con un peculiar humor catalán, vuelven a aparecer las obsesiones gastronómicas de Bigas Luna, en esta ocasión aderezadas por un personal erotismo y una buena carga escatológica, que encuentran una perfecta exposición en el número de variedades de la bailarina y el pedómano sobre una canción de Edit Piaf.

Director: *Bigas Luna*. Guionistas: *Cuca Canals, Bigas Luna*. Fotografía: *José Luis Alcaine*. Música: *Nicola Piovani*. Intérpretes: *Biel Durán, Mathilda May, Gerard Darmon, Miguel Poveda*. Producción: *Andrés Vicente Gómez para Lolafilms (Barcelona), Cartel (Madrid), Hugo Films (París). Color. Scope*. Duración: *100'. España-Francia*.

THOMPSON, Emma *(Londres, Reino Unido, 1960)*

Hija del escritor Eric Thompson y de la actriz Phyllida Law, estudia arte dramático y desde principios de la década de los ochenta realiza una amplia actividad como actriz de televisión y teatro que la lleva a debutar en cine como protagonista de *Un tipo de altura*. Trabaja especialmente bajo la dirección de su marido, el actor y director Kenneth Branagh, en *Enrique V, Morir todavía, Los amigos de Peter* y *Mucho ruido y pocas nueces*. Tras ganar un Oscar con

Regreso a Howards End, vuelve a trabajar con James Ivory en *Lo que queda del día,* y gana otro Oscar como guionista de *Sentido y sensibilidad,* que también protagoniza.

1988 *The Tall Guy* (Un tipo de altura), de Mel Smith.
1989 *Henry V* (Enrique V), de Kenneth Branagh.
1990 *Impromptu* (Pasiones privadas de una mujer), de James Lapine.
1991 *Dead Again* (Morir todavía), de Kenneth Branagh.
1992 *Howards End* (Regreso a Howards End), de James Ivory. / *Peter's Friends* (Los amigos de Peter), de Kenneth Branagh.
1993 *Much Ado About Nothing* (Mucho ruido y pocas nueces), de Kenneth Branagh. / *The Remains of the Day* (Lo que queda del día), de James Ivory. / *In the Name of the Father* (En el nombre del padre), de Jim Sheridan. / *My Father, the Hero* (Mi padre, ¡qué ligue!, de Steve Miner.
1994 *Junior,* de Ivan Reitman.
1995 *Carrington,* de Christopher Hampton. / *Sense and Sensibility* (Sentido y sensibilidad), de Ang Lee.

THURMAN, Uma *(Uma Karuna Thurman. Boston, Massachusetts, Estados Unidos, 1970)*

Hija de un profesor norteamericano de religiones orientales y de una psicoterapeuta sueca, se educa en el Northfield Mount Hermon hasta que a los quince años va a vivir a Nueva York, dispuesta a ser actriz, y estudia arte dramático en la Professional Children's School. Mientras trabaja como modelo y en un restaurante, hace papelitos en algunas producciones hasta que Stephen Frears se fija en ella y le da un importante papel secundario en *Las amistades peligrosas.* Su primera película como protagonista es *Donde está el corazón* y entre las sucesivas de su todavía corta carrera destacan *El diario íntimo de Anaïs Nin, Análisis final* y *La chica del gángster.*

1987 *Kiss Daddy Good Night,* de Peter Illy Huemer.
1988 *Johnny Be Good* (Johnny Superstar), de Bud Smith. / *Dangerous Liaisons* (Las amistades peligrosas), de Stephen Frears. / *The Adventures of Baron Munchausen* (Las aventuras del barón Munchausen), de Terry Gillian.
1990 *Where the Heart Is* (Donde está el corazón), de John Boorman. / *Henry and June* (El diario íntimo de Anaïs Nin), de Philip Kaufman.
1991 *Robin Hood* (Robin Hood el magnífico), de John Irvin.
1992 *Final Analysis* (Análisis final), de Phil Joanou. / *Jennifer Eight* (Jennifer 8), de Bruce Robinson.
1993 *Mad Dog and Glory* (La chica del gángster), de John McNaughton. / *Even Cowgirls Get the Blues* (Ellas también se deprimen), de Gus van Sant.
1994 *Pulp Fiction,* de Quentin Tarantino. / *A Month by the Lake* (Un mes en el lago), de John Irvin.

THX 1138 *(1971)*

Vagamente inspirada en la famosa novela *1984,* de George Orwell, narra cómo en un próximo futuro la vida se ha hecho subterránea y los hombres se han convertido en números controlados por una mente automática y religiosa. Apoyado por el amor de su compañera LUH 3417 (Maggie McOmie), THX 1138 (Robert Duvall) se enfrenta a esta situación y, en un final mínimamente esperanzador, logra salir al exterior. Ampliación de un mediometraje rodado unos años antes, este primero de los tres largometrajes realizados por el multimillonario productor George Lucas muestra sus insuficiencias como guionista y su habilidad como director. Producida por su amigo el guionista, productor y realizador Francis Ford Coppola, aprovecha con suma habilidad los pocos medios de que dispone para crear unos atractivos espacios blancos donde se desenvuelven unos actores con la cabeza afeitada y vestidos de blanco. Destacan las cálidas escenas de amor entre los protagonistas.

Director: *George Lucas.* Guionistas: *George Lucas, Walter Murch.* Fotografía: *Dave Meyers, Albert Kihn.* Música: *Lalo Schifrin.* Intérpretes: *Robert Duvall, Donald Pleasence, Pedro Colley, Maggie McOmie.* Producción: *Francis Ford Coppola para American Zoetrope / Warner. Color. Scope.* Duración: *95'. Estados Unidos.*

TÍA TULA, LA *(1964)*

El interés del director Miguel Picazo por desvelar los problemas eróticos que se ocultan en las capitales de provincia le lleva a hacer dos películas similares sobre el tema, pero en el fondo muy diferentes. En primer lugar se sitúa esta personal adaptación de la novela homónima de Miguel de Unamuno, que marca su brillante debut como realizador. A través de las relaciones entre la solterona Tula (Aurora Bautista) y su cuñado Ramiro (Carlos Estrada), que acaba de quedarse viudo, se hace un cuidado retrato de una mujer llena de frustraciones sexuales, religiosas e ideológicas, al tiempo que describe con fuerza y eficacia la triste y aburrida vida en las capitales de provincia durante los comienzos de los años sesenta. Contiene una de las mejores actuaciones de Aurora Bautista y es la mejor película de la irregular y corta filmografía de Picazo. Desde una perspectiva muy diferentes y sin las trabas de censura que condicionan a esta, vuelve a contar otra historia llena de erotismo en *Los claros motivos del deseo* (1976), que está ambientada en Guadalajara y gira en torno a un grupo de adolescentes en el que una muchacha se enamora del novio de su amiga, pero pasa demasiado desapercibida.

Director: *Miguel Picazo*. Guionistas: *José Miguel Hernán, Luis Sánchez Enciso, Manuel López Yubero, Miguel Picazo*. Fotografía: *Juan Julio Baena*. Música: *Antonio Pérez Olea*. Intérpretes: *Aurora Bautista, Carlos Estrada, Mari Loli Cobo, Carlos Sánchez, Enriqueta Carballeira*. Producción: *Juan Miguel Lamet para Eco Films, Surco Films*. Duración: *114'. España.*

TIEMPO DE AMAR, TIEMPO DE MORIR
(A Time to Love and a Time to Die, 1958)

A partir de una novela de su compatriota Erich Maria Remarque, que además encarna al profesor antinazi Polhlmann, el realizador alemán Douglas Sirk hace uno de sus más personales y mejores melodramas para los estudios Universal durante su largo exilio en Estados Unidos. Narra cómo al final de la II Guerra Mundial, en el invierno de 1944, el soldado Ernst Graeber (John Gavin) vuelve con un permiso a Berlín, se encuentra con su amiga de infancia Elizabeth Kruse (Liselotte Pulver), se enamoran y se casan. De regreso al frente ruso, Ernst Graeber recibe la orden de fusilar a cuatro francotiradores, pero les deja escapar y uno le mata. A través del contraste entre la guerra y el amor, la destrucción y la belleza, el horror bélico y la armonía natural, Sirk contrapone el romanticismo y el drama para conseguir uno de sus más efectivos melodramas apoyado en el final de la filosofía nazi, basada en la fuerza y el horror.

Director: *Douglas Sirk*. Guionista: *Orin Jannings*. Fotografía: *Russell Metty*. Música: *Miklos Rozsa*. Intérpretes: *John Gavin, Liselotte Pulver, Keenan Wynn, Jock Mahoney, Thayer David, Agnes Windeck, Erich Maria Remarque*. Producción: *Robert Arthur para Universal. Color. Scope.* Duración: *132'. Estados Unidos.*

TIEMPO DE LOS ASESINOS, EL *(Voici le temps des assassins, 1956)*

Las relaciones entre Chatelin (Jean Gabin), propietario de un restaurante que se pone de moda en los alrededores de Les Halles en París, y Catherine (Danièle Delorme), la hija de su ex mujer Gabrielle (Lucienne Bogaert), que un buen día aparece para vengarse de él, dan lugar a una de las mejores películas realizadas por Julien Duvivier durante la década de los cincuenta. La habitual sordidez de sus narraciones en esta ocasión aparece reflejada en el personaje de Gabrielle, esa terrible madre que durante años solo ha vivido para que su hija la vengase, así como en el de la hija Catherine, que no duda en casarse con el ex marido de su madre para llevar a cabo esta venganza. Destacan la ambientación y el buen funcionamiento del restaurante de Les Halles, el excelente trabajo de Jean Gabin y la sólida dirección de Duvivier.

Director: *Julien Duvivier*. Guionistas: *Julien Duvivier, Charles Dorat, Maurice Bessy, Pierre A. Bréal*. Fotografía: *Armand Thirard*. Música: *Jean Wiener*. Intérpretes: *Jean Gabin, Danièle Delorme, Lucienne Bogaert, Gérard Blain, Germaine Kerjean*. Producción: *C. I. C. C.* Duración: *113'. Francia.*

TIEMPOS MODERNOS *(Modern Times, 1936)*

El gran éxito de *Luces de la ciudad* (City Lights, 1930) lleva a Charles Chaplin a dar la vuelta al mundo siguiendo su estreno, tardar cinco años en hacer su siguiente película y planteársela con mayor ambición. En esta ocasión su habitual personaje de vagabundo (Charles Chaplin) protagoniza una divertida crítica de la mecanización industrial, reflejo de la alta conflictividad laboral mundial. Esto la convierte en su película más social pero también es una de las pocas en que la chica (Paulette Goddard) no abandona al final al protagonista. Narra cómo el vagabundo acaba en un hospital después de trabajar en una cadena de montaje y ser elegido para experimentar una máquina de comer, pero al salir no tiene empleo, es arrestado por la policía durante una manifestación de protesta y acaba de camarero en un restaurante con espectáculo. A pesar de la total desaparición del cine mudo casi veinte años antes, carece de diálogos, pero tiene música y ruidos e incluso el vagabundo canta una cancioncilla con una letra incomprensible compuesta de palabras de diferentes idiomas.

Director y guionista: *Charles Chaplin*. Fotografía: *Rollie Totheroh, Ira Morgan*. Música: *Charles Cha-*

plin. Intérpretes: *Charles Chaplin, Paulette Goddard, Henry Bergman, Chester Conklin*. Producción: *Charles Chaplin para United Artists*. Duración: *87'*. Estados Unidos.

TIERNEY, Gene *(Gene Taylor Tierney. Nueva York, 1920-Houston, Texas, Estados Unidos, 1991)*

Perteneciente a una adinerada familia, estudia en Suiza y Connecticut y a los diecinueve años debuta como actriz en Broadway gracias a su impresionante belleza. Poco después firma un contrato en exclusiva con el productor Darryl F. Zanuck y durante quince años se convierte en una de las estrellas de los estudios 20th Century Fox. Esto le permite trabajar con muchos de los mejores directores de la época: John Ford en *La ruta del tabaco;* Josef von Sternberg en *El embrujo de Shanghai;* John Cromwell en *El hijo de la furia;* Rouben Mamoulian en *Anillos en los dedos;* Ernst Lubitsch en *El diablo dijo ¡no!;* Otto Preminger en *Laura, Vorágine* y *Al borde del peligro;* John M. Stahl en la excelente *¡Que el cielo la juzgue!;* Joseph L. Mankiewicz en *El castillo de Dragonwyck* y *El fantasma y la señora Muir;* Jules Dassin en *Noche en la ciudad;* Jacques Tourneur en *Martín, el gaucho;* Delmer Daves en *No me abandones,* y Michael Curtiz en *Sinuhé el egipcio*. Se retira a los treinta y cinco años y vuelve a principios de la década de los sesenta para hacer papeles secundarios en tres películas, entre las que destaca *Tempestad sobre Washington,* de Otto Preminger. Con el título *Self Portrait* (1979) publica una autobiografía donde comenta su impresionante filmografía y su tormentosa vida sentimental.

1940 *The Return of Frank James* (La venganza de Frank James), de Fritz Lang. / *Hudson's Bay* (El renegado), de Irving Pichel.
1941 *Tobacco Road* (La ruta del tabaco), de John Ford. / *Belle Star,* de Irving Cummings. / *Sundown* (Cuando muere el día), de Henry Hathaway. / *The Shanghai Gesture* (El embrujo de Shanghai), de Josef von Sternberg.
1942 *Son of Fury* (El hijo de la furia), de John Cromwell. / *Rings on Her Fingers* (Anillos en los dedos), de Rouben Mamoulian. / *Thunder Birds,* de William A. Wellman. / *China Girl* (Infierno en la Tierra), de Henry Hathaway.
1943 *Heaven Can Wait* (El diablo dijo ¡no!), de Ernst Lubitsch.
1944 *Laura,* de Otto Preminger.
1945 *A Bell for Adano* (La campana de la libertad), de Henry King. / *Leave Her to Heaven* (¡Que el cielo la juzgue!), de John M. Stahl.
1946 *Dragonwyck* (El castillo de Dragonwyck), de Joseph L. Mankiewicz. / *The Razor's Edge* (El filo de la navaja), de Edmund Goulding.
1947 *The Ghost and Mrs. Muir* (El fantasma y la señora Muir), de Joseph L. Mankiewicz.
1948 *The Iron Curtain* (El telón de acero), de William A. Wellman. / *That Wonderful Urge* (Ese impulso maravilloso), de Robert B. Sinclair.
1950 *Whirlpool* (Vorágine), de Otto Preminger. / *Night and the City* (Noche en la ciudad), de Jules Dassin. / *Where the Sidewalk Ends* (Al borde del peligro), de Otto Preminger.
1951 *The Mating Season* (Casado y con dos suegras), de Mitchell Leisen. / *On the Riviera* (En la Costa Azul), de Walter Lang. / *The Secret of Convict Lake,* de Michael Gordon. / *Close to My Heart,* de William Keighley.
1952 *Way of a Gaucho* (Martín, el gaucho), de Jacques Tourneur. / *Plymouth Adventure* (La aventura del Plymouth), de Clarence Brown.
1953 *Never Let Me Go* (No me abandones), de Delmer Daves.
1954 *Personal Affair* (Escándalo en Rudford), de Anthony Pelissier. / *Black Widow,* de Nunnally Johnson. / *The Egyptian* (Sinuhé el egipcio), de Michael Curtiz.
1955 *The Left Hand of God* (La mano izquierda de Dios), de Edward Dmytryk.
1962 *Advise and Consent* (Tempestad sobre Washington), de Otto Preminger.
1963 *Toys in the Attic,* de George Roy Hill.
1964 *The Pleasure Seekers* (En busca del amor), de Jean Negulesco.

TIERRA TIEMBLA, LA *(La terra trema, 1948)*

En un pequeño puerto cercano a Catania, en Sicilia, una familia de pescadores decide establecerse por su cuenta para escapar al control de los mayoristas y comprar una barca, pero una tempestad destruye su sueño de independencia económica y hace que cada uno se vaya por su lado. Tomando como punto de partida la novela *Los malavoglia,* de Giovanni Verga, el refinado conde comunista Luchino Visconti escribe y dirige una obra clave del movimiento neorrealista de tono progresista. Transforma la lucha contra el destino en la lucha contra los mayoristas de pescado y subraya la idea de que las revoluciones individuales están abocadas a fracasar, y que para cambiar la realidad es necesaria una acción colectiva de clase. En principio, como indica su subtítulo *Episodio del mar*, era la primera parte de una trilogía sobre los problemas de los trabajadores en la posguerra, pero su fracaso comercial impide que se rueden las sucesivas sobre los mineros y los agricultores.

Director y guionista: *Luchino Visconti*. Fotografía: *G. R. Aldo*. Música: *Willy Ferrero*. Intérpretes: *Maria Micale, Sebastiano Valastro, Antonio Arcidiacono, Giuseppe Arcidiacono, Nelluccia Giammona, Salvatore Vicari, Antonino Micale*. Producción: *Salvo d'Angelo para Universalia*. Duración: *157'. Italia.*

TIERRA Y LIBERTAD *(Land and Freedom, 1995)*

El joven comunista en paro David (Ian Hart) llega a España en el verano de 1936 para combatir contra el fascismo dentro de un grupo de milicianos pertenecientes al Partido Obrero de Unificación Marxista, el P. O. U. M., se hace amigo de sus compañeros Bernard (Frederic Pierrot), Lawrence (Tom Gilroy) y Maite (Icíar Bollaín) y se enamora de Blanca (Rosana Pastor), pero es herido y conducido a Barcelona. Allí descubre las luchas internas entre stalinistas y trotskistas, abandona su idea de unirse a las Brigadas Internacionales y regresa con sus amigos revolucionarios para verles desaparecer a manos de los comunistas. En un principio tan solo por motivos económicos, para abaratar el presupuesto, está narrada a través de una sucesión de *flashbacks* desde 1994 en Liverpool, cuando tras la muerte de David, su nieta Kim (Suzanne Maddock) descubre una maleta llena de recuerdos —cartas, fotografías, recortes de prensa e incluso tierra española—, que conducen a un dramático y eficaz final. Es la mejor y más ambiciosa de las películas del discutible realizador Ken Loach. Según su técnica habitual, sigue siendo un documental de ficción, pero al tratarse de la reconstrucción de una época, el resultado tiene mucha vida y resulta perfecta la mezcla entre actores profesionales y no profesionales. Su forma de rodar se aprecia muy bien en la larga escena donde se discute sobre la colectivización de las tierras, perfecto ejemplo de improvisación sobre unas ideas muy definidas, una interesante mezcla de actores y además bilingüe castellano-inglés. Esta emotiva película, cuyo más directo antecedente es el excelente libro *Homenaje a Cataluña*, de George Orwell, encierra la pequeña, o más bien gran trampa de estar planteada como un eficaz ataque al stalinismo, pero desde unas posiciones trotskistas a las que no se hace la menor referencia, ni siquiera se mencionan, lo que reduce el amplio y complejo conflicto a las dimensiones del enfrentamiento entre unos grupos que luchan contra el fascismo en la guerra de España. Hecha esta pequeña salvedad, aparece como una de las mejores y más sentidas producciones sobre la guerra española, sobre su fracaso, sobre el fin de la utopía, pero curiosamente rodada por un peculiar documentalista inglés.

Director: *Ken Loach*. Guionista: *Jim Allen*. Fotografía: *Barry Ackroyd*. Música: *George Fenton*. Intérpretes: *Ian Hart, Rosana Pastor, Icíar Bollaín, Tom Gilroy, Frederic Pierrot, Suzanne Maddock*. Producción *Parallax Pictures (Londres), Road Movies Dritte Produktionen (Berlín), Messidor Films (Madrid). Color.* Duración: *104'. Reino Unido, Alemania, España.*

TIGRE DE ESNAPUR, EL *(Der Tiger von Eschnapur, 1959)*

En 1920 Fritz Lang escribe con Thea von Harbou, su mujer y colaboradora habitual en la etapa alemana de su carrera, un brillante guión para una película de aventuras, dividido en dos partes *(El tigre de Esnapur* y *La tumba india* [*Das Indische Grabmal*]) según la costumbre de entonces; pero es un proyecto caro, él es demasiado joven y todavía no ha tenido ningún éxito, y acaba rodándolo en 1921 Joe May, el conocido productor y director que se lo había encargado, con el mismo título y protagonizado por Conrad Veidt, Mia May y Paul Richter. Su éxito hace que en 1937 el olvidado realizador Richard Eichberg cierre su carrera con una segunda versión, de nuevo con el mismo título, también dividida en dos partes, y protagonizada por La Jana, Fritz van Dongen y Kitty Jantzen. Casi cuarenta años después de haber escrito el guión, el productor Arthur Brauner le ofrece a Lang la posibilidad de rodar su viejo proyecto con amplitud de medios, en su país, y así poder cerrar el círculo de su obra y su vida. De esta manera, finalmente Lang consigue narrar cómo el arquitecto alemán Harald Berger (Paul Hubschmid) llega al exótico reino de Esnapur, contratado por el *maharajah* Chandra (Walter Reyer), para construir una fabulosa ciudad, pero ambos se enfrentan por el amor de la bellísima bailarina Seeta (Debra Paget), mientras se prepara una revuelta contra él. Dividida en dos partes para su explotación comercial y con una duración total de 198 minutos, es una de las grandes películas de aventuras de la historia del cine y el testamento cinematográfico de Fritz Lang.

Director: *Fritz Lang.* Guionistas: *Fritz Lang, Thea von Harbou.* Fotografía: *Richard Angst.* Música: *Michel Michelet, Gerhard Berger.* Intérpretes: *Paul Hubschmid, Debra Paget, Walter Reyer, Claus Holm, Sabine Bethmann, Valery Inkijinoff.* Producción: *Arthur Brauner para C. C. C. Film (Berlín), Rizzoli (Roma), Regina-Criterion (París). Color.* Duración: *198'. República Federal Alemana, Italia, Francia.*

TILLY, Meg *(Harbor, City, California, Estados Unidos, 1960)*

Hermana mayor de la también actriz Jennifer Tilly (1968), se educa en Canadá hasta que se traslada a Nueva York para estudiar danza con la prestigiosa Melissa Hayde y a principios de los años ochenta debuta como actriz de cine con un pequeño papel en el musical *Fama.* Al comienzo de la década hace papeles secundarios en cine y televisión, sobre todo en la serie *Canción triste de Hill Street,* pero el éxito alcanzado por su intervención en *Reencuentro,* de Lawrence Kasdan, la lleva a hacer papeles protagonistas. Entre sus películas destacan *Agnes de Dios,* de Norman Jewison, *Valmont,* de Milos Forman, y *Body Snatchers;* de Abel Ferrara.

1980 *Fame* (Fama), de Alan Parker.
1982 *One Dark Night,* de Tom McLoughling. / *Tex,* de Tim Hunter.
1983 *The Big Chill* (Reencuentro), de Lawrence Kasdan. / *Psycho II* (Psicosis II), de Richard Franklin.
1984 *Impulse,* de Graham Baker.
1985 *Agnes of God* (Agnes de Dios), de Norman Jewison.
1986 *Off Beat* (Policía por amor), de Michael Dinner.
1988 *The Girls in a Swing,* de Gordon Hessler. / *Masquerade* (Mascarada para un crimen), de Bob Swain.
1989 *Valmont,* de Milos Forman.
1990 *The Two Jakes* (Los dos Jakes), de Jack Nicholson.
1992 *Leaving Normal* (Dos chicas en la carretera), de Edward Zeich.
1993 *Body Snatchers,* de Abel Ferrara.
1994 *Sleep With Me* (Duerme conmigo), de Rory Kelly.

TITANIC *(1997)*

Entre los cientos de pasajeros que llenan el Titanic en su viaje inaugural de Europa a Estados Unidos el 10 de abril de 1912, están la joven norteamericana Rose DeWitt Bukater (Kate Winslet), que regresa desde Cherburgo a Nueva York con su rico y antipático prometido Cal Hockley (Billy Zane) para casarse, impulsada por su madre Ruth DeWitt Bukater (Frances Fisher) como única manera de salir de la ruina en que les ha dejado la muerte de su padre, y el joven pintor bohemio de origen italiano Jack Dawson (Leonardo DiCaprio), que gana su pasaje de tercera clase en una partida de cartas. Entre la exquisita joven arruinada y el joven pintor sin dinero nace un amor que le da fuerzas a ella para romper con su prometido y, cuando el gigantesco buque choca con un iceberg y se hunde, para salvarse entre los centenares de náufragos. Contada a través de algunos *flash backs* por una anciana —que es Rose DeWitt Bukater en la actualidad—, al cazador de tesoros submarinos Brock Lovett (Bill Paxton) y los miembros de una expedición submarina que busca en los restos del Titanic el collar con el gran diamante que llevaba cuando sobrevino la tragedia, esta estructura narrativa da todavía más fuerza al espléndido conjunto. Escrita, coproducida y dirigida por el interesante James Cameron, cuenta una historia de amor, una especie de *Romeo y Julieta,* en el contexto de una gran catástrofe, pero tiene la habilidad de conseguir que los muchos y excelentes efectos especiales estén en función de la historia dramática y, en contra de lo habitual en las películas de catástrofes, no tengan valor por sí mismos. Destaca la interpretación de la estupenda pareja protagonista, integrada por Leonardo DiCaprio y Kate Winslet, además de las escenas iniciales de recorrido por los restos submarinos del Titanic y las de su hundimiento, con el agua inundando uno tras otro los diferentes decorados. Convertida en una de las películas de máxima recaudación de la historia del cine, es la mejor en torno a la famosa tragedia náutica, junto a *La última noche del Titanic* (A Night to Remenber, 1958), de Roy Baker, sobre la que también tratan las menos logradas *El hundimiento del Titanic* (Titanic, 1953), de Jean Negulesco, y *¡Rescaten al Titanic!* (Raise the Titanic, 1980), de Jerry Jameson.

Director y guionista: *James Cameron.* Fotografía: *Russell Carpenter.* Música: *James Homer.* Intérpretes: *Leonardo DiCaprio, Kate Winslet, Billy Zane, Kathy Bates, Bill Paxton, Gloria Stuart, Frances Fis-*

her. Producción: *James Cameron, Marty Katz y Jon Landau* para 20th Century-Fox. Scope. Duración: 194'. Estados Unidos.

TODOS A CASA *(Tutti a casa, 1960)*

El 8 de septiembre de 1943 el general Pietro Badoglio transmite por radio la noticia de que, tras la firma de un armisticio, el ejército italiano ha dejado de ser aliado del alemán para serlo del hasta entonces enemigo. Esta extraña situación marca el final de la II Guerra Mundial para Italia, pero origina uno de los momentos más insólitos por los que ha tenido que pasar un ejército. Los excelentes guionistas Age y Scarpelli y el propio Comencini la aprovechan para escribir un excelente guión a base de acumulación de pequeñas escenas, a medio camino entre la comedia y la tragedia, que define la situación vivida por el pueblo italiano. Narra cómo en un viaje hacia el sur, primero hacia su casa en Roma y luego en busca de los norteamericanos en Nápoles, el teniente Innocenzi (Alberto Sordi) va perdiendo los soldados de su compañía y se queda solo con Ceccarelli (Serge Reggiani), que se le ha unido por el camino. Después de la larga huida que constituye la película, jalonada por muy diferentes y siempre atractivos incidentes, el teniente Inno Cenzi llega a Nápoles, comprende que no se puede estar siempre huyendo, se apodera de una ametralladora y comienza a disparar contra los alemanes. Esta gran película, la mejor de Luigi Comencini, tiene que salvar ciertas dificultades de censura, que ve en ella un ataque al ejército italiano, la narración de la peor de sus hazañas, pero logra convertirse en un gran éxito y uno de los mejores trabajos del excelente actor Alberto Sordi.

Director: *Luigi Comencini*. Guionistas: *Age, Furio Scarpelli, Luigi Comencini, Marcello Fondato*. Fotografía: *Carlo Carlini*. Música: *Francesco Lavagnino*. Intérpretes: *Alberto Sordi, Serge Reggiani, Martin Balsam, Nino Castelnuovo, Carla Gravina, Eduardo de Filippo*. Producción: *Dino de Laurentiis*. Duración: 105'. Italia.

TOGNAZZI, Ricky *(Riccardo Tognazzi. Milán, Italia, 1955)*

Hijo del actor y director Ugo Tognazzi y de la inglesa Pat O'Hara, estudia en la Universidad de Bolonia, en Londres y en el Instituto per la Cinematografia e la Televisione de Roma. Debuta muy pequeño en cine haciendo pequeños papeles en películas de su padre, más tarde trabaja como ayudante de dirección de Tinto Brass, Luigi Comencini, Maurizio Ponzi, Ugo Tognazzi y otros, al tiempo que actúa en papeles secundarios en varias películas. Su primer trabajo como director es *Pequeños equívocos*, brillante adaptación de una obra de teatro de Claudio Bigagli sobre los problemas amorosos y profesionales de un grupo de actores. También tiene cierto tono teatral *Norte ultra Sur*, pero alcanza su mayor éxito con *La escolta*, que, dentro de la tradición del cine político a la italiana, narra el apoyo que prestan los miembros de su escolta a un nuevo magistrado que llega a un pueblo de Sicilia para enfrentarse con la Mafia.

1989 *Piccoli equivoci* (Pequeños equívocos).
1991 *Ultrà* (Norte ultra sur).
1993 *La scorta* (La escolta).
1995 *Vite strozzate*.

TOGNAZZI, Ugo *(Cremona, 1922-Roma, Italia, 1990)*

Licenciado en derecho, en la posguerra debuta como actor cómico en revistas y *music-hall* para a principios de la década de los cincuenta comenzar a hacer papeles secundarios en películas cómicas sin interés al tiempo que monta compañías teatrales propias. Su suerte cambia en los años sesenta a raíz de protagonizar *El federal*, de Luciano Salce, donde encarna a un fascista que debe detener a un miembro de la Resistencia. Durante esta década colabora con Dino Risi en *La marcia su Roma, Monstruos de hoy* y *Abrázame y sáciame de besos;* Marco Ferreri en *L'ape regina, Contrasesso, Se acabó el negocio, Oggi, domani, dopodomani, Marcia nuziale* y *Break Up;* Mario Monicelli en *Alta infedeltà;* Carlo Lizzani en *La vitta agra;* Antonio Pietrangeli en *Celos a la italiana* y *Yo la conocía bien;* Pietro Germi en *Muchas cuerdas para un violín;* Nanni Loy en *El padre de familia;* Pier Paolo Pasolini en *La pocilga*, y Luigi Magni en *Nell'anno del signore*. Durante los sesenta debuta también como irregular director de ácidas comedias con *Il mantenuto, ¡Qué dulce es morir así!* y *El fiel servidor*. Su mejor etapa como actor de cine es la década de los setenta gracias a su trabajo con Marco Ferreri en *La audiencia, La gran comilona* y *No tocar a la mujer blanca;* Dino Risi en *En nombre del*

TOGNAZZI, Ugo

pueblo italiano, La carrera de una doncella, La alcoba del obispo y *La chica del atardecer;* Mario Monicelli en *Queremos los coroneles, Apasionada* y *Habitación para cuatro,* y Luigi Comencini en *Il gatto* y *El gran atasco.* Entre sus últimas películas destacan *La terraza,* de Ettore Scola, *La historia de un hombre ridículo,* de Bernardo Bertolucci y *Un quinteto a lo loco,* de Mario Monicelli.

Como director
1961 *Il mantenuto.*
1966 *Il fischio al naso* (¡Qué dulce es morir así!).
1968 *Sissignore* (El fiel servidor).
1976 *Cattivi pensieri* (¿Quién se acuesta con mi mujer?).
1979 *I viaggiatori della sera* (Los viajeros del atardecer).

Como actor
1950 *I cadetti di Guascogna,* de Mario Mattoli.
1951 *Auguri e figli maschi,* de Giorgio Simonelli. / *La paura fa novanta,* de Giorgio Simonelli. / *Una bruna indiavolata,* de Carlo Ludovico Bragaglia.
1953 *L'incantevole nemica,* de Claurio Gora. / *Siamo tutti milanesi,* de Mario Landi. / *L'amore in città,* episodio de Alberto Lattuada.
1954 *Sua altezza ha detto: no!,* de Maria Basaglia. / *Café chantant,* de Camilo Mastrocinque. / *Se vincessi cento millioni,* episodio de Carlo Moscovini.
1955 *Milanesi a Napoli,* de Luigi di Gianni. / *Assi alla ribalta,* de Ferdinando Baldi. / *Ridere, ridere, ridere!,* de Edoardo Anton. / *La moglie è uguale per tutti,* de Giorgio Simonelli.
1957 *Domenica è sempre domenica* (Domingo es siempre domingo), de Camillo Mastrocinque.
1958 *Mia nonna poliziotto,* de Steno. / *Marinai, donne e guai* (Marineros, no miréis a las chicas), de Giorgio Simonelli. / *Il terrible Teodoro,* de Roberto Montero. / *Totò nella Luna,* de Steno.
1959 *Fantasmi e ladri,* de Giorgio Simonelli. / *Non perdiamo la testa,* de Giorgio Simonelli. / *Guardatele ma non toccatele!,* de Mario Mattoli. / *La pica sul Pacifico,* de Roberto Montero. / *Psicanalista per signora,* de Jean Boyer. / *Le cameriere,* de Carlo Ludovico Bragaglia. / *La duchessa di Santa Lucia,* de Roberto Montero. / *Noi siamo due evasi* (Somos dos fugitivos), de Giorgio Simonelli. / *La cambiale* (La letra), de Camillo Mastrocinque. / *La sceriffa,* de Roberto Montero. / *I baccanali di Tiberio,* de Giorgio Simonelli.
1960 *Genitori in blue-jeans,* de Camillo Mastrocinque. / *Tu che me dici?,* de Silvio Amadio. / *Il mio amico Jekyll* (Casanova Jekyll), de Marino Girolami. / *Il principe fusto,* de Maurizio Arena. / *Un dollaro di fifa,* de Giorgio Simonelli. / *A noi piace freddo!,* de Steno. / *Femmine di lusso,* de Giorgio Bianchi. / *Le olimpiadi dei mariti,* de Giorgio Bianchi.
1961 *Gli incensurabile,* de Francesco Giaculli. / *Psycossissimo,* de Steno. / *Sua eccellenza si fermò a mangiare,* de Mario Mattoli. / *Il federale* (El federal), de Luciano Salce. / *Cinque marines per cento ragazze,* de Mario Mattoli. / *La ragazza di mille mesi* (Maurizio y la menor), de Steno. / *I magnifici tre,* de Giorgio Simonelli. / *Pugni, pupe e marinai,* de Daniele D'Anza. / *Il mantenuto,* de Ugo Tognazzi. / *Quel joie de vivre!* (¡Qué alegría vivir!), de René Clément.
1962 *Una domestica d'estate,* de Giulio Petroni. / *La voglio matta* (Deseo loco), de Luciano Salce. / *I tromboni di Frà Diavolo,* de Giorgio Simonelli. / *I motorizzati* (Los motorizados), de Camillo Mastrocinque. / *La marcia su Roma,* de Dino Risi. / *La cucagna,* de Luciano Salce. / *RoGoPag,* episodio de Ugo Gregoretti.
1963 *Il giorno più corto,* de Sergio Corbucci. / *L'ape regina,* de Marco Ferreri. / *Le ore dell'amore* (Las horas del amor), de Luciano Salce. / *La donna degli altri è sempre più bella,* episodio de Marino Girolami. / *Liolà,* de Alessandro Blasetti. / *I mostri* (Monstruos de hoy), de Dino Risi. / *I fuorilegge del matrimonio,* de Valentino Orsini, Paolo Taviani y Vittorio Taviani.
1964 *Controsesso,* episodio de Marco Ferreri. / *La donna scimmia* (Se acabó el negocio), de Marco Ferreri. / *Alta infedeltà,* episodio de Mario Monicelli. / *La vitta agra,* de Carlo Lizzani. / *Il magnifico cornuto* (Celos a la italiana), de Antonio Pietrangeli.
1965 *Oggi, domani, dopodomani,* de Marco Ferreri. / *Una moglie americana* (La esposa americana), de Gian Luigi Polidoro. / *I complessi* (Los complejos), episodio de Franco Rossi. / *Una quetione d'onore* (Una cuestión de honor), de Luigi Zampa. / *Io la conoscevo bene* (Yo la conocía bien), de Antonio Pietrangeli. / *Ménage all'italiana,* de Franco Indovina.
1966 *Marcia nuziale,* de Marco Ferreri. / *I nostri mariti,* episodio de Dino Risi. / *Le piacevoli notti,* de Armando Crispino y Luciano Lucignani. / *Follie d'estate,* de Edoardo Anton. / *Il fischio al naso* (¡Qué dulce es morir así!), de Ugo Tognazzi.
1967 *L'immorale* (Muchas cuerdas para un violín), de Pietro Germi. / *Il padre di famiglia* (El padre de familia), de Nanni Loy. / *Barbarella,* de Roger Vadim.
1968 *La bambolona,* de Franco Giraldi. / *Sissignore* (El fiel servidor), de Ugo Tognazzi. / *Straziami, ma di baci saziami* (Abrázame y sáciame de besos), de Dino Risi.
1969 *Break Up,* de Marco Ferreri. / *Il commissario Pepe* (El comisario y el proxeneta), de Ettore Scola. / *Satyricon,* de Gian Luigi Polidoro. / *Cuori solitari,* de Franco Giraldi. / *Porcile* (La pocilga), de Pier Paolo Pasolini. / *Nell'anno del signore,* de Luigi Magni.

1970 *Splendore e miserie di madame Royale*, de Vittorio Caprioli. / *Venga a prendere il caffè da noi* (Venga a tomar el café con nosotras), de Alberto Lattuada.
1971 *La califfa* (La califa), de Alberto Bevilacqua. / *Stanza 17-17 palazzo delle tasse ufficio imposte*, de Michele Lupo. / *La supertestimone* (El proxeneta y la testigo), de Franco Giraldi. / *L'udienza* (La audiencia), de Marco Ferreri.
1972 *In nome del popolo italiano* (En nombre del pueblo italiano), de Dino Risi. / *Questa specie d'amore* (Esta clase de amor), de Alberto Bevilacqua. / *Il maestro e Margherita*, de Aleksander Petrovic. / *Il generale dorme in piedi*, de Francesco Massaro.
1973 *Vogliano i colonnelli* (Queremos los coroneles), de Mario Monicelli. / *La grande abbuffata* (La gran comilona), de Marco Ferreri. / *La proprietà non è più un furto* (El amargo deseo de la propiedad), de Elio Petri.
1974 *Non toccare la donna bianca* (No tocar a la mujer blanca), de Marco Ferreri. / *Permette signora che ami vostra figlia?* (¿Permite, señora, que ame a su hija?), de Gian Luigi Polidoro. / *Romanzo popolare* (Apasionada), de Mario Monicelli.
1975 *La mazurka del barone, della santa e del fico fiorone*, de Pupi Avati. / *Das Scheitern*, de Peter Fleischmann. / *L'anatra all'arancia* (Pato a la naranja), de Luciano Salce. / *Amici miei* (Habitación para cuatro), de Mario Monicelli. / *Un sorriso, uno schiaffo, un bacio in bocca*, de Mario Morra.
1976 *Telefoni bianchi* (La carrera de una doncella), de Dino Risi. / *Al piacere di rivederla*, de Marco Leto. / *Cattivi pensieri* (¿Quién se acuesta con mi mujer?), de Ugo Tognazzi. / *Signore e signori, buonanotte*, de Mario Monicelli, Luigi Comencini, Nanni Loy, Ettore Scola y Luigi Magni.
1977 *La stanza del vescovo* (La alcoba del obispo), de Dino Risi. / *Nenè*, de Salvatore Samperi. / *I nuovi mostri* (¡Que viva Italia!), episodio de Ettore Scola. / *Il gatto*, de Luigi Comencini.
1978 *La mazzetta* (El abogado de paja), de Sergio Corbucci. / *Primo amore* (La chica del atardecer), de Dino Risi. / *La cage aux folles* (Vicios pequeños), de Édouard Molinaro. / *Dove vai in vacanza?* (Vicios de verano), episodio de Mauro Bolognini. / *L'ingorgo* (El gran atasco), de Luigi Comencini.
1979 *I viaggiatori della sera* (Los viajeros del atardecer), de Ugo Tognazzi.
1980 *Arrivano i bersaglieri*, de Luigi Magni. / *La terrazza* (La terraza), de Ettore Scola. / *Sono fotogenico*, de Dino Risi. / *Sunday Lovers* (Los seductores), episodio de Dino Risi. / *La cage aux folles II* (La jaula de las locas), de Édouard Molinaro.
1981 *La tragedia di un uomo ridicolo* (La historia de un hombre ridículo), de Bernardo Bertolucci.
1982 *Infedelmente tua*, de Marco Vicario.
1983 *Amici miei atto II* (Un quinteto a lo loco), de Mario Monicelli.
1984 *Dagobert*, de Dino Risi.
1985 *La cage aux folles III* (La jaula de las locas, ellas se casan), de George Lautner. / *Bertoldo, Bertoldino e Cacaseno*, de Mario Monicelli.
1986 *Yiddish Connection*, de Boujenah.
1989 *Tolerance*, de Salfati.

TONI (1934)

Las relaciones entre el inmigrante italiano Toni (Charles Blavette), su patrona francesa Marie (Jenny Hélia) y la española Josefa (Célia Montalvan) dan lugar a un violento drama rural, cuya acción está situada en la región francesa de Martingues, en el Midi. Rodado en el territorio del dramaturgo y cineasta Marcel Pagnol, tratado en sus laboratorios y distribuido por su marca, poco tiene que ver con sus personales películas. Jean Renoir lo convierte en un canto al realismo —que, con casi diez años de anticipación, en buena medida sienta las bases del neorrealismo—, que utiliza no para describir la actualidad, sino para dar mayor fuerza al drama. Tanto por los diferentes acentos de los personajes como por el rodaje en interiores y exteriores naturales, en los lugares donde se desarrolla la acción, con una eficaz mezcla de actores profesionales y habitantes de la región.

Director: *Jean Renoir*. Guionistas: *Jean Renoir, Carl Einstein*. Fotografía: *Claude Renoir*. Música: *Paul Bozzi*. Intérpretes: *Charles Blavette, Jenny Hélia, Célia Montalvan, Edouard Delmont, André Kovachevitch, Andrex*. Producción: *Films de Aujourd'hui*. Duración: *85'. Francia*.

TORMENTA MORTAL (The Mortal Storm, 1940)

Después de *¿Y ahora qué?* (Little Man, What Now?, 1934) y *Tres camaradas* (Three Comrades, 1938), Frank Borzage concluye su denominada «trilogía alemana» de melodramas con esta adaptación de una novela de Phyllis Bottome a sus necesidades dramáticas. Narra cómo, a principios de los años treinta, la familia del eminente profesor de origen judío Roth (Frank Morgan) es destruida por los nazis. Tras presentar a la familia feliz y contenta el día del cumpleaños del profesor, oyen por la radio la noticia de la subida al poder de Adolf Hitler y se producen las primeras fricciones y una discusión entre la hija Freya Roth (Margaret Sullavan) y su prometido Fritz Marberg (Robert Young). Poco después los hijos adoptados se hacen nazis convencidos, el padre muere en un campo de concentración y, tras hacerse novia del liberal Martin Breitner (James Stewart), la hija es asesinada por su antiguo novio cuando trata de escapar a Austria. Más interesado por proclamar una vez más la fuerza del amor que por la situación política, Borzage rueda uno de sus mejores melodramas. Su fuerza hace que el ministro de propaganda Goebbels prohíba la entrada de producciones Metro-Goldwyn-Mayer en Alemania, que a su vez encarga a Victor Saville la realización de algunas escenas adicionales para dar mayor fuerza a la situación política frente a la puramente sentimental.

Director: *Frank Borzage*. Guionistas: *Claudine West, George Froeschel, Andersen Ellis*. Fotografía: *William Daniels*. Música: *Edward Kane*. Intérpretes: *Margaret Sullavan, Robert Young, James Stewart, Frank Morgan, Robert Stack, Bonita Granville, Irene Rich*. Producción: *Sidney Franklin para Metro-Goldwyn-Mayer*. Duración: *100'. Estados Unidos*.

TORMENTO *(1974)*

A mediados de la década de los setenta el director Pedro Olea hace una importante trilogía sobre Madrid para el productor José Frade. En esta ocasión aprovecha el deterioro de las relaciones Iglesia-Estado, que caracteriza el final de la larga dictadura del general Franco, para narrar los amores de la atractiva joven Amparo (Ana Belén) con el maduro indiano Agustín (Francisco Rabal) y el pecador padre Pedro (Javier Escrivá) en el Madrid de finales del siglo XIX. Rodada con una cierta amplitud de medios, un buen reparto y una cuidada ambientación, es la mejor película de la trilogía y una de las obras más conocidas de Pedro Olea. Tras el éxito de esta adaptación de la novela homónima de Benito Pérez Galdós, rueda *Pim, pam, pum... ¡fuego!* (1975), sobre un guión original de Rafael Azcona y suyo, en torno a las relaciones entre una corista, un maquis y un estraperlista en la más dura posguerra, y más tarde *La Corea* (1976), sobre el submundo de homosexuales, prostitutas y chulos del Madrid de la época.

Director: *Pedro Olea*. Guionistas: *Ricardo López Aranda, José Frade, Pedro Olea, Ángel María de Lera*. Fotografía: *Fernando Arribas*. Música: *Carmelo Bernaola*. Intérpretes: *Ana Belén, Francisco Rabal, Javier Escrivá, Concha Velasco, Rafael Alonso*. Producción: *José Frade P. C. Color*. Duración: *93'. España*.

TORNATORE, Giuseppe *(Bagheria, Palermo, Italia, 1956)*

Fotógrafo profesional, en 1974 entra en la televisión estatal, la R. A. I., y comienza a realizar documentales. Colabora en el guión y dirige la segunda unidad de *Cento giorni a Palermo* (1984), de Giuseppe Ferrara, sobre la lucha del general Della Chiesa contra la Mafia. Debuta como realizador con *El profesor,* una historia sobre la camorra napolitana rodada con amplitud de medios, sobre una novela de Giuseppe Marrazzo. Su gran éxito es *Cinema Paradiso,* ganadora de premios en el Festival de Cannes y del Oscar destinado a la producción extranjera, que narra las relaciones entre un muchacho y el proyeccionista de un pequeño pueblo siciliano, con sensibilidad y fuerte carga autobiográfica. Resulta demasiado melodramática *Están todos bien,* sobre un padre que recorre Italia visitando a sus hijos y comprobando sus diferentes y conflictivas formas de vida, mientras *Pura formalidad* es una tenue narración policiaca planteada como un enfrentamiento entre Roman Polanski y Gérard Depardieu en el terreno de la interpretación. Regresa a su querida Sicilia con *El hombre de las estrellas,* que en pleno auge del neorrealismo narra cómo un peculiar pícaro recorre la isla haciendo pruebas cinematográficas y prometiendo la gloria y la fortuna a cambio de algún dinero.

1986 *Il camorrista* (El profesor).
1988 *Nuovo cinema Paradiso* (Cinema Paradiso).
1990 *Stanno tutti bene* (Están todos bien).
1991 *Il cane blu*, episodio de *La domenica specialmente*.
1994 *Una simple formalità* (Pura formalidad). / *L'uomo delle stelle* (El hombre de las estrellas).

TORRE DE LOS AMBICIOSOS, LA *(Executive Suite, 1954)*

La súbita muerte del presidente del consejo de administración de la fábrica de muebles Tredway —narrada a través del plano subjetivo de un hombre que sale de un gran edificio de Nueva York y cae al suelo—, hace que los cinco subdirectores se enfrenten por el control de una empresa que puede llegar a tener dificultades económicas. La lucha se concentra entre el envejecido financiero Loren Shaw (Fredric March) y el joven técnico McDonald Walling (William Holden), como era lógico esperar vence este último, tras hacer un excesivo discurso durante el consejo de administración final. Sólidamente producida por el reputado John Houseman para Metro-Goldwyn-Mayer, no solo tiene un buen guión de Ernest Lehman y una adecuada dirección de Robert Wise, sino también un amplio y excelente reparto.

Director: *Robert Wise*. Guionista: *Ernest Lehman*. Fotografía: *George Folsey*. Intérpretes: *William Holden, Fredric March, June Allyson, Barbara Stanwyck, Walter Pidgeon, Shelley Winters, Paul Douglas, Louis Calhern, Dean Jagger, Nina Foch*. Producción: *John Houseman para Metro-Goldwyn-Mayer*. Duración: *104'. Estados Unidos*.

TORRE DE LOS SIETE JOROBADOS, LA
(1944)

A mediados de los años cuarenta, el polifacético Edgar Neville escribe, produce parcialmente y dirige una interesante trilogía de películas policiacas con un aire muy madrileño. Comienza con esta adaptación de una novela de Emilio Carrere y prosigue con las más personales y atractivas *Domingo de carnaval* (1945) y *El crimen de la calle de Bordadores* (1946), sobre argumentos originales suyos. A medio camino entre lo policiaco y lo fantástico, narra cómo en el Madrid de finales del siglo XIX el modesto joven Basilio Beltrán (Antonio Casal) es elegido por el difunto arqueólogo Robinsón de Mantua (Félix de Pomés) para investigar su propia muerte y defender a su bella hija Inés (Isabel de Pomés) del peligro en que se encuentra. Esto le conduce a descubrir una extraña torre subterránea, una vieja, clandestina y olvidada sinagoga construida bajo la plaza de la Paja por los judíos para esconder sus posesiones en tiempos remotos, donde algunos siniestros jorobados se dedican a la falsificación de papel moneda bajo la dirección del doctor Sabatino (Guillermo Marín). Su tema altamente insólito dentro de la producción española de la época la convierte en la película más conocida de Neville; pero a pesar de su evidente atractivo no es la mejor.

Director: *Edgar Neville*. Guionistas: *José Santugini, Edgar Neville*. Fotografía: *Enrique Barreyre*. Música: *Maestro Azagra*. Intérpretes: *Antonio Casal, Isabel de Pomés, Guillermo Marín, Julia Lajos, Félix de Pomés*. Producción: *Luis Judez para J Films y Germán López para España Films*. Duración: *90'. España*.

TORRE NILSSON, Leopoldo *(Buenos Aires, 1924-Buenos Aires, Argentina, 1978)*

Hijo del también realizador Leopoldo Torre Ríos (1899-1960), durante diez años trabaja como ayudante de dirección de su padre y posteriormente codirigen *El crimen de Oribe* (1950), sobre un relato de Adolfo Bioy Casares, y *El hijo del crack* (1953). Poeta, novelista, dramaturgo y crítico de cine, su primera película en solitario es *Días de odio,* sobre un texto de Jorge Luis Borges, seguida de las interesantes *La tigra* y *Para vestir santos*. Su primera película personal es *Graciela*, adaptación de *Nada*, de Carmen Laforet, al ser la primera hecha tras la censura del general Perón. Debe su fama a *La casa del ángel, La caída, Fin de fiesta, La mano en la trampa, Piel de verano, La terraza, El ojo de la cerradura* y *Piedra libre*, basadas en claustrofóbicas narraciones de su mujer, la novelista Beatriz Guido, a través de las que crea un mundo muy personal de familias burguesas venidas a menos, integradas por religiosas mujeres de marcado puritanismo, con la sombra lejana de algún hombre, que viven en grandes, oscuros y tortuosos caserones, entre las que se debate alguna tierna adolescente. A mediados de los años sesenta rueda *Había una vez un tractor,* documental para las Naciones Unidas, y unas irregulares coproducciones en inglés con Estados Unidos, entre las que solo destaca la citada *El ojo de la cerradura,* debido a los problemas planteados por la censura en su país. La última etapa de su carrera se apoya en adaptaciones de novelas de conocidos escritores argentinos, entre las que sobresalen *Martín Fierro, Los siete locos, Boquitas pintadas* y *La guerra del cerdo,* basadas en obras de José Hernández, Roberto Arlt, Manuel Puig y Adolfo Bioy Casares, respectivamente.

1953 *Días de odio. / La tigra.*
1954 *Para vestir santos.*
1955 *Graciela.*
1956 *El protegido.*
1957 *La casa del ángel.*
1958 *El secuestrador. / La caída.*
1959 *Fin de fiesta.*

1960 *Un guapo del 900.*
1961 *La mano en la trampa.* / *Piel de verano.* / *Setenta veces siete.*
1962 *Homenaje a la hora de la siesta.* / *La terraza.*
1964 *El ojo de la cerradura* (The Eveasdropper).
1965 *Once Upon a Time a Tractor* (Había una vez un tractor).
1966 *Monday's Child* (La chica del lunes). / *The Traitors of San Angel* (Los traidores de san Ángel).
1968 *Martín Fierro.*
1969 *El santo de la espada.*
1971 *Güemes, la tierra en armas.* / *La mafia.*
1972 *Los siete locos.*
1974 *Boquitas pintadas.* / *El pibe cabezas.*
1975 *La guerra del cerdo.* / *Piedra libre.*

TOURNEUR, Jacques *(París, 1904-Bergerac, Francia, 1977)*

Hijo del realizador Maurice Tourneur (1876-1961), estudia en París hasta que en 1914, al comienzo de la Gran Guerra, parte con su familia a Estados Unidos. Educado en Hollywood, en 1919 se hace ciudadano norteamericano y desde 1924 trabaja en los estudios Metro-Goldwyn-Mayer como figurante, actor y ayudante de su padre. En 1927 regresa a Francia, monta las pocas películas francesas que realiza su padre en esos años y debuta como director con *Tout ça ne vaut pas l'amour,* a la que siguen otras tres comedias francesas sin pretensiones. En 1935 vuelve a Hollywood contratado por Metro-Goldwyn-Mayer, dirige la segunda unidad —lo mejor de la película— de *Historia de dos ciudades* (A Tale of Two Cities, 1935), de Jack Conway y una veintena de cortometrajes hasta que convierte uno de ellos en el largo *They All Come Out.* Encuentra su camino a principios de la década de los cuarenta gracias al productor Val Lewton en las producciones R. K. O. de bajo presupuesto *La mujer pantera, Yo anduve con un zombie* y *El hombre leopardo,* que le muestran como un realizador de gran eficacia, que sabe extraer el máximo partido de los elementos que tiene a su disposición y es capaz de crear terror sin mostrar nada, con la pura sugestión. Resultan bastante irregulares *Días de gloria,* producción bélica sobre la resistencia de los rusos contra los nazis, y *Noche en el alma,* previsible policiaco gótico, que vuelve a hacer para R. K. O. Durante los siguientes diez años rueda obras clave de diferentes géneros, para distintos estudios: los policiacos *Retorno al pasado, Berlín Express, Circle of Danger* y *Nightfall;* las aventuras exóticas *El halcón y la flecha, La mujer pirata, Martín, el gaucho* y *Cita en Honduras;* los *westerns* personales *Tierra generosa, Wichita* y *Una pistola al amanecer.* Después de *La noche del demonio,* una historia de terror en la mejor tradición del género, su línea se tuerce al desaparecer las estructuras de producción de los estudios por la competencia de la televisión, la desvinculación de la producción y la exhibición y las purgas realizadas por el Comité de Actividades Antinorteamericanas. Debido a ello, a finales de los años cincuenta comienza a trabajar para televisión, tal como demuestra *Furia salvaje,* montaje para cine de varios episodios de la serie *Northwest Passage.* Sus últimas películas tienen mucho menos atractivo, desde *Timbuktu* y *La batalla de Maratón,* que rueda en Italia y rehace el productor Bruno Vailati, hasta *La comedia de los terrores* y *La ciudad sumergida,* producciones de Serie B de American International Pictures.

1931 *Tout ça ne vaut pas l'amour.*
1933 *Toto.* / *Pour être aimée* (Cocktail de besos).
1934 *Les filles de la concierge* (Delirio de grandeza).
1939 *They All Come Out.* / *Nick Carter, Master Detective.*
1940 *Phantom Raiders.*
1941 *Doctor Don't Tell.*
1942 *Cat People* (La mujer pantera).
1943 *I Walked With a Zombie* (Yo anduve con un zombie). / *The Leopard Man* (El hombre leopardo).
1944 *Days of Glory* (Días de gloria). / *Experiment Perilous* (Noche en el alma).
1946 *Canyon Passage* (Tierra generosa).
1947 *Out of the Past* (Retorno al pasado).
1948 *Berlin Express.*
1949 *Easy Living* (Vida fácil).
1950 *Stars in My Crown.* / *The Flame and the Arrow* (El halcón y la flecha).
1951 *Circle of Danger.* / *Anne of the Indies* (La mujer pirata).
1952 *Way of a Gaucho* (Martín, el gaucho).
1953 *Appointment in Honduras* (Cita en Honduras).
1955 *Stranger on Horseback.* / *Wichita.*
1956 *Great Day in the Morning* (Una pistola al amanecer). / *Nightfall.*
1957 *Night of the Demon* (La noche del demonio).
1958 *The Fearmakers.* / *Frontier Rangers* (Furia salvaje).
1959 *Timbuktu.* / *La battaglia di Maratona* (La batalla de Maratón).

1963 *The Comedy of Terrors* (La comedia de los terrores).
1965 *City under the Sea* (La ciudad sumergida).

TRABAJO CLANDESTINO *(Moonlighting, 1982)*

Los obreros polacos Banazak (Eugene Lipinski), Wolski (Jiri Stanislaw) y Skoli (Eugeniusz Haczkiewicz) y el capataz Nowak (Jeremy Irons) vuelan desde Varsovia a Londres para hacer unas obras en la casa de un rico compatriota que no quiere pagar los salarios sindicales británicos, pero no tardan en ser dominados por Nowak, el único que habla inglés, que incluso llega a ocultarles el golpe de Estado del general Jaruzelski el 13 de diciembre de 1981. Rodada con pocos medios, pero mucho ingenio, sirve al antiguo *enfant terrible* del cine polaco Jerzy Skolimowski, exiliado en el Reino Unido desde hace tiempo, para hacer una divertida comedia llena de sarcasmo respecto a los ingleses y los polacos. Tras la buena acogida de esta producción, que se sitúa entre las mejores de su irregular e internacional carrera, Skolimowski vuelve a analizar los problemas de los polacos en el exilio en *El éxito es la mejor venganza* (Success Is the Best Revenge, 1984), donde el personaje principal es un director de teatro en el exilio. Sin embargo, a pesar de tener un presupuesto mucho más elevado, estar escrita en mucho más de los once días empleados en el guión de la anterior y rodada en más del doble de los veintitrés días de la otra, sus resultados son muy inferiores y carecen por completo de su atractivo.

Director y guionista: *Jerzy Skolimowski*. Fotografía: *Tony Pierce Roberts*. Música: *Stanley Myers*. Intérpretes: *Jeremy Irons, Eugene Lipinski, Jiri Stanislaw, Eugeniusz Haczkiewicz*. Producción: *Jerzy Skolimowski para Michael White / Channel Four*. Color. Duración: 97'. Reino Unido.

TRACY, Spencer *(Milkwaukee, Wisconsin, 1900-Beverly Hills, California, Estados Unidos, 1967)*

Estudia con los jesuitas y en la Marquette Academy, pero al estallar la Gran Guerra se alista en la marina. En la posguerra asiste a cursos de arte dramático en la Academy of Dramatic Art de Nueva York. En 1922 debuta como actor en Broadway encarnando a un robot y durante los años veinte recorre Estados Unidos con diferentes compañías teatrales. La llegada del sonoro le lleva a Hollywood donde debuta en cine como protagonista de *Up the River*, de John Ford, y durante la primera mitad de los años treinta trabaja en veintisiete películas, la mayoría de los estudios 20th Century Fox, entre las que sobresalen *Sangre joven* y *Fueros humanos*, de Frank Borzage; *20.000 años en Sing Sing*, de Michael Curtiz, y *Marie Galante*, de Henry King. En 1936 pasa a los estudios Metro-Goldwyn-Mayer y, durante los quince años que pasa en ellos, se convierte en una estrella por su trabajo en las interesantes *Furia*, de Fritz Lang; *Maniquí*, de Frank Borzage; *Paso al noroeste*, de King Vidor; *Edison, el hombre*, de Clarence Brown; *El extraño caso del doctor Jekyll*, de Victor Fleming, y *El padre de la novia*, de Vincente Minnelli. No hay que olvidar las siete películas que rueda como pareja de su amor secreto, Katharine Hepburn: *La mujer del año*, de George Stevens; *La llama sagrada*, de George Cukor; *Sin amor*, de Harold S. Bucquet; *Mar de hierba*, de Elia Kazan; *El estado de la Unión*, de Frank Capra y, sobre todo, *La costilla de Adán* y *La impostora*, de George Cukor. Seleccionado para nueve Oscars, solo se le concede en dos ocasiones: por encarnar al marinero portugués Manoel en *Capitanes intrépidos* y al padre Flanagan en *Forja de hombres*, sendas producciones Metro-Goldwyn-Mayer. De sus restantes películas, rodadas para diferentes estudios, hay que citar *Conspiración de silencio*, de John Sturges, y *El último hurra*, de John Ford, además de las otras dos que vuelve a interpretar junto a Katharine Hepburn, las irregulares comedias *Su otra esposa*, de Walter Lang, y *Adivina quién viene esta noche*, de Stanley Kramer, con quien también hace, al final de su carrera, *La herencia del viento*, *¿Vencedores o vencidos?* y *El mundo está loco, loco, loco*.

1930 *Up the River* (Río arriba), de John Ford.
1931 *Quick Millions*, de Rowland Brown. / *Six Cylinder Love*, de Thornton Freeland. / *Goldie*, de Benjamin Stoloff.
1932 *She Wanted a Millionnaire* (Quería un millonario), de John G. Blystone. / *Sky Devils* (Diablos celestiales), de Edward Sutherland. / *Disorderly Conduct*, de John W. Considine. / *Young America* (Sangre joven), de Frank Borzage. / *Society Girl* (Chica bien), de Sidney Lanfield. / *Painted Woman* (La mujer pintada), de John G. Blystone. / *For Me and My*

Gal (Mi chica y yo), de Raoul Walsh. / *20,000 Years in Sing Sing* (20.000 años en Sing Sing), de Michael Curtiz.
1933 *Face in the Sky* (De cara al cielo), de Harry Lachman. / *Shanghai Madness* (La locura de Shanghai), de John G. Blystone. / *The Power and the Glory* (Poder y gloria), de William K. Howard. / *The Mad Game* (La ley del talión), de Irving Cummings. / *Man's Castle* (Fueros humanos), de Frank Borzage.
1934 *Looking for Trouble* (Una avería en la línea), de William A. Wellman. / *The Show Off*, de Charles F. Riesner. / *Bottoms UP* (Hollywood conquistado), de David Butler. / *Now I'll Tell* (Noches de Nueva York), de Edwin Burke. / *Marie Galante*, de Henry King.
1935 *It's a Small World*, de Irving Cummings. / *The Murder Man* (La voz que acusa), de Tim Whelan. / *Dante's Inferno* (La nave de Satán), de Harry Lachman. / *Whipsaw* (Jaque al rey), de Sam Wood. / *Riffraff* (Flor de arrabal), de J. Walter Ruben.
1936 *Furia* (Fury), de Fritz Lang. / *San Francisco*, de W. S. van Dyke. / *Libeled Lady* (Una mujer difamada), de Jack Conway. / *They Gave Him a Gun*, de W. S. van Dyke.
1937 *Captains Courageous* (Capitanes intrépidos), de Victor Fleming. / *Big City*, de Frank Borzage.
1938 *Mannequin* (Maniquí), de Frank Borzage. / *Test Pilot* (Piloto de pruebas), de Victor Fleming. / *Boys Town* (Forja de hombres), de Norman Taurog.
1939 *Stanley and Livingstone* (El explorador perdido), de Henry King.
1940 *I Take This Woman* (Esta mujer es mía), de W. S. van Dyke. / *Northwest Passage* (Paso al noroeste), de King Vidor. / *Edison the Man* (Edison, el hombre), de Clarence Brown. / *Boom Town* (Fruto dorado), de Jack Conway.
1941 *Men of Boys Town* (La ciudad de los muchachos), de Norman Taurog. / *Dr. Jekyll and Mr. Hyde* (El extraño caso del doctor Jekyll), de Victor Fleming.
1942 *Woman of the Year* (La mujer del año), de George Stevens. / *Tortilla Flat* (La vida es así), de Victor Fleming. / *Keeper of the Flame* (La llama sagrada), de George Cukor.
1943 *A Guy Named Joe* (Dos en el cielo), de Victor Fleming. / *The Seventh Cross*, de Fred Zinnemann.
1944 *Thirty Seconds Over Tokyo* (Treinta segundos sobre Tokio), de Mervyn LeRoy.
1945 *Without Love* (Sin amor), de Harold S. Bucquet.
1947 *The Sea of Grass* (Mar de hierba), de Elia Kazan. / *Cass Timberlane* (Dos edades del amor), de George Sidney.
1948 *State of the Union* (El estado de la Unión), de Frank Capra.
1949 *Adam's Rib* (La costilla de Adán), de George Cukor. / *Edward, My Son*, de George Cukor.
1950 *Malaya* (Malaca), de Richard Thorpe. / *Father of the Bride* (El padre de la novia), de Vicente Minnelli.
1951 *Father's Little Dividend* (El padre es abuelo), de Vincente Minnelli. / *The People Against O'Hara* (El caso O'Hara), de John Sturges.
1952 *Pat and Mike* (La impostora), de George Cukor. / *Plymouth Adventure* (La aventura del Plymouth), de Clarence Brown.
1953 *The Actress* (La actriz), de George Cukor.
1954 *Broken Lance* (Lanza rota), de Edward Dmytryk.
1955 *Bad Day at Black Rock* (Conspiración de silencio), de John Sturges.
1956 *The Mountain* (La montaña siniestra), de Edward Dmytryk.
1957 *Desk Set* (Su otra esposa), de Walter Lang.
1958 *The Old Man and the Sea* (El viejo y el mar), de John Sturges. / *The Last Hurrah* (El último hurra), de John Ford.
1960 *Inherit the Wind* (La herencia del viento), de Stanley Kramer.
1961 *The Devil at Four O'Clock* (El diablo a las cuatro), de Mervyn LeRoy. / *Judgement at Nuremberg* (¿Vencedores o vencidos?), de Stanley Kramer.
1963 *It's a Mad, Mad, Mad, Mad World* (El mundo está loco, loco, loco), de Stanley Kramer.
1967 *Guess Who's Coming to Dinner* (Adivina quién viene esta noche), de Stanley Kramer.

TRAGEDIA DE LOUIS PASTEUR, LA *(The Story of Louis Pasteur, 1936)*

Siguiendo la línea trazada a principios de los años treinta en el Reino Unido por el productor y director Alexander Korda con las *private life*, tras mucho insistir, el alemán William Dieterle consigue que los estudios Warner le aparten de sus habituales policiacos de segunda fila para hacer esta brillante biografía del químico francés Louis Pasteur. Sin embargo, debe rodarla con un bajo presupuesto, siguiendo la tradicional estructura narrativa del estudio y con el famoso Paul Muni como protagonista. Esto hace que tenga un ritmo trepidante, un comienzo donde se expone la situación con simplicidad y fuerza, como si se tratase de una historia de intriga donde los malos son los microbios, el bueno su descubridor y su más duro trabajo consista en luchar contra la ignorancia de los médicos que le rodean, pero también que todo gire en torno a un intérprete de composición, a quien le encanta disfrazarse y que a la menor ocasión resulta excesivo. Su inesperado, pero justificado éxito, saca a Dieterle de las películas de Serie B y le convierte en un especialista en biografías de grandes personajes. La acción de esta «vida privada» de Pasteur se centra en el descubrimiento de una vacuna contra la peste negra, que aniquila las ovejas durante el reinado de Napoleón III, y de otra contra la hidrofobia, mientras lucha contra la indiferencia y la hostilidad del colegio de médicos de Francia, pero al fin, ya enfermo, sus esfuerzos son reconocidos. También hay dos producciones francesas sobre el mismo tema, *Pasteur* (1922), de Jean Epstein, y una versión sonora con el mismo título dirigida y protagonizada por Sacha Guitry en 1935.

Director: *William Dieterle*. Guionistas: *Sheridan Gibney, Pierre Collins*. Fotografía: *Tony Gaudio*. Música: *Bernhard Kaun*. Intérpretes: *Paul Muni, Josephine Hutchinson, Anita Louise, Donald Woods, Fritz Leiber, Henry O'Neill*. Producción: *Henry Blanke para Warner*. Duración: *85'*. *Estados Unidos*.

TRAICIÓN EN FORT KING *(Seminole, 1953)*

Durante un consejo de guerra por desacato e insubordinación, el oficial Lance Caldwell (Rock Hudson), recién salido de la academia militar de West Point, relata su enfrentamiento con el mayor Degan (Richard Carlson) en Fort King, Florida, en 1835, durante una fallida expedición de castigo a los indios seminolas al mando de Osceola (Anthony Quinn). Narrada a lo largo de un *flashback,* bajo la historia late el amor de Lance Caldwell y Osceola por una misma mujer, Revere Muldoon (Barbara Hale), y su vieja amistad. Mientras funciona con perfección como enfrentamiento entre un oficial y un mayor enloquecido, resulta un tanto convencional como historia de amor y amistad. Típica producción de bajo presupuesto, es uno de los mejores y más personales *westerns* rodados por el especialista Budd Boetticher durante su período en los estudios Universal.

Director: *Budd Boetticher*. Guionista: *Charles K. Peck Jr*. Fotografía: *Russell Metty*. Música: *Joseph Gershenson*. Intérpretes: *Rock Hudson, Barbara Hale, Anthony Quinn, Richard Carlson, Hugh O'Brian*. Producción: *Howard Christie para Universal. Color*. Duración: *86'*. *Estados Unidos*.

TRAPECIO *(Trapeze, 1956)*

El éxito internacional de las películas británicas rodadas por Carol Reed a principios de los años cincuenta le permite la realización de esta primera producción norteamericana. Nueva versión de la famosa película muda alemana *Variete* (1925) de E. A. Dupont, narra las relaciones entre Tino Orsini (Tony Curtis), un joven trapecista que quiere aprender a dar el triple salto mortal, Mike Ribble (Burt Lancaster), un hombre maduro cuya carrera quedó arruinada por una caída, pero domina la técnica, y Lola (Gina Lollobrigida), una ambiciosa acróbata que está dispuesta a todo para triunfar y se interpone entre los dos hombres. Rodada casi íntegramente en el Cirque d'Hiver de París, donde Burt Lancaster demuestra ser tan buen actor como trapecista —solo es doblado en raras ocasiones por Eddie Ward del famoso circo Ringling Brothers—, tiene un interesante tono claustrofóbico, una subrayada misoginia y muestra un hábil trabajo de un Carol Reed en el mejor momento de su irregular carrera.

Director: *Carol Reed*. Guionista: *James R. Webb*. Fotografía: *Robert Krasker*. Música: *Malcolm Arnold*. Intérpretes: *Burt Lancaster, Tony Curtis, Gina Lollobrigida, Thomas Gomez, Johnny Puleo, Katy Jurado*. Producción: *James Hill para Hecht-Lancaster / United Artists. Color. Scope*. Duración: *105'*. *Estados Unidos*.

TRAVESÍA DE PARÍS, LA *(La traversée de Paris, 1956)*

En 1943, en París, en uno de los peores momentos de la ocupación alemana, en pleno auge del mercado negro, el taxista Marcel Martin (Bourvil), que se ha quedado sin trabajo por falta de gasolina, se dedica a hacer transportes clandestinos de comida, pero cuando detienen a su colaborador habitual, le sustituye por el vagabundo Grandgil (Jean Gabin). Entre los dos deben llevar cuatro maletas llenas de carne de cerdo de un extremo al otro de París durante la noche, viven diversas aventuras y son detenidos por una patrulla alemana, pero mientras Grandgil resulta ser un conocido pintor y en seguida es liberado, Marcel Martin es condenado. En un epílogo, ya en la posguerra, Grandgil llega a la estación, llama a un mozo que resulta ser Marcel Martin y le pregunta «¿Siempre en el ramo de las maletas?» y este le responde: «Sí, en el ramo de las maletas, pero siempre de los otros.» Con estos elementos extraídos de una novela de Marcel Aymé, un excelente guión de sus colaboradores habituales Jean Aurenche y Pierre Bost y un buen trabajo interpretativo de Jean Gabin y Bourvil en su primer papel serio, Claude Autant-Lara hace una divertida comedia sobre uno de los períodos más oscuros de la reciente historia de Francia. Rodada trece años después de los hechos narrados, es la primera película francesa que mira con ojos críticos los duros y confusos años de la ocupación.

Director: *Claude Autant-Lara*. Guionistas: *Jean Aurenche, Pierre Bost*. Fotografía: *Jacques Natteau*. Música: *René Cloërec*. Intérpretes: *Jean Gabin, Bourvil, Louis de Funès, Jeannette Batti, Robert Arnoux*. Producción: *Franco London Films (París), Continental Produzione (Roma)*. Duración: *80'. Francia-Italia*.

TRAVOLTA, John *(Englewood, New Jersey, Estados Unidos, 1954)*

Después de hacer algunos papeles en televisión, en especial en la serie *Welcome Back Kotter*, comienza a trabajar en cine y en seguida tiene gran éxito al protagonizar los musicales *Fiebre del sábado noche* y *Brillantina*. Sin embargo, sus sucesivas películas, a excepción del interesante policiaco *Impacto*, de Brian de Palma, tienen muy poco interés. Su carrera vuelve a afianzarse gracias al éxito del tríptico de malas comedias formado por *Mira quién habla, Mira quién habla también* y *Mira quién habla ahora*, pero sobre todo del policiaco *Pulp Fiction*, de Quentin Tarantino.

1975 *The Devil's Rain* (La lluvia del diablo), de Robert Fuest.
1976 *Carrie*, de Brian de Palma.
1977 *Saturday Night Fever* (Fiebre del sábado noche), de John Badham.
1978 *Grease* (Brillantina), de Randal Kleiser. / *Moment by Moment* (Vivir al momento), de Jane Wagner.
1980 *Urban Cowboy* (Cowboy de ciudad), de James Bridges.
1981 *Blow Out* (Impacto), de Brian de Palma.
1983 *Staying Alive*, de Sylvester Stallone. / *Two of a Kind* (Tal para cual), de John Herzfeld.
1985 *Perfect!*, de James Bridges.
1989 *The Experts* (Expertos), de Dave Thomas. / *Look Who's Talking* (Mira quién habla), de Amy Heckerling. / *The Tender* (De pura raza), de Robert Harmon.
1990 *Chain of Gold* (Cadenas de oro), de Rob Holcomb. / *Look Who's Talking Too* (Mira quién habla también), de Amy Heckerling.
1991 *Shout* (Grita), de Jeffrey Horbaday.
1992 *Boris and Natacha* (Boris y Natacha), de Charles Martin Smith.
1993 *Look Who's Talking Now* (Mira quién habla ahora), de Tom Ropelewski.
1994 *Pulp Fiction*, de Quentin Tarantino. / *Eyes of an Angel*, de Robert Harmon.
1995 *White Man's Burden* (Atrapado), de Desmon Nakano. / *Get Story* (Cómo conquistar Hollywood), de Barry Sonnenfeld. / *Broken Arrow* (Alarma nuclear), de John Woo.
1996 *Phenomenon*, de John Turteltaub. / *Michael*, de Nora Ephron.

TREINTA Y NUEVE ESCALONES *(The Thirty-Nine Steps, 1935)*

La historia del canadiense Richard Hanney (Robert Donat), sospechoso de asesinato, que se ve obligado a viajar desde Londres, donde acaba de llegar por cuestiones de negocios, hasta Escocia para encontrar a los espías que han apuñalado a una mujer en su apartamento, sirve al maestro Alfred Hitchcock para hacer una de sus más personales películas británicas y uno de sus mejores relatos en torno a su tradicional tema del falso culpable. Basada en una novela del conocido especialista en narraciones policiacas John Buchan, también relata la historia de amor entre Richard Hanney y Pamela (Madeleine Carroll) en medio de una continua persecución con interesantes personajes entre los que destaca Mister Memory (Wylie Watson). Posteriormente se hacen otras dos versiones británicas más cercanas al relato original de Buchan que a la película de Hitchcock, pero tanto la dirigida por Ralph Thomas en 1959 con Kenneth More y Taina Elg, como la realizada por Don Sharp en 1978 con Robert Powell y Karen Dotrice, que vuelven a tener el mismo título que la primera, tienen cierto atractivo.

Director: *Alfred Hitchcock*. Guionistas: *Charles Bennett, Alma Reville*. Fotografía: *Bernard Knowles*. Música: *Hubert Bath*. Intérpretes: *Robert Donat, Madeleine Carroll, Godfrey Tearle, Lucie Mannheim, Peggy Ashcroft, John Laurie, Wylie Watson*. Producción: *Ivor Montagu para Gaumont British*. Duración: *81'. Reino Unido*.

TRES CAMARADAS *(Three Comrades, 1938)*

Parte central y más conocida de la denominada «trilogía alemana» de Frank Borzage, también integrada por *¿Y ahora qué?* (Little Man, What Now?, 1934) y *Tormenta mortal* (The

Mortal Storm, 1940), las tres protagonizadas por Margaret Sullavan, que describe el complejo clima de Alemania en el período de entreguerras y cómo empieza a ser nazi. Narra cómo en 1920, tras finalizar la Gran Guerra, tres compañeros de armas recién licenciados, primero ponen un taller de reparación de automóviles y luego tratan de sobrevivir como taxistas en el complejo mundo de la posguerra. Mientras Gottfried (Robert Young) muere de un disparo en medio de una algarada política, Erich (Robert Taylor) se enamora de la aristócrata arruinada Pat (Margaret Sullavan), que acaba muriendo en sus brazos de tuberculosis, y Otto (Franchot Tone) actúa como un protector hermano mayor. Basada en una novela de Erich Maria Remarque, es una de las pocas películas cuyo guión aparece firmado por el famoso novelista Francis Scott Fitzgerald, pero por problemas políticos la acción se traslada de 1928 a 1920 y en ningún momento se hace alusión al partido nacionalsocialista, ni al comunista. Producida por el más tarde también realizador Joseph L. Mankiewicz, es uno de los grandes melodramas de Borzage en el que, como es habitual en él, ensalza la amistad y el amor por encima de los problemas políticos y económicos.

Director: *Frank Borzage*. Guionistas: *Francis Scott Fitgerald, Edward A. Paramore*. Fotografía: *Joseph Ruttemberg*. Música: *Franz Waxman*. Intérpretes: *Margaret Sullavan, Robert Taylor, Robert Young, Franchot Tone, Guy Kibbee, Lionel Atwill*. Producción: *Joseph L. Mankiewicz para Metro-Goldwyn-Mayer*. Duración: *98'. Estados Unidos.*

TRES ENTRADAS PARA EL 26 *(Trois places pour le 26, 1988)*

A medio camino entre la realidad y la ficción, esta última película escrita y dirigida por el personal Jacques Demy vuelve a ser un musical dentro de la mejor tradición del norteamericano. Narra cómo el propio Yves Montand llega a Marsella, la ciudad de sus comienzos, para terminar de ensayar y estrenar un espectáculo musical sobre su vida. Este es el lado realista. Mientras tanto busca y encuentra a su viejo amor Mylène (Françoise Fabian) y tiene una breve pero intensa relación amorosa con Marion (Mathilda May), la hija de ambos cuya existencia desconocía, que casualmente sustituye a su pareja en la obra. Este es el lado de ficción. De nuevo con música de Michel Legrand y decorados de Bernard Evein, como todas las películas de Demy cuenta una simple historia de amor hecha de encuentros y desencuentros. A pesar de ser uno de sus mejores musicales, no obtiene el éxito merecido por estar el género pasado de moda y también por presentar a un Yves Montand demasiado mayor para el papel.

Director y guionista: *Jacques Demy*. Fotografía: *Jean Penzer*. Música: *Michel Legrand*. Intérpretes: *Yves Montand, Mathilda May, Françoise Fabian, Patrick Fierry, Christophe Bourseiller*. Producción: *Claude Berry. Color. Scope.* Duración: *108'. Francia.*

TRES LANCEROS BENGALÍES *(The Lives of a Bengal Lancer, 1935)*

Durante la segunda mitad de los años treinta, el especialista en relatos de acción Henry Hathaway rueda dos clásicos del cine de aventuras coloniales. El primero está ambientado en la frontera noroeste de la India, durante los mejores momentos de la dominación británica, y narra las luchas del 41 regimiento de Bengala contra las tribus de Mohammed Khan (Douglas Dumbrille), y, sobre todo, cómo el teniente Stone (Richard Cromwell) es capturado por los rebeldes y para liberarlo los tenientes McGregor (Gary Cooper) y Fortesque (Franchot Tone) se disfrazan de indios, entran en la ciudad enemiga y, tras ser hechos prisioneros y torturados, logran sus propósitos. El segundo es *La jungla en armas* (The Real Glory, 1939), una lógica consecuencia del éxito del anterior, está ambientado en 1906 en Filipinas, después de la guerra hispano-norteamericana. Cuenta cómo los tenientes McCool (David Niven) y Larson (Broderick Crawford), con la ayuda del doctor Canavan, consiguen dominar una revuelta de los nativos, pero no alcanza la brillantez narrativa del primero.

Director: *Henry Hathaway*. Guionistas: *Waldemar Young, John L. Balderston, Achmed Abdullah, Grover Jones, William Stevens McNut*. Fotografía: *Charles Lang*. Música: *Milan Roder*. Intérpretes: *Gary Cooper, Franchot Tone, Richard Cromwell, Sir Guy Standing, C. Aubrey Smith, Monte Blue, Kathleen Burke*. Producción: *Louis D. Lighton para Paramount*. Duración: *119'. Estados Unidos.*

TRES LUCES, LAS *(Der Müde Tod, 1921)*

La muerte (Bernhard Goetzke) da tres oportunidades a una mujer (Lil Dagover) para que su amante (Walter Janssen) vuelva a la vida. Lo que tiene que hacer es salvar la vida de otra persona, pero fracasa en Bagdad en el siglo XIX, en Venecia en el siglo XIV y en la antigua China. Tras fallar en las tres oportunidades y convencida de que el amor es más fuerte que la muerte, renuncia a su propia vida para reunirse con su amado en el más allá. Escrita por Thea von Harbou, es la primera gran película de Fritz Lang y una de las obras maestras del expresionismo alemán. Realizada con una gran riqueza visual, uno de sus atractivos reside en que los protagonistas de las cuatro historias son los mismos. No solo despierta la vocación cinematográfica de Luis Buñuel, sino que impresiona tanto al actor Douglas Fairbanks que la compra para su distribución en Estados Unidos y copia sus trucos en *El ladrón de Bagdad* (The Thief of Bagdad, 1924), de Raoul Walsh, que produce y protagoniza.

Director: *Fritz Lang*. Guionista: *Thea von Harbou*. Fotografía: *Erich Nitzachmann, Hermann Saalfrank, Fritz Arno Wagner*. Intérpretes: *Bernhard Goetzke, Lil Dagover, Walter Janssen, Rudolf Klein-Rogge, Eduard von Winterstein, Paul Biensfeldt, Karl Hüzsar*. Producción: *Decla-Bioscop*. Duración: *100'. Alemania*.

TRES MOSQUETEROS, LOS *(The Three Musketeers, 1948)*

La célebre novela de aventuras de Alexandre Dumas ha dado origen a múltiples películas. Entre las producciones francesas pueden citarse la dirigida en 1953 por André Hunebelle con Georges Marchal, Gino Cervi y Bourvil, y la rodada en 1961 por Bernard Borderie con Gérard Barray y Mylène Demongeot. Y entre las norteamericanas la realizada en 1935 por Rowland V. Lee con Walter Abel y Paul Lukas, y la hecha en 1939 por Allan Dwan con Don Ameche y Joseph Schildkraut. Sin olvidar la británica realizada en 1974 por Richard Lester con Michael York, Oliver Reed y Richard Chamberlain. La mejor es esta producción de Pandro S. Berman, dirigida por el especialista en musicales George Sidney, por su fidelidad al espíritu y la letra de la obra original, su cuidado reparto y, sobre todo, por estar concebidos los duelos a espada como números de baile; por ejemplo, el encuentro entre D'Artagnan y Jussac en el que combaten durante cinco minutos con música de Tchaikovsky. Dividida en dos partes, al igual que la novela original, en la primera tiene más importancia D'Artagnan (Gene Kelly) en la recuperación de los *ferrets* que la reina Anne de Austria (Angela Lansbury) le ha confiado tontamente al duque de Buckingham; frente a la segunda, donde la protagonista es la malvada *milady* de Winter (Lana Turner), mientras en ambas aparecen el cardenal Richelieu (Vincent Price) y unos no muy convincentes Athos (Van Heflin), Porthos (Gig Young) y Aramis (Robert Coote).

Director: *George Sidney*. Guionista: *Robert Ardrey*. Fotografía: *Robert Planck*. Música: *Herbert Stothart*. Intérpretes: *Gene Kelly, Lana Turner, June Allyson, Frank Morgan, Van Heflin, Robert Coote, Angela Lansbury, Vincent Price, Gig Young, Reginald Owen*. Producción: *Pandro S. Berman para Metro-Goldwyn-Mayer. Color. Duración: 125'. Estados Unidos*.

TRES MUJERES *(Three Women, 1977)*

La extrovertida enfermera Millie Lammoreaux (Shelley Duvall), de un establecimiento geriátrico de California, enseña su nuevo trabajo a la recién llegada y tímida Pinky Rose (Sissy Spacek), se hacen amigas y comparten el mismo apartamento. Cuando Pinky Rose descubre que tienen el mismo amante, Edgar Hart (Robert Fortier), primero intenta suicidarse y luego trata de adoptar la personalidad de Millie Lammoreaux. Después de dar a luz un niño muerto y matarse su marido accidentalmente mientras juega con un revólver, Willie Hart (Janice Rule) se une a las otras dos mujeres y se van a vivir juntas. Lejos de sus mejores trabajos, siempre basados en la brillante improvisación de un amplio grupo de actores en torno a un mismo tema, en esta ocasión Robert Altman parte de un sueño para escribir, producir y dirigir una insólita, vampírica y brillante obra de cámara que se sitúa entre el cine norteamericano y el europeo. Frente a su ritmo reposado destacan el excelente trabajo de las tres protagonistas, las jóvenes Sissy Spacek y Shelley Duvall y la madura Janice Rule, así como la personal fotografía de Charles Rosher, claramente inspirada en los grandes pintores norteamericanos de paisajes.

Director y guionista: *Robert Altman*. Fotografía: *Charles Rosher*. Música: *Gerald Busby*. Intérpretes: *Sissy Spacek, Janice Rule, Shelley Duvall, Robert Fortier, Ruth Nelson, John Cromwell*. Producción: *Robert Altman para Lion's Gate (20th Century Fox). Color. Scope. Duración: 123'. Estados Unidos*.

TRES NOCHES DE EVA, LAS *(The Lady Eve, 1941)*

A partir de una comedia teatral de Monckton Hoffe, el reputado guionista y realizador Preston Sturges hace una de sus más eficaces, sutiles, personales y conocidas comedias para los estudios Paramount. Narra las relaciones sentimentales que se establecen entre el multimillonario Charles Pike (Henry Fonda) y la timadora profesional Jane (Barbara Stanwyck), digna hija de su padre, el coronel Harrington (Charles Coburn). Tras enamorarse, él la deja cuando descubre quién es ella, pero no tiene el menor inconveniente en hacerse pasar por su hermana gemela Eve, casarse con él, abandonarle y vengarse. Acaba en un convencional final feliz, pero el ingenio de los diálogos, la suave dirección del especialista Sturges, que a través de largos planos permite que Henry Fonda y Barbara Stanwyck estén excelentes, siempre rodeados de sus maravillosos secundarios habituales, logra uno de los mejores clásicos de la comedia sofisticada. Quince años después, los estudios Paramount hacen una nueva versión, *The Birds and the Bees* (1956), dirigida por el tosco artesano Norman Taurog, protagoniza por David Niven y Mitzi Gaynor, en la que ha desaparecido el encanto de la anterior.

Director y guionista: *Preston Sturges*. Fotografía: *Victor Milner*. Música: *Leo Shuken, Charles Bradshaw*. Intérpretes: *Barbara Stanwyck, Henry Fonda, Charles Coburn, Eugene Pallette, William Demarest, Eric Blore, Melville Cooper*. Producción: *Paul Jones para Paramount*. Duración: 97'. Estados Unidos.

TRES PÁGINAS DE UN DIARIO *(Das Tagebuch einer Verlorenen, 1929)*

Narra cómo Thymiane (Louise Brooks), la hija del farmacéutico Henning (Joseph Rovensky), es seducida por el colaborador de su padre Meinert (Fritz Rasp), pero rechaza casarse con él cuando se entera de que está embarazada, el niño es dado en adopción y ella encerrada en una dura casa de reeducación. Gracias a la ayuda del conde Osdorff (André Roanne) logra escaparse, comienza a trabajar como pupila en un lujoso burdel y gana un dinero que, unido al que hereda de su padre, la convierte en una persona respetable que llega a reprender a las directoras de la casa de reeducación para jóvenes donde estuvo encerrada y consigue que salga alguna antigua compañera. Tomando como punto de partida una folletinesca novela de Margaret Böhme, convertida en un excelente guión por Rudolf Leonhardt, el gran realizador Georg W. Pabst hace una de sus obras maestras, una de las mejores películas de los años finales del período mudo. Con un fuerte trasfondo expresionista y una interesante estructura apoyada en el diario que lleva la protagonista, construye un sólido drama social que encierra una ideología anarquista y se opone a la burguesa. Destaca el excelente trabajo de la gran y bella actriz norteamericana Louise Brooks.

Director: *Georg W. Pabst*. Guionista: *Rudolf Leonhardt*. Fotografía: *Sepp Allgeier*. Intérpretes: *Louise Brooks, Edith Meinhard, Vera Pawlowa, Joseph Rovensky, Fritz Rasp, André Roanne*. Producción: *Pabst Films*. Duración: 90'. Alemania.

TRINTIGNANT, Jean-Louis *(Piolenc, Vaucluse, Francia, 1930)*

Sobrino del famoso corredor automovilístico Maurice Trintignant, estudia derecho mientras participa en competiciones de ciclismo y acude a los cursos de arte dramático de Charles Dullin. A principios de los años cincuenta debuta como actor de teatro, actividad que no llega a abandonar del todo, y a mediados de la década, de cine. El gran éxito de *Y Dios creó a la mujer*, donde es pareja de la mítica Brigitte Bardot, le convierte en estrella del cine francés, pero tres años de servicio militar le obligan a replantearse su carrera. Mientras rueda en Francia *Relaciones peligrosas, Le combat dand l'île, Château en Suède* y *Los raíles del crimen*, hace en Italia *Estate violenta, La escapada* y *El éxito*, a pesar de tener que ser doblado. El éxito de *Un hombre y una mujer* le permite colaborar en proyectos arriesgados, que a veces también coproduce, como *Trans-Europ-Express*, de Alain Robbe-Grillet; *Las ciervas*, de Claude Chabrol; *Z*, de Costa-Gavras; *Mi noche con Maud*, de Éric Rohmer, y *El conformista*, de Bernardo Bertolucci. Casado con la montadora Nadine Marquant (1934), protagoniza las películas que dirige con el nombre de Nadine Trintignant: *Mon amour, mon amour, El ladrón de crímenes, Prohibido saber* y *Voyage de noces*. También realiza personalmente las peculiares *Un día bien aprovechado* y *Le maître nageur*, mientras su intensa carrera se extiende a

TRINTIGNANT, Jean-Louis

lo largo de cuarenta años y abarca cien títulos, entre los que hay que citar *Anna Kauffman, Repérages, La terraza, Eaux profondes, La noche de Varennes, Colpire al cuore* y *Rendez-vous*, que rueda tanto en Francia como en Italia. A mediados de los años ochenta desciende su ritmo de trabajo para llegar a una especie de retiro que solo rompe para colaborar en proyectos que le atraen, como *Merci la vie,* de Bertrand Blier, o *Rojo,* de Krzysztof Kieslowski.

Como director
1972 *Une journée bien remplie* (Un día bien aprovechado).
1979 *Le maître nageur.*

Como actor
1955 *Si tous les gars du monde* (T. K. X. no contesta), de Christian-Jaque. / *La loi des rues,* de Ralph Habib.
1956 *Et Dieu créa la femme* (Y Dios creó la mujer), de Roger Vadim. / *Club de femmes,* de Ralph Habib.
1959 *Les liaisons dangereuses* (Relaciones peligrosas), de Roger Vadim. / *Estate violenta,* de Valerio Zurlini. / *La millième fenêtre,* de Robert Menegoz.
1960 *Austerlitz,* de Abel Gance. / *Pleins feux sur l'assassin,* de Georges Franju. / *Coeur battant,* de Jacques Doniol-Valcroze. / *L'Atlantique,* de Edgar G. Ulmer.
1961 *Le jeu de la vérité,* de Robert Hossein. / *Horace 62* (Cita de sangre), de André Versini.
1962 *Le combat dand l'île,* de Alain Cavalier. / *Il sorpasso* (La escapada), de Dino Risi. / *Les sept péchés capitaux,* episodio de Jacques Demy.
1963 *Il successo* (El éxito), de Dino Risi. / *Château en Suède,* de Roger Vadim.
1964 *Les pas perdus,* de Jacques Robin. / *La bonne occase* (Las buenas ocasiones), de Michel Drach. *Mata-Hari agent H-21* (Mata Hari, agente H-21), de Jean-Louis Richard. / *Angélique, marquise des Anges,* de Bernard Borderie.
1965 *Io uccido, tu uccidi,* episodio de Gianni Puccini. / *Compartiment tueurs* (Los raíles del crimen), de Costa-Gavras. / *Merveilleuse Angélique,* de Bernard Borderie. / *La longue marche,* de Alexander Astruc.
1966 *Paris brûle-t-il?* (¿Arde París?), de René Clément. / *Un homme et une femme* (Un hombre y una mujer), de Claude Lelouch. / *Safari diamants* (Ha desaparecido un hombre), de Michel Drach. / *Trans-Europ-Express,* de Alain Robbe-Grillet.
1967 *Col cuore in gola,* de Tinto Brass. / *Mon amour, mon amour,* de Nadine Trintignant. / *Un homme à abattre* (El acecho), de Philippe Condroyer. / *La morte ha fatto l'uovo,* de Giulio Questi. / *L'homme qui ment,* de Alain Robbe-Grillet.
1968 *Les biches* (Las ciervas), de Claude Chabrol. / *Il grande silenzio,* de Sergio Corbucci. / *Le voleur de crimes* (El ladrón de crímenes), de Nadine Trintignant. / *La matriarca* (Una vida desenfrenada), de Pasquale Festa Campanile. / *Metti una sera a cena* (Supongamos que una noche cenando), de Giuseppe Patroni Griffi.
1969 *Z,* de Costa-Gavras. / *Ma nuit chez Maud* (Mi noche con Maud), de Éric Rohmer. / *Las secretas intenciones,* de Antonio Eceiza. / *Così dolce, così perversa,* de Umberto Lenzi. / *L'américain,* de Marcel Bozzuffi. / *L'opium et le bâton,* de Ahmed Rachedi.
1970 *Il conformista* (El conformista), de Bernardo Bertolucci. / *Le voyou* (El canalla), de Claude Lelouch.
1971 *Sans mobile apparent* (Sin móvil aparente), de Philippe Labro.
1972 *La course du lièvre a travers les champs* (Como liebre acosada), de René Clément. / *L'attentat* (El atentado), de Yves Boisset. / *Un homme est mort* (Funeral en Los Ángeles), de Jacques Deray.
1973 *Défense de savoir* (Prohibido saber), de Nadine Trintignant. / *Le train* (Anna Kauffman), de Pierre Granier-Deferre. / *Les violons du bal* (Los violones del baile), de Michel Drach. / *L'escapade,* de Michel Soutter.
1974 *Le mouton enragé* (El trepa), de Michel Deville. / *Le secret* (El secreto), de Robert Enrico. / *Le jeu avec le feu,* de Alain Robbe-Grillet. / *L'agression* (La agresión), de Gérard Pirès.
1975 *Flic Story,* de Jacques Deray. / *Il pleut sur Santiago* (Llueve sobre Santiago), de Hugo Soto. / *La donna della domenica* (La mujer del domingo), de Luigi Comencini. / *Voyage de noces,* de Nadine Trintignant.
1976 *Il deserto dei tartari* (El desierto de los tártaros), de Valerio Zurlini. / *L'ordinateur des pompes funèbres,* de Gerard Pirès. / *Les passagers* (El hombre que nos persigue), de Serge Leroy.
1977 *Repérages,* de Michel Soutter. / *Un assassin qui passe,* de Michel Vianey.
1978 *L'argent des autres* (El dinero de los demás), de Christian de Chalonge.
1980 *La terrazza* (La terraza), de Ettore Scola. / *La banquière* (La banquera), de Francis Girod. / *Je vous aime* (Os quiero), de Claude Berri.
1981 *Une affaire d'hommes,* de Nicolas Ribowski. / *Boulevard des assassins,* de Boramy Tioulong. / *Le grand pardon,* de Alexandre Arcady. / *Passione d'amore* (Entre el amor y la muerte), de Ettore Scola. / *Eaux profondes,* de Michel Deville.
1982 *Malevil,* de Christian de Chalonge. / *Il mondo nuovo* (La noche de Varennes), de Ettore Scola.
1983 *Le crime,* de Philippe Labro. / *Vivement dimanche!* (Vivamente el domingo), de Francois Truffaut. / *Under Fire* (Bajo el fuego), de Roger Spottiswoode. / *Colpire al cuore,* de Gianni Amelio.
1984 *Le bon plaisir* (Mi amante prohibido), de Francis Girod. / *Viva la vie,* de Claude Lelouch. / *Femmes de personne,* de Christopher Frank.

1985 *L'été prochain*, de Nadine Trintignant. / *Partir, revenir*, de Claude Lelouch. / *Rendez-vous* (La cita), de André Téchiné. / *David, Thomas et les autres*, de Laszló Szabó. / *L'homme aux yeux d'argent*, de Pierre Granier-Deferre.
1986 *Un homme et une femme: vingt ans déjà* (Un hombre y una mujer veinte años después), de Claude Lelouch. / *La femme de ma vie* (La mujer de mi vida), de Régis Wargnier.
1987 *La vallée fantôme*, de Alain Tanner. / *Le moustachu*, de Dominique Chaussois.
1989 *Bunker Palace Hôtel*, de Euki Bilal.
1991 *Merci la vie*, de Bertrand Blier.
1993 *Regarde les hommes tomber*, de Jacques Audiard.
1994 *Rouge* (Rojo), de Krzysztof Kieslowski.
1995 *Fiesta*, de Pierre Bontron. / *C'est jamais loin*, de Alain Centonée.

TRISTANA *(1970)*

A pesar de desarrollarse en Toledo entre 1929, la dictadura del general Primo de Rivera, y el denominado bienio negro, 1933-1935, con la proclamación de la II República por en medio, esta excelente adaptación de una novelita de Benito Pérez Galdós se centra en las relaciones entre el liberal, anticlerical y donjuanesco don Lope Garrido (Fernando Rey) y su entenada y protegida Tristana (Catherine Deneuve). Lo que a Luis Buñuel le interesa contar, una vez descrita la peculiar personalidad de don Lope, es cómo consigue que la joven Tristana se convierta en su amante; «Soy tu padre y tu marido y hago de uno u otro según me conviene», a pesar de lo cual no puede evitar que se vaya con el pintor catalán Horacio (Franco Nero). Y, sobre todo, cómo, dos años después, tras pasar don Lope de la miseria a una posición desahogada, Tristana regresa enferma, deben amputarle una pierna, se agría su carácter y se invierte la relación entre ellos. Le obliga a ir a misa, a dar donativos a la guardia civil, a casarse con ella, a invitar a merendar a curas a su casa, para acabar dejándole morir en un terrible final. El gran valor de esta segunda película española de Buñuel reside en sus excelentes diálogos, escritos en colaboración con el guionista Julio Alejandro, su austera y eficaz realización y desarrollar su compleja situación a través de unos personajes que tienen mucho más peso, fuerza y verdad de lo que suele ser habitual en su autor.

Director: *Luis Buñuel*. Guionistas: *Luis Buñuel, Julio Alejandro*. Fotografía: *José Aguayo*. Intérpretes: *Catherine Deneuve, Fernando Rey, Franco Nero, Lola Gaos*. Producción: *Eduardo Ducay para Época Films (Madrid), Talia Films (Madrid), Selenia Cinematografica (Roma), Les Films Corona (París)*. Color. Duración: *105'*. España-Francia-Italia.

TROELL, Jan *(Limhamm, Suecia, 1931)*

Hijo de un dentista, tras finalizar sus estudios durante nueve años ejerce como maestro. Interesado por la fotografía desde niño, trabaja sobre ella hasta que a finales de los años cincuenta fotografía, dirige y monta algunos cortometrajes en 16 mm y uno de ellos, *Stad* (1958), le vale un contrato en televisión. Abandona la enseñanza, realiza documentales para televisión, hace la fotografía de las primeras películas dirigidas por Bo Widerberg, rueda uno de los episodios del largo colectivo *4 x 4* y dirige, fotografía y monta los largometrajes *El fuego de la vida*, adaptación de una novela de Eyind Johnson sobre la educación sentimental y política de un muchacho durante la Gran Guerra, y *Ole dole dorff*, sobre la amargura de un maestro que no logra comunicarse con sus alumnos, que gana el Oso de Oro del Festival de Berlín. El relativo éxito del díptico integrado por *Los emigrantes* y *La nueva tierra*, adaptación de unos relatos de Vilhelm Moberg sobre las vicisitudes de una familia sueca que a mediados del siglo XIX emigra a Minnesota, Estados Unidos, le vale un contrato de los estudios Warner para hacer *La esposa comprada*, un semi *western* que es una especie de continuación de las anteriores. Regresa a su país para hacer la comedia negra *Bang!*, pero su fracaso le hace aceptar la proposición del productor Dino de Laurentiis para rodar con amplitud de medios *Huracán*, nueva versión del clásico rodado en 1937 por John Ford, dentro de la moda de las películas de catástrofes. De nuevo en Suecia dirige *El vuelo del águila*, buena adaptación de la novela de Per Olof Sundman sobre la trágica expedición en globo al polo Norte realizada en 1897 por el ingeniero Andrée y dos compañeros.

1965 *Uppehall i Myrlandet*, episodio de *4 x 4*.
1966 *Härhar du ditt liv* (El fuego de la vida).
1967 *Ole dole doff*.
1971 *Utvandrarna* (Los emigrantes).
1973 *Nybyggarna* (La nueva tierra).
1974 *Zandy's Bride* (La esposa comprada).

1977 *Bang!*
1979 *Hurricane* (Huracán).
1982 *Ingenjör Andrees Luftfärd* (El vuelo del águila).
1985 *Sagolandet.*
1991 *Il capitano.*

TROTTA, Margarethe von *(Berlín, Alemania, 1942)*

Actriz de teatro, debuta en cine en 1968 y destaca por sus interpretaciones en obras de Rainer Werner Fassbinder, Reinhard Hauff y Volker Schlöndorff. Se casa con este último, escribe guiones y participa en la realización de *El honor perdido de Katharina Blum* (Die Verlorene ehre der Katharina Blum, 1975). Debuta como directora con *Das Zweite Erwachen der Christa Klages,* acercamiento a la actualidad política alemana a través de un grupo de jóvenes de extrema izquierda, y con *Schwestern, oder die Balance des Glücks,* historia intimista que trata de demostrar cómo el amor conduce al dominio. Se da a conocer internacionalmente con *Las hermanas alemanas,* ganadora del León de Oro de la Mostra de Venecia, exposición de una crisis individual dentro de una crisis social a través de la personalidad de dos hermanas, una de las cuales pertenece al grupo terrorista Baader-Meinhof; la historia con una fuerte carga feminista *Locura de mujer,* y la biografía de la famosa revolucionaria *Rosa Luxembourg.* Rueda en Italia *Amor y deseos,* personal adaptación de la famosa obra teatral *Tres hermanas,* de Anton Chejov, pero sin su acostumbrada carga política y feminista, y la menos interesante *Il ritorno,* una producción europea de escasa difusión. De regreso a su país dirige *La promesa,* una tan ambiciosa como fallida historia del muro de Berlín.

1977 *Das Zweite Erwachen der Christa Klages.*
1979 *Schwestern, oder die Balance des Glücks.*
1981 *Die Bleierne Zeit* (Las hermanas alemanas).
1982 *Heller Wahn* (Locura de mujer).
1985 *Rosa Luxembourg.*
1987 *Eva,* episodio de *Felix.*
1988 *Fürsten und Lieben* (Amor y deseos).
1990 *Il ritorno.*
1994 *Das Versprechen* (La promesa).

TRUEBA, Fernando *(Madrid, España, 1958)*

Estudiante de imagen en la facultad de ciencias de la información de la Universidad de Madrid y crítico de cine en diferentes publicaciones, tras rodar algunos cortometrajes, debuta como director de largos con *Ópera prima,* uno de los principales pilares de la denominada «comedia madrileña». Sus peores trabajos son *Mientras el cuerpo aguante,* aburrido documento sobre un personaje sin interés, y la desigual y fallida comedia *Sal gorda.* Su obra da un considerable paso hacia delante cuando colabora con el productor Andrés Vicente Gómez en la comedia de encargo *Sé infiel y no mires con quién,* un convencional vodevil de los ingleses Ray Conney y John Chapman, pero que escribe y dirige con perfección; la eficaz comedia dramática *El año de las luces,* que escribe con el guionista Rafael Azcona, sobre la educación sentimental de un adolescente en un preventorio antituberculoso en plena posguerra, y el complejo y sórdido policiaco *El sueño del mono loco,* que rueda en inglés con actores extranjeros sobre una novela de Christopher Frank. Convertido en su propio productor, obtiene un gran éxito con *Belle époque,* una comedia erótica que vuelve a escribir con Azcona, donde adapta el esquema de la anterior a los años de la II República y a una familia de cuatro hermanas y gana el Oscar destinado a las producciones extranjeras. Gracias a ella rueda en inglés y en Estados Unidos *Two Much,* una comedia de equívocos basada en una novela de Donald E. Westlake.

1980 *Ópera prima.*
1982 *Mientras el cuerpo aguante.*
1983 *Sal gorda.*
1985 *Sé infiel y no mires con quién.*
1986 *El año de las luces.*
1989 *The Mad Monkey* (El sueño del mono loco).
1992 *Belle époque.*
1995 *Two Much.* / *Lumière y compañía,* un episodio.

TRUFFAUT, François *(París, 1932-Neuilly-sur-Seine, Francia, 1984)*

Tras una solitaria y triste infancia, a los catorce años deja los estudios para desempeñar múltiples oficios, tal como refleja su autobiográfica primera película y obra maestra *Los cuatrocientos golpes,* pero en contra de lo que le sucede a su protagonista, le salva del reformatorio su interés por el cine y su amistad con el crítico André Bazin. Primero desde sus críticas en la revista especializada *Cahiers du Cinéma* y el semanario *Arts,* después desde sus cortometrajes *Une visite* (1954), *Les mistons* (1954), y sobre todo con sus primeros largos, intenta dar una nueva vida al cine francés en unión con los mejores trabajos de sus compañeros de la *nouvelle vague*, pero al final de su carrera acaba cayendo en la mayoría de los defectos que tanto critica. Al ser productor o coproductor de la casi totalidad de sus películas —a través de la marca Les Films du Carrosse—, su obra está condicionada por su comercialidad y planteada de dos en dos, de manera que un proyecto más comercial le permite hacer un trabajo personal, pero de difícil amortización. Algunas de sus mejores obras están incluidas en la serie protagonizada por su *alter ego* Antoine Doinel, siempre encarnado por Jean-Pierre Léaud: *Los cuatrocientos golpes*, el episodio *Antoine y Colette* y *Besos robados*, su única comedia buena; pero se prolonga en las fallidas *Domicilio conyugal*, una comedia sin atractivo, y *El amor en fuga*, hecha con los descartes de las anteriores. También tienen interés las basadas en guiones originales, en los que siempre colabora: *La piel suave*, descripción de un clásico triángulo amoroso; *La noche americana*, una comedia sobre un rodaje que le hace ganar el Oscar destinado a la producción extranjera; *Diario íntimo de Adèle H.*, un drama sobre los amores de una hija desconocida de Victor Hugo; *La piel dura*, una bien articulada sucesión de episodios sobre el mundo infantil; *El amante del amor*, una comedia dramática en torno a su fascinación por las mujeres y los libros; *El último metro*, uno de sus mayores éxitos, sobre el teatro durante los años de la ocupación alemana de Francia, y *La mujer de al lado*, una historia de amor con estructura de relato policiaco; pero en ellas vuelve al tono literario y la supeditación a las estrellas que tanto recrimina en su etapa de crítico. En su larga serie de adaptaciones de novelas se encuentra lo mejor y lo peor de su trabajo, tal como ocurre con sus versiones de las dos obras publicadas por Henri-Pierre Roché: son historias paralelas que tratan sobre el amor entre tres personas, pero, mientras *Jules y Jim*, una de sus más conocidas, reputadas e irregulares producciones, lo expone de forma un tanto inconsciente, *Las dos inglesas y el amor*, su obra maestra desconocida y uno de sus grandes fracasos, lo hace con una gran carga de eficaz romanticismo. Entre sus peores películas se sitúan *Farenheit 451*, torpe historia de ciencia ficción rodada en inglés y basada en la novela homónima de Ray Bradbury; *Una chica tan decente como yo*, una mala comedia realizada a partir de un libro del especialista en narraciones terroríficas Henry Farrell, y *La habitación verde*, torpe reunión de varias obras cortas de Henry James. Entre sus adaptaciones destaca también *El pequeño salvaje*, historia de un niño salvaje, basada en los escritos de Jean Itard, en la que no solo brilla como coguionista y director, sino también como atractivo protagonista. Su interés por el realizador Alfred Hitchcock le lleva a hacer el excelente libro de entrevistas *El cine según Hitchcock*, rebautizado en su edición definitiva *Truffaut-Hitchcock*, y también a adaptar novelas policiacas de conocidos autores norteamericanos, con desiguales resultados: David Goodis en la desconcertante *Tirad sobre el pianista*; William Irish en la fallida *La novia vestida de negro* y la atractiva *La sirena del Mississippi*, y Charles Williams en la anticuada *Vivamente el domingo*, su último trabajo.

1959 *Les quatre cents coups* (Los cuatrocientos golpes).
1960 *Tirez sur le pianiste* (Tirad sobre el pianista).
1961 *Jules et Jim* (Jules y Jim).
1962 *Antoine et Colette* (Antoine y Colette), episodio de *L'amour à vingt ans* (El amor a los veinte años).
1964 *Le peau douce* (La piel suave).
1966 *Fahrenheit 451*.
1967 *La mariée était en noir* (La novia vestía de negro).
1968 *Baisers volés* (Besos robados).
1969 *La sirène du Mississippi* (La sirena del Mississippi).
1970 *L'enfant sauvage* (El pequeño salvaje). / *Domicile conjugal* (Domicilio conyugal).
1971 *Les deux anglaises et le Continent* (Las dos inglesas y el amor).
1972 *Une belle fille comme moi* (Una chica tan decente como yo).
1973 *La nuit américaine* (La noche americana).
1975 *L'histoire d'Adèle H.* (Diario íntimo de Adèle H.).
1976 *L'argent de poche* (La piel dura).
1977 *L'homme qui aimait les femmes* (El amante del amor).
1978 *La chambre verte* (La habitación verde). / *L'amour en fuite* (El amor en fuga).
1980 *Le dernier métro* (El último metro).
1981 *La femme d'à côté* (La mujer de al lado).
1983 *Vivement dimanche!* (Vivamente el domingo).

TÚ Y YO *(An Affair to Remember, 1957)*

El éxito de la comedia melodramática *Tú y yo* (Love Affair, 1939), un guión original de Delmer Daves y Donald Ogden Stewart, producido y dirigido por Leo McCarey para los estudios R. K. O. y protagonizado por Charles Boyer e Irene Dunne, conduce a McCarey a esta nueva versión, de gran fidelidad al original, que escribe en colaboración con Daves. Narra cómo el *playboy* Nickie Ferrante (Cary Grant) se enamora de la cantante de *night club* Terry McKay (Deborah Kerr) mientras regresan en barco a Nueva York, pero dado que él está a punto de casarse y ella tiene novio, deciden verse un año después en el Empire State Building. Cuando Terry McKay acude a la cita sufre un grave accidente de circulación y Nickie Ferrante cree que le ha olvidado, pero el amor es más fuerte que la tragedia y consiguen llegar a un final feliz. Destacan la facilidad con que McCarey pasa de la comedia a la tragedia y el gran trabajo interpretativo de la pareja formada por Cary Grant y Deborah Kerr. Cincuenta y cinco años después de la primera versión, Warren Beatty produce, escribe en colaboración con Robert Towne y protagoniza una tercera versión, *Un asunto de amor* (Love Affair, 1994), dirigida por Glenn Gordon Caron y coprotagonizada por Annette Bening, cuyo máximo atractivo es mostrar a una deteriorada Katharine Hepburn en el papel de la tía del protagonista.

Director: *Leo McCarey*. Guionistas: *Leo McCarey, Delmer Daves*. Fotografía: *Milton Krasner*. Música: *Hugo Friedhofer*. Intérpretes: *Cary Grant, Deborah Kerr, Richard Denning, Cathleen Nesbitt*. Producción: *Jerry Wald para 20th Century Fox. Color. Scope*. Duración: *115'. Estados Unidos*.

TUCKER: UN HOMBRE Y SU SUEÑO *(Tucker, the Man and His Dream, 1988)*

En 1945, en Chicago, el mecánico Preston Tucker (Jeff Bridges) proyecta y construye un automóvil revolucionario, pero es derrotado por los grandes fabricantes de Detroit, lo que no les impide adoptar sus revolucionarias innovaciones después de su muerte. Tras el retrato de este ambicioso visionario que se hace a sí mismo, pero es destruido por las poderosas fuerzas económicas, no es difícil ver al propio Francis Ford Coppola luchando con sus innovadores estudios Zoetrope contra los grandes estudios de Hollywood. Narrada con una extremada perfección, casi como si fuese un anuncio publicitario de los perfectos modelos automovilísticos creados por el propio Tucker, encierra una gran belleza formal y se sitúa entre las mejores y más personales películas de Coppola, lo que no le impide ser uno de sus grandes fracasos comerciales.

Director: *Francis Ford Coppola*. Guionistas: *Arnold Schulman, David Seidler*. Fotografía: *Vittorio Storaro*. Música: *Carmine Coppola*. Intérpretes: *Jeff Bridges, Joan Allen, Martin Landau, Frederic Forrest, Lloyd Bridges*. Producción: *George Lucas para Lucas Films. Color*. Duración: *90'. Estados Unidos*.

TURISTA ACCIDENTAL, EL *(The Accidental Tourist, 1988)*

Tras la violenta muerte de su hijo de doce años, el escritor Macon Leary (William Hurt), creador de unas guías de viajes para quienes no les gusta viajar, es abandonado por su mujer Sarah (Kathleen Turner), se rompe una pierna mientras vive solo y se instala en la casa familiar con sus tres extraños hermanos solteros, pero comienza a revivir gracias a la relación que establece con la especial domesticadora de perros Muriel (Geena Davis). En esta peculiar comedia sobre la soledad, basada en la novela homónima de Ann Tyler, donde un hombre triste se mueve entre su mujer y su amante, con una excelente fotografía de John Bailey y una minuciosa dirección de Lawrence Kasdan, destaca la interpretación de la recién llegada Geena Davis.

Director: *Lawrence Kasdan*. Guionistas: *Frank Galati, Lawrence Kasdan*. Fotografía: *John Bailey*. Música: *John Williams*. Intérpretes: *William Hurt, Kathleen Turner, Geena Davis, Amy Wright, Bill Pullman, Robert Gorman*. Producción: *Lawrence Kasdan, Charles Okun. Color*. Duración: *121'. Estados Unidos*.

TURNER, Kathleen *(Springfield, Missouri, Estados Unidos, 1954)*

Hija de un diplomático, estudia arte dramático en la Missouri University y en la Central School of Speech and Drama de Londres. Hace anuncios e interviene en la serie de televisión *The Doctors* antes de debutar en cine como protagonista del policiaco *Fuego en el cuerpo*, de Lawrence Kasdan. Entre medias del irregular díptico de aventuras formado por *Tras el corazón verde* y *La joya del Nilo*, tiene un cierto éxito personal con la historia de mafiosos *El honor de los Prizzi*, de John Huston, y al encarnar a Peggy Sue en la peculiar comedia *Peggy Sue se casó*, de Francis Ford Coppola. Después de la interesante *El turista accidental*, de Lawrence Kasdan, a principios de los años noventa su carrera comienza a decaer a lo largo de *Detective con medias de seda*, *Cuidado con la familia Blue* y *Una mamá sin freno*.

1981 *Body Heat* (Fuego en el cuerpo), de Lawrence Kasdan.
1983 *The Man With Two Brains* (Un genio con dos cerebros), de Carl Reiner.
1984 *A Breed Apart* (En busca del águila), de Philippe Mora. / *Crimes of Passion* (La pasión de China Blue), de Ken Russell. / *Romancing the Stone* (Tras el corazón verde), de Robert Zemeckis.
1985 *Prizzi's Honor* (El honor de los Prizzi), de John Huston. / *The Jewel of the Nile* (La joya del Nilo), de Lewis Teague.
1986 *Peggy Sue Got Married* (Peggy Sue se casó), de Francis Ford Coppola.
1987 *Julia and Julia* (Julia y Julia), de Peter del Monte.
1988 *Switching Channels* (Interferencias), de Ted Kotcheff. / *The Accidental Tourist* (El turista accidental), de Lawrence Kasdan.
1989 *The War of the Roses* (La guerra de los Rose), de Danny DeVito.
1991 *V. I. Warshwski* (Detective con medias de seda), de Jeff Kanew.
1993 *House of Cards*, de Michael Lessac. / *Undercover Blues* (Cuidado con la familia Blue), de Herbert Ross.
1994 *Naked in New York* (Desnudo en Nueva York), de Daniel Algrant. / *Serial Mom* (Una mamá sin freno), de John Waters.
1995 *Moonlight and Valentino* (Mujeres bajo la luna), de David Anspaugh.

TURNER, Lana *(Julia Jean Frances Mildred Turner. Wallace, Idaho, 1920-Los Ángeles, California, Estados Unidos, 1995)*

Hija de un profesor, es descubierta por un cazatalentos de los estudios Metro-Goldwyn-Mayer. Debuta como actriz de cine en 1937 en un papel secundario, pero dos años después protagoniza producciones de bajo presupuesto y hace papeles más reducidos en películas importantes como *El extraño caso del doctor Jekyll* o *Senda prohibida*. Durante la década de los cuarenta interviene en dieciséis películas, encarnando cada vez personajes más importantes, pero solo la lanzan al éxito *El cartero siempre llama dos veces* y *Los tres mosqueteros*. Convertida en una de las estrellas Metro-Goldwyn-Mayer, trabaja con similar intensidad durante los años cincuenta y entre sus películas destaca *Cautivos del mal*, de Vicente Minnelli, seguida de *Brumas de traición*, *El zorro de los océanos* y *Las lluvias de Ranchipur*. El éxito alcanzado por los melodramas *Vidas borrascosas*, *Imitación a la vida* y *Retrato en negro*, que rueda a finales de los años cincuenta, se ve empañado por su implicación en el asesinato de un amante gángster cometido por su hija. A pesar de que solo en contadas ocasiones demuestra que es una buena actriz, trabaja con regularidad hasta mediados de la década de los sesenta y posteriormente solo interviene de vez en cuando en producciones de muy baja calidad.

1937 *They Wont's Forget*, de Mervyn LeRoy. / *The Great Garrick*, de James Whale.
1938 *The Adventures of Marco Polo* (Las aventuras de Marco Polo), de Archie L. Mayo. / *Love Finds Andy Hardy* (Andrés Hardy se enamora), de George B. Seitz. / *Rich Man, Poor Girl*, de Reinhold Schünzel. / *Dramatic School*, de Robert B. Sinclair.
1939 *Dancing Co-Ed*, de S. Sylvan Simon. / *These Glamour Girl*, de S. Sylvan Simon. / *Calling Dr. Kildare*, de Harold S. Bucquet.
1940 *Two Girls on Broadway*, de S. Sylvan Simon. / *We Who Are Young*, de Harold S. Bucquet.
1941 *Dr. Jekyll and Mr. Hyde* (El extraño caso del doctor Jekyll), de Victor Fleming. / *Ziegfeld Girl*, de Robert Z. Leonard. / *Honky Tonk* (Quiero a ese hombre), de Jack Conway.
1942 *Johnny Eager* (Senda prohibida), de Mervyn LeRoy. / *Somewhere I'll Find You*, de Wesley Ruggles.
1943 *Slighty Dangerous*, de Wesley Ruggles. / *The Youngest Profession*, de Edward Buzzell. / *Du Barry Was a Lady*, de Roy del Ruth.
1944 *Marriage Is a Private Affair*, de Robert Z. Leonard.
1945 *Week-end at the Waldorf* (Fin de semana), de Robert Z. Leonard. / *Keep Your Powder Dry*, de Edward Buzzell.
1946 *The Postman Always Rings Twice* (El cartero siempre llama dos veces), de Tay Garnett.
1947 *Green Dolphin Street* (La calle del delfín verde), de Victor Saville. / *Cass Timberlane* (Dos edades del amor), de George Sidney.
1948 *Homecoming* (La rival), de Mervyn LeRoy.
1949 *The Three Musketeers* (Los tres mosqueteros), de George Sidney.
1950 *Mr. Imperium*, de Don Hartman. / *A Life of Her Own*, de George Cukor.

TWO MUCH

1952 *The Merry Widow* (La viuda alegre), de Curtis Bernhardt. / *The Bad and the Beautiful* (Cautivos del mal), de Vincente Minnelli.
1953 *Latin Lovers* (Mi amor brasileño), de Mervyn LeRoy.
1954 *The Flame and the Flesh* (La seductora), de Richard Brooks. / *Betrayed* (Brumas de traición), de Gottfried Reinhardt.
1955 *The Prodigal* (El hijo pródigo), de Richard Thorpe. / *The Sea Chase* (El zorro de los océanos), de John Farrow. / *The Rains of Ranchipur* (Las lluvias de Ranchipur), de Jean Negulesco.
1956 *Diane* (Astucias de mujer), de David Miller.
1957 *Peyton Place* (Vidas borrascosas), de Mark Robson.
1958 *The Lady Takes a Flyer* (Escala en Tokio), de Jack Arnold. / *Another Time, Another Place* (Brumas de inquietud), de Lewis Allen.
1959 *Imitation of Life* (Imitación a la vida), de Douglas Sirk.
1960 *Portrait in Black* (Retrato en negro), de Michael Gordon.
1961 *Bachelor in Paradise* (Soltero en el paraíso), de Jack Arnold. / *By Love Possessed* (Brotes de pasión), de John Sturges.
1962 *Who's Got the Action?* (Trampa a mi marido), de Daniel Mann.
1965 *Love Has Many Faces* (Mil caras tiene el amor), de Alexander Singer.
1966 *Madame X* (La mujer X), de David Lowell Rich.
1969 *The Big Cube* (El terrón de azúcar), de Tito Davison.
1974 *Persecution,* de Don Chaffey.
1976 *Bitter Sweet Love,* de David Miller.
1978 *Witche's Brew,* de Richard Shorr.

TWO MUCH *(1995)*

Siempre interesado por las historias de personas que mantienen una relación simultánea con diferentes hermanas, tal como demuestra en *Belle époque* (1992), en esta ocasión el guionista, productor y director Fernando Trueba parte de una novela policiaca del especialista norteamericano Donald Westlake para rodar su primera película en Estados Unidos. Narra cómo el estafador de poca monta Art Dodge (Antonio Banderas) se inventa a su hermano gemelo Bart Dodge (Antonio Banderas) cuando, tras enamorarse de él la atractiva millonaria Betty Kerner (Melanie Griffith), descubre desnuda en la ducha a su bella hermana Liz Kerner (Daryl Hannah) y consigue acostarse con ambas. En una línea similar a la de *Sé infiel y no mires con quién* (1985), Trueba hace una amable comedia de equívocos, que funciona mucho mejor a niveles sentimentales que de pura comedia. Frente a buenas escenas, como la del entierro del mafioso, las correrías en torno a la piscina cubierta, la huida con los viejos combatientes de la Brigada Lincoln o los primeros encuentros entre el protagonista y ambas hermanas, le falta una cierta consistencia a la historia y tiene algunos fallos de ritmo. Estos defectos se acrecientan en la versión doblada por culpa de la variación de algunos diálogos, las voces escogidas y la falta de práctica de Trueba en estos desagradecidos menesteres.

Director: *Fernando Trueba.* Guionistas: *Fernando Trueba, David Trueba.* Fotografía: *Jose Luis Alcaine.* Música: *Michel Camilo.* Intérpretes: *Antonio Banderas, Melanie Griffith, Daryl Hannah, Danny Aiello, Joan Cusack, Eli Wallach, Gabino Diego, Austin Pendleton.* Producción: *Andres Vicente Gómez para Sogetel, Lola Films, Fernando Trueba P. C. Color. Scope.* Duración: *117'. España.*

u

ULLMANN, Liv *(Tokio, Japón, 1938)*
Hija de padres noruegos, estudia arte dramático en Londres y debuta como actriz en el Teatro Rogalund de Stavanger, Noruega. Tras intervenir en cinco películas noruegas, la actriz Bibi Anderson la presenta al director sueco Ingmar Bergman y el parecido entre ambas es el origen de su primera colaboración, la excelente *Persona*, que prosigue a lo largo de *La hora del lobo, La vergüenza, Pasión, Gritos y susurros, Secretos de un matrimonio, Cara a cara al desnudo, El huevo de la serpiente* y *Sonata de otoño*. Su éxito la lleva a principios de los años setenta a emprender una carrera paralela internacional que la hace trabajar en producciones inglesas, *La papisa Juana*; norteamericanas, *Horizontes perdidos* y *Cuarenta quilates*; francesas, *Leonor, La diagonal del loco*; italianas, *Speriamo che sia femmina, Mosca addio*, y argentinas, *La amiga*, pero con irregulares resultados. De sus restantes películas solo son interesantes las dirigidas por el sueco Jan Troell: *Los emigrantes, El nuevo mundo* y *La esposa comprada*. Ha publicado dos libros con un marcado tono autobiográfico, *Changing* (1977) y *Decisión* (1984), y dirigido dos interesantes producciones.

Como directora
1992 *Sofie*.
1995 *Kristin Lavransdatter*. / *Lumière y compañía*, un episodio.
Como actriz
1957 *Fjolls til fjells*, de Edith Carlman.
1959 *Ung Flukt*, de Edith Carlman.
1962 *Pan* (El corto verano), de B. Henning-Jensen.
1965 *De Kalte han Skarvem*, de Erik Folke Gustavson. / *Nattens Brod*, de A. Skroven.
1966 *Persona*, de Ingmar Bergman.
1967 *Vargtimmen* (La hora del lobo), de Ingmar Bergman.
1968 *Skammen* (La vergüenza), de Ingmar Bergman. / *Ann-Magritt*, de A. Skroven.
1969 *En passion* (Pasión), de Ingmar Bergman.
1970 *De la part des copains* (Los compañeros del diablo), de Terence Young.
1971 *The Night Visitor* (El visitante nocturno), de Laszlo Benedek. / *Utvandrarma* (Los emigrantes), de Jan Troell.
1972 *Nybyggarma* (El nuevo mundo), de Jan Troell. / *Pope Joan* (La papisa Juana), de Michael Anderson. / *Viskningar och rop* (Gritos y susurros), de Ingmar Bergman.
1973 *Scener ur ett äktenskap* (Secretos de un matrimonio), de Ingmar Bergman. / *Lost Horizon* (Horizontes perdidos), de Charles Jarrott. / *Forty Carats* (Cuarenta quilates), de Milton Katselas.
1974 *Zandy's Bride* (La esposa comprada), de Jan Troell. / *The Abdication* (Abdicación), de Anthony Harvey. / *Leonor*, de Juan Luis Buñuel.
1976 *Ansikte hot ansikte* (Cara a cara al desnudo), de Ingmar Bergman.
1977 *A Bridge Too Far* (Un puente lejano), de Richard Attenborough. / *Das Schlangenet* (El huevo de la serpiente), de Ingmar Bergman.
1978 *Höstsonaten* (Sonata de otoño), de Ingmar Bergman.
1981 *Richard's Things* (Las cosas de Richard), de Anthony Harvey.

1983 *The Wild Duck,* de Henry Safran.
1984 *The Bay Boy* (El chico de la bahía), de Daniel Petrie. / *La diagonale du fou* (La diagonal del loco), de Richard Dembo.
1986 *Speriamo che sia femmina,* de Mario Monicelli.
1987 *Gaby,* de Luis Mandoki. / *Mosca addio,* de Mauro Bolognini.
1988 *Gli indifferenti,* de Mauro Bolognini. / *La amiga,* de Jeanine Meerapfel.
1989 *The Rose Garden,* de Fons Rademackers.
1990 *Mindwalk,* de Berndt Capra.
1991 *The Ox,* de Sven Nykvist.

ULTIMÁTUM A LA TIERRA *(The Day the Earth Stood Still, 1951)*

En un platillo volante llegan a Washington el robot Gort y el extraterrestre Klaatu (Michael Rennie), que, disfrazado de mayor Carpenter, con la ayuda de la viuda Helen Benson (Patricia Neal) y el científico profesor Barnhardt (Sam Jaffe), y tras demostrar su poder cortando la electricidad durante media hora en toda la ciudad, lanza a la humanidad una advertencia sobre el peligro de una guerra atómica. El interés de esta producción de ciencia ficción rodada con eficacia por Robert Wise, reside en estar realizada en plena guerra fría, mientras Estados Unidos hace continuas pruebas atómicas, y en mostrar a un pacífico ser de otro mundo, en contra de la violencia que suele caracterizar a los marcianos de la época, que además es portador de una sensata advertencia contra la utilización indiscriminada de la energía atómica. Destaca la inspirada música del gran compositor especializado en cine Bernard Herrmann.

Director: *Robert Wise.* Guionista: *Edmund H. North.* Fotografía: *Leo Tover.* Música: *Bernard Herrmann.* Intérpretes: *Michael Rennie, Patricia Neal, Hugh Marlowe, Sam Jaffe, Billy Gray.* Producción: *Julian Blaustein para 20th Century Fox.* Duración: *92'.* Estados Unidos.

ÚLTIMO, EL *(Der Letzte Mann, 1924)*

La historia del portero (Emil Jannings) del Hotel Atlantic de Berlín que, debido a sus muchos años, debe despojarse de su ostentosa librea y descender de categoría para encargarse del cuidado de los lavabos, sirve al brillante director Friedrich W. Murnau para rodar una de sus mejores películas, una de las cumbres del cine mudo europeo y la gran obra expresionista. Su atractivo reside en la habilidad de Murnau para crear una atmósfera opresiva, prescindir de los intertítulos y desarrollar, con la ayuda del famoso director de fotografía Karl Freund, algunas innovaciones: una constante profundidad de campo, una cámara en continuo movimiento descriptivo y eficaces trucos visuales que subrayan la angustiosa situación vivida por el protagonista. Esta descripción de la vida de un simple portero, del drama de la vejez de un obrero, está contada al mismo tiempo desde el interior y el exterior para reflejar el horror que significa el cambio de una librea por una chaquetilla blanca. Sin embargo, tiene un final tan optimista, impuesto por el actor Emil Jannings y el productor Erich Pommer, que Murnau consigue que su conclusión sea aún más terrible, por simple contraste de la realidad con la fantasía.

Director: *Friedrich W. Murnau.* Guionista: *Carl Mayer.* Fotografía: *Karl Freund.* Música: *Giuseppe Becca.* Intérpretes: *Emil Jannings, Maly Delschaft, Max Hiller, Emilie Kurtz, Hans Unterkircher, Georg John.* Producción: *Erich Pommer para U. F. A.* Duración: *75'.* Alemania.

ÚLTIMO ATARDECER, EL *(The Last Sunset, 1961)*

A partir de un espléndido guión de Dalton Trumbo, el desigual Robert Aldrich rueda para el protagonista y productor Kirk Douglas un atractivo *western* de itinerario. Mientras conducen un gran rebaño de vacas desde territorio mexicano a Crazy Horse, el *sheriff* Dana Stribling (Rock Hudson) se enamora de Belle (Dorothy Malone), muere su marido, John Breckenridge (Joseph Cotten), y hace las paces con Brendon O'Malley (Kirk Douglas), el asesino a quien persigue, que a su vez se enamora de la joven Missy Breckenridge (Carol Lynley), pero resulta ser su hija, lo que condiciona el enfrentamiento final entre los dos hombres. A pesar de las constantes disputas durante el rodaje entre Douglas y Aldrich, lo que le hace detestar la película, el resultado es un excelente *western* crepuscular con escenas estupendas, como la aparición de Missy en la fiesta mexicana con el traje largo amarillo de su madre, y un tan sobrio como eficaz tratamiento del incesto y el personaje de la joven.

Director: *Robert Aldrich.* Guionista: *Dalton Trumbo.* Fotografía: *Ernest Laszlo.* Música: *Ernest Gold.*

Intérpretes: *Rock Hudson, Kirk Douglas, Dorothy Malone, Carol Lynley, Joseph Cotten.* Producción: *Eugene Frenke y Edward Lewis para Bryna Productions. Color.* Duración: *112'. Estados Unidos.*

ÚLTIMO CABALLO, EL *(1950)*

Sus relaciones con Italia conducen a Edgar Neville a rodar allí dos producciones con un subrayado tono fascista, *Frente de Madrid* (Carmen fra i rossi, 1939) y *La muchacha de Moscú* (Sancta Maria, 1941), al final del denominado *Ventennio nero,* en plena II Guerra Mundial, pero también a ser el primero que aplica en España las técnicas neorrealistas de rodaje en la calle. La historia de Fernando (Fernando Fernán-Gómez), el soldado de caballería que al licenciarse se entera de que su regimiento va a ser motorizado, que vende sus viejos caballos para ser utilizados para los picadores en la madrileña plaza de toros de Las Ventas, y decide comprar el suyo para librarle de una muerte segura, da lugar a la primera comedia neorrealista española. Tanto por los problemas que plantea el alojamiento y manutención de Bucéfalo, como por un rodaje en la calle que encierra un interesante documento sobre el Madrid de principios de los años cincuenta. El resultado es una estupenda comedia con un tono amable, ligeramente crítico, que poco tiempo después será retomado y desarrollado por Luis G. Berlanga en sus mejores películas de la primera parte de su carrera.

Director y guionista: *Edgar Neville.* Fotografía: *César Fraile.* Música: *José Muñoz Molleda.* Intérpretes: *Fernando Fernán-Gómez, Conchita Montes, José Luis Ozores, Mary Lamar, Julia Lajos.* Producción: *Edgar Neville.* Duración: *85'. España.*

ÚLTIMO EMPERADOR, EL *(The Last Emperor, 1987)*

A medio camino entre las historias personales que le gusta narrar y las superproducciones históricas de larga duración, en esta ocasión Bernardo Bertolucci cuenta la vida de Pu Yi (John Lone), el último emperador de la milenaria China, a través de tres momentos especialmente significativos y con una peculiar carga psicoanalítica. A los tres años, en 1906, es nombrado emperador y separado de su madre, y permanece encerrado en la Ciudad Prohibida hasta que en 1912 el país pasa a ser una república y él se convierte en una persona como tantas otras. En 1934 es recuperado por los invasores japoneses, que le nombran emperador de Manchuria, mientras su mujer Wan Yung (Joan Chen) es atacada por una locura progresiva, pero esta ficción termina en 1945 cuando la armada soviética acaba con el imperio japonés. Tras cinco años prisionero en Rusia y diez de reeducación política en la China de Mao, es rehabilitado y termina sus días en 1967 como jardinero de su propia mansión convertida en visita obligada de turistas. Frente al exotismo de la primera parte, tiene más interés la decadencia reflejada en la segunda y resulta discutible la tercera donde casi se equipara la rehabilitación impuesta por el presidente Mao Tse Tung con el psicoanálisis. Es uno de los grandes éxitos del cine europeo, gana nueve Oscar y es la primera producción rodada por extranjeros en China.

Director: *Bernardo Bertolucci.* Guionistas: *Bernardo Bertolucci, Enzo Ungari.* Fotografía: *Vittorio Storaro.* Música: *Ryuichi Sakamoto, David Byrne, Long Su.* Intérpretes: *John Lone, Joan Chen, Peter O'Toole, Victor Wong, Dennis Dun.* Producción: *Jeremy Thomas. Color. Scope.* Duración: *165'. Reino Unido-Italia-China.*

ÚLTIMO GEORGE APLEY, EL *(The Late George Apley, 1946)*

A partir de una obra de teatro de John P. Marquand, convertida en un buen guión por el más tarde también realizador Philip Dunne, el ex productor Joseph L. Mankiewicz dirige su segunda película, una de las mejores y menos conocidas de su etapa en los estudios 20th Century Fox. Narra en un tono de comedia dramática, pero lleno de crítica, cómo el Día de Acción de Gracias el notable bostoniano George Apley (Ronald Colman) descubre que su hija Eleanor (Peggy Cummings), que se ha enamorado de un profesor que vive en los alrededores, no asistirá a la cena familiar y su hijo John (Richard Ney) dejará pronto a su prima Agnes (Vanessa Brown) para salir con una muchacha que no es de su clase. Gracias a sus férreas convicciones, George Apley consigue que, siguiendo la tradición, John se case con Agnes, pero Eleanor acaba casándose con el profesor tras hacer un viaje por Europa con su tía. Sin renegar en ningún momento de sus orígenes teatrales, apoyada en el diálogo y en una buena interpretación, muestra a Mankiewicz como un sólido realizador que sabe rodar con habilidad en largos y eficaces planos.

Director: *Joseph L. Mankiewicz.* Guionista: *Philip Dunne.* Fotografía: *Joseph La Shelle.* Música: *Cyril Mockridge.* Intérpretes: *Ronald Colman, Edna Best, Vanessa Brown, Richard Haydn, Peggy Cummings, Charles Russell, Richard Ney.* Producción: *Fred Kohlmar para 20th Century Fox.* Duración: *96'. Estados Unidos.*

ÚLTIMO REFUGIO, EL *(High Sierra, 1941)*

Tras salir de prisión, Roy Earle (Humphrey Bogart) comienza a preparar el robo de la caja fuerte de un hotel, mientras conoce a la joven coja Vilma (Joan Leslie), se enamora de ella y le paga una operación, que hace que se olvide de él y de su cojera y se vaya con un anodino novio. Mientras realiza el robo mueren un vigilante y dos de sus cómplices, y el tercero le delata, pero consigue huir con la bailarina Marie Garson (Ida Lupino), el último miembro de su banda, hasta que la obliga a abandonarle para que escape de la policía, que lo mata cuando huye por las montañas. Basada en un sólido guión de John Huston y W. R. Burnett, sobre una novela de este último, es una de las más famosas películas negras de Raoul Walsh por el tono de tragedia que consigue dar a una historia de gángsters. Lanza a Humphrey Bogart, después de muchos años de hacer papeles secundarios, en un personaje que rechaza George Raft porque muere al final. Ocho años después el propio Walsh hace una nueva versión muy similar, pero en clave de *western*, con una parte central menos conseguida, *Juntos hasta la muerte* (Colorado Territory, 1949), que tiene un final mucho más romántico y mejor. Vuelve a ser un policiaco en *I Died a Thousand Times* (1955), dirigida por Stuart Heisler y protagonizada por Jack Palance y Shelley Winters.

Director: *Raoul Walsh.* Guionistas: *John Huston, W. R. Burnett.* Fotografía: *Tony Gaudin.* Música: *Adolph Deutsch.* Intérpretes: *Humphrey Bogart, Ida Lupino, Joan Leslie, Alan Curtis, Arthur Kennedy, Henry Hull, Henry Travers.* Producción: *Hal B. Wallis y Mark Hellinger para Warner.* Duración: *96'. Estados Unidos.*

ÚLTIMO TANGO EN PARÍS, EL *(Ultimo tango a Parigi, 1972)*

Las tan apasionadas como violentas relaciones entre Paul (Marlon Brando), un norteamericano de cuarenta y cinco años cuya mujer acaba de suicidarse, y Jeanne (Maria Schneider), una burguesita francesa de veinte años que busca un piso en París para casarse, en un apartamento vacío de la *rue* Jules Verne, se convierten en manos de Bernardo Bertolucci en una de las más famosas y mejores películas de los años setenta. La fuerte carga psicoanalítica que contiene la historia y la larga tradición de los norteamericanos en París se unen a un excelente Marlon Brando en plena decadencia —que aporta muchos datos autobiográficos a su personaje— y una atractiva y casi debutante Maria Schneider —que da una carga sensual a su personaje—, para reforzar esta melodramática y representativa historia de amor llena de soledad. Frente a la inconsistencia de Tom (Jean-Pierre Leaud), el absurdo cinéfilo con el que acaba casándose la protagonista, el único fallo de la película, destacan la brillante fotografía de Vittorio Storaro y la apropiada música de Gato Barbieri.

Director: *Bernardo Bertolucci.* Guionistas: *Bernardo Bertolucci, Franco Arcalli.* Fotografía: *Vittorio Storaro.* Música: *Gato Barbieri.* Intérpretes: *Marlon Brando, Maria Schneider, Jean-Pierre Leaud, Massimo Girotti, Maria Michi, Catherine Allegret.* Producción: *Alberto Grimaldi para P. E. A. (Roma), Artistes Associés Productions (París). Color.* Duración: *130'. Italia-Francia.*

UMBERTO D *(1952)*

La vida cotidiana de Umberto Domenico Ferrari, un viejo profesor jubilado cuya pensión no le da para vivir, pero no se atreve ni a pedir limosna ni a suicidarse —magníficamente encarnado por el profesor jubilado de setenta años Carlo Battisti en su único trabajo de actor—, es el centro de esta interesante producción que refleja con gran fidelidad el pensamiento cinematográfico del realizador Vittorio de Sica y de su inseparable guionista Cesare Zavattini. Tras los éxitos internacionales de *Ladrón de bicicletas* (Ladri di biciclette, 1948), que obtiene el Oscar reservado a la producción extranjera, y *Milagro en Milán* (Miracolo a Milano, 1950), que gana la Palma de Oro del Festival de Cannes, De Sica y Zavattini completan su famosa trilogía neorrealista con esta gran película, la más dura y mejor de las tres, la que tienen mayores dificultades para hacer y la que logra menor repercusión nacional e internacional.

Destaca la larga y simple escena en que la criada Maria (Maria Pia Casilio) prepara el desayuno en la cocina, en gran medida precursora del más moderno cine de los años sesenta.

Director: *Vittorio de Sica*. Guionista: *Cesare Zavattini*. Fotografía: *G. R. Aldo*. Música: *Alessandro Cicognini*. Intérpretes: *Carlo Battisti, Maria Pia Casilio, Lina Gennari, Memmo Carotenuto, Albani Barbieri*. Producción: *Giuseppe Amato para Rizzoli Film*. Duración: *90'. Italia*.

UNGRÍA, Alfonso *(Madrid, España, 1946)*

Mientras estudia económicas, monta algunas obras en el teatro universitario. Dirige algunos cortometrajes y los personales y malditos largos *El hombre oculto,* claustrofóbica narración sobre una de las personas que desde la guerra española permanecen encerradas por miedo al general Franco, que tiene una tímida carrera comercial, y *Tirarse al monte,* compleja historia, que mezcla obsesiones particulares y políticas, en torno a unos personajes que vagan por el campo, que nunca llega a estrenarse. Mientras realiza una amplia y larga labor en Televisión Española como director de los más personales programas dramáticos, rueda *Gulliver,* una parábola sociopolítica en torno al conocido personaje, que también tiene una mala carrera comercial; y su obra maestra, *Soldados,* perfecta adaptación de la novela *Las buenas intenciones,* de Max Aub, estupendo melodrama que, gracias a una original estructura, narra la vida de cinco peculiares personajes que se encuentran y separan en su huida hacia Alicante al final de la guerra española, pero que no tiene la acogida que merece. Más tarde rueda dos producciones con temática y subvenciones vascas, *La conquista de Albania,* sobre un hecho histórico bastante insólito, y *Cien metros,* sobre una historia que se desarrolla en la actualidad; mientras realiza sus personales trabajos para televisión, entre los que destacan las series *Cervantes* (1981) y *Hasta luego, cocodrilo* (1991) y el largometraje *Lazos* (1993). Tras diez años alejado del cine regresa con *África,* el realista retrato de unos amores juveniles desarrollados en el madrileño barrio obrero de San Blas con tonalidades africanas.

1970 *El hombre oculto.*
1971 *Tirarse al monte.*
1976 *Gulliver.*
1977 *Soldados.*
1979 *El amor es algo maravilloso,* episodio de *Cuentos eróticos.*
1983 *La conquista de Albania.*
1986 *Cien metros.*
1996 *África.*

ÚNICO TESTIGO *(Witness, 1985)*

El policía John Book (Harrison Ford) es herido cuando protege al niño Samuel Lapp (Lukas Hass), único testigo de un crimen, y se refugia en una comunidad *amish* donde le cuida Rachel Lapp (Kelly McGillis), la madre del jovencito, hasta que detiene a los culpables. Esta primera película norteamericana del realizador australiano Peter Weir es una buena mezcla de documental sobre los *amish* —una secta religiosa de origen centroeuropeo que rechaza los inventos modernos y sigue viviendo como lo hacían sus antepasados a finales del siglo XIX—, una historia de amor imposible entre dos personas de mundos demasiado diferentes y una intriga centrada en el tráfico de drogas y la corrupción de la policía. Aunque el choque entre culturas distintas tiene menor fuerza que en sus películas australianas, es la mejor de las producciones norteamericanas dirigidas por Weir. Destacan el trabajo de una bella Kelly McGillis y un estupendo Lukas Hass, frente a un Harrison Ford siempre demasiado plúmbeo.

Director: *Peter Weir*. Guionistas: *Earl W. Wallace, William Kelley*. Fotografía: *John Seale*. Música: *Maurice Jarre*. Intérpretes: *Harrison Ford, Kelly McGillis, Josef Sommer, Lukas Haas, Jan Rubes, Alexander Godunov*. Producción: *Edward S. Feldman para Paramount. Color.* Duración: *112'. Estados Unidos.*

UNIÓN PACÍFICO *(Union Pacific, 1939)*

Durante sus últimos veinte años de carrera, el productor y director Cecil B. de Mille dirige cuatro interesantes *westerns: Buffalo Bill* (The Plainsman, 1936), *Policía Montada del Canadá* (North West Mounted Police, 1940), *Los inconquistables* (Unconquered, 1947) y este. A pesar de que en todos abusa de las transparencias y los decorados, algo que no va muy bien con el género, el mejor es este por sus espectaculares escenas y el ritmo que consigue imprimir a la historia. Narra cómo en 1862, durante la guerra de Secesión, dos empresas rivales comienzan a construir la primera línea férrea transcontinental que enlace el Atlántico con el Pacífico, y se apoya en los amores entre la hija de uno de los ingenieros, Mollie Monahan (Barbara Stanwyck), el agente del gobierno encargado de la seguridad de la empresa Jeff Butler (Joel McCrea) y el principal saboteador Dick Allen (Robert Preston). Con algunas escenas de acción, al parecer rodadas por el mismísimo John Ford, De Mille consigue una atractiva mezcla de aventura y amores resaltada por una sutil ironía.

Director: *Cecil B. de Mille*. Guionistas: *Walter de Leon, C. Gardner Sullivan, Jesse Lasky Jr.*. Fotografía: *Victor Milner*. Música: *John Leipold*, *Sigmund Krumgold*. Intérpretes: *Barbara Stanwyck, Joel McCrea, Akim Tamiroff, Robert Preston, Brian Donlevy, Anthony Quinn*. Producción: *Cecil B. de Mille para Paramount*. Duración: *133'*. Estados Unidos.

UNO DE LOS NUESTROS (Goodfellas, 1990)

Desde mediados de la década de los cincuenta hasta 1980 narra la vida de los mafiosos Henry Hill (Ray Liotta), Tommy de Vito (Joe Pesci) y James Conway (Robert de Niro), en medio de contrabando, tráfico de drogas, robos, homicidios y cárceles, pero también de fiestas familiares, comidas, mujeres, hijos y amantes. A partir del minucioso libro de Nicholas Pileggi sobre la mafia norteamericana, más concretamente sobre el mafioso Henry Hill, escrito a raíz de sus acusaciones contra sus antiguos compañeros, Martin Scorsese y el propio autor escriben un sólido guión donde se mezclan con gran fuerza y habilidad la información suministrada por el primero con los recuerdos de infancia del segundo en el barrio Little Italy de Nueva York. Ganadora del León de Plata en la Mostra de Venecia, es una de las grandes obras de Scorsese y una de las más originales películas de gángsters al consistir en una curiosa mezcla de condimentación de salsa para *spaghetti* y realización de crueles asesinatos.

Director: *Martin Scorsese*. Guionistas: *Martin Scorsese, Nicholas Pileggi*. Fotografía: *Michael Ballhaus*. Intérpretes: *Ray Liotta, Robert de Niro, Joe Pesci, Lorraine Bracco, Paul Sorvino*. Producción: *Irwin Winkler para Warner Bros*. Duración: *146'*. Estados Unidos.

URIBE, Imanol (San Salvador, El Salvador, 1950)

Nacido por casualidad en Latinoamérica, pero educado en el País Vasco, estudia periodismo y se licencia en dirección en la Escuela Oficial de Cinematografía de Madrid. Entre medias de algunos cortos, debuta como director de largometrajes con el irregular y polémico documental sobre los primeros tiempos de la organización terrorista E. T. A. *El proceso de Burgos*. Mucho más interés tienen *La fuga de Segovia,* que narra cómo en abril de 1976 treinta presos etarras se fugan y solo cuatro consiguen llegar a Francia, pero que encierra una cierta apología de la banda armada, y *La muerte de Mikel,* sobre las circunstancias que rodean la muerte de un joven farmacéutico de un pequeño pueblo de la costa vasca perteneciente a una organización *abertzale*. Posteriormente hace cine de género con el fallido policiaco *Adiós, pequeña;* la irregular producción de terror *La luna negra,* y la muy cuidada, pero excesivamente fría, película histórica *El rey pasmado,* adaptación de una novela de Gonzalo Torrente Ballester sobre una peripecia sentimental del joven monarca Felipe IV. Su mejor trabajo es *Días contados,* adaptación de una novela policiaca del especialista Juan Madrid, perfecta mezcla de su interés por los personajes de E. T. A. y las estructuras policiacas dentro de una dura y turbulenta historia de amor. Posteriormente rueda la comedia social *Bwuana*.

1979 *El proceso de Burgos*.
1981 *La fuga de Segovia*.
1983 *La muerte de Mikel*.
1986 *Adiós, pequeña*.
1989 *La luna negra*.
1991 *El rey pasmado*.
1994 *Días contados*.
1996 *Bwana*.

USTINOV, Peter (Londres, Reino Unido, 1921)

Hijo de un periodista y una pintora rusos, estudia en la Westminster School. A los dieciséis años ingresa en el London Theatrical Studia y dos temporadas después es un actor profesional de teatro. A principios de la década de los cuarenta debuta como actor de cine, mientras desarrolla una amplia actividad como dramaturgo, *House of Regrets* (1941), *Moment of Truth* (1944), director de teatro y director de diálogos de la productora British National Pictures, pero deja todos sus trabajos para combatir en la II Guerra Mundial. En la posguerra el éxito de sus actuaciones y de la comedia *El amor de los cuatro coroneles* (1948) le lleva a Hollywood durante la primera mitad de los años cincuenta para hacer destacados papeles secundarios en *Quo Vadis, Beau Brummel, Sinuhé, el egipcio* y *No somos ángeles*. En la segunda mitad de la década rueda en España la interesante *Un ángel pasó por Brooklyn*, de Ladislao Vajda, y en Francia *Lola Montes*, de Max Ophüls, y *Los espías*, de H. G. Clouzot. En los sesenta gana dos Oscars por los personajes secundarios encarnados en *Espartaco*, de Stanley Kubrick, y *Topkapi*, de Jules Dassin, rodadas en Europa, pero de producción norteamericana. Sin abandonar nunca el teatro, y dedicando cada vez más atención a la televisión, durante los años setenta y ochenta se limita a hacer papeles secundarios en películas sin gran interés. Al mismo tiempo desarrolla una actividad paralela como director de cine y llega a rodar ocho películas en cuarenta años, que en la mayoría de los casos también escribe y protagoniza, pero que tienen un tono en exceso teatral. Se trata de la comedia *School for Secrets;* la sátira sobre una familia durante la época de la guerra de los boers *Vice Versa;* la humorística crítica de la II Guerra Mundial *Private Angelo*, y la adaptación de su comedia *Romanoff y Julieta*, que narra en tono de opereta los amores entre la hija del embajador de Estados Unidos y el hijo del embajador de la Unión Soviética. Tras la adaptación de un relato de Herman Melville en *La fragata infernal* y una novela de Romain Gary en *Lady L*, parte del mito de Fausto para rodar *Pacto con el diablo* y de una novela turca para describir la vida de un dictador en *Memed My Hawk*.

Como director
1946 *School for Secrets.*
1947 *Vice Versa.*
1949 *Private Angelo.*
1961 *Romanoff and Juliet* (Romanoff y Julieta).
1962 *Billy Budd* (La fragata infernal).
1965 *Lady L.*
1972 *Hammersmith Is Out* (Pacto con el diablo).
1987 *Memed My Hawk.*

Como actor
1940 *Hullo Fame*, de Andrew Buchanan. / *Mein Kampf, My Crimes*, de Norman Lee.
1942 *One of Our Aircraft Is Missing*, de Michael Powell y Emeric Pressburger. / *Let the People Sing*, de John Baxter. / *The Goose Steeps Out*, de Basil Dearden y Will Hay.
1944 *The Way Ahead*, de Carol Reed.
1949 *Private Angelo*, de Peter Ustinov.
1950 *Odette*, de Herbert Wilcox.
1951 *The Magic Box*, de John Boulting. / *Hôtel Sahara*, de Ken Annakin. / *Quo Vadis*, de Mervyn LeRoy.
1954 *Beau Brummel*, de Curtis Bernhardt. / *The Egyptian* (Sinuhé, el egipcio), de Michael Curtiz.
1955 *We're No Angels* (No somos ángeles), de Michael Curtiz. / *Lola Montès*, de Max Ophüls.
1957 *Les espions* (Los espías), de H. G. Clouzot. / *Un ángel pasó por Brooklyn*, de Ladislao Vajda.
1959 *I girovaghi* (Los vagabundos), de Hugo Fregonese.
1960 *Spartacus* (Espartaco), de Stanley Kubrick. / *The Sundowners* (Tres vidas errantes), de Fred Zinnemann.
1961 *Romanoff and Juliet* (Romanoff y Julieta), de Peter Ustinov.
1962 *Billy Budd* (La fragata infernal), de Peter Ustinov.
1964 *Topkapi*, de Jules Dassin. / *John Goldfarb, Please Come Home!* (Un yanqui en el harén), de J. Lee Thompson.
1965 *Lady L*, de Peter Ustinov.
1967 *Blackbeard's Ghost* (Mi amigo el fantasma), de Robert Stevenson. / *The Comedians* (Los comediantes), de Peter Glenville.
1968 *Hot Millions* (Un cerebro millonario), de Eric Till.
1969 *Viva Max!*, de Jerry Paris.
1972 *Hammersmith Is Out* (Pacto con el diablo), de Peter Ustinov. / *Big Truck and Poor Clare*, de Robert Ellis Miller.
1975 *One of Our Dinosaurs Is Missing*, de Robert Stevenson.
1976 *Logan's Run* (La fuga de Logan), de Michael Andersen. / *Treasure of Matecumbe*, de Vincent McEveety.
1977 *Doppio delitto* (Doble asesinato), de Steno. / *The Last Remake of Beau Geste* (Mi «bello» legionario), de Marty Feldman. / *Un taxi mauve* (Un taxi malva), de Yves Boisset.
1978 *Death on the Nile* (Muerte en el Nilo), de John Guillermin. / *The Thief of Bagdad* (Las aventuras del ladrón de Bagdad), de Clive Donner.
1979 *Ashanti* (Ébano), de Richard Fleischer. / *Nous maigrirons ensemble*, de Michael Vocoret. / *Players* (Pasiones en juego), de Anthony Harvey.
1981 *Charlie Chan and the Course of the Dragon Queen* (La maldición de la reina dragón), de Clive Donner.
1982 *Evil Under the Sun* (Muerte bajo el sol), de Guy Hamilton.

1987 *Memed My Hawk,* de Peter Ustinov.
1988 *Appointment With Death* (Cita con la muerte), de Michael Winner.
1992 *Lorenzo's Oil* (El aceite de la vida), de George Miller.

UTAMARO Y LAS CINCO MUJERES *(Utamaro o meguru gonin no onna, 1946)*

La vida del famoso pintor japonés Utamaro (1753-1806) es origen de dos desiguales producciones. En primer lugar se sitúa esta versión, una de las más famosas películas del realizador Kenji Mizoguchi, donde contrapone los amores desgraciados de Okita (Kinuyo Tanaka), una de sus más conocidas modelos, con los problemas de Utamaro (Minosuke Bando) por la supuesta obscenidad de sus cuadros, que le lleva a ser juzgado y pasar una temporada en la cárcel. Contrasta la dureza habitual de su mundo con una poética visión de Kyoto, así como la creación de un personaje popular que consagra todos sus esfuerzos a reflejar la belleza femenina en su esplendor erótico, lo que incluso le hace pintar sobre la misma piel de sus modelos, y presentar a la mujer como una falsa liberación de la muerte. Destaca el peculiar y minucioso estilo de Mizoguchi basado en el juego de largos y suntuosos planos con otros mucho más cortos, pero siempre alejado de la sistemática utilización de primeros planos. Tiene bastante menos interés *El mundo de Utamaro* (Utamaro, Yume to shiriseba, 1977), de Akio Jissoji, con Shin Kishida y Mikijiro Hira, rodada con mucho mayor realismo y centrada en las relaciones entre arte y sociedad.

Director: *Kenji Mizoguchi*. Guionista: *Yoshikata Yoda*. Fotografía: *Shigeto Miki*. Música: *Hisato Osawa*. Intérpretes: *Minosuke Bando, Kinuyo Tanaka, Kotaro Bando, Toshiko Iizuka, Hiroko Kawasaki*. Producción: *Shochiku*. Duración: *106'. Japón.*

UVAS DE LA IRA, LAS *(The Grapes of Wrath, 1940)*

Basada en un excelente guión de Nunnally Johnson, que también se encarga de la producción, esta adaptación de la novela homónima de John Steinbeck es una de las obras maestras del director John Ford. Narra el complejo proceso por el cual Tom Joad (Henry Fonda), el hijo mayor de una familia de granjeros de Oklahoma, se hace comunista por sus experiencias personales y las enseñanzas de su amigo Casey (John Carradine). Recién salido de la cárcel después de cumplir una condena por haber matado a un hombre en una pelea, Tom Joad regresa a su casa y se encuentra con que su familia está a punto de emigrar a California en busca de trabajo. Tras un largo viaje al borde de la miseria, durante el que mueren sus abuelos, llegan a la tierra de promisión, pero son explotados por unos propietarios que se aprovechan de la situación creada por la Depresión económica de los años treinta para pagar unos salarios de hambre. Al final la familia encuentra un campo gubernativo donde vivir decentemente y la posibilidad de un trabajo bien remunerado, pero Tom Joad tiene que huir por matar en una pelea al hombre que asesinó a su amigo Casey. Una eficaz estructura de itinerario sirve a Ford para mostrar la transformación moral de un hombre mientras vive la disolución de su familia y la caída en la miseria. Ganadora de varios Oscars, entre los que destaca el de John Ford, tiene un gran éxito al comienzo de la II Guerra Mundial.

Director: *John Ford*. Guionista: *Nunnally Johnson*. Fotografía: *Gregg Toland*. Música: *Alfred Newman*. Intérpretes: *Henry Fonda, Jane Darwell, John Carradine, Charley Grapewin, Dorris Bowdon, Russell Simpson*. Producción: *Nunnally Johnson para 20th Century Fox*. Duración: *128'. Estados Unidos.*

VACACIONES DEL SEÑOR HULOT, LAS
(Les vacances de Monsieur Hulot, 1953)

Es el segundo y mejor de los seis largometrajes que en sus treinta años de profesión hace el personal guionista, director y actor Jacques Tati. Tanto porque su característico personaje Hulot, con su pipa, sus pantalones demasiado cortos, sus extravagancias y sus constantes choques con la realidad circundante, ya aparece perfectamente definido, como porque es una de las más sutiles, conseguidas y minuciosas comedias europeas de la posguerra. A través de una acumulación de mínimos incidentes, pequeñas anécdotas, ligeros *gags*, narrados de la manera menos académica posible, se cuentan algunos hechos desencadenados por Hulot durante sus vacaciones en una pequeña playa todavía sin explotar por el turismo, dentro de un cálido ambiente perfectamente conseguido por Tati. En su eficaz mezcla de ruidos y músicas, con unos mínimos diálogos, dentro de una tradición heredera directa del cine mudo, Tati desarrolla algunas escenas antológicas, como la del partido de tenis. El éxito de *Tiburón* (Jaws, 1975), de Steven Spielberg, hace añadir a Tati, para su reestreno posterior, la escena en que Hulot se pasea en una barca que se parece a un tiburón y asusta a los bañistas.

Director: *Jacques Tati*. Guionistas: *Jacques Tati, Henri Marquet*. Fotografía: *Jacques Mercanton, Jean Mousselle*. Música: *Alain Romans*. Intérpretes: *Jacques Tati, Nathalie Pascaud, Michèle Rolla, Valentine Camax, Louis Perrault*. Producción: *Fred Orain para Cady Films. Discine*. Duración: 96'. Francia.

VACACIONES EN ROMA *(Roman Holiday, 1953)*

Producida y dirigida por el prestigioso director de dramas William Wyler, es una curiosa comedia sentimental que mezcla con habilidad elementos tradicionales de la comedia norteamericana con el estilo neorrealista de lo que poco después llega a ser la «comedia a la italiana». Como si se tratase del cuento *Cenicienta*, pero al revés, narra los amores imposibles entre la joven princesa de un país imaginario Ann (Audrey Hepburn) y el periodista norteamericano Joe Bradley (Gregory Peck) durante su estancia en Roma. Seleccionada para siete Oscars, solo consiguen los suyos una joven Audrey Hepburn de veinticinco años, que de la noche a la mañana se convierte en una estrella, y los guionistas Ian McLellan Hunter y John Dighton, que colaboran con Dalton Trumbo, represaliado por el Comité de Actividades Antinorteamericanas, y los italianos Ennio Flaiano y Suso Cecchi D'Amico. Su gran éxito es origen de una larga serie de comedias de norteamericanos en Roma, entre las que pueden citarse *Creemos en el amor* (Three Coins in the Fountain, 1954), de Jean Negulesco, y *Más allá del amor* (Rome Adventure, 1962), de Delmer Daves.

Director: *William Wyler*. Guionistas: *Ian McLellan Hunter, John Dighton*. Fotografía: *Franz Planer, Henri Alekan*. Música: *Georges Auric*. Intérpretes: *Gregory Peck, Audrey Hepburn, Eddie Albert, Hartley Power, Harcourt Williams*. Producción: *William Wyler para Paramount*. Duración: *118'*. Estados Unidos.

VAJDA, Ladislao *(Laszlo Vajda. Budapest, Hungría, 1906-Barcelona, España, 1965)*

Hijo del escritor, dramaturgo, director teatral y guionista Ernest Vajda (1887-1954), especialmente conocido por los guiones de comedias sofisticadas que escribe para Ernst Lubitsch en su período norteamericano, su padre le obliga a recorrer todo el escalafón técnico de los estudios de Budapest antes de dirigir su primera película. A principios del sonoro debuta con la producción británica *El estudiante mendigo* y después de rodar veinte irregulares películas en Hungría, Reino Unido, Francia e Italia, entre las que destacan las comedias románticas *Magdalena, cero en conducta* y *Teresa Venerdì* —de las que poco después Vittorio de Sica hace unas nuevas versiones mucho más conocidas—, llega a España huyendo de la II Guerra Mundial y convertido en un especialista en comedias. Durante los años cuarenta rueda ocho películas españolas: las irregulares comedias *Se vende un palacio, Doce lunas de miel, Te quiero para mí, El testamento del virrey* y *Cinco lobitos*, basada en una obra de los hermanos Álvarez Quintero; los más curiosos policiacos *Tres espejos* y *Barrio*, y la historia de espionaje *Sin uniforme*. Después de tres producciones realizadas en el Reino Unido, entre las que destaca *The Golden Madonna*, pero que no consiguen situarle en el cine británico, regresa a España para hacer durante la década de los cincuenta nueve películas, entre las que se sitúan sus mejores trabajos. Dirige la anodina historia periodística *Séptima página;* el aburrido panfleto político *Ronda española;* los musicales *Doña Francisquita*, adaptación de la zarzuela de Federico Romero y Guillermo Fernández Shaw, y *Aventuras del barbero de Sevilla*, al servicio del cantante Luis Mariano; y la taurina *Tarde de toros*. Sin embargo, también realiza la hábil historia de bandoleros andaluces *Carne de horca* y la excelente trilogía protagonizada por el niño Pablito Calvo e integrada por la religiosa *Marcelino, pan y vino*, uno de los grandes éxitos internacionales del cine español; la realista *Mi tío Jacinto*, perfecta versión de la novela de ambiente madrileño del escritor de origen húngaro Andrés Laszlo narrada al estilo neorrealista, y la fantástica *Un ángel pasó por Brooklyn;* las cuatro realizadas en coproducción con Italia. La última etapa de su carrera está marcada por unas anodinas producciones rodadas en la República Federal Alemana, entre las que destaca la excelente coproducción con Suiza y España *El cebo*, historia de un asesino de niñas basada en un sólido guión del dramaturgo Friedrich Dürrematt. Sus últimas películas españolas son *María, matrícula de Bilbao*, adaptación de una narración juvenil de José María Sánchez Silva; la anodina comedia *Una chica casi formal* y el musical, al servicio de Sara Montiel, *La dama de Beirut*, durante cuyo rodaje muere, y finaliza y firma Luis María Delgado.

1932 *The Beggarstudent* (El estudiante mendigo).
1933 *Where Is the Lady?*
1934 *Wings Over Africa.*
1935 *Hello Budapest!* (¡Aló, Budapest!). / *Haut comme trois pommes.*
1936 *Ember a híd alatt* (Un hombre bajo el puente). / *Szenzáció.* / *A háron sárkány* (Los tres dragones).
1937 *The Wife of General Ling.* / *Az én lányom nem olyan* (Mi hija no es así). / *A kölcsönkért kastély* (El castillo prestado). / *Rozsa bokor.*
1938 *Magdát kicsapják* (Magdalena, cero en conducta). / *A döntő pillanat.* / *Fekete gyémántok* (El diamante negro). / *Péntek Rézi* (Teresa Venerdì). / *Rozmaring.*
1939 *Sebastopol.*
1940 *La zia smemorata.* / *Giuliano de Medici* (Conjura en Florencia). / *Il cavaliere senza nome* (El caballero sin nombre).
1943 *Se vende un palacio.* / *Doce lunas de miel.*
1944 *Te quiero para mí.* / *El testamento del virrey.*
1945 *Cinco lobitos.*
1947 *Tres espejos.* / *Barrio.*
1948 *Sin uniforme.* / *The Call of the Blood.*
1949 *The Golden Madonna.*
1950 *The Woman With No Name* (La mujer sin nombre).
1951 *Séptima página.* / *Ronda española.*
1952 *Doña Francisquita.*
1953 *Carne de horca.*
1954 *Aventuras del barbero de Sevilla.* / *Marcelino, pan y vino.*

1955 *Tarde de toros.*
1956 *Mi tío Jacinto.*
1957 *Un ángel pasó por Brooklyn.*
1958 *El cebo.*
1959 *Ein Mann geht durch die Wand* (Apenas un duende).
1960 *María, matrícula de Bilbao.*
1961 *Die Schatten Werden länger* (Cerco de sombras).
1963 *Das Feuerschiff* (Atraco). / *Una chica casi formal.*
1965 *La dama de Beirut.*

VALENTINO, Rudolph *(Rodolfo Alfonzo Raffaelle Pierre Philibert Guglielmi. Castellaneta di Taranto, Bari, Italia, 1895-Nueva York, Estados Unidos, 1926)*

Hijo de un italiano y una francesa, nace en un pequeño pueblo del sur de Italia y a los dieciocho años, como muchos de sus paisanos, desembarca en Nueva York, sin saber una palabra de inglés, en busca de una vida mejor. Trabaja como jardinero, vendedor ambulante, lavaplatos, camarero, barrendero, antes de debutar como bailarín profesional en *night-clubs* de Broadway y en 1914 trasladarse a Hollywood para hacer de figurante en diversas películas. Después de interpretar pequeños papeles, a principios de los años veinte se convierte en una estrella, en el primer *latin lover* de la historia del cine, gracias al éxito de *Los cuatro jinetes del Apocalipsis,* de Rex Ingram. Contratado en exclusiva por los estudios Metro-Goldwyn-Mayer, sigue triunfando con *El caíd,* de George Melford; *Sangre y arena,* de Fred Niblo; *El águila negra,* de Clarence Brown, pero muere cinco años después, en plena gloria, de una peritonitis.

1914 *The Battle of the Sexes* (La batalla de los sexos), de David W. Griffith. / *My Official Wife,* de James Young.
1916 *Seventeen,* de Robert G. Vignola. / *The Foolish Virgin,* de James Young.
1917 *Patria,* de Jacques Jaccard y Theodore Wharton. / *Alimony,* de Emmett J. Flynn.
1918 *A Society Sensation,* de Paul Powell. / *All Night,* de Paul Powell.
1919 *A Delicious Little Devil* (Gloria la gloriosa), de Robert Z. Leonard. / *The Big Little Person,* de Robert Z. Leonard. / *A Rogue's Romance,* de James Young. / *The Home Breaker* (En el país del divorcio), de Victor Schertzinger. / *Out of Luck* (De mal agüero), de Elmer Clifton. / *Virtuous Sinners,* de Emmett J. Flynn. / *Eyes of Youth* (Ojos de juventud), de Albert Parker.
1920 *The Married Virgin,* de Joseph Maxwell. / *Stolen Moments,* de James Vincent. / *An Adventuress* (La isla del amor), de Fred J. Balshofer. / *The Cheater* (Los farsantes), de Henry Otto. / *Once to Every Woman* (Ambiciones mundanas), de Allen J. Holubar. / *Passion's Playground* (La culpa ajena), de J. A. Barry. / *The Wonderful Chance,* de George Archainbaud.
1921 *The Four Horsemen of the Apocalypse* (Los cuatro jinetes del Apocalipsis), de Rex Ingram. / *Uncharted Seas* (Entre hielos), de Wesley Ruggles. / *The Conquering Power* (Eugenia Grandet), de Rex Ingram. / *Camille* (La dama de las camelias), de Ray C. Smallwood. / *The Sheik* (El caíd), de George Melford.
1922 *Moran of the Lady Letty* (El grumete del velero), de George Melford. / *Beyond the Rocks* (Más fuerte que su amor), de Sam Wood. / *Blood and Sand* (Sangre y arena), de Fred Niblo.
1923 *The Young Rajah* (El rajá de Dharmagar), de Phil Rosen.
1924 *Monsieur Beaucaire,* de Sidney Olcott. / *A Sainted Devil* (El diablo santificado), de Joseph Henabery.
1925 *The Eagle* (El águila negra), de Clarence Brown. / *Cobra,* de Joseph Henabery.
1926 *The Son of the Sheik* (El hijo del caíd), de George Fitzmaurice.

VALLE DEL FUGITIVO, EL *(Tell Them Willie Boy Is Here, 1970)*

Segunda de las tres únicas películas rodadas por el reputado guionista Abraham Polonsky, una de las víctimas de la «caza de brujas» organizada por el Comité de Actividades Antinorteamericanas, es uno de los grandes *westerns* de la historia del cine. Narra cómo el indio paitue Willie Boy (Robert Blake) regresa a la reserva de Morongo para hacer un «matrimonio por rapto» con la joven Lola Boniface (Katharine Ross), pero son sorprendidos por el padre de la muchacha, a quien mata en legítima defensa. Emprenden una larga huida, mientras son perseguidos por el *sheriff* Christopher Cooper (Robert Redford), que a su vez mantiene una compleja relación con la doctora Elizabeth Arnold (Susan Clark), superintendente de la reserva, sobre el trasfondo de la visita que el presidente William H. Taft realiza en 1909 a las reservas indias. En su calidad de guionista y director Polonsky logra mantener la intriga durante la larga huida que es la película, al tiempo que describe las dos diferentes historias sentimentales que encierra y hace una dura crítica del paternalismo con que son tratados los indios en sus reservas.

Director y guionista: *Abraham Polonsky*. Fotografía: *Conrad Hall*. Música: *Dave Grusin*. Intérpretes: *Robert Redford, Robert Blake, Katharine Ross, Susan Clark, Barry Sullivan, Charles McGraw*. Producción: *Philip A. Waxman para Universal. Color. Scope.* Duración: *97'. Estados Unidos.*

VALMONT *(1989)*

La novela *Las amistades peligrosas*, publicada por Choderlos de Laclos en 1782, sobre la decadencia de la nobleza francesa a finales del siglo XVII, es origen de tres películas muy diferentes. Tras la producción francesa *Relaciones peligrosas* (Les liaisons dangereuses, 1960), de Roger Vadim, con Gérard Philipe, Jeanne Moreau y Annete Vadim, que sitúa la acción en época actual y carece de cualquier atractivo; de manera casi simultánea se ruedan la producción norteamericana *Las amistades peligrosas* (Dangerous Liaisons, 1988), de Stephen Frears, con John Malkovich, Glenn Close y Michele Pfeiffer, basada en la adaptación teatral de Christopher Hampton, con un lenguaje demasiado televisivo y una ambientación muy poco del siglo XVIII, y esta coproducción entre Francia y el Reino Unido, sobre un guión original de Jean-Claude Carrière, dirigida por el checoslovaco Milos Forman. Narra un complejo juego de seducciones entre el vizconde de Valmont (Colin Firth), la marquesa de Merteuil (Annette Bening), *madame* Tourvel (Meg Tilly) y la ingenua Cécile de Volanges (Fairuza Balk), con una gran eficacia expresiva y sin tener que emplear ningún tipo de final moralizante.

Director: *Milos Forman*. Guionista: *Jean-Claude Carrière*. Fotografía: *Miroslav Ondricek*. Música: *Christopher Palmer*. Intérpretes: *Annette Bening, Colin Firth, Meg Tilly, Fairuza Balk, Siam Phillips.* Producción: *Claude Berri para Renn Productions (París), Timothy Burrill Productions (Londres). Color. Scope.* Duración: *140'. Francia-Reino Unido.*

VAQUILLA, LA *(1985)*

A mediados de la década de los sesenta, y animados por la buena acogida crítica de sus primeras colaboraciones, el guionista Rafael Azcona y el realizador Luis G. Berlanga escriben un ambicioso guión sobre la guerra española con múltiples personajes, dentro de su habitual humor negro, que encierra el mensaje de que entre insurrectos y republicanos destrozaron España. Narra cómo en un frente de trincheras hace tiempo establecido, los altavoces de los rebeldes anuncian a los republicanos el programa de festejos para el día de la Virgen de Agosto y un grupo de soldados decide pasarse al campo insurrecto, robar la vaquilla preparada para la corrida, estropearles la fiesta y llenar su despensa, pero el animal acaba muriendo en tierra de nadie sin que ni unos ni otros puedan aprovecharlo. Prohibida por los censores del general Franco, solo logran realizarla veinte años después, gracias al inicial plan de ayuda al cine del primer gobierno socialista. A pesar de estar rodada con amplitud de medios, tener un excelente reparto y algunos de los más complejos planos secuencia realizados por Berlanga, su momento ha pasado y su tesis se ha quedado anticuada, lo que no le impide ser uno de los grandes éxitos del cine español.

Director: *Luis G. Berlanga*. Guionistas: *Rafael Azcona, Luis G. Berlanga*. Fotografía: *Carlos Suárez*. Música: *Miguel Asins Arbó*. Intérpretes: *Alfredo Landa, Guillermo Montesinos, Santiago Ramos, José Sacristán, Carlos Velat, Eduardo Calvo, Violeta Cela*. Producción: *Alfredo Matas para Incine, Jet Films. Color.* Duración: *116'. España.*

VARDA, Agnès *(Bruselas, Bélgica, 1928)*

Hija de padre griego y madre francesa, estudia en París antes de convertirse en fotógrafa del Théâtre National Populaire durante la etapa en que lo dirige Jean Vilar. Después de unos años de viajar por el mundo como reportera gráfica, debuta como directora con el largometraje *La pointe courte*, donde deja muy claro su interés por el documental y se adelanta cinco años al movimiento *nouvelle vague* al narrar la crisis sentimental de una pareja entre los problemas de los pescadores de Sète. Sus mejores trabajos son los documentales; tanto los cortos: *Ô saisons, ô châteaux* (1956), *Du côté de la côte* (1958), *Salut les cubains* (1963) y *Black Panthers* (1968); como los largos: *Daguerréotypes*, sobre una calle parisina; *Mur murs*, sobre los *graffiti* de Los Ángeles; *Jane B. par Agnès V.*, sobre la actriz Jane Birkin; *Les demoiselles ont eu vingt-cinq ans*, sobre *Las señoritas de Rochefort* (Les demoiselles de Rochefort, 1967), realizada por su marido Jacques Demy, y *L'univers de Jacques Demy*. A medio camino entre la ficción y el documental rueda *Cleo de 5 a 7,* sobre una muchacha que pasea por París mientras espera saber si tiene cáncer; *La felicidad,* en torno a los problemas de una pareja obrera; *Una canta, la otra no,* sobre dos mujeres que intentan ser ellas mismas; *Sin techo ni ley,* reconstrucción de la vida de una joven vagabunda, que gana el León de Oro de la Mostra de Venecia, y *Jacquot de Nantes,* que narra la infancia de Jacques Demy en Nantes. Los resultados carecen de atractivo cuando en la mezcla hay demasiada fantasía y poco documental, tal como ocurre en *Las criaturas,* que rueda en coproducción con Suecia, *Lions Love,* que hace en Estados Unidos en un estilo falsamente *underground,* o *Las cien y una noches,* un encargo para conmemorar el centenario del cine.

1954 *La pointe courte.*
1961 *Cléo de 5 à 7* (Cleo de 5 a 7).
1965 *Le bonheur* (La felicidad).
1966 *Les créatures* (Las criaturas).
1967 *Loin du Vietnam,* un episodio.
1969 *Lions Love.*
1975 *Daguerréotypes.*
1977 *L'une chante, l'autre pas* (Una canta, la otra no).
1980 *Mur murs.*
1981 *Documenteurs.*
1985 *Sans toit ni loi* (Sin techo ni ley).
1987 *Jane B. par Agnès V. / Kung-fu Master.*
1991 *Jacquot de Nantes.*
1993 *Les demoiselles ont eu vingt-cinq ans.*
1994 *Les cent et une nuits* (Las cien y una noches). / *L'univers de Jacques Demy.*

VEINTE MIL LEGUAS DE VIAJE SUBMARINO *(Twenty Thousand Leagues under the Sea, 1954)*

Tras una docena de producciones de bajo presupuesto, entre las que destacan algunos policiacos y comedias de costumbres, este primer encuentro entre el realizador Richard Fleischer y el formato CinemaScope da lugar a su primer éxito internacional y un clásico del cine de aventuras producido por los estudios Walt Disney. Basado en la novela homónima de Jules Verne, narra cómo hacia 1868 el capitán indio Nemo (James Mason) trata de vengarse de los ingleses, que le tuvieron cautivo durante meses, construyendo en una perdida isla la plataforma nuclear Vulcania y el submarino atómico Nautilus para hundir sus barcos de guerra. Gracias a la oportuna intervención del profesor Aronnax (Paul Lukas), su ayudante Conseil (Peter Lorre) y el marinero Ned Land (Kirk Douglas), consiguen destruir la base, hundir el submarino y salvar a la humanidad. Dejando demasiado a un lado la historia de las motivaciones del capitán Nemo, la película se sitúa a medio camino entre las tradicionales producciones de submarinos, típicas de la posguerra, y los entonces recién lanzados documentales sobre el fondo del mar. Bien realizada por Fleischer, con un espléndido trabajo de James Mason y Paul Lukas y un tanto excesivo el de Kirk Douglas, resulta demasiado larga para lo poco que cuenta; pero tiene unos estupendos decorados, buena ambientación y un atractivo aire de otra época.

Director: *Richard Fleischer.* Guionista: *Earl Felton.* Fotografía: *Franz Planer, Franz Lehy, Ralph Hammeras, Till Gabbani.* Música: *Paul Smith.* Intérpretes: *Kirk Douglas, James Mason, Paul Lukas, Peter Lorre, Robert J. Wilke.* Producción: *Walt Disney Productions. Color. Scope.* Duración: *122'. Estados Unidos.*

¿VENCEDORES O VENCIDOS? *(Judgement at Nuremberg, 1961)*

Siempre interesado por los denominados grandes temas, el productor y director Stanley Kramer se enfrenta en esta ocasión con los juicios realizados en 1948 en la ciudad alemana de Nuremberg contra algunos altos dirigentes nazis por crímenes contra la humanidad. A partir de una obra dramática para televisión de Abby Man, convertida en guión por él mismo, Kramer narra un juicio contra cuatro magistrados alemanes vendidos al nazismo y centrado en el enfrentamiento entre el anciano juez Dan Haywood (Spencer Tracy) y el magistrado acusado Ernest Janning (Burt Lancaster), en el que también interviene el cínico abogado defensor Hans Rolfe (Maximilian Schell), el inflexible fiscal coronel Lawson (Richard Widmark), el judío superviviente de un campo de concentración Rudolph Petersen (Montgomery Clift) y la obediente viuda Bertholt (Marlene Dietrich). A lo largo de más de tres horas, Kramer hace una de sus obras más ambiciosas y una de las mejores películas de juicios con un largo y espectacular reparto de estrellas. El tendencioso título castellano utilizado para su estreno en 1962 es sustituido por el de *El juicio de Nuremberg* cuando se repone unos años más tarde.

Director: *Stanley Kramer*. Guionista: *Abby Mann*. Fotografía: *Ernest Laszlo*. Música: *Ernest Gold*. Intérpretes: *Spencer Tracy, Burt Lancaster, Richard Widmark, Maximilian Schell, Marlene Dietrich, Montgomery Clift, Judy Garland*. Producción: *Stanley Kramer para United Artists*. Duración: *190'*. Estados Unidos.

VENGA A TOMAR CAFÉ CON NOSOTRAS
(Venga a prendere il caffè... da noi, 1970)

En una pequeña ciudad de provincias las ricas y solteronas hermanas Tettamanzi se han quedado huérfanas. El empleado del registro Emerenziano Paronzini (Ugo Tognazzi) se casa con la mayor, se va a vivir a la casa familiar con las tres y se hace amante de las otras dos, pero sufre una hemiplejia cuando se dirige hacia la cama de la criada y las tres hermanas acaban paseándolo por la ciudad empujando su silla de ruedas. Basada en la novela *La spartizione*, de Piero Chiara, el irregular Alberto Lattuada escribe en colaboración y dirige una «comedia a la italiana» que le permite desarrollar su faceta de humorista y también la de pornógrafo. Cargada de humor negro y de un grueso erotismo inhabitual en cine, el resultado queda lejos de la perfección y sobran algunas cosas —como las relaciones entre Tarsilla Tettamanzi (Francesca Romana Coluzzi) y el joven Paulino (Jean-Jacques Fourgeaud) en una dependencia parroquial— pero es insólito.

Director: *Alberto Lattuada*. Guionistas: *Alberto Lattuada, Piero Chiara*. Fotografía: *Lamberto Caimi*. Música: *Fred Bongusto*. Intérpretes: *Ugo Tognazzi, Francesca Romana Coluzzi, Milena Vukotic, Angela Coodwin, Jean-Jacques Fourgeaud*. Producción: *Mars Film*. *Color*. Duración: *100'*. Italia.

VENGANZA DE ULZANA, LA *(Ulzana's Raid, 1972)*

Casi veinte años después de rodar *Apache* (1954), una de sus primeras películas y uno de los primeros *westerns* a favor de los indios, el interesante productor y realizador Robert Aldrich vuelve a ocuparse de los problemas que plantea a los apaches la vida en las reservas, pero desde un punto de vista muy diferente. Si allí se cuenta la historia desde el punto de vista del apache que se escapa de la reserva, donde el gobierno ha encerrado a su tribu, en un último intento por ser libre y vivir como siempre lo ha hecho, aquí lo hace desde el del teniente Garden de Buin (Bruce Davidson), recién salido de la academia militar, que con la ayuda del veterano Mac Intosh (Burt Lancaster) y el guía indio Ke-Ni-Tay (Jorge Luke) parte de Fort Lowell para capturar a un grupo de apaches chiricahuas que han huido de la reserva guiados por el cruel Ulzana y aterrorizan y matan a los pocos habitantes de la zona. A pesar de lo mucho que ha evolucionado el género durante estos años, de que la primera transmite un mensaje de paz y la segunda es una crónica de las crueldades de indios y soldados, ambas se sitúan entre los grandes *westerns*, además de contener buenos trabajos de Burt Lancaster y Robert Aldrich.

Director: *Robert Aldrich*. Guionista: *Alan Sharp*. Fotografía: *Joseph Biroc*. Música: *Frank de Vol*. Intérpretes: *Burt Lancaster, Bruce Davidson, Jorge Luke, Richard Jaeckel, Lloyd Bochner*. Producción: *Robert Aldrich, Carter de Haven para Universal*. *Color*. Duración: *103'*. Estados Unidos.

VENTANA INDISCRETA, LA *(Rear Window, 1954)*

Inmovilizado durante seis meses por un accidente laboral, la única distracción del fotógrafo de prensa L. B. Jeffries (James Stewart) es observar a sus vecinos durante un caluroso verano neoyorquino. Esto le lleva a sospechar que Lars Thorwald (Raymond Burr), uno de ellos, ha matado a su mujer, y a comenzar una investigación con la ayuda de su amiga Lisa Freemont (Grace Kelly) y del detective Thomas J. Doyle (Wendell Corey). A partir de un excelente cuento del especialista en narraciones policiacas Cornell Woolrich, convertido en perfecto guión por John Michael Hayes, el maestro Alfred Hitchcock no solo hace una apasionante narración y uno de sus mejores y más imaginativos trabajos, sino también desarrolla una brillante lección cinematográfica. El fotógrafo que espía a sus vecinos a través de las ventanas de sus apartamentos con sus prismáticos o su teleobjetivo, solo es un mirón, un director de cine, un espectador. Destaca el buen funcionamiento de la pareja protagonista, formada por dos de los actores favoritos de Hitchcock, el sobrio James Stewart y la deslumbrante rubia Grace Kelly.

Director: *Alfred Hitchcock*. Guionista: *John Michael Hayes*. Fotografía: *Robert Burks*. Música: *Franz Waxman*. Intérpretes: *James Stewart, Grace Kelly,*

Raymond Burr, Judith Evelyn, Wendell Corey, Thelma Ritter*. Producción: *Alfred Hitchcock para Paramount*. Color. Duración: *112'*. Estados Unidos.*

VENUS RUBIA, LA (*Blonde Venus, 1932*)

Las relaciones entre el químico norteamericano Edward Faraday (Herbert Marshall), que debe seguir un tratamiento médico caro para poderse curar de unas radiaciones de rayos X, su atractiva mujer alemana Helen (Marlene Dietrich), que tiene que volver a cantar en un cabaret para conseguir dinero con el que pagar el tratamiento, y el atractivo *playboy* Nick Townsend (Cary Grant), que le ofrece su amor y ayuda financiera, dan lugar a un sombrío y fascinante melodrama. Es la cuarta de las seis películas realizadas por el maestro Josef von Sternberg con su musa Marlene Dietrich para los estudios Paramount durante la primera mitad de la década de los treinta. Destacan la escena en que Marlene Dietrich se baña desnuda en un lago —a pesar de los cortes impuestos por la censura del código Hays— y las canciones *Hot Voodo*, que comienza a cantar disfrazada de gorila, y *I Couldn't Be Annoyed*, que canta vestida con un *smoking* blanco, sin olvidar *You Little So and So*. Está basada en una historia original del propio Sternberg, convertida en guión por el reputado Jules Futhman y el desconocido S. K. Lauren, que deja muy clara la turbulenta relación existente entre la pareja formada por Marlene Dietrich y Josef von Sternberg.

Director: *Joseph von Sternberg*. Guionistas: *Jules Furthman, S. K. Lauren*. Fotografía: *Bert Glennon*. Música: *Oscar Potoker*. Intérpretes: *Marlene Dietrich, Herbert Marshall, Cary Grant, Dickie Moore, Gene Morgan*. Producción: *Paramount*. Duración: *97'. Estados Unidos.*

VERANO CON MÓNICA, UN (*Sommaren med Monika, 1953*)

Tras once películas de aprendizaje, el guionista y realizador Ingmar Bergman despierta por primera vez la atención de la crítica internacional con esta producción, donde deja traslucir parte de su complejo mundo y crea uno de sus más fascinantes personajes femeninos, en buena medida debido al encanto personal de una Harriet Andersson de veinte años y a la relación sentimental que han vivido juntos. Toda la fascinación del resplandeciente verano sueco aparece en la huida de la independiente Monika (Harriet Andersson) con Harry (Lars Ekborg), una pareja de modestos empleados, a la isla de Orno. Durante unas semanas viven en completa libertad en contacto con la naturaleza, pero cuando se les acaba el dinero y comienza el mal tiempo, planean un robo, les sale mal y regresan a Estocolmo. Cuando Monika descubre que está embarazada, se casa con Harry, pero no saben vivir juntos, en seguida ella le deja con su hija y recobra su independencia. La película tiene una gran influencia sobre la *nouvelle vague* francesa y en homenaje François Truffaut hace que su *alter ego* Antoine Doinel (Jean-Pierre Léaud), en *Los cuatrocientos golpes* (Les quatre cents coups, 1959), robe una foto de Harriet Andersson desnuda en una escena de la cartelera de un cine.

Director: *Ingmar Bergman*. Guionistas: *Ingmar Bergman, Per-Anders Fogelström*. Fotografía: *Gunnar Fischer*. Música: *Erik Nordgren*. Intérpretes: *Harriet Andersson, Lars Ekborg, John Harryson, Georg Skarstedt*. Producción: *Allan Ekelund para Svensk Filmindustri*. Duración: *97'. Suecia.*

VERANO DEL 42 (*Summer of '42, 1971*)

En plena II Guerra Mundial, durante el verano de 1942 en un lugar de vacaciones de New England, el adolescente Hermie (Gary Grimes) se enamora platónicamente de Dorothy (Jennifer O'Neill), pero cuando ella se entera de que su marido ha muerto en combate pasa una tierna noche de amor con él. Envuelta en una excesiva nostalgia y un cierto humor —la demasiada larga escena de la compra de los preservativos—, tiene más interés la tenue relación entre la bella joven casada y el torpe adolescente que la vida veraniega del protagonista con sus amigos, sus encuentros con feuchas quinceañeras y su asistencia al cine para ver *La extraña pasajera* (Now, Voyager, 1942), de Irving Rapper, con Bette Davis. Es una de las primeras muestras del interés de Robert Mulligan por el mundo de los adolescentes, su mayor éxito y casi el origen de un subgénero con características propias. Su acaramelada música le vale un Oscar al compositor francés Michel Legrand.

Director: *Robert Mulligan*. Guionista: *Herman Raucher*. Fotografía: *Robert Surtees*. Intérpretes: *Jennifer O'Neill, Gary Grimes, Jerry Houser, Oliver Conant, Lou Frizell*. Producción: *Richard Alan Roth para Warner*. Color. Duración: *103'. Estados Unidos.*

VERBOTEN! (1959)

Las más interesantes películas de Samuel Fuller son las pequeñas producciones que no solo escribe y dirige, sino que también produce, tal como ocurre con esta. Narra cómo en 1945, en una Alemania que no se quiere dar cuenta de que ha perdido la II Guerra Mundial, el sargento norteamericano David Brent (James Best) es herido, pero lo cura la alemana Helga Schiler (Susan Cummings) y acaban casándose. Por ello debe enfrentarse a la oposición de sus superiores militares, al nazi amigo de su mujer Bruno Eckart (Tom Pittman), que crea la organización juvenil Verwolf para echar a los norteamericanos de Alemania y resucitar el nazismo, y a su joven cuñado Franz Schiler (Harold Daye), que no se convence de las atrocidades cometidas por los nazis hasta que su hermana no le lleva a una de las sesiones del proceso de Nuremberg. Realizada con muy pocos medios, en unos malos decorados y con abundante empleo de documentales, resulta original, está bien rodada y sobre todo tiene un guión lleno de brillantes ideas, características del mejor cine de Samuel Fuller, donde en el final original el norteamericano moría por un error de la policía militar.

Director y guionista: *Samuel Fuller*. Fotografía: *Joseph Biroc*. Música: *Harry Suckman*. Intérpretes: *James Best, Susan Cummings, Paul Dubov, Tom Pittman, Harold Daye, Dick Kallman*. Producción: *Samuel Fuller para Globe Enterprises inc. / J. Arthur Rank*. Duración: 93'. Estados Unidos.

VERDADERA HISTORIA DE JESSE JAMES, LA (*The True Story of Jesse James*, 1957)

La vida a finales del siglo XIX de los famosos asaltantes de trenes Frank y Jesse James es origen de seis *westerns* muy distintos. Uno de los mejores es *Tierra de audaces* (Jesse James, 1939), de Henry King, con Tyrone Power y Henry Fonda en los principales papeles, cuyo éxito origina la continuación, *La venganza de Frank James* (The Return of Frank James, 1940), de Fritz Lang, donde Henry Fonda vuelve a encarnar a Frank James, dos producciones 20th Century Fox. El más peculiar es *Balas vengadoras* (I Shot Jesse James, 1948), primera película escrita y dirigida por Samuel Fuller, por estar protagonizada por Robert Ford (John Ireland), el asesino de Jesse James, y los hermanos fuera de la ley son dos personajes secundarios interpretados por Reed Hadley y Tom Tyler. Los más recientes son *Forajidos de leyenda* (The Long Riders, 1980), de Walter Hill, donde James Keach y Stacy Keach encarnan a los hermanos James, David Carradine, Keith Carradine y Robert Carradine a los hermanos Younger y Dennis Quaid y Randy Quaid a los Guest, diversos miembros de la conocida banda, y *The Last Days of Frank and Jesse James* (1986), de William A. Graham, en que son interpretados por los cantantes Kris Kristofferson y Johnny Cash. A pesar de ser una nueva versión de la realizada por Henry King y estar alterado el montaje original por los directivos de los estudios 20th Century Fox, la mejor es esta producción rodada por Nicholas Ray con su romanticismo y rigor habituales. Narra cómo en Missouri, tras la guerra de Secesión, los sudistas Jesse James (Robert Wagner) y Frank James (Jeffrey Hunter) crean una banda para asaltar trenes y bancos nordistas, el gobierno les concede una amnistía, pero no la aprovechan; la banda sufre un fuerte descalabro durante el asalto a un lejano banco de Minnesota y Jesse James muere de un tiro en la espalda de un miembro de su banda que quiere cobrar la recompensa que ofrecen por su cabeza.

Director: *Nicholas Ray*. Guionista: *Walter Newman*. Fotografía: *Joe MacDonald*. Música: *Leigh Harline*. Intérpretes: *Robert Wagner, Jeffrey Hunter, Hope Lange, Agnes Moorehead, John Carradine*. Producción: *Herbert Swope para 20th Century Fox*. Color. Scope. Duración: 92'. Estados Unidos.

VERDÚ, Maribel (*Madrid, España, 1970*)

Descubierta por el director Vicente Aranda, que le da un papel secundario en *El crimen del capitán Sánchez* (1985), episodio de la serie de televisión *La huella del crimen,* más tarde protagoniza su interesante serie de televisión *Los jinetes del alba* (1990) y su película *Amantes*. Destacan sus trabajos con Ricardo Franco en *El sueño de Tánger,* Fernando Trueba en *El año de las luces* y *Belle époque,* Emilio Martínez-Lázaro en *El juego más divertido,* Antonio Isasi en *El aire de un crimen,* Bigas Luna en *Huevos de oro,* y José Luis Garci en *Canción de cuna.* También trabaja con regularidad como actriz de teatro, modelo publicitaria y presentadora de televisión.

1986 *El orden cómico,* de Álvaro Forqué. / *El sueño de Tánger,* de Ricardo Franco. / *27 horas,* de Montxo Armendáriz. / *El año de las luces,* de Fernando Trueba.
1987 *La estanquera de Vallecas,* de Eloy de la Iglesia. / *El señor de los llanos,* de Santiago San Miguel. / *El juego más divertido,* de Emilio Martínez-Lázaro. / *Barcelona Connection,* de Miguel Iglesias.
1988 *El aire de un crimen,* de Antonio Isasi. / *Sinatra,* de Francesc Betriu. / *Soldadito español,* de Antonio Giménez-Rico.
1989 *Los días del cometa,* de Luis Ariño. / *Ovejas negras,* de José María Carreño.
1991 *Amantes,* de Vicente Aranda. / *Salsa rosa,* de Manuel Gómez Pereira.
1992 *El beso del sueño,* de Rafael Moreno Alba. / *Belle époque,* de Fernando Trueba.
1993 *El cianuro... ¿solo o con leche?,* de José Miguel Ganga. / *Huevos de oro,* de Bigas Luna. / *Tres palabras,* de Antonio Giménez-Rico.
1994 *Al otro lado del túnel,* de Jaime de Armiñán. / *Canción de cuna,* de José Luis Garci.
1996 *La Celestina,* de Gerardo Vera.

VERDUGO, EL *(1963)*

Al narrar los amores entre José Luis (Nino Manfredi), un empleado de la funeraria que solo piensa en irse a trabajar a Alemania para convertirse en un buen mecánico, y Carmen (Emma Penella), la solterona hija de un verdugo, bajo la atenta mirada de don Amadeo (José Isbert), su experimentado y materialista padre, el realizador Luis G. Berlanga y el guionista Rafael Azcona hacen una excelente comedia llena de un personal humor negro y un duro alegato contra la pena de muerte. La historia de cómo obligan a José Luis a hacer lo que no quiere, casarse, tener un hijo y convertirse en verdugo, con el acicate de que mejorará su vida por lo bien que guisa Carmen y disfrutará del piso que ha conseguido don Amadeo, tiene un perfecto desarrollo dramático y algunas escenas estupendas. Basta recordar aquella en que, mientras el matrimonio contempla un espectáculo de luz y sonido en las mallorquinas cuevas del Drac, aparece una pareja de guardias civiles en una barca buscando a José Luis para que ejerza sus funciones de verdugo; la ejecución donde un grupo de personas arrastra al reo hacia el patíbulo y otro más numeroso al verdugo; o el final donde, tras su primera ejecución, José Luis dice a su mujer y a su suegro: «No lo haré más», y este le contesta: «Eso mismo dije yo la primera vez.» Tras ganar el premio de la crítica en la Mostra de Venecia, antes de estrenarse en España sufre numerosos cortes de censura por culpa de Alfredo Sánchez Bella, entonces embajador de España en Italia, que comenzaba a hacer méritos para sustituir a Manuel Fraga Iribarne al frente del Ministerio de Información y Turismo.

Director: *Luis G. Berlanga.* Guionistas: *Luis G. Berlanga, Rafael Azcona, Ennio Flaiano.* Fotografía: *Tonino delli Colli.* Música: *Miguel Asins Arbó.* Intérpretes: *Nino Manfredi, Emma Penella, José Isbert.* Producción: *Nazario Belmar para Naga Films (Madrid), Zabra Film (Roma).* Duración: *95'.* España-Italia.

VERDUGOS TAMBIÉN MUEREN, LOS
(Hangmen Also Die, 1943)

A partir de un guión del famoso dramaturgo Bertolt Brecht y el propio realizador, que por problemas sindicales aparece firmado por su colaborador John Wexley, Fritz Lang consigue una perfecta síntesis entre su estilo expresionista alemán y su depurada técnica narrativa norteamericana. Producida por el independiente Arnold Pressburger, narra las relaciones en la Praga de 1942 entre el doctor Franz Svoboda (Brian Donlevy), ejecutor material del atentado contra el jefe del gobierno nazi en Checoslovaquia, y la familia del profesor Novotny (Walter Brennan) que le ayuda a esconderse, así como la trama organizada por la Resistencia para que las sospechas recaigan sobre el espía colaboracionista Emil Czaka (Gene Lockhart). Realizada entre *El hombre atrapado* (Man Hunt, 1941), que narra cómo un cazador británico está a punto de matar a Adolf Hitler, y *Cloack and Dagger* (1946), que gira en torno al secuestro de una muchacha por los nazis para obligar a su padre a trabajar en la bomba atómica, es la segunda y mejor de las tres películas de Lang contra el nazismo en la etapa norteamericana de su carrera.

Director: *Fritz Lang.* Guionista: *John Wexley.* Fotografía: *James Wong Howe.* Música: *Hanns Eisler.* Intérpretes: *Brian Donlevy, Anna Lee, Walter Brennan, Gene Lockhart, Dennis O'Keefe, Alexander Granach, Margaret Wycherly, Hans von Twardowski.* Producción: *T. W. Baumfield para Fritz Lang / Arnold Pressburger.* Duración: *131'.* Estados Unidos.

VERHOEVEN, Paul *(Amsterdam, Holanda, 1938)*

Licenciado en matemáticas y física por la Universidad de Leiden, estudia cine en la Academia de Amsterdam, rueda algunos cortometrajes y mientras hace el servicio militar en el departamento de cinematografía de la marina holandesa realiza varios documentales. Después de trabajar durante unos años en televisión como realizador, a principios de los años setenta debuta como director de cine y tiene un gran éxito con la producción erótica *Delicias turcas*. Entre sus restantes producciones holandesas hay que destacar *Eric, oficial de la reina*, una tradicional historia de espionaje situada durante la II Guerra Mundial, y *El cuarto hombre*, un peculiar policiaco con cierta carga homosexual. A pesar de que su puerta de entrada en el cine norteamericano es *Los señores del acero*, una típica historia de aventuras medievales, pero cargada de sexo y violencia, rodada en coproducción entre Holanda, Estados Unidos y España, solo se distribuye después del éxito de *Robocop*, su primera producción cien por cien norteamericana, un violento policiaco de ciencia ficción lleno de violencia, pero rodado con más habilidad de la habitual. Sigue en esta misma línea de producciones espectaculares con amplio presupuesto con *Desafío total*, una historia de ciencia ficción basada en una novela del especialista Philip K. Dick que encierra ciertas ideas originales; *Instinto básico*, un policiaco con una carga erótica superior a la habitual, que se convierte en su gran éxito, y *Showgirls*, un musical excesivo lleno de sexo.

1971 *Wat Zien Ik* (Delicias holandesas).
1973 *Turk fruit* (Delicias turcas).
1975 *Keetje Tippel* (Katy Tippel).
1980 *Spetters* (Vivir a tope).
1982 *Soldatt van Orange* (Eric, oficial de la reina).
1983 *Die vierde Man* (El cuarto hombre).
1985 *Flesh + Blood* (Los señores del acero).
1987 *Robocop*.
1990 *Total Recall* (Desafío total).
1992 *Basic Instinct* (Instinto básico).
1995 *Showgirls*.

VÍA LÁCTEA, LA *(La voie lactée, 1969)*

A través de una tradicional estructura de itinerario, los vagabundos Jean Duval (Laurent Terzieff) y Pierre Dupont (Paul Frankeur), que van desde París a Santiago de Compostela por el camino de Santiago, recorren la vía láctea, Luis Buñuel rueda una de sus más personales, mejores y revolucionarias obras. Enlazando con sus primeras y más surrealistas películas, hace una curiosa exposición de las principales herejías cristianas con la colaboración de su guionista habitual en estos años Jean-Claude Carrière. Una producción concebida con una enorme libertad, fruto de las obsesiones religiosas de Buñuel, donde con un estilo muy cinematográfico se discute sobre la eucaristía, el origen del mal, la naturaleza de Cristo, la trinidad de Dios, la gracia, la libertad y los misterios de la Virgen María. Obra irrepetible, única en la historia del cine, de una gran originalidad, fruto del éxito de *Bella de día* (Belle de jour, 1967) y el buen entendimiento entre Buñuel y el productor Serge Silberman.

Director: *Luis Buñuel*. Guionistas: *Luis Buñuel, Jean-Claude Carrière*. Fotografía: *Christian Matras*. Intérpretes: *Paul Frankeur, Laurent Terzieff, Alain Cuny, Édith Scob, Bernard Verley, Michel Piccoli, Pierre Clémenti*. Producción: *Serge Silberman para Greenwich Film Production, Paris-Fraia Film. Color*. Duración: *98'. Francia*.

VIAJE A CYTHERA *(Taxidi sta Kithira, 1984)*

El director de cine Alexandros (Giulio Brogi) busca a un hombre mayor para protagonizar su próxima película y lo encuentra casualmente en un vendedor de espliego que aparece por el estudio donde se están haciendo las pruebas. Mientras le sigue por la calle, el hombre se convierte en su padre Spyros (Manos Kataki) y él en su hijo que, en compañía de su hermana, va a buscarle al puerto porque regresa en un barco de la Unión Soviética tras un exilio de treinta y dos años. En compañía de su familia va a su vieja y olvidada casa en el pueblo de Cythera, pero al desbaratar la venta de tierras en que estaban de acuerdo todos los vecinos, la policía le expulsa del país por indocumentado. En la larga y bella escena final desarrollada en el puerto, las autoridades le instalan en una balsa en el mar, en la que también acaba situándose su mujer, mientras en tierra intentan celebrar una fiesta bajo una intensa lluvia. Basada en un interesante guión original, el personal guionista y director Theo Angelopoulos rueda una de sus más atractivas y largas películas en inacabables planos de rara belleza que siguen las completas evoluciones de los personajes, sin el menor poder de síntesis, con muy poco diálogo y sobre un rico trasfondo político.

Director: *Theo Angelopoulos*. Guionistas: *Theo Valtinos, Tonino Guerra, Theo Angelopoulos*. Fotografía: *Georges Arvanitis*. Música: *Hélène Karaindrou*. Intérpretes: *Giulio Brogi, Manos Katraki, Mary Chronopoulos*. Producción: *Centre di Cinéma Grec (Atenas), Rai (Roma)*. Color. Duración: *149'*. Grecia-Italia.

VIAJE A NINGUNA PARTE, EL *(1986)*

Primero es una interesante serie radiofónica, más tarde una atractiva novela y por último esta personal película. Narra, a través de los recuerdos de Carlos Galván (José Sacristán), las desventuras de un grupo de cómicos que viaja por los duros pueblos de Castilla en la más inmediata posguerra. A los setenta y tantos años, Galván habla con un psicólogo todos los miércoles en el asilo de ancianos donde vive. Recuerda los problemas que se plantean cuando un buen día aparece su zangolotino hijo Carlos Piñeiro (Gabino Diego), y su compañera Juanita (Laura del Sol) se siente desplazada; las relaciones con el usurero Zacarías Carpintero (Agustín González) para montar su comedia arrevistada *Canuto, no seas bruto;* su primer y fallido contacto con el cine; la rivalidad con la compañía teatral de los Calleja, y cómo una mala racha acaba con la suya, después de lo cual cada uno se va para su lado y él acaba haciendo de figurante en Madrid y liado con su prima Rosi (Nuria Gallardo). A partir de su propia experiencia y con una sólida carga autobiográfica, Fernando Fernán-Gómez mezcla con habilidad los problemas sentimentales, económicos y familiares de un grupo de malos cómicos durante sus giras, y su dura lucha con el hambre, el desaliento, la censura y la competencia del cine. Tras una larga y brillante primera parte, decae al final, donde se juega en exceso con los problemas de memoria de Carlos Galván y la verdad o falsedad de sus recuerdos. Construida a base de largas escenas, apoyadas en un buen, fluido y abundante diálogo, muestra el hábil manejo de un amplio grupo de estupendos actores, dentro de un cálido homenaje a una de las profesiones más antiguas del mundo. A pesar de la endeblez de su estructura narrativa —la conversación de Carlos Galván con el psicólogo—, la excesiva presencia de su voz de fondo y la señalada bajada de su final, es una de las más cálidas y mejores películas de Fernán-Gómez como guionista y director.

Director y guionista: *Fernando Fernán-Gómez*. Fotografía: *José Luis Alcaine*. Música: *Pedro Iturralde*. Intérpretes: *José Sacristán, Laura del Sol, Juan Diego, María Luisa Ponte, Gabino Diego, Nuria Gallardo, Fernando Fernán-Gómez, Agustín González, Queta Claver, Simón Andreu, Carlos Lemos*. Producción: *Julián Mateos y Maribel Martín para Ganesh*. Color. Duración: *137'*. España.

VIAJE DEL CAPITÁN FRACASSA, EL
(Il viaggio di Capitan Fracassa, 1990)

Apoyándose en algunos de los más característicos personajes de la *commedia dell'arte*, el escritor francés Théophile Gautier publica entre 1861 y 1863, *El capitán Fracassa* por entregas en la *Revue Nationale et étrangère*. Ambientada en la segunda mitad del siglo XVII, narra cómo el arruinado barón de Sicognac se une a un grupo de cómicos que se dirige hacia París para actuar ante el rey Luis XIII, se enamora de la ingenua Isabelle y tiene un duelo con el duque de Vallombrosa. El interés de las aventuras narradas por Gautier, la solidez de sus personajes y su fuerza narrativa, hacen que *El capitán Fracassa* haya sido repetidamente adaptada al cine en producciones italianas y francesas. Tras las versiones mudas dirigidas por Mario Caserini en 1919 y Alberto Cavalcanti en 1928, las más famosas son las rodadas por Duilio Coletti en 1940, con Osvaldo Valenti como protagonista, y la de Abel Gance de 1942, con Fernand Gravey, frente a la fallida de 1961 de Pierre Gaspard-Huit, interpretada por Jean Marais. La mejor es la dirigida por Ettore Scola, con guión suyo y de Vincenzo Cerami, concebida como un homenaje a la *commedia dell'arte* en concreto, y al teatro, en general, íntegramente rodada en unos excelentes decorados de Luciano Ricceri y Paolo Biagetti entre un telón que se levanta y otro que se baja. Se toma muchas licencias con el original, como apoyar la narración en la relación que se establece entre el barón de Sicognac y Polichinella y hacer que al final prefiera el teatro a la joven Isabella, pero dota a la obra de una buena estructura cinematográfica gracias al sucesivo empleo de *flash-*

backs, subrayados por una voz de fondo, y ofrece su precisa dirección de un amplio grupo de grandes actores.

Director: *Ettore Scola.* Guionistas: *Ettore Scola, Vincenzo Cerami.* Fotografía: *Luciano Tavoli.* Música: *Armando Trovajoli.* Intérpretes: *Vincent Pérez, Massimo Troisi, Ornella Muti, Emmanuelle Béart, Jean-François Perrier, Lauretta Masiero, Toni Ucci.* Producción: *Cecchi Group Tiger Cinematografica (Roma), Gaumont (París). Color.* Duración: *132'. Italia-Francia.*

VIAJES DE SULLIVAN, LOS *(Sullivan's Travels, 1941)*

El director de cine John L. Sullivan (Joel McCrea) cree que es inmoral hacer comedias en tiempos de guerra; decide rodar una tragedia, se disfraza de vagabundo y se lanza a la vida para recoger información con la ayuda casual de una aspirante a actriz (Veronica Lake). Cuando cree que lo ha visto todo, por un error judicial va a parar a una dura prisión y, al observar cómo se ríen los condenados con las películas de dibujos animados de Mickey Mouse, se da cuenta del gran valor que tiene hacer reír a la gente. Escrita y dirigida por el especialista Preston Sturges para los estudios Paramount, no solo es una magnífica comedia estructurada con una admirable perfección, sino también uno de los mejores alegatos teóricos a favor de la comedia. Rodada en plena II Guerra Mundial, pero antes de que Estados Unidos participe en ella, es una de las mejores películas sobre el mundo del cine y la obra maestra de Sturges.

Director y guionista: *Preston Sturges.* Fotografía: *John F. Seitz.* Música: *Leo Shuken.* Intérpretes: *Joel McCrea, Veronica Lake, Robert Warwick, William Demarest, Franklin Pangborn, Porter Hall.* Producción: *Paul Jones para Paramount.* Duración: *90'. Estados Unidos.*

¿VÍCTOR O VICTORIA? *(Victor / Victoria, 1982)*

En París, en 1934, la cantante de cabaret Victoria Grant (Julie Andrews) no tiene trabajo, sigue el consejo de su amigo homosexual Carroll Todd (Robert Preston), se hace pasar por un hombre que se disfraza de mujer para cantar y tiene un gran éxito. El gángster King Marchan (James Garner), que no sabe nada de estos cambios, se enamora de ella, pero comienza a dudar de sí mismo y a estar mal visto en su ambiente. Con estos elementos Blake Edwards escribe, produce y dirige una de sus comedias de mayor éxito, a la que añade algunos números musicales interpretados por Julie Andrews con canciones de su colaborador habitual Henry Mancini. No se trata de una idea original, sino de una nueva versión de *Víctor y Victoria* (Viktor und Viktoria, 1933), una de las más famosas comedias producidas en los estudios alemanes U. F. A., dirigida por el olvidado Reinhold Schünzel y protagonizada por Renate Müller y Hermann Thimig, rodada en doble versión alemana y francesa según la costumbre de una época en que todavía no se había inventado el doblaje. También existe una segunda versión alemana, con el mismo título original, rodada en 1957 por el desconocido director checoslovaco Karl Anton.

Director y guionista: *Blake Edwards.* Fotografía: *Dick Bush.* Música: *Henry Mancini.* Intérpretes: *Julie Andrews, James Garner, Robert Preston, Lesley Ann Warren, Alex Karras, John Rhys-Davies.* Producción: *Blake Edwards para Labdroke Entertainment / Peeford / Metro-Goldwyn-Mayer. Color. Scope.* Duración: *134'. Estados Unidos.*

VIDA DE ÉMILE ZOLA, LA *(The Life of Émile Zola, 1937)*

El éxito de *La tragedia de Louis Pasteur* (The Story of Louis Pasteur, 1936), permite al mismo equipo, el productor Henry Blanke, el realizador William Dieterle y el actor Paul Muni, hacer en la misma línea, pero con muchos más medios y una mayor duración, esta «biografía» del escritor Émile Zola. Tras una irregular primera media hora, donde se resume la vida del famoso novelista francés, la película entra en materia, se centra en el famoso caso Dreyfus, Zola pasa a ser un personaje más y el resultado es una eficaz historia política, antimilitarista, claro reflejo de la situación que tiene lugar durante los mismos años en una Alemania dominada por Aldof Hitler. A partir de las auténticas actas del proceso, Dieterle narra, sin hacer demasiado hincapié en que se trata de un judío, cómo el capitán Albert Dreyfus (Joseph Schildkraut) es injustamente acusado de traición por el estado mayor del ejército francés, juzgado y condenado. Mientras, Émile Zola (Paul Muni) escribe su famoso artículo «Yo acuso», durante el proceso se dirige directamente a la cámara mientras habla en un plano de seis minutos y medio de duración y siembra la semilla para que años después Dreyfus regrese de la isla del Diablo y sea rehabilitado. El resultado tiene una considerable fuerza, un tono similar a las películas políticas de la década de los sesenta, pero insólito en su momento, y una excesiva actuación de Paul Muni, apoyada en el disfraz y la composición. Gana varios Oscars, entre ellos el correspondiente a la película, y tiene gran éxito en Estados Unidos, lo que no impide que sea prohibida en Alemania, España e Italia y en Francia solo se estrene en versión cortada en 1952.

Director: *William Dieterle*. Guionista: *Norman Reilly Raine*. Fotografía: *Tony Gaudio*. Música: *Max Steiner*. Intérpretes: *Paul Muni, Joseph Schildkraut, Gale Sondergaard, Gloria Holden, Donald Crisp*. Producción: *Henry Blanke para Warner*. Duración: *116'. Estados Unidos*.

VIDA DE MUJER, UNA *(Une histoire simple, 1978)*

Una vez más el escritor y guionista Claude Sautet narra la vida cotidiana de un grupo de burgueses con sus mínimos y personales problemas. En esta ocasión el personaje central es Marie (Romy Schneider), una cuarentona divorciada y con un hijo de dieciséis años, que decide separarse de su amante Serge (Claude Brasseur) y abortar, pero, durante una pasajera relación con su ex marido Georges (Bruno Cremer), vuelve a quedarse embarazada y esta vez decide tener a su hijo. Típica película de Sautet, quizá demasiado apoyada en los buenos diálogos de Jean-Loup Dabadie, destaca la excelente actuación de Romy Schneider, en el mejor momento de su peculiar y trágica carrera.

Director: *Claude Sautet*. Guionistas: *Claude Sautet, Jean-Loup Dabadie*. Fotografía: *Jean Boffety*. Música: *Philippe Sarde*. Intérpretes: *Romy Schneider, Bruno Cremer, Claude Brasseur, Arlette Bonnard, Sophie Daumier, Eva Darlan*. Producción: *Alain Sarde*. Color. Duración: *107'. Francia*.

VIDA DE OHARU, MUJER GALANTE *(Saikaku ichidai onna, 1952)*

La vida de la prostituta Oharu sirve al realizador Kenji Mizoguchi para hacer uno de sus más consistentes melodramas, el atractivo retrato de un duro personaje femenino, su primera película difundida en Occidente gracias al premio que gana en la Mostra de Venecia. A través de un largo *flashback* cuenta cómo la joven y noble Oharu (Kinuyo Tanaka) es seducida por su sirviente Katsunosuke (Toshiro Mifune), pero, descubiertos sus amores, sus padres y ella son desterrados y su amante, decapitado. Entregada por su padre como concubina al poderoso Matsudaira (Toshiaki Chikae), dado que su mujer es estéril, engendra un hijo para él, pero no puede ni criarlo ni tan siquiera verlo. Vendida de nuevo por su padre a una casa del licencioso barrio de Shimabara, sucesivamente trabaja como prostituta, criada de un ruin mercader y acaba casándose con un honrado fabricante de abanicos que en seguida es asesinado. Tras suplicar la protección de unas monjas budistas, se fuga con un ladrón y acaba convertida en una andrajosa mendiga que recuerda su vida por las calles de Kyoto en el siglo XVII. Basada en una obra clásica de la literatura japonesa de Saikaku Ihara, es la mejor de las películas dirigidas en la posguerra por Mizoguchi y protagonizadas por la gran actriz Kinuyo Tanaka.

Director: *Kenji Mizoguchi*. Guionista: *Yoshikata Yoda*. Fotografía: *Yoshimi Hirano*. Música: *Ichiro Saito*. Intérpretes: *Kinuyo Tanaka, Toshiro Mifune, Masao Shimizu, Ichiro Sugai, Tsukue Matsuura, Kiyoko Tsuji, Toshiaki Chikae*. Producción: *Hideo Koi para Shintoho*. Duración: *148'. Japón*.

VIDA DE PERROS *(Vita da cani, 1950)*

La pareja de directores integrada por Steno y Mario Monicelli describe con eficacia el particular mundillo del *varietà*, del *avanspettacolo*, a través de tres historias sentimentales entrecruzadas. Tras pelearse con su *vedette* Lucy D'Astrid (Nyta Dover), el *capocomico* Nino Martoni (Aldo Fabrizi) debe convertir a la joven Margherita (Gina Lollobrigida), una muchacha huida de su casa y perseguida por la policía, en la radiante *vedette* Rita Buton. La guapa Vera (Delia Scala) está enamorada de un joven cuyo padre se niega a que se casen porque es bailarina, pero da su consentimiento cuando descubre que es la joven que le rechazó. La ambiciosa Franca (Tamara Lees) deja a su novio (Marcello Mastroianni) porque es pobre para irse con una compañía de revista, casarse con un hombre tan rico como horrible y acabar suicidándose al descubrir que su novio ha triunfado. Salvo esta última historia, demasiado folletinesca, las otras dos tienen un gran atractivo y están engranadas con perfección con las pequeñas anécdotas de la vida diaria de una compañía de revista en teatros de segundo orden o en gira por provincias. Tercera de las ocho películas realizadas por Steno y Monicelli, es una de las mejores que hacen juntos y una buena mezcla de elementos neorrealistas, melodramáticos y que anuncian la «comedia a la italiana».

Directores: *Steno, Mario Monicelli*. Guionistas: *Steno, Monicelli, Sergio Amidei, Aldo Fabrizi, Ruggero Maccari*. Fotografía: *Mario Bava*. Intérpretes: *Aldo Fabrizi, Gina Lollobrigida, Delia Scala, Tamara Lees, Marcello Mastroianni, Nyta Dover*. Producción: *Antonio Mambretti para A. T. A.* Duración: *90'. Italia.*

VIDA DE REUTER, LA (*A Dispatch From Reuters, 1940*)

Consciente de haber rodado demasiadas biografías para el productor Jack Warner, al hacer esta última el minucioso William Dieterle se plantea un retorno a sus orígenes en el estudio, a las ágiles películas de Serie B hechas durante la primera mitad de los años treinta. En esta ocasión el biografiado es el judío alemán Paul Julios Reuter (1816-1899), las claras intenciones de Dieterle son plantear una defensa de la libertad de prensa cuando el ministro de propaganda nazi Goebbels ha terminado con ella y los resultados son espléndidos. Con un ritmo trepidante narra cómo Reuter (Edward G. Robinson) crea un servicio de palomas mensajeras y es aceptado por los banqueros locales, pero el telégrafo acaba con él. Establecido en el Reino Unido, idea un nuevo sistema para transmitir por cable las noticias a la prensa, gracias a la competencia consigue mejorarlo y se convierte en la mejor agencia de noticias del mundo. Finaliza con las palabras de un Reuter triunfador: «Una prensa censurada es el instrumento de una minoría corrompida. Una prensa libre es el símbolo de un pueblo libre, pues la verdad significa libertad, y sin libertad solo puede haber esclavitud y degradación.» Junto a la eficacia y celeridad narrativa del conjunto, que consiguen hacer apasionante una historia que en principio no lo parecía, destaca la excelente interpretación de Edward G. Robinson.

Director: *William Dieterle*. Guionista: *Milton Krims*. Fotografía: *James Wong Howe*. Música: *Max Steiner*. Intérpretes: *Edward G. Robinson, Edna Best, Eddie Albert, Albert Basserman, Gene Lockhart*. Producción: *Henry Blanke para Warner*. Duración: *90'. Estados Unidos.*

VIDA DIFÍCIL (*Una vita difficile, 1961*)

Tras luchar como partisano contra los alemanes, Silvio Magnazzi (Alberto Sordi) comienza a escribir en un diario de izquierdas e intenta mantener en su vida privada su coherencia política, pero acaba en la miseria, va a parar a la cárcel y le abandona su mujer Elena (Lea Massari). Tras intentar publicar una novela autobiográfica, comienza a trabajar como secretario del *commendatore* Bracci (Claudio Gora), a quien años antes denunció por evasión de capitales, y reconquista a su mujer, pero cuando su jefe quiere humillarle ante todos, le da una bofetada y de nuevo debe enfrentarse a un futuro difícil. A partir de un excelente guión de Rodolfo Sonego, colaborador habitual de esta etapa de la carrera del gran cómico Alberto Sordi, el realizador Dino Risi hace una de las mejores «comedias a la italiana» de la década de los sesenta. Da una visión tan crítica como divertida de los últimos veinte años de la vida italiana, de su particular democracia. Narra cómo se pasa de la ilusión de la reconstrucción a la desilusión del desarrollo económico a través del oportunismo político. Destaca el excelente trabajo de Alberto Sordi, que crea un sólido personaje que se mueve entre la ideología, el humor, la sociología, la ironía y la amargura que destila una historia perfectamente construida.

Director: *Dino Risi*. Guionista: *Rodolfo Sonego*. Fotografía: *Leonida Barboni*. Música: *Carlo Savina*. Intérpretes: *Alberto Sordi, Lea Massari, Franco Fabrizzi, Claudio Gora, Vittorio Gassman, Antonio Centa*. Producción: *Dino de Laurentiis*. Duración: *118'. Italia.*

VIDA EN UN HILO, LA (*1945*)

El relativo éxito de esta película, según una curiosa costumbre habitual en la época, lleva a su guionista, productor y director Edgar Neville a convertirla en una obra de teatro, que le consagra como uno de los mejores escritores de esas comedias intrascendentes, y también algo fantásticas, que triunfan en la inmediata posguerra. Narra cómo la joven viuda Mercedes (Conchita Montes), cuando regresa a Madrid en tren desde la pequeña ciudad de provincias donde vivía con su difunto marido, se encuentra con una vidente que le relata cómo hubiese sido su vida si en un determinado momento hubiera tomado una decisión distinta. Una tarde de lluvia Mercedes se encuentra en una tienda de flores de Madrid con el ingeniero de provincias de buena familia Ramón (Guillermo Marín) y el escultor Miguel Ángel (Rafael Durán), ambos le ofrecen acompañarla en taxi a su casa, ella elige lógicamente al primero, acaba casándose con él y lleva una vida lujosa, pero aburrida. La vidente le relata lo muy diferente que habría vivido si la hubiese llevado el escultor, a quien encuentra por casualidad cuando el tren llega a Madrid para conseguir un tradicional final feliz. Casi cincuenta años después, el excelente decorador Gerardo Vera debuta como realizador con *Una mujer bajo la lluvia* (1992), nueva versión demasiado fiel al original protagonizada por Ángela Molina, Antonio Banderas e Imanol Arias.

Director y guionista: *Edgar Neville*. Fotografía: *Enrique Barreyre*. Música: *José Muñoz Molleda*. Intérpretes: *Conchita Montes, Rafael Durán, Guillermo Marín, Julia Lajos, Alicia Romay, María Bru, Eloísa Muro*. Producción: *Edgar Neville*. Duración: *92'. España*.

VIDA ÍNTIMA DE JULIA NORRIS, LA *(To Each His Own, 1946)*

Durante la II Guerra Mundial, Jody Norris (Olivia de Havilland), una mujer de mediana edad, espera en una estación de ferrocarril de Londres la llegada de su hijo, que viene a pasar un permiso. Mientras tanto, recuerda, a lo largo de dos amplios *flashbacks,* cómo conoce a su padre Gregory Cosgrove (John Lund) durante la Gran Guerra, poco después muere en combate y se convierte en una joven madre soltera, y cómo también acaba perdiendo a su hijo cuando se niega a que se entere de su existencia la pequeña comunidad donde vive. Escrito y producido por Charles Brackett para los estudios Paramount y sobria y eficazmente dirigido por Mitchell Leisen, es un excelente melodrama destinado al público femenino. Olivia de Havilland hace de joven y mayor en un complejo papel que abarca veinticinco años, uno de los más difíciles de su carrera, con el que consigue ganar un Oscar.

Director: *Mitchell Leisen*. Guionista: *Charles Brackett, Jacques Théry*. Fotografía: *Daniel L. Fapp*. Música: *Victor Young*. Intérpretes: *Olivia de Havilland, John Lund, Roland Culver, Mary Anderson, Philip Terry*. Producción: *Charles Brackett para Paramount*. Duración: *100'. Estados Unidos*.

VIDA MARCADA, UNA *(Cry of the City, 1948)*

Después de haber jugado y crecido juntos en el barrio Little Italy de Nueva York, Vittorio Candella (Victor Mature) se ha hecho teniente de la policía y Martin Rome (Richard Conte) se ha convertido en un peligroso gángster. Herido y arrestado por matar a un policía, Martin Rome logra escaparse del hospital, pero Vittorio Candella le persigue y le mata a la salida de una iglesia donde se ha citado con su chica (Debra Paget). Esta cuidada producción de Sol C. Siegel se sitúa entre las mejores películas negras realizadas por el alemán Robert Siodmak durante su exilio en Estados Unidos. Compensa la simplicidad de su anécdota con una sobria narración con tonalidades expresionistas, un rodaje desarrollado casi íntegramente en interiores y exteriores naturales y aprovecha el tema del doble para evitar, al menos dentro de lo que le permite la rígida censura de la época, el fácil maniqueísmo: mientras el gángster siempre viste de blanco y está muy enamorado de su chica, el policía va siempre de negro, no tiene problemas para emplear la violencia y es un envidioso. Casi veinticinco años después se rueda una nueva versión, la producción francesa *La puerta cerrada* (Un aller simple, 1971), de Jose Giovanni, con Jean Claude Bouillon, Maurice Garrel y Paola Pitagora.

Director: *Robert Siodmak*. Guionista: *Richard Murphy*. Fotografía: *Lloyd Aherne*. Música: *Alfred Newman*. Intérpretes: *Victor Mature, Richard Conte, Mimi Agulia, Shelley Winters, Fred Clark, Tommy Cook, Debra Paget*. Producción: *Sol C. Siegel para 20th Century Fox*. Duración: *96'. Estados Unidos*.

VIDA POR DELANTE, LA *(1958)*

Después de tres películas como realizador, el actor Fernando Fernán-Gómez consigue su primer éxito como director con esta producción. A través de confusos *flashbacks* narra en un tono realista y con un humor crítico bastante insólito en la época, cómo el abogado Antonio (Fernando Fernán-Gómez) y la psicoanalista Josefina

(Analía Gadé) deciden casarse en el último curso de sus respectivas carreras, pero él antes de encontrar trabajo en su profesión debe vender automóviles y aspiradoras, dibujar historietas gráficas, hacer de figurante en cine y presentador en un cabaret y dar clases en un colegio femenino, y ella tiene que abrir una consulta a pesar de los celos de él. Las desventuras cotidianas de la pareja de recién casados se agudizan cuando él debe defenderla a ella en un pleito por un accidente de tránsito, pero vuelve a unirles la ilusión de tener el primer hijo. Narrada en una sucesión de episodios independientes, con Antonio hablando directamente a la cámara para hacer a los espectadores cómplices de sus problemas, destacan la utilización del desenfadado personaje de Manolo (Manuel Alexandre) como contrapunto de la vida de los protagonistas y la larga escena de la comisaría, en la que un accidente de tránsito es narrado de forma muy diferente por las dos partes y por un testigo tartamudo (José Isbert). Rodada con muy pocos medios, su buen resultado en taquilla anima al mismo equipo a hacer *La vida alrededor* (1959), una especie de segunda parte, también en clave de comedia crítica, pero con mucho menor interés, y a planear *La vida por detrás*, que no llega a rodarse nunca.

Director: *Fernando Fernán-Gómez*. Guionistas: *Manuel Pilares, Fernando Fernán-Gómez*. Fotografía: *Ricardo Torres*. Música: *Rafael de Andrés*. Intérpretes: *Fernando Fernán-Gómez, Analía Gadé, Manuel Alexandre, Rafaela Aparicio, Pilar Casanova, José Isbert*. Producción: *José María Rodríguez para Estela Films*. Duración: *89'*. *España*.

VIDA PRIVADA DE ELIZABETH Y ESSEX, LA *(The Private Lives of Elizabeth and Essex, 1939)*

Siguiendo la línea de las películas sobre «vidas privadas» de famosos personajes puestas de moda por los grandes éxitos de Alexander Korda a través de su productora London Films, el gran realizador Michael Curtiz parte de una obra de teatro de Maxwell Anderson para narrar los trágicos amores entre Elizabeth I de Inglaterra y el conde de Essex; cómo las razones de Estado, los triunfos personales de Essex contra los españoles en Cádiz y sus fracasos en Irlanda, se interponen entre ellos hasta que la reina Elizabeth acaba condenándole a muerte. Dejando muy claro en todo momento su origen teatral, lo que supone una excesiva abundancia de diálogos, encierra una excelente interpretación de Bette Davis, con una magnífica caracterización, y en menor medida también de Errol Flynn en sus muy diferentes estilos, así como una hábil y brillante dirección de Michael Curtiz.

Director: *Michael Curtiz*. Guionistas: *Norman Reilly Raine, Aeneas Mackenzie*. Fotografía: *Sol Polito*. Música: *Erich Wolfgang Korngold*. Intérpretes: *Bette Davis, Errol Flynn, Olivia de Havilland, Donald Crisp, Vincent Price, Alan Hale, Henry Stephenson, Henry Daniell*. Producción: *Robert Lord para Warner*. Duración: *106'*. *Estados Unidos*.

VIDA PRIVADA DE ENRIQUE VIII, LA *(The Private Life of Henry VIII, 1933)*

Siempre interesado por la vida de los grandes personajes históricos, durante su primera estancia en Hollywood el productor y director húngaro Alexander Korda rueda *La vida privada de Helena de Troya* (The Private Life of Helen of Troy, 1927) con Maria Korda, Lewis Stone y Ricardo Cortez. Sin embargo, la más conocida de la serie es esta producción británica, que escribe su compatriota Lajos Biro sobre las relaciones entre Enrique VIII de Inglaterra y sus seis mujeres, por alcanzar tal éxito que no solo consolida las bases de su productora London Films, sino también las del cine inglés. Narra cómo Enrique VIII (Charles Laughton) acusa a su segunda mujer Anna Bolena (Merle Oberon) de adulterio y la manda ajusticiar, lo mismo que hace con la quinta, Katherine Howard (Binnie Barnes), mientras solo le sobrevive la última, Katherine Parr (Everly Gregg). Tras conseguir un Oscar por su trabajo en esta producción, Charles Laughton vuelve a colaborar con Korda en *Rembrandt* (1936), donde también trabaja su mujer Elsa Lanchester. Mientras Alexander Korda rueda una biografía más, *La vida privada de Don Juan* (The Private Life of Don Juan, 1934), protagonizada por Douglas Fairbanks, Merle Oberon y Binnie Barnes.

Director: *Alexander Korda*. Guionistas: *Lajos Biro, Arthur Wimperis*. Fotografía: *Georges Périnal*. Música: *Kurt Schroeder*. Intérpretes: *Charles Laughton, Elsa Lanchester, Robert Donat, Merle Oberon, Binnie Barnes, Franklin Dyall, Everly Gregg*. Producción: *Alexander Korda para London Films*. Duración: *97'*. *Reino Unido*.

VIDAS CRUZADAS *(Short Cuts, 1993)*

A partir de nueve cuentos y un poema de Raymond Carver y siguiendo su fórmula habitual de hacer películas con muchos actores, en esta ocasión Robert Altman entrelaza las historias de una veintena de personajes. Entre un espectacular comienzo un viernes de junio de 1992 con una escuadrilla de helicópteros fumigando los alrededores de Los Ángeles para «destruir la mosca de la fruta antes de que nos destruya a nosotros» y un no menos aparatoso final un lunes con un terremoto, durante un sábado y un domingo se desarrollan las historias entrecruzadas de veintidós personajes principales. Se concede especial importancia a cómo los Finnigan (Andie McDowell y Bruce Davison) pierden a su hijo de nueve años y cómo el policía Shepard (Tim Robbins) trata de deshacerse del perro familiar ante el desconsuelo de sus hijos. Entre ellos también aparecen el doctor Wyman (Matthew Modine), su esposa pintora Marian (Julianne Moore); el parado Stuart (Fred Ward) y su mujer Claire (Anne Archer), que actúa de payaso en fiestas infantiles; el cuidador de piscinas Jerry (Chris Penn) y su esposa Lois (Jennifer Jason Leigh), que atiende una línea erótica mientras cuida a sus hijos; el aprendiz de maquillador Bill (Robert Downey Jr.) y su novia Honey (Lili Taylor); la camarera Doreen (Lily Tomlin) y el chófer Earl (Tom Waits), aficionado a la bebida; una pareja a punto de separarse en la que ella, Betty (Frances McDormand), tiene una nueva historia, y él, Stormy (Peter Gallagher), destruye su hogar; además de la cantante Tess (Annie Ross) y su hija violonchelista Zoe (Lori Singer), único personaje inventado por Altman y el guionista Frank Barhydt para que la música de la película tenga un origen real. A partir de todos ellos Altman da una visión bastante dura de la clase media norteamericana, envuelta en sexo, violencia y tabaco, que poco tiene que ver con la que se ve habitualmente en las películas de Estados Unidos y le permite ganar el León de Oro de la Mostra de Venecia.

Director: *Robert Altman*. Guionistas: *Robert Altman, Frank Barhydt*. Fotografía: *Walt Lloys*. Música: *Mark Isham*. Intérpretes: *Andie McDowell, Bruce Davison, Jack Lemmon, Julianne Moore, Matthew Modine, Anne Archer, Fred Ward, Jennifer Jason Leigh, Chris Penn, Lili Taylor, Robert Downey Jr., Madeleine Stowe, Tim Robbins, Lily Tomlin, Tom Waits, Frances McDormand, Peter Gallagher, Jarret Lennon, Annie Ross, Lori Singer*. Producción: *Cary Brokaw para Avenue Pictures, Fine Line Features*. Color. Scope. Duración: *185'*. Estados Unidos.

VIDAS SECAS *(1963)*

Tras cuatro desiguales, pero interesantes largometrajes, el montador, productor, guionista y realizador Nelson Pereira dos Santos se da a conocer internacionalmente con esta austera adaptación de la novela homónima del gran escritor Graciliano Ramos, apoyado en la fuerza que llega a tener el movimiento renovador *cinema nôvo* durante la década de los sesenta. Con el tono documentalista que caracteriza la primera parte de su obra, una notable limitación de medios y una eficaz fotografía del periodista y más tarde también combativo productor Luiz Carlos Barreto, narra cómo una larga sequía obliga a una familia del nordeste a atravesar a pie el *sertão* para encontrar una nueva forma de vida. Pereira dos Santos logra dar una gran fuerza, tanto a niveles estéticos como narrativos, a esta historia que se sitúa entre las más características del cine del Tercer Mundo.

Director y guionista: *Nelson Pereira dos Santos*. Fotografía: *Luiz Carlos Barreto*. Música: *Leonardo Alencar*. Intérpretes: *Atila Torio, Maria Ribeiro, Orlando Macedo*. Producción: *Herbert Richers*. Duración: *103'*. Brasil.

VIDOR, King *(Galveston, Texas, 1894-Paso Robles, California, Estados Unidos, 1982)*

Nieto de emigrantes húngaros, su padre es un rico propietario que explota tierras y bosques y su madre una seguidora de las teorías de la Christian Science, según las cuales el mal puede curarse por medios espirituales. Estudia en la Academia Militar de San Antonio y en el colegio de Fort Deposit, pero su interés por el cine le hace trabajar como proyeccionista durante las vacaciones en el único cinematógrafo de su ciudad natal. Escribe, dirige y produce algunos cortometrajes publicitarios y noticiarios que consigue vender. En 1916 se casa con Florence Arto, que en los años veinte se convierte en estrella del cine mudo con el nombre de Florence Vidor, se instala en Hollywood y trabaja como operador de actualidades, figurante, actor secundario y guionista, mientras dirige algunos cortos dramáticos.

Debuta en el largometraje gracias a Brentwood Company, una productora creada por un grupo de médicos seguidores de la Christian Science, con *La vuelta del camino,* una apología de sus teorías morales sobre las que se asienta su amplia obra, integrada por cincuenta y seis títulos rodados a lo largo de cuarenta años. En 1929 funda, con la ayuda de su padre, sus propios estudios, los Vidor Village, y rueda siete películas, entre las que destacan *El honor de la familia* y *El amor nunca muere,* la mayoría protagonizadas por su mujer. Mientras tanto, ha despertado la atención de las grandes compañías y rueda *Tintín de mi corazón* para Metro Pictures, y *Su hora,* para Metro-Goldwyn. Sus grandes obras de finales del período mudo las realiza para los estudios Metro-Goldwyn-Mayer: *El gran desfile,* una ambiciosa producción sobre la Gran Guerra que es su primera película importante; *La Bohème,* una estupenda adaptación del melodrama de Henri Murger; *...Y el mundo marcha,* un imaginativo drama que también escribe; y las comedias protagonizadas por Marion Davies *La que paga el pato,* adaptación de una obra teatral de Barry Connors, y *Espejismos,* sobre el propio Hollywood. Con la llegada del sonoro y el aumento de los costes de producción cada vez le resulta más difícil hacer trabajos personales como *Aleluya,* un excelente musical interpretado por negros; *La calle,* pretenciosa adaptación de una famosa obra teatral de Elmer Rice, o *El pan nuestro de cada día,* una brillante utopía social en la línea de los grandes clásicos del cine ruso. Sin embargo, consigue hacer suyos y llenar de vida, exóticos y variados encargos como *Billy the Kid,* uno de los primeros *westerns* sobre las relaciones entre el famoso pistolero y el *sheriff* Pat Garrett; *El campeón,* un melodrama sobre los amores entre un padre y su hijo pequeño; *Ave del paraíso,* una exótica aventura desarrollada en los Mares del Sur, y *Stella Dallas,* un famoso melodrama del que se hacen sucesivas versiones. Durante la década de los cuarenta trabaja mucho menos; pasa la primera mitad contratado por Metro-Goldwyn-Mayer y logra hacer *Cenizas de amor,* uno de sus mejores y más personales trabajos, y *Un sueño americano,* excelente historia de propaganda bélica, que el estudio mutila por parecerle demasiado larga; y durante la segunda realiza para diferentes productores *Duelo al sol,* un excelente *western* producido por David O. Selznick del que solo rueda una parte, y los dramas *El manantial,* sobre una curiosa novela de Ayn Rand, y *Más allá del bosque,* que encierra una memorable interpretación de Bette Davis. Los años cincuenta marcan el inesperado final de su carrera. Tras el sensual drama *Pasión bajo la niebla* y el *western* personal *La pradera sin ley,* rueda en Italia para el productor Dino de Laurentiis *Guerra y paz,* una adaptación de larga duración de la novela homónima de Leon Tolstoi, que tiene problemas de infraestructura, y en España *Salomón y la reina de Saba,* un *peplum* bíblico durante cuyo rodaje muere el protagonista Tyrone Power y es sustituido por Yul Brynner, que cierra su obra cuando solo tiene sesenta y tres años y está en uno de sus mejores momentos creativos.

1919 *The Turn in the Road* (La vuelta del camino). / *Better Times* (Tiempos mejores). / *The Other Half.* / *Poor Relations.*
1920 *The Jack-Knife Man.* / *The Family Honor* (El honor de la familia).
1921 *The Sky Pilot.* / *Love Never Dies* (El amor nunca muere).
1922 *The Real Adventure.* / *Dusk to Dawn* (Del crepúsculo al alba). / *Conquering the Woman.* / *Peg O'My Heart* (Tintín de mi corazón).
1923 *Three Wise Fools* (Tres solteros discretos). / *The Woman of Bronze* (La mujer de bronce).
1924 *Wild Oranges* (Flor del camino). / *Happiness.* / *Wine of Youth.* / *Wife of the Centaur* (La mujer del centauro). / *His Hour* (Su hora).
1925 *Proud Flesh* (Mujer altanera). / *The Big Parade* (El gran desfile).
1926 *La Bohème.* / *Bardelys, the Magnificent* (El caballero del amor).
1928 *The Crowd* (...Y el mundo marcha). / *The Patsy* (La que paga el pato). / *Show People* (Espejismos).
1929 *Hallelujah* (Aleluya).
1930 *Billy the Kid.* / *Not So Dumb* (Dulcy).
1931 *Street Scene* (La calle). / *The Champ* (El campeón).
1932 *Bird of Paradise* (Ave del paraíso). / *Cynara* (Su único pecado).
1933 *The Stranger's Return* (El regreso de la forastera).
1934 *Our Daily Bread* (El pan nuestro de cada día).
1935 *The Wedding Night* (Noche nupcial). / *So Red the Rose* (Paz en la guerra).
1936 *The Texas Rangers.*
1937 *Stella Dallas.*
1938 *The Citadel* (La ciudadela).
1940 *Northwest Passage* (Paso al noroeste). / *Comrade X* (Camarada X).
1941 *H.M. Pulham Esq.* (Cenizas de amor).

1944 *An American Romance* (Un sueño americano).
1947 *Duel in the Sun* (Duelo al sol).
1948 *On Our Merry Way.*
1949 *The Fountainhead* (El manantial). / *Beyond the Forest* (Más allá del bosque).
1951 *Lightning Strikes Twice* (La luz brilló dos veces).
1952 *Japanese War Bride* (Esposa de guerra japonesa). / *Ruby Gentry* (Pasión bajo la niebla).
1955 *Man Without a Star* (La pradera sin ley).
1956 *War and Peace* (Guerra y paz).
1959 *Solomon and Sheba* (Salomón y la reina de Saba).

VIENTO, EL *(The Wind, 1928)*

La atractiva y solitaria jovencita Letty Mason (Lillian Gish) viaja desde Virginia a California al rancho «Sweet Water» de su familia, pero es rechazada por la celosa mujer de su primo y acaba casándose con el cazador de caballos salvajes Lige Hightower (Lars Hanson). Durante una tempestad de arena, Letty Mason deja entrar en su casa a Wirt Roddy (Montagu Love), que se aprovecha de la situación y la viola, pero ella le mata de un disparo y no puede enterrar el cadáver por culpa del viento. En el montaje original Letty Mason se perdía enloquecida por el desierto, pero este final no gusta a los exhibidores y obligan a Viktor Sjöström a rodar un convencional final feliz, en el que cuando su marido regresa el cadáver ha desaparecido y el matrimonio comienza su verdadero amor. Los repetidos éxitos conseguidos por Sjöström en Suecia durante los últimos años diez y principios de los veinte hacen que sea contratado por Metro-Goldwyn-Mayer, y entre 1923 y 1929 rueda nueve películas en Estados Unidos al final del período mudo. A pesar del impuesto final, es su mejor película norteamericana, una de las cumbres del cine mudo y uno de los grandes trabajos de la genial actriz Lillian Gish.

Director: *Viktor Sjöström*. Guionista: *Frances Marion*. Fotografía: *John Arnold*. Intérpretes: *Lillian Gish, Lars Hanson, Montagu Love, Dorothy Cummings, Edward Earle*. Producción: *Viktor Sjöström para Metro-Goldwyn-Mayer*. Duración: *80'. Estados Unidos.*

VIENTO EN LAS VELAS *(A High Wind in Jamaica, 1965)*

Después de *Mandy* (1952), sobre los problemas psicológicos planteados por una niña sordomuda, y *Huida hacia el sur* (Sammy Going South, 1963), que narra el largo recorrido africano, desde Port Said hasta Durban, de un huérfano británico de diez años en busca de su tía, el realizador norteamericano Alexander Mackendrick cierra su trilogía británica sobre el mundo infantil con esta brillante adaptación de la conocida novela de aventuras de Richard Hughes. Narra la historia de unos niños, hijos de un alto funcionario inglés, que cuando en la época victoriana regresan en barco desde Jamaica al Reino Unido son capturados por unos piratas. Entonces aparece su verdadera y auténtica personalidad, que queda definida cuando la niña mayor (Deborah Baxter) consigue que ahorquen al jefe de los piratas (Anthony Quinn) por un homicidio del que solo ella es responsable. El resultado es una insólita película de aventuras que demuestra que los niños pueden llegar a ser mucho más crueles que los mismísimos piratas.

Director: *Alexander Mackendrick*. Guionistas: *Stanley Mann, Ronald Harwood, Denis Cannan*. Fotografía: *Douglas Slocombe*. Música: *Larry Adler*. Intérpretes: *Deborah Baxter, Anthony Quinn, James Coburn, Isabel Dean, Nigel Davenport, Gert Fröbe, Lila Kedrova*. Producción: *John Croydon para 20th Century Fox. Color. Scope. Duración: 104'. Reino Unido.*

VIENTRE DEL ARQUITECTO, EL *(The Belly of an Architect, 1987)*

Muy influido por la pintura y las matemáticas, el realizador británico Peter Greenaway rueda durante la década de los ochenta cinco películas muy personales, sobre complejos guiones propios, entre las que destaca esta. La historia de Storley Kracklite (Brian Dennehy), un arquitecto norteamericano que llega a Roma con su esposa Louisa (Chloe Webb) para organizar una exposición sobre el arquitecto utopista francés del siglo XVIII Étienne-Louis Boullée, empieza a tener dolores de estómago y cree que su mujer le está envenenando y le engaña con su arrogante compañero Caspasian (Lambert Wilson), sirve a Greenaway para hacer una reflexión de gran interés sobre la creación artística, la vida y la muerte. Destacan su lado de documental arquitectónico, sobre todo del Pantheon y el Altar de la Patria de Roma, pero también la fotografía del francés Sacha Vierny y la excelente, apropiada y peculiar música de Glenn Branca y Wim Mertens.

Director y guionista: *Peter Greenaway*. Fotografía: *Sacha Vierny*. Música: *Glenn Branca, Wim Mertens*. Intérpretes: *Brian Dennehy, Chloe Webb, Lambert Wilson, Sergio Fantoni, Stefania Casini*. Producción: *Colin Callender, Walter Donahue*. Color. Duración: *118'*. Reino Unido-Italia.

VIOLENTOS AÑOS VEINTE, LOS *(The Roaring Twenties, 1939)*

Con esta famosa película comienza la fructífera etapa del director Raoul Walsh en los estudios Warner, que se extiende a lo largo de la década de los cuarenta. Sin embargo, en esta trepidante historia de acción hay todavía más del peculiar estilo del estudio que del propio Walsh. A través de la amistad surgida entre tres combatientes en la Gran Guerra se narran los duros años de la denominada Ley Seca. Mientras Lloyd Hart (Jeffrey Lynn) es el único que sigue el buen camino y se hace abogado, los otros dos se dedican al tráfico clandestino de licores; George Hally (Humphrey Bogart) llega a ser un violento gángster y Eddie Bartlett (James Cagney) pasa a ser un taxista que paga con su vida el enfrentamiento entre sus amigos. Destacan el frenético ritmo impuesto por Walsh a la narración y el trabajo interpretativo de James Cagney en un papel protagonista y Humphrey Bogart en uno secundario.

Director: *Raoul Walsh*. Guionistas: *Jerry Wald, Richard Macaulay, Robert Rossen*. Fotografía: *Ernest Haller*. Música: *Heinz Roemheld*. Intérpretes: *James Cagney, Humphrey Bogart, Priscilla Lane, Jeffrey Lynn, Gladys George, Frank McHugh*. Producción: *Hal B. Wallis para Warner*. Duración: *106'*. Estados Unidos.

VIRIDIANA *(1961)*

Dividida en dos partes claramente diferenciadas, esta primera película española de Luis Buñuel narra las relaciones en una hacienda castellana entre la novicia Viridiana (Silvia Pinal), su tío don Jaime (Fernando Rey) y el hijo natural de este Jorge (Francisco Rabal). El gran parecido de su sobrina con su mujer, muerta la noche de bodas, lleva a don Jaime a convencerla para que vista el traje de novia de su esposa y, con la complicidad de la criada Ramona (Margarita Lozano), narcotizarla e instalarla en su lecho. Solo se atreve a besarla, pero le hace creer que la ha poseído para obligarla a casarse con él. Únicamente cuando se entera de que don Jaime se ha colgado de un árbol tras su partida, Viridiana se siente culpable, renuncia a los hábitos y vuelve a la hacienda de su tío, donde empieza a dedicarse a regenerar mendigos por el trabajo. Un día aparece Jorge con su amante, se enfrenta con Viridiana por la situación a que ha llegado en su convivencia con los mendigos y trata de que la hacienda sea productiva. No obstante, surge una atracción entre ellos, que hace que los mendigos y la amante se vayan, y ellos se queden jugando a las cartas con Ramona en una simbólica cama redonda. Basada en un excelente guión original de Buñuel y Julio Alejandro, está sabiamente narrada, en un estilo realista heredero de la mejor tradición literaria y pictórica española y, entre otras cosas, demuestra la imposibilidad de practicar la caridad cristiana. Única película española ganadora de la Palma de Oro del Festival de Cannes, por tacharla de blasfema *L'Osservatore Romano*, los censores del general Franco la prohíben hasta después de la muerte del dictador, disuelven sus dos importantes productoras, Uninci y Films 59, y secuestran el negativo, que se salva gracias a que el coproductor mexicano Gustavo Alatriste tiene otro.

Director: *Luis Buñuel*. Guionistas: *Luis Buñuel, Julio Alejandro*. Fotografía: *José Aguayo*. Música: *Gustavo Pitaluga*. Intérpretes: *Silvia Pinal, Fernando Rey, Francisco Rabal, Margarita Lozano, José Calvo*. Producción: *Uninci (Madrid), Films 59 (Barcelona), Gustavo Alatriste (México)*. Duración: *90'*. España-México.

VISCONTI, Luchino *(Milán, 1906; Roma, Italia, 1976)*

Hijo de un duque con un importante árbol genealógico y de la heredera de una poderosa familia industrial, recibe una refinada educación y desde niño monta espectáculos en el teatro privado familiar. Tras dedicarse a la cría de caballos de pura sangre, en 1936 conoce al director Jean Renoir, trabaja con él en varias películas y le transmite su ideología izquierdista y su interés por el cine. Esta amistad cambia su vida y por sugerencia de Renoir, pero con dinero de su madre, rueda *Ossessione*, personal adaptación de *El cartero siempre llama dos veces*, de James M. Cain, obra maestra de la novela negra norteamericana, que hace sin tener los derechos, y sienta las bases del movimiento neorrealista. Una vez puesto en libertad por sus actividades contra los nazis al final de la II Guerra Mundial, el fracaso comercial de su primera película, las dificultades que encuentra para rodar otros proyectos y su interés por el teatro, le llevan a interesantes montajes de Jean Cocteau, Jean-Paul Sartre y Erskine Caldwell. Entre *La tierra tiembla,* adaptación de una novela de Giovanni Verga, dramática historia de unos pescadores sicilianos hablada en dialecto, primera parte de una trilogía sobre los problemas de los trabajadores que no llega a completarse por su mala acogida comercial, y *Bellísima,* sobre un argumento de Cesare Zavattini, que narra la historia de una madre que quiere que su hija pequeña triunfe en el cine, realizadas dentro del más puro neorrealismo, le sitúan cada vez más lejos del movimiento sus barrocos montajes teatrales de William Shakespeare, Tennessee Williams, Arthur Miller y Carlo Goldoni. Convertido en un importante director de teatro y ópera, interesado por el cine esporádicamente —en buena medida por los problemas económicos y de censura que encuentra para realizar sus proyectos—, rueda la personal *Senso,* sobre una novela de Camilo Boito que narra los amores entre una condesa italiana y un teniente austriaco a finales del siglo XIX, con un marcado estilo operístico, y *Noches blancas,* teatral adaptación de Fiodor Dostoievski, íntegramente rodada en decorados, que subrayan su interés por el melodrama. Mientras no cesa su intensa actividad como director de teatro y ópera, con sus famosos montajes protagonizados por la cantante Maria Callas, realiza sus obras maestras *Rocco y sus hermanos,* sobre la melodramática desintegración en Milán de una familia campesina del Sur, y *El Gatopardo,* brillante adaptación de la novela homónima de Giuseppe Tomasi di Lampedusa, sobre algunos problemas planteados en Sicilia por la unificación realizada en el siglo XIX. El peor momento de su actividad como cineasta está marcado por *Sandra,* una historia original escrita en colaboración con su habitual guionista Suso Cecchi d'Amico, sobre las relaciones incestuosas entre dos hermanos, que sin embargo gana el León de Oro de la Mostra de Venecia, y *El extranjero,* nada convincente adaptación de la novela homónima de Albert Camus. Entre su continua actividad teatral y operística hace su famosa trilogía alemana integrada por *La caída de los dioses,* personal versión de *Macbeth,* de William Shakespeare, sobre el telón de fondo de la ascensión de los nazis al poder; *Muerte en Venecia,* adaptación de la novela homónima de Thomas Mann, y *Luis II de Baviera,* larga, barroca y confusa versión de la compleja vida del Rey Loco, en la que destroza unos buenos guiones con un nuevo estilo basado en un arbitrario empleo del *zoom.* Inmovilizado en una silla de ruedas, debido a una trombosis cerebral sufrida durante el rodaje de su anterior película, dirige la interesante *Confidencias,* una rica y desigual obra, llena de elementos personales, que puede considerarse su testamento artístico, y *El inocente,* buena adaptación de una novela de Gabriele D'Annunzio, durante cuyo montaje muere.

1942 *Ossessione.*
1945 *Giorni di gloria*, un episodio.
1948 *La terra trema* (La tierra tiembla).
1951 *Bellissima.*
1953 *Anna Magnani*, episodio de *Siamo donne* (Nosotras las mujeres).
1954 *Senso.*
1957 *Le notti bianche* (Noches blancas).
1960 *Rocco e i suoi fratelli* (Rocco y sus hermanos).
1962 *Il lavoro* (El trabajo), episodio de *Boccaccio '70.*
1963 *Il Gattopardo* (El Gatopardo).
1965 *Vaghe stelle dell'Orsa* (Sandra).
1967 *La strega bruciata viva* (La bruja quemada viva), episodio de *Le streghe* (Las brujas). / *Lo straniero* (El extranjero).
1969 *La caduta degli dei* (La caída de los dioses).
1971 *Morte a Venezia* (Muerte en Venecia).
1972 *Ludwig* (Luis II de Baviera).
1974 *Gruppo di famiglia in un interno* (Confidencias).
1976 *L'innocente* (El inocente).

VITTI, Monica *(Maria Luisa Ceciarelli. Roma, Italia, 1931)*

Estudia en el Pitman's College y en 1953 se diploma en la Accademia Nazionale d'Arte Drammatica para debutar poco después como actriz en el Teatro delle Arti de Roma. Tras intervenir en algunas comedias en la segunda mitad de los años cincuenta, trabaja en teatro con el realizador Michelangelo Antonioni y a principios de la siguiente década, la lanza como protagonista de su famosa trilogía integrada por

La aventura, La noche y *El eclipse*. Sin abandonar nunca el teatro, mientras vuelve a protagonizar *El desierto rojo,* de Antonioni, y *Modesty Blaise,* de Joseph Losey, durante el final de los años sesenta y, sobre todo, en los setenta se convierte en la actriz más sólida de las «comedias a la italiana», a través de *La ragazza con la pistola,* de Mario Monicelli; *El demonio de los celos,* de Ettore Scola; *Teresa, la ladrona,* de Carlo di Palma; *Esa rubia es mía,* de Alberto Sordi; *Pato a la naranja,* de Luciano Salce, y otras muchas. Entre las que interviene en las obras dramáticas *La pacifista,* de Miklós Jancsó, *El fantasma de la libertad,* de Luis Buñuel, y *El misterio de Oberwald,* de Antonioni. La mala situación del cine italiano desde principios de la década de los ochenta hace que se dedique casi en exclusiva al teatro y la televisión.

1955 *Ridere, ridere, ridere,* de Edoardo Anton. / *Adriana Lecouvreur,* de Guido Salvini.
1956 *Una pelliccia di visone* (El abrigo de visón), de Glauco Pellegrini.
1957 *I dritti,* de Mario Amendola.
1960 *L'avventura* (La aventura), de Michelangelo Antonioni.
1961 *La notte* (La noche), de Michelangelo Antonioni.
1962 *L'eclisse* (El eclipse), de Michelangelo Antonioni.
1963 *Les quatre verités* (Las cuatro verdades), episodio de Alessandro Blasetti. / *Dragées au poivre,* de Jacques Baratier. / *Château en Suède,* de Roger Vadim.
1964 *Deserto rosso* (El desierto rojo), de Michelangelo Antonioni. / *Il disco volante,* de Tinto Brass. / *Alta infedeltà,* episodio de Luciano Salce.
1965 *Le bambole* (Las cuatro muñecas), episodio de Franco Rossi.
1966 *Le fate* (Las brujas), episodio de Luciano Salce. / *Modesty Blaise,* de Joseph Losey. / *Fai in fretta ad uccidermi... ho freddo!* (Mátame, tengo frío), de Francesco Maselli.
1967 *La cintura di castità* (El cinturón de castidad), de Pasquale Festa Campanile. / *La ragazza con la pistola,* de Mario Monicelli.
1968 *La femme écarlate* (La mujer escarlata), de Jean Valère.
1969 *Vedo nudo* (Visiones de un italiano modesto), de Dino Risi. / *Amore mio, aiutami!* (Amor mío, ayúdame), de Alberto Sordi.
1970 *Dramma della gelosia* (El demonio de los celos), de Ettore Scola. / *Le coppie* (Tres parejas), episodios de Mario Monicelli y Vittorio de Sica. / *Nini Tirabusciò, la donna che inventò la mossa* (La mujer más explosiva del mundo), de Marcello Fondato. / *La supertestimone* (El proxeneta y la testigo), de Franco Giraldi.
1971 *La pacifista,* de Miklós Jancsó. / *Noi donne siamo fatte così* (Erótika, exótika, psicopátika), de Dino Risi.
1972 *Gli ordini sono ordini* (Confidencias de una esposa alegre), de Franco Giraldi. / *Tosca,* de Luigi Magni.
1973 *Teresa la ladra* (Teresa, la ladrona), de Carlo di Palma. / *Polvere di stelle* (Esa rubia es mía), de Alberto Sordi.
1974 *Le fantôme de la liberté* (El fantasma de la libertad), de Luis Buñuel. / *A mezzanotte va la ronda del piacere* (La ronda del placer), de Marcello Fondato.
1975 *Qui comincia l'avventura* (Cita al final del camino), de Carlo di Palma. / *L'anatra all'arancia* (Pato a la naranja), de Luciano Salce.
1976 *Mimi Bluette,* de Carlo di Palma. / *Basta che non si sappia in giro* (El regodeo), episodio de Nanni Loy y Luigi Comencini. / *L'altra metà del cielo,* de Franco Rossi.
1977 *La raison d'état* (Razón de estado), de André Cayatte.
1978 *Per vivere meglio, divertitevi con noi,* de Flavio Mogherini. / *Amori miei* (Mis maridos y yo), de Steno.
1979 *An Almost Perfect Affair,* de Michael Ritchie. / *Letti salvaggi* (Camas calientes), de Luigi Zampa.
1980 *Il mistero di Oberwald* (El misterio de Oberwald), de Michelangelo Antonioni. / *Non ti conosco più amore,* de Sergio Corbucci. / *Camera d'albergo,* de Mario Monicelli.
1981 *Il tango della gelosia,* de Steno. / *Io so che tu sai che io so,* de Alberto Sordi.

VIUDA ALEGRE, LA *(The Merry Widow, 1925)*

La conocida opereta homónima de Victor Leon y Leo Stein, con música de Franz Lehar, es origen de tres producciones de los estudios Metro-Goldwyn-Mayer muy diferentes entre sí. La última y peor la realiza Curtis Bernhardt en 1952 con Fernando Lamas y Lana Turner como protagonistas, producción de Joe Pasternak y fotografía en Technicolor de Robert Surtees. La producida y dirigida por Ernest Lubitsch en 1934, sobre guión de sus habituales colaboradores de la época Samson Raphaelson y Ernest Vajda, está interpretada por la famosa pareja formada por Maurice Chevalier y Jeanette MacDonald y destaca entre las operetas que rueda a principios de los años treinta. La mejor es la versión muda escrita y dirigida por el genial Erich von Stroheim para el mítico productor Irving Thalberg, por dejar la música y buena parte del argumento a un lado y convertirla en una de sus mejores, barrocas, sórdidas y personales películas sobre sus imaginarias monarquías centroeuropeas. Durante su turné por el reino de Monteblanco, la bailarina norteamericana Sally O'Hara (Mae Murray) enciende la pasión del príncipe heredero Mirko (Roy d'Arcy) y de su primo Danilo (John Gilbert). El rey Nikita (George Fawcett) se opone a que alguno de los dos se case con ella y la bailarina acaba casándose con el rico y enfermo barón Sadoja (Tully Marshall). Muerto la noche de bodas, Sally O'Hara se convierte en una riquísima viuda alegre, Mirko y Danilo se enfrentan por ella, pero una vez desaparecido su tío el rey y asesinado su primo el príncipe, Danilo se casa con ella y la hace reina de Monteblanco.

Director y guionista: *Erich von Stroheim*. Fotografía: *Ben Reynolds*. Intérpretes: *Mae Murray, John Gilbert, Roy d'Arcy, Tully Marshall, George Fawcett*. Producción: *Irving Thalberg para Metro-Goldwyn-Mayer*. Duración: *111'. Estados Unidos*.

VOIGHT, Jon (*Yonkers, Nueva York, Estados Unidos, 1938*)

Estudia en la Universidad Católica de Washington y asiste a cursos de arte dramático en el Neigborhood Playhouse de Nueva York, antes de debutar como actor de teatro y televisión en series como *Cimarron Strip*. Tras hacer importantes papeles secundarios en algunas películas, se da a conocer gracias al éxito de *Cowboy de medianoche,* de John Schlesinger, una de las primeras producciones que protagoniza. Durante los años setenta hace excelentes personajes como el norteamericano medio en *Defensa,* de John Boorman, el maestro rural de *Conrack,* de Martin Ritt, y el parapléjico de *El regreso,* de Hal Ashby, con el que gana un Oscar. Trabaja muy poco y elige con gran cuidado sus películas, pero no tiene buen olfato, por lo que su carrera se hunde durante la década de los ochenta, en la que solo rueda cuatro películas y únicamente tiene interés *El tren del infierno,* de Andrei Konchalovsky. Posteriormente se dedica más a la televisión que al cine.

1967 *Hour of the Gun* (La hora de las pistolas), de John Sturges. / *Fearless Frank*, de Philip Kaufman.
1969 *Out of It*, de Paul Williams. / *Midnight Cowboy* (Cowboy de medianoche), de John Schlesinger.
1970 *Catch-22* (Trampa 22), de Mike Nichols. / *The Revolutionary,* de Paul Williams.
1972 *Deliverance* (Defensa), de John Boorman.
1973 *The All American Boy,* de Charles Eastman.
1974 *Conrack,* de Martin Ritt. / *The Odessa File* (Odessa), de Ronald Neame.
1976 *End of the Game* (El puente sobre Estambul), de Maximilian Schell.
1978 *Coming Home* (El regreso), de Hal Ashby.
1979 *The Champ* (Campeón), de Franco Zeffirelli.
1982 *Lookin'to Get Out,* de Hal Ashby.
1983 *Table for Five* (Mesa para cinco), de Robert Lieberman.
1985 *Runaway Train* (El tren del infierno), de Andrei Konchalovsky.
1986 *Desert Bloom,* de Eugene Corr.
1994 *Rainbow Warrior,* de Michael Tuchner.
1996 *Heat*, de Michael Mann. / *Mission Impossible* (Misión imposible), de Brian de Palma.

VORÁGINE (*Whirlpool, 1950*)

Basada en una novela de Guy Endore, convertida en guion por Lester Barstow, seudónimo bajo el que se esconde el famoso guionista Ben Hecht, es uno de los mejores policiacos dirigidos y producidos por Otto Preminger para los estudios 20th Century Fox a finales de los años cuarenta. Narra cómo Ann Sutton (Gene Tierney), una cleptómana casada con el conocido psiquiatra Bill Sutton (Richard Conte), es sorprendida robando por el malvado David Korvo (José Ferrer), que la hipnotiza y trata de convertirla en su coartada en el asesinato de su antigua amante Theresa Randolph (Barbara O'Neil), pero consigue escapar de él con la ayuda de su marido. Con su estilo, apoyado en largos y complejos planos, Preminger vuelve a contar una más de sus historias basadas en la ambigüedad.

Director: *Otto Preminger*. Guionistas: *Lester Barstow, Andrew Solt*. Fotografía: *Arthur Miller*. Música: *David Raksin*. Intérpretes: *Gene Tierney, José Ferrer, Richard Conte, Charles Bickford, Barbara O'Neil, Fortunio Bonanova*. Producción: *Otto Preminger para 20th Century Fox*. Duración: *98'. Estados Unidos*.

VUELVE A AMANECER (*Rachel and the Stranger, 1948*)

Tras una larga estancia en México, el realizador Norman Foster, especialmente conocido por sus trabajos con el mítico Orson Welles, regresa a Hollywood y rueda este interesante *western* basado en la mejor novela del guionista Howard Fast. Narra cómo un granjero viudo (William Holden) se casa con una sirvienta (Loretta Young) porque necesita una mujer que le ayude en las tareas domésticas y se ocupe de la educación de su hijo, pero la sigue tratando como tal hasta que la presencia de un amigo (Robert Mitchum), que tiene la costumbre de pasar algunos días con ellos, le hace descubrir sus encantos. Rodada con gran eficacia en un curioso tono de comedia familiar, finaliza con un violento ataque de los indios y el comienzo de una nueva vida. Destaca la interpretación del siempre excelente Robert Mitchum, que además canta algunas canciones.

Director: *Norman Foster*. Guionista: *Martin Rackin*. Fotografía: *Maury Gertsman*. Música: *Roy Webb*. Intérpretes: *Loretta Young, Robert Mitchum, William Holden, Gary Gray, Tom Tully*. Producción: *Richard H. Berger para R. K. O.* Duración: *92'*. Estados Unidos.

VUELVE A MÍ (*The Barkleys of Broadway, 1949*)

La colaboración entre la famosa pareja de bailarines compuesta por Fred Astaire y Ginger Rogers comienza a principios de los años treinta, se extiende a lo largo de media docena de películas que ruedan para los estudios R. K. O. y finaliza con esta producción del gran especialista Arthur Freed para Metro-Goldwyn-Mayer, donde Ginger Rogers sustituye en el último momento a una Judy Garland siempre enferma. Narra cómo una pareja de bailarines se separa temporalmente porque Dinah Barkley (Ginger Rogers) se siente atraída por el teatro, mientras Josh Barkleys (Fred Astaire) debe actuar en solitario durante una temporada. Sobre un guion de los conocidos especialistas Adolph Green y Betty Comden, canciones de Harry Warren e Ira Gershwin y coreografía de Hermes Pan, el realizador Charles Walters hace una de sus mejores películas. Destacan los números *You'd Be Hard to Replace* y *They Can't Take That Away From Me,* que bailan Fred Astaire y Ginger Rogers, y sobre todo *Shoes With Wings On,* que baila Fred Astaire rodeado de zapatos animados.

Director: *Charles Walters*. Guionistas: *Adolph Green, Betty Comden*. Fotografía: *Harry Stradling*. Música: *Harry Warren, Ira Gershwin*. Intérpretes: *Fred Astaire, Ginger Rogers, Oscar Levant, Jacques François, Billie Burke*. Producción: *Arthur Freed para Metro-Goldwyn-Mayer*. Color. Duración: *109'*. Estados Unidos.

VULCANO (*1950*)

Despechada porque Roberto Rossellini no solo la ha dejado por Ingrid Bergman, sino que va a hacer con ella su proyecto *Stromboli* (Stromboli terra di Dio, 1949), la actriz Anna Magnani monta una producción paralela dirigida por el alemán William Dieterle, que se encuentra en Italia preparando *Idilio en septiembre* (September Affair, 1950), y al parecer incluso también tiene una aventura con él. Lo curioso es que ambas películas cuentan historias muy parecidas, se ruedan de forma simultánea en dos de las islas Lipari, cuyos nombres les dan título, y sus resultados son igualmente fallidos en el mercado norteamericano. La de Rossellini es una obra maestra, pero la de Dieterle no carece de interés. Narra cómo la policía de Nápoles devuelve a su isla natal, Vulcano, a la prostituta Maddalena Natoli (Anna Magnani). Allí se encuentra con su hermana pequeña María (Geraldine Brooks), y mientras sufre el acoso de sus vecinos, que incluso se niegan a admitirla en la iglesia, la defiende el malvado Donato (Rossano Brazzi), que con el cebo de sacarla de la isla y casarse con ella, pretende venderla a una red de prostitución, pero antes que eso prefiere matarle y arrojarse al volcán en erupción. Más allá del tono melodramático de la historia y la simpleza del personaje de Donato y lo que le rodea, están bien las partes relacionadas con el acoso de Maddalena y las escenas documentales sobre el trabajo en las canteras de piedra pómez y la pesca de atún con almadraba, en general las partes neorrealistas de la historia. Al igual que *Stromboli* también trata de la imposibilidad de integración de una mujer distinta en una sociedad primitiva, hay una pesca de atún con almadraba y la erupción del volcán es clave para su estructura dramática.

Director: *William Dieterle*. Guionistas: *Piero Tellini, Victor Stolof, Mario Chiari*. Fotografía: *Arturo Gallea*. Música: *Enzo Masetti*. Intérpretes: *Anna Magnani, Rossano Brazzi, Geraldine Brooks, Eduardo Ciannelli*. Producción: *William Dieterle para Panaria Film (Roma), United Artists (Hollywood)*. Duración: *105'*. Italia-Estados Unidos.

WAJDA, Andrzej *(Suwalki, Polonia, 1926)*

Hijo de un oficial de carrera y de una profesora, al morir su padre al comienzo de la II Guerra Mundial debe trabajar en diferentes oficios, tonelero, herrero, carpintero y restaurador, antes de ingresar en la resistencia contra el nazismo en las filas de la nacionalista Armia Krajowa, dependiente del gobierno exiliado en Londres. En la posguerra estudia pintura en la Escuela de Bellas Artes de Cracovia, funda el Grupo de los Autodidactas con el pintor Andrej Wroblewski y hace unos cuadros influenciados por el neorrealismo y el grafismo mexicano; y más tarde estudia dirección en la escuela de cine de Lodž. Tras un breve período como ayudante de dirección y guionista, rueda algunos cortos y se da a conocer internacionalmente con la trilogía sobre el más reciente pasado de su país, formada por *Generación,* que narra cómo un muchacho entra en una organización comunista clandestina para participar en la insurrección del gueto de Varsovia; *Canal,* que cuenta la lucha de un grupo de campesinos en las cloacas de Varsovia para liberar la ciudad de los alemanes, y *Cenizas y diamantes,* desarrollada en torno al enfrentamiento entre la Armia Krajowa, grupo controlado por el gobierno legal, y la Armia Ludowa, grupo organizado por los comunistas, el día de la rendición del ejército alemán, a partir de la obra clásica de Jerzy Andrzejswki. La mayoría de sus restantes películas son brillantes adaptaciones de novelas polacas de época; *Lotna,* sobre Wojciech Zukrowski; *Samson,* sobre Kazimiers Brandys; *Lady Macbeth en Siberia*, sobre Nicolas Leskov; *Cenizas,* sobre Stefan Zeromski; *Las puertas del paraíso,* una coproducción entre el Reino Unido y Yugoslavia basada en una novela de Jerzy Andrzejwski sobre la cruzada infantil; *Paisaje después de la batalla,* sobre Tadeuz Borowski; *La boda,* sobre Stanislaw Wyspianski; *La tierra de la gran promesa,* sobre Stanislaw Raymont; *La línea de sombra,* una coproducción entre Polonia y el Reino Unido basada en la conocida novela de Joseph Conrad; que tratan diferentes aspectos de las contradicciones de una nación borrada del mapa durante ciento veinticinco años por diferentes invasiones; entre las que destacan *El bosque de abedules* y *Las señoritas de Wilko*, sobre novelas de Jaroslaw Iwaszkiewicz, por su mayor carga romántica. Desde finales de los años cincuenta desarrolla de manera paralela una carrera como director de teatro, tanto en Polonia como en el extranjero, a principios de la década de los setenta comienza a dirigir la Unidad de Producción X, dando su primera oportunidad a brillantes nuevos realizadores, y poco después también preside el Sindicato de Cineastas Polacos. Sin embargo, sus grandes éxitos están basados en guiones originales y dan lugar a atractivas historias contemporáneas: *Los brujos inocentes,* sobre la situación de la juventud, y *Todo está en venta,* sobre la prematura muerte del gran actor Zbigniew Cybulski; y obras con una fuerte carga política: *El hombre de mármol*, sobre una realizadora que trata de rodar una película sobre los stalinistas años cincuenta; *El hombre de hierro*, dedicada al sindicato anticomunista Solidaridad y ganadora de la Palma de Oro del Festival de Cannes; así como las fábulas críticas sobre la situación social *Sin anestesia* y *El director de orquesta*. El éxito internacional de estas últimas producciones le lleva a rodar en Francia *Danton,* personal versión de la Revolución francesa, basada en una obra de Stanislawa Przybyszewska, y *Los poseídos,* adaptación de la novela de Fiodor Dostoievski en confusa clave contemporánea; y en la República Federal Alemana *Un amor en Alemania,* sobre un texto de Rolf Hochhuth. Las mejores películas de su última etapa son las polacas *Crónica de los sucesos amorosos,* donde vuelve a contar con fuerte carga romántica unos amores adolescentes; *Korczak,* nueva visión del gueto de Varsovia a través de la historia de un doctor que dirige un hogar para niños judíos en plena II Guerra Mundial, y *Semana Santa,* en que una vez más parte de una novela de Jerzy Andrzejwski, para volver a los obsesivos años del gueto.

1954 *Pokolenie* (Generación).
1957 *Kanal* (Canal).
1958 *Popiol i diament* (Cenizas y diamantes).
1959 *Lotna*.
1960 *Niewinni czarodzieje* (Los brujos inocentes).
1961 *Samson*.
1962 *L'amour à vingt ans* (El amor a los veinte años), un episodio. / *Sibirska Ladi Magbet* (Lady Macbeth en Siberia).
1965 *Popioly* (Cenizas).
1967 *Gates to Paradise*.
1968 *Wszystko na sprzedaz* (Todo está en venta).
1969 *Polowanie na muchy* (Caza de moscas).
1970 *Krajobraz po bitwie* (Paisaje después de la batalla). / *Brzezina* (El bosque de abedules).
1973 *Wesele* (La boda).
1974 *Ziemia obiecana* (La tierra de la gran promesa).
1976 *Smuga cienia* (La línea de sombra).
1977 *Czlowiek z marmuru* (El hombre de mármol).
1978 *Bez znieczulenia* (Sin anestesia).
1979 *Panny z Wilka* (Las señoritas de Wilko).
1980 *Dyrygent* (El director de orquesta).
1981 *Czlowiek z zelaza* (El hombre de hierro).
1982 *Danton*.
1983 *Eine Liebe in Deutschland* (Un amor en Alemania).
1986 *Kronika wypadkow milosnych* (Crónica de los sucesos amorosos).
1987 *Les possédés* (Los poseídos).
1989 *Korczak*.
1995 *Wielki Tydzien* (Semana Santa).

WALSH, Raoul *(Albert Edward Walsh. Nueva York, 1887-Simi Valley, California, Estados Unidos, 1980)*

Hijo de un irlandés dedicado a diseñar ropa, hace sus estudios secundarios en Seton Hall, New Jersey, viaja dos años por Europa y a su regreso estudia arte dramático con Paul Armstrong. Debuta como actor de teatro en 1910, dos años después escribe sus propios textos dramáticos y empieza a actuar en cine. Después de conocer al productor y director David W. Griffith, que no solo le manda a México a rodar los exteriores de *The Life of General Villa* (1914), codirigida por William C. Cabanne, mezcla de ficción y documental, con Pancho Villa en su propio personaje, sino que además le da el papel del asesino del presidente Lincoln en *El nacimiento de una nación* (The Bird of a Nation, 1915), abandona su carrera de actor para empezar otra mucho más importante como realizador, que a lo largo de cincuenta años le lleva a rodar ciento diez largometrajes. La mayoría de sus casi cuarenta películas mudas las dirige para William Fox, entre las que destacan *El precio de la gloria,* primera adaptación de la obra teatral antibélica de Laurence Stallings y Maxwell Anderson, y *Los amores de Carmen,* versión de la obra de Prosper Mérimée protagonizada por Dolores del Río. Sin embargo, sus mejores producciones mudas son *El ladrón de Bagdad,* una imaginativa fantasía oriental producida y protagonizada por Douglas Fairbanks, y *La frágil voluntad,* primera versión cinematográfica de una conocida obra de Somerset Maugham producida y protagonizada por Gloria Swanson. Pierde el ojo derecho durante el rodaje del *western* sobre Cisco Kid *En el viejo Arizona,* su primera película sonora. Durante la primera mitad de los años treinta trabaja sobre todo para el productor William Fox en obras interesantes, como *Mi chica y yo* y *Suerte de marino,* pero su trabajo decae en la segunda por problemas personales y cuando trabaja para los estudios Paramount en comedias sofisticadas, como *A las ocho en punto,* o musicales, como

Artistas y modelos, que nada tienen que ver con sus intereses. Su mejor etapa son los años cuarenta por trabajar con comodidad y libertad para el productor Jack Warner e identificarse en veintitantas películas con el cine de acción y la narración rápida característica del estudio en esta década a través del cine negro personal *Los violentos años veinte, La pasión ciega, El último refugio* y *Al rojo vivo;* los *westerns* excelentes *Murieron con las botas puestas,* epopeya crítica sobre la mítica figura del general Custer, *Persecución, Río de plata, Juntos hasta la muerte, Camino de la horca* y *Tambores lejanos;* las historias bélicas *Objetivo Birmania* y *Fighter Squadron,* y las comedias dramáticas *La pelirroja* y *Gentleman Jim,* biografía del boxeador James Corbett. La última etapa de su obra, que abarca los años cincuenta y los primeros sesenta, es más desigual por no trabajar con continuidad para ningún estudio, pero contiene obras de la altura de *El mundo en sus manos,* apasionada aventura escrita por Borden Chase, *Un león en las calles,* sobre la ascensión y caída de un político basada en una novela de Adria Locke Langley, y *La esclava libre,* eficaz melodrama sureño sobre el fondo de la guerra de Secesión, adaptada de una novela de Robert Penn Warren, frente a la frustrada historia de la II Guerra Mundial *Los desnudos y los muertos,* brillante adaptación de la novela homónima de Norman Mailer, destruida por la censura.

1915 *The Regeneration. / Peer Gynt. / Carmen.*
1916 *The Serpent. / Blue Blood and Red. / The Honor System. / Pillars of Society.*
1917 *The Innocent Sinner. / Betrayed. / The Conqueror* (El vencedor). / *This Is the Life* (De mal en peor). / *The Pride of New York* (El mosquetero de Nueva York).
1918 *The Woman and the Law. / The Prussian Cur. / On the Jump* (A salto de mata). / *Every Mother's Son. / I'll Say So* (¡Lo digo yo!).
1919 *Evangeline. / Should a Husband Forgive? / The Strongest.*
1920 *The Deep Purple. / From Now On* (De ahora en adelante).
1921 *The Oath. / Serenade.*
1922 *Kindred of the Dust.*
1923 *Lost and Found on a South Sea Island* (Perdida y encontrada).
1924 *The Thief of Bagdad* (El ladrón de Bagdad).
1925 *East of Suez* (La dama de Oriente). / *The Spaniard.*
1926 *The Wanderer* (El hijo pródigo). / *The Lucky Lady* (Amor afortunado). / *The Lady of the Harem* (La dama del harén). / *What Price Glory* (El precio de la gloria).
1927 *The Monkey Talks* (Habla el mono). / *The Loves of Carmen* (Los amores de Carmen).
1928 *Sadie Thompson* (La frágil voluntad). / *The Red Dance* (La bailarina de la ópera). / *Me Gangster.*
1929 *In Old Arizona* (En el viejo Arizona). / *The Cock-Eyed World* (El mundo al revés). / *Hot for Paris* (Un marido afortunado).
1930 *The Big Trail* (La gran jornada).
1931 *The Man Who Came Back* (Del infierno al cielo). / *Women of All Nations* (¡Vaya mujeres!). / *The Yellow Ticket* (El carnet amarillo).
1932 *Wild Girl* (El beso redentor). / *For Me and My Gal* (Mi chica y yo).
1933 *Sailor's Luck* (Suerte de marino). / *The Bowery* (El arrabal). / *Going Hollywood* (Amores en Hollywood).
1935 *Under Pressure* (Bajo presión). / *Baby Face Harrington. / Every Night at Eight* (A las ocho en punto).
1936 *Klondike Annie. / Big Brown Eyes. / Spendthrift.*
1937 *O.H.M.S. / Jump for Glory* (Cuando el ladrón encuentra al ladrón). / *Artists and Models* (Artistas y modelos). / *Hitting a New High* (La diosa de la selva).
1938 *College Swing.*
1939 *St. Louis Blues. / The Roaring Twenties* (Los violentos años veinte).
1940 *Dark Command* (Mando siniestro). / *They Drive by Night* (Pasión ciega).
1941 *High Sierra* (El último refugio). / *The Strawberry Blonde* (La pelirroja). / *Manpower. / They Died With Their Boots On* (Murieron con las botas puestas).
1942 *Desperate Journey. / Gentleman Jim.*
1943 *Background to Danger. / Northern Pursuit* (Persecución en el norte).
1944 *Uncertain Glory* (Gloria incierta).
1945 *Objective Burma!* (Objetivo Birmania). / *Salty O'Rourke* (Fuera de la ley). / *The Horn Blows at Midnight.*
1946 *The Man I Love.*
1947 *Cheyenne. / Pursued* (Persecución).
1948 *Silver River* (Río de plata). / *Fighter Squadron. / One Sunday Afternoon.*
1949 *Colorado Territory* (Juntos hasta la muerte). / *White Heat* (Al rojo vivo).
1951 *Along the Great Divide* (Camino de la horca). / *Captain Horatio Hornblower* (El hidalgo de los mares). / *Distant Drums* (Tambores lejanos).
1952 *Glory Alley. / The World in His Arms* (El mundo en sus manos). / *Blackbeard, the Pirate* (El pirata Barbanegra).

1953 *The Lawless Breed* (Historia de un condenado). / *Sea Devils* (Los gavilanes del estrecho). / *A Lion Is in the Streets* (Un león en las calles). / *Gun Fury* (Fiebre de venganza).
1954 *Saskatchewan* (Rebelión en el fuerte).
1955 *Battle Cry* (Más allá de las lágrimas). / *The Tall Men* (Los implacables).
1956 *The Revolt of Mamie Stover*. / *The King and Four Queens* (Un rey para cuatro reinas).
1957 *Band of Angels* (La esclava libre).
1958 *The Naked and the Dead* (Los desnudos y los muertos).
1959 *The Sheriff of Fracture Jaw* (La rubia y el sheriff). / *A Private's Affair* (Negocios del corazón).
1960 *Esther and the King* (Esther y el rey).
1961 *Marines Let's Go!*
1964 *A Distant Trumpet* (Una trompeta lejana).

WANG, Wayne *(Hong Kong, 1949)*

Instalado en Estados Unidos desde 1969, estudia cine y televisión en el California College of Fine Arts. Trabaja como ayudante de producción y dirección en diferentes cadenas de televisión, a principios de los años setenta rueda algunos cortos y a finales de la década dos interesantes documentales sobre la comunidad china en Estados Unidos: *Chinese-American: The Second Generation* (1978) y *Wak Kue: The Chinese in America* (1979). Su primer largo de ficción es *Chan Is Missing,* rodado con muy pocos medios y en 16 mm, seguido del más interesante *Dim Sum,* historia de una anciana china que quiere casar a su hija nacida en Estados Unidos. Tras el interesante policiaco *Sin vías de escape,* vuelve a los problemas de la comunidad china en norteamérica con *Cómete una taza de té,* que gira en torno a la boda de unos jóvenes, y *Life Is Cheap... But Toilet Paper Is Expensive,* sobre los problemas de identidad que se le plantean a un chino de San Francisco cuando viaja a Hong Kong. Su mejor trabajo sobre el tema es *El club de la buena estrella,* brillante adaptación de la novela homónima de Amy Tan, sobre el complejo paso de China a Estados Unidos dado por dos generaciones de mujeres chino-norteamericanas. Cambia de registro con *Smoke,* basada en el primer guión del novelista Paul Auster, una bien estructurada sucesión de historias sobre padres e hijos más cercana al mundo del escritor, y con *Blue in the Face,* un peculiar documental sobre Brooklyn, que dirigen entre ambos, donde aparecen muchos personajes de la anterior.
1982 *Chan Is Missing.*
1984 *Dim Sum.*
1987 *Slam Dance* (Sin vías de escape).
1989 *Eat a Bowl of Tea* (Cómete una taza de té).
1991 *Life Is Cheap... But Toilet Paper Is Expensive.*
1993 *The Joy Luck Club* (El club de la buena estrella).
1995 *Smoke.* / *Blue in the Face.*

WARGNIER, Régis *(Francia, 1948)*

Licenciado en literatura, trabaja como fotógrafo antes de ser ayudante de Claude Chabrol, Volker Schlöndorff, Francis Girod y otros. Debuta como director con *La mujer de mi vida,* drama sentimental donde cuatro personas se ven arrastradas al infierno del alcoholismo. Tiene más interés *Je suis le seigneur du château,* que enfrenta los juegos crueles e inocentes de dos niños con la perversidad del mundo de los adultos. Se consagra internacionalmente con *Indochina,* que gana el Oscar destinado a la producción extranjera, un amplio fresco de gran presupuesto que mezcla el destino de una mujer, encarnada por Catherine Deneuve, con el de una tierra durante los últimos años de la dominación francesa.
1986 *La femme de ma vie* (La mujer de mi vida).
1988 *Je suis le seigneur du château.*
1992 *Indochine* (Indochina).
1994 *Une femme française* (Los amores de una mujer francesa).
1995 *Lumière y compañía,* un episodio.

WARHOL, Andy *(Andrew Warhola. Pittsburg, Pensilvania, 1928-Nueva York, Estados Unidos, 1987)*

Menor de los tres hijos de una modesta familia de inmigrantes checoslovacos, su padre es un obrero de la construcción en cuya casa se habla dialecto ruteno. Estudia gracias a becas, interesado desde muy joven por el dibujo, en el verano de 1949 llega a Nueva York y no tarda en convertirse en apreciado ilustrador y discutido pintor. Miembro destacado del movimiento pop-art, se da a conocer a través de sus cuadros sobre sopa Campbell's, actrices de cine, Coca-Cola y accidentes. Interesado por el cine *underground,* movimiento donde se entremezclan nombres tan conocidos como los de Kenneth Anger, Stan Brakhage, Gregory Markopoulos,

Jonas Mekas y Jack Smith, a principios de 1963 se compra una cámara Bolex de 16 mm y empieza a hacer películas mudas, sin argumento, integradas por planos fijos de tres minutos —la duración de una bobina—, sobre un mismo tema, que son el exacto equivalente de sus cuadros. La primera, y una de las más famosas, es *Sleep*, donde a lo largo de seis horas, en fragmentos de tres minutos, se ve durmiendo a John Giorno; a la que siguen, entre otras, *Kiss*, integrada por planos de tres minutos de parejas besándose; *Haircut*, donde Billy Linich corta el pelo a John P. Dood durante treinta y tres minutos, y *Eat*, en la que Robert Indiana se come un champiñón durante treinta y tres minutos. Su interés por el cine le lleva a crear la famosa Factory —un taller y lugar de reunión donde pinta y rueda— origen de las famosas series de retratos de tres minutos de duración *13 Most Beautiful Girls*, *13 Most Beautiful Boys*, *Fifty Fantastics* y *Fifty Personalities*. Mientras pinta los cuadros de Jacqueline Kennedy y hace las esculturas de las cajas Brillo, realiza dos de sus películas más conocidas: *Empire*, una sucesión de planos estáticos, de tres minutos de duración, del Empire State Building, tomados desde el piso cuarenta del Time-Life Building, con una duración total de siete horas, y *Taylor Mead's Ass*, una serie de planos del culo de Taylor, con una duración de dos horas. En 1964 se compra una cámara Auricon de 16 mm con sonido y comienza a hacer la serie *Underground Superstar*, generalmente protagonizada por el travestido Mario Montez y la aristócrata Eddie Sedgwick, integrada por planos fijos, con una duración de treinta y cinco minutos —la nueva duración de la bobina—, donde los actores no paran de decir incoherencias, entre las que hay que citar *Harlot*, la primera de esta nueva serie; *More Milk, Yvette*; *The Life of Juanita Castro*, una sátira del dictador Fidel Castro; *Horse*, una parodia de un *western*, y *Vinyl*, una parodia de *La naranja mecánica* (A Clockwork Orange, 1971), de Stanley Kubrick. A mediados de los años sesenta aparece Paul Morrisey por la Factory, no tarda en convertirse en productor ejecutivo y guionista y, más tarde, también realizador con un equipo de nuevas estrellas, entre las que destacan Nico e International Velvet, además consigue que las películas comiencen a exhibirse en público con cierto éxito. La repercusión alcanzada por *Chelsea Girls*, un conglomerado de diálogos sobre drogas, sexo y paranoia, de tres horas y media de duración, que se proyecta simultáneamente y de manera aleatoria en dos pantallas, anima al maestro a crear la productora Andy Warhol Films y a lanzar nuevas estrellas, como Viva y Joe Dallesandro. El éxito de *Nude restaurant* y *Lonesome Cowboys* se ve empañado cuando el 3 de junio de 1968 la feminista Valerie Solanas dispara sobre él y le hiere gravemente. Mientras se recupera, descubre el grabado y en el otoño de 1969 crea la revista mensual *Interview*, Paul Morrisey se pone al frente de la productora y escribe, dirige y fotografía en 16 mm —pero luego amplía a 35 mm para su exhibición comercial—, *Flesh* (1969), *Trash* (1970), *Women in Revolt* (1971), *Heat* (1971) y *L'amour* (1972), comedias sobre droga y sexo con un lenguaje duro, que son las mejores películas de la Factory y tienen una cierta repercusión internacional. Mientras el maestro cada vez se dedica más a la pintura, Paul Morrisey rueda en Italia en relieve (3-D) y con producción de Carlo Ponti las desiguales historias de terror *Carne para Frankenstein* (Flesh for Frankenstein, 1973) y *Sangre para Drácula* (Blood for Dracula, 1973), que en Estados Unidos se distribuyen con los títulos *Andy Warhol's Frankenstein* y *Andy Warhol's Dracula*. Claro producto de la cultura del bienestar de los felices sesenta, durante los setenta y ochenta el maestro se dedica a vivir de las rentas y ver cómo su fama y el precio de sus cuadros aumenta sin parar.

1963 *Sleep.* / *Tarzan and Jane Regained.* / *Kiss.* / *Couch.* / *Haircut.*
1964 *Eat.* / *Blow Job.* / *13 Most Beautiful Girls.* / *13 Most Beautiful Boys.* / *Fifty Fantastics.* / *Fifty Personalities.* / *Empire.* / *Taylor Mead's Ass.* / *Harlot.*
1965 *Screen Test.* / *More Milk, Yvette.* / *Hedy.* / *Camp.* / *Suicide.* / *The Life of Juanita Castro.* / *Horse.* / *Vinyl.* / *Poor Little Rich Girl.* / *Kitchen.* / *Beauty 2.* / *My Hustler.* / *The Bed.* / *Lupe.*
1966 *Chelsea Girls.*
1967 *I, a Man.* / *Bike Boy.* / *Nude Restaurant.* / *Lonesome Cowboys.* / *The Loves of Ondine.*

WASHINGTON, Denzel *(Mount Vernon, Nueva York, Estados Unidos, 1955)*

Hijo de un pastor de la iglesia de Pentecostés y de una cantante de su coro, estudia periodismo y arte dramático en la Fordham University

de Nueva York. A principios de los años ochenta debuta como actor de teatro y cine, pero solo adquiere popularidad al encarnar al doctor Phillip Chandler en la serie de televisión *St. Elsewhere* (1982-1988). Tras ganar un Oscar por su trabajo como actor secundario en *Tiempo de gloria*, su carrera se afianza al protagonizar *Cuanto más mejor* y *Malcolm X*, bajo la dirección de Spike Lee. Convertido en el mejor actor de color de su generación, protagoniza las grandes producciones *Philadelphia*, *El informe Pelícano* y *Marea roja*.
1981 *Carbon Copy* (Llámame Mr. Charly), de Michael Schultz.
1984 *A Soldier's Story* (Historia de un soldado), de Norman Jewison.
1986 *Power*, de Sidney Lumet.
1987 *Cry Freedom* (Grita libertad), de Richard Attenborough.
1988 *For Queen and Country*, de Martin Stellman.
1989 *Reunion* (Reencuentro de un amigo), de Jerry Schatzberg. / *Glory* (Tiempo de gloria), de Edward Zwick. / *The Mighty Quinn* (A espaldas de la ley), de Carl Schenkel.
1990 *Heart Condition* (Black Ghost), de James D. Parrott. / *Mo'Better Blues* (Cuanto más mejor), de Spike Lee.
1991 *Mississippi Masala*, de Mira Nair. / *Ricochet*, de Russell Mulcahy.
1992 *Malcolm X*, de Spike Lee.
1993 *The Pelican Brief* (El informe Pelícano), de Alan J. Pakula. / *Philadelphia*, de Jonathan Demme. / *Munch Ado About Nothing* (Mucho ruido y pocas nueces), de Kenneth Branagh.
1995 *Devil in a Blue Dress* (El demonio vestido de azul), de Carl Franklin. / *Crimson Tide* (Marea roja), de Tony Scott. / *Virtuosity*, de Brett Leonard.

WAYNE, John *(Marion Michael Morrison. Winterset, Iowa, 1908-Los Ángeles, California, Estados Unidos, 1979)*

Durante sus estudios en la University of Southern California destaca como deportista, llega a ser jugador de fútbol americano y en 1927 comienza a trabajar en cine como figurante y doble en películas mudas dirigidas por John Ford. A pesar de que en 1930 protagoniza *La gran jornada*, de Raoul Walsh, deben transcurrir nueve años y sesenta películas, la mayoría *westerns* de bajo presupuesto y poco actractivo, antes de protagonizar *La diligencia*, de John Ford, y empezar a ser considerado un actor. Sus restantes grandes películas con Ford, rodadas a lo largo de veinticinco años, son: *Hombres intrépidos, Fort Apache, La legión invencible, Río Grande, El hombre tranquilo, Centauros del desierto, Escrito bajo el sol, Misión de audaces* y *El hombre que máto a Liberty Valance*, la mayoría obras maestras del *western*. Entre las que también protagoniza las interesantes *Mando siniestro*, de Raoul Walsh; *Piratas del mar Caribe*, de Cecil B. de Mille; *La patrulla del coronel Jackson*, de Edward Dmytryk; *Arenas sangrientas*, de Allan Dwan; *Infierno en las nubes*, de Nicholas Ray; *El infierno blanco*, de William A. Wellman; *Los comancheros*, de Michael Curtiz; *Primera victoria*, de Otto Preminger, y *Valor de ley*, de Henry Hathaway, por la que consigue un Oscar. Establece una estrecha y fructífera colaboración con el productor y director Howard Hawks a lo largo de *Río Rojo, Río Bravo, Hatari!, El Dorado* y *Río Lobo*, la práctica totalidad grandes clásicos del *western*. Sus ideas reaccionarias se aprecian en la mayoría de las películas que desde 1947 produce con su compañía, Batjac, pero en especial en las dos que con evidente torpeza también dirige, *El Álamo*, un *western* sobre el sitio sufrido en 1836 por los texanos a manos de los mexicanos, y *Boinas verdes*, la única producción a favor de la intervención norteamericana en la guerra del Vietnam.

Como director
1960 *The Alamo* (El Álamo).
1968 *The Green Berets* (Boinas verdes).
Como actor
1927 *The Drop Kick* (La gran jugada), de Millard Webb.
1928 *Mother Machree* (¡Madre mía!), de John Ford. / *Four Sons* (Cuatro hijos), de John Ford. / *Hangman's House* (Legado trágico), de John Ford.
1929 *Salute* (El tributo de la audacia), de John Ford. / *Words and Music*, de James Tinling.
1930 *Men Without Women* (Tragedias submarinas), de John Ford. / *Rough Romance* (Romance agreste), de A. F. Erickson. / *Born Reckless* (El intrépido), de John Ford. / *Cheer Up and Smile*, de Sidney Lanfield. / *The Big Trail* (La gran jornada), de Raoul Walsh.
1931 *Girls Demand Excitement*, de Seymour Felix. / *Three Girls Lost*, de Sidney Lanfield. / *Men Are Like That* (Arizona), de George B. Seitz. / *The Deceiver*, de Louis King. / *Range Feud*, de Ross Lederman. / *Maker of Men*, de Edward Sedgwick.
1932 *Haunted Gold*, de Mark V. Wright. / *Shadow of the Eagle* (Bajo el terror del águila), de Ford L. Beebe. / *The Hurricane Express* (El expreso de la muerte), de Armand Schaefer y J. P. McGowan. /

Texas Cyclone (El ciclón tejano), de Ross Lederman. / *Lady and Gent* (El retador), de Stephen Roberts. / *Two-Fisted Law*, de Ross Lederman. / *Ride Him Cowboy*, de Fred Allen. / *The Big Stampede*, de Tenny Wright. / *The Telegraph Trail*, de Tenny Wright.
1933 *Central Airport* (Aeropuerto central), de William A. Wellman. / *His Private Secretary*, de Philip A. Whitman. / *Somewhere in Sonora*, de Mark V. Wright. / *The Life of Jimmy Dolan* (Su última pelea), de Archie L. Mayo. / *The Three Musketeers* (Los tres mosqueteros del desierto), de Armand Schaefer y Colbert Clark. / *Baby Face* (Carita de ángel), de Alfred E. Green. / *The Man From Monterey*, de Mark V. Wright. / *Riders of Destiny* (Jinetes del destino), de Robert N. Bradbury. / *College Coach*, de William A. Wellman. / *Sagebrush Trail*, de Armand Schaefer. / *West of the Divide*, de Robert N. Bradbury.
1934 *The Lucky Texan*, de Robert N. Bradbury. / *Blue Steal*, de Robert N. Bradbury. / *The Man From Utah*, de Robert N. Bradbury. / *Randy Rides Alone*, de Harry Fraser. / *The Star Packer*, de Robert N. Bradbury. / *The Trail Beyond*, de Robert N. Bradbury. / *Neath Arizona Skies*, de Harry Fraser. / *The Lawless Frontier*, de Robert N. Bradbury.
1935 *Texas Terror*, de Robert N. Bradbury. / *Rainbow Valley*, de Robert N. Bradbury. / *Paradise Canyon*, de Carl Pierson. / *The Dawn Rider*, de Robert N. Bradbury. / *Westward Ho*, de Robert N. Bradbury. / *Desert Trail*, de Lewis D. Collins. / *The New Frontier*, de Carl Pierson. / *The Lawless Range*, de Robert N. Bradbury.
1936 *The Lawless Nineties*, de Joseph Kane. / *King of the Pecos*, de Joseph Kane. / *The Oregon Trail*, de Scott Pembroke. / *Winds of the Wasteland*, de Mark V. Wright. / *The Sea Spoilers*, de Frank Strayer. / *The Loney Trail*, de Joseph Kane. / *Conflict*, de David Howard.
1937 *California Straight Ahead*, de Arthur Lubin. / *I Cover the War*, de Arthur Lubin. / *Idol of the Crowds*, de Arthur Lubin. / *Adventure's End* (Mares del Sur), de Arthur Lubin.
1938 *Born to the West*, de Charles Barton. / *Pals of the Saddle*, de George Sherman. / *Overland Stage Raiders*, de George Sherman. / *Santa Fe Stampede*, de George Sherman. / *Red River Range*, de George Sherman.
1939 *Stagecoach* (La diligencia), de John Ford. / *The Nights Riders*, de George Sherman. / *Three Texas Steers*, de George Sherman. / *Wyoming Outlaw*, de George Sherman. / *New Frontier*, de George Sherman. / *Allegheny Uprising*, de William A. Seiter.
1940 *Dark Command* (Mando siniestro), de Raoul Walsh. / *Three Faces West* (Rutas infernales), de Bernard Vorhaus. / *The Long Voyage Home* (Hombres intrépidos), de John Ford. / *Seven Sinners* (De isla en isla), de Tay Garnett.

1941 *A Man Betrayed* (La rueda de la fortuna), de John A. Auer. / *Lady From Louisiana* (Nueva Orleans), de Bernard Vorhaus. / *The Shephers of the Hills*, de Henry Hathaway. / *Lady for a Night* (Dama por una noche), de Leigh Jason / *Reap the Wild Wind* (Piratas del mar Caribe), de Cecil B. de Mille.
1942 *The Spoilers* (Los usurpadores), de Ray Enright. / *In Old California* (En el viejo California), de William McGann. / *Flying Tigers* (Tigres del aire), de David Miller. / *Reunion in France*, de Jules Dassin. / *Pittsburgh* (Forja de corazones), de Lewis Seiler.
1943 *A Lady Takes a Chance* (Una chica se divierte), de William A. Seiter. / *War of the Wildcats*, de Albert S. Rogell.
1944 *The Fighting Seabees*, de Edward Ludwig. / *Tall in the Saddle* (Él y su enemiga), de Edwin L. Marin.
1945 *Flame of the Barbary Coast* (Algún día volveré), de Joseph Kane. / *Back to Bataan* (La patrulla del coronel Jackson), de Edward Dmytryk. / *Dakota*, de Joseph Kane. / *They Were Expendeble*, de John Ford.
1946 *Without Reservation* (Sucedió en el tren), de Mervyn LeRoy. / *Angel and the Badman* (El ángel y el pistolero), de James Edward Grant.
1947 *Tycoon* (Hombres de presa), de Richard Wallace.
1948 *Fort Apache*, de John Ford. / *Red River* (Río Rojo), de Howard Hawks. / *Wake of the Red Witch* (La venganza del bergantín), de Edward Ludwig.
1949 *Three Godfathers* (Tres padrinos), de John Ford. / *She Wore a Yellow Ribbon* (La legión invencible), de John Ford. / *The Fighting Kentuckian* (El luchador de Kentucky), de George Waggner. / *Sands of Iwo Jima* (Arenas sangrientas), de Allan Dwan.
1950 *Rio Grande* (Río Grande), de John Ford.
1951 *Operation Pacific* (La flota silenciosa), de George Waggner. / *Flying Leathernecks* (Infierno en las nubes), de Nicholas Ray.
1952 *Big Jim McLain*, de Edward Ludwig. / *The Quiet Man* (El hombre tranquilo), de John Ford.
1953 *Trouble Along the Way* (Un conflicto en cada esquina), de Michael Curtiz. / *Island in the Sky* (El infierno blanco), de William A. Wellman. / *Hondo*, de John Farrow.
1954 *The High and the Mighty*, de William A. Wellman.
1955 *The Sea Chase* (El zorro de los océanos), de John Farrow. / *Blood Alley* (Callejón sangriento), de William A. Wellman.
1956 *The Conqueror* (El conquistador de Mongolia), de Dick Powell. / *The Searchers* (Centauros del desierto), de John Ford.
1957 *The Wings of Eagles* (Escrito bajo el sol), de John Ford. / *Jet Pilot* (Amor a reacción), de Joseph von Sternberg. / *Legend of the Lost* (Arenas de muerte), de Henry Hathaway.

1958 *The Barbarian and the Geisha* (El bárbaro y la geisha), de John Huston.
1959 *Rio Bravo* (Río Bravo), de Howard Hawks. / *The Horse Soldiers* (Misión de audaces), de John Ford.
1960 *The Alamo* (El Álamo), de John Wayne. / *Nort of Alaska* (Alaska, tierra de oro), de Henry Hathaway. / *The Comancheros* (Los comancheros), de Michael Curtiz.
1962 *The Man Who Shot Liberty Valance* (El hombre que mató a Liberty Valance), de John Ford. / *Hatari!*, de Howard Hawks. / *The Longest Day* (El día más largo), de Ken Annakin, Andrew Marton, Bernhard Wicki y Gerd Oswald. / *How the West Was Won* (La conquista del Oeste), episodio de John Ford.
1963 *Donovan's Reef* (La taberna del irlandés), de John Ford. / *McLintock!* (El gran McLintock), de Andrew W. McLaglen.
1964 *Circus World* (El fabuloso mundo del circo), de Henry Hathaway.
1965 *The Greatest Story Ever Told* (La historia más grande jamás contada), de George Stevens. / *In Harm's Way* (Primera victoria), de Otto Preminger. / *The Sons of Katie Elder* (Los cuatro hijos de Katie Elder), de Henry Hathaway.
1966 *Cast a Giant Shadow* (La sombra de un gigante), de Melville Shavelson.
1967 *The War Wagon* (Ataque al carro blindado), de Burt Kennedy. / *El Dorado*, de Howard Hawks.
1968 *The Green Berets* (Boinas verdes), de John Wayne. / *Hellfighters* (Los luchadores del infierno), de Andrew V. McLaglen.
1969 *The Undefeated* (Los indestructibles), de Andrew V. McLaglen. / *True Grit* (Valor de ley), Henry Hathaway.
1970 *Chisum*, de Andrew V. McLaglen. / *Rio Lobo* (Río Lobo), de Howard Hawks.
1971 *Big Jake* (El gran Jack), de George Sherman.
1972 *The Cowboys* (John Wayne y los cowboys), de Mark Rydell.
1973 *Cahill: U S Marshal* (La soga de la horca), de Andrew V. McLaglen. / *The Train Robbers* (Ladrones de trenes), de Burt Kennedy.
1974 *McQ*, de John Sturges. / *Brannigan*, de Douglas Hickox.
1975 *Rooster Cogburn* (El rifle y la Biblia), de Stuart Millar.
1976 *The Shootist* (El último pistolero), de Don Siegel.

WEAVER, Sigourney *(Susan Alexandra Weaver. Nueva York, Estados Unidos, 1949)*

Estudia en la Stanford University y asiste a clases de arte dramático en la Yale School of Drama. A mediados de los años setenta debuta como actriz de teatro en el circuito *off*-Broadway; a finales de la década comienza a hacer papeles secundarios en cine y se da a conocer al encarnar a la teniente Ripley en la película de ciencia ficción *Alien, el octavo pasajero,* de Ridley Scott, cuyo éxito le hace protagonizar e incluso coproducir *Aliens, el regreso* y *Alien 3*. En los ochenta confirma su fuerza interpretativa y su belleza con la aventura política *El año que vivimos peligrosamente,* de Peter Weir; la historia africana *Gorilas en la niebla,* de Michael Apted, y la comedia *Armas de mujer,* de Mike Nichols. Entre sus últimos trabajos destaca *La muerte y la doncella,* de Roman Polanski, una claustrofóbica narración que no solo protagoniza, sino que también coproduce.

1977 *Annie Hall*, de Woody Allen. / *Madman*, de Dan Cohen.
1979 *Alien* (Alien, el octavo pasajero), de Ridley Scott.
1981 *Eyewitness* (El ojo mentiroso), de Peter Yates.
1982 *The Year of Living Dangerously* (El año que vivimos peligrosamente), de Peter Weir.
1983 *Deal of the Century* (El negocio del siglo), de William Friedkin.
1984 *Ghostbusters* (Los cazafantasmas), de Ivan Reitman.
1985 *Une femme ou deux*, de Daniel Vigne.
1986 *Aliens* (Aliens, el regreso), de James Cameron. / *Half Moon Street* (La calle de la media luna), de Bob Swaim.
1988 *Gorillas in the Mist* (Gorilas en la niebla), de Michael Apted. / *Working Girl* (Armas de mujer), de Mike Nichols.
1989 *Ghostbusters 2* (Cazafantasmas 2), de Ivan Reitman.
1992 *Alien 3*, de David Fincher. / *1492: The Conquest of Paradise* (1492: la conquista del paraíso), de Ridley Scott.
1993 *Dave* (Dave, presidente por un día), de Ivan Reitman.
1994 *Death and the Maiden* (La muerte y la doncella), de Roman Polanski.
1995 *Copycat*, de Jon Amiel.

WEIR, Peter *(Sidney, Australia, 1944)*

Interrumpe sus estudios en la Universidad de Sidney para viajar por Europa, de regreso a su país comienza a trabajar en televisión y entre 1967 y 1973 hace numerosos cortometrajes y documentales para cine y televisión. Debuta en el largo en el género fantástico con *Carretera sin retorno,* irregular historia centrada en los automóviles; *Picnic en Hanging Rock,* interesante narración sobre unas colegialas que a principios de siglo desaparecen durante una excursión, y *La última ola,* enfrentamiento entre la cultura aborigen y la occidental en su país. Consigue sus primeros éxitos internacionales con *Gallipolli,* sobre dos jóvenes corredores australianos que pierden la vida luchando contra los turcos en la batalla de los Dardanelos durante la Gran Guerra, y con *El año que vivimos peligrosamente,* apasionada historia de amor y aventuras situada en el marco de la Revolución indonesia de 1965. Instalado en Estados Unidos rueda *Único testigo,* buena mezcla de relato policiaco, documental sobre la secta *amish* e historia de amor; *La costa de los mosquitos,* fallida adaptación de la novela homónima de Paul Theroux, y *El club de los poetas muertos,* sobre la típica relación entre un profesor que se sale de lo habitual y sus mejores alumnos, que tienen gran éxito. A pesar de ser una coproducción entre Australia y Francia rodada en Nueva York, *Matrimonio de conveniencia* se sitúa dentro de la mejor tradición de la comedia norteamericana y le muestra muy dotado para el género. Tiene mucho menos atractivo la melodramática *Sin miedo a la vida,* uno de sus peores trabajos y el menos interesante de los rodados fuera de su país.

1974 *The Cars That Ate Paris* (Carretera sin retorno).
1975 *Picnic at Hanging Rock* (Picnic en Hanging Rock).
1977 *The Last Wave* (La última ola).
1978 *The Plumber* (El visitante).
1981 *Gallipoli.*
1982 *The Year of Living Dangerously* (El año que vivimos peligrosamente).
1985 *Witness* (Único testigo).
1986 *The Mosquito Coast* (La costa de los mosquitos).
1989 *Dead Poets Society* (El club de los poetas muertos).
1990 *Green Card* (Matrimonio de conveniencia).
1993 *Fearless* (Sin miedo a la vida).

WELLES, Orson *(George Orson Welles. Kenosha, Wisconsin, 1915-Los Ángeles, California, Estados Unidos, 1985)*

Hijo de un inventor autodidacta y hombre de negocios y de una pianista, que muere siendo él un niño, estudia en la Todd School mientras dirige y protagoniza treinta obras de teatro. Cuando tiene trece años muere su padre, poco después viaja a París, donde el famoso mago Houdini le inicia en el mundo de la prestidigitación, y a Dublín, donde exagerando su experiencia consigue, con dieciséis años, ser contratado como actor por el Gate Theatre. En 1933 debuta como actor y director de teatro en Broadway, tiene éxito con su montaje de *Fausto,* de Christopher Marlowe, y en 1937 funda, con la colaboración de John Houseman, la compañía Mercury Theatre. Triunfa en teatro con sus adaptaciones de William Shakespeare, *Macbeth,* interpretada por negros, y *Julio César,* con vestuario fascista, y en radio con versiones de conocidas novelas. El escándalo creado la noche del 30 de octubre de 1938 por su versión radiofónica de *La guerra de los mundos,* de H. G. Wells, le vale un contrato de los estudios R. K. O. para hacer varias películas con total libertad. La primera es la innovadora *Ciudadano Kane,* pero debido a los ataques de la prensa de William Randolph Hearst, que se ve caricaturizado en el personaje, tiene poco éxito en Estados Unidos, y en Europa solo se estrena después de la II Guerra Mundial. Esto tiene como consecuencia que el nuevo presidente de R. K. O. altere el montaje y añada un final feliz a *El cuarto mandamiento,* su romántica y excelente adaptación de la novela de Booth Tarkington, mientras rueda en Brasil el inacabado documental en cuatro episodios *It's All True,* parte del plan de cooperación latinoamericana de Nelson Rockefeller; y que el realizador Norman Foster acaba y firme el policiaco *Estambul* (Journey Into Fear, 1941). Mientras prosigue su actividad en teatro, radio y como actor en películas ajenas, debe esperar cuatro años para rodar *El extranjero,* cuyo montaje también es alterado por los productores. Gracias a su matrimonio con la actriz Rita Hayworth rueda para los estudios Columbia el apreciable policiaco *La dama de Shanghai,* pero vuelve a ser un fracaso comercial, y para borrar su fama de lento y despilfarrador rueda en veintitrés días, y con un presupuesto reducido, *Macbeth,* basada en sus montajes teatrales de la obra homónima de William Shakespeare. Cansado de Hollywood, temeroso del Comité de Actividades Antinorteamericanas y aprovechando varias ofertas de trabajo como actor, se instala en Europa y dirige *Otelo,* una nueva adaptación de Shakespeare, a lo largo de tres años y dentro de un caótico plan de rodaje, que a pesar de que gana la Palma de Oro del Festival de Cannes, vuelve a ser un fracaso comercial; y la irregular *Mr. Arkadin,* en doble versión inglesa y castellana, basada en una novela propia. Gracias al apoyo del actor Charlton Heston regresa a Estados Unidos para rodar *Sed de mal,* un barroco y brillante policiaco basado en una novelita de Whit Masterson, pero los estudios Universal vuelven a alterar su montaje y es otro fracaso comercial. De nuevo en Europa hace para el productor Alexander Salkind *El proceso,* una despersonalizada adaptación de la obra homónima de Franz Kafka, y *Campanadas a medianoche,* el mejor de sus trabajos sobre Shakespeare, gracias al tesón del productor Emiliano Piedra. El resto de su obra está integrada por ambiciosos proyectos inacabados, que financia personalmente con lo que gana en su cada vez más desafortunada carrera de actor, *Don Quichote, The Deep, The Other Side of the Wind,* y por producciones de demasiado reducido presupuesto, el mediometraje *Una historia inmortal,* sobre una excelente narración de Isak Dinesen, y los discutibles ensayos *Fraude* y *Filming Othello.*

Como director
1941 *Citizen Kane* (Ciudadano Kane).
1942 *The Magnificent Ambersons* (El cuarto mandamiento).
1946 *The Stranger* (El extranjero).
1948 *The Lady From Shanghai* (La dama de Shanghai). / *Macbeth.*
1952 *Othello* (Otelo).
1955 *Mr. Arkadin.*
1958 *Touch of Evil* (Sed de mal).
1962 *The Trial* (El proceso).
1966 *Chimes at Midnight* (Campanadas a medianoche).
1968 *Une histoire immortelle* (Una historia inmortal).
1973 *Question Mark* (Fraude).
1978 *Filming Othello.*

Como actor
1941 *Citizen Kane* (Ciudadano Kane), de Orson Welles.
1943 *Journey into Fear* (Estambul), de Norman Foster.
1944 *Jane Eyre* (Alma rebelde), de Robert Stevenson. / *Follow the Boys* (Sueños de gloria), de Edward A. Sutherland.
1945 *Tomorrow Is Forever* (Mañana es vivir), de Irving Pichel.
1946 *The Stranger* (El extranjero), de Orson Welles.
1948 *The Lady From Shanghai* (La dama de Shanghai), de Orson Welles. / *Macbeth,* de Orson Welles. / *Black Magic* (Cagliostro), de Gregory Ratoff.
1949 *Prince of Foxes* (El príncipe de los zorros), de Henry King. / *The Third Man* (El tercer hombre), de Carol Reed.
1950 *The Black Rose* (La rosa negra), de Henry Hathaway.
1952 *Othello* (Otelo), de Orson Welles. / *Trent's Last Case* (El enigma de Manderson), de Herbert Wilcox.
1953 *L'uomo, la bestia e la virtù,* de Steno. / *Si Versailles m'était conté* (Si Versalles pudiera hablar), de Sacha Guitry.
1954 *Trouble in the Glen* (Lío en el valle), de Herbert Wilcox. / *Napoléon,* de Sacha Guitry. / *Three Cases of Murder,* episodio de George More O'Ferrall.
1955 *Mr. Arkadin,* de Orson Welles.
1957 *Moby Dick,* de John Huston. / *Man With the Shadow* (Sangre en el rancho), de Jack Arnold.
1958 *The Long Hot Summer* (El largo y cálido verano), de Martin Ritt. / *Touch of Evil* (Sed de mal), de Orson Welles. / *The Roots of Heaven* (Las raíces del cielo), de John Huston.
1959 *Compulsion* (Impulso criminal), de Richard Fleischer. / *David e Golia* (David y Goliat), de Ferdinando Baldi. / *Ferry to Hong-Kong* (Escala prohibida), de Lewis Gilbert.
1960 *Austerlitz,* de Abel Gance. / *Crack in the Mirror,* de Richard Fleischer. / *I tartari* (Los tártaros), de Richard Thorpe.
1961 *Lafayette,* de Jean Dreville.
1962 *The Trial* (El proceso), de Orson Welles. / *La ricotta* (El requesón), de Pier Paolo Pasolini, episodio de *RoGoPaG.*
1963 *The V.I.P.'s* (Hotel Internacional), de Anthony Asquith.
1964 *La fabuleuse aventure de Marco Polo* (La conquista de un imperio), de Dennis de la Patellière.
1965 *Paris brûle-t-il?* (¿Arde París?), de René Clément.
1966 *Chimes at Midnight* (Campanadas a medianoche), Orson Welles. / *A Man for All Seasons* (Un hombre para la eternidad), de Fred Zinnemann.
1967 *The Sailor From Gibraltar,* de Tony Richardson. / *Casino Royale,* de Val Guest, John Huston, Ken Hughs, Joseph McGrath y Robert Parrish. / *I'll Never Forget What's Is Name* (Georgina), de Michael Winner. / *Oedipus the King,* de Philip Saville.
1968 *Une histoire inmortelle* (Una historia inmortal), de Orson Welles. / *House of Cards* (Castillo de naipes), de John Guillermin. / *The Southern Star* (La estrella del Sur), de Sidney Hayers. / *Der Kampf um Rom* (La invasión de los bárbaros), de Robert Siodmak.
1969 *Bitka na Neretvi* (La batalla del río Neretva), de Veljko Bulajic. / *Mihai Viteazu* (La última cruzada),

Aurora Bautista y Carlos Estrada en *La tía Tula,* de Miguel **Picazo.**

Gene Tierney y Dana Andrews en *Laura,* de Otto **Preminger.**

Ava Gardner y Charlton Heston en *55 días en Pekín,* de Nicholas **Ray.**

Charles Laughton y Clark Gable en **Rebelión a bordo,** de Frank Lloyd.

Lucía Muñoz en *Principio y fin,* de Arturo **Ripstein.**

Errol Flynn, Basil Rathbone y Olivia de Havilland en ***Robin de los bosques,*** de Michael Curtiz y William Keighley.

Annie Girardot y Renato Salvatori en ***Rocco y sus hermanos,*** de Luchino Visconti.

Jean-Claude Brialy y Beatrice Romand en *La rodilla de Clara,* de Éric **Rohmer.**

Anna Magnani y Adolfo Fabrizi en ***Roma, ciudad abierta,*** de Roberto Rossellini.

Leonard Whiting y Olivia Hussey en ***Romeo y Julieta,*** de Franco Zeffirelli.

Vera Clouzot e Yves Montand en *El salario del miedo,* de H. G. Clouzot.

Susan **Sarandon** y Geena Davis en *Thelma y Louise,* de Ridley Scott.

José María Lado, María Félix
y Vittorio Gassman en *La corona negra,*
de Luis **Saslavsky.**

Robert de Niro en *Taxi Driver,*
de Martin **Scorsese**.

Jon Voight y Dustin Hoffman en *Cowboy de medianoche,* de John **Schlesinger.**

Maureen O'Hara y Henry Fonda en *El sargento inmortal,* de John M. **Stahl.**

Barbara **Stanwyck** en *Stella Dallas*, de King Vidor.

Marlene Dietrich y Cary Grant en *La Venus rubia*, de Joseph von **Sternberg.**

Omero Antoniutti y Sonsoles Aranguren en *El sur,* de Víctor Erice.

Gloria **Swanson** y William Holden en *El crepúsculo de los dioses,* de Billy Wilder.

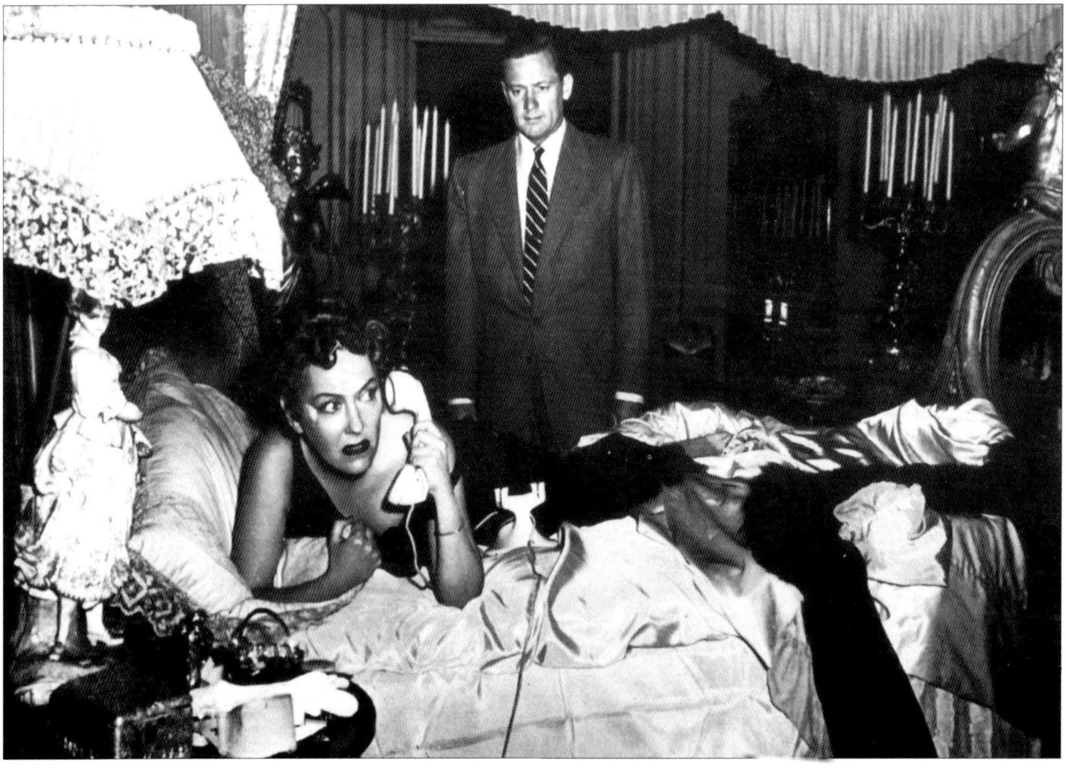

Spencer **Tracy** y Katharine Hepburn en *Sin amor*, de Harold S. Bucquet.

Jean-Louis **Trintignant** e Irène Jacob en *Rojo*, de Krzysztof Kieslowski.

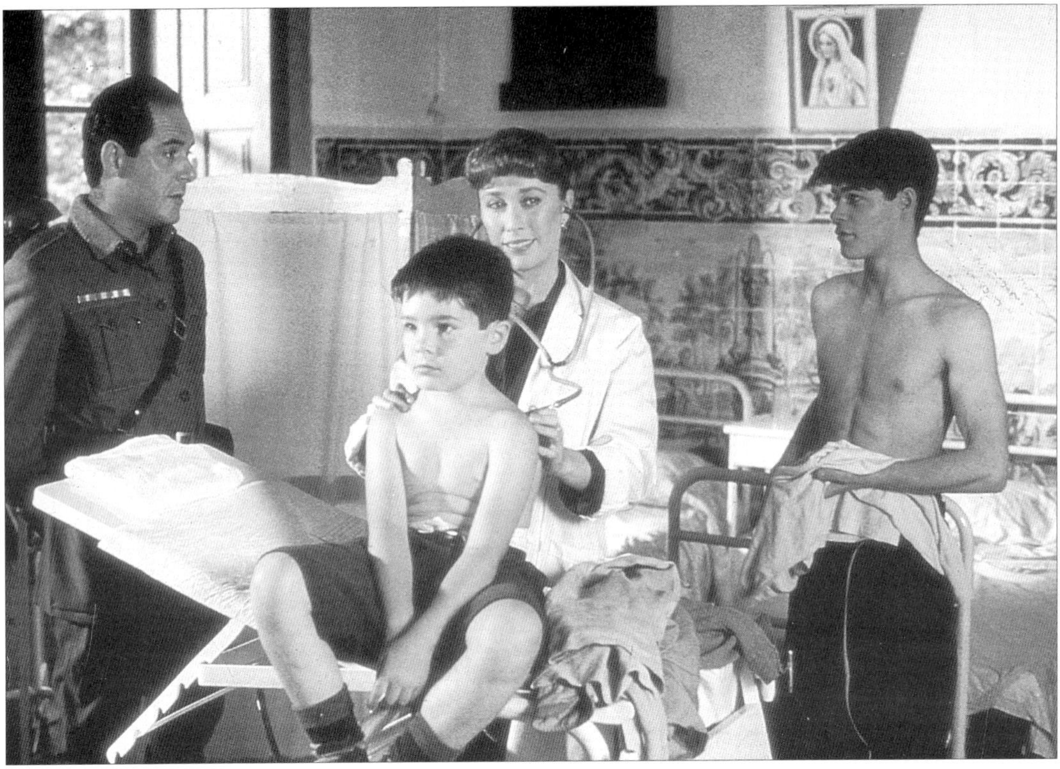

Santiago Ramos, Lucas Martín, Verónica Forqué y Jorge Sanz en *El año de las luces,* de Fernando **Trueba.**

Maria Schneider y Marlon Brando en ***El último tango en París,*** de Bernardo Bertolucci.

Liv **Ullmann** en *La vergüenza,* de Ingmar Bergman.

Jane Darwell en ***Las uvas de la ira,*** de John Ford.

Vilma Banky y Rudolph **Valentino** en *El hijo del caid,* de George Fitzmaurice.

John Gilbert y Mae Murray en *La viuda alegre,* de Erich von Stroheim.

Alain Delon y Claudia Cardinale en *El Gatopardo,* de Luchino **Visconti.**

Orson **Welles** y Suzanne Cloutier en *Otelo*, de Orson Welles.

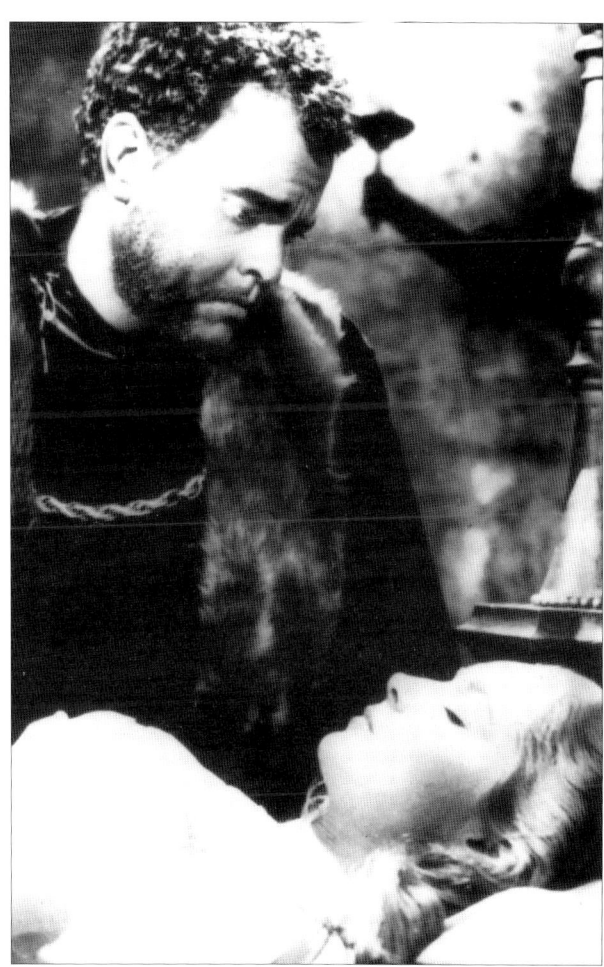

Rita Moreno en ***West Side Story***, de Robert Wise y Jerome Robbins.

Franchot Tone, Peter van Eyck
y Erich von Stroheim en
Cinco tumbas en El Cairo,
de Billy **Wilder.**

Olivia de Havilland
en *La heredera,* de William **Wyler.**

de Sergiu Nicolaescu. / *Una su tredici* (¿Cuál de las trece?), de Nicolas Gessner. / *Waterloo*, de Sergei Bondarchuk. / *Tetepa* (¡Viva la Revolución!), de Giulio Petroni.
1970 *The Kremlin Letter* (La carta del Kremlin), de John Huston. / *Start the Revolution Without Me* (Hagan la revolución sin mí), de Bud Yorkin. / *Catch-22* (Trampa 22), de Mike Nichols. / *Upon This Rock*, de Henry Rasky.
1971 *A Safe Place*, de Henry Jaglom. / *Necromancy*, de Bert Gorman. / *La decade prodigieuse* (La década prodigiosa), de Claude Chabrol. / *To Kill a Stranger*, de Peter Collinson.
1972 *Get to Know Your Rabbit*, de Brian de Palma. / *Malpertuis*, de Harry Kümel. / *L'isola del tesoro* (La isla del tesoro), de Andrea Bianchi. / *Susjeska* (La quinta ofensiva), de Stipe Delic. / *Future Shock*, de Alex Grasshoff.
1973 *Question Mark* (Fraude), de Orson Welles.
1976 *Voyage of the Damned* (El viaje de los malditos), de Stuart Rosenberg.
1978 *Filming Othello*, de Orson Welles.
1979 *Never Trust an Honest Thief*, de George McCowan. / *Nikole Tesle*, de Kristo Papic. / *The Muppet Movie*, de James Frawley.
1981 *Butterfly*, de Matt Cimber.
1984 *Where Is Parsifal?*, de Henri Hellman.

WELLMAN, William A. *(William Augustus Wellman. Boston, Massachusetts, 1896-Los Ángeles, California, Estados Unidos, 1975)*

Tras intentar ser jugador profesional de *hockey*, vendedor de chocolate, estibador de madera y alistarse en la aviación naval, se va a Europa a participar en la Gran Guerra, primero como camillero en la Legión Extranjera y finalmente como piloto en la escuadrilla Lafayette, solo formada por norteamericanos. Herido en combate, regresa a su país convertido en un héroe, en 1918 se casa con la actriz Helene Chadwick, la primera de sus cuatro mujeres, que le introduce en el mundillo cinematográfico, y deja de ser instructor de vuelo para hacerse actor. Gracias a la ayuda de su compañero Douglas Fairbanks, pasa a ser productor, decorador, ayudante de dirección y a debutar como realizador con *El hombre de pecho triunfa*. Entre su quincena de películas mudas, la mayoría realizadas para el productor William Fox, destacan la comedia *Ballet ruso* y, sobre todo, la historia de aviación *Alas*, una ambiciosa producción donde queda muy claro su amplio conocimiento del tema y su eficacia narrativa, cuyas enormes recaudaciones le obligan a volver a él en *La legión de los condenados* y *Aguiluchos*, otras dos producciones Paramount. Tras el policiaco *Mendigos de la vida* y la historia de boxeo *El hombre que amo*, rodadas a finales de la etapa muda y principios del cine sonoro, durante la primera mitad de los años treinta, la más prolífica de su carrera, rueda más de veinte largometrajes para diferentes estudios; entre los que sobresalen el policiaco *El enemigo público;* el melodrama *Enfermeras de noche;* la saga familiar de banqueros *Los conquistadores,* y las historias de la Depresión *Gloria y hambre* y *Will Boys of the Road*. En la segunda mitad de los años treinta desciende su ritmo de trabajo al tiempo que aumenta la calidad del mismo en *La llamada de la selva*, sobre la conocida novela de aventuras de Jack London; *Joaquín Murrieta*, un *western* mexicano antirracista; *Beau Geste*, una de las más características historias de la Legión Extranjera; además de las comedias *Una chica de provincias, Ha nacido una estrella*, sobre el mundo del cine, y *La reina de Nueva York*, con un subrayado tono negro, y el melodrama *En tinieblas,* adaptación de una obra de Rudyard Kipling. Durante los años cuarenta dirige catorce películas, entre las que destacan los *westerns* personales *Una gran señora, Incidente en Ox-Bow, Aventuras de Buffalo Bill* y *Cielo amarillo;* las producciones bélicas sobre la II Guerra Mundial *También somos seres humanos* y *Fuego en la nieve,* y la historia anticomunista de espionaje *El telón de acero*. Convertido en un reputado realizador de películas de acción, la década de los cincuenta es la última y más irregular parte de su carrera por rodar los interesantes *westerns* para Metro-Goldwyn-Mayer: *Más allá del Missouri*, una narración pro india demasiado cortada por el estudio, y *Caravana de mujeres*, una insólita historia feminista; pero también por hacer cuatro películas producidas por John Wayne, casi todas protagonizadas por él; la interesante historia de aviación *El infierno blanco* y la comercial *The High and the Migthy,* y el burdo panfleto anticomunista ambientado en China *Callejón sangriento*. Entre sus últimos trabajos hay que citar las historias familiares *The Happy Years, Track of the Cat* y *Goodbye My Lady,* que son sendos fracasos, y *La escuadrilla Lafayette,* donde rememora sus experiencias en la aviación durante la Gran Guerra.

WENDERS, Wim

1923 *The Man Who Won* (El hombre de pecho triunfa). / *Second Hand Love* (Amor y voluntad). / *Big Dan*. / *Cupid's Fireman* (Amor al rojo).
1924 *Not a Drum Was Heard* (Pacto sublime). / *The Vagabond Trail*. / *The Circus Cowboy* (El rey del lazo).
1925 *When Husbands Flirt* (Esposas, alerta).
1926 *The Boob*. / *The Cat's Pajamas* (Boda convencional). / *You Never Know Women* (Ballet ruso).
1927 *Wings* (Alas).
1928 *The Legion of the Condemned* (La legión de los condenados). / *Ladies of the Mob* (Una de tantas). / *Beggars of Life* (Mendigos de la vida).
1929 *Chinatown Nights* (La frontera del miedo). / *The Man I Love* (El hombre que yo amo). / *Woman Trap* (La denuncia).
1930 *Dangerous Paradise* (Paraíso peligroso). / *Young Eagles* (Aguiluchos). / *Maybe It's Love*.
1931 *Other Men's Women* (Mujeres enamoradas). / *The Public Enemy* (El enemigo público). / *Night Nurse* (Enfermeras de noche). / *The Star Witness* (El testigo). / *Safe in Hell*.
1932 *The Hatchet Man* (El hacha justiciera). / *So Big*. / *Love Is a Racket*. / *The Purchase Price*. / *The Conquerors* (Los conquistadores).
1933 *Frisco Jenny* (Barrio chino). / *Central Airport* (Aeropuerto central). / *Lilly Turner*. / *Midnight Mary* (Rosa de medianoche). / *Heroes for Sale* (Gloria y hambre). / *Wild Boys of the Road*. / *College Coach*.
1934 *Looking for Trouble* (Una avería en la línea). / *The President Vanishes* (Mercaderes de la muerte). / *Stingaree*.
1935 *Call of the Wild* (La llamada de la selva).
1936 *Robin Hood of El Dorado* (Joaquín Murrieta). / *Small Town Girl* (Una chica de provincias).
1937 *A Star Is Born* (Ha nacido una estrella). / *Nothing Sacred* (La reina de Nueva York).
1938 *Men With Wings*.
1939 *Beau Geste*. / *The Light That Failed* (En tinieblas).
1941 *Reaching for the Sun*.
1942 *Roxie Hart*. / *The Great Man's Lady* (Una gran señora). / *Thunder Birds*.
1943 *Lady of Burlesque* (La estrella del Variedades). / *The Ox-Bow Incident* (Incidente en Ox-Bow).
1944 *Buffalo Bill* (Aventuras de Buffalo Bill).
1945 *This Man's Navy*. / *The Story of G.I. Joe* (También somos seres humanos).
1946 *Gallant Journey*.
1947 *Magic Town*.
1948 *Yellow Sky* (Cielo amarillo). / *The Iron Curtain* (El telón de acero).
1949 *Battleground* (Fuego en la nieve).
1950 *The Happy Years*. / *The Next Voice You Hear*.
1951 *Across the Wide Missouri* (Más allá del Missouri). / *Westward the Women* (Caravana de mujeres). / *It's a Big Country*, un episodio.
1952 *My Man and I*.
1953 *Island in the Sky* (El infierno blanco).
1954 *The High and the Mighty*. / *Track of the Cat*.
1955 *Blood Alley* (Callejón sangriento).
1956 *Goodbye My Lady*.
1957 *Darby's Rangers* (Los jóvenes invasores).
1958 *Lafayette Escadrille* (La escuadrilla Lafayette).

WENDERS, Wim *(Düsseldorf, Alemania, 1945)*

Después de dos cursos de medicina y uno de filosofía, pasa un año en París aprendiendo la técnica del grabado y viendo películas en la Cinemateca. En 1967 le suspenden en el examen de ingreso del I. D. H. E. C., la escuela de cine de París, pero consigue ingresar en la recién creada en Munich. Durante tres años estudia, escribe crítica de cine en algunos diarios, produce y dirige siete cortometrajes y convierte su práctica de fin de carrera *Summer in the City* en su primer largo, donde a través de un paseo por ambientes urbanos hace un boceto de lo que será su obra. Tras la interesante *El miedo del portero ante el penalty,* adaptación de la novela homónima de Peter Handke, rueda en España, con producción de Elías Querejeta, *La letra escarlata,* mala versión del clásico de Nathaniel Hawthorne. Se da a conocer internacionalmente con la excelente trilogía integrada por *Alicia en las ciudades,* sobre las relaciones entre un fotógrafo y una niña a lo largo de un viaje por Estados Unidos, *Falso movimiento,* versión de la obra de J. W. Goethe escrita por Peter Handke, en torno al viaje de un escritor como forma de aprendizaje, y *En el curso del tiempo,* rodada sin guión previo, sobre las relaciones entre un técnico en proyectores de cine y un psicolingüista especializado en la infancia durante un viaje por la frontera que separa las dos Alemanias. Después de esta trilogía, su mejor trabajo, que narra una misma historia de maneras diferentes, tiene gran éxito con *El amigo americano,* adaptación de una novela policiaca de la especialista Patricia Highsmith que realiza parcialmente en Estados Unidos. Durante su rodaje conoce al realizador Nicholas Ray, con quien poco después hace *Relámpago sobre el agua,* impresionante documental sobre la muerte del mítico director, y al productor y realizador Francis Ford Coppola, que le produce *El hombre de Chinatown,* irregular seudobiografía del escritor de novelas policiacas Dashiell Hammett, origen de múltiples conflictos entre ambas personalidades. Este desengaño le lleva a hacer de manera casi artesanal en Portugal la irregular *El estado de las cosas,* y en Estados Unidos la personal *París, Texas,* basada en un argumento de Sam Shepard, que a pesar de su banalidad gana la Palma de Oro del Festival de Cannes y se convierte en un éxito. Entre los interesantes documentales *Tokyo-Ga* y *Aufzeichnungen zu Kleiden und Städten,* regresa a Alemania para rodar la pretenciosa y filosófica *Cielo sobre Berlín,* de nuevo con la ayuda de Peter Handke, que tiene una todavía más anodina continuación en *¡Tan lejos, tan cerca!* Confirman su decadencia *Hasta el fin del mundo,* una mal estructurada y aburrida historia de ciencia-ficción rodada en medio mundo, y *Lisboa Story,* una deficiente mezcla de documental y ficción, producto de su tendencia a trabajar con guiones poco elaborados.

1970 *Summer in the City.*
1971 *Die Angst des Tormanns beim Elfmeter* (El miedo del portero ante el penalty).
1972 *Die Scharlachrote Buschstabe* (La letra escarlata).
1973 *Alice in den Städten* (Alicia en las ciudades).
1974 *Falsche Bewegung* (Falso movimiento).
1975 *Im Lauf der Zeit* (En el curso del tiempo).
1977 *Der Amerikanische Freund* (El amigo americano).
1979 *Lightning Over Water* (Relámpago sobre el agua).
1982 *Hammett* (El hombre de Chinatown). / *Der Stand der Dinge* (El estado de las cosas).
1984 *Paris, Texas* (París, Texas).
1985 *Tokyo-Ga.*
1987 *Der Himmel über Berlin* (Cielo sobre Berlín).
1989 *Aufzeichnungen zu Kleidern und Städten.*
1991 *Bis Aus Ende der Welt* (Hasta el fin del mundo).
1993 *In Weiter Ferne, so Nach* (¡Tan lejos, tan cerca!).
1995 *Lisboa Story.* / *Lumière y compañía,* un episodio.

WEST SIDE STORY *(1961)*

Los amores imposibles entre María (Natalie Wood) y Tony (Richard Beymer) por pertenecer a bandas rivales, la de los puertorriqueños «Sharks» y los irlandeses «Jets», están ambientados en las calles de Nueva York, en concreto entre la 68 y la 110, y son una buena adaptación del musical basado en *Romeo y Julieta,* de William Shakespeare, estrenado en Broadway en 1957 con libreto de Arthur Laurents, música de Leonard Bernstein y coreografía y dirección de Jerome Robbins. En principio la película debía dirigirla Robbins en solitario, pero la compañía United Artists, temerosa de su perfeccionismo, encarga las numerosas escenas no musicales al mucho más sobrio Robert Wise y la firman entre ambos. Esto origina un fuerte contraste, frente a las rutinarias y un tanto empalagosas escenas románticas rodadas de manera tradicional por Wise, destacan las renovadoras escenas musicales, en concreto los geniales números *America, Cool* y *I Feel Pretty,* renovadores del género, tanto por su moderna coreografía, como por la brillantez con que están narradas. Ganadora de diez importantes Oscars, se convierte en uno de los musicales más famosos de la historia del cine y tiene un enorme éxito. Los títulos de crédito —que es una de las primeras ocasiones en que se sitúan al final de la película—, son obra del especialista Saul Bass y en su momento llaman mucho la atención.

Directores: *Robert Wise, Jerome Robbins.* Guionista: *Ernest Lehman.* Fotografía: *Daniel L. Fapp.* Música: *Leonard Bernstein.* Intérpretes: *Natalie Wood, Richard Beymer, Russ Tamblyn, Rita Moreno, George Chakiris.* Producción: *Robert Wise para Seven Arts / Mirish Company / United Artists. Color. Scope.* Duración: *155'. Estados Unidos.*

WHALE, James *(Dudley Staffs, Reino Unido, 1896-Los Ángeles, California, Estados Unidos, 1957)*

Periodista y dibujante satírico, en 1917, durante la Gran Guerra, es hecho prisionero y descubre el teatro mientras permanece en un campo de concentración. En la posguerra empieza a trabajar como actor, luego decorador y finalmente director de teatro, hasta que el éxito en 1928 de su montaje de la obra *Journey's End,* de Robert Cedrid Sheriff, le lleva a Estados Unidos. Al igual que a tantos directores de teatro, la llegada del sonoro le hace debutar como realizador de cine con *The Love Doctor;* rodar de manera anónima las aburridas escenas dialogadas de *Ángeles del infierno* (Hell's Angels, 1930), mientras las mucho más logradas de combates aéreos las hace el productor Howard Hughes, y realizar la teatral versión cinematográfica de *Journey's End*. Contratado por los estudios Universal, rueda la primera versión del drama romántico *El puente de Waterloo* y se hace famoso con *El doctor Frankenstein*, una de las mejores adaptaciones de la novela de Mary W. Shelley, a la que siguen, dentro del mismo género de terror, *El caserón de las sombras*, sobre una obra de J. B. Priestley, *El hombre invisible*, basada en un relato de H. G. Wells, y, su obra maestra, *La novia de Frankenstein*, una segunda parte, todavía mejor que la primera. Entre las que también hace la comedia dramática *El beso ante el espejo;* el drama social *Estigma liberador;* el espectáculo musical *Magnolia*, segunda de las tres versiones del clásico de Oscar Hammerstein II y Jerome Kern, y el drama bélico *The Road Back*, sobre la novela homónima de Erich Maria Remarque. Realiza sus restantes siete películas para diferentes estudios, pero tienen menos interés y solo cabe citar el policiaco *El beso revelador* y el drama histórico *La máscara de hierro*. Desde principios de los años cuarenta vive prácticamente retirado, solo interviene en algún montaje teatral y muere accidentalmente cuando nada en su piscina.

1929 *The Love Doctor.*
1930 *Journey's End.*
1931 *Waterloo Bridge* (El puente de Waterloo). / *Frankenstein* (El doctor Frankenstein).
1932 *The Impatient Maiden* (Horror al matrimonio). / *The Old Dark House* (El caserón de las sombras).
1933 *The Kiss Before the Mirror* (El beso ante el espejo). / *The Invisible Man* (El hombre invisible).
1934 *By Candlelight* (A la luz del candelabro). / *One More River* (Estigma liberador).
1935 *The Bride of Frankenstein* (La novia de Frankenstein). / *Remember Last Night?* (¿Recuerdas lo de anoche?).
1936 *Show Boat* (Magnolia).
1937 *The Road Back.* / *The Great Garrick.*
1938 *Sinners in Paradise.* / *Wives under Suspicion* (El beso revelador).
1939 *The Man in the Iron Mask* (La máscara de hierro).
1940 *Green Hell.*
1941 *They Dare Not Love.*

WIDERBERG, Bo *(Malmö, 1930-Estocolmo, Suecia, 1997)*

Tras publicar varias novelas, dedicarse a la crítica de cine con regularidad y escribir el polémico ensayo *Visión del cine sueco* (1962), donde denuncia la mala situación de la industria nacional y el monopolio ejercido por Ingmar Bergman, con la ayuda del director de fotografía Jan Troell, más tarde también realizador, pone en práctica sus teorías cinematográficas en el corto *El niño y el dragón* (Pöjken och draken, 1962) y el largometraje *Cochecito de niño*. Prosigue su exposición de los problemas de su generación en *El barrio del cuervo*, evocación del barrio obrero de su ciudad natal, a través del personaje autobiográfico de un adolescente que quiere ser escritor, *Amor 65*, dura historia de amor entre jóvenes, y *El terrible Roland*, la mayoría protagonizadas por Thommy Berggen, su actor favorito. Se da a conocer internacionalmente con *Elvira Madigan*, sobre los románticos y trágicos amores de un teniente y una trapecista a finales del siglo XIX; *Adalen 31*, eficaz reconstrucción de una sangrienta huelga ocurrida en la pequeña ciudad de Adalen en 1931, y *Joe Hill*, que narra la trágica historia de un emigrante sueco en Estados Unidos a principios de siglo. El éxito de esta trilogía le hace perder tres años intentando hacer una película norteamericana y cuando regresa a Suecia su cine ha perdido toda su fuerza. Tal como demuestra en *Fimpen*, *Un hombre en el tejado* y *Victoria*, irregular adaptación de la novela de Knut Hamsum. Tras casi diez años de silencio hace uno de sus mejores trabajos en *Lust och Fägring Storn*, que narra las relaciones eróticas entre una maestra y uno de sus alumnos.

1962 *Barnvagnen* (Cochecito de niño).
1963 *Kvarteret Korpen* (El barrio del cuervo).
1965 *Kärlek 65* (Amor 65).
1966 *Heja Roland!* (El terrible Roland).
1967 *Elvira Madigan.*
1968 *Adalen 31.*
1971 *Joe Hill.*
1974 *Fimpen.*
1976 *Mannen på taket* (Un hombre en el tejado).
1979 *Victoria.*
1984 *Mannen fran Mallorca* (El hombre de Mallorca).
1987 *Ormens vag pa halleberget* (El camino de serpiente).
1995 *Lust och Fägring Storn* (La belleza de las cosas).

WIDMARK, Richard *(Sunrise, Minnesota, Estados Unidos, 1914)*

Estudia en la High School de Princeton y se diploma en la Lake Forrest University, donde posteriormente da clases de ciencias políticas.

A principios de los años cuarenta comienza a trabajar como actor en la radio y más tarde también en el teatro. Su primer papel cinematográfico es el del asesino psicópata Tommy Udo en *El beso de la muerte,* de Henry Hathaway. Contratado en exclusiva por los estudios 20th Century Fox, entre 1947 y 1954 se convierte en el protagonista de importantes policiacos: *Una vida marcada,* de Robert Siodmak, *Noche en la ciudad,* de Jules Dassin, *Pánico en las calles,* de Elia Kazan, y *Manos peligrosas,* de Samuel Fuller; y *westerns* interesantes: *Cielo amarillo,* de William A. Wellman y *El jardín del diablo,* de Henry Hathaway. Entre sus trabajos de la segunda mitad de los años cincuenta y los sesenta destacan los *westerns* personales, *La ley del talión,* de Delmer Daves; *Desafío en la ciudad muerta,* de John Sturges; *El hombre de las pistolas de oro,* de Edward Dmytryk, y, sobre todo, *Dos cabalgan juntos* y *El gran combate,* de John Ford; mientras los policiacos quedan reducidos a la serie de televisión *Madigan* y la película *Brigada homicida,* de Don Siegel, consecuencia de su éxito. Durante las décadas de los setenta y ochenta sigue trabajando con regularidad, por lo general en papeles secundarios de menor importancia en cine, y en más asiduas colaboraciones en televisión, como *Viejos recuerdos de Louisiana,* de Volker Schlöndorff, que en Estados Unidos circula en televisión y en Europa en cine.

1947 *Kiss of Death* (El beso de la muerte), de Henry Hathaway.
1948 *The Street With No Name* (La calle sin nombre), de William Keighley. / *Cry of the City* (Una vida marcada), de Robert Siodmak. / *Road House* (El parador del camino), de Jean Negulesco. / *Yellow Sky* (Cielo amarillo), de William A. Wellman.
1949 *Down to the Sea in Ships* (El demonio del mar), de Henry Hathaway. / *Slattery's Hurricane* (Furia del trópico), de André de Toth.
1950 *Night and the City* (Noche en la ciudad), de Jules Dassin. / *Panic in the Streets* (Pánico en las calles), de Elia Kazan. / *No Way Out* (Un rayo de luz), de Joseph L. Mankiewicz.
1951 *Halls of Monctezuma* (Situación desesperada), de Lewis Milestone. / *The Frogmen* (Luchas submarinas), de Lloyd Bacon. / *Red Skies of Montana,* de Joseph M. Newman.
1952 *Don't Bother to Knock* (Niebla en el alma), de Roy Ward Baker. / *My Pal Gus,* de Robert Parrish. / *O. Henry's Full House* (Cuatro páginas de la vida), episodio de Henry Hathaway.
1953 *Destination Gobi* (Tempestad en Asia), de Robert Wise. / *Pick Up on South Street* (Manos peligrosas), de Samuel Fuller. / *Take the High Ground,* de Richard Brooks.
1954 *Hell and High Water* (El diablo de las aguas turbias), de Samuel Fuller. / *Garden of Evil* (El jardín del diablo), de Henry Hathaway. / *Broken Lance* (Lanza rota), de Edward Dmytryk.
1955 *A Prise of Gold* (Atraco en las nubes), de Mark Robson. / *The Cobweb* (La tela de araña), de Vincente Minnelli.
1956 *Baklash* (El sexto fugitivo), de John Sturges. / *Run for the Sun* (Huida hacia el Sol), de Roy Boulting. / *The Last Wagon* (La ley del talión), de Delmer Daves.
1957 *Saint Joan* (Santa Juana), de Otto Preminger. / *Time Limit* (Labios sellados), de Karl Malden.
1958 *The Law and Jack Wade* (Desafío en la ciudad muerta), de John Sturges. / *Tunnel of Love* (Mi marido se divierte), de Gene Kelly.
1959 *The Trap* (La trampa), de Norman Panama. / *Warlock* (El hombre de las pistolas de oro), de Edward Dmytryk.
1960 *The Alamo* (El Álamo), de John Wayne.
1961 *The Secret Ways* (Caminos secretos), de Phil Karlson. / *Two Rode Together* (Dos cabalgan juntos), de John Ford. / *Judgement at Nuremberg* (¿Vencedores o vencidos?), de Stanley Kramer.
1962 *How the West Wan Won* (La conquista del Oeste), episodio de George Marshall.
1963 *Flight From Ashiva* (Patrulla de rescate), de Michael Anderson. / *The Long Ships* (Los invasores), de Jack Cardiff.
1964 *Cheyenne Autumn* (El gran combate), de John Ford.
1965 *The Bedford Incident* (Estado de alarma), de James B. Harris.
1966 *Alvarez Kelly,* de Edward Dmytryk.
1967 *The Way West* (Camino de Oregón), de Andrew V. McLaglen.
1968 *Madigan* (Brigada homicida), de Don Siegel.
1969 *Death of a Gunfighter* (La ciudad sin ley), de Allan Smithee. / *A Talent for Loving,* de Richard Quine.
1970 *The Moonshine War* (El infierno del whisky), de Richard Quine.
1972 *When the Legends Die* (Cuando mueren las leyendas), de Stuart Millar.
1974 *Murder on the Orient Express* (Asesinato en el Oriente Exprés), de Sidney Lumet.
1975 *The Sell Out* (Espía sin mañana), de Peter Collinson.
1976 *To the Devil a Daughter* (La monja poseída), de Peter Sykes. / *The Domino Principle* (De presidio a primera página), de Stanley Kramer.

1977 *Rollercoaster* (Montaña rusa), de James Goldstone. / *Coma*, de Michael Crichton. / *Twilight's Last Gleaming* (Alerta ¡misiles!), de Robert Aldrich.
1978 *The Swarm* (El enjambre), de Irwin Allen.
1980 *Bear Island* (Operación Isla del Oso), de Don Sharp.
1981 *National Lampoon Goes to he Movies,* de Henry Jaglom y Bob Giraldi.
1982 *Hanky Panky,* de Sidney Poitier. / *The Final Option* (Los invencibles), de Don Sharp.
1984 *Against All Odds* (Contra todo riesgo), de Taylor Hackford.
1985 *Blackout* (Vértigo mortal), de Douglas Hickox.
1987 *A Gathering of Old Men* (Viejos recuerdos de Louisiana), de Volker Schlöndorff.
1991 *True Colors* (El color de la ambición), de Herbert Ross.

WILDER, Billy *(Samuel Wilder. Viena, Austria, 1906)*

Hijo de un hotelero judío, abandona sus estudios de derecho para dedicarse al periodismo en Berlín, pero acaba escribiendo guiones para Robert Siodmak, Gerhardt Lamprecht y otros. A principios de los años treinta llega a París huyendo de los nazis, que asesinan a casi toda su familia, vende algunos guiones y debuta como director con la irregular comedia *Curvas peligrosas*. El avance de las tropas de Adolf Hitler le lleva a Hollywood, a pesar de no saber inglés es contratado como guionista en los estudios Paramount y, formando pareja con el productor Charles Brackett, se convierte en el agudo escritor de las comedias *La octava mujer de Barba Azul* (Bluebeard's Eighth Wife, 1938) y *Ninotchka* (1939), de Ernst Lubitsch, *Medianoche* (Midnight, 1939), *Adelante mi amor* (Arise My Love, 1940) y *Si no amaneciera* (Hold Back the Dawn, 1941), de Mitchell Leisen, y *Bola de fuego* (Ball of Fire, 1941) y *Nace una canción* (A Song Is Born, 1948), de Howard Hawks. A principios de los años cuarenta consigue que Paramount le deje dirigir sus propios guiones —que durante el resto de la década sigue escribiendo con Brackett— y rueda la desigual comedia *El mayor y la menor;* la historia bélica ambientada en África durante la II Guerra Mundial *Cinco tumbas a El Cairo,* y la absurda opereta *El vals del emperador.* Los mejores trabajos de esta década son el policiaco *Perdición,* que excepcionalmente escribe con el especialista Raymond Chandler sobre una novela de James M. Cain; *Días sin huella,* el drama de un alcohólico; *Berlín occidente,* una dura visión de Alemania en la inmediata posguerra, y el relato sobre la decadencia de las estrellas del cine mudo *El crepúsculo de los dioses.* Convertido en su propio productor, durante la década de los cincuenta rueda *El gran carnaval,* drama de denuncia social; *Traidor en el infierno,* adaptación teatral desarrollada en un campo de concentración nazi, y las comedias *Sabrina,* sobre una obra teatral de Samuel Taylor, y *Ariane.* Su irregular acogida le obliga a dirigir para diferentes productores la desigual comedia *La tentación vive arriba;* la reconstrucción de la hazaña del aviador Charles Lindberg *El héroe solitario,* y el policiaco *Testigo de cargo,* basado en un cuento de la especialista Agatha Christie. El gran éxito de las comedias *Con faldas y a lo loco* y *El apartamento,* que vuelve a producir y escribe en colaboración con I. A. L. Diamond, donde la vulgaridad y la crítica social se unen a un humor de claro origen judío, le hace realizar la mayoría de sus restantes obras para Mirish Company y repetir la misma fórmula en *Un, dos, tres,* en la que introduce el factor político al narrar la odisea del representante de Coca-Cola en un Berlín dividido, *Irma la dulce,* adaptación de una comedia musical a la que quita los números musicales, y *Bésame, tonto,* feroz crítica del matrimonio. A pesar de ser muy similares, tienen menos interés *En bandeja de plata,* sobre un guión original de Diamond y suyo; *¿Qué ocurrió entre mi padre y tu madre?,* nueva adaptación de una obra teatral de Samuel Taylor; *Primera página,* tercera versión de la famosa comedia *The Front Page,* de Ben Hecht y Charles MacArthur, y *Aquí, un amigo,* nueva versión de la producción francesa *El embrollón* (L'emmerdeur, 1973), de Edouard Molinaro, que cierra su filmografía. Sus últimas grandes películas son *La vida privada de Sherlock Holmes,* que rueda en el Reino Unido, sobre los personajes creados por Arthur Conan Doyle, y *Fedora,* rodada en la República Federal Alemana, sobre una novela de tema cinematográfico del actor Tom Tryon, historias dramáticas, llenas de humor, pero que no encuentran su público.

1933 *Mauvais graine* (Curvas peligrosas).
1942 *The Major and the Minor* (El mayor y la menor).

1943 *Five Graves to Cairo* (Cinco tumbas a El Cairo).
1944 *Double Indemnity* (Perdición).
1945 *The Lost Weekend* (Días sin huella).
1948 *The Emperor Waltz* (El vals del emperador). / *A Foreign Affair* (Berlín Occidente).
1950 *Sunset Boulevard* (El crepúsculo de los dioses).
1951 *Ace in the Hole* (El gran carnaval).
1953 *Stalag 17* (Traidor en el infierno).
1954 *Sabrina.*
1955 *The Seven Year Itch* (La tentación vive arriba).
1957 *The Spirit of St. Louis* (El héroe solitario). / *Love in the Afternoon* (Ariane).
1958 *Witness for the Prosecution* (Testigo de cargo).
1959 *Some Like It Hot* (Con faldas y a lo loco).
1960 *The Apartment* (El apartamento).
1961 *One, Two, Three* (Un, dos, tres).
1963 *Irma la Douce* (Irma la dulce).
1964 *Kiss Me, Stupid* (Bésame, tonto).
1966 *The Fortune Cookie* (En bandeja de plata).
1970 *The Private Life of Sherlock Holmes* (La vida privada de Sherlock Holmes).
1972 *Avanti!* (¿Qué ocurrió entre mi padre y tu madre?).
1974 *The Front Page* (Primera plana).
1978 *Fedora.*
1981 *Buddy, Buddy* (Aquí, un amigo).

WILDER, Gene *(Jerry Silberman. Milwaukee, Wisconsin, Estados Unidos, 1935)*

Estudia en la Universidad de Iowa y asiste a los cursos de interpretación del Actor's Studio para debutar como actor de teatro en el reputado Old Vic británico. A pesar de hacer un papel serio en *Bonnie y Clyde,* de Arthur Penn, su primera película, en seguida se especializa en personajes cómicos y comienza una colaboración con el actor, productor y director Mel Brooks en *Los productores,* que prosigue en *Sillas de montar calientes* y *El jovencito Frankenstein.* Tras colaborar con Woody Allen en la comedia erótica *Todo lo que usted siempre quiso saber sobre el sexo y nunca se atrevió a preguntar* y Stanley Donen en el musical *El pequeño príncipe,* comienza una carrera paralela como director con *El hermano más listo de Sherlock Holmes,* en la línea de parodias de Mel Brooks, pero no tarda en superar a su maestro con la divertida *La mujer de rojo,* su mejor película. Entre sus trabajos para otros directores hay que destacar *El expreso de Chicago, El rabino y el pistolero* y *No me chilles que no te veo,* donde forma pareja con el actor de color Richard Pryor.

Como director
1975 *The Adventures of Sherlock Holmes' Smarter Brother* (El hermano más listo de Sherlock Holmes).
1977 *The World's Greatest Lover* (El mejor amante del mundo).
1980 *Sunday Lovers,* un episodio.
1984 *The Woman In Red* (La mujer de rojo).
1986 *Haunted Honeymoon* (Terrorífica luna de miel).
Como actor
1967 *Bonnie and Clyde* (Bonnie y Clyde), de Arthur Penn.
1968 *The Producers* (Los productores), de Mel Brooks.
1969 *Start the Revolution Without Me* (Empiecen la revolución sin mí), de Bud Yorkin.
1970 *Quackser Fortune Has a Cousin in the Bronx,* de Warris Hussein.
1971 *Willy Wonka and the Chocolate Factory* (Un mundo de fantasía), de Mel Stuart.
1972 *Everything You Always Wanted to Know About Sex But Were Afraid to Ask* (Todo lo que usted siempre quiso saber sobre el sexo y nunca se atrevió a preguntar), de Woody Allen.
1973 *Rhinoceros,* de Tom O'Horgan.
1974 *The Little Prince* (El pequeño príncipe), de Stanley Donen. / *Blazzing Saddles* (Sillas de montar calientes), de Mel Brooks. / *Young Frankenstein* (El jovencito Frankenstein), de Mel Brooks.
1975 *The Adventures of Sherlock Holmes' Smarter Brother* (El hermano más listo de Sherlock Holmes), de Gene Wilder.
1976 *Silver Streak* (El expreso de Chicago), de Arthur Hiller.
1977 *The World's Greatest Lover* (El mejor amante del mundo), de Gene Wilder.
1979 *The Frisco Kid* (El rabino y el pistolero), de Robert Aldrich.
1980 *Stir Crazy* (Locos de remate), de Sidney Poitier. / *Sunday Lovers* (Los seductores), episodio de Gene Wilder.
1982 *Hanky Panky,* de Sidney Poitier.
1984 *The Woman in Red* (La mujer de rojo), de Gene Wilder.
1986 *Haunted Honeymoon* (Terrorífica luna de miel), de Gene Wilder.
1989 *See No Evil, Hear No Evil* (No me chilles que no te veo), de Arthur Hiller.
1990 *Funny About Love* (Funny Baby), de Leonard Nimoy.
1991 *Another You* (No me mientas que te creo), de Maurice Phillips.

WILLIAMS, Esther *(Los Ángeles, California, Estados Unidos, 1921)*

Campeona de natación a los quince años, bailarina de *music-hall,* en 1942 es descubierta por un cazatalentos de los estudios Metro-Goldwyn-Mayer y, tras intervenir en un par de películas, tiene gran éxito en *Escuela de sirenas* y no tarda en convertirse en la única estrella de unas peculiares comedias musicales acuáticas hechas a su medida. Dirigida por los grandes coreógrafos Robert Alton y Busby Berkeley, sus mejores películas son las que tienen números musicales creados por este último, sobre todo *La primera sirena*. Tras protagonizar el interesante policiaco *Sombra en la noche,* rueda en España la fallida *La fuente mágica,* dirigida por el actor Fernando Lamas, su tercer marido, y se retira del mundo del espectáculo.

1942 *Andy Hardy's Double Life,* de George B. Seitz.
1943 *A Guy Named Joe* (Dos en el cielo), de Victor Fleming.
1944 *Bathing Beauty* (Escuela de sirenas), de George Sidney.
1945 *Thrill of a Romance* (Juego de pasiones), de Richard Thorpe.
1946 *The Hoodlum Saint,* de Norman Taurog. / *Ziegfeld Follies,* de Vincente Minnelli. / *Easy to Wed,* de Edward Buzzell.
1947 *This Time for Keeps,* de Richard Thorpe. / *Fiesta* (Fiesta brava), de Richard Thorpe.
1948 *On an Island With You* (En una isla contigo), de Richard Thorpe.
1949 *Neptune's Daughter* (La hija de Neptuno), de Edward Buzzell. / *Take Me Out to the Ball Game,* de Busby Berkeley.
1950 *Pagan Love Song,* de Robert Alton. / *Duchess of Idaho* (Serenata en el valle del Sol), de Robert Z. Leonard.
1951 *Callaway Went Thataway,* de Norman Panama y Melvin Frank. / *Texas Carnival,* de Charles Walters.
1952 *Million Dollar Mermaid* (La primera sirena), de Mervyn LeRoy. / *Skirts Ahoy!* (Faldas a bordo), de Sidney Lanfield.
1953 *Easy to Love,* de Charles Walters. / *Dangerous When Wet,* de Charles Walters.
1955 *Jupiter's Darling* (La amada de Júpiter), de George Sidney.
1956 *The Unguarded Moment* (Sombra en la noche), de Harry Keller.
1958 *Raw Wind in Heaven,* de Richard Wilson.
1961 *The Big Show* (El gran espectáculo), de James B. Clark.
1962 *La fuente mágica,* de Fernando Lamas.

WILLIAMS, Robin *(Chicago, Illinois, Estados Unidos, 1952)*

Estudia en la Julliard School, comienza a trabajar en televisión como actor y tiene éxito con la serie *Happy Days*. Su regular carrera cinematográfica está marcada por la exageración y su afición a disfrazarse, tal como demuestra el musical *Popeye,* de Robert Altman, la película que le da a conocer; la adaptación del clásico de la literatura infantil *El capitán Garfio,* de Steven Spielberg; la terrible comedia *Señora Doubtfire, papá de por vida,* de Chris Columbus, su mayor éxito, y el catálogo de efectos especiales *Jumanji,* de Joe Johnston. Sus trabajos más normales los realiza en *El club de los poetas muertos,* de Peter Weir; *Despertares,* de Penny Marshall, y *El rey pescador,* de Terry Gilliam.

1977 *Can I Do It' Til I Need Glasses?*, de Robert Levy.
1980 *Popeye*, de Robert Altman.
1982 *The World According to Garp* (El mundo según Garp), de George Roy Hill.
1983 *The Survivors* (Sufridos ciudadanos), de Michael Ritchie.
1984 *Moscow on the Hudson* (Un ruso en Nueva York), de Paul Mazursky.
1986 *The Best of Times*, de Roger Spottiswoode. / *Club Paradise*, de Harold Ramis. / *Seize the Day*, de Fielder Cook.
1987 *Good Morning Vietnam*, de Barry Levinson.
1989 *The Adventures of Baron Münchausen* (Las aventuras del barón Münchausen), de Terry Gilliam. / *Dead Poets Society* (El club de los poetas muertos), de Peter Weir.
1990 *Cadillac Man*, de Roger Donaldson. / *Awakenings* (Despertares), de Penny Marshall.
1991 *Dead Again* (Morir todavía), de Kenneth Branagh. / *The Fisher King* (El rey pescador), de Terry Gilliam. / *Hook* (El capitán Garfio), de Steven Spielberg.
1992 *Toys*, de Barry Levinson.
1993 *Mrs. Doubtfire* (Señora Doubtfire, papá de por vida), de Chris Columbus.
1994 *Being Human*, de Bill Forsyth.
1995 *Jumanji*, de Joe Johnston.
1996 *The Bird Cage* (Una jaula de grillos), de Mike Nichols.

WILLIS, Bruce *(República Federal Alemana, 1955)*

Hijo de padre norteamericano y madre alemana, se educa en Estados Unidos. Tras hacer algunos papelitos en un par de películas, durante casi toda la década de los ochenta se dedica en especial a la televisión y se hace famoso por su trabajo las series *Corrupción en Miami* y, sobre todo, *Luz de luna.* De regreso al cine, consigue un gran éxito con la excelente comedia *Cita a ciegas,* pero a través de su trabajo en la serie de películas *La jungla de cristal* se convierte en una estrella del cine de acción. Entre sus restantes interpretaciones cabe citar *La hoguera de las vanidades, El juego de Hollywood* y *Pulp Fiction,* donde encarna importantes personajes secundarios.

1980 *The First Deadly Sin* (El primer pecado mortal), de Brian G. Hutton.
1981 *Price of the City* (El príncipe de la ciudad), de Sidney Lumet.
1982 *The Verdict* (Veredicto final), de Sidney Lumet.
1987 *Blind Date* (Cita a ciegas), de Blake Edwards.
1988 *Sunset* (Asesino en Beverly Hills), de Blake Edwards. / *Die Hard* (La jungla de cristal), de John McTiernan.
1989 *In Country* (Recuerdos de guerra), de Norman Jewison. / *Die Hard II* (La jungla dos, alerta roja), de Renny Harlin.
1990 *The Bonfire of the Vanities* (La hoguera de las vanidades), de Brian de Palma. / *Hudson Hawk* (El gran halcón), de Michael Lehmann.
1991 *Mortal Thoughts* (Pensamientos mortales), de Alan Rudolph. / *Billy Bathgate,* de Robert Benton. / *The Last Boy Scout* (El último Boy Scout), de Tony Scott.
1992 *The Player* (El juego de Hollywood), de Robert Altman. / *Death Becomes Her* (La muerte os sienta tan bien), de Robert Zemeckis. / *Striking Distance* (Persecución mortal), de Rowoly Harrington.
1993 *North* (Un muchacho llamado Norte), de Rob Reiner.
1994 *Pulp Fiction,* de Quentin Tarantino. / *Color of Night* (El color de la noche), de Richard Rush. / *Nobody's Fool* (Ni un pelo de tonto), de Robert Benton.
1995 *Die Hard With the Vengeance* (La jungla de cristal, la venganza), de John McTiernan. / *Twelve Monkeys* (Doce monos), de Terry Gilliam.

WINCHESTER 73 *(1950)*

Este enfrentamiento entre dos hermanos que se odian, Lin McAdam (James Stewart) que persigue a Dutch McAdam (Stephen McNally) por haber matado a su padre, está resuelto en clave de *western,* pero tiene una interesante estructura circular en torno a un impecable rifle Winchester 73. Ganado el 4 de julio de 1876 por Lin McAdam en un reñido concurso de tiro en Dodge City arbitrado por el mismísimo Wyatt Earp (Will Geer), su hermano Dutch McAdam se lo roba y sucesivamente pasa por las manos del traficante de armas Joe Lamont (John McIntire), el jefe indio Young Bull (Rock Hudson), la cantante Lola (Shelley Winters), el pistolero Waco Johnny (Dan Duryea), hasta que vuelve a las de Lin McAdam en Tascosa durante el tiroteo final entre los hermanos. Preparado por Fritz Lang a partir de un excelente guión del especialista Borden Chase, pero rodado por Anthony Mann, es el primero de su impecable serie de *westerns* y una interesante antología de la mayoría de los temas tratados en el género.

Director: *Anthony Mann.* Guionistas: *Robert L. Richards, Borden Chase.* Fotografía: *William Daniels.* Música: *Frank Skinner.* Intérpretes: *James Stewart, Shelley Winters, Dan Duryea, Stephen McNally, Will Geer, Millard Mitchell, Charles Drake, John McIntire, Jay C. Flippen, Rock Hudson.* Producción: *Aaron Rosenberg para Universal.* Duración: *92'.* Estados Unidos.

WINGER, Debra *(Cleveland, Ohio, Estados Unidos, 1955)*

Después de estudiar sociología en la Universidad Estatal de California, trabaja tres años en el ejército israelita. A finales de los años setenta debuta como actriz en pequeños papeles en televisión y cine, pero no se da a conocer hasta el éxito alcanzado como protagonista de *Oficial y caballero* y *La fuerza del cariño.* Entre el resto de su escasa producción también destacan los policiacos *El caso de la viuda negra,* de Bob Rafelson; *El sendero de la traición,* de Costa-Gavras, y *Todo el mundo gana,* de Karel Reisz, y los dramas *El cielo protector,* de Bernardo Bertolucci, y *Tierras de penumbra,* de Richard Attenborough.

1977 *Slumber Party'57* (Fantasías sexuales), de William A. Levey.
1978 *Thank God It's Friday* (Por fin ya es viernes), de Robert Klane.
1979 *French Postcards,* de Willard Huyck.
1980 *Urban Cowboy* (Cowboy de ciudad), de James Bridges.
1982 *Cannery Row,* de David S. Ward. / *An Officer and a Gentleman* (Oficial y caballero), de Taylor Hackford.
1983 *Terms of Endearment* (La fuerza del cariño), de James L. Brooks.
1984 *Mike's Murder,* de James Bridges.
1986 *Legal Eagles* (Peligrosamente unidos), de Ivan Reitman.
1987 *Black Widow* (El caso de la viuda negra), de Bob Rafelson. / *Made in Heaven* (Hecho en el cielo), de Alan Rudolph.

1988 *Betrayed* (El sendero de la traición), de Costa-Gavras.
1990 *Everybody Wins* (Todo el mundo gana), de Karel Reisz. / *The Sheltering Sky* (El cielo protector), de Bernardo Bertolucci.
1992 *Leap of Faith,* de Richard Pearce.
1993 *Wilder Napalm,* de Glenn Gordon Caron.
1993 *A Dangerous Woman* (Una mujer peligrosa), de Stephen Gyllenhaal. / *Shadowlands* (Tierras de penumbra), de Richard Attenborough.
1995 *Forget Paris* (Olvídate de París), de Billy Crystal.

WISE, Robert *(Winchester, Indiana, Estados Unidos, 1914)*

Interesado desde niño por el cine, la Depresión le obliga a interrumpir sus estudios, ponerse a trabajar muy joven y en 1933 es ayudante de montaje en los estudios R. K. O. Montador jefe desde 1939, colabora en películas de Dorothy Arzner, William Dieterle, Garson Kanin y Gregory La Cava, pero, sobre todo, en las dos primeras obras de Orson Welles, *Ciudadano Kane* (Citizen Kane, 1941) y *El cuarto mandamiento* (The Magnificent Ambersons, 1942), de la que también rueda el final feliz que impone el estudio. Debuta como director al reemplazar a Gunther von Fristsch en *El regreso de la mujer pantera,* una especie de segunda parte de *La mujer pantera* (Cat People, 1942), de Jacques Tourneur, tan buena o mejor que la original; continúa su colaboración con el productor Val Lewton en *Mademoiselle Fifi,* adaptación de una historia de Guy de Maupassant, y *El ladrón de cadáveres,* basada en una narración de Robert Louis Stevenson, atractivas producciones de terror de bajo presupuesto. Entre sus restantes trabajos para los estudios R. K. O. destacan la narración de terror *A Game of Death;* los policiacos *Criminal Court* y *Born to Kill;* el *western* con intriga criminal *Sangre en la luna,* y la historia de boxeo *Nadie puede vencernos.* Durante la década de los cincuenta realiza dieciocho largometrajes para diferentes estudios y los más importantes son el clásico de ciencia ficción *Ultimátum a la Tierra;* la biografía del boxeador Rocky Graziano *Marcado por el odio;* la lucha por el poder de los ejecutivos de una empresa *La torre de los ambiciosos;* y los melodramas *Tres secretos, Mujeres culpables* y *¡Quiero vivir!* Sus mucho menos prolíficos años sesenta están presididos por sus éxitos en el musical —género para el que no está dotado— *West Side Story,* un clásico codirigido con el coreógrafo Jerome Robbins, y *Sonrisas y lágrimas,* basado en la opereta de Richard Rodgers y Oscar Hammerstein II, y el fracaso de *La estrella,* biografía de la actriz y cantante Gertrude Lawrence. Entre los que rueda *Cualquier día en cualquier esquina,* adaptación de una obra teatral de William Gibson, y *El Yang-Tse en llamas,* una superproducción de aventuras ambientada en China en los años veinte. Además de otras obras de menos interés, durante la década de los setenta produce y dirige dos clásicos de la ciencia ficción: *La amenaza de Andrómeda,* adaptación de una novela del también realizador Michael Crichton, y *Star Trek, la conquista del espacio,* basada en la larga y popular serie de televisión, que a su vez se convierte en la primera de una desigual e inacabable serie de películas.

1944 *The Curse of the Cat People* (El regreso de la mujer pantera). / *Mademoiselle Fifi.*
1945 *The Body Snatcher* (El ladrón de cadáveres). / *A Game of Death.*
1946 *Criminal Court.*
1947 *Born to Kill.*
1948 *Mistery in Mexico.* / *Blood on the Moon* (Sangre en la Luna).
1949 *The Sep-Up* (Nadie puede vencernos).
1950 *Three Secrets* (Tres secretos). / *Two Flags West* (Entre dos juramentos).
1951 *The House of Telegraph Hill* (La casa de la colina). / *The Day the Earth Stood Still* (Ultimátum a la Tierra).
1952 *The Captive City.* / *Something for the Birds.*
1953 *Destination Gobi* (Tempestad en Asia). / *The Desert Rats* (Las ratas del desierto). / *So Big* (Trigo y esmeralda).
1954 *Executive Suite* (La torre de los ambiciosos).
1955 *Helen of Troy* (Helena de Troya).
1956 *Tribute to a Bad Man* (La ley de la horca). / *Somebody Up There Likes Me* (Marcado por el odio).
1957 *This Could Be the Night.* / *Until They Sail* (Mujeres culpables).
1958 *Run Silent, Run Deep* (Torpedo). / *I Want to Live!* (¡Quiero vivir!).
1959 *Odds Against Tomorrow.*
1961 *West Side Story.*
1962 *Two for the Seesaw* (Cualquier día en cualquier esquina).
1963 *The Haunting.*
1965 *The Sound of Music* (Sonrisas y lágrimas).
1966 *The Sand Pebbles* (El Yang-Tse en llamas).
1968 *Star!* (La estrella).
1970 *The Andromeda Strain* (La amenaza de Andrómeda).

1972 *Two People* (Encuentro en Marrakech).
1975 *The Hinderburg* (Hindenburg).
1977 *Audrey Rose* (Las dos vidas de Audrey Rose).
1979 *Star Trek* (Star Trek, la conquista del espacio).

WOOD, Natalie *(Natasha Gurdin. San Francisco, California, 1938; Isla Santa Catalina, California, Estados Unidos, 1981)*

Hija de emigrantes rusos, su padre es escenógrafo y su madre bailarina; a los cinco años debuta como actriz de cine y durante doce años trabaja con regularidad en papeles secundarios. Entre las películas en las que interviene en esta primera etapa de su carrera destacan *El fantasma y la señora Muir, De ilusión también se vive, ¡Cuidado con los inspectores!* y *La estrella.* A los diecisiete años es lanzada como protagonista de la excelente *Rebelde sin causa,* de Nicholas Ray, y hasta mediados de la década de los sesenta, la segunda y mejor parte de su trayectoria, trabaja, entre otras, en *Centauros del desierto,* de John Ford; *West Side Story,* de Robert Wise y Jerome Robbins; *Esplendor en la hierba,* de Elia Kazan, y *La carrera del siglo,* de Blake Edwards. En la tercera y última parte de su carrera trabaja más en televisión que en cine y solo destaca la comedia *Bob, Carol, Ted y Alice.* Muere ahogada en extrañas circunstancias durante el rodaje de la historia de ficción científica *Proyecto Brainstorm.*

1943 *Happy Land,* de Irving Pichel.
1945 *Tomorrow Is Forever* (Mañana es vivir), de Irving Pichel.
1946 *The Bride Wore Boots,* de Irving Pichel.
1947 *The Ghost and Mrs. Muir* (El fantasma y la señora Muir), de Joseph L. Mankiewicz. / *Miracle on 34th Street* (De ilusión también se vive), de George Seaton.
1948 *Driftwood,* de Allan Dwan. / *Scudda Hoo! Scudda Hay!,* de F. Hugh Herbert.
1949 *Chicken Every Sunday,* de George Seaton. / *Father Was a Fullback,* de John M. Stahl. / *The Green Promise,* de William D. Russell.
1950 *No Sad Songs for Me* (Amarga sombra), de Rudolph Maté. / *Our Very Own* (Vida de mi vida), de Daniel Miller. / *The Jackpot* (¡Cuidado con los inspectores!), de Walter Lang. / *Never a Dull Moment* (¡Qué vida esta!), de George Marshall.
1951 *The Blue Veil* (No estoy sola), de Curtis Bernhardt. / *Dear Brat,* de William A. Seiter.
1952 *Just for You,* de Elliott Nugent. / *The Rose Bowl Story,* de William Beaudine.
1953 *The Star* (La estrella), de Stuart Heisler.
1954 *The Silver Chalice* (El cáliz de plata), de Victor Saville.
1955 *One Desire* (Su único deseo), de Jerry Hopper. / *Rebel Without a Cause* (Rebelde sin causa), de Nicholas Ray.
1956 *A Cry in the Night,* de Frank Tuttle. / *The Searchers* (Centauros del desierto), de John Ford. / *The Burning Hills* (Colinas ardientes), de Stuart Heisler. / *The Girl He Left Behind,* de David Butler.
1957 *Bombers B-52* (Bombardero B-52), de Gordon Douglas.
1958 *Marjorie Morningstar,* de Irving Rapper. / *Kings Go Forth* (Cenizas bajo el sol), de Delmer Daves.
1959 *Cash McCall* (El potentado), de Joseph Pevney.
1960 *All the Fine Young Cannibals* (Los jóvenes caníbales), de Michael Anderson.
1961 *Splendor in the Grass* (Esplendor en la hierba), de Elia Kazan. / *West Side Story* (Amor sin barreras), de Robert Wise y Jerome Robbins.
1962 *Gypsy* (La reina del vodevil), de Mervyn LeRoy.
1963 *Love With the Proper Stranger* (Amores con un extraño), de Robert Mulligan.
1964 *Sex and the Single Girl* (La pícara soltera), de Richard Quine.
1965 *The Great Race* (La carrera del siglo), de Blake Edwards.
1966 *Inside Daisy Clover* (La rebelde), de Robert Mulligan. / *This Property Is Condemned* (Propiedad condenada), de Sydney Pollack. / *Penelope,* de Arthur Hiller.
1969 *Bod and Carol and Ted and Alice* (Bob, Carol, Ted y Alice), de Paul Mazursky.
1974 *Peeper* (Un detective curioso), de Peter Hyams.
1979 *Meteor* (Meteoro), de Ronald Neame. / *The Last Married Couple in America* (La última pareja), de Gilbert Cates.
1983 *Brainstorm* (Proyecto Brainstorm), de Douglas Trumbull.

WOOD, Sam *(Samuel Grosvenor Wood. Filadelfia, Pennsylvania, 1883; Los Ángeles, California, Estados Unidos, 1949)*

Tras fracasar en el gremio de la construcción, llega a Hollywood, comienza a trabajar como figurante, poco después es actor bajo el seudónimo Chad Applegate y entre 1915 y 1920 es ayudante del director Cecil B. de Mille. Rueda la práctica totalidad de sus películas mudas para los estudios Paramount; se especializa en historias de corredores de automóviles interpretadas por Wallace Reid, como *El ciclón* y *¿Por qué tan deprisa?,* y en dramas de la alta sociedad ambientados en lugares exóticos protagonizados por Gloria Swanson, como *Más fuerte que su amor, Un yanqui en Argentina* y *Su jaula dorada*. El año antes de la implantación del cine sonoro comienza a trabajar en los estudios Metro-Goldwyn-Mayer, durante la década de los treinta dirige a sus más famosas estrellas y destacan Joan Crawford en *Pagada;* Clark Gable y Jean Harlow en *Tú eres mío*, basada en una comedia de Anita Loos; y Wallace Beery y Mickey Rooney en *Uña y carne*. Sin embargo, sus películas más famosas de esta etapa son *Una noche en la ópera* y *Un día en las carreras,* dos de las mejores y alocadas comedias de los anarquistas hermanos Marx, bajo la dirección de uno de los más reaccionarios realizadores de Hollywood. Ser el penúltimo de los muchos directores que intervienen en *Lo que el viento se llevó* (Gone With the Wind, 1939), de Victor Fleming, y el éxito conseguido por la endeble comedia *Adiós, Mister Chips,* le permite pasar los años cuarenta haciendo importantes producciones para independientes. Su cada vez más limitada habilidad hace que solo tengan interés cuando colabora con el conocido director artístico William Cameron Menzies, mientras él se dedica a la dirección de actores, el otro se encarga de los aspectos visuales de la película. Los mejores frutos de esta peculiar colaboración son *Sinfonía de la vida,* sobre la obra de Thornton Wilder; *El diablo burlado,* escrita y producida por Norman Krasna; *Kings Row,* sobre una compleja novela de Henry Bellamann; *El orgullo del club de los Yanquis,* biografía del jugador de baseball Lou Gehrig; *Por quién doblan las campanas,* sobre la novela homónima de Ernest Hemingway, y *Abismos,* basada en una novela de Belloc Lowndes. En treinta años de profesión rueda setenta y seis largometrajes y muere poco después de acabar *Ambush,* el único *western* de su carrera.

1920 *Double Speed* (Relámpago). / *Excuse My Dust* (El ciclón). / *The Dancin' Fool* (De pies a cabeza). / *Sick Abed* (Medicina legal). / *What's Your Hurry?* (¿Por qué tan deprisa?). / *A City Sparrow.* / *Her Beloved Villain.* / *Her First Elopement.*
1921 *The Snob.* / *Peck's Bad Boy* (Chiquilín no tiene enmienda). / *The Great Moment* (Caballero sin tacha). / *Under the Lash* (Bajo el látigo). / *Don't Tell Everything* (Estrategia femenina).
1922 *Her Husband's Trademark.* / *Beyond the Rocks* (Más fuerte que su amor). / *Her Gilded Cage* (Su jaula dorada). / *The Impossible Mrs. Bellew* (La extraña señora Bellew).
1923 *My American Wife* (Un yanqui en Argentina). / *Prodigal Daughters* (Hijas pródigas). / *Bluebeard's Eight Wife* (La octava esposa de Barba Azul). / *His Children's Children.*
1924 *The Next Corner.* / *Bluff.* / *The Female.* / *The Mine With the Iron Door* (El infierno del oro).
1925 *The Re-Creation of Brian Kent* (Por su honra).
1926 *Fascinating Youth* (Radiante juventud). / *One Minute to Play.*
1927 *Rookies* (El amor hace milagros). / *A Racing Romero.* / *The Fair Co-Ed* (La gloria del colegio).
1928 *The Latest From Paris* (Un flirteo a la moda). / *Telling the World* (De millonario a periodista).
1929 *So This Is College.* / *It's a Great Life* (¡Vaya una vida!).
1930 *They Learned About Women.* / *The Girl Said No.* / *Sins of the Children.* / *Way for a Sailor* (En cada puerto un amor). / *Paid* (Pagada).
1931 *A Tailor-Made Man* (Con el frac de otro). / *The Man in Possession* (Con el agua al cuello). / *The New Adventures of Get-Rich-Quick Wallingford* (Hazte rico pronto).
1932 *Huddle* (Juventud triunfante). / *Prosperity* (Prosperidad).
1933 *The Barbarian* (Una noche en El Cairo). / *Hold Your Man* (Tú eres mío). / *Christopher Bean* (El difunto Christopher Bean).
1934 *Stamboul Quest* (Mademoiselle Doctor).
1935 *Let'Em Have It* (La destrucción del hampa). / *A Night at the Opera* (Una noche en la ópera).
1936 *Whipsaw* (Jaque al rey). / *The Unguarded Hour* (Una hora en blanco).
1937 *A Day at the Races* (Un día en las carreras). / *Madame X.* / *Navy Blue and Gold* (Cadetes del mar).
1938 *Lord Jeff* (Horizontes de gloria). / *Stablemates* (Uña y carne).
1939 *Goodbye, Mr. Chips* (Adiós, Mister Chips).
1940 *Raffles* (Caballero y ladrón). / *Our Town* (Sinfonía de la vida). / *Rangers of Fortune.* / *Kitty Foyle* (Espejismo de amor).
1941 *The Devil and Miss Jones* (El diablo burlado).
1942 *Kings Row.* / *The Pride of the Yankees* (El orgullo del club de los Yanquis).
1943 *For Whom the Bell Tolls* (Por quién doblan las campanas).
1944 *Casanova Brown.*
1945 *Guest Wife* (Lo que desea toda mujer). / *Saratoga Trunk* (La exótica).
1946 *Heartbeat.*
1947 *Ivy* (Abismos).
1949 *Command Decision* (Sublime decisión). / *The Stratton Story.*
1950 *Ambush.*

WOODWARD, Joanne *(Thomasville, Georgia, 1930)*

Estudia en la Lousiana State University y asiste a clases de arte dramático en la School of Theatre de Nueva York y el Actor's Studio. A principios de los años cincuenta debuta como actriz de teatro y televisión, y, a mediados de la década, de cine. Candidata al Oscar en cuatro ocasiones, solo lo obtiene por *Las tres caras de Eva,* su tercera película y una de sus peores y más afectadas actuaciones. Casada desde 1958 con el actor, productor y realizador Paul Newman, interviene demasiado en su carrera y la hace protagonizar, junto a él, muchas de sus peores películas, en concreto su desafortunada colaboración con los realizadores Martin Ritt y Stuart Rosenberg. Sus mejores interpretaciones las hace cuando no está a su lado, tal como demuestran *Piel de serpiente,* de Sidney Lumet; *Rosas perdidas,* de Franklin J. Schaffner; *Un loco maravilloso,* de Irvin Kershner, y *El detective y la doctora,* de Anthony Harvey. Sin embargo, brilla con especial fuerza cuando la dirige Paul Newman en *Raquel, Raquel, El efecto de los rayos gamma sobre las margaritas, Harry e hijo,* y en la adaptación de Tennessee Williams *El zoo de cristal.* Desde mediados de la década de los setenta trabaja más en televisión que en cine, pero hace su mejor película con su marido: *Esperando a Mr. Bridge,* de James Ivory.

1955 *Count Three and Pray,* de George Sherman.
1956 *A Kiss Before Dying* (Un beso antes de morir), de Gerd Oswald.
1957 *The Three Faces of Eve* (Las tres cara de Eva), de Nunnally Johnson. / *No Down Payment* (Más fuerte que la vida), de Martin Ritt.
1958 *The Long Hot Summer* (El largo y cálido verano), de Martin Ritt. / *Rally 'Round the Flag Boys* (Un marido en apuros), de Leo McCarey.
1959 *The Sound and the Fury* (El ruido y la furia), de Martin Ritt.
1960 *The Fugitive Kind* (Piel de serpiente), de Sidney Lumet. / *From the Terrace* (Desde la terraza), de Mark Robson.
1961 *Paris Blues* (Un día volveré), de Martin Ritt.
1962 *The Stripper* (Rosas perdidas), de Franklin J. Schaffner.
1963 *A New King of Love* (Samantha), de Melville Shavelson.
1964 *Singpost to Murder,* de George Englund.
1965 *A Big Hand for the Little Lady* (El destino también juega), de Fielder Cook.
1966 *A Fine Madness* (Un loco maravilloso), de Irvin Kershner.
1968 *Rachel, Rachel* (Raquel, Raquel), de Paul Newman.
1969 *Winning* (500 millas), de James Goldstone. / *W.U.S.A.* (Un hombre de hoy), de Stuart Rosenberg.
1970 *They Might Be Giants* (El detective y la doctora), de Anthony Harvey.
1972 *The Effect of Gamma Rays on Man-in-the-Moon Marigolds* (El efecto de los rayos gamma sobre las margaritas), de Paul Newman.
1973 *Summer Wishes, Winter Dreams* (Deseos de verano, sueños de invierno), de Gilbert Cates.
1975 *The Drowning Pool* (Con el agua al cuello), de Stuart Rosenberg.
1976 *Sybil,* de Daniel Petrie.
1978 *The End* (De miedo también se muere), de Burt Reynolds.
1984 *Harry and Son* (Harry e hijo), de Paul Newman.
1987 *The Glass Menagerie* (El zoo de cristal), de Paul Newman.
1990 *Mr. & Mrs. Bridge* (Esperando a Mr. Bridge), de James Ivory.
1993 *Philadelphia,* de Jonathan Demme.

WYLER, William *(Mulhouse, Alsacia, Francia, 1902-Los Ángeles, California, Estados Unidos, 1981)*

Perteneciente a una familia de comerciantes suizos, estudia comercio en Lausanne y música en París, en 1922 se encuentra con Carl Laemmle, primo de su madre y fundador de los estudios Universal, que le ofrece trabajar en su oficina de publicidad. Instalado en Hollywood, recorre los departamentos de decoración y producción antes de ser ayudante de dirección y de realizar una decena de *westerns* de bajo presupuesto y corta duración durante la etapa final del cine mudo. Entre sus primeras producciones sonoras destacan *El abogado,* sobre una obra de teatro de Elmer Rice, *Fascinación,* adaptación de un relato de Edna Ferber, y *Una chica angelical,* con un guión original del más tarde también realizador Preston Sturges, que cierran su etapa Universal. A mediados de los años treinta empieza a colaborar con el productor independiente Samuel Goldwyn en películas con una sólida base literaria que le convierten en un realizador de prestigio: *Esos tres,* escrita por Lillian Hellman sobre su propia obra teatral, de la que veinticinco años después vuelve a hacer una nueva versión sin problemas de censura con el título *La calumnia; Desengaño,* basada en una novela de Sinclair Lewis; *Rivales,* codirigida con Howard Hawks, sobre una novela de Edna Ferber; *Calle sin salida,* sobre la obra teatral de Sidney Kingsley; *Cumbres borrascosas,* minuciosa versión de la novela homónima de Emily Brönte; *El forastero,* un sólido *western* sobre el personaje del juez Roy Bean, y *La loba,* un nuevo guión de Lillian Hellman sobre otra de sus obras de teatro. Entre medias hace dos sobrios dramas para los estudios Warner, protagonizados por Bette Davis: *Jezabel,* sobre una obra de Owen Davis, y *La carta,* adaptación de una obra de teatro de Somerset Maugham. Su aportación a la II Guerra Mundial es la producción de propaganda *La señora Miniver,* los documentales que rueda para las fuerzas aéreas, entre los que destaca el famoso *The Memphis Belle* (1944), sobre un bombardero, y la excelente *Los mejores años de nuestra vida,* con la que finaliza su colaboración con Samuel Goldwyn, sobre los problemas que el regreso al hogar plantea a tres excombatientes. Tras fundar con Frank Capra y George Stevens la productora Liberty Films, que acaba siendo absorbida por los estudios Paramount y para la que nunca llega a trabajar, durante los años cincuenta sigue haciendo tan académicas como frías adaptaciones: las atractivas *La heredera,* sobre una novela de Henry James, y *Carrie,* versión de un libro de Theodore Dreiser; y los plúmbeos dramas policiacos sobre obras de teatro *Brigada 21,* sobre Sidney Kingsley, y *Horas desesperadas,* sobre Joseph Hayes. En estos años también realiza la irregular comedia, con pretensiones neorrealistas, *Vacaciones en Roma,* el fallido *western* familiar *La gran prueba* y el bastante más sólido *Horizontes de grandeza,* hasta llegar a la plúmbea superproducción *Ben Hur,* nueva versión de la novela de Lewis Wallace en la que las únicas escenas de interés —la carrera de cuadrigas— están rodadas por la segunda unidad dirigida por Andrew Marton, pero que es su película que consigue mayores recaudaciones y más Oscars. Entre sus trabajos de la década de los sesenta: la torpe comedia *Cómo robar un millón y...,* el musical *Funny Girl,* biografía de la cantante Fannie Brice, de la que solo se salva algún número rodado por el coreógrafo, y más tarde también director, Herbert Ross, y el policiaco antirracista *No se compra el silencio;* destaca la comedia dramática *El coleccionista,* eficaz versión de una novela de John Fowles.

1926 *Crook Buster.* / *Lazy Lightning.* / *The Stolen Ranch.*
1927 *Blazing Days* (Ardores pasados). / *Hard Fists.* / *The Border Cavalier* (El caballero alerta). / *Straight Shootin'.* / *Desert Dust.*
1928 *Thunder Riders.* / *Anybody Here Seen Kelly?* (La caza del hombre).
1929 *The Shakedown* (El testaferro). / *The Love Trap* (La trampa amorosa).
1930 *Hell's Heroes* (Santos del infierno). / *The Storm.*
1931 *A House Divided* (La casa de la discordia).
1932 *Tom Brown of Culver* (¿Héroe o cobarde?).
1933 *Her First Mate* (El capitán disloque). / *Consellor-at-Law* (El abogado).
1934 *Glamour* (Fascinación).
1935 *The Good Fairy* (Una chica angelical). / *The Gay Deception* (La alegre mentira).
1936 *These Three* (Esos tres). / *Dodsworth* (Desengaño). / *Come and Get It!* (Rivales).
1937 *Dead End* (Callejón sin salida).
1938 *Jezebel* (Jezabel).
1939 *Wuthering Heights* (Cumbres borrascosas).
1940 *The Westerner* (El forastero). / *The Letter* (La carta).
1941 *The Little Foxes* (La loba).
1942 *Mrs. Miniver* (La señora Miniver).
1946 *The Best Years of Our Lives* (Los mejores años de nuestra vida).
1949 *The Heiress* (La heredera).
1951 *Detective Story* (Brigada 21).
1952 *Carrie.*
1953 *Roman Holliday* (Vacaciones en Roma).
1955 *The Desperate Hours* (Horas desesperadas).
1956 *Friendly Persuasion* (La gran prueba).
1958 *The Big Country* (Horizontes de grandeza).
1959 *Ben Hur.*
1962 *The Children's Hour* (La calumnia).
1965 *The Collector* (El coleccionista).
1966 *How to Steal a Million* (Cómo robar un millón y...).
1968 *Funny Girl.*
1970 *The Liberation of L. B. Jones* (No se compra el silencio).

Y

... Y EL MUNDO MARCHA *(The Crowd, 1928)*

Nacido el 4 de julio de 1900, John Sims (James Murray) llega a los veinte años a la hostil Nueva York, pero su vida cambia cuando conoce en Coney Island a Mary (Eleanor Boardman), poco después se casan, van de viaje de novios a las cataratas del Niágara y tienen dos hijos. Sin embargo, todo se hunde cuando muere uno de los niños en un accidente, el padre se queda sin trabajo, el matrimonio se separa y él está a punto de suicidarse, pero al final la pareja vuelve a unirse y trata de sobrevivir en medio de la multitud. Escrita en colaboración, producida con Irving Thalberg, que da una completa libertad, pero impone el final feliz, y dirigida por King Vidor, es una de sus grandes películas y uno de los clásicos del cine mudo norteamericano. Rodada en un estilo que se anticipa en muchos años al neorrealismo —con actores desconocidos y rodajes en la calle con cámara oculta— narra en clave de tragedia la vida de una pareja cualquiera de la clase media que se enfrenta con la Depresión de finales de los años veinte.

Director: *King Vidor*. Guionistas: *King Vidor, John V. A. Weaver, Harry Behn*. Fotografía: *Henry Sharp*. Intérpretes: *James Murray, Eleanor Boardman, Bert Roach, Estelle Clark*. Producción: *Irving Thalberg y King Vidor para Metro-Goldwyn-Mayer*. Duración: 98'. Estados Unidos.

Y LA NAVE VA *(E la nave va, 1983)*

Última gran obra de Federico Fellini, es uno de sus trabajos más libres y creativos y una de las grandes películas europeas de los años ochenta. Narra cómo, la víspera del comienzo de la Gran Guerra, un grupo de grandes de la música parte en un gran transatlántico para arrojar al mar, cerca de la isla donde nació, las cenizas de la gran cantante Edmea Tetua, pero a mitad de la travesía el barco se llena de refugiados serbios que huyen tras el comienzo de las hostilidades y son atacados por un destructor austrohúngaro que exige la entrega de los serbios. Tras una introducción al estilo del cine mudo, Fellini utiliza al periodista Orlando (Freddie Jones) para que se dirija directamente a la cámara, dé la información necesaria y poder mostrar lo que realmente le interesa: el funcionamiento del comedor de la nave, un concierto en las cocinas utilizando como instrumentos la cristalería, un extraño hombre que hipnotiza a un gallo, un rinoceronte que se marea en las bodegas y hay que sacar a cubierta para que no muera, un enfrentamiento entre cantantes en las calderas. Sin tratar de disimular en ningún momento que el transatlántico es un excelente decorado de Dante Ferretti, al final Fellini se permite la osadía no solo de mostrar los focos y la cámara rodando, sino también el mecanismo que simula el movimiento del barco. Quizá sea demasiado larga y tarde bastante en arrancar, pero es una de las mejores y revolucionarias películas de su autor.

Director: *Federico Fellini*. Guionistas: *Federico Fellini, Tonino Guerra*. Fotografía: *Giuseppe Rotunno*. Música: *Gianfranco Plenizio*. Intérpretes: *Freddie Jones, Barbara Jefford, Victor Poletti, Sarah Jane Varley, Fiorenzo Serra*. Producción: *Vides Production, Gaumont, RAI. Color. Duración: 132'. Italia.*

YANQUI DANDY *(Yankee Doodle Dandy, 1942)*

Narrada a lo largo de un *flashback* originado por una entrevista del presidente Roosevelt con el protagonista para concederle una medalla por haber compuesto el himno norteamericano *Over There*, cuenta la vida del actor de *vaudeville* George M. Cohan. Sin salirse de la tradición de la comedia musical, tiene un subrayado trasfondo de propaganda bélica por estar realizada en plena II Guerra Mundial, antes de que Estados Unidos intervenga en ella. A pesar de no ser Michael Curtiz un especialista en el género, está rodada con su tradicional habilidad y tiene estupendos números, como *Give My Regards to Broadway, You're a Grand Old Flag* y *Yankee Doodle Dandy*. Sin embargo, la música y las canciones del propio George M. Cohan han envejecido demasiado y James Cagney, a pesar del Oscar que gana por este trabajo, es un bailarín poco atractivo. Por narrar la vida de una familia de artistas de varietés, con lo que supone de alabanza a la institución familiar, el patriotismo y el mundo del espectáculo, más que una producción Warner aparece como un claro precedente de los musicales 20th Century Fox con estas características.

Director: *Michael Curtiz*. Guionistas: *Robert Buckner, Edmund Joseph*. Fotografía: *James Wong Howe*. Música: *Heinz Roemheld*. Intérpretes: *James Cagney, Joan Leslie, Walter Huston, Rosemary de Camp, Richard Whorf, George Tobias, Jeanne Cagney*. Producción: *Hal B. Wallis y William Cagney para Warner. Duración: 126'. Estados Unidos.*

YANQUIS *(Yanks, 1979)*

Mientras en 1944, al final de la II Guerra Mundial, los aliados preparan el desembarco de Normandía, miles de soldados norteamericanos comienzan a vivir en diversas zonas de Inglaterra. Sobre el telón de fondo de esta situación, en Yorkshire se desarrolla una doble relación amorosa entre el sargento norteamericano Matt Dyson (Richard Gere) y la británica Jean Moreton (Lisa Eichhorn), a pesar de que ella está prometida, y entre el capitán de las fuerzas aliadas John (William Devane) y la dama de la alta burguesía inglesa Helen (Vanessa Redgrave), a pesar de que ambos están casados. Gracias a un eficaz guión de Colin Welland y Walter Bernstein, el cada vez más sólido director John Schlesinger rueda un sobrio melodrama de amplio presupuesto entremezclado con un buen documento sobre el Reino Unido durante la guerra.

Director: *John Schlesinger*. Guionistas: *Colin Welland, Walter Bernstein*. Fotografía: *Dick Bush*. Música: *Richard Rodney Bennett*. Intérpretes: *Richard Gere, Vanessa Redgrave, William Devane, Lisa Eichhorn, Rachel Roberts, Chick Vennera*. Producción: *Joseph Janni y Lester Persky para United Artists. Color. Duración: 141'. Reino Unido.*

YIMOU, Zhang *(Xian, China, 1950)*

Pertenece a una familia de militares que tiene problemas con las autoridades durante los años de la denominada Revolución Cultural, debe interrumpir sus estudios y durante diez años trabaja como obrero agrícola y en una fábrica textil, mientras solo puede dedicarse mínimamente a las artes plásticas y la fotografía. A pesar de sobrepasar la edad reglamentaria, en 1978 ingresa en el Instituto de Cine de Pekín y en 1982 se gradúa como director de fotografía. Durante cinco años trabaja como director de fotografía y destaca su labor creativa en *Tierra amarilla* (Huang Tudi, 1984), de Chen Kaige. Tras protagonizar *El viejo pozo* (Lao Jing, 1987), de Wu Tianming, debuta como director con *Sorgo rojo*, especie de comedia musical ambientada en el norte de China durante la guerra con Japón, donde queda demasiado claro su interés por la fotografía, a la que sigue la demasiado comercial *Operación jaguar*, un policiaco sobre el secuestro de un avión. Alcanza gran éxito internacional con *La semilla del crisantemo*, sobre las relaciones entre una bella mujer, su viejo y brutal marido y su amable sobrino en una tintorería, y con *La linterna roja*, sobre la historia de un gran señor y sus diferentes concubinas en la China rural de los años cuarenta, ambas realizadas en coproducción con Hong Kong y todavía demasiado volcadas hacia los aspectos fotográficos. Mucho más interés tienen *Qiu Ju, una mujer china*, que gira en torno a la cabezonería de una mujer para conseguir que le hagan justicia, y ¡Vivir!, que narra la dura vida de una familia durante los largos años de dictadura del presidente Mao, donde deja a un lado los aspectos visuales para centrarse en los problemas de sus personajes. Vuelven a predominar la excelente fotografía en La joya de Shanghai, un policiaco con algunos buenos números musicales, donde una vez más brilla con luz propia su actriz favorita Gong Li.

1987 *Hong goaliang* (Sorgo rojo).
1989 *Daihao meizhoubao* (Operación jaguar).
1990 *Ju Dou* (La semilla del crisantemo).
1991 *Dahong denglong gaogao gua* (La linterna roja).
1992 *Qiu Ju da guansi* (Qiu Ju, una mujer china).
1994 *Houzhe* (¡Vivir!).
1995 *Yayo a yao yao dao wai pe qiao* (La joya de Shanghai). / *Lumière y compañía*, un episodio.

YO VIGILO EL CAMINO (I Walk the Line, 1970)

A partir de un excelente guión del conocido profesional Alvin Sargent, basado en una novela de Madison Jones, el productor y director John Frankenheimer hace su mejor película. Narra cómo el enloquecido amor del maduro *sheriff* Henry Tawes (Gregory Peck) por la adolescente Alma McCain (Tuesday Weld), la hija del destilador clandestino de alcohol Carl McCain (Ralph Meeker) en un pequeño condado del estado de Tennessee, le conduce a protegerlos de un agente federal en contra de su obligación. Dentro de este tenso y pesimista drama sobre un hombre mayor que pierde su propia dignidad por conseguir el amor de una jovencita, destacan la hábil realización de Frankenheimer, las extrañas relaciones de la pareja y el excelente juego interpretativo de Gregory Peck y Tuesday Weld.

Director: *John Frankenheimer*. Guionista: *Alvin Sargent*. Fotografía: *David M. Walsh*. Música: *Robert Johnson*. Intérpretes: *Gregory Peck, Tuesday Weld, Estelle Parsons, Ralph Meeker*. Producción: *Harold D. Cohen para Atticus / Halcyon / Lewis / Frankenheimer / Columbia*. Color. Scope. Duración: 97'. Estados Unidos.

YOUNG, Loretta (Gretchen Young. Salt Lake City, Utah, Estados Unidos, 1913)

Hermana de las actrices Polly Ann Young y Sally Blane y del actor John Royal Young, a los cinco años aparece por primera vez en una película, pero hace su verdadero debut una década después en un papel que inicialmente debía interpretar su hermana Polly Ann Young en *La suerte de la fea*. Entre 1928 y 1939 interviene en sesenta y siete películas de variados géneros entre las que hay que citar *La jaula de oro*, de Frank Capra; *El hacha justiciera, Rosa de medianoche, Gloria y hambre* y *La llamada de la selva*, de William A. Wellman; *La gran jugada* y *El diablo se divierte*, de William Dieterle; *Fueros humanos*, de Frank Borzage; *Las Cruzadas*, de Cecil B. de Mille; *Ramona*, de Henry King; *Amor y periodismo* y *Eternamente tuya*, de Tay Garnett, y *Four Men and a Player*, de John Ford. Durante la década de los cuarenta desciende su ritmo de trabajo —solo protagoniza dieciocho películas—, pero gana un Oscar por *Un destino de mujer*, de H. C. Potter, colabora con Orson Welles en *El extranjero* y se especializa en comedias a lo largo de *El doctor se casa, Caprichos de Madame* y *La vida empieza hoy*, de Alexander Hall, y *La mujer del obispo* y *Hablan las campanas*, de Henry Koster. A principios de los años cincuenta se retira del cine para durante una década dedicarse por entero a la televisión con sus programas *Loretta Young Show* y *New Loretta Young Show*.

1918 *The Only Way*, de George Melford.
1921 *The Sheik* (El caíd), de George Melford.
1927 *Naughty But Nice* (La suerte de la fea), de Millard Webb.
1928 *Whip Woman* (Miss Desdén), de Joseph C. Boyle. / *Laugh Clown Laugh* (Ríe, payaso, ríe), de Herbert Brenon. / *A Magnificent Flirt* (Un magnífico flirt), de Harry Abadie. / *The Head Man* (Caciques), de Edward Cline. / *Scarlet Seas* (Sangre en las olas), de John Francis Dillon.
1929 *The Squall* (La última pena), de Alexander Korda. / *The Girl in the Glass Cage*, de Ralph Dawson. / *The Fast Life* (La vida es un azar), de John Francis Dillon. / *The Careless Age*, de John G. Wright. / *The Show of Shows* (Arriba el telón), de John G. Adolfi. / *The Forward Pass*, de Edward F. Cline.
1930 *The Man From Blandley's*, de Alfred E. Green. / *The Second Floor Mystery*, de Roy del Ruth. / *Loose Ankles* (Perdiendo los estribos), de Ted Wilde. / *Road to Paradise*, de William Beaudine. / *Kismet*, de John Francis Dillon. / *The Truth About Youth*, de William A. Seiter. / *The Devil to Pay* (¡Que pague el diablo!), de George Fitzmaurice.

YOUNG, Loretta

1931 *Beau Ideal*, de Herbert Brenon. / *The Right of the Way* (Vidas truncadas), de Frank Lloyd. / *Three Girls Lost*, de Sidney Lanfield. / *Too Young to Marry*, de Mervyn LeRoy. / *Big Business Girl* (Audaz ante todo), de William A. Seiter. / *I Like Your Nerve*, de William McGann. / *Platinum Blonde* (La jaula de oro), de Frank Capra. / *The Ruling Voice*, de Rowland V. Lee.
1932 *Taxi*, de Roy del Ruth. / *The Hatchet Man* (El hacha justiciera), de William A. Wellman. / *Play Girl*, de Ray Enright. / *Weekend Marriage*, de Thornton Freeland. / *Life Begins* (La vida empieza), de Elliott Nugent. / *They Call It Sin*, de Thornton Freeland.
1933 *Employees' Entrance* (Entrada de empleados), de Roy del Ruth. / *Grand Slam* (La gran jugada), de William Dieterle. / *Zoo in Budapest* (Huérfanos en Budapest), de Rowland V. Lee. / *The Life of Jimmy Dolan* (Su última pelea), de Archie L. Mayo. / *Midnight Mary* (Rosa de medianoche), de William A. Wellman. / *Heroes for Sale* (Gloria y hambre), de William A. Wellman. / *The Devil's in Love* (El diablo se divierte), de William Dieterle. / *She Had to Say Yes*, de Busby Berkeley. / *Man's Castle* (Fueros humanos), de Frank Borzage.
1934 *The House of Rotchschild*, de Alfred L. Werker. / *Born to Be Bad*, de Lowell Sherman. / *Bulldog Drummond Strikes Back* (Un aventurero audaz), de Roy del Ruth. / *Caravan* (Caravana), de Eric Charell. / *The White Parade*, de Irving Cummings. / *Clive of India* (Clive de la India), de Richard Boleslawski.
1935 *Shanghai*, de James Flood. / *Call of the Wild* (La llamada de la selva), de William A. Wellman. / *The Crusades* (Las cruzadas), de Cecil B. de Mille.
1936 *The Unguarded Hour* (Una hora en blanco), de Sam Wood. / *Private Number* (La esposa anónima), de Roy del Ruth. / *Ramona*, de Henry King. / *Ladies in Love*, de Edward H. Griffith.
1937 *Love Is News* (Amor y periodismo), de Tay Garnett. / *Café Metropole*, de Edward H. Griffith. / *Love Under Fire*, de George Marshall. / *Wife, Doctor and Nurse* (Esposa, doctora y enfermera), de Walter Lang. / *Second Honeymoon*, de Walter Lang.
1938 *Four Men and a Prayer*, de John Ford. / *Three Blind Mice*, de William A. Seiter. / *Suez*, de Allan Dwan. / *Kentucky*, de David Butler.
1939 *The Story of Alexander Graham Bell* (El gran milagro), de Irving Cummings. / *Wife, Husband and Friend*, de Gregory Ratoff. / *Eternally Yours* (Eternamente tuya), de Tay Garnett.
1940 *The Doctor Takes a Wife* (El doctor se casa), de Alexander Hall. / *He Stayed for Breakfast* (Caprichos de Madame), de Alexander Hall.
1941 *The Lady From Cheyenne* (Una mujer de carácter), de Frank Lloyd. / *The Men In Her Life* (Los hombres que la amaron), de Gregory Ratoff.
1942 *Bedtime Story* (La vida empieza hoy), de Alexander Hall. / *A Night to Remember* (¡Qué noche aquella!), de Richard Wallace.
1943 *China*, de John Farrow.
1944 *Ladies Courageous*, de John Rawlins. / *And Now Tomorrow* (El porvenir es nuestro), de Irving Pichel.
1945 *Along Came Jones* (El caballero del Oeste), de Stuart Heisler.
1946 *The Stranger* (El extranjero), de Orson Welles. / *The Perfect Marriage* (Un matrimonio perfecto), de Lewis Allen.
1947 *The Farmer's Daughter* (Un destino de mujer), de H. C. Potter.
1948 *The Bishop's Wife* (La mujer del obispo), de Henry Koster. / *Rachel and the Stranger* (Vuelve a amanecer), de Norman Foster.
1949 *The Accused*, de William Dieterle. / *Mother Is a Freshman* (Mamá es mi rival), de Lloyd Bacon. / *Come to the Stable* (Hablan las campanas), de Henry Koster.
1950 *Key to the City*, de George Sidney.
1951 *Cause for Alarm*, de Tay Garnett. / *Half Angel* (Seria de día, coqueta de noche), de Richard Sale.
1952 *Paula* (El secreto de Paula), de Rudolph Maté. / *Because of You* (Entre dos amores), de Joseph Pevney.
1953 *It Happens Every Thursday*, de Joseph Pevney.

Z

Z *(1969)*

En un indefinido país mediterráneo, un joven periodista (Jacques Perrin) y un decidido juez (Jean-Louis Trintignant) llegan a la conclusión de que el accidente de circulación que le cuesta la vida a un diputado de izquierdas (Yves Montand) a la salida de una reunión por la paz es un atentado político organizado por el ejército. Su interés reside en que no se trata de una historia de política ficción, sino de la reconstrucción del asesinato del político Gregorios Lambrakis en Grecia en 1963, que origina la denominada «Dictadura de los coroneles». Tomando como modelo el mejor cine negro norteamericano y un título extraído de la primera letra de un verbo griego que significa vivir, el griego Konstantinos Costa-Gavras realiza una eficaz obra de denuncia con una fuerte carga política. Su buena factura técnica, su amplio y eficaz reparto y el hecho de coincidir su estreno con las protestas revolucionarias de mayo de 1968 en Francia hacen que tenga un gran éxito, gane el Oscar destinado a la producción extranjera y que el cine político se ponga de moda durante la década de los setenta.

Director: *Costa-Gavras*. Guionista: *Jorge Semprún*. Fotografía: *Raoul Coutard*. Música: *Mikis Theodorakis*. Intérpretes: *Yves Montand, Jean-Louis Trintignant, Irene Papas, Jacques Perrin, François Périer, Pierre Dux, Charles Denner*. Producción: *Jacques Perrin. Color.* Duración: *125'. Francia-Argelia.*

ZANUSSI, Krzysztof *(Varsovia, Polonia, 1939)*

Descendiente de un ingeniero italiano que dirige la construcción de los ferrocarriles polacos, estudia física en la Universidad de Varsovia y filosofía en la de Cracovia. Interesado por el cine, colabora en la fundación del primer cine-club polaco, dirige algunas películas *amateur,* en 1960 ingresa en la escuela de cine de Lódz se diploma en dirección con la práctica *La muerte del provincial* (Smierč Prowincjaka, 1966). Tras algunos cortometrajes y documentales para cine y televisión, debuta como director de largos con *La estructura del cristal,* donde deja sentir su interés por las cuestiones físicas y filosóficas. Tanto *Vida familiar* e *Iluminación,* como *Balance matrimonial, Camuflaje* y *Espiral* son diferentes análisis de una sociedad que impide al individuo desarrollarse privada y públicamente. El prestigio adquirido con estas películas y su facilidad para los idiomas le llevan a Estados Unidos a rodar, en inglés, *La amante del asesino,* un policiaco basado en una novela del especialista James Hadley Chase, y a la República Federal Alemana a hacer, en alemán, *Wege in der Nacht,* una historia sobre el conformismo ambientada en 1943. De nuevo en su país prosigue con sus análisis críticos realizados a través de miembros de su generación en *La constante* y *Contrato de matrimonio;* para luego rodar en Italia, en inglés, *De un país lejano,* biografía de Karol Woytila antes de convertirse en Juan Pablo II; y en la República Federal Alemana, también en inglés, *Imperativo,* sobre un matemático idealista que cree que la expiación conduce a la revelación divina, y *La inaccesible,* otra interesante historia cargada de resonancias filosóficas. Pasada la dureza inicial de la dictadura del general Jaruzelski, regresa a su país para realizar *El año del sol inmóvil,* ganadora del León de Oro de la Mostra de Venecia, metáfora sobre una Polonia desnaturalizada por los acuerdos de Yalta al final de la II Guerra Mundial. A pesar de la aparente dispersidad, su obra tiene una gran coherencia interna, que da un tono muy personal a sus películas y hace que siempre giren en torno a una problemática marcadamente intelectual, como demuestran, una vez más, *Paradigme,* que insiste en el tema de la culpabilidad redentora, *Wherever You Are,* que narra una historia sobre resignación fatalista, y *El toque silencioso,* que, a través de las relaciones de un joven viajero y un anciano compositor, que lleva cuarenta años sin componer, crea un clima marcadamente religioso.

1969 *Struktura krysztalu* (La estructura del cristal).
1971 *Zycie rodzinne* (Vida familiar).
1973 *Illuminacja* (Iluminación).
1974 *The Catamount Killing* (La amante del asesino).
1975 *Bilans kwartalny* (Balance matrimonial).
1977 *Barwy ochronne* (Camuflaje).
1978 *Spirala* (Espiral).
1979 *Wege in der Nacht.*
1980 *Constans* (La constante). / *Kontrakt* (Contrato de matrimonio).
1981 *From a Far Country* (De un país lejano).
1982 *Versuchung* (Tentación). / *Imperativ* (Imperativo).
1983 *Die Unerreichbare* (La inaccesible).
1984 *Rok spokojnego slonca* (El año del sol inmóvil).
1985 *Paradigme.*
1988 *Wherever You Are.*
1992 *The Silent Touch* (El toque silencioso).

ZAPATILLAS ROJAS, LAS *(The Red Shoes, 1948)*

Interesados por el mundo de la danza, la pareja formada por el británico Michael Powell y el húngaro Emeric Pressburger escribe, produce y dirige una trilogía musical integrada por la irregular *Luna de miel* (Honeymoon, 1959), que rueda en España con Ludmilla Tcherina y Antonio; la interesante *Los cuentos de Hoffmann* (The Tales of Hoffmann, 1951), protagonizada por Moira Shearer y Robert Rounseville, y este clásico del musical. A partir del cuento de Hans Christian Andersen narra cómo Boris Lermontov (Anton Walbroock), director de una importante compañía de ballet clásico, contrata a la joven bailarina Victoria Page (Moira Shearer) y la convierte en una estrella; pero se enamora del compositor Julian Craster (Marius Goring), se casa con él y se retira. Sin embargo poseída del demonio de la danza, vuelve a bailar y se debate entre la fascinación por el director de la compañía y el amor por su marido. Al igual que la protagonista del ballet que titula la película, la fuerza de sus zapatillas la conduce a un dramático final. Levemente inspirada en la vida del ruso Diaghilev y su Ballet de Montecarlo, Powell y Pressburger dan una nueva y personal visión de la tradicional historia de la compañía que quiere montar un espectáculo. Su gran éxito en el mercado norteamericano y su largo ballet central, con coreografía de Robert Helpmann, tienen una gran influencia sobre el musical norteamericano, concretamente en *Un americano en París* (An American in Paris, 1951), de Vincente Minnelli.

Directores y guionistas: *Michael Powell, Emeric Pressburger.* Fotografía: *Jack Cardiff.* Música: *Brian Easdale.* Intérpretes: *Anton Walbrook, Moira Shearer, Marius Goring, Robert Helpmann, Albert Basserman.* Producción: *Michael Powell y Emeric Pressburger para The Archers. Color.* Duración: *136'. Reino Unido.*

ZEFFIRELLI, Franco *(Gianfranco Corsi. Florencia, Italia, 1923)*

Licenciado en bellas artes, estudia arquitectura y comienza a trabajar como actor en radio, teatro y cine. Después de hacer los decorados para un montaje teatral de Luchino Visconti, le convierte en su ayudante de dirección y su alumno. Debuta como director de teatro en 1951 y a través de sus montajes de obras teatrales y óperas llega a ser uno de los grandes de la escena italiana, mientras en cine realiza la comedia de encargo *Camping,* que no tiene la menor relación con el resto de su obra. Sus éxitos teatrales le conducen a *La Bohème,* versión de la ópera de Giacomo Puccini, y *La mujer indómita* y *Romeo y Julieta,* buenas adaptaciones de

William Shakespeare que rueda en inglés en Italia con actores ingleses, equipos italianos y parte de producción norteamericana. Un accidente automovilístico le aparta temporalmente del trabajo y le conduce a un período místico, fruto del cual son *Hermano Sol, hermana Luna,* biografía de Francisco de Asís con tonalidades *hippies,* y la serie de televisión, con gran reparto europeo y versión reducida para su exhibición en salas cinematográficas, *Jesús de Nazareth.* Instalado en Hollywood dirige *Campeón,* nueva versión de la película rodada en 1931 por King Vidor, y *Amor sin fin,* melodramas sin el menor interés. Un tanto desengañado del cine narrativo tradicional hace dos torpes versiones de las óperas *La Traviata* y *Otelo,* de Giuseppe Verdi, con el cantante Plácido Domingo. Tras la discutida película y serie de televisión *El joven Toscani,* rueda *Hamlet,* nueva adaptación de Shakespeare; *Storia di una capinera,* sobre un relato de Giovanni Verga y *Jane Eyre,* nueva versión de la famosa novela de Charlotte Brönte.

1958 *Camping.*
1965 *La Bohème.*
1967 *La bisbetica domata* (La mujer indómita).
1968 *Romeo e Giulietta* (Romeo y Julieta).
1971 *Fratello Sole sorella Luna* (Hermano Sol, hermana Luna).
1977 *Gesù di Nazareth* (Jesús de Nazaret).
1979 *The Champ* (Campeón).
1981 *Endless Love* (Amor sin fin).
1982 *La Traviata.*
1986 *Otello* (Otelo).
1988 *Il giovane Toscanini* (El joven Toscanini).
1990 *Hamlet.*
1992 *Storia di una capinera* (La novicia).
1995 *Jane Eyre.*

ZEMECKIS, Robert *(Chicago, Illinois, Estados Unidos, 1952)*

Estudia cine en la Universidad de California, se diploma con el cortometraje *Field of Honor* (1973), lo ve el productor y director Steven Spielberg, le hace colaborar en algunos de sus guiones y le produce sus dos primeros largos: las comedias *Locos por ellos,* sobre las peripecias de unos adolescentes cuando The Beatles llegan a Nueva York, y *Frenos rotos, coches locos,* en torno a un negocio de automóviles usados dirigido por dos hermanos con criterios diferentes. Consigue su primer éxito con *Tras el corazón verde,* convencional historia de aventuras rodada sin convicción y producida y protagonizada por Michael Douglas, pero lo supera con la serie *Regreso al futuro,* una desigual comedia con efectos especiales, sobre un adolescente que aparece en la época de juventud de sus padres, objeto de dos continuaciones todavía más desiguales. Convertido en el máximo experimentador con las innovaciones de los efectos especiales, tiene un gran éxito con *¿Quién engañó a Roger Rabbit?,* una coproducción entre Steven Spielberg y Walt Disney Productions, un previsible policiaco, pero con una perfecta mezcla entre dibujos animados y personajes reales; fracasa con *La muerte os sienta tan bien,* una tonta comedia negra demasiado dominada por los efectos especiales, y triunfa de nuevo con *Forrest Gump,* reaccionaria historia que trata de demostrar las ventajas de ser tonto sobre las de ser inteligente, que además gana varios Oscars.

1978 *I Wanna Hold Your Hand* (Locos por ellos).
1980 *Used Cars* (Frenos rotos, coches locos).
1984 *Romancing the Stone* (Tras el corazón verde).
1985 *Back to the Future* (Regreso al futuro).
1988 *Who Framed Roger Rabbit?* (¿Quién engañó a Roger Rabbit?).
1989 *Back to the Future Part II* (Regreso al futuro II).
1990 *Back to the Future Part III* (Regreso al futuro III).
1992 *Death Becomes Her* (La muerte os sienta tan bien).
1994 *Forrest Gump.*

ZETTERLING, Mai *(Västeràs, Suecia, 1925-Londres, Reino Unido, 1994)*

A los cuatro años emigra a Australia con su familia, pero regresa a su país dos años después. Interesada por el teatro, a los dieciséis años debuta como actriz con una obra de Pär Lagerkvist y, contratada por el Teatro Real de Estocolmo, durante la segunda mitad de los años cuarenta interpreta con éxito obras de Anton Chejov, Federico García Lorca, William Sarojan, Jean-Paul Sartre, William Shakespeare y otros. Al mismo tiempo desarrolla una carrera pararela como actriz de cine; primero en Suecia, donde destacan sus trabajos con Alf Sjöberg en *Tortura* e Ingmar Bergman en *Noche eterna;* luego en el Reino Unido, donde sobresale en *Frieda,* su primera película hablada en inglés; y por último en Estados Unidos, donde alcanza su mayor éxito con la disparatada comedia *Un gramo de locura,* en la que hace de pareja del cómico Danny Kaye. A principios de los años sesenta dirige algunos cortos que la conducen a abandonar su carrera de actriz y a dedicarse en exclusiva a la realización de largometrajes con un marcado carácter feminista, tal como demuestran *Los enamorados,* sobre las novelas de Agnes von Krusenstjerna; *Juegos de noche,* sobre una novela propia en torno al tema del incesto entre madre e hijo; *Doktor Glass,* sobre la novela homónima de Hjalmar Söderberg, y la menos interesantes *Las chicas.* Durante la década de los sesenta solo rueda documentales, entre los que hay que citar *Vincent the Dutchman* (1971), su episodio de *Vision of Eight,* sobre los juegos olímpicos de Munich, y *Stockholm* (1977). En los años ochenta vuelve a los largometrajes de ficción, pero tienen mucho menos interés y únicamente puede destacarse *Scrubbers,* que, con una gran carga documental, narra la vida de unos jóvenes en prisión. Al final de su vida vuelve a hacer papeles secundarios en algunas películas, pero resulta difícil reconocer a la atractiva joven de las producciones de los años cuarenta y cincuenta en la avejentada mujer entrada en carnes de los noventa.

Como directora
1964 *Älskande par* (Los enamorados).
1966 *Nattlek* (Juegos de noche).
1969 *Doktor Glass.*
1969 *Flickorna* (Las chicas).
1973 *Vision of Eight,* un episodio.
1982 *Love.*
1983 *Scrubbers.*
1986 *Amorosa.*

Como actriz
1941 *Lasse-Maja,* de G. Olsson.
1943 *Jag drapte,* de Gustav Molander.
1944 *Hets* (Tortura), de Alf Sjöberg.
1946 *Iris och löjtnantshjärta,* de Alf Sjöberg.
1947 *Frieda,* de Basil Dearden. / *Musik i mörker* (Noche eterna), de Ingmar Bergman.
1948 *Nu börjar kivet,* de Gustav Molander. / *A Portrait From Life,* de Terence Fisher.
1949 *The Bad Lord Byron,* de David MacDonald. / *The Romantic Age,* Edmond T. Gréville.
1950 *Blackmailed,* de Marc Allégret. / *Quartet,* de Ralph Smart.
1951 *Hell Is Sold Out,* de Michael Anderson.
1952 *The Ringer,* de Guy Hamilton. / *The Tall Headlines,* de Terence Young.
1953 *Desperate Moment* (Momento desesperado), de Compton Bennett.
1954 *Dance Little Lady* (Dos vidas en su mano), de Val Guest. / *Knock On Wood* (Un gramo de locura), de Melvin Frank y Norman Panama.
1955 *A Prize of Gold* (Atraco en las nubes), de Mark Robson.
1956 *Giftas: ett dockhem,* de A. Henriksson. / *Seven Waves Away,* de Richard Sale.
1957 *Lek paa regnabaagen,* de L. E. Kjellgren.
1958 *The Truth About Women,* de Muriel Box.
1959 *Jet Storm,* de Cy Endfield.
1960 *Faces in the Dark,* de David Eady. / *Piccadilly Third Stop,* de Wolf Rilla. / *Offbeat,* de Cliff Owen.
1962 *Only Two Can Play* (Juego para dos), de Sidney Gilliat. / *The Man Who Finally Died* (El hombre que murió tres veces), de Quentin Lawrence. / *The Main Attraction* (Tessa), de Daniel Petrie.
1963 *The Bay of St. Michel,* de J. Ainsworth.
1965 *Lianbron,* Sven Nykvist.
1990 *Hidden Agenda* (Agenda oculta), de Ken Loach.

ZINNEMANN, Fred *(Viena, Austria, 1907- Londres, Reino Unido, 1997)*

Licenciado en derecho por la Universidad de Viena, estudia violín hasta llegar a debutar como profesional, pero su interés por el cine le lleva a especializarse en fotografía en París y trabajar como ayudante de cámara en la famosa producción independiente *Los hombres del domingo* (Menschen am Sonntag, 1929), de Robert Siodmak. En 1929 emigra a Estados Unidos, se establece en Hollywood y trabaja como figurante y luego como ayudante de dirección hasta que rueda en México con Emilio Gómez Muriel, para el productor norteamericano Paul Strand, el documental de largometraje *Redes* (1934), demasiado influido por la peculiar *¡Que viva México!* (1931), de Sergei M. Eisenstein. Entre 1938 y 1942 dirige dieciocho cortos para los estudios Metro-Goldwyn-Mayer y durante el resto de la década ocho largometrajes, entre los que destacan los dramas relacionados con la II Guerra Mundial: *The Sevent Cross,* sobre la fuga de un campo de concentración nazi, *Los ángeles perdidos,* historia realista que marca el debut de Montgomery Clift, y *Teresa,* sobre la readaptación de un soldado a la vida civil, primera película norteamericana de la italiana Anna Maria Pierangeli. Sus primeros éxitos son las producciones del independiente Stanley Kramer: *Hombres,* en torno al enfrentamiento de un herido de guerra parapléjico con la vida normal, donde debuta Marlon Brando; *Solo ante el peligro,* el famoso *western* alegórico contra el senador Joseph McCarthy, presidente del Comité de Actividades Antinorteamericanas, que se desarrolla en tiempo real; y, en menor medida *The Member of the Wedding*, adaptación de una narración de Carson McCullers. Su producción más conocida y la que gana más Oscars es *De aquí a la eternidad*, una adaptación de un novelón de James Jones sobre los días anteriores al ataque japonés de Pearl Harbor vividos en un cuartel norteamericano en Hawaii, subrayada por la pulcritud y frialdad de su estilo. Después de *Oklahoma!*, torpe adaptación del famoso musical de Richard Rodger y Oscar Hammerstein II, que muestra su incapacidad para el género, rueda *Un sombrero lleno de lluvia*, aburrida versión de una obra teatral de Michael Vincente Gazzo sobre un veterano de guerra drogadicto, e *Historia de una monja*, biografía demasiado larga de una muchacha belga, basada en la novela autobiográfica de Kathryn C. Hulme. Injustamente convertido en uno de los más prestigiosos realizadores de Hollywood, durante la década de los sesenta solo rueda tres desiguales producciones: *Tres vidas errantes*, una atractiva aventura australiana; *...Y llegó el día de la venganza*, una de las pocas y peores películas dedicadas por los norteamericanos a la guerra de España, y *Un hombre para la eternidad*, aburrido y teatral enfrentamiento entre sir Thomas More y Enrique VIII, escrito por el guionista Robert Bolt sobre su propia obra teatral, que tiene gran éxito y obtiene múltiples Oscars. Tras la convencional *Chacal*, adaptación de una novela de éxito de Frederick Forsyth sobre un atentado frustrado contra el general De Gaulle, que rueda en Francia, tiene mucho más interés *Julia*, una historia autobiográfica de Lillian Hellman convertida en un buen guión por Alvin Sargent, y, en menor medida, *Cinco días, un verano*, una historia de amor y celos alpinos que cierra su filmografía.

1942 *Eyes in the Night. / Kid Glove Killer.*
1944 *The Seventh Cross.*
1947 *Little Mister Jim. / My Brother Talks to Horses.*
1948 *The Search* (Los ángeles perdidos). / *Act of Violence.*
1950 *The Men* (Hombres).
1951 *Teresa.*
1952 *High Noon* (Solo ante el peligro).
1953 *The Member of the Wedding. / From Here to Eternity* (De aquí a la eternidad).
1955 *Oklahoma!*
1957 *A Hatful of Rain* (Un sombrero lleno de lluvia).
1959 *The Nun's Story* (Historia de una monja).
1960 *The Sundowners* (Tres vidas errantes).
1964 *Behold a Pale Horse* (...Y llegó el día de la venganza).
1966 *A Man for All Seasons* (Un hombre para la eternidad).
1973 *The Day of the Jackal* (Chacal).
1977 *Julia.*
1982 *Five Days One Summer* (Cinco días, un verano).

ZORBA EL GRIEGO *(Zorba the Greek, 1964)*

Octavo de los catorce largometrajes del realizador griego Michael Cacoyannis, en su momento tiene un gran éxito y es seleccionado para media docena de Oscar, pero solo obtiene dos secundarios. Narra cómo el escritor británico Basil (Alan Bates) llega a la isla griega de Creta para explorar una mina de lignito que ha heredado. Allí se hace amigo del ex minero griego Alexis Zorba (Anthony Quinn), a quien confía el trabajo, que le lleva a la ruina en medio de constantes muestras de amistad y una gran euforia. Con una excesiva duración, apoyada en largas escenas y en el exotismo, Cacoyannis relata las relaciones de Zorba con la vieja prostituta Hortense (Lila Kedrova) y de Basil con una ardiente viuda (Irene Papas) ante la mirada de un pueblo hostil, primitivo y en exceso retrógrado. Destaca su final, con el hundimiento del artesanal teleférico, construido por Zorba para trasladar troncos a la vieja mina, y la famosa música de Mikis Theodorakis.

Director y guionista: *Michael Cacoyannis*. Fotografía: *Walter Lassally*. Música: *Mikis Theodorakis*. Intérpretes: *Anthony Quinn, Alan Bates, Lila Kedrova, Irene Papas*. Producción: *Michael Cacoyannis para Rockley / 20th Century Fox*. Duración: *142'*. Reino Unido.

ZULAWSKI, Andrzej *(Lvov, Polonia, 1940)*

Hijo del escritor y poeta Miroslaw Zulawski, estudia el bachillerato en Francia e ingresa en el curso de dirección del I. D. H. E. C., la escuela de cine de París. A principios de los años sesenta estudia filosofía en la Universidad de Varsovia; mientras hace crítica de cine, trabaja como ayudante de dirección de Andrzej Wajda, escribe guiones y realiza algunos cortometrajes para televisión. Debuta en el largo con la interesante *La tercera parte de la noche*, personal, romántica y surrealista visión de la invasión alemana de Polonia durante la II Guerra Mundial, pero tiene problemas con la desigual y delirante *El diablo,* que narra una simbólica y confusa historia ambientada en el siglo XVIII, cuando Polonia deja de existir como nación al ser repartida entre tres potencias extranjeras, que es prohibida por la censura durante años. Tras el éxito alcanzado por la producción francesa *Lo importante es amar,* excesiva historia de amor entre un fotógrafo y una actriz, regresa a Polonia para dirigir la superproducción *Sobre el globo de plata,* adaptación de una novela de ciencia ficción escrita por su abuelo Jerzy Zulawski, ambientada en el año 2000, cuyo rodaje se interrumpe por problemas económicos, más tarde la acaba incluyendo planos contemporáneos y finalmente es prohibida. Definitivamente instalado en Francia, prosigue su delirante narración de largas historias de amor protagonizadas por bellas mujeres en *Posesión* con Isabelle Adjani; *La mujer pública* con Valerie Kaprinsky; *L'amour braqué* y *Mes nuits sont plus belles que vos jours* con Sophie Marceau. Más interés tiene *Boris Godounov,* adaptación de la ópera con música de Modesto Mussorgsky y libreto de Alexander Puschkin, por lo que tiene de disparatada representación teatral. En *La note bleue* reúne al músico Chopin, la escritora George Sand y el pintor Delacroix, dentro de uno más de sus habituales y cada vez menos interesantes delirios estéticos.

1970 *Trzecia czesc nocy* (La tercera parte de la noche).
1972 *Diabel* (El diablo).
1974 *L'important c'est d'aimer* (Lo importante es amar).
1976 *Na srebnym globie* (Sobre el globo de plata).
1981 *Possession* (Posesión).
1984 *La femme publique* (La mujer pública).
1985 *L'amour braque.*
1988 *Mes nuits sont plus belles que vos jours.*
1989 *Boris Godounov.*
1991 *La note bleue.*

ZURLINI, Valerio *(Bolonia, 1926-Verona, Italia, 1982)*
Mientras estudia derecho e historia del arte se interesa por el teatro universitario y llega a trabajar durante un año en el Piccolo Teatro de Milán. Tras realizar una quincena de cortometrajes en seis años, debuta en el largo con *Le ragazze di San Frediano,* buena adaptación de la novela homónima de Vasco Pratolini sobre un muchacho que al mismo tiempo mantiene relaciones con cinco chicas. Tienen un similar estilo realista *Estate violenta,* que narra los amores entre un joven fascista y una viuda de guerra sobre el fondo de la II Guerra Mundial; *La chica con la maleta,* en torno a la relación entre un joven burgués y una muchacha que se gana la vida como puede, y *Crónica familiar,* ganadora del León de Oro de la Mostra de Venecia, una melodramática adaptación de otra novela homónima de Pratolini sobre la vida de dos hermanos en la posguerra. Tras este brillante comienzo, su carrera se tuerce por problemas de producción y censura y durante los años sesenta solo puede hacer las menos interesantes *Le soldatesse,* que narra las vicisitudes de un oficial que debe repartir a trece prostitutas por diferentes acuartelamientos italianos en Grecia durante la II Guerra Mundial, y *Seduto alla sua destra,* una fábula sobre el Tercer Mundo, que en principio solo es uno de los episodios de *Amore e rabbia* (1969). Al no conseguir montar distintos proyectos, rueda *La primera noche de la quietud,* largo y pretencioso relato sobre las relaciones entre un profesor y una de sus alumnas, donde además tiene problemas con el productor y protagonista Alain Delon. Cierra su breve y desigual filmografía, integrada por ocho largos realizados en treinta y tantos años y múltiples proyectos abandonados, con *El desierto de los tártaros,* fallida adaptación de la gran novela homónima de Dino Buzzatti, rodada con un amplio reparto masculino en la fortaleza de Bam, en Baloutchittan, Irán.

1954 *Le ragazze di San Frediano.*
1959 *Estate violenta.*
1961 *La ragazza con la valigia* (La chica con la maleta).
1962 *Cronaca familiare* (Crónica familiar).
1965 *Le soldatesse.*
1968 *Seduto alla sua destra.*
1972 *La prima notte di quiete* (La primera noche de la quietud).
1976 *Il deserto dei tartari* (El desierto de los tártaros).

índice de nombres

Aaron, Paul: 638
Abadie, Harry: 935
Abálov, E.: 839
Abbott, George: 177, 225, 264, 334, 538, 793
Abdullah, Achmed: 867
Abel, Alfred: 259, 567
Abel, David: 809
Abel, Walter: 6, 342, 785, 829, 868
Abrahams, Jim: 249, 747
Abramova, Natacha: 816
Abril, Albert: 781
Abril, Victoria: 3, 23, 42, 53, 89, 180, 432, 433, 491, 495, 517, 647, 786
Abtonov, Aleksander: 5
Aceves, Luis: 3
Achard, Marcel: 523
Ackerman, Robert Alan: 759, 783
Ackland, Rodney: 373
Ackroyd, Barry: 855
Acosta, José Luis: 583
Adabachian, Alexander: 633
Adam, Jean-François: 423
Adams, Brooke: 252, 433
Adams, Casey: 612, 613
Adams, Claire: 370
Adams, Dorothy: 480
Adams, Eddie: 41, 598, 599
Adams, Julia: 122, 419
Adams, Tony: 169, 258
Addams, James: 58
Addison, John: 599, 807
Addiss, Juss: 615
Adjani, Isabelle: 7, 702, 942
Adler, Buddy: 179, 226

Adler, Felix: 60, 298, 481
Adler, Larry: 903
Adler, Luther: 593, 632
Adlon, Eleonore: 62
Adlon, Percy: 7, 62, 222, 223, 238, 831, 832
Adolfi, John G.: 70, 124, 223, 508, 573, 680, 935
Adolfson, Edvin: 85
Adolphson, Edvin: 800
Adorée, Renée: 98, 370
Adrian, Max: 626, 658
Adriani, Patricia: 89, 513, 616
Agadjanova, Nina: 5
Agar, John: 484
Age: 47, 129, 370, 371, 509, 744, 779, 849, 857, 940
Agee, James: 620, 712
Aghion, Gabriel: 44, 115
Agliani, Giorgio G.: 779
Agosti, Silvano: 700
Agostini, Claude: 286
Agostini, Philippe: 22, 590, 592, 674, 724
Aguayo, José: 300, 871, 904
Agujeta: 321
Aguilar, Antonio: 156
Aguilar, Rodolfo: 48
Aguirre, Javier: 45, 251, 313, 341, 475, 556, 654, 750, 751, 804
Aguirresarobe, Xavier: 251, 341, 594, 804
Agulia, Mimi: 899
Ah, Kong: 837
Aherne, Brian: 369
Aherne, Lloyd: 899
Aiello, Danny: 876
Aiken, Spottiswoode: 432

Aimée, Anouk: 9, 241, 262, 311, 312, 447, 589, 621, 622
Aimos, Raymond: 65
Ainsworth, J.: 940
Aisner, Hebri: 79
Aithen, Harry E.: 606
Akins, Claude: 296, 434
Akins, Zoë: 384, 539
Akkad, Moustapha: 697
Alatriste, Gustavo: 34, 904
Alazraki, Benito: 49, 310, 725
Alba, Tota: 300
Albach-Retty, Wolf: 766
Albéniz: 274
Albers, Hans: 34
Albert, Eddie: 53, 886, 898
Albertazzi, Giorgio: 41
Albertelli, Mario: 524
Albertini, Bitto: 33
Albicoco, Jean Gabriel: 265
Alcaine, Jose Luis: 23, 50, 53, 59, 78, 134, 241, 422, 433, 440, 495, 517, 578, 598, 649, 653, 658, 806, 830, 851, 876, 895
Alcázar, Rafael: 754
Alcoriza, Luis: 13, 34, 285, 310
Alcott, Sidney: 81
Alcover, Pierre: 259
Alda, Alan: 126, 364, 669
Alden, Mary: 606
Aldis, Will: 335
Aldo, G. R.: 297, 572, 778, 855, 881
Aldon, Mari: 838
Aldredge, Tom: 500
Aldrich, Robert: 10, 14, 36, 53, 55, 65, 125, 133, 144, 151, 191, 199, 202, 223, 224, 228, 242, 268, 269, 271, 327, 332, 373, 421, 473, 474, 489, 516, 542, 544, 579, 588, 625, 668, 693, 733, 795, 820, 821, 832, 878, 890, 924, 925
Alejandro, Julio: 3, 607, 871, 904
Alekan, Henri: 77, 886
Aleksandrov, Grigori: 5
Alencar, Leonardo: 901
Alessandrini, Goffredo: 15, 92, 356, 525, 739, 782, 812
Alexander, Jeff: 165
Alexander, Scott: 281
Alexandre, Manuel: 40, 127, 675, 837, 838, 900
Alexandrov, Grigory: 631
Alfaro, Italo: 236
Alford, Philip: 552
Alfredson, Hans: 834
Algora, Francisco: 306, 414, 806
Algrant, Daniel: 214, 875
Ali, Muhammed: 211
Alipranti, Marcello: 722
Alix, Victor: 657

Allan, Elizabeth: 539
Allan Poe, Edgar: 37, 194, 220, 221, 292, 376, 527
Allan Seidelman, Arthur: 769
Alland, William: 170
Allegret, Catherine: 880, 789
Allégret, Marc: 68, 79, 95, 98, 104, 105, 237, 242, 345, 373, 445, 472, 590, 592, 669, 792, 940
Allégret, Yves: 36, 237, 338, 592, 669, 789
Allen, Corey: 421
Allen, Fred: 915
Allen, Irvin: 126, 228, 657
Allen, Irwin: 180, 319, 327, 329, 417, 472, 523, 545, 546, 547, 924
Allen, Jay Presson: 122
Allen, Jim: 855
Allen, Joan: 874
Allen, Karen: 286
Allen, Lewis: 187, 199, 316, 469, 473, 560, 574, 618, 632, 655, 696, 733, 794, 876, 936
Allen, Nancy: 145
Allen, Paul: 267
Allen, Woody: 17, 18, 19, 63, 64, 125, 126, 181, 307, 315, 316, 335, 339, 384, 385, 387, 388, 401, 424, 425, 454, 455, 493, 527, 531, 557, 608, 702, 743, 768, 816, 821, 822, 834, 839, 916, 925
Aller, Luis: 362
Allgeier, Sepp: 869
Allgood, Sara: 471, 693
Alliata, Francesco: 145
Allio, René: 243, 623, 754, 755, 790
Allyson, June: 19, 208, 598, 861, 868
Almeida, Joaquim de: 723, 808, 809
Almendros, Néstor: 82, 178, 252, 267, 288, 568, 615, 660, 735, 737, 735
Almirante, Mario: 233
Almodóvar, Agustín: 53, 324, 494, 552, 598
Almodóvar, Pedro: 4, 20, 46, 53, 65, 66, 324, 494, 551, 552, 556, 557, 598, 654, 701, 781
Almond, Paul: 115, 832
Alonso, Ernesto: 3
Alonso, José Luis: 129
Alonso, Rafael: 183, 293, 860
Alonso, Raúl: 313
Alonso, Trini: 208
Alonso Casares, Fernando: 313
Alonzo, John A.: 188, 562
Alov, Alexandre: 238
Alterio, Héctor: 2, 203, 379, 616, 656
Altieri, Elena: 470
Altman, Robert: 10, 20, 24, 62, 71, 74, 82, 121, 144, 161, 162, 166, 175, 205, 307, 356, 357, 364, 417, 425, 439, 440, 455, 473, 474, 485, 489, 502, 506, 550, 551, 561, 582, 611, 612, 624, 720, 722, 732, 744, 759, 769, 783, 813, 822, 831, 832, 868, 901, 926, 927

Alton, John: 27, 66, 568, 647, 690
Alton, Robert: 926
Álvarez, Ana: 722, 723
Álvarez, Lucía: 685, 713
Álvarez «Lepe», José: 176
Alves, Joe: 692
Alwyn, William: 428, 478
Amadio, Silvio: 163, 36, 372, 858
Amadori, Luis César: 316, 588, 721
Amanda, Lia: 738
Amat, Denis: 4
Amateau, Rod: 618, 691
Amato, Giuseppe: 208, 220, 221, 234, 262, 263, 336, 430, 527, 536, 697, 700, 881
Amaya, Remedios: 321
Ambessert, Axel von: 766
Ameche, Don: 25, 164, 562, 868
Amelio, Gianni: 26, 473, 594, 617, 690, 870
Amendola, Mario: 751, 906
Ames, Leon: 138, 147, 169, 170
Amfitheatrof, Daniele: 146, 247, 632, 690, 802
Amidei, Sergio: 117, 360, 496, 497, 570, 620, 649, 737, 738, 740, 779, 826, 898
Amiel, Jon: 335, 361, 401, 423, 710, 916
Amigó, Ángel: 188, 341
Amo, Álvaro del: 23, 42, 432, 433
Amo, Antonio del: 313
Amorós, Juan: 40, 306, 495, 513, 647, 786
Amoroso, Roberto: 263
Amram, David: 296
Amurri, Franco: 417, 456
Anaya, Elena: 8
Anda, Raúl de: 48
Andere, Jacqueline: 34
Anders, Glenn: 220
Andersen, Michael: 883
Anderson, Donna: 418
Anderson, Erville: 753
Anderson, Jane: 64
Anderson, Judith: 149, 300, 480, 667, 706
Anderson, Lindsay: 30, 71, 72, 224, 338, 364, 389, 439
Anderson, Mary: 607, 899
Anderson, Maxwell: 55, 73, 105, 114, 118, 125, 155, 180, 191, 214, 228, 234, 258, 304, 305, 323, 336, 380, 389, 390, 403, 454, 458, 490, 506, 521, 618, 636, 683, 697, 702, 792, 793, 794, 834, 877, 900, 910, 923, 929, 940
Anderson, Richard: 777
Anderson, Warner: 630
Andersson, Bibi: 138, 139, 338, 339, 568, 667, 742, 780
Andersson, Harriet: 183, 377, 749, 891
Andes, Keith: 289, 290
Andrade, Joaquim Pedro de: 31

Andre, Bert: 596
André, Marcel: 77
Andrecejcenko, Natalja: 787
Andrei, Marcello: 357
Andrés, Ángel de: 406
Andrés, Rafael de: 900
Andreu, Cristina: 103, 314
Andreu, Simón: 81, 895
Andrew, Sylvia: 711
Andrews, Dana: 8, 10, 11, **32,** 34, 35, 430, 480, 563, 570
Andrews, Del: 793
Andrews, Edward: 847
Andrews, Harry: 411
Andrews, Julie: 33, 38, 258, 282, 810, 896
Andrews, Tina: 188
Andrex: 859
Andrey, Margarita: 406
Andrien, Jean-Jacques: 44, 435
Andrieu, Michel: 4
Andriot, Lucien: 413, 66
Andrzejewski, Jerzy: 158
Angel, Heather: 236, 607
Angeli, Pier: 35, 536
Angelis, Ricardo de: 512
Angelo, Yves: 193, 243, 44
Angelopoulos, Theo: 36, 156, 455, 456, 550, 551, 590, 591, 894, 895
Angelucci, Gianfranco: 722
Anger, Kenneth: 912
Angioliolillo, Luciana: 293
Anglada, Eugeni: 314
Anglade, Jean-Hugues: 610
Anglim, Phillip: 716
Angst, Richard: 856
Anhalt, Edward: 418
Ann-Magritt: 877
Ann-Margret: 259
Annabella: 37, 65
Annakin, Ken: 32, 36, 114, 117, 118, 166, 178, 187, 214, 228, 234, 315, 316, 327, 403, 579, 589, 618, 702, 733, 812, 883, 916
Annaud, Jean-Jacques: 38, 87, 187, 286, 801
Annis, Francesca: 520
Anouilh, Jean: 739
Ansoldi, Giorgio: 550
Anspaugh, David: 385, 401, 417, 875
Antalfy, A. von: 441
Antheil, George: 288
Anthony, Joseph: 397, 399, 474, 521, 542, 618, 666
Anthony, Scott: 657
Antín, Manuel: 39, 700
Anton, Edoardo: 858, 906
Anton, Karl: 896
Antonelli, Laura: 431

índice de nombres

Antonioni, Michelangelo: **39**, 44, 58, 93, 102, 103, 189, 192, 231, 237, 389, 440, 527, 550, 551, 590, 591, 615, 619, 699, 700, 708, 718, 739, 741, 783, 905, 906
Antonutti, Omero: 9, 619, 647, 830
Anwar, Gabrielle: 433
Anzelmo, Armando: 786
Aourabichvili, Nicolas: 309
Aparicio, Rafaela: 54, 300, 647, 830, 900
Apicella, Tina: 78
Apilánez, Blanca: 658
Appel, Anna: 563
Applegate, Chad: 929
Aprederis, Frank: 4
Apted, Michael: 335, 385, 408, 424, 439, 544, 608, 708, 709, 783, 813, 822, 916
Aquin, Hubert: 115
Aragall, Jaime: 647
Aranda, Vicente: 4, 23, **42**, 46, 66, 76, 137, 138, 305, 306, 362, 432, 433, 495, 517, 658, 701, 758, 786, 892, 893
Aranguren, Sonsoles: 830
Aranovich, Ricardo: 245, 275, 305, 687, 811
Arata, Ubaldo: 738
Arau, Alfonso: 208, 697, 710, 754
Arbona, Gilles: 77
Arbore, Renzo: 740
Arbuckle, Roscoe: 436, 452, 582
Arcady, Alexander: 80, 623, 870
Arcalli, Franco: 291, 571, 880
Archainbaud, George: 70, 179, 508, 560, 574, 578, 825, 887
Archer, Anne: 901
Archibald, William: 831
Archibugi, Francesca: 10, **43**, 550, 551, 583, 756
Arcidiacono, Antonio: 855
Arcidiacono, Giuseppe: 855
Ardant, Fanny: 29, **44**, 305
Ardavín, César: 4, 582
Arden, Eve: 20, 30, 146
Ardolino, Emile: 456, 638
Arehn, Mats: 722
Arena, Maurizio: 858
Arenzana, Francisco: 830, 831
Arévalo, Carlos: 721
Argentina, Imperio: 44, 141, 840
Argento, Claudio: 442
Argento, Darío: 45, 391, 455, 456, 489
Arias, Imanol: 8, **45,** 240, 241, 324, 432, 433, 513, 517, 594, 899
Ariño, Luis: 893
Aristaráin, Adolfo: 46, 511, 512, 751, 754
Arkin, Alan: 614, 832
Arlen, Harold: 526
Arlen, Richard: 13, 209

Arletty: 22, 616, 617
Arling, Arthur E.: 22
Arliss, Leslie: 373, 503, 548
Arlorio, Giorgio: 638
Armendáriz, Montxo: 47, 893
Armendáriz, Pedro: 47, 314
Armiñán, Jaime de: 4, 28, 76, 100, 313, 314, 541, 556, 568, 569, 582, 616, 654, 701, 722, 893
Armitage, George: 485
Armstrong, Gilliam: 362, 455, 582, 747
Armstrong, Robert: 461, 528, 626
Arnheim, Gus: 763
Arno, Sig: 540
Arnó, Josette: 627
Arnold, Edward: 50, 415, 446
Arnold, Jack: 273, 280, 485, 574, 733, 768, 774, 876, 918
Arnold, John: 370, 903
Arnold, Malcolm: 688, 865
Arnould, Françoise: 338
Arnoux, Robert: 866
Arquette, Patricia: 281
Arquette, Rosanna: 369
Arrabal, Fernando: 442
Arribas, Fernando: 147, 414, 621, 673, 860
Arribas, Miguel: 188
Arroyo, Manuel: 694
Artaud, Antonin: 606
Artemiev, Eduard: 787, 816
Artero, Antonio: 314, 722
Arthur, Bob: 369
Arthur, Jean: 28, 807
Arthur, Robert Alan: 478, 729
Arthur, Robert: 20, 167, 599, 802, 853
Artigot, Raúl: 781
Arvanitis, Georges: 156, 895
Arzner, Dorothy: 49, 177, 201, 374, 384, 398, 399, 538, 629, 630, 632, 736, 928
Ashby, Hal: 74, 109, 166, 271, 328, 351, 394, 521, 615, 907
Ashcroft, Peggy: 866
Asher, Robert: 125
Asher, William: 454, 543, 555, 695
Asherson, Renée: 290
Asins Arbó, Miguel: 165, 176, 675, 888, 893
Asquerino, María / Maruja: 294, 831
Asquerino, Mariano: 183
Asquith, Anthony: 50, 86, 95, 118, 143, 228, 234, 237, 319, 364, 373, 391, 420, 506, 521, 548, 574, 591, 618, 636, 772, 791, 844, 918
Assayas, Olivier: 169
Astaire, Adele: 51
Astaire, Fred: 51, 76, 94, 138, 143, 191, 247, 405, 418, 563, 564, 610, 736, 756, 809, 819, 908
Astarita, Luigi: 266

Asther, Nils: 25
Asthon, Sylvia: 713
Asti, Adriana: 5
Astor, Gertrude: 410
Astor, Mary: 133, 170, 386, 540, 562, 686
Astruc, Alexander: 9, 671, 870
Ates, Roscoe: 653
Atkine, Féodor: 660
Atsuta, Yuharu: 685
Atsuta, Yushun: 211
Attanasio, Paul: 258, 259, 708
Attenborough, Richard: 54, 64, 96, 121, 126, 187, 226, 271, 385, 415, 416, 446, 447, 636, 638, 656, 708, 709, 877, 914, 927, 928
Atwill, Lionel: 135, 781, 867
Aub, Max: 788, 806, 881
Aubier, Pascal: 309
Aubrey Smith, E.: 173
Auclair, Michel: 138
Audiard, Jacques: 871
Audiard, Michel: 243, 346, 575
Audley, Michael: 676
Audran, Stéphane: 143, 386, 597, 686, 687, 715
Audry, Jacqueline: 792
Auer, Barbara: 363
Auer, John H.: 792, 825
Auer, Mischa: 66
August, Bille: 56, 66, 84, 435, 563, 662, 663, 709, 747, 823, 834, 835
August, Joseph H.: 236, 295, 369, 415
August, Pernilla: 563
Aulinger, Elise: 570
Aumont, Jean-Pierre: 496, 587
Aurel, Jean: 68, 242, 299, 671
Aurenche, Jean: 56, 250, 287, 446, 841, 866
Auric, Georges: 12, 77, 115, 502, 724, 752, 831, 886
Aurthur, Robert Alan: 676
Auster, Paul: 456, 802, 912
Autant-Lara, Claude: 56, 68, 234, 250, 286, 287, 309, 345, 346, 525, 566, 567, 586, 592, 669, 866
Auteuil, Daniel: 193
Avakiam, Aram: 83, 549
Avanzo, Renzo: 649
Avary, Roger: 238
Avati, Antonio: 58
Avati, Pupi: 57, 859
Avedis, Howard: 317
Avenzo, Renzo: 145
Averback, Hy: 26, 214, 225, 625
Avil, Gordon: 15
Ávila, Enrique: 569
Avildsen, John G.: 107, 350, 488, 758, 772, 816, 817
Avis, Meiert: 69
Avnet, Jon: 198, 669
Axel, Gabriel: 59, 386

Axelrod, George: 245, 246, 555
Axt, William: 98, 370
Ayala, Fernando: 81
Aykroyd, Dan: 589
Ayling, Denys: 17
Aylmer, Felix: 436
Aymat, Maricarmen: 165
Ayres, Lew: 1, 145, 793, 847
Azagra: 861
Azcona, Rafael: 40, 59, 78, 86, 165, 175, 176, 293, 317, 351, 369, 370, 414, 609, 634, 664, 673, 675, 684, 685, 722, 723, 760, 773, 837, 838, 860, 872, 888, 893
Azimi, Iradj: 755
Azmi, Shabana: 447
Aznar, Tomás: 582
Aznavour, Charles: 306

Babe, Fabianne: 3
Babenco, Héctor: 61, 387, 424, 616, 822
Bac, André: 22
Bacall, Lauren: 61, 96, 155, 293, 299, 568, 712, 723, 777, 829, 848
Bach, Johann Sebastian: 5, 43, 183, 184, 377, 667, 791
Bacharach, Burt: 419
Bachelet, Jean: 204, 711
Bacher, William A.: 692
Backus, Jim: 706
Backy, Josef von: 363
Baclanova, Olga: 652, 653
Bacolov, Luis Enrique: 147
Bacon, Lloyd: 32, 70, 72, 96, 97, 124, 125, 223, 227, 228, 325, 348, 353, 396, 408, 409, 484, 508, 522, 560, 574, 579, 625, 630, 668, 680, 696, 705, 725, 733, 736, 745, 784, 791, 923, 936
Badger, Clarence: 190, 833
Badham, John: 151, 198, 244, 273, 326, 362, 394, 456, 625, 636, 763, 822, 866
Badham, Mary: 552
Badiek, Michele: 583
Badiola, Klara: 188
Baena, Juan Julio: 176, 368, 628, 853
Baer, Harry: 513
Baeza, Elsa: 627
Bagdadi, Maroun: 672
Bailey, John: 822, 874
Bailly, Raymond: 590
Bainter, Fay: 129, 595, 795
Baird, Anthony: 12
Baird, Roy: 658
Baird, Tadeusz: 656
Baker, Carroll: 389, 418, 419
Baker, Diane: 25
Baker, Graham: 122, 808, 856

índice de nombres

Baker, Joe Don: 266, 789
Baker, Roy Ward: 55, 64, 95, 221, 224, 585, 682, 702, 850, 856, 923
Baker, Stanley: 204
Bakshi, Ralph: 674
Baky, Josef von: 363, 766
Balaban, Burt: 384
Balagué, Carlos: 362, 583
Balaguer, Asunción: 513
Balanescu, Alexander: 35
Balañá, Pedro: 721
Balasko, Josiane: 4, 423
Balboa, Manuel: 133
Balbuena, Agustín: 694
Balcázar, Alfonso: 588
Balcon, Jill: 225
Balcon, Michael: 413, 520
Balderston, John L.: 517, 686, 867
Baldi, Ferdinando: 4, 700, 858, 918
Baldi, Gian Vittorio: 755
Baldi, Marcello: 503
Balducci, Armenia: 91
Baldwin, Alec: 47, 71, 422
Bale, Christian: 386
Baledón, Rafael: 782
Balin, Mireille: 664
Balk, Fairuza: 888
Balkin, Karen: 128, 129
Ballard, Carrol: 192, 582
Ballard, Lucien: 87, 274, 293, 296, 418, 423
Ballerini, Pietro: 503, 525
Ballesteros, Antonio: 195, 406
Ballesteros, Carlos: 29
Ballesteros, Pío: 313
Ballhaus, Michael: 47, 259, 882
Balmer, Jean-François: 523
Balsam, Martin: 246, 261, 687, 857
Balshofer, Fred J.: 887
Bancroft, Anne: 64, 248
Bancroft, George: 259, 494
Band, Albert: 199, 316
Band, Charles: 315, 589
Banderas, Antonio: 53, **65,** 493, 494, 552, 598, 786, 876, 899
Bandini, Bacchio: 373
Bando, Kotaro: 884
Bando, Minosuke: 884
Bang-Hansen, Arne: 810
Bankhead, Tallulah: 607
Banks, Leslie: 290, 528
Banks, Monty: 388, 469, 481, 629
Banky, Vilma: 8, 9
Banlier, Chantal: 665
Bannen, Ian: 295, 411
Bannerjee, Kanu: 659

Bannerjee, Karuna: 659
Bannerjee, Subir: 659
Bánsagi, Ildikó: 566
Bansal, R. D.: 163
Baños, Ricardo de: 756
Baotian, Li: 445, 446, 775, 776
Bara, Theda: 141
Barabas, Stanislav: 701
Baratier, Jacques: 38, 80, 139, 790, 906
Baravalle, Victor: 405
Barbachano Ponce, Manuel: 607
Barberis, René: 37, 445
Barbier, George: 355
Barbieri, Albani: 881
Barbieri, Gato: 880
Barboni, Leonida: 260, 430, 527, 786, 898
Barcellini, Franck: 569
Barcelloni, Gianni: 756
Bardem, Javier: 422, 440
Bardem, Juan Antonio: 4, **67,** 86, 89, 90, 103, 127, 183, 292, 310, 313, 475, 541, 549, 566, 567, 588, 594, 595, 627, 628, 700, 720, 721, 773, 774, 782
Bardem, Rafael: 67
Bardini, Aleksander: 261
Bardot, Brigitte: 56, **68,** 277, 287, 294, 527, 627, 869
Bare, Richard L.: 253
Barea, Ramón: 594
Barge, Paul: 654
Barhydt, Frank: 901
Barilli, Ayanta: 664
Barilli, Francesco: 700
Bariocchi, Cesare: 505
Barjaval, René: 263
Barkay, Ben: 674
Barker, Reginald: 101, 508
Barnes, Binnie: 900
Barnes, Frank: 537
Barnes, George: 9, 37, 336, 446, 706
Barnes, T. Roy: 788
Baró, Amparo: 616
Baroncelli, Jacques de: ver De Baronelli
Barr, Jean-Marc: 295, 369
Barranco, María: 283, 598, 723
Barrault, Jean-Louis: 616, 617, 619, 620, 739, 850, 851
Barrault, Marie-Christine: 568, 596
Barray, Gérard: 868
Barreiro, Ramón: 313
Barreto, Bruno: 69, 351, 551
Barreto, Lima: 154, 665
Barreto, Luiz Carlos: 69, 901
Barrett, James Lee: 418
Barrett, Lezli-An: 440
Barreyre, Enrique: 204, 263, 861, 899

Barrie, Elaine: 562
Barrier, Edgar: 520, 528
Barron, Zeida: 325
Barrows, James: 638
Barry, Dennis: 774
Barry, J. A.: 887
Barry, John: 69, 200, 339, 371, 562, 565, 846, 847
Barry, Matthew: 514, 515
Barry, Michael: 273
Barrymore, Diane: 70
Barrymore, Drew: 69, 70, 298
Barrymore, Ethel: 69, 292
Barrymore, John: 69, 371, 562, 846, 847
Barrymore, Lionel: 69, 135, 155, 246, 274, 336, 347, 371, 388, 435, 480, 539, 601, 602, 692, 717, 817
Barsha, Lech: 396
Barski, Odile: 687
Barsky, Vladimir: 5
Barstow, Lester: 907
Bartel, Paul: 91, 816
Barthelmess, Richard: 212, 213, 807, 808
Bartholomew, Freddie: 37, 135
Bartlett, Hall: 32, 202, 221, 469, 676, 697, 726
Bartlett, Sy: 20, 419
Bartman, William: 335
Bartolini, Elio: 58
Barton, Charles T.: 330, 374, 421, 469, 522, 523, 784, 794, 915
Barzman, Paolo: 702, 835
Basaglia, Maria: 858
Basauri, Pedro: 583
Basch, Felix: 256
Bashki, Ralph: 71
Basinger, Kim: 70, 169, 422
Baskin, T. R.: 83, 121
Bass, Ronald: 150
Bass, Saul: 115, 687, 921
Basserman, Albert: 898, 938
Bassier, Robert: 168, 616
Bassman, George: 147, 274
Bast, Jean-Claude: 596
Bastos, Othon: 39
Bat-Adam, Michal: 44
Bataglia, Enzo: 36
Bataille, Sylvia: 204
Bates, Alan: 38, **71,** 386, 941
Bates, Kathy: 856
Bates, Ralph: 850
Bath, Hubert: 866
Battaglia, Guillermo: 148
Batti, Jeannette: 866
Battiato, Giacomo: 654, 834
Battisti, Carlo: 880, 881
Batyi, Gaston: 511, 512
Bauchau, Patrick: 285

Bauluz, Fernando: 583
Baur, Harry: 142
Bautista, Aurora: 852, 853
Bava, Mario: 61, 199, 378, 671, 898
Baviera, José: 34
Bax, Arnold: 635
Baxley, Craig R.: 822
Baxter, Alan: 220
Baxter, Anne: 8, **72,** 167, 183, 207, 298, 299, 320
Baxter, Deborah: 903
Baxter, John: 458, 883
Baxter, Warner: 686
Bay, Michael: 124
Bayarri, Jaime: 556
Baynes, John: 12
Bayser, Clotilde de: 665
Bazin, André: 872
Bazman, Paolo: 702
Beachman, Stephanie: 831
Beaird, David: 276
Beals, Jennifer: 694
Béart, Emmanuelle: 73, 76, 77, 159, 169, 193, 610, 896
Beato, Alfonso: 39, 324
Beatty, Ned: 236
Beatty, Robert: 404
Beatty, Warren: 74, 99, 122, 166, 296, 384, 385, 408, 454, 455, 496, 521, 549, 615, 631, 646, 874
Beaudine, William: 177, 190, 352, 389, 538, 560, 929, 935
Beaumont, Harry: 70, 201, 348, 352, 509
Beauregard, Georges de: 11, 178, 186, 715, 841
Beavers, Louise: 429
Becca, Giuseppe: 878
Beccario, Mario: 143
Bechet, Sidney: 811
Beck, George: 372
Beck, Reginald: 391
Becker, Étienne: 678
Becker, Harold: 207, 326, 582, 646, 772
Becker, Jacques: 9, **75,** 138, 299, 345, 346, 588, 589, 590, 654, 669, 773, 789
Becker, Jean: 7, 75, 80, 244, 623, 755, 774
Beckerman, Sidney: 537
Beckinsale, Kate: 386
Bécourt, Alain: 569
Bedelia, Bonnie: 846
Bedoya, Alfonso: 419
Beduya, Alfonso: 850
Beebe, Ford L.: 414, 914
Beerblock, Maurice: 185
Beery, Wallace: 208, 323, 371, 930
Begley, Ed: 261
Béhat, Guilles: 238
Behn, Harry: 98, 370, 933

índice de nombres

Behrendt, H.: 345
Behrman, A. N.: 688
Behrman, S. N.: 540
Beineix, Jean-Jacques: 4, 243, 462
Belasco, David: 198, 228
Belén, Ana: 28, **75,** 147, 180, 240, 241, 248, 495, 557, 658, 809, 860
Bell de Knight, Fannie: 15
Bell, Marie: 142
Bell, Martin: 109
Bell, Monta: 177, 201, 350, 508, 733, 736, 745
Bellah, James Warner: 414, 759
Bellamy, Earl: 516
Bellamy, Ralph: 515, 776
Bellmunt, Francesc: 362, 781
Bellocchio, Marco: 9, 10, **78,** 140, 250, 287, 288, 336, 535, 550, 551, 583, 671, 672
Belloch, Enrique: 65
Bellon, Yannick: 74, 679
Belmar, Nazario: 893
Belmondo, Jean-Paul: 11, **79,** 186, 244, 702, 797
Belson, Jerry: 126, 319
Beltrán, Pedro: 300, 583
Belvaux, Lucas: 3
Bell, A. Dean: 580
Bemberg, María Luisa: 46, **81,** 166, 551, 755, 781
Ben Barka, Souheil: 140, 456, 583, 722
Benatti, Giuseppe: 774
Benavides, José: 48
Benayoun, Georges: 447
Benayoun, Robert: 423
Bencivenga, Edoardo: 233
Bendix, William: 595, 607
Bendtsen, Henning: 651
Benedek, Laszlo: 106, 114, 151, 162, 420, 421, 539, 544, 725, 794, 834, 877
Benedetti, Aldo de: ver De Benedetti
Benedetto, Leonor: 511, 512
Benedict, Brooks: 715
Benedict, Richard: 369
Benedicto, Augusto: 34
Benetti, Adriana: 208, 605
Beneyton, Yves: 288
Benigni, Roberto: 88, 282, 554, 555, 652
Bening, Annette: 81, 874, 888
Benítez, César: 8
Benjamin, Richard: 71, 123, 280, 377, 387, 493, 565, 642, 676, 747
Bennent, Ann: 126
Bennent, Heinz: 422
Bennet, Eloise: 210
Bennett, Bruce: 20, 28, 777, 850
Bennett, Compton: 356, 373, 548, 940
Bennett, Charles: 679, 866
Bennett, Enid: 613

Bennett, Joan: 208, 367, 596, 647
Bennett, Richard Rodney: 934
Bennett, Richard: 207
Bennett, Spencer G.: 508
Benny, Jack: 756, 780, 781
Benpar, Carlos: 362, 700, 781
Benson, Sally: 30, 169, 565
Bentley, Thomas: 420
Benton, Robert: 21, 71, **82,** 99, 108, 109, 250, 288, 318, 319, 377, 408, 527, 532, 612, 663, 763, 822, 927
Benvenuti, Leonardo: 291, 384
Benvenutti, Alessandro: 781
Bérard, Christian: 77
Bérard, Henri: 724
Béraud, Luc: 591
Berd, Françoise: 444
Beregi, Oskar: 851
Berenguer, Manuel: 70, 541, 788
Berenson, Marisa: 122, 123
Beresford, Bruce: 82, 188, 273, 320, 361, 454, 455, 477, 783, 813, 822
Bergé, Francine: 715
Bergen, Candice: 83
Bergen, Edgar: 146
Bergenstrahle, Johan: 834
Berger, A.: 441
Berger, Gerhard: 856
Berger, Helmut: 186, 512, 513
Berger, Henri Diamant: 825
Berger, Jacob: 583
Berger, Ludwig: 234, 442, 470, 750
Berger, Richard H.: 908
Bergerac, Jacques: 364
Berggen, Thommy: 922
Bergin, Patrick: 587, 732
Bergman, Andrew: 64, 107, 121, 122, 123, 124, 326, 589, 638
Bergman, Daniel: 84
Bergman, Henry: 854
Bergman, Ingmar: 17, 56, **84,** 85, 86, 138, 139, 181, 183, 184, 194, 339, 377, 422, 523, 563, 568, 667, 684, 703, 742, 780, 790, 791, 798, 799, 800, 810, 834, 840, 877, 891, 922, 939, 940
Bergman, Ingrid: 43, 44, **85,** 149, 289, 298, 323, 517, 524, 569, 570, 657, 664, 740, 741, 790, 809, 810, 825, 826, 845, 908
Bergman, Vera: 524
Bergonzelli, Sergio: 36
Beristain, Luis: 285
Berke, William: 750
Berkeley, Busby: 96, 255, 264, 353, 395, 457, 471, 490, 626, 680, 695, 705, 725, 746, 784, 794, 926, 936
Berkoff, Stephen: 718
Berlanga, José Luis: 4

Berlanga, Luis G.: 67, **86,** 89, 90, 127, 176, 183, 292, 293, 300, 313, 314, 406, 475, 476, 627, 671, 675, 751, 773, 781, 837, 838, 879, 888, 893
Berlin, Irving: 247, 460, 510, 511, 809
Berling, Peter: 9
Berman, Harvey: 615
Berman, Pandro S.: 51, 268, 295, 369, 384, 405, 436, 467, 523, 563, 646, 647, 720, 809, 868
Bermejo, Alberto: 781
Bernabò, Guglielmo: 605
Bernaola, Carmelo: 414, 627, 653, 673, 860
Bernard, Raymond: 38, 539, 540, 782, 792, 812, 825
Bernard, Yannick: 164
Bernard-Aubert, Claude: 243, 346
Bernard-Roland: 789
Bernardi, Herschel: 839
Bernardi, Piero de: ver De Bernardi
Bernart, Maurice: 781
Bernds, Edward: 593
Bernhardt, Curtis: 29, 97, 143, 202, 224, 228, 315, 330, 331, 336, 345, 373, 396, 416, 480, 484, 516, 523, 603, 655, 680, 687, 705, 784, 818, 843, 845, 876, 883, 906, 929
Bernier, Jean-Paul: 115
Bernstein, Elmer: 156, 178, 184, 552, 846
Bernstein, Leonard: 921
Bernstein, Walter: 33, 214, 513, 555, 631, 839, 934
Berquist, Rudolph J.: 626
Berri, Claude: 73, 74, **87,** 242, 243, 586, 623, 624, 670, 850, 870, 888
Berriatúa, Luciano: 76, 700
Berriatúa, Zoe: 8
Berry, Denis: 423
Berry, John: 44, 162, 214, 329, 353, 364, 471, 664, 721, 782, 812
Berry, Jules: 22, 204, 259
Berry, Noah: 501
Berry, Richard: 141, 383, 384
Berry, Wallace: 435
Berta, Renato: 6, 169
Berthier, J.: 10
Berthomieu, André: 6, 37, 540, 590, 789, 806
Berto, Giuseppe: 152, 536, 571, 584
Berto, Juliet: 157
Bertolucci, Bernardo: 9, 10, 26, **87,** 88, 106, 107, 186, 230, 243, 297, 325, 326, 474, 489, 514, 515, 527, 571, 641, 642, 710, 754, 755, 831, 832, 858, 859, 869, 870, 879, 880, 927, 928
Bertolucci, Giovanni: 186, 297, 515, 755, 756
Bertolucci, Giuseppe: 87, **88,** 514, 515, 571
Bertucelli, Jean-Louis: 423, 672
Berubet, Madeleine: 367
Bessie, Alvah: 630
Besson, Luc: 7, **89,** 369, 591, 633

Bessy, Maurice: 853
Best, Edna: 880, 898
Best, James: 892
Betancor, Antonio J.: 697, 758, 827
Beteul, Jonathan: 417
Beth Hughes, Mary: 430
Bethmann, Sabine: 856
Betriu, Francesc: 66, 314, 476, 893
Betrone, Elvira: 605
Bettger, Lyle: 565
Beuchot, Pierre: 44, 770
Beucler, André: 345
Beukelaers, François: 622
Beutel, Jack: 329
Bevilacqua, Alberto: 140, 700, 721, 774, 766, 859
Beymer, Richard: 297, 921
Bezace, Didier: 665
Bharadway, Radha: 740, 822
Biagetti, Paolo: 895
Bianca, Rachel: 422
Bianchi, Andrea: 435, 722, 919
Bianchi, Edward: 62
Bianchi, Gianni: 233
Bianchi, Giorgio: 63, 234, 503, 505, 550, 812, 858
Biancini, Ferruccio: 524
Biancoli, Oreste: 233, 470, 536, 550
Biao, Fu: 446
Biberman, Abner: 522, 630
Biberman, Herbert J.: 396
Bickford, Charles: 35, 132, 252, 274, 418, 419, 907
Bichir, Bruno: 685
Biddell, Sidney: 128
Bideau, Jean-Luc: 77
Biebrach, R.: 441
Biehn, Michael: 2, 3
Biensfeldt, Paul: 868
Bierman, Robert: 124
Bigagli, Claudio: 619, 857
Bigas Luna, José Juan: 90, 362, 422, 440, 583, 700, 756, 781, 851, 892, 893
Bigazzi, Luca: 473
Bigelow, Kathryn: 213, 219, 493, 710
Bijl, J.: 162
Bikel, Theodore: 695, 712
Bilal: 871
Bill, Tony: 335, 387, 589, 590, 801
Billerey, Raoul: 665
Billington, Kevin: 114, 269, 721, 832
Billis, Teddy: 851
Billon, Pierre: 259, 590
Bing, Herman: 631
Binger, Ray: 259
Bini, Alfredo: 5, 529
Binns, Edward: 621
Binoche, Juliette: 3, 60, **90,** 169

índice de nombres

Binyon, Claude: 178, 395, 522, 556, 736, 784
Birch, Patricia: 669
Bird, Antonio: 69
Birdwell, Russell: 73
Birkin, Andrew: 276, 673
Birkin, Jane: 76, 77, 94, 262, 665, 673, 888
Biro, Lajos: 209, 464, 470, 900
Biroc, Joseph: 53, 65, 133, 890, 892
Birri, Fernando: 744
Bischoff, Sam: 140, 640
Bisquert, Patxi: 188, 341
Bisset, Jacqueline: 91, 159, 292, 535
Biswas, Chhabi: 753
Bitzer, G. W. Billy: 213, 267, 376, 432
Bixio, Cesare A.: 693
Bizet, George: 141
Björk, Halvar: 809, 810
Bjorne, Lars Goren: 568, 749
Björnstrand, Gunnar: 183, 184, 339, 568, 667, 742, 780, 810
Blache, Herbert: 453
Black, Edward: 13
Black, Karen: 370
Black, Noel: 230, 582, 666, 832
Blackmer, Sydney: 776
Blackton, James S.: 508
Blain, Gérard: 28, 853
Blair, Betsy: 127, 543
Blair, George: 750, 825
Blair, Les: 633
Blaise, Pierre: 468
Blake, Henry: 548, 850
Blake, Robert: 887, 888
Blake, Yvonne: 133
Blanc, Dominique: 52, 58
Blanc, Dorothée: 596
Blanc, Felicidad: 246
Blanc, Jean-Pierre: 623
Blanc, Michel: 624
Blance, Francis: 370
Blanchar, Dominique: 58
Blanchar, Pierre: 142
Blane, Ralph: 170
Blane, Sally: 935
Blanke, Henry: 386, 502, 530, 547, 723, 865, 896, 897, 898
Blankfort, Henry: 775
Blasco, Maite: 664
Blasco, Ricardo: 700
Blasetti, Alessandro: 10, 78, **92,** 104, 105, 151, 208, 233, 234, 361, 503, 505, 506, 531, 550, 586, 592, 699, 700, 782, 811, 812, 858, 906
Blasi, Silverio: 690
Blatt, Edward A.: 353, 655
Blatty, William Peter: 772

Blauner, Steve: 701
Blaustein, Julian: 150, 200, 878
Blavette, Charles: 859
Blees, Robert: 630
Blier, Bernard: 93, 129, 371, 781
Blier, Bertrand: 87, **93,** 237, 238, 242, 243, 423, 551, 590, 591, 870, 871
Blistène, Marcel: 586, 789
Blocker, David: 285, 397
Blondell, Joan: 127, 128
Bloom, Claire: 134
Bloom, Verna: 58, 59
Bloomfield, George: 667, 832
Blore, Eric: 809, 869
Blossom, Robert: 341
Blue, Monte: 779, 867
Blum, Mark: 169
Bluwal, Marcel: 237
Blystone, John G.: 124, 190, 329, 359, 388, 416, 481, 560, 680, 736, 847, 863, 864
Blyth, Ann: 19, 20, 600
Boardman, Eleanor: 933
Boasberg, Al: 537
Bochner, Lloyd: 890
Bodard, Mag: 169, 596, 622, 653, 779
Bodeen, DeWitt: 597
Bodegas, Roberto: 76, 751
Boehm, Sydney: 603, 802
Boese, Karl: 472
Boetticher, Budd: 94, 175, 199, 296, 331, 419, 420, 421, 544, 633, 676, 696, 697, 787, 865
Boffety, Jean: 197, 897
Bogaert, Lucienne: 853
Bogarde, Dirk: 95, 687, 798, 841
Bogart, Humphrey: 25, 61, **96,** 128, 149, 155, 222, 288, 338, 386, 425, 664, 703, 712, 777, 829, 848, 849, 850, 880, 904
Bogart, Paul: 64, 108, 543, 752
Bogdan, Adriana: 77, 622
Bogdanovich, Peter: 82, **97,** 108, 109, 398, 637, 638, 701, 823
Boger, Charles: 162
Bohdziewicz, Antoni: 103
Bohnen, Roman: 300
Bohr, José: 48
Bohringer, Richard: 176
Boisrond, Michel: 68, 80, 105, 237, 623, 790, 791
Boisrouvray, Albina de: 77, 678
Boisset, Yves: 52, 423, 544, 622, 623, 671, 672, 702, 763, 774, 870, 883
Boissol, Claude: 234, 313
Bokova, Jana: 722
Bolam, James: 807
Boland, Mary: 598
Boles, John: 261

Boleslavski, Richard: 26, 70, 105, 180, 190, 201, 257, 270, 348, 350, 388, 389, 479, 481, 509, 538, 936
Bolger, Ray: 525, 526
Bolkan, Florinda: 434
Bollaín, Icíar: 98, 830, 855
Bollaín, Juan: 98
Bolognini, Mauro: 79, 80, **98,** 103, 139, 140, 242, 361, 390, 423, 503, 506, 531, 539, 550, 551, 658, 696, 697, 700, 720, 722, 754, 755, 756, 812, 813, 834, 859, 878
Bolotin, Craig: 493
Bolt, Ben: 223
Bolt, Robert: 481, 482, 636, 941
Bonanova, Fortunio: 907
Bond, Ward: 8, 158, 194, 360, 415, 443, 657, 726, 828
Bondarchuk, Sergei: 919
Bondi, Beulah: 412, 413, 616, 692, 707, 795
Bonetti, Massimo: 619
Bonezzi, Bernardo: 552, 598
Bonfani, Liliana: 263
Bongusto, Fred: 890
Bonham Carter, Helena: 261, 336, 383, 386, 711
Bonitzer, Pascal: 77
Bonnaire, Sandrine: 10, 158, 159, 657
Bonnard, Arlette: 897
Bonnard, Mario: 68, 103, 234, 256, 489, 505, 525, 721, 812
Bonnardot, Jean-Claude: 623
Bonner, Priscilla: 410
Bonnière, René: 115
Bont, Jan de: 418, 710
Bontron, Pierre: 871
Boone, Pat: 368
Boorman, Charley: 775
Boorman, John: 100, 118, 187, 236, 253, 295, 525, 544, 550, 551, 608, 701, 702, 775, 834, 852, 907
Boothe, Powers: 775
Bora, Theda: 141
Borau, José Luis: 4, 45, **100,** 129, 342, 343, 475, 476, 557, 568, 569, 582, 608, 654, 749, 827, 840
Borcsok, Eniko: 275
Borderie, Bernard: 48, 868, 870
Borderie, Raymond: 752, 791
Borgeaud, Nelly: 797
Borghesio, Carlo: 806
Borgnine, Ernest: 66, 189, 226, 443, 447, 543, 793
Bornai, Tibor: 275
Borowczyk, Walerian: 126
Borradaile, Osmond: 209
Borsos, Philip: 350, 832
Bortman, Michael: 485
Bory, Jean-Marc: 24

Borzage, Frank: 26, **101,** 104, 105, 190, 201, 222, 247, 257, 270, 276, 325, 340, 347, 348, 359, 399, 420, 460, 531, 532, 546, 556, 574, 601, 618, 630, 632, 680, 682, 736, 780, 821, 830, 833, 844, 845, 859, 860, 863, 864, 866, 867, 935, 936
Bosch, Juan: 758
Bose, Gangapada: 753
Bosé, Lucía: 102, 231, 595, 738
Bosé, Miguel: 102, 495
Bosio, Gianfranco de: ver De Bosio
Bost, Pierre: 56, 250, 446, 841, 866
Bosworth, Hobart: 370, 501
Bottoms, Sam: 42
Bouchey, Willis: 759
Bouchez, Elodie: 447
Boudrioz, Robert: 37, 104
Bouillon, Jean Claude: 899
Bouise, Jean: 197, 369, 380
Boujenah: 859
Boulanger, Daniel: 11, 677, 678
Boulle, Pierre: 688
Bouloc, René: 468
Boulois, Max H.: 214
Boulting, John: 54, 55, 636, 702, 733, 883
Boulting, Roy: 390, 394, 457, 528, 548, 55, 923
Bouquet, Carole: 294
Bouquet, Michel: 596, 597, 797
Bourboulon, Frédéric: 141
Bourgoin, Jean: 569
Bourguignon, Serge: 68, 114, 834
Bourseiller, Antoine: 68, 671
Bourseiller, Christophe: 867
Bourvil: 168, 865, 866, 868
Boushel, Joy: 593
Bousquet, Jean: 468
Bovo, Brunella: 572
Bow, Clara: 13, 49, 323
Bowdon, Dorris: 194, 884
Bowers, George: 199, 211, 244
Bowers, William: 245, 674
Bowie, David: 735
Bowles, Peter: 94
Bowman, Lee: 386
Box, Muriel: 940
Boyd, Russell: 41, 672
Boyd, Stephen: 81, 117
Boyer, Charles: 43, 44, **104,** 211, 517, 523, 540, 664, 775, 785, 874
Boyer, François: 446
Boyer, Jean: 68, 398, 445, 506, 669, 789, 825, 858
Boyer, Myriam: 193, 781
Boyle, Charles P.: 419
Boyle, Joseph C.: 817, 935
Boyle, Peter: 261, 843
Boyman, Marc: 432

índice de nombres

Bozzetto, Bruno: 613
Bozzi, Paul: 859
Bozzuffi, Marcel: 790, 870
Brabin, Charles J.: 348, 389, 508
Bracco, Lorraine: 882
Bracey, Sidney: 713
Brach, Gérard: 38, 286, **309,** 677, 718, 719, 850
Bracho, Julio: 48, 310, 725
Brackett, Charles: 6, 76, 202, 203, 252, 442, 486, 562, 593, 613, 631, 785, 899, 924
Brackett, Leigh: 726, 829
Bradbury, Ray: 172
Bradbury, Robert N.: 396, 915
Bradley, David: 402, 403
Bradshaw, Charles: 869
Bragaglia, Arturo: 78
Bragaglia, Carlo Ludovico: 233, 505, 525, 671, 700, 812, 858
Bragg, Melvyn: 658
Brahm, John: 33, 38, 72, 199, 220, 326, 327, 352, 522, 579, 587, 630
Brahms, Johannes: 24
Brakhage, Stan: 912
Brambilla, Marco: 817
Bramble, A. V.: 50
Branagh, Kenneth: 105, 106, 230, 261, 290, 351, 455, 710, 769, 770, 851, 852, 914, 926
Branca, Glenn: 904
Brancati, Vitaliano: 99, 378, 845
Branch, Gérard: 515
Brand, Millen: 616
Brand, Neville: 156
Brandauer, Klaus Maria: 564, 565, 566
Brander, Richard: 198
Brando, Jocelyn: 802
Brando, Marlon: 42, 74, 88, **106,** 465, 539, 572, 611, 663, 679, 706, 831, 880
Brasó, Enrique: 162
Brass, Tinto: 531, 642, 709, 756, 812, 857, 870, 906
Brasselle, Keefe: 512
Brasseur, Claude: 897
Brasseur, Pierre: 594, 616, 617
Brault, Michel: 115
Braun, Harald: 9, 766
Brauner, Arthur: 855, 856
Bravin, Charles: 844
Brazzi, Rossano: 8, 195, 908
Bréal, Pierre A.: 853
Brecher, Irving: 170
Bredell, Elwood: 330
Breen, Richard: 613
Breen, Thomas E.: 726
Brelis, Tia: 813
Bremer, Lucille: 170
Bren, Milton H.: 833

Brendell, Woody: 220
Brennan, Walter: 8, 189, 342, 405, 446, 657, 726, 759, 848, 893
Brenneman, Amy: 397
Brenon, Herbert: 110, 179, 180, 725, 935, 936
Brent, Evelyn: 494
Brent, George: 25, 292, 640
Breon, Edmund: 596
Brescia, Armando: 24, 25
Brescianini, Teresa: 43
Breslow, Lou: 680
Bressart, Felix: 73, 781
Bresson, Robert: 107, 176, 185, 250, 251, 527, 575, 596, 657, 672, 754, 755
Brest, Martin: 230, 646
Bretherton, Howard: 508, 578, 817
Brialy, Jean-Claude: 619, 620, 735, 767
Brian, David: 322, 433, 547
Brian, Peggy: 12
Brickman, Marshall: 380, 531, 589
Brickman, Paul: 207, 239, 426, 477
Bridges, Alan: 72, 108, 118, 139, 140, 166, 439, 506, 548, 549, 672, 709
Bridges, James: 213, 271, 328, 401, 489, 691, 731, 866, 927
Bridges, Jeff: 108, 308, 720, 874
Bridges, Lloyd: 108, 807, 874
Brignoli, Giuseppe: 43
Brignone, Guido: 346, 525
Brignone, Lilla: 786
Brincken, Wilhelm von: 713
Brion, Françoise: 610
Briski, Norman: 193, 286, 809
Britt, May: 34
Briz, José: 199
Brizzi, Anchise: 63, 497
Broca, Philippe de: ver De Broca
Brochet, Anne: 217
Brockwell, Gladys: 780
Broderich, John C.: 230
Broderick, Helen: 809
Brodie, Steve: 720
Brodine, Norbert: 89
Broekman, David: 261, 793
Brogi, Giulio: 297, 894, 895
Brokaw, Cary: 901
Brolin, James: 535
Bromberger, Hervé: 265, 623, 687
Bronner, Robert: 76, 165
Bronson, Betty: 81
Bronson, Charles: 392
Bronston, Samuel: 137, 322, 392, 402, 533, 703
Brook, Claudio: 34
Brook, Clive: 209, 299, 300, 494
Brook, Peter: 79, 80, 439, 590, 636

Brooks, Adam: 740
Brooks, Albert: 823
Brooks, Geraldine: 29, 908
Brooks, Hazel: 211
Brooks, James L.: 249, 423, 424, 521, 615, 616, 624, 650, 927
Brooks, Lola: 418
Brooks, Louise: 110, 126, 626, 645, 869
Brooks, Mel: 64, 121, 261, 385, 491, 557, 576, 593, 612, 780, 925
Brooks, Phyllis: 164
Brooks, Richard: 19, 35, 36, 66, 74, 83, 97, **110,** 114, 139, 155, 175, 187, 224, 315, 330, 331, 361, 373, 374, 384, 385, 394, 421, 454, 455, 473, 474, 485, 544, 548, 549, 557, 612, 638, 641, 648, 675, 676, 791, 792, 843, 844, 845, 876, 923
Brosse, Simon de la: ver De la Brosse
Brothers, King: 240
Brower, Mitchell: 423
Brower, Otto: 26, 190, 508
Browker, Judi: 336
Brown, Barry: 638
Brown, Bruce: 561
Brown, Chris: 287
Brown, Christy: 225, 784
Brown, Clarence: 8, 9, 37, 50, 70, 104, 105, 111, 164, 179, 190, 201, 240, 270, 281, 347, 348, 350, 389, 399, 420, 433, 469, 472, 484, 508, 509, 538, 539, 540, 562, 578, 610, 661, 682, 693, 725, 818, 820, 821, 843, 844, 854, 863, 864, 887
Brown, Harry Joe: 43, 44, 135, 296, 512, 736
Brown, James: 630, 790
Brown, Joe E.: 184
Brown, John Moulder: 513
Brown, Karl: 606
Brown, Pamela: 502
Brown, Peter: 434
Brown, Rowland: 863
Brown, Tom: 164, 469, 541, 682, 932
Brown, Vanessa: 400, 879, 880
Browne, Howard: 552
Browne, Irene: 384
Browning, Tod: 112, 201, 389, 558, 602, 652, 653, 733
Brownjohn, John: 850
Brownlow, Kevin: 606
Brownstain, John: 515
Bru, María: 899
Bru, Miriam: 267, 430
Brubaker, James D.: 185
Bruce, David: 759
Bruce, Nigel: 134, 706
Bruce, Sally Jane: 620
Bruce Humberstone, H.: 556
Bruckberger, R.: 590
Bruckman, Clyde: 60, 168, 499, 537, 582, 607, 788

Bruckner, Anton: 778
Brulier, Nigel de: 208
Bruman, Tom: 493
Brunel, Adrian: 454, 548
Bruno, Nando: 297
Brynner, Yul: 30, **113,** 682, 789, 902
Buarque, Chico: 379
Buccella, Maria Grazia: 47
Buchanan, Andrew: 883
Buchanan, Edgar: 247, 274
Buchanan, Jack: 564
Buchowetski, Dimitri: 441
Buchs, José: 720
Buchs, Julio: 751
Buckner, Robert: 131, 360, 640, 934
Bucquet, Harold S.: 352, 399, 848, 863, 864, 875
Buffet, Eugénie: 367
Bujold, Geneviève: 115, 285, 379, 380, 431, 432
Bukowski, Charles: 768
Bulajic, Veljko: 114, 918
Bull, Peter: 712
Buloff, Joseph: 76
Bunnage, Avis: 807
Buñuel, Juan Luis: 242, 243, 556, 671, 722, 751, 877
Buñuel, Luis: 3, 13, 34, 48, 68, 102, 103, **115,** 147, 241, 242, 243, 251, 277, 281, 285, 294, 310, 535, 582, 590, 591, 607, 669, 670, 671, 699, 700, 720, 721, 722, 760, 789, 790, 868, 871, 894, 904, 906
Buono, Victor: 133, 693
Burel, Léonce-Henry: 185, 251, 672
Burge, Stuart: 403, 636, 731
Burke, Billie: 384, 525, 526, 647, 759, 908
Burke, Edwin: 847, 864
Burke, Johnny: 790
Burke, Kathleen: 867
Burke, Martyn: 642
Burke, Paul: 301
Burks, Robert: 185, 226, 301, 305, 407, 530, 547, 650
Burman, Hans: 8, 180, 203, 378, 723, 758
Burmester, Leo: 3, 661
Burnam, M.: 345
Burnett, William R.: 167, 763, 880
Burnside, Norman: 524
Burr, Raymond: 419, 512, 890, 891
Burstall, Tim: 362
Burstyn, Ellen: 687
Bursztein, David: 76, 77
Burt, Frank: 411
Burton, Clarence: 607
Burton, David: 190, 416, 504
Burton, Richard: 108, **117,** 118, 507, 843, 844
Burton, Tim: 71, **118,** 224, 244, 249, 250, 281, 455, 616, 669, 747
Busby, Gerald: 868
Busch, Julio: 476, 782

índice de nombres

Busch, Niven: 147, 667, 838
Busch, Richard: 721
Bush, Dick: 896, 934
Bushell, Anthony: 391
Bushelman, John: 615
Bushman, Francis X.: 81
Bussières, Raymond: 654
Bustillo Oro, Juan: 48
Butler, Bill: 189
Butler, David: 70, 97, 191, 202, 224, 225, 228, 325, 353, 359, 391, 469, 508, 560, 608, 655, 696, 705, 733, 780, 784, 844, 848, 864, 929, 936
Butler, Frank: 790
Butler, George: 769
Butler, Hugo: 281, 506
Butler, Robert: 377
Butler, Wilmer: 500
Buttolph, David: 8, 89
Buzzell, Edward: 19, 162, 270, 355, 484, 504, 508, 509, 545, 546, 574, 794, 845, 875, 926
Byington, Spring: 37, 208
Byrne, David: 879
Byrne, Gabriel: 386
Byron, Kathleen: 606
Byron, Walter: 713
Byrum, John: 273, 320, 624, 813

Caan, James: 121, 122, 500
Caba Alba, Julia: 195, 627
Caballero, Katia: 250
Cabanne, Christy: 70, 304, 329, 818
Cabanne, William C.: 70, 329, 910
Cabot, Bruce: 35, 342, 461
Cabré, Berta: 306
Cabré, Mario: 652
Cabrera, Sergio: 123
Cacoyannis, Michael: 71, 72, 83, 115, 399, 566, 567, 696, 697, 709, 941
Cadena, Jordi: 76
Cady, Frank: 369
Caesar, Arthur: 597
Cage, Nicolas: 89, **123,** 191, 200, 319, 483
Cagney, James: 12, 22, **124,** 683, 904, 934
Cagney, Jeanne: 934
Cagney, William: 124, 934
Cahen Salaberry, Enrique: 721
Cahn, Edward L.: 77
Caifei, He: 497
Caimi, Lamberto: 890
Cain, Christopher: 175
Cain, James M.: 19, 44, 146, 215, 339, 354, 368, 533, 665, 815
Caine, Michael: 125, 387, 388, 425
Calà, Jerry: 729
Calamai, Clara: 146

Calef, Henri: 9, 789
Calenda, Antonio: 140
Calhern, Louis: 44, 113, 289, 447, 448, 690, 810, 811, 861
Calhoun, Rory: 149
Calir, Mal St.: 481
Callaghan, Patricia: 637
Callahan, Harry: 279
Callegari, Gian Paolo: 826
Calleia, Joseph: 44, 363, 496, 774
Callow, Simon: 144, 709
Calvo, Armando: 196
Calvo, Eduardo: 656, 888
Calvo, José: 904
Calvo, Juan: 127, 196, 538, 569
Calvo, Pablito: 537, 538, 569, 886
Calvo, Rafael: 204
Calzavara, Flavio: 550
Camardiel, Roberto: 414
Camax, Valentine: 885
Camerini, Mario: 63, **129,** 151, 232, 233, 234, 263, 269, 356, 357, 503, 505, 506, 525, 531, 550, 583, 693, 697, 806, 812
Camerlunck, Hector: 412
Cameron, James: 2, 3, 17, **130,** 213, 769, 856, 916
Camilo, Michel: 664, 876
Camino, Jaime: 103, 582, 583, 700, 751
Camins, Mercedes: 513
Cammarata, Pietro: 753
Cammell, Donald: 166, 735
Camp, Rosemary de: 496, 934
Campa, Miranda: 430
Campanella, Joseph: 552
Campanile, Pasquale Festa: 10, 242, 357, 358, 734, 870, 906
Campanini, Carlo: 267
Campanini, Pippo: 297
Campbell, Alan: 775
Campbell, Martin: 401, 633, 783
Campbell, William: 682, 683
Campesi, Gino: 123
Campion, Jane: 423, 455, 456
Campogalliani, Carlo: 234, 812
Campoy, Eduardo: 4, 46, 314, 827
Camps, Manuel: 306
Campus, M.: 162
Camus, Marcel: 29, 45, 46, 132, 147, 180, 195, 242, 248, 313, 368
Camus, Mario: 4, 61, 76, 80, 475, 476, 541, 557, 588, 649, 700, 701, 721, 722, 751, 757, 758, 781, 808, 809
Canalejas, Lina: 300, 600, 647, 685
Canals, Cuca: 90, 422, 440, 851
Cancio, Raúl: 152
Cane, Charles: 128

Cané, Grupo: 321
Cannan, Denis: 903
Cannon, Danny: 456, 817
Canonge, Maurice de: 671
Canteloube, Masence: 616
Cantinflas: 756
Cantor, Eddie: 559
Caño, Juan: 66, 541
Cap, Franz: 550
Capitani, Giorgio: 357, 506, 551
Capote, Truman: 245, 297, 425, 831
Capparelli, Patrizia: 236
Capra, Berndt: 878
Capra, Frank: 25, **135,** 150, 177, 179, 180, 190, 191, 224, 259, 331, 338, 347, 348, 355, 363, 374, 388, 389, 399, 410, 419, 420, 446, 498, 509, 655, 680, 692, 732, 733, 794, 817, 819, 820, 821, 828, 863, 864, 932, 935, 936
Caprioli, Vittorio: 360, 859
Capuano, Luigi: 234
Capucine: **137,** 598, 599, 652
Carax, Leos: 90, 238, 672
Carballeira, Enriqueta: 147, 853
Carbonell, Carmen: 414
Carboni, Renzo: 117
Carbonnaux, Norbert: 265, 540
Cardès, Valentine: 204
Cardiff, Jack: 2, 138, 166, 196, 209, 237, 409, 521, 586, 606, 652, 676, 712, 733, 923, 938
Cardinale, Claudia: 139, 186, 311, 312, 358, 391, 392, 526, 527, 652, 734, 744
Cardona, René, Jr.: 199, 426, 700
Cardona, Lola: 685, 830
Cardone, Alberto: 373
Cardone, Nathalie: 665
Carell, Lianella: 470
Carette, Julien: 184, 372, 710, 711
Carewe, Edwin: 190, 725
Carey, Harry: 274, 332, 686
Carey, Harry, Jr.: 484, 667
Carey, Joyce: 108
Carey, MacDonald: 808
Carey, Timothy: 777
Cariddu, Gianfranco: 804
Carlberg, Lars-Owe: 139, 377, 810
Carlile, Clancy: 59
Carlin, Lynn: 266
Carlini, Carlo: 360, 570, 857
Carlino, Lewis John: 91
Carlisle, Kitty: 620, 621
Carlman, Edith: 877
Carlsen, Henning: 831, 832
Carlson, Richard: 484, 501, 575, 865
Carmen, Julie: 8
Carmet, Jean: 686, 687

Carmichael, Hoagy: 563, 848
Carmona, Antonio: 321
Carné, Marcel: 22, 37, 38, 39, 79, **141,** 176, 230, 345, 346, 445, 498, 575, 586, 592, 594, 616, 617, 669, 789
Carnera, Paolo: 10
Carnovsky, Morris: 128, 240
Carol, Martine: 502
Caron, Glenn Gordon: 74, 399
Caron, Leslie: 27, **143,** 496, 687
Caron, Pierre: 588
Carotenuto, Memmo: 651, 881
Carpenter, John: 108, 213, 387, 403, 414, 485
Carpenter, Russell: 856
Carpentieri, Renato: 690, 694
Carpi, Fabio: 143
Carr, Darleen: 775
Carr, Thomas: 560
Carrà, Raffaella: 129
Carradine, David: 104, 144, 401, 421, 422, 892
Carradine, John: 8, 35, 104, 135, 144, 194, 259, 404, 414, 443, 686, 757, 884, 892
Carradine, Keith: 24, **144,** 285, 892
Carradine, Robert: 144, 892
Carrasco, Manuela: 321
Carré de Malberg, Stanislas: 6
Carreño, José María: 253, 893
Carreras, Enrique: 313
Carreras, José: 98
Carreras, Michael: 12, 721
Carrière, Jean-Claude: 61, 116, 217, 244, 251, 294, 334, 888, 894
Carrière, Mathieu: 169, 445, 678
Carrillo, Leo: 50, 66
Carrillo, Mary: 627, 673, 758
Carrión, José Pedro: 341
Carroll, Gordon: 17
Carroll, Leo G.: 153, 185, 301, 647
Carroll, Lewis: 157
Carroll, Madeleine: 686, 866
Carroll, Nancy: 368, 717
Carroll, Sidney: 119
Carson, Hunter: 654, 655
Carson, Jack: 19, 20, 35, 360, 723
Carson, Robert: 75
Carstairs, John Paddy: 55, 95
Carter, Angela: 287
Carter, Louise: 717
Carter, Peter: 2, 253, 390, 401, 617, 618
Carter, Thomas: 106, 401
Cartier, Max: 734
Cartwright, Veronica: 17
Carunchio, Carlo: 531
Caruso, Anthony: 447, 448
Caruso, David: 89
Carvajal, Pedro: 583

índice de nombres

Carvana, Hugo: 39
Carver, Steve: 151, 253, 638, 816
Casadio, Aglauco: 550
Casajuana, Maria: 626
Casal, Antonio: 861
Casanova, Pilar: 900
Casanova, Vicente: 588
Casaravilla, Carlos: 183, 595
Casares, María: 617
Casaril, Guy: 68
Casas, Antonio: 627, 628
Cascio, Salvatore: 167, 168
Case, Kathleen: 247
Caserini, Mario: 895
Casey, Bernie: 104
Cash, Johnny: 892
Casilio, Maria Pia: 651, 881
Casini, Stefania: 904
Cass, Henry: 55, 380, 398
Cassavetes, John: 150, 151, 330, 354, 474, 743, 776
Cassel, Jean-Pierre: 159, 284, 627, 628
Cassel, Seymour: 151
Cassen: 54, 675
Cassenti, Frank: 755
Cassulto, Emmanuele: 619
Castanier: 38
Castaño, Xavier: 46, 270
Castel, Lou: 28, 288, 336, 535
Castellani, Renato: 78, 80, **151,** 266, 357, 430, 503, 506, 525, 551, 738, 786, 812
Castellano: 475
Castellari, Enzo G.: 700, 722
Castellitto, Sergio: 29, 369
Castellví, José María: 45
Castelnuovo, Nino: 526, 527, 653, 857
Castillo, Felipe: 310
Castillo, Manuel del: 204
Castillo, Nardo: 198
Castle, Nick: 555
Castle, William: 73, 202, 220, 331, 366, 421, 560, 579, 776, 818, 845
Cates, Gilbert: 26, 144, 385, 758, 929, 931
Catillon, Brigitte: 193
Catlett, Walter: 319
Caton-Jones, Michael: 230, 325, 326, 478, 582, 608
Caussimon, Jean-Roger: 338
Cavagnac, Guy: 700
Cavalcanti, Alberto: 12, 104, 139, 144, 153, 160, 234, 679, 895
Cavalier, Alain: 237, 242, 671, 702, 761, 766, 870
Cavani, Liliana: 78, 95, 96, 103, 139, 140, **154,** 336, 473, 474, 550, 551, 672, 701, 702, 743, 754, 755
Cavara, Paolo: 697, 755
Cavenagh, Paul: 630
Cavender, Glen: 537

Cavett, Frank: 790
Cayatte, André: 9, 346, 506, 592, 666, 906
Cayrol, Jean: 671, 719
Cazale, John: 156, 189
Cazals, Felipe: 156, 727, 781
Cazenove, Christopher: 640
Cazés, Lila: 483
Cecchi d'Amico, Suso: 47, 147, 186, 293, 358, 430, 431, 470, 513, 572, 633, 734, 744, 753, 778, 885, 896, 905
Cei, Pina: 633
Cela, Violeta: 40, 888
Celano, Guido: 208
Celentano, Adriano: 702
Celi, Adolfo: 384, 599
Celinska, Stalislawa: 103
Cellier, Caroline: 5
Cembrzynski, Iga: 536
Cenna, Marino: 647
Centa, Antonio: 898
Centonée, Alain: 871
Cerami, Vincenzo: 88, 117, 690, 895, 896
Cerchio, Fernando: 550, 782
Cerci, Antonio: 583
Ceresa, Ferrucio de: ver De Ceresa
Cerf, André: 750
Cerio, Ferruccio: 812
Cervi, Gino: 208, 263, 297, 868
Cervi, Tonino: 103, 138, 357, 813
Cesana, Renzo: 826
Chabrol, Claude: 5, 52, 72, 74, 79, 80, 91, 143, **159,** 174, 242, 306, 307, 335, 386, 423, 424, 523, 592, 596, 597, 624, 666, 667, 671, 686, 687, 699, 700, 714, 715, 737, 755, 766, 767, 774, 831, 832, 869, 870, 912, 919
Chabrol, Mathieu: 52, 159, 306
Chadwick, Helene: 919
Chaffey, Don: 55, 151, 373, 821, 876
Chahine, Yussef: 672
Chakiris, George: 779, 921
Chalonge, Christian de: 166, 242, 550, 551, 583, 870
Chamberlain, Richard: 575, 658, 868
Chammah, Ronald: 424
Champa, Jo: 305
Champetier, Caroline: 164
Champion, Gower: 772
Champion, John: 560
Chandler, Eddy: 828
Chandler, Harry: 759
Chandler, Helen: 384
Chandler, Jeff: 434
Chandler, Raymond: 301, 665, 924
Chaney, Lon: 112, 124, 294, 306, 435, 807
Chang-Wei, Gu: 7, 776
Channing, Stockard: 802

Chantlee, Harry: 795
Chao, Winston: 66, 67
Chapin, Billy: 620
Chaplin, Charles: 14, 106, 134, 141, **160,** 161, 304, 366, 376, 389, 410, 453, 454, 480, 499, 505, 506, 511, 571, 585, 595, 610, 651, 753, 776, 818, 832, 853, 854
Chaplin, Geraldine: 161, 203, 285, 286, 664, 760
Chaplin, Sydney: 134
Chapman, Edythe: 258
Chapman, Graham: 363
Chapman, Marguerite: 386
Chapman, Matthew: 485, 650
Chapman, Michael: 207, 387, 839, 843
Chapot, Jean: 671, 766, 790
Chapuis, Dominique: 665
Charell, Eric: 37, 105, 936, 936
Charisse, Cyd: 76, 109, 134, **162,** 164, 165, 202, 564
Charlot, Georges: 209
Charon, Jacques: 391
Charpin, Fernand: 664
Chase, Borden: 419, 533, 600, 683, 911, 927
Chase, Charlie: 559
Chase, Chevy: 414
Chatterjee, Soumitra: 163
Chaussois, Dominique: 871
Chautard, Émile: 300
Chauvel, Charles: 325, 706
Chavance, Louis: 211
Chávarri, Jaime: 2, 4, 46, 89, 103, **163,** 246, 253, 254, 337, 582, 583, 654, 722, 804
Chayefsky, Paddy: 514, 534, 746
Chechik, Jeremiah: 244, 493
Chellini, Amelia: 524
Chen, Joan: 879
Chenal, Pierre: 445, 671, 825
Cher: 339
Chereau, Patrick: 7, 701, 702, 790
Chernus, Sonia: 340
Cherrill, Virginia: 511
Cheung, Leslie: 6, 7
Chevalier, Maurice: 509, 530
Chevalier, Pierre: 623
Chiaki, Minoru: 703, 789
Chiamarello, Giancarlo: 117
Chiara, Piero: 478, 890
Chiari, Mario: 572, 812, 908
Chiari, Walter: 78, 115, 263
Chiarini, Luigi: 297
Chiaromonte, Adriana: 786
Chico, Florinda: 147, 203
Chikae, Toshiaki: 897
Child, Kirsty: 672
Chiles, Lois: 370
Chin, May: 66, 67

Chokomorov, Schemeiki: 245
Chomette, Henri: 792
Chomsky, Marvin: 269, 273, 415, 474, 844
Chong, Rae Dawn: 285, 286
Chopin, Frédéric: 377, 601, 810, 942
Chopra, Joyce: 455
Chouraqui, Elie: 10, 91, 242
Choureau, Etchika: 294
Christensen, Emil Hass: 651
Christian, Linda: 583, 682
Christian, Roger: 781
Christian-Jaque: 48, 68, 105, 130, 140, 237, 263, 327, 357, 445, 503, 506, 586, 669, 671, 825, 870
Christians, Mady: 146
Christie, Ann: 715
Christie, Audrey: 296
Christie, Howard: 865
Christie, Julie: 81, **165,** 640, 764
Christine, Virginia: 433
Chronopoulos, Mary: 895, 156
Chudnow, Byron: 52
Chumilla, Juan Manuel: 557
Chun, Sun: 445, 446
Churchill, Berton: 259
Churchill, Sarah: 94
Chwalibog, Maria: 524
Chytilová, Véra: 166
Ciampi, Yves: 310, 586
Cianci, Antonio: 773
Ciangottini, Valeria: 206, 262
Ciannelli, Eduardo: 908
Cicognini, Alessandro: 208, 263, 297, 378, 447, 470, 497, 536, 572, 640, 651, 881
Ciepielewska, Anna: 524, 656
Cigoli, Emilio: 497
Cimber, Matt: 391, 919
Cimino, Michael: 108, 156, **167,** 199, 219, 230, 279, 280, 416, 423, 689, 743, 753, 822
Cino, Beppe: 709, 722
Cioffi, Charles: 245
Cipriani, Mario: 5
Citti, Christine: 74, 672
Citti, Franco: 4, 5, 235, 236, 529, 658
Citti, Sergio: 5, 242, 335, 357, 529, 622, 623, 658
Civirani, Osvaldo: 68
Clair, Malcom St.: 110
Clair, Ph.: 493
Clair, René: 37, 68, 142, 143, **171,** 197, 220, 257, 265, 309, 395, 464, 471, 503, 538, 539, 553, 592, 622, 623, 669, 680
Clar, Fanny: 53
Clark, Bob: 115, 385, 489, 549, 716, 816, 832
Clark, Bruce: 702
Clark, Candy: 308
Clark, Colbert: 915

índice de nombres

Clark, Estelle: 933
Clark, Fred: 203, 512, 899
Clark, Greydon: 317
Clark, James B.: 469, 632, 926
Clark, Mae: 261, 687
Clark, Matt: 59
Clark, Susan: 109, 887, 888
Clarke, Arthur C.: 268, 465
Clarke, Charles G.: 413
Clarke, James Kenelm: 792
Clarke, Mae: 261
Clarke, T. E. B.: 12
Clavell, James: 271, 593, 676
Claver, Queta: 379, 831, 838, 895
Clawson, Elliot: 306
Claxton, William F.: 253, 485
Clay, Philippe: 338
Clayburgh, Jill: 514, 515
Clayton, Jack: 64, **171**, 307, 370, 458, 549, 708, 731, 789, 790, 831
Clease, John: 363
Cleef, Lee van: 156, 789
Cleitman, René: 141
Clemens, William B.: 655, 696, 705, 784
Clement, Dick: 55, 126, 269, 716, 766
Clément, Aurore: 306, 468, 655
Clément, M.: 671
Clément, René: 1, 38, 80, 104, 105, 143, **172**, 191, 237, 269, 275, 328, 331, 346, 446, 530, 531, 586, 592, 623, 666, 669, 671, 766, 790, 841, 858, 870, 918
Clementi, Pierre: 186, 894
Clements, John: 209
Clerval, Denis: 797
Clévenont, Philippe: 157
Clifford, Graeme: 198, 424, 477, 561, 608, 783, 801
Clift, Montgomery: 173, 226, 297, 400, 512, 726, 727, 889, 890, 940
Clifton, Elmer: 432, 887
Cline, Eddie: 201, 366, 454, 546, 733, 935
Clive, Colin: 261, 384
Clive, E. E.: 414
Cloch, Maurice: 623, 721
Cloërec, René: 250, 287, 866
Cloos, Peter: 309
Cloquart, Alain: 141
Cloquet, Ghislain: 77, 169, 299, 340, 360, 412, 596, 622, 779, 850
Closas, Alberto: 567, 595
Close, Glenn: 386, 888
Clothier, William H.: 294, 414, 434
Clouse, Robert: 114, 316, 745, 834
Clouzot, Henri-Georges: 68, 159, **174**, 211, 294, 339, 445, 586, 671, 677, 752, 789, 790, 883
Clouzot, Véra: 752
Clucher, E. B.: 372

Clurman, Harold: 395, 452
Cluzet, François: 52, 306
Cobb, Lee J.: 30, 132, 164, 165, 261, 412, 413
Cobo, Eva: 552
Cobo, Mari Loli: 853
Cobos, Germán: 203
Coburn, Charles: 28, 122, 157, 268, 281, 869
Coburn, James: 174, 903
Cochran, Stacy: 12, 747
Cocognini, Al: 266
Cocteau, Jean: 68, 77, 103, 107, 114, 157, 172, **176**, 195, 905
Cody, Lew: 309
Coe, Fred: 646, 731
Coe, George: 169
Coello, Vicente: 54
Coen, Ethan: 177
Coen, Joel: 124, **177**, 320, 423, 485
Coffee, Leonore: 547
Coggio, Roger: 77
Cohan, George M.: 124, 613, 934
Cohan, Josephine: 613
Cohen, Albert J.: 419
Cohen, Dan: 916
Cohen, Emma: 76
Cohen, Harold D.: 935
Cohen, Joel: 612
Cohen, Larry: 316
Cohen, Laurence D.: 145
Cohen, Lester: 153
Cohen, Martin B.: 615
Cohill, William A.: 261
Cohn, Art: 826
Cohn, Harry: 136, 410
Coixet, Isabel: 827
Colasanto, Nicholas: 308
Colbert, Claudette: 6, 136, 173, **177**, 193, 194, 246, 429, 486, 540, 562, 631, 711, 756, 828
Cole, Jack: 363, 568
Cole, Lester: 630
Cole, Sidney: 12
Coleman, Charles C.: 396
Coleman, Herbert: 305
Coletti, Duilio: 356, 480, 503, 505, 531, 812, 895
Colicos, John: 147
Colina, José de la: 400
Colina, José Luis: 627, 675
Colizzi, Giuseppe: 144
Colla, Richard A.: 114, 399, 575, 611
Colley, Pedro: 852
Colli, Ombretta: 849
Colli, Tonino delli: 5, 236, 263, 291, 392, 515, 529, 779, 893
Collier, John: 369
Collin, John: 850

Collinge, Patricia: 501, 808
Collins, A. G.: 725
Collins, Arthur G.: 617
Collins, Eddie: 194
Collins, Joan: 593, 598
Collins, Lewis D.: 915
Collins, Pierre: 865
Collins, Ray: 170, 207, 692, 774
Collinson, Peter: 33, 55, 91, 292, 409, 697, 919, 923
Colman, Ronald: 179, 419, 420, 686, 879, 880
Colombier, Michel: 383, 384
Colomer, Edmon: 15
Colomo, Fernando: 15, 66, 76, **180,** 283, 455, 456, 556, 722, 751, 754
Colpet, Max: 15
Colretti, Duilio: 233
Coluccio, Mario: 372
Columbus, Chris: 223, 319, 375, 633, 697, 926
Coluzzi, Francesca Romana: 890
Comden, Betty: 134, 264, 410, 564, 908
Comencini, Francesca: 593
Comencini, Luigi: 91, 98, 127, 139, **181,** 199, 224, 233, 234, 243, 263, 314, 317, 356, 357, 476, 478, 503, 505, 531, 538, 550, 551, 582, 593, 651, 720, 722, 727, 751, 755, 756, 811, 812, 813, 857, 858, 859, 870, 906
Comerón, Luis José: 66, 654, 758, 781
Comfort, Lance: 55, 458, 548, 792
Comingore, Dorothy: 170
Committeri, Franco: 305
Comolli, Jean-Louis: 138
Companeez, Jacques: 654
Companeez, Nina: 7, 69, 248, 423
Compton, Juliette: 542
Compton, Richard: 390, 624
Concini, Ennio de: ver De Concini
Conant, Oliver: 891
Conde, Celia: 673
Condon, Bill: 485
Condroyer, Philippe: 870
Conesa, Carmen: 621
Conklin, Chester: 57, 854
Conklin, Hal: 410
Connell, Maureen: 752
Connelly, Erwin: 582, 788
Connelly, Jane: 582
Connelly, Jennifer: 291
Connelly, Marc: 135
Connery, Sean: 186, 425, 631, 732
Connolly, Bob: 784
Connolly, Walter: 25, 828
Connor, Kevin: 138, 163
Connor, Rex: 10, 11
Connors, Chuck: 419, 502, 568
Conrad, William: 32, 175, 211

Considine, John W.: 847, 863
Considine, John W., Jr.: 281
Consiglio, Alberto: 738
Constantin, Jean: 209
Constantin, Michel: 299
Constanzo, Maurizio: 444
Conte, Richard: 631, 632, 899, 907
Conti, Mario: 649
Continenza, Sandro: 263
Contini, Alfio: 292
Contner, James A.: 638
Contreras Torres, Miguel: 13, 48
Converse, Frank: 418
Conway, Jack: 19, 70, 104, 178, 179, 180, 201, 347, 348, 352, 356, 358, 389, 399, 458, 472, 485, 491, 504, 509, 573, 825, 833, 840, 843, 844, 862, 864, 875
Conway, Tom: 597
Cooder, Ry: 655
Coodwin, Angela: 890
Cook, Elisha, Jr.: 220, 386
Cook, Fielder: 77, 86, 327, 458, 542, 618, 731, 926, 931
Cook, Tommy: 899
Coolidge, Martha: 123, 224, 273
Cooper, Gary: 13, 62, 75, **189,** 205, 247, 323, 340, 412, 442, 446, 530, 541, 542, 544, 572, 631, 649, 679, 723, 726, 759, 807, 829, 838, 867
Cooper, Gladys: 132, 146, 471, 523, 706
Cooper, Jackie: 91, 435
Cooper, Jed: 247
Cooper, Melville: 189, 869
Cooper, Merian C.: 158, 208, 209, 461, 484, 528
Cooper, Miriam: 606
Cooper, Stuart: 832
Cooper, Wilkie: 160
Coote, Robert: 87, 868
Copelan, Jodie: 280
Copland, Aaron: 400, 795
Coppel, Alec: 226
Coppola, Carmine: 42, 606, 648, 874
Coppola, Christopher: 124, 175
Coppola, Francis Ford: 41, 42, 52, 93, 105, 106, 107, 108, 109, 121, 122, 123, 124, 172, 189, **191,** 194, 200, 207, 230, 325, 326, 331, 332, 351, 361, 370, 384, 385, 410, 415, 416, 417, 425, 454, 455, 461, 462, 466, 500, 606, 625, 633, 646, 648, 678, 681, 710, 743, 747, 801, 852, 874, 875, 921
Coppola, Mark: 483
Coppola, Sophia: 191, 648
Coral, Matilde: 321
Corbucci, Sergio: 61, 80, 138, 199, 234, 357, 373, 551, 566, 618, 697, 721, 813, 858, 859, 870, 906
Corby, Ellen: 794
Cord, Alex: 259
Corday, Mara: 683
Córdova, Arturo de: 285, 562

índice de nombres

Cordova, Frederick de: ver De Cordova
Corell, Mady: 585
Corelli, Archangelo: 145
Corey, Jeff: 723, 827
Corey, Wendell: 890, 891
Corleone, Giacomo: 700
Corley, Annie: 688
Cormack, Bartlett: 342
Corman, Roger: 97, 104, 130, 191, **194,** 195, 230, 239, 261, 325, 326, 373, 417, 552, 573, 574, 615, 648, 731, 735, 762, 771
Corneau, Alain: 195, 242, 243, 586, 623, 677, 678, 755, 781, 790
Cornelius, Henry: 122, 171
Cornfield, Hubert: 106, 676
Corniglion-Molinier, Edourd: 788
Cornu, Aurora: 735
Cornu, Jacques Gérard: 242
Corona Blake, Alberto: 726
Corona Blake, Alfonso: 49, 726
Corr, Eugene: 907
Corrà, Bruna: 595
Corraface, Georges: 658
Corri, Adrienne: 726
Corrigan, Lloyd: 270, 504
Corrington, John W.: 104
Corrington, Joyce H.: 104
Corsia, Ted de: ver De Corsia
Corsini, Silvana: 4, 5, 529
Cortázar, Ernesto: 48
Cortes, Stanley: 207
Cortés, Fernando: 48, 475
Cortés, Joaquín: 321, 324
Cortese, Elvira: 186
Cortese, Valentina: 127
Cortez, Ricardo: 330, 386, 563, 900
Cortez, Stanley: 246, 517, 620
Corwin, Norman: 502
Cosmatos, George Pan: 118, 140, 352, 390, 403, 474, 506, 551, 618, 657, 816
Cossart, Ernest: 247
Costa, Mario: 234, 503, 531, 700, 812
Costa, Morton da: 555
Costa, Pedro: 23, 42, 432, 433, 754, 827
Costa-Gavras, Konstantinos: 44, 195, **197,** 245, 477, 489, 586, 671, 766, 767, 790, 813, 869, 870, 927, 928, 937
Costello, Dolores: 207
Costner, Kevin: 198, 657, 732
Cottafavi, Vittorio: 47, 173, 233, 317, 525, 673
Cotten, Joseph: 133, 142, 146, 170, **198,** 199, 207, 246, 273, 274, 517, 547, 612, 613, 689, 808, 849, 878, 879
Cottençon, Fanny: 305, 306
Coulouris, George: 170

Coultier, Michael: 778
Courant, Curt: 22
Coureau, Pierre: 41
Coursodon, Jean-Pierre: 841
Courtal, Suzanne: 446
Courtenay, Tom: 807
Courville, Albert de: 479, 485, 573
Coutard, Raoul: 11, 937
Cowan, Jerome: 808
Coward, Noel: 55, 108, 482, 510
Cowen: 504
Cowl, Jane: 565
Cox, Alex: 417, 633
Cox, Jack: 12
Cox, Paul: 424
Cox, Ronny: 236
Coyote, Peter: 298, 515, 562
Cozarinski, Eduardo: 143, 755
Crabtree, Arthur: 373, 548
Craig, James: 309, 414, 415, 570
Craig, Michael: 25
Craig, Wendy: 798
Crain, Jeanne: 682, 683, 692
Crane, Ward: 582
Crauchet, Paul: 284
Craven, Frank: 795
Craven, Wes: 244, 821
Cravenne, Marcel: 503
Craveri, Mario: 313, 536
Crawford, Broderick: 247, 678, 867
Crawford, Joan: 14, 19, 20, 29, 50, 101, 111, 133, **200,** 270, 322, 336, 368, 371, 442, 443, 531, 532, 597, 598, 609, 613, 693, 930
Crawford, Michael: 397
Creelman, James: 461, 528
Cregar, Laird: 37, 168
Cremer, Bruno: 305, 306, 897
Crenna, Richard: 339
Crevenna, Alfredo B.: 48, 588, 700, 721
Crevenne, Marcel: 825
Crews, Laura Hope: 34
Crichton, Charles: 12, 55, 95, 213, 380, 398, 520, 618, 789
Crichton, Michael: 114, 115, 175, 187, 271, 320, 656, 814, 832, 924, 928
Crisa, Erno: 1
Crisp, Donald: 140, 212, 213, 304, 386, 411, 524, 607, 693, 707, 723, 897, 900
Crispino, Armando: 357, 503, 858
Cristal, Linda: 173, 266
Cristaldi, Franco: 25, 129, 139, 150, 168, 260, 288, 613, 744, 753
Crizer, Tom: 400
Crocitti, Vincenzo: 117
Cromwell, John: 30, 32, 44, 97, 104, 105, 108, 128,

149, 153, 177, 178, 179, 180, 190, 198, 199, **204,** 220, 222, 223, 246, 268, 326, 330, 374, 390, 399, 404, 416, 420, 443, 469, 472, 504, 509, 539, 560, 579, 617, 618, 630, 655, 664, 682, 686, 793, 794, 817, 820, 825, 830, 847, 848, 854, 868
Cromwell, Richard: 867
Cronenberg, David: 115, **205,** 224, 431, 432, 435, 593, 638, 764
Cronenweth, Jordan: 92, 411
Cronyn, Hume: 147, 188, 250, 607, 808
Crosas, Joan: 495
Crosby, Bing: 136, 259, 406, 559, 756, 790
Crosby, Floyd: 807, 837
Crosland, Alan: 70, 508, 825
Crouse, Lindsay: 147, 148, 288
Crowden, Graham: 287
Crowe, Cameron: 326
Crowe, Christopher: 219
Crowe, Eileen: 752
Croydon, John: 12, 160, 903
Cruise, Tom: 119, **207**
Cruz, Carlos: 378
Cruz, Óscar: 367, 368
Cruz, Penélope: 15, 78, 440
Cruze, James: 110, 177, 469, 825
Crystal, Billy: 928
Cuadrado, Luis: 28, 155, 295, 343, 569, 656, 664, 685
Cuaron, Alfonso: 361
Cucchi, Carlo: 633
Cucinotta, Maria Grazia: 147
Cuerda, José Luis: 98, 253, 254, 314, 475, 476, 701, 722, 758
Cuervo, Gemma: 600
Cuevas, Amalio: 476
Cugat, Xavier: 263
Cuifeng, Cao: 497
Cukor, George: 9, 10, 70, 83, 85, 91, 96, 104, 105, 178, 179, 180, 197, 198, 199, 201, 206, 207, 208, **212,** 270, 323, 327, 328, 329, 350, 351, 352, 353, 354, 363, 364, 366, 369, 373, 374, 389, 390, 391, 395, 396, 398, 399, 406, 409, 410, 420, 456, 457, 458, 488, 491, 505, 506, 517, 525, 532, 538, 539, 548, 549, 559, 560, 574, 585, 586, 597, 598, 599, 622, 623, 666, 686, 696, 697, 703, 738, 746, 791, 820, 821, 844, 845, 863, 864, 875
Culver, Roland: 12, 196, 899
Cummings, Dorothy: 903
Cummings, Irving: 26, 32, 96, 326, 359, 396, 454, 508, 546, 556, 574, 587, 682, 745, 792, 794, 848, 854, 864, 936
Cummings, Jack: 34
Cummings, Peggy: 239, 240, 879, 880
Cummings, Susan: 892
Cundey, Dean: 656
Cunillés, José María: 517

Cuny, Alain: 23, 24, 262, 894
Cuny, Louis: 782
Currie, Finlay: 436
Curtis, Alan: 220, 532, 880
Curtis, Dan: 224
Curtis-Hall, Vondie: 661
Curtis, Jamie Lee: 213, 484
Curtis, Tony: 184, **213,** 282, 484, 827, 865
Curtiz, Michael: 19, 20, 49, 62, 70, 85, 96, 97, 110, 124, 125, 131, 135, 140, 149, 162, 191, 202, **214,** 223, 225, 227, 228, 257, 269, 322, 324, 325, 336, 341, 352, 353, 374, 385, 409, 416, 420, 444, 454, 468, 469, 474, 502, 506, 508, 516, 522, 544, 546, 554, 555, 556, 592, 601, 602, 608, 612, 617, 640, 655, 664, 705, 723, 724, 732, 733, 742, 784, 787, 792, 803, 843, 845, 848, 854, 863, 864, 883, 900, 914, 915, 916, 934
Curwood, R.: 48
Cusack, Cyril: 185, 478, 752
Cusack, Joan: 47, 876
Cusack, John: 63, 64
Cushing, Peter: 261
Cutner, Sydney: 515
Cybulski, Zbigniew: 536, 158, 536, 910
Czapsky, Stefan: 281
Czinner, Paul: 441, 464, 636

D'Abbadie d'Arrast, Harry: 180, 508, 538
D'Amico, Luigi Filippo: 813
D'Amico, Suso Cecchi: ver Cecchi d'Amico, Suso
D'Andrea, Tom: 777
D'Anna, Claude: 199, 834
D'Antoni, Philip: 763
D'Aversa, Alberto: 356
D'Ora, Daisy: 126
Da, Ying: 7
Da Silva, Howard: 24, 252
Dabadie, Jean-Loup: 197, 897
Dabat, Grisha M.: 242
Daële, Edmond van: 606
Dafauce, Félix: 831
Dafoe, Willem: 219
Dagover, Lil: 346, 347, 867, 868
Dahl, Arlene: 725
Dahl, John: 123, 124, 417, 418
Dahlberg, Lars: 563
Dailey, Dan: 510, 511, 683
Dailey, Irene: 65
Daina, Irene: 165
Daley, Robert: 340
Dalí, Salvador: 281
Dalio, Marcel: 149, 294, 371, 372, 710, 711
Dall, John: 239, 240, 429
Dallamano, Massimo: 372
Dalle, Béatrice: 262

índice de nombres

Dalma, Rubi: 63
Dalmas, Herbert: 829
Dalrymple, Ian: 95
Daltrey, Roger: 657
Damiani, Damiano: 139, 140, 144, 224, 361, 439, 455, 456, 699, 700
Damita, Lili: 325
Damme, Charlie van: 77, 596
Damon, Mark: 77
Damski, Mel: 549, 674
Dana, Leora: 184
Dancigers, Oscar: 3, 116, 285
Dandridge, Dorothy: 141
Dane, Clemence: 37
Danelia, Giorgi: 570
Daniel, Elsa: 148, 534, 535
Daniel, Ron: 590
Danieli, Isa: 520
Daniell, Henry: 385, 386, 539, 900
Daniels, Bebe: 368, 386, 467, 779
Daniels, Leslie: 845
Daniels, Marc: 636
Daniels, William: 37, 57, 73, 169, 170, 184, 240, 371, 539, 860, 927
Danielssen, Tage: 834
Danilchenko, Svetlana: 245
Danis, Georges: 156
Dankworth, Johnny: 204, 749, 798
Danna, Mychael: 299
Danon, Raymond: 197
Danson, Ted: 339
Dante, Joe: 131, 387, 692, 746, 814
Dante, Michael: 517
Dapporto, Carlo: 305
Daquin, Louis: 671, 789
Darby, Ken: 289
Darby, Kim: 65
Darc, Mireille: 583
Darel, Florence: 210, 617
Darés, Sophie: 267
Daring, Mason: 660
Darlan, Eva: 897
Darmon, Gerard: 851
Darnell, George: 722
Darnell, Linda: 30, 34, 35, 132, 211, **220,** 657, 756, 757
Darrell Standing, Percy: 261
Darrieux, Danielle: 383, 384, 523, 674, 739, 779
Darwell, Jane: 415, 430, 884
Dassin, Jules: 54, 110, 118, 170, 202, **221,** 236, 352, 473, 480, 503, 550, 566, 567, 586, 622, 666, 724, 744, 766, 854, 883, 915, 923
Dasté, Jean: 53, 104, 372, 380
Dauman, Anatole: 429, 641
Daumery, John: 373

Daumery, R.: 345
Daumier, Sophie: 897
Dauphin, Claude: 217, 654, 674
Davalos, Dick: 11
Davenport, Harry: 170, 295, 404, 430
Davenport, Nigel: 903
Daves, Delmer: 62, 64, 97, 110, 118, 148, 149, 155, 177, 178, 190, 191, 200, 202, 214, **222,** 224, 253, 288, 289, 327, 330, 331, 347, 348, 352, 353, 374, 395, 404, 447, 468, 469, 488, 516, 546, 556, 618, 632, 633, 648, 655, 689, 733, 772, 777, 794, 807, 818, 820, 821, 854, 874, 886, 923, 929
Daviau, Allen: 298
David, Charles: 276
David, Hal: 419
David, Mario: 687
David, Thayer: 853
Davidovich, Lolita: 197, **222**
Davidson, Bruce: 890
Davies, John Howard: 635
Davies, Marion: 368, 902
Davis, Andrew: 332, 385, 822
Davis, Bette: 14, 25, 31, 66, 133, 145, 153, 205, **223,** 298, 299, 364, 368, 386, 498, 501, 547, 693, 891, 900, 902, 932
Davis, Carl: 606
Davis, Desmond: 276, 637, 832
Davis, Eddie: 417
Davis, Geena: 224, 593, 874
Davis, Harry: 27
Davis, Sammy, Jr.: 794
Davis, Richard: 69
Davis, Robert P.: 33
Davis, Robin: 4, 238, 242
Davis, Tamra: 69
Davison, Bruce: 901
Davison, Tito: 48, 310, 475, 876
Davoli, Ninetto: 236
Davray, Dominique: 654
Daw, Marjorie: 829
Dawley, J. Searle: 70
Dawson, Anthony: 625
Dawson, Ralph: 935
Day, Doris: 22, 224, **225,** 534
Day, Ernest: 638
Day, Josette: 77
Day, Laraine: 679
Day, Robert: 574
Day-Lewis, Daniel: 225, 383, 784
Daye, Harold: 892
Dazan, Tony: 456
Dazzi, Cecilia: 305
De Baroncelli, Jacques: 171, 294
De Benedetti, Aldo: 123, 208, 693
De Bernardi, Piero: 384

De Bosio, Gianfranco: 9, 10
De Broca, Philippe: 10, 71, 72, 79, 80, 91, 115, 138, 242, 265, 358, 586, 591, 623, 624, 671, 702, 761, 774
De Carlo, Yvonne: 3, 44, 293, 664
De Ceresa, Ferrucio: 578
De Concini, Ennio: 260, 380, 526, 527
De Cordova, Frederick: 97, 276, 325, 421, 655, 705
De Corsia, Ted: 170, 220
De Felice, Linda: 773
De Felice, Lionello: 233, 792
De Felitta, Frank: 822
De Feo, Sandro: 298
De Filippo, Peppino: 779
De Fina, Barbara: 149
De Fuentes, Fernando: 48, 133, **226,** 309, 310, 725, 782
De Funès, Louis: 866
De Goldschmidt, Gilbert: 779
De Grasse, Robert: 405
De Greff, Peter: 160
De Gresac, Fred: 98
De Havilland, Olivia: 1, 131, 133, 135, 140, **227,** 400, 498, 500, 602, 616, 640, 693, 732, 785, 899, 900
De la Brosse, Simon: 660, 665
De la Iglesia, Alex: 20
De La Patellière, Denys: 234, 346, 590, 592, 623, 918
De Lamberdesque, Caridad: 281
De Laurentiis, Aurelio: 117, 520
De Laurentiis, Dino: 49, 206, 298, 322, 371, 378, 422, 447, 461, 477, 530, 622, 640, 706, 738, 739, 742, 857, 871, 898, 902
De Laurentiis, Guido: 10
De Laurentiis, Luigi: 117, 520
De Leon, Walter: 882
De Limur, Jean: 538
De Luca, Rudy: 224
De Marguenat, Jean: 789
De Marsan, Eric: 168
De Martino, Alberto: 151, 269, 317, 372
De Mayora, J.: 9
De Mille, Cecil B.: 73, 114, 141, 173, 177, 190, 191, 202, 203, **228,** 258, 366, 395, 403, 472, 479, 486, 507, 508, 538, 555, 556, 560, 573, 574, 648, 657, 679, 696, 733, 779, 783, 784, 817, 820, 821, 833, 881, 882, 914, 915, 929, 935, 936
De Mille, William C.: 228, 416, 573
De Monaghan, Laurence: 735
De Niro, Robert: 107, 149, 155, 156, 185, 194, **229,** 230, 261, 291, 397, 571, 622, 648, 771, 843, 882
De Palma, Brian: 74, 93, 115, 125, 126, 144, 145, 151, 187, 189, 198, 207, 222, 223, 229, **230,** 249, 253, 268, 269, 306, 351, 377, 387, 456, 528, 646, 669, 709, 763, 767, 813, 866, 907, 919, 927

De Palma, Rossy: 324, 598
De Peyret Chappuis, Charles: 195
De Poligny, Serge: 345, 792
De Robertis, Francesco: 234, 740
De Roubaix, François: 791
De Sano, M.: 104
De Santis, Eliana: 715
De Santis, Giuseppe: 39, 48, 49, 102, 103, **231,** 356, 531, 550, 586, 668, 738
De Santis, Pasqualino: 150, 431, 444, 738, 849
De Seta, Vittorio: 671
De Sica, Christian: 63
De Sica, Vittorio: 9, 10, 63, 79, 80, 118, 125, 130, 144, 173, 174, **232,** 233, 234, 275, 280, 297, 357, 360, 443, 447, 470, 496, 497, 505, 506, 521, 523, 524, 525, 529, 530, 531, 536, 539, 550, 551, 556, 566, 567, 571, 572, 590, 605, 614, 623, 640, 651, 693, 754, 755, 811, 812, 813, 880, 881, 886, 906
De Toth, André: 125, 191, **234,** 246, 263, 269, 471, 472, 544, 555, 560, 618, 630, 660, 680, 818, 923
De Vaucorbeil, Max: 345
De Vilmorin, Louise: 24, 523, 639
De Vinna, Clyde: 81, 840, 435
De Vito, Danny: ver DeVito
De Vol, Frank: 53, 133, 693, 890
De Vree, Freddy: 412
Deakins, Roger: 660
Dean, Basil: 355, 485, 636
Dean, Isabel: 903
Dean, James: 11, 35, 74, **235,** 452, 611, 706
Dean, Julia: 128
Dear, William: 26
Dearden, Basil: 12, 55, 95, 187, 373, 403, 503, 520, 548, 623, 636, 791, 883, 940
Dearden, James: 835
Débain, Henri: 345
Debucourt, Jean: 250, 523
Decaë, Henri: 1, 24, 168, 209, 791
Dechent, Antonio: 495
Decoin, Henri: 9, 48, 248, 346, 445, 588, 590, 592, 782
Decomble, Guy: 209
Decout, Bob: 90
Dee, Frances: 153, 208, 512
Dee, Sandra: 288, 289, 429
Deeley, Michael: 92, 156
Deering, Olive: 794
Defore, Don: 404
Dehner, John: 412
Dein, Edward: 253, 544
DeJarnatt, Steve: 377
Dekker, Albert: 330
Del Ruth, Roy: 26, 124, 125, 180, 191, 223, 225, 352,

índice de nombres

353, 366, 386, 420, 457, 474, 508, 560, 573, 629, 648, 680, 694, 733, 736, 820, 825, 844, 875, 935, 936
Delahaie, Agnés: 672
Delamare, Lise: 502
Delaney, Maureen: 752
Delannoy, Jean: 98, 176, 294, 346, 378, 503, 592, 623, 671, 697
Delay, Florence: 657
Delbez, Maurice: 79
Delerue, Georges: 185, 186, 267, 405, 627, 628, 678
Delgado, Fernando: 685, 721
Delgado, Luis María: 312, 475, 476, 751, 886
Delgado, Mary: 204
Delgado, Miguel M.: 48, 588
Delgrás, Gonzalo: 312, 313, 588
Delic, Stipe: 118, 919
Delli Colli, Tonino: 5, 236, 291, 392, 529, 779, 893
Delluc, Louis: 153
Delmont, Edouard: 859, 594
Delon, Alain: 1, 168, 172, **236**, 238, 244, 358, 734, 766, 791, 942
Delon, Nathalie: 791
Delorme, Daniéle: 77
Delpy, Albert: 238
Delpy, Julie: 238
Delschaft, Maly: 878
Delteil, Joseph: 657
Delvaux, André: 9, 10, 44, 77, 169, **238**, 356, 357, 412, 586, 596, 621, 622
Demare, Lucas: 700
Demarest, William: 683, 869, 896
Demarsan, Éric: 284
Dembo, Richard: 143, 672, 878
Demicheli, Tulio: 141, 588, 721
Demme, Jonathan: 66, 194, **239**, 335, 377, 387, 394, 416, 423, 582, 669, 691, 731, 763, 914, 931
Demongeot, Mylène: 115, 868
Dempster, Carol: 752, 753
Demy, Jacques: 9, 10, 197, **241**, 242, 265, 383, 384, 457, 551, 575, 586, 590, 653, 671, 672, 754, 755, 779, 867, 870, 888, 889
Deneuve, Catherine: 14, 87, **241**, 265, 635, 653, 677, 702, 718, 719, 779, 797, 846, 871, 912
Denham, Reginald: 234, 485
Denicourt, Marienne: 77
Denis, Maria: 267
Dennehy, Brian: 903, 904
Denner, Charles: 937
Denning, Richard: 874
Dennis, Sandy: 296
Denny, Reginald: 153, 660
Dent, Alan: 290, 386
Depardieu, Gérard: 217, **242**, 243, 571, 670, 702, 860
Depardon, Raymond: 361

Depp, Johnny: 244, 280, 281
Deppe, Hans: 766
Deray, Jacques: 79, 80, 161, 237, 238, 243, **244,** 253, 461, 462, 586, 672, 761, 763, 766, 870
Deréan, Roseine: 267
Derek, Bo: 258
Derek, John: 390, 678, 697
Dern, Bruce: 133, 370, 727
Dern, Laura: 656, 716
Derobe, Alain: 838
Deruder, Dominique: 276
Desailly, Jean: 186
Deschamps, Bernard: 825
Desfontaines, Henri: 444
Desmond, Florence: 711
Desny, Ivan: 502
Désormières, Roger: 711
Detmers, Maruschka: 250, 262, 609, 673
Deutch, Howard: 82, 489, 506, 555
Deutsch, Adolph: 41, 138, 184, 386, 433, 547, 647, 880
Deutsch, Armand: 340
Deutsch, Helen: 496, 575
Devaivre, Jean: 68, 825
Deval, Marguerite: 63
Devane, William: 537, 934
Deveese, Frédéric: 77
Devere, Trish van: 77
Devère, Arthur: 22
Devers, Claire: 624
Devi, Chunibala: 659
Devi, Padma: 753
Deville, Michel: 44, 68, 161, 162, 242, **248,** 265, 423, 424, 575, 591, 592, 671, 672, 754, 755, 767, 792, 870
Devine, Andy: 164, 259, 266, 414
DeVito, Danny: 16, **249,** 250, 271, 301, 616, 875
Devki: 447
Devreese, Frédéric: 169, 622
Dewaere, Patrick: 781
Dewhurst, George: 179
Dexter, Elliott: 779
Dexter, John: 636
Dhéry, Robert: 138, 761
Di Bernardi, Piero: 291
Di Caprio, Leonardo: 856
Di Giacomo, Franco: 147, 288, 578, 593, 619, 633
Di Gianni, Luigi: 858
Di Leo, Accursio: 150
Di Leo, Fernando: 36, 574
Di Mazzarelli, Carmelo: 472, 473
Di Palma, Carlo: 64, 94, 140, 388, 906
Di Palma, Dario: 47
Di Venanzo, Gianni: 311, 583, 599, 619, 744, 753
Diamante, Julio: 751, 782
Diamond, I. A. L.: 41, 184, 924

Díaz-Aroca, Miriam: 78
Díaz González, Manuel: 54
Díaz Morales, José: 782
Díaz Yanes, Agustín: 4
Dibildos, José Luis: 180
DiCaprio, Leonardo: 856
Dicenta, Daniel: 203
DiCillo, Tom: 674
Dickens, Charles: 154, 212, 320, 376, 380, 482, 534, 635, 709
Dickey, James: 236
Dickinson, Angie: 252, 330, 726
Dickinson, Desmond: 386
Dickinson, Thorold: 398, 517, 548
Didi, Evelyne: 98
Didion, Joan: 185
Diego, Eliseo Alberto: 378
Diego, Gabino: 59, 89, **253,** 621, 664, 723, 876, 895
Diego, Juan: 440, 609, 621, 653, 723, 757, 758, 895
Diegues, Carlos: 254, 590, 591
Diessl, Gustav: 126
Dieterle, William: 32, 96, 124, 146, 180, 198, 199, 223, 227, 246, **254,** 256, 257, 273, 281, 294, 295, 309, 325, 326, 329, 353, 359, 364, 373, 386, 396, 403, 409, 414, 415, 425, 443, 468, 469, 473, 479, 480, 524, 525, 553, 574, 600, 601, 629, 630, 632, 648, 680, 725, 732, 733, 736, 750, 784, 792, 803, 804, 817, 826, 843, 847, 848, 864, 865, 896, 897, 898, 908, 928, 935, 936
Dietrich, Marlene: 33, 34, 137, 247, **257,** 289, 294, 299, 300, 308, 309, 318, 337, 354, 373, 529, 541, 542, 774, 818, 889, 890, 891
Dietrichson, Phyllis: 665, 817
Dietz, Alfred: 445
Dietz, Howard: 563, 564
Dieudonné, Albert: 606
Díez, Miguel Ángel: 46, 314, 556, 701
Digges, Dudley: 404
Digges, Movita Dudley: 707
Dighton, John: 160, 885, 886
Dilian, Eva: 524
Dilian, Irasema: 3, 524, 605
Dilliway, Don: 207
Dillman, Bradford: 336, 430
Dillon, John F.: 223, 347, 508, 935
Dillon, Melinda: 290
Dinelli, Mel: 292
Dinesen, Isak: 59, 564, 918
Dingle, Charles: 501
Dinner, Michael: 456, 832, 856
Diskant, George E.: 24
Disney, Walt: 77, 322, 495, 522, 534, 750, 772, 814
Dix, Beulah Marie: 779
Dix, Richard: 258
Dixon, Jean: 808

Dmytryk, Edward: 34, 68, 72, 73, 96, 97, 106, 118, 137, 138, 174, 187, 224, 315, 327, 328, 348, 395, 409, 458, 469, 522, 542, 544, 555, 579, 632, 662, 668, 680, 696, 697, 736, 752, 844, 854, 864, 914, 915, 923
Docampo Feijoo, Beda: 76, 754
Doctorow, E. L.: 514
Dodtrey, Peter: 371
Doherty, Christopher: 62
Doillon, Jacques: 87, 90, 164, **259,** 261, 424, 671, 672, 673
Dolivet, Louis: 569
Doll, Dora: 127, 338
Domanlaw, Jan: 103
Dombasle, Arielle: 660
Domingo, Plácido: 939
Donahue, Troy: 288, 289
Donahue, Walter: 904
Donald, James: 502, 688
Donaldson, Roger: 71, 198, 207, 219, 226, 362, 384, 385, 416, 422, 608, 637, 706, 743, 813, 926
Donat, Robert: 135, 866, 900
Donati, Sergio: 79, 392
Donehue, Vincent J.: 356, 509
Donelly, Donald: 752
Donen, Stanley: 51, 52, 86, 91, 94, 114, 117, 118, 126, 134, 138, 162, 163, 174, 175, 225, **263,** 269, 315, 320, 334, 374, 375, 385, 390, 391, 398, 456, 457, 458, 468, 484, 505, 506, 554, 555, 576, 578, 579, 589, 630, 662, 772, 791, 792, 794, 843, 925
Dongen, Fritz van: 855
Doniger, Walter: 804
Doniol-Valcroze, Jacques: 870
Donlevy, Brian: 75, 89, 164, 200, 593, 828, 829, 882, 893
Donner, Clive: 18, 69, 71, 72, 118, 138, 253, 331, 470, 488, 618, 641, 669, 766, 883
Donner, Richard: 66, 82, 107, 331, 335, 362, 385, 491, 580, 662, 669, 716, 817
Donohue, Jack: 225, 253, 458, 542, 795
Donohue, Mary Agnes: 377
Donovan, Arlene: 288
Donovan, King: 433
Donovan, Terence: 188
Donovan, Tom: 118
Donskoï, Mark: 264
Doran, Ann: 706
Dorat, Charles: 367, 853
Dorff, Steve: 59, 109
Dorffman, Jacques: 831, 832
Dorfmann, Robert: 446
Dorian, Angela: 776
Dorico, Angelo: 550
Dorléac, Françoise: 241, 241, **265,** 779
Dorléac, Maurice: 241, 265

Dorngeim, Robert: 144, 834
Dörrie, Doris: 265
Dorsey, Tommy: 794
Dorziat, Gabrielle: 536
Dos Santos, Luiz Paulino: 734
Dotrice, Karen: 866
Douglas, Gordon: 19, 89, 91, 125, 175, 225, 253, 259, 325, 388, 389, 457, 468, 469, 481, 493, 542, 579, 661, 676, 716, 733, 743, 794, 795, 929
Douglas, Kent: 687
Douglas, Kirk: 16, 153, 249, 250, 263, **268,** 269, 271, 300, 369, 502, 682, 683, 720, 777, 878, 879, 889
Douglas, Melvyn: 33, 34, 76, 135, **270**
Douglas, Michael: 16, 268, **271,** 939
Douglas, Paul: 289, 290, 340, 861
Douglas, Robert: 436, 530
Douglas, Shirley: 432
Douglas, Tom: 717
Dougnac, Jean-Pierre: 73, 722
Dourif, Brad: 16, 689
Dover, Nyta: 897, 898
Dovjenko, Aleksandr: 271
Dowling, Doris: 49
Downey, Robert, Jr.: 901
Downs, Cathy: 657
Doyle, Patrick: 778
Doyle, Ray: 98
Doynel, Ginette: 145
Dozier, Robert: 337
Drach, Michel: 591, 790, 870
Drago, Eleonora Rossi: 526, 527, 738
Dragon, Carmen: 433
Dragon, Mircea: 574
Dragoti, Stan: 387, 455
Draike, Michael: 3
Drake, Charles: 808, 927
Drake, Dona: 547
Drake, Jim: 822
Drake, Tom: 170
Drake, William A.: 371
Dratler, Jay: 480
Drayson Adams, Gerald: 827
Dreifuss, Arthur: 273
Dresdel, Sonia: 428
Dresser, Louise: 8, 9, 137
Dréville, Jean: 234, 259, 445, 590, 918
Dreyer, Carl Theodor: 272, 523, 553, 624, 651, 657
Dreyfus, Henry: 9
Dreyfuss, Richard: 104, **273,** 290
Driessche, Frédéric van den: 210
Driscoll, Bobby: 435
Drove, Antonio: 722, 751, 756
Dru, Joanne: 484, 678
Drury, David: 385
Drury, James: 274

Druten, John van: 517
Duarte, Eva: 803
Dubois, Marie: 431
Dubost, Paulette: 710, 711
Dubov, Paul: 892
Duca, Cino del: 5, 58
Dubrovsky, Neal: 109
Ducay, Eduardo: 871
Duceppe, Pierre: 591
Duchaussoy, Michel: 5, 597
Dudley, Robert: 540
Duff, Howard: 170, 570
Duff, Warren: 640, 720
Duffell, Peter: 440, 549
Dugan, Dennis: 621
Duggan, Andrew: 434
Dugowson, Maurice: 671
Duhamel, Antoine: 78, 797
Duhour, Clément: 669
Dulgan, John: 375
Dullea, Keir: 267, 268
Dumarçay, Philippe: 275
Dumbrille, Douglas: 435, 829, 867
Dumont, Margaret: 621, 810, 811
Dun, Dennis: 879
Dunaway, Faye: 99, 165, **275**
Duning, George: 200, 226, 266, 411
Dunlap, Paul: 517
Dunne, Irene: 30, 205, 563, 630, 874
Dunne, John Gregory: 185, 377
Dunne, Philip: 118, 139, 404, 421, 574, 597, 693, 792, 879, 880
Dunst, Kirsten: 208
Dupeyron, François: 242, 243
Dupont, Edwald A.: 256, 441, 479, 573, 705, 865
Dupont, Jacques: 79
Duprez, June: 209, 470
Duran, Ciro: 822
Durán, Biel: 851
Durán, Rafael: 899
Durán-Loriga, Jacobo: 840
Durante, Anita: 430
Duras, Marguerite: 38, 102, 103, 172, 243, 286, 404, 405, 590, 591, 755, 766
Durbin, Deanna: 276, 525
Durkin, James: 70
Durning, Charles: 185
Duryea, Dan: 3, 367, 404, 501, 596, 927
Dussart, Philippe: 687
Dussollier, André: 193
Dutron, Jacques: 502
Duvall, Robert: 42, 185, 500, 552, 852
Duvall, Shelley: 24, 118, 868
Duverger, Albert: 281
Duvivier, Julien: 9, 37, 44, 65, 68, 104, 105, 142,

149, 199, 205, 237, 263, **276**, 294, 316, 327, 345, 346, 367, 396, 445, 464, 479, 486, 592, 630, 664, 669, 695, 732, 733, 736, 775, 817, 818, 853
Dux, Pierre: 937
Dvorak, Ann: 22, 562, 763
Dwan, Allan: 26, 32, 38, 64, 97, 220, 253, 304, 323, 332, 396, 486, 504, 516, 560, 574, 648, 682, 697, 706, 732, 745, 792, 817, 818, 825, 833, 848, 868, 914, 915, 929, 936
Dwyer, Ruth: 788
Dyall, Franklin: 900
Dyer, Elmer: 807
Dyke, W. S. van: 26, 70, 85, 164, 178, 201, 347, 348, 389, 420, 472, 504, 508, 509, 532, 617, 682, 686, 817, 820, 840, 844, 864
Dylan, Bob: 783

Eady, David: 940
Eagels, Jeanne: 145
Eagle, Oscar: 70
Earle, Edward: 903
Earles, Daisy: 653
Earles, Harry: 653
Easdale, Brian: 606, 681, 938
Eason, Breezy R.: 705
Eastman, Charles: 907
Eastwood, Clint: 58, 59, 109, 167, 198, **279**, 280, 294, 340, 341, 384, 385, 389, 390, 409, 489, 566, 688, 712, 774, 775, 787, 793, 822, 823
Eastwood, Kyle: 59
Ebbesen, Elsa: 139
Eberhardt, Tom: 126, 582, 710
Ebsen, Buddy: 53, 246
Eceiza, Antonio: 67, 475, 701, 870
Echanove, Alfonso: 713
Echanove, Juan: 324, 363, 621
Eddy, Nelson: 306
Eddy, Robert: 410
Edel, Uli: 219, 485
Edelman, Louis F.: 12
Edens, Roger: 138
Edeson, Arthur: 149, 261, 386, 414, 547, 707, 759, 793
Edeson, Robert: 686
Edgren, Gustav: 85, 800
Edmons, Dale: 649
Edwards, Blake: 33, 71, 137, 138, 139, 140, 169, 175, 214, 245, 246, 252, 258, 266, **281**, 331, 374, 398, 409, 421, 484, 488, 489, 589, 590, 608, 618, 619, 637, 638, 652, 686, 695, 716, 896, 927, 929
Edwards, George: 575
Edwards, Harry: 135, 201, 410
Edwards, James: 179
Edwards, Snitz: 788
Edzard, Christine: 380

Effenterre, Bertrand van: 4, 162
Ega, Kindai Kyokai: 785
Egan, Richard: 288, 289
Eggar, Samantha: 28, 631
Egleson, Jan: 126
Egoyan, Atom: 283, 299
Eguino, Antonio: 757
Eguren, Raúl: 378
Egurrola, Julieta: 685
Eichberg, Richard: 855
Eichhorn, Lisa: 934
Einstein, Carl: 859
Eisemann, Ike: 562
Eisenstein, Sergei M.: 5, 264, 283, 314, 631, 940
Eisinger, Jo: 622
Eisler, Hanns: 893
Eisley, Anthony: 517
Ekberg, Anita: 262
Ekborg, Lars: 891
Ekelund, Allan: 183, 184, 339, 667, 742, 780, 791, 891
Ekerot, Bengt: 780
Ekman, Gösta: 309
El Kadar, Fawzia: 71
El-Kadi, Nameer: 286
Elam, Jack: 289, 411
Elejalde, Karra: 251
Elg, Taina: 363, 364, 575, 866
Eliacheff, Carolina: 159
Elías, Carmen: 324
Elías, Francisco: 48
Ellington, Duke: 30, 781
Elliot, Laura: 301
Elliott, Denholm: 383
Ellis, Andersen: 860
Ellis, Antonia: 626
Ellis, Edward: 342
Elorriaga, Xabier: 2, 188, 341, 594, 840
Elorrieta, Javier: 667, 757, 822
Elorrieta, José María: 133, 313, 654, 721
Eloy, Jean-Claude: 715
Elsom, Isobel: 179
Elvey, Maurice: 373, 390, 516, 636
Elwyn, Robert: 588
Emerson, Faye: 371, 548
Emerson, Hope: 793, 794
Emerson, John: 304, 825
Emilio Pacheco, José: 727
Emmer, Luciano: 102, 234, 550, 586, 739, 779, 842
Emmet Dolan, Robert: 790
Emmett, Katherine: 267
Emo, E. W.: 45
Emo, Emerich: 233
Enders, Robert: 439
Endfield, Cy: 55, 125, 187, 426, 940

Endore, Guy: 602, 907
Engel, Eric: 442
Engel, Samuel G.: 622, 657
Enger, Charles van: 306
English, John: 784
Englund, George: 106, 931
Englund, Ken: 37
Englund, Robert: 306
Enrico, Robert: 80, 140, 237, 623, 767, 870
Enright, Ray: 96, 124, 214, 227, 228, 257, 325, 326, 469, 508, 560, 579, 680, 696, 705, 736, 784, 915, 936
Ephron, Henry: 511, 683
Ephron, Nora: 387, 543, 614, 746, 866
Ephron, Phoebe: 511, 683
Epstein, Jean: 116, 865
Epstein, Julius J.: 149
Ergas, Morris: 360
Erice, Víctor: 98, 203, **291,** 295, 313, 804, 830
Erickson, A. F.: 914
Erickson, Leif: 202, 540, 616
Ericson, John: 340
Eriksen, Erich: 256
Erms, Sebastien: 210
Erskine, Chester: 96, 138, 178, 522, 546, 556, 791
Ertaud, Jacques: 185
Escamilla, Teo: 2, 141, 193, 203, 246, 286, 537, 616, 723, 809, 840
Escobar, Luis: 180, 293, 699
Escrivá, Javier: 860
Escrivá, Vicente: 76, 475, 699, 700, 750, 751
Esmeralda, Merche: 321
Esmond, Carl: 600, 679
Esposito, Gianni: 338
Essex, Henry: 36
Esteban, Julián: 758
Estébanez, Cesáreo: 722, 723
Estelrich, Juan: 313, 600, 827
Esteva, Jacinto: 700
Estévez, Emilio: 589
Estrada, Carlos: 852, 853
Estrella, Alberto: 685, 713
Esway, Alexander: 445, 586
Étaix, Pierre: 672
Etchebehere, Alberto: 535
Eustache, Jean: 28
Evans, Bruce: 397, 801
Evans, Gene: 341
Evans, Maurice: 776
Evans, Robert: 89, 165, 192, 200, 537
Evans, Vincent B.: 404
Evein, Bernard: 241, 383, 653, 867
Evelyn, Judith: 891
Everest, Barbara: 517
Everett, Rupert: 38
Ewell, Tom: 198

Exposito, Philomène: 7
Eycan, André: 168
Eyck, Peter van: 752
Eythe, William: 132
Ezequiel Solanas, Fernando: 838
Ezumi, Hideaki: 429

Fabbri, Jacques: 540
Fabian, Françoise: 568, 867
Fabray, Nanette: 564
Fábregas, Simón: 4
Fabri, Diego: 360
Fábri, Zoltán: 303
Fabrizi, Aldo: 103, 151, 263, 336, 378, 738, 897, 898
Fabrizi, Franco: 127, 527, 898
Fadiman, William: 248
Fadón, Manuel: 129
Faenza, Roberto: 140, 144, 455, 456, 551, 835
Faggioli, Giada: 593
Fairbanks, Douglas: 160, **303,** 323, 376, 470, 613, 732, 868, 900, 910, 919
Fairbanks, Douglas, Jr.: 56, 304, 686
Fairchild, William: 792
Falconetti, Gérard: 735
Falconetti, Renée: 657
Faltoyano, Fiorella: 133, 180
Fancher, Hampton: 92
Fansten, Jacques: 423
Fant, Kenne: 834
Fantastichini, Ennio: 594, 690
Fantoni, Sergio: 904
Fapp, Daniel L.: 565, 899, 921
Farago, Katinka: 164
Faragoh, Francis Edward: 261
Faraldo, Claude: 671
Farewell, Long: 162, 810
Farges, Joel: 44
Fargo, James: 199, 279, 280, 390, 575, 638, 697
Farkas, Nicolas: 37, 105, 345, 629
Farley, Jim: 537
Farmer, Ellen: 653
Farmer, Frances: 404, 477
Farnese, Alberto: 23
Farnon, Robert: 404
Farrar, David: 606
Farrar, Geraldine: 141, 228, 657
Farrell, Charles: 780
Farrell, Glenda: 593
Farrell, Henry: 14, 133, 693, 873
Farris, John: 230
Farrow, John: 72, 224, 307, 331, 352, 364, 409, 468, 469, 471, 472, 480, 548, 556, 573, 574, 579, 601, 632, 696, 697, 733, 745, 784, 792, 818, 845, 876, 915, 936
Farrow, Mia: 181, 307, 370, 387, 388, 677, 776

Farruco: 321
Farruquito: 321
Farwadji, André: 462
Fas, Boris de: 847
Fassbinder, Rainer Werner: 95, 96, 307, 316, 317, 590, 591, 765, 769, 770, 872
Faulkner, Graham: 336
Faulkner, William: 11, 35, 65, 112, 114, 412, 829, 848
Faurez, Jean: 789
Faver, Héctor: 66, 827
Favio, Leonardo: 535
Fawcett, George: 846, 847, 907
Faye, Alice: 34, 35, 164
Faylen, Frank: 252
Federspiel, Brigitte: 651
Feher, Friedrich: 346, 347
Fei, Zhao: 497
Feiffer, Jules: 719
Feist, Felix: 202, 269, 276, 353
Feist, Harry: 738
Feiyu, Bi: 446
Fejos, Karl: 309
Fejos, Paul: 37, 104
Fejto, Raphaël: 6
Fekete, Alfred: 256
Feldman, Edward S.: 881
Feldman, Marty: 75, 261, 883
Felice, Linda de: ver De Felice
Felitta, Frank de: ver De Felitta
Feliú, Jorge: 475, 750
Felix, Seymour: 914
Félix, María: 195, 227, **309**, 338
Fellini, Federico: 9, 10, 17, 24, 25, 39, 103, 127, 137, 138, 139, 194, 262, **310**, 311, 335, 336, 478, 525, 550, 551, 553, 557, 622, 633, 649, 658, 696, 697, 737, 738, 740, 811, 812, 813, 831, 832, 933, 934
Fellous, Roger: 251
Fellows, Robert: 131
Felton, Earl: 889
Fenady, Georg: 574
Feng, Hsu: 7
Feng, Neil: 67
Fengyi, Zhang: 6, 7
Fenollar, Augusto: 541, 654
Fenton, Frank: 442
Fenton, George: 287, 855
Fenton, Leslie: 270, 331, 366, 409, 469, 472, 522, 539, 725, 821
Feo, Sandro de: ver De Feo
Ferjac, Anouk: 5
Fermaud, Michel: 242
Fernán-Gómez, Fernando: 28, 78, 89, 131, 163, 253, 262, 263, 292, 295, 300, **312**, 313, 314, 475, 537, 538, 553, 578, 600, 654, 673, 721, 723, 751, 754, 758, 804, 879, 895, 899, 900
Fernandel: 75, 130, 142, 263, 277
Fernández, Ángel Luis: 49, 494, 552, 609, 804
Fernández, Emilio: 48, 309, 310, **314**, 366, 588, 725, 782
Fernández, Félix: 90, 127, 292
Fernández, Manuel Ángel: 758
Fernández, Pedro: 378
Fernández, Ramón: 313, 314, 475, 476, 654, 751
Fernández-Armero, Álvaro: 362
Fernández Cuenca, Carlos: 720
Fernández Flórez, Wenceslao: 312, 610
Fernández Loaysa, Clara: 685
Fernández-Muro, Marta: 49
Fernández-Santos, Ángel: 295, 647, 712
Fernández Santos, Jesús: 654
Ferrandis, Antonio: 28, 293, 568, 569
Ferrara, Abel: 377, 433, 455, 456, 856
Ferrara, Giorgio: 740
Ferrara, Giuseppe: 700, 860
Ferré, Ignasi P.: 362, 781
Ferréol, Andrea: 370, 620
Ferrer, José: 19, 181, 217, **315**, 336, 482, 655, 743, 907
Ferrer, Mel: 178, 289, **316**, 398, 496, 541, 639, 666, 695, 762, 763
Ferrer, Miguel: 315
Ferreri, Marco: 140, 165, 175, 176, 181, 241, 242, 243, **317**, 357, 369, 370, 423, 478, 550, 551, 609, 622, 623, 671, 672, 673, 769, 770, 773, 857, 858, 859
Ferrero, Jesús: 20, 551, 552
Ferrero, Maribel: 656
Ferrero, Willy: 855
Ferrés, Ramón: 567
Ferretti, Dante: 933
Ferreux, Benoît: 811
Ferreyra, José A.: 803
Ferrini, Franco: 291
Ferro, Rafael: 569
Ferronao, Edd: 150
Ferry, Isidoro M.: 673, 721
Ferzetti, Gabriele: 58, 263, 391, 392
Fescourt, Henri: 37
Feuer, Cy: 123
Feuillade, Louis: 276, 348
Feuillère, Edwige: 287
Feyder, Jacques: 141, 257, **317**, 350, 444, 445, 464, 491, 680
Feyder, Paul: 91
Fiedler, John: 261
Field, Betty: 370, 412, 413
Field, Sally: 288, **318**
Field, Shirley Anne: 749

Field, Virginia: 688
Fielding, Jerry: 340, 341, 847
Fields, Lew: 405
Fields, Michael: 783
Fields, Stanley: 66, 481
Fields, W. C.: 467, 559, 752, 753
Fiennes, Ralph: 3, 258, 259
Fierry, Patrick: 867
Fieschi, Jacques: 193, 610
Fifthian, Douglas: 716
Figgis, Mike: 64, 124, **319,** 320, 351, 361, 377, 483, 625
Figueroa, Gabriel: 34, 285, 314, 607
Filippini, Gino: 263
Filippo, Eduardo de: 551, 640, 812, 857
Filippo, Pepino de: ver De Filippo
Finch, Jon: 520, 749
Finch, Peter: 420
Fincher, David: 17, 674, 916
Finkel, Abem: 759
Finklehoffe, Fred: 170
Finkleman, Ken: 249
Finlay, Frank: 631
Finlayson, James: 298, 481
Finley, William: 306
Finney, Albert: 320, 576, 714, 749
Fiorda, Nuccio: 524
Fiore, Maria: 266
Fiore, Robert: 769
Fiorelli, Nada: 145
Firth, Peter: 850
Fischbeck, Harry: 753
Fischer, Gerry: 512
Fischer, Gunnar: 339, 742, 780, 891
Fish, Jack: 144
Fisher, Carrie: 388
Fisher, Frances: 856
Fisher, O. W.: 9, 513
Fisher, Steve: 128
Fisher, Terence: 95, 261, 306, 366, 625, 791, 940
Fisk, Jack: 783, 813
Fitts, Margaret: 189
Fitzgerald, Barry: 66, 170, 319, 415, 502, 693, 790
Fitzgerald, Francis Scott: 867
Fitzgerald, Geraldine: 25
Fitzmaurice, George: 179, 180, 190, 270, 350, 366, 374, 389, 508, 509, 522, 725, 817, 825, 829, 887, 935
Flaherty, Robert J.: 320, 603, 749, 837
Flaiano, Ennio: 127, 262, 311, 378, 619, 622, 885, 893
Flament, Georges: 367
Flanders, Ed: 185
Fleck, Jakob: 256
Fleck, Louise: 256
Fleet, James: 283

Fleet, Jo van: 11, 726, 727
Fleischer, Dave: 322
Fleischer, Max: 322
Fleischer, Richard: 14, 55, 105, 126, 199, 214, 269, 307, **322,** 327, 357, 372, 391, 403, 409, 429, 430, 439, 484, 531, 544, 548, 549, 556, 573, 574, 579, 593, 637, 692, 696, 697, 716, 731, 746, 769, 772, 816, 883, 889, 918
Fleischman, A. S.: 294
Fleischmann, Peter: 671, 769, 859
Fleming, Rhonda: 292, 570, 720
Fleming, Victor: 85, 135, 190, 228, 270, 281, 297, 304, 315, **323,** 326, 347, 348, 352, 353, 355, 359, 389, 392, 395, 420, 435, 441, 472, 486, 490, 500, 508, 509, 525, 526, 657, 814, 847, 850, 863, 864, 875, 926, 930
Flemyng, Gordon: 55, 385, 591, 641, 832
Flemyng, Robert: 138
Fletcher, Louise: 16
Fleury, Joy: 702
Flicker, Theodore J.: 175
Flippen, Jay C.: 24, 419, 683, 727, 927
Flood, James: 366, 374, 416, 508, 509, 538, 936
Flores, Lola: 760
Florey, Robert: 45, 110, 177, 190, 223, 325, 353, 545, 546, 574, 680, 693, 696, 733, 817
Flotats, José María: 673
Flournoy, Richard: 28
Flynn, Emmett J.: 887
Flynn, Errol: 70, 131, 134, 135, 140, 215, 227, **324,** 360, 385, 404, 602, 630, 706, 732, 900
Flynn, John: 418, 817, 832
Flynn, Sean: 325
Focas, Spiros: 734
Foch, Nina: 27, 763, 861
Fodor, Ladislas: 775
Fogelström, Per-Anders: 891
Foges Davanzini, Claudio: 778
Foley, James: 387, 489, 646
Folsey, George: 170, 198, 532, 564, 861
Fonda, Bridget: 261, **325,** 326, 327
Fonda, Henry: 22, 36, 37, 109, 156, 193, 194, 250, 261, 304, 305, 325, **326,** 327, 392, 430, 484, 657, 775, 808, 830, 847, 869, 884, 892
Fonda, Jane: 172, 325, 326, **327,** 328, 365, 650, 689, 739
Fonda, Peter: 325, 326, 327, 496
Fondato, Marcello: 140, 357, 857, 906
Foner, Naomi: 512
Fons, Angelino: 4, 76, 155, 557, 664, 700, 758
Fonseca e Costa, José: 4, 781
Font, José Luis: 675
Font Espina, J. M.: 475, 750
Fontaine, Joan: 146, 227, **328,** 436, 598, 706
Fontaine, Lilian: 227, 328

Foote, Bradbury: 281
Foote, Horton: 83, 552, 599
Foraldo, Pier Luigi: 550
Forbes, Bryan: 54, 55, 72, 105, 114, 125, 143, 399, 416, 589, 618
Forbes, Ralph: 384
Ford, Constance: 347
Ford, Glenn: 137, 200, 208, 247, **330,** 363, 802
Ford, Harrison: 47, 91, 92, 286, **331,** 677, 881
Ford, John: 32, 48, 64, 96, 97, 124, 125, 158, 164, 178, 180, 193, 194, 220, 236, 259, 266, 326, 327, **332,** 347, 348, 351, 352, 359, 398, 399, 409, 414, 415, 457, 484, 488, 490, 508, 538, 544, 555, 556, 568, 618, 619, 632, 633, 657, 660, 682, 683, 686, 693, 725, 726, 733, 752, 759, 766, 798, 817, 820, 821, 847, 848, 854, 863, 864, 871, 882, 884, 914, 915, 916, 923, 929, 935, 936
Ford, Patricia: 759
Ford, Robert: 892
Ford, Wallace: 202, 236, 411, 653, 660
Forde, Eugene: 32, 573, 725
Forde, Walter: 573, 632
Foreman, Carl: 320, 411, 567, 590, 688, 766, 807
Foriscot, Emilio: 600
Forman, Milos: 16, 81, 82, 87, 124, 125, 249, 271, **334,** 615, 856, 888
Forn, José María: 313
Forqué, Álvaro: 893
Forqué, José María: 23, 54, 313, 475, 654, 699, 700, 721, 722, 750, 754, 758, 782
Forqué, Verónica: 29, 40, 379
Forrest, Frederic: 42, 189, 874
Forrest, Sally: 570
Forsyth, Bill: 474, 926
Fort, Garret: 261, 602, 660
Forte, Fabrizio: 647
Fortier, Robert: 868
Forzano, Andrea: 506, 507, 601
Foschi, Massimo: 434
Fosey, Brigitte: 167, 168
Fossard, Marc: 664
Fosse, Bob: 122, **334,** 408, 477, 521, 576, 695, 763
Fosse, Cyril: 334
Fossey, Brigitte: 446
Foster, David: 423
Foster, Giles: 62, 709
Foster, Jodie: 64, 162, **335,** 423, 843
Foster, Lewis R.: 28, 199, 221, 574, 705, 706
Foster, Meg: 775
Foster, Norman: 13, 36, 162, 199, 329, 357, 409, 473, 578, 579, 725, 784, 907, 908, 917, 918, 936
Foster, Preston: 236
Foster, Richard: 726
Foster, Susanna: 306

Foucaud, Pierre: 825
Fountaine, William: 15
Fourgeaud, Jean-Jacques: 890
Fournier, Claude: 832
Fowler, Gene: 523
Fox, James: 798
Fox, William: 22, 23, 101, 332, 359, 459, 603, 780, 910, 919
Fracassi, Clemente: 506, 550
Frade, José: 379, 634, 673, 756, 860
Fraile, Alfredo: 595
Fraile, César: 879
Fraker, William A.: 544, 590, 591, 731, 776
Franca, Lia: 693
Francen, Victor: 548, 785
Frances, María: 831
Francey, Micheline: 211, 212
Franchina, Basilio: 738
Franchina, Sandro: 298
Franchini, Teresa: 123
Franci, Adolfo: 470, 497, 572
Francia, Maria Grazia: 738
Franciolini, Gianni: 233, 234, 503, 550, 592, 669, 750, 779, 812
Franciosa, Massimo: 10, 358, 734
Franciosa, Tony: 683
Francis, Anne: 189
Francis, Carl: 439
Francis, Freddie: 202, 226, 625, 749, 831, 832
Francis, Kay: 268, 470, 471
Francis, Olin: 400
Francisci, Pietro: 233, 357, 506, 697
Franck, Arnold: 354
Franco, Jesús: 183, 300, 313, 336, 600, 654, 721, 722
Franco, Ricardo: 246, 314, **336,** 582, 583, 656, 892, 893
François, Emilie: 778
François, Jacques: 908
Frangin, Guy: 596
Franju, Georges: 9, 623, 761, 870
Frank, Bruno: 295
Frank, Charles: 791
Frank, Christopher: 870, 872
Frank, Ernest L.: 270
Frank, Harriet, Jr.: 188
Frank, Hubert: 443
Frank, Melvin: 19, 46, 64, 348, 394, 421, 439, 484, 488, 503, 522, 655, 680, 816, 845, 926, 940
Frank, T. C.: 745
Frankel, Benjamin: 413, 622
Frankel, Cyril: 96, 187, 329, 352, 373, 389
Frankel, David: 66, 307, 557
Frankenheimer, John: 72, 74, 95, 108, 126, 156, 245, 252, 268, 269, 275, **337,** 351, 352, 384, 385,

390, 421, 458, 473, 474, 484, 539, 544, 586, 591, 618, 661, 662, 720, 722, 752, 755, 764, 795, 822, 846, 935
Frankeur, Paul: 894
Franklin, Charles: 508
Franklin, Howard: 224, 401, 731
Franklin, Pamela: 831
Franklin, Richard: 213, 667, 687, 856
Franklin, Sidney: 70, 179, 350, 420, 443, 479, 491, 538, 601, 629, 687, 688, 778, 779, 860
Fraser, Christopher: 362
Fraser, Harry: 915
Fraser, John: 718, 719
Fraser, Moyra: 626
Frawley, James: 175, 315, 417, 543, 919
Frawley, William: 247, 289, 360
Frears, Stephen: 82, 224, 225, 226, 320, **334**, 338, 351, 408, 424, 425, 527, 633, 669, 709, 710, 722, 732, 781, 804, 850, 852, 888
Freda, Riccardo: 8, 267, 356, 357, 503, 550, 842
Frederici, Blanche: 336
Frederick, Ellsworth: 727
Frederickson, Gray: 648
Frederiks, Ellsworth: 433
Freed, Arthur: 19, 27, 51, 76, 94, 109, 110, 134, 162, 170, 247, 264, 456, 525, 563, 564, 576, 908
Freed, Bert: 11
Freedman, Jerrold: 335
Freeland, Thornton: 95, 96, 373, 390, 629, 725, 736, 863, 936
Freeman, Joan: 732
Freeman, John: 608
Freeman, Mona: 138, 400
Freeman, Morgan: 793
Freeman, Paul: 286
Freeman, Robert: 91
Freess, Edmond: 623
Fregonese, Hugo: 64, 162, 191, 199, 329, 373, 421, 544, 548, 560, 697, 733, 818, 845, 883
French, Charles: 595
French, Harold: 9, 95, 373, 458, 548, 791
French, Victor: 411
Frend, Charles: 380, 549
Frenke, Eugene: 879
Fresnay, Pierre: 371, 372
Fresson, Bernard: 404, 405
Freund, Karl: 146, 155, 367, 539, 540, 553, 567, 602, 723, 878
Frey, Sami: 150
Fric, Martin: 367
Fridh, Gertrud: 742
Frieberg, Camelia: 299
Fried, Gerald: 65, 777
Friedhofer, Hugo: 211, 296, 363, 369, 563, 565, 596, 607, 711, 874

Friedkin, William: 100, 219, **339**, 384, 385, 624, 646, 700, 720, 721, 731, 743, 752, 763, 834, 916
Friedlander, Louis: 696
Friedlob, Bert: 570
Frings, Ketti: 796
Fristsch, Gunther von: 928
Frizell, Lou: 891
Fröbe, Gert: 422, 513, 903
Froelich, Carl: 85, 104, 256, 257, 441, 442, 645
Froeschel, George: 113, 688, 763, 778, 860
Fröhlich, Gustav: 567
Fröler, Samuel: 563
Froment, Raymond: 41
Frost, R. Lee: 574
Fuchs, Daniel: 3, 22
Fuentes, Carlos: 358, 727
Fuentes, Fernando de: ver De Fuentes
Fuest, Robert: 199, 516, 866
Fuhr, Charles: 38
Fuji, Tatsuya: 429
Fujiwara, Kamatari: 566, 789
Fukasaku, Kinji: 331
Fulci, Lucio: 623, 638, 722, 733
Fuller, Robert: 789
Fuller, Samuel: 28, 144, 235, 253, **341**, 434, 517, 535, 544, 588, 667, 668, 817, 818, 892, 923
Funabashi, Kazuro: 248
Funès, Louis de: ver De Funès
Furic, Hervé: 210
Furie, Sidney J.: 106, 125, 385, 401, 504, 708, 763, 795
Furneaux, Yvonne: 262, 718, 719
Fürth, Jaro: 63
Furthman, Jules: 128, 300, 329, 368, 494, 542, 707, 726, 807, 819, 829, 848, 891
Fusco, Giovanni: 58, 380, 405, 619

Gabbani, Till: 889
Gabel, Martin: 395
Gabin, Jean: 22, 56, 65, 142, 247, 277, 286, 287, 338, **345**, 371, 372, 594, 664, 674, 853, 865, 866
Gable, Clark: 113, 293, 323, **347**, 425, 500, 504, 707, 828, 930
Gable, Christopher: 626, 658
Gabor, Pal: 583
Gabor, Zsa Zsa: 496
Gabriel, Ruth: 251
Gabrio, Gabriel: 664
Gade, Sven: 190
Gadé, Analía: 900
Gades, Antonio: 141, 761
Gaeng, Elfriede: 140
Gaffe, Néstor R.: 535
Gago, Luque: 583
Gaines, Richard: 28
Gainor, Helen: 359

Gainsbourg, Charlotte: 575, 665
Gainsbourg, Serge: 243
Gajoni, Cristina: 430
Galati, Frank: 874
Galeen, Henrik: 367, 625
Galiena, Anna: 440
Galindo, Alejandro: 48, 314, 756
Gallagher, Peter: 783, 901
Galland, Jean: 674
Gallardo, Lucy: 34
Gallardo, Nuria: 895
Gallea, Arturo: 266, 651, 908
Gallo, Fred T.: 339
Gallo, George: 124
Gallo, María Rosa: 534, 535
Gallone, Carmine: 37, 233, 263, 267, 309, 310, 525, 550, 697, 792
Galván, Juan Ignacio: 782
Galvé, Christian: 183
Gamboa, Jaime: 28
Gamboa, José Luis: 699
Gambon, Michael: 176
Gamero, Antonio: 694
Gance, Abel: 37, 139, 143, 192, 217, 234, 315, **348,** 539, 606, 622, 623, 870, 895, 918
Gándara, Beatriz de la: 283
Ganga, José Miguel: 722, 827, 893
Gann, Ernest K.: 202
Gannaway, All: 253
Ganz, Bruno: 27, 28
Gaos, Lola: 342, 343, 569, 809, 871
Garafalo, Ettore: 529
Garbagni, Paul: 800
Garbo, Greta: 37, 63, 76, 111, 240, 270, 318, **349,** 368, 371, 514, 529, 539, 540, 613, 799
Garcés, Delia: 285
Garci, José Luis: 133, **350,** 475, 476, 750, 751, 827, 892, 893
Garcia, Allan: 511
Garcia, Andy: 350, 648
García, José Luis: 165
García, Lolo: 379
García, Luis Alberto: 378
García Abril, Antón: 180, 203, 758
García Ascot, José Miguel: 381
García Caffi, Juan José: 291
García Leoz, Jesús: 90, 292, 831
García Maroto, Eduardo: 720
García Márquez, Gabriel: 358, 381, 727
García Ortega, Rosario: 147, 183, 379
García Pelayo, Gonzalo: 722
García Sánchez, José Luis: 46, 66, 76, 134, 253, 314, **351,** 362, 556, 621, 701, 722, 751
Garciadiego, Paz Alicia: 685, 712, 713, 727
Garcillán, Fernando: 8, 29, 248

Garde, Betty: 794
Gardner, Ava: 206, 207, 330, **351,** 418, 492, 652
Gardner, Cyril: 636, 833
Gardner, Leonard: 308, 425
Garen, Leo: 144
Garfield, Allen: 189, 200
Garfield, John: 147, 211, **352,** 502, 848
Gargan, William: 336, 808
Gariazzo, Mario: 623
Garland, Judy: 73, 94, 170, 247, 276, **353,** 525, 526, 847, 890, 908
Garland, R.: 369
Garmes, Lee: 128, 146, 246, 274, 300, 309, 495, 496, 542, 763
Garner, James: 129, 418, 657, 896
Garner, Peggy Ann: 499
Garnett, Tay: 25, 26, 96, 147, 257, 270, 339, 347, 348, **354,** 355, 373, 389, 391, 420, 457, 469, 491, 539, 579, 585, 617, 618, 660, 661, 682, 845, 875, 915, 935, 936
Garr, Teri: 290
Garreaud, Jean-François: 687
Garrel, Maurice: 193, 899
Garrel, Philippe: 755
Garrett, Oliver H. P.: 274
Garrett, Snuff: 109
Garrigó, Camino: 152
Garris, Mick: 687
Garson, Greer: 354, **355,** 778, 779
Gary, Romain: 197, 325, 342, 549, 774, 883
Gascoigne, Brian: 775
Gascón, Gilberto: 49
Gasnier, Louis: 45, 177, 347, 374, 445
Gaspard-Huit, Pierre: 68, 237, 623, 721, 766, 895
Gassman, Vittorio: 46, 47, 49, 195, 292, 305, **356,** 357, 371, 447, 728, 739, 744, 770, 849, 898
Gates, Larry: 433
Gates, Nancy: 184, 296
Gatlif, Tony: 44, 243
Gatti, Marcello: 71, 638
Gatto, Roberto: 10
Gatyne, Marco: 657
Gaudio, Tony: 145, 732, 865, 897
Gaup, Nils: 122
Gavaldón, Roberto: 48, 310, 313, **358,** 725, 726
Gavin, John: 429, 687, 853
Gaye, Howard: 432
Gaylor, Anna: 384
Gayner, Janet: 22, 23, **359,** 780
Gaynor, Mitzi: 363, 364, 510, 511, 869
Gazcón, Gilberto: 331
Gazzara, Ben: 30, 151
Gebuhr, Gotto: 367
Geddes, Barbara Bel: 22, 226
Geer, Will: 927

índice de nombres

Gégauff, Paul: 1, 5, 159
Geissendörfer, H. W.: 162, 774
Gélin, Daniel: 68, 620, 674, 739, 811
Geller, Bruce: 175
Geneen, S.: 479
Genesi, Giorgio: 524
Genevois, Simone: 657
Genina, Augusto: 68, 110, 129, 217, 233, 345, 525, 553, 583, 738
Genn, Leo: 616
Gennari, Lina: 881
Génovès, André: 5, 143, 159, 596, 597, 714, 715
Gentilli, Giorgio: 408
Gentilli, Olga Vittoria: 605
Gentilomo, Giacomo: 267, 316, 357, 503, 525, 550
George, Dan: 340
George, Gladys: 322, 386, 723, 904
Gerace, Liliana: 535
Geraldi, Nazzario: 336
Gérard, Charles: 248
Gérard, Michel: 493
Gerasimov, Sergei: 679
Geray, Steven: 363, 548
Gere, Richard: 197, 199, 200, 252, **360,** 934
Géret, Georges: 251
Gering, Marion: 190, 374, 416, 479, 504, 516, 538, 733, 784
Germi, Pietro: 139, 181, 260, **361,** 384, 408, 503, 526, 527, 550, 583, 755, 857, 858
Germon, Nane: 77
Geromini, Jerome: 752
Gerrad, Henry: 153, 208, 528
Gerron, Kurt: 34
Gershe, Leonard: 76, 138
Gershenson, Joseph: 419, 683, 725, 865
Gershwin, George: 27, 138, 529, 531
Gershwin, Ira: 908
Gerstad, Merritt: 429, 621, 653
Gertsman, Maury: 725, 908
Gessner, Nicolas: 214, 335, 357, 667, 733, 774, 919
Getchell, Robert: 714
Getino, Octavio: 805
Getz, John: 593
Gherardi, Gerardo: 470, 605
Ghosal, Syamal: 163
Giaculli, Francesco: 234, 858
Giallelis, Stathis: 27
Giammona, Nelluccia: 855
Giannetti, Alfredo: 260, 525, 526, 527, 551
Giannini, Ettore: 298, 506, 531
Giannini, Giancarlo: 4, 431
Giannini, Nino: 233
Gibbons, Cedric: 840
Gibney, Sheridan: 146, 865
Gibson, Alan: 175, 390, 758

Gibson, Brian: 589
Gibson, Mel: 41, **362,** 386, 706
Gidding, Nelson: 694
Gideon, Raynold: 397
Giehse, Thérèse: 468
Gielgud, John: 140, 687
Gil, Ariadna: 78, **362,** 495, 664
Gil, Rafael: 309, 310, 313, 476, 588, 699, 700, 721, 750, 751, 782
Gila, Miguel: 569
Gilbert, Brian: 219, 318, 319
Gilbert, Herschel Burke: 570
Gilbert, John: 37, 98, 240, 370, 572, 613, 907
Gilbert, Lewis: 46, 83, 95, 125, 126, 138, 187, 228, 380, 409, 576, 721, 918
Giler, David: 17, 386, 636
Gilks, Al: 27
Gillain, Marie: 141
Giller, Walter: 773
Gilles, Guy: 591, 766
Gilliam, Terry: 107, 109, 187, 230, **363,** 674, 822, 926, 927
Gilliat, Sidney: 12, 55, 373, 390, 391, 940
Gilling, John: 556, 574, 782
Gillingwater, Claude: 686
Gilmore, Lowell: 575
Gilmore, Stuart: 560
Gilmore, Virginia: 8
Gilroy, Frank D.: 377, 521, 820
Gilroy, Tom: 855
Gimblar, Pierre: 722
Giménez-Rico, Antonio: 701, 754, 893
Gimignani, Alberto: 594
Gimpera, Teresa: 295, 379
Ginty, Robert: 580
Giorgelli, Gabriella: 129
Giovampietro, Renzo: 690
Giovannelli, Franco: 297
Giovanni, Jose: 80, 140, 195, 237, 238, 243, 299, 346, 564, 761, 899
Giraldi, Bob: 924
Giraldi, Franco: 858, 859, 906
Giralt, Carmen: 49
Girard, André: 367
Girard, Bernard: 121, 175, 331
Girard, Martin: 827
Girardot, Annie: 129, 734, 773
Giraudeau, Bernard: 701
Giraudoux, Jean: 107
Girault, Jean: 346
Girdler, William: 214
Girl, Valley: 123
Girod, Francis: 242, 243, 671, 766, 767, 870, 912
Girolami, Marino: 103, 505, 587, 858
Girosi, Marcello: 297, 651

Girotti, Massimo: 146, 431, 738, 778, 880
Giroud, Françoise: 773
Girtler, Andrzej: 307
Gish, Dorothy: 267, 364, 376
Gish, Lillian: 31, 98, 212, 213, 267, 273, 274, **364,** 376, 432, 605, 606, 613, 620, 799, 903
Gist, Robert: 485, 655
Gitai, Amos: 367
Giurato, Blasco: 168
Giustini, Carlo: 254
Givray, Claude de: 665
Gladwell, David: 166
Glanville, Bonita: 128
Glaser, Paul Michael: 769
Glassberg, Irving: 35, 122, 202, 419, 827
Glasser, Bernard: 721
Glatter, Leslie Linka: 377, 589
Glazer, Benjamin: 240, 609, 780
Gleason, Jackie: 119
Gleason, James: 446, 683
Gleason, Russell: 793
Gleize, Maurice: 346, 592
Glen, Iain: 587
Glen, John: 107
Glenn, Pierre-William: 44, 781
Glennon, Bert: 137, 149, 194, 258, 259, 384, 494, 602, 686, 759, 795, 891
Glenville, Peter: 118, 364, 380, 503, 636, 641, 790, 844, 883
Gliese, Rochus: 256
Glimcher, Arne: 66, 188
Globus, Yoram: ver Golam, Menahem
Glory, Marie: 259
Glover, Brian: 287
Glover, Danny: 288
Glowna, Vadim: 583
Goda, Alfonso: 127
Godard, Jean-Luc: 11, 68, 79, 80, 90, 141, 237, 238, 243, 328, **364,** 423, 558, 575, 586, 670, 671, 672, 734, 770, 774, 776
Goddard, Paulette: 366, 598, 785, 853, 854
Godden, Rumer: 222, 726
Godfrey, Peter: 97, 325, 396, 479, 501, 516, 655, 705, 784, 818, 848
Godrèche, Judith: 164
Godunov, Alexander: 881
Goeht, Walter: 113
Goetz, Augustus: 400
Goetz, Carl: 126
Goetz, Ruth: 400
Goetz, William: 411
Goetzke, Bernhard: 867, 868
Goff, Ivan: 12, 293, 340, 404
Goha: 139
Goiricelaya, Aitor: 4

Golam, Menahem: 39, 214, 390, 401, 544, 770, 817
Golberger, Guillermo: 292
Gold, Ernest: 418, 890
Gold, Jack: 118, 380, 440, 574, 642, 716, 731
Goldbeck, Willis: 352, 414, 474, 653, 759
Goldberg, Gary D.: 489
Goldblatt, Stephen: 200
Goldblum, Jeff: 593, 656
Goldenberg, Michael: 802
Goldenthal, Elliot: 397
Goldin, M.: 369
Goldman, Bo: 16
Goldman, William: 55, 537, 713, 764
Goldschmidt Gilbert de: ver De Goldschmidt
Goldsmith, Clio: 50, 478
Goldsmith, Jerry: 17, 165, 266, 418
Goldstein, Leonard: 827
Goldstone, James: 19, 91, 115, 230, 327, 409, 424, 612, 676, 683, 924, 931
Goldwyn, Samuel: 3, 32, 191, 228, 392, 459, 491, 501, 529, 532, 562, 563, 684, 931
Golino, Valeria: 29, 483
Golisano, Francesco: 571, 572
Gollings, Franklin: 224
Gomelsky, Giorgio: 178
Gomez, Thomas: 155, 597, 865
Gómez, Andrés Vicente: 9, 40, 59, 81, 90, 422, 440, 495, 552, 609, 621, 658, 716, 723, 761, 851, 872, 876
Gómez, Carmelo: 248, 251
Gómez, Enrique: 313, 721
Gómez, José Luis: 80, 81, 363, 583, 656, 716
Gómez, José: 583
Gómez, Manuel Octavio: 701, 758
Gómez Muriel, Emilio: 48, 310, 940
Gómez Pereira, Manuel: 46, 754, 758, 893
González, Agustín: 89, 600, 664, 757, 758, 895
González, Arturo: 313, 475
González, Cesáreo: 127, 195, 274, 670
González, Rogelio A.: 49, 310
González, Servando: 666
González de Canales, Fernando: 314
González Paz, Aníbal: 148
González Sinde, José María: 152, 751
Good, John: 146, 575
Goodrich, Frances: 247, 647, 692
Goodwins, Leslie: 632
Gora, Claudio: 139, 293, 454, 527, 550, 812, 858, 898
Gordine, Sacha: 739
Gordon, Barbara: 432
Gordon, Bert I.: 26, 516
Gordon, Gavin: 25, 137
Gordon, Leon: 653
Gordon, Michael: 105, 143, 213, 217, 225, 269, 315,

331, 395, 421, 516, 539, 542, 618, 625, 633, 697, 818, 854, 876
Gordon, Ruth: 197, 198, 212, 524, 776
Gordon, Steve: 576, 589
Gordon Caron, Glenn: 455, 928
Gordy, Betty: 667
Gore, Thea: 425
Goretta, Claude: 243, 423, 838
Gori, Mario Cecchi: 47, 293
Gorin, Jean-Pierre: 365
Goring, Marius: 2, 919, 938,
Gorman, Bert: 919
Gorman, Robert: 874
Gormenzano, Gerardo: 827
Gorny, Frédéric: 447
Gorog, Laszlo: 775
Goslar, Jüngen: 575
Gottlieb, Carl: 692
Gough, Lloyd: 203
Gough, Michael: 413, 565
Gould, Elliot: 12, 138, 139
Gould, Heywood: 455
Goulding, Alfred: 298, 388, 481
Goulding, Edmund: 25, 37, 70, 72, 96, 105, 128, 150, 153, 201, 220, 223, 224, 304, 320, 325, 326, 329, 350, **368,** 371, 416, 473, 538, 544, 585, 601, 618, 629, 630, 655, 682, 705, 736, 833, 854
Goupillières, Roger: 445
Gout, Albert: 671
Gouze-Rénal, Christine: 294
Gowland, Gibson: 57, 306
Goyanes, Manuel J.: 127, 595
Goyet, Jean-François: 164
Gracia, Tita: 131
Graetz, Paul: 250, 738
Graff, Todd: 3
Graham, William A.: 121, 175, 409, 892
Grahame, Gloria: 153, 247, 288, 692, 802
Grahame, Margot: 236
Graigne, Pascal: 804
Grall, Sébastien: 624
Gramatica, Emma: 571, 572
Grammaticus, Saxo: 59
Gran, Enrique: 804
Granach, Alexander: 625, 893
Granados: 274
Grand-Jouan, Jacques: 623, 756
Grandjacquet, Francesco: 738
Granet, Bert: 87
Granger, Farley: 24, 300, 301, **372,** 429, 593, 778
Granger, Stewart: 189, 206, 207, 340, **372,** 575, 762, 763
Grangier, Gilles: 346, 540, 590
Granier-Deferre, Pierre: 237, 238, 346, 586, 591, 623, 624, 672, 756, 766, 767, 790, 870, 871

Granowsky, Alexis: 37, 442, 472
Grant, Cary: 28, 184, 185, 268, 289, 319, 369, **373,** 406, 515, 559, 807, 874, 891
Grant, Hugh: **375,** 383, 515, 716, 778
Grant, Kathryn: 30
Grant, Lawrence: 300
Grant, Lee: 271
Grant, Richard E.: 587
Granval, Charles: 103, 104
Granville, Bonilla: 157
Grapewin, Charles: 602, 884
Gras, Enrico: 313
Graser: 770
Grasse, Rober de: ver De Grasse
Grasshoff, Alex: 919
Grau, Jorge: 103, 253, 588, 700, 721, 722, 751, 758, 781
Grault, Jean: 715, 719
Grauman, Walter: 121, 228
Graves, Peter: 620
Gravey, Fernand: 146, 184, 739, 895
Gravi, Claudia: 806
Gravina, Carla: 744, 849, 857
Gray, Allan: 2, 196, 712
Gray, Billy: 878
Gray, Dolores: 568, 598
Gray, Gary: 908
Gray, Harry: 15
Gray, James: 709
Gray, Nadia: 262
Gray, Vivian: 672
Grayson, Charles: 404
Grayson, Jessica: 501
Grayson, Katryn: 101
Graziani, Henri: 623
Greco, Emidio: 103
Greco, Juliette: 115, 322
Green, Adolph: 134, 264, 410, 564, 908
Green, Alfred E.: 70, 124, 214, 223, 329, 353, 359, 366, 409, 480, 516, 546, 560, 680, 693, 733, 817, 915, 935
Green, Cliff: 672
Green, F. L.: 478
Green, Guy: 35, 36, 55, 83, 86, 125, 228, 269, 403, 404, 567, 635, 676, 697
Green, Howard: 732
Green, Jack N.: 688, 793
Green, Johnny: 94
Green, Marika: 672
Green, Martin: 472
Greenaway, Peter: 176, **375,** 903, 904
Greene, David: 71, 95, 124, 224, 387, 403, 832
Greene, Graham: 124, 428, 849
Greene, Max: 622
Greene, W. Howard: 495, 496

Greenhut, Robert: 64, 181
Greenstreet, Sidney: 149, 322, 386, 547, 548
Greenwald, Robert: 457, 759
Greenwell, Peter: 626
Greenwood, Bruce: 299
Greenwood, Joan: 189, 413
Greer, Jane: 108, 528, 720
Greff, Peter de: ver De Greff
Gregg, Colin: 633
Gregg, Everly: 900
Gregg, Gregg: 900
Gregg, Virginia: 179
Greggory, Pascal: 660
Gregor, Nora: 710, 711
Gregoretti, Ugo: 858
Gregori, Antonio: 806
Gregorio, Eduardo de: 143, 157, 297
Gregory, Paul: 620
Greig, Robert: 471
Greist, Kim: 107
Grémillon, Jean: 37, 116, 345, 346, 592
Grendel, Frédéric: 687
Gresac, Fred de: ver De Gresac
Gréville, Edmond T.: 316, 346, 404, 825, 940
Grey, Denise: 250
Grey, Joel: 122, 123
Grey, John: 400, 715
Grey, Virginia: 517
Grice, Grimes: 775
Gridoux, Lucas: 664
Grieco, Sergio: 357, 504
Grieg, Edvard: 519
Griem, Helmut: 122, 123, 513
Grierson, John: 153, 321
Gries, Tom: 161, 162, 403, 426, 638, 731, 832
Griffe, Maurice: 773
Griffin, Carlton: 848, 849
Griffith, David W.: 112, 160, 213, 228, 258, 267, 268, 272, 291, 304, 323, 332, 364, **375,** 432, 453, 605, 753, 823, 825, 842, 887, 910
Griffith, Edward H.: 26, 52, 201, 329, 359, 395, 409, 420, 508, 522, 538, 574, 682, 792, 820, 830, 936
Griffith, Melanie: 47, **376,** 621, 876
Griffith, Raymond: 194, 780, 793
Griffith Wray, J.: 725
Griffiths, Leon: 65
Griggs, Loyal: 156
Grilo, Joan Mario: 722
Grimaldi, Alberto: 236, 571, 880
Grimault, Paul: 241
Grimes, Gary: 891
Grin, Guillermina: 131
Grinde, Nick: 201, 330, 696, 705, 817
Grinko, Nicolai: 32, 816
Grinter, Brad F.: 472

Grise, Pierre: 77
Grosbard, Ulu: 185, 230, **377,** 408, 455, 456, 485, 608, 822
Grossman, San: 249
Gruault, Jean: 267
Gruber, Frank: 547
Gruenberg, Leonard: 44
Gruenberg, Louis: 259, 678, 829
Grumbach, Philippe: 306
Gründgens, Gustav: 519, 835
Grüne, Karl: 256, 257
Grunebaum, M.: 162
Grünenwald, Jean-Jacques: 251, 773
Grusin, Dave: 411, 839, 888
Gryglaszewska, Halina: 261
Gua, Ah-Leh: 67
Guangtian, Zhang: 446
Guard, Dominic: 672
Guardino, Harry: 109
Guardone, Giannetto: 356
Guare, John: 54
Gubern, Roman: 42
Guérault, William: 143
Guerin, Claudio: 103, 700
Guerner, Enrique: 274, 538, 569
Guerra, Blanca: 713
Guerra, Ruy: 9, 275, **378**
Guerra, Tonino: 25, 36, 58, 93, 150, 619, 895, 934
Guerraz, Sergio: 4
Guerrero, Francisco: 40, 89
Guerrieri, Gerardo: 470
Guerrieri, Romolo: 103, 357
Guerrini, Milo: 236
Guest, Christopher: 387, 485
Guest, Val: 18, 91, 95, 125, 265, 409, 618, 641, 791, 918, 940
Guetary, Georges: 27, 782
Guffey, Burnett: 99, 226, 247, 288, 678
Guggenheim, Charles: 561
Guglielmi, Marco: 206, 254
Gühne, Eric: 15
Guidi, Paola: 5
Guido, Beatriz: 148, 534, 535, 861
Guilbeau, Gilb: 104
Guilbert, Yvette: 259, 309
Guillemot, Claude: 781
Guillén, Fernando: 598, 621
Guillén Cuervo, Fernando: 621
Guillermin, John: 52, 55, 108, 175, 187, 224, 235, 270, 275, 307, 373, 403, 409, 443, 461, 477, 549, 562, 612, 618, 641, 883, 918
Guilmain, Ofelia: 607
Guinée, Jean: 53
Guinness, Alec: 380, 413, 482, 635, 688
Guissart, René: 592

índice de nombres

980

Guitart, Enrique: 541
Guitry, Sacha: 68, 178, 346, 540, 586, 592, 669, 825, 865, 918
Gulbert, Armand: 251
Gupta, Das: 659
Gupta, Kalyan: 726
Gupta, Pinaki Sen: 753
Gurcenko, Ljudmilla: 787
Gurie, Sigrid: 44
Gurruchaga, Javier: 786
Gustavson, Erik Folke: 877
Guter, Johannes: 257
Guthrie, Carl: 794
Gutiérrez, Chus: 98
Gutiérrez, Eduardo: 791
Gutiérrez, José María: 314, 751
Gutiérrez Alea, Tomás: 378, **381**
Gutiérrez Aragón, Manuel: 4, 46, 76, 98, 100, 129, 192, 193, 240, 314, 342, 343, **381**, 475, 476, 537, 557, 578, 582, 583, 621, 720, 722, 723, 751, 754, 809
Gutiérrez Caba, Emilio: 155, 627, 653
Gutiérrez Caba, Irene: 147
Gutiérrez Caba, Julia: 627, 628
Gutowski, Gene: 677
Guyon, Fabienne: 383, 384
Gwenn, Edmund: 127, 150, 368, 369, 499
Gwynne, Fred: 515
Gyllenhaal, Stephen: 401, 402, 417, 418, 435, 478, 928

Haas, Belinda: 35
Haas, Hugo: 575, 655
Haas, Lukas: 881
Haas, Philip: 35
Haas, Willy: 63
Habib, Ralph: 590, 870
Hackett, Albert: 247, 647, 692
Hackford, Taylor: 108, 361, 477, 485, 692, 720, 740, 924, 927
Hackin, Dennis: 109
Hackman, Gene: 99, 100, 189, **384**, 496, 621, 793, 846
Haczkiewicz, Eugeniusz: 863
Haden, Sara: 73
Hadjidakis, Manos: 27
Hadley, Reed: 692, 892
Hädrich, R.: 315
Haendel: 810
Haffner, Petaa: 667
Hageman, Richard: 259, 484
Hagen, Jean: 134, 448
Hagerty, Julie: 181
Haggiag, Brahim: 71
Hagmann, Stuart: 91

Hagnes, Alfred: 649
Haguet, André: 590
Haines, Bert: 537
Haines, Fred: 755, 834
Haines, Randa: 390, 424, 521
Hainia, Marcelle: 103, 104
Hajos, Karl: 542
Hakim, Raymond: 714
Hakim, Robert: 413
Hale, Alan: 44, 131, 208, 250, 386, 429, 667, 732, 828, 900
Hale, Barbara: 865
Hale, Georgina: 657
Hale, Jean: 552
Hale, William: 121, 331
Haley, Jack: 457, 525, 526, 576, 795
Haley, Jack, Jr.: 52
Halffter, Cristóbal: 300
Halffter, Ernesto: 406
Hall, Albert: 38, 42, 539
Hall, Alexander: 74, 177, 202, 270, 374, 396, 472, 504, 516, 522, 549, 574, 668, 695, 705, 733, 784, 848, 935, 936
Hall, Conrad: 150, 308, 537
Hall, Jon: 414
Hall, Peter: 66
Hall, Porter: 369, 433, 515, 665, 896
Haller, Daniel: 151
Haller, Ernest: 20, 25, 412, 500, 693, 706, 904
Halley des Fontaines, André: 204
Halliday, John: 247, 829
Hallström, Lasse: 244, 273, 423, 692, 732, 743
Halm, Alfred: 256, 441
Halperin, Victor H.: 504
Halsey, Forrest: 753
Halström, Lasse: 493
Hamada, Yuriko: 248
Hameister, Willy: 347
Hamer, Robert: 12, 224, 380
Hamilton, Chico: 719
Hamilton, David: 73
Hamilton, Gilbert P.: 833
Hamilton, Guy: 41, 48, 125, 162, 187, 214, 269, 332, 421, 474, 549, 579, 618, 625, 636, 812, 844, 883, 940
Hamilton, Margaret: 525, 526
Hamilton, Murray: 119
Hamilton, Neil: 840
Hamlisch, Marvin: 308
Hamm, Nick: 362
Hammeras, Ralph: 889
Hammerstein II, Oscar: 30, 405, 529, 810, 922, 928, 941
Hammond, Peter: 549
Hampton, Christopher: 852, 888

Hanayagi, Yoshiaki: 432
Hanburry, Victor: 507
Hanchar, Yves: 242
Hancock, Herbert: 94
Hancock, John: 230, 361, 624
Handke, Peter: 243
Hani, Susumu: 821
Hanin, Roger: 11, 672, 734
Hankin, Larry: 341
Hanks, Tom: 239, **386**
Hanley, William: 846
Hannah, Daryl: 92, **387**, 414, 876
Hansbury, Victor: 636
Hansel, Marion: 557
Hanson, Curtis: 207, 423, 424, 823
Hanson, Einar: 63
Hanson, Lars: 240, 903
Hara, Setsuko: 211, 685
Harareet, Haya: 81
Harbou, Thea von: 476, 519, 567, 851, 855, 856, 868
Harburg, E. Y.: 526
Hardin, Ty: 434
Harding, Ann: 413, 829
Hardwick, Paul: 739
Hardwicke, Cedric: 295, 414, 499, 575
Hardy, John: 783
Hardy, Jonathan: 188
Hardy, Joseph: 549
Hardy, Oliver: 297, 298, 366, **388**, 480, 481, 559, 811, 819
Hare, David: 326, 633, 702, 709
Harispuru, Edouard: 674
Harlan, Russell: 240, 502, 552, 726
Harlan, Veit: 23, 442
Harlin, Renny: 224, 582, 817, 927
Harline, Leigh: 24, 28, 248, 412, 535, 593, 892
Harling, W. Frank: 25, 137, 259, 300, 471
Harlow, Jean: 388, 930
Harlow, John: 791
Harmon, Sidney: 179
Harmon, Robert: 485, 866
Harmon Weight, F.: 179
Harper, Jessica: 260, 306
Harrigan, William: 413, 414
Harrington, Curtis: 121, 417, 790
Harrington, Rowoly: 927
Harris, Barbara: 614
Harris, Damian: 394, 561
Harris, Ed: 2, 3, 288
Harris, Elmer: 609, 779
Harris, James B.: 223, 418, 465, 676, 777, 832, 923
Harris, Jo Ann: 775
Harris, Julie: 11
Harris, Leonard: 843
Harris, Richard: 389, 390, 631, 766, 793

Harrison, Jim: 501
Harrison, Joan: 220, 706
Harrison, John: 801
Harrison, Rex: 30, **390,** 598, 599
Harrison, William: 587
Harron, Robert: 432
Harryson, John: 891
Hart, Dolores: 336
Hart, Dorothy: 170
Hart, Ferdinand: 367
Hart, Harvey: 91
Hart, Ian: 855
Hartl, Karl: 104
Hartley, Hal: 424
Hartley, Mariette: 274
Hartman, Don: 374, 484, 539, 554, 579, 875
Hartman, Elizabeth: 775
Harvey, Anthony: 399, 415, 456, 624, 641, 772, 877, 883, 931
Harvey, Forrester: 298
Harvey, Laurence: 128, 153, 209, 307, 533, 721, 738
Harwood, Ronald: 903
Has, Wojciech J.: 391, 535, 536
Hasegawa, Kazuo: 24
Hashimoto, Shinobu: 703, 789
Haskin, Byron: 49, 199, 269, 402, 403, 435, 473, 474, 560, 648, 655, 750
Hass, Charles: 280
Hasse, O. E.: 113
Hassell, George: 98
Hässler, S.: 441
Hasso, Signe: 679
Hatfield, Hurd: 720
Hathaway, Henry: 26, 32, 38, 70, 89, 117, 118, 125, 137, 138, 139, 153, 190, 191, 198, 199, 220, 269, 281, 326, 327, 373, **392,** 395, 396, 417, 442, 457, 469, 484, 491, 504, 506, 514, 516, 522, 542, 544, 548, 554, 555, 556, 561, 579, 585, 608, 612, 613, 617, 618, 632, 648, 661, 662, 667, 668, 682, 733, 768, 784, 821, 829, 847, 848, 854, 867, 914, 915, 916, 918, 923
Hatley, Marvin: 481
Hatton, Maurice: 351
Hauben, Laurence: 16
Haudepin, Didier: 431, 475
Hauer, Rutger: 92, 596
Hauff, Reinhard: 769, 872
Haupt, Ullrich: 542, 847
Havez, Jean: 582, 607, 788
Havilland, Olivia de: ver De Havilland.
Hawkins, Jack: 428, 482, 688
Hawks, Howard: 32, 61, 62, 70, 96, 97, 110, 121, 122, 124, 155, 173, 190, 191, 201, 231, 253, 268, 269, 319, 329, 353, 374, **393,** 396, 398, 399, 416, 421, 504, 508, 515, 538, 542, 560, 578, 579, 585,

600, 601, 617, 626, 638, 726, 733, 736, 745, 759, 763, 784, 787, 807, 817, 818, 829, 848, 914, 915, 916, 924, 932
Hawks, William: 245
Hawley, Wanda: 779
Hawn, Goldie: 394
Hay, Will: 883
Hay Plumb, E.: 179
Hayakawa, Sessue: 688, 711
Hayasaka, Fumio: 24, 210, 248, 401, 432, 703, 789
Hayden, Andrew: 275
Hayden, Jeffrey: 36, 316, 592
Hayden, Sterling: 275, 442, 443, 447, 448, 571, 686
Haydn: 616
Haydn, Richard: 409, 546, 574, 810, 880
Haydon, Peter: 335
Hayer, Nicolas: 186, 263
Hayers, Sidney: 918
Hayes, Alfred: 247
Hayes, Helen: 340
Hayes, John Michael: 890
Hayes, Terry: 128
Hayman, David: 295
Haynes, Daniel: 15
Haynes, Linda: 411
Haynes, Stanley: 635
Haynie, Jim: 688
Hayos, Joe: 674
Hayward, Susan: 25, 75, **394**, 442, 598, 599, 632, 694, 695
Hayworth, Rita: 80, 141, 219, 220, 330, 336, 363, **395**, 470, 756, 757, 775, 807, 808, 917
Hazard, Lawrence: 532
Headey, Lena: 496
Heap, Jonathan: 832
Heard, Howard: 198
Heather, Jean: 665
Heckerling, Amy: 123, 249, 455, 485, 866
Hecht, Ben: 10, 168, 289, 396, 494, 515, 572, 733, 763, 775, 907
Hecht, Harold: 14, 473, 543
Hedison, David: 593
Hedren, Tippi: 376, 649, 650
Heerman, Victor: 208, 545, 546
Heffron, Richard T.: 114
Heffron, Thomas N.: 70
Heflin, Van: 29, 131, 157, 259, 300, 523, 868
Heggie, O. P.: 145
Heindl, Bernd: 62
Heisler, Stuart: 48, 52, 97, 191, 214, 221, 224, 225, 395, 409, 417, 469, 471, 544, 655, 705, 736, 756, 880, 929, 936
Hel, Fay: 220
Hélia, Jenny: 859
Heller, Lukas: 133, 693

Hellinger, Mark: 170, 221, 330, 473, 880
Hellman, Jerome: 200
Hellman, Claude: 296
Hellman, Henri: 919
Hellman, Lilliam: 128, 129, 398, 501, 572, 629, 633, 663, 931, 941
Hellman, Monte: 194, 615
Hellman, Oliver: 327, 426
Helm, Brigitte: 259, 567
Helman, Norman: 214
Helmond, Katherine: 107
Helmore, Tom: 226, 568
Helpern, David, Jr.: 758
Helpmann, Robert: 938
Hemblen, David: 283
Hemingway, Ernest: 215, 521, 661
Hemingway, Mariel: 531
Hemmings, David: 93, 94, 140, 199, 258, 625
Hemsley, Estelle: 27
Henabery, Joseph: 304, 578, 605, 606, 887
Hendel, Paolo: 29
Hendrichs, Barbara: 98
Hendry, Ian: 718, 719
Heng, Liu: 691, 776
Henley, Hobart: 96, 177, 223
Hennessey, Peter: 254
Henning, H.: 441
Henning-Jensen, B.: 877
Henreid, Paul: 149, 153, 224, 804
Henrey, Bobby: 428
Henriksson, A.: 940
Henry, Buck: 74
Henry, Gloria: 289
Hense, Werner: 445
Henshall, Douglas: 35
Henson, Brian: 126
Henson, Jim: 735
Hepburn, Audrey: 33, 128, 129, 138, 245, 246, 316, **398**, 732, 885, 886
Hepburn, Katharine: 49, 198, 205, 207, 208, 319, 368, 369, 373, 384, **398**, 405, 406, 482, 595, 712, 819, 863, 874
Hepworth, Cecil M.: 179
Herald, Heins: 524
Herb Brown, Nacio: 134
Herbert, F. Hugh: 585, 929
Herbier, Marcel L': ver L'Herbier
Hercolani, Laudomia: 358
Herdegen, Leszek: 307
Herek, Stephen: 238, 273, 710
Herlie, Eileen: 386
Herman, Jean: 140, 237
Herman, Jerry: 397
Herman, Mark: 590
Hermida, Alicia: 89

Hermosillo, Jaime Humberto: 400
Hermoso, Miguel: 314, 701, 827
Hernádi, Gyula: 440
Hernán, José Miguel: 853
Hernández, Antonio: 314
Hernández, Asier: 831
Hernández, Gustavo: 48
Hernández, Juano: 433, 759
Hernández Bretón, Luis: 285
Héroux, Denis: 54, 286, 575, 687
Herralde, Gonzalo: 583
Herrand, Marcel: 616, 617
Herrero, Gerardo: 362, 378, 781
Herrero, Pedro Mario: 475, 654, 700, 750
Herreros, Enrique: 313
Herrmann, Bernard: 30, 170, 185, 207, 226, 305, 407, 413, 415, 442, 650, 687, 843, 878
Hershey, Barbara: 104, 388, **401**
Hershkovitz, Marshall: 250
Hersholt, Jean: 57, 208, 371
Herviale, Jeanne: 781
Herz, Juraj: 77
Herzfeld, John: 866
Herzog, Werner: 7, 9, 139, 140, **402,** 625, 731, 831, 832
Hesling, Catherine: 153
Hessler, Gordon: 224, 574, 731, 834, 856
Heston, Charlton: 71, 81, 274, **402,** 403, 418, 419, 721, 774, 782, 918
Heston, Fraser: 835
Heuberger, Edmund: 257
Heusch, Paolo: 700
Heusen, James van: 790
Hewitt, Alan: 252
Hewitt, Pete: 710
Heyde, Nikolai van der: 401
Heyes, Douglas: 75
Heymann, Claude: 346
Heymann, Werner R.: 73, 631
Heynemann, Laurent: 591, 623, 624, 672
Heywood, Pat: 739
Hibbs, Jesse: 64, 73, 555, 560
Hibbs, Joseph: 214
Hickox, Douglas: 55, 144, 175, 317, 474, 642, 916, 924
Hickox, Sid: 12, 360, 777, 829, 838, 848
Higashiyama, Chieko: 211
Higgin, Howard: 223, 347, 504
Higgins, Colin: 328, 394, 589
Hildyard, Jack: 688
Hill, Dana: 562
Hill, Elizabeth: 157, 651
Hill, George Roy: 33, 328, 347, 384, 390, 455, 542, 611, 612, 636, 707, 708, 758, 834, 854, 926
Hill, George W.: 348, 389
Hill, James: 55, 865

Hill, Ronald: 145
Hill, Terence: 263
Hill, Walter: 7, 17, 109, 144, 175, 219, 385, 411, 423, 425, 624, 637, 638, 691, 743, 769, 892
Hiller, Arthur: 33, 74, 143, 175, 270, 350, 401, 408, 421, 488, 506, 543, 555, 574, 589, 624, 638, 642, 646, 716, 772, 832, 845, 925, 929
Hiller, Max: 878
Hillerman, John: 165, 411
Hills, Gillian: 94
Hillyer, Lambert: 396
Hilton, James: 419, 778
Hines, Gregory: 200
Hingle, Pat: 296
Hinojosa, Joaquín: 129, 286, 656
Hintz, Barbara: 15
Hipólito, Carlos: 649
Hira, Mikijiro: 884
Hirano, Yoshimi: 897
Hird, Thora: 831
Hirsch, Judd: 512
Hirszman, Leon: 405
Hitchcock, Alfred: 1, 12, 33, 72, 73, 85, 97, 159, 173, 174, 184, 185, 187, 198, 199, 221, 225, 226, 230, 246, 257, 258, 289, 301, 304, 305, 326, 327, 328, 329, 372, 374, **406,** 429, 457, 479, 480, 484, 504, 505, 521, 548, 549, 554, 559, 560, 573, 574, 598, 606, 607, 612, 622, 623, 625, 632, 635, 636, 649, 650, 661, 664, 666, 671, 677, 681, 687, 706, 737, 751, 752, 797, 808, 820, 821, 866, 873, 890, 891
Hitchcock, Patricia: 301
Hitu: 837
Hively, Jack: 833
Ho, Andy: 254
Hoblit, Gregory: 361
Hoch, Winton C.: 158, 296, 484
Hodges, Mike: 72, 126, 608, 731, 743, 834
Hodiak, John: 607
Hoffenstein, Samuel: 247, 480, 540, 775
Hoffman, Carl: 309
Hoffman, Dustin: 200, 377, **407,** 537, 678
Hoffman, Kurt: 766
Hoffman, Michael: 319, 375, 746
Hogan, Jack: 99
Hogan, James P.: 70, 395, 443, 469, 574, 696
Hogan, Pat: 248
Holcomb, Rob: 866
Holden, Fay: 157
Holden, Gloria: 897
Holden, William: 179, 202, 203, 266, 341, **408,** 688, 785, 795, 861, 908
Holender, Adam: 200, 801, 802
Holfbauer, Ernest: 373
Holland, Agnieszka: 238, **409**
Holland, Savage Steve: 589

índice de nombres

Holland, Todd: 801
Holland, Tom: 276
Hollander, Frederick: 33, 34, 87, 247, 562, 631, 707
Höllander, Felix: 105
Holliday, Judy: 198, **410**
Holloway, Stanley: 108, 160
Holloway, Sterling: 707
Holm, Celeste: 298, 299, 616
Holm, Claus: 856
Holm, Ian: 17
Holmes, Phillips: 512, 717
Holmes, Stuart: 329
Holmes, Taylor: 89, 128
Holst, Per: 663
Holt, Jack: 597
Holt, Seth: 224
Holt, Tim: 207, 657, 850
Holubar, Allen: 825, 887
Holubeck, Gustaw: 536
Holzberg, Roger: 276
Home, James W.: 454
Homeier, Skip: 296, 674
Homrich, Junior: 775
Honda, Inoshiro: 199
Honegger, Arthur: 606
Hool, Roger van: 169, 596
Hooper, Tobe: 317, 417, 549, 814
Hope, Ted: 67
Hopkins, Anthony: 383, 386, **416**, 706, 711
Hopkins, Arthur: 364
Hopkins, Bo: 411
Hopkins, Kenyon: 119, 261, 496, 727
Hopkins, Miriam: 128, 129, 400, **416**, 470, 471
Hopkins, Stephen: 109
Hoppe, Rolf: 566
Hopper, Dennis: 27, 28, 42, 150, 335, **416**, 417, 418, 615, 701, 706
Hopper, E. Mason: 833
Hopper, Hedda: 202, 203
Hopper, Jerry: 32, 73, 143, 214, 280, 403, 421, 556, 633, 929
Horbaday, Jeffrey: 866
Hordern, Michael: 411
Horiuchi, Kaida: 254
Horm, Camilla: 846, 847
Horn, Buddy van: 279, 280, 608
Horn, Leonard: 372, 702
Horn, Rebecca: 832
Hornblow, Arthur, Jr.: 6, 562
Horne, Geoffrey: 115, 688
Horne, James W.: 366, 388, 469, 481, 856
Horner, Harry: 64, 516, 544, 668, 697
Horton, Edward Everett: 34, 419, 420, 471, 631, 809
Hoskins, Bob: 200
Hossein, Robert: 161, 265, 592, 870

Hoster, Henry: 224
Houck, Byron: 582, 607, 788
Hough, John: 151, 224, 373, 390, 435, 506, 574, 722, 834
Hough, Stanley: 668
Houseman, John: 24, 146, 153, 189, 502, 703, 861
Houser, Jerry: 891
Howard, Alan: 176
Howard, Arthur: 213
Howard, Cy: 454, 556
Howard, David: 396, 825, 915
Howard, John: 44, 406, 419, 420, 635
Howard, Leslie: 50, 153, **420**, 500, 618, 738
Howard, Noel: 697
Howard, Ron: 26, 198, 207, 230, 387, 455, 485, 543, 710, 731, 832
Howard, Sandie: 36
Howard, Sidney: 500
Howard, Trevor: 108, 140, 513, 528, 849
Howard, William K.: 125, 190, 359, 485, 504, 508, 509, 522, 548, 601, 636, 696, 864
Howe, James Wong: 44, 211, 524, 630, 631, 667, 676, 686, 893, 898, 934
Howes, Sally Ann: 12
Hoyos, Cristina: 141
Hoyt, Harry O.: 508
Hoyt, Arthur: 508, 833
Hrabal, Bohumil: 166, 565
Huaikai, Chen: 449
Hubbard, Lucien: 13, 201
Hubert, Harold: 66
Hubert, Jean Loup: 7, 242
Hubert, Lucien: 446
Hubert, Roger: 617
Hubschmid, Paul: 856
Huddleston, Michael: 360
Hudson, Hugh: 461, 462, 561, 646, 831, 832, 840
Hudson, Rochelle: 429, 753
Hudson, Rock: 35, 202, 293, 296, 340, 404, 419, **420**, 585, 630, 724, 725, 865, 878, 879, 927
Huemer, Peter Illy: 852
Huerga, Manuel: 362
Huet, Henri-Jacques: 11
Huete, Cristina: 78
Huggins, Roy: 148, 544
Hughes, Howard: 289, 329, 389, 499, 515, 639, 668, 745, 763, 819, 826, 922
Hughes, John: 543
Hughes, Ken: 18, 80, 91, 105, 153, 175, 214, 380, 390, 409, 458, 556, 618, 625, 641
Hughes, Russell S.: 248
Hughes, Terry: 589
Hugon, André: 63, 540
Hull, Henry: 530, 607, 630, 880
Humberstone, H. Bruce: 32, 164, 214, 556, 618, 632, 655

Humbert, Emmer: 397
Hume, Cyril: 547
Humphrey, Maud: 96
Humphrey, William J.: 179
Hunebelle, André: 36, 242, 592, 774, 868
Hung, Eric Le: 335
Hunnebelle, André: 234
Hunnicutt, Arthur: 838
Hunt, Ed: 316
Hunt, J. Roy: 268
Hunt, Linda: 41
Hunt, Martita: 115, 380
Hunt, Peter: 253, 390, 544, 574, 637
Hunter, Evan: 337, 649, 650
Hunter, Holly: 423
Hunter, Ian: 415
Hunter, Jeffrey: 8, 158, 759, 892
Hunter, Kim: 2, 496
Hunter, Ross: 404, 419, 429, 630, 797
Hunter, Tab: 294
Hunter, Tim: 417, 710, 856
Huntington, Lawrence: 9, 548
Huppert, Caroline: 423
Huppert, Isabelle: 52, 158, 159, 262, **423,** 523, 539, 686, 687, 689
Hurd, Gale Anne: 3
Hurlbut, William: 429
Hurley, Elizabeth: 716
Hurst, Brian-Desmond: 55, 380, 548, 708, 791
Hurst, David: 398
Hurt, John: 17, 261, 689
Hurt, William: 61, 339, **424,** 689, 802, 874
Hussain, Wakir: 640
Hussein, Waris: 521, 701, 925
Hussey, Olivia: 738, 739
Hussey, Ruth: 157, 406
Huston, Anjelica: 424, 425
Huston, Danny: 62, 425, 483, 580
Huston, John: 18, 48, 62, 80, 91, 96, 97, 105, 106, 108, 110, 117, 118, 125, 126, 155, 165, 171, 173, 174, 187, 191, 214, 224, 228, 269, 279, 308, 315, 320, 325, 330, 347, 348, 351, 352, 353, 364, 386, 389, 390, 398, 399, 409, 411, 424, **425,** 426, 443, 447, 448, 458, 474, 503, 524, 547, 548, 549, 578, 579, 585, 612, 615, 618, 641, 661, 667, 712, 732, 733, 754, 755, 759, 772, 795, 816, 834, 844, 849, 850, 875, 880, 916, 918, 919
Huston, Walter: 8, 274, 309, 323, 329, 336, 376, 414, 415, 424, 425, 850, 934
Hutchins, Will: 434
Hutchinson, Josephine: 865
Hutton, Betty: 486
Hutton, Brian G.: 118, 126, 276, 280, 795, 832, 844, 927
Hutton, Jim: 28

Hutton, Timothy: 397
Huyck, Willard: 590, 927
Hüzsar, Karl: 868
Hvebegaard, Pelle: 663
Hyams, Leila: 653
Hyams, Peter: 187, 271, 332, 385, 746, 763, 929
Hyde-White, Alex· 306
Hyer, Martha: 183, 184, 301, 404
Hyman, Bernard: 539, 540

Ibáñez, Juan: 310
Ibarra, Mirtha: 378
Ibert, Jacques: 520
Iborra, Manuel: 758, 827
Ibsen, T.: 800
Ichikawa, Kon: 427, 462
Ichikawa, Raizo: 401
Idle, Eric: 363
Idziak, Slawomir: 60, 261
Ieracitano, Giuseppe: 617
Iglesia, Eloy de la: 76, 751, 782, 831, 893
Iglesias, Alberto: 188, 324, 594
Iglesias, Miguel: 476, 893
Iguerbouchen, Mohamed: 44, 664
Ihnat, Steve: 418
Imamura, Shohei: 428
Inaba, Yoshio: 789
Ince, Ralph: 325, 501
Ince, Thomas H.: 101, 613
Incrocci, Zoe: 10
Indovina, Franco: 357, 551, 813, 858
Inescort, Frieda: 145
Infascelli, Carlo: 236
Inge, William: 296, 337, 452, 534
Ingram, Rex: 208, **430,** 681, 686, 762, 824, 887
Ingrassia, Ciccio: 25
Inkijinoff, Valery: 856
Innocenzi, Carlo: 779
Interlenghi, Franco: 263, 287, 496, 497
Iosseliani, Otar: 309, **434**
Iquino, Ignacio F.: 312, 313, 758, 782
Ireland, John: 165, 678, 892
Irons, Jeremy: 431, 432, **435,** 863
Irvin, John: 52, 271, 307, 440, 608, 709, 732, 769, 832, 852
Irving, Amy: 145
Irving, Ernest: 160
Irving, George: 70
Irwin, Mark: 593
Isasi, Antonio: 654, 701, 722, 892, 893
Isbert, José: 90, 127, 175, 176, 406, 569, 893, 900
Isham, Mark: 259, 901
Israel, Neal: 387
Ito, Senji: 685
Iturralde, Javier: 241

índice de nombres

Iturralde, Pedro: 241, 895
Ivano, Paul: 713
Ivens, Joris: 669, 842
Ivertiel, Daniel: 251
Ives, Burl: 11, 418, 419
Ivory, James: 7, 72, 73, 161, 162, 166, 225, 226, 375, 383, 415, 416, **436,** 548, 549, 612, 624, 639, 640, 708, 709, 711, 716, 852, 931
Iwaszkiewicz, Jaroslaw: 103, 523, 524

Jabor, Arnaldo: 254
Jaccard, Jacques: 887
Jack Bloom, Harold: 181
Jacket, Straight: 202
Jackman, Fred: 140
Jackson, Glenda: 439, 626, 658
Jackson, Harry: 564, 597
Jackson, Howard: 434, 759
Jackson, Mick: 198, 417, 543, 633
Jackson, Pat: 151, 676
Jackson, Samuel L.: 89, 690
Jacob, Irène: 6, 260, 261
Jacobi, Derek: 290
Jacobi, Geraldine: 745
Jacobs, Michael: 259
Jacobson, Arthur: 784
Jacoby, Georg: 256, 257, 441, 472
Jacoby, Joseph: 249
Jacoby, Michael: 140
Jacques, Guy: 591
Jacquot, Benoît: 423, 755
Jaeckel, Richard: 53, 890
Jaeckin, Just: 722
Jaffe, Sam: 137, 419, 420, 447, 448, 804, 878
Jaffrey, Saeed: 447
Jagger, Dean: 20, 189, 667, 861
Jagger, Mick: 724, 735
Jaglom, Henry: 615, 919, 924
Jahnberg, Haakan: 791
Jalai, Farida: 447
James, Geraldine: 81
James, Harry: 794
James, Walter: 400
Jameson, James: 199
Jameson, Jerry: 228, 380, 489, 575, 731, 821, 856
Jami, Joseph: 254
Jana, La: 855
Jancsó, Miklós: 440, 497, 906
Janda, Krystyna: 411, 412, 566
Janey, Imre: 303
Jankel, Annabel: 418, 692, 702, 746
Janni, Joseph: 764, 934
Jannings, Emil: 34, 309, **441,** 602, 878
Jannings, Orin: 341, 853
Janowitz, Hans: 347

Jans, Alaric: 148
Jansen, Pierre: 5, 597, 687, 715
Janson, Victor: 256, 441
Janssen, David: 294
Janssen, Walter: 868
Janssen, Werner: 413
Jantzen, Kitty: 855
Janushi, Elida: 473
Jara, José: 313
Jarman, Derek: 637
Jarman, Claude, Jr.: 433
Jarmusch, Jim: 244, 743, 747
Jarre, Maurice: 41, 411, 481, 838, 881
Jarrott, Charles: 105, 115, 118, 123, 420, 439, 709, 758, 877
Jarvis, Sydney: 168
Jasny, Vojtech: 769
Jason, Leigh: 326, 416, 574, 680, 817, 915
Jassel, George: 128
Jaubert, Maurice: 22, 53, 142, 594
Javier, Valentín: 195
Jeahoda, Mieczyslaw: 536
Jean: 837
Jeanson, Henri: 142, 445, 588, 589, 664
Jeayes, Allan: 209
Jedrusik, Kalina: 261
Jedryka, Joanna: 536
Jeeves, O. W.: 435
Jefford, Barbara: 934
Jeffries, Lionel: 206, 549, 608
Jenkins, Megs: 831
Jenkins, Richard: 501
Jennings, Humphrey: 153
Jennings, J. D.: 537
Jennings, Talbot: 30, 281, 707
Jeppesen, J.: 834
Jessel, George: 597
Jessner, Leopold: 126, 256
Jessua, Alain: 44, 237, 238, 243
Jessye, Eva: 15
Jewison, Norman: 64, 121, 123, 124, 214, 225, 249, 253, 275, 328, 394, 421, 491, 561, 566, 567, 646, 662, 676, 733, 752, 816, 856, 914, 927
Jhabvala, Ruth Prawer: 383, 639, 640, 711
Ji-An, Zhen: 776
Jiménez, Agustín: 3
Jiménez, Alberto: 165
Jiménez, Juan Antonio: 141
Jin-Pin, Zhao: 776
Jingwu, Ma: 497
Jiping, Zhao: 7, 497
Jissoji, Akio: 884
Joannon, Leo: 388, 481
Joano, Clotilde: 715

Joanou, Phil: 71, 361, 633, 852
Jocelyn, André: 386
Jodorowski, Alejandro: 442, 642
Joffe, Charles H.: 18, 388, 531, 839
Joffe, Mark: 416
Joffe, Roland: 589
Joffé, Alex: 592
Joffé, Arthur: 462, 591
Joffé, Roland: 162, 230, 435, 527, 608, 612, 633
Johansson, Ivan: 85
Johansson, Jan: 139
John, Georg: 878
Johns, Glynis: 347
Johnson, Alan: 64, 316, 780
Johnson, Ben: 422, 423, 484, 598
Johnson, Celia: 108
Johnson, Dots M.: 649
Johnson, Kay: 153
Johnson, Lamont: 64, 108, 144, 269, 377, 385, 474
Johnson, Noble: 607
Johnson, Nunnally: 1, 95, 143, 199, 234, 327, 352, 413, 443, 499, 539, 596, 609, 618, 661, 674, 686, 711, 736, 815, 854, 884, 931
Johnson, Rita: 146, 281
Johnson, Robert: 935
Johnson, Van: 73, 109, 371
Johnston, Joe: 926
Joliver, René: 721
Jolivet, Pierre: 72
Jolson, Al: 572
Jomy, Alain: 665
Jones, Allan: 620, 621
Jones, Amy: 213
Jones, Barry: 109
Jones, Carolyn: 433
Jones, David: 64, 230, 415, 416, 435
Jones, F. Richard: 304
Jones, Freddie: 933, 934
Jones, Grover: 470, 471, 867
Jones, Harmon: 64, 502, 544, 585, 648, 668
Jones, James Celan: 439
Jones, Jennifer: 132, 146, 179, 246, 273, 274, 297, 413, **443,** 523
Jones, L. Q.: 149, 731
Jones, Mervyn: 12
Jones, Owen: 649
Jones, Paul: 224, 540, 869, 896
Jones, Quincy: 423, 795, 823
Jones, Shirley: 266
Jones, Terry: 363
Jordá, Joaquín: 517
Jordan, Glenn: 273, 489, 759
Jordan, Neil: 66, 126, 207, 230, 287, 387, **443,** 589, 608, 642, 674, 802
Joseph, Edmund: 934

Josephson, Erland: 377, 742
Jourdan, Louis: 146, 523, 597
Journet, Marcel: 146
Jouvet, Louis: 59, 142, 444, **445**
Jowell, Isabel: 419, 420
Joy, Leatrice: 258
Joy, Robert: 54
Joyce, Adrien: 614
Joyeux, Odette: 56, 739
Jud, Ashelly: 397
Judez, Luis: 861
Juffroy, Alain: 178
Jugert, Rudolf: 9
Jugnot, Gérard: 4
Juillard, Robert: 15, 446
Jules: 837
Julia, Raul: 261
Julian, Rupert: 306, 824
Julius, H.: 12
Jun, Ge Zhi: 691
June, Ray: 138, 157, 435
Jurado, Katy: 807, 865
Jurado, Rocío: 312
Juran, Nathan: 420, 421, 522, 706, 721
Jurgens, Curt: 34
Jurow, Martin: 246, 652
Justice, James Robertson: ver Robertson-Justice
Justin, John: 470
Jutra, Claude: 115

Kabdebo, Lorand von: 256
Kaczender, George: 591
Kagan, Jeremy Paul: 273, 318, 332
Kagawa, Kyoko: 24, 211, 432
Kahfi, Anna: 200
Kaidanovski, Alexandre: 816
Kaige, Chien: 6, 7, **449,** 934
Kaizenden, George: 390
Kalatozov, Mikhail: 140, 187, **449,** 570
Kalmar, Bert: 811
Kallman, Dick: 892
Kamen, Michael: 107
Kaminsky, Stuart: 291
Kampmann, Steven: 335
Kander, John: 122, 288
Kane, Carol: 749
Kane, Edward: 860
Kane, Joseph: 522, 818, 915
Kane, Robert T.: 757
Kané, Pascal: 90
Kanew, Jeff: 316, 474, 875
Kanin, Garson: 70, 197, 198, 212, 253, 374, 479, 504, 599, 618, 736, 928
Kanin, Michael: 595
Kanter, Hal: 253

Kaper, Bronislau: 157, 181, 496, 517, 603
Kaplan, Betty: 66, 756
Kaplan, Jonathan: 69, 335, 561, 669, 822
Kaplan, Sol: 150, 613, 775
Kapoor, Shashi: 640
Kaprinsky, Valerie: 11, 942
Karaindrou, Hélène: 895
Karam, Elena: 27
Karas, Anton: 849
Karaszewski, Larry: 281
Karbelnikoff, Michael: 697
Kardos, Leslie: 372
Karina, Anna: 169, 715, 739
Karloff, Boris: 97, 261, 660, 763
Karlson, Phil: 331, 417, 421, 539, 542, 543, 579, 585, 625, 696, 697, 706, 733, 736, 750, 923
Karmen, Roman: 116
Karmitz, Marin: 60, 159
Karns, Roscoe: 828
Karras, Alex: 896
Kasanger, Kees: 176
Kasdan, Lawrence: 198, 224, 286, 339, 385, 424, **450,** 543, 657, 691, 692, 710, 740, 743, 856, 874, 875
Kashfi, Anna: 404
Kast, Pierre: 4, 242
Kasznar, Kurt: 496
Kato, Daisuke: 789
Katraki, Manos: 894, 895
Katselas, Milton: 361, 394, 457, 877
Katt, William: 145
Katz, Marty: 856
Katzin, Lee H.: 331, 401, 561
Kauderer, Emilio: 512
Kauffman, Boris: 53, 261, 296
Kauffman, Christine: 62
Kaufman, George S.: 76, 509, 621
Kaufman, Millard: 189
Kaufman, Philip: 90, 225, 226, 279, 340, 401, 433, 456, 691, 692, 783, 831, 832, 852, 907
Kaufner, Helmut: 19
Kaun, Bernhard: 865
Kaurismäki, Aki: 98, 163, 164, **450**
Kaurismäki, Mika: 450
Kaütner, Helmut: 513, 766
Kawaguchi, Matsutaro: 24, 210
Kawalerowicz, Jerzy: 306, 307, **451,** 523, 524
Kawano, Akitake: 432
Kawasaki, Hiroko: 884
Kawashima, Yuzo: 428
Kawazu, Seizaburo: 566
Kay, Gordon: 202
Kay, Joyce: 686
Kay, Roger: 347
Kay, Stephen: 710
Kaye, Nora: 260

Kaylor, Robert: 335
Kayser, Manuel: 541
Kazan, Elia: 11, 27, 32, 33, 74, 106, 173, 174, 214, 230, 235, 268, 269, 270, 275, 296, 353, 377, 399, 424, **451,** 458, 486, 539, 554, 555, 573, 574, 578, 579, 590, 591, 608, 615, 661, 667, 668, 696, 697, 703, 716, 726, 727, 751, 863, 864, 923, 929
Kazan, Vanghelis: 156
Kazui, Frank: 832
Keach, James: 26, 115, 144, 892
Keach, Stacy: 308, 892
Keaton, Buster: 56, 73, 134, 202, 203, 410, **452,** 454, 499, 536, 537, 581, 582, 607, 788
Keaton, Diane: 454, 531, 561, 647, 648
Keaton, Joe: 582
Keaton, Michael: 455
Kedrova, Lila: 589, 903, 941
Keene, Tom: 652
Keighley, William: 96, 124, 125, 223, 224, 325, 574, 680, 705, 732, 733, 784, 820, 848, 854, 923
Keita, Ian: 128
Keitel, Harvey: 455, 619, 620, 690, 802, 843
Keith, Ian: 173
Keith, Robert: 22, 179
Kelber, Michel: 127, 142, 152, 250, 338
Kellaway, Cecil: 133, 146, 147
Keller, Harry: 408, 472, 522, 523, 555, 774, 808, 926
Keller, Marthe: 537, 633
Kellerman, Sally: 420
Kelley, Harry: 448
Kelley, William: 881
Kellino, Pamela: 652
Kellino, Roy: 548, 618
Kellinoo, W. P.: 629
Kellogg, Virginia: 794
Kelly, Claire: 165
Kelly, Gene: 27, 52, 109, 134, 143, 162, 163, 225, 241, 247, 264, 327, 363, 364, 397, **456,** 457, 468, 554, 555, 779, 794, 821, 823, 868, 923
Kelly, Grace: 340, 406, **457,** 807, 890
Kelly, Judy: 12
Kelly, Patsy: 517
Kelly, Rory: 856
Kelsall, Moultrie: 404
Kemeny, John: 54, 286
Kemp, Jeremy: 35
Kempinski, Tom: 38
Kempson, Rachel: 708
Kendall, Kay: 363, 364
Kenin, Alexa: 59
Kennedy, Arthur: 183, 184, 202, 288, 289, 411, 419, 482, 602, 880
Kennedy, Burt: 94, 114, 199, 253, 269, 296, 327, 331, 396, 426, 579, 721, 789, 795, 832, 916
Kennedy, Edgar: 811

Kennedy, George: 789
Kennedy, Jayne: 211
Kennedy, Joseph P.: 713, 824, 833
Kennedy, Kathleen: 298, 656
Kennedy, Leon Isaac: 211
Kennedy, William: 200
Kensit, Patsy: 35, 80, 81, 363
Kent, Barbara: 60, 240
Kent, Christopher: 523
Kent, Jean: 160
Kenton, Erle C.: 469, 479, 504, 508, 516, 725, 784, 817
Keraudy, Jean: 299
Kerchner: 671
Kerjean, Germaine: 853
Kermadec, Liliane de: 423
Kern, James V.: 325, 484, 655, 705, 784
Kerr, Bill: 41
Kerr, Deborah: 30, 114, 115, 196, 226, **457,** 575, 606, 831, 846, 874
Kerr, Jean: 490
Kerrigan, J. M.: 236, 660
Kerry, Norman: 306
Kershner, Glenn: 410
Kershner, Irvin: 71, 187, 275, 276, 332, 380, 390, 450, 752, 763, 772, 774, 823, 832, 834, 931
Keshishian, Alek: 198
Kestelman, Sara: 657
Ketama: 283
Keyser, Bruno de: 713
Khamdamov, Roustam: 591
Khan, Amjad: 446, 447
Khan, Ustad Vilayat: 753
Khanjian, Arsinée: 283, 299
Kiarostami, Abbas: 458
Kiatkowski, Tadeusz: 536
Kibbee, Guy: 135, 795, 867
Kibbee, Roland: 474
Kidd, Michael: 36, 397
Kidman, Nicole: 128
Kidron, Beeban: 521, 551
Kiegel, Léonard: 766
Kieslowski, Kryzsztof: 60, 90, 238, 260, 261, **459,** 870, 871
Kiesser, Jan: 397
Kihn, Albert: 852
Kikoine, Gérard: 667
Kikushima, Ryuzo: 566
Kilaidonis, Lukianos: 156
Kilbride, Percy: 413
Kiley, Richard: 535
Killanin, Lord: 752
Killy, Edward: 579
Kilmer, Val: 397
Kimmins, Anthony: 95, 380, 390, 618
Kimura, Ko: 789

King, Alan: 149
King, Allan: 315
King, Andrea: 600
King, George: 390, 516, 548, 636
King, Henry: 20, 25, 26, 32, 73, 132, 164, 168, 178, 179, 180, 190, 220, 296, 316, 325, 326, 329, 351, 352, 359, 364, 368, 372, 395, 409, 421, 443, 458, **459,** 476, 508, 522, 559, 560, 632, 661, 668, 674, 682, 696, 731, 780, 791, 792, 820, 847, 854, 863, 864, 892, 918, 935, 936
King, Louis: 70, 72, 359, 396, 459, 522, 556, 560, 680, 696, 784, 914
King, Zalman: 91, 743, 781
Kingsley, Ben: 383
Kinoshita, Keisuke: 462
Kinski, Klaus: 9, 402, 461, 625
Kinski, Natassja: 50, **461,** 478, 654, 655, 850
Kirk, Robert: 667
Kirkland, Jack: 145
Kirkwood, James: 70
Kirshner, Mia: 299
Kish: 812
Kishida, Shin: 884
Kitchen, Michael: 565
Kjellgren, Lars Erik: 834, 940
Kjellin, Alf: 52
Kjellman, Björn: 563
Klane, Robert: 927
Klein-Rogge, Rudolf: 567, 851, 868
Klein, William: 586, 623, 790
Kleinmann, Henk: 256
Kleiser, Randal: 213, 387, 485, 866
Klimovsky, Leon: 45, 313, 537, 700, 782
Kline, Richard H.: 339
Kline, Wally: 602
Klinger, Werner: 327
Klosinski, Edward: 412
Klotz, Nicholas: 375
Kloves, Sleve: 746, 109, 122, 669, 692
Klugman, Jack: 252
Knaake, Max: 257
Kniajinski, Alexandre: 816
Knieper, Jürgen: 28
Knight, Castleton: 573
Knight, Esmond: 290, 726
Knight, Shirley: 500
Knights, Robert: 375, 416, 792
Knopf, Edwin H.: 356, 496
Knott, Lydia: 595
Knowles, Bernard: 55, 373, 548, 866
Knowles, Patric: 140, 293, 562, 711
Knox, Alexander: 298, 502
Kobayashi, Masaki: 428, **462,** 640
Kobe, Hans: 441
Kobiela, Bogumil: 158

Koch, C. J.: 41
Koch, Howard: 145, 146, 149, 385, 684, 759
Koch, Howard W.: 64
Koch, Karl: 45, 717
Kodar, Oja: 128
Kodo, Kuninori: 789
Koepp, David: 656
Koerfer, Thomas: 781
Kogure, Michiyo: 248, 401
Kohlbase, Max: 63
Kohler, Henry: 60
Köhler, Manfred R.: 373
Kohlmar, Fred: 89, 880
Kohner, Pancho: 426, 731, 792
Kohner, Susan: 429
Koi, Hideo: 897
Koltai, Lajos: 275, 566
Kollek, Amos: 276, 770
Komeda, Krysztof: 209, 776
Komorowska, Maja: 103
Komroff, Manuel: 137
Konchalovski, Andrei: 31, 33, 38, 71, 72, 144, 222, 223, 401, 461, **462,** 570, 578, 608, 787, 817, 834, 839, 907
Konstantin, Leopoldine: 289
Konwicki, Tadeusz: 307
Kopp, Rudolph: 173
Korber, Serge: 162
Korda, Alexander: 37, 142, 171, 209, 215, 234, 257, 277, 304, 318, 321, 366, 420, 458, **463,** 470, 471, 479, 486, 495, 496, 508, 553, 629, 635, 636, 681, 750, 780, 781, 819, 849, 864, 900, 935
Korda, Maria: 215, 463, 900
Korda, Vincent: 463
Korda, Zoltan: 97, 105, 209, 234, 321, 463, 464, 470, 495, 496, 554, 601, 636, 660, 661, 676, 750
Korner, Max: 569
Korngold, Erich Wolfgang: 135, 385, 502, 732, 900
Kortishev, Dima: 245
Körtner, Fritz: 126, 766
Korty, John: 83, 115, 489, 575, 638
Korvin, Charles: 87
Korzynski, Andrzej: 103, 412
Kosma, Joseph: 127, 142, 204, 372, 617, 851
Kosminsky, Peter: 3, 90
Koster, Henry: 19, 64, 68, 73, 106, 118, 162, 222, 228, 258, 276, 316, 352, 356, 374, 443, 479, 480, 539, 556, 574, 585, 618, 630, 633, 648, 668, 682, 791, 792, 820, 821, 845, 935, 936
Kotcheff, Ted: 26, 91, 273, 328, 385, 515, 549, 623, 624, 662, 792, 816, 875
Koteas, Elias: 299
Kotto, Yaphet: 17
Koubitzky, Alexander: 606
Kovachevitch, André: 859

Kowalski, Bernard L.: 763, 774
Koyal, Bholanath: 163
Krainin, Julian: 259
Krakowska, Emilia: 103
Kraly, Hans: 9
Kramer, Robert: 759
Kramer, Stanley: 52, 83, 151, 173, 174, 214, 228, 258, 275, 315, 322, 351, 352, 353, 354, 374, 385, 399, 418, 454, 457, 474, 486, 493, 506, 525, 539, 544, 579, 661, 666, 675, 676, 697, 772, 790, 794, 807, 863, 864, 889, 890, 923, 940
Krampf, Gunther: 126
Krasker, Robert: 108, 204, 290, 478, 738, 752, 778, 849, 865
Krasna, Norman: 171, 228, 509, 843, 930
Krasner, Milton: 1, 299, 442, 552, 593, 596, 632, 711, 874
Krause, Georg: 777
Krauss, Werner: 63, 346, 347
Kreczmar, Jan: 656
Krenz, Jan: 158
Kreuger, Kurt: 569, 570
Kreuzer, Lisa: 27, 28, 287
Krige, Alice: 716
Krims, Milton: 325, 503, 898
Krishnamma, Suri: 320
Kristianssen, Cay: 651
Kristofferson, Kris: 285, 689, 892
Kroger, Barry: 240
Krol, Maurice: 256
Kronsberg, Jeremy Joe: 249
Kroyer, Bill: 801
Kruger, Jules: 259, 606, 664
Kruger, Otto: 274, 435, 524, 630, 807
Krüger, Franz: 15
Krüger, Jules: 65, 567
Krumbachova, Ester: 166
Krumgold, Sigmund: 882
Kruschen, Jack: 41
Krysewska, Ewa: 158
Kubrick, Stanley: 106, 214, 268, 269, 291, **464,** 479, 480, 548, 549, 557, 582, 615, 636, 637, 638, 772, 777, 792, 883, 913
Kuga, Yoshiko: 248, 401
Kulik, Buzz: 114, 364, 385, 544, 562, 579, 655, 721
Kumar, Sanjeev: 446
Kümel, Harry: 919
Kurosawa, Akira: 47, 244, 245, 361, 364, 462, 463, **465,** 489, 566, 702, 703, 729, 789
Kurrie, Robert: 336
Kurtz, Emilie: 878
Kurys, Diane: 140, 213, 423, 424
Kusturica, Emir: 244, 276, **466,** 493
Kuveiller, Luigi: 384, 434
Kwapis, Ken: 822

Kwok, Ma Fung: 691
Kyo, Machiko: 210, 703
Kyser, Hans: 309

La Cava, Gregory: 104, 105, 177, 190, 264, 270, 398, 399, 457, **467,** 491, 504, 538, 559, 560, 563, 736, 928
La Patellière, Denys de: ver De La Patellière
La Roque, Rod: 258
La Rue, Jack: 65, 384
La Shelle, Joseph: 11, 34, 41, 150, 480, 880
Labourier, Dominique: 157
Labro, Maurice: 540
Labro, Philippe: 80, 243, 586, 755, 870
Lacey, Ronald: 286
Lach, Robert: 63
Lachman, Harry: 220, 345, 359, 388, 396, 481, 629, 848, 864
Lacombe, Georges: 68, 257, 346, 540, 592, 669, 825
Laconte, Jean-Louis: 456
Ladd, Alan: 370, **468**
Ladmiral, Nicole: 251
Lado, Aldo: 756
Lado, José María: 195, 788
Ladoire, Óscar: 15
Laemmle, Carl: 823, 931
Laemmle, Carl, Jr.: 261, 413, 414, 725, 793
Lafont, Bernadette: 687
Laforêt, Marie: 1, 838
Lagrange, Jacques: 569
LaGravanese, Richard: 688
Laguardia, Ernesto: 685
Lahiri, Tulsi: 753
Lahr, Bert: 525, 526
Lahti, Christine: 512
Lahtop, Philip: 266
Lai, Francis: 633
Laine, Frankie: 282
Lajos, Julia: 196, 204, 263, 861, 879, 899
Lake, Veronica: 471, 785, 896
Lâm-Lê: 755
Lamac, Carl: 548
Lamaç, Karel: 55, 548
Lamar, Mary: 131, 879
Lamarr, Hedy: 44, 157, **472,** 657, 664
Lamas, Fernando: 906, 926
Lamberdesque, Carida de: ver De Lamberdesque
Lambert, Christopher: 840
Lambert, Gavin: 547, 599
Lambert, Mary: 335, 740
Lamet, Juan Miguel: 627, 853
Lamont, Charles: 214, 421, 454, 480, 587, 632, 847
Lamont, Duncan: 145
Lamour, Dorothy: 562
Lamoureux, Robert: 623

Lampert, Zohra: 296
Lampin, Georges: 38, 346, 669, 700
Lampreave, Chus: 40, 324, 552, 569
Lamprecht, Gerhardt: 924
Lamy, Raymond: 346
Lancaster, Burt: 3, 14, 54, 150, 185, 186, 226, 330, 337, 358, **473,** 474, 555, 571, 657, 803, 804, 846, 865, 889, 890
Lanchester, Elsa: 320, 404, 900
Lanci, Giuseppe: 694
Lancia, Beppe: 29
Land, Robert: 257
Landa, Alfredo: 54, 133, 350, **474,** 538, 653, 722, 723, 757, 758, 840, 888
Landa, Juan de: 567
Landau, Martin: 118, 185, 280, 281, 856, 874
Landers, Han: 846
Landers, Lew: 329, 579, 587, 696, 825
Landfield, Sidney: 682
Landi, Mario: 858
Landis, John: 26, 213, 270, 543, 669, 817, 832
Landres, Paul: 721
Lane, Abbe: 263
Lane, Andrew: 144
Lane, Charles: 336
Lane, Diane: 200
Lane, Lupino: 515, 516, 629, 756
Lane, Priscilla: 904
Lanfield, Sidney: 26, 52, 73, 228, 331, 366, 396, 471, 508, 522, 574, 626, 680, 682, 736, 792, 817, 863, 914, 926, 936
Lang, Arthur: 596
Lang, Charles: 6, 33, 247, 562, 802, 804, 829, 867
Lang Charles, Jr.: 184, 369, 411
Lang, Fritz: 32, 72, 73, 97, 105, 189, 191, 247, 257, 258, 287, 289, 290, 316, 326, 329, 330, 331, 342, 367, 373, 422, **476,** 506, 516, 519, 532, 544, 553, 561, 567, 570, 573, 574, 585, 596, 648, 682, 732, 733, 802, 803, 808, 818, 851, 854, 855, 856, 863, 864, 868, 892, 893, 927
Lang, Michel: 140, 143
Lang, Richard: 403, 416, 521
Lang, Walter: 26, 30, 32, 38, 70, 72, 73, 114, 220, 327, 348, 395, 399, 410, 454, 458, 504, 508, 509, 510, 511, 521, 549, 556, 585, 632, 682, 795, 821, 848, 854, 863, 864, 929, 936
Langan, Glenn: 616
Langdon, Harry: 135, 298, 410, 499, 572
Langdon, Lillian: 432
Lange, Hope: 892
Lange, Jessica: 147, **477,** 622, 724, 783
Lange, Monique: 507
Langella, Frank: 625
Langlet, Amanda: 660
Langley, Noël: 436, 526

índice de nombres

Langman, Arlette: 164
Langton, Simon: 126
Lanoë, Annick: 90
Lansbury, Angela: 12, 287, 517, 720, 868
Lansing, Robert: 65
Lantz, Walter: 467
Lanza, Anthony M.: 417
Laperrousaz, Jerôme: 591
Lapikov, Ivan: 32
Lapine, James: 375, 852
Lapoirie, Jeanne: 447
Lara, Louise: 56
Lara, Odete: 39
Lara Polop, Francisco: 4, 475, 582, 754
Lardner, Ring, Jr.: 595
Larionov, Vsevolod: 633
Laroque, Michèle: 610
Larrañaga, Amparo: 133
Larrañaga, Carlos: 300
Larraz, José Ramón: 314, 475, 781
Larreta, Antonio: 147, 758
Larroquette, John: 169
Lartigau, Gérard: 197
Lary, Pierre: 755
Lasa, Amaia: 594
Lasalle, Martin: 672
Lasko, Gene: 360
Lasky, Jesse L.: 66, 228, 759
Lasky, Jesse, Jr.: 882
Lassally, Walter: 640, 807, 941
Lastricati, Carlo: 234, 503
Laszlo, Andrés: 569, 886
Laszlo, Ernest: 570, 890
Lathrop, Philip: 252, 652, 846
Latimore, Frank: 320
Lattuada, Alberto: 10, 50, 80, 138, 181, 240, 310, 317, 356, 357, 461, 462, **478**, 503, 505, 506, 525, 531, 550, 551, 700, 721, 727, 812, 834, 858, 859, 890
Lau, Wesley: 695
Laughlin, Michael: 335
Laughton, Charles: 43, 44, 295, 364, **479**, 482, 559, 578, 579, 620, 632, 707, 775, 819, 847, 900
Launder, Frank: 12, 373, 458, 791
Launer, Dale: 64, 169
Laurel, Stan: 297, 298, 366, 388, **480**, 481, 559, 819
Lauren, S. K.: 891
Laurent, Christine: 77
Laurent, Jacqueline: 22
Laurentiis, Aurelio de: ver De Laurentiis
Laurentiis, Dino de: ver De Laurentiis
Laurentiis, Luigi de: ver De Laurentiis
Laurents, Arthur: 115, 678, 921
Laurie, John: 652, 866
Laurie, Piper: 119, 122, 252, 827

Lautner, Georges: 80, 237, 238, 346, 397, 580, 859
Lauzier, Gérard: 243
Lavagnino, Francesco: 127, 254, 857
Lavanant, Dominique: 169
Laven, Arnold: 121, 253, 366, 544, 555, 612, 733, 792
Laven, Arthur: 542
LaVerne, Lucille: 267
Lavista, Raúl: 3, 34
Law, Phyllida: 851
Lawford, Peter: 94, 247, 720, 794, 847
Lawrence, Marc: 155, 447, 448, 537
Lawrence, Quentin: 940
Lawrence, Rosina: 481
Lawrence, Vincent: 168, 173, 360, 829
Lawson, John Howard: 44
Lawson, Leigh: 850
Lawson, Wilfrid: 415
Lawton, Charles: 200, 220, 266
Lawton, Frank: 602, 752
Lay, Beirne, Jr.: 20
Laydu, Claude: 250, 251
Laza, Xabier: 341
Lazaga, Pedro: 313, 475, 588, 654, 699, 700, 750, 751, 782
Lazar, Veronica: 515
Lázaro, Eusebio: 241
Lazarus, A.: 315, 390
Le Bertre, Louis: 259
Le Borg, Reginald: 454
Le Breton, Auguste: 724
Le Chanois, Jean-Paul: 103, 346, 592, 623, 671, 789
Le Clainche, Charles: 185
Le Febvre, Robert: 654
Le May, Alan: 679
Le Vigan, Robert: 65
Leacock, Philip: 95, 469, 561, 774
Leal, Milagros: 600
Lean, David: 41, 55, 108, 161, 165, 166, 315, 378, 380, 390, 399, 409, 464, 479, 480, 481, **482,** 578, 579, 635, 641, 688, 697, 791
Leaud, Jean-Pierre: 209, 267, 665, 873, 880, 891
Leavitt, Sam: 30, 847
Lebboroni, Raffaella: 694
LeBorg, Reginald: 366
Lebrón, Juan: 321
Lecchi, Alberto: 512
Leclerc, Georges: 851
Leclerc, Ginette: 212
Leconte, Patrice: 44, 624
Leder, Herbert J.: 32
Lederer, Charles: 89, 122, 125, 270, 515
Lederer, Francis: 562
Lederer, Frank: 126
Lederman, Ross: 396, 655, 914, 915

Ledoux, Fernand: 247
Ledoyen, Virginie: 159
Leduc, Paul: 254, 583, 701
Lee, Ang: 67, 375, **483**, 778, 852
Lee, Ann: 810
Lee, Anna: 296, 693, 893
Lee, Bernard: 849
Lee, Canada: 607
Lee, Christopher: 261, 625
Lee, Jack: 95, 791
Lee, Jason Scott: 496
Lee, Lila: 756
Lee, Lilian: 6, 7
Lee, Norman: 883
Lee, Robert N.: 494
Lee, Rowland V.: 190, 374, 480, 516, 538, 868, 936
Lee, Spike: 456, **483**, 697, 914
Lee Pogostin, J.: 175
Lee Thompson, J.: 62, 91, 95, 114, 214, 316, 331, 389, 421, 426, 457, 458, 521, 542, 549, 575, 579, 580, 612, 618, 625, 638, 642, 661, 662, 697, 722, 731, 733, 755, 771, 821, 883
Leeds, Andrea: 145, 146
Lees, Tamara: 897, 898
Leewood, Jack: 615
Lefebvre, Louis: 53
Lefèvre, René: 186, 204
Lefort, Jean: 259
Léfranc, Guy: 445, 590
Legrand, François: 214
Legrand, Michel: 54, 241, 653, 779, 867, 891
Lehman, Ernest: 185, 397, 810, 861, 921
Lehmann, Maurice: 56
Lehmann, Michael: 175, 561, 747, 801, 927
Lehrman, Henry: 160
Lehy, Franz: 889
Leiber, Fritz: 865
Leigh, Janet: 181, 208, 213, **484**, 687, 763, 774
Leigh, Jennifer Jason: 485, 901
Leigh, Mike: 633
Leigh, Rowland: 140
Leigh, Vivien: 37, 173, 471, **485**, 500, 688
Leipold, John: 137, 882
Leisen, Mitchell: 6, 25, 26, 64, 70, 73, 104, 105, 133, 177, 178, 228, 257, 258, 329, 331, 366, 408, 416, 469, 471, **486**, 504, 522, 538, 562, 565, 573, 574, 696, 707, 736, 784, 785, 817, 818, 826, 854, 899, 924
Leith, Christopher: 143
Leland, David: 375, 608
Lelouch, Claude: 9, 10, 44, 80, 83, 115, 121, 122, 161, 162, 242, **487**, 586, 590, 591, 592, 606, 672, 701, 702, 821, 870, 871
Lemaître, Arabella: 336

Lemmon, Jack: 41, 184, 200, 245, 252, **488**, 515, 519, 520, 554, 555, 695, 901
Lemont, John: 187
Lemos, Carlos: 895
Lena, Battista: 10
Leni, Paul: 256, 441
Lenier, Christiane: 715
Lennart, Isabel: 22
Lennon, Jarret: 901
Lennon, Julian: 483
Lennon, Peter: 426
Lenzi, Umberto: 138, 199, 317, 327, 426, 700, 870
Leon, Walter de: ver De Leon
León, Loles: 53, 495
Leonard, Brett: 914
Leonard, Herbert B.: 579
Leonard, Robert Z.: 19, 51, 70, 73, 178, 201, 270, 348, 350, 352, 353, 354, 355, 356, 357, 368, 371, 420, 454, 472, 479, 480, 491, 503, 509, 573, 576, 618, 636, 736, 818, 821, 843, 845, 875, 887, 926
Léonard, Philippe: 838
Leonardi, Marco: 167, 168
Leone, John: 327, 758
Leone, Sergio: 46, 139, 140, 175, 230, 279, 280, 291, 326, 327, 391, 392, 466, **489**, 566, 731, 793
Leone, Vincenzo: 489
Leonhardt, Rudolf: 869
Leonviola, Antonio: 102, 234
Leopold, John: 259
Léotard, Philippe: 267, 673
Lépicier, Eugène: 687
Lera, Ángel María de: 860
Lerczinska, Séverine: 103, 104
Leriche, Irénée: 24, 340
Lerner, Alan Jay: 27, 94, 109
Lerner, Irving: 615
Leroy, Jacques: 791
Leroy, Philippe: 299
Leroy, Serge: 624, 870
LeRoy, Mervyn: 14, 19, 32, 73, 96, 124, 125, 162, 178, 180, 222, 223, 270, 281, 325, 327, 348, 352, 355, 356, 374, 380, 409, 458, 484, 486, 488, **489,** 504, 505, 526, 538, 548, 556, 579, 600, 601, 680, 688, 695, 733, 736, 774, 792, 795, 818, 821, 833, 843, 845, 864, 875, 876, 883, 915, 926, 929, 936
Leroz, Serge: 238
Lesiewicz, Witold: 601, 656
Lesley, Elgin: 410
Leslie, Bethel: 631
Leslie, Joan: 686, 759, 880, 934
Lessac, Michael: 875
Lesser, Sol: 149, 795
Lessley, Elgin: 582, 607, 788
Lester, Mark L.: 69, 635, 746, 769, 772
Lester, Richard: 4, 72, 91, 162, 166, 187, 199, 275,

385, 390, 398, 403, 415, 454, 589, 624, 701, 702, 732, 735, 772, 868
Leterrier, François: 185, 790
Leto, Marco: 859
Lettieri, Al: 423
Leurini, Gino: 536
Leuwerick, Ruth: 810
Levant, Brian: 844
Levant, Oscar: 27, 564, 908
Leven, Jeremy: 107, 244, 276
Levene, Sam: 330
Levent, Alain: 422, 423, 715
Leversuch, Ted: 721
Levey, William A.: 638, 927
Levien, Sonya: 164, 193, 194, 207, 295
Levin, Henry: 234, 265, 270, 325, 330, 331, 359, 395, 403, 409, 508, 509, 542, 549, 648, 666
Levin, Ira: 490, 514, 776
Levinson, Barry: 4, 71, 74, 82, 207, 249, 271, 273, 401, 408, 456, **490,** 589, 708, 743, 801, 832, 926
Levis, Geoffrey: 109
Levy, Louis: 12
Levy, Ralph: 106, 225, 618
Levy, Robert: 926
Lévy, Raoul: 68, 174, 287
Lewin, Albert: 316, 351, 352, **491,** 548, 652, 707, 720
Lewis, David: 25
Lewis, Edward: 245, 879
Lewis, Everett: 115
Lewis, Harry: 240
Lewis, Jerry: 73, 484, 485, **492,** 493, 542, 850
Lewis, Joseph H.: 199, 240, 330, 357, 472
Lewis, Juliette: 493
Lewis, Mildred: 245
Lewis, Ralph: 606
Lewis, Richard: 483
Lewis, Ronald: 209
Lewton, Val: 500, 597, 862, 928
Lexy, Edward: 752
Leymarie, Pierre: 672
Leza, Marisa de: 830, 831
Lezana, Sara: 300
Lezcano, Mercedes: 147
L'Herbier, Marcel : 37, 38, 56, 104, 105, 153, 176, 259, 276, 445
Li, Gong: 6, 7, 445, 446, 497, 691, 775, 776, 935
Licho, A. E.: 256
Lichtenstein, Mitchell: 66, 67
Lichy, Atahualpa: 583
Liebeneiner, Wolfgang: 442, 810
Lieberman, Robert: 62, 198, 907
Liebmann, Robert: 34
Lieven, Albert: 196
Lighton, Harry D.: 13

Lighton, Louis D.: 30, 135, 542, 829, 867
Lilienthal, Peter: 28, 769
Limosin, Jean-Pierre: 238
Limur, Jean de: ver De Limur
Lin, Jong: 67
Lin, Konh: 497
Linares, Andrés: 66, 98, 351
Linares, Carmen: 321
Lincoln, Elmo: 840
Lindberg, Per: 85, 800
Lindblom, Gunnel: 184, 780, 791
Linden, Edward: 461
Lindfors, Viveca: 189
Lindgren, L. M.: 834
Lindner, Slawomir: 536
Lindon, Lionel: 694, 790
Lindsay, Margaret: 640
Lindsay-Hogg, Michael: 223, 439, 527, 561, 567
Lindtberg, Leopold: 789
Lini, Maria: 779
Linklater, Richard: 238
Linson, Art: 397
Linström, Jörgen: 791
Lion, Margo: 65
Liore, Philippe: 654
Liotard, Thérèse: 593
Liotta, Ray: 882
Lipinska, Christine: 423
Lipinski, Eugene: 863
Lipp, Jeremy: 38
Lipshic, Enrique Gabriel: 583
Lisandrini, Antonio: 336
Lisberger, Steven: 108
Lisi, Virna: 594
Liszt, Franz: 657
Litel, John: 640
Littín, Miguel: 4, 162, **497**
Little, Dwight H.: 306
Littman, Lynne: 198
Litvak, Anatole: 9, 22, 37, 68, 86, 96, 105, 114, 125, 178, 223, 228, 269, 325, 326, 327, 329, 345, 353, 395, 416, 425, 458, 473, 486, **498,** 506, 516, 586, 601, 616, 623, 639, 641, 666, 682, 696, 731, 733, 784, 818
Livanov, Boris: 631
Livesey, Roger: 2, 196
Livingston, Margaret: 22, 23
Lizuka, Toshiko: 884
Lizzani, Carlo: 15, 49, 327, 357, 455, 456, 503, 531, 550, 668, 755, 813, 857, 858
Llobet Gracia, Lorenzo: 313
Llorca, Pablo: 98
Llorente, Ángel: 751, 758
Llosa, Luis: 817, 822
Lloyd, Art: 298, 481

Lloyd, Christopher: 16
Lloyd, Frank: 72, 125, 177, 178, 179, 180, 190, 347, 348, 359, 374, 420, 469, 479, 491, 522, 530, 560, 572, 617, 706, 707, 936
Lloyd, Harold: 59, 60, 168, 355, 400, **499,** 559, 715, 826, 847, 848, 849
Lloyd, Norman: 134
Lloyd, Walt: 783
Lluch, Vicente: 700
Lo Verso, Enrico: 472, 473, 617
Loach, Ken: 98, **500,** 855, 940
Lobre, Jeanne: 596
Locke, Sondra: 109, 340
Lockhart, Gene: 44, 281, 413, 415, 502, 515, 523, 602, 692, 790, 893, 898
Lockwood, Gary: 267, 268
Lockwood, Margaret: 12
Loden, Barbara: 296
Loder, John: 137, 360, 528, 693
Lodi-Fe, Maurizio: 186
Loel, Robert van: 649
Loew, David: 413
Loewe, Frederick: 109
Loftus, Bryan: 287
Logan, Joshua: 104, 105, 106, 143, 280, 326, 328, 390, 409, 544, 555, 585, 615, 625, 666, 708, 774
Loiret, Philippe: 804
Lole: 321
Lollobrigida, Gina: 294, **503,** 651, 865, 897, 898
Lom, Herbert: 306, 575, 622
Loma, José Antonio de la: 373, 697, 700, 782
Lombard, Carole: 268, 347, 486, **504,** 780, 781
Lombard, Vincent: 781
Lombardero, Manuel: 276
Lombardi, Francisco José: 505
Lombardo, Goffredo: 14, 123, 206, 358, 734
Lommel, Uli: 214
Lomnicki, Tadeusz: 412
London, Franco: 589, 866
London, Jerry: 576
London, Julie: 149, 412
Lone, John: 285, 879
Long, Audrey: 528
Long, Richard: 3, 307
Long, Walter: 606
Longcraine, Richard: 307
Longford, Raymond: 706
Longo, Robert: 710
Lonsdale, Michael: 610, 811
Loo, Richard: 25
Loos, Anita: 597, 598, 930
Loos, Theodor: 567, 851
Lopatinski, Faust: 271
Lopert, Tanya: 687
López, Antonio: 292, 804

López, Charo: 180, 291, 627, 653
López, Germán: 861
López, Juanjo: 557
López, Marga: 607
López, Pilar: 274
López, Temístocles: 781
López Aranda, Ricardo: 860
López Linares, José Luis: 664
López Rubio, José: 588, 699, 721
López-Tarso, Ignacio: 607
López Vázquez, José Luis: 54, 176, 180, 293, 568, 569, 664, 673, 675, 684, 685
López Yubero, Manuel: 853
LoPresto, Stan: 230
Loraschi, Ava: 210
Lorca, Alberto: 274
Lord, Jack: 412
Lord, Robert: 145, 288, 603, 900
Loren, Sophia: 51, 92, 108, 232, 444, **505,** 640, 651, 729
Lorente, Germán: 313, 722, 750
Lorenzi, Stellio: 671
Loring, Hope: 13
Loritz, Katia: 54
Lorne, Marion: 301
Lorre, Peter: 76, 149, 371, 386, 519, 547, 548, 804, 889
Lorsac, Olivier: 673
Losada, Juanjo: 367, 368
Losch, Tilly: 273, 274
Losey, Joseph: 14, 71, 72, 95, 118, 125, 126, 166, 204, 237, 238, 307, 328, 415, 423, 439, **506,** 519, 567, 578, 579, 586, 590, 591, 601, 709, 765, 767, 798, 844, 906
Losse, Frank: 267
Lotti, Pia: 693
Louise, Anita: 146, 865
Love, Montagu: 524, 686, 903
Lovejoy, Frank: 288, 341
Lovitt, Bert: 33
Lowe, Edmund: 683
Lowell, Carey: 483
Lowenadler, Holger: 468
Loy, Myrna: 507, 563
Loy, Nanni: 139, 143, 357, 384, 525, 551, 724, 731, 744, 812, 813, 857, 858, 859, 906
Lozano, José Luis: 827
Lozano, Margarita: 578, 619, 904
Lu, Yang: 776
Lualdi, Antonella: 738, 779
Luar, Yolanda de: 328
Lubin, Arthur: 214, 280, 306, 373, 469, 470, 474, 574, 587, 630, 633, 680, 736, 750, 792, 915
Lubitsch, Ernst: 26, 33, 34, 70, 73, 76, 101, 105, 141, 177, 178, 179, 190, 191, 229, 247, 257, 270, 347, 350, 389, 416, 441, 442, 443, 470, 471, 479,

índice de nombres

486, 504, 505, 508, **509,** 530, 532, 538, 554, 617, 618, 630, 631, 683, 716, 717, 780, 787, 810, 820, 830, 854, 886, 906, 924
Lubtchansky, William: 77
Luca de Tena, Cayetano: 721
Lucas, George: 191, 273, 286, 331, 332, 380, 450, 466, 814, 852, 874
Lucas, Hans: 365
Lucas, Wilfrid: 298
Luce, Angela: 236
Luchetti, Daniele: 511, 591
Luchini, Fabrice: 735
Lucia, Luis: 76, 313, 541, 721, 782
Lucía, Paco de: 141, 321, 749
Lucía, Ricardo: 831
Lucidi, Maurizio: 700
Lucien, Marcel: 104
Lucignani, Luciano: 234, 356, 357, 858
Lucisano, Fulvio: 593
Ludin, Walter: 60
Lüdke, Marianne: 769
Ludwig, Edward: 270, 276, 395, 522, 560, 820, 915
Ludwig, William: 733, 829
Luedtke, Kurt: 564, 565
Lugagne, Françoise: 251
Lugosi, Bela: 118, 281, 625
Lukas, Paul: 13, 87, 868, 889
Lukaszewicz, Olgierd: 103
Luke, Jorge: 890
Lulli, Folco: 47, 129, 371, 752
Lulli, Jean-Baptiste: 672
Lumet, Baruch: 513
Lumet, Sidney: 10, 62, 64, 83, 86, 91, 106, 109, 118, 126, 166, 175, 187, 261, 275, 276, 320, 326, 327, 328, 361, 377, 385, 399, 408, 409, 506, 509, 512, 513, 525, 528, 548, 549, 555, 612, 624, 646, 667, 702, 709, 731, 758, 790, 914, 923, 927, 931
Luna, Manuel: 204
Luna, Ricardo: 535
Lund, John: 565, 899
Lundin, Walter: 168, 400, 481, 715, 849
Lung, Sihung: 67
Lunt, Alfred: 753
Luntz, Edouard: 591
Lupino, Barry: 515
Lupino, Ida: 66, 329, 502, **515,** 516, 570, 787, 829, 880
Lupino, Richard: 515
Lupino, Rita: 515
Lupino, Stanley: 515
Lupino, Wallace: 515
Lupo, Michele: 269, 859
Luppi, Federico: 511, 512
Lustig, Jan: 189
Lux, Stefan: 256

Luzi, Maria Pia: 619
Lynch, David: 64, 123, 124, 219, 316, 415, 416, 417, 531, 740, 834
Lynch, Paul: 710
Lyne, Adrian: 71, 271, 335, 589, 708, 743
Lynley, Carol: 301, 389, 878, 879
Lynn, Jeffrey: 904
Lynne, Sharon: 481
Lynton, Letty: 201
Lyon, Francis D.: 556, 560
Lyons, Richard E.: 274
Lys, Ágata: 757, 758
Lys, Lya: 281

Maben, Adrian: 242
Mac Ginnis, Niall: 502
Mac Laughlin, Tom: 74
Macanita, La: 321
Macari, Ruggero: 378
Macario, Erminio: 310
Macaulay, Richard: 904
Maccari, Ruggero: 263, 292, 305, 444, 519, 770, 898
Macchi, Egisto: 647
Macchi, Giulio: 145, 234
MacDermot, Galt: 334
MacDonald, David: 539, 940
MacDonald, Jeanette: 101, 906, 509, 530
MacDonald, Joe: 167, 535, 547, 613, 657, 683, 892
MacDougall, Ranald: 20, 29, 143, 202, 316, 503, 630, 723
Macedo, Orlando: 901
Macedo, Rita: 607
MacGoohan, Patrick: 341
MacGowan, Kenneth: 164, 208, 607
MacGowran, Jack: 752
MacGrath, Douglas: 64
Machard, Alfred: 536
Machaty, Gustav: 472, 583
Mack, Marion: 536, 537
Mack, Russell: 469
MacKechnie, James: 196
Mackendrick, Alexander: 139, 174, 175, 214, 380, 400, 413, 474, **520,** 696, 697, 733, 903
Mackenzie, Aeneas: 404, 436, 602, 827, 900
Mackenzie, John: 125, 126, 361, 608
MacKinnon, Gillies: 320, 543
MacLaine, Shirley: 41, 74, 128, 129, 183, 184, 397, **520**
MacLane, Barton: 808
MacLean, Alistair: 608
MacMahon, Aline: 411
MacMurray, Fred: 41, 148, 486, **521,** 665, 707
MacNoughton, Robert: 298
MacPhail, Angus: 160, 305
MacPherson, Jeanie: 258, 779
Macready, George: 363, 404, 777

MacWilliams, Glen: 607
Madaula, Ramón: 658
Madden, John: 608
Maddock, Suzanne: 855
Maddow, Ben: 112, 433, 448
Madison, Guy: 246, 248
Madison, Noel: 563
Madrid, José Luis: 782
Maesso, José G.: 315, 721
Maffei, Claire: 773
Magdaleno, Mauricio: 314
Maggio, Pupella: 24, 25
Maggionari, Lamberto: 470
Maglione, Margherita: 605
Magnani, Anna: 78, 145, 430, 524, 529, 605, 658, 738, 826, 908
Magni, Luigi: 140, 357, 531, 551, 583, 584, 857, 858, 859, 906
Magnier, Pierre: 711
Magre, Judith: 24
Magwood, Paul: 143
Mahin, John Lee: 135, 435, 763
Mahon, Barry: 325
Mahoney, Jock: 404, 853
Maibaum, Richard: 547, 565
Mailer, Norman: 637, 638, 740
Maillet, Dominique: 624
Maimondi, Sergio: 779
Main, Marjorie: 170
Mainiero, Giorgio: 286
Mainwaring, Daniel: 433
Maitland, Marne: 207
Maiztegui, Isidro B.: 127, 183, 595
Majano, Anton Giulio: 506, 550
Makavejev, Dusan: 526
Malanowicz, Zygmunt: 209
Malasomma, Nunzio: 233, 525, 721
Malatesta, Gloria: 10
Malatesta, Guido: 721
Malberg, Henrik: 651
Malden, Karl: 11, 89, 266, 674, 923
Maldonado, Salvador: 89, 163, 203
Malenotti, Meleno: 254
Malick, Terrence: 252, 361, 783, 813
Malikoff, Nikolai: 257
Malkiewicz, Irena: 656
Malkovich, John: 288, **527,** 635, 851, 888
Malla, Coque: 283
Malle, Louis: 6, 23, 24, 54, 68, 79, 80, 115, 143, 144, 237, 340, 435, 445, 468, 473, 474, **527,** 550, 590, 591, 622, 623, 671, 672, 702, 744, 758, 761, 764, 811, 832
Malle, Vincent: 370, 811
Malmuth, Bruce: 816
Malone, Dorothy: 35, 148, 293, 829, 878, 879

Malraux, André: 715, 788
Maltz, Albert: 170
Malleson, Miles: 12, 470
Mambretti, Antonio: 898
Mamet, David: 26, 148, 231, **528,** 701
Mamoulian, Rouben: 37, 51, 52, 66, 76, 94, 163, 190, 220, 257, 326, 327, 350, 366, 396, 408, 416, 480, 508, 516, **529,** 538, 682, 696, 756, 757, 817, 826, 850, 854
Man, Abby: 151, 889
Mancinelli, Lydia: 386
Mancini, Henry: 169, 246, 252, 258, 631, 652, 774, 896
Mancini, Liliana: 78
Mandel, John: 695
Mandel, Robert: 455
Mander: 629
Mandoki, Luis: 351, 377, 746, 759, 878
Manès, Gina: 606
Manesse, Gaspard: 6
Manfield, David: 689
Manfredi, Nino: 447, 893
Mangano, Silvana: 49, 50, 102, 172, 186, 231, 240, 371, 447, 513, **530,** 633, 640, 742
Mangini, Gino: 33
Manino, Franco: 78
Mankiewicz, Don: 694
Mankiewicz, Herman J.: 170, 532
Mankiewicz, Joseph L.: 72, 73, 82, 96, 97, 106, 118, 125, 126, 137, 138, 173, 174, 179, 180, 183, 220, 221, 223, 224, 250, 268, 269, 298, 299, 326, 327, 340, 342, 351, 352, 356, 374, 390, 391, 395, 399, 405, 406, 458, 499, **532,** 548, 585, 595, 598, 599, 632, 636, 648, 676, 733, 791, 792, 794, 844, 854, 867, 879, 880, 923, 929
Mankiewicz, Tom: 387
Mankowitz, Wolf: 435
Mann, Abby: 890
Mann, Anthony: 19, 64, 73, 110, 156, 178, 181, 190, 191, 214, 248, 269, 316, 326, 327, 329, 330, 331, 372, 380, 389, 390, 402, 403, 411, 412, 419, 420, 421, 465, 484, 505, 506, **533,** 549, 556, 588, 666, 680, 689, 690, 817, 818, 820, 821, 824, 825, 845, 927
Mann, Claude: 285, 431
Mann, Daniel: 106, 175, 395, 409, 474, 506, 521, 525, 542, 555, 579, 601, 630, 638, 676, 697, 821, 844, 876
Mann, Delbert: 55, 66, 126, 214, 225, 331, 375, 396, 421, 458, 473, 506, **534,** 539, 543, 618, 625, 636, 666, 772, 792, 793
Mann, Hank: 511
Mann, Klaus: 649, 835
Mann, Michael: 122, 226, 230, 397, 646, 822, 907
Mann, Paul: 557

índice de nombres

Mann, Stanley: 903
Mannhardt, Renate: 569, 570
Mannheim, Lucie: 866
Manning, Bruce: 276
Mannino, Franco: 186, 431
Mannix, E. J.: 602
Manogian, Peter: 253
Mansart, Marie: 267
Manso, Juanita: 263
Manson, Hélèna: 212
Mantegna, Joe: 147, 148, 648
Mantell, Joe: 543
Manuel, Robert: 724
Manuel Cervino, José: 203
Manulis, Martin: 252
Manver, Kiti: 324, 598
Manz, Linda: 252
Manzanita: 321, 647
Manzanos, Eduardo: 183, 721
Manzari, Nicola: 123
Manzor, René: 238
Maña, Laura: 495
Mañas, Achero: 723
Maraini, Dacia: 29
Marais, Jean: 77, 176, 895
Marceau, Sophie: 942
Marcellini, Romolo: 503, 550
March, Alex: 316, 317, 637, 763
March, Fredric: 37, 413, 538, 562, 563, 850, 861
Marchal, Georges: 868
Marchand, Corinne: 627
Marchesi, Mario: 505
Marcin, Max: 374
Marco Davó, José: 23, 538, 569
Marconi, Severino: 638, 647
Marcos, Cristina: 537
Marcos, Julián: 701
Marcovicci, Andrea: 839
Mardore, Michel: 162
Mareuil, François: 774
Marèze, Janie: 367
Margadonna, Ettore M.: 651
Margaritis, Gilles: 53
Margheriti, Antonio: 33, 114, 261, 625
Maria Rabenalt, Arthur: 825
Mariani, Marcella: 778
Mariano, Luis: 540, 782, 886
Marichka, Ernst: 766
Marie Saint, Eve: 184, 185
Marin, Edwin L.: 353, 416, 592, 608, 696, 745, 820, 848, 915
Marin, Jacques: 446
Marín, Guillermo: 263, 541, 861, 899
Marín, José Luis: 367, 368
Mariné, Sebastian: 29, 809

Marion, Frances: 539, 903
Marischka, Georg: 700, 721
Marisol: 316, **540,** 541
Marker, Chris: 363
Markey, Gene: 111
Markham, Kika: 267
Markle, Fletcher: 143, 199, 258, 327, 574, 818
Markle, Peter: 385, 710
Markopoulos, Gregory: 912
Markovic, Olivera: 520
Markowitz, Robert: 306
Marks, Montagu: 152
Marley, Peverell: 8
Marlott, Mark: 511
Marlowe, Hugh: 20, 299, 442, 622, 878
Marly, Guy: 597
Marmion, Yves: 446
Marotta, Giuseppe: 640
Marquand, Christian: 10, 106, 118, 175, 426, 555
Marquand, Richard: 108, 332, 380, 450, 831, 832
Marquet, Henri: 885
Marquina, Luis: 38, 116, 312, 313, 588, 721, 782
Marrama, Alberto: 535
Marriott, Sylvia: 267
Mars, Kenneth: 621
Marsac, Laure: 673
Marsan, Eric de: ver De Marsan
Marsani, Claudia: 186
Marsh, Mae: 376, 432, 606
Marsh, Oliver T.: 50, 598
Marshall, Alan: 142, 295, 540
Marshall, Brenda: 385, 386
Marshall, E. G.: 148, 261, 430
Marshall, Frank: 286, 527
Marshall, Garry: 361, 387, 394, 401, 589, 646, 669, 732, 752
Marshall, George: 26, 32, 70, 191, 214, 257, 270, 330, 331, 366, 388, 391, 395, 396, 403, 408, 409, 469, 471, 473, 480, 484, 492, 493, 521, 522, 542, 544, 574, 655, 680, 696, 817, 818, 820, 821, 923, 929, 936
Marshall, Herbert: 33, 34, 138, 145, 273, 274, 320, 470, 471, 501, 593, 597, 603, 891
Marshall, Lucile: 320
Marshall, Noel: 377
Marshall, Penny: 224, 230, 249, 250, 387, 835, 926
Marshall, Tully: 713, 907
Marshall, William: 133, 325
Marshman, D. M.: 203
Marsillach, Adolfo: 46
Martelli, Norma: 619
Martelli, Otello: 49, 262, 336, 649, 738, 826
Martin, Charles: 269
Martin, Dean: 183, 184, 492, **542,** 726, 794, 850
Martin, Hugh: 170

Martin, Jean: 71
Martin, Paul: 105
Martin, Peter: 295
Martin, Steve: 217, 260, **543,** 647
Martin, Tony: 44, 664
Martin Smith, Charles: 866
Martín, Eugenio: 317, 475, 503, 541, 549, 556, 582, 751
Martín, Leonardo: 127, 165
Martín, Lucas: 40
Martín, Maribel: 758, 895
Martín, Sonia: 808, 809
Martín Patino: ver Patino M., Basilio
Martinelli, Elsa: 263, 583
Martinelli, Franco: 236
Martinez, Cliff: 783
Martínez, Nacho: 494, 552, 578
Martínez Baena, Carlos: 285
Martínez-Lázaro, Emilio: 4, 46, 253, 254, 362, 513, 654, 656, 663, 664, 758, 781, 892, 893
Martínez Sierra, Gregorio: 141, 761
Martínez Solares, Gilberto: 48
Martínez Torres, Augusto: ver Torres, Augusto M.
Martini, Nino: 66
Martini, Richard: 325
Martinio, Alberto de: ver De Martinio
Martino, Sergio: 199, 317, 781
Martinson, Leslie H.: 73, 372
Marton, Andrew: 32, 36, 81, 118, 162, 187, 316, 327, 340, 373, 390, 457, 458, 548, 575, 579, 706, 916, 932
Marvin, Lee: 53, 100, 189, 330, 414, **543,** 802
Marx, Chico: 545, 546, 620, 621, 810, 811
Marx, Groucho: 545, 546, 620, 621, 810, 811
Marx, Harpo: 545, 546, 620, 621, 810, 811
Marzi, Franca: 622
Mascetti, Gina: 266
Mascó, Judit: 248
Masè, Marino: 535
Maselli, Francesco: 103, 139, 366, 421, 462, 906
Masetti, Enzo: 908
Masiero, Lauretta: 896
Masina, Giulietta: 298, 311, 430, 622
Masini, Mario: 647
Masó, Pedro: 46, 54, 313, 314, 751, 754, 758
Mason, James: 184, 185, 411, 478, 523, 547, **548,** 652, 686, 703, 889
Mason, Shirley: 435
Mason, William: 833
Massard, Yves: 127
Massari, Lea: 58, 197, 786, 811, 898
Massaro, Francesco: 859
Massart, Olivier: 447
Masselli, Francesco: 462
Massey, Raymond: 2, 11, 29, 131, 371, 502, 530, 596, 686

Massi, Stelvio: 583, 700
Massip, María: 133
Massiroli, Mario: 206
Massó, Alejandro: 59, 621, 716
Masson, Herbert: 390
Masters, Quentin: 549
Masterson, Peter: 385, 417, 732, 764
Mastorakis, Nico: 316
Mastrantonio, Mary Elizabeth: 2, 3, 119, 732, 763
Mastrocinque, Camillo: 233, 234, 357, 503, 525, 592, 812, 858
Mastroiani, Armand: 387
Mastroianni, Marcello: 10, 50, 81, 92, 129, 206, 232, 260, 262, 311, 312, 369, 370, 444, 519, 520, **549,** 571, 584, 619, 620, 633, 744, 815, 849, 897, 898
Matahi: 837
Mataix, Virginia: 716
Matalon, Eddy: 19
Matarazzo, Rafaello: 233, 313, 550, 123, **552,** 588, 739
Matas, Alfredo: 28, 89, 163, 203, 293, 675, 888
Maté, Rudolph: 36, 73, 122, 214, 221, 331, 363, 403, 409, 468, 469, 471, 484, 522, **553,** 579, 657, 682, 733, 736, 817, 818, 827, 830, 929, 936
Mateo, Miguel: 583
Mateo, Salvador: 583
Mateos, Julián: 758, 895
Matheson, Murray: 179
Matheson, Richard: 194, 814
Mathis, June: 208, 431
Mathis, Samantha: 208
Mathison, Melissa: 298
Mathot, Léon: 825
Matji, Manuel: 758
Matras, Christian: 502, 523, 589
Matsuda, Eiko: 429
Matsue, Yoichi: 245
Matsuura, Tsukue: 897
Matthau, Charles: 813
Matthau, Walter: 397, 515, 547, **554,** 555
Matthews, Francis: 206, 207
Mattoli, Mario: 233, 2334, 267, 310, 506, 525, 700, 709, 800, 812, 858
Mattsson, Arne: 700, 799, 800
Mature, Victor: 88, 89, 113, 247, 248, **555,** 657, 899
Mauban, Maria: 845
Mauch, Thomas: 9
Maura, Carmen: 59, 493, 494, 552, **556,** 598, 722, 723, 808, 809, 840
Maurey, Nicole: 251
Maurier, Claire: 209
Max Frye, E.: 124
Maxwell, Joseph: 887
Maxwell, Lois: 536
Maxwell, Peter: 626

Maxwell, Ronald F.: 692
Maxwell, Thad: 104
Maxwell Davies, Peter: 626
May, Elaine: 7, 74, 151, 408, 555, 614
May, Joe: 37, 257, 414, 441, 476, 579, 792, 833, 855
May, Marta: 520
May, Mathilda: 851, 867
May, Mia: 855
Maya, Mario: 321
Mayer, Carl: 347, 602, 878
Mayer, Edwin Justus: 247, 780
Mayer, Jean: 248
Mayer, Louis B.: 111, 349, 453, 613, 815, 824
Mayer, María: 368
Mayers, Wendell: 30, 847
Maylam, Tony: 423
Mayo, Alfredo: 131, 152, 155, 188, 541, 664, 694
Mayo, Archie L.: 26, 32, 70, 72, 96, 124, 190, 220, 223, 227, 346, 420, 508, 516, 545, 546, 560, 573, 601, 680, 682, 733, 784, 817, 875, 915, 936
Mayo, Virginia: 12, 404, 562, 563
Mayol, Jacques: 369
Mayron, Melanie: 245
Maysles, Albert y David: 31
Mazurki, Mike: 128, 622
Mazursky, Paul: 19, 71, 72, 104, 151, 273, 357, 424, 425, **557,** 590, 591, 624, 722, 740, 743, 758, 768, 832, 926, 929
Mazzacurati, Carlo: 558
Mazzacurati, Rossy: 619
McAlpine, Donald: 188
McAndrew, Marianne: 397
McAvoy, Mary: 81
McBride, James: 11
McBride, Jim: 361, 558, 691, 692, 747
McCallister, Lon: 149
McCambridge, Mercedes: 443, 678
McCarey, Leo: 74, 85, 105, 191, 222, 366, 374, 409, 458, 479, 499, 545, 546, 553, **558,** 612, 696, 736, 784, 790, 810, 811, 833, 874, 931
McCarey, Ray: 366, 469, 696
McCarthy, Joseph: 537, 601, 807, 941
McCarthy, Kevin: 433
McClintic, Guthrie: 560
McClory, Sean: 597
McClure, Doug: 75
McCord, Ted: 11, 322, 341, 810, 850
McCormick, F. J.: 478
McCormick, Myron: 119
McCowan, George: 574, 789, 919
McCowen, Alec: 807
McCoy, Horace: 360, 678
McCrea, Jody: 294
McCrea, Joel: 28, 128, 274, 528, 540, 559, 657, 882, 896

McDaniel, Hattie: 246, 500
McDermott, Marc: 240
McDoland, Peter: 817
McDonald, Francis: 626, 686
McDonald, Frank: 96, 469
McDonnell, Mary: 660, 661
McDormand, Frances: 901
McDowall, Roddy: 352, 470, 499, 520, 693
McDowell, Andie: 561, 783, 840, 901
McDowell, Claire: 370
McDowell, Malcolm: 562
McEldowney, Kenneth: 726
McElroy, Hal: 672
McElroy, Jim: 672
McEnery, John: 739
McEveety, Bernard: 271, 335
McEveety, Vincent: 327, 523, 772, 821, 883
McFadden, Hamilton: 784, 848
McGann, William: 96, 353, 395, 705, 784, 915, 936
McGavin, Darren: 608
McGill, Everett: 286
McGillis, Kelly: 397, 881
McGiver, John: 200
McGlynn, Frank: 686
McGovern, Elizabeth: 291
McGowan, J. P.: 914
McGrath, Joseph: 18, 55, 80, 91, 105, 114, 409, 458, 521, 589, 618, 641, 918
McGraw, Ali: 422, 423
McGraw, Charles: 202, 888
McGuinness, James Kevin: 626
McGuire, Don: 493, 794
McGuire, Dorothy: 150, 288, 289, 292, 296
McGuire, Kathryn: 581, 582, 607
McInnerny, Lizzy: 716
McIntire, John: 59, 122, 156, 266, 419, 448, 600, 687, 927
McIntyre, C. J.: 331
McKee, Lonette: 200
McKellar, Don: 299
McKenzie, Will: 822
McKeown, Charles: 107
McKinney, Bill: 109, 340
McKinney, Nina Mae: 15
McKullen, Ken: 118
McLaglen, Andrew V.: 33, 73, 118, 175, 225, 253, 269, 318, 373, 390, 401, 403, 409, 421, 542, 543, 549, 579, 618, 633, 662, 667, 821, 916, 923
McLaglen, Victor: 236, 308, 309, 484, 626, 660, 683
McLaren, Hollis: 54
McLaren, Norman: 153
McLellan Hunter, Ian: 885, 886
McLeod, Norman Z.: 52, 190, 191, 329, 355, 374, 472, 532, 538, 545, 546, 573, 745, 844

McLoughling, Tom: 856
McMartin, John: 260
McMillan, Kenneth: 185
McMurray, Mary: 458
McNalley, Maureen: 275
McNally, Stephen: 3, 829, 927
McNamara, Richard: 648
McNaught, Bob: 118
McNaughton, John: 230, 694, 852
McNut, William Stevens: 867
McOmie, Maggie: 852
McPhail, Angus: 12
McQueen, Butterfly: 500
McQueen, Steve: 422, 423, **561**, 787, 789, 823
McTiernam, John: 187, 435, 697, 769, 927
McWade, Robert: 60
McWenzie, Jack: 355
McHugh, Frank: 790, 904
Meacham, Anne: 496
Mead, Syd: 92, 772
Medak, Peter: 115, 633, 642, 764
Medeiros, María de: 422, 690
Medem, Julio: 827
Medford, Don: 83, 385, 585, 676
Medford, Harold: 87
Medioli, Enrico: 186, 291, 358, 431, 513, 734
Meehan, John: 50, 426
Meek, Donald: 236, 259
Meeker, Ralph: 181, 552, 777, 935
Meerapfel, Jeanine: 878
Megino, Luis: 193, 240, 241, 381, 537, 578
Megna, John: 552
Mehta, Deepa: 326
Meili, Gaudeuz: 769
Meinert, Rudolf: 256, 347
Meinhard, Edith: 869
Meins, Gus: 388, 480
Meizner, Karl: 851
Mejuto, Andrés: 788
Mekas, Jonas: 913
Melcher, Martin: 224, 225
Mele, Aniello: 497
Melega, Michele: 594
Melford, Austin: 160
Melford, George: 887, 935
Méliès, Georges: 363
Meller, Raquel: 141, 318
Mellor, William C.: 181, 189, 248, 430, 512
Melnatti, Umberto: 63
Melnick, Daniel: 587
Melville, Jean-Pierre: 11, 79, 80, 168, 186, 237, 242, 284, **564,** 586, 671, 678, 755, 764, 790, 791
Menardi, Leo: 525
Mendelssohn, Felix: 17, 181
Mendeluk, George: 352

Mendes, Lothar: 209, 386, 441, 479, 504, 522, 538, 573, 705, 733
Méndez, F.: 48
Méndez-Leite, Fernando: 556, 754
Mendoza, David: 370
Menegoz, Robert: 870
Menéndez, Ramón: 351
Menese, José: 321
Menges, Chris: 144, 394, 401, 424
Menjou, Adolphe: 146, 515, 541, 542, 595, 777
Menzel, Jiří: 565
Menzies, William Cameron: 323, 470, 500, 795, 847, 930
Mercanton, Jacques: 885
Mercanton, Louis: 45
Mercer, David: 687, 714, 719
Mercer, Mae: 775
Mercero, Antonio: 103, 379, 475, 476
Merchant, Ismail: 383, 436, 639, 640, 711
Mercouri, Melina: 221, 447, **566**
Meredith, Burgess: 185, 250, 366, 480, 847
Meredyth, Bess: 81
Merino, Fernando: 475, 751
Merino, Francisco: 241, 537
Merino, José Luis: 654, 781
Merkel, Una: 355
Merlet, Valentin: 159
Merlini, Marisa: 651
Merlo, Ismael: 155, 343
Merman, Ethel: 510, 511
Merrall, Mary: 12
Merrick, David: 370
Merrill, Gary: 11, 20, 299
Mertens, Wim: 904
Meschke, Edmund: 15
Messemer, Hannes: 360
Mestres, Isabel: 286
Meszaros, Marta: 423
Metcall, Laurie: 483
Metra, Olivier: 145
Metty, Russell: 44, 109, 293, 296, 319, 404, 600, 630, 683, 774, 853, 865
Metz, Vittorio: 505
Metzler, Jim: 360
Meunier, Raymond: 299
Meurisse, Paul: 284
Meyer, Carl: 22, 23
Meyer, Kevin: 638
Meyer, Nicholas: 385, 387, 731
Meyer, Russ: 416
Meyers, Dave: 852
Mezzogiorno, Vittorio: 367
Miake, Kuniko: 211
Micale, Antonino: 855
Micale, Maria: 855

índice de nombres

Michael, Gertrude: 173
Michael, Ralph: 12
Michaels, Richard: 350
Michel, André: 623
Michel, Bernard T.: 7, 623
Michel, Marc: 653
Michel, Mark: 299
Michelangeli, Marcella: 647
Michelet, Michel: 856
Michels, Ivo: 596
Michi, Maria: 649, 738, 880
Michio, Takahashi: 405
Middleton, Robert: 35, 245
Midgley, Florence: 336
Midler, Bette: 104
Mifune, Toshiro: 465, 566, 703, 789, 897
Migenes, Julia: 337
Mihura, Jerónimo: 131, 152, 313, 567, 588
Mihura, Miguel: 89, 90, 152, 567
Mijan, John: 330
Mikani, Piro: 473
Mikhalkov, Nikita: 462, 530, 531, 550, 551, **570,** 633, 786, 787
Miki, Shigeto: 884
Mikolajewska, Krystyna: 307
Miks, Minoru: 429
Milá, Miguel: 627
Milchan, Arnon: 107, 291
Miles, Christopher: 439, 623
Miles, Sarah: 94, 295, 798
Miles, Sylvia: 200
Miles, Vera: 158, 226, 304, 305, 414, 687
Milestone, Lewis: 14, 32, 43, 44, 72, 85, 94, 95, 104, 105, 106, 180, 190, 201, 253, 268, 269, 281, 300, 325, 336, 372, 389, 442, 469, 479, 480, 508, 509, 515, 516, 521, 542, **572,** 579, 648, 661, 706, 736, 742, 784, 793, 795, 817, 818, 825, 923
Milhaud, Darius: 788
Milian, Tomas: 515
Milies, Christopher: 352
Milius, John: 42, 83, 187, 219, 273, 425, 426, 624, 678, 758, 769, 834
Milladoiro: 578, 723
Milland, Ray: 6, 75, 252, **573,** 574, 593, 633
Millar, Gavin: 435
Millar, Ronald: 113, 763
Millar, Stuart: 399, 916, 923
Millard, Harry: 201
Mille, Cecil B. de: ver De Mille
Mille, William C.: ver De Mille
Millard, Oscar: 138
Miller, Ann: 247
Miller, Arthur: 30, 132, 320, 347, 404, 425, 430, 499, 674, 693, 714, 907
Miller, Carl: 595

Miller, Claude: 7, 243, **575,** 665, 766, 767
Miller, Coleen: 808
Miller, Daniel: 929
Miller, David: 19, 48, 202, 214, 225, 253, 269, 271, 352, 372, 391, 395, 474, 509, 545, 546, 547, 555, 585, 598, 618, 662, 683, 736, 743, 784, 845, 876, 915
Miller, George: 269, 362, 616, 624, 669, 759, 884
Miller, Gilbert: 420
Miller, J. P.: 252
Miller, Jason: 411, 580
Miller, Marvin: 128
Miller, Robert Ellis: 175, 328, 394, 415, 731, 883
Miller, Seton I.: 122, 168, 385, 626, 732, 763
Miller, Virgil: 306
Miller, Winston: 657
Mills, John: 635
Milner, Martin: 430
Milner, Victor: 173, 247, 300, 471, 679, 717, 869, 882
Milo, Sandra: 311, 312, 360
Milski, Stanislaw: 307
Milton, Robert: 420, 538, 629, 636
Mimet, François: 781
Minaiev, Igor: 424
Minamida, Yoko: 24
Minciotti, Esther: 305, 543
Mineo, Sal: 706
Miner, Allen H.: 697
Miner, Steve: 213, 243, 362, 852
Miner, Victor: 540
Minghella, Anthony: 424
Mingozzi, Gianfranco: 624, 701, 702
Minguell, Juan: 4
Mínguez, Elvira: 251
Minnelli, Liza: 122, 123, **575**
Minnelli, Vincente: 27, 51, 52, 62, 85, 86, 104, 105, 109, 118, 143, 153, 162, 163, 169, 170, 183, 184, 208, 214, 247, 268, 269, 282, 330, 331, 335, 352, 353, 354, 364, 372, 390, 391, 399, 410, 443, 456, 457, 458, 490, 496, 502, 521, 523, 542, 548, 554, 555, 563, 564, 567, 568, 575, **576,** 578, 579, 586, 615, 646, 647, 655, 661, 680, 696, 697, 720, 722, 732, 733, 740, 751, 752, 794, 823, 843, 844, 845, 863, 864, 875, 876, 923, 926, 938
Minura, Jingo: 703
Miñón, Juan: 46, 66, 254, 701, 754, 827
Mira, Carles: 582, 804
Miranda, Isa: 739
Mirande, Yves: 825
Mirisch, William: 412
Miró, Pilar: 76, 80, 363, 556, 557, **577,** 649, 722, 751, 754, 781
Mirren, Helen: 176
Missiroli, Mario: 755
Mistral, Jorge: 3

Mitchell, Bruce: 190
Mitchell, Cameron: 22, 442
Mitchell, Grant: 355
Mitchell, James: 564, 690
Mitchell, Joseph: 582, 607
Mitchell, Millard: 20, 134, 150, 181, 674, 927
Mitchell, Thomas: 1, 168, 259, 295, 329, 415, 419, 420, 499, 500, 570, 692, 775, 795, 807, 808
Mitchum, Robert: 138, **578,** 620, 667, 720, 829, 908
Mito, Mitsuko: 210
Mitra, Subrata: 163, 659, 753
Miyagawa, Kazuo: 24, 210, 401, 432, 566, 703
Miyaguchi, Seiji: 789
Miyashita, Junko: 429
Mizoguchi, Kenji: 24, 210, 248, 401, 432, **580,** 785, 884, 897
Mizrahi, Moshe: 790
Mnouchkine, Alexandre: 305
Mockridge, Cyril: 11, 37, 128, 414, 430, 657, 880
Mocky, Jean-Pierre: 9, 242, 591, 623, 755, 813
Modiano, Patrick: 468, 527
Modine, Matthew: 582, 901
Modot, Gaston: 281, 372, 654, 710, 711, 773
Modugno, Enrica Maria: 578
Moeller, Philip: 105, 399
Moffa, Paolo: 233, 550, 812
Moffat, Ivan: 207
Mogherini, Flavio: 314, 551, 575, 906
Moguy, Léonide: 35, 36, 233, 352, 536, 592
Möhner, Carl: 724
Mohr, Hal: 135, 289
Molander, Gustav: 85, 86, 651, 799, 800, 940
Moleón, Rafael: 4, 66, 557
Molina, Ángela: 2, 129, 193, 240, 241, 294, **578,** 582, 638, 749, 899
Molina, Antonio: 582
Molina, Jacinto: 314
Molina, Josefina: 313, 314, 583, 701
Molina, Miguel: 493, 494, 537, 582
Molina, Mónica: 582
Molina, Paula: 582
Molinaro, Edouard: 68, 73, 74, 80, 238, 242, 265, 590, 614, 623, 666, 859, 924
Moll, Georgia: 470
Molla, Jordi: 440
Molnar, Ferenc: 215, 775
Molnar, Stanko: 647
Molteni, Giacinto: 208
Momplet, Antonio: 45, 309, 310
Monash, Paul: 515
Monca, George: 104
Mondadori, Alberto: 583
Moneo: 321
Mong, William V.: 410
Monger, Christopher: 375, 521

Monicelli, Mario: 47, 54, 91, 117, 129, 139, 234, 241, 242, 243, 249, 263, 316, 356, 357, 371, 378, 384, 394, 503, 506, 525, 528, 530, 531, 550, 551, 553, **583,** 622, 623, 624, 724, 739, 744, 755, 756, 758, 781, 804, 811, 812, 813, 857, 858, 859, 878, 897, 898, 906
Monnet, Jacques: 7
Monod, Roland: 185
Monroe, Marilyn: 122, 184, 245, 289, 290, 299, 347, 425, 448, 510, 511, 535, **584,** 612, 613, 667, 684, 735
Montagnani, Renzo: 384
Montagu, Ivor: 866
Montaigu, Alix de: 309
Montaldo, Giuliano: 151, 474, 485, 624, 700, 702, 733, 743, 756
Montalvan, Célia: 859
Montand, Yves: 168, 241, 244, 309, 328, 365, 379, 380, **585,** 621, 622, 677, 678, 702, 752, 789, 867, 937
Montanelli, Indro: 359, 360
Montazel, Pierre: 540, 586
Monte, Peter del: 875
Montero, Roberto: 372, 858
Montes, Conchita: 899
Montesinos, Guillermo: 341, 888
Montevecchi, Liliane: 189
Montez, Mario: 913
Móntez, María: 587
Montgomery, George: 575
Montgomery, Robert: 125, 777
Monti, Milly: 430
Montiel, Sara: 67, 132, 141, 183, 553, **587,** 886
Montllor, Ovidi: 341, 342, 343, 616, 749, 806
Montolío, Francisco: 654
Montresor, Beni: 103
Montuori, Carlo: 470, 640
Montuori, Mario: 123
Monty Python: 107, 363
Moon, Lorna: 779
Moore, Demi: 589
Moore, Dickie: 891
Moore, Dudley: 258, **589**
Moore, Gar: 649
Moore, Juanita: 429
Moore, Julianne: 901
Moore, Robert: 122, 380, 618
Moore, Simon: 608
Moore, Terry: 694
Moore, Tom: 64, 813
Moorehead, Agnes: 133, 207, 246, 630, 777, 793, 794, 892
Moorehouse, Jocelyn: 747, 792
Moorse, George: 769
Mora, Philippe: 175, 417, 875

índice de nombres

Morahan, Christopher: 551
Morales, Gracita: 54
Morales, José: 40, 600
Morán, Dolores: 848
Morán, Manolo: 89, 90, 131, 152
Moranis, Rick: 834
Morante, Laura: 594
Morat, Luitz: 104
Morayta, Miguel: 48, 588, 782
Moraz, Patricia: 423
More, Kenneth: 866
Moreau, Jeanne: 23, 103, 128, 144, 251, 254, 267, 340, 557, **590**, 591, 619, 790, 888
Morel, Gaël: 447
Morelli, Rina: 358, 431, 778
Moreno, Armando: 700
Moreno, Darío: 752
Moreno, María: 804
Moreno, Rita: 921
Moreno Alba, Rafael: 700, 751, 893
Morente, Enrique: 321
Moretti, Michelle: 447
Moretti, Nanni: 511, 558, 577, 578, **591**, 647, 694
Morgan, Frank: 73, 525, 526, 859, 860, 868
Morgan, Gene: 891
Morgan, Henry: 167, 430, 807
Morgan, Ira: 853
Morgan, Michèle: 309, 428, 591, 594
Morgan, Ralph: 532
Morgan, Terence: 404
Mori, Masayuki: 210, 703
Mori, Mitsuhiro: 211
Mori, Toshia: 25
Morier-Genoud, Philippe: 6
Moriggi, Francesca: 43
Moritzen, Henning: 377
Morlay, Gaby: 674
Morley, Karen: 652, 763
Morley, Robert: 712
Morlion, Felix: 336
Moross, Jerome: 418, 419
Morra, Mario: 357, 859
Morricone, Ennio: 50, 53, 71, 168, 236, 252, 291, 392, 434, 489, 501, 535, 571, 638
Morris, Howard: 225, 401
Morris, Oswald: 411
Morris, Reginald: 626
Morris, Wayne: 777
Morrisey, Paul: 234, 261, 589, 625, 813, 913
Morros, Boris: 775
Morrow, Rob: 258, 259
Morrow, Vic: 179, 485
Morse, Helen: 672
Morse, Terry O.: 705
Morsella, Fulvio: 392

Morton, Arthur: 148
Morton, Pat: 516
Morton, Rocky: 692, 702, 746
Moschin, Gastone: 384
Moschino, Aldo: 693
Moscovini, Carlo: 858
Mostel, Zero: 839
Motoki, Shojiro: 703, 789
Moullet, Luc: 759
Mousselle, Jean: 885
Moussy, Marcel: 209
Mowbray, Alan: 471
Moxey, John: 125
Moyle, Allan: 801
Mozart, W. A.: 58, 84, 158, 185, 507, 568
Mujica, Bárbara: 148
Mukerjee, Suprova: 726
Mukherjee, Madhabi: 163
Mukherjee, Sailen: 163
Mulcahy, Russell: 71, 126, 187, 914
Mulhevill, Charles: 648
Muller, Paul: 845
Müller, Renate: 896
Müller, Robby: 28, 287, 655
Mulligan, Robert: 108, 122, 214, 318, 319, 361, 401, 411, 421, 503, 552, 561, **599**, 638, 650, 661, 662, 666, 708, 716, 743, 751, 752, 891, 929
Mundin, Herbert: 707
Muni, Paul: 600, 763, 864, 865, 896, 897
Munk, Andrzej: 601, 656
Munshin, Jules: 76, 247
Munt, Silvia: 658, 722, 723
Munzuk, Maksim: 245
Muñoz, Amparo: 513
Muñoz, Chema: 8, 188
Muñoz, José María: 341, 806
Muñoz, Lucía: 685
Muñoz-Alonso, Ángel: 513
Muñoz Molleda, José: 204, 263, 541, 879, 899
Muñoz Sampedro, Matilde: 67, 292
Muñoz Suay, Ricardo: 535, 583
Mur Oti, Manuel: 721
Murakami, Jimmy T.: 789
Murase, Zen: 211
Murch, Walter: 526, 852
Muret, Paule: 44
Murfin, Jane: 597, 598
Murgia, Tiberio: 744
Murguía, Ana Ofelia: 713
Murnau, Friedrich W.: 22, 23, 256, 309, 321, 359, 441, **602,** 624, 625, 803, 837, 847, 850, 878
Muro, Eloísa: 196, 899
Murolo, Roberto: 123
Murphy, Audie: 848
Murphy, Dudley: 48, 560

Murphy, Geoff: 416, 743, 801
Murphy, George: 146
Murphy, Michael: 41, 531, 839
Murphy, Ralph: 70, 522, 573, 574, 680, 696, 784, 794
Murphy, Richard: 430, 488, 899
Murphy, Rosemary: 552
Murphy, Tab: 402
Murray, Bill: 320, 731
Murray, Don: 397, 847
Murray, James: 933
Murray, Mae: 907
Murray, Scott: 250
Murúa, Lautaro: 148, 806, 838
Musante, Tony: 65
Musolino, Vincenzo: 266
Musu, Antonio: 71
Musumeci, Tuccio: 690
Musuraca, Nicholas: 290, 292, 597, 720
Muti, Ornella: 896
Mutrux, Floyd: 668
Myers, Carmel: 81
Myers, Harry: 511
Myers, Stanley: 156, 863
Myers, Zion: 454
Myerson, Alan: 328, 832

Nachlis, Neil: 501
Nadeau, Claire: 610
Nagata, Masaichi: 24, 401, 432, 703
Nagibin, Yuri: 245
Nagy, Ferenc: 275
Nair, Mira: 425, 914
Naish, J. Carroll: 412, 413
Nakai, Asakazu: 245, 789
Nakajima, Aoi: 429
Nakamura, Nobuo: 211
Nakano, Desmon: 866
Naldi, Nita: 258, 756
Nannuzzi, Armando: 513, 620
Nano, Agnese: 167, 168
Naoumov, Vladimir: 238
Napoleon, Art: 70, 325
Napoli, Marc di: 5
Napolitano, Gian Gaspare: 48, 550
Nardi, Tonino: 594, 617, 690
Narizzano, Silvio: 55, 72, 439, 549, 589, 702, 716, 832
Narros, Miguel: 76, 653, 754
Narusawa, Masahige: 401
Nascimbene, Mario: 738
Natanson, Jacques: 502, 674, 739
Natteau, Jacques: 287, 866
Natwick, Mildred: 415, 484
Nava, Gregory: 424, 701
Navarro, Agustín: 782
Navarro, Tony: 504

Nayfack, Nicholas: 690
Nazimova, Alla: 757
Nazvanov, Mikhail: 386
Nazzari, Amadeo: 123, 123, 553, 622
Neal, Lex: 60, 715
Neal, Patricia: 246, 530, **607**, 723, 878
Neame, Ronald: 9, 95, 108, 114, 125, 187, 320, 327, 354, 380, 385, 439, 458, 521, 555, 567, 579, 635, 655, 661, 907, 929
Nebenzahl, Seymur: 126
Nebiolo, Carlo: 384
Nedjar, Claude: 468, 811
Needham, Hal: 269, 318, 319, 521, 543, 769, 795
Neeson, Liam: 39, **608**
Neff, Wolfgang: 256
Negret, François: 6
Negri, Giuliano G. de: 619, 647
Negri, Pola: 509
Negrin, Alberto: 759
Negro, Del: 9
Negroni, Baldassare: 233
Negulesco, Jean: 8, 19, 32, 52, 62, 118, 143, 178, 202, 224, 253, 329, 353, 356, 380, 458, 469, 472, 506, 516, 522, 547, 585, **609**, 632, 668, 711, 818, 854, 856, 876, 885, 923
Neilan, Marshall: 70, 179
Neill, Henry: 702
Neill, Roy William: 223, 270, 504, 587
Neill, Sam: 128, 656
Neilson, James: 91, 523, 821, 845
Neish, J. Carrol: 75
Neiwiller, Antonio: 694
Nelson, Bob: 621
Nelson, Craig T.: 491
Nelson, Gary: 331, 335, 667, 822
Nelson, Jessie: 26
Nelson, Lori: 419
Nelson, Ralph: 83, 126, 143, 237, 331, 375, 397, 403, 421, 539, 561, 579, 676, 697, 745
Nelson, Ricky: 726
Nelligan, Kate: 501
Neri, Tommaso: 71
Nero, Franco: 708, 871
Nesbitt, Cathleen: 874
Nesher, Avi: 69
Neubach, Ernest: 825
Neufeld, Max: 233, 525
Neumann, Kurt: 73, 206, 214, 469, 471, 560, 574, 593, 696
Neville, Edgar: 86, 127, 196, 204, 262, 263, 274, 313, 321, 541, **610**, 627, 861, 879, 898, 899
Newell, Mike: 213, 375, 403, 416, 561, 662
Newland, John: 766
Newley, Anthony: 271, 635
Newlinsky, Michaele von: 126
Newman, Alfred: 20, 66, 75, 132, 167, 168, 179, 194,

índice de nombres

295, 299, 320, 355, 404, 499, 616, 651, 674, 683, 686, 692, 693, 757, 808, 884, 899
Newman, David: 82, 99, 250, 532, 663
Newman, Emil: 289
Newman, Joseph M.: 73, 221, 416, 556, 560, 585, 682, 923
Newman, Lionel: 122, 430
Newman, Paul: 74, 119, 327, 408, 411, 527, **611,** 612, 703, 707, 716, 729, 823, 931
Newman, Peter: 802
Newman, Walter: 369, 892
Newmayer, Fred: 60, 416, 499, 504, 849
Newmyer, Robert: 783
Newton, Joel: 516
Newton, Robert: 290, 435, 478, 635
Ney, Richard: 778, 779, 879, 880
Niblo, Fred: 81, 179, 180, 201, 304, 349, 350, 364, 431, 508, **613,** 756, 887
Nicol, Alex: 411
Nichetti, Maurizio: 613
Nichols, Dudley: 8, 156, 228, 236, 259, 269, 319, 367, 415, 533, 660, 717
Nichols, George, Jr.: 329, 736, 825
Nichols, Mike: 47, 64, 74, 82, 83, 118, 273, 332, 377, 385, 408, 501, 521, **614,** 615, 616, 666, 669, 692, 772, 822, 823, 844, 907, 916, 919, 926
Nicholson, Jack: 16, 61, 147, 165, 194, 249, 456, 501, **615,** 616, 663, 701, 718, 822, 856
Nicolaescu, Sergiu: 919
Nicolodi, Daria: 520
Nicomedi, Aldo: 123
Niehaus, Lennie: 688, 793
Nielsen, Asta: 63, 126
Niemczyk, Leon: 209
Niermans, Edouard: 237, 238
Nieto, José: 23, 28, 129, 251, 378, 433, 495, 517, 538, 658, 723, 786, 809
Nieves Conde, José Antonio: 313, 673, 700, 721, 721, 830, 831
Nigh, William: 201
Nikandrov, Vassilli: 631
Nikkari, Esko: 164
Nilsson, Bo: 791
Nilsson, Stefan: 563, 663
Nimoy, Leonard: 455, 608, 731, 925
Ninchi, Ave: 1, 378, 811
Ning, Chi Xiao: 691
Niro, Robert de: ver De Niro
Nitzachmann, Erich: 868
Nitzsche, Jack: 16
Niven, David: 2, 3, 114, 115, 140, **617,** 631, 652, 686, 867, 869
Nixon, Marni: 810
Noailles, Charles de: 281
Nobre, Carlos: 39

Nocita, Salvatore: 700
Noda, Kogo: 211, 642, 685
Noé, Yvan: 592
Noël, Bernard: 340
Noël, Magali: 25, 724
Noël-Noël: 172
Nogueras, Fernando: 541
Noiret, Philippe: 147, 167, 168, 305, 369, 370, 384, **622**
Nolan, Jeanette: 414, 520, 802
Nolan, Lloyd: 388
Nolte, Nick: 104, **624**
Noonan, Tommy: 122
Norby, Ghita: 563
Nord, Victor: 377
Nordgren, Erik: 339, 742, 780, 891
Noris, Assia: 63, 130
Norman, Leslie: 55, 73, 389
Noro, Line: 63, 664
North, Alex: 129
North, Edmund H.: 200, 878
North, Sheree: 109
Norton, Bill L.: 385
Nosseck, Max: 454
Nosseck, Noel: 417
Novak, Blaine: 424
Novak, Kim: 148, 153, 226, **625,** 664, 695
Novaro, María: 625
Novarro, Ramón: 762, 81, 318, 431, 613, 815
Novello, Ivor: 840
Novi, Denise di: 281
Noyce, Philip: 219, 332, 390, 822
Nozik, Michael: 259
Nugent, Elliott: 32, 177, 228, 270, 327, 366, 370, 374, 416, 469, 500, 560, 574, 617, 784, 848, 929, 936
Nugent, Frank S.: 138, 158, 266, 332, 484, 752
Nunn, Trevor: 439
Nussbaum, Mike: 148
Nuytten, Bruno: 7, 243, 673
Nyby, Christian: 385
Nykvist, Sven: 139, 183, 184, 377, 422, 667, 791, 810, 878, 940
Nyman, Lena: 798, 809, 810
Nyman, Michael: 176, 375
Nyswander, Ron: 710

O'Brien, Edmond: 12, 295, 330, 414
O'Brien, George: 23
O'Brien, Margaret: 170, 208
O'Brien, Pat: 515
O'Connell, Arthur: 30, 412
O'Connell, William: 626
O'Connolly, Jim: 202
O'Connor, Donald: 134, 510, 511
O'Connor, Pat: 106, 166, 226, 456, 759
O'Gallagher, Eamon: 752

O'Hagan, Tavernier: 52, 141, 841
O'Hara, Gerry: 163
O'Hara, Maureen: 50, 168, 295, **632,** 693
O'Herlihy, Dan: 347, 520
O'Herlihy, Michael: 331, 394
O'Horgan, Tom: 638
O'Keefe, Dennis: 6
O'Neal, Ryan: 637
O'Neal, Tatum: 266
O'Neil, Barbara: 138, 500, 907
O'Neill, Henry: 865
O'Neill, Jennifer: 431, **638,** 891
O'Sullivan, Maureen: 602
O'Toole, Peter: 254, 481, **641,** 727, 879
Oakland, Simon: 695
Oakland, Vivien: 481
Oates, Warren: 250
Obara, Joji: 248
Ober, Philip: 226
Ober, Robert: 370
Oberläner, Hans: 256
Oberon, Merle: 3, 87, 128, 142, **629,** 900
Obregón, Antonio de: 152
Odets, Clifford: 14, 289, 374, 396, 476, 520, 547, 572, 609
Odorisio, Luciano: 583
Oertel, Curt: 63
Offenbach, Jacques: 513, 681
Offner, Mortimer: 369
Ogier, Bulle: 157, 169, 838
Oguni, Hideo: 789
Ojeda, Paca: 656
Ojetti, Paola: 536
Okada, Eiji: 404, 405
Okamato, Kenichi: 429
Okun, Charles: 874
Olaizola, José Luis: 29, 248
Oland, Warner: 299, 300, 308, 309
Olbrychski, Daniel: 103
Olcott, Sidney: 833, 887
Oldman, Gary: 625, **633**
Oldoini, Enrico: 50
Olea, Pedro: 46, 76, 313, 414, 476, **633,** 673, 700, 750, 751, 758, 781, 782, 860
Oliansky, Joel: 273, 716
Oliveira, Héctor: 700
Oliveira, Manoel de: 242, 527, **634**
Oliver, Edna May: 193, 194, 208, 405
Olivier, Laurence: 3, 72, 290, 386, 471, 537, 585, **635,** 636, 706, 791
Olmi, Ermanno: 43, **637**
Olmos, Edward James: 92
Olsen, Moroni: 647
Olson, Christopher: 547
Olson, Nancy: 203, 341
Olsson, G.: 940

Omaghi, Luigi: 43
Ombuen, Gianfranco: 150
Ondricek, Miroslav: 334, 888
Opalinski, Kazimierz: 536
Ophüls, Marcel: 80, 590
Ophüls, Max: 75, 104, 105, 146, 233, 328, 329, 345, 346, 502, 523, 548, 587, 588, 589, **639,** 669, 674, 739, 789, 792, 883
Orain, Fred: 885
Orduña, Juan de: 312, 475, 588, 721, 750, 751, 782
Orellana, Carlos: 48
Orff, Carl: 275
Oriol, Jaime de: 103
Orioli, Luisa: 529
Oristrell, Joaquín: 15, 283
Orjas, José: 54, 673
Orlandini, Giuseppe: 550
Orlando, Orazio: 434
Orme, Stuart: 832
Ormonde, Czenzi: 301
Orr, James: 126
Orsini, Umberto: 513
Orsini, Valentino: 619, 842, 858
Ortega, Juan J.: 588
Ortegosi, Berta: 535
Ortensi, Bruno: 497
Orthenin-Girard, Dominique: 4
Ortolani, Riz: 594
Osaka, Shiro: 211
Osawa, Hisato: 884
Osborn, Paul: 11, 452, 727
Osborne, John: 835
Oscarsson, Per: 568
Oshima, Nagisa: 4, 429, **640,** 701, 702
Ossorio, Amando de: 575
Oswald, Gerd: 118, 187, 224, 316, 327, 579, 818, 916, 931
Oswald, Richard: 256, 441, 454
Otawa, Nobuko: 785
Ottiano, Rafaela: 602
Otto, Henry: 887
Ottoni, Filippo: 700
Oury, Gérard: 80, 586, 592, 618, 623
Ouspenskaya, Maria: 72, 524
Outinen, Kati: 164
Ovchinníkov, Vjatchetlav: 31
Overman, Lynne: 281
Overton, Frank: 552
Owen, Alun: 204
Owen, Cliff: 125, 940
Owen, Gary: 1
Owen, Reginald: 145, 153, 540, 595, 779, 868
Owen, Seena: 713
Owens, Patricia: 245, 593
Oya, Ichijiro: 401

índice de nombres

Oz, Frank: 126, 273, 394, 543
Ozawa, Sakae: 24, 210
Ozenne, Jean: 251
Ozep, Fedor: 525, 806, 812, 825
Ozores, José Luis: 127, 292, 879
Ozores, Mariano: 253, 475, 700, 721, 750, 751, 782
Ozu, Yasujiro: 211, 428, **642,** 685

Paaske, Erik: 663
Paatasvili, Levan: 787
Pablo, Luis de: 2, 155, 295, 656, 664
Pabst, G. W.: 63, 110, 126, 257, 313, 345, 349, 445, **645,** 869
Pacheco, José Luis F.: 314
Pacino, Al: 397, **646,** 648, 763
Padovani, Lea: 589, 738
Pagán, José: 368
Pagani, Enrico: 786
Pagani, Mauro: 754
Page, Anthony: 12, 91, 118, 691
Page, Geraldine: 774, 775
Page, Louis: 788
Page, Luc: 210, 210
Pagés, María: 321
Paget, Alfred: 432
Paget, Debra: 597, 632, **648,** 856, 899
Pagliero, Marcello: 178, 233, 649, 738
Pagnol, Marcel: 464, 586, 859
Pagter, Anna de: 412
Pahle, Ted: 196
Paige, Janis: 76
Pajares, Andrés: 59
Pakula, Alan J.: 69, 74, 83, 108, 109, 121, 320, 328, 332, 408, 552, 576, 582, 599, **650,** 708, 731, 732, 763, 783, 822, 831, 832, 914
Palacios, Beatriz: 757
Palacios, Fernando: 310, 475, 541, 721, 750
Palacios, Ricardo: 476
Palance, Jack: 53, 62, 447, 880
Palcy, Euzhan: 107, 759, 831, 832
Palermi, Amleto: 232, 233
Palin, Michael: 363
Palla, Michael: 107
Pallas, Cecile: 283
Pallenberg, Rospo: 674, 775
Palleske, Heidi von: 432
Pallette, Eugene: 300, 432, 869
Palma, Brian de: ver De Palma
Palma, Pussy de: ver De Palma
Palmer, Betsy: 156
Palmer, Christopher: 888
Palmer, Ernest: 756, 757, 780
Palmer, Lilli: 211, 588, 589
Palmer, Tony: 118, 162, 625, 637, 709
Palminteri, Chazz: 63, 64

Panama, Norman: 19, 214, 348, 454, 484, 522, 618, 655, 680, 751, 772, 795, 845, 923, 926, 940
Panelli, Paolo: 815
Panero, Juan Luis: 246
Panero, Leopoldo: 246
Panero, Michi: 246, 337
Pangborn, Franklin: 896
Pangua, José Antonio: 827
Paniagua, Cecilio: 23, 131, 627
Pannunzio, Mario: 298
Pantina, Giorgio: 812
Panzini, R.: 104
Paolella, Domenico: 233, 812
Paolinelli, Bruno: 316, 812
Paolini, Marco: 694
Paolucci, Giovanni: 356, 608
Papaleo, Osvaldo: 512
Papamichael, Phedon: 69
Papas, Irene: 937, 941
Papatakis, Nico: 672
Papic, Kristo: 919
Paquera de Jerez, La: 321
Parada, Manuel: 131
Paradise, Michael J.: 426
Paradisi, Giulio: 317, 331
Paramore, Edward: 25, 867
Pardo, Mario: 341
Paredes, Marisa: 89, 324, **653,** 840
Parély, Mila: 77, 710, 711
Parenti, Neri: 625
Parfitt, Judy: 386
Paris, Jerry: 543, 883
Parker, Alan: 66, 219, 230, 320, 326, 335, 384, 385, 415, 416, 454, 455, 582, 691, 692, 702, 743, 856
Parker, Albert: 70, 304, 548, 833, 887
Parker, Cecil: 13, 413
Parker, Charlie: 517, 811
Parker, Eleanor: 153, **655,** 762, 763, 793, 794, 810
Parker, Francis: 328, 832
Parker, Jean: 208, 674
Parker, Mary-Louise: 64
Parker, Oliver: 106
Parker, Sarah Jessica: 281
Parlo, Dita: 53, 63, 372
Parolini, Gianfranco: 114
Parolini, Marilú: 297
Parrish, Robert: 18, 32, 49, 80, 91, 105, 126, 151, 175, 396, 403, 409, 458, 488, 549, 560, 578, 579, 618, 641, 661, 680, 697, 721, 774, 841, 845, 918, 923
Parrott, James: 388, 480, 481, 914
Parry, Gordon: 118
Parry, Natasha: 739
Parsonnet, Marion: 363
Parsons, Estelle: 99, 100, 935
Parsons, Harriet: 290

Partos, Frank: 616
Parys, Georges van: 281, 338, 523, 589, 654
Pasca, Alfonsino: 649
Pascal, Christine: 103, 423
Pascal, Gabriel: 171, 173, 373, 390, 458, 486, 791
Pascaud, Nathalie: 885
Pasley, Fred: 763
Paso, Alfonso: 751
Paso, Encarna: 240, 241
Pasolini, Pier Paolo: 5, 87, 98, 235, 236, 525, 529, 530, 531, 622, **658,** 694, 741, 857, 858, 918
Pass, Dira: 775
Passer, Ivan: 108, 126, 230, 334, 642, 716
Passgård, Lars: 183
Pasternak, Joe: 22, 73, 165, 276, 598, 906
Pastina, Giorgio: 233, 357, 812
Pastor, Aurora: 147
Pastor, Rosana: 855
Pasut, Franca: 4, 5
Pate, Michael: 362
Paterson, Pat: 104
Patino, Basilio M.: 103, 133, 134, 152, 475, 476, 627, 653, **659,** 694, 701
Patou, Juan: 723
Patrick, Dorothy: 603
Patrick, John: 179, 183, 184, 364, 387, 746
Patrick, Lee: 386, 794
Patrick, Nigel: 125, 411, 652
Patrizi, Stefano: 186
Patroni Griffi, Giuseppe: 551, 701, 702, 844, 870
Patterson, Elizabeth: 433, 631, 707, 723
Patterson, Sarah: 287
Paul, Steven: 493, 668
Paulvé, André: 77
Pavan, Marisa: 35, 413, 683
Pavese, Cesare: 39
Pavey, Stan: 12
Pávez, Terele: 758
Pavignano, Anna: 147
Paviot, Paul: 719
Pavoni, Pier Ludovico: 700
Pawle, Lennox: 369
Pawlikowski, Adam: 158, 536
Pawlowa, Vera: 869
Pawlowski, Piotr: 307
Paxinou, Katina: 734
Paxton, Bill: 856
Paxton, John: 418
Paymer, David: 259
Payne, John: 320
Paz, Juan Carlos: 148
Pazzaglia, Riccardo: 234
Peaker, E. J.: 397
Pearce, Larry: 151
Pearce, Richard: 71, 223, 361, 477, 543, 608, 783, 813, 832, 928

Pearson, George: 485
Pecas, Max: 4
Peck, Gregory: 20, 167, 273, 274, 404, 413, 418, 419, 498, 499, 552, 568, 599, 600, **661,** 674, 689, 885, 886, 935
Peck, Charles K., Jr.: 865
Peckinpah, Sam: 121, 174, 175, 266, 274, 389, 403, 408, 409, 417, 422, 423, 474, 489, 516, 549, 560, 561, 633, **662,** 731, 781
Pecoraro, Susu: 838
Pedi, Tom: 3
Peerce, Larry: 327, 403, 743, 844
Peguy, Robert: 37
Peil, Edward: 213
Pélegri, Jean: 672
Pelissier, Anthony: 854
Pelka, Valentine: 716
Pellegrin, Georges: 791
Pellegrini, Glauco: 103, 700, 906
Pellompää, Matti: 98
Pelman, Ron: 286
Pembroke, Scott: 504, 508, 915
Penderecki, Krzystof: 536
Pendleton, Austin: 876
Pendleton, Nat: 355
Penella, Emma: 183, 647, 893
Penkovitch, Alexander y Albert: 372
Penn, Arthur: 64, 74, 99, 106, 107, 253, 275, 327, 328, 360, 377, 384, 385, 408, 416, 612, 615, 621, **663,** 708, 746, 925
Penn, Chris: 901
Penn, Sean: 418
Pennasilico, Amato: 58
Penzer, Jean: 384, 867
Peña, Candela: 251
Peña, Julio: 196, 788
Peña, Luis: 23, 127, 831
Peña, Raúl: 654
Peña, Victoria: 147
Peñalver, Diana: 40, 517
Peón, Ramón: 48
People, David: 92
Peopples, David Webb: 793
Peploe, Clare: 91, 106, 325, 326, 514, 515
Peploe, Mark: 44, 718
Peppard, George: 246
Pepper, Barbara: 652
Peracaula, Jaime: 29, 248
Perchicot, Nicolás: 127, 627
Percy, Esmé: 12
Pérec, Georges: 195, 781
Pereda, Ramón: 48
Pereira dos Santos, Nelson: 665, 901
Perepczko, Marek: 103
Perera, Sebastián: 627, 831

índice de nombres

Pérez, Vincent: 217, 896
Pérez de Guzmán, Diana: 656
Pérez de León, Luis: 90, 567
Pérez Dolz, Francisco: 721
Pérez Ferré, Carlos: 758, 827
Pérez Merinero, Carlos: 23
Pérez Olea, Antonio: 853
Pergament, André: 590
Perier, François: 168, 677, 678, 791
Périer, Étienne: 104, 105, 140, 415, 592, 671, 845
Périer, Jean-Marie: 144
Perilli, Ivo: 298
Perinal, Georges: 115, 428, 470, 141, 209, 900
Periñán, Francisco: 66, 827
Perkins, Anthony: 156, 172, 397, 418, **666,** 667, 687
Perkins, Osgood: 666, 763
Perlberg, William: 132, 404
Perlini, Memè: 305
Pernel, Florence P.: 60
Perojo, Benito: 45, 627, 720, 787
Perrault, Louis: 885
Perret, Léonce: 833
Perrey, Mireille: 523, 653
Perrier, François: 622, 896
Perrier, M.: 369
Perrin, Jacques: 167, 168, 206, 779, 937
Perrin, Nat: 811
Perrineau, Harold Jr.: 802
Perry, Frank: 108, 115, 201, 275, 276, 401, 474, 657, 667, 722, 759
Perry, Harry: 13
Perset, Antoine: 591, 781, 804
Persky, Lester: 934
Persoff, Nehemiah: 632
Persson, Jörgen: 563, 663
Perugorría, Jorge: 378
Pes, Giorgio: 358
Pescarolo, Leo: 10
Pesci, Joe: 149, 291, 882
Peters, Bernardette: 260
Peters, Brock: 552
Peters, Jean: 8, 535, 597, 612, 613, 632, **667**
Petersen, Wolfgang: 408, 461, 462, 527, 692, 832
Petit, Jean-Claude: 217
Petraglia, Sandro: 578, 617
Petrassi, Goffredo: 49, 206
Petrelli, Giuliano: 722
Petri, Elio: 434, 550, 582, **668,** 709, 812, 859
Petrie, Daniel: 25, 26, 118, 253, 269, 395, 443, 474, 554, 555, 612, 636, 676, 731, 747, 774, 783, 878, 931, 940, 387
Petrie, Donald: 387, 489, 674, 732
Petrolini, Ettore: 92
Petroni, Giulio: 858, 919
Petrovic, Aleksander: 424, 767, 859

Petrovna, Sonia: 513
Petrucci, Antonio: 233, 812
Petschler, Erik A.: 349
Pettingell, Frank: 517
Peverall, John: 156
Pevney, Joseph: 32, 125, 163, 202, 211, 214, 325, 331, 420, 421, 469, 480, 493, 542, 745, 784, 794, 929, 936
Peyret, Chappuis de: ver De Peyret
Pezzoli, Lucia: 43
Pfeiffer, Carolyn: 285, 744
Pfeiffer, Michelle: 501, **668,** 763, 888
Philbin, Mary: 306
Philippe, Gérard: 56, 172, 250, 277, 309, 588, 589, **669,** 739, 888
Philippini, Siegfried: 256
Phillip, Harald: 373
Phillips, Julia: 290, 843
Phillips, Mary: 532, 692
Phillips, Michael: 290, 843
Phillips, Leslie: 364
Phillips, Maurice: 417, 925
Phillips, Siam: 888
Phoenix, River: 512
Pialat, Maurice: 5, 243, 423, 502, **669**
Piane, Carlo delle: 378
Piazzolla, Astor: 838
Pica, Tina: 640, 651
Picazo, Miguel: 4, 557, 582, **670,** 700, 781, 852, 853
Piccioni, Piero: 150, 583, 753
Piccoli, Michel: 54, 76, 77, 186, 197, 251, 338, 369, 380, 383, 384, 609, **670,** 715, 779, 837, 838, 894
Piccolo, Ottavia: 305
Pichel, Irving: 8, 26, 72, 173, 178, 276, 395, 469, 516, 522, 560, 601, 630, 794, 818, 854, 918, 929, 936
Pickens, Slim: 423
Pickford, Mary: 66, 160, 228, 304, 376, 509
Pico, Marc: 623
Pidgeon, Walter: 153, 371, 693, 778, 779, 847, 861
Piedra, Emiliano: 141, 336, 382, 761, 804, 918
Piel, Harry: 257
Piéplu, Claude: 715
Pierangeli, Anna Maria: ver Angeli, Pier.
Pierce, Charles B.: 317
Pierce-Roberts, Tony: 383, 711, 863
Pierrá, Francisco: 600
Pierrot, Frederic: 855
Piersanti, Franco: 29, 473, 578, 617, 690
Pierson, Arthur: 585
Pierson, Carl: 915
Pierson, Frank: 415, 557, 758, 823
Piesiewicz, Krzysztof: 60, 260, 261
Pietrangeli, Antonio: 138, 139, 234, 313, 356, 357, 550, 755, 790, 812, 813, 845, 857, 858
Pigault, Roger: 591, 773, 790

Pilares, Manuel: 900
Pileggi, Nicholas: 149, 882
Pillet, Marie: 238
Pillsbury, Sam: 124
Pinal, Silvia: 34, 904
Pinat, Maurice: 244
Pine, William H.: 579
Pinelli, Tullio: 262, 311, 384, 584
Ping, Zhao Ji: 691
Pinheiro, Jose: 238, 591
Pink, Sidney: 73
Pinoteau, Claude: 7, 253, 586
Pinter, Harold: 72, 172, 507, 714, 765, 798
Pintoff: 138, 426
Piñeiro, Carlos: 414
Piñeiro, Marcelo: 46
Piovani, Nicola: 288, 422, 440, 619, 694, 851
Piovani, Pina: 378
Pipolo: 475
Pirès, Gérard: 242, 870
Pirosh, Robert: 32, 655, 845
Pirro, Ugo: 434, 593, 638, 668
Pisacane, Carlo: 46, 47
Pisier, Marie-France: 157
Pitagora, Paola: 535, 899
Pitaluga, Gustavo: 904
Pitoeff, Sacha: 41
Pitt, Brad: 674
Pittman, Tom: 892
Pitts, Zasu: 57, 717
Pittschau, Ernst: 15
Pittschau, Werner: 15
Pitzalis, Federico: 250
Placido, Michele: 472, 473, 609
Plana, Antonia: 195, 204
Planck, Robert: 94, 189, 496, 523, 651, 868
Planchon, Roger: 557
Planer, Frank: 3, 146, 129, 246, 419, 886, 889
Platt, Edward: 568
Platt, Lousie: 259
Pleasance, Donald: 793, 852
Plenizio, Gianfranco: 934
Pleshette, Suzanne: 650
Plimpton, Martha: 144, 512
Plummer, Christopher: 292, 810
Podestà, Rossana: 378
Poe, James: 53
Pogany, Gabor: 447
Poggio, Carla del: 738
Poggioli, Ferdinando Maria: 478, **675**
Pogostin, S. Lee: 716
Pohland, William: 316
Pohmer, Eric: 818
Poiré, Alain: 185
Poiré, Jean-Marie: 244, 624

Poirier, Anne-Claire: 115
Poitier, Sidney: 293, 408, 478, **675,** 676, 823, 924, 925
Poitrenaud, Jacques: 242, 265
Poivre, Annette: 773
Polac, Michel: 722
Polakoff, James: 214
Polanski, Roman: 7, 87, 91, 151, 165, 209, 241, 242, 265, 271, 275, 307, 332, 375, 425, 426, 461, 462, 515, 520, 550, 551, 554, 555, 615, 625, **676,** 718, 719, 776, 800, 850, 860, 916
Poletti, Victor: 934
Polidoro, Gian Luigi: 812, 858, 859
Poligny, Serge de: ver De Poligny
Polimeno, Santo: 593
Politi, Carla: 738
Polito, Sol: 131, 140, 502, 640, 732, 900
Politoff, Haydée: 178
Politti, Luis: 193, 616
Pollack, Kevin: 149
Pollack, Sydney: 64, 191, 207, 224, 275, 319, 328, 332, 358, 384, 385, 408, 423, 474, 477, 564, 565, 578, 579, 612, 646, 676, **678,** 707, 708, 744, 767, 778, 822, 823, 834, 929
Pollak, Mimi: 834
Pollard, Michael J.: 99, 100
Pollock, Gordon: 511, 713
Polonsky, Abraham: 109, 114, 211, 353, 708, 742, 887, 888
Pomés, Félix de: 861
Pomés, Isabel de: 23, 861
Pommer, Erich: 34, 441, 479, 553, 878
Pommereulle, Daniel: 178
Ponce, Pere: 15
Poncela, Eusebio: 49, 493, 494, 552, 638, 723
Ponte, María Luisa: 129, 176, 600, 895
Pontecorvo, Gillo: 71, 106, 582, 586, 638, **679,** 699, 700, 751
Ponti, Carlo: 40, 94, 298, 378, 444, 505, 640, 718, 729, 742, 773, 913
Ponzi, Mauricio: 103, 506, 583, 623, 857
Pool, Jacques van: 797
Popesco, Elvire: 1
Popesco, Valeriu: 77
Popov, Vladimir: 631
Poppe, Nils: 780
Porcelli, Enzo: 473
Porel, Marc: 431
Porier, Arlette: 589
Porporati, Andrea: 473
Portabella, Pedro: 102, 103, 368, 583
Portalupi, Piero: 78
Portas, R.: 48
Porter, Cole: 364
Portman, Rachel: 802

Post, Ted: 33, 167, 280, 403, 417, 474, 638
Potito: 321
Potoker, Oscar: 891
Potter, Dennis: 72, 260
Potter, H. C.: 52, 70, 125, 191, 199, 269, 270, 329, 356, 366, 374, 395, 405, 488, 508, 509, 532, 574, 617, 629, 733, 736, 778, 820, 821, 830, 935, 936
Potter, Sally: 166
Pottier, Richard: 184, 310, 540, 590, 671, 782, 825
Pouget, Léo: 657
Poujouly, Georges: 446
Poupaud, Melvin: 164
Poveda, Miguel: 851
Powell, Dick: 19, 48, 153, 395, 488, 579, **679,** 915
Powell, Jane: 94
Powell, Michael: 2, 55, 95, 171, 196, 316, 420, 443, 458, 464, 470, 549, 606, 617, 618, 635, 636, **680,** 750, 791, 883, 938
Powell, Paul: 347, 887
Powell, Robert: 657, 866
Powell, William: 209, 504, 508
Power, Hartley: 886
Power, John: 835
Power, Romina: 682
Power, Tyrone: 37, 122, 127, 128, 164, 168, 320, 404, **681,** 752, 756, 757, 892, 902
Powers, Stefanie: 789
Powers, Tom: 665
Pozo, Ángel del: 162, 722, 782
Prada, José María: 155
Prada, José: 204, 830, 831
Pradinas, Pierre: 90
Prado, Lilia: 3
Pranzoni, Lara: 10
Prat, Jean-Yves: 352
Pratt, Roger: 107
Preisner, Zbigniew: 60, 260, 261
Preminger, Otto: 10, 11, 30, 32, 34, 55, 72, 104, 105, 114, 115, 125, 138, 141, 191, 202, 211, 220, 221, 269, 275, 281, 315, 326, 327, 328, 409, 423, 425, 426, 458, 479, 480, 510, 529, 546, 576, 578, 579, 585, 608, 612, 618, 625, 636, 638, 642, 655, 657, 675, 676, **683,** 716, 751, 752, 766, 772, 773, 774, 791, 794, 820, 821, 847, 854, 907, 914, 916, 923
Presle, Micheline: 250, 539, 715
Presley, Elvis: 787
Pressburger, Emeric: 2, 55, 95, 196, 316, 420, 443, 458, 464, 606, 617, 618, 635, 636, 681, 750, 791, 883, 938
Preston, Robert: 75, 248, 882, 896
Prete, Duilio del: 384
Prévert, Jacques: 22, 56, 142, 204, 594, 616, 617
Prévert, Pierre: 281, 789
Previn, André: 66, 189, 568, 658
Price, Richard: 622

Price, Vincent: 22, 118, 132, 414, 480, 499, 570, 593, 692, 868, 900
Price, Will: 632
Priggen, Norman: 798
Primus, Barry: 104, 230
Prince, Harold: 844
Prince, William: 128, 630
Pringle, Bryan: 749
Printemps, Yvonne: 539
Prior, David A.: 214
Proclemer, Anna: 845
Prodan, Andrea: 594
Prosperi, Giorgio: 297
Provenzale, Ennio: 139
Provenzale, Enzo: 753
Provine, Dorothy: 99
Pryce, Jonathan: 107
Pryor, Richard: 925
Puccini, Gianni: 26, 49, 182, 234, 550, 668, 738, 812, 870
Puenzo, Luis: 328, 424, 662, **688**
Puglia, Frank: 496
Puig, Manuel: 727
Puleo, Johnny: 865
Pullman, Bill: 874
Pulver, Liselotte: 715, 853
Purcell, Noël: 502
Purviance, Edna: 141, 595
Puttnam, David: 772, 835
Putzulu, Bruno: 141
Puzo, Dorothy Ann: 822
Puzo, Mario: 82, 191, 648
Pytka, Joe: 273

Qi, Liu Pei: 691
Qi, Lu: 7
Quadreny, Ramón: 312, 313
Quaid, Denis: **691,** 892
Quaid, Randy: 691, 892
Qualen, John: 158, 414 496, 652, 828, 829
Quayle, Anthony: 305, 482
Queffelean, Alain: 168
Querejeta, Elías: 2, 47, 67, 155, 163, 203, 246, 286, 291, 336, 381, 656, 664, 685, 711, 760, 830, 920
Quested, John: 320
Quester, Hugues: 210
Questi, Giulio: 103, 503, 870
Quevedo, Nino: 654, 700, 758
Quine, Richard: 52, 62, 148, 214, 225, 258, 268, 269, 282, 316, 327, 334, 398, 409, 410, 484, 488, 522, 554, 555, 625, 630, 686, **695,** 795, 820, 821, 923, 929
Quinn, Anthony: 105, 114, 168, 254, 294, 403, 430, 482, 502, 600, 602, **695,** 757, 865, 882, 903, 941

Quinn, Declan: 483
Quinterio, Carlo: 375
Quintero, José: 74, 486
Quintero, Juan: 152, 195, 627
Quintillá, Elvira: 90, 292, 675
Qun, Yu Xiao: 691

Rabal, Benito: 699, 701
Rabal, Francisco: 23, 50, 53, 180, 291, 406, 520, 534, 535, 607, 647, 653, **699,** 715, 757, 758, 860, 904
Rabal, Teresa: 699
Rabenalt, Arthur M.: 540
Rabier, Jean: 5, 52, 143, 306, 597, 653, 687, 715
Rabinat, Antonio: 495
Rabinovitch, Grégor: 594
Rabinowicz: 162
Rabo, James: 334
Racette, Francine: 6
Rachedi, Ahmed: 870
Rachmaninov: 108
Racioppi, Antonio: 234
Rackin, Martin: 838, 908
Rademackers, Fons: 878
Radford, Basil: 12, 13
Radford, Michael: 118, 147, 162, 375
Radnitz, Robert B.: 562
Radok, Alfred: 334
Radvanyi, Geza von: 766, 792
Radziwilowicz, Jerzy: 411, 412
Rafelson, Bob: 108, 146, 150, 318, 417, 424, 477, 483, 528, 556, 587, 615, 616, **701,** 769, 927
Raffil, Stewart: 175, 425, 697
Raft, George: 96, 184, 386, 763, 880
Ragni, Gerome: 334
Ragona, Claudio: 519
Rahn, Bruno: 256
Raimi, Sam: 326, 385, 822
Raimondi, Ruggero: 507
Raine, Norman Reilly: 732, 897, 900
Raines, Ella: 220
Rains, Claude: 149, 289, 296, 306, 385, 386, 413, 414, 482, 640, 732, 804
Rakoff, Alain: 125, 327, 352, 792
Raksin, David: 34, 153, 480, 547, 907
Ralli, Giovanna: 360, 779
Ralph, Jessie: 194
Ralph, L.: 441
Ralston, Esther: 50
Ralston, Jobyna: 13, 400, 848, 849
Ram, Radha Shri: 726
Ramati, Alexander: 549, 721
Rambal, Enrique: 34
Rameau, Hans: 688
Rameau, J. P.: 286

Ramírez, Antonio: 368
Ramírez, Mari Carmen: 78
Ramírez, Pedro L.: 313, 721
Ramis, Harold: 561, 642, 926
Ramón, Eulalia: 248
Ramos, Santiago: 40, 193, 578, 888
Rampling, Charlotte: 701, 727
Rand, Ayn: 146, 530, 902
Randall, Mónica: 50, 203, 293
Randolph, Jane: 597
Randolph, John: 250
Randone, Salvo: 206, 434, 753
Rank, Arthur: 95, 290, 386, 892
Raphael: 132, 764
Raphaelson, Samson: 33, 73, 470, 471, 717, 756, 906
Rappe, Virginia: 453
Rappeneau, Elizabeth: 242
Rappeneau, Jean-Paul: 7, 80, 90, 217, 241, 242, 243, 244, 586, 623, **702,** 761
Rapper, Irving: 33, 224, 269, 357, 366, 403, 409, 457, 516, 539, 655, 705, 736, 818, 891, 929
Rascel, Renato: 447
Rash, Steve: 213, 527
Rasching, Kraff: 126
Rasky, Henry: 919
Rasp, Fritz: 567, 869
Rassam, Jean-Pierre: 370
Rassimow, Rada: 838
Rath, Franz: 445
Rathbone, Basil: 37, 135, 732
Rathbone, Tina: 740
Ratoff, Gregory: 26, 85, 151, 162, 220, 299, 395, 420, 509, 522, 531, 556, 563, 632, 682, 696, 725, 733, 825, 845, 918, 936
Ratti, Filippo Walter: 550
Rattigan, Terence: 51, 319, 482, 498, 534
Raucher, Herman: 891
Ravel, Maurice: 193, 258
Ravetch, Irving: 188
Rawlins, John: 587, 750, 936
Rawls, Lou: 483
Rawsthorne, Alan: 652
Ray, Albert: 736
Ray, Aldo: 178, 179, 336
Ray, Johnny: 510, 511
Ray, Michel: 156
Ray, Nicholas: 24, 28, 96, 97, 118, 125, 163, 164, 165, 202, 235, 254, 270, 288, 316, 329, 340, 351, 352, 372, 395, 402, 403, 417, 442, 443, 516, 547, 548, 549, 554, 555, 578, 579, 598, 618, 632, 641, 696, 697, **703,** 706, 745, 782, 819, 845, 892, 914, 915, 920, 929
Ray, Satyajit: 54, 55, 163, 436, 446, 659, **704,** 753
Raye, Martha: 585
Rayfield, David: 678, 841

índice de nombres

Raymaker: 508
Raymond, Cyril: 108
Raymond, Frankie: 788
Raymond, Gene: 50
Raymond, Jack: 390
Raymond, Paula: 689, 690
Razza, Maurizio di: 59
Reagan, Ronald: 25, 131, **705**, 787
Real, Antonio del: 65, 254, 314, 475, 476
Real, Cayetano del: 751, 781
Rebolledo, José Ángel: 46, 583, 594
Red, Eric: 764
Redfield, William: 16
Redford, Michael: 624
Redford, Robert: 258, 259, 370, 377, 565, 674, 678, **707**, 831, 832, 887, 888
Redgrave, Lynn: 708
Redgrave, Michael: 12, 13, 708, 807, 831
Redgrave, Vanessa: 33, 93, 94, 140, 383, **708**, 711, 934
Reed, Carol: 71, 72, 125, 198, 199, 214, 307, 380, 390, 391, 403, 409, 428, 464, 474, 478, 503, 506, 548, 592, 617, 618, 632, 633, 635, 697, 706, **709**, 716, 721, 849, 865, 883, 918
Reed, Donna: 226, 692, 720
Reed, J. Theodore: 408, 469
Reed, L.: 110
Reed, Oliver: 868
Reed, Ted: 304, 323, 469, 574
Rees, Jerry: 71
Reeve, Christopher: 515
Reeve, Geoffrey: 702
Reeves, Keanu: 208, **710**
Reeves, Steve: 470
Régent, Benoît: 60
Reggiani, Serge: 186, 284, 654, 739, 849, 857
Regueiro, Francisco: 4, 363, 647, 700, 701, **711**, 722, 751
Reicher, Frank: 461
Reichmann, Max: 257
Reid, Alastair: 608
Reid, Carl Benton: 288, 501
Reid, Cliff: 236, 660
Reid, Elliott: 122
Reid, Kate: 54
Reid, Wallace: 779, 829
Reimi, Sam: 608
Reiner, Carl: 64, 315, 424, 543, 713, 875
Reiner, Rob: 62, 82, 121, 122, 207, 271, 273, 589, 616, **713**, 746, 927
Reinert, Emile-Edwin: 540
Reinhardt, Betty: 480
Reinhardt, Django: 468
Reinhardt, Gottfried: 36, 113, 269, 347, 348, 380, 548, 556, 592, 708, 876

Reinhardt, Max: 113, 124, 227, 255, 328, 441, 472, 509, 602, 680, 683, 745
Reinhardt, Wolfgang: 524
Reinhart, George: 77
Reis, Irving: 327, 372, 374, 391, 473, 508, 509, 618, 733, 848
Reisch, Walter: 390, 416, 471, 517, 593, 613
Reisner, Charles F.: 19, 201, 352, 388, 454, 480, 545, 546, 680
Reisz, Karel: 121, 320, 338, 435, 477, 624, 708, **714**, 723, 731, 749, 822, 832, 927, 928
Reitherman, Wolfgang: 495, 732
Reitman, Ivan: 249, 250, 320, 387, 708, 769, 852, 916, 927
Rellán, Miguel: 59, 840
Remar, James: 200
Remarque, Erich Maria: 366, 853, 867, 922
Remick, Lee: 30, 252, **716**, 727
Remick, Patricia: 716
Rémy, Albert: 209
Renard, Jacques: 157, 623
Renaud, Madeleine: 674
Rendell, Ruth: 52, 158
René, Norman: 746
Rennahan, Ray: 194, 274, 500, 756, 757
Rennie, Michael: 878
Reno, Jean: 89, 369
Renoir, Claude: 145, 726, 859
Renoir, Jean: 8, 14, 32, 45, 72, 75, 86, 103, 104, 145, 153, 204, 247, 251, 310, 316, 338, 345, 346, 366, 367, 371, 372, 412, 413, 436, 444, 445, 479, 480, 523, 525, 557, 609, 632, 659, 670, 671, 704, 710, 711, **717**, 718, 726, 792, 824, 825, 850, 851, 859, 904
Renoir, Pierre: 65, 523, 617
Renzelli, Gastone: 78
Renzi, Pina: 524
Requena, Manuel: 263
Reri: 837
Resines, Antonio: 29, 513
Resnais, Alain: 39, 41, 44, 79, 80, 95, 96, 104, 105, 115, 161, 162, 243, 261, 356, 357, 379, 380, 405, 586, 670, 671, 687, **719**, 764
Revell, Graeme: 128
Revenga, Luis: 4
Revere, Anne: 35, 132, 211, 499, 512
Reville, Alma: 808, 866
Revueltas, José: 157, 358
Rey, Fernando: 183, 203, 248, 274, 285, 286, 294, 538, 647, 720, 871, 904
Rey, Florián: 45, 721, 782
Rey, Henry-François: 628
Reyer, Walter: 856
Reymen, Raf: 596
Reynolds, Ben: 57, 713, 907

Reynolds, Burt: 83, 236, 357, 509, 931
Reynolds, Debbie: 66, 134
Reynolds, Gene: 131
Reynolds, Kevin: 187, 198, 418, 732, 801
Reynolds, Sheldon: 579
Rhatoni, Akos: 525
Rhys-Davies, John: 896
Ribas, Antonio: 582, 654, 700
Ribeiro, Maria: 901
Ribowski, Nicolas: 870
Ricceri, Luciano: 895
Ricci, Luciano: 832
Ricci, Renzo: 58
Ricci, Tonino: 4
Rice-Edwards, Sebastian: 295
Rich, David Lowell: 224, 238, 269, 655, 876
Rich, Irene: 860
Rich, John: 214, 484, 493, 818
Richard, Esmond: 294
Richard, Frieda: 309
Richard, Jean-Louis: 591, 870
Richard, Silvia: 29
Richard Jones, F.: 180
Richard-Wilm, Pierre: 142
Richards, Addison: 652
Richards, Ann: 146, 828, 829
Richards, Dick: 242, 385, 578, 579, 702, 816, 834
Richards, Robert L.: 927
Richardson, Natasha: 708, 716
Richardson, Ralph: 37, 209, 400, 428
Richardson, Robert: 149
Richardson, Tony: 32, 71, 72, 118, 140, 175, 199, 320, 335, 386, 399, 415, 424, 456, 461, 462, 477, 582, 586, 590, 591, 615, 636, 708, 714, 716, **723,** 749, 807, 918
Richers, Herbert: 901
Richert, William: 108, 667, 844
Richlin, Maurice: 652
Richmond, Ted: 122, 725
Richon, Richmond: 409
Richter, Paul: 855
Richter, Robert: 759, 822
Rickles, Don: 149
Rickman, Alan: 778
Rico, Paquita: 760
Rico-Godoy, Carmen: 621
Riddle, Nelson: 370
Rideau, Stéphane: 447
Ridgely, John: 829
Ridges, Stanley: 29, 759, 781
Riefenstahl, Leni: 354
Riento, Virgilio: 63, 651
Riéra, Albert: 53
Riesner, Charles F.: 864
Rifkin, Adam: 122

Riganti, Franco: 605
Righelli, Gennaro: 233, 256, 257, 525
Riley, H. Anne: 423
Rilla, Wolf: 55, 832, 940
Rim, Carlo: 721
Río, Dolores del: 314, 683, **725,** 910
Río, Ernesto del: 758
Río, Lorena del: 512
Rioli, Riccardo: 145
Ripley, Arthur: 326, 410, 579, 592
Ripley, Clements: 640
Ripstein, Arturo: 156, 642, 654, 685, 702, 712, 713, **727,** 834
Ripstein, Alfredo Jr.: 727
Riquelme, Antonio: 176
Risenfeld, Hugo: 837
Risi, Dino: 10, 144, 181, 234, 241, 242, 292, 356, 357, 505, 506, 531, 550, 551, 651, 655, **727,** 729, 766, 767, 811, 812, 857, 858, 859, 870, 898, 906
Risi, Marco: 727, **729**
Risi, Nelo: 103, 161, 144, 700, 727, 729, 774
Riskin, Robert: 110, 136, 150, 368, 374, 419, 420, 446, 828
Risso, Roberto: 651
Rissone, Checco: 49
Rissone, Giuditta: 208, 605
Ritchie, Clint: 552
Ritchie, Michael: 126, 144, 224, 271, 377, 385, 394, 544, 555, 708, 813, 906, 926
Ritt, Martin: 18, 114, 117, 118, 151, 187, 188, 230, 269, 270, 273, 318, 319, 328, 361, 389, 390, 506, 530, 531, 539, 554, 555, 562, 590, 608, 611, 612, 631, 676, 696, 697, 703, 716, **729,** 733, 823, 839, 907, 918, 931
Rittau, Günther: 34, 567
Ritter, Tex: 807
Ritter, Thelma: 299, 535, 891
Riva, Emmanuelle: 404, 405
Rivas, Miguel Ángel: 475, 722, 827
Rivelles, Rafael: 538
Rivera, Cecilia: 9
Rivers, Fernand: 217
Rivette, Jacques: 3, 74, 77, 87, 157, 161, 162, 657, 699, 700, 715, **730,** 768, 846
Riveyre, Jean: 251
Rizzoli, Angelo: 29, 312, 336, 617, 786
Roa, Joaquín: 152, 262, 263
Roach, Bert: 933
Roach, Hal: 135, 298, 354, 359, 366, 388, 480, 499, 556, 558, 819
Roanne, André: 869
Robards, Jason: 392, 418, 552, 730
Robards, Jason, Jr.: 730
Robbe-Grillet, Alain: 41, 623, 719, 869, 870
Robbins, Jerome: 921, 928, 929

índice de nombres

Robbins, Mathew: 801
Robbins, Richard: 640, 711
Robbins, Tim: 759, 901
Robert, Maurice: 56
Robert, Yves: 242, 551, 596, 623
Robertis, Franceso de: ver De Robertis
Roberts, Alice: 126
Roberts, Allene: 149
Roberts, Ben: 12, 293, 340, 404
Roberts, Bob: 759
Roberts, Bobby: 846
Roberts, Eric: 731
Roberts, Julia: 731, 851
Roberts, Rachel: 672, 749, 934
Roberts, Stephen: 180, 190, 416, 736, 915
Roberts, Theodore: 258
Roberts, Tony: 181
Robertson, Cliff: 252, 598, 599, 632
Robertson, John S.: 70, 350, 364, 522, 560, 733, 848
Robeson, Paul: 575
Robey, George: 290
Robin, Helen: 64
Robin, Jacques: 592, 870
Robin, Jean-François: 283, 610
Robinson, Arthur: 257, 573
Robinson, Bruce: 351, 527, 739, 852
Robinson, Casey: 25, 135, 296, 570, 609
Robinson, Edward G.: 90, 149, 155, 367, 502, 524, 596, 632, 665, **732,** 775, 898
Robinson, John Mark: 219
Robinson, Phil Alden: 474, 676, 708
Robison, Arthur: 441
Robson, Flora: 386, 606
Robson, Mark: 32, 86, 96, 97, 115, 139, 191, 237, 269, 273, 315, 331, 352, 372, 373, 395, 403, 409, 410, 421, 457, 469, 488, 509, 539, 544, 555, 592, 612, 618, 625, 696, 697, 733, 795, 876, 923, 931, 940
Robson, May: 37, 319
Rocca, Daniela: 260
Roccardi, Giovanni: 505
Rocco, Marc: 633, 731, 801, 802
Rocha, Claudio: 685
Rocha, Glauber: 39, 254, 520, 700, **734**
Rocha, Luis Felipe: 583
Roche, Sean: 198
Rockwell, Alexandre: 456, 697
Roddam, Franc: 325
Rode, Alfred: 540
Roder, Milan: 137, 867
Rodero, José María: 627
Rodgers, Richard: 30, 529, 810, 928
Rodney, John: 667
Rodríguez, Francisco: 76, 827
Rodríguez, Ismael: 48, 49, 310, 725

Rodríguez, José: 48
Rodríguez, José María: 414, 634, 900
Rodríguez, Nicolás: 788
Rodríguez, Robert: 66, 456, 493
Rodríguez, Roberto: 310, 588
Roeg, Nicholas: 166, 214, 385, 425, 455, 456, 633, **735,** 743, 831, 832
Roelfs, Jan: 176
Roemheld, Heinz: 220, 360, 429, 904, 934
Rogell, Albert S.: 395, 454, 469, 736, 750, 915
Rogers, Charles: 298, 481
Rogers, Charles «Buddy»: 13
Rogers, Charles R.: 366, 388, 480
Rogers, Ginger: 51, 371, 405, **735,** 756, 775, 809, 908
Rogers, MacLean: 548
Rogers, Will: 332
Rohmer, Éric: 159, 178, 210, 568, 621, 660, 735, **737,** 768, 783, 869, 870
Roizman, Owen: 185
Rojas, Manuel: 133, 379
Rojas, Raquel: 13
Rojo, Helena: 9
Roland, Bernard: 587, 825
Roland, Gilbert: 153
Rolen, Gerald R.: 656
Rolfe, Guy: 436
Rolfe, Sam: 181
Rolla, Michèle: 885
Rolla, Stefano: 834
Rollins, Jack: 18, 388, 531
Rollmer, Frank: 372
Romains, Jules: 318
Roman, Ruth: 301, 547
Román, Antonio: 313, 502, 700, 721, 782
Romand, Béatrice: 735
Romans, Alain: 569, 885
Romay, Alicia: 595, 899
Romea, Alberto: 90, 406, 567
Romero, George A.: 45, 456
Romero, Manuel: 45
Romero Marchent, Carlos: 827
Romero Marchent, Rafael: 313, 574, 782
Romizi, Marco: 288
Ronald, Paul: 78
Rondi, Brunello: 262, 298, 311
Rondi, Gian Luigi: 569
Ronet, Maurice: 1, 340, 597, 739
Rooney, Mickey: 135, 246, 281, 353, 930
Roos, Dick: 73
Root, Wills: 686
Ropelewski, Tom: 866
Roquevert, Noël: 212, 773
Ros, Fred: 648
Rosati, Giuseppe: 549

Rosay, Françoise: 141, 142, 318
Rose, Bernard: 633, 740
Rose, Gabrielle: 283
Rose, Les: 832
Rose, Reginald: 261, 412, 513, 533
Rose, Ruth: 461
Rose, William: 413
Roseman, Leonard: 562
Rosen, Phil: 270, 469, 587, 818, 887
Rosenberg, Aaron: 419, 447, 533, 600, 683, 706, 927
Rosenberg, Frank P.: 109
Rosenberg, Stuart: 105, 242, 276, 315, 377, 387, 417, 488, 509, 544, 549, 555, 612, 666, 708, 722, 743, 834, 919, 931
Rosenman, Leonard: 11, 294, 706
Rosenthal, Rick: 213
Rosher, Charles: 23, 763, 847, 868
Rosi, Francesco: 78, 103, 141, 150, 358, 505, 506, 583, 622, 623, 624, 720, 722, 726, **739**, 753, 834
Rosier, Cathy: 791
Rosing, Bodil: 23
Rosmino, Gian-Paolo: 812, 233
Ross, Annie: 901
Ross, Frank: 28, 618
Ross, Herbert: 18, 64, 69, 72, 83, 121, 126, 175, 260, 273, 318, 319, 328, 387, 394, 435, 454, 521, 543, 549, 554, 555, 636, 642, 692, 709, 731, 732, 768, 783, 823, 832, 875, 924, 932
Ross, Katharine: 887, 888
Ross, Marilina: 806
Rossan, Harold: 840
Rossellini, Franco: 236
Rossellini, Isabella: 85, **740**
Rossellini, Renzo: 15, 63, 298, 336, 360, 570, 605, 620, 649, 738, 826, 845
Rossellini, Roberto: 15, 39, 85, 234, 298, 310, 323, 336, 357, 359, 360, 365, 473, 524, 525, 570, 617, 647, 649, 657, 690, 737, 738, **740**, 826, 842, 845, 908
Rossen, Richard: 579
Rossen, Robert: 74, 118, 119, 191, 211, 300, 316, 329, 353, 357, 377, 384, 396, 496, 498, 502, 531, 539, 549, 572, 612, 678, 680, 696, **742**, 771, 772, 774, 904
Rossi, Franco: 139, 357, 531, 658, 812, 858, 906
Rossington, Norman: 749
Rossini, Danielo: 700
Rossiter, Leonard: 268
Rosson, Arthur: 190, 304, 629
Rosson, Harold: 134, 135, 274, 281, 435, 448, 526, 829
Rosson, Richard: 110, 833
Rosson, Robert: 844
Rota, Nino: 1, 25, 311, 358, 371, 622, 648, 734, 739
Rotaeta, Félix: 4, 66, 557, 654
Roth, Bobby: 732

Roth, Cecilia: 49, 511, 512
Roth, Eric: 411
Roth, Joe: 583
Roth, Tim: 176, 502, 690
Rotunno, Giuseppe: 25, 129, 206, 358, 371, 418, 501, 734, 778, 934
Roubaix, François de: ver De Roubaix
Rouch, Jean: 261
Roudenko, Wladimir: 606
Roufaer, Senne: 412
Rouffio, Jacques: 7, 90, 243, 671, 672, 767
Rougerie, Jean: 468
Rouleau, Raymond: 345, 586, 671, 790
Rounseville, Robert: 938
Rouquier, Georges: 378
Rourke, Mickey: 154, 336, **743**
Rouse, Russell: 64, 199, 331, 395, 574, 630, 655, 845
Roussel, Henri: 104
Roussell, Anne: 723
Rousselot, Philippe: 295, 775
Rouve, Pierre: 549
Rovena, Marcella: 430
Rovensky, Joseph: 869
Rovira Beleta, Francisco: 504, 699, 726, 781
Rowland, Roy: 125, 163, 352, 373, 484, 522, 556, 560, 574, 655, 733, 791, 794, 818, 845
Rowlands, Gena: 151, **743**
Roy, Gitali: 163
Roy, Jean-Claude: 540
Rozier, Willy: 68
Rozsa, Miklos: 3, 149, 170, 189, 198, 207, 209, 252, 300, 330, 340, 436, 448, 470, 471, 495, 496, 502, 523, 665, 687, 853
Ruben, J. Walter: 389, 864
Ruben, Joseph: 377, 691, 692, 732, 834
Ruben, Katt Shaea: 69
Ruben, Walter: 563
Rubes, Jan: 881
Rubin, Bruce Joel: 455
Rubin, Daniel H.: 309
Rubinek, Saul: 793
Rubini, Sergio: 461, 462
Ruby, Harry: 811
Ruddy, Albert: 191
Rudel, Roger: 143
Rudolph, Alan: 21, 115, 144, 161, 162, 285, 397, 455, 456, 485, 582, 589, 667, **743**, 813, 927
Rudolph, Oscar: 743
Ruggles, Charles: 319, 471
Ruggles, Wesley: 70, 177, 178, 180, 270, 327, 347, 348, 374, 408, 469, 504, 522, 573, 574, 784, 817, 825, 875, 887
Ruiz, Raúl: 551, 654, **744**, 759
Ruiz Anchía, Juan: 148, 529
Ruiz Castillo, Arturo: 313, 699, 721

Ruiz Castillo, Manuel: 300
Rule, Janice: 868
Rulli, Stefano: 617
Rumann, Sig: 524, 621, 781, 807, 808
Runacre, Jenny: 718
Rush, Barbara: 547, 630
Rush, Richard: 83, 121, 332, 401, 615, 630, 642, 927
Ruskin, Harry: 147
Russell, Charles: 769, 880
Russell, Harold: 563
Russell, Jane: 122, 329, **745**
Russell, Jay: 423
Russell, John L.: 520, 687
Russell, John: 167
Russell, Ken: 69, 71, 72, 125, 143, 235, 265, 273, 375, 424, 439, 440, 524, 615, 626, 657, 658, 667, 708, 709, 715, **745**, 832, 875
Russell, Kurt: 657
Russell, Robert: 28
Russell, Rosalind: 50, 515, 598
Russell, Theresa: 150, 735, 746
Russell, William D.: 178, 409, 472, 929
Russo, Filomena: 266
Russo, Renzo: 372
Rustichelli, Carlo: 47, 129, 384, 526, 527
Ruth, Roy del: ver Del Ruth
Ruttenberg, Joseph: 109, 406, 502, 517, 595, 598, 688, 778
Ryan, Frank: 26, 276, 509
Ryan, Kathleen: 478
Ryan, Meg: 746
Ryan, Robert: 87, 178, 179, 181, 189, 289, 290, 418, 419
Rydell, Christopher: 757
Rydell, Mark: 71, 72, 121, 122, 126, 197, 222, 223, 326, 327, 328, 361, 362, 399, 561, 813, 822, 916
Ryder, Winona: 208, **747**
Rye, Preben Lerdoff: 651
Ryerson, Florence: 526
Rylance, Mark: 35
Ryskind, Morrie: 621
Ryu, Chishu: 211, 642, 685

Saad, Margit: 204
Saadi, Yacef: 71
Saalfrank, Hermann: 868
Sabu: 469, 470, 495, 496, 606, 749, 750
Sacha, Jean: 789
Sacristán, José: 180, 291, 314, 363, 414, 511, 512, 638, 649, 654, **750,** 751, 781, 888, 895
Sade, John: 230
Sadoya, Isabelle: 306
Sáenz de Heredia, Álvaro: 314
Sáenz de Heredia, José Luis: 475, 38, 45, 49, 116, 131, 310, 313, 406, 475, 541, 588, 700, 721, 750, 751, 782
Safra, Michel: 251
Safran, Henri: 435, 878
Sagal, Boris: 403, 506
Sagan, Leontine: 629
Sägebrecht, Marianne: 7, 62
Saint Denis, Ruth: 110
Saint, Eva-Marie: 751
Saint-Cry, Renée: 267
Saint-Saëns, Camille: 6
Sainz de la Maza, Regino: 23
Saito, Ichiro: 210, 897
Saito, Kojun: 211
Saiz, Suso: 8
Sajmolov, Vladimir: 787
Sakall, S. Z.: 149
Sakamoto, Ryuichi: 879
Saks, Gene: 33, 86, 105, 328, 394, 488, 554, 555, 708
Sala, Vittorio: 32, 36, 138, 567, 812
Salce, Luciano: 234, 357, 721, 755, 813, 857, 858, 859, 906
Sale, Richard: 73, 178, 199, 585, 633, 682, 745, 936, 940
Salerno, Enrico Maria: 47
Salerno, Vittorio: 697
Salfati: 859
Salgado, María Rosa: 2, 809
Salgot, Josep A.: 4
Salkind, Alexander: 918
Salkow, Sidney: 199, 220, 330, 420, 421
Salle, David: 418
Salmerón, Gustavo: 723
Salmi, Albert: 727
Salminen, Timo: 164
Salmonova, Lyda: 367
Salo, Elina: 164
Salomon, Mikael: 3
Salou, Louis: 616, 617
Salt, Waldo: 200
Salter, Hans: 419, 827
Salvador, Jaime: 454
Salvador, Julio: 49, 313, 588, 699
Salvador, Montserrat: 594
Salvatores, Gabriele: 753
Salvatori, Renato: 129, 430, 515, 734, 744
Salvia, Rafael J.: 54, 475, 721
Salvini, Guido: 525, 906
Salvo, Calógero: 66
Salzman, Harry: 749
Sámano, José: 639
Samosiuk, Zygmunt: 103
Samperi, Salvatore: 722, 859
Sampietro, Mercedes: 2, 577, 649
Sampson, Will: 16

Samuels, Lester: 369
San Emeterio, Jacinto: 541
San Francisco, Enrique: 537
San Giacomo, Laura: 783
San Miguel, Santiago: 4, 804, 893
Sánchez, Alicia: 188, 343, 594
Sánchez, Carlos: 853
Sánchez, Eleuterio: 517
Sánchez, José María: 538, 781
Sánchez, Maite: 203
Sánchez, Pedro Mari: 831
Sánchez Álvaro, José: 781
Sánchez Enciso, Luis: 853
Sánchez-Gijón, Aitana: 208, 649, **754**
Sánchez Polack, Fernando: 155
Sánchez-Prieto, Álvaro: 240
Sánchez Silva, José María: 182, 537, 538, 886
Sancho, José: 495
Sanda, Dominique: 186, 383, 384, 411, 571, 596, **754**
Sanders, Dennis: 62, 708
Sanders, George: 168, 189, 298, 299, 404, 436, 491, 570, 706, 720, 775, 845
Sandor, Pal: 551, 769, 770
Sandrelli, Stefania: 182, 186, 260, 305, 440, 571, 677, 678, **755**, 849
Sandrich, Jay: 394, 489
Sandrich, Mark: 52, 178, 366, 399, 471, 574, 736, **756**, 809
Sands, Julian: 383, 483
Sanford, Erskine: 220
Sanger, Walter: 415
Sangster, Jimmy: 204
Sanjinés, Jorge: 757
Sanlúcar, Manolo: 321
Sanson, Yvonne: 123, 553
Sant, Gus van: 253, 710, 852
Santana, Andrés: 251, 723
Santana, Avelino: 195
Santell, Alfred: 96, 110, 348, 359, 395, 501, 504, 508, 522, 560, 573, 617, 736, 817
Santella, Maria Luisa: 520
Santi, Lionello: 753
Santiago, Hugo: 242
Santis, Eliana de: ver De Santis, Eliana
Santis, Giuseppe de: ver De Santis, Giuseppe
Santis, Pasquale de: ver De Santis, Pasquale
Santley, Joseph: 395
Santoni, Joël: 242
Santuccio, Gianni: 434
Santugini, José: 569, 861
Sanz, Jorge: 23, 40, 78, 495, 664, **758**, 786
Sanz, Luis: 163
Saperstein, David: 801, 822
Sarafian, Richard C.: 108, 187, 390, 426, 655, 822

Sarandon, Susan: 54, 239, **758**
Sarathy, M. A. Partha: 726
Sardá, Rosa María: 15, 283
Sarde, Alain: 447, 515, 610, 897
Sarde, Philippe: 286, 370, 610, 673, 850, 897
Sargen, Jonathan: 834
Sargent, Alvin: 377, 599, 650, 707, 935, 941
Sargent, Joseph: 126, 139, 143, 175, 555, 662
Sarkar, Kali: 753
Sarment, Jean: 142
Sarmiento, Valeria: 759, 804
Sarne, Michael: 426, 832
Sarossy, Paul: 299
Sarrazin, Michael: 683
Sartov, Hendrik: 98
Saslavsky, Luis: 195, 309, 310, 357, 586, 590, 725, **760**, 782
Sassard, Jacqueline: 50, 478
Sassi, Aldo: 288
Sastre, Alfonso: 23, 628
Satie, Erik: 176, 286, 340
Sato, Masaru: 401, 566
Sauer, Fred: 257
Saunders, Charles: 398
Saura, Carlos: 7, 9, 59, 66, 141, 155, 161, 162, 180, 203, 238, 253, 274, 285, 286, 313, 314, 321, 339, 367, 368, 541, 556, 557, 664, 684, 685, 700, 720, 722, **760**, 769, 770, 781, 804
Saurer, Fred: 256
Sautet, Claude: 74, 79, 87, 193, 196, 197, 243, 423, 586, 610, 671, **761**, 766, 767, 897
Savage, John: 155, 156
Savall, Jordi: 649
Savarese, Roberto: 812
Saville, Philip: 91, 832, 918
Saville, Victor: 36, 325, 390, 396, 454, 458, 480, 484, 485, 612, 630, 697, 843, 845, 860, 875, 929
Savina, Carlo: 898
Savoy, Teresa Ann: 50, 478
Sawyer, Joe: 363
Saxon, John: 789
Sayles, John: 582, 660, 661, **762**
Sazatornil «Saza», José: 180, 293
Sazio, Carmela: 649
Sbarigia, Claudia: 10
Scacchi, Greta: 29, 640
Scala, Delia: 738, 897, 898
Scalici, Valentina: 617
Scandurra, Sophia: 700, 755
Scarano, Tecla: 78
Scarpa, Renato: 147, 288
Scarpelli, Furio: 47, 129, 147, 305, 370, 371, 519, 744, 779, 849, 857
Scarpelli, Giacomo: 147
Scarpelli, Manlio: 623

índice de nombres

Scarsella, Roberto: 755
Scattini, Luigi: 454, 845
Scavarda, Aldo: 58
Schaefer, Armand: 914, 915
Schaefer, George: 385, 562
Schaffner, Franklin J.: 114, 191, 261, 327, 403, 408, 549, 561, 636, 662, 772, 931
Schäffner, Martin: 287
Schamberg, Guido: 256
Schamoni, Peter: 461, 462
Schamus, James: 67
Schary, Dore: 189, 281, 292, 568, 703, 731
Schatzberg, Jerry: 271, 275, 351, 384, 385, 589, 646, 731, 763, 822, 914
Schaughnessy, Mickey: 568
Scheerer, Robert: 271, 477, 655
Scheider, Roy: 537, **763**
Scheinman, Andrew: 731
Schell, Maria: 172
Schell, Maximilian: 91, 306, 755, 832, 889, 890, 907
Schenck, Joseph M.: 453, 537, 607, 683, 788, 847
Schenkel, Carl: 914
Schepisi, Fred: 187, 217, 387, 543, 555, 669, 746, 764, 822, 823, 832
Schermer, Jules: 148
Schertzinger, Victor: 26, 124, 359, 409, 504, 636, 696, 825, 887
Schienbeck, Paul: 651
Schifrin, Lalo: 109, 775, 852
Schildkraut, Joseph: 73, 267, 868, 896, 897
Schirato, Gemma: 693
Schlamme, Thomas: 423
Schlesinger, John: 71, 72, 95, 166, 200, 225, 319, 361, 377, 408, 415, 416, 439, 455, 521, 537, 582, 636, 708, 709, 735, 740, 763, **764**, 831, 832, 907, 934
Schliepper, Carlos: 782
Schlöndorff, Volker: 44, 237, 238, 276, 423, 435, 445, 527, **764**, 769, 770, 783, 872, 912, 923, 924
Schlumberger, E.: 755
Schmid, Daniel: 28, 102, 103, 243, 654, **765**
Schnackertz, Heinz: 570
Schnee, Charles: 24, 153
Schneeberger, Hans: 34
Schneider, Bert: 252, 701
Schneider, Harold: 150, 252
Schneider, Magda: 766
Schneider, Maria: 294, 718, 880
Schneider, Romy: 159, 196, 197, 244, 513, 761, **776**, 897
Schnell, George H.: 625
Schnitzer, Allen: 816
Schochiku: 211, 685
Schoedsack, Ernest B.: 57, 70, 209, 461, 528, 560
Schoelen, Jill: 306
Schoenfeld, Bernard: 220, 794

Schönberg, Arnold: 297
Schrader, Paul: 219, 230, 361, 456, 461, 462, 567, 743, 759, **767,** 771, 772, 843
Schroeder, Barbet: 89, 123, 124, 157, 243, 276, 325, 326, 435, 485, 568, 608, 660, 735, 737, 743, **767,** 823
Schroeder, Greta: 625
Schroeder, Kurt: 900
Schroeter, Werner: 423, 424, 765
Schubert, Bernard: 563
Schubert, Franz: 6, 246, 647, 806
Schüfftan, Eugen: 1, 496, 594
Schulman, Arnold: 599, 874
Schulman, Irving: 706
Schultz, Carl: 589
Schultz, Michael: 144, 543, 769, 914
Schullberg, Budd: 703
Schumacher, Joel: 69, 271, 401, 561, 589, 732, 740, 759, **768**
Schumann, Robert: 164, 513
Schumann, Walter: 620
Schündler, Rudolf: 287
Schunzel, Reinhold: 201, 282, 875, 289, 441, 820, 896
Schuster, Harold: 26, 38, 253, 326, 618
Schutz, Maurice: 657
Schwartz, Gary: 286
Schwarz, Arthur: 563, 564
Schwarz, Hans: 257, 442, 516, 548
Schwarzenegger, Arnold: 768
Schygulla, Hanna: 367, 619, 620, **769**
Scibor-Rylski, Aleksander: 412
Scob, Édith: 894
Scofield, Paul: 259
Scola, Ettore: 44, 74, 234, 292, 305, 356, 357, 358, 444, 456, 489, 505, 506, 519, 550, 551, 619, 620, 623, 624, 755, 756, 769, **770**, 811, 813, 815, 849, 858, 859, 870, 895, 896, 906
Scorsese, Martin: 104, 119, 149, 194, 207, 219, 226, 229, 230, 258, 259, 335, 401, 455, 456, 477, 493, 576, 580, 612, 624, 662, 669, 747, 767, **771**, 821, 822, 843, 882
Scott, Allan: 809
Scott, Aubrey: 617
Scott, George C.: 30, 77, 119, 771, 772
Scott, Ken: 296
Scott, Lizabeth: 128, 300
Scott, Martha: 795
Scott, Peter-Graham: 549
Scott, Randolph: 94, 274, 296, 392
Scott, Ridley: 16, 17, 91, 92, 131, 144, 207, 224, 243, 271, 320, 332, 351, 387, 456, 583, 674, 722, 759, **772,** 916
Scott, Tony: 198, 207, 219, 242, 385, 417, 418, 633, 674, 697, 731, 746, 759, 772, 801, 822, 914, 927

Scott, Vincent: 44, 664
Scott, Zachary: 19, 20, 145, 322, 412, 413, 547, 548
Scott-Thomas, Kristin: 515
Scotti, Vito: 297
Scotto, Aubrey: 516
Scotto, Vincent: 664
Scourby, Alexander: 802
Seacat, Sandra: 377
Seagal, Steven: 126
Seagull, Barbara: 401
Seale, John: 881
Sears, Heather: 306
Seaton, George: 52, 91, 132, 156, 225, 269, 315, 348, 409, 421, 457, 458, 474, 543, 632, 752, 774, 929
Seberg, Jean: 11, 114, 115, 496, 657, **773**
Sedgwick, Edward: 201, 388, 453, 454, 469, 481, 491, 844, 914
Seeber, Guido: 63
Segal, Alex: 331, 389, 736, 792
Segal, Boria: 426
Segal, George: 386, 552
Seidelman, Susan: 527, 823
Seidler, David: 874
Seidowsky, Marian: 445
Seiger, Rod E.: 649
Seigner, Emmanuelle: 515
Seiler, Lewis: 96, 225, 257, 353, 396, 410, 516, 522, 657, 696, 705, 784, 915
Seiter, William A.: 52, 105, 223, 276, 326, 329, 330, 352, 374, 388, 396, 416, 454, 480, 508, 522, 538, 545, 546, 560, 618, 733, 736, 817, 830, 844, 848, 915, 929, 935, 936
Seitz, Franz: 256, 257, 445
Seitz, George B.: 32, 190, 353, 560, 844, 875, 914, 926
Seitz, John F.: 203, 208, 252, 665, 896
Sekely, Steve: 472, 588
Selander, Lesley: 32, 110, 469, 578
Sellers, Peter: 51, 282, 652, 686, 695
Sellers, William: 674
Seltzer, David: 271, 319, 377, 387, 608, 747
Selznick, David O.: 37, 85, 205, 207, 208, 209, 212, 232, 246, 255, 273, 274, 297, 323, 340, 406, 443, 485, 500, 681, 686, 706, 847, 849, 902
Semler, Deam: 128
Semon, Larry: 494
Sempere, Francisco: 127, 165, 673, 675
Sempere, José: 788
Semprún, Jorge: 197, 244, 379, 380, 507, 586, 719, 937
Sen, Mrinal: 776
Sena, Dominic: 493, 674
Senia, Jean-Marie: 157
Sennett, Mack: 135, 160, 354, 504, 756, 832
Seppälä, Silu: 164
Sequi, Mario: 33, 310, 755

Sera, Ian: 306
Serafian, Deran: 462
Serafin, Enzo: 845
Seratrice, Vincenzo: 605
Seresin, Michael: 743
Sergueiev, Nikolai: 32
Seri, Melka: 429
Sermoneta, Alessandro: 473, 594, 690
Serna, Assumpta: 513, 552, **781**
Serra, E.: 369
Serra, Fiorenzo: 934
Serrano, Carlos: 556
Serrano, Julieta: 28, 53, 552, 568, 569, 598, 685, 806, 838
Serrano de Osma, Carlos: 313
Serrault, Michel: 306, 610
Serre, Henri: 267
Servais, Jean: 674, 724
Servantie, Adrienne: 569
Setbow, Philip: 72
Setó, Javier: 36, 234, 651, 721, 782
Sety, Gérard: 589
Severn, Christopher: 778, 779
Sevilla, Carmen: 651, 760, 781
Sevilla, Lolita: 89, 90
Sevilla, Rafael J.: 48
Sewell, Vernon: 199
Seyffertitz, Gustav von: 300, 309
Seymour, Anne: 678
Seymour, Jane: 306
Seyrig, Delphine: 41
Seyrig, Francis: 41
Shagan, Steve: 14
Shah, Krishna: 391
Shainberg, Steven: 485
Shakey, Bernard: 417
Shamroy, Leon: 20, 168, 179, 511, 692, 808
Shane, Maxwell: 64, 213, 357, 372, 697, 733
Shankar, Ravi: 659
Shannon, Effie: 753
Shapiro, Stanley: 599
Sharif, Omar: 481
Sharp, Alan: 474, 621, 663, 890
Sharp, Don: 593, 709, 716, 832, 866, 924
Sharp, Henry: 811, 933
Shavelson, Melville: 125, 234, 253, 269, 327, 348, 374, 403, 488, 506, 612, 731, 795, 916, 931
Shaw, Annabel: 240
Shaw, Fiona: 587
Shaw, Robert: 507
Shawlee, Joan: 41
Shea, John: 245
Shear, Barry: 202, 390, 697
Shearer, Moira: 938
Shearer, Norma: 368, 484, 597, 598, 738

Sheekman, Arthur: 183, 184, 811
Sheen, Martin: 42, 252
Sheldon, Sidney: 247, 374, 458
Shelton, Ron: 198, 223, 612, 759
Shenar, Paul: 369
Sheng, Lei Lao: 691
Shentall, Susan: 738
Shepard, Sam: 21, 72, 252, 389, 390, 477, 654, 655, **783**, 921
Sheperd, Simon: 290
Shepherd, Cybill: 12, 843
Shepherd, Richard: 246
Sher, Jack: 421
Sheridan, Ann: 145, 146, 598, **783**
Sheridan, Jim: 225, 226, 389, 390, **784**, 852
Sheriff, R. C.: 209, 414, 471, 478
Sherin, Edwin: 474
Sherman, George: 32, 48, 110, 214, 325, 421, 443, 541, 556, 560, 625, 632, 633, 655, 697, 721, 784, 825, 915, 916, 931
Sherman, Jim: 758
Sherman, Lowell: 374, 398, 399, 936
Sherman, Richard: 268, 405
Sherman, Robert: 495, 621
Sherman, Scott: 469
Sherman, Vincent: 14, 26, 96, 118, 145, 202, 224, 253, 315, 325, 331, 348, 352, 353, 357, 396, 416, 503, 516, 608, 612, 700, 705, 721, 784
Shermer, Jules: 535
Sherry, John B.: 775
Sherwood, Robert E: 96, 173, 563, 687, 706
Sheybal, Vladek: 626
Shields, Arthur: 726
Shils, Barry: 69
Shimizu, Masao: 432, 897
Shimkus, Joanna: 478
Shimura, Takashi: 566, 702, 703, 789
Shindo, Eitaro: 24, 401, 432
Shindo, Kaneto: 785
Shire, David: 189
Shire, Talia: 191, 648
Shirley, Anne: 415
Shizov, Nikolai: 245
Sholem, Lee: 632
Shore, Howard: 281, 432, 593
Shore, Sig: 455
Shores, Lynn: 329, 396, 560
Shorr, Richard: 876
Shpetner, Stan: 266
Shrader, Leonard: 722
Shrock, Raymond: 306
Shu, Chen: 446
Shue, Elisabeth: 483
Shuken, Leo: 259, 869, 896
Shulmin, Herman: 224, 105

Shuyuan, Jin: 497
Shyer, Charles: 69, 455, 543, 624, 638, 647, 732, 783
Siano, Silvio: 700
Sibirskaia, Nadia: 204
Sica, Christian de: ver De Sica, Christian
Sica, Vittorio de: ver De Sica, Vittorio
Sidney, George: 19, 162, 214, 264, 316, 334, 348, 351, 352, 354, 356, 373, 396, 457, 458, 480, 484, 488, 542, 625, 655, 682, 733, 762, 763, 791, 794, 795, 864, 868, 875, 926, 936
Sidney, Sylvia: 49, 342, 512, 808
Sieber, Walter: 851
Siegel, Don: 62, 94, 109, 126, 151, 175, 253, 279, 280, 327, 330, 341, 433, 516, 521, 544, 554, 555, 561, 579, 618, 705, 706, 716, 725, 726, 775, 782, **787**, 793, 821, 848, 916, 923
Siegel, Sol C.: 122, 184, 364, 406, 511, 632, 683, 899
Siegmann, George: 606
Sierra, José: 165
Signorelli, James: 485
Signoret, Simone: 284, 654, 677, 678, 739, **789**
Silberman, Serge: 251, 294, 299, 641, 894
Sillitoe, Alan: 749, 807
Sills, Milton: 501
Silos, Blanca de: 152
Silva, Carolina: 578
Silva, Henry: 245
Silvain, Eugène: 657
Silvani, Aldo: 123
Silver, Marisa: 710, 822
Silvers, Louis: 164, 686, 828
Silverstein, Elliot: 275, 328, 390, 544, 697
Silvestri, Alan: 3
Sim, Sheila: 652
Simmons, Jean: 111, 138, 296, 386, 418, 419, 539, 606, 635, **791**
Simmons, Richard Alan: 725
Simon, Carly: 47
Simon, François: 838
Simon, Michel: 53, 103, 104, 146, 309, 367, 594, 717
Simon, Neil: 335, 614
Simon, Robert: 547
Simon, Roger L.: 557
Simon, S. Sylvan: 330, 516, 875
Simon, Simone: 247, 414, 415, 597, 674, 739, 780, 792
Simoneau, Ives: 213, 455, 709
Simonelli, Giorgio: 103, 505, 700, 721, 812, 858
Simoni, Renato: 812
Simonischek, Peter: 29
Simoun, Henri: 109
Simpson, Russell: 884
Sinatra, Frank: 183, 184, 226, 406, 572, 664, **794**, 795
Sinclair, Andrew: 118, 642, 844

Sinclair, Madge: 188
Sinclair, Robert B.: 366, 682, 854, 875
Singer, Alexander: 608, 638, 876
Singer, Lori: 285, 901
Sinise, Gary: 361, 527
Sinkel, Bernhard: 166, 583
Sintzenich, Hal: 753
Siodmak, Curt: 796
Siodmak, Robert: 1, 3, 37, 104, 213, 220, 228, 270, 276, 292, 330, 351, 352, 442, 445, 457, 473, 474, 480, 503, 555, 556, 587, 648, 661, 750, 766, **795,** 797, 817, 818, 825, 899, 918, 923, 924, 940
Sipperly, Ralph: 23
Siragusa, Gianni: 700
Sirk, Douglas: 19, 26, 35, 62, 105, 177, 178, 214, 220, 221, 235, 293, 308, 352, 404, 420, 421, 429, 522, 608, 630, 784, **797,** 818, 853, 876
Sistrom, Joseph: 665
Sitruck, Olivier: 141
Sizemore, Tom: 397
Sjöberg, Alf: 834, 939, 940
Sjöman, Vilgot: 568, **798,** 834
Sjöström, Viktor: 171, 37, 38, 214, 338, 339, 350, 364, 491, 733, **799,** 800, 903
Skarstedt, Georg: 891
Skerna, Lena: 340
Skerritt, Tom: 17, 266
Skiles, Marlin: 128
Skinner, Frank: 35, 122, 170, 293, 404, 593, 600, 630, 927
Skirball, Jack H.: 808
Skolimowski, Jerzy: 9, 10, 71, 72, 139, 140, 209, 435, 462, 504, 618, 672, **800,** 863
Skroven, A.: 877
Slade, Bernard: 599
Slaska, Aleksandra: 656
Slater, Christian: 801
Slater, James: 702
Slezak, Victor: 688
Slezak, Walter: 607
Sloan, Edward van: 261
Sloane, Everett: 170, 219, 220, 502, 827
Sloane, Paul: 374, 508, 546
Slocombe, Douglas: 12, 286, 370, 413, 658, 798, 903
Sloman, Edward: 177, 190, 459, 844
Sluizer, George: 109
Small, Michael: 150, 537, 621
Smallwood, Ray C.: 887
Smart, Ralph: 940
Smeaton, Bruce: 672
Smight, Jack: 33, 62, 74, 121, 175, 327, 331, 403, 484, 485, 509, 521, 549, 579, 612, 716, 754, 755, 758, 833
Smiley, Joseph W.: 261
Smith, Alexis: 360

Smith, Art: 288
Smith, Bud: 852
Smith, C. Aubrey: 137, 140, 209, 471, 686, 688, 706, 840, 867
Smith, Charles: 537, 775
Smith, Jack: 913
Smith, John H.: 669
Smith, Keith: 250
Smith, Kent: 165, 292, 296, 530, 597
Smith, Leonard: 602
Smith, Lois: 150
Smith, Maggie: 383, 598, 599
Smith, Mel: 621, 852
Smith, Noel: 705, 784
Smith, Paul: 889
Smith, Paul Gerard: 60
Smith, Wallace: 66
Smithee, Allan: 403, 417, 638, 787, 923
Smithers, William: 53
Smoktunosky, Innokenti: 386
Smordoni, Rinaldo: 496, 497
Snell, David: 598
Snyder, Norman: 432
Snyder, William: 679
Soderbergh, Steven: 380, 435, 561, 783, **802**
Sofaer, Abraham: 2, 207
Soffici, Mario: 803
Sofonova, Elena: 633
Sol, Laura del: 141, 723, 760, **804,** 895
Sola, Miguel Ángel: 838
Solal, Martial: 11
Solanas, Fernando Ezequiel: 805
Solanas, Valerie: 913
Solano, Domingo: 827
Solano, Felipe: 343
Solás, Humberto: 46, **805**
Soldati, Giovanni: 455, 456
Soldati, Mario: 62, 63, 102, 151, 181, 356, 357, 361, 478, 503, 505, 506, 658, 693, 806, 812
Soldevilla, Lali: 295, 809
Soldi, Giancarlo: 701
Soler: 274
Soler, Julián: 48, 49, 310, 721, 726
Soler Leal, Amparo: 28, 89, 203, 838
Solinas, Franco: 71, 197, 507, 679, 753
Solinitsyne, Anatoli: 816
Sollima, Sergio: 317, 373, 755
Solomin, Vitalji: 787
Solomin, Yuri: 245
Solonitsin, Anatoli: 31, 32
Solstseva, Youlia: 271
Solt, Andrew: 288, 907
Sommer, Josef: 881
Sommers, Stephen: 496
Sondergaard, Gale: 30, 145, 897

índice de nombres

Sonego, Rodolfo: 182, 584, 738, 898
Sonnenfeld, Barry: 250, 385, 425, 866
Sordi, Alberto: 63, 117, 140, 182, 234, 371, 430, 447, 531, 583, 584, 623, **811,** 813, 857, 898, 906
Soref, Dror: 642
Sorel, Agnes: 29
Soria, Florentino: 127
Soria, Gloria: 48
Sorin, Carlos: 226
Sorkin, Aaron: 714
Sorozábal, Pablo: 538
Sorvino, Paul: 882
Sorya, Geneviève: 9
Sota, Pedro de la: 754
Sothern, Sarah: 843
Soto, Helvio: 751
Soto, Hugo: 870
Soutter, Michel: 838, 870
Spaak, Catherine: 47, 50, 293, 478, 739
Spaak, Charles: 65, 142, 277, 318, 372
Spacek, Sissy: 145, 245, 252, **813,** 868
Spadaro, Odoardo: 145
Spader, James: 501, 783
Sparks, Ned: 429
Sparkuhl, Théodore: 75, 367
Sparr, Robert: 301
Spears, Ross: 426
Sperling, Milton: 37, 434, 667, 838
Speyer, Jaap: 256
Spiegel, Larry: 575
Spiegel, Sam: 481, 482, 532, 663, 688, 712, 775
Spiegelgass, Leonard: 76, 146, 490
Spieker, Frank Joseph: 769
Spiel, Sam: 482
Spielberg, Steven: 69, 187, 273, 286, 290, 298, 331, 332, 394, 398, 408, 423, 450, 491, 527, 608, 656, 732, 743, 763, **814,** 885, 926, 939
Spier, William: 548
Spikings, Barry: 156
Spindola, Patricia Reyes: 712, 713
Spinola, Paolo: 10
Spinotti, Dante: 397
Sponza, Mario: 826
Spottiswoode, Roger: 213, 361, 362, 385, 387, 624, 676, 817, 870, 926
Springsteen, R. G.: 32, 221, 745, 784
Squarzina, Luigi: 150
Squitieri, Pasquale: 140, 234, 700, 774, 834
St. Clair, Malcolm: 110, 201, 388, 454, 471, 469, 481
St. John, Howard: 301
St. John L, Clowes: 65
Stack, Robert: 35, 293, 780, 781, 860
Stahl, John M.: 72, 73, 105, 146, 177, 220, 223, 269, 270, 281, 327, 348, 390, 429, 499, 509, 522, 532, 630, 632, 661, 692, 784, **815,** 826, 830, 844, 854, 929

Stajola, Enzo: 470
Stallings, Laurence: 370, 484, 496, 683, 910
Stallone, Sylvester: 816, 866
Stamatiou, Ilia: 156
Stamp, Terence: 80, 363
Stampony, Atilio: 535
Stanczak, Wadeck: 169
Stander, Lionel: 263
Standing, Sir Guy: 867
Stanislaw, Jiri: 863
Stanley, Frank: 258
Stanley, Joseph: 329, 396
Stanton, Harry Dean: 17, 654, 655
Stanwyck, Barbara: 25, 136, 289, 290, 300, 446, 498, 530, 565, 665, 707, **817,** 861, 869, 882
Stapleton, Maureen: 397
Stark, Ray: 308
Starr, Ronald: 274
Staudte, Wolfgang: 234
Steege, Johanna Ter: 274, 275
Steel, Anthony: 209
Steele, Barbara: 47, 312, 445
Steele, Karen: 543
Steenburgen, Mary: 181, 562
Stefano, Joseph: 687
Stein, Jeff: 543
Stein, Paul L.: 256, 364, 504, 508, 560, 791
Stein, Ronald: 500
Steinberg, Michael: 326
Steiner, Fred: 552
Steiner, Max: 12, 20, 25, 131, 140, 145, 149, 153, 155, 158, 208, 236, 246, 289, 293, 322, 341, 384, 461, 500, 524, 528, 530, 547, 563, 602, 640, 660, 667, 759, 794, 829, 838, 850, 897, 898
Steinhoff, Hans: 345, 442
Steinrück, Albert: 367
Steiter, William A.: 830
Stelli, Jean: 38, 590
Stellman, Martin: 914
Stemmle, R. A.: 247
Stengel, Christian: 825
Steno: 68, 234, 263, 36, 378, 503, 506, 550, 551, 583, 812, 813, 833, 858, 883, 897, 898, 906, 918
Stephens, John: 104
Stephens, Martin: 831
Stephenson, Henry: 140, 540, 635, 707, 900
Stephenson, James: 145
Sterling, Jan: 369, 794
Sterling, William: 589
Stern, Steven H.: 175, 271
Stern, Stewart: 706
Stern, Tom: 710
Sternberg, Jacques: 719
Sternberg, Josef von: 34, 137, 190, 247, 257, 294, 300, 309, 337, 374, 392, 441, 442, 472, 484, 494,

507, 508, 512, 541, 542, 555, 556, 578, 579, 745, 763, **818,** 819, 854, 891, 915
Sterninski, Jan: 261
Stevenin, Jean-François: 609
Stevens, Connie: 65
Stevens, David: 188
Stevens, George: 28, 52, 74, 94, 136, 173, 174, 180, 235, 270, 315, 329, 354, 374, 399, 403, 417, 420, 421, 468, 469, 504, 512, 522, 532, 559, 560, 574, 595, 676, 736, 817, **819,** 820, 834, 843, 844, 863, 864, 916, 932
Stevens, Gösta: 800
Stevens, Inger: 109
Stevens, Leslie: 549, 663
Stevens, Louis: 323, 419, 435, 850
Stevens, Mark: 616
Stevens, Rise: 790
Stevens, Robert: 395, 561
Stevenson, Robert: 33, 105, 187, 199, 270, 328, 329, 352, 469, 472, 523, 548, 556, 575, 578, 579, 592, 641, 680, 745, 830, 843, 883, 918
Stewart, Alexandra: 340
Stewart, Donald: 245
Stewart, Donald Ogden: 406, 686, 775, 874
Stewart, Douglas Day: 764
Stewart, Elaine: 109
Stewart, James: 30, 73, 181, 226, 266, 406, 411, 414, 419, 429, 533, 657, 664, 692, 780, **820,** 860, 890, 927
Stewart, Michael: 397
Stewart, Paul: 20
Stiller, Ben: 747
Stiller, Mauritz: 214, 349, 441, 613, 799, 800
Stix, J.: 561
Stockfeld, Betty: 184
Stockwell, Dean: 430, 654, 655
Stockwell, Guy: 75
Stockwell, John: 485
Stoll, George: 22
Stolof, Victor: 908
Stoloff, Ben: 359, 389, 516, 655, 863
Stolz, Eric: 593
Stone, Andrew L.: 95, 151, 199, 225, 253, 549, 574, 668
Stone, Harold J.: 305
Stone, N. B., Jr.: 274
Stone, Lewis: 371, 435, 686, 763, 815, 900
Stone, Norman: 96
Stone, Oliver: 126, 198, 207, 219, 223, 231, 244, 271, 387, 415, 416, 489, 493, 555, 633, 746, 763, 813, 831, 832
Stone, Robert: 714
Stone, Sharon: 149, 197, 575, 757, **821**
Stoppa, Paolo: 297, 358, 384, 447, 569, 572, 640, 734, 738

Stoppard, Tom: 82, 107, 273, 633
Storaro, Vittorio: 42, 74, 186, 297, 321, 515, 571, 874, 879, 880
Stothart, Herbert: 37, 281, 435, 539, 540, 621, 688, 707, 720, 868
Stowe, Madelaine: 822, 901
Stradling, Harry: 138, 247, 289, 397, 443, 720, 908
Stradling, Harry, Jr.: 169, 250
Stradner, Rose: 499
Strand, Paul: 940
Strasberg, Lee: 372, 407, 452, 557, 611, 813
Strasberg, Susan: 275
Strathairn, David: 661
Straub, Jean-Marie: 769
Strauss, Johan: 104
Strauss, Karl: 81
Strauss, Oscar: 523, 739
Strauss, Raphael: 104
Strauss, Robert: 53
Strayer, Frank: 110, 270, 330, 389, 396, 825, 915
Streep, Meryl: 61, 156, 531, 564, 565, 688, **822**
Streisand, Barbra: 397, 624, **823**
Stritch, Elaine: 687
Strode, Woody: 414, 759
Stroheim, Erich von: 57, 202, 203, 347, 371, 372, 602, 713, **823,** 825, 833, 907
Stromberg, Hunt: 435, 436, 598
Strougatski, Arcadi: 816
Strougatski, Boris: 816
Strouse, Charles: 99, 250
Strudwick, Shepperd: 37
Struss, Karl: 23, 134
Struthers, Sally: 423
Stuart, Gloria: 414, 686, 856
Stuart, Mel: 151, 234, 271, 485, 925
Studer, Carl: 186
Sturges, John: 19, 32, 55, 114, 126, 174, 175, 189, 245, 269, 280, 385, 409, 417, 418, 421, 474, 503, 539, 542, 544, 561, 585, 655, 657, 662, 680, 697, 716, 731, 745, 789, 794, 795, 807, 818, 831, 832, 845, 863, 864, 876, 907, 916, 923
Sturges, Preston: 220, 326, 327, 390, 471, 486, 499, 500, 540, 559, 560, 680, 707, 817, **826,** 869, 896, 931
Sturridge, Charles: 380, 425
Su, Long: 879
Suárez, Carlos: 291, 293, 716, 781, 827, 888
Suárez, Emma: 827
Suárez, Gonzalo: 42, 76, 290, 291, 313, 314, 375, 557, 654, 700, 716, 750, 751, 754, 782, **827,** 851
Suárez, Helga: 535
Suárez, José: 127
Suckman, Harry: 892
Sueiro, Daniel: 368
Sugai, Ichiro: 897

índice de nombres

Sugimura, Haruko: 211, 685
Sullavan, Margaret: 73, **829,** 860, 867
Sullivan, Barry: 153, 502, 888
Sullivan, C. Gardner: 882
Sullivan, Francis L.: 635
Sullivan, Pete: 283
Summer, Stephen: 731
Summers, Manuel: 103, 312, 475
Summerville, Slim: 793
Sundberg, Clinton: 247
Surtees, Bruce: 59, 341, 621, 775
Surtees, Robert: 153, 245, 340, 364, 433, 575, 891, 906
Suschitzky, Peter: 432
Susini, Enrico: 233
Sutherland, Donald: 8, 433, 571, **831**
Sutherland, Edward: 70, 110, 205, 257, 304, 388, 389, 481, 522, 532, 705, 736, 753, 863
Sutherland, Kiefer: 832
Swadon, Elizabeth: 360
Swain, Bob: 125, 126, 722, 856
Swanson, Gloria: 202, 203, 228, 336, 368, 713, 779, 824, **832,** 910, 930
Swarts, Isaas: 245
Swerling, Jo: 136, 607, 692, 757
Swift, David: 105, 331, 335, 488, 633, 733, 766
Swinburne, Nora: 726
Swope, Herbert: 892
Syberberg, Hans-Jürgen: 192, 513, 765
Sydney, Basil: 386
Sydow, Max von: 38, 138, 139, 183, 184, 388, 563, 663, 742, 780, **833**
Sykes, Peter: 461, 574, 923
Sylvester, William: 268
Sylvie: 142, 206, 263
Sylwan, Kari: 377
Szabó, István: 274, 275, 566, **835**
Szabó, Laszló: 242, 871
Szekely, Hans: 246
Szwarc, Jeannot: 276, 307, 590, 642, 763

Tabío, Juan Carlos: 378, 381
Tacchella, Jean-Charles: 740, 768
Tadic, Ljuda: 520
Tafuri, Renato: 617
Tajo, Italo: 309
Takeyama, Michio: 427
Takimaru, Kazuo: 248
Talalay, Rachel: 244
Talamo, Gino: 525
Talazac, Odette: 711
Talchi, Vera: 263
Tallas, Gregg: 587
Talmadge, Constance: 432
Talmage, Natalie: 453
Talmage, Norma: 453, 613
Tamassy, Zdenko: 566
Tamblyn, Russ: 921
Tamburella, Paolo William: 497
Tambutti, Suzanna: 838
Tamiroff, Akim: 50, 247, 447, 774, 882
Tanaka, Haruo: 24
Tanaka, Kinuyo: 210, 432, 580, 884, 897
Tanaka, Noboru: 429
Tanaka, Tomoyuki: 566
Tandler, Adolf / Adolph: 713, 763
Tandy, Jessica: 650
Tani, Yoko: 254
Taniguchi, Senkichi: 17
Tanner, Alain: 583, 701, **838,** 871
Tansey, Robert: 454
Tanzilli, Josiane: 25
Taradash, Daniel: 224, 226, 289
Tarantino, Quentin: 455, 456, 690, 852, 866, 927
Tarascio, Enzo: 186
Tardón, Bárbara: 513
Tarkovskaya, Irma Rauch: 32
Tarkovsky, Andrei: 31, 463, 816, **839**
Tarkowski, Michal: 412
Tarride, Jean: 789, 792
Tash, Max: 493
Tashlin, Frank: 225, 390, 492, 493, 503, 521, 542, 546, 680, 745
Tate, John: 418
Tati, Jacques: 172, 569, **841,** 885
Tato, Anna Maria: 44
Tattoli, Elda: 700
Taurand, Gilles: 447
Taurog, Norman: 19, 26, 52, 111, 162, 177, 276, 281, 353, 354, 374, 454, 457, 458, 484, 493, 504, 509, 532, 542, 555, 573, 574, 618, 736, 745, 784, 844, 864, 869, 926
Tavernier, Bertrand: 95, 96, 141, 238, 423, 455, 456, 622, 623, 624, 671, 767, 781, 834, **841**
Tavernier, Nils: 52, 141
Taviani, Paolo: 619, 647, **842,** 858
Taviani, Vittorio: 103, 462, 551, 619, 647, 740, **842,** 858
Tavoli, Luciano: 718, 896
Taylor, Don: 170, 199, 269, 335, 390, 409, 474, 544, 647, 721
Taylor, Dub: 99, 100
Taylor, Dwight: 809
Taylor, Elizabeth: 117, 173, 208, 436, 507, 512, 532, 647, **843**
Taylor, Gilbert: 719
Taylor, J. O.: 461
Taylor, Joyce: 77
Taylor, Lili: 901
Taylor, Ray: 579, 587

Taylor, Robert: 164, 165, 245, 436, 539, 603, 630, 688, 689, 690, **844,** 867
Taylor, Rod: 66, 649, 650, 808
Taylor, Sam: 60, 70, 221, 234, 258, 304, 355, 388, 481, 499, 508, 573, 847, 849, 924
Tcherina, Ludmilla: 938
Tchernia, Pierre: 243, 623
Teague, Lewis: 69, 249, 271, 875
Teal, Ray: 369, 838
Tearle, Godfrey: 866
Tébar, Juan: 28
Téchiné, André: 7, 74, 87, 90, 169, 241, 242, 243, 423, 447, 590, 591, **845,** 871
Telezynska, Isabella: 513, 658
Tellegen: 725
Tellería, Isabel: 295
Tellini, Piero: 234, 263, 908
Telson, Bob: 62
Temple, Julien: 224
Temple, Shirley: 246, 525, 541, 847
Tenderer, Stacey: 267
Tenney, Del: 763
Tennyson, Penn: 373
Terrón, Jesús: 827
Terrouane, Alain: 569
Terry, Alice: 208, 686, 762
Terry, Philip: 252, 899
Terzano, Massimo: 693
Terzian, Alain: 169
Terzieff, Laurent: 894
Tesich, Steven: 360, 663
Tessari, Duccio: 49, 237, 238, 396, 566, 592, 755
Tessier, Valentine: 523
Teti, Giuseppe: 753
Tetzlaff, Ted: 28, 70, 289, 331, 417, 556, 625, 707
Teuber, Monica: 462
Tewkesbury, Peter: 144, 328
Teyssedre, Anne: 210
Thaddeus, Norman: 214
Thalasso, Arthur: 410
Thalberg, Irving: 57, 98, 370, 371, 453, 491, 539, 545, 546, 620, 621, 652, 707, 738, 810, 824, 840, 907, 933
Thatcher, Torin: 179, 725
Thaxter, Phyllis: 565
Theaudière, Philippe: 309
Thelen, Jodi: 360
Theodorakis, Mikis: 681, 937, 941
Théry, Jacques: 899
Thibaut, Monique: 204
Thibeau, Jack: 341
Thiele, Eugene: 792
Thiele, Rolf: 126, 242, 766
Thiele, Wilhelm / William: 16, 38, 574
Thiess, Ursula: 725

Thimig, Hermann: 896
Thirard, Armand: 752, 853
Thom, Robert: 443
Thomas, André: 788
Thomas, Dave: 834, 866
Thomas, Gerald: 187
Thomas, Henry: 298
Thomas, Jameson: 828
Thomas, Jeremy: 641, 879
Thomas, Kristin Scott: 35
Thomas, R. L.: 832
Thomas, Ralph: 68, 95, 139, 399, 618, 791, 866
Thomas, Richard: 789, 793
Thompson, Emma: 290, 383, 711, 778, **851**
Thompson, Ernest: 747
Thompson, Frederick: 70
Thompson, Harlan: 374, 609, 784
Thompson, J. Lee: ver Lee Thompson
Thompson, Jack: 188
Thompson, Jim: 109, 195, 338, 465, 662, 777, 781, 841
Thompson, Kay: 138
Thompson, Marshall: 690
Thornton, F. Martin: 420
Thorpe, Jerry: 331, 574
Thorpe, Richard: 19, 52, 72, 162, 202, 253, 264, 270, 316, 323, 329, 331, 352, 359, 373, 436, 457, 458, 472, 474, 484, 508, 509, 522, 525, 539, 542, 548, 556, 561, 579, 686, 705, 714, 821, 830, 840, 843, 844, 845, 864, 876, 918, 926
Thuillier, Jean: 185
Thulin, Ingrid: 184, 208, 338, 339, 377, 380, 742, 791
Thurman, Uma: 690, 732, **852**
Thurston, Carol: 679
Tianming, Wu: 934
Tierney, Gene: 10, 11, 36, 37, 320, 404, 480, 622, 692, 847, **854,** 907
Till, Eric: 115, 883
Tiller, Nadja: 126
Tilly, Jennifer: 63, 64, 856
Tilly, Meg: 433, **856,** 888
Tingwell, Charles: 188
Tinling, James: 396, 914
Tiomkin, Dimitri: 1, 138, 274, 301, 420, 446, 692, 726, 807, 808
Tioulong, Boramy: 870
Tirabassi, Giorgio: 10
Tischer, Bernd: 445
Tissé, Eduard: 5, 284, 631
Titina de Filippo, Margadonna: 266
Tizol, Juan: 781
Toback, James: 417, 455, 456, 461, 462, 714
Tobias, George: 76, 630, 759, 934
Toch, Ernst: 829
Todd, Ann: 482

índice de nombres

Todini, Amanzio: 358, 551, 724, 744
Toes, Blossom: 178
Tofano, Sergio: 786
Tognazzi, Ricky: 857
Tognazzi, Ugo: 369, 370, 384, 773, 849, **857,** 858, 859, 890
Tokar, Norman: 26, 335, 356, 364, 523, 618, 750
Tolan, Michael: 418
Toland, Gregg: 170, 329, 415, 501, 563, 884
Toledo, Cyra: 291
Tollen, O.: 441
Tomatito: 321
Tomlin, Lily: 901
Tone, Franchot: 50, 220, 707, 847, 867
Tonnerre, Jérôme: 193
Tono, Eijiro: 566
Tonoyama, Taiji: 429
Tonti, Aldo: 254, 298, 622, 773
Topart, Jean: 851
Topor, Roland: 442
Topor, Tom: 144
Toral, Sandra: 291
Torán, Luis Enrique: 627
Toren, Marta: 44, 664
Torio, Atila: 901
Torn, Rip: 562
Tornatore, Giuseppe: 168, 243, 550, 551, 592, 623, 624, 804, 815, **860**
Tornqvists, Kristina: 663
Toronjo, Paco: 321
Torrado, Ramón: 313, 782
Torre, Amelia de la: 647, 675
Torre, Raúl de la: 81
Torre Nilsson, Leopoldo: 148, 534, 535, 699, 700, **861**
Torre Ríos, Leopoldo: 861
Torrent, Ana: 203, 286, 295, 616, 653, 757
Torrente Ballester, Gonzalo: 723, 831
Torrente Malvido, Gonzalo: 723
Torres, Ana: 362
Torres, Augusto M.: 49, 476
Torres, Raquel: 811
Torres, Ricardo: 183, 900
Torruella, Magi: 129
Toscano, Antonio: 321
Toscano, Gabriela: 838
Tosi, Mario: 145
Tosi, Piro: 358
Toso, Otello: 595
Toth, André de: ver De Toth
Totheroh, Roland: 595
Totheroh, Rollie: 511, 585, 853
Totheroth, Dan: 415
Totò: 182, 234, 267, 378, 640
Totten, Robert: 633, 787

Totter, Audrey: 147, 603
Touati, Elisa: 422
Tourjansky, Viktor: 721, 792
Tourneur, Jacques: 32, 64, 87, 253, 268, 269, 331, 345, 395, 472, 473, 556, 560, 574, 578, 579, 597, 629, 630, 648, 657, 661, 667, 668, 720, 784, 792, 854, **862,** 928
Tourneur, Maurice: 111, 257, 267, 345, 435, 445, 508, 789, 792, 862
Toutain, Roland: 710, 711
Tover, Leo: 128, 400, 563, 616, 631, 785, 878
Tovoli, Luciano: 551, 672
Tovoli, Luigi: 9, 10
Towers, Constance: 517
Towne, Robert: 165, 362, 491, 669, 677, 874
Toye, Wendy: 95
Toynton, Ian: 91
Tozzi, Fausto: 234
Trabaud, Pierre: 773
Tracy, Spencer: 135, 189, 198, 281, 323, 342, 399, 532, 595, 632, 647, 819, 850, **863,** 889, 890
Tracy, William: 73
Tramont, Jean-Claude: 385, 691, 823
Trauner, Alexander: 22, 142, 594
Travers, Bill: 206, 207
Travers, Henry: 25, 414, 692, 779, 808, 880
Travers, Linden: 65
Travolta, John: 145, 690, **866**
Treuberg, Franz Graf: 570
Trevor, Austin: 160
Trevor, Claire: 155, 259, 683
Trieste, Leopoldo: 260
Trikonis, Gus: 401
Trincado, Joaquín: 46
Trinder, Tommy: 160
Trintignant, Jean-Louis: 169, 186, 244, 292, 293, 568, 756, 849, **869,** 937
Trintignant, Marie: 52, 781
Trintignant, Nadine: 44, 91, 140, 242, 551, 624, 671, 755, 869, 870, 871
Tristancho, Carlos: 517
Trnk, Jiři: 565
Troell, Jan: 307, 384, 385, 731, 834, **871,** 877, 922
Troglio, Pier Luigi: 535
Troisi, Massimo: 147, 770, 815, 896
Tronson, Robert: 125
Trosper, Guy: 689, 690
Trotta, Margarethe von: 29, 44, 756, 765, 769, 770, **872**
Trotti, Lamar: 164, 167, 193, 194, 320, 430, 510, 775, 815
Trousdale, Gary: 77
Trovaini, Battista: 43
Trovajoli, Armando: 305, 444, 519, 620, 815, 849, 896

Trueba, David: 664, 876
Trueba, Fernando: 40, 65, 66, 76, 78, 253, 254, 314, 362, 377, 387, 513, 557, 654, 664, 700, 758, **872,** 876, 892, 893
Truffaut, François: 7, 11, 44, 79, 80, 91, 143, 165, 166, 194, 209, 241, 242, 243, 265, 267, 282, 290, 365, 557, 575, 590, 591, 665, 670, 735, 776, 797, 870, **872,** 891
Trujillo, Miguel Ángel: 89
Trumbo, Dalton: 240, 337, 465, 506, 731, 832, 878, 885
Trumbull, Douglas: 167, 268, 929
Tryon, Tom: 924
Tsuji, Hisakazu: 401
Tsuji, Kiyoko: 897
Tsukioka, Yumeji: 685
Tubbs, Bill: 649
Tuchner, Michael: 118, 907
Tuchock, Wanda: 15, 736
Tuggle, Richard: 115, 279, 280, 341
Tully, Montgomery: 55, 95, 187
Tully, Tom: 10, 11, 22, 908
Tunberg, Karl: 562
Tune, Tommy: 398, 626
Tung, Sandy: 674
Turjanskij, V.: 138
Turner, Fred: 432
Turner, Kathleen: 339, 515, **874**
Turner, Lana: 113, 147, 153, 371, 429, 868, **875,** 906
Turney, Catherine: 20, 565
Turquel, Joseph: 777
Turteltaub, John: 866
Turturro, John: 258, 259, 621
Tutin, Dorothy: 657
Tuttle, Frank: 110, 190, 220, 366, 374, 469, 471, 504, 538, 574, 696, 733, 783, 784, 789, 833, 929
Tuzzi, Carlo: 103
Twardowski, Hans Heinrich von: 346, 347, 893
Twiggy: 626
Twist, Derek: 118, 750
Twist, John: 293
Tyler, Tom: 892
Tyrell, Susan: 308
Tyszkiewicz, Beata: 412, 536

Ucci, Toni: 896
Uchara, Ken: 248
Ucicky, Gustav: 45, 257, 345, 442, 636
Ullman, Tracey: 64
Ullman, Yves: 610
Ullmann, Liv: 377, 420, 421, 422, 667, 809, 810, **877**
Ulloa, Alejandro: 54, 313, 721
Ulloa, José M.: 314
Ulloque, José María: 804
Ulmer, Edgar G.: 366, 472, 556, 782, 795, 870

Umecka, Jolanda: 209
Umiliani, Piero: 744
Underwood, Ron: 224, 455
Ungari, Enzo: 879
Unger, Gladys: 369
Ungría, Alfonso: 8, 46, 188, 313, 556, 806, **881**
Unsworth, Geoffrey: 122, 268, 850
Unterkircher, Hans: 878
Upp, Virginia Van: 363
Urbizu, Enrique: 557, 654
Ure, Mary: 209
Uribe, Imanol: 46, 76, 251, 253, 314, 341, 594, 723, 804, 827, **882**
Urretavizcaya, Arantxa: 188
Urueta, Chano: 48, 588
Uspenskaya, Maria: 688
Ustinov, Peter: 55, 118, 270, 502, 506, 612, 618, 623, 671, 844, **882,** 883, 884
Usuelli, Teo: 773
Utrera, Fernando de: 321

Vaccaro, Brenda: 200
Vadim, Annete: 888
Vadim, Roger: 68, 69, 241, 242, 253, 316, 328, 421, 590, 669, 671, 721, 739, 858, 870, 888, 906
Vadnay, Laslo: 775
Vajda, Ernest: 509, 717, 886, 906
Vajda, Ladislao: 118, 312, 537, 538, 540, 569, 588, 721, 883, **886**
Vajda, László: 463
Valastro, Sebastiano: 855
Valcárcel, Horacio: 133, 379
Valenti, Osvaldo: 895
Valentin, Albert: 592
Valentine, Joseph: 29, 780, 808
Valentine, Paul: 632
Valentino, Rudolph: 8, 9, 111, 208, 431, 613, 746, 756, **887**
Valère, Jean: 700, 774, 906
Valeri, Franca: 779
Valerian, Bice: 489
Valerii, Tonino: 175, 327, 372, 721
Valero, Antonio: 29, 248, 432, 433, 517, 578
Valero, Jean-Louis: 660
Valetti, Rosa: 34
Valk, Frederick: 12
Valle, Mauricio do: 39
Vallee, Rudy: 540
Vallejo, Gerardo: 805
Valli, Alida: 267, 297, 386, 778, 849
Valli, Romolo: 117, 358, 371
Vallone, Raf: 49, 738
Valtinos, Theo: 895
Valverde, Fernando: 29, 808, 809
Valverde, Víctor: 193

índice de nombres

Van Every, Dale: 135
Van Os, Ben: 176
Vancini, Florestano: 9, 10, 144, 234, 658, 700
Vandross, Luther: 285
Vane, Norman T.: 214
Vanel, Charles: 752
Vangelis: 92, 245
Vanlint, Dereck: 17
Vannucchi, Sabino: 619
Vanzina, Carlo: 276, 582
Vanzina, Stefano: 378, 583
Varas, Jean: 250
Varda, Agnès: 80, 242, 504, 551, 622, 623, 671, 672, 719, 779, **888**
Varden, Norma: 122
Vargas, Manolo: 274
Vargas, Manuela: 324
Vargas, Rafael: 368
Vargas de la Maza, Armando: 48
Vari, Giuseppe: 502
Varini, C.: 369
Varini, Emilia: 811
Varley, Sarah Jane: 934
Varsi, Diane: 430
Varzi, Elena: 738
Vasely, Herbert: 162
Vasili, Salvatore: 234
Vaucorbeil, Max de: ver De Vaucorbeil
Vaughan, Peter: 587
Vázquez Figueroa, Alberto: 751
Veber, Francis: 243, 624
Vecchiali, Paul: 671
Védrés, Nicole: 719
Vega, Alejandro: 274
Vega, Felipe: 98, 654
Veidt, Conrad: 149, 347, 469, 470
Veiller, Anthony: 330, 341
Velasco, Andrés: 722
Velasco, Concha: 180, 860
Velasco, Manuel: 809
Velat, Carlos: 888
Veneuil, Henri: 317
Vennera, Chick: 934
Venora, Diane: 397
Ventura, Lino: 244, 284, 447, 589
Ventura, Ray: 145, 287
Venturini, Aldo: 738
Vera, Gerardo: 46, 66, 583, 893, 899
Verdaguer, Antoni: 557, 754, 781
Verdi, Giuseppe: 297, 358, 515
Verdú, Maribel: 23, 40, 78, 133, 422, **892**
Vergano, Aldo: 92, 357
Vergano, Serena: 206
Vergés, Rosa: 827
Vergez, Gérard: 583

Verhoeven, Paul: 271, 485, 769, 821, 822, **894**
Verley, Bernard: 894
Vernay, Robert: 540, 782
Verneuil, Henri: 68, 79, 80, 96, 104, 105, 114, 139, 140, 221, 237, 327, 346, 372, 586, 591, 592, 623, 697
Vernon, Anne: 360, 653
Vernon, Frances: 124
Vernon, John: 340, 444
Vernuccio, Gianni: 750, 782
Verona, Stephen: 485, 816
Verschueren, Étienne: 596
Versini, André: 870
Vertinskaya, Anastasia: 386
Verushka: 94
Véry, Charlotte: 60, 210
Veszits, Andrea: 275
Vianey, Michel: 870
Vicari, Salvatore: 855
Vicario, Marco: 551, 859
Vicas, Victor: 792
Vich, Vaclav: 208
Viciano, Enrique: 786
Vickers, Martha: 829
Vico, Antonio: 538, 569, 627
Vico, Jorge: 626, 627
Victor, Henry: 259, 653
Victor, Renaud: 90
Vida, Piero: 288
Vidal, Gore: 66, 167, 172, 663
Vidarte, Walter: 188
Vidolazzi, Rocco: 734
Vidor, Charles: 22, 80, 94, 95, 104, 105, 124, 125, 137, 138, 141, 225, 234, 330, 340, 357, 363, 372, 380, 396, 420, 421, 443, 457, 458, 469, 470, 479, 516, 522, 539, 554, 601, 630, 712, 794, 812, 843
Vidor, Florence: 901
Vidor, King: 15, 98, 114, 157, 180, 190, 191, 198, 199, 201, 222, 223, 224, 255, 268, 269, 273, 274, 304, 316, 323, 327, 348, 357, 364, 366, 370, 390, 398, 402, 403, 416, 443, 472, 491, 503, 522, 525, 530, 547, 553, 559, 560, 608, 651, 661, 680, 682, 683, 725, 817, 821, 828, 829, 830, 863, 864, **901**, 933, 939
Vierikko, Vesa: 164
Vierny, Sacha: 41, 176, 380, 405, 903, 904
Viertel, Berthold: 104, 177, 270, 601
Viertel, Salka: 37, 540
Vigne, Daniel: 243, 916
Vignola, Robert G.: 887
Vigo, Jean: 53
Vilallonga, José Luis de: 23, 24
Villa, Jacques R.: 242
Villaggio, Paolo: 625
Villar, Francisco del: 49
Villaris, Carlos: 625
Villaronga, Agustín: 103, 654

Villaseñor, Rafael: 476
Villaverde, Javier: 654, 758
Villaverde, Teresa: 804
Villiers, François: 587, 592, 700
Villoresi, Pamela: 815
Vilsmaier, Joseph: 489
Vilmorin, Loise de: ver De Vilmorin
Vincent, Christian: 424
Vincent, James: 887
Vincent, Virginia: 695
Vincenti, Alfieri: 386
Vincenzoni, Luciano: 370, 371
Vimma, Clyde de: ver De Vimma
Vinson, Helen: 268
Viola, Cesare Giulio: 497
Viot, Jacques: 22
Visconti, Luchino: 78, 95, 96, 139, 140, 145, 146, 186, 231, 237, 356, 358, 372, 431, 473, 474, 512, 513, 525, 530, 531, 549, 550, 551, 638, 699, 700, 701, 702, 734, 739, 755, 765, 766, 767, 778, 854, 855, **904,** 938
Vitale, Mario: 825, 826
Viterelli, Joe: 63, 64
Vitez, Antoine: 568
Vitold, Michel: 851
Vitti, Monica: 58, 619, **905**
Vivaldi, Antonio: 145, 529, 593
Vivale, Milly: 267
Vivanco, Fernando: 513
Vivarelli, Piero: 236
Vlad, Román: 569
Vlady, Marina: 470, 815, 838
Vodak, Vaclav: 248
Vogel, Paul: 340, 603, 804
Vogeler, Volker: 162
Vogler, Rüdiger: 287
Vohrer, Alfred: 373
Voight, Jon: 188, 200, 236, 397, 418, **907**
Voit, Mieczyslaw: 523, 524
Vol, Frank de: ver De Vol
Voletti, Michel: 210
Volonté, Gian Maria: 47, 150, 434, 593, 638, 690
Volponi, Paolo: 529
Volter, Philippe: 261
Vonnegut, Kurt: 239
Vorhaus, Bernard: 516, 629, 630, 915
Votocëk, Otakar: 642
Vree, Freddy de: ver De Vree
Vroom, Frederick: 537, 607
Vuh, Popol: 9
Vukotic, Milena: 384, 890
Vulpiani, Mario: 117, 370

Wade, Kevin: 47, 614
Wademant, Annette: 502, 523

Wadleigh, Michael: 320
Waggner, George: 587, 608, 750, 915
Wagler, Broder: 676
Wagner, Fritz Arno: 519, 851, 868
Wagner, George: 608
Wagner, Jane: 866
Wagner, Richard: 42, 513
Wagner, Robert: 632, 652, 683, 892
Wagner, Sidney: 147
Waits, Tom: 901
Wajda, Andrzej: 103, 158, 243, 409, 411, 412, 424, 520, 676, 769, 770, 800, **909,** 941
Walacinski, Adam: 307, 524
Walas, Chris: 593
Walbrook, Anton: 196, 502, 517, 739, 938
Walczewski, Marek: 656
Wald, Jerry: 20, 29, 155, 322, 630, 777, 794, 874, 904
Wald, Malvin: 170
Waldron, Charles: 829
Wales, Ken: 266
Walken, Christopher: 155, 156, 239, 260, 689
Walker, Aurora: 285
Walker, Hal: 235, 366, 469, 471, 493, 542, 745
Walker, Helen: 127, 128
Walker, Joseph: 25, 420, 515, 692, 775, 828
Walker, Stuart: 177, 374, 479, 504, 538
Walker, Verne: 461
Walker, Vernon: 809
Walker, Virginia: 319
Wallace, Dee: 258, 298
Wallace, Earl W.: 881
Wallace, Morgan: 267
Wallace, Richard: 26, 180, 190, 276, 330, 353, 359, 366, 374, 399, 469, 472, 480, 504, 556, 618, 632, 696, 848, 915, 936
Wallach, Eli: 648, 876
Wallën, Sigurd: 800
Wallis, Hal B.: 140, 146, 149, 300, 386, 392, 492, 521, 602, 732, 803, 804, 880, 904, 934
Walsh, David M.: 935
Walsh, J. T.: 148
Walsh, Kay: 635
Walsh, Raoul: 12, 96, 124, 125, 141, 143, 191, 221, 228, 257, 268, 269, 293, 304, 324, 325, 326, 336, 347, 348, 359, 360, 374, 396, 403, 404, 420, 421, 425, 468, 469, 470, 486, 504, 508, 516, 544, 559, 560, 578, 579, 600, 602, 605, 630, 636, 655, 661, 667, 675, 676, 683, 696, 697, 705, 713, 725, 733, 742, 745, 784, 787, 833, 838, 864, 868, 880, 904, **910,** 914, 915
Walston, Ray: 41
Walter, Jessica: 496
Walters, Charles: 19, 28, 51, 52, 143, 162, 202, 225, 247, 316, 331, 354, 375, 406, 456, 457, 496, 521, 618, 736, 794, 908, 926

índice de nombres

Walters, Patricia: 726
Walters, Thorley: 306
Walthall, Henry B.: 376, 602, 605, 606
Walther-Fein, Rudolf: 256, 257
Walton, Fred: 832
Walton, Joseph: 507
Walton, William: 290, 386
Wanamaker, Sam: 114, 204
Wang, Wayne: 424, 456, 802, **912**
Wangenheim, Gustav von: 625
Wanger, Walter: 25, 44, 205, 259, 323, 354, 367, 415, 433, 472, 694, 695, 808
Ward, David S.: 122, 624, 642, 927
Ward, Edward: 532, 598
Ward, Fred: 341, 901
Ward, Rachel: 720
Ward, Simon: 749
Ward, Vincent: 483, 591
Warden, Jack: 64, 261
Wargnier, Régis: 74, 242, 871, **912**
Warhol, Andy: 912
Warner, David: 287, 687
Warner, Jack: 149, 215, 222, 223, 255, 288, 524, 777, 803, 898, 911
Warnow, Stanley: 759, 822
Warren, Betty: 160
Warren, Charles Marquis: 253, 329, 403, 560, 648, 686, 818
Warren, Harry: 908
Warren, Jennifer: 621
Warren, Lesley Ann: 285, 896
Warrender, Harold: 436, 652
Warrick, Ruth: 170
Warwick, Robert: 540, 570, 896
Washburn, Deric: 156
Washington, Denzel: 913
Washington, Fredi: 429
Wasson, Craig: 360
Waters, John: 190, 219, 244, 875
Waterston, Sam: 370, 689
Watkin, David: 565, 626
Watson, Lucile: 688
Watson, Minor: 547
Watson, Wylie: 866
Watt, Harry: 153
Watts, Roy: 364
Watts, Tom: 179
Waxman, Franz: 29, 135, 203, 342, 406, 512, 595, 597, 602, 630, 706, 777, 804, 848, 867
Waxman, Philip A.: 888
Wayne, David: 198, 519
Wayne, John: 137, 158, 259, 354, 393, 414, 415, 424, 425, 484, 726, **914**, 916, 919, 923
Wayne, Naunton: 13
Weaver, Dennis: 122, 419

Weaver, Fritz: 537
Weaver, Jacki: 672
Weaver, John V. A.: 933
Weaver, Sigourney: 16, 17, 41, 47, **916**
Webb, Clifton: 320, 480
Webb, Chloe: 903, 904
Webb, Jack: 203, 484, 544, 579
Webb, James R.: 419, 865
Webb, Millard: 70, 914, 935
Webb, Richard: 720, 838
Webb, Robert D.: 91, 469, 535, 544, 556, 648, 697
Webb, Roy: 268, 289, 290, 292, 319, 369, 543, 597, 720, 908
Webber, Robert: 258, 261
Weber, Steven: 483
Weeks, Stephen: 187
Wegener, Paul: 256, 367, 441
Wei, Li: 6, 7, 775, 776
Weidenmann, Alfred: 105, 766
Weidler, Virginia: 829
Weill, Claudia: 271
Weinberg, Rachel: 423
Weingarten, Lawrence: 50, 198
Weir, Peter: 41, 108, 109, 243, 332, 362, 561, 672, 740, 767, 881, **916,** 926
Weis, Don: 19, 454, 539, 845
Weis, Gary: 589
Weisbart, David: 706
Weiss, Jiri: 671, 672
Weissberg, Eric: 236
Weissbrod, Ellen: 795, 823
Weissmuller, Johnny: 840
Welch, Joseph N.: 30
Weld, Tuesday: 291, 935
Welles, Mel: 199
Welles, Orson: 72, 97, 128, 161, 170, 198, 199, 207, 219, 220, 257, 258, 329, 396, 402, 403, 425, 430, 435, 469, 484, 520, 564, 585, 590, 591, 666, 720, 721, 725, 732, 733, 766, 774, 849, **917**, 918, 919, 928, 935, 936
Wellman, William A.: 13, 14, 32, 62, 72, 73, 74, 75, 110, 124, 167, 179, 180, 190, 191, 201, 220, 223, 280, 281, 294, 326, 327, 330, 347, 348, 359, 388, 389, 395, 430, 500, 504, 516, 522, 538, 539, 559, 560, 573, 574, 579, 632, 661, 676, 680, 696, 733, 736, 817, 818, 820, 821, 844, 845, 854, 864, 914, 915, **919,** 923, 935, 936
Wells, George: 164, 165, 567, 568
Wells, H. G.: 413
Welsch, Howard: 289
Wenders, Wim: 28, 40, 192, 219, 287, 417, 424, 461, 462, 590, 591, 654, 655, 704, 769, 783, 835, **920**
Wendhausen, F.: 442
Wendkos, Paul: 91, 523, 721, 789, 845
Wenstrom, Harold: 660

Werker, Alfred L.: 26, 32, 316, 388, 481, 508, 516, 522, 587, 618, 784, 936
Werle, Lars-Johan: 667
Werner, Oskar: 267, 502
Wernicke, Otto: 519, 851
Wertmüller, Lina: 83, 276, 455, 456, 461, 462, 505, 506, 551, 583, 642, 701, 722
West, Claudine: 778, 860
West, Judi: 683
West, Mae: 373, 559
West, Samuel: 711
West, Walter: 179
Westcott, Helen: 674
Westerfield, James: 727
Wexler, Haskell: 16, 27, 387
Wexley, John: 893
Whale, James: 223, 261, 270, 295, 413, 414, 479, 687, 715, 793, 875, **921**
Wharton, Theodore: 887
Wheelan, Tim: 479
Wheeler, Anne: 832
Wheeler, René: 724
Whelan, Tim: 178, 234, 352, 390, 470, 485, 548, 556, 592, 629, 636, 750, 794, 820, 849, 864
Whitaker, Forest: 802
White, Andrew: 435
White, Daniel J.: 600
White, Harriet: 649
White, Jules: 454
White, Lester B.: 148
White, Wilfrid Hyde: 113
Whitehead, Peter: 439, 544, 708
Whiteley, Jon: 189
Whitey, Chet: 825
Whiting, Leonard: 738, 739
Whitman, Philip A.: 915
Whitman, Stuart: 275
Whitmore, James: 109, 235, 247, 248, 422, 447, 448
Whittaker, Ian: 626
Whitty, Dame May: 12, 13, 517, 540, 779
Whorf, Richard: 19, 162, 180, 352, 354, 736, 794, 934
Wiard, William: 562
Wiazemsky, Anne: 169
Wick, Douglas: 47, 501
Wicki, Bernhard: 86, 106, 114, 118, 187, 316, 327, 579, 619, 655, 697, 916
Widerberg, Bo: 871, **922**
Widmark, Richard: 89, 109, 167, 245, 266, 442, 528, 535, 622, 632, 695, 787, 889, 890, **922**
Wiedehorn, Ken: 485
Wieman, Mathias: 569, 570
Wiene, Conrad: 256
Wiene, Robert: 347, 441, 825
Wiener, Jean: 65, 204, 596, 853

Wiest, Dianne: 64, 388
Wifstrand, Naima: 742
Wihelm, Rolf A.: 422
Wil-More: 49
Wilbur, Crane: 270
Wilby, James: 383
Wilcox, Fred M.: 484, 843
Wilcox, Herbert: 325, 390, 556, 574, 883, 918
Wilcoxon, Henry: 173, 763, 779
Wild, Harry J.: 122
Wilde, Cornel: 692
Wilde, Hagar: 319
Wilde, Ted: 400, 499, 715, 849, 935
Wilder, Billy: 6, 41, 72, 76, 97, 121, 124, 125, 184, 190, 191, 202, 203, 214, 252, 257, 258, 268, 269, 315, 316, 326, 327, 329, 339, 369, 398, 409, 453, 454, 479, 480, 486, 488, 489, 515, 521, 522, 523, 542, 554, 555, 562, 573, 574, 585, 625, 631, 665, 678, 682, 732, 733, 736, 758, 785, 795, 817, 818, 820, 821, 824, 825, 833, **924**
Wilder, Gene: 100, 249, 261, 320, **925**
Wilder, Robert: 293, 322, 419, 723
Wilder, Thornton: 795, 808, 930
Wiles, Gordon: 270, 813
Wilke, Robert J.: 889
Willat, Irving V.: 396
Willat, Irwin: 190
William, John: 188, 286, 290, 298, 656, 874
William, Warren: 173, 386, 429
Williams, Emilyn: 117, 436, 507, 714
Williams, Esther: 632, **925**
Williams, Harcourt: 886
Williams, John: 188, 286, 290, 298, 656
Williams, John: 874
Williams, Paul: 306, 401, 907
Williams, Rhys: 292
Williams, Robin: 491, **926**
Williams, Tennessee: 106, 173, 239, 399, 425, 452, 507, 514, 611, 678, 778, 905, 931
Williams, Treat: 291
Williamson, David: 41
Williamson, Nicol: 150, 386
Willingham, Calder: 777
Willis, Bruce: 169, 690, **926**
Willis, Gordon: 18, 181, 260, 531, 648
Willis, Leo: 400
Willman, Noel: 204
Wilson, Alice: 113
Wilson, Carey: 81, 147, 707, 763
Wilson, Don: 613
Wilson, Dooley: 149
Wilson, Georges: 838
Wilson, Hugh: 124, 521, 722
Wilson, Jack: 595
Wilson, Jim: 198

Wilson, Lambert: 169, 903, 904
Wilson, Margery: 432
Wilson, Michael: 481, 512, 532, 688
Wilson, Richard: 114, 220, 253, 325, 579, 926
Wilson, Scott: 65, 370, 846
Wimperis, Arthur: 209, 900
Wincer, Simon: 743
Windeck, Agnes: 853
Windmann, Ellen: 519
Windom, William: 846
Windsor, Barbara: 626
Windust, Bretaigne: 97, 224, 736
Winger, Debra: 150, 397, **927**
Winiewicz, Krzysztof: 656
Winkler, Irwin: 82, 230, 477, 622, 882
Winner, Michael: 26, 62, 72, 106, 126, 163, 175, 237, 276, 315, 352, 403, 416, 435, 474, 506, 556, 579, 637, 821, 829, 831, 884, 918
Winnicka, Lucyna: 523, 524
Winslet, Kate: 778, 856
Winslow, George: 122
Winston, Ron: 385
Winter, Alex: 710
Winters, Shelley: 117, 512, 620, 861, 880, 899, 927
Winterstein, Eduard von: 868
Wisbar, Frank: 373
Wischert, Elizabeth: 570
Wise, Greg: 778
Wise, Kirk: 77
Wise, Robert: 19, 33, 35, 36, 55, 64, 68, 83, 118, 124, 125, 199, 207, 221, 329, 348, 395, 409, 415, 474, 521, 528, 539, 548, 556, 561, 579, 597, 608, 612, 655, 694, 763, 772, 791, 792, 810, 818, 861, 878, 921, 923, 928, 929
Withers, Georgie: 12, 622
Withey, Chester: 70
Witney, William: 99, 443
Witt, Klaus Peter: 769
Wojcik, Jerzy: 158
Wolfe, Edgar Alan: 526
Wolff, Frank: 27, 392, 753
Wolff, Willi: 257
Wolfit, Donald: 482
Wolheim, Louis: 793, 846, 847
Woljcik, Jerzy: 524
Wollen, Peter: 718
Wong, Anna May: 300
Wong, Victor: 879
Woo, John: 802, 866
Wood, Douglas: 686
Wood, Natalie: 158, 296, 706, 921, **929**
Wood, Peggy: 810
Wood, Peter: 166
Wood, Sam: 19, 26, 85, 178, 190, 191, 201, 228, 323, 329, 348, 355, 389, 500, 509, 522, 545, 546, 560, 573, 618, 621, 705, 736, 784, 795, 820, 821, 833, 845, 864, 887, **929,** 936
Woodard, Alfre: 562, 660, 661
Woodruff, Bert: 715
Woodruff, Frank: 469
Woods, Arthur: 373, 636
Woods, Donald: 865
Woods, Frank: 605
Woods, James: 149, 291, 720
Woodward, Edward: 188
Woodward, Joanne: 611, **931**
Woolley, Monty: 246
Woolley, Stephen: 287
Woolridge, Susan: 295
Woolvett, James: 793
Worker, Alfred: 824
Workman, Chuck: 418
Worsley, Wallace: 294
Worth, David: 109
Wray, Fay: 209, 404, 461, 528
Wray, John: 793
Wrede, Caspar: 187
Wright, Amy: 874
Wright, Mark V.: 396, 508, 914, 915
Wright, Tenny: 915
Wright, Teresa: 501, 563, 667, 778, 779, 808
Wright, William H.: 181
Wullicher, Ricardo: 654
Wycherly, Margaret: 12, 893
Wyle, Philip: 414
Wyler, William: 3, 32, 70, 81, 96, 97, 104, 105, 128, 129, 136, 145, 167, 173, 190, 191, 223, 224, 228, 246, 269, 270, 281, 326, 340, 355, 398, 400, 401, 402, 403, 416, 418, 419, 425, 426, 443, 469, 501, 509, 521, 538, 539, 553, 560, 562, 563, 613, 617, 618, 629, 635, 636, 641, 655, 661, 666, 682, 778, 791, 792, 819, 823, 826, 830, 885, 886, **931**
Wyman, Jane: 252, 609, 630
Wymark, Patrick: 718, 719
Wynn, Keenan: 94, 413, 853
Wynorski, Jim: 253
Wynter, Dana: 433
Wynyard, Diana: 517
Wyte, Michael: 832

Xiaoxiao, Wang: 446
Ximénez, Rosario: 274
Xuejian, Li: 445, 446

Y. Mason, Sarah: 208
Yagüe, Jesús: 313, 475, 556, 751
Yahiro, Fuji: 432
Yamamoto, Kairo: 465
Yamamura, So: 211

Yanagi, Eijiro: 248
Yang, Marie: 254
Yanne, Jean: 5, 143
Yarborough, Jean: 578
Yates, Herbert J.: 443
Yates, Peter: 91, 307, 320, 408, 424, 455, 527, 561, 579, 608, 623, 624, 642, 691, 692, 708, 823, 916
Yeaworth, Irvin S.: 561
Yepes, Narciso: 446
Yigong, Wu: 446
Yimou, Zhang: 445, 446, 449, 497, 691, 775, 776, **934**
Yoda, Yoshikata: 24, 210, 248, 401, 432, 580, 884, 897
Yordan, Philip: 248, 411, 442, 443, 533, 632, 729
York, Dick: 200
York, Michael: 122, 123, 306, 739, 868
Yorkin, Bud: 91, 385, 576, 590, 638, 652, 731, 792, 795, 832, 919, 925
Yoshida, Hiroaki: 326
Yoshimura, Kozaburo: 785
Yost, Dorothy: 405
You, Ge: 7
Young, Carleton: 759
Young, Dalene: 562
Young, Frederick A.: 113, 207, 436, 481, 502
Young, Gig: 868
Young, Harold: 390, 420, 464, 617, 629, 843
Young, James: 887
Young, John Royal: 935
Young, Loretta: 908, **935**
Young, Neil: 397
Young, Peter: 38
Young, Polly Ann: 935
Young, Robert: 157, 213, 219, 402, 455, 722, 860, 867
Young, Roland: 406
Young, Sean: 91, 92, 179
Young, Terence: 49, 91, 114, 118, 126, 138, 163, 187, 209, 228, 234, 237, 242, 253, 327, 352, 357, 373, 396, 398, 409, 469, 484, 544, 549, 550, 556, 625, 637, 697, 766, 767, 877, 940
Young, Victor: 6, 146, 240, 329, 443, 540, 679, 723, 763, 785, 899
Young, Waldemar: 173, 247, 829, 867
Yue, Lu: 445, 446
Yulin, Harris: 621, 657
Yung, Sen: 145
Yurka, Blanche: 413
Yússov, Vadim: 31
Yvain, Maurice: 674

Zacarías, Miguel: 48, 310, 588, 725
Zacconi, Ermete: 811
Zaentz, Paul: 16
Zagni, Gian Carlo: 503
Zampa, Luigi: 98, 139, 140, 234, 346, 357, 503, 525, 549, 638, 751, 812, 813, 858, 906
Zampi, Mario: 163, 398, 618
Zane, Billy: 128, 856
Zanin, Bruno: 24, 25
Zanuck, Darryl F.: 20, 298, 299, 319, 320, 322, 413, 572, 610, 616, 686, 693, 757, 792, 854
Zanuck, Lilly F.: 485
Zanuck, Richard F.: 429, 430
Zanussi, Krzysztof: 143, 356, 358, 409, **937**
Zardi, Dominique: 597
Zardi, Federico: 753
Zaro, Natividad: 831
Zarzo, Joaquín: 165
Zarzo, Manuel: 291, 367, 368
Zastrzezynski, Waclaw: 158
Zavattini, Cesare: 75, 78, 92, 208, 232, 297, 317, 447, 470, 496, 497, 571, 572, 605, 640, 738, 880, 881, 905
Zee, Hendrick van der: 548, 652
Zeffirelli, Franco: 64, 72, 118, 140, 207, 276, 336, 362, 380, 386, 424, 549, 624, 636, 722, 738, 844, 907, **938**
Zeglio, Primo: 587
Zeich, Edward: 856
Zeisler, Alfred: 374
Zeitoun, Ariel: 623
Zelnik, Friedrich: 256, 257
Zelnik, Jerzy: 307
Zeltser, Yuri: 418
Zeman, Karel: 363
Zemeckis, Robert: 249, 271, 319, 387, 394, 740, 814, 823, 875, 927, **939**
Zerbe, Anthony: 631
Zetterling, Mai: 439, **939**
Zheng, Ni: 497
Zidi, Claude: 80, 131, 243, 623
Zieff, Howard: 108, 121, 213, 394, 439, 455, 461, 462, 491, 555, 589, 638, 823
Ziegfeld, Florenz: 366, 817
Zimbalist, Efrem, Jr.: 293
Zimbalist, Sam: 66, 575
Zimmer, Bernard: 142
Zimmerman, Vernon: 516, 743
Zimmet, Marya: 500
Zing, Henry: 220
Zingg, Gérard: 4, 243, 275
Zinnemann, Fred: 14, 35, 36, 106, 173, 174, 187, 190, 191, 226, 328, 352, 398, 457, 458, 474, 484, 579, 662, 697, 708, 709, 726, 731, 751, 752, 794, 795, 807, 822, 864, 883, 918, **940**
Zinner, Peter: 697
Zischler, Hanns: 287
Zitzermann, Bernard: 35, 159
Zohar, Uri: 36
Zola, Jean-Pierre: 569

índice de nombres

Zoppetti, Cesare: 693
Zsigmond, Vilmos: 156, 236, 290, 689
Zubiria, Amaia: 341
Zucca, Pierre: 4
Zucco, George: 6
Zucker, Jerry: 188, 361, 589
Zuckerman, George: 35, 293
Zugsmith, Albert: 35, 293, 774, 797

Zukor, Adolph: 228
Zulawski, Andrzej: 7, 767, **941**
Zulueta, Iván: 49
Zurli, Guido: 199
Zurlini, Valerio: 139, 206, 237, 357, 550, 622, 623, 700, 720, 722, 834, 870, **942**
Zwerling, Darrel: 165
Zwick, Edward: 415, 416, 589, 674, 914

índice de películas

091, Policía al habla: 654
1: 2: 3... ¡Splash!: 387
10, calle Frederick: 191
10, La mujer perfecta: 33, **258,** 282, 589
10 Rillington Place: 55
10:30 P. M. Summer: 221, 222, 566, 567, 766
11 Harrowhouse: 549
12 + 1: 234, 357
127 millones libres de impuestos: 314
13, calle Oeste: 469
13 Most Beautiful Boys: 913
13 Most Beautiful Girls: 913
13, rue Madeleine: 37, 38, 125, 392, 393
13, West Street: 469
14 de julio: 37, 171
141 perc a befejezelten monatból: 303
1492, la conquista del paraíso: 243, 583, 722, 773, 916
1492: The Conquest of Paradise: 243, 583, 722, 773, 916
1860: 92
1900: 26, 88, 230, 243, 473, 474, **571,** 754, 755, 831, 832
1919: 827
1941: 743
1969: 747
1984: 118
20 Million Sweethearts: 680
20.000 años en Sing-Sing: 223, 863, 864
20.000 leguas de viaje submarino: 269
20,000 Leagues Under the Sea: 269
20,000 Years in Sing Sing: 216, 223, 864
2001: A Space Odyssey: 267, 291, 465
2001: Una odisea del espacio: 267, 291, 465

2010: 268, 763
2010, odisea dos: 268, 763
21 horas en Munich: 409
21 Jump Street: 244
23 horas y media de permiso: 460
23 Paces to Baker Street: 393
23 1/2 Hours Leave: 460
24 horas de Le Mans, Las: 561
25th Hour, The: 697
27 horas: 47, 893
3:10 to Yuma: 222, 331, 807
300 Spartans, The: 554
36 horas: 752
36 Hours: 752
365 noches: 427
37 horas desesperadas: 167, 416, 743
4 × 4: 871
42nd Street: 528, 680, 736
48 horas más: 624
48 Hours: 624
49th Parallel: 420, 636, 681
491: 798, 799
500 millas: 612, 931
52 Pick-Up: 338, 764
52, vive o muere: 337, 338, 764
55 Days at Pekin: 340, 352, 403, 618, 704
55 días en Pekín: 340, 351, 352, 402, 403, 617, 618, 703, 704
588 rue Paradis: 140
8 1/2: 10, 17
813: Rupimono: 581
84 Charing Cross Road: 64, 416
9 1/2 Weeks: 743
99,44% muerto: 337, 390

índice de películas

A 111-es: 464
A 23 pasos de Baker Street: 393
A años luz: 838, 839
A balada da praia dos cães: 781
A becsapott ujsagiro: 464
A beke utja: 215
A caça: 634
A cada uno lo suyo: 668
A cada uno según su oficio: 800
A caixa: 635
A casa por vacaciones: 64, 162, 335, 423
A cavallo della tigre: 182
A ciascuno il suo: 668
A coeur joie: 68
A csunya filu: 215
A divina comédia: 635
¿Adónde van nuestros hijos?: 725
A döntö pillanat: 886
A escape libre: 80, 774
A espaldas de la ley: 914
A estrela sobe: 69
A fabula da bela palomera: 379
A falecida: 405
A farkas: 215
A Fekete Szivarvany: 215
A fuerza de quererla: 613
A golyakalifa: 464
A grande cidade: 254
A halalcsengo: 215
A haragok Rómába mentek: 440
A hárop sárkány: 886
A henczengo Pongyolaban: 215
A idade da terra: 734, 735
A kathausi: 215
A ketszivu ferfi: 464
A Knickerbocker Buckaroo: 304
A kokyo: 581
A kölcsönkért kastély: 886
A kolocsonkert cseçsemok: 215
A kuruszlo: 215
A la caza: 339, 646
A la caza del lobo rojo: 385
A la caza del Octubre Rojo: 187
A la hora señalada: 244
A la luz de la Luna: 225
A la luz del candelabro: 922
A la mañana siguiente: 109, 328, 514
A la pálida luz de la luna: 751
A la sombra de los muelles: 177
A la sombra del puente: 358
A las cinco de la tarde: 67, 68, 700
A las nueve cada noche: 95, 172
A las ocho en punto: 910, 911
A libro abierto: 426
A los hombres: 228, 229, 833
A magyar földs ereje: 215

A medikus: 215
A merced del odio: 224
A mezzanotte va la ronda del piacere: 357, 906
A mí no me mire usted: 721
A Minute's Wait: 752
A nagymama: 464
A napraforgos holgy: 215
A neveto szaskia: 464
A noi piace freddo!: 858
A nuestros amores: 670
A Pál utcai fiúk: 303
A París con el amor: 380
A paso de cojo: 13
A pie, a caballo y en coche: 79
A pleno sol: 1, 172, 173, 237, 766
A porte chiuse: 728
A propósito de Henry: 82, 332, 614, 615
A prueba de balas: 332, 333
A puerta cerrada: 256, 728
A queda: 379
A quemarropa: 100, 253, 544
¿A quién ama Gilbert Grape?: 244, 493
A rienda suelta: 68, 273
A Rogue's Romance: 887
A Sailor Made-Man: 499
A salto de mata: 911
A sangre fría: 111
A senk filia: 215
A skorpio: 215
A solas contigo: 4, 46, 827
A Soldier's Daughter Never Cries: 437
A strangeira: 722
A szent Joby erdö titka: 215
A tanitonö: 215
A terceira margen do rio: 666
A toda máquina: 468
A toda marcha: 490
A todo riesgo: 79, 761, 762
A tolonc: 215
A través de la noche: 96
A través de la tormenta: 326, 460
A través de los olivos: 459
A través del espejo: 1, 227, 228, 796
A través del huracán: 615
A un dios desconocido: 1, 163, 582
A vida o muerte: 2, 55, 617, 618, 681
A vig ozvegy: 215
A voros Samson: 215
¡A vuestras órdenes, señora!: 233
A Wellington rejtely: 215
A Woman's Fool: 333
A Woman's Vengeance: 105
A zsarnok szieve: 441
À bout de souffle: 11, 79, 365, 558, 774
À cause, à cause d'une femme: 249
À double tour: 79, 159

índice de películas

À gauche en sortant de l'ascenseur: 74
À la Jamaïque: 540
À mi-chemin du ciel: 154
À nos amours: 670
À nous deux: 242, 488
À nous la liberté!: 171
À pied, à cheval et en voiture: 79
À propos de Nice: 197, 435, 451
AB Cinema: 88
Abandon Ship!: 682
Abandonada: 137
Abandonadas, Las: 48, 314, 725
Abandonado, El: 48
Abanico, El: 683, 684
Abanico de Lady Windermere, El: 179, 509, 510
Abasheshey: 776
Abate Constantino, El: 276, 277
Abbasso la miseria: 525
Abbasso la ricchezza: 233, 525
Abbé Constantin, L': 277
Abbott and Costello Meet the Captain Kidd: 480
Abdicación: 877
Abdication, The: 877
Abe Lincoln in Illinois: 205
Abend... Nacht... Morgen: 603
Abero degli zoccoli, L': 637
Abesada: 429
Abhijan: 705
Abierto hasta el amanecer: 456, 493
Abie's Irish Rose: 324
Abismo: 91, 329
Abismo entre los dos, Un: 498, 506, 666
Abismo negro: 667
Abismos: 2, 131, 624, 930
Abismos de pasión: 3, 116, 117, 389
Abnegación: 229, 833
Abogado, El: 70, 270, 931, 932
Abogado de paja, El: 859
Abogado del diablo, El: 514
Abominable doctor Phibes, El: 199
Abominable Dr. Phibes, The: 199
About Last Night: 589
Above and Beyond: 655, 845
Above Suspicion: 202, 522
Above the Law: 822
Abraham Gold: 770
Abraham Lincoln: 376
Abrázame y sáciame de besos: 728, 857, 858
Abrazo de la muerte, El: 3, 213, 473, 796, 803
Abre, le maire et la médiathèque, L': 737
Ábrete de orejas: 338, 633, 709
Abrid los ojos: 449, 450
Abrigo de visón, El: 906
Abril en París: 225
Abril: 434

Abschied: 795, 796
Absence of Malice: 319, 612, 679
Absences répétées: 591
Absent-Minded Professor, The: 523
Absolution: 118
Abuelo de la criatura, El: 366, 388, 480
Abuelo tiene un plan, El: 751
Abuna Messias: 16
Abwege: 646
Abyss, The: 2, 131
Acapulco: 315
Accadde al commissariato: 103, 812
Accadde al penitenziario: 812
Accattone: 4, 529, 658, 659
Accident: 95, 507, 798
Accidental Tourist, The: 224, 424, 450, 874, 875
Accidente: 95, 507, 798
Accidente sin huella: 5, 159
Accidents Will Happen: 705
Acción ejecutiva: 474
Acción en el Atlántico Norte: 96
Acción enérgica: 333
Acción judicial: 385
Acción mutante: 20
Accompagnatrice, L': 575
Accused: 725
Accused, The: 255, 256, 335, 936
Ace in the Hole: 369, 925
Ace of the Saddle, The: 333
Acecho, El: 870
Aceite de la vida, El: 624, 759, 884
Acepto esta mujer: 190, 504
Acero: 638
Acero azul: 213
Aces High: 574
Acorazado misterioso, El: 844
Acorazado Potemkin, El: 5, 283, 284
Acorralado: 789, 816
Acosada: 822
Acosado: 74, 663
Acosados: 592
Acoso: 491, 589
Acoso de Heraclio Bernal, El: 359
Acquittal, The: 112
Across 110th Street: 697
Across the Pacific: 96, 426, 508
Across the Tracks: 674
Across the Wide Missouri: 348, 920
Across to Singapore: 201
Act of God: 375
Act of Love: 68, 269, 498
Act of Murder, An: 539
Act of the Heart: 115, 832
Act of Violence: 484, 941
Act One: 731

índice de películas

Actas de Marusia: 497
Action: 333
Action in the North Atlantic: 96
Action Jackson: 822
Action of the Tiger: 187
Acto, El: 66, 827
Acto de primavera, O: 634, 635
Actores de provincias: 409, 410
Actors and Sin: 733
Actos de amor: 452
Actress, The: 212, 666, 791, 864
Actriz, La: 212, 666, 791, 864
Actualización política y doctrinaria para tomar el poder: 805
Acuérdate de vivir: 359
Acusación: homicidio: 796
Acusada: 725
Acusadas: 335
Acusador de sí mismo, El: 205
Achtung banditi!: 503
Ada: 395, 542
Ada dans la jungle: 4
Adalen 31: 922
Adam and Evelyne: 373, 791
Adam at 6 A.M.: 271
Adam Had Four Sons: 85, 395
Adam's Rib: 197, 212, 229, 399, 410, 864
Adán a las 6 de la mañana: 271
Adán sin Eva: 509
Adán también tenía su manzana: 488
Adán y ella: 372, 373, 791
Addams Family, The: 425
Addams Family Values: 425
Addio Alexandra: 36
Addio fratello crudele: 702
Addio, giovinezza!: 675
Addio Kira!: 16
Addition, L': 4
Adelante, mi amor: 5, 177, 178, 486, 487, 573, 574, 924
Adelita, La: 48
Adieu blaireau: 90
Adieu Bonaparte: 672
Adieu Léonard: 789
Adieu les beaux jours: 345
Adieu l'ami: 237
Adiós, amigo: 237
Adiós, Charlie: 213, 214, 282, 555, 576, 577
Adiós, hermano cruel: 701, 702
Adiós, Kira: 16
Adiós, Mister Chips: 355, 641, 642, 930
Adiós, Moscú: 99
Adiós, muchachos: 6, 528
Adiós, muñeca: 578, 579, 702, 816
Adiós, pelele: 87

Adiós, pequeña: 76, 251, 882
Adiós a la inocencia: 123
Adiós a las armas: 101, 102, 190, 234, 420, 421, 443, 812
Adiós a mi concubina: 6, 449
Adiós al macho: 243, 317, 551
Adiós al rey: 624
Adiós juventud: 234, 391
Adiós mi luna de miel: 493
Adiós Mimí Pompón: 313
Adioses, Los: 391
Adivina quién viene esta noche: 399, 676, 863, 864
Adjuster, The: 283
Adolescente, El: 790
Adolescente, L': 590, 790
Adolphe o la educación amorosa: 623
Adolphe ou l'âge tendre: 623
¿Adónde dices que vas?: 198
Adónde fue el amor: 224, 395
Adoption, L': 162
Adorable enemigo: 629
Adorable idiota: 68, 666
Adorable intrusa: 395
Adorable menteuse: 249
Adorable seductor: 416, 435, 435
Adriana Lecouvreur: 906
Adrienne Lecouvreur: 495
Adua e le compagne: 550, 790
Adua y sus amigas: 550, 789, 790
Adulterio decente, Un: 313, 782
Adultero lui, adultera lei: 553
Advance to the Rear: 270, 331
Adventure: 323, 324, 348, 355
Adventure in Baltimore: 848
Adventure in Manhattan: 560
Adventurers, The: 83, 228
Adventure's End: 915
Adventures, The: 721
Adventures of Baron Münchausen, The: 107, 363, 852, 926
Adventures of Barry McKenzie, The: 82, 83
Adventures of Captain Fabian, The: 325
Adventures of Casanova: 358
Adventures of Dollie, The: 376
Adventures of Don Juan, The: 325
Adventures of Gerard, The: 140, 801
Adventures of Huck Finn, The: 731
Adventures of Huckleberry Finn, The: 216, 454
Adventures of Marco Polo, The: 190, 875
Adventures of Mark Twain, The: 539
Adventures of Martin Eden, The: 330
Adventures of Quentin Durward, The: 436
Adventures of Robin Hood, The: 216, 227, 325, 732
Adventures of Robinson Crusoe, The: 117
Adventures of Sherlock Holmes, The: 516

Adventures of Sherlock Holmes' Smarter Brother, The: 320, 925
Adventuress, An: 887
Adversario, El: 705
Advertencia, La: 67, 68
Advertencia contra una puta santa: 308, 769
Advise and Consent: 327, 480, 684, 847, 854
Aekenskapsbyran: 799
Aerial Gunner: 579
Aerograd: 271, 272
Aeropuerto: 91, 313, 474, 543, 721, 774
Aeropuerto 75: 33, 403, 509, 833
Aeropuerto 77: 199, 228, 489, 821
Aeropuerto 80: 238
Aeropuerto central: 915, 920
Aeropuerto: S. O. S., vuelo secuestrado: 187
Affair in Havana: 151
Affair in Trinidad: 331, 396
Affair to Remember, An: 374, 458, 559, 874
Affair With a Stranger: 556, 791
Affair Clémenceau, L': 233
Affaire de femmes, Une: 52, 160, 424, 686
Affaire Dominici, L': 243, 346
Affaire du collier de la Reine, L': 495
Affaire du courrier de Lyon, L': 57
Affaire d'hommes, Une: 870
Affaire d'une nuit, L': 68
Affaire Lafarge, L': 825
Affaire Maurizius, L': 278
Affaire Nina B, L': 796
Affaires publiques, Les: 107
Affairs of Anatol, The: 229, 779, 833
Affairs of Cellini, The: 468, 538
Affairs of Martha, The: 221
Affairs of Susan, The: 329
Affectionately Yours: 396, 630
Affinità elettive, Le: 843
Aficionado, El: 459
Afraid of the Dark: 44
Africa sotto i mari: 505
África: 8, 46, 881
África bajo el mar: 505
Africain, L': 242, 623
African Queen, The: 97, 279, 399, 426, 712
Africano, El: 622, 623
After Darkness: 4
After Hours: 771
After Office Hours: 348
After Romance: 736
After the Thin Man: 509, 820
After Tomorrow: 102
Afurika Monogatari: 821
¡Agáchate, maldito!: 175, 489
Against All Flags: 325, 632, 697
Against All Odds: 108, 720, 924

Against the Wind: 789
Agantuk: 705
Agatha: 408, 708, 709
A ge of Consent: 467, 549, 681
Age of Desire: 102
Age of Innocence, The: 226, 669, 747, 771
Âge d'or, L': 117, 251, 281
Âge ingrat, L': 346
Agee: 426
Agency: 579
Agenda oculta: 501, 940
Agent trouble: 242
Agente 007 contra el Dr. No: 186, 187
Agente británico, El: 216, 420
Agente doble: 140
Agente doble en Berlín: 385, 663
Agente especial: 223
Agente secreto, El: 406, 407
Agente secreto SZ: 125
Agenzia matrimoniale: 311
Agget ar lost: 834
Aggie Appleby-Maker of Men: 756
Agnes de Dios: 64, 328, 856
Agnes of God: 64, 328, 856
Agnus Dei: 440
Agonia: 88
Agonía de Jerusalén, La: 277
Agonie de Jérusalem, L': 277
Agony and the Ecstasy, The: 391, 403, 710
Agostino: 99
Agostino d'Ippona: 741
Agresión, La: 242, 870
Agression, L': 242, 870
Aguas pantanosas: 8, 32, 72, 609, 717, 718
Aguas turbias: 235, 630
Águila azul, El: 333, 359
Águila de dos cabezas, El: 176
Águila de la montaña, El: 407
Águila de los mares, El: 800
Águila negra: 8, 503
Águila negra, El: 8, 111, 112, 190, 887
Águila y el halcón, El: 374, 504, 538
Águilas: 136, 137
Águilas azules, Las: 549
Águilas heroicas: 124, 393, 394, 807
Águilas no cazan moscas: 123
Aguiluchos: 13, 919, 920
Aguirre, der Zorn Gottes: 9, 402
Aguirre, la cólera de Dios: 9, 402
Agujero, El: 785
Agustina de Aragón: 721
Ah Wilderness!: 112, 530
¡Ahí va el espíritu!: 454
Ahí viene Martín Corona: 588
Ahora me llaman señor Tibbs: 676

índice de películas

Ahora me toca a mí: 271
Ahora y siempre: 190, 392, 504, 847, 848
Ahorcamiento, El: 641
Ai futatabi: 428
Ai ni yomigaeru hi: 581
Ai-No borei: 641
Ai-No korida: 429, 641
Ai to kibo no machi: 641
Ai vostri ordini, signora!: 233
Aida: 505, 506
Aienkyo: 581
Aigle à deux têtes, L': 176
Aijin: 427
Ailes de la colombe, Les: 423, 755
Aîné des Ferchaux, L': 80, 564, 755
Air America: 362
Air Cadet: 421
Air Circus, The: 394
Air de Paris, L': 142, 346
Air Force: 353, 393, 394, 807
Air Mail: 333
Air Raid Wardens: 388, 481
Aire de París, El: 142, 345, 346
Aire de un crimen, El: 701, 720, 722, 892, 893
Airport: 91, 474, 543, 774
Airport 75: 33, 403, 509, 833
Airport 77: 199, 228, 489, 821
Aisai monogatari: 785
Aiutami a sognare: 58
Aizo toge: 581
Akahige: 466
Akai satsui: 429
Akai yuhi ni terasarete: 581
Akasen chitai: 581
Akash Kusum: 776
Akater sandhane: 777
Akatsuki no shi: 581
Akatsuki no tsuiseki: 427
Akelarre: 634
Akibiyori: 643
Akit kessen szeretnek: 215
Aktorzy prowincjonalni: 410
Akuma no temari-uta: 428
Akuto: 785
Al amparo de la ley: 469
Al anochecer: 10, 43, 159, 160, 550, 551
Al azar de Baltasar: 107, 108
Al borde de la eternidad: 787
Al borde de la locura: 667
Al borde del infierno: 409, 490
Al borde del peligro: 10, 32, 684, 854
Al borde del río: 574, 648, 697
Al caer la tarde: 48
Al compás del corazón: 19, 352, 784
Al despertar: 318

Al di la delle unvole: 591
Al di là del bene e del male: 155, 755
Al di là delle nuvole: 40, 44, 527, 551
Al diablo con amor: 76, 828
Al diablo la celebridad: 584
Al diablo la pubertad: 83
Al diavolo la celebrità: 584
Al este del Edén: 11, 235, 452
Al estilo americano: 417
Al filo de la noticia: 423, 424, 616
Al filo de la sospecha: 108
Al filo de medianoche: 508
Al filo del abismo: 801
¡Al fin solos!: 52, 366
Al final de la escalera: 772
Al final de la escapada: 11, 79, 365, 558, 774
Al final de la noche: 51, 143, 618
¡Al fuego, bomberos!: 334
Al levantar el vuelo: 756
Al margen de la sociedad: 708, 709
Al margen de la vida: 104, 105, 277, 278, 732, 733, 775, 817, 818
Al morir la noche: 11, 154
Al otro lado del túnel: 722, 893
Al piacere di rivederla: 859
Al ponerse el sol: 132
Al rojo vivo: 12, 124, 125, 911
Al servicio de las damas: 467, 468, 504
Al sur de San Luis: 560
Al volante y a lo loco: 166
Al volver a la vida: 269, 473
Ala rota, El: 270
Aladdin Suite, The: 516
Alamo Bay: 528
Alamo, The: 914, 916, 923
Álamo, El: 914, 916, 923
Alarma en el expreso: 12, 406, 407, 606
Alarma en la frontera: 522
Alarma nuclear: 802, 866
Alarma: catástrofe: 118, 716
¡Alarma! Vuelo 502 secuestrado: 403
Alas: 13, 190, 919, 920
Alas de juventud: 313
Alas en la noche: 374, 509
Alas y una plegaria: 26, 32, 393
Alaska, tierra de oro: 137, 138, 373, 393, 916
Alba, L': 462
Albergo degli assenti, L': 553
Albergue de la sexta felicidad, El: 86
Albergue del mal, El: 462
Albergue en Tokio, Un: 642, 643
Albero degli zoccoli, L': 43
Albert Express: 591
Alcalde de Zalamea, El: 721
Alcalde, el escribano y su abrigo, El: 478, 479

Alcalde, el guardia y la jirafita, El: 234, 812
Alcalde por elección: 475
Alcalde y la política, El: 475
Alcatraz Island: 784
Alcoba del obispo, La: 728, 858, 859
Alcohol prohibido: 323, 324, 508
Aldebaran: 92
Alegoría: 745
Alegre bandolero, El: 516, 530
Alegre divorciada, La: 51, 52, 736, 756, 809
Alegre ma non troppo: 15, 180, 181
Alegre mentira, La: 932
Alegres vividores, Los: 359, 366
Alegrías de un viudo, Las: 439, 555
Alejandro el Grande: 36
Alejandro el Magno: 117, 118, 539, 742
Aleksandr Nevskij: 284
Aleluya: 15, 902
Além da paixão: 69
Alemania, año cero: 15, 741
Alemania en otoño: 308, 765
Alerta en el Sur: 825
Alerta roja: Neptuno hundido: 403
Alerta ¡misiles!: 14, 199, 271, 474, 924
Alerte au Sud: 825
Alex and the Gypsy: 115, 489
Alex in Wonderland: 557, 591, 832
Alexander Nevsky: 284
Alexander the Great: 118, 539, 742
Alexander's Ragtime Band: 26, 460, 682
Alexandre le bienheureux: 623
Alfie: 125
Alfombras mágicas: 138
Alfredo, Alfredo: 362, 408, 755
Alf's Button: 629
Algiers: 44, 105, 149, 205, 472, 664
Algo de que hablar: 692, 732
Algo más en que creer: 489
Algo más que colegas: 638
Algo para recordar: 387, 746
Algo salvaje: 239, 377
Algol: 441
Alguien a quien amar: 456, 697
Alguien detrás de la puerta: 667
Alguien mató a su marido: 108
Alguien voló sobre el nido del cuco: 16, 249, 271, 334, 615
Algún día volveré: 915
Algunos días en la vida de Oblomov: 570, 571
Algunos hombres buenos: 207, 589, 615, 616, 714
Alhucemas: 588, 699
Ali Baba and the Forty Thieves: 587
Ali Baba et les quarante voleurs: 75
Alí Babá y los cuarenta ladrones: 75, 587
Alias Jesse James: 191
Alias Mary Dow: 574

Alias Nick Beal: 573, 574
Alias the Doctor: 216
Alibi: 548
Alibi Ike: 227
Alibi, L': 356, 357, 445, 825
Alice: 18, 19, 307, 424
Alice Adams: 399, 522, 820
Alice Doesn't Live Here Anymore: 455, 771
Alice et Martin: 846
Alice in den Städten: 287, 921
Alice in Wonderland: 190, 374
Alice ou la dernière fugue: 160
Alice y Martin: 846
Alice's Adventures in Wonderland: 589
Alice's Restaurant: 663
Alicia en el país de las maravillas: 190, 374
Alicia en las ciudades: 287, 920, 921
Alicia o la última fuga: 159, 160
Alicia ya no vive aquí: 335, 455, 771
Alien: 16, 131, 773, 916
Alien, el octavo pasajero: 16, 131, 772, 773, 916
Alien 3: 17, 916
Alien nación: 122
Alien Nation: 122
Alien Thunder: 832
Alienado: 801
Aliens: 17, 131, 916
Aliens, el regreso: 131, 916
Aliento de los dioses, El: 516
Aliki, My Love: 554
Alimony: 887
Alitet se va a las montañas: 264, 265
Alitet uhodit v gory: 265
Alive: 527
Alive and Kicking: 389
All About Eve: 73, 183, 224, 298, 533, 585
All American, The: 214
All American Boy, The: 907
All Ashore: 695
All at Sea: 380, 390
All Fall Down: 74, 337, 752
All I Desire: 798, 818
All I Want for Christmas: 62
All in a Night's Work: 521, 542
All Make Love in London: 544
All My Sons: 473, 733
All Night: 887
All Night Long: 55, 385, 691, 823
All of Me: 416, 538, 543
All over Town: 469
All Quiet on the Western Front: 534, 572, 792
All that Money Can Buy: 256
All That Heaven Allows: 421, 630, 798
All That Jazz: 335, 477, 763
All the Brothers Were Valiant: 373, 845
All the Fine Young Cannibals: 929

índice de películas

All the King's Men: 678, 742
... All the Marbles: 15
All the President's Men: 408, 650, 708, 731
All the Right Moves: 207
All the Way Home: 792
All the World to Nothing: 460
All the Young Men: 469, 676
All This and Heaven Too: 105, 223, 498
All Through the Night: 96
All Women Have Secrets: 471
Alla ricerca del piacere: 372
Allá en el bajío: 48
Allá en el Rancho Grande: 227
Allá en el trópico: 227
Allá lejos y hace tiempo: 39
Allan Quatermain and the Lost City of God: 822
Allegheny Uprising: 915
Allegro barbaro: 441
Allegro non troppo: 613
Allegro squadrone, L': 233, 812
Aller simple, Un: 899
Alles für Geld: 441
Allo Berlin? Ici Paris!: 277
Allonsanfan: 550, 551, 842
Alma de bailarina: 51, 201, 348
Alma de bronce: 48
Alma de la ciudad, El: 450, 543
Alma de las cumbres: 229
Alma del bandoneón, El: 803
Alma en la sombra: 85
Alma en suplicio: 19, 201, 202, 215, 216
Alma en tinieblas: 608, 705
Alma libre: 112, 347, 348, 420
Alma negra: 357, 741
Alma rebelde: 328, 329, 534, 772, 843, 918
Alma se serena, El: 475, 750
Alma zíngara: 587
Almas borrascosas: 796
Almas de esclavos: 215
Almas de metal: 114
Almas desnudas: 548, 639
Almas en el mar: 190, 392, 393, 469
Almas en la hoguera: 20, 460, 461, 661
Almas en tinieblas: 787
Almas gemelas: 102
Almas perdidas: 241, 242, 356, 357, 728
Almas sin conciencia: 310, 311
Álmodozások kora: 835
Almohada para tres, Una: 557, 558
Almost Perfect Affair, An: 144, 906
Almuerzo desnudo, El: 206
¡Aló, Budapest!: 886
Aloise: 423
Alondra del cielo: 178, 574, 756
Alondras en el alambre: 565

Along Came Jones: 191, 936
Along the Great Divide: 269, 911
Alpagueur, L': 80
Alphaville: 365
Alraune: 215, 825
Alrededor de medianoche: 841, 842
Alrededor del dinero: 259
Als ich Tot War: 510
Alsino y el cóndor: 497
Älskande par: 940
Älskarinnan: 799, 834
Alt på et bræt: 59
Alta infedeltà: 584, 668, 857, 858, 906
Alta prioridad: 199
Alta sociedad: 359, 406, 457, 794
Altar de la moda, El: 223, 255, 256
Alte und der junge König, Der: 442
Altered States: 69, 424, 746
Altes Herz wird wieder jung: 442
Alteza, yo os amo: 256
Altid Ballade: 59
Alto mando: 548
¡Alto!, o mi madre dispara: 816, 817
Alto riesgo: 175, 697
Altra metà del cielo, L': 906
Altra vita, Un': 558
Altri tempi: 93, 233, 503
Alucinante historia de amor, Una: 55
Alucinante viaje de Bill y Ted, El: 710
Alucinantes aventuras de Bill y Ted, Las: 710
Alud, El: 216
Alumnos de primaria, Los: 458, 459
Alvarez Kelly: 409, 923
Always: 273, 398, 423, 814
Always Goodbye: 817
Always Together: 97, 325, 655
Am Rande der Welt: 257
Ama Rosa: 45
Amada: 805
Amada de Júpiter, La: 926
Amada por dos: 215
Amadeus: 334
Amador: 711, 712
Amakusa shiro tokisada: 641
¡Ámalos... y déjalos!: 110
Ámame esta noche: 508, 530
Ámame o déjame: 22, 124, 125, 225
Amanda: 52, 736
Amanda, la paciente peligrosa: 756, 809
Amanece: 22, 142, 346
Amanece que no es poco: 253
Amanecer: 22, 359, 603
Amanecer de la fundación en Manchuria, El: 581
Amanecer en Puerta Oscura: 23, 699, 700
Amanecer escarlata: 256

Amanecer zulú: 474, 642
Amanita pestilens: 115
Amant de cinq jours, L': 774
Amant, L': 38, 286
Amante, El: 38, 286, 427
Amante, La: 798, 799
Amante bilingüe, El: 42, 43, 46, 786
Amante de la muerte, El: 561
Amante del amor, El: 143, 282, 873
Amante del asesino, La: 937, 938
Amante di Gramigna, L': 755
Amante improvisado, El: 454
Amantes: 4, **23,** 42, 43, 232, 233, 275, 432, 551, 658, 758, 815, 892, 893
Amantes, Los: 23, 527, 528, 590
Amantes célebres, Los: 99
Amantes crucificados, Los: 24, 580, 581
Amantes de la noche, Los: 24, 372, 703, 704
Amantes de María, Los: 144, 461, 462, 463, 578, 580
Amantes del desierto, Los: 782
Amantes del Pont-Neuf, Los: 90
Amanti: 233, 275, 551
Amanti celebri, Gli: 99
Amants, Les: 23, 528, 590
Amants de Tolède, Les: 48
Amants de Vérone, Les: 9
Amants du Pont-Neuf, Les: 90
Amapola del camino: 48
Amapolas, Las: 581
Amar en ayunas: 504
Amarcord: 24, 311
Amarga sombra: 554, 830, 929
Amarga victoria: 25, 96, 223, 368, 705
Amargas lágrimas de Petra von Kant, Las: 308, 769
Amargo deseo de la propiedad, El: 434, 668, 859
Amargo despertar: 232, 233
Amargo desquite: 255, 256
Amargo silencio: 35, 36, 54, 55
Amargura del general Yen, La: 25, 136, 137, 817
Amateur: 424
Amateurs, Les: 766
Amator: 459
Amazing Captain Nemo, The: 316, 317
Amazing Dobermans, The: 52
Amazing Doctor Citterhouse, The: 395
Amazing Dr. Clitherhouse, The: 96, 498, 733
Amazing Grace and Chuck: 213, 662
Amazing Mr. Williams, The: 270
Amazing Mrs. Holliday, The: 276
Amazing Quest of Ernest Bliss: 374
Amazon Women on the Moon: 669
Amazonas en la Luna: 669
Ambassador, The: 421, 580
Ambassador Bill: 573
Ambassador's Daughter, The: 228, 509

Ambición de Jodie Palmer, La: 387
Ambiciones mundanas: 887
Ambiciosa: 220, 684
Ambiciosa, La: 588
Ambiciosos, Los: 116, 117, 310, 521, 669
Ambizioni sbagliate, Le: 144
Amblin: 814
Ambush: 845, 930
Ambush at Cimarron Pass: 280
Ambush of Ghosts: 115
Ambushers, The: 542
Amelia and the King of Plants: 802
Amelia Earhart: 455
Amelia López O'Neill: 760, 804
Amenaza: 573
Amenaza, La: 195, 586
Amenaza de Andrómeda, La: 928
Amenaza en la sombra: 166, 735, 831, 832
America: 376
América, América: 27, 452
América do sexo: 405
Américain, L': 790, 870
American Aristocracy: 304
American Bluff: 468
American Citizen, An: 70
American Dream, An: 485, 655
American Fever: 575
American Flyers: 198
American Gigolo: 361, 767
American Graffiti: 192, 273, 331, 332
American Guerrilla in the Philippines, An: 477, 682
American Heart: 109
American in Paris, An: 27, 143, 457, 496, 576, 646, 938
American Madness: 137
American Movie, An: 365
American President, An: 82, 271, 273, 714
American Romance, An: 828, 903
American Roulette: 351
American Success Company, The: 108
American Tragedy, An: 512, 819
American Venus, The: 110
American Way, The: 417
Americana: 401
Americanización de Emily, La: 175, 270
Americanization of Emily, The: 33, 175, 270
Americano, El: 304, 331
Americano, The: 304, 331
Americano a Roma, Un: 812
Americano en la R.A.F., Un: 460, 682
Americano en París, Un: 27, 143, 456, 457, 496, 576, 646, 647, 938
Americano en Roma, Un: 812
Americano tranquilo, El: 532, 533
Americanos en Montecarlo: 398

índice de películas

Amerikanische Freund, Der: 27, 417, 921
Amerikanische Soldat, Der: 308
Ami de mon amie, L': 737
Ami de Vincent, L': 623
Amica, L': 479
Amici miei: 361, 384, 584, 623, 859
Amici miei atto II: 384, 584, 623, 859
Amici miei atto III: 384
Amiche, Le: 40
Amico delle donne, L': 675
Amiga, La: 877, 878
Amigas, Las: 39, 40, 750
Amigas para siempre: 377, 589
Amigo americano, El: 27, 417, 920, 921
Amigo de mi amiga, El: 737
Amigo de su marido, El: 613
Amigo entre mis enemigos y enemigo entre mis amigos: 570, 571
Amigos, Los: 505, 697
Amigos de combate: 642
Amigos de Peter, Los: 105, 106, 851, 852
Amigos hasta la muerte: 421, 543
Amigos muy íntimos: 394
¿Amigos o rivales?: 636, 825
Amistades peligrosas, Las: 334, 338, 527, 668, 669, 710, 735, 852, 888
Amityville 3-D: 323, 746
Amleto di meno, Un: 386
Ammutinamento, L': 36
Amo, non amo: 91
Amo te sola: 233
Amo tu cama rica: 362, 663
Amok: 44, 309, 310
Among the Living: 395
Amor: 800
Amor 65: 922
Amor a la española: 475
Amor a los veinte años, El: 209, 873, 910
Amor a medianoche: 574
Amor a quemarropa: 417, 418, 633, 674, 801
Amor a reacción: 484, 819, 915
Amor a una extraña: 444
Amor afortunado: 911
Amor al rojo: 920
Amor bajo fianza: 115, 489
Amor bandido: 69
Amor brujo, El: 141, 761, 804
Amor de don Juan, El: 721, 782
Amor de gaucho: 396
Amor de Jeanne Ney, El: 645, 646
Amor de la actriz Sumako, El: 580, 581
Amor de lluvia, Un: 767
Amor de padre: 800
Amor de perdição: 634, 635
Amor de Sonia, El: 833

Amor de Swann, Un: 44, 237, 238, 435, 765
Amor de una profesora de canto, El: 581
Amor de verano, Un: 387
Amor del capitán Brando, El: 28, 76, 312, 313
Amor después del mediodía, El: 737
Amor en Alemania, Un: 769, 770, 910
Amor en conserva: 545, 546, 547, 585
Amor en el aire: 721
Amor en España, Un: 345
Amor en fuga, El: 873
Amor en venta: 111, 112, 201, 347, 348
Amor es algo maravilloso, El: 881
Amor es más frío que la muerte, El: 308, 769
Amor es más fuerte que el odio, El: 799
Amor es un extraño juego, El: 242, 671
Amor es un juego extraño, El: 13
Amor eterno: 70, 510
Amor hace milagros, El: 930
Amor inmortal: 445, 633, 740
Amor llega en verano, El: 234
Amor libre: 400
Amor loco: 69
Amor llamó dos veces, El: 28, 234, 559, 560, 819, 820
Amor manda, El: 709
Amor mío: 553
Amor mío, ayúdame: 811, 813, 906
Amor nació en París, El: 490
Amor non ho... però, però: 503
Amor nunca muere, El: 902
Amor perseguido: 744
Amor perverso, Un: 359
Amor prohibido: 136, 137, 328, 817
Amor propio: 29, 132
Amor que mata: 29, 201, 202
Amor robado, El: 427
Amor sin barreras: 929
Amor sin fin: 207, 939
Amor sin refugio: 366, 522
Amor sobre ruedas: 782
Amor y alegría: 756
Amor y deseos: 29, 44, 872
Amor y el diablo, El: 464
Amor y periodismo: 25, 26, 354, 355, 682, 935, 936
Amor y sexo (Safo 63): 13, 310
Amor y voluntad: 920
Amore, L': 525, 741
Amore a Roma, Un: 234, 728
Amore attraverso i secoli, L': 99
Amore canta, L': 675
Amore difficile, L': 357
Amore e chiacchiere: 93, 234
Amore e guai: 550
Amore e rabbia: 79, 88, 365, 659, 942

Amore e sangue: 587
Amore in città, L': 39, 40, 311, 317, 479, 858, 728
Amore mio: 553
Amore mio, aiutami!: 811, 813, 906
Amore necessario, L': 144
Amores célebres: 68, 80, 237, 623, 790
Amores compartidos: 69, 108, 109, 650
Amores con un extraño: 561, 599, 600, 650, 929
Amores de Carmen, Los: 141, 330, 396, 725, 910, 911
Amores de Manon, Los: 70, 508
Amores de un príncipe, Los: 824
Amores de una mujer francesa, Los: 74, 912
Amores de una rubia, Los: 334
Amores en Hollywood: 911
Amores en Ischia: 130, 234
Amores pendientes: 88
Amores que matan: 557
Amori di mezzo secolo: 362, 741, 812
Amori in corso: 88
Amori miei: 906
Amoríos: 237, 639, 766
Amorosa: 940
Amorous Adventures of Moll Flanders, The: 234, 625
Amos & Andrew: 124
Ámote solo a ti: 233
Amour: 59
Amour, L': 365, 913
Amour à la mer, L': 766
Amour à mort, L': 44, 719
Amour à vingt ans, L': 209, 873, 910
Amour avec des si, L': 487
Amour braque, L': 942
Amour de pluie, Un: 767
Amour de Swann, Un: 44, 237, 238, 435, 435, 765
Amour en douce, L': 73
Amour en fuite, L': 209, 873
Amour existe, L': 670
Amour fou, L': 730
Amour par terre, L': 161, 162, 730
Amoureuse: 262
Amoureux sont seuls au monde, Les: 445
Amours célèbres, Les: 68, 80, 237, 623, 790
Ampélopède, L': 423
Amsterdam: 677
Amsterdam Kill, The: 579
Amuleto de Ogum, O: 666
Amur l'après-midi L: 737
An 01, L': 261, 719
Ana: 240, 303, 356, 357, 427, 478, 479, 505, 530, 531
Ana Bolena: 441, 509, 510
Ana de Brooklyn: 503
Ana de los mil días: 115, 118
Ana dice sí: 313
Ana Garibaldi: 16, 739

Ana Karenina: 277, 278, 349, 350, 368, 485, 486
Ana, la del remolque: 490
Ana Vickers: 205
Ana y el rey de Siam: 30, 205, 220, 390
Ana y los lobos: 161, 162, 312, 313, 684, 761
Anacoreta, El: 312, 313
Análisis final: 71, 361, 852
Anaparatassi: 36
Anastasia: 85, 86, 114, 498
Anastasia, mio fratello: 813
Anata kaimasu: 462
Anatomía de un asesinato: 30, 684, 716, 772, 820, 821
Anatomía de un hospital: 772
Anatomy of a Murder: 30, 684, 716, 772, 821
Anatra all'arancia, L': 859, 906
Anchors Aweight: 457, 794
And Now Tomorrow: 395, 469, 936
And So They Were Married: 270
And the Angels Sing: 522
And the Band Plated On: 361
And the Dance Goes On: 115
And Then There Were None: 55, 171
Andén, El: 721
Anderson Tapes, The: 187, 514
Andrei Rubliov: 31, 463, 839, 840
Andremo in città: 161
Andrés Harvey se enamora: 353, 875
Andrés Harvey tenorio: 353
Androcles and the Lion: 556, 791
Androcles y el león: 555, 556, 791
Andromeda Strain, The: 928
... And Justice for All: 646
... And the Pursuit of Happiness: 528
Andy Hardy Meets Debutante: 353
Andy Hardy's Double Life: 926
Andy Warhol's Dracula: 625
Andy Warhol's Frankenstein: 913
Ange de la mort, L': 722
Ange de la nuit, L': 789
Angel, Angel, Down We Go: 443
Angel and the Badman: 915
Angel Face: 138, 579, 684, 791
Angel From Texas, An: 705
Angel Heart: 230, 702, 743
Angel on my Shoulder: 72, 601
Angel Wore Red, The: 95, 199, 234, 352
Ángel: 33, 257, 270, 510
Ángel, 444
Ángel, El: 750
Ángel azul, El: 34, 257, 336, 441, 442, 541, 818, 819
Ángel borracho, El: 465, 466
Ángel caído, Un: 320, 582, 650
Ángel de la calle, El: 101, 102, 359, 368
Ángel de la noche, El: 538

índice de películas

Ángel de las tinieblas, El: 179, 538, 629
Ángel exterminador, El: 13, **34,** 116, 117, 285
Ángel negro, El: 532, 820, 830
¿Ángel o diablo?: 32, **34,** 220, 684
Ángel pasó por Brooklyn, Un: 538, 569, 883, 886, 887
Ángel pecador, El: 190
Ángel vestido de rojo, El: 352
Ángel y el pistolero, El: 915
Angela: 401, 426, 506
Angela Davis, portrait d'une révolutionnaire: 328
Ángeles, Los: 583
Ángeles con caras sucias: 96, 124, 125, 216, 783, 784
Ángeles de acero: 574
Ángeles del arroyo: 592
Ángeles del infierno, Los: 97, 194, 195, 388, 389, 921
Ángeles del pecado, Los: 107, 108
Ángeles del volante, Los: 313
Ángeles e insectos: 35
Ángeles guardianes: 244
Ángeles perdidos, Los: 173, 940, 941
Ángeles rebeldes: 516
Ángeles sin alas: 420, 797, 798
Ángeles sin brillo: 35
Ángeles sin paraíso: 151, 354, 474, 743
Angélique, marquise des Anges: 870
Angelo bianco, L': 553
Angelo e il diavolo, L': 130
Angels & Insects: 35
Angels in the Outfield: 112, 484
Angels over Broadway: 396
Angels Wash Their Faces: 705, 784
Angels With Dirty Faces: 96, 125, 216, 784
Anges du péché, Les: 108
Anges gardiens, Les: 244
Angie: 224
Angry Hills, The: 14, 579
Angry Silence, The: 36, 55
Angst des Tormanns beim Elfmeter, Die: 921
Angst Essen Seele Auf: 308
Angustia: 90
Angustia de un querer: 242, 551
Angustia de vivir, La: 409, 457
Angustia mortal: 125
Aníbal: 556
Aniki-Bóbó: 635
Anillos en los dedos: 36, 326, 327, 530, 854
Anima nera: 357, 741
Anima persa: 242, 357, 728
Animador, El: 71, 72, 320, 636, 723, 724
Animal, El: 80
Animal, L': 80
Animal Behavior: 423
Animal Crackers: 545, 546
Animal Kingdom, The: 420, 508

Ann-Magritt: 877
Ann och Eve: 700
Ann Vickers: 205
Anna: 50, 240, 357, 479, 505, 531
Anna and the King of Siam: 30, 205, 220, 390
Anna Ascends: 324
Anna Boleyn: 441, 510
Anna Christie: 111, 112, 350
Anna de Brooklyn: 234
Anna di Brooklyn: 234, 503
Anna Garibaldi: 525
Anna Karamazoya: 591
Anna Karenina: 37, 111, 112, 278, 350, 486, 538
Anna Kauffman: 766, 767, 870
Anna Lucasta: 366
Anna Magnani: 905
Anna the Adventuress: 179
Annapolis Story, An: 787
Anne-Marie: 38
Anne of the Indies: 115, 597, 648, 668, 862
Anne of the Thousand Days: 118
Année dernière à Marienbad, L': 40, 719
Année prochaine si tout va bien, L': 7
Année sainte, L': 346
Annie: 320, 426
Annie Hall: 17, 18, 454, 455, 531, 916
Annie Laurie: 364
Annie Oakley: 270, 817, 819, 820
Anniversary, The: 224
Anno uno: 741
Ano te kono te: 427
Anoche cuando se apagó la luz: 225
Anonima Royllot, L': 553
Anónima Royllot: 553
Anónimo, El: 227,
Another 48 Hours: 624
Another Dawn: 256, 325
Another Man's Poison: 224
Another Part of the Forest: 539, 607
Another Stakeout: 273, 822
Another Thin Man: 509
Another Time, Another Place: 187, 876
Another Woman: 18, 307, 385, 743
Another You: 925
Ansia, El: 219, 242, 759
Ansia de amor: 467, 468
Ansias de vivir: 33, 38, 71, 72, 463, 608, 834
Ansichten eines Clowns: 769
Ansiedad de Veronika Voss, La: 308
Ansiedad trágica: 253
Ansikte hot ansikte: 85, 877
Ansiktet: 84, 742, 777, 834
Antareen: 777
Antártida: 362
Antes amar, después morir: 175, 716

Antes de amanecer: 238
Antes de la revolución: 87, 88
Antes de mediodía: 560
Antes de Pickpocket: 250
Antes y después: 608, 768, 823
Anthony Adverse: 227, 490, 538
Anthony and Cleopatra: 403
Anticipación: 365
Anticristo, El: 317
Anticristo, L': 317
Antoine et Antoinette: 75, 773
Antoine et Colette: 209, 873
Antoine et Sébastien: 144
Antoine y Colette: 209, 873
Antología del miedo: 13
Antonieta: 7, 761, 769, 770
Antonio das Mortes: 39, 734
Antros del crimen, Los: 113
Any Number Can Play: 348, 490
Any Wednesday: 328, 731
Any Which Way You Can: 280
Any Woman: 460
Anybody Here Seen Kelly?: 932
Anybody's Woman: 50
Anything Can Happen: 315
Anything Goes: 469, 516, 572
Anzio: 579
Año de la peste, El: 157
Año de las armas, El: 337, 338, 822
Año de las luces, El: 40, 77, 758, 872, 892, 893
Año de las lluvias torrenciales, El: 462, 801
Año de trece lunas, Un: 308
Año del sol inmóvil, El: 938
Año pasado en Marienbad, El: 40, 719
Año que vivimos peligrosamente, El: 41, 362, 916, 917
Años imposibles, Los: 618
Aoiro kakumei: 427
Aoom: 827, 828
Apa: 835
Apache: 14, 473, 474, 667, 668, 890
Apache Woman: 194
Apachen von Paris, Die: 257
Apaga y vámonos: 314
Apagón en Nueva York: 19
Apando, El: 157
Apáñatelas como puedas: 401
Aparajito: 659, 704, 705, 753
Apariencias engañan, Las: 400
Apartamento, El: 41, 488, 521, 522, 523, 924, 925
Apartamento de la tentación, El: 751, 782
Apartamento para tres: 28, 375
Apártate, cariño: 225
Apartment, The: 41, 488, 521, 523, 925
Apartment for Peggy: 409

Apasionada: 584, 858, 859
Apasionadamente: 73
Ape regina, L': 317, 857, 858
Apenas un duende: 887
Apicultor, El: 36, 550, 551
Apisonadora y el violín, La: 839
Aplauso: 529, 530
Apocalypse Now: 41, 106, 107, 192, 331, 332, 417
Apolítico, El: 782
Apollo 13: 387
Appaloosa, The: 106
Appartement des filles, L': 249
Appât, L': 141, 842
Appelkriget: 834
Applause: 299, 530
Appointment, The: 10, 514
Appointment for Love: 105, 830
Appointment in Honduras: 331, 784, 862
Appointment in London: 95
Appointment With Danger: 469
Appointment With Death: 62, 884
Appointment With Venus: 618
Apprenti salaud, L': 249
Apprenticeship of Duddy Kravitz, The: 273
Apprenties to Murder: 832
Apprezzato professionista di sicuro avvenire, Un: 231, 232
Appunti di viaggio per un film in India: 659
Appunti per un'Orestiade africana: 659
Appunti su Hollywood: 729
Aprel: 434
Aprendiendo a vivir: 624
Aprendiz de asesino: 832
Aprendiz de pornógrafo, El: 400
Apres l'amour: 424
April, April: 797
April Fools, The: 105, 242, 488, 509
April in Paris: 225
Apu sansar: 659, 705
Apuntes del natural: 771
Apur Shankar: 753
Aquel bandido soy yo: 806
Aquel excitante curso: 123, 485
Aquel hombre de Tánger: 588
Aquella casa en las afueras: 556
Aquella noche contigo: 454
Aquella noche en Río: 26, 587
Aquellos años: 156, 157
Aquellos chalados en sus locos cacharros: 812
Aquellos duros años: 213, 214, 554
Aquí, un amigo: 41, 488, 489, 554, 555, 924, 925
Aquí, quien no corre, vuela: 476
Aquí está Heraclio Bernal: 359
Aquí te pillo, aquí te mato: 747
Aquí viene el novio: 136, 137

índice de películas

Aquí viene la armada: 124
Aquila nera: 8, 503
Arab, The: 229, 431
Árabe, El: 187, 431
Arabella: 99
Arabesco: 264, 505, 506, 662
Arabesque: 264, 506, 662
Arabian Adventure: 138
Arabian Nights: 587, 750
Aranyaso: 215
Aranyer din ratri: 705
Arañas, Las: 476, 477
Árbitro de la moda, El: 70
Árbol, el alcalde y la mediateca, El: 737
Árbol de la vida, El: 174, 544, 752, 844
Árbol de los zuecos, El: 43, 637
Árbol del ahorcado, El: 190, 191, 222, 772
Arca de Noé, El: 215, 216, 508
Arca de oro, El: 366, 821
Arcana: 103
Arcangelo, L': 357
Arcidiavolo, L': 357, 770
Arco de triunfo: 43, 85, 104, 105, 479, 480, 572, 573
Arco iris, El: 264, 265
Arco iris negro, El: 215
Arco mágico, El: 373
Arch of Triumph: 43, 85, 105, 480, 573
Archimède, le clochard: 346
Archipel: 672
Arde Mississippi: 219, 384, 385
¿Arde París?: 80, 104, 105, 143, 172, 173, 191, 237, 269, 331, 586, 623, 666, 671, 790, 870, 918
Ardid femenino: 736, 819, 820
Ardilla roja, La: 827
Ardores pasados: 932
Are Husbands Necessary?: 574
Are You a Mason?: 70
Arena: 322, 323
Arenas blancas: 219, 743
Arenas de muerte: 393, 505, 506, 915
Arenas sangrientas: 914, 915
Aren't We All?: 629
Argel: 44, 104, 105, 149, 205, 277, 472, 664
Argent, L': 108, 259, 495
Argent de poche, L': 873
Argent des autres, L': 242, 870
Aria: 22, 83, 325, 365, 735, 746
Ariane: 190, 191, 398, 924, 925
Árida estación blanca, Una: 107, 759, 831, 832
Ariel: 163, 450, 451
Arise My Love: 5, 178, 487, 574, 924
Aristocracia americana: 304
Aristócratas del crimen: 354
Aristócratas del crimen, Los: 121, 662
Arizona: 257, 304, 408, 820, 914

Arizona, prisión federal: 222, 447, 468, 469
Arizona Baby: 124, 177, 423
Arizona Bround: 190
Arizona Dream: 244, 275, 276, 466, 493
Arizona Kid, The: 504
Arma, L': 139, 140
Arma bianca: 675
Arma de dos filos, El: 342
Arma letal: 362
Arma letal II: 362
Armada Brancaleone, La: 46, 356, 357, 584
Armados y peligrosos: 746
Armaguedon: 238
Armaguedon, la voz del fin del mundo: 238
¡Armas al hombro!: 160
Armas de mujer: 47, 331, 332, 377, 614, 615, 916
Armas para el Caribe: 761, 762
Armata Brancaleone, L': 46, 584
Arme à gauche, L': 762
Arme Eva: 441
Armed and Dangerous: 746
Armée des ombres, L': 284, 564, 790
Armonías de juventud: 353
Armored Car Robbery: 322, 323
Army of Darkness: Evil Dead 3: 326
Arnold Schulman: 599
Around the World in 80 Days: 105, 180, 258, 454, 521, 618, 794
Around the World in Eighty Minutes: 304, 324
Arpa birmana, El: 427, 428
Arpa de hierba, El: 813
Arquímedes, el vagabundo: 346
Arrabal, El: 911
Arrangement, The: 269, 275, 452, 458
Arrangiatevi!: 99
Arrebato: 49
Arreglalotodo, El: 304
Arreglo de cuentas en San Genaro: 728
Arriba el telón: 70, 508, 935
Arriba Hazaña: 314, 751
¡Arriba la cabeza, Charly!: 257
Arriva la bufera: 511
Arrivano i bersaglieri: 859
Arrivano i dollari!: 812
Arrivano Joe e Margherito: 144
Arrowhead: 403
Arrowsmith: 180, 333, 508
Arroz amargo: 49, 231, 356, 530, 531
Arruza: 94, 95
Ars: 241
Arsenal: 271, 272
Arsène Lupin: 70
Arsène Lupin contre Arsène Lupin: 265
Arsène Lupin Returns: 270
Arsenic and Old Lace: 137, 374
Arsénico por compasión: 136, 137, 374

Arsenio Lupin: 70
Arsenio Lupin contra Arsenio Lupin: 265
Art of Love, The: 253
Arte de amar, El: 253
Arte de casarse, El: 475, 750
Arte de no casarse, El: 475
Arte de ser amado, El: 391
Arte de vivir, pero bien, El: 623
Arte di arrangiarsi, L': 812
Arthur: 576, 589
Arthur 2: 576, 589
Arthur, el soltero de oro: 576, 589
Arthur 2, On the Rocks: 576, 590
Artistas y modelos: 492, 493, 521, 542, 911
Artists and Models: 493, 516, 521, 542, 911
Artists and Models Abroad: 487
Aru Eigakantoku no shagai: 785
As de ases: 80
As de pic, El: 334
As des as, L': 80
As You Desire Me: 270, 350, 825
As You Like It: 636
As Young as You Feel: 585, 668
Asado de Satán, El: 308
Asahi wa kagayaku: 581
Asalto a mano armada: 51
Asalto al banco de Montreal: 80
Asalto al fuerte Clark: 633
Asalto al furgón blindado: 82, 83
Asalto al poder: 642
Asalto al «Queen Mary»: 795
Asalto de los apaches, El: 373
Asalto de los hombres pájaro, El: 175
Ascenseur pour l'échafaud: 528, 590
Ascensor, El: 182, 183, 755, 811
Ascensor para el cadalso: 527, 528, 590
Ascensore, L': 183
Asedio: 271, 832
Asesina, La: 64, 326, 456
Asesinato: 406, 407
Asesinato de Julio César, El: 403, 731
Asesinato de la hermana George, El: 14
Asesinato de Mr. Mediand, El: 573
Asesinato de Trotsky, El: 118, 237, 507, 767
Asesinato en Beverly Hills: 282
Asesinato en el Comité Central: 4, 42, 43
Asesinato en el Oriente Exprés: 62, 85, 86, 91, 187, 320, 514, 667, 709, 923
Asesinato en la terraza: 509
Asesinato por decreto: 115, 549, 832
Asesino, El: 56, 346, 550, 668
Asesino anda suelto, El: 94, 199
Asesino del calendario, El: 456, 759
Asesino en Beverly Hills: 927
Asesino está entre los trece, El: 556

Asesino implacable, El: 125
Asesino poeta, El: 797, 798
Asesino vive en el 21, El: 174
Asesinos: 65, 66, 816, 817
Asesinos, Los: 452
Asesinos del Kilimanjaro, Los: 845
Asesinos natos: 493
Asesinos por kárate: 202
Ash Wednesday: 327, 844
Ashani sanket: 705
Ashanti: 126, 323, 391, 409, 883
Ashes of Desire: 102
Ashi ni sawatta koun: 643
Ashi ni sawatta onna: 427
Así ama la mujer: 50, 111, 112, 201, 693
Así como eres: 50, 461, 462, 478, 479, 550, 551, 700
Así como habían sido: 66
Así empezó Hollywood: 638
Así en el cielo como en la tierra: 254, 314, 701
Así era Pancho Villa: 49
Así es Broadway: 736
Así es la aurora: 102, 103, 116, 117
Así es la vida: 33, 282, 488, 489
Así es mi amor: 26
Así es Nueva York: 416
Así habla el amor: 151, 743
Así mueren los valientes: 522
Así nació Hollywood: 97, 98
Así no se muere: 825
Así no se trata a una dama: 716
Así se quiere en Jalisco: 227
Así son ellas: 843
Asia et la poule aux oeufs d'or: 463
Asignatura aprobada: 350
Asignatura pendiente: 350, 750, 751
Asino sčast'e: 463
Ask Any Girl: 521, 618
Asphalt Jungle, The: 426, 447, 585
Assam Garden, The: 458
Assassin habite au 21, L': 174
Assassin qui passe, Un: 870
Assassination Bureau, The: 623
Assassination of Trotsky, The: 118, 237, 507, 767
Assassinio Made in Italy: 163
Assassino, L': 550, 668
Assassins: 66, 817
Assassins de l'ordre, Les: 142
Assault on a Queen Mary: 795
Assi alla ribalta: 858
Assigned to Danger: 94
Assignment Paris: 32
Assisi Underground, The: 549
Assolto per avere commesso il fatto: 812, 813
Assoluto naturale, L': 99
Assunta Spina: 525

índice de películas

Astucia de mujer: 468
Astucias de mujer: 48, 818, 876
Asu o tsukuru hitobito: 466
Asunto de amor, Un: 74, 82, 399, 874
Asunto de mujeres, Un: 52, 159, 160, 423, 424, 686
Asunto del día, El: 180, 374, 819, 820
Asunto privado, Un: 46
Asuntos internos: 361
Asuntos privados de Bel Ami, Los: 491, 492
Asuntos sucios: 319, 350, 351
Asylum: 702
At Gunpoint: 522
At Long Last Love: 97, 98
At Play in the Fields of the Lord: 61, 387
At Sword's Point: 632
At the Circus: 545, 546
At War With the Army: 493, 542
Atalante, L': 53
¡Átame!: 4, 20, **53,** 65, 66, 701
¡Ataque!: 14, **53,** 544
Ataque al carro blindado: 269, 916
Ataque de la mujer de 50 pies, El: 387
Atelier, L': 846
¡Atención señoras!: 374, 784
Atentado, El: 623, 671, 763, 774, 870
Atila, rey de los hunos: 797, 798
Atiszti kardbojt: 464
Atlantic City: 53, 473, 474, 527, 528, 672, 758
Atlántida, La: 318, 587, 645, 646
Atlantide: 722
Atlantide, L': 318
Atlantique, L': 870
Atlantis: 89, 215
Atlas: 194
Atmósfera cero: 187
Atoll K: 388, 481
Atormentada: 85, 198, 199, 407
Atracción fatal: 271
Atraco: 887
Atraco a falda armada: 126
Atraco a las tres: 54, 474, 475
Atraco al hampa: 721
Atraco en las nubes: 923, 940
Atraco perfecto: 465
Atraco sin huellas: 214
Atrapa a un ladrón: 374, 407, 457
Atrapado: 795, 866
Atrapado en el tiempo: 561
Atrapado por su pasado: 231, 646
Atrapados: 548, 639
Atrapados en el espacio: 385, 662
Atrapados sin salida: 71, 361
Attack!: 14, 53, 544
Attack Force Z: 362
Attack of the 50ft. Woman: 387

Attack of the Crab Monsters: 194
Attendenti, Gli: 234
Attentat, L: 623, 671, 763, 774, 870
Attenti al buffone: 700
Attention bandits: 488
Attention, les enfants regardent: 238
Atti degli Apostoli, Gli: 741
Attic, The: 575
Attila, flagello di Dio: 506, 697
Atto di dolore: 139, 140
Atto d'accusa: 550
Au bonheur des dames: 277
Au bout du monde: 345
Au-delà des grilles: 173, 346
Au hasard Balthazar: 108
Au petit bonheur: 495
Au rendez-vous de la mort joyeuse: 243
Au revoir les enfants: 6, 528
Au royaume des cieux: 278
Au secours!: 349
Aube, L': 440, 441
Auberge rouge, L': 56, 57
Auch Zwerge Haben klein Angefangen: 402
Audace colpo dei soliti ignoti: 139, 357, 724, 744
Audaz ante todo: 936
Audiencia, La: 140, 317, 357, 671, 857, 859
Audienza, L': 317
Audrey Rose: 415, 929
Aufzeichnungen zu Kleidern und Städten: 921
Augen der Mumie Ma, Die: 441, 510
Auguri e figli maschi: 858
August der Starke: 441
Aujourd'hui: 57
Aula de señoritas: 682, 792
Aunque la hormona se vista de seda: 76, 475
Aurora de la dicha, La: 376
Aus dem leben der marionetten: 85
Ausencia de malicia: 319, 611, 612, 678, 679
Aussagen nach einer Verhauftung: 769
Austeria: 451
Austerlitz: 139, 143, 234, 349, 870, 918
Austernprinzessin, Die: 510
Australia: 44, 435
Austreibung, Die: 256, 603
Author! Author!: 646
¡Autor, autor!: 646
Autobiografía de una princesa: 436, 437, 548, 549
Autobiography of a Princess: 437, 549
Autobús atómico, El: 315
Automat Svet: 166
Autonosuyas, Las: 476
Autopsia de un criminal: 700
Autostop: 584
Autour de l'argent: 259
Autour de minuit: 842

índice de películas

Autre, L': 701
Autre homme, une autre chance, Un: 115, 121, 488
Autre nuit, L': 238
Autumn Leaves: 14, 202
Aux petits bonheurs: 249
Aux yeux du souvenir: 592
Avalancha: 307, 421
Avalancha, La: 785
Avalanche: 216, 307, 421
Avalanche Express: 544
Avali-ha: 459
Avalon: 491
Avanti a lui tremava tutta Roma: 525
Avanti!: 488, 925
Avarice, L': 159
Avaricia: 57, 824
Avaro, El: 103, 813
Avaro, L': 103, 813
Ave Caesar!: 464
Ave del paraíso: 222, 559, 560, 648, 725, 902
Avec la peau des autres: 244
Avenging Conscience, The: 376
Aventura, La: 39, 40, **58,** 619, 906
Aventura de don Juan, La: 464
Aventura de Gil Blas, Una: 721
Aventura del Plymouth, La: 112, 854, 864
Aventura del Poseidón, La: 385
Aventura en Roma: 403
Aventura es la aventura, La: 487
Aventura para dos: 782, 787
Aventuras de Alicia, Las: 589
Aventuras de Arsenio Lupin, Las: 75, 580, 581
Aventuras de Buffalo Bill: 220, 559, 560, 632, 696, 919, 920
Aventuras de Dorotea, Las: 376
Aventuras de Gérard, Las: 139, 140, 801
Aventuras de Jack London, Las: 253, 395
Aventuras de Jeremiah Johnson, Las: 678, 679, 707, 708
Aventuras de Juan Lucas: 721
Aventuras de Marco Polo, Las: 190, 875
Aventuras de Pinocho, Las: 182, 234, 503
Aventuras de Quentin Durward, Las: 436, 845
Aventuras de Robinsón Crusoe, Las: 117
Aventuras de Simbad, Las: 49
Aventuras de Tom Sawyer, Las: 205, 335
Aventuras del barbero de Sevilla: 540, 886
Aventuras del baron Münchausen, Las: 107, 363, 852, 926
Aventuras del ladrón de Bagdad, Las: 883
Aventuras del rey Pausole, Las: 442
Aventuras en la gran ciudad: 223
Aventure c'est l'aventure, L': 487
Aventure de Catherine C.: 44, 770
Aventurera del piso de arriba, La: 233, 553

Aventurera en Macao, Una: 578, 579, 745, 819
Aventurero, El: 396, 697
Aventurero audaz, Un: 180, 936
Aventurero de Kenia, El: 579
Aventurero de medianoche, El: 58, 279, 280
Aventureros del Lucky Lady, Los: 264, 385, 576
Aventures d'Arsène Lupin, Les: 75
Aventures de Till L'Espiège, Les: 669
Aventures du roi Pausole, Les: 442
Aventurier, L': 495
Aventuriers, Les: 237
Avería en la línea, Una: 864, 920
Aveu, L': 197, 586, 790
Aveux les plus doux, Les: 623
Avidez de tragedia: 124, 394
Avventura, L': 40, 58, 619, 906
Avventura di Annabella, L': 525
Avventure di Mandrin, Le: 807
Avventure di Pinocchio, Le: 182, 234, 356, 503
Avventuriera del piano di sopra, L': 233, 553
Avvoltoi sulla città: 317
Awakening, The: 324, 403
Awakenings: 230, 835, 926
Awful Truth, The: 374, 559
Awfully Big Adventure, An: 375
¡Ay, Carmela!: 59, 253, 556, 557, 761
¡Ay, mi madre!: 499
¡Ay, que me caigo!: 59, 499
Ayer, hoy y mañana: 232, 233, 505, 506, 550
Ayer, hoy y siempre: 121, 122
Ayer como hoy: 111, 112
Az aranyember: 463, 464
Az arendas szidoz: 215
Az egymillio fontos banko: 464
Az ejszaka rabkai: 215
Az én lányom nem olyan: 886
Az ezredes: 215
Az Ezust kekske: 215
Az ördög: 215
Az ötödik pecsét: 303
Az utolso ajnal: 215
Az utolso bohen: 215
Azahares rojos: 700
Azar y la violencia, El: 586
Azul: 60, 90, 459
Azul celeste: 626
Azyllo muito loco: 665, 666

B. F.'s Daughter: 818
Babel opera: 239
Babes in Arms: 353
Babes in Bagdad: 366, 782
Babes in Toyland: 69, 388, 480
Babes of Broadway: 353, 695
Babette se va a la guerra: 68

índice de películas

Babette s'en va-t'en guerre: 68
Babettes Goestebud: 59
Babies for Sale: 330
Baby, eres... tú: 582
Baby, It's You: 582, 762
Baby, the Rain Must Fall: 561, 600, 650, 716
Baby, tú vales mucho: 455, 783
Baby and the Battleship, The: 55
Baby Blue Marine: 361
Baby Boom: 455, 783
Baby Burkes: 847
Baby Doll: 452
Baby Face: 817, 915
Baby Face Harrington: 911
Baby Face Nelson: 787
Baby Maker, The: 401
Baby of Mâcon, The: 375
Baby Take a Bow: 848
Baby-sitter, La: 173
Baccanali di Tiberio, I: 858
Bachelor and the Bobby-Soxer, The: 374, 509, 848
Bachelor Bait: 820
Bachelor Father: 573
Bachelor in Paradise: 876
Bachelor Mother: 618, 736
Bachelor Party: 387
Bachelor Party, The: 534, 543
Bacio di Tosca, Il: 765, 766
Back Door to Hell: 615
Back Pay: 102
Back Roads: 319, 730
Back Street: 105, 395, 816, 830
Back to Bataan: 696, 915
Back to God's Country: 421
Back to the Future: 939
Back to the Future Part II: 939
Back to the Future Part III: 939
Backdraft: 230, 485, 832
Backfire!: 580
Background to Danger: 911
Backtrack: 335, 417, 516
Bad and the Beautiful, The: 153, 269, 576, 680, 876
Bad Company: 82, 108, 354
Bad Day at Black Rock: 189, 544, 864
Bad for Each Other: 403
Bad Girl: 102
Bad Girls: 69, 561, 822
Bad Lieutenant: 455, 456
Bad Lord Byron, The: 940
Bad Man, The: 705
Bad News Bears Go to Japan, The: 214
Bad News Bears, The: 555
Bad One, The: 725
Bad Seed, The: 490
Bad Sister: 96, 223

Bad Timing: 456, 735
Badlanders, The: 222, , 447, 469
Badlands: 252, 813
Bagdad: 632
Bagdad Café: 7, 8, 62
Bahía de los ángeles, La: 241, 590
Bahía del odio, La: 528
Bahía esmeralda, La: 722
Bahía negra: 533, 820, 821
Baie des anges, La: 241, 590
Bailando a ciegas: 416
Bailando con el taxímetro: 201
Bailando con lobos: 198
Bailando nace el amor: 51, 52, 396
Bailarín de la señora, El: 464
Bailarina de la ópera, La: 725, 911
Baile, El: 611
Baile de las ánimas, El: 582, 583
Baile de los malditos, El: 106, 174, 542
Baile de los vampiros, El: 625, 677
Baiser de Judas, Le: 842
Baiser de seize ans: 87
Baisers, Les: 87, 842
Baisers volés: 209, 873
Baishey shravana: 776
Baja Oklahoma: 732
Bajarse al moro: 65, 66, 180, 181, 754
Báječni muži s kikou: 565
Bajo aristocrático disfraz: 62, 130, 232, 233
Bajo cualquier bandera: 214
Bajo diez banderas: 480
Bajo dos banderas: 113, 177, 179, 180
Bajo el bosque lácteo: 118, 642, 844
Bajo el cielo azul: 776
Bajo el cielo de México: 227
Bajo el cielo de París: 277, 278
Bajo el fuego: 385, 624, 870
Bajo el látigo: 833, 930
Bajo el manto escarlata: 37, 38, 799, 800
Bajo el sol de Roma: 78, 266, 786
Bajo el terror del águila: 914
Bajo el volcán: 91, 320, 426
Bajo en nicotina: 781
Bajo la estrella frigia: 451
Bajo la máscara: 333, 645
Bajo la máscara del placer: 63, 257, 349, 645, 646
Bajo la metralla: 157
Bajo los rayos rojos del sol poniente: 581
Bajo los techos de París: 37, 171
Bajo otra bandera: 69, 351
Bajo presión: 911
Bajo sentencia de muerte: 333
Bajo sospecha: 82, 202, 522, 763, 822
Bajos fondos: 803
Bajos fondos, Los: 345, 444, 445, 465, 466, 717, 718
Baklash: 923

Bakushu: 643
Bal des espions, Le: 671
Bala en camino, Una: 792
Balada de Cable Hogue, La: 662, 731
Balada de Narayama, La: 428, 429
Balada del café triste, La: 144, 709
Balade pour un voyou: 623
Balalaika: 235
Balance matrimonial: 937, 938
Balarrasa: 312, 313, 830
Balas o votos: 96
Balas sobre Broadway: 18, **63**
Balas vengadoras: 341, 342, 892
Balboa: 214
Balcón de la luna, El: 760, 782
Balcón sobre el invierno, Un: 592
Balena bianca, La: 99
Ball of Fire: 32, 191, 319, 394, 818, 924
Ballad of Cable Hogue, The: 662, 731
Ballad of Fultah Fisher's Boarding House: 135
Ballad of Josie, The: 225
Ballad of Sad Cafe, The: 144
Ballad of the Sad Café, The: 709
Ballando, ballando: 771
Balle dans le canon, Une: 248
Ballena blanca, La: 99, 781
Ballenas de agosto, Las: 31, 223, 224, 364
Ballerina e Buon Dio: 234
Balles perdues: 138
Ballet ruso: 919, 920
Ballets de París, Los: 163
Balneario de Battle Creek, El: 326, 415
Balsamus, l'uomo di Satana: 57, 58
Baltimore Bullet, The: 175
Bambinaia, La: 584
Bambini ci guardano, I: 232, 550
Bambini e noi, I: 182
Bambini in città: 181
Bambole, Le: 99, 182, 503, 728, 906
Bambolona, La: 858
Bamboo Blonde, The: 533
Bambú: 45, 313, 588
Bananas: 17, 18, 816
Banco à Bangkok pour OSS 117: 36
Band of Angels: 293, 348, 676, 912
Band of the River: 419
Band Wagon, The: 52, 162, 352, 563, 577
Banda aparte: 365
Banda de Alexander, La: 25, 26, 460, 682
Banda de Jaider, La: 162
Banda de los Grissom, La: 14, **65**
Banda de ninjas: 641
Bande à part: 365
Bande des quatre, La: 730
Bandera, La: 37, **65**, 277, 278, 345

Bandera negra: 46, 476, 634
Banderas del amanecer, Las: 757
Bandida, La: 310
Bandido: 322, 323, 579
Bandido alegre, El: 66
Bandido calabrés, El: 130, 531
Bandido de Zhobe, El: 555, 556
Bandido por excelencia: 504
Bandit of Zhobe, The: 556
Bandito, Il: 478, 525
Bandolero: 542, 821
Bang the Drum Slowly: 230
Bang!: 871, 872
Banjo: 322
Banjo on My Knee: 205, 560, 817
Bank ban: 215
Bank Holiday: 709
Bank Shot: 772
Banning: 385
Banquera, La: 767, 870
Banquete de bodas: 66, 110, 111, 224
Banquete de bodas, El: 66, 483
Banquière, La: 767, 870
Banshun: 643, 685
Bar 20: 578
Bar de la fourche, Le: 423
Bara en mort: 834
Barabba: 323, 357, 531, 697
Barba Azul: 118
Barbablù, Barbablù: 144
Barbare, La: 583
Barbarella: 328, 858
Barbarian, The: 508, 930
Barbarian and the Geisha, The: 426, 916
Bárbaro y la geisha, El: 425, 426, 916
Barbarroja: 349, 466
Barbary Coast: 394, 416, 560, 617, 733
Barberousse: 349
Barca sin pescador, La: 803
Barcarolle d'amour: 104
Barcelona Connection: 893
Barcelona lamento: 362
Barco a la India: 84
Barco de la muerte, El: 330
Barco de los brillantes, El: 476
Barco de los locos, El: 315, 486, 544, 789, 790
Barco Fukuryumaru, El: 785
Barco trágico, El: 800
Bardelys, the Magnificent: 902
Bare Fists: 333
Barefoot Comtessa, The: 97, 352, 533
Barefoot in the Park: 105, 328, 708
Barfly: 276, 743, 768
Bariera: 801
Barkleys of Broadway, The: 52, 736, 908

índice de películas

Barn on the Naked Dead: 743, 744
Barnet: 800
Barnton Fink: 177
Barnvagnen: 922
Barocco: 7, 243, 846
Baron de l'ecluse, Le: 346
Baron of Arizona, The: 342
Barón imaginario, El: 257
Barón rojo, El: 194, 195
Barón y su yate, El: 346
Baronesa y el mayordomo, La: 37, 38
Baroness and the Butler, The: 38
Baroud: 431
Barra mendocina, La: 803
Barrabás: 322, 323, 357, 531, 696, 697
Barraca, La: 358
Barrage contre le Pacifique: 38, 172, 173, 530, 531, 666
Barranco del diablo, El: 333
Barravento: 734
Barrera del sonido, La: 464, 482
Barrera invisible, La: 353, 452, 661
Barreras de orgullo: 199, 393
Barreras infranqueables: 223, 601
Barretts of Wimpole Street, The: 443, 479, 538
Barricade: 501
Barricade du point du jour, La: 623
Barrio: 886
Barrio contra mí, El: 216, 555
Barrio chino: 920
Barrio del amor y la esperanza, El: 640, 641
Barrio del cuervo, El: 922
Barrio gris: 803
Barrios altos: 4
Barroco: 583, 701
Barry Lyndon: 465, 637, 638
Barry McKenzie Hold His Own: 83
Barton Fink: 177
Barwy ochronne: 938
Bas-fonds, Les: 345, 445, 718
Baseball Madness: 833
Basic Instinct: 271, 822, 894
Basta che non si sappia in giro: 182, 906
Basta la palabra: 745
Bastard Out of Carolina: 424
Bastardi, I: 396
Bat 21: 385
Bataan: 354, 355, 660, 844, 845
Bataclán: 504
Bataille, La: 37, 105
Bataille du rail, La: 172, 173
Batailles, Les: 730
Batalla: 466
Batalla, La: 37, 105, 629
Batalla de Anzio, La: 579

Batalla de Argel, La: 71, 679
Batalla de Inglaterra, La: 125, 636
Batalla de las Ardenas, La: 32, 35, 36, 327
Batalla de las colinas del whisky, La: 474, 716
Batalla de los sexos, La: 364, 376, 887
Batalla de los tres reyes, La: 140, 456, 583, 722
Batalla de Maratón, La: 862
Batalla de Midway, La: 175, 327, 331, 403, 579
Batalla del porro, La: 4
Batalla del río Neretva, La: 114, 918
Batalla del Río de la Plata, La: 681
Batalla del siglo, La: 559
Batalla por nuestra Ucrania soviética, La: 272
Bâtard, Le: 4
Bateleros del Volga, Los: 229
Bathing Beauty: 926
Batman: 71, 118, 455, 616
Batman Forever: 69, 768, 119, 250, 455, 669
Batman Returns: 119, 250, 455, 669
Batman vuelve: 69, 118, 119, 249, 250, 455, 668, 669, 768
Bâton rouge: 4, 65, 66, 556, 557
Battaglia di Algeri, La: 71, 679
Battaglia di Maratona, La: 862
Battant, Le: 237, 238
Batticuore: 130
Battle, The: 629
Battle Beyond the Stars: 789
Battle Circus: 19, 97, 111
Battle Cry: 912
Battle Hymn: 404, 421, 798
Battle of Britain, The: 125, 636
Battle of San Pietro, The: 425
Battle of the Bulge: 32, 36
Battle of the Century, The: 559
Battle of the Planet of the Apes: 426
Battle of the River Plate, The: 681
Battle of the Sexes, The: 364, 376, 887
Battle of the Villa Fiorita, The: 222, 633
Battleground: 920
Battlestar Galactica: 575
Battling Butler: 453, 454
Bawang Bieji: 6
Baxter: 608
Bay Boy, The: 878
Bay of St. Michel, The: 940
Bazar de las sorpresas, El: 73, 510, 820, 830
Bazar Viena: 476
Beach Blanket Bingo: 454
Beaches: 401
Beachhead: 214
Bear Island: 832, 924, 709
Bearn o la sala de las muñecas: 46, 163, 582, 583, 720, 722
Beast of the City, The: 389

Beat the Devil: 97, 171, 426, 443, 503
Béatrice devant le désir: 789
Beatriz: 751, 782, 828
Beau Brummel: 70, 373, 843, 883
Beau Geste: 74, 179, 190, 191, 395, 573, 574, 919, 920
Beau Ideal: 74, 936
Beau mariage, Le: 737
Beau-père: 93
Beau Sabreur: 74, 190
Beau Serge, Le: 159
Beauté du diable, La: 171, 309, 669
Beautiful Blonde From Bashful Bend, The: 826, 827
Beautiful Stranger: 736
Beauty 2: 913
Beauty and the Beast: 77
Beauty and the Rogue: 460
Beaux jours, Les: 792
Bebé para mi esposa, Un: 401
Bebé y el acorazado, El: 55
Because of Him: 276, 480
Because of You: 936
Becerrada, La: 313
Beckett: 118, 641
Becky Sharp: 416, 530
Bed of Roses: 468, 560, 802
Bed Sitting Room, The: 589
Bed, The: 913
Bedazzled: 264, 589
Bedevilled: 73, 487
Bedford Incident, The: 676, 832, 923
Bedroom Window, The: 424
Bedtime for Bonzo: 705
Bedtime Story: 106, 539, 618, 936
Beetlejuice: 118, 224, 455, 747
Before and After: 608, 768, 823
Before Sunrise: 238
Before Winter Comes: 618
Beggars of Life: 110, 920
Beggarstudent, The: 886
Begger's Opera, The: 636
Beguiled, The: 280, 774, 788
Behave Yourself!: 372
Behind Locked Doors: 94
Behind the Iron Mask: 315
Behind the Makeup: 50
Behind the Mask: 708
Behinderte Zukunft: 402
Behold a Pale Horse: 662, 697, 941
Behold My Wife: 487, 784
Beijo no asfalto, O: 69
Being Human: 926
Being There: 271, 521
Bel indifférent, Le: 241

Believe in Me: 91
Believers, The: 764
Belinda: 609, 610
Bell, Book and Candle: 148, 488, 625, 695, 821
Bell'Antonio, Il: 99, 139, 550
Bell for Adano, A: 461, 854
Bella Adelina: 490
Bella campesina, La: 130, 234, 505, 506, 550
Bella de Cádiz, La: 540, 782
Bella de día: 116, 117, 241, 242, 670, 671, 700, 894
Bella de Moscú, La: 51, 52, **76,** 162, 163, 530
Bella de Nueva York, La: 51, 52
Bella de Roma, La: 182, 811, 812
Bella del Pacífico, La: 315, 336, 396
Bella desconocida, La: 736
Bella di Lodi, La: 755
Bella di Roma, La: 182, 812
Bella extranjera, La: 257, 346
Bella Lola, La: 588
Bella mentirosa, La: 73, 74, **76,** 730, 766
Bella mugnaia, La: 130, 234, 506, 550
Bella Otero, La: 310
Bella y la bestia, La: 77, 172, 176
Bellboy, The: 492, 493
Belle: 77, 238, 239
Belle al bar: 781
Belle de jour: 117, 242, 671, 700, 894
Belle Époque: 40, **77,** 253, 254, 312, 314, 362, 758, 872, 876, 892, 893
Belle équipe, La: 277, 278, 345
Belle et la bête, La: 77, 172, 176
Belle fille comme moi, Une: 873
Belle histoire, La: 488
Belle ma povere: 728
Belle manière, La: 345
Belle noiseuse, La: 74, 76, 730
Belle of New York, The: 52
Belle of the Nineties: 559
Belle Otero, La: 310
Belle que voilà, La: 592
Belle Star: 32, 854
Belles de nuit, Les: 171, 503, 669
Belles on Their Toes: 509, 648
Belleza de Hipólita, La: 503
Belleza de las cosas, La: 922
Belleza del diablo, La: 171, 309, 669
Belleza maldita: 48, 310, 314
Bellezas por casar: 508, 509, 648
Bellezza del mondo, La: 232, 233
Bellezza d'Ippolita, La: 503
Bellísima: 78, 525, 905
Bellissimo novembre, Un: 99, 503
Bello Antonio, El: 99, 139, 550
Bello, honesto, emigrado a Australia, quiere casarse con chica intocada: 140, 813

índice de películas

Bello, onesto, emigrato Australia, sposerebbe compaesana illibata: 140, 813
Bello Sergio, El: 159
Bells Are Ringing: 335, 410, 542, 577
Bells Go Down, The: 548
Bells of St. Mary's, The: 85, 559, 790
Belly of the Architect, The: 375, 903
Beloved Enemy: 617, 629
Beloved Infidel, The: 458, 461, 661
Beloved Rogue, The: 70
Beltenebros: 80, 363, 577
Ben-Hur: 81, 340, 402, 403, 431, 508, 613, 932
Bend of the River: 421, 533, 821
Bendición mortal: 821
Beneath the Planet of the Apes: 403
Beneficio de la duda, El: 832
Benefit of Doubt: 439, 832
Bengal Brigade: 421, 724
Bengali Night, The: 375
Benilde ou a Virgen mãe: 634, 635
Benjamín: 242, 249, 592, 671
Benjamin ou les mémoires d'un puceau: 242, 249, 592, 671
Benny and Joon: 244
Benny y Joon: 244
Benvenuta: 44, 238, 239, 356, 357
Bequest to the Nation, A: 439
Berceau de cristal, Le: 755
Bérénice: 737, 745
Berg-Ejvind och hans hustru: 800
Bërgkatze, Die: 510
Berkeley Square: 420
Berlin Blues: 336, 337
Berlin Correspondent: 32
Berlin Express: 87, 629, 630, 862
Berlín 1976: 549
Berlín, cita con los espías: 32, 36
Berlín interior: 154, 155
Berlín Occidente: 257, 258, 925
Berlinguer ti voglio bene: 88
Berlino, appuntamento per le spie: 32, 36
Bernadine: 359
Beröringen: 85
Berserk: 202
Bert Rigby You're a Fool: 64
Bertoldo, Bertoldino e Cacasenno: 584, 813, 859
Bertolucci secondo il cinema: 26
Bertrand Coeur de Lion: 138
Bésalas por mí: 264, 374
Bésame, Kate: 334
Bésame, tonta: 314
Bésame, tonto: 542, 625, 924, 925
Bésame antes de morir: 834, 835
Bésame y esfúmate: 108, 122, 318, 319, 599, 600
Beso, El: 318, 349, 350, 491

Beso a media luz, Un: 50
Beso ante el espejo, El: 922
Beso antes de morir, Un: 931
Beso de Judas, El: 699, 700
Beso de la muerte, El: 88, 392, 393, 555, 556, 768, 923
Beso de la mujer araña, El: 61, 424
Beso de la pantera, El: 461, 462, 597, 767
Beso decisivo, El: 112, 113
Beso del asesino, El: 465
Beso del sueño, El: 893
Beso mortal, El: 14
Beso para Birdie, Un: 484
Beso redentor, El: 911
Beso revelador, El: 922
Besos de vampiro: 124
Besos para mi presidente: 523
Besos perdidos: 803
Besos robados: 209, 873
Best Defense: 590
Best Foot Forward: 19
Best Friends: 394
Best Man, The: 327
Best of Enemies, The: 618, 812
Best of Everything, The: 202, 610
Best of Times, The: 926
Best Things in Life Are Free, The: 216
Best Years of Our Lives, The: 32, 509, 539, 562, 932
Bestia del reino, La: 363
Bestia humana, La: 717, 718
Bestias de la ciudad: 14
Bête à l'affût, La: 671
Bête humaine, La: 247, 345, 346, 718, 792
Bethune: The Making of a Hero: 832
Betrayal: 190, 435, 442, 572
Betrayed: 113, 197, 348, 556, 876, 911, 928
Betsy, The: 636
Better Times: 902
Betty: 160
Between Heaven and Hell: 323
Between Two Worlds: 353, 655
Beware, My Lovely: 516
Beware of Married Men: 508
Beyond a Reasonable Doubt: 32, 329, 477, 561
Beyond Glory: 468, 469
Beyond Rangoon: 100
Beyond the Forest: 199, 224, 547, 903
Beyond the Last Frontier: 578
Beyond the Limit: 126
Beyond the Poseidon Adventure: 126, 319
Beyond the Rocks: 833, 887, 930
Beyond the Stars: 801, 822
Beyond Therapy: 22, 440
Bez konca: 459
Bez svidetelej: 571

Bez znieczulenia: 910
Bezhin lug: 284
Bhowani Junction: 206, 212, 352, 373
Bhuvan Shome: 777
Bi e il ba, Il: 614
Bian zhou bian chang: 449
Bianca: 577, 591
Bianco, rosso e...: 479, 506, 721
Biba la banda: 476
Bible, The: 352, 390, 426, 641, 772
Biblia, La: 352, 389, 390, 426, 641, 772
Biches, Les: 159, 870
Bicicletas son para el verano, Las: 4, **89,** 163, 253, 312, 654, 804
Bicyclete Flirt, The: 504
Bidone, Il: 311
Bien amada, La: 315
Bien perdido, El: 102
Bienvenido, Mr. Chance: 270, 271, 521
¡Bienvenido, Míster Marshall!: 86, 89, 406
Bienvenido a Los Ángeles: 144, 161, 162, 455, 744, 813
Bienvenido a Veraz: 46, 270
Bienvenido al paraíso: 691, 692
Big: 387
Big Bad Mama: 253
Big Bad Mama II: 253
Big Boodle, The: 48, 325
Big Bounce, The: 637
Big Brawl, The: 316
Big Broadcast of 1937, The: 573, 574
Big Broadcast of 1938, The: 487
Big Brown Eyes: 374, 911
Big Bus, The: 315
Big Business Girl: 936
Big Carnival, The: 269, 369
Big Chill, The: 198, 424, 450, 856
Big Circus, The: 556
Big City: 102, 864
Big City, The: 113
Big City Blues: 96, 490
Big Clock, The: 480, 574
Big Country, The: 403, 418, 661, 792, 932
Big Cube, The: 876
Big Dan: 920
Big Easy, The: 558, 692
Big Fisherman, The: 102
Big Fix, The: 273
Big Gamble, The: 322, 323, 613
Big Game, The: 574
Big Hand for the Little Lady, A: 327, 731, 931
Big Hangover, The: 843
Big Heat, The: 331, 477, 544, 802
Big House: 104
Big Jake: 633, 916

Big Jim McLain: 915
Big Knife, The: 14, 516
Big Land, The: 469
Big Leaguer, The: 14, 733
Big Lift, The: 173
Big Little Person, The: 887
Big Man, The: 375
Big Mouth, The: 492, 493
Big News: 468, 504
Big Night, The: 506, 507
Big Noise, The: 388, 481
Big North, The: 373
Big Parade, The: 370, 902
Big Picture, The: 485
Big Pong, The: 177
Big Punch, The: 333
Big Red One, The: 342, 544
Big Shakedown, The: 223
Big Shot, The: 96
Big Show, The: 632, 926
Big Sky, The: 269, 394, 626, 726
Big Sleep, The: 62, 97, 155, 394, 579, 821, 829
Big Stampede, The: 915
Big Steal, The: 579, 787
Big Store, The: 545, 546
Big Street, The: 327
Big Town, The: 223
Big Trail, The: 911, 914
Big Trees, The: 269
Big Trouble: 151
Big Truck and Poor Clare: 883
Bigamist, The: 329, 516
Bigamo, Il: 234, 550
Bígamo, El: 234, 550
Bigger Dance in the World, The: 746
Bigger Than Life: 547, 549, 555, 704
Biggest Bundle of Them All, The: 234, 733
Bijin aishu: 643
Bijoutiers au clair de lune, Les: 68, 721
Bike Boy: 913
Bilans kwartalny: 938
Bilbao: 90
Bill, qué grande eres: 333
Bill and Ted's Bogus Journey: 710
Bill and Ted's Excellent Adventure: 710
Bill of Divorcement, A: 70, 212, 399, 632
Billete para Tánger: 721
Billion Dollar Brain: 125, 235, 265, 746, 832
Billy Bathgate: 82, 408, 927
Billy Budd: 270, 883
Billy dos sombreros: 662
Billy el embustero: 165, 166, 764
Billy el Niño: 845
Billy Jim: 102
Billy Liar: 166, 764

índice de películas

Billy Rose's Jumbo: 225
Billy the Kid: 611, 663, 845, 902
Billy Two Hats: 662
Biloxi Blues: 615
Biograph: 376
Bionda, La: 461, 462
Birch Interval: 534
Bird: 279, 280
Bird Cage, The: 385, 615, 926
Bird of a Nation, The: 910
Bird of Paradise, The: 222, 560, 648, 725, 902
Bird on a Wire: 362, 394
Birdman of Alcatraz: 337, 474
Birds, The: 407, 649
Birds and the Bees, The: 618, 869
Birdy: 123, 582
Birichino di papà, Il: 553
Birth of a Nation, The: 364, 376, 432, 605, 825
Birthday Party, The: 339
Biruma no tategoto: 427, 428
Bis Ans ende der Welt: 591, 921
Bisbetica domata, La: 675, 939
Bishop's Wife, The: 374, 618, 936
Bite the Bullet: 83, 111, 175, 385
Bitelchús: 118, 224, 455, 747
Bitka na Neretvi: 114, 918
Bitter Apples: 508
Bitter Moon: 375, 515, 677
Bitter Sweet Love: 876
Bitter Tea of General Yen, The: 25, 137, 817
Bitter Victory: 117, 118, 703, 704
Bittere ernte: 410
Bitteren Tränen der Petra von Kant, Die: 769, 308
Bitva za našu sovestkuju Ukraniu: 272
Bix, an Interpretation of a Legend: 58
Bizalom: 835
Black Bird, The: 113, 386
Black Cat, The: 469
Black Fury: 216, 601
Black Ghost: 914
Black Gold: 696
Black Hand, The: 457
Black Hole, The: 667
Black Horse Canyon: 560
Black Jack: 278, 500, 501
Black Knight, The: 355, 469
Black Legion: 96, 784
Black Magic: 531, 918
Black Midnight: 94
Black Moon: 528
Black Narcissus: 458, 606, 681, 750, 791
Black Orchid, The: 506, 697, 730
Black Orchids: 431
Black Panthers: 888
Black Pirate, The: 304

Black Rain: 271, 350, 351, 773
Black Rainbow: 731
Black Robe: 83
Black Rose, The: 393, 682, 918
Black Shield of Falworth, The: 214, 484, 554
Black Spider, The: 179
Black Spurs: 221
Black Stallion, The: 192
Black Sunday: 337
Black Swan, The: 168, 461, 632, 682, 696
Black Tights: 163
Black Tuesday: 733
Black Watch, The: 333, 508
Black Whip, The: 253
Black Widow: 150, 418, 701, 736, 854, 927
Black Windmill, The: 126, 788
Blackbeard, the Pirate: 221, 911
Blackbeard's Ghost: 883
Blackboard Jungle, The: 111, 331, 557, 676
Blackfire: 144
Blackmail: 407, 733
Blackmailed: 95, 940
Blackout: 19, 144, 924
Blackwell's Island: 353
Blade af Satan Dagbog: 272
Blade Runner: 91, 331, 332, 387, 772, 773
Blaise Pascal: 741
Blame It on Rio: 126, 264, 589
Blame It on the Bellboy: 590
Blame the Woman: 613
Blanc de chine: 672
Blanc: 60, 238, 459
Blanca paloma, La: 65, 66, 460, 699, 701, 827
Blancas rocas de Dover, Las: 112
Blanco: 60, 238, 459
Blanco, rojo y...: 479, 506, 721
Blanche Fury: 373
Blandings ya tienen casa, Los: 270, 374, 508, 509
Blaue Engel, Der: 34, 257, 336, 442, 541, 819
Blaze: 223, 612
Blaze of Moon: 72, 409
Blazing Days: 932
Blazzing Saddles: 925
Blé en herbe, Le: 56, 57
Blechtrommel, Die: 765
Bled, Le: 717, 718
Bleierne Zeit, Die: 872
Blekitny krzyz: 601
Blessed Event: 680
Bleu: 60, 90, 459
Blind Date: 71, 169, 204, 282, 507, 927
Blind Goddess, The: 324
Blind Husbands: 824, 825
Blind Man's Bluff: 548
Blind Pot: 125

Blind Terror: 307, 323
Blindfold: 139, 421
Blink: 822
Bliss of Mrs. Blossom, The: 55, 521
Blithe Spirit: 390, 482
Blizna: 459
Blob, The: 561
Block-notes di un regista: 311
Blockade: 256, 326, 553
Blockheads: 388, 481
Blodets röst: 799, 800
Blonde Crazy: 124, 573
Blonde Cheat: 329
Blonde de Pékin, La: 733
Blonde Fever: 352
Blonde Venus: 257, 374, 819, 891
Blondie of the Follies: 368
Blondie on a Budget: 396
Blondie Pays Cupid: 330
Blood Alley: 62, 915, 920
Blood and Sand: 94, 220, 396, 530, 613, 682, 696, 756, 887
Blood for Dracula: 234, 913
Blood Line: 767
Blood Money: 351
Blood on the Moon: 579, 928
Blood on the Sun: 125
Blood Red: 417, 732
Blood Simple: 177
Bloodbrothers: 361, 600
Bloodline: 398, 549
Bloody Birthday: 316
Bloody Kids: 338
Bloody Mama: 195, 230
Bloomfield: 389, 390, 667, 766, 832
Bloqueo: 255, 256, 326, 553
Blossoms in the Dust: 355, 490
Blow Job: 913
Blow Out: 93, 189, 231, 866
Blow-Up: 40, **93,** 192, 231, 708
Blowing Wind: 191, 697
Blown Away: 109
Blubeard: 118
Blue Angel, The: 34
Blue Bird, The: 212, 328, 352, 844, 848
Blue Blood and Red: 911
Blue Collar: 456, 767
Blue Chip: 339, 624
Blue Dahlia, The: 469, 471
Blue Eagle, The: 333, 359
Blue elettrico: 140
Blue Gardenia, The: 73, 477
Blue Ice: 126
Blue in the Face: 456, 802, 912
Blue Lagoon, The: 791

Blue Lamp, The: 95
Blue Max, The: 549
Blue Skies: 52, 756
Blue Skies Again: 350
Blue Sky: 477, 724
Blue Steel: 915, 213
Blue Thunder: 763
Blue Veil, The: 480, 929
Blue Velvet: 417, 740
Bluebeard's Eighth Wife: 178, 190, 510, 618, 630, 833, 924, 930
Blueprint for Murder, A: 199, 668
Blues in the Night: 498
Bluff: 138, 930
Bluff: storia di truffe e di imbroghi: 697
Blume in Love: 557
Blumenfrau vom Postdamer Platz, Die: 256
Blumenfrau von Lindenau, Die: 472
Boardwalk: 485
Boatnicks, The: 26
Bob and Carol and Ted and Alice: 557, 929
Bob, Carol, Ted y Alice: 557, 929
Bob, el incorregible: 70
Bob le flambeur: 564
Bob Roberts: 759
Bobby Deerfield: 646, 679
Boca a boca: 754
Boca de ouro: 665, 666
Boca del lobo, La: 505
Bocados de realidad: 747
Boccaccio: 216
Boccaccio'70: 233, 311, 505, 506, 766, 584, 905
Boda convencional: 920
Boda, La: 909, 910
Boda sosegada: 51
Bodas blancas: 177, 178, 486, 487, 522
Bodas de Blanca, Las: 700, 712
Bodas de fuego: 48
Bodas de sangre: 140, 541, 761
Bodas reales: 51, 52, **94,** 264
Bodies, Rest & Motion: 326
Body and Soul: 96, 211, 353, 508, 742
Body Double: 231, 377
Body Heat: 339, 424, 450, 743, 875
Body of Evidence: 219
Body Snatchers: 433, 856
Body Snatcher, The: 928
Bodyguard: 323
Bodyguard, The: 198
Boefje: 797, 798
Boeing, Boeing: 214, 493
Bofetada, La: 7
Boheemielämää: 451
Boheme, Kinstlerliebe: 256
Bohème, La: 98, 364, 902, 938, 939

índice de películas

Bohemia, La: 256
Bohemian Girl, The: 366, 388, 481
Boiling Point: 418
Boinas verdes: 914, 916
Bois des amants, Le: 57
Bois noirs, Les: 244
Boîte aux rêves, La: 669, 789
Bola de fuego: 32, 191, 319, 393, 394, 817, 818, 924
Bolero: 504, 573, 784, 789
Bolivia avanza: 757
Bolond április: 303
Bolsa de canicas, Una: 262
Bombardero B-52: 929
Bombas para la paz: 313
Bombay Clipper: 587
Bombay Talkie: 436, 437
Bombers B-52: 929
Bombers' Moon: 38
Bombilla que flota, La: 17
Bombshell: 324, 389
Bon Dieu sans confession, Le: 57
Bon plaisir, Le: 242, 870
Bon Voyage!: 523
Bonaparte et la Revolution: 349
Bonchi: 428
Bond Boy, The: 460
Bonfire of the Vanities, The: 231, 377, 387, 927
Bonheur, Le: 105, 495, 889
Bonjour sourire: 761, 762
Bonjour Tristesse: 114, 458, 618, 684, 774
Bonne année, La: 487
Bonne occase, La: 870
Bonnes femmes, Les: 159
Bonnie and Clyde: 74, 82, 99, 275, 385, 663, 925
Bonnie Bonnie Lassie: 113
Bonnie Parker Story, The: 99
Bonnie Prince Charlie: 618
Bonnie Scotland: 388, 481
Bonnie y Clyde: 74, 82, **99**, 275, 384, 385, 663, 925
Bons et les méchants, Les: 488
Boob, The: 201, 920
Boom, Il: 233, 812
Boom Town: 178, 348, 472, 864
Boom!: 118, 507, 844
Boomerang: 32, 452
Boots Malone: 256, 409
Boquitas pintadas: 861, 862
Bordel Patrol: 578
Bordella: 57, 58
Border Cavalier, The: 932
Border Incident: 533
Border River: 48, 560
Border Shootour: 331
Border, The: 456, 615, 724
Borderline: 522

Bordertown: 223, 601
Borghese piccolo piccolo, Un: 117, 584, 813
Boris and Natacha: 866
Boris Godounov: 942
Boris y Natacha: 866
Born Again: 33
Born Losers, The: 745
Born Lucky: 681
Born on the 4th of July: 207, 219
Born Reckless: 333, 914
Born to Be Bad: 316, 329, 374, 704, 936
Born to Dance: 820
Born to Kill: 928
Born to Love: 560
Born to the West: 469, 915
Born to Win: 230
Born Yesterday: 212, 377, 409, 410
Borracho, El: 132, 275, 276, 743, 768
Borrasca: 475
Borrasca humana: 48
Borsalino: 79, 80, 237, 244
Borsalino and Co.: 237, 244
Borsalino y Cía: 237, 244
Bosque animado, El: 475, 476, 722
Bosque de abedules, El: 103, 909, 910
Bosque de los amantes, El: 57
Bosque del lobo, El: 634
Bosque petrificado, El: 96, 223, 420
Bosques de mis sueños, Los: 645, 646
Bosques negros, Los: 244
Boss of Bullion City, The: 587
Boston Strangler, The: 214, 323, 327
Bostonianas, Las: 437, 708, 709
Bostonians, The: 437, 709
Botany Bay: 469, 548
Botas duras, medias de seda: 544
Boticario rural, El: 110
Botín de 500.000 dólares, Un: 108, 167, 280
Botón de ancla: 312, 313
Botones, El: 492, 493
Botta e risposta: 806
Bottom of the Bottle, The: 199, 393
Bottoms UP: 864
Boucher, Le: 143, 159
Boudu salvado de las aguas: 75, **103,** 557, 717, 718
Boudu sauvé des eaux: 75, 103, 557, 718
Bought: 573
Boulangère de Monceau, La: 737
Boulevard: 278
Boulevard des assassins: 870
Boulevard du crime, Le: 616
Boulevard du Rhum: 68
Bound in Morocco: 304
Bounty Hunter, The: 235
Bounty, The: 226, 362, 416, 608, 637, 706

Boutique, La: 86
Bowery, The: 911
Bowery to Broadway: 587
Boxcar Bertha: 104, 401, 771
Boxeador, El: 453, 454, 460
Boxeador y la dama, El: 509
Boy and His Dog, A: 731
Boy and the Law, The: 815
Boy Friend, The: 439, 626, 746
Boy From Oklahoma, The: 216
Boy in Blue, The: 123
Boy Meets Girl: 125, 705
Boy on a Bicycle: 772
Boy on a Dolphin: 469, 506, 610
Boy With Green Hair, The: 507
Boy's Night Out: 625
Boys: 747
Boys From Brazil, The: 549, 636, 662
Boys in Brown: 55, 95
Boys in the Band, The: 339
Boys on the Side: 69
Boys Town: 864
Bra flicka reder sig själv: 799
Brain Donors: 621
Brainstorm: 32, 929
Brainwaves: 214
Bram Stoker's Dracula: 192, 416, 633, 710, 747
Bramble Bush, The: 118, 253
Brancaleone alle Crociate: 47, 357, 584, 755
Brancaleone en las Cruzadas: 47, 357, 584, 755
Branded: 469, 554
Brandy: 100, 101
Brannigan: 55, 317, 916
Bränningar: 85
Bras de fer: 583
Brass Buttons: 460
Brass Target: 151, 506, 834
Brat, The: 333
Bräutigam, die Komödiantin und der Zuhälter, Der: 769
Bravados, The: 461, 661
Brave Bulls, The: 316, 696, 742
Braveheart: 362
Bravissimo: 812
Bravo pundonoroso, Un: 460
Brazen Beautty, The: 113
Brazil: 107, 230, 363
Break of Hearts: 105, 399
Break the News: 171
Break Up: 857, 858
Breaker Morant: 83, 188
Breakfast at Tiffany's: 245, 282, 398, 608
Breakfast for Two: 817
Breaking Away: 691
Breaking Point, The: 216, 353, 608, 848
Breakour: 426

Breakthrough: 118, 579
Breath of Scandal, A: 216, 506
Breathless: 11, 361, 558
Breed Apart, A: 875
Breezy: 280, 409, 688
Brennende Acker, Der: 603
Brennendes Geheimnis: 796
Breve encuentro: 41, **108,** 118, 378, 482, 506
Breve instante, Un: 504
Breve stagione, Una: 152
Breve vacanza, Una: 233
Brevi amori a Palma di Majorca: 812
Brewster McCloud: 21
Bribe, The: 352, 480, 845
Bribona, La: 366, 486, 487, 574
Bridal Suite: 38
Bride Came C.O.D., The: 125, 224
Bride Comes Home, The: 177, 522
Bride for Sale: 178
Bride Goes Wild, The: 19
Bride of Frankenstein, The: 261, 715, 922
Bride of the Regiment: 508
Bride of Vengeance: 366, 487
Bride sur le cou, La: 68
Bride Walks Out, The: 817
Bride Wore Boots, The: 818, 929
Bride Wore Red, The: 50, 201
Bride's Silence, The: 460
Brideshead Revisited: 435
Bridge in the Jungle, The: 426
Bridge on the River Kwai, The: 380, 409, 482, 688
Bridge Too Far, A: 55, 96, 121, 126, 187, 385, 415, 636, 638, 708, 877
Bridges at Toko-Ri, The: 409, 457, 539
Bridges of Madison County, The: 280, 688, 823
Brief Encounter: 41, 108, 118, 378, 482, 506
Brief Letter, Long Farewell: 162
Brief Moment: 504
Brigada 21: 269, 655, 932
Brigada de Sharkey, La: 357
Brigada del diablo, La: 33, 409
Brigada homicida: 109, 327, 787, 788, 923
Brigada salvaje: 495
Brigada suicida, La: 533
Brigade sauvage, La: 495
Brigadoon: 109, 162, 163, 456, 457, 576, 577
Brigand, The: 697
Brigante, Il: 152
Brigante di Tacca del Lupo, Il: 361, 362
Brigante Musolino, Il: 130, 531
Briganti italiani, I: 130, 357
Brigham Young Frontiersman: 220, 393, 682
Bright Angel: 783
Bright Eyes: 848
Bright Leaf: 62, 191, 216, 608, 722

índice de películas

Bright Lights: 216
Bright Lights, Big City: 731
Bright Shawl, The: 733
Bright Victory: 421
Brighton Rock: 55
Brighty of the Grand Canyon: 199
Brilla el sol al elevarse: 581
Brillante porvenir: 42
Brillantina: 866
Bring Me the Head of Alfredo Garcia: 662
Bring on the Girls: 471
Bring Your Smile Along: 282
Bringing Up Baby: 319, 374, 394, 399
Brink's Job, The: 339, 743
Brinner en eld, Det: 800
Brise glacé: 745
Britannia Hospital: 31, 72
Britannia Mews: 32, 610
British Agent, The: 216, 420
British Sounds: 365
Brittania News: 632
Broad Minded: 490
Broadcast News: 423, 424, 616
Broadway Babies: 490
Broadway Bad: 736
Broadway Bill: 137, 509
Broadway Danny Rose: 18, 19, 307
Broadway Gondolier: 680
Broadway Melody of 1936: 844
Broadway Melody of 1938: 353, 844
Broadway Melody of 1940: 52
Broadway Musketeers: 784
Broadway Nights: 817
Brodiga blad: 800
Broken Arrow: 222, 648, 689, 802, 821, 866
Broken Blossoms: 212, 364, 376
Broken Fetters: 431
Broken Lance: 632, 668, 864, 923
Broken Land, The: 615
Broken Lullababy: 510
Broken Melody, The: 629
Broken Wing, The: 270
Brollopsdagen: 834
Bromas con mi mujer, no: 214, 772
Bronco Billy: 109, 279, 280
Bronco Buster: 94
Bronenosets Potiomkin: 5, 284
Bronsteins Kinder: 451
Bronx Tale, A: 230
Brood, The: 206
Brotes de pasión: 731, 876
Brother From Another Planet, The: 762
Brother John: 676
Brother Orchid: 96, 733
Brother Rat: 705

Brother Rat and a Baby: 469, 705
Brotherhood, The: 269, 730
Brothers in Law: 55
Brothers Karamazov, The: 111, 114
Brown Wallet, The: 681
Browning Version, The: 51, 319, 320
Brubaker: 708
Brüder Karamasoff, Die: 441
Bruja, más que bruja: 312, 313
Bruja armenia, La: 584
Bruja en Nueva York, Una: 589
Bruja quemada viva, La: 905
Brujas de Eastwick, Las: 615, 616, 668, 669, 758, 759
Brujas, Las: 99, 233, 280, 329, 530, 531, 659, 699, 700, 813, 905, 906
Brujos inocentes, Los: 800, 909, 910
Brumal: 103
Brumas de inquietud: 187, 876
Brumas de tentación: 792
Brumas de traición: 113, 347, 348, 555, 556, 875, 876
Bruna indiavolata, Una: 858
Brute Force: 110, 170, 221, 473
Brute, La: 781
Bruto, El: 48, 117, 303
Brutos, sucios y malos: 770
Brutti sporchi e cattivi: 770
Brzezina: 103, 910
Bubu de Montparnasse: 99
Bubù: 99
Bucaneros del siglo XX: 774
Bucaneros, Los: 105, 114, 403, 696
Buccaneer, The: 105, 114, 229, 403, 538, 696
Buchanan Rides Alone: 94, 95
Büchse der Pandora, Die: 110, 126, 646
Buck and the Preacher: 676
Buck Benny Rides Again: 756
Buck y el farsante: 676
Bucket of Blood, A: 194
Bucking Broadway: 333
Bucklige und die Tänzerin, Der: 603
Budapesti Mesék: 835
Buddy, Buddy: 41, 489, 555, 925
Buddy System, The: 273, 759
Buen amor, El: 711, 712
Buen Bank, El: 215
Buen hombre en África, Un: 83, 188
Buen ladrón, El: 613
Buen policía, Un: 455
Buen proveedor, El: 102
Buen Sam, El: 191, 559, 784
Buena boda, La: 737
Buena chica tiene que arreglárselas sola, Una: 799
Buena estrella, La: 337
Buena tierra, La: 601
Buenas noches, enfermera: 453

Buenas noches, madre: 64, 813
Buenas noches, señoras y señores: 551
Buenas ocasiones, Las: 870
Bueno, el feo y el malo, El: 279, 280, 391, 489
Buenos amigos: 333
Buenos días: 45, 643
Buenos días, Babilonia: 842
¡Buenos días, niños!: 264, 265
¡Buenos días, señor elefante!: 233, 750
Buenos días, tristeza: 114, 458, 617, 618, 684, 773, 774
Búfalo Bill: 229
Búfalos de Durham, Los: 198, 759
Bufère: 346
Buffalo Bill: 161, 162, 190, 220, 229, 473, 474, 560, 632, 696, 881, 920
Buffalo Bill and the Indians: 21, 162, 455, 474, 612, 744
Buffalo Bill y los indios: 21, 611, 612, 744
Buffet froid: 93, 243
Buffy, la cazavampiros: 832
Buffy the Vampire Slayer: 832
Bufón y la reina, El: 166
Bugambilia: 48, 314, 725
Bugiarda, La: 182
Bugie Bianche: 834
Bugles in the Afternoon: 574
Bugsy: 74, 82, 456, 491
Bugsy Malone: 335
Buitres, Los: 373
Buitres de Macao, Los: 205
Buitres de presidio, Los: 696
Buitres sobre la ciudad: 700
Bulevar del crimen, El: 616
Bulevard del ron, El: 68
Bull and Sand: 756
Bull Durham: 198, 759
Bulldog Breed, The: 125
Bulldog Drummond: 180
Bulldog Drummond Comes Back: 70
Bulldog Drummond in Africa: 696
Bulldog Drummond Strikes Back: 180, 936
Bulldog Drummond's Peril: 70
Bulldog Drummond's Revenge: 70
Bulldog Drumond Escapes: 574
Bullet for Joey, A: 733
Bullet Is Waiting, A: 792
Bullets for O'Hara: 696
Bullets of Ballots: 96, 733
Bullets Over Broadway: 18, 63
Bullfighters, The: 388, 481
Bullfighter and the Lady, The: 94
Bullitt: 91, 561
Bullseye: 126
Bungawan solo: 427

Bunker Palace Hôtel: 871
Bunny Lake Is Missing: 636, 684
Bunny O'Hara: 224
Buon Natale, buon anno: 182, 183
Buona notte avvocato!: 812
Buona sera signora Campbell: 503
Buone notizie, Le: 582, 668
Buongiorno, elefante!: 233, 750
Buono, il brutto, il cattivo, Il: 280, 391, 489
Buque faro, El: 801
'Burbs, The: 387
Burbujas de amor: 157
Bureau of Missing Persons: 223
Burgués pequeño, muy pequeño, Un: 117, 584, 813
Burla del diablo, La: 97, 425, 426, 443, 503
Burlador de Castilla, El: 325
Burlador de Florencia, El: 468, 538
Burlador de Sicilia, El: 358
Burn Offerings: 224
Burning, The: 423
Burning Hills, The: 929
Burning Secret: 276
Bury Me in My Boots: 439
Bus Stop: 585
Busca tu refugio: 125, 703, 704
Buscador de oro, El: 565
Buscando a Gregory: 166
Buscando a Greta: 64, 514
Buscando al Sr. Goodbar: 111, 361, 454, 455
Buscando fama: 26
Buscando la felicidad: 599, 600
Buscando mi destino: 417, 418
Buscando su destino: 615, 701
Buscavidas, El: 119, 611, 612, 742, 771, 772
Busco un millonario: 389
Buscón, El: 76, 700
Business and Pleasure: 560
Business As Usual: 440
Búsqueme a esa chica: 541
Busses Roar: 655
Busters Verden: 56
Buster's Bedroom: 832
Busy Body, The: 73
But Not for Me: 348
Buta to gunkan: 428
Butch Cassidy and the Sundance Kid: 612, 708
Butcher's Wife, The: 589
Butley: 72
Butterfield 8: 844
Butterflies Are Free: 394
Butterfly: 112, 919
Bwana: 882
By Candlelight: 922
By Love Possessed: 731, 876
By the Light of the Silvery Moon: 225

índice de películas

Bye, Bye Barbara: 249
Bye, Bye, Birdie: 484
Bye Bye Brasil: 254
Bye Bye Braverman: 514

C'era una volta: 506, 726, 740
C'era una volta il West: 139, 327, 391, 489, 731
C'era una volta in America: 230, 489
C'eravamo tanto amati: 234, 357, 551, 755, 770
C'est jamais loin: 871
C.O.D.: 681
Ça n'arrive qu'aux autres: 242, 551
Cabalgada de los malditos, La: 195
Cabalgata de amor: 792
Cabalgata de los malditos, La: 195, 331
Cabalgata del circo, La: 803
Caballería: 16, 525
Caballero Adverse, El: 227, 490, 538
Caballero alerta, El: 932
Caballero andaluz, Un: 782
Caballero de la banda negra, El: 357
Caballero del amor, El: 902
Caballero del antifaz, El: 92
Caballero del dragón, El: 180, 181, 456, 722
Caballero del Folies-Bergère, El: 629
Caballero del Mississippi, El: 122, 554, 682
Caballero del Oeste, El: 191, 936
Caballero en la noche, Un: 416
Caballero misterioso, El: 356
Caballero negro, El: 354, 355, 468, 469
Caballero sin espada: 136, 137, 446, 820
Caballero sin facha, El: 833
Caballero sin ley: 807
Caballero sin nombre, El: 886
Caballero sin tacha: 930
Caballero verde, El: 187
Caballero y ladrón: 228, 618, 930
Caballeros de capa y espada: 756
Caballeros de la mesa cuadrada y sus locos seguidores, Los: 363
Caballeros del rey Arturo, Los: 316, 352, 436, 845
Caballeros las prefieren rubias, Los: 122, 394, 585, 745
Caballeros se casan con las morenas, Los: 745
Caballo de hierro, El: 332, 333
Caballo del orgullo, El: 160
Caballo que llora, El: 264, 265
Cabaña, La: 352, 373, 617, 618
Cabaña en el cielo, Una: 576
Cabaret: 122, 335, 576, 721
Cabeza contra la pared, La: 9
Cabeza de un hombre, La: 277, 278
Cabezas cortadas: 520, 699, 700, 734, 735
Cabezas de chorlito: 388, 480, 481
Cabezas parlantes: 459

Cabezazo, El: 38
Cabin in the Cotton: 216, 223
Cabin in the Sky: 576
Cabinet of Caligari, The: 347
Cabo atrapado, El: 717, 718
Cabo del miedo, El: 229, 230, 477, 493, 580, 624, 662, 771
Cabo del terror, El: 579, 662, 771
Caboblanco: 722, 731, 755
Cabra, La: 243
Cabra plateada, La: 215
Cabriola: 316, 541
Caccia a la vedova, La: 740
Caccia alla volpe: 233, 234, 556
Caccia tragica: 231
Cacería, La: 548, 549
Cacique Bandeira: 700
Caciques: 935
Cactus: 424
Cactus Flower: 86, 394, 555
Cactus Jack: 269, 769
Cadáver a los postres, Un: 380, 618
Cadaveri eccellenti: 722, 740, 834
Caddy, The: 493, 542
Cadeau, Le: 140
Cadena invisible, La: 843
Cadena perpetua: 727
Cadenas: 123, 255, 256, 482
Cadenas de oro: 866
Cadenas rotas: 380, 482, 635, 791
Cadet Girl: 469
Cadete de West Point, El: 201
Cadete Jon, El: 215
Cadetes de San Martín: 803
Cadetes del mar: 820, 930
Cadetti di Guascogna, I: 858
Cadillac de oro macizo, Un: 410, 695
Cadillac Man: 926
Cadillac rosa, El: 280
Caduta degli dei, La: 96, 512, 702, 905
Caesar and Cleopatra: 173, 373, 486, 791
¡Cáete muerta, cariño!: 91, 214
Cafajestes, Os: 378, 379
Cafe Metropole: 682
Cafe Society: 522
Café cantante: 45
Café chantant: 858
Café Colón: 49, 310
Café de París: 611
Café del puerto: 553
Café irlandés: 338
Café Metropol: 682, 936
Cafetería Universal: 166
Cage aux folles, La: 614, 859
Cage aux folles II, La: 859

Cage aux folles III, La: 859
Cage of Gold: 791
Caged: 205, 655, 793
Caged Heat: 239
Cagliostro: 531, 918
Cagna, La: 242, 317, 551, 671
Cahill: U S Marshal: 916
Caíd, El: 887, 935
Caída, La: 861
Caída de las hojas, La: 434, 435
Caída de los dioses, La: 95, 96, 512, 701, 702, 905
Caída de un cuerpo, La: 722
Caída del Imperio Romano, La: 316, 380, 505, 506, 533, 549
Caído del cielo: 417
Caídos del cielo: 505
Caídos sobre un árbol: 162
Caimán: 317
Cain and Mabel: 348
Caine Moutiny Court Martial, The: 21
Caine Mutiny, The: 97, 315, 522, 544
Caja, La: 635
Caja de las sorpresas, La: 125, 589
Caja de música, La: 197, 477
Caja de Pandora, La: 110, **126,** 513, 645, 646
Calabaza: 642
Calabuch: 86, 126
Calamari union: 451
Calamidad: 166
Calamity Jane: 225
Calandria, La: 227
Calaveras del terror, Las: 48
Calcuta: 468, 469, 527, 528
Calcuta 71: 776, 777
Calcutta: 469, 528, 777
Caleidoscopio: 776, 777
Calendario: 283
Calender: 283
Calibre 44: 49
Calice di Murano, Il: 781
Cálido diciembre, Un: 676
Calientes 16 años: 558
Califa, La: 766, 859
Califfa, La: 766, 859
California: 574, 696, 818
California Split: 21
California Straight Ahead: 915
California Suite: 126, 328, 554, 555
Caligula: 642
Cáliz de plata, El: 36, 612, 929
Call From Space: 323
Call It a Day: 227
Call Northside 777: 393, 821
Call of the Blood, The: 886
Call of the Canyon, The: 323, 324
Call of the North, The: 229

Call of the Wild: 348, 403, 920, 936
Callaway Went Thataway: 348, 522, 926
Calle 42, La: 679, 680, 736
Calle, La: 680, 902
Calle de la media luna, La: 125, 126, 916
Calle de la vergüenza, La: 580, 581
Calle de los bomberos n.º 25: 835
Calle de los sueños, La: 376
Calle del adiós, La: 331, 332
Calle del azar, La: 205
Calle del delfín verde, La: 875
Calle del olvido, La: 110
Calle desnuda, La: 64, 372, 697
Calle Mayor: 67, **127,** 628
Calle sin nombre, La: 923
Calle sin retorno: 144, 342
Callejón de las almas perdidas, El: 127, 368, 682
Callejón infernal: 754, 755
Callejón sangriento: 62, 915, 919, 920
Callejón sin salida: 91, 96, 97, **128,** 205, 265, 390, 479, 485, 559, 560, 677, 932
Calles de fuego: 219
Calles de la ciudad, Las: 190, 366, 529, 530
Calles de neón, Las: 428
Calles de Nueva York, Las: 454
Calling Dr. Gillespie: 352
Calling Dr. Kildare: 875
Calma total: 128
Calmos: 93
Calumnia, La: 128, 398, 416, 521, 932
Calypso Joe: 253
Cama de oro, La: 229
Camada negra: 100, **129,** 193, 381, 382, 582
Cámara ardiente, La: 277, 278
Cámara sellada: 276
Camarada don Camilo, El: 263, 182
Camarada X: 348, 472, 902
Camaradas, Los: 129, 550, 584
Camarotes de lujo: 508
Camas calientes: 751, 906
Camas separadas: 716
Cambalache: 230
Cambiale, La: 357, 858
Cambio de esposas: 175, 521, 758
Cambio de sexo: 4, 42, 43
Camelia: 310, 359
Camellos: 456, 483
Camelot: 389, 390, 708
Cameo Kirby: 333, 508
Camera d'albergo: 357, 584, 906
Camera-oeil: 365
Cameraman, El: 453, 454
Cameraman, The: 454
Cameriera bella presenza ofresi: 233, 812
Cameriere, Le: 858
Camicie rosse: 16, 525, 739

Camila: 46, 81
Camille: 212, 350, 539, 613, 844, 887
Camille Claudel: 7, 243
Camino, Un: 722
Camino de Arizona: 190
Camino de Babel, El: 131, 312, 313
Camino de Bali: 745
Camino de la horca: 268, 269, 911
Camino de la jungla: 421, 599, 743
Camino de la paz, El: 215
Camino de la venganza: 474, 678, 679
Camino de las llamas, El: 803
Camino de Oregón: 269, 318, 579, 923
Camino de retorno: 335, 417
Camino de rosas: 467, 468, 559, 560, 736
Camino de Santa Fe: 131, 215, 216, 227, 228, 324, 325, 705
Camino de serpiente: 922
Camino del infierno: 48, 760
Camino del Rocío: 700, 782
Camino del Sur: 249, 615
Camino recto: 83, 332
Caminos de desesperación: 332, 333
Caminos de la muerte, Los: 757
Caminos secretos: 923
Camion, Le: 243
Cammelli, I: 88
Cammina cammina: 637
Cammino della speranza, Il: 361, 362
Camorra: 774
Camorra, contacto en Nápoles: 456, 582, 583, 701
Camorrista, Il: 804, 860
Camp: 913
Campana de alarma, La: 508
Campana de la libertad, La: 461, 854
Campana de la muerte, La: 215
Campanadas a medianoche: 520, 590, 591, 720, 721, 918
Campanas de la libertad, Las: 617, 618
Campanas de Santa María, Las: 85, 559, 790
Campanas han salido para Roma, Las: 440
Campane a martello: 503
Campaña para un asesino: 159
Campbell's Kingdom: 95
Campeón: 276, 907, 939
Campeones olímpicos: 516
Camping: 938, 939
Campo de sueños: 198, 474
Campo dei Fiori: 524, 525
Camuflaje: 937, 938
Can-Can: 521, 795
Can I Do It' Til I Need Glasses?: 926
Cana al aire, Una: 282
Canal: 158, 909, 910
Canalla, El: 487, 870
Canallas duermen en paz, Los: 466

Canary Murder Case, The: 110
Canasta de cuentos mexicanos: 48, 310
Cancel My Reservation: 752
Câncer: 734, 735
Canción de Aixa, La: 45
Canción de amor: 205, 326
Canción de Bernadette, La: 132, 220, 443, 460, 461
Canción de cuna: 132, 227, 350, 475, 476, 486, 654, 892, 893
Canción de cuna para un cadáver: 14, 133, 199, 223, 224, 227, 228, 693
Canción de Kentucky, La: 815
Canción de la estepa, La: 388, 480
Canción de mi alma, La: 101, 102
Canción de Noruega: 733
Canción de Oriente: 112
Canción del amanecer, La: 794
Canción del campo, La: 581
Canción del desfiladero de la montaña, La: 581
Canción del fracaso es triste, La: 581
Canción del país natal: 581
Canción del sol, La: 233
Canción en marcha, Una: 560
Canción inolvidable: 601, 629, 630
Canción... Lili Marleen, Una: 308, 316, 317, 769, 770
Canciones para después de una guerra: 133, 152, 659, 660, 694
Canciones populares japonesas: 641
Candidata a millonaria: 486, 487, 504, 522
Candidate, The: 271, 708
Candidato, El: 271, 708
Candide: 540
Candilejas: 134, 161, 453, 454
Candlelight in Algeria: 548
Candleshoe: 335, 618
Candoroso picapleitos, El: 357
Candy: 106, 118, 175, 426, 555
Cane blu, Il: 860
Cangaceiro: 154, 665
Canguro último modelo: 91
Cani di Gerusalemme, I: 144
Canibais, Os: 635
Caníbales, Los: 154
Canicule: 544
Caniche: 90
Cannery Row: 624, 927
Cannibali, I: 154
Cannonball: 816
Cannonball Run, The: 543
Cannonball Run II: 521, 543, 795
Canoa: 156, 157
Canta, la otra no, Una: 889
Cantando bajo la lluvia: 134, 162, 264, 456, 457
Cantante de jazz, El: 507, 508
Cantante desconocido, El: 792

Cantar de los cantares, El: 257, 529, 530
Cantata: 440
Cantata de Chile: 805
Canterbury Tale, A: 681
Canterville Ghost, The: 221, 480
Canto a mi tierra: 48
Canto de la cigarra, El: 475, 758
Canto de la felicidad, El: 264, 265
Canto de la victoria: 581
Canto del desierto, El: 508
Canto del gallo, El: 699, 700
Canto del lobo, El: 190, 323, 324
Canto del mundo, El: 242
Canto do mar, O: 154
Canto salvaje de Bali, El: 428
Cantor de jazz, El: 322, 323, 637
Cantor de México, El: 540
Cantor del río, El: 784
Canyon Passage: 32, 395, 862
Canzone del sole, La: 233
Canzoni, canzoni, canzoni: 812
Canzoni del mondo: 567
Can't Help Singing: 276
Cañones de Navarone, Los: 389, 617, 618, 661, 697
Cañones de San Sebastián, Los: 697
Cañones en Batasi: 54, 55, 307
Cape Fear: 230, 477, 493, 579, 580, 624, 662, 771
Capello a tre punte, Il: 130
Caperucita y roja: 4
Capetown Affair, The: 91, 535
Capitaine Fracasse, Le: 104, 153, 154, 349, 623
Capitán Blood, El: 134, 140, 215, 216, 227, 324, 325
Capitán Cautela: 469, 556
Capitán de Castilla, El: 460, 461, 668, 682
Capitán disloque, El: 932
Capitán Drummond, El: 180
Capitán Eddie, El: 522
Capitán Escalabórns: 362
Capitán Garfio, El: 408, 732, 814, 926
Capitán intrépido, El: 349
Capitán Jones, El: 224
Capitán Kidd, El: 480
Capitán King, El: 460, 461, 682
Capitán Macklin, El: 825
Capitán Malacara, El: 48
Capitán Newman: 214, 253, 662
Capitán odia el mar, El: 572
Capitán Panamá, El: 420
Capitán Veneno, El: 313, 588
Capitanes de las nubes: 125, 216
Capitanes intrépidos: 135, 270, 323, 324, 863, 864
Capitano, Il: 872
Capítulo dos: 122
Capo dei capi, Il: 139, 140
Capone: 151, 816

Caporal épinglé, Le: 718
Cappello da prete, Il: 675
Cappotto, Il: 479
Capri: 234, 348, 506
Capriccio all'italiana: 99, 531, 584, 659
Caprice: 225, 390
Caprices de Marie, Les: 623
Capricho: 225, 390
Capricho de mujer: 257, 486, 487, 522
Capricho frívolo: 233
Capricho imperial: 137, 257, 818, 819
Caprichos de Elena, Los: 695
Caprichos de Madame: 270, 935, 936
Captain Blood: 134, 140, 216, 227, 325
Captain Boycott: 373
Captain Carey, USA: 469, 487
Captain Caution: 469, 556
Captain Eddie: 522
Captain From Castile: 461, 668, 682
Captain Hates the Sea, The: 572
Captain Horatio Hornblower: 403, 661, 911
Captain January: 848
Captain Kidd: 480
Captain Lightfoot: 421, 798
Captain McLean: 825
Captain Newman M. D.: 214, 253, 662
Captain Sinbad: 49
Captain's Paradise, The: 380
Captains Courageous: 135, 270, 324, 864
Captains of the Clouds: 125, 216
Captive City, The: 928
Captive, The: 229
Captured: 420
¡Capturados!: 420
Car 99: 522, 784
Cara a cara: 84, 85
Cara a cara al desnudo: 877
Cara a la muerte: 32
Cara con ángel, Una: 51, 52, **138,** 264, 398
Cara de acelga: 314, 654, 750, 751
Cara de ángel: 138, 578, 579, 684, 791
Cara del terror, La: 721
Carabiniers, Les: 365
Caraduras, Los: 318
Carambolages: 237
Caravaggio: 16
Caravan: 37, 373, 936
Caravan to Vaccares: 702
Caravana: 105, 936
Caravana al Oeste: 556
Caravana de la ilusión, La: 472
Caravana de mujeres: 844, 845, 919, 920
Caravana de paz: 333
Caravana hacia el Sur: 395, 460, 461, 682
Caravana hacia la aventura: 702

índice de películas

Caravanas: 199, 638, 697
Caravanas bélicas: 190
Caravane: 105
Caravans: 199, 638, 697
Carbine Williams: 821
Carbón: 645, 646
Carbon Copy: 914
Carboneros de Navarra: 47
Cárcel caliente, La: 239
Cárcel de Cananea, La: 49
Cárcel de la redención, La: 201
Cárcel de los líos, La: 812
Cárcel de mujeres: 588
Carcoma, La: 84, 85, **138,** 834
Card, The: 380
Cardboard City: 359
Cardenal, El: 426, 684, 766
Cardinal, The: 426, 684, 766
Cardle Snatchers, The: 394
Career: 521
Carefree: 52, 736, 756, 809
Careless Age, The: 935
Caret Treatment, The: 638
Caretaker, The: 72, 202
Carey Treatment, The: 175, 282
Carga de la brigada ligera, La: 140, 215, 216, 227, 324, 325, 617
Carga maldita: 339, 699, 700, 752, 763
Cargaison blanche: 796
Cargaison clandestine: 540
Cargamento clandestino: 540
Cariño, ¿por qué lo hiciste?: 329
Cariño de hermana: 468
Carita de ángel: 817, 915
Carlito's Way: 231, 646
Carlos und Elisabeth: 256
Carmen: 140, 141, 160, 228, 229, 318, 509, 510, 541, 583, 740, 761, 804, 911
Carmen fra i rossi: 879
Carmen Jones: 141, 684
Carmen, la de Ronda: 141, 588
Carmen, la de Triana: 45, 141
Carnal Knowledge: 83, 614, 615
Carnaval de la muerte, El: 787
Carnaval de las águilas, El: 707, 708, 758
Carnaval de las tinieblas, El: 731
Carnaval des vérités, Le: 494
Carnaza, La: 141, 842
Carne: 333
Carne, La: 317
Carne de horca: 886
Carne de la orquídea, La: 701, 702, 790
Carne de perdición: 277, 278
Carne de presidio: 48
Carne para Frankenstein: 261, 913
Carne viva: 385, 544, 813
Carnet amarillo, El: 636, 911
Carnet de baile: 142, 277, 278, 444, 445
Carnet de bal, Un: 142, 278, 445
Carnet de cabaret: 817
Carnets del mayor Thompson, Los: 827
Carnets du major Thompson, Les: 827
Carnicero, El: 143, 159
Carnival Boat: 736
Carnival Rock: 194
Carnival Story: 73
Caro diario: 591, 694
Caro Gorbaciov: 456
Caro Michele: 584
Caro papa: 357, 728
Carola de día, Carola de noche: 313, 541, 654
Carolina: 359, 459, 460, 847
Caroline Chérie: 234
Carosello Napoletano: 506
Carousel: 461
Carpetbaggers, The: 469
Carrera de la muerte del año 2000, La: 816
Carrera de una doncella, La: 356, 357, 728, 858, 859
Carrera del siglo, La: 213, 214, 282, 488, 686, 929
Carreta fantasma, La: 799, 800
Carretera al infierno: 485
Carretera sin retorno: 916, 917
Carrie: 144, 230, 231, 416, 443, 636, 813, 866, 932
Carrière de Suzanne, La: 737
Carrington: 852
Carrington V. C.: 51, 618
Carroza de oro, La: 145, 525, 717, 718
Carrozza d'oro, La: 145, 525, 718
Carrusel: 303, 460, 461
Carrusel napolitano: 505, 506
Carry: 335
Cars That Ate Paris, The: 917
Carson City: 235
Carta, La: 145, 223, 932
Carta a tres esposas: 220, 269, 532, 533
Carta de presentación: 145, 784, 816
Carta de una desconocida: 146, 328, 329, 639, 815
Carta del Kremlin, La: 425, 834, 919
Carta final, La: 64, 415
Carta que nunca fue enviada, La: 450
Cartaginés, El: 215
Cartas a Iris: 230, 328, 729, 730
Cartas a mi amada: 146, 198, 199, 255, 256, 443
Cartas boca arriba, Las: 721
Cartas de Alou, Las: 47
Cartas de amor: 213, 711, 712
Cartas de una novicia: 79, 478, 479
Cartas del parque: 381
Cartas desde Huesca: 314

Cartas envenenadas: 104, 105, 211, 220, 221, 684
Cartero siempre llama dos veces, El: 146, 339, 352, 353, 354, 355, 424, 477, 528, 615, 701, 875, 904
Cartero (y Pablo Neruda), El: 147, 624
Cartesius: 741
Cartouche: 79, 80, 139
Carve Her Name With Pride: 125
Cas du docteur Laurent, Le: 346
Cas je neuprosny: 166
Casa cercada, La: 800
Casa colorada, La: 48
Casa correccional: 223
Casa chica, La: 358, 359, 725
Casa de bambú, La: 342
Casa de Bernarda Alba, La: 76, 116, 132, **147**
Casa de cristal, La: 13, 310
Casa de juego: 147, 529
Casa de la calle 42, La: 392
Casa de la colina, La: 928
Casa de la discordia, La: 932
Casa de las palomas, La: 102, 103
Casa de las sombras, La: 516, 703, 704
Casa de las tres geishas, La: 331
Casa de los espíritus, La: 56, 65, 66, 435, 709, 747, 823
Casa de los lobos, La: 166
Casa de los recuerdos, La: 760
Casa de los siete halcones, La: 845
Casa de mujeres: 726
Casa de té de la luna de agosto, La: 106, 331
Casa dei pulcini, La: 130
Casa del abuelo, La: 554
Casa del ángel, La: 148, 861
Casa del horror, La: 112, 113
Casa del ogro, La: 227
Casa del paraíso, La: 4
Casa del sorriso, La: 317
Casa delle finestre che ridono, La: 57, 58
Casa eléctrica, La: 453
Casa en el principio del bosque, La: 565
Casa en las afueras, Una: 827
Casa encantada, La: 352
Casa grande de Jamaica, La: 574
Casa grande e senzata: 31
Casa no es un hogar, Una: 845
Casa número 11, La: 83, 549
Casa número 322, La: 148, 522, 625, 695
Casa Ricordi: 550
Casa roja, La: 148, 222
Casa Rusia, La: 187, 668, 669, 764
Casa sin fronteras, La: 162, 634
Casa Tellier, La: 674
Casablanca: 85, 96, **149,** 215, 216, 664, 803, 848
Casada con todos: 239, 582, 669
Casada de paso: 504

Casada por azar: 348, 469, 504
Casado y con dos suegras: 416, 486, 487, 854
Casado y con suegra: 499
Casados a crédito: 553
Casados a la fuerza: 233
Casamentera, La: 397, 521, 666
Casamiento de Jimmy, El: 304
Casanova: 311, 831, 832
Casanova 70: 550, 584
Casanova Brown: 191, 930
Casanova di Federico Fellini, Il: 311, 832
Casanova farebbe cosí: 812
Casanova Jekyll: 858
Casanova's Big Night: 329
Cásate y verás: 817
Casbah: 44, 664
Casco blanco, El: 721
Casco de acero: 341, 342
Case of Lena Smith, The: 819
Case of the Curious Bride, The: 216, 325
Casémonos: 468
Casero judío, El: 215
Caserón de las sombras, El: 270, 479, 922
Caseta de la risa, La: 112, 242, 335
Casey's Shadow: 555, 730
Cash McCall: 929
Casi un ángel: 276, 479
Casi un caballero: 475
Casino: 149, 229, 230, 771, 821, 822
Casino de París: 234
Casino del mar: 374
Casino Royal: 80, 91, 105, 458, 618, 641
Casino Royale: 18, 80, 91, 105, 409, 426, 458, 618, 641, 918
Casita para los pájaros de Jankowy, La: 391
Caso 880, El: 150, 368, 473
Caso Almería, El: 65
Caso cerrado: 66, 541, 776, 777
Caso clínico en la clínica: 492, 493
Caso de la viuda negra, El: 150, 417, 701, 927
Caso de Lucy Harbin, El: 202
Caso de Thomas Crown, El: 275, 561
Caso Dominici, El: 243, 346
Caso Gorenko, El: 834
Caso Haller, Il: 92
Caso Mattei, El: 150, 739, 740
Caso Mattei, Il: 150, 740
Caso Molander, El: 645, 646
Caso O'Hara, El: 864
Casotto, Il: 242, 335
Casque bleu: 4
Casque d'or: 75, 654, 789
Cass Timberlane: 864, 875
Cassandra Crossing, The: 352, 390, 474, 506
Casse, Le: 80

índice de películas

Cast a Dark Shadow: 95
Cast a Giant Shadow: 114, 253, 269, 795, 916
Casta invencible: 327, 611, 612, 716
Casta y pura: 722
Castagne sono buone, Le: 362
Castañazo, El: 612
Castaway: 735
Castellana de Shenstone, La: 460
Castelli in aria: 233
Castello dei morti vivi, Il: 832
Castigo al traidor: 39
Castillo de Dragonwyck, El: 532, 533, 854
Castillo de la pureza, El: 727
Castillo de los fantasmas, El: 349
Castillo de naipes: 152, 918
Castillo de Vogelöd, El: 602, 603
Castillo maldito, El: 366, 696
Castillo prestado, El: 886
Castillos en el aire: 233
Castillos en la arena: 117, 118, 576, 577, 751, 752, 843, 844
Casting: 162
Castle Keep: 474, 679
Castle on the Hudson: 353, 498, 784
Casto varón español, Un: 556
Casualties of War: 231
Cat and Mouse: 269, 774
Cat and the Canary, The: 366
Cat Ballou: 328, 544
Cat on a Hot Tin Roof: 612, 844
Cat People: 462, 597, 767, 792, 862, 928
Cat's Eye: 69
Cat's Pajamas, The: 920
Cat's Paw, The: 355, 499
Catalina de Rusia: 464
Catalina la Grande: 591, 641
Catamount Killing, The: 938
Catch-22: 614, 666, 919
Catch as Catch Can: 548
Catch Me a Spy: 269
Catch Us If You Can: 100
Catene: 123, 553
Catered Affair, The: 66, 111, 224
Cateto a babor: 475, 751
Catlow: 114
Catorce vidas: 303
Cattivi pensieri: 858, 859
Cattivo soggetto, Un: 233
Cattle Annie and Little Britches: 474
Cattle Drive: 560
Cattle Empire: 560
Cattle King: 355, 845
Cattle Queen of Montana: 706, 818
Caudillo: 133, **152,** 659, 660, 694
Caught: 548, 639

Causa justa: 188
Cause for Alarm: 355, 936
Cautivos, Los: 94
Cautivos del deseo: 153, 205, 223, 420
Cautivos del mal: 153, 268, 269, 576, 680, 875, 876
Cautivos en Paradise: 124
Cavalcade d'amour: 792
Cavaliere misterioso, Il: 356
Cavaliere senza nome, Il: 886
Cavalleria: 16, 525
Cavalleria rusticana: 697
Cave se rebiffe, La: 346
Caveman: 691
Caveman, The: 508, 572
Cavernícola: 691
Cayo Largo: 62, 96, 97, 110, **155,** 425, 426, 732, 733
Caza, La: 155, 760, 761
Caza chicas, El: 417
Caza de brujas: 82, 230
Caza de moscas: 910
Caza del hombre, La: 80, 242, 265, 932
Caza humana: 507
Caza implacable: 83, 385
Caza real, La: 776, 777
Caza salvaje: 253, 544
Caza trágica: 231
Cazachinas, El: 456
Cazador, El: 155, 167, 230, 822
Cazador a sueldo: 562
Cazador blanco, corazón negro: 279, 280, 712
Cazador de forajidos: 156, 326, 327, 533, 666
Cazador de mujeres, El: 80
Cazadores, Los: 36, **156,** 409
Cazafantasmas, Los: 320, 916
Cazafantasmas 2: 916
Comdamné à mort s'est échappé, Un: 672
Ce corp tant désiré: 760
Ce que les flots racontent: 349
Ce soir ou jamais: 249, 265
Cebo, El: 886, 887
Cebo llamado Elizabeth, Un: 456, 461, 462
Cecilia: 46, 805
Ceiling Zero: 124, 394, 807
Cela s'appelle l'aurore: 103, 117
Celda de castigo: 157
Celebrity: 354
Celedonio y yo somos así: 475
Celeste: 7, 8
Celestina, La: 893
Céline et Julie vont en bateau: 157, 730, 768
Céline y Julie van en barco: 157, 730, 768
Celos: 361, 362, 803
Celos, amor y mercado común: 751
Celos a la italiana: 857, 858
Celui qui doit mourir: 221, 567

Cena a las ocho: 70, 212, 389
Cena čeloveka: 265
Cena de acusados: 277, 278
Cena de los acusados, La: 508, 509
Cena de medianoche: 102, 104, 105
Cena delle beffe, La: 92, 93
Cena en el Ritz: 618
Ceniza al viento: 760
Cenizas: 910
Cenizas bajo el sol: 214, 222, 794, 929
Cenizas de amor: 157, 472, 902
Cenizas del diputado, Las: 359
Cenizas y diamantes: 157, 909, 910
Cent et une nuits, Les: 80, 504, 551, 672, 889
Cent mille dollars au soleil: 80
Centauros del desierto: 158, 266, 333, 334, 914, 915, 929
Centauros, Los: 175
Centennial Summer: 220, 684
Center of Web: 214
Centinela, La: 315, 352
Centinela alerta: 116
Cento anni d'amore: 233
Cento cavalieri, I: 47
Cento di questi giorni: 130
Cento giorni a Palermo: 860
Centomila dollari: 130
Central Airport: 915, 920
Centre Georges Pompidou, Le: 741
Cera virgen, La: 782
Cerasella: 553
Cerca a un ladrón: 237, 238
Cerca del paraíso: 758
Cercasi Gesù: 182, 183, 722
Cercle des passions: 781, 834
Cercle rouge, Le: 168, 237, 564, 586
Cerco de fuego: 73, 325, 821
Cerco de odio: 409, 554
Cerco de sombras: 887
Cerco del diablo, El: 611, 721
Cerco roto: 118, 579
Cerdos y acorazados: 428
Cerebro, El: 80, 618
Cerebro de un billón de dólares, Un: 125, 235, 265, 746, 832
Cerebro del mal, El: 755
Cerebro millonario, Un: 883
Ceremonia, La: 52, 91, **158,** 159, 160, 423, 424, 641, 686
Ceremonia sangrienta: 102, 103
Ceremonia secreta: 307, 507, 578, 579, 844
Cérémonie, La: 52, 91, 158, 160, 424, 686
Ceremony, The: 721
Cerillerita, La: 717, 718
Cerny Petr: 334

Certain Smile, A: 329, 610
Certo, certissimo, anzi probabile: 140
Certo giorno, Un: 637
Cervantes: 315, 503, 700, 721
Cerveau, Le: 80, 618
Cerveza para todos: 503
César chez les gaulois: 172
César et Rosalie: 196, 423, 586, 762, 767
César y Cleopatra: 173, 372, 373, 485, 486, 791
Cet obscur objet du désir: 117, 294
Cette sacrée gamine: 68
Cette vieille canaille: 498
Chaalchitra: 777
Chacal: 941
Chacal de Nahueltoro, El: 497
Chacun sa chance: 345
Chad Hanna: 220, 326, 460
Chafalonías: 803
Chain Lightning: 97, 655
Chain of Desire: 781
Chain of Gold: 866
Chained: 112, 201, 348
Chair de l'orchidée, La: 702, 790
Chair de poule: 278
Chairman, The: 662
Chalado en órbita, Un: 493
Chaliapin: 264, 265
Chalice of Sorrows, The: 431
Chalk Garden, The: 458
Challenge, The: 337
Challengers, The: 73, 372
Chamade, La: 242, 671
Chamber, The: 276
Chamber of Horrors: 214
Chambre ardente, La: 278
Chambre en ville, Une: 241, 383, 653, 672, 755, 779
Chambre verte, La: 873
Champ, The: 276, 902, 907, 939
Champagne: 406, 407
Champagne Charlie: 153, 154, **160**
Champagne for Caesar: 179, 180
Champagne Waltz: 522
Champaña para un asesino: 666
Champion: 269
Chan Is Missing: 912
Chance at Heaven: 560, 736
Chance du guerrier, La: 87
Chance et l'amour, La: 87, 755, 842
Chances Are: 638
Change of Heart: 359, 736, 847
Change of Season, A: 416, 521
Changeling, The: 271, 772
Chanson de Roland, La: 755
Chanson pour traverser la rivière: 378
Chant de l'exilé, Le: 540
Chant du monde, Le: 242

índice de películas

Chant du Styrène, Le: 719
Chantaje: 508
Chantaje contra una esposa: 328, 415, 507
Chantaje contra una mujer: 282, 331, 507, 716
Chantaje criminal: 393
Chantaje en Broadway: 213, 214, 474, 520
Chantelouve: 104
Chanteur de Mexico, Le: 540
Chanteur inconnu, Le: 792
Chapeau de paille d'Italie, Un: 171
Chaplin: 55, 416
Chapman Report, The: 212, 328
Chapter Two: 122
Chaqueta metálica, La: 465, 582
Charada: 174, 175, 264, 374, 375, 398, 555
Charade: 175, 264, 375, 398, 555
Charge of the Lancers: 366
Charge of the Light Brigade, The: 140, 216, 227, 325, 617, 708, 724
Charlatán, El: 215
Charles mort ou vif: 839
Charles muerto o vivo: 838, 839
Charleston: 717
Charley and the Angel: 523
Charley Varrick: 555, 788
Charley's Aunt: 72
Charlie Bubbles: 320, 576
Charlie Chan and the Course of the Dragon Queen: 253, 669, 883
Charlie Chan en Egipto: 396
Charlie Chan in Egypt: 396
Charlie Chan in London: 573
Charlie Smalls: 514
Charlot periodista: 160
Charlotte et son Jules: 365
Charme discret de la bourgeoisie, Le: 117, 671, 721
Charrette fantôme, La: 277, 278, 445
Charro negro, El: 48
Charro y la dama, El: 48
Chartreuse de Parme, La: 669
Charulata: 163, 704, 705
Chase, The: 106, 253, 328, 416, 592, 663, 708
Chase a Crooked Shadow: 73
Chasers: 417, 418
Chasing Dreams: 198
Chasse à l'homme, La: 80, 242, 265
Chasse aux papillons, La: 435
Chat, Le: 346, 790
Chat et la souris, Le: 488, 592
Chatarra: 557
Château de verre, Le: 172, 173, 592
Château en Suède: 869, 870, 906
Chattahoochee: 417, 633
Che!: 323
Che cosa sono le nuvole?: 659
Che c'entriamo noi con la rivoluzione?: 357
Che Guevara, El: 700
Chè ora è?: 551, 771, 815
Che tempi!: 812
Cheaper by the Dozen: 509
Cheat, The: 229
Cheater, The: 887
Checkered Flag or Crash: 758
Chechu y familia: 314
Cheer Up and Smile: 914
Cheers for Miss Bishop: 355
Chelsea Girls: 913
Chely: 313
Chemin des écoliers, Le: 237
Cherchez la femme: 216
Chère inconnue: 790
Chère Louise: 591
Cherry 2000: 377
Cheval d'orgueil, Le: 160
Chèvre, La: 243
Cheyenne: 911
Cheyenne Autumn: 334, 657, 726, 733, 821, 923
Cheyenne Social Club, The: 327, 457, 821
Chi è senza peccato: 553
Chi l'ha visto?: 16, 812
Chi to rei: 581
Chiamata a una persona amata: 771
Chiamavano Trinità, Lo: 372
Chiameremo Andrea, Lo: 233
Chiave, La: 756
Chica afortunada, Una: 486, 487, 573, 574, 826
Chica angelical, Una: 826, 830, 931, 932
Chica bien: 863
Chica casi formal, Una: 886, 887
Chica con la maleta, La: 139, 942
Chica de Bube, La: 139, 182
Chica de la fábrica de cerillas, La: 163, 450, 451
Chica de la motocicleta, La: 237
Chica de la noche del sábado, La: 389
Chica de opereta, Una: 312
Chica de oro, La: 143, 175
Chica de Petrovka, La: 394
Chica de provincias, Una: 359, 820, 844, 919, 920
Chica de quince años, La: 164, 262
Chica del adiós, La: 273
Chica del atardecer, La: 728, 858, 859
Chica del gángster, La: 230, 852
Chica del gato, La: 312
Chica del guardarropa, La: 736
Chica del lunes, La: 862
Chica del Molino Rojo, La: 317, 541
Chica del pijama amarillo, La: 314
Chica del río, La: 505, 506, 806, 807
Chica del tambor, La: 455
Chica en el desván, Una: 590

Chica Hilaria, La: 48
Chica para matrimonio: 212, 410
Chica rubia, Una: 416, 574
Chica se divierte, Una: 915
Chica soñadora: 486, 487
Chica tan decente como yo, Una: 873
Chicago: 25, 26, **164,** 460, 682
Chicago, año 30: 162, 163, **164,** 703, 704, 844, 845
Chicago Deadline: 469
Chicago en rojo: 576
Chicas, Las: 940
Chicas con gancho: 15
Chicas de club: 721
Chicas de la Tierra son fáciles, Las: 224
Chicas en pie de guerra: 239, 394, 423
Chicken Every Sunday: 929
Chico, El: 160, 161, 595
Chico de la bahía, El: 878
Chico de la Coca-cola, El: 526
Chico de los guantes, El: 385
Chico de Oklahoma, El: 125
Chico millonario, El: 366
Chicos, Los: 165, 176, 317
Chicos con las chicas, Los: 654
Chicos de la banda, Los: 339
Chicos de la calle: 729
Chicos de la calle Pal, Los: 303
Chicos de la noche, Los: 359
Chicos están bien, Los: 543
Chicharra, La: 50, 478, 479
Chichi ariki: 643
Chiedo asilo: 317
Chief Crazy Horse: 556
Chien andalou, Un: 116, 281
Chienne, La: 367, 718
Chiens, Les: 243, 44
Chiens perdus sans collier: 346
Chiisana boken ryoko: 641
Chikamatsu monogatari: 24, 581
Chikuzan hitori tabi: 785
Child Is Waiting, A: 151, 354, 474, 743
Child of Divorce: 322
Child Thou Gavest Me, The: 815
Child's Play: 514, 549
Children, The: 162, 625, 697
Children of a Lesser God: 424
Children of Divorce: 190
Children of Sanchez, The: 697, 726
Children of the Dust: 102
Children's Hour, The: 128, 398, 416, 521, 932
Chimes at Midnight: 520, 591, 721, 918
Chimmie Fadden: 229
China: 468, 469, 936
China Clipper: 96
China Doll: 101, 102, 555, 556
China está cerca: 78, 79

China Gate: 253, 342
China Girl: 393, 854
China Moon: 822
China poblana, La: 310
China Seas: 348, 355, 389, 491
China Sky: 696
China Syndrome, The: 271, 328, 489
China Venture: 787
Chinatown: 165, 275, 426, 615, 677
Chinatown Nights: 920
Chinese-American: The Second Generation: 912
Chinesisches Roulette: 308
Chinoise, La: 365
Chip prodigioso, El: 692, 746
Chiquilín no tiene enmienda: 930
Chiriakhana: 705
Chisum: 916
Choc, Le: 238, 242
Choca, La: 315
Chocolaterita, La: 792
Choices: 589
Choirboys, The: 14
Choix des armes, Le: 195, 242, 243, 586
Choose Me: 115, 144, 285, 744
Choque, El: 238, 242
Chorus: 777
Chorus Line, A: 55, 271
Chorus of Disapproval, A: 416, 435
Choses de la vie, Les: 196, 671, 762, 766
Chotard et Cie: 718
Chouans!: 624
Chouette aveugle, La: 745
Christian: 59
Christian de Chalonge: 166, 242, 551, 870
Christina: 359
Christine: 237, 766
Christmas Holiday: 276, 457, 796
Christmas in Connecticut: 818
Christmas in July: 680, 827
Christmas Party, The: 12
Christmas Tree, The: 409
Christopher Bean: 930
Christopher Columbus: 539
Christopher Columbus: The Discovery: 107
Christopher Strong: 50, 384, 399
Chroniques de France, Les: 670
Chump at Oxford, A: 297, 388, 481
Chute d'un corps, La: 722
Chuvas de verão: 254
Ci troviamo in galleria: 98, 99, 506, 812
Cianuro... ¿solo o con leche?, El: 722, 893
Ciao, Cialtroni!: 700
Ciao, Gulliver: 103
Ciao maschio: 243, 317, 551
Ciboulette: 56, 57

índice de películas

Cicala, La: 50, 479
Cicatrices, Las: 475
Cicatriz, La: 173, 459
Ciclón, El: 929, 930
Ciclón tejano, El: 915
Cid, El: 402, 403, 505, 506, 533
Cid Cabreador, El: 557
Cieca di Sorrento, La: 525
Cielo amarillo: 72, 73, **167,** 661, 919, 920, 923
Cielo azul: 52, 756
Cielo negro: 721
Cielo protector, El: 88, 527, 927, 928
Cielo próximamente, El: 823
Cielo puede esperar, El: 74, 166, 549
Cielo se equivocó, El: 638
Cielo sobre Berlín: 921
Cielo y tú, El: 105, 223, 498
Cien: 451
Cien caballeros, Los: 47
Cien maneras de amar: 454
Cien metros: 881
Cien mil dólares al sol: 79, 80, 130
Cien y una noches, Las: 80, 504, 551, 672, 889
Cierta sonrisa, Una: 329, 610
Cierto día, Un: 637
Ciertos pequeñísimos pecados: 183, 755, 811, 813
Ciervas, Las: 159, 869, 870
Cifra impar, La: 39
Cigarra, La: 45
Ciklamen: 464
Cima de los héroes, La: 572, 573, 661
Cimarron: 73, 331, 533
Cimarron Kid, The: 94
Cina è vicina, La: 79
Cincinnati Kid, The: 561, 733
Cinco almohadas para una noche: 588
Cinco años de vida: 689
Cinco besos: 760
Cinco caballeros malditos, Los: 277
Cinco cunitas: 460
Cinco días, un verano: 187, 941
Cinco esquinas: 335
Cinco horas doradas: 163
Cinco lobitos: 886
Cinco mujeres marcadas: 530, 531, 590, 729, 730
Cinco pistolas: 194
Cinco tardes: 570, 571
Cinco tenedores: 312
Cinco tumbas a El Cairo: 72, 824, 825, 924, 925
Cinco últimos días, Los: 7, 8
Cinco vezes favela: 31, 254, 405
Cinderella Liberty: 121
Cinderfella: 492, 493
Cinema de lágrimas: 666
Cinema Paradiso: 167, 623, 624, 815, 860

Cinéma de papa, Le: 87
Cinemanía: 168, 499
Cinópolis: 45
Cinq gentlemen maudits, Les: 277
Cinque giornate, Le: 45
Cinque marines per cento ragazze: 858
Cintia: 374, 506
Cintura di castità, La: 214, 906
Cinturón de castidad, El: 214, 906
Ciociara, La: 80, 232, 506, 728
Circe: 39
Circle, The: 102, 201
Circle of Danger: 574, 862
Circle of Two: 118, 222
Circo, El: 86, 161
Circo de la muerte, El: 216, 508
Circo del crimen, El: 202
Circo ecuestre Za Bum: 812
Circostanza, La: 637
Círculo de dos: 118, 221, 222
Círculo de engaños: 765, 769, 770
Círculo de fuego: 392, 393, 661, 662
Círculo de la muerte: 307
Círculo de pasiones: 781, 834
Círculo del poder, El: 222, 223, 463
Círculo rojo, El: 168, 237, 564, 586
Circus, The: 161
Circus Cowboy, The: 920
Circus World: 137, 139, 393, 396, 916
Cisco Pike: 385
Cisco Pike, la droga y su imperio: 385
Cisne, El: 380, 457
Cisne negro, El: 168, 460, 461, 632, 682, 696
Cita, La: 90, **168,** 623, 671, 846, 871
Cita, Una: 10, 514
Cita a ciegas: 71, **169,** 282, 459, 927
Cita al final del camino: 140, 906
Cita con la muerte: 62, 884
Cita con Venus: 835
Cita de amor, Una: 105, 314, 315, 830
Cita de oro: 390
Cita de sangre: 870
Cita en Bray: 169, 238, 239
Cita en Granada: 540, 782
Cita en Honduras: 331, 784, 862
Cita en Hong Kong: 348, 395
Cita en la frontera: 803
Cita en los cielos: 212, 410
Cita en Saint Louis: 169, 353, 354, 576
Citadel, The: 390, 902
Citadelle du silence, La: 38, 495
Citas de París, Las: 737
Citizen Kane: 170, 199, 469, 918, 928
Città del sole, La: 26
Città delle donne, La: 311, 551

Città si difende, La: 362, 503
Cittadino esemplare: 771
City Across the River: 213
City Beneath the Sea: 94, 697
City for Conquest: 125, 498, 696
City From Conquest: 784
City Gone Wild, The: 110
City Hall: 326, 646
City Heat: 280
City Life: 777
City Lights: 161, 389, 511, 585, 853
City of Hope: 762
City on Fire: 327, 352
City Sparrow, A: 930
City Streets: 190, 366, 530
City under the Sea: 863
City Without Men: 220
Ciudad bajo el terror, La: 187
Ciudad cautiva, La: 618
Ciudad de cartón, La: 359
Ciudad de conquista: 125, 498, 696, 784
Ciudad de las mujeres, La: 311, 551
Ciudad de los muchachos, La: 864
Ciudad del fuego, La: 581
Ciudad del mal, La: 110
Ciudad desnuda, La: 170, 221
Ciudad en sombras: 256, 403
Ciudad eterna, La: 179
Ciudad frente a mí, La: 612
Ciudad llamada Bastardo, Una: 721
Ciudad muy caliente: 280
Ciudad no es para mí, La: 475, 750
Ciudad quemada, La: 582
Ciudad se defiende, La: 361, 362, 503
Ciudad sin hombres, La: 220
Ciudad sin ley, La: 394, 416, 559, 560, 617, 733, 787, 923
Ciudad sin piedad: 269
Ciudad siniestra, La: 124
Ciudad sumergida, La: 862, 863
Ciudad y los perros, La: 505
Ciudadano Bob Roberts: 759
Ciudadano ejemplar: 771
Ciudadano Kane: 170, 198, 199, 469, 917, 918, 928
Ciudadela del silencio, La: 38, 494, 495
Ciudadela, La: 390, 902
Civil War: 334
Claire de femme: 197, 586, 766, 767
Clan de los asesinos, El: 667, 844
Clan de los inmorales, El: 315
Clan de los irlandeses, El: 633
Clan de los marselleses, El: 80, 140, 243
Clan de los sicilianos, El: 237, 345, 346
Clan del oso cavernario, El: 387
Clan des siciliens, Le: 237, 346

Clan of the Cave Bear, The: 387
Clandestino destino: 401
Clandestinos de Asís, Los: 548, 549
Clara es el precio: 42, 43
Clara et les chic types: 7
Clara's Heart: 599, 600
Claretta: 139, 140
Clarines del miedo, Los: 699, 700
Clarion Call: 393
Claro: 734, 735
Claros motivos del deseo, Los: 670, 853
Clase dirigente, La: 642
Clase obrera va al paraíso, La: 434, 668
Clase sangrienta: 674
Clash by Night: 289, 477, 585, 818
Clash of the Titans: 637
Class: 91
Class Action: 385
Class of Miss MacMichael, The: 439
Classe operaia va in paradiso, La: 434, 668
Classe tous risques: 79, 762
Claudia: 368
Claudia, esposa moderna: 368
Clave del enigma, La: 204, 507
Clave del éxito, La: 207
Clave: Omega: 417, 474, 662
Claveles de la Virgen, Los: 45
Clavo de la bota, El: 449, 450
Clay Pigeon, The: 322, 323
Clean and Sober: 455
Clear and Present Danger: 219, 332
Clémentine chérie: 623
Cleo de 5 a 7: 889
Cléo de 5 à 7: 889
Cleopatra: 117, 118, **173,** 177, 229, 340, 390, 391, 532, 533, 843, 844
Cleopatras's Daughter: 648
Clepsidra, La: 391
Clérambard: 623
Clerk, The: 510
Click, click: 589
Client, The: 759, 768
Cliente, El: 758, 759, 768
Cliente muerto no paga: 543
Cliffhanger: 817
Climas: 671
Climâts: 671
Climbers, The: 460, 508
Climbing High: 709
Clive de la India: 26, 180, 936
Clive of India: 26, 180, 936
Cloak and Dagger: 191, 477, 893
Clock, The: 354, 576
Clockers: 456, 483
Clockwork Orange, A: 465, 913

Close and Personal: 669
Close Encounters of the Third Kind: 273, 290, 814
Close Harmony: 205
Close to My Heart: 574, 854
Closet Hand: 740
Closet Land: 822
Cloud Dancer: 638
Clouded Yellow, The: 791
Clowns, I: 311
Clowns, Los: 311
Club, The: 83
Club de femmes: 870
Club de la buena estrella, El: 912
Club de los asesinos, El: 623
Club de los poetas muertos, El: 917, 926
Club Life: 214
Club Paradise: 642, 926
Club social de Cheyenne, El: 327, 457, 821
Cluny Brown: 105, 443, 510
Coacción: 791
Coacción a un jurado: 589
Coal Miner's Daughter: 813
Coartada: 445, 825
Coartada en disco rojo: 721
Coast of Folly: 833
Cobarde heroico, El: 72
Cobarde y el santo, El: 705
Cobb: 223
Cobra: 816, 887
Cobra, El: 33
Cobra, el brazo fuerte de la ley: 816
Cobra, Il: 33
Cobra Verde: 402
Cobra Woman: 587, 750, 796
Cobweb, The: 62, 105, 364, 577, 923
Coca-Cola Kid, The: 526
Coche n.º 13, El: 216
Cochecito, El: 165, **175,** 317, 773
Cochecito de niño: 922
Cochero de pompas fúnebres, El: 12
Cocina del infierno, La: 816
Cocinero, el ladrón, su mujer y su amante, El: 176, 375
Cock-Eyed World, The: 911
Cock O'the Walk: 508
Cockeyed Cavaliers: 756
Cockleshell Heroes, The: 315
Cocktail: 207
Cocktail de besos: 862
Cocoanut Grove: 522
Cocoanuts, The: 545, 546
Cocoon: el retorno: 26
Cocoon: The Return: 26
Code Name: Emerald: 834
Code of the Sea: 324

Code of the Secret Service: 705
Código de los inmorales, El: 55
Código del hampa: 151, 253, 330, 544, 706, 787
Coeur battant: 870
Coeur des lilas: 345, 498
Coeur en hiver, Un: 74, 193, 610, 762
Coeur joyeux: 345
Coeurs farouches: 277
Cohen and Tate: 764
Cohen y Tate: 764
Cohens and the Kellys in Trouble, The: 820
Col cuore in gola: 870
Cold Feet: 144
Cold Heaven: 735
Cold Steel: 822
Coleccionista, El: 932
Coleccionista, La: 178, 737
Colegial, El: 453, 454
Colegio es un lugar agradable, El: 643
Cólera del viento, La: 132, 721
Colina de los diablos de acero, La: 178, 533
Colina del adiós, La: 179, 408, 409, 443, 460, 461
Colina encantada, La: 190
Colinas ardientes: 705, 929
Collectionneuse, La: 178, 737
Collector, The: 932
Colleen: 680
College: 454
College Coach: 680, 915, 920
College Rhythm: 784
College Swing: 911
Collégiennes, Les: 242
Colmena, La: 4, 46, 76, 132, **180,** 700, 751
Colmillo blanco: 722
Colonel Chabert, Le: 44, 243
Colonia penal, La: 745
Colonna infame, La: 103, 700
Color de la ambición, El: 924
Color de la noche, El: 927
Color del dinero, El: 119, 207, 611, 612, 771
Color of Money, The: 119, 207, 612, 771
Color of Night: 927
Color Purple, The: 814
Color púrpura, El: 814
Colorado Jim: 181, 484, 533, 820, 821
Colorado Territory: 560, 880, 911
Colores de guerra: 417
Colorín colorado: 351
Colors: 417
Coloso de Boston, El: 220
Coloso de Rodas, El: 489
Coloso en llamas, El: 51, 52, 275, 409, 443, 561, 562, 612
Colosso di Rodi, Il: 489

Colpevoli, I: 234
Colpire al cuore: 26, 27, 870
Colpo di fulmine: 729
Colpo di pistola, Un: 152
Colt Comrades: 578
Columpio, El: 7, 8
Coma: 115, 271, 924
Comanche: 32
Comanche blanco: 199
Comanche Station: 95, 296
Comanche Territory: 632
Comancheros, Los: 215, 216, 544, 914, 916
Comancheros, The: 216, 544, 916
Comando: 175, 561, 769, 787
Comando de la muerte: 55
Comando en el desierto: 117, 118, 393
Comando en el Mar de China: 14, 125, 327
Comando en el Pacífico: 488
Comando negro, El: 214
Comando secreto: 612
Combat dand l'île, Le: 766, 870
Combate de fondo: 638, 823
Come and Get It!: 394, 560, 932
Come Back, Little Sheba: 474
Come Bach to the Five and Dime, Jimmy Dean, Jimmy Dean: 21, 22
Come Blow Your Horn: 795
Come Fill the Cup: 125
Come le foglie: 130
Come Live With Me: 112, 472, 821
Come Next Spring: 784
Come-On, The: 73
Come on George: 95
Come on Leathernecks: 469
Come on Marines!: 392, 516, 784
Come See the Paradise: 692
Come September: 421, 503, 599
Come sono buone i bianchi: 317, 608, 672
Come to the Stable: 936
Come una regina: 770
Come una rosa al naso: 357
Comedia de la vida, La: 70, 319, 393, 394, 504, 645, 646
Comedia de los terrores, La: 862, 863
Comedia humana, La: 112, 578
Comedia sexual de una noche de verano: 17, 18, **181,** 307, 315, 316
Comedia trágica: 442
Comedians, The: 118, 364, 380, 844, 883
Comediantes: 645, 646
Comediantes, Los: 117, 118, 364, 380, 843, 844, 883
Comédie du bonheur, La: 494, 495
Comédie!: 262
Comedy of Terrors, The: 863
Comenzar de nuevo: 83, 650

Comenzó en el trópico: 486, 487, 504, 696
Comer, beber, amar: 483
Comes a Horseman: 121, 328, 650, 731
Comet Over Broadway: 395
Cómete una taza de té: 912
Cometieron dos errores: 280, 417
Comets: 479
Comfort of Strangers, The: 767
Cómicos: 67, **183,** 720, 721
Cómicos de París: 486, 487
Comida sobre la hierba: 717, 718
Comienzo de verano: 642, 643
Comienzo en el trópico: 522
Coming Home: 328, 907
Comisario Maigret, El: 346
Comisario y el proxeneta, El: 770, 858
Comizi d'amore: 659
Command Decision: 348, 930
Commando: 769
Commandos Strike at Dawn, The: 364, 601
Commare secca, La: 88
Comme Icare, I: 586
Comme un boomerang: 238
Comme un poisson dans l'eau: 623
Comment ça va?: 365
Commissario, Il: 182, 812
Commissario Lo Gatto, Il: 728
Commissario Pepe, Il: 770, 858
Committed: 638
Common Clay: 324
Commune senso del pudore, Il: 623
Como el cambiante corazón de un pájaro: 581
Como el viento: 676
Como ella sola: 224, 228, 426
Como en los viejos tiempos: 394
Como en un espejo: 84, **183,** 184, 790, 834
Como era gostoso o meu francês: 666
¡Cómo está el servicio!: 750
Como gustéis: 636
Como las mariposas: 201, 368
Como liebre acosada: 173, 870
Como plaga de langosta: 764, 831, 832
Como te quise, te quiero: 146, 255, 256, 629, 630
Como tú me deseas: 270, 350, 825
Como un torrente: 183, 521, 542, 576, 577, 794
Como un trueno: 346
Como una reina: 771
Como uña y carne: 746
Cómo casarse con un millonario: 62, 585, 609, 610
Cómo casarse en siete días: 312, 751
Cómo conquistar Hollywood: 250, 385, 866
Cómo destruir al más famoso agente secreto del mundo: 79, 80, 91
Cómo elegir a su jefe: 328
Cómo fue templado el acero: 264, 265

índice de películas

Cómo le conocí: 461
Cómo matar a la propia esposa: 488, 695
Cómo robar un millón y...: 104, 105, 398, 641, 932
Cómo se corta el jamón: 136, 137
Cómo ser infeliz y disfrutarlo: 557
Cómo ser mujer y no morir en el intento: 76, 557
Cómo sobrevivir a la familia: 26
Cómo triunfar sin dar golpe: 335
Compadre Mendoza, El: 227
Compadres, Los: 243
Compagni, I: 129, 550, 584
Compagnia dei matti, La: 233
Compagno don Camillo, Il: 182, 263
Company Business: 385
Company of Killers: 574
Company of Wolves, The: 287, 444
Company She Keeps, The: 108, 205
Compañero de mi vida: 736
Compañeros, Los: 721
Compañeros de armas y puñetazos: 561
Compañeros de juerga: 388, 480
Compañeros del diablo, Los: 270, 549, 877
Comparsa, El: 453, 454
Compartiment tueurs: 197, 586, 671, 790, 870
Compás de espera: 486, 487, 573, 574
Compères, Les: 243
Competition, The: 273, 716
Complejos, Los: 728, 813, 858
Complessi, I: 728, 813, 858
Complicato intrigo di donne, vicoli e delitti, Un: 456, 583, 701
Complot de los anillos, El: 362
Compromising Positions: 759
Compromiso, El: 268, 269, 275, 452, 458
Compte à rebours: 591, 790
Compulsion: 323, 429, 918
Comrade X: 348, 472, 902
Comulgantes, Los: 84, 85, 183, **184,** 790, 834
Comuna, La: 451
Comune senso del pudore, Il: 140, 811, 813
Con cariño desde el cielo: 565
Con el agua al cuello: 376, 377, 611, 612, 930, 931
Con el dinero de los demás: 661, 662
Con el frac de otro: 930
Con el viento solano: 45, 132
Con él llegó el escándalo: 576, 577, 578, 579, 655
Con faldas y a lo loco: 184, 213, 214, 488, 585, 924, 925
Con furia en la sangre: 390
Con gli occhi chiusi: 43, 582, 583
Con gracias a porfía: 333
Con i saluti degli amici: 728
Con la corriente: 113
Con la ira en los ojos: 114
Con la muerte en los talones: 184, 374, 407, 548, 549, 751, 752

Con la poli en los talones: 224, 731
Con la rabbia agli occhi: 114
Con las horas contadas: 554
Con los dedos cruzados: 269
Con los Dorados de Villa: 48
Con los ojos cerrados: 111, 791, 792
Con saludos de los amigos: 728
Con su misma arma: 355
Con su propia ley: 608
Con sus mismas armas: 253, 579
Con una canción en mi corazón: 395
Conan, el bárbaro: 322, 758, 769, 834
Conan, el destructor: 322, 323, 769
Conan the Barbarian: 322, 758, 769, 834
Conan the Destroyer: 323, 769
Concertino: 522
Concerto per Michelangelo: 741
Conciencia acusa, La: 313, 645, 646
Conciencia vengadora, La: 376
Concierto: 835
Concierto al aire libre: 276, 353
Concierto en la corte: 798
Concorde Airport 80: 238
Concurso, El: 273, 716
Condamné à mort s'est échappé, Un: 108, 185, 250, 527
Condanna, La: 79
Conde de Montecristo, El: 56, 57, 358
Conde Max, El: 63, 234, 811, 812
Conde Sandorf, El: 700
Condemned: 180
Condena, La: 79
Condenada: 822
Condenado: 180
Condenado a muerte se ha fugado, Un: 107, 108, **185,** 250, 527, 672
Condenados no lloran, Los: 202
Condesa Alexandra, La: 257, 318, 464
Condesa de Hong-Kong, La: 106, 161, 162, 505, 506
Condesa descalza, La: 96, 97, 351, 352, 532, 533
Condesa Donelli, La: 645
Condesa maniquí, La: 92
Condesita Mimi, La: 257
Condición humana, La: 462
Cóndor, El: 235
Conduct Unbecoming: 55
Conducta excesiva: 283
Conexión tequila: 362, 669
Confesión, La: 197, 586, 790
Confesión de Ina Kahr, La: 646
Confesiones de un espía nazi: 733
Confesiones de una modelo: 275, 763
Confesiones verdaderas: 185, 230, 377, 378
Confession, The: 256, 574
Confessions of a Nazi Spy: 498, 733

Confessions of a Queen: 800
Confianza: 835
Confidencias: 140, **185,** 400, 401, 473, 474, 530, 531, 588, 755, 905
Confidencias a medianoche: 225, 420
Confidencias de mujer: 212, 327, 328
Confidencias de una esposa alegre: 906
Confidente, El: 79, 80, **186,** 564, 579, 671
Confidente, La: 177
Confidential Agent: 62, 105
Confidentially Connie: 484
Confinados, Los: 777
Confirm of Deny: 26
Conflict: 97, 915
Conflicto de los Marx, El: 545, 546
Conflicto en cada esquina, Un: 215, 216, 915
Conflicto matrimonial: 574
Conflicto sentimental: 632
Conflictos de la existencia, Los: 799, 800
Conflictos de papá, Los: 523
Conformista, El: 88, **186,** 754, 755, 869, 870
Conformista, Il: 88, 186, 755, 870
Congiuntura, La: 357, 770
Congiura dei dieci, La: 373
Congo vivo: 774
Congreso en Sevilla: 313, 782
Conjura de los condenados, La: 450
Conjura en Florencia: 886
Connecticut Yankee, A: 508
Connecticut Yankee in King Arthur's Court, A: 355
Connecting Rooms: 224
Conocimiento carnal: 83, 614, 615
Conquered City: 618
Conquering Power, The: 431, 887, 902
Conqueror, The: 48, 395, 680, 911, 915
Conquerors, The: 920
Conquest: 105, 112, 350, 539
Conquest of the Air, The: 635, 636
Conquista de Albania, La: 188, 881
Conquista de un imperio, La: 697, 918
Conquista de un reino, La: 587, 639
Conquista del Oeste, La: 327, 334, 393, 662, 821, 916, 923
Conquistador, El: 96
Conquistador de Mongolia, El: 48, 395, 680, 915
Conquistadores, Los: 919, 920
Conquistadores de Atlantis, Los: 163
Conrack: 188, 729, 730, 907
Consecuencias del error, Las: 581
Conseil de famille: 44, 197
Consejero, El: 700
Consejo de familia: 44, 197
Consejo de guerra: 82, 83, **188**
Consejos a medianoche: 542
Consellor-at-Law: 932

Consentida, La: 504
Consenting Adults: 650
Conserje, El: 704
Consigna: Tánger 67: 373
Consolation Marriage: 508
Conspiración, La: 126, 676
Conspiración de mujeres: 375
Conspiración de silencio: 189, 544, 863, 864
Conspiración en Berlín: 380, 834
Conspiración en Suiza: 574
Conspiración para matar: 395
Conspiración para matar a un cura: 409, 410
Conspirator: 843, 845
Conspirators, The: 472, 610
Constance aux enfers: 592
Constans: 938
Constant Husband, The: 391
Constant Nymph, The: 105, 329, 368
Constante, La: 937, 938
Cónsul honorario, El: 125, 126, 361
Consuming Passions: 709
Conte de printemps: 210, 737
Conte d'hiver: 210, 737
Conte Max, Il: 63, 234, 812
Contessa di Parma, La: 92
Contestazione generale: 357, 813
Continental: 654, 758
Continúa la lucha: 800
Contos eroticos: 31
Contra el imperio de la droga: 339, 384, 385, 720, 721, 763
Contra el imperio del crimen: 124
Contra el viento: 66, 827
Contra todo riesgo: 108, 720, 924
Contraband: 681
Contraband Spain: 9
Contrabandista, El: 333
Contrabandistas de Moonfleet, Los: 189, 372, 373, 476, 477
Contrabando: 9
Contrabando humano: 396
Contraespionaje: 548
Contrafigura, La: 103
Contraseña: 817
Contrastes: 324, 326, 359
Contraté un asesino a sueldo: 451
Contratiempo: 456, 735
Contrato de matrimonio: 143, 937, 938
Contrato del dibujante, El: 375
Contrato del siglo, El: 339
Contrato en Marsella: 126, 549, 697
Contro la legge: 550
Controsesso: 152, 317, 858
Convention City: 680
Convento, El: 242, 527, 635

Convento, O: 242, 527, 635
Conversación, La: 93, **189,** 192, 331, 332, 384, 385
Conversation, The: 93, 189, 192, 332, 385
Convicted: 331, 396
Convicted Woman: 330
Convoy: 373, 662
Coogan's Bluff: 280, 788
Cook, the Thief, His Wife and Her Lover, The: 176, 375
Cool Hand Luke: 417, 612
Cool World: 71, 674
Cooper Canyon: 472, 574
Cop Killer: 456
Copa misteriosa, La: 111, 112
Copacabana: 545, 546
Copains, Les: 623
Copains du dimanche, Les: 79
Copia cero: 314
Copie conforme: 445
Copla de la Dolores, La: 45
Coppie, Le: 233, 584, 811, 813, 906
Cops: 453
Copycat: 423, 916
Coqueta hasta el fin: 51, 574
Coraje de Lassie, El: 843
Coraje del pueblo, El: 757
Coralie et Cie: 154
Coraza negra: 213, 214, 484, 554
Corazón, El: 427
Corazón de cristal: 402
Corazón de la noche, El: 400, 401
Corazón de marino: 112
Corazón de perro: 478, 479, 834
Corazón de una madre, El: 264, 265
Corazón del ángel, El: 230, 702, 743
Corazón del bosque, El: 192, 381, 382, 582
Corazón del tirano: El: 440, 441
Corazón en invierno, Un: 73, 74, **193,** 610, 762
Corazón indomable: 801
Corazón intrépido: 333
Corazón olvidado: 823, 824, 825
Corazón roto: 109
Corazón salvaje: 123, 124, 219, 443, 464, 681, 740
Corazón solitario, Un: 374
Corazón trueno: 783
Corazón verde: 555
Corazonada: 192, 461, 462
Corazones a la moda, Los: 800
Corazones comprensivos: 201
Corazones de hielo: 124, 125
Corazones de hierro: 231
Corazones de medianoche: 485
Corazones de México: 358
Corazones del mundo: 364, 376, 823, 825
Corazones en el destierro: 216

Corazones en llamas: 366, 395, 522
Corazones indomables: 177, 178, **193,** 326, 332, 333
Corazones rotos: 105, 399
Corazones sin rumbo: 45
Corazones solitarios: 174
Corbeau, Le: 174, 211
Corcel negro, El: 192
Cordero, El: 304
Corea, La: 46, 634, 672, 860
Corea, hora cero: 354, 355, 579
Coriolan: 176
Corky: 702
Corleone: 139, 140, 700
Corn Is Green, The: 224
Cornered: 680
Coro: 776, 777
Corona de hierro, La: 92, 550
Corona di ferro, La: 92, 550
Corona negra, La: 195, 309, 310, 357, 760
Coronel, El: 215
Coronel Blimp: 196, 458, 681
Coronel Chabert, El: 44
Coronel Redl: 566, 835
Coronel Von Ryan, El: 795
Corpo d'amore: 144
Corps de Diane, Le: 591
Corps de mon ennemi, Le: 80
Corps et biens: 754, 755
Corredor sin retorno: 342
Correo de Indias: 196, 611
Correo de Napoleón, El: 233
Correo del infierno, El: 392, 393, 395, 682
Correo diplomático: 392, 393, 544, 608, 682
Correva l'anno di grazia 1870: 525, 551
Corrientes de amor: 151, 743
Corrientes ocultas: 399, 576, 579, 845
Corrina, Corrina: 26
Corrupción, La: 99
Corrupción de Chris Miller, La: 67, 68, 541, 774
Corrupción en el internado: 766
Corrupción en el Palacio de Justicia italiano: 722
Corruzione, La: 99
Corruzione al Palazzo di Giustizia: 722
Corsario escarlata, El: 115, 424
Corsario negro, El: 48, 317
Corsarios de Florida: 229, 538, 696
Corsaro nero, Il: 317
Corte de Faraón, La: 66, 76, 314, 351
Corte marcial: 51
Cortina rasgada: 33, 407, 611, 612
Corto verano, El: 877
Corvette K-225: 579
Cosas cambian, Las: 26, 529
Cosas de la vida, Las: 196, 671, 761, 762, 766

Cosas de Richard, Las: 877
Cosas del querer, Las: 163, 582, 583
Cosas del querer II, Las: 163, 582, 583
Cosas que dejé en La Habana: 382
Cosas que nunca mueren, Las: 477, 724
Cose da pazzi: 645, 646
Cose di «Cosa Nostra»: 234
Cosecha amarga: 409, 410
Così come sei: 50, 462, 479, 551, 700
Così dolce, così perversa: 870
Costa Azzurra: 812
Costa de los mosquitos, La: 332, 767, 917
Costa de tiburones: 556
Costanza della ragione, La: 242
Costaud des P. T. T., Le: 554
Costilla de Adán, La: 197, 212, 229, 399, 410, 863, 864
Costumbre de la dicha, La: 304
Coto de caza: 781
Cottage on Dartmoor, A: 50, 51
Cottage to Let: 51
Cotton Club: 123, 192, **199,** 361
Couch: 913
Couch Trip, The: 555
Counsellor-at-Law: 70, 270
Count the Hours: 787
Count Three and Pray: 931
Count Your Blessings: 458, 610
Countdown: 21, 121
Counter-Attack: 601
Counterfeit Traitor, The: 409
Counterpoint: 403
Countess From Hong-Kong, A: 106, 161, 162, 506
Country: 477, 783
Country Dance: 642
Country Doctor, The: 460
Country Girl, The: 409, 457
Coup de foudre: 423
Coup de grâce, Le: 671
Coup de tête: 38
Coup de torchon: 423, 622, 623, 781, 841, 842
Couple idéal, Le: 789
Courage fuyons: 242
Courage Mountain: 143
Courage of Lassie: 843
Couro da gato: 31
Course du lièvre à travers les champs, La: 173, 870
Court Martial of Billy Mitchell, The: 191, 684
Courtship of Eddie's Father, The: 331, 577
Cousin, cousine: 768
Cousins: 740, 768
Cousins, Les: 159
Čovek nije tica: 526
Covenant With Death, A: 385
Cover Girl: 396, 457
Cover Girl Murders, The: 638

Cowboy: 200, 222, 330, 331, 488
Cowboy and the Lady, The: 191, 629
Cowboy de ciudad: 866, 927
Cowboy de medianoche: 200, 408, 764, 907
Cowboy From Brooklyn: 680, 705, 784
Cowboys, The: 916
Crack, El: 350, 475, 476
Crack II, El: 350, 475, 476
Crack in the Mirror: 322, 323, 918
Crack in the World: 32
Crackers: 527, 528, 744, 832
Cradle Song: 133, 486
Craig's Wife: 50
Crainquebille: 318
Crash, The: 256, 315
Crash Drive: 32, 72, 682
Cray in the Night, A: 929
Crazy Mama: 239, 691
Crazy People: 387, 590
Crazy World of Julius Vrooder, The: 401
Creadores de sombras: 612
Creator: 642
Creature From the Haunted Sea: 194
Créatures, Les: 242, 671, 889
Creemos en el amor: 609, 610, 668, 885
Creezy, mujer objeto: 237, 591
Cremallera, La: 303
Creo en Dios: 227
Crepúsculo de los audaces, El: 162, 163, **202,** 420
Crepúsculo de los dioses, El: 202, 408, 409, 453, 454, 824, 825, 833, 924, 925
Crepúsculo de un dios, El: 315
Crepúsculo en Tokio: 642, 643
Crest of the Wave: 457
Creyentes, Los: 764
Cri du cormoran le soir au-dessus des jonques, Le: 243
Cri du hibou, Le: 159, 160
Cría cuervos...: 161, 162, **203,** 285, 761
Criatura, La: 76
Criatura infernal, La: 421
Criaturas, Las: 242, 671, 889
Crime, Le: 870
Crime, Un: 238, 244
Crime and Punishment: 819
Crime by Night: 655
Crime de monsieur Lange, Le: 204, 718
Crime et châtiment: 346
Crime in the Streets: 151, 787
Crime ne paie pas, Le: 592, 623
Crime of Dr. Crespi, The: 825
Crime of Passion: 818
Crime School: 96
Crime Wave: 235
Crimen: 130, 357, 531, 812
Crimen a las tres: 760

Crimen de Cuenca, El: 203, 577, 722, 781
Crimen de doble filo: 100, 101
Crimen de la calle de Bordadores, El: 203, 262, 611, 861
Crimen de monsieur Lange, El: 204, 717, 718
Crimen de Oribe, El: 861
Crimen de Pepe Conde, El: 699
Crimen del capitán Sánchez, El: 892
Crimen del correo de Lyon, El: 56, 57
Crimen del estudio sonoro, El: 538
Crimen del sol, El: 216
Crimen del Vanities, El: 486, 784
Crimen en el colegio de chicas: 565
Crimen en el entreacto: 721
Crimen en el night-club: 565
Crimen en Montecarlo: 130, 357, 531, 812
Crimen imperfecto: 312, 313
Crimen para recién casados: 313
Crimen perfecto: 407, 457, 573, 574, 606
Crimen por hora, Un: 334
Crimen se paga, El: 592, 623
Crimen y castigo: 227, 376, 450, 451, 505, 819
Crímenes del corazón: 83, 454, 455, 477, 783, 813
Crímenes del doctor Mabuse, Los: 477, 851
Crímenes del museo de cera, Los: 235
Crímenes del museo, Los: 215, 216
Crímenes del rosario, Los: 832
Crimes and Misdemeanors: 18, 19, 307, 387, 425
Crimes of Passion: 667, 746, 875
Crimes of the Future: 205, 206
Crimes of the Heart: 83, 455, 477, 783, 813
Criminal, El: 204, 507
Criminal, The: 204, 507
Criminal Code, The: 394
Criminal Court: 928
Criminal Law: 633
Criminals of the Air: 396
Crimson City, The: 508
Crimson Kimono, The: 342
Crimson Pirate, The: 474, 796
Crimson Romance: 825
Crimson Tide: 385, 731, 914
Cripta, La: 751, 781
Crise est finie, La: 796
Crisis: 84, 110, 111, 315, 374, 645, 646
Crisol, El: 747
Criss Cross: 3, 213, 473, 796, 803
Crisscross: 144, 394
Cristina: 359
Cristina Guzmán: 312
Cristo se paró en Éboli: 740
Cristo si è fermato a Eboli: 740
Cristóbal Colón, el descubridor: 107
Critical Care: 514
Cromosoma 3: 206
Cromwell: 380, 390

Cronaca di un amore: 40, 102
Cronaca di una morte annunciata: 103, 583, 740
Cronaca familiare: 206, 550, 942
Cronache dei poveri amanti: 549, 550
Crónica de los años de fuego: 272
Crónica de los sucesos amorosos: 910
Crónica de nueve meses: 475
Crónica de un amor: 39, 40, 102
Crónica de un instante: 827
Crónica de un ser vivo: 466
Crónica de una muerte anunciada: 102, 103, 583, 740
Crónica de una señora: 81
Crónica de una violación: 423
Crónica familiar: 206, 550, 942
Crónica negra: 237, 242, 564
Crónica sentimental en rojo: 781
Crook Buster: 932
Crooked Hearts: 485
Crooked Road, The: 373
Crooks, Anonymous: 166
Cross Country Romance: 469
Cross Creek: 562, 730
Cross of Iron: 175, 549, 662
Cross of Lorraine, The: 355, 457
Crossed Swords: 325
Crossfire: 579
Crossing the Line: 608
Crossroads: 472
Crowd, The: 651, 902, 933
Crowd Roars, The: 124, 394, 844
Crowded Sky, The: 32
Crown versus Stevens: 681
Cruce de destinos: 206, 212, 351, 352, 372, 373
Crucero de verano: 782
Crudeli, I: 199
Cruel desengaño: 817
Crueles, Las: 42, 138
Cruicible, The: 747
Cruisin' Down the River: 695
Cruising: 339, 646
Crusades, The: 229, 784, 936
Cruz azul, La: 601
Cruz de hierro, La: 175, 549, 662
Cruz de Lorena, La: 355, 457
Cruz del diablo, La: 782
Cruz Diablo: 227
Cruzadas, Las: 229, 783, 784, 935, 936
Cry-Baby: 219, 244
Cry Baby Killer: 615
Cry Blood Apache: 560
Cry Danger: 680
Cry for Happy: 331
Cry Freedom: 55, 914
Cry Havoc: 579, 830
Cry in the Dark, A: 823
Cry of the City: 556, 648, 796, 899, 923

Cry of the Hunted: 356, 357
Cry Terror: 253, 549
Cry the Beloved Country: 676
Cry Wolf: 325, 818
Crying Game, The: 444
Crystal Ball, The: 366, 574
Csend és kiáltás: 440
Csillagosok, katonák: 440
Cuadrilla de los once, La: 253, 521, 542, 572, 573, 794, 795
¿Cuál de las 13?: 234, 357, 919
Cualquier día en cualquier esquina: 521, 579, 928
Cualquier miércoles: 327, 328, 731
Cuando el alba se tiñe de rojo: 683
Cuando el amor mata: 800
Cuando el amor se muere: 844
Cuando el cuerno suena: 475
Cuando el destino nos alcance: 199, 322, 323, 403, 732, 733
Cuando el diablo asoma: 201, 348
Cuando el hampa dicta su ley: 417
Cuando el ladrón encuentra al ladrón: 911
Cuando el río crece: 362, 813
Cuando el viento silba: 72
Cuando ellas se encuentran: 201, 355, 845
Cuando fuimos campeones: 580
Cuando Harry encontró a Sally: 713, 714, 746
Cuando hierve la sangre: 503, 561, 794
Cuando la primavera se equivoca: 803
Cuando levanta la niebla: 315
Cuando los ángeles caen del cielo: 677
Cuando los mundos chocan: 554
Cuando llega la noche: 669
Cuando llegue la primavera: 784
Cuando llegue septiembre: 421, 503, 599
Cuando llegué de Cuba: 425
Cuando me enamoro: 477, 692
Cuando muere el día: 393, 854
Cuando mueren las leyendas: 923
Cuando o carnaval chegar: 254
Cuando pasan las cigüeñas: 450
Cuando ruge la marabunta: 402, 403, 655
Cuando se quiere de veras: 588
Cuando se tienen veinte años: 612, 729, 730
Cuando suena el tam-tam: 48, 550
Cuando tejen las arañas: 359
¿Cuándo te suicidas?: 45
Cuando tú no estás: 132
Cuando un hombre ama a una mujer: 350, 351, 746
Cuando una mujer pierde su camino: 257
Cuando Villa es la muerte: 49
Cuando volvamos a amarnos: 574, 820, 830
Cuanto más, mejor: 483, 914
Cuarenta grados a la sombra: 475
Cuarenta pistolas: 817, 818

Cuarenta quilates: 457, 877
Cuarenta y siete samurais, Los: 580, 581
Cuarta guerra, La: 338, 764
Cuarteto disociado, El: 800
Cuarto hombre, El: 894
Cuarto mandamiento, El: 72, 198, 199, **207,** 917, 918, 928
Cuarto poder, El: 97
Cuarto protocolo, El: 126
Cuatro aventuras de Reinette y Mirabelle: 737
Cuatro bodas de Marisol, Las: 541
Cuatro bodas y un funeral: 375, 561
Cuatro brujas, Las: 139, 584
Cuatro caras del Oeste: 560
Cuatro cocos, Los: 545, 546
Cuatro confesiones: 612, 703, 729, 730, 733
Cuatro de infantería: 645, 646
Cuatro diablos, Los: 359, 603
Cuatro días de permiso: 789
Cuatro gángsters de Chicago: 542, 733, 794, 795
Cuatro hermanitas: 207, 212, 398, 399
Cuatro hijos: 332, 333, 914
Cuatro hijos de Adán, Los: 85, 395
Cuatro hijos de Katie Elder, Los: 392, 393, 417, 542, 916
Cuatro historias de amor: 242
Cuatro hombres y una mujer: 487
Cuatro jinetes del Apocalipsis, Los: 104, 105, **208,** 330, 331, 431, 431, 577, 887
Cuatro Milpas, Las: 48
Cuatro moscas sobre terciopelo gris: 45
Cuatro mosqueteros, Los: 162, 275, 403
Cuatro mujeres y un destino: 69, 561, 822
Cuatro muñecas, Las: 99, 182, 906
Cuatro noches de boda: 475
Cuatro noches de un soñador: 107, 108, 596
Cuatro novias de Augusto Pérez, Las: 313
Cuatro páginas de la vida: 73, 372, 393, 394, 461, 480, 585, 610, 668, 923
Cuatro pasos por las nubes: 92, 93, **208,** 807, 812
Cuatro plumas, Las: 208, 234, 464
Cuatro robinsones, Los: 720
Cuatro tíos de Texas: 14, 542, 794, 795
Cuatro verdades, Las: 86, 93, 143, 171, 906
Cuatrocientos golpes, Los: 209, 665, 872, 873, 891
Cuba: 187
Cuban Rebel Girls: 325
Cucagna, La: 858
Cucaracha, La: 48, 310, 725
Cuchillo en el agua, El: 209, 677, 801
Cuenta atrás: 21, 591, 790
Cuenta conmigo: 273, 713, 714
Cuento de hadas: 611
Cuento de invierno: 210, 737
Cuento de la doncella, El: 275, 276, 765

índice de películas

Cuento de primavera: 210, 737
Cuento de verano: 737
Cuentos crueles de la juventud: 640, 641
Cuentos de Budapest: 835
Cuentos de Canterbury, Los: 235, 658, 659
Cuentos de Hoffmann, Los: 464, 681, 938
Cuentos de la Alhambra: 782
Cuentos de la luna pálida de agosto: 210, 580
Cuentos de las cuatro estaciones: 737
Cuentos de Tokio: 210, 642, 643
Cuentos eróticos: 76, 163, 881
Cuentos inmorales: 505
Cuentos morales: 737
Cuentos para una escapada: 163, 351, 382, 828
Cuentos Romanos: 234
Cuerpo de amor: 144
Cuerpo de mi enemigo, El: 79, 80
Cuerpo del delito, El: 219, 556, 784
Cuerpo magnífico, Un: 642
Cuerpo y alma: 96, **211,** 352, 353, 742
Cuerpos ardientes: 276
Cuervo, El: 174, 194, **211,** 468, 469, 471, 615
Cuestión de honor, Una: 858
Cuestión de sangre: 709
Cugun: 434
Cuidado con el mayordomo: 534
Cuidado con la familia Blue: 692, 875
Cuidado con las mujeres: 504
Cuidado con lo que haces: 709
¡Cuidado con los inspectores!: 821, 929
Cul-de-sac: 91, 265, 677
Culastrisce, nobile veneziano: 551
Culpa ajena, La: 212, 364, 376, 887
Culpable: 721
Culpable de inocencia: 275, 276, 832
Culpables sin rostro: 55
Cumbite: 381
Cumbres borrascosas: 90, 116, 562, 617, 618, 629, 635, 636, 730, 932
Cumbres de violencia: 796
Cumpleaños del perro, El: 400
Cumpleaños mortal: 331
Cuna de héroes: 333, 632, 633, 682
Cuore: 233
Cuore di cane: 479, 834
Cuore rivelatore: 583
Cuore sul mare: 550
Cuori nella tormenta: 812
Cuori senza frontiere: 503
Cuori solitari: 858
Cuori sul mare: 505
Cupid's Fireman: 920
Curandero, El: 803
Curée, La: 328, 671
Curita cañón, Un: 475

Curly Top: 848
Currito de la Cruz: 700
Curse of Frankenstein, The: 261
Curse of Iku, The: 102
Curse of the Cat People, The: 597, 792, 928
Curse of the Fly: 593
Curse of the Living Corpse, The: 763
Curse of the Pink Panther: 138, 282, 619, 652
Curvas peligrosas: 924
Cúspide, La: 390
Custer of the West: 796
Cutter's Way: 108
Cutthroat Island: 224, 582
Cutting Class: 674
Čužoj bereg: 265
Cynara: 180, 902
Cynthia: 843
Cyrano de Bergerac: 146, **216,** 243, 315, 543, 702
Cyrano et D'Artagnan: 315, 349, 623
Cyrano y D'Artagnan: 217, 315, 349, 623
Czlowiek na torze: 601
Czlowiek z marmuru: 411, 910
Czlowiek z zelaza: 412, 910

D-Day the Sixth of June: 845
D. O. A.: 554, 692, 702, 746
D'amore si muore: 531
D'Artagnan: 304, 613
D'Artagnan et Cyrano: 217
Da Dunkerque alla vittoria: 138
Da yuebing: 449
Dad: 489
Daddy Long Legs: 52, 143, 359, 610
Daddy nostalgie: 95, 96, 841, 842
Daddy's Dyin'... Who's Got the Will?: 144
Daddy's Gone a Hunting: 102
Daemon der Meeres: 257
Dagobert: 728, 859
Daguerréotypes: 888, 889
Dahong denglong gaogao gua: 445, 935
Daichi wa homoemu: 581
Daigaku wa deta keredo: 642
Daigaku yoi toko: 643
Daigo Fukuryumaru: 785
Daihao meizhoubao: 935
Daisy Kenyon: 32, 202, 327, 684
Daisy Miller: 97, 98
Dakota: 915
Dakota Incident: 221
Dalia azul, La: 468, 469, 471
¡Dale fuerte, Jerry!: 492, 493
Dallas: 191
Dallas, ciudad fronteriza: 191
Dama de azul, La: 249, 671, 792
Dama de Beirut, La: 588, 886, 887

Dama de chez Maxim's, La: 464
Dama de la noche, La: 201
Dama de las camelias, La: 349, 539, 887
Dama de Musashino, La: 580, 581
Dama de Oriente, La: 911
Dama de Shanghai, La: 219, 396, 917, 918
Dama de Trinidad, La: 330, 331, 396
Dama del 13, La: 460, 508
Dama del armiño, La: 510, 683, 684
Dama del coche con gafas y un fusil, La: 498
Dama del expreso, La: 12
Dama del harén, La: 911
Dama del lago, La: 777
Dama del mar, La: 803
Dama del tren, La: 276
Dama desconocida, La: 220, 796
Dama duende, La: 760
Dama en apuros, Una: 467, 468
Dama entre vaqueros, Una: 633, 821
Dama indómita, La: 833
Dama marcada, La: 395, 403
Dama misteriosa, La: 349, 350, 613
Dama perversa, La: 72, 276
Dama por un día: 136, 137
Dama por una noche: 915
Dama y el alba, La: 725, 726
Dama y un bribón, Una: 487
Damage: 90, 143, 435, 528
Damas del teatro: 398, 399, 467, 468, 736
Dame aus Berlin, Die: 256
Dame aux camélias, La: 349
Dame mit den Schwarzen Handschuhen, Die: 215
Dame mit den Sonnemblumen, Die: 216
Dames: 680
Dames du bois de Boulogne, Les: 107, 108
Dames galantes: 740
Damien: The Omen II: 409
Damn Yankees: 264, 334
Damnation Alley: 755
Damned Don't Cry, The: 202
Damned, The: 507
Dämonen, Die: 769
Damsel in Distress, A: 52, 329, 820
Dánae: 234
Dance, Girl, Dance: 50, 632
Dance, Pretty Lady!: 51
Dance Fools, Dance: 201, 348
Dance Little Lady: 940
Dance of Death, The: 636
Dance of Life, The: 205
Dancers in the Dark: 416
Dances With Wolves: 198
Dancin' Fool, The: 930
Dancing Co-Ed: 875
Dancing Lady: 51, 201, 348

Dancing Machine: 238
Dancing Masters, The: 388, 481, 578
Dancing With Crime: 55, 95
Dandy in Aspic, A: 307, 533
Danger Love at Work: 683, 684
Danger Within: 55
Dangerous: 223
Dangerous Age, The: 815
Dangerous Corner: 270
Dangerous Flirt, The: 113
Dangerous Hours: 613
Dangerous Liaisons: 338, 527, 669, 710, 852, 888
Dangerous Minds: 669
Dangerous Mission: 556
Dangerous Paradise: 920
Dangerous Summer, A: 549
Dangerous to Know: 696
Dangerous When Wet: 926
Dangerous Woman, A: 402, 928
Dangerously They Live: 353
Daniel: 85, 514
Danièle Cortis: 356, 806
Daniya, jardín del harén: 804
Danjuro sandai: 581
Danko, calor rojo: 769
Danny, campeón del mundo: 435
Danny, the Champion of the World: 435
Danny Boy: 444
Dans la ville blanche: 839
Dans un miroir: 745
Dans une île perdue: 153, 154
Danse de mort, La: 503, 825
Dante's Inferno: 396, 745, 746, 864
Danton: 243, 441, 910
Danubio rojo, El: 484
Danza, La: 163
Danza de la vida, La: 205
Danza de los ricos, La: 355
Danzad, danzad, malditos: 328, 678, 679
Danzad, locos, danzad: 201, 348
Danzarina sagrada, La: 613
Danzón: 626
Darby O'Gill and the Little People: 187
Darby's Rangers: 920
Dark Angel, The: 179, 538, 629
Dark at Noon: 745
Dark at the Top of the Stairs, The: 534
Dark Avenger, The: 325
Dark Backward, The: 122
Dark City: 256, 403
Dark Command: 911, 915
Dark Corner, The: 393
Dark Hazard: 733
Dark Horse, The: 223
Dark Journey: 485

índice de películas

Dark Mirror, The: 1, 228, 796
Dark Passage: 62, 97, 155, 222, 777
Dark Past, The: 409, 554
Dark Secrets: 324
Dark Victory: 25, 96, 223, 368, 705
Dark Waters: 235, 630
Darker Than Amber: 745
Darkman: 608
Darkness over the Earth: 701
Darling: 95, 165, 166, 764
Darling, How Could You!: 329, 487
Darling Lili: 33, 282, 421
Darò un milione: 130, 232, 233
Das Bekenntnis der Ina Kahr: 646
Das Brillantenschiff: 476
Das Feuerschiff: 887
Das geheimnis der gelben mönche: 373
Das Geheimnis derdrei Dschunken: 373
Das Geheimnis des Abbe X: 255, 256
Das Geistersiaus: 66
Das grosse Licht: 441
Das Haus am Meer: 769
Das Hofkonzert: 798
Das Indische Grabmal: 477, 648, 855
Das Kabinett des Doktor Caligari: 346
Das Kunstseidene Mädchen: 278
Das Liebeskarussel: 242
Das Lied einer Nacht: 498
Das Mädchen vom Moorhof: 798
Das Scheitern: 859
Das Schiff der Verlorenen: 257
Das Schlangenei: 85, 139, 421, 834, 877
Das Schweigen im Walde: 255, 256
Das Tagebuch einer Verlorenen: 110, 646, 869
Das Unbekannte Morgen: 464
Das Versprechen: 872
Das Wachsfigurenkabinett: 256, 441
Das Wandernde Bild: 477
Das Weib der Pharao: 510
Das Weib des Pharao: 441
Das zweite Leben: 792
Das Zweite Erwachen der Christa Klages: 872
Date With an Angel: 74
Date With Judy, A: 843
Daughter of Eve, A: 179
Daughter of Shanghai: 696
Daughters Courageous: 216, 352, 353
Dave: 916
Dave, presidente por un día: 916
David, Thomas et les autres: 871
David and Bathsheba: 395, 460, 461, 661
David Copperfield: 55, 212, 534, 636
David e Golia: 918
David Golder: 277
David Holzman's Diary: 558

David y Catriona: 126, 534
David y Goliat: 918
Dawn Patrol, The: 325, 368, 394, 618, 807
Dawn Rider, The: 915
Dawning, The: 375, 416, 792
Day After, The: 731
Day at the Races, A: 545, 546, 621, 930
Day in the Death of Joe Egg, A: 72
Day of Faith, The: 113
Day of the Bad Men: 523
Day of the Dolphin, The: 614, 772
Day of the Evil Gun: 331
Day of the Jackal, The: 941
Day of the Locust, The: 764, 832
Day of the Outlaw: 235
Day She Paid, The: 431
Day-Time Wife: 220, 682
Day the Clown,The: 492
Day the Earth Caught Fire, The: 125
Day the Earth Stood Still, The: 608, 878, 928
Day the Fish Came Out, The: 83
Day the World Ended, The: 91, 194
Day They Robbed the Bank of England, The: 641
Day Will Dawn, The: 458
Daybreak: 318
Days of Glory: 661, 862
Days of Heaven: 252, 361, 783
Days of Thunder: 207
Days of Wine and Roses: 252, 282, 488, 716
Day's Pleasure, A: 160
De ahora en adelante: 911
De amor se muere: 531
De amor también se muere: 495
De amor y de sombra: 66, 756
De aquí a la eternidad: 173, 174, **226,** 458, 473, 474, 794, 941
De bote en bote: 388, 480
De cara al cielo: 864
De carbonero a gran señor: 508, 572
De carne somos: 359
De corazón a corazón: 355, 490
De cuerpo presente: 475
De Dunkerque a la victoria: 138
De entre los muertos: 226, 407, 625, 664, 820, 821
De eso no se habla: 81, 550, 551
De fresa, limón y menta: 556
De hombre a hombre: 314, 377
De hoy en adelante: 329
De ilusión también se vive: 632, 929
De isla en isla: 257, 354, 355, 915
De Kalte han Skarvem: 877
De la cocina al escenario: 833
De la part des copains: 549, 877
De la Tierra a la Luna: 199, 648
De la vida de las marionetas: 84, 85

De lo vivo a lo pintado: 304
De l'amour: 671
De mal agüero: 887
De mal en peor: 911
De man die zijn haar kort liet knippen: 239
De Mayerling a Sarajevo: 639
De miedo también se muere: 318, 509, 931
De millonario a periodista: 930
De mujer a mujer: 509
De mutuo acuerdo: 636, 833
De Norte a Sur: 304
De nuevo: 776
De Oriente a Occidente para matar: 33, 162
De pies a cabeza: 930
De presidio a primera página: 83, 385, 923
De profesión, sus labores: 313
De pronto, un día: 776, 777
De pura raza: 866
De pura sangre: 348
De ratones y de hombres: 527
De repente, un extraño: 377, 455, 582, 764
De repente... el último verano: 174, 399, 532, 533, 844
De Sade: 426
De svarta maskerna: 800
De tal palo, tal astilla: 590
De tantas, Una: 920
De un país lejano: 938
De una misma sangre: 16
Dead, The: 425, 426
Dead Again: 106, 351, 770, 852, 926
Dead Bang: 338
Dead Calm: 128
Dead Cert: 724
Dead End: 96, 560, 562, 932
Dead Fall: 175
Dead Head Miles: 516
Dead Heat on a Merry-Go-Round: 175
Dead Man: 244
Dead Man Walking: 759
Dead Men Don't Wear Plaid: 543
Dead of Night: 11, 154
Dead of Winter: 663
Dead Pigeon on Beethoven Street: 342
Dead Poets Society: 917, 926
Dead Pool, The: 280, 608
Dead Reckoning: 97, 128, 205
Dead Ringer: 224
Dead Ringers: 115, 206, 431, 435
Dead Zone, The: 206
Deadfall: 124, 125
Deadline at Dawn: 395
Deadline USA: 97, 110, 111
Deadly: 46
Deadly Affair, The: 514, 549, 790
Deadly Blessing: 821

Deadly Companion, The: 662, 633
Deadly Trackers, The: 390
Deal of the Century: 339, 916
Dealing: 401
Dear Brat: 929
Dear Brigitte: 68, 821
Dear Heart: 331, 534
Dear Mr. Prohack: 95
Dear Phone: 375
Dear Ruth: 409
Dear Wife: 409
Death and the Maiden: 677, 916
Death Becomes Her: 394, 740, 823, 927, 939
Death Heat on a Merry-Go-Round: 331
Death Hunt: 253, 544
Death of a Gunfighter: 787, 923
Death of a Salesman: 527, 539, 765
Death of a Soldier: 175
Death on the Nile: 224, 307, 618, 883
Death Race 2000: 816
Death Takes a Holiday: 486, 538
Death Trap: 317
Death Watch: 456, 767, 834, 842
Deathtrap: 126, 514
¿Deben tener hijos los pobres?: 256
Débil es la carne: 390, 632, 815, 816
Débiles mujeres: 237
Debussy Film, The: 746
Década prodigiosa, La: 160, 667, 671, 919
Decade prodigieuse, La: 160, 667, 671, 919
Decameron II: 236
Decameron III: 236
Decameron Nights: 329
Decamerón, El: 235, 530, 531, 658, 659
Decamerone, Il: 235, 531, 659
Decamerone nero, Il: 236
Decamerone proibitissimo: 236
Decamerone proibito: 236
Deceived: 394
Deceiver, The: 914
Decente, La: 475
Deception: 224, 608
Deciding Kiss, The: 113
Decima vittima, La: 550, 668
Décima sinfonía, La: 348, 349
Décima víctima, La: 550, 668
Decision at Sundown: 94
Decision Before Dawn: 498
Decisión a medianoche: 661
Decisión de Sophie, La: 650, 822
Decks Ran Red, The: 549
Deconstructing Harry: 339
Dédée de Amberes: 789
Dédée d'Anvers: 789
Dedicatoria: 163

Dedictvi aneb kurva hosi guten tag: 167
Dedo acusador, El: 347
Dedos en la cabeza, Los: 261, 262
Deep, The: 91, 128, 624, 918
Deep Blue Sea, The: 486, 498
Deep End: 801
Deep in My Heart: 52, 163, 264, 457, 630
Deep Purple, The: 911
Deep Six, The: 469, 554
Deep Valley: 516, 610
Deep Waters: 32, 461, 668
Deer Hunter, The: 155, 167, 230, 822
Defending Your Life: 823
Defensa: 100, **236,** 775, 907
Défense de savoir: 870
Defenseless: 401, 783
Defiant Ones, The: 214, 676
Defiendo mi vida: 353
Dejada en prenda: 847, 848
Déjame soñar: 736
Déjeuner sur l'herbe, Le: 718
Dekigokoro: 643
Del amor y de la infidelidad: 80, 487
Del amor y otras soledades: 102, 103, 659, 660
Del crepúsculo al alba: 902
Del dinero: 581
Del infierno a Texas: 392, 393, 417
Del infierno al cielo: 359, 911
Del odio nació el amor: 315, 366
Del rancho a la capital: 48
Delator, El: 236, 332, 333, 573
Delfini, I: 139
Delicado delincuente: 492, 493
Delicate Balance, A: 199, 399, 716, 724
Delicate Delinquent, The: 493
Delicias holandesas: 894
Delicias turcas: 894
Deliciosa: 359
Delicious: 359
Delicious Little Devil, A: 887
Delinquents, The: 21
Delirio de grandeza: 862
Delirios de amor: 66, 314, 557, 654
Delirios de grandeza: 586
Delito casi perfecto: 130
Delito de amor: 182, 755
Delito de Giovanni Episcopo, El: 478, 503, 531, 812
Delitos y faltas: 18, 19, 307, 387, 424, 425
Delitto di Giovanni Episcopo, Il: 478, 503, 531, 812
Delitto d'amore: 182, 755
Delitto Matteoti, Il: 234
Delitto quasi perfetto: 130
Delitto, Un: 700
Deliverance: 100, 236, 775, 907
Delta Factor, agente CIA: 354, 355

Delta Factor, The: 355
Delta Force, The: 544, 770
Demain les mômes: 73
Demasiado bella para ti: 93
Demasiado cálido para junio: 95
Demasiado corazón: 4
Demasiado tarde: 172, 173, 346
Demasiado viejo para morir joven: 827
Demasiados maridos: 270, 522
Demasiados secretos para un hombre solo: 175
Dementia 13: 191, 192
Demetrius and the Gladiators: 64, 118, 222, 395, 556, 648
Demetrius y los gladiadores: 64, 118, 222, 395, 555, 556, 648
Demi-Paradise, The: 636
Demoiselles de Rochefort, Les: 241, 242, 265, 457, 671, 779, 888
Demoiselles ont en 25 ans, Les: 779
Demoiselles ont eu vingt-cinq ans, Les: 888, 889
Demolition Man: 816, 817
Demon Seed: 166
Demonio, la carne y el perdón, El: 95
Demonio de las armas, El: 239
Demonio de los celos, El: 551, 770, 906
Demonio del mar, El: 393, 923
Demonio vestido de azul, El: 914
Demonio y la carne, El: 111, 112, **240,** 349, 350
Demonios, Los: 524, 708, 709, 746
Demonios en el jardín: 46, 76, **240,** 381, 382, 578, 582, 583
Démons de l'aube, Les: 789
Démons de minuit, Les: 104, 105
Demi-Paradise, The: 51
Den goda viljan: 56, 84, 563, 835
Den rode kappe: 59
Dennis the Menace: 555
Dentellière, La: 423
Dents longues, Les: 68
Denuncia, La: 920
Départ, Le: 801
Deported: 796
Depredador: 769
Deprisa, deprisa: 368, 761
Derecho a la vida, El: 348, 349
Derecho a matar, El: 238, 244
Dernier amour: 38, 590
Dernier atout: 75
Dernier combat, Le: 89
Dernier métro, Le: 242, 243, 873
Dernier milliardaire, Le: 171, 553
Dernier tournant, Le: 146
Derniers jours de Pompéi, Les: 495
Derrière la façade: 825
Derrière le mur: 745

Derrumbamiento: 757
Dersu Uzala: 244, 466
Des enfants gâtés: 671, 842
Des gens sans importance: 346
Des grands événements et des gens ordinaires: 745
Desafío: 543
Desafío, El: 739, 740
Desafío a la ciudad: 199
Desafío al destino: 32
Desafío americano, El: 213
Desafío de las águilas, El: 118, 279, 280
Desafío de los siete magníficos, El: 789
Desafío del búfalo blanco, El: 625
Desafío del cóndor, El: 638
Desafío en el rancho: 225
Desafío en la ciudad muerta: 245, 844, 845, 923
Desafío en las profundidades: 403
Desafío total: 769, 821, 822, 894
Desafíos, Los: 291, 292, 700
Desaparecido: 197, **245,** 488, 489, 813
Desaparecidos, Los: 223
Desaparición, La: 728, 832
Desarraigados, Los: 49
Desastre de Annual, El: 336, 337, 656
Desayuno con diamantes: 245, 282, 398, 608
Desayuno para dos: 817
Desbanqué Montecarlo: 180
Desbocado: 339
Desbravadores, Los: 327, 331
Descalzos por el parque: 105, 327, 328, 707, 708
Descenso de la muerte, El: 385, 708
Desconfianza: 19, 178
Desde aquel beso: 52, 396
Desde la terraza: 509, 612, 931
Desde que te fuiste: 177, 178, 198, 199, 205, **246,** 443, 847, 848
Desde Rusia con amor: 48, 49, 186, 187
Deseada: 359, 725
Desechos: 21, 22, 582
Desencanto, El: 163, **246,** 337
Desenfunda: 175
Desengaño: 205, 553, 562, 617, 932
Deseo: 101, 102, 190, **246,** 257
Deseo bajo los olmos: 505, 506, 534, 666
Deseo desvanecido: 428
Deseo insatisfecho: 428
Deseo loco: 858
Deseo realizado: 777
Deseo y el amor, El: 782
Deseos de verano, sueños de invierno: 931
Deseos humanos: 247, 330, 331, 476, 477
Deseos impuros: 429
Desert Bloom: 907
Desert Dust: 932
Desert Fox, The: 393, 548
Desert Fury: 473
Desert Hawk, The: 421
Desert Hero, A: 453
Desert Legion, The: 469
Desert Rats, The: 118, 548, 928
Desert Song, The: 508
Desert Trail: 915
Deserter, The: 426
Deserto dei tartari, Il: 357, 623, 700, 722, 834, 870, 942
Deserto rosso: 49, 389, 906
Desertor, El: 173, 174
Desertor de El Álamo, El: 94, 331
Desesperación: 95, 96, 308
Desesperada: 553
Desesperados, Los: 330, 440
Desfiladero de la muerte, El: 395
Desfiladero del cobre, El: 472, 574
Desfile de candilejas: 124, 353, 679, 680
Desfile de Pascua: 51, 52, **247,** 353, 354
Desfile del amor, El: 389, 509, 510
Desgracias de la belleza, Las: 643
Deshojando la margarita: 68
Desideria, la vita interiore: 756
Desiderio: 44
Desierto de los tártaros, El: 357, 622, 623, 699, 700, 720, 722, 834, 870, 942
Desierto de nieve, El: 347
Desierto rojo, El: 40, 389, 906
Desierto salvaje: 64, **247,** 533, 555, 556
Design for Living: 510, 538
Designing Woman: 62, 567, 577, 661
Desing for Living: 190, 416
Desire: 102, 190, 246, 257
Desire Me: 270, 355, 579
Desire under the Elms: 506, 534, 666
Desired Woman, The: 216
Désirée: 106, 539, 630, 791, 792
Desk Set: 399, 864
Deslices: 368
Desmadrados piratas de Barba Amarilla, Los: 549
Desmadre a la americana: 832
Desmadre en la autopista: 764
Desmontando a Harry: 339
Desna encantado, El: 272
Desnuda frente al mundo: 503
Desnudo en Nueva York: 214, 875
Desnudos y los muertos, Los: 911, 912
Désordre: 38
Désordre et la nuit, Le: 346
Despacio, forastero: 199
Despedida de casada: 475
Despedida de soltero: 387
Desperado: 65, 66
Desperadoes, The: 330
Desperate: 533

índice de películas

Desperate Characters: 521
Desperate Hours: 167, 416, 743
Desperate Hours, The: 97, 167, 539, 932
Desperate Journey: 325, 705, 911
Desperate Moment: 95, 940
Desperate Trails: 333
Despertar, El: 112, 324, 403, 562, 661
Despertar a la vida, El: 803
Despertar de una ciudad, El: 460, 522, 467, 468
Despertares: 230, 835, 926
Despiadados, Los: 199
Déspota, El: 464, 479, 480, 482
Desprecio, El: 68, 365, 670, 671
Después de la tormenta: 359
Después de tantos años: 246, 337
Después del amor: 320, 424, 454, 455
Después del diluvio: 700
Después del ensayo: 84, 85
Después del sueño: 76, 132, **248,** 720, 722
Desterrado de las islas, El: 709, 710
Destination Gobi: 923, 928
Destination Tokyo: 222, 353, 374
Destination Unknown: 354
Destinées: 178, 592, 671
Destino: 85
Destino, Tokio: 222, 352, 353, 374
Destino Budapest: 32
Destino de Juana Morel, El: 592
Destino de la carne, El: 323, 324, 441
Destino de la señora Yuki, El: 248, 581
Destino de los hijos, El: 256
Destino de mujer, Un: 199, 935, 936
Destino de Sissi, El: 766
Destino de un caballero, El: 490
Destino fatal: 14, 242
Destino se disculpa, El: 312, 313
Destino se divierte, El: 234
Destino también juega, El: 327, 731, 931
Destinos de mujer: 177, 178, 592, 671
Destins de Manoel, Les: 745
Destroyer: 330, 667, 733
Destrucción del hampa, La: 930
Destry Rides Again: 257, 820
Desventuras de un recluta inocente: 614, 615
Desvestidas y alborotadas: 157
Desvío al paraíso: 781
Detective, El: 91, 380, 716, 794, 795
Detective, The: 91, 716, 795
Detective con medias de seda: 875
Detective curioso, Un: 126, 929
Detective privado: 579, 821, 829
Detective sin licencia: 320, 338
Detective Story: 269, 655, 932
Detective y la doctora, El: 772, 931
Detective y la muerte, El: 828

Détective: 238, 365
Detengan a esa rubia: 471
Detenido en espera de juicio: 813
Detenuto in attesa di giudizio: 813
Detrás de la noticia: 455, 731
Detrás de la puerta: 154, 155, 550, 551, 672
Detstvo Gorkogo: 265
Deuda pagada: 333
Deuda saldada: 144
Deus e o diabo na terra do sol: 39, 734
Deuses e os mortos, Os: 379
Deutschlan im Herbst: 308
Deutschland in Herbst: 765
Deutschmeister, Die: 766
Deux: 243
Deux affreux sur le sable: 214
Deux anglaises, Les: 267
Deux anglaises et le continent, Les: 267, 873
Deux hommes dans la ville: 237, 243, 346
Deux hommes dans Manhattan: 564
Deux orphelines, Les: 267
Deux ou trois choses que je sais d'elle: 365
Deux pigeons, Les: 171
Deux timides, Les: 171
Deuxième souffle, Le: 564
Devi: 705
Devil and Daniel Webster, The: 256, 309, 414, 792
Devil and Miss Jones, The: 930
Devil and the Deep, The: 190, 374, 479
Devil at Four O'Clock, The: 490, 795, 864
Devil Dancer, The: 613
Devil Dogs of the Air: 124
Devil Doll, The: 113, 601
Devil in a Blue Dress: 914
Devil in the Flesh: 250
Devil Is a Woman, The: 257, 294, 819
Devil Makes Three, The: 36, 457
Devil Stone, The: 229
Devil to Pay, The: 180, 508, 935
Devil With Women, A: 96
Devil's Angels: 151
Devil's Brigade, The: 33, 409
Devil's Brothers, The: 388, 480
Devil's Cargo, The: 324
Devil's Disciple, The: 269, 474, 636
Devil's Doorway: 533, 689, 845
Devil's Holiday, The: 368
Devil's in Love, The: 256, 936
Devil's Own, The: 329
Devil's Pass Key, The: 824
Devil's Playground, The: 725
Devil's Rain, The: 516, 866
Devil's Widow, The: 352
Devils, The: 524, 709, 746
Devoradora, La: 227, 309, 310

Devotion: 228, 420, 516
Di padre in figlio: 356, 357
Di que segno sei?: 813
Dia do desespero, O: 635
Día bien aprovechado, Un: 869, 870
Día como todos, Un: 776, 777
Día de boda, Un: 21, 22, 162, 205, 307, 356, 357, 364
Día de fiesta: 841
Día de furia, Un: 768
Día de juerga, Un: 160
Día de la boda, El: 776
Día de la langosta, El: 764
Día de la lechuza, El: 139
Día de los tramposos, El: 82, **250,** 268, 269, 326, 327, 532, 533
Día de muertos: 13
Día de noviembre, Un: 805
Día de paga: 160
Día de perros: 544
Día de vida, Un: 315
Día decisivo, Un: 728
Día del delfín, El: 614, 772
Día del fin del mundo, El: 91, 409, 612
Día después, El: 731
Día en la vida, Un: 92, 93
Día en las carreras, Un: 545, 546, 621, 930
Día en Nueva York, Un: 134, 264, 456, 457, 794
Día en que vuelve el amor, El: 580, 581
Día más corto, El: 80, 373, 618
Día más largo, El: 118, 187, 316, 327, 579, 916
Día menos, Un: 303
Día que nací yo, El: 634
Día que se incendió la Tierra, El: 125
Día tranquilo al final de la guerra, Un: 570
Día volveré, Un: 612, 676, 729, 730, 931
Día y la hora, El: 172, 173, 671, 790
Diabel: 942
Diable au coeur, Le: 495
Diable au corps, Le: 56, 57, 250, 669
Diable et les dix commandements, Le: 237, 278, 316
Diable par la queue, Le: 586
Diable probablement, Le: 108
Diablillo ya es mujer, El: 276
Diablillos con faldas: 522
Diablo, El: 215, 812, 942
Diablo a las cuatro, El: 490, 795, 864
Diablo bajo la almohada, Un: 475
Diablo burlado, El: 930
Diablo cojuelo, El: 475
Diablo de las aguas turbias, El: 341, 342, 923
Diablo del desierto, El: 48
Diablo dijo ¡no!, El: 26, 510, 854
Diablo en el cuerpo, El: 79, **250**
Diablo enamorado, El: 357, 770

Diablo es una mujer, El: 257, 294, 818, 819
Diablo por la cola, El: 586
Diablo probablemente, El: 108
Diablo santificado, El: 887
Diablo se divierte, El: 256, 935, 936
Diablo siempre pierde, El: 57, 592, 669
Diablo sobre ruedas, El: 814
Diablo también llora, El: 700, 721
Diablo y los diez mandamientos, El: 237, 278, 316
Diablo y yo, El: 72, 601
Diablos celestiales: 863
Diablos del aire, Los: 124
Diablos del Pacífico, Los: 322, 323
Diabólicamente tuyo: 237, 277, 278
Diabólicas, Las: 174, 789, 790
Diabólico señor Benton, El: 225
Diabolik: 671
Diaboliquement vôtre: 237, 278
Diaboliques, Les: 174, 790
Diagnóstico: asesinato: 175, 282, 638
Diagonal del loco, La: 143, 672, 877, 878
Diagonale du fou, La: 143, 672, 878
Dial M for Murder: 407, 457, 574, 607
Dialog: 801
Diálogo de carmelitas: 590
Diálogo de exiliados: 745
Dialogue des Carmélites, Le: 590
Diamante al rojo vivo, Un: 708
Diamante negro, El: 886
Diamante rosa, El: 256
Diamantes a gogó: 485, 733
Diamantes para la eternidad: 187
Diamantes vía Moscú: 551
Diamond Head: 403
Diamond Spy, The: 199
Diamonds: 401
Diamonds Are Forever: 187
Diamonds for Breakfast: 551
Diana: 357
Diane: 48, 876
Diario de Ana Frank, El: 819, 820
Diario de Glumov, El: 283
Diario de invierno: 647, 712, 720, 722
Diario de la tortuga: 440
Diario de Lady M., El: 839
Diario de un amor violado: 654
Diario de un asesino a sueldo: 822
Diario de un cura rural: 107, 108, 185, **250,** 672
Diario de un gran amador: 478
Diario de un ladrón de Shinjuku: 641
Diario de un pecador: 391
Diario de una camarera: 116, 117, **251,** 590, 591, 670, 671
Diario di un violatore: 654
Diario di un vizio: 317

Diario íntimo de Adèle H.: 7, 873
Diario íntimo de Anaïs Nin, El: 852
Diario napoletano: 740
Diary of a Chambermaid, The: 251, 366, 718
Diary of a Hitman: 822
Diary of Anne Frank, The: 820
Dias melhores virão: 254
Días contados: 251, 882
Días de amor: 231, 550
Días de amor y venganza: 551
Días de Cabirio, Los: 475
Días de colegial: 347
Días de furia: 140, 271, 401
Días de gloria: 661, 862
Días de juventud: 642
Días de odio: 861
Días de otoño: 359
Días de radio: 18, 307, 455
Días de sol: 792
Días de trueno: 207
Días de viejo color: 634
Días de vino y rosas: 252, 282, 488, 716
Días del 36: 36
Días del cielo: 252, 361, 783
Días del cometa, Los: 893
Días del pasado, Los: 132, 541
Días extraños: 493
Días felices: 816
Días magníficos, Los: 462
Días rojos: 376
Días sin huella: 252, 573, 574, 924, 925
Días sin vida: 458, 460, 461, 661
Días tranquilos en Clichy: 160
Días y noches en el bosque: 705
Diavolo, Il: 812
Diavolo in corpo: 79, 250
Diavolo nel cervello, Il: 755
Dice of Destiny: 460
Diceria dell'untore: 709, 722
Dick Tracy: 74, 122, 408, 646
Dick Tracy's G-Men: 443
Dictator, The: 70
Dichiarazioni d'amore: 58
Die! Die! My Darling: 832
Diebe: 257
Dieci minuti di vita: 233
Dientes del diablo, Los: 254, 641, 696, 697, 703, 704
Dies irae: 272
Dies Rigorose Leben: 583
Diez días en París: 390
Diez fusiles esperan: 700
Diez héroes de West Point: 281, 393, 632
Diez mandamientos, Los: 73, 113, 114, 228, 229, **258,** 402, 403, 507, 508, 648, 733

Diez mujeres negras: 428
Diez negritos: 55
Diez valientes: 474
Difendo il mio amore: 357
Diferencias irreconciliables: 69, 638, 821
Difunto Christopher Bean, El: 930
Difunto Matías Pascal, El: 494
Difunto protesta, El: 74
Diga di Maghmod, La: 16
Digan lo que digan: 132
Digue, Le: 348, 349
Dilema, El: 37, **258,** 708, 795, 796
Diligencia, La: 259, 332, 333, 619, 914, 915
Dillinger: 273
Dillinger è morto: 317, 671
Dillinger ha muerto: 317, 671
Dim Sum: 912
Dimanche à la campagne, Un: 842
Dimanti que nessuno voleva rubare, I: 33
Dime con quién andas: 709
Dime lo que quieres: 509, 514
Dime que me amas, Junie Moon: 576, 684
Dime una mentira: 98
Dimenticare Palermo: 358, 623, 624, 739, 740
Dimples: 848
Dinamita: 229, 560
Dinamita está servida, La: 475
Dinastía de los Forsyte, La: 325, 355, 356, 484
Dinastía del petróleo, La: 95
Diner: 491, 743
Dinero: 259, 494, 495
Dinero, El: 108
Dinero caído del cielo: 260, 543
Dinero de los demás, El: 242, 870
Dinner at Eight: 70, 212, 389
Dinner at the Ritz: 38, 618
Dios guardián del presente, El: 581
¡Dios mío, cómo he caído tan bajo!: 182
Dios y el diablo en la tierra del sol: 39, 734
Diosa, La: 704, 705
Diosa arrodillada, La: 310, 358
Diosa ciega, La: 324
Diosa de la danza, La: 396
Diosa de la selva, La: 911
Dioses de la peste, Los: 308, 769
Diplomacia femenina: 256
Diplomatic Courier: 393, 544, 608, 682
Diputado, El: 750, 751
Dirección prohibida: 213, 818
Directed by John Ford: 97
Director de orquesta, El: 910
Directos al infierno: 417
Dirigible: 136, 137
Dirty Dingus Magee: 795
Dirty Dozen, The: 14, 151, 544, 832

Dirty Harry: 280, 788
Dirty Knight's Work: 401
Dirty Rotten Scoundrels: 126, 543
Dis-moi qui tuer: 592
Disamistade inimicizia: 804
Disappearance, The: 832
Discípulo del diablo, El: 269, 474, 636
Disclosure: 271, 491, 589, 832
Disco volante, Il: 531, 812, 906
Discordias a la carta: 489, 506, 555
Discoteca del amor, La: 46
Discreto encanto de la burguesía, El: 116, 117, 670, 671, 720, 721
Discutiamo, discutiamo: 79
Díselo con flores: 722
Dishonored: 257, 308, 819
Dishonored Lady: 472
Disorderly Conduct: 863
Disorderly Orderly, The: 493
Dispara: 65, 66, 761
Dispara a matar: 676
Dispara fuerte, más fuerte, no lo entiendo: 551
Disparo en la mañana, Un: 560
Disparus de Saint-Agil, Les: 825
Dispatch From Reuters, A: 256, 733, 898
Disputado voto del señor Cayo, El: 701
Disputed Passage: 102
Distant Drums: 191, 838, 911
Distant Trumpet, A: 912
Distinto amanecer: 48
Distracciones, Las: 79
Distractions, Les: 79
Distrito 34: corrupción total: 514, 624
Distrito apache: 612
Disubbidienza, La: 756
Dites-lui que je l'aime: 243, 575
Ditirambo: 827, 828
Dive Bomber: 216, 325, 522
Divertimento: 13, 77
Divina: 639
Divina creatura: 551
Divina criatura: 551
Divina Gloria, La: 490, 680
Divinas palabras: 46, 76, 351, 701
Divine: 639
Divine croisière, La: 277
Divine Sinner, The: 504
Divine Woman, The: 350, 800
Divorce American Style: 731, 792
Divorce of Lady X, The: 629, 636
Divorciémonos: 509, 510
Divorcio a la americana: 542, 795
Divorcio a la italiana: 260, 361, 362, 550, 755
Divorcio de la señorita X, El: 629, 636
Divorcio es cosa de tres, El: 361, 362, 408, 755

Divorcio por amor: 636
Divorcio que viene, El: 751
Divorzio, Il: 233, 357
Divorzio all'italiana: 260, 362, 550, 755
Dixie Merchant, The: 102
Dixième symphonie, La: 349
Djadja Vanja: 463
Djävulens öga: 84
Do Not Disturb: 225
Do Not Forsake Me, Oh My Darling: 807
Do the Right Thing: 483
Do You Love Me?: 632
Doble asesinato: 551, 883
Doble boda: 509
Doble cuerpo: 231, 377
Doble sacrificio: 70, 212, 398, 399
Doble triunfo: 416
Doble vida: 179, 180, 212
Doble vida de Véronique, La: 260, 459
Doble vida, Una: 79, 159
Dobles parejas: 650
Doblones de a ocho: 98
Dobu: 785
Doc Hollywood: 325, 326
Doc: 275, 657
Doce capítulos sobre las mujeres: 427
Doce del patíbulo: 14, 151, 544, 832
Doce hombres sin piedad: 261, 326, 327, 513, 514
Doce lunas de miel: 886
Doce monos: 363, 674, 822, 927
Doce sillas, Las: 381
Dock Brief, The: 55
Docks of New York, The: 819
Docteur Françoise Gailland: 423
Docteur M: 72, 160
Docteur Popaul: 80, 160, 307
Doctor, El: 424
Doctor, The: 424
Doctor and the Girl, The: 330, 484
Doctor Arrowsmith, El: 180, 333, 508
Doctor at Large: 95
Doctor at Sea: 68, 95
Doctor Bull: 332, 333
Doctor Casanova: 80, 160, 307
Doctor Dolittle: 55, 323, 391
Doctor Don't Tell: 862
Doctor Fausto: 117, 118, 843, 844
Doctor Faustus: 117, 118, 844
Doctor Frankenstein, El: 261, 295, 413, 922
Doctor in Distress: 95
Doctor in the House: 95
Doctor Jack, El: 499
Doctor Jekyll y su hermana Hyde: 850
Doctor M: 160
Doctor Mabuse, El: 476, 477, 851

índice de películas

Doctor No: 187
Doctor se casa, El: 574, 935, 936
Doctor Sócrates, El: 255, 256, 601
Doctor Takes a Wife, The: 574, 936
Doctor Terror: 832
Doctor Tersilli, médico de la Clínica Villa Celeste afiliada a la mutua, El: 813
Doctor X: 216
Doctor Zhivago: 161, 165, 166, 380, 482
Doctor's Dilemma, The: 51, 95, 143
Doctor's Wives: 102, 385
Documenteurs: 889
Documento, Il: 130
Documento mensile: 317
Dodes ka-den: 244, 466
Dodge City: 131, 216, 228, 325, 784
Dodge, ciudad sin ley: 131, 215, 216, 227, 228, 324, 325, 784
Dödskyssen: 800
Dodsworth: 553, 562, 617, 932
Dog Day's Afternoon: 514, 646
Dog's Life, A: 160
Doigts dans la tête, Les: 262
Doka-o: 581
Doktor Glass: 940
Doktor ur: 215
Dólares: 74, 111, 394
Dolce pelle di donna: 722
Dolce vita, La: 9, 10, **262,** 310, 311, 550
Dolci inganni, I: 50, 478, 479
Dollar: 85
Dollar Down: 113
Dollar Mambo: 254
Dollaro di fifa, Un: 858
Dollars: 74, 111, 394, 395
Dolly Macht Karriera: 498
Doll's House, A: 328, 416
Dolores: 351
Dolores, La: 721
Dolores Claiborne: 485
Dom ža vesanje: 466
Domani accadrà: 511
Domani è troppo tardi: 35, 233, 536
Domani è un altro giorno: 36, 536
Domani si balla: 614
Dömen icke: 799
Domenica della buona gente, La: 506
Domenica d'agosto, Una: 550
Domenica è sempre domenica: 234, 812, 858
Domenica specialmente, Le: 88, 860
Domestica d'estate, Una: 858
Domicile conjugal: 209, 873
Domicilio conyugal: 209, 873
Dominatore dei sette mari, Il: 554
Domingo, maldito domingo: 225, 439, 764
Domingo de carnaval: 204, **262,** 312, 313, 611, 861

Domingo en el campo, Un: 841, 842
Domingo en Nueva York, Un: 327, 328
Domingo es siempre domingo: 234, 858
Domingo maravilloso, Un: 79, 465, 466
Domingo negro: 337
Dominick and Eugene: 213
Dominio inminente: 832
Dominique: 356, 792
Domino Principle, The: 83, 385, 923
Don Bosco: 16
Don Camilo: 263, 277, 278
Don Camillo: 263
Don Camillo e i giovanni d'oggi: 130, 263
Don Camillo e l'onorevole Peppone: 263
Don Camillo monsignore... ma non troppo: 263
Don Carlos: 162
Don Corradino: 233
Don Dólar: 545, 546
Don Erre que Erre: 751
Don Giovanni: 507
Don Giovanni della Costa Azzurra: 138
Don Giovanni in Sicilia: 479
Don ha muerto, El: 323, 696, 697
Don Is Dead, The: 323, 697
Don Juan: 37, 38, 69, 70, 508
Don Juan 73: 69
Don Juan de Marco: 107, 244, 276
Don Juan de Rosas: 39
Don Juan de Sicilia: 478
Don Juan en los infiernos: 828
Don Juan en Sicilia: 478, 479
Don Juan et Faust: 494
Don Lucio y el hermano Pío: 721
Don Pancho: 333
Don Q. hijo del Zorro: 304
Don Q. Son of Zorro: 304
Don Quichotte: 646, 918
Don Quijote: 7, 645, 646, 721
Don Quijote cabalga de nuevo: 313, 358, 359
Don Quijote de La Mancha: 588, 721
Don Quintín el amargao: 116, 117
Don Segundo Sombra: 39
Dona Flor e seus dois maridos: 69
Donatella: 263, 583, 584
Doncella de postín, La: 359
Doncella en apuros, Una: 233, 812
Doncella para un gran señor, Una: 357
Donde el círculo termina: 224, 380, 588
Donde el mundo acaba: 199
Donde está el corazón: 100, 852
Donde la ciudad termina: 151, 676, 729, 730
Donde las dan, las toman: 394
Donde reside el amor: 64, 747
Donde sueñan las hormigas verdes: 402, 731
¿Dónde está el frente?: 492, 493

¿Dónde está la casa de mi amigo?: 458, 459
¿Dónde están los espías?: 265, 618
¿Dónde están los sueños de juventud?: 643
¿Dónde estás? Yo estoy aquí: 154, 155
¿Dónde pongo este muerto?: 313
Donna che venne dal mare, La: 234
Donna degli altri è sempre più bella, La: 858
Donna del fiume, La: 506, 807
Donna della domenica, La: 91, 182, 551, 870
Donna della montagna, La: 151, 152
Donna delle meraviglie, La: 140
Donna dolce dolce, Una: 99
Donna d'affari, Una: 152
Donna è una cosa meravigliosa, La: 99
Donna fra due mondi, Una: 16
Donna più bella del mondo, La: 357, 503
Donna scimmia, La: 317, 773, 858
Donna senza nome: 792
Donnc alla frontiera: 73
Donne e briganti: 806
Donne proibite: 220, 221, 697
Donovan Affair, The: 137
Donovan's Reef: 334, 544, 916
Donzoko: 466
Don's Party: 82, 83
Don't Bet on Blondes: 325
Don't Brother to Knock: 64, 585, 923
Don't Change Your Husband: 229, 833
Don't Drink the Water: 17
Don't Give Up the Ship: 493
Don't Go Near the Water: 331
Don't Look Now: 166, 735, 832
Don't Tell Everything: 833
Don't Make Waves: 139, 214, 520
Don't Marry for Money: 112
Don't Raise the Bridge, Lower the River: 493
Don't Tell Everything: 930
Don't Trust Your Husband: 522
Doña Bárbara: 227, 309, 310
Doña Diabla: 310
Doña Flor y sus dos maridos: 69
Doña Francisquita: 886
Doña Herlinda y su hijo: 400, 401
Doña Macabra: 359
Doña Mentiras: 177
Doña Perfecta: 4, 725
Doombeach: 440
Doomsday: 190
Doors, The: 746
Doorway to Hell: 124
Doppelganger: The Evil Within: 69
Doppio delitto: 551, 883
Dora, la espía: 553
Dora Nelson: 806
Dora o le spie: 553

Dorado, El: 9, 121, 180, 578, 579, 726, 761, 914, 916
Dorado de Pancho Villa, Un: 315
Doris Day en el Oeste: 225
Dormilón, El: 17, 18, 454
Dormir y ligar todo es empezar: 475
Dorogoj čenoj: 265
Dorothea Angermann: 796
Dortoir des grandes: 590
Dos amantes: 179, 180, 613
Dos amigos: 315
Dos amores: 521
Dos au mur, Le: 590
Dos cabalgan juntos: 266, 333, 334, 820, 821, 923
Dos caras de la verdad, Las: 361
Dos céntimos de esperanza: 266, 786
Dos cuñados desenfrenados: 82
Dos chicas de revista: 751
Dos chicas en la carretera: 856
Dos duros sobre ruedas: 743
Dos edades del amor: 864, 875
Dos en el cielo: 324, 814, 864, 926
Dos en la carretera: 91, 264, 320, 398
Dos espaldas al muro: 590
Dos espías a lo loco: 832
Dos espías en mi cama: 131
Dos estafadores y una mujer: 249, 273, 401, 491
Dos frescos en órbita: 618, 794, 795
Dos fugitivos: 243
Dos fusileros sin bala: 388, 481
Dos hacia California: 318, 319, 729, 730
Dos hermanas de Boston: 19
Dos hermanos: 777
Dos hombres contra el Oeste: 266, 282, 408, 409, 637, 638
Dos hombres en la ciudad: 237, 243, 346
Dos hombres y un armario: 676
Dos hombres y un destino: 611, 612, 707, 708
Dos huerfanitas, Las: 267, 364, 376
Dos inglesas y el amor, Las: 267, 873
Dos Jackes, Los: 165, 456, 615, 616, 822, 856
Dos mejor que uno: 751, 758
Dos mujeres: 79, 80, 232, 505, 506
Dos mujeres y un amor: 205, 268, 374, 504
Dos mulas y una mujer: 94, 279, 280, 521, 787, 788
Dos mundos y un amor: 48
Dos orillas, Las: 98
Dos pájaros de un tiro: 362, 394
Dos palomos, Los: 171
Dos pares de mellizos: 388, 480, 481
Dos pasiones y un amor: 329, 533, 588
Dos pillos y pico: 758
Dos pillos y una herencia: 74, 614, 615
Dos sabuesos despistados: 387
Dos seductores: 106, 618
Dos segundos: 489, 490, 733

índice de películas

Dos semanas en otra ciudad: 153, 162, 163, 268, 269, 576, 577, 732, 733
Dos señoras Carroll, Las: 97, 818
Dos seres: 272, 273
Dos son culpables: 666
Dos tipos geniales: 231, 456
Dos tormentas, Las: 364, 376
Dos tramposos con suerte: 676
Dos veces en una vida: 385
Dos veces yo: 543
Dos vidas de Audrey Rose, Las: 415, 929
Dos vidas de Matías Pascal, Las: 551
Dos vidas en su mano: 940
Dos viejos gruñones: 387, 489, 554, 555
Dos y dos son cinco: 758, 781
Dos y media y veneno, Las: 721
Dos y medio: 820
Dossier 51, Le: 249
Double Cross: 514
Double Crossbones: 421
Double Dynamite: 546, 745, 794
Double Edge: 276
Double Harness: 205
Double Indemnity: 339, 522, 665, 733, 818, 925
Double Life, A: 180, 212
Double Man, The: 114
Double Negative: 667
Double Speed: 930
Double Trouble: 304
Double vie de Véronique, La: 260, 459
Double Wedding: 509
Douce: 56, 57
Doucement les basses: 237, 244
Dough Boys: 454
Doughboys in Ireland: 579
Doughgirls, The: 784
Doulos, Le: 80, 186, 564, 671
Douro, faina fluvial: 634
Dove siete? Io sono qui?: 155
Dove vai in vacanza?: 99, 756, 811, 859, 813
Dove vai tutta nuda?: 357
Dove volano la pallatole, La: 504
Dov'è la libertà?: 741
Down Among the Sheltering Palms: 368, 544
Down and Out in Beverly Hills: 103, 273, 558, 624
Down Argentine Way: 26
Down River: 479
Down to Earth: 304, 396
Down to the Sea in Ships: 393, 923
Downhill: 407
Downhill Racer, The: 385, 708
Dr. Broadway: 533
Dr. Ehrlich's Magic Bullet: 256, 524, 733
Dr. Jekyll and Mr. Hyde: 70, 85, 324, 416, 530, 538, 850, 864, 875

Dr. Jekyll and Sister Hyde: 850
Dr. Mabuse der Spieler: 477, 851
Dr. Socrates: 256, 601
Dr. Strangelove: 772
Dr. Strangelove or How I Learned to Stop Worrying and Love the Bomb: 465
Dr. Terror's House of Horrors: 832
Dracula: 113, 636, 652
Dracula cerca sangue di vergine... e morì di sete: 625
Drácula: 112, 113, 192, 415, 416, 663, 636, 652, 710, 747
Dragão da maldade contra o santo guerreiro, O: 39, 734
Dragée haute, La: 671
Dragées au poivre: 80, 790, 906
Dragnet: 387
Dragnet, The: 819
Dragon Seed: 399
Dragonwyck: 533, 854
Dragueurs, Les: 9
Drama en presidio: 331
Drama singular, Un: 142
Dramatic School: 366, 875
Drame au château d'Acre, Un: 349
Drame de Shanghai, Le: 445, 646
Dramma della gelosia: 551, 770, 906
Drapeau noir flotte sur la marmite, Le: 346
Draughtsman's Contract, The: 375
Draw: 175
Dream a Little Dream: 731
Dream Girl: 487
Dream Girl, The: 229
Dream Lover: 650
Dream of Kings, A: 697
Dream of Love: 201, 613
Dream of Passion, A: 222, 567
Dream Street: 376
Dream Team, The: 455
Dream Wife: 374, 458
Dreamboat: 736
Dreamscane: 834
Dreigroschenoper, Die: 646
Dressed to Kill: 126, 231, 253
Dresser, The: 320
Drifting: 113
Driftwood: 929
Dritte Generation, Die: 308, 770
Dritte Grad, Der: 671
Dritti, I: 906
Drive a Crooked Road: 695
Drive, He Said: 615, 701
Driver, The: 7, 637, 638
Driving Miss Daisy: 83
Droit à la vie, Le: 349
Drôle de dimanche: 79

Drôle de drame: 142, 444, 445
Drôle d'endroit pour une rencontre: 242, 243
Drôlesse, La: 262
Drop Dead, Darling: 91, 214
Drop Kick, The: 914
Drop Out: 709
Drowning by Numbers: 375
Drowning Pool, The: 377, 612, 931
Drum Beat: 222, 469
Drum, The: 750
Drums Along the Mohawk: 178, 193, 333, 326
Drums of Love: 376
Dry White Season, A: 107, 759, 832
Du Barry Was a Lady: 352, 457, 875
Du côté de la côte: 888
Du fond du coeur: 262
Du haut en bas: 345, 645, 646
Du mouron pour les petites oiseaux: 142
Du rififi à Paname: 346
Du rififi chez les hommes: 54, 221, 724, 744
Du skal aere din hustru: 272
Dublineses: 424, 425, 426
Duck Soup: 545, 546, 559, 810
Duchess and the Dirtwater Fox, The: 394
Duchess of Idaho: 926
Duchessa di Santa Lucia, La: 858
Duda: 699
Duda, La: 721
Dudas: 215
Due cuori felice: 233
Due lettere anonime: 130
Due madri, Le: 232, 233
Due marescialli, I: 234
Due marines e un generale: 454
Due occhi diabolici: 456
Due milioni per un sorriso: 806
Due moglie sono troppe: 130
Due notti con Cleopatra: 506, 812
Due occhi diabolici: 45
Due orfanelle, Le: 267
Due orfanelli, I: 267
Due pezzi di pane: 357, 622, 623
Due soldi di speranza: 151, 152, 266, 786
Due verità, Le: 102
Due vite de Mattia Pascal, Le: 551, 584
Duel: 814
Duel at Diablo: 676
Duel at Silver Creek: 544, 787
Duel in the Jungle: 32
Duel in the Sun: 199, 255, 273, 364, 443, 661, 903
Duelistas, Los: 144, 320, 456, 772, 773
Duelo a muerte en O. K. Corral: 275, 657
Duelo a muerte en Río Rojo: 253, 331
Duelo al sol: 198, 199, 255, **273,** 364, 443, 661, 902, 903

Duelo de pillos: 795
Duelo de razas: 32
Duelo de titanes: 269, 417, 418, 473, 474, 657
Duelo en Diablo: 676
Duelo en el Atlántico: 579, 680
Duelo en el barro: 322, 323, 716
Duelo en el mar: 549
Duelo en la Alta Sierra: 274, 560, 662
Duelo en la jungla: 32
Duelo en las montañas: 314
Duelo en las profundidades: 71
Duelo silencioso, Un: 466
Duelle: 730
Duellists, The: 144, 320, 456, 773
Duende y misterio del flamenco: 274, 321, 611
Dueña de su destino: 354, 355
Dueña del rancho, La: 102
Duerme conmigo: 856
Duerme, duerme, mi amor: 712
Duet for One: 33, 38, 72, 463, 608, 834
Duffy: 175, 549
Duffy, el único: 175, 549
Duffy's Tavern: 471, 366, 469
Duke of Chimney Butte, The: 102
Duke of West Point, The: 329
Duke Steps Out, The: 201
Dulce Emma, querida Böbe: 274, 835
Dulce gamberro: 80, 623, 755
Dulce hembra, La: 237, 244
Dulce hogar: 364, 376
Dulce hogar... ¡a veces!: 543, 710, 731
Dulce libertad: 126, 364, 669
Dulce pájaro de juventud: 110, 111, 612
Dulce piel de mujer: 722
Dulce Viena: 844
Dulces cazadores: 275, 378, 379
Dulces horas: 761, 781
Dulces sueños: 477, 714
Dulcinea del Toboso: 721
Dulcy: 902
Dumd Waiter, The: 21
Dummy, The: 538
Dune: 316, 531, 834
Dunkirk: 55
Dupont Lajoie: 423
Duque de West Point, El: 328, 329
Duquesa y el truhán, La: 394
Dura jornada para la reina: 789, 790
Duran Duran: 449
Durand contre Durand: 792
Durand of the Badlands: 504
Durante l'estate: 637
Durch die Wälder, durch die Auen: 646
Durchs Bradenburger Tor: 257
Durmiendo con su enemigo: 732

Duro de pelar: 124, 280
Duro y a la cabeza: 124
Dusk to Dawn: 902
Dust Be My Destiny: 353
Duvad: 303
Dvorjanskoe gnezdo: 463
Dwaj ludzie z szafa: 676
Dying Young: 732, 768
Dynamite: 229, 560
Dyrygent: 910

E la nave va: 311, 933
E tornato carnevale: 553
E venne un uomo: 637
È arrivato il cavaliere: 584
È arrivato l'accordatore: 505, 812
È l'amor che mi rovina: 102
È più facile che un cammello...: 346
È primavera: 151, 152, 266, 786
E' l'amor che mi rovina: 806
E' Lollipop: 315
E. T., el extraterrestre: 69, **298**, 814
E. T., the ExtraTerrestrial: 69, 298, 814
Each Dawn I Die: 125
Eagle, The: 8, 112, 190, 887
Eagle and the Hawk, The: 374, 504, 538
Eagle Has Landed, The: 126, 832
Eagle's Wing: 456
Early to Wed: 102
Earth Girls Are Easy: 224
Earthling, The: 409
Earthquake: 115, 352, 403, 555
Easiest Way, The: 347
East Is West: 733
East of Eden: 11, 235, 452
East of Suez: 911
East of Sumatra: 94, 697
East of the River: 353
East Side, West Side: 162, 352, 490, 548, 818
Easter Parade: 52, 247, 354
Easy Living: 487, 556, 574, 826, 862
Easy Money: 485
Easy Rider: 417, 615, 701
Easy to Love: 162, 926
Easy to Wed: 926
Easy Virtue: 407
Eat: 913
Eat a Bowl of Tea: 912
Eat Drink Man Woman: 483
Eaux profondes: 249, 423, 870
Ébano: 126, 323, 391, 409, 883
Ebb Tide: 574, 629
Ebreo errante, L': 16, 356
Ecce bombo: 591
Échappement libre: 80, 774

Échec au porteur: 590
Échele la culpa al botones: 590
Echelle blanche, L': 91
Echoes of a Summer: 335, 390
Echos aus einem Düsteren Reich: 402
Eclipse, El: 39, 40, 58, 237, 619, 699, 700, 906
Eclipse de sol: 760
Eclipse total: 485
Eclisse, L': 40, 58, 237, 619, 700, 906
École des facteurs, L': 841
Económicamente débiles, Los: 654
Ecos de un verano: 335, 390
Écoute voir: 242
Ed Wood: 119, 244, **280**
Edad de la ambición, La: 101, 102
Edad de la inocencia, La: 225, 226, 668, 669, 747, 771
Edad de las ilusiones, La: 835
Edad de oro, La: 116, 117, 251, **281**
Edad del hierro, La: 741
Edad peligrosa, La: 509
Edades de Lulú, Las: 90
Eddie, el gángster: 249
Eddie Macon's Run: 269
Eddy Duchin: 625, 682
Eddy Duchin Story, The: 625, 682
Edes Anna: 303
Edes Emma, drága Böbe: 274, 835
Edge of Darkness: 325, 572, 742, 784
Edge of Doom: 32
Edge of Eternity: 787
Edge of Sanity: 667
Edge of the City: 151, 676, 730
Edge of the Doom: 372
Edge of the World, The: 681
Edicto del siglo XXI: prohibido tener hijos: 162
Edipo, el hijo de la fortuna: 530, 531, 658, 659
Edipo re: 531, 659
Edipo reprimido: 18, 19
Edison, el hombre: 112, **281,** 863, 864
Edison the Man: 112, 281, 864
Edith et Marcel: 488
Édouard et Caroline: 75, 773
Eduardo Manostijeras: 118, 119, 244, 747
Educación de príncipe: 445
Educación sentimental, La: 264, 265
Educando a Rita: 126
Educating Rita: 126
Education de prince: 445
Edward, My Son: 212, 458, 864
Edward Scissorhands: 119, 244, 747
Efecto de los rayos gamma sobre las margaritas, El: 611, 612, 931
Efecto mariposa, El: 181, **282**
Effect of Gamma Rays on Man-in-the-Moon Marigolds, The: 612, 931

Effetti speciali: 26
Efficiency Expert, The: 416
Effrontée, L': 575
Efter repetitionen: 85
Egg and I, The: 178, 522
Égi bárány: 440
Egiptian, The: 216
Egoísta, La: 224
Egy krajcar története: 215
Egyptian, The: 556, 792, 854, 883
Ehe der Luise Rohrbach, Die: 441
Ehe der Maria Braun, Die: 308, 769
Ehrengard: 103
Eiger Sanction, The: 280
Eight Iron Men: 544
Eight Men Out: 762
Eight Million Ways to Die: 109, 351
Eight O'Clock Walk: 55
Eijanaika: 429
Ein Engel auf Erden: 79
Ein Fideles Gefängnis: 441
Ein Mann geht durch die Wand: 887
Eine Du Barry von Heute: 257, 464
Eine Liebe in Deutschland: 770, 910
Eine Liebe Von Swan: 765
Eine Reise ins Licht: 96, 308
Eine Spiel ums Lieben: 216
Eine Stunde Glück: 255, 256
Eine Versunkene Welt: 464
Ejecutivo ejecutor: 126
Ejecutor: 769
Ejército de las sombras, El: 284, 564, 790
Ejército de las tinieblas, El: 326
Ek adhuri kahani: 777
Ek din achanak: 777
Ek din pratidin: 777
Ekpombi, I: 36
Él dijo, ella dijo: 822
Él era un padre: 642, 643
Él y su enemiga: 915
Él: 13, 34, 116, 117, **285,** 760
Eld ombord: 800
Eldorado: 393, 394, 494
Electric Horseman, The: 328, 679, 708
Electric House, The: 453
Elegante pecadora, La: 507, 508, 818, 819
Elegía de Naniwa: 580, 581
Elegidos para la gloria: 401, 691, 692, 783
Elegir un amor: 732, 768
Elemental, doctor Freud: 636, 709
Elena et les hommes: 86, 316, 718
Elena y los hombres: 86, 316, 717, 718
Eleni: 527
Elephant Boy: 321, 750
Elephant Man, The: 64, 416

Elephant Walk: 32, 256, 843
Eles não usam black-tie: 405
Eletjel: 303
Eleven Harrowhouse: 83
Elgar: 746
Elígeme: 115, 144, **285,** 744
Eligiendo novio: 486, 487
Eliminador: 769
Eliminators: 253
Elisa: 244
Elisa, vida mía: 161, 162, **285,** 720, 722, 761
Elisir d'amore, L': 503, 531
Elixir de amor: 760
Ella, él y Asta: 508, 509, 820
Ella, Lucifer y yo: 588
Ella nunca se niega: 616, 701
Ella se va a la guerra: 460
Ella siempre dice sí: 71
Ella triunfó: 800
Ella y su secretario: 486, 487, 522
Ella y sus maridos: 456, 457, 521, 542, 579, 612
Ella y yo: 48
Ella, yo y... el otro: 196, 423, 586, 761, 762, 766, 767
Ellas dan el golpe: 224, 387
Ellas los prefieren locas: 751
Ellas también se deprimen: 253, 710, 852
Ellas y las otras: 484
Elle: 760
Elliot: 385
Ello: 190
Ellos no usan smoking: 405
Ellos nos hicieron así: 803
Ellos y ellas: 106, 532, 533, 791, 792, 794
Elmer Gantry: 111, 474, 792
Elmer the Great: 490
Elogio funebre, L': 770
Elogio fúnebre, El: 770, 811
Elstree Calling: 407
Elusive Pimpernel, The: 618, 681
Elvira Madigan: 922
Embajador en Oriente Medio: 421, 580
Embajador sin cartera: 573
Embajadora de amor: 506
Embassy: 574, 834
Ember a híd alatt: 886
Emboscada a Matt Helm: 542
Emboscada en Extremo Oriente: 618
Emboscada en la jungla: 389
Embrollón, El: 924
Embrollones, Los: 697
Embrujo: 313
Embrujo de Manhattan, El: 736
Embrujo de Shanghai, El: 555, 556, 819, 854
Embryo: 421
Emerald Forest, The: 100, 236, 775
Emergencia: 327, 352

índice de películas

Emergency Squad: 696
Emigrantes, Los: 834, 871, 877
Emilia, parada y fonda: 76, 700
Emiliano Zapata: 156, 157, 667
Eminent Domain: 832
Emma: 112, 508
Emmerdeur, L': 924
Emperador de Portugal: 800
Emperador del Norte, El: 14, 144, 544
Emperatriz Yang-Kwei-Fei, La: 580, 581
Emperor of the North Pole: 14, 144, 544
Emperor Waltz, The: 329, 925
Empezó con un beso: 331
Empezó en boda: 313, 553, 588
Empiecen la revolución sin mí: 832, 925
Empieza el espectáculo: 335, 477, 763
Empire: 913
Empire of the Sun: 527, 814
Empire Strikes Again, The: 450
Empire Strikes Back, The: 332, 380
Empleo, El: 510, 637
Employees' Entrance: 936
Emprise, L': 115
Empty Hands: 324
Empty Saddles: 110
En alas de la danza: 51, 52, 736, 819, 820
En algún lugar del cielo inmenso: 462
En av de mange: 800
En bandeja de plata: 41, 488, 554, 555, 924, 925
En brazos de la mujer madura: 275, 276
En busca de la felicidad: 401
En busca de la fortuna: 844
En busca de la hambruna: 776, 777
En busca de la tranquilidad: 460
En busca de marido: 374
En busca de Ricardo III: 646
En busca de una pavita: 581
En busca del águila: 875
En busca del amor: 83, 320, 609, 610, 854
En busca del arca perdida: 286, 331, 332, 450, 814
En busca del fuego: 38, 286
En cada puerto un amor: 573, 930
En camisa de once varas: 304
En cas de malheur: 57, 68, 286, 346
En caso de desgracia: 56, 57, 68, **286,** 345, 346
En compañía de lobos: 287, 444
En effeuillant la marguerite: 68
En el calor de la noche: 676
En el cielo pintado de azul: 234
En el curso del tiempo: 287, 920, 921
En el estanque dorado: 326, 327, 328, 399
En el filo de la duda: 361
En el imperio del mal: 796
En el límite del deseo: 124
En el nombre del padre: 78, 79, 225, 226, **287,** 785, 852

En el Oeste se puede hacer, amigo: 700
En el país del divorcio: 887
En el polo norte: 453
En el punto de mira: 273, 822
En el río: 100
En el último segundo: 346
En el umbral de la vida: 84, 834
En el viejo Arizona: 910, 911
En el viejo California: 915
En el vientre de la ballena: 265
En enda natt: 85
En estado crítico: 514
En este mundo traidor: 178, 820
En handful kärlek: 799
En íntima colaboración: 589
En kvinde er overflodig: 59
En kvinnas ansikte: 85
En la boca, no: 74, 169, 846
En la boca del miedo: 403
En la ciudad blanca: 838, 839
En la Costa Azul: 854
En la cuerda floja: 115, 280
En la escalera oscura: 534
En la gran ciudad: 264, 265
En la línea de fuego: 280, 527
En la Luna: 390, 629
En la mitad de la noche: 534
En la palma de la mano: 358, 359
En la tierra del moro: 304
En las rayas de la mano: 257, 486, 487, 573, 574
En las ruinas: 581
En legítima defensa: 174, 445
En lektion i kärlek: 84
En lo más crudo del crudo invierno: 105, 106
En los límites de la realidad: 814
En mitad de la noche: 538, 539, 543, 625
En nombre de Caín: 222, 223, 231
En nombre de la ley: 474
En nombre del pueblo italiano: 356, 357, 728, 857, 859
En passion: 85, 834, 877
En penumbra: 827
En persona: 736
En pleno corazón: 265
En pos de la aventura: 490, 680
En rade: 153, 154
En tierra peligrosa: 126
En tinieblas: 179, 180, 515, 516, 919, 920
En tránsito: 654, 804
En un aprieto: 736
En un lugar del corazón: 82, **288,** 318, 319, 527
En un lugar solitario: 96, 97, **288,** 703, 704
En un mundo diferente: 634
En una isla contigo: 162, 926
En una isla tranquila, al sur: 222, 288
En vespa: 591, 694

Enamorada: 48, 262, 310, 314
Enamorado, El: 588
Enamorados, Los: 98, 99, 940
Enamorarse: 230, 378, 456, 822
Encadenada: 111, 112, 201, 347, 348
Encadenados: 85, **289,** 374, 407
Encajera, La: 423
Encantos de la gran ciudad, Los: 488
Encerrado: 817, 832
Enciende mi pasión: 827
Encontré en París, La: 178, 270
Encrucijada de odios: 579
Encrucijada mortal: 721
Encubridora: 257, 258, **289,** 316, 476, 477
Encuentro de barcos: 800
Encuentro de Fabian Bálint con Dios, El: 303
Encuentro en el Atlántico: 451
Encuentro en el Pacífico, Un: 522
Encuentro en la noche: 289, 476, 477, 584, 585, 818
Encuentro en Marrakech: 929
Encuentro en París: 214, 258, 316, 398, 409, 695, 794, 795
Encuentros en la tercera fase: 273, **290,** 814
Encuesta llamada milagro, Una: 366, 522, 821
Enchanted Cottage, The: 205
Enchanted Hill, The: 190
Enchanted Island: 32
Enchantment: 372, 618
End, The: 318, 509, 931
End of the Affair, The: 458
End of the Game: 907
End of the Line: 423
End of the River, The: 750
Endandered Species: 744
Endemoniadas, Las: 36
Endless Love: 207, 939
Enemies: A Love Story: 425, 558
Enemigo, El: 364, 613
Enemigo de las mujeres, El: 373
Enemigo de las rubias, El: 406, 407
Enemigo de mi mujer, El: 234, 550
Enemigo del pueblo, El: 562, 705
Enemigo mío: 692
Enemigo principal, El: 757
Enemigo público, El: 110, 124, 388, 389, 919, 920
Enemigo público n.º 1, El: 221, 348, 509
Enemigo y yo, El: 313
Enemigos: una historia de amor: 424, 425, 557, 558
Enemy, The: 364, 613
Enemy Below, The: 579, 680
Enemy Mine: 692
Enemy of the People, An: 562
Enfance nue, L': 670
Enfant de l'amour, L': 495

Enfant prodige, L': 365
Enfant sauvage, L': 873
Enfant trouvé, L': 722
Enfants du désordre, Les: 74
Enfants du paradis, Les: 142, 616
Enfants terribles, Les: 564
Enfer, L': 74, 160, 174
Enfermeras de noche: 348, 817, 919, 920
Enforcer, The: 97, 280
Engañada: 394
Engaño, El: 328, 671
Engendro mecánico: 166
Englishman Who Went Up Hill Bit Came Down a Mountain, The: 375
Enigma de Gaspar Hauser, El: 402
Enigma de Manderson, El: 918
Enigma se llama Juggernaut, El: 390, 415
Enigmática señora Loverly, La: 355, 356
Énigmatique Monsieur Parkes, L': 177
Énigme de dix heures, L': 349
Enjambre, El: 126, 199, 228, 316, 327, 523, 924
Enjo: 428
Ennemi public n.º 1, L': 221
Enragés, Les: 44
Enredo para dos, Un: 439, 555
Enredos de la vida, Los: 759
Enrico Caruso, leggenda di una voce: 503
Enrico IV: 79, 140, 551
Enrique IV: 79, 140, 550, 551
Enrique V: 105, 106, **290,** 636, 851, 852
Enrique VIII y sus seis mujeres: 702
Ensayo de orquesta: 311
Ensayo de un crimen: 34, 116, 117, 285
Ensayo dramático: 733
Enséñame a querer: 225, 348
Enseñar a un sinvergüenza: 782
Ensign Pulver: 555, 615
Ente, El: 401
Entente cordiale: 494, 495
Enter Laughing: 315
Enter Madame: 374, 784
Entertainer, The: 72, 320, 636, 724
Entity, The: 401
Entlassung, Die: 442
Entrada de empleados: 936
Entraîneuse, L': 592
Entre dos amores: 936
Entre dos fuegos: 579
Entre dos juramentos: 199, 221, 928
Entre dos mujeres: 197, 222, 223, 361, 555, 556, 791, 822
Entre dos mundos: 353, 655
Entre dos pasiones: 579, 680
Entre el amor y la muerte: 770, 771, 844, 870
Entre el cielo y la tierra: 557

índice de películas

Entre esposa y secretaria: 112, 348, 389, 509, 820
Entre hermanos: 48
Entre hielos: 887
Entre la espada y la pared: 190, 374, 479
Entre la mer et l'eau douce: 115
Entre naranjos: 349, 350
Entre nosotras: 423
Entre paréntesis: 4
Entre onze heures et minuit: 445
Entre pillos anda el juego: 26, 213
Entre tinieblas: 20, 556, 557, 654
Entre un millón, Una: 26
Entrée des artistes: 445
Entrega especial: 199
Entrevista: 311, 551, 777
Entrevista con el vampiro: 65, 66, 207, 444, 674, 801, 802
Entr'acte: 171
Envenenada, La: 333
Envers du paradis, L': 825
Enviado especial: 406, 407, 554, 559, 560
Envidiosa, La: 202
Envuelto en la sombra: 392, 393
Épervier, L': 105, 495
Epílogo: 290, 699, 700, 750, 751, 828
Época de los proscritos, La: 393
Epopeya del camino, La: 48
Époque formidable, Une: 4
Equilibristes, Les: 672
Equinox: 582, 744
Equipage, L': 37, 498
Equivoco, L': 182
Equívoco, El: 182
Equívoco feliz: 233
Equus: 118, 514
Era del jazz, La: 560
Era di venerdì 17: 807, 812
Era en mayo: 800
Era lei che lo voleva!: 103
Era lui, si, si: 505
Era notte a Roma: 741
Eran cinco hermanos: 72
Érase una vez: 272
Érase una vez en América: 230, **291,** 489
Érase una vez en Hollywood: 51, 52, 456, 457, 576, 795
Érase una vez un hombre: 799, 800
Érase una vez un mirlo cantor: 434, 435
Érase una vez un príncipe...: 394
Eraser: 769
Erbfoster, Der: 256
Erdgeist: 126
Eredità Ferramonti, L': 99, 697, 755
Eréndira: 379
Eres un caso: 313
Eric, oficial de la reina: 894

Eritrea: 182
Eroe dei nostri tempi, Un: 583, 584, 812
Erogami no onryo: 643
Eroi della domenica, Gli: 130, 550
Eroica: 601
Erosion: 375
Erótica: 315
Erótika, exótika, psicopátika: 728, 906
Erotische dromen: 59
Errand Boy, The: 492, 493
Erste Liebe: 755
Es geschan am 20 Juli: 646
Es Leuchtet Meine Liebe: 256
Es mi hombre: 124, 682
Es peligroso asomarse al exterior: 313
Es primavera: 266, 786
Esa clase de amor: 71, 72, 505, 506, 764
Esa clase de mujer: 513, 514
Esa cosa llamada amor: 98
Esa gente tranquila: 528
Esa mujer: 132, 588
Esa pareja feliz: 67, 86, 183, **292,** 312, 313, 773
Esa pícara colegiala: 68
Esa rubia es mía: 906
Esa sonrisa: 575
Esas damas que marchan lejos: 429
Escala en Hawai: 125, 326, 327, 333, 488, 490
Escala en Tokio: 876
Escala prohibida: 918
Escalada al poder: 271, 822
Escalaré la montaña más alta: 395, 460, 461
Escalera, La: 118, 264, 390, 391
Escalera de caracol, La: 91, **292,** 796
Escalier sans fin, L': 540
Escalofrío en la noche: 279, 280
Escándalo: 326, 466
Escándalo Blaze, El: 222, 223, 612
Escándalo del día, El: 348
Escándalo en el plató: 319
Escándalo en la corte: 216, 506
Escándalo en las aulas: 636, 789, 790
Escándalo en Milán: 357
Escándalo en París: 797, 798
Escándalo en Rudford: 854
Escándalo en torno a Eva: 645, 646
Escándalo en Villa Fiorita: 222, 632, 633
Escándalos de la profesora, Los: 574
Escándalos romanos: 366
Escapada final: 700
Escapada, La: 292, 356, 357, 728, 869, 870
Escapade, L': 870
Escapade in Japan: 280
Escápate conmigo y ríete después: 242
Escape: 390, 490, 533, 845
Escape From Alcatraz: 280, 341, 788

Escape From Fort Bravo: 409, 655
Escape From Zahrain: 114
Escape in the Fog: 94
Escape Me Never: 516, 655
Escape, The: 376
Escape to Athena: 140, 618
Escape to Burma: 818
Escape to Victory: 126, 426, 816, 834
Escape to Witch Mountain: 574
Escena en exteriores: 233
Escenas de caza en la Baja Baviera: 769
Escenas de la calle: 581
Escenas de la lucha de sexos en Beverly Hills: 91
Escenas en una galería: 19, 557, 558
Escipión el Africano: 531, 551
Esclava de un recuerdo: 745
Esclava del amor, La: 570, 571
Esclava del pasado: 833
Esclava del pecado, La: 550, 553, 833
Esclava libre, La: 293, 347, 348, 675, 676, 911, 912
Esclava por amor: 190
Esclava reina: 215, 216
Esclava te doy: 475
Esclave, L': 104
Esclavos: 575
Esclavos de la noche: 215
Esclavos de la tierra: 216, 223
Esclavos del pecado: 485, 655
Esclavos en Nueva York: 437
Escola de samba, alegria de viver: 254
Escolta, La: 857
Escondida, La: 48, 310, 358, 359
Escopeta nacional, La: 86, **293**
Escorpión, El: 215
Escort West: 556
Escrito bajo el sol: 334, 632, 633, 914, 915
Escrito sobre el viento: 62, **293**, 420, 797, 798
Escritor, El: 391
Escuadrilla del amanecer, La: 393, 394, 807
Escuadrilla del Pacífico, La: 574
Escuadrilla deshecha, La: 560, 825
Escuadrilla Lafayette, La: 280, **293**, 919, 920
Escuadrón de hierro, El: 323, 324
Escúchame: 764
Escuela de jóvenes asesinos: 747, 801
Escuela de sirenas: 926
Escuela para maridos: 390
Escuela privada... para chicas: 582
Ese desinteresado amor: 105, 331
Ese impulso maravilloso: 682, 854
Ese oscuro objeto del deseo: 116, 117, **294**, 582, 720, 722
Esencia de mujer: 646
Esfinge de cristal, La: 845

Eslabón del Niágara, El: 239, 763
Esmeralda, la zíngara: 255, 256, **294,** 479, 632
Eso del matrimonio: 555
Eso que llaman amor: 326
Esos locos cuatreros: 722
Esos tres: 128, 416, 559, 560, 562, 629, 931, 932
Espada Bijomaru, La: 581
Espada de Damasco, La: 420
Espada de Montecristo, La: 696
Espada del arrepentimiento, La: 642
Espada del vencedor, La: 469
Espadachín de Siena, El: 373
Espadas cruzadas: 325, 503
Espantapájaros, El: 384, 385, 453, 646
España leal en armas: 116
España otra vez: 700
Españolas en París: 76, 751
Espartaco: 213, 214, 269, 465, 479, 480, 636, 791, 792, 883
Especialista, El: 401, 642, 816, 817, 822
Espectro del pasado, El: 445
Espectros: 825
Especulador, El: 232, 233, 811, 812
Espejismo: 555, 662
Espejismo de amor: 736, 930
Espejismos: 304, 902
Espejo, El: 839, 840
Espejo de la dicha, El: 645, 646
Espejo del alma, El: 393, 394, 504
Espejo encantado, El: 12
Espejo roto, El: 162, 214, 421, 625, 844
Espera a la primavera, Bandini: 276
Espera un poco: 466
Esperando a Mr. Bridge: 437, 612, 931
Esperanza: 13
Esperanza y gloria: 100, **295**
Espía, El: 574
Espía de Argel, La: 548
Espía en Hollywood, Un: 492, 493
Espía n.º 13, La: 190
Espía negro, El: 681
Espía por mandato: 409
Espía que surgió del frío, El: 117, 118, 729, 730
Espía sin mañana: 923
Espías, Los: 174, 476, 477, 883
Espías en acción: 567
Espías sin fronteras: 385
Espías sin identidad: 676
Espion, lève-toi: 672
Espion, L': 174
Espionage Agent: 560
Espions, Les: 174, 883
Espiral: 937, 938
Espíritu burlón, Un: 390, 482
Espíritu de conquista: 289, 477

índice de películas

Espíritu de la colmena, El: 203, 291, 292, **295,** 312, 313, 830
Espíritu vindicativo de Eros, El: 642, 643
Esplendor: 416, 560, 617
Esplendor en la hierba: 74, **296,** 452, 929
Espontáneo, El: 721
Esposa a medias: 559
Esposa americana, La: 858
Esposa anónima, La: 844, 936
Esposa comprada, La: 384, 385, 871, 877
Esposa de Glomdal, La: 272
Esposa de guerra japonesa: 903
Esposa de su hermano, La: 817, 844
Esposa de una noche: 643
Esposa del mar, La: 118
Esposa, doctora y enfermera: 936
Esposa era bellísima, La: 583
Esposa ingenua: 242, 623, 702
Esposa por sorpresa: 394, 543
Esposa y amante: 4
Esposamante: 551
Esposas, alerta: 920
Esposas de médico: 102
Esposas frívolas: 824, 825
Esposas sin amor: 70
Espronceda: 313
Espuelas negras: 221
Espuelas y corazones: 504
Esquilache: 314, 583
¡Esas mujeres!: 84, 85
Esta casa es una ruina: 387
Esta clase de amor: 721, 774, 859
Esta edad moderna: 201
Esta es la fecha: 276
Esta es la noche: 374, 618
Esta mujer es mía: 102, 472, 864
Esta noche cantamos: 64, 487
Esta noche es nuestra: 104, 177
Esta noche o nunca: 249, 265, 270, 490, 765, 833
¿Esta noche vamos de guerra?: 26, 214
Esta noche y todas las noches: 396
Esta rubia es mía: 811, 813
Esta tierra es mía: 296, 421, 460, 461, 479, 480, 632, 717, 718, 791, 792
Estaba escrito: 392, 721
Estación Comanche: 94, 95, **296**
Estación Polar Cebra: 421
Estación Termini: 173, 174, 232, **297,** 443
Estación: ultrasecreto: 32
Estaciones de nuestro amor, Las: 9, 10
Estado de alarma: 676, 832, 923
Estado de la Unión, El: 136, 137, 399, 863, 864
Estado de las cosas, El: 921
Estado de sitio: 197, 586
Estafador, El: 356, 357, 728

Estafadora, La: 80, 590
Estallido: 408, 832
Estambul: 198, 199, 725, 917, 918
Están todos bien: 550, 551, 592, 860
Estanquera de Vallecas, La: 893
Estate con sentimento, Un: 755
Estate violenta: 869, 870, 942
Estatua vengadora, La: 223
Esther and the King: 912
Esther Waters: 95
Esther y el rey: 912
Estigma liberador: 922
Estirpe de dragón: 399
Estirpe indomable: 758
Estirpe secreta, La: 558, 559
Estos son los condenados: 507
Estoy contigo: 800
¡Estoy en crisis!: 180, 181, 751
Estrada da vida: 666
Estrafalario prisionero de Zenda, El: 686, 695
Estrangulador de Boston, El: 213, 214, 322, 323, 327
Estrangulador de Rillington Place, El: 54, 55, 322, 323
Estrategia de la araña, La: 88, **297**
Estrategia del caracol, La: 123
Estrategia femenina: 833, 930
Estrella, La: 33, 224, 763, 928, 929
Estrella de Damasco, La: 215, 216
Estrella de fuego: 725, 726, 787
Estrella de la mañana: 457
Estrella de medianoche: 736
Estrella de Valencia, La: 345, 792
Estrella del desierto, La: 39
Estrella del destino: 348, 352
Estrella del Norte: 72, 122
Estrella del Sur, La: 918
Estrella del Variedades, La: 920
Estrella dichosa: 359
Estrella vacía, La: 310
Estrellas deben brillar, Las: 601
Estrellas dichosas: 102
Estrellas están verdes, Las: 475, 751
Estrictamente confidencial: 136, 137, 509
Estructura del cristal, La: 937, 938
Estudiante mendigo, El: 886
Estudiante novato, El: 499
Estudiantes en Oxford: 297, 388, 481
Estudio amueblado 2P: 313
Estudio de modelos: 9, 10, 241
Et Dieu créa la femme: 68, 870
Et la lumière fut: 435
Et mourir de plaisir: 316
Et Satan conduit le bal: 242
Età del ferro, L': 741
Età della pace, L': 144
Età di Cosimo, L': 741

État de siège: 197, 586
État sauvage, L': 671
Été meurtrier, L': 7
Été prochain, L': 44, 140, 624, 871
Eterna catena, L': 550
Eterna cuestión, La: 102, 201
Eternal City, The: 179
Eternal Love: 70, 510
Eternally Yours: 355, 618, 936
Eternamente amigas: 401
Eternamente joven: 213, 362
Eternamente tuya: 354, 355, 617, 618, 935, 936
Éternel Conflict: 38
Eterno don Juan, El: 815
Eterno pretendiente, El: 374
Ethan Frome: 608
Etoile de Valencia, L': 345, 792
Étoile du Nord, L': 623, 790
Étoile sans lumière: 586
Etouffade à la Caraïbe: 774
Etrange Monsieur Stève, L': 590
Étrange affaire, Une: 672
Étrange Madame X, L': 592
Etsuraku: 641
Ett hemlight giftermal: 799
Ettaro di cielo, Un: 550
Ettore Fieramosca: 92
Eugenia de Montijo: 721
Eugenia Grandet: 431, 806, 887
Eureka: 385, 735, 743
Europa, Europa: 238, 410
Europa '51: 85, **298,** 570, 741
Europa di notte: 92, 93, 782
Europeans, The: 437, 716
Europeos, Los: 437, 716
Euskadi: 434
Eva: 204, 507, 590, 872
Eva al desnudo: 72, 73, 183, 223, 224, **298,** 532, 533, 584, 585
Evangelina: 725
Evangeline: 725, 911
Evangelio de las maravillas, El: 727
Evangelio según san Mateo, El: 659
Evaporación del hombre, La: 428, 429
Evasión en Atenas: 140, 618
Evasión, La: 75, **299,** 376
Evasión o victoria: 126, 426, 816, 834
Eve of St. Mark, The: 72, 816
Eveasdropper, The: 862
Éveillé du Pont de l'Alma, L': 745
Evelyn Prentice: 509
Even Cowgirls Get the Blues: 253, 710, 852
Événement le plus important depuis que l'homme a marché sur la lune, L': 241, 242, 551
Evening Clothes: 110
Evening With Mike Nichols and Elaine May, An: 614

Evening With the Royal Ballet, An: 51
Ever in My Heart: 817
Eversmile New Jersey: 226
Every Bastard a King: 36
Every Day Except Christmas: 30
Every Girl Should Be Married: 374
Every Little Crook and Nanny: 556
Every Mother's Son: 911
Every Night at Eight: 911
Every Sunday Afternoon: 276
Everybody Does It: 220
Every Sunday Afternoon: 353
Every Which Way but Loose: 280
Everybody Does It: 368
Everybody Sings: 353
Everybody Wins: 624, 714, 928
Everything But the Truth: 633
Everything Happens at Night: 574
Everything You Always Wanted to Know About Sex but Were Afraid to Ask: 18, 925
Everytime We Say Goodbye: 387
Everywoman's Husband: 833
Evidence: 508
Evidencia: 508
Evil That Men Do, The: 316
Evil Under the Sun: 549, 883
Evita: 66
Ex-Lady: 223, 693
Ex voto: 495
Excalibur: 100, 608
Excelentísimos cadáveres: 720, 722, 739, 740, 834
Excéntrico, El: 304
Exclusive: 522
Excuse My Dust: 930
Executive Action: 474
Executive Suite: 19, 409, 539, 818, 860, 928
Exile, The: 587, 639
Éxito, El: 10, 356, 357, 728, 869, 870
Éxito es la mejor venganza, El: 9, 10, 672, 801, 863
Éxode, L': 745
Éxodo: 611, 612, 684, 751, 752
Exodus: 612, 684, 752
Exorcist, The: 100, 339, 834
Exorcist II, The Heretic: 100, 118, 834
Exorcist III, The: 772
Exorcista, El: 100, 339, 834
Exorcista II, el hereje, El: 100, 118, 834
Exorcista III, El: 772
Exotica: 283, **299**
Exótica, La: 85, 191, 930
Expatriada: 389
Expedición, La: 705
Experiencia mortal: 390
Experiment in Terror: 282, 331, 716
Experiment Perilous: 472, 862

índice de películas

Expertos: 866
Experts, The: 866
Explorador perdido, El: 460, 864
Exposed: 456, 462
Expreso de Chicago, El: 925
Expreso de la muerte, El: 914
Expreso de Shanghai, El: 257, **299,** 818, 819
Exquisite Sinner, The: 508, 819
Exquisite Thief, The: 113
Extase: 472
Éxtasis: 472
Exterminio: 331
Extra Day, The: 792
Extramuros: 557, 670, 781
Extranger-oh! de la calle Cruz del Sur, El: 253, 751
Extranjero, El: 551, 732, 733, 905, 917, 918, 935, 936
Extraña amistad: 638, 684
Extraña aventura del ingeniero Lebel, La: 800
Extraña confesión: 220, 797, 798
Extraña entre nosotros, Una: 514
Extraña interpretación: 533
Extraña mujer, La: 472
Extraña mujer, Una: 358
Extraña obsesión: 427, 428
Extraña pareja, La: 488, 554, 555
Extraña pareja de polis, Una: 121
Extraña pasajera, La: 223, 224, 891
Extraña señora Bellew, La: 930
Extraño amor de Martha Ivers, El: 268, 269, **300,** 572, 573, 742, 817, 818
Extraño cargamento: 101, 102, 201, 347, 348, 531, 532
Extraño caso de Wilbur, El: 523
Extraño caso del doctor Fausto, El: 827, 828
Extraño caso del doctor Jekyll, El: 85, 323, 324, 850, 863, 864, 875
Extraño caso del doctor Longman, El: 95
Extraño caso del Dr. Jekyll, El: 323, 324
Extraño caso del hombre y la bestia, El: 803
Extraño en el paraíso: 576, 577
Extraño en mi vida, Un: 148, 268, 269, 555, 625, 695
Extraño intervalo: 348
Extraño suceso: 95, 791
Extraño viaje, El: 300, 312
Extraño vínculo de sangre: 418
Extraños en un tren: 1, **300,** 372, 407
Extraordinary Seaman, The: 275, 337, 618
Extravagante doctor Dolittle, El: 55, 323, 391
Extremadamente peligrosa: 71
Extreme Prejudice: 624
Eye for an Eye: 319, 764
Eye of the Cat: 655
Eye of the Devil: 458, 618
Eye of the Needle: 832
Eye of the Storm: 418

Eyes in the Night: 941
Eyes of a Stranger: 485
Eyes of an Angel: 866
Eyes of Laura: 276
Eyes of Mystery, The: 113
Eyes of the World, The: 460
Eyes of Youth: 887
Eyewitness: 424, 916

F comme Fairbanks: 671
F de Flint: 174, 175
F. B. I. contra el imperio del crimen: 490, 821
F. B. I. Story, The: 490, 821
F. I. S. T.: 816
F. T. A.: 328, 832
Fabian Bálint talákozása istennel: 303
Fabiola: 92, 93, 592
Fábrica, La: 459
Fabricando el hombre perfecto: 527
Fabricando ilusiones: 491
Fabricante de gatitos: 308, 769
Fabricantes de pánico: 700
Fabryka: 459
Fábula de la bella palomera, La: 379
Fabuleuse aventure de Marco Polo, La: 918
Fabuloso Andersen, El: 372
Fabuloso bribón, Un: 772
Fabuloso mundo de Alex, El: 557, 591, 832
Fabuloso mundo del circo, El: 137, 139, 392, 393, 396, 916
Fabulosos Baker Boys, Los: 109, 668, 669
Fabulous Baker Boys, The: 109, 669
Faccia da spia: 700
Faccia violenta di New York, La: 722
Face in the Crowd, A: 452, 555, 608, 716
Face in the Sky: 864
Face of a Fugitive: 175, 523
Face on the Barroom Floor, The: 333
Faces: 151, 743
Faces in the Dark: 940
Factor humano, El: 54, 55, 684
Facultad de Letras: 313
Fade to Black: 743
Fahrenheit 451: 165, 166, 735, 873
Fai in fretta ad uccidermi... ho freddo!: 906
Faibles femmes: 237
Fail Safe: 327, 514, 555
Fair Co-Ed, The: 930
Fair Wind to Java: 522
Faithful: 558
Falbalas: 75
Falcon and the Snowman, The: 764
Faldas a bordo: 926
Faldas de acero: 399
Fall Molander, Der: 646

Fall of the Roman Empire, The: 316, 380, 506, 533, 549
Fallen Idol, The: 592
Fallecida, La: 405
Fallen Angel: 32, 34, 220, 684
Fallen Idol, The: 428, 464, 709
Fallen Sparrow, The: 353, 632
Fallgropen: 799
Falling Down: 271, 401, 768
Falling in Love: 230, 378, 456, 822
Falling in Love Again: 668
Falls, The: 375
Falsa obsesión: 592
Falsa seducción: 822
Falsario, El: 277, 278, 345, 346
Falsche Bewegung: 287, 461, 769, 921
Fälschung, Die: 765, 770
False Colors: 579
False Identity: 115
False Road, The: 613
Falsificador de Argenteuil, El: 346
Falso culpable: 304, 326, 327, 407
Falso ídolo: 443
Falso movimiento: 287, 461, 769, 920, 921
Falso testigo: 424
Falso testimonio: 423
Fama: 856
Fame: 856
Famiglia, La: 44, 305, 358, 624, 756, 771
Familia, La: 44, **305,** 356, 358, 623, 624, 756, 770, 771
Familia Addams, La: 425
Familia Addams: la tradición continúa, La: 425
Familia Crompton, La: 549
Familia de Inugami, La: 428
Familia Dressel, La: 227
Familia Tot, La: 303
Familia Trapp, La: 810
Familia Trapp en América, La: 810
Familia y uno más, La: 750
Familiaridades: 156, 157
Familie Schimek, Wiener Herzen: 256
Familien Gyldenkäi: 59
Familien Gyldenkäi spaenger banken: 59
Family Business: 187, 408, 514
Family Honeymoon: 178, 522
Family Honor, The: 902
Family Jewels, The: 73, 492, 493
Family Life: 501
Family Plot: 407
Family Viewing: 283
Famosa señora Fair, La: 613
Famous Mrs. Fair, The: 613
Fan, The: 62, 684
Fancy Baggage: 508

Fandango: 198, 540
Fando y Lis: 442
Fanfan, el invencible: 503
Fanfan la Tulipe: 503, 669
Fanfán, el invencible: 669
Fanfare d'amour: 184
Fängelse: 84
Fango en la cumbre: 71, 72
Fangschuss, Der: 765
Fanny: 105, 143
Fanny by Gaslight: 51, 373, 548
Fanny Hill: 416
Fanny och Alexander: 85, 563
Fanny y Alexander: 84, 85, 563
Fanny «Pelopaja»: 42, 43, **305**
Fantasía de estrellas: 366, 395, 469, 471, 522, 574, 680
Fantasía pasajera: 642, 643
Fantasías sexuales: 927
Fantasma de amor: 551, 728, 766, 767
Fantasma de Canterville, El: 221
Fantasma de la libertad, El: 116, 117, 670, 671, 906
Fantasma de la ópera, El: 306
Fantasma del convento, El: 227
Fantasma del Paraíso, El: 230, 231, 306
Fantasma d'amore: 551, 728, 767
Fantasma va al Oeste, El: 171, 464
Fantasma y la señora Muir, El: 390, 533, 854, 929
Fantasmas atacan al jefe, Los: 580
Fantasmas de juventud: 427
Fantasmas del sombrerero, Los: 159, 160, **306**
Fantasmas en la casa: 313, 721
Fantasmas en Roma: 357, 550
Fantasmi a Roma: 357, 550
Fantasmi e ladri: 858
Fantastic Voyage: 323
Fantômas: 789
Fantôme de la liberté, La: 117, 671, 906
Fantôme du Moulin Rouge, Le: 171
Fantômes du chapelier, Les: 160, 306
Far and Away: 207
Far Country, The: 533, 821
Far From Home: 69
Far From the Madding Crowd: 72, 166, 735, 764
Far Horizons, The: 403, 522, 554
Far North: 477, 783
Faraon: 306, 451
Faraón: 306, 451
Farceur, Le: 10
Farenheit 451: 873
Farewell My Lovely: 579, 702, 816
Farewell to Arms, A: 102, 190, 234, 421, 443, 812
Farewell to the King: 624
Fargo: 177, 280, 638
Farlig var: 800

Farmer Takes a Wife, The: 324, 326, 359
Farmer's Daughter, The: 199, 936
Farmer's Wife, The: 407
Faro del fin del mundo, El: 114
Farò da padre, Le: 50, 479
Farol azul, El: 95
Farsante, El: 399, 474
Farsantes, Los: 132, 887
Fascinación: 115, 230, 231, 767, 931, 932
Fascinación del bárbaro, La: 538
Fascínalos, mujer: 613
Fascinating Youth: 930
Fascination: 629
Fashion Follies of 1934: 223, 256
Fashions for Women: 50
Fast and Loose: 416, 504
Fast Company: 206, 270
Fast Forward: 676
Fast Lady, The: 166
Fast Life, The: 935
Fast Times at Ridgemont High: 123, 485
Fast Workers: 113
Fastest Gun Alive, The: 331
Fastnachtsbeichte, Die: 256
Fat City: 108, **308,** 425, 426
Fat Man, The: 421
Fat Man and Little Boy: 612
Fata Morgana: 42, 402
Fatal Attraction: 271
Fatalidad: 257, **308,** 818, 819
Fate, Le: 138, 139, 584, 813, 906
Fate armenia: 584
Fate Is the Hunter: 331, 745
Fatebenefratelli: 182
Father: 835
Father, Son and Mistres: 489
Father Brown: 380
Father Goose: 143, 375
Father Is a Bachelor: 409
Father of the Bride: 455, 543, 576, 646, 843, 864
Father of the Bride Part II: 455, 543, 647
Father Takes a Wife: 833
Father Was a Fullback: 522, 632, 816, 929
Father's Doing Fine: 55
Father's Little Dividend: 576, 647, 843, 864
Fatherland: 500, 501
Fatso: 64
Fatti di gente per bene: 99, 242, 722
Fatto di sangue fra due uomini per causa di una vedova: 506, 551
Fatty at Coney Island: 453
Fatty en el garaje: 453
Fatty en la feria: 453
Faun: 464
Fauonovo velmi pozdni odpoledne: 166

Faust: 256, 309, 441, 603
Faustina: 310, 313, 721
Faustine ou le bel été: 7, 423
Fausto: 256, **309,** 441, 602, 603
Fausto criollo, El: 760
Faustrecht der Freiheit: 308
Faute d'orthographe, La: 318
Faux et usage de faux: 624
Favor, El: 105, 143, 421, 674
Favor, The: 674
Favoris de la Lune, Les: 309, 435
Favorita, La: 505
Favorita de la legión, La: 833
Favorito de la reina, El: 224
Favorito de las damas, El: 257
Favoritos de la luna, Los: 309, 434, 435
Fayette, La: 234
Fazil: 394
Fe, esperanza y caridad: 13
Fear and Desire: 465, 557
Fear City: 377
Fear Strikes Out: 599, 650, 666
Fearless: 109, 740, 917
Fearless Fagan: 264, 484
Fearless Frank: 907
Fearless Vampire Killers or Pardon Me but Your Teeth Are in My Neck, The: 625, 677
Fearmakers, The: 32, 862
Feather in Her Hat, A: 617
Febbre di vivere: 550
Federal, El: 755, 857, 858
Federale, Il: 755, 858
Fedora: 315, 316, 326, 327, 408, 409, 924, 925
Fedra: 221, 222, 566, 567, 666
Feel My Pulse: 468
Feet First: 59, 499
Feet of Clay: 229
Feher ejszakak or Fedora: 464
Feher Rozsa: 464
Fekete gyémántok: 886
Felices, aunque casados: 613
Felices Pascuas: 67
Felicidad, La: 889
Felicidad de Asia, La: 463
Felicidades, Tovarich: 701
Felinos, Los: 172, 173, 237, 328
Félins, Les: 173, 237, 328
Felipe Derblay: 349
Feliz aniversario: 618
Feliz Navidad, mister Lawrence: 641
Feliz y enamorada: 276
Fellini, ocho y medio: 9, 10, 17, 139, **311,** 335, 550
Fellini Satyricon: 103
Felpudo maldito: 4
Female: 216

Female, The: 930
Female Animal, The: 472
Female on the Beach: 202
Femenino singular: 557
Feminine Touch, The: 26
Femme à sa fenêtre, Une: 623, 767
Femme aux bottes rouges, La: 242
Femme coquette, Une: 365
Femme de l'aviateur, La: 737
Femme de ma vie, La: 871, 912
Femme de mon pote, La: 93, 423
Femme de Rose Hill, La: 839
Femme disparaît, Une: 318
Femme douce, Une: 108, 596, 754, 755
Femme du deserteur, La: 44
Femme du Gange, La: 243
Femme d'à côté, La: 44, 243, 873
Femme d'une nuit, La: 495
Femme écarlate, La: 906
Femme en bleu, La: 249, 671, 792
Femme entre chien et loup: 239, 596
Femme est une femme, Une: 80, 365
Femme et le pantin, Le: 68, 277, 278, 294
Femme fardée, La: 591
Femme française, Une: 74, 912
Femme infidèle, La: 159, 596
Femme mariée, Une: 365
Femme ou deux, Une: 243, 916
Femme publique, La: 942
Femme qui pleure, La: 262
Femme secrète, La: 624
Femme spectacle, La: 487
Femmes, Les: 68
Femmes de personne: 870
Femmina: 472
Femmine di lusso: 858
Fenómeno, El: 313
Fényes szelek: 440
Ferdinando I, re di Napoli: 234, 550
Feria de la vida, La: 359, 460
Feria de las quimeras, La: 825
Feria de las vanidades, La: 416, 530
Ferngully, las aventuras de Zak y Crysta: 801
Ferngully... The Last Rainforest: 801
Feroz: 314, 381, 382
Ferroviario, El: 361, 362
Ferroviere, Il: 362
Ferry to Hong-Kong: 918
Festa di Laurea: 58
Festín de Babette, El: 59
Fête à Henriette, La: 278, 695
Fêtes galantes, Les: 171
Feu follet, Le: 340, 528, 590
Feu Mathias Pascal: 494
Feuerwerk: 766

Fever in the Blood, A: 26, 253
Fever Pitch: 111, 638
Few Good Men, A: 207, 589, 616, 714
Fiaker n.º 13: 216
Fiammata, La: 93
Fidanzati, I: 637
Fiebre, La: 409, 410
Fiebre americana: 575
Fiebre de codicia: 534
Fiebre de primavera: 201
Fiebre de venganza: 421, 544, 912
Fiebre del sábado noche: 866
Fiebre en la sangre: 222, 327, 632, 633
Fiebre salvaje: 483, 697
Fiel a la Marina: 538
Fiel servidor, El: 857, 858
Fiel y pecadora: 205
Field, The: 390, 785
Field of Dreams: 198, 474
Field of Honor: 939
Fielmente tuya: 558
Fiend Who Walked the West, The: 89
Fiera de mi niña, La: 319, 373, 374, 393, 394, 398, 399
Fiera del mar, La: 69, 70
Fierecilla domada, La: 304, 782
Fiesta: 162, 316, 325, 352, 461, 682, 871, 926
Fiesta brava: 162, 317, 926
Fiesta de Gion, La: 581
Fiesta de Navidad, La: 12
Fiesta de placer, Una: 160
Fiesta del diablo, La: 368
Fiesta del narciso de las nieves, La: 566
Fiesta en Hollywood, Una: 388, 389, 481
Fiesta salvaje: 436, 437
Fiestas galantes: 171
Fièvre monte à El Pao, La: 117, 310, 669
Fifth Avenue Girl: 468, 736
Fifth Floor, The: 317
Fifth Musketeer, The: 228
Fifty Fantastics: 913
Fifty Personalities: 913
Fifty Roads to Town: 26
Fig Leaves: 394
Figaro e la sua gran giornata: 130
Fígaro en sociedad: 110
Fight for Love, A: 333
Fight for Your Lady: 516
Fighter Squadron: 421, 911
Fighting 69th, The: 125
Fighting Caravans: 190
Fighting Heart, The: 333
Fighting Kentuckian, The: 915
Fighting Mad: 239
Fighting Seabees, The: 395, 915
Fighting Youth: 784

índice de películas

Figli di nessuno, I: 123, 553
Figlia del capitano, La: 130, 356
Figlio e la sua mamma, Il: 728
Figuras de arena, Las: 359
Figures in a Landscape: 507
File of the Golden Goose, The: 114
File of Thelma Jordan, The: 818
Filibusteros modernos: 201
Filigrana: 782
Fille à papa, Une: 592
Fille aux yeux d'or, La: 265
Fille de Caroline Chérie, La: 68
Fille de D'Artagnan, La: 624, 842
Fille de l'eau, La: 717, 718
Fille de quinze ans, La: 164, 262
Fille et des fusils, Une: 487
Fille prodigue, La: 262, 672
Filles de la concierge, Les: 862
Film comme les autres, Un: 365
Filming Othello: 918, 919
Filo de la navaja, El: 72, **319**, 368, 682, 854
Fils, Le: 586
Fils d'Amérique, Un: 37, 792
Fimpen: 922
Fin de fiesta: 861
Fin de jornada: 277, 278, 444, 445
Fin de la noche, El: 776
Fin de otoño: 643, 685
Fin de semana: 371, 736, 875
Fin de semana al desnudo: 475
Fin de semana en Dunkerke: 79, 80
Fin de Sheila, El: 175, 549
Fin del mundo, El: 349
Fin des étés, La: 115
Fin du jour, La: 278, 445
Fin du monde, La: 349
Final Analysis: 71, 361, 852
Final Assingment: 115
Final Coutdown, The: 269
Final de la cuenta atrás, El: 269
Final de los buenos tiempos, El: 565, 566
Final Option, The: 924
Final Test, The: 51
Finalmente soli: 525
Finanzas del gran duque, Las: 602, 603
Finanzen des Grossherzogs, Die: 603
Finché c'è guerra c'è speranza: 811, 813
Fine Clothes: 815
Fine del gioco, La: 26
Fine del mondo nel nostro solito letto in una notte piena di pioggia, La: 83
Fine dicitore, Il: 233
Fine Line: 483
Fine Madness, A: 187, 774, 931
Fine Manners: 833

Fine Mess, A: 282
Fine Romance, A: 33
Finestra sul Luna Park, La: 181, 182
Finger Points, The: 347
Finger Prints: 508
Fingers: 456
Finian's Rainbow: 52, 192
Finisce sempre così: 233
Finishing School: 736
Fiore delle mille e una notte, Il: 235, 659
Fiore sotto gli occhi, Il: 525
Fiorile: 842, 843
Fioritures: 349
Fire Birds: 124
Fire Down Below: 396, 488, 579
Fire over Africa: 633
Fire over England: 548, 485, 636
Fire Raisers, The: 681
Fireball, The: 355, 585
Firebird, The: 256
Firecreek: 327, 821
Firefight: 814
Firefox: 279, 280
Firepower: 175, 506, 556
Firestarter: 69, 772
Firm, The: 207, 385, 423, 679
First Blood: 816
First Comes Courage: 50, 630
First Deadly Sin, The: 276, 795, 927
First Gentlemen, The: 154
First Great Train Robbery, The: 832
First Kiss, The: 190
First Knight: 188, 361
First Legion, The: 105, 798
First Love: 276
First Monday in October: 555
First National: 410
First of the Few, The: 420, 618
First Texan, The: 560
First Time, The: 91
First to Fight: 385
First Travelling Salesday, The: 280, 736
First Year, The: 102, 359
Fischio al naso, Il: 858
Fisgones, Los: 676, 708
Fish Called Wanda, A: 213
Fisher King, The: 109, 363, 926
Fist, símbolo de fuerza: 816
Fitzcarraldo: 139, 140, 402
Fitzwilly: 534
Fiume del grande caimano, Il: 317
Five Against the House: 625
Five and Ten: 420
Five Branded Woman: 531, 590, 730
Five Cards Stud: 393, 542, 579

Five Corners: 335
Five Days One Summer: 187, 941
Five Easy Pieces: 615, 701
Five Fingers: 533, 548
Five Golden Hours: 163
Five Graves to Cairo: 72, 825, 925
Five Guns West: 194
Five Miles to Midnight: 498, 506, 666
Five Star Final: 490, 733
Fixed Bayonets!: 235, 342
Fixer, The: 72, 95, 337
Fjolls til fjells: 877
Flame and the Arrow, The: 473, 862
Flame and the Flesh, The: 35, 36, 111, 876
Flame of Araby: 632
Flame of New Orleans, The: 171, 257
Flame of the Barbary Coast: 915
Flame Within, The: 368
Flamenco: 274, **321**, 761
Flaming Star: 726, 787
Flamingo Road: 201, 202, 216, **321**
Flamme, Die: 510
Flamme dans mon coeur, Une: 839
Flap: 697, 710
Flash Gordon: 834
Flashback: 417
Flatliners: 732, 768
Flauta mágica, La: 84, 85
Flautista de Hamelin, El: 241
Flea in Her Ear, A: 391
Flecha negra: 722
Flecha rota: 222, 648, 689, 820, 821
Fleet's In, The: 409
Flemming og Kvik: 59
Flesh: 333, 913
Flesh + Blood: 485, 894
Flesh and Bone: 122, 692, 746
Flesh and Fantasy: 105, 278, 733, 775, 818
Flesh and Fury: 214
Flesh and the Devil: 112, 240, 350
Flesh Feast: 472
Flesh for Frankenstein: 261, 913
Fletch: 224
Fletch, el camaleón: 224
Fletcher Markle: 143, 199, 258, 327, 574, 818
Fleur de l'âge, La: 115
Fleur des ruines, La: 349
Flic, Un: 237, 242, 564
Flic on voyou: 80
Flic Story: 238, 244, 870
Flicker Flashbacks: 322
Flickorna: 940
Fligh to Fury: 615
Flight: 137
Flight Command: 102, 845

Flight for Freedom: 522
Flight From Ashiva: 114, 923
Flight Lieutenant: 330
Flight of the Intruder: 219
Flight of the Phoenix, The: 14, 55, 821
Flight to Fury: 615
Flight to Tangier: 329
Flim Flam Man, The: 772
Flint, agente secreto: 174, 175
Flintstone, The: 844
Flirtation Walk: 102, 680, 682
Flirteo a la moda, Un: 930
Flirting With Fate: 304
Floating Light Bulb, The: 17
Flor de amor: 364, 376
Flor de arrabal: 389, 864
Flor de cactus: 86, 394, 555
Flor de capricho: 323, 324
Flor de desierto: 179, 190, 459, 460
Flor de mayo: 48, 310, 359
Flor de mi secreto, La: 20, 46, **324,** 654
Flor de Nápoles: 102
Flor de pasión: 257, 573
Flor del camino: 902
Flor del hampa: 216
Flor nocturna: 427
Flor que renace: 376
Flor silvestre: 48, 314, 725
Flores de equinoccio: 642, 643
Flores del diablo, Las: 114, 396, 550
Flores del mal, Las: 253
Flores renacen, Las: 427
Flota silenciosa, La: 608, 915
Flower of Doom, The: 431
Flowing Gold: 353
Flucht in den Zirkus, Die: 256
Fly, The: 206, 224, 593
Fly II, The: 593
Fly by Night: 796
Flying: 354, 710
Flying Colors: 102
Flying Deuces, The: 388, 481
Flying Down to Rio: 51, 725, 736
Flying Fool, The: 354
Flying Leathernecks: 704, 915
Flying Missile, The: 331
Flying Padre: 465
Flying Romeos: 490
Flying Scotsman, The: 573
Flying Tigers: 915
Fog, The: 213, 485
Fog Over Frisco: 223, 255, 256
Foire aux chimères, La: 825
Fold embere, A: 215
Foley, James: 276
Folie des grandeurs, La: 586

índice de películas

Folie du docteur Tube, La: 348, 349
Folies-Bergère: 629
Folies bourgeoises: 160
Folks!: 26
Folle, folleme Tim: 20
Follie d'estate: 858
Follie per l'opera: 503
Follow Me: 307, 710
Follow Me, Boys!: 364, 523
Follow Me Quietly: 323
Follow the Band: 578
Follow the Boys: 257, 587, 918
Follow the Fleet: 52, 736, 756, 809
Follow the Leader: 736
Follow the Sun: 73, 331
Fome de amor: 665, 666
Fontana de Trevi: 234
Fontane Effi Briest: 308, 769
Food of the Gods, The: 516
Fool for Love: 21, 22, 70, 71, 783
Fool Killer, The: 666
Foolish Matrons, The: 111
Foolish Virgin, The: 887
Foolish Wives: 824, 825
Fools: 731
Fools for Scandal: 490, 504
Fools of Fortune: 166
Fool's Paradise: 73, 229, 821
Footlight Parade: 124, 353, 680
Footlight Serenade: 556
Footlights and Fools: 538
Footloose Heiress, The: 784
Footsteps in the Dark: 325
Footsteps in the Fog: 373, 792
Footsteps in the Snow: 472
For Better, for Worse: 95, 229, 833
For France: 825
For Heaven's Sake: 499
For Love of Ivy: 638, 676
For Love of Money: 269
For Me and My Gal: 353, 456, 457, 695, 863, 911
For Pete's Sake: 823
For Queen and Country: 914
For the Boys: 122
For the Defense: 205
For the First Time: 554
For the Love of Mary: 276
For the Love of Mike: 137, 177, 629
For Them That Trespass: 154
For Whom the Bell Tolls: 85, 191, 930
För att inte tala om alla dessa kvinnor: 85
För sin kärleks skull: 800
Forajido, El: 329, 745
Forajidos: 330, 351, 352, 473, 796
Forajidos de leyenda: 144, 691, 892

Forastero, El: 32, 191, 562, 932
Forasteros en Honduras: 819, 820
Forbidden: 91, 137, 214, 554, 817
Forbidden Fruit: 229
Forbidden Paradise: 347, 510
Force majeure: 72
Force of Arms: 216, 340, 409
Force of Evil: 353
Force of One, A: 638
Force Ten From Navarone: 332
Foreign Affair, A: 258, 925
Foreign Correspondent: 407, 554, 560
Foreign Intrigue: 579
Forest Rangers, The: 366, 395, 522
Forever Amber: 220, 684
Forever and a Day: 171, 368, 454, 516, 574, 630
Forever Darling: 549
Forever Female: 409, 736
Forever Lulu: 770
Forever Young: 213, 362
Forfaiture: 445, 495
Forget Me Not: 561
Forget Paris: 928
Forgotten, The: 144
Forja de amigos: 475
Forja de campeones: 710
Forja de corazones: 257, 915
Forja de hombres: 863, 864
Formula, The: 107, 772
Fórmula, La: 107, 772
Fornaretto di Venezia, Il: 592, 755
Forrest Gump: 319, 387, 939
Forsaking All Others: 201, 348
Forsterchristl, Die: 256
Fort Apache: 48, 326, 327, 333, 484, 847, 848, 914, 915
Fort Apache, the Bronx: 612
Fort Bravo: 655
Fort Massacre: 560
Fort Saganne: 195, 242, 243, 623
Fortaleza, La: 474, 678, 679
Fortaleza dorada, La: 704, 705
Fortaleza escondida, La: 465, 466
Fortuna di essere donna, La: 93, 105, 506, 550
Fortuna viene dal cielo, La: 525
Fortunant: 592
Fortune, The: 74, 614, 615
Fortune carrée: 48
Fortune Cookie, The: 41, 488, 555, 925
Fortunella: 812
Forty Carats: 457, 877
Forty Guns: 341, 342, 818
Forty Little Mothers: 471
Forty Pounds of Trouble: 214
Forward Pass, The: 935

Fosa, La: 785
Fósiles, Los: 462
Fotografía, La: 459
Fotógrafo del pánico, El: 681
Fou de la falaise, Le: 349
Foul Play: 394, 589
Foule hurle, La: 345
Fountain, The: 205
Fountainhead, The: 191, 530, 608, 903
Four Daughters: 216, 353
Four Days Leave: 789
Four Devils: 359, 603
Four Faces West: 560
Four Feathers, The: 208, 234, 464
Four for Texas: 14, 542, 795
Four Friends: 360, 663
Four Frightened People: 177, 229
Four Girls in Town: 421
Four Horsemen of the Apocalypse, The: 105, 208, 331, 431, 577, 887
Four Hours to Kill: 487, 574
Four Men and a Prayer: 333, 618, 935, 936
Four Musketeers, The: 162, 275, 403
Four Protocol, The: 126
Four Rooms: 66
Four Sons: 26, 333, 914
Four Walls: 201
Four War, The: 338
Four Weddings and a Funeral: 375, 561
Four Wives: 216
Four's a Crowd: 216, 228, 325
Fourposter, The: 391
Fourteen Hours: 393, 457, 648
Fourth War, The: 764
Foxes: 335, 682
Foxes of Harrow, The: 390, 632, 816
Foxfire: 745
Foxhole in Cairo: 125
Foxtrot: 642, 702, 727, 834
Fra Diávolo: 388, 480, 700
Fracchia contro Dracula: 625
Fragata infernal, La: 270, 883
Frágil voluntad, La: 335, 713, 833, 910, 911
Fraile, El: 754
Framed: 330
Frames From the Edge: 242
Française et l'amour, La: 79, 171
France société anonyme: 195
Frances: 198, 424, 477, 783
Francesa y el amor, La: 79, 171
Francesco: 155, 336, 743
Francesco d'Assisi: 78, 154, 336
Francesco giullare di Dio: 310, 336, 741
Francis: 214
Francis in the Navy: 280

Francis Joins the Wacs: 280
Francis of Assisi: 49, 216, 336
Francisca: 635
Franciscain de Bourges, Le: 57
Francisco, juglar de Dios: 336, 741
Francisco de Asís: 48, 49, 216, 336, 939
Frankenstein: 261, 295, 413, 922
Frankenstein de Mary Shelley: 105, 106, 230, 261
Frankenstein Unbound: 195, 261, 325, 326
Frankenstein: The True Story: 549
Frankenweenie: 118
Frankie and Johnny: 646, 669
Frankie y Johnny: 646, 669
Frantic: 332, 677
Frase inacabada, La: 303
Fratelli e sorelle: 58
Fratello Sole, sorella Luna: 336, 380, 939
Frau Dorothy Bekenntnis: 216
Frau im Mond, Die: 477
Frau, Nach der Man sich sehnt, Die: 257
Frau Sorge: 257
Fraude: 199, 918, 919
Frauenopfer: 256
Fraülein: 316
Fraülein Julie: 256
Fraülein Doktor: 138, 479
Fray Diablo: 806
Fray Dólar: 654
Freaks: 113, 652
Freaky Friday: 335
Freccia nel fianco, La: 478
Freda and Camila: 326
Freda y Camila: 326
Freddy's Dead: The Final Nightmare: 244
Free and Easy: 453, 454
Free Soul, A: 112, 348, 420
Free the Army: 328
Freebie and the Bean: 121
Freedom Radio: 51
Freejack: 416
Frenchman's Creek: 487
Freeze Out, The: 333
French Cancan: 310, 338, 345, 346, 670, 671, 717, 718
French Connection, The: 339, 385, 721, 763
French Connection II: 337, 385, 720, 722
French Dressing: 746
French Kiss: 450, 746
French Lieutenant's Woman, The: 435, 714, 822
French Line, The: 625, 745
French Postcards: 927
French Without Tears: 51, 574
Frenchie: 560
Frenchman's Creek: 329

índice de películas

Frenesí: 407
Frenesia dell'estate: 357
Frenético: 331, 332, 677
Frenos rotos, coches locos: 939
Frente al pecado de ayer: 588
Frente de Madrid: 611, 879
Frenzy: 407
Fréquence meurtre: 242
Fresa y chocolate: 378, 381
Fresas salvajes: 84, **338,** 684, 799, 800, 834
Fresco en apuros, Un: 492, 493, 542
Freshman, The: 107, 499
Freshman Year: 469
Freud, pasión secreta: 173, 174, 425, 426
Freud, the Secret Passion: 174, 426
Freudlose Gasse, Die: 63, 257, 349, 646
Fría como un diamante: 638, 832
Fric-frac: 56, 57
Frieda: 939, 940
Friendly Persuasion: 191, 666, 932
Friends and Lovers: 636, 825
Friends of Eddie Coyle, The: 579
Friends of Mrs. Sweeney: 522
Frightened City, The: 187
Frigorifero, Il: 584
Frigorífico, El: 584
Fringe Dwellers, The: 83
Fríos ojos del miedo, Los: 721
Frisco Jenny: 920
Frisco Kid, The: 15, 124, 332, 925
Frivolidad de una dama, La: 347, 509, 510
Frogmen, The: 32, 923
Frogs: 574
Fröken Julie: 834
From a Far Country: 938
From Dust Till Dawn: 456, 493
From Headquarters: 256
From Hell to Heaven: 504
From Hell to Texas: 393, 417
From Here to Eternity: 174, 226, 458, 474, 794, 941
From Now On: 911
From Russia With Love: 49, 187
From the Earth to the Moon: 199, 648
From the Mixed-Up Files of Mrs. Basil E. Frankweiler: 86
From the Terrace: 509, 612, 931
From This Day Forward: 329
From Whence Cometh Help: 676
Front, The: 18, 730, 839
Front Page, The: 488, 515, 555, 572, 758, 924, 925
Front Page Woman: 216, 223
Frontera, La: 456, 615, 724
Frontera del miedo, La: 920
Frontera del terror, La: 187
Fronteras del crimen, Las: 579, 745

Frontier Marshall: 657
Frontier Rangers: 253, 862
Frou-frou: 68
Frozen Dead, The: 32
Frozen North, The: 453
Früehlings Sinfonie: 462
Frühlingsrauschen: 256
Frullo del passero, Il: 624
Fruta prohibida, La: 228, 229
Fruto del paraíso, El: 166
Fruto dorado: 177, 178, 348, 472, 864
Frutos del amor, Los: 271
Fuck The Army: 832
Fuego, El: 265
Fuego de juventud: 843
Fuego de la vida, El: 834, 871
Fuego de paja: 765
Fuego en el cuerpo: **339,** 424, 450, 743, 874, 875
Fuego en la llanura: 427, 428
Fuego en la nieve: 919, 920
Fuego escondido: 396, 488, 579
Fuego eterno: 46, 583
Fuego fatuo, El: **340,** 527, 528, 590
Fuego sobre África: 633
Fuego verde: **340,** 372, 373, 457
Fuego y la palabra, El: 110, 111, 473, 474, 791, 792
Fuente mágica, La: 926
Fuenteovejuna: 721
¡Fuera de aquí!: 757
Fuera de juego: 253, 312, 314
Fuera de la ley, El: 113, 279, 280, **340,** 469, 733, 911
Fueros humanos: 101, 102, 863, 864, 935, 936
Fuerza bruta: 110, 170, 221, 473
Fuerza bruta, La: 572
Fuerza de la tierra húngara, La: 215
Fuerza de las armas, La: 216, **340,** 409
Fuerza de las circunstancias, La: 332, 333
Fuerza de un ser menor, La: 213
Fuerza del cariño, La: 249, 521, 615, 927
Fuerza del destino, La: 424, 701
Fuerza del querer, La: 228, 229, 779, 833
Fuerza del silencio, La: 139, 140, 700
Fuerza del viento, La: 582
Fuerza diez de Navarone: 332
Fuerza Siete: 638
Fuerzas vivas, Las: 13
Fuga, La: 760
Fuga apasionada: 416
Fuga de Alcatraz: 279, 280, **341,** 787, 788
Fuga de Eddie Macon, La: 269
Fuga de Logan, La: 883
Fuga de noche: 534
Fuga de Segovia, La: 341, 594, 882
Fuga de Zahrain: 114
Fuga in Francia: 806

Fuga sin descanso: 816
Fuga sin fin: 322, 323, 772
Fuga suicida: 426
Fuggitiva, La: 525
Fugitifs, Les: 243
Fugitiva, La: 560
Fugitiva de los trópicos, La: 354, 355, 539
Fugitive, The: 48, 327, 332, 333, 725
Fugitive From Matrimony, A: 460
Fugitive Kind, The: 106, 514, 525, 931
Fugitive Road: 825
Fugitives: 389
Fugitivo, El: 48, 326, 327, 332, 333, 725
Fugitivos: 213, 214, 675, 676
Fugitivos de la noche: 741
Fugitivos del terror rojo: 452, 539
Fugue, La: 10
Fuhrmann Henschel: 441
Fukushu suru ware ni ari: 429
Full Circle: 307
Full Metal Jacket: 465, 582
Full Moon in Blue Water: 385
Full of Life: 410, 695
Fumeria d'oppio, La: 553
Fumo di Londra: 811, 813
Fun With Dick and Jane: 328
Fundición: 434
Fundido en negro: 743
Funeral en Berlín: 125
Funeral en Los Ángeles: 244, 253, 763, 870
Funeral in Berlin: 125
Funeralino, Il: 640
Funeralito, El: 640
Fünf Letzte Tage: 8
Funny About Love: 925
Funny Baby: 925
Funny Face: 52, 138, 264, 398
Funny Girl: 823, 932
Funny Lady: 121, 823
Funny Thing Happened on the Way to the Forum, A: 454
Fuorilegge, I: 357
Fuorilegge del matrimonio, I: 842, 858
Furia: 16, **342,** 476, 477, 532, 772, 863, 864
Furia, La: 151, 230, 231, 268, 269, 387
Furia de Dios, La: 157
Furia de los cobardes, La: 270, 331
Furia de los justos, La: 331
Furia de los siete magníficos, La: 721, 789
Furia de titanes: 637
Furia del oro negro, La: 530
Furia del trópico: 220, 235, 471, 472, 923
Furia en el valle: 331, 521
Furia salvaje: 253, 862
Furia secreta: 178, 316

Furias, Las: 533, 817, 818
Furies, The: 533, 818
Furor de la codicia, El: 79, 80
Fürsten und Lieben: 872
Furtivos: 100, 101, **342**
Furusato: 581
Furusato no uta: 581
Fury: 342, 460, 477, 532, 864
Fury, The: 151, 231, 269, 387
Fury at Furnace Creek: 556
Fusiles, Los: 378, 379
Fuss and Feathers: 613
Future Shock: 919
Futures vedettes: 68
Futureworld: 114
Futuro è donna, Il: 317, 770
Futuro es mujer, El: 317, 770
Futuro es nuestro, El: 112
Futz: 638
Fuzis, Os: 379
Fuzz: 114
Fuzzy Pink Nightgown, The: 745

G-Men: 124
G. O. R. P.: 691
Gabbiano, Il: 79
Gabinete del doctor Caligari, El: 346
Gable and Lombard: 504
Gabriel Over the White House: 468
Gabriela: 69, 551
Gaby: 143, 687, 878
Gadajace glony: 459
Gai savoir, Le: 365
Gaietés de l'escadron, Les: 345
Gaijo no suketchi: 581
Gaily, Gaily: 567
Gaitero, El: 215
Gakuso o idete: 581
Galáctica: 575
Galanteos peligrosos: 736
Galas de la Paramount: 190, 510, 538
Galileo: 154, 507
Gallant Hours, The: 125
Gallant Journey: 330, 920
Gallant Lady: 468
Gallardo y calavera: 795
Gallego: 701, 758
Gallina clueca, La: 227
Gallina en el viento, Una: 642, 643
Gallina valerosa, Una: 304, 323
Gallipoli: 50, 362, 917
Gallo de oro, El: 358, 359
Gallos de la madrugada, Los: 313
Gamberge, Le: 265
Gambit: 125, 521

Gambler From Natchez, The: 648
Gambler, The: 121, 714
Gamblers, The: 216
Gambling House: 556
Gambling Lady: 560, 817
Gambling Ship: 374
Game for Vultures: 390, 575
Game of Death, A: 528, 928
Game of Wits, A: 460
Game That Kills, The: 396
Games: 121, 790
Games, The: 637
Ganando mi pan: 264, 265
Ganar de cualquier manera: 339, 624
Ganashatru: 705
Gandhi: 55, 83, 226
Gang in die Nacht, Der: 603
Gang, Le: 238, 244
Gang That Couldn't Shoot Straight, The: 230
Ganga Zumba: 254
Gangs Inc.: 469
Gangs of Chicago: 469
Gangster Chronicles, The: 822
Gangster Story: 555
Gángster: 733
Gángster, El: 13, 118
Gángster para un milagro, Un: 137, 224, 331
Gangsters 70: 199
Gángsters del aire, Los: 223, 693
Ganzúa del diablo, La: 824
Garage, The: 453
Garaget: 799
Garaje: 799
Garbo Talks: 64, 514
Garce, La: 423
Garçon!: 586, 762
Garçonnière, La: 231
Garçu, Le: 670
Garde à vous: 575, 766, 767
Garden, The: 377
Garden of Allah, The: 105, 257, 431
Garden of Eden, The: 572
Garden of Evil: 191, 393, 395, 923
Garden of Stone: 192
Gardenia azul, La: 72, 73, 477
Gardens of Stone: 122, 425
Gardez le sourire: 37
Garganta del amor y el odio, La: 581
Garibaldino al convento, Un: 232, 233
Garment Jungle, The: 14
Garota de Ipanema: 405
Garras del gato, Las: 355, 499
Garras humanas: 112, 113, 201
Garrincha, alegria do povo: 31
Garú, Le: 244

Gary Cooper que estás en los cielos: 557, 577, 649
Gas: 832
Gas-oil, de Gilles Grangier: 346
Gaslight: 85, 105, 199, 212, 517
Gasoil: 590
Gaspards, Les: 243, 623
Gastone: 234, 812
Gata, La: 803
Gata en la terraza, La: 655
Gata negra, La: 72, 73, 137, 138, 328, 818
Gata sobre el tejado de cinc, La: 110, 111, 611, 612, 843, 844
Gatans barn: 799
Gatas tienen frío, Las: 556
Gates to Paradise: 910
Gateway: 26
Gateway to the Moon, The: 725
Gathering of Eagles, A: 421, 534
Gathering of Old Men, A: 423, 765, 924
Gatita y el búho, La: 823
Gato, El: 345, 346, 789, 790
Gato, el ratón, el amor y el miedo, El: 487, 488, 592
Gato conoce al asesino, El: 82
Gato de las nueve colas, El: 45
Gato infernal, El: 801
Gato montés, El: 441, 510
Gato negro, El: 45, 469, 785
Gato y el canario, El: 366
Gatopardo, El: 139, 237, 358, 473, 474, 905
Gatto, Il: 182, 183, 858, 859
Gatto a nove code, Il: 45
Gatto nero, Il: 45
Gattopardo, Il: 139, 237, 358, 474, 905
Gaucho, El: 304
Gaucho, Il: 357, 728
Gaucho, The: 304
Gauguin: 719
Gauntlet, The: 280
Gavilán, El: 105, 495
Gavilanes del estrecho, Los: 421, 912
Gaviota, La: 79, 514, 549, 709, 789, 790
Gay Bride, The: 504
Gay Deceiver, The: 815
Gay Deception, The: 932
Gay Defender, The: 468
Gay Desperado, The: 66, 516, 530
Gay Divorcee, The: 51, 52, 736, 756, 809
Gay Sisters, The: 818
Gaz mortels, Les: 348, 349
Gazebo, The: 331
Gazon maudit: 4
Gdy spadaja anioly: 677
Gefahren der Brautzeit: 257
Geheimnisse Einer Seele: 646
Geheimnisvolle Tiefen: 646

Geido ichidai otoko: 581
Geierwally, Die: 256
Geisha Boy, The: 493
Geld auf der Strasse: 472
Gelosia, La: 99, 362, 675
Gemelos golpean dos veces, Los: 249, 769
Genbaku no ko: 785
Gendai no jo-o: 581
Generación: 158, 676, 909, 910
Generación perdida: 624, 813
General, The: 453, 454, 536
General Babka: 216
General Crack, El: 70
General Crack, The: 70
General de la armada muerta, El: 9, 10, 551, 672
General de la Rovere, El: 232, 234, **359,** 741
General Died at Dawn, The: 190, 572
General murió al amanecer, El: 572
General Nogi y el señor Kuma, El: 581
Général Idi Amin Dada: 768
Generala, La: 310
Generale, Il: 582, 583
Generale della Rovere, Il: 234, 359, 741
Generale dell'armata morta, Il: 551, 672
Generale dorme in piedi, Il: 859
Generalita, La: 102, 680, 682
Génesis: 777, 776
Genghis Khan: 265, 549
Genio anda suelto, Un: 380
Genio con dos cerebros, Un: 875
Genio del amor, El: 555, 746
Genitori in blue-jeans: 858
Genou de Claire, Le: 735, 737
Genroku chushinhura: 581
Gens du voyage, Les: 318
Gente corriente: 707, 708, 831, 832
Gente de arriba: 736
Gente de respeto: 549, 638
Gente del Po: 39
Gente di rispetto: 549, 638
Gente loca: 387, 590
Gente moderna: 584
Gente salvaje: 401
Gente viva: 124, 573
Gentle Gunman, The: 95
Gentle Sex, The: 420
Gentleman After Dark, A: 416
Gentleman d'Epson, Le: 346
Gentleman Jim: 324, 325, **360,** 787, 911
Gentleman's Agreement: 452, 485, 661
Gentleman's Fate, A: 490
Gentlemen Marry Brunettes: 745
Gentlemen Prefer Blondes: 122, 394, 585, 745
Gentlemen's Agreement: 353
George Washington Slept Here: 784

Georgia: 360, 378, 485, 663
Georgina: 918
Georgy Girl: 72, 549, 702
Gerechtigkeit: 256
Germania anno zero: 15, 741
Germinal: 87, 243
Gern hab'ich die frauen gekillt: 373
Gerónimo: 385
Geronimo: An American Legend: 385
Gertrud: 272, 273
Gerusalemma liberata: 700
Gervaise: 172, 173
Geschlecht in Fesseln: 256
Gesto de Saimaa, El: 451
Gesù di Nazareth: 64, 140, 549, 636, 722, 939
Gesunkenen, Die: 256
Get Carter: 125
Get Hour Man: 390
Get-Rich-Quick Wallingford: 102
Get Shorty: 250, 385
Get Story: 866
Get to Know Your Rabbit: 230, 231, 919
Get Your Man: 50
Getaway, The: 71, 422, 561, 662, 781
Getting of Wisdom, The: 82, 83
Getting Straight: 83, 332
Gezeichneten, Die: 272
Ghare Baire: 705
Ghost: 589
Ghost and Mrs. Muir, The: 390, 533, 854, 929
Ghost Breakers, The: 366, 696
Ghost Camera, The: 516
Ghost Dad: 676
Ghost Flower, The: 102
Ghost Goes West, The: 171, 464
Ghost Story: 52, 271, 608
Ghostbusters: 320, 916
Ghostbusters 2: 916
Ghosts: 825
Ghosts Can't Do It: 697
Ghosts on the Loose: 352
Giacomo l'idealista: 478
Giallo: 130
Giallo napoletano: 551
Giant: 235, 417, 421, 512, 820, 844
Giarabub: 16, 812
Giardino dei Finzi-Contini, Il: 755
Gibraltar: 825
Gideon of Scotland Yard: 334
Gifle, La: 7
Gift-Horse: 55
Gift of Love, The: 62, 610
Gift of the Magi: 461
Giftas: ett dockhem: 940
Gigante: 235, 417, 420, 512, 819, 820, 843, 844

índice de películas

Gigantes de plata: 126
Gigi: 143, 398, 576, 577
Gigolo, Le: 244
Gigoló: 258, 625
Gigot: 457
Gilda: 80, 330, **363,** 396, 470, 554, 712
Gilda Live: 614
Gilded Highway, The: 508
Gilded Lily, The: 177, 522, 574
Gimlet: 583
Gin shinju: 785
Ginger e Fred: 311, 551
Ginger in the Morning: 813
Ginger y Fred: 311, 550, 551
Ginza sanshiro: 427
Giocatori, I: 640
Giochi particolari: 551
Gion bayashi: 581
Gion matsuri: 581
Gion no shimai: 581
Giordano Bruno: 701, 702
Giornata balorda, La: 98, 99
Giornata decisiva, Una: 728
Giornata particolare, Una: 444, 506, 551, 770
Giorni contati, I: 668
Giorni di gloria: 231, 905
Giorni d'amore: 231, 550
Giorni più belli, I: 234
Giorno dei cristalli, Il: 700
Giorno della civetta, Il: 139
Giorno di nozze: 553
Giorno in pretura, Un: 506, 812
Giorno nelle vita, Un: 93
Giorno più corto, Il: 80, 373, 618, 858
Giorno prima, Il: 474
Giovane normale, Il: 728
Giovane Toscanini, Il: 624, 939
Giovanna: 679
Giovanna d'Arco al rogo: 85, 657, 741
Giovanni dalle bande nere: 357
Giovanni mariti: 99
Giovedì, Il: 728
Gioventù di notte: 755
Gioventù perduta: 361
Giovinezza: 812
Girasoles, Los: 232, 233, 505, 506, 550, 551
Girasoli, I: 233, 506, 551
Girl 6: 483
Girl Crazy: 19
Girl From Missouri, The: 389
Girl From Chicago, The: 508
Girl From Maxim's, The: 464
Girl From Jones Beach, The: 705
Girl From Manhattan, The: 480
Girl From Petrovka, The: 394, 415

Girl From Tenth Avenue, The: 223
Girl Habit, The: 366
Girl He Left Behind, The: 929
Girl in Every Port, A: 110, 394, 508, 545, 546, 626
Girl in Number 29, The: 333
Girl in the Black Stockings, The: 64
Girl in the Crowd, The: 681
Girl in the Glass Cage, The: 935
Girl in the News, The: 709
Girl in the Red Velvet Swing, The: 323, 372, 574, 593
Girl in White, The: 19
Girl Most Likely, The: 487
Girl Must Live, A: 709
Girl of the Golden West, The: 229
Girl of the Limberplast, The: 316
Girl of the Rio, The: 725
Girl on a Motocicle, The: 237
Girl Rush, The: 579
Girl Said No, The: 930
Girl Shy: 499, 848
Girl Trouble: 26
Girl Who Had Everything, The: 843
Girl Who Stayed at Home, The: 376
Girl's Dormitory: 682, 792
Girls, Las: 212, **363,** 456, 457, 703
Girls, Les: 212, 363, 457, 703
Girls About Town: 212, 559, 560
Girls Can Play: 396
Girls Demand Excitement: 914
Girls Gone Wild: 522
Girls in a Swing, The: 856
Girls on Probation: 395, 705
Giro City: 439
Girovaghi, I: 883
Gishiki: 641
Gita scolastica, Una: 58
Gitan, Le: 238
Gitana tenías que ser: 782
Gitanilla, La: 721
Gitano, El: 238
Giù il sipario: 553
Giù la testa: 175, 489
Giudizio universale, Il: 10, 233, 234, 357, 447, 531, 567, 590, 812
Giuliano: 357
Giuliano de Medici: 886
Giulietta de los espíritus: 18, 311
Giulietta degli spiriti: 18, 311
Giulietta e Romeo: 152, 786
Giuseppe Verdi: 553
Giustiziere sfida la città, Il: 199
Give a Girl a Break: 264, 334
Give Them a Ring: 373
Give Us the Moon: 791
Glad Rag Doll, The: 216, 522

Glaive et la balance, La: 666
Glamour: 932
Glass Bottom Boat, The: 225
Glass Houses: 638
Glass Key, The: 469, 471, 574, 784
Glass Menagerie, The: 269, 527, 612, 931
Glass Slipper, The: 143
Glass Sphinx, The: 845
Glass Wall, The: 356, 357
Glass Webb, The: 733
Gleaming the Cube: 801
Glengarry Glen Ross: 489, 646
Glenn and Randa: 558
Glenn Miller Story, The: 19, 533, 821
Glomdals Bruden: 272
Gloria: 57, 151, 345, 743
Gloria de un día: 398, 399
Gloria del colegio, La: 930
Gloria incierta: 325, 911
Gloria la gloriosa: 887
Gloria y hambre: 919, 920, 935, 936
Gloriosos camaradas: 121
Glory: 914
Glory Alley: 143, 911
Glory Brigade, The: 544, 556
Glory Guys, The: 121
Glory Stompers, The: 417
Go, Man, Go!: 676
Go-Between, The: 72, 166, 507, 798
Go Naked in the World: 503
Go Tell the Spartans: 474
Go West: 453, 454, 545, 546
Go West, Young Lady: 330, 392
God Bad Man, The: 304
God's Country: 454, 528
God's Gift to Woman: 216, 110
God's Little Acre: 533
Goddess, The: 205
Godelureaux, Les: 159
Godfather, The: 107, 121, 192, 454, 646, 648
Godfather Part II, The: 121, 192, 230, 454, 646, 648
Godfather Part III, The: 192, 326, 351, 455, 646, 647
Godless Girl, The: 229
Goha: 139
Going Ape!: 249
Going Hollywood: 911
Going Home: 579
Going My Way: 559, 790
Going Places: 680, 705
Going Undercover: 792
Goin' South: 249, 615
Gokumonto: 428
Gold: 265, 574
Gold Diggers, The: 166
Gold Diggers of 1933: 490, 680, 736

Gold Diggers of 1935: 680
Gold Is Where You Find It: 216, 227, 640
Gold Rush, The: 161
Golden Arrow, The: 223
Golden Bed, The: 229
Golden Blade, The: 421
Golden Boat, The: 745
Golden Boy: 408, 530, 817
Golden Chance, The: 229
Golden Earrings: 257, 487, 574
Golden Girl: 143
Golden Madonna, The: 886
Golden Rendez-vous: 390
Golden Salamander, The: 9
Goldene Schmetterling, Der: 216
Goldene See, Der: 476
Goldengirl: 175
Goldfinger: 187
Goldie: 389, 863
Golem, El: 367
Golem, Le: 277, 278
Golem, wie er in die Welt kam, Der: 367
Golfa, La: 367, 717, 718
Golfing Story, The: 12
Golfos, Los: 367, 760, 761
Golfus de Roma: 454
Gólgota: 277, 278, 345
Golgotha: 278, 345
Goliat contra los gigantes: 721
Golondrina cautiva, La: 797, 798
Golpe audaz: 617, 618, 787, 788
Golpe de gracia, Un: 774
Golpe de mil millones, Un: 401
Golpe del destino, Un: 543
Golpe, El: 333, 611, 612, 707, 708
Golpe por aquí, un golpe por allí, Un: 166
Gondolero de Broadway, El: 680
Gone to Earth: 443, 464, 681
Gone With the West: 121
Gone With the Wind: 228, 297, 324, 348, 395, 420, 486, 500, 930
Gong de la victoria, El: 844
Good Dame: 538
Good Day for a Hanging: 522
Good Earth, The: 601
Good Fairy, The: 826, 830, 932
Good Father, The: 416
Good Fellas: 771
Good Girls Go to Paris: 270
Good Guys and the Bad Guys, The: 579
Good Guys Wear Black: 33
Good Man in Africa, A: 83, 188
Good Morning, Babilonia: 842
Good Morning, Vietnam: 491, 926
Good Morning Miss Dove: 443

índice de películas

Good Mother, The: 455, 608, 731
Good Neighbor Sam: 488, 733, 766
Good News: 19
Good Night, Nurse: 453
Good Provider, The: 102
Good Sam: 191, 559, 784
Good Time Charley: 216
Good Times: 339
Good to Go: 424
Goodbye Again: 86, 114, 216, 498, 586, 666
Goodbye and Amen: 140
Goodbye My Fancy: 202
Goodbye Girl, The: 273
Goodbye, Charlie: 214, 282, 555, 577
Goodbye, Mr. Chips: 355, 642, 930
Goodbye, My Lady: 676, 919, 920
Goodfellas: 230, 882
Goopy el cantante y Bagha el tamborilero: 704, 705
Goopy gyne Bagha byne: 705
Goose Steeps Out, The: 883
Goose Woman, The: 112
Goraczka: 410
Gorgeous Hussy, The: 112, 201, 270, 820, 844
Gorilas en la niebla: 916
Gorilla at Large: 64, 544
Gorilla Bathes at Noon: 526
Gorillas in the Mist: 916
Gorky Park: 424, 544
Gösta Berlings Saga: 349
Gota de sangre, La: 333
Gothic: 715, 746
Götter der Pest: 308, 769
Gottesgeissel, Die: 215
Goupi Mains Rouges: 75
Government Girl: 228
Goya: 654, 700
Goyescas: 45
Gra: 451
Gracia y simpatía: 848
Gracias a ellas: 102
Gracias y desgracias de un casado del año II: 80, 702
Gracias y favores: 83
Graciela: 861
Graduada, La: 751
Graduado, El: 64, 273, 408, 614
Graduate, The: 64, 273, 408, 614
Graf von Charolais, Der: 256
Gräfin von Paris, Die: 441
Gräfin Donelli: 645
Gramo de locura, Un: 940
Gran amante, El: 531, 811, 813
Gran amor, El: 364, 376
Gran atasco, El: 183, 243, 551, 582, 720, 722, 751, 756, 813, 858, 859

Gran aventura de Silvia, La: 212, **368,** 373, 374, 398, 399
Gran aventura de Tarzán, La: 187
Gran azul, El: 89, **369**
Gran bola de fuego: 558, 691, 692, 747
Gran bollito: 99, 834
Gran burguesía, La: 99, 242, 720, 722
Gran calabaza, La: 43
Gran calavera, El: 116, 117
Gran carnaval, El: 268, 269, **369,** 924, 925
Gran casino: 116, 117
Gran circo, El: 556
Gran ciudad, La: 254, 705
Gran combate, El: 190, 333, 334, 657, 725, 726, 732, 733, 820, 821, 923
Gran comilona, La: 317, **369,** 550, 551, 622, 623, 671, 857, 859
Gran cuchillo, El: 14
Gran charco, El: 177
Gran délire, Le: 774
Gran desfile, El: 370, 902
Gran dictador, El: 134, 161, 366
Gran duelo, El: 144, 269
Gran enredo, El: 282
Gran espectáculo, El: 632, 926
Gran esperanza blanca, La: 188, 729, 730
Gran estafa, La: 554, 555, 787, 788
Gran evasión, La: 54, 55, 174, 175, 561
Gran Gatsby, El: 172, 307, **370,** 469, 708
Gran golpe en el año santo: 346
Gran gorila, El: 461
Gran guardaespaldas, El: 108, 318, 701, 769
Gran Guerra, La: 356, 357, **370,** 530, 531, 584, 811, 812
Gran halcón, El: 175, 561, 927
Gran Hotel: 70, 201, 349, 350, 368, **371**
Gran Hotel, habitación X: 592
Gran Houdini, El: 214, 484
Gran huida, La: 692, 834
Gran ilusión, La: 75, 345, 346, **371,** 717, 718, 824, 825
Gran impostor, El: 214, 599
Gran Jack, El: 633, 916
Gran jefe, El: 556
Gran jornada, La: 911, 914
Gran juego, El: 503, 796
Gran jugada, La: 256, 914, 935, 936
Gran jugada en la Costa Azul: 237, 345, 346
Gran lío, El: 589
Gran llamada, La: 130, 151
Gran matanza sioux, La: 199
Gran McGinty, El: 826, 827
Gran McLintock, El: 633, 916
Gran mentira, La: 25, 223, 224, 368, 699, 700
Gran milagro, El: 25, 26, 326, 936

Gran Mitchell, El: 420, 618
Gran mundo de Montecarlo: 234, 258
Gran noche de Casanova, La: 329
Gran parada, La: 449
Gran pasión, La: 102
Gran pecador, El: 270, 352, 661, 796
Gran pelea, La: 280
Gran pescador, El: 101, 102
Gran porvenir a la espalda, Un: 356
Gran prueba, La: 191, 666, 932
Gran reportaje, Un: 515, 572
Gran robo, El: 579, 787
Gran rugido, El: 377
Gran salto, El: 177, 485, 612
Gran secreto, El: 655, 700, 845
Gran señora, Una: 101, 102, 560, 818, 919, 920
Gran Serafín, El: 314, 804
Gran slalom: 163, 804
Gran tiburón, El: 692
Gran tipo, El: 124
Gran triunfo, El: 157
Gran vals, El: 277, 278
Gran varietà: 233, 812
Gran vendaval, El: 548
Gran Ziegfeld, El: 509
Grand amour de Beethoven, Un: 349
Grand bleu, Le: 89, 369
Grand Canyon: 199, 450, 543
Grand carnaval, Le: 623
Grand chemins, Les: 10
Grand délire, Le: 423, 774
Grand escogriffe, Le: 586
Grand escroc, Le: 365
Grand frère, Le: 243
Grand Hôtel: 70, 201, 350, 368, 371
Grand jeu, Le: 318, 503, 796
Grand Old Girl: 522
Grand pardon, Le: 870
Grand Prix: 337, 586, 752
Grand Slam: 256, 485, 733, 936
Grande abbuffata, La: 317, 369, 551, 623, 671, 859
Grande apello, Il: 130, 151
Grande attaco, Il: 327, 426
Grande cocomero, Il: 43
Grande Guerra, La: 357, 370, 531, 584, 812
Grande illusion, La: 75, 346, 371, 718, 825
Grande scrofa nera, La: 700
Grande silenzio, Il: 870
Grande strada azzurra, La: 586, 679, 700
Grandes almacenes: 130, 232, 233
Grandes esperanzas: 549
Grandes familles, Les: 346
Grandes manoeuvres, Les: 68, 171, 365, 592, 669
Grandes noticias: 171
Grandes personnes, Les: 774

Grandi magazzini, I: 130, 233
Grandma's Boy: 499
Grands moments, Les: 487
Grandview USA: 213, 485
Granges brûlées, Les: 237, 790
Granjas ardientes, Las: 237, 790
Granujas, Los: 238, 244
Grapes of Wrath, The: 326, 333, 884
Grass Harp, The: 813
Grass Is Greener, The: 264, 374, 458, 579, 792
Grasshopper, The: 91, 199
Grasssss... or It May Become Necessary to Destroy the World in Order to Save It!: 195
Gratitud al emperador: 581
Grato suceso: 680
Gray Lady Down: 403
Grease: 866
Grease 2: 668, 669
Great Balls of Fire: 558, 692, 747
Great Bank Robbery, The: 625
Great Catherine, The: 591, 641
Great Day in the Morning: 862
Great Dictator, The: 134, 161, 366
Great Divide, The: 508
Great Escape, The: 55, 175, 561
Great Expectations: 380, 482, 549, 635, 791
Great Flamarion, The: 533, 824, 825
Great Gabbo, The: 825
Great Game, The: 390
Great Garrick, The: 227, 875, 922
Great Gatsby, The: 172, 307, 370, 469, 708
Great Guns: 388, 469, 481
Great Guy: 124
Great Impostor, The: 214, 599
Great John L., The: 220
Great Lie, The: 35, 224, 368
Great Love, The: 364, 376
Great Man, The: 315
Great Man Votes, The: 70
Great Man's Lady, The: 560, 818, 920
Great McGinty, The: 827
Great Moment, The: 560, 826, 827, 833, 930
Great Outdoors, The: 82
Great O'Malley, The: 96, 256, 784
Great Problem, The: 430, 431
Great Profile, The: 70, 72
Great Race, The: 214, 282, 488, 686, 929
Great Redeemer, The: 111
Great Scout and Cathouse Thursday, The: 544
Great Show on Earth, The: 821
Great Sinner, The: 270, 352, 661, 796
Great Sioux Massacre, The: 199
Great Smokey Roadblock, The: 758
Great St. Louis Robbery, The: 561
Great Train Robbery, The: 187
Great Waldo Pepper, The: 708, 758

índice de películas

Great Waltz, The: 278
Great White Hope, The: 188, 730
Great Ziegfeld, The: 509
Greater Story Ever Told, The: 676
Greater Than Love: 613, 815
Greatest Question, The: 364, 376
Greatest Show on Earth, The: 229, 403
Greatest Story Ever Told, The: 315, 403, 820, 834, 916
Greatest Thing in Life, The: 364, 376
Greco, El: 316, 721
Greed: 57, 824
Greek Tycoon, The: 91, 697
Green Berets, The: 914, 916
Green Card: 243, 561, 917
Green Dolphin Street: 875
Green Fire: 340, 373, 457
Green Glove, The: 331, 554
Green Grow the Rushes: 118
Green Hell: 922
Green Henrym: 781
Green Ice: 638
Green Light: 102, 325
Green Mansions: 316, 398, 666
Green Promise, The: 929
Greenwich Village: 26, 410
Greetings: 229, 230, 231
Gremlins: 814
Greystoke, la leyenda de Tarzán, rey de los monos: 561, 840
Greystoke, The Legend of Tarzan, Lord of the Apes: 561, 840
Gribiche: 318
Gribouille: 592
Grido, Il: 40
Griego de oro, El: 91, 697
Grifters, The: 82, 338, 425, 781
Grillon du foyer, Le: 104
Gringo viejo: 328, 662, 689
Grissom Gang, The: 14, 65
Grita: 866
Grita libertad: 55, 914
Gritar al diablo: 544
Grito, El: 39, 40, 71, 72, 801
Grito de la lechuza, El: 160
Grito en el pantano, Un: 8, 609, 610, 668
Grito en la niebla, Un: 225, 391, 509
Grito en la oscuridad, Un: 823
Gritos de pasión: 221, 222, 566, 567
Gritos de piedra: 402, 831, 832
Gritos del silencio, Los: 527
Gritos en la noche: 654
Gritos y susurros: 84, 85, **377,** 877
Gromada: 451
Groom Wore Spurs, The: 736
Gros coup, Le: 700

Gross Anatomy: 582
Gross Misconduct: 283
Grosse fatigue: 624
Grosse Flatter, Die: 769
Grosse Liebe, Die: 684
Groundhog Day: 561
Group, The: 83, 514
Grumete del velero, El: 887
Grumpier Old Men II: 489, 506, 555
Grumpy Old Men: 387, 489, 555
Grune Manuela, Die: 256
Grupo, El: 83, 514
Grupo del viento de la victoria, El: 581
Grupo salvaje: 408, 409, 662
Gruppenbild mit Dame: 767
Gruppo di famiglia in un interno: 140, 185, 474, 531, 755, 905
Guadalcanal Diary: 696
Guadalcanal: 696
Guai ai vinti: 553
Guantanamera: 378, 381
Guantelete verde, El: 331, 554
Guapa, ardiente y peligrosa: 139, 421, 421
Guapa y su fantasma, La: 152, 357, 506, 551
Guapo, El: 124, 640
Guapo del 900, Un: 862
Guapo heredero busca esposa: 475, 751
Guappi, I: 140
Guappo, Il: 640
Guardaespaldas, El: 79, 80, 198, 564, 755
Guardatele ma non toccatele!: 858
Guardia del corpo, La: 233
Guardia del gusano blanco, La: 375
Guardia, guardia scelta, brigadiere e maresciallo: 99, 812
Guardiamarinas, Los: 475
Guardian, The: 339
Guardian Tess: 124
Guardián del paraíso, El: 313
Guardián y su poeta, El: 7
Guardias de Roma: 99, 812
Guardias y ladrones: 378, 583, 584
Guardie e ladri: 378, 584
Guarding Tess: 521
Guateque, El: 282
Gubben Kommer: 800
Gubijinso: 581
Güemes, la tierra en armas: 862
Guendalina: 50, 478, 479
Güera Rodríguez, La: 157
Guernica: 719
Guerra 1915-1918: 362
Guerra, La: 198
Guerra a la italiana: 454
Guerra civil, La: 334

índice de películas

Guerra conjugal: 31
Guerra de Dios, La: 699
Guerra de gángsters: 822
Guerra de las galaxias, La: 331, 332, 380
Guerra de los pasteles, La: 48
Guerra de los Rose, La: 249, 271, 875
Guerra de Murphy, La: 623, 642
Guerra de papá, La: 379
Guerra del cerdo, La: 861, 862
Guerra entre hombres y mujeres: 488, 731
Guerra ha terminado, La: 115, **379,** 586, 671, 719
Guerra privada del mayor Benson, La: 403
Guerra secreta, La: 327, 357
Guerra segreta: 357
Guerra y paz: 316, 327, 356, 357, 398, 902, 903
Guerre du feu, La: 38, 286
Guerre est finie, La: 115, 379, 586, 671, 719
Guerre sans nom, La: 842
Guerre secrète: 327
Guerreras verdes: 782
Guerrero rojo, El: 323, 769
Guerreros del espacio: 424
Guerriers et captives: 143, 755
Guerrilla, La: 700
Guerrilla de Villa, La: 782
Guerrillera, La: 4
Guerrillero, El: 776, 777
Guerrilleros en Filipinas: 476, 477, 682
Guess Who's Coming to Dinner: 399, 676, 864
Guest in the House: 72
Guest Wife: 26, 178, 930
Gueule d'amour: 345
Gueule ouverte, La: 670
Guía para el hombre casado: 457, 555
Guide for the Married Man, A: 457, 555
Guignolo, Le: 80
Guilt of Janet Ames, The: 270
Guilty as Sin: 514
Guilty by Suspicion: 82, 230
Guinea Pig, The: 55
Guitarra de Gardel, La: 782
Guld og gronne skove: 59
Gulliver: 313, 881
Gulliver's Travels: 390
Gumshoe: 320, 338
Gun Crazy: 69, 239
Gun Fightin Gentleman, A: 333
Gun for a Coward, A: 522
Gun Fury: 421, 544, 912
Gun Glory: 373
Gun Runners, The: 787, 848
Gun the Man Down: 253
Gun Woman, The: 102
Gunfight, A: 144, 269
Gunfight at Dodge City, The: 560

Gunfight at the O. K. Corral: 269, 417, 418, 474, 657
Gunfighter, The: 461, 661, 674
Gung Ho!: 455, 579
Gunga Din: 329, 354, 374, 819, 820
Gunn: 282
Gunrunner, The: 198
Guns at Batasi: 55, 307
Guns for San Sebastian: 697
Guns of Darkness: 51, 143, 618
Guns of Navarone, The: 389, 618, 661, 697
Guns of the Magnificent Seven: 721, 789
Guns of the Timberland: 469
Gunsight Ridge: 560
Gunslinger: 194
Guru, The: 436, 437
Gusanos no llevaban bufanda, Los: 667
Guy, a Gal and a Pal, A: 94
Guy de Maupassant: 790
Guy Named Joe, A: 324, 814, 864, 926
Guy Who Came Back, The: 221
Guyana, el crimen del siglo: 199
Guys and Dolls: 106, 533, 792, 794
Gvozd v sapogye: 450
Gwiazdy muska plonac: 601
Gyarmat a fold altt: 303
Gycklarnas afton: 84
Gyertek el a névnapomra: 303
Gypsy: 490, 929
Gypsy and the Gentleman, The: 507, 567
Gypsy Moths, The: 337, 385, 458, 474, 846
Gypsy Wildcat: 587

H. M. Pulham Esq.: 157, 472
H. E. A. L. T. H.: 22, 62, 439
H. M. Pulham Esq.: 902
H. M. S. Defiant: 95, 380
H. O.: 727
Ha desaparecido un hombre: 870
Ha entrado un fotógrafo: 124
Ha llegado el águila: 126, 831, 832
Ha llegado un ángel: 541
Ha nacido una estrella: 212, 353, 354, 359, 538, 548, 549, 557, 823, 919, 920
Ha vuelto aquella mujer: 270
Habana: 678, 679, 707, 708
Habanera, La: 797, 798
Había una vez dos héroes: 388, 480
Había una vez un tractor: 861, 862
Habit of Happiness, The: 304
Habitación, La: 21, 462
Habitación común: 391
Habitación con vistas, Una: 225, 226, **383,** 437, 437, 711
Habitación de alquiler: 670
Habitación de gruesas paredes, La: 462

índice de películas

Habitación del castigo, La: 427
Habitación en forma de L, La: 143
Habitación en la ciudad, Una: 241, **383,** 653, 671, 672, 754, 755, 779
Habitación para cuatro: 361, **384,** 584, 622, 623, 858, 859
Habitación para dos: 421, 503
Habitación verde, La: 873
Habitantes de la casa deshabitada, Los: 313
Habitantes de la pobreza: 83
Habla, mudita: 381, 382
Habla el mono: 911
Hablan las campanas: 935, 936
Hablemos de algo diferente: 166
Hablemos de amor: 92, 93, 234
Hablemos esta noche: 577
Hace un millón de años: 556
Hacedlo bien, hermanos: 182
Haceldama ou le prix du sang: 276, 277
Hachigatsu no Kyohshi-Kyoku: 361
Hacia el destino: 85
¿Hacia el fin del mundo?: 32
Hacia las alturas: 49, 50, **384,** 398, 399
Hacia los grandes horizontes: 259
Hacia nuevos tiempos: 800
Hacha de la clase, El: 490
Hacha justiciera, El: 732, 733, 920, 935, 936
Hachigatsu no rapusodi: 466
Hadaka no ju Kynsai: 785
Hadaka no shima: 785
¡Hagan juego!: 348, 490
Hagan la revolución sin mí: 919
Haha: 785
Haha o kawazu-ya: 643
Hahm im Korb, Der: 256
Haikyo no naka: 581
Hail the Conquering Hero: 827
Hail, Hero!: 271
¡Hail, héroe!: 271
Hair: 334
Haircut: 913
Hairpins: 613
Hairy Ape, The: 395
Haizan no uta wa kanashi: 581
Haizi Wang: 449
Hakai: 428
Hakoiri musume: 643
Hakuchi: 466
Hakuchu no torima: 641
Halbblut: 477
Halbzarten, Der: 766
Halcón, El: 386
Halcón del desierto, El: 421
Halcón del mar, El: 216, **385**
Halcón maltés, El: 96, 255, **386,** 425, 426, 547

Halcón y la flecha, El: 473, 862
Halcones de la noche: 816
Half a Bride: 190, 468
Half a Sinner: 560
Half Angel: 199, 936
Half-Breed, The: 304
Half Moon Street: 126, 916
Half Naked Truth, The: 468
Hall Bartlett: 32, 697
Hallelujah: 15, 902
Hallelujah I'm a Bum: 572
Hallelujah Trail, The: 474, 716
Halliday Brand, The: 199
Halloween: 213
Halloween II: 213
Halls of Anger: 108
Halls of Monctezuma: 573, 923
Halvblod: 799
Ham and Eggs at the Front: 508
Hambone and Hillie: 364
Hambre nuestra de cada día, El: 49
Hamlet: 72, 290, 362, **386,** 415, 424, 636, 724, 791, 939
Hamlet likemaailmassa: 451
Hamlet menos, Un: 386
Hamlet se hace hombre de negocios: 451
Hammersmith is Out: 118, 844, 883
Hammett: 192, 425, 921
Hamnstad: 84
Hampa dorada: 489, 490, 732, 733, 743, 794, 795
Han matado a Tongolete: 358
Han raptado un hombre: 233
Hana hiraku: 427
Hanayonne-san wa sekaiichi: 785
Hand, The: 126
Handcuffs or Kisses: 179
Handful of Dust, A: 380, 425
Handle With Care: 239
Handler der vier Jahreszeiten, Der: 308, 769
Handmaid's Tale, The: 276, 765
Hands Across the Table: 487, 504, 522
Hands Up: 113
Handy Andy: 844
Hang 'Em High: 280
Hanging: 672
Hanging Tree, The: 191, 222, 772
Hangman, The: 216, 845
Hangman's House: 333, 914
Hangman's Knot: 544
Hangmen Also Die: 477, 893
Hangover Square: 220
Hangup: 393
Hangyaboly: 303
Hang' Em High: 418
Hanky Panky: 676, 924, 925
Hanna K: 197

Hannah and Her Sisters: 18, 19, 126, 307, 387, 401, 834
Hannah y sus hermanas: 18, 19, 125, 126, 307, **387,** 401, 834
Hannibal tanár úr: 303
Hannibal: 556
Hanno rapito un uomo: 233
Hanover Street: 332
Hans Brinker: 655
Hans Christian Andersen: 372
Hans le marin: 587
Hans nads testamente: 800
Hansel y Gretel: 381
Hanussen: 566, 835
Hanussen, el adivino: 566, 835
Happening, The: 275, 697
Happiest Millionaire, The: 356, 523
Happiness: 902
Happiness Ahead: 490, 680
Happy Anniversary: 618
Happy Birthday to Me: 331
Happy Birthday, Türke!: 265
Happy Days: 359
Happy Ending, The: 111, 792
Happy Ever After: 618
Happy Go Lovely: 618
Happy Go Lucky: 680
Happy Land: 26, 929
Happy Landing: 26
Happy Mother's Day, Love George: 608
Happy Road, The: 456, 457
Happy Thieves, The: 391, 396
Happy Though Married: 613
Happy Time, The: 105, 322, 323
Happy Together: 674
Happy Warrior, The: 420
Happy Years, The: 919, 920
Härhar du ditt liv: 871
Harakiri: 462, 477
Hard Contract: 175, 716
Hard Country: 71, 387
Hard, Die: 927
Hard, Fast and Beautiful: 516
Hard Fists: 932
Hard II, Die: 927
Hard klang: 800
Hard Promises: 813
Hard Times: 175
Hard to Get: 228, 680
Hard to Handle: 124, 490
Hard Way, The: 516
Hard With a Vengeance, Die: 435, 927
Hardboiled Rose: 508
Hardcore: 767, 772
Harder They Fall, The: 97

Hardly Working: 492, 493
Harem: 462
Harem, El: 317
Harem, L': 317
Härhar du ditt liv: 834
Harley Davidson and the Marlboro Man: 743
Harlot: 913
Harlow: 389, 736
Harlow, la rubia platino: 389, 736
Harold Teen: 490
Háron csillag: 440
Harper: 62, 485, 612
Harper, investigador privado: 62, 484, 485, 611, 612
Harriet Craig: 202
Harrison es barrison: 464
Harry, dedos largos: 175
Harry, el ejecutor: 280
Harry, el fuerte: 167, 280
Harry, el sucio: 279, 280, 787, 788
Harry and Son: 612, 931
Harry and the Henderson: 26
Harry and Tonto: 558
Harry and Walter Go to New York: 121, 126, 454
Harry Black and the Tiger: 373
Harry Black y el tigre: 372, 373
Harry e hijo: 611, 612, 931
Harry in Your Pocket: 175
Harry y los Henderson: 26
Harry y Tonto: 557, 558
Harry y Walker van a Nueva York: 121, 126, 454
Harte Männer Heisse Liebe: 550
Haru wa gofujin kara: 643
Harum Al Raschid: 216
Harvey: 821
Harvey Girls, The: 162, 354
Has Anybody Seen My Gal?: 235, 421, 797, 798
Hasard et la violence, Le: 586
Hasasidik az uram: 215
Hassard of Hearts: 373
Hasta cierto punto: 381
Hasta el fin del mundo: 424, 590, 591, 835, 921
Hasta el fin del tiempo: 579
Hasta el límite: 485
Hasta el último aliento: 564
Hasta nuestro próximo encuentro: 643
Hasta que el matrimonio nos separe: 751
Hasta que la noche acabe: 691
Hasta que llegó su hora: 140, 326, 327, **391,** 489, 731
Hasta que perdió Jalisco: 227
Hasty Heart, The: 608, 705
Hat Check Girl: 736
Hat het boldogsag: 235
Hatari!: 393, 394, 807, 914, 916
Hatchet Man, The: 733, 920, 936

índice de películas

Hatenshinaki jonetsu: 427
Hateshinaki yokujo: 428
Hatful of Rain, A: 752, 941
Hatter's Castle: 458, 548
Haunted Bedroom, The: 613
Haunted Gold: 914
Haunted Honeymoon: 925
Haunted Mirror, The: 12
Haunted Palace, The: 194, 648
Haunted Summer: 716
Haunting, The: 928
Hausmeister, Der: 704
Haut bas fragile: 730
Haut comme trois pommes: 886
Hauting Shadows: 460
Hauting We Will Go, A: 388, 481
Havana: 679, 708
Havanera 1820: 754, 781
Having Wonderful Time: 736
Havsgamar: 800
Hawaii: 33, 384, 389, 390, 834
Hawaiians, The: 403
Hay días y lunas: 487, 488
¿Hay mujeres así?: 215, 216
Hay que deshacer la casa: 351
Hay que matar a B: 100, 101, 608
Hay que quemar a un hombre: 842
Hay un camino a la derecha: 699
Hay una chica en mi sopa: 394
Haz lo que debas: 483
Hazard: 366
Hazte rico pronto: 930
He Comes Up Smiling: 304
He Knows You're Alone: 387
He Laughed Last: 282
He Married His Wife: 560
He Ran All the Way: 353
He Said, She Said: 822
¡He sido yo!: 479
He Stayed for Breakfast: 270, 936
He Was Her Man: 124
He Who Gets Slapped: 800
Head: 556, 615, 701
Head Man, The: 935
Head Office: 249
Head On: 426
Heading Home: 633
Headin' South: 304
Hearse, The: 199
Hearse Driver, The: 12
Heart Beat: 813
Heart Condition: 914
Heart of Humanity, The: 825
Heart of Maryland, The: 508
Heart of New York, The: 490
Heart of Nora Flynn, The: 229
Heartbeat: 624, 736, 930
Heartbreak Ridge: 280
Heartburn: 615, 822
Hearth of Midnight: 485
Hearts and Spurs: 504
Hearts Are Trumps: 431
Hearts Divided: 102, 680
Hearts in Exile: 216
Hearts of Oak: 333
Hearts of the West: 108
Hearts of the World: 364, 376, 825
Hearts or Diamonds: 460
Heat: 230, **397,** 646, 907, 913
Heat and Dust: 166, 437, 639
Heat Lightning: 490
Heathers: 747, 801
Heaven: 454
Heaven Can Wait: 26, 74, 166, 510, 549, 854
Heaven Help Us: 832
Heaven Knows, Mr. Allison: 426, 458, 579
Heaven With a Barbed Wire Fence: 330
Heaven With a Gun: 331, 401
Heavenly Body, The: 472
Heaven's Gate: 108, 167, 199, 219, 423, 689, 743
Hecate: 765, 766
Hechicera blanca, La: 393, 395, 579
Hechizo: 372, 617, 618
Hechizo de la India: 375
Hechizo de Luna: 123, 124
Hechizo de Melba, El: 572, 573
Hechizo de un beso: 746
Hechizo en la ruta maya: 325, 326
Hecho en el cielo: 397, 744, 927
Hechos de los Apóstoles, Los: 741
Hectárea de cielo, Una: 550
Héctor Fieramosca: 92
Hedda: 439
Hedy: 913
Heidi: 182, 847, 848
Heilige und ihr Narr, Die: 255, 256
Heimkehr des alten Herrn, Die: 769
Heimweh: 257
Heiress, The: 173, 228, 400, 416, 932
Heja Roland!: 922
Hélas pour moi: 243, 365
Helen Morgan Story, The: 612, 216
Helen of Troy: 68, 928
Helena de Troya: 68, 928
Hell and High Water: 342, 923
Hell Below Zero: 469
Hell Bent: 333
Hell Drivers: 187, 348
Hell Harbor!: 460
Hell in the Pacific: 100, 544

Hell Is for Heroes: 175, 561
Hell Is Sold Out: 55, 940
Hell on Frisco Bay: 469, 733
Hell With the Heroes, The: 139
Hellcats of the Navy: 706
Helle for Helene: 59
Heller in Pink Tights: 212, 506, 697
Heller Wahn: 770, 872
Hellfighters: 916
Hellgate: 686
Hello, Dolly!: 397, 456, 457, 554, 555, 823
Hello Budapest!: 886
Hello Down There: 273, 485
Hello God!: 325
Hello-Goodbye: 610
Hells Angels on Wheels: 615
Hell's Angels: 389, 921, 932
Hell's Heroes: 426, 932
Hell's House: 223
Hell's Kitchen: 705
Help Wanted-Male: 460
Hembra: 216
Hemingway, fiesta y muerte: 781
Hemingway's Adventures of a Young Man: 612, 730
Hennessy: 716
Henri IV, vive l'amour: 234
Henry, Portrait of a Serial Killer: 694
Henry, retrato de un asesino: 694
Henry and June: 852
Henry V: 96, 106, 290, 636, 852
Henry VIII and His Six Wives: 702
Her Alibi: 83
Her Beloved Villain: 930
Her Cardboard Lover: 212, 845
Her Code of Honor: 815
Her Decision: 833
Her First Affaire: 516
Her First Elopement: 930
Her First Mate: 932
Her First Romance: 469
Her Gilded Cage: 833, 930
Her Highness and the Bellboy: 19, 472
Her Husband's Friend: 613
Her Husband's Trademark: 833, 930
Her Jungle Love: 574
Her Last Affairs: 681
Her Love Story: 833
Her Majesty Love: 256
Her Man: 354
Her Night of Romance: 179
Her Private Life: 464
Her Sister From Paris: 179
Her Twelve Men: 356
Herbstsonaten: 86

Hercules in New York: 769
Hércules en Nueva York: 769
Herdeiros, Os: 254
Here Come the Huggette: 117
Here Come the Nelsons: 421
Here Comes Mr. Jordan: 74
Here Comes the Bride: 70
Here Comes the Groom: 137
Here Comes the Navy: 124
Here Comes the Waves: 756
Heredera, La: 80, 173, 227, 228, **400,** 416, 932
Herederos, Los: 254
Herederos felices, Los: 639
Herencia, La: 462
Herencia de miedo, Una: 493, 542
Herencia del viento, La: 863, 864
Herencia Ferramonti, La: 99, 696, 697, 754, 755
Herencia o puta muchacho guten tag, La: 167
Herida: 90, 143, 435, 528
Heritage of the Desert: 392
Héritier, L': 80
Hermana blanca, La: 179, 323, 324, 347, 348, 364, 459, 460
Hermana de verano: 641
Hermana san Sulpicio, La: 45, 782
Hermanas: 230, 231
Hermanas, Las: 223, 325, 498
Hermanas alemanas, Las: 872
Hermanas Brontë, Las: 7, 423, 846
Hermanas de Gion, Las: 580, 581
Hermanas Makioka, Las: 427, 428
Hermanas Munakata, Las: 643
Hermanita del mayordomo, La: 102, 276
Hermanito, El: 400, 499
Hermano bastardo de Dios, El: 701
Hermano más listo de Sherlock Holmes, El: 320, 925
Hermano mayor, El: 428, 428
Hermano orquídea, El: 733
Hermano Sol, hermana Luna: 380, 939
Hermanos Barbarroja, Los: 632
Hermanos de armas: 572
Hermanos de la familia Toda, Los: 642, 643
Hermanos de sangre: 139, 140
Hermanos del hierro, Los: 49
Hermanos Karamazov, Los: 110, 111, 113, 114, 441
Hermanos Marx en el Oeste, Los: 545, 546
Hero: 224, 338, 351, 408
Hero's Island: 549
Héroe, El: 453, 705
Héroe anda suelto, El: 97, 98
Héroe de Texas, El: 396
Héroe del batallón, El: 508
Héroe del río, El: 453, 454
¿Héroe o cobarde?: 932
Héroe por accidente: 224, 338, 350, 351, 408

Héroe sacrílego, El: 401, 580, 581
Héroe solitario, El: 820, 821, 924, 925
Heroes: 318, 332
Heroes for Sale: 920, 936
Heroes of Telemark, The: 269, 389, 390, 533
Héroes, Los: 610
Héroes del domingo, Los: 130, 549, 550
Héroes del mar: 579
Héroes del tiempo, Los: 107, 187, 363
Héroes están cansados, Los: 310
Héroes están muertos, Los: 139
Héroes sin fama: 803
Héroes también lloran, Los: 409, 458
Héroïsme de Paddy, L': 348, 349
Héros sont fatigués, Les: 310, 586
Herr der Liebe, Der: 477
Herr Kischott: 7
Herr Puntila und sein Knecht Matti: 154
Herren der Meere: 464
Herrero de la aldea, El: 333
Herrin der Welt, Die: 256, 750
Herrin von Atlantis, Die: 646
Herrscher, Der: 442
Hers to Hold: 199, 276
Herz aus Glas: 402
Herzogin Satanella: 216
Hets: 940
Heute Nacht oder Nie: 765
Hex: 144
Hi, Mom!: 230, 231
Hi, Nellie!: 490, 601
Hi-Riders: 317
Hidalgo de los mares, El: 403, 661, 911
Hidden Agenda: 501, 940
Hidden Fear: 235
Hidden Guns: 253
Hide in Plain Sight: 121, 122
Hideous Mutant Freekz: 710
Hielo verde: 638
Hierbas flotantes, Las: 642, 643
Hierro dulce: 827
Higanbana: 643
High, Wide and Handsome: 530
High and the Mighty, The: 915, 920, 919
High Barbaree: 19
High Bright Sun, The: 95
High Command, The: 548
High Cost of Loving, The: 315, 743
High Finance: 516
High Flight: 574
High Noon: 191, 457, 726, 807, 941
High Plains Drifter: 280
High Pressure: 490
High Risk: 175, 697
High Season: 91, 106

High Sierra: 96, 516, 880, 911
High Society: 406, 457, 794
High Society Blues: 359
High Spirits: 387, 444, 608, 642
High Steppers: 725
High Time: 282
High Voltage: 504
High Wall: 603, 845
High Wind in Jamaica, A: 175, 400, 520, 697, 903
Higher and Higher: 592, 794
Highlander: 187
Highlander II: The Quickening: 187
Highpoint: 390
Hija de d'Artagnan, La: 623, 624, 842
Hija de Juan Simón, La: 116
Hija de Neptuno, La: 926
Hija de Ryan, La: 482, 578, 579
Hija del barrio, La: 574
Hija del capitán, La: 130, 356
Hija del embajador, La: 228, 509
Hija del engaño, La: 117
Hija del gobernador, La: 800
Hija del guardabosques, La: 256
Hija del pasado, La: 815
Hijas animosas: 216
Hijas del cervecero, Las: 441, 510
Hijas pródigas: 833, 930
Hijo, El: 586
Hijo de América, Un: 37
Hijo de Drácula, El: 796
Hijo de Juan Charrasqueado, El: 48
Hijo de Kong, El: 461
Hijo de la furia, El: 205, 222, **404,** 682, 854
Hijo de la pantera rosa, El: 140, 282, 652
Hijo de nadie, El: 215
Hijo de rostro pálido, El: 745
Hijo de todas, El: 726
Hijo del amor, El: 494, 495
Hijo del caíd, El: 887
Hijo del crack, El: 861
Hijo del destino, El: 318
Hijo del pistolero, El: 721
Hijo en América, Un: 792
Hijo perdido, El: 560, 876, 911
Hijo único, El: 642, 643
Hijo y su mamá, El: 728
Hijos de Fierro, Los: 805
Hijos de la farándula, Los: 353
Hijos de los mosqueteros, Los: 632
Hijos de María Morales, Los: 227
Hijos de nadie, Los: 123, 553
Hijos de Sánchez, Los: 697, 725, 726
Hijos de un dios menor: 424
Hijos del divorcio: 190
Hijos del mar: 581

Hijos desobedientes, Los: 49
Hijos que yo soñé, Los: 359
Hijosen no onna: 643
Hikkoshi Fufu: 642
Hilda Crane: 792
Hill, The: 187, 513, 514
Hill in Korea, A: 125
Hills of Home: 484
Hilo blanco de la catarata, El: 580, 581
Himmel über Berlin, Der: 921
Himno de batalla: 404, 420, 797, 798
Hindenburg, The: 64, 772, 929, 772
Hintertreppe, Die: 256
Hipólito, el de Santa: 227
Hips, Hips, Hooray!: 756
Hirak rajar dese: 705
Hired to Kill: 316
Hiroshima, mi amor: 404, 719
Hiroshima, mon amour: 404, 719
His Brother's Wife: 817, 844
His Butler's Sister: 102, 276
His Children's Children: 930
His Double Life: 364
His First Command: 468
His Girl Friday: 319, 374, 394, 515
His Hour: 902
His Kind of Woman: 579, 745
His Lordship: 681
His Majesty O'Keefe: 474
His Majesty the American: 304
His Nibs: 467, 468
His Picture in the Papers: 304, 825
His Private Secretary: 915
His Robe of Honor: 431
His Supreme Moment: 179
His Woman: 177, 190
Hissho ka: 581
Histoire de chanter: 540
Histoire de rire: 495
Histoire d'Adèle H., L': 7, 873
Histoire d'amour, Une: 445
Histoire d'eau, Une: 365
Histoire immortelle, Une: 591, 721, 918
Histoire simple, Une: 762, 767, 897
Histoire très bonne et très joyeuse de Colinot Trousse Chemise, L': 68, 69
Histoires extraordinaires: 68, 237, 328, 528
Historia de amor a la francesa, Una: 328
Historia de amor de mi mujer, La: 785
Historia de Bienvenido, La: 541
Historia de Brasil: 734
Historia de dos ciudades: 95, 179, 180, 862
Historia de Esther Costello, La: 202
Historia de golfos, Una: 12
Historia de Irene Castel, La: 51, 52, **405,** 736

Historia de la aldea, Una: 776, 777
Historia de la humanidad, La: 180, 417, 472, 545, 546, 547, 657
Historia de las hierbas flotantes: 642, 643
Historia de los crisantemos tardíos: 580, 581
Historia de los Miniver, La: 355, 356, 778
Historia de los trece, La: 730
Historia de Oliver: 83, 575, 638
Historia de Piera: 317, 423, 550, 551, 769, 770
Historia de S.: 475
Historia de San Francisco: 560
Historia de tres extraños, Una: 377, 378, 608
Historia de un amor: 359
Historia de un condenado: 420, 912
Historia de un detective: 680
Historia de un hombre ridículo, La: 9, 10, 88, 858, 859
Historia de un pobre hombre: 771, 813
Historia de un policía: 238
Historia de un soldado: 215, 914
Historia de una mala mujer: 725, 760
Historia de una monja: 398, 941
Historia de una noche: 760
Historia de una traición: 721
Historia de Will Rogers, La: 216
Historia del Bronx, Una: 230
Historia del Japón de la posguerra: La vida de la camarera Onboro: 428, 429
Historia do Brasil: 735
Historia extraordinaria, Una: 99
Historia inacabada, Una: 776, 777
Historia inmortal, Una: 590, 591, 720, 721, 918
Historia macabra, Una: 52, 271, 608
Historia más grande jamás contada, La: 315, 403, 676, 819, 820, 834, 916
Historia oficial, La: 689
Historia que comenzó hace dos mil años, Una: 144
Historia sin importancia, Una: 391
Historias de casados: 48, 310
Historias de Filadelfia: 212, 374, 399, **405,** 532, 820, 821
Historias de la radio: 406, 699, 700
Historias de la revolución: 381
Historias de la televisión: 406, 475
Historias de Nueva York: 18, 19, 192, 307, 624, 771
Historias de terror: 194, 648
Historias del Kronen: 47
Historias extraordinarias: 68, 237, 311, 328, 528
Historias peligrosas: 126
History Is Made at Night: 102, 105
History of the World, The: 557
Hit Parade of 1943: 395
Hit the Saddle: 396
Hit, The: 338, 722, 804
Hitch-Hicker, The: 516
Hitcher, The: 485
Hitchin' Post: 333

índice de películas

Hitler, connais pas: 93
Hitler, los últimos diez días: 380
Hitler Beast of Berlin: 469
Hitler's Madman: 352, 797, 798
Hito no issho: 581
Hitori musuko: 643
Hitting a New High: 911
Hjärtan som motas: 799
Ho fatto splash: 614
Ho sognato il paradiso: 357
Ho!: 80
Hobbs in a Hurry: 460
Hobson's Choice: 480, 464, 482
Hoffa: 249, 250, 616
Hogar, dulce hogar: 374
Hogaraka ni ayume: 642
Högfjällets dotter: 799, 800
Hoguera de las vanidades, La: 231, 377, 387, 927
Hoguera de odios: 403
Hoja del trébol, La: 333, 359
Hojas de otoño: 201, 202
Hojas de parra: 393, 394
Hojas multicolores: 800
Hola, ¿estás sola?: 98
¡Hola, hermanita!: 824, 825
¡Hola, mamá!: 229, 230, 231
Hola, Mr. Dugan: 731, 832
Hola y adiós: 428
Holcroft Covenant, The: 126, 337
Hold Back the Dawn: 105, 228, 366, 471, 487, 785, 924
Hold That Blonde: 471
Hold That Co-Ed: 70
Hold-up: 80
Hold Your Man: 348, 389, 930
Hold'Em Navy: 469
Hole in the Head, A: 137, 655, 733, 794
Hole in the Wall, The: 177, 733
Holiday: 212, 374, 399
Holiday Affair: 484, 579
Holiday Inn: 52, 756
Holle der Liebe: 256
Holly Mountain, The: 442
Hollywood: 833
Hollywood, Hollywood: 51, 52, 456, 457
Hollywood al desnudo: 212
Hollywood Boulevard: 110, 190
Hollywood Canteen: 202, 222, 224, 353, 516, 546, 655, 818
Hollywood Cavalcade: 26, 454
Hollywood conquistado: 864
Hollywood Hotel: 395, 680, 705
Hollywood Knights, The: 668
Hollywood or Bust: 493, 542
Hollywood Party: 388, 389, 480

Hollywood Revue: 201, 388, 454, 480
Hollywood Revue of 1929, The: 201, 388, 454, 480
Hollywood Story: 560
Holocaust 2000: 269
Holocausto 2000: 269
Holy Matrimony: 816
Holy Terror, A: 96
Hombre: 539, 612, 730
Hombre, El: 785
Hombre, Un: 538, 539, 612, 729, 730
Hombre, una mujer y un banco, Un: 832
Hombre a respetar, Un: 269
Hombre acusa, Un: 256, 409
Hombre al borde del camino, Un: 256, 257
Hombre atrapado, El: 476, 477, 893
Hombre bajo el puente, Un: 886
Hombre blanco, El: 616
Hombre cañón, El: 135, 137, **410**
Hombre clave, El: 411, 599, 600
Hombre con dos cerebros, El: 543
Hombre con rayos X en los ojos, El: 194, 573, 574
Hombre con un zapato rojo, El: 387
Hombre cuando es hombre, El: 759, 760
Hombre de Alcatraz, El: 337, 473, 474
Hombre de Anatolia, El: 452
Hombre de Colorado, El: 330, 409
Hombre de Chinatown, El: 192, 921
Hombre de éxito, Un: 805
Hombre de hierro, El: 412, 910
Hombre de hoy, Un: 612, 666, 931
Hombre de Kentucky, El: 473, 474, 555
Hombre de Kiev, El: 72, 95, 337
Hombre de la conquista, El: 328, 329
Hombre de la estación, El: 832
Hombre de la isla, El: 700
Hombre de la lluvia, El: 408, 491
Hombre de La Mancha, El: 505, 506, 641, 642
Hombre de la Tierra, El: 215
Hombre de la torre Eiffel, El: 479, 480
Hombre de Laramie, El: 411, 533, 821
Hombre de las dos caras, El: 733
Hombre de las estrellas, El: 860
Hombre de las figuras de cera, El: 256, 441
Hombre de las gafas de oro, El: 624, 756
Hombre de las mil caras, El: 124, 125
Hombre de las pistolas de oro, El: 327, 333, 697, 923
Hombre de leyenda, Un: 16
Hombre de leyes: 256
Hombre de los hongos, El: 359
Hombre de Mackintosh, El: 411, 425, 426, 548, 549, 612, 754, 755
Hombre de Mallorca, El: 922
Hombre de mármol, El: 411, 910
Hombre de Marrakech, El: 244
Hombre de medianoche, El: 473, 474

Hombre de moda, El: 556
Hombre de mundo, Un: 504
Hombre de neón, El: 781
Hombre de Oklahoma, El: 560
Hombre de paja, El: 361, 362
Hombre de pecho triunfa, El: 919, 920
Hombre de Rio, El: 79, 80, 265
Hombre de Río Malo, El: 503, 549
Hombre de Río Nevado, El: 269
Hombre de suerte, Un: 31, 177
Hombre de una tierra salvaje, El: 390, 426
Hombre del bosque, El: 392
Hombre del brazo de oro, El: 625, 655, 684, 794
Hombre del clan, El: 118, 544
Hombre del cráneo rasurado, El: 238, 239, **412,** 621
Hombre del hacha, El: 776, 777
Hombre del Hispano, El: 277
Hombre del impermeable, El: 277, 278
Hombre del Oeste, El: 190, 191, **412,** 533
Hombre del Sur, El: 412, 717, 718
Hombre del traje blanco, El: 380, **413,** 520
Hombre del traje gris, El: 413, 443, 538, 539, 661
Hombre elefante, El: 64, 415, 416
Hombre en el tejado, Un: 922
Hombre en la vía, Un: 601
Hombre enamorado, Un: 140, 213
Hombre encubierto, El: 112, 113
Hombre entre hombres: 333
Hombre impone la ley, Un: 579
Hombre inverosímil, Un: 270
Hombre invisible, El: 413, 922
Hombre invisible vuelve, El: 414
Hombre leopardo, El: 597, 862
Hombre llamado caballo, Un: 389, 390
Hombre llamado «Flor de Otoño», Un: 414, 634, 750, 751
Hombre llamado intrépido, Un: 401, 618
Hombre más duro, El: 323, 692
Hombre mosca, El: 60, 499
Hombre no es un pájaro, El: 526
Hombre o demonio: 505, 506, 697
Hombre o diablo: 323, 324
Hombre objeto: 722
Hombre oculto, El: 556, 881
Hombre para Ivy, Un: 638, 676
Hombre para la eternidad, Un: 708, 918, 941
Hombre perdido, El: 478, 676
Hombre que amo, El: 919
Hombre que debía una muerte, El: 803
Hombre que decidía la muerte, El: 96, 352
Hombre y la bestia, El: 69, 70
Hombre que mató a Liberty Valance, El: 333, 334, **414,** 544, 820, 821, 914, 916
Hombre que murió tres veces, El: 940

Hombre que nos persigue, El: 870
Hombre que perdió su alma, El: 699
Hombre que perdió su sombra, El: 582, 583, 701, 839
Hombre que pudo reinar, El: 125, 126, 187, 425, 426
Hombre que sabía demasiado, El: 225, 406, 407, 820, 821
Hombre que se quiso matar, El: 751
Hombre que sonríe, El: 233
Hombre que supo amar, El: 4, 582, 670
Hombre que vendió la torre Eiffel, El: 159
Hombre que vendió su alma, El: 255, 256, 309, **414,** 792
Hombre que vino a cenar, El: 224
Hombre que yo amo, El: 920
Hombre rompecabezas, El: 126, 637
Hombre sin importancia, Un: 320
Hombre sin nacionalidad, El: 427
Hombre sin rostro, El: 362
Hombre solitario, Un: 666
Hombre solo, Un: 573, 574
Hombre tranquilo, El: 332, 333, 632, 914, 915
Hombre tras el poder, Un: 238
Hombre y el monstruo, El: 416, 529, 530, 538, 850
Hombre y una mujer, Un: 9, 10, 487, 869, 870
Hombre y una mujer, veinte años después, Un: 9, 10, 487, 488, 592, 871
Hombres: 106, 940, 941
Hombres, hombres...: 265
Hombres de Tohoku, Los: 427
Hombres contra la guerra: 739, 740
Hombres de Arán: 321
Hombres de blanco: 348
Hombres de la manivela, Los: 565
Hombres de mañana: 102
Hombres de presa: 696, 915
Hombres del domingo, Los: 795, 796, 940
Hombres duros no bailan, Los: 637, 638, 740
Hombres en blanco: 509
Hombres en la oscuridad: 800
Hombres intrépidos: 332, 333, **415,** 914, 915
Hombres marcados: 624
Hombres no abandonan, Los: 477
Hombres no son dioses, Los: 390, 416
Hombres o diablos: 508
Hombres olvidados: 269
Hombres que caminan sobre la cola del tigre, Los: 466
Hombres que la amaron, Los: 936
Hombres siempre mienten, Los: 254
Hombres sin armas: 333
Hombres sin ley: 257
Hombres sin miedo: 333
Hombres sin rostro: 522
Hombres son enemigos, Los: 531
Hombres temerarios: 269, 393

índice de películas

Hombres violentos: 331, 403, 554, 733, 817, 818
Hombres y lobos: 48, 231, 531, 586
Home, Sweet Home: 364, 376
Home Before Dark: 490, 792
Home Breaker, The: 887
Home for Holidays: 335, 423, 162
Home From the Hill: 577, 579, 655
Home in Indiana: 393
Home Movies: 231, 269
Home on the Range: 784
Homeboy: 743
Homecoming: 73, 348, 490, 875
Homen do Pau-Brasil, O: 31
Homenaje a la hora de la siesta: 862
Homer & Eddie: 463
Homestretch, The: 632
Hometown Story: 585
¡Homicida!: 229
Homicide: 529
Homicide Bureau: 396
Homicidio: 529
Homicidio en primer grado: 633, 802
Homicidio justificado: 655
Homme à abattre, Un: 870
Homme à femmes, L': 242, 316
Homme à l'Hispano, L': 277
Homme à l'imperméable, L': 278
Homme amoureux, Un: 140, 213
Homme aux yeux d'argent, L': 871
Homme blanc, L': 616
Homme de ma vie, L': 590
Homme de Marrakech, L': 244
Homme de Rio, L': 80, 265
Homme de trop, Un: 197, 671
Homme du jour, L': 278
Homme du large, L': 104, 494
Homme en colère, L': 253
Homme est mort, Un: 244, 253, 763, 870
Homme et une femme, Un: 10, 487, 870
Homme et une femme: vingt ans déjà, Un: 10, 488, 592, 871
Homme pressé, L': 238
Homme qui a perdu son ombre, L': 583, 701, 839
Homme qui aimait les femmes, L': 143, 282, 873
Homme qui me plaît, Un: 80, 487
Homme qui ment, L': 870
Homme qui revient de loin, L': 38
Homme qui vendit la Tour Eiffel, L': 159
Homme voilé, L': 672
Hommes en blanc, Les: 590
Hommes nouveaux, Les: 495
Hon segrade: 800
Hondo: 915
Honest, Decent and True: 633
Honest Man, An: 102

Honey Pot, The: 138, 391, 395, 533, 598
Honeymoon: 681, 825, 848, 938
Honeymoon for Three: 784
Honeymoon in Bali: 522
Honeymoon in Vegas: 64, 122, 124
Honeymoon Machine, The: 561
Hong goaliang: 935
Hong-Kong: 705
Honkers, The: 175
Honky Tonk: 348, 875
Honky Tonk Freeway: 764
Honkytonk Man: 58, 280
Honninsgmane: 56
Honor Among Lovers: 50, 177, 538, 736
Honor de la familia, El: 902
Honor de los Prizzi, El: 424, 426, 615, 875
Honor del capitán Lex, El: 191, 235
Honor entre amantes: 49, 50, 177, 538, 736
Honor mancillado: 212
Honor perdido de Katharina Blum, El: 765, 872
Honor System, The: 911
Honorable Catalina, La: 495
Honorable Catherine, L': 495
Honorable señora Oyu, La: 580, 581
Honorary Consul, The: 361
Honrad a vuestra esposa: 272
Honradez de la cerradura, La: 699
Honrado gremio del robo, El: 125
Honrarás a tu madre: 460
Honrarás a tu padre: 205
Hoodlum Saint, The: 926
Hoodman Blind: 333
Hook: 732, 814, 926
Hook, The: 269
Hook Line and Sinker: 493
Hooper: 318
Hooper, el increíble: 318
Hoosiers: 385, 401, 417
Hope and Glory: 100, 295
Hoppy Serves a Writ: 578
Hopscotch: 439, 555
Hora bruja, La: 4, 701
Hora contigo, Una: 509, 510
Hora de la prueba, La: 800
Hora de las pistolas, La: 418, 657, 731, 907
Hora de los hornos, La: 805
Hora de los niños, La: 727
Hora del lobo, La: 85, 834, 877
Hora en blanco, Una: 930, 936
Hora en la noche, Una: 844
Hora en la vida, Una: 92, 93
Hora final, La: 51, 52, 351, 352, **418,** 661, 666
Hora incógnita, La: 721
Hora radiante, La: 101, 102, 201, 270, 532, 830
Hora veinticinco, La: 697

Horace 62: 870
Horas de ensueño: 617, 618
Horas de pánico: 721
Horas del amor, Las: 858
Horas desesperadas: 97, 167, 538, 539, 932
Horas robadas: 25, 395
Horca puede esperar, La: 424, 426
Horda, La: 572
Horda argentada, La: 560
Horda maldita, La: 190, 392
Hori, ma panenko!: 334
Horizons West: 94, 419, 421
Horizonte muy lejano, Un: 207
Horizontes azules: 403, 522, 554
Horizontes de gloria: 930
Horizontes de grandeza: 402, 403, **418,** 661, 791, 792, 932
Horizontes del Oeste: 94, **419,** 421
Horizontes lejanos: 419, 420, 533, 820, 821
Horizontes perdidos: 105, 136, 137, 179, 180, **419,** 877
Horloger de Saint-Paul, L': 623, 842
Hormiguero, El: 303
Horn Blows at Midnight, The: 911
Hornet's Nest: 421
Horror al matrimonio: 922
Horse: 913
Horse, La: 346
Horse Feathers: 545, 546
Horse Soldiers, The: 334, 409, 916
Horsemen, The: 337
Horse's Mouth, The: 380
Hortelana, La: 784
Hospital, El: 459
Hospital, The: 772
Hospital hora cero: 385
Hostería: 771
Hostile Witness: 573, 574
Höstsonaten: 85, 809, 877
Hot Blood: 704, 745
Hot Enough for June: 95
Hot for Paris: 911
Hot Millions: 883
Hot Rock, The: 708
Hot Rods to Hell: 32
Hot Saturday: 374
Hot Spell: 521, 697
Hot Spot: 417
Hot Stuff: 490
Hot Times: 558
Hot Water: 499
Hotel: 270, 630, 695
Hotel Berlin: 371
Hotel de los fantasmas, El: 387, 444, 608, 642
Hotel de los líos, El: 545, 546

Hotel for Women: 220
Hotel Imperial: 574
Hotel Internacional: 51, 117, 118, 843, 844, 918
Hotel New Hampshire, El: 335, 461, 462, 582, 724
Hotel New Hampshire, The: 335, 462, 582, 724
Hotel Paradiso: 380, 503
Hotel Reserve: 548
Hotel Splendide: 681
Hotel y domicilio: 758
Hôtel des Amériques: 241, 242, 846
Hôtel du Nord: 37, 38, 142, 444, 445
Hôtel du Paradis: 722
Hôtel Sahara: 883
Houdini: 214, 484
Hound Dog Man: 787
Hound of the Baskerville, The: 589
Hour Before the Dawn, The: 471
Hour of the Gun: 418, 657, 731, 907
House, The: 319
House Boat: 506
House by the River: 477
House Calls: 439, 555
House Divided, A: 932
House for Holiday: 64
House in the Nightmare, The: 574
House Is not a Home, A: 845
House of Bamboo: 342
House of Cards: 875, 918
House of Games: 147, 529
House of Huser: 194
House of Rotchschild, The: 936
House of Strangers: 395, 533, 631, 648, 733
House of Telegraph Hill, The: 928
House of the Seven Hawks, The: 845
House of the Spirits: 56, 435, 709, 747, 823
House of Wax: 235
House on 92nd Street, The: 393
Houseboat: 374
Householder, The: 436, 437
Housekeeper's Daughter, The: 556
Housesitter: 394, 543
Housewife: 223
Houzhe: 446, 935
How Do I Love Thee?: 633
How Green Was My Valley: 333, 632, 693
How the West Was Won: 327, 334, 393, 662, 821, 916, 923
How to Beat the High Cost of Living: 477
How to Make an American Quilt: 64
How to Make an American Quit: 747, 792
How to Make It: 195
How to Marry a Millionaire: 62, 585, 610
How to Murder a Rich Uncle: 125
How to Murder Your Wife: 488, 695
How to Save a Marriage and Ruin Your Life: 542

índice de películas

How to Steal a Million: 105, 398, 641, 932
How to Stuff a Wild Bikini: 454
How to Succeed in Business Without Really Trying: 335
Howards de Virginia, Los: 374
Howards End: 383, 416, 437, 709, 711, 852
Howards of Virginia, The: 374, 469
Hoy como ayer: 421, 475, 700
Hoy no pasamos lista: 313
Hoy y mañana: 215
Hra o jablko: 166
Hu-Man: 591
Huang Tudi: 449, 934
Hubo una luna de miel: 374, 559
Hucksters, The: 348, 352, 458
Hud: 270, 608, 730
Hud, el más valiente entre mil: 270, 608, 729, 730
Huddle: 930
Hudson Hawk: 175, 561, 927
Hudson's Bay: 601, 854
Hudsucker Proxy, The: 177, 485, 612
Huelga: 799, 800
Huelga, La: 283, 284
Huelga de esposas: 102
Huella, La: 125, 126, 532, 533, 636
Huella conduce a Londres, La: 114
Huella de un recuerdo, La: 579
Huella del crimen, La: 892
Huella del pasado, La: 229, 617
Huella digital, La: 573
Huellas del paraíso: 505
Huellas femeninas: 26
Huerfanita, La: 333
Huérfanos en Budapest: 936
Huésped número 13, El: 736
Huevo de la serpiente, El: 84, 85, 139, **421**, 834, 877
Huevo y yo, El: 178, 522
Huevos de oro: 90, **422**, 851, 892, 893
Huida, La: 71, **422**, 561, 662, 781
Huida a medianoche: 230
Huida al Sur: 591
Huida hacia el Sol: 528, 923
Huida hacia el Sur: 520, 732, 733, 903
Hula: 323, 324
Hullabaloo over Georgie and Bonnie's Pictures: 436, 437
Hullo Fame: 883
Humain trop humain: 528
Human Cargo: 396
Human Comedy, The: 112, 578
Human Desire: 247, 331, 477
Human Factor, The: 55, 684
Human Highway: 417
Humdrum Brown: 431
Humeur vagabonde, L': 591

Humming Bird, The: 833
Humoresque: 101, 102, 201, 202, 353, 609, 610
Hun Within, The: 825
Hunchback of Notre-Dame, The: 256, 294, 479, 632
Hunderdth Monkey, The: 361
Hundimiento de la casa Usher, El: 194
Hundimiento del Titanic, El: 609, 610, 818, 856
Hundred Pound Window, The: 55
Húngaros: 303
Hunger, The: 219, 242, 759
Hungry Hill: 791
Hunt for Red October, The: 187
Hunted: 95
Hunted Men: 696
Hunter, The: 562
Hunters, The: 579, 680
Hunting Party, The: 83, 385
Huracán: 105, 307, 731, 815, 816, 834, 871, 872
Huracán de emociones: 474
Huracán sobre la isla: 164, 333
Hurdes, Las: 116, 281
Hurlevent: 3, 730
Hurricane: 307, 731, 834, 872
Hurricane, The: 164, 333
Hurricane Express, The: 914
Hurry Sundwon: 275
Hurry Up or I'll Be 30: 249
Húsar en invierno, Un: 215
Húsares de la reina, Los: 463, 464
Husbands: 151
Husbands and Lovers: 815
Husbands and Wives: 18, 19, 307, 493, 608
Hush Money: 508
Hush... Hush, Sweet Charlotte: 14, 133, 199, 224, 228, 693
Hussard sur le toit, Le: 90, 244, 702
Hustle: 14, 242
Hustler, The: 119, 612, 742, 771, 772
Husz óra: 303
Huszar a telben: 215
Huyendo del matrimonio: 460
Hypothèse du tableau volé, L': 745

I, a Man: 913
I Accuse: 315
I Am a Camera: 122, 171
I Am a Fugitive From a Chain Gang: 490, 601
I Am the Law: 733
I Can Get It For You Wholesale: 395
I Confess: 73, 174, 407
I Could Go on Singing: 95, 354
I Cover the War: 915
I Cover the Waterfront: 177
I Died a Thousand Times: 417, 544, 880
I Dood It: 576

I Dream Too Much: 205, 326
I Found Stella Parish: 325, 490
I Hired a Contract Killer: 451
I Know Where I'm Going: 681
I Like Your Nerve: 936
I Live for Love: 725
I Live in Grosvenor Square: 390
I Live My Life: 201
I Lived With You: 516
I Love a Soldier: 366, 756
I Love Melvin: 845
I Love N. Y.: 638
I Love Trouble: 624, 732
I Love You: 317
I Love You Again: 509
I Love You to Death: 424, 450, 710
I Loved a Woman: 733
I Loved You Wednesday: 460
I Married a Witch: 171, 395, 471, 539, 554
I Married a Woman: 253
I Met a Murderer: 548
I Met Him in Paris: 178, 270
I Met My Love: 326
I Mobster: 194
I Never Promise You a Rose Garden: 691
I Never Sang for My Father: 270, 385
I Ought to Be in Pictures: 555
I prövningens stund: 800
I Remember Mama: 820
I Saw What You Did: 202
I See a Dark Stranger: 458
I Shot Jesse James: 342, 892
I Started With Eve: 479
I Take This Woman: 102, 190, 472, 504, 864
I Thank a Fool: 395
I Wake Up Screaming: 556
I Walk Alone: 269, 473
I Walk the Line: 337, 662, 935
I Walked With a Zombie: 597, 862
I Wanna Hold Your Hand: 939
I Want a Divorce: 680
I Want to Go Home: 162, 243, 719
I Want to Live: 395, 694, 928
I Want You: 32, 372
I Wanted Wings: 408, 471, 487, 574, 785
I Was a Male War Bride: 319, 374, 394, 784
I Was a Shoplifter: 214, 421
I Was an Adventuress: 825
I Will... I Will... for Now: 454
I Wish I Was by That Dim Lake: 483
I. F. 1 ne répond plus: 104
I. F. 1 no contesta: 104
I... como Ícaro: 586
I. Q.: 555, 746
Ibéricas, F. C., Las: 313, 751

I'd Climb the Highest Mountain: 395, 461
I'll Be Seeing You: 146, 199, 256, 736, 848
I'll Be Yours: 276
I'll Cry Tomorrow: 395
I'll Do Anything: 624
I'll Give My Life: 253
I'll Met by Moonlight: 95, 681
I'll Never Forget What's Is Name: 918
I'll Never Forget You: 682
I'll Never Stop Loving You: 22
I'll Say So: 911
I'll See You in My Dreams: 225, 216
I'm All Right Jack: 55
I'm No Angel: 374
I've Always Loved You: 102
Ice Follies of 1939: 201, 820
Ice Palace: 118
Ice Pirates, The: 424
Ice Station Zebra: 421
Iceman Cometh, The: 108, 337, 538, 539, 544
Ich caestvo: 450
Ich Habe im Mai von der Liebe Getraumt: 257
Ich küsse ihre Hand, Madame: 257
Ich Lebe für Dich: 256
Ich such dich: 9
Ichhapuran: 777
Ichiban utsukushiku: 466
Ici et ailleurs: 365
Idaho Transfer: 144
Idea di un'isola: 741
Ideal Husband, An: 171, 366, 464
Identificación de una mujer: 40
Identificazione di una donna: 40
Identikit: 844
Idilio en septiembre: 908
Idiot, L': 669
Idiot's Delight: 112, 348
Idiota, El: 465, 466, 669
Idol, The: 443
Idol Dancer, The: 376
Idol of the Crowds: 915
Idole, L': 586
Ídolo, El: 70, 216
Ídolo caído, El: 389, 390, **428,** 464, 592, 709, 766
Ídolo de barro, El: 268, 269
Ídolo de Nueva York, El: 374
Ídolos del aire: 207, 746
Ídolos también aman, Los: 504
Ieraishan: 427
Ieri, oggi, domani: 233, 506, 550
If...: 30, 31
If I Had a Million: 190, 510
If I Were King: 180
If I Were Single: 508
If It's Tuesday, This Must Be Belgium: 151, 234

índice de películas

If Winter Comes: 458, 484
Így jöttem: 440
Ikimonu no kiroku: 466
Ikiru: 466
Il est minuit docteur Schweitzer: 590
Il faut tuer Brigitte Hass: 623
Il pleut sur Santiago: 870
Il y a des jours et des lunes: 488
Il y a des pieds au plafond: 349
Ilegal, La: 727
Ille du trésor, L': 745
Illegal: 733
Illegally Yours: 97, 98
Illibatezza: 741
Illicit: 817
Illuminacja: 938
Ils sont grands ces petits: 242
Iluminación: 937, 938
Ilusión viaja en tranvía, La: 117
Ilusiones rotas: 130, 525
Im banne der Leidenschaften: 441
Im Lauf der Zeit: 287, 921
Image, L': 318
Imágenes: 21
Images: 21
Imaginary Crimes: 456
Imitación a la vida: 797, 798, 875, 876
Imitación de la vida: 177, **429,** 815, 816
Imitation General: 331
Imitation of Life: 177, 429, 798, 816, 876
Immorale, L': 362, 755, 858
Immortal Beloved: 633
Immortal Sergeant, The: 327, 816
Impacto: 93, 189, 231, 866
Impacto súbito: 279, 280
Impasse des deux anges, L': 789
Impatient Maiden, The: 922
Imperativ: 143, 938
Imperative: 143
Imperativo: 938
Imperatore di Capri, L': 182
Imperfect Lady, The: 574, 696
Imperio contraataca, El: 331, 332, 380, 450
Imperio de la fortuna, El: 727
Imperio de la pasión, El: 641
Imperio de los canallas, El: 346, 429, 641
Imperio de los sentidos, El: 429, 641
Imperio de titanes: 118
Imperio del león, El: 80, 488
Imperio del mal, El: 697, 801
Imperio del sol, El: 527, 814
Impiegata di Papa, L': 92
Impiegati: 58
Implacables, Los: 347, 348, 745, 912
Implacables, patrulla especial 7, Los: 763

Importance of Being Ernest, The: 51
Importancia de llamarse Ernesto, La: 51
Important c'est d'aimer, L': 767, 942
Imposible para una solterona: 313
Impossible Mrs. Bellew, The: 833, 930
Impossible Object, The: 72, 337, 755
Impossible Years, The: 618
Impostor, El: 48, 315
Impostor, The: 278, 346
Impostora, La: 212, 399, 863, 864
Imprécateur, L': 672
Impresionantes dobermans, Los: 52
Imprevisto, L': 10, 479
Impromptu: 375, 852
Impulse: 856
Impulso criminal: 322, 323, **429,** 918
Impulso violento: 580
Imputazione di omicidio per uno studente: 99
In a Lonely Place: 97, 288, 704
In Again, Out Again: 304, 825
In Caliente: 725
In cammino: 26
In Celebration: 31, 71, 72
In Cold Blood: 111
In Country: 927
In Einem Jahr mit 13 Monden: 308
In Ennern des Wals: 265
In Harm's Way: 32, 269, 327, 608, 684, 916
In Like Flint: 175
In memoriam: 162
In Name Only: 205, 268, 374, 504
In nome del popolo italiano: 357, 728, 859
In nome della legge: 361
In Old Arizona: 911
In Old California: 915
In Old Chicago: 26, 164, 460, 682
In Old Kentucky: 815
In Old Missouri: 469
In Our Hands: 759, 822
In Our Time: 516
In Person: 736
In Search of Gregory: 166
In the Beak Midwinter: 106
In the Cool of the Day: 328
In the French Style: 774
In the Good Old Summertime: 73, 354, 454, 576
In the Heat of the Night: 676
In the Line of Fire: 280, 527
In the Meantime Darling: 683, 684
In the Mouth of Madness: 403
In the Name of the Father: 226, 785, 852
In the Navy: 680
In the Spirit: 377
In the Wake of the Bounty: 324, 325, 706
In This Our Life: 224, 228, 426

In una notte di chiaro di Luna: 275, 276, 461, 462, 642
In viaggio con papà: 812, 813
In Weiter Ferne, so Nach: 219, 921
In Which We Serve: 55, 482
Inaccesible, La: 938
Incantesimo tragico: 310
Incantevole nemica, L': 454, 812, 858
Incensurabile, Gli: 234, 858
Incidente a Villa Borghese: 233
Incidente en Ox-Bow: 32, 326, 327, **430,** 696, 919, 920
Incidente en Villa Borghese: 233
Incomprendido, El: 181, 182
Incompreso: 182
Inconfidentes, Os: 31
Inconnu dans la maison, L': 80
Inconquistables, Los: 190, 191, 229, 366, 881
Incorregible, El: 80, 115, 138
Incorregible, La: 177, 538
Incorrigible Dukane, The: 70
Incorrigible, L': 80, 115, 138
Incredible Sarah, The: 323, 439
Incredible Shrinking Man, The: 439, 768
Incredible Shrinking Woman, The: 768
Incrédula, La: 229
Increíble hombre menguante, El: 768
Incubus, The: 151
Inchiesta, L': 144, 456
Inchon: 91, 637
Indagine su un cittadino al di sopra di ogni sospetto: 434, 668
Indecent Proposal: 589, 708
Indeseable, La: 803
Indeseables, Los: 544, 612
Indestructibles, Los: 421, 916
India: 741
India en llamas, La: 62
India vista da Rossellini, L': 741
Indian Fighter, The: 235, 263, 269, 555
Indian Runner, The: 418
Indiana Jones and the Last Crusade: 187, 286, 332, 814
Indiana Jones and the Temple of Doom: 286, 332, 814
Indiana Jones y el templo maldito: 286, 331, 332, 814
Indiana Jones y la última cruzada: 187, 286, 331, 332, 814
Indianápolis: 112, 348, 818
Indianapolis Speedway: 784
Indiens sont encore loin, Les: 423
Indiferentes, Los: 139, 366
Indifferenti, Gli: 139, 366, 878
Indio, El: 48
Indio altivo, El: 697, 709, 710

Indio Black: 114
Indio Black, sai che te dico... sei un gran figlio di...: 114
Indiscreet: 86, 264, 374, 559, 833
Indiscreta: 85, 86, 264, 374, 559, 833
Indiscretion of an American Wife: 297
Indiscrétion, L': 755
Indochina: 242, 912
Indochine: 242, 912
Indomable, La: 201
Indomables, Los: 161, 162, 403, 818
Indómita, La: 324, 389
Indómita y el millonario, La: 225, 488, 695
Indómitos, Los: 264, 265
Indulto, El: 48, 49
Industria del matrimonio, La: 760
Infamia: 700
Infancia, vocación y primeras experiencias de Giacomo Casanova veneciano: 181, 182
Infancia de Gorki, La: 264, 265
Infancia de Iván, La: 839, 840
Infanzia, vocazione e prime esperienze di Giacomo Casanova veneziano: 182
Infedeli, Le: 503, 584
Infedelmente tua: 859
Infedeltà coniugale: 317
Inferno: 45
Infielmente tuya: 461, 462, 589
Infierno, El: 73, 74, 159, 160, 174
Infierno, gringo, El: 721
Infierno bajo cero: 469
Infierno blanco, El: 914, 915, 919, 920
Infierno de cobardes: 279, 280
Infierno de los celos, El: 803
Infierno de los héroes, El: 315
Infierno del odio, El: 466
Infierno del oro, El: 930
Infierno del whisky, El: 695, 923
Infierno en el Pacífico: 100, 544
Infierno en la ciudad: 152, **430,** 525, 812
Infierno en la Tierra: 393, 854
Infierno en las nubes: 703, 704, 914, 915
Infierno negro, El: 216, 601
Informe Pelícano, El: 650, 732, 783, 914
Informer, The: 236, 333, 573
Ingeborg Holm: 799
Ingen Mans Kvinna: 834
Ingenio salvaje, El: 389, 439
Ingenjör Andrees Luftfärd: 834, 872
Ingenua explosiva, La: 328, 544
Ingenuo salvaje, El: 30, 31, 389, 439
Inglés que subió una colina, pero bajó una montaña, El: 375
Inglesa romántica, Una: 125, 126, 439, 507
Ingmarssönerna: 800

Ingorgo, L': 183, 243, 551, 582, 722, 751, 756, 813, 859
Inherit the Wind: 457, 539, 864
Inhumaine, L': 494
Inmediate Lee: 101
Inmortal Beloved: 740
Inmortal Sergeant: 632
Inmortales, Los: 187
Inmortales II: el desafío, Los: 187
Inn of Sixth Happiness, The: 86
Innamorati, Gli: 99
Inner Circle, The: 223, 463
Innerspace: 692
Innocent Bystanders: 33, 162
Innocent Sinner, The: 911
Innocent, The: 416, 608, 740, 764
Innocent Victim: 62
Innocent's Progress: 102
Innocente, L': 431, 638, 905
Innocente Casimiro, L': 812
Innocents, Les: 846
Innocents, The: 172, 458, 831
Innocents aux mains sales, Les: 160, 767
Inocencia sin defensa: 526
Inocencia y juventud: 407
Inocente Casimiro, El: 812
Inocente, El: 415, 416, **431,** 638, 740, 764, 905
Inocentes, Los: 67, 68
Inocentes con manos sucias: 159, 160, 766, 767
Inochi bo ni furo: 462
Inolvidable, La: 272
Inondation, L': 424
Inquietudes: 115, 144, 285, 744
Inquilino, El: 312, 313, 673
Inquilinos, Los: 671, 841, 842
Insaciables, Los: 469
Inseparables: 115, 206, **431,** 435
Inserts: 273
Inside Daisy Clover: 600, 650, 708, 929
Inside Out: 549
Insignificance: 214, 735
Insignificancia: 214, 735
Insólita aventura, Una: 375
Insônia: 666
Insoportable levedad del ser, La: 90, 225, 226
Insoumis, L': 237
Inspecteur la bavure: 243
Inspecteur Lavardin: 160
Inspector Clouseau: 652
Inspector de hierro, El: 572, 573, 648
Inspector Joss: 346
Inspector Tibbs contra la Organización, El: 676
Inspiración: 111, 112, 350
Inspiration: 112, 350
Instante, una vida, Un: 646, 678, 679

Instinto básico: 271, 821, 822, 894
Instinto del amor, El: 816, 826
Instinto sádico: 710
Ins't Life Wonderful: 376
Intendente Sansho, El: 432, 580, 581
Interdit de séjour: 671
Interferencias: 515, 875
Interior rojo: 314
Interiores: 17, 18, 454, 455
Interiors: 18, 455
Interlude: 19, 798, 832
Interludio de amor: 19, 797, 798, 832
Intermezzo: 85, 420
Internal Affairs: 319, 351, 361
International Settlement: 725
International Squadron: 705
International Velvet: 416, 913
Internecine Project, The: 175
Internes Can't Take Money: 560
Interno berlinese: 155
Interns Can't Take Money: 817
Interpol: 556
Interrupted Melody: 331, 655
Intersection: 197, 223, 361, 822
Interspace: 746
Interval: 629, 630
Intervals: 375
Interview: 777
Interview With the Vampire: 66, 207, 444, 674, 802
Intervista: 311, 551
Intervista con Salvador Allende: 741
Intimate Stranger, The: 507
Intimidad con un extraño: 507
Intimidad en los parques: 39, 700
Intimidades en un cuarto de baño: 400, 401
Íntimo y personal: 669
Into the Night: 669
Intocables, Los: 187, 198, 230, 231, 350, 351, 528
Intoccabili, Gli: 151, 743
Intolerance: 112, 213, 258, 268, 272, 291, 364, 376, 432, 453, 825, 842
Intolerancia: 112, 213, 258, 268, 272, 291, 364, 376, **432,** 453, 823, 825, 842
Intrépido, El: 333, 914
Intrépidos forajidos: 175, 801
Intrépidos salvajes, Los: 317
Intriga en Ciudad del Cabo: 91, 535
Intriga en el Gran Hotel: 270, 630, 695
Intriga extranjera: 579
Intriga femenina: 269, 395
Intrigantes, Les: 590
Introducción al matrimonio: 642
Intruder, The: 194
Intruder in the Dust: 112, 433
Intrusa, L': 553

Intrusa, La: 368, 833
Intruso: 4, 42, 43, 46, **432,** 658
Intruso, El: 194
Intruso en el juego, Un: 238
Intruso en el polvo: 112, **433**
Inugami-ke no ichizoku: 428
Inútiles, Los: 24, 127, 310, 311, 811, 812
Invader,The: 454
Invasion of Privacy: 638
Invasion of the Body Snatchers: 433, 787, 832
Invasión: 215
Invasión de los bárbaros, La: 796, 918
Invasión de los ladrones de cuerpos, La: 433, 787
Invasión de los ultracuerpos, La: 433, 831, 832
Invasión de los zombies atómicos, La: 317, 700
Invasión en Birmania: 342, **433**
Invasores, Los: 420, 635, 636, 676, 681, 923
Invencibles, Los: 450, 924
Investigación criminal: 366, 733
Investigación sobre un ciudadano libre de toda sospecha: 434, 668
Investigador insólito, Un: 273
Invidia, L': 741
Invierno en Mallorca, Un: 102, 103
Invincible Six, The: 610
Invisible Harvey, El: 821
Invisible Man Retourns, The: 414
Invisible Man, The: 413, 922
Invisible Man's Revenge, The: 414
Invisible Stripes: 96, 408
Invisible Woman, The: 70, 587
Invitación, La: 39
Invitación a la danza: 456, 457
Invitación a la felicidad: 522
Invitación a un pistolero: 114
Invitada, La: 671
Invitata, L': 671
Invitation to a Gunfighter: 114
Invitation to Happiness: 522
Invitation to the Dance: 456, 457
In'n'out: 337
Io amo, tu ami: 92, 93
Io ballo da sola: 88
Io e Caterina: 811, 813
Io e il Duce: 759
Io, io, io... e gli altri: 93, 234, 503, 531, 550
Io la conoscevo bene: 755, 858
Io non vedo, tu non parli, lui non sente: 130, 234
Io so che tu sai che io so: 812, 813, 906
Io sonno mia: 755
Io sono il capataz: 505
Io sono un autarchico: 591
Io uccido, tu uccidi: 870
Ipcress: 125
Ipcress File, The: 125

Ippocampo, L': 233
Ir a perderlo y perderse: 207
Ira de Dios, La: 397, 579
Iremos a la ciudad: 161
Irene: 574
Iris och löjtnantshjärta: 940
Irish Eyes Are Smiling: 696
Irish in Us, The: 124, 227
Irlandesita, La: 396
Irma la Douce: 41, 121, 488, 521, 925
Irma la dulce: 41, 121, 488, 521, 924, 925
Iron Curtain, The: 32, 854, 920
Iron Horse, The: 333
Iron Man: 421
Iron Man, The: 113, 389
Iron Mask, The: 304
Iron Maze: 326
Iron Mistress, The: 469
Iron Petticoat, The: 399
Ironía del dinero, La: 313, 611
Ironweed: 61, 616, 822
Irreconcilable Differences: 69, 638, 821
Isabel: 115
Isadora: 708, 714, 731
Ishtar: 7, 74, 408
Isla, La: 126
Isla al sol, Una: 742
Isla brava: 803
Isla de la pasión, La: 48, 314
Isla de las almas perdidas, La: 479
Isla de las cabezas cortadas, La: 224, 582
Isla de los corsarios, La: 325, 632, 697
Isla de los hombres peces, La: 199
Isla del adiós, La: 772
Isla del amor, La: 887
Isla del deseo, La: 221
Isla del doctor Moreau, La: 474
Isla del tesoro, La: 323, 324, **435,** 919
Isla desnuda, La: 785
Isla en el sol, Una: 329, 549
Isla misteriosa, La: 67, 68
Isla perdida, La: 791
Isla rodeada de agua, Una: 626
Island, The: 126
Island in the Sky: 915, 920
Island in the Stream: 772
Island in the Sun: 329, 549, 742
Island of Desire: 221
Island of Dr. Moreau, The: 474
Island of Lost Men: 696
Island of Lost Souls, The: 479
Island of Love: 555
Islas: 591, 694
Islas Marías: 315
Isle of Escape: 508

Isle of Fury: 96
Isn't It Romantic?: 472
Isola degli uomini pesce, L': 199
Isola del tesoro, L': 919
Istanbul: 325
Isten hátrafelé megy: 441
Isten hozta, ornagy úr: 303
It: 190
It All Came True: 96, 784
It Conquered the World: 194
It Could Happen to You: 124, 326
It Had to Be You: 554, 736
It Happened in Brook: 794
It Happened in Paris: 709
It Happened One Night: 137, 177, 348, 680, 828
It Happened to Jane: 225, 488, 695
It Happened Tomorrow: 171, 220, 680
It Happens Every Spring: 574, 668
It Happens Every Thursday: 936
It Pays to Advertise: 110, 504
It Should Happen to You: 212, 410, 488
It Started in Naples: 234, 348, 506
It Started With a Kiss: 331
It Started With Eve: 276
It's a Big Country: 112, 457, 484, 539, 920
It's a Date: 276
It's a Great Feeling: 191, 202, 225, 325, 608, 655, 705, 733
It's a Great Life: 930
It's a Mad, Mad, Mad, Mad World: 454, 493, 864
It's a Small World: 864
It's a Wonderful Life: 692, 821
It's a Wonderful World: 178, 820
It's Always Fair Weather: 134, 163, 264, 456, 457
It's All True: 917
It's in the Bag: 26
It's Love I'm After: 223, 227, 420
It's Only Money: 493
It's the Old Army Game: 110
It's Wonderful Life: 137
Italia non è un paese povero, L': 842
Italia piccola: 807
Italian Job, The: 125
Italian Secret Service: 182
Italiane e l'amore, Le: 317
Italiani brava gente: 231, 232
Italiani si voltano, Gli: 479
Italiano en Argentina, Un: 356, 357, 728
Italiano en Chicago, Un: 551, 770
Italiano en Londres, Un: 811, 813
Italiano in America, Un: 234, 811, 813
Itinéraire d'un enfant gâté: 80, 488
Ivan: 271, 272
Ivan Grozny: 284
Iván el Terrible: 284

Ivanhoe: 329, **436**, 843, 844, 845
Ivanovo detstvo: 840
Ivy: 329, 930
Izumi: 462

J. F. K.: 198, 223, 489, 555, 633, 813, 832
J. F. K.: un caso abierto: 198, 223, 489, 555, 633, 813, 831, 832
J'accuse!: 349
J'ai épousé une ombre: 4
J'ai tué Raspoutine: 161
J'embrasse pas: 74, 169, 846
Ja Kuba: 450
Ja šagaju po Moskve: 570
Jabberwocky: 363
Jack: 192
Jack de diamantes: 199
Jack el destripador: 630
Jack el negro: 278
Jack-Knife Man, The: 902
Jack London: 395
Jack of All Trades: 548
Jack of Diamonds: 199
Jack the Bear: 250
Jackie: 333
Jacknife: 230
Jackpot, The: 821, 929
Jacquot de Nantes: 889
Jad rodnar: 799
Jade: 339
Jadogki ljubvi: 271
Jag är med eder: 800
Jag är nyfiken-blä: 799
Jag är nyfiken-gul: 799
Jag drapte: 940
Jag Mandir: 402
Jagdszenen aus Niederbayern: 769
Jager von Fall, Der: 256
Jagged Edge: 108
Jaguar: 750
Jaguar Lives: 138, 426
Jak byc kochana: 391
Jakob von Günten: 769
Jalisco canta en Sevilla: 227, 782
Jalisco nunca pierde: 48
Jalna: 205
Jalsaghar: 705, 753
Jamaica: 540
Jamaica Inn: 407, 479, 632
Jamaica Run: 574
Jamais le dimanche: 222, 567
James Bond contra Goldfinger: 186, 187
James Dean Story, The: 21
Jamón, jamón: 90, 422, **440**, 756, 851
Jana aranya: 705

Jane Austen en Manhattan: 73, 437
Jane Austen in Manhattan: 73, 437
Jane B. par Agnès V.: 888, 889
Jane Eyre: 329, 424, 534, 772, 843, 918, 939
Janie: 216
Janine: 670
January Man, The: 456, 759
Januskopf, Der: 603, 850
Japanese War Bride: 903
Jaque a la dama: 76
Jaque al rey: 509, 864, 930
Jardin qui bascule, Le: 591
Jardín de Alá, El: 105, 257, 431
Jardín de la alegría, El: 406, 407
Jardín de las delicias, El: 162, 684, 760, 761
Jardín de los Finzi Contini, El: 232, 233, 754, 755
Jardín de tía Isabel, El: 156, 157
Jardín del diablo, El: 190, 191, 392, 393, 395, **442,** 923
Jardín del Edén, El: 572, 626
Jardín secreto, El: 410, 781, 827
Jardinero, El: 799, 800
Jardines colgantes: 98
Jardines de piedra: 121, 122, 192, 425
Jardinier d'Argenteuil, Le: 346
Jarrapellejos: 754
Jatun Auka: 757
Jaula de grillos, Una: 385, 614, 615, 926
Jaula de las locas, ellas se casan, La: 859
Jaula de las locas, La: 859
Jaula de oro, La: 137, 388, 389, 935, 936
Jauría humana, La: 106, 253, 327, 328, 417, 663, 707, 708
Jaws: 273, 763, 814, 885
Jaws 2: 763
Jaws 3-D: 692
Jaws the Revenge: 126
Jazz Age, The: 560
Jazz-band del Follies, El: 201, 508
Jazz Band: 205
Jazz Cinderella, The: 508
Jazz Singer, The: 216, 323, 508, 637
Je m'appelle Victor: 591
Je n'aime que toi: 540
Je suis le seigneur du château: 912
Je suis Pierre Rivière: 423
Je t'aime est-ce que ça te regarde?: 591
Je t'aime, je t'aime: 719
Je t'aime moi non plus: 243
Je vous aime: 87, 242, 243, 870
Je vous salue, Marie: 90, 365
Jealousy: 538
Jean de Florette: 74, 87, 243, 586
Jeanne Eagles: 625
Jeanne la Pucelle: 657, 730

Jeder für sich und Gott Gegen Alle: 402
Jedermanns Weib: 464
Jefe Máximo, El: 48, 227
Jeff: 237
Jefferson in Paris: 437, 624
Jeg en marki: 59
Jenaro, el de los catorce: 475
Jenatsch: 766
Jennie: 146, 198, 199, 255, 256, 364, 443
Jennifer: 516
Jennifer 8: 350, 351, 527, 852
Jennifer Eight: 351, 527, 852
Jennifer on My Mind: 230
Jenny: 142
Jeopardy: 818
Jeque blanco, El: 310, 311, 811, 812
Jeremiah Johnson: 679, 708
Jeremy, concierto para dos: 103
Jerk, The: 543
Jerôme Perreau: 349
Jerry Calamidad: 492, 493
Jerusalén liberada: 700
Jesse James: 326, 460, 682, 892
Jessica: 253, 609, 610
Jesús de Nazaret: 64, 140, 549, 636, 722, 939
Jet Pilot: 484, 819, 915
Jet Storm: 55, 940
Jetée, La: 363
Jeu avec le feu, Le: 870, 623
Jeu de la chance, Le: 842
Jeu de la vérité, Le: 265, 870
Jeune Werther, Le: 262
Jeunes filles en détresse: 646
Jeunes loups, Les: 142
Jeux interdits: 173, 446
Jewel of the Nile, The: 249, 271, 875
Jewel Robbery: 256
Jezabel: 223, 326, 932
Jezebel: 223, 326, 932
Jézus Krisztus horoszkópja: 441
Jigsaw: 258, 327
Jigsaw Man, The: 126, 637
Jihi shincho: 581
Jim Bludso: 112, 113
Jim, el guapo: 102
Jim Thorpe All American: 216, 474
Jimmy: 588
Jimmy Hollywood: 4, 491, 801
Jimmy the Gent: 124, 216, 223
Jin kyo: 581
Jinete de hierro, El: 333
Jinete eléctrico, El: 328, 678, 679, 707, 708
Jinete loco, El: 493, 542
Jinete pálido, El: 279, 280
Jinete vengador, El: 333

índice de películas

Jinetes del alba, Los: 4, 892
Jinetes del destino: 915
Jinpuren: 581
Jinruigaku nyumon: 429
Jinxed!: 788
Jitterbugs: 388, 481
¡Jo, qué noche!: 771
¡Jó, papá!: 76, 313
Joan of Arc: 85, 315, 324, 657
Joan of Paris: 468, 469, 592
Joan the Woman: 229, 657
Joanna: 725
Joanna francesa: 254, 590, 591
Joaquín Murrieta: 468, 920
Joe: 758
Joe, ciudadano americano: 758
Joe contra el volcán: 387, 746
Joe Egg: 72
Joe el implacable: 721
Joe Hill: 922
Joe il rosso: 553
Joe Kidd: 279, 280
Joe Smith American: 352
Joe Versus the Volcano: 387, 746
Joen no chimata: 581
John and Mary: 307, 408
John Ericsson, segraren vid Hampton Roads: 800
John Goldfarb, Please Come Home!: 521, 883
John Loves Mary: 608, 705
John Paul Jones: 224
John Wayne y los cowboys: 916
John y Mary: 307, 408
Johnny Apollo: 392, 393, 682
Johnny, el cobarde: 794
Johnny, el guapo: 743
Johnny Be Good: 852
Johnny Belinda: 610
Johnny cogió su fusil: 731, 832
Johnny Come Lately: 125
Johnny Concho: 794
Johnny Dangerously: 249, 455
Johnny Dark: 214
Johnny Doesn't Live Here Anymore: 579, 792
Johnny Eager: 490, 845, 875
Johnny Got His Gun: 731, 832
Johnny Guitar: 201, 202, **442,** 598, 703, 704
Johnny Handsome: 743
Johnny Mnemonic: 710
Johnny O'Clock: 680, 742
Johnny peligroso: 249, 455
Johnny Ratón: 750
Johnny Reno: 32, 745
Johnny Stool Pigeon: 213
Johnny Suede: 674
Johnny Superstar: 852

Johnny Tiger: 845
Johnstown Flood, The: 359
Joi-uchi: 462
Joker Is Wild, The: 794
Jolanda la figlia del corsaro nero: 807
Joli baba Felunath: 705
Jolly, clown da circo: 130
Jon az ocsem: 215
Jonas qui aura vingt-cinq ans en l'an 2000: 839
Jonás que cumplirá los 25 en el año 2000: 839
Joobachi: 428
Jornada de la muerte, La: 333
Jornada particular, Una: 444, 505, 506, 550, 551, 770
Jorobado de Notre-Dame, El: 255
José y sus hermanos: 734
Josei ni kansuru juni sho: 427
Josei no shori: 581
Josei wa tsuyoshi: 581
Joseph Andrews: 724
Josette: 26, 792
Joueur, Le: 57, 669
Jour de fête: 841
Jour et l'heure, Le: 173, 671, 790
Jour se lève, Le: 22, 142, 345, 346, 498
Journal de Lady M., Le: 839
Journal d'un curé de campagne, Le: 108, 185, 250, 672
Journal d'une femme de chambre, Le: 117, 251, 591, 671
Journal d'une femme en blanc, Le: 57
Journée bien remplie, Une: 870
Journey: 115
Journey, The: 9, 114, 458, 498, 731
Journey into Fear: 199, 725, 917, 918
Journey to Shiloh: 121, 331
Journey to the Center of the Earth: 549
Journey to the Lost City: 856
Journey Together: 55, 733
Journey's End: 922
Joven, La: 116, 117
Joven, guapo y con voz de soprano: 10
Joven casada, La: 132
Joven de Escocia, La: 112, 113
Joven de Solbakken, La: 800
Joven del cuarto 29, La: 333
Joven Edison, El: 111, 281
Joven heredera, La: 766
Joven Lincoln, El: 333
Joven Medardus, El: 216
Joven mister Lincoln, El: 326
Joven Törless, El: 445, 765
Joven Toscanini, El: 624, 844, 939
Joven Winston, El: 54, 55, 64, 226, 415
Joven y la cuarentona, El: 792

Joven y la tentación, El: 781
Jovencito Frankenstein, El: 261, 385, 925
Jóvenes, Los: 13, 427
Jóvenes amantes, Los: 51
Jóvenes años de una reina, Los: 766
Jóvenes caníbales, Los: 929
Jóvenes de Nueva York: 177, 736
Jóvenes invasores, Los: 920
Jóvenes leones, Los: 327
Jóvenes ocultos: 768
Jóvenes salvajes, Los: 337, 474
Joy and the Dragon: 460
Joy Luck Club, The: 912
Joy of Loving, The: 355
Joya de Shanghai, La: 445, 935
Joya del Nilo, La: 249, 271, 874, 875
Joya entre el lodo: 229
Joyas de la familia, Las: 73, 492, 493
Joyeuses pâques: 80
Joyride: 377
Joyu sumako no koi: 581
Ju Dou: 775, 445, 935
Juan Charrasqueado: 48
Juan Nadie: 136, 137, 190, 191, **446,** 817
Juana de Arco: 85, 228, 229, 272, 315, 323, 324, 657
Juana Gallo: 310
Juana la loca... de vez en cuando: 314
Juanita: 333, 913
Juárez: 223, 255, 256, 353, 600, 601
Jubal: 222, 330, 331
Jubiabá: 666
Judas: 215, 700
Judaspengar: 800
Judge and Jake Wyler, The: 224
Judge Dredd: 817
Judge Priest: 333
Judgement: 144
Judgement at Nuremberg: 174, 258, 354, 474, 864, 889, 923
Judith: 506
Judith de Bethulia: 364, 376
Judith Therpeauve: 790
Jueces de la Biblia, Los: 721
Jueces de la ley, Los: 271
Juego, El: 451
Juego de buitres: 390, 575
Juego de Hollywood, El: 21, 22, 175, 425, 489, 561, 624, 732, 759, 927
Juego de la manzana, El: 166
Juego de la vida, El: 431
Juego de lágrimas: 444
Juego de pasiones: 926
Juego de patriotas: 332, 390
Juego del halcón, El: 764
Juego duro: 83

Juego más divertido, El: 4, 892, 893
Juego para dos: 940
Juego peligroso: 13, 394, 589, 727
Juego sucio: 407
Juego sucio en Las Vegas: 638
Juego y crimen: 845
Juegos de amor en la Universidad: 713, 714
Juegos de carretera: 213
Juegos de noche: 940
Juegos de verano: 84
Juegos íntimos: 91
Juegos prohibidos: 172, 173, 275, 276, **446,** 582
Juegos prohibidos de una dama: 275, 276, 582
Jueves, El: 728
Jueves, milagro, Los: 86
Juez de la horca, El: 91, 352, 425, 426, 612, 667
Juez Dredd: 817
Juez Priest, El: 332, 333
Juez y el asesino, El: 423, 622, 623, 841, 842
Jugador, El: 56, 57, 121, 253, 669, 706, 714
Jugadores, Los: 640
Jugadores de ajedrez, Los: 54, 55, **446,** 704, 705
Jugando a la misma carta: 389, 844
Jugando con la muerte: 202
Jugando en los campos del Señor: 61, 387
Jugándose la vida: 613
Jugar con fuego: 201
Juge et l'assassin, Le: 423, 623, 842
Juggernaut: 390, 416
Juggler, The: 269
Juguete de las mujeres: 468
Juguete de placer: 833
Juicio de Dios: 800
Juicio de Nuremberg, El: 889
Juicio universal, El: 9, 10, 232, 233, 234, 357, **447,** 530, 531, 566, 567, 590, 812
Juicios de Oscar Wilde, Los: 549
Juke box: 511
Juke Girl: 705, 784
Jules et Jim: 267, 557, 590, 873
Jules y Jim: 267, 557, 590, 873
Julia: 328, 708, 709, 731, 941
Julia and Julia: 875
Julia du bistzanperhaft: 105
Julia Misbehaves: 356, 843
Julia se porta mal: 105, 355, 356, 843
Julia y Julia: 875
Julie: 225
Julieta o la llave de los sueños: 142, 669
Julietta: 590
Juliette ou la clé des songes: 142, 669
Julio César: 106, 355, 356, 458, 532, 533, 548
Julius Caesar: 106, 356, 403, 458, 533, 548, 731
Jumanji: 926
Jumbo: 225

índice de películas

Jument verte, La: 56, 57
Jump for Glory: 911
Jumping Jacks: 493, 542
Juncos salvajes, Los: 447, 846
June Bride: 224
Junge Mädchen lieben heiss: 59
Junge Medardus, Der: 216
Junge Törless, Der: 445, 765
Jungfrukällan: 84, 703, 834
Jungla de asfalto, La: 425, 426, **447,** 584, 585
Jungla de cristal, La: 927
Jungla de cristal, la venganza, La: 927
Jungla de cristal 3, La: 435
Jungla dos, alerta roja, La: 927
Jungla en armas, La: 190, 191, 392, 393, 553, 617, 618, 867
Jungla humana, La: 279, 280, 704, 705, 787, 788
Jungle Book: 234, 464, 495, 750
Jungle Fever: 483, 697
Jungle Hell: 750
Jungle Princess, The: 574
Juninatten: 85
Junior: 250, 769, 852
Junior Bonner: 516, 561, 662
Juno and the Paycock: 407
Juntos ante el peligro: 493, 542
Juntos hasta la muerte: 559, 560, 880, 911
Juntos pero no revueltos: 674
Jupiter's Darling: 926
Jurassic Park: 55, 656, 814
Juror, The: 589
Jury of Fate, The: 113
Jusqu'à la victoire: 365
Jusqu'au dernier: 590
Just a Gigolo: 573, 625
Just Across the Street: 784
Just Another Blonde: 110
Just Around the Corner: 848
Just Cause: 188
Just for You: 929
Just Pals: 333
Just Tell Me What You Want: 509, 514
Just This Once: 484
Justa venganza: 368
Juste avant la nuit: 160
Justicero, El: 32, 452, 665, 666
Justicia divina: 479
Justicia gitana: 324
Justicia para todos: 646
Justicia salvaje: 316
Justicia sin palabras: 346
Justiciero del Oeste: 268, 269
Justine: 9, 10, 95, 96, 212, 623
Juvenile Court: 396
Juventud ambiciosa: 395, 409

Juventud corrompida: 139
Juventud criminal: 234
Juventud de Zenigata Heijii, La: 427
Juventud del hijo, La: 462
Juventud, divino tesoro: 110
Juventud manda, La: 229
Juventud moderna: 96
Juventud perdida: 361
Juventud rebelde: 273, 377
Juventud sin esperanzas: 334
Juventud triunfante: 930
Juxbaron, Der: 257
Juzgado a la italiana: 506, 812

Kabe atsuki heya: 462
Kabocha: 642
Kaere legetoj, Det: 59
Kaetterkita yopparai: 641
Kafka: 380, 435, 435, 803
Kagemusha: 466
Kagero: 785
Kagi: 428
Kagi no Kagi: 17
Kaikoku danji: 581
Kaishain seikatsu: 642
Kak zakaljalas stal: 265
Kakushi toride no san-akunin: 466
Kalamita: 166
Kaleidoscope: 74
Kali-Yug: 130
Kali-Yug, la dea della vendetta: 130
Kalifornia: 493, 674
Kameradschaft: 646
Kamigami no fukaki yokubo: 429
Kamikaze 1999: 89
Kamikazen/Ultima notte a Milano: 754
Kaminingyo haru no sasayaki: 581
Kamouraska: 115
Kampf um Rom, Der: 796, 918
Kanal: 158, 910
Kanashiki hakuchi: 581
Kanashimi wa onna dake ni: 785
Kanchenjungha: 705
Kandidat, Der: 765
Kane: 581
Kangaroo: 573, 632
Kanonen Serenade: 234
Kanraku no onna: 581
Kansas City: 22, 485
Kansas City Bomber: 335
Kansas Raiders: 214
Kaos: 842
Kapò: 679
Kapurush-o-mahapurush: 705
Karami-ai: 462

Karate Killer, The: 202
Karayuki-san: 429
Karin Ingmarsdotter: 799, 800
Kärlek: 800
Kärlek 65: 922
Kärlek starkare än hat: 799
Karmnik Jankowy: 391
Kartum: 403, 636
Kaseki: 462
Katgestellt: 583
Kathleen: 848
Katia: 766, 796
Katinka: 834
Katok i skrypka: 839
Katy por la mañana: 813
Katy Tippel: 894
Katzelmacher: 308, 769
Kaze no jaka no mendori: 643
Kdo hieda zlaté dno: 565
Kean: 356, 357, 739
Keep Your Powder Dry: 875
Keeper of the Flame: 212, 399, 864
Keetje Tippel: 894
Keiner Liebt Mich: 265
Kejsarm av Portugallien: 800
Kekkon-gaku nyumon: 642
Kekkon koshinkyoku: 427
Kelly's Heroes: 280, 832
Kennel Murder Case, The: 216
Kentuckian, The: 473, 474, 555
Kentucky: 936
Kentucky Fried Movie, The: 832
Kentucky Kernels: 820
Kentucky Pride: 333
Kept Husbands: 560
Kermesse heroica, La: 318, 444, 445
Kermesse héroïque, La: 318, 445
Kes: 500, 501
Key, The: 125, 216, 409, 498, 506, 710
Ket pany az utcan: 235
Két félido a pokolban: 303
Key Largo: 62, 97, 110, 155, 426, 733
Key to the City: 348, 936
Key Witness: 417
Keyhole, The: 216
Keys of the Kingdom, The: 498, 532, 661, 816
Khaheh-ye doust kojast?: 459
Khandhar: 777
Kharij: 777
Khartoum: 403, 636
Kid, The: 161, 595
Kid Blue: 417
Kid Brother, The: 400, 499
Kid for Two Farthings, A: 710
Kid From Left Field, The: 64

Kid From Spain, The: 366, 559
Kid Galahad: 96, 216, 223, 733
Kid Glove Killer: 352, 941
Kid Millions: 366
Kid Rodelo: 484
Kidling: 229
Kidnapped: 126, 534, 641
Kidnapping of the President, The: 352
Kids Are Alright, The: 543
Kiff tebbi: 130
Kika: 4, 20
Kiki: 112, 179, 553
Kilencvenkilenc: 215
Kill: 352, 549, 774
Killer Elite, The: 121, 662
Killer Is Loose, The: 94, 199
Killer Shark: 94
Killer's Kiss: 465
Killers, The: 151, 253, 330, 352, 473, 544, 706, 796
Killers of Kilimanjaro: 845
Killing, The: 151, 465
Killing Fields, The: 527
Killing of a Chinese Bookie, The: 151
Killing of Sister George, The: 14
Killing Zoe: 238
Kilómetro 111: 803
Kim: 325
Kim de la India: 325
Kimonosu-jo: 466
Kind Hearts and Coronets: 380
Kind of Loving, A: 72, 764
Kindergarten Cop: 769
Kindred of the Dust: 911
King and Country: 95, 507
King and Four Queens, The: 348, 655, 912
King and I, The: 30, 114, 458
King and the Chorus Girl, The: 490
King Creole: 216, 555
King David: 83, 361
King in New York, A: 161
King Kong: 108, **461,** 477, 528
King Kong II: 461
King Kong Lives: 461
King of Alcatraz: 696
King of Comedy, The: 230, 493, 771
King of Chinatown: 696
King of Gamblers: 110
King of Kings: 704, 782
King of Kings, The: 229
King of Marvin Gardens, The: 615, 701
King of the City: 214
King of the Gypsies: 758
King of the Hill: 803
King of the Khyber Rifles: 461, 682
King of the Mountain: 417

índice de películas

King of the Pecos: 915
King of the Underworld: 96
King of the Wind: 440
King, Queen, Knave: 504, 618, 801
King Ralph: 642
King Richard and the Crusaders: 391
King Solomon's Mines: 373, 458, 575, 821
King Steps Out, The: 819
Kings Go Forth: 214, 222, 794, 929
Kings of the Sun: 114
Kings Row: 705, 784, 930
King's Rhapsody: 325
King's Thief, The: 618
King's Vacation, The: 680
Kipps: 709
Kiri no minato: 581
Kismet: 180, 256, 257, 577, 935
Kiss: 913
Kiss, The: 318, 350, 491
Kiss and Make-Up: 374, 609, 784
Kiss and Tell: 848
Kiss Before Dying, A: 835, 931
Kiss Before the Mirror, The: 922
Kiss Daddy Good Night: 852
Kiss for Corliss, A: 618, 848
Kiss in the Dark, A: 222, 618
Kiss Me Again: 510
Kiss Me Deadly: 14
Kiss Me Goodbye: 108, 122, 319, 600
Kiss Me, Kate: 334
Kiss Me, Stupid: 542, 625, 925
Kiss of Death: 88, 124, 393, 556, 768, 923
Kiss of the Spider Woman: 61, 424
Kiss the Blood off My Hands: 329, 473
Kiss the Boys Goodbye: 26
Kiss the Bride Goodbye: 791
Kiss Them for Me: 264, 374
Kiss Tomorrow Goodbye: 125
Kisses for My President: 523
Kissing Bandit, The: 162, 794
Kit Carson: 32
Kitchen: 913
Kitty: 366, 487, 574, 766
Kitty Foyle: 736, 930
Kitty und die grosse Welt: 766
Klänningen: 799
Klansman, The: 118, 544
Kleine Napoleon, Der: 257
Klondike Annie: 911
Klondike Fever: 253
Klostret i Sendomir: 800
Klute: 328, 650, 763, 831, 832
Knabe in Blau, Der: 602, 603
Knack... and How to Get It, The: 91, 702
Knack... y cómo conseguirlo, El: 91, 701, 702

Knight without Armour: 464, 257, 318
Knights of the Round Table: 316, 352, 436, 845
Knock: 445
Knock on Any Door: 97, 704
Knock On Wood: 940
Knockout: 696
Knute Rockne, All American: 705
Ko-on: 581
Kobieta samolna i chromy: 410
Koffer des Herrn O. F., Die: 472
Kofuku: 428
Kohayagawake no aki: 643
Kohlhiesels Töchter: 441, 510
Koibito: 427
Koko, le gorille qui parle: 768
Kokoro: 427
Kokyo: 581
Komödianten: 646
Komödie vom Geld: 639
Koncert: 835
Koneck starych casu: 566
Konga roja: 48
Konna yume wo mita: 466
Kono hiroi sora no dokota ni: 462
Kontrakt: 143, 938
Kopf Hock, Charly!: 257
Kopytem sem, kopytem sam: 166
Korczak: 910
Körhinta: 303
Körkarlen: 800
Koshikei: 641
Kotch: 488, 555
Krajobraz po bitwie: 910
Kramer contra Kramer: 82, 408, 822
Kramer versus Kramer: 82, 408, 822
Krapatchouk: 583
Krasnaja palatka: 450
Kremlim Letter, The: 426, 834, 919
Krieg und Frieden: 765
Kris: 84
Kristin Lavransdatter: 877
Kronika wypadkow milosnych: 910
Krotki film o milosci: 459
Krotki film o zabijaniv: 459
Krull: 608
Kuarup: 379
Kuckusksei im Gangsternest: 769
Kuffs: 801
Kuffs, poli de casualidad: 801
Kung-fu Master: 889
Kuroi ame: 429
Kuroi junnin no onna: 428
Kuroi kawa: 462
Kuroneko: 785
Kvarteret Korpen: 922

Kvartetten son sprängdes: 800
Kvinnodröm: 84
Kvinnors väntan: 84
Kwaidan: 462
Kynighi, I: 36, 156
Kyokubadan no jo-o: 581
Kyoren no onna shisho: 581

L-Shaped Room, The: 143
L. 627: 141, 842
L. A. Story: 543
L'echiquier de Dieu: 697
Laberinto: 253, 832
Laberinto de pasiones: 20, 46, 65
Laberinto griego, El: 754
Laberinto mortal: 160, 831, 832
Labios ardientes: 417
Labios sellados: 923
Laburnum Grove: 709
Lac aux dames: 792
Lackey and the Lady, The: 420
Lacombe Lucien: 468, 527, 528
Lachende Erben, Die: 639
Laddie: 820
Ladie's Man, The: 492, 493, 504
Ladies Courageous: 936
Ladies in Love: 26, 359, 682, 792, 936
Ladies in Retirement: 516
Ladies Love Brutes: 538
Ladies of Leisure: 137, 817
Ladies of the Chorus: 585
Ladies of the Mob: 920
Ladies of Washington: 696
Ladies Should Listen: 374, 784
Ladies They Talk About: 817
Ladri di biciclette: 232, 297, 470, 529, 614, 880
Ladri di saponette: 614
Ladro di bambini, Il: 27, 473, 617
Ladro di Venezia, Il: 587
Ladro lui, ladro lei: 812
Ladrón: 122
Ladrón, El: 79, 80, 115, 527, 528
Ladrón de Bagdad, El: 234, 304, 464, **469,** 508, 681, 750, 868, 910, 911
Ladrón de bicicletas: 232, 297, **470,** 529, 614, 880
Ladrón de cadáveres, El: 928
Ladrón de crímenes, El: 869, 870
Ladrón de manos de seda: 573, 574
Ladrón de manos sucias, Un: 456
Ladrón de niños, El: 550, 551, 582, 583
Ladrón de Venecia, El: 587
Ladrón él, ladrona ella: 812
Ladrón en el paraíso, Un: 179
Ladrón en la alcoba, Un: 416, **470,** 510
Ladrón que vino a cenar, El: 91, 638

Ladrón rebelde, El: 271
Ladrón y amante: 175, 331
Ladrona, La: 233, 766
Ladrona por amor: 521
Ladrona, su padre y el taxista, La: 92, 93, 232, 233, 505, 506, 549, 550
Ladrones, Los: 242, 846
Ladrones anónimos: 166
Ladrones como nosotros: 21, 24
Ladrones de anuncios: 614
Ladrones de trenes: 916
Ladrones en la noche: 342
Ladrones por amor: 125
Lady, The: 102
Lady and Gent: 915
Lady and the Mob, The: 516
Lady and the Monster, The: 825
Lady by Choice: 504
Lady Caroline Lamb: 636
Lady Eve, The: 327, 817, 827, 869
Lady for a Day: 137
Lady for a Night: 915
Lady Frankenstein: 199
Lady From Cheyenne, The: 936
Lady From Louisiana: 915
Lady From Shanghai, The: 219, 396, 918
Lady From the Sea, The: 573
Lady Gambles, The: 213, 818
Lady Godiva: 280, 633
Lady Halcón: 668, 669
Lady Hamilton: 464, **471,** 485, 486, 554, 635, 636
Lady Has Plans, The: 366, 574
Lady Hawk: 669
Lady Ice: 638, 832
Lady in a Cage: 121, 228
Lady in a Jam: 468
Lady in Cement: 795
Lady in Question, The: 330, 396
Lady in the Car With Glasses and a Gun, The: 498
Lady in the Dark: 487, 574, 736
Lady in the Lake: 777
Lady Is Willing, The: 257, 420, 487, 522
Lady Killer: 124
Lady L: 506, 612, 618, 623, 671, 883
Lady Lies, The: 177
Lady Lou: 373, 374
Lady Macbeth en Siberia: 520, 909, 910
Lady Marions sommarflirt: 799
Lady of Burlesque: 818, 920
Lady of the Harem, The: 911
Lady of the Night: 201
Lady of the Pavements: 376
Lady of the Tropics: 472, 844
Lady on a Train: 276
Lady Oscar: 241
Lady Paname: 445

índice de películas

Lady Pays Off, The: 221, 798
Lady Possessed, A: 548
Lady Says No, The: 618
Lady Surrenders, A: 816
Lady Takes a Chance, A: 915
Lady Takes a Flyer, The: 876
Lady Takes a Sailor, The: 216
Lady to Love, A: 733, 800
Lady Vanishes, The: 12, 407, 606
Lady Windermere's Fan: 179, 510
Lady With Red Hair, The: 416
Lady Without Passport, A: 472
Ladybird, Ladybird: 501
Ladykillers, The: 380, 413, 520
Lafayette: 234, 918
Lafayette Escadrille: 280, 293, 920
Lago de las damas, El: 792
Lago de oro, El: 476
Lágrima, El: 244
Laguna negra, La: 721
Laia: 700
Lair of the White Worm, The: 375, 746
Lalka: 391
Lamb: 608
Lamb, The: 304
Lamerica: 27, 472
Lamont Johnson: 377, 385
Lamp Still Burns, The: 373
Lampada alla finestra, Una: 525
Lancelot du Lac: 108
Lancer Spy: 725
Lancieri neri, I: 316
Land, The: 321
Land and Freedom: 501, 855
Land des Schweigens und der Dunkelheit: 402
Land of the Pharaons: 394
Land O'Lizzards: 101
Land Raiders: 721
Landru: 159, 592
Landshövdingens döttrar: 800
Lane That Had no Turning, The: 324
Lanza rota: 632, 668, 864, 923
Lao Jing: 934
Lápiz de labios: 64
Larceny Inc.: 696, 733
Larga es la noche: 478, 548, 709
Larga jornada hacia la noche: 399, 513, 514, 731
Larga noche de julio: 654
Largas vacaciones del 36, Las: 582, 700, 751
Largo adiós, El: 21, 769
Largo día del águila, El: 700
Largo retorno a casa, El: 69
Largo y cálido verano, El: 612, 716, 729, 730, 918, 931
Largos días de la venganza, Los: 700
Las Vegas: 556, 745

Las Vegas 1970: 151, 743
Las Vegas Nights: 794
Las Vegas Story, The: 556, 745
Lásky jedné plavovlásky: 334
Lasse-Maja: 940
Lassie Come Home: 843
Last Action Hero, The: 697, 769
Last Americam Hero, The: 108
Last Angry Man, The: 601
Last Boy Scout, The: 927
Last Command, The: 34, 441, 819
Last Challenge, The: 253, 331
Last Dance: 822
Last Days of Dolwyn, The: 117
Last Days of Frank and Jesse James, The: 892
Last Detail, The: 615
Last Embrace: 239, 763
Last Emperor, The: 88, 642, 879
Last Exit to Brooklyn: 485
Last Flight of Noah's Ark, The: 115
Last Flight, The: 255, 256
Last Gangster, The: 733, 820
Last Grenade, The: 55
Last Hard, The: 401, 403
Last Hard Men, The: 175, 401
Last Holiday: 380
Last Hunt, The: 111, 373, 648, 845
Last Hurrah, The: 334, 864
Last Leaf, The: 610
Last Married Couple in America, The: 929
Last Mohicans, The: 111
Last Movie, The: 417
Last of Mrs. Cheyeney, The: 201
Last of Sheila, The: 175, 549
Last of the Comanches: 235, 660
Last of the Cowboys, The: 327
Last of the Dogmen: 402
Last of the Duanes: 508
Last of the Mobile Hot-Shots, The: 175, 514
Last of the Mohicans: 226, 822
Last Outlaw, The: 190, 743
Last Outpost, The: 374, 705
Last Picture Show, The: 98, 108, 701
Last Remake of Beau Geste, The: 75, 883
Last Ride, The: 655
Last Round-Up, The: 392
Last Run, The: 323, 772
Last Safari, The: 373, 393
Last Summer: 401
Last Sunset, The: 14, 199, 269, 421, 878
Last Temptation of Christ, The: 219, 401, 456, 767, 771, 843
Last Time Committed Suicide: 710
Last Time I Saw Archie, The: 579
Last Time I Saw Paris, The: 111, 843

Last Train From Gun Hill, The: 269, 807
Last Train From Madrid, The: 469, 696
Last Tycoon, The: 33, 214, 230, 424, 452, 574, 579, 591, 615
Last Valley, The: 125
Last Wagon, The: 222, 923
Last Waltz, The: 771
Last Warrior, The: 114
Last Wave, The: 917
Last Woman on Earth, The: 194
Last Word, The: 390
Lástima que sea una puta: 766
Late Extra: 548
Late George Apley, The: 180, 533, 879
Late Liz, The: 73
Late Show, The: 82
Latest From Paris, The: 930
Latigazo, El: 460
Latin Lovers: 490, 876
Latitude Zero: 199
Laugh and Get Rich: 468
Laugh Clown Laugh: 935
Laughing Policeman, The: 555
Laughing Sinners: 201, 347
Laughter: 538
Laughter in Paradise: 398
Laughter in the Dark: 724
Laura: 32, **480,** 583, 683, 684, 854
Laurel y Hardy en el Oeste: 388, 480, **481**
Laurel y Hardy toreros: 388, 481
Lavender Hill Mob, The: 380, 398
Lavoro, Il: 905
Law and Jack Wade, The: 923, 245, 845
Law and Order: 706
Law and the Lady, The: 356
Law of Men, The: 613
Law of the Lawless, The: 324
Law of the Range, The: 201
Lawine, Die: 216
Lawless Breed, The: 421, 912
Lawless Frontier, The: 915
Lawless Nineties, The: 915
Lawless Range, The: 915
Lawless, The: 506, 507
Lawman, The: 474
Lawrence de Arabia: 315, 380, **481,** 482, 641, 697
Lawrence of Arabia: 315, 380, 481, 482, 641, 697
Lawyer Man: 256
Lazo sagrado, El: 205, 504, 820
Lazos: 881
Lazos de sangre: 398, 549, 767
Lazos eternos: 199, 276
Lazos humanos: 452
Lazos que unen, Los: 387
Lazy Lightning: 932

Lazybones: 102, 681
League of Gentlemen, The: 55
League of Their Own, A: 224, 387
Lealtad: 333
Leandras, Las: 475
Leap of Faith: 223, 543, 608, 928
Leather Burns, The: 578
Leather Gloves: 695
Leave Her to Heaven: 692, 816, 854
Leave It to Blanche: 390
Leaving Las Vegas: 123, 124, 319, **482**
Leaving Normal: 856
Lebenszeichen: 402
Lección de amor, Una: 84
Lectora, La: 249
Lectrice, Le: 249
Lecumberri, el palacio negro: 727
Left Hand of God, The: 97, 854
Left-Handed Gun, The: 612, 663
Legado de la estepa, El: 392
Legado trágico, El: 332, 333, 914
Legado de un héroe: 439
Legal Eagles: 387, 708, 927
Legend: 207, 772, 773
Legend of Billie Jean, The: 801
Legend of Lylah Clare, The: 14, 625
Legend of the Lone Ranger, The: 731
Legend of the Lost: 393, 506, 915
Legends of the Fall: 416, 674
Legge di guerra: 316
Leggenda del santo bevitore, La: 637
Leggenda di Faust, La: 309
Legion of the Condemned, The: 13, 190, 920
Legión de los condenados, La: 13, 190, 680, 919, 920
Legión de traidores: 696
Legión del desierto, La: 468, 469
Legión invencible, La: 333, **484,** 914, 915
Legiones de Cleopatra, Las: 173
Legioni di Cleopatra, Le: 173
Lejos del mundanal ruido: 72, 165, 166, 735, 764
Lek paa regnabaagen: 940
Lemmy contra Alphaville: 365
Lemon Sisters, The: 455
Lena Warnstetten: 256
Lengua silenciosa: 71, 72, 389, 390, 783
Leningrad Cowboys Go America: 451
Leningrad Cowboys Meet Moeses: 451
Lenny: 335, 408
Leo, el último: 100, 550, 551
Leo the Last: 100, 551
Léon: 89, 633
León, El: 138, 409
León de Esparta, El: 554
León del desierto, El: 696, 697
León en invierno, El: 399, 415, 641

índice de películas

León en las calles, Un: 124, 125, 911, 912
León Morin, sacerdote: 564
Léon Morin, prêtre: 79, 80, 564
Leone, Il: 233
Leone di Amalfi, Il: 357
Leone have sept cabeças, Der: 734, 735
Leones andan sueltos, Los: 139, 592
Leonor: 556, 671, 877
Leopard Man, The: 597, 862
Lepke: 214
Lepre e la tartaruga, La: 93
Less Than Dust: 825
Let It Ride: 273
Let No Man Write My Epitaph: 774
Let the People Sing: 883
Let There Be Light: 425
Let Us Live: 326
Let' Em Have It: 930
Let's Dance: 52
Let's Do It Again: 574, 676
Let's Get Married: 468, 516
Let's Go Native: 559
Let's Live a Little: 472
Let's Make It Legal: 178, 585
Let's Make Love: 212, 457, 585, 586
Lethal Weapon: 362
Lethal Weapon 2: 362
Lethal Weapon 3: 362
Letjat žuravli: 450
Letra, La: 858
Letra escarlata, La: 589, 633, 920, 921
Letter, The: 145, 223, 932
Letter for Evie, A: 221
Letter From an Unknown Woman: 146, 329, 639
Letter of Introduction: 145, 784, 816
Letter to Jane: 365
Letter to Three Wives, A: 220, 269, 533
Lettere al sottenente: 16
Lettere di una novizzia: 79, 479
Letti salvaggi: 906
Letto, Il: 233
Lettre d'un cinéaste: 434
Lettres d'amour: 56, 57
Letty Lynton: 112, 201
Letzte Akt, Der: 646
Letzte Mann, Der: 441, 603, 766, 878
Leur dernière nuit: 346
Levando anclas: 457, 794
Ley, La: 222, 503, 550, 566, 567, 586
Ley 627: 141, 842
Ley criminal: 633
Ley de guerra: 316
Ley de la calle, La: 123, 192, 417, 743, 456
Ley de la frontera, La: 46, 754
Ley de la fuerza, La: 269

Ley de la gran tierra, La: 264, 265
Ley de la horca, La: 124, 125, 928
Ley de la hospitalidad, La: 453, 454
Ley de los fuertes, La: 73, 554
Ley del deseo, La: 65, 66, 20, **493,** 556, 557, 598
Ley del hampa, La: 94, 95, **494,** 763, 818, 819
Ley del látigo, La: 572, 573, 632
Ley del más fuerte, La: 308
Ley del norte, La: 318
Ley del silencio, La: 106, 452, 751
Ley del talión, La: 222, 864, 923
Ley sagrada, La: 646
Leyenda de Balthasar, el castrado, La: 46, 754
Leyenda de Bill Doolin, La: 474
Leyenda de Billie Jean, La: 801
Leyenda de la ciudad sin nombre, La: 279, 280, 544, 774
Leyenda de Lylah Clare, La: 14, 625
Leyenda de un valiente, La: 114, 702
Leyenda de una voz, La: 503
Leyenda del alcalde de Zalamea, La: 132, 313, 699, 700
Leyenda del gran Judo, La: 465, 466
Leyenda del indomable, La: 417, 612
Leyenda del lago mágico, La: 549
Leyenda del Llanero Solitario, La: 731
Leyenda del santo bebedor, La: 637
Leyenda del tambor, La: 758
Leyenda rota: 720
Leyendas de pasión: 415, 416, 674
Liaisons dangereuses, Les: 590, 669, 870, 888
Lianbron: 940
Lianna: 762
Libel: 51, 95, 228
Libeled Lady: 389, 509, 864
Libera, amore mio: 99, 140
Liberación: 271, 272, 409
Liberation of L. B. Jones, The: 401, 932
Libertad: 559
Libertad, amor mío: 99, 140
Libertad condicional: 377, 378, 408
Libertad o muerte: 560
Libertador, El: 618, 681
Libertarias: 4, 42, 43, 76, 362, **495,** 758
Libertinos, Los: 83, 228, 721
Liberty: 559
Liberty Belle: 90
Libro de la jungla, El: 234, 750
Libro de la selva, El: 464, **495,** 750
Libro del buen amor II, El: 556
Libros de Próspero, Los: 375
Licencia para matar: 279, 280
Liebe der Jeanne Ney, Die: 646
Liebe ist Kälter Als der Tod: 308, 769
Liebe macht Blind: 441

Liebelei: 639
Liebesreigen: 257
Liebestraum: 319, 625
Lieblingder Götter: 442
Liebre y la tortuga, La: 93
Liens du sang, Les: 160, 832
Lieu du crime, Le: 242, 846
Life and Death of Colonel Blimp, The: 196, 458, 681
Life and Times of Judge Roy Bean, The: 91, 352, 426, 612, 667
Life at the Top: 792
Life Begins: 936
Life Begins at Eight-Thirty: 516
Life Begins for Andy Hardy: 353
Life in the Balance, A: 64, 544
Life Is Cheap... But Toilet Paper Is Expensive: 912
Life Lessons: 771
Life of Émile Zola, The: 256, 601, 896
Life of General Villa, The: 910
Life of Her Own, A: 212, 574, 875
Life of Jimmy Dolan, The: 915, 936
Life of Juanita Castro, The: 913
Life With Father: 216, 843
Life Without a Soul: 261
Life Without Zoe: 192
Lifeboat: 407, 606
Ligaduras de hierro: 333
Light at the Edge of the World, The: 114, 269, 721
Light in the Piazza: 228
Light In the Dark, The: 112
Light of Day: 743, 767
Light of Western Stars: 469
Light Sleeper: 219, 759, 767
Light That Failed, The: 180, 516, 920
Light Touch, The: 36, 111, 373
Light Year Away: 839
Light Your Torches and Pull Up Your Tights: 354
Lightning Over Water: 704, 921
Lightning Strikes Twice: 903
Lightnin': 333, 460, 560
Lightship, The: 801
Ligne de démarcation, La: 159, 774
Like Father, Like Son: 590
Lilac Time: 190
Lilacs in the Spring: 325
Lilas blancas: 766
Lili: 143, 316
Lili Marleen: 308, 317, 770
Lilí: 496
Lilian Russel: 326
Lilies of the Field: 464, 676
Liliom: 102, 105, 215, 476, 477, 553
Lilith: 74, 384, **496,** 742, 774
Lillian Russell: 26
Lilly Turner: 920

Lima Barreto: 154
Limehouse Blues: 784
Limelight: 134, 161, 454
Límite: 48 horas: 624
Límite es el cielo, El: 52
Limpiabotas, El: 232, 496
Lincoln Cycle, The: 815
Linda muñequita: 815, 816
Lindos modales: 833
Line-Up, The: 787
Línea de sombra, La: 772, 909, 910
Línea del cielo, La: 180, 181
Línea general, La: 284
Línea mortal: 732, 768
Linkshändige Frau, Die: 243
Linterna roja, La: 445, **497,** 934, 935
Linus: 799
Lio en el valle: 918
Lío en los grandes almacenes: 492, 493
Lío en Río: 126, 264, 589
Liolà: 10, 93, , 858
Lion, The: 138, 409
Lion Has Wings, The: 629, 681
Lion in Winter, The: 399, 415, 641
Lion Is in the Streets, A: 912
Lions in the Streets, A: 125
Lions Love: 889
Lions sont lâchés, Les: 139, 592
Lipstick: 64
Liquidador, El: 283
Lirio dorado, El: 177, 522, 574
Lirio entre espinas: 613
Lirios del valle, Los: 676
Lirios silvestres: 464
Lisboa: 573, 574, 633
Lisboa Story: 921
Lisbon: 573, 574, 633
Lisetta: 233
List of Adrian Messenger, The: 214, 269, 426, 474, 579, 772, 795
Lista de Schindler, La: 608, 814
Lista negra, La: 280, 608
Listen Darling: 353
Listen to Me: 764
Listen Up: The Lives of Quincy Jones: 795, 823
Listopad: 435
Lisztomania: 657, 746
Lisztomanía: 746
Little American, The: 229
Little Big League: 731
Little Big Man: 275, 408, 663
Little Big Shot: 216
Little Budha: 88, 326, 710
Little Caesar: 490, 733
Little Colonel, The: 848

índice de películas

Little Dorrit: 380
Little Drummer Girl, The: 455
Little Fauss and Big Halsy: 708
Little Foxes, The: 224, 501, 562, 932
Little Giant, The: 733
Little Hut, The: 352, 373, 618
Little Johnny Jones: 490
Little Lord Fauntleroy: 205, 380
Little Man Tate: 335
Little Man What Now?: 102, 830, 859, 866
Little Mary Sunshine: 459, 460
Little Minister, The: 399
Little Miss Broadway: 848
Little Miss Marker: 33, 214, 555, 848
Little Miss Smiles: 333
Little Miss Thoroughbred: 784
Little Mister Jim: 941
Little Murders: 832
Little Nellie Kelly: 353
Little Night Music, A: 844
Little Nikita: 676
Little Odessa: 709
Little Old New York: 460, 522
Little Outlaw, The: 359
Little Prince, The: 264, 925
Little Princess, The: 848
Little Rebel, The: 848
Little Romance, A: 636
Little Savage, The: 49
Little Shop of Horrors: 194, 543, 615
Little Terror, The: 431
Little Treasure: 474
Little Women: 19, 207, 212, 399, 484, 490, 747, 759, 843
Live Wire, The: 179
Lives of a Bengal Lancer, The: 190, 392, 867
Livets Konflikter: 799, 800
Livets vaar, I: 800
Living Idol, The: 492
Living in a Big May: 457, 467, 468
Living It Up: 484, 493, 542
Living on Velvet: 102
Liza: 241, 242, 551
Lizzie: 655
Li'l Abner: 454
Ljubavni slucaj ili tragedija sluzbenice p. t. t.: 526
Llama de mi amor: 580, 581
Llama de Nueva Orleans, La: 171, 257
Llama en el espacio, Una: 655
Llama en mi corazón, Una: 838, 839
Llama eterna, La: 420, 538
Llama mágica, La: 179, 180, 460
Llama sagrada, La: 212, 399, 863, 864
Llama un desconocido: 224, 609, 610
Llamaban Bodhi, Le: 710
Llamaban Trinidad, Le: 372
Llamad a cualquier puerta: 96, 97, 703, 704
Llamada a un reportero: 350
Llamada a una persona amada: 771
Llamada de la selva, La: 347, 348, 919, 920, 935, 936
Llamada del amor, La: 112
Llamada del clarión, La: 393
Llamada del Norte, La: 228, 229
Llamada del tormento, La: 427, 428
Llamada en el espacio, Una: 97
Llamada para un muerto: 513, 514, 549, 789, 790
Llámame Mr. Charly: 914
Llamaradas: 230, 485, 832
Llanto del crisantemo blanco, El: 581
Llanto por un bandido: 700, 760, 761
Llanura roja: 661
Llave, La: 125, 409, 506, 709, 710
Llave de cristal, La: 468, 469, 471, 574, 783, 784
Llave de la cuestión, La: 676
Llave secreta, La: 755, 756
Llaves del reino, Las: 498, 532, 661, 815, 816
Llega el hombre del hielo: 337, 544
Llega un jinete libre y salvaje: 121, 328, 650, 731
Llega un pistolero: 331
Llegan los bribones: 525, 584
Llegar a más: 654
Llegaron a Cordura: 191, 396, 742
Llegaron dos hombres: 700
Llegaron los marcianos: 475
Llévame contigo: 766
Lloviendo piedras: 501
Lloyd's de Londres: 460, 682
Lloyd's of London: 460, 682
Llueve sobre mi corazón: 121, 191, 192, **500**
Llueve sobre nuestro amor: 84
Llueve sobre Santiago: 870
Lluvia: 201, 336, 572
Lluvia de mayo y papel de seda: 581
Lluvia del diablo, La: 516, 866
Lluvia negra: 428, 429
Lluvias de Ranchipur, Las: 117, 118, 522, 610, 875, 876
Lo del César: 157, 781
¡Lo digo yo!: 911
Lo importante es amar: 767, 942
Lo imprevisto: 10, 479
Lo más grande en la vida: 364, 376
Lo mejor de la vida: 736
Lo mejor es reír: 45
Lo mío y yo: 265
Lo que cuenta es el final: 319, 387
Lo que desea toda mujer: 26, 178, 930
Lo que el viento se llevó: 228, 297, 323, 324, 347, 348, 395, 420, 485, 486, **500**, 930
Lo que fue de la Dolores: 45

Lo que importa es vivir: 13
Lo que piensan las mujeres: 270, 510, 630
Lo que queda del día: 375, 415, 416, 437, 852
Lo quiso la suerte: 136, 137, 388
Lo verde empieza en los Pirineos: 751
Loba, La: 223, 224, **501**, 562, 932
Loba y la paloma, La: 782, 828
Lobo: **501,** 614, 615, 616, 668, 669
Lobo, El: 215
Lobo de la Sila, El: 356, 531
Lobo de mar, El: 215, 216, 352, 353, **501**, 516, 732, 733, 742
Lobos, Los: 785
Lobos de mar: 460, 491
Lobos del Norte: 70, 326, 392, 393
Lobos humanos: 320
Lobos marinos: 618, 662
Loca: 273, 730, 823
Loca academia de policía 4: 822
Loca de alegría: 233
Loca de Chaillot, La: 105, 114, 399
Loca de la casa, La: 48
Loca evasión: 394, 814
Loca historia del fin del mundo, La: 557
Loca juerga tropical: 126
Loca orgía, La: 49, 50, 538
Loca por la música: 276
Local Boy Makes Good: 490
Local Hero: 474
Locas aventuras de un señor mamá, Las: 455
Locataire, Le: 7, 271, 677
Lock Up: 817, 832
Locked Door, The: 366, 817
Locked Heart, The: 460
Locket, The: 579
Loco, El: 760
Loco, loco asalto a un banco, El: 772
Loco anda suelto, Un: 103, 557, 558
Loco de amor: 589, 783
Loco de atar: 467, 468
Loco de pelo rojo, El: 268, 269, **502**, 576, 577, 696, 697
Loco maravilloso, Un: 187, 774, 931
Loco por Anita: 492, 493, 542
Loco por el circo: 36
Loco por ti: 582
Loco suelto en Hollywood, Un: 273, 624
Locos: 731
Locos años de Chicago, Los: 566, 567
Locos de abril: 105, 241, 242, 488, 509
Locos de atar: 79
Locos de remate: 676, 925
Locos defensores de la ley, Los: 623
Locos del aire: 388, 481
Locos del bisturí, Los: 589

Locos del Cannonball 2, Los: 521, 543, 795
Locos por ellos: 939
Locos sueltos: 556
Locos vecinos del segundo, Los: 758
Locura de amor: 588, 720, 721
Locura de mujer: 769, 770, 872
Locura de Nueva York, La: 304
Locura de Shanghai, La: 864
Locura del charlestón, La: 508, 510
Locura del dólar, La: 136, 137
Locuras de estudiantes: 353, 469
Locuras de un matrimonio burgués: 160
Locuras de verano: 399, 482
Lodger, The: 407, 630
Logan's Run: 883
Logis de l'horreur, Le: 277
Lohengrin: 233
Loi des rues, La: 870
Loi du nord, La: 318
Loi, La: 222, 503, 550, 567, 586
Loin du Vietnam: 365, 378, 487, 719, 889
Lola: 9, 10, 90, 241, 308, 362, 583, 626, 781
Lola Montès: 502, 639, 883
Lola se va a los puertos, La: 701
Lolita: 465, 548, 549
Lolly Madonna XXX: 108
London After Midnight: 113
London Belongs to Me: 55
Lone Hand: 560
Lone Star: 348, 352, 762
Lone Star Trail, The: 579
Lone Wolf Returns, The: 270
Lone Wolf Spy Hunt, The: 396, 516
Loneliness of the Long Distance Runner, The: 724, 807
Lonely Are the Brave: 269, 555, 683, 743
Lonely Guy, The: 350, 543
Lonely Man, The: 666
Lonely Passion of Judith Hearne, The: 172
Lonelyhearts: 174, 509
Lonesome Cowboys: 913
Loney Trail, The: 915
Long, Long Trailer, The: 577
Long and the Short and the Tall, The: 389
Long Dark Hall, The: 391
Long Day's Journey Into Night: 399, 514, 731
Long Duel, The: 114, 702
Long Goodbye, The: 21, 769
Long Gray Line, The: 333, 633, 682
Long Haul, The: 556
Long Hot Summer, The: 612, 716, 730, 918, 931
Long Lost Father: 70
Long Night, The: 22, 327, 498
Long Pants: 137, 410
Long Riders, The: 144, 691, 892

índice de películas

Long Ships, The: 676, 923
Long Voyage Home, The: 333, 415, 915
Long Wait, The: 697
Long Walk Home, The: 813
Longest Day, The: 118, 187, 316, 327, 579, 916
Longest Yard, The: 14
Longue marche, La: 870
Loocking Glass War, The: 415
Look Back in Anger: 106, 118, 724
Look Up and Laugh: 485
Look Who's Talking: 866
Look Who's Talking Now: 866
Look Who's Talking Too: 866
Looker: 175, 320
Looking for Mr. Goodbar: 111, 361, 455
Looking for Richard: 646
Looking for Trouble: 864, 920
Looking Forward: 112
Lookin'to Get Out: 907
Looks and Smiles: 500, 501
Loophole: 320
Loose Ankles: 935
Loose Cannons: 385
Loot: 55, 716
Lord Jeff: 930
Lord Jim: 111, 323, 324, 548, 549, 641
Lords of Flatbush, The: 816
Lorenzo's Oil: 624, 759, 884
Los fantasmas no pueden hacerlo: 697
Los pájaros de Baden-Baden: 132
Losing Isaiah: 478
Losin'It: 207
Lost and Found: 439
Lost and Found on a South Sea Island: 911
Lost Angel: 352
Lost Angels: 832
Lost Boundaries: 316
Lost Boys, The: 768
Lost Bridgeroom, The: 70
Lost Command: 139, 237, 592, 697
Lost Horizon: 105, 137, 180, 419, 877
Lost in Yonkers: 273
Lost Lady, A: 817
Lost Man, The: 478, 676
Lost Moment, The: 395
Lost Patrol, The: 333, 660
Lost People, The: 55
Lost Squadron, The: 560, 825
Lost Weekend, The: 252, 574, 925
Lotería del amor, La: 618
Lotna: 909, 910
Lotta dell'uomo per la sua sopravvivenza, La: 741
Lotte in Italia: 365
Lotus Eater, The: 70
Louisa: 705

Louise: 349
Louisiana Story: 321
Loulou: 243, 670
Loups dans la bergerie, Les: 265
Louves, Les: 590, 760
Lovable Cheat, The: 454
Love: 37, 350, 368, 940
Love Affair: 74, 82, 96, 105, 399, 553, 559, 874
Love and Death: 18, 426, 454
Love and Kisses: 792
Love and Pain and the Whole Damn Thing: 650
Love and the Devil: 464
Love at Large: 744
Love Before Breakfast: 504
Love Crazy: 509
Love Doctor, The: 921, 922
Love feroz, El: 351, 556
Love Field: 669
Love Finds Andy Hardy: 353, 875
Love Flower, The: 364, 376
Love Happy: 545, 546, 547, 585
Love Has Many Faces: 876
Love in Germany: 265
Love in the Afternoon: 191, 398, 925
Love Is a Ball: 105, 331
Love Is a Many Splendored Thing: 179, 409, 443, 461
Love Is a Racket: 920
Love Is Better Than Ever: 264, 457, 843
Love Is News: 26, 355, 682, 936
Love Is on the Air: 705
Love Letters: 146, 199, 256, 443
Love Lottery, The: 618
Love Me or Leave Me: 22, 125, 225
Love Me Tender: 648
Love Me Tonight: 508, 530
Love Nest: 585
Love Never Dies: 902
Love of Sunya, The: 833
Love of Three Queens: 472
Love on the Dole: 458
Love on the Run: 201, 348
Love Parade, The: 389, 510
Love Potion n.° 9: 64
Love Race, The: 516
Love Story: 373, 573, 574, 637, 638
Love Streams: 151, 743
Love Sublime, A: 113
Love Test, The: 681
Love that Brute: 668
Love Thy Neighbor: 756
Love Toy, The: 508
Love Trap, The: 932
Love Under Fire: 26, 936
Love With the Proper Stranger: 561, 600, 650, 929
Love 'Em and Leave 'Em: 110

Loved One, The: 32, 175, 724
Loveless, The: 219
Lovely to Look At: 490
Lovely Way to Die, A: 269
Lover Come Back: 225, 421, 534
Lovers and Other Strangers: 454
Lovers?: 815
Loves of Carmen, The: 141, 330, 396, 725, 911
Loves of Edgar Allan Poe, The: 220
Loves of Ondine, The: 913
Lovesick: 380, 426, 589
Loving: 752, 763
Loving Couples: 175, 521, 758
Lovin' Molly: 514, 667, 758
Lu, a kokott: 215
Lu, la cocotte: 215
Lucas: 747
Luces de bohemia: 46, 314, 701
Luces de Broadway: 484
Luces de candilejas: 510, 585
Luces de la ciudad: 161, 389, **511,** 585, 853
Luces de la ingenua, Las: 102
Luces de mis zapatos: 689
Luces de neón: 731
Luces de rebeldía: 125, 389
Luces de variedades: 50, 310, 311, 478, 479
Luces y sombras: 583
Luci del varietà: 50, 311, 479
Lucia di Lammermoor: 503
Lucía: 805
Luciana: 99
Luciano Serra pilota: 16
Lúcio Flávio, o passageiro da agonia: 61
Luck of the Irish, The: 73, 682
Lucky Cisco Kid: 32
Lucky Devils: 587
Lucky Horseshoe, The: 190
Lucky Jo: 249
Lucky Jordan: 469
Lucky Lady, The: 264, 385, 576, 911
Lucky Luciano: 739, 740
Lucky Me: 225, 253
Lucky Night: 509, 844
Lucky Number, The: 51
Lucky Partners: 180, 572, 736
Lucky Star: 102, 359
Lucky Stiff: 666
Lucky Texan, The: 915
Lucrèce Borgia: 48, 349
Lucrecia Borgia: 256
Lucy Gallant: 403
Lucha a muerte: 235
Lucha del hombre por la supervivencia, La: 741
Luchador de Kentucky, El: 915
Luchador, El: 175

Luchadores de la noche, Los: 355, 579
Luchadores del infierno, Los: 916
Luchando por mis derechos: 239
Luchas submarinas: 32, 923
Ludwig: 531, 767, 820, 905
Ludwig: Requiem für einen Jung fräulichen Köning: 513
Ludwig, réquiem por un rey virgen: 513
Ludwig II: 512, 513
Ludwig der Zweite, König von Bayern: 255, 256
Luffar-Petter: 349
Lugar del crimen, El: 242, 846
Lugar en el mundo, Un: 46, **511,** 750, 751
Lugar en el sol, Un: 173, 174, **512,** 676, 819, 820, 843
Lugar en la cumbre, Un: 172, 789, 790
Lugar en ninguna parte, Un: 512, 514
Lugar llamado Milagro, Un: 377, 707, 708
Lugar llamado paraíso, Un: 377
Lugar sin límites, El: 727
Luis II de Baviera: 512, 530, 531, 766, 767, 905
Luis XIV, niño rey: 557
Luisa: 705
Lukrezia Borgia: 256
Lulu: 126, 215, 441
Lulú: 550
Lulú de noche: 46, 513, 781
Lullaby of Broadway: 225
Lumière: 103, 144, 590, 591
Lumière d'en face, La: 68
Lumière y compañía: 36, 43, 59, 90, 100, 195, 197, 375, 437, 459, 463, 483, 488, 575, 663, 730, 872, 877, 912, 921, 935
Luna, La: 88, **514**
Luna de miel: 681, 824, 825, 938
Luna de miel para tres: 64, 121, 122, 123, 124
Luna de papel: 97, 98, 637, 638
Luna de sangre: 699
Luna de verano: 313
Luna en el arroyo, La: 243
Luna es azul, La: 409, 617, 618, 684
Luna negra: 527, 528
Luna negra, La: 251, 827, 882
Luna nueva: 319, 374, 393, 394, **515**
Luna sin miel: 178
Lunas de hiel: 375, **515,** 677
Lune dans le caniveau, La: 4, 243, 461, 462
Lunes tormentoso: 319, 377
Lunga vita alla signora!: 637
Lungo il fiume: 637
Lupa, La: 478, 479
Lupe: 913
Lupo dei mari, Il: 502
Lupo della Sila, Il: 356, 531
Lure of the Wilderness: 8, 610, 668
Lured: 798

índice de películas

Lust for Gold: 330, 516
Lust for Life: 269, 502, 577, 697
Lust och Fägring Storn: 922
Lusty Men, The: 395, 578, 579, 703, 704
Lute II: mañana seré libre, El: 42, 43, 46, 517, 758
Lute: camina o revienta, El: 4, 42, 43, 46, **517**
Luv: 331, 488
Luv quiere decir amor: 331, 488
Luxure, La: 241
Luz a Oriente: 490
Luz brilló dos veces, La: 903
Luz de enfrente, La: 68
Luz de gas: 517
Luz de Montana: 201
Luz del fin del mundo, La: 269, 721
Luz en el alma: 276, 457, 796
Luz en el hampa, Una: 342, **517**
Luz en la ciudad: 228
Luz que agoniza: 85, 104, 105, 198, 199, 212, **517**
Luz que mata: 603
Lyckliga skitar: 799
Lydia: 142, 199, 277, 278, 464, 630
Lydia Bailey: 610
Lyon lea: 464

M: 477, 519
M. A. S. H.: 21, 831, 832
M. Butterfly: 206, 435
M'sieur la caille: 590
M, el vampiro de Düsseldorf: 477, **519**
Ma es holnap: 215
Ma non è una cosa seria: 130, 233
Ma nuit chez Maud: 568, 737, 870
Ma saison préférée: 242, 846
Mac Arthur, el general rebelde: 661, 662
Macadam: 318, 789
Macao: 579, 745, 819
Macao, el infierno del juego: 825
Macao, l'enfer du jeu: 825
Macario: 358, 359
Macarrones: 488, 489, **519,** 550, 551, 770, 771
MacArthur: 662
Macbeth: 512, **520,** 677, 905, 918
Maccheroni: 489, 519, 551, 771
Macchina ammazzacattivi, La: 741
Machine, La: 243
Machine à refaire la vie, La: 277, 278
Machine Gun Kelly: 194
Macho, El: 228
Macho Callahan: 774
Macho y hembra: 228, 229, 779, 833
Maciste contra lo sceicco: 129, 130
Mack the Knife: 390
Mackenna's Gold, The: 662, 733
Mackintosh Man, The: 411, 412, 426, 549, 612, 755

Maclovia: 48, 309, 310, 314
Macomber Affair, The: 661
Macunaíma: 31
Mad About Music: 276
Mad Dog and Glory: 852
Mad Dog Coll: 384
Mad Dog Morgan: 417
Mad Game, The: 864
Mad Genius, The: 70, 216
Mad Love: 69
Mad Max: 362
Mad Max, salvajes de autopista: 362
Mad Max 2: 362
Mad Max II, el guerrero de la carretera: 362
Mad Max III, más allá de la cúpula del trueno: 362
Mad Max Beyond Thunderdome: 362
Mad Miss Manton, The: 326, 817
Mad Monkey, The: 872
Mad Trapper, The: 354, 355
Madadayo: 466
Madame Bovary: 52, 159, 160, 423, 424, **523,** 548, 576, 686, 718
Madame Butterfly: 374
Madame Curie: 355, 490
Madame de...: 104, 105, 232, 233, **523,** 639
Madame Du Barry: 256, 441, 509, 510, 725
Madame Rosa: 790
Madame Sans-Gêne: 506, 833
Madame Satan: 229
Madame Sin: 224
Madame Sousatzka: 521, 764
Madame wünscht Keine kinder: 257, 464
Madame X: 876, 930
Madamigella di Maupin: 99
Mädchen in Uniform: 766
Mädchenjahre einer Königin: 766
Maddalena: 451
Maddalena, zero in condotta: 232, 233, 524
Made for Each Other: 205, 504, 820
Made in Heaven: 397, 744, 927
Made in Italy: 525, 813
Made in Sweden: 834
Made in U. S. A.: 365, 832
Madeleine: 482
Mademoiselle: 577, 590, 591, 724
Mademoiselle Ange: 79, 766
Mademoiselle de Maupin: 99
Mademoiselle Docteur: 445, 646, 825
Mademoiselle Doctor: 509, 930
Mademoiselle Fifi: 792, 928
Mademoiselle Josette ma femme: 37
Mademoiselle Mozart: 592
Madigan: 109, 327, 788, 923
Madigan's Millions: 408
Madison Avenue: 32, 655

Madman: 916
Mado: 671, 761, 762, 766, 767
Madona de las siete lunas, La: 372, 373
Madonna of Avenue A, The: 216
Madonna of Seven Moons: 373
Madonne des sleepings, La: 825
Madrastra, La: 358, 359
Madre: 785
Madre, La: 264, 265
Madre, la melones y el ruedas, La: 455
Madre debe ser querida, Una: 643
Madre Juana de los Ángeles: 451, **523**
¡Madre mía!: 333, 914
MadreGilda: 363, 647, 712, 722, 750, 751
Madrid: 660
Madrid al desnudo: 314
Madriguera, La: 161, 162, 664, 760, 761
Madron: 143
Madwoman of Chaillot, The: 105, 114, 399
Maestra, La: 215
Maestro de esgrima, El: 634, 781
Maestro di don Giovanni, Il: 503
Maestro di Vigevano, Il: 668, 811, 812
Maestro e Margherita, Il: 859
Maestro Samuel: 800
Mafia: 269, 730
Mafia, La: 862
Mafioso: 479, 812
Mag Dog and Glory: 230
Magdalena, cero en conducta: 232, **524**, 886
Magdalene: 462
Magdát kicsapják: 886
Maggie: 413, 520
Maggie, The: 413, 520
Magia: 464
Magia de Lassie, La: 821
Magic: 55, 415, 416
Magic Bow, The: 55, 373, 636, 883
Magic Christian, The: 55, 114
Magic Fire: 256
Magic Flame, The: 180, 460, 821
Magic of Lassie, The: 821
Magic Town: 821, 920
Mágica bola del doctor Ehrlich, La: 255, 256, **524**, 732, 733
Magician, The: 431
Magiciens, Les: 160, 755
Mágico dominio: 431
Magistrado, El: 139
Magistrato, Il: 139
Magliari, I: 739, 740, 812
Magmas miska: 464
Magnificat: 58
Magnificent Ambersons, The: 72, 199, 207, 918, 928
Magnificent Doll: 102, 618, 736

Magnificent Dope, The: 26, 327
Magnificent Flirt, A: 935
Magnificent Lie, The: 104
Magnificent Matador, The: 94, 633, 697
Magnificent Obsession: 421, 630, 798, 816, 844
Magnificent Seven, The: 114, 175, 561, 789
Magnificent Seven Ride, The: 789
Magnifici tre, I: 858
Magnifico cornuto, Il: 139, 858
Magnífico bribón, Un: 74
Magnífico cornudo, El: 139
Magnífico flirt, Un: 935
Magnifique, Le: 80, 91
Magnolia: 351, 352, 922
Magnolias de acero: 318, 319, 387, 521, 731, 732, 783
Magnum Force: 167, 280
Mago, El: 514, 525
Mago de Oz, El: 100, 323, 324, 353, 490, 514, **525**, 847
Mago per forza, Il: 505
Magokoro: 462
Magot de Josefa, Le: 57, 525
Magus, The: 83, 125, 697
Magyar rapszódia: 441
Magyarok: 303
Mahanagar: 705
Mahaprithivi: 777
Mahler: 657, 746
Mahogany: 667
Mahogany, piel de cabra: 667
Mahoma, mensajero de Dios: 696, 697
Maid, The: 91, 439
Maid of Salem: 178, 522
Maid's Night Out: 329
Maids, The: 439
Maigret en el caso de la condesa: 346
Maigret et l'affaire Saint-Fiacre: 346
Maigret tend un piège: 346
Maigret voit rouge: 346
Main Attraction, The: 940
Main Event, The: 638, 823
Main Season, The: 350
Main Street to Broadway: 354, 355, 391
Mains d'Orlac, Les: 316
Mais où est donc Ornicar: 162
Maisie Goes to Reno: 352
Maison de Jade, La: 91
Maison de la flèche, La: 37
Maison du Maltais, La: 445
Maison sous la mer, La: 9
Maison sous les arbres, La: 173, 275
Maison Tellier, La: 674
Maître de forges, Le: 349
Maître d'école, Le: 87

índice de películas

Maître nageur, Le: 756, 869, 870
Maîtresse: 243, 768
Maja de Cádiz, La: 45
Maja desnuda, La: 352
Majesty of the Law, The: 752
Major and the Minor, The: 574, 736, 924
Major Barbara: 390, 458
Major Dundee: 175, 389, 403, 662
Majority of One, A: 380, 490
Make Me a Star: 177, 190, 538
Make Mine Laughs: 323
Make Way for Tomorrow: 559
Maker of Men: 914
Makhetes: 215
Making a Living: 160
Making Mr. Right: 527
Mal de amores: 362, 583
Mala sangre: 90, 238, 672
Mala yerba: 48, 821, 864
Malaca: 821, 864
Malacca: 799
Maladie d'amour: 244, 461, 462, 672
Malas calles: 229, 230, 455, 771
Malas compañías: 559
Malas costumbres: 439, 567
Malas tierras: 252, 813
Malasia: 177, 178
Malato immaginario, Il: 813
Malaventura: 98, 382
Malaya: 821, 864
Malcolm X: 483, 914
Maldad encubierta: 112, 113
Maldición de Damien, La: 409
Maldición de Frankenstein, La: 261
Maldición de la Pantera Rosa, La: 138, 282, 619, 652
Maldición de la reina Dragón, La: 253, 669, 883
Maldición de las brujas, La: 425, 735
Maldito embrollo, Un: 139, 361, 362, **526**
Maldito Nick: 326
Malditos, Los: 785
Maldone: 37
Male and Female: 229, 779, 833
Male Animal, The: 228, 327
Male oscuro, Il: 584
Mâle du siècle, Le: 87
Maledetto imbroglio, Un: 139, 362, 526
Malena es un nombre de tango: 362
Maleta, La: 744
Maletas del señor O. F., Las: 472
Malevil: 870
Malice: 64, 772
Malicia: 64, 772
Malina: 423, 424
Malinconico autunno: 553
Malmaison: 256

Malo, El: 725
Malombra: 806
Malos golpes, Los: 790
Malpertuis: 919
Malquerida, La: 48, 314, 725
Malta Story, The: 380
Maltese Falcon, The: 96, 386, 426, 547
Malvado Carabel, El: 312, 313, 610, 611
Malvado Zaroff, El: 528, 559, 560
Malvados de Firecreek, Los: 327, 821
Mam-ye nazdik: 459
Mamá a la fuerza: 618, 736
Mamá cumple cien años: 161, 162, 314, 761
Mamá es mi rival: 936
Mamá nos complica la vida: 390, 391, 576, 577
Mamá quiere ser noble: 553
Mamá sangrienta: 194, 195, 230
Mamá sin freno, Una: 253, 875
Maman Colibri: 277
Maman et la putaine, La: 768
Mambo: 356, 357, 530, 531, 742
Mambo Kings, The: 66
Mambrú se fue a la guerra: 312, 314, 758
Mamma mia che impressione!: 811, 812
Mamma Roma: 525, 529, 658, 659
Mammame: 745
Mammie Dearest: 201
Mammo kenkoku no reimei: 581
Mammy: 216
Mam'zelle Nitouche: 36, 792
Man About the House, A: 503
Man About Town: 756
Man Alone, A: 573, 574
Man Behind the Mask, The: 681
Man Betrayed, A: 915
Man Between, The: 464, 548, 710
Man Called Gannon, A: 683
Man Called Horse, A: 390
Man Called Intrepid, A: 401, 618
Man Called Peter, A: 668
Man Could Get Killed, A: 567
Man die Zijn Haar kort liet knipen, Der: 412, 621
Man-Easter of Kumaon: 750
Man for All Seasons, A: 708, 918, 941
Man Friday: 642
Man From Alamo, The: 331
Man From Blandley's, The: 70, 935
Man From Colorado, The: 330, 409
Man From Dakota, The: 725
Man From Del Rio: 697
Man From Down Under, The: 480
Man From Galveston, The: 175
Man From Home, The: 229
Man From Laramie, The: 411, 533, 821
Man From Mexico, The: 70

Man From Monterey, The: 915
Man From Painted Post, The: 304
Man From the Alamo, The: 94
Man From the Snowy River, The: 269
Man From Utah, The: 915
Man From Wyoming, A: 190
Man From Yesterday, The: 104, 177
Man Hunt: 893
Man I Killed, The: 716
Man I Love, The: 516, 911, 920
Man in Grey, The: 373, 548
Man in Possession, The: 930
Man in the Gray Flannel Suit, The: 413, 443, 539, 661
Man in the Iron Mask, The: 922
Man in the Middle: 579
Man in the Moon: 600
Man in the Net, The: 216, 469
Man in the Saddle: 235
Man in the White Suit, The: 380, 413, 520
Man in the Wilderness: 390, 426
Man of a Thousand Faces: 125
Man of Aran: 321
Man of Conquest: 329
Man of La Mancha: 506, 642
Man of No Importance, A: 320
Man of the Forest: 392
Man of the West: 191, 412, 533
Man of the World: 504
Man on a String: 235
Man on a Tightrope: 452, 539
Man on the Eiffel Tower, The: 480
Man-Proof: 509
Man spielt nicht mit der Liebe: 646
Man Trouble: 616, 701
Man Under Cover: 113
Man Upstairs, The: 55
Man Wanter: 256
Man Who Broke the Bank at Monte Carlo, The: 180
Man Who Came Back, The: 359, 911
Man Who Came to Dinner, The: 224, 784
Man Who Fell to Earth, The: 735
Man Who Finally Died, The: 940
Man Who Found Himself, The: 225, 329
Man Who Knew Too Much, The: 407, 821
Man Who Loved Women, The: 33, 71, 282
Man Who Played God, The: 223, 573
Man Who Shot Liberty Valance, The: 334, 414, 544, 821, 916
Man Who Understood Women, The: 143, 327
Man Who Watched the Trains Go By, The: 9
Man Who Won, The: 920
Man Who Would Be King, The: 126, 187, 426
Man With a Cloak, The: 143, 199, 818
Man With a Gun, The: 579

Man With a Million: 661
Man With One Red Shoe, The: 387
Man With the Golden Arms, The: 625, 655, 684, 794
Man With the Gun: 253
Man With the Shadow: 918
Man With Two Brains, The: 543, 875
Man With Two Faces, The: 733
Man Within, The: 55
Man Without a Star: 269, 682, 903
Man Without Face: 362
Man's Castle: 102, 864, 936
Man's Favorite Sport?: 319, 394, 421
Manantial, El: 190, 191, **530,** 608, 902, 903
Manantial de la doncella, El: 84, 703, 834
Manantial de las colinas, El: 73, 74, 87, 243, 586
Manchas de sangre en un coche nuevo: 103
Manchurian Candidate, The: 337, 484, 795
Mandacaru vermelho: 665, 666
Mandalay: 216, 847, 848
Mandarine, La: 623
Mandingo: 322, 323, 549, 816
Mando perdido: 139, 237, 592, 696, 697
Mando siniestro: 911, 914, 915
Mandrágora, La: 215, 478, 479
Mandy: 520, 903
Manèges: 789
Manhandled: 833
Manhattan: 17, 18, 454, 455, **531,** 822
Manhattan Cocktail: 50
Manhattan Madness: 304
Manhattan Melodrama: 348, 509·
Manhattan Murder Mystery: 18, 19, 425, 455
Manhattan Sur: 167, 743
Mani sporche, Le: 668
Mani sulla città, Le: 740
Manicomio: 312, 313
Manifesto: 526
Manin densha: 427, 427
Manina, la fille sans voiles: 68
Maniobras del amor, Las: 68, 171, 592, 669
Maniquí: 101, 102, 201, **531,** 532, 863, 864
Manitou, The: 214
Mann der seinen Mörder sucht, Der: 796
Mann der Tat, Der: 441
Mann Hebenan, Der: 667
Mannen fran Mallorca: 922
Mannen på taket: 922
Männen i mörker: 800
Mannequin: 102, 201, 531, 532, 864
Männer: 265
Mano, La: 126
Mano de oro: 223
Mano del extranjero, La: 807
Mano dello straniero, La: 807
Mano en la trampa, La: 534, 699, 700, 861, 862

Mano izquierda de Dios, La: 97, 854
Mano negra, La: 180, 181, 556
Mano spietata della legge, La: 623
Manolo la nuit: 475, 751
Manon: 174
Manon 70: 242
Manon des sources: 74, 87, 586
Manon Lescaut: 233, 257
¡Manos arriba!: 801
Manos de hierro: 333
Manos de Orlac, Las: 316
Manos en los bolsillos, Las: 78, 79, **535**
Manos peligrosas: 342, **535**, 667, 668, 923
Manos sobre la ciudad, Las: 739, 740
Manpower: 257, 733, 911
Mans, Le: 561
Mansión bajo los árboles, La: 173, 275
Mansión de los Fury, La: 372, 373
Mansión de los siete placeres, La: 542, 543
Mansión embrujada: 574
Mansiones verdes: 316, 398, 666
Manslaughter: 177, 229, 538
Manta roja, La: 59
Mantenuto, Il: 857, 858
Mantrap: 324
Manuela: 48, 722, 805
Manuscrito cifrado: 391
Manuscrito encontrado en Zaragoza, El: 391, **535**
Manxman, The: 406, 407
Many Happy Returns: 573
Many Rivers to Cross: 655, 845
Manzana de la discordia, La: 156, 157, 472
Mañana es vivir: 178, 918, 929
Mañana lloraré: 395
Mañana será otro día: 35, 36, 536
Mañana será tarde: 35, 232, 233, **536**
Mañana sucederá: 511
Map of the Human Heart: 591
Máquina, La: 243
Maquinista de la «General», El: 453, 454, **536**
Mar brava: 758
Mar de fondo: 333
Mar de hierba: 270, 399, 452, 863, 864
Mar de líos, Un: 394
Mar y el tiempo, El: 253, 312, 314, 754
Mar y tú, El: 315
Mara Maru: 325
Marathon: 761
Marathon Man: 408, **537,** 636, 763, 764
Maravillas: 312, 314, 381, 382, **537**
Maravilloso veneno, Un: 666
Marbella, un golpe de cinco estrellas: 314, 701, 827
Marca del fuego, La: 228, 229, 445, 495
Marca del vampiro, La: 113
Marca del Zorro, La: 304, 613

Marcado a fuego: 468, 469, 554
Marcado por el odio: 35, 36, 561, 611, 612, 928
Marcados, Los: 272
Marcelino, pan y vino: 182, 183, 314, 476, **537**, 569, 721, 886
Marcellino pane e vino: 183
Marcia nuziale: 317, 857, 858
Marcia su Roma, La: 356, 357, 728, 857, 858
Marcia trionfale: 79
Marciano en California, Un: 493
Marco Antonio y Cleopatra: 403, 721, 782
March or Die: 242, 385, 834
Marcha de Tokio, La: 580, 581
Marcha nupcial: 427
Marcha nupcial, La: 824, 825
Marcha o muere: 373
Marcha triunfal: 79
Marchad alegremente: 642
Marchar o morir: 242, 385, 834
Marchese del Grillo, Il: 584, 813
Marchese di Ruvolito, Il: 553
Marchier und Krepier: 373
Mardi Gras: 368
Mare matto: 80, 152, 503
Mare Nostrum: 309, 310, 431, 720, 721
Marea roja: 385, 731, 914
Mares de China: 347, 348, 354, 355, 389, 491
Mares del Sur: 902, 915
Margarita de la noche: 56, 57, 309, 586, 592
Margarita Gautier: 212, 349, 350, **539,** 613, 844
Margaritas, Las: 166
Margie: 461
Margin for Error: 683, 684
Marginado: 583
Marginal, El: 79, 80, 244
Marginal, Le: 80, 244
Marguerite de la nuit: 57, 586, 592, 309
Mari-Chantal contre le docteur Kha: 700
Mari garçon, Le: 154
Maria Chapdelaine: 277, 278, 592
Maria no Oyuki: 581
Maria Rosa: 229
María, leyenda húngara: 37
María, matrícula de Bilbao: 886, 887
María, reina de Escocia: 439
María Walewska: 104, 105, 111, 112, 349, 350, **539**
María Antonia la Caramba: 699
María Antonieta: 70, 256, 592, 619, 671, 682
María Candelaria: 48, 314, 725
María Chantal contra el doctor Kha: 159, 699, 700
María de mi corazón: 400
María Elena: 48
María Estuardo: 333, 398, 399, 538
María Eugenia: 310
María Galante: 459, 460

María Magdalena: 13
María Morena: 699
María Rosa: 228, 700
Mariage: 488
Mariage, Le: 171
Mariage à la mode, Le: 162
Mariage de Chiffon, Le: 56, 57
Mariage de mademoiselle Beulemans, Le: 277
Mariage on the Rocks: 542
Marianita: 359, 460
Marianne de ma jeunesse: 278
Maria's Lovers: 144, 462, 463, 580
Marido, El: 811, 812
Marido afortunado, Un: 911
Marido de ida y vuelta, Un: 313, 721
Marido en apuros, Un: 559, 612, 931
Marido ideal, Un: 171, 366, 464
Marido para mi mujer, Un: 424
Marido perfecto, Un: 76, 754
Marido rico, Un: 177, 178, **540**, 559, 560, 827
Maridos jóvenes: 98, 99
Maridos no cenan en casa, Los: 313
Maridos y mujeres: 18, 19, 307, 493, 608
Marie: 813
Marie, légende hongroise: 37
Marie-Antoinette: 70, 592, 671, 682
Marie-Antoinette, das Leben Einer Konigin: 256
Marie Chapdelaine: 345
Marie-Christine: 115
Marie du port, La: 142, 345, 346
Marie Galante: 460, 863, 864
Marie-Octobre: 278
Marie-Soleil: 68, 671
Mariée était en noir, La: 591, 797, 873
Mariée était trop belle, La: 68
Mariés de l'an II, Les: 80, 702
Marilyn: 585
Marinai, donne e guai: 858
Marinero de agua dulce: 499
Marineros, Los: 785
Marineros, no miréis a las chicas: 858
Marineros a la fuerza: 388, 480, 481
Marineros sin brújula: 26
Marines Let's Go!: 912
Marino al agua: 695
Mario, Maria e Mario: 771
Mario, María y Mario: 770, 771
Mariona Rebull: 588
Marionette: 550
Mariposa de oro, La: 216
Mariposas son libres, Las: 394
Marisa la civetta: 98, 99, 700
Marisol rumbo a Río: 541
Mariti in città: 182
Marito, Il: 812

Marito di Attilia, Il: 728
Marito per Anna Zaccheo, Un: 231
Marius: 464
Marizza, gennant die Schumugglermadonna: 603
Marjorie Morningstar: 457, 929
Mark of the Hawk: 676
Mark of the Renegade: 162
Mark of the Vampire: 113
Mark of Zorro, The: 220, 304, 530, 613, 682
Marked Man: 333
Marked Woman: 96, 223
Markulles i wadköping: 799, 800
Marmottes, Les: 91
Marmotas, Las: 91
Marnie: 187, 407
Marnie, la ladrona: 187, 407
Maroc 7: 163
Marooned: 385, 662
Marqués de Salamanca, El: 541, 611
Marqués del Grillo, El: 584, 813
Marqués, su sobrina y la doncella, El: 234
Marquesa de O, La: 737
Marquise d'O, La: 737
Marquitta: 718
Marrakech Express: 754
Marrana, La: 476, 722
Marriage Circle, The: 510
Marriage-Go-Round, The: 395, 549
Marriage in Transit: 504
Marriage Is a Private Affair: 875
Marriage License?: 102
Marriage on the Rocks: 458, 795
Marriage Playground, The: 538
Marriage Ring, The: 613
Married to the Mob: 239, 582, 669
Married Virgin, The: 887
Marruecos: 190, 257, **541**, 754, 818, 819
Marruecos 7: 163
Marrying Kind, The: 212, 410
Marrying Man, The: 71
Marseillaise, La: 75, 445, 718
Marseille Contract, The: 126, 549, 697
Marsellesa, La: 75, 444, 445, 718
Marta: 215
Marta y yo: 671, 672
Martes de carnaval: 368, 583
Martes negro: 733
Martha und Ich: 672
Marthe Richard au service de la France: 825
Martin Roumagnac: 257, 346
Martin soldat: 249
Martín, el gaucho: 854, 862
Martín Fierro: 861, 862
Martin's Day: 175, 390
Marty: 473, 534, **543**
Maruja en el infierno: 505

Mary, Mary: 490
Mary Ann: 464
Mary Burns fugitiva: 270
Mary of Scotland: 333, 399, 538
Mary Poppins: 33
Mary Queen of Scots: 439, 709
Mary Reilly: 338, 527, 732, 850
Mary Shelley's Frankenstein: 106, 230, 261
Maryland: 460
Más allá de...: 735
Más allá de la ambición: 361, 527
Más allá de la duda: 32, 329, 476, 477, 561
Más allá de las estrellas: 801, 822
Más allá de las lágrimas: 912
Más allá de las montañas: 721
Más allá de las nubes: 40, 44, 527, 551, 591
Más allá de Rangún: 100
Más allá de Río Grande: 48, 49, 578, 579
Más allá del amor: 222, 253, 885
Más allá del arco iris: 731
Más allá del bien y del mal: 154, 155, 754, 755
Más allá del bosque: 198, 199, 223, 224, **547,** 902, 903
Más allá del honor: 207, 772
Más allá del Missouri: 347, 348, 919, 920
Más allá del Oeste: 613
Más allá del Poseidón: 126, 319
Más allá del valor: 385
Más bella, La: 465, 466
Más dura será la caída: 96, 97
Más famosas estafas del mundo, Las: 159, 242, 365, 774
Más famoso golpe del Far-West, El: 782
Más feliz millonario, El: 356, 523
Más fina que las gallinas: 313, 751
Más fuerte que el odio: 187, 746
Más fuerte que el orgullo: 355, 636
Más fuerte que la ley: 798
Más fuerte que la vida: 729, 730, 931
Más fuerte que su amor: 833, 887, 930
Más oscuro que el ámbar: 745
Más poderoso que la vida: 547, 548, 549, 555, 703, 704
Más que ídolos: 385, 401, 417
Más rápido que el viento: 151, 844, 845
Más vale pájaro en mano: 4
Más valiente entre mil, El: 403
Máscara: 97, 98
Máscara, La: 508, 674
Máscara de Dimitrios, La: 547, 609, 610
Máscara de Fu Manchú, La: 508
Máscara de hierro, La: 304, 922
Máscara de la muerte roja, La: 194, 735
Máscara de los Borgia, La: 366, 486, 487
Máscara del diablo, La: 800
Máscara del dolor, La: 794

Máscara del otro, La: 180
Máscara y la piel, La: 439
Mascarada en México: 486, 487, 562
Mascarada para un crimen: 856
Máscaras negras, Las: 800
Mascota del regimiento, La: 333, 847
Masculin-féminin: 68, 365
Mashgh-e sab: 459
Mask: 98
Mask of Dijon, The: 825
Mask of Dimitrios, The: 547, 610
Mask of Fu Manchu, The: 508
Mask of the Avenger: 696
Masked Bride, The: 819
Masks of the Devil, The: 800
Masoquista, La: 844
Masque, La: 674
Masque d'horreur, Le: 349
Masque of the Red Death, The: 194, 735
Masquerade: 856
Masquerade in Mexico: 487, 562
Masquerader, The: 180
Masques: 160, 624
Mass Appeal: 489
Massaggiatrici, Le: 623
Master of Ballantrae, The: 325
Master of the Islands, The: 162
Mästerman: 800
Mat: 265
Mata au hi made: 643
Mata-Hari: 350
Mata-Hari agent H-21: 591, 870
Mata-Hari, agente H-21: 591, 870
Matador: 20, 65, 66, **551,** 556, 557, 781
Mátame, tengo frío: 906
Matando en la sombra: 216
Matanza del día de san Valentín, La: 194, 195, **552,** 615, 731
Matanza en la Décima Avenida: 555
Matanza infernal: 556
Matar: 774
Matar a un ruiseñor: 552, 599, 650, 661, 662
Matatabi: 428
Match en el infierno: 303
Matchless: 479
Matchmaker, The: 397, 521, 666
Mate of the Sally Ann, The: 460
Maté porque era mía, La: 624
Matelot 512, Le: 754, 755
Mater amatisima: 4
Mater Dolorosa: 348, 349
Material americano: 328, 832
Matewan: 762
Mathias Kneissl: 769
Matilda: 249, 250, 579

Matinee Idol, The: 137
Matinée: 400
Mating of Millie, The: 330
Mating Season, The: 416, 487, 854
Matiouette, La: 846
Matira Manisha: 777
Matka Joanna od Aniolow: 451, 523
Matones, Los: 373
Matriarca, La: 870
Matrimaniac, The: 304
Matrimonial Bed, The: 216
Matrimonio, El: 171, 233
Matrimonio, Il: 233, 812
Matrimonio a la americana: 232, 233, 458, 505, 506, 550
Matrimonio all'italiana: 506, 550
Matrimonio de conveniencia: 243, 561, 917
Matrimonio de estado: 372, 373
Matrimonio de María Braun, El: 308, 769
Matrimonio original: 406, 407, 504, 505
Matrimonio Orlovy, El: 265
Matrimonio perfecto, Un: 618, 936
Matrimonio prematuro: 101, 102
Matrimonio secreto, Un: 799
Matrimonios separados: 750
Matt Helm, agente muy especial: 542
Mattatore, Il: 357, 728
Matter of Life and Death, A: 2, 55, 618, 681
Matter of Morals, A: 205
Matter of Time, A: 86, 105, 576, 577, 722, 740
Matti da slegare: 79
Maudits, Les: 172, 173
Maurice: 375, 383, 437, 711
Maurizio y la menor: 858
Mauvais coups, Les: 790
Mauvais fils, Un: 762
Mauvais graine: 924
Mauvais rencontres, Les: 9
Mauvais sang: 90, 238, 672
Mauvaises rencontres, Les: 9, 671
Maverick: 335, 362
Maverick Queen, The: 818
Max Dugan Returns: 731, 832
Max et Jérémie: 624
Max et les ferrailleurs: 196, 671, 762, 766
Max, mi amor: 4, 641, 701, 702
Max, mon amour: 4, 641, 702
Max y Jérémie: 624
Max y los chatarreros: 196, 671, 761, 762, 766
Máxima potencia: 418
Maxime: 105, 592
Máximo riesgo: 816, 817
May be It's Love: 920
May Man Godfrey: 19
Maya de los cantares, La: 45

Mayerling: 105, 242, 352, 440, 463, 464, 498, 549, 824
Mayor Dundee: 174, 175, 389, 403, 662
Mayor espectáculo del mundo, El: 229, 403, 820, 821
Mayor golpe del siglo, El: 743
Mayor of Hell, The: 124
Mayor problema, El: 364, 376
Mayor robo del siglo, El: 339
Mayor y la menor, El: 573, 574, 736, 924
Mayordomo aristócrata, Un: 19, 618
Mayordomo para todo: 475
Mayores con reparos: 312, 313
Maytime: 70
Mazel Tov ou le mariage: 87
Mazurka del barone, della santa e del fico fiorone, La: 57, 58, 859
Mazurka di papà, La: 233
Mazzetta, La: 859
McCabe and Mrs. Miller: 21, 74, 144, 166
McConnell Story, The: 19, 469
McLintock!: 633, 916
McQ: 916
Me and Him: 265
Me casaré contigo: 327, 328, 666
Me casé con una bruja: 171, 395, 471, 538, 539, 554
Me enamoré de un bruja: 148, 488, 625, 695, 820, 821
Me enveneno de azules: 712
Me Gangster: 504, 911
Me gustan los líos: 624, 732
Me han suspendido, pero...: 643
Me he diplomado, pero...: 642
Me hicieron un fugitivo: 154
Me Nathalie: 646
Me paseo por Moscú: 570
Me perteneces: 327, 817
Me quiero casar contigo: 313
Me siento rejuvenecer: 319, 374, 393, 394, 584, 585, 736
Mean Streets: 230, 455, 771
Meaning of Life, The: 363
Meantime: 633
Mecánica nacional: 13
Mecánicas celestes: 362
Med kaerlig hilsen: 59
Medea: 658, 659
Medianoche: 25, 26, 70, 177, 178, 486, 487, **562,** 924
Medicina legal: 930
Medicina Man: 187
Médico, El: 215, 259
Medico della mutua, Il: 813
Medico e lo stregone, Il: 234, 550, 584, 812
Médico de la mutua, El: 813

índice de películas

Médico en la familia, Un: 95
Médico en la Marina, Un: 68, 95
Médico fenómeno, Un: 95
Médico y el curandero, El: 234, 550, 584, 812
Médicos: 591, 694
Mediterráneo: 754
Medusa Touch, The: 118, 716
Meet Danny Wilson: 214, 794
Meet John Doe: 137, 191, 446, 817
Meet Me at the Fair: 798
Meet Me in Las Vegas: 163, 794
Meet Me in Saint Louis: 169, 354, 576
Meet Nero Wolfe: 396
Meet Sexton Blake: 791
Meet the Hollowheads: 493
Meet the Missus: 469
Meet the People: 19, 680
Meet the Stewarts: 409
Meeting Venus: 835
Méfiez-vous, mesdames: 592
Még kér a nép: 441
Megalexandros, O: 36
Megano, El: 381
Meilleur de la vie, La: 90
Meilleure façon de marcher, La: 575
Meilleure part, La: 669
Mein Kampf, My Crimes: 883
Mein Schulfreund: 796
Mein Vater der Schauspieler: 796
Meine Frau, die Filmschauspielerin: 510
Meito Bijomaru: 581
Mejor, El: 70, 71, 249, 356, 401, 473, 491, 694, 708, 717, 726, 843
Mejor amante del mundo, El: 249, 925
Mejor de los tiempos, El: 98
Mejor defensa, el ataque, La: 590
Mejor es lo malo conocido: 407
Mejor hijo de Thomas Graal, El: 800
Mejor hombre, El: 327
Mejor joven casada, La: 785
Mejor manera de andar, La: 575
Mejor película de Thomas Graal, La: 800
Mejor solo que mal acompañado: 543
Mejores años de mi vida, Los: 562, 729, 730
Mejores años de nuestra vida, Los: 32, 508, 509, 538, 539, **562,** 932
Mejores estafas del mundo, Las: 677
Mejores intenciones, Las: 56, 84, **563,** 835
Melancólicas, Las: 700
Melba: 573
Melissokomos, O: 36, 551
Mélo: 44, 719
Melodía de Broadway, La: 353
Melodía de la vida, La: 467, 468, **563**
Melodía de seducción: 646

Melodía del amor, La: 376
Melodía del arrabal: 45
Melodía del corazón: 177
Melodía en azul: 756
Melodía interrumpida: 331, 655
Melodía para un asesino: 456
Melodías de Broadway 1936: 844
Melodías de Broadway 1938: 844
Melodías de Broadway 1955: 51, 52, 162, 352, **563,** 576, 577
Mélodie en sous-sol: 237
Melody Cruise: 756
Melvin and Howard: 239, 731
Melvin y Howard: 239, 731
Member of the Wedding, The: 941
Memed My Hawk: 883, 884
Mémoire des apparences: 745
Memoirs of a Survivor: 166
Memoirs of an Invisible Man: 387, 414
Memorias de África: 564, 678, 679, 707, 708, 822
Memorias de Leticia Valle: 722, 827
Memorias de un hombre invisible: 387, 414
Memorias de una doncella: 251, 366, 717, 718
Memorias del subdesarrollo: 381
Memórias do cárcere: 666
Memory Lane: 815
Memphis Belle: 582
Memphis Belle, The: 932
Men, The: 106, 941
Men Are Like That: 914
Men Are Not Gods: 390, 416
Men Are Such Fools: 96
Men Don't Leave: 477
Men In Her Life, The: 936
Men in War: 178, 533
Men in White: 348, 509
Men of Boys Town: 864
Men of Tomorrow: 629
Men With Wings: 522, 574, 920
Men Without Names: 522
Men Without Souls: 330
Men Without Women: 333, 914
Menace: 573
Menace, La: 195, 586
Menace, The: 223
Menaces: 825
Ménage à trois: 618
Ménage all'italiana: 858
Mendigos de la vida: 110, 919, 920
Mensaje, El: 312, 313
Mensajero, El: 71, 72, 165, 166, 507, 798
Mensajero del miedo, El: 337, 484, 795
Mensch am Wege, Der: 255, 256, 257
Menschen am Sonntag: 796, 940
Menschen in Hotel: 592

Mentes peligrosas: 669
Mentira latente: 486, 487, **565,** 818
Mentiras arriesgadas: 131, 213, 769
Mentiras piadosas: 727
Mentirosa, La: 182
Mentirosilla: 276
Men's Club, The: 456, 485, 764
Mephisto: 345, **566,** 835
Mephisto Waltz, The: 91
Mépris, Le: 68, 365, 671
Mercader de las cuatro estaciones, El: 308, 769
Mercaderes de la muerte: 920
Mercado de ladrones: 221
Mercenario, El: 465, 466, 489, **566**
Mercenarios sin gloria: 125, 235
Merci la vie: 93, 243, 870, 871
Merely Mary Ann: 359, 460
Meres tou 36: 36
Mermaids: 747
Merodeador, El: 506, 507
Merrily We Go to Hell: 50, 374, 538
Merrill's Marauders: 342, 433
Merry Andrew: 36
Merry Christmas, Mr. Lawrence: 641
Merry-Go-Round: 730, 824
Merry Widow, The: 347, 510, 825, 876, 906
Merveilleuse Angélique: 870
Merveilleuse vie de Jeanne d'Arc, La: 657
Merveilleuse visite, La: 142
Mery per sempre: 729
Mes en el campo, Un: 105, 106
Mes en el lago, Un: 709, 852
Mes nuits sont plus belles que vos jours: 942
Mes tantes et moi: 592
Mesa para cinco: 198, 907
Mesa vacía, La: 462
Mesalina: 309, 310
Mesas separadas: 396, 458, 473, 474, 534, 617, 618
Mesek az irogeprol: 464
Mesías salvaje, El: 657, 746
Mesmerized: 335
Messa è finita, La: 577, 591
Message to Garcia, A: 396, 817
Messager, Le: 345
Messalina: 310
Messe dorée, La: 103
Messia, Il: 741
Messidor: 838, 839
Mestizo, El: 228, 229
Mestre de Apipucos, O: 31
Metello: 99, 102, 103
Meteor: 187, 327, 929
Meteoro: 187, 327, 929
Metralleta Stein: 700
Metrópolis: 476, 477, **567**

Metti una sera a cena: 870
Meu caso, O: 635
Meurtres: 590
Meurtrier, Le: 57
Mexicali Rose: 817
México norte: 315
Mezzanotte va la ronda del piacere, A: 140
Mi adorado Juan: 567
Mi amante prohibido: 242, 870
Mi amiga Max: 115
Mi amigo el fantasma: 883
Mi amor brasileño: 490, 876
Mi año favorito: 642
Mi bella dama: 212, 390, 391, 398
Mi boda contigo: 759, 760
Mi calle: 611
Mi camino: 440
Mi candidato: 48
Mi cena con André: 527, 528
Mi corazón te guía: 32, 205, 630
Mi chica: 213
Mi chica 2: 213
Mi chica favorita: 396, 556
Mi chica y yo: 864, 910, 911
Mi desconfiada esposa: 62, **567,** 576, 577, 661
Mi doble en los Alpes: 114
Mi dulce geisha: 521, 586, 733
Mi dulce pueblecito: 565, 566
Mi encantadora esposa: 276
Mi espía favorita: 472
Mi general: 314, 722
Mi hermana Elena: 334, 484, 488, 695
Mi hermana, mi amor: 568, 798, 799
Mi hermano Anastasia: 813
Mi hermosa lavandería: 225, 226, 338
Mi hija Hildegart: 312
Mi hija no es así: 886
Mi hijo John: 559
Mi hijo, mi amor: 766
Mi hijo Nerón: 68
Mi hijo profesor: 151, 152
Mi hombre: 93
Mi hombre es un salvaje: 241, 242, 586, 702
Mi Idaho privado: 710
Mi marido está loco: 509
Mi marido se casa: 374, 784
Mi marido se divierte: 225, 456, 923
Mi mujer, artista de cine: 510
Mi mujer es doctor: 234
Mi mujer es muy decente dentro de lo que cabe: 751
Mi mujer favorita: 374
Mi mujer no es soltera: 680
Mi mula Francis: 214
Mi noche con Maud: 568, 737, 869, 870
Mi nombre es Ninguno: 372, 327

índice de películas

Mi nombre es Sombra: 828, 851
Mi novia es un extraterrestre: 71, 493
Mi nuevo campeón: 409
Mi padre: 489
Mi padre, el actor: 796
Mi padre, mi héroe: 243
Mi padre ¡qué ligue!: 243, 852
Mi pasado: 233
Mi permette Babbo: 812
Mi pie izquierdo: 225, 226, 784, 785
Mi prazane mi rozumeji: 167
Mi prima Rachel: 117, 118, 228
Mi primo Lohengrin: 233
Mi querida comisario: 623
Mi querida señorita: 100, **568**
Mi reputación: 818
Mi señora: 182, 530, 531, 812
Mi Stepmother Is an Alien: 493
Mi tío: 569, 841
Mi tío de América: 243, 719
Mi tío Jacinto: 538, **569,** 886, 887
Mi último tango: 588
Mi vida: 455
Mi vida entera: 416
Mi vida es mi vida: 615, 701
Mi vida es mía: 151, 273
Mi vida por la tuya: 359
Mi «bello» legionario: 75, 883
Mia nonna poliziotto: 858
Mia signora, La: 99, 182, 531, 812
Miami: 65, 66, 307, 492, 557, 763, 926
Miami Blues: 485
Miami Rhapsody: 66, 307, 557
Mičurin: 272
Mickey and Nicky: 151
Mickey One: 74, 663
Micki & Maude: 282, 590
Micki y Maude: 282, 589, 590
Michael: 866
Michael Kohlhaas der Rebell: 765
Midas Run: 52
Middle of the Night: 534, 539, 625, 543
Midnight: 26, 70, 96, 178, 214, 487, 562, 924
Midnight Cowboy: 200, 408, 764, 907
Midnight Crossing: 276
Midnight Kiss, The: 359
Midnight Lace: 225, 391, 509
Midnight Man, The: 473, 474
Midnight Mary: 920, 936
Midnight Run: 230
Midnight Story, The: 214
Midnight Taxi, The: 508
Midshipman Easy: 709
Midsummer Night's Dream, A: 124, 227, 256, 680
Midsummer Night's Sex Comedy: 18, 181, 307, 316

Midway: 175, 327, 331, 403, 579
Miedo a salir de noche: 751
Miedo del portero ante el penalty, El: 920, 921
Miedo, El: 85, **569,** 741
Miei cari, I: 99
Miel, La: 758
Mientras el cuerpo aguante: 872
Mientras hay guerra hay esperanza: 811, 813
Mientras haya luz: 98, 654
Mientras Nueva York duerme: 32, 476, 477, 516, **570**
Miércoles de ceniza: 310, 327, 358, 359, 844
Mies es mucha, La: 313, 588
Miezen und Moten: 199
Mighty, The: 205
Mighty Aphrodite: 18, 19
Mighty Joe Young: 461
Mighty Quinn, The: 914
Mignon è partita: 43, 756
Migrations: 424
Mihai Viteazu: 918
Mikaël: 272
Mike's Murder: 927
Mil caras tiene el amor: 876
Mil millones de dólares: 317
Mil millones en un billar: 774
Mil ramos de rosas: 802
Mil veces adiós: 387
Mil y una noches, Las: 235, 587, 658, 659, 750
Milagro, El: 591, 799
Milagro Beanfield War, The: 377, 708
Milagro de Ana Sullivan, El: 64, 663
Milagro de las campanas, El: 522, 794
Milagro de Lourdes, El: 276, 277
Milagro de Morgan Creek, El: 826, 827
Milagro de santa Teresita: 277
Milagro del cuadro, El: 35, 36, 111, 373
Milagro en el circo: 314
Milagro en la ciudad: 55
Milagro en Milán: 232, 297, **571,** 880
Milan noir, Le: 424
Milanesi a Napoli: 858
Milano'83: 637
Milarepa: 154, 155
Mildred Pierce: 19, 202, 216
Miles de payasos: 731
Miles From Home: 361, 527
Milieu du monde, Le: 838, 839
Milk Money: 377
Milky Way, The: 499, 559, 696
Mill on the Floss, The: 548
Mille et une nuits, La: 358
Mille milliards de dollars: 317, 591
Miller's Crossing: 177, 320
Milliard dans un billard, Un: 774

Millie, una chica moderna: 33
Millième fenêtre, La: 870
Million, Le: 37, 171
Million Bid, A: 216
Million Dollar Baby: 705
Million Dollar Mermaid: 490, 556, 926
Million Dollar Mystery: 323
Million to One, A: 329
Millionaire, The: 124
Millionaire for Christie, A: 522, 655
Millionaires: 508
Millionairess, The: 51, 234, 506
Millón, El: 37, 171
Millón de dólares, El: 357, 770
Millón de gracias, Un: 680
Millón de Madigan, El: 408
Millón en la basura, Un: 750
Millón en un cadáver, Un: 73
Millonaria, La: 51, 234, 506
Millonario, El: 661
Millonario, Un: 427, 427
Millonario de ilusiones: 137, 655, 732, 733, 794
Millones de Chaflán, Los: 48
Milou en mai: 528, 672
Milou en mayo: 528, 671, 672
Mimado de la abuelita, El: 499
Mimi Bluette: 906
Minas del rey Salomón, Las: 372, 373, 458, **575,** 821
Mind Benders, The: 95
Mindwalk: 878
Mine With the Iron Door, The: 930
Miniatura, La: 785
Miniman y Superlobo: 828
Ministerio del miedo, El: 477
Ministry of Fear, The: 477, 574
Miniver Story, The: 356, 778
Minnie and Moskowitz: 151, 743
Minuit, quai de Bercy: 825
Minute de vérité, La: 346, 592
Mio amico Jekyll, Il: 858
Mio caro dottore Gresler: 144, 835
Mio Dio, come sono caduta in basso!: 182
Mio figlio Nerone: 68, 234, 812, 833
Mio figlio professore: 152
Mio nome è Messuno, Il: 327, 372
Mioche, Le: 592
Miquette et sa mère: 174, 445
Mira quién habla: 866
Mira quién habla ahora: 866
Mira quién habla también: 866
Miracle, The: 357, 444
Miracle for Sale: 112
Miracle in the Rain: 554
Miracle of Morgan's Creek, The: 827
Miracle of the Bells, The: 522, 794

Miracle of the White Stallion: 845
Miracle on 34th Street: 55, 632, 929
Miracle Woman, The: 136, 137, 817
Miracle Worker, The: 64, 663
Miracles for Sale: 113
Miracolo a Milano: 232, 297, 571, 880
Miracolo, Il: 741
Miraculé, Le: 591
Mirada de Ulises, La: 36, 455, 456
Mirage: 555, 662
Miraklet: 799
Mirando hacia atrás con ira: 117, 118, 723, 724
Miroir: 346
Miroir à deux faces, Le: 592
Mirror Crack'd, The: 162, 214, 421, 625, 844
Mis cuatro amores: 329
Mis maridos y yo: 906
Mis pragueses me comprenden: 167
Mis problemas con las mujeres: 33, 70, 71, 282
Mis relaciones con Ana: 751
Mis universidades: 264, 265
Misa ha terminado, La: 577, 591
Miserabili, I: 550
Misérables, Les: 346, 479, 538, 573, 648
Misérables du xxème siècle, Les: 80, 488
Miserables, Los: 346
Miseria e nobilità: 506
Miserie del signor Travet, Le: 806, 812
Misery: 62, 121, 122, 713, 714
Misfits, The: 174, 348, 426, 585
Mishima: 767
Misión, La: 230, 435, 608
Misión blanca: 720, 721
Misión de audaces: 333, 334, 408, 409, 914, 916
Misión en la jungla: 253
Misión en Lisboa: 721
Misión en Marruecos: 721
Misión en Moscú: 162, 215, 216
Misión explosiva: 417, 418
Misión imposible: 74, 207, 231, 709, 907
Misión peligrosa: 472, 588
Misión secreta: 139, 421
Misión secreta en Hong Kong: 373
Misión temeraria: 214
Misleading Lady, The: 177
Miss America: 423
Miss Annie Rooney: 848
Miss Arizona: 551, 769, 770
Miss Caribe: 76, 180, 181
Miss Desdén: 935
Miss Dorothy Bekenntnis: 216
Miss Firecracker: 423
Miss Grant Takes Richmond: 409
Miss Italia: 503
Miss Mary: 81, 166

índice de películas

Miss Sadie Thompson: 315, 336, 396
Miss Susie Slagle's: 364, 471
Miss Tatlock's Millions: 574
Miss Tutti Frutti: 216
Missing: 197, 245, 489, 813
Missing Juror, The: 94
Mission, The: 230, 435, 608
Mission Impossible: 74, 207, 231, 709, 907
Mission to Moscow: 162, 216, 655
Missione mortale Molo 83: 36
Mississippi: 784
Mississippi Blues: 841, 842
Mississippi Burning: 219, 385
Mississippi Gambler, The: 122, 554, 682
Mississippi Masala: 914
Missouri: 106, 107, 615, 663
Missouri Breaks, The: 107, 615, 663
Mister 880: 150, 368, 473
Mister Cory: 214, 282
Mister Flow: 445, 796
Mister Frost: 72
Mister Johnson: 83
Mister Lucky: 374
Mister Roberts: 125, 327, 333, 488, 490
Mister Wonderful: 424
Mister Zehn Prazent: 199
Míster Dólar: 794
Misterio de Fiske Manor, El: 516
Misterio de María Roget, El: 587
Misterio de Oberwald, El: 40, 906
Misterio de un alma, El: 645, 646
Misterio de una desconocida, El: 469
Misterio de Wellington, El: 215
Misterio del cuarto amarillo, El: 494, 495
Misterio del miedo, El: 573, 574
Misterio en el barco perdido: 191, 389, 403
Misterio en la noche: 560
Misterio Picasso, El: 174
Misterio Von Bülow, El: 435, 768, 255, 256
Misterios de Angkor, Los: 750
Misterios del organismo, Los: 526
Misteriosa dama de negro, La: 51, 52, 148, 488, 625, 695
Misterioso asesinato en Manhattan: 18, 19, 425, 454, 455
Misterioso viajero del Clipper, El: 588
Mistero del panino assassino, Il: 701
Mistero del tempio indiano, Il: 130
Mistero di Oberwald, Il: 40, 906
Mistery in Mexico: 928
Mistery of the Wax Museum, The: 216
Mística y rebelde: 205, 399
Mistons, Les: 873
Mistress: 230
Mistress of Paradise: 115

Mistress of Shenstone, The: 460
Misume kawaiya: 581
Misunderstood: 385
Mitad del cielo, La: 240, 312, 314, 381, 382, **578**, 582, 583
Mitten ins Herz: 265
Mittsu no ai: 462
Mix Me a Person: 73
Mixed Nuts: 543
Miyamoto Musashi: 581
Moana: 321
Mobsters: 697, 801
Moby Dick: 70, 425, 426, 564, 661, 918
Model and the Marriage Broker, The: 212
Model Shop, The: 10, 241
Model Wife: 680
Modèle, Le: 674
Modelo, La: 674
Modelos, Las: 396, 457
Moderato cantabile: 79, 80, 590
Modern Hero, A: 645, 646
Modern Musketeer, A: 304
Modern Times: 134, 161, 366, 853
Moderna Dalila, La: 463, 464
Moderna Du Barry, Una: 257, 463, 464
Moderno Barba Azul, El: 454
Moderno mosquetero, El: 304
Moderno Sherlock Holmes, El: 453, 454, **581**
Modernos, Los: 115, 144, 285, 744
Moderns, The: 115, 144, 285, 744
Modesty Blaise: 95, 507, 906
Mogambo: 333, 347, 348, 351, 352, 457
Mogliamante: 551
Moglie americana, Una: 858
Moglie del prete, La: 506, 551, 728
Moglie è uguale per tutti, La: 858
Moglie per una notte: 130, 503
Moglie pericolose: 182
Mohammad, Messenger of God: 697
Moi et l'impératrice: 105
Moi, fleur bleue: 335
Moj universitety: 265
Mokokuseki mono: 427
Molinaro: 666
Molino negro, El: 126, 787, 788
Moll Flanders: 234, 625
Mollenard: 796
Molly Maguires, The: 187, 390, 631, 730
Mollycoddle, The: 304, 323
Molti sogni per le strade: 130, 525
Môme, Le: 195
Moment by Moment: 866
Moment d'égarement, Un: 87
Moment to Moment: 490, 774
Momento a momento: 490, 774

Momento de la verdad, El: 583, 740
Momento della verità, Il: 583, 740
Momento desesperado: 95, 940
Momento più bello, Il: 550
Momentos: 81
Momentos de peligro: 258, 820, 821
Mommie Dearest: 276
Mon amie Max: 115
Mon amour, mon amour: 671, 869, 870
Mon beau-frère a tué ma soeur: 90, 672
Mon homme: 93
Mon oncle: 569, 841
Mon oncle d'Amérique: 243, 719
Mon père, ce héros: 243
Mon premier amour: 10
Mona Lisa: 126, 444
Monasterio de Sendomir, El: 800
Monday's Child: 862
Monde du silence, Le: 527
Monde tremblera, Le: 825
Mondo dei miracoli, Il: 234
Mondo nuovo, Il: 456, 551, 619, 770, 771, 870
Mondo nuovo, Un: 232, 233
Mondo vuole così, Il: 233
Money for Speed: 516
Money From Home: 493, 542
Money Man: 223
Money Movers: 83
Money Pit, The: 387
Money Trap, The: 199, 331, 396
Mongoles, Los: 235
Mongoli, I: 235
Monja alférez, La: 310
Monja de cuidado, Una: 456
Monja poseída, La: 461, 923
Monje blanco, El: 310
Monkey Business: 319, 374, 394, 545, 546, 585, 736
Monkey on My Back: 235
Monkey Talks, The: 911
Monkey Trouble: 456
Mono en invierno, Un: 79, 80, 346
Monpti: 766
Monseñor: 115, 722
Monsieur: 346, 623
Monsieur Albert: 623
Monsieur Beaucaire: 887
Monsieur de compagnie, Un: 242
Monsieur Klein: 238, 507, 591
Monsieur Ripois: 172, 173, 669
Monsieur Verdoux: 134, 161, **585**
Monsignor: 115, 722
Monsignor Cupido: 99
Monster of Highgate Ponds, The: 154
Monstruo de la ciudad, El: 389
Monstruos de hoy: 356, 357, 728, 857, 858

Monta Belle: 745
Montana: 325
Montana Moon: 201
Montaña del tesoro, La: 271, 272, 642
Montaña embrujada, La: 574
Montaña rusa: 327, 924
Montaña sagrada, La: 442
Montaña siniestra, La: 864
Montaña trágica, La: 331
Montañas de la Luna, Las: 587, 701
Montaplatos, El: 21
Monte bajo: 758
Monte Carlo: 234, 509, 510
Monte Carlo Story, The: 258
Monte Walsh: 544, 590, 591
Montenegro: 526
Month by the Lake, A: 709, 852
Month in the Country, A: 106
Montmartre: 510
Montparnasse 19: 9, 75, **588,** 669
Montparnasse-Lavallois: 365
Monty Python and the Holly Grial: 363
Moon and Sixpence, The: 492
Moon Is Blue, The: 409, 618, 684
Moon Over Miami: 26
Moon Over Parador: 273, 558, 722
Moon's Our Home, The: 326, 830
Moonfleet: 189, 373, 477
Moonlight and Valentino: 875
Moonlight in Havana: 533
Moonlight in Hawaii: 587
Moonlighter, The: 522, 818
Moonlighting: 435, 801, 863
Moonrise: 102
Moonshine War, The: 695, 923
Moonstruck: 124
Moontide: 345, 346, 516
Moral der Ruth Halbfass, Die: 765
Moralista, Il: 234, 811, 812
Moran and the Marines: 389
Moran of the Lady Letty: 887
Morbidone, Il: 10
Morbo: 76, 828
Mord und Totschlag: 765
Mordi e fuggi: 551, 728
More: 768
More Milk, Yvette: 913
More Over, Darling: 225
More the Merrier, The: 28, 560, 820
Morena Clara: 313, 45
Morfalous, Les: 80
Morgan: A Suitable Case for Treatment: 708, 714, 832
Morgan, un caso clínico: 708, 714, 832
Morgan il pirata: 235

índice de películas

Morir todavía: 105, 106, 351, 769, 770, 851, 852, 926
Morirás en Chafarinas: 634, 758
Morituri: 106, 114
Morning After, The: 109, 328, 514
Morning Departure: 55
Morning Glory: 399
Morocco: 190, 257, 541, 819
Moros y cristianos: 86, 87, 314
Mors aux dents, Le: 672
Mort d'un pourri: 238
Mort en ce jardin, La: 117, 671, 790
Mort ne reçoit plus, Le: 789
Mort où est ta victoire: 623
Mortadela: 249, 506, 584, 758
Mortadella, La: 249, 506, 584, 758
Mortal Storm, The: 102, 820, 830, 859, 867
Mortal Thoughts: 456, 589, 744, 927
Morte a Venezia: 96, 512, 531, 905
Morte al lavoro, La: 26
Morte civile, La: 675
Morte di un bandito: 700
Morte ha fatto l'uovo, La: 503, 870
Mortelle randonnée: 7, 575
Mosafer: 459
Mosca, La: 206, 224, **593**
Mosca II, La: 593
Mosca addio: 99, 877, 878
Mosca tras la oreja, La: 391
Moscow Nights: 51, 636
Moscow on the Hudson: 558, 926
Moschettieri del mare, I: 36
Mosquetero de Nueva York, El: 911
Mosquito Coast, The: 332, 767, 917
Moss Rose: 556
Most Dangerous Game, The: 528, 560
Most Dangerous Man Alive: 648
Mostri, I: 357, 728, 858
Mot nya tider: 800
Mother Is a Freshman: 936
Mother Jugs and Speed: 455
Mother Lode: 71, 403
Mother Machree: 333, 914
Mother O'Mine: 613
Mother Wore Tights: 72
Mother's Boy: 213, 709
Motín: 385
Motín a bordo: 226, 362, 416, 608, 637, 706
Motín del Caine, El: 96, 97, 315, 522, 544
Motín en el Defiant: 95, 380
Motivos de Luz, Los: 157
Motorama: 69
Motorizados, Los: 858
Motorizzati, I: 858
Mouchette: 107, 108
Moulin Rouge: 171, 315, 425, 426

Mountain, The: 864
Mountain Eagle, The: 407
Mountain Justice: 216
Mountain Men, The: 403
Mountain Road, The: 821
Mountains of the Moon: 587, 701
Mourning Becomes Electra: 269
Mouse That Roared, The: 774
Moustachu, Le: 871
Mouthpiece, The: 366
Mouton enragé, Le: 249, 767, 870
Movers and Shakers: 543, 555
Movie Crazy: 168, 499
Movie Movie: 264, 772
Movies Are My Life: 335
Moyuro aki: 462
Mo'Better Blues: 483, 914
Mr. & Mrs. Bridge: 437, 612, 931
Mr. and Mrs. Smith: 407, 505
Mr. Arkadin: 918
Mr. Belvedere estudiante: 847, 848
Mr. Belvedere Goes to College: 848
Mr. Blandings Builds His Dream House: 270, 374, 509
Mr. Buddwing: 534, 792
Mr. Deeds Goes to Town: 137, 190, 446
Mr. Destiny: 126
Mr. Emmanuel: 791
Mr. Fix-It: 304
Mr. Freedom: 586, 623, 790
Mr. Hobbs Takes a Vacation: 633, 821
Mr. Imperium: 875
Mr. Jones: 64, 319, 361
Mr. Lucky: 427
Mr. Majestyk: 323
Mr. Mom: 455
Mr. Moses: 579
Mr. Music: 545, 546
Mr. North: 62, 425, 580
Mr. Patman: 175
Mr. Puu: 427
Mr. Ricco: 543
Mr. Robinson Crusoe: 304
Mr. Scrooge: 320
Mr. Sebastian: 95
Mr. Skeffington: 224
Mr. Smith Goes to Washington: 137, 446, 820
Mr. Soffel: 582
Mr. Soft Touch: 330
Mr. Sycamore: 731, 792
Mr. Winkle Goes to War: 733
Mrigaya: 777
Mrs. Doubtfire: 319, 926
Mrs. Mike: 680
Mrs. Miniver: 246, 355, 778, 932
Mrs. Parker and the Vicious Circle: 485, 744

Mrs. Parkington: 355
Mrs. Soffel: 362, 455
Mrs. Wiggs of the Cabbage Patch: 784
Mrs. Winterbourne: 565
Much Ado About Nothing: 106, 455, 710, 852
Muchacha de Berlín, La: 316
Muchacha de la plaza de san Pedro, La: 234
Muchacha de la Quinta Avenida, La: 467, 468, 736
Muchacha de la turbera, La: 799, 800
Muchacha de las bragas de oro, La: 4, 42, 43, 786
Muchacha de las nieves, La: 799, 800
Muchacha de Londres, La: 407
Muchacha de los ojos de oro, La: 265
Muchacha de Moscú, La: 611, 879
Muchacha de Salem, La: 178, 522
Muchacha del dorado Oeste, La: 229
Muchacha del pijama amarillo, La: 575
Muchacha del templo Dojo, Una: 427
Muchacha del trapecio rojo, La: 322, 323, 372, 573, 574, **593**
Muchacha pura, Una: 643
Muchachas de azul: 312, 313
Muchachas de Bagdad: 366, 782
Muchacho, El: 641
Muchacho de Calabria, Un: 182, 183, **593**
Muchacho de los cabellos verdes, El: 506, 507
Muchacho feo, El: 215
Muchacho honrado, Un: 642
Muchacho llamado Norte, Un: 714, 927
Muchachos de via Panisperna, Los: 27, **593**
Muchas cuerdas para un violín: 361, 362, 755, 857, 858
Muchas gracias, Mr. Scrooge: 380
Mucho ruido y pocas nueces: 105, 106, 455, 710, 851, 852, 914
Muda, La: 159
Mudanza, La: 453
Müde Tod, Der: 477, 867
Mudlark, The: 380, 610
Mueda, memória e massacre: 379
Muelle de las brumas, El: 142, 345, 346, 592, **594**
Muelles de Nueva York, Los: 818, 819
¡Muera Zapata... Viva Zapata!: 157
Muerde la bala: 83, 111, 175, 384, 385
Muere una mujer: 132
Muero cada amanecer: 125
Muerte, ¿dónde está tu victoria?: 623
Muerte al amanecer: 505, 581
Muerte bajo el sol: 549, 883
Muerte de Mikel, La: 46, 324, **594**, 882
Muerte de un burócrata, La: 378, 381
Muerte de un ciclista: 67, 102, 103, **594**
Muerte de un corrupto: 238
Muerte de un jugador: 230
Muerte de un magnate: 505
Muerte de un pichón: 342

Muerte de un presidente: 721
Muerte de un quinqui: 782
Muerte de un viajante: 527, 538, 539, 765
Muerte de vacaciones, La: 486, 538
Muerte del presidente, La: 451
Muerte del provincial, La: 937
Muerte del señor Baltasar, La: 565
Muerte en directo, La: 456, 767, 834, 841, 842
Muerte en el invierno: 663
Muerte en el Nilo: 224, 307, 617, 618, 883
Muerte en este jardín, La: 116, 117, 670, 671, 789, 790
Muerte en Roma: 118, 551
Muerte en Venecia: 95, 96, 512, 530, 531, 905
Muerte entre las flores: 177, 320
Muerte juega a carambolas, La: 237
Muerte llama a la puerta, La: 121, 790
Muerte llega a las diez, La: 590
Muerte no deserta, La: 237
Muerte os sienta tan bien, La: 394, 740, 822, 823, 927, 939
Muerte tenía un precio, La: 279, 280, 391, 489
Muerte viaja demasiado, La: 57
Muerte y el leñador, La: 86
Muerte y la doncella, La: 677, 916
Muerto al llegar: 692, 702, 746
Muerto recalcitrante, Un: 331
Muertos andan, Los: 216
Muette, La: 159
Muhle von Sanssouci, Die: 256
Mujer, guarda tu corazón: 510
Mujer a bordo, Una: 177, 190
Mujer acusa, La: 374
Mujer adora los diamantes, La: 368
Mujer alegre, La: 581
Mujer altanera: 201, 902
Mujer ante el jurado, La: 815
Mujer bajo la influencia, Una: 151, 743
Mujer bajo la lluvia, Una: 46, 66, 583, 899
Mujer bandido, La: 548
Mujer blanca soltera busca...: 325, 326, 485, 768
Mujer caprichosa, Una: 177
Mujer casada, La: 365, 365
Mujer crucificada, La: 580, 581
Mujer cualquiera, Una: 310
Mujer de al lado, La: 44, 243, 873
Mujer de bronce, La: 902
Mujer de cabaret, Una: 782
Mujer de carácter, Una: 936
Mujer de cemento, La: 794, 795
Mujer de cuidado, Una: 546
Mujer de fuego, La: 235, 471, 560
Mujer de las botas rojas, La: 242, 722, 751
Mujer de las dos caras, La: 212, 270, 349, 350
Mujer de los gansos, La: 112

índice de películas

Mujer de mi vida, La: 871, 912
Mujer de Naniwa, La: 581
Mujer de negocios, Una: 328, 650
Mujer de paja, La: 187, 503
Mujer de París, Una: 161, **595**
Mujer de rojo, La: 925
Mujer de Rose Hill, La: 838, 839
Mujer de Satanás, La: 257
Mujer de su casa, Una: 223
Mujer de todos, La: 310
Mujer de Tokio, Una: 643
Mujer de tu prójimo, La: 313
Mujer del año, La: 399, 532, **595,** 819, 820, 863, 864
Mujer del aviador, La: 737
Mujer del centauro, La: 902
Mujer del cuadro, La: 476, 477, **596,** 732, 733
Mujer del cura, La: 506, 551, 728
Mujer del domingo, La: 91, 182, 551, 870
Mujer del faraón, La: 441, 509, 510
Mujer del obispo, La: 374, 617, 618, 935, 936
Mujer del puerto, La: 727
Mujer del teniente francés, La: 435, 435, 714, 822
Mujer desaparece, Una: 318
Mujer descasada, Una: 71, 72, 557, 558
Mujer destruida, Una: 395
Mujer difamada, Una: 389, 864
Mujer disputada, Una: 460
Mujer divina, La: 349, 350, 799, 800
Mujer dulce, Una: 107, 108, **596**
Mujer en la Luna, La: 476, 477
Mujer en la penumbra, Una: 486, 487, 573, 574, 736
Mujer en la playa, La: 717, 718
Mujer en la ventana, Una: 623, 767
Mujer enigma, La: 485
Mujer entre perro y lobo: 238, 239, **596**
Mujer es cosa de hombres, La: 556, 751
Mujer es una cosa maravillosa, La: 99
Mujer es una mujer, Una: 365, 80
Mujer escarlata, La: 906
Mujer espera, Una: 222
Mujer indomable, La: 117, 118, 843, 844
Mujer indómita, La: 938, 939
Mujer infamada, Una: 509
Mujer infiel, La: 159, **596**
Mujer insecto, La: 428, 429
Mujer invisible, La: 70, 587
Mujer italiana, Una: 88
Mujer joven, La: 643
Mujer libre, Una: 84
Mujer ligera, La: 111, 112, 349, 350
Mujer maldita, La: 117, 118, 507, 843, 844
Mujer marcada, La: 96, 223, 364, 799, 800, 843, 844
Mujer más explosiva del mundo, La: 906
Mujer más guapa del mundo, La: 356, 357, 503

Mujer muy dulce, Una: 99
Mujer obsesionada, La: 393, 395
Mujer oculta: 516
Mujer pantera, La: 597, 767, 792, 862, 928
Mujer para dos, Una: 190, 416, 510, 538
Mujer peligrosa, Una: 402, 928
Mujer perdida: 642
Mujer perdida, La: 588
Mujer pintada, La: 863
Mujer pirata, La: 597, 648, 667, 668, 862
Mujer preferida, La: 190
Mujer pública, La: 942
Mujer que amamos, La: 733, 799, 800
Mujer que llora, La: 262
Mujer que no tuvo infancia, La: 48
Mujer que toca las piernas, La: 427
Mujer rebelde, Una: 315, 366
Mujer sin alma, La: 50, 227, 310
Mujer sin amor, Una: 117, 271, 485
Mujer sin nombre, La: 118, 792, 886
Mujer sin pasado: 458
Mujer sin rostro, La: 534, 792
Mujer sola, Una: 409, 410
Mujer soñada, La: 374, 458
Mujer sorda, La: 163
Mujer vencida, La: 216
Mujer X, La: 876
Mujer y el monstruo, La: 825
Mujer y el pelele, La: 68
Mujer y los favoritos, La: 643
Mujer y tres hombres, Una: 234, 356, 357, 551, 755, 770
Mujer zurda, La: 243
Mujercita: 276
Mujercitas: 19, 484, 490, 747, 759, 843
Mujeres: 201, 212, 328, 329, 366, **597**
Mujeres, Las: 68
Mujeres al borde de un ataque de «nervios»: 20, 65, 66, 557, 556, **598**
Mujeres bajo la Luna: 875
Mujeres casadas: 803
Mujeres culpables: 329, 612, 791, 792, 928
Mujeres de combate: 643
Mujeres de la noche: 580, 581
Mujeres en Venecia: 137, 138, 390, 391, 395, 532, 533, **598**
Mujeres enamoradas: 71, 72, 124, 439, 746, 920
Mujeres frente al amor: 202, 609, 610
Mujeres frívolas: 431
Mujeres ligeras: 136, 137, 817
Mujeres los prefieren tontos, Las: 760
Mujeres mandan, Las: 227
Mujeres por doquier: 464
Mujeres son fuertes, Las: 581
Mujeres soñadas: 171, 503, 669

índice de películas

Muladar de oro, El: 324
Mulata, La: 48
Mulher de verdade: 154
Mulino del Po, Il: 478, 479
Multimillonario, El: 212, 457, 585, 586
Munakata shimai: 643
Munch Ado About Nothing: 914
Mundana, La: 216
Mundo al revés, El: 911
Mundo aparte, Un: 364, 376, 401, 767
Mundo cambia, El: 490, 601, 695
Mundo celestial: 472
Mundo contra ella, El: 819
Mundo de Apu, El: 659, 704, 705, 753
Mundo de aquí abajo, El: 581
Mundo de Bimala, El: 705
Mundo de fantasía, Un: 925
Mundo de Holly, El: 71
Mundo de Suzie Wong, El: 408, 409, 695
Mundo de Utamaro, El: 884
Mundo del silencio, El: 527
Mundo en sus manos, El: 600, 661, 696, 697, 911
Mundo es de las mujeres, El: 19, 62, 522, 609, 610
Mundo está loco, loco, loco, El: 454, 493, 863, 864
Mundo exterior: 777
Mundo extraño de madame Sin, El: 224
Mundo futuro: 114
Mundo implacable, Un: 275, 276, 409, 514
Mundo loco de Jerry, El: 492, 493
Mundo oculto, Un: 767, 772
Mundo perfecto, Un: 198, 280
Mundo según Garp, El: 926
Mundo sigue, El: 312, 313, **600,** 654
Mundo temblará, El: 825
Mundos opuestos: 162, 352, 490, 548, 818
Mundos privados: 104, 105, 177, 467, 468, 559, 560
Munkbrogeven: 85
Muñeca, La: 391, 509, 510
Muñeca de París, La: 216
Muñeca de trapo, La: 26
Muñeca y el bruto, La: 68, 249
Muñecas, Las: 728
Muñeco del ventrílocuo, El: 12, 154
Muñecos infernales: 112, 113, **601**
Muñequita millonaria, La: 725
Muñequitas porteñas: 803
Muppet Movie, The: 175, 543, 919
Muppet's Christmas Carol, The: 126
Mur murs: 888, 889
Muralla feliz, La: 313
Murallas de silencio: 421, 548
Murallas humanas: 73, 220, 269, 815, 816
Murder: 407
Murder a la Mod: 230, 231
Murder at Monte Carlo: 325

Murder at the Vanities: 486, 784
Murder by Death: 380, 618
Murder by Decree: 115, 549, 832
Murder He Says: 522
Murder in the Air: 705
Murder in the First: 633, 802
Murder in the Fleet: 844
Murder Man, The: 820, 864
Murder My Sweet: 680
Murder on the Orient Express: 62, 86, 91, 187, 320, 514, 667, 709, 923
Murderer's Row: 542
Murders in the Rue Morgue: 731
Muri shinju: Nihon no natsu: 641
Muriel ou le temps d'un retour: 719
Muriel: 719
Murieron con las botas puestas: 227, 228, 324, 325, **602,** 655, 696, 911
Murió hace quince años: 699
Murmullo primaveral de una muñeca de papel: 581
Muro de tinieblas: 603, 844, 845
Muro del silencio, El: 13
Muro di gomma, Il: 729
Murphy's Romance: 319, 730
Murphy's War: 623, 642
Musashino fujin: 581
Musen fusen: 581
Music Box: 197, 477
Music for Madame: 329
Music for Millions: 19, 352
Music in My Heart: 396
Music in the Air: 833
Music Lovers, The: 439, 657, 746
Música de Gion, La: 580, 581
Música en el aire: 833
Música sobre las olas: 504, 573
Música y lágrimas: 19, 533, 821
Música y mujeres: 680
Musiciens du ciel, Les: 592
Musik i mörker: 84, 940
Musoko no seishun: 462
Mussolini: ultimo atto: 327
Mustang Country: 560
Musume Dojoji: 427
Muta di Portici, La: 550
Mutiny of the Bounty: 106, 348, 389, 479, 491, 573, 617, 706
Mutter und Kind: 256
Mütter Kusters Fahrt zum Himmel: 308
Muzchestvo: 450
My American Wife: 833, 930
My Beautiful Laundrette: 226, 338
My Best Gal: 110, 533
My Blue Heaven: 543
My Brother Talks to Horses: 941

índice de películas

My Cousin Rachel: 118, 228
My Darling Clementine: 220, 327, 333, 556, 657
My Daughther Joy: 733
My Dear Secretary: 269
My Dinner With André: 528
My Dream Is Yours: 216, 225
My Fair Lady: 212, 391, 398
My Father the Hero: 243, 852
My Favorite Spy: 355, 472
My Favorite Wife: 374
My Favorite Year: 642
My Foolish Heart: 32, 395
My Forbidden Past: 270, 352, 579
My Friend Irma: 492, 542
My Friend Irma Goes West: 492, 542
My Friend the King: 681
My Gal Sal: 396, 556
My Geisha: 521, 586, 733
My Girl: 213
My Girl 2: 213
My Girl Friend's Wedding: 558
My Heart Belongs to Daddy: 796
My Hustler: 913
My Irish Molly: 632
My Left Foot: 226, 785
My Life: 455
My Life With Caroline: 180, 572
My Love Came Back: 228
My Love Letters: 213
My Love, My Son: 766
My Man and I: 920
My Man Godfrey: 468, 504, 618
My Official Wife: 887
My Own Private Idaho: 710
My Own True Love: 270
My Pal Gus: 923
My Partner, Mister Davis: 56, 57
My Reputation: 818
My Sciencie Project: 417
My Sin: 538
My Sister Eileen: 334, 484, 488, 695
My Son Is Guilty: 330
My Son John: 559
My Stepmother Is an Alien: 71
My Turn: 271
My Wife's Best Friend: 73
Myra Beckinridge: 426
Mystère de la chambre jaune, Le: 495
Mystère de la Tour Eiffel, Le: 277
Mystèrc Picasso, Le: 174
Mysterious Doctor, The: 655
Mysterious Lady, The: 350, 613
Mystery House: 784
Mystery of Marie Roget, The: 587
Mystery of the Leaping Fisch, The: 304

Mystery Submarine: 798
Mystic Pizza: 731, 732
Mystic, The: 113

N. P. il segreto: 700
N. U.: 39
Na srebnym globie: 942
Nace un amor: 760
Nace una canción: 319, 393, 394, 924
Nächte des Grauens: 441
Nacida ayer: 212, 377, 408, 409, 410
Nacida en viernes: 232, 233, 525, **605**
Nacida para amar: 560
Nacida para el mal: 316, 328, 329, 703, 704
Nacida para la danza: 820
Nacido el 4 de julio: 207, 219
Nacimiento de una nación, El: 364, 376, 432, **605**, 823, 825, 910
Nación clandestina, La: 757
Nación en llamas, Una: 800
Nacional III: 293, 86, 87
Nachts, Wenn der Teufel Kam: 796
Nada: 160, 611
Nada en común: 387, 752
Nada más que un gigoló: 573
Nada menos que todo un hombre: 700
Nadador, El: 474
Nadando en seco: 736
Nadare: 785
Nadežda: 265
Nadie dijo nada: 745
Nadie hablará de nosotras cuando hayamos muerto: 4
Nadie lo sabrá: 313
Nadie me quiere: 265
Nadie oyó gritar: 782
Nadie puede vencernos: 928
Nadine: 71, 82, 109, 755
Nagana: 270
Nagaya shinshiroku: 643
Nails: 418
Naked and the Dead, The: 912
Naked City, The: 170, 221
Naked Edge, The: 191, 458
Naked in New York: 214, 875
Naked Jungle, The: 403, 655
Naked Kiss, The: 342, 517
Naked Lunch: 206, 764
Naked Maja, The: 352
Naked Paradise: 194
Naked Runner, The: 795
Naked Spur, The: 181, 484, 533, 821
Naked Street, The: 64, 372, 697
Nakel Tango: 722
Name the Man: 800

Namenlos: 216
Nana: 50, 105, 717, 718
Nanas, Les: 90
Naniwa hika: 581
Naniwa onna: 581
Nanny, The: 224
Nanook of the North: 321
Nanuk, el esquimal: 321
Não ou vã gloria de mandar: 635
Napoleon and Samantha: 271, 335
Napoleón: 37, 192, 348, 349, **606**
Napoléon: 37, 346, 349, 540, 586, 592, 606, 825, 918
Napoléon Bonaparte: 349
Napoléon Bonaparte: 349
Napoléon Bonaparte vu et entendre pour Abel Gance: 606
Nápoles de otros tiempos: 232, 233
Napoli'43: 741
Napoli d'altri tempi: 233
Nappali sötétség: 303
När kärleken dödar: 800
Nära Livet: 84, 834
Naranja mecánica, La: 465, 913
Narayama bushiko: 429
Narciso negro: 458, **606,** 681, 750, 791
Narrow Margin: 322, 385
Narrow Wargin, The: 323
Nashville: 21, 144, 161, 166
Nasty Habits: 439, 567
Natale al campo 119: 233
Natalia: 592, 671
Nathalie: 671
Nathalie Granger: 102, 103, 243, 590, 591
National Lampoon Goes to he Movies: 924
National Lampoon's Animal House: 832
National Lampoon's Christmas Vacation: 493
National Red Cross Pageant: 70
National Velvet: 112, 843
Natsu no imoto: 641
Nattens Brod: 877
Nattlek: 940
Nattvardsgästerna: 85, 183, 184, 790, 834
Natural, The: 71, 401, 491, 708
Natural Born Killers: 493
Natural Enemies: 316
Naufragio: 400
Náufragos: 406, 407, **606**
Náufragos del amor: 559
Naughty Baby: 490
Naughty But Nice: 680, 705, 784, 935
Naughty Flirt, The: 508
Navajeros: 751
Nave bianca, La: 740, 741
Nave de los condenados, La: 468, 469, 548
Nave de los locos, La: 654

Nave de Satán, La: 396, 864
Nave delle donne maledette, La: 553
Navegante, El: 453, 454, **607**
Naves misteriosas: 167
Navidades blancas: 216
Navidades en julio: 680, 826, 827
Navigator, The: 453, 454, 607
Navire Night: 754, 755
Navy Blue and Gold: 820, 930
Navy Blues: 112
Nayak: 705
Nazarín: 116, 117, **607,** 699, 700
Nazi Agent: 221
Ne réveillez pas un flic qui dort: 238
Ne samotë u lesa: 565
Nearly a King: 70
Neath Arizona Skies: 915
Něčen jinem, O: 166
Necesito dinero: 588
Necromancy: 919
Ned Kelly: 724
Ned McCobb's Daughter: 504
Nedostaje mi sonja heni: 526
Needful Things: 835
Neel akasher neechev: 776
Negatives: 439
Negocio ante todo, El: 560
Negocio del siglo, El: 916
Negocios de familia: 187, 408, 514
Negocios del corazón: 912
Nègre blanc, Le: 349
Negressen i skapet: 799
Negros también comen, Los: 317, **608,** 672
Nei dintorni di mezzanotte: 511
Neige était sale, La: 760
Nel blù dipinto di blù: 234
Nel continente nero: 729
Nel nome del Padre: 79, 287
Nell: 335, 608
Nella città l'inferno: 152, 430, 525, 812
Nelle pieghe della carne: 36
Nelly et M. Arnaud: 74, 610, 762
Nelly y el señor Arnaud: 73, 74, **610,** 762
Nell'anno del Signore: 140, 813, 857, 858
Nemico di mia moglie, Il: 234, 550
Nenas del mini-mini, Las: 750
Nenè: 859
Neokončennaja piesa dija mehamicskogo pianino: 571
Neotpraviennoe pismo: 450
Nepobedimye: 450
Nepokorennye: 265
Neptune's Daughter: 926
Nerone: 92, 234
Neskolko dmejiz žižini I. I. Oblomov: 571

Nessuno o tutti: 79
Nessuno torna in dietro: 92, 93, 233
Net, The: 51
Netchaïev est de retour: 244, 586
Netsudeichi: 427
Network: 276, 409, 514
Nevada: 190, 579
Nevada Smith: 392, 393, 561
Never a Dull Moment: 522, 733, 929
Never Fear: 516
Never Give a Sucker an Even Break: 546
Never Let Me Go: 222, 348, 854
Never Love a Stranger: 561
Never Say Goodbye: 280, 325, 421, 655
Never Say Never Again: 71, 187, 834
Never so Few: 503, 561, 794
Never Steal Anything Small: 125
Never Talk to Strangers: 66
Never the Twain Shall Meet: 420
Never Trouble Trouble: 629
Never Trust an Honest Thief: 919
Nevinšt bez zaštile: 526
New Adventures of Get-Rich-Quick Wallingford, The: 930
New Centurions, The: 323, 772
New Frontier: 443, 915
New Frontier, The: 915
New Kind of Love, A: 612, 931
New Klondike, The: 572
New Leaf, A: 555
New Morals for Old: 508
New School Teacher, The: 468
New York Confidential: 64
New York, New York: 229, 230, 576, 771
New York Nights: 389, 572
New York Stories: 18, 19, 192, 307, 624, 771
New York Town: 522
Next Corner, The: 930
Next Man, The: 187
Next of Kin: 283, 608
Next Stop, Greenwich Village: 558
Next Time We Love: 574, 820, 830
Next Voice You Hear, The: 920
Nezabyvaemoe: 272
Ni Ljuger: 799
Ni sangre, ni arena: 48, 756
Ni un momento de respiro: 733
Ni un pelo de tonto: 82, 377, 612, 927
Niagara: 198, 199, 393, 585, 668
Niágara: 392, 393, 514, 585, **612**, 667
Nianchan: 428
Nibelungen, Die: 477
Nibelungos, Los: 476, 477
Nice Girl?: 276
Nice Time: 838

Nicekawa: 391
Nicholas and Alexandra: 636
Nicholas Nickleby: 154
Nick Carter, Master Detective: 862
Nick of Time: 244
Nickel Ride, The: 411, 600
Nickelodeon: 98, 638
Nico: 913
Nicolás y Alejandra: 636
Nicole ou l'enfant trouvé: 73
Nido, El: 616
Nido de águilas: 421, 534, 844, 422
Nido de avispas: 421
Nido de nobles: 463
Nido de víboras: 227, 228, 498, **616**
Nie Wieder Liebe: 498
Niebla, La: 213, 485
Niebla en el alma: 64, 585, 923
Niebla en el pasado: 180, 355, 490
Niebla en las cumbres: 669
Nieve que quema: 624, 714
Nieve tropical: 822
Nieves del Kilimanjaro, Las: 351, 352, 395, 460, 461, 661
Nieves traidoras: 556
Niewinni czarodzieje: 800, 910
Niezwykla podroz Balthazar Kobera: 391
Night and Day: 216, 374
Night and the City: 221, 230, 477, 622, 854, 923
Night Angel, The: 368, 538
Night at the Opera, A: 545, 546, 620, 930
Night Before, The: 710
Night Before the Divorce, The: 796
Night Club Scandal: 70
Night Crossing: 534
Night Digger, The: 608
Night Falls on Manhattan: 514
Night Flight: 70, 112, 348, 509
Night Game: 764
Night Has a Thousand Eyes, The: 733
Night Has Eyes, The: 548
Night in Casablanca, A: 545, 546
Night in Heaven, A: 350
Night in Paradise: 630
Night into Morning: 574
Night Mother: 64, 813
Night Moves: 377, 385, 621, 663
Night Must Fall: 320, 714
Night Nurse: 348, 817, 920
Night of Love, The: 180
Night of Nights, The: 572
Night of the Demon: 32, 862
Night of the Following Day, The: 106
Night of the Generals, The: 498, 641
Night of the Hunter, The: 364, 479, 579, 620
Night of the Iguana, The: 118, 352, 426, 458

Night of the Lepus: 485
Night of the Party: 681
Night on Earth: 743, 747
Night on the Town, A: 223
Night Passage: 821
Night People: 661
Night Ride: 733
Night Shift: 198, 455
Night Song: 32, 205, 630
Night the Lights Went Out in Georgia, The: 692
Night They Raided Minsky's, The: 339, 731
Night Tide: 417
Night to Remember, A: 856, 936
Night Train to Munich: 390, 709
Night Train to Venice: 375
Night unto Night: 705, 787
Night Visitor, The: 834, 877
Night Waitress: 696
Night Walker, The: 818, 845
Night Watch, The: 464, 844
Night Without Sleep: 221
Nightcomers, The: 106, 831
Nightfall: 64, 862
Nighthawks: 816
Nightingale Song in Berkeley Square, A: 618
Nightkill: 579
Nightmare: 733
Nightmare Alley: 127, 368, 682
Nightmare on Elm Street: 244
Nights Holds Terror, The: 151
Nights of the Generals, The: 623
Nights Riders, The: 915
Nihon-bashi: 427
Nihon no yoru to kiri: 641
Nihon shunka ko: 641
Nihonbashi: 581
Nijinsky: 72, 435
Nikita: 89, 591
Niklashauser Fahrt, Die: 308, 769
Nikodnevik Glumova: 283
Nikole Tesle: 919
Nikutaibi: 642
Nils Holgerssons Underbara rose: 834
Nina: 9, 85, 86, 104, 105, 576, 577, 720, 722, 740
Nine 1/2 Weeks: 71
Nine Hours to Rama: 315
Nine Lives Are Not Enough: 705
Nine Months: 375
Nine to Five: 328
Nineteen Eighty-Four: 118
Ninette y un señor de Murcia: 312, 313, 474, 475
Ninety-Nine and 44/100% Dead!: 337, 390
Ninfa constante, La: 105, 329, 368
Ningen: 581, 785
Ningen Johatsu: 429

Ningen moyo: 427
Ningen no joken: 462
Ninguna otra mujer: 725
Ninguna virgen en el colegio: 462
Nini terno secco: 4
Nini Tirabusciò, la donna che inventò la mossa: 906
Ninja bugeicho: 641
Ninotchka: 76, 270, 349, 350, 510, 530, 787, 924
Ninth Commandment, The: 102
Niña de los millones, La: 441
Niña de los sueños, La: 229
Niña de luto, La: 475
Niña mimada, La: 112
Niña prodigio, La: 113
Niña que se convirtió en rata, La: 711
¡Niñas, al salón!: 751
Niñera moderna: 632
Niño, El: 800
Niño de la Luna, El: 103
Niño y el dragón, El: 922
Niño y el unicornio, El: 709, 710
Niño y la niebla, El: 358, 359, 725
Niños cambiados, Los: 215
Niños de Hiroshima, Los: 785
Niños de la calle, Los: 799
Niños del Brasil, Los: 549, 636, 662
Niños del domingo: 84
Niños del paraíso, Los: 142, 616
Niños robados: 27, 473, 617
Nippon konchuki: 429
Nippon no seishun: 462
Nippon sengoshi: Madamu Onboro no seikatsu: 429
Nishi-Ginza eki mae: 428
Nitwits, The: 820
Nixon: 416
Nju: 441
No amarás: 459
No añoro mi juventud: 465, 466
No beses a un extraño: 301
No Deposit, No Return: 618
No desearás al vecino del quinto: 475
No desearás la mujer del vecino: 475, 751
No disponible: 475, 654, 750
No Down Payment: 730, 931
No empieces nada en abril: 797
No encontré rosas para mi madre: 503, 504
No envejeceremos juntos: 670
No es bueno que el hombre esté solo: 634, 782
No es nada, mamá, sólo un juego: 700
No es pecado: 559
No estamos casados: 368, 544, 585, 736
No estamos solos: 368, 601
No estoy sola: 480, 929, 842
No firmes más letras, cielo: 475
No fuimos ángeles: 230

índice de películas

No Funny Business: 636
No Greater Glory: 102
No hagan olas: 139, 213, 214, 520
No hagas planes con Marga: 754
No hay guerra sin dinero: 581
No hay juegos con el amor: 324
No hay salida: 198, 384, 385
No hay tiempo para amar: 177, 178, 486, 487
No hay tiempo para el amor: 522
No hay tiempo para morir: 556
No Highway in the Sky: 258, 821
No juzgarás: 799
No le busques tres pies: 750
No lo dejes escapar: 49, 50
No Man of Her Own: 348, 469, 487, 504, 565, 818
No Man's Land: 839
No más mujeres: 201, 329
No matarás: 459, 582
No matarás a tu vecino: 387
No mc abandoncs: 222, 347, 348, 854
No me chilles que no te veo: 925
No me dejes: 655
No me digas adiós: 85, 86, 114, 498, 586, 666
No me mandes flores: 225, 421
No me mientas que te creo: 925
No Mercy: 71, 361
No Minor Vices: 32, 573
No More Ladies: 201, 329
No More Orchids: 504
No, no, mi amor: 93
No, No, Nanette: 556
No One Man: 504
No Orchids for Miss Blandish: 65
No os comáis las margaritas: 225, 617, 618
No Other Woman: 725
No Place to Go: 490
No Place to Hide: 69, 816
No puedo vivir sin ti: 112, 472, 820, 821
No quiero decirte adiós: 32, 372
No quiero perder la honra: 582, 751
No Road Back: 187
No Room for the Groom: 214, 798
No Sad Songs for Me: 554, 830, 929
No se compra el silencio: 401, 932
No serás un extraño: 228, 544, 579, 794
No sin mi hija: 318, 319
No Small Affair: 589
No Smoking: 719
No somos ángeles: 97, 216, 883
No somos de piedra: 103, 474, 475
No soy para ti: 348
No soy un ángel: 373, 374
No te bebas el agua: 17
No te fíes de tu marido: 522
No te puedes fiar ni de la cigüeña: 241, 242, 551

No Time for Comedy: 820
No Time for Flowers: 787
No Time for Love: 178, 487, 522
No Time for Sergeants: 490
No Time to Die: 556
No tocar a la mujer blanca: 242, 317, 551, 623, 671, 857, 859
No todo amor es hermoso: 642
No Way Out: 198, 221, 385, 533, 676, 923
No Way to Treat a Lady: 716
No Woman Knows: 113
Noah's Ark: 216, 508
Nob Hill: 393
Nobi: 428
Noble gesta: 525
Nobles del suburbio: 642, 643
Nobleza baturra: 45, 475
Nobleza obliga: 479, 559
Nobody Lives Forever: 353, 610
Nobody's Darling: 533
Nobody's Fool: 82, 377, 612, 927
Noces de papier, Les: 115
Noces rouges, Les: 160, 671, 714
Noces vénitiennes, Les: 154
Noche, La: 39, 40, 58, 550, 581, 590, **619**, 742, 782, 906
Noche, un tren, Una: 9, 10, 238, 239, 586, **621**
Noche americana, La: 91, 873
Noche avanza, La: 48, 358, 359
Noche cae sobre Manhattan, La: 514
Noche de angustia: 504, 819, 820
Noche de baile: 51
Noche de circo: 84
Noche de engaño: 812
Noche de Halloween, La: 213
Noche de junio: 85
Noche de la iguana, La: 117, 118, 351, 352, 425, 426, 458
Noche de locura, Una: 503
Noche de los cien pájaros, La: 782
Noche de los generales, La: 498, 623, 641
Noche de los gigantes, La: 599, 600, 650, 662, 751, 752
Noche de los maridos, La: 534, 543
Noche de pesadilla: 54, 55, 733
Noche de primavera: 85, 800
Noche de redada, Una: 37
Noche de reyes: 721
Noche de san Lorenzo, La: 619, 842
Noche de titanes: 542, 792
Noche de tormenta: 9
Noche de Varennes, La: 455, 456, 550, 551, **619,** 769, 770, 771, 870
Noche de verano: 700
Noche de verano en la ciudad: 249
Noche del cazador, La: 364, 479, 578, 579, **620**

Noche del demonio, La: 32, 862
Noche del día siguiente, La: 106
Noche del horror, La: 441
Noche del sábado, La: 309, 310, 313
Noche deseada, La: 125, 275, 327, 328, 684
Noche en Casablanca, Una: 545, 546
Noche en el alma: 472, 862
Noche en el paraíso: 630
Noche en El Cairo, Una: 508, 930
Noche en la ciudad: 221, 854, 923
Noche en la ópera, Una: 545, 546, **620,** 930
Noche en la tierra: 743, 747
Noche en que se apagaron las luces en Georgia, La: 692
Noche es mi enemiga, La: 51, 95, 228
Noche eterna: 22, 84, 326, 327, 498, 939, 940
Noche fantástica: 312
Noche más hermosa, La: 4, 314, 382, 750, 751
Noche más larga, La: 253, 351, **621**
Noche misteriosa, Una: 376
Noche nupcial: 190, 902
Noche oscura, La: 238, 761
Noche romántica, Una: 364
Noche se mueve, La: 376, 377, 384, 385, **621,** 663
Noche sin cielo: 313
Noche tiene mil ojos, La: 733
Noche tiene ojos, La: 548
Noche y día: 216, 374
Noche y el alba, La: 700
Noche y la ciudad, La: 230, 477, 622
Noche y niebla en Japón: 640, 641
Noches blancas: 550, 905
Noches con Cleopatra: 506, 812
Noches de Cabiria, Las: 310, 311, 335, **622**
Noches de Casablanca: 588
Noches de fuego: 495
Noches de la ciudad: 335, **622**
Noches de la luna llena, Las: 737
Noches de Nueva York: 389, 847, 864
Noches de París: 201, 368, 796
Noches de sol: 740
Noches en la ciudad: 521
Noches romanas: 99
Nocturne indien: 195
Nocturno 29: 102, 103
Nogent, Eldorado du dimanche: 141
Nogi taisho to Kuma-san: 581
Noi donne siamo fatte così: 728, 906
Noi siamo due evasi: 858
Noi siamo le colonne: 234
Noi tre: 58
Noi vivi: 16
Noia, La: 224
Noises Off: 98, 126
Nola Darling: 483

Nom de la rose, Le: 38, 187, 286, 801
Nombre al culpable: 799, 800
Nombre de la rosa, El: 38, 187, 286, 801
Nombre: Carmen: 141, 365
Nommé La Rocca, Un: 80
Non c'è pace tra gli ulivi: 102, 231
Non è mai troppo tardi: 550
Non perdiamo la testa: 858
Non sono superstizioso, ma...: 233
Non ti conosco più: 233
Non ti conosco più amore: 906
Non toccare la donna bianca: 242, 317, 551, 623, 671, 859
None But the Brave: 794, 795
None But the Lonely Heart: 374
None Shall Escape: 235
Nonna Sabella, La: 728
Nora inu: 466
Nora Prentiss: 784
Norma Rae: 318, 319, 729, 730
Noroit: 161, 162, 730
Norseman, The: 317
Nort of Alaska: 916
Norte lejano: 477, 783
Norte salvaje: 162, 372, 373
Norte ultra Sur: 857
North: 714, 927
North by Northwest: 184, 374, 407, 549, 752
North Dallas Forty: 624
North of Alaska: 373
North of Hudson Bay: 333
North Sea Hijack: 549, 667
North Star, The: 32, 72, 122, 347, 372, 572, 825
North to Alaska: 138, 393
North West Frontier: 62
North West Mounted Police: 191, 229, 881
Northern Pursuit: 325, 911
Northwest Mounted Police: 366
Northwest Passage: 862, 864, 902
Nosferatu, eine Symphonie des Grauens: 603, 624
Nosferatu, el vampiro: 602, 603, **624**
Nosferatu, Phantom der Nacht: 7, 402, 625
Nosferatu, vampiro de la noche: 7, 402, 625
Nosotras las mujeres: 85, 525, 741, 905
Nosotros dos: 314, 315
Nosotros en particular: 827
Nosotros los decentes: 782
Nossa Amazonia: 254
Nostalghia: 840
Nostalgia de la patria, La: 257
Nostalgia de un amor: 813
Nostradamus: 781
Nostri mariti, I: 728, 813, 858
Nostri sogni, I: 233
Not a Drum Was Heard: 920

Not As a Stranger: 228, 544, 579, 794
Not of This Earth: 194
Not So Dumb: 902
Not Wanted: 516
Not With My Wife You Don't: 214, 772
Not Without My Daughter: 319
Note bleue, La: 942
Nothing But the Best: 72
Nothing But the Truth: 366
Nothing But Trouble: 388, 481, 589
Nothing in Common: 387, 752
Nothing Personal: 832
Nothing Sacred: 504, 538, 920
Noticia de una violación en primera página: 79
Notorious: 85, 289, 374, 407
Notorius Landlady, The: 52, 148, 488, 625, 695
Notorius Sophie Lang, The: 784
Notre Dame de la Croisette: 765, 766
Notre-Dame de Paris: 503, 697
Notre histoire: 93, 237, 238
Notre mariage: 760
Notte, La: 40, 58, 550, 590, 619, 906
Notte brava, La: 98, 99
Notte dei fiori, La: 755
Notte delle beffe, La: 812
Notte di fortuna: 553
Notte di san Lorenzo, La: 619, 842
Notte italiana: 558
Notte porta consiglio, La: 233
Notti bianche, Le: 550, 905
Notti di Cabiria, Le: 311, 335, 622
Notti romane: 99
Nous irons à Monte-Carlo: 398
Nous maigrirons ensemble: 883
Nous ne vieillirons pas ensemble: 670
Nouveau journal d'une femme en blanc: 57
Nouveau monde, Le: 365
Nouveaux messieurs, Les: 318
Nouvelle vague: 237, 238, 365
Novato, El: 107
Novecento: 26, 88, 230, 243, 474, 571, 755, 832
Novela de una noche, La: 179
Novena sinfonía, La: 797, 798
Noventa minutos: 313
Noventa y nueve: 215
Novia alegre, La: 504
Novia de acero, La: 468, 469
Novia de Frankenstein, La: 261, 715, 922
Novia de la suerte, La: 560, 817
Novia del gángster, La: 736
Novia en cada puerto, Una: 110, 393, 394, 508, **626**
Novia ensangrentada, La: 42, 43
Novia era él, La: 319, 374, 393, 394, 784
Novia fingida, La: 818, 819
Novia para dos, Una: 126, 319

Novia que vuelve, La: 177, 522
Novia salvaje, La: 655, 845
Novia secreta, La: 256, 817
Novia vendida, La: 639
Novia vestida de negro, La: 590, 591, 797, 873
Novias ruborosas: 201
Noviazgo del padre de Eddie, El: 330, 331, 576, 577
Novices, Les: 68
Novicia, La: 939
Novicias, Las: 68
Novio, El: 439, **626**, 746
Novio a la vista: 86, **626**
Novio de mamá, El: 45, 225, 401
Novio de mi mujer, El: 731, 792
Novio para tres novias, Un: 522
Novios, Los: 130
Novios 68: 475, 750
Novios de mi mujer, Los: 475
Now, Voyager: 224, 891
Now and Forever: 190, 392, 504, 848
Now and Then: 377, 589
Now Barabbas Was a Robber: 118
Now I'll Tell: 847, 864
Now We're in the Air: 110
Noyade interdite: 624, 756
Nóz W. Wodzie: 209, 677, 801
Nozze di sangue: 16
Nu börjar kivet: 940
Nuage entre les dents, Un: 623
Nube de sangre: 32, 372
Nubes en el cielo: 776
Nude restaurant: 913
Nudo, El: 391
Nuestra hijita: 560, 847, 848
Nuestra Natacha: 720
Nuestra Señora de París: 503
Nuestro hombre en La Habana: 380, 632, 633, 709, 710
Nuestros tiempos: 92, 93, 233, 505, 506, 550, 586, 811, 812
Nueva Cenicienta, La: 541, 721
Nueva generación, La: 136, 137
Nueva leyenda del gran Judo, La: 465, 466
Nueva melodía de Broadway 1940, La: 52
Nueva moda en el crimen: 175
Nueva ola: 365
Nueva Orleans: 915
Nueva tierra, La: 871
Nueva York, año 2010: 114, 834
Nuevas aventuras de Miguel Strogoff: 138
Nueve cartas a Berta: 627, 653, 659, 660
Nueve horas de terror: 315
Nueve meses: 375
Nueve semanas y media: 71, 743
Nuevo amanecer: 421
Nuevo caso del inspector Clouseau, El: 282, 652

Nuevo en esta plaza: 475, 750
Nuevo Fantomas, El: 602, 603
Nuevo mundo, El: 834, 877
Nuevos centuriones, Los: 322, 323, 772
Nuevos españoles, Los: 751
Nuevos policías: 244
Nuevos rebeldes: 832
Nuevos ricos caprichosos: 102
Nuit américaine, La: 91, 873
Nuit de l'océan, La: 591, 781, 804
Nuit du carrefour, La: 718
Nuit d'été en ville: 249
Nuit d'orage: 9
Nuit est mon royaume, La: 346
Nuit et brouillard: 719
Nuit fantastique, La: 494, 495
Nuit tous les chats son gris, La: 243
Nuits de feu: 495
Nuits de la pleine lune, Les: 737
Nuits de prince: 495
Nuits moscovites, Les: 37
Number One: 403
Number Seventeen: 407
Number Six: 125
Numbered Men: 490
Numéro deux: 365
Número 17, El: 406, 407
Número uno, El: 17, 18, 403
Nunca digas nunca jamás: 70, 71, 187, 834
Nunca en domingo: 221, 222, 567
Nunca es tarde: 102, 582
Nunca fuimos ángeles: 230, 444, 589
Nunca hables con extraños: 66
Nunca la olvidaré: 819, 820
Nunca pasa nada: 67, 68, **627**
Nunca te alejes de mí: 325, 655
Nunca te prometí un jardín de rosas: 691
Nun's Story, The: 398, 941
Nuovi mostri, I: 357, 584, 728, 771, 813, 859
Nuovo cinema Paradiso: 167, 815, 860
Nur zum Apass - nur um Spiel: 765
Nusumareta koi: 427
Nusumareta yokujo: 428
Nut, The: 304
Nuts: 273, 730, 823
Nutty Professor, The: 492, 493, 850
Nybyggarma: 871, 877, 834
Nyobo funshitsu: 642

O Dreamland: 30
O Lucky Man!: 31
O todo o nada: 124
Ô saisons, ô châteaux: 888
O. Henry's Full House: 73, 372, 393, 394, 461, 480, 585, 610, 668, 923
O. K. Nerón: 806
O. C. and Stiggs: 22, 417
O. H. M. S.: 911
O. K. Nerone: 806
O. S. S.: 469
O'Hara's Wife: 335
Oasis: 592
Oath, The: 911
Object of Beauty, The: 223, 527, 561
Objecteur, L': 57
Objective Burma!: 325, 630, 838, 911
Objetivo: Banco de Inglaterra: 55
Objetivo: Patton: 151, 506, 834
Objetivo Birmania: 324, 325, **630,** 838, 911
Objetivo mortal: 111, 187, 485
Objeto de deseo: 223, 527, 561
Obreros en la vía del tren: 800
Obsesión: 4, 420, **630,** 797, 798
Obsesión, La: 194, 573, 574
Obsesiones de Armando, Las: 475
Obseso del mediodía, El: 641
Obsession: 115, 231, 592, 767
Ocaso de una raza, El: 190
Occhi, la bocca, Gli: 79, 535, 582, 583, 672
Occhiali d'oro, Gli: 624, 756
Occhio dietro la parete, L': 722
Occupe-toi d'Amélie: 56, 57
Ocean's Eleven: 253, 521, 542, 573, 795
Ochazuke no aji: 643
Ocho millones de maneras de morir: 109, 351
Ocho mujeres y un crimen: 326, 817
Ocho sentencias de muerte: 380
Oci ciorne: 531, 551, 571, 633
Octaman: 36
Octava mujer de Barba Azul, La: 177, 178, 190, 191, 510, 617, 618, **630,** 833, 924, 930
Octavo hombre, El: 357
Octubre: 284, **631**
Oculta providencia, La: 223, 573
Odd Couple, The: 555
Odd Man Out: 478, 548, 709
Odds Against Tomorrow: 928
Odessa: 907
Odessa File, The: 907
Odette: 883
Odio, amor y castigo: 553
Odio de razas: 304
Odio en las aulas: 108
Odio en las entrañas: 187, 389, 390, **631,** 729, 730
Odio entre hermanos: 395, 533, **631,** 648, 733
Odio y orgullo: 270, 352, 578, 579
Oedipus the King: 832, 918
Oedipus Wrecks: 18, 19
Oedype hiperborée: 745
Oeil du malin, L': 159

índice de películas

Oeste loco, El: 175
Oeuvre au noir, L': 239
Oeuvre immortelle, L': 277
Of Human Bondage: 153, 205, 223, 368, 420, 625, 655
Of Human Hearts: 111, 112, 820
Of Love and Desire: 630
Of Mice and Men: 527, 572
Ofelia: 159, 386
Ofensa, La: 187, 514
Off Beat: 456, 856
Off Limits: 219
Offbeat: 940
Offence, The: 187, 514
Officer O'Brien: 354
Officer and a Gentleman, An: 361, 927
Offret: 840
Oficial y caballero: 361, 927
Oficina de matrimonios: 799
Oficio de muchachos: 827
Oficio más antiguo del mundo, El: 13, 365, 591
Oficio más viejo del mundo, El: 57, 99
Oggetti smarriti: 88
Oggi, domani e dopodomani: 550, 857, 858
Oggi sposi: 102
Ogon: 265, 582, 751
¡Oh, cielos!: 337, 583
Oh Dad, Poor Dad, Mama's Hung You in the Closet and I'm Feelin'So Sad: 695
Oh, Kay!: 490
¡Oh, que mambo!: 812
¡Oh, qué guerra tan bonita!: 96, 636, 709
Oh, Rosalinda!: 316, 681
Oh, Serafina!: 478, 479
Oh, What a Lovely War!: 54, 55, 96, 636, 709
Oh, You Beautiful Doll: 816
Oh Men! Oh Women!: 618, 736
Oh Yeah!: 354
Ohayo: 643
Oil for the Lamps of China: 490
Oil: The Billion Dollar Fire: 574
¡Oiga, joven!: 304
Oiseaux vont mourir au Pérou, Les: 774
Ojo de fuego: 772
Ojo de la aguja, El: 831, 832
Ojo de la cerradura, El: 861, 862
Ojo del diablo, El: 84, 618
Ojo mentiroso, El: 424, 916
Ojo por ojo: 319, 764
Ojo público, El: 401
Ojos: 275, 276
Ojos cariñosos: 847, 848
Ojos de fuego: 69
Ojos de juventud: 887
Ojos de la momia, Los: 441, 509, 510

Ojos de un extraño, Los: 485
Ojos dejan huellas, Los: 313
Ojos del diablo, Los: 45
Ojos del gato, Los: 69
Ojos del mundo, Los: 460
Ojos inocentes: 130
Ojos más lindos del mundo, Los: 760
Ojos negros: 530, 531, 550, 551, 571, **633**, 792
Ojos vendados, Los: 161, 162, 285, 556, 761
Ojos verdes, rubia y peligrosa: 625
Ojosan: 643
Oka oorie katha: 777
Okay, America: 354
Okichi, la extranjera: 581
Oklahoma!: 529, 941
Oklahoma año 10: 275, 772
Oklahoma Crude: 275, 772
Oklahoma Kid, The: 96, 125
Oklahoma Woman, The: 194
Oklahoman, The: 560
Oktjabr: 284, 631
Okumanchoja: 427
Olas acusadoras, Las: 349
Old Acquaintance: 224, 416
Old Boyfriends: 144
Old Clothes: 201
Old Couple, The: 488
Old Dark House, The: 270, 479, 922
Old Explorers: 316
Old Gringo: 328, 662, 689
Old Louisiana: 396
Old Maid, The: 25, 223, 368, 416
Old Man and the Sea, The: 864
Old Wives for New: 228, 229
Oldás es kötés: 440
Ole dole doff: 871
Oleanna: 529
Olf Surehand: 373
Olimpiada de Tokio, La: 427, 428
Olimpiadi dei mariti, Le: 858
Oliver: 635, 709, 710
Oliver Twist: 380, 482, **635**
Oliver's Story: 83, 575, 638
Olivia: 328, 329, 399, 640, 819, 820
Olivier, Olivier: 410
Olor del dinero, El: 428
Oltre la porta: 155, 551, 672
Olvidada de Dios, La: 228, 229
Olvidados, Los: 13, 116, 117
Olvídate de París: 928
Olly, Olly Oxen Free: 399
Omar Khayyam: 255, 256, 648
Omar Mukhtar, Lion of the Desert: 697
Ombre et lumière: 789
Ombrellone, L': 728

Omega Man, The: 403
Omega, omega: 440, 441
Omen, The: 662, 716
Omringade huset, Det: 800
On a Clear Day You Can See Forever: 577, 586, 615, 823
On a volé la cuisse de Jupiter: 623
On a volé la Joconde: 249
On a volé un homme: 639
On an Island With You: 162, 926
On Any Sunday: 561
On Dangerous Ground: 516, 704
On Deadly Ground: 126
On Foot in Hell: 469
On Golden Pond: 327, 328, 399
On Moonlight Bay: 225
On ne meurt pas comme ça: 825
On ne meurt que deux fois: 244
On opère sans douleur: 792
On Our Merry Way: 327, 366, 522, 821, 903
On purge bébé: 718
On the Avenue: 680
On the Beach: 52, 352, 418, 661, 666
On the Fiddle: 187
On the Jump: 911
On the Quiet: 70
On the Riviera: 854
On the Town: 134, 264, 456, 457, 794
On the Waterfront: 106, 452, 751
On The Loose: 270
Once a Jolly Swagman: 95
Once a Sinner: 560
Once a Thief: 237
Once Around: 273, 423, 743
Once in a Lifetime: 469
Once Is Not Enough: 269, 567
Once More With Feeling: 114, 264
Once to Every Woman: 887
Once Upon a Honeymoon: 374, 559, 736
Once Upon a Time: 374
Once Upon a Time a Tractor: 862
Once Upon a Time in America: 291
Once You Kiss a Stranger: 301
Ondas misteriosas: 636
Ondata di calore: 774
One and Only Genuine Original Family Band, The: 394
One Clear Call: 815
One Crazy Summer: 589
One Dark Night: 856
One Desire: 73, 421, 929
One Exciting Night: 376
One-Eyed Jacks: 106, 465
One Flew Over the Cuckoo's Nest: 16, 249, 271, 334, 615

One Foot in Heaven: 539
One From the Heart: 192, 462
One Good Cop: 455
One Hour Before Dawn: 460
One Hour Late: 574
One Hour With You: 510
One Hundred Men and a Girl: 276
One in a Million: 26
One Is a Lonely Number: 271, 485
One Little Indian: 335
One Man's Journey: 560
One Million B. C.: 556
One Minute to Play: 930
One Minute to Zero: 355, 579
One More River: 922
One More Spring: 359, 460
One More Time: 492
One More Tomorrow: 784
One Mysterious Night: 94
One Night in Lisbon: 522
One of Our Aircraft Is Missing: 681, 883
One of Our Dinosaurs Is Missing: 883
One on One: 377
One plus One: 365
One Rainy Afternoon: 516
One Romantic Night: 364
One Summer Love: 758
One Sunday Afternoon: 190, 911
One Touch of Venus: 352
One, Two, Three: 125, 925
One Way Passage: 354
One Way Street: 421, 548
One Wild Oat: 398
Onibaba: 785
Onionhead: 555
Only Angels Have Wings: 374, 394, 396, 807
Only Game in Town, The: 74, 820, 844
Only the Brave: 190
Only the Lonely: 633, 697
Only the Valiant: 661
Only Thing, The: 201
Only Two Can Play: 55, 940
Only Way, The: 935
Only When I Larf: 55
Only Yesterday: 816, 830
Onna no issho: 785
Onorata società, L': 234
Onorevole Angelina, L': 525
Ookami: 785
Open Season: 409
Opening Night: 151, 743
Opera: 45
Opera do malandro: 379
Ópera prima: 654, 872
Operación Amsterdam: 579

índice de películas

Operación Cicerón: 532, 533, 548
Operación cowboy: 845
Operación Crossbow: 506
Operación Fisco: 655
Operación gigante: 373
Operación Isla del Oso: 709, 832, 924
Operación jaguar: 934, 935
Operación Mata-Hari: 750
Operación matrimonio: 225
Operación Ogro: 582, **638,** 679, 751
Operación Pacífico: 213, 214, 282, 374
Operación Plus Ultra: 782
Operación relámpago: 721
Operación Robinsón: 549
Operación Snafu: 187
Operación trueno: 186, 187
Operación whisky: 143, 375
Operation Crossbow: 506
Operation Mad Ball: 488, 695
Operation Pacific: 608, 915
Operation Petticoat: 214, 282, 374
Opération Beton: 365
Operator 13: 190
Operazione San Gennaro: 728
Operazione San Pietro: 733
Ophélia: 159, 386
Opio: 680
Opium et le bâton, L': 870
Opposite Sex, The: 19, 598, 784
Optimista en vacaciones, Un: 633, 821
Orage: 105, 592
Orazi e Curiazi: 469
Orca: 390, 702
Orca, la ballena asesina: 702
Ordeal by Innocence: 276, 832
Orden cómico, El: 893
Orden de ejecución: 364, 51
Orders Is Orders: 573
Orders to Kill: 364, 51
Ordet: 273, 650, 800
Ordinaria locura: 317
Ordinary People: 708, 832
Ordinateur des pompes funèbres, L': 870
Ordini sono ordini, Gli: 906
Ordre et la sécurité du monde, L': 199
Ore dell'amore, Le: 858
Oregon Trail, The: 523, 915
Orfeo: 176, 241
Orfeu negro: 254
Organisation, The: 676
Orgía, La: 781
Orgía del sexo, La: 103
Orgías de la locura, Las: 226, 625
Orgueil, L': 57
Orgueilleux, Les: 592, 669

Orgullo, El: 57
Orgullo contra orgullo: 403
Orgullo de comanche: 632
Orgullo de estirpe: 337
Orgullo de los yanquis, El: 191
Orgullo de raza: 421, 797, 798
Orgullo del club de los Yanquis, El: 930
Orgullo y pasión: 374, 505, 506, 794
Orgullosos, Los: 592, 669
Oriente: 113
Oriente y Occidente: 166, 437, 437, **639**
Orizuru Osen: 581
Ormens vag pa halleberget: 922
Oro: 48, 574, 889
Oro, amor y sangre: 96, 131, 215, 216, 324, 325, 416, 96
Oro bajo: 803
Oro de Mackenna, El: 661, 662, 733
Oro de mis sueños, El: 391
Oro de nadie, El: 114
Oro de Nápoles, El: 232, 233, 505, 506, 530, 531, **640**
Oro di Napoli, L': 232, 233, 506, 531, 640
Oro en barras: 380, 398
Oro está en California, El: 216, 227, **640**
Oro fino: 373
Oro para el César: 235
Oro per i Cesari: 235
Oro rojo: 751
Oro y sangre: 190
Orologio a cucù, L': 233
Örökseg: 423
Orphans: 320, 582, 650
Orphans of the Storm: 267, 364, 376
Orphée: 176
Orquesta Club Virginia: 758, 827
Orquídea negra: 505, 506, 696, 697, 729, 730
Orquídea salvaje: 91, 743, 781
Orquídeas salvajes: 350
Orrori del castello di Norimberga, Gli: 199
Os presento a mi esposa: 487, 784
Os quiero: 242, 243, 87, 870
Osa Mayor y las estrellas, La: 333, 817
Oscar: 26, 270, 408, 477, 817
Oscar, El: 199, 630, 655
Oscar, The: 199, 630, 655
Óscar, quita las manos: 26, 816, 817
Oscura historia de la prima Montse, La: 76
Oscuros sueños de agosto: 670, 700
Osen, el de las cigüeñas: 580, 581
Oskar: 59
Oso, El: 38
Osobisty oamietnik grzesnika: 391
Ospite, L': 103, 154, 155
Ossessione: 78, 146, 904, 905

Osteria: 771
Osterman Weekend, The: 417, 474, 662
Ostre sledovane vlaky: 565
Osvobož denie: 272
Otac na službenom putu: 466
Otelo: 106, 329, 441, 520, 636, 917, 918, 939
Othello: 106, 329, 441, 520, 636, 918, 939
Othello: The Black Commando: 214
Other, The: 600
Other Half, The: 902
Other Halt of the Sky: A China Memoir, The: 521
Other Love, The: 235, 618, 818
Other Men's Women: 124, 920
Other People's Money: 249, 662
Other Side of the Wind, The: 918
Other Side of Midnight, The: 758
Otley: 766
Otoño abrazado: 462
Otoño de la familia Kohayagawa, El: 642, 643
Ototo: 428, 428
Otra, La: 358, 725
Otra cara del gángster, La: 492, 493
Otra ciudad, otra ley: 269, 474
Otra imagen, La: 700
Otra madre, La: 318
Otra mujer: 4, 17, 18, 307, 384, 385, 743
Otra mujer, La: 700
Otra orilla, La: 265
Otra primavera: 359, 460
Otra reunión de acusados: 508, 509
Otra vez juntos: 105
Otra vez mía: 180, 572
Otra vida del capitán Contreras, La: 313
Otro, El: 600, 727
Otro amor, El: 235, 618, 818
Otro diamante, El: 460
Otro hombre, otra mujer: 115, 121, 487, 488
Otro lado de la medianoche, El: 758
Otro señor Klein, El: 237, 238, 507, 590, 591
Otro yo, El: 825
Otto e mezzo: 139, 311, 335, 550
Our Betters: 212
Our Blushing Brides: 201
Our Daily Bread: 603, 651, 902
Our Dancing Daughter: 201
Our Gang: 135
Our Hospitality: 453, 454
Our Leading Citizen: 395
Our Little Girl: 560, 848
Our Man Flint: 175
Our Man in Havana: 380, 633, 710
Our Modern Maidens: 201
Our Mother's House: 95, 172
Our Relations: 388, 481
Our Town: 408, 795, 930

Our Very Own: 372, 929
Our Vines Have Tender Grapes: 733
Our Wife: 270, 816
Our Winning Season: 691
Ouragan sur la montagne, L': 277
Ours en peluche, L': 244
Ours et la poupée, L': 68, 249
Ours, L': 38
Out all Night: 847
Out of Africa: 564, 679, 708, 822
Out of It: 907
Out of Luck: 887
Out of Past: 269
Out of Rosenheim: 8, 62
Out of Season: 709
Out of the Blue: 417
Out of the Fog: 353, 498, 516
Out of the Past: 579, 719, 862
Out of This World: 471
Out-of-Towners, The: 488
Out One: Spectre: 730
Outbreak: 408, 832
Outcast of the Islands, An: 710
Outcasts of Poker Flat, The: 73, 332, 333, 416
Outland: 187
Outlaw Josey Wales, The: 280, 340
Outlaw, The: 329, 745
Outlaws, The: 393
Outomlionnye solntsen: 571
Outrage: 516
Outrage, The: 612, 703, 730, 733
Outriders, The: 560
Outside the Law: 113, 733
Outsider, The: 214, 534
Outsiders, The: 192, 207
Outward Bound: 420
Ovejas negras: 253, 893
Over the Garden Wall: 373
Over the Hill: 460
Over the Moon: 390, 629
Over the Top: 817
Overboard: 394
Overland Stage Raiders: 110, 915
Ovoce stromu rajskych: 166
Owl and the Pussycat, The: 823
Ox: 835
Ox, The: 878
Ox-Bow Incident, The: 32, 327, 430, 696, 920
Oyu sama: 581
Oyuki, la virgen: 580, 581

Pa solsidan: 85
Pablito y yo: 48, 358, 359
Pacemakers, The: 347
Pacientes de un psiquiatra en apuros, Los: 555

índice de películas

Pacific Heights: 377, 455, 582, 764
Pacifista, La: 440, 906
Pacha, Le: 346
Pack Up Your Troubles: 366, 388, 480
Package, The: 385
Paco el seguro: 475
Pacto con el diablo: 118, 843, 844, 883
Pacto de Berlín, El: 126, 337
Pacto de honor: 235, 263, 269, 555
Pacto de los cuatro, El: 85
Pacto sublime: 920
Pacto tenebroso: 26, 177, 178, 798
Padatik: 777
Paddy, lo mejor a falta de un chico: 359
Paddy O'Day: 396
Paddy, the Next Best Thing: 359
Padre: 835
Padre de familia, El: 143, 857, 858
Padre de la criatura, El: 751
Padre de la novia, El: 455, 543, 576, **646,** 843, 863, 864
Padre di famiglia, Il: 143, 858
Padre e a moça, O: 31
Padre e hijos: 232
Padre es abuelo, El: 576, 647, 843, 864
Padre Kino: 157
Padre Nuestro: 4, **647,** 699, 701, 712, 720, 722
Padre padrone: 647, 842
Padre patrón: **647,** 842
Padre putativo: 50, 478, 479
Padres e hijos: 234, 550, 583, 584
Padres terribles, Los: 176
Padri e figli: 234, 550, 584
Padrino, El: 106, 107, 121, 192, 454, 646, 648
Padrino II, El: 121, 192, 230, 454, 646, 648
Padrino III, El: 192, 325, 326, 350, 351, 454, 455, 646, **647**
Paese dei campanelli, Il: 506
Pagada: 201, 930
Pagan Love Song: 926
Page d'amour, Une: 162
Page Miss Glory: 490, 680
Página en blanco: 264, 374, 458, 578, 579, 791, 792
Páginas del libro de Satán: 272
Pagliacci, I: 503
Pagode, Die: 256
Paid: 201, 930
Paid in Full: 256
Paid to Dance: 396
Paid to Love: 394
Paint Your Wagon: 280, 544, 774
Painted Desert, The: 347
Painted Veil, The: 350
Painted Woman: 863
País del agua, El: 435

País del silencio y la oscuridad: 402
País natal: 272
Paisà: 310, **648,** 741
Paisaje, El: 608
Paisaje después de la batalla: 909, 910
Paisaje en la niebla: 36
Pajama Game, The: 225, 264, 334
Pajama Party: 454
Pajarillo de la Val Padana, El: 771
Pájaro azul, El: 212, 328, 352, 844, 847, 848
Pájaro de la felicidad, El: 577, **649,** 751, 754
Pájaro de las plumas de cristal, El: 45
Pájaros de ciudad: 781
Pájaros de fuego: 124
Pájaros, Los: 407, **649**
Pajarracos y pajaritos: 658, 659
Pal Joey: 264, 396, 456, 625, 794
Palabra, La: 272, 273, **650,** 800
Palabra de ley: 238
Palabras y música: 242
Palacio de las maravillas, El: 113
Pale Rider: 280
Paleface, The: 453, 745
Palio: 92
Palm Beach Story, The: 178, 540, 560, 827
Palm Springs Affair: 617
Paloma, La: 725, 765
Paloma herida: 315
Palombella rossa: 591
Palomo cojo, El: 701
Palomos, Los: 312, 721
Pals First: 725
Pals of the Saddle: 915
Paltoquet, Le: 44, 249, 591, 672
Pamiatza z celulozy: 451
Pampa salvaje: 844, 845
Pan, amor y...: 234, 506, 651, 728
Pan, amor y Andalucía: 234, 651, 782
Pan, amor y celos: 182, 232, 233, 503, 651
Pan, amor y fantasía: 127, 182, 232, 233, 503, **651**
Pan nuestro de cada día, El: 603, **651,** 902
Panadera y el emperador, La: 766
Pancho Villa vuelve: 48
Pandilla de lunáticos, Una: 455
Pandora and the Flying Dutchman: 352, 492, 548, 652
Pandora y el holandés errante: 351, 352, 491, 492, 548, **652**
Pane, amore e...: 234, 506, 651, 728
Pane, amore e Andalusia: 234
Pane, amore e fantasia: 127, 182, 233, 503, 651
Pane, amore e gelosia: 182, 233, 503, 651
Panel story: 166
Panic Button: 655
Panic in Needle Park, The: 646

Panic in the City: 417
Panic in the Streets: 452, 923
Panic in the Year Zero: 573, 574
Pánico en Bangkok: 36
Pánico en el estadio: 151, 403, 743
Pánico en la calle 110: 697
Pánico en la ciudad: 79, 80
Pánico en la escena: 257, 258, 407
Pánico en las calles: 452, 923
Pánico en Needle Park: 646
Pánico infinito: 573, 574
Panique: 278
Panni sporchi: 88
Panny z Wilka: 103, 910
Panorama desde el puente: 513, 514
Pantaleón y las visitadoras: 751
Pantanos de Zanzíbar, Los: 112, 113
Pantera Rosa, La: 137, 138, 139, 282, 617, 618, **652**
Pantera Rosa ataca de nuevo, La: 282, 652
Panteras se comen a los ricos, Las: 313
Panthea: 825
Panton President, The: 177
Pão, O: 634
Paolo e Francesca: 553
Papá está en viaje de negocios: 466
Papá fue un buen defensa: 815, 816
Papá piernas largas: 51, 52, 143, 359, 609, 610
Papá se casa: 833
Papá se ha enamorado: 550
Papá se muere, ¿quién tiene la herencia?: 144
Papá solterón: 573
Papá... ¡ya no soy virgen!: 87
Papaíto lindo: 227
Papeles con frase: 283
Paper, The: 455, 731
Paper Lion: 763
Paper Moon: 638, 98
Paper Tiger: 618
Papillon: 408, 561
Papillon sur l'épaule, Un: 244
Papillón: 408, 561
Papisa Juana, La: 228, 877
Pappagalli, I: 812
Pap'occhio, Il: 740
Paquebot «Tenacity», Le: 278
Par de gitanos, Un: 388, 481
Par de seductores, Un: 126, 543
Par de zapatos del 32, Un: 574
Par où t'es rentré? on t'a pas vu sortir: 493
Par un beau matin d'été: 80, 161, 244
Para alcanzar la Luna: 304, 368
Para Electra: 440, 441
Para ella un solo hombre: 215, 216, 612
Para recibir el canto de los pájaros: 757
Para siempre: 273, 398, 423, 814

Para vestir santos: 861
Paracelsus: 645, 646
Parachute Jumper: 223, 693
Parada de los monstruos, La: 112, 113, **652**
Parade: 368, 841
Paradies: 265
Paradigme: 356, 358, 938
Paradine Case, The: 407, 480, 661
Paradis perdu, Le: 349
Paradis retour: 59
Paradise: 377
Paradise Alley: 816
Paradise Canyon: 915
Paradise for Two: 468
Paradiso per quattro ore: 728
Parador del camino, El: 516, 609, 610, 923
Paraguas de Cherburgo, Los: 241, 242, 383, **653**, 779
Paraguas para tres, Un: 98
Paraíso: 13, 265
Paraíso a golpes de revólver, Un: 331, 401
Paraíso de un iluso, El: 229
Paraíso del mal, El: 179, 180
Paraíso para dos: 468
Paraíso peligroso: 920
Paraíso perdido, El: 349
Paraísos perdidos, Los: 475, 476, 627, **653**, 660, 699, 701
Parallax View, The: 74, 650
Paramount on Parade: 50, 190, 368, 510, 538
Parapluis de Cherbourg, Les: 241, 242, 383, 653, 779
Parash pathar: 705
Parashuram: 777
Parasite: 589
Parasite Murders, The: 206
Parasol, El: 728
Pardon My French: 630
Pardon My Past: 522
Pardon Us: 388, 480
Parece que fue ayer: 815, 816, 829, 830
Pareja chiflada, La: 554, 555
Pareja de tres: 557
Pareja invisible, La: 374
Pareja perfecta... por computadora, Una: 21, 22
Parent Trap, The: 633
Parenthood: 543, 710, 731
Parenti serpenti: 584
Parents terribles, Les: 176
Paresse, La: 365
Parfum de la dame en noir, Le: 495, 671
Paria, La: 428
Parientes cercanos: 283
Parientes, Los: 571
Parigi è sempre Parigi: 102, 550, 586
Paris: 201

índice de películas

Paris-Béguin: 345
Paris Blues: 612, 676, 730, 931
Paris Bound: 538
Paris brûle-t-il?: 80, 105, 143, 173, 191, 237, 269, 331, 586, 623, 666, 671, 790, 870, 918
Paris by Night: 702
Paris chante toujours: 540, 586
Paris in Spring: 572
Paris Méditerranée: 37
Paris Model: 366
Paris-New York: 825
Paris nous appartient: 730
Paris Palace Hôtel: 105
Paris qui dort: 171
Paris, Texas: 462, 654, 921
Paris Trout: 401, 417, 418
Paris vu par..: 159, 365, 737
Paris When It Sizzles: 214, 258, 316, 398, 409, 695, 795
París, bajos fondos: 75, **654,** 789
París a medianoche: 445
París bien vale una moza: 475, 751
París dormido: 171
París Mediterráneo: 37
París Palace Hotel: 104
París, siempre París: 102, 549, 550, 586
París, Texas: 461, **654,** 783, 921
París visto por..: 159, 365, 737
Parisienne, Une: 68, 105
Parisiennes, Les: 242
Parisina, Una: 68, 105
Park Row: 342
Parking: 241, 653, 779
Parlami d'amore Mariù: 232
Parlor, Bedroom and Bath: 454
Parnell: 348, 509, 816
Parole de flic: 238
Parole Fixer: 696
Parole!: 696
Paroles et musique: 242
Parque de Madrid: 721
Parque jurásico: 54, 55, **656,** 814
Parranda: 313, 750, 751, 828
Parrish: 177, 178, 222
Part du feu, La: 140, 671
Part Time Wife: 559
Parte del león, La: 46
Partida, La: 801
Partida de ajedrez, La: 242
Partida de campo, Una: 717
Partie de campagne, Une: 717
Partie de plaisir, Una: 160
Partie d'échecs, La: 242
Partir: 232, 233
Partir, revenir: 488, 672, 871

Partire: 233
Partita, La: 276, 582
Partner: 88, 755
Partners: 493, 542, 638
Partners Again: 460
Partners in Crime: 696
Partners Three: 613
Party, The: 282
Party Girl: 163, 164, 704, 845
Pas de week-end pour notre amour: 540
Pas en avant, Un: 760
Pas perdus, Les: 592, 870
Pas si méchant que ça: 243
Pas suspendu de la cicogne, Le: 36, 551, 590, 591
Pasa el circo: 137
Pasado mañana: 101, 102
Pasaje, El: 549, 697
Pasaje a la India: 380, 482
Pasaje a Marsella: 97, 216, 592, 787
Pasaje subterráneo: 459
Pasajera, La: 601, **656**
Pasajero de la lluvia, El: 172, 173
Pasaporte a la fama: 332, 333, 733
Pasaporte a la locura: 615
Pasarse de vivo: 233
Pasazerka: 601, 656
Pascual Duarte: 336, 337, **656**
Pascualino Cammarata, capitán de fragata: 751
Paseando a Miss Daisy: 83
Paseo bajo el sol, Un: 32, 572, 573, 742
Paseo por el amor y la muerte: 424, 426
Paseo por las nubes, Un: 208, 697, 710, 754
Pasión: 84, 85, 365, 423, 672, 770, 834, 877
Pasión bajo la niebla: 274, 402, 403, 443, 902, 903
Pasión ciega: 96, 516, 784, 911
Pasión de Béatrice, La: 238, 841, 842
Pasión de Camille Claudel, La: 7, 243
Pasión de China Blue, La: 667, 746, 875
Pasión de hombre: 696, 697
Pasión de Juana de Arco, La: 272, 553, **656**
Pasión de los fuertes: 220, 326, 327, 332, 333, 555, 556, **657**
Pasión de su vida, La: 733
Pasión de vivir, La: 657, 439, 746
Pasión desnuda, La: 359
Pasión devoradora: 709
Pasión en la selva: 661
Pasión eterna: 427
Pasión inmortal: 112, 399
Pasión prohibida: 587, 825
Pasión que redime: 472
Pasión salvaje: 395
Pasión según Berenice, La: 400
Pasión sin barreras: 759
Pasión turca, La: 42, 43, 76, **658**

Pasión y boda de Pamplinas: 453
Pasiones en juego: 883
Pasiones en Kenya: 162, 375
Pasiones privadas de una mujer: 375, 852
Pasiones prohibidas: 319, 625
Paso adelante, Un: 576
Paso al noroeste: 863, 864, 902
Paso de la muerte, El: 469, 676
Paso decisivo: 64, 521
Paso del ocaso, El: 392
Pasó en mi barrio: 803
Pasodoble: 351, 722
Pasos del destino: 331, 745
Pasos en la niebla: 373, 792
Pasota con corbata, Un: 827
Pasqualino Settebellezze: 722
Pasqualino, siete bellezas: 722
Passado e o presente, O: 634, 635
Passage, Le: 238
Passage, The: 549, 608, 697
Passage interdit: 345
Passage to India, A: 380, 482
Passage to Marseille: 97, 216, 592, 787
Passager de la pluie, Le: 173
Passagers, Les: 870
Passante du Sans-Souci, La: 672, 767
Passaporto per l'Oriente: 550
Passatore, Il: 812
Passe ton bac d'abord: 670
Passion: 365, 423, 672, 770
Passion Béatrice, La: 238, 842
Passion de Jeanne d'Arc, La: 272, 553, 656
Passion Fish: 660, 762
Passion Flower: 573
Passion Flower Hotel: 462
Passion's Playground: 887
Passionate Friends, The: 482
Passionate Plumber, The: 454
Passione d'amore: 771, 870
Passioneles Tagebuch: 441
Passo dell'assassino, Il: 372
Passport to Shame: 125
Passport to Suez: 235
Password Is Courage, The: 95
Past Perfect: 46
Pasta gansa: 323
Pastel de sangre: 163, 654
Pasteur: 865
Pasto de tiburones: 393, 394, 626, 733
Pastor, El: 799
Pastoral: 434, 435
Pat and Mike: 212, 399, 864
Pat Garrett and Billy the Kid: 175, 662, 731
Pat Garrett y Billy the Kid: 175, 662, 731
Pata de palo: 249, 268, 269

Patates, Les: 57
Patch of Blue, A: 676
Pather Panchali: 659, 704, 705, 753
Paths of Glory: 269, 465, 777
Patient in Room 18, The: 784
Pato a la naranja: 859, 906
Patos salvajes: 118, 373, 390
Patos salvajes II: 637
Patria: 887
Patria, La: 581
Patricia: 443
Patrimonio nacional: 86, 293, 781
Patriot, The: 442, 510
Patriot Games: 332, 390
Patriota, El: 442, 510
Patrón Zoard: 215
Patrulla, La: 474
Patrulla de los inmorales, La: 14
Patrulla de rescate: 114, 923
Patrulla del coronel Jackson, La: 696, 914, 915
Patrulla perdida, La: 332, 333, **660**
Patsy, The: 492, 493, 902
Patton: 191, 772
Patty Hearst: 767
Paula: 330, 554, 936
Paula aus Portugal: 265
Paula en Portugal: 265
Pauline à la plage: 660, 737
Pauline en la playa: 660, 737
Pauline s'en va: 845, 846
Paura, La: 569, 741, 85
Paura e amore: 29, 44
Paura fa novanta, La: 858
Paura in città: 549
Pauvre Jorge: 583
Pavana para un hombre acosado: 462
Pawnbroker, The: 514
Pay As You Enter: 508
Pay Day: 160
Pay Dirt: 460
Pay-Off: 144
Payasos: 318
Payment Deferred: 479, 573
Payment on Demand: 224
Pays d'où je viens, Le: 142
Pays sans étoiles, Le: 669
Paz en la guerra: 333, 830, 902
Pazza di gioia: 233
Peau de banane: 80, 590
Peau de soleil dans l'eau froide, Un: 244
Peau douce, La: 265, 873
Peau d'âne: 241, 242
Pecado de amor: 588
Pecado de Cluny Brown, El: 105, 443, 510
Pecado de Harold Diddlebock, El: 499, 500, 826, 827

índice de películas

Pecado de Julia, El: 803
Pecado de una madre, El: 726
Pecador a medias: 560
Pecador impecable, El: 476
Pecadora, La: 347
Pecadora una vez: 560
Pecadores sin careta: 374, 504
Pecados de la señora Blossom, Los: 55, 521
Pecados de los hombres, Los: 26
Pecados de los padres, Los: 441
Pecados de otoño: 591
Pecados de Teodora, Los: 270
Pecados de una chica casi decente, Los: 475
Peccato che sia una canaglia: 93, 233, 506, 550
Peccato nel pomeriggio: 668
Peccatrice, La: 232, 233, 700
Peccatrice bianca, La: 16
Peces de pasión: 660, 762
Peck's Bad Boy: 930
Pecora nera, La: 357
Pédale douce: 44
Pedreira de São Diogo: 405
Pedro el Grande: 441
Pee-Wee's Big Adventure: 118
Peeper: 126, 929
Peeping Tom: 681
Peer Gynt: 403, 911
Peg O'My Heart: 902
Peggi, the Will-O'the-Wisp: 113
Peggy: 421
Peggy Sue Got Married: 124, 192, 875
Peggy Sue se casó: 123, 124, 192, 875
Pekín: 199, 255, 256
Peking Express: 199, 256
Pelea cubana contra los demonios, Una: 381
Pelham 1, 2, 3: 555
Pelican Brief, The: 650, 732, 783, 914
Película de amor, Una: 835
Película de los teleñecos, La: 175, 543
Peligro inminente: 219, 332
Peligro... línea 7000: 121, 393, 394, 807
Peligros de la gloria, Los: 124
Peligros del compromiso periódico: 257
Peligros del flirt, Los: 509, 510
Peligrosamente juntos: 387, 708, 927
Pelirroja, La: 104, 125, 228, 389, 396, 490, 491, 911
Pelirroja indómita, La: 32, 355, 356, 490
Pelirrojo: 277
Pelle, el conquistador: 56, 662, 834
Pelle, La: 140, 155, 474, 551
Pelle erobreren: 56, 662, 834
Pellegrini d'amore: 506
Pelliccia di visone, Una: 906
Pena de muerte: 722, 758, 759
Pendiente de un hilo: 235

Pendolin: 233
Péndulo: 774
Péndulo de la muerte, El: 194
Pendulum: 774
Penelope: 929
Penn and Teller Get Killed: 663
Penn of Pennsylvania: 458
Penne nere: 550
Pennies From Heaven: 260, 543
Penny Paradise: 709
Penny Princess: 95
Penny Serenade: 374, 820
Penrod and Sam: 560
Pensamientos mortales: 456, 589, 744, 927
Pension Mimosas: 318
Pensión a la italiana: 80, 152, 503
Pensión histórica: 471
Pensión Mimosas: 318
Péntek Rézi: 886
Penthouse: 509
Pentito, Il: 834
Peñón de las ánimas, El: 310
People Against O'Hara, The: 864
People Will Talk: 374, 533
People's Enemy, The: 270
Peores años de nuestra vida, Los: 253, 254, 362, **663,** 758
Pepe: 214, 356, 488, 625, 733, 794, 795
Pépé-le-Moko: 44, 277, 345, 346, 149, 205, 278, **664**
Pepi, Luci, Bom y otras chicas del montón: 20, 556
Pepinillo, El: 557, 558, 590, 740
Pepita Jiménez: 314
Peppermint frappé: 161, 162, **664,** 760, 761
Pequeña, La: 144, 527, 528, 758
Pequeña B. B., La: 68
Pequeña coronela, La: 847, 848
Pequeña de terciopelo azul, La: 672
Pequeña heroína, La: 229
Pequeña ladrona, La: 575, **665**
Pequeña tienda de los horrores, La: 194, 543, 615
Pequeña vigía, La: 847, 848
Pequeñeces: 588
Pequeño Buda: 88, 325, 326, 710
Pequeño gigante, El: 732, 733
Pequeño gran hombre: 275, 408, 663
Pequeño Lord, El: 205
Pequeño lord Fauntleroy, El: 380
Pequeño Napoleón, El: 257
Pequeño planeta: 163
Pequeño príncipe, El: 264, 925
Pequeño rey, El: 278
Pequeño romance, Un: 636
Pequeño salvaje, El: 873
Pequeño Tate, El: 335
Pequeños asesinos: 832

Pequeños equívocos: 857
Pequeñuelo, El: 592
Per le antiche scale: 99, 103, 551
Per mille dollari al giorno: 36
Per qualche dollari in più: 280, 391, 489
Per un pugno di dollari: 280, 391, 489, 566
Per vivere meglio, divertitevi con noi: 906
Perceval le Gallois: 737
Perche?: 99
Perdición: 339, 522, **665,** 732, 733, 817, 818, 924, 925
Perdida en la gran ciudad: 83
Perdida y encontrada: 911
Perdido en la ciudad: 121
Perdidos en la gran ciudad: 214, 599
Perdiendo los estribos: 935
Perdóneme, señorita: 113
Père de Mademoiselle, Le: 495
Père tranquille, Le: 172
Peregrino, El: 160
Peregrinos: 332, 333
Perez Family, The: 425
Perfect!: 213, 866
Perfect Couple, A: 22
Perfect Crime, A: 504
Perfect Furlough, The: 214, 282, 484, 618
Perfect Marriage, The: 936
Perfect Snob, The: 696
Perfect Specimen, The: 216, 325
Perfect Stranger: 458, 464, 736
Perfect Understanding: 636, 833
Perfect World, A: 198, 280
Perfidia: 190, 373, 442, 548, 572
Performance: 735
Perfume de la dama enlutada, El: 494, 495
Perfume de mujer: 356, 357, 728
Péril en la demeure: 249, 671, 672
Period of Adjustment: 328
Périscope, Le: 349
Perla, La: 48, 314
Perličky na dně: 166, 565
Perlitas en el fondo, Las: 166, 565
Permanent Record: 710
Permette signora che ami vostra figlia?: 859
Permette? Rocco Papaleo: 551, 770
Permiso para amar hasta medianoche: 121
Permission to Kill: 96, 352
¿Permite, señora, que ame a su hija?: 859
Pero no es una cosa seria: 130, 232, 233
Pero ¿en qué país vivimos?: 475
Pero ¿quién mata a los grandes chefs?: 91, 623
Pero... ¿quién mató a Harry?: 407, 521
Perón, la revolución justicialista: 805
Perro, El: 654
Perro andaluz, Un: 116, 281
Perro blanco: 342

Perro de Baskerville, El: 589
Perro del hortelano, El: 577, 827
Perro rabioso, El: 465, 466
Perros de paja: 408, 662
Persecución: 578, 579, 911
Persecución al alba: 427
Persecución en el norte: 325, 911
Persecución implacable: 95
Persecución mortal: 927
Persecución y asesinato de Jean-Paul Marat representados por los internos del asilo de Charenton bajo la dirección del marqués de Sade, La: 439
Persecution: 876
Persecution and Assassination of Jean-Paul Marat as Performed by the Inmaties of the Asylum of Charenton Under the Direction of the Marquis de Sade, The: 439
Perseguida: 220, 221, 352, 554, 579, 667, 769
Perseguido: 22, 23, 204, 255, 519, 572, **667,** 733, 769
Persiane chiuse: 182
Persona: 84, 85, **667,** 877
Personal, El: 459
Personal Affair: 854
Personal Property: 389, 844
Personel: 459
Perversa, La: 637
Perversidad: 367, 477, 732, 733
Pervyij učitel: 463
Pervyvj ešelon: 450
Pesadilla: 796
Pesadilla diabólica: 224
Pesadilla en Elm Street: 244
Pesadilla final, la muerte de Freddy: 244
Pesadilla sin retorno: 650
Pesadillas: 304, 323
Pescador de perlas, El: 431
Pescador pescado: 493
Pesno sčaste: 265
Pestañas postizas: 65
Peste, La: 424, 689
Petal on the Current, A: 113
Pétalo en la corriente: 113
Pete Kelly's Blues: 484, 544
Pete'n Tillie: 555, 730
Peter der Grosse: 441
Peter Ibbetson: 190, 516, 829
Peter's Friends: 106, 852
Petición, La: 76, 556, 577
Petit bougnat, Le: 7
Petit criminel, Le: 262
Petit Marcel, Le: 423
Petit monde de don Camillo, Le: 278
Petit roi, Le: 278
Petit soldat, Le: 365

índice de películas

Petit théâtre de Jean Renoir, Le: 717, 718
Petite apocalypse, Le: 197
Petite bande, La: 249
Petite chocolatière, La: 792
Petite fille au bout du chemin, Une: 335
Petite fille en velours bleu, La: 139, 140, 672
Petite marchande d'allumettes, La: 718
Petite voleuse, La: 575, 665
Petites du quai aux fleurs, Les: 669
Petits chats, Les: 242
Petla: 391
Petrified Forest, The: 96, 223, 420
Petroleras, Las: 68, 140
Pétroleuses, Les: 68, 140
Petronella: 257
Petrus: 792
Petter Ibbetson: 392
Petticoat Fever: 509
Petticoat Politics: 469
Petulia: 166, 199, 735, 772
Peu de soleil dans l'eau froide, Un: 243
Peur sur la ville: 80
Peyton Place: 876
Pez llamado Wanda, Un: 213
Pfarrer von Kirchfeld, Der: 256
Phaedra: 222, 567, 666
Phantasma II: 549
Phantom: 603
Phantom Lady: 220, 796
Phantom Light, The: 681
Phantom of the Paradise: 231
Phantom Raiders: 862
Phantom Riders, The: 333
Phanton of Paradise: 306
Phanton of the Opera: 306
Phenomena: 45
Phenomenon: 866
Phffft!: 410, 488, 625
Philadelphia: 65, 66, 239, 387, 731, 914, 931
Philadelphia Story, The: 212, 374, 399, 405, 532, 821
Phobia: 426
Phone Call From a Stranger: 224, 610
Piacevoli notti, Le: 357, 503, 858
Pianeta Venere: 700
Piano, El: 423, 455, 456
Piano, The: 423, 456
Pianos mecánicos, Los: 67, 68, 549, 566, 567
Pibe cabezas, El: 862
Pica sul Pacifico, La: 858
Picadilly: 479
Picapiedra, Los: 844
Pícara edad, La: 282
Pícara molinera, La: 700, 782
Pícara puritana, La: 374, 559
Pícara soltera, La: 62, 214, 316, 327, 695, 929

Pistolero de Cheyenne, El: 697
Pícaras doncellas, Las: 139
Picari, I: 584
Picarones, Los: 555
Pícaros, Los: 584
Picasso Summer, The: 114
Piccadilly: 573
Piccadilly Third Stop: 940
Piccola posta: 812
Piccoli equivoci: 857
Piccolo Archimede, Il: 26
Piccolo diavolo, Il: 555
Piccolo mondo antico: 806
Pick a Star: 388, 481
Pick-Up Artist, The: 417, 456
Pick Up on South Street: 923
Pickle, The: 558, 590, 740
Pickpocket: 108, 596, **672**
Pickup on South Street: 342, 535, 668
Picnic: 408, 409, 625
Picnic at Hanging Rock: 672, 917
Picnic en Hanging Rock: 672, 916, 917
Pico de las viudas, El: 307
Picpocket: 107, 185
Picture Mommy Dead: 26
Picture of Dorian Gray, The: 492, 720
Picture Snatcher: 124
Pidä huivista kiini, Tatjana: 451
Pie en el infierno, Un: 469
Piece of the Action, A: 676
Pied Piper, The: 72
Pied Piper of Hamelin, The: 241
Piedra del diablo, La: 229
Piedra filosofal, La: 705
Piedra libre: 861, 862
Pieds dans la plâtre, Les: 540
Pièges: 796, 797, 825
Piel, La: 139, 140, 154, 155, 473, 474, 551
Piel canela: 588
Piel de asno: 241, 242
Piel de lija, La: 215
Piel de serpiente: 106, 513, 514, 525, 931
Piel de verano: 861, 862
Piel dura, La: 873
Piel roja, El: 421
Piel suave, La: 265, 873
Pierna creciente, falda menguante: 313, 751
Piernas cruzadas: 476
Piernas de perfil: 454
Piernas triunfadoras: 490
Pierre dans la bouche, Une: 456
Pierrot el loco: 79, 80, 365
Pierrot le fou: 80, 365
Pierwska milosc: 459
Pies de arcilla: 229

Pieza, La: 641
Pieza incompleta para piano mecánico: 570, 571
Pigalle, Saint-Germain-des-Prés: 590
Pigeon That Took Rome, The: 403
Pigmalión: 50, 51
Pigskin Parade: 353, 469
Pijama para dos: 225, 421, 534
Pijon: 265
Píldoras de Hércules, Las: 234
Pile ou face: 623
Pilgrim, The: 160
Pilgrimage: 333
Pilot, The: 33
Pilot Number Five: 352, 457
Pilota ritorna, Un: 740, 741
Piloto, El: 33
Piloto de pruebas: 323, 324, 347, 348, 509, 864
Pillars of Society: 911
Pillars of the Sky: 544
Pillole di Ercole, Le: 234
Pillow Book, The: 375
Pillow Talk: 225, 421
Pillow to Post: 516
Pim, pam, pum... ¡fuego!: 313, 634, **672,** 860
Pimpernel Smith: 420
Pimpinela escarlata, La: 420, 464, 629
Pink Cadillac: 280
Pink Jungle, The: 534
Pink Panther, The: 138, 139, 282, 618, 652
Pink Panther Strikes Again, The: 282, 652
Pinky: 452
Pintadas: 827
Pintor e a cidade, O: 634
Pioggia d'estate: 583, 584
Piranha: 131
Piranha II: 131
Piraña: 131
Piraña II, los vampiros del mar: 131
Pirata, El: 353, 354, 456, 457, 576
Pirata Barbanegra, El: 220, 221, 911
Pirata, La: 262, **673**
Pirata negro, El: 304
Pirata y la dama, El: 329, 486, 487
Piratas: 554, 555, 677
Piratas de Monterrey: 587
Piratas del asfalto: 445
Piratas del mar Caribe: 229, 366, 395, 573, 574, 914, 915
Pirate, La: 262, 673
Pirate, The: 354, 457, 576
Pirate Party on Catalina Isle: 325
Pirates: 555, 677
Pirates du rail, Les: 825
Pirates of Monterey: 587
Piropeador, El: 201

Pisa a fondo: 455
Piscina, La: 237, 244, 766
Piscine, La: 237, 244, 766
Pisito, El: 165, 175, 317, **673,** 773
Pisito de solteras: 475
Pismak: 391
Pistas secretas: 522, 784
Pistola al amanecer, Una: 862
Pistola para un cobarde, Una: 522
Pistolas del norte de Texas, Las: 199
Pistolas en la frontera: 354, 355, 845
Pistolero: 253, 579
Pistolero, El: 460, 461, 661, **674**
Pistolero de Cheyenne, El: 212, 505, 506
Pistolero de Kansas, El: 373
Pistoleros de agua dulce: 545, 546
Pistoleros en el infierno: 82, 108
Pistonné, Le: 87
Pit and the Pendulum, The: 194
Pitcairn Island Today: 706
Pitfall: 235, 680
Pitonisa, La: 366, 574
Pittsburgh: 257, 915
Più bella serata della mia vita, La: 770, 813
Pixote, a lei do mais fraco: 61
Pixote, la ley del más débil: 61
Pizzas a crédito: 640
Pizze a credito: 640
Pjat večerov: 571
Place de la République: 528
Place de l'Étoile: 737
Place in the Sun, A: 174, 512, 820, 843
Place of One's Own, A: 548
Placer, El: 639, **674**
Placer de las damas, El: 618
Placer de los extraños, El: 767
Placer de matar, El: 4, 66
Placer de vivir, El: 354, 355
Placeres conyugales: 760
Placeres de la carne, Los: 641
Placeres de la noche, Los: 503
Places in the Heart: 82, 288, 319, 527
Plácido: 86, **674**
Plague, The: 424, 689
Plainsman, The: 190, 229, 696, 881
Plaisir, Le: 345, 346, 639, 674, 792
Plan diabólico: 337, 421
Plan siniestro: 55
Planes, Trains and Automobiles: 543
Planet of the Apes, The: 403
Planeta de los buitres, El: 390
Planeta de los simios, El: 402, 403
Planter's Wife, The: 178
Plastic Age, The: 347
Platinum Blonde: 137, 389, 936

índice de películas

Plato a la americana, Un: 359
Platoon: 219, 244
Play Dirty: 125, 235
Play Girl: 936
Play It Again, Sam: 17, 18, 454
Play It As It Lays: 667
Play Misty for Me: 280
Playa, La: 91
Playa de los perros, La: 781
Playa del amor, La: 46
Playa prohibida: 721
Playa vacía, La: 359
Playboys: 320
Playboys, The: 320
Player, The: 175, 425, 489, 561, 624, 732, 759, 927
Players: 883
Playing Around: 490
Playmate: 722
Playmates: 70
Plaything, The: 573
Playtime: 569, 841
Plaza de Berkeley, La: 420
Plaza Suite: 555
Please Believe Me: 458
Please Don't Eat the Daisies: 225, 618
Pleasure Garden, The: 407
Pleasure of His Company, The: 52
Pleasure Seekers, The: 610, 854
Plein soleil: 1, 173, 237, 766
Plein Sud: 591
Pleins feux sur l'assassin: 870
Pleito de honor: 51
Plenty: 822
Pleure pas, my love: 44
Plötzliche Reichtum der armen Leute von Kombach, Der: 765
Plough and the Stars, The: 333, 817
Pluma al viento: 782
Plumas de caballo: 545, 546
Plumber, The: 917
Plunder of the Sun: 331
Plus belles escroqueries du monde, Le: 159, 242, 365, 677, 774
Plus vieux métier du monde, Les: 57, 365, 591
Plusz minusz egy nap: 303
Plymouth Adventure: 112, 854, 864
Pobeda na pravoberež noj Ukraine: 272
Pobre amor: 364, 376
Pobre diablo: 48
Pobre Eva, La: 441
Pobre niña rica, La: 847, 848
Pobre tenorio: 453, 454
Pobre y millonaria: 728
Pociag: 451
Pocilga, La: 659, 857, 858

Pocket Money: 544, 612
Pocketful of Miracles: 137, 224, 331
Poco de sol en el agua fría, Un: 243, 244
Pod gwiazda frygijska: 451
Poder de la Mafia, El: 479, 812
Poder de la mujer, El: 112
Poder de una lágrima, El: 137
Poder de una mirada, El: 508
Poder del deseo, El: 67, 68, 175, 541
Poder del fuego, El: 506, 556
Poder del mal, El: 352, 353
Poder y corrupción: 140, 671
Poder y gloria: 864
Poderosa Afrodita: 18, 19
Poderoso, El: 205
Poderoso influjo de la Luna, El: 475
Poema del mar: 272
Poèma o moré: 272
Poeta entre reclusos, Un: 250
Poil de carotte: 277, 623
Point Blank: 100, 253, 544
Point Break: 710
Point du jour, Le: 671
Point of No Return: 64, 326, 456
Pointe courte, La: 622, 623, 888, 889
Poison Ivy: 69
Pöjken och draken: 922
Pokolenie: 158, 676, 910
Poli de guardería: 769
Policarpo, oficial diplomado: 806, 807, 812
Policarpo, ufficiale di scrittura: 807, 812
Police: 243, 670
Police Academy 4: Citizens on Patrol: 822
Police Python 357: 195, 677, 755, 790
Poliche: 349
Policía detiene, la ley juzga, La: 722
Policía internacional: 556
Policía Montada del Canadá: 191, 229, 366, 881
Policía por amor: 856
Policía por error: 456
Policía Python 357: 195, 586, **677,** 755, 789, 790
Policías sin esposa: 333
Politfuck: 526
Político, El: 678, 742
Polizia chiede aiuto, La: 372
Polizia interviene: ordine di uccidere, La: 549
Poliziotto, solitudine e rabbia: 700
Polizón de Ulises, El: 45
Pollo al vinagre: 159, 160
Polly la del circo: 348, 573
Polly of the Circus: 348, 573
Polowanie na muchy: 910
Poltergeist: 814
Polvere di stelle: 811, 813, 906
Polvorilla: 324, 389

Polvos mágicos: 475, 781
Polyce Python 357: 586
Poni rojo, El: 633
Pont de Puerto Pin, Le: 745
Pont du nord, Le: 730
Ponte della Ghisolfa, Il: 734
Ponte di vetro, Il: 16
Pony Express: 403
Pony Soldier: 682
Poor Cow: 500, 501
Poor Dad, Mamma's Hung You in the Closed and I'm Feelin'So Sad: 695
Poor Little Rich Girl: 848, 913
Poor Relations: 902
Pope Joan: 228, 877
Pope of Greenwich Village, The: 387, 743
Popeye: 21, 22, 926
Popiol i diament: 157, 910
Popioly: 910
Poppy: 753
Poppy Is Also a Flower, The: 114, 253, 396, 550
Popsy-Pop: 140
Popurri: 359
Póquer de la muerte, El: 392, 393, 542, 579
Póquer de sangre: 10
Poquianchis, Los: 157
Por aquí, por allí: 427
Por culpa de una mujer: 249
Por el gran premio: 588
Por el hijo: 102
Por el mal camino: 124
Por el valle de las sombras: 190, 191, 229, 679
Por encima de la ley: 822
Por encima de todo: 668, 669
Por favor, no molesten: 225
¡Por favor, maten a mi mujer!: 249
Por fin solos: 476
Por fin ya es viernes: 927
Por la piel de un policía: 237, 238
Por la puerta falsa: 48, 227
Por la razón y la fuerza: 201
Por la ruta de los cielos: 394
Por la senda más dura: 33
Por las antiguas escaleras: 99, 103, 551
Por los fueros del honor: 70
Por mil dólares al día: 36
Por nosotros dos: 242, 488
Por otro querer: 817
Por primera vez: 554
¿Por qué cambiar de esposa?: 228, 229, 779, 833
¿Por qué corre el Sr. R. poseído de locura homicida?: 308, 769
¿Por qué lo llaman amor cuando quieren decir sexo?: 758
¿Por qué no?: 428, 429

¿Por qué pecamos a los cuarenta?: 313, 750
¿Por qué tan deprisa?: 929, 930
¿Por qué te engaña tu marido?: 475
¿Por qué ya no me quieres?: 588
Por querer a una mujer: 48
Por quién doblan las campanas: 85, 190, 191, 930
Por su amor: 800
Por su honra: 930
Por un puñado de dólares: 279, 280, 391, 489, 566
Por un viaje a París: 270
Por unos ojos negros: 725
Porcile: 658, 659, 858
Porgy and Bess: 529, 676, 684
Porgy y Bess: 675, 676, 684
Pork Chop Hill: 573, 661
Pornodiva: 728
Pornógrafo, El: 428, 429
Port Afrique: 36, 554
Port du désir, Le: 346
Port of New York: 114
Porta del cielo, La: 232
Portaborse, Il: 511, 591
Porte aperte: 27, 690
Porte des Lilas: 171
Porte du large, La: 495
Portentosa vida del padre Vicente, La: 582
Portero de noche: 95, 96, 154, 155, 701, 702
Portes claquent, Les: 242, 265
Portes de la nuit, Les: 142, 585, 586
Porteuse de pain, La: 623
Portiere di notte, Il: 96, 155, 702
Portrait de son père, Le: 68
Portrait d'un assassin: 587, 825
Portrait From Life, A: 940
Portrait in Black: 697, 876
Portrait of Jennie: 146, 199, 256, 364, 443
Porvenir es nuestro, El: 395, 469, 936
Posada Jamaica: 407, 479, 632
Poseidon Adventure, The: 385
Poseídos, Los: 424, 910
Posesión: 7, 521, 942
Posibilidades de escape: 219, 758, 759, 767
Posse: 269
Possédés, Les: 424, 910
Possession: 7, 29, 112, 201, 202, 942
Possessed: 348
Possession of Joe Delaney, The: 521
Postales desde el filo: 82, 273, 385, 521, 614, 615, 692, 822, 823
Postcard From the Edge: 82, 273, 385, 521, 615, 692, 823
Postino, Il: 147, 624, 637
Postman Always Rings Twice, The: 146, 339, 353, 355, 424, 477, 528, 615, 701, 875
Posto, Il: 637

índice de películas

Postrizny: 566
Posy Pop contra Papillon: 140
Pot-bouille: 9, 278, 669
Pot O'Gold: 366, 821
Potentado, El: 929
Potiphar's Wife: 636
Pototo, Boliche y compañía: 313
Poudre d'escampette, La: 671
Poulet, Le: 87
Poulet au vinaigre: 160
Pour être aimée: 862
Pour la peau d'un flic: 237, 238
Pourquoi viens-tu si tard?: 592
Poussière d'empire: 755
Poveri ma belli: 728
Poveri milionari: 728
Povest plamennih let: 272
Power: 361, 385, 504, 514, 914
Power and the Glory, The: 636, 864
Power and the Prize, The: 845
Power of the Press, The: 137
Power Play: 642
Powers That Prey: 460
Pozegnania: 391
Pozo de las tres verdades, El: 592
Pozo del infierno, El: 322, 323, 746
Practically Yours: 178, 487, 522
Pradera sin ley, La: 268, 269, **682**, 902, 903
Prado, El: 389, 390, 740, 784, 785, 842
Prado de Bezhin, El: 284
Praesidenten: 272
Prästänken: 272
Prästen: 799
Prasten i Uddarbo: 834
Pratinidhi: 776
Pratiwandi: 705
Prato, Il: 740, 842
Pravda: 365
Prawdziwy koniec wielkiej wojny: 451
Prayer for the Dying, A: 72, 608
Preassure Point: 676
Precio de la gloria, El: 124, 125, 333, **683**, 725, 910, 911
Precio de la muerte, El: 709, 710, 716, 721
Precio de la pasión, El: 455, 608, 731
Precio de la traición, El: 800
Precio de un hombre, El: 71, 72, 265, 555, 556
Precio de una cabeza, El: 834
Precio del éxito, El: 599, 650, 666
Precio del fracaso, El: 708
Precio del peligro, El: 672
Precio del placer, El: 763
Precio del poder, El: 231, 646, 669, 763
Predator: 769
Predilección: 228, 516

Predilecto, El: 124, 227
Predilecto de los dioses, El: 442
Preduprezhénie: 68
Prefetto di ferro, Il: 140, 700
Prelude to a Kiss: 746
Preludio de amor: 110, 374
Preludio d'amore: 356
Premature Burial: 194, 574
Prémier mai: 586, 760
Première fois, La: 87
Premiers désirs: 73
Premio, El: 612, 733
Premio de belleza: 110, 553
Premonition: 743, 744
Prenez garde à la peinture: 792
Prénom: Carmen: 141, 365
Préparez vos mouchoirs: 93, 243, 93
Presa, La: 144
Presa del viento, La: 171
Presa di potere di Luigi XIV, La: 741
Presagio: 13
Presenting Lily Mars: 354
Président, Le: 346
President Lady, The: 395
President Vanishes, The: 920
Presidente, El: 272, 346
Presidente del Borgorosso football-club, Il: 813
Presidente fantasma, El: 177
Presidente por accidente: 273, 557, 558, 722
Presidente y Miss Wade, El: 82, 271, 273, 714
Presidentessa, La: 362
President's Analyst, The: 175
President's Lady, The: 403
Presidio, El: 104
Presidio, The: 187, 746
Préstame a tu mujer: 475
Préstame quince días: 475
Préstame tu marido: 488, 733, 766
Prestamista, El: 513, 514
Prestige: 270, 354
Prestigio: 270, 354
Presumé dangereux: 580
Presumed Innocent: 332, 650
Presunto inocente: 332, 650
Prêt-à-porter: 10, 21, 22, 62, 71, 506, 550, 551, 732
Prete bello, Il: 558
Pretencioso, El: 265
Pretty Baby: 144, 528, 758
Pretty Ladies: 201, 508
Pretty Maids All in a Row: 253, 421
Pretty Poison: 666
Pretty Woman: 361, 731, 732
Price of a Song, The: 681
Price of the City: 927
Prick Up Your Ears: 338, 633, 709

Pride and Prejudice: 355, 636
Pride and the Passion, The: 374, 506, 794
Pride of New York, The: 911
Pride of Palomar, The: 102
Pride of the Marines: 222, 353, 655
Pride of the Yankees, The: 191, 930
Priest of Love: 352
Prima Angélica, La: 339, **684,** 761
Prima comunione: 93
Prima della rivoluzione: 88
Prima notte, La: 139, 234
Prima notte di quiete, La: 237, 942
Primal Fear: 361
Primavera: 70
Primavera en invierno: 215
Primavera en otoño: 279, 280, 409, 688
Primavera en París: 540
Primavera romana de la señora Stone, La: 74, 486
Primavera tardía: 642, 643, **685**
Primavera temprana: 643
Primavera viene de las mujeres, La: 643
Prime Cut: 385, 544, 813
Primer amor, El: 130, 276, 359, 459, 736, 847
Primer año, El: 101, 102
Primer beso, El: 190
Primer caballero, El: 188, 361
Primer gran asalto al tren, El: 187, 832
Primer maestro, El: 463
Primer pecado, El: 276
Primer pecado mortal, El: 795, 927
Primer peldaño, El: 450
Primer plano: 458, 459
Primera ametralladora del Oeste, La: 543
Primera aventura de un niño, La: 641
Primera conquista, La: 91
Primera dama, La: 102, 618, 736
Primera legión, La: 105, 798
Primera noche de la quietud, La: 237, 942
Primera plana: 488, 515, 554, 555, 758, 924, 925
Primera sirena, La: 490, 555, 556, 926
Primera victoria: 32, 269, 326, 327, 608, 684, 914, 916
Primeros auxilios: 584, 811
Primeros deseos: 73
Primitive Pitcairn: 706
Primo amore: 130, 728, 859
Primos, Los: 159
Primrose Path: 468, 560, 736
Prince and the Pauper, The: 323, 325, 391, 403, 772
Prince and the Showgirl, The: 585, 636
Prince charmant, Le: 789
Prince Jack: 33
Prince of Arcadia: 516
Prince of Avenue A, The: 333

Prince of Fear, The: 630
Prince of Foxes: 461, 682, 918
Prince of Jutland, The: 59, 386
Prince of Pennsylvania, The: 710
Prince of Players: 118
Prince of the City: 514
Prince of Tides, The: 624, 823
Prince Valiant: 393, 484, 548, 648
Prince Who Was a Thief, The: 214, 554, 827
Princesa de Éboli, La: 228
Princesa de las ostras, La: 509, 510
Princesa de los Ursinos, La: 721
Princesa del 5-10, La: 420
Princesa encantadora, La: 819
Princesa Pongyola, La: 215
Princesa por un mes: 374
Princesa prometida, La: 713, 714
Princesa se enamora, La: 464
Princesa Tarakanova, La: 525, 806, 812
Princesita: 276, 820
Princess and the Plumber, The: 464
Princess Bride, The: 714
Princess Comes Across, The: 504, 522
Princess of the Nile: 648
Princess O'Rourke: 228
Princessin Olala: 257
Principe fusto, Il: 858
Príncipe de la ciudad, El: 514, 927
Príncipe de las mareas, El: 624, 823
Príncipe de los zorros, El: 460, 461, 682, 918
Príncipe estudiante, El: 509, 510
Príncipe Fazil, El: 393, 394
Príncipe mendigo, El: 180, 255, 256, 257
Príncipe valiente, El: 393, 484, 548, 648
Príncipe y el mendigo, El: 322, 323, 325, 391, 403, 772
Príncipe y la corista, El: 585, 636
Principessa delle Canarie, La: 550
Principessa Tarakanova, La: 525, 806, 812
Principiante, El: 280
Principio y fin: 685, 727
Printemps à Paris: 540
Prise of Gold, A: 923
Prisión: 84
Prisionera por una noche: 592
Prisionero, El: 380
Prisionero de la Segunda Avenida, El: 64, 488, 816
Prisionero de Parma, El: 669
Prisionero de su traición: 484, 845
Prisionero de Zenda, El: 179, 180, 205, 372, 373, 431, 458, 548, 617, 618, **686**
Prisionero del honor: 273, 746
Prisionero del mar: 699, 700
Prisionero del odio: 332, 333, **686**
Prisionero trece, El: 227

índice de películas

Prisioneros de la tierra: 803
Prisioneros del mar: 586, 679
Prison Breakers: 548
Prisoner, The: 380
Prisoner of Honor: 273, 746
Prisoner of Second Avenue, The: 64, 488, 816
Prisoner of Shark Island, The: 333, 686
Prisoner of War: 706
Prisoner of Zenda, The: 180, 205, 373, 431, 458, 548, 618, 686, 695
Prisons, The: 730
Prisonnière, La: 174, 671
Private Affairs of Bel Ami, The: 492
Private Angelo: 883
Private Benjamin: 394
Private Detective 62: 216
Private Files of J. Edgar Hoover, The: 316
Private Hell 36: 516, 787
Private Life of Don Juan, The: 304, 464, 629, 900
Private Life of Helen of Troy, The: 464, 900
Private Life of Henry VIII, The: 464, 479, 629, 900
Private Life of Sherlock Holmes, The: 925
Private Lives of Elizabeth and Essex, The: 216, 223, 228, 325, 900
Private Navy of Sergeant O'Farrell, The: 503
Private Number: 844, 936
Private Resort: 244
Private School: 582
Private War of Major Benson, The: 403
Private Worlds: 105, 177, 468, 560
Private's Affair, A: 912
Private's Progress: 55
Privatsekretärin, Die: 16
Privileged: 375
Prix de beauté: 110, 553
Prix du danger, Le: 672
Prize, The: 612, 733
Prize of Gold, A: 940
Prizefighter and the Lady, The: 509
Prizzi's Honor: 424, 426, 615, 875
Problemas del doctor, Los: 95
Procedimiento ilegal: 273, 822
Procès de Jeanne d'Arc, Le: 108, 657
Procès de Mary Dugan, Le: 104
Proceso, El: 590, 666, 766, 918
Proceso a un estudiante acusado de homicidio: 99
Proceso Clemenceau, El: 232, 233
Proceso de Billy Mitchell, El: 191, 684
Proceso de Burgos, El: 341, 594, 882
Proceso de Friné, El: 233
Proceso de Juana de Arco, El: 107, 108, 657
Proceso de Verona, El: 531
Proceso en Venecia: 592, 755
Proceso Paradine, El: 406, 407, 479, 480, 661
Procesos de Tokio, Los: 462

Processo di Frine, Il: 233
Processo di Verona, Il: 531
Pródiga, La: 699, 720, 721, 803
Prodigal, The: 876
Prodigal Daughters: 833, 930
Producers, The: 925
Productores, Los: 925
Prof. dott. Guido Tersilli, primario della clinica Villa Celeste, convenzionata con le mutue, Il: 813
Profecía, La: 662, 716
Profecía maldita: 337
Profesional, El: 80, 89, 633
Profesionales, Los: 111, 139, 473, 474, 544
Profesor, El: 640, 804, 860
Profesor a mi medida: 638
Profesor chiflado, El: 492, 493, 850
Profesor de mi mujer, El: 45
Profesor Eroticus: 476
Profesor Hannibal, El: 303
Profesor Holland: 273
Profesores de hoy: 624
Professional Soldier: 355
Professional Sweetheart: 736
Professionals, The: 111, 139, 474, 544
Professione: reporter: 40, 615, 718
Professionnel, Le: 80
Professor Beware: 500
Professor Holland: 273
Professore, Il: 317, 640
Profeta, El: 356, 357, 728
Profeta, Il: 357, 728
Profondo rosso: 45
Prófugo, El: 229
Profumo di donna: 357, 728
Profundidades misteriosas: 646
Profundo carmesí: 654, 727
Profundo deseo de los dioses: 428, 429
Program, The: 122
Prohibido: 420
Prohibido querer: 273
Prohibido robar: 181, 182
Prohibido saber: 869, 870
Proibito: 316, 583, 584
Proibito rubare: 182
Proie du vent, La: 171
Prom, The: 485
Prom Night: 213
Promesa, La: 782, 872
Promesa al amanecer: 221, 222, 566, 567
Promesa en prenda: 190
Promesa rota: 357
Promesse, La: 91
Promessi sposi, I: 130
Prométele cualquier cosa: 74, 143, 832
Prométhée banquier: 494

Promise at Dawn: 222, 567
Promise Her Anything: 74, 143, 832
Promised Land: 746
Pronto socorro: 584
Prope de l'homme, Le: 487
Prophecy: 337
Propiedad: 803
Propiedad Condenada: 191, 678, 707, 708, 929
Proposición indecente, Una: 589, 708
Proprietà non è più un furto, La: 434, 668, 859
Proščal Amerika: 272
Proscritos, Los: 799, 800
Prosperidad: 930
Prosperity: 930
Prospero's Books: 375
Prossima volta il fuoco, La: 144
Prostituta de día, señorita de noche: 52, 159, 160, 423, **686**
Protegidas, Las: 582
Protegido, El: 861
Protocol: 394
Protocolo: 394
Proud and the Profane, The: 409, 458
Proud Flesh: 201, 902
Proud Rebel, The: 216, 228, 469
Prova d'orchestra: 311
Providence: 95, 96, **687**, 719
Provinciale, La: 503, 806, 807
Provino, Il: 40
Prowler, The: 507
Proxeneta y la testigo, El: 859, 906
Próxima estación, La: 475, 476
Próxima parada, Greenwich Village: 557, 558
Próxima vez que vivamos, La: 313, 721
Próximo año a la misma hora, El: 599, 600
Proyecto Brainstorm: 929
Prozess, Der: 645, 646
Prudence and the Pill: 458, 618
Prudence on Broadway: 102
Prudencia... Prudencia: 458, 617, 618
Prueba, La: 40
Prueba del fuego, La: 179, 637
Prueba para niños: 382
Prussian Cur, The: 911
Pryer for the Dying, A: 743
Przejscie podziemne: 459
Przypadek: 459
Psicanalista per signora: 858
Psicosis: 407, 484, 666, **687**
Psicosis II: 666, 667, 687, 856
Psicosis III: 666, 667, 687
Psicosis IV: 666, 687
Psique y sexo: 39
Psych-Out: 615
Psyche 59: 608

Psycho: 407, 484, 666, 687
Psycho II: 667, 687, 856
Psycho III: 666, 667, 687
Psycho IV: 687
Psycossissimo: 858
Puberty Blues: 83
Public Enemy, The: 110, 124, 389, 920
Public Eye, The: 401
Puchero hierve, El: 9, 277, 278, 669
Pueblerina: 314
Pueblito: 314, 315
Puente, El: 4, 67, 68, 475
Puente de Casandra, El: 352, 390, 474, 506
Puente de cristal, El: 16
Puente de Japón, El: 427
Puente de la paz, El: 475
Puente de mando: 191, 222
Puente de Nihon, El: 580, 581
Puente de Waterloo, El: 223, 485, 486, 490, **687**, 844, 845, 922
Puente lejano, Un: 55, 96, 121, 126, 187, 385, 415, 636, 638, 708, 877
Puente sobre el río Kwai, El: 380, 408, 409, 482, **688**
Puente sobre Estambul, El: 832, 907
Puentes de Madison, Los: 280, **688**, 822, 823
Puentes de Toko-Ri, Los: 409, 457, 538, 539
Puerta, La: 13
Puerta cerrada: 760
Puerta cerrada, La: 366, 817, 899
Puerta de las Lilas: 171
Puerta del cielo, La: 108, 167, 199, 219, 232, 423, **689**, 743
Puerta del diablo, La: 533, **689**, 844, 845
Puertas abiertas: 27, **690**
Puertas de oro, Las: 272
Puerto África: 36, 554
Puerto de las nieblas, El: 580, 581
Puerto de Nueva York: 113, 114
Puerto del deseo, El: 346
Puerto Escondido: 754
Puerto infernal, El: 460
Pugni in tasca, I: 79, 535
Pugni, pupe e marinai: 858
Puits aux trois vérités, Le: 592
Pulp: 126
Pulp Fiction: 456, **690**, 852, 866, 927
Pulse of Life, The: 431
Pump Up the Volume: 801
Pumping Iron: 769
Pumpkin Eater, The: 64, 172, 549
Punascha: 776
Punchline: 319, 387
Punto de ruptura: 215, 216, 352, 353, 608, 848
Punto límite: 327, 513, 514, 555

índice de películas

Puñado de amor, Un: 799
Puñado de polvo, Un: 380, 425
Puño de hierro: 72
Pupa, Charlie y su gorila: 506, 551
Puppa del gangster, La: 506, 551
Puppe, Die: 510
Puppet Masters, The: 832
Pura formalidad: 243, 860
Purchase Price, The: 817, 920
Purga del bebé, La: 717, 718
Puritaine, La: 262, 671, 672
Purple Heart Diary: 695
Purple Heart, The: 32, 372, 572
Purple Mask, The: 214
Purple Plain, The: 661
Purple Rose of Cairo, The: 18, 307
Pursued: 579, 667, 911
Pursuit of Happiness, The: 401, 600
Pushing Hands: 483
Pushover: 148, 522, 625, 695
Puta: 746
Puu-san: 427
Puzzle: 66
Puzzle of a Downfall Child: 275, 763
Pygmalion: 51, 420, 443, 486
Pyramide des Sonnengottes, Die: 796
Pystel blech: 166

Q & A: 514, 624
Q-Planes: 636
Qiu Ju da guansi: 446, 691, 935
Qiu Ju, una mujer china: 691, 446, 934, 935
Qu'est-ce qui fait courir David?: 10
Quackser Fortune Has a Cousin in the Bronx: 925
Quai des brumes: 142, 346, 592, 594
Quai des Orfèvres: 174, 445
Quai Notre-Dame: 10
Qualcosa di biando: 623, 506
Qualcosa striscia nel buio: 103, 372
Qualen der Nacht: 256
Quality Street: 329, 399, 820
Quand la femme s'en mêle: 237
Quand tu liras cette lettre: 564
Quantez: 522
Quarantièmes rugissants, Les: 166
Quartet: 7, 72, 95, 437, 940
Quarteto Basileus: 144
Quartetto pazzo: 525
Quartieri alti: 806
Quatermain en la ciudad perdida del oro: 822
Quatorze juillet: 37, 171
Quatre aventures de Reinette et Mirabelle: 737
Quatre cents coups, Les: 209, 665, 873, 891
Quatre jours à Paris: 540
Quatre nuits d'un rêveur: 108, 596

Quatre verités, Les: 143, 171, 906
Quatrième pouvoir, Le: 624
Quattro mosche di velluto grigio: 45
Quattro passi fra la nuvole: 93, 208
Quattro verità, Le: 93
¿Qué?: 550, 551, 677
¡Qué alegría de vivir!: 172, 173, 237, 858
Que apostó su amor, La: 216, 223
¡Qué bello es vivir!: 136, 137, **692,** 820, 821
Que construyen el porvenir, Los: 466
Que debe morir, El: 221, 566, 567
¡Qué día tengo!: 493
¿Qué diablos pasa aquí?: 823
Que Dios me perdone: 310
¡Qué dulce es morir así!: 857, 858
¡Que el cielo la juzgue!: 692, 815, 816, 854
Que empiece la fiesta: 622, 623, 841, 842
¡Qué escándalo!: 725
¡Qué fenómeno!: 499
¿Qué fue de Baby Jane?: 14, 133, 201, 202, 223, 224, **692**
¿Qué ha olvidado la señora?: 642, 643
¿Qué hace una chica como tú en un sitio como este?: 180, 181, 556
¿Qué hacemos con los hijos?: 475, 750
¿Qué hay, Nellie?: 490, 601
¿Qué he hecho yo para merecer esto?: 20, 556, 557
¿Qué hiciste en la guerra, papi?: 175, 282
¿Qué hora es?: 551, 770, 771, 815
Que la bête meure: 5, 159
Que la fête commence: 623, 842
Que les gros salaires lévent le doigt: 672
Que mató por placer, El: 708
¡Qué me importa el dinero!: 492, 493
¿Qué me pasa, doctor?: 82, 97, 98, 638, 823
Que no perdonan, Los: 364, 398, 425, 426, 473, 474
¡Qué noche aquella!: 936
¿Qué ocurrió entre mi padre y tu madre?: 488, 924, 925
Que paga el pato, La: 902
¡Que pague el diablo!: 179, 180, 508, 935
¡Qué par de golfantes!: 493, 542
¡Qué par de locos!: 388, 481
¿Qué pasa con Bob?: 273
¿Qué pasó anoche?: 589
Que recibe el bofetón, El: 799, 800
¡Qué semana!: 680
¡Qué sinvergüenzas son los hombres!: 130, 232, 233, **693**
¿Qué tal, gatita?: 18
¿Qué tal, Pussycat?: 118, 138, 641, 766
¡Qué tontos son los maridos!: 613
Que tienen que servir, Las: 475
Que tocan el piano, Los: 475
¿Qué vale el dinero?: 205
¡Qué verde era mi valle!: 332, 333, 632, **693**

¡Qué vida esta!: 522, 929
¡Qué vida la del artista!: 551
¡Que viene Valdez!: 474
¡Que vienen los rusos!, ¡que vienen los rusos!: 752
¡Que vienen los socialistas!: 751
¡Qué viudita!: 833
¡Que viva Italia!: 357, 584, 728, 771, 811, 813, 859
¡Que viva México!: 284, 314, 940
Que viven donde sopla el viento, Los: 157
Que vivimos, Los: 16
Qué ruina de función: 126
Quebrada del diablo, La: 426
Queen Bee: 202
Queen Christina: 350, 530
Queen Kelly: 202, 713, 825, 833
Queen of Blood: 417
Queens Logic: 213, 527
Queen's Guards, The: 681
Queimada: 106, 679
Quel bandito sono io!: 806
Quel joie de vivre!: 173, 858
Quelques jours avec moi: 762
Quelqu'un derrière la porte: 667
Quelle joie de vivre!: 237
Quelle strane occasioni: 183, 755, 813
Quem é Beta?: 666
Quema el suelo: 37, 38
Quemado por el sol: 571
Quentin Durward: 845
Querelle: 308, 590, 591
Queremos cerveza: 454
Queremos los coroneles: 584, 858, 859
Querer volar: 614
Quería un millonario: 863
Querida, La: 312, 313
Querida Brigitte: 68, 821
Querida enemiga: 617
Querida hija: 581
Queridísima mamá: 201, 275, 276
Queridísimos verdugos: 133, 152, 659, 660, **694**
Querido corazón: 534
Querido detective: 558, 691, 692
Querido diario: 591, **694**
Querido intruso: 273, 423, 743
Querido papá: 357, 728
Querido profesor: 253, 421
Quesos y besos: 388, 480, 481
Questa è la vita: 103, 525, 807
Questa specie d'amore: 721, 774, 859
Questi fantasmi: 152, 357, 506, 551
Questi ragazzi: 233
Question Mark: 199, 918, 919
Quetione d'onore, Uns: 858
Qui comincia l'avventura: 140, 906
Qui êtes-vous Polly Magoo?: 623

Qui?: 766
Quick: 796
Quick and the Dead, The: 385, 822
Quick Before It Melts: 534
Quick Change: 224, 731
Quick, el clown: 796
Quick Millions: 863
¿Quién?: 766
Quien conquista es la mujer: 416, 560
¿Quién engañó a Roger Rabbit?: 814, 939
¿Quién era esa chica?: 484, 542
¿Quién eres tú, Polly Magoo?: 623
¿Quién es el culpable?: 394
¿Quién es esa chica?: 214
¿Quién es Harry Kellerman?: 377, 378, 408
¿Quién la mató?: 110
¿Quién mató a Vicky?: 556
¿Quién me quiere a mí?: 116
¿Quién se acuesta con mi mujer?: 858, 859
¿Quién te quiere, Babel?: 781
¿Quién teme a Virginia Woolf?: 117, 118, 614, 843, 844
Quien tiene una suegra tiene un tesoro: 485
Quiérame usted telefonista: 277
¿Quiere ser el amante de mi mujer?: 93, 243
¿Quiere usted bailar conmigo?: 68
Quiero a ese hombre: 348, 668, 875
Quiero a este bruto: 668
Quiero la cabeza de Alfredo García: 662
Quiero la verdad: 361
Quiero ser libre: 813
Quiero ser mujer: 848
¡Quiero vivir!: 395, **694,** 928
Quiero volver a casa: 162, 243, 719
Quiet American, The: 533
Quiet Days in Clichy: 160
Quiet Man, The: 333, 632, 915
Quiet Wedding: 51
Quilombo: 254
Quiller Memorandum, The: 380, 834
Quimera de Hollywood, La: 329
Quimera del oro, La: 161
Quimérico inquilino, El: 7, 271, 677
Quinta ofensiva, La: 118, 919
Quintet: 22, 357, 612, 722
Quinteto: 21, 22, 356, 357, 611, 612, 720, 722
Quinteto a lo loco, Un: 384, 584, 623, 858, 859
Quinteto de la muerte, El: 380, 413, 520
Quinto mosquetero, El: 228, 315
Quinto sello, El: 303
Quiz Show: 258, 708
Quo Vadis: 441, 458, 490, 505, 844, 845, 883

R. P. M.: 697
Raat bhore: 776
Raba ljubvi: 571

índice de películas

Rabbia, La: 659
Rabbit Run: 121
Rabia: 206
Rabia, La: 659
Rabid: 206
Rabino y el pistolero, El: 14, 15, 331, 332, 925
Rabiosilla: 495
Rablelek: 215
Racconti di Canterbury, I: 235, 659
Racconti di giovanni amori: 637
Racconti d'estate: 550, 592, 812
Racconti romani: 234, 779
Racconto di cinque città: 503
Race des seigneurs, La: 237, 591
Racers, The: 269, 393
Rachel, Rachel: 611, 612, 931
Rachel and the Stranger: 409, 579, 907, 936
Racing Romero, A: 930
Racing With the Moon: 123
Rack, The: 544, 612
Racket, The: 205, 572, 579
Racket Busters: 96
Racketeer, The: 504
Radiante juventud: 930
Radio Days: 18, 307, 455
Raduga: 265
Raffles: 69, 70, 179, 180, 228, 618, 930
Raffles, the Amateur Cracksman: 70
Rafi, un rey de peso: 642
Rafles sur la ville: 671
Ragazza con la pistola, La: 584, 906
Ragazza con la valigia, La: 139, 942
Ragazza del bersagliere, La: 93
Ragazza del palio, La: 357
Ragazza del pigiama giallo, La: 575
Ragazza di Bube, La: 139, 182
Ragazza di mille mesi, La: 858
Ragazza di piazza San Pietro, La: 234
Ragazze di piazza di Spagna, Le: 102, 550, 779
Ragazze di San Frediano, Le: 942
Ragazzi a rischio: 637
Ragazzi della via Paal, I: 583
Ragazzi di via Panisperna, I: 27, 593
Ragazzi di vita: 658
Ragazzi fuori: 729
Ragazzo di Calabria, Un: 183, 593
Ragazzo e una ragazza, Un: 729
Rage: 331, 772
Rage in Heaven: 85
Raggedy Man: 783, 813
Raging Bull: 230, 767, 771, 843
Ragione per vivere e una per morire, Una: 175
Ragtime: 124, 125, 334, 682
Raíces de pasión: 395
Raíces del cielo, Las: 325, 425, 426, 918
Raíces profundas: 468, 469, 512, 819, 820
Raid, The: 64, 544
Raid on Rommel: 118, 393
Raiders of the Desert: 587
Raiders of the Lost Ark: 286, 332, 450, 814
Raíles del crimen, Los: 197, 586, 671, 790, 869, 870
Railroaded: 533
Railway Station Man, The: 832
Rain: 201, 336, 572
Rain Man: 207, 408, 491
Rain of Shine: 137
Rain People, The: 121, 192, 500
Rainbow, The: 440, 746
Rainbow'Round My Shoulder: 695
Rainbow Thief, The: 442, 642
Rainbow Valley: 915
Rainbow Warrior: 907
Raining Stones: 501
Rainmaker, The: 399, 474
Rains Came, The: 112, 164, 509, 610, 682
Rains of Ranchipur, The: 118, 522, 610, 876
Raintree County: 174, 544, 752, 844
Raise the Titanic: 380, 731, 856
Raisin in the Sun, A: 676
Raising Arizona: 124, 177, 423
Raising Cain: 223, 231
Raison de'état, La: 906
Rajá de Dharmagar, El: 887
Rake's Progress, The: 390
Rakkii-san: 427
Rakudai wa shita keredo: 643
Rallare: 800
Rally de Montecarlo, El: 214, 589
Rally 'Round the Flag Boys: 559, 612, 931
Ramas del árbol, Las: 705
Rambo: 816
Rambo: First Blood Part II: 816
Rambo III: 816, 817
Ramona: 25, 26, 460, 725, 935, 936
Rampage: 339, 579, 750
Ramrod: 235, 471, 560
Ramuntcho: 445
Ran: 466
Rancho de la V, El: 304
Rancho Deluxe: 108
Rancho Notorius: 258, 289, 316, 477
Random Harvest: 180, 355, 490
Randy Rides Alone: 915
Range Feud: 914
Rangers of Fortune: 522, 930
Ransom: 187
Ransom!: 331
Ransom of Red Chief, The: 394
Raphael el libertino: 249
Raphaël ou la débauché: 249

Rápida y mortal: 385, 822
Rappel inmédiat: 825
Rappresaglia: 118, 551
Rapsodia: 356, 357, 843
Rapsodia de agosto: 361, 466
Rapsodia de juventud: 560
Rapsodia húngara: 440, 441
Rapsodia real: 325
Rapto: 331
Rapto, El: 310, 314, 315, 329
Rapto de Bunny Lake, El: 636, 684
Rapto de Laura, El: 329
Rapto en Oriente: 574
Rapture: 270
Raquel, Raquel: 931
Raquel y sus bribones: 234, 733
Rare Breed, The: 633, 821
Rashomon: 364, 465, 466, **702,** 729
Rasp, The: 681
Rasputin and the Empress: 70
Rasputín: 495
Rasputín y la zarina: 70
Rastro de muerte: 727
Rastro del asesino, El: 214
Rat Race, The: 214, 599
Ratas, Las: 760
Ratas del desierto, Las: 117, 118, 548, 928
Ratataplan: 613, 614
Rateros, Los: 561
Raton Pass: 608
Ratten, Die: 441, 796
Rätten att älska: 834
Rattenfanger von Hameln, Der: 256
Rausch: 510
Ravagers: 390
Raven, The: 194, 615
Ravi: 781
Ravissante: 623
Ravissante idiote, Une: 68, 666
Raw Deal: 533, 769
Raw Wind in Heaven: 926
Rawhide: 393, 395, 682
Rawhide Years, The: 214, 554
Rayando el sol: 48, 358
Rayo de luz, Un: 221, 533, 541, 676, 923
Rayo de Sinaloa, El: 359
Rayo verde, El: 737
Rayon vert, Le: 737
Raza de campeones: 123
Raza de violencia: 420, 797, 798
Razón de estado: 906
Razón para vivir, una razón para morir, Una: 175
Razor's Edge, The: 72, 319, 368, 682, 854
Razzia sur la chnouf: 346
Re-Creation of Brian Kent, The: 930

Reaching for the Moon: 304, 368, 560
Reaching for the Sun: 560, 920
Ready for Love: 516
Reajuste matrimonial: 327, 328
Real Adventure, The: 902
Real Glory, The: 191, 393, 554, 618, 867
Real McCoy, The: 71
Realismo socialista, El: 745
Reality Bites: 747
Realquiler: 98
Reap the Wild Wind: 229, 366, 395, 574, 915
Rear Window: 407, 457, 598, 821, 890
Rebeca: 328, 329, 406, 407, 635, 636, **706**
Rebecca: 329, 407, 636, 706
Rebecca of Sunnybrook Farm: 848
Rebel Rousers: 615
Rebel Without a Cause: 235, 417, 704, 706, 929
Rebelde: 848
Rebelde, El: 373, 765
Rebelde, La: 599, 600, 650, 707, 708, 818, 929
Rebelde orgulloso, El: 215, 216, 228, 468, 469
Rebelde sin causa: 235, 417, 703, 704, **706,** 929
Rebeldes: 192, 207
Rebeldes del swing: 401
Rebeldes temerarios: 387
Rebeldía: 313, 721, 722
Rebelión: 462
Rebelión a bordo: 106, 347, 348, 389, 479, 491, 572, 573, 617, **706**
Rebelión de la sierra, La: 359
Rebelión de los colgados, La: 48, 315, 721
Rebelión de los esclavos, La: 781
Rebelión de los pájaros, La: 758
Rebelión en el fuerte: 468, 469, 912
Rebelión en las aulas: 676
Rebelión en las ondas: 801
Rebellion: 396
Reborn: 90
Rebound: 508
Rebozo de Soledad, El: 48, 358, 359
Rece do gory: 801
Receta para la felicidad: 844
Recién casados: 359
Recién nacido y ya coronado: 402
Récif de corail, Le: 346, 592
Reckless: 324, 387, 389
Reckless Moment, The: 548, 639
Recluta, El: 493
Recluta Benjamin, La: 394
Reclutas por los aires: 110
Recoil: 845
Reconstrucción: 36
Récréation, La: 774
Recreo, El: 774
Recuerda: 85, 195, 406, 407, 661

índice de películas

Recuerda aquel día: 178, 460
Recuerda mi nombre: 161, 162, 667, 744
¿Recuerdas lo de anoche?: 922
Recuerdo de amor: 232, 233
Recuerdo de una noche: 486, 487, 522, **707**, 817, 826
Recuerdos: 17, 18, 531, 590, 591, 702, 821
Recuerdos de guerra: 927
Recuerdos de mi Francia: 591, 846
Recuerdos de una fábrica de celulosa: 451
Recuerdos del porvenir, Los: 727
Recuperanti, I: 637
Recurso del método, El: 497
Red and Blue: 708, 724
Red Badge of Courage, The: 426
Red Ball Express: 94, 676
Red Beret, The: 469
Red Blood of Courage: 784
Red Dance, The: 725, 911
Red Danube, The: 484
Red Dust: 324, 348, 389
Red Ensign: 681
Red Headed Woman: 104, 389, 491
Red Heat: 769
Red, Hot and Blue: 556
Red Hot Rhythm: 559
Red Hot Romance: 324
Red House, The: 148, 222, 733
Red, La: 314, 315
Red Lily, The: 613
Red Line 7000: 121, 394, 807
Red Mountain: 256, 469
Red Pony, The: 509, 572, 573, 579, 633
Red Riding Hood: 740
Red River: 173, 394, 726, 915
Red River Range: 915
Red Rock West: 123, 124, 417, 418
Red Salute: 817
Red Shoes, The: 681, 938
Red siniestra: 244
Red Skies of Montana: 923
Red Sonja: 323, 769
Red Sun: 138
Red Widow, The: 70
Redada, La: 819
Redemption: 613
Redención: 354, 355, 613
Redes: 940
Redhead and the Cowboy, The: 331
Redhead from Wyoming, The: 632
Rediezcubrimiento de México, El: 475
Redl ezredes: 566, 835
Redondela: 754
Reds: 74, 385, 455, 615, 631
Reencarnación de Peter Proud, La: 638
Reencuentro: 198, 424, 450, 856

Reencuentro de un amigo: 731, 914
Reflections in a Golden Eye: 106, 191, 426, 844
Reflejos en un ojo dorado: 106, 191, 425, 426, 844
Reflet de Claude Mercoeur, Le: 277
Reforma de un marido, La: 364
Reformer and the Redhead, The: 19, 680
Refugio macabro: 702
Regalo, El: 140
Regalo de los colores, El: 351
Regalo di Natale: 58
Regalo para papá, Un: 377
Regalo para soltero: 821
Regard des autres, Le: 805
Regarde les hommes tomber: 871
Regarding Henry: 82, 332, 615
Régates de San Francisco, Les: 56, 57
Regeneración: 130, 550
Regeneration, The: 911
Regenta, La: 828
Reggie Mixes In: 304
Régime sans pain: 745
Regina: 352
Regla del juego, La: 710, 717, 718
Règle du jeu, La: 710, 718
Regnar pa var kärlek, Det: 84
Regodeo, El: 182, 906
Regresaron tres: 177, 178, 609, 610, **711**
Regreso, El: 328, 907
Regreso a Howards End: 383, 415, 416, 437, 708, 709, **711,** 852
Regreso a las minas del rey Salomón: 575
Regreso a Peyton Place: 315, 655
Regreso al futuro: 939
Regreso al futuro II: 939
Regreso al futuro III: 939
Regreso al hogar: 579
Regreso al planeta de los simios: 403
Regreso de Casanova, El: 237, 238
Regreso de Frankenstein, El: 195, 326
Regreso de la forastera, El: 902
Regreso de la mujer pantera, El: 597, 792, 928
Regreso de la Pantera Rosa, El: 282, 652
Regreso de los mosqueteros, El: 162
Regreso de los siete magníficos, El: 114, 721, 789
Regreso de los tres borrachos, El: 641
Regreso de Martin Guerre, El: 243
Regreso del gángster, El: 733
Regreso inesperado: 213, 709
Rehersal, The: 221, 222
Rei da noite, O: 61
Reifezeugnis: 462
Reign of Terror: 533
Reina a los catorce años: 270, 276
Reina anónima, La: 556, 557, 654, 828
Reina Cristina de Suecia, La: 349, 350, 529, 530

Reina de África, La: 96, 97, 279, 399, 425, 426, **712**
Reina de amor: 538
Reina de Cobra, La: 587, 750, 796
Reina de la canción, La: 26, 326
Reina de la moda, La: 50
Reina de la noche, La: 712, 727
Reina de las abejas, La: 428
Reina de los tiempos modernos, La: 581
Reina de Montana, La: 706, 817, 818
Reina de Nueva York, La: 504, 538, 919, 920
Reina de variedades, La: 817, 818
Reina del amor: 177
Reina del Boulevard, La: 50
Reina del circo, La: 581
Reina del Chantecler, La: 588
Reina del vaudeville, La: 929
Reina del vodevil, La: 490
Reina Kelly, La: 202, **713,** 824, 825, 833
Reina Margot, La: 7
Reina Santa: 699, 721
Reina virgen, La: 373, 458, 480, 791
Reina Zanahoria: 314, 750, 751, 828
Reinado del terror, El: 533
Reincarnation of Peter Proud, The: 638
Réincarnation de Serge Renaudier, La: 277
Reine blanche, La: 242
Reine Margot, La: 7, 590
Reino de los diamantes, El: 704, 705
Reise nach Tilsit, Die: 23
Reivers, The: 561
Rejas de cristal: 729
Rekopis znaleziony w Saragossie: 391, 535
Relaciones casi públicas: 750
Relaciones peligrosas: 590, 669, 869, 870, 888
Relaciones sangrientas: 159, 160, 671, **714**
Relámpago: 499, **715,** 930
Relámpago sobre el agua: 704, 920, 921
Relato criminal: 330
Relato íntimo: 623
Relevo, El: 691
Relicario, El: 782
Religieuse, La: 700, 730
Religiosa, La: 699, 700, **715,** 730
Reloj, El: 354, 576
Reloj asesino, El: 480, 573
Reloj despertador, El: 574
Relojero de Saint-Paul, El: 623, 841, 842
Reluctant Debutante, The: 391, 577
Remains of the Day, The: 375, 416, 437, 852
Remains to Be Seen: 19
Remando al viento: 375, **715,** 754, 828
Remarkable Andrew, The: 409
Rembrandt: 464, 479, 900
Remember Last Night?: 922
Remember My Name: 162, 667, 744

Remember the Day: 178, 460
Remember the Night: 487, 522, 707, 817, 826
Remember?: 355, 844
Remembrance: 633
Remodeling Her Husband: 364
Remolino de pasión: 310
Remolque muy, muy largo, Un: 577
Remordimiento: 592
Remordimientos: 346, 510, **716**
Remorques: 346, 592
Renace la ilusión: 16
Renacer: 90, 700
Renaissance Man: 249, 250
Renaldo and Clara: 783
Renaldo y Clara: 783
Rencontres: 592
Rendez-vous: 90, 168, 846, 870, 871
Rendez-vous, Le: 623, 671
Rendez-vous à Bray: 169, 239
Rendez-vous à Grenade: 540, 782
Rendez-vous de Juillet: 75, 138, 773
Rendez-vous de Paris, Les: 737
Rendición de una culpa, La: 800
Rendirse al amor: 264, 843
René la canne: 243, 671
Renegade Ranger, The: 396
Renegades: 324, 508
Renegado, El: 601, 854
Renunciación: 503
Rent-A-Coup: 576
Renzo e Luciana: 584
Renzo y Luciana: 584
Reparto, El: 385, 832
Repentina riqueza de los pobres de Kombach, La: 765
Repérages: 870
Report From the Aleutians: 425
Report to the Commissioner: 361
Reportaje: 310, 315, 588, 725, 782
Reportaje sensacional, Un: 205
Reportero, El: 40, 615, **718**
Reporters: 361
Repos du guerrier, Le: 68
Represa de la muerte, La: 359
Representante, El: 776
Reprimido, El: 475
Repulsion: 241, 242, 677, 718
Repulsión: 242, 677, **718**
Requesón, El: 918
Requiebro: 782
Requiem: 303
Requiem for a Heavyweight: 697
Réquiem para el gringo: 654
Réquiem por los que van a morir: 72, 608, 743
Réquiem por un campeón: 697
Réquiem por un campesino español: 66, 314

índice de películas

Réquiem por una mujer: 586, 716, 724
Rescate, El: 180
Rescate en el mar del Norte: 549, 667
¡Rescaten el «Titanic»!: 380, 731, 856
Rescue, The: 180
Reservoir Dogs: 456
Resistence: 118
Resplandor, El: 465, 615
Resplandor en la oscuridad: 271, 377, 608
Restaurante de Alicia, El: 663
Restless Breed, The: 64
Restless Wives: 468
Restoration: 375, 746
Restos del naufragio, Los: 314, 336, 337, 582
Resurrección: 725, 783
Resurrectio: 92
Resurrection: 725, 783
Retador, El: 915
Retazo de azul, Un: 676
Retenez-moi ou je fais un malheur: 493
Retirada: 45, 238
Reto a la muerte: 469
Reto a la vida: 48
Reto del samurai, El: 337
Retorno a Brideshead: 435
Retorno al abismo: 97
Retorno al paraíso: 191
Retorno al pasado: 268, 269, 578, 579, **719,** 862
Retorno de África, El: 838, 839
Retorno de don Camilo, El: 263, 277, 278
Retorno de los mosqueteros, El: 624
Retorno de Pimpinela Escarlata, El: 548
Retorno de Raffles, El: 270
Retorno del forajido, El: 697
Retorno del Jedi, El: 331, 332, 380, 450
Retorno del soldado, El: 72, 166, 439
Retour à la bien-aimée: 423
Retour à la vie: 174, 445
Retour de Casanova, Le: 238
Retour de don Camillo, Le: 278
Retour de Jean, Le: 174
Retour de manivelle: 592
Retour de Martin Guerre, Le: 243
Retour d'Afriquea, Le: 839
Retrato de Dorian Gray, El: 491, 492, **720**
Retrato de un ser humano: 427
Retrato en negro: 697, 875, 876
Retroscena: 92
Return Engagement: 744
Return From Witch Mountain: 224
Return of Dr. X, The: 96
Return of Frank James, The: 289, 326, 477, 854, 892
Return of Jack Slade, The: 253
Return of October, The: 330
Return of Peter Grimm, The: 359

Return of Sophie Lang, The: 574
Return of the Fly: 593
Return of the Jedi: 332, 380, 450
Return of the Musketeers, The: 162, 624
Return of the Pink Panther, The: 282, 652
Return of the Scarlet Pimpernel, The: 548
Return of the Secaucus Seven: 762
Return of the Seven: 114, 721, 789
Return of the Soldier, The: 72, 166, 439
Return of the Texan: 222
Return on a Man Called Horse, The: 390
Return to Macon County: 624
Return to Oz: 526
Return to Paradise: 191
Return to Peyton Place: 315, 655
Reunion: 731, 914
Reunion in France: 202, 221, 352, 915
Reunion in Vienna: 70
Reunión: 70
Revak, el rebelde: 554
Revak, lo schiavo di Cartagine: 554
Revancha del amor, La: 613
Reveille With Beverly: 794
Revelación: 700
Revenant, Un: 445
Revenge: 113, 198, 672, 697, 725, 822
Revenge of the Creature: 280
Revenge of the Pink Panther: 282, 652
Revengers, The: 395, 409
Reversal of Fortune: 435, 768
Revolt of Mamie Stover, The: 745, 912
Révoltée, La: 495
Revoltosa, La: 750, 782
Revolución: 461, 462, 757, 831, 832
Revolución azul, La: 427
Revolución en alta mar: 468, 469
Revolucionario, El: 641
Revoluciones por minuto: 697
Revolution: 462, 646, 832
Révolution Française, La: 140
Revolutionary, The: 907
Revólver solitario, Un: 697
Revuelta en Haití: 610
Revuelta en la India: 750
Reward, The: 834
Reward of the Faithless, The: 431
Rey David: 83, 361
Rey de África, El: 36
Rey de corazones: 71, 72, 115
Rey de la colina, El: 803
Rey de la comedia, El: 229, 230, 493, 771
Rey de la perra chica, El: 581
Rey de la plata, El: 732, 733
Rey de los Campos Elíseos, El: 454
Rey de los cowboys, El: 453, 454

Rey de los gitanos, El: 257
Rey de los hoteles, El: 792
Rey de los niños, El: 449
Rey de Marvin Gardens, El: 615, 701
Rey de reyes: 703, 704, 782
Rey de reyes, El: 229
Rey de Singapur, El: 97, 98
Rey del juego, El: 561, 733
Rey del lazo, El: 920
Rey del peligro, El: 652
Rey del río, El: 382, 475, 476, 556, 557, **722**
Rey del tabaco, El: 62, 191, 215, 216, 608, **724**
Rey del timo, El: 80
Rey en Nueva York, Un: 161
Rey loco, El: 513
Rey para cuatro reinas, Un: 347, 348, 655, 912
Rey pasmado, El: 251, 253, 312, 314, **724**, 804, 882
Rey pescador, El: 109, 363, 926
Rey que rabió, El: 720
Rey se divierte, El: 227
Rey soldado, El: 442
Rey y patria: 95, 507
Rey y yo, El: 30, 113, 114, 458
Reyes del mambo, Los: 65, 66
Reyes del Sol, Los: 114
Rhapsody: 357, 843
Rhinestone: 816
Rhinoceros: 925
Rhubarb: 574
Ricardo III: 290, 636
Ricas y famosas: 83, 91, 212, 599, 746
Ricchezza senza domani: 675
Rich and Famous: 83, 91, 212, 599, 746
Rich and Strange: 407
Rich Are Always With Us, The: 223
Rich in Love: 83, 320
Rich Man, Poor Girl: 875
Rich Man's Folly: 205
Richard III: 290, 636, 745
Richard's Things: 877
Richest Girl in the World, The: 416, 560
Richter und sein Henker, Der: 91, 832
Ricochet: 914
Ricotta, La: 659, 918
Ride a Crooked Trail: 555
Ride Back, The: 697
Ride Him Cowboy: 915
Ride in the Whirlwind: 615
Ride Lonesome: 94, 95, 175
Ride the High Country: 274, 560, 662
Ride, Vaquero: 352, 697, 845
Rideau cramoisi, Le: 9
Rider of the Law, The: 333
Ridere, ridere, ridere!: 858, 906
Riders of Destiny: 915

Riders of the Deadline: 579
Riders of Vengeance: 333
Ridicule: 44
Ridículo: 44
Riding High: 137, 388, 680
Riding Shotgun: 235
Ríe, payaso, ríe: 935
Rien que des mensonges: 44
Rien que les heures: 153
Riesgo a corazones: 373
Riesgo de la traición, El: 435
Riesgo del vértigo, El: 175
Rifa, La: 233
Riff-Raff: 501
Riffa, La: 233
Riffraff: 389, 864
Rififí: 54, 221, **724**, 744
Rififi à Tokyo: 244
Rififí en la ciudad: 313
Rififí en Tokio: 244
Rifle del forastero, El: 373
Rifle y la Biblia, El: 399, 916
Rifles de Bengala: 420, **724**
Right Cross: 19, 585, 680
Right of the Way, The: 936
Right Stuff, The: 401, 692, 783
Rigo es amor: 157
Rikos ja rangaistus: 451
Riley the Cop: 333
Rimpatriata, La: 699, 700
Ring, El: 406, 407
Ring, The: 407
Ringer, The: 940
Rings Around the World: 26
Rings on Her Fingers: 36, 327, 530, 854
Río, El: 436, 659, 704, 717, 718, **726,** 785
Rio 40 graus: 665, 666
Rio Bravo: 253, 394, 542, 916
Rio das Mortes: 308, 769
Rio Grande: 632, 915
Rio Hondo: 199
Rio Lobo: 394, 638, 916
Rio zona norte: 665, 666
Río abajo: 4, 101
Río arriba: 96, 333, 863
Río Blanco: 359, 726, 253
Río Bravo: 253, 393, 394, 542, **726**, 914, 916
Río de la vida, El: 674, 707, 708
Río de oro, El: 163, 582, 583
Río de plata: 324, 325, 784, 911
Río de sangre: 268, 269, 393, 394, 626, 726
Río de sangre apache: 560
Río Escondido: 309, 310, 314
Río Grande: 333, 484, 632, 914, 915
Río Lobo: 393, 394, 638, 726, 914, 916

índice de películas

Río negro: 462, 583
Río que nos lleva, El: 314, 476
Río Rojo: 173, 331, 393, 394, 726, 914, 915
Río salvaje: 173, 174, 452, 716, **726,** 823
Río sin retorno: 579, 585, 684
Río y la muerte, El: 117
Riot, The: 385
Riot in Cell Block 11: 787
Ripoux, Les: 623
Riptide: 368
Risa en el paraíso: 398
Risa en la oscuridad: 724
Risaia, La: 553
Risas y lágrimas: 554, 555, 729, 730
Risate di gioia: 525, 584
Rise and Fall of Legs Diamond, The: 95
Rise and Shine: 220
Rise of Catherine the Great, The: 464
Rising of the Moon, The: 334, 682, 752
Rising Sun: 188, 456
Risky Business: 207
Riso amaro: 49, 231, 356, 531
Riten: 85, 834
Ritmo loco: 52, 736, 756, 809
Rito, El: 84, 85, 834
Ritorno, Il: 756, 872
Ritorno di don Camillo, Il: 263
Ritratto di borghese in nero: 138
Ritter der Nacht: 257
Riusciranno i nostri eroi a ritrovare l'amico misteriosamente scomparso in Africa?: 770, 813
Riva dei brutti, La: 130
Rival, La: 73, 348, 490, 875
Rivales: 394, 560, 932
Rivales por un beso: 409
Rive droite, rive gauche: 243
Rive gauche: 464
Rivelazione di un maniaco sessuale al capo della squadra mobile: 372
River, The: 102, 362, 436, 659, 704, 718, 726, 813
River of No Return: 579, 585, 684
River Runs Through It, A: 674, 708
River Wild, The: 823
River's Edge, The: 417, 574, 648, 697, 710
River's End: 216
Rivière de diamants, La: 677
Road Back, The: 793, 922
Road Games: 213
Road Home, The: 832
Road House: 516, 610, 923
Road to Bali: 745
Road to Glory, The: 394, 504, 538
Road to Hong-Kong, The: 618, 795
Road to Mandalay, The: 113
Road to Morocco: 696

Road to Paradise: 935
Road to Singapore: 696
Road to Wellville, The: 326, 416
Road to Yesterday, The: 229
Roadhouse 66: 219
Roadie: 744
Roar: 377
Roaring Twenties, The: 96, 125, 742, 904, 911
Rob Boy: 478, 608
Roba bien sin mirar a quién: 328
Robe, The: 64, 118, 222, 556, 791
Robert et Robert: 488, 592
Robert Koch, der Bekämpfer: 442
Robert Koch, el vencedor de la muerte: 442
Roberta: 52, 736
Robin and Marian: 4, 187, 390, 398, 732
Robin and the Seven Hoods: 542, 733, 795
Robin Hood: 304, 732, 852
Robin Hood, el magnífico: 732, 852
Robin Hood: Prince of the Thieves: 187, 198, 732, 801
Robin Hood: príncipe de los ladrones: 187, 198, 732, 801
Robin Hood of El Dorado: 920
Robin de los bosques: 215, 216, 227, 228, 304, 324, 325, **732**
Robinson: 766
Robin y Marian: 4, 187, 390, 398, 732
Robinson: 766
Robinson Crusoe por un año: 735
Robinson soll nicht sterben: 766
Robinsón moderno, El: 304
Robinsones atómicos: 388, 480, 481
Robo de diamantes: 721
Robo de la Gioconda, El: 249
Robo del Banco de Inglaterra, El: 641
Robocop: 894
Roca, La: 124, 188
Rocas blancas de Dover, Las: 843
Rocco e i suoi fratelli: 139, 237, 734, 905
Rocco y sus hermanos: 139, 237, **734,** 905
Rock, The: 124, 188
Rock-a-Bye Baby: 493
Rock All Night: 194
Rockabye: 212, 560
Rocket Gibraltar: 474
Rocky: 692, 816
Rocky Horror Picture Show, The: 758
Rocky II: 816
Rocky III: 816
Rocky IV: 816
Rocky V: 817
Rocky Mountain: 325
Rocky Mountain Mystery: 784
Rocky Road To Dublin: 426
Rode, Le: 739

Rodilla de Clara, La: 735, 737
Rodnija: 571
Roei no uta: 581
Rogelia: 721
Roger Touhy, Gangster: 696
RoGoPag: 365, 659, 741, 858
Rogue Cop: 484, 845
Rogue of the Rio Grande: 508
Rogue Song, The: 388, 480
Rogue's Gallery: 372
Rogue's Regiment: 680
Roi de coeur, Le: 72, 115
Roi de Paris, Le: 624
Roi des Champs-Elysées, Le: 454
Roi des palaces, Le: 792
Roja insignia del valor, La: 425, 426
Rojo: 60, 459, 870, 871
Rojo atardecer: 9, 114, 458, 498, 731
Rojo oscuro: 45
Rojo y el negro, El: 56, 57, 669
Rojos: 74, 384, 385, 454, 455, 615, 631
Rojos y blancos: 440
Rok spokojnego slonca: 938
Rolled Stockings: 110
Rollerball: 121
Rollercoaster: 327, 924
Rollo de septiembre, El: 253
Rollover: 328, 650
Rolls para Hipólito, Un: 476
Rolls-Royce amarillo, El: 51, 86, 237, 391, 521, 591, 772
Roma: 398, 525, 551, 813
Roma, città aperta: 310, 525, 737, 741
Roma, ciudad abierta: 310, 524, 525, **737,** 740, 741
Roma, once horas: 102, 103, 231, **738**
Roma, ore undici: 103, 231, 738
Roma come Chicago: 151
Roma rivuele Cesare: 440, 441
Roman d'un jeune homme pauvre, Le: 349
Roman Scandals: 366
Roman Holiday: 398, 661, 885, 932
Roman Spring of Mrs. Stone, The: 74, 486
Romana, La: 503
Romance: 111, 112, 350
Romance à l'inconnue: 37
Romance agreste: 914
Romance da empregada: 69
Romance de enamorados: 463
Romance de Murphy, El: 318, 319, 729, 730
Romance de un ladrón de caballos: 114
Romance en alta mar: 216
Romance in Manhattan: 736
Romance in the Dark: 70
Romance of a Horsethief: 114
Romance of Happy Valley, A: 364, 376
Romance of Rosy Ridge, The: 484

Romance of the Redwoods: 229
Romance on the High Seas: 216, 225
Romance otoñal: 521, 551
Romancing the Stone: 249, 271, 875, 939
Romanoff and Juliet: 883
Romanoff y Julieta: 883
Romans o vjubënnych: 463
Romantic Age, The: 940
Romantic Comedy: 589
Romantic Englishwoman, The: 126, 439, 507
Romantica avventura, Una: 130
Romántica aventura: 130
Románticos, Los: 265
Romantiki: 265
Romanza en alta mar: 225
Romanza final: 754
Romanzo di un giovane povero: 771, 811, 813
Romanzo popolare: 584, 859
Rome Adventure: 222, 253, 886
Romeo and Juliet: 70, 212, 420, 738
Romeo e Giulietta: 939
Romeo is Bleeding: 493, 633, 764
Romeo y Julieta: 70, 152, 212, 420, **738,** 786, 938, 939
Rommel, el zorro del desierto: 392, 393, 548
Romola: 179, 364, 459, 460
Rompehuesos, El: 14
Rompepelotas, Los: 93, 242, 243, 423, 590, 591
Ronda, La: 639, 669, **739,** 789, 792
Ronda de crímenes: 244
Ronda del placer, La: 140, 357, 906
Ronda española: 886
Ronde, La: 328, 639, 669, 739, 789, 792
Ronde infernale, Le: 104
Rookie, The: 280
Rookies: 930
Room, The: 21
Room at the Top: 172, 790
Room for One More: 374
Room Service: 545, 546
Room With a View, A: 226, 383, 437, 711
Rooster Cogburn: 399, 916
Roots of Heaven, The: 325, 426, 918
Ropa vieja: 201, 372
Rope: 407, 429, 606, 821
Rope of Sand: 256, 473, 803
Roped: 333
Roquevillard, Les: 277
Rosa, La: 71, 72
Rosa, Rosae: 76, 180, 181
Rosa al viento, Una: 476
Rosa blanca, La: 314, 315, 464
Rosa Blanca: 7, 358, 359
Rosa de Irlanda, La: 324
Rosa de medianoche: 920, 935, 936
Rosa dei venti, La: 679

índice de películas

Rosa del arroyo, La: 112, 113
Rosa del mar: 613
Rosa Diamant, Der: 256
Rosa Luxemburg: 872
Rosa negra, La: 393, 682, 918
Rosa para todos, Una: 139
Rosa per tutti, Una: 139
Rosa púrpura de El Cairo, La: 18, 307
Rosa tatuada, La: 473, 474, 525
Rosalie Goes Shopping: 8, 62
Rosalie va de compras: 7, 8, 62
Rosalino Paterno, soldato: 731
Rosario: 48
Rosary Murders, The: 832
Rosas de otoño: 312
Rosas escarlatas: 232, 233
Rosas para Bettina: 645, 646
Rosas perdidas: 931
Rosas rojas para el Führer: 36
Rosaura a las diez: 803
Rosaura Castro: 48, 359
Rose, The: 72
Rose Bernd: 441
Rose Bowl Story, The: 929
Rose-France: 494
Rose Garden, The: 878
Rose Marie: 201, 490, 617, 820
Rose of the Rancho: 229
Rose of Washington Square: 682
Rose O'The Sea: 613
Rose rosse per il Führer: 36, 574
Rose scarlatte: 232, 233
Rose Tattoo, The: 474, 525
Roseanna McCoy: 372
Roseaux sauvages, Les: 447, 846
Rosebud: 55, 423, 642, 684
Rosebud, desafío al mundo: 684
Roseland: 161, 162, 437
Rosemary's Baby: 151, 307, 677, 776
Rosen für Bettina: 646
Rosencrantz and Guildenstern Are Dead: 273, 633
Rosencrantz y Guildenstern han muerto: 273, 633
Rosita: 510
Rosita, la cantante callejera: 509, 510
Rossa dalla pelle che scotta, La: 372
Rossini! Rossini!: 91, 584, 781
Rosso e nero: 812
Rostro, El: 84, 742, 834
Rostro de mujer, Un: 85, 201, 212, 270
Rostro en la multitud, Un: 452, 555, 608, 716
Rostro impenetrable, El: 106, 465
Rostro pálido: 453, 745
Rostros: 782
Rosy el huracán: 243, 584
Rotaie: 130

Rotten to the Core: 702
Rouble à deux faces, Le: 105
Roue, La: 349
Rouge: 459, 60, 871
Rouge est mis, Le: 346
Rouge et le noir, Le: 57, 669
Rouge-gorge: 4
Rough and the Smooth, The: 796
Rough Cut: 618, 788
Rough Magic: 326
Rough Night in Jericho: 542, 792
Rough Riders, The: 324
Rough Romance: 914
Rough Shoot: 560
Roughly Speaking: 216
Rounders, The: 327, 331
Roustabout: 818
Route de Corinthe, La: 159, 774
Route du bonheur, La: 540
Route impériale, La: 495
Routes du Sud, Les: 507, 586
Rover, The: 396, 697
Roxanne: 217, 387, 543
Roxie Hart: 736, 920
Royal Family of Broadway, The: 538
Royal Flash: 72
Royal Scandal, A: 72, 684
Royal Way, The: 463
Royal Wedding: 52, 94, 264
Rozmaring: 886
Rozmarné léto: 565
Rozsa bokor: 886
Rozstanie: 391
Ruba al prossimo tuo: 139, 421
Rubia de Pekín, La: 733
Rubia del Follies, La: 368
Rubia entre dos mundos, Una: 674
Rubia fenómeno, La: 212, 410, 488
Rubia muy dudosa, Una: 282
Rubia para un gángster, Una: 114, 264
Rubia peligrosa, Una: 79, 237
Rubia y el sheriff, La: 912
Rublo de dos caras, El: 104, 105, 845
Ruby Cairo: 561
Ruby Gentry: 274, 403, 443, 903
Rude journée pour la reine: 243, 790
Rue de l'Estrapade: 75, 773
Rue des Prairies: 346
Rue du Bac: 115
Rue du départ: 243
Rue du Pied de Grue: 623, 756
Rueda, La: 348, 349
Rueda de la fortuna, La: 915
Ruffian, Le: 140
Rufianes y tramposos: 79, 80

Rufufú: 54, 139, 356, 357, 528, 550, 584, 724, **744**
Rufufú da el golpe: 139, 357, 724, 744
Rufufú, veinte años después: 551
Ruggles of Red Gap: 479, 559
Ruido y la furia, El: 114, 729, 730, 931
Ruinas, Las: 776, 777
Ruiseñor canta en Berkeley Square, Un: 618
Ruisseau, Le: 56, 57
Rules of the Sea: 469
Ruleta china, La: 308
Ruling Class, The: 642
Ruling Voice, The: 936
Rumba: 504, 784
Rumba, La: 672
Rumble Fish: 123, 192, 417, 743
Rumbo a Java: 522
Rumbo a Oriente: 32
Rumbo al Canadá: 278
Run for Cover: 125, 704
Run for the Sun: 528, 923
Run for Your Money, A: 380
Run of the Arrow: 342, 588
Run Silent, Run Deep: 348, 474, 928
Runaway Girls: 756
Runaway Princess, The: 50, 51
Runaway Train: 463, 907
Running: 271
Running Kind, The: 493
Running Man, The: 72, 710, 716, 721, 769
Running on Empty: 512, 514
Running Wild: 468
Ruptura, La: 160
Rupture, La: 160
Rupture(s): 672
Ruptures: 74
Rusa, La: 132
Ruses du diable, Les: 671
Rush: 485, 630
Rusia: 256
Ruso en Nueva York, Un: 557, 558, 926
Russia House, The: 187, 669, 764
Russians Are Coming, the Russians Are Coming, The: 752
Rustler's Raphsody: 722
Ruta 29: 633, 735
Ruta de Corinto, La: 159, 774
Ruta de héroes: 494, 495
Ruta de Marruecos: 696
Ruta de Singapur, La: 201, 696
Ruta de violencia: 615
Ruta del tabaco, La: 32, 332, 333, 854
Ruta infernal: 187
Ruta sin fin, La: 494, 495
Ruta suicida: 279, 280
Rutas del Sur, Las: 507, 586

Rutas infernales: 915
Ruthless People: 249
Ryan's Daughter: 482, 579
Rynox: 681
Rysopis: 801
Ryuri no kishi: 785

S. M. el americano: 304
S. O. B.: 33, 282, 408, 409
S. O. S. Iceberg: 354
S. O. S. Pacific: 36, 55
S. O. S. Pacífico: 35, 36, 55
S. O. S., ya es Navidad: 493
S. P. Y. S.: 832
S´mierc´ prezydenta: 451
Šcors: 271, 272
Saadia: 316, 492
Sábado de juerga: 374
Sábado inesperado: 551, 728
Sábado noche, domingo mañana: 320, 714, **749**
Sábado trágico: 322, 323, 544, 555, 556
Sabe que estás sola: 387
Sabela: 728
Sabían lo que querían: 504
Sabina, La: 101, 582, **749**
Sabio en apuros, El: 523
Sabio en las nubes, Un: 523
Sabor a miel, Un: 723, 724
Sabor de la muerte, El: 89, 123, 124, 768
Sabor del sake, El: 642, 643, 685
Sabotage: 407, 406
Saboteur, Code Name Morituri, The: 106, 114
Sabotier du Val de Loire, Le: 241
Sabrina: 97, 332, 398, 408, 409, 678, 679, 924, 925
Sabu and the Magic Ring: 750
Sabú: 321, 749, 750
Sac de billes, Un: 262
Sac de noeuds: 423
Sackcloth and Scarlet: 460
Saco de pulgas, Un: 166
Sacrificio, El: 840
Sad Sack, The: 493
Saddle the Wind: 151, 845
Saddle Tramp: 560
Sadie McKee: 50, 112, 201, 693
Sadie Thompson: 335, 713, 833, 911
Saetta, principe per un giorno: 130
Safari: 484, 555, 556
Safari diamants: 870
Safari en Malasia: 579, 750
Safe in Hell: 920
Safe Passage: 759, 783
Safe Place, A: 615, 919
Safecracker, The: 573, 574
Safety in Numbers: 504

índice de películas

Safety Last: 60, 499
Saga de los Hardeman, La: 636
Saga of Anathan, The: 819
Sagebrush Trail: 915
Sagolandet: 872
Sagrado matrimonio: 815, 816
Sahara: 97, 234, 554, 660
Saigon: 469, 472
Saigón: 219
Saikaku ichidai onna: 581, 897
Sailor Beware: 235, 493, 542
Sailor From Gibraltar, The: 590, 591, 708, 724, 918
Sailor Takes a Wife, The: 19
Sailor's Luck: 911
Sailor's Sweetheart, A: 508
Saimaa-ilmiö: 451
Saint Jack: 98
Saint Joan: 657, 684, 774, 923
Saint Louis Kid, The: 124
Sainted Devil, A: 887
Sainted Sisters, The: 472
Saint'Elena piccola isola: 812
Sakharov: 440, 731
Sal gorda: 557, 700, 872
Sal para Svanetij: 449, 450
Sala de baile, La: 770, 771
Salaire de la peur, Le: 174, 339, 586, 752
Salaire du péché, Le: 590
Salamander, The: 697
Salamandra, La: 697, 838, 839
Salamandra de oro, La: 9
Salamandra roja, La: 140
Salamandre, La: 839
Salamandre, The: 140
Salario del miedo, El: 174, 339, 586, **752**
Salem's Lot: 549
Salida al amanecer: 55
Salida de la Luna, La: 334, 682, **752**
Sally, Irene and Mary: 201, 368
Sally, la hija del circo: 376, **752**
Sally and Saint Anne: 554
Sally of the Sawdust: 376, 752
Salmo rojo: 440, 441
Salmonberries: 7, 8
Saló o los ciento veinte días de Sodoma: 659
Salò o le centoventi giornate di Sodoma: 659
Salome: 256, 373, 396, 480
Salomé: 255, 372, 396, 440
Salome's Last Dance: 746, 440
Salomón y la reina de Saba: 113, 114, 503, 682, 902, 903
Salón de música, El: 704, 705, **753**
Salón México: 314
Salor's Lady: 32
Salsa rosa: 893

Saltarina: 91
Saltimbanqui ciego, El: 785
Salto a la vida: 257
Salto del tigre, El: 504, 618, 801
Salto en el vacío: 9, 10, 79, 671, 672
Salto nel vuoto: 10, 79, 672
Salty O'Rourke: 469, 911
Salud: 21, 22, 62, 439
Salut i força al canut: 781
Salut les cubains: 888
Salut l'artiste: 551
Salute: 333, 914
Salvad al tigre: 488
Salvada: 201, 347, 460
¡Salvaje!: 106, 544
Salvaje, El: 403
Salvaje blanca, La: 587, 750
Salvaje y encantador: 214
Salvaje y peligrosa: 126, 844
Salvajes: 436, 437
Salvajes, Los: 48
Salvajes en Puente San Gil, Las: 654
Sálvate si puedes: 46
Salvation Hunters, The: 818, 819
Salvatore Giuliano: 739, 740, **753**
Salve, héroe victorioso: 826, 827
Sam Whiskey: 253
Samantha: 271, 335, 612, 931
Samba: 588
Same Time, Next Year: 600
Samidare zoshi: 581
Samma no aji: 643, 685
Sammy and Rosie Get Laid: 338
Sammy Going South: 520, 733, 903
Sammy y Rosie se lo montan: 338
Samouraï, Le: 237, 564, 791
Samson: 909, 910
Samson and Delilah: 202, 229, 472, 556
Samson und Dalila: 216, 464
San Antonio: 325
San Diego, I Love You: 454
San Diego, te quiero: 454
San Francisco: 347, 348, 864
San Francisco, ciudad desnuda: 555
San Francisco Story, The: 560
San Judas de la Frontera: 336, 337
San laisser d'adresse: 789
San Michele aveva un gallo: 842
San Miniato, luglio 1944: 619, 842
San Quentin: 96, 784
Sanatorium pod klepsydra: 391
Sanbyaku rokujugo-ya: 427
Sancta Maria: 879
Sanctuary: 586, 716, 724
Sand Pebbles, The: 55, 83, 561, 928

Sandalias del pescador, Las: 234, 636, 697
Sandino: 4, 497, 583
Sandpiper, The: 118, 577, 752, 844
Sandra: 139, 905
Sands of Iwo Jima: 915
Sang à la tête, Le: 346
Sang des autres, Le: 160, 335
Sang d'un poète, Le: 176
Sangre caliente: 703, 704, 745
Sangre de cóndor: 757
Sangre de pista: 333
Sangre de un poeta, La: 176
Sangre en el rancho: 918
Sangre en el ruedo: 750
Sangre en Filipinas: 178, 366, 471, 756
Sangre en la luna: 928
Sangre en las manos: 329, 473
Sangre en las olas: 935
Sangre en los ruedos: 700
Sangre en primera página: 396
Sangre fácil: 177
Sangre gitana: 399
Sangre joven: 102, 863
Sangre manda, La: 112, 113
Sangre mezclada: 799
Sangre para Drácula: 625, 913
Sangre sabia: 425, 426
Sangre sobre el sol: 124, 125
Sangre sobre la tierra: 110, 111, 421, 676
Sangre, sudor y lágrimas: 54, 55, 482
Sangre y arena: 94, 220, 396, 530, 613, 682, 696, **756,** 821, 822, 887
Sangre y el alma, La: 581
Sangue santo: 442
Sangue sul sagrato: 16
Sanguinario: 213
Sanjuro: 466
Sans laisser d'adresse: 671
Sans lendemain: 639
Sans mobile apparent: 755, 870
Sans peur et sans reproche: 4
Sans toit ni loi: 889
Sansho dayu: 432, 581
Sansón el Rojo: 215
Sansón y Dalila: 202, 215, 216, 229, 472, 555, 556
Sant händer inte här: 84
Santa Claus: 590
Santa Fe Stampede: 915
Santa Fe Trail: 131, 216, 228, 325, 705
Santa Juana: 657, 684, 773, 774, 923
Santa María: 611
Santa Rogelia: 611
Santa sangre: 442
Santee: 331
Santiago: 469

Santísimo Moisés: 589
Santo de la espada, El: 862
Santo Oficio, El: 727
Santos del infierno: 426, 932
Santos, el magnífico: 94, 632, 633, 696, 697
Santos inocentes, Los: 132, 475, 476, 699, 700, **757**
São Bernardo: 405
Sap, The: 230
Sap From Syracuse, The: 736
Sapato de cetim, O: 635
Saphead, The: 453
Saps at Sea: 388, 481
Sara: 322, 323
Sarabande for Dead Lovers: 373
Sarah: 439
Sarah and Son: 50, 538
Sarasate: 348, 389, 721
Saratoga Trunk: 85, 191, 930
Sargento de hierro, El: 279, 280
Sargento inmortal, El: 327, 632, 815, 816
Sargento negro, El: 333, 334, **759**
Sargento Ryker: 544
Sargento York, El: 190, 191, 393, 394, **759,** 787
Sarò tutto per te: 99
Sartén por el mango, La: 39
Sasame yuki: 428
Sasek a kralovna: 166
Saskatchewan: 469, 912
Sasom i en spegel: 84, 183, 184, 790, 834
Satan Bug, The: 32
Satan Met a Lady: 223, 255, 256, 386
Satan Never Sleeps: 409, 559
Satán mon amour: 91
Satanás: 602, 603
Satanás nunca duerme: 409, 559
Satansbraten: 308
Satiricón: 102, 103, 138, 311
Satisfaction: 608, 732
Saturday Millions: 469
Saturday Night: 229
Saturday Night and Sunday Morning: 320, 714, 749
Saturday Night Fever: 866
Saturday Night Kid, The: 389
Saturday's Children: 353, 468
Saturn 3: 264, 269, 456
Saturno 3: 264, 269, 456
Satyricon: 103, 311, 858
Sauvage, Le: 242, 586, 702
Sauve qui peut (La vie): 365, 423
Sauve-toi, Lola: 591
Savage, The: 403
Savage Drums: 750
Savage Innocents, The: 254, 641, 697, 704
Savage Is Loose, The: 772
Savage Messiah: 657, 746

Savage Pampas: 845
Savage Wilderness: 64, 247, 533, 556
Savages: 437
Save the Tiger: 488
Saving Grace: 722
Saxon Charm, The: 395
Say Hello to Yesterday: 792
Say It Again: 468
Say It in French: 574
Say It With Sables: 137
Say Young Fellow: 304
Sayonara: 106
Sayonara konnichiwa: 428
Sbaglio d'essere vivo, Lo: 233
Sbanditi, Gli: 103
Sbatti il mostro in prima pagina: 79
Sbirro, la tua legge è lenta, la mia no!: 700
Scalawag: 249, 269
Scalphunters, The: 474, 679
Scamp, The: 55
Scampolo: 525, 766
Scandal: 326
Scandal at Scourie: 356, 610
Scandal in Paris, A: 798
Scandal Mongers: 815
Scandal Sheet: 205
Scandale, Le: 159, 495, 666
Scanners: 206, 638
Scapegoat, The: 224, 380
Scapolo, Lo: 812
Scaramouche: 316, 372, 373, 431, 484, 655, **762**
Scarecrow, The: 385, 453, 646
Scared Stiff: 493, 542
Scarface: 231, 646, 669, 763
Scarface, el terror del hampa: 231, 393, 394, 600, 601, **763**
Scarface, Shame of a Nation: 231, 394, 601, 763
Scarlet Angel: 421
Scarlet Dawn: 256
Scarlet Days: 376
Scarlet Drop, The: 333
Scarlet Empress, The: 137, 257, 819
Scarlet Hour, The: 216
Scarlet Letter, The: 364, 589, 633, 800
Scarlet Pimpernel, The: 420, 464, 629
Scarlet River: 508
Scarlet Seas: 935
Scarlet Street: 367, 477, 733
Scatenato, Lo: 357
Scavenger Hunt: 769
Scavengers, The: 205
Sceicco bianco, Lo: 311, 812
Scélérats, Les: 592
Scemo di guerra: 506, 728
Scena all'aperto: 233

Scener ur ett äktenskap: 85, 877
Scenes From a Mall: 19, 558
Scenes From the Class Struggle in Beverly Hills: 91
Scent of a Woman: 646
Sceriffa, La: 858
Schädel der Pharaonentocher, Der: 441
Scharlachrote Buschstabe, Die: 921
Schatten der Engel: 765
Schatten Werden länger, Die: 887
Schatz der Azteken, Der: 796
Schatz, Der: 645
Schaukel, Die: 8
Scherezade: 721
Schiava del peccato: 550, 553
Schindler's List: 608, 814
Schloss Vogelöd: 603
Schlussakkord: 798
Schokoladen Schüffler, Die: 566
Schöne Lügnerin, Die: 766
Schönen Tage von Aranjuez, Die: 246
Schöner Gigolo: 258
School Daze: 483
School for Husbands: 390
School for Scandal, The: 390
School for Secrets: 55, 883
Schrei aus Stein: 402, 832
Schut, Der: 796
Schwarze Walfisch, Der: 442
Schweik's New Adventures: 55
Schwestern, oder die Balance des Glücks: 872
Sciopero dei milioni, Lo: 553
Scipione detto anoche l'africano: 531, 551
Scissors: 822
Sciuscià: 232, 496
Sconosciuto di San Marino, Lo: 233, 525
Scopone scientifico, Lo: 199, 224, 531, 813
Scorchers: 276
Scorpio: 237, 474
Scorta, La: 857
Scotland Yard Investigator: 825
Scoumoune, La: 80, 140, 243
Scream Pretty Peggy: 224
Screen Test: 913
Scrim: 162
Scrooge: 320, 380
Scrooged: 580
Scrubbers: 940
Scudda Hoo!, Scudda Hay!: 585, 929
Scuola elementare: 479
Scusi, lei e favorevole o contrario?: 531, 811, 813
Se acabó el negocio: 317, **773**, 857, 858
Se acabó el pastel: 614, 615, 822
Se acabó la crisis: 796
Se acabó la gasolina: 479
Se escapó la suerte: 75, **773**

Se ha perdido una millonaria: 538
Se ha robado un hombre: 639
Se interpone un hombre: 464, 548, 709, 710
Se io fossi onesto: 233
Se ki, se he: 464
Se le fue el novio: 313, 588
Se necesita un rival: 223
Se necesitan dos muchachas: 359
Se necesitan maridos: 26
Se necesitan modelos: 588
Se permettete parliamo di donne: 357, 770
Se vende un palacio: 312, 886
Se vende una novia: 178
Se vincessi cento millioni: 858
Se vive una sola vez: 313, 475
Sé fiel a ti mismo: 329, 498, 682
Sé infiel y no mires con quién: 76, 556, 557, 872, 876
Sé que estás aquí: 758
Sea Beast, The: 70
Sea Chase, The: 876, 915
Sea Devils: 421, 516, 912
Sea Gull, The: 514, 549, 709, 790
Sea Hawk, The: 216, 324, 325, 385
Sea of Grass, The: 270, 399, 452, 864
Sea of Love: 646
Sea of Sands: 55
Sea Shall Not Have Them, The: 95
Sea Spoilers, The: 915
Sea Wife: 118
Sea Wolf, The: 216, 353, 501, 516, 733, 742
Sea Wolves, The: 618, 662
Sealed Cargo: 32
Sealed Verdict: 574
Seamos optimistas: 848
Seance On a Wet Afternoon: 55
Search, The: 173, 941
Search and Destroy: 418
Search for Beauty: 516, 784
Searchers, The: 158, 266, 334, 915, 929
Searching Wind, The: 256
Seas Beneath: 333
Sebastian: 95, 832
Sebastopol: 886
Sección especial: 197
Sechnsucht: 602
Second Best: 424
Second Coming of Suzanne, The: 273
Second Chance: 221, 554, 579
Second Chorus: 52, 366
Second Fiddle: 682
Second Floor Mystery, The: 935
Second Hand Love: 920
Second Honeymoon: 682, 936
Seconda B: 16
Seconds: 337, 421

Secret, Le: 623, 870
Secret Agent, The: 407
Secret Beyond the Door: 477
Secret Bride, The: 256, 817
Secret Ceremony: 307, 507, 579, 844
Secrct Code: 833
Secret Friends: 72
Secret Fury, The: 178, 316
Secret Garden, The: 410
Secret Heart, The: 19, 178
Secret Honor: 22
Secret Invasion, The: 194, 373
Secret Life of an American Wife, The: 555
Secret Man, The: 333
Secret Mission: 373, 548
Secret of Convict Lake, The: 331, 854
Secret of Roan Inish, The: 762
Secret of Santa Vittoria, The: 525, 697
Secret of Stambul, The: 548
Secret of the Incas: 403
Secret Partner, The: 373
Secret People, The: 398
Secret Service of the Air: 705
Secret Six, The: 347, 389
Secret War of Harry Frigg, The: 612
Secret Ways, The: 923
Secreta invasión: 194, 373
Secretaria para todo: 782
Secretarias, Las: 750
Secretas intenciones, Las: 870
Secreto, El: 623, 870
Secreto de Bill North, El: 163
Secreto de la isla de las focas, El: 762
Secreto de la pirámide, El: 491
Secreto de los incas, El: 403
Secreto de Mónica, El: 782
Secreto de mujer, Un: 703, 704
Secreto de Paula, El: 554, 936
Secreto de Santa Vittoria, El: 525, 697
Secreto de vivir, El: 136, 137, 190, 446
Secreto del bosque de san Job, El: 215
Secreto del sacerdote, El: 48
Secreto en llamas: 276
Secreto inconfesable de un chico bien, El: 751
Secreto que quema: 795, 796
Secreto tras la puerta: 477
Secretos: 101, 102, 420
Secretos de un matrimonio: 84, 85, 877
Secretos de una esposa: 86, 697
Secretos indiscretos: 456, 485, 764
Secretos, secretos: 755, 756
Secrets: 91, 102, 420
Secrets d'alcôves: 590
Secrets of a Secretary: 177
Secta del trébol, La: 803

índice de películas

Section spéciale: 197
Secuestrada: 109
Secuestrador, El: 861
Secuestro: 97, 416
Secuestro bajo el sol: 79, 80, 161, 244
Sed, La: 700
Sed de amor: 48
Sed de dominio: 395
Sed de escándalo: 489, 490, 733
Sed de mal: 199, 257, 258, 402, 403, 484, **774,** 918
Sed de poder: 387, 743
Sed de triunfo: 327, 513, 514
Sedmi krásky: 166
Sedotta e abbandonata: 362, 755
Seducción: 390
Seducción, La: 727
Seducción peligrosa: 126
Seducida y abandonada: 361, 362, 755
Seduction of Joe Tynan, The: 271, 822
Seductor, El: 279, 280, 351, **774,** 787, 788, 812
Seductora, La: 876
Seductores, Los: 859, 925
Seduto alla sua destra: 942
Seduttore, Il: 812
Seduttori della domenica, I: 728
See No Evil, Hear No Evil: 925
See You in the Morning: 69, 109, 650
Seed: 223, 816
Seems Like Old Times: 394
Seeschlacht, Die: 441
Segno di Venere, Il: 234, 506, 728, 812
Segretaria per tutti, La: 232, 233
Segretaria privata, La: 16
Segreti, segreti: 88, 756
Segreto, Il: 462
Segreto del bosco vecchio, Il: 637
Segreto di don Giovanni, Il: 503
Segundo poder, El: 722
Sehnsucht: 603
Sehnsucht der Veronika Voss, Die: 308
Sei moglie di Barbablù, Le: 505
Sein grösster Bluff: 257
Seine Majestät das bettelkind: 464
Seins de glace, Les: 237
Seis destinos: 105, 277, 278, 327, 396, 479, 732, 733, 736, **775**
Seis esposas para un marido: 391
Seis grados de separación: 831, 832
Seis horas de vida: 256
Seis misterios, Los: 347, 389
Seis semanas: 589
Seischun Zenigata Heijii: 427
Seishun kaidan: 427
Seishun no yume ima izuko: 643
Seishun no yumeji: 581
Seishun zankoku monogatari: 641
Seize the Day: 926
Self Made Failure, A: 560
Selmmelweis: 235
Selskaja učitelnica: 265
Selva blanca, La: 403
Selva de fuego, La: 227, 725
Selva esmeralda, La: 100, 236, **775**
Sell Out, The: 923
Sem sombra de pecado: 4
Semaine de vacances, Une: 622, 623, 841, 842
Semana Santa: 910
Semana Santa en Acapulco: 13
Sembrando ilusiones: 182, 199, 223, 224, 531, 813
Seme dell'uomo, Il: 317
Semen del hombre, El: 317
Semilla: 223, 816
Semilla de maldad: 110, 111, 330, 331, 557, 675, 676
Semilla de odio: 72
Semilla del crisantemo, La: 445, **775,** 934, 935
Semilla del diablo, La: 151, 307, 677, **776**
Semilla del tamarindo, La: 33, 282
Seminole: 94, 421, 544, 697, 865
Senator Was Indiscreet, The: 509
Send Me No Flowers: 225, 421
Senda de los elefantes, La: 32, 255, 256, 843
Senda del 98, La: 112, 725
Senda del crimen, La: 124
Senda prohibida: 490, 844, 845, 875
Senda tenebrosa, La: 62, 97, 155, 222, **777**
Sendero de furia: 821
Sendero de la traición, El: 197, 927, 928
Senderos de gloria: 268, 269, 465, **777**
Sendung der Lysistrata, Die: 766
Senilidad: 99, 139
Senilità: 99, 139
Seniors: 691
Senos de hielo, Los: 237
Sense and Sensibility: 375, 778, 852
Senso: 372, **777,** 905
Senso civico: 99
Sensualidad: 313
Sensualità: 550
Sentencia, La: 784
Sentencia contra un dandy: 533
Sentencia para un dandy: 307
Sentenciado a muerte: 94
Sentido cívico: 99
Sentido de la vida, El: 363
Sentido y sensibilidad: 375, 483, **778,** 852
Sentimental Journey: 632
Sentinel, The: 315, 352, 356
Senza famiglia nullatenenti cercano affetto: 356, 357
Senza parole: 728
Senza pietà: 479

Senza sapere niente di lei: 182
Señal roja, La: 825
Señor de Balantry, El: 325
Señor de Hawai, El: 403
Señor de la guerra, El: 403
Señor de La Salle, El: 316, 721
Señor de los llanos, El: 893
Señor de Osanto, El: 400
Señor doctor, El: 215
Señor Esteve, El: 611
Señor Forster acaba de morir, El: 565
Señor Galíndez, El: 65
Señor Shome, El: 776, 777
Señor Skeffington, El: 224
Señora Ama: 725
Señora con los girasoles, La: 215
Señora Chesney, La: 355, 356, 610
Señora de Fátima, La: 721
Señora de los girasoles, La: 216
Señora de los guantes negros, La: 215
Señora de nadie: 81
Señora doctor: 751
Señora Doubtfire, papá de por vida: 319, 926
Señora llamada Andrés, Una: 751, 782
Señora Miniver, La: 246, 355, **778,** 932
Señora no quiere niños, La: 257, 464
Señora Parker y el círculo vicioso, La: 485, 744
Señora Parkington, La: 354, 355
Señora sin camelias, La: 39, 40
Señoras y señores: 362
Señores del acero, Los: 485, 894
Señores del mar: 469
Señorita Bibelot, La: 216
Señorita de Trevélez, La: 610, 611
Señorita en desgracia: 52, 328, 329, 819, 820
Señorita Julia: 834
Señorita sin miedo, La: 490
Señorita sonrisas, La: 333
Señoritas de Rochefort, Las: 241, 242, 265, 456, 457, 671, **779,** 888
Señoritas de Wilko, Las: 103, 909, 910
Señoritas del 09, Las: 779
Señorito en Nueva York, Un: 226
Señorito Primavera, El: 228, 229, **779,** 833
Señorito y las seductoras, El: 654
Sep-Up, The: 928
Separación matrimonial: 76
Separación peligrosa: 458, 464
Separate Tables: 396, 458, 474, 534, 618
Séparation, La: 424
Seppuku: 462
Sept morts sur ordonnance: 243, 671
Sept péchés capitaux, Les: 159, 241, 365, 592, 669, 870
Sept pièces pour cinéma noir et blanc: 434

September: 18, 307
September 30: 691
September Affair: 199, 255, 256, 329, 908
Septiembre: 17, 18, 307
Septième ciel, Le: 812
Séptima página: 886
Séptima profecía, La: 589
Séptimo amanecer, El: 138, 409
Séptimo cielo, El: 101, 102, 359, 460, **780,** 792, 820, 780
Séptimo sello, El: 84, **780,** 834
Séptimo velo, El: 548
Sept péchés capitaux, Les: 57, 592
Sequenza del fiore di carta, La: 659
Sequestrati di Altona, I: 232, 233, 506, 539
Sequestro di persona: 701, 702
Ser humano, El: 581
Ser o no ser: 333, 504, 505, 510, 554, **780**
Sera come le altre, Una: 233, 280
Serafino: 361, 362
Serail: 143
Serán hombres: 700
Seré todo para ti: 99
Seré tuya: 276
Serenade: 329, 533, 588, 911
Sérénade: 445
Sérénade au Texas: 540
Serenata: 760
Serenata argentina: 26
Serenata en el valle del Sol: 926
Serenata española: 782
Serenata nostálgica: 374, 819, 820
Seres queridos, Los: 32, 175, 724
Sergeant Deadhead: 454
Sergeant Madden: 819
Sergeant Murphy: 705
Sergeant Rutledge: 334, 759
Sergeant Ryker: 544
Sergeant York: 191, 394, 759, 787
Sergeants Three: 542, 795
Seria de día, coqueta de noche: 199, 936
Serial Mom: 875
Serie negra: 195, **781**
Série noire: 195, 781, 825
Sérieux comme le plaisir: 423
Serpent, Le: 96, 114, 327, 372, 623
Serpent, The: 911
Serpente a sonagli, Il: 553
Serpico: 514, 646
Serpiente de mar: 575
Serpiente, El: 96, 114, 327, 372, 623
Servant, The: 95, 507, 798
Servant's Entrance: 359
Service de nuit: 789
Service for Ladies: 420, 464, 629

índice de películas

Servidumbre humana: 625
Sesenta segundos de vida: 469
Sesión continua: 350, 827
Sesso e volentieri: 728
Sessomatto: 728
Set Free: 113
Setenta veces siete: 700, 862
Sette notte in nero: 638
Sette peccati capitali, I: 741
Sette volte donna: 125, 233, 357, 521, 623
Settimana della sfinge, La: 511
Seven: 674
Seven Angry Men: 648
Seven Brides for Seven Brothers: 264
Seven Chances: 453, 454, 788
Seven Cities of Gold: 697
Seven Days in May: 269, 337, 352, 474, 539
Seven Days Leave: 190
Seven Day's Leave: 556
Seven Faces: 601
Seven Little Foys, The: 125
Seven Men From Now: 94, 544
Seven-Percent Solution, The: 636, 709
Seven Sinners: 257, 355, 572, 915
Seven Sweethearts: 101, 102
Seven Thieves: 393, 733
Seven Ups, The: 763
Seven Waves Away: 940
Seven Women: 64, 334
Seven Year Itch, The: 585, 925
Seventeen: 887
Seventh Coin, The: 642
Seventh Cross, The: 864, 940, 941
Seventh Dawn, The: 138, 409
Seventh Day, The: 460
Seventh Heaven: 102, 359, 460, 780, 792, 820
Seventh Sign, The: 589
Seventh Sin, The: 655
Seventh Veil, The: 548
Severed Head, A: 55, 716
Sevillanas: 761
Sex: 613
Sex, Lies and Videotapes: 561, 782, 803
Sex and the Single Girl: 62, 214, 316, 327, 695, 929
Sex auf Rädern: 59
Sex o no sex: 751, 782
Sex shop: 87
Sexe faible, Le: 796
Sexo, mentiras y vídeos: 561, **782,** 802, 803
Sexo débil, El: 796
Sexo loco: 728
Sexta-feira de Paixão, sábado de aleluia: 405
Sexteto: 214
Sextette: 214
Sexto fugitivo, El: 923

Sexto héroe, El: 213, 214, 534
Sexualnot der Gefangen, Die: 256
Sfida all'ultimo paradiso: 317
Sfida, La: 740
Sgt. Pepper's Lonely Hearts Club Band: 144, 543
Shack Out on 101: 544
Shadow, The: 396
Shadow of a Doubt: 199, 407, 808
Shadow of the Eagle: 914
Shadow of the Thin Man: 508, 509
Shadow of the Wolf: 832
Shadowlands: 55, 416, 928
Shadows: 150, 151
Shadows and Fog: 18, 19, 307, 335, 527
Shadows and Sunshine: 460
Shadows Run Black: 198
Shag: 325
Shag, el ritmo en los talones: 325
Shaggy Dog, The: 523
Shaka proshaka: 705
Shake Hands With the Devil: 125, 389
Shakedown: 421
Shakedown, The: 426, 932
Shakespeare Wallah: 436, 437
Shalako: 68, 187
Shalimar: 391
Shall We Dance?: 52, 736, 756, 809
Shampoo: 74, 166, 394
Shamrock Handicap, The: 333, 359
Shane: 469, 512, 820
Shanghai: 936
Shanghai Express: 257, 299, 819
Shanghai Gesture, The: 556, 819, 854
Shanghai Madness: 864
Shari, la hechicera: 333, 508
Shark!: 342
Sharkey's Machine: 357
Sharkfighters, The: 556
Shatranj ke khilari: 55, 446, 705
She Couldn't Say No: 579, 791
She Couldn't Take It: 355
She Dances Alone: 834
She-Devil: 823
She Done Him Wrong: 374
She Gods of Shark Reef, The: 194
She Goes to War: 460
She Had to Say Yes: 936
She Loved a Fireman: 784
She Loves Me Not: 416
She Married Her Boss: 177, 270, 468
She Wanted a Millionaire: 863
She Went to the Races: 352
She Wore a Yellow Ribbon: 333, 484, 915
Sheba: 179, 682
Sheepman, The: 331, 521

Sheik, The: 887, 935
Sheila Levine Is Dead and Living in New York: 763
Sheltering Sky, The: 88, 527, 928
Shenandoah: 821
Shepherd of the Hills, The: 393, 915
Sheriff de Dodge City, El: 560
Sheriff hora H: 523
Sheriff of Fracture Jaw, The: 912
Sherlock Holmes: 69, 70, 491
Sherlock Holmes contra Moriarty: 516
Sherlock junior: 453, 454, 581
She's Gotta Have It: 483
She's Working Her Way Through College: 705
Shichimencho no yukue: 581
Shichinin no samurai: 47, 466, 788
Shifting Sands: 833
Shiiku: 641
Shikamo karera wa yuku: 581
Shin heike monogatari: 401, 581
Shin ono ga tsumi: 581
Shine on Harvest Moon: 784
Shining, The: 465, 615
Shining Hour, The: 102, 201, 270, 532, 830
Shining Through: 271, 377, 608
Shining Victory: 224
Shinjuku dorobo nikki: 641
Ship Ahoy: 794
Ship of Fools: 315, 486, 544, 790
Ship That Died of Shame, The: 55
Shipmates Forever: 102, 680
Shirayuri wa nageku: 581
Shizukanaru ketto: 466
Shock Corridor: 342
Shock to the System, A: 126
Shock Treatment: 62
Shockproof: 798
Shoes of the Fisherman, The: 234, 636, 697
Shoes That Danced: 102
Shokei no heya: 427
Shokutaku no nai ei: 462
Shonen: 641
Shoot Out: 393, 662
Shoot-Out at Medicine: 253
Shoot the Moon: 320, 455
Shoot to Kill: 676
Shooting Party, The: 549
Shooting Stars: 50, 51
Shooting, The: 615
Shootist, The: 62, 788, 821, 916
Shop Around the Corner, The: 73, 510, 820, 830
Shopworn: 817
Shopworn Angel, The: 190, 532, 820, 830
Shore Acres: 430, 431
Short Cut to Hell: 124
Short Cuts: 22, 485, 489, 561, 582, 822, 901

Shot in the Dark, A: 282, 652
Should a Husband Forgive?: 911
Shoulder Arms!: 160
Shout: 866
Shout, The: 72, 801
Shout at the Devil: 544
Show, The: 113
Show Boat: 352, 922
Show Folks: 504
Show of Force, A: 69, 351
Show of Shows, The: 70, 508, 935
Show-Off, The: 110, 864
Show People: 304, 902
Showdown: 421, 543
Showgirl in Hollywood: 490
Showgirls: 894
Shriek in the Night, A: 736
Shrike, The: 19, 315
Shubun: 466
Shukujo to hige: 643
Shukujo wa nani o wasuraetaka: 643
Shukuzu: 785
Shy People: 401, 463
Shylock: 44
Si c'était à refaire: 10, 242, 488
Si don Juan fuese mujer: 68, 69
¡Si ella lo supiera!: 220, 368
Si empezara otra vez: 9, 10, 242, 487, 488
Si estás muerto, ¿por qué bailas?: 475
Si hoy es martes, esto es Bélgica: 151, 234
Si jolie petite plage, Une: 669
Si j'étais un espion: 93
Si no amaneciera: 104, 105, 227, 228, 366, 471, 486, 487, **785,** 924
Si Paris m'était conté: 669
Si Paris nous était conté: 540, 592
Si quieres ser millonario no malgastes el tiempo trabajando: 55, 114
Si salvi chi vuole: 140
Si te dicen que caí: 4, 42, 43, 65, 66, 758, **785**
Si te hubieses casado conmigo: 721
Si tous les gars du monde: 870
Si tú estuvieras: 151, 152, 266, **786**
Si Versailles m'était conté: 68, 178, 669, 918
Si Versalles pudiera hablar: 68, 177, 178, 669, 918
Si volvemos a vernos: 711, 712
Si yo fuera millonario: 310
Si yo fuera rey: 179, 180
Si yo tuviera un millón: 190, 510
Siamo donne: 85, 525, 741, 905
Siamo tutti in libertà provvisoria: 623
Siamo tutti milanesi: 858
Siberiada: 463, **786**
Siberjada: 463, 786
Sibirska Ladi Magbet: 520, 910

índice de películas

Sicilian, The: 167, 753
Siciliano, El: 167, 753
Sick Abed: 930
Sid and Nancy: 633
Sid y Nancy: 633
Side by Side: 83
Side Street: 372, 533
Sidewalks of New York: 454
Sieden kobiet w roznym wieku: 459
Siege at Red River, The: 554
Siembra de dolor: 277
Siempre en mi corazón: 817
Siempre es domingo: 721
Siempre estoy sola: 64, 172, 549
Siempre Eva: 96, 354, 355, 420
Siempre hace buen tiempo: 134, 163, 264, 456, 457
Siempre hay un mañana: 522, 797, 798, 818
Siempre hay una mujer: 270, 396, 505, 506, 725, 726, 740
Siempre te quise: 671
Siempre tú y yo: 225, 794
Siempre tuya: 315
Siempre y un día: 171, 368, 454, 516, 574, 630
Sierra: 214
Sierra de Teruel: 788
Sierra prohibida: 106
Siesta: 335, 740
Siete cabalgan hacia la muerte: 781
Siete caras: 600, 601
Siete Cucas, Las: 157
Siete de copas, El: 359
Siete del club: 215
Siete días de enero: 67, 68
Siete días de mayo: 268, 269, 337, 351, 352, 473, 474, 538, 539
¡Siete días en Nueva York!: 556
Siete locos, Los: 861, 862
Siete magníficas, Las: 73
Siete magníficos del espacio, Los: 789
Siete magníficos, Los: 114, 174, 175, 561, 789
Siete mil días juntos: 312, 751
Siete muertos por prescripción facultativa: 243, 671
Siete mujeres: 64, 333, 334, 459
Siete mujeres de diferentes edades: 459
Siete novias para siete hermanos: 264
Siete ocasiones: 453, 454, **788**
Siete samuráis, Los: 47, 465, 466, **788**
Siete veces mujer: 125, 232, 233, 357, 521, 623
Sigamos la flota: 51, 52, 736, 756, 809
Siglo de las luces, El: 805
Sign of the Cross, The: 177, 229, 479, 538
Sign of the Pagan: 798
Signal rouge, Le: 825
Signal Tower, The: 112
Signe Charlotte: 423

Signe du lion, Le: 737
Signo de la cruz, El: 177, 229, 479, 538
Signo de la muerte, El: 318
Signo de Venus, El: 232, 234, 505, 506, 728, 811, 812
Signo del renegado, El: 162
Signo del Zorro, El: 220, 530, 682
Signor Max, Il: 62, 130, 233
Signora di Montecarlo, La: 806
Signora di tutti, La: 639
Signora senza camelie, La: 40, 102, 103
Signore desidera?, Il: 233
Signore e signori: 362
Signore e signori, buonanotte: 183, 357, 551, 584, 859
Signorina, La: 812
Signorine della villa accanto, La: 812
Signorine dell'04, Le: 779
Signos de vida: 402
Signos del zodiaco, Los: 813
Sígueme: 307, 709, 710
Siguiendo mi camino: 559, **790**
Silbermowe, Die: 256
Silence de la mer, Le: 564
Silence est d'or, Le: 171
Silence of the Lambs, The: 239, 335, 416
Silencers, The: 163, 542
Silencio, El: 84, 85, 183, 184, 564, **790**
Silencio de la sospecha, El: 608
Silencio de los corderos, El: 239, 335, 416
Silencio de muerte: 269
Silencio de un hombre, El: 237, 564, **791**
Silencio es oro, El: 171
Silencio y grito: 440
Silent Battle, The: 390
Silent Fall: 83, 273
Silent Movie: 64, 121, 576, 612
Silent Running: 167
Silent Tongue: 72, 390, 783
Silent Touch, The: 938
Silk Hosiery: 613
Silk Stocking Sal: 113
Silk Stockings: 52, 76, 163, 530
Silken Affair, The: 618
Silkwood: 614, 615, 822
Silver Bears, The: 126
Silver Cord, The: 205, 560
Silver Chalice, The: 36, 612, 929
Silver Dollar: 733
Silver Horde, The: 560
Silver River: 325, 784, 911
Silver Streak: 925
Silver Wings: 333
Silverado: 198, 450
Silla vacía, La: 95
Sillas de montar calientes: 925

Simabaddha: 705
Simão, o coalho: 154
Simba: 95
Simbad, el marino: 632, 696
Simón Bolívar: 48, 93, 699, 700
Simón, contamos contigo: 475
Simón del desierto: 116, 117
Simpática huerfanita, La: 847, 848
Simpático y caradura: 80
Simple formalità, Una: 243, 860
Simple Twist of Fate, A: 543
Sin amor: 399, 863, 864
Sin anestesia: 910
Sin apelación: 73
Sin balas y disparando: 766
Sin compasión: 505
Sin conciencia: 97
Sin defensa: 401, 783
Sin escudo ni blasón: 464
Sin final: 459
Sin hogar y sin rumbo: 102
Sin identidad: 416
Sin miedo a la vida: 108, 109, 740, 917
Sin móvil aparente: 755, 870
Sin novedad en el frente: 534, 572, **792**
Sin of Harold Diddlebock, The: 500, 827
Sin palabras: 728
Sin perdón: 279, 280, 384, 385, 389, 390, **793**
Sin piedad: 478, 479
Sin pistas: 126
Sin remisión: 205, 655, **793**
Sin rival: 479
Sin rumbo: 354
Sin saber nada de ella: 182
Sin techo ni ley: 889
Sin testigos: 570, 571
Sin uniforme: 886
Sin vías de escape: 912
Sinatra: 476, 893
Sinbad the Sailor: 632, 696
Since You Went Away: 178, 199, 205, 246, 443, 848
Sinceridad: 462
Sindicato de asesinos: 269
Síndrome de China, El: 271, 328, 489
Sinfonia d'amore: 103
Sinfonía de amor: 103
Sinfonía de la gran ciudad: 581
Sinfonía de la vida: 408, **795,** 930
Sinfonía de primavera: 461, 462
Sinfonía de una gran ciudad: 580
Sinful Davey: 424, 426
Sing Me a Love Song: 784
Sing You Sinners: 522
Sing Your Way Home: 533
Singapore: 352, 522

Singapore Woman: 609, 610
Singe en hiver, Un: 80, 346
Singer Not the Song, The: 95
Singing Marine, The: 680
Singing Nun, The: 356
Singin' in the Rain: 134, 162, 264, 456, 457
Single Standard, The: 350, 560
Single White Female: 326, 485, 768
Singles: 326
Singpost to Murder: 931
Sinners in Paradise: 922
Sinners in the Sun: 374, 504
Sinner's Holiday: 124
Sins of a Man: 26
Sins of Jezebel: 366
Sins of Rachel Cade, The: 253
Sins of the Children: 930
Sins of the Fathers: 166, 442
Sinuhé, el egipcio: 215, 216, 555, 556, 791, 792, 854, 883
Siren of Atlantis: 587
Siren of Bagdad: 695
Sirena de las aguas verdes, La: 745
Sirena del Mississippi, La: 79, 80, 241, 242, **797,** 873
Sirena del Palace, La: 613
Sirena del puerto, La: 725
Sirena negra, La: 313
Sirena sospechosa, Una: 225
Sirena y el delfín, La: 469, 505, 506, 610
Sirenas: 375, 747
Sirenas en sociedad: 550, 592
Sirène du Mississippi, La: 80, 242, 873, 797
Sirens: 375
Sirocco: 97
Siroco: 97
Siroco de invierno: 440
Sirokkó: 440
Sirviente, El: 95, 507, **798**
Sis Hopkins: 395
Sissi: 513, 766
Sissi die junge Kaiserin: 766
Sissi emperatriz: 766
Sissi schick salsjahre einer Kaiserin: 766
Sissignora: 675
Sissignore: 858
Sistema Pelegrín, El: 313
Sister Act: 456
Sister, Sister: 485
Sisters: 231
Sisters, The: 223, 325, 498
Sitiados: 173
Sitting Pretty: 632, 736
Situación desesperada: 572, 573, 923
Situación desesperada pero menos: 380, 708

índice de películas

Situation Hopeless But Not Serious: 380, 708
Six Bridges to Cross: 214
Six Cylinder Love: 863
Six Degrees of Separation: 832
Six Feet Four: 460
Six Hours to Live: 256
Six of a Kind: 559
Six Weeks: 589
Sizzle Beach U.S.A.: 198
Sječaš il se Dolly Bell?: 466
Sjunde inseglet, Det: 84, 780, 834
Skammen: 85, 834, 877
Skandal um Eva: 646
Skepp som mötas: 800
Skepp till Indialand: 84
Sketch Artist: 69
Ski Bum, The: 702
Ski Troop Attack: 194
Skidoo!: 546, 684
Skin Deep: 282
Skin Game, The: 407
Skirts Ahoy!: 926
Sklavenkönigin, Die: 216
Skomakare bliv vie din läst: 800
Skř ivánci na niti: 565
Sky Devils: 863
Sky Giant: 329
Sky Pilot, The: 902
Sky Riders: 175
Sky's the Limit, The: 52
Skylark: 178, 574, 756
Skyline: 508
Slalom: 357
Slam Dance: 912
Slap Shot: 612
Slapstick: 493
Slattery's Hurricane: 220, 235, 472, 923
Slaughter on Tenth Avenue: 555
Slave Ship: 355
Slavers: 575
Slaves of New York: 437
Slavnosti sněženek: 566
Sleep: 913
Sleep My Love: 26, 178, 798
Sleep With Me: 856
Sleeper: 18, 454
Sleepers: 491
Sleeping Car: 498
Sleeping Tiger, The: 95, 507
Sleeping With the Enemy: 732
Sleepless in Seattle: 387, 746
Slender Thread, The: 64, 676, 678
Sleuth: 126, 533, 636
Slight Case or Murder, A: 733
Slightly French: 798

Slightly Honorable: 355
Slighty Dangerous: 875
Slighty French: 26
Slim: 326
Slither: 121
Slitting Heirs: 402
Sliver: 822
Slumber Party'57: 927
Small Back Room, The: 681
Small Town Girl: 359, 372, 820, 844, 920
Smania addosso, La: 357
Smart Girl: 516
Smart Money: 124, 733
Smart Woman: 468
Smash-Up: 395
Smashing the Money Ring: 705
Smashing Up: 712
Smic, smac, smoc: 487
Smierč Prowincjaka: 937
Smile: 377
Smiling Lieutenant, The: 177, 416, 510
Smilin' Through: 101, 102, 420, 538
Smith, el silencioso: 469
Smith!: 331
Smoke: 424, 456, **802**, 912
Smoke Signal: 32
Smokey and the Bandit: 318
Smokey and the Bandit II: 319
Smoking: 719
Smoky: 72, 522
Smorgasbord: 492, 493
Smouldering Fires: 112
Smrt pana Baltazara: 565
Smuga cienia: 910
Smultronstället: 84, 338, 684, 800, 834
Snake Eyes: 456
Snake Pit, The: 228, 498, 616
Snapper, The: 338
Sneakers: 676, 708
Snob, The: 930
Snow in the Desert: 179
Snows of Kilimanjaro, The: 352, 395, 461, 661
So Big: 223, 817, 920, 928
So Ends Our Night: 205, 330, 539, 825, 830
So Evil My Love: 574
So Fine: 638
So Goes My Love: 26, 509
So Long at the Fair: 95, 791
So Proudly We Hail: 178, 366, 471, 756
So Red the Rose: 830, 902
So This in Paris: 510
So This is College: 560, 930
So This is London: 373
So This Is Love: 137
So This Is New York: 322, 323

1224

So This Is Paris: 214, 508, 695
Soapdish: 319
Soberano, El: 442
Soberbia: 491, 492
Sobornados, Los: 330, 331, 476, 477, 544, **802**
Soborno: 352, 480, 845
Sobra un hombre: 197, 671
Sobre el globo de plata: 942
Sobre la ciudad de Lódz: 459
Sobre las ruinas del mundo: 376, 825
Sobrevivientes, Los: 381
Sobrevivir a Picasso: 437
Social Briars: 460
Social Celebrity, A: 110
Social Club, A: 833
Sociedad limitada: 705
Society Doctor: 844
Society for Sale: 102, 833
Society Girl: 863
Society Scandal, A: 833
Society Secrets: 559
Society Sensation, A: 887
Socio, El: 358
Socios y sabuesos: 387
Socrate: 741
Sócrates: 741
Sodom and Gomorrah: 10, 14, 36, 216, 373, 489
Sodoma y Gomorra: 10, 14, 35, 36, 215, 216, 373, 489
Soeurs Brontë, Les: 7, 423, 846
Sofie: 877
Soga, La: 372, 406, 407, 429, 606, 820, 821
Soga de arena: 255, 256, 473, **803**
Soga de la horca, La: 916
Sogni d'oro: 577, 591
Sogni nel cassetto, I: 152, 266, 786
Sogno della farfala, Il: 79
Sogno di una notte di mezzo estate: 754
Sogno di Zorro, Il: 357, 505, 806
Soigne ta droite: 365
Soigne ton gauche: 172
Soir de rafle: 37
Soir, un train, Un: 10, 239, 586, 621
Sois belle et tais-toi: 79, 237
Sol ardiente: 655
Sol del membrillo, El: 292, **804**
Sol naciente: 188, 456
Sol rojo: 138, 237
Sol sale cada mañana, El: 733
Sol siempre brilla en Kentucky, El: 333
Sol Svanetij: 450
Sola en la oscuridad: 398
Sola en la penumbra: 822
Solar Crisis: 403
Solaris: 839, 840
Soldadito, El: 365

Soldadito del amor, El: 817
Soldadito español: 893
Soldado americano, El: 308
Soldado azul: 83
Soldado profesional: 355
Soldados: 806, 881
Soldados de chocolate: 565, 566
Soldados de plomo: 314, 750, 751, 781
Soldat Laforet, Le: 700
Soldatesse, Le: 942
Soldati 365 all'alba: 729
Soldatt van Orange: 894
Soldier Blue: 83
Soldier in the Rain: 561
Soldier of Fortune: 348, 395
Soldiers Three: 355, 373, 618
Soldier's Plaything, A: 216
Soldier's Story, A: 914
Sole: 92
Sole anche di notte, Il: 461, 462, 842, 843
Soledad: 313
Soledad del corredor de fondo, La: 723, 724, **807**
Soleil des voyous, Le: 346
Soleil levant: 557
Soleil rouge: 237
Solid Gold Cadillac, The: 410, 695
Solitaire, Le: 80, 244
Solitaria historia de Judith Hearne, La: 172
Solitario, El: 79, 80
Soliti ignoti, I: 54, 139, 357, 528, 550, 584, 724, 744
Soliti ignoti vent'anni dopo, I: 358, 551, 724, 744
Solo ante el peligro: 190, 191, 457, 726, **807,** 940, 941
Solo ante el streaking: 475
Solo contra la ciudad: 390
Solo el valiente: 661
Solo ellas... los chicos a un lado: 69
Solo en la noche: 532, 533
Solo matan a sus dueños: 19
Solo por tu amor: 461
Solo se vive dos veces: 186, 187
Solo sobre el océano Pacífico: 427, 428
Sólo Dios lo sabe: 425, 426, 458, 578, 579
Sólo el cielo lo sabe: 420, 630, 797, 798
Sólo los ángeles tienen alas: 373, 374, 393, 394, 396, **807**
Sólo para adultos: 416, 521
Sólo para hombres: 312, 313
Sólo por tu amor: 462
Sólo se vive una vez: 326, 476, 477, **808**
Sólo una bandera: 255, 256, 468, 469
Solomon and Sheba: 114, 503, 682, 903
Solos en la madrugada: 350, 750, 751
Solos en una isla: 190, 468
Solos los dos: 541

Soltera, La: 623
Soltera retozona, La: 549, 702
Soltera y madre en la vida: 475, 750
Soltero, El: 313, 811, 812
Soltero en apuros: 214
Soltero en el paraíso: 876
Soltero y padre en la vida: 751
Solterón y el amor, El: 794
Solterón y la menor, El: 374, 508, 509, 847, 848
Solterona, La: 25, 223, 368, 416
Solteros: 326
Sombra, La: 451
Sombra de los ángeles, La: 765
Sombra de un campeón, La: 555, 729, 730
Sombra de un gigante, La: 114, 253, 269, 795, 916
Sombra de un testigo, La: 772
Sombra de una duda, La: 198, 199, 406, 407, **808**
Sombra del actor, La: 320
Sombra del ciprés es alargada, La: 13
Sombra del guerrero, La: 466
Sombra del lobo, La: 831, 832
Sombra del testigo, La: 773
Sombra del zar amarillo, La: 661, 662
Sombra en el pasado, Una: 657, 746
Sombra en la noche: 926
Sombra enamorada: 62, 610
Sombra enamorada, La: 48, 314, 725
Sombra verde: 359
Sombras: 760
Sombras acusadoras: 73
Sombras blancas en los mares del Sur: 321
Sombras de circo: 153, 154
Sombras de muerte: 667
Sombras de sospecha: 191, 458
Sombras en el mar: 668
Sombras en el paraíso: 163, 450, 451
Sombras en una batalla: 132, 556, 557, **808**
Sombras paralelas: 827
Sombras trágicas: 270
Sombras y niebla: 18, 19, 307, 335, 527
Sombrero: 36, 162, 356, 357
Sombrero de copa: 51, 52, 736, 756, **809**
Sombrero de paja de Italia, Un: 171
Sombrero de tres picos, El: 130
Sombrero lleno de lluvia, Un: 751, 752, 941
Some Came Running: 183, 521, 542, 577, 794
Some Day: 681
Some Kind of a Nut: 253
Some Liar: 460
Some Like It Hot: 184, 214, 488, 585, 925
Some May Live: 199
Somebody Killed Her Husband: 108
Somebody to Love: 456, 697
Somebody Up There Likes Me: 36, 561, 612, 928
Someone to Remember: 796

Someone To Watch Over Me: 773
Something Always Happens: 681
Something Big: 543
Something for the Birds: 556, 608, 928
Something for the Boys: 410
Something in the Wind: 276
Something of Value: 111, 421, 676
Something Short of Paradise: 758
Something to Live For: 329, 574, 819, 820
Something to Shout About: 26, 162
Something to Sing About: 124
Something to Talk About: 692, 732
Something to Think About: 229, 779, 833
Something Wicked This Way Comes: 172, 731
Something Wild: 239, 377
Sometimes a Great Notion: 327, 612, 716
Somewhere in Sonora: 915
Somewhere in the Night: 533
Somewhere I'll Find You: 348, 875
Sommaren med Monika: 84, 891
Sommarlek: 84
Sommarnattens Leende: 84, 181
Sommer Flugene: 162
Sommersby: 335, 361
Somos dos fugitivos: 858
Somos honrados bandidos: 33, 409
Son Altesse l'amour: 37
Son-Daughter, The: 112
Son of Ali Baba: 213, 214
Son of David, A: 179
Son of Dracula: 796
Son of Flubber: 523
Son of Fury: 205, 222, 404, 682, 854
Son of His Father, A: 324
Son of India: 318
Son of Kong: 461
Son of Paleface: 745
Son of Sinbad: 625
Son of the Pink Panther, The: 140, 282, 652
Son of the Sheik, The: 887
Son tornata per te: 182
Sonad skuls: 800
Sonámbulos: 76, 193, 381, 382, **809**
Sonar kella: 705
Sonata de otoño: 84, 85, 86, 809, **877**
Sonatas: 67, 68, 310, 699, 700, 720, 721
Sonate a Kreutzer, La: 737
Söndagsbarn: 84
Song Is Born, A: 319, 394, 924
Song of Bernadette, The: 132, 220, 443, 461
Song of India: 750
Song of Life, The: 815
Song of Love: 112, 399
Song of My Heart: 102
Song of Norway: 733

Song of Russia: 845
Song of Songs: 257, 530
Song of Summer: 746
Song of Surrender: 487
Song of the Islands: 556
Song of the Thin Man: 508, 509
Song to Remember, A: 601, 630
Song Without End: 95, 138
Songwriter: 744
Sonny: 460
Sono fotogenico: 357, 728, 859
Sono stato io!: 479, 553
Sono yo no tsuma: 643
Sonrisa de nuestra tierra, La: 581
Sonrisa del gran tentador, La: 439, 700
Sonrisas de New Jersey: 226
Sonrisas de una noche de verano: 84, 181
Sonrisas y lágrimas: 33, 655, **810,** 928
Sons of Katie Elder, The: 393, 417, 542, 916
Sons of the Desert: 388, 480
Soñador rebelde, El: 166
Sopa de ganso: 545, 546, 559, **810**
Sophie's Choice: 650, 822
Sophomore, The: 559
Soplo al corazón, El: 527, 528, **811**
Soplo salvaje: 191, 697, 818
Sopraluoghi in Palestina: 659
Sor Angelina Virgen: 711
Sor Citroën: 750
Sor Intrépida: 699
Sorcerer: 339, 700, 752, 763
Sorcières de Salem, Les: 586, 671, 790
Sorelle Materassi, Le: 675
Sorgo rojo: 934, 935
Sorority Girl: 194
Sorority House: 471
Sorpasso, Il: 292, 357, 728, 870
Sorpresas, Las: 689
Sorprese dell'amore, Le: 182, 357
Sorriso del grande tentatore, Il: 439, 700
Sorrisso, uno schiaffo, un bacio in bocca, Un: 357, 859
Sorrows of Satan, The: 376
Sorry, Wrong Number: 473, 498, 818
Sortija que mata, La: 136, 137
Sortilèges: 671
Soshun: 643
Sospecha: 328, 329, 374, 407
Sospechoso: 608, 691, 692
Sospechoso, El: 480, 771, 796
Sospetto, Il: 771
Sostiene Pereira: 551
Sota, caballo y rey: 333
Sotto dieci bandiere: 480
Sotto il segno dello scorpione: 842

Sotto il sole di Roma: 78, 151, 152, 266, 786, 812
Souffle au coeur, Le: 528, 811
Souls at Sea: 190, 393, 469
Souls in Pawn: 460
Sound and the Fury, The: 114, 730, 931
Sound Barrier, The: 464, 482
Sound of Music, The: 33, 655, 810, 928
Sound Off: 695
Sounder: 188, 729, 730
Sourire, Le: 575
Sous la lune du Maroc: 277
Sous le ciel de Paris: 278
Sous le signe de Taureau: 346
Sous le soleil de Satan: 243, 670
Sous les toits de Paris: 37, 171
South of Saint Louis: 560
South of Tahiti: 587
South Sea Woman: 474
Southern Comfort: 144
Southern Maid, A: 373
Southern Pride: 460
Southern Star, The: 918
Southerner, The: 412, 718
Souvenir: 827
Souvenir d'Italie: 234, 812
Souvenirs d'en France: 591, 846
Souvenirs perdus: 586, 669
Souvenirs, souvenirs: 623
Sovversivi, I: 842
Sowing the Wind: 815
Soy Cuba: 450
Soy el pequeño diablo: 554, 555
Soy o no soy: 64, 316, 780
Soy puro mexicano: 48, 314
Soy tu hija, ¿no te acuerdas?: 554, 555
Soy un fugitivo: 489, 490, 600, 601
Soy un gato: 428
Soy un vagabundo: 572
Soy una cámara: 122, 171
Soylent Green: 199, 323, 403, 733
So's Your Old Man: 467, 468
Spaniard, The: 911
Spanish Affair: 782, 787
Spanish Gardener, The: 95
Spanish Main, The: 102, 632
Spara forte, più forte... non capisco: 551
Spartacus: 214, 269, 465, 480, 636, 792, 883
Sparviero del Nilo, Lo: 357
Spawn of the North: 70, 326, 393, 491
Spawning, The: 131
Speak Easily: 454
Speaking Parts: 283
Special Agent: 223
Special Delivery: 199
Special Inspector: 396

índice de películas

Specialist, The: 817, 822
Speechless: 224, 455
Speed: 417, 418, 710, 820
Speedy: 499, 715
Spellbound: 85, 407, 661
Spencer's Mountain: 222, 327, 633
Spendthrift: 326, 911
Sperduti nel buio: 233
Speriamo che sia femmina: 241, 242, 584, 623, 624, 755, 756, 877, 878
Spetters: 894
Spiaggia, La: 478, 479
Spicione detto anche l'africano: 357
Spieler, The: 354
Spielzeng von Paris, Der: 216
Spikes Gang, The: 323, 544
Spina nel cuore, Una: 479
Spinnen, Die: 477
Spion 503: 834
Spione: 477
Spiral Road, The: 421, 599, 743
Spiral Staircase, The: 91, 292, 796
Spirala: 938
Spirit of St. Louis, The: 821, 925
Spite Marriage: 454
Spitfire: 205, 399
Splendor: 416, 551, 560, 617, 770, 771, **815**
Splendor in the Grass: 74, 296, 452, 929
Splendore e miserie di madame Royale: 859
Split, The: 385, 832
Split Decisions: 385
Split Second: 680
Spoilers, The: 73, 190, 257, 915
Spokojnyj den'v konce vojny: 570
Sport Parade, The: 560
Sporting Blood: 348
Sporting Chance, A: 460
Sporting Life: 508
Sporting Venus, The: 179
Sportman de ocasión, Un: 135, 137, 201, 410
Sposa americana, La: 456
Sposa era bellisima, La: 583
Sposa non puo attendere, La: 503
Sposi: 58
Spotkanie na Atlantyku: 451
Spree: 487, 575
Sprinfield Rifle: 191, 235
Spring and Port Wine: 549
Spring Fever: 201
Spring Parade: 276
Spring Reunion: 32
Sprung ins Leben, Der: 257
Spy in Black, The: 681
Spy Who Came in From the Cold, The: 118, 730
Squall, The: 464, 508, 935

Square Dance: 731, 747
Square Jungle, The: 214
Squaw Man, The: 229
Squeeze, The: 455
St. Elmo, punto de encuentro: 561, 589, 768
St. Elmo's Fire: 561, 589, 768
St. Louis Blues: 911
St. Martin's Lane: 479, 485, 390
St. Valentine's Day Massacre, The: 195, 552, 615, 731
St. Yves: 91
Stablemates: 930
Stačtka: 284
Stacy's Knights: 198
Stad: 871
Stage Door: 399, 468, 736
Stage Door Canteen: 102, 399, 546, 601, 630
Stage Fair: 315
Stage Fright: 258, 407
Stage Struck: 327, 514, 680, 833
Stagecoach: 259, 333, 619, 915
Stagini del nostro amore, Le: 10
Staircase: 118, 264, 391, 796
Stakeout: 273, 822
Stalag 17: 409, 925
Stalingrad: 489
Stalingrado: 489
Stalker: 816, 839, 840
Stalking Moon, The: 600, 650, 662, 752
Stallion Road: 705
Stamboul Quest: 509, 930
Stand and Deliver: 351
Stand by for Action: 479, 845
Stand by Me: 714, 273
Stand der Dinge, Der: 921
Stand-In: 96, 355, 420
Stand Up and Be Counted: 91
Stand Up and Cheer: 848
Stand Up and Fight: 844
Standing Room Only: 366, 522
Stanley and Iris: 230, 328, 730
Stanley and Livingstone: 460, 864
Stanno tutti bene: 551, 592, 860
Stanza 17-17 palazzo delle tasse ufficio imposte: 859
Stanza del vescovo, La: 728, 859
Star: 763, 920
Star!: 33, 928
Star, The: 224, 929
Star 80: 335
Star Chamber, The: 271
Star Dust: 220
Star in the Dust: 280
Star Is Born, A: 212, 354, 359, 538, 549, 557, 823, 920
Star of Midnights: 736

Star Packer, The: 915
Star Reporter, The: 681
Star Spangled Rhythm: 366, 395, 469, 471, 522, 574, 680
Star Trek: 929
Star Trek, la conquista del espacio: 928, 929
Star Wars: 332, 380
Star Witness, The: 920
Stardust Memories: 18, 531, 702, 821
Starflight One: 575
Starlift: 125, 191, 225
Starman: 108
Staroe i novoel: 284
Stars and Bars: 226
Stars and Strips Forever: 648
Stars in My Crown: 560, 862
Stars Look Down, The: 709
Start the Revolution Without Me: 832, 919, 925
Starting Over: 83, 650
Stass et Cie: 348, 349
State Fair: 32, 359, 460
State of Grace: 633
State of the Union: 137, 399, 864
State Street Sadie: 508
State's Attorney: 70
Station Content: 833
Station West: 680
Statue, The: 618
Statues meurent aussi, Les: 719
Stavisky: 79, 80, 104, 105, 243, 719
Stay Hungry: 108, 318, 701, 769
Staying Alive: 816, 866
Stazione Termini: 174, 232, 297, 443
Stealing Home: 335
Steamboat Bill Jr.: 454
Steamboat Round the Bend: 332, 333
Steaming: 507, 709
Steel: 638
Steel Helmet, The: 342
Steel Magnolias: 319, 387, 521, 732, 783
Steel Town: 784
Steel Trap, The: 199
Steelyard Blues: 328, 832
Stefano Quantestorie: 614
Stella: 556, 566, 567, 784
Stella Dallas: 179, 460, 553, 817, 902
Step Down to Terror: 808
Step Lively: 794
Steppa, La: 478, 479
Steppenwolf: 755, 834
Stepping-Out: 576, 613
Stereo: 205, 206
Sterile Cuckoo, The: 576, 650
Stern von Damaskus, Der: 216
Stevie: 439

Stick: 83
Sticks and Stones: 230
Stico: 314
Stier von Olivera, Der: 441
Stiletto: 763
Still of the Night: 82, 763, 822
Stimulantia: 85, 86, 799
Sting, The: 612, 708
Sting of the Lash, The: 460
Stingaree: 920
Stir Crazy: 676, 925
Stockholm: 940
Stolen Bride, The: 464
Stolen Holiday: 216
Stolen Hours: 25, 395
Stolen Life, A: 224, 330
Stolen Moments: 887
Stolen Ranch, The: 932
Stony, sangre caliente: 361, 599, 600
Stooge, The: 493, 542
Stop Making Sense: 239
Stop! or My Mon Will Shot: 817
Storia di Piera: 317, 423, 551, 770
Storia di ragazzi e di ragazze: 58
Storia di una capinera: 939
Storia d'amore, Una: 130, 550
Storia vera della signora dalle camelie, La: 99, 423
Storie di ordinaria follia: 317
Storm, The: 426, 932
Storm Center: 224
Storm in a Teacup: 390, 485
Storm over Lisbon: 825
Storm over the Nilo: 209
Storm Warning: 225, 705, 736
Stormy Monday: 319, 377
Story of Alexander Graham Bell, The: 26, 326, 936
Story of Dr. Wassell, The: 191, 229, 679
Story of Esther Costello, The: 202
Story of G. I. Joe, The: 579, 920
Story of Louis Pasteur, The: 256, 601, 864, 896
Story of Mankind, The: 180, 417, 472, 545, 546, 547, 657
Story of Page One, The: 396
Story of Richard Wagner, The: 255, 256
Story of Seabiscuit, The: 848
Story of Temple Drake, The: 416
Story of Three Loves, The: 36, 143, 269, 372, 548, 577
Story of Vernon and Irene Castle, The: 52, 405, 736
Story of Will Rogers, The: 216
Stowaway: 848
Strada, La: 310, 311, 696, 697
Strada lunga un anno, La: 231
Stradivarius: 697
Straight Shooting: 333, 932

índice de películas

Straight Time: 378, 408
Straight to Hell: 417
Strana la vita: 88
Stranded: 102
Strange Affair of Uncle Harry, The: 796
Strange Bed Fellows: 421, 503
Strange Brew: 834
Strange Cargo: 102, 201, 348, 531, 532
Strange Days: 493
Strange Door, The: 480
Strange Evidence: 629
Strange Impersonation: 533
Strange Interlude: 348
Strange Intruder: 516
Strange Lady in Town: 32, 356, 490
Strange Love of Martha Ivers, The: 269, 300, 573, 742, 818
Strange Love of Molly Louvain, The: 216
Strange Woman, The: 472
Stranger, The: 46, 733, 918, 936
Stranger Among Us, A: 514
Stranger Came Home, The: 366
Stranger in My Arms: 19
Stranger in the House: 161, 549
Stranger on Horseback: 560, 862
Stranger on the Prowl: 507, 601
Stranger on the Run: 327, 787, 788
Stranger Wore a Gun, The: 235, 544
Strangers in Love: 538
Strangers in the Night: 533, 613
Strangers on a Train: 1, 300, 372, 407
Strangers When We Meet: 148, 269, 555, 625, 695
Stranger's Return, The: 416, 902
Straniero, Lo: 551, 905
Strapless: 326
Strategia del ragno, La: 88, 297
Strategic Air Command: 19, 533, 821
Stratton Story, The: 19, 821, 930
Straw Dogs: 408, 662
Strawberry Blonde, The: 125, 228, 396, 911
Straziami, ma di baci saziami: 728, 858
Streamers: 22, 582
Street Angel: 102, 359
Street of Chance: 205
Street of Forgotten Men, The: 110
Street of No Return: 144, 342
Street of Sin, The: 441
Street Scene: 680, 902
Street With No Name, The: 923
Streetcar Named Desire, A: 106, 452, 486
Streets of Fire: 219
Streets of God: 583
Streets of Laredo: 409
Strega bruciata viva, La: 905
Streghe, Le: 99, 233, 280, 531, 659, 700, 813, 905

Strejken: 799, 800
Strelle nel fosso, Le: 57, 58
Streseman: 9
Stress es tres, tres: 161, 162, 664, 760, 761
Strictly Dishonorable: 484, 816, 826
Striden gar vidare: 800
Strike Up the Band: 353
Striking Distance: 927
Strip-tease: 722
Strip-tease a la inglesa: 782
Stripper, The: 931
Striptease: 589
Strohfeuer: 765
Stromboli: 85, 524, 741, **825**, 908
Stromboli terra di Dio: 85, 524, 741, 825, 908
Strong Boy: 333
Strong Man, The: 137, 410
Strongest, The: 911
Stronghold: 472, 588
Strop: 166
Stroszek: 402
Struggle, The: 376
Struktura krysztalu: 938
Student Prince, The: 510
Studio Murder Mistery, The: 538
Studs Lonigan: 615
Stumme, Der: 769
Stunt Man, The: 401, 642
Stuntman: 503
Stürme der Leidenschaft: 104, 442, 796
Stützen der Gesellschaft: 798
Su alteza, el ladrón: 214, 554, **827**
Su amor prohibido: 91
Su coartada: 83
Su doble vida: 364
Su excelencia el embajador: 106
Su éxito: 490
Su gran deseo: 797, 798, 818
Su gran noche: 345
Su gran sacrificio: 216
Su grata compañía: 52
Su hermana de París: 179
Su hermano: 428
Su hombre: 354
Su hora: 902
Su jaula dorada: 833, 930
Su juego favorito: 319, 393, 394, 421
Su majestad de los mares del Sur: 474
Su más grande engaño: 257
Su mayor victoria: 376
Su mejor enemigo: 618, 812
Su milagro de amor: 205
Su noche de bodas: 45
Su nombre en los periódicos: 709, 825
Su otra esposa: 399, 863, 864

Su pequeña aventura: 225
Su primer amor: 833, 847
Su primer beso: 102
Su primera noche: 276, 480
Su propia novela: 324
Su propia víctima: 224
Su propio infierno: 74, 337, 752
Su retrato en los periódicos: 304
Su última danza: 327
Su última diablura: 276
Su última pelea: 915, 936
Su único deseo: 73, 421, 929
Su único pecado: 180, 902
Su vida íntima: 105, 830
Su vida privada: 325, 464, 490
Sua altezza ha detto: no!: 858
Sua eccellenza si fermò a mangiare: 858
Suave como visón: 225, 375, 534
Suave es la noche: 329, 443, 460, 461, 731
Subarashiki nichiyobi: 466
Subdesarrollados, Los: 475
Subida al cielo: 117
Subject Was Roses, The: 378, 608
Sublime decisión: 348, 930
Sublime mentira, La: 617
Sublime obsesión: 630, 815, 816, 844
Submarine: 137
Submarine Command: 409
Submarine D-1: 705
Submarine Patrol: 333
Submarine X-1: 121
Submarino: 136, 137
Submarino en el mantel, Un: 362
Submarino fantasma, El: 797, 798
Subterfuge: 549
Subterraneans, The: 143
Subterráneo: 50, 51
Subway: 7, 89
Success Is the Best Revenge: 10, 801, 863
Successo, Il: 10, 357, 728, 870
Sucedió así: 92, 93, 232, 233, 503
Sucedió bailando: 270, 352
Sucedió el 20 de julio: 645, 646
Sucedió en China: 348, 509
Sucedió en el tren: 178, 374, 490, 915
Sucedió en Lunes: 182
Sucedió en París: 709
Sucedió en Roma: 506
Sucedió mañana: 171, 220, 680
Sucedió sin querer: 270
Sucedió una noche: 136, 137, 177, 347, 348, 680, **828**
Sucedió una vez: 177, 270, 467, 468
Suceso, El: 275, 697
Such Good Friends: 638, 684

Sucre, Le: 243, 671
Sud: 754
Sud, El: 805
Sudan: 587
Sudario a su medida, Un: 721
Sudden Fear: 202
Sudden Impact: 280
Suddenly: 794
Suddenly It's Spring: 366, 487, 522
Suddenly Last Summer: 174, 399, 533, 844
Suena el teléfono: 335, 410, 542, 576, 577
Sueño americano, Un: 828, 902, 903
Sueño de amor: 95, 137, 138, 201, 613
Sueño de amor eterno: 190, 392, 515, 516, **829**
Sueño de Andalucía, El: 540, 782
Sueño de Arizona, El: 244
Sueño de juventud, Un: 581
Sueño de reyes: 697
Sueño de Tánger, El: 336, 337, 892, 893
Sueño de una noche de verano, El: 124, 227, 255, 256, 680, 754
Sueño del mono loco, El: 872
Sueño dorado: 530, 817
Sueño eterno, El: 62, 96, 97, 155, 393, 394, **829**
Sueños: 84, 466
Sueños de amor: 613
Sueños de circo: 766
Sueños de gloria: 257, 587, 918
Sueños de juventud: 399, 522, 642, 819, 820
Sueños de oro: 408
Sueños de príncipe: 105, 498
Sueños de seductor: 17, 18, 454
Sueños húmedos: 526, 704
Sueños prohibidos: 72, 337, 755
Sueños y realidades: 757
Suerte de la fea, La: 935
Suerte de marino: 910, 911
Suerte de ser mujer, La: 92, 93, 104, 105, 505, 506, 550
Suerte ha tocado mis piernas, La: 643
Suerte perra, Una: 601
Suez: 37, 38, 682, 936
Sufridos ciudadanos: 555, 926
Sugarbaby: 7, 8, 62
Sugarland Express, The: 394, 814
Sugata sanshiro: 466
Suicide: 913
Suicidio de la geisha Gin, El: 785
Sultanes, Los: 503, 623
Sultans, Les: 503, 623
Sullivans, The: 72
Sullivan's Travels: 471, 560, 827, 896
Sumka dipkuriera: 272
Summer City: 362
Summer Holiday: 530

índice de películas

Summer in the City: 920, 921
Summer Lovers: 387
Summer of the Seventeenth Doll: 73
Summer of '42: 600, 638, 891
Summer Place, A: 222, 288
Summer Stock: 353, 354, 456, 457, 220, 798
Summer Wishes, Winter Dreams: 931
Summertime: 399, 482
Summertree: 271
Summurun: 510
Sumpf und Moral: 256
Sun Also Rises, The: 316, 325, 352, 461, 682
Sun Shines Bright, The: 333
Sun-Up: 368
Sunburn: 655
Sunchaser: 167
Sunday, Bloody Sunday: 225, 439, 764
Sunday Dinner for a Soldier: 72
Sunday in New York: 328
Sunday Lovers: 859, 925
Sunday Punch: 352
Sundown: 125, 328, 393, 684, 854
Sundowners, The: 458, 579, 883, 941
Sunny Side of the Street: 695
Sunny Side Up: 359
Sunrise: 22, 359, 603
Sunrise at Campobello: 356
Sunset: 282, 927
Sunset Boulevard: 202, 409, 454, 825, 833, 925
Sunset Pass: 392
Sunshine and Gold: 460
Sunshine Boys, The: 555
Sunstroke: 26
Suor Letizia: 130, 525
Super Mario Bros: 418
Super Rocky: 579
Supercolpo da sette miliardi: 33
Supergirl: 276, 307, 642
Supergolpe en Manhattan: 187, 514
Superman: 82, 107, 331, 385
Superman II: 385
Superman IV: 385
Supernatural: 504
Supernova: 254
Superstar: The Life and Times of Andy Warhol: 417
Supertestimone, La: 859, 906
Superviviente, El: 199
Supongamos que una noche cenando: 870
Suppose They Gave a War and Nobody Came: 26, 214
Suprema decisión: 639
Supremo ardid, El: 216
Suprugi Orlovy: 265
Sur: 838
Sur, El: 98, 291, 292, **830**
Sur la route de Salina: 397

Sur un arbre perché: 162
Surcos: 830
Sure Fire: 333
Sure Thing, The: 714
Surprise Package: 114, 264
Surrender: 126, 319
Survival, 1967: 221, 222
Survival Run: 575
Surviving Picasso: 437
Survivors, The: 199, 555, 926
Sus años dorados: 654
Sus primeros pantalones: 135, 137, 410
Susan and God: 201, 212, 396, 539
Susan Lennox: 348, 350
Susan Lennox: Her Fall and Rise: 348, 350
Susan Slade: 222
Susan Slept Here: 680
Susana: 117, 750
Susannah of the Mounties: 848
Susjeska: 919
Suspect: 608, 692
Suspect, The: 480, 796
¡Suspense!: 172, 458, **831**
Suspense... hora cero: 32, 221
Suspicion: 329, 374, 407, 815
Suspicious Wives: 815
Suspiria: 45
Suspiros de España (y Portugal): 351
Sutjeska: 118
Suzanne Simonin, la religieuse de Diderot: 715
Suzy: 374, 389
Svarta Palmkroner: 834
Svengali: 70
Svoi sredi čužik, čužoj sredi svojh: 571
Swamp Water: 8, 32, 72, 609, 718
Swamp Women: 194
Swan, The: 380, 457
Swanee River: 26
Swarm, The: 126, 199, 228, 316, 327, 523, 924
Swashbuckler: 85, 115, 424
Swedenhielms, Los: 85
Sweepings: 205
Sweet Adeline: 490
Sweet and Lowdown: 220
Sweet Bird of Youth: 111, 612
Sweet Charity: 335, 521
Sweet Dreams: 477, 714
Sweet Hearts Dance: 759
Sweet Hunters: 275, 379
Sweet Liberty: 126, 364, 669
Sweet Movie: 526
Sweet Ride, The: 91
Sweet Smell of Success: 214, 474, 520
Sweethearts on Parade: 560
Swimmer, The: 474

Swimming to Cambodia: 239
Swing Fever: 352
Swing High, Swing Low: 487, 504, 522, 696
Swing Kids: 106, 401
Swing Shift: 239, 394, 423
Swing Time: 52, 736, 820
Swing Your Lady: 96, 705
Swiss Conspiracy, The: 574
Swiss Miss: 388, 481
Switch: 282
Switching Channels: 515, 875
Sword and the Flute, The: 436
Sword in the Desert: 32
Sword of the Valiant: 187
Sworn Enemy: 696
Sybil: 931
Sylvia Scarlett: 212, 368, 374, 399
Sylvie et le fantôme: 57
Symphonie Pastorale, La: 592
Symphonie pour un massacre: 244
Symphony of Six Million: 468, 563
Synanon: 695
Syncopation: 255, 256
Synöve Solbakken: 800
Syskonbädd: 568, 799
Szegénylegények: 440
Szent Peter esernyoje: 464
Szenzáció: 886
Szerelmem, Elektra: 441
Szerelmes film: 835
Szörnyiek evadja: 441
Szpital: 459
Szyfry: 391

T-Men: 533
T. K. X. no contesta: 870
T. R. Baskin: 83, 121
T'amer ò sempre: 130, 525
Tabarin: 671
Taberna de Nueva Orleans, La: 325
Taberna del irlandés, La: 334, 544, 916
Taberna fantástica, La: 701
Taberna roja, La: 508
Taberna salvaje: 219
Tabla de Flandes, La: 558
Table for Five: 198, 907
Tabú: 321, 603, 799, **837**
Tac tac: 13
Tacones lejanos: 4, 20, 654
Tahití: 792
Tahiti Honey: 792
Taiheiyo hitoribotchi: 428
Tailor-Made Man, A: 930
Takara no yama: 642
Take a Hard Ride: 33

Take a Letter, Darling: 487, 522
Take Care of My Little Girl: 610, 668
Take Her She's Mine: 821
Take Me Out to the Ball Game: 264, 457, 794, 926
Take Me to Town: 784, 798
Take the High Ground: 111, 923
Take the Money and Run: 18
Take This Job and Shove It: 401
Taki no shiraito: 581
Taking of Pelham One Two Three, The: 555
Taking Off: 334
Tal como éramos: 678, 679, 707, 708, 823
Tal para cual: 866
Tal vez mañana: 700
Tale of Two Cities, A: 95, 180, 862
Talent for Loving, A: 923, 695
Tales From Darkside: The Movie: 801
Tales of Hoffmann, The: 464, 681, 938
Tales of Manhattan: 105, 278, 327, 396, 479, 733, 736, 775
Tales of Terror: 194, 648
Tales That Witness Madness: 226, 625
Talismán, El: 391
Talk of Angels: 362
Talk of Hollywood, The: 756
Talk of the Devil: 709
Talk of the Town, The: 180, 374, 820
Tall Guy, The: 852
Tall Headlines, The: 940
Tall in the Saddle: 915
Tall Men, The: 348, 745, 912
Tall Story: 328, 666
Tall Stranger, The: 560
Tall T, The: 94
Tall Target, The: 533, 680
Tallo de hierro: 61, 616, 822
Tam Tam mayumbe: 48, 550
Tamaño natural: 86, 671, **837**
Tamarind Seed, The: 33, 282
También es negocio el trabajo: 680
También los enanos empezaron pequeños: 402
También somos seres humanos: 578, 579, 919, 920
También yo te quiero: 98, 99
Tambor de hojalata, El: 765
Tambores de guerra: 222, 469
Tambores lejanos: 191, **838,** 911
Taming of the Shrew, The: 118, 304, 844
Tampico: 733
¡Tan lejos, tan cerca!: 219, 921
Tan solo héroes: 318, 332
Tanganika: 235
Tanganyka: 235
Tánger: 587, 588, 825
Tangier: 587, 588, 750
Tango: 624

índice de películas

Tango and Cash: 463, 817
Tango della gelosia, Il: 906
Tango feroz: 46
Tango y Cash: 463, 817
Tangos, el exilio de Gardel: 805, **838**
Tangos, l'exil de Gardel: 838
Tantas veo...: 216, 508
Tantum Ergo: 728
Tanzer Meiner Frau, Der: 464
Tap Roots: 395
Tapadera, La: 18, 207, 384, 385, 423, 678, 679, 729, 730, **839**
Taps: 207, 772
Tarahumara: 13
Tarantola dal ventre nero, La: 755
Tarantula: 280
Tarántula del vientre negro, La: 755
Taras Bulba: 113, 114, 214
Tarde como las otras, Una: 233, 280
Tarde de domingo: 659, 760
Tarde de lluvia, Una: 516
Tarde de perros: 514, 646
Tarde de toros: 886, 887
Tarde en el circo, Una: 545, 546
Tardía siesta del fauno, La: 166
Tarea, La: 400, 401
Tarea prohibida, La: 400, 401
Tareas del colegio, Las: 459
Target: 385, 663
Target: Harri: 702
Targets: 98
Tarnish: 179
Tarnished Angels, The: 35, 421, 798
Tarnished Lady: 212
Tarots: 721
Tartari, I: 918
Tártaros, Los: 556, 918
Tartars, The: 556
Tartüff: 441, 603
Tartuffe, Le: 243
Tartufo: 243, 441, 602
Tartufo, o el hipócrita: 441, 603
Tarzan and His Mate: 840
Tarzan and Jane Regained: 913
Tarzan the Ape Man: 390, 840
Tarzán de los monos: 840
Tarzán, el hombre mono: 390
Tarzán y su compañera: 840
Tarzan's Greatest Adventure: 187
Tasio: 47
Task Force: 191, 222
Tassinaro, Il: 812, 813
Tassinaro a New York, Un: 812, 813
Taste of Honey, A: 724
Tata mía: 45, 101, 475, 476, 556, 557, 654, 827, **840**

Tatarjaras: 215
Tati, a garota: 69
Tatiana: 498
Tatiana, la muñeca rusa: 804
Tatoué, Le: 346
Tatuado, El: 346
Tatuaje: 90
Tausend Augen des Dr. Mabuse, Die: 477, 851
Tavasz a telben: 215
Tavola dei poveri, La: 92
Taxi: 124, 151, 761, 936
Taxi Dancer, The: 201
Taxi de los conflictos, El: 541, 782
Taxi Driver: 229, 230, 335, 455, 767, 771, **843**
Taxi Killer: 583
Taxi malva, Un: 51, 52, 622, 623, 702, 883
Taxi mauve, Un: 52, 623, 702, 883
Taxidi sta Kithira: 36, 894
Taxis de medianoche: 508
Taylor Mead's Ass: 913
Taza Son of Cochise: 421, 798
Tchao Pantin: 87
¿Te acuerdas de Dolly Bell?: 466
Te amaré hasta que te mate: 424, 450, 710
Te amaré siempre: 130
Te amo, pero yo no: 243
Te compraré: 462
Te espera la muerte, querida: 832
Te puede pasar a ti: 124, 326
Te querré siempre: 85, 741, **845**
Te quiero otra vez: 509
Te quiero para mí: 588, 886
Te quiero, te quiero: 719
Te quise ayer: 460
Te volveré a ver: 146, 198, 199, 255, 256, 736, 847, 848
Té y simpatía: 458, 577
Tea and Sympathy: 458, 577
Tea for Two: 225
Teachers: 624
Teacher's Pet: 225, 348
Teahouse of the August Moon, The: 106, 331
Teatro de Minnie, El: 137
Techo, El: 166, 232
Techo de cristal, El: 782
Techo del mundo, El: 98
Tecnica e il rito, La: 440, 441
Técnicas de duelo: 123
Teen kanya: 705
Teenage Caveman: 194
Teenage Doll: 194
Teenage Rebel: 368, 736
Teheran 43: 238
Tejados de vidrio: 220, 682
Tejedor de milagros, El: 49

Tela de araña, La: 62, 105, 364, 509, 577, 923
Tela del ragno, La: 372
Telefon: 716, 788
Telefonata, La: 728
Telefonazo, El: 728
Telefoni bianchi: 357, 728, 859
Teléfono: 716, 787, 788
Teléfono rojo, ¿volamos hacia Moscú?: 465, 772
Telegraph Trail, The: 915
Telenovela errante, La: 745
Teleñecos en cuento de Navidad, Los: 126
Television Spy: 696
Tell England: 50, 51
Tell It to Sweeney: 468
Tell Me Lies: 439
Tell Me a Riddle: 271
Tell Me That You Love Me Junie Moon: 576, 684
Tell no Tales: 270
Tell Them Willie Boy Is Here: 708, 887
Telling the World: 930
Telón de acero, El: 32, 854, 919, 920
Temerario, El: 96
Temerario Yves, El: 91
Temerarios del aire, Los: 337, 384, 385, 458, 473, 474, **846**
Temible burlón, El: 473, 474, 796
Temible mister Cory, El: 282
Témoin, Le: 623, 813
Temp, The: 276
Tempest: 70, 151, 357, 558, 743, 758, 846
Tempestà, La: 357, 479, 531
Tempestad: 151, 357, 478, 479, 531, 684, 743
Tempestad, La: 69, 70, 303, 357, 557, 558, 758, **846**
Tempestad en Asia: 923, 928
Tempestad en la cumbre: 177, 178, 797, 798
Tempestad en Oriente: 104, 105, 458, 469
Tempestad sobre el Nilo: 209
Tempestad sobre Washington: 326, 327, 479, 480, 684, **847,** 854
Tempête sur Paris: 825
Tempi nostri: 93, 233, 506, 550, 586, 812
Templo de las hermosas, El: 374, 609
Templo del hampa, El: 373
Tempo di villeggiatura: 234
Tempo massimo: 233, 525
Tempo si è fermato, Il: 637
Temporada alta: 91, 106
Temporale Rosy: 243, 584
Temporary Widow, The: 636
Temps des amours, Les: 115
Temptation: 229, 630
Temptation Harbor: 792
Temptress, The: 350, 613
Ten: 33, 258, 282, 589
Ten Cents a Dance: 22, 817

Ten Commandments, The: 72, 114, 229, 258, 403, 508, 648, 733
Ten Days in Paris: 390
Ten Gentlemen From West Point: 281, 393, 632
Ten Modern Commandments: 50
Ten, North Frederick: 191
Ten Rillington Place: 323
Ten Seconds to Hell: 14
Ten Tall Men: 474
Ten Thousand Bedrooms: 542
Tenda dos milagres: 666
Tenda rossa: 140, 187
Tender, The: 866
Tender Comrade: 736
Tender Is the Night: 329, 443, 461, 731
Tender Mercies: 83
Tender Trap, The: 794
Tenderfoot, The: 736
Tenderloin: 216
Tendre ennemie, La: 639
Tendre poulet: 623
Tendre voyou: 80, 623, 755
Tenebrae: 45
Tenente Giorgio, Il: 553
Tener y no tener: 62, 96, 97, 155, 393, 394, 787, **848**
Tenero è il tramonto: 183
Tengo dos años: 428
Tengoku to jigoku: 466
Tenías que ser tú: 554, 736
Teniente seductor, El: 177, 416, 509, 510
Tennessee Johnson: 255, 256
Tennessee's Partner: 253, 706
Tenorio de sleeping: 498
Tenorio entre bastidores: 490
Tenorio improvisado, Un: 756
Tenorio tímido, El: 499, **848**
Tensa espera: 759, 783
Tension: 162
Tension at Table Rock: 253
Tentación: 212, 228, 229, 350, 559, 560, 938
Tentación vive arriba, La: 585, 924, 925
Tentaciones de Isabelle, Las: 262
Tentaciones del doctor Antonio, Las: 311
Tentacles: 327
Tentacoli: 426
Tentáculos: 327, 426
Tentation d'Isabelle, La: 262
Tentato suicido: 40
Tentazioni del dottor Antonio, Le: 311
Tentazioni proibite: 68
Tenue de soirée: 93, 243
Teorema: 531, 658, 659
Tequila Sunrise: 362, 669
Terapia al desnudo: 782

Tercer hombre, El: 198, 199, 464, 709, 710, **849,** 918
Tercer hombre era mujer, El: 395, 542
Tercera generación, La: 308, 770
Tercera llave, La: 373
Tercera parte de la noche, La: 941, 942
Tercera víctima, La: 269, 774
Terciopelo azul: 417, 740
Teresa: 35, 36, 640, 721, 728, 940, 941
Teresa la ladra: 906
Teresa, la ladrona: 906
Teresa Raquin: 142, 789
Teresa Venerdì: 232, 233, 525, 886
Teresita: 359
Terje Vigen: 800
Term of Trial: 636, 790
Terminal Velocity: 462
Terminator: 2, 131, 769
Terminator, The: 131, 769
Terminator 2: el día del juicio: 2, 131, 769
Terminator 2, Judgement Day: 131, 769
Terminus: 764
Terms of Endearment: 249, 521, 615, 927
Terra em transe: 734
Terra madre: 92
Terra nova: 66
Terra trema, La: 78, 854, 905
Terra vista dalla Luna, La: 659
Terrain vague: 142
Terraza, La: 356, 357, 551, 755, 756, 770, 771, **849,** 858, 859, 861, 862, 870
Terrazza, La: 357, 551, 756, 771, 849, 859, 870
Terre à boire, Le: 115
Terre brûlée: 846
Terre de feu: 495
Terre étrangère: 672
Terremoto: 115, 352, 403, 555
Terribili sette, I: 553
Terrible Beauty, A: 355, 389, 579
Terrible Miss Dove, La: 443
Terrible Mr. Cory, El: 214
Terrible Roland, El: 922
Terrible Teodoro, Il: 858
Terrón de azúcar, El: 876
Terror, El: 615
Terror, The: 194, 615
Terror ciego: 307, 323
Terror de las chicas, El: 492, 493
Terror in the Wax Museum: 574
Terror on a Train: 331
Terror Train: 213
Terror y encajes negros: 13
Terrorífica luna de miel: 925
Terrorismo oficial: 700
Terrorista, Il: 9, 10

Terza liceo: 779
Tesoro, El: 645
Tesoro de las cuatro coronas, El: 700
Tesoro de Sierra Madre, El: 96, 97, 425, 426, **849**
Tesoro del Bengala, Il: 750
Tesoro del cóndor de oro, El: 64, 222, 404
Tess: 461, 462, 677, **850**
Tess of the Storm Country: 359
Tess y su guardaespaldas: 124, 521
Tessa: 940
Test of Honor, The: 70
Test Pilot: 324, 348, 509, 864
Testaferro, El: 426, 932
Testament: 198
Testament des Dr. Mabuse, Das: 477, 851
Testament du docteur Cordelier, Le: 718, 850
Testament d'Orphée, Le: 68, 103, 114, 177
Testamento de Orfeo, El: 68, 114, 176, 177
Testamento de su señoría, El: 800
Testamento del doctor Cordelier, El: 717, 718, **850**
Testamento del doctor Mabuse, El: 476, 477, **851**
Testamento del virrey, El: 886
Testamento final: 198
Testigo, El: 920
Testigo accidental: 385
Testigo de cargo: 257, 258, 479, 480, 682, 924, 925
Testigo de excepción: 80, 487, 488
Testigo en silencio, Un: 83
Testigo silencioso, Un: 273
Testimone, Il: 361
Testimonio de mujer: 672, 767
Teta y la Luna, La: 80, 422, 440, **851**
Tête contre les murs, Le: 9
Tête d'un homme, La: 278
Tetepa: 919
Tetto, Il: 232
Tex: 856
Texan, The: 190, 205, 469
Texas: 237, 330, 408, 542
Texas Across the River: 237, 542
Texas Carnival: 926
Texas Cyclone: 915
Texas Chainsaw Massacre: Part 2, The: 417
Texas Lady: 178
Texas Rangers, The: 522, 902
Texas Rangers Ride Again: 443, 696
Texas Terror: 915
Texasville: 98, 109
Thank God It's Friday: 927
Thank You: 333
Thank You Jeeves: 617
Thank Your Lucky Stars: 97, 224, 228, 325, 353, 784
Thank's a Million: 680

That Certain Age: 270, 276
That Certain Feeling: 751
That Certain Thing: 137
That Certain Woman: 25, 223, 326, 368
That Cold Day in the Park: 21
That Championship Season: 580
That Dangerous Age: 509
That Forsyte Woman: 325, 356, 484
That Hagen Girl: 705, 848
That Hamilton Woman: 464, 471, 486, 554, 636
That Kind of Woman: 506, 514
That Lady: 228
That Lady in Ermine: 510, 684
That Night: 493
That Night in Rio: 26, 587
That Night With You: 454
That Royle Girl: 376
That Touch of Mink: 225, 375, 534
That Uncertain Feeling: 270, 510, 630
That Wonderful Urge: 682, 854
That's Dancing!: 576
That's Entertainment: 52, 457, 576, 795
That's Entertainment Part II: 52, 457
That's Life!: 33, 282, 489
That's My Boy: 26, 493, 542, 102
That's the Way of the World: 455
That't the Spirit: 454
Theater in Trance: 308
Thelma and Louise: 224, 456, 674, 759, 773
Thelma Jordan: 796, 817, 818
Thelma y Louise: 224, 455, 456, 674, 758, 759, 773
Themroc: 671
Theodora Goes Wild: 270
There Goes My Heart: 538
There Was a Crooked Man: 82, 250, 269, 327, 533
There's a Girl in My Soup: 394
There's Always a Woman: 270, 396
There's Always Tomorrow: 522, 798, 818, 844
There's No Business Like Show Business: 510, 585
There's on Born Every Minute: 843
There's That Woman Again: 270
Therese: 800
Thérèse Desqueyroux: 623
Thérèse Raquin: 142, 318, 789
These Glamour Girl: 875
These Thousand Hills: 323, 716
These Three: 128, 416, 560, 562, 629, 932
These Wilder Years: 125, 818
They All Come Out: 862
They All Kissed the Bride: 202, 270
They All Laughed: 98, 398
They Call It Sin: 936
They Call Me Mr. Tibbs: 676
They Came to Cordura: 191, 396, 742
They Dare Not Love: 922

They Died With Their Boots On: 228, 325, 602, 655, 696, 911
They Drive by Night: 96, 516, 784, 911
They Gave Him a Gun: 864
They Had to See Paris: 102
They Knew What they Wanted: 479, 504
They Learned About Women: 930
They Live by Night: 24, 372, 704
They Made Me a Criminal: 353, 784
They Made Me a Fugitive: 154
They Met in Argentina: 632
They Met in Bombay: 112, 348, 469
They Met in the Dark: 548
They Might Be Giants: 772, 931
They Only Kill Their Masters: 19
They Shall Have Music: 560
They Shoot Horses, Don't They?: 328, 679
They Were Expendable: 333, 915
They Were Sisters: 548
They Who Dare: 95, 572, 573
They Won't Forget: 490
They Wont's Forget: 875
They Won't Believe Me: 395
They're a Weird Mob: 681
Thiassos, O: 36
Thief: 122
Thief, The: 574
Thief in Paradise, A: 179
Thief of Bagdad, The: 234, 304, 464, 469, 508, 681, 750, 868, 883, 911
Thief Who Came to Dinner, The: 91, 638
Thieves Fall Out: 696
Thieves Like Us: 21, 24, 144
Thieves' Gold: 333
Thieves'Highway: 221
Thin Ice: 682
Thin Man Goes Home, The: 509
Thin Man, The: 509
Thing Called Love, The: 98
Thing With Two Heads, The: 574
Things Are Looking Up: 485
Things Change: 26, 529
Third Degree, The: 216, 508
Third Finger, Left Hand: 270, 509
Third Man, The: 199, 464, 710, 849, 918
Third Secret, The: 55
Thirteen Hours by Air: 487, 522
Thirteen Women: 508
Thirteenth Chair, The: 113
Thirteenth Guest, The: 736
Thirteenth Letter, The: 105, 211, 221, 684
Thirty Door Key: 801
Thirty Is a Dangerous Age, Cynthia: 589
Thirty-Day Princess: 374
Thirty-Nine Steps, The: 407, 866

índice de películas

Thirty Seconds Over Tokyo: 490, 579, 864
This Above All: 329, 498, 682
This Boy's Life: 230
This Could Be the Night: 792, 928
This Day and Age: 229
This Earth Is Mine: 296, 421, 461, 792
This Gun for Hire: 469, 471
This Happy Breed: 482
This Happy Feeling: 282
This Hero Stuff: 460
This Is America: 322
This Is My Affair: 817, 844
This Is My Love: 221
This Is Spinal Tap: 424, 713, 714
This Is the Army: 216, 705
This Is the Life: 573, 911
This Is the Night: 374
This Land Is Mine: 480, 632, 718
This Love of Ours: 146, 256, 630
This Man Is Dangerous: 548
This Man Is Mine: 205
This Man's Navy: 920
This Modern Age: 201
This Property Is Condemned: 191, 678, 708, 929
This Savage Land: 772
This Sporting Life: 31, 389, 439
This Thing Called Love: 270
This Time for Keeps: 352, 926
This Woman Is Dangerous: 202
Thomas Crown Affair, The: 275, 561
Thomas Gordeiev: 264, 265
Thomas Graals bästa barn: 800
Thomas Graals bästa film: 800
Thomas... gli indemoniati: 57, 58
Thorough Breds Don't Cry: 353
Thoroughly Modern Millie: 33
Those Daring Young Men in Their Jaunty Jalopies: 214, 589
Those Magnificent Men in Their Flying Machines: 812
Those Were the Days: 408, 469
Though Guys Don't Dance: 638
Thousand Clowns, A: 731
Thousand Dollars a Touchdown, A: 395
Thousands Cheer: 19, 354, 457
Three: 702
Three Ages, The: 453, 454
Three Amigos!: 543
Three and a Day: 609
Three Bad Men: 333
Three Blind Mice: 560, 618, 936
Three Brave Men: 574
Three Came Home: 178, 610, 711
Three Cases of Murder: 918
Three Coins in the Fountain: 610, 668, 885
Three Comrades: 102, 532, 830, 844, 859, 866
Three-Cornered Moon: 177
Three Days of the Condor: 275, 679, 708, 834
Three Faces East: 825
Three Faces of Eve, The: 931
Three Faces West: 915
Three for Bedroom: 833
Three for the Show: 488
Three Fugitives: 624
Three Girls Lost: 914, 936
Three Godfathers: 48, 333, 915
Three Hearts for Julia: 270
Three Hours to Kill: 32
Three Jumps Ahead: 333
Three Little Words: 52
Three Loves Has Nancy: 359
Three Men in White: 352
Three Men on a Horse: 490
Three Mounted Men: 333
Three Musketeers of Alexandre Dumas, The: 238
Three Musketeers, The: 19, 26, 162, 275, 304, 403, 457, 613, 868, 875, 915
Three on a Couch: 485, 492, 493
Three on a Match: 96, 223, 490
Three Passions, The: 431
Three Ring Circus: 493, 542
Three Sailors and a Girl: 474
Three Secrets: 608, 655, 928
Three Sisters: 72, 636
Three Smart Girls: 276, 574
Three Smart Girls Grow Up: 276
Three Strangers: 610
Three Texas Steers: 915
Three Violent People: 73, 403, 554
Three Wise Fools: 162, 902
Three Wise Girls: 389
Three Women: 22, 205, 510, 813, 868
Three's a Crowd: 618
Threshold: 832
Thrill of a Romance: 926
Thrill of It All, The: 225
Thrilling: 770, 813
Throw Momma From the Train: 249, 301
Thunder Bay: 533, 821
Thunder Birds: 854, 920
Thunder in the City: 733
Thunder in the East: 105, 458, 469
Thunder in the Sun: 395
Thunder Island: 615
Thunder on the Hill: 178, 798
Thunder Over the Plains: 235
Thunder Riders: 932
Thunder Road: 579
Thunder Rock: 548
Thunderball: 187

Thunderbolt: 819
Thunderbolt and Lightfoot: 108, 167, 280
Thunderheart: 783
Thundering Herd, The: 190, 392
Thursday's Children: 30, 373
THX 1138: 191, **852**
Thy Name Is Woman: 613
Tía Alejandra, La: 727
Tía de Carlos, La: 72
Tía de Carlos en minifalda, La: 654
Tía Tula, La: 670, **852**
Tiari Tahiti: 549
Tiburón: 273, 763, 814, 885
Tiburón 2: 763
Tiburón, la venganza: 126
Tiburoneros: 13
Tiburones de acero: 32, 72, 682
Tick, Tick, Tick: 539
Ticket to Tomahawk, A: 73, 585
Tie That Binds, The: 387
Tiefland: 256
Tiempo de amar: 316, 623
Tiempo de amar, tiempo de morir: 798, **853**
Tiempo de gloria: 914
Tiempo de los asesinos, El: 277, 278, 345, 346, **853**
Tiempo de los gitanos, El: 466
Tiempo de matar: 768
Tiempo de morir: 727
Tiempo de revancha: 46
Tiempo de silencio: 4, 42, 43, 46, 699, 701
Tiempo es inflexible, El: 166
Tiempo pasado, Un: 166
Tiempos felices: 313
Tiempos mejores: 902
Tiempos modernos: 134, 161, 366, **853**
Tiempos pasados: 806
Tienda de locos: 545, 546
Tienda roja, La: 139, 140, 187, 450
Tierno verano de lujurias y azoteas: 46, 163, 254, 654
Tierra: 827
Tierra, La: 271, 272
Tierra amarilla: 449, 934
Tierra baja: 48, 256
Tierra brutal: 721
Tierra caliente: 427
Tierra de audaces: 326, 460, 476, 682, 892
Tierra de faraones: 394
Tierra de Fuego: 803
Tierra de Fuego se apaga, La: 314, 315
Tierra de la gran promesa, La: 909, 910
Tierra de nadie: 838, 839
Tierra de pasión: 323, 324, 347, 348, 389
Tierra de penumbra: 415
Tierra de todos, La: 349, 350, 613
Tierra de violencia: 587
Tierra en llamas, La: 602, 603

Tierra en trance: 734
Tierra generosa: 32, 395, 862
Tierra madre: 92
Tierra natal, La: 581
Tierra prometida: 746
Tierra prometida, La: 497
Tierra sedienta: 721
Tierra sin pan: 116, 281
Tierra tiembla, La: **854,** 905
Tierra vista desde la Luna, La: 659
Tierra y libertad: 98, 501, **855**
Tierras de penumbra: 55, 416, 927, 928
Tierras lejanas: 533, 820, 821
Tifón, El: 101
Tiger Makes Out, The: 408
Tiger Rose: 522
Tiger Shark: 394, 626, 733
Tiger von Eschnapur, Der: 477, 648, 855
Tiger Walks, A: 750
Tigers Don't Cry: 697
Tight Spot: 733, 736
Tightrope: 115, 280
Tigra, La: 861
Tigre, El: 227
Tigre, Il: 357, 655, 728
Tigre aime la chair fraîche, Le: 159
Tigre blanco, El: 113
Tigre de Esnapur, El: 477, 648, **855**
Tigre de Kumaon, El: 750
Tigre de Yautepec, El: 227
Tigre del mar Negro, El: 205, 416
Tigre dormido, El: 95, 507
Tigre en la red, Un: 356, 357, 655, 728
Tigre se parfume à la dynamite, Le: 159
Tigre se perfuma con dinamita, El: 159
Tigres de papel: 180, 181, 556
Tigres del aire: 915
Tigres no lloran, Los: 697
Tijeretazos: 565, 566
Til We Meet Again: 368
Till glädje: 84, 799, 800
Till I Come Back to You: 229
Till the Clouds Roll By: 19, 162, 354, 794
Till the End of Time: 579
Till We Meet Again: 102, 574, 629
Tim: 362
Timadores, Los: 81, 82, 338, 424, 425, 781
Timber Tramp: 354, 355
Timbuktu: 556, 862
Time Bandits: 107, 187, 363
Time for Dying, A: 94, 95
Time for Killing, A: 195, 331
Time for Loving: 316, 623
Time Is Money: 702, 835
Time Limit: 923

índice de películas

Time Lock: 187
Time of Destiny, A: 424, 701
Time of Your Life, The: 124, 125
Time Out of Mind: 796
Time to Die, A: 391
Time to Kill, A: 768
Time to Love and a Time to Die, A: 798, 853
Time Without Pity: 507
Times Square Lady: 844
Tin Men: 249, 273, 401, 491
Tin Star, The: 156, 327, 533, 666
Tinieblas del día, Las: 303
Tintín de mi corazón: 902
Tinto con amor: 654
Tío de Sumatra, El: 216
Tío Vania: 463
Tío Willie: 330
Tío, ¿de verdad vienen de París?: 475
Tip Off, The: 736
Tip-Off Girls: 696
Tip on a Dead Jockey: 845
Tipo de altura, Un: 851, 852
Tipo genial, Un: 474
Tira a mamá del tren: 249, 301
Tirad sobre el pianista: 797, 873
Tirano Banderas: 76, 351
Tirano de Toledo, El: 48
Tirarse al monte: 881
Tire-au-flanc: 717, 792
Tirez sur le pianiste: 797, 873
Tirma: 550
Tiro al piccione: 700
Tiro de gracia: 765
Tiro en reserva, Un: 151, 152
Tiro mortal: 338
Tiro por la culata, Un: 385
Tiroteo, El: 615
Titanes, Los: 48, 49
Titanes del cielo: 348
Titanes del mar: 516
Titani, I: 49
Titanic: 131, 610, 818, **856**
Tizoc: 310
Tlayucán: 13
To Be or Not to Be: 64, 316, 505, 510, 554, 780
To Catch a Thief: 374, 407, 457
To Each His Own: 228, 487, 899
To Have and Have Not: 62, 97, 155, 394, 787, 848
To Kill a Mockingbird: 552, 599, 650, 662
To Kill a Priest: 410
To Kill a Stranger: 919
To Live and Die in L. A.: 219, 339
To Mary With Love: 205, 509
To nemma tou Odyssea: 36
To Paris With Love: 380
To Please a Lady: 112, 348, 818
To Sir, With Love: 676
To the Devil a Daughter: 461, 923
To the Ends of the Earth: 680
To the Last Man: 323, 324, 392, 847
To the Shores of Tripoli: 632
To the Victor: 110, 222
To vlemma tou Odyssea: 456
To Woody Allen From Europe With Love: 239
Toast of New Orleans, The: 618
Toast of New York, The: 374
Tobacco Road: 32, 333, 854
Tobruk: 421
Toby Dammit: 311
Tocando fondo: 98, 758
Toda la noche: 823
Toda la verdad: 373
Toda una mujer: 468
Toda una vida: 153, 154, 487, 488, 538
Todake no kyodai: 643
Todas las mañanas del mundo: 195, 243
Todas las mujeres quieren casarse: 521, 618
Today We Live: 190, 201, 394, 626
Todo el mundo gana: 624, 714, 927, 928
Todo el oro del mundo: 171, 265, 623
Todo en una noche: 521, 542
Todo es mentira: 362
Todo es posible en Granada: 700
Todo está en venta: 909, 910
Todo esto... ¿para esto?: 487, 488
Todo lo que quiero para Navidad: 62
Todo lo que usted siempre quiso saber sobre el sexo y nunca se atrevió a preguntar: 18, 925
Todos los hombres sois iguales: 46
Todo modo: 550, 551, 668, 671, 672
Todo por el dinero: 441
Todo por mí: 427
Todo por un beso: 389
Todo un hombre: 190, 205
Todo un señor: 346, 623
Todo va bien: 328, 365, 586
Todo vale: 469, 516, 572
Todos a casa: 182, 811, 812, **857**
Todos a la cárcel: 86, 87, 750, 751
Todos a una: 579
Todos besaron a la novia: 202, 270
Todos eran mis hijos: 733
Todos estamos en libertad provisional: 623
Todos fueron valientes: 794, 795
Todos los hermanos fueron valientes: 372, 373, 844, 845
Todos los hombres del presidente: 408, 650, 708, 731
Todos nos llamamos Alí: 308
Todos pueden matarme: 9

Todos rieron: 98, 398
Toge no uta: 581
Together Again: 105
Tohoku no zummu tachi: 427
Toilers, The: 179
Toit de la baleine, Le: 745
Toiyo no hakaba: 641
Tojin Okichi: 581
Tokai kokyogaku: 581
Toki no ujigami: 581
Tokio después de la guerra: 641
Tokkan kozo: 642
Tokyo boshoku: 643
Tokyo-Ga: 921
Tokyo Joe: 97
Tokyo koshin kyoku: 581
Tokyo monogatari: 210, 643
Tokyo no gassho: 643
Tokyo no onna: 643
Tokyo no yado: 643
Tokyo orinpikku 1964: 428
Tokyo saiban: 462
Tokyo senso sengo hiwa: 641
Told at Twilight: 460
Tolerance: 859
Tolgo il disturbo: 728
Tol'able David: 460
Tom & Viv: 219
Tom, Dick and Harry: 736
Tom Brown of Culver: 469, 682, 932
Tom Horn: 562
Tom Jones: 320, 723, 724
Tom Sawyer: 205, 335
Toma del poder por Luis XIV, La: 741
Toma el dinero y corre: 17, 18
Toma Gordeev: 265
Tomahawk: 421
Tomb of Ligeia, The: 194
Tombés du ciel: 654, 804
Tómbola: 541
Tombstone: 403
Tómeme el pulso, doctor: 467, 468
Tommy: 615, 746
Tomorrow Is Forever: 178, 918, 929
Tomorrow the World: 539
Toni: 717, 718, **859**
Tonight and Every Night: 396
Tonight for Sure!: 191
Tonight Is Ours: 177, 538
Tonight Let's All Make in London: 125
Tonight Let's Make Love in London: 708
Tonight or Never: 270, 490, 833
Tonight We Raid Calais: 38
Tonight We Sing: 64, 487
Tonnerre de Dieu, Le: 346

Tono duro, El: 800
Tonta del bote, La: 751
Tonto de remate: 736
Tonto el último: 769
Tony Arzenta: 237
Tony Roma: 743
Tony Rome: 795
Too Busy to Work: 680
Too Hot to Handle: 348, 509
Too Late Blues: 151
Too Late the Hero: 14, 125, 327
Too Many Crooks: 636
Too Many Husbands: 270, 522
Too Many Kisses: 546
Too Much, Too Soon: 70, 325
Too Soon to Love: 615
Too Young to Kiss: 19
Too Young to Marry: 490, 936
Tootsie: 224, 408, 477, 678, 679
Top Gun: 207, 746
Top Hat: 52, 736, 756, 809
Top Secret Affair: 269, 395
Top Speed: 490
Topaz: 407, 623, 671
Topaze: 70, 445, 508
Topio stin omihli: 36
Topkapi: 221, 222, 566, 567, 883
Topo, El: 442
Topper: 374
Toprini Nasz: 235
Toque con más clases, Un: 439
Toque de distinción: 439
Toque de infidelidad, Un: 740, 768
Toque silencioso, El: 938
Tora-no-o fumu otokotachi: 466
Tora! Tora! Tora!: 199, 322, 323, 731
Torbellino de la vida, El: 791
Torch, The: 48
Torch Singer: 177
Torch Song: 202
Torch Song Trilogy: 64
Torero a la fuerza: 366, 559
Tormenta: 105, 592
Tormenta en la cumbre: 358
Tormenta en San Petersburgo: 161
Tormenta mortal: 101, 102, 820, 830, **859,** 866
Tormenta sobre Lisboa: 825
Tormento: 76, 123, 553, 634, 672, 700, **860**
Tormento y el éxtasis, El: 391, 403, 709, 710
Torn Curtain: 33, 407, 612
Torna!: 123, 553
Toro, Il: 558
Toro bravo: 673
Toro de Oliveira, El: 441
Toro salvaje: 229, 230, 767, 771, 843

índice de películas

Torpedo: 348, 474, 928
Torpedo Bay: 549
Torpedo Run: 331
Torquemada: 701
Torre de los ambiciosos, La: 19, 408, 409, 538, 539, 818, **860,** 928
Torre de los siete jorobados, La: 204, 262, 611, **861**
Torrent, The: 350
Torrentes humanos: 101, 102
Torrents of Spring: 462, 801
Torrid Zone: 125, 784
Törst: 84
Tortilla Flat: 324, 353, 472, 864
Tortura: 939, 940
Tosca: 45, 717, 906
Tosca, La: 357
Tösen fran stormytorper: 800
Tossede Paradis, Det: 59
Total Eclipse: 410
Total Recall: 769, 822, 894
Totale, La: 131
Toto: 862
Totó: 102
Totó busca piso: 583, 584
Totò cerca casa: 584
Totò e Carolina: 525, 584
Totò e il re di Roma: 583, 584, 812
Totò e le donne: 583, 584
Totò nella Luna: 858
Totò, Vittorio e la dottoressa: 234
Toton: 102
Toubib, Le: 238
Touch, The: 138, 834
Touch and Go: 455
Touch of Class, A: 439
Touch Me Not: 716
Touch of Evil: 199, 258, 403, 484, 774, 918
Touch of Larceny, A: 549
Touchez pas au grisbi: 75, 345, 346, 590
Tough Enough: 323, 692
Tough Guys: 269, 474
Tough Guys Don't Dance: 740
Tour, La: 171
Tour de manège, Un: 90
Tour de Nesle, La: 349
Tourbillon de Paris, Le: 277
Tournoi, Le: 717, 718
Tous les chemins mènent à Rome: 669
Tous les garçons s'appellent Patrick: 365
Tous les matins du monde: 195, 243
Tous peuvent me tuer: 9
Tous vedettes: 143
Tout ça ne vaut pas l'amour: 345, 862
Tout ça... pour ça!: 488
Tout chante autour de moi: 671

Tout feu, tout flamme: 7, 586, 702
Tout l'or du monde: 171, 265, 623
Tout va bien: 328, 365, 586
Toute la mémoire du monde: 719
Toute sa vie: 154
Toute une vie: 488
Toutes peines confondues: 249
Tovarich: 105, 178, 498
Toward the Unknown: 409, 490
Tower of Lies, The: 800
Tower of London: 194
Towering Inferno, The: 52, 275, 409, 443, 562, 612
Town Tamer: 32
Town Without Pity: 269
Toxic Affair: 7
Toy Wife, The: 270
Toys: 491, 926
Toys in the Attic: 542, 854
To', è morta la nonna!: 584
Trabajo, El: 905
Trabajo clandestino: 435, 801, **863**
Trabajo en Italia, Un: 125
Track 29: 633, 735
Track of the Cat: 579, 919, 920
Trade Winds: 355, 539
Trädgardsmästaren: 799, 800
Tradimento, Il: 357
Trading Mom: 813
Trading Places: 26, 213
Tradita: 68, 103
Trafic: 569, 841
Tráfico: 569, 841
Trágala, perro: 722
Tragedia de Louis Pasteur, La: 255, 256, 600, 601, **864,** 896
Tragedia de una empleada de teléfonos, La: 526
Tragedia del amor, La: 257, 441
Tragedia di un uomo ridicolo, La: 10, 88, 859
Tragedia humana, Una: 512, 818, 819
Tragedia y triunfo de Verdi: 553
Tragedias submarinas: 333, 914
Tragédie de Lourdes, La: 277
Tragédie impériale: 495
Tragica notte: 806
Trágica atracción: 498
Trágica obsesión: 791
Tragico ritorno: 550
Trágico destino: 16
Tragödie der Liebe: 257, 441
Tragödie im Hause Habsburg: 464
Traición: 843, 845
Traición en Atenas: 14, 579
Traición en Fort King: 94, 420, 544, 697, **865**
Traición sin límites: 624
Traicionada: 68, 103

Traidor a su patria: 544, 612
Traidor en el infierno: 408, 409, 924, 925
Traidores de san Ángel, Los: 862
Trail Beyond, The: 915
Trail of '98, The: 112, 725
Trail of the Lonesome Pine, The: 229, 326, 392, 522
Trail of the Pink Panther: 282, 652, 619
Train: 375
Train, Le: 767, 870
Train, The: 337, 474, 591
Train Robbers, The: 916
Train sans yeux, Le: 154
Traitement de choc: 237
Traitors of San Angel, The: 862
Traje de etiqueta: 243
Traje de luces, El: 611
Trama, La: 407
Tramontana: 758, 827
Tramp, Tramp, Tramp: 137, 201, 410
Trampa, La: 923
Trampa 22: 614, 666, 907, 919
Trampa a mi marido: 542, 555, 876
Trampa amorosa, La: 932
Trampa de acero: 199
Trampa de la muerte, La: 126
Trampa del dinero, La: 199, 331, 396
Trampa mortal: 317, 514
Trampa para un inocente: 533
Trampas: 796, 797, 825
Tramplers, The: 199
Tramposos de la foto, Los: 455
Tranquillo posto di campagna, Un: 668, 708, 709
Trans-Europ-Express: 870
Transylvannia 6-5000: 224
Transatlantic: 508
Tranvía a la Malvarrosa: 351, 362
Tranvía llamado deseo, Un: 106, 239, 452, 485, 486
Tranvía lleno de gente, Un: 427
Trap, The: 923
Trapecio: 213, 214, 474, 503, 709, 710, **865**
Trapeze: 214, 474, 503, 710, 865
Trapos y sedas: 613
Trapp Familie, Die: 810
Trapp Familie in Amerika, Die: 810
Trapped: 322, 323
Trapped in Paradise: 124
Trappola d'amore: 553
Traqué, Le: 789
Tras el corazón verde: 249, 271, 874, 875, 939
Tras el cristal: 654
Tras la fortuna: 111, 112
Tras la pista de la Pantera Rosa: 282, 617, 619, 652
Tras la pista del zorro: 232, 233, 234, 556
Tras los años escolares: 581
Tras sus propias huellas: 697

Trash: 813, 913
Trasplante siciliano: 234
Trastevere: 234
Tratado de genética, El: 182
Tratamiento de choque: 237
Tratta delle bianche, La: 182, 356, 357, 505
Trattato di eugenetica, Il: 182
Trauma: 45
Traumulus: 442
Travels With My Aunt: 212
Traversée de Paris, La: 57, 346, 865
Travesía de París, La: 56, 57, 345, 346, **865**
Traviata, La: 939
Traviesa molinera, La: 610
Tre aquilotti, I: 812
Tre corsari, I: 807
Tre fratelli: 623, 740
Tre ladri, I: 792
Tre notti d'amore: 152, 182
Tre passi del delirio: 311
Tre piger i Paris: 59
Tre ragazze cercano marito: 812
Tre storie proibite: 738
Tre stranieri a Roma: 139
Tre volti, I: 40, 99, 390, 813
Treasure Island: 324, 435
Treasure of Matecumbe: 883
Treasure of the Golden Condor: 64, 222, 404
Treasure of the Sierra Madre, The: 97, 426, 849
Trece por docena: 508, 509
Tree: 375
Tree Grows in Brooklyn, A: 452
Trèfle a cinq feuilles, Le: 623
Treinta segundos de amor: 525
Treinta segundos sobre Tokio: 490, 579, 864
Treinta y nueve escalones: 406, 407, **866**
Treize femmes pour Casanova: 214
Tren, El: 337, 473, 474, 591
Tren de las 3.10, El: 222, 330, 331, 807
Tren de las espías, El: 544
Tren del infierno, El: 463, 907
Tren del terror, El: 213
Tren nocturno: 451
Trenes rigurosamente vigilados: 565
Treno popolare: 552, 553
Trenta secondi d'amore: 525
Trent's Last Case: 394, 918
Trepa, El: 249, 767, 870
Tres alegres compadres, Los: 48
Tres amantes de Aurora, Los: 506, 623
Tres amigos: 543
Tres amigos, sus mujeres y... los otros: 243, 586, 671, 761, 762
Tres amores: 35, 36, 143, 269, 372, 548, 577
Tres aventureros: 237

índice de películas

Tres camaradas: 101, 102, 830, 844, 859, **866**
Tres camas para un soltero: 822
Tres caras de Eva, Las: 931
Tres citas con el destino: 227
Tres colores: 60, 459
Tres corsarios, Los: 806, 807
Tres chicas con suerte: 264, 334
Tres Danjuro, Los: 581
Tres de cara a Oriente: 825
Tres de copas, El: 157
Tres diablillos: 276, 574
Tres días de amor y fe: 102, 399, 546, 601, 630
Tres días del cóndor, Los: 275, 678, 679, 707, 708, 834
Tres dragones, Los: 886
Tres edades, Las: 453, 454
Tres en un diván: 21, 22, 440
Tres en un sofá: 484, 485, 492, 493
Tres enamoradas: 102, 550, 779
Tres entradas para el 26: 241, 586, 779, **867**
Tres espejos: 886
Tres estrellas: 440
Tres etcéteras del coronel, Los: 313
Tres flechas: 331
Tres forajidos y un pistolero: 323, 544
Tres fugitivos: 624
Tres habitaciones en Manhattan: 142, 230
Tres herederas: 269
Tres hermanas: 72, 622, 623, 636, 740
Tres historias de amor: 329
Tres hombres del río: 803
Tres hombres malos: 332, 333
Tres horas para vivir: 32
Tres irmãos: 804
Tres lanceros bengalíes: 190, 392, **867**
Tres luces, Las: 476, 477, **867**
Tres mos... quiteros, Los: 26
Tres mosqueteros, Los: 19, 162, 238, 275, 403, 456, 457, **868**, 875
Tres mosqueteros del desierto, Los: 915
Tres muchachas: 705
Tres mujeres: 21, 22, 84, 205, 813, **868**
Tres mujeres para un caradura: 543
Tres noches de amor: 152, 182
Tres noches de Eva, Las: 326, 327, 817, 826, 827, **869**
Tres noches de Susana, Las: 680
Tres padrinos: 48, 915
Tres páginas de un diario: 110, 645, 646, **869**
Tres palabras: 893
Tres papás, Los: 136, 137, 177
Tres parejas: 584, 811, 813, 906
Tres pasiones, Las: 431
Tres perfectas casadas, Las: 358, 359
Tres perfiles de mujer: 40, 99, 390, 813
Tres sargentos: 542, 794, 795

Tres secretos: 608, 655, 928
Tres soldados: 354, 355, 373, 617, 618
Tres solteros discretos: 902
Tres tejanos: 409
Tres tristes tigres: 744, 745
Tres vidas de mujer: 96, 223, 490
Tres vidas errantes: 458, 579, 883, 941
Tres vidas y una sola muerte: 551, 654
Trespasser, The: 368, 833
Trevico-Torino: viaggio nel Fiat-Nam: 770
Trial, The: 590, 666, 766, 918
Trials of Oscar Wilde, The: 549
Triangulito, El: 313
Triángulo de cuatro: 81
Triángulo de las Bermudas, El: 426
Tribulaciones de Balthasar Kober, Las: 391
Tribulaciones de un chino en China, Las: 79, 80
Tribulations d'un chinois en Chine: 80
Tribute: 489, 716
Tribute to a Bad Man: 125, 928
Tributo: 489, 716
Tributo de la audacia, El: 914
Tricheurs: 768
Tricheurs, Les: 79, 142
Tricks: 190
Trifling Women: 431
Trigo de otoño, El: 643
Trigo está verde, El: 224
Trigo y esmeralda: 928
Trilogía de Nueva York: 64
Trinca del aire, La: 312, 313
Trio: 791
Trio infernal, Le: 671, 767
Trío de damas: 700
Trío fantástico, El: 113
Trío infernal, El: 112, 671, 766, 767
Triomphe de Michel Strogoff, Le: 138
Trip, The: 195, 417, 615
Triple Cross: 114, 766
Triple Echo: 439
Triple muerte del tercer personaje, La: 751
Tripoli: 632
Tripoli bel suol d'amore: 812
Tripulación del cielo, La: 37, 498
Tristan and Iseult: 118
Tristán e Isolda: 118
Tristana: 116, 117, 241, 242, 720, 721, **871**
Triste belleza: 702
Tristc imbécil, El: 581
Tristesse et beauté: 702
Tristeza pertenece a las mujeres, La: 785
Tristezas de Satán, Las: 376
Triumph: 229
Triumph of the Spirit: 219
Triumphs of a Man Called Horse: 390

Triunfo: 228, 229
Triunfo de Buffalo Bill, El: 403
Triunfo de la audacia, El: 333
Triunfo de un hombre llamado caballo, El: 390
Triunfo del amor, El: 256
Triunfo del espíritu, El: 219
Tro häb og kaerlighed: 56
Trog: 202
Trois couleurs: 60, 459
Trois couronnes du matelot, Les: 745
Trois chambres à Manhattan: 142, 230
Trois etc. du colonel, Les: 234
Trois hommes à abattre: 238, 244
Trois jeunes filles nues: 37
Trois jours à vivre: 590
Trois places pour le 26: 241, 586, 779, 867
Trois vies et un seul mort: 551, 654, 745
Trojan Women, The: 115, 399, 709
Troll: 799
Trollflöjten: 85
Tromboni di Frà Diavolo, I: 858
Trompe-l'oeil: 834
Trompeta lejana, Una: 912
Trompetista, El: 62, 216, 225, 269
Tron: 108
Trono de sangre, El: 465, 466
Trono vacante, El: 800
Trooper Hook: 560, 818
Trop belle pour toi: 93, 243
Tropic Holiday: 574
Tropic Zone: 706
Tropical Snow: 822
Trou, Le: 75, 299
Trou normand, Le: 68
Trouble à deux faces, Le: 845
Trouble Along the Way: 216, 915
Trouble in Mind: 115, 144, 285, 744
Trouble in Paradise: 416, 470, 510
Trouble in Texas: 396
Trouble in the Glen: 918
Trouble Waters: 548
Trouble With Angels, The: 516
Trouble With Harry, The: 407, 521
Trouble With Spies: 832
Trouble With Women, The: 574
Troyanas, Las: 115, 399, 709
Truchas, Las: 351
True Colors: 924
True Confession: 70, 504, 522
True Confessions: 185, 230, 378
True Glory, The: 709
True Grit: 393, 417, 916
True Heart Susie: 364, 376
True Lies: 131, 213, 769
True Romance: 418, 633, 674, 801

True Story of Jesse James, The: 704, 892
True to Life: 680
True to the Navy: 538
Trueno azul, El: 763
Trueno lejano, Un: 704, 705
Truhán y su prenda, El: 33, 214, 555
Truhanes: 699, 700
Truite, La: 423, 507, 590, 591
Truth About Women, The: 508, 935, 940
Truth of Dare: 198
Trygon Factor, The: 373
Trzecia czesc nocy: 942
Tsarévitch, Le: 540
Tsubaki Sanjuro: 466
Tsuma to onna no aida: 428
Tu che me dici?: 858
Tu marido... ese desconocido: 458, 609, 610
Tu mujer: 608
Tu ne tueras point: 57
Tu nombre envenena mis sueños: 577
Tu novia está loca: 654
Tú a Boston y yo a California: 633
Tú eres mío: 348, 389, 930
Tú, Kimi y yo: 492, 493
Tú me hiciste mujer: 93
Tú y yo: 74, 105, 374, 458, 553, 559, 874
Tua donna, La: 608
Tucker: The Man and His Dream: 109, 192, 801, 874
Tucker: un hombre y su sueño: 108, 109, 192, 801, **874**
Tueur, Le: 243, 346
Tugboat Annie: 490
Tugboat Annie Sails Again: 705
Tulipán negro, El: 237
Tulipe noire, La: 237
Tulitikkutehtaan tyttö: 163, 451
Tulsa, ciudad de lucha: 48, 395
Tumba al amanecer, Una: 403
Tumba de Ligeia, La: 194
Tumba del sol, La: 640, 641
Tumba india, La: 477, 648, 855
Tumbón, El: 102
Tumultos: 104, 442, 795, 796
Tune in Tomorrow: 401, 710
Túnel, El: 345, 720, 722
Túnel 28: 796
Tunes of Glory: 380
Túnica sagrada, La: 64, 117, 118, 222, 555, 556, 791
Tunnel, Le: 345
Tunnel 28: 796
Tunnel of Love, The: 225, 923, 456
Turbante blanco: 313
Turbinas hostiles: 450
Turbulento distrito 87, El: 114
Turista accidental, El: 224, 424, 450, **874**, 875
Turk fruit: 894

índice de películas

Turn Back the Hours: 508
Turn in the Road, The: 902
Turn to the Right: 431
Turnè: 754
Turner and Hooch: 387
Turning Point, The: 64, 256, 409, 521
Turno de noche: 198
Turno, Il: 357
Turtle Diary: 440
Tuset Street: 588
Tusk: 442
Tutora, La: 339
Tutti a casa: 182, 812, 857
Tutti defunti... tranne i morti: 57, 58
Tutti dentro: 812, 813
Tutti innamorati: 550
Tuttles of Tahiti, The: 479
Tutto per la donna: 806
Tuttobenigni: 88
Tutyu es totyo: 464
Tuya para siempre: 49, 50, 374, 538
Tuyos, míos, nuestros: 327
Tüzoltó utca 25: 835
Tvmänniskor: 273
Twelve Angry Men: 261, 327, 514
Twelve Miles Out: 201
Twelve Monkeys: 363, 674, 822, 927
Twelve O'Clock High: 20, 461, 661
Twentieth Century: 70, 319, 394, 504
Twenty Dollars a Week: 179
Twenty Four Hours: 416
Twenty Four Hours of a Woman's Life: 630
Twenty Millions Sweethearts: 736
Twenty Mule Team: 72
Twenty-One Days: 355, 485, 636
Twenty One Hours at Munich: 409
Twenty Thousand Leagues under the Sea: 323, 548, 889
Twice Branded: 548
Twice in a Lifetime: 385
Twilight for the Gods: 163, 202, 421
Twilight-Zone, the Movie: 814
Twilight's Last Gleaming: 14, 199, 271, 474, 924
Twin Kiddies: 460
Twins: 249, 769
Twist again à Moscou: 624
Twisted: A Step Beyond Insanity: 801
Two Againts the World: 96
Two Americans: 426
Two Arabian Knights: 572
Two Crowded Hours: 681
Two-Faced Woman: 212, 270, 350
Two-Fisted Law: 915
Two Flags West: 199, 221, 928
Two for the Road: 91, 264, 320, 398

Two for the Seasaw: 521, 579, 928
Two Girls and a Sailor: 19, 352
Two Girls on Broadway: 875
Two Girls Wanted: 359
Two Guys From Milwaukee: 97
Two Headed Spy, The: 125, 235
Two in a Crowd: 560
Two Jakes, The: 165, 456, 615, 616, 822, 856
Two Kinds of Women: 416
Two Living, One Dead: 51
Two Lovers: 180, 521, 613
Two Minutes Warning: 151, 403, 743
Two Mrs. Carrolls, The: 97, 818
Two Much: 65, 66, 254, 377, 387, 872, **876**
Two Mules for Sister Sara: 94, 280, 521, 788
Two of a Kind: 866
Two O'Oclock Courage: 533
Two People: 929
Two Rode Together: 266, 334, 821, 923
Two Seconds: 490, 733
Two Sisters From Boston: 19
Two Smart People: 221
Two Tickets to Broadway: 484
Two Tickets to London: 592
Two Weeks in Another Town: 153, 163, 269, 577, 733
Two White Arms: 613
Two Years Before the Mast: 469
Tycoon: 696, 915
Typhoon, The: 101
Tystnaden: 85, 183, 184, 790

Uccellacci e uccellini: 659
Uccellino della Val Padana, L': 771
Uccello dalle piume di cristallo, L': 45
Ucrania en llamas: 272
Udienza, L': 140, 357, 671, 859
Ugetsu monogatari: 210, 581
Ugly American, The: 106
Ukamau: 757
Ukigusa: 643
Ukigusa monogatari: 643
Ulises: 130, 269, 531, 697
Ultima avventura, L': 130
Ultima carrozzella, L': 525
Ultima donna, L': 243, 317, 671
Ultima violenza, L': 553
Última acusación, La: 70
Última avanzada, La: 374
Última avanzadilla, La: 705
Última aventura de Don Juan, La: 304
Última aventura, La: 796
Última bala, La: 821
Última carga, La: 708, 724
Última caza, La: 372, 373, 844, 845

Última cena, La: 381
Última cruzada, La: 918
Última esperanza, La: 238
Última estación: 303
Última explosión, La: 55
Última flecha, La: 682
Última hoja, La: 610
Última locura, La: 64, 121, 576, 612
Última mujer, La: 243, 317, 671
Última noche de Boris Grushenko, La: 17, 18, 454
Última noche del Titanic: 856
Última ola, La: 917
Última orden, La: 34, 441, 818, 819
Última pareja, La: 929
Última película, La: 97, 98, 108, 417, 701
Última pena, La: 464, 935
Última salida: Brooklyn: 485
Última solución, La: 4
Última solución de Grace Quingley, La: 399, 624
Última tentación de Cristo, La: 219, 401, 456, 767, 771, 843
Última tentativa, La: 561, 599, 600, 650, 716
Última vez que me suicidé: 710
Última vez que vi París, La: 110, 111, 843
Última violencia, La: 553
Últimas banderas, Las: 721
Últimas vacaciones, Las: 380
Ultimate Solution of Grace Quingley, The: 399, 624
Ultimate Warrior, The: 834
Ultimatum: 825
Ultimátum a la Tierra: 608, **878,** 928
Ultimi cinque minuti, Gli: 221, 234
Ultimi dieci giorni di Hitler, Gli: 380
Ultimi giorni di Pompei, Gli: 489
Ultimo minuto: 58
Ultimo tango a Parigi: 88, 107, 571, 880
Último, El: 441, 602, 603, **878**
Último acto, El: 646
Último atardecer, El: 14, 199, 268, 269, 421, **878**
Último baluarte, El: 574
Último bandido, El: 190
Último bohemio, El: 215
Último Boy Scout, El: 927
Último caballo, El: 312, 313, 611, **879**
Último cuplé, El: 588
Último chantaje, El: 391, 396
Último de la lista, El: 214, 269, 426, 474, 579, 772, 794, 795
Último deber, El: 615
Último día de la guerra, El: 67, 68
Último emperador, El: 88, 641, 642, **879**
Último Estuardo, El: 618
Último forajido, El: 743
Último gángster, El: 733, 820
Último George Apley, El: 179, 180, 532, 533, **879**
Último gran héroe, El: 697, 769

Último hombre vivo, El: 403
Último homicidio, El: 237
Último hurra, El: 333, 334, 863, 864
Último magnate, El: 33, 214, 230, 424, 452, 573, 574, 578, 579, 590, 591, 615
Último metro, El: 241, 242, 243, 873
Último millonario, El: 171, 553
Último mohicano, El: 111, 226, 822
Último panadero, El: 215
Último pistolero, El: 62, 787, 788, 821, 916
Último refugio, El: 96, 516, **880,** 911
Último rey de los incas, El: 700, 721
Último rodeo, El: 392
Último safari, El: 373, 393
Último tango en París, El: 88, 106, 107, 571, **880**
Último testigo, El: 74, 650
Último torpedo, El: 331
Último tren de Gun Hill, El: 269, 697, 807
Último vals, El: 771
Último valle, El: 125
Último vuelo del «Arca de Noé», El: 115
Último Zorro, El: 357, 505, 806
Últimos cinco minutos, Los: 220, 221, 234
Últimos de Filipinas, Los: 721
Últimos días de la víctima: 46
Últimos días de Mussolini, Los: 327
Últimos días de Pompeya, Los: 489, 495, 721
Últimos días del Edén, Los: 187
Últimos guerreros, Los: 402
Últimos hombres duros, Los: 175, 401, 403
Últimos juegos prohibidos, Los: 106, 831
Ultrà: 857
Ulysses: 269, 531, 697
Ulzana's Raid: 14, 474, 890
Um trem para as estrelas: 254
Umarete wa mita keredo: 643
Umberto D: 232, **880**
Umorismo nero: 57
Umrei năm par Förster: 565
Un, deux, trois soleil: 93, 551
Un, dos, tres: 124, 125, 924, 925
Un bellisimo novembre: 503
Un dollaro per sette vigliacchi: 407
Un tal La Rocca: 80
Una su tredici: 919
Una y la otra, La: 623
Unafraid, The: 229
Unbearable Lightness of Being, The: 90, 226
Unbeliever, The: 825
Uncanny, The: 575
Uncensored: 51
Uncertain Glory: 325, 911
Uncle Silas: 791
Uncle von Sumatra, Der: 216
Uncommon Valor: 385
Unconquered: 191, 229, 366, 881

índice de películas

Uncovered: 558
Uncharted Channels: 460
Uncharted Seas: 887
... und das am Montagmorgen: 182
Undead, The: 194
Undefeated, The: 421, 916
Under a Texas Moon: 216, 508
Under Capricorn: 85, 199, 407
Under Crimson Skies: 431
Under Fire: 385, 624, 870
Under Milk Wood: 118, 642, 844
Under my Skin: 353, 610
Under Pressure: 911
Under Suspicion: 608
Under the Lash: 833, 930
Under the Pampas Moon: 396
Under the Red Robe: 38, 800
Under the Tonto Rim: 392
Under the Volcano: 91, 320, 426
Under the Yum Yum Tree: 488
Under Two Flags: 113, 177, 180
Under Your Spell: 683, 684
Undercover: 485
Undercover Blues: 692, 875
Undercover Man, The: 330
Undercurrent: 399, 576, 579, 845
Underground: 51, 466
Underground Aces: 377
Underneath, The: 803
Understanding Heart, The: 201
Undertow: 421
Underwater!: 745
Underworld: 494, 763, 819
Underworld U. S. A.: 342
Une chante, l'autre pas, L': 889
Une et l'autre, L': 623
Unerreichbare, Die: 143, 938
Unfaithful: 205
Unfaithful, The: 145, 784
Unfaithfully Yours: 220, 390, 462, 589, 826, 827
Unfinished Business: 468
Unfinished Dance, The: 162
Unfinished Symphony: 51
Unforgiven: 280, 385, 390, 793
Unforgiven, The: 364, 398, 426, 474
Ung Flukt: 877
Unguarded Hour, The: 930, 936
Unguarded Moment, The: 926
Unholy Garden, The: 180
Unholy Partners: 490, 733
Unholy Three, The: 113
Único juego en la ciudad, El: 74, 820, 844
Único testigo: 331, 332, 818, **881**, 917
Unidos por la fortuna: 180, 572, 736
Uninvited, The: 574

Union Pacific: 229, 560, 696, 817, 881
Union Station: 409, 554
Unión Pacífico: 229, 559, 560, 696, 817, **881**
Univers de Jacques Demy, L': 888, 889
Unknown, The: 113, 201
Unlawful Entry: 822
Unmarried Woman, An: 72, 558
Unmi no yaro domo: 785
Uno de los nuestros: 229, 230, 771, **882**
Uno entre tantos: 800
Uno rojo: división de choque: 342, 544
Unos y los otros, Los: 44, 121, 122, 161, 162, 488, 590, 591, 672, 821
Unpainted Woman, The: 113
Uns et les autres, Les: 44, 122, 162, 488, 591, 672, 821
Unseen, The: 560
Unstrung Heroes: 454, 561
Unsuspected, The: 216
Untamed: 201, 395, 461, 574, 682
Untamed Frontier: 199
Untamed Heart: 801
Untamed Lady: 833
Untel père et fils: 278, 445, 592
Unter Ausschluss der Öffentlichkeit: 256
Unter Geiern: 373
Until the End of the World: 424, 835
Until They Get Me: 102
Until They Sail: 329, 612, 792, 928
Untouchables, The: 187, 198, 230, 231, 351, 528
Un'avventura di Salvator Rosa: 92
Uña y carne: 930
Uomini contro: 740
Uomini, che mascalzoni, Gli: 130, 233, 693
Uomini e lupi: 48, 231, 531, 586
Uomini e nobiluomini: 234
Uomini sono nemici, Gli: 531
Uomo, Un: 140
Uomo che sorride, L': 233
Uomo da bruciare, Un: 842
Uomo da rispettare, Un: 269
Uomo dei cinque palloni, L': 317
Uomo della croce, L': 740, 741
Uomo delle stelle, L': 860
Uomo di paglia, L': 362
Uomo, la bestia e la virtù, L': 918
Uomo ritorna, Un: 525
Up in Arms: 32
Up in Central Park: 276
Up Pops the Devil: 504
Up Romance Road: 460
Up the Down Staircase: 599, 600, 650
Up the River: 96, 333, 863
Up the Sandbox: 823
Up-Tight: 221, 222, 236

Upon This Rock: 919
Uppdrager: 722
Uppehall i Myrlandet: 834, 871
Upper Crust, The: 460
Upper World: 736
Upstairs and Downstairs: 139
Upstream: 333
Uptown Saturday Night: 676
Upturned Glass, The: 548
Uranus: 87, 243, 623, 624
Urban Cowboy: 866, 927
Urga: 571
Uruwashiki saigetsu: 462
US. go home: 195
Used Cars: 939
Used People: 521, 551
Usurpadora, La: 815, 816
Usurpadores, Los: 73, 257, 915
Üt ora 40: 235
Utamaro o meguru gonin no onna: 581, 884
Utamaro y las cinco mujeres: 580, 581, **884**
Utamaro, Yume to shiriseba: 884
Utopia: 755
Utószezon: 303
Utvandrarna: 834, 871, 877
Uvas de la ira, Las: 326, 332, 333, **884**
Uwasa na onna: 581

V bolchom gorodé: 265
V ljudjah: 265
V. I. Warshwski: 875
V. I. P.'s, The: 118, 844, 918
Vacaciones del señor Hulot, Las: 841, **885**
Vacaciones en Cortina d'Ampezzo: 234, 592
Vacaciones en el otro mundo: 803
Vacaciones en Italia: 234, 812
Vacaciones en Roma: 398, 661, **885**, 932
Vacaciones sin novia: 213, 214, 282, 484
Vacances de Monsieur Hulot, Les: 841, 885
Vacances du diable, Les: 154
Vacances portugaises: 242
Vacanza, La: 708, 709
Vacanze a Ischia: 130, 234
Vacanze col gangster: 728
Vacanze d'amore: 103
Vacanze d'inverno: 234, 592, 812
Vacanze in Val Trebbia: 79
Vacanze intelligenti, Le: 811
Vacas: 827
Vado a vivere da solo: 729
Vagabond King, The: 216
Vagabond Trail, The: 920
Vagabundi: 558
Vagabundo, El: 124, 125, 215
Vagabundo poeta: 70

Vagabundos, Los: 883
Vaghe stelle dell'Orsa: 139, 905
Valborgsmässoafton: 85, 800
Valdez Is Coming: 474
Vale Abrão: 635
Valentina: 696, 697, 758
Valentina, La: 310
Valentino: 143, 655, 746
Valerij Tchalkov: 450
Valiant, The: 601
Valiente, El: 601
Valiente marino: 555, 615
Valientes andan solos, Los: 269, 555, 683, 743
Valigia dei sogni, La: 182, 550
Valija del correo diplomático, La: 271, 272
Valle, El: 768
Valle de Abraham, El: 635
Valle de la furia, El: 403
Valle de la venganza, El: 474
Valle de la violencia, El: 821
Valle de las espadas, El: 721
Valle de las muñecas, El: 273, 395
Valle de los reyes, El: 655, 845
Valle del amor y la tristeza, El: 581
Valle del arco iris, El: 51, 52, 191, 192
Valle del destino, El: 354, 355, 661
Valle del fugitivo, El: 708, **887**
Valle del silencio, El: 101, 102
Valle prohibido: 560
Vallée, La: 768
Vallée fantôme, La: 839, 871
Valley Girl: 123
Valley of Decision, The: 355, 661
Valley of Silent Men, The: 102
Valley of the Dolls: 273, 395
Valley of the Kings: 655, 845
Valmont: 81, 82, 334, 856, **888**
Valor de ley: 392, 393, 417, 914, 916
Valor sin recompensa: 731
Vals del emperador, El: 329, 924, 925
Vals mágico: 215
Valses de Viena: 407
Valseuses, Les: 93, 243, 423, 591
¡Vámonos con Pancho Villa!: 227
Vampira: 618
Vampire Bat, The: 270
Vampiresas: 736
Vampiresas 1933: 489, 490, 679, 680
Vampiresas de 1935: 680
Vampire's Kiss: 124
Vampiro: 624
Vampiro, El: 800
Vampiro para dos, Un: 313
¿Vampiros?: 270
Vampyr: 272, 553, 624

índice de películas

Vampyren: 800
Van, The: 249
Van Gogh: 21, 22, 502, 670, 719
Vangelo secondo Matteo, Il: 659
Vania en la calle 42: 528
Vanina Vanini: 741
Vanishing, The: 109
Vanishing American, The: 190
Vanishing Virginian, The: 101, 102
Vanity Fair: 508
Vanya on 42nd Street: 528
Vaquero y la dama, El: 629
Vaquero y las damas, El: 191
Vaquilla, La: 86, 87, 475, 476, 751, **888**
Var i maj, Det: 800
Varazseringo: 215
Vargtimmen: 85, 834, 877
Variete: 441, 865
Variétés: 37, 345
Variétés: 67, 68, 183, 588
Variety Girl: 191, 366, 409, 469, 471, 473, 574, 818
Varjoja paratiisissa: 163, 451
Varsity Show: 680
Vasja-reformator: 271
Vassia el reformador: 271
Vaticano Show: 740
¡Vaya marineros!: 331
¡Vaya mujeres!: 96, 911
¡Vaya par de marinos!: 235, 493, 542
¡Vaya una vida!: 930
Vecchia guardia: 92
Vecchia signora, La: 232, 233
Vecinos: 781
Vedo nudo: 728, 906
Vedova, La: 16, 152, 572, 573
Vedovo, Il: 728, 812
Veils of Bagdad: 556, 625
Veille d'armes: 37, 495
Veinte docenas de hijos: 523
Veinte horas: 303
Veinte mil años en Sing Sing: 215, 216
Veinte mil leguas de viaje submarino: 322, 323, 548, 549, **889**
Veinte millones de enamorados: 680, 736
Veinticuatro horas: 416
Veinticuatro horas de la vida de una mujer: 630
Veinticuatro horas sin mentir: 366
Veintiún días juntos: 355, 485, 636
Veja esta canção: 254
Velieri, I: 26
Velo pintado, El: 350
Velocidad terminal: 462
Vena d'oro, La: 99
Vencedor, El: 911
Vencedor de Napoleón, El: 709

Vencedor del gran premio, El: 508
Vencedores, Los: 320, 458, 567, 590, 766
¿Vencedores o vencidos?: 173, 174, 257, 258, 353, 354, 474, 863, 864, **889,** 923
Venciendo abismos: 333
Vendedor de felicidad, El: 142
Vendedores, Los: 348, 352
Vendetta: 316, 639
Vendetta del corsaro, La: 587
Vendetta di Aquila Nera, La: 8
Vendicatore, Il: 256
Venecia invernal y brumosa: 735
Venecia, la luna y tú: 728, 812
Venecias: 98
Veneno implacable: 124, 125
Venerables todos, Los: 39
Venere imperiale: 503
Venexiana, La: 99
Venezia, la luna e tu: 728, 812
Venga a prendere il caffè da noi: 479, 859, 890
Venga a tomar café con nosotras: 478, 479, 859, **890**
¡Venga alegría!: 499
Vengador, El: 391
Vengador sin piedad, El: 460, 461, 661
Vengadores, Los: 395, 409
Venganza: 198, 680, 697, 725
Venganza, La: 67, 68, 338, 720, 721, 722, 782, 804
Venganza de Águila Negra, La: 8
Venganza de don Mendo, La: 312, 313
Venganza de Frank James, La: 289, 326, 476, 477, 854, 892
Venganza de Heraclio Bernal, La: 359
Venganza de la Pantera Rosa, La: 282, 652
Venganza de Manon, La: 73, 74, 87, 586
Venganza de mujer: 105
Venganza de Ulzana, La: 14, 473, 474, **890**
Venganza de un hombre llamado caballo, La: 390
Venganza de Yukinojo, La: 428
Venganza del bergantín, La: 915
Venganza del corsario, La: 587
Venganza del destino: 353, 609, 610
Venganza del hombre invisible, La: 414
Venganza es mía, La: 428, 429
Venganza gitana: 179, 180
Venganza siciliana: 130, 357
Vengeance d'une femme, La: 262, 424
Vengeance Valley: 474
Vení conmigo: 760
Venice: Theme and Variations: 436
Vent d'Est, Le: 365
Ventaglino, Il: 807
Ventana a la vida, Una: 803
Ventana indiscreta, La: 407, 457, 598, 820, 821, **890**
Vente a Alemania, Pepe: 475, 751

Vente a ligar al Oeste: 475, 751
Vento del Sud: 139
Vento mi ha cantato una canzone, Il: 812
Ventriloquist's Dummy, The: 12, 154
Vent'anni: 550
Venus americana, La: 110
Venus ciega, La: 349
Venus de la ira, La: 506
Venus de la selva, La: 587
Venus de oro, La: 416, 560
Venus deportiva, La: 179
Venus era mujer: 352
Venus imperial: 503
Venus negra, La: 345
Venus rubia, La: 257, 373, 374, 818, 819, **891**
Vénus aveugle, La: 349
Vénus du collége, La: 277
Vera Baxter: 243
Vera Cruz: 14, 191, 473, 474, 588
Vera storia della signora delle camelie, La: 722
Vera, un cuento cruel: 313
Verano asesino: 7
Verano caprichoso: 565
Verano con Mónica, Un: 84, **891**
Verano contigo, Un: 152
Verano de la señora Forbes, El: 401
Verano de Picasso, El: 114
Verano del 42: 599, 600, 638, **891**
Verano en Louisiana: 599, 600
Verano japonés: doble suicidio: 641
Verano nublado: 303
Verano pasado, El: 401
Verbena de la Paloma, La: 475
Verboten!: 342, **892**
Verdad, La: 68, 174
Verdad oculta, La: 781
Verdad sobre el caso Savolta, La: 756
Verdadera historia de Frankenstein, La: 549
Verdadera historia de Hamlet, La: 59, 386
Verdadera historia de Jesse James, La: 703, 704, **892**
Verdadera historia de la señora de las camelias, La: 99, 423
Verdadera vocación de Magdalena, La: 400
Verdadero final de la II Guerra Mundial, El: 451
Verdaderos amigos: 450
Verdes praderas, Las: 350, 475
Verdict, The: 346, 506, 514, 528, 549, 612, 702, 787, 927
Verdugo, El: 86, 474, 475, **893**
Verdugos también mueren, Los: 476, 477, **893**
Vereda tropical: 31
Veredicto, El: 346, 506, 528
Veredicto de culpabilidad: 112
Veredicto final: 514, 548, 549, 611, 612, 702, 927

Verflucht dies Amerika: 162
Vergine moderna: 233
Vergine per il principe, Una: 357
Vergini di Roma, Le: 671
Vergodo szivek: 464
Vergüenza, La: 84, 85, 834, 877
Vérité, La: 68, 174
Vérité sur bébé Donge, La: 346
Verkaufte Braut, Die: 639
Verliebte Firma, Die: 639
Verlorene ehre der Katharina Blum, Die: 872, 765
Vern dömer?: 800
Vernost materi: 265
Vernye druzja: 450
Veronique et son cancre: 737
Versión Browning, La: 51, 319, 320
Verso sera: 10, 43, 551
Verspätung in Marienborn: 315
Versuchung: 938
Vertige, Le: 495
Vertigo: 226, 407, 625, 664, 821
Vértigo en la piscina: 700
Vértigo mortal: 144, 924
Very Big Withdrawal, A: 832
Very Special Favor, A: 105, 143, 421
Very Thought of You, The: 222, 655
Vesničko má stř ediskova: 566
Vessel of Wrath: 479
Vestida de rojo, La: 817
Vestida para matar: 125, 126, 231, 253
Vestido, El: 798, 799
Vestido de etiqueta, El: 110
Veuve Couderc, La: 237, 790
Vez a la semana, Una: 625
Vez al año ser hippy no hace daño, Una: 475
Vez en la vida, Una: 469
Vez no basta, Una: 269, 567
Vi har det jo dejigt: 59
Via Padova 46: 812
Via Paradiso: 583
Vía Láctea, La: 116, 117, 499, 559, 670, 671, 696, **894**
Vía Marguta: 130
Viaccia, La: 79, 80, 99, 139
Viacrucis nacional: 13
Viager, Le: 243
Viaggia, ragazza, viaggia: 234
Viaggiatori della sera, I: 858, 859
Viaggio, Il: 118, 233, 506
Viaggio con Anita: 394, 584
Viaggio di Capitan Fracassa, Il: 74, 771, 815, 895
Viaggio in Italia: 85, 741, 845
Viaje, El: 118, 232, 233, 506, 805
Viaje a Cythera: 36, **894**
Viaje a la Atlántica del capitán Nemo: 316

índice de películas

Viaje a la felicidad de mamá Kusters, El: 308
Viaje a ninguna parte, El: 253, 312, 314, 750, 751, 804, **895**
Viaje al centro de la Tierra: 549
Viaje al fondo del mar: 329
Viaje alucinante: 322, 323
Viaje alucinante al fondo de la mente: 69, 424, 746
Viaje con Anita, Un: 394, 584
Viaje de ida: 354
Viaje de los comediantes, El: 36
Viaje de los condenados, El: 276
Viaje de los malditos, El: 315, 549, 722, 834, 919
Viaje de Niklashauser, El: 308, 769
Viaje de novios: 313
Viaje de placer: 559
Viaje del capitán Fracassa, El: 74, 770, 771, 815, **895**
Viaje sin retorno: 368, 629
Viajero, El: 238, 458, 459, 765, 783
Viajero solitario, El: 560
Viajeros del atardecer, Los: 858, 859
Viajes con mi tía: 212
Viajes de Gulliver, Los: 390
Viajes de Sullivan, Los: 471, 559, 560, 826, 827, **896**
Viajes escolares, Los: 102, 103, 163
Viale della speranza, Il: 550, 728
Vičí bouda: 166
Vice et la vertu, Le: 242
Vice Squad: 205, 366, 733
Vice Versa: 883
Vicio y la virtud, El: 241, 242
Vicio y virtud: 522
Vicios de verano: 99, 811, 813, 859
Vicios pequeños: 614, 859
Vicios privados, públicas virtudes: 440, 441
Vicki: 668
Victim: 95
Víctima: 95
Víctimas de la seducción: 727
Víctimas del pecado: 314, 315
Victoire en chantant, La: 38
Victor: 346
Victor/Victoria: 33, 282, 896
¿Víctor o Victoria?: 33, 282, **896**
Victoria: 700, 922
Victoria de las mujeres, La: 580, 581
Victoria en Entebbe: 269, 273, 415, 474, 844
Victoria en Ucrania: 272
Victors, The: 320, 567, 590, 766
Victory: 205, 469, 539
Victory at Entebbe: 269, 273, 415, 474, 844
Vida alegre, La: 180, 181
Vida alrededor, La: 312, 313, 900
Vida bohemia: 364

Vida con mi padre: 216, 843
Vida conyugal sana: 76, 750, 751
Vida criminal de Archibaldo de la Cruz, La: 117
Vida de bohemia, La: 98, 451
Vida de Émile Zola, La: 255, 256, 600, 601, **896**
Vida de este chico: 230
Vida de mi vida: 372, 929
Vida de mujer, Una: 761, 762, 766, 767, **897**
Vida de Oharu, mujer galante: 580, 581, **897**
Vida de perros: 160, 503, 549, 550, 583, 584, **897**
Vida de Reuter, La: 255, 256, 732, 733, **898**
Vida de un actor, La: 580, 581
Vida de un cineasta: 785
Vida de un hombre, La: 581
Vida de un oficinista: 642
Vida de una mujer, La: 785
Vida desenfrenada, Una: 870
Vida difícil: 356, 357, 531, 728, 811, 812, **898**
Vida empieza hoy, La: 539, 935, 936
Vida empieza, La: 936
Vida en sombras: 312, 313
Vida en un hilo, La: 611, **898**
Vida en vídeo, La: 283
Vida es así, La: 93, 323, 324, 352, 353, 472, 864
Vida es sabrosa, La: 101, 102
Vida es un azar, La: 935
Vida fácil: 556, 862
Vida familiar: 500, 501, 937, 938
Vida íntima de Julia Norris, La: 227, 228, 486, 487, **899**
Vida íntima de Marco Antonio y Cleopatra, La: 358
Vida inútil de Pito Pérez, La: 359
Vida láctea, La: 827
Vida manda, La: 482
Vida mansa: 31
Vida marcada, Una: 555, 556, 648, 796, **899,** 923
Vida pendiente de un hilo, La: 449
Vida por delante, La: 312, 313, **899**
Vida por otra, Una: 352, 697, 845
Vida privada: 68, 527, 528, 550
Vida privada de don Juan, La: 900
Vida privada de Elizabeth y Essex, La: 215, 216, 223, 228, 324, 325, **900**
Vida privada de Enrique VIII, La: 464, 479, 629, **900**
Vida privada de Fulano de Tal, La: 313
Vida privada de Helena de Troya, La: 463, 464, 900
Vida privada de Sherlock Holmes, La: 924, 925
Vida privada de una doctora, La: 423
Vida robada, Una: 223, 224, 330
Vida sin risas: 721
Vida sin Zoe, La: 192
Vida vale más, La: 64, 676, 678
Vida y amores de una diablesa: 822, 823
Vida y muerte de un clown: 129, 130

Vida y nada más, La: 623, 624, 841, 842
Vida y un amor, Una: 352, 522
Vidalita: 760
Vidas al límite: 410
Vidas borrascosas: 875, 876
Vidas confusas: 588
Vidas cruzadas: 21, 22, 485, 488, 489, 561, 582, 822, **901**
Vidas en peligro: 73
Vidas heroicas: 102
Vidas opuestas: 361, 362
Vidas rebeldes: 173, 174, 347, 348, 425, 426, 585
Vidas secas: 665, 666, **901**
Vidas sin barreras: 108
Vidas sin rumbo: 327
Vidas truncadas: 409, 936
Videodrome: 206
Vie à deux, La: 669
Vie de bohème, La: 98, 495
Vie de château, La: 242, 487, 623, 702
Vie de famille, La: 90, 262
Vie devant soi, La: 790
Vie est à nous, La: 75, 717, 718
Vie est un roman, La: 44, 161, 162, 356, 357, 719
Vie et rien d'autre, La: 624, 842
Vie, l'amour, la mort, La: 487
Vie miraculeuse de Thérèse Martin, La: 277
Vie parisienne, La: 796
Vie privée: 68, 528, 550
Vieil homme et l'enfant, Le: 87
Vieille fille, La: 623
Vieille que marchait dans la mer, La: 591
Vieja música, La: 132, 248, 701, 781
Viejo doctor, El: 803
Viejo fusil, El: 622, 623, 767
Viejo pozo, El: 934
Viejo y el mar, El: 864
Viejo y el niño, El: 87
Viejos recuerdos de Louisiana: 423, 765, 923, 924
Viento, El: 364, 799, 800, **903**
Viento de cólera: 754
Viento del Sur: 139
Viento en las velas: 174, 175, 400, 520, 696, 697, **903**
Viento no sabe leer, El: 95
Viento norte: 803
Viento salvaje: 212, 525, 696, 697
Viento y el león, El: 83, 187, 426
Vientos brillantes: 440
Vientre del arquitecto, El: 375, **903**
Vier Gesellen, Die: 85
Vier um Die Frau, Die: 477
Vierde Man, Die: 894
Vierge du Rhin, La: 346
Vierges, Les: 755

Vietnam The Dove: 661
Vieux de la vieille, Les: 346
Vieux fusil, Le: 623, 767
View From the Bridge, A: 514
Vigía, El: 464
Vigil in the Night: 504, 820
Vigile, Il: 234, 812
Vihar: 303
Vihri vraždebnye: 450
Viking Women and the Sea Serpent, The: 194
Vikingos, Los: 213, 214, 269, 322, 323, 484
Vikings, The: 214, 269, 323, 484
Viktor und Victoria: 282, 896
Vil seducción, La: 313
Villa Borghese: 233, 669, 779
Villa cabalga: 114, 579, 721
Villa de los viernes, La: 99
Villa del vernerdi, La: 99
Villa Destin: 494
Villa Rides: 114, 579, 721
Village, The: 528
Village Blacksmith, The: 333
Village Squire, The: 485
Village Tale: 205
Villain: 118
Villain, The: 269, 769
Villain Still Pursued Her, The: 454
Ville des pirates, La: 745
Vincent: 118
Vincent and Theo: 22, 502
Vincent, François, Paul et les autres: 243, 586, 671, 762
Vincent the Dutchman: 940
Vingt-quatre heures d'un clown: 564
Vinieron de dentro de...: 206
Vinieron las lluvias: 111, 112, 164, 509, 610, 682
Vintage, The: 36, 316, 592
Vinti, I: 39, 40
Vinyl: 913
Violación de la señorita Julia, La: 700
Violanta: 102, 103, 243, 765
Violantha: 257
Violence: 372
Violent Men, The: 331, 554, 733, 818
Violent Saturday: 323, 544, 556
Violentos años veinte, Los: 96, 124, 125, 742, **904, 911**
Violentos de Kelly, Los: 280, 832
Violetas imperiales: 540, 782
Violetera, La: 588
Violets Are Blue: 813
Violette et François: 7
Violette Nozière: 52, 160, 423, 686
Violones del baile, Los: 870
Violons du bal, Les: 870

índice de películas

VIP's, The: 51
Virgen de Estambul, La: 112, 113
Virgen del Amazonas, La: 725
Vírgenes de Wimpole Street, Las: 479, 538
Vírgenes modernas: 201
Virgin Island: 151, 676
Virgin of Stamboul, The: 113
Virgin Queen, The: 224
Virginia: 522
Virginia City: 96, 131, 216, 325, 416
Virginian, The: 190, 229, 323, 324, 560
Virginiano, El: 228, 229
Virginidad: 357
Viridiana: 116, 117, 535, 699, 700, 720, 721, **904**
Virilidad: 450
Virtue: 504
Virtuosity: 914
Virtuous Sinners: 887
Virtuous Thief, The: 613
Virus: 331
Visages d'enfants: 318
Vision, The: 96
Vision of Eight: 940
Vision Quest: 582
Visione del Sabba, La: 79
Visiones de un italiano moderno: 728, 906
Visions of Eight: 334, 663, 764
Visit, The: 86, 697
Visit to Small Planet: 493
Visita del rencor, La: 86, 697
Visita que no tocó el timbre, La: 132
Visitante, El: 705, 917
Visitante del más allá, El: 317, 331
Visitante nocturno, El: 834, 877
Visitantes, Los: 452
Visitatore, Il: 317, 426
Visite, Une: 873
Visiteurs du soir, Les: 142, 789
Visitors, The: 331, 452
Viskningar och rop: 85, 377, 877
Víspera de combate: 37, 494, 495
Víspera de san Marcos, La: 815, 816
Vita da cani: 550, 584, 897
Vita difficile, Una: 357, 531, 728, 812, 898
Vita è bella, La: 525
Vita scellerata, Una: 834
Vita violenta, Una: 658
Vite strozzate: 857
Vitelloni, I: 24, 127, 311, 812
Vitta agra, La: 857, 858
Vitta da cani: 503
Vittimista, Il: 770
Viuda, La: 152
Viuda alegre, La: 215, 347, 509, 510, 824, 825, 876, **906**

Viuda Couderc, La: 237, 790
Viuda del capitán Estrada, La: 253
Viuda del diablo, La: 352
Viuda del pastor, La: 272
Viuda innoble, La: 505, 506, 551
Viuda Montiel, La: 162, 497
Viuda negra, La: 727, 820
¡Viva América!: 36
Viva Knievel!: 457
¡Viva el señor Falu!: 704, 705
¡Viva la ambición!: 333
¡Viva la libertad!: 171
¡Viva la Marina!: 102, 680
¡Viva la Revolución!: 919
¡Viva la vida!: 329, 821
Viva la vie: 9, 10, 487, 488, 672, 701, 702, 870
¡Viva Las Vegas!: 162, 163, 794
Viva l'Italia: 741
Viva María!: 68, 527, 528, 590, 591
Viva Max!: 883
Viva/muera don Juan: 582
Viva Villa!: 394
Viva Zapata!: 106, 452, 667, 668, 696, 697
Vivacious Lady: 736, 820
Vivamente el domingo: 44, 797, 870, 873
Vivamos de nuevo: 529, 530, 538, 826
Vivamos hoy: 190, 201, 393, 394, 626
Vivamos hoy para mañana: 539
¡Vivan los novios!: 70, 86
Vive como quieras: 136, 137, 820
Vive Henri IV!, Vive l'amour!: 56, 57, 566, 567
Vive si te dejan: 524, 525
Vivement dimanche!: 44, 797, 870, 873
¡Viven!: 527
Vividores, Los: 21, 74, 144, 166
Viviendo al revés: 312
Viviendo del pasado: 395
Viviendo en la Luna: 326, 830
Viviendo su vida: 484, 492, 493, 542
Vivir: 446, 465, 466, 935
Vivir a tope: 894
Vivir al momento: 866
Vivir en la cumbre: 792
Vivir es lo que importa: 539, 706
Vivir mañana: 758
Vivir para gozar: 212, 373, 374, 398, 399
Vivir para vivir: 83, 487, 586
Vivir sin aliento: 11, 361, 558
Vivir su vida: 365
Vivir un gran amor: 458
Vivir y morir en Los Ángeles: 219, 339
Vivre pour vivre: 83, 487, 586
Vivre sa vie: 365
Vizi privati pubbliche virtù: 441
Vladimir et Rosa: 365

Vocación de marino: 560
Vocación sublime: 373
Vocation suspendue, La: 745
Voce del silenzio, La: 313, 646
Voce della luna, La: 311
Voce nel tuo cuore, Una: 356
Voce umana, La: 741
Voces de muerte: 473, 498, 818
Voci bianche, Le: 10
Vogliamo i colonnelli: 584, 859
Voglio matta, La: 858
Voglio tradire mio marito: 129, 130
Voice in the Mirrow: 555
Voice of the Turtle, The: 655, 705
Voici le temps des assassins: 278, 346, 853
Voie lactée, La: 117, 671, 894
Volando hacia Rio de Janeiro: 51, 725, 736
Volar es para los pájaros, El: 21
Volar por los aires: 109
Volere volare: 614
Voleur, Le: 80, 115, 528, 792
Voleur de crimes, Le: 870
Voleur d'enfants, Le: 551, 583
Voleur de femmes, Le: 349
Voleurs, Les: 242, 846
Voleurs de la nuit, Les: 342
Voleuse, La: 671, 766
Volevo i pantaloni: 103, 583
Volga Boatman, The: 229
Volpone: 445, 598
Voltati Eugenio: 183
Voluntad esclava: 392
Voluntarios: 387
Volunteer, The: 681
Volunteers: 387
Volver a empezar: 350
Volver a vivir: 132, 248
Volverás a mí: 114, 264
Volvió el amor: 326
Volles Herz und leere Taschen: 525
Vom Niederrhein, Die: 256
Vom Schicksal Verfolgten, Die: 256
Von Richthofen and Brown: 195
Von Ryan's Express: 795
Vorágine: 315, 684, 854, **907**
Vormund und Sein Dichter, Der: 7
Vortice: 553
Voruntersuchung: 37, 796
Voto, Il: 505
Voulez-vous danser avec moi?: 68
Vous verrez la semaine prochaine: 153, 154
Voyage, Le: 4
Voyage de noces, Le: 755, 869, 870
Voyage du père, Le: 623
Voyage en douce, Le: 161, 162, 249, 754, 755

Voyage imaginaire, Le: 171
Voyage of the Damned: 276, 315, 549, 722, 834, 919
Voyage to the Bottom of the Sea: 329
Voyage to the Planet of Prehistoric Women: 97
Voyager: 238
Voyager, The: 765, 783
Voyageur de la Toussaint, Le: 789
Voyou, Le: 487, 870
Voz de la luna, La: 311
Voz de la sangre, La: 799, 800, 806, 807
Voz de los antepasados, La: 799, 800
Voz de su amo, La: 511, 591
Voz del silencio, La: 213
Voz que acusa, La: 820, 864
Vredens dag: 272
Vuelo a las estrellas: 575
Vuelo de águilas: 408, 471, 486, 487, 573, 574, 785
Vuelo de la paloma, El: 76, 351, 751
Vuelo del águila, El: 834, 871, 872
Vuelo del Fénix, El: 14, 55, 820, 821
Vuelo del Intruder, El: 219
Vuelo nocturno: 70, 112, 347, 348, 509
Vuelta a la vida: 421
Vuelta al mundo en 80 días, La: 105, 180, 258, 454, 521, 617, 618, 794
Vuelta al mundo, La: 304, 323, 324
Vuelta de Arsenio Lupin, La: 270
Vuelta del camino, La: 902
Vuelve a amanecer: 408, 409, 578, 579, **907**, 936
Vuelve a la vida: 123
Vuelve a mí: 51, 52, 736, **908**
¡Vuelve a mi vida!: 553
Vuelve a mi lado: 553, 576, 577, 586, 615, 823
Vuelve el padre de la novia: 455, 543, 647
Vuelve Martín Corona: 588
Vuelve Pancho Villa: 48
Vuelve, pequeña Sheba: 473, 474
Vuelven los caraduras: 319
Vuélvete, Eugenio: 181, 183
Vulcano: 255, 256, 525, 826, **908**
Vukfu: 271

W: 695
W. R.: misterije organizma: 526
W. U. S. A.: 612, 666, 931
Wabash Avenue: 556
Wackiest Ship in the Army, The: 488
Waco: 745
Waga koi wa moenu: 581
Waga seishun ni kuinashi: 466
Wagahai wa neko de aru: 428
Wages for Wives: 102
Wages of Virtue: 833
Wagner: 118, 637, 709
Wagon Master: 333

índice de películas

Wagon Wheels: 784
Wagons Roll at Night, The: 96
Waikiki Wedding: 696
Wait Till the Sun Shines, Nellie: 461, 668
Wait Until Dark: 398
Wait Until Spring, Bandini: 276
Waiting for the Light: 521
Wak Kue: The Chinese in America: 912
Wakai hito: 427
Wakaki hi: 642
Wake Me When It's: 490
Wake of the Red Witch: 915
Wakefield Express: 30
Wakodo no yume: 642
Walk, Don't Run: 28
Walk in Spring Rain, A: 697
Walk in the Clouds, A: 208, 697, 710, 754
Walk in the Spring Rain, A: 86
Walk in the Sun, A: 32, 573, 742
Walk on the Wild Side, A: 73, 138, 328, 818
Walk Softly Stranger: 199
Walk the Proud Land: 64
Walk With Love and Death, A: 424, 426
Walkabout: 735
Walking Dead, The: 216
Walking Down Broadway: 825
Walking My Baby Back Home: 484
Walkover: 801
Wall Street: 271, 387, 650
Wallop, The: 333
Walls Came Tumbling Down, The: 386
Walls of Jericho, The: 73, 220, 269, 816
Walter Grauman: 121
Waltzes From Vienna: 407
Wanda Nevada: 327
Wanderer, The: 911
Wanters, The: 815
War, The: 198
War and Peace: 316, 327, 357, 398, 903
War Arrow: 633
War Between Men and Women, The: 488, 731
War engang, Der: 272
War Hunt: 708
War Lord, The: 403
War Lover, The: 561
War of the Roses, The: 249, 271, 875
War of the Satellites: 194
War of the Wildcats: 915
War Requiem: 637
War Story, A: 832
War Wagon, The: 269, 916
Warlock: 327, 697, 923
Warlords of Atlantis: 163
Warm December, A: 676
Warning Shot: 364, 655

Warnung von einer Heiligen Nutte: 308, 769
Warrens of Virginia, The: 229
Warui yatsu hodo yoku nemuru: 466
Warun Läuft Herr R. Amok?: 308, 769
Was darf's denn sein?: 265
Wasei kenka tomodachi: 642
Wasp Woman, The: 194
Wat Zien Ik: 894
Watashi no subete o: 427
Watashi wa nisai: 428
Watch on the Rhine: 224
Watch Your Wife: 190
Watcher in the Woods, The: 224
Water: 126
Water Babies, The: 549
Waterfront: 118
Waterhole n.º 3: 175
Waterland: 435
Waterloo: 919
Waterloo Bridge: 223, 486, 490, 687, 845, 922
Waterloo Road: 373
Waterworld: 198, 417, 418
Watusi: 575
Way Ahead, The: 617, 618, 709, 883
Way Back Home: 223
Way Down East: 326, 364, 376, 460
Way for a Sailor: 573, 930
Way of a Gaucho: 854, 862
Way of All Flesh, The: 324, 441
Way of the Strong: 137
Way Out West: 388, 481, 613
Way to the Stars, The: 50, 51, 791
Way We Were, The: 679, 708, 823
Way West, The: 269, 318, 579, 923
Way... Way Out: 493
We Are Not Alone: 368, 601
We Are the Lambeth Boys: 714
We Dive at Dawn: 50, 51
We Dreams: 526
We Faw Down: 559
We Have Our Moments: 618
We Joined the Navy: 95
We Live Again: 530, 538, 826
We Think, the World of You: 72, 633
We Were Dancing: 270, 352
We Were Strangers: 48, 353, 426, 443
We Who Are Young: 875
Weber, Die: 257
Webster Boy, The: 151
Wedding, A: 22, 162, 205, 307, 357, 364
Wedding Banquet, The: 66, 483
Wedding March, The: 825, 190, 902
Wedding Party, The: 229, 230, 231
Wedding Present: 374
Wedding Rehearsal: 464, 629

Wee Lady Betty: 102
Wee Willie Winkie: 333, 848
Weeds: 624
Week-end: 365
Week-end à Zuydcoote: 80
Weekend at the Waldorf: 371, 736, 875
Weekend Marriage: 936
Weekend With Father: 608, 798
Wege des Schreckens: 216
Wege in der Nacht: 937, 938
Welcome Danger: 499
Welcome Home: 747
Welcome to Britain: 51
Welcome to Hard Times: 327
Welcome to L. A.: 144, 162, 455, 744, 813
Well-Groomed Bride, The: 228, 574
Wells Fargo: 560
Wenn der weisse Flieder wieder blütch: 766
Wenn ein Weib den Weg verliert: 257
Wenn vier dasselbe tun: 441
Went the Day Well?: 153, 154
Were Do We Go From Here?: 696
Werther: 577, 639
Wesele: 910
West of the Divide: 915
West of the Pecos: 579
West of Zanzibar: 113
West Point: 201
West Point of the Air: 844
West Point Story, The: 125, 225
West Point Widow: 796
West Side Story: 921, 928, 929
Westbound: 94, 95
Western Union: 289, 477
Westerner, The: 32, 191, 562, 932
Westfront: 646
Westward Ho: 915
Westward Passage: 636
Westward the Women: 845, 920
Westworld: 114
Wet Dreams: 704
Wet Parade, The: 324, 508
Wetherby: 709
Wetterleuchten: 256
We're No Angels: 97, 216, 230, 444, 589, 883
We're Not Dressing: 504, 573
We're Not Married: 368, 544, 585, 736
We've Never Been Licked: 578
Whales of August, The: 31, 224, 364
What?: 551, 677
What a Night: 115
What a Way to Go!: 457, 521, 542, 579, 612
What a Widow!: 833
What About Bob?: 273
What Did You Do in the War, Daddy?: 175, 282

What Ever Happened to Baby Jane?: 14, 133, 202, 224, 692
What Every Woman Knows: 468, 491
What Every Woman Learns: 613
What Price Beauty: 508
What Price Glory: 125, 333, 683, 725, 911
What Price Hollywood?: 212
What! No Beer?: 454
What's Ealing Gilbert Grape?: 244, 493
What's His Name: 229
What's New Pussycat?: 18, 118, 138, 641, 766
What's Up, Doc?: 82, 98, 638, 823
What's Up, Tiger Lily?: 18
What's Your Hurry?: 930
Wheeler Dealers, The: 716
When a Man Loves: 70, 508
When a Man Loves a Woman: 351, 746
When a Man Rides Alone: 460
When Do We Eat?: 613
When Eight Bells Toll: 415
When Harry Met Sally: 714, 746
When Husbands Flirt: 920
When in Rome: 112
When Ladies Meet: 201, 355, 509, 845
When Strangers Marry: 578, 579
When the Clouds Roll By: 304, 323
When the Legends Die: 923
When Time Ran Out: 409, 612
When Tomorrow Comes: 105, 816
When We Were Twenty-One: 460
When Willie Comes Marching Home: 333
When Worlds Collide: 554
When You're in Love: 110, 374
Where Angels Go, Trouble Follows: 845
Where Danger Lives: 579
Where Do We Go From Here?: 522
Where Eagles Dare: 118, 280
Where East Is East: 113
Where Is Parsifal?: 919
Where Is the Lady?: 886
Where Love Has Gone: 224, 395
Where the Day Takes You: 801
Where the Heart Is: 100, 852
Where the Pavement Ends: 431
Where the Sidewalk Ends: 10, 32, 684, 854
Where the Spies Are: 265, 618
Where the West Begins: 460
Where Were You When the Lights Went Out?: 225
Wherever You Are: 938
Where's Jack: 271
Which Way to the Front?: 492
Which Woman: 113
Whiffs: 638
While the City Sleeps: 32, 477, 516, 570
While the Sun Shines: 51

índice de películas

Whip Woman: 935
Whipsaw: 509, 864, 930
Whirlpool: 315, 684, 854, 907
Whisky a gogo: 413
Whisky Galore!: 413, 520
Whisky y gloria: 380
Whisky y vodka: 475
Whispering Chorus, The: 229
Whispering Smith: 469
Whistle at Eaton Falls, The: 796
Whistle Blower, The: 126
Whistle Down the Wind: 72
Whistle Stop: 352
White Angel, The: 255, 256
White Banners: 368
White Buffalo, The: 625
White Cargo: 472
White Cliffs of Dover, The: 112, 843
White Comanche: 199
White Christmas: 216
White Dog: 342
White Dove, The: 460
White Feather: 648
White Heat: 12, 125, 911
White Hunter, Black Heart: 280, 712
White Man: 347
White Man's Burden: 866
White Mischief: 162, 375
White Nights: 740
White Palace: 759
White Parade, The: 936
White Rose, The: 376
White Sands: 219, 743
White Savage: 587, 750
White Shadows in the South Seas: 321
White Sister, The: 179, 324, 348, 364, 460
White Tiger: 113
White Tower, The: 331
White Witch Doctor: 393, 395, 579
White Woman: 479, 504
Whity: 308, 769
Who, The: 746
Who Am I This Time?: 239
Who Framed Roger Rabbit?: 814, 939
Who Has Seen the Wind: 315
Who Is Harry Kellerman and Why Is He Saying Those Terrible Things About Me?: 378, 408
Who Is Killing the Great Chefs of Europe?: 91, 623
Who Is to Blame?: 102
Who Killed Gail Preston?: 396
Who Was That Lady?: 214, 484, 542
Whole Town's Talking, The: 333, 725, 733
Whole Truth, The: 373
Wholly Moses!: 589
Whom the Gods World Destroy: 102

Whore: 746
Whose Life Is It Anyway?: 151, 273
Who'll Stop the Rain?: 624, 714
Who's Afraid of Virginia Woolf?: 118, 614, 844
Who's Been Sleeping in My Bed?: 542
Who's Got the Action?: 542, 555, 876
Who's Minding the Store: 493
Who's That Knocking at My Door?: 455, 771
Who's Your Lady Friend?: 709
Why Change Your Wife?: 229, 779, 833
Why Girls Go Back Home: 508
Why Men Leave Home: 815
Why Must I Die?: 648, 694
Why Worry?: 499
Wicked Darling, The: 113
Wicked Lady, A: 72
Wicked Lady, The: 276, 548
Wicked Stepmother: 224
Wicked Woman, A: 844
Wich Way to the Front?: 493
Wichita: 560, 657, 862
Widow From Chicago, The: 733
Widow From Monte Carlo, The: 725
Widows's Peak: 307
Widow's Nest: 504
Wie Bleibe ich Jung und Schon: 256
Wielki Tydzien: 910
Wife, Doctor and Nurse: 936
Wife, Husband and Friend: 936
Wife of Country: 833
Wife of General Ling, The: 886
Wife of the Centaur: 902
Wife versus Secretary: 112, 348, 389, 509, 820
Wilby Conspiracy, The: 126, 676
Wild and Wonderful: 214
Wild and Woolly: 304
Wild Angels, The: 97, 195
Wild at Heart: 124, 219, 740
Wild Bill: 109
Wild Boys of the Road: 920
Wild Bunch, The: 409, 662
Wild Company: 559
Wild Duck, The: 435, 878
Wild Geese, The: 118, 373, 390
Wild Geese II: 637
Wild Girl: 911
Wild Goose Chase, The: 229
Wild Harvest: 355, 469
Wild Horse Mesa: 190, 392
Wild Is the Wind: 212, 525, 697
Wild Napalm: 692
Wild North, The: 162
Wild One, The: 106, 544
Wild Oranges: 902
Wild Orchid: 91, 350, 743, 781

Wild Party, The: 50, 437, 538, 697
Wild Ride, The: 615
Wild River: 174, 452, 716, 726
Wild Rovers: 266, 282, 409, 638
Wild Women: 333
Wildcats: 394
Wildente, Die: 774
Wilder Napalm: 928
Will Boys of the Road: 919
Will Geese Calling: 327
Will Penny: 403
Will Success Spoil Rock Hunter?: 546
William Wilson: 527, 528
Willie and Phil: 558
Willy Wonka and the Chocolate Factory: 925
Wilson: 461
Winchester 73: 214, 421, 533, 820, 821, **927**
Wind: 582
Wind, The: 364, 800, 903
Wind Across the Everglades: 703, 704
Wind and the Lion, The: 83, 187, 426
Wind Cannot Read, The: 95
Windows: 375
Windrose, Die: 679
Winds of the Wasteland: 915
Wine, Women and Horses: 784
Wine of Youth: 902
Winged Victory: 212, 410
Wings: 13, 190, 920
Wings and a Prayer: 26, 32, 393
Wings for the Eagle: 784
Wings in the Dark: 374, 509
Wings of Courage: 38
Wings of Eagles, The: 334, 633, 915
Wings of Fame: 642
Wings of the Hawk: 94
Wings of the Morning: 38, 326
Wings of the Navy: 228
Wings Over Africa: 886
Wings Over Honolulu: 574
Winner Take All: 124
Winners of the Wilderness: 201
Winnetou und die Oilprinz: 373
Winning: 612, 931
Winning of Barbara Worth, The: 179, 190, 460
Winning Team, The: 225, 705
Winslow Boy, The: 51
Winter Carnival: 784
Winter Kills: 108, 667, 844
Winter Meeting: 224
Wir brauchen kein Geld: 472
Wisdom: 589
Wisdom, el delincuente: 589
Wise Blood: 426
Wise Girl: 416, 574

Wise Guys: 231, 249, 456
Wise Kid, The: 113
Wiser Sex, The: 177, 270
Witches, The: 425, 735
Witches of Eastwick, The: 616, 669, 759
Witche's Brew: 876
Witching Hour, The: 392
With a Song in My Heart: 395
With Six You Get Eggroll: 225, 401
Without a Clue: 126
Without Love: 399, 864
Without Regret: 617
Without Reservation: 178, 374, 490, 915
Witness: 332, 881, 917
Witness for the Prosecution: 258, 480, 682, 925
Witness to Murder: 818
Wives and Lovers: 484
Wives of Men: 815
Wives under Suspicion: 922
Wiz, The: 514, 525
Wizard, The: 801
Wizard of Oz, The: 324, 353, 490, 525, 847
Wo Die Grünen Ameisen Träumen: 402, 731
Woman Chases Man: 416
Wolf: 616, 669
Wolf Hunters: 94
Wolf Larsen: 502
Wolf of the Door, The: 831, 832
Wolf Song: 190, 324
Wolfen: 320
Wolves: 479
Woman Accused: 374
Woman and the Law, The: 911
Woman Chases Man: 560
Woman Disputed, The: 460
Woman From Monte Carlo, The: 216
Woman God Forgot, The: 229
Woman Hater: 373
Woman He Married, The: 613
Woman I Love, The: 417, 498, 601
Woman in Hiding: 516
Woman in His House, The: 815
Woman in Question, The: 51, 95
Woman in Red, The: 817
Woman in Room 13, The: 460
Woman in the Dark: 270
Woman in the Hall, The: 791
Woman in the Room 13, The: 508
Woman in the Suitcase, The: 613
Woman in the Window, The: 477, 596, 733
Woman in White, The: 655
Woman In Red, The: 925
Woman Obsessed: 393, 395
Woman of Affairs, A: 112, 350
Women Love Diamonds: 368

índice de películas

Woman of Bronze, The: 902
Woman of Desire: 580
Woman of Distinction, A: 574
Woman of Paris, A: 161, 595
Woman of Straw: 187, 503
Woman of the Sea, A: 818, 819
Woman of the Year: 399, 532, 595, 820, 864
Woman on the Beach, The: 718
Woman on the Run: 784
Woman Rebels, A: 399, 756
Woman Trap: 920
Woman Under Oath, The: 815
Woman Under the Influence, A: 151, 743
Woman With No Name, The: 118, 886
Woman's Face, A: 201, 212, 270
Woman's Place: 324
Woman's Secret, A: 270, 632, 704
Woman's World, A: 19, 62, 522, 610
Womanhandled: 468
Women, The: 201, 212, 329, 366, 597
Women Everywhere: 464
Women in Love: 72, 439, 746
Women in Revolt: 913
Women Men Forget: 815
Women of All Nations: 96, 911
Women of Glamour: 270
Women Wanted: 560
Women's Prison: 516
Won Ton Ton, the Dog Who Saved Hollywood: 26, 163, 403, 556
Wonder Bar: 679, 680, 725
Wonder of Women, The: 112
Wonderful Country, The: 49, 579
Wonderful Chance, The: 887
Wonders of Aladdin, The: 234
Words and Music: 19, 162, 354, 457, 484, 914
Working Girl: 47, 50, 332, 377, 615, 916
Working Man, The: 223
World According to Garp, The: 926
World and the Flesh, The: 205, 416
World Apart, A: 401
World Changes, The: 490, 601, 695
World for Ransom: 14
World in His Arms, The: 600, 661, 697, 911
World Moves On, The: 333
World of Suzie Wong, The: 409, 695
World Premiere: 70
World Ten Times Over, The: 832
World the Flesh and the Devil, The: 316
World's Greatest Lover, The: 249, 925
Worth Winning: 822
Woyzeck: 402
Wrath of God, The: 397, 579
Wreck of the Mary Deare, The: 191, 389, 403
Wrecking Crew, The: 543

Wrestling Ernest Hemingway: 390, 521
Written on the Wind: 62, 293, 421, 798
Wrong Again: 559
Wrong Arm of the Law, The: 125
Wrong Box, The: 125, 589
Wrong Is Right: 111, 187, 485
Wrong Man, The: 304, 327, 407, 558
Wspólny pokój: 391
Wszystko na sprzedaz: 910
Wuthering Heights: 90, 562, 618, 629, 636, 932
Wyatt Earp: 198, 384, 385, 450, 657, 691, 692, 740
Wyoming Outlaw: 915

X, The Man With the X-Ray Eyes: 194, 574
X, Y and Zee: 126, 844
Xanadu: 457
Xica da Silva: 254
Xochimilco: 314, 725

¿Y ahora, qué?: 101, 102, 830, 859, 866
¿Y cuándo llegará Andrés?: 232, 233
Y del seguro, líbranos, Señor: 65
Y Dios creó la mujer: 68, 870
... Y el mundo marcha: 933
¿Y el prójimo?: 162, 722
Y la luz se hizo: 435
Y la nave va: 311, 933
Y la vida continúa: 459
Y le llamaban Robin Hood: 4
... y llegó el día de la venganza: 661, 662, 697, 941
Y por último: 776
Y, sin embargo, avanzan: 581
Y sin embargo hemos nacido: 642, 643
... y supo ser madre: 179, 460
Ya eres un gran chico: 191, 192
Yakuza: 578, 579, 678, 679, 767
Yakuza, The: 579, 679, 767
Yamata: 464
Yang-Tse en llamas, El: 54, 55, 83, 561, 928
Yank at Oxford, A: 485, 844
Yank in the R. A. F., A: 460, 682
Yankee Doodle Dandy: 125, 216, 934
Yanks: 361, 709, 764, 934
Yanqui Dandy: 124, 125, 215, 216, 934
Yanqui en Argentina, Un: 833, 930
Yanqui en el harén, Un: 521, 883
Yanqui en la corte del rey Arturo, Un: 354, 355, 508
Yanqui en Oxford, Un: 485, 844
Yanquis: 361, 708, 709, 764, 934
Yawar Mallku: 757
Yayo a yao yao dao wai pe qiao: 935
Year of Living Dangerously, The: 41, 362, 916, 917
Year of the Dragon: 167, 743
Year of the Gun: 338, 822

Yearling, The: 112, 562, 661
Yellow Lily, The: 464
Yellow Rolls-Royce, The: 51, 86, 237, 391, 521, 591, 772
Yellow Sky: 73, 167, 661, 920, 923
Yellow Ticket, The: 636, 911
Yellowbeard: 549
Yendo hacia ti: 4
Yentl: 823
Yeux cernés, Les: 592
Yeux noirs, Les: 792
Yiddish Connection: 859
¡Yo acuso!: 315, 348, 349
Yo, confieso: 72, 73, 173, 174, 407
Yo, el halcón: 817
Yo, gran cazador: 456
Yo, mi padre y la amante: 489
Yo, Nathalie: 646
Yo, tú y mamá: 633, 697
Yo, Viernes: 642
Yo, yo, yo... y los demás: 92, 93, 234, 503, 531, 550
Yo amé a un asesino: 353
Yo anduve con un zombie: 597, 862
Yo creo en ti: 392, 393, 821
Yo impongo mi ley a sangre y fuego: 80
Yo la conocía bien: 755, 857, 858
Yo, la peor de todas: 81, 755, 781
Yo la vi primero: 312, 313
Yo me bajo en la próxima, ¿y usted?: 750, 751
Yo no creo en los hombres: 588
Yo pecador: 49
Yo quiero morir contigo: 803
Yo quiero un millonario: 490
Yo soy curiosa-Amarillo: 798, 799
Yo soy curiosa-Azul: 798, 799
Yo soy el padre y la madre: 492, 493
Yo soy Fulana de Tal: 313
Yo soy gallo donde quiero: 588
Yo soy la ley: 733
Yo soy la oveja negra: 357
Yo soy mía: 700, 755
Yo te saludo, María: 90, 365
Yo vigilo el camino: 337, 661, 662, 935
Yo vivo mi vida: 201
Yo y la emperatriz: 105
Yoidore tenshi: 466
Yojimbo: 466, 489, 566
Yokihi: 581
Yolanda and the Thief: 52, 576
Yolanda, la hija del corsario: 806, 807
Yonki No Kai: 462
Yoru: 581
Yoru no onna tachi: 581
Yoshiwara: 639
You and Me: 144, 401, 477

You Belong to Me: 327, 784, 817
You Can't Beat Love: 329
You Can't Believe Everything: 833
You Can't Get Away With Murder: 96
You Can't Go Home Again: 704
You Can't Have Everything: 26, 229
You Can't Hurry Love: 325
You Can't Run Away From It: 19, 488, 680
You Can't Take It With You: 137, 820
You Can't Win' Em All: 214
You Gotta Stay Happy: 329, 821
You Never Can Tell: 680
You Never Know Women: 920
You Only Live Once: 326, 477, 808
You Only Live Twice: 187
You Said a Mouthful: 736
You Were Never Lovelier: 52, 396
Young America: 102, 863
Young Americans, The: 456
Young and Innocent: 407
Young and Willing: 395, 409
Young as You Feel: 102, 471
Young at Heart: 225, 794
Young Bess: 373, 458, 480, 791
Young Billy Young: 253, 579
Young Cassidy: 166
Young Doctors, The: 539, 706
Young Doctors in Love: 589
Young Donovan's Kid: 613
Young Eagles: 13, 920
Young Edison, The: 111, 281
Young Frankenstein: 261, 385, 925
Young Guns II: 175, 801
Young Ideas: 221, 352
Young in Heart, The: 359, 366
Young Land, The: 417
Young Lions, The: 106, 174, 542
Young Lovers, The: 51
Young Man of Manhattan: 177, 736
Young Man With a Horn: 62, 216, 225, 269
Young Man With Ideas: 331, 487
Young Mister Pitt, The: 709
Young Mr. Lincoln: 326, 333
Young One, The: 117
Young People: 847, 848
Young Philadelphians, The: 612
Young Racers, The: 194
Young Rajah, The: 887
Young Runaways, The: 273
Young Sánchez: 132
Young Savages, The: 337, 474
Young Sherlock Holmes: 491
Young Stranger, The: 337
Young Toscanini: 844
Young Widow: 745

índice de películas

Young Wife's Tales: 398
Young Winston: 55, 64, 226, 415
Youngblood: 710
Youngblood Hawke: 222
Younger & Younger: 8, 222, 223, 238, 831, 832
Younger Generation, The: 137
Youngest Profession, The: 355, 845, 875
Your Ticket Is No Longer Valid: 390, 591
Yours for the Asking: 516
Yours, Mine and Ours: 327
Youth on Trial: 94
Youth Takes a Fling: 560
You'll Never Get Rich: 52, 396
You're a Big Boy Now: 192
You're in the Navy Now: 191, 393, 544
You're My Everything: 73, 454
You're Never too Young: 493, 542
Yuki fujin ezu: 248, 581
Yukinojo henge: 428
Yuma: 341, 342, 588
Yuppi du: 701, 702
Yvette: 153, 154

Z: 197, 350, 586, 869, 870, **937**
Z. O. O.: 375
Zabriskie Point: 40, 783
Začarovannaja Desna: 272
Zafarrancho en el casino: 561
Zafarrancho en el circo: 841
Zafarrancho en la marina: 125
Zagovor obrečenyh: 450
Zampo y yo: 75, 76, 721
Zancos, Los: 65, 314, 700, 761, 804
Zandalee: 124
Zandunga, La: 227
Zandy's Bride: 385, 871, 877
Zange no yaiba: 642
Zangiku monogatari: 581
Zapatillas de cristal, Las: 143
Zapatillas rojas, Las: 681, **938**
Zappa: 56
Zara, la mística: 113
Zarak: 555, 556
Zarco, El: 48
Zardoz: 100, 187, 525, 701, 702
Zarina, La: 72, 683, 684
Zarzal, El: 118, 253
Zaza: 178, 212, 491, 833
Zazà: 151, 152
Zazie dans le Métro: 528, 623
Zazie en el Metro: 527, 528, 623
Zdecie: 459
Zdravstvjte: 265
Zed and Two Noughts, A: 375
Zeder: 57, 58

Zegen: 429
Zekone bolsom zemli: 265
Zelig: 17, 18, 19, 307
Zelly and Me: 740
Zendegi egameh darad: 459
Zeni no odori: 428
Zerbrochene Krug, Der: 442
Zerkalo: 840
Zero Hour: 32, 221
Zero Population Growth: 162
Zezowate szczescie: 601
Zia smemorata, La: 886
Ziegfeld Follies: 52, 162, 354, 457, 576, 926
Ziegfeld Girls: 353, 472, 821, 875
Ziemia obiecana: 910
Zig zag: 242
Zigeunerbaron, Der: 256
Zill Pevcij drozd: 435
Zir e darakhtan e zeyton: 459
Zitelloni, Gli: 234
Zločin v divči skole: 565
Zločin v šantánu: 565
Zloto: 391
Zmelia: 272
Zoard mester: 215
Zoku sugata sanshiro: 466
Zolotye vorota: 272
Zoltan, Hound of Dracula: 316
Zona de la muerte, La: 348, 349
Zona muerta, La: 206
Zona roja: 315
Zona sagrada: 310
Zone de la mort, La: 349
Zoo de cristal, El: 527, 611, 612, 931
Zoo in Budapest: 936
Zoológico, El: 705
Zopf und Schwert: 256
Zorba, el griego: 71, 72, 696, 697, **941**
Zorba the Greek: 72, 697, 941
Zorras: 335
Zorro: 238
Zorro, El: 238
Zorro de Jalisco, El: 48
Zorro de los océanos, El: 875, 876, 915
Zou-Zou: 345
Zu neuen Ufern: 798
Zuckerbaby: 8, 62
Zulu: 125
Zulu Dawn: 474, 642
Zulú: 125
Zurdo, El: 611, 612, 663
Zvenigora: 272
Zweite Schuss, Der: 256
Zwischensaison: 654, 765, 766
Zycie rodzinne: 938